黄埔军校系列丛书

《黄埔日刊》资料汇编

广东革命历史博物馆　编

科学出版社
北京

内 容 简 介

本书以广东革命历史博物馆珍藏的国家二级文物《黄埔日刊》（共83期）为主要内容影印而成。1926年3月3日创刊的《黄埔日刊》作为黄埔军校的机关报，所登载的内容，较全面地反映了广州时期（1926—1930年）黄埔军校的教育、生活、思想等各方面情况，也反映了1926—1930年中国的政治风云，是国内外研究中华民国史不可多得的宝贵史料。

本书适合中国近代史研究者及历史爱好者阅读使用。

图书在版编目 (CIP) 数据

《黄埔日刊》资料汇编 / 广东革命历史博物馆编. —北京：科学出版社，2020.1

ISBN 978-7-03-064335-3

Ⅰ. ①黄…　Ⅱ. ①广…　Ⅲ. ①黄埔军校－报刊－文献资料－汇编　Ⅳ. ① E296.3

中国版本图书馆 CIP 数据核字（2020）第 010526 号

责任编辑：李春伶 / 责任校对：韩　杨
责任印制：师艳茹 / 封面设计：黄华斌

编辑部电话：010-64005207
E-mail: lichunling@mail.sciencep.com

科 学 出 版 社 出版
北京东黄城根北街 16 号
邮政编码：100717
http://www.sciencep.com

北京九天鸿程印刷有限责任公司　印刷
科学出版社发行　各地新华书店经销
*
2020 年 1 月第　一　版　开本：787×1092　1/8
2020 年 1 月第一次印刷　印张：63　1/2
字数：975 000

定价：498.00 元

（如有印装质量问题，我社负责调换）

编　委　会

序

《黄埔日刊》作为黄埔军校的机关报，所登载的内容，较全面反映了广州时期（1926—1930年）黄埔军校[①] 的教育、生活、思想等各方面，也反映了1926—1930年间中国的政治风云，是国内外研究中华民国史不可多得的宝贵史料。

据已有资料可知，《黄埔日刊》共经历过三个阶段，分别有三种版式，总出刊期数不详。最后一版是在1930年5月首发，由黄埔军校政治训练处发行，并由南京中央军校政治训练处少将主任伍翔题写刊名，至1930年9月随广州的黄埔军校办学停办而终止。目前国内《黄埔日刊》存世稀少，仅零星保存在一些文博单位里面，因完整性较差而尚未得到有效研究和利用。我馆作为黄埔军校旧址纪念馆的管理、研究和宣传单位，20多年来经多方收集，共觅得83期的《黄埔日刊》原件。这些原件经专家认定为国家二级文物，并成为我馆黄埔军校史料方面的重要藏品。就目前国内收藏出版情况来看，我馆所收藏的《黄埔日刊》在数量和保存完整性等方面，都是首屈一指的。

为使这些沉寂了八九十年的原始资料发挥更大的历史和研究价值，我馆与科学出版社合作，首次对其进行系统整理并影印出版，在实现文物数字化的过程中也延续了文物的历史寿命。同时，我馆在收集《黄埔日刊》资料的过程中，还曾赴中国国家博物馆收集到8期的《黄埔日刊》复印件，赴广东省档案馆收集到两期的《黄埔日刊》复印件，为使本书内容更完整翔实，我们也将这些作为参考资料收录到书中，以飨读者。在此，我馆对两家单位的倾情帮助谨以特别鸣谢，也欢迎社会有识之士继续提供和分享这方面的资料，共同切磋学习。

广东革命历史博物馆馆长　杨　琪

① 1924年6月，陆军军官学校于广州黄埔长洲岛正式成立。其后校名历经多次变更，先后有“中国国民党党立陆军军官学校”“中央军事政治学校”“国民革命军军官学校”“国民革命军黄埔军官学校”“中央陆军军官学校”等名称，且军校在国民革命时期和抗日战争时期曾在多地举办分校，因其一脉始于广州黄埔，故一般通称为“黄埔军校”。

编辑说明

一、本书依《黄埔日刊》出刊时间排序，为读者使用方便，每期开始先呈现原件样貌，其后每一版单独成页呈现细节。夹缝处内容尽量放在同一页中以保持完整，有散落处则按现有状态成页。

二、因《黄埔日刊》前后共有三种版式及增刊、副刊等情况，故不同时期的日刊在版头和栏目等处存在部分差别。

三、因时间久远，《黄埔日刊》文物原件普遍纸色泛黄，颜色深浅不一，为便于阅读和辨认，我们统一进行了修色处理。

四、原件版面有些存在破损和漫漶不清之处，影印编辑对有的已设法进行修补，有的因为无法访得品相更好的，只能仍按原样出版。

五、《黄埔日刊》所涉及部分内容需放在当时特定历史背景和语境下来解读，作为历史研究资料我们出版时不做删减，以真实反映历史实际，发挥其史料价值。

广东革命历史博物馆

《黄埔日刊》考析

第一次国共合作时期，黄埔军校先后出版的报刊有十多种，这些刊物围绕着反帝反封的主题，生动而真实地谱写了黄埔军校与国民革命的历史篇章。在黄埔军校的出版刊物中，《黄埔日刊》发行的历史最为悠久、发行区域最广、发行量最高，影响十分广泛，从而成为了黄埔军校机关报。迁校南京后，该报继续发行。由于现存资料的局限性，目前学术界对《黄埔日刊》的研究十分有限，与对黄埔军校政治体制、军事教育、人物的研究形成了鲜明的对比。可幸的是，广东革命历史博物馆征集到《黄埔日刊》（原件）共83期，数量之多，在国内首屈一指。这些沉寂了几十年的原始资料，经文物专家核定“极其珍贵，价值极高”，从而被正式确定为国家二级文物，成为国内外研究黄埔军校史不可多得的宝贵的资料。

一、《黄埔日刊》的来历

《黄埔日刊》创刊于1926年5月25日，它与《壁报》及《国民革命军中央军事政治学校日刊》是一脉相承的。

早在1927年的黄埔军校，师生们就已经开始了有关《壁报》与《士兵之友》（或称《士兵生活》）的关系的争论，众说纷纭。综合起来大概有两种说法：一种说法的代表人物是哲渊，他在《本刊历史》一文中写到：“我是十四年冬来黄埔的……姑且照着沈同志（注：廿五区队，沈炽昌）说的及我经过来的，可把《日刊》（即《黄埔日刊》，编者注）作四个时期，第一《士兵之友》，第二《壁报》，第三《国民革命军事政治学校日刊》，第四才是《黄埔日刊》。”[①] 持另一种说法的代表人物是刘子清，他认为《壁报》“到了十二月间，便加上了‘士兵之友’四个比较大一点的字。因而也有人把该报称为《士兵之友》或《士兵生活》”[②]。在他们的争论中，笔者发现一个有趣的问题，因为大家都没有保存《士兵之友》，所谓眼见为实，因而谁也说服不了谁，各持已见。然而哲渊是在他人争论的基础之上，再加上自己主观判断，因而可信度不高。在阅读了大量的《黄埔日刊》及大革命时期黄埔军校的出版刊物之后，我比较认同后一种说法，那就是《壁报》又称为《士兵之友》，创刊于1924年11月，是黄埔军校最早的刊物。

“十三年十一月，周恩来先生继任本部主任。”[③] 周恩来担任政治部主任后，增设了指导、编纂、秘书三股，王逸常回忆说：“他提议政治部要做好三项工作……其二是建立‘青年军人联合会’，出油印壁报《士兵之友》。”[④]《壁报》的主要编辑是杨其纲、洪剑雄。杨其纲，黄埔军校第一期毕业生，1923年由

---

① 哲渊：《本刊历史》，载《黄埔日刊》1927年6月15日版。
② 刘子清：《本刊历史的纠正》，载《黄埔日刊》1927年6月27日版。
③ 《初期政治部主任更迭》，载《黄埔军校史料》第178页，广州：广东人民出版社，1982年。
④ 《长江日报》1980年1月6日。

何子静、贾行青介绍加入国民党，1924年加入中国共产党，并由李立三、王法勤、于树德、于方舟推荐投考黄埔军校。杨其纲毕业后，任军校政治部干事，“参与编辑出版军校壁报《士兵之友》”[①]，后担任政治部编纂股主任。洪剑雄，黄埔军校一期毕业生，国民革命军一军十四师政治部主任，“1924年加入中国共产党。同年4月考入黄埔军校，11月毕业，留本校政治部工作”[②]，担任了《壁报》的编辑工作，“可称为编辑军中《壁报》之第一人”[③]。当时军校刚刚创办，办学经费十分匮乏，在印刷器材方面受到很大的局限，所以该报仅仅用油印，手工印刷而成，版面模糊，一星期或半星期才出一小张，内容非常简单，没有引起人们的兴趣。1926年3月1日，为适应形势的发展，集中统一培养军事政治人材，黄埔军校将国民革命军各军开办的军事学校合并起来，改组为“中央军事政治学校”，3月3日，《国民革命军中央军事政治学校日刊》呼之即出，《壁报》在经历了一年又四个月后停办。

《国民革命军中央军事政治学校日刊》每日两大版，“革命之路”一栏占两大版中的四分之一，其他通讯、启事等占有不少篇幅，但对于国内外的重要新闻，只有零碎简短的记载。当时，该报发行局限性很大，主要在校内发行。“但是，时务的要求，革命势力的发展，使它一天发育一天，到了第六十八期（1926年5月26日），它便扩充篇幅到四大版，又以原来的名称太长了，故改称为《黄埔日刊》。”[④]更名后，报纸序列号延续，在刊头上，除本报名称做了改变外，期刊号的表示也有小小的改变，由原来的“第××回”，改为“第××号”，当时人们把《国民革命军中央军事政治学校日刊》看成是《黄埔日刊》的小名，1926年3月3日，则被人们认定为《黄埔日刊》的创刊日。到了1927年3月3日，为纪念《黄埔日刊》创刊一周年，特出版了“纪念《黄埔日刊》创刊一周年特号”，特刊中十分明确地指出：本刊是黄埔精神的结晶，它要以真确的革命理论，指导黄埔一万数千武装的革命青年去和敌人决战；它并要引导一般民众走上真正的革命道路。军校当时的教育长方鼎英称赞《黄埔日刊》是“革命洪钟”，军校政治部主任熊雄题字：“东方被压迫民族的呼声，革命军人之道路。”他们对《黄埔日刊》给予了极高的评价，对《黄埔日刊》为国民革命做出的杰出贡献给予了肯定。在长洲岛上，《黄埔日刊》从创刊到1927年11月30日共发行了472期，1928年春，蒋介石复任国民革命军总司令及军事委员会委员长后，加紧了军校由广州黄埔迁往南京的各项工作，3月6日举行了南京本校的开学典礼，《黄埔日刊》继续发行，刊物名称依旧，但发行期号则从1号重新开始，到1929年10月22日，已发行到了第349号，发行处由原来的“中央军事政治学校出版”改为“黄埔军官学校政治训练处”。

二、《黄埔日刊》初期的编辑们

《黄埔日刊》是由当时的中央军事政治学校政治部宣传科负责出版发行的，是一份革命性很强的军人刊物。“初期的编辑委员会，由军校政治部宣传科科长安体诚任主编，宣传股长宋云彬、李逸名等任委员”[⑤]，编委全部是共产党员，恽代英、肖楚女、熊雄、方鼎英、罗懋其等是主要撰稿人。

安体诚，字存斋，笔名存真，1922年由李大钊介绍参加中国共产党，是中国共产党早期坚定的革命战士。1926年国民革命运动高涨时期，安体诚同志应黄埔军官学校之聘，担任该校教官，并担任宣传科科长，担任《黄埔日刊》的主编，并且在校刊上发表了很多篇文章。当时，他受广州很多人民团体的委托，草拟对时局的宣言、通电和文告。安体诚工作十分认真负责，据在同一时期担任编辑的李逸民回忆：“安体诚同志常常晚上陪我们看过大样才走，等大样出来时，天已快亮了……所以《黄埔日刊》很少出现大的纰漏。”[⑥]1927年，国民党在广州进行“清党”，安体诚按共产党指示转移到上海，不幸在法

① 陈予欢：《黄埔军校将帅录》，广州：广州出版社，1998年，第894页。
② 阎文庄等著：《黄埔军校》，北京：华艺出版社，1994年，第206页。
③ 《洪剑雄同志事略》，载《广东各界追悼北伐阵亡烈士特刊》。
④ 云彬：《黄埔日刊的过去与现在——估量一年来的收获》，载《黄埔日刊》1927年3月3日版。
⑤ 阎文庄等编：《黄埔军校》，北京：华艺出版社，1994年。
⑥ 李逸民：《李逸民回忆录》，长沙：湖南人民出版社，1986年，第36页。

租界被国民党特务逮捕，在龙华从容就义。安体诚同志性情沉静寡言，纯洁无私，近视眼，行路时低头靠墙，不大看人，学生时代说话就脸红，同学戏呼之为“大姑娘”。他对工作不辞劳苦，必然按时完成，可谓为了革命事业而鞠躬尽瘁。

宋云彬，文史学家，教授，曾用笔名无我、宋佩韦，1897 年 8 月生，浙江海宁硖石人。他进正式学校时间不长，中学只读了两年，毕业后勤奋自学，国学根底很深，史学研读尤精。五四运动以后，受新思想影响，脱离祖业。1924 年 8 月经宣中华、安体诚介绍，加入中国共产党。1926 年，他来到黄埔军校，担任《黄埔日刊》编辑，后担任黄埔军校政治部宣传股股长。据李逸民回忆：宋云彬同志是个才子，能写会唱……新旧文学都有根底，能写生动活泼的散文。[①] 宋云彬在担任《黄埔日刊》编辑时，亲自撰写了大量的署名文章，其中对时局的报道、分析最有力量，影响颇大。

李逸名（李逸民），原名叶书，浙江龙泉人。黄埔军校第四期毕业，中国人民解放军少将。李逸民同志在青年时代就毅然抛弃地主家庭的生活，走上了革命的道路，1925 年投考黄埔军校，同年由该校政治部主任熊雄同志介绍加入中国共产党，参加了第二次东征。他因文才出众，毕业后留军校政治部任《黄埔日刊》编委会委员，具体负责校闻版（第一版）和文艺版（第四版）的编辑工作。“四一二”后他离开黄埔军校，不久参加了八一南昌起义。

《黄埔日刊》被公认为当时最具影响力的一份刊物，同时，亦由于它的权威性，成为了黄埔军校的机关报。至“1927 年 4 月，广州发生四一五政变，黄埔军校政治部主任熊雄遇害后，由黄埔一期学生邓文仪继任政治部主任，从此，《黄埔日刊》由革命军人的刊物变成国民党独家经营的反共刊物”[②]。

三、日刊的发行量

许多书籍、刊物都提到《黄埔日刊》是当时发行量最大、影响最广的革命刊物。随着革命势力的发展以及军校办学规模的扩大，其发行量不断增加。《黄埔日刊》的发行以校内为主，面向社会，另外还采取了“赠阅”和“函索即寄”等办法以扩大发行。发行量最高峰应为 1927 年年中，《黄埔日刊》的发行量“由五六千份增加至四五万份”[③]。而当时国内发行数较大的《申报》和《新闻报》，也不过是数万份。

还在《国民革命军中央军事政治学校日刊》期间，“每日出纸五六千份”，发行地点十分有限，只在本校内发行，更名为《黄埔日刊》后，革命势力渐渐发展，达到长江，普遍到川、湘、赣、鄂、闽诸省，日刊发行规模亦逐渐扩大。熊雄在《一年来的本校政治部》一文中，提到：“……在本校出有《黄埔日刊》，由六千份增至二万六千份之多。”发行地点遍及全中国各省甚至达东、西洋各大埠，《黄埔日刊》在全国的影响越来越大、越来越广，来函索要《黄埔日刊》者日益增多，日刊的发行数量在不断上升。《黄埔日刊》1927 年 1 月 10 日（第 231 号）中有一“编者邮件”，是该刊编辑元杰写给沈炽昌同志的一封信，全文如下：“沈炽昌同志：函悉。本刊现已由二万六千份扩充到三万份矣。特复！元杰。”[④] 印刷所在军校政治部后面的两间小房内，印刷所里的轧轧响声，似乎为了印刷《黄埔日刊》而没有停息的时间。1927 年 8 月 3 日的《黄埔日刊》登载了一则“本刊启事”，内容如下：“本刊现□销数骤增，已达四万份，对于发行方面，决稍加限制，除团体继续赠阅外，自本月起，所有个人定阅，酌收邮费……”[⑤] 尽管如此，《黄埔日刊》仍不能满足人们的需要，各地来函索阅者仍然越来越多，来函者甚至远至南洋群岛及法国巴黎等处的华侨同志。

① 李逸民：《李逸民回忆录》，长沙：湖南人民出版社，1986 年，第 36 页。
② 阎文庄等编：《黄埔军校》，北京：华艺出版社，1994 年。
③ 沈炽昌：《〈黄埔日刊〉的历史与前身》，载《黄埔日刊》1927 年 6 月 9 日版。
④ 元杰：“编者邮件”，载《黄埔日刊》1927 年 1 月 10 日版。
⑤ 本报编辑：《本刊启事》，载《黄埔日刊》1927 年 7 月 26 日版。

四、《黄埔日刊》的几大特点

第一，分栏编排，栏目丰富

《黄埔日刊》内容十分丰富，从国内新闻到国外大事，从时局分析至本校要讯，从革命理论探讨到军事训练实践，无所不包。在新闻方面有苏联等通讯社直接寄稿，因为当时交通工具的局限，消息的发布比普通日报要迟一天，但该刊编辑们把各种消息归纳起来后，指出该消息关于政治经济等的背景，使读者得到一个系统的概念，颇具特色，《黄埔日刊》因此而分栏，主要栏目有时评、日评、周言、宣传大纲、时局口号、校闻、党务、军事、政治、经济、群众运动、革命之路、杂闻等，各栏目从不同的角度讲述不同的话题，精彩纷呈，读者一目了然，印象深刻。

第二，"革命之路"一栏的特色

在众多的栏目中，"革命之路"所占版面最多，编辑之所以给栏目冠以这个名称，寓意深刻，所谓"革命之路"即被压迫阶级唯一的生路。在《黄埔日刊》更名前，它占两大版中的四分之一，更名后，《黄埔日刊》扩大至四大版，"革命之路"一栏排列在独立的版面，一般均固定在《黄埔日刊》的第三版和第四版，占全张报刊的四分之二。"'革命之路'收到的投稿很多"[①]，在这里，军校教官学生可以充分阐述自己对革命的看法与认识，理论性较强，对鼓舞士气、发扬黄埔精神起到了很大的作用。《黄埔日刊》第190号上刊登了《本刊编辑者的要求》（记者）一文，文章中明确地指出："革命之路一栏，仿佛是现在日报里的副刊。我们一向所采取的材料，都是关于革命的理论和方法等等。"本刊编辑们为了使《黄埔日刊》办得更为出色，除广泛征稿外，还经常征求读者对本刊的改良意见。他们认为："革命之路"很少有短篇而含有讽刺性的作品，要努力加以改进。在以后的若干份《黄埔日刊》中，我们都可以看到经过改良后的"革命之路"又增加了几个短小、干脆、讽刺性极强的小栏目，如"短箭""短兵"等，它们均具有强烈的讽刺特点，但仍不脱离革命的意义，增加了革命的情绪，为本刊增色不少。《黄埔日刊》第200号，有一"短剑"，其中一篇"三字号主义"，内容如下："《东方时报》劝孙传芳学会曾国藩'结硬寨打呆仗'，不必制造三字号的'三爱主义'。现在孙传芳的硬寨，已经结不起来了，关外胡子却又在那里创造什么'三权主义'，《东方时报》何不再劝劝关外王叫他素性一个'俺来也'的硬好汉，何苦跟着拿一个三字号主义来出丑呢？这分明就是紧握在作者手中的一把犀利的短剑，直插入张作霖的要害之处。'革命之路'成为了军校广大师生最亲近的朋友，于是编辑们把'革命之路'里面没有时间性的论文等编成'汇编'，印成小册子，发给士兵，受到了士兵们的喜爱。"

第三，知识性强并具有现实意义的"政治问答"

《黄埔日刊》几乎每天都登载"政治问答"，或多或少，虽然它总是默默出现在整张报纸的最后部分，但其蕴含的能量却很大，它对于明辨是非，坚定革命信念，提高广大士兵理论知识水平，扩大知识面等都起着举足轻重的作用。"政治问答"没有时空限制，更具现实意义。1926年11月20日，《黄埔日刊》第194号刊登的政治问答："三点会""道尔斯计划""克伦斯基的政府"是什么？答曰：三点会是两广福建一带的秘密结社的会党。道尔斯计划乃协约国和美帝国主义割德国，使之贡献其劳动者之血汗以为欧战赔款的一种国际共管德国财政的计划；由美国副总统道尔斯拟定的。克伦斯基政府即俄国十月革命以前的政府，由克伦斯基所组织的。由此可以看出其知识性亦很强。

第四，特刊、纪念刊的特点

《黄埔日刊》的另一个显著的特点是出版的特刊、纪念刊非常多。特刊增多的一个重要原因，主要是因为黄埔军校特别重视政治教育工作的缘故。黄埔军校的教育方针便是军事教育与政治教育并重，而且政治教育，更有超过于军事教育之势。因而《黄埔日刊》总是借用各种机会唤起全中国民众的革命精神，这就造成了特刊多的缘故。除了总理诞生纪念日按惯例出纪念特号外，在许多特殊的日子里，《黄埔日刊》出了众多的特刊。如黄埔军校第五期开学纪念号、黄埔军校第五期政治教育工作特号、第二学

① 元杰：《对于本刊诞生周年纪念的几句话》，载《黄埔日刊》1927年3月3日版。

生队党部成立特刊、援助汉口惨案及纪念李卜克内西卢森堡特号、列宁逝世三周年纪念特号、二七纪念第四周年特号、国际妇女日及黄埔军校开学周年纪念并欢迎由赣来校学员特号等等，每期特刊都是精心编排，具有强烈的震憾力。如 1926 年 11 月 12 日，第 189 号，《总理诞生纪念日特号》上发表许多有影响的文章，恽代英在《为甚么要纪念总理的诞日》一文中写到："……我们要纪念总理的诞日，并不是因为要民众崇拜总理个人的丰功伟烈，更不是因为要民众仰望总理好象是天生的中国人的救主。我们是要大家记得这一位革命领袖，便是六十二年今天在广东中山县农家所产生的，他因为是一个勇敢而富于同情的人。"① 特刊中除大量刊载教官文章外，学生作品亦不少，在上述特刊中有第二学生队陈鸿濂的纪念文章，《总理诞日告同志们》载："……因为为革命奋斗四十余年，所谓'毕生学力，尽碎于斯'，并不是为他个人或家族谋幸福，是在求中国之真正自由平等，替数万万被压迫的同胞们谋幸福、求解放，辛亥革命的成功，使我们脱离了四千余年的专制奴隶羁绊，这是谁都知道与承认的。"②

五、《黄埔日刊》的历史使命

黄埔军校是中国国民党所指导与监督的国民政府之下唯一的革命教育机关，有统一国民革命各军教育训练及改造全国军队以恢复中国自由平等、完成世界革命的使命，《黄埔日刊》本着这个使命，努力奋斗。

首先，《黄埔日刊》作为黄埔军校全体官长学生士兵的舆论机关，它又肩负着宣传军校军事与政治并重的教育理论思想的重任，政治与军事并重、理论与实践相结合的办学特色，是黄埔军校区别于其他一切旧式军校的根本标志。1926 年 11 月 17 日第 191 号《黄埔日刊》上登载了熊雄在黄埔军校第五期学生开学典礼上的讲话——《告第五期诸同学》中指出："世界革命的领袖列宁先生说'没有革命的理论，便没有革命的运动'，就是说：一个真正的革命者，必须有正确的理论，然后才能有很对的实际行动。换言之，必须理论与实际打成一片，方可免掉于空想或盲动。"这些文章，促使全体官长学生们对于政治及军事的教育训练上有正确而深切的认识，充分发扬了黄埔军校校训——"亲爱精诚"的精神，养成严守党纪军纪的革命军人，大家团结一致，毫不踌躇地向"革命之路"——被压迫阶级唯一的生路前进，并时刻准备为了人民的利益而奋斗终生。

其次，帮助青年军人树立革命的人生观、世界观。孙中山先生曾经说过："革命者要以革命为职业。"在《黄埔日刊》中的大量名人讲演、学生心得体会无一不在向学生们宣讲着革命道德观、人生观。

最后，它唤醒全国农民、士兵、学生和小商人团结起来，巩固被压迫阶级的联合阵线，冲破一切帝国主义及其军阀、官僚、资本家、地主、劣绅等压迫阶级的联合战线，取得最后的胜利。1927 年 3 月 18、19 日，第 280、281 号《黄埔日刊》为"三一八惨案一周年纪念及巴黎公社五十六周年纪念特号之一、二"，在特刊中，方鼎英写了《"三一八"纪念日述怀》、萧楚女写了《在联合战线上纪念"血腥之日"》、冯恒武写了《巴黎公社与中国民族革命运动》、成武写了《从巴黎到北京——纪念"三一八"》等文章，另外还有该刊记者撰写的《本校'三一八'惨案周年纪念及巴黎公社五十六周年纪念大会纪事》，其中有大量知名教官的讲演，如陈日新教官、任卓宣教官、韩麟符教官的演说，这些都在总结着不同时期、不同地域的两次"三一八"事件的历史教训，透过事件看帝国主义、资产阶级的本质，号召民众踏着烈士的血迹，继续前进。

伟大的民主革命先行者、黄埔军校的创始人孙中山先生说：宣传造成民力。正因为有以《黄埔日刊》为代表的一系列黄埔宣传刊物的出版发行，黄埔军校理论与实际相结合、政治与军事并存的教育方针得到了充分体现，使得黄埔军校成为我国军事教育史上一颗闪亮的明星！

樊雄　广东革命历史博物馆

---

① 恽代英：《为甚么要纪念总理的诞日》，载《黄埔日刊》（总理诞生纪念日特号），1926 年 11 月 12 日版。
② 陈鸿濂：《总理诞日告同志们》，载《黄埔日刊》（总理诞生纪念日特号），1926 年 11 月 12 日版。

目　录

黃埔日刊 (星期四)
中華民國十五年七月十五日 星期四
(第九十五期)
廣東黃埔中央軍事政治學校政治部出版

黃埔日刊

革命之路

從兩封信上得的教訓

三月十二的歎哀

北伐戰爭與中國民族解放

小通信

黨務

中央執行委員會修正通過出師宣言及訓令

中央黨部三部部長人選

中央黨部改定會議日期

前敵軍情

鐵路工人隨軍北伐之壯聞

革命運動

政治委員會改爲政治會議

中央軍人部之人物

蘇俄經濟政治狀況

蘇俄無產階級文化之建設

歐洲各國的軍事概況

小通信

紐約電車機房工人罷工

蘇聯土地改良之成功

京漢路將被奉軍截斷

閩政局將有變化

全美大會通過組織(美洲國際聯盟)

世界經濟政治狀況

英國礦主將對工人讓步

袁祖銘軍已抵貴陽

國民軍大挫賊軍

中國經濟政治狀況

摩洛哥仍繼續奮鬥

英帝國主義者對關會之態度

日帝國主義者之退兵政策

葡萄牙政變續聞

法意之衝突

黃埔日刊 （星期四）

黃埔日刊

中華民國十五年七月十五日 星期四

廣東黃埔中央軍事政治部出版

（第九十五期）

小通信

陳民泰（原名震球江西弋陽吳家墩人）兄！聞你來埔，久訪未遇：見字祈至我處一走，或函知我。 本校步兵第二團四連鄒琦啓

一德同志：你在那裡？長沙來了一封信，在我辦公廳抽屜內，即拿去！ 鄺，

李貴謙同志（即李克謙又名益吾）！你在何部隊辦事？現在有你的知友章順昌君來粵訪你好久，請即把通信地點示知爲要！ 軍官團第一連黃炎啓

子淸同志：聽說你已調第十八師當連長，不知係那一連，現有你的家信轉交，請即告知！ 鄺 啓

詹俊（曉林）同志台鑒：二團別後久訪未悉，聞在本校供職，但不知在何部處？急需一請面即示知爲盼 工兵大隊普通工兵隊熊飛鵬啓 六月二十二日

艾時夏辰二同志鑒：多日未晤，近來如何？念甚，請來示寄湖北橫店交彭郁文轉弟收爲盼 弟彭善謹啓

本校招考入伍新生廣告

本校入伍生第四期第十九次考試訂[illegible]各生携帶介紹書及最近相片二張赴[illegible]月三十日截止仰願投考[illegible]各[illegible]逾期不收幸勿自誤爲要

[illegible]委員會啓

書報流通處啓事

茲將重要新到書報列後

孫中山先生與中國

中國民族革命運動與勞働階級

孫中山先生北上與逝世詳情

孫文主義與列寧主義

政治週報一三期

顯微鏡下之醒獅派

贈品—中國民族革命運動及其策畧，什麼是國民黨左右派。

[illegible]政治生活第三，七四期

[illegible]中山先生思想概要

[illegible]主義的ABC

[illegible]遊記

[illegible]綱領批評

中國革命史

陳俊傑陳仁貴梁魯孟張殿魁王銑榮黃秀山六同志的親友均鑒：啓者陳梁等六同志均係本校學生，投筆同來革命，不幸未及出師均先後病歿，凡我同志誰不痛惜，同人等擬于禮拜日（十八日）上午十[illegible]時在廣州濠畔街三百九十號開追悼會以資紀念，屆時希出席參加，此啓

追悼陳梁張王黃諸同志籌備人 王以德 范宏亮 胡克恕 李聯珍 牛萬全 曹汝謙 丁宗憲 胡生泉 王家祿 宋覺民 劉煜祖 等謹啓 十二日

黨務

▲中央執行委員會修正通過出師宣言及訓令

第二屆中央執行委員臨時全體會議，關於國民革命軍出師宣言，及對全體黨員之訓令，第三日會議時由起草委員會提出，當時議決宣言及訓令大體通過。惟宣言草案中有應修改者五點，訓令草案中有應修改四點 應侯主席團與原起草人會同修正後，交由常務會議通過發表之。昨（十三）[illegible]央常務委員會第四十次會議，到會委員有蔣[illegible]延闓，張靜江，甘乃光，何香凝，林祖[illegible]等十八人，經已將宣言及訓令修正通[illegible]

▲[illegible]央黨部改定會議日期

（十三）日中央黨部開第四十次常務會議，出席委員有丁維汾，詹大悲，于樹德，周啓剛，澎澤民，朱霽青，丁超五，許甦魂，楊匏安，謝晉，孫科，邵力子，鄧澤如，陳樹人，張人傑，蔣中正，譚延闓。由蔣中正主席，對于黨務會議日期，有所改定，議決，由下星期開始，星期二日爲常務委員會議日期，星期四爲政治會議日期，星期六爲中央各部部長及常務委員監察委員聯席會議日期云。

▲中央黨部三部部長易人

中央執行委員會工人部長胡漢民，請假赴滬，部務無人負完全責任，青年部長邵元冲，日前奉中央執行委員會派赴上海，爲該地特派員，故部務暫由習秘書代理，又組織部長蔣介石，則因軍人部事務繁多，無暇兼理組織部職，請中央改委部長，以專責守，昨中央第四十次常務委員會議，以工人青年組織三部長，應另委人，以利進行，故經議決，委丁惟汾同志爲青年部長，陳果夫同志爲組織部長，而以吳稚暉同志代理工人部長，查丁惟汾同志爲本黨中央執行委員，陳果夫吳稚暉兩同志，則爲本黨中央監察委員云

▲中央軍人部之人物

中央執行委員會軍人部組織大綱，部長秘書之下，設總務宣傳組織主任幹事各一人，現各職員日昨業經蔣部長委定，曾擴情爲秘書，李默安爲總務主任幹事，譚其鏡爲宣傳主任幹事，駱用弧爲組織主任幹事，日間便可提出中央執行委員會通過，查李譚兩主任，係第一期黃埔軍官學校畢業，歷充各政治工作，駱主任前充該會組織部指導幹事數年云，

革命運動

國民政府軍事政治狀況

▲政治委員會改爲政治會議

政治委員會原爲本黨解決政治問題之最高機關，國民政府未成立以前經已設立，北京亦嘗設政治委員會分會，凡本黨一切政治主張，皆經該會議決，交國民政府執行，政治委員係由孫總理生時由其指定，該會爲[illegible]會議機關，向無固定地點，其辦事職員則附屬於國民政府內，昨由中央執行委員會第四十次常務會議議決，將政治委員會改爲政治會議，每逢星期四爲會期，原每星期開會三次，今則改爲一次，其職員準備在本星期四遷回中央黨部辦事云，

▲前敵軍情

△右翼克復瀏陽，

△左翼已入寧鄉。

總政治部昨接前敵總指揮部政治部主任劉文島來電稱，我軍中路佔領長沙後，右翼又相繼克復瀏陽，左翼已入寧鄉，原電錄下：（銜畧）我軍右翼已克復瀏陽，左翼已入寧鄉，中路已於昨日午後五時克復長沙，民情軍心漸明黨義，實足敗敵，職部即赴長沙，工作情形，每週郵呈一次，請轉呈總司令蔣鈞閱劉文島叩眞，

▲鐵路工人隨軍北伐之壯聞

△全國鐵路總工會廣東辦事處組織交通隊

△預備行駛京漢路綫…………飲馬長江

中華全國鐵路總工會廣東辦事處，自准中華全國鐵路總工會函商組織鐵路交通隊隨軍出發後，即召集常會討論進行辦法，聞其組織法，係由各路工友分別負担，計司機每路二人，司旗（即掛鈎）每路四人，工務（即路面）每路四人，會同中華全國總工會交通隊，一齊出發，各路工友對此舉甚爲踴躍，咸願參加北伐，以期早日達到「打倒帝國主義」「打倒軍閥」「取銷不平等條約」「統一中國」「完成國民革命」，因此該交通隊已組織將竣，約于日間便可聯袂出發云，

蘇俄經濟政治狀況

▲蘇俄無產階級文化之建設

莫斯科專訊，自一九一九年十二月二十六日列寧下令，所有蘇俄境內居民必須能讀寫俄文，或其本國文字，一九二〇年，特設「普及識字特別委員會」，以推行此項法令，今蘇俄全國人民，皆參加大規模之「打倒失學同志會」，從事工作，此會於一九二四年六月，有會員二十四萬四千人，一九二五年元月，有五十四萬二千七百八十人，今日已有一百七十餘萬人，現尚繼續增加，蘇俄政府與全民合作，對於此事，甚爲盡力，俄國人民，久受帝國遺留之遲步文化，一旦起而振之，其事甚爲艱鉅，除實習授課外，並有電影戲劇演講，陳列所無線電種種工具，分送各村落傳播，以破鄉民失學之黑暗，蘇俄官廳工廠等之職員，由總教育局之支配，分任某鄉或某縣之教育，各印書公司則發刊免費初學讀本，由輪船火車免費轉運，郵局免費寄遞，而打倒失學運動，則由青年團體充任先鋒，惜各鄉關於此等工作之成績，無精確之統計，然大致畢舉，有可斷言者，惟工會會員中，此等工作，却有可靠之統計，一九二二年，各工會會員之不能讀書寫字者，尚有一百萬人，至一九二五年，此種失學現象，將已消滅。試觀左列統計表，可知教育工作之成效矣。

各工會不識字人數統計表

工會類別	一九二三年元月間	一九二五年五月間
土工	百分之八十	百分之十三，三
礦工	百分之六十	百分之十四
製紙工	百分之三十	百分之四，二
建築工	百分之二十	百分之六
金屬工	百分之十四	百分之一，三
鐵路工	百分之十	無

黃埔日刊　（星期四）

[illegible]百分之二　無[illegible]，惟少數由村落新來者，須從事教育此種工作，奏效尤著，一九一八年[illegible]者，居百分之八十，至一九二四年減[illegible]分之四，同年五月減至千分之十四，今日赤軍[illegible]已無一兵不識字，且每兵皆受政治軍事之普通教育，每年多數青年農民，由鄉來投赤軍，目不識丁，至退伍回鄉之日，已受有教育，並能打倒失學運動之前鋒。至教育退化之國民，自一九二三年，始着手工作，此等退化國民，自帝國恐民政策遺傳而來，有全縣居民，無一識字者有所說方言，無字可書者，有數種方言，至十月革命後，始有文字書籍者，此等文化運動，全國人民始熱烈，深信列寧遺囑謂國民失學者，將於十月革命之十週紀念，完全消滅　可於彼時實現，雖不完全達到，亦有大部份成就矣。

▲蘇聯土地改良之成功

莫見科特訊：烏茲比奇斯坦（蘇聯之一部）農業委員會，最近在沙馬干開會，討論土地改良問題。據會中報告，土地改良計劃頗受地主富商教士之梗阻，彼輩每不告地畝實數，私留田產，[illegible]以阻碍改良者，彼輩無所不爲。地方[illegible]社，因享有田產主權　勢力漸張[illegible]碍。惟政府與中等及窮苦農民[illegible]成功。塔斯干，富爾罕，沙馬干[illegible]之國產已及四〇〇二六六英畝，全[illegible]五六八八〇處。但此數幷不敷分配，故[illegible]有田莊之外　復灌溉新田一六〇〇〇〇英畝，設[illegible]田莊一九〇〇〇處。境內無產農民，經此次改良後，生活狀況進步甚多云。

世界革命運動

▲紐約電車機房工人罷工

△援助地底工人

七，十　紐約電，今晨電車機房工人，以援助地底電車工人而罷工者，已有三分之二云。

▲摩洛哥仍繼續奮鬥

七，十，剌畢埠電，進攻摩洛哥里夫族獨立軍之法國保渣將軍，經起程往剿他沙境之獨立軍。現山中仍有繼續反抗之族人，據法京某報言，參預此戰之法軍，現共五隊云。

中國經濟政治狀況

▲張翁已返奉

七，十三，北京電，張作霖於（十號）夜回奉，帶隨員四十餘名，手槍隊衛隊各一營，機關槍隊共一連，共開四列車，瀕行約張其煌談話，謂閣事仍請吳佩孚主持，如須下問，請由前保之三次長，張其煌謂王蔭泰已就職，夏仁虎鄭洪年，當於內閣改組時加入，旋張其煌送張作霖行後，即回京，

▲京漢路將被樊軍截斷

七，十三，上海電，豫南戰事蔓延，樊鍾秀聲勢兇猛，京漢路南段將被其截斷，吳佩孚大爲驚懼，急命寇英傑加緊戒嚴，

▲[illegible]退守岳州

[illegible]平日氣燄逼人，而[illegible]，吳突下[illegible]復長沙之際，[illegible]長，而河南現有吳軍三師[illegible]兩師長，咸情甚洽，以吳[illegible]有唇亡齒寒之虞，遂暗[illegible]，密謀響應革命軍，吳得[illegible]爲防備河南內部反戈起見，決[illegible]下令將前線部隊撤退，駐守岳州，[illegible]但兵將離心，斷難久持云，

▲閩政局將有變化

七，十三，上海電，周蔭人因福建銀行事與薩鎮冰發生惡感，政局將有變化，

▲顧走狗替軍閥奔走賣國

七，十三上海電：（十日）日閣議，顧維鈞報告英美借款有頭緒，英須關會恢復即開始商決，美則勢導濫借款先交五百萬，江蘇得三百萬，以整理煙酒借款爲附件。

▲英帝國主義者對關會之態度

△欲先辦二五附加稅

△以餌賣國軍閥吳佩孚

七，十三，北京電：關會章程，由錢泰袁永廉修改，因須適合吳張（吳佩孚張作霖）兩方面配置委員之均勢，故尚未決定。英使謂，關會原本主張吏派代表參加，今吳張願去代表，則吏商量而大強吏之利害問題，在裁厘一點，與列國之利害問題，在稅源一點雖不同，而結果必以先辦二五附加爲用途云。

▲國民軍大挫賊軍

七，十三上海電：南口軍事，褚玉璞任中路，韓麟春任東路，田維勤任西路，共兵十三萬，每路分三小路前進，西北軍士氣激昂，十日猛烈反攻，直奉軍均敗退。

▲袁祖銘軍已抵貴陽

七，十三上海電：袁祖銘軍回黔，已抵貴陽。

世界經濟政治狀況

▲英礦主將對工人讓步

七，十，倫敦電，英礦主經礦工一再反對增加工作時間及減低工價後，態度已是軟化，本月六日英首相於國會內宣稱，彼曾接到南方礦區礦主來函，謂彼輩已將工價率加以修改，帝國政府現正攷慮此種新趨勢，以便設法解決工潮云。

▲全美大會通過組織（美洲國際聯盟）

全美大會（Pan-American Congress）於六月二十五日在巴拿馬開會慶賀一八二六年西門鮑李瓦（Simon Bolivar）所召集第一次全美各國大會之百年紀念時，通過贊成組織一美洲國際聯盟會以爲酬應英國在南美各國自由戰爭時所取之舉動云。

▲日帝國主義者之愚民政策

△全國設立青年訓練所。

△因教育部恐青年趨重馬克斯學說。

日本文部省（教育部）近以馬克斯之經濟學及唯物論盛行各國，誠恐日本青年亦趨重之，故特派敎師訓練全國青年，自本月一日起，全國市町村設立青年訓練所，總計有一萬五千三百四十餘間，入所人數達七十八萬餘云。

▲葡萄牙政變續聞

▲十日葡京電，新政府因未能得哥士打將軍總統權交出，故決定將彼囚禁於葡京附近之一炮台，彼之副官則扣留在一戰艦云。

▲路透社十一日葡京電，新政府經將哥士打將軍釋放，將遣其離國，委以秘密之使命云。

▲又電，哥士打將軍已登一戰艦，將前往亞疏士地方云。

▲法意之衝突

△意法西斯黨野心勃勃

△帝國主義者火併之導火線

意大利自經過歐戰之後，墜入帝國主義之迷夢中，法西斯脫領袖謨梭里尼執政以來，尤致力於帝國主義之侵略，當英國與意國修訂國債條約也，意國得便宜之條件，即當模梭里尼柄政之初，亦曾得有美國之援助，謨梭里尼得此外援，故其侵略政策，大有不可一世之概。模梭里尼因欲行殖民地的侵略政策之故，遂與法國發生衝突，法國在非洲之殖民茶爾士，意國則思侵奪之，西班牙範圍內之摩洛哥部分，意國則思取而代之，此外意國更與英國締結瓜分阿比西尼亞條約，並思大行擴張海軍，凡此種種，皆是引起法國之猜忌，至意國之歐戰大陸政策，尤足令英國感覺不

黃埔日刊　（星期四）

小通信

佘傳瑞李樹滸兩兄鑒久別念甚現亟欲明瞭兄等之住址及近況即請函知文德東路第六軍政治部爲盼　少華啓

啓者聘賢於本月五日在省城惠愛路遺失入伍生部發給七十七號通知書一通及方部長亟示一件原陸軍軍官學校入伍生總隊第二團七連朱聘賢符號一枚除呈報遺失請求補發外特此聲明作廢　東山附屬醫院入伍生朱聘賢啓

各同志偉鑒舍下三月十七號由河口黃陂街郵局滙票第227號匯寄黃埔軍官學校入伍生第一團三營十一連交李鴻祥洋五十元鄙人囘家閱月此欵尚未打轉不知同志中有代收者否又不知其下落之同志否如有代收者或知其下落者其代爲打轉不勝感謝　覺末李鴻祥托

安。意國與巨哥斯拉夫之協約，雖不能成，然與希臘，羅馬尼亞等國，比前更加接近。即意國方面，亦時露出瓜分澳國之計劃；意國之咄咄逼人也如此，恐將掀起歐洲帝國主義間之大波瀾矣。

●歐洲資本帝國主義者 ▲壟斷世界經濟之陰謀

日內瓦訊　歐洲各國大工商業及財政資本家三十七人，議決于一九二七年召集一國際經濟會議；若各種設施，能早日籌備完竣，或可提前開會，該大資本家等曾將世界狀況作一度概括的考察。聞該會議問題，爲改造歐洲經濟財政實業狀況，此種問題之解決，歐洲各國，至少得到經濟上之結合。蓋歐洲現在之困難，厥惟各國互爭雄長，因之對其他大陸之爭競，無由進展。國[illegible]會議之設，所以解決上項困難，而建設實業政治上之和平也。此項信託意見，實起原於美國，而流行及於歐洲。各領袖實業國，根據此項信託意見，將謂歐洲各國，苟遇其他大陸之經濟糾紛時，可藉詞爲國際上之關係，起而干預，該會[illegible]中，另一目的，在掌握各種實業生產，使各國[illegible]種實業，免受生產過剩之虞。該會討論各項，大致可分三類(一)關于農業財政及人口問題，而人口問題，當以移民問題爲集焦點(二)關于實業生產問題，包涵原料生產分配之管理及關稅等問題。(三)關于貿易及市場交易問題，包涵貿易自由限制出入口專利及各國貿易在內。

▲歐洲各國的軍事概況（黃埔通訊社）

△唯一的特點就是互相衝突

一千九百十七年四月六日美國威爾遜總統對德意志提出抗議，開始所謂「了結戰爭」的戰爭，到現在已經七年了。我們現在來研究這個是否是「了結戰爭」的戰爭，只要觀察，解釋下面的兩個問題，那就够了！

(一)軍事上還有所預備麼？——各國對於軍事上的進展和大戰以前一樣的飛快，甚至更加利害猛進。

(二)聯盟的狀況若何？——大戰後的聯盟比較大戰前的聯盟的意義不曾改變。

第一、聯盟方面的觀察：

法蘭西和比利時爲互相防禦起見而實行聯盟。法國又和波蘭聯盟并且和捷克斯拉夫，巨加斯拉夫結締條約。總之，這一切的聯盟，不是以德國爲目標，就是以蘇俄爲對象。捷克斯拉夫，巨加斯拉夫和羅馬尼亞締結了一個攻守同盟的條約來反抗匈牙利。但是他們對保加利亞也是取懷疑的態度。

希臘同樣的怕保加利亞人，並且和上節已經[illegible]用小國家，時常的賣弄風情。捷克斯拉夫和[illegible]西聯盟，唯一的目的就是阻碍德奧之結合。妥多尼亞，愛沙尼亞和立陶宛也要結合攏來預備共同的給俄國或波蘭以一種擾亂。

至於意大利呢，那正是高唱兵力，搖動和平之聲的時候。牠似乎和法國海上權力互相抗衡，一方面又時常以巧言勾結巨加斯拉夫和希臘。

如此之多的陰謀奸計——我們可以決定歐洲各國從歐戰以後，互相間更加衝突得厲害些。

第二軍事方面的統計

A英國

英國的海軍和美國的海軍相等，英國的空中戰鬥力和法國相等，因此就很足引起英國上軍事的仇視了。如果美國的海軍漸漸擴張，以致較強於英國，那末英國就必然的要發生恐慌了。但是現在事實上法國的空中戰鬥力，很足以使英國望之而生提，因爲這種原因，在國會通過了六百五十六個前線戰具的提議案，也就沒有什麼稀奇了。

至於預備軍的數目，那是保守秘密，實在難以探悉　不過不久以前，英國祇有式百四十個一等防守的砲台——現在却不止於此數了。

我們要明白拜爾，並不是一個迷睡的混徒。他定然要從事於軍事上的預備。他有各種的空中戰具，他還要繼續製造兩隻空中飛行船——每只船的效能是五，〇〇〇，〇〇〇立方尺。

B法國

法國的野心，想練成一技獨一無式的陸軍隊來置德國於死地，同時更要造成最強的空中戰鬥隊，用來騷擾德英兩國，並且想藉海軍之力來騷擾意大利。

第一和第式兩個計畫都已就緒了。因爲法國已經有了五十萬以上的軍隊，簡直沒有對手作戰，一千五百個前線空中戰具以及四千個後備空中戰具了。

再來研究騷擾意大利的法國海軍問題。意大利正恐懼這計畫，所以最近就已經決定了於一九式八年造成十三艘巡洋艦來對付法國的九艘巡洋艦；以五十六艘魚雷對付法國四十三艘魚雷；更以五十八艘潛水艇來對付法國四十式艘潛水雷。因此法國定然以更多的金錢來籌備海軍用來對付意大利。

C意大利

莫索理尼以大部分的精力注重於空中戰鬥的事業。在一九式四年下半季，意大利差不多已經有了六〇〇艘飛機，他個人的編制軍隊的議案已經成就了萬難動搖的定律。這在種定律之下，每年需有式十萬軍人服務十八個月。每年四月間軍隊的數目最高總數爲三十式萬人；到了十月間就漸漸少了，最少的時候，也有十五萬人之多。

D德國

歐戰以後德國簡直沒有海軍和空中戰鬥力可談，牠祇有一隻商業艦船，尚可轉移作軍事之用。自從被協約國限定以後，德國祇許有十萬軍隊。但是據法國最近的報告，德國現在也正想着手軍事之預備。

E俄國

蘇俄的軍事委員福羅西祿夫最近申稱俄國軍隊有五十六萬式千人，爲鞏固社會主義的社會發展起見，不久就可以增加到一百萬人之多。但是以經濟的關係，一時尚難完成。講到他的海軍方面，簡直沒有什麼，但是他有三百只飛機，最近牠又要向德國預定九百只飛機。

F波蘭

波蘭的軍隊超過式十七萬五千人，還有一百式十只空中戰鬥機，這種軍隊的設備是由法國盡力供給的，并且由法國軍官訓練的。

G西班牙

西班牙軍隊約有式十六萬式千人；曾以十五萬兵力在摩洛哥彈壓里夫人。

H其他

捷克斯拉夫和巨加斯拉夫大約均有十五萬人，羅馬尼亞約有式十萬人。餘不及，總之，自從歐戰停止到現在，歐洲各列強——帝國主義國家莫不積極的籌備軍械，繼續着明爭暗鬥，不久，第二次大戰又要爆了。革命的國家等待着！

黃埔日刊 （星期四）

革命之路

從兩封信上得的教訓

從周

我有一個青年親戚，沒有讀過多少書，一向就在家裡幫助他的父親經營商業。他父親經商的成本費，到也有兩三萬金。他最近一連寫兩封信給我，牠的內容，却很值得注意的，抄錄如下：

第一次來信，說：『……我將要永久的困死於商界了：我不能爲國家出力，那能算是一個人呢？……』

第二次來信，說：『……你在廣東工作，到很快樂呵！我現在和我的父母再也不能融洽了，去了，我想丟開了我的家庭，來到國民黨部加入黨籍，解除我的痛苦……』

從這幾句很簡明而悲切的話音中，可以用推想得到下面的結論：

(一)一部分小資產階級—小商人等，感受了一種壓迫以後，他定然的很情願不顧一切投身革命隊伍；

(二)現在已經有一部分的小商人，已經有政治生活的需要了。不一定是知識分子都有新生活—革命的要求；

(三)一部分的小資產階級—小商人等，已經認識了廣東是一塊光明燦爛的乾淨土；

(四)這般小商人更其明白國民黨是解放一切被壓迫階級的唯一的武器。

我們得了這凡個革命的原則，就應當應用到實際的革命工作上去，因爲列甯曾經告訴我們：『沒有革命的理論，決沒有革命的事實。』這就是說有了革命的原則，就應當應用到實際的工作上去，尤其是目前後方政治工作。所以我們應當注意下列由理論演繹得來的實際的策畧：

一．應當清切的，痛快的，盡量的指出民衆的痛苦和悲慘，完全是軍閥和帝國主義，尤其是英國帝國主義的恩賜品；——敎他們認清楚了自己的敵人；

二．將他們組織起來，以相當的政治教育訓練他們，使他們更加認識本黨的三民主義和本黨指導下的國民政府是爲民衆利益而奮鬥而努力；

三．除去向工農階級宣傳外，對於小資產階級分子也當盡量的宣傳，使他們自願的投入革命的隊伍。

三月十二的默哀（三續完）

無邊的碧海，
奏起雄渾的哀調！
穹窿的天際，
滿佈沈默的愁意！
這樣悲壯的節奏，
竟令我憶起偉大的人寰！

……

哭訴呵！這如影的人生，
如雲之一散，如水之一濺；
那能如黃昏的斜陽，
千古風光不變！
可憐呵！可憐，
未酬生平之願，
便丟了這樣的塵寰！
遺下的偉大的印像，
焰焰的如晚上的火雲，
皎皎的如午夜的皓月；
是你永久的晨光，
是你精神的寄託！

……

可是死別生離，
却是宇宙間的人情！
痛心呵！去年此時，
喪失的情懷何處？
追念的心呵！普天依依，
欲駡蒼天反無語，
祇是傷心便是見天時。
何以訴我之悲！
度一曲……
高歌來當哭，
可是歌方唱，
眼已酸，
一顆一顆珠淚在眼邊，
是悲風颯颯，是淒雨漣漣！

……

呵呵！海上的松濤喲！
呵呵！眼裡的淚浪响！
是共同悲哀的火把，
湧着，洒着，焚着，
呵！焚破古王宮的天下！
呵！湧起新生命的大同！

北伐戰爭與中國民族解放

入伍生第一團二連 石干城

在每個戰爭未發生以前，必定有一段造成此戰爭的背景，而此戰爭的價值，可視其發生的背景而定；并此戰爭結果後，所造成之新局面的預定，也就視此戰爭的價值如何。

根據上面的說法，所以知道要討論這次北伐的價值和結果，就不得不追溯北伐戰爭之背景。

中國民族自從鴉片煙戰爭以來，數十年中受重重的壓迫，忍無可忍！於是，由消極的抵抗，進步到積極的抵抗；由泛散的抵抗，進步到有組織有團結的抵抗。以至去年「五卅」的那一天，遂與帝國主義直接觸大大的爆發起來！發生出震驚全球的「五卅」慘案。所以五卅運動是中國歷史上空前未有的壯舉！是全國各階級反帝國主義聯合戰線的開始，是中國民族在帝國主義鐵蹄下作大規模的反抗的大戰爭。

從「五卅」慘案以後，民衆的勢力，因屠殺而緊漲，繼續不斷的奮鬥，以致影響到中國全境，如九江，青島，漢口，重慶，廣州各處，都前後發生慘案。經這幾次屠殺：一方面因帝國主義者和軍閥的壓迫；一方面因民衆的反抗。於是由「五卅」運動一變而爲反奉運動。

結果被帝國主義直接援助軍閥，向民衆勢力進攻，反帝國主義的高潮，遂因此沉寂了，而形成中很應個到反動的局面。他們不單是盡量反向他們統治下的民衆壓迫摧殘；他們更想趁這個時機，去撲滅領導中國民衆的國民政府，所以國民政府，就毅然決然出師北伐了。所以北伐是中國民族運動與反動勢力的大戰爭，也就是中國由鴉片煙戰爭以後，數十年重重壓迫，和民衆由覺悟而反抗的背景，造成「五卅」慘案！由五卅慘案以後的幾次慘案的背景，造成反奉戰爭！再綜集「五卅」以來的幾次慘案幾次戰爭的總結局；簡言之，北伐是中國民族解放的唯一出路，是中國民衆本身需要[illegible]全世界被壓迫民衆民族的福音！

中華民國十五年八月二十日 黃埔日刊副刊 （星期五） （第五版）

完成先烈未竟志願！

目次

廖先生殉國週年紀念日敬告民衆

何香凝

今天是廖先生殉國週年的紀念日，去年今日廖先生所流的血，是爲世界被壓迫民族求解放，爲中國民衆除痛苦，承總理遺志而犧牲，廖先生爲人的死是很光榮的，他之死是爲人類不平等打開一條血路給我們前進……

我對於廖陳二先生的印象

廖黨代表死後一年來黨內外之變化

熊銳

中華民國十五年八月二十日 黃埔日刊副刊 （星期五） （第八版）

繼續廖黨代表奮鬥精神！

紀念廖黨代表應有的決心和責任

喬茂材

光陰真快呵！我們的導師，民衆的領袖廖黨代表殉國的週年日子就到了！

回憶廖黨代表之致力于革命工作，可以說自總理而後，比任何人還偉大。其奮鬥犧牲的精神，自英士，執信而後，也比任何人有價值。任勞任怨，背助總理改組國民黨，團結真正的革命黨員，來陶汰一切反革命假革命的黨員；背助校長，創辦黃埔軍校，練成真正的革命軍隊，來掃除一切反革命假革命的軍隊；根據總理所定政策，扶植農工運動，開了革命的新紀元，產生了革命的新生命；以不妥協的精神和澈底革命的手段，領導我們武裝黨員和農工民衆，與一切帝國主義者及一切反革命假革命派，作殊死戰。……

我們今天在這紀念廖黨代表殉國週年悲痛日子，應該拭淨傷心的熱淚，繼續廖黨代表的革命精神，不覺悟的應該覺悟起來，不團結的應該團結起來，凡每個同志，均應具下列之決心而負其責任：

1. 繼續廖黨代表的責任，不獨要革軍閥與帝國主義者的命，並且要革「反革命派」的命；
2. 繼續廖黨代表扶植農工運動的工作，替農工階級，打倒壓迫他們的力量；
3. 繼續廖黨代表領導省港罷工工友們的反帝國主義的精神，一致擁護省港罷工，以求最後之勝利；
4. 揭破帝國主義和反革命假革命派，利用討赤反共的陰謀毒計，緊緊團結國民革命的聯合戰線；
5. 遵守蔣校長關於追悼廖黨代表的訓話，第一要反對反共產派，其次是代廖黨代表復仇；

紀念「八月二十日」廖仲愷先生的殉難

林劍儒

廖黨代表精神不死！

中華民國十五年八月二十日 黃埔日刊副刊 （星期五） （第七版）

廖黨代表精神不死！

紀念廖黨代表的幾個重大的意義

二團四連 焦桐

廖先生之死與社會

江董琴

中華民國十五年八月二十日 黃埔日刊副刊 （星期五） （第六版）

繼續廖黨代表擁護工農利益！

廖黨代表週年紀念

陳達湘

今日何日？誰能不記得今日是我們革命的領袖廖黨代表被帝國主義的走狗暗算的一天！在這十分沈寂的今天，使我們起了無限的沈痛與繫念；然而我們不用像小孩子一樣號啕的大哭一場了事，我們應該加倍的努力檢閱我們的軍隊——工農商學兵，勇敢的極積地表示我們的力量，向帝國主義者及其工具示威警告……

紀念廖黨代表

鄭庸

廖黨代表死了，廖黨代表被帝國主義及其走狗反革命派刺死一週年了！他所以被刺的緣故，我們可以從他的言論行動上看得出來：

廖黨代表的死

登

廖先生說：「革命是我們唯一的出路，我們不獨要革軍閥與帝國主義者的命，并且要革反革命派的命，這才是澈底的革命工作」

中華民國十五年八月二十日　黃埔日刊副刊　（星期五）　（第五版）

目次

廖先生殉國週年紀念日敬告民衆

何香凝

今天是廖先生殉國週年的紀念日，去年今日廖先生所流的血，是為世界被壓迫民族求解放，為中國民衆除痛苦，承總理遺志而犧牲，廖先生個人的死是很光榮的，他之死是為人類不平等打開一條血路給我們前進，我們若希望達到這光明的道路，我們應大家團結起來，一致對外取消不平等條約，還我國家自由，那廖先生的死才是有價值的。

回憶國民黨改組的時候，因有許多人反對，廖先生說：「改組是求吾黨主義之實現，是必要的，改組以後，還須完成兩件事，就是建立軍校及扶植農工，但建立軍校，要有統一的組織，統一的意志，及統一的精神；扶植農工，則要使他們了解中國的現狀，並指導他們循着政治的軌道而行。此二事若有所成，則國民革命必能成功，國民的前途也有很大的希望；若不能成功，我寧殉主義以成仁，也不願偸生以受辱。」但現在我們既不能抵抗帝國主義的淫威，又未能剷除軍閥（張作霖，吳佩孚）的覇道，不平等條約更未能消除，日處幾重枷鎖之下，我們從前有很光明的歷史，近百年來國家這樣落後，凡是國民也應負一個責任！然而目前這個痛苦情形，不能解脫，我們是不是忍辱偸生呢？

我親愛的民衆們！我們若不想偸生忍辱，就應臥薪嘗胆，不畏艱辛，共同奮鬥，直至達到國民革命成功為止。但我們看見自己團體之中，尙有互相殘害的，着實令我萬分痛心！現在我們處在四面受敵的中國，譬如坐在一葉孤舟，同受着兇濤巨浪的打擊，我們應當同舟共濟，逃出險境，達到安全之地。現在我們全國的國民，同在這葉孤舟之中，當然大家都熱心努力共求解脫，不過當大家搖舟用力之際，以致槳櫓相觸，但我們不要因此生出嫌隙，介蔕存心，因而減少行船的速度，給敵人以破壞自己的機會，延誤自己的行程！

我親愛的民衆們！我們若稍有意氣存心的時候，應該念及我們是在幾重枷鎖之下，忍辱偸生的，便要大家消除意氣，同舟共濟，衝出四面波濤的苦海，達到光明的彼岸，方才無負廖先生及其他諸先烈所流的血。

我對於廖陳二先生的印象

代英

我對於廖仲愷先生與陳秋霖先生，都是未曾見過面與過教言的。不過我的腦筋中却久已有了他們的印象，尤其是廖先生，我久已認為是篤實努力的革命前輩，然而可以未曾見面領道教言，便通通被帝國主義的走狗們刺死了。

我最初是在建設雜誌上讀着過先生的文章，我由那些文章的材料與筆墨中，可想見先生是如何一個切實的人。我佩服許多革命領袖，但我感覺最能在政治經濟學問上為我們作切實的指導的還要推廖先生。我相信革命家必須要有熱誠與宣傳煽動的力量，但這還是不够的。我們要了解世界上一切進步的政治經濟學說與世界中國現在的政治經濟情形，對於新中國的建設要有很明確有把握的見解。我在這一點上最佩服廖先生，很想將廖先生做自己的一個模範。

到了本黨改組以後，廖先生的努力，更使我欽佩無似。廖先生不但是一個學者，而且是一個很勇敢的革命家。廣東軍政統一財政統一的口號是他提出的，黃埔軍校政治教育的規模是他建造的；廣東的工人運動農民運動是他提倡的。　廖先生痛心疾首於十餘年來黨務之腐敗，併力求黨務之改進，以適應中國革命的需要。他眞是不怕勞苦的，眞是不怕怨謗的，他為了這樣努力的結果，死於凶人鎗彈之下。廖先生的精神，眞是難得的。倘若我們每個國民黨員都有廖先生這種精神，國民黨一定比現在還要進步十百倍，用不着與C.P.爭一日之短長，而自然是唯一的國民革命的領導者，我相信廖先生是我們革命黨員的好模範，他的研究與他的努力工作，都是我們所應當仿效的。

陳秋霖先生平素為人非我所深知，我只記得從前在上海執行部服務的時候，曾經見着香港新聞報陳先生開始改變態度，反對陳烱明，願完全忠實的為本黨努力的一篇長文。我那時對於陳先生卽表示很深厚的好感。陳先生在陳烱明黨徒欺蔽之下，而且又居於香港帝國主義巢穴之中，一旦認識改組後本黨之精神，能毅然自拔來歸，他不怕帝國主義與陳烱明等嫉忌，不怕本黨同志未必能推心置腹，信任不疑，這種勇敢的精神與深切明瞭的覺悟程度，很值得我們讚美。現在陳先生不幸亦隨廖先生而死的，但是我願意陳先生的精神，能為一切誤入歧途的熱烈青年的榜樣，我們用不着掩飾迴護我們的錯誤，我們應當公開承認，而勇敢改過。我們要為我們造自己的新生命，拿現在與將來的努力，抵銷以前一切錯誤。陳先生雖死了，誰不欽佩他是一個革命的先進？誰還無識到敢於摭拾他以前的錯誤，用為抨擊譏刺他的材料呢？

人總是有死的，我們用不着學兒女子一樣為廖陳二先生的死而哀傷，我們要在紀念他們的時候，回想他們一生的行為，我們要決定志向，仿效他們，踏着他們的血跡而努力前進，以繼續他們的生命。讓我們中間產生許多廖先生與陳先生一樣的人，這樣，便可以使廖先生陳先生含笑瞑目於地下了！

廖黨代表死後一年來黨內外之變化

熊雄

廖黨代表死了！被黨內右派分子謀害已經一年了！我雖不識先生之面，但識其革命之精神，人格，和奮鬭以死的代價，頗足激增吾人忻慕，覺悟，和悲痛之懷。

廖先生之生平，其過人的地方自多，尤其難能可貴者，他不是口頭上之孫文主義的信徒，而確是思想上和行動上之孫文主義的信徒，我們讀他許多遺著，莫不合於實際要求，和應乎群衆心理的，如亟謀軍民財政之統一，則對軍閥官僚，不稍假借，倡議執言，以求貫澈。他如黨的改組問題，則極力擁護總理之議，實行總理的農工政策，聯俄政策……以及指出右派的危險傾向，以鞏固黨的組織，卽東征楊劉諸役，都能决策執行，為民前鋒，廖先生是眞正孫文主義的信徒，我們在這些地方就可認識，絕不像黨內少數不肖分子，天天呌自己是孫文主義的信徒　行動上不僅不能實行總理的政策，事實上還要根本推翻呢?!

然而廖先生之死，其身軀固已死了，吾人相信其精神和人格是不會死的，且看一年來黨內外之變化，自可證明，先從消極方面說：第一，因廖先生之死，乃證實帝國主義和軍閥勾結的事實，並且發現黨內右傾分子的陰謀，因此革命勢力更加團結；第二，因廖案發生，使黨內左右派的分化，更為明顯；第三，因黨內起了分化，無形把內部的敵人，次第廓清，帝國主義和反革命派與黨內不肖分子的勾結，也從此打斷了，再從積極方面說：第一，因廖案發生後，黨員分化甚急，革命戰線益固，而宣傳組織更加普遍而擴大，結果使第二次東征成功，兩廣統一，以致形成現今的時局，第二，廖先生之死，其主因是得罪了右派，阻礙了他們升官發財的途徑，換言之，就是因為廖先生決然要實行總理的一切政策——尤其是農工政策，實為他致死的總因，然而廖先生雖死，農工政策的意義，絕未因之而消失，反而得到多數羣衆的了解了。如二三十萬罷工工人的團結奮鬥，一面能致英帝國主義的死命，另一面就是作了鞏固國民政府的柱石，又在農村內已有七八十萬農民的組織，且與軍閥官僚土豪劣紳……拚死爭鬭，維護黨國，卽其例證。第三，廖先生雖死，他的遺產——工農組織，黃埔軍校，財政統一計劃……并不因他死而消滅或中止，而且越加繼續發展，使一切反革命派對着發抖呵：

同志們！尤其是黃埔的武裝同志們！我們當着廖陳兩公殉國週年紀念日，自應十分感傷，追悼，奮勉，努力！繼續他們奮鬭的血路前進！并且要以紀念總理的誠意一樣的來紀念他們，更要以紀念他們的意義，時時來紀念自己，才可消弭危機，不致

完成先烈未竟志願！

中華民國十五年八月二十日　黃埔日刊副刊　（星期五）　（第六版）

繼續廖黨代表擁護工農利益！

走到反革命的路上去！

總括來說：廖先生之死，不是因私仇夙怨而死，是為多數勞苦民衆利益奮鬥而死的，他的生死，對於黨內外都有絕大的關係，我們看一年來黨內外之變化，就可了然，然而廖先生死了，遺下的責任誰負？還顧四郊多壘，蕉苻遍地，內部之團結未固，外來之隱患正多，弔死傷生庸何有濟？革命同志，我們其負起廖先生未竟事業之責任，其速奮起！

廖黨代表週年紀念

陳遠湘

今日何日？誰能不記得今日是我們革命的領袖廖黨代表被帝國主義的走狗暗算的一天！在這十分沈寂的今天，使我們起了無限的沈痛與繫念；然而我們不用像小孩子一樣號啕的大哭一塲了事，我們應該加倍的努力檢閱我們的軍隊—工農商學兵，勇敢的極積地表示我們的力量，向帝國主義者及其工具示威警告「廖黨代表逝世已經一年了，固然我們受了極大損失，可是他的遺訓不僅永遠的存在，而且我們已經繼續的實行了，目前革命氣勢高漲，革命根據地亦日漸擴大，革命勢力的團結更加鞏固等事實確可證明我們的成功—求中國之自由平等……快要實現，野蠻的帝國主義及其走狗們，亦將要壽終正寢了．

同志們！繼續總理工作最勇敢的廖黨代表去世一年了，在這一年當中，已經肅清黨內的反革命派，統一兩廣，組織成功一百多萬工農，訓練七八軍武裝兵士，而且正式北伐，把帝國主義的走狗打的落花流水，可以有三省革命基礎，我相信到了明年今日，我們應有全中國作基礎，所以我們毫不客氣的向敵人—帝國主義，軍閥，官僚及一切反革命者作一個嚴厲的警告：你們不要歡喜，不要狂笑，我們的領袖廖黨代表雖去世，而我們幾千百萬的民衆正跟着他的遺訓繼續奮鬥，不由你們不在我們刀槍之下去討生活啊！

同志們！親愛的同志們！固然，在客觀條件上，同志們的國民革命，很覺俱備，但同時要對於我們領袖的遺訓『中國目前頂大的缺點，不是沒有人材，實在是沒有統一的組織，沒有統一的精神，所以許多毛病都發現出來』『從前中國之所以失敗，是由於大家拿刀槍殺自已，不是去殺反革命派，所以革命才沒有成功』『官僚軍閥與帝國主義，是我們全國人民的公敵，那一派人代表民衆來打銷這兩種力量，便是革命派，估我國人口最多的是工農階級，那一派替農工階級打銷壓迫他們的力量，便是革命派。反而言之，凡與軍閥帝國主義者妥協並壓抑農工的人們，便是反革命派．』記着，永遠記着，而且更要這樣的努力的做去，才不失我們紀念的眞義，才是打倒敵人的要訣。末了我們大家要高呼

廖黨代表的精神不死！

繼續廖黨代表未竟的工作！

紀念廖黨代表

鄺庸

廖黨代表死了，廖黨代表被帝國主義及其走狗反革命派刺死一週年了！　他所以被刺的緣故，我們可以從他的言論行動上看得出來：

他曾說過：『在殖民地半殖民地的國民革命運動，在殖民地半殖民地的國民黨中，必然發生革命派與反革命派』『革命實在是我們惟一的出路．我們不獨要革軍閥與帝國主義者的命，我們並且要革反革命派的命，這才是徹底的革命工作』『官僚軍閥與帝國主義，是我們全國人的公敵，那一派人代表民衆來打銷這兩種力量，便是革命派；估我國人口最多的是農工階級，那一派替農工階級打銷壓迫他們的力量，便是革命派．反而言之，凡與軍閥，帝國主義者妥協幷壓抑農工的人們，便是反革命派』

他原是一個知識階級，因為受良心的驅使，放棄階級地位，願與平民為伍，為實行國民革命而努力。　他自辛亥革命起，直至去年的今天——一九二五年八月二十日，被帝國主義及其走狗反革命派暗殺於廣州中央黨部門首時止，十餘年來，所接觸的環境是被壓迫階級的環境，所最接近的人物，都是革命分子．癸丑革命，許多黨員主張不動，他和孫總理却是極端主張動的；失敗了，絕不短氣，甘心情願受苦受難，逃往海外做亡命之徒，以謀再起．　尤其是近數年間，他那種奮鬥犧牲的革命精神，特別的豐富，特別的熱烈，特別的奮發，對於孫總理的帮助，對於國民黨改組的努力，對於帝國主義及其走狗軍閥官僚慘酷壓迫之下農工羣衆的接近，對於黨立黃埔陸軍軍官學校和黨軍的負責，對於東江之役和廣州之戰的拚命，對於國民政府主張「財政統一」「民政統一」和「軍政統一」的認眞，可以說是再好沒有。　還在我們同志方面看來，當然是個最高尚最純粹最忠實最可敬愛的好領袖，國民革命的好導師；但在帝國主義及其走狗反革命派那方面看來，當然要說他是個危險人物，視為眼中釘，認為共產黨，欲得而甘心，他的言論行動如此，萬惡的環境又如彼，安得不遭嫉忌而被刺呢？

廖黨代表死了，廖黨代表為實行國民革命而被帝國主義及其走狗反革命派刺死一週年了；但是，我們要知道：廖黨代表的肉體雖死，然而他的革命精神尚存。因為他的革命精神已經彌漫於被壓迫階級的農工兵中，將來只有發揚光大，永遠不會消滅．　現在我們紀念廖黨代表，絕對不是崇拜偶像，我們紀念廖黨代表的重要意義，是：

（一）廖黨代表的革命歷史，高尚純潔，熱烈悲壯，可為本黨各同志的模範；

（二）廖黨代表與平民為伍，接近革命分子，使自身平民化革命化；

（三）廖黨代表能夠實行　孫總理的一切主張—尤其農工政策，不遺餘力，影響所及，東江之役和廣州之戰以及各次大小事變，得到農民工人的帮助而獲大勝利為本黨建立堅固的基礎；

（四）廖黨代表做革命工作，只問於農工及其他一切被壓迫的民衆有無利益，此外一切不顧，明知帝國主義及其走狗反革命派有行刺的陰謀視若無物，仍然在革命之路上勇猛前進；

（五）廖黨代表逝世一週年了，我們照例開紀念會，不必故意哭喪着臉而悲傷，要繼續廖黨代表為農工及其他一切被壓迫的民衆而流血！

廖黨代表的死

登漢

流水般的光陰，眞過去得快，我們犧牲了的先烈的一個最悲痛底紀念日便已到了！去年底今日，不正是我們廖黨代表在中央黨部門前流血，身殉黨國的一天嗎？在過去一年當中，吾黨同志們的心坎裡，應當如何的時時刻刻去追念廖黨代表？尤其是我們黃埔的同學同志，更須如何格外的努力奮鬥去承繼已死的廖黨代表的遺志，去為廖黨代表報仇？

當去年我們旅行北江，師次漣江車站的時候，忽然接到廖黨代表被難的噩耗，上自總隊長下至學生士兵伕役，無一不扼腕痛惜，腦神經像受了電觸一般，大家左臂纏一塊黑紗以誌哀，又好像是蠹經從我一樣，一片靜肅慘淡的景象印入我眼簾時，那柔弱的心弦竟被彈動了，愛哭的眼淚也跟着流起來了。我們唯一的革命領袖——總理逝世不滿半年，今又損失了一員最勇敢最奮鬥而且最誠摯偉大的健將——廖黨代表，像這樣的重大損失，那得不令人心悲，不為黨國前途痛哭！

屈指十年之間，吾黨犧牲的人才實在不少，民五英士先生殉難滬上，民九執信先生殉難虎門，民十一仲元先生又殉難廣州；但此時還有　總理在，能領導一切，我們不怕走錯了路。由去年三月十二　總理不幸逝世了，我們當還哀苦悲痛中聊可自慰者，就是還有個廖黨代表繼續總理的精神；誰知到了八月廿日又被敵人暗算了！轟轟烈烈的死，浩氣長存，固然是令人馨香紀念永矢弗忘的；但吾黨中肯任勞怨像廖黨代表一般的奮鬥，犧牲精神者能有幾人？今一旦失去，寧非吾黨最大的損失嗎？

刺死廖黨代表的兇手陳順的口供，說「廖仲愷是共產，故要刺死他．」同志們！赤化，過激，共產，這六個字就是反革命派利用來殺人的武器，帝國主義者和軍閥利用來誣陷革命團體壓服革命潮流的口號．我們從陳順的口供分析起來，就可明瞭廖黨代表的死，全是反革命派，軍閥，帝國主義者，互相勾結，早已處心積慮的必欲將廖黨代表置諸死地而後快，以便他們推殘革命精神所寄託的黃埔軍校和領導國民革命的國民黨！誰知革命的精神，不惟沒有絲毫的損失，反因此而愈猛進，氣燄大張了，這眞是出乎他們所夢想不到的結果．

總理的聯俄政策，廖黨代表的努力惟最多，中國國民黨改組後容納共產份子，廖黨代表的贊助之功亦很不少，——聯俄，容納共產份子共同努力，在同一的目標，携手到革命戰線上去打倒軍閥和帝國主義，這就是他們所認為赤化，一切反革命，軍閥，帝國主義者的大仇人，「赤化赤化」，廖黨代表不得不死了！

中國國民黨改組以後，無論你是老黨員，新黨員，有違背黨紀的時候，一律不客氣地嚴厲執行紀

中華民國十五年八月二十日　黃埔日刊副刊　（星期五）　（第七版）

廖黨代表精神不死！

律，尤其是廖黨代表的做事澈底，毫不妥協，那一種不屈不撓的大無畏的精神，誰也是恐懼戰慄的。初次東征陳逆和剿滅楊劉諸役，均用斬草除根手段，毫不留絲毫餘地，使之有死灰復燃的機會，像這種過激的精神，那得不大遭敵人忌恨和暗害！『過激過激』—廖黨代表亦不得不死了！

廖黨代表一心輔助總理，傾全副精力以期完成國民革命，次第實行總理的三民主義，尤其是民生主義要使大家得到衣穿飯吃，特別是努力農工運動，深得民衆的信仰，眞不愧算得一個到民間去的革命實行家，總理說「共產主義是民生主義的理想，民生主義是共產主義的實行」「共產共產」廖黨代表又不得不死了！

同志們，刺殺廖黨代表的兇手，不是一個無智識的工具陳順，也不是一個反革命派甘爲帝國主義走狗的朱卓文，眞正主謀的兇手要犯，實在是世界帝國主義之王——大英帝國。同志們，我們須認清我們唯一的敵人，認識刺殺廖黨代表的正兇，努力去打倒他爲廖黨代表報仇雪恨，纔不負 先總理苦心經營，艱難締造黃埔軍校的用心！纔不愧是廖黨代表的學生！纔不愧 校長興學敎戰的希望！我們在今天悲痛哭泣紀念的週年中，大家應當如何纔不忘却廖黨代表的？我們一致的大聲呼着

廖黨代表精神不死！

打倒一切反革命派！

貫澈聯俄聯共擁護農工的精神！

紀念廖黨代表的幾個重大的意義

二團四連　焦桐

我們最忠實，最勇敢，最能使言論與行動一致的廖黨代表——仲愷先生，於去年今日—八，二十，—爲帝國主義的走狗——反革命派，用極卑鄙極慘酷底暗殺手段，而「成仁」於中央黨部門前。從此工農的慈母，與革命軍人的導師，丟下他未竟的工作，交給了後死的同志。先生數十年來，爲黨國奮鬥，不避艱險，不畏困難，鞠躬盡瘁，死而後已。我們在此滿一週年的悲壯雄偉的紀念日當中，應如何繼先生之志，述先生之事，以完成先生未竟之工作，而盡了先生遺交我們的責任呢？我以爲第一件便是應秉承先生的精神，更努力的去扶助農工的發展。

我們知道自從廖黨代表幫助 總理將國民黨改組後，復襄助 總理定下了農工政策。殆 總理北上死後，而能本 總理政策，履行農工運動者，便首推先生。能本大無畏的精神，不避「赤化」的嫌疑，（當時反動派散播謠言，說廖先生要實行共產，是赤化黨。）深入農工群衆，親加指導，組織促成農會工會之發展者，厥爲先生。先生曾經說過：『那一替農工階級打消壓迫他們的力量，便是革命派，反而言之，凡與軍閥帝國主議者妥協，並壓抑農工的人們，便是反革命派。』又說：『挽救農工，即所以挽救中國。』我們從這幾句簡單的說話裡面，就可以看出先生全副革命的精神，完全貫注在總理所手定的農工政策上面，而是爲大多數農工勞苦羣衆謀利益的。——當然先生也不是忽畧其他階級利益的——因此促成了爲民族爭生存，爲國家爭光榮的省港大罷工。數十萬有組織的工友，在廖先生指導之下，對一世强梁之英帝國主義者作殊死戰而不稍退讓。此次之所以能由經濟鬥爭，出發到更有意義之政治鬥爭，要皆廖先生提挈捧扶之力也。

不但此也，先生爲農民的痛苦，曾親身到中山，東海，十六沙，……對農民演說，指導他們組織農會和農民自衛軍。使農民的團結愈緊，而對于國民政府之認識與擁護亦愈眞切。因此，掃平楊劉，肅清東江與南路，使兩廣得以統一；直接間接得了農民不少的幫助。由此我們就知道廖黨代表的確是總理的繼承者，是工農政策的執行者，是眞正三民主義的實行者，——因爲他能本着「喚起民衆」之旨，以貫澈總理的主張，知道國民革命的成功，和國民政府的基礎，不根本建築在民衆——尤其是農工身上，是終久難以穩固，基礎還有動搖顛覆崩潰之危險！我們在廖黨代表離開我們去世的週年紀念當中，除了本着廖黨代表的犧牲精神去供獻革命之外，我們還不要忘了廖黨代表生前爲扶助工農運動發展的精神和遺志，應當承繼着努力去履行！過去的不說，現擺在我們眼前的省港罷工，不是因狡滑險詐的香港政府推諉卸責解决無望了嗎？數十萬罷工的工友，不是仍在那裡忍飢挨餓，拼命奮鬥嗎？我們應如何設法援助，使罷工勝利，予怙惡不悛的英帝國主義者一嚴重地打擊，而使廖先生對付敵人的武器——罷工，不至於失敗？這是我們紀念廖黨代表應該明瞭的第一個重大的意義。

再看廖黨代表生前所培植的農會和農軍現在又怎麼樣呢？事實已盡量的告訴了我們：不是受民團的蹂躪，便是遭貪官污吏劣紳土豪的剝削括取，甚至串匪打劫，或誣農會爲盜匪，擅加逮捕，治以非刑，或徑直執行槍斃（如最近高要，三水，廣寧等處）使成千累萬的窮苦農民，流離失所，飄泊無歸，田園荒蕪，室家墟燼，呼援求救之哀聲，令人聽之心酸淚下。而一般暴虐的縣長，和不法的軍隊，對此不但不能引起他們的慈悲之念，反衝動了他們惡獸的野心，更施以殘暴之舉動！像這種破壞總理手創的農工政策，摧殘廖黨代表苦心孤詣所栽培的嫩苗——農會，不僅爲我們在生的同志所唾罵反對，而且假使我們 總理與廖黨代表在世，他們必定更要痛恨切齒斷然去嚴辦他們：在這個紀念的日子中，我們應如何設法使總理手創的農工政策不爲這些反叛所破壞？廖黨代表所培植發展的農工運動不至中道而崩殂？我們只有準備着向這些破壞農工政策的叛徒作戰，更要向摧殘農會的强盜們進攻！才能這樣，才能算繼承 總理和廖黨代表的遺志！才能使廖黨代表襄助 總理所定的農工政策永得弗墜！這是紀念廖黨代表的第二個重大的意義。

廖黨代表在國民政府成立後，最大的决心就是：（一）統一軍政，（二）統一民政，（三）統一財政。我們曉得以前的驕兵悍將，貪官污吏，强行種種苛捐雜稅人民罹此困苦，幾至不能聊生。建築在民衆利益，尤其是農工利益的廉潔政府，當然非使軍民財政都統一不可。現在軍政統一是不成問題了，可是，貪官污吏，苛捐雜稅，依然在國民政府鞭長莫及的遠縣潛滋暗長，若隱若現地存在着。（如三水縣長楊宗炯勾結劣紳組織「三水公會」出頭苛抽，另抽人口捐，每人月抽六毫，和其他縣內包庇煙土，私訂稅律等。）這種花樣翻新，巧立名目的剝削人民的違法機關，是我們的廖黨代表生前最痛心疾首，誓死反對的。我們紀念先生，更當怎樣使這些爲先生所深惡痛絕的，剝削人民的駢枝機關，一掃而清，不再遺毒民間，倘能使那些民賊民蠹，滅跡消聲，不再重苦民生，則庶幾先生的計畫得以實現，而革命的基礎亦得以永久鞏固矣。這是我們紀念廖黨代表的第三個重大的意義。

我們能本着上面的三個重大意義實行做去，今天的紀念，才算得不失掉偉大的意義！我們應當高呼：

實現總理的農工政策！

繼續廖黨代表的農工運動！

打倒破壞農工政策的叛逆！

反對摧殘農會農村的民賊！

一五，八，一四夜，于黃埔校。

廖先生之死與社會

江雄風

當國際資本帝國主義，和封建社會遺流下來的國內軍閥，彼此壓迫最利害的一個時期當中，相距沒有好久，喪失了一個革命的導師孫中山先生；一班民衆正在流淚未乾，相繼又喪失了一個繼承中山先生遺志，最忠實，最刻苦，致力于國民革命，的廖仲愷先生！這不僅是國民黨的損失，黃埔的損失，乃是全中國民衆的損失，東方弱小民族的損失！

三月間中山先生逝世後，全國的民衆如同喪失了考妣一樣，國民黨的聲勢幾乎冷了一半，在這時期當中，帝國主義和軍閥以及一切的反革命派都眉開眼笑的以爲國民黨從此便無存在的希望了，誰知經廖先生諸人之奮鬥，結果才給了他們大大的一個失望！

廖先生是反對國際資本帝國主義最勵害最堅决的一人，是籌謀軍政民政財政統一最努力的一人，同時又是援助幷領導罷工工人最出力的一人，因此便惹起了香港帝國主義者之深嫉痛恨，惹起了一般反革命派的軍人和失意的政客之深嫉痛恨；同時香港政府又明白了此次罷工之堅决和延長與夫國民革命軍的如怒潮般澎湃的勢力，都是足以使他們受着當頭的重大打擊，簡直是他們的致命傷！于是最努力于這些工作的廖先生便不能不成爲他們的眼中釘了！結果是帝國主義者以金錢收買其走狗——反革命派，以謀殺孫文主義的實行家，廖仲愷先生，以動搖香港罷工，以破壞農工運動的陣脚，以撲滅領導民衆革命的國民黨，嗚呼！去年八月二十日中央執行委員會

中華民國十五年八月二十日　黃埔日刊副刊　（星期五）　（第八版）

繼續廖黨代表奮鬥精神！

門首的槍聲一响，廖先生死矣！帝國主義者與反革命派謀殺之計售矣！但是，帝國主義者，與反革命派們！這種毒計毒則毒矣，兇則兇矣，然而究竟於你們有什麽好處！睜開你們的猙獰眼來看一看，現在國民政府的基礎更因廖先生之死而穩固，因為廖先生之死是肉體的死，其精神已深入于革命戰士的腦海，革命戰士，反因廖先生之死，而加倍的努力向帝國主義和軍閥——反革命派進攻。

你們自已來看啊！從去年八月二十日到今年八月二十日，在這週年當中把廣東來統一了，并且還要北伐，若到了明年後年，革命可以說是成功了，不然，最小也可以打倒國內一切軍閥和反革命派，各位革命的戰士們！你們紀念廖先生全在悲哀歷？流淚麽？這當然是錯了的，我們紀念廖先生，就是要努力革命，繼續廖先生未完之工作，這才是天今紀念的一個很大的意義。

紀念廖黨代表應有的決心和責任

喬茂材

光陰真快啊！我們的導師，民衆的領袖廖黨代表殉國的週年日子就到了！

回憶廖黨代表之致力于革命工作，可以說自總理而後，比任何人還偉大。其奮鬥犧牲的精神，自英士，執信而後，也比任何人有價值。任勞任怨，背助 總理改組國民黨，團結真正的革命黨員；背助校長，創辦黃埔軍校，練成真正的革命軍隊，來掃除一切反革命假革命的軍隊；根據 總理所定政策，扶植農工運動，開了革命的新紀元，產生了革命的新生命：以不妥協的精神和澈底革命的手段，領導我們武裝黨員和農工民衆，與一切帝國主義者及一切反革命假革命派，作殊死戰。東江賴以肅清，楊劉賴以戡定，復又領導沙基巡行，指導省港罷工，更努力民政軍政財政之統一，革命事業，突飛猛進，遂造成廣東統一的今日之局面。因此，嚇得一切帝國主義者和一切反革命假革命派，魂飛魄散，屁滾屎流，廖黨代表遂成衆矢之的，八月二十日，竟遭敵人暗算，血染中央黨部門首而長逝了！在廖黨代表，為黨國犧牲，固無遺憾，我們後死的武裝黨員和農工群衆，乍離 導師領袖，瞻前荆棘，後顧茫茫，當如何悲痛而傷心啊！

我們知道廖黨代表之死，是為努力澈底革命而死，是解放被壓迫階級和被壓迫民族而死，是反抗一切帝國主義者和一切反革命假革命派而死的，直接殺廖黨代表者，反革命假革命派也，而間接殺廖黨代表者，卽帝國主義也；最可恨可惡的帝國主義，借反共產的宣傳，掩飾他壓迫弱小民族和猙獰殺人的罪過．反革命假革命派，作了帝國主義的應聲虫，借反共產的口號，躲閃他與帝國主義狼狽為奸以狙擊廖黨代表的罪過，哼；反共產三字何等厲害啊！

現在的帝國主義和一切反革命假革命派，為保持他的風燭殘年和特殊的利益，仍用黔驢故技，不斷的向革命進攻，以討北赤的口號，想顛覆接近民衆的西北國民軍，以討南赤的口號，想推翻保護民衆利益的國民政府，以反赤的口號，破壞國民革命的聯合戰線，以反共產的口號，離散革命集中的勢力，挑撥離間，造謠中傷，種種陰謀毒計，無所不用其極了，致使革命根據地，有學生與學生之爭議，工人與工人之糾紛，我們革命的聯合戰線，所受反宣傳的影響實在不少呵！

我們今天在這紀念廖黨代表殉國週年悲痛日子，應該拭淨傷心的熱淚，繼續廖黨代表的革命精神，不覺悟的應該覺悟起來，不團結的應該團結起來，凡每個同志，均應具下列之決心而負其責任：

1. 繼續廖黨代表的責任，不獨要革軍閥與帝國主義者的命，並且要革「反革命派」的命；

2. 繼續廖黨代表扶植農工運動的工作，替農工階級，打銷壓迫他們的力量；

3 繼續廖黨代表領導省港罷工工友們的反帝國主義的精神，一致擁護省港罷工，以求最後之勝利；

4. 揭破帝國主義和反革命假革命派，利用討赤反共的陰謀毒計，緊緊團結國民革命的聯合戰線；

5. 遵守蔣校長開追悼廖黨代表的訓話，第一要反對反共產派，其次是代廖黨代表復仇；

有了如此的決心和責任，總理所定的農工政策，廖黨代表的扶植農工運動，才能發展而無碍，現在北伐軍已與帝國主義的工具軍閥短兵相見了，為前方勝利計，為後方黨固計，均賴廣大民衆之勢力，尤其賴占全民中百分九十以上之農工勢力也。我們在紀念廖黨代表殉國週年熱烈大會中，應高呼：

繼續廖黨代表扶植農工運動！

完成國民革命工作！

廖黨代表精神不死！

紀念「八月二十日」廖仲愷先生的殉難

林劍鱗

「八月二十日」這個悲哀和痛苦的日子，在國民革命史上，有很大的意義和價值。革命的羣衆中無論那一個，尤其是革命軍人和農工階級的戰士們！更都要用十二萬分悲哀和痛苦來紀念他，來追悼他，使一般的民衆明白「八月二十日」這天的意義和價值。

在去年「八月二十日」這天是我們革命羣衆的導師，農工階級的慈母，國民黨的健將，廖仲愷先生被敵人——帝國主義者和反動派——買了凶首刺死在惠州會館中央黨部門首（現時全國總工會）的日子，同時又是國民革命羣衆損失了導師，農工階級損失了慈母，國民黨損失了健將的最悲哀，最痛苦的一個日子。

「八月二十日」這天是我們革命羣衆——農工戰士，我們革命軍人——武裝的黨員，在十二萬分悲哀和痛苦之中，繼承廖仲愷先生未竟之志，為黨，為國，為民衆的利益，去努力，奮鬥，犧牲，把一切帝國主義者和反動派肅清，來為廖先生雪恥報仇，并且賠償我們羣衆，我們農工階級，我們國民黨所損失的代價，而舉行誓師的日子。

「八月二十日」這天是廖仲愷先生生前努力全民政治，聯俄及農工政策，本黨改組，成立黨軍，掃除反革命派的軍隊，統一廣東財政民政軍政，農工運動，反抗五卅慘案，種種奮鬥的功績，給了敵人——帝國主義者和反動派莫大打擊的結晶，所演成的結果，換句話說是廖仲愷先生數十年來的忠實，仁慈，廉潔，勤奮，不妥協的猛進的精神，到民間去扶助農工的熱心，到前線去衝鋒的勇敢，總結起來說是為了民族民權民生，而奮鬥，而犧牲的精神，所演成的最光榮，最悲哀，最沉痛，大流血殉難的日子。

「八月二十日」這天合着前面所說的意義和價值，所以比任何日子，應該格外紀念他，追悼他，才不失我們紀念所謂「導師」所謂「慈母」所謂「健將」這種景仰的意義和價值。但是我們用什麽方法，來紀念這最光榮，最悲哀，最沉痛，大流血殉難的日子呢？我們很相信，不是單單跑到廖仲愷先生的墓前拜了幾拜，或者叩了幾個頭，流了幾點淚來紀念他，來追悼他；把這有很大的意義和價值的日子，葬在無意識的形式中，就算了事嗎？絕對不是這樣簡單一回事；如果這樣簡單地紀念他，無意識地追悼他，那末就失却了這個有意義和價值的日子的面目，幷且增加我們的罪惡和耻辱。

「八月二十日」這天的紀念，唯一的條件是要紀念這天的羣衆，自今天起，個個要模做 廖仲愷先生生前的勇敢和革命精神，要來繼承他的遺志，去為黨，為國，為民衆利益而奮鬥，而犧牲，實現他未竟的事業，去打倒帝國主義者和一切反動派，廢除一切不平等的條約，開國民會議，把整個的中國統一起來，使中國永遠在國際上政治上經濟上·得到獨立自由的地步，將四萬萬在水深火熱的中國同胞，解放出來，才配說是有了紀念這天的意義和價值。這種的使命和責任，要我們担負起來，作我們在這天紀念廖仲愷先生的表示和決心。

「八月二十日」這天的歷史，我們這些所紀念他的民衆，個個都要明白，才能負起今天我們所表示和決心的使命。這天是廖先生殉難的日子，我們因為景仰廖先生的人格和精神，所以要在今天用十二萬分的悲哀和沉痛來紀念他，來追悼他的。因為這個緣故，我們不怕煩，就將廖先生的人格和精神，寫出來給大家澈底的認識，才能明白今天的意義和價值。同時做這篇的結論，廖先生使我們景仰的好處，總括起來說，不外下面幾種：

（一）對黨和所任的工作十分忠實負責，

（二）具有仁慈，廉潔，勤奮的人格，

（三）具有不妥協的猛進的精神，

（四）具有肯到前線去衝鋒的勇敢，

（五）具有肯到民間去扶助農工的熱心。現在我們應該知道：廖仲愷先生的精神不死！

要團結各界的革命精神鞏固革命戰線繼續廖先生的精神奮鬥！

要繼續廖先生未竟之志擁護出師北伐，統一中國，完成國民革命工作！

中華民國十五年十一月二日〔星期二〕 黃埔日刊 〔第四版〕

論文

◆反對聯共聯俄根本就是反革命

入伍生二團七連李蘭仁

近日黃埔日刊上，登載了好幾篇關於聯共聯俄的文章，把本黨聯共聯俄的理由，說得很詳盡，很透澈，現在我照着『隱藏意見不發表，就是反革命的動機，』的話，來發表一點意見：

中國革命的歷史，已有八十餘年，何以到現在還沒有成功呢？這到底是什麼緣故？我想頭腦清白注意過去革命歷史的人，誰都知道從前幹革命的人和革命的團體，不是各自為戰，便是與舊勢力妥協，不是與舊勢力妥協，便是不注重喚醒民衆，組織民衆，發展民衆的勢力，為自己的後盾；不是所標的旗幟不明，便是沒有明確的政綱，不是沒有喊出適當的口號，以號召民衆，便是紀律不森嚴，不是沒有……運動，以上種種，都是過去革命者和革命團體的錯誤，所以終竟是失敗了，終竟為反動勢力所利用或屈服而白白犧牲了無數勇敢的烈士！本黨總理倡導革命也有四十多年，歷盡艱辛，迄今還沒有成功，近年來，他尋找革命不成功的原因，便得了一個寶貴的教訓—先烈革命方法的錯誤—所以到民國十三年，本黨具世界眼光的總理，毅然決然實行改組，重新頒布明確的正綱，訂定革命的政策——聯共聯俄，擁護農工利益等——嚴整黨的紀律，肅清不革命的份子。改組後，不過一年餘的工夫，黨務已有長足的進步，廣東的反革命派次第肅清了，兩廣統一了，最近北伐軍的勝利，又把英帝國主義頭等有功的走狗——吳佩孚——也打倒了，而且就是帝國主義的砲艦政策也不中用了！這一切一切，都是改組以後的成績呵！唉，多麼有價值而寶貴的教訓——先烈革命觀點的錯誤。

為什麼要聯共，聯俄？我上面講過，已有許多的同志，解釋得很詳細，我此刻要講的，就是反對或懷疑聯共聯俄根本是反革命的話，本黨確定聯共聯俄，是總理在先烈枯骸裏找出來的教訓……

特載

◆土地問題

第四期學生農業特別講演 鮑羅庭講演 沈至精筆記

討論

◆關于「達意爾主義」的問題

雜俎

◆暮氣——赤色日誌之二

黃埔日刊

本刊每份定價一分

啓事

本刊緊要啓事

本刊徵文啓事

政治報告

週言

校聞

◆歡迎中央各省聯席會議代表及軍官政治研究班畢業典禮大會紀略

◆參加廣州各界紀念總理誕辰籌備會消息

◆黃埔四團體慰勞罷工糾察隊

時局口號

1. 擁護革命的中心力量
2. 鞏固革命的聯合戰線
3. 肅清反革命派
4. 政權歸革命民衆
5. 一切權力屬於黨
6. 促開國民會議
7. 各省開省民代表會議
8. 建設廉潔政府
9. 鏟除貪官污吏

本校本週口號

- 遵守革命紀律
- 打破地方觀念
- 擁護農工運動
- 聯合弱小民族
- 打倒帝國主義
- 對英經濟絕交

中華民國十五年十一月二日〔星期二〕 黃埔日刊 〔第二版〕

軍事

◆唐總指揮督師入皖

◆閻周敗退綏平經過詳情

◆曹萬順代理第十七軍長

◆十四十七兩軍合兵克汀州

◆陳嘉謨已解漢口

◆預革命軍斬獲三軍

◆李定魁攜印出走

◆張宗昌派艦攻南京

政治

◆郭沫若升總政治部副主任

◆總司令部救濟武昌被難民衆

◆湖北教育革新計劃

國外

◆留比學生之大示威

◆希臘政黨紛歧

◆德社會黨之活動

◆大英帝國之崩離

◆中比廢約問題仍未解決

◆東方之國際聯盟

經濟

◆第三季廣州批發物價指數

中華民國十五年十一月二日〔星期二〕 黃埔日刊 〔第三版〕

國外

◆英國經濟之衰落

群衆運動

★浙省民衆之盛大集會

★武昌各界籌備迎革命軍

雜訊

◎美報對國民政府之批評

專件

◎萬縣慘案之實際調查

十月革命特號徵文

中華郵政特准掛號立券之新聞紙　中華民國十五年十一月二日（星期二）　第一版　（一）

黃埔日刊

中央軍事政治學校政治部出版
通信處廣東黃埔本校政治部宣傳科
（第一八〇號）
（本刊每份定價一分）

啓事

本刊緊要啓事

熱心投稿的諸位同志：本刊因欲減少錯誤和編輯迅速及其他關係起見，特擬定下列幾條，請煩注意：（一）來稿請繕寫清楚。（二）一律直行。（三）切勿一紙兩面寫，（四）來稿務須署上姓名及何連隊或何部處？以便通訊。

教授部副主任陶樹模啓事

逕啓者：鄙人原名叔懋，現改樹模，業於十月二十二日奉校長黨代表命令，照准公佈在案，嗣後公文函件均用樹模原名，即行取銷特此聲明

陶樹模　十月廿七日

黃埔同學會血花劇社黃埔組徵求本劇啓事

本組爲推廣宣傳應付工作起見擬多備劇本以供臨時需要各同志如能以良作劇本惠贈者無任感盼但限於以下三種範圍之內（一）含有宣傳本黨主義者（二）描寫社會各階級痛苦情形者（三）能引起革命思想者

時局口號

1、擁護革命的中心力量
2、鞏固革命的聯合戰線
3、肅清反革命派
4、政權歸革命民衆
5、一切權力屬於黨
6、促開國民會議
7、各省開省民代表會議
8、建設廉潔政府
9、鏟除貪官污吏

本校本週口號

嚴守革命紀律
打破地方觀念
擁護農工運動
發揚黃埔精神
弱小民族聯合起來
打倒國家主義
對英經濟絕交

本刊徵文啓事

十一月七日（即舊歷十月廿五日），是蘇俄無產階級革命成功之日——即十月革命第九週年紀念日；同月十二日，又是東方革命領袖我們的總理孫中山先生誕生六十周年紀念的日子；在這兩個偉大的紀念日子裏，本刊擬各出一次特號，以表示紀念的誠意和感勉。請各同志多多投些大作，分別於五日及十日以前，交來本刊編輯處，以便彙輯付印爲荷！

週言

政治報告

（一）國際情形　英國帝國會議自十九日開幕以來，連日會議，所已討論者爲經濟問題，交通問題，工業標準問題，帝國防務問題，以及外交問題。惟關于外交之言論，密而不宣。外相張伯倫關于外交事件之言甚長，尤注重于他一手包辦之羅迦訥條約，因各殖民地間多有反對羅迦訥條約中所載之政策的。英礦罷工，或將轉劇。倫敦工聯會與礦工執行委員會開聯席會議，討論向有關係之協會募捐，以救濟工人，并擬封鎖外煤入口。而政府方面仍採用高壓手段，竟以武力禁止集會。且此次自由黨分裂，與罷工大有關係。愛斯葵係自由黨總理，對政府壓迫罷工，隨聲附和，引起勞合喬治派之不滿意，向愛氏施行攻擊，愛氏遂毅然辭職，而自由黨也隨之分裂。將來愛氏一派將與保守黨妥協，而勞氏一派同工黨合作，對于罷工問題當不無影響。

法國閣潮正在醞釀中，佛郎又突然跌價。法國之財政問題，正爲法國政治之上大問題，迭年以來，政府每爲此問題所困。

德國自加入國際聯盟以來，在帝國主義者的國際地位上，似乎增高，英法帝國主義者，欲拉攏德國以自重，德國頗有振興之象。但近日忽傳德廢皇請求返國，將惹起意外之政變，德國或將恢復帝制，美國某大佐竟稱德國帝制運動已有種種端倪，則德國前途，正難逆料也。

（二）國內情形　福建軍事，正在發展中，何軍長已就國民革命軍東路總指揮職。周逆蔭人自潰退後，僅率衛隊二百逃竄，被鄉團擊斃，並梟其首級示衆。南昌方面，我軍已下總攻擊令，不日當有捷電飛來。吳佩孚在河南大唱反攻，然勢窮力盡，終將歸於敗亡。浙江夏超被孫逆軍隊壓迫，業已離省；孫逆並下令通緝蔣夢麟，馬敘倫等。然夏超雖暫時失敗，孫逆內部裂痕益顯，陳調元，周鳳岐等與浙江獨立事早已默契，孫逆已站於必敗地位。上海民黨於二十四日晨，謀奪兵工廠未成，然已足擾亂孫逆後方，促其早日敗亡。

北方政局完全被奉張把持，所謂顏攝閣不過是奉張的傀儡。奉張入關之說，早幾天甚囂塵上；但日人消息，則謂奉張決不入關，奉張爲日帝國主義的走狗，在未得其主人許可以前，吾人可斷定其一時決不入關也。

各地民衆對萬縣慘案均甚憤慨，漢口甯波等處均舉行反英大會；廣州民衆，參加遊行者二十餘萬人，抗英宣傳，日益擴大。

本黨聯席會議於十月二十八日開幕。本週重要議決案，有國民黨最近政綱：關於軍事，婦女，工人，農人，商人，教職員及各機關受職人員等各項，最近外交政策；電慰馮玉祥同志；增加中央黨費等。其他未議之案，由中央議決。

校聞

歡迎中央各省聯席會議代表及軍官政治研究班畢業典禮大會紀略

昨日爲本校軍官政治研究班舉行畢業典禮日期，適值此次中央各省聯席會議代表三十餘人亦於是日來校參觀，故學校方面，於前星期六日，即籌備開一歡迎中央各省聯席會議代表及軍官政治研究班畢業典禮大會。會場即在本校新落成之大俱樂部。當日各代表於上午十時左右抵校，由政治部派員招待，至大花廳稍事休息，即由李副校長領該代表等至會場就席，是日除各代表及軍官政治研究班全體學生外，尚有政治大隊一二兩隊學生及入伍生一團一營學生參加，濟濟一堂，頗極一時之盛。先由李副校長爲主席，至十二點鐘，主席宣佈開會，由聯席會代表致訓詞，大意希望畢業諸生，要本著本黨主義及政策，努力奮鬥等語，繼由李副校長致訓詞，略謂諸同志畢業之後，出去担任工作，有兩點應須特別注意，一即無忘今日之所學，且須繼續加以研究，務使對於軍事政治皆有充分的智識，然後始能立穩脚跟，不至於爲惡勢力所同化，而喪失今日革命的精神，二即出去辦事，須處處留心辦事的方法，天下事硬幹，十有九多歸失敗云云。副校長致訓詞畢，即會同與主任授畢業證書於各該畢業生，繼由該班畢業學生代表致答詞，及宣讀誓詞，最後聯席會各代表相繼演說，詞多勉勵之語，直至下午二時餘始行散會，是日晚間並開映電影，以盡餘興云。

黃埔四團體慰勞罷工糾察隊

省港罷工糾察隊三千餘工友，爲此次反抗大英帝國主義，最有力而勇敢的先鋒隊，彼等經十五個月長期的奮鬥，以其嚴厲執行杯葛政策之結果，內則鞏固了國民政府的基礎，外則使香港幾成爲荒島，現政府爲應付革命環境起見，特將罷工政策改變方針，故於本屆雙十節午前十二時，自動的將各處糾察隊一律撤回，集中省城，改編爲護商隊，仍舊繼續操練，以期奮鬥到底，冀達最後勝利，黃埔各界，咸感時局之嚴重，而欽佩不憚艱險，盡忠黨國之糾察隊，故於上星期六，由本校發起，會同特別黨部，要塞司令部，黃埔農工商學聯合會四團體協贈紅縐幛子一幅，上書『真革命』三字，及盾一個上刻『共作前鋒，互爲後盾』八字，以誌紀念，藉表敬意云。

參加廣州各界紀念總理誕日籌備會消息

本月廿八日，中央黨部以十一月十二日爲孫總理誕生紀念，特由秘書處通函召集各界會議，籌備慶祝總理誕生日辰，是日本校政治部即派高玉峯同志前去參加，開當日下午三時，在中央黨部秘書處樓下開會，到會團體，有國民政府，省政府，中華全國總工會等二十餘團體，計到代表八十三人。由中央黨部代表郭春濤爲主席，旋由主席報告開會理由，略謂孫總理誕生六十餘年，始終無間，而從事於革命，今則其精神主義已爲全世界被壓迫人民所信仰，故吾人對此偉大領袖之誕生日，當有極熱誠之紀念云云。結果一致議決成立廣東各界紀念孫中山先生誕日籌備會，該會組織內容，約分六部，（一）總務（二）宣傳（三）遊藝（四）交際（五）糾察（六）布置，當時並舉出各部正副主任各一人，以期專責進行一切事宜云。

中華民國十五年十一月二日〔星期二〕　黃埔日刊　〔第二版〕　(二)

軍事

△唐總指揮督師入皖

卅一日下總攻擊令

北伐軍自克武昌後，即欲移師北進，肅清妖氛，以便早日結束豫事，旋因樊(鍾秀)部勢力甚厚，並有西北國民革命軍衝出潼關，會師中原，吳逆殘部，不難立平，唐總指揮遂應皖省革命民衆之請求，移師鄂東，業抵皖境，茲據鄧演達豔(廿九)日亥刻自漢口來電，唐總指揮現往鄂東督戰，並已於世(卅一)日拂曉對皖下總攻擊令云。

△曹萬順代理第十七軍長

革命軍第十七軍軍長一職，總司令原擬委任李鳳翔充當，惟因其人陰柔寡斷，畏首畏尾不敢就職，經何軍長來電報告，總司令即委何暫代，惟何自就東路總指揮職後，責任繁重不能兼顧，又改委第十七軍第一師師長曹萬順代理，曹氏已於上月二十四日在上杭宣誓就職，茲將何總指揮來電錄下，

廣州中央執行委員會，國民政府，蔣總司令鈞鑒，頃抵上杭曹代軍長託轉鈞處敬電，文曰，「案奉鈞令開，任曹萬順代理第十七軍軍長等因，奉此，萬順謹遵於養日在上杭就職，并即日啓用軍長印信，除另文呈報，并通電外，謹先電呈，敬祈鈞鑒，國民革命軍第十七軍代理軍長曹萬順叩敬」等語，特此轉呈，尚祈鈞察，職何應欽叩，沁，(廿七日)

△十四十七兩軍合兵克汀州

△敵兵鼠竄　△獲械無算

茲得何總指揮轉十七軍曹萬順師長來電，稱我軍會同十四軍(即賴世璜軍)夏部由東西兩路夾攻汀州，敵聞風潰竄，繳械無算，已於豔(廿九)日下午三時入城云，

△陳嘉謨已解漢口

卅日上海電，陳嘉謨被擒後，即送至省議會與劉玉春等分別羈押，嗣劉等送往總司令行營(即舊督署)後，即於昨十二日將陳嘉謨解到漢口，交前敵總指揮部看守，

△預革命軍暫編三軍

△軍長爲任應岐梁姚愷龐炳勳

總司令部卅一日接前方來電云，河南方面軍隊，現暫編爲三軍，以任應岐，梁姚愷，龐炳勳三人，爲暫編軍長等語，(記者按任梁龐爲前河南國民二軍師旅長)

△閩周敗退漳平經過詳情

龍巖快信，革命軍此次攻入永定各情，已詳前報，茲隊及後方多軍隊，被我軍繳械，退巖殘卒，多係徒手，周抵巖後，仍往第九中學，軍心非常恐慌，聞閩軍崔部在某處被我軍繳械，後方接濟，因之完全斷絕，此次周直轄十二師劉旅，及十七八兩團，素稱善戰，竟在查周軍孫雲峯，劉俊，吳大洪等旅，於十月五六號，先後開到永定各處，八日在松口方面與周軍激戰，因我軍開火猛烈戰術巧妙，閩軍不支敗退，損失槍炮頗多，我軍隨後追擊，佔領永定各高地，向周軍包圍衝擊，周蔭人親率衛隊及後方留守部隊，極力抵抗，然勢終不敵，且我軍又得各地民軍幫助，周軍至此更形不利，遂被包圍，聞是役周軍損失械彈無算，周蔭人於初四日率隊衝圍而出，我軍隨即佔領永定，五日周部退抵龍巖，惟衛廬下壩一帶，被我軍包圍，周軍以致首尾不能相顧，駐紮坎市第二師之梁營，聞周敗報，竟先周軍開至龍巖，剪斷漳龍龍永兩路之電報，以斷周部之消息，周落人見大勢已去，急率部退往鷹石漳平而去，聞將由永定方面回省，惟周臨行時，將儲存龍巖之子彈，概行焚燬，現在巖中無一北軍，十四日第三師梁營約二三百人，由鷹石返巖，現再集中兵力於龍巖東南方之永福市，斷絕周軍汀漳間之聯絡，局面必有一番新變化也，

△張宗昌派艦攻南京

△已派畢庶澄艦隊南下說

廿七日上海電，蘇魯聯合，全係假面具，不過敷衍一時，目下孫氏在贛省失敗，張宗昌欲收漁人之利，藉報乙丑之仇，聞已派畢庶澄艦隊來與松進攻南京。

△李定魁攜印出走

廿七日上海電　李定魁擺軍民兩長印，由饒州出走，鄭俊彥派汽船往追回，財廳長辭雪無下落。

政治

國內

△湖北教育革新計劃

湖北政務委員會教育科長李漢俊，對於湖北教育行政，近擬大爲改革，學校制度，亦多變通，聞已擬定改組各單大學，將其一齊併合，爲一大規模之大學校，爲湖北最高之教育機關，並將大學預科延長爲升入大學預科肄業，而於新學制之高級中學，完全廢止，初級中學仍改爲舊學制之普通中學校，惟畢業年限，則延長爲五年，較之舊制中學，則多一年，綜計自中學至大學預科畢業共爲八年，其提高學制程度之效力，則與新學制同，而對于課程，尤注意採用國民黨綱及三民主義，教員以能了解黨義者方爲合格，其不知黨義者，最少須受五個月之講習爲合格，其對于勞動教育，固以解放勞動者智識着手，惟近以武昌剛下，百事待理，擬以政府之補助金，補助各工會自動設立勞動者應受之教育爲着手，並對此種教育，須與普通教育並重云，

△郭沫若升總政治部副主任

總司令部政治部宣傳科長郭沫若，原兼秘書，對於部內事務，非常熱心整頓，前因鄧主任兼任湖北政務委員主任，事務甚繁，特託郭科長代拆代行，已誌前報，現鄧主任以政治部事務，應有負責人員切實襄助，乃由總司令委郭沫若科長爲副主任，藉資贊助一切云。

△總司令部救濟武昌被難民衆

△撥現銀五萬元

漢口電　革命軍總司令部，對於武昌被難民衆，異常憐恤，決定撥現洋五萬元，交武漢善後委員會，分別散放云。

△中比廢約問題仍未解決

△廿八日二時比使到北京僞外部，出示比京來電，承認中比條約廢舊訂新，所擬臨時過渡辦法，彼有全權簽字，但如六個月內不能完成新約，臨時辦法須再展期，顧維鈞仍持六月完成新約，倘六月期滿未成，雙方可考慮情勢，再定辦法，此點爭持至數小時，各不相讓，故臨時辦法未簽字，七時顧宅開特別閣議，決自動宣佈廢止比約。

國外

△東方之國際聯盟

十月二十八日倫敦電，據泰晤士報接君士坦丁堡電稱，中國駐華盛頓公使施肇基氏，抵土耳其已有兩週，現正往安哥拉與土政府有所接洽，該報通信員由可靠方面所得之消息，謂布爾撒維克主義者，對於施氏此來頗爲欣喜，蓋彼等視施氏來土任務，與創設東方國際聯盟之計劃不無有關，查該聯盟之會員有中國，阿富汗，土耳其，波斯，與蘇聯五國，據聞係寶琦與土耳其駐波大使最近在莫斯科正在交換意見中，其目的不外中土二國開始外交關係，與土國派遣駐華公使云，

△留比學生之大示威

布魯薩爾二十七日電，此間有中國學生五十人爲廢除中比商約舉行示威，正在商業公所前設法開會時，巡警用槍杆加以阻止，受重傷者中國學生數人，巡警祇有一人，當場被捕者三十人云。

△希臘政黨紛歧

雅典訊，現希臘共和國，定於十一月選舉總統，並新國會議員，有五十六政黨已將候選人名單送在備選，查希臘最近革命發生以來，新組政黨有五十個之多，政治界各方輿論色彩，皆有其代表之政黨，海軍陸軍亦各有其黨云。

△德社會黨之活動

柏林訊，德國社會黨領袖斯德曼氏，昨於該黨在漢堡開會時演說，敦促社會民主黨員，應參加政府，從事工作，現已參加者，有德國人民黨黨員，中央黨及民主黨云，

△大英帝國之崩離

△南阿聯邦要求獨立

倫敦電，十九日帝國會議開會，南阿首相比拉多古樂軍演說南阿聯邦與英帝國現在之關係，直捷表示不滿，無所忌諱，致令英國非常注意，其宣言大略謂英帝國豈容易存續今日之生命，蓋英國構成分子，實英國與各殖民地相互維繫，若兩者失其善意，英國國脈必至瓦解，現南阿聯邦對於英國內部之關係，不能滿足，誠多遺憾，南阿人民甚希望受國際的獨立國家之待遇云，

經濟

國內

●第三季廣州批發物價指數

農工廳所編之民國元年至十三年民國十四年及本市第一第二兩季廣州批發物價指數，均誌各報，現在第三季之指數，該廳亦已編竣，茲覓得其指數表與本年第二季之指數，并列於後，以資比較，此表以民國二年爲基本年，即令該年之物價等於一百，

小通信

榮德，點五，培固，國鈞，超羣諸同志；你們現在何處？請示知，蝴蝶岡政治隊王心恆王聘卿啓

徐特李翀陳勉陳宗夫均鑒：自出發後未通音問念甚現駐何處希即函知因諸君有家信寄在敝處無從轉遞也　廣州中山大學伍叔黨　黃埔工程委員會王公權　全啓

周尚志同志：你原名周松柏嗎？請把你現住的地址告訴我吧！李得生李建璟[illegible]

[illegible]

周鐵湘同志：弟接家藻兄來函，謂兄在四期軍官班；果何團連，請示知　收稿處黃埔蝴蝶岡政治科第一隊顧秉鈞

[illegible]

中華民國十五年十一月二日〔星期二〕　黃埔日刊　〔第三版〕

類別	米類	其他食品類	衣料類	燃料類	金屬及建築料類	雜項類	總平均
每類之比重	百分之二十	百分之三十	百分之一十	百分之十五	百分之十四	百分之十五	一百
本年四月指數	一三五	一七二·六	一五七·五	二六五·九	一九三·六	一八三·九	一九三·二
五月指數	一九六·九	一七七·二	一五八·一	二六〇·四	一八二·九	一八八·〇	一九三·七
六月指數	一八七·七	一七四·二	一五七·八	二三四·五	一八五·〇	一八八·六	一八七·六
三月平均	一九二·八	一七四·七	一五七·八	二五三·五	一八六·五	一八六·八	一九一·五
七月指數	一八八·三	一七五·一	一五八·三	二一六·二	一八一·九	一八一·〇	一八三·八
八月指數	一八七·四	一七三·二	一五一·四	二三一·五	一七七·五	一八四·九	一八五·六
九月指數	一八六·五	一八一·二	一五八·八	二四四·九	一八〇·三	一八五·四	一九〇·一
三月平均	一九七·三	一七六·四	一五八·八	二三一·九	一七九·九	一八三·八	一八六·五

就此表觀之，近三月物價之較前三月，除其他食品及衣料較高外，各大物價皆稍低落，尤以燃料減低二一·六爲多，查燃料一項之所以較前頗減者，係因各江交通較前利便之故，但至九月則北江設有緝私機關，抽收行水，故價格又稍高漲，各類總平均數則較前季減低五·〇，可見本年第二季物價，已較第二季爲低，又聞該廳前以所編民國元年至民國十三年及民國十四年逐月之批發物價指數，彙訂一書，名統計彙刊物價指數號，交商務印書館印刷，現已出版，現又將最近所編各種統計，爲彙編報，每半月出版一次，不日亦可出版云。

國外

●英國經濟之衰落

●煤礦罷工之影響

倫敦電，英國自煤礦工人罷工以來，風潮迭起，現煤工仍拒絕政府之調停，絕無折衝之希望，英國每月輸入巨額之外國煤炭，不敷供給，政府限制用煤，家庭上多感不便，現屆冬季，更形狼狽，且煤價與各物價均騰貴，比較罷工前貴二倍，鐵鋼機械紡績各種工業，蒙大打擊，九月尾建造船舶，比諸舊數同時減少三百三十萬元，九月分之輸入一兆二百七十二萬磅，輸出五千八百七十六萬二千磅，本年初至十月輸入超過三十一兆六千七百四十萬元云。

羣衆運動

★浙省民衆之盛大集會

浙江各學校各團體暨國民黨省黨部縣黨部，久在軍閥淫威之下，種種進行，均遭壓迫，今夏超輸誠國民政府，與民合作，不啻撥陰霾而見青天，允宜有重大之表示，因特發起市民大會，於十八日上午，在公衆運動場舉行，是日到會者，有各工會各團體各男女學校，不下三千餘人云。

★武昌各界籌備迎革命軍

漢口市民歡迎革命軍大會，情形之熱烈，早爲各界人士所共見，當時武昌因圍城未下，不及參與，一般人咸引爲遺憾，刻武昌業經解決，大逆又復就擒，武昌人民，於欣幸之餘，將有一種極熱烈表示，吳幹臣項仰之吳純生等十餘人，發起召集歡迎革命軍大會，已在武昌總商會開會籌備會後，由發起人負責籌備，俟籌備就緒後，即定期舉行，屆時必有一番盛況也。

雜訊

(一)廣州市開始調查留存英貨　昨五商會通告全市各商店，自十一月一日起，實行調查市內各商店留存英貨，以便禁絕再賣云。

(二)民國實施政治教育　總司令部現擬飭令各縣長，派員向各該地民團局，施行政治指導，俾各地民團明瞭政治工作，聞明令不日可下云。

(三)小呂宋發生地震　十月二十九日小呂宋電，是早八點鐘，此間覺劇烈地震，各樓屋均搖動不已，美國鐵器樓則被毀，居民甚多逃出屋外，據天文台佈告，地震中點，距小呂宋頗遠云。

(四)蘇俄建孤兒院，紀念已故革命領袖　莫斯科電：蘇俄政府決建孤兒院，紀念已故革命領袖謝爾仁斯基，並責成教育委員會編輯謝氏遺著云。

專件

◎萬縣慘案之實際調查(續)

劉宗沛

(丙)事後實地調查之概略　(一)炮彈轟燬後之一斑。萬縣九五慘案發生之第二日，余即受雪恥會之委託，特派赴萬實地調查詳情。因航輪稍阻遲至八日午後，到萬城。遠在行輪之上，即遙望被燬焚各災區，仍烟霧瀰漫，難見青天，余已不禁椎胸啼泣而鳴慘矣。當即忍痛登陸，馳赴各災區觀察，則月前過萬所見繁華興盛之南津街商場，今已大半化爲灰燼渺無人跡矣，計被硫磺炸燬之商店，確有二三百家之多，而民房之被焚於火者，致少亦以數百計。即號稱崇高偉大之萬州旅社，亦付諸一炬，而獨留破瓦頹垣，又高懸法國旗，崇偉森嚴，人神不敢侵犯之法國教堂(眞原堂)，亦被英砲彈燬一角，至於萬縣中學，省長行署，楊總司令部及其他各處民房商店，亦有各中砲彈，而慘遭災火者也。(二)軍民傷亡之略計，當英兵衝過萬通萬縣兩輪上，而放機關鎗時，其彈如密雨橫飛，兩岸難民之飲彈長臥者，已達百數十人之多，又派往扣輪之楊軍憲兵，死難是役者，亦在數百人之上，受傷軍民，更屈指難計其數矣，即指揮士兵之憲兵司令余淵氏，亦身受重傷，由此可想見戰爭激烈之一斑矣。又據云，當英排槍之初放也，住居商店家屋之人民店夥，即隱臥於地下以爲可幸免彈之危險，不料英賊果眞用巨炮轟擊，橫施硫磺，炸彈亂擲，以搗燬其巢穴，而將作烽火之魂也，凡隱藏店屋之父老同胞，無一不屍骨俱焚，同爲九泉之冤鬼也。其名稱姓氏及人數之多少，現已渺不可聞，祇能付諸後日之詳查，然照略計，至少亦在六七百人以上，亦可謂殘酷極矣！(三)財產損失之浩大更無從着手調查，據云至少亦數千萬以上。臨行曾將是責轉託萬案抗英大會，從事調查，編成統計，以作交涉賠償之根據。此次宗赴萬縣調查，因時促事忙，急欲東下，故所得各情，竟不過慘案之概狀，而攜來慘劇之照像尤其萬案之一小部分，幸閱者諸君勿忽視，號稱空前絕後之屠殺案，亦不過如此。再者上文僅係報告慘案之情形，並未加入個人之意見主張及川中軍民熱烈援助之態度，甚望全國父老兄弟諸姑姊妹閱此慘案報告後速聯合全國民衆，奮起抗英共圖救亡之責，以謀國家之獨立，民族之解放，不勝盼禱之至！萬案雪恥會調查宣傳代表劉宗沛泣告。(完)

◎美報對國民政府之批評

◎革命軍紀律爲近代歷史所僅見

◎國民黨政策得全國人民景從

北京英文導報，係美國資本，用美人編輯，本月十六日發表一特別論文，論中國全國人民對於國民政府及國民黨領袖之心理，國民黨採用之公開宣傳政策，於現在時勢，具有偉大之價值，原文標題爲『誠信相孚之號召』，其言如下：自北伐軍從粵邊砑石出發，轉戰湘中，直趨鄂境，以達武漢，師行所至，皆受人民優遇。其至漢口時，受熱烈之歡迎，中國近代歷史，未嘗有也，今試披覽輿圖，長途跋涉，偏師直往，似若可危，且以北上之師，除死傷疾病，略有減縮外，悉以致力前線，而於攻克城鎮，即不用兵留守，亦無後顧之憂。果操何術以致此？竊嘗尋思而得其故，蓋南軍領袖，知其懷抱之志願，與當地接觸之人民共之，其所以得當地人民之悅服者，不僅在南軍之絕無搶掠而在國民政府，增進羣衆和治之宣言，已深入人心，咸信其能如願以償。雖然，中國戰爭史上出師之誓詞，亦不自今始矣。自政黨共和以來，各派之領袖，豈不進用最優美之詞華，發爲宣言，以其拯民水火之忱，揭示有衆？顧何以此番戰役：各派領袖皆用甘言以號召於衆，而蔣介石一派之號召，獨受人民信仰，其故安在？此無他，南方軍隊，皆經訓練，雖于役疆場，而皆有宣傳之責，用能本其平昔訓練，若者爲用兵之目的，若者爲領袖之宣言，以傳說於人，自親知以及其他，咸喻斯旨，故南軍之組織，與彼傭僱無知之士卒，爲合成軍者，大相逕庭，其添募新兵也，必授以步伐之法，射擊之術，與國民黨之主義，故其陣臨戰鬪，能爲主義而戰，而知其主義條目之所在，且告以中國戰爭既息，全國人民，皆當使受教育，迨程度具備，即予以政治上之自由，此中國南部之新現象也。其在北方，則馮玉祥所部紀律之師，亦於人民有一度之感觸。至于蔣介石氏及其他南方領袖果否出于誠意，現非重要問題。其果欲于底定全國之後，放棄專制政策與否，雖不可知，亦姑勿具論。但就其訓練軍人之策略觀之，則助長軍閥與狹克推多制之力量，已可就減除。過此以往，將無發生之可能矣。

十月革命特號徵文

蘇俄十月革命的成功，到如今已整整九年了。世界革命的潮流，一天澎漲一天，尤其是我們中國，因爲蘇俄十月革命的成功，鼓動了青年學生們，工人農人等的革命情緒，立下了打倒帝國主義和軍閥的大本營。並且因北伐軍的節節勝利，發展了革命的勢力，鞏固了革命的陣地。同志們！這都是總理遺下來的偉大政策——聯俄政策的效果！

我們在這『十月革命』成功的第九年的十一月七日，決定出一特號，希同志們多發表些意見。收稿截止期：本月五日。

本校政治部宣傳股編纂股啓

中華民國十五年十一月二日〔星期二〕　黃埔日刊　〔第四版〕

革命之路

論文

◆反對聯共聯俄根本就是反革命

入伍生二團七連李麟仁

近日黃埔日刊上，登載了好幾篇關於聯共聯俄的文章，把本黨聯共聯俄的理由，說得很詳盡，很透澈，現在我照着『隱藏意見不發表，就是反革命的動機，』的話，來發表一點意見：

中國革命的歷史，已有八十餘年，何以到現在還沒有成功呢？這到底是什麼緣故？我想頭腦清白注意過去革命歷史的人，誰都知道從前幹革命的人和革命的團體，不是各自為戰，便是與舊勢力妥協。不是與舊勢力妥協，便是不注重喚醒民衆，組織民衆，發展民衆的勢力，為自已的後盾。不是所標的旗幟不明，便是沒有明確的政綱。不是沒有明確的政綱，便是紀律不森嚴。不是沒有喊出適當的口號，以號召民衆，便是專重軍事運動。以上種種，都是過去革命者和革命團體的錯誤。所以終竟是失敗了，終竟為反動勢力所利用或屈服而白白犧牲了無數勇敢的烈士！本黨總理倡導革命也有四十多年，歷盡艱辛，迄今還沒有成功。近年來，他尋找革命不成功的原因，便得了一個寶貝的教訓——先烈革命方法的錯誤——所以到民國十三年，本黨具世界眼光的總理，毅然決然實行改組，重新頒布明確的正綱，訂定革命的政策——聯共聯俄，擁護農工利益等——嚴整黨的紀律，肅清不革命的份子。改組後，不過一年餘的工夫，黨務已有長足的進步，廣東的反革命派次第肅清了，兩廣統一了。最近北伐軍的勝利，又把英帝國主義頭等有功的走狗——吳佩孚——也打倒了，而且就是帝國主義的砲艦政策也不中用了！這一切一切，都是改組以後的成績呵！唉，多麼有價值而寶貴的教訓——先烈革命觀點的錯誤。

為什麼要聯共，聯俄？我上面講過，已有許多的同志，解釋得很詳細，我此刻要講的，就是反對或懷疑聯共聯俄根本是反革命的話。本黨確定聯共聯俄，是總理在先烈枯骸裏找出來的教訓，是求中國民族解放唯一的方法，是解脫八十餘年帝國主義加於中國束縛的途徑。反之，懷疑聯共聯俄者，就是要復蹈先烈的覆轍，使中國革命仍究不能成功，中國民族仍究不得解放；而願延長八十餘年來的牛馬奴隸生活，願同胞受帝國主義之屠戮，承認『五卅』『六二三』『三一八』以及漢滬潯……殺得痛快，坐待中國之亡國種滅！反對聯共聯俄者，你說：這是不是根本反革命！同志們！現在要加緊團結我們的精神，我們要打倒一切反革命派，擁護總理的聯共聯俄政策，全世界被壓迫階級與弱小民族，聯合起來，打倒國際帝國主義！

十五，一〇，二六，忙於東莞防次。

特載

◆土地問題（六）

鮑羅庭講演　第四期學生畢業特別講演　沈至精筆記

每每叫人去鄉村中為農民解決土地問題，便不願意了，他們好像都怕解決土地問題。有些同志甯可同帝國主義軍閥爭鬥而死，然而對此實際問題，則不但不願去努力，而且反欲避免之。此命令之未能執行，卽因黨員未明此命令的意義。我們現在已到了一個新時期，革命勢力已向北發展，似乎離目的地不遠了。但在實際上却還遠的很。我們只能給軍閥制度一個打擊，不能完全肅清北方的軍閥，卽已攻克的地方，亦有新的傾向的危險。一俟政局稍定，我們卽當從速來解決土地問題。能否成功，是要全靠諸同志的宣傳。不解決土地問題，國民革命是不能成功的。無革命化的鄉村，便無革命的地方政府。無革命的地方政府，便無革命的省政府。無革命的省政府，便無革命的全國政府；卽有，也是空的，靠不住的，所以一切問題，一切工作，都應集中到農民鄉村中去。

鄉村中的工作，要好的革命黨員去做，以使鄉村成為黨的砲壘。縣和省的工作，也要好的革命黨員去做，使縣和省成為黨的砲壘。我們要注意鄉村中的工作，我們要將基礎建築穩固，我們要使黨有力量，黨的命令要在鄉村中能為人服從。縣和省政府都要服從黨的命令，軍隊中的同志要服從黨的命令，承認黨為國民革命的領袖。[illegible]們再說西北軍如何失敗？有人說，是因軍事的失敗。而我們却以為是國民軍未受黨的指揮，僅口說信仰國民黨的主義所致。國民軍是很有紀律的軍隊，且有很好的領袖馮玉祥，但因未有政治的領袖，終竟祇有失敗。我曾親向馮玉祥說：如無黨的領袖，終是失敗的，他現在相信了。僅僅名義上叫革命軍，如不服從中央的命令，便什麼都完了。我們要使黨有力量，一定要做實際的工作，一定要從下部做起，如能解決土地問題，則使農民都佔在我們這邊來，其餘民衆都可組織起來了。

以上不過將我在中國工作三年來的經驗說出來，從這些經驗中，可得到以下的結論：如革命份子不能團結起來，使黨很有力量，則命革一定不能成功。我們要聯合在實際上去解決農民工人商人學生教員等的一切工作和生活問題。我們要聯合在具體問題上來。要推測這人最否真正革命黨員，只問他是否有決心去解決土地問題。如尚懷疑這個問題，則靠不住了。如能决然解决此問題，使是真正的革命黨員？

一切革命份子聯合起來！（完）

十一，一〇至精筆記。

討論

◆關于「達意爾主義」的問題

編輯先生：

本校日刊第一七二號問答欄內有某同學問『達意爾主義是什麼主義？意義如何？』英先生答以『未聞有此主義。』我想這主義莫非就是Dyerism的譯文。

Dyer（英人）是前數年甘地倡不合作運動時的一個印度地方長官。當該地民衆開國民大會時（為的是反英），他就暗派飛機用炸彈往該地大轟。結果，慘死男女老幼四五百人。Dyerism（達意爾主義）於以得名。去歲五卅慘殺，人遂言英人對中國覺悟的民衆採取達意爾主義云。

新入伍生團機關槍連楊周熙

達意爾主義之英字及意義，承楊君函告，特公布其原函，（英）

雜俎

◆暮氣——赤色日誌之二

漫天

不錯，我們已經是畢業了；但這是不是說我們一切的責任從此都完結了呢？

除却幾遍號音還依按着時間吹奏而外，在每日生活裏一切都找不出秩序來：起床，吃飯，上課，上操……幾乎事事處處都充塞了沉悶的「暮氣」

當然，我們每一個革命的同志，都不肯「有意地」希望這一團「暮氣」的形成；不過，這一團「暮氣」，畢竟在我們的「無意中」形成了！所以現在我們每一個同志，除了消極的不能否認這無意中造出的「暮氣」的責任而外，時同又不能不積極的擔起來這改變「暮氣」的責任！

同志們：我們忘記了我們前方的戰士們怎麼樣血肉橫飛地在同敵人撕殺末？雖然因為事實上的要求，我們不得不留守在後方，但是，看清楚，敵人究竟還是在我們的前面哩！我們正應該怎樣的如警如惕，如臨大敵似地把我們的精神與奮起來，緊張起來？

「暮氣」，是革命的大忌：造成「暮氣」，是革命者絕大的恥辱！雖然有人說：這至多不過是一個很短時間的散漫現象；但是，除非我們不是一個革命者，我們可以一分一鈔地讓我們的精神渙散或沉悶下去！

看哪！同志們！紅日一輪，彩霞萬縷，已躍出了東海，我們還不趕早去換上還陽光明媚的『朝氣』末？努力罷！努力罷！

一二三，十，陽光明媚之早晨于森

問答

一．問三民主義中先講民族次講民權其次講民生與建國大綱次序相反是何用意？

二．俄國現行新經濟政策是共產主義過渡的政策嗎？

三．總理遺囑中何故沒有五權憲法四個字？

四．社會主義發明於馬克斯共產主義發明於列甯是麼？

五、俄國的白黨是不是帝國主義思想？

六，國家主義領袖是誰？

七，德國現在加入歐洲國際聯盟是自動的抑被動的？

八，第二國際和第三國際怎麼樣解釋呢？

入伍生一團八連廖瑞平

一．總理講三民主義是就革命工作之先後言，講建國大綱是就革命工作之輕重言，故次序不全同

二．是的。

三．五權憲法包括於三民主義之民權主義中。

四．社會主義是一個總名，馬克思提倡的社會主義便是共產主義。

五．是的。

六．無重要領袖。

七．是英引彼以制法。

八．第三國際是不滿意於第二國際者所組織的革命團體。（英）

一．國家資本主義與國家社會主義有何分別？

二．國家社會主義與國家社會政策有何區別？

三．三民主義有那一項的性質？　祝如問

一．是樣的，但只以實行者是站在資本主義或社會主義而分別之。

二．國家社會政策則是無行社會主義之誠心，僅以此政策為軟化無產階級之法。

三．是國家社會主義的性質。（代）

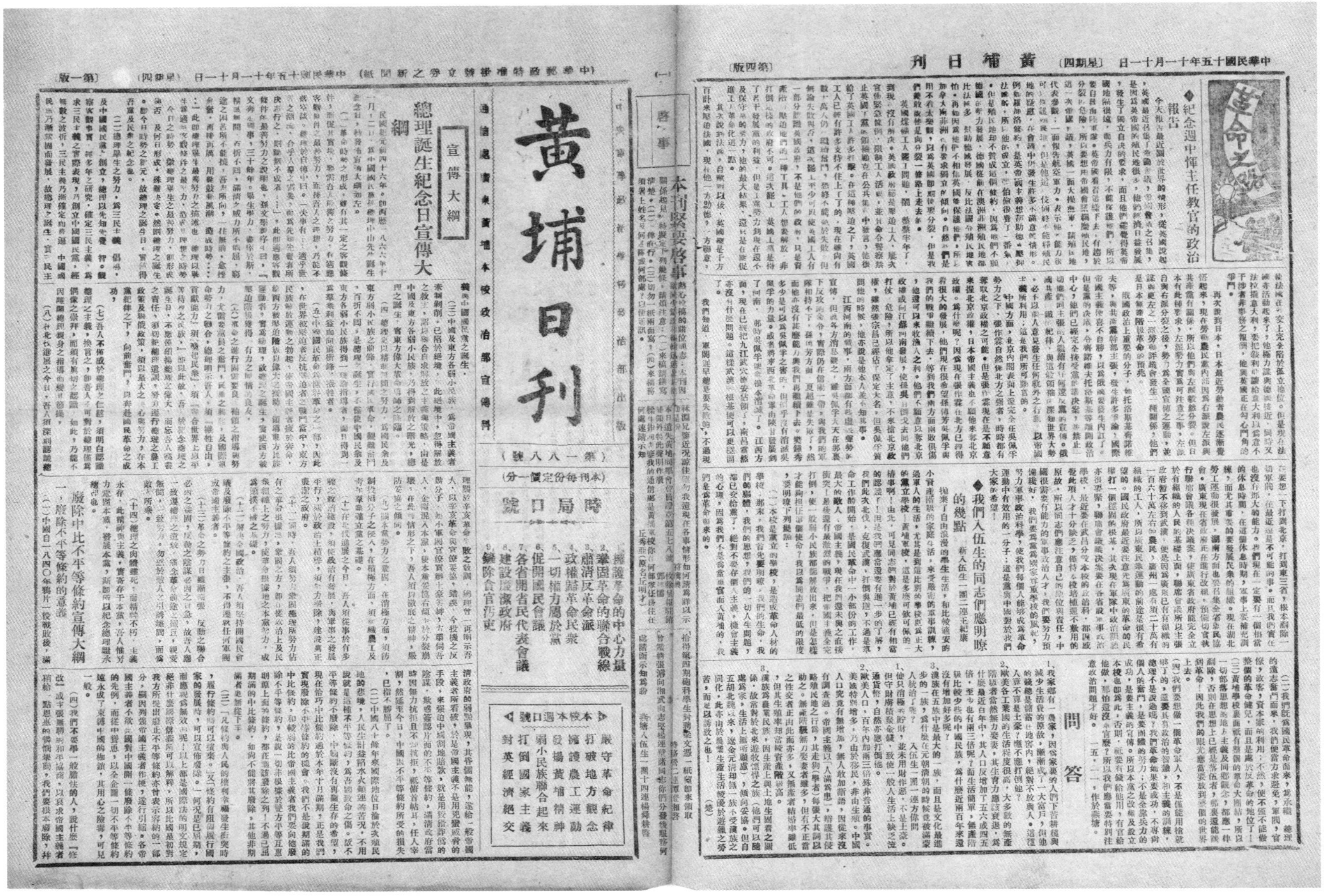

中华民国十五年十一月十一日（星期四） 黄埔日刊 （第四版）

纪念周中恽主任教官的政治报告

问答

我们入伍生的同志们应明了的几点

本刊启事

（一） 新之字 中华民国十五年十一月十一日（星期四） （第一版）

黄埔日刊

（第一八八号） （本刊每份定价一分）

时局口号

总理诞生纪念日宣传大纲

宣传大纲

本校本周口号

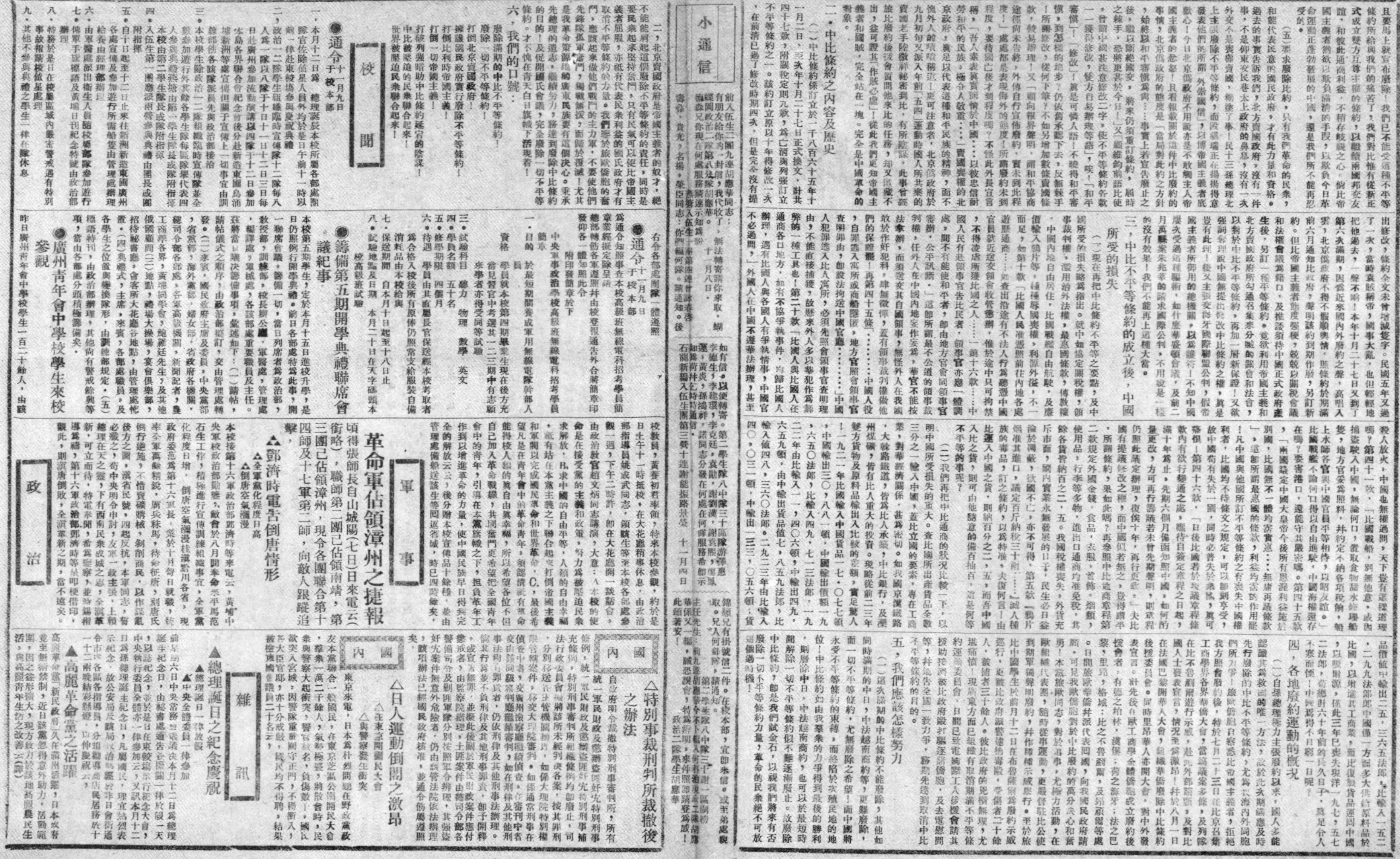
中华民国十五年十一月十一日（星期四） 黄埔日刊 （第二版）

小通信

中比条约之内容及历史

中比不平等条约的成立后，中国所受的损失

我们应怎样努力

（二） 中华民国十五年十一月十一日（星期四） 黄埔日刊 （第三版）

校闻

通令

筹备第五期开学典礼联席会议纪事

广州青年会中学校学生来校参观

军事

革命军占领漳州之捷报

郑将军电告倒唐情形

政治

国内

特别事裁判刑所裁撤后之办法

国内

日人运动倒阁之激昂

杂讯

总理诞日之纪念庆祝

高丽革命党之活跃

（一） 中華郵政特准掛號立券之新聞紙 中華民國十五年十一月十一日 星期四 第一版

黃埔日刊

中央軍事政治學校政治部出版

通信處廣東黃埔本校政治部宣傳科

（第一八八號）

（本刊每份定價一分）

啓事

本刊緊要啓事 熱心投稿的諸位同志：本刊因欲減少錯誤[illegible]迅速[illegible]關係起見，特擬定下列幾條，請煩注意：(一)來稿請繕寫清楚，(二)一律直行，(三)切勿一紙兩面寫，(四)來稿務須署上姓名及何部隊或何部處？以便通訊。

林淵兄鑒近況諒佳望勿我遺現在各事情形如何請寫詳以示[illegible]

本日遺失黃埔同學會會員證章第五七八號[illegible]特此聲明作廢[illegible]

[illegible]你在何部隊任務住在何處速請示知 丘秀亞(原名丘明才)

拾得第四期砲科學生封聘棠文憑一紙望卽來領取 特務營二連譚鑑湘啓

曾經請張濟同湘武向志堅楊運璧諸同志你們分發後服務何處請函示知爲盼 黃埔入伍生一團十四連楊舜耕啓

時局口號

1. 擁護革命的中心力量
2. 鞏固革命的聯合戰線
3. 肅清反革命派
4. 政權歸革命民衆
5. 一切權力屬於黨
6. 促開國民會議
7. 各省開省民代表會議
8. 建設廉潔政府
9. 鏟除貪官汚吏

本校本週口號

嚴守革命紀律
打破地方觀念
擁護農工運動
發揚黃埔精神
弱小民族聯合起來
打倒國家主義
對英經濟絕交

宣傳大綱

總理誕生紀念日宣傳大綱

民國紀元前四十六年，卽西歷一八六六年十一月十二日，爲中國國民黨總理中山先生誕生紀念日，特發佈宣傳大綱如左。

(一)革命時勢之形成，雖有其一定之客觀條件，而促其實現，要需吾人最善之努力，有適應客觀條件之最善努力，而後吾人之理想，乃能不落空談。總理於自傳中曰：「夫事有……適乎世界之潮流，合乎人羣之需要，而爲先知先覺者所決志行之，則斷無不成者……」，此卽適應客觀條件之最善努力之說明也。孫文學說序中曰，『文奔走國事，三十餘年。畢生學力，盡萃於斯，精誠無間，百折不回，滿清之威力所不能屈，窮途之困苦所不能撓，吾志所向，一往無前，愈挫愈奮，再接再厲，用能鼓動風潮，造成時勢：』此卽總理畢生最善努力之描述也。總理以畢生從適應客觀條件之最善努力，造成理想之時勢。今日之時勢，微總理畢生之最善努力，則形成與否，及何日形成，殊難決定。然則總理之誕生，卽今日時勢之紀元，故總理之誕生日，實值得吾黨及民衆之紀念也。

(二)總理畢生之努力，爲三民主義倡導，及中國國民黨之創立，總理以先知先覺之智，觀察客觀事實，經多年之研究，確定三民主義，爲求三民主義之實際表現，乃創立中國國民黨，經無數之波折，三民主義乃漸確定而普遍，中國國民黨乃漸鞏固而發展，故總理之誕生，實三民主義與中國國民黨之誕生。

(三)中國及東方各弱小民族，爲帝國主義者牽制剝削，已陷於絕境，在此絕境中，忽得解放之救主，詔以聯合自求解放之主義與策略，由是中國及東方各弱小民族，乃得到解放之曙光，總理之誕生，實東方偉大革命導師之降臨。

(四)總理更以精誠無間之努力，爲國民衆及東方弱小民族之前鋒，實行國民革命，艱難奮鬥，百折不回，是總理之誕生，不僅使中國民衆及東方各弱小民族得到一種理論指導者，而且得到一爲羣衆利益而向前衝鋒之犧牲者。

(五)中國國民革命爲世界革命之一部，因此，在世界被壓迫者反抗壓迫者之戰鬥當中，東方民族解放運動之勃起，使帝國主義者疲於奔命，給西方被壓迫階級以偉大之援助，領導東方民族運動者，實爲總理，故總理之誕生，實使西方被壓迫階級獲得有力之同情的良友，

(六)革命之進行固需要良袖領之指導與努力，尤需要黨員之奮鬥，民衆之興起，及國際羣命勢力之聯合，總理明示吾人，須「犧牲自由，貢獻能力」須「喚起民衆」須「聯合世界上以平等待我之民族」，卽以此故，吾人於紀念總理之誕生日，不應僅頌揚總理之偉大，而忘吾人應盡之責任，須切記總理遺訓，努力遂行總理之農工政策及聯俄政策，須以最大之決心與努力，在本黨紀律之下，向前奮鬥，以奔赴國民革命之成功。

(七)吾人不能僅感於總理之仁慈，須明白認識總理之主義，換言之，卽吾人不可對於總理僅爲偶像之崇拜，而須有眞切之認識，如此，乃能不因離開總理親身之指導而變其節操，

(八)在北伐進展之今日，吾人須深刻認識總理關於辛亥革命失敗之教訓，總理曾一再明示吾人，以辛亥革命與官僚妥協，錯誤，今投機之反動分子，如小軍閥官僚買辦土豪劣紳，方環伺吾人，企圖混入本黨，使本黨妥協右傾，卒於分裂崩壞，在此種情形之下，吾人須以澈底之精神，嚴防妥協之傾向。

(九)關本黨勢力之鞏固，在消極方面，須防制投機分子之侵入，在積極方面，須組織農工及青年羣衆確立黨之基礎。

(十)在北伐進展之今日，吾人須從事於有步驟之政治建設，須使政治有發展，與軍事之發展平行，關於政治上積弊，須努力掃除，建設眞正廉潔之政府。

(十一)同時，吾人須努力鞏固總理所努力佔有之革命根據地，鞏固之方，卽在從政治上及民衆組織上之努力，使革命根據地之本黨勢力，成爲顚撲不破之基礎。

(十二)解決全國政治，吾人須堅持開國民會議及廢除不平等條約之主張，不得遷就任何軍閥或帝國主義者。

(十三)革命之勢力日雖漸擴張，反動之聯合必因之益固，反動之陰謀必因之日急，故吾人應一致遵總理之遺教，痛念革命前途之艱巨，親愛無間，一致努力，勿惑於敵人之引誘離間，而爲敵人所乘。

(十四)總理之肉體雖死，而精神不朽，主義永存，此精神與主義，實寄存于本黨，吾人惟努力鞏固本黨，發展本黨，斯卽所以紀念總理繼承總理也。

廢除中比不平等條約宣傳大綱

一，廢除不平等條約的意義

(一)中國自一八四〇年鴉片一役戰敗後，滿清政府的弱點暴現，其昏懦無能，遂給一般帝國主義者所看破，於是帝國主義不是用兇蠻威脅的手段，來强迫中國割地賠款，就是用狡猾詐僞的陰謀，欺惑簽認片面的不平等條約，滿清政府當時因無力抗拒且不知抗拒，祇俯首帖耳，任人宰割，然延至今日，中國因不平等條約所受的損失，已指不勝屈了。

(二)中國八十餘年來國際地位日淪於次殖民地的悲境，人民生計益陷水火顚連的苦況，不用說就是這種不平等條約，爲吾國致命之傷。故不平等條約不廢除，中國斷沒有再圖生存的希望，現在恰巧中比條約適於本年十月滿期，正是我們實現廢除不平等條約的機會。我們不是說期滿的中比條約，和較弱的比帝國主義者我們要向他廢除不平等條約，是說一切非根據於雙方平等互惠則原上面的條約，都在應該廢除之列！不過已屆期滿的中比條約，如尙不能將其廢除，其他非期滿者更無從下手。

(三)「凡條約與人民的權利幸福發生衝突時，履行條約時可以擯棄。」又「條約有阻礙履行國家的發展時，可以宣佈廢除。」何況是已屆期，而應視爲無效的呢！以上都是國際法的明文規定絕非什麼國際信義所可以解釋，所以比國最初對我方所提出廢止不平等條約亦曾表示容納的一部分，嗣因列强帝國主義者作梗，遂行引縮。各帝國主義者不欲比國對中國開一條廢除不平等條約的先例，而從中聳恿，以至企圖一切不平等條約遠永成了束縛中國的枷鎖，其用心之險毒，可見一般。

(四)我們不要學一般膽怯的人，說什麼『修改』或主張無聊的和平協商，以哀求帝國主義者稍給一點恩惠的憐憫舉動，我們要根本廢除，并

中華民國十五年十一月十一日（星期四） 黃埔日刊 （第二版）

且要馬上就宣布廢除！我們已不能受這種不平等條約所給與我們的痛苦了，我們對比惟有從新正式成立雙方互尊主權的條約，以繼續兩國邦交友誼，和彼此通商利益，不稍存歧視之心。倘比帝國主義者猶欲以欺負滿清的手段，以欺負今日革命運動正蓬勃發展的中國，還是我們所不能再忍受的。

（五）要求廢除比約，只有我們革命的民衆，和能代表民意的國民政府，才有此力量和資格。過去的事實告訴我們，北方賣國政府，沒有一件事，不是仰東交民巷太上政府的鼻息，沒有一次外交不是喪權賣國，糊塗了事！民十三孫總理北上，主張廢除不平等條約，而段祺瑞正在揚揚得意發表他們的所謂「外崇國信」，以博帝國主義者底歡心！今日北京僞政府不用說亦是不敢觸主人帝國主義者的忿怒！且看報載關於這件中比廢約的事情，北京僞政府的態度是「當局對此約之方針，始終以和平審慎爲尚……事實上若宣告廢止之後，繼以斷絕國交，將來仍須重訂條約，屆時之棘手，恐將更甚於今日！」又「顧維鈞前語比使，曾謂中國甚注意修改二字，使不平等條約各款一一獲得修改，雙方自易辦理等語」，唉！「和平審慎」！「修改」！眞是可憐人語！不曉得和平審慎，到怎樣的地步？仍依舊承認下去，反無棘手！所謂修改，從何下筆？不如另增加數條賣國條款，較易辦理！又「顧向報界聲明，謂和平協商途徑尚未告終，外傳自行宣佈廢約，實未到此程度！」處處都是表現侮外的態度！所謂廢約未到程度，要待國亡後才到程度嗎？不怪此外長宣言稱，「吾人素表眞實同情於中國……以彼忠信耐勞和平的民族，極令人敬重……」賣國喪權的北京政府，眞足以代表這種和平民族的精神，而不愧外人的嘖嘖稱道！更可注意者，北京僞政府於九月初旬又派入年前「五四」運動時國人所共棄的賣國老手陸徵祥祕密到比，有所陰謀，此事曾經旅比廢約後援會質問他來比的任務，卻又匿藏不出，益可證其「作賊必虛」！從此我們更知帝國主義者和國賊，完全站在一塊。完全是中國革命的對象。

二•中比條約之內容及歷史

（一）中比條約係訂立於一千八百六十五年十一月二日，至次年十月二十七日正式換文，計共四十七款，附關稅定則九款，爲亡清與列強訂立不平等條約之一。該約訂立原以十年得修改一次，在前清已過了修改時期四次，但是完全沒有提出修改，條約全文未曾增減隻字。民國五年又過了一次，當時袁賊稱帝，國事大亂，也但輕輕地把他過去，一聲不响！本年十月二十七日又到了第六次滿期，因爲近來國內外廢約之聲，高唱入雲，北京僞政府不得不假順輿情，照條約於期滿前六月通知比政府，聲明該約到期作廢，另訂新約。但比帝國主義者態度強硬，兢兢以關稅會議和法權會議爲藉口，及推諉須待中國正式政府產生後，另訂一種平等條約。竟欲利用帝國主義和北方賣國政府所勾通召集來分贓的關會和法會，以對於中比不平等條約，再加一層新保證！又欲強詞奪理說中國無提出修改中比條約之權，眞是豈有此理！後又主張交海牙國際聯盟公判，假帝國主義者所御用的總機關，以爲護符！不知中國屢次受過這種騙術，如什麼華盛頓會議，及前二月萬縣案朱兆莘的請求國際公判，不用說是一樣的沒有效果！我們不能再上這種大當。

三，中比不平等條約的成立後，中國所受的損失

（一）現在再把中比條約不平等之要點，及中國所受的損失略爲指出。就中如協定關稅權，領事裁判權，濫用治外法權，最惠國條款，傳教權，中國內地自由居住，比國戰艦自由航駛，及廉價輸入鴉片等，種種辱國喪權，利源外溢，不一而足，如第十款「比國人民准憑照前往內地各處遊歷通商……如查出沿途有不法人行爲聽憑中國官員就近送交領會收管懲辦，惟於途中只可拘禁，不得凌虐所獲比國之人……」第十六款……中國人民有赴領事官告比民者，領事官亦應一體調處，間不有能使和平者，即由地方官會同領事官審辦，公平訊斷。」這即所謂最不公道的領事裁判權，任外人在中國內地妄作妄爲，華官不能按法拿辦，而須送交其自國領事，無怪外人在我國敢於作奸犯科，肆無徵憚，蓋有領事裁判權做他們的保證罷！再第四十五條「……中國人役，自罪逃入寓所或商船隱匿，地方官照會領事官查明罪由，即設法拘送中國官廳……」中國人犯罪逃入比人寓所，必須先照會領事官查明理由，不能直接捕獲，故歷來外人多以華犯作爲舞弊的一種工具也！第二十款「比國人與比國人在通商各口地方，如有不協爭執事件，均歸比國人辦理，遇有比國人與各國人有爭執情事，中國官不必過問，」外國人在中國不遵華法辦理，甚至殺人放火，中國也無權過問，天下豈有這樣道理嗎？第四十一款，「比國戰船，別無他意，或因捕盜駛入中國，無論何口，置取食物甜水修理船隻，地方官妥爲照料，并約定不納各項稅餉，船上水師各官與中國官員平等相待，以昭友誼。」比國戰艦不論何口得以自由進駛，中國海權還存在嗎？要害港口，還能守其嚴密嗎。第四十五款，「兩國議定中國大皇帝今後所有恩渥利益施於別國，比國無不一體均霑實惠……無庸再議條款」，這即所謂最惠國的條款，利益均霑的作用罷！凡中國與他國所訂不平等條約之有喪失中國權利者，比國均不待條文之規定，可以即刻享受，故中國苟有失於一國，同時必普失於衆國，眞可痛恨！第四十六款，「日後比國若於現議章程條款內有欲行變通之處，應待自簽定章程之日起，滿十年爲止，先期六個月備函知照中國，如何酌量更改，方可再行籌議若未曾先期聲明，則章程仍照此議定辦理，復俟十年，再行更改。」夫比國有提議修改之權，而中國似若無之，豈得謂平，所謂條約，果如此嗎？再參照中比通商章程第二款規定外國金錢，食品，衣服，首飾，烟類，使用品，行李等多物，進出口通商均准免稅，其餘各貨皆納百之二，五。我國稅權喪失，外貨充斥市面，國內實業永無發展的日子，民生必日益淪於凋蔽，欲國不亡，亦不可得，第五款『鴉片烟准其進口，議定百斤納稅三十兩……』滅人種族的毒品，訂之條約，以爲特准，夫復何言！由比運入中國之貨，則納百分之二，五，而吾中國入比之貨，則可由他隨意的備百抽百，這是何等不平等的事呢？

（二）我們再把中比通商的狀況比較一下，以明中國所受損失的重大。查比國所出產貨品全數三分之一輸入中國，蓋比立國的要素，專在工商業，對華經濟關係，甚爲密切。如我國京漢鐵路，大幹路鐵道，皆爲比人承築，中比銀行，及灤州煤礦，皆有比人重大的投資。現略從前二三年雙方貨物及原料品輸出入比較的差額，實足驚人！一九二一年比國輸入中國貨品一七•〇七七頓，中國輸出三〇，八八一頓，中國輸出價額一九，六五〇法郎，比輸入四九，七一三法郎，一九二二年由比輸入一一，四〇六頓，中輸出四九，六五九頓，由中輸出貨品值七，八五九法郎，比輸入值四八，三六〇法郎。一九二三年由比輸入四〇，〇三一頓，中輸出一三三，〇五六頓；貨品價值中輸出二五，三六五法郎，比輸入一五二，二九九法郎中國僅一方面多大供給原料品於比國，以增進其工商業，而比復製貨品運回中國，以吸財源，僅此三年已喪失現洋一九七，五七二法郎，苟總計六十年前的長久日子，眞足令人不寒而慄！中國焉得不日窮一日呢？

四，各地廢約運動的概況

（一）自孫總理極力主張廢約以來，國人多能認識其爲救國的唯一方法，故於此次期滿應及時先行廢除的中比不平等條約，尤爲我海內外同胞們所力爭！旅歐僑胞自察悉比帝國主義者，拒絕我方照會廢約後，特於七月二十三日在比京召集工商學界各界華僑大會，當場議案多條，及列隊在比不魯劉爾遊行示威，赴比外部請願，及對比國人士發表宣言，情況至爲激昂！并於八月一日在法國巴黎開華人大會，組織華僑廢除中比條約後援委員會。同時里昂華人亦開大會，對中外發表宣言。計先後在歐工商學全體僑胞成立廢約後援會者，有德之柏林，漢堡；荷之海牙；法之巴黎，里昂，格城；比之不魯劉爾，及昂頑爾等處。日間旅歐華僑并派代表回國，向我國民政府請願。可見我歐僑胞對於中比廢約的萬分決心和奮勇！本黨旅歐同志，對於這事，尤極力活動，在歐組織代表團，隨時從事運動，更嚴督駐比公使到期單獨聲明廢約，并作種種示威舉行。至於旅比中國學生於前月十二日在布魯薩爾爲廢約示威巡行，更被比政府派警逮捕毒毆，受傷者二十餘人，被捕者三十餘人。彼比政府的兇橫無理，尤堪痛憤！現廣東方面已組織有取消期滿不平等條約運動委員會，日間已致電國際工人後援會請其援助援濟被比政府毆打驅逐諸僑胞，及去電慰問等，并通告全國一致力爭，務期先達到取消中比不平等條約的目的。

五，我們應該怎樣努力

（一）這次滿期的中比條約不能廢除，其他如同時滿期的中日，中法越南商約等，更難廢除，而一切不平等條約，尤無廢除之希望！而中國將永受不平等條約的束縛，而終陷於次殖民地的地位！中比條約如由我羣衆的力爭得到最後的勝利，則廢除中日，中法越南商約，也可以於最短時間解除一切不平等條約似不難逐漸廢止。故廢除中比條約，即是我們試金石，以視我們將來有否廢除一切不平等條約力量，革命的民衆絕不可放這個過時機！

（二）

小通信

前入伍生二團九連胡應華同志；有朋友給你的一封信，我代收了，無法轉寄請你來取，蝴蝶岡政治二隊第八分隊胡應華。十一月八日。

德森兄你現在何處服務請速示知爲盼 燕塘入伍生一團第四連曾詠春啓

壽彝，貴光，名揚，榮臣同志：你們編何隊。請通知。後如有信，以便轉寄。第二學生隊八中隊三十區隊游澤惠

李德生，李建環，李克廷，袁勛，謝劉漢，謝袁熙，廖鳳運，黃炎，孫鴻祥，諸同志分發在何處在何隊服務希即示知爲荷并乞時時通信。石龍新編入伍生團第三營十連謝能振路景榮 十一月四日

錦顯兄有掛號信二件。在校本部，宜即來信。或至弟處親取。兄入何部隊，請通知。第二學生隊八中隊三十一區謝嗣榜

主任先生：前九連胡應華今不卜編入何科治現政二隊胡應華係又一編，誠恐誤會，特爲辨明，來件照卽請登爲感！此頌著安！ 政治二隊學生胡應華

中華民國十五年十一月十一日（星期四） 黃埔日刊 （第三版）

二，北京賣國政府是帝國主義者的奴才，絕不能肩起這個廢除不平等條約的責任，同時是要民衆起來堅持奮門，只有民氣可以使比帝國主義者屈服，亦祇有代表民衆利益的國民政府才有取消不平等條約的力量。我們鑒於旅歐僑胞的奮門，應該起來做他們戰門的主力軍，不要使他們先鋒隊孤軍奮門，獨戰無援，而歸於覆滅！尤其是我革命策源地的廣東民族要有這個決心。秉承先總理的遺志，繼續努力，務達到廢除中比條約的目的！及促開國民會議，完全廢除一切不平等條約。才不愧在青天白日旗幟下活現着！

六，我們的口號：

廢除滿期的中比不平等條約！
廢除一切不平等條約！
打倒北京賣國政府！
擁護國民政府實行廢除不平等條約！
打倒比利時帝國主義！
打倒一切帝國主義！
打破列强暗助中比條約延宕的陰謀！
中比被壓迫的民衆聯合起來！
世界被壓迫民衆聯合起來！

校聞

◉通令 十一月九日 于校本部

一，本月十二日爲 總理誕辰本校所屬各部處團隊官佐除值星人員外均於是日午前十一時以前一律赴東較塲參與慶祝典禮

二，政治一二隊學生組織臨時宣傳隊十二隊每八人爲一隊以八隊于十日十一日十二日三日每日赴廣州參加流動演講以四隊于十二日參加本島各界聯合會紀念會後分赴新造東圃烏涌塲新洲等處宣傳但關于宣傳上一切事宜由訓練部飭各該隊派員先與政治部接洽

三，本校學生除政治一二隊組織臨時宣傳隊並全數參加遊行外其餘各學生隊每區隊擧代表四人參與典禮燕塘由第一學生隊長或隊附指揮本校由第二學生隊長或隊附指揮

四，入伍生第一團應派兩營參與典禮由團長或團附指揮

五，自十日起至十二日止來往新洲新造東圃廣州各處宣傳及參加遊行所需船隻由管理處辦理給養由經理部辦理

六，由軍醫處派出衛生人員隨校塲部隊參加遊行

七，傳單手旗標語及黃埔日刊紀念特號由政治部辦理

八，特務於是日在校屬區域內嚴密警戒遇有特別事故報請校值星處理

九，其他不參與典禮之學生一律在隊休息

◉通令 十一月九日 于校本部

右令各部處團隊一體遵照

爲通令知照事查本校高級班無線電科招考學員簡章業經擬定除呈請總部轉飭各軍遵照幷由校登報通告外合將簡章印發仰各一體知照此令

附印發簡章於下

中央軍事政治學校高級班無線電科招考學員簡章

一．目的　於最短期間養成軍用無線電隊幹部人員

資格　學員就本校第四期畢業生現在後方充當見習官中考選其一二三期中有志願來學者亦得受同等試驗

三．試驗科目　聽力　物理　數學　英文

四．學員名額　五十名

五．修學期限　四個月

六．待遇　學員由其直屬長官保送經本校考取者爲合格入校後所有原俸仍照常支給服裝自備消耗品由本校給與

七．保送期間　自本月十日起至十八日止

八．試驗地點及日期　本月二十日在天字碼頭本校高級班試驗

◉籌備第五期開學典禮聯席會議紀事

本校第五期學生，定於本月十五日進校升學，是日仍照例行開學典禮。前日各部處特爲此事，開一聯席會議，籌備一切，當日列席者爲政治部，教授部，訓練部，校長辦公廳，軍醫處，管理處，編譯處，軍械處，各該部處重要職員及主任。茲將當日議決籌備事項，彙述如下：（一）請帖，請帖儀式之順序，由政治部擬訂，交由管理處轉發。（二）來賓，國民政府主席及委員，中央黨部，省黨部，海外黨部，婦女部，省政府各機關，總司令部各部處，各軍高級機關，新聞記者，農工商學各界，黃埔同學會，鮑羅廷先生，及其他俄國顧問（三）地點，禮場大操場，宴會俱樂部，招待秘書廳，會客所大花廳各地點，由管理處佈置。（四）典禮式，主席，來賓，各部處職員，及各學生之位置與變換隊形，由訓練部規定。（五）標語特刊，由政治部辦理，其他尚有警戒餘與等項，當由各部處分頭積極籌備矣。

◉廣州青年會中學校學生來校參觀

昨日廣州青年會中學校學生一百二十餘人，由該校教員，黃養初君率領，特來本校參觀，約於是日上午十一時抵校，在大花廳稍事休息，由政治部指導員姚成武同志，領該生等至本校各部處參觀一週，下午二時許，即在大花廳開一談話會，由政治教官趙文炳同志講演，大意：A本校的使命是在接受黨的主義和政策，努力爲被壓迫民衆求解放，B.求中國的自由平等，人類的自由幸福，祇有站在本黨主義之下聯合起來打倒帝國主義和軍閥以完成國民革命和世界革命，C.最後希望凡是在青年會中的革命青年，須認清祇有革命能得校人類的眞自由眞幸福，所以希望各位不但自己加入革命戰線，共同奮門更希望把全國青年會中的青年，引導在本黨旗幟之下，担負革年工作到以增進革命的力量，使中國民族早日得到完全的解放云云，後分贈本校宣傳品十餘種，並由管理處備船送該生等回返省城，時已四時餘矣。

軍事

革命軍佔領漳州之捷報

頃得張師長自山城陽（七日）日來電云（衔略），職師第二團已佔領南靖，第三團已佔領漳州，現令各團聯合第十四師及十七軍第二師，向敵人跟蹤追擊，

△鄧濟時電告倒唐情形

▲全軍黨化程度日高
▲倒唐空氣彌漫

本校接第十六軍政治部鄧濟時等來電云，黃埔中央軍校政治部勛鑒，敝會於八月間奉命來平馬范石生工作，積極進行宣傳訓練組織事宜，全軍黨化程度日增，倒唐空氣彌漫桂滇黔川各省，現政府委范爲第十六軍長，業於十月哿日就職，統率全軍萬餘精銳，厲兵秣馬，待命征唐，刻唐氏倒行逆施，不惜賣礦購械，剝削商民，以作謀亂後方之圖，滇省民號，四起反抗，本軍同志，誓必殲之，苟中央明令申討，友軍一致主張，上賴總理在天之靈，下有西南民衆成城之志，全滇革新，可立而待，特電奉聞，希爲鑒察，並時錫指導爲禱，第十六軍政治部鄧濟時等呈叩梗借印，觀此，則滇唐倒敗，全滇革新之期，當不遠矣。

政治

國內

△特別事裁刑判所裁撤後之辦法

自政府明令裁撤特別刑事審判所，所有統一軍民財政及懲辦盜匪奸宄特別刑事條例，統一軍民財政及懲辦盜匪奸宄特別刑事補充條例，特別刑事審判所組織條例均即廢止，司法行政委員會複將該所未經判決各案，按其罪刑，分別移送各主管機關辦理，如係大理院特別權限管轄案件，移交大理院審判，如係通常刑事在偵查中者，交廣州檢察廳繼續偵查，在審判中者，交由該同級審判廳繼續審判，如在刑律及其他刑事法令尚有罪責，仍依刑律及其他刑事法辦理。倘其行爲並不負刑律及其他刑事罪責，即予開釋，或宣告無罪，並擬此後關於軍民財政案件應付懲戒者，由監察院辦理，土匪案件由總司令部各警備司令及剿匪軍隊分別按照軍令辦理，其強盜奸宄案件無意外危險者，仍由該管法院依法辦理矣，該項辦法已經國民政府核准，並通令飭屬遵照

國內

△日人運動倒閣之激昂

△在東京開國民大會
△與警察發生衝突

東京來電，日本爲朴烈問題在野政黨政友本黨聯合一般國民，在東京芝區公園開民大會，羣衆一萬二千餘人，氣勢極盛，將散會時，民衆與警察大起衝突，警官數名，負傷數十，國民欲突入宮城，因警隊重重圍守正門，不得衝入，各大臣官邸，亦十分戒嚴，國民均不得騁，結果被檢束國會議員二十名云

雜訊

△總理誕日之紀念慶祝

▲總理誕日一律放假
▲中央全體委員一律參加

前星期六日中央常務會議決本月十二日爲總理誕生紀念日，由秘書處通告各機關一律放假一天，以誌紀念，並於是日在東較塲舉行紀念大會，中央執行委員全體亦一律參加云，又訊本月十二日爲孫總理誕生紀念日，凡屬國民，理宜熱烈表示紀念，故公安局長及政治指導處於昨日會銜通令市內各區各指導員，分頭勸導商店民居務於十一十二兩晚結彩懸燈，以伸慶祝云

▲高麗革命黨之活躍

高麗革命黨「新民政府」久在滿州活躍，日本政府竟至無術禁制，近日該黨忽得意外助力，活動範圍，因之益形擴大，現方致力於該地高麗農民生活，與高麗青年生活之改善云（譯）

中華民國十五年十一月十一日〔星期四〕 黃埔日刊 〔第四版〕

紀念週中惲主任教官的政治報告 二

今天報告最近關於世界的情形，從英國說起。英國最近召集了帝國會議，帝國會議之召集，是因爲英帝國的殖民地很多，他們經濟日益發展，發生了獨立自決的要求，而且他們總覺得英帝國地隔很遠，而兵力有限，不能保護他們，所以要自組海陸軍隊。英帝國看着這樣下去，有趨於分裂的危險，所以要想用帝國會議羈縻殖民地，這一次帝國會議，英國一面大操海軍，請殖民地代表參觀；一面報告航空軍力，表示他能力很可以保護殖民地。但是他這伎倆終不能釋殖民地的疑慮，在會議中仍發生許多不滿意的情形。例如羅加洛條約，是英帝國主義想幫助德國壓抑法國的，所以他的成立，張伯倫很費了一番氣力。但是殖民地却不贊成這個條約，因爲他們不願德國的勢力發展，德國從前在澳洲非洲殖民地都比法國多，幫助德國發展，反比法國的殖民地害怕。再如因爲他們不相信英國能保護他們，所以加拿大南非洲都有要求獨立的傾向。自然我們是用不着太樂觀，以爲英國即刻便要分裂，但是我們總敢說他是向分裂一條路上走去的。

英國煤礦工人罷工問題，鬧了整整半年了，到現在沒有解決。英國政府總是壓迫工人，屢次宣佈緊急條例，限制工人活動，並且命令警察禁止英國工黨的領袖顧克在公共集會中發言，他很給了英國工人許多打擊。在這種壓迫之下，英國工人已經有許多支持不住了的，現在雖尚有數十萬人仍在繼續奮鬥，恐終不能免於失敗。但無論失敗與否，這次罷工至少可以使英國工人有一部分認識英國政府，不是他們的政府，只是資產階級壓迫他們的一種工具。工人想要解放，非打倒這樣的政府不可。這次罷工，英國工黨是得了若干發展黨的利益，但是工黨勢力到現在還不及保守黨的勢力，他的最大結果，還只是在能促進工人革命化這一點。

其次說到法國，自歐戰以後，英國總是千方百計來壓迫法國，現在他一方助德，一方聯意，使法國在外交上完全陷於孤立地位。但是現在法國亦活動起來了，他極力謀與德國接近，同時又法拉攏意大利，要把敘利亞讓給意大利以爲意不干涉者非事務之報酬，他與英國正在勾心鬥角的爭鬥。

再次說到日本，日本最近勞動者農民逐漸覺悟起來，現在勞動農民黨內部因爲右派說左派與共產黨有關係，所以他們與左派毅然分裂。但日本有此種要求，左派勢力實爲可注意之事，左派自與右派分裂之後，勢力爲全國宣傳之運動，並謀與更左之一派勞動評議會發生一種關係，他們是日本無產階級革命的預兆。

俄國政治上重要的分子，如托洛斯基齊諾維夫等，與共產黨幹部主張，發生許多爭論，國際帝國主義便喜不自勝，以爲俄國要發生內訌了。但是黨的決議，令齊諾維夫托洛斯基等離開政治中心，他們已經完全接受黨的議決案，並禁止一切他們同主張的人繼續有任何違反黨的宣傳。俄國共產黨鐵的紀律，與這般領袖深知世界大勢，必不以個人意見發生任何軌外之行動，以帝國主義所利用；這是我們所可斷言的。

中國方面，北京內閣表面上還完全在吳佩孚勢力之下，張作霖自然係北方之强者，時時都有奪取北京政權之可能。但是張作霖現在是不願意來握北京政權，日本帝國主義也不願他來奪北京政權。爲什麽呢？因爲現在張作霖在北方已經得着很大的發展，他們現在很希望孫傳芳吳佩孚與我們的戰爭繼續下去，等到我們兩方面兩敗俱傷，他還可以來收漁人之利。他們不願意以奪北京政權或向江蘇河南發展，使孫吳有倒戈去同他們打仗之危險，所以他拿定了主意，不來搶北京政權，雖然張宗昌已經佔了保定大名，但吳佩孚質問他的時候，他亦說是他本人並不知其事。

江西河南的戰事，兩方面都有些虛張聲勢的宣傳，但就各方消息觀之，雖吳佩孚天天在那裏下反攻命令，實際仍在信陽一帶，與我們的軍隊相持不下。孫傳芳方面，夏超雖是失敗了，然而他亦沒有甚麽能力與我們再繼續下去。樊鍾秀多少是可以爲吳佩孚之害的，但似乎沒有消滅吳佩孚的力量。或者將來西北革命軍由陝甘發展到了河南，那時吳佩孚便會根本消滅了。江西方面，現在已經把九江武穴德安佔領了，南昌當然亦沒有什麽問題。這樣武漢的根基便可以更穩固了。

我們知道，軍閥遲早總是要失敗的，不過現在要想一下打到北京，打到東三省，根本剷除一切軍閥，在最近還是不可能的事。而且我們實在也沒有那大的能力。我們現在一定要有一個相當的休息時間，在這個休息時期，軍事上要補充訓練，而尤其重要的要發展民衆的組織。現在湖北勞工運動很發展，湖南方面也要召集全省農民協會。廣東現在省政府正在進行改組，預備切實執行聯席會議各種決議案，使廣東省政府能完全立於有組織的人民的基礎上面，聯席會議所以主張政府暫不移到武漢，便是因爲廣東已有有組織的一百六十萬左右的農民，廣州一處有須二十萬有組織的工人，所以廣東民衆運動的前途是很有希望的。國民政府最近要注意先爲廣東的革命的民權打一個穩固的根基，其次現在軍隊中政治訓練亦很要緊，聯席會議議決案要在各省設軍事政治學校，最近要在武昌分設本校的政治科，都因感覺此項人才十分缺乏，僅恃本校培植還不敷用的原故，所以同志們應注意自己的地位與責任，中國很需要有能力的軍事政治人才，我們要努力預備纔好，我們要爲黨爲國家尊重學校的風紀，努力軍事政治科學，使我們每個人能够成爲革命運動中有效用的一分子；這是黨與中國對於我們大家的希望！

我們入伍生的同志們應明瞭的幾點

新入伍生一團二連王紀康

抛棄了自由浪漫的學生生活，和比較適安的小資產階級的家庭生活，來受嚴密的軍事訓練，過軍人的生活，尤其是到這比別的學校更爲正大的黨立學校——黃埔軍校，這是多麽可欽可佩的一椿事啊！由此，可見同志們對於黃埔已經有相當的認識了！但是我們應當還要有進一步的了解，我們此次北伐，克復武漢，打倒吳逆，不過是革命工作的開始，是國民革命中一小部份的工作，最大的敵人，帝國主義，現在我們還未與之直接衝突！最後還有最激烈的戰爭，把帝國主義全完打倒，使一般弱小民族都能解放出來。但是怎樣才能夠担任這個使命？我以爲同志們最低的限度，要明瞭下列幾點：

（一）本校是黨立的學校，是造成革命人材的學校，那末，我們首先要明瞭，我們的生命，我們的驅體，我們的思想，我們的一切人生問題，都已交給黨了，絕對不要存個人主義，機會主義的心理，因爲我們不是爲當軍官而入黃埔的，我們是爲革命而來的。

（二）我們既爲國民革命而來，爲承繼總理的遺志奮鬥而來，我們便當力求避免，軍閥，官僚，政客，資本家的利用；不然，便不僅不能做整個的革命健兒，而且是處於反革命的地位了！

（三）黃埔學校裏面祇有整個的革命大團結，所以一切部落思想的地方主義及同鄉觀念，都應一律剷除，否則在思想上已經是落伍者，那裏還能談到革命！因此我們的眼光應當要放到整個的世界上去。

（四）我們要想做一個革命軍人，不是僅能用槍就够了的，還要具有政治的智識，和主義的訓練，總理不是說過嗎？我們革命如果要成功，不專尚個人的奮鬥，是要團體的努力；不是全靠兵力的成功，是要主義的宣傳。所以本黨之改組及設立本校也即爲此，否則，祗要有錢給他用，有官給他做，那怕還沒卑官麽？所以我們應當要特別注意政治問題才好。

一五，一一，作於燕塘。

問答

1、我家鄉有一農家，因爲家裏的人們下苦耕種與減少生活費的原故，漸漸成了一大富戶，但他的錢總是儲蓄在地窖內，絕對不放與人。這種人算不算是土豪？應不應打倒他？

2、歐美各工業國的生活程度很高，大多數的無產階級者當然無力娶妻，其生育力應該衰退，爲什麽最近白年中，其人口反增加了五六或四五倍，至少也有兩三倍呢？而生活簡單，無產階級比較少些的中國民族，爲什麽近兩百年來還沒有增加好多呢？

3、漢族在五族中是最大的一族，而且是文化最進步的一族，爲什麽在元朝清朝的時候竟被滿蒙人統治了呢？

入伍生一團一連方偉問

1、他只消極的貯財，並未用財作惡，不是土豪。但守財虜積聚金錢，致使一般人生活上缺乏流通貨幣，自然亦應打倒他。

2、歐美人口，百年內加兩三倍殊非普通的事實。美國特別增多，乃由於移民，非由生殖。中國人口究竟有無增加，無人敢加斷語，因從來沒有調查過。帝國主義以「人滿爲患」，辯護其侵略殖民地之行爲，其走狗（學者）每張大其詞以助之。無產階級無力娶妻者雖多，但有不正當之性交者正由此而亦多，又無產者結婚率雖低，但其生殖率却常較資產階級高。

3、漢族爲農業民族，因生產上與土地生固着之關係，故常對於北來遊牧慓悍之族（他們可以隨處爲家，生活上無所顧慮），傾向妥協。但自五胡北魏以來，遼金元清却無一族不受漢族之同化，此亦由於農業生產生活較優於遊獵之勞苦，而足以誘致之也！

（楚）

中華郵務特准掛號立券之新聞紙　中華民國十五年十一月十二日　星期五　第一版

黃埔日刊

中央軍事政治學校政治部出版　通信處廣東黃埔本校政治部宣傳科

第一八九號

（本刊每份定價一分）

總理誕生紀念日特號

時局口號

1、擁護革命的中心力量
2、鞏固革命的聯合戰線
3、肅清反革命派
4、政權歸革命民衆
5、一切權力屬於黨
6、促開國民會議
7、各省開省民代表會議
8、建設廉潔政府
9、剷除貪官污吏

本校今日口號

擁護聯俄聯共政策！
擁護工農政策！
打倒國家主義！
打倒一切反革命派！
實現聯席會議決議！
發揚黃埔精神！
孫總理萬歲！
中國國民革命成功萬歲！
世界革命成功萬歲！

為甚麼要紀念總理的誕日

代英

我們要紀念總理的誕日，並不是因為要民衆崇拜總理個人的豐功偉烈，更不是因為要民衆仰望總理好像是天生的中國人的救主。我們是要大家記得這一位革命領袖，便是六十二年前今天在廣東中山縣農家所產生的，他因為是一個勇敢而富於同情心的人，……

我們要用各種機會喚起全中國民衆的革命精神，所以我們亦要用各種機會使全中國民衆記得我們總理一生努力所提倡的革命運動。

中央軍事政治學校為紀念總理誕生日告本黨同志及全國民衆

……

中華民國十五年十一月十二日　星期五　黃埔日刊　第四版

總理的誕日與帝國主義

彭漢園

軍事

南昌湖口武穴相繼攻下之捷電

克九江南昌兩役詳情

贛省全境肅清

政治

廣東新省政府成立

代給黨證之緊要啓事

中華民國十五年十一月十二日　星期五　黃埔日刊　第二版

總理誕日告同志

我們應該怎樣紀念總理

怎樣慶祝孫總理的誕日

教授部副主任胡樹楷啓事

中華民國十五年十一月十二日　星期五　黃埔日刊　第三版

革命家與宗教家

紀念總理孫先生誕日

孫總理的誕生日

中華郵政特准掛號立劵之新聞紙〔中華民國十五年十一月十二日〔星期五〕第一版〕

黃埔日刊

中央軍事政治學校政治部出版
通信處廣東黃埔本校政治部宣傳科
（第一八九號）
（本刊每份定價一分）

時局口號

1、擁護革命的中心力量
2、鞏固革命的聯合戰線
3、肅清反革命派
4、政權歸革命民衆
5、一切權力屬於黨
6、促開國民會議
7、各省開省民代表會議
8、建設廉潔政府
9、剷除貪官污吏

總理誕生紀念日特號

●中央軍事政治學校爲紀念總理誕生日告本黨同志及全國民衆

距今六十年（一八六六——清同治五年）的今日，東方的中國誕生了一個過去四千多年歷史上所未有的偉人，這偉人是誰？就是本黨 總理孫先生。

孫總理已經不幸於去年三月十二日在北京捨了我們去了！但是，他的精神依舊在着。他的革命的精神不但在中國，在世界上的弱小民族裏，在帝國主義國家的無產階級裏，幾乎每一個人的細胞中都含有他的革命精神的元素！他是中國革命之父，又是全世界革命的化身！

我們在今天如果僅紀念他是創造中華民國的偉大人物，那未免太表面，太籠統了。我們應該更進一步找尋他的偉大所在。在辛亥革命以前的二十年中間， 總理已經找出了中國的唯一出路是革命。他和那時候的改良派（變法維新派和君主立憲派）勇往直前地奮鬥。從他開始講革命到推翻滿洲政府的二十年的歷史，證明了他的見解是一絲沒有錯。 辛亥以後，許多革命者都不革命了，章太炎等甚至反轉臉來擁護袁世凱。孫總理在那時候卻辭讓了大總統的尊號，繼續他的革命事業，他委身革命，一直到他全身軀殼都停止了動作才休！ 民國十五年的歷史，又證明了他見解的正確。他在四十年前已發現非把當時的貴族階級推翻，無以解放被壓迫的工商業家及農民工人。在他以前，有什麼人能指出革命形式呢？他在二三十年前已經看清了中國應該向社會主義的路上走，建立他民生主義的基礎。在他以前，又有什麼人能認識這革命的中心問題呢？在辛亥革命以後，一直到他捨棄了我們而長逝的時期裏，從他的革命經驗中替我們立下了三個偉大的政策，那政策是：

聯俄政策；聯共政策；工農政策。

我們把從總理決定并且實行了這三大政策以來的幾年中的革命運動一看，他所得之偉大的成功：不但擴大了革命領域，并且宣傳了組織了海內外的下層民衆，更爆發了一個浩大的反帝國主義運動。我們黃埔精神發揚蹈厲到現在的程度，也完全因爲能遵守并實行總理的偉大政策的效果！

現在我們怎樣紀念總理的誕生呢？尤其是本黨同志在這總理誕生的日子，應該深刻地認識總理偉大之所在！

第一，總理是認定中國革命要成功，非聯合蘇俄并且學他們的方法和組織不可。

第二；總理是認定中國革命要成功，非集中一切革命勢力不可。

第三，總理是認定中國革命要成功，非把數量多力量大的工農羣衆聯合起來組織起來不可。

因此，總理定下了那三大政策。這三大政策是我們與俄共工農之最具體的聯合戰線，如果沒有這三大政策，中國革命不會有現在的成績。所以我們紀念總理，應該把他四十年努力革命所得的最後經驗之三大政策，擁護起來！實行起來！我們如果懷疑這三大政策，就是懷疑總理，是總理的罪人，是反革命！

革命尚未成功 同志仍須努力

我們要擁護總理的偉大政策，我們須得把反對這三大政策的右派分子，國家主義者……等等實施猛烈之攻擊。我們如顧惜那些背叛總理的分子，便是背叛革命的行爲，也就是反革命！

我們最近更應該從積極的方面忠實地擁護及實施兩次代表大會和最近的聯席會議的決議。這些決議，是黨的決議，擁護黨的決議就是忠於黨，也就是忠於總理！

同志們！被壓迫的同胞們！我們紀念本黨總理的誕生，決不是籠統地，抽象地紀念他的偉大，我們更進一步知道他的所以偉大，實行他的偉大的主義和政策！就是紀念他能給我們民衆求解放的教訓。我們今天要高呼：

擁護聯俄聯共政策！
擁護工農政策！
打倒國家主義！
打倒一切反革命派！
實現聯席會議決議！
孫總理萬歲！
中國國民革命成功萬歲！
世界革命成功萬歲！

本校今日口號

擁護聯俄聯共政策！
擁護工農政策！
打倒國家主義！
打倒一切反革命派！
實現聯席會議決議！
發揚黃埔精神！
孫總理萬歲！
中國國民革命成功萬歲！
世界革命成功萬歲！

●爲甚麼要紀念總理的誕日

代英

我們要用各種機會喚起全中國民衆的革命精神，所以我們亦要用各種機會使全中國民衆記得我們總理一生努力所提倡的革命運動。

我們要紀念總理的誕日，並不是因爲要民衆崇拜總理個人的豐功偉烈，更不是因爲要民衆仰望總理好像是天生的中國人的救主。我們是要大家記得這一位革命領袖，便是六十二年前今天在廣東中山縣農家所產生的，他因爲是一個勇敢而富於同情心的人，

中華民國十五年十一月十二日〔星期五〕 黃埔日刊 〔第二版〕

所以二十歲以來，便爲了不忍見中國民衆的受壓迫，起來領導中國民衆，而且自己站在第一線上奮鬥，一直到他死的時候。

總理是偉大的，但我們並不說他是超人，他只是一般被壓迫的中國人中間的先覺者。總理是一個偉大的領袖，但他決不是離開了羣衆的領袖。他是代表了羣衆的利益，而且是領導着羣衆而奮鬥的領袖。

我們要人人紀念總理，要人人能認識總理真正的偉大地方，尤其要人人能夠下一個決心，像總理一樣的勇敢與富於同情心，順從着總理所指導的路途而奮鬥上去。

我以爲這是我們要紀念總理誕日的理由。

總理誕日告同志們

第二學生隊陳湘濂

我們總理是中華民國的國父，數萬萬被壓迫同胞的慈母，他的誕生紀念日，誰都要應該誠懇熱烈的來紀念！因爲爲革命奮鬥四十餘年，所謂「畢生學力，盡瘁於斯。」並不是爲他個人或家族謀幸福，是在求中國之真正自由平等，替數萬萬被壓迫的同胞們謀幸福，求解放，辛亥革命的成功，使我們脫離了四千餘年的專制奴隸羈絆，這是誰都知道與承認的。

我們是總理的信徒，三民主義的犧牲者，在今天不但要熱烈的來紀念，並且要將我們總理一平生事業，回憶思量一番，總理遺給我們的使命，都一一完成了沒有？如其不然，只在今天轟轟烈烈的紀念一次，沒有多大的意義，並且有負我們總理爲革命奮鬥四十餘年而希望我們繼續他未竟之志的決心，因爲我們總理一生奮鬥，並不是希望在生前或死後要我們來紀念他，是希望我們能爲他主義而奮鬥，努力繼續他未竟之志——完成國民革命，取消一切不平等條約，進而努力完成世界革命——所以總理臨終的時候，再三的叮囑我們說：「革命還未成功，同志仍須努力」，所以在今天我們應知道並且要加緊

最緊要的條件，就是[illegible]指示給我們的路和方法，和聯俄，擁護農工政策：等。因爲我們總理的革命事業，不但要使我們國的民族得到自由平等，並且還要使世界上一切被壓迫的民族都得到解放，自由平等。所以定下了聯俄政策，叫我們聯合世界上一切被壓迫的民族，共同奮鬥。我們更要知道如果除了總理的種種政策，而談革命，想得到真正的自由平等，是沒有希望的。可是有許多號稱總理的信徒的，拋棄了總理的種種政策，而嚷着打倒帝國主義，國民革命成功，并不知道要怎樣才可以打倒帝國主義，怎樣才可以使國民革命成功。如果要想打倒帝國主義，要想國民革命成功，除了總理所遺下的三大政策——聯俄，聯共，聯工農，是沒有其他方法的。

同志們！一切革命的同志們！我們是總理的信徒，真正爲三民主義而犧牲者，我們祇有照着總理指示給我們的道路前進，努力奮鬥，不達到世界大同的目的不止！要使世界上的今天，都熱烈的來紀念我們總理，如此，方不愧我們是一個革命的犧牲者；才對得起爲革命奮鬥四十餘年而未見成功的總理；才對得起一切先烈，才不負爲完成總理遺志帶着數千萬同志正在前方與敵人血肉鉗搏希望我們的校長和同學！

一五，一一，一〇。於黃埔校中。

我們應該怎樣紀念總理

第十四隊學生高翔雲

今天是我們中華民國的國父，領導世界上被壓迫民族求解放，導師，先知先覺的總理誕生日子。我們當這個光榮燦爛的今天，應該如何熱烈的十二萬分的誠意來表示這個盛典呵！

但是同時未免引起許多同志的傷悲，因爲我奮鬥四十年委身革命的孫先生。而已於去年離我們去了！然而同志們，莫悲痛！孫先生的形骸雖死，孫先生的精神是永遠不死的，他的主義他的政策，他告訴我們的革命方法是永遠在着。我們現在正繼續他的遺志努力。他的主義與天地參，他的精神與日月光，只有他生的今天，那有他死的一日呢？且把現在的事實來說：中國革命的勢力一天一天的澎漲，國際資本帝國主義壓迫下的弱小民族，——朝鮮印度土耳其以及甚麼爪哇夏威夷非利賓等國，都在積極起來獨立運動，予帝國主義者以莫大的打擊。這樣看來，誰能不說不承認是受了今天誕生的總理直接間接的賞賜！孫先生何等偉大！

同志們呵！在先知先覺的總理偉大的生日。我們應該知道總理積四十餘年的心血結成一個黨遺給我們，黨的命令，就是總理的命令，黨的政策，亦就是總理的政策。我們今天紀念他們，應該無退無畏地努力去實行黨的議決案，再接再厲的爲工作而奮鬥。如此；才不愧爲今天的紀念了。

我們高呼：

中國國民黨萬歲！

國民革命成功萬歲！

總理的精神萬萬歲！

怎樣慶祝孫總理的誕日

政治部 周匡民

中華民國的創造者，國民革命的導師，國民黨的總理，被壓迫民衆的救星孫中山先生的誕生六十週年到了！當此千載難逢的今日，全世界尚在帝國主義和軍閥鐵蹄底下面過半奴隸半牛馬式生活的男女老幼，應以百二十萬分的誠懇和悲哀，紀念已經離了我們去了的孫先生。這就是最強暴的英帝國主義者，和一般喪心病狂的軍閥，也不敢祕密地細聲的說一句不應該的。但是，我們在這熱烈紀念中，不要忘却了我們總理生前的百拆不回，一往無前再接再厲的精神。他推翻了數千年來的專制政治，把中國從層層壓迫底下救了出來。若沒有這位畢生爲民族解放而奮鬥，爲民衆利益而奮鬥的中山先生；久爲半殖民地的中國，現時怕不早就變了印度，朝鮮，或者甚至於中國人民將與美洲的紅人處同一地位了。因此，我們如果紀念先生的誕生六十週年，僅僅當做一種儀式，那不但太無意識，恐怕先生在天之靈也要痛哭流涕，罵我們都是些糊塗蟲了。

同志們！各界的同胞們！你看！現時的中國，仍在帝國主義壓迫之下呀！人民還在水深火熱之中呵！先生的革命事業并未完成，在今天我們固然要紀念先生的人格的偉大，但同時更要努力先生遺下來的使命！我們應本着三民主義，爲建設真正共和國家而奮鬥，爲一般民族利益而奮鬥，爲中華民族求解放而奮鬥，爲全世界十二萬萬五千萬被壓迫民衆謀自由而奮鬥，今年的今日，紀念先生誕生六十週年，明年的今日，卻慶祝先生的事業成功，還不是總理先生在天之靈，力稍舒了我們應盡之責。

總理誕生紀念日告同志

政治科第二隊學生駱倜

我們每逢開一個紀念大會，至少名同志都要具幾分實際的表現，不可徒然講演幾小時，遊行幾條馬路，前呼後擁，浩浩蕩蕩，作一場熱鬧的運動，壯一壯觀瞻，就以爲能事已畢了；尤其是在今天紀念總理的誕生，每一個同志，更要以精誠的實際工作，表現出來，方配得上做個總理的信徒。換言之，卻每一個同志，都要從實際工作中紀念總理。

總理誕生於西歷一八六六年的今日，到今天已六十週年了，他自從誕生以後，一直到去年——一九二五年——三月十二，無時無刻不致力於國民革命。我們翻開建國方略，讀一讀總理的這篇序文，總理開首就說：『文奔走國事，三十餘年，畢生學力，盡萃於斯，精誠無間，百折不回，滿清之威力所不能屈，窮途之困苦所不能撓，吾志所向，一往無前，愈挫愈奮，再接再厲，用能鼓動風潮，造成時勢。』這不是總理的革命精神嗎？又在『有志竟成』篇中，總理說：『學科餘暇，皆致力於革命之鼓吹。……以學堂爲鼓吹之地，藉醫術爲入世之媒。……所談論者莫不爲革命之言論，所懷抱者莫不爲革命之思想，所研究者莫不爲革命之問題。……非談革命則無以爲歡。……振起既死之人心，昭蘇將盡之國魂。』這非總理努力革命的言論嗎？『當初次之失敗也，舉國輿論莫不目予輩爲亂臣賊子，大逆不道，咒詛謾罵之聲，不絕於耳，吾人足跡所到，凡認識者，幾視爲毒蛇猛獸，而莫敢與吾人遊。』他並且在暹羅，安南，日本，南洋等處被逐，他說：『東亞大陸之廣，南洋羣島之多，竟無一寸爲予立足之地』、『甫抵倫敦，即遭使館之陷』，這非總理在辛亥以前所遭的環境嗎？『身當百難之鋒，爲舉世所非笑唾罵，一敗再敗，而猶冒險猛進』，『余不名一錢也，所帶回者革命之精神耳』，『革命之目的不達，無和議之可言』，這非總理猛勇的徹底的革命精神嗎？這些不過是從總理的言論中證明總理在辛亥以前之革命精神罷了。至於辛亥以後以至前年北上，這十三年當中，與袁世凱，與徐世昌，馮國璋，張勛，曹琨，吳佩孚，陳

教授部副主任陶樹模啓事

[illegible]總教官部[illegible]名[illegible]現改樹模業於十月二十二日奉校長[illegible]代表[illegible]照准公佈[illegible]用樹模原名[illegible]行政館特此聲明

陶樹模十月廿七日

小通信（二）

盧有模綿渡軒二兄：編在第一連，駐在何處？請告訴我！！！ 黃埔蝴蝶岡政治一隊王[illegible]

[illegible]

劉彬太邱正鷄旗館[illegible]兄在何處[illegible] 平岡十連蔣鳴屏代啓

龔際炎兄：你自東山醫院搬往到了什麼醫院？現在你的病[illegible]

入伍生新編團第一營二連梁思培兄鑒：來函已收到，[illegible]方現狀如何，請不時通示[illegible]是日下午開往燕塘收編[illegible]郵寄黃埔軍校轉交入伍生一團三營十連[illegible]爲要是盼！四弟協忠謹啓 十一，六

中華民國十五年十一月十二日〔星期五〕 黃埔日刊 〔第三版〕

炯明等帝國主義的走狗奮鬥，與帝國主義者奮鬥，其中所歷艱險，都是同志們所眼見的，不用多說了。

同志們！總理以這樣革命的精神，故卒能挽回行將垂危的中國，爲四百兆同胞爭人格，爲全世界十二萬萬五千萬被壓迫民衆爭生存。

我們今天紀念他們誕生，我們要捫心自問，我們配得上在這會場中紀念總理嗎？我們在這裏見總理的遺像有無愧色嗎？

現在北伐的各同志，以及後防的各同志，都能繼續遺志，使總理在天之靈，已經奪回了十五年前吾黨首義的武漢了！南中國的民衆，大部份已得到解放，重見天日了！我相信，我們今天紀念總理，總理一定會含笑於九泉之下的。

不過呢！北方大多數的民衆，還在軍閥鐵蹄踐踏之下呻吟着，全世界十二萬萬五千萬被壓迫民衆（除蘇俄外），還在帝國主義蹂躪剝削之下生活着，總理的遺志，我們還未實行於萬一，此次北伐的勝利，不過是軍事上的勝利，單獨軍事上的勝利是不夠的；一部份民衆得到解放而大多數民衆尚未得到解放，我們的工作是不能中止的；我們目前的責任，更加倍的重大，未來艱難，還是要我們每一個同志担任着。

同志們！我們今天紀念總理，不要以爲北伐勝利，就喜不自勝，反把志氣鬆懈下去，我們更不可徒然開一個轟轟烈烈，熱熱鬧鬧的形式上的紀念大會，就算紀念了總理，我們一方面要從實際工作中去紀念總理，一方面要鑒於辛亥革命之所以終歸失敗，是由於民衆與革命未發生關係；且中了反革命『革命軍起革命黨消』的奸計，各同志亦因忙於做官，反把革命的大事業擱開了，於是把連年苦戰，血肉相搏所得來的成績，拱手而授諸滿清餘孽，北洋軍閥袁世凱，致十五年來的民衆，依然受封建軍閥踐踏剝削，毫未得到解放，且受苦益甚，中華民國徒存了十五年的虛名，其實不啻多數的專制，同志們！回想過去多麼的痛心啊！

前車之覆後車之鑒；我們當這北伐勝利當中紀念總理，我們要遵照總理的主義；我們要擁護總理的政策；繼續總理的革命精神！

我們前方的同志，要裝好督子彈，瞄準着鎗，努力衝鋒，勇敢殺賊，要極力擁護民衆利益，不得絲毫欺壓民衆，擾害民衆！

我們的後方同志，要緊守後方，鎮壓反革命派及帝國主義之挑撥離間，以免前敵將士有後顧之憂，而得安心一致殺賊；要肅清各地土匪及貪官污吏，以爲民衆除害！

我們現在高呼：

總理精神不死！ 全中國被壓迫同胞聯合起來！ 全世界被壓迫民衆團結起來！

北伐成功萬歲！ 國民政府萬歲！

中國國民黨萬歲！ 黃埔精神發揚萬歲！

革命家與宗教家

紀念總理孫先生誕日

（宋雲彬）

革命的領袖與宗教的教主不同。教徒們紀念他的教主，只知道教主的偉大，想藉教主的神力去解除他生前或死後的苦痛。革命者紀念他的領袖，是知道他領袖的偉大，更知其所以偉大，他們——革命者——是繼續領袖未竟之志而努力；不是希望已死了的領袖在天之靈去解除他自身的苦痛，要把領袖所遺下來的主義和政策去解除人類社會一切畸形的組織，不平等的束縛，而達到他們革命的目的。

巍峨的寺院，莊嚴的禮拜堂，清越的鐘磬聲，幽揚的贊美詩，誠然足以引起人的情感。但是教徒們一走出了寺院禮拜堂，一切莊嚴色相都成了夢幻泡影，受物質支配的人類社會的苦痛決不是祈禱默祝所能解除的。所以一樣的紀念和慶祝，革命者是和宗教徒完全不同。我們總理紀念週時候的靜默，決不是在禱告總理在天之靈來呵護我們，是在想怎樣繼續總理偉大的遺志而奮鬥。我們在讀總理遺囑時，不像宗教徒的念着上帝亞們是在反省我們有沒有遵守遺囑去實現總理的主張。我們是在總理遺像面前領導羣衆走上革命的大道，不是跪在上帝的偶像前叫人們走入另一個幻想的世界。我們是手執着青天白日旗站在世界革命的陣淺上殺敵衝鋒，決不是在靜寂的禮拜堂裏喃喃祈禱。我們是敲着鼕鼕的戰鼓，吹着嗚嗚的軍號，唱着慷慨的革命歌；決不是在寺院裏敲着那幽越的清磬，在禮拜堂裏唱着那『令人意也消』的贊美詩。總而言之，統而言之，他們——宗教徒——是出世的，我們——革命者——是入世的！

因爲這樣，所以今天紀念我們總理的誕生和宗教徒紀念教主的『聖誕』不同。我們的總理孫先生，他是一個偉大的人類中的先知先覺者，但他不是什麼『超人』，更不是什麼『上帝的兒子』。我們如果僅僅爲六十年前的今天誕生了一個偉人而紀念，而歡喜鼓舞，而集隊游行，那和佛教徒在四月初八念着『阿彌陀佛』，耶教徒在『聖誕節』發狂地跳舞，祈禱，有什麼分別？教主們在生前找不到救世的方法，總從他們的幻想裏造出了什麼極樂世界 天國等等以自欺欺人，竟麻醉了一部份人類，醉生夢死地草草了人生！所以釋迦，耶穌在過去歷史上或許也有他們的偉大所在。但到現在早已成了沒用的偶像了。我們總理孫先生，他從呱呱墮地到他斷絕了呼吸，永遠在繼續不斷的爲人類謀解放。他不是在那裏想要憑空找到什麼『極樂世界』他也沒有叫人丟掉了現實的世界去空想什麼天國。他現在已死了，他再也不能在我們面前指導着！然而他遺下來的主義政策，都生生地活着；他不是偶像，他已化億兆身在我們的細胞中活着！我們紀念他的時候，我們靜默的時候，我們狂呼的時候，不死的總理，如在其上，如在其左右！釋迦牟尼的慈悲，救不了印度人的苦痛；耶穌基督的博愛，只落得被帝國主義拿去做侵略人家的工具。孫先生的主義政策和他的革命精神，不但救了被壓迫的中國民族，並且喚起了世界被壓迫民族的覺醒！所以我敢明明白白的說：孫先生是革命家，中國革命的領袖，世界革命的導師！他不是教主，不是偶像，更不是什麼，『禹湯文武周公孔子道統』的聖人！人類一天不滅絕，他的偉大的精神一天不會消滅！至於我們，是徹頭徹尾的革命者，不是夢想出世的宗徒教，我們知道孫先生的偉大，更知道其所以偉大，我們紀念他不僅僅是靜默一回，狂呼一陣，也不是像宗教徒禱告上帝，求上帝呵護。我們紀念他是要接受他偉大的主義和政策，從繼續不斷的努力中把宗教徒所夢想的極樂世界，由我們用科學的革命的方法實現出來。我們最後高呼：

孫先生萬歲！

自由平等萬歲！

孫總理的誕生日

楊若濤

呀！燈彩輝煌，百樂歡奏，人聲喧騰，好一個熱鬧而悲壯的今天。在地球上不知有若干的羣衆，在歡祝國民革命的導師，世界革命的領袖——我們偉大的孫總理的誕辰啊！

不錯，在政治和經濟上，被人束縛和剝削而急求解放的被壓迫階級和弱小民族，在六十年前的東亞——中國，誕生了一個救主，當然是喜不自勝地，要在他的生日分外地表示一種熱烈的慶意。

被壓迫的人們啊！一切爲求解放而慶祝我們總理的誕辰的人們啊！我們慶祝他，并不是列隊遊行，狂呼口號，叫幾聲萬歲就算了事，我們必須在這歡樂慶祝的時候，去尋找他畢生的偉大，才不致白費今天可貴的光陰，而姑負偉大總理誕辰的真義。

我們總理的偉大就是：他能認清客觀的環境，和時代的要求，及潮流的趨向，而有精明碩彥的學識，與堅決不撓的勇氣，不憚艱苦，愈挫愈銳，再接再厲地，破了惡劣的勢焰，畢竟開放了革命的鮮花，燦爛可愛中華，還有他的思想，是隨着時代進步的，我們在他最後呼吸，給他的同志們的遺囑上，全盤可以看見他內心深處的意思。

慶祝孫總理的人們啊！尤其是本黨的同志，我們是偉大總理的信徒，一言一念，一步一趨，都當效法總理而不渝，現在我們各個黨員捫心問問，我們認清了客觀的環境沒有？知道時代的要求沒有？了解潮流的趨向沒有？而且有沒有堅決不撓的勇氣去實現總理的主義和政策？並且我們的思想能不能爲環境所支配而隨着時代進步，像我們總理一樣？同志們！當心啊！風雨飄搖，楚歌四起，這是本黨今日的環境。所以我們應當從今日慶祝總理的的誕生起，一點不猶豫地團結精神，統一意志，犧牲一切，幹起來！大大的幹起來。

不幸我們的總理死了！撇下他一切幼稚無力的信徒死了！我們頓失了褓姆，這是多麼痛心的事啊！所以我們今天歡祝他的誕生，同時也記起他離去我們時候的悲痛。我們大家仔細思量一下，當如何早日完成他未竟之志啊！同志們！我相信我們偉大的總理雖死，然而他的精神，決定在你和我，以及全世界十二萬萬五千萬的被壓迫者的心裏跳躍活蕩着。所以我們一點不要害怕。國民革命及世界革命一定是要成功的，現在趁此熱烈慶祝的空氣裏我們高呼：

孫總理的精神不死！！

全世界被壓迫者聯合起來！！

中國國民黨萬歲！！

國民革命成功萬歲！！

世界革命成功萬歲！！

五，一一，一二，於政治部

中華民國十五年十一月十二日〔星期五〕 黃埔日刊 〔第四版〕

總理的誕日與帝國主義

彭漢園

國際資本帝國主義，憑其暴力與野心，已經把錦繡而且燦爛的大地，弄得烏煙瘴氣，把十二萬萬五千萬的民衆放在他的鐵蹄下面，敲精吸髓之不足，繼之以恐怖與殘慘殺了，在他帝國主義的意思，以爲這些束縛得奄奄欲斃的難民，無論如何，遲早總要被他們吞滅干淨，可是事有大謬不然！這些鐵蹄下的難民中，居然發現了兩個救主：在西方的是列甯，在東方——尤其是殖民的中國——的，是我們總理孫中山，

總理生於一八六六年十一月十二日，誕生於革命策源地的廣東，那時正值國際資本帝國主義，聯絡並進，冲破了數千年閉關自守的中國門戶，肆行武力的，政治的，文化的，經濟種種壓迫以遂其經濟侵略，攫取了許多賠款，割地，租界，海關，領事裁判權，特別營業權，不平等條約，破壞了中國的國防，使得整個的中國國土，七零八落，市場破產，農工失業，土匪蜂起，內亂頻仍，總理生長於這種情況底下，不由得不下個革命的決心了，

總理奔走革命以來凡四十餘年，爲革命而走遍全球，而出生入死，而失敗至十餘次之多，卒能百折不回，再接再厲，以有辛亥之役，將滿清完全打倒，惜乎當時本黨同志，革命不能澈底，以致帝國主義仍能利用封建餘孽，以延長其在中國之壽命，民二的討袁，民六的護法，民十的北伐，民十三的改組本黨，這都是總理的革命尚未成功，同志仍須努力的工作啊。

本黨改組而後，因總理的崇高偉大的人格的感化，和主義宣傳的擴大，全國革命民衆——尤其是工農，認識了帝國主義的面目，和傀儡，相率集中於青天白日旗幟的下面努力去與帝國主義奮鬥，兩年來由兩粵而湘鄂而贛閩，帝國主義的走狗紛紛打倒，帝國主義的勢力，根本動搖，泥犁地獄中的四萬萬難民，將踏破監門，擺脫鉄鎖，大有翻身奮飛的可能與希望，眼見得帝國主義旁皇失措，在那裏發着抖而莫可如何了，這是總理本着革命的精神和主義，領導民衆們去奮鬥的結果！

我們於此可以得着一箇結論是：總理認帝國主義爲死敵！總理誕生的日子，就是帝國主義宣告死刑的判決，也就是殖民地的四萬萬民衆解放的開始！革命的同胞，我們要繼續總理的生命，去奮鬥！要於歡呼慶祝總理的誕日當中，去繼續努力把帝國主義葬送！

一九二六，十一，十一，于政治部，

在億萬民衆熱烈地紀念總理孫先生誕生的今天，捷電飛來，革命軍已把江西的南昌佔領，全贛肅清之期，在指顧間。我們回想去年三月，總理在北京病重的時候，他知道本校同學已經成立教導團，由廣州出發，一直打到汕頭把東江的叛逆，肅清了，他便欣然微笑。現在我們仗着總理遺下來的主義政策，已經把革命領域擴大到長江沿岸，總理在天之靈，當可以少慰。幷且廣州新省政府在今天成立，開訓政時期的第一頁。所以把紀念文稿抽去了幾篇，登載下面的緊要消息。

軍事

△南昌湖口武穴相繼攻下之捷電

蔣總司令已進駐南昌

周鳳武唐福山大敗乞降

孫逆所部已完全殲滅

頃接武漢行營參謀處電稱，(銜略)，頃據飛機於佳日午前七時，由南昌沿南潯鐵路，飛回武昌，報告該線毫無敵蹤，南昌已於佳日午前五時佔領，繳敵槍二萬餘枝，子彈輜重無數，俘虜敵官兵一萬五千人，謹此電聞，總司令部武漢行營參謀處叩，佳(九日)戌

(一)江西前敵急電云，各報館各團體公鑒，昨八日我軍克復武穴湖口，同時即向南昌下總攻擊命令，劇戰逾時南昌即於昨八日正午十二時完全克復，蔣總司令亦即於昨日下午入駐南昌，南昌既已克復江西全局已完全底定，謹電奉聞，總司令行營參謀處佳辰叩。

(二)捷報，十一月九日于總司令部秘書處，頃接總司令自南昌來電云，限即日到廣州，(銜略)均鑒，本日正午，南昌城已完全佔領，中正叩，庚(八日)午于南昌印。

(三)昨九日接鄧主任八日來電，萬火特特，(銜略)頃接第一軍政治部李主任富春庚電，文日，第二軍第[illegible]及十四軍，在沙霞潭廠塘等處，激戰五晝夜，敵節節抵抗，節節潰退，于七日晨將蔣鎮臣部完全消滅之周鳳武，唐福山等，亦正乞降，我軍繳械四千枝，大砲十餘門，機關槍十餘挺，輜重無算，現正向敵追擊中等語，特聞，演達叩，庚，(八日)酉印

(四)捷報，十一月九日下午一時，總司令部秘書處，頃接高安總司令行營參謀處魚(六日)電稱限即到廣州(銜略)勛鑒，我一六三軍佔領涂家埠後，敵向吳城退却，現由各軍派遣部隊跟蹤追擊，今六日午刻六時卅分，我追擊佔領吳城，繳械三千餘枝，虜獲無算，僞第三旅長劉士林被擒，僞第四旅長崔錦桂擊斃，盧逆香亭隨衛兵數人，先乘船逃逸，敵逃竄時，沉輪船二隻，溺斃千餘人，盧逆所部之第二師，已完全消潰，特此捷聞，總司令部參謀處，魚叩印，又接武昌鄧主任演達庚(八日)申電云，頃接賀師長耀祖虞(七日)電，文曰，敵師第六旅，魚(六日)日攻克瑞昌，將逆軍劉鳳圖部擊潰，虞日渡江進克武穴，第一旅本日進克湖口等語，

(五)鄧主任齊(八日)申來電，九日到，急，(銜略)均鑒，捷報，叠據四六七各軍及賀師捷報，孫逆所部，已完全殲滅，湖口武穴，均繼續被我四軍及賀師佔領，特聞，演達叩，齊申印，

△贛省全境肅清

武昌羣衆慶祝十月革命之空前大會

武昌來電(銜略)(一)現南潯鐵路全線，已爲我攻佔，敵之支撑點涂家埠，亦已於魚日克復，孫逆逃亡，蔣總座現在樂化車站督飭一切，武穴亦於本日佔領，鄂贛肅清全局已定，(二)本日十月革命慶祝會，三鎮同時舉行，到會羣衆，共計百萬，我武昌大會，婦女與男子數相等，鄉婦城閨，紅綠相間，開歷來未有之奇觀與興奮，特報，鄧演達虞(七日)亥，

△克九江南昌兩役詳情

昨總部接鄧主任魚(六日)電報告克復九江情形云，軍急，限即到廣州，譯送竹節塘探呈總司令蔣，廣州譚主席李總參謀長鈞鑒，「餘銜略」勛鑒，口密，頃據專員沈炳初微(五日)午電稱，據九江隅田艦長支(四日)戌電稱，午後三時，南軍一部入城後，北軍敗兵，惶恐亂竄，租界封鎖，陸戰隊及義勇隊維持秩序，界內無異狀，北軍官長三十六名，易便服乘鳳陽丸逃滬，孫傳芳於午後四時乘江新向上游出發督師，陸續不絕，支(四日)戌又電稱，入城之南軍係何部，現尚未明，其兵數約有兵一千，租界外狀況雖得真情，龍開河以西，鐵道沿線已歸南軍之手，江新之出發，係將聯軍總部移向武穴前進，支亥電稱，係橫聯制斷，攻入九江之南軍，全係步兵，約一千餘人，此次軍事變化，因其南軍發現於馬嶺附近時，聯軍過于輕視南軍，適合少數兵力應戰，其後南軍增兵，盧香亭部赴援未到，南軍趁此以一部急襲九江，故能達到目的，又據沈專員微中電稱，隅田艦長微午電稱，雖聞稱向上游取攻勢，但支午後二時，有形似江新之船三隻，及他船六七隻下駛，係向武穴進發，係宣傳作用，實際已下駛，攻入九江之南軍，係獨立第二師賀耀祖所部，已將九江市面完全佔領，地方平靖，入城之部隊，態度異常沈靜，以後方有優力，周鳳岐似全無鬥志等語總司令武漢行營主任鄧演達叩，魚申印，李富春來電，(銜略)均鑒，我右翼軍，自冬日向敵施行總攻擊後，在上諾店及蓮塘兩役，敵集合殘餘頑强抗拒，經我四五師及教導師三營，奮勇爭先，施以猛烈之攻擊，衝鋒肉搏，卒將敵擊潰，於魚日將敵四面包圍，陽(七日)日在南昌城外，將蔣逆鎮臣部隊繳械，奪護大炮五門，機關槍五尊，步槍三千餘枝，馬數十匹，子彈及軍用品無算，其餘楊逆池生，楊逆如軒，唐逆福山，岳逆思寅各部，現正圍繳中，我軍先鋒部隊于今日已入城，特此捷聞，李富春叩，虞(七日)酉叩

政治

△廣東新省政府成立

委員廳長任命已下

現省政府決定十三日正式改組，改組後計設九廳，由國民政府，任命陳樹人爲民政廳長，宋子文爲財政廳長，孫科爲建設廳長，許崇清爲教育廳長，徐權伯爲司法廳長，李濟深爲軍事廳長，陳孚木爲農工廳長，李祿超爲實業廳長，周佩箴爲土地廳長，除將省政府組織法正式修正公佈，所有各廳廳長均任委員外，更任甘乃光何香凝兩人爲省政府委員，而不兼任廳長，同時將各屬行政委員裁撤，府內亦不設秘書長，而以秘書三人秉承委員會命令，分任秘書事務，更於委員會委員中，互選三人至五人爲常務委員，辦理日常公務，至各委員廳長，已決定於十二日上午十時在中央黨部禮堂，舉行宣誓就職典禮，其禮節亦經由秘書處訂定如次，一，齊集，二，奏樂，三，監誓員就位，四，省政府各委員就位，五，向國旗黨旗總理遺像行三鞠躬禮，六，恭讀總理遺囑，七，省政府各委員宣誓，八，奏樂，九，中央執行委員會主席訓詞，十，國民政府主席訓詞，十一，省政府委員會代表答詞，十二，奏樂，十三，拍照，十四，禮成，

中華民國十五年十一月十五日（星期一）新聞紙之類特准掛號立券郵政總局特准 （第一版）

黃埔日刊

中央軍事政治學校政治部出版
通信處廣東黃埔本校政治部宣傳科
（第一九〇號）
（本刊每份定價一分）

時局口號

1. 擁護革命的中心力量
2. 鞏固革命的聯合戰線
3. 肅清反革命派
4. 政權歸於民衆
5. 一切權力屬於黨
6. 促開國民會議
7. 各省開省民代表會議
8. 建設廉潔政府
9. 鏟除貪官污吏

本校本週口號

嚴守學校紀律！
學習革命技術！
增進戰鬥能力！
發揚黃埔精神！
擴大農工組織！
團結革命分子！
擁護國民政府！
打倒帝國主義！

本校第五期開學紀念號

第五期同學訓話

方教育長鼎英

中央軍事政治學校第五期開學典禮秩序

時間……十五日上午十一時
禮場……大操場

秩序：

一．齊集
二．奏樂
三．向國旗黨旗 總理遺像行三鞠躬禮
四．恭讀 總理遺囑
五．主席致開會詞
六．中央黨部代表致訓詞
七．國民政府主席致訓詞
八．各機關團體代表致訓詞
九．本校長官致訓詞
十．來賓演說
十一．學生演說
十二．主席答詞
十三．唱校歌及國民革命歌
十四．高呼口號（附後）
十五．攝影
十六．宴會（在大俱樂部）
十七．餘興（白話劇及電影）
十八．散會

口號：

一．遵守總理遺訓！
二．努力『為民前鋒』！
三．統一革命意志！
四．團結革命精神！
五．繼續先烈奮鬥！
六．恪守『親愛精誠』！
七．擁護中國國民黨！
八．擁護國民政府！
九．擁護農工利益！
十．聯合革命民衆！
十一．廢除不平等條約！
十二．打倒國家主義！
十三．打倒一切反革命派！
十四．打倒一切軍閥！
十五．打倒一切帝國主義！
十六．國民革命成功萬歲！
十七．世界革命成功萬歲！
十八．黃埔精神萬歲！

中華民國十五年十一月十五日（星期一） 黃埔日刊 （第四版）

關於第五期開學之通令

（十一月十日）

一．校屬各部處，業經改組完畢，着速將改組情形列册呈報，所有册式，另行令發。
二．新生開學在即，所有開學典禮之籌備及教育上一切事宜，如教育計劃案教程之審訂，應由教授訓練政治各部會商辦理，器具服裝房舍軍醫，應由經理部管理處軍醫處分別辦理，務須於開學以前，籌辦完畢，仍將辦理情形報查。
三．開學式禮場位置圖，着訓練部速擬定呈閱并分送各部處。
四．入伍生部應將第六期入伍生調查册，從速造送，毋延。
五．中央軍事政治學校與各省分校系統及條例着教授部作速擬定呈核。
六．本校第五期學生定於本月十五日，在黃埔大操場舉行開學典禮，所有在省入伍生軍士教導隊及學生軍，其服裝整齊者，一律攜帶午飯來校參加典禮，其船隻着由管理處駐省辦事處準備，仍由該各部隊主管官前往該處接洽為要。

以上六條合亟通令仰各一體遵照，此令

中正
兆銘

本刊編輯者的要求

（記者）

啓事

中華民國十五年十一月十五日（星期一） 黃埔日刊 （第三版）

告第五期同志！

陳祖康

十五年十一月十五日

校歌

B調 井

1、3 1、5	1、3 1	5 1 3、5	3、0
莘 莘	學 子	親 愛 精	誠
5、3 5、3	1、5 1	5、1 3、5	1 10

兵器的進步與我們

一九二六，十一

革命的教育與教育的革命

中華民國十五年十一月十五日（星期一） 黃埔日刊 （第二版）

第五期開學訓詞

訓練部主任吳思豫

諸生呀！今天不是你們開學的第一天嗎？這就是你們在本校研究學術的第一天。但是你們要曉得現在北伐期中，研究學術科，比較平時的研究學術科，有點不同的地方。為甚麼呢？因為在平時的研究學術科，可以從從容容仔仔細細的研究，并且在很難得到的地方，還可以靜心研究的得來。但是在這個北伐期中，研究學術科，就不能如此了。

做黃埔學生所要的根本質素

小通信

（中華郵政特准掛號立券之新聞紙） 中華民國十五年十一月十五日 （星期一） 〔第一版〕

黃埔日刊

中央軍事政治學校政治部出版

通信處廣東黃埔本校政治部宣傳科

（第一九〇號）

（本刊每份定價一分）

啓事

啓事 鄙人於本月七日由石龍返省在途中失去中央軍事政治學校入伍生部機關槍連第柒陸號徽章一枚除呈請補發外特此聲明作廢 胡建中

余失落八月份薪餉所搭之金庫卷銀八圓存條一張，訂期十五年十二月三十日照佈兌現，倘異日有人拾得概作廢紙特此申明作廢， 訓練部第一課課員丁冠傑

憲兵教練所第一期畢業證書現已領下定於十一月十四日（即星期日）開團黨部成立紀念會特發給凡我畢業各生分散在各部隊處者務於是日午前十時至東教場閣本部領到屆時發給希勿自誤此佈 前憲兵教練所長杭毅

曾鑑清張濬向湘武向志堅楊連璧諸同志你們分發後服務何處請函示知為盼 燕塘入伍生一團十四連楊舜耕啓

林淵兄鑒近況諒佳望勿我遺現在各事情形如何盼詳以示知是盼 符漢輿

本日遺失黃埔同學會會員證章第五七八號一枚除呈報註銷外特此聲明作廢 鄧經儒

樑生祚同志鑒我的通信處是黃埔軍校你在何部隊任務住在何處速請示知 丘秀亞（原名丘明才）

時局口號

1、擁護革命的中心力量
2、鞏固革命的聯合戰線
3、肅清反革命派
4、政權歸革命民衆
5、一切權力屬於黨
6、促開國民會議
7、各省開省民代表會議
8、建設廉潔政府
9、鏟除貪官污吏

本校本週口號

嚴守學校紀律！
學習革命技術！
增進戰鬥能力！
發揚黃埔精神！
擴大農工組織！
團結革命分子！
擁護國民政府！
打倒帝國主義！

本校第五期開學紀念號

●第五期同學訓話

方教育長鼎英

今天是本校第五期開學，各官長大半原是在校服務的，學生則由本校入伍生升學的，對於本校創辦的意義和歷史，都已有了相當的認識和訓練，毋庸再來細說，不過有幾點應該注意牢牢記着的事項，分別講說於次：

第一。 各同學之來本校入學，自然是遵信三民主義為着革命而來，決不是為升官發財而來幹投機事業的，所以在校求學的時期，就應該秉着犧牲的精神，強固的意志，時時刻刻切實鍛鍊自己的心身，研求相當的學識，以備向革命程途前進，犧牲一己的利益，以謀人民的幸福，犧牲一己的生命，以謀國家的生存，如是諸同學方不枉入了黃埔，方不算虛費了光陰及辜負了入學的初願，

第二。 本校是建設在黨上面的，黨與校是相聯不可分離的一個大團體，在校固要遵守軍紀，尤要遵守黨紀，軍紀黨紀是相輔相需缺一不可的，不能以在軍而蔑視黨紀， 亦不能以在黨而毀壞軍紀，

第三。 革命的歸宿，是為求中國的自由平等，即是為求民衆最大多數的自由平等，不是為一個人或一小團體及一階級的。大凡一般的人們，最先忘不了的，就是個人的「我」進而擴充到一小團體或一階級。一說到自由，每每僅只顧及了自己或小團體，而忘却了大團體，這是大大的錯誤，應要切實認清，我們為着大團體的福利，不容有個人的我及小團體夾雜其間，才能夠達到目的，所以我們既經站在革命戰線上，隸屬於黨軍，即便不能假口於自由而想要悠然自在任意動作，所以校長曾經說過，在黨中個人的自由是要被限制的，在大團體中不容再有小團體的，否則不惟不能達到我們革命的目的，且會破壞我們大團體，至於平等的說法，也是立足的平等，不是齊頭的平等，如果都要齊頭的平等，那就一切的組織和系統，都會要破壞，一件事都會不能辦了，這個界限，也是要分別得清清楚楚才好，於今舉個實例來說，現在的通弊，每每因了一件事，一部分的人不滿意，就不管三七二十一，自由邀集大會，並發布傳單等等，以為攻擊之武器，於是把一件小小的事情，可以弄到很大的波浪，這就是沒有把這自由平等的界限認識清楚，所以才發生這種現象的，原來一個人的意志和言論，儘有可以發表的地方，並可以充分的發表，如在黨則有黨小組及層級的黨部，以至中央黨部，在軍則有層級的官長，以至總司令，都是可以容納接受，并不至被壓迫不能伸張的，今不採用這途徑，而自由邀集大會，以及發佈傳單等等，恍若一種無組織的民衆，不能不藉此以發表意思，而不知在一團體當中，就另成了一小團體，黨紀軍紀，就在這不知不覺之間，隳毀滅，大團體就要被這小團體破壞了。尤其是攻擊式的傳單，及攻擊式的集會，乃對於對手人表示一種敵意的武器，只宜用心對付敵人，何可以對付同志，這也是要有界限的一點，鼎英因深感近來這種不良的現象太多，此後當要切實注意，各同學在校期間以內，不論如何，嚴禁再有這種事情，所以不惜再三鄭重言之。

第四。 我總理的校訓是「親愛精誠」四字，就是相親相愛，精益求精，誠心誠意，來團結起來實行革命的意思。所以吾校長的口號，是「團結精神，統一意志，集中勢力」十二個字，各同學不論何時何地，要把幾句話記在心上。

再總括的說幾句話，各同學既已升學來到這裏，須要知道自己所負使命之偉大，總理的遺志，都在我們雙肩之上，所處的境地，仍是非常的危險，帝國主義者和帝國主義卵翼的軍閥，還是不斷的向我們返攻，時時警戒偵伺，除却驕矜滿足的氣習，抱定堅強勇毅的決心，一切思想行動，都能立於校紀黨紀的中間，不把意氣當作精神，訓練當作壓迫，虛心求學，努力做人，不畏難，不怕死，盈科後進，登高自卑，這麼幹去，各位工作的萌芽的當中，我敢相信革命一定成功，如果對

中央軍事政治學校第五期開學典禮次序

時間……十五日上午十一時

禮場……大操場

秩序：

一、齊集
二、奏樂
三、向國旗黨旗 總理遺像行三鞠躬禮
四、恭讀 總理遺囑
五、主席致開會詞
六、中央黨部代表致訓詞
七、國民政府主席致訓詞
八、各機關團體代表致訓詞
九、本校長官致訓詞
十、來賓演說
十一、學生演說
十二、主席答詞
十三、唱校歌及國民革命歌
十四、高呼口號（附後）
十五、攝影
十六、宴會（在大俱樂部）
十七、餘興（白話劇及電影）
十八、散會

口號：

一、遵奉總理遺訓！
二、努力『為民前鋒』！
三、統一革命意志！
四、團結革命精神！
五、繼續先烈奮鬥！
六、恪守『親愛精誠』！
七、擁護中國國民黨！
八、擁護國民政府！
九、擁護農工利益！
十、聯合革命民衆！
十一、廢除不平等條約！
十二、打倒國家主義！
十三、打倒一切反革命派！
十四、打倒一切軍閥！
十五、打倒一切帝國主義！
十六、國民革命成功萬歲！
十七、世界革命成功萬歲！
十八、黃埔精神萬歲！

中華民國十五年十一月十五日（星期一） 黃埔日刊 第二版

於以上說的精神，紀律，不能加意保持，則同學雖在這裏升學和畢業，終竟只是白勞，我也不必辭費了。

第五期開學訓詞

訓練部主任吳思豫

諸生呀！今天不是你們開學的第一天嗎？這就是你們在本校研究學術的第一天。但是你們要曉得現在北伐期中，研究學術，比較平時的研究學術科，有點不同的地方。為甚麼呢？因為在平時的研究學術科，可以從從容容仔仔細細的研究，並且在很難得到的地方，還可以靜心研究的得來。但是在這個北伐期中，研究學術，就不能如此了。因為有一種時間的關係，在這個時期裏面你們就要格外用心來研究。而且還要知道研究最適用於北伐期中的學術，這是你們諸生應該很要注意的一樁事情。但是我還有個希望的對諸生講一講，這個希望就是希望今天開學的時候，你們共有二千五百多名學生，但是到了畢業的時候，仍舊要同開學的時候一個樣兒。有了幾多人進來，仍舊要有幾多人出去，完完全全造成二千五百多個學生，為革命軍的軍人，為革命黨的先鋒，還要為吾黨所定的主義來犧牲，不過要達這個希望，那還要對諸生講幾種最要緊的事情：第一種先要諸生鍛鍊好健全的身體，要曉得我們軍人以身許國，所以最要緊的，就是身體強壯，身體能夠強壯，雖在風霜雨雪之中，亦可以忍勞耐苦，能夠忍勞耐苦，才可衝鋒陷陣，攻城克敵，所向披靡。第二種要遵守黨紀軍紀及本校規則，我們革命軍人與普通軍人是不同的，普通軍人，不過要講講軍紀罷了，革命軍人講究了軍紀，還要講究黨紀，所以有了軍紀沒有黨紀，仍舊不是革命軍人，因為軍紀含在黨紀之內，絕對不能脫離的，而且還要遵守校規，更要牢記着親愛精誠的校訓，大家團結一致，才能算革命的一個好學生。第三種要服從長官命令，因為軍隊裏長官的命令，如同人身上的主腦，脈血可以流通的，倘使人身上血脈不流通，那就同木偶一樣了，所以不服從命令的軍隊，這個軍隊完全同木偶一樣了，你想這種木偶一樣的軍隊，那還可以打仗嗎？所以你們對於這個服從應該很要遵守的。以上幾種事情，與你們前途很有關係的，你們能夠做得到，那就可以達到我所希望的這一點，而且還要諸生以後時時刻刻記着才是。

做黃埔學生所要的根本質素

蕭楚女

敵人！帝國主義，底根本所在，是克虜伯那樣的大製砲廠。我們底根本所在，是黃埔中央軍事政治學校這一座製造「造反」「叛徒」赤化青年底鍛鋼冶洪爐。全中國各階級不安分的青年，一點破銅爛鐵——投之於這熊熊之中；除了變成「合金」的妥協右傾分子和比爛鐵還不如的爐底渣滓之外，其所鍊出來的「鋼」，這幾年來，不但久已抵得住克虜伯大砲之飛彈；而且業已刺其刃於帝國主義之頑腹，叫他在展轉呻吟中，切實嘗着一點倒甜又酸，既苦且辣，半痛半癢的「中國味」！這是黃埔的成績，差不多已經為世界所公認的。

今天是第五批破銅爛鐵，由入伍生部轉入熊熊爐火之日。我自己是一塊比鐵還不如的殘渣，但從青年時代一直到現在，卻始終還是個極不安分的東西。對於這些新投入的破銅爛鐵，不安分的青年朋友，自然應該說幾句話，且也忍不住不說幾句話。

第一，便是要認定我們自己是來受鍛的破銅爛鐵——要認定「我」是自願來在六千度高熱中，變更我自體內部的分子結構，使之另成為一種不同性質的金屬原素的。這樣才能受紀律之制裁，吃風雨星霜寒熱凍餓乃至病疫困頓之辛苦。但第二，我們卻又要不把自己成為機械的服從者，成為不抵抗環境的馴伏者，——我們須於「秩序」之中，時時保有我們底改造秩序的精神。這樣，才會不致與那普通的所謂「兵」，一樣——成為物理的化學的死分子——而確是一個鮮活潑，有意識而又守紀律，能征慣戰的「革命黨」人，一個真正的帝國主義的「叛徒」，一個好的「赤化青年」。

然而這兩層功夫，要怎麽樣才能切實做得到呢？大家不要以為這是很容易的事。實際是很難的！許多人物有時還做不到哩！這要在根本上拔盡我們從來的小資產階級的根性。所謂「小資產階級的」，這形容詞，乃是一種化學性質的形容意味，並非指財產所有額的多寡而言。儘管你是乏衣少食的無產者，但你那「學生生活習慣」的氣派，卻是一種既不像有產者豪蕩侈靡；又不像真正無產者樸質真誠——你是有些：虛榮心，冒險性，僞飾的習慣，衝動的感情，好面子，喜風頭，有時勇敢，有時怯懦，有時急公好義，爲國忘身；有時顧念生活，權利是求；不免患得患失，自然有些投機，難得劍及履及，因而常懷躊躇。許多假革命，反革命，不革命的朋友，並非天生派定那樣命運，多半是爲這一點小資產階級的根性「客氣」所乘！

在定性分析的革命化學中，已經有了一定的公式——一個人如果不能完全脫卻，或者習慣制裁他底小資產階級的根性，不能把自己時時放在一個「被壓迫者」（即令自己一點也不曾受壓迫，到做革命黨人，便應先承認自己是被壓迫者）的地位上去「意識」自己，則這個人便一定不是一個真正的忠實的革命黨。儘管他做了許多勇敢的事，儘管他主義和理論能夠倒着背誦——他終局是要變的，是要成爲反革命者，或不革命，或假革命的。

反之，一個人如能超脫那小資產階級的根性，他便自然能夠：不忮不求，不驕不慢；便自然能夠少爲自己打算；便自然能夠認識公共事業和自己的責任之所在；便自然能從拋棄了虛榮，面子，風頭，投機之中而甘於受公的制裁，受團體的紀律，受公共約束的行動規範；便自然會以革命爲終身之事業，以主義爲終身之信仰——而不視爲[illegible]——因爲他自己已無私人利祿之心（一個人若斷絕了升官發財之心，則這個人就決不會棄革命而反亂）！

問題結穴了！如何方能拔盡此小資產階級性的根性呢？這便在養成我們自己對於宇宙——社會——人生的認識。我們如果相信唯心論者的說法，相信歷史爲「人力」所造，社會文明爲英雄聖賢之著作，宇宙之演變爲人心發展之過程；則我們滿頭腦中，一定會充滿了英雄思想，一定會時時想着如何才能叫自己做一個創造時局，以功業傲睨當世，使庸衆拜倒我於千百年之下的特別人。於是客氣乘之，一切虛榮，僞飾，投機，風頭，利祿，得失之念乃至欺詐詭譎之手段，必如新雨後之怒草，很快的植其深根固蒂，蔓延於你心中。你便成了張作霖，吳佩孚，陳炯明，虞和德，摩根，大倉喜八郎。自然你能不能成功他們那樣，還是問題；但你的宇宙觀，社會觀，人生觀卻已規定了你的終身地位。你將自然地會承認私有財產爲正當制度，承認社會上應當有階級，承認一切別人應受你的統治，壓制，教訓乃至剝削。如果你以這樣的「意識」——意志——在黃埔，那麼，你底最後目的，便一定是在借此階梯以做「官」，你不是在做革命黨；你是在「住」「享官」學校，你是預備將來當總司令，爲軍閥，富有地盤，貴爲渠魁，粉白黛綠者，盈於後宮，嘉肴鼎鼐，列於前案——你是要享福的。你最後，將不反革命，假革命，不革命而何適?!

許多人用了種種狡猾，在革命事業中，找他底終南捷徑，以爲旁人不會看破他。其實，有心人一與接談，只要在他底言牛語，或無意流露的言行中加一留意，一測其有無小資產階級的唯心根性，便早已瑟眼明察，從X光下看透了他的二十四根肋骨了！

中山先生所以能夠四十年革命如一日，他所以能夠超過與他同時的康有爲，梁啓超，乃至吳稚暉（吳先生最初也是個立憲黨），而確切認定中國之非革命不可，及最近又能認定中國革命非置於世界革命之中，聯俄聯共而爲之不可，國民黨非改組不可——都只因爲他自幼就沒有相信唯心論，而從來就站在「唯物的歷史觀」上。從唯物的歷史觀點上，我們將發見下列的問題：

一，這個社會自來就是今天這樣麽？

——當然不是的——

二，那麼，它是如何變至今天這樣的呢？

三，什麼原動力叫它變的呢？

四，它底變化有沒有一定的科學的（和物理的化學的那樣的）規律呢？

溯金沙江，怒江而上，循哈喇崑崙而發見江河南北分流之源，則人類社會所以演成今日之一幕者，一生活上所用的工具之變化爲其關鍵而已！因工具變而生產出來的物品生產量亦變。因工具之性質變，而技術之程度亦變，技術之程度變，而生產之性質亦變。生產量之多寡變，而分配生產品之方法——即社會上一切人與人之間的經濟關係亦變；人類共同生活的範圍亦變。這就是「社會」底定性分析。社會關係既明，則一已對於這個如此社會，這套如此歷史中的地位亦隨之而明

（二）

小通信

紹燧（仲豪）同志：久不晤甚念我現在補充師政治部你昇學後編在何連希即示知。龍作。十一，十一

李輝城同志：你編在入伍生何團連駐何處祈即示知 第三學生隊十隊吳棻（揚聲）

懷初兄鑒：你編在那一隊請示知或來政治部宣傳科一會 黎翰帆啓

袁燦中同志：你在入伍生何連？請告。你有掛號信一件在校管理處。我現編在第一學生隊第五隊二十區隊，住校本部。楊寰（即承謀）啓

曾克家陳鐵軍兩同志：我知道你們好久就入伍了；但未悉現編在何團何連，駐紮何處？祈示知！黃埔蝴蝶崗第五學生隊第十五隊劉立身啓

張光璜彭昆，你們編在那一隊，請示知，政治部毛覃啓。

德森，祝多，椅國，祖蔭，偉特，家戀諸同志：你們現在那裏服務？請即告知爲盼，蝴蝶崗經理第二隊學生第十七隊曾毅（守約）

燕塘入伍生一團第四連曾詠春啓

壽彝，貴光，名揚，榮臣同志：你們編何隊。請通知。傑

中華民國十五年十一月十五日（星期一）　黃埔日刊　（第二版）

。今日之制度不過是工具進化過程中偶然變化的表現之一暫時段落；人類之正當生活方式，尙在將來；一切富貴享樂，原非人生正體，且屬違反自然道德之罪惡。人在自然界中之地位及其應當如何生活，如何共同生活之方式既明，則其人之宇宙觀，社會觀，人生觀必得一邏輯的科學的一貫的心安理得之系統。他知道他只是大千世界之一分子，他是不應該較別個分子享受特別生活的；他知道世界乃至宇宙中，一切是應該平等的；侵犯他人（別個份子）之生活範圍，是違反自然之本來意志的，於是他乃博愛。他又感受着他現在是在受他人（別個分子）之侵犯，或見着他人（別個分子）之受另一他人（別個分子）之侵犯：於是他要求自由。他從平等，博愛，自由三大要求之意識中產出底他人格，他乃自然「革命」，自然要打破此不平等不自由之世界而歸於平等，自由，他自然會以博愛而不顧自身，而以此身之犧牲以利他人。如此，則其人便自然在一切言行上會表現他底不忮不求，不驕不諂，沒有小資產階級性的習氣來。他便自然「始於革命，終於革命，以革命爲終身之事業，以主義爲終身之信仰，四十年如一日，成功一個世界革命領袖，百世瞻仰之偉人的孫中山了！

黃埔高爐，以煉成此等未來的孫中山爲目的，破銅爛鐵的朋友們，投身到六千度高熱中去做孫中山罷！

十五年十一月十五日　陳祖康

◉告第五期同志！

同志們：你們來了！六個月的兵營生活，已經鍛鍊了你們的精神，增益了你們的建康，校門的旗幟含笑着看你們進來受革命的訓練。

訓練是怎麼的一回事？你們曉得革命不僅是要推翻現統治階級而代之以一種新勢力。革命是要解放壓迫，革命是要組織新的社會，革命是要求社會民衆的完滿幸福，簡單說起來，革命是含有整個破壞與建設的意義。訓練就是要給你們以破壞——軍事學——與建設——政治學——的力量。二者缺一便不配說是革命。

但是八個月的時期，一轉眼間便要過去，你們是不能一刻偷閒，偷閒便失了寶貴的光陰，你們此後發將永無復得的機會。

你們不僅是自身去革命，還要引導民衆去革命。這個引導的責任將使你們越顯其偉大。但是這偉大的精神須于訓練時預備充足。要不然，將來你們無論做了營長，團長，主任，黨代表，盡是可羞的頭銜。

在訓練時期，你們尤須明瞭訓練本身的意義。專靠官長的監督和教授的指示是沒有何等的効果，你們須自動的訓練。自動的訓練才是訓練的眞諦。

你們以前的同學們，已經做了不少事業，打倒孫吳，擴張革命勢力至長江流域。却是幽燕未搗，關東猖狂，帝國主義依舊虎視眈眈。這些革命的後步工作，留待你們。你們須完成以前同學的事業。你們的使命是何等雄偉！你們能夠不嚴密地受訓練而以自身訓練自身嗎？

這幾個簡單拉雜的意思，便是我個人對於同志們的貢獻。

一九二六，十一，十二于海關樓

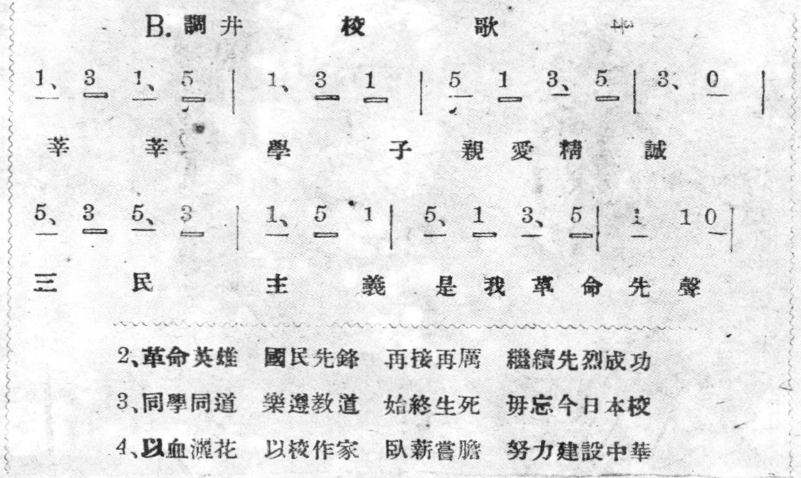

校歌　B.調

1、3 1、5 | 1、3 1 | 5 1 3、5 | 3、0 |
莘 莘 學 子 親 愛 精 誠

5、3 5、3 | 1、5 1 | 5、1 3、5 | 1 1 0 |
三 民 主 義 是 我 革 命 先 聲

2、革命英雄　國民先鋒　再接再厲　繼續先烈成功

3、同學同道　樂遵教道　始終生死　毋忘今日本校

4、以血灑花　以校作家　臥薪嘗膽　努力建設中華

◉兵器的進步與我們

成仿吾

近代的戰爭由種種的意義上可以說是兵器的比賽。小說傳奇裏頭常有法師劍家鬥法寶的趣事。近代的戰爭有點近似。有海軍方面水雷與兵艦的鬥法，砲彈與甲板的鬥法，這些是多年以來極有興趣的武劇。陸軍方面重砲與要塞的鬥法，迫擊砲與塹壕的鬥法，近來更有空雷與飛機的鬥法，飛機與飛機的鬥法，綠氣與防禦器的鬭法等等，種類至爲繁雜。

兵器是這樣的進步繁衍，所以近代的戰術也不得不爲之一變。現在上天下地無處不是戰場，最能利用物質征服空間的方能是戰史上的勝利者。

兵器的進步，并且直接增加了兵的種類，變了兵的編制。現在已經有許多的新兵種爲前此所未聞，現在軍隊的編制與從前變異，而且新的兵種當取新的編制，所以將來的軍隊的組織必定與兵器同時變遷，我們不難推測。

又兵器的進步，利用各種原動力以減省人力。結果，將來的兵器必愈奇巧，而戰事必愈注重於破壞。歐美的夢想家已經在計劃着僅用一人駕一軍艦，這種事情現在雖然還是一種夢想，但是前途是很有希望的。

但是兵器的進步，尙有兩個先決的條件。第一是物質的問題，就是工業要發達到相當的程度。因爲巧妙的機械極易於損壞，所以就從外國買來，也須有工場可以修理。我們學校前面浮着的飛鷹，她的蒸汽機關太好，一旦壞了，我們就不能修理，就是因爲物質條件沒有解決。第二是人的問題，就是官兵要有稍高的知識。這是很重要的一個條件，因爲官兵若對於所使用兵器沒有十分的理解，是決不能充分發揮兵器的效用的。

現在我們的軍隊裏面這兩個應該先決的問題還沒有解決。我們學校是養我「人」的地方，所以我們應該共同努力來把這人的問題解決。以後在各種科學之外，應該對於兵器多下工夫，多去親近牠，考究牠——這是我對於新入學諸君的莫大的希望。

◉革命的教育與教育的革命

陳祖康

黃埔是國民革命的中心點，因爲黃埔是陶鑄革命人才的大火爐；是革命武裝勢力的大本營。所以黃埔的教育，根本是革命的教育。什麼是革命的教育？我們開始來研究這一點。

中國在帝國主義鐵蹄下輾轉呻吟已經八十年了。在這八十年中間，中國青年的位置是一天的落後一天；除了爲帝國主義做小卒，別無謀生之路。到了今日，想做帝國主義的小卒也不能夠，因爲新興的資本，買辦階級把這個門路壟斷了。于是一班青年遂彷徨道側，大有茫茫何之之慨，加以飢寒交迫，而憎惡現社會之心遂日甚一日。突然革命的旗幟飄揚空際，他們就似怒潮地洶湧到黃埔來。這幾千幾萬的青年來歷大半如此，當然除此之外還有別樣的分子：或是抱陞官發財的思想而來者，或是因浪蕩放縱爲舊社會所不能容而來者，或是專憑情感受友人的鼓吹而來者。但總說一句，無論他們的懷抱如何，他們到了黃埔，便入了革命之門，這是毫無疑義的。革命的教育就是要使這些青年由門口一直向革命之路前進；不許他們臨行退縮，不許他們半路逃亡，更不許他們中道分歧。

爲了此，革命的教育不能專限于一門部，而有聯合軍事政治的必要。狹義說起來，革命的第一步是軍事行動，第二步是政治工作。廣義說起來，軍事與政治是不能分開的，軍事行動與政治工作便是革命的全部勢力。

對于軍事呢我是毫每無常識，撇開不談。政治呢？試看目下黃埔對於政治教育的情形。除政治科以外——這些學生有較多的時間來做政治的研究——工兵，砲兵等……研究政治的時間，簡直是少之又少。那麼頭一個困難是要于最短時間中，使他們得到相當的政治智識。對于這一點，我以爲與其狠精細地研究一部分，不若使他們對于各部分有一個普遍的觀念；但以其涉獵多部分毫無頭緒，則又不若使他們明瞭了不可缺少的政治知識的基礎。而最低的限度，必使他們對于主義有一個極清楚的觀念。因爲主義一明瞭，就是不能把他們于未進黃埔時的謬想剷除淸淨，最少可以剷除其一部分。要不然，便失了革命教育的精神。還有一層，此地每班最少有百餘人，當授課時不免有了困難。但這是物質的困難，祇要學生與教授，有相當的精神便可解除。

好教授當然是好教育的一個條件。說到教授本身，我相信到此地來的盡是爲着革命兩字。那麼對於敷衍和不負責的事實，決不會出現。然單是不敷衍和負責還不能十分顯出革命教育的精神。它是要這些教授超出負責和不敷衍之上；就是不僅是不敷衍而且是熱烈的，不僅是負固定之責還要隨時隨地負責的。

中華民國十五年十一月十五日〔星期一〕 黃埔日刊 〔第四版〕

所以革命教育連帶了教育革命。我們曉得社會事體是沒有萬全的，沒有更生來便萬全的，祇有經驗能夠增進某事體于良好的程度；教育自然在此範圍之內。黃埔既然是革命之所寄托，黃埔也須革命，黃埔的教育也須革命。

這是什麼意思呢。這就是要各教授以平時的經驗不斷地改良其教授的方法及附帶的種種條件，如編講義啊，取材料啊，等等。

譬如此次政治教官會議，謂前此的授課太過于演講化了，所有學生的疑問均是自動的，那麼不好問的學生便一知半解的糊塗畢業，決定以後于每授課時間，須留一部分爲討論之用。這是一種教育的革命。

綜之，我們應以革命教育的精神不斷地來做教育的革命，而教育革命越顯出革命教育的精神。

一九二六，十一，于海關樓。

◉關於第五期開學之通令

（十一月十日）

一·校屬各部處，業經改組完畢，着速將改組情形列册呈報，所有册式，另行令發。

二·新生開學在卽，所有開學典禮之籌備及教育上一切事宜，如教育計劃案教程之審訂，應由教授訓練政治各部會商辦理，器具服裝房舍軍醫，應由經理部管理處軍醫處分別辦理，務須於開學以前，籌辦完畢，仍將辦理情形報查。

三·開學式禮場位置圖，着訓練部速擬定呈閱并分送各部處

四·入伍生部應將第六期入伍生調查册，從速造送，毋延。

五·中央軍事政治學校與各省分校系統及條例着教授部作速擬定呈核。

六·本校第五期學生定於本月十五日，在黃埔大操場舉行開學典禮，所有在省入伍生軍士敎導隊及學生軍，其服裝整齊者，一律攜帶午飯來校參加典禮，其船隻着由管理處駐省辦事處準備，仍由該各部隊主管官前往該處接洽爲要，

以上六條合亟通令仰各一體遵照，此令

中正
兆銘

◉本刊編輯者的要求

（記者）

愛讀本刊的同志們：

本刊從出版到現在，雖祇有六個多月的時期，但需要本刊的同志日漸加多，本刊發行的份數也日漸增加，印刷所裏一天到晚的軋軋機聲裏，彷彿在告訴我們：『革命的同志增加了，你們——編輯者應該怎樣努力，把這日刊改善起來，進步起來，使每一個革命同志，視本刊如良師益友？』說起來慚愧得很！我們的能力，我們的見識，我們的經驗，都沒有自信能負担這樣重大的擔子。但我們既已挑了這副擔子，總須得『杭育，杭育』地向前進。現在我們覺得本刊有許多令人不滿意的地方，須得從速改良的，但我們又覺得幾個人的經驗能力不能把本刊改善到使閱者得到相當的滿意；并且我們也不願祇把我們幾個人的意見來決定今後本刊的形式，內容等方面如何革新。本刊是愛讀的同志們所公有的，我們很想把讀本刊的同志們對於本刊如何改良的意見集合起來，作爲改良本刊的南針。因此，我們趁着五期同學開學的今天，作我們預備革新本刊的開始，向愛讀本刊的同志們用十二分的誠懇的盼望，盼望對於本刊應注意應改良的地方，一一無隱瞞無客氣地告訴我們，無論在形式或內容方面。

在形式方面：我們覺得本刊一向的分欄，似乎太呆板了。但本刊的分欄的原意是要將每天發生的事情，關於那一方面的（如政治經濟等等）都歸入那一方面，使讀者看起來有頭緒，異乎普通的日報。不過也許有人以爲這樣固定的形式太呆板，而且老是這樣，把讀者看得疲倦了，或許覺得沒有新趣味。但究竟大多數閱者，贊成以前這樣的分欄呢？還是贊成把形式改變到比較活動的樣子？而且究竟應該怎樣改變才好呢？

在新聞方面：我們的新聞雖然有蘇聯通訊社等直接寄稿，但是爲交通的關係，總比普通日報要遲一天，這是無用諱言的。但我們想，這小小日刊本來和日報有些不同，日報是在消息靈通；我們是在把各種消息歸納起來，并且指出那消息關於政治經濟等的背景，使讀者得到一個有系統的概念。我們從前分欄就是這個意思，此後即使改變了形式，也須得保持這個原則。但我們的原則是這樣，我們的能力經驗都很薄弱，所以錯誤幼稚的地方很多。這是尤其希望同志們儘量把你們對新聞編輯或材料採擇得不適當不滿意的地方，明白指出的。

在文字方面：本刊每天的日評，似乎和普通日報的時評相像，但有一個根本不同的地方，就是：我們的立論不是隨便瞎說，我們須得在革命的意義中用冷靜的頭腦去觀察新發生的種種事實，而加以批評或判斷。因此我們也自覺知識經驗都有不夠的地方，希望讀者隨時指示或糾正的。

「革命之路」一欄，彷彿是現在日報裏的「副刊」。我們一向所採取的材料，都是關於革命的理論和方法等等，很少短篇的而含有佩刺性的作品。關於革命的理論和方法等作品，當然很要緊，但我們覺得短篇的乾脆的而含有諷刺性的作品，也不可少，這是增進讀者的興趣，調和讀者的情感的。我們平常時候也許喜歡讀讀『語絲』等一類諷刺文字，但我們尤其是愛讀『嚮導週報』上的『寸鐵』，覺得是諷刺而仍不脫革命的意義，使我們痛快，也能使我們增加革命的情緒。本刊此後想多登些這類短文，希望同志隨時感覺到要說的話，就隨時寫下來寄給我們，我們是十二分歡迎的！

最後，我們要提出一個總要求，就是，無論在形式方面，新聞方面，文字方面，儘量地把你們的意見告訴我們，尤其是在我們正準備着刷新的最近幾天內，除要求告訴我們意見之外，還要求多供給我們材料！話多了，就此告一結束；靜待回音罷。

啓事

官長與學生

編者綴語

中央軍事政治學校政治部出版

黃埔日刊

通信處廣東黃埔本校政治部宣傳科

（第一九一號）

（本刊每份定價一分）

時局口號

1. 擁護革命的中心力量
2. 鞏固革命的聯合戰線
3. 肅清反革命派
4. 政權歸於革命民衆
5. 一切權力屬於黨
6. 促成國民會議
7. 各省開省民代表會議
8. 建設廉潔政府
9. 剷除貪官污吏

本校校口號

嚴守學校紀律！
學習革命技術！
增進戰鬥能力！
發揚黃埔精神！
擴大農工組織！
團結革命分子！
擁護國民政府！
打倒帝國主義！

週言

政治報告

校聞

通令 十一月十日

第五期學生開學典禮盛況

軍事

全贛肅清以後

國外

蘇聯政府撥地分給農民

經濟

日本明年度預算

雜訊

蘇聯共產黨大會主席團人物

黨務

莫斯科孫文大學代表徵求校

中央援助被逐旅比僑胞

國內

政治

中比條約將交出海牙會

一九二六年蘇聯經濟狀況

俄政府發行有獎公債

秦谷爾將抵

歡迎明德中學校友啓事

小通信

告第五期諸同學

今後我們的努力

我們是革命的戰士

中華郵政特准掛號立券之新聞紙〔中華民國十五年十一月十七日〕〔星期三〕〔第一版〕（一）

黃埔日刊

中央軍事政治學校政治部出版
通信處廣東黃埔本校政治部宣傳科
（第一九一號）
（本刊每份定價一分）

啓事

啓者鄙人失遺黃埔同學會三三二〇七證章一枚除呈報本會外特此聲明作廢 楊瑔波啓

本人遺失同學會證章一枚，號碼一六三七號即此登報申明作廢 吳國球

鄙人失去黃埔同學會55號職員證章一枚除呈請補發外特聲明作廢 方恆圃

周嶺號庚梅兄鑒弟于日前到粵現住粵秀街叢秀坊彭述古堂請即來寓一談如無暇請函示駐所以使弟前來會晤是盼 湘鄉其底李壬川啓十五，十一，八，

啓事鄙人於昨夜失去入伍生部第四營一六連連字一百一拾玖號學生周木森符號一個除呈報補發外特此聲明作廢， 周木森啓

楊傳齊同志；我現駐寶安深圳，你編在何營連，并駐紮何處，請速告我，御於尉文駐東莞 新編入伍生團第一營四連羅亨華啓

馬心白：你到底在那一連？你的哥哥來了，住在我這裏，現在有最要緊的事，定要你即刻來省，找個住址，他想考入伍生。 陳德生啓

時局口號

1、擁護革命的中心力量
2、鞏固革命的聯合戰線
3、肅清反革命派
4、政權歸革命民衆
5、一切權力屬於黨
6、促開國民會議
7、各省開省民代表會議
8、建設廉潔政府
9、劃除貪官汚吏

本校口號

嚴守學校紀律！
學習革命技術！
增進戰鬥能力！
發揚黃埔精神！
擴大農工組織！
團結革命分子！
擁護國民政府！
打倒帝國主義！

週言

政治報告

（雲彬）

上週的政治報告，爲了本校五期同學開學，本刊編印紀念號，到今天纔得將政治報告發出。這個報告是上一週的政治狀況，本週的不在內。

關於國際的，我們一向注重在帝國主義的崩潰形勢，我現在先述反帝勢力大本營——蘇俄的經濟教育等狀況。蘇俄目下的工業已達戰前百分之九十五；農業已達戰前百分之八十八；商業出超爲一〇〇，〇〇〇，〇〇〇盧布，職業教育日形發達，如農童補習學校收容學生二萬五千，藝徒學校全國有四百七十所，莫斯科等處遍設工藝學校。這都可以證明世界革命大本營的蘇俄，基礎日漸穩固。

帝國主義者⊙互相猜忌，日益加甚。日本內閣決定明年度預算總額，大加增加，并預備建造大噸補助艦。英美法意等國也正在注全力於軍用工業，尤以英國爲最。英首相包爾溫主張建造充分之補助艦，并力謀航空艦隊之完成，新加坡築港仍進行，并藉口保護蘇彝士運河，預備駐重軍於埃及。在這種形勢底下，世界第二次大戰⊙爆發，恐不會在最遠⊙將來了！

英國繼續半年⊙煤礦罷工，到現在還沒有解決，最近英礦工工會又得到俄工團總理事會滙來一百萬盧布⊙鉅款，增加了礦工⊙鬬爭力量不少，并且使英礦工感覺着世界無產階級聯絡之必要。

此外各國民族運動的蠭起，如西班牙人在法境內密謀革命，朝鮮革命黨竊得豫備導火線及炸藥等預備起事，但都失敗了。南美洲古巴革命軍逐出政府，估據古巴城。這些事實都足以證明弱小民族覺醒與帝國主義之日漸崩潰。

國內狀況：革命軍已完全把江西肅清了。無惡不作⊙孫傳芳，狠狽地從九江逃回南京，他⊙軍隊是沒有了，軍閥沒有了軍隊就沒有了勢力，恐怕他要想安坐在石頭城（南京）裏是不可能⊙了。但是他⊙作惡程度却沒有減少，他跑回南京以後，就下了一個五省戒嚴令（眞可笑！我想問問他，你⊙五省在那裏？）把他勢力所及⊙地方，用最嚴酷⊙方法去壓迫人民，南京等處不必說；上海是恐怖極了，我們同志在那邊時時刻刻有被鎗斃殺頭⊙危險！孫傳芳本來是帝國主義⊙工具，上海⊙租界當道，和他聯成一氣，幫助他壓迫我們⊙革命運動，所以上海完全在白色恐怖底下，一切公開⊙羣衆運動集會等等都停止了，我們同志都在祕密中活動。

九江南昌既下，全贛肅清，福建更不成問題。革命軍已入漳州，張毅之敗，無待筮龜。浙江夏超獨立失敗後，陳儀依附孫傳芳，想做孫傳芳所委⊙浙江省長，可是現在孫是打敗了逃回南京，他快要根本⊙倒了，附逆⊙陳儀，浙江人能容許他在浙江嗎？革命軍打下了福建，浙江是可以傳檄而定⊙了。

奉張與魯張（宗昌）漸漸有分裂⊙樣子，張宗昌現在勢力大了，尾大不掉，是當然⊙結局，將來奉張和魯張⊙分裂是不能免⊙。最近奉張⊙後台老板——日本政府因爲張學良張宗昌等和英國有發生小小關係⊙樣子（現在英帝國主義之工具孫傳芳敗了，他們或許要利用魯張也未可知，英國⊙報紙，不是天天在那裏喊英日聯合起來嗎？），大不謂然，向奉張下了一個警告，這警告是不許張作霖有什麼軍事行動。英帝國主義想勾結魯張，做他們⊙工具，恐怕一時還不會成功吧。

北京僞政府⊙洋奴顧維鈞居然主張宣告比約無效，并且下了僞令了，但是我們須得注意。顧維鈞等誰然爲民氣激昂不得不宣言廢比約，但他同時又說，倘比國主張付海牙廳斷者亦聽其便，並且派了王寵惠做海牙會裁判官，海牙會是帝國主義者所創立，他們爲着自己利益，當然是帮着比國。使比國勝利⊙，我們現在認定期滿⊙約，當然宣告無效，沒有什麼付裁判⊙理由，我們今後要留心看偽政府帶着自動廢約⊙假面具，暗地裏却把中國⊙主權輕輕斷送了！

狂風暴雨⊙軍事行動，已經把革命⊙障碍物——吳佩孚、孫傳芳掃除了，我們⊙革命領域擴大了。國民政府爲外交等總便利起見，有遷往武昌之說，同時廣東新省政府成立，由委員十一人組織之，廣東政治在最近⊙將來，一定有偉大⊙新猷。國民政府增設交通司法兩部，以孫科徐謙分長之。

羣衆運動，在國民革命軍勢力所達之處，都很熱烈，蘇俄十月革命紀念及總理誕生念紀，皆有盛大之集會遊行，武漢民衆祝蘇俄革命勝利紀念，三鎮同時舉行，大爲久在壓迫下之武漢民衆所歡喜鼓舞也。

上週政治情形，大約如上述。我們今後責任愈重，一方面要鞏固革命勢力，一方面要使民衆切實得到革命⊙利益，解除民衆⊙苦痛。這些工作是要切切實實⊙實行，比軍事工作還要重大，這是我們革命⊙目⊙，民衆得不到切實⊙利益，就是革命沒有達到目⊙！

（以⊙代的）

校聞

◉通令

十一月十日 于校本部

爲令遵事查本校自開辦以來一二三四各期官長學生尚無精確名冊存查以致無案可稽凌亂異常此次第四期畢業時有人已退學而冊中姓名仍保存者有操行成績均佳而早已病故者因之辦理分發填寫文憑每至錯亂此固由於辦事者粗心然平日無表冊可考對於退學病故無法登記亦爲最大原因茲爲便於考查及免除日後之淩亂起見特規定表冊式樣一紙印發仰各部處於本校十五日開學後一星期內迅將所有官佐學生姓名按冊造報一份由各主官機關彙送前來以便石印成冊分發各部以作參考如有官佐學生更改姓名者須限於此次造冊時更正完畢過期不得再更改仰即轉飭所屬遵照辦理不得延緩致干未便切切此令

◉第五期學生開學典禮盛況

本月十五日，爲本校第五期學生舉行開學典禮日期。該期學生分編爲步兵第一大隊，步兵第二大隊，砲兵大隊，經理大隊，工兵大隊，政治第一大隊，政治第二大隊，共計七大隊，約二千五百餘人，是日除本校各部處官佐職員一律參加外，尚有重要來賓多人：國民政府譚主席，中央黨部張主席，及李協和，戴季陶諸名人，各界來賓，約二三百人。至下午一時許，由李副校長領導來賓等至禮堂。是日禮堂佈置極爲壯麗，入門處，上綴鮮花橫區，書『貫徹始終』四字。門之左右，亦綴鮮花屏聯一對，左曰『抱定革命人生觀』，右曰『克盡武裝黨員責』。禮堂內部懸掛萬國國旗，及各種紅紗製就標語，禮壇四週則滿綴花球，五光十色，目爲之迷，惜是日天氣陰雨，致來往都感不便，茲將當日情形，略述如下：（一）典禮次序1、肅立2、奏樂3、向國旗黨旗總理遺像行三鞠躬

禮4、恭讀總理遺囑5、主席致開會詞6、中央黨部代表致訓詞7、國民政府主席致訓詞8、各機關團體代表致訓詞9、本校長官致訓詞10來賓演說11主席答詞12唱國民革命歌13高呼口號14攝影15宴會16餘興17散會。(二)開會情形，由李副校長爲主席，致開會詞畢，國民政府譚主席致訓詞，略謂「現在我們的敵人吳佩孚，孫傳芳已經倒敗，國民革命的努力已有了異常的進展。但我們還要繼續努力奮鬥，纔能保持我們的勝利，我們要放棄個人的自由與幸福，抱定決心爲黨國而犧牲，然後纔可以統一中國，打倒帝國主義，打倒軍閥，以完成國民革命和世界革命云云。繼由李協和戴季陶諸先生及香港罷工委員代表周我覺先生，同學會代表等相繼演說(演說詞整理在革命之路欄發表)多熱烈勉勵之語，拍掌之聲，時震屋瓦。最後由李副校長致訓詞，大意謂；「吾人致身革命，空言不如實行，諸君來日正長，在校須努力研究學問，他日始能獲致果云云，直至四時餘始高呼口號，盡歡而散。晚間餘興，尚有魔術，滑稽趣劇，紫羅蘭姑娘粵劇，黑族舞踏，覺悟青年等項。聞紫蘭姑娘之京調一曲，尤爲聽衆所歡迎，叫好之聲，時如潮起，而婉轉歌聲亦爲之淹沒云。

◉莫斯科孫文大學代表徵求校出版物

莫斯科孫文大學，爲蘇俄政府所創辦，其目的在養成大批中國革命青年，使他日回國，以完成其國民革命之使命，該校月前特派代表達林來廣州，與各要人接洽，搜集各種公報，印刷品，備返俄時，以供該大學員生研究參攷之材料，因此國民政府秘書處，特函飭本校，將本校各種出版物，各送若干分與該代表，當即由政治部照辦，聞當日所送書報爲政治講義叢書，及各人講演錄，約計二十餘種，現該代表已將此項材料搜集完畢，預備不日回國云，

黨務

⊙中央援助被逐旅比僑胞

▲電飭駐法總支部與國際工人後援會設法援助

旅比僑胞，因運動廢除中比不平等條約，致被比帝國主義者逮捕毒打，驅逐出境，以比帝國主義者取消期滿不平等條約運動委員會，此種慘無人道行爲，甚爲憤激，并以被逐僑胞因愛國受辱，亟當援助，特函請中央黨部援助被逐旅比僑胞，昨中央第六十九次常務會議，經議決由海外部電駐法總支部，與國際工人後援會，就近設法援助，務使被逐僑胞，得安全之救濟云，

軍事

△全贛肅清以後

▲外人嘆孫逆失算

▲蘇總司令抵九江

▲李軍長電告全贛肅清

▲孫逆行蹤不明

國民政府接鄧主任演達十一日由九江來電，國急：限即刻到廣州，(銜略)(一)達於灰(十日)日早抵南昌謁總座，知南昌之敵，全數撲滅，鄭俊彥率退之敵，亦全數撲滅，南潯全線之敵殲滅，除一二長官外，其餘全軍師旅全數俘獲，繳鎗在四萬餘枝以上，俘虜四五萬，孫逆所部，幾無倖逃者，可謂痛快，惟逆敵殘掠焚殺之狀，令人髮指，亟待籌賑耳，(二)達本午(十一日)隨總座在數十萬羣衆沸熱歡呼聲中，由南昌到九江(三)明日總理誕辰，此間更有極擴大熱烈之慶祝會，特聞，鄧演達呈叩，尤(十一)西印，又總司令部接李軍長宗仁由九江來電云，(銜略)均鑒(一)我軍克復涂家埠，當即派第二旅及第十四團追擊盧逆香亭，該部到達吳城，遂追及敵人，計繳得步槍二千八百餘枝，盧逆香亭，乘船逃遁，(二)第一旅由白參謀長率領追擊由南昌潰退之敵，接報亦繳得步槍數千枝，(三)原駐南昌之敵爲鄭俊彥部，已被我二七六各軍完全殲滅，(四)孫逆傳芳入贛部隊，約五萬餘，此次倖逃脫者，不滿七千，孫逆已達窮途末路矣，(五)贛省已完全肅清，無敵蹤，(六)本軍奉令暫駐九江，(七)總司令今日由南昌來潯，餘再告，知注并聞，宗仁眞(十一)印。廣州國民新聞十三日上海電，聞孫傳芳昨已離南京，行蹤不明，滬安，甯方傳有變動，確否待證。又該報十三日上海電蔣總司令確到潯，孫傳芳前之宣傳，反爲蔣利用，又貽笑柄，外人嘆孫傳芳失算，孫自知復潯恐非所能，決退保守皖浙蘇，置閩事不顧。又據香港南華傳佈所接本月十二號天津電，北京及天津泰晤士報載孫傳芳家眷，昨晚由南京乘夜快車抵津云，

政治

國內

△中比條約將交出海牙會解決

十一月十四日上海電，王景岐電十日接比外部照會，聲明比政府將中比商約第四十六條提交海牙法府，仍請中國協商提交手續，倘一星期後中國不覆，比决單獨進行，

經濟

國外

△蘇聯政府撥地分給農民

蘇聯諸市哥羅省最近撥固有土地一〇五〇〇〇俄畝(每俄畝合二，七英畝)分給農民云。

大可注意之——日本明年度預算

△總額十七億三千零三十七萬元

七日東京電，預算閣議，已於本日無事完畢，十六年度預算總額共計十七億三千零三十七萬元，十總額之大，得未曾有，至豫算之大增加，由於國債之償還，已將多年懸案一掃，片岡藏相於此頗現得意之色，明年度國債償還額爲九千八百五十萬元，以既定減債基金及剩餘金充之，新事業之總額爲一億六千五百萬元云。同日東京電，內閣今日決定下一財政年度之預算案，收入一，五九，〇〇〇，〇〇〇，〇〇〇元，支出一，七三〇，〇〇〇，〇〇〇元，支出項內海軍費占二五，〇〇〇，〇〇〇元，陸軍費占二一二，〇〇〇，〇〇〇元，

●一九二六年蘇聯經濟狀況

最高經濟理事長之報告

蘇聯最高經濟理事會會長盧白西夫，近在莫斯科共產黨支部集會中，報告一九二六年蘇聯經濟狀況云：上年爲經濟恢復期之末年，運輸·工力·以及工資等主要統計，皆與戰前狀況不相上下。但單憑統計上增進，并不足以斷定實際狀況。欲知經濟有無進展，必須以經濟的發展中社會主義分子與純資本主義分子進展速爲準。就以往之詳細統計分別觀之，國有實業地位增高，私人企業地位漸減，合作社與政府貿易機關亦漸發展，足見黨中所持政策之適當，惟目前重要事宜，乃實業基本之建設，其進展較爲遲緩，但不較戰前爲速，本年度(一九二六十月至一九二七九月)實業生產豫計可增加百分之十八，用於實業，建築電氣事業之資本約逾十萬萬盧布，凡此皆可證明黨中所持之實業政策，進行無礙，反對派領袖所提議之增高製造品價格，增高農民經濟的負担，不獨不能促進實業發展，反使實業基礎陷於動搖，吾人唯有與農民聯合，方能造成社會主義，凡與此聯合相違之政策，共產黨概不採納云。

●俄政府發行有獎公債

蘇聯政府發行有獎公債，截至十月二十一日止，已銷去二千萬盧布云。

雜訊

◎蘇聯共產黨大會主席團人物

蘇聯共產黨十五次大會於十月二十六日在克林靈宮安德柳堂開幕，共到各省代表八百十七人，就中有取決權者一百九十四，祗能投意見票者六百二十三，內有三十七人係第三國際各支部所派來之代表。開始討論前大會全體起立數分鐘，爲已故之最高經濟理事會會長塞爾仁斯基表示追念之忱。於是選出主席團，繼由布哈林報告國際情況。布氏開始報告時，全場歡呼雷動。主席團中共三十七人較要人物列左；

施塔林	Siplin
賴可夫	Rykoff
布哈林	Bukharin
莫詠託夫	Molo'off
湯斯基	Tomsky
加李甯	Kalinin
華詠西洛夫	Voroshiloff
庫白斯夫	Kuibysheff

◎印度詩人

◎泰谷爾將抵俄

◎列甯格勒準備歡迎

(以⊙代的)

莫思科二十三日電，印度詩人泰谷爾不日可抵蘇聯，列甯格勒愛樂會决開音樂會歡迎，會中將奏俄製譜家就泰谷爾名句所製之樂曲云。

編者按：泰谷爾前曾一度來華，其思想是唯心的。他主張排斥西方◉物質文明，發揮東方◉精神文明，他說印度是森林◉文明，西洋是城市⊙文明。因爲他◉思想是唯心◉，所以前幾年我國⊙研究系人物張君勱等正在大宣傳其所謂『玄學』◉時候，剛剛這位唯心派◉印度詩人—泰谷爾到了中國，受他們盛大⊙歡迎。許多青年頗有受他⊙影響⊙，到現在還在做吟風弄月贊美自然反對科學◉什麼新詩人！然而泰谷爾自己，據他在幾月以前對人家說，他已完全瞭解蘇聯◉政治經濟情況，他并且認定蘇聯是世界革命⊙大本營，他對蘇聯表示二十四分◉敬意和熱望。他這回到蘇俄和到中國不同。或許他到了蘇俄以後把他⊙唯心◉觀念打破了。

歡迎明德中學校友啓事

湖南明德中學旅粵諸校友公鑒

胡校長子靜先生已于日昨抵粵現同人等擬發起歡迎時間定本月廿一日上午十一時地點在財政廳前國民餐店敬請諸校友按時惠臨歡迎藉資團聚并請于開會日前將姓名住址函知中山大學畢磊君爲盼

方鼎英 屈鳳標 陳果夫 畢磊 同啓

小通信

徵求病故同志遺族通訊處

李富陽，吳融，方鎮廷，龍鈺，歐陽旭，魏熙九，龍齊正，吳權，佘揚聲，楊匡民，王斯陶，王篤志，張武揚，歐陽銘，陵聲孝，朱然煥，符銓，徐欽才，黃武，劉寅階，汪正和，廖兆堂，何旭揚，

上列病故同志，共二十二名，如有知其遺族通訊處者，請立賜知敝科爲荷！

本校政治部黨務科

章元良(善長)同志：我們現編在入伍生團第一營四連，駐寶安深圳，你現在何處，請即示知爲盼

羅亨華 伍儒蘇 啓

本人失去黃埔同學會64號職員證章一枚除呈請補發外特此聲明作廢

胡紹文謹啓

劉運中：柴中錚，起蔚：王幸文：唐棟榮：請將現在你們的通訊處，趕快寫一封信給我，我的通訊處；就是，(中央軍事政治學校第三學生隊沈綬章收)

沈綬章啓

中華民國十五年十一月十七日〔星期三〕 黃埔日刊 〔第三版〕

告第五期諸同學

熊雄

世界革命之鐘已經響了！從此，帝國主義底根據地內的奴隸們——工農，皆大覺悟，爲着自己的利益，早已開始爭鬥，而且日趨激烈！他們的殖民地和半殖民地底下的奴隸們——全世界各色各種的：土耳其，中國，朝鮮，波斯，阿富汗，印度，安南，緬甸，菲律賓，爪哇，埃及，摩洛哥，敍利亞及非洲黑人……也都被他振醒，爲謀自己的解放，民族革命的思潮，亦已洶湧澎湃，次第發展。然而這些帝國主義之下的奴隸們！——被壓迫的階級和被壓迫的民族，都已感覺到共同的利害，認清了唯一的敵人，急需一致行動，以求貫澈，咸願受世界革命最高參謀機關——第三國際之指導，快要聯合壓迫的十二萬萬五千萬人之戰線，猛烈向壓迫者剝削者二萬萬五千萬人的營壘下總攻擊了，今後之世界，究竟誰是主人，不久天將破曉，自可分明，

我們的中央軍事政治學校，就是：上述的境域中現代壓迫人們和被壓迫人們相互爭鬥中的產物，漫漫長夜裏的一個明星，一線曙光下的革命營寨，但是，這個革命營寨裏的份子，是要知道自己和人們的：命運是如何困阨，責任是如何繁重，使命是如何遠大——國民革命和世界革命。

同學們！革命的同志們！我們爲着要：解除這個阨運，担負這個責任，完成這個使命，就不能不有正確的思想，和澈底的行動。

因此，在你們開學的第一天，我以革命同志的關係，希望大家平心靜氣，犧牲一切，以大無畏的精神，互相勉勵，共同奮鬥，以造成眞正革命者之人格，現在把我希望的要點，寫在下面：

A．在思想上須貫通理論與實際：　世界革命的領袖列寧先生說：「沒有革命的理論，便沒有革命的運動。」就是說：一個眞正的革命者，必須有正確的理論，然後才能有很對的實際行動，換言之，必須理論與實際，打成一片，方可免掉限於空想或盲動，你們從今天起，開始要受本校正式的教育了，很希望能以戰場上果敢殺敵的精神，拿來作思想上的爭鬥，決然把從前一切幼稚的錯誤的……思想，個人的非革命的……行動，趕快糾正過來，然後才配做個孫文主義的信徒——世界革命的健者！

B．在行動上須遵守革命的紀律；　凡一個組織——尤其是武裝的組織，必須要有紀律，盡人皆知，雖然舊的組織中的：機械的，奴隸的，壓迫關係的紀律，固當極端反對；若在新的組織中的：革命的，相互的，同志關係的紀律，就當極端遵守，革命軍唯一的特色，就是有黨紀相範，軍紀相繩，能使每個份子，對於紀律，却能自覺的遵守，自動的服從，如此，即所謂革命的紀律，——鐵的紀律，否則橫衝直撞，毫無組織，何有紀律，馴至軍事工作，與政治工作，發生衝突，思想與行動，發生矛盾，同志與同志發生猜疑，軍隊與民衆，發生隔閡，這種極端紊亂的組織，毫無節制的軍隊，不革命非革命反革命的思想和行動，必隨之層出遞演，終至於爆發而不可收拾了，同志們！如果要想做個忠實的革命者，就應該積極的保持黃埔的精神，發揚黃埔的精神，不要爲黃埔的敗家子，更應當積極的努力國民革命，完成世界革命，不要爲革命的障礙物。

C．一個革命者必須有確定的革命人生觀：　總理說：『革命者要以革命爲職業』，又說：『革命以外無他事』，他是個偉大的革命領袖，所以有這樣澈底的思想和行動，這就是他的革命人生觀，但是，這些話民國二年在東京時，幾爲一般同志聽了大驚小怪，就是忠實勇敢的同志，也不免引起了多少的懷疑了，然而一個革命者對革命人生觀，實在是個十分重要的問題，而又是個十分困難的問題，我們如果要解決這個重要而且困難的問題，只有把理論與實際聯成一貫，思想和行動使之一致，然後方可做個好黨員，才算是有革命人生觀的眞正革命者。

最後，我對於你們要做武裝黨員始業的時候，只有無限希望你們要達到做武裝黨員最後的目的，切不要把無謂的思想佔領了你們的腦海，無益的行動，束縛了你們的身體，使八個月的光陰，空空過去，無限希望，悉付東流，同學們！革命的同志們！起來！起來！！努力！努力！！

◆今後我們的努力

陳其瑗

前三日我們於紀念世界革命導師，中華國父孫總理的誕日，羣衆歡呼總理主義萬歲聲中，同時我國民革命軍肅清江西，克復漳浦的捷電，正雪片也似的傳來。我們於興高彩烈之餘，更憬然思慕總理，欽慕先烈；而又惕然感想到我同志們，今後革命之責任，愈加重大了：

今天中央軍事政治學校第五期學生，舉行開學典禮，我更很樂於把前日的感想寫出來，貢獻於我們革命戰線上新加入的同志之前。

（一）第一：我們知道，現在的中央軍事政治學校，即以前陸軍軍官學校的擴大；是由先　總理一手創立，校長黨代表，苦心經營而有今日的。本校是訓練武裝黨員的中心，人民武力的先鋒。我們同志肩起了　總理所吩咐的國民革命責任，數年以來，東征北伐，隨戰隨學，沒有一日不在狂濤血浪中高擎着革命之旗。與惡勢力！帝因主義軍閥及一切反動派！宣戰。總理主義，是我們的軍械，先烈犧牲，是我們的模範；人民利益，是我們所擁護，帝國軍閥，是我們所必除。總理昭示我們，「革命作戰有進無退以一當百」。「凡武力與人民結合者無不勝，反之，無不敗。」我們夙夜遵持遺敎，遂有猛進的發展，把陳炯明，吳佩孚，孫傳芳等媚外殃民的惡勢力，次第剷除。然而我們決不以之自滿。革命的勢力，日高一日，我們的努力，尤當格外奮起。本校同志，先後爲革命奮鬥犧牲者，不絕的記錄於光榮革命史上。我們後來的同志，更當發揚而光大之！要念念不忘總理創校之心，民衆武力之訓，無論在求學作戰：時期，此志不容稍懈，務必完成國民革命，保持軍校令名。

（二）第二：總理遺囑上把革命的理論方略，一一詳密指導，巨細無遺，我們祗根據總理主義，實行總理政策，聯合各革命分子，各被壓迫階級，民族，及以平等待我之民族，共同奮鬥，革命沒有不成功的，一切悟解斷不至於發生的，同志們，我們革命力量愈團結愈堅强！敵人的抵抗，便愈渙散，愈輭弱！現在革命尚未成力，敵人還在梟張，我們一秉親愛精誠的校訓，對同學，對同志，一致團結起來！我知道帝國主義者及軍閥：：一切反動派等，一聽到中央軍事政治學校第五期學生又開學了，必然打一個寒噤，回顧他的案頭日歷，早又揭去了一頁，——離末日愈近了！

（三）第三：革命的意義，是社會進化到了某種程度，少數人享着進化的幸福，多數人反增痛苦，於是多數人起來打破現存的社會，再進化到較好的途徑上去的一種行爲。中國革命，從總理倡導到今數十年，中華民國的基礎雖時遭外强內賊的摧殘，然而革命的力量，與總理偉大的精神，始終維持着，未有被惡浪捲去。不惟沒有被惡浪捲去，反而基礎日見鞏固，於今青天白日的光明，行且照耀全國了。從此，可知革命是客觀的必然趨勢，革命黨人畢竟不致失敗的。我們再看中國現代情形，不獨政治上經濟上要求革命，即社會制度上思想上，何一不應當革命？總理明見遺囑，早已將這些爲我們說得清楚，方法想得精密，我們只要細心研究，努力實行，則國民革命，一定成功。同時，又明瞭中國國民革命，是世界革命之一部份。人類的壓迫者，與被壓迫者的階級，兩個對壘。反革命的聯合，是不分中外而一致的。我們處在次殖民地，受雙重壓迫的中華民族，想求自由平等，惟有遵照總理主義，與總理所定下的政策爲自救救人的方略。國民革命成功，世界革命亦爲之進展了。

（四）翻閱壯烈的革命史，可以看到東征南征……諸役，我軍戰無不勝，攻無不取。在伐北中，如吳孫諸逆軍隊，人數之多，槍械之精，比較我軍，都佔優勢。然不到幾月，我們把他打得落花流水，無地立足。這個原故，并非因爲我軍是人民的軍隊，受人民的擁護；就是總理所說過的「與民衆結合者無不勝」的應驗，還聽說，軍閥們的軍隊，自以爲是特殊階級，所以到處，窮凶極惡。不知軍隊并不能成爲一種階級，而是一種工具。我們是總理信徒，求主義實現，不得已而用武力作先鋒；而且完全是人民化的武力，不是拿武力來做禍國殃民的勾當。我們革命軍人，本身即是被壓迫的人民，起來求解放的武力，不是一種階級。這一點，同志們，尤須認識清楚！

以上把所有的感想，拉雜言之，略供同志們參考，敬祝同志們今後加倍努力！完成重大的責任！

◆我們是革命的戰士

（以〇代的）

葉書

親愛的同學們！

我們來到黃埔——東方被壓迫民族革命的大本營——由入伍而升學，由升學而畢業，由畢業而跑上戰線，與帝國主義者軍閥，及一切反革命派決鬥，直至我們的脈搏之最後〇一跳——這原是我們一氣呵成〇工作，沒有階段可分，然而從我們所受〇革命教育〇過程上看來，諸同學在今天舉行升學典禮，畢竟算是把今天以前〇入伍生活告了

中華民國十五年十一月十七日〔星期三〕　黃埔日刊　〔第四版〕

一個小段落，從今天以後，諸同學便要更進一步，受更完備○革命教育，所以我在今天極想和諸同學說幾句話，以作我○祝詞。

我希望諸同學的足步還沒有正式踏進校門之前，每一個人都在這興奮而快樂的典禮當中，把自己的思想和行動加一番深刻的檢查和反省，就是要把我們從未入黃埔以前，在那種舊社會裏帶來○各色各樣○舊思想，和舊習慣，加以完全○洗濯，然後我們纔可以走進光明燦爛○校門！幾不愧從今天起作一個眞正○革命○「黃埔學生！」

這些舊思想和舊習慣，我相信在我們每一個人的血肉裏都包含着有！有的是從我們的母親的乳裏吸進去○；有○是從我們○頑固○父親那哩得來○；有○是我們○舊朋友放在信封裏寄給我們○；有○是從以前教我們念經書，做古文，那班朽酸腐極守舊○學究先生那哩傳來○，總而言之，我們每一個人○身體和靈魂，都是從一個四五千年○腐敗和潰爛了○舊社會裏生長出來，猶如野草生長在垃圾堆中一樣！所以我們每一個人都帶着不少○幾乎是先天○舊思想和舊習慣！而這些舊思想和舊習慣，我們若不把 從我們的血肉裏洗個乾淨， 那麼我們一天到晚儘管喊着『打倒帝國主義』，『打倒軍閥』，都是不相干○！

這些舊思想和舊習慣，若要我詳細說起來，那是一件比煉石補天還要困難百倍○事情，請你想一想！中國有五千餘年○歷史，在這五千餘年○長歲月中，所惟積下來○臭腐而陳舊○東西，究竟有多少呢？大自帝王○寶座，古聖先賢○經書，小至我們家裏那幅掛在廳堂上○祖宗遺像，和遺老腦後○辮子，無一不是臭腐陳舊，而早應毀滅○東西！

然而中國的歷史雖然悠久，所遺留下來○『矢橛』雖然很多，但到了今天，大部分已經潰爛，或正在開始潰爛，而所留在我們○血肉裏○究竟已是很少○一部分，幾乎是使我們感覺不到牠○臭腐陳舊○一部分，然而我們是革命○戰士，我們是未來○新社會○建設者，我們要在這二十世紀○日光底下，草定人類○新○光明○歷史！所以這一少部分舊○東西，如果不把牠痛快割去，讓牠留在我們○身上，畢竟要防礙我們○遠大○工作，而延誤了我們○勝利和成功！

我為了切望我們○勝利和成功○早日到來，所以在今天不得不誠懇地希冀諸位同學，下一個決心，把我們血肉裏一切○舊○成思想和習慣，加以根本○洗濯和解剖，使我們從今天起，完全變成一個勇敢○光明○新時代○戰士！

這些舊思想和舊習慣，具體說來，便是戀慕過去；崇拜英雄；熱中榮虛；想念家庭；同鄉觀念；敷衍主義；……等等和等等，我們○同學有一於此，不但足以汚蔑黃埔○精神和歷史，而且要成為人類○敵人！然而不幸，這些東西又在我們每一個人○血管裏潛流！

戀慕過去，是我們根本不明白人類進化○歷史。這種思想，在今日中國一班名流學者○腦袋裏，十分發達。而一般思想較落後○青年，便不知不覺受其影響，據這班名人學者○考證，人類○黃金時代，已成了過去，是在那食肉寢皮，石斧方舟○時代。從此以後，便世風日下，奇技淫巧，雜然並出，而人類社會，亦遂變成互相殺戮○社會，此風證之今日中國諸大軍閥○爭霸稱雄，更是有加無已，再由今日以推將來，那眞是所謂『不堪設想』！然而名人學者○這種論調，顯見得他們○頭腦糊塗。他們戀慕着過去○所謂『黃金時代』，那末讓他們去實行那巢居穴處，與木石居，與鹿豕遊○古代生活好了。親愛○同學們！我們不是名人學者，我是革命○青年！名人學者○黃金時代，或者已成了過去，我們○黃金時代，方在將來，而且還要我們繼續不斷○努力，替我們子孫實現這未來世界。親愛○同學們！我們要蔑視過去一切○骸骨！我們要努力實現我們○未來——那個為今日全世界○奴隸所夢想○天國！

崇拜英雄，熱中虛榮，也是我們思想腐化○表徵，然而今日時代所要求我們○，絕對不是『英雄』！更不是個人○『虛榮』！時代要求我們做一塊墊脚石，使後來○人好從我們○身上踏了過去！所以，親愛○同學們！我們不要去崇拜英雄，英雄是自私自利○惡魔！我們更不要去夢想那什麼銀夾金，金夾銀○臂章，這是一塊偶像○符號，在我們革命軍人，得之不足以為榮，不得也沒有什麼惆悵！讓我們來做一塊墊脚石——一塊無名○墊脚石！好使那後來○戰士踏着我們○胸膛而前進！

至於想念家庭，也足以防碍我們○工作，而且會減少我們○勇氣，家庭是什麼？是現代中國一班革命青年○鎖鍊，是一切懦弱者拿來做躲避○巢穴！我們是赤裸裸○站在革命戰線上○青年，我們要掙斷那鎖鍊 我們更無須乎這個躲藏○巢穴！然而我們也無須學那些時髦○革新家，大聲疾呼○『打破舊家庭』！去恫嚇我們○父母。我們只要不去想念牠就夠了。

我們到了黃埔，就是我們○身體和生命，已非我們所有，更何有於我們○家庭？況且今日中國○家庭，都是地獄○縮影！家長○頑固，姑媳○勃谿，在這裏頭最發揮得淋漓盡致，你不看見一切封建○野蠻○思想和制度，都赫然存在今日中國所有○家庭裏嗎？就是時髦○革新家苦心孤詣所創造○『新家庭』也不能例外！

親愛○同學們！我們為了要獻身於革命，來捨棄我們○不足愛戀○家庭，這也是我們一個不可少○決心！

但是你丟開了家庭，又抱着一個同鄉觀念，那就落了吳稚暉先生所說○；『剛走上大路，又彈進了牛角尖裏』，眞是作繭自縛，我們要澈底明白，我們在革命○戰場上，是以主義而結合，不是以同鄉而結合。我們對於同志○親愛和忠實，只問他是否革命，不問他是否同鄉！如果他口裏叫着和我們同樣○口號，而暗地裏却在爭權奪利，破壞我們革命的堡壘，那即使是我的老子，我們也要打倒他！

總而言之，同鄉觀念是一種所謂『部落思想』，假使我們大家來講同鄉，結同鄉，那麼弄到結果，便只有同鄉，而沒有了主義，沒有了黨，沒有了我們○學校！至此，大家只有散夥！

現在且來說敷衍主義，這個主義在中國『古已有之』，至少在今日各種社會裏是很流行，俗語說○『馬馬虎虎』四個字，就是這個主義○最正確解釋，然而革命是一種流血○鬬爭，不能敷衍，不能『馬馬虎虎』！尤其是我們武裝○革命青年，我們不努力奮鬬，去打倒敵人，敵人便會立刻來打倒我們！在這短兵相接○苦鬬當中，沒有給我們。『馬馬虎虎』○餘地！

親愛○同學們！今天是各位升學○一天，我希望每一位同志都在這與奮而快樂○典禮當中，把自己○思想和行動。加一番深刻○檢查和反省，然後再澈底的來接受從今天以後○更深一層○革命教育！

（以○代的）

官長與學生

楊若濤

今天是本校第五期同學行開學典禮之日，當大家都正含着無限的高興和愉快的當中，我因有感於已往，不能不略供蒭蕘，我至親愛的官長與學生同志們，當不以河漢之言而見怪吧！

我要說的話，我相信誰都比我想得周密，說得漂亮；不過，只是周密和漂亮，也無濟於事，一定要實際的做去才行。官長與學生，在名義上，地位上，職權上，是有顯著的分別，任何人也不能否認的。官長是居于指導和訓誨的地位，學生是居於被指導和被訓誨的地位。我們在這些異點上，一定要分析清楚而嚴守之；不然，將難免不演許多離奇的怪劇。

現在我把官長與學生的地位，階級，職權來作個淺陋的分析：自然個人的意見，是免不了偏狹的地方，然而革命者總當直爽快，不應有所見而哽喉不吐，

1、官長方面：身為官長，當然要檢束行修，而以為學生法。褒獎斥責，决不能挾絲毫成見，而以好惡為好壞。任感情之衝動，必招學生之反感。一視同仁，應無歧視，而以黨校為懷。自已更應當明瞭自己的地位。要是不明地位，忘却階級，則輕易於放職守而不知其所負何責。同時要滅自已的威風尊嚴，失掉學生的信仰，並且自信力不可過強，學理是無止境的，無論甚麼都當虛心，不可詭詐虛僞，知之為知之，不知為不知，就是很爽快而祖白的革命官長。別以為自已的學問如何高，本欲急樣好，一點誠懇的態度都沒有的。妄自尊大，以學生為可欺。否則必要為你所輕視的學生們看出了你○短處，也給還你一個輕視的報酬，這是學生普通心理，我想官長同志們一定是早已明白的。

二．學生方面：更當明瞭自已○地位，而不可任性妄行。在求學時代，「虛心」尤為切要，自信力更不可過強，不要以為甚麼學科都膚淺之味，任何官長一概抹殺其優長。其實，所有的科學未必個個都能够豁然洞悉而無疑的也以是而非，大抱其敷衍主義，自欺欺人，那便糟糕了！甚或有時不高興，則大發其牢騷，且以為學校待遇不良，說什麼官長飯桶，設備不周……等○無意識○不負責任○輕薄話，這樣，不惟於自已○學業無進益，實將有所影響於本校及本黨。凡事不設身處地去想，而依主觀○意思，自暴自棄○，不是革命者應有○態度。同志們！在這種環境之下，務須顧及客觀事實，委曲求全，靜心求學。

末了，我還有幾句話；官長與學生是本校的基礎，雖說名義地位階級不同，然而每個都應當以黨與主義為中心而站在革命的觀點上去嚴厲的監督，批評，諒解，和習慣上不自然而隱存的界線官長與學生的生活和意志，要絕對○團體化，紀律化，大家團結精神，統一意志聯合起來，討論革命○論理，研究革命○枝術，同仇敵愾地向着我們○目標！國民革命與世界革命前進！我們歡呼；

官生團結起來！

發揚黃埔精神！

一五，二，一五。於政治部

（以○代的）

編者綴語

上面好幾篇都是紀念號的稿子。只因陳先生和熊主任的兩篇交來時本刊業已出版，葉楊兩同志的交來雖早，又因篇幅的關係不能不暫作保留；但是，陳先生和熊主任的都是特給五期同學的很好的訓詞，葉楊兩同志的又都是從學習的經驗中得來的結論。所以紀念號雖然出了，我們還是很鄭重的把這幾篇文章披露出來。（休）

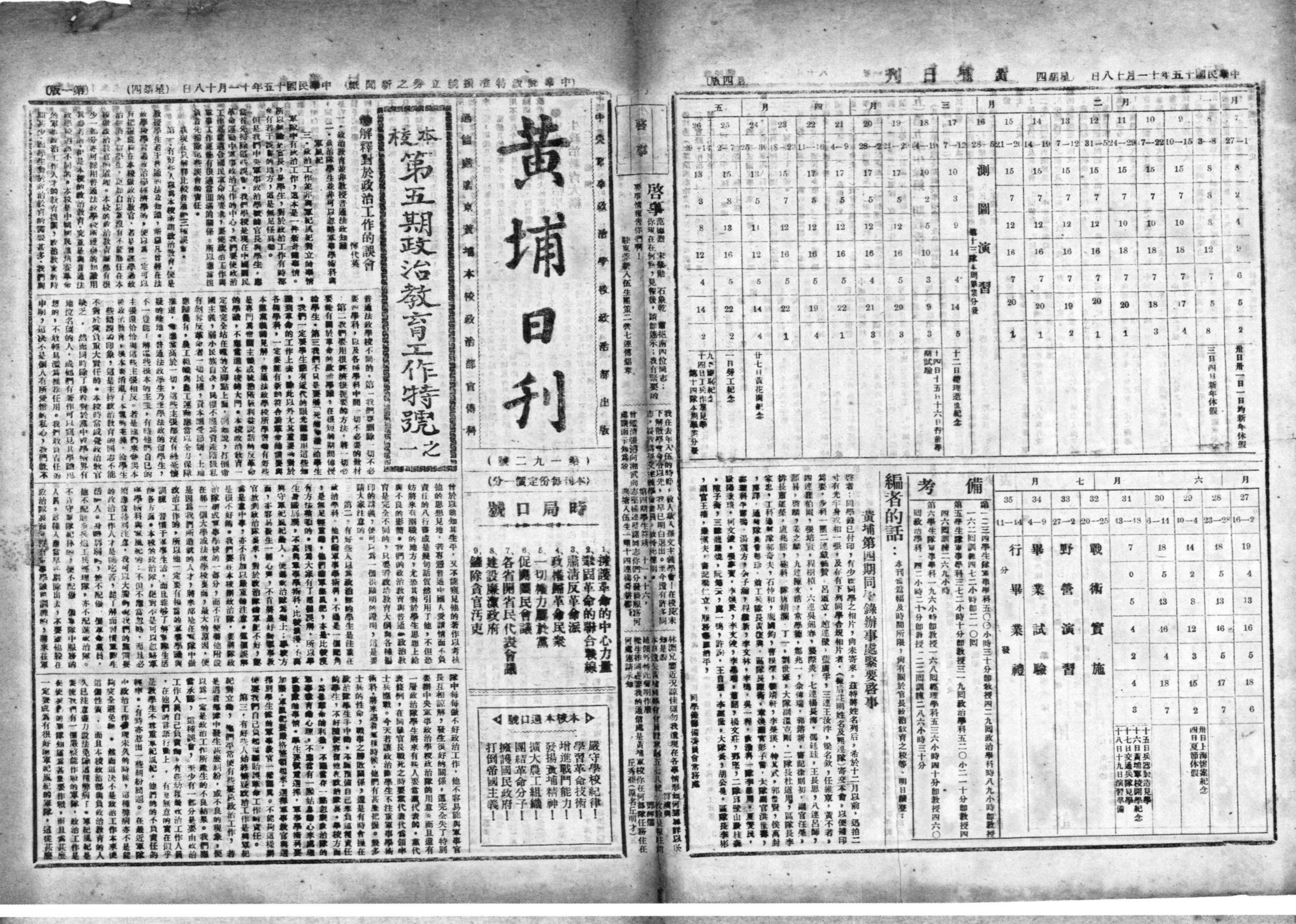

中華民國十五年十一月十八日（星期四） （第一版）

黃埔日刊

中央軍事政治學校政治部出版

通信處：廣東黃埔本校政治部宣傳科

（第一九二號）

（本報每份定價一分）

時局口號

1、擁護革命的中心力量
2、鞏固革命的聯合戰線
3、肅清反革命派
4、政權歸革命民衆
5、一切權力屬於黨
6、促開國民會議
7、各省開省民代表會議
8、建設廉潔政府
9、鏟除貪官汚吏

本校第五期政治教育工作特號之一

解釋對於政治工作的誤會

惲代英

啓事

編者的話

黃埔第四期同學錄辦事處緊要啓事

（第二版）

黃埔日刊

小通信

中央軍事政治學校第五期學生政治教育大綱

（五）第五學生隊第一期教授事項

（其他各學生隊全期教授事項參照此草案於必要時稍損益之）

中央軍事政治學校第五期各學生隊全期各星期教授課目回數分配表

（中華郵政特准掛號立券之新聞紙）　中華民國十五年十一月十八日　（星期四）　（第一版）

中央軍事政治學校政治部出版

黃埔日刊

通信處廣東黃埔本校政治部宣傳科

（第一九二號）

（本刊每份定價一分）

啟事

啟事 范德烈　宋聚勛　石象乾　蕭梠南四位同志：你現在在何處，見報後，請即速示；我有緊要的要事情報告你們啊！　駐東莞新入伍生團第二營七連傅錫章

我在去年入伍的時候，被人欺入孫文主義學會！在校長未下解散學會命令以先，我早已明白退出。至今還有許多同志，疑我為孫文主義學會會員，故特此聲明。　第四期學生符琇　十一，十六。

曾經清　張源向　湘武　向志堅　楊達璧諸同志你們分發後服務何處請函示知為盼　燕塘入伍生一團十四連楊舜耕啟

林淵兄鑒近況諒佳望勿我遺現在各事情形如何請詳以示知是盼　符濃興

本日遺失黃埔同學會會員證章第五七八號一枚除呈報註銷外特此聲明作廢　鄧輝儒

櫟生祚同志鑒我的通信處是黃埔軍校你在何部隊任務住在何處速請示知　丘秀璽（原名丘明才）

時局口號

1、擁護革命的中心力量
2、鞏固革命的聯合戰線
3、肅清反革命派
4、政權歸革命民衆
5、一切權力屬於黨
6、促開國民會議
7、各省開省民代表會議
8、建設廉潔政府
9、鏟除貪官汚吏

本校本週口號

嚴守學校紀律！
學習革命技術！
增進戰鬥能力！
發揚黃埔精神！
擴大農工組織！
團結革命分子！
擁護國民政府！
打倒帝國主義！

本校第五期政治教育工作特號之一

解釋對於政治工作的誤會

惲代英

一．政治教育並非教授普通法政知識

二．政治隊學生並非可以忽略軍事學術科與軍風紀

三．政治工作並非與軍紀風紀對立的事情

軍隊中有政治工作，這本是一件新奇的事情。所以無論是官長，是學生，對於政治工作有時都會有若干誤會的地方，這是無足怪異的。

但是我們中央軍事政治學校的官長與學生，應當首先掃除這些誤會。我們學校是現在中國國民革命運動中軍事政治工作的中心，我們要使政治工作更能適合國民革命的要求，要使政治工作與軍事工作更能有很適當圓滿的關係，所以應當担負首先掃除這些誤會的責任。

我現在只解釋比較普通的三種誤會。

第一，有好些人以為本校所謂政治教育，便是教授學生若干普通的法政知識，所以凡曾經在法政學校學習過政治學經濟學的，便以為一定可以有把握能夠在本校做政治教官。若是曾經學過政治經濟之留學生，更加自以為沒有不能勝任在本校做政治教官的道理。本校的政治教育雖然有很少一部分亦可採用普通法政學校所授的知識用為參考的，但是本校的政治教育，究竟是與普通法政學校迥然不同的。本校是中國國民黨培養革命的軍事政治工作人才的教育機關，政治教育的時間甚少，而學生需要政治教育的需要甚多，我們與普通法政學校不同的。第一我們要刪除一切不必要的學科，以及各種學科中間一切不必要的教材：第二我們要用很經濟很扼要的方法，將一切必要而有關於革命的政治學識，在很短的期間傳授給學生。第三我們不只是要講「死的書本」給學生，我們一定要學生能有近代的眼光應用這些知識到革命的工作上去，除此以外尤其重要的，對於各種學科，一定要能有新的符合於革命需要與本黨黨義的見解，普通法政學校所習的有好些是專門為帝國主義或統治階級利益說話的反革命的學識，不應當適本校的大門。本校政治教育一定要完全站在革命的立腳點上面，例如說，打倒帝國主義，弱小民族自決，民權不應為資產階級私有的剝奪反革命者一切民權，資本應受節制，土地應歸農有，農工組織與農工運動應當以全力保障推進，黨權應當高於一切，這些主張都沒有絲毫懷疑的餘地。普通法政學校乃至學法政的留學生，不一定能了解這些根本的主張，有時他們自己的主張還恰恰與這些主張相反。若是他們來參與本校政治教育，根本淆亂了本黨的主義，給學生一些錯誤的印象，這是主持政治教育的同志不能不對於黨負重大責任的。本校時常感覺政治教官缺乏，然而同時除了得著對於黨中或學術界有地位名望的人，或他們有著作可以窺見其學識思想的，不敢輕易濫為推荐任用。我們敢負責任為申明，這決不是個人有所愛惜的私心，我們既不肯於以前知其生平，又不能窺見他的著作以考核他的思想見地，若專憑普通中國人愛講情面不負責任的八行書或是幾句話貿然引用了他，不但恐妨將來有溺職的地方，尤恐其對於學生思想上給與不良的影響。我們的政治教育與普通的政治教育是完全不同的，只要看政治教育大綱與各種編印的講義，便可以為一個很顯明的證明，這是要請大家注意的。

第二，有好些人以為政治隊的學生是注重在政治學科，他們對軍事學術科，不過是一個配角，是無足輕重的，他們對軍事紀風紀，亦是比較放漫有方法整頓的。因為大家有了這個誤解，所以學生身體孱弱，不喜歡軍事學術科，比較放漫，不喜歡守軍紀風紀的人，便都到政治隊為樂土；學校方面，亦容易發生一種心理，不肯將最好的軍事教官放到政治隊裏來，對於政治隊的軍紀不好，認為是意中事，亦不肯加以嚴重的注意。這個誤解是很不好的。我們要在本校辦政治隊，要將政治隊辦成軍事學校的一部分，而不肯使他附設在那一個大學或法政學校裏面，最大的原因，便是因為我們所造就的人才，將來都是在軍隊中做政治工作的，所以他一定要有相當的軍事學識與訓練，習慣于軍事生活，而且能夠了解軍隊生活的各方面。本校的政治隊，絕對不是可以忽略軍事學術科與軍風紀的：不但不應當忽略，而且必須要特別注意，我可以大膽的說我們的黨需要的政治工作人才是能吃苦，能了解而習慣軍隊生活的人。身體孱弱的，便不配做一個革命黨員，他不配進步兵炮工兵經理隊，亦不配進政治隊。不肯守軍隊紀律的，便不配做一個軍隊中服務的人員，這種人應當早些剔除出去，不要讓他躲在政治隊裏面。沒有軍事學識與訓練的，將來在軍隊中每每做不好政治工作，他不容易能與軍事官長互相諒解，發生很好的關係，還完全失了特別要辦中央軍事政治學校政治隊的用意。而且還有一層政治隊學生將來有些人要當黨代表的，黨代表條例，在同級官長戰死之時要黨代表代為領率士兵應戰。今天若讓政治隊學生不注重軍事學術術科，將來遇著這種時候，他們有甚麼把握，數多士兵的性命，戰事之勝敗關係，還是有時會操在政治隊學生手中的。不願預備自己來負這種責任的學生，不好隨便寄留他在政治隊裏。學校方面，為着革命的利益，不應當存一點忽視政治隊的軍事教育的心理，不應當有一點姑息的心來處理政治隊的事情。學生要慎重選擇，軍事學術科要加緊，軍風紀要嚴格整頓起來。選擇軍事教官與選擇別學生隊的軍事教官一樣認真。不能夠這樣辦便要我們自己負起這種貽誤革命工作的責任。

第三，有好些人始終懷疑政治工作是與軍紀紀對立的，他們平常便有些疑惑政治工作，若是遇着軍隊中發生甚麼糾紛，或不良的現象，便以為一定是政治工作所產生的不良結果。我們應當承認，這種誤會，至少有一部分是要由政治工作人員自己負責的。有些幼稚的政治工作人員，在他們的言語行動上，有意無意的實在似乎是教學生不尊重軍紀風紀，他們的的不負責任的輕率，有時亦惹出一些糾紛問題。在最近軍隊中政治工作實現未久的時候，這種弊病亦不是能夠完全避免的。然而這決不是政治工作本來便這個性質，而且本校政治部與負政治教育的人人已注意盡力設法免除這種弊病了。軍紀風紀是要使我們有一個嚴整能作戰的軍隊，政治工作是要使我們的軍隊知道為甚麼要作戰，而且為甚麼一定要成為有很好的軍紀風紀的軍隊，這從甚麼

中華民國十五年　　黃埔日刊　　第二張

地方會有甚麼衝突呢？政治工作若要破壞軍紀風紀，便是一種自殺的行爲。政治工作最大的目的是要軍隊能自動的嚴整起來而且能作戰，倘若第一步便破壞了軍紀風紀，破壞了軍隊作戰的力量，這不是自殺是什麼？我們現在已經在各學生隊設政治部指導員，隨時注意各部隊官長學生對於政治工作的影響，與各部隊中隨時發生的問題，我們一方面要隨時糾正政治工作人員的錯誤。不要同時亦希望各部隊長官切不可仍舊存一種懷疑政治工作的心理。政治工作是我們國民革命軍的唯一特色，只有政治工作能保障我們的軍隊永遠站在黨的，革命的大多數農工民衆利益的一方面。我們不能因噎而廢食。不能因火車汽車，我初出世的時候軋傷了幾個人便不要火車汽車。我們不能誠意的接受政治工作，而且帮助政治部使政治工作更合於各部隊的需要，這是自己不肯站在黨與革命民衆的利益上面，不是本校官長應有的態度。而且我還要說一層，從前軍隊的軍紀風紀，都是强制被動的：政治教育是要逐漸使他自覺自動的遵守軍紀風紀，從强制到自覺，從被動到自動，中間是有一個難關的。在那種半明白不明白的時候，强制被動的軍紀風紀管理不了他，同時他又不能自覺自動的遵守軍紀風紀，所以最容易發生出不好的現象。因此，政治工作人員是必須要十分慎重的做上去，不能有一點疏忽輕率的心理，但同時各部隊官長亦應當體諒這種工作的困難，不要看見有甚麼不好的現象發生，不肯告訴政治部，與政治部共同設法糾正他，却只是在背後埋怨或是自己不負一點責任。我們大家須知軍隊中需要政治工作，是我們的黨的主張；政治工作要能不妨害而且有益於軍紀風紀，是我們作軍事工作與政治工作的同志共同的要求。所以我們要很誠意的希望政治工作得着圓滿的功效，與我們要很誠意的希望軍紀風紀能夠嚴整起來一樣，這纔是一個好的革命黨員應有的態度。

當然其他比較小的誤會還是有的。不過我們用不着在今天一件件列舉出來，我只希望先能掃除這三種比較重要的誤會，因爲這種與本校軍事政治教育兩方面都有很大的關係的。

◉中央軍事政治學校第五期學生政治教育大綱

（一）總綱

中國國民黨稱立這個本校的目的，是要完成中國國民革命的使命。所以本校的軍事訓練和政治訓練，必須以總理的下列遺訓爲最高原則

「今日以後，當劃一國民革命之新時代，使武力與帝國主義結合之現象永絕跡於國內，其代之而興之現象，第一步使武力與國民相結合，第二步使武力爲國民之武力。」欲使武力與國民深相結合，其所由之途徑有二：其一，使時局之發展，能適應於國民之需要；蓋必如是，然後時局發展之利益歸於國民，一掃從前各派勢力瓜分利益及壟斷權利之罪惡；其二，使國民能自選擇其需要：蓋必如是，然後國民之需要乃得充分表現，一掃從前各派包攬把持，隔絕羣衆之罪惡。」—蓋舊時之武力，爲帝國主義所利用，新時代之武力，則用以擁護國民利益，而掃除其障礙者也」。——見總理北上宣言。

爲貫徹這個遺訓，除軍事訓練由教授部另有計劃外，政治訓練應依據下列十個條件計劃施行：

一．使學生澈底了解黨和黨軍的作用與明白自己的地位和責任，使能擔負使一切與國民相結合的武力，成爲真正國民之武力的重要使命。所以在肄業時期，一定要有很充分的預備功夫，轉入軍隊到任何軍隊中去，才能堅忍切實能改進這些軍隊的內容，使達到國民革命軍的水平標準。

二．使學生澈底了解黨和軍隊中政治工作的重要，使官兵確定革命觀點，方可以保障黨的主張與革命的理論與爲主義奮鬥的革命精神，方可以保證軍隊的統一。國民革命軍前途的希望，便在他能接受黨的政治工作，一天天更革命化；若是不能使他們表同情而接受政治工作，以至於故意或無意的離開了革命的立脚點，這就是中國革命的大損失。

三．使學生澈底了解本黨總理學說與三民主義之根本原理及本黨全國代表大會和中央執行委員會的宣言及決議案之要點，尤其是本黨的組織問題與工農政策問題，要這樣才能明確的認識本黨，堅定而勇敢的站在黨的立脚點上以應付一切的問題，不致爲一切黨內外怯弱淺陋之徒的誤解，或意存搗亂破壞者所搖惑。

四．使學生澈底了解中國的國民革命，是歐美資本帝國主義發展成爲帝國主義，資本主義控制了全世界的弱小民族，破壞了弱小民族本身的農工生產事業時，所發生的反抗運動。所以中國的國民革命，是民衆實際生活的要求，不只是一二人的高尚理想。中國的國民革命，一定要與世界反抗資本帝國主義的革命勢力聯合起來，不妥協的打倒一切帝國主義與他的走狗（軍閥與買辦階級）並且要認清中國革命是世界革命的一部份，狹義的地方主義與國家主義都是必須要反對的。

五．使學生澈底了解各種與革命運動有密切關係的社會科學常識，使他們因此更能了解黨的主義與政策，社會科學不但可以供給學生許多必要的常識，而且可以洗刷學生在入校以前所受許多流俗傳統的錯誤見解和影響，以養成他們的確定的革命的人生觀。

六．使學生澈底了解世界與中國政治經濟方面各種重要的現象與問題，同時使注意中國各城市與鄉村政治經濟狀況。因爲這樣才能使他們了解客觀的事實與其因果關係，然後對于黨的政策，才能有正確的了解與合當的宣傳。

七．使學生澈底了解革命運動是起于農工羣衆物質要求，革命的勝利，亦必須靠農工羣衆的努力參加始能有所保障而底於成功。所以本黨的生命，並不僅是維繫在一二革命領袖的天才或個人格上面，亦不僅是靠一部分同志個人的勇敢奮鬥；而是在有這種領袖能夠領導同志深入羣衆，有這些勇敢的同志能夠在各種羣衆中發生影響，這樣纔可以用黨的主義在下層階級造成民衆的實力，要求貫澈黨的一切主張。

八．使學生澈底了解紀律是造成統一集中的力量所必要的。一個革命黨員要爲革命的利益犧牲所有的個人自由。在軍隊組織上說，把他的自由貢獻給軍隊，在黨的觀點上說，把他的自由貢獻給黨。若是主張個人的自由，不肯遵從黨紀與軍紀，便是叛黨叛軍的行爲。

九．使學生澈底了解軍事學術與軍事訓練對於革命意義上之重要，要根本矯正一般習慣及學生文弱藐視軍事學術之觀念，必須具有健全的知識和身體，方能擔負將來軍隊中爲革命工作之責任，而且方能了解而隨時應付軍隊中一切問題。

十．使學生澈底了解軍隊中政治工作應注意的事項，尤其要注意眼前軍隊的實際內容，認清在這種軍隊中政治工作的特別重要與他的工作的困難，以便於使他們充分預備自己以求完全適合於工作上的需要。

（二）第一二三四學生隊　（步，砲，工，）

即第十一隊至第十二隊

一．目的　養成國民革命軍下級幹部人才：如部隊官長，官佐，及各種軍事人員。

二．政治科目授課時間　全期政治科目授課共一六二回，每回七十分鐘。

三．政治科目各科教授回數

三民主義（8）黨史（6）黨的組織問題（4）本黨宣言訓令（6）國民革命概論（6）帝國主義侵略中國史（8）帝國主義（6）世界政治經濟狀況（6）中國政治經濟狀況（8）蘇俄研究（4）社會進化史（4）各國革命史（8）社會主義運動（6）政治學概論（6）經濟學概要（6）財政學概要（6）經濟政策（6）農民運動（4）勞動運動（4）青年運動（4）商民運動（2）軍隊中政治工作（2）講演（10）音樂（01）討論（16）測驗（6）

（三）第五學生隊　（政治）

即第十三隊至第十五隊

一目的　養成在國民革命軍中做政治工作的人才：如黨代表，政治指導員，及政治部工作人員

二政治科目授課時間　全期政治科目授課共四四六回，每回七十分鐘

爲學習上之便利，且爲在修業未滿期間可供必要時調遣服務之用，故政治教育取循環式分全修業時期爲三期，其學課分配如左：

第一期（從第一星期至第十一星期）計授課一百七十四回

三民主義（8）黨史（6）黨的組織問題（4）本黨宣言訓令（6）國民革命概論（6）帝國主義侵略中國史（8）帝國主義（6）世界政治經濟狀況（6）中國政治經濟狀況（8）近代國際問題（6）蘇俄研究（4）社會進化史（4）中國民族史（4）中國社會組織（4）各國革命史（8）社會主義運動（6）社會科學概要（6）政治學概論（6）經濟學概要（6）財政學概要（6）經濟政策（6）農民運動（4）勞動運動（4）青年運動（4）商民運動（2）宣傳煽動問題（4）軍隊中政治工作（6）演講（6）音樂（8）討論（8）測驗（4）

第二期（從第十二星期至第二十一星期）計授課一百三十六回

三民主義（8）建國大綱（2）不平等條約（10）各國政制比較研究（8）各國財政比較研究（6）蘇俄法制研究（4）國民政府法制研究（6）經濟政策（8）農村問題研究（6）重要各省政治經濟狀況（12）最近政治問題（10）軍隊內容之研究（6）實際工作指導（8）講演（6）音樂（6）討論（8）實時工作（22）測驗（4）

第三期（從第二十一星期至第三十一星期）計授課一百三十六回

總理學說（10）本黨領袖重要講演（10）中國政治問題（6）中國財政問題（8）中國經濟問題（8）革命史料研究（10）最近政治問題（10）宜

小通信

董澤清君鑒：徐志昭先生轉來一信，請你到海關樓上四號來取。　張秋人

王曦同志你編在何連現住何處請示知　黃埔第五學生隊第十三隊曾志章

宗鈺　正芳　丁偉　鳳讓諸同志，你們編入何部隊請示知　駐蝴蝶崗第五大隊十五隊三區隊十一分隊許忠五啓

謝天佑戴天澤黃元裳與太華諸兄鑒你們編在何團隊請來函示知　沙河第一學生隊第十四隊劉佑炤叩

謝榮漢（四川安縣）聞已考取入伍生，茲接令弟長陞及貴友信多件，請示部隊駐址，以免轉上。　黃埔蝴蝶崗政治科第一隊楊長高啓

唐和聲同志？前在某處來函業已收到；現不知考取入伍生否，編入何團何連？請示弟。　第五學生隊第十三隊何自秀啓

黃波兄，懷初兄鑒：你編在那一隊請示知或來政治部宣傳科一會　黎翰帆啓

傳技術（如講演演劇繪畫作文等）分組訓練(40)實際工作指導(4)講演(6)討論(8)實習工作(12)測驗(4)

(四)第六學生隊（經理）

即第十六隊十七隊

一．目的　養成國民革命軍中經理人才：如部隊副官，及管理軍需人員。

二．政治科目授課時間　全期政治科目授課共一二二回，每回七十分鐘。

三民主義(8)黨史(4)黨的組織問題(4)本黨宣言訓令(6)國民革命概論(4)帝國主義侵略中國史(4)帝國主義(4)世界政治狀況(4)中國政治經濟狀況(4)蘇俄研究(4)社會進化史(4)各國革命史(6)社會主義運動(4)政治學概論(4)經濟學概論(4)財政學概論(4)經濟政策(6)農民運動(4)勞動運動(4)青年運動(4)商民運動(2)軍隊中政治工作(2)講演(6)音樂(6)討論(10)測驗(6)

(五)第五學生隊第一期教授事項

（其他各學生隊全期教授事項參照此草案於必要時稍損益之）

三民主義　八次

1，三民主義演進史　2、總理思想概要　3、民族主義　4、民權主義　5、民生主義　6、關於三民主義之各種重要問題　7、建國大綱　8、五大政策

黨史　六次

1興中會以前及興中會　2、同盟會　3、民國元二年之同盟會與國民黨　4、中華革命黨時代　5、中國國民黨之創立及其改組　6、改組以後

黨的組織問題　四次

1黨的組織之意義與本黨組織之方式　2、民主集中制與紀律問題　3、領袖，黨員，與羣衆　4、集會要點

本黨宣言訓令　六次

1、本黨第一次代表大會宣言　2、續前　3、北上宣言　4、關於共產黨員加入本黨之訓令　5、召集第二次代表大會宣言　6，本黨第二次代表大會宣言

國民革命概論　六次

1、革命之意義　2、帝國主義對於中國之壓迫　3、軍閥買辦階級土豪劣紳對於民衆之壓迫　4、被壓迫之民衆與其反抗運動　5、各階級之革命性　6、世界革命勢力與國民革命運動

帝國主義侵略中國史　八次

1、鴉片戰爭以前之外交　2、鴉片戰爭與南京條約　3，南京條約至天津條約　4、藩屬之移轉與馬關條約　5、瓜分運動與門戶開放政策　6、辛丑條約及清季之外交　7、民國初元至二十一條交涉　8，華盛頓會議及其後

帝國主義　六次

1、國民革命與帝國主義　2、帝國主義之特徵　3、資本主義制度　4、資本主義之矛盾　5、歐戰之發生及其影響　6、世界革命與民族革命運動

世界政治經濟狀況　六次

1、最近國際關係之鳥瞰　2、各國現行政制比較　2、各國之軍備　4、世界生產事業概況　5、財政資本及其影響　6、各國之政黨與其革命運動

中國政治經濟狀況　八次

1、中國的國際地位　2、軍閥的由來與派別　3、政黨政團與政客名流在政治上之勢力　4、學術界與教育界　5、中國的資本事業　6、中國生產事業狀況　7、民衆之組織及其勢力　8、政治之現狀與改造之理想

近代國際問題　六次

1維也納會議及神聖同盟　2、巴黎會議與柏林會議　3、三國同盟與三國協商　4、歐戰與凡爾賽和約　5、華盛頓會議前後之國際關係　6、倫敦會議與羅加諾會議

蘇俄研究　四次

1、革命前之政制與革命運動　2、軍事共產時期與新經濟政策　3、蘇維埃政府之內政與外交　4、蘇俄之農工與紅軍

社會進化史　四次

1、原始共產社會　2、封建社會與城市工商業社會　3、資本主義社會　4、社會主義社會

中國民族史　四次

1、三代以前之政治及文化　2、秦漢以後之民族與政治的變遷　3、秦漢以後思想文化之變遷　4、鴉片戰爭以後之政治及文化

中國社會組織　四次

1，家庭之組織　2、鄉村政治經濟之組織　3、都市工商界之組織　4、行政官署之組織

各國革命史　八次

1、各國革命運動概觀　2、英國革命運動　3、美國革命運動　4、法國革命運動　5、俄國革命運動　6、德國革命運動　7、弱小民族的革命運動　8、第三國際及其所領導的革命運動

社會主義運動　六次

1總說　2、烏託邦社會主義　3、無政府主義與工團主義　4、基爾特社會主義　5、共產主義　6、三民主義與社會主義

社會科學概要　六次

1總說　2、社會　3、政治　4、經濟　5、法律與道德　6、風俗文化

政治學概論　六次

1政治與國家　2、國體與集權分權問題　3、政體　4、人民參政方式　5、人民的權利　6、黨

經濟學概要　八次

1經濟學的概念　2、生產論　3、交換論　4、分配論　5、消費論　6、經濟的進化與經濟思想的進化

財政學　六次

1、政治經濟與財政　2、租稅　3、續前　4、貨幣　5、銀行　6、公債

經濟政策　六次

1總論　2、農業政策　3、續前　4、工業政策　5、商業政策　6、救濟政策

農民運動　四次

1中國農民運動概況　2、本黨對農民政策　3、農民協會與農民自衞軍　4、農民運動中的重要問題

勞動運動　四次

1中國勞動運動概況　2、本黨的勞工政策　3、工會與工人代表會　4、勞動運動中的重要問題

青年運動　四次

1中國青年運動概況　2、本黨與青年運動　3、學生會與學生運動中的問題　4、青年農工運動與其問題

商民運動　二次

1中國商民運動與本黨之關係　2、商會商民協會與商民運動中問題

宣傳煽動問題　四次

1宣傳煽動之意義　2、宣傳之目的　3、宣傳方法　4、煽動方法

軍隊中政治工作　六次

1軍隊的性質　2、兵士與民衆的心理　3、平時對於兵士的政治工作　4、平時對於民衆的政治工作　5、戰時對於兵士的政治工作　6、戰時對於敵人俘虜的政治工作

講演　六次

音樂　八次

討論　八次

測驗　四次

中央軍事政治學校第五期各學生隊全期各星期教授課目回數分配表

月	星期	日期	第一二三四學生隊（步砲工科）軍事科目	第一二三四學生隊（步砲工科）政治科目	第五學生隊（政治隊）軍事科目	第五學生隊（政治隊）政治科目	第六學生隊（經理科）軍事科目	第六學生隊（經理科）經理科目	第六學生隊（經理科）政治科目	附註
十一月	1	15→20	8	4	6	9	7	4	4	十五日行開學禮　十六日十七日檢定試驗
	2	22→27	15	7	10	18	7	11	10	
	3	29→4	15	7	10	18	7	13	8	
十二	4	6→11	15	7	10	18	7	12	9	
	5	13→18	15	7	10	18	7	13	8	
	6	20→25	15	7	10	18	7	14	7	

中華民國十五年十一月十八日 星期四 黃埔日刊 第一百八十六號 （第四版）

26	25	24	23	22	21	20	19	18	17	16	15	14	13	12	11	10	9	8	7
	五	月		四		月			三	月				二	月			一	月
9—14	2—7	25—30	18—23	11—16	4—9	28—2	21—29	14—19	7—12	28—5	21—26	14—19	7—12	31—5	24—29	7—22	10—15	3—8	27—1
13	15	13	15	17	17	17	17	10	10	測圖演習 第十三隊本周畢業分發	15	15	15	15	15	15	15	8	8
3	8	5	7	5	5	5	5	2	3		7	7	7	7	7	7	7	8	2
8	18	11	12	12	12	12	12	5	9		12	12	12	12	10	10	10	8	4
12	16	12	16	16	16	16	16	10	14		16	16	16	16	18	18	18	12	9
4	5	5	5	5	5	4	5	3	4		7	7	7	7	7	7	7	7	6
14	22	14	22	19	22	21	20	9	14		20	20	19	20	20	18	17	5	5
2	2	4	1	4	1	3	3	3	5		1	1	2	1	1	3	4	8	2
九日國恥紀念 十四日工兵作業見學 第十四隊本周畢業分發	一日勞工紀念	廿七日黃花崗紀念						十四日十五日十六日行前學期試驗	十二日總理逝世紀念									三日四日新年休假	卅日卅一日一日均新年休假

35	34	33	32	31	30	29	28	27
	月	七		月		六		月
11—14	4—9	27—2	20—25	13—18	6—11	30—4	23—28	16—21
行軍畢業禮 分發	畢業試驗	野營演習	戰術實施	7	18	14	18	19
				0	5	2	5	4
				5	13	8	13	13
				4	16	12	16	16
				2	4	3	5	5
				4	18	15	17	18
				3	7	2	7	6
				十五日兵器製造見學 十六日黃埔軍校開學紀念 十七日交通兵隊見學 十八日十九日演習準備		卅日上海慘案紀念 四日夏節休假		

備考

第一二三四學生隊軍事學科五〇〇小時三十分即教授四二九回政治學科時八九小時即教授一六二回訓練四七二小時即二一〇回

第五學生隊軍事學科三七二小時十分即教授三一九回政治學科五二〇小二一十分即教授四六回訓練二六九小時

第六學生隊軍事學科一九六小時即教授一六八回經理學科五三六小時四十分即教授四六〇回政治學科一四二小時二十分即教授一二二回訓練二八六小時三十分

編者的話：

本刊篇幅及時間所限，尚有關於官長政治教育之校等、明日續登：

黃埔第四期同學錄辦事處緊要啓事

啓者：同學錄已付印，有少數同學之相片，尚未寄來。茲特將姓名列后，希於十二月以前，迅拍二寸有光半身戎相一張，及存有下列同學合規相片者，（像后註明姓名及隊連隊）寄交本會，以便補印爲要。步科一團二連蔡藝賀，呂道立，趙連璧，藍廣孚，三連王汝泮，梁名欽，任維東，黃不若，四連羅伯爾，張培賢，程樹楨，六連吳翹春，龔際炎，七連楊長海，馮廷珪，王長思，八連呂師顏，蔣啓麟，姜之麟，九連陳文浩，常學德，鄭兆一，佘傳瑞，郭鐸新，書記徐則初，副官汪榮，排長蕭蓮榮，盧兆熊，砲科一隊唐錆瀾，丁一，劉世琢，大隊副溫克剛，二隊長杜道周，區隊長李家忠，工科趙隊郝奇夫，石仲和，嚴國鈞，曹根深，龔靖軒，李榮瑛，韓其武，郭世賢，侯萬封，庫譯，通信隊長黃復興，區隊長陳衛，韋煥彰，書官彭子審，大隊副官洪世春，經理科李鹽鳴，湯濱方，余子瑜，程繼新，李文林，李鳴，吳一程，政治科一隊李貴周，夏雙民，歐陽秉璇，柯文健，張孝寬，李文俊，李綿瑞，蕭韶，楊文莊，鄧堅，二隊邱璧山，歐桂森，陳子衡，三隊龍嚴焜，阮錚云，龍一鳴，許詢，王自強，李經世，大隊長，胡公冕，區隊長李彬，副官王穡，嚴愼夫，書記梁仁立，服務員潘平，

同學錄籌備委員會常務處

黃埔日刊

中央軍事政治學校政治部出版
通信處廣東黃埔本校政治部宣傳科
（號三九一第）
（分一價定份每刊本）

本校第五期政治教育工作特號之二

對於軍事政治工作應協同的我見

方鼎英

本校為訓練黨軍幹部之軍事政治學校，乃所以養成革命軍人，使其軍事智識與政治智識，同時兼備……

甲、軍事與政治之關係……

乙、……

如左

A.考察各部〇政治教育與各種政治工作之實際效果與影響，隨時報告政治部，以供改進工作之參考

B.調查各部〇官長學生對於政治教育與各種政治工作之意見，隨時報告政治部，以便解釋或可酌量採納以為改進工作之標準

C.調查各部〇紀律狀況及部〇中隨時發生的各種重要問題，報告政治部，以便於教育宣傳上可以根據實際材料與學生以切實的訓練

D.收受政治部各項講義文件以及宣傳品書報務須於收到後迅速傳達於每個學生不得積壓延誤

E.收受學生質問或文稿迅速轉交政治部

F.調查政治教官出席缺席次數每周報告政治部

G.主持政治討論會與政治工作實習事務考核其成績

H.受政治部之命令與各部〇官長交涉一切

三、指導員在部〇中應與該部〇長官發生親密的關係，尊重並協助維持部〇中之風紀軍紀

四、指導員應當常川駐在各部〇中，非得政治部允許不得請假擅離職守

五、指導員非得政治部同意不得擅自向各部〇長官學生正式發表意見

六、指導員每星期由政治部召集會議一次，報告工作討論以後進行方法，接受政治部之指導

指導員應注意之事項

（以入伍生隊）

（一）凡前往本校及各分校擔任各學生隊之政治討論會指導員者，須在政治討論會未舉行前十五分鐘來到宣傳科辦公廳，領取記錄簿及應用表冊，其須前往蝴蝶崗者，須在未舉行政治討論會以前三十分鐘來到宣傳科辦公廳領取規定物品，其須前往燕塘者，須在未舉行政治討論會以前二點半鐘來到宣傳科辦公廳領取規定物品，即行出發

（二）指導員臨時，別事故不能前往指導時，須自請相當之人代替之

（三）凡學生不能踴躍發言時，指導員務須設法激勵其各個熱烈的討論

（四）在討論時指導員應為學生對於討論題目學理上發生爭論時，指導員應為解釋本題之意義，并根據政治部規定之結論大綱糾正其爭論之誤點

（五）指導員須依照表冊上之規定，將各個會員……

（六）在討論時一般之狀況一一登記之，在討論時間未終結前十分鐘，指導員可告知主席停止討論，由指導員作本題之結論

（七）結論務須依照政治部所發給之結論大綱，此項結論大綱須於事前分發各指導員

（八）作結論後，再由指導員作一總評，評其討論時一般之現象及會員態度是否活潑，言語有無系統，音調是否合宜，口才是否流利……等

（九）每次討論後，記錄簿由指導員隨同帶回交還指導股評閱

政治討論會規程

（一）政治討論會以促進各同志了解本黨主義為目的，并提高研究政治問題，及社會問題的興趣和觀察力。

（二）政治討論會直隸於政治部，以各區隊作為一討論班，每區隊選定學生十八人作預備主席，經一度競爭演說後，複選其十八人中智識經驗豐富長於演說者三人，組織主席團，另推二人任記錄。

（三）主席團之責任：

1、主持本班一切政治工作之執行，及傳達政治部一切命令。

2、輪流作政治討論會之主席。

8、報告每次討論結果，編定會員之提案，保存討論時之記錄，主席團有因事請假，須先擇相當會員代理，并報告政治部。

（四）記錄員之責任：任討論會之記錄，二人按次輪流充之。

（五）討論題目詳見第五期政治教育大綱

（六）討論會在日課表規定時間內舉行，各會員不得無故缺席，如有特別事故，須先向主席團陳明理由轉政治部政治指導員給假，主席團缺席時，應直接向政治部政治指導員請假。否則依校規以缺課處罰。

（七）討論時各會員發言不得過長。（以十分鐘為最大限度）

（八）各會員討論問題，如本題範圍內學理上發生爭論時，主席得解釋糾正之，在必要時，并得止其討論。

（九）政治部於每次討論會時，分派指導員前來指導巡視，指導員得酌量解釋問題之意義，並於散會以前依據政治部規定為作結論。

（十）政治部預先發給主席報告表一張，值日主席須將討論一般之情形，討論結果，及以後討論應改良之點，一一填寫於報告表，兩日內送交政治部政治指導員轉政治部。

第五期全校政治教官任課分配表

第五期開課除舊日教官于樹德趙文炳陳入鶴現均奉命赴他省工作及吳企雲張榮福等已辭職外茲就第二星期政治科目日課表所載各隊政治教官任課之分配列表于左

隊名								
1	陳其瑗	廖划平	李求實	林祖烈				
2	陳其瑗	廖划平	李求實	林祖烈				
3	陳其瑗	廖划平	李求實	林祖烈				
4	陳其瑗	廖划平	李求實	林祖烈				
5	余鳴鑾	惲代英	張秋人		劉侃元	湯澄波		
6	余鳴鑾	惲代英	張秋人		劉侃元	湯澄波		
7	余鳴鑾	惲代英	張秋人		劉侃元	湯澄波		
8	余鳴鑾	惲代英	張秋人		劉侃元	湯澄波		
9		廖划平	張秋人		陳祖康	湯澄波	葉啓芳	
10		廖划平	張秋人		陳祖康	湯澄波	葉啓芳	
11		廖划平	張秋人	蕭楚女		湯澄波	葉啓芳	
12		廖划平	張秋人	蕭楚女		湯澄波	葉啓芳	
13		劉重民						陳啓修
14	余鳴鑾	劉重民	惲代英		羅霞天			陳啓修
15	余鳴鑾	惲代英	施存統	蕭楚女	陳祖康	湯澄波	葉啓芳	陳啓修
16	余鳴鑾	廖划平	張秋人		陳祖康			陳啓修
17	余鳴鑾	廖划平	張秋人		陳祖康			陳啓修

此外尚有13 14 15各隊課目之教官為前表所未列者另表如下

隊名	黨史	軍隊中政治工作	近代國際問題	勞動運動	青年運動	現代社會進化史	社會科學概論	經濟學
13	惲代英	羅覺	張秋人	王懋廷	李求實	施存統	廖划平	蕭楚女
14	余鳴鑾		張秋人	王懋廷			廖划平	蕭楚女
15	余鳴鑾							

〔一〕 中華郵政特准掛號立券之新聞紙〔中華民國十五年十一月十九日〕〔星期五〕〔第一版〕

黃埔日刊

中央軍事政治學校政治部出版

通信處廣東黃埔本校政治部宣傳科

（第一九三號）

（本刊每份定價一分）

本校第五期政治教育工作特號之二

●對於軍事政治工作應協同的我見

方鼎英

本校名曰軍事政治學校，乃所以表示軍事和政治並重的意義，本校之所以異於別的軍事學校者在此，本校精神的特點也即在此。

原來造就軍事人才，自應以軍事學爲基礎，何以必須有政治部工作設施呢？則以本校唯一的使命，在完成國民革命，實現本黨主義，假使不明瞭社會的組織，歷史的過程，世界的潮流，國內政治經濟的狀況，以及社會現象與自然現象的關係，就很難了解主義的真諦，革命的精神，所以想要養成真正的革命軍人，軍事和政治二者，恰如輔車相依，唇齒相依，政治之於革命軍人，如海輪之指南針，軍事之於革命軍人，如海輪之有推進器，實是相須爲用而不可分離的，故做政治工作的人對於軍事工作的人，固當有重視之心，做軍事工作的人對於政治工作的人，也不當有輕視的意。

近來有些部隊中做政治工作的人和軍事長官往往有發生誤會的處所，在政治工作者，每以爲軍官頭腦陳舊不合時代的潮流，在軍官則以政治工作者之指導不良，因而防礙軍事的訓練，實則因多半由於互相懷疑不了解的地方，政治工作者不明運用之法，主張不免踰越範圍，軍事工作者不自反省應當之乖方，而歸咎於指導之未善，遂致釀成干涉和牽掣的現象，這是極大危險的事情！若果時常有這種現象發生，那麼軍事和政治兩工作，自不能斂然無間通力合作，政治工作必失去重心，結果非特不能相須爲用，終將背道而馳，豈不大失分工合用的原則，而爲革命進行的障礙嗎？

大凡一種組織之中，必有一個主體，然後能綱舉目張，有條不紊，若任意脫離了主體，而爲各個的自由活動，必致綱紀紊亂，條理不清，凡百工作的能力，都可以停頓起來，這種組織就不成其爲組織了。現在本校的組織，是集中於黨的主義之下，而以分工的方法，收合用的效果，故於軍事範圍內，自當以軍事工作爲主，政治範圍內，自當以政治工作爲主，各以互助的精神，爲協商的貢獻，尤須認清組織的主體，無論軍事政治，其主體應屬於何項工作，即應絕對的服從。循序漸進，固不可有故意偏頗之意，亦不可有互相凌越之情，纔可以避免干涉和牽掣的現象，才可望良好的結果，才足以增加革命的決心和勇氣，中央軍事政治學校才可以名副其實，此是鼎英最所期望於工作諸位同志的一件事，也就是本校創辦的唯一目的！

●官長政治教育計劃

一、官長政治教育於每星期舉行特別講演二次，每次約一點半鐘，於星期二星期五夜七點鐘開始

二、每次特別講演各部處准尉以上官長除特別勤務及因重要事務請假外一律均須出席聽講

三、特別講演在校本部大禮堂舉行，由政治部按各部處人員數目劃分坐次，並由各部處值星官負責考查各部處出席人數，由各部處值星官查明缺席人姓名，每週呈報校長辦公廳，以資查考

四、每次特別講演由政治部負責規定題目敦請黨國要人及政治部教官講演，此項預定計劃之題目，本部當預先公布

五、每次特別講演稿由政治部派員記錄，於最短期間整理印發各官長以供參考

擬預定特別講演題目及講演人

題目	講演人
國民黨政策之解釋及其工作	譚延闓
國民革命運動之過去與現在	李濟深
中國革命戰爭略史	李[illegible]鈞
本黨之階級基礎	甘乃光
教育與革命	戴季陶
廖仲愷先生革命事略	何香凝
廣東省政府之組織與工作	陳樹人
國民政府之財政問題	宋子文
中國吏治問題	孫科
廣州工人運動之情況	陳[illegible]慶
省港罷工之經過	鄧中夏
法律與革命	徐謙
本黨目前的重要工作	顧孟餘
最近世界經濟狀況	陳啓修
革命運動發生之原質	施存統
民生主義之真諦	陳群
廣東省政府與土地問題	周佩箴
本黨對於農民之態度	陳孚木
本黨農民運動概況	陳克文
廣東的農民運動之經過	羅綺園
全國青年運動概況	李求實
本黨組織概要	陳果夫
華僑與革命運動	彭澤民
海豐農民運動之成績	彭湃
中央各省聯席會議之經過	惲代英

●政治部致各學生隊的通報

以○代隊

第五期學生團課在即，茲有關於政治教育之各項事務，分請貴學生隊長查照辦理者列舉如下：

一、每星期政治科目所佔時間，仍照舊例，由政治主任教官於前一星期之星期四預定課表，由教授部分送各部○，以爲排各部○至○課表時之參考，如各部○有因軍事之關係或教授各課必須佔據之時間，務請於上一星期之星期二以前通知政治主任教官，以便排政治科目課表時將此種時間預先騰出。

二、政治科目暫約規定以每一隊爲一個教授單位，即步兵以二百人爲一單位，砲兵工兵輜重以一百人爲一單位，政治以一百五十人爲一單位，如遇著名人演講之時，有時須將幾隊合班聽講，政治討論會以每一區隊爲一單位。

三、音樂教授時間，除排課表時須特別注意外，最好能另開一音樂教室，不使與其他教室接近。

四、各○每周日課表編印後，請各檢送一份於政治主任教官，以便存查。

五、請於貴部隊編制就緒後，速將貴部隊學生名冊，（附有年歲籍貫者最佳）每隊清十份交政治主任教官，以便分配各政治教官於上課

時局口號

1. 擁護革命的中心力量
2. 鞏固革命的聯合戰線
3. 肅清反革命派
4. 政權歸革命民衆
5. 一切權力屬於黨
6. 促開國民會議
7. 各省開省民代表會議
8. 建設廉潔政府
9. 剷除貪官汚吏

本校本校口號

嚴守學校紀律！
學習革命技術！
增進戰鬥能力！
發揚黃埔精神！
擴大農工組織！
團結革命分子！
擁護國民政府！
打倒帝國主義！

啓事

啓事 黃埔軍校各期同學暨校外諸同志鑒：[illegible]賦性[illegible]，祇以昧於和人，誤交匪類，偶爲[illegible]，至殺身言念及此，肝膽俱裂，今幸案情已白，蒙各同學同志諒解，保釋已於十月三十一日出獄，然痛定思痛，五內如焚，現以病體未痊，入院醫治，未及一一走謝，深用歉疚，用登報端，敬致謝悃，執筆心碎，伏維雲諒。[illegible]毅

于定佳、王在美、柏梅村諸學兄：茲有要事奉商，務懇迅賜示通訊地址，以便將他的詳細情形告訴你們！

長洲街二三號敝寓：敝弟趙里仁、趙振戎、潘祖康、楊康甫、游步斌三同志，你們入升學隊了何不請示通訊地址？

知何盛璜、龍理貽兩同志：王襄來誠問及你倆，你倆爲什麼不給他們信，他的工作雖調動了，但還在十五軍政治部，請你們賦[illegible]

趙世嘉同志：你現在你在何處？蝴蝶崗政治科一隊獎景森啓（我在廣州市番禺宮農民訓練所）

馬增粢同志：你隨軍北上，已抵何地，請寄一函。馬琦
[illegible]任惠愛東路百九十六號三樓何達歡

中華民國十五年十一月十九日〔星期五〕 黃埔日刊 〔第二版〕

時應用。

六，政治教官上課時，均已囑其務須先到學生部或隊部拜訪學生隊長或隊附(或值日官)，以便隨時可以接洽一切。如教官不知上課地點，亦請各部隊官長派人偕同前往。

七，政治教官如在十一點五十分始下課者，不便趕回學校午餐，請貴部隊酌留其午餐。

八，如遇政治教育時間，政治教官已吹上課號後尚未到者，請速即打電話告知政治部，以便催查或派人代理。

九・政治鐘點若因臨時事故不能上課者，請預先通知政治主任教官，以便轉知各教官，免其徒勞往返。

十・政治討論會每次由政治部派指導員前來。但仍須請部隊長官負責維持秩序。

十一・貴部隊學生間，若發現風紀不良，或其他糾紛問題，請隨時函告政治部主任或政治主任教官，以便設法於政治教育中用為訓育學生之材料，於貴部隊風紀亦當盡量幫助整頓。

十二・貴部隊或貴部隊學生對於政治教育或政治教官有何意見，請隨時函知政治部主任或政治主任教官。

本校政治部熊雄十一月十七日

致政治教官公函

一・第五期學生於本月十五日開學，十八日開課。學生總共二千六百五十人，分為六個學生隊，(共分十七隊五十三區隊)。其各隊編制與駐在地分述如下：

學生隊次	性質	人數	隊數	人數	區隊數	駐在地	備考
第一學生隊	步兵	800	1	200	四		
			2	200	四		
			3	200	四		
			4	200	四	以上燕塘(廣州沙河附近)	
第二學生隊	步兵	800	5	200	四		
			6	200	四		
			7	200	四		
			8	200	四	以上校本部	
第三學生隊	炮兵	200	9	100	二		
			10	100	二	以上曾家祠	
第四學生隊	工兵	200	11	100	二		
			12	100	二	以上曾家祠	
第五學生隊	政治	450	13	150	三		即政治第一隊，現為第十九星期。(修業過二分之一)
			14	150	三		
			15	150	三	以上蚨蝶岡	即政治第二隊，現為第十星期。(修業過四分之一)
第六學生隊	經理	200	16	100	二		
			17	100	二	以上蚨蝶岡	

二・軍事各課原則上以每一區隊(五十人)為一教授班，政治各課原則上以每一隊(步兵二百人，政治一百五十人，炮兵工兵經理一百人)，為一教授班。

三・各學生隊每星期政治學科鐘點數目，詳參觀各星期教授課目回數分配表。

四・第五期學生政治教育大綱包含各學生隊各項政治科目教授次數及每次教授事項，另詳。此案所規定之教授次數，及每次教授事項，如各教官認為有必須修正之處，得商同主任教官酌量修正之。

五・各教官須將各項政治科目應行教授之材料，按規定該科目教授次數妥為分配。各科目必須於規定之教授次數範圍以內教授完畢，不得超過規定的教授次數。

六・除已有排印講義之各項科目以外，各教官應於教授各課之時，即將教授材料編成講義，能於上課前一星期交主任教官處，以便油印分發聽講各學生最佳。如教授已有排印講義各項科目之教官，不願沿用排印之講義者，亦須照上述辦理。

七・每次教授七十分鐘，各教官不得完全作講解之用，應留二三十分鐘預備答覆學生問難，或提出問題指定學生答覆，或令學生自由討論，而在最後為作一結論。

八・主任教官負責於最短期間分送各班學生名冊於擔任教課各教官，以便有時可以指名考問聽課成績。

九・各教官非萬不得已，不可不按照課表所規定時間出席各隊上課。須顧念每次缺席，即耽誤一二百人一小時許之時間，且使部隊官長難於管理；除政治科學生外，各隊於政治課時間甚少，為革命之利益，亦不可不儘量利用此時間，使學生多受政治教育，以廣其見識，而確定其觀念。此事務希各教官十分注意。

十・各教官如確有重要原因，必須請假者，最好能預先於前一周星期四以前申明，使排課時，有所準備：至遲須於前二日用書面向主任教官申明。

十一・各教官如有在廣州居住的，到燕塘或黃埔上課，請按照下列規定前往，以便能按時上課。凡到燕塘者，總於規定時間前四十分鐘到中央黨部旁大東門，乘往沙河之汽車，(每人二毛，坐滿六人即開。)開行五分鐘即到沙河。由沙河步行，約十五分鐘即到。凡須上午八點到黃埔上課者，於六點前到辦事處乘所備電船，約一小時半到。凡須上午九點二十分或十點三十分到黃埔上課者，於七點半左右到天字碼頭乘海軍局船，約八點開，一小時到。(乘七點開之校船更妥。)以上乘船，均須佩帶學校徽章，不收費。

十二・學校汽車船隻甚少，且每次開行費用甚巨。以後除有必要情形者外，概請教官自乘長途汽車，或商船(由校開省之商船上午九時，十時，十二時，下午三時，均有開行。佩帶學校徽章者，每次船費一角半或二角。另小艇接客費黃埔上船二角到廣州下船八十文)。不備專船迎送各教官諒之。

十三・各教官到各部隊上課，務先到其學生隊部或隊部拜訪其學生隊長隊附，或隊長，(或值日官)以後隨時可以接洽一切。如不知上課地點，亦可請其派人偕同前往。

十四・凡於十一點五十分始下課的，可與該處部隊長官說明，便在該處午餐。此事政治部已另有致各部隊長官之通報說明。

十五・上課下課均以號音為準。除有特別原因，得各該隊長官同意外，吹號後五分鐘內即須上課或下課以免虛耗學生時間，或防害他人上課。

十六・上課時學生風紀教官須負責維持。如發現學生弊端，自己無力挽治者，應即報告主任教官，以便設法處理，

十七・上課出入校門均須佩帶徽章。着軍服者須注意服裝整齊，並須佩帶臂章。遇高級長官敬禮如儀，

十八・專任教官須在校外兼課，須得主任教官同意。除兼課來往鐘點外，務須常川住校以便有必要時可於臨時加增講課。

政治主任教官惲代英

本校政治部政治指導員條例

一・為輔助本校政治教育與本黨政治工作使能於革命的意義之下更適合各部隊官長與學生的需要於各部隊設政治部政治指導員由政治部遴選相當人才推荐校長任命之

二・指導員在工作上對政治部負完全責任其職權

(二)

小通信

前入伍生第一團一連納同志們：我們餞別納照片，已經洗好了五十二張，要的，請到廣州市永漢中路容芳照相館去取，每張價錢六毫。

舜耕兄：請通信；

三學生隊十隊卅五區隊楊宗祺霖因遷移搬運什物到沙河遺失簽字第三號符號一個除呈報外特此聲明作廢

入伍生范霖提於本月三日遺失黃埔同學會第(二八)號會員證章一枚特此聲明作廢 十五，十一，八

章元良(善長)同志：我們現編在入伍生團第一營四連；駐寶安深圳，你現在何處，請即示知為盼 羅亭 華伍儒蘇啓

本人失去黃埔同學會64號職員證章一枚除呈請補發外特此聲明作廢 胡紹文謹啓

劉運中：柴中錚，超蔚，王幸文，龍棟榮；請將現在你們的通訊處，趕快寫一封信給我；我的通訊處就是，(中央軍事政治學校第三學生隊沈綬章收) 沈綬章啓

中華民國十五年十一月十九日〔星期五〕 黃埔日刊 〔第三版〕

如左

A.考察各部〇政治教育與各種政治工作之實際效果與影響臨時報告政治部以供改進工作之參考

B.調查各部〇官長學生對於政治教育與各種政治工作之意見隨時報告政治部以便解釋或可酌量採納以資改進工作之標準

C.調查各部〇軍紀風紀狀況及部〇中臨時發生的各種重要問題報告政治部以便於教育宣傳上可以根據實際材料與學生以切實的訓練

D.收各政治部各項講義文件以及宣傳品書報務須於收到後迅速傳達於每個學生不得積壓延誤

E.收受學生質問或文稿迅速轉送政治部

F.調查政治教官出席缺席次數每周報告政治部

G.主持政治討論會與政治工作實習事務考核其成績

H.受政治部之命令與各部〇官長交涉一切

三.指導員在部〇中應與該部〇長官發生親密的關係尊重並協助維持部〇中之風紀軍紀

四.指導員應當常川駐在各部〇中非得政治部允許不得請假擅離職守

五.指導員非得政治部同意不得擅自向各部〇長官學生正式發表意見

六.指導員每星期由政治部召集會議一次報告工作討論及後進行方法接受政治部之指導

(以〇代隊)

●指導員應注意之事項

(一)凡前往本校及管家祠擔任各學生隊之政治討論會指導員者須在政治討論會未舉行前十五分鐘來到宣傳科辦公廳領取記錄簿及應用表冊其須前往蝴蝶崗者須在未舉行政治討論會以前三十分鐘來到宣傳科辦公處領取規定物品其須前往燕塘者須在未舉行政治討論會以前二點半鐘來到宣傳科辦公廳領取規定物品即行出發

(二)指導員有特別事故不能前往指導時須自請相當之人代替之

(三)凡學生不得踴躍發言時指導員務須設法激動其各個熱烈的發言

(四)在討論時間內學生對於討論題目學理上發生爭論時指導員應為解釋各題之意義并根據政治部規定之結論大綱糾正其爭論之誤點

(五)指導員須依照表冊上之規定將各個會員在討論時一般之狀況一一登記之

(六)在討論時間未終結前十分鐘指導員可告知主席停止討論由指導員作本題之結論

(七)結論務須依照政治部所發給之結論大綱此項結論大綱須於事前分發各指導員

(八)作結論後再由指導員作一總評評其討論時一般之現象及會員態度是否活潑言語有無系統音調是否合宜口才是否流利……等

(九)每次討論後記錄簿由指導員隨同帶回交還指導股評閱

●政治討論會規程

(一)政治討論會以促進各同志了解本黨主義為目的,并提高研究政治問題,及社會問題的興趣和觀察力。

(二)政治討論會直隸於政治部,以各區隊作為一討論班每區隊選定學生十人作預備主席,經一度競爭演說後,複選其十人中智識經驗豐富長於演說者三人,組織主席團,另推二人任記錄。

(三)主席團之責任:

1,主持本班一切政治工作之執行,及傳達政治部一切命令。

2,輪流作政治討論會之主席。

3,報告每次討論結果,編定會員之提案,保存討論時之記錄,主席團有因事請假,須先擇相當會員代理,并報告政治部。

(四)記錄員之責任,任討論會之記錄,二人按次輪流充之。

(五)討論題數詳見第五期政治教育大綱

(六)討論會在日課表規定時間內舉行,各會員不得無故缺席,如有特別事故,須先向主席團陳明理由轉政治部政治指導員給假。主席團缺席時,應直接向政治部政治指導員請假。否則依校規以缺課處罰。

(七)討論時各會員發言不得過長。(以十分鐘為最大限度)

(八)各會員討論問題,如本題範圍內學理上發生爭論時,主席得解釋糾正之,在必要時,并得止其討論。

(九)政治部於每次討論會時,分派指導員前來指導巡視,指導員得酌量解釋問題之意義,並於散會以前依據政治部規定為作結論。

(十)政治部預先發給主席團報告表一張,值日主席須將討論一般之情形,討論結果,及以後討論應改良之點,一一填寫於報告表,兩日內送交政治部政治指導員轉政治部。

第五期全校政治教官任課分配表

第五期開課除舊日教官于樹德趙文炳陳人鶴現均奉命赴他省工作及吳企雲張榮福等已辭職外茲就第二星期政治科目日課表所載各隊政治教官任課之分配列表于左

科目 \ 隊名 教官	1	2	3	4	5	6	7	8	9	10	11	12	13	14	15	16	17
三民主義	陳其瑗	陳其瑗	陳其瑗	陳其瑗	余鳴鸞	余鳴鸞	余鳴鸞	余鳴鸞						余鳴鸞	余鳴鸞	余鳴鸞	余鳴鸞
本黨宣言訓令	廖划平	廖划平	廖划平	廖划平	惲代英	惲代英	惲代英	惲代英	廖划平	廖划平	廖划平	廖划平	劉重民	劉重民	惲代英	廖划平	廖划平
國民革命概論	李求實	李求實	李求實	李求實	張秋人	張秋人	張秋人	張秋人	張秋人	張秋人	張秋人	張秋人		惲代英	施存統	張秋人	張秋人
帝國主義侵略中國史	林祖烈	林祖烈	林祖烈	林祖烈							蕭楚女	蕭楚女			蕭楚女		
帝國主義					劉侃元	劉侃元	劉侃元	劉侃元	陳祖康	陳祖康				羅霞天	陳祖康	陳祖康	陳祖康
各國革命史					湯澄波	湯澄波	湯澄波	湯澄波	湯澄波	湯澄波	湯澄波	湯澄波			湯澄波		
中國政治經濟狀況									葉啓芳	葉啓芳	葉啓芳	葉啓芳		陳啓修	葉啓芳		
經濟學													陳啓修		陳啓修	陳啓修	陳啓修
政治學														羅霞天	羅霞天	羅霞天	羅霞天

此外尚有13 14 15各隊課目之教官為前表所未列者另表如下

科目 \ 隊名 教官	13	14	15
黨史	惲代英	余鳴鸞	余鳴鸞
軍隊中政治工作	加羅覺夫		
近代國際問題	張秋人	張秋人	
勞動運動	王懋廷	王懋廷	
青年運動	李求實		
現代社會解剖	施存統		
社會進化史	廖划平	廖划平	
社會科學概論	蕭楚女	蕭楚女	
社會主義	陳祖康	陳祖康	
經濟政策	楊道腴	楊道腴	

中華民國十五年十一月十九日〔星期五〕　黃埔日刊　〔第四版〕

中央軍事政治學校起居日課時限表

自十一月二十二日起施行

起床	五時三十分	午前
點名操	五時四十分至六時七分	
朝食	六時三十分	
自習診斷	七時至七時五十分	
學課	八時至九時十分	
學課	九時二十分至十時三十分	
技術（集合）	十時四十分至十一時五十分	
中食	十二時	正午
休息診斷	零時二十分至一時	午後
學課	一時至二時十分	
學課	二時二十分至三時三十分	
教練	三時四十分至五時四十分	
夕食	六時	
會報	七時	
自習	七時至八時三十分	
點名	八時四十分	
熄燈	九時	

附記

一・每星期一午前十時三十分舉行紀念週上午自習上講堂號音改為全體集合號音全校員生除別有規定者外屆時均應齊集禮堂

二・內務整頓及服裝檢查於起床點名後行之武器擦拭於每次教練回校後行之散步唱歌於夕食後行之

三・會報時由各部處及各團隊派定負責人員到官長會客廳集合

四・第五六學生隊上午十時四十分至十一時五十分學課

五・本表自十一月二十二日起實行

附錄

本黨黨員撫恤條例

本黨黨員撫恤條例，昨經由中央審查黨員撫恤條例委員會修正原文如下，（本黨黨員撫恤條例）第一條：凡本黨黨員，因努力于本黨工作，及為本黨主義奮鬥而至被害殘廢，或積勞病故者，均依本條例分別撫恤之，第二條：撫恤分下列三種，（一）被害撫恤金，（二）病故撫恤金，（三）殘廢撫恤金，第三條被害撫恤金，可分下列各項：（一）本黨各級黨部之職員在本黨主義及黨綱範圍內，從事于各種運動而遭殺害者，（二）本黨黨員在國內外受本黨各級黨部之命令，秘密或公開為本黨主義之宣傳，及黨務活動而被敵人殺害者。第四條，病故撫卹金，可分下列各項，（一）服務於本黨各級黨部三年以上者，（二）黨員受本黨各級黨部之命令，在各地從事農工運動，及民眾運動，已有成效，而積勞致病者，（三）黨員因努力於黨之工作，曾有著在闡明主義，對於本黨有特別貢獻，積勞而病者。第五條：在第三條之規定內，被敵謀害殘廢者，應受殘廢撫卹，第六條，撫卹分二種，（一）年撫恤金，（按死者或殘廢者，應得之恤金，每年給與其家屬一次，）（二）一次撫恤金，（按死者或殘廢者，應得之恤金給與其家屬一次，）第七條：撫恤之等級如下，（一）年撫恤金，一，一等撫恤金六百元，二，二等撫恤金四百元，三，三等撫恤金二百元，（二）一次撫恤金，一，一等撫恤金一千元，二，二等撫恤金八百元，三，三等撫恤金五百元，四，四等撫恤金三百元。第八條：凡在第三條第四條第五條規定內，因公傷亡，或殘廢之黨員，得由其家族，或各省黨部，（或與省同級之黨部）或中央執行委員會委員，將被害之經過，及已往工作之成績，呈請中央撫卹之，第九條：凡被害或病故黨員之遺族，年撫恤金以其父母之終身，或子女之成年（二十歲）為止，僅遺妻者，以其妻之終身，或改嫁為止，第十條：凡因公殘廢之黨員，其撫恤金，以其本人之終身，及子女之成年（二十歲）為止，如無家族者，得由中央設法處理之，第十一條：凡因公為敵所羈押者，在捕押期內，其家屬之撫恤與殘廢同等，但依比例按月發給，第十二條：如被害或病故之黨員，而無遺族者，得將撫恤金改作喪葬費，由中央派員處理之。第十三條：撫恤金額之等級，視遇難黨員之工作成績，由中央執行委員會議決定之，第十四條：黨員生前有特殊功勳于黨國者，另定榮譽之辦法，其撫恤金額及喪葬事宜，由中央執行委員會處理之，第十五條：遇難之黨員，祇受一種撫恤，如受一次撫恤金者，不得再受年卹金，）如在他種機關兼有職務，而有規定撫恤可領者，亦不得再受本黨之恤撫金，第十六條：凡受年撫之恤家屬，每年具領年撫恤金時，須將下列各項詳細報告中央黨部，（一）家庭人口數及各人年齡，（二）子女若干，是否求學，學校名稱，年級及畢業日期，（三）有無親族，及與親族間之關係，（四）家庭經濟狀況，——不動產若干，能生產者若干人，（五）已往一年來之家庭經濟狀況，（六）本年內家庭生活費預算表，第十七條：年撫恤金之數，得依授撫恤者家庭狀況之變更，由中央執行委員會議決增減之，第十八條：本條例由中央執行委員會議決，公佈之日起，發生效力。

黃埔第四期同學錄辦事處緊要啓事

啓者；同學錄已付印，有少數同學之相片，尚未寄來。茲特將姓名列后，希於十二月以前，迅拍二寸有光半身戎相一張，及存有下列同學合規相片者，（像后註明姓名及團連〇）寄交本會，以便補印為要，步科一團二連戴錫贊，呂道立，趙連璧，藍廣孚，三連王汝泮，梁名欽，任維東，黃不著，四連羅伯剛，張培賢，梁樹楨，六連吳翹春，龔際炎，七連楊長海，馮延珪，王長思，八連呂師顏，魯啓麟，姜之麟，九連陳文浩，常學龍，鄒兆一，余傳瑞，郭銘新，書記徐則初，副官汪榮，排長蕭鑑榮，盧兆麟，穆濟〇唐靖瀾，丁一，劉世琢，大〇副溫克剛，二〇長杜鑑周，區〇長李家忠，工科連鄭〇郝奇夫，石仲和，鹿國鈞，曾根深，錢靖軒，李榮瑛，特其武，郭世寶，侯萬封，應譯，通信〇長曾驟珍，輜工兵〇長黃復興，區〇長陳衡，章煥，副官彭子言，大〇副官洪世齡，蕭電科李鳴剛，馮震方，余子瀚，梁維新，李文鉢，李鳴，吳一程，政治科一〇李權周，夏斐民，歐陽漢琰，何文鑑，張夢賓，李煥民，李文俊，李昆瑞，蕭韶，楊文莊，龔堅，二〇邱璧山，段桂森，陳子衡，三〇龍綏焜，阮銘云，龔一鳴，許詢，王自強，李歷世，大〇長胡公冕，區〇長李彬，副官王樹三，嚴鎮夫，書記梁仁立，服務員廖治中（以〇代隊）

同學錄籌備委員會常務處

特別黨部革命軍重要啓事

同志們上半年革命軍合刊，因為本校印刷局事多，所以還要十幾天才能出刊，抱歉得很，但是現在我們從新整頓，決定每月出兩刊，望各同志多賜宏論，以光篇幅為荷。

中華民國十五年十一月二十日〔星期六〕 黃埔日刊 〔第四版〕

◆告第一補充師見習諸同志

◆黃埔同學應有的認識

◆十月的回憶

問答

啓事

郭輔潮啓事

(一) 中華民國十五年十一月二十日〔新聞紙〕

黃埔日刊

中央軍事政治學校政治部宣傳科出版

通信處廣東黃埔本校政治部宣傳科

〔第一九四號〕

本刊每份定價一分

時局口號

1. 擁護革命的中心力量
2. 鞏固革命的聯合戰線
3. 肅清反革命派
4. 政權歸革命民衆
5. 一切權力屬於黨
6. 促開國民會議
7. 各省開省民代表會議
8. 建設廉潔政府
9. 剷除貪官污吏

本校本週口號

嚴守學校紀律
學習革命技術
增進戰鬥能力
發揚黃埔精神
擴大農工組織
團結革命分子
擁護國民政府
打倒帝國主義

日評 英政府何前倨後恭？

◎通告中學來校參觀

◎學生隊添設政治指導員

◎學生患病開除及降級條例

校聞

◎第三十六次校務會議紀事

黨務

◎國民軍特別黨部宣言

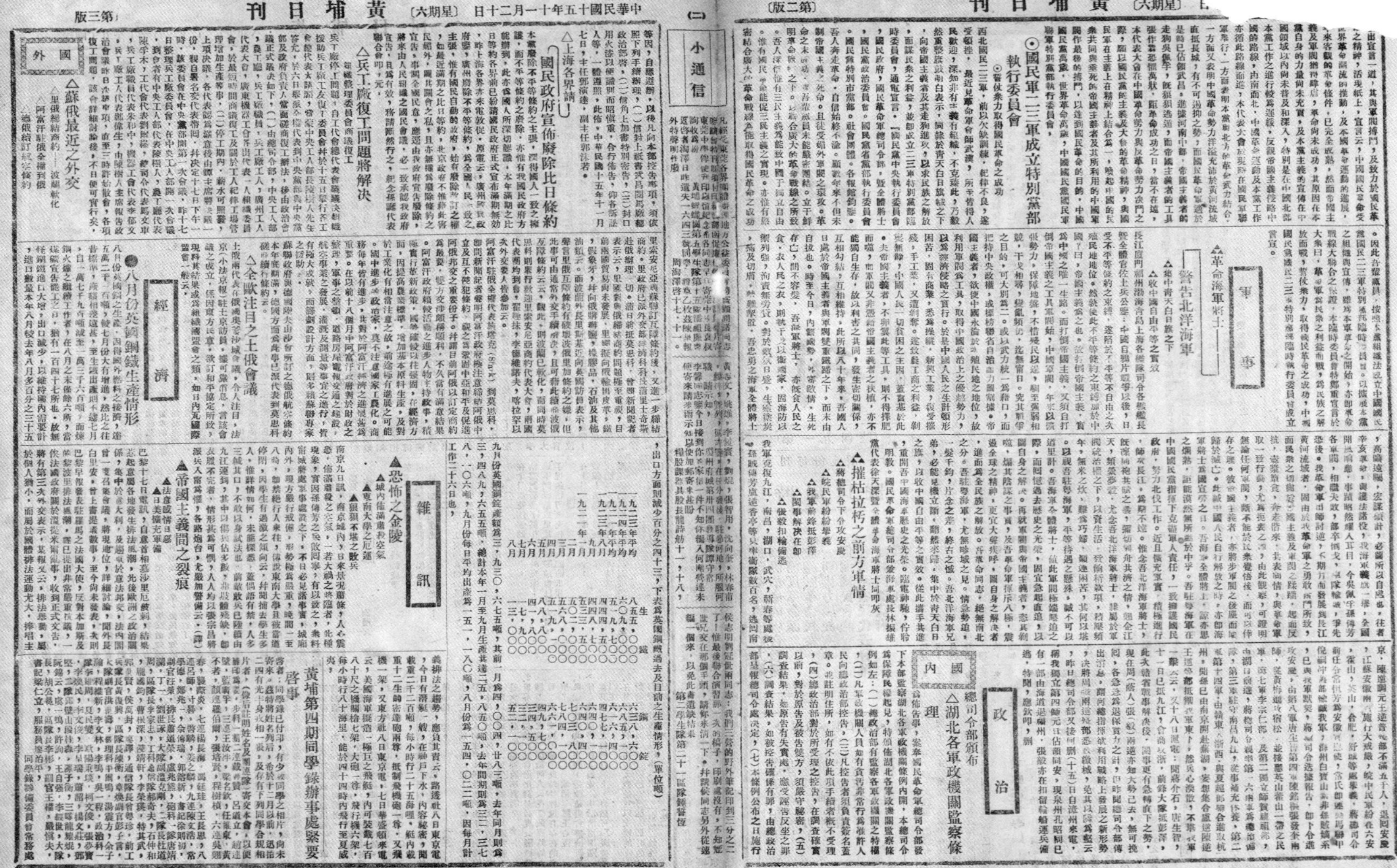
中華民國十五年十一月二十日〔星期六〕 黃埔日刊 〔第二版〕

軍事

△革命海軍警告北洋海軍

◎國民軍二三軍成立特別黨部執行委員會

政治

△湖北各軍政機關監察條理

小通信

中華民國十五年十一月二十日〔星期六〕 黃埔日刊 〔第三版〕

◎上海各界請國民政府宣佈廢除比日條約

△兵工廠復工問題將解決

外國

△蘇俄最近之外交

經濟

◎八月份英國鋼鐵生產情形

雜訊

△恐怖之金陵

△帝國主義間之裂痕

黃埔第四期同學錄辦事處緊要啓事

〔中華郵政特准掛號立劵之新聞紙〕中華民國十五年十一月二十日（星期六）

黃埔日刊

中央軍事政治學校政治部出版

通信處廣東黃埔本校政治部宣傳科

〔第一九四號〕

〔本刊每份定價一分〕

日評

英政府何前倨後恭？

雲彬

當國民革命軍直趨武漢之際，英帝國主義者集中軍艦於長江，對廣東取高壓手段，不足，復繼之於萬縣之大屠殺。當是時，英帝國主義者，幾如中風狂走。乃曾幾何時，英帝國主義之態度驟變，新任署理長沙英領事且向湖南交涉員表示欲於最短期間承認國民政府之意，何前倨後恭，一至於斯？此中消息，誠足耐人尋味已。

帝國主義者之外交政策，不外利益關係。初，英政府欲以高壓手段以阻我革命之進行，迨我軍握武漢三鎮，進而佔領全贛，革命之勢力已鞏固，而英人所企圖之列强共同對華政策，更無實現之可能，欲保持其在長江之利益，不得不改變其所謂炮艦政策而另採適應之方針。最近日人所辦之順天時報，對英政府改變對華方針，有露骨之批評，其言曰：

『英國對華利權所在地之長江，則一棄其從來之强壓態度，翻然出於親善關係，或亦為最賢明之態度，亦未可知。……且日前亦曾言及，左派所掌握之廣州政府，已漸次有右派分子之侵入，而右派既足代表英國利權所在地之有產階級，則其對英之態度如何，已無說明之必要。是故廣州政府既有右派抬頭之傾向，則英國政府欲與廣州政府提攜之希望，尚未可視為空想也。且苟因此得剿滅以英國所不喜之蘇俄為背景之共產派及極左派之勢力，則正所謂一彈斃二鳥也。』

如該報之言論悖謬，誣衊我國民政府本帝國主義者之慣技，不值吾人一哂也。然其所言，於英帝國主義之用心，已完全揭露，即日美等國之對華政策，亦可於字裏行間得之，吾人正未可以其造謠無據，而遂忽視之也。

總之：吾人現在祇知遵總理遺囑，努力於廢除不平等條約及開國民會議，於所謂列强者之正式承認與否，初非重大問題。英政府挾炮艦政策以臨我，吾人固當奮死力以與抵抗，倘戴親面具來，尤須謹慎預防。蓋吾人但求革命勢力之鞏固與發展，則帝國主義者終必崩潰。蘇俄革命成功已九年，尚未得英美等國之正式承認，初亦無礙於其革命勢力之鞏固與發展也。我讀湖南交涉員之呈文，一則曰：『該領事代表英政府對我表示好感，中英親善，將更進一步；』再則曰：『此種口吻，實開未有之先例，』大有受寵若驚之慨，深懼夭墮英政府之狡計也。故揭猝此義，並證以日人之言，期同志之注意云。

校聞

第三十六次校務會議紀事

五期學生現已進校，一切校務亟須整頓。本校各部處，特於昨日午後七時，在官長會客廳開第三十六次校務會議，方教育長因事未到，由李主任為主席，列席者為各部處主任及處長，與各學生隊隊長，是日議決案件，共計二十餘起，多半關於各學生隊之衛生給養，及修理房舍等案情，茲將當日重要議案，略紀如下：(一)訓練部提議，謂學生外出，僅符號尚不足以識別，應另置木質假牌一塊，前面載明姓名，後面烙印。茲由第六隊隊長葛唐彪擬具式樣，應付公決，議決照辦，並由葛隊長加以說明：謂現在學生符號，常佩身上，校門自由出入，無可稽查。衛兵因無標識，難以制止。長此以往，流弊實多，茲為識別起見，擬就學生外出證樣式一紙，凡學生各備一份，平時懸之於值星官室內，及至星期休假日，以及因事請假者，務須向值星官領取此證後，方可外出，衛兵認識此證後方准放行；庶幾流弊可杜，稽查亦易，(二)各學生體格檢驗，業經醫官驗竣，分別甲乙丙三種，查列在丙種者病症甚多，應如何處置，至對於學課試驗不及格者，應如何處置？此案當經略加討論，僉謂須下週校務會議，再附表決云。

通志中學來校參觀

本星期五日，廣州西關通志中學，教職員學生約六十餘人，由該校校長何鴻平君率領，特來本校參觀。于是日上午十時左右抵校，當由政治部派員招待，領該生等至各部處及烈士墓，蝴蝶崗等處參觀一週，至午後一時許，並在官長會客廳開一談話會，由政治部總務科科長演說，大意：(一)本校之成立，正當廣東政局尚未穩定，先總理覺悟到非有主義之軍隊，不能達革命之目的，當開辦之初，殊多困難，尤其是經費受當日各軍閥之掣肘，幸賴各領袖苦心孤詣，得以維持，所以結果兩次東征，楊劉之役，均能與民衆勢力相結合，而獲勝利，(二)現時北伐節節勝利，本校的使命除打倒一切軍閥外，當進而打倒國際帝國主義，蓋非如此，中國絕對不能得到自由與平等，抑察現時列强的衝突，英國正聯合德意以制法，德正聯俄以要挾西歐各國，在斐洲北部，法意兩國利害又相衝突。美國復實行金融政策，與日本處於勢不兩立的地位。各帝國主義者分崩離析，絕對不能協力以制我，故我們的革命的勝利，實最有把握(三)現時國民，尤其是青年學生，所應努力的是喚起需要革命的民衆，如農民工人商人等，以實行總理遺下的五大政策，(四)青年學生當切實研究本黨之主義策略，與國內外政治經濟狀況，尤當養成沉着耐勞的習慣，預備參加革命工作云云。最後分送本校所出版宣傳品多種，並由管理處備船送該生等回返省城，時已四時餘矣。

學生隊添設政治指導員

本校以前各期學生，凡關於政治教育及實施，原由政治部直接負責施行，現第五期學生政治教育設為工作便利起見，特變通辦法，將各學生隊添設政治指導員一人，昨已明令調委政治部宣傳科指導股股員高玉峯，姚成武，蘇文駿三員，為第一第三第四學生隊政治指導員，並調委編纂股股員尹伯休，財務股股員潘超世為第二第六學生隊政治指導員，此外調委政治教官廖划平兼第五學生隊政治指導員，以上各員，不日即須到差視事云。

學生患病開除及降級條例

本校為整齊教育起見，昨特奉校長黨代表命令，擬定學生患病開除及降級條例五項如下：(一)凡在全學期中住院或全休，經兩個月之日期以上者，降班，(二)凡全休或住院在全學期中，達十次以上者，降班，(三)凡半休在全學期中，經一月之日期以上者，降班，(四)凡患花柳病者，開除，(五)凡患肺病及其他不能服軍職之病者，經本校醫官證明後，命其退學云。

黨務

國民軍特別黨部宣言

本黨西北國民軍特別黨部，於上月組織成立，昨

時局口號

1. 擁護革命的中心力量
2. 鞏固革命的聯合戰線
3. 肅清反革命派
4. 政權歸革命民衆
5. 一切權力屬於黨
6. 促開國民會議
7. 各省開省民代表會議
8. 建設廉潔政府
9. 鏟除貪官汚吏

本校本週口號

嚴守學校紀律！

學習革命技術！

增進戰鬥能力！

發揚黃埔精神！

擴大農工組織！

團結革命分子！

擁護國民政府！

打倒帝國主義！

黃埔日刊 〔星期六〕 〔第二版〕

……出宣言一道，其與軍閥搏鬥，及致力於國民革命之精神，活現紙上，宣言云，中國國民革命受世界革命潮流的推動，及本國革命運動的進展，[illegible]來客觀的革命條件，已完全成熟，然而帝國主義及軍閥猶得肆虐，革命尚未成功，其原因在本黨自身的力量尚未充實，及本黨主義的宣傳在中國領域以內尚未普及和深入，特別是在中國北部本黨工作之進行較爲遲緩，反觀帝國主義侵略中國的路線，由南而北，中國革命運動及本黨工作亦循此路線而進，本代表大會於現時在國民軍聯軍舉行，一方面表明本黨與北方的革命武力結合，一方面又表明中國革命勢力洋溢充沛於黃河流域直抵長城，有不可遏抑之勢，而國民革命軍適於是時已佔領武昌，進據河南中部，帝國主義者的走狗吳佩孚，既狼狽逃遁，而帝國主義者的工具張作霖恐懼萬狀，距革命成功之日，當不在遠，本代表大會在中國革命勢力與反革命勢力決鬥之際，願以國民黨的主義及大會的革命精神，與國民軍在主義上在精神上結合爲一，喚起中國的民衆共同與垂死的帝國主義者及其所利用的中國軍閥作最後的搏鬥，以達到國民革命的目的，中國國民黨萬歲，世界革命萬歲，中國國民黨國民軍聯軍特別黨部執行委員會，

⊙國民軍二三軍成立特別黨部執行委員會

⊙誓仗衆力取得國民革命之成功

西北國民二三軍，前以欠缺訓練，紀律不良，遂受頓挫，最近見革命軍會師武漢，所至皆得人民歡迎，深知非有主義有組織，不克臻此，乃毅然重整旗鼓明白表示，同隸於青天白日旗幟之下，向帝國主義者及其走狗進攻，以求民族之解放，而謀民衆之利益，並卽成立二三軍特別黨部臨時委員會，通電宣言。『國民黨中央執行委員會，國民政府，國民革命軍總司令部，暨全體將士，國民黨政治委員會。國民黨省黨部執行委員會。國民黨特別市黨部。社會團體。各報館鈞鑒。吾人奔走革命。自信始終不渝。顧數年來不但未制帝國主義之死命。且徒受媚外軍閥之環攻。革命之未成功，蓋吾輩黨員未能嚴密團結。立于鮮明革命旗幟之下。以聯合廣大的革命戰線之所致。吾人深信惟有三民主義爲能致中國于獨立自由。惟有國民革命能促三民主義之實現。亦惟有嚴密結合廣大的革命戰線爲能取得國民革命之成功。因此吾輩黨員，按照本黨組織法成立中國國民黨國民二三軍特別黨部臨時委員會。以擴展本黨之組織與宣傳，雖爲本軍革命之開始，亦卽革命戰線大聯合之保證，本臨時委員會特鄭重宣言於大衆曰，革命軍爲民衆之利益而戰，爲民族之解放而戰，誓仗衆力，取得國民革命之成功，中國國民黨國民二三軍特別黨部臨時執行委員會成立言宣。

軍事

△革命海軍將士 警告北洋海軍

△集中青天白日旗之下

△收中國自由平等之實效

長江廈門福州渤海青島上海各艦隊司令各艦艦長暨全體官佐士兵公鑒：中國自鴉片戰爭以後，日受不平等條約之束縛，遂陷於不平等不自由之次殖民地地位。然孰使此不平等條約之束縛加於中國？曰，帝國主義爲之也。故打倒帝國主義，實爲中國之唯一生路。而打倒帝國主義，又須自打倒帝國主義之工具軍閥始，中國軍閥，年來以擴張勢力，保障地盤，不惜殘民以逞，馴至強弱相競，干戈相尋，變亂頻仍，迄無甯日。究其戰爭之目的，可大別爲二。或以武力統一爲藉口，而把持中央政權，或標榜聯省自治而力圖割據。帝國主義者，欲使中國永淪於次殖民地之地位，故利用軍閥爲工具，取得中國政治上之優越勢力，以爲經濟侵略之實行。於是中國人民之生計頓形困苦，固有商業，悉爲操縱，新興工業，復受摧殘，手工業，又遭剝奪。遂致農工商之利益，剝喪無餘，中國人民一切貧困之主因，蓋實基於此。夫帝國主義者，不卵翼此等工具，則不得擇肥而噬，而軍閥又非憑藉帝國主義者之扶植，亦不能獨自生存，故以利害之共同，發生密切關係，互相勾結，互相維持，此所以八十年來，吾國人日處於帝國主義者與軍閥雙重鐵蹄之下，而末由自拔也。時至今日，內觀國勢，外審敵情，生死存亡，間不容髮，吾海軍將士，亦既食人民之食，衣人民之衣，則執干戈以衛國家，固海防以禦列強，洵責無旁貸。對於敵氛日熾，生靈塗炭，痛及切膚，勢難坐置，吾忠勇之海軍全體將士，高瞻遠矚，宏謀碩計，必圖所以自處也，往者辛亥革命，與護法諸役，我海軍義旗一舉，全國聞風嚮應，事隨昭然耀人耳目，今吳佩孚孫傳芳各軍閥，相繼失敗，部卒倒戈，軍隊輸誠，爭先恐後。我革命軍出師討逆，不期月而發展到長江黃河流域者，固由於我革命軍之勇敢奮鬥所致，而民衆之切齒於帝國主義及軍閥之蹂躪，起而反抗，壺漿簞食，奔走偕來，其表同情，與革命軍取一致行動，尤爲扼要之圖，由此觀察，可證明無論任何軍閥，斷不能於民衆覺悟後，而可以倖存之理。彼帝國主義者，亦將步軍閥之後塵而同歸於滅亡。此誠中國人民自行解放之時，亦卽海軍將士爲國宣勞之日。吾海軍全體將士，諒亦思之爛熟，詎能漠然無所動於中乎。吾駐粵海軍在中國國民黨指揮下克盡軍人責任，一致擁護國民政府，努力北伐工作。近且擴充軍實，積極進行，師次長江，爲期不遠。惟念吾北洋海軍將士，既凜同袍共賦之義，彌切同舟共濟之情，翹企江天，頻縈夢寐，尤念吾北洋海軍將士，隸屬於軍閥統治權之下，以資生活，致餉糈欵項，積壓頻年，無米之炊，難爲巧婦，顛連困苦，其何以堪。以視吾駐粵海軍，平等待遇之懸殊，誠不可以道里計。吾海軍全體將士，値此軍閥極端壓迫之際，而回憶過去歷史之光榮，固宜急起直追，以圖自身之解決。再就軍閥與帝國主義者，恣其剝噬，煽其陰謀之實，及吾革命軍揮斥八極，震盪全球之精神，更宜大聲疾呼，圖自身之解決者，進而爲全民族之解放。吾革命同志，絕無南北之分。吾駐粵海軍，尤無畛域之見。情急勢迫，一髮千鈞，片念之差，終古之憾。吾北洋海軍兄弟，必能見機立斷，翻然來歸，集中於青天白日之旗，以收中國自由平等之實效。從此攜手共進，重開吾中國海軍歷史之光榮。臨電神馳，佇聆明教。國民革命軍總司令部兼海軍處長林振雄黨代表徐天深暨全體革命海軍將士同叩灰

△摧枯拉朽之前方軍情

△蔣總司令下令攻安慶

△皖民軍紛紛舉義

△我軍前鋒抵彭澤

△閩事解決在卽

△張毅扣輪備逃

我軍克復九江，南昌，湖口，武穴，蘄春等處後，孫賊傳芳盧逆香亭等只率衛隊數百名，逃回南京，陳逆調元王逆普殘部不滿五千人，退回安慶，江蘇安徽兩省施行大戒嚴，皖中民軍紛在六安，霍山，英山，合肥，舒城等處舉義，蔣總司令前任命常恒芳爲安徽宣慰使，常氏卽運動馬聯甲倪嗣沖舊部輸誠我軍，海州白寶山系非孫賊嫡系，已與我軍默契，蔣總司令迭據報告，卽下令進攻安慶，由第八軍唐生智第四軍陳銘樞張發奎兩師，從黃梅進攻宿松，並接應英山霍山一帶之民軍，第七軍李宗仁部，及第二獨立師賀耀祖部，由湖口前進，蔣總司令親率第一六兩軍爲總預備隊，第三軍駐守南昌九江，從事補充休養，第二軍第十四軍，由贛東入浙西，與夏超部聯合進取杭州，聞孫已由南京開赴蕪湖，妄想集合盧逆陳逆王逆等部抵禦我軍東下，然兵心渙散，不堪我軍一擊云云，又十八日滬電：聞蔣介石，唐生智，十一日已抵九江，會商攻浙，前鋒大隊抵彭澤，此次贛省戰事解決後，閩事更有急轉直下之勢，現在周（蔭人）張（毅）兩逆亦知大勢已去，無可挽回，各急急爲退保實力之計，但昨聞總司令部傳出消息，謂何總指揮欲利用戰略上發展之新形勢，決將周張兩逆殘部悉數繳械，免其以隣爲壑云，昨日總司令部又接何刪（十五）日自漳州來電，稱我獨立第四師元日佔領同安，現泉州孔昭桐已有一部由海道退福州，張毅亦在扣留輪船運兵備逃，特聞，應欽叩，刪

政治

國內

△湖北各軍政機關監察條理

總司令部頒布

爲佈告事，案奉國民革命軍總司令部發下本部監察湖北各軍政機關條例內開，本總司令爲保障民權起見，特頒佈湖北各軍政機關監察條例如左：（一）總政治部有監察各軍政機關之特權，（二）凡軍政機關人員如有貪污非常行爲准許人民向總政治部控告，（三）凡控告者須負責簽名蓋章。並註明住所，如有不依此項手續者概不受理，（四）總政治部對於所受理之控告，在調查確實以前，對於原告及被告雙方，須嚴守秘密，（五）調查結果，如原告有失實處，應受誣告反坐之罪，（六）調查結果，如被告確係有罪，由總政治部呈報總司令處決定，（七）本條例公布之日施行

（二）

小通信

凡經受東莞各界團體辦理地方公益委員會[illegible]聘諸同志[illegible]

逕啓者：澤日昨遺失一六四三號同學證章乙枚，茲除報告外特聲明作廢。周海澤啓十七，十一，

黃志文，姚雄，李競寰，劉焜，張智用，沈向奎，林春甫[illegible]

李馨同志鑒今日接到你家信一件不知你編入何[illegible]便寄來請函示知以便郵寄甚盼 糧股課器具股長龍詩舫十一，十八，

侯志明劉冠世兩同志：我們三營的野外筆記印到三分之二了，惟最後聯合演習那一次的稿子，印刷處沒有，不知燬兄交在那個手頭，請你來消一下。幷請侯同志另外從速編一個來，以免此書遺缺結果 第二學生隊第二十一區隊鍾誓恆

中華民國十五年十一月二十日〔星期六〕 黃埔日刊 第三版

等因，自應遵辦，以後凡向本部控告事項，須依照下列手續辦理，(一)信封上祇書武昌閱馬廠總政治部啓，(二)信角上加書特別密告，(三)封口用火漆以便識別而昭愼重，合行佈告，仰各訴訟人等，一體遵照，此佈，中華民國十五年十一月七日，主任鄧演達，副主任郭沫若。

△上海各界請國民政府宣佈廢除比日條約

本黨廢除不平等條約之主張，深得國人一致之擁護，而不平等條約之廢除，亦惟有我國民政府方能辦到，此亦爲國人所深切認識，本年滿期之比日等約各界前已紛請國民政府正式宣布滿期無効，昨上海各界亦來電敦促，原電云，廣州國民政府鑒，廣州廢除不平等條約，爲全國人民一致之主張，惟有國民自動的政府，始有廢除改訂之權，如最近滿期之比日等約，北京政府不惟藉此害民媚外，圖其關會之私，且亦無權爲廢除條約之宣告，事關全國民意，應逕由我政府宣告廢除，將來由人民組織之國民會議，必一致承認我政府宣告，且爲有效，務請斷然行之，紀念孫誕代表聯合會叩，元，

△兵工廠復工問題將解決

組織整理委員會商議復工

兵工廠停工問題，自工代會總代表會議議決組織援助兵工廠工友復工委員會，并於十五日舉行各工會總代表大請願，當蒙中央工人部長陳樹人先生答允，於六日舉派全權代表到中央黨部與中央黨部及政府負責人當面磋商復工辦法，後由政治會議正式議決如下，(一)由總司令部，中央工人部，農工廳，兵工廠職員，兵工廠工人，廣州工人代表大會，廣東機器工會各出代表一人組織委員會，於最短時間商議復工及關於工人紀律工場管理增加生產等事，(二)停工期內，薪水可照發，上項決議，各代表認爲滿意後由譚主席將決議一份，親自署名交代表帶回，并決定十七日下午一時，該委員會在中央黨部開第一次會議，昨十七日整理兵工廠委員會，在中央工人部開一次會議，到會者有中央工人部代表陳樹人，農工廳代表陳孚木，工代會代表劉爾崧，總司令代表馬文車，兵工廠職員代表朱和中，機器工會代表李郁文，兵工廠工人代表鄺偉生，由陳樹人主席報告政治會議昨日決議事項，直至三時許始散會，各項復工問題，該會詳細討論後，不日便可實行矣，

國外

△蘇俄最近之外交

△里俄締結商約——波蘭軟化

△阿富汗駐俄全權到俄

△德俄續訂航空條約

里索安尼亞與蘇聯訂互障條約後，又進一步締結商約，里政府已派外交部經濟科科長蒲里士奇斯赴俄辦理一切。蒲日前抵莫思科，曾語新聞記者表示云，里國對與俄締結商約問題極至重視，目前兩國貿易尚未發展，里國擬向俄輸出皮革，鐵，假象牙，并向俄購辦鹽，橡膠品，石油及其他油類云。而波蘭外長里斯基近向英國訪員表示，聲言里俄互障條約有破壞波俄里加條約之嫌，但此事可由通常外交手續解決，且可藉此續商波俄互障條約云云，觀此，則波蘭已軟化，而同時莫思科則舉行歡迎里索安尼亞商約代表大會，兩國代表團均到會，翟趣抹，李德維諾夫，喀拉罕以次外交要人皆參加云。

阿富汗駐俄全權代表施塔克(Stark)到莫思科，即問新聞記者聲明阿富汗政府極注意締結阿俄中立及互不侵犯條約，視之爲鞏固中亞和平及促進阿俄邦交之重要份子。并謂目前阿俄以訂定商約爲最要，雙方交涉頗稱順利，不久當有滿意結果。阿富汗政府賴較活動之進步人物主持政事，積極實行革新政策，國勢確較以往強固，在經濟方面，因提高農業標準，增加基本原料生產，及對於工業化有相當注意之故，前途極有進展之可能。國中進步之政治家，莫不注意國家工農化。商務每年皆有進步，共對於阿富汗經濟之進展甚爲重要。在以前十八個月中阿富汗政府對於財政之整理，軍事之整頓，道路房屋電報交通之建設，航空事業之發展，灌溉及測量等事宜之進行，皆有極大成就，而籌劃設計方面，則多賴蘇聯專家之援助云。

蘇聯政府與德國陸夫山沙會所訂之德俄航空條約本年底期滿，德國方面爲此事已派代表到莫思科磋商續行條約云。

△全歐注目之土俄會議

土俄兩代表在俄國與蔘沙城會議，令人注目，法京(小法京報)駐土京訪員，據可靠消息，言該會議之成立，係因東方民意，欲訂和平協定所致，現料其結果或爲組織國盟會之類，如日內瓦國際盟會一般云，

經濟

●八月份英國鋼鐵生產情形

八月份英國鋼之生產，因得國外燃料之接濟，達五萬二千一百噸，較七月份大有增進，然比之往昔標準，產額相差遠甚，至生鐵出產則不逮七月，自一萬七千九百噸減至一萬三千六百噸，而煉鋼火爐之繼續工作者，在八月之末僅餘六所，當煤礦宣告罷工之日，猶有一百四十七所也。故無怪鋼鐵進口大增，出口減少，以維持國內需要，計進口數量本年八月較去年八月多百分之三十五，出口方面則減少百分之四十三，下表爲英國鋼鐵過去及目前之生產情形，(單位噸)

	生鐵	鋼錠
一九一三年平均	八五五，〇〇〇	六三八，六〇〇
一九二四年平均	六〇九，〇〇〇	六八五，一〇〇
一九二五年平均	五一九，七〇〇	六一六，四〇〇
八月	四四四，五〇〇	四七七，一〇〇
九月	四四八，七〇〇	六四〇，一〇〇
一九二六年一月	五三三，五〇〇	六四〇，四〇〇
二月	五〇二，〇〇〇	七〇三，八〇〇
三月	五六八，一〇〇	七八四，一〇〇
四月	五一九，〇〇〇	六六一，〇〇〇
五月	八八，八〇〇	四九，七〇〇
六月	四一，八〇〇	三四，五〇〇
七月	一七，九〇〇	三二，一〇〇
八月	一三，〇〇〇	五二，一〇〇

九月份英國鋼錠產額爲三，九三〇，六七五噸，其前一月爲四，〇〇四，廿八三噸，去年同月則爲三，四八九，六五五噸，總計本年一月至九月生產其達二五，八五〇噸，去年間期則爲三二，三七八，一〇六噸，九月份每日平均出產爲一五一，一八〇噸，八月份爲一五四，〇二二噸，因每月計工作二十六日也，

雜訊

▲恐怖之金陵

▲城內佈滿肅殺空氣

▲東南大學之厄運

▲狼狽不堪之敗兵

南京九日訊，南京城內，日來景況蕭條，人心震恐，佈滿肅殺之空氣，一若大禍之將臨者，此種現象，實因孫傳芳之兵敗回寧，有以致之，衆料甯城將處軍事戒嚴之下，不日必見諸事實，城廂內外，現方嚴行戒備，形勢極爲嚴重，晚間一至八時，即禁絕行人來往，傳說東南大學且被當道停閉，因學生有過激之傾向云，并聞捕去學生多人，惟詳情如何，未能探悉，蓋偶語有禁，人多三緘其口，日前敵敗兵已陸續由九江運到，其中負傷兵佔多數，非肢體殘缺，即衣履不完者，情形甚爲可憫，人人均以張宗昌將派兵入甯爲懼，各路炮台，尤嚴加警備云，(譯)

▲帝國主義間之裂痕

▲法意感情日惡

▲美擴充軍備

巴黎十七日電訊，自意首相慕沙里厄被刺，結果惹起意國各地發生排法風潮，此後歐洲之政治關係，集中於意大利，及巴爾幹於意法邦交，法內閣曾一度召集會議，將現地位，詳細討論，聞外長白里安，曾上書提議數事，至今尚未發表，次則巴黎早報發表駐羅馬之法國大使，反對本加斯及的黎波里排法風潮，經已提出非常嚴重抗議，一俟法國政府關於溫提米爾亂事，收到正式文告，將有第三次外交表示，某報又云，排法運動，屬於個人猶小，而關於國體排法舉動尤大，捧唱主義排法之趨勢，應負其責云，路透社八日東京電，聞今日有潛艇一艘，在神戶下水，內容祕密，聞艇內載重二千二百噸，每小時行二十五海哩，艇內載重十二生的密達砲兩尊，抵制飛機砲一尊，又飛機一架，又東方社八日東京電，七日華盛頓來電云，美國海軍擬造一極巨之飛艇，內可裝載七百八十尺之機關槍七架，大砲一尊，飛行機六架，每小時行八十海里，能於四十四時內飛行至夏威夷，

黃埔第四期同學錄辦事處緊要啓事

啓者；同學錄已付印，有少數同學之相片，尚未寄來。茲特將姓名列后，希於十二月以前迅掐二四有光半身戎相一張，及存有下列同學合規相片者，(像后註明姓名及團連隊)寄交本會，以便補印爲要，步科一團二連，戴贊，呂道立，趙連璧，藍廣孚，三連，王汝泮，梁名欽，任維東，黃不者，顏連羅，伯爾，張培賢，程樹楨，六連，吳翘春，襲際炎，七連楊長海，馮廷珪，王長思，八連呂師，寸暑，啓麟，姜之麟，九連陳文浩，常學德，鄭兆一，佘傳瑞，郭鎔新，書記徐則初，副官汪榮，排長蕭道榮，盧兆熊，砲科一隊唐靖瀾，丁一，劉世琢，大隊副溫克剛，二隊長杜道周，區隊長李家忠，工科處信隊郝奇夫，石仲和，麗國鈞，曹根深，淩靖軒，李榮瑛，特其武，郭世賢，侯萬封，麥譯，通信隊長會粵珍，前工兵隊長黃復興，區隊長陳衡，章煥副官彭子言，大隊副官洪世壽，爵理科平爾鳴，湯震方，余子瀚，程維新，李文林，李鳴，吳一程，政治科一隊李維周，夏民燮，歐陽秉琰，柯文俊，張夢寶，李煥民，李文俊，李呈瑞，蕭韶，楊文莊，鄧堅，二隊邱壁山，段桂森，蔆子衡，三隊龍耀焜，阮錦云，廣一鳴，許詢，王自強，李經世，大隊長，胡公晃，區隊長李彬，副官王權，嚴愼夫，書記梁仁立，服務員廖治平，

同學錄籌備委員會常務處

中華民國十五年十一月二十日〔星期六〕 黃埔日刊 〔第四版〕

告第一補充師見習諸同志

代英

——讀該師部刊物『每周評論』以後——

補充師見習諸同學拿了該師部新出刊物『每周評論』來給我，我從這本刊物中間很高興的看見他們的認眞努力，想改進軍隊內容與兵士生活的精神。我希望每個同學都要有這樣的精神，而且希望每個同學要都能永遠有這樣的精神。不過我要指出兩點請他們注意的：

第一，在許多報告中，除了周傳第同志的報告以外，差不多都只是指出所服務之部隊的不好的地方，沒有談到那個部隊中還有甚麼比較好的地方的。固然師長要我們做報告最重要的是在考察各部隊的缺點，以便設法改進他；但各部隊總不會於教練或事務方面一無可取之地，倘若尚有可取之地，我們自己應當認爲是見習的心得，而且應當貢獻給師長，以備選擇令各部隊仿效施行，這亦不是沒有好處的，我們切不可只將我們的眼光只注射到人家的黑暗一方面，完全抹煞一切比較光明的方面，這是一般刻薄青年最不好的毛病。而且我退一步說即如你要指出人家不好的地方，希望人家能够改良，亦一定要你能將他們的優點同時寫了出來，人家纔能覺得你是公允無惡意，這樣纔能使他們接受你的批評。若將他們的優點一概抹煞，站在不負責的地方，專門找人家的錯處這徒然惹人家的反感，不會能收着甚麼好結果的。

第二，這些報告中間，恐怕以第二團偵探隊的報告最成問題。他們的隊長隊附爲如何人，我們用不着討論，我想亦許在有些部隊有些時候是免不了需要這樣的報告的。不過如在權永和同志的報告，未免太側重攻訐個人，而且加了許多不必要的字眼，這是很不好的，我們的考察應當多注意事而少注意人，例如在該隊中，我們指出隊長夜間常時外出，不點名查鋪，該隊以前未有訓話口號，常有婦女走入隊部談笑，這些話亦就很夠了，我們只要使師長注意這些事，而且或者師長能够使隊長注意這些事，至少可以使軍隊中得着許多實益。而且凡是這一類的報告，只應當使師長知道，讓師長用自己的意思去處置，我們還應當要求師長不好將我們的報告公布出來，這因爲一則免與私人結下仇怨，一則免自己大出風頭，惹起一般舊官長的反感。現在，這個報告文字上旣有許多應斟酌之處，而又隨便在刊物中發表出來，實在不免孟浪一點。我們在外面去做事，一切都要謙恭謹愼，越是勇敢革命的人越要注意這一點。我們不好很隨便的說人家的壞話，更不好很隨便的將這些話公布出來。不要因爲師長要我們報告，我們便忘記了要小心，不小心的做下去，將來會要惹出許多麻煩問題的。

黃埔同學應有的認識

宋雲彬

我相信，我十二分的相信：到黃埔來受軍事政治教育的同學們，都是需要革命，才不避困苦艱險情情願願地來受訓練，預備做一個徹頭徹尾的革命軍人。但我同時又相信：到這裏來的同學們，大概是受了社會，經濟，家庭等種種束縛，壓迫，才具了這樣的決心。我們不是唯心論者，決不相信革命軍人是被所謂『悲天憫人』的念頭所動，便放棄了優裕的環境，美滿的家庭，情願到這裏來受盡風霜雨露之苦。當然，革命軍人是犧牲了自己的幸福去謀大多數人的幸福的，但在自己生活優裕，環境美滿時，是不容易想到犧牲自己去救人家的。所以托爾斯泰一生想犧牲自己丰富的財產，美滿的環境，終於剩得一個『想』字，一直到他客死在旅途中。現在躱在『象牙塔裏』做吟風弄月的所謂青年詩人和坐在安樂樓裏談談戀愛的少爺公子，他們決不肯走到『十字街頭』去和那滿身臭汗的窮苦工農混在一起，更那裏肯犧牲了自己的幸福來做徹頭徹尾的革命軍人！

我爲什麼說了這一大堆廢話呢？因爲我相信人的意志是受環境支配的，現在同學們旣爲環境逼迫而到了這裏，倘不能把革命的意志打得如銅牆鐵壁一般的堅，一旦環境變換了時，難保不把同學們的革命意志動搖的。要革命意志堅定，第一，先要把自己的小資產階級性的浪漫皮氣，完全改好；第二，要把一切投機心虛榮心，完全剷除；第三，要認定自己的地位——是革命的工具，並不是革命的領導者。

關於第一點，蕭楚女同志已經在那篇『黃埔學生根本的質素』裏說得很詳細，我可以不多說。我覺得如果黃埔同學過了幾個月的入伍生生活還不能把他的浪漫習性改好，他已根本上不配做黃埔學生，更不配做革命黨人！

關於第二點，恕我說一句放肆話，黃埔同學裏面有了根本覺悟認定革命爲唯一出路的固是大多數，但懷着虛榮心以革命爲投機做達到他升官發財的目的，誰能說沒有呢？『人生世上，勢位富厚，蓋可以忽乎哉』的封建社會時代的思想，要根本剷除，談何容易！但是升官發財的思想不根本剷除，他現在雖爲環境所迫而走入革命的大道，到了他環境變換或受敵人的誘惑時，他便會立刻變成不革命甚至反革命的分子，這就是吳稚暉說的『剛走上康莊大道，又彈進了牛角尖裏。』現我們試放眼一看，從前慷慨激昂的革命青年，現在彈進牛角尖裏的不知多多少少！這都是以前沒有確定他的革命人生觀，打定了他革命意志的基礎的緣故。『富貴不能淫，威武不能屈』，這不是我們革命軍人應有的精神嗎？

關於第三點，是黃埔同學尤其要認識清楚的。我們要知道，到這裏來受軍事政治教育，是預備做一個革命的工具，並不是做革命的領導者。革命是適應民衆的需要，在民衆沒有要求我們起來革命的時候，革命是不會成功的。總理告訴我們說『喚起民衆』就是這個道理。所以我們一方面把自己的意志打定了，把自己的軍事政治知識充足了，我們便時時刻刻喚起民衆，使民衆知道革命的需要，要我們起來時，我們便犧牲了一切去做革命的先鋒。倘我們自己先趾高氣揚，以爲我們是革命的領導者，我們便覺得要那麼幹去，就那麼幹結果是孤軍直入，不是成了左派的幼稚病，便做了空喊『限期革命』的國家主義者第二。現在有許多青年，他們知道革命是唯一的出路，但他又忘却了民衆是革命的基礎。要知現代的國民革命並不是從前的『揭竿起義』一夫夜呼，攘臂而起，決不是現代革命的方法。總而言之：我們是要把自己認做一個革命的工具，要把這工具段練起來，不要把這工具輕輕地毁壞了，甚且被敵人利用了！

同學們！我們確定了革命的人生觀，我們做一個長期的革命者！

十月的回憶

劉漫天

（一）

九年前，在白俄莫斯科的城下，
勞工們已撤起了一團革命的火花！
這火花照透了全世界的黑幕；
全世界都燦爛在光明爍爍的波光下！

（二）

這時候，地球上正開始人類的屠殺。
遍郊野都蓋滿了白骨黃沙。
資本家手搖着「祖國」的魔旗，
無產者都醉麻在魔旗的脚下！

（三）

在十月火花燦爛的光波下，
枯髏們看清了僞作主人的寃家：
這爭鬥祇造成更雄厚的壓迫自己的力量，
手握的槍刃祇充作敵人們的爪牙！

（四）

在十月火花燦爛的光波下，
戰線上嘍起了紛疑的喧嘩：
我們無產者並沒有什麼仇恨，
壓迫我們的卽那班送我們到戰場上的寃家！

（五）

在十月火花燦爛的光波下，
已經照耀出他們的武器—「列甯主義」的偉大！
他們推翻了暴主Nicholas的淫威，
他們建築了社會主義Soviest的燈塔！

（六）

世界雖已進蒼茫的黎明，
在東方，祇不過這一個小小的燈塔！
時時刻刻我們要提防着黑暗底逆襲！
年年歲歲我們要添增這光明底火花！

一一，四，九二六，于沙河第一學生隊本部。

問答

1、「三點會」，「道爾斯計畫」「克倫斯基的政府」是什麼？

2、現在要是招集「國民會議」，能不能不爲官僚政客，劣紳，資本家！把持？能適合民衆的要求麼？

3、國際帝國主義强而有力，我們用什麼方法去廢除不平等條約，

4、無產階級沒有政權時，能否實現「民生主義」？

入伍生一團二連盧芬問

1、三點會是兩廣福建一帶的一種祕密結社的會黨。道爾斯計畫乃協約國和美帝國主義宰割德國，使之貢獻其勞動者之血汗以爲歐戰賠款的一種國際共管德國財政的計畫；由美國副總統道爾斯擬定的。克倫斯基政府卽俄國十月革命以前的政府，由克倫斯基所組織的。

2、我們所要的國民會議，是由人民以職業選舉的。如果我們黨的宣傳工作，和在民衆中的組織工作做得好，那是不會爲他們所把持的。

3、把我們的國民革命成功了，有了强有力的國民政府，就容易把不平等條約廢除，土耳其不是先例嗎？

4、代表被壓迫者的政黨未得到政權之前，當然無從實行民生主義，所以我們現在要努力於國民革命的工作。

（楚）

1. 共產主義由新經濟政策，達到其目的，就是世界大同的大同主義；民生主義由平均地權節制資本達到其目的，也就是世界大同的大同主義。所以總理說：『民生主義就是共產主義，卽是大同主義。』這樣說不對嗎？

2. 世界大同以後，社會進化到最高度（階級消滅機器發達之後）無論何人（在受敎育時的人不算）能否交換職業？此時法律還有存在的必要麼？

政治二隊王心恆

1、民生主義與共產主義，是改造社會經濟組織，使之達到保證社會全員安定生活的兩個階段。在其所祈求之終極目的上，自然可以說都是大同主義。

2、在某種相當範圍內，大概是可以交換的——絕對的無限制的職業交換恐不可能。那時的法律將變成許多公共辦事的規則，「刑禁」的性質，已根本消失。

（楚）

黃埔日刊

中央軍事政治學校政治部出版

通信處廣東黃埔本校政治部宣傳科

（第一九五號）

〔本刊每份價定一分〕

日評

比約問題

（雲彬）

前清同治四年（一八六五）九月十四（十一月二日），訂定的中比北京條約共四十七款及稅則通商章程，至本年十一月二日期滿，依法當然失效，除另訂平等之條約外，實無問題之可言。今茲之所謂問題者，乃在比國政府欲維持其舊約之精神，並欲以所謂臨時過渡辦法，變相的延長舊約之效力。北京僞政府爲民意所迫宣布舊約失效，但同時默認比使提交海牙國際法庭公斷之說。於是不成問題之已失效的中比條約，乃成爲現在舉國注目之問題。

吾人對於已滿期之中比條約的廢止，已認爲不成問題，則不必旁證博引申述舊約之應如何廢止。吾人目前所最宜注意者：爲中比條約之失效，在帝國主義者以不平等條約束縛中國之原則上，其所受影響固不獨一比國；苟中比條約完全失效，其他各國皆感受不安，故帝國主義者不惜多方肘掣使中比條約得延長其效力。最近比使發表其所希望之臨時辦法，乃爲免却比國在華經營各業與其他諸國在華所經營者不至驟處於不平等之地位，是不啻表示此臨時辦法之延長，於在華經濟上有關之某一國（蘇聯當至除外）與我國訂立新約時，始可停止。是可知比約問題，不僅中國與比利時之關係，爲帝國主義者全體與中國之關係；換言之，乃爲我國對外廢除不平等條約上之絕大問題也。

廢除不平等條約，爲總理之遺囑，亦爲中國國民黨對外政策之骨幹。吾人除絕對否認北京僞政府有交涉權外，吾人更須注意：北京僞政府所宣布之比約失效與比使所要求交海牙公斷，爲帝國主義與其走狗（顧維鈞等）互相默契而假以欺騙民衆者。吾人即退一百步承認帝國主義者所組織之國際法庭有解決之權，然所謂國際法庭者，祇對由該問題有疑義或有複雜之關係而加以判斷，中比條約期滿失效，爲最單一最當然之事，有何於法庭解釋或判決之必要？北京僞政府生存於帝國主義之下，仰帝國主義之鼻息，一面以自動的宣告廢比蒙藏人民之方法，一面與帝國主義者暗中作之條件交換，最近喧傳顧維鈞有向比法借款之說，更足以證明帝國主義及其走狗之相互勾結也。

故吾人今日所應堅持者：（一）比約期滿之當然廢止；（二）北京僞政府無修改或新訂條約之權；（三）比約失效後之期間內，對比在華之使館人民物產船舶予以適當之保護外，依照無約國人民待遇；（四）中比新約由國民會議或國民政府依平等原則訂定之。其他如北京政府之交涉手續如何，比使之態度如何等等，皆屬枝節，不值一論也。

黨務

⊙六期入伍生成立黨部大會

六期入伍生一團一營一連，於本月十六日開連黨部成立大會，是日除全連學生官長火夫勤務兵，均一律出席外，復有團營政治指導員及特別黨部派員一人，臨場監督，全體先向總理遺像行三鞠躬，由臨時主席讀總理遺囑後，公舉連指導員馬尉圖爲正式主席，全體恭讀總理遺囑，後主席致開會詞，選舉楊大樑劉蓮中譚劍卿爲正式執行委員，李春岩袁方伯爲候補委員，畢，由各執行委員發表今後黨務之進行方針，及馬指導員與同學先後勉勵執行委員須努力於黨務不負公舉之重託，唱國民革命歌，及呼口號而散。

⊙電請汪精衛早日銷假

⊙軍人部總政治部召集之聯席會議

中央軍人部總政治部，會同召集各級黨代表政治部特別黨部聯席會議，經議決電請汪黨代表早日銷假，昨日經將電稿拍發，茲將原電錄下，「萬急，汪黨代表鈞鑒，我公黨國柱石，全國革命民衆，望公銷假，若大旱之望雲霓久矣，現在北伐益形順進，長江流域統一在即，一切黨治建設，非我公出而籌劃指導不可，本會一致決議，務懇我公體念總理遺志，尚未實行，民衆痛苦急待解脫，早日銷假視事，率領全國革命民衆，向一切反革命勢力進攻，完成本黨使命，不勝企禱之至，中央軍人部總司令部政治部各級黨代表政治部特別黨部聯席會議叩。」

⊙中央政治會議慰問罷工委員會

罷工委員會之會所（東園）前被火焚後，損失頗大，且罷工工人年來奮鬥，艱苦異常，復遭火焚，尤爲惋惜，故各界慰問者絡繹不絕，昨中央政治會議，以罷工爲革命先鋒，特去函慰問，原文如下，逕啓者前據呈報貴會委蓬被火，遂爾延災，復據函稱，關防負卒亦遭焚燬，驚聞之日，深用震歎，貴會努力奮鬥，聲聞昭著，此次被焚使年來成績，煨滅無遺，遠方遙聽，尤爲惋惜，現在本會議，當經四十六次議决復信慰問，相應函達，微忱，至希鑒納，此復省港罷工委員會，中央執行委員會政治會議，十一月六日，

⊙湖南省黨部籌備省民會議

湖南省黨部，因省民會議，爲現今切要之舉，故昨推定之籌備員雷鑄寰夏曦謝覺齋董維鍵，特開第一次籌備會，首由謝覺齋報告國民會議促成會，改作省民會議經過情形即互相商議許久，議决，一，將組織省民會議籌備處情形，電告中央黨部，請示方略，二，由本部通函召集各公法團體代表，成立省民會議籌備處，由到會各團體推人起草，議畢而散。湖南全省學生聯合會，對於省民會議，曾函催促，故昨省黨部函復文云，逕復者，大札備悉，本部對於召集省民會議一事，曾在忙碌之下，未敢稍息，昨（二十八）日省民會議本部籌備代表，在本部開第一次籌備會議，議決一方面將成立省民會議籌備處情形，電告中央，請示方略，一方面由本部通信，召集成立省民會議籌備處代表大會，至籌備處組織方法，請到會各團體，推人起草，承函詢問，特予函覆，即希查照云。

軍事

△革命軍最近之進展

△蔣軍事會議決三路攻皖
△周鳳岐投降革命軍
△東路革命軍攻克永春
△張毅部退竄福州
△西北革命軍積極攻陝
△馮聯軍總司令

革命軍自肅清全贛後，十三日蔣總司令特在九江行轅開軍事會議，各軍事旅長均列席，劉佐龍亦由漢趕到，決由九江攻皖，即遣兵皖境之馬當華陽等處，進窺安慶，黨軍總司令部擬遷九江，以便策應，又聞當恆芳在滬設皖宣撫使署，已派皖中南北三路司令，俟滬黨軍聯合攻皖，並聞議決定分三路攻皖，大軍已開始出動，又訊，蘄州武穴方面之北軍全部退入皖境，成被解除武裝，唐

本校本週口號

嚴守學校紀律！
學習革命技術！
增進戰鬥能力！
發揚黃埔精神！
擴大農工組織！
團結革命分子！
擁護國民政府！
打倒帝國主義！

本週各學生隊政治討論會題目

軍隊中的同志對于與革命有利的工作應當不待民衆有此要求即挺身上前爲民衆奮鬥呢？抑當俟民衆有此要求，順着民衆的意思上前爲民衆奮鬥呢？

啓事

李慶棠君鑒令兄有話及要件囑光轉遞希來中大一會否則自己或其友將其寄址見告光往晤亦可　周永光啓

前入伍生二團……知你在何部隊，見字請示知爲盼　虎門太平入伍生一團十連黃藩初啓

宋鳴儒同志：自省垣別後，未見佳音，你編在何隊？……請即示知　虎門北較場軍士教導隊第三隊第一區隊　黃炎啓

馬廣良，馮忠順：你們在那一團那一連呢？你的族姪來了一封信，在我這裏，請將地址告訴我，或來我這裏一下，湯克儉，林進賓，進寧，趙佩珊，同志，你們在入伍生何團何連，請示知，你們家中有重要信在我處，沙河第一學生隊十五區隊見習官陳慶基

衛有方形牙章，顆文曰「盧衛之章」（即賓東羅定盧滑川之弟）……此聲明作廢　第五學生隊第十三隊學生盧衛啓

革命之路

◆怎樣做個民間運動者

入伍生一團機關槍連　楊睿

「怎樣做一個民間運動者」──在這北伐勝利時期當中，人人都會承認這個問題爲緊要，因此我也把它提出說說：

第一句話就是：「做一個民間運動者，必須到民間去」。這樣，然後才曉得民衆的痛苦和要求，與他們──農工無產階級──做同甘苦共患難的伴侶，站在革命的立場上，以主義爲中心，宣示革命的意義和價值，使他們覺悟自己所處的是被壓迫者的地位，是民衆中間最痛苦的份子，爲切身的利益，而起來參加革命的運動。

着實言之，要使他們認清他們的敵人。有些固已認清了，但有些還是崇拜資產萬能，過那牛馬不如的生活的如農民遇了天災（水旱虫傷）的時候，祇能出于哀求的態度，請求東家減租，最好的結果也祇是東佃平分，次則要納七成八成不等。工人無論其爲鄉間散工或工廠工人，近因生活程度提高，生計日困，要求加資，以維持其生活，其結果則鄉間逼死人，工廠大流血，說起來真是寒心酸鼻啊！

農工羣衆既如此痛苦，其要求解放之反抗心理，自然發生，我們當乘此組織農工團體，使他們有實力了，利用這種實力便可反抗一切壓迫和一切強權，這樣，農工才算參加了國民革命運動。

現在我們宣傳的方法再分幾步來說：第一步宣傳：在使農工自己覺悟他所處的地位是無產階級和被壓迫者；第二步宣傳：在使他們曉得誰使他們成爲無產階級的。第三步宣傳，凡壓迫者都是農工的敵人，因爲農工都是無產階級和被壓迫者，所以當用赤血反抗，內如軍閥蹂躪，吸取民衆膏血，外如帝國主義的壓迫，慘殺事件已屢見不鮮，（如「五卅」「六二三」「六一」「三一八」）其發生的原因或近或遠或直接或間接，總是他的壓迫手段，）第四步宣傳：軍閥之爲惡是帝國主義唆使的，帝國主義並且利用中國的敗類以操革命勢力，如土豪劣紳反革命派假革命派以及不革命派，使他更加認清帝國主義者的罪惡，并對於一切敗類施以攻擊，則革命方能成功。

◆打破地方觀念

新入伍生團八連　譚伯變

受過封建思想洗禮的中國人，（尤其是窮鄉僻壤終年不曾出過門的，）大牢腦中，總不免常常縈繞着一種根深蒂固牢不可破的，「地方觀念」。他們以爲在「生於斯，死於斯，衣于斯，食於斯」，的故土，所有一草一木，都比在他鄉的要甜蜜些，要可愛些，因此他們不知不覺就養成一種左袒故鄉，輕視他鄉的自私觀念，一個惡人，如果是他們的同鄉，他們可以原宥他，甚而要擁護他，一個好人，如果非他們的同鄉，他們可以輕視他，甚而排斥他，他們對於改造社會的責任，似乎只限於他們的故鄉，他們不肯管他鄉的事；他們也不肯任何人來管他們故鄉的事，他們常常說：「到底是同鄉人，是要比較親切些！」所以他們常常盲目的認同鄉賊作父；以他鄉友爲敵，根據上面這些零碎邏輯，我們歸納起來，應用到革命觀點上來說，就可發生下列幾種不堪設想的危險：

（一）容易離間革命分子的團結　汪黨代表說，『革命的到左邊來，反革命的到右邊去，』這就是說革命分子團結的惟一標準，是主義和思想，但是地方色彩濃厚的人，就不然了，他們會着一個人首先一句就問，『你是甚麼地方的人』？如果是同鄉，那自然容易拉攏，如不幸而爲異鄉人，那就不管你是否革命的，都要被他視爲陌生路人，還有些同志，雖說常處在一塊兒，但是爲了地方不同的關係，各人心裏似乎有一層隔膜，一旦遇着稍有意見不合的事，便漸次冷落起來，甚而至於分裂，各走一方，這是多麼痛心的事啊！

（二）容易被野心家利用去作護符。一般人既有一種愛故鄉厭他鄉的狹隘觀念，許多野心家，因爲要去做營私的勾當，就不能不利用這種心理了。所以歐美資本家利用『保護祖國』的口號，造成了，空前未有的世界大戰；中國國家主義利用『外抗强權』的口號，反對以平等待我之蘇俄，趙恆惕利用『湘人治湘』的口號，拒絕我眞正爲湘人謀利益的革命軍，這些事實，都足以證明地方觀念，容易被野心利用起去作種種的罪惡，

（三）容易銷滅或減少青年的革命性　有些青年因爲醉心他們的故鄉，縱然受了很深的痛苦，他們總是株守在他們的家園，不肯去到交通便當或革命潮流正高的地方，去吸收一點革命空氣，還有一種青年，他們縱然萬不得已被逼到他鄉去了，或者竟被某種環境逼到革命戰線去了，然而他們對於自以爲可愛(?)的故鄉，總覺戀戀難捨，甚麼「身在他鄉，心在故鄉啊！……歸心似箭啊！……」「甚麼「低頭思故鄉啊！……獨在異鄉爲異客啊！……」這類的濫調，幾充滿了我們的耳鼓，聽來好像甚是慘然。一般青年既有所依戀，所以就不肯爲革命犧牲了。甚而有向後轉，跑步還家的。在這種情形下面，不知銷磨了許多革命青年?!可惜！可惜!!

地方觀念既爲我們革命的大障礙物，所以在黃埔日刊上大書特書「打破地方觀念」六個大字，並且總理曾不惜苦口婆心，大聲疾呼：「天下爲公」，這就是明明教我們不但要打破縣界，省界，而且要打破國界，這就是明明教我們爲人類解放而革命，但是不幸，眞不幸！黃埔日刊儘管大書特書，總理儘管大聲疾呼，可是言者諄諄聽者渺渺在我們革命隊伍裏，富於地方觀念的同志，仍是不少，甚麼，「某省人可惡，某省人滑頭……」是我來廣州當頭一棒所感覺到的。同志們！這並不止一次，我來廣州三月餘，無日不有這樣的感覺啊！我們試想一想：「親愛精誠」下的同志，應不應該如此?!爲人類求解放的革命黨員，應不應該如此?!

親愛的同志們，尤其是地方色彩濃厚的同志！我們如果是眞正爲世界人類而革命！我們如果希望我們革命同志如鐵一般的團結，那嗎，我們就應該以主義思想爲標準，去團結我們的同志，我們只知人與人間的界限，是革命與反革命，並不知甚麼省界和國界，我們要常把我們的眼光放大到大西洋太平洋以外，我們要常使我們的腦中，印着一個大千世界，無論何處都可作我們的故鄉，無論何處鄉有我們的同志，像這樣才不愧爲一個眞正的革命黨員，才不愧爲總理的眞正信徒啊！

一九二六，一一，一〇，於東莞。

問答

1、馬爾賽斯創立一種學說謂「人口增加是幾何級數，物產增加是數學級數，」究竟是何用意，與世界有否關係？

2、世界上計有幾種主義，現在何種主義，是世界上所需要的？

3、盧梭是歐洲主張極端民權的人，一主民權思想，最要緊的著作是民約論，因何反對民權的人，說盧梭的話沒有根據，爲什麼盧梭能夠發生那種言論呢？又爲什麼當時各國還要歡迎呢？

4、前在汕頭見一中國八九歲男孩，向一外國七八歲的女子，大罵數聲打倒帝國主義，女子大怕，究竟罵出此話是否應當呢？

5、外國人批評中國人是一片散沙，沒有團體，然一方面又說中國人，不明白自由，這兩種批評，恰恰是相反的，爲什麼是相反的呢？

6、外國人所謂（德謨克拉西）這句話究竟是何名詞，其用意如何？

7、羅馬當統一歐洲的時候，初時是建立共和，因何後又變成帝制呢？

8、中國革命的目的及其所用方法，爲什麼和外國的不同，到底中國爲什麼要革命呢？

9、歐洲沒有革命以前的情形，和中國比較起來，歐洲的專制要比中國利害得多，原因在什麼地方呢？

10、美國北方各省什麼主張放奴，南方各省什麼反對放奴，爲何自解放黑奴後，黑奴反怨恨放奴的北方各省，尤其怨恨北方那位主張放奴的大總統林肯呢？

11、孫總理在南京就大總統職時宣言「應盡文明國應盡的義務，以享文明國應享的權利」；究竟怎樣，才算是應盡文明國應盡的義務，和到那個時候，才能得享到文明國應享的權利呢？

12、從前歐美發生很多團體，是什麼團體？

13、哈美爾頓和遮化臣，對於民權的實施問題，因何見解不同，及後主張和調和的辦法是怎麼樣？

14、美國行聯邦制度促成世界上頂强盛的國家，我們要中國强盛，可不可以做照美國來行聯省制度呢？

15、關於民權一方面的方法，世界上有了一些什麼最新式的發明呢？

16、德國當民權發達的時候，爲什麼沒有力量去反對政府，俾士麥用什麼手段反對民權呢？

17、柏拉圖所著的共和政體，那本書，至今還有學者去研究，究竟他那本書的內容是怎麼樣呢？

18、近來歐美新發明的民權管理，又是怎麼樣呢？

19、我們要治理國家一定要權和能分開的，但是權與和要怎麼樣分開呢？

20、歐美對於民權政治，至今沒有根本辦法，爲什麼沒有辦法呢？

入伍生第一團十二連符漢興

中華民國十五年十一月廿二日〔星期一〕黃埔日刊〔第三版〕

中華民國十五年十一月廿二日〔星期一〕黃埔日刊〔第二版〕

對國民政府之態度

日暮途窮之孫傳芳

俄領接濟英礦工總數

黃埔第四期同學錄辦事處緊要啓事

血花劇社緊急啓事

星架坡軍港之建築費

十月份日本對華貿易

招商局海員罷工

〔中華郵政特准掛號立劵之新聞紙〕中華民國十五年十一月廿二日〔星期一〕〔第一版〕

黃埔日刊

中央軍事政治學校政治部出版

通信處 廣東黃埔本校政治部宣傳科

（第一九五號）

〔本刊每份價定一分〕

本校本週口號

嚴守學校紀律！
學習革命技術！
增進戰鬥能力！
發揚黃埔精神！
擴大農工組織！
團結革命分子！
擁護國民政府！
打倒帝國主義！

日評

比約問題

（雲彬）

前清同治四年(一八六五)九月十四(十一月二日)，訂定的中比北京條約共四十七款及稅則通商章程，至本年十一月二日期滿，依法當然失效，除另訂平等之條約外，實無問題之可言。今茲之所謂問題者，乃在比國政府欲維持其舊約之精神，並欲以所謂臨時過渡辦法，變相的延長舊約之效力。北京僞政府爲民意所迫宣布舊約失效，但同時默認比使提交海牙國際法庭公斷之說。於是不成問題之已失效的中比條約，乃成爲現在舉國注目之問題。

吾人對於已滿期之中比條約的廢止，已認爲不成問題，則不必旁證博引申述舊約之應如何廢止。吾人目前所最宜注意者：爲中比條約之失效，在帝國主義者以不平等條約束縛中國之原則上，其所受影響固不獨一比國；苟中比條約完全失效，其他各國皆感受不安，故帝國主義者不惜多方肘掣使中比條約得延長其效力。最近比使發表其所希望之臨時辦法，乃爲免却比國在華經營各業較其他諸國在華所經營者不至驟處於不平等之地位，是不啻表示此臨時辦法之延長，於在華經濟上有關之某一國(蘇聯當至除外)與我國訂立新約時，始可停止。是可知比約問題，不僅中國與比利時之關係，爲帝國主義者全體與中國之關係；換言之，乃爲我國對外廢除不平等條約上之絕大問題也。

廢除不平等條約，爲總理之遺囑，亦爲中國國民黨對外政策之骨幹。吾人除絕對否認北京僞政府有交涉權外，吾人更須注意：北京僞政府所宣布之比約失效與比使所要求交海牙公斷，爲帝國主義與其走狗(顧維鈞等)互相默契而假以欺騙民衆者。吾人卽退一百步承認帝國主義者所組織之國際法庭有解决之權，然所謂國際法庭者，祇對由該問題有疑義或有複雜之關係而加以判斷，中比條約期滿失效，爲最單一最當然之事，有何於法庭解釋或判决之必要？北京僞政府生存於帝國主義之下，仰帝國主義之鼻息，一面以自動的宣告廢比條約以欺蔽人民之方法，一面與帝國主義者暗中作之條件交換，最近喧傳顧維鈞有向比法借款之說，更足以證明帝國主義及其走狗之相互勾結也。

故吾人今日所應堅持者：(一)比約期滿之當然廢止；(二)北京僞政府無修改或新訂條約之權；(三)比約失效後之期間內，對比在華之使領館人民物產船舶予以適當之保護外，依照無約國人民待遇；(四)中比新約由國民會議或國民政府依平等原則訂定之。其他如北京政府之交涉手續如何，比使之態度如何等等，皆屬枝節，不值一論也。

黨務

⊙六期入伍生成立黨部大會

六期入伍生一團一營一連，於本月十六日開連黨部成立大會，是日除全連學生官長火夫勤務兵，均一律出席外，復有團營政治指導員及特別黨部派員一人，臨場監督，全體先向總理遺像行三鞠躬，由臨時主席趙螢指導員說明開會理由後，公舉連指導員馬耐園爲正式主席，全體恭讀總理遺囑，後主席致開會詞，選舉楊大模劉運中譚劍卿爲正式執行委員，李春岩袁方伯爲候補委員畢，由各執行委員發表今後黨務之進行方針，及馬指導員與同學先後勉勵執行委員須努力於黨務不負公舉之重託，唱國民革命歌，及呼口號而散。

⊙軍人部總政治部召集之聯席會議 ⊙電請汪精衛早日銷假

中央軍人部總政治部，會同召集各級黨代表政治部特別黨部聯席會議，經議決電請汪黨代表早日銷假，昨日經將電稿拍發，茲將原電錄下，萬急，汪黨代表鈞鑒，我公黨國柱石，全國革命民衆，望公銷假，若大旱之望雲霓久矣，現在北伐益形猛進，長江流域統一在卽，一切黨治建設，非我公出而籌劃指導不可，本會一致决議，務懇我公顧念總理遺志，倘未實行，民衆痛苦急待解脫，早日銷假視事，率領全國革命民衆，向一切反革命努力進攻，完成本黨使命，不勝企禱之至，中央軍人部總司令部政治部各級黨代表政治部特別黨部聯席會議叩。

⊙中央政治會議慰問罷工委員會

罷工委員會之會所(東園)前被火焚後，損失頗大，且罷工工人年來奮鬥，艱苦異常，後遭火焚，尤爲惋惜，故各界慰問者絡繹不絕，昨中央政治會議，以罷工爲革命先鋒，特去函慰問，原文如下，逕啟者前據呈報貴會葵蓬被火，遂爾延災，復據函稱，關防倉卒亦遭焚燬，踏問之日，深用震歎，貴會努力奮鬥，聲聞昭著，此次被焚使年來成績，燬滅無遺，遠方遙聽，尤爲惋惜，現在本會議，當經四十六次議决復信慰問，相應函達微忱，至希鑒納，此復省港罷工委員會，中央執行委員會政治會議，十一月六日，

⊙湖南省黨部籌備省民會議

湖南省黨部，因省民會議，爲現今切要之舉，故昨推定之籌備員雷鑄寰夏曦謝覺齋董維鍵，特開第一次籌備會，首由謝覺齋報告國民會議促成會，改作省民會議經過情形，即互相商議許久，議决，一，將組織省民會議籌備處情形，電告中央黨部，請示方略，二，由本部通函召集各公法團體代表，成立省民會議籌備處，由到會各團體推人起草，議畢而散。湖南全省學生聯合會，對於省民會議，曾函催促，故昨省黨部函復文云，逕覆者，大札備悉，本部對於召集省民會議一事，曾在忙碌之下，未敢稍息，昨(二十八)日省民會議本部籌備代表，在本部開第一次籌備會議，議决一方面將成立省民會議籌備處情形，電告中央，請示方略，一方面由本部通信，召集成立省民會議籌備處代表大會，至籌備處組織方法，請到會各團體，推人起草，承函詢問，特此函覆，卽希查照云。

軍事

▲革命軍最近之進展

▲潯軍事會議决三路攻皖
▲周鳳岐投降革命軍
▲東路革命軍攻克永春
▲張毅部退竄福州
▲西北革命軍積極攻陝
▲馮聯軍總司令赴甯夏指揮

革命軍自肅清全贛後，十三日蔣總司令特在九江行轅開軍事會議，各軍師旅長均列席，劉佐龍亦由漢趕到，决由九江攻皖，卽進兵皖境之馬當彭陽等處，進窺安慶，黨軍總司令部擬遷九江，以便策應，又聞常恒芳在滬設皖宣撫使署，已派皖中南北三路司令，俟與黨軍聯合攻皖，並聞議决定分三路攻皖，大軍已開始出動，又訊，蘄州武穴方面之北軍全部退入皖境，咸被解除武裝，唐

本週各學生隊政治討論會題目

軍隊中的同志對于革命有利的工作應當不待民衆有此要求即挺身上前爲民衆奮鬥呢？抑當俟民衆有此要求，順着民衆的意思上前爲民衆奮鬥呢？

(一)

啟事

啟事 李慶榮君鑒，令兄有話及要件囑光轉達，希來中大一會否則自己或其友將其寄址見告光往晤亦可 周永光啓

前入伍生二團……知你在何部隊，見字請示知爲盼 虎門太平入伍生一團十連黃潘初啓

馬賡良，馮忠順：你們在那一團那一連呢？你的族姪來了一封信，在我這裏，請將地址告訴我，或來我這裏一下，

宋國儒同志！自省垣別後，未見佳音，你編在何團何連，請卽示知 廣州北較場軍士教導隊第三隊第一區隊 黃炎啓

湯克儉，林進賓，趙佩爾，同志，你們在入伍生何團何連，請示知，你們家中有重要信在我處，沙河第一學生隊二十五區隊見習官陳……

衛有方形牙章一顆文曰「廖衛之章」隸書陽文於日前遺失特此聲明作廢 第五學生隊第十三隊學生廖衛啓

中華民國十五年十一月廿二日〔星期一〕 黃埔日刊 〔第二版〕

生智已九日晨入武穴城，將來九江與總司令蔣介石會商，鄧演達則已於十日晨抵九江，此後黨軍擬積極向浙江發展，而周鳳岐軍於一日退出湖口，但旋又折回九江，輸誠南軍云，

十九日接閩南前方電訊，東路總指揮何應欽率軍攻閩後，前委任閩南各屬民軍爲各路司令，在內地舉義響應後，聲勢大振，革命軍第六路司令陳國輝，於本月四日，率部六百餘名，由詩山含春鄉，入小岵，進攻永春城，經于五日早克復永地城，現會合各處民軍向泉州前進云，又何應欽來電（銜略）據泉州張毅大部皆退，蔣啓鳳部已退至福州延平一帶，沈珂在福州部隊，現退往福鼎，福安，霞浦，（閩浙邊界）謹聞，應欽叩，篠（十七日）印

據最近消息馮聯軍總司令玉祥赴甯夏指揮國民軍入陝，吳佩孚急電閻錫山，以陝中形勢繁急，劉郁芬等節節東逼，此間除調軍外，盼即抽調勁旅兼程西上等云，而于右任以陝軍總司令名義，派員請閻錫山互保疆土，勿再派兵入陝，日來西北形勢漸嚴，熱河察哈爾都統高維嶽湯玉麟，惶恐萬狀云。

△日暮途窮之孫傳芳

△部下紛紛獨立
△夏超反攻杭州說
△安慶宣佈獨立說

孫逆自敗退出九江後，江西完全歸我掌握，陳儀，陳調元，周鳳岐，王普等均有投誠我方意，祕議舉陳儀逐盧香亭爲浙江總司令，夏定侯返任，周鳳岐任浙護軍使，陳調元爲江蘇司令，王普爲安徽司令，以盡逐孫逆殘部，爲輸誠我方之表示云，又據上海方面消息，——國民革命軍第十八軍軍長夏超，在浙杭舉義討孫，因內部兵變，故集中兵力退回浙西金衢嚴處等處，待機反攻，昨接前方特訊，報告夏超部隊退集浙西後，總政治部主任鄧演達，即派出大帮政治工作人員入浙，訓練軍隊，現聞我軍已下九江，並已派隊入浙協助該軍，乃積極準備反攻杭州，期與我軍攻皖各軍會師南京云又昨據由安慶到滬之孔君云。皖南太湖望江一帶。已成安徽自治軍勢力範圍，前數日省垣甚形恐慌，警務處戒備異常，因駐軍悉調前方，自治軍紛紛活動，均受宣慰使常恆芳命令編制成軍，全省綜計約二萬餘人，聞久已派黨員分頭宣傳，各部分皆有相當佈置。孔君離省時，聞全皖各縣民軍已樹立自治軍旗幟。同時某皖商駐滬莊號。得有電訊。謂安慶已宣佈獨立如是則孫逆已無立足之地，日暮途窮，不亡奚待，

要訊

英美日帝國主義者對國民政府之態度

△長沙英領向我表示好感
△日人稱國民政府爲實力政府
△美報贊美國民政府
△倫敦所傳佈之消息

自國民革命軍勢力達長江，英國炮艦政策已經失敗，各帝國主義者態度驟變，下列消息頗堪注意焉

一，長沙訊，新任署理長沙英國領事卓乃斯氏十日趨訪湖南交涉員羅誠，據該領事聲稱，本人此次來湘，對於國民政府完全表示好感，但據外人宣傳，英國政府現有暗助北政府之舉，實屬誤會，現英國政府對於雙方均嚴守中立，並欲於最短期間承認國民政府予以助力，以期中英永遠親善云云●

北京英文導報，係美國資本，用美人編輯，本月十六日發表一特別論文，論中國全國人民對於國民政府及國民黨領袖之心理，國民政府採用之公開宣傳政策，於現今時勢，具有偉大之價值，原文標題爲「誠信相孚之號召」其言如下，自北伐軍從粵邊石出發，轉戰湘中，直趨鄂境，以達武漢，師行所至，皆受人民優遇，其至漢口時，受熱烈之歡迎，中國近代歷史，未嘗有也，今試披覽輿圖，知其長途跋涉，偏師直往，似若可危，且以北上之師，除死傷疾病，略有減縮外，悉以致力前線，而於攻克城鎮，即不用兵留守，亦無後顧之憂，果操何術以致此，竊嘗尋思而得其故，蓋南軍領袖，知其懷抱之志願，與當地接觸之人民共之，其所以得當地人民之悅服者，不僅在南軍之絕無搶掠，而在國民政府增進羣衆利益之宣言，已深入人心咸信其能如願以償也，雖然，中國戰爭史上出師之誓詞，亦不自今始矣，自改共和以來，各派之領袖，豈不運用最優美之詞調，爲發言宣以其拯民水火之忱，揭示有衆，顧何以此番戰役，各派領袖皆用甘言以號召於衆，而蔣介石一派之號召，獨受人民信仰，其故安在，此無他，南方軍隊，皆經訓練，雖于役疆場，而皆有宣傳之責，用能本其平日訓練，若者爲用兵之目的，若者爲領袖之宣言，以傳說於人，自親身以及其他，咸喻斯旨，故兩軍之組織，與彼傭無知之士卒，烏合成軍者，大相逕庭，其添募新兵也，必授以步伐之法，射擊之術，與國民黨之主義，故其臨陣戰鬬，能爲主義而戰，而知其主義條目之所在，且告以中國戰爭旣息，全國人民，皆當同受教育，迨程度具備，即予以政治上之自由，此中國南部之新現象也，其在北方，則馮玉祥所部紀律之師，亦於人民有一度之感觸，至於蔣介石及其他南方領袖果否出於誠意，現非重要問題，其果欲於底定全國之後放棄專制政策與否，雖不可知，亦姑勿具論，但就其訓練軍人之策略觀之，則助長軍閥與狄克推多制之力量，已日就減除，過此以往，將無發生之可能矣云云，

日本清浦子爵，現由中國歸國，報告於政府，稱從前中國人，排日氣象，現已消除，到處人民均表示親善態度，中華時局，實不能豫測，北方軍閥以廣東赤化爲口號，其實廣東政府，非行共產制，乃以三民主義爲政策，據藤村池田兩人由廣東實地調查，國民政府，誠爲中國唯一實力政府云，

天津日文京津日日新聞載稱，倫敦二十九日電，英帝國會議各代表，頃接報告，略謂廣東國民軍（按即國民革命軍）大有搖蕩中國之勢，國民政府已其承認之可能性，其詳告如左，廣國東民黨近有席捲中華直達北京，樹立國民政府之狀况，然國民政府樹立以後，或將與之共事，深望美國與廣東派，及早保持親善，又據傳聞，美國爲圖南方局面開展，應自承認廣東政府，并默認其勢力之發展，北方政府現已非國民政府之敵云，

編者按：此要訊本於上星期五發出，因稿件擁擠，致未付排印，但新聞的價值並未失去，故在要訊欄發表，並希閱者與二十日之日評互相參攷。

政治

△全粵清鄉之籌議

▲劃分四大區辦理

粵省各屬土匪之披猖，現在可謂已臻極點，邇者北伐軍底定全贛，北伐第一期作戰計劃告一結束，粵省內部之建設問題，自應積極做去，但最足爲建設進行之障碍者，厥爲土匪問題，故非將全省土匪肅清，似未易以言建設，當局有見及此，乃有大舉清鄉之決定，擬將全省劃爲四大區，分爲四路同時大舉進行，並擬設置清鄉督辦負其全責，現省政府改組成立，此事當然歸軍事廳辦理，一俟該廳組織成立，即首先着手於此，頃聞當局以該廳旣積極進行清鄉，粵省內地，河道錯縱，非有艦隊協助，難收全功，將來或酌撥艦隊歸該廳指揮調遣以利進行云，

△總部第二製彈廠之新設施

△每日可出子彈二萬七千餘顆

國民革命軍總司令部第二製彈廠，開辦已有四月，當開辦之始，出品甚少，每日祇有子彈一千粒，迨顧堯階到廠主任後，以北代期中子彈爲軍中命脈，特將該廠大加頓整，銳意擴充，現聞該廠每日已能製出子彈二萬七千餘顆，且製子彈之白藥亦爲該廠自行製造，比較自外買來者爆炸力更强，查該廠有工人二百餘名，每月支出經費祇五萬餘元，以少數之工人少量之經費，而能製出多量之子彈，亦稱難得，該主任對人云，現擬設水塔一座於廠之後方，將來築成，於工作方面更爲敏捷，出品當比前更多云，

△鄂省中大將次成立

△五大學合組爲一

湖北政務委員會對於湖北教育，整頓不遺餘力，經教育討論會議決，將湖北之武昌大學，商科大學，法科大學，文科大學，醫科大學，合併改組爲湖北中山大學，籌備業經就緒，將奉行國民政府訓令實行委員制，俾與廣東中山大學一致云，

△俄款接濟英礦工總數

勒比十一號無線電稱，英國內務大臣，日前在下議院答某君之質問，謂據最近消息，言俄國滙來接濟英國礦工之款，總共一百零八萬七千鎊，彼（內務大臣）未嘗着手禁阻各處滙款入境云，

△英自由黨之分裂

環球社倫敦來電，國會議員頓和斯氏，現脫離自由黨，加入社會主義之勞動黨，政界一時震動，

（二）

小通信

弟失掉黃埔同學會第二五四四號證章一枚除向同學會補領外聲明作廢 姜和瀛

國乾同志：昨接令兄來信悉抵粵已入編入何部隊祈示知 廣州市東沙角第三補充團通信隊蔣細龍

王少周同志：你編在入伍生何團連駐何處祈示知 第六學生隊十七隊武猷啓

毛正初同志：你編在入伍生何團連駐何處祈示知 第五學生隊十三隊吳曙光

胡啓培同志：此次編隊，你編入何部隊，請示知！ 第二學生隊第五隊第二十區隊李少斌

林金鎔韓鏞才二同志：汝們現在何處何團何營何連？請示知爲盼！ 入伍生第二團機關鎗連黃日祥於東莞

第六學生隊第十六隊第五十區隊的史文宇同志，你是否前在四川涪陵縣雨德中校的史文玉？若是，請來政治部宣傳科一談。 本校政治部宣傳科楊若濤啓

楊超胡啓圖二同志：聞久已來粵入伍，未審出發何處？編入何團何營何連？祈有以告我！ 燕塘新入伍生第一團一營二連楊日新啓

中華民國十五年十一月廿二日〔星期一〕 黃埔日刊 〔第三版〕

該氏宣言自由勞動兩黨，互相水火，結局則保守黨坐收漁人之利，故不得不加入勞動黨，並請自由黨內急進分子，同一進行云，查頃氏素爲自由黨有名之士，該黨自首魁辭職後，已形分崩之兆，現頃氏又宣布脫離黨籍，該黨遂成麻木不仁，或由頃氏提倡合併自由勞動兩黨另組織新黨云，

經濟

英資本主義侵略下之波斯油田

英波油公司十月二日開年會時，主席格林威爵士稱，該公司在波斯之油地，爲世界所未有，現已增至三十方哩，前視爲三個油地，今已證明係一個大油地，世界煤油銷費增多，故油價無大減之望，去年該公司獲利逾四百三十八萬三千磅，較前年增八十萬磅，油之銷途現推至德國與東斐，自英國煤業工潮發生後，油之需求愈增云，股東通過一議案，准增加股本，由二千萬至二千四百萬磅，發行每股一磅之普通股四百萬股，並撥常尋公積金四百四十七萬五千磅爲資本，

△星架波軍港之建築費

十六日倫敦電，星架波浮塢工程合同，已爲英國和路山城之士灣慳打及域咸列察臣公司承辦，現計該項工程約需一百廿萬磅云，

十月份日本對華貿易

東京電　大藏省發表十月分日本之對華貿易輸出四千三百九十七萬七千元，輸入二千八百十三萬四千元，輸出超過輸入一千五百八十四萬三千元

賴可夫報告蘇聯經濟狀况

蘇聯國民委員會主席賴可夫出席蘇聯共產黨大會報告經濟狀况，發表電器化事業之成就，謂本年新電力廠可多供給一五〇〇〇〇啓羅瓦特。兩來杜安煤區增出一千七百萬噸。按新定計劃，本年實業可增進百分之十八，來年增百分之十二。上年實業有五萬萬盧布之餘利，濟償債務用款未計在內。本年預定撥款十萬萬盧布用於建設重大實業。國家工業化之進行，與降低製造品價格，擴大農民銷場，及革固無產者與農民聯合關係之政策同時并進行。

日本經濟侵略下之治漢萍公司

（環球社）東京電，商工省關于漢冶萍公司整理之提案，十一月五日開會討論，到會者有商相藤澤，大藏崎田次長，外務省出淵次長，正金銀行兒玉總裁，會議結果，保全漢冶萍公司，原日債權，整備認定設施，許可本利延期支給，并新增資金五百萬元，經與盛總理協定，進行方針云，

雜訊

閩周敗退永定時情况

○永定同學的一封信　○被拉夫役之慘狀　○猖狽宵遁時之周逆　○萬衆歡騰之軍民大會

惠州第十八師五十二團沈熾昌同志，最近接其永定同學賴君來信，述周逆敗退經過，及種種虐民罪狀，頗爲詳盡，茲特明登如下：「熾昌同志：好久沒有同你通信了，這怪不得，因爲由這二月來閩軍檢查信件很利害，其中受害的，實在不少，如少逸同志等，故我爲避危險計，就此不通消息，現在我們永定民衆已解放了，同志們已達宿願了，我今把這回軍事，大概說一說，前月陰歷廿五那天，周賊蔭人的丘八，由龍岩來永定，約一千，至二十九那天，老周（蔭人）也來了，數日間共過了二萬左右的丘八，拉夫佔半，通通被北賊用繩子綁了，如同犯人一樣，這回拉夫死得甚多，打死餓死拖死，差不多在千人以上，加以用假銀幣以索民錢，這樣殘民以逞的土匪軍隊，那有不全軍覆沒的道理呢？所以到九月初三晚上革命軍由金豐平水坑一帶來東城附近鈎魚東，不打他頭專打他尾，不經半日，而永城已得，老周由北門裝老百姓逃走，到湖市時，連飯都怕吃，竟帶三百餘名殘兵一直趕夜至龍岩了，是役也，周蔭人全軍覆沒，我們俘擄了五六十個官長，陣亡旅長劉俊師長吳保行，還有一個頭子忘了姓名，都不生還了，現在譚師長兵已來永城了，我們全體同志，於初六日在永城開歡迎大會，十九在湖市開軍民聯歡大會，民衆約萬人以上，一般孤羣狗黨土豪劣紳地痞，大失其平素的威風，洵快事呵，弟今在家當努力黨務，以免反動派加入，無負你去粵時叮囑咐的熱誠，末了，恭祝你努力前進！掃除軍閥！弟賴國超上，老九月廿六，」

招商局海員罷工

▲海員罷工之原因，招商局之江永輪，在九江失事，被難船員共計八十八名，各眷家屬迭次向招商局請求撫卹，而海員公會爲援助被難之同業起見，亦曾提出六條件，向招商局要求，被難船員無分水手茶房，每人各卹現洋一千元，另加衣服費三百元，以八十八人計算，約需十萬元之譜，至於未經被難之各船員，則須照原薪加百分之二十，又須將被徵軍用各船，限期撤回等項，責成招商局逐條履行，當由傅筱庵先發給各被難者卹金每名二百元，船員如泰利等各發二百八十元，其除則按職遞增，傅於酌定卹金後，須往鐵海原籍，被難各家屬，則以於要求額，相距甚遠，由是雙方各趨極端，海員工會爲援助被難各家屬，促進招商局履行要求條件起見，當於十一號，議決先從近海各輪起，實行罷工，

柏林紅旗報歡頌我國革命勝利

吾國國民革命在最近所得絕大勝利之消息傳播後，世界被壓迫階級皆額首相慶，各國賀捷電報，紛至沓來，德國梭令根勞工與論報俱來電祝賀，茲總政治部鄧主任又接柏林紅旗報來電賀捷，並盼共同合作，反抗帝國主義，可見全世界被壓迫階級感情之濃厚，同情心之愛切，必將國家主義打倒無遺矣，茲錄原電於後，漢口國民革命軍總司令部鄧演達先生，來電收到，至爲感謝，吾人以最喜慰之誠意，來歡迎中國國民革命軍的光榮之大勝利，及中國國民運動的光榮之大勝利之勝利消息，並願中國一切被壓迫階級及勞動者統一戰線，反抗吾人共同之敵人帝國主義，吾人以此敬禮革命的敬禮，柏林紅旗報，

吳佩孚又慘殺鄭州工人

自吳賊敗退河南，工人因欲報二七之仇，直接與吳賊奮鬥，處處予以打擊，尤以鄭州信陽等處進行最烈，故吳賊之於京漢工人，恨之刺骨，視鄭州工人爲尤甚，至鄭州之後，曾於去月七日大捕工人，被難者十餘，十五日將工人汪勝友（鄭州分工會委員長）史文德（糾察團團長）慘殺，懸頭示衆，各地工人聞之益憤，咸欲得吳賊而甘心，現鄭州工人代表已轉道至漢，請革命軍即日進擊吳賊，願作前驅，以雪此恥，並另組別動隊，專在京漢沿線，破壞吳賊後路云，

籌備慶祝北伐勝利大會

日前後方政治聯席會議，以此次國民政府北伐，頭等軍閥如吳佩孚孫傳芳等，均經相繼塌臺，次第克復湘鄂贛等省，革命勢力擴張至長江以北，中國國民革命之成功，可立而待，則此次北伐之勝利，實中國得到自由平等之朕兆，亦中國被壓迫民衆得到解放的先聲，功業聲威，冠絕百代，非舉行祝捷，不足以表示臚歡，因此決議籌備舉行慶祝大會，昨日上午九時在總政治部開第一次籌備會議，議決先起草章程，舉行雷榮甲朱橫秋陳信明三人負責，下次會議定下星期二日，同時在農工商學聯合會開會云，

特別黨部革命軍重要啓事

同志們上期革命軍合刊，因爲本校印刷局事多，所以還要十幾天才能出刊，抱歉得很，但是現在我們從新整頓，決定每月出兩刊，望各同志多賜宏論，以光篇幅爲荷。

黃埔第四期同學錄辦事處緊要啓事

啓者；同學錄已付印，有少數同學之相片，尚未寄來。茲特將姓名列后，希於十二月以前，迅拍二寸有光半身戎相一張，及存有下列同學合規相片者，（像后註明姓名及團連隊）寄交本會，以便補印爲要，步科一團二連戴義贊，呂道立，趙連璧，藍廣孚，三連王汝泮，梁名欽，任維東，黃不若，顏碁，啓麟，姜之麟，九連陳文浩，常學德，鄭兆一，余傅瑞，郭鎔新，書記徐則初，副官汪榮，四連羅伯衡，張培賢，程樹楨，六連吳翹春，龔鑿炎，七連楊長海，馮延珪，王長思，八連呂師，排長蕭遠榮，盧兆熊，砲科一隊唐靖瀾，丁一，劉世琢，大隊副溫克剛，二隊長杜遺周，區隊長李家忠，工科通信隊郝奇夫，石仲和，龐國鈞，曹根深，侵靖軒，李榮瑛，特其武，郭世賢，區隊長侯萬封，廖譯，通信隊長曾粵珍，前工兵隊長黃復興，區隊長陳衡，章煥，副官彭子言，大隊副官洪世壽，經理科平鳴爾，湯震方，余子瀚，程維新，李文林，李鳴，吳一程，政治科一隊李維周，夏變民，歐陽秉瑛，何文俊，張夢寶，李煥民，李文俊，李呈瑞，蕭韶，楊文莊，劉壁，二隊邱壁山，段桂森，陳子衡，三隊龍耀焜，阮錦云，虞一鳴，許詢，王自强，李鑑世，大隊長胡公冕，區隊長李彬，副官王權三，嚴愼夫，書記梁仁立，服務員廖治平

同學錄籌備委員會常務處

血花劇社緊急啓事

茲因本組社員升學伊始通訊地址詳多未明而社務則亟待解決現已定于本月二十四日下午二時在上莊本組辦事處開第二次全體社員會議故特登報通知屆時務希社員諸同志踴躍出席勿輕棄主權是幸

中華民國十五年十一月二十二日〔星期一〕　黃埔日刊　〔第四版〕

革命之路

◆怎樣做個民間運動者

入伍生一團機關槍連　楊睿

『怎樣做一個民間運動者』——在這北伐勝利時期當中，人人都會承認這個問題的緊要，因此我也把牠提出說說：

第一句話就是：『做一個民間運動者，必須到民間去』。這樣，然後才曉得「民衆的痛苦和要求」。與他們——農工無產階級——做同甘苦共患難的伴侶，站在革命的立場上，以主義爲中心，宣示革命的意義和價值，使他們覺悟自己所處的是被壓迫者的地位，是民衆中間最痛苦的份子，爲切身的利益，而起來參加革命的運動。

着實言之，要使他們認清他們的敵人。有些固已認清了，但有些還是崇拜資產萬能，過那牛馬不如的生活的如農民遇了天災（水旱虫傷）的時候，祇能出于哀求的態度，請求東家減租。最好的結果也祇是東佃平分，次則强納七成八成不等。工人無論其爲鄉間散工或工廠工人，近因生活程度提高，生計日困，要求加資，以維持其生活。其結果則鄉間逼死人，工廠大流血，說起來眞是寒心酸鼻啊！

農工羣衆既如此痛苦，其要求解放之反抗心理，自然發生，我們當乘此組織農工團體，他們便有實力了。利用這種實力便可反抗一切壓迫和一切强權，這樣，農工才算參加了國民革命運動。

現在我們宣傳的方法再分幾步來說：第一步宣傳；在使農工自己覺悟他所處的地位是無產階級和被壓迫者；第二步宣傳；在使他們曉得誰使他們成爲無產階級的。第三步宣傳，凡壓迫者都是農工的敵人，因爲農工都是無產階級和被壓迫者。所以當用赤血反抗，內如軍閥蹂躪，吸取民衆膏血，外如帝國主義的壓迫，慘殺事件已屢見不鮮，（如「五卅」「六二三」「六一」「三一八」其發生的原因或近或遠或直接或間接。總是牠的壓迫手段，）第四步宣傳；軍閥之爲惡是帝國主義唆使的，帝國主義並且利用中國的敗類以挫革命勢力，如土豪劣紳反革命派假革命派以及不革命派，使他更加認清帝國主義者的罪惡，并對於一切敗類施以攻擊，則革命方能成功。

◆打破地方觀念

新入伍生團八連譚伯夔

受過封建思想洗禮的中國人，（尤其是窮鄉僻壤終年不曾出過門的，）大半的腦中，總不免常常縈繞着一種根深蒂固牢不可破的，「地方觀念，」他們以爲在「生於斯，死於斯，衣于斯，食於斯」，的故土，所有一草一木，都比在他鄉的要甜蜜些，要可愛些，因此他們不知不覺就養成一種左袒故鄉，輕視他鄉的自私觀念，一個惡人，如果是他們的同鄉，他們可以原宥他，甚而要擁護他，一個好人，如果非他們的同鄉，他們可以輕視他，甚而排斥他，他們對於改造社會的責任，似乎只限於他們的故鄉，他們不肯管他鄉的事；他們也不肯任何人來管他們故鄉的事，他們常常說；『到底是同鄉人，是要比較親切些！』所以他們常常盲目的認同鄉賊作父；以他鄉友爲敵，根據上面這些零碎邏輯，我們歸納起來，應用到革命觀點上來說，就可發生下列幾種不堪設想的危險；

（一）容易離間革命分子的團結　汪黨代表說，『革命的到左邊來，反革命的到右邊去，』這就是說革命分子團結的惟一標準，是主義和思想，但是地方色彩濃厚的人，就不然了，他們會着一個人首先一句就問，『你是甚麼地方的人』？如果是同鄉，那自然容易拉攏，如不幸而爲異鄉人，那就不管你是否革命的，都要被他視爲陌生路人。還有些同志，雖說常處在一塊兒，但是爲了地方不同的關係，各人心裏似乎有一層隔膜，一旦遇着稍有意見不合的事，便漸次冷落起來，甚而至於分裂，各走一方，這是多應痛心的事啊！

（二），容易被野心家利用去作護符。一般人既有一種愛故鄉厭他鄉的狹隘觀念，許多野心家，因爲，要去做營私的勾當，就不能不利用這種心理了。所以歐美資本家利用『保護祖國』的口號，造成了，空前未有的世界大戰；中國國家主義利用『外抗强權』的口號，反對以平等待我之蘇俄，趙恆惕利用『湘人治湘』的口號，拒絕我眞正爲湘人謀利益的革命軍，這些事實，都足以證明地方觀念，容易被野心利用起去作種種的罪惡，

（三）容易銷滅或減少青年的革命性　有些青年因爲醉心他們的故鄉，縱然受了很深的痛苦，他們總是株守在他們的家園，不肯去到交通便當或革命潮流正高的地方，去吸收一點革命空氣，還有一種青年，他們縱然萬不得已被逼到他鄉去了，或者竟被某種環境逼到革命戰線去了，然而他們對於自以爲可愛(?)的故鄉，總覺戀戀難捨，甚麼「身在他鄉，心在故鄉啊！……歸心似箭啊！……」甚麼「低頭思故鄉啊！……獨在異鄉爲異客啊！……」這類的濫調，幾充滿了我們的耳鼓，聽來好像甚是慘然。一般青年既有所依戀，所以就不肯爲革命犧牲了。甚而有向後轉，跑步還家的。在這種情形下面，不知銷磨了許多革命青年?!可惜！可惜!!

地方觀念既爲我們革命的大障碍物，所以在黃埔日刊上大書特書「打破地方觀念」六個大字，並且總理曾不惜苦口婆心，大聲疾呼：「天下爲公」，這就是明明教我們不但要打破縣界，省界，而且要打破國界，這就是明明教我們爲人類解放而革命，但是不幸，眞不幸！黃埔日刊儘管大書特書，總理儘管大聲疾呼，可是言者諄諄聽者渺渺在我們革命隊伍裏，富於地方觀念的同志，仍是不少，甚麼，「某省人可惡，某省人滑頭……」是我來廣州當頭一棒所感覺到的。同志們！這並不止一次，我來廣州三月餘，無日不有這樣的感覺啊！我們試想一想：「親愛精誠」下的同志，應不應該如此!?爲人類求解放的革命黨員，應不應該如此?!

親愛的同志們，尤其是地方色彩濃厚的同志！我們如果是眞正爲世界人類而革命！我們如果希望我們革命同志如鐵一般的團結，那嗎，我們就應該以主義思想爲標準，去團結我們的同志，我們只知人與人間的界限，是革命與反革命，並不知甚麼省界和國界，我們要常把我們的眼光放大到大西洋太平洋以外，我們要常使我們的腦中，印着一個大千世界，無論何處都可作我們的故鄉，無論何處都有我們的同志，像這樣才不愧爲一個眞正的革命黨員，才不愧爲總理的眞正信徒呵！

一九二六，一一，一〇，於東莞。

問答

1、馬爾賽斯創立一種學說謂「人口增加是幾何級數，物產增加是數學級數，」究竟是何用意，與世界有否關係？

2、世界上計有幾種主義，現在何種主義，是世界上所需要的？

3、盧梭是歐洲主張極端民權的人，一主民權思想，最要緊的著作是民約論，因何反對民權的人，說盧梭的話沒有根據，爲什麼當時各國還要歡迎呢？又爲什麼盧梭能夠發生那種言論呢？

4、前在汕頭見一中國八九歲男孩，向一外國七八歲的女子，大罵數聲打倒帝國主義，女子大怕，究竟罵出此話是否應當呢？

5、外國人批評中國人，一方面說中國人是一片散沙，沒有團體，然一方面又說中國人，不明白自由，這兩種批評，恰恰是相反的，爲什麼是相反的呢？

6、外國人所謂(德謨克拉西)這句話究竟是何名詞，其用意如何？

7 羅馬當統一歐洲的時候，初時是建立共和，因何後又變成帝制呢？

8 中國革命的目的及其所用方法，爲什麼和外國的不同，到底中國爲什麼要革命呢？

9 歐洲沒有革命以前的情形，和中國比較起來，歐洲的專制要比中國利害得多，原因在什麼地方呢？

10 美國北方各省什麼主張放奴，南方各省什麼反對放奴，爲何自解放黑奴後，黑奴反怨恨放奴的北方各省，尤其怨恨北方那位主張放奴的大總統林肯呢？

11 孫總理在南京就大總統職時宣言「應盡文明國應盡的義務，以享文明國應享的權利」；究竟怎樣，才算是應盡文明國應盡的義務，和到那個時候，才能得享到文明國應享的權利呢？

12 從前歐美發生很多團體，是什麼團呢？

13 哈美爾頓和遮化臣，對於民權的實施問題，因何見解不同，及後主張和調和的辦法是怎麼樣？

14 美國行聯邦制度使成世界上頂强盛的國家，我們要中國强盛，可不可以做照美國來行聯省制度呢？

15 關於民權一方面的方法，世界上有了一些什麼最新式的發明呢？

16 德國當民權發達的時候，爲什麼沒有力量去反對政府，俾士麥用什麼手段反對民權呢？

17 柏拉圖所著的共和政體，那本書，至今還有學者去研究，究竟他那本書的內容是怎麼樣呢？

18 近來歐美新發明的民權管理，又是怎麼樣呢？

19 我們要治理國家一定要權和能分開的，但是權與和要怎麼樣分開呢？

20 歐美對於民權政治，至今沒有根本辦法，爲什麼沒有辦法呢？　入伍生第一團十二連符漢與

黄埔日刊

中央军事政治学校政治部出版

通信处广东黄埔本校政治部宣传科

中华民国十五年十一月三日 星期三

第一九六号

本刊每份定价一分

政治报告

谈谈东山医院

问答

郭輔溯启事

征求病故同志遗族通讯处

纪念週纪事

我加入与退出国家主义青年团的经过

入伍生怕吃苦吗？

军事

革命军进兵皖浙

政治

后方政治工作联席会

赣省政府将成立

天津会议已告一段落

经济

苏俄农税政策之新制

法国佛郎价格近讯

莫思科民众纪念十月革命

美人评论中国现在时局

北京之煤荒

兵工厂工友复工

中華郵政特准掛號立劵之新聞紙〔中華民國十五年十一月廿三日〔星期二〕〔第一版〕

黄埔日刊

中央軍事政治學校政治部出版

通信處廣東黄埔本校政治部宣傳科

〔第一九六號〕

〔本刊每份定價一分〕

啓事

郭輔潮啓事

輔潮於本月三日下午五時在嶺南碼頭下船時遺失經手購辦本校桃形證章二三五十號一枚除呈報外特此聲明作廢

郭陽同志，十月二號寄一封要信給你，內有郭國賓的信，至今未接你的回信，你現分發何處工作，請見報覆示，燕塘入伍生第一團第一營第一連劉運中啓

徵求病故同志遺族通訊處

李信陽，吳融，方鎮庭，樊珏，歐陽旭，魏照九，龍齊正，吳權，余揚聲，楊匡民，王斯陶，于篤志，張武揚，歐陽銘，凌聲孝，朱煥然，符銓，徐欽才，黄武，劉賓階，汪正和，廖兆堂，何旭揚，上列病故同志，共二十三名，如有知其遺族通訊處者，請立賜知敝科爲荷。本校政治部黨務科啓

威於本月十八日遺失第三學生隊第十隊字第四一號符號一枚除呈報外特此申明

前於第五期開學日拾得黄埔同學會員證章三七一號特此聲明以待領取是荷 第三學生隊第九隊趙寶璽

週言

(雲)

政治報告

(一)國際的：延長到五個半月的英國煤礦工潮，到現在是有不能不解決之勢，因爲：(一)冬天已到，煤的消費大增，因罷工之故，煤不能夠如量供給，價格大漲，英政府迫不得已，至限制每家每天只能用煤八磅，在這種情形底下，英政府更覺得非亟於解決已不可的；(二)工人方面因冬天已到，生活更加困難，也有非解決罷工問題不可之勢。因此，最近英政府向工人提出具體辦法七條，鑛工方面有承認局部解決之說，但尚沒有正式表示。同時，我們須明白：英國資本家很堅决地要向工人階級進攻，他們並且反對蘇聯，全歐洲正準備着向蘇聯做一大進攻，在工人方面也已有了世界無產階級做後援，勢力日漸雄厚。目前雖有局部解决之可能，而英國資產階級與無產階級的鬥爭，已快到短兵相接的時候了。

意大利的法西斯蒂黨，本來是帝國主義最後的結局，可是返照的夕陽有時候也很强烈，意首相墨索里尼幾次遇刺的倖免，更加重他對於敵黨的壓迫。最近他對於不絕對服從法西斯蒂政爲者，一概執行驅逐或屠殺。所以最近意國是法西斯蒂黨氣燄萬丈之際，這種嚴酷的壓迫能否鞏固墨索里尼的地位，恐怕在不久的將來，事實就會告訴我們罷。

英帝國主義在新加坡築港，仍在積極進行，建築費需一百廿萬磅。美國最近擬造一極大之飛艇，能于四十四小內飛行至夏威夷。日本明年度預算總額達十七億三千○三十七萬元，海軍費占二五五・○○○・○○○元，陸軍費占二二，○○○・○○○・○○○元。最近並有潛水艇一艘在神戶秘密下水，頗引起國際間之注意。日美兩國對擴充軍備既針鋒相對，而法意間感情亦日惡。英法間因法國經戰後獲得魯爾流域等處的煤鐵礦區，軍用工業異常發展，英國遂極力聯德以制法，新任駐德英使向德總統呈遞國書，述英德之友好關係，並謂英德定可合作云云。帝國主義間之裂痕，已明顯如是。

反帝國主義之蘇聯，經濟狀況日漸進步，據蘇聯國民委員會主席賴可夫報告，謂本年年新電力廠可多使給一五○○○○啓羅瓦特，本年預定撥款十萬羅布用於建設重大實業。里俄商約行將訂定，里索安尼亞商約代表已到俄。

(二)國內的：革命軍自肅清全贛後，分向安徽福建進展，除四七八軍分路攻安慶外，福建已進佔同安。浙江方面將由第二十四軍由贛東入浙，夏超已死之說，爲孫逆所捏造之謠言。

張宗昌與張作霖儼然成爲兩大軍閥。張宗昌擁兵過多，不能不向江蘇發展，孫傳芳已勢窮力盡，無抵抗能力，恐在不久之將來，魯張將取孫傳芳之江蘇，最近有李徵五帶兵入蘇之說，雖未證實，但亦非全屬傳說也。苟魯張入蘇，孫或退守浙江，但浙江非可守之地，而革命軍又正謀與夏超聯絡反攻杭州，孫逆之完全消滅，可無疑義。

英國自利用吳佩孚孫傳芳相繼失敗後，一變其以前的强横態度，最近長沙英領且向湖南交涉員表示好感，並謂英政府欲於最短期內承認國民政府云云。英國的親善態度，完全是爲了革命勢力之偉大，與帝國主義者中間的不能合作，想拿軟化政策來緩和反帝國主義的空氣。美日等國現亦有取這種態度的趨勢。他們想我們從打倒帝國主義和取消不平等條約的口號，漸漸軟化到段祺瑞的『外崇國信』，這是他們的一唯的陰謀和企圖，我們不能不十分注意的。

比約自僞政府宣告失效後，比使始終未承認，且要求付海牙公斷，北京僞政府對帝國主義者本如奴僕之對於主人，將來能否達廢約目的全無把握，我們并且要嚴重監視僞政府借廢約爲名向帝國主義者作有條件之交涉，暗地裏斷送了中國主權。

中日修約問題，全無結果，最近日本覆文措辭異常可惡，且不承認北京僞政府所請保留中國何等利權之處。總之，北京僞政府根本上已不能代表中國對外交涉，我們除予以根本的否認外，對廢除不平等條約之宣傳，尤須格外努力。

廣州湖南湖北等處省民大會正在籌備中，農工商聯合大會，亦在醖釀中，不久當可實現。廣州兵工廠風潮已解決，各工團及兵工廠工人於星期日舉行慶祝勝利大會。

★ ★ ★

本校本週口號

嚴守學校紀律！

學習革命技術！

增進戰鬥能力！

發揚黄埔精神！

擴大農工組織！

團結革命分子！

擁護國民政府！

打倒帝國主義！

本週各學生隊政治討論會題目

軍隊中的同志對于與革命有利的工作應當不待民衆有此要求即挺身上前爲民衆奮鬥呢？抑當俟民衆有此要求順着民衆的意思上前爲民衆奮鬥呢？

校聞

◎紀念週紀事

▲方教育長之訓話 ▲惲教官之政治報告

昨日本校紀念週，在大操場舉行，到各部處官佐職員，及全體學生，約計三千餘人，由方教育長爲主席，遵行紀念週諸禮儀畢，即由主席訓話，大意：(一)我們對於敵人，須時刻加以猛烈的攻擊，而且要用各種的方法和策略去消滅我們的敵人！但卻不可用對付敵人的手段，來對付同志，(二)本校的先烈，與全國革命的同志，已流了很多的熱血，纔使目前革命的勢力，有了異常的發展，但是我們還須努力奮鬥，以完成國民革命和世界革命，(三)大家須知，我們之所以能處處克服困難，打敗敵人，就是我有統一的意志，與團結的精神。(四)希望每週做紀念週，每一個學生和官長，即須計劃過一週內各人應做的工作，卻不可把這一週的光陰，糊混過去，我們須利用最短的時間，把自己訓練成一個强有力的武裝黨員云云。繼由政治部惲代英教官，報告上週國內外政治狀況。略謂國外以英國情形最可注意。英國近日多數工廠，皆因礦工堅持罷工，煤料缺之，而致停工倒閉。故政府方面，極想解決罷工問題，以挽救英國經濟上之危機。然礦工方面，始終拒絕加工減資的條件。而此問題經前月四日礦工會議之結果，更日趨險惡。至於英國在歐洲最近之外交政策。仍在努力扶植德國，使法國陷於孤立的地位。法國近亦有所覺悟，故不惜棄其世仇，轉而聯德以抗英。然英又利用此次意國首相被刺之事件，從中挑撥意人的惡感以仇法。總之，英法意諸帝國主義者，此種外交政策，猶如頑童玩弄火藥，必至爆發而後已，再近來各國帝國主義國家，竭力擴充軍備，亦大可注意。以吾人眼光觀之，第二次世界大戰之到來，似不在遠矣，至國內情形，因我軍最近攻下九江，孫賊隨之倒敗，各國對華態度亦爲之一變，近來英美論調，多謂對華問題，已非强硬政策所能解決，此即表示國際帝國主義者，對於最近中國革命勢力之發展，已無法壓迫，如目前國民政府爲自動更換省港罷工政策，加抽出入貨稅，北京使團曾有正式公文到粵，提出抗議

中華民國十五年十一月廿三日〔星期二〕*　黃埔日刊　〔第二版〕

。國民政府外交部長陳友仁，直置之不理，將其抗議書退還，並答以加稅為吾人之自由，國民政府向不知使團為何物，而帝國主義者亦無可如何。但謂南政府向來難於說話，仍須向北京賣國政府提出抗議云云，此乃使團無聊，有意在中國鬧笑話耳，再現在北京，已完全入於奉系勢力範圍，奉張此次入關，乃抱着總統夢而來，顧念內閣之倒台亦在眼前，然奉張因被日本失敗所教訓，已稍變聰明，而減其操切的脾氣，且又因東省金融關係，為日本所挾持，故彼此次進關，雖志在做曹錕第二，然尚觀望形勢，不敢放步急行。且直督一席，近為小張所得，魯張已大不滿意，故此狗肉將軍與張黯之衝突，已成為事實，而奉系遲早必行分裂，萬難幸免，至於孫傳芳，因此次九江之潰敗，其勢力已根本動搖，加之部下同床異夢，更難收拾，其最後結果，亦唯有與吳佩孚把臂『遁走茍關』耳。現時各方民衆勢力，皆向孫猛攻，祈其早日滅亡。北伐軍近亦有出師奠定蘇皖浙三省消息。唯孫消滅後，奉張即為近代中國軍閥之僅存碩果。為國民革命最後之敵人云云。俟教官政治報告畢，與李任熊主任繼起訓話，最後並由方教育長集合各部處官佐，及各學生隊官長，加以特別訓話，直至十二時許始行散會云。

軍事

△閩海軍輸誠

昨總司令部接漳洲電云，閩海軍警備司令部，派代表來漳，表示誠懇合作之意，辦法日間可定，一切極易解決，現我軍運輸，已可通過廈門云。

△革命軍進兵皖浙叢電

自國民革命軍各部攻克九江湖口南昌後，東南形勢已成急轉直下之勢，蔣總司令為急速收復皖浙起見，已向各方下總攻令，（一）由第二獨立師賀耀祖全部，第七軍李宗仁全軍，由湖口彭澤進取蕪湖。（二）由第一軍王柏齡劉峙兩師，第四軍陳銘樞張發奎兩師由九江肅清景德鎮，饒州，石門，浮梁等處殘敵後，進攻祁門徽州一帶，（一）由第八軍唐生智部之何健、葉琪，李品仙三師，由黃梅入皖攻宿松安慶，並接濟太湖英山霍山等處之自治軍常恒芳陳雷等部，據探現在大軍已抵彭澤黃梅，各軍已收編降軍甚衆，蔣總司令，唐總指揮，李軍長宗仁分三路督師指揮攻皖，此次革命軍沿長江兩岸進攻，敵軍實無從抵抗云，

又訊，我軍自攻下九江後，即分路攻皖，已誌前報，茲又接前方訊云，第二軍魯滌平，張輝瓚戴岳等部，第十四軍賴世璜部，已將贛東饒州一帶敵軍劉寶題，劉志陸，陳修爵擊破，敵殘部經鄱陽退景德鎮回安徽婺源，贛東已肅清，第二軍第十四軍由玉山入浙西與衢州夏超部隊聯合，

△西北革命軍進逼潼關

昨總司令部西北革命代表劉驥巧（十八）日，自武昌來電云，（銜略）頃西北黨員來漢攜馮同志親函云，西安圍解，劉郁芬已率六師攻克三原，涇陽，富平，即向潼關方面追進等語，特電奉聞，劉驥叩，（十八日）巧印。

政治

△總政治部召集之後方政治工作聯席會

國民革命軍總司令部政治部，召集後方政治工作聯席會議，請各團體派代表參加，計開會至今，已達十一次，該部並發出通函云，逕啟者，本部為使政府通達民情，鞏固後方起見，特召集民衆團體到部開後方政治工作聯席會議，凡地方之積弊，民間之疾苦，均得提出本會表決，法，轉呈當局革除改善，民衆團體尤應踴躍列提案，本期有二大要案，（一）關於公債之整頓（二）關於稅廠苛擾積弊之革除，務請列席人員以調查所得到會陳述，以求整頓除苛，是為至盼，尤希以後關於興利除弊之案源源提出，以求盡量革除，克成模範省份，本部有厚望焉，此致口，國民革命軍總司令部政治部，十一，廿，

△總司令部製造鐵甲車

總司令部近以鐵甲車一物，為戰爭利器，亟擬自行設廠製造，以供軍用，業經招集技師工匠五百餘名，皆嫻技術，富經驗者，着手組織，暫假東山舊皮革廠地址，為鐵甲車製造廠，於昨日開始興工，預算每月可製出車十餘輛云，

△贛省政府將成立

我軍統一江西即着手政治之組織，茲聞贛省政府之組織先設政務財政兩委員會，已由蔣總司令委定委員各十一人，以陳公博為政治委員會主任，俞飛鵬為財政委員會主任云，

△天津會議已告一段落

天津會議告段落，張作霖擬日內檢閱軍隊，孫傳芳代表楊文愷，閻錫山代表田應璜，均將議決案電留晉請示，吳佩孚代表黃夢華未能參加意見，正式代表齊燮元迄今未到津，政治問題張作霖電召楊宇霆來津取決，會議定廿一晨，張作霖主强有力政府，以反抗南方。

△兵工廠工友復工

△工人代表會歡送工友復工

兵工廠復工問題，經中央政治會議決定由總司令部，中央工人部，農工廳，兵工廠職員，兵工廠工人，廣州工人代表大會，廣東機器工會，各派出代表一人，組織一委員會，商議復工，又關於工人紀律工場管理增加生產等事，委員會自成立後，多次開會，詳細討論，各情均誌前報，現已議定辦事大綱九條，經各方完全同意，故兵工廠復工問題，經於本月十九日完全解決，該廠全體工友，定於昨（廿一）日下午四時返廠復工，廣州工人代表大會，以各工友自停工以來，備嘗辛苦，特於是日正午十二時假座九曜坊省教育會開會歡送，除函邀該廠工友蒞會外，並函請中央工人部長，市工人部長，農工廳長，中華全國總工會，省港罷工委員會，香港總工會，廣東機器工會，廣東省農民協會，各團體一致參加云，

經濟

●蘇俄農稅政策之新制

○原則以農民進款多寡為標準

（蘇聯社）莫思科電　蘇聯農稅政策最近改新制，其原則係以農民進款之多寡為準，按此新定收稅原則，蘇聯本年度（一九二六至二七年）農稅可收三萬萬盧布，較上年多六十萬盧布，蘇聯共有納稅農民二千四百萬，就中六百萬戶可完免稅，百分之四十至四十五每年減納至七盧布，百分之十五至二十納與去年相等之農稅（二十盧布），三百五十萬之小康農民則須增納五十至五十五盧布，去年農稅率最高不過百分之十二，按新律則增至百分之二十五，除此新制外，蘇聯農稅政策尚有其他進步多種，則如減少租田稅，取消農區及公共農業機關工人之進款稅，皆屬減輕較窮農民負担及促進農業之新定辦法，

●法國佛郎價格近訊

●每英金磅值一四一

十八日巴黎電，法國佛郎匯價，昨日縮至一四一，（每磅英金計）此次佛郎價格急爾復原，於出入口商人均蒙損失，因若輩之匯價係根據三閱月前者云，

雜訊

●北京之煤荒

○軍隊扣留車輛營業
○與楊劉在粵時相同

京訊，今冬北京之煤荒情形，甚為重大，不獨鐵路車輛，完全為軍人所佔，即普通之煤車，亦受軍人箝制，總之各種貨物之運輸權，已盡入軍人之手。商人欲謀一線生計者，祇可乞憐於若輩而納重稅。因此百物騰貴。而煤則尤甚，西北自張家口起。東至天津止，中間鐵路上之貨車抵北京每輛必見有軍人押守。路局無從干涉，商人運貨。祇可與軍人商求。北京之煤，以近出產地，素不昂貴，西山白煤昔時每噸祇八元五角，今已高至十五元與十八元，山西煤亦自十二元漲至二三十元不等，下等煙煤五元一噸者，今亦飛漲，張家口方面情形更不佳，種種苛稅，施行無忌，貨物交鐵路局，其運費由軍人規定，所有轉運交易，大半由奉軍包辦，如不經軍人之手，則沿途必多糾葛，軍人既佔有車輛，亦從中經商，在天津辦大宗貨物運至北京軍運銷，沿途既無運費，又無卡捐云，

●莫思科民衆紀念十月革命

○民衆參加紀念逾百萬人

莫思科十八日電，新在列甯格勒芬蘭車站前設立之列甯大紀念像，業於七日揭幕，是日參與典禮之市民為數極衆云，又電，七日莫斯科人民慶祝革命紀念，異常踴躍，參加者逾百萬人，是晨絕早市中人民，即齊集街中，九時軍隊及工人行列陸續到赤坪，蘇聯政府及共產黨與第三國際領袖人物，均在場，閱海陸軍委員長華洛西夫，參閱軍隊後，各遊行隊即依次行，經赤坪，直至旁晚，全隊始完全通過，入夜各工人中心工廠軍營，皆有慶祝會云。

●美人評論中國現在時局

中國之真正糾紛……為民族主義與帝國主義之接觸，外國武力干涉中國……為東方之蟊賊……

華盛頓十九日電，十一月十七日美國上議員鮑拉對猶太女界演說有云，中國現在時局，實為世界和平計畫之嚴格試驗，其本人之意見，認定中國之真正糾紛，為民族主義與帝國主義正相接觸，無論何國如採取强硬政策，干涉中國，實為東方正誼之蟊賊云，

（二）小通信

教授部副主任陶樹模啓事

逕啓者：敝人原名叔懋，現改名樹模，於十月二十[illegible]奉校長批准在案，並照准公佈於[illegible]，敝人原名[illegible]行取銷，特此聲明。　陶樹模十月廿七日

莫臣同志：你入伍了嗎？現編在那裏，請示我！　馮斤啓

尹沛霖、李龍、陶明鵬及與我有往來的諸同志們：我現編在第一學生隊第一區隊，特此通知，並請告[illegible]

梁[illegible]何[illegible]同志：你們升學編入那隊，駐在地[illegible]分發在海軍處服務，來信時寄大坡地海軍處便得！　梁灝　十一，十七。

周瀚楠同志：自廣州別了以後，就不知道你跑那裏去了，請你馬上給我一封信吧！或者別位同志們曉得他的下落，還請通知一下吧！敬禮！　十一月十八日黃埔軍校管理處張愈宏

何嘗何連因有要事[illegible]伍生隊編在何團[illegible]　蝴蝶岡政治科第三大隊羅瓊階

* 原刊排错，应为星期二。编者注

中華民國十五年十一月廿三日〔星期二〕 黃埔日刊 〔第三版〕

題目

我加入與退出國家主義青年團的經過

新入伍生團機關槍連楊周熙

富於感情的我，在前三年的時候，看了少年中國學會所出的書報，就不知不覺地對該會加以十二分的敬仰。在那時惲代英，梁紹文，諸先生都和李璜陳啓天那些國家主義者同是該會的會員。過不久，該學會就有國家主義的教育出版，思想幼稚的我，就立時被其催眠得「至死不悟」，硬時時刻刻想加入該學會。但是那知在那時該學會的分子已逐漸分化爲左（共產派）右（國家主義派）兩派了呢！

同年，又看見國家教育協會，（？）出版的中華教育界。這雜誌，是陳李諸人鼓吹國家主義的中心機關報。又曾琦所主筆的醒獅報，運用其「師」『章太炎式的古文體，』大寫其「嗚呼！噫嘻！」極端表現他們那頑固的封建狹義愛國思想。他們的主張，完全是閉關主義化的唯心論；他們完全不顧客觀的環境與世界進化的自然趨勢，硬要想把中國造成一個強有力的帝國主義者，與英美日法意諸帝國主義者並駕馳驅！

那時我正在研究系化的天津南開中學肄業，一看見了曾老鬼子的『嗚呼！噫嘻！』和成堆的驚嘆符號，什麼英雄思想，立刻盤踞了我的腦海。哈哈，所謂『國家主義』，在當時我的心目中，幾成了唯一無二的『救國』良藥了！

不過到了去年，我在南開大學讀書的時候，因爲多看了些書，眼光比較擴大了一點，思想也就比較澈底了一點，對於國家主義派的主張與行動，都漸漸懷疑起來。那想在那時候，有幾位思想比我還落後的老同學，竟忽然把所謂『北大教授』李璜其人也者，介紹到我那裏來，硬勉強拉我加入他們的『國家主義青年團』。我當時還是愛講點『面子』！就應允了他們的請求了！

那想一進，他們所包辦的團體，就處處發見他們的黑幕，現在把他逐一列舉如下：

一．在未加入該團之先，他們並未提到該團團員有反對國民黨的義務。但是一進了該團就有署名「復活」與某某怪名者二人，下令來要我立時在天津從事反國民黨運動。當時我就大爲驚異，而答以南開並無國民黨活動。（在總理北上時，我曾在北京「掛名」加入國民黨）。

二．入團時，該團並未聲明有負担團費若干之義務。但一經入團後，又有署名「復活」等二人，下令來說「茲經執行委員會議決，每團員應每月納團費一元」。哈哈，他們所謂執行委員是那幾個？是如何產生出來的？該團團員是否應絕對服從從未相識之人的命令？我一點無從知道。更奇怪者，即自我入團始至出團止，始終未嘗知道該團之組織如何？團長何人？

三．該團團員相見，以右手握拳平胸爲禮。哈哈，在他們以爲是代表「捫心自問」的符號，其實，他們那裏還有「人心」。他們所有的不過是「獅子」「老虎」的貪狠殘酷心而已！

四．李璜對我說：「我們西南幾省的人應該趕快聯合起來，實行蔡松坡先生的大西南主義。」（？）哈哈，李少先生的英雄思想和地方觀念是多麼令人可怕呵！奉直皖軍閥不是這種思想和觀念造成的麼？國主義派口口聲聲在喊「內除國賊」，而自家却要步武軍閥的後塵，於此我們可以決定國家主義者的目標，是在造成一種資本主義化的新軍閥，取舊軍閥的地位而代之。舊軍閥只不過是剝削國內人民而已，而他們新軍閥，却要於剝削國內人民之外，還要極力榨削國外的民衆，哈哈可怕的獅「子」和「老虎」！

（五）李璜又對我說，「外國人對我們中國來剝削繼續，我們將來也要用同樣的手段對付他們。」唉，李少先生的眼睛好像瞎了一隻，不然，爲什麼他一看到外國人中間的極少數人在中國是壓迫者，便硬說全外國人都是中國人的壓迫者，而要向他們「復仇」呢。我們知道，現時的世界只有兩種人——十二萬萬五千萬資產階級壓迫十二萬萬五千萬無產階級，我們決不能用國作單位，看見某國內有極少數壓迫者，便說他全國是我們的敵人。因爲好比少數外國資本家在中國是壓迫者，同是在他們本國又何曾不是壓迫者；我們只能與他們國內的被壓迫者聯合一致，向他們少數壓迫階級進攻。但是國家主義者的主張却正相反；哈哈，有腦筋的青年們，請你們試想想國家主義派的推論是不是合乎邏輯？！

（六）李大少又曾對我說：『曾琦早先是一個同盟會的會員，後來因爲不得志（當領袖呀?!），才脫離該會』。又說：『現在我們提倡國家主義，決不利用已成勢力』。好好，原來曾琦之所以如此要和國民黨搗蛋，是在國民黨沒有領袖給他當。國民黨不要他，他就說『不用已成勢力』。這種話，完全是英雄主義者的氣憤語。試問已成勢力是好的，難道也不能用嗎？照你們國家主義者的這句話看起來，那豈不是連你們的主人英日等帝國主義者和奉直軍閥都不要了。但是可憐的小子，爲什麼你們又要處處假借帝國主義與軍閥來的勢力壓迫國民黨呢？——武昌中華大學『？』案，你們是不是假借直系軍閥陳嘉謨的武力？哈哈，好一個『不用已成勢力』！

以上我既將國家主義派的黑幕揭開了一部分，下面還要說說我退出該派之青年團的經過。

我自從入了國家主義青年團後，層層黑幕，揭不勝揭。於是我決意和該團斷絕來往一月後，即有自稱該團代表夏某，到我處質問原因。我當時「怒氣冲天」，老實不客氣的教訓了他一頓。結果，經過了一點鐘的辯論，我把他說得面紅耳熱，掉尾鼠竄而去！最可笑的，就是他說，「請老兄要認清我們這組織是一個革命的團體。請你要爲大多數人謀幸福」。當時我又好笑又好氣，只好答他道，「好一個『革命』的團體！好一個違反世界進化自然趨勢的十八世紀的資產階級（？）的『民主革命』，好一個助長資產階級的壓迫能力的革命！好了，好了，好了，我倒不曉得你們是被什麼『鬼』打了，硬要把佔全中國人口總數百分之八十以上的農民與工人看做少數，而反把你們的老板資本家買辦階級看做多數！唉！真是豈有此理！』

最後，他對我說：『老兄既是思想變遷了，本團也不敢阻止老兄不退出。但是請老兄要寫封信作憑據，聲明決不將本團祕密洩露。』我當時因他糾纏不過！就隨便寫了一張給他。但是，現在我已將他「貴」團的祕密黑幕揭穿出來了。哈哈，倒要看看他們能夠怎樣！

一五，一一，八，於石龍

入伍生怕吃苦嗎？

入伍一團三營九連魏雄球

我自梅州中校畢業，就有入軍校的意思；但接廣州同志的來信，說是軍校停止招生，我的熱心和高興，被他打消不少。然而生在革命的時代，居在革命的地方，豈可抑鬱鄉里，苟度殘生嗎？所以我們雖內留戀父母復留戀，而終於六月初旬，和我親愛的父兄姊妹們，含愁判袂了。船便風順，不二天就到羊城，草率投考，不落深山，但在懽喜之餘，而入伍吃苦之語，不覺又雜入吾耳。在當時熱潮高漲，革命心雄的時做，這些空話，誰願去理它！

既進學校，始駐沙河，已見着茅編的屋宇，竹架着的床鋪，灰白透風的舊軍衣，錯雜穿來，顧形自笑。食餘操後，僻地聚閑談，吃苦吃苦的哀聲，又陣陣地吹入我們的耳鼓。我當時的感覺，「司空見慣」，算不上什麼，他們的呼聲，也只當一種嬌兒的習氣能了。歷時沒久，擔任勤務，跋涉道途之上，身負包服，形像單峯之駝；腹飢思食，腸狀轆轤之轉，郎當兩立，蹣跚以行，各個精神，都很困頓。又深晤的黑夜，荒涼的邱原，當雨淋風號的時候；雖在溫柔鄉裏，好夢初酣，要都持着槍桿，綁着子彈，來放哨，來守衛，斯時，剛強忍耐的革命分子，自然居之若素，毫無畏懼，然而，入伍吃苦，入伍吃苦，……吁嗟歎息，像很可怕的呼聲，總免不了攻入我耳膜中來。我的體軀，比鶴還冉弱，苦是能覺到的，但是我苦也不怕，所怕的是苦的呼聲，颯颯地吹來，驚我胆，動我心，移我前進的銳氣。

我們的國家，內受軍閥官僚……的摧殘吮舐；外受帝國主義者箝制侵略，弄到民窮財盡，衣沒有穿，食沒有喫，屋沒有居，丁此危局，莫不目擊心酸，我們跑進黃埔學校，爲革命黨員，尤其是爲武裝黨員，幹革命工作，是不是爲民族求解放？爲民衆謀利益，是不是要打倒財雄力厚之資本帝國主義？打倒據地擁兵的萬惡軍閥？然欲達到此目的，一定要費力，要流血，要犧牲，既是如此，還怕苦嗎?!

本校創立，已經數載，以前畢業諸同學，掃滅陳林，驅逐楊劉，爲國犧牲，爲黨盡忠，流了

中華民國十五年十一月廿三日〔星期二〕* 黃埔日刊 〔第四版〕

幾多鮮血，拋了幾多頭顱；使本黨的根基鞏固，本校的名譽光揚，我們爲繼起的人，正當體先烈之志，繼先烈之行，還怕甚麼苦呢？

帝國主義的走狗——吳佩孚張作霖孫傳芳，看着國民革命軍，蓬蓬勃勃，如日東升，將不利于己，專心一志，相來撲滅爲國爲民的軍隊，以遂其媚敵殘民的手段；促其爪牙，寇英傑周蔭人鄧如琢陳嘉謨張宗昌——危害廣東國民政府：及壓迫與國民革命軍合作軍隊——馮玉祥唐生智樊鍾秀。教訓我們，指導我們，至親極愛的蔣校長體 總理遺志，竟 總理的遺功，已割愛而別離本校，親帥軍旅，與帝國主義工具——軍閥吳孫相搏戰，不一月而克武漢。不特我校長之悾惚戎馬，費精竭神；而前方全志們，衝鋒陷陣，飲彈努力！如何的犧須迎刃，怎樣的牲！我等坐鎮後方，小經風霜，還以爲苦麼?!

同志們，我們既是負着改造惡社會的革命者，我們當必先苦其心志，勞其筋骨，餓其體膚。才不致姑負我們所負的國民革命的使命。我們在入伍期間好似鐵在烘爐，正待煆鍊，要是不吃苦，那麼，革命的理論定不能了解，革命的技術也不能精熟了。怎能打倒國家主義軍閥官僚……呢？同志們！吃得苦中苦，才是革命軍，所以，我們甚麼都別要怕的！

我親愛的同學們，我們入伍的目的大家都很明白是爲革命，不是享樂的，所吃的算不上苦，老實說，我們非苦不可，要苦才能堅持朝氣。努力！奮鬥！一直跑向革命之路！勿存苟且偷安之心，這是我們革命者應守的信條。

新編入伍生二連學生梓蕃

談談東山醫院

——幾個缺點及其補救方法——

讀了羅開同志的東山醫院養病見聞記，確引起我無限的同情，東山醫院的確有改革的必要。但是東山醫院的缺點，我們也不能說全怨醫院負責任的人，而住院的學生及士兵也要負一部分責任，今就我個人的觀察，把兩方面的缺點說一說，并及其補救的方法：

（甲）醫院方面的缺點

1、飲食不合衛生 我們在連上時，一月七元半的伙食，來到醫院吃一月九元的伙食，依理說飲食是應該要比較好一點的，可是事實上的確相反；這且不說，最討厭的是我們吃的飯和菜，無一不是涼的，病人的飲食是最應注意的，若使其常常吃涼飯冷菜，病勢當然只有加重——這大概即是多死人的原因之一吧！但是爲什麼飯菜都是冷的？實因爲醫院一個廚房，每天都是依次先將東樓上層的開飯畢，然後才及于下層，漸次臨到西樓。當中經過這麼大的時間，飯菜怎麼會不冷？所以我們希望東山醫院負責任的人，多設廚房，或另想補救的方法，飲食要改良，務以合病人之要求及清潔爲妥。

2、藥料不充足 這一項就是醫院負責任的人，也是承認的，時常看見醫官開的藥方，拿到藥局去回來，每每都寫着一個『無』字，上面蓋着司藥的圖章，要知道病人的生命，是賴藥料以維持，一無藥吃，勢必加重——因此而死的同志恐怕也不少吧！在藥料方面，我們希望醫院負責任的人，竭力向學校當局交涉，經濟得以獨立，更好，如若不能，至少也另想補救之法，務須買足藥料，時常補充之。

3、看護不週 不斷的聽就醫者說：「這個醫院死的寃枉人真不少，探其原因，謂有許多害傷寒病的，因誤吃麵包，腸子破裂流血而死：有的因走動以致腸子破裂流血而死。」第一我們要問醫院並不是不知道傷寒病人不能吃麵包，爲什麼每早還要照例發兩個給他們？第二我們要問既是這個病人要絕對的安靜，一動就有生命的危險，爲什麼不用專人看護而聽其自動？由這兩種事實看來，看護是很緊要的，希望醫院負責任的人，督促看護注意他所應負的任責。

（乙）學生士兵的缺點

1、病愈而不出院。 這種人極多，尤其是學生同志佔多數。有經過幾次驅逐而仍留戀者。他的藉口是病雖好了，身體還弱的很，不能回去任勤務，要休養數天。最後一句話，請醫院拿幾個鷄子吃或是牛奶。他不惟只吃牛奶鷄子並兼吃飯，這也是把醫院弄得不好的一個原因，實際說來，這種人的前途是很危險的，要知道我們遲不病，早不病，正在這民衆反帝國主義高漲，北伐軍攻克武漢的時候病了，是多麼的不幸！前方的戰士奮勇殺賊，我們留守後方的應怎樣的鞏固後防以慰前方戰士之心，那有閒時住在醫院逍遙自在呢？我希望每一個同志時常不要忘了：我們所負的使命是什麼？我們來廣東幹什麼的？要明白這點，才不會有怠工的表現。

2、偷賣醫院發給的滋養品 醫官在街上買牛奶，發現牛奶盒印有中央軍事政治學校陸軍醫院發給的字樣，不用說這定是病院人開牛奶吃，吃不了拿到街上去賣，這無論是學生是兵士，都是極爲可恥的行動，可以說無異於土匪！要是帝國主義用金錢收買他，他一定很容易流爲反革命的！醫院應負調責任，與以嚴重懲罰，以儆將來。

3、喧嘩而防害他人之靜養 醫院爲病人調養之所，應急爲安靜。喧嘩的原因：第一是病人中有輕的，有重的，輕的則談笑自如；間有高聲讀書者，第二是來賓，一來就要談到十一二點鐘才走，甚有留宿醫院者。一切奇奇怪怪的聲音，所有盡有，叫病人聽了，真是又煩，又腦，又氣。此足增加病人之病。醫院負責任的人，應施其權限，對於常常高聲談笑者加以干涉，對於來賓應規定會見時間，以不防害病人之靜養爲原則。

總之，改革東山醫院，是刻不容緩的事。一方面要醫院負責任的人將醫院的缺點除去，一方面住院的病人，應施其自治能力，處處以公共之利益爲利益，不要因爲自己的利益破壞大家的利益，能像這樣做下去，醫院未有辦不好的，醫院一辦好，死亡率一定要減少，我們的革命力量必更加雄厚，黨國前途實利賴之。

問答

（今日登載的全是昨日所登問題的答案，請參看昨日本刊本欄。——編者——）

1，馬爾瑟士人口論，目的在抵制當時葛德文(Gad win)一派之革命論，叫人們相信人口比食物增加快，貧窮是應有的現象，不可抗的天命。

2，現世界是個人主義與社會主義對立的時代。個人主義即資本主義，除了資本家，無人不需要社會主義，求得自己的安定生活。

3，請將民約論譯本與社會進化史（蔡和森著）對看，便知盧說無根，歡迎盧說是「時代」關係，盧說之發生則因當時新興的工商階級需要他那種理論。

4、外國女孩不是帝國主義者，當然罵得不當。罵者乃係受了革命教育的結果，其責應由做宣傳教育工作者負之。

5，不反，惟其不知要求自由，故不知團結之必要。

6，Democracy意爲「民主政治」。現在英美所行之德謨克拉西，實際即爲其國中資產階級之專政；所謂「民主」，徒美其名，以愚民衆耳！

7．因爲民衆沒有組織（沒有強有力的代表人民的政黨）可以監督武人，使其不能成爲軍閥發揮個人利祿野心之故。

8．中國目前是爲了要求全民族之自由獨立而革命，與在英美等國舉行社會革命之目的稍有不同，但其要求解放大多數人生活痛苦之性質，則無不同。

9．歐洲在封建時代，農業生產不及中國豐富，而各國間及海上之交通則頗便利，統治階級如不厲害，則不能維持其建築於他人血汗上之貴族僧侶地主生活。

10。怨恨林肯恐非在美黑奴全體，或有少數黑人如此，未解奴籍時，主人負衣食之責，雖勞苦如牛馬，然最低限度之生活，可以無憂。解放奴籍後，在資本主義下賣勞動力，却有時賣不出去，免不了受餓，故有怨恨放奴主張者。

11．那是一時的外交詞令。

12。此問不着邊際，無從答覆。

13 可看「平民政治」一書，民國元年民友社印行的。

14 美國現在的強盛，並非由於「聯邦」，乃由於他國內資產階級的托拉斯組織比別國更其強大有力的原故。中國現在若行聯邦，正好使張作霖唐繼堯等割據一方；我們又何必去打走那主張聯省自治的趙恒惕和陳炯明呢？中國國土廣大，在政治施行上，自然免不了要有「省」「邦」的區劃；但須俟革命成功之後，然後才談得到這個問題。

15 俄國的蘇維埃 Soviet 制度，以職業爲單位，由人民直接選舉，是實現民權最新最有效的方法。

16 德國民權從來沒有發達過（除了歐戰以後）。俾士麥用非刑，酷法，警察偵探和武力鎮壓民權運動！和現在的孫傳芳張作霖一樣。

17 不過是描寫他個人的理想。他沒勇氣去打倒舊的惡劣社會，只寫些「桃花源記」的小說出氣。

18 歐美並無新發明的民權學理，除了俄國的蘇維埃制，依然還是不出盧梭，孟德斯鳩，穆勒約翰數人的範圍。

19．權歸國民大會而國民大會則委托賢（能）之人任立法行政監察考試五院官吏這是總理的主張。

20。真正的民權，是由人民自己管理自己的事。這樣，資產階級只好進墳墓，所以他們永遠不能有什麼根本辦法。

（楚）

* 原刊排错，应为星期二。编者注

中華郵政特准掛號立劵之新聞紙　中華民國十五年十一月廿四日〔星期三〕〔第一版〕

黃埔日刊

中央軍事政治學校政治部出版
通信處廣東黃埔本校政治部宣傳科
（第一九七號）
〔本刊每份價定一分〕

日評

奉軍南下聲中江浙皖人民應有之責任

宋與炎

孫傳芳現在已經完結了的運命快到最後的一天。現在的問題却在如何收拾和誰來收拾江浙皖，是北伐軍呢？還是奉張魯張呢？如果江浙皖落在奉張或魯張手裏，那末，江浙皖的人民就等于以暴易暴。像山東一千五百萬元的「討赤特捐」，江浙皖的人民還要多出十倍百倍哩！他們去年已經給你們的，他們所賜給你們的恩惠，只是奸淫擄掠和殺人放火；只是苛捐雜稅和強使軍用票等等。現在奉軍已決定出師南下了，他們預定張學良督蘇浙，據陳儀過滬時對新聞記者說：「奉軍南下已無從勸阻」，那麼，江浙皖的民衆，在這種形勢之下應該怎樣呢？別的沒有辦法，只有起來幫助北伐軍，在最短期內結果了孫傳芳的命運，與北伐軍一致對付奉張或魯張之南侵，尤其是認清軍閥的勢力，是日益趨於崩潰的，他們的本身是常時衝突的，最近奉魯的齟齬便是這種衝突的表現。江浙皖的民衆，在這種形勢之下，雖然如此，但是如果民衆不起來發展自己的組織，參加一切破壞軍閥勢力的工作，前途的危險還是很多的。張宗昌一百五十萬討赤費不遠便會要江浙皖的民衆担負哩！此時江浙皖的民衆們，應該自己起來動手，决不應坐待人家來替你們解決。你們是站在政治大變動將要來臨之前面，還是反動潮流與革命潮流或者「反赤」與「赤化」潮流消漲盛衰的緊急關頭，這是千載一時的機會，起來！努力進行你們的工作，向勝利的路程前進！

校聞

第四期畢業學生出發前方情形

△散發告江西民衆書
△贛省民衆熱烈歡迎

本校第四期畢業學生，分發前方工作者，計有二千餘名，大部分赴武漢，餘則入江西，現據江西方面報告，該生等自入贛境，即組織分發前方學生宣傳隊，沿途從事宣傳工作，聞各所在地民衆，見「黃埔學生」之到來，莫不掬誠歡迎，當該生等抵滄樹時（本月六號），南昌九江已被我軍攻下，該宣傳隊即將此項消息，向沿途居民廣爲宣傳，據謂久處軍閥迫壓下的贛省同胞，一旦聞得逆敵之倒敗，宛如噩夢初醒，咸撫掌稱快，茲將該宣傳隊，在轉州發出之告江西民衆書，披露如下，以見我黃埔健兒在前方工作之一班：親愛的同胞們，吾人外受帝國主義之壓迫，內受軍閥之摧殘，吾人之痛苦，遠不勝述，大家試一回憶，割我土地，殺我同胞，索我賠款，奪我海關，佔領我礦山鐵道，助長我內亂，數十年來，帝國主義者之對待吾中華民族，是如何殘忍，如何兇橫呢。至於軍閥之摧殘，則更有令人傷心墮淚者，十五年來，北洋軍閥，爭城奪地，無日或寧。或則獻媚生番，賣國求榮，或則殺戮無辜，視人命如草菅，鐵蹄所至，民命其遭殃，青年蒙久學之患，公然販賣，社會受無窮之憂，汚吏貪官，甚於悍匪，刼貨，厘税，卡，其於猛獸食人。一至戰爭暴發，則人民之生命財產，更無保障，此次南昌之役，鄧逆縱火焚燒，任意屠戮，致令人民輾轉流離，哀鴻遍於四野，言念及此，痛心易極。總之軍閥罪惡，罄竹難書，吾親愛的江西同胞，目擊……

政治科將遷移武昌

……

政治部聯席會議紀略

……

啓事

……

中華民國十五年十一月廿四日〔星期三〕黃埔日刊〔第四版〕

與新入伍的同志談幾句話

楊若濤

據說近來很多新入伍的同志（思想徹底，見解超卓，學識豐富，經驗宏碩的同志，當然不在此例），他們的思想和行動，頗多昏闇而幼稚，恍如歧途遊子，傍惶徘徊，無所適從似的，事事居於被動地位，一點判解力也沒有，多以官長和同學爲轉移，像這種現象，在服從命令，和親善同學方面來講，誠然是應該如此，而且一定是要如此才行的，可是，在一個剛受革命洗禮的青年，因所受革命的訓練不多，判別的能力薄弱，就不得不鄭重地有所注意而甄別了，不然，稍一不慎，植入歧途，不特於他個人私德有損，即黨國前途，亦將有所影響，望我至親愛的同志們，趁此剛入伍的時候，特別注意才好！

我們作事，應該有深刻的考究，且應以沈靜的頭腦，而去精密地分析，切不可不辨眞僞，人云亦云，隨聲附和，這是最危險不過的事。

……

悼北伐殉難烈士

……

通信

……

問答

……

中華民國十五年十一月廿四日〔星期三〕黃埔日刊〔第二版〕

要訊

◎上海招商局海員總罷工

◎反抗孫傳芳的子民——傅筱庵
◎要求性命之保障

上海招商局之江永輪，在九江失事，被難船員共計八十八名，各該家屬迭次向招商局請求撫卹，而海員公會爲援助被難之同業起見，亦曾提出六條件，責成招商局遂條履行，只由傅筱庵答應先發給各被難者卹金每名二百元，被難各家屬，則以於要求額相距甚遠，由是雙方各趨極端，海員工會爲援助被難各家屬，促進招商局履行要求條件起見，當於十一號，議決先從近海各輪起，實行罷工，附宣言云，自湘鄂戰起，兵運滯贛，上海招商局執事，奉孫傳芳命令，以該局所屬之江新江永等九輪，爲孫氏運兵載械，我江永江新各輪工友，以事起倉卒，未及提出抗議，被迫駛往前線，出入於槍林彈雨之中，當時敝會即向該局提出嚴重抗議，要求立即撤回前線諸輪，以保障工友生命，未幾九輪中之江永輪，慘被炸毀，全船工友死難者至八十八人，或葬身火窟，或落水滅頂，至今獲屍首者佔最少數，事後，被難者之家屬，麕集上海，敝會撫慰安頓，並代表工友與其家屬之利益，向該局提出要求六條，（一）撫卹江永輪死難船員家屬每人洋一千元。（二）賠償江永輪遇難而幸得逃還之船員損失費每人三百元。（三）招商局各輪船員一律加資二成。（四）今後招商局之輪船不得再作運兵之用。（五）今後招商局僱用船員。必須與海員工會簽合同。（六）啓封海員工會。敝會提此六條。深信該局執事。自經此變。必能翻然悔悟。而立予承認。不料歷經交涉。信使頻繁，而該局執事仍含糊衍，毫無切實之答復，船員處境寒素，其家屬自遭此難，倍感窘迫，自不待言，今該局如此待遇友，即自今日起舉行罷工，要求該局承認敝會所提六條件，敝會除督率全體會員繼續爲工人道計，爲工人計，賜與同情援助，則存亡兩感矣，公道尚未盡泯，顧聽社會公判，該局船員，深慮該局以待遇江永工友者待遇全體工友，廣利船工奮鬥外，並將事實經過，陳訴于各同志，敬懇爲人道計，爲工人計，賜與同情援助，則存亡兩感矣，謹此宣言，十一月十二日，

◎英煤鑛工潮之近狀及其損失

◎鑛工宣言誓必推倒資本制度
◎可驚之煤鑛工潮所受損失

迄無解決辦法之英國煤礦工潮，爲全世界所注意，英資產階級及其政府雖謀以種種方法，壓迫礦工，但礦工方面，已具有最大決心，據莫斯科二十二日訊，英國礦工組合秘書柯克，最近致函蘇聯工聯中央理事會，聲言英礦工奮鬥，已達五閱月，勢不能不向外國同志請援，以前若非蘇聯工人鼎力援助，礦工恐早已不能支持，故礦工對蘇聯工人之感情，决不遺忘，英礦工目前之奮鬥，關係工業運命，英礦工誓必繼續奮鬥，决不屈服，不容礦工有生存權者，乃資本主義，爲推倒資本主義計，英俄兩國礦工應聯合組織一共同機關，此外尚須組織一眞正工人國際機關，務求剷除惡分子，以確定社會主義的生活之基礎云，

英國於煤礦罷工以來，所受損失，至堪驚人，路透電社亦已不能不忍痛宣布其不辯之消息據倫敦十一月九日路透電，本日下午衆院開始質問時，貿易部部長摄立非李斯特爵士聲稱，自五月一日，礦工及他項工人停工日起，產出品項下所蒙之損失，約計在二萬五千萬至三萬萬之譜，貿易事務上因擾亂所致之損失，不在此數以內，而此項損失亦無法估計，礦務部大臣蘭法克斯君聲稱，自五月一日，迄今由礦內採去之煤，約計一千萬噸，地面外所產之煤，每星期亦在五萬或十萬噸左右，六月一日至十月三十日，輸入英國之煤斤，計一千五百五十萬噸，對于政府輸入煤斤平均之價值，則拒絕宣佈云，

軍事

△勢如破竹之閩省軍訊

△奉軍南下耶？

政治

△贛省臨時政治委員會之組織

△印度各省將召集普通選舉

……

中華民國十五年十一月廿四日〔星期三〕黃埔日刊〔第三版〕

革命之路

題目

●今後的唯一工作

第五學生隊第十三隊鄧昭連

革命軍，自出師北伐以後，沿途皆受民衆的歡迎和幫助，所以軍事的勝利，如同破竹一般。因此做「武力統一」大夢的吳逆佩孚，打得嗚呼哀哉，精疲力竭，無力再來狐假虎威了。就是頂頂大名的五省聯軍總司令孫逆傳芳，也被打得落花流水，僅僅只有一塊葬身的地皮了。總之，革命軍的勢力，已由珠江流域，發展到長江流域去了。而且能實現　總理的遺言：第一步「武力與人民結合，」這就是值得我們興高彩烈而歡呼的。

說到這裏，我們的同志們應當牢牢記着總理的遺言：第二步「武力爲人民之武力」。尤其是總理遺囑中告訴我們的：『喚醒民衆，及聯合世界上以平等待我之民族，共同奮鬥。』這是　總理奔走四十年，努力四十年，革命尚未成功的經驗中得來的結論。所以叫我們的同志應當以總理的遺囑爲歸宿。

「喚起民衆」，就是發展民衆的勢力，鞏固黨的基礎，雄厚革命的實力。現在我們軍事的勝利，已經很有成效了，然而我們的同志尤當努力喚起民衆，組織民衆，武裝民衆，黨化民衆，來做本黨的柱石，來保障現有的勝利，務必達到完全的勝利——打倒帝國主義，而不要再蹈辛亥革命的覆轍。

總理遠大的眼光，看透了中國國民革命即世界革命的一部分，若世界革命不成功，中國的國民革命，亦不能得完整的勝利。所以有「聯合世界上以平等待我之民族共同奮鬥」的遺教。這種意思，是叫我們把全世界的被壓迫階級和弱小民族一致的聯合起來，努力奮鬥，以鞏固世界革命的基礎，使世界革命有充分的力量，以打倒國際帝國主義，實行解放全世界的被壓迫階級和弱小民族，得到眞正的平等自由，到那時，中國的國民革命，不待說，也就是到完整的成功了。

同志們！我們軍事已得了很大的勝利，我們要保障這種勝利，促進這種勝利，必須鞏固黨的基礎——發展民衆的勢力，即黨的勢力。——這就是我們目下唯一無二要努力的工作，同時應該要明瞭，中國的國民革命要達其眞正成功，必須要促成世界革命，所以我們的工作，不應脫離世界所有的被壓迫階級和弱小民族，尤其是要同舟共濟的前進，秉着革命的眞精神，充實革命的聯合力量，不畏艱難，拚命向前做去，最後的勝利，必定是我們的。

一一，一二，於蝴蝶岡。

●向新入伍生各黨連部供獻一點意見

新入伍生團八連劉懋政

——嚴格的訓練黨員——

當我未入伍以前，想着凡是能以考取入伍的，必定都是十二分明瞭本黨主義並很努力工作的革命青年。不料一入伍以後，所見到的事實，乃有大謬不然者。據我個人主觀的觀察，入伍生中明瞭主義者固多，而不徹底者亦殊不少，不努力者尤多，至於完全不知主義爲何物者，及反動派之間諜，亦不敢說完全沒有。此種現象，各連都可見到，凡稍留心者，即知余言之不謬。

此種不幸之事，在革命團體中是萬萬不應該有的，是絕對不能存在的，尤其是在我們入伍生裏邊，因爲入伍生團體，是唯一訓練武裝黨員的基本團體，此團體中有此惡劣現象，革命前途必大受影響，詳言之：即現在之入伍生，就是將來之黃埔學生，亦即將來之革命中堅，在入伍時期不明瞭本黨主義，入校後雖能受一些革命教育，畢業後亦未必能領導革命羣衆。即是：在入伍期內，是一個不明瞭革命者，到黃埔仍難變其爲革命者。將來入到社會還是一個戴假面具——黃埔畢業——的假革命或反革命者。這種反動者之爲患本黨，乘吾黨之不備，爲害之能力，恐將甚於彰明較著之反動派。至於希望其努力工作，更是緣木求魚了。

●整頓本校陸軍醫院之管見

……

小通信

……

〔中華郵政特准掛號立劵之新聞紙〕中華民國十五年十一月廿四日〔星期三〕〔第一版〕 (一)

黃埔日刊

中央軍事政治學校政治部出版
通信處廣東黃埔本校政治部宣傳科
(第一九七號)
〔本刊每份價定一分〕

啓事

李慶榮君鑒令兄有話及要件囑光轉達希來中大一會否則自已或其友將其寄址見告光往晤亦可 周永光啓

曾木榮同志鑒今日接得你的家書一封始知你久已來粵考進入伍生但不知你編在何連駐在何處速以示知 第二學生隊第一十九區隊郭文燦啓

游保國(哲西)同志：你編在何團何連請示知或來新編入伍生第一團第十二連一會 郝修德啓

陳致中同志：你家中寄有毛衫一件在弟處無從轉寄，請即來取爲盼。 黃埔分校糧服課陳致熙啓

梁文藩四哥；聞你來粵已久現在編入何部隊請來函示知！ 北較場軍士敎導隊第六中隊梁靖宇(文芳)啓

汪堅，陳恭樹，凌從公，彭震南，廖卓然，陳運嘉，李岡，段浩，游於藝，各同志鑒：編入何隊請速示知我現編入第二學生大隊六中隊廿四區隊 萬鳳梧啓

前入伍生二團四連黃中強同志：近聞你二團都已升學，不知你在何部隊，見字請示知爲盼 虎門太平入伍生一團十連黃藩初啓

本校本週口號

嚴守學校紀律！
學習革命技術！
增進戰鬥能力！
發揚黃埔精神！
擴大農工組織！
團結革命分子！
擁護國民政府！
打倒帝國主義！

本週各學生隊政治討論會題目

軍隊中的同志對于與革命有利的工作應當不待民衆有此要求即挺身上前爲民衆奮鬥呢？抑當俟民衆有此要求，順着民衆的意思上前爲民衆奮鬥呢？

日評

奉軍南下聲中江浙皖人民應有之責任

宋興炎

孫傳芳現在已經完結了的運命快到最後的一天。現在的問題却在如何收拾和誰來收拾江浙皖，是北伐軍呢？還是奉張魯張呢？如果江浙皖落在奉張或魯張手裏，那末，江浙皖的人民就等于以暴易暴。像山東一千五百萬元的「討赤特捐」，江浙皖的人民還要多出十倍百倍哩！他們去年已經給你們這個滋味嘗過了，他們所賜給你們的恩惠，只是奸淫擄掠和殺人放火；只是苛捐雜稅和强使軍用票等等。現在奉軍已决定出師南下了，他們預定張學良督皖；張宗昌督蘇浙，據陳儀過滬時對新聞記者說：『奉軍南下已無從勸阻』，那麼，江浙皖的民衆，在這種形勢之下應該怎樣呢？别的沒有辦法，只有起來帮助北伐軍，在最短期內結果了孫傳芳的命運，與北伐軍一致對付奉張或魯張之南侵，尤其是認清軍閥的勢力，是日益趨於崩潰的，他們的本身是常時衝突的，最近奉魯的黯潮便是這種衝突的表現。江浙皖的民衆們啊！你們不要忘記，軍閥的崩潰在客觀雖然如此，但是如果民衆不起來發展自己的組織，參加一切破壞軍閥勢力的工作，前途的危險還是很多的。張宗昌一百五十萬討赤費不遠便會要江浙皖的民衆担負哩！此時江浙皖的民衆們，應該自已起來動手，决不應坐待人家來替你們解决。你們是站在政治大變動將要來臨之前面，這是反動潮流與革命潮流或者『反赤』與『赤化』潮流消漲盛衰的緊急關頭，這是千載一時的機會，起來！努行進行你們的工作，向勝利的路程前進！

校聞

◉第四期畢業學生出發前方情形

△贛省民衆熱烈歡迎
△散發告江西民衆書

本校第四期畢業學生，分發前方工作者，計有二千餘名，大部分赴武漢，餘則入江西，現據江西方面報告，該生等自入贛境，即組織分發前方學生宣傳隊，沿途從事宣傳工作，聞各所在地民衆，見『黃埔學生』之到來，莫不掬誠歡迎，當該生等抵漳樹時(本月六號)，南昌九江已被我軍攻下，該宣傳隊即將此項消息，向沿途居民廣爲宣傳，據謂久處軍閥迫壓下的贛省同胞，一旦聞逆之倒敗，宛如噩夢初醒，咸撫掌稱快，茲將該宣傳隊，在贛州發出之告江西民衆書，披露如下，以見我黃埔健兒在前方工作之一班：親愛的同胞們，吾人外受帝國主義之壓迫，內受軍閥之摧殘，吾人之痛苦，述不勝述，大家試一回憶，割我土地，殺我同胞，索我賠款，奪我海關，佔領我礦山鐵道，助長我內亂，數十年來，帝國主義者之對待吾中華民族，是如何殘忍，如何兇橫呢。至於軍閥之摧殘，則更有令人傷心墮淚者，十五年來，北洋軍閥，爭城奪地，無日或甯。或則獻媚生番，賣祖國如敝屣，或則殺戮無辜，視人命如草菅，敎育被其摧殘，青年蒙失學之患，鴉片公然販賣，社會受無窮之憂，汚吏貪官，甚於悍匪刼貨，厘關稅卡，甚於猛獸食人。一至戰爭暴發，則人民之生命財產，更無保障。此次南昌之役，鄧逆縱火焚燒，任意屠戮，致令人民轉徙流離，哀鴻遍於四野，言念及此，痛心曷極。總之軍閥罪惡，罄竹難書，吾親愛的江西同胞，目擊身受，自不致遽忘之也。同胞們，在此雙重壓迫之下，吾人尚能苟且偷生乎。吾人唯一之生路，祇有一致參加中國國民黨所領導的國民革命，最近革命勢力，已有極大的發展，湘鄂既告肅清，贛閩亦已次第克復，吾人應從此團結起來，在統一指揮之下，共同奮鬥。吾等是黃埔學生，在最近的將來，便當率領革命健兒，向前去衝鋒殺賊，吾等誓願盡忠黨國，始終爲民衆利益奮鬬，此身可殺，此志不渝，願大家努力，速集合於青天白日旗幟之下，共同來打倒帝國主義！打倒軍閥！打倒貪官汚吏！打倒一切壓迫階級！完成國民革命！完成世界革命！

◉政治科將遷移武昌

政治科全體學生整裝待發，現革命勢力既普遍長江流域，需要政治工作人員，亦隨之增加，聞武昌，現已設立政治講習班，約計學員一千餘名，然尚不敷任用，因此前方總部來電，特令本校第五期政治科全體學生，率數遷移武昌，以備隨時分發任用，該科學生原分爲三隊，計有六百餘名，於政治教育，皆已有相當訓練，該生等現已籌備一切，擬於下星期內即行全體出發云，

◉政治部聯席會議紀略

本校政治部爲擴大工作起見，特於昨日上午七時，召集該部各科長及各股長，開一聯席會議，由熊副主任爲主席，茲將當日會議情形略述如下(一)主席報告第四期政治工作經過情形，並須彙編報告表册，將四期政治工作完全結束，(二)主席提出第五期政治工作計劃，內容約分印刷刊物；添設校園，擴大宣傳；調查統計；官長時事測驗；革命博覽室等項，該計劃尚須於本校開第五期政治工作討論會時，提出詳細討論，一俟通過，即行實施云，

黨務

⊙省黨部請總司令嚴勦龍潭股匪

龍潭土匪跛手忠袁蝦九葉青錢聯合一處，意圖危害政府擾亂後方，龍門縣黨部飛電來省黨部報告，省黨部即將情形轉總司令部迅予派隊嚴勦，函云，逕啓者，現據龍門縣黨部電稱，前月二十七日增屬龍潭埔著匪何海黃駒等又勾結跛手忠匪黨數百人盤據正果，以龍潭埔匪巢爲大營，聲勢洶洶，袁蝦九葉青錢復與合作，確有危謀政府噩耗，日昨全夥潰入龍潭埔匪巢，葉匪本據有增龍兩屬邊境地盤，路徑熟悉，必嚮導竄據敝邑以爲根據以圖大舉，當此秋收在即，壯者任禦防，百業皆廢，弱者避匪難，勢成餓殍，若任匪勢披猖，竊恐人心浮動，易被煽惑，一旦揭竿斬木，刦殺擄掠，受禍者不過小民，而際茲北伐進展，後方爲心腹重地，牽一髮而動全身，甯堪設想，葉田等爲國民一份子，亦革命之一員，心所謂危，難安緘默，用再電陳，乞迅賜轉函政府，尅日派撥大隊馳勦，以維大局，無任迫切待命之至，等情前來，據此，相應函達查照辦理爲荷，此致國民革命軍總司令蔣，

⊙中央婦女部調查女工會狀況

中央婦女部宣傳委員會，爲詳知女工會狀況，以謀女工生活之改善，特製定女工狀況調查表，分發各女工會調查，調查表內容如下，一名稱，二地址，三人數，四職業共分幾種，五組織，會長，委員制，評議執行制，有無附屬男工會之下，六工會職員姓名，七工友普通年齡，八最高工金，九普通工金，(十)最低工金，(十一)每日平均工作時間若干，(十二)工友生活情形，(有無家負担每月生活費若干)(十三)入會行底，(基本金

中華民國十五年十一月廿四日〔星期三〕 黃埔日刊 〔第二版〕

）（十四）會員應繳常費，（十五）其他收入，（十六）曾否立案及立案之年月日，（十七）曾爲會員謀何種利益，十八，曾參加何種社會及政治運動，十九，與他種工會關係，二十，其他團體關係，二十一，與本黨關係，（入國民黨人數若干及其個團體人數若干）二十一，與其他團體之關係，二十二，工友思想，對工會之觀念，對黨觀念，二十三，集會期間，常會日期，大會日期，廿四，備考，

★ ★ ★

要訊

◎上海招商局海員總罷工

◎反抗孫傳芳的子民——傅筱庵

◎要求性命之保障

上海招商局之江永輪，在九江失事，被難船員共計八十八名，各該家屬迭次向招商局請求撫卹，而海員公會爲援助被難之同業起見，亦曾提出六條件，責成招商局逐條履行，只由傅筱庵答應先發給各被難者卹金每名二百元，被難各家屬，則以於要求額相距甚遠，由是雙方各趨極端，海員工會爲援助被難各家屬，促進招商局履行要求條件起見，當於十一號，議決先從近海各輪起，實行罷工，附宣言云，自湘鄂戰起，兵運潯贛，上海招商局執事，奉孫傳芳命令，以該局所屬之江新江永等九輪，爲孫氏運兵載械，我江永江新各輪工友，以事起倉卒，未及提出抗議，被迫駛往前線，出入於槍林彈雨之中，當時敝會卽向該局提出嚴重抗議，要求立卽撤回前線諸輪，以保障工友生命，未幾九輪中之江永輪，慘被炸毀，全船工友死難者至八十八人，或葬身火窟，或落水滅頂，至今獲屍首者佔最少數，事後，被難者之家屬，麕集上海，敝會撫慰安頓，並代表工友與其家屬之利益，向該局提出要求六條，（一）撫卹江永輪死難船員家屬每人洋一千元。（二）賠償江永輪遇難而幸得逃還之船員損失費每人三百元。（三）招商局各輪船員一律加資二成。（四）今後招商局之輪船不得再作運兵之用。（五）今後招商局僱用船員。必須與海員工會簽合同。（六）啓封海員工會。敝會提此六條。深信該局執事。自經此變。必能翻然悔悟。而立予承認。不料屢經交涉。信使頻繁，而該局執事仍含糊衍，毫無切實之答復，船員處境寒素，其家屬自遭此難，倍感窘迫，自不待言，今該局如此待遇，公道尚未盡泯，願聽社會公判，該局船員，深慮該局以待遇江水工友者待遇全體工友，廣利船工友，卽自今日起舉行罷工，要求該局承認敝會所提六條件，敝會除督率全體會員繼廣利之後，堅决奮鬥外，並將事實經過，陳訴于各同志，敬懇爲人道計，爲工人計，賜與同情援助，則存亡兩感矣，謹此宣言，十一月十二日，

◎英煤鑛工潮之近狀及其損失

◎鑛工宣言誓必推倒資本制度

迄無解決辦法之英國煤礦工潮，爲全世界所注意，英資產階級及其政府雖謀以種種方法，壓迫礦工，但礦工方面，已具有最大決心，據莫思科二十二日訊，英國礦工組合祕書柯克，最近致函蘇聯工聯中央理事會，聲言英礦工奮鬥，已達五閱月，勢不能不向外國同志請援，以前若非蘇聯工人鼎力援助，礦工恐早已不能支持，故礦工對蘇聯工人之感情，決不遺忘，英礦工目前之奮鬥，關係工業運命，英礦工誓必繼續奮鬥，決不屈服，不容礦工有生存權者，乃資本主義，爲推倒資本主義計，英俄兩國礦工應聯合組織一共同機關，此外尚須組織一眞正工人國際機關，務求剷除惡分子，以確定社會主義的生活之基礎云，

◎可驚之煤鑛工潮所受損失

英國於煤礦罷工以來，所受損失，至堪驚人，路透電社亦已不能不忍痛宣布其不祥之消息據倫敦十一月九日路透電，本日下午衆院開始質問時，貿易部部長堪立非李斯特爵士聲稱，自五月一日，礦工及他項工人停工日起，產出品項下所蒙之損失，約計在二萬五千萬至三萬萬之譜，貿易事務上因擾亂所致之損失，不在此數以內，而此項損失亦無法估計，礦務部大臣蘭法克斯君聲稱，自五月一日，迄今由礦內採去之煤，約計一千萬頓，地面外所產之煤，每星期亦在五萬或十萬頓左右，六月一日至十月三十日，輸入英國之煤斤，計一千五百五十萬頓，對于政府輸入煤斤平均之價值，則拒絕宣佈云，

軍事

△勢如破竹之閩省軍訊

△張毅部隊退福州

△陳國輝克復永春

總部接何應欽（十七）自閩來電云，（銜略）據報，泉州張毅大部皆退至福州延平一帶，沈珂在福州部隊，現退往福安，福鼎霞浦，謹聞，應欽叩，篠（十七）又十九日接閩南前方特訊，稱東路總指揮何應欽率軍攻閩後，前委任閩南各屬民軍爲各路司令，在內地舉義響應，聲勢浩大，革命軍第六路司令陳國輝，於本月四日，率部六百餘名，由詩山舍埭鄉入小岵，進攻永春城，經於五日早克復永春城，現會合各處軍民，向泉州前進云，

▲奉軍南下耶？

△路透社謂魯張必進佔南京

△陳儀謂無從勸阻

廿二日滬電，張作霖決定出師南下，已定學良督皖，宗昌督蘇浙，孫確急令佈防，鞏固地位，又廿一日電，陳儀十九日由甯過滬，廿日晨返杭，甯軍會決調陳儀部回浙，廿一日甯電，徐州由馮紹閔彭德全接防，陳儀過滬時語新聞界，謂奉魯軍下已無從勸阻，故所部一師回浙嚴衞，路透社本月十九號上海電，據大衆心理，孫傳芳現在所處之地位，甚爲困難，一爲因部下軍隊不忠，及離心離德，致不能抵禦南軍之進迫，二爲倘彼應允張宗昌之援助，則定知張必進佔南京及上海云，

政治

△贛省臨時政治委員會之組織

贛省民財兩政事務，經由蔣總司令分別委任陳公博俞飛鵬爲主任，接南昌來電，復有組織臨時政治委員會之報告，原電如次，總座令組織江西臨時政治委員會，任朱培德，白崇禧，程潛，魯滌平，李宗仁，李富春，朱克靖林祖涵，熊式輝，張國燾，李仲公，張定璠爲委員，以朱培德代理主席，又令江西政務委員會委員鄧維賢，着卽開去委員名義等因，謹聞，

△印度各省將召集普通選舉

（環球社）柏林訊 印度將舉行普通選舉，關係極大，并結果可覘現在負責政府之主義，能否得羣情之傾向，否則其主義與存在之餘地，一般官吏正極力設法，希望官方計畫成功，除有民族思想之省區外，其餘多數省份，將依附官方之計畫而行，現據德利地方消息，或於各省建設各部長官處理行政事宜，如該省有民黨份子，能破壞此種建設者，則不在此例云●

△日內閣之致命傷

東京消息，若槻內閣自朴烈問題發生後，政友會及政友本黨聯合運動倒閣，此在野兩黨，以未得上議院同意研究會之同，恐不達目的，亦豫備解散國會，現該研究會領袖青木氏，渡邊氏，牧野氏，伊東氏等，忽變態度，表同情於政友及本黨兩黨，關于松島遊廊移轉事件，控訴法院推事角南氏，檢查若槻首相之僞證，經再三取詞，說者謂一國首相之犯罪，未免貽辱國家，內閣不外出總辭職之一途云，

△國際聯盟擬召集世界經濟會議

倫敦訊，日內瓦消息，國際聯盟會擬發起全世界經濟會議，已設立委員會，討論此事，現正從事研究該委員會草擬之規則，聞此項會議，擬於一九二七年五月四日召集，凡經濟重要諸國，均請涖會，每國最多選派代表五人，此種代表之選出，並非認爲各國政府之代表人，必須本人有相當資格，方得應選，又經濟專家，亦許列席，惟無發言權云，

經濟

●中日貿易之比較

●自一月至十月

●我國損失二萬萬元

本年一月至十月，日貨運入中國者之價值，共計爲日金四萬萬四千七百八十八萬五千，銷售區域，以中國中部爲最多，計一萬七千萬元，中國貨運至日本者，十個月中，共二萬萬一千八百九十九萬八千元，兩相比較，中國受虧二萬萬元之鉅。

雜訊

●巴西革命運動日形擴大

紐約廿日訊，日前報載巴西國，有組織完備之革命事業發生，現已證實，係在該國之中央省區發難，政府據報立派軍隊制止黨人舉動，聞有數處地方已發生戰鬥，但結果若何，尚未得悉，據官方消息，政府希望停止革命活動，已增兵防禦，并令飛機放炸彈擲擊黨人，不分良歹，毀壞屋宇甚多，倍諾斯愛勒地方，現禁報界登載此事云，

（二）

小通信

李勝西君鑒，你有信一封在我處，請到海關樓上四號來取

康莊弟你于第四期畢業，我因來遲了沒有會着，現在何處服務，請函告我，石龍入伍團三營二連唐學俊原名良才

阮錦雲我來粵已兩月有餘了，你現在何處，速來信通知我，入伍生團二營六連（現駐東莞）馮國徽

本濟於月之十七日失去黃埔同學會第九零四號證章一枚，申明作廢，張本濟啓

振乾春芳二位同志，你們現在何處，請通音信，我已入伍生第一團四營，黃應龍同志告我，你駐那裏？何團何連？請你寫信到本校政治部圖書館董成章

羅鑑，羅宇衡，周勃，譚季謙，陳炎華，高士珠，夏參時，鄧秉，曾樂斌，高忠，王昌楚，諸位同志，你們分發什麼地方服務，請速示知，我在東路總指揮部

第四期同學吳鹹球

中華民國十五年十一月廿四日〔星期三〕 黃埔日刊 〔第三版〕

革命之路

題目

●今後的唯一工作

第五學生隊第十三隊鄧昭連

革命軍，自出師北伐以後，沿途皆受民衆的歡迎和幫助；所以軍事的勝利，如同破竹一般。因此做「武力統一」大夢的吳逆佩孚，打得嗚呼哀哉，精疲力竭，無力再來狐假虎威了。就是頂頂大名的五省聯軍總司令孫逆傳芳，也被打得落花流水，僅僅只有一塊葬身的地皮了。總之，革命軍的勢力，已由珠江流域，發展到長江流域去了。而且能實現 總理的遺言：第一步「武力與人民結合，」這就是值得我們與高彩烈而歡呼的。

說到這裏，我們的同志們應當牢牢記着總理的遺言：第二步『武力爲人民之武力』。尤其是總理遺囑中告訴我們的：『喚醒民衆，及聯合世界上以平等待我之民族，共同奮鬥。』這是 總理奔走四十年，努力四十年，革命尚未成功的經驗中得來的結論。所以叫我們的同志應當以總理的遺囑爲歸宿。

「喚起民衆」，就是發展民衆的勢力，鞏固黨的基礎，雄厚革命的實力。現在我們軍事的勝利，已經很有成效了，然而我們的同志尤當努力喚起民衆，組織民衆，武裝民衆，黨化民衆，來做本黨的柱石，來保障現有的勝利；務必達到完全的勝利——打倒帝國主義，而不要再蹈辛亥革命的覆轍。

總理遠大的眼光，看透了中國國民革命卽世界革命的一部分，若世界革命不成功，中國的國民革命，亦不能得完整的勝利。所以有「聯合世界上以平等待我之民族共同奮鬥」的遺教。這種意思，是叫我們把全世界的被壓迫階級和弱小民族一致的聯合起來，努力奮鬥，以鞏固世界革命的基礎，使世界革命有充分的力量，以打倒國際帝國主義，實行解放全世界的被壓迫階級和弱小民族，得到眞正的平等自由，到那時，中國的國民革命，不待說，也就是到完整的成功了。

同志們！我們軍事已得了很大的勝利，我們要保障這種勝利，促進這種勝利，必須鞏固黨的基礎——發展民衆的勢力，卽黨的勢力。——這就是我們目下唯一無二要努力的工作，同時應該要明瞭，中國的國民革命要望其眞正成功，必須要促成世界革命，所以我們的工作，不應脫離世界所有的被壓迫階級和弱小民族，尤其是要同舟共濟的前進，秉着革命的眞精神，充實革命的聯合力量，不畏艱難，拚命向前做去，最後的勝利，必定是我們的。

一一，一二，於蝴蝶岡。

●向新入伍生各黨連部供獻一點意見

——嚴格的訓練黨員——

新入伍生團八連劉懋政

當我未入伍以前，想着凡是能以考取入伍的，必定都是十二分明瞭本黨主義並很努力工作的革命青年。不料一入伍以後，所見到的事實，乃有大謬不然者。據我個人主觀的觀察，入伍生中明瞭主義者固多，而不澈底者亦殊不少，不努力者尤多，至於完全不知主義爲何物者，及反動派之間諜，亦不敢說完全沒有。此種現象，各連都可見到，凡稍留心者，卽知余言之不謬。

此種不幸之事，在革命團體中是萬萬不應該有的，是絕對不能存在的，尤其是在我們入伍生裏邊，因爲入伍生團體，是唯一訓練武裝黨員的基本團體，此團體中有此惡劣現象，革命前途必大受影響，詳言之；卽現在之入伍生，就是將來之黃埔學生，亦卽將來之革命中堅，在入伍時期不明瞭本黨主義，入校後雖能受一些革命教育，畢業後亦未必能領導革命羣衆。卽是：在入伍期內，是一個不明瞭革命者，到黃埔仍難變其爲革命者。將來入到社會還是一個戴假面具——黃埔畢業——的假革命式反革命者。這種反動者之爲患本黨，乘吾黨之不備，爲害之能力，恐將甚於彰明較著之反動派。至於希望其努力工作，更是緣木求魚了。

爲剷除此種腹患計，不得不有一相當方法對待之，管見所及，莫如由連黨部加緊訓練黨員，使主義貫入其腦中，使其自行變爲黨化，革命化，因連黨部係直接與入伍生黨員發生關係者，所以訓練之專責，應全負之。至於訓練之標準，則以三民主義爲中心原則。其書籍，可就現有之政治部叢書爲根據。至於訓練之方法，可依下列數則：

一，由連黨部每週審察黨員自修時間之多寡，以規定章頁之相當數目，強迫其看書，

二，每週由連黨部找出相當時間，以相當方法考驗其看書之心得。

三，成績優者，與以相當之獎勵，劣者予以名譽處罰，

四，最少限度，須於入伍期內將所有叢書看完，能多授以他種主義書籍更好。

果能照此實行，則前之不知主義者，必一變而爲澈底而爲主義化，前之不甚明瞭者，必一變而爲革命化，卽前之反動派，所遣之間諜，亦必因吾黨主義之光明，革命路途之正大，而反醒，而悟覺，而信服，而共同革命，而加入聯合戰線也水可知，至於一般卑劣之投機份子，更勿慮其不爲吾黨所同化矣。如是則革命份子可望純潔，而意志不難統一，而革命團體方得鞏固。以此攻敵，何敵不克，以此奮鬥，何功不成！主義之花，開放有望，革命大功，不難完成！興言及此，不禁大聲急呼曰：革命成功萬歲！革命成功萬萬歲！但回想起來，這種希望之能否成功，仍須視各連黨部之能否努力訓練黨員爲定耳！

一一，一一，於東莞連部

●整頓本校陸軍醫院之管見

孫從欽

本校醫院，向設於海軍分校，去年六月劉逆震寰敗亡，桂軍軍官學校消滅，將其校址改爲本校醫院（卽東山皮革公司），另在平岡設休養室，歷時未久，而東山醫院歸第一軍管轄，平岡休養室改爲本校附屬病院，今年東山醫院又遷移平岡醫院，因房屋不敷佈置，於六月仍遷東山，改名中央軍事政治學校陸軍醫院（卽東山醫院），

欽來粵已閱二載，向在本校軍醫處服務，其中利弊，略知一二，現奉命爲本院院長，自愧才識淺陋，不克膺任，但爲黨國努力，未敢因難而退，且本院關係革命前途，非常重大，故勉任巨艱，竭力整頓，爰將管見所及，略陳固陋，凡屬同志，均應共策進行，不時賜敎，使本院逐漸改良，去除積弊，欽在職一日改革一日，惟期達到完善之目的，成敗利鈍非所計也。

（一）醫官司藥宜津貼薪餉　查本院現任醫官司藥，多係新來，舊者分散各處，而新來者到院未久又欲辭職，舊者未必盡比新者優良，然來者均存五日京兆之心，何能整頓，查其原因限於階級，因院少校限於內外科主任二人，革命軍人，雖不愛錢，然既爲環境所壓迫，受資本之牽制，家庭生活，不能不顧及，故宜津貼薪餉以安其心。

（二）藥品宜購備完善　查本校因經理部經費支絀，軍醫處無力購藥，致本院時苦藥品缺乏，近來病人既不准轉院，本院設備又未完善，使病人焦急萬分，醫官束手無策，故擬每月二十日前，將下月所需藥品，預算呈報核準，無論由軍醫處辦，或經理部辦，或二處合辦，均須于一號如數送院。

（三）器械宜添置充足　查本院由休養室擴充而成，器械自然不完備，所謂工欲善其事，必先利其器，若無米之炊，巧婦所難，故擬添置器械，使醫官不致臨時躊躇，有種種困難。

（四）病室設置宜改革　查本院病室內，設備毫無秩序，形式上很不雅觀，亦非休養之道，以一病人計，應添設如下：鋼絲床（或學生床）一，茶几一，棉被一，草墊一，白被單、蚊帳一，毛毯一，枕頭一，茶壺一，茶杯二。

（附記）病人來院時，除隨帶毛毯一條，衣服數件及應用必需物品外，不准帶貴重物件。

（五）對于伙食問題　查本院病人，每日伙食費三毫，廚司係包辦，牛乳雞蛋紅豆等均由廚司担任，規定病人中，食牛乳雞蛋紅豆之一者，不能食飯，有少數病人，往往食牛乳雞蛋紅豆後，仍食飯，甚或將此等滋養品，在外私售，另購雜物，非特廚房受其損失，對於病人飲食上，亦受莫大之挫折，故擬爰照國民革命軍第一二三病院例，滋養品費，由公家担任，將病重者之伙食費，貼於病輕者伙食有改良之望焉。

（六）各衞生隊休養室之規定　查休養室送病人宜特別注意，係病人所患病不能在一週內治

中華民國十五年十一月廿四日〔星期三〕 黃埔日刊 〔第四版〕

愈者送院，非病人先在休養室，住七日後不愈再送院，二者往往誤會，致各衛生隊休養室所送之病人，有病已入膏肓，始送院，入院一二日即死亡，致本院時有死亡之虞。故擬請各處醫官，對淌人所患病診斷時，須特別注意，倘係重病須早日送院。

（七）病人出院入院，須依照本院出院入院規則，住院時須絕對遵守本院院規，以資整理。

與新入伍的同志談幾句話

楊若濤

據說近來很多新入伍的同志（思想澈底，見解超卓，學識丰富，經驗宏碩的同志，當然不在此例），他們的思想和行動，頗多昏闇而幼稚，事事恍如歧途遊子，彷惶徘徊，無所適從似的，事事居於被動地位，一點判解力也沒有，多以官長和同學爲轉移，像這種現象，在服從命令，和親善同學方面來講，誠然是應該如此，而且一定是要如此才行的，可是，在一個剛受革命洗禮的青年，因所受革命的訓練不多，判別的能力薄弱，就不得不鄭重地有所注意而甄別了，不然，稍一不愼，墮入歧途，不特於他個人私德有損，即黨國前途，亦將有所影響，望我至親愛的同志們，趁此剛入伍的時候，特別注意才好！

我們作事，應該有深刻的考究，且應以沈靜的頭腦，而去精密地分析，切不可不辨眞僞，人云亦云，隨聲附和，這是最危險不過的事。

我們要知道，黃埔的分子，在理論和事實上，都不能自欺欺人的說是一樣的好，因此就值得我們注意而非注意不可了，很多的同志，在未入校以先，心裏總存着黃埔的分子一個壞的都沒有（我也如此妄想過），其實凡是一個大團體裏面，是沒有這回事的！所以一進校後，或以官長之威嚴而懾從，或以同鄉之友誼而信服，不管他革命的也好，假革命的也好，反革命的也好，一點也不分個靑紅皂白，眞僞是非，無論別人談些什麽，自己總老守着：「年靑學寡，少經事故，理當領教……」一類的倫理觀念，和牢不可破的宗法思想，其實在你自己原是出於一種誠懇求識的虛心，殊不知反革命和假革命者，便會利用你這謙遜的心理和機會，大鼓雌簧而從事其反革命的工作了，假若你是個社會行程中的初旅者，對於觀點上還是搖搖不定的，你一定便不知不覺的買了冒牌，走入了反革命的路上而不自覺，等到覺悟時，色彩已深，人已共悉，雖欲痛滌前非，亦將懺悔不及而不爲人所信任了。同志們，當心罷！你們周圍潛伏着的惡劣的暗勢力眞多着哪！

我并不是說我們革命者不應有謙遜和虛心的態度，我是說我們要與眞正的革命者謙遜和虛心，而去接受他們的指導和批評：也不是叫我們一點不與反革命和假革命者接近，乃是要我們的同志不要過於老實，一味聽其鼓吹，任其擺佈，要拿出自己的判斷力來施行。

但是，眞正的革命者和反革命者拿什麽標準去鑒別呢？我以爲：凡是本黨的黨員，能夠堅決的信仰主義，誠意的擁護先總理手定的三大政策——聯俄，聯共，擁護農工，以及開國民會議，廢除不平等條約，和一切主張，一點也不懷疑或猶豫，而努力幹去，並且遵守本黨一切的決議案，誠懇地服從與擁護我們忠實的領袖。這就是一個眞實的黨員，也就是眞正的革命者。口口聲聲說革命，其實一點革命的勇氣莫有，你說他不是革命者，而他偏又常常當着大庭廣衆很熱烈地高談革命，你說他是革命者，而又沒看見他在甚麽地方做些革命的工作，這種陰陽人，就叫着假革命。至于談也不談革命，想也不想革命，做也不做革命，革命的理論和主義，他是一點不知道而畏怯的，就叫不革命，知道革命而故撒嬌，甚至反對總理的政策，曲解總理的主義，違反高級黨部的決議案，時常陰謀破壞黨和政府，誣衊可敬可佩的袖領，不在站多數民衆利益上做事的，就叫反革命，同志們！這是我簡略的說法，請多閱關於本黨的書籍，自然慢慢可以曉得。

同志們！黃埔在本黨和國民政府及國民革命與世界革命上，占了如何的地位？和負了些甚麽責任？我們只要明白：甚麽是革命？甚麽是國民黨？甚麽是國民革命和世界革命？國民革命與世界革命又有何種密切的關係？還有國民黨之能否實現其主義，及國民革命之能否成功，是否也要看黃埔之能否發揚光大爲轉移，以上幾個問題有了相當的了解，自然就知道黃埔在時代和歷史上之價值與地位了，可是黃埔並不是幾間房子，和幾個職員，就可成立而發揚光大的。必視其構成分子的質量怎樣，和革命工作的程度如何而定，校長說；「黃埔的基礎是建築在學生身上，」不是在教官和校長身上，同志們！黃埔在時代和歷史上居了偉大的地位，和負了神聖的使命。而同時我們又爲黃埔的主人，則當怎樣矢勤矢勇，恪守黨紀，堅信主義，努力革命工作，而永保黃埔光榮，並擴大其工作，俾總理主義早日實現，既是我們負了這麽重大的使命，則定不是隨便就可勝任的，所以我們一定還要有幾個必守的信條：

1、打破地方觀念，和狹義的友誼關係，及親戚的倫理思想。事事都以黨和主義爲中心，切不要以官長和同學爲中心，因爲官長與同學們的思想和行動，難免沒有不以背景而遷變的。若是我們以官長和同學爲一個了不得的人物，而當作偶像去迷信和崇拜，那末，你所崇拜的人一直革命到底固然好，但他若當了反革命，你也一樣地隨着當反革命麽？所以我要說我們每個黨員都當以黨和主義爲中心。

2、革命者的態度一點不要客氣，就是說不要妥協，我們不管他官長和同學，定要在黨和革命觀點上去嚴相監督與批評，要是有人的思想和行動有叛黨的行爲，就萬萬不要因「威脅，利誘，輭化」三大魔術而失節啊，同志們！這是我最後的一句話，務請朝夕惕警罷！

一五，一一，一二，於政治部

悼北伐殉難烈士

新入伍生一團二連楊日新

孤鴻嚦嚦，
流水淙淙；
夾岸雪絮似的蘆花，
搖曳地迎着蕭瑟的秋風。
好一幅凄涼的畫圖呵，
心弦上不覺奏出了一曲悲壯之音！
轉念着沉毅英勇的戰士們，
接受總理的遺命，
向惡魔世界猛烈地衝鋒前進。
悽慘啊！
黃沙萬里，白骨磷磷；
光榮啊！
不顧身家，爲黨犧牲。
沉毅英勇的戰士們啊！
你們的鮮赤的熱血，
浸潤了主義之花，
將染成燦爛的中華。
你們那不死的精神，
將永遠，永遠地爲無產者敬仰，吁嗟。

一一，一七，于燕塘。

通信

張銓同志：你應怎樣努力呢？我以爲：1、多讀革命的書報，根本造成革命的人生觀，掃除一切錯誤的遺傳精神。2、和靄親切的與同學接近，領導他們左傾，不使有一個迷惑的人。3、努力預備被壓迫民衆工作，宣傳組織他們，使他們爲了自己起來革命。

士智同志：黑暗的事一定是很多的。我們一方面應當切實知其眞相，不要帶感情誇大其辭，預備有機會時可以設法整頓；一方仍應在萬難中找一部分我們可做的工作，使別的官長乃至士兵都能左傾，以減少軍隊中壞的影響。

代英一一，一九

問答

1、在農奴度制的時候，還存在的社會裏可否開始共產革命？

2. 中國此時能否可用馬克斯的資產集中於少數的那個條件來改造？

3. 一種民族運動而要是革命的不必要含有無產階級的元素，或一種革命的或共和的程序，或一個平民的基礎對嗎？

4. 馬克斯是否以物理學家態度稱他的社會主義爲科學的呢？有機社會組織能否與物理學的對象視爲一律？

5、克蘭斯基，察里調利勒那得爾薛得曼拆爾諾夫克林司再亭德孫等之民主黨其各個內容怎樣？

6、馬克斯考察英國的事實就算是科學上歸納方法的能事麽？而遽定下公律以概括一切甚公？

7，何爲樹的黨與烏託邦主義？

現駐魚珠三營十一連學生馬心白問

1，要開始共產革命則第一事須打倒農奴制度

2、一定要使資本集中，中國產業纔能發展總理主張國家產業即是此意

3、民族革命在無產階級革命運動在未起來之時，是不含無產階級元素的，有時並且不含民治的元素但現在的民族革命決不能還是這樣。

4、馬克斯是以研究自然科學一樣的精神研究社會科學的，有機體的人可以用科學方法研究其生理心理，有機體的社會當然亦可以科學方法研究他的生長變化的。

5，這是說各國的社會民主黨都是自命爲代表工人利益，而實際是與資產階級妥協的。

6，他考察英國事實在資本論中舉了許多事例而歸納出結論，這總比完全不根據事例專由主觀說出的靠得住多了。

7，樹的黨是廣州反動派以棍棒Stick搗亂的分子，烏托邦主義是空想的，即不根據事實的主張。

（代英）

中華民國十五年十一月廿五日 星期四 第四版 黃埔日刊

中華民國十五年十一月廿五日 星期四 第一版

中央軍事政治學校政治部出版
通信處廣東黃埔本校政治部宣傳科

黃埔日刊

第一九八號
本刊每份定價一分

是誰赤化了江浙皖？

孫傳芳的結局

張作霖受了教訓

促進福建農民運動

武漢民衆擁護聯席會議議決案

保護農民運動人員

鄧主任乘飛機歸來

黃昏後

十月梅

問答

編者絮話

啟事

徵求病故同志遺族通訊處

杭滬間軍閥之屠殺

孫逆敗後滬上政客之新把戲

西北革命軍整頓甘肅庶政

國民政府昭雪黃顯案

英煤礦工潮解決難

日政府對我商團體之高壓

再接再厲之西班牙革命運動

農工廳整頓工會組織新計劃

新架坡築港實訊

國家主義派向那裏活動嗎？

入伍生出防與到民間去

絕對服從問題

教授部鄧主任陶樹模啟事

〔中華郵政特准掛號立劵之新聞紙〕中華民國十五年十一月廿五日〔星期四〕〔第一版〕

黃埔日刊

中央軍事政治學校政治部出版

通信處廣東黃埔本校政治部宣傳科

〔第一九八號〕

〔本刊每份定價一分〕

啓事

於本月六號遺失黃埔同學會證章第六三七號一枚，除呈報補領外，特此聲明作廢。第四期吳國球

歐陽熙，李濟屏，沈波諸同志：你們在入伍生何連隊，現在何地，請詳告我。我編入第五期第一學生隊第四隊十四區隊 黃範 現居沙河

徵求病故同志遺族通訊處

李富崗，吳融，方鎮庭，張旺，歐陽旭，魏照九，龍飛，吳權，余揚聲，巴匡民，王斯陶，于篤志，張武揚，歐陽銘，符銓，徐欽才，黃武，劉寅階，汪正和，凌聲孝，朱煥然，廖兆堂，何旭揚，上列病故同

林樹人，徐渭材，馬平，林王志鵬，葉俊，孫浙蒼，孫京德，王福生，潘錫恆，童聖香，藏旭，黃劍光諸同志：別後工作何處？請各告曉為要！中央軍事政治學校第一學生隊第二區邵斌

袁孝松同志：你編進入伍生何隊，請告知我，這裏有你的家信一封，請來領收，或由我轉寄。第二學生隊七中隊二十七區隊李仁謙

本校本週口號

嚴守學校紀律！
學習革命技術！
增進戰鬥能力！
發揚黃埔精神！
擴大農工組織！
團結革命分子！
擁護國民政府！
打倒帝國主義！

本週各學生隊政治討論會題目

軍隊中的同志對于與革命有利的工作應當不待民衆有此要求，即挺身上前為民衆奮鬥呢？抑當俟民衆有此要求，順着民衆的意思上前為民衆奮鬥呢？

時評

是誰赤化了江浙皖？

江浙皖三省的紳士政客，在上海組織了三省聯合會，迎合孫傳芳的意志，在那裏主張什麼北拒奉軍，南拒赤化。奉天軍閥的殘民以逞，固不必待紳士政客們大喊拒絕，江浙皖的三省人民都會起來拒絕的。至於赤化，我倒要問問：陳調元在皖省殘殺青年學生和最近杭州上海等處的殘殺學生工人，是什麼一回事？那些被殘殺的學生工人的鮮血，染遍了江浙皖三省，究竟是誰赤化了江浙皖？（雲）

張作霖受了教訓。

日本帝國主義叫張作霖不要管閒事，而張作霖聽了大總統三字，終不免有些「小鬼頭春心動也」，所以他入關以後，行動方面未免有些不依他老班——日帝國主義——指揮的地方。怪不得順天時報發起火來，索性教訓他一頓，教他不要聽政客羣小的包圍。所謂政客羣小者，大概是指得「美內助」的小顧和一班與英帝國主義有些小小瓜葛的政客吧？張作霖受了教訓了，以後對他的日本老班應該小心些才是。（雲）

孫傳芳的結局

自稱五省聯軍總司令的孫傳芳，被革命軍打得一蹶不振，只落得逃到天津做寓公。他雖僥倖沒有像劉玉春陳嘉謨那樣付人民審判，然而人民早已從他的罪大惡極上判定了他的命運了，他終於免不了一個悲慘的結局。不但孫傳芳，可以說一切軍閥的命運，都已判定，祇差執行的遲早罷了。（雲）

黨務

⊙促進福建農民運動

中央農民部，現為促進福建省農民運動起見，特派農民運動講習所畢業生胡永東，組織汀漳道農民運動辦事處，以利進行，聞該處直接受中央農民部指揮，有批准及組織所屬地方農民協會之全權，昨中央農民部已通告汀漳各縣黨部農民部知照，茲特將該通告錄下，為通告事，本部現為促進福建省農民運動起見，特委派農民運動講習所畢業學生胡永東等，組織汀漳道農民運動辦事處，先集中該道所屬地帶工作，直接受本部指揮監督，該辦事處有批准及組織所屬地帶農民協會之全權，此後各該地黨部之農民部，希逕向該辦事處接洽，努力進行為荷，右通告各縣黨部農民部，中央農民部部長甘乃光，秘書陳克文

⊙武漢民衆擁護聯席會議議決案

自中央各省區聯席會議後，各方對于此次決議案，皆竭誠擁護，及努力實行，屢誌前報，茲武漢三鎮民衆，又有同樣之表示，其通電云，廣州中國國民黨中央執行委員會國民政府鈞鑒，恭讀此次聯席會議全部議決案，及宣言政綱各項，皆為當國民衆目前時勢迫切之需要，本會謹以紀念總理之誠，一致擁護，并努力促其實現，特此電達，武漢三鎮慶祝總理誕辰武昌克復江西克復紀念大會民衆五十一萬五千餘人同叩。

⊙保護農民運動人員

本黨農民運動人員，屢為各地土豪劣紳所仇視，甚或買兇截擊，農民運動人員殉難案有多起，省黨部特議決致函省政府，通令各縣長切實保護，函云、逕啓者，案查本會第五十一次會議，祕書處提出，近日各地農民運動同志，經已被縣長及土豪劣紳謀害，如四會陳伯忠，顯西嶠二同志，是其一例，應請省政府通令各縣負責，切實保護農民運動同志，以符本黨扶植農工政策一案，當經決議通過在案，相應錄案函達貴府查照辦理，并希見復為荷，

軍事

△孫傳芳滾蛋
△張毅輸誠
△五省總司令變為天津寓公
△張毅能攻浙自贖耶？

孫逆傳芳自前敵倉皇遁回南京，又以部下紛紛獨立，已於十八日離甯，離甯時，留函致陳調元及陳儀，微露下野意，有不問時事語，又電京，謂足部酸痛，醫斷為脚氣病，巧（十八）日赴津療治，須旬日回甯，所有任務託盧香亭代行，甯垣因南軍迫皖，魯軍將南下，風聲甚緊，孫傳芳部軍官眷屬紛紛遷滬，陳調元眷屬帶行李十件，廿一日由甯抵滬，杭州謠言亦熾，避滬者亦衆，連日滬甯滬杭兩路，乘客及行李極擠擁，又路透社本月廿一號上海電，據可靠消息，天津會議之後，孫傳芳允停止為五省總司令，祇為浙江督辦，蓋彼自覺若繼續單獨進行，則將必完全消滅，彼無奈許張宗昌返南京，為北方援助之代價，聞孫逆部屬各將領聯電蔣總司令，請和合作云，又聞周鳳岐廿晚抵滬，廿一赴杭，周部第三師抵鎮江，廿一運浙，周鳳岐昨夜到滬，今日赴杭，所部將調徐州云，

福建方面，自何軍長率革命軍入閩後，節節勝利，周逆蔭人之主力軍喪失淨盡，漳州同安次第克復，現復分三路攻泉州，張毅見革命軍之勇不可當，周逆已無實力，復見南昌九江均入革命軍之手，孫傳芳一敗塗地，為保全實力計，聞已願無條件向我軍輸誠，我軍現令張担任前鋒攻浙，立功自贖，福建現在已不成問題云，

★　★　★

要訊

鄧主任乘飛機歸來
△來省有四種任務

此次鄧主任演達與張師長發奎乘北伐勝利進展之時，乘坐飛機於前日由漢來省，對新聞記者發談話云，鄧此次回省，約有四種任務，（一）報告前方真實情形，調查後方最近狀況，（二）贛事解決後，對於大局發生問題，須要從長討論，擬在最短期內，在武昌開一政治軍事聯席會議，凡各軍軍長及此次中央黨部國民政府派赴前方委員，一律參加，藉以確定應付時局之大方針，因此特回粵與黨政府接洽，預定重要方案，以便提交聯席會議決施行，（三）此次北伐勝利，只能認為軍事一方面勝利，就是消極的打倒國民革命之障礙物與佩孚孫傳芳，然而此種勝利，決不能久恃，同時必須積極的謀政治勝利，得大多數民衆，解信仰，共同擁護，於是對於黨務方面，更要特別注意，謀發展，因此又須與中央黨部接洽一切，（四）我專任政治部工作，前後方政治工作方，須具有一貫之精神，以期工作格外靈敏，發生功效，故關於職務上不得不與後方政治工作人員徹底一接洽也。

中華民國十五年十一月廿五日〔星期四〕　黃埔日刊　第　版　（二）

杭滬間軍閥之屠殺

□滬江大學學生賀威聖在杭被殺……工友陶鑫元在滬被槍斃……被捕者生命之危殆

孫傳芳失敗後，猶復不知戢，嗾其走狗屠殺青年，昨據上海消息，滬江大學二年級生賀威聖，甬人，家有奇產，本年以養病居杭青年會，日前因訪客赴仕學旅館，爲警察捕去，聞其原因，因其友至馬路上投信二十餘封，爲暗探所見，即將其拘捕，並牽涉賀，聞信內語句，稍有隱語，賀被捕後，即改名胡珊，其父聞訊後，極爲惶恐，當即函託滬上浙省要人向宋梅村緩頰，囑由滬上諸人託陳蔚近設法，乃函甫發出，聞賀業已槍决，營救已屬不及，其家屬聞訊，極爲哀痛云。

又訊，上月二十三日，浦東閘課工界之陶鑫元，業於十六日，爲司令部槍斃，聞陶前作工於小沙渡，復在碼頭作工，自五卅案起，因而失業，今忽因黨案被殺，上海總工會昨發宣言，爲陶呼冤。

又訊，此次上海學生，爲愛國運動，被捕者甚多，最近革命軍攻下九江，滬上市民，復以分發傳單，被捕至四十餘人之多，陳威志許晨憲等十三人，已解送所轄軍法處，家屬聞訊，紛請各同鄉及商總會等援助，中國濟難會復發援護人道宣言，惟軍閥既無悔禍之心，被捕各人，其生命能否安全，尚在不可知之數云。

孫逆敗後滬上政客之新把戲

△倡議蘇浙皖三省聯合……軍閥之應聲虫……聯治派之原形畢現……

蘇浙皖國民黨聯合發表宣言

孫逆傳芳自敗退南京以來，窮力盡，猶欲退保蘇浙皖三省，以苟延其殘喘，滬上一班投機之士紳官僚政客，如蘇省教育會派黃炎培等，浙省聯治派褚輔成等，皖安福餘孽許世英等乘機倡議三省聯合，在滬成立所謂蘇浙皖三省聯合會，並發通電，以蘇浙皖三省自治區域爲名，主張停止三省軍事行動，爲當地軍閥作緩衝，蓋彼等二月前固倡議所謂五省和平，今贛閩兩省既入革命軍掌握，遂亦於孫傳芳倡言退保三省之時，成立蘇浙皖三省聯合會，是不啻爲軍閥作應聲虫，而數年來彼假以欺人之聯省自治派，並是亦原形畢露矣，中國國民黨安徽江蘇浙江三省黨部聯合發表宣言，反對政客假借名義，獻媚軍閥，並提出以下之政綱，（一）本主權在民之義應將三省及上海軍民政權交還當地人民，由人民組織省民或市民會議，管理一切，（二）拒絕奉魯軍南下，（三）保障人民集會結社言論出版之自由，廢除一切苛捐雜稅，（四）召集國民會議，解決國是云。

政治

△西北革命軍整頓甘肅庶政

△統一軍事……整理政治……剷除煙片……調劑金融……改進教育……廢止釐金

甘肅自西北軍到後，一切軍事方面由劉郁芬主持，政治方面由薛篤弼主持，甘中五馬（馬麟等）夙稱抗慝，向來各鎮不聽命令，劉郁芬毅然以武力將張兆鉀孔繁錦除，先後剷除武裝，五馬見事不敵，不敢再行放肆，劉親辦兵令各軍，不得干涉財政，勒收稅捐，凡未經督署批准，不准施行，軍令遂歸統一，薛爲弼省長復積極整頓吏治，所有縣長，均須經吏治研究考試，然後擇優委任，財政官吏，有舞弊在五百元以上者，判處死刑，各地方官員，有夥同軍官，勒種煙苗，由督者嚴懲，甘肅幣制，仍多未良，薛省長曾召集財務會議，籌畫幣制統一辦法，議決由西北銀行籌備鑄幣廠，以資調劑，教育方面，各縣一律不准讀經，私塾不得擅立，鄉中婦女，業已實行剪髮放足，薛省長復令各道尹知事，建立圖書館，開映教育影片，創辦公共體育會場，民衆思想，已大爲進步，又闢汽車路多處，使鄉中間風俗，不致再因交通閉塞而頑固矣。

△國民政府昭雪黃龐案

△通緝兇手趙恒惕等五八

湖南勞工首領黃愛龐人銓二人，民國十一年，因主持第一紗廠工人罷工，增加工資，經湖南省長趙恒惕，紗廠董事長吳奇彭祖植向森林汝賢等，指爲匪，遂於十一年一月十七日夜十二時，將勞工會封閉，黃龐二人被捕，當晚二時斬決，瀏陽門外鐵路邊，湘人視爲湖南勞工運動之第一犧牲者，迄今四年，停厝未葬，現在湘省民衆，追念前烈，由組織湖南人民公葬黃龐事務所，遺櫬安葬嶽麓山，俾與黃興蔡鍔同垂千古，同時龐弟龐人健，呈請國民政府昭雪，緝辦兇犯趙恒惕等五八，並發給葬地，國民政府當即照准，轉行湖南省政府遵辦，唐生智除准撥嶽麓山公地安葬，並在抄逆產項下撥洋二萬元，爲治喪安葬費用，一面通令全省七十五縣長，遵照國民政府命令，通緝趙恒惕等矣。

△英煤礦工潮解決難

△解決交涉完全停頓

倫敦消息，關於煤礦工潮解決之交涉，自十二日開會至十七日止，全國煤礦工代表與全國礦主交涉多次，煤工提出條件，與政府提案中之二三兩點，雙方意見不能一致，終無結果，已散會，罷工解決交涉，業完全停頓云。

△再接再厲之西班牙革命運動

馬德里廿二日電，近日關於革命活動事業，及黨人可驚舉動，雖政府各報登載，仍可探悉一二，現砲隊各軍官多反對現行制度，政府爲調和計，擬開復最近罷職各砲隊軍官，以平衆怒，討論結果，已得內閣同意，本日可由內閣提議，呈候國王核奪，又聞法國政府，仍繼續逮捕西班牙人，及外國人之關於近日謀危西班牙狄克推多政府者。

△農工廳整頓工會組織新計劃

△釐定工會會員

△變更工會理財方法

農工廳自新任廳長陳孚木就職後，以該廳所應辦之農工要政，原定有種種計劃，惟感任日行公事，以辦理各工會糾紛案件之多，致他種計劃多未舉辦，此後如欲免除各工會之糾紛，自應從整頓工會之組織方法入手，以期減少廳中公務，可以多辦各種要政，故最近經已大致擬定整頓工會組織方法之計劃，其大要係注重各工會之選舉及釐定各工會之會員，會員計分三種，一爲正式工人，二爲小商人兼工人，三爲純粹商人，非規定其權利義務，其次則以各工會內糾紛抵由財政管理之問題起，故工會之財政管理方法，亦須酌量變更，庶可臻於完善，其關於宣傳計劃，則擬召集各工會執行委員到廳接洽宣傳事宜，以便進行，並擬發行一種週刊，隨時發佈一切宣傳資料云。

雜訊

△日帝國主義老班「教訓其走狗張作霖」

日人所辦之順天時報於十五發表社論，教訓其走狗張作霖，謂張今立于岐路之人，張已聲言不欲談治，然大勢所趨，終必談，宜銘心者，即人民之聲，神聖之聲也，政客群小包圍者，聲惡魔聲也，愛民者興，怨者必敗，張欲爲歷史上人物，先行善政，則全國國民必起而愛戴之等語。

◎日政府對無產團體之高壓

東京電，無產青年同盟委員會，自十二日起，在芝區之關東地方評議會本部開會，三田警察署以未經呈報之理由，將該會解散，檢舉委員五十一名，該會爲左派之思想團體，或適用治安維持法，亦未可知，

◎國家主義派尚思活動嗎？

◎廣州組織分會說

國家主義派所組織之少年中國自強學會，曾派留法之廣東籍學生十餘回粵，希圖活動，聞最近該學會已擇定本市某處爲分會會址，連晚開秘密會議，討論如何可以在國民黨各級黨部及各政治機關活動，日前由法回國之十餘人均列席，又有日本留學生數人，上海某大學學生數人，全體有廿餘人，每人均有某機關要人某留法學生報告國民黨內容，并提議使入國民黨內部活動之妙法，即起而搗亂，欲使國民黨內部分裂，俾從中漁利，并由担任代向某方面說項，俟勢力澎漲時，即開該分會之主持者何某，係由上海總會指定云，

◎新架坡築港叢訊

◎價值約一千二百萬磅

◎路透社十七日倫敦電，每一電稱今日稱，海軍部已決定將所造新加坡之船塢分段運至新加坡，迨抵境後，再行裝合，前估計此塢工程約三年可畢，今則可望時間較短，

◎路透社十六日倫敦電，華爾遜造船廠史汪亭特公司，已接受定造新加坡浮船塢之成單，其價約在一千二百萬鎊，又訊日東社電，新加坡要塞浮船塢決從明春起開工建造，

東方社十六日倫敦電，十五日之英帝國主義會討論新架坡根據地問題，該問題因爲各自治領分擔建設費問題，故曾有相當討論，澳洲及紐西蘭首相共力陳分擔覺悟，指，加拿大對於該問題無興味與意見之表示，南亞聯邦暗中極方反對，愛爾蘭自由國對此毫不注意，英政府述說本國國民擔負重稅維持海軍，以保護全英帝國安全之實情，并力言英民不堪負較此更重之負擔，勸告自治領，各事分擔云，

小通信

教授部副主任陶樹模啓事

逕啓者鄙人原名叔懋現改樹模業於十月二十二日奉校長黨代表命令廳[illegible]公佈[illegible]文函件均用樹模原名即行取銷特此聲明　陶樹模十月廿七日

英臣同志：你入伍了嗎？現編在那裏，請示我！　馮斤啓

聰振宗節希賀你們在那隊，請告知我現在特別黨部服務　[illegible]

範汝璣弟鑒到省即來黃埔會[illegible]

吳會治兄：你現在何處服務，請示知，我編在第十二隊三十九區隊，[illegible]董谷生

舒中元，武廼文，鄧樹元，[illegible]先材，向紹嵐，陳德會，各同志；我在黃埔農民協會[illegible]請你們寫信給我！[illegible]

[illegible]第三學生隊第九隊趙賀璽

中華民國十五年十一月廿五日〔星期四〕 黃埔日刊 第三版

革命之路

題目

入伍生出防與「到民間去」

張有鄰

自從張作霖攻下南口，革命聲浪正蓬蓬渤渤的北方，陡然變成了一塊黑暗瀰漾，烏烟障氣的局面，所謂什麼討赤反赤的口號，也就在此時高叫得驚天動地，可憐一般從事民衆運動的勇敢同志們，爲着赤化的嫌疑，犧牲於軍閥槍尖之下者，不知凡幾，有組織而堅固的工會與學生會，也就在此時幾乎完全烟消雲散了。這對於國民革命的前途，是 大的一個損失啊！

北方的革命運動，雖然受很大的損失；而在南方的革命空氣，則大囂塵上。幾十萬武裝的同志們，鼓着犧牲奮鬥的神情，同聲協調的高唱着北伐之歌，同時在湖南湖北的工友農友們，他們因認識了北伐軍的性質，及目的，於是很勇敢地與北伐軍作偵探 輸送 且破壞敵人後方而助北伐軍以進攻的機會 因此 旬日間，北伐軍卽克服長岳，攻下武漢，統一了兩湖地盤，更進而取贛攻閩，在戰事上獲了極大勝利。這是何等値得我們後方的武裝同志們高歌而慶賀的！但是，我們不應只是慶賀北伐勝利，我們應當「忘用頭顱與赤血造成北伐勝利的前敵武裝同志，與兩湖革命的工友農友們的犧牲奮鬥的精神。我們要知道他們的殺賊聲，已經赫得英帝國主義者心驚胆戰；他們的鮮紅的熱血，已經與北方犧牲的同志們合流一起，將要洗完全中國的汚痕——軍閥及一切反革命派。現在奸滑的英帝國主義者，知自己之崩潰時期將至，於是千方百計，一面用挑釁手段，實施其砲艦政策，一面利用土匪與民團及一般反革命派來擾亂北伐後方；這是北伐前途，很大的一個危機啊！我們後方的同志們，應如何繼續前敵同志的精神，來鞏固後方的革命根據地，以使前方革命勢力無阻碍的發展?!

我們已很顯明的知道了後方武裝同志們的工作，是鞏固北伐後方，而且校長臨走時，也曾諄諄以鞏固北伐後方勉我們後方的同志，不消說這一個鞏固北伐後方的工作，是最重要不過的了。但是我要問一問：我們究竟怎樣鞏固後方？

當我初入伍的時候，官長向我們說；『當此北伐期間，後方防務異常空虛，難免不有反革命份子乘機擾亂，所謂鞏固後方的責任，全在你們入伍生身上，你們在最近應專心研究術科，將來出防時你們才有把握可以打土匪，假如你們有把握 就有成千整萬的匪人，我們都可同他對敵了。』

政治教官也向我們說：『現在北伐的時候，後方防務不免時有被香港英帝國主義者利用土匪及反革命派來擾亂的危險，我希望你們每一個入伍生同志，都豎起肩頭來負擔此鞏固後方的重擔，聞說你們不久卽要出防你們在此末出防的時候應對於政府有相當的明瞭。所謂本黨的農工政策，聯俄聯共政策，你們更應確實知道而確定了自己的革命人生觀。將來你們出防，去同民衆接近的時候，你們才分得出誰是革命的民衆，誰是反革命的土豪劣紳，並且希望你們務要實行「到民間去」。多同民衆接近，然後可以同民衆生得出感情來。人民對於你們有了感情，就是成千整萬的土匪來打你們，你們也可不怕」。是什麼原因？因爲民衆的力量，可以降伏一切東西，無須乎要你們勞駕。我們試以最近兩湖工友農友之幫助北伐軍，及松口農軍之助我滅敵爲證，卽可知民衆之力量如何了！假如你們不實行到民間去同民衆接近，民衆對於你們便生不出感情來；倘土匪來打你們的時候，他們不但不幫助你們，且參入匪的戰線中來打你們；這樣一來，你們便危險了！不但你們危險，在北伐後方也將發生危險。所以說你們出防後，無論如何都要到民間去同民衆接近。在未有組織的民衆，你們同他組織起來；組織好的，你們亦應幫助其發展。假如你們照此做去，在北伐後方我可說就單是你的入伍生的力量，就可以措立如盤石之安了！』

長官指示鞏固北伐後方的方法 固然是一個方法，不過政治教官指示我們的鞏固方法，我覺得還要重要些，亦卽是我們入伍生出防後唯一應幹的工作。入伍生同志們！「到民間去」！「到民間去」！應深深地記在腦裏呀！至於到民間去怎樣辦？最好請各同志在中國青年，中國農民，黎頭，少年先鋒，及我們的日刊等刊物上去找材料，我因時間關係，不能在此詳說。

現在我們入伍生已出防了，而且我們到此地東莞，也差不多快滿一週了！我們的官長旣未提及到民間去的話，而我們同學中亦少有實行者。這難道是同學們不願意嗎？不，我相信決不，還因爲我們沒有機會走出營門一步。本來每天除了勤務上操上課外，還有許多剩餘的時候可以「到民間去」同民衆接近的，但總不得其門而出。希望官長們能夠看重民間運動的工作，能夠注意到要怎樣纔能使北伐的後方眞正得着永久的鞏固。我想此後這一項工作，或許才有希望和成績。

一五，一一，九 於東莞營次。

絕對服從問題

第二學生隊二十一區隊鄧乃公 代英

代英主任教官：

『……至今仍是主張絕對的服對的。……』先生的話，學生開盡了三斤二兩的腦汁，仍是明白不過來。似乎仍覺得應該由「理智」而判斷（相對），不應該由「盲從」而固執（絕對）。

誰也知道，如果能夠絕對服從，「如身之使臂，臂之使指」，無論任何工作，都可收比較大的效果。無奈事實上做不到何！

一，鄧魯善于筆記三民主義，却又善于背叛三民主義。個人于時間上難保不發生問題，（審官恐怕也是一樣罷），因之，對他服從的人，不得不隨時間而變態。

二，尤其就是革命軍裏面，橫豎也難保不有多少違背革命工作的官長。如果眞的絕對服從，「堂上一呼，堂下百諾」，前第二團的入伍生，也只好死心貼地的隨陳復變而軍閥，再變而反革命了。

所以我們校長說：『我們革命，不但上官要監督部下，部下也應監督上官』。（在東莞中學對二十師官長說的）。唐軍長生智也說得好；『如我有大不對的行爲，各位儘可來革我的命。』（新蜀報。）

是的，不錯。服從而至于相對，有時不免有頭腦簡單的人，偏偏小題大做，故意爲難，發生滯手滯脚的討厭。但是「相對」的眞義，並不是故意與官長爲難，更不是凡奉到命令一定要開會討論。只是作一個救濟「反動」的預備劑，希望官長們不要跑出「民衆利益」以外。其餘的事，好比「小德出入可也」，「若得好休便罷手」。故我口雖說相對，心仍十二分希望上官的命令能夠時時有使我們絕對服從的可能。

先生又說：『什麼是相對的服從呢？就是凡奉到一項命令，他要先去看看對不對然後服從。』那末，假使他約命令眞的不對（假設是反革命），照先生之意，却應該如何？恐怕不應該「癩狗下水拉猫也下水」罷！

相對服從可使：一，長官恐怕部下反對，戰戰競競不敢走錯路，二，部下不致於（盲動）。

學生的意思：則以爲除了「黨紀」「軍紀」「風紀」（這也就是相對服從的標準）以外，人世間再沒有絕對服從之可能和必要。

然這不過是我個人的意思，對不對 還要請各同志——尤其是先生——糾正！ 乃公

乃公同志：我的意思，假使官長的命令眞的不對，亦是要服從的，爲甚麼呢？你說「假設是反革命，」我卻要特別指明，命令縱然不對，不能夠使諒爲是反革命。軍隊中「如身之使臂，臂之使指」的作用，是很重要的。若說這件事實上做不到，這種軍隊一定會被能夠「如身之使臂，臂之使指」的軍隊打倒，還說甚麼革命呢？我說一定要絕對服從，只有黨與民衆所反對的命令，我去不服從的，不是說凡不對的命令都可以不服從。

我們要監督上官，這是說要將上官不對的事告訴更高級的上官，然而並不是便可以不服從這個不對的上官。我縱然以爲他不對，我亦是必須絕對服從他的，我們有時要對上官革命，這是說在非常的時候，要根據黨與民衆的意思，打倒反革命的上官。革命軍人一定要能這做嗎？但這決不是說我們可以在平時都將絕對服從修改成爲相對服從了。

我以爲每個革命同志，不應當容許「相對

中華民國十五年十一月廿五日〔星期四〕 黃埔日刊 〔第四版〕

從」一名詞的成立。官長反革命是非常的事變，雖然我們必須要有非常的手段對待他，但決不可將這些手段當做家常飯菜看，天下沒有相對服從的軍隊，要是相對服從，便自然會破壞軍紀風紀。你以爲如此可以使官長不敢走錯路，不知正中了浪漫不甘守軍風紀者之下懷，他們一定會在各種小題上求大做的。

而且我要更加深說一層：我以爲軍隊中的同志專靠自己來觀察評判長官是革命反革命，這是十分危險的一則難保自己沒有偏心誤解的地方；二則動輒要用自己積極或消極的力量裁制官長，亦使軍隊時時搖動崩壞的危險。我的意思，我們說官長是反革命，不能是由我們自己的意見，一定要根據黨與民衆的意見：假如官長眞是反革命而黨與民衆不知道呢，我們一定先要使黨與民衆知道，仍舊依他們的意見來決定我們的行爲，黨與民衆沒有意見的時候，無論官長的命令對亦好，不對亦好總是要絕對服從，沒有甚麼叫作相對服從的。

我主張一定要絕對的服從，絕對服從到成作霖吳佩孚的軍隊一個樣子，但只有在非常的時間有例外。

我再要說，俄國共產黨稱爲鐵的紀律的黨，他們決不會因怕黨魁有反革命的行爲，而主張改爲相對的紀律的。人家的黨要辦到軍隊一樣，因爲一定要這樣，纔能「如身之使臂，臂之使指」的作戰。我們的軍隊還要說甚麼相對服從嗎？

同志們；勇敢些承認這「絕對服從」四個字。這是軍隊所以成爲軍隊的重要原素，不要因爲我們希望比較浪漫自由一點，便冀修改爲甚麼「相對服從」。我們只要深切了解主義，能與民衆親密合作，我們不會到！官長眞是反革命的時候都跟着走的，但這決不是無論甚麼命令要看對不對然後服從。我們黨所需要的軍隊中間，亦決不能許大家這樣做的。

代英

黃昏後

羅吉芳

火熱般的太陽，已經依着他的循環律，冉冉西墜。啞啞的歸雁，唧唧的虫聲，悲愴淒切，都表現着與離愁同慨的樣兒。

感着苦悶的我，信步地跑出房門，未及數武，即見有簇聚着一團人，很興趣淋漓喃喃不絕地高談闊論，趣前一聽，有的是說：入伍生應有的志願，和卒業後應負的責任。有的是說：像革命軍這般的戰勝攻取，將來國民革命成功後，我們應怎樣地改造中國及促進世界革命成功。……彼此互談的，無非是這些同調的聲浪。那時的我，也就收其放心，聚神凝思地聽着，但是正當他們談到精妙入神的時候，那討人沒趣的C君和K君，便迫切地走來了。

C.君老不自愛，半腰裏插着說：『我們在家裏的時候，以爲一到黃埔軍校，便可以腰橫皮帶，穿高跟靴，享那極高貴的軍官生活；誰知一到此地，又要入伍，嘗盡了百般艱苦，歷遍了千端淒涼，眞是令人痛心！但是，我們都是被經濟壓迫，不能再求上進，光大門閭，今日爲此，實不得已，至於那班大學生們，軍官們，政客們，……僅可以作舊生涯，何必也來討苦！』

C.君剛說畢，K君便接着說道：「既是這樣，那又何必來呵！」

當時我在旁邊，聽着他倆那一番說話，不覺感慨橫生，忍不住再叫我的嘴唇緊閉了。

我們中國自受帝國主義和軍閥的兩種壓迫以來，國計民生，苦不堪問！所以 先總理有見及此，努力革命，四十餘年，雖然屢遭失敗，仍是繼續奮鬥，未稍灰心；並且知道要剷除此兩重壓迫，更非有有主義有紀律和訓練的軍人，來爲民衆向敵人痛擊的前驅，是不能奏效的，所以在改組本黨以後，便成立了黃埔軍校，既是這樣，那末，我們黃埔軍校所負的責任，何等重大，而我們來黃埔求學的同志們，自應認淸觀點，努力工作，方纔不負初心！何況那班大學生們，軍官們，政客們……，能够覺悟了昨日之非，甯可犧牲一切，不避艱苦地到來求學，我們應如何誠懇地歡迎和他在一塊兒研究革命策略，以作將來的運用？焉能旁觀地無意識地悲歎和憐惜！希望，親愛CK二君！你們以後當認淸革命的觀點，努力去作你的工作，你這思想，你這幼稚的極端錯誤思想，快快從根本改正過來！……」夜色的厚幕已給蓋上了大地，閃爍的疏星，在那浮動的白雲中，時時用她琉璃的目光偷視我們。這時的C.K二人，已在此星光之下，靜靜的低垂着頭部，表示一種有所感動的樣子。

一九二六，一一，一六，於入伍生一團十三連

十月梅

一陣陣地香風，
不斷的透入心靈。
——却原是嶺頭的梅花，
正揚她的芳芬。
天空忽來個捷電，
報的是南潯勝利的軍情。
啊，梅花喲！
你是來傳花信，
使我們得無限的歡欣？
幾枝傲骨，一縷芳魂，
能知我們的勝利，
來她他的花信。
啊，梅花喲！
露出示你嫋婷綽約的姿態，
好似勇躍的參加了革命。
可欽可佩的梅花！
你偏早的不放，
正趁着勝利的歡聲，
顯出了不屈不撓的精神。
別人說：是報春信；
我說：是報的打倒吳孫！
啊，梅花！
你的芳魂已被我們喚醒，
不然，怎的也有這一片苦心！

第二學生隊八隊蕭春

問答

1、列寧主義是否是共產主義？
2、蘇俄是否行列寧主義？
3、中國海關稅和郵務的管理職員爲什麼用外國人？
4、領事裁判權是啓於何代？
5、上海爲什麼要設會審公廨？

新編入伍生三團一營二連徐法琥問

一、他是主張以新經濟政策貫澈共產主義。
二、是的。
三、因外人用各種方法要挾的結果。
四、歐洲中古便有的，現惟行之於中國，各國已不用此制。
五、因外人不許中國官吏可以獨自審判之故。

（代）

1、唐治爾在何國？係何問題？
2、海牙會議，是一回什麼事？其組織與內容若何？
3、洪門三合會，是否三會合成的？其三會之名稱與首領請告知！

政治二隊學生陶廣卿問

1、在北菲洲，西班牙意大利英法均爭此地。
2、是帝國主義者意圖弭戰之組織，由各國派代表會所設荷京海牙。
3、三合會只是一會之名並非三會合成。

（英）

一，平均地權有說，使地主不敢將『地價』報多報減，國家用『照價徵稅』及『收買土地』兩方法，設使全國地主將「地價」報減，國家那有這樣多的錢，來收買全國的土地呢？
二，共產主義完成期，每個人都『各盡所能，各處所需』這和無政府主義最終目的，同不同呢？
三，資本兩個字，如何解釋？
四，『價值』與『價格』怎樣分別？
五，日內瓦會議，係何國發起的呢？及其內容如何？

政治科學生彭穎新問

一，國家收買土地之錢仍由累進稅向有錢人抽收得來的。
二，共產主義完成期，便是無政府主義。
三，凡用以生利之財物，均是資本。
四，價格是貨物市面之價，價值是貨物本身之價，即未受市面供給需要之影響時之價也。
五，日內瓦會議（去年的）是國際聯盟所召集討論縮減軍備問題，因英法衝突而破裂。

（英）

編者綴話

接到同志們許多來函，都要求設法使革命之路能够便於另行裝訂。革命之路本是日刊的副刊，他就好像代表本校喉舌的一個機關，他就是表演『黃埔精神』的一個帷幕。換句話說，上面所登載的東西全都很有價值，雖然我們不能自誇，但至少我們總可以說有好多都值得我們留作參攷，是應該使他能够便於裝訂。限定在這一張的篇幅上，要使他能够便於裝訂，則最好只有使他每天都佔全幅日刊一半的地位。但是，這樣一來，要影響其他部分——如校閱事務及國內外新聞都要因之減少，都還是小事；而文章方面，却難免有時不感着困難了。編者在好久以前就注意到了，只因這個問題難以解決，所以至今不敢實行。現在同志們既然又有這種要求，只好勉強來試他一試。從一九號起，把形式也略略改變了一下，倘同志們能夠繼續不斷的供給很多好材料來，我們以後就照這樣辦下去吧！（同志們投稿來，千萬請注意本刊一八六號革命之路從面的『編輯餘話』及一八二號前後幾張上所登的『本刊緊要啓事』中的各項要求爲要！）

（伯休）

黃埔日刊

中央軍事政治學校政治部出版
通信處廣東黃埔本校政治部宣傳科
（第一九九號）
〔本刊每份價定一分〕

時評

■蘇浙皖三省聯合抗奉軍

如果倡立蘇浙皖三省聯合會的，其動機在拒絕奉軍南下，那是不錯的，但是無拳無勇一向生息在軍閥底下甚且受軍閥卵翼的江蘇省教會派，浙江聯治派，皖省安福派等的紳士政客，有什麼能耐去阻拒魯軍的南下呢？蘇浙皖的紳士們！真要拒絕奉軍南下，你們須得先請蘇浙皖的所謂軍事當道，把奪去的政權交還蘇浙人民，一切壓迫殘殺的行為立刻停止。只有人民的力量能擁護反奉的軍隊，也祗有為人民所擁護的軍隊能抵抗強大的敵人。然而現在的江浙皖怎樣？封閉團體會所和摧殘捕工人學生的事實明明放在我們眼前！江浙皖的小軍閥，一方面反革命，一方面反奉軍，其結果是抵抗不住奉軍南下，消滅不了革命勢力，只落得犧牲了自己。江浙皖的紳士們，祗會開會發電，結果也不過在紙面上留些向軍閥痛哭流涕的淚痕罷了。

■應注意福建的所謂民軍

我們本已知道福建的所謂民軍，內容是很複雜的，革命軍[illegible]時卻包含了許多危險，最近上海[illegible]均招商繳辦，煙苗捐亦擬繳辦[illegible]或許不是謠傳吧？我們應該注意[illegible]本不曾受人民擁護的，在福建軍[illegible]痛苦，已解除了多少？（彬）

校聞

■第五期第一次政治工作會議紀事

[illegible]開第一次會議，列席人員，[illegible]政治教官，各學生隊隊長，政[illegible]方留守主任孫炳文等，計[illegible]工作概況，及第五期工作計劃[illegible]在最近預擬出版講義二十種，亦擬各印數萬[illegible]政治教育概況，大意謂[illegible]吾人達到最初預定的[illegible]第四期工作所得的經驗，來[illegible]各學生隊添設指導員，亦為[illegible]可根據該項報告，以解[illegible]須打成一片，兩方面決[illegible]教育的精神，而獲得最大[illegible]教官等赴前方，本校長方[illegible]教育長命令代惲主任教官職務，希各同志隨時指教云云，後討論將海關房舍改設總理室，革命博物館，文化陳列所，兵器陳列所，特別研究室，及創設婚園等項，亦相繼通過。至散會時，已十一時矣。

◁本校本週口號▷

嚴守學校紀律！
學習革命技術！
增進戰鬥能力！
發揚黃埔精神！
擴大農工組織！
團結革命分子！
擁護國民政府！
打倒帝國主義！

◁本週各學生隊政治討論會題目▷

軍隊中的同志對于與革命有利的工作應當不待民衆有此要求即挺身上前為民衆奮鬥呢？抑當俟民衆有此要求，順着民衆的意思上前為民衆奮鬥呢？

黨務

⊙省黨部致中央黨部函
⊙為潮安工賊僕映澄勾結軍人槍殺市民案

省黨部昨致函中央執行委員會，請以黨的紀律，提出中央軍事政治學校潮州分校學生函云，逕啓者，案查本會第五十一次會議，汕頭市黨部代表李春濤張餘生同志，出席報告，潮安工賊僕映澄勾結中央軍事政治學校潮州分校學生槍殺市民及工人，現在羣情憤激，請決定辦法應付案，當經決議，惟此市民案，據報已經了結，應函中央執行委員會，對于中央軍事政治學校潮州分校學生，此次強迫扣留李春濤之不法舉動，須執行黨的紀律，予以相當處分，在案，除函復外，相應錄案，並檢同原件，函達鈞會察照核辦，為荷，此致中央執行委員會，廣東省執行委員會。

★ ★ ★

要訊

◉咄咄逼人之奉魯軍南下

△魯軍分津浦隴海京漢三路南下……三省士紳會議抗拒……氣燄萬丈之張宗昌……焦頭爛額之孫傳芳……董康亦被嚴拿矣

最近奉魯軍南下空氣，日益濃厚，當張宗昌赴津之先，即決意援蘇援鄂，在津已與奉張直褚，商決援蘇援贛策略，其要點為直魯軍南下，奉軍任後防，餉由魯省擔任大部，南下分三路，(一)津浦，(二)隴海，(三)京漢，惟必俟吳子玉孫馨遠來電請援，方下動員令，前敵總司令，將由褚玉璞張周文軒充任，計劃既定，適孫傳芳軍潰敗，孫氏隻身逃回，又以南京立足不住，遂赴天津，奉軍南下，遂由計劃而漸趨於事實， 最近上海蘇浙皖之紳士政客，以形勢緊急，組三省聯合會，拒奉軍南下，並決組織軍政外交財政民政委員會，推代表分赴杭甯安與當局接洽合作，實行民治，東南局勢又趨嚴重，而孫傳芳既已無法抵抗，遂不惜暗投張宗昌，以冀分得浙省地盤，前日竟與張宗昌聯名電甯滬，謂報載董康聯韓國鈞唐文治是否列名請奉魯軍南下如屬實，是董康與南軍通聲氣，阻義師，殊可恨，應查辦，適蘇浙皖聯會推董康赴津京聯絡同鄉，阻止魯軍南下，已下船，聞張孫聯電嚴拿，董遂上岸止行，綜合各方消息，奉魯軍南下之實現，恐在最近之數日間也

◉帝國主義．軍閥．研究系之聯合戰線

△丁文江謀逐滬上黨人出租界……法領事阻止鈕永建赴會……被捕繫獄之學生工人……四團體之宣言，

孫傳芳自贛省戰事失利後，對於滬上民黨要人，力為壓迫，迭次命丁文江與駐滬各領事磋商，驅逐民黨重要份子出租界，英美等國與蘇孫早有密約，已有特殊關係，當然唯命是從，因此法領事雖亦不敢公然反抗孫氏之命，而使同色人種加以特別嫌疑也。十五日鈕永建代表南政府招待日本藤村池由兩男爵，及中外名流之茶會，預備有長篇之演講，使中外人士，咸瞭然於國民政府之近況與種種設施，無如十五早法捕房即派來探員告以今日之會，請鈕氏萬勿出席，致滋誤會，倘有發生事端，法捕房不負保護之責，鈕氏只得另派代表出席道歉，并於滬上宣稱已於十三日內接蔣總司令電召入潯，參與軍事，藉以遮掩帝租界當局之耳目。故今日滬上各報，均載有鈕氏入潯之新聞，其實非也。滬上黨人，莫不切齒孫氏，擬於相當時間，即行襲取浙滬，所以滬地戒嚴，旬日來益加緊，已如草木皆兵之象矣，

又滬前因散發傳單先後被捕者百餘人之多，除不幸已遭槍斃者外，皆因繫獄中，痛苦萬狀，日前上海智識階級聯合發布擁護人權宣言，又有台州旅滬學會等四團體聯合發表宣言，『略謂近日贛[illegible]失陷，滬上人士，本主權在民之義，謀人民之自由幸福，而為自治運動，不料不為當局鑒諒，竟被捕百餘人，而繫之於獄，痛苦萬狀，至今毫無釋放之消息，殊令人深痛人道之埋沒也，今擁護民權起見，謹請當局從速釋放外，還請各界一致起來援助』總之，現在之上海，為帝國主義者軍閥及其走狗研究系聯合造成之白色恐怖的世界也。

啟事

敝隊上等[illegible]粵籍，于本月廿二日潛去，白布[illegible]第四〇號[illegible]一件，除呈報通緝外，特此登報聲明 第六學生隊第十六隊啟

本月廿一日因事往廣州市將本校第六學生隊第十六隊符號失落，無論何人拾得作為[illegible]

[illegible]鐘藩二同志：你編入何科？通訊何處？請告我 黃埔本校[illegible] 東莞入伍生團一營五連李國鈞

吳潔同志：你畢業後分發在何處？隊服務？請即示知 [illegible]鐵夫三同志：你們升學編入何隊？請即示知 弟在虎門太平駐防入伍生第一團第三營十連萬寶仁

劉維飛同志：你現在分發何處服務？請速寫信給我，我現在駐在深圳[illegible] 前入伍生二團四連黃中強同志：[illegible]知你在何部隊，見字請示知通訊處 虎門太平入伍生一團十連黃啓初啓

軍事

△土崩瓦解之直系軍閥
△長江艦隊棄逆投順
△張毅軍隊擬改編
△孫傳芳休矣
△曹琨將何之

福建及長江艦隊，近以革命軍所到地方，民衆無不竭誠歡迎，頗知潮流所趨，民意攸歸，再難棄順效逆，陷於孤立，遂推派代表來粵，向國民政府輸誠，昨由總司令部傳出消息，謂雙方所商條件，業已妥洽，不日即有通電表示。

昨載張毅向我軍輸誠，茲將何軍長報告張毅輸誠電錄下限即發（銜略）昨日張毅派其總參謀許勗齡，攜函前來，表示輸誠，頃復張毅一電如下，（一）該軍照革命軍編制為兩師，張為軍長，（二）軍隊編成後，設各級黨部代表，及軍師政治部，（三）各級幹部人半選黃埔學校學生學習，遺缺由革命軍官長調充，（四）自副軍長以至副連長，由革命軍派用，（五）澈底與國民革命軍合作，攻擊周蔭人孫傳芳，及一切與國民政府為敵之軍隊，（六）該軍經費與革命軍同，（七）以上條件限養日答復，可否收容，應如何辦理，請示遵，應欽叩，號（廿日）於同安印，

又訊，孫傳芳離寧後，東南局勢漸呈變化，陳陶遺以魯軍將南下，時局難應付，擬辭蘇省長職，貴重物已運滬，廿二日省署會議財政，盧香亭亦列席，現陳儀部第一師由徐州過寧開滬杭，盧香亭部第二師由滬開鎮江常州，將分駐長興宜興一帶，周鳳岐部第三師，由鎮江開滬轉杭，陳儀在杭召集會議，密商應付時局，

又訊，靳雲鵬田維勤魏益三等因張宗昌將談豫謀與南軍接近，形勢嚴重，曹琨將赴滬，張治公仍在洛云，

政治

△偽政府之廢約交涉
△比使態度強，西班牙，日斯巴尼亞商約以年期滿，

北方偽政府對比僑採取有期限之優待辦法，暫停領事裁判權，訴訟依中國法律裁判，入口貨照通常稅率徵稅，而比使已有抗議至外部，謂上海會審公廨不得拒絕比國領事之陪審，比國之領事裁判權不因中國片面的廢棄條約而左右等語，是比使態度固仍強硬也，

又據上海領事團方面消息，我國與西班牙訂商約，將於明年五月間期滿，外交部已通知西班牙政府及該國駐京公使，於該商期滿失效之前，須根據互惠平等原則另訂新約，俾得繼續通商，否則以宣布比約失效手續辦理京訊云，我國與日斯巴尼亞通商條約，明年五月十日又屆十年期滿，外交部方面，以原約有提議修改之必要，業經備具說帖，於九日閣議席上提出通過，隨由部中照會日斯巴尼亞駐京公使，聲明中國政府根據中滿通商條約第二十三條之規定，於期滿日前六個月，先行備文通知貴國公使提議改訂新約，並以平等相互主義，及尊重領土主權，為彼此訂約之原則等語，該使尚未答覆云，

△日本政潮澎湃
△東京發覺重大陰謀
△又有一新政黨組織
△控訴成立否尚未決

電通社十七日東京電，東京方面，近似發生重大事件，昨夜深更，警視廳首腦部開始大活動，刑事巡警東奔西馳，狀至忙碌，詎係祕密圖倒內閣之反動派，藉所謂日皇之病為名，分布各種傳單，其陰謀遂致暴露云。

電通社十七日東京電，逆料憲政會必田中間內閣運動遂如潮而起。有擁床次，後藤斗沼，諸氏組織新政黨計畫，加入者有鈴木喜之郎，山梨半造，水野鍊太郎等，但實現恐難。

△英礦工潮解決無望
△又煤區反對政府提議

路透社十七日倫敦電，南威爾斯礦工公會以七萬九千票之多數拒絕政府提議，格拉斯戈礦工代表今日開會，會員八萬，而投反對政府票者佔五萬七千，除蘇格蘭與威爾斯外，蘭開夏，甚夏爾，諾桑白倫亦皆反對政府提議云。

經濟

●蘇俄增加教育交通預算

（蘇聯社）莫斯科電 蘇俄（蘇聯之一部）全境中央執行委員會舉行第三屆會議，加李甯在會中公布教育經費事宜，聲言本年度將增加預算又電 蘇聯本年度鐵路管理經費定為五千萬盧布，較上年增多三千萬，此款除用修路外，并建新路一四七〇英里，添機器三六〇〇具，備鐵一八〇〇〇噸，修理舊橋及重建橋六四〇處，此外尚擬添築支路小站轉轍路軌，共添新軌五三五英里，新設之車站店舖佔地七三五〇〇〇方英尺，新貨棚占地八三三〇〇〇方英尺，

●日本糧食前途之悲觀

東京電 日本第二次米收穫估計，為五六八零四八五零零石，較前年實收額減少四分九厘，較第一次估計減少四分五釐，殘存米約六百萬石，米穀需給關係甚為悲觀，救濟之法，在輸入外米，現擬免除外來關稅，若再有不安之際，則實行外米管理，

雜訊

◎美國將助尼加拉主平革

路透社十七日紐約電，聞尼加拉主總統狄紐士氏，已請美國助尼加拉主恢復和平，謂小國如尼加拉主，未有實力以制止得墨西哥扶助之革命，則美政府甚不以墨西哥扶助尼加拉主革黨為然，國務卿發言，略謂如美國認時局為嚴重，則可根據狄紐士總統之請求，用美國艦隊在尼加拉主海上阻止墨西哥運來軍械登陸云。

◎英議員主張承認國民政府

英自由黨議員楊格在金融新聞發表一文，論中國時局，謂就近事觀之，中國南方國民黨治權之遍於全國，當非必不可能之事，如果實現，則此廣大土地為世界人民五分之一所居住者，將與世界隔離，而以不可解除之猜忌仇恨為之障，如假國聯所有者，若是則信任基礎必將破壞，而國際商業憔悴矣，爪哇近事已可徵假人在東方民族間宣傳之有效，今英國最善政策，在接近廣州政府，予以一種限定限形式之承認，而設法引導之，使離此亡國之途徑（不勞費心！）

專件

◎擁護中央聯席會議決議案宣傳大綱

最近本黨曾召集了一個中央委員及各省各特別區市海外各總支部代表聯席會議，從十月十五日起，一共開了十二天，議決了很多的決議案，這些決議案都是很適合于目前中國各階級人民的需要的。實行這些決議案，是每個同志的責任。因此，我們對于這些決議案必須有充分的了解，尤其要把這些決議案向民衆宣傳，使民衆認識這些決議案，都是適合于他們的要求，祇有民衆的力量來擁護這些決議案，才能使這些決議案完全實現。

（一）為什麼要召集這次聯席會議

我們要懂得這些決議案，第一要明白為什麼要召集這次聯席會議？這個問題的回答是很容易的：北伐軍的勝利，本黨統治勢力的擴展，客觀的需要，本黨目前有一個對內對外的具體的政綱的必要；同是國民政府的發展問題，國民會議問題，外交政策問題，均必須有一個具體的方略。這些重大的問題，中央執行委員會為慎重起見，特召集各省各特別區市海外各總支部代表開了這個聯席會議，這個聯席會議的權力，僅亞於全國代表大會，聯席會議決議的決議案，即須切實執行，祇有第三次全國代表大會方有修正之權，（未完）

小通信

蘇灝兄鑒：你在何處？我前由沙河寄上一信收到否？請惠函告 新入伍生團一營一連徐法琥

盛健夫兄你現時編入何隊，住何處？請示知 第一學生隊第三隊十區隊章維楚

胡國梁甯傲民同志，你現編第幾隊？請明示，便通信， 太平入伍生一團六連胡堅

吳聲洋蔡才佐張國運同志：我編在入伍生二團[illegible]

[illegible]龍你編在學生隊何科？請即示知為盼 [illegible]

世貞同志：你在何連何隊？祈通知弟 [illegible]

李志堅同志：現在你編入何隊，駐在何處，盼你[illegible] 現我編入沙河入伍生團四營十三連[illegible]

張承伯兄：我接着家信，聽說你到粵來了，但不知你在那裏？我現在住在石龍[illegible] 弟陳嘉裕[illegible]

[illegible] 黃埔本校第二學生隊六隊廿四區隊學生夏小歐

革命之路

題目

北伐勝利後同學們應有的覺悟
我們應該注意的幾件事
怎樣解除士兵的痛苦
民團之面面觀
二偉人之大戰
孤另底心兒得着慰安者了
問答

■北伐勝利後同學們應有的覺悟

李君闊

自從總理校長創辦黃埔軍校以後，不到一年的工夫，居然把數年負固一隅叛黨的陳炯明，和掛着革命的招牌為禍於人民的強盜楊希閔劉震寰等，一齊驅出廣東以外，為中國歷史上開一個新紀元，為中國革命建一個新基礎。一時黃埔的聲望，洋溢全國，全國人民，都把解放中國的責任，屬望於黃埔學生身上；就是反動的帝國主義與軍閥，看見黃埔這一隻突起的異軍，也都驚愕失措，有時且於驚愕之餘，表示其相當的敬意。最近不到三月的工夫革命軍又由湘而鄂而贛，義旗所指，把氣概一世兇焰逼人的吳佩孚，打得一個落花流水；黃埔學生的聲望，更是如日中天，不可一時了。

然而黃埔學生在這樣的聲望之下，應該如何兢兢業業，努力奮鬥以副人民的希望呢？這是我們每一個同志都應該自省的。

以今日中國的環境而論，革命的勢力，雖比較的進展，然而外有帝國主義之環伺，內則吳佩孚孫傳芳，雖受創崩潰，然百足之蟲，死而不僵，猶時作困獸之鬥，且有帝國主義為之卵翼，無時不可死灰復燃，而且奉匪作霖日日厲兵秣馬，大有蠢蠢欲動的情勢，在這種環境之下，我們不能不說時局仍然是很艱險的。

在這樣的艱險狀況之中，正是我們旰食危慮，奮鬥犧牲的日子，我們切不可稍存短見，以為軍事勝利，政治亦可暢進無滯。更不可以社會之讚揚，則驕氣襲人，而自取敗亡。我們應該知道我們的軍事訓練的時間很短，器械也未必比人犀利，雖曾學得一點政治知識，然而卻很膚淺，並且還要能實際地去應用才算得，所以我們比軍閥強的，實在並沒有好遠，怎能用得着驕恃而不虛心呢？同志們！我們學得這樣的一點幼稚的技能，便蒙社會熱烈的嘉許，我們只有赧愧，只有惶悚，我們就朝夕謹惕的做去，也怕還不能深副社會真誠的期望，那有我們矜持的餘地：我們應該明白自家的弱點，而去努力地謀補救；否則還一個偶像，終有跌倒打碎之一日，我們的跌倒打碎誠不足惜，然而民衆的期望恐竟成泡影，革命的事業，概付東流，那才可嘆而復可恥啊！

還有幾句話我要對我們的同學說：我們革命軍人的生活是枯燥的，但要在枯燥中找出溫蜜，切不可妄思舒適，而欲安富尊榮，要曉得我們革命軍人是為人民之痛苦而革命，並不是為自己謀幸福而革命的，假若革命還沒有成功，民衆痛苦還沒有解除，我們便優遊其生，樂而忘衆，那麼，民衆一定要以我們拿革命作幌子來騙他們了，一定要疑我們拿革命作升官之階了。宋朝的范仲淹說：『先天下之憂而憂，後天下之樂而樂』。這兩句話真是我們革命軍人應該服膺的，我們革命軍人都應該有這種人生觀。

我每看見好多同學，出校不久，行為即變得非常浪漫，常常逍遙於戲館酒樓之上，過其樂以忘憂的生活。老實說：這是資產階級享受的生活，實在不是我們革命軍人所應有的呵！

我的話說完了，也許有人要以為我故意破壞黃埔的令名，其實要是事實已有這回事，任你竭力掩飾，終歸無效而必暴露的，所以我們別要強詞飾言，大家體行親愛精誠之校訓，而往真正的革命之路前進。才不愧為一個革命者，和聲威遠播，衆望所歸的黃埔的學生，

一一，七，於蝴蝶岡。

■我們應該注意的幾件事

潘名世

我們苦心孤詣的校長和一般最親愛的一二三四期同志，已經與軍閥及帝國主義者拚死拚命的奮鬥多日了，血花開遍了神州東南，主義貫澈了無數人的頭腦，我們在後方應當怎樣努力團結，去慰告他們呀！

長江快要肅清了，反革命派無隙可乘，天天在後方造起謠言來，願他們反革命的本領，意圖挑撥離間我們整個的黃埔，殊知他們的詭計，我們早已識破了。前方愈勝利，他們的謠言亦愈熾，我們知道反革命的謠言愈熾，就是無形中表示我們前方的捷報到了，我們更要團結起來，促成我們北伐目的！完成國民革命，

現在九江攻下，安徽當然不成問題，江浙指日可下，我們更要努力——加倍的努力，去喚起民衆，剷草除根，務使一切軍閥個個殲滅而後已。

時機到了，軍閥無路可走，我們不要去找旁的工作做，唯一的就是認清革命觀點，堅信主義，立定腳跟，不要癡思妄想——升官發財，更不要包藏禍心，竅起孫文主義的大帽子，去作那煽惑，欺騙，妄造空氣，無中生有的勾當，無形無意的幫助敵人成功。

同時我們要互相勉勵，思想落後的早點覺悟起來！不要做孫文主義的理想家，要做孫文主義的實行者，更不要誤認和曲解孫文主義，想一想本黨改組以後，定了些什麼政策，兩年來中國政治經濟情況，因本黨勢力之擴大，又是怎樣，不容納最多數最被壓迫的農工羣衆們——無產階級者的要求，革命能不能成功？這是我們應當唯一注意的。倘若我們為着個人的利益，拘執個人的意見，縱使你拚死拚命去奮鬥，也是冤枉無益的。

同志們！我們向正確的路上走，不要分開我們的力量，我們團結起來，一致猛勇地向軍閥及帝國主義進攻，完成我們革命目的！

■怎樣解除病兵的痛苦

第三軍士兵操玉階

我在病室裏每天眼見的事，令人發生非常之悽慘的感想，但總沒有人來慰解和鼓勵，我初來當兵的時候，非常的熱烈，而且其他的同志亦與我同樣的熱烈，現在後方病愈的同志，不但與從前不同，反另外有一種悽慘的現象」。這是甚麼緣故呢？就是有一種很不公平的事無處哀訴，所以各人都喪志灰心了！

我們在北方受惡劣社會的縛束，與殘酷軍閥的摧殘，無一線的自由，所以一般農工的青年，都知道非革命不能解除自己的痛苦，除了革命實無第二自救的法門。初進營的時候，我們的長官真正是以黨治軍，除了學術科以外，每星期還開小組會議一次，不論公私的事，均能充量地發言和要求，並不受絲毫的壓迫。所以人人非常滿意，都甘願以身許黨，來做革命的工作，而犧牲個人的自由權利，以求國家獨立自由，與人民謀利益。因為這種犧牲是自願的，並不是強迫的，是有極光榮的代價的。這是我們的長官教訓我們，而我們亦樂於從命的。

只說此次北伐，能隨親愛的長官和士兵同志們齊赴前線，共同殺賊，以了我入伍的志願；誰知數月就病了。病後數日即在四牌樓陸軍醫院療治，起初的待遇都還敷衍得過，可是後來北伐勸員，可憐無家可歸，以軍營為家庭的病兵，就如奴隸一般的任那所謂副官老爺們的虐待了，甚麼藥料，飲食，他是一點也不過問的，要是你的陳情表上多了，他不惟不理你，而且有時他還大發虎狼之威，來向我們無反抗力的病兵擺官架。唉！這豈是神聖的革命軍的長官，應有的態度嗎？長官們！本黨是為民衆解除痛苦而奮鬥的，你們是替黨服務，就該本着黨的意旨，對於我們病兵所受的痛苦，就應該急速設法解除，何況也是你們應有的職責呵。總理擁護勞苦民衆的主張，希望你們不要抹殺了！

編者按：依據總理的主張及第二次全國代表大會的議決案，我們是負有改良士兵生活的使命的，現在雖因種種原因，一時尚難實現；但對於這些可憐的病兵同志，總該設法，不使其帶病受苦才好。這位士兵同志，確實使我們欽佩，他不但文字寫得很通順，而且思想也很清楚。這篇文字，編者并未刪改幾個字，但任何人看來，恐怕都要驚奇這不是一個士兵的程度所能及的吧！

■民團之面面觀

新編入伍生一營二連刁本卿

近來四川各地，民衆因為受不了軍閥的蹂躪，各處的團練，聯合起來，組織一個伐暴團，其作用是反抗苛捐雜稅及防止擾騷，因此駐防軍隊便減少了壓迫人民的事實。

陝豫兩省民團，亦有紅鎗會的組織，從事實觀察起來，這都是人民受不過軍閥的壓迫而組織的武力。其他討赤軍治下的省分，尤其是直魯京兆的人民，對於苛捐雜稅，拉夫姦搶，飽嘗滋味，所以時時都想打倒軍閥。河南有紅槍會，山東就有黑槍會；其他各處，這種團體很多，就是沒有的，我想不久也定要發現的。

從以上的事實看來，可知民衆已漸漸覺悟，知道軍閥是壓迫民衆剝削民衆的利益的，他們非組織起來，自謀解放不可。

伐暴團紅鎗會雖可說是民衆的武力，然而組織渙散，領袖缺乏，當時生出危險：一，遇著野心的領袖，為自己升官發財起見有時竟自統率隊伍，投降軍閥；即使不去投降軍閥，他們擁有一部份實力，至少可以當個團閥，依然勾結軍閥，壓迫一班民衆。這種事實，廣東四川實在不少。二，他們政治眼光不清楚，最易為一軍閥所利用，以抵制旁的軍閥。三，團結未有一致，又未有充分接濟，對于軍閥，不能作長的戰爭，持久的抵抗，常遭屈服，而為軍閥所改編繳械。

伐暴團紅鎗會既可成為民衆的武力，本黨對於這些團體，當然有扶植責任。第一，本黨同志，尤其是中央軍事政治學校及農民運動講習所的同志，必須親身投到裏面去，對於軍事與政治，總要切實指導，並組織他們，使能團結一致。這樣，他們才有明晰的眼光，認清敵人，堅固的力量，反抗敵人。第二，黨政府對於民團，要予以充分接濟，因為他們鎗械都很缺乏的。

軍閥來輸誠於本黨，但他們仍不免拿革命的招牌，做殺人越貨的勾當；有時竟公然反叛。至於民衆，只要認清他們利益的擁護者，斷無有反叛之虞，所以是可靠的武力，是革命的基本武力。我希望對於他們，留一留意。

■二偉人之大戰

第一學生隊周華京

我校同學，為病魔所纏，因而意志沮喪的不知凡幾。我也曾與病魔周旋於石龍虎門魚珠一帶，經長期間之作戰閱歷，才知祇有真精神可以抵抗病魔，剿滅病魔，革病魔之命。今乘真精神戰勝之餘興，將過程中戰況，作遊戲文字寫出，與在病魔壓迫之下青年同志共勉。

『天下英雄，除先生與弟二人之外，還有誰呢？先生有使人身體強壯之本領，弟有使人形容枯槁之可能。使人強壯枯槁之權力，是不是全操于我倆的手中?!』病魔王對真精神這樣說；

可是這一席話，卻惱怒了真精神，伊很不高興地，回答道：

『難道你這本領，就是你自詡的英雄事業麼？我是要打破英雄思想的，而且我只是剝奪人民幸福的，就是人民的仇敵。人民的仇敵，也就是我們的仇敵，你呢，使人痛苦，使人愁悶，簡直是人民的仇敵，還夠得上與人為伍嗎？』

『哈哈！笑話。』病魔王露出一種很奸滑的笑容，『為什麼一個大好青年，也這樣的迂板呢！一個人應該顯出好身手，做一翻英雄事業，我呢，雖是剝奪人的幸福，減少人的愉快，然而還算是我的特殊本領，為什麼你這樣地輕視呢？』

『輕視呢！還是我很寬待你，不然，一定當誅滅你這種為民害的東西。』

『豈有此理！你敢藐視我麼？這頑強的東西，我也不再和你說了，各自準備好身手，看誰的本領高。』病魔王怒目猙獰地說。

罷罷，就起身回去了。憤恨真精神之藐侮，便馬上開軍事會議，討論出師征伐真精神之方針。結果，令濕氣為前敵總指揮，瘧大哥任左翼，痢老二任右翼，病魔王自任討真軍總司令。而且很高興地自言自語地說：『現在我大軍一出，是不難於最短期間，制他的死命。真精神呀！到那時你再敢輕狂麼?』遂向真精神下哀的美敦書。

真精神也久欲興討魔之師了，因時機未到，是以遲延沒有出發。現見病魔王反先發制人，立即開軍事會議，討論對付方針。結果，令藥王率大軍十萬，抵禦三路病軍，真精神自任總司令，坐鎮後方。

霹靂一聲，兩軍在羊城一帶開始攻擊了。濕毒盤久處粵地，凡是外來的人，總要受他的蹂躪，因此沒有誰不畏懼他，痛恨他。這回他又逞其強暴的手段，向藥王猛烈攻擊，藥王也用強有力的軍隊抵禦；可是旗鼓相當，大小數十戰，尚沒有若何勝負。最後藥王用內外夾攻的計策，才得到最後之勝利。但是這一翻長期的大戰，卻弄得滿目瘡痍，若沒有長期間的休養，恐難恢復原狀。

瘧大哥在魔軍中要算一個最善於出奇制勝的。編所部為兩大隊：一為發寒軍，一為發燒軍。遂分二軍輪流攻擊。發寒軍乘真軍沒有準備，兼程進攻。并大放其有名之寒氣砲以助威，一時真軍疑『飛將軍從天上來』，不知所措，祇驚得不住地戰慄。一會兒發燒軍又施猛烈攻擊，真軍在戰慄之餘，只見發燒軍之勇猛和火辣，更驚得汗流不已，那裏還有戰鬥力去抵抗！這一寒一燒，幾弄得真軍半生半死。藥軍部將金雞納霜很是震怒，乃大告奮勇，願率所部一萬人，與瘧軍決一死戰。真精神嘉其勇敢，准予所請。於是金雞納霜很高興地，很勇敢地領率所部軍隊，向瘧軍進攻。瘧大哥依舊用其故智，不料全軍很是鎮靜，不為所動，并且看見敵軍計劃失敗，更奮其勇氣，向前猛攻。雙方正酣得難分難解，突的真精神援軍開到。乘勢夾攻，大敗瘧軍。

痢軍見濕瘧軍隊均一敗塗地，遂向真精神乞和。真總司令見該軍慣常殘民自逞，若不徹底肅清，終遺後患，遂用其不妥協的手段，一律給資遣散。病魔王見大勢已去，易服潛逃，大約真精神存在的時候，病魔王恐怕沒有出頭的日子哩！

真精神自剿滅病魔以後，完全向民衆利益方面努力，革故立新，大有一種欣欣向榮的氣象。他們那鍛鍊身體！發揚精神，打倒病魔及其走狗！煩惱！真精神萬歲萬萬歲！……的呼聲，仍在這氣象中存在着。

一五，一一，二二，

■孤另底心兒得着慰安者了

李光漲

（一）

在萬人酣睡的黑夜裏，
我孤另底心兒更其無依；
共我一路的同志們，
總不能抑止我的傷悲。
我的朋友——回憶的使者！
你在我的心裏曾做了什麼，
使我今夜特別的難過？
呵，太陽起來了！

（二）

雖是冷清清地早晨，
卻把我心弦上底鬱結解開了。
緊閉底心兒開了，
讓她——太陽，進來罷。
她可以永住在我底心兒裏，
把他重溫一下。
我孤另底心兒得着慰安者了，
從今後，從今後呀！
願她時時還樣沸騰着，沸騰着呵！

一五，一一，一七，作於燕塘伍次。

問答

二三學社之組織怎樣？與無政府共產主義之區別？

馬心白問

無政府主義主張『無政府，無宗教，無家庭』；及『各盡所能，各取所需』：是為三無二各。三二學社即係此種信仰者之組織。與共產主義絕不相干。共產主義亦以各盡所能，各取所需為其終極目的；但其達到此目的之方法則為無產階級革命，由無產階級專政而消滅階級。無政府主義者則無具體的『無』其『三無』之方法，惟反對一切組織規律，反對專政，主張以宣傳深入人心，使之自然實現而已。故無政府主義實應標榜四無，因其『無方法』：故應再加一『無』也！（楚）

改組後的省政府行政方針，關於農民方面，僅僅組織委員會研究解決農民糾紛問題，於農村教育問題何以并無提及？

固然，譚延闓先生說：『不要舖張，不要高調。』然這農村教育問題，我覺得并不高調；而且是目前急務！想以廣東為模範省，解決了農民糾紛是否可以就做得到呢？況黨的基礎是建築農民階級上面。現農民階級是非常複雜，文化程度非常之低，若僅解了農民糾紛而沒有提高農民文化程度，佔中國全人口百分之八十五為黨的基礎的農民若依然渾噩，而黨的基礎是否有所影響？

這次中央及各省黨部聯席會議議案中，有對於平民教育之普及一項，今省政府行政方針對於農村教育問題未有提及，是否是遺背？抑另有意義在？請以示知！

十四隊學生林逖青謹上

農村教育當然是應注意的，省政府行政方針所未提及之事，凡聯席會議所議決的，省政府都應當照辦的。（英）

1、縣黨部與縣政府關係如何？
2、嶺南碼頭與嶺南大學校址，與美有何關係？他為什麼竟敢於兩地泊艇建校？
3、總理主張國民會議中，全國各軍（違反革命軍隊）均得選舉代表，同時又主張赦免政治犯，保障選舉，提案及宣傳，討論之自由，其用意何在？

政治二隊學生陶慶卿問

1、將來縣黨部要指導縣政府，現縣黨部尚未健全無此權力。
2、便是嶺南大學泊船的碼頭均美人藉不平等條約允許其興學傳教而修築的。
3、總理要軍人受革命影響，故主張軍人參加，反革命軍隊是官長反革命，非軍人反革命也。總理又要在國民會議以前有宣傳討論之自由，因這樣纔可使本黨主張為民衆所了解接受，反革命的人，一定無法在理論上勝過我們也（代英）

妓女是不是無產階級？他是那一類的無產階級？又女優人是那一類的無產階級？

第一團七連鄧茂材問

娼妓她是一種墮落的職業，她祭資產階級之恩惠以為生，所以雖生活近於無產階級，利害不一定是相同的，優伶是一種自由職業者，屬小資產階級如教員等一樣。（代）

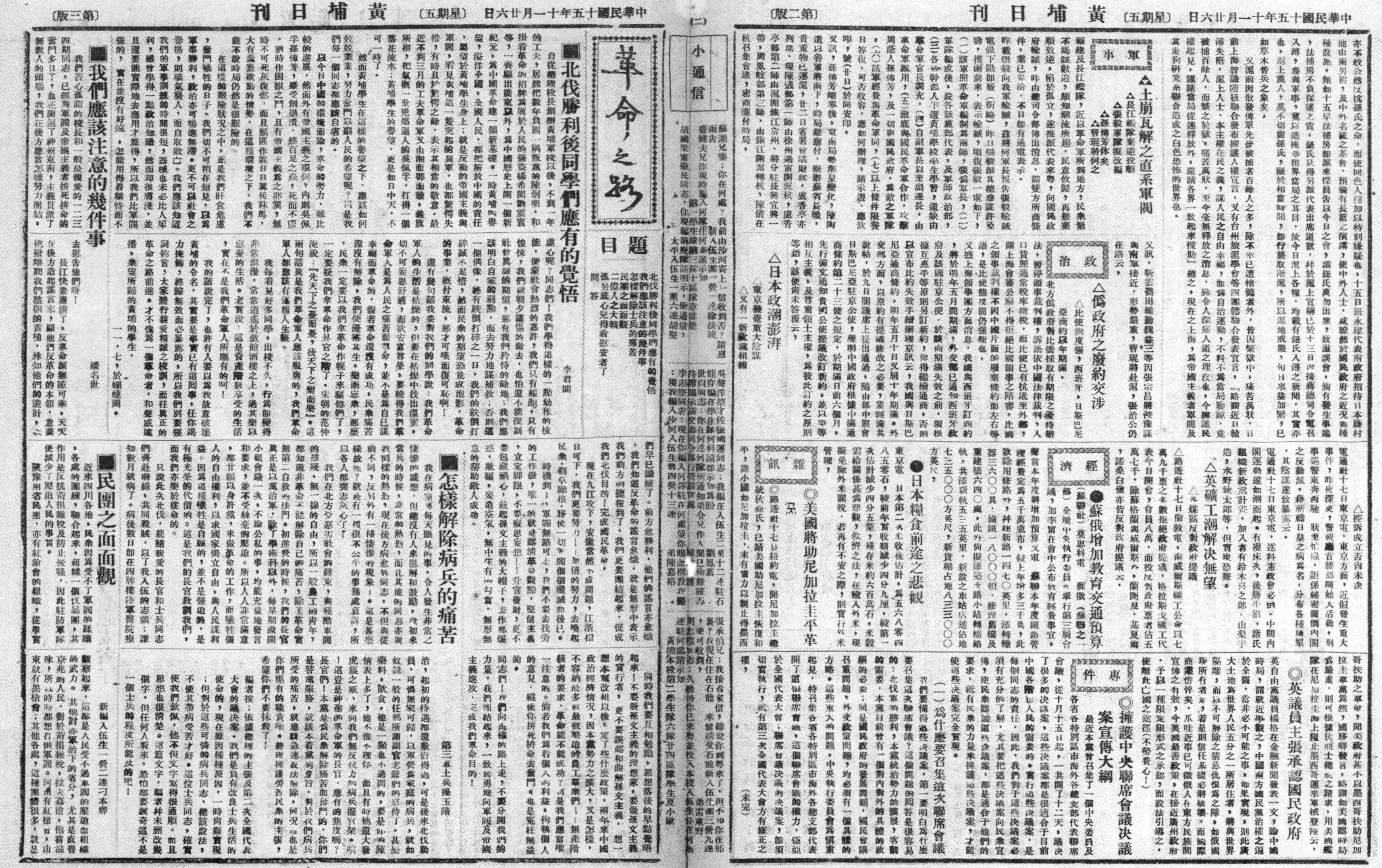

〔中華郵政特准掛號立劵之新聞紙〕中華民國十五年十一月廿六日〔星期五〕〔第一版〕

中央軍事政治學校政治部出版

黃埔日刊

通信處廣東黃埔本校政治部宣傳科

（第一九九號）

〔本刊每份價定一分〕

啓事

敝隊上等樂兵莊粵輝莊粵斌二名于本月廿二日潛逃查莊粵輝帶去白布第四〇號符號一個莊粵斌帶去白布第五六號符號一個除呈報通緝備案外特此申明作廢 黃埔本校軍樂隊

炳奎毓藩二同志鑒你倆編入何科通訊何處請函告我 東莞入伍生團二營五連李國鈞

毅二同志近何在並希示知

本月廿一日因事往廣州市將本校第六學生隊第十六隊拾捌號符號失落無論何人拾得作廢特此登報聲明 第六學生隊第十六隊丁鐵夫啓

吳潔同志你畢業後分發在何部隊服務請即示知 吳蘊齋 丁鐵夫三同志你們升學編入何隊請即示知弟現在虎門太平駐防 入伍生第一團第三營十連萬寶仁

劉雄飛同志；你現在分發何處服務請速寫信給我我現在駐在深圳墟 新入伍生團第一營第四連劉

前入伍生二團四連黃中强同志：近聞你二團部已升學，不知你在何部隊，見字請示知弟份 虎門太平入伍生一團十連黃濤初啓

本校本週口號

嚴守學校紀律！
學習革命技術！
增進戰鬥能力！
發揚黃埔精神！
擴大農工組織！
團結革命分子！
擁護國民政府！
打倒帝國主義！

本週各學生隊政治討論會題目

軍隊中的同志對于與革命有利的工作應當不待民衆有此要求即挺身上前爲民衆奮鬥呢？抑當俟民衆有此要求，順着民衆的意思上前爲民衆奮鬥呢？

時評

蘇浙皖三省聯合抗奉軍

如果倡立蘇浙皖三省聯合會的，其動機在拒絕奉軍南下，那是不錯的，但是無拳無勇一向生息在軍閥底下甚且受軍閥卵翼的江蘇省教會派，浙江聯治派，皖省安福派等的紳士政客，有什麽能耐去抵抗奉軍的南下呢？蘇浙皖的紳士們！眞要拒絕奉軍南下，你們須得先請蘇浙皖的所謂軍事當道，把奪去的政權交還蘇浙人民，一切壓迫殘殺的行爲立刻停止。只有人民的力量能擁護反奉的軍隊，也祇有爲人民所擁護的軍隊能抵抗强大的敵人。然而現在的江浙皖怎樣？封閉團體會所和殺戮逮捕工人學生的事實明明放在我們眼前！江浙皖的小軍閥，一方面反革命，一方面反奉軍，其結果是抵抗不住奉軍南下，消滅不了革命勢力，只落得犧牲了自己。江浙皖的紳士們，祇會開會發電，結果也不過在紙面上留些向軍閥痛哭流涕的淚痕罷了。

應注意福建的所謂民軍

我們本已知道福建的所謂民軍，內容是很複雜的，革命軍到了福建他們便紛紛起來響應，雖然足以縮短解決閩局的時間，同時却包含了許多危險，最近上海申報廈門電：『黨軍入漳後，所有張毅時柴米花賭及一切雜抽各捐，均招商繳辦，煙苗捐亦擬繼辦，』這消息確實與否，不敢斷定，但福建因各路民軍內容的複雜，或許不是謠傳吧？我們應該注意并且知道；革命軍是擁護人民利益的，人民是只認事實，空口喊革命不會受人民擁護的，在福建軍事勝利聲中，尤其是在福建民軍倔起之時，我們先要問：福建人民的苦痛，已解除了多少？（彬）

校聞

◉第五期第一次政治工作會議紀事

第五期政治工作會議，於本月廿四日晚七時，假官長會客廳，開第一次會議，列席人員，爲方教育長，政治部熊副主任，政治主任教官惲代英，及各政治教官，各學生隊隊長，政治指導員，各部秘書，入伍生部政治部主任賈伯濤，總政治部後方留守主任孫炳文等，計六十餘人。由方教育長主席，恭讀總理遺囑畢，熊副主任報告第四期工作概況，及第五期工作計劃，分學生政治教育；官長政治教育；兵夫政治教育；俱樂；出版等項。聞在最近預擬出版講義二十種，每種印三萬分。翻印五種，每種印一萬分。小册十種，各印四萬分。叢書十種，亦擬各印數萬分，其他標語，傳單，宣言，亦預計四十餘萬分，次惲主任教官報告第四期政治教育概況，大意謂第四期政治教育，原依照高語罕同志所定計劃施行，但因種種困難，多不能如吾人達到最初預定的目的，然四期學生對於一般政治知識，亦有相當的獲益，現在吾人根據第四期工作所得的經驗，來詳細規定第五期的政治教育，將來或可得到比較良好的成績，至於第五期各學隊添設指導員，亦爲事實所要求，因指導員可以調查各隊教育的情形，按期報告政治部，使吾人可根據該項報告，以解決一切困難問題云云。繼由方教育長訓話，略謂本校政治工作與軍事工作，須打成一片，兩方面決不可有所隔閡，且雙方要時時互相糾正，互相策勵，然後才能發揚本校教育的精神，而獲得最大的效果云云，方教育長訓話畢，由孫炳文主任起立發言，大意謂惲主任教官將赴前方，奉校長方教育長命令代惲主任教官職務，希各同志隨時指教云云，後討論將海關房舍改設總理室，革命博物館，文化陳列所，兵器陳列所，特別研究室，及創設校園等項，亦相繼通過。至散會時，已十一時矣。

黨務

⊙省黨部致中央黨部函

⊙爲潮安工賊侯映澄勾結軍人槍殺市民案

省黨部昨致函中央執行委員會，請以黨的紀律，提出中央軍事政治學校潮州分校學生函云，逕啓者，案查本會第五十一次會議，汕頭市黨部代表李春濤張餘生同志，出席報告，潮安工賊侯映澄勾結中央軍事政治學校潮州分校學生槍殺市民及工人，現在羣情憤激，請決定辦法應付案，當經決議，檢爲市民案，據報已經了結，應函中央執行委員會，對於中央軍事政治學校潮州分校學生，此次强迫留李春濤之不法舉動，須執行黨的紀律，予以相當處分，在案，除函復外，相應錄案，並檢同原件，函達鈞會察照核辦，爲荷，此致中央執行委員會，廣東省執行委員會。

★ ★ ★

要訊

◉咄咄逼人之奉魯軍南下

△魯軍分津浦隴海京漢三路南下……三省士紳會議抗拒……氣燄萬丈之張宗昌……焦頭爛額之孫傳芳……董康亦被嚴拿矣

最近奉魯軍南下空氣，日益濃厚，當張宗昌赴津之先，即決意援蘇援鄂，在津已與奉張直褚，商決援蘇援贛策略，其要點爲直魯軍南下，奉軍任後防，餉由魯省担任大部，南下分三路，(一)津浦(二)隴海，(三)京漢，惟必俟吳子玉孫馨遠來電請援，方下動員令，前敵總司令，將由褚玉璞派周文軒充任計劃既定，適孫傳芳軍潰敗，孫氏隻身逃回，又以南京立足不住，遙赴天津，奉魯南下，遂由計劃而漸趨於事實，最近上海蘇浙皖之紳士政客，以形勢緊急，組三省聯合會，拒奉軍南下，並決組織軍政外交財政民政委員會，推代表分赴杭甯安與與當局接洽合作，實行民治，東南局勢又趨嚴重，而孫傳芳既已無法抵抗，遂不惜暗投張宗昌，以冀分得浙省地盤，前日竟與張宗昌聯名電甯滬，謂報載董康等電詢韓國鈞唐文治是否列名請奉魯軍南下如屬實，是董康與南軍通聲氣，阻義師，殊可恨，應查辦，適蘇浙皖聯會推董康赴津京聯絡同鄉，阻止魯軍南下，已下船，聞張孫聯電嚴拿，董遂上岸止行，綜合各方消息，奉魯軍南下之實現，恐在最近之數日間也

◉帝國主義・軍閥・研究系之聯合戰線

△丁文江謀逐滬上黨人出租界……法領事阻止鈕永建赴會……被捕繫獄之學生工人……四團體之宣言

孫傳芳自贛省戰事失利後，對於滬上民黨要人，力爲壓迫，迭次命丁文江與駐滬各領事磋商，驅逐民黨重要份子出租界，英美等國與蘇孫早有密約，且有特殊關係，當然唯命是從，因此法領事雖

中華民國十五年十一月廿六日〔星期五〕　黃埔日刊　〔第二版〕

亦不敢公然反抗孫氏之命，而使同色人種加以特別嫌疑也，十五日鈕永建代表南政府招待日本籐村池由兩男爵，及中外名流之茶會，預備有長篇之演講，使中外人士，咸瞭然於國民政府之近況與種種設施，無如十五早法捕房即派來探員告以今日之會，請鈕氏萬勿出席，致滋誤會，倘有發生事端，法捕房不負保護之責，鈕氏只得另派代表出席道歉，并於滬上宣稱已於十三日內接蔣總司令電召入潯，參與軍事，冀以遮掩華租界當局之耳目，故今日滬上各報，均載有鈕氏入潯之新聞，其實非也，滬上黨人，莫不切齒孫氏，擬於相當時間，即行襲取浙滬，所以滬地戒嚴，旬日來益加緊，已如草木皆兵之象矣，

又滬前因散發傳單先後被捕者百餘人之多，除不幸已遭槍斃者外，皆因繫獄中，痛苦萬狀，日前上海智識階級聯合發布擁護人權宣言，又有台州旅滬學會等四團體聯合發表宣言，『略謂近日贛浙失陷，滬上人士，本主權在民之義，謀人民之自由幸福，而爲自治運動，不料不爲當局鑒諒，竟被捕百餘人，而繫之於獄，痛苦萬狀，至今毫無釋放之消息，殊令人深痛人道之埋沒也，今擁護民權起見，謹請當局從速釋放外，還請各界一致起來援助』總之，現在之上海，爲帝國主義者軍閥及其走狗研究系聯合造成之白色恐怖的世界也。

軍事

△土崩瓦解之直系軍閥

△長江艦隊棄逆投順
△張毅軍隊擬改編
△孫傳芳休矣
△曹琨將何之

福建及長江艦隊，近以革命軍所到地方，民衆無不竭誠歡迎，頗知潮流所趨，民意攸歸，再難棄順效逆，陷於孤立，遂推派代表來粵，向國民政府輸誠，昨由總司令部傳出消息，謂雙方所商條件，業已妥洽，不日即有通電表示。

昨載張毅向我軍輸誠，茲將何軍長報告張毅輸誠電錄下限即發（銜略）昨日張毅派其總參謀許亞壽，携函前來，表示輸誠，頃復張毅一電如下，（一）該軍照革命軍編制爲兩師，張爲軍長，（二）軍隊編成後，設各級黨部代表，及軍師政治部，（三）各級幹部人半選黃埔學校學生學習，遺缺由革命軍官長調充，（四）自副軍長以至副連長，由革命軍派用，（五）澈底與國民革命軍合作，攻擊周蔭人孫傳芳，及一切與國民政府，爲敵之軍隊，（六）該軍經費與革命軍同，（七）以上條件限養日答復，可否收容，應如何辦理，請示遵，應欽叩，號（廿日）於同安印，

又訊，孫傳芳離寧後，東南局勢漸呈變化，陳陶遺以魯軍將南下，時局難應付，擬辭蘇省長職，貴重物已運滬，廿二日省署會議財政，盧香亭亦列席，現陳儀部第一師由徐州過甯開滬杭，盧香亭部第二師由滬開鎮江常州，將分駐長與宜興一帶，周鳳岐部第三師，由鎮江開滬轉杭，陳儀在杭召集會議，密商應付時局，

又訊，靳雲鵬田維勤魏益三等因張宗昌將侵豫謀與南軍接近，形勢嚴重，曹琨將赴滬，張治公仍在洛云，

政治

△偽政府之廢約交涉

△比使態度强，西班牙，日斯巴尼亞商約以年期滿．

北方偽政府對比僑採取有期限之優待辦法，暫停領事裁判權，訴訟依中國法律裁判，入口貨照通常税率徵税，而比使已有抗議至外部，謂上海會審公廨不得拒絕比國領事之陪審，比國之領事裁判權不因中國片面的廢棄條約而左右等語，是比使態度固仍強硬也，

又據上海領事團方面消息，我國與西班牙訂商約，將於明年五月間期滿，外交部已通知西班牙政府及該國駐京公使，於該商期滿失效之前，須根據互惠平等原則另訂新約，俾得繼續通商，否則以宣布比約失效手續辦理京訊云，我國與日斯巴尼亞通商條約，明年五月十日又屆十年期滿。外交部方面，以原約有提議修改之必要，業經備其說帖，於九日閣議席上提出通過，隨由部中照會日斯巴尼亞駐京公使，聲明中國政府根據中滿通商條約第二十三條之規定，於期滿日前六個月，先行備文通知貴國公使提議改訂新約，並以平等相互主義，及尊重領土主權，爲彼此訂約之原則等語，該使尚未答復云，

△日本政潮澎湃

△東京發覺重大陰謀
△又有一新政黨組織

△控訴成立否尚未決

電通社十七日東京電，東京方面，近似發生重大事件，昨夜深更，警視廳首腰部開始大活動，刑事巡警東奔西馳，狀至忙碌，詎係祕密圖倒內閣之反動派，藉祈禱日皇之病爲名，分布各種傳單，其陰謀遂致暴露云。

電通社十七日東京電，遂料憲政會必倒。中間內閣運動遂如潮而起。有攤床次，後藤半沼，諸氏組織新政黨計畫，加入者有鈴木喜之郎，山梨半造，水野鍊太郎等，但實現恐難。

△英礦工潮解決無望

△各煤區反對政府提議

△路透社十七日倫敦電，南威爾斯礦工公會以七萬九千票之多數拒絕政府提議，格拉斯戈礦工代表今日開會，會員八萬，而投反對政府票者佔五萬七千，除蘇格蘭與威爾斯外，蘭開夏，基夏爾，諾桑白倫亦皆反對政府提議云，

經濟

●蘇俄增加教育交通預算

（蘇聯社）莫思科電　蘇俄（蘇聯之一部）全境中央執行委員會舉行第三屆會議，加李甯在會中公布教育經費事宜，聲言本年度將增加預算又電　蘇聯本年度鐵路管理經費定爲五千萬盧布，較上年增多三千萬，此款除用修路外，并建新路一四七〇英里，添轉轍器三六〇〇具，備鐵一八〇〇〇噸，修理舊橋及重建橋六四〇處，此外尚擬添築支路小站轉轍路軌，共添新軌五三五英里，新設之車站店舖佔地七三五〇〇〇方英尺，新貨棚佔地八三三〇〇〇方英尺，

●日本糧食前途之悲觀

東京電　日本第二次米收穫估計，爲五六八零四八五零石，較前年實收額減少四分九厘，較第一次估計減少四分五釐，殘存米約六百萬石，米穀需給關係甚爲悲觀，救濟之法，在輸入外米，現擬免除外米關稅，若再有不安之際，則實行外米管理，

雜訊

◎美國將助尼加拉圭平革黨

◎路透社十七日紐約電，聞尼加拉圭總統狄亞氏，已請美國助尼加拉圭恢復和平，謂小國如尼加拉圭，未有實力以制止得墨西哥扶助之革命，聞美政府甚不以墨西哥扶助尼加拉圭革黨爲然，國務卿發言，略謂如美國認時局爲嚴重，則可根據狄亞士總統之請求，用美國艦隊在尼加拉圭海上阻止墨西哥運來軍械登陸云，

◎英議員主張承認國民政府

英自由黨議員楊格在金融新聞發表一文，論中國時局，謂就近事觀之，中國南方國民黨治權之逼於全國，當非必不可能之事，如果實現，則此廣大土地爲世界人民五分之一所居住者，將與世界隔離，而以不可解除之猜忌仇恨爲之障，如俄國現所有者是，若是則信任基礎必將破壞，而國際商業憔悴矣，爪哇近事已可徵俄人在東方民族間宣傳之有效，今英國最善政策，在接近廣州政府，予以一種限定形式之承認，而設法引導之，使離此亡國之途徑（不勞費心！）

專件

◎擁護中央聯席會議決議案宣傳大綱

最近本黨曾召集了一個中央委員及各省各特別區市海外各總支部代表聯席會議，從十月十五日起，一共開了十二天，議決了很多的決議案，這些決議案都是很適合于目前中國各階級人民的需要的。實行這些決議案，是每個同志的責任，因此，我們對于這些決議案必須有充分的了解，尤其要把這些決議案向民衆宣傳，使民衆認識這些決議案，都是適合于他們的要求，祇有民衆的力量來擁護這些決議案，才能使這些決議案完全實現。

（一）爲什麼要召集這次聯席會議

我們要懂得這些決議案，第一要明白爲什麼要召集這次聯席會議？這個問題的回答是很容易的：北伐軍的勝利，本黨統治勢力的擴展，客觀的需要，本黨目前曾有一個對內對外的具體的政綱的必要；同是國民政府的發展問題，國民會議召重問題，外交政策問題，均必須有一個具體的方略。這些重大的問題，中央執行委員會爲愼重起見，特召集各省各特別區市海外各總支部代表開了這個聯席會議，這個聯席會議的權力，僅亞於全國代表大會；聯席會議的決議案，即須切實執行，祇有第三次全國代表大會方有修正之權，

（未完）

（二）

小通信

蘇灝兄鑒；你在何處？我前由沙河寄上一信收到否？請惠函告　新入伍生團一營一連徐法琥

盛健夫兄你現時編入何隊住何處請示知　第一學生隊第三隊十區隊章維楚

胡國梁甯徹民同志，你現編第幾隊請明示，便通信，　太平入伍生一團六連胡堅

吳聲洋蔡才佐張國運同志；我編在入伍生二團十二連駐石龍你編在學生隊何科請即示知爲盼　劉鳳翥

世頁同志：你在何連何隊祈通知弟令兄作人聞已殉難確否　待覆賜示請交總司令部行營副官處　陳鍔謹

李志堅同志：現在你編入何隊駐在何處望你賜函指教我。現我編入沙河入伍生部四營十三連　弟陳嘉裕

張承伯兄；我接眷家信，聽說你到粵來了，但不知你在那裏？我現在住在石龍　來信請交石龍新入伍生團三營九連

周忠權同志；久聽得你已來粵並投入本校入伍生你在何連駐何處請示知　弟雷東野

黃埔本校第二學生隊六隊廿四區隊學生夏小歐

中華民國十五年十一月廿六日〔星期五〕 黃埔日刊 〔第三版〕

革命之路

題目

北伐勝利後同學們應有的覺悟

李君閣

自從總理校長創辦黃埔軍校以後，不到一年的工夫，居然把數年負固一隅叛黨的陳炯明，和掛着革命的招牌爲厲於人民的强盜楊希閔劉震寰等，一齊驅出廣東以外，爲中國歷史上開一個新紀元，爲中國革命建一個新基礎。一時黃埔的聲望，溢洋全國，全國人民，都把解放中國的責任，屬望於黃埔學生身上；就是反動的帝國主義與軍閥，看見黃埔這一隻突起的異軍，也都驚愕失措，有時且於驚愕之餘，表示其相當的敬意。最近不到三月的工夫革命軍又由湘而鄂而贛，義旗所指，把氣概一世兇焰逼人的吳佩孚，打得一個落花流水；黃埔學生的聲望，更是如日中天，不可一時了。

然而黃埔學生在這樣的聲望之下，應該如何兢兢業業，努力奮鬥以副人民的希望呢？這是我們每一個同志都應該自省的。

以今日中國的環境而論，革命的勢力，雖比較的進展，然而外有帝國主義之環伺，內則吳佩孚孫傳芳，雖受創崩潰，然百足之蟲，死而不僵，猶時作困獸之鬥，且有帝國主義爲之卵翼，無時不可死灰復燃，而且奸匪作崇日日厲兵秣馬，大有蠢蠢欲動的情勢，在這種環境之下，我們不能不說時局仍然是很艱險的。

在這樣的艱險狀況之中，正是我們旰食危慮，奮鬥犧牲的日子。我們切不可稍存短見，以爲軍事勝利，政治亦可暢進無滯，更不可以社會之譽揚，則驕氣襲人，而自取敗亡。我們應該知道我們的軍事訓練的時間很短，器械也未必比人犀利，雖曾學得一點政治知識，然而却很膚淺，並且還要能實際地去應用才算得，所以我們比軍閥强的，實在並沒有好遠，怎能用得着驕恃而不虛心呢？同志們！我們學得這樣的一點幼稚的技能，便蒙社會熱烈的嘉許，我們只有赧顏，只有惶悚，我們就朝夕謹惕的做去，也怕還不能深副社會眞誠的期望，那有我們矜持的餘地；我們應該明白自家的弱點，而去努力地謀補救；否則這一個偶像，終有跌倒打碎之一日，我們的跌倒打碎誠不足惜，然而民衆的期望恐竟成泡影，革命的事業，概付東流，那才可嘆而復可恥啊！

還有幾句話我要對我們的同學說：我們革命軍人的生活是枯燥的，但要在枯燥中找出溫蜜，切不可妄思舒適，而欲安富尊榮，要曉得我們革命軍人是爲人民之痛苦而革命，並不是爲自己謀幸福而革命的，假若革命還沒有成功，民衆痛苦還沒有解除，我們便優游其生，樂而忘衆，那麼，民衆一定要疑我們拿革命作幌子來騙他們了，一定要疑我們拿革命作升官之階了，宋朝的范仲淹說：『先天下之憂而憂，後天下之樂而樂』。這兩句話眞是我們革命軍人應該服膺的，我們革命軍人都應該有這種人生觀。

我每看見好多同學，出校不久，行爲卽變得非常浪漫，常常逍遙於戲館酒樓之上，過其樂以忘憂的生活。老實說：這是資產階級享受的生活，實在不是我們革命軍人所應有的呵！

我的話說完了，也許有人要以爲我故意破壞黃埔的令名，其實要是事實已有這回事，任你竭力掩飾，終歸無效而必暴露的，所以我們別要强詞飾言，大家體行親愛精誠之校訓，而往眞正的革命之路前進。才不愧爲一個革命者，和聲威遠播，衆望所歸的黃埔的學生。

一一，七，於蝴蝶岡。

我們應該注意的幾件事

潘名世

我們苦心孤詣的校長和一般最親愛的一二三四期同志，已經與軍閥及帝國主義者拚死拚命的奮鬥多日了，血花開遍了神州東南，主義貫澈了無數人的頭腦，我們在後方應當怎樣努力團結，去慰告他們呀！

長江快要肅清了，反革命派無隙可乘，天天在後方造起謠言來，顯他們反革命的本領，意圖挑撥離間我們整個的黃埔，殊知他們的詭計，我們早已識破了。前方愈勝利，他們的謠言亦愈熾，我們知道反革命的謠言愈熾，就是無形中表示我們前方的捷報到了，我們更要團結起來，促成我們北伐目的！完成國民革命，

現在九江攻下，安徽當然不成問題，江浙指日可下，我們更要努力——加倍的努力，去喚起民衆，剷草除根，務使一切軍閥個個殲滅而後已。

時機到了，軍閥無路可走，我們不要去找旁的工作做，唯一的就是認清革命觀點，堅信主義，立定脚跟，不要癡思妄想——升官發財，更不要包藏禍心，戴起孫文主義的大帽子，去作那煽惑，欺騙，妄造空氣，無中生有的勾當，無形無意的幫助敵人成功。

同時我們要互相勉勵，思想落後的早點覺悟起來！不要做孫文主義的理想家，要做孫文主義的實行者，更不要誤認和曲解孫文主義，想一想本黨改組以後，定了些什麼政策，兩年來中國政治經濟情況，因本黨勢力之擴大，又是怎樣，不容納最多數最被壓迫的農工羣衆們——無產階級者的要求，革命能不能成功？這是我們應當唯一注意的。倘若我們爲着個人的利益，拘執個人的意見，縱使你拚死拚命去奮鬥，也是冤枉無益的。

同志們！我們向正確的路上走，不要分開我們的力量，我們團結起來，一致奮勇地向軍閥及帝國主義進攻，完成我們革命目的！

怎樣解除病兵的痛苦

第三連士兵 操玉階

我在病室裏每天眼見的事，令人發生非常之悽慘的感想，但總沒有人來慰解和鼓勵，我初來當兵的時候，非常的熱烈，而且其他的同志亦與我同樣的熱烈，現在後方病愈的同志，不但與從前不同，反另外有一種悽慘的現象」。這是甚麼緣故呢？就是有一種很不公平的事無處哀訴，所以各人都喪志灰心了！

我們在北方受惡劣社會的纏束，與殘酷軍閥的摧殘，無一線的自由，所以一般農工的青年，都知道非革命不能解除自己的痛苦，除了革命實無第二自救的法門。初進營的時候，我們的長官眞正是以黨治軍，除了學術科以外，每星期還開小組會議一次，不論公私的事，均能充量地發言和要求，並不受絲毫的壓迫。所以人人非常滿意，都甘願以身許黨，來做革命的工作，而犧牲個人的自由權利，以求國家獨立自由，與人民謀利益。因爲這種犧牲是自願的，並不是强迫的，是有極光榮的代價的。這是我們的長官教訓我們，而我們亦樂於從命的。

只說此次北伐，能隨親愛的長官和士兵同志們齊赴前線，共同殺賊，以了我入伍的志願；誰知數月就病了。病後數日卽在四牌樓陸軍醫院療治，起初的待遇都還敷衍得過，可是後來北伐動員，可憐無家可歸，以軍營爲家庭的病兵，就如奴隸一般的任那所謂副官老爺們的虐待了。甚麼藥料，飲食，他是一點也不過問的，要是你的陳情表上多了，他不惟不理你，而且有時他還大發虎狠之威，來向我們無反抗力的病兵擺官架。唉！這豈是神聖的革命軍的長官，應有的態度嗎？長官們！本黨是爲民衆解除痛苦而奮鬥的，你們是替黨服務，就該本着黨的意旨，對於我們病兵所受的痛苦，就應該急速設法解除，何況也是你們應有的職責嘛。總理擁護勞苦民衆的主張，希望你們不要抹殺了！

編者按；依據總理的主張及第二次全國代表大會的議決案，我們是負有改良士兵生活的使命的，現在雖因種種原因，一時尚難實現；但對於這些可憐的病兵同志，總該設法，不使其帶病受苦才好。這位士兵同志，確實使我們欽佩，他不但文字寫得很通順，而且思想也很清楚。這篇文字，編者並未刪改幾個字，但任何人看來，恐怕都要驚奇這不是一個士兵的程度所能及的吧！

民團之面面觀

新編入伍生一營二連 刁本卿

近來四川各地，民衆因爲受不了軍閥的蹂躪，各處的團練，聯合起來，組織一個伐暴團，其作用是反抗苛捐雜稅及防止擾騷，因此駐防軍隊便減少了壓迫人民的事實。

陝豫兩省民團，亦有紅鎗會的組織，從事實觀察起來，這都是人民受不過軍閥的壓迫而組織的武力。其他討赤軍治下的省分，尤其是直魯京兆的人民，對於苛捐雜稅，拉夫姦搶，飽嘗滋味，所以時時都想打倒軍閥。河南有紅槍會，山東就有黑槍會，其他各處，這種團體很多，就是

中華民國十五年十一月廿六日〔星期五〕　黃埔日刊　〔第四版〕

沒有的，我想不久也定要發現的。

從以上的事實看來，可知民衆已漸漸覺悟，知道軍閥是壓迫民衆剝削民衆的利益的，他們非組織起來，自謀解放不可。

伐暴團紅鎗會雖可說是民衆的武力，然而組織渙散，領袖缺乏，常時生出危險：一，遇著野心的領袖，爲自己昇官發財起見有時竟自統率隊伍，投降軍閥；即使不去投降軍閥，他們擁有一部份實力，至少可以當個團閥，依然勾結軍閥，壓迫一班民衆，這種事實，廣東四川實在不少。二，他們政治眼光不清楚，最易爲一軍閥所利用，以抵制旁的軍閥。三，團結未有一致，又莫有充分接濟，對於軍閥，不能作長的戰爭，持久的抵抗，常遭屈服，而爲軍閥所改編繳械。

伐暴團紅鎗會既可成爲民衆的武力，本黨對於這些團體，當然有扶植責任。第一，本黨同志，尤其是中央軍事政治學校及農民運動講習所的同志，必須親身投到裏面去，對於軍事與政治，總要切實指導，並組織他們，使能團結一致。這樣，他們才有明晰的眼光，認清敵人，堅固的力量，反抗敵人。第二，黨政府對於民團，要予以充分接濟，因爲他們鎗械都很缺乏的。

軍閥來輸誠於本黨，但他們仍不免拿革命的招牌，做殺人越貨的勾當；有時竟公然反叛。至於民衆，只要認清他們利益的擁護者，斷無有反叛之的，所以是可靠的武力，是革命的基本武力。我希望對於他們，留一留意。

二偉人之大戰

第一學生隊周華京

我校同學，爲病魔所纏，因而意志沮喪的不知凡幾。我也曾與病魔周旋於石龍虎門魚珠一帶，經長期間之經驗閱歷，才知祗有眞精神可以抵抗病魔，剿滅病魔，革病魔之命。今乘眞精神戰勝之餘興，將過程中戰況，作遊戲文字寫出，與在病魔壓迫之下青年同志共勉。

『天下英雄，除先生與弟二人之外，還有誰呢？先生有使人身體强壯之本領，弟有使人形容枯槁之可能。使人强壯枯槁之權力，是不是全操于我倆的手中?!』病魔王對眞精神這樣說，可是這一席話，却惱怒了眞精神，伊很不高興地，回答道：

『難道你這本領，就是你自詡的英雄事業麼？我是要打破英雄思想的，而且我只道剝奪人民幸福的，就是人民的仇敵，人民的仇敵，也就是我們的仇敵，你呢，使人痛苦，使人愁悶，簡直是人民的仇敵，還够得上與人爲伍嗎？』

『哈哈！笑話。』病魔王露出一種很奸滑的笑容，『爲什麼一個大好青年，也這樣的迂板呢！一個人應該顯出好身手，做一翻英雄事業，我呢，雖是剝奪人的幸福，減少人的愉快，然而還算是我的特殊本領，爲什麼你這樣地輕視呢？』

『輕視呢！還是我很寬待你，不然，定當剿滅你這種爲民害的東西。』

『豈有此理！你敢藐視我麼？這頑强的東西，我也不再和你說了，各自準備好身手，看誰的本領高。』病魔王怒目猙獰地說。

說罷，就起身回去了。憤恨眞精神之欺侮，便馬上開軍事會議，討論出師征伐眞精神之方針。結果，令瘧疾爲前敵總指揮，瘧大哥任左翼，痢老二任右翼，病魔王自任討眞軍總司令。而且很高興地自言自語地說：『現在我大軍一出，是不難於最短期間，制他的死命。眞精神呀！到那時你再敢輕狂麼？』遂向眞精神下哀的美敦書。

眞精神也久欲興討魔之師了，因時機未到，是以遲延沒有出發。現見病魔王反先發制人，立即開軍事會議，討論對付方針。結果，令藥王率大軍十萬，抵禦三路病軍，眞精神自任總司令，坐鎭後方。

霹靂一聲，兩軍在羊城一帶開始攻擊了。濕毒直久處粵地，凡是外來的人，總要受他的蹂躪，因此沒有誰不畏懼他，痛恨他。這回他又逞其强暴的手段，向藥王猛烈攻擊，藥王也用强有力的軍隊抵禦；可是旗鼓相當，大小數十戰，尚沒有若何勝負。最後藥王用內外夾攻的計策，才得到最後之勝利。但是這一翻長期的大戰，却弄得滿目瘡痍，若沒有長期間的休養，恐難恢復原狀。

瘧大哥在魔軍中要算第一個最善於出奇制勝的。編所部爲兩大隊：一爲發寒軍，一爲發燒軍。趁濕毒軍之大敗，遂令二軍輪流攻擊。發寒軍乘眞軍沒有準備，兼程進攻，幷大放其有名之寒氣砲以助威，一時眞軍疑『飛將軍從天上來』，不知所措，祗駭得不住地戰慄。一會兒發燒軍又施猛烈攻擊，眞軍在戰慄之餘，只見發燒軍之勇猛和火辣，更駭得汗流不已，那裏還有戰鬥力去抵抗！這一寒一燒，幾弄得眞軍半生半死。藥王部將金雞納霜很是震怒，乃大告奮勇，願率所部一萬人，與瘧軍決一死戰。眞精神嘉其勇敢，准予所請。於是金雞納霜很高興地，很勇敢地領率所部軍隊，向瘧軍進攻。瘧大哥依舊用其故智，不料全軍很是鎭靜，不爲所動，幷且看見敵軍計劃失敗，更奮其勇氣，向前猛攻。雙方正殺得難分難解，突的眞精神援軍開到。乘勢夾攻，大敗瘧軍。

痢軍見濕瘧軍隊均一敗塗地，遂向眞精神乞和。眞總司令見該軍慣常殘民自逞，若不澈底肅清，終遺後患，遂用其不妥協的手段，一律給資遣散。病魔王見大勢已去，易服潛逃，大約眞精神存在的時候，病魔王恐怕沒有出頭的日子哩！

眞精神自剿滅病魔以後，完全向民衆利益方面努力，革故立新，大有一種欣欣向榮的氣象。他們那鍛鍊身體！發揚精神，打倒病魔及其走狗！煩惱！眞精神萬歲萬萬歲！……的呼聲，仍在這氣象中存在着。

一五，一一，二二。

孤另底心兒得着慰安者了

李光灝

（一）

在萬人酣睡的黑夜裏，
我孤另底心兒更其無依；
共我一路的同志們，
總不能抑止我的傷悲。
我的朋友——回憶的使者！
你在我的心裏曾做了什麼，
使我今夜特別的難過？

（二）

呵，太陽起來了！
雖是冷清清地早晨，
却把我心弦上底鬱結解開了。
緊閉底心兒開了，
讓她——太陽，進來罷。
她可以永住在我底心兒裏，
把她重溫一下。
我孤另底心兒得着慰安者了，
從今後，從今後呀！
願她時時這樣沸騰着，沸騰着呵！

一五，一一，一七，作於燕塘伍次。

問　答

二三學社之組織怎樣？與無政府共產主義之區別？

馬心白問

無政府主義主張『無政府，無宗教，無家庭』；及『各盡所能，各取所需』；是爲三無二各。三二學社卽係此種信仰者之組織。與共產主義絕不相干。共產主義亦以各盡所能，各取所需爲其終極目的；但其達到此目的之方法則爲無產階級革命，由無產階級專政而消滅階級。無政府主義者則無具體的「無」其「三無」之方法，惟反對一切組織規律，反對專政，主張以宣傳深入人心，使之自然實現而已。故無政府主義實應標榜四無，因其「無方法」：故應再加一「無」也！（楚）

1、縣黨部與縣政府關係如何？
2、嶺南碼頭與嶺南大學校址，與美有何關係？他爲什麼竟敢於兩地泊艇建校？
3、總理主張國民會議中，全國各軍（連反革命軍隊）均得選舉代表，同時又主張赦免政治犯，保障選舉，提案及宣傳，討論之自由，其用意何在？

政治二隊學生陶虞卿問

1、將來縣黨部要指導縣政府，現縣黨部尚未健全無此權力。
2、便是嶺南大學泊船的碼頭均美人藉不平等條約允許其興學傳教而修築的。
3、總理要軍人受革命影響，故主張軍人參加，反革命軍隊是官長反革命，非軍人反革命也。總理又要在國民會議以前有宣傳討論之自由，因這樣纔可使本黨主張爲民衆所了解接受，反革命的人，一定無法在理論上勝過我們也（代英）

改組後的省政府行政方針，關於農民方面，僅僅組織委員會研究解決農民糾紛問題，於農村敎育問題何以幷無提及？

固然，譚延闓先生說：「不要鋪張，不要高調。」然這農村敎育問題，我覺得幷不高調；而且是目前急務！想以廣東爲模範省，解決了農民糾紛是否可以就做得到呢？況黨的基礎是建築農民階級上面。現農民階級是非常複雜，文化程度非常之低，若僅解了農民糾紛而沒有提高農民文化程度，佔中國全人口百分之八十五爲黨的基礎的農民若依然渾噩，而黨的基礎是否有所影響？

這次中央及各省黨部聯席會議議案中，有對於平民敎育之普及一項，今省政府行政方針對於農村敎育問題未有提及，是否是遺背？抑另有意義在？請以示知！

十四隊學生林逖青謹上

農村敎育當然是應注意的，省政府行政方針所未提及之事，凡聯席會議所議決的，省政府都應當照辦的。（英）

妓女是不是無產階級？他是那一類的無產階級？又女優人是那一類的無產階級？

第一團七連鄧茂材問

娼妓她是一種墮落的職業，她靠資產階級之恩惠以爲生，所以雖生活近於無產階級，利害不一定是相同的，優伶是一種自由職業者，屬小資產階級如敎員等一樣。（代）

黄埔日刊

中央軍事政治學校政治部出版

怎樣繼續先烈同志的生命

不堪回首

回憶

問答

短劍

歡迎鄧主任紀盛

校長電勉本校特別黨部

兩大交涉之近訊

日本陸軍士官學校黨團

羅素與中國

箭在弦上之奉軍南下

省政府改組後要訊

總司令部特務營開懇親大會

驚人科學之成績

日本新政黨之政綱

怎樣做個基本黨員

做入伍生真是苦嗎？

對第三隊同學說幾句話

紀念週中熊副主任演講詞

〔中華郵政特准掛號立券之新聞紙〕中華民國十五年十一月廿七日〔星期六〕〔第一版〕

黃埔日刊

中央軍事政治學校政治部出版

通信處廣東黃埔本校政治部宣傳科

〔第二〇〇號〕

〔本刊每份定價一分〕

本校本週口號

嚴守學校紀律！
學習革命技術！
增進戰鬥能力！
發揚黃埔精神！
擴大農工組織！
團結革命分子！
擁護國民政府！
打倒帝國主義！

本週各學生隊政治討論會題目

軍隊中的同志對于與革命有利的工作應當不待民衆有此要求即挺身上前為民衆奮鬥呢？抑當俟民衆有此要求，順着民衆的意思上前為民衆奮鬥呢？

時評

■怎樣繼續先烈同志的生命

鄧主任演達在本校歡迎會裏報告這次同志們在前敵勇敢的犧牲，尤其是南昌一役，我革命同志流了很多很多的熱血，纔把強頑的孫傳芳打倒了，并且給英帝國主義以重大的打擊。我們的先烈同志已拿熱血造成了中國民族革命史上最光榮的一頁！「千古艱難惟一死」。死得其所的先烈同志當無遺憾；但是我們應該怎樣來繼續先烈同志的生命呢？我們只有努力踏上先烈同志以血造成的革命大道前進。整個的人類社會的生命，是寄託在前進不息的革命志士，「先烈」已把繼續生命的重担放在後死者的身上，我們應該很勇敢而且絕無猶豫地起來肩負這副重擔；（雲）

■謝謝羅素先生

羅素先生去中國雖多年，他的言論丰采我們是常常在想念着的．尤其是英國資產階級政府正風狂似的向中國民族進攻之時，獨羅素先生在那裏大聲指斥，更使我們表十二分的感謝和敬意！但是，羅素先生！我們的要求，是廢除不平等條約；我們的目的，是聯合世界弱小民族與帝國主義國家的無產階級來完成世界革命；我們決不是希望帝國主義者，給我們以小小的『修改條約』的恩惠，羅素先生！胡不再作一度蘇俄之遊，解釋了你從前對蘇俄之懷疑？更胡不再進一步去領導你國內的無產階級，來和我們攜手共同做世界革命的偉大事業？（彬）

校聞

◉通令 十一月二十五日于校本部

為通令知照事案據訓練部主任吳思豫報稱竊查第四期學生在病院未與畢業試驗者絡續病愈前來請求補考先後不一頗感不便應至何時為補考期限務乞通令定期截止逾時概不補考是否有當理合報請察核批示祇遵等情據此查第四期生畢業已久其未與畢業試驗者自應示期補考著自即日起由訓練部核定報名各生有無補考資格并限至十二月十日止由教授部補行考試如屆期尚未報名者以後不得再請補考合亟通令仰各一體知照此令

◉歡迎鄧主任紀盛

◉報告作戰經過
◉訓勉本校同志

總政治部鄧主任演達，由前方乘飛機回省，負有重要使命，早在本刊披露本月二十五日晚，本校特歡迎鄧主任來校演講，當晚因在省城另有要公，直至十時始乘大南洋汽輪抵校，由方教育長率各部主任至碼頭歡迎，稍事寒暄，即由方教育長領導至俱樂部，聽衆為本校各部處官佐職員及學生隊各官長，計八百餘人，當鄧主任蒞會場時，軍樂齊奏，大衆拍掌表示熱烈歡迎，先由教授部李主任致歡迎詞畢，鄧主任演說（詳細演詞另行記錄發表，）首報告此次北伐軍事之經過，次報告總司令自出發後在前方所作戰的情形，次詳述此番北伐在軍事上政治上各方所得的教訓，及九江攻下後，革命勢力在國際上發生的影響，最後指出今後全部革命工作應取的方向，并訓勉黃埔同學今後當努力鞏固革命的戰線，團結黨的力量，繼續先烈奮鬥，鄧主任演講畢，由政治部熊副主任代方教育長致謝詞，直至夜深十二時，始盡歡而散，鄧主任即於當夜乘大南洋輪返省云，

◉校長電勉本校特別黨部

蔣校長自南昌來電云，軍校特別黨部執行委員會各同志鑒：電悉。吾校運動得好結果，足見各同志對于黨校之忠實與努力，至為欣慰。今後黨國生命，全寄吾校，榮枯成敗，責在諸君，繼續奮鬥，望共勉之，特覆。中正敬印。

黨務

⊙日本陸軍士官學校黨團宣言

歐洲大戰以還，國際帝國主義的基礎，已根本動搖，不得不注全力於掠奪新的市場，供其壓榨，而維持殘局。我中華幅員三千餘萬方里，人口五億二千萬餘，原料之豐富，土地之肥腴，實為全球冠；乃產業不興，經濟落後，遂墮於次殖民地的地位，而為國際帝國主義者市場競爭之唯一的目標。國際帝國主義者，以凶殘酷暴的手段來侵佔，用陰險惡毒的政策來略奪；收買軍閥官僚為利器，雇傭政客買辦為爪牙，明攻暗取，詭詐百出，直欲使我中華粉碎於國際帝國主義者之前。然而時代的進步，已促起我中華國民之覺悟，故年來吾黨之國民革命運動，奔騰澎湃，一日千里，使國際帝國主義者驚惶戰慄，莫知所措，乃造謠誣蔑淆亂聽聞，以圖分離此革命勢力，詎知吾黨組織完密，基礎鞏固，國民亦洞燭其奸，不為所動，仍奮力猛攻，不遺餘力，行將見此醜類，如秋風之捲落葉，被掃蕩而無餘。——惟是革命戰線貴乎雄厚，勢力集中，尤賴團結，吾輩青年革命軍人，精力正盛，血氣方剛，自應本先總理孫中山先生遺訓，繼諸先烈餘業，負三民主義之使命，為國民革命之先鋒，一致聯合於革命旗幟之下，舉刃指虜，殲彼羣醜，為我中華謀獨立，為全世界被壓迫之民族謀自由。本黨團恢復未久，組織粗備，尚望海內外同志暨同情者，時予以指導與援助，俾收羣策羣力之效，本黨團幸甚！國民革命前途幸甚！中國國民黨日本陸軍士官學校黨團，十五年十一月七日

⊙本黨特派出席反帝國際大會代表

電請匯款接濟英礦工

英國礦工為反抗資本家之壓迫，實行大罷工，已數閱月，迄今尚未解決，現在各國之被壓迫階級，多匯款救濟，務達罷工之最後勝利，昨本黨出席反帝國際大會代表廖煥星致函全國總工會，述及英礦工罷工最近情形，并請速匯款救濟英工人，原函云，敬啓者，自倫敦本黨急信，及柏林國際工人救濟會之面談，於本日發出急電致鈞會本黨中央暨總司令部鄧治部主任轉前敵將士及工農，茲抄電文於左，「倫敦本黨函告，英礦工苦於凍餒，希滙款接濟，英工人革命化，對我關係非淺，望速先行墊撥鉅款，即滙交英礦工會或柏林國際工人救濟會廖煥星，」專此敬上中華全國總工會，中國國民黨中央出席反帝國際大會代表廖煥星，十一月一日，

要訊

■兩大交涉之近訊（中比條約　中日修約）

■偽政府將比約事訴之國際聯盟

■日帝國主義僅允限制的修約

北京偽政府自宣布比約失效後，比國方面，有提交海牙公斷之提議，偽政府以付海牙公斷恐惹起全

(二)

小通信

黃埔同學會血花劇社黃埔組收支公佈

本屆職員自接辦以來為隨時應付工作及慶賀本期開學收支賬目業經結束除詳細報監察委員會及通知各隊同學外再特公佈俾衆週知

收血花劇社小洋十元正

收黃埔同學會小洋共一百[illegible]

付[illegible]

付請[illegible]羅蘭姑娘車費[illegible]心共去小洋五元四毫正

付請王粵韶同志車費洋　元四毫

付租布景洋三十元又車費八毫

付本組辦事處勤務兵十月份津貼小洋三元正

付辦事處火油[illegible]元小洋

馬學博　馬學儒　李[illegible]良　[illegible]何處服務請示知為要

莊世榮四位同志均[illegible]第六學生隊第十七隊[illegible]

趙寶璽同志你何部處隊服務請將通信地址示知

士敏士廠特務營第四連段琳

中華民國十五年十一月廿七日〔星期六〕 黃埔日刊 〔第二版〕 (一)

國人民之反抗，最近有訴之國際聯盟之說，據廿三日倫敦電，晨報日內瓦通訊稱，中國將以中比爭端訴之聯盟行政會或聯盟議會，此項消息係根據中國所派聯會代表團之宣言而得，據華代表宣布奉到北京訓令，通告國際聯盟，聲明中比問題不牽入法律上之解釋，但依照平等公正之原則云國際聯盟原為帝國主義者之結合，偽政府以比約訴之國際聯盟，其失敗可操左劵也。

關於中日條約問題，北京政府與日本政府往復照會，已在北京東京兩處正式發表，日本雖允接受修約提議，但限定原約第二十六款為範圍，且所修改者又僅限于光緒二十二年六月十一日所訂之中日通商行船條約，此外如光緒二十九年所訂立之通商行船條約續約，則認為不在應行修改之列，僅允考慮中國之希望，以留將來伸縮之餘地，至對於修約期限問題，則根據原約第二十六款英文規定，以六個月為限，如期滿新約不能成立，則原約仍繼續有效十年，否認北京政府照會中所聲明保留對原約之態度之權，綜觀覆文，措詞非常巧妙圓滑，而未來之種種難題，皆已包括此寥寥七條覆文之中矣

羅素與中國

▲著論贊美中國國民黨……斥英帝國主義行為癡狂……斥英對外政策為惡毒的分化……修改不平等條約時機已到

前曾一度來華之英國大哲學家羅素，近在倫敦新導報上發表一文，盛稱本黨在道德上理智上，為中國最優之勢力，並詳述北伐軍之進展，及將來之希望，中間並謂英國各報詆國民政府赤化為謠言，英國政府欲以赤化二字煽動美國來干涉中國國民革命，必將惹起英俄戰爭，而英國終於失敗，使英國在遠東之商業上政治上的利益完全失掉，總之英國反對中國民族解放運動，乃瘋狂之行為，年來香港及其他各地所受之商業損失即其明證，又謂英國工黨，在現在中國情況之下，應宣言極力反對英政府派艦隊到楊子江橫行，妨礙國民革命軍，並宣言現在修改不平等條約的時機已到，又謂英工黨將來執政時，必不要信官廳方面或資本家方面關於中國之報告，致受欺騙，最後乃謂英國自亨利第八至今之對外政策，都是惡毒之分化政策，即挑撥對方之內亂，而從中取利，今後必須痛改云，

軍事

箭在弦上之奉軍南下

△魯軍先鋒抵徐州
△蘇皖軍隊紛紛撤退
△張宗昌欲以楊文愷為質
△江浙將領向我方輸誠
△褚玉璞準備動員
△奴顏婢膝之孫傳芳
△陳調元聯奉耶？

甚囂塵上之奉軍南下，已漸成事實，孫傳芳留津，欲歸不得，張宗昌有向孫傳芳借調楊文愷為援軍總參議，籌畫軍事之說，魯軍先鋒廿三日抵徐州，蘇皖駐津浦沿線軍隊均奉令撤退，馮紹閔部第十四旅移蘇州，師部移揚州，白寶山部第五師向淮揚一帶移動，陳儀第一師回浙，蚌埠皖軍向皖中移動，魯軍南下決入蚌為第一站，陳調元石鐸均派代表赴濟甯向許琨接洽，又聞陳儀廿四日由甯赴滬，晤蔣伯器，蔣伯器往甯磋商向革命軍接洽輸誠，又訊楊文愷廿四日抵滬，或關於向革命軍接洽事，江浙將領確已密謀結合，拒絕宗昌，聯絡革命軍自保，但陳調元聯奉，情勢複雜，大戰在即，而褚玉璞廿三日由津赴京轉車返保，令王棟為保定戒嚴司令，丁世銘為石家莊戒嚴司令，謝玉田為大名戒嚴司令，準備動員云．

孫傳芳狼狽逃津後即往謁楊宇霆，並道歉忱，願讓出東南，楊雨霆勸孫返蘇，孫辭以疾，楊對出兵主照原議，但側重江北，當楊宇霆二十二晚抵津時，褚玉璞及孫傳芳代表，到車站迎迓，楊即謁張作霖，主張援軍南下，仍照原議，先援吳，後援孫，如關內能籌款，可先援孫云，數月前赫赫頭銜之五省聯軍總司令孫傳芳，一敗而奴顏婢膝，認仇作父，殊令人莞爾也。

不合調了

政治

省政府改組後要訊

△謀廣東民衆之解放
△目前的四種重大工作

廣東省政府改組政式成立後，日前省政府委員會發出改組成立宣言，其要點謂『此次廣東省政府之改組，其意義不全在其制度之變更，而在變更此種制度以負起為廣東民衆謀解放之重責，所以在改組成立伊始，根據廣東目前之需要，決定進行之工作，共為四點，本政府以為此四端乃廣東最急切的要求，誓必以全力促其實現，所謂目前四種重大工作，即消滅土匪，解決勞資糾紛，整頓地方政治，解決農村糾紛，這四個政策之能否實現，其責任不完全在本政府之努力，要有廣東民衆之協助，方能促其實現』云云，

日本新政黨之政綱

日本名士安部氏，聯合全國智識階級，組一新政黨，其黨新政綱：（一）不定元老制，（二）改善樞密院，（三）廢止參謀本部，（四）改革貴族院，（五）修正選舉法，（六）承認婦人參政權，（七）制定國民投票法，（八）新設勞農省，（九）制定勞動組合法，（十）制定最低勞動工資法，（十一）制定勞動時間採用每日九時，以上各條，已議定宣布，此外尚有多條，均聯合世界潮流，迎合平民心理者，全國各界，多表同情該黨之主張云，

聯保合約

△蘇俄．土耳其．波斯．阿富汗之

柏林訊，據君七垣丁官方報告，謂外交勞斯特卑（譯音）近日乘巡艦度（譯音）號，赴敖得薩地方，與芝查連（譯音）會議，同行者有赴德黑蘭之土耳其大使，及波斯代表田拿德士，（譯音）行將締成俄土波斯暨阿富汗諸國之聯保合約云，

怒濤澎湃之革命潮

△墨西哥北部及荷蘭屬地之暴動

△菲律濱反對美總督

路透社十四日美國愛爾巴索電，墨當局雖切實否認國內不靖之說，然巨耶萊盛傳墨國北陲，革命運動正在發展中，聞前維拉參謀費南台將軍率人一小隊，志在得乞華之地方維拉舊部之助，又十五日阿姆斯特丹電，巴達維亞最近消息報告爪哇共產黨暴動事，謂各處事態現皆平靜，當道搜拘黨人，荷蘭之共產黨已電致殖民大臣與荷印度總督，謂此次亂事，係前任總督福克協士行政不當所激成，又十六日巴達維亞電，今日有暴黨五百名攜來福槍攻擊拉波恩守兵，為守兵開槍擊退，守兵微傷一名，交通阻斷，詳情未悉，現有援軍馳往該處，但橋樑多被拆斷，道路趄亦多被阻塞，莫思科廿二日電，第三國際執行委員會，最近發出通告，要全世界工人開大會，反對荷蘭帝國主義，在荷屬東印度（爪哇）所施行之白色恐怖，並向荷大使及領事示威，要求撤退所有在落屬東印度之軍隊云，又十六日馬尼剌電，上星期伍德總督曾下令命參議院議長奎松，衆議院議長羅克柴斯退出政府實業管理局，今日二人通告伍德總督，不承認其命令合法，此種政治風潮，將為歷年來最重大者，據二人聲稱，本星期煤公司開董事會議時，將令公司祕書勿以簿冊交與伍德總督，於是伍將被迫訴諸法庭，伍原擬明年一月間回華盛頓，茲以此事發生，聞將展期啓程，伍昨乘汽車外出，其體氣顯已漸佳，

★總司令部特務營開懇親大會

昨（二十三）日國民革命軍總司令部特務營，在士敏土廠開懇親大會，兵士登台演說者二十餘名，革命理論，發揮盡致，頓時革命空氣極為緊張；適俘虜前閩軍周蔭人下級幹部，在旁參觀，極為感動，閱六時之久，如儀成禮，盡歡而散。

雜訊

★驚人科學之成績

★電傳字跡

法國電傳發明家白蘭，日前在奉天試驗電傳字跡物象，成績卓著，（二十九）下午三時，白氏又在北大第二院試驗此項電術，奉軍將領張學良韓麟春于珍俱往參觀，張韓到後，先在院內照相，白蘭居中，張韓左右，其餘以次位立，攝影畢，即入室開始試驗，當中張學良書字於藥水紙上，作為試驗之具，其所書之字如下，『楞生，我同芳辰在此參觀，我認為大貢獻於吾人，張學良，』白氏隨以書就之字片，裝置於發電機之元筒上，該圓筒遂旋轉不已，並由氏解釋，由某君代為翻譯，大意略謂現在此項試驗欲使紙張上之字迹傳至奉天省城，同時奉天方面亦設置一同樣之機器，將此紙張上之字迹加以接收，未幾該元筒停止旋轉，據云業已遞到，已而收電機忽爾開始活動，其輪盤亦旋轉不已，至七分之久，遂告停止，白氏由一圓筒中取出一物經過化學手續，其字迹遂躍然紙上，上書『芳辰我兄，來電敬悉，字極清晰，已呈帥座』云云，下款署張，及十月二十九日等字，蓋轉瞬間奉天北京已電信往返，而兩方所收到者俱係眞迹，亦可謂神乎其技矣，至六時一刻始散，

啓事

李峯森，鍾賢成同志：森分發何處，或編入何隊？我現駐潮安，不久將入閩，見報希通訊。 二十師第一補充團九連田志

李永中同志自入伍生別後不知你編在何處服務請即示知 張家聲同志現你編在何隊情示知 第六學生隊第十七隊周凱（郎祺）

周協忠四弟鑒：兄已辭職抵省，現寓后樓坊（第一公園側）門牌第六十八號，不日回籍，汝在何處？望即函告，協麗 [illegible]

鄙人失去二五四二號黃埔同學會證一枚拾者作為特[illegible]明 王之琇 [illegible]

蔡贊祺同志：你編在何隊望示知 儲文伯孫志石同志：你們現駐在何處希示知 二十師第一補充團九連徐志道啓

許德華同志：你在何隊？請函示知，或來本校大操場入伍生機關槍連一談！ 毛德宇

[illegible] 虞樸（不承）

中華民國十五年十一月廿七日〔星期六〕　黃埔日刊　〔第三版〕

題目

怎樣做個基本黨員

入伍生一團機關槍連楊容

我做這篇「怎樣做個基本黨員」的文，并不是說本黨沒有基本黨員，本黨的基本黨員是有的，不過我希望能全體都是基本黨員更好。所以我一鑑於黨員中間有假的，有不忠的，他們與反革命妥協，或作反革命行動，我想他們是不澈底」解　總理主義，被外力煽惑而變更其思想，或者本來就是投機份子，亦未可知；二鑑於同學間有灰心者，他們或者是吃不了苦而說冷話，或者不明革命眞義而思想游移，因之便對自己下一勉語！「怎樣做個基本黨員？」同時對思想游移的同志和灰心的同學進一忠告，指出思想的歷程，行為的軌道，這便是我做這篇文的意思了。

什麼是基本黨員？就是：凡黨員始終具有革命性質，恪守黨的紀律，實行黨的主義和政策，并是有奮鬥和犧牲的精神，才是基本黨員。

怎樣才能做到這一層？我且將它分開來說：

（一）以革命為終身事。因　總理的主義是要革命，中國革命成功後，還要參加世界革命，所以黨員非有終身的革命性不行。

（二）以主義為革命中心。因主義為我們革命的導師，領導我們向革命路上去，才得不誤入迷津，不是盲目破壞和搗亂。

（三）以　總理之三民主義，五權憲法，建國方略，建國大綱，第一二次全國代表大會宣言及各種議決案全部遺囑和政策……為一切工作標準。

（三）我們的責任。我們的責任可分為二：A.對黨的，我們要努力去幹革命工作（軍事的，政治的）及一切建設事宜；B.對己的，要自已擔保將來不變壞（即是不變為不革命的或反革命的），永久是個基本黨員，終身是個革命家。我以為這個比第一個還重要。

要能負得起這兩個責任，擔得起革命的使命，就要有相當的訓練和修養。最要緊的是：

（一）意識訓練。「願作革命死，毋反革命生」這兩句話是我們奉行的旨言，凡屬黨員，當認為天經地義。我們連長常訓話：「我們是不怕死，并且當入伍生是來學死的，死得有值價。」這話確乎有理。不是為革命而死的，死便輕如鴻毛，卑於螻蟻。更要曉得我們不犧牲，便沒有人犧牲，我們不革命，便沒有人革命，我們不站在領導的地位來喚醒民衆，便沒有人來喚醒民衆。

（二）人格的修養。以　總理之言行為言行，所謂「吾志所向，一往無前」，這樣才不至如風靡之草，可東可西；無行之人，或左或右。

現在把上面的意思歸納起來，便是說：我們要黨能夠永久存在，主義能夠徹底實行，全賴黨的基本力量（基本黨員）為衡。基本黨員的工作對象，就是領導一切被壓迫階級，國內向軍閥及一切敗類申討，國外向國際帝國主義進攻，以謀解放。總之，革命是完全站在民衆方面，擁護民衆利益的。我們的黨便是基於此的。所以我們的黨是負有訓練和指示和糾正黨員的政治觀念，黨部的政治工作，黨籍官吏的政治工作的責任的。我們在此應高呼：──培養基本黨員！鞏固黨基！打倒假革命派反革命派！打倒軍閥及國際帝國主義！中國革命成功萬歲！世界革命成功萬歲！

紀念週中熊副主任演講詞

李迪初筆記

本校自從開辦以來，已經畢業了好幾班，畢了業的武裝同學們，打倒了北洋派的兩個軍閥，我們革命的勢力，從兩廣發展到長江去，一般同學都表示非常的高興，究竟不要過於高興，這是我們應盡的責任。

軍隊最重要的是軍紀，軍紀若是不好，根本的組織就壞了，這就要成為無用的軍隊。希望各教官十分嚴格的訓練同學；同學們能夠十分的了解，并能够十分誠懇的接受這嚴密的訓練！

本校已畢業未畢業的同學，總共不過八千餘人，把這樣少的武裝同志，用來担負中國國民革命的工作，本來很是困難的；但是我們不要怕難，我們同志如果真能夠嚴密的團結，親愛精誠，遇事開誠佈公來解決一切，我相信是沒有什麼困難的。

本校教職員的成分，是國內外的軍官學校集來的；本校學生的成分，是各省提出來的優秀份子，我相信到黃埔來的，教員或學生，都是富於革命性的！黃埔的薪水少，工作很多，沒有革命精神的，決不會到黃埔來！在這樣的環境裏，我們原感覺困難，只要大家站在革命的觀點上，為民衆的利益來奮鬥，革命就容易成功。像我是担任政治一部的工作，我的責任是努力於政治宣傳，訓練學生，滿足學生的需要。但是革命工作，是分工去做的，我希望大家都要站在革命的觀點上，為民衆的利益，在各個人的分工範圍之內，努力奮鬥！

★　★　★

做入伍生眞是苦嗎？

入伍生一團八連馮斤

不諱言，我們青年是赤誠愛國的，是願犧牲自己，去求國家之自由獨立的；現在的中國，外受列強之欺凌，內遭軍閥之踐踏，逼得人民沒有生路已到極點了。這時候，救中國，只有生氣勃勃的青年，血氣方剛的青年。

救國要有方法，斷非赤手空拳地喊吶所能奏效。要救今日的中國，唯一的方法就是革命，這是我們覺悟的青年，沒一個不承認的，也是不能不承認的。因此我們的青年，現在大半都跑上革命的路途來了。

我們來做入伍生，就是這個緣故，就是為革命而來做入伍生，為求國家之自由獨立而來做入伍生，抱負非常之大，責任非常之重。但有一般同志，不明瞭其間的眞義，沒有堅忍耐勞之决心，全憑感情的作用，每以為生活之苦，孰有甚於做入伍生乎?!所衣者粗布，所食者淡飯，所居者草舍，動不動還要受紀律之處罰，官長之呵責，大有無可如何的樣子，於是往往向後轉者有之，這是何等痛心的事呢！

又有許多無聊而虛慕榮的同學，根據着個人主義，以為得了一官半職，全家可以坐享厚祿，祖宗可以光榮，殊不知，他這種思想，完全是與本校的意旨大相庭徑的，故他每在廁所內，或其他的地方，寫些什麼……千里從戎無歸期……什麼……人生幾何……歸去來兮……

呵；這也不錯，人生只有幾十個寒暑，當兵打起仗來就會死，不如在家裏，養養兒來妨妨老，積積谷來妨妨饑，也就樂得馬馬虎虎地過去，又何苦把腦袋來作玩，而弄個妻離子散呢，不如賦歸來好些呵；

同志請你歇歇能，請你思一思能，我們現在是否有家?!你該記得，古人說「何奴不滅何以家為」，你不要這樣的無聊呵！胡思呵！

我們要知道，帝國主義和軍閥，一日未滅，則我們的責任一日未完，現在正是臥薪嘗胆，奮勇向前，與敵人决鬥的時候，若還猶預不决，退却不前，以做入伍生為眞苦，這是不異自殺！

我們又須要知道，勇敢奮鬥的生活，乃是在平日有相當的素養，倘如我們平日沒有相當的素養，茹苦吃勞的鍛鍊，很嚴格地過一種極有紀律的生活，我相信絕對不能負担解除自身和被壓迫民衆的痛苦，以完成偉大的國民革命和世界革命的任務的，照這樣看來，苦是我們革命者不當辭而不能辭的一回事。我們切不要誤會罷！

對第三隊同學說幾句話

見習官潘質

諸位同志！昨天已將我幾個人的心跡，簡單的向大家說明了，換一句話說，就是我已完全接受諸位極誠懇一致留我的表示了，也就是我很願意繼續以前的熱心去服務，為黨努力工作，黨的訓令：『我們的軍隊須練成功為一個有力量的軍隊，為一個有紀律──鐵的紀律的軍隊，去為黨而奮鬥，為民衆利益而奮鬥。』我們必須要達到這個目的。但能達到此目的所靠的是誰？主要的是不是要靠我們黃埔軍校的學生呢？既是要靠我們學生，我們本身應不應該有一種鐵的紀律？

步兵操典第三條說：『軍紀者，軍隊之命脈也。人無命脈必僵，軍無命脈必敗！況戰時百萬軍隊，羣聚戰場，戰線區域常互數百里，戰爭時期常延數歲月，其地形，其任務，（其境遇），必各

中華民國十五年十一月廿七日〔星期六〕 黃埔日刊 〔第四版〕

有不同；而能萬衆一心，咸向一定之方針，以行一致之運動者，則爲軍紀是賴……』可見軍紀是如何的重要！

況我們革命軍，是建築在人民的身上，紀律不好，不但不能打仗，還要發生擾民的事情呢！但鐵的紀律如何纔能養成功？是在各位同志平時一舉一動，均極遵守紀律，服從官長命令，諸位初自入伍生入校，浪漫的色彩，不受紀律的約束還是很深，看見官長稍微嚴一點，便加反對，這是很不應該的一樁事情，因爲要你們好的官長，他纔不避艱難向你們說，使你們成一個守紀律的武裝模範黨員，而在投機迎合的人，他是樂得做好人，你們要怎樣便怎樣，等到將來你們放蕩慣了，無形中吃了虧，受了影響，甚至於消失了你們來做『黃埔學生』的革命精神，也就悔恨不及了。

我呢，甯肯現時你們罵我，不願你們將來罵我，我的天職是領導你們向革命的軌道上走，縱我處置有點操切，但我的心跡是可以見諸天日的！

同志們！我們的校訓是『親愛精誠。』不要弄成『溺愛狡獪』！這是我所切望的，並願你們爲黨爲國爲全世界謀幸福，不願你們爲個人爲後世子孫謀幸福！

一一，一六，於沙河。

不堪回首

新入伍生二團機關連謝以血

月明之夜，在一繁華的海島上，四面繞着海水。岸上馬路的旁邊巍然顯出一座高大洋樹。環着洋樹，都是些葱鬱的老榕，肥綠的芭蕉，……樹葉蔭濃，蒼翠悅目，益使這洋房生色不少。洋房正面，正對着海水。在樓前一望，帆檣如織，魚火掩映。海水受晚風推動，縐起無數細微的浪跡。

一個年紀大約五十左右，彷彿是閑居的軍官，肥。面龐，方方臉兒，嘴上長出二撇鬍鬚，在燈光下聚精會神，目不轉睛的坐着看報。看到起勁處，二目突張，兩肩不住的聳動。

『天晚了大帥！快來睡覺了。』

離看報的桌子左側四五步，列着一架華麗鐵床，羅緯深垂。帳口一動，露出一個雲髻蓬鬆，微露酥胸的半截美人，嬌音滴滴的向軍官這樣說。

春鶯似的聲音，竟把專心看報的軍官，不得不暫時割愛抬起頭來說：

『好，你先睡罷，我看下去就來。』

『快睡着涼了！』話一說完，那半截的美人，忽又破帳子隔着不見了。

戶外呼呼的風聲，吹得入毛骨悚然，房內的電燈，似乎也禁不住他的狂威，由東而西，由西而東的抖個不止。但是這些難耐的情況，總敵不過軍官的決心，一行一行的仍將報紙埋頭細讀。

『哼！什麼事！看不真了嗎？』軍官說着，忙立起身，在褲袋裏抽出一條手帕在兩眼上亂拭，捧着報紙，靠近燈光最亮處，重復從頭至尾細閱。過了些時，他彷彿對於某事已表絕望了，跟着他口裏就似斷似續的自言自語道：

『天下的事，眞是變化萬千，難以逆料呀！……拿昨天的報看，尙滿載着前方捷報，心裏總以爲此次有新局面發生了；不想又如法泡製的敗個落花流水！唉，好氣殺人呀！……』說到此地，聲音忽沉沉的聽不清楚了。一時只見他的面容忽的便呈現著一種極灰暗的色氣，手掌托着下顎，坐在椅上默無一語的沉思着，不一會兒，他「唉—」的長歎了一聲，立起身來，漫漫走窗近邊，望着浸沒在月光中的海面，好像懺悔似的又自言語的說起，

『唉！我總埋怪我自己，一念之差，幹起那人莫敢爲的事，以致困守孤島消磨歲月。不然，他們這些轟天功業，或許老早我就幹起來了，還等到他們後輩來耀武揚威嗎，……到現在我還不是一個名噪寰球的人嗎？唉！「一失足成千古恨，」我眞是癡人，我眞不配偷活在人間了呀！……停了些時，他似乎又懊悔他這些話是不應該這樣說。

『哼！大丈夫敢作敢爲，做過的事，還值悔意嗎？他們的失敗，於我雖不無影響，但是也許因他們的失敗，增重我的職責而造成我將來的偉業也說不定！從前越王以三千殘敗之衆尙可治吳，莫說內地可供我指揮的即就現在來說，也何止三四五倍於越王呢！還算什麼！睡罷。』言畢，一面脫衣，一面幷自慰似的口裏念着：

『天之將降大任於斯人也，必先苦其心志，勞其筋骨，餓其體膚……』

這時窗外報曉的鷄聲，不已，月亮兒懶洋洋的從海裏落下去了。脫完衣，走近牀前，掀開帳口看看美人，轉過身一屁股坐在牀沿上。二足方纔縮入床內，壁上電鈴又叮叮地響個不了，他忙的又翻下床來，去接聽電話。耳朵才接近聽筒，對方的話，即連珠似的傳遞過來了。

『報告大帥！前幾天運來的械彈，在海口全數被截。今晨敵人大隊來襲我軍彈械俱缺，倉卒應戰，結果全軍覆歿，只剩我老袁和幾個馬弁！請大帥……』他聽到此地，尤如冷水淋頭，頓時身不由主，跟着一陣冷風，頂冬一聲，倒在地上。接着一遍驚惶的哭聲，從紋帳裏傳了出來——

『啊育！三太太！快來，快來！大帥不好了……』

一五，一一，一八，作于東莞軍次

回憶

吳滋眞

正當冷酷陰森之神臨到的北方的八月仲秋，
我從那無天日的所在，
直來到這青天白日光輝之下的廣州，
回憶我的故鄉——
鱗傷遍體的故鄉呀，
那三千八百萬同胞的慘狀，
何等的可憐，何等的悲傷！
萬惡軍閥豢養的爪牙，
不住的姦淫，搶掠，拉夫，殘殺……
而今！唉，
恐怕更苦痛的在千創百劫中掙扎吧！

一五，一一，一五，於沙河。

問答

1、民生主義中之平均地權，不過徵收地價稅，結果政府能獲得大宗收入，只足以限制大地生的發展；但是對於貧無立錐的民衆，依然貧者自貧，苦者自苦，政府將設何法以救濟之？是否將所收入的地價稅，分配與貧苦的民衆，使他獲得至少生活限度之十地耶？

2、總理建國大綱中有建築大規模之房舍，以利民居之條文，其所需之鉅款，公家將設何法以籌措之？又旣築成之後，如何分配呢？或只許現在之無房及有而不衛生者居之乎？抑各鄉村皆同時建築，盡人居之乎？

3、現在荒地滿目皆是，其原因不外有人力而無資權與資本，或有主權而無資本與人力。今使主本人力具有，唯缺少主權，以致棄利於地，莫可如何。政府對於此項處置當如何？是否將荒地任民開墾後，即同時獲得所有權乎？

4、第二次全國代表大會工人運動決議案中，有禁止十四以下之兒童作工，抑禁止兒童不許作工耶？或禁止僱工者不許僱十四歲以下之童工耶？據前之說，以現在社會經濟之不平，幼年童工，非自愿將發育未完全之身體，而任勞苦的工作，實因謀生無路，才出此下策，以圖生存，若禁止之，是不啻將此一線之生活而斷絕之矣，可乎？據後之說，則資本家擁有巨資，何患無工人？固不必拘泥于童工也，即禁止之，何損之有？亦奚禁止之爲？

5、現在革命勢力速流的發展，一般土豪劣紳，乘機入黨，復大演其舊日聯絡運動之卑汚手段，以冀得充造爲執行委員，藉本黨爲護身符，而希再展其掛羊頭買狗肉之假招牌，本黨眞實黨員，對於此項處置當如何？若在當初即嚴拒其入黨，則示人以不寬；若容納之，則又難保其不舊病之復發，以失本黨眞實爲農工而奮鬥之信用於民衆，當用何法，方爲妥善？

一團七連學生唐少鵬問

1、政府是要用錢收買土地，分給貧民，或辦理農村事業，以救濟貧苦農人。

2、款由公家所收稅款中出，當然是爲無相當房屋之人住的，各縣可量力做起。

3、是要以荒地分給貧民的，並或尙須助其費用，以便墾殖。

4、當然是禁止資本家僱用，資本家不僱用童工，則國家須注意撫育兒童，或其父兄須要求加工資養子女。

5、其劣跡多者，當然可以拒絕其入黨，同時我們要寬放農工入黨，以加强革命派勢力。（英）

短劍

承入伍生一團五連湯爲玉同志，寄來幾則『短劍』除選登一則外，我也仿着做了幾則；並且闢了這一欄，打算常常寫些。希望同志們大家來舞一回短劍罷。（雲彬）

（一）『天厭之』 章太炎在上海得到九江失守的消息，不禁失聲喊道：『天喪予，天喪予！』畢竟章太炎滿腹經書，吐屬不凡！然而他胡不說『天厭之，天厭之，』那比較更確切了。（湯爲玉）

（二）三字號主義 東方時報勸孫傳芳學曾國藩『結硬寨打呆仗』，不必製造三字號的『三愛主義』。現在孫傳芳的硬寨，已經結不起來了，關外鬍子却又在那裏創造什麼『三權主義』，東方時報何不再勸勸關外王叫他素性一個『俺來也』的硬好漢，何苦跟着孫傳芳拿一個三字號主義來出醜呢？

（三）傳庵筱如喪考妣 上海招商局總辦傅筱庵，以江永等九輪報效孫傳芳，結果是江永輪完全炸毀了，海員全體罷工了，而孫傳芳也打得焦頭爛額從九江逃回了，急得傅筱庵如喪考妣，從上海跑到南京 孫傳芳却又從南京到了天津了。嗚呼！『樹欲靜而風不止，子欲養而親不待，』孫傳芳的子民傅筱庵，未免有些哀慟吧。（彬）

中華民國十五年十二月一日 星期三 〔第一版〕 中華郵政特准掛號立券之新聞紙

黃埔日刊

中央軍事政治學校政治部出版
通信處廣東黃埔本校政治部宣傳科
（第二〇三號）
〔本刊每份價定一分〕

◁本校本週口號▷

嚴守學校紀律！
學習革命技術！
增進戰鬥能力！
發揚黃埔精神！
擴大農工組織！
團結革命分子！
擁護國民政府！
打倒帝國主義！

日評

英帝國主義者竟捕殺革命黨人了！

總部黨員請汪主席銷假

要訊

英帝國主義勾結奉張殘殺本黨同志之公憤

校聞

政治科全體官生出發武昌

黨務

上海登記委員會成立

奉魯軍南下聲中之各方變化

中華民國十五年十二月一日 星期三 黃埔日刊 〔第四版〕

啓事

做泥水匠去

問答

悼斋樹德同志

中華民國十五年十二月一日 星期三 黃埔日刊 〔第二版〕

汪黨代表病愈消息

軍事

革命軍攻下福州

西北革命軍之發展

政治

湖北省政府將正式成立

雜訊

總司令政治部最近之通令

西北革命軍改委員制

英國對華輿論一班

英政府反對中比廢約

英國對菲律賓之政策

日帝國主義者貸款與奉張

中華民國十五年十二月一日 星期三 黃埔日刊 〔第三版〕

小通信

革命之路

題目

三民主義與中國革命運動

五四運動與五卅運動

送第五學生隊出發武昌

〔中華郵政特准掛號立劵之新聞紙〕中華民國十五年十二月一日 〔星期三〕 〔第一版〕

（一）

黃埔日刊

中央軍事政治學校政治部出版

通信處廣東黃埔本校政治部宣傳科

（第二〇三號）

〔本刊每份價定一分〕

啓事

[illegible]賢，鐘[illegible]，蔡公度，久，謝峨，賀[illegible]，廖城，袁雍，蔣鐵生，[illegible]，陳燦，劉振宗，林𤫊康，王友生，陳彪，張宴賓，朱雲卿，何寶善，倪鑫，李濟，華學瑞，江興寬，王然，蔣光昌，楊國興，曾勉，[illegible]韓繼賢，汪承，黃定正，房[illegible]，潘[illegible]，楊定南，董正榮，鄧綱安，熊居仁，共計三十七名，或因戰亡，或係傷廢，如有知其家屬通訊處者，請即通知敝科爲荷！中央軍事政治學校政治部黨務科啓

[illegible]同志現任何科何隊，請示知；李加壁，楊萬義，周蔣彪，胡振甲，第一學生隊第三區隊學生蕭坤圃，其餘七連同志，統此問候。

[illegible]呂尚全同志：頃接袁炳南同志來函介紹，請將現住址見告如何，順此[illegible]。黃埔軍校前入伍生第二團第九連（現住沙路）子耕

肯而晤一談，史幸深圳新入伍生團一營三連陳繼登，驗慶仁君：你現在何處？你父有要信來詢你的行止，請你速即寄函給你的家庭罷！劉晉鍾，翠竹致函數次，未見覆音，不知你現在何連？望即來函爲要。

本校本週口號

嚴守學校紀律！

學習革命技術！

增進戰鬥能力！

發揚黃埔精神！

擴大農工組織！

團結革命分子！

擁護國民政府！

打倒帝國主義！

本週各學生隊政治討論會題目

軍隊中的同志對于與革命有利的工作應當不待民衆有此要求，即挺身上前爲民衆奮鬥呢？抑當俟民衆有此要求，順着民衆的意思上前爲民衆奮鬥呢？

日評

英帝國主義者竟捕殺革命黨人了！

（雲彬）

英帝國主義者竟在天津租界圍捕國民黨人了！據最近電訊，被捕的十四個（十五？）同志，駐京的英國公使竟直接下令叫天津英租界當道引渡給張作霖，已經判定死刑了！判定十四個同志的死刑的是張作霖，對十四個同志放槍的是張作霖的劊子手，但是把十四個革命戰士，交給張作霖去任意屠殺的，是大英帝國主義者！大英帝國主義者從前在上海廣州等處最近在萬縣槍擊砲轟我中國民衆不够，現在更任他們無理強佔去的所謂租界內來捕殺革命黨人了！大英帝國主義利用吳佩孚孫傳芳來攻打我革命軍不够，現在更勾結了奉系軍閥，直接來捕殺革命黨人了！

十四個革命戰士，已經落在奉張手裏，他們或已真的不在人間了。我們起來，要拿我們的民衆力量，鞭笞政府去向英政府提嚴重抗議！我們更要在最短時間內，集合我們的力量，向英帝國主義示威！我們要將英帝國主義的兇惡行爲，告訴全世界被壓迫的階級民族，一致起來打倒這最兇狠的大英帝國主義！我們更要團結我們的力量，打倒和英帝國主義新勾結的奉天軍閥！

校聞

政治科全體官生出發武昌

本校政治科調往武昌分校辦理，已略紀前日本刊，現該科全體官生，已于本日上午三時出發。由本校乘船至黃沙車站，開取道韶關，衡州，長沙等處，約計本月中旬，可抵武昌，該科學生，以此番由陸路行軍，經過多數市鎮鄉村，決沿途從事宣傳工作，以盡其喚醒民衆之使命。故昨日政治部特將該科學生，分別組成宣傳隊三大隊，每隊分爲六小組。調查隊一隊每隊分爲三組，以上兩項人員，共計三百餘名，並附以宣傳大綱，傳單，標語，旗幟等宣傳用品，二萬餘份，此項宣傳計劃，及一切刊物，概由政治部辦理。並開調查隊之任務，爲調查沿途居民生活及一切政治狀況，作成詳細報告，送達本校政治部及武昌分校，以作參考資料。是日上午九時，政治部熊副主任，並親赴蝴蝶岡，對該科全體官生，致臨別訓話。大意：A.紀律問題 1、革命軍中軍紀包含於黨紀之內，不受軍紀，便是破壞黨紀，2、對於黨紀與軍紀，只有絕對服從，沒有相對服從的道理，要如此，始能造成鐵的紀律。B.行軍中的工作 1、無論宣傳調查，皆須協同動作，始有效果，2、理論與實際並開始應用，3、實習之組織。C.說明武昌分校與本校精神上及物質上之關係。中述該科學生此次出發武昌之使命 1、繼往開來。2、爲攻擊內外敵人之先鋒隊。3、須接受孫文主義全部的理論與政策。4、須澈底了解中國國民革命爲世界革命之一部份云云。

黨務

上海登記委員會成立

△推定常務委員五人

中國國民黨中央執行委員會，前派陳希豪爲上海登記特派員，專辦上海登記事宜，并聘吳稚暉等十五人爲登記委員，昨廿三日登記委員會開成立會，到蔡子民吳稚暉陳希豪楊杏佛鄭毓秀湯濟滄（王德鴻代）王漢良韓覺民徐梅坤梅電龍等十餘人，主席陳希豪，報告中央派員登記之意義，繼決定登記地點，請鄭毓秀向法領事交涉，通過登記委員會組織大綱，推舉陳希豪楊杏佛王漢良梅電龍韓覺民五人爲常務委員云。

總部黨員請汪主席銷假

總司令部特別黨部二十三分部，昨發出請汪主席復職函云，中國國民黨中央執行委員會轉汪主席鈞鑒，我公前以貴體違和，請假休養，目下精神想已復原，當此北伐期間內憂外患，千鈞一髮，黨國大計，正賴我公主持，國人望公若大旱之望雲霓，務望即日銷假視事，黨國前途，實所利賴，臨電辭切，不勝翹企，肅此，敬候黨祺，中國國民黨國民革命軍總司令部特別黨部第二十三分部全體黨員謹上。

要訊

英帝國主義勾結奉張殘殺本黨同志之公憤

▲判決死刑者十五人……英公使直接下令解交奉軍……北京西報之批評……英政府對國民政府之真面目……國民政府之嚴重抗議

本黨同志在反動勢力之下，屢受帝國主義者及其走狗軍閥所摧殘，最近奉方大軍閥張騷又在天津勾結英帝國主義者將我天津市黨部同志逮捕，已誌昨報，茲復接津方來電，謂已判決死刑十五人，原電云，（銜略）本月廿六日天津市黨部先被英捕圍困，旋由奉軍提去十五人，均已判決死刑矣云云，奉方軍閥與英帝國主義者之向我同志進攻，已日緊一日，吾黨同志，應如何努力以與軍閥及帝國主義者作最後之鬥爭也。

又據北京訊，昨有國民黨員十四人在天津英租界黨部被捕，由北京英公使館直接下令解交奉軍，此事經北京西報批評，直斥英使措置之非，茲譯原文如下，「英政府此種舉動簡直爲謀殺行爲，英國對國民政府之態度，今忽暴露其真面目，却是何故，蓋即諺所謂天所殛者，必先發狂，以二語可以移贈，現在英國商務方脫於杯葛之厄，而國民政府對英友誼亦漸改善，乃英國在華之最高代表，對於此謀中國自由獨立之青年十四人，竟下令置諸死地，不能不謂爲英國仇視民族覺悟計劃之大暴露、然英帝國主義者出此狠戾手段，不久當自悔失計，須知國民政府現處地位，亦可向英國提出相當之要求，如漢口等處英國租界亦有北方通客逃避其中，不難援照天津租界國民黨員辦理，英國當難辭其責，此英帝國主義者與北方軍閥所當也，若以友誼言之，則謀殺者之與被害者，當無復友誼之存在，而前此英國與國民政府種種親善與友誼之設施，將一旦消滅矣。」此消息傳佈後，北京漢口上海廣州等處，民性異常激憤，將有大規模之抗英運動也，

國民政府昨據報告天津英領事，擅行封禁黨部，并拘去同志十四人一案，即於昨日臨時提出委員會議，議決交外交部向英國抗議，并向各國民衆團體，訴說英國壓迫民衆獨立運動罪惡，并要求各國民衆同情。

奉魯軍南下聲中之各方變化

△奉魯軍由南京退回浦口……上海市民大會反奉空氣之濃厚……陳調元白寶山紛紛獨立

張宗昌乘孫傳芳之倒敗，揚言率二十萬奉魯軍南下，人民懲於奉系奉魯軍在江蘇之橫暴，莫不疾首痛心，日前上海開市民大會，一致拒奉魯軍南下，并反對張作霖對日之五百萬借款，日帝國主義者

中華民國十五年十二月一日〔星期三〕 黃埔日刊 〔第二版〕

深知中國人心之向背，恐魯張南下，將再蹈前次楊宇霆在蘇時之覆轍，故曾提警告於張作霖，勸其固守遼東，毋妄想非分，魯張早成尾大不掉，不但奉張不能約束，即帝國主義者亦覺有不能駕御之苦衷，不意魯張興高彩烈之時，消息傳來，不但江浙皖人民，一致反奉，即江浙皖小軍閥，亦一致拒絕奉軍南下，據最近消息，張作霖悟衆心向背，忽易態度，改爲隱進，勸孫傳芳返當攻前線，電張宗昌赴津面授機宜，南下軍止於浦口，前日到甯之常芝英旅退回浦口，又聞陳調元傾向南方，在安慶宣佈獨立，皖境舒城均已發現黨軍，張宗昌擬率五萬人南下，先攻陳軍，將於下月開戰，魯省長林憲祖亦擬率軍六千與軍艦數艘溯長江上駛，在蕪湖登岸，與孫傳芳軍會攻皖，但同時因駐鎮江之白寶山部，已明顯表示獨立，軍事行動，頗形緊張，即將進攻南京，魯張與南方形勢緊張，不敢貿然南下，遂有退回浦口，止於江北之說，究竟奉魯軍能否中止南下，日內必能明瞭也，

汪黨代表病愈消息

▲病愈後第一次之手書

自聯席會議決議請汪黨代表銷假任事，世人咸望汪先生之來，昨陳樹人部長接汪先生來函，始知汪先生病已漸愈，原函云，樹人先生台鑒，弟於九月十五日入醫院割腹，豫期半個月後，即可起牀，不料至第七日忽然發熱，（因肝病所致）傷口化膿，勢甚危急，痛苦殊甚，始信此醫之徘徊未敢奏刀，非無因也，熱久未退，屢寒乘之，又感煙虎麟沙，愈覺棘手，直至十月十五日，始能起床，忽又患便血，醫云此乃久病初愈常有之現象，不足爲慮，最近幸已告痊，已能扶杖散步，豫計一個月後，當可復元矣，今年如此多病，眞是晦氣，惟望經此一場之後，宿疾告痊，稍能用我心力，以彌補此數月之疏懶也，今日是愈後第一次作書，以慰遠念，敬祈代向各同志致意，報端見各處黨部促弟銷假之函電，病懷愈覺杌隉不安，弟病甚，不能一一奉復，敬祈先生代致歉忱，至禱至禱，握管手顫，不能多書，伏希原諒，專此敬請台安，弟兆銘謹啓，十月廿二日，

軍事

革命軍攻下福州

△沙面某洋行所得消息

△泉州克復後之進展

革命軍對閩軍事，自松口一役，周蔭人之戰鬥力全失，閩革命軍乘勝取漳泉，張毅於疊敗之餘，已向軍輸誠，在廈海軍亦表示輸誠，是閩南各屬已歸革命軍所有，惟周蔭人初向退守於福建上游之延平，張毅孔昭同各部，又扼守於蒲田等處，入省之要道，故革命軍軍事進行，仍極猛進，昨據閩粵海關中人聲稱，沙面某洋行，已得我軍攻下福州之電訊，又某軍政機關所得消息，亦謂周蔭人已逃，福州已下云，查緣另有在福州附近之民軍，聯合某部，起而內應，已由攻城司令，林壽昌及林壽圖所部，首先入福州城云云，惟留粵閩人方面，尚未得有確實電訊，只某閩人有私電，謂福州形勢已甚緊張，可於最短期間，復歸家國，某部已在出動，準備攻城，對於建設計劃，亦擬有頭緒等語，該電係前數日所發，想近一二日間，已攻下福州云，

又訊，我軍克復泉州後，即率隊追擊，敵頃得何軍長由涉賴來電，謂已向蒲田進攻，原電云，（銜略）軍寢（廿六）已佔領仙游，集中後準備儉（廿八）向蒲田進攻，應欽宥（廿六）印，

西北革命軍之發展

△分三路取潼關

北京消息，西北軍入陝以後，著著東進，咸陽三原西安之危既解，西北軍與陝軍打成一片，即由富平臨潼子午鎮三路進迫潼關，使劉（鎮華）軍無休息之餘暇，其正路之劉（郁芬）師旅，現已佔領二[illegible]潼關，扼險設防，深以兵力單薄爲虞，告急之語，日來北京所得劉鎮華電，（均自潼關發）皆有披露，官場初不否認也，據西北軍電參外人之消息，西北二三軍預備入陝者，似不下六七萬人，其分配大概如下，臨華正面，現歸西北二軍任之，計劉郁芬一師，教導團一團，（即幹部學生軍）吉鴻昌旅，姜國光旅，另附有二軍騎兵，號東部（作戰）鄉導，共有二萬餘人，北路由二五軍合任之，計有二軍司令孫良臣部，五軍方振武部，其擔任渭北之聯絡，共三萬人，南路由二三軍合任之，計有二軍鄧寶珊部，[illegible]昌部，約共萬餘人，入陝以上三路，其精銳雖在正面，而騎兵大多數之意在潼關後路，昭然若揭，劉鎮華明電，有令柴師（雲陞）援助渭北麻振武之語，亦證明也，

政治

湖北省政府將正式成立

本報特訊 本報接駐漢專訪快訊，國民革命軍自規復武漢後，即由總司令下令成立湖北政務委員會，以接收湖北政權，原屬軍事時期中之臨時行政機關，至於湖北省正式政府，尚待國民政府頒佈命令，遵照組織，茲以鄂局大定，軍事亦可暫告結束，特派[illegible]宋子文等[illegible]政務科顧孟餘[illegible]關於省政府之制與各種條例，均已有成案，而湖北施政方針，亦已大體決定，限於十二月十五以前，將省政府完全組織成立，而湖北政務委員會，亦同時撤消云，

△西北革命軍改委員制

△設政治軍事財務黨務勞工各部

西北革命軍馮部已改用委員制，原有之秘書參謀副官軍法軍需軍醫各處仍舊外，設一政治部及軍事財政黨務勞工四委員會，薛篤弼任政治部長兼財政委員長，張某（十三年馮班師時之副官長）任軍事委員長，李烈鈞任黨務委員長，李因事赴粵，現由韓安代理，馬鶴天任勞工委員長，任某（皖人前京畿警衛總司令部秘書長）爲秘書長，甘肅方面因省長薛篤弼在馮左右，不能兼顧，已派鄧長耀（甯夏道尹）爲政務廳長，暫護理省長，胡毓威，即調任甯夏道尹，並將新編七師之一軍爲兵，不過半數，餘皆在包頭五原新招者，馮現每日親赴部下演講三民主義云，

△英政府反對中比廢約

△帝國主義者之互相勾結

倫敦廿六日電，英下議院工黨議員，詢問英首相英政府對比政府請求援助廢除中比條約之態度，英首相答稱此事，業已囘復比國，按照一八六五年條約，中國實無修改條約之權等語，據超然派報紙推測，此種宣言實表示英政府已下決心，反對中英條約之修改云，

△英國對菲律濱之政策

△走向帝國主義之途

馬尼拉訊 美國記者波德菲爾氏到埠，對於美國在菲政策頗有論列，大意謂美國爲勢所迫，已走向帝國主義事業之途，莫能退，對於夏威夷羣島菲律濱羣島，阿拉斯加，巴黎馬運河地帶，海灣等地之獲得，自不得不用拓殖手段，因此推論波氏認爲美國各邦政府之下，均須設殖民事務所，分管殖民地事務，才能担保殖民政策之永久云，

雜訊

◎總司令政治部最近之通令

國民革命軍總司令部政治部，各級政治工作人員，呈請恢復臂章，特提出部務會議，并指派委員詳細討論，茲委員等討論結果，以恢復臂章爲便利，并規定形式大小應與軍事長官同，惟黨旗內須嵌一「政」字，以示區別，上項辦法，已經總司令部批准，并轉飭所屬一體遵照矣。

國民革命軍總司令部政治部奉總司令部令，各部處職員，有兼代他職者，應支本職薪，以資表率而節糜費，已轉飭所屬一體遵照矣。

國民革命軍總司令部政治部奉總司令部令，以軍人乘車規程，頒發在案，所屬官兵，嗣後乘車，務須遵照規程，毋得混亂座次，致干究辦，已轉飭所屬一體遵照。

國民革命軍總司令部政治部奉總司令部令，以軍人乘車自應身穿制服，佩帶證章，不得任便挾帶便衣人民，已轉飭所屬一體遵照矣。

◎英國對華輿論一斑

英國新政治家報，最近著論批評本黨及國民政府，頗示好感，其言有曰，『中國民族主義之勃興，非何國所激起，所謂將使中國實行共產之說，事實上必無實現之理』，又曰，國民黨舊日之保守政策，現在已改爲進取之決心，故軍事之得利，已不啻其政策上一部之成功，其勢力雖未全國普遍，而此次戰爭之重要，比之北方戰爭者，不可同日而語，總而言之，吾人不特承認國民黨有極多之黨員，且承認其勢力之難侮，[illegible]之堅決，絕非平常暴動與學生排外運動可比，可斷言也，現存外人，有以國民黨之勝利爲可慮者，其原因係以彼等有國民黨即赤黨之成見，實際此種見解，謬誤特甚，最後又曰，除祇聞不干涉政策與強硬政策之論調外，對於切實辦法，尚遲疑不定，然廣州政府之軍隊，已節節前進，若再事因循，則恐國民黨與吾人最後之談判，彼時吾人祇有與彼協商或戰爭兩途，但開戰實過於冒險，且日美兩國尚爲疑問，所以開戰結果，祇使兩國[illegible]感，與商務之破壞，英國之民意，必不[illegible]倒行逆施若此，而英政府亦不敢遽行此重要之步驟，故凡屬英人，當監視其政府，以阻其與中國開戰，然同時又須預備讓步計劃，以便在適當時候，能將中國統一而定，英國在該時對大體統一之中國，放棄某種權利，此種時機，當視[illegible]國放棄其一部分權利，亦不能謂爲英國之恥辱，吾等英人雖不希望此權利放棄，然在適當時候，讓予眞正之政府，亦比讓與財政紊亂及戰事不歇之北京政府爲佳云云，

◎日帝國主義者貸款與奉張

◎款額二百萬元

奉天特訊，現日本大倉男爵來遊奉天，內容極重要，囘憶七月時，有著名日本銀行代表十三人遊歷滿洲，當日盛傳此行，對於奉天政府有經濟援助之計劃，（經濟侵略吧—●—）據日本報界日昨消息，奉天政府，已托日本總領事選聘一日人爲財政顧問，因此大倉男爵與總領事遊斯打氏（譯音）共商進行，保當然應有之事，聞與張作霖，已開談判數次，進行甚佳，日本官吏與張作霖已有一種了解之表示，又聞目下所討論者，係日本擬貸二百萬圓與奉天政府，日本總領事遊斯打氏（譯音）將赴東京，與日本外部討論滿洲及經濟狀況各事，此可爲日本與滿洲將來親善之預兆（？）其未起程以前，曾召集在滿洲各領事會議，列席者有大倉男爵，南滿鐵路局長，及張作霖軍事顧問陸軍少將馬瑞，（譯音）

小通信

啓事 敬啓者學兵莊粵輝莊粵斌二名于本月廿二日潛去白布第[illegible]號，帶去白布第四〇號，[illegible]假除呈報通緝外特此申明[illegible]

蘇顯兄鑒：你在何處？我前由沙河寄上一信收到否？請惠函示，我昨接李如來函，詢問你編在何連地，祈告，新入伍生團營連徐法琥

現沙河第一學生隊第十四隊十四區隊黃長吉[illegible]在深井何湛久落入伍生二團三營五連（鍾紹顏）[illegible]號一枚特此登報伸明作廢 學生鍾紹顏

鄒石生周木生二同志久不晤念甚你在入伍生復編入何團連希即函以慰我爲盼 駐沙河第一學生隊第四隊十四區

李志堅同志：現在你編入何隊駐在何處望你賜函 弟陳嘉裕 現我編入沙河入伍生部四營十三連

中華民國十五年十二月一日〔星期三〕　黄埔日刊　〔第三版〕

革命之路

題目

三民主義與中國革命運動

——爲第三期同學講演大綱（本年一月）——

代英

一　革命的意義

世俗的誤解：（一）以革命爲英雄解放民衆之奮鬬，故彼等只知講手鎗炸彈武力統一，（二）以革命爲實現崇高理想之奮鬬，彼等又易忽略實際，藐視愚民。由於此等誤解之結果，人民不知亦無力贊助革命，故革命易孤立失敗，革命黨人又易驕傲自大，陷於被讒謟者或帝國主義利用而不自知。

革命是被壓迫民衆要求解放之熱情（實際的），反映於少數智仁勇的先覺，於是形成爲民衆利益奮鬬之綱領，與爲此綱領奮鬬之革命黨，以號召民衆（包括武裝勢力），打倒壓迫勢力，建設眞正民衆的國家。

壓迫者以教育，輿論，倫理，風俗迷惑民衆，故民衆不易覺悟。彼等又以武力，法律經濟生活，威刧民衆，故不易勇敢。

必須有切合民衆要求的綱領，有紀律能工作的黨，有爲此工作奮鬬之武力，則民衆之革命化更易。——民衆之革命化，亦影響於武力之趨向於革命。

所謂崇高理想，便只是民衆實際要求的結晶，——離開實際便是空想。所謂英雄便只是領導民衆奮鬥的革命先覺，——離開民衆便是超人。

手槍炸彈與武力，是進攻統治階級之一幕，可以說是必要的，但切忌無計畫的輕舉，與過信武力，拋棄民衆實際力量，愚民便是比較後覺怯弱的民衆，革命者應負責領導。離棄愚民，便是反革命。

二　三民主義與中國民衆實際要求

三民主義之背景　總理最初是受，（一）舊有排滿思想，（二）歐洲民族革命運動，（三）帝國主義壓迫（證明滿清之存在將危害民族之生存，）——的影響，同時亦受歐洲憲政影響，故有民族主義民權主義的思想。及亡命歐美，已見歐美憲政與實業制度之只爲資產階級利益，（受進步的政治論，經濟政策論，與初期社會主義運動的影響．）故有直接民權，五權憲法，平均地權，節制資本之主張，型成三民主義。晚年受蘇俄無產階級革命成功，歐戰後帝國主義勢力動搖，國內及殖民地與各國農工暴叛之影響，故更明白說明三民主義之意義，規定聯俄，與共產黨合作，擁護農工利益，開國民會議，廢除不平等條約等主張。

三民主義決不是離開實際的空論，亦不是沒有客觀背景，由總理憑空發現的，亦不是一成不變，無所謂演進的。——總理不是空想家，亦不是超人。

總理晚年主張，確有以前所無的。倘若不死，沒有人能斷定總理的精進。（總理是接受力強，而奮勇爲民衆利益奮鬥的。）但就我所見及，三民主義確　最適合領導中國革命運動。

中國所需要的革命運動　現在壓迫中國民衆最利害的　是帝國主義，（外債關稅等）及與之狼狽爲奸的軍閥。所以最急要是實現打倒帝國主義軍閥的國民革命。——實際主犯是帝國主義。造成兵匪，借款，賣械，收藏罪犯等）有時軍閥亦能幫助反帝國主義運動的如民衆勢力甚大，而他又無直接利害或甚至利害衝突時。但他們決不能代民衆奮鬥，且易受收買，同時他們又不能任民衆侵犯他的非法權利，所以通常總是反動的。

壓迫民衆的還有奸商，地主，資本家，紳痞等人。三民主義是要徹底解放民衆，打倒一切壓迫的，並不只是在要完成打倒帝國主義軍閥的國民革命。——不過在中國大地主資本家尚少，（然不是沒有，決不應睜眼否認事實）所以相形之下，似國民革命工作需要。然奸商等既多畏怯不敢參與國民革命運動，且易受帝國主義軍閥收買，又每因貪保存或擴張非法私利，亦易限於反革命。

三民主義者無論在甚麼時候是反對壓迫農民工人的人的，更反對反革命的人，這並不是主張階級鬥爭，是三民主義本色（無縱容人壓迫農工之理，且縱容此等人每與革命運動毫無關係。）決不容以「全民革命」四字混淆此義。

中國國民黨的使命　本黨是要澈底爲民衆利益奮鬥，實現三民主義，打倒帝國主義，消滅軍閥，永遠使大地主資本家不能發生。本黨是要以此主義宣傳組織民衆，使廣大的民衆參加奮鬥。本黨要以武力幫助民衆此種奮鬥；而且要以黨與民衆之組織及覺悟，幫助監督此種武力，使爲三民主義奮鬥到底。

中國國民黨目前重要問題（一）闡明主義，不要因自己怯退抹煞眞理與事實。（二）努力求黨的統一，反對分裂的宣傳與陰謀，（三）遵守總理政策，尊重世界無產階級革命潮流。只以紀律主義繩共產分子，不應問其黨的存在與否。同志應努力革命工作，尤應努力實現民生主義，不應猜忌主張無產階級專政的蘇俄與共產黨。（四）嚴整紀律督促訓練每個同志，努力宣傳組織領導民衆，實現三民主義。不應讓同志忽略違背主義與工作，或因畏懼帝國主義軍閥壓迫與謠言，爲反對主義的申明或其他反革命的言論。（五）督率同志接近深入民衆。

五四運動與五卅運動（三）

政治教官黄克謙講演　新入伍生團二連劉用修筆記

歐戰告終，各帝國主義均起了經濟恐慌，莫不加緊侵略殖民地。尤其是對於地大物博之中國，窮凶極惡地來侵略我們，吸取吾民脂膏，以補償他們大戰的損失，歐戰的時候，祇日美帝國主義者侵略我們；戰後，各帝國主義，均以我國爲唐僧肉，爭先恐後的侵略我們。因爲此時，除了中國一隅，別無良好殖民地。如美國，雖然財富甲天下，除了遠東，已無銷貨市場；英國，雖然恢復了工業，除了遠東一隅，也無法出口；日本工業，雖然發達，除了遠東一隅，他如歐州美州，則日本無論如何强盛，也不敢越雷池一步；所以現在最好的市場，只有遠東這個地方——尤其是中國。所以各帝國主義在華發生絕大衝突，因此各帝國主義拚命地擴充海軍實力，製造太平洋第二次大戰哩！年來，在華利用各派軍閥如其走狗工具，所以自五四以還，常常發生軍閥混戰，其實，就是各帝國主義在華利益衝突的結果，如民九，直皖之戰，民十一，十三，兩次直奉之戰，鬧得全國騷然！遍地皆兵，遍地皆匪，帝國主義者，更利用不平等條約，盡量地行其經濟侵略，剝削我們，市場上，洋貨充塞，江河內，外船飛駛，吾國新興的資產階級，受了這種打擊，自然就會破產起來，如漢冶萍公司，在以前，都還發達，此后，遂破產了，他如綿紗業，紡織業……莫不繼續破產，各工廠倒閉，繼以外國公司，非常洪大，更影響到農業破產，於是工農生活，亦不安甯！因此弄得全國民衆，都呈不安靜的狀態！農工自然很苦，受害最重。而資產階級，亦常有破產之虞，更影響學生羣衆，無法繼續學業，於是無產階級，日見增加。所以當時各階級都有解決痛苦的需要，並且戰後，各帝國主義，起了經濟恐慌，增加了無產階級，生活爲艱，各國工人，皆起罷工運動；俄國革命成功，震動了全世界無產階級，世界革命風潮，影響到中國來，因爲以上種種原因，於是乎就順此客觀的需要，產生了兩個革命的政黨：一是工農階級的底政黨——共產黨；一是各階級底政黨——國民黨。並且應此客觀的環境的需要，產生了主觀見解的革命理論。（未完）

送第五學生隊出發武昌

第二學生隊第五隊學生尹沛霖

親愛的同志們：

辛亥年曾開放過革命之花的武漢三鎮，因爲淪於北洋軍閥的鐵蹄之下的原故，十五年來，已被蹂躪踐踏得頹敗不堪。非特革命之花不能茂暢的繁開，就是已出土的一點嫩芽，也屢被摧殘得幾無萌苗的希望了。但幸賴前敵的同志們的勇敢，才把這片園地奪了回來，生機才覺稍蘇。這是過去的事實，你們該還記得吧？

現在這片園地裏，革命的生機正勃發着。但一方面因爲曾受了一番過度的摧殘，生機太受斲害。一方面又灌溉疏壅乏人，所以這正勃發的嫩芽，很難保其容易滋長暢茂。如今你們去了，這灌溉疏壅的職責，就非你們來全力負担不可！你們該明瞭此去是負有多少重大的責任?!

可是，在這片園地裏呵，野獸的兇殘雖已掃盡了，但害虫的遺類與其卵子，當然還潛伏着在，他們時時可對革命的嫩芽加以傷害，若防止稍疏，他們更有繁殖滋蔓的可能。同志們！這種殺虫的工夫，做來眞不容易！希望你們要努力做去，使他們的族類從此永永絕滅！同志們，要努力呵！

許多人都說我們的學校是座洪爐，能把許多

中華民國十五年十二月一日〔星期三〕　黃埔日刊　〔第四版〕

許多的破銅爛鐵煉成鋼鐵。又用這些鋼製造成了鎗砲，把那些蹂躪踐踏開放革命之花的園地裏的野獸們一齊打死。這是不錯的。但倘若只是製造出一些鎗砲來，則雖然能把些野獸一齊打殺盡淨，卻不能用來爲耘疏灌溉及驅殺害虫之用，還豈不是等於盡棄全功？所以我們的學校，應該是還要出產良好的農具與効力偉大的殺虫劑呢。同志們，我十二分的相信你們就是第一批出產的良好的農具與効大的殺虫劑！

算了，閑話少說罷。同志們，我們唯一的工作就是革命，我們就是革命的唯一的工具。鎗砲也好，犂鋤也好，斧斤也好，藥劑也好，走向革命的大路只是一條，這條路上的工作就是我們的使命了；唯一的要素，就是要盡量發揮我們的力量。完成我們的使命！現在你們去了，你們去，且先就這片園地裏做一做園丁的工作罷！我想你們也或者還會等到我們還一批鎗砲鋳造出來，大家又一齊的再去取回另一片的園地，而大家都齊來做這園丁的工作的罷？待到把所有的園地都已收回，革命的花含苞怒放之時，那時節，我們又重投入這洪爐裏面，而且被改造成一些欄干，來圍護着那璀璨的花兒呵！但是，你們終要比較幸運的，你們先有一番園丁的工作做了！祝你們努力！

去，去；你們去完成了這步工作罷；轉過話來說：前面等待的是工作和使命。但從這裏，你們該帶些什麼去呢？

「黃埔的精神，」這是你們自然要帶着去的。

「黃埔的精神」是什麼？這無需我贅說，在本刊上（一五一號，一六五號……）已說得很明白而詳盡，想同志們總還不會忘記吧！

同志們！要充足表現了這種精神，才是能做園藝工作的園丁。能忠實地盡「園丁的責任，革命的花朵才有璀璨的開放之一日。那才不枉你們一番的工作，也才不負了奪回這片園地的同志。同志們！「黃埔的精神」，就望你們這次能整部分的帶了去，並且發揚而光大之！

去，去！南國的春機已動了，祝你們的努力，使革命的嫩芽逐春機勃然而滋長暢茂！我謹對你們致革命的敬禮！致革命的敬禮！

一五，一一，三〇。

做泥水匠去

——懷南洋巴力中華學校諸生而作——

李光漲

摩托車在佇待着，無情的車夫正撥動轉機而催行時，我的別緒卻往復於一班小朋友間，『李先生！不要行，若是可能，』這句話之鐫刻在我的心兒裏，是怎樣的深切呵！

在南洋一個纔開不久的小埠—巴力，四面圍着參差的森林，一條清澄的小河永是流着，在河心卻露出沙灘，使人一看便知道這條河沒有多深；然而最緊人相思的，偏又是這條小河，唉！從我結識這條小河，爲時不過六閱月，每當夕陽初下，源氣未退之時，當偕我的同事黃先生和幾個小朋友到河干去沖涼，或在河岸上漫步，載談載笑，興盡而歸，很是快樂，但現在都成了回憶中的殘痕夢影了！

記得將别的前一夕，當他們開會餞送我時，在充滿着離情別緒的講室中，令我對於他們生了依戀難捨的心懷，最後我竟以一段似安慰而實很酸楚的話告訴他們。

『我這次回國去，並不是想幹什麼，單是要學做個泥水匠，來造一座較好的屋子，預備給你們後來回去居住的。因爲我們現在的屋子很靠不住的，簡直是要掛倒了！我們住在外國的，時時又要担心。我平日授課的時候，也曾常常提及這事，諒你們也都記得。所以，我極希望你們長大以後，都要回國去。我告訴你們：在我們的國家裏，有高大的山嶽，有美麗的河流，有蒼翠的森林，有平靜的田疇，總之是一個極可愛的國家，在那裏你們可以找到許多小朋友，與你們一樣可愛的小朋友，和你們一塊兒玩，而且你們還可以看見許多奇怪的東西。我只希望你們，現在就立定一個志向，等你們長大時，各人都要回國，跟我學泥水匠去！我們要在那里建築一座壯麗的房子，使我們大家可以安樂地住在裏面，這里不是爲我們居住的地方，這哩的太陽很厲害，每天每天都令我們不舒服，但我還些話，你們現在也許不十分明白，不過將來你們就會明白的。你們只要記着我的話：那座我們所要創造的大房子，實在不是一時就可以成功的！

『我到這裏來同你們住了六箇月，自愧沒有什麼教給你們的，但總希望你們切莫忘記了我們是中國人，你們個個都應該永遠記看『中國』兩字。這就是我和你們分別時候最後的一句話。』

現在我雖然很孤另地一個人在這裏，精神未免有時要感到痛苦：但只一想到我那般可愛的小朋友，便覺得不敢自餒，在青天白日的旗幟之下，我開始學做泥水匠。小朋友們！我還是想替你們做些工夫呀！

一九二六，一一，一七，作於燕塘伍次

悼喬樹德同志

孤島

這正是黃昏時分，
大地罩滿了陰影。
我的心兒像鐵爐中一塊紅炭似的燃焚，
愛友呀！我耳邊傳來了你戰死的哀音！

但是我沒有眼淚，
也不曾傷心。
只有那瘋人似的憤怒，
向着週圍的黑暗飛迸！

呵，愛友！你不是一個英雄，
我也不是一個詩人。
在一個妙目的光中
我們會遭那相同的運命！

我們都是被惡魔殘踏的人們，
同在那奴隸的鎖鍊之下呻吟。
可是，你呀，愛友！
你已盡了你最後的應盡的責任！

但是，但是呀！
有個人兒會爲你哭泣，傷心；
將傾瀉那愛情的眼淚，
來慰藉你不朽的精靈！

在那消逝了的黃昏與淸晨，
她曾把愛情的王冠
裝飾過你的青春與生命。
但是，現在呀，　一切的誓詞，
都作了你永久，永久的墓銘了！

問答

1. 馬克斯，列寧兩導師的著述，有沒有未曾翻譯的出賣，及翻譯最好的是那幾種？

2. 工作方面，有一般老兵，頭腦太舊，因爲他染舊軍隊的習慣太深，觀察他的心裏，不但不信仰主義，並且訕笑主義，以爲從前軍隊都沒有聽過主義但亦能打勝仗。像這樣不明白世界狀況，和自己的經濟地位；糊塗讀樣腦筋的人，要用什麼方法，才能把他的思想改換過來呢？

3、用什麼方法，將馬克斯，列寧，孫總理的主義，貫澈到士兵腦海裏呢？講得太實際了覺得不好，講得太空泛了又不好，怎麼才能使到不卽不離？

學生楊翊翔

1、馬克斯的有共黨宣言，哥達綱領批評，工錢勞動與資本，價值價格與利潤；列寧的有帝國主義為有譯本，未譯者尙多，不易買，

2、要教他們知道以前雖打勝仗，然打勝以後，兵士自己與民衆並不曾得着好處，並不能叫天下太平。政治工作，是要使兵士爲自已與民衆的利益打仗，則打仗更易勇敢，更有把握，於打勝以後，可以自己得着幸福，不只是讓人家升官發財，而自己與老百姓遭殃。

3、從農民工人的實際受壓迫情形，並必須自己團結奮鬥，纔能夠救自己的道理說起，不要太多談理論。

（英）

1、學生在燕塘聽了一次政治講演，說本校是產生於「聯俄」「聯共」「扶助農工」三大政策之下，如果這三個政策不成立，本校卽根本消滅，……但是學生常常聽說本校現在『排共』確否？如果排共，爲甚麼？又說「本校，一，二，三，四，五各期學生都有共黨同學加入。足見本校之聯共：」我們第六期有不有？如果沒有，主要原因是甚麼？

2、德國加入國際聯盟，得了甚麼地位？

3、中國濟難會現在怎麼樣？學生在湖南加入過不過會證被大水冲去現在要入會須怎樣的手續，在甚麼地點，有分會可以加入？

學生汪繼志敬上

1、並無排共之說第六期恐亦不見得無共產分子罷！

2、得了常任理事

3、可函詢廣州濟難會，廣州會務似很發展，最近本校已以全校名義加入該會了。

（代）

中華郵政特准掛號立劵之新聞紙 中華民國十五年十二月二日 〔星期四〕 〔第一版〕

黃埔日刊

中央軍事政治學校政治部出版
通信處廣東黃埔本校政治部宣傳科
〔第二〇四號〕
〔本刊每份定價一分〕

日評

天津被捕之本黨同志無恙？

據昨日所得消息，在天津英租界被捕之本黨同志，張作霖懾於革命軍之聲威，與民衆之憤激，不敢公然殺害，尚拘獄中，情電文簡單，不知被捕同志，究竟能否保全生命偷安全？我們十二分盼望昨日所得消息之正確，我們尤其盼望被捕同志早日得恢復身體自由。但是，無論被捕同志得保全生命或竟恢復自由，英帝國主義勾結奉張，謀殺本黨同志之罪，決不能因此而減輕！我們已經十分認清楚：這回捕本黨同志的地點，在天津英租界；把被捕同志交給張作霖的，是英帝國政府的駐華領事及天津的英租界當局。無論張作霖將被捕同志如何處置，英帝國主義者仇殺本黨同志的事實，是沒有掩飾或辯護的餘地的。

近來英國的資產階級及學者，雖有一二比較明白事理的，對國民政府表示相當的欽佩和好感，但他們的政府始終是想用高壓手段來壓迫我們的革命勢力。姑不論萬縣慘殺的大屠殺，凡在反對軍閥勢力底下的地方，英帝國主義者無不盡力帮助軍閥，壓迫民衆。天津事件不過最顯著的罷了。我們應該知道大英帝國主義是中國革命的最大障礙，從今以後，我們要努力宣傳大英帝國主義的兇狠！要擴大我們的對英「杯葛」！尤其要盡力去打倒親英佩孚孫傳芳而作英帝國主義的工具張作霖！

黨務

⊙安徽臨時省黨部請汪主席銷假

廣州國民新聞，轉汪主席鑒：我軍轉戰萬里，迭克名城，瀰郛底定，陝豫蕭清，軍事勝利，若不嚴密黨的組織，整飭黨的紀律，刷新政治，與民更始，則無以保持光大，蔣介石同志主持軍事，無論力量鞏固黨務政務，左右老成碩望，來所欽遵，萬乞毅然出來，以蘇海內外喁喁之望，黨國前途，實利賴之，安徽臨時省黨部，儉印

⊙中央實行增加黨費

本黨黨務，日形發展，從前規定之每月黨費，實不足以應支絀，因此日前本黨中央及各地黨部代表聯席會議，有決定增加本黨黨費每月額定三十萬元一案，現聞中央黨部，昨日常務會議，經已議決，聯席會議增加黨費每月額定三十萬一案，令國民政府財政部，由十二月份起，如數支付云。（雲彬）

軍事

△唐軍長攻安慶
△合肥旦夕可下
△閩海軍拒張毅
△黨軍進攻浙江

革命軍自肅清皖省後，對皖閩浙軍事，進行極順利，據世界社消息，聯軍失九江後，順江而東，其第一險要，厥惟湖口，湖口一失，則皖省於軍事上無防禦可能，外間雖盛傳黨軍有一部開到距安慶八十餘里之留江口，安慶危急，據南京廿八日電，則云高世讀電孫探報魚（六日），有唐生智部一支隊，發現於二郎河，葉開鑫軍退宿松，（按二郎河在太湖宿松之間，）某私人方面接安慶廿七日電訊，馬濟蔣鄴陳排在太湖獨立，進窺潛山，先鋒已達……

啟事

……駐虎門太平市入伍生一團六連李鏡山……
艾興同志……何處服務……
黃勉齋同志：有家信在此，請速來取　黃埔本校第二大學生隊第八中隊第卅區隊……

本校本週口號

嚴守學校紀律！
學習革命技術！
增進戰鬥能力！
發揚黃埔精神！
擴大農工組織！
團結革命分子！
擁護國民政府！
打倒帝國主義！

要訊

天津被捕之十四同志無恙耶？

嚴搜黨人……
張作霖不敢殺戮說……

西北軍之大發展

▲奉軍中止南下與……

……

中華民國十五年十二月二日 〔星期四〕 黃埔日刊 〔第四版〕

小領袖

蕉葉劍川

一現在有很多（？）幼稚的一從好的方面看一小領袖，他們似乎都犯了一個相同的死症（如果不算快譽好），就是他們滿身的毛孔，都放出強烈的「出風頭」的氣味！於是乎，他們便不免爲群衆所厭惡，而很容易失掉所有的群衆，於是乎，他們做起事來，不是「半途而廢」，便是終於「碰壁」，而且有時要會發將「眼睛發昏」！但是，使人驚奇的，乃在他們初次「碰壁」之後，仍不覺悟，以至一碰再碰！

然而，我們現在所需要的，絕對不是這種「碰壁」式的小領袖。我們現在需要一種真正的小領袖！一種能活動，而又不「出風頭」的小領袖！

這種小領袖，他無論在什麼時候，在什麼地方，他總能像磁石似的，吸引着他週圍的群衆，跟着他走，領導他們去參加一切革命的鬥爭！而且群衆亦親切地意識到他們的小領袖，的確時時刻刻都站在革命的戰線上，爲他們切身的利益而奮鬥。因此，這種小領袖，在每一個運動起來的時候，在每一種革命鬥爭開始的時候，他便自然而然的成了群衆所愛戴的小領袖。他能够敏捷地捉住當時群衆革命的情緒和要求，應用他所有的精練的戰術，去有計劃地指揮群衆，向着他們的敵人進攻，一直克服了他們的敵人！啊！這樣的小領袖，當你看他領導着群衆，和敵人決戰的時候，你就立刻可以看出他的堅強的意志，和熱情的智慧，絕不像那些「出風頭」的人物！他是和一變山嶽一樣，用他全部的注意和力量，去搏取他的目的物！他能够在繼續變動的事實的索練當中，找住那最緊要的環子，而不至於使群衆走入迷途。

但是，這種小領袖最顯明的特色，乃在他能够取得群衆真實的信仰，去領導群衆做局部的和經常的鬥爭，然而他對於全部的革命戰線，又看得十分明瞭，因此他便能從那全部的形勢中，計劃出他的適當的戰術，去應付他的環境，這樣的小領袖，他在任何的鬥爭中，都能緊握着群衆的力量，而很少「碰壁」的時候，即有時失敗了下來，亦能爲群衆所原諒，而不至於爲群衆所拋棄。這就因爲他恰恰是忠實地爲群衆的利益而奮鬥！我們今天所需要的就是這種小領袖！

是一種自殺的行爲」。後面又說：「政治工作是我們國民革命軍的唯一特色，只有政治工作能保障我們的軍隊永遠站在黨的，革命的大多數農工民衆利益的一方面」是的！不錯！這兩點我是很承認的。不過有時爲了軍紀，就不能保障農工的利益，並且違背了民意；若要不違背民意，保障農工的利益，又要破壞了軍紀。這到底有什麼方法來解決他呢？請教官答覆我！

這一次入伍生二團二營在東莞槍決了幾個土匪，有些同志說：「這件事情，站在革命觀點上，是很對的；但是軍紀一方面，不有做到。」這件事情，要槍決土匪，是民衆的要求，並且要就地槍決，而上面要把土匪解到省城，不准就地槍決。民衆發十個團體會經請願了數次，無論如何，要將土匪就地槍決，不准解到省城。到後頭，爲服從民意把土匪就地槍決了，這樣一來，就違背了軍紀；要不違背軍紀，又要違背民意，這件事情，闖了許多糾紛，到現在仍然沒有解決，我對於這事，實在發生疑問。所以不得不寫這封信來請教官，請詳細答覆我：究竟如何才不致違背軍紀，而又不違背民意，使他得到一個滿的結果？

虎門入伍生一團三營十一連見習官王月爾

若果是民衆有了某種普遍的要求，我們依照民衆意思做事，在我們革命黨來說自然是對的。這樣的事若是民衆有了相當組織的力量，一定能擁護我們達到最後的勝利。若是軍風紀是要使我們束縛於與民衆真正的而且普遍的要求相反下面，我們自然要用非常的手段處置他。但這決不是說我自己一方面認爲這是民衆的要求，或係是一部份人的要求，我們便可以動輒用這種非常的手段。假使我們是很純率的這樣幹，不但於軍風紀方面有很不好的影響，而且民衆亦未必知道或能够帮助我們，結果，亦許我們做的事縱然不錯，然而終於免不了失敗的。（代英）

問答

1、中國現時的政黨，除了研究系，政學系，交通系，安福系，北洋系，及國家主義派外，還有些什麼政黨，並這些政黨的趨向如何？歷史如何？
2、國家主義起原時，在歐洲的情形如何？
3、無政府派反對我們階級爭鬥，並主張不用權與……

短劍

父子分賣

……可是他的兒子張學良……

恭喜章行嚴

……

反攻與統籌全局

……

編者的話：

……

中華民國十五年十二月二日 〔星期四〕 黃埔日刊 〔第三版〕

題目

第五期政治科出發武昌沿途散發之傳單
革命青年的缺點
五四運動與五卅運動（四）
軍紀與民意
小領袖
問答
短劍
編者的話

第五期政治科出發武昌沿途散布之傳單

親愛的同胞們！

辛亥革命，並未成功，十五年來繼續不已的戰亂，使同胞們受了多少的痛苦！到現在大家都明白了，使同胞們受痛苦的，是帝國主義和軍閥，才知道，打倒了帝國主義和軍閥，然後才算革命成功。我們本黨總理孫中山先生爲求中國之自由平等，創造了中國國民黨，爲適應民衆的要求，叫我們黨員武裝起來，拚着我們的生命，先用武力來打倒帝國主義的工具——軍閥。我們秉承總理的遺教，得民衆的帮助，去年已經打倒陳林……

……

擁護民衆利益！
中國國民黨萬歲！
國民革命成功萬歲！
世界革命成功萬歲！

革命青年的缺點

惲代英爲第四期同學講演　劉漫天筆記

諸位同志能夠不遠千里，跋涉河山，跑到這裏來，我相信諸位都是很富於革命性的，至少也是比較上富於革命性的青年。我這句話，並不是來恭維大家，因爲大家能夠到這裏來，一定是因爲在舊社會上飽受了一切惡勢力的凌辱和壓迫，或多或少，胸中總充塞有些所謂「憤懣不平之氣」，不吐不快，所以才能不顧一切的毅然跑到黃埔來，不過雖然是如此，我都不敢說大家都是真正的爲了革命而來的。爲甚麼呢？，大家或者要奇怪我說話是這樣自相矛盾，其實我的話並不自相矛盾的。「革命」和「革命性」到底不是一件東西，雖然很容易被人混亂。「革命性」僅只是一個空空泛泛的革命的觀念；「革命性」乃是努力于這種觀念的行爲。雖然是有了這一個觀念，不一定都是能够着這個觀念走的，但這個觀念，畢竟是可貴……

五四運動與五卅運動

……

軍紀與民意

代英主任教官：
我看了你在十一月十八日黃埔日刊上的一篇……

小通信

……

中華民國十五年十二月二日 〔星期四〕 黃埔日刊 〔第二版〕

軍政

△中央遷移入鄂續

……

△政治會議廣州分會成立

△管理粵桂閩三省政治任務

國民政府以中央政治會議，已決定遷移鄂省，故於前日開第十三次委員會議，特決定於中央政治會議遷移後，在廣州設一政治會議廣州分會，以負廣東廣西福建三省一切政治任務，中央政治會議第五十二次會議，對於此項提議，經已核准，並議決定以何香凝，甘乃光，敖偉賢，陳樹人，李濟深，孫科，宋子文等七人爲政治會議廣州分會委員，……

△張作霖大借英法款

△本黨駐日總支部宣言反對

……

△中土訂定通商條約

△以平等爲原則

……

△英煤礦工否決政府解決案

……

國際共產黨開全體會議

……

△巴西革命軍勝利

……

△意首相之高壓政策

△訂定新治安維持法

……

經濟

◎美國對亞貿易之統計

◎蘇俄來年度預算增加

雜訊

評論中國國勢

蘇俄真理報

◎衡州農民歌頌革命軍

……

中華郵政特准掛號立劵之新聞紙〔中華民國十五年十二月二日〕〔星期四〕〔第一版〕

黃埔日刊

中央軍事政治學校政治部出版
通信處廣東黃埔本校政治部宣傳科
〔第二〇四號〕
〔本刊每份定價一分〕

本校本週口號

嚴守學校紀律！
學習革命技術！
增進戰鬥能力！
發揚黃埔精神！
擴大農工組織！
團結革命分子！
擁護國民政府！
打倒帝國主義！

本週各學生隊政治討論會題目

軍隊中的同志對于與革命有利的工作應當不待民衆有此要求即挺身上前爲民衆奮鬥呢？抑當俟民衆有此要求，順着民衆的意思上前爲民衆奮鬥呢？

日評

天津被捕之本黨同志無恙？

據昨日所得消息，在天津英租界被捕之本黨同志，張作霖懾於革命軍之聲威，與民衆之憤激，不敢公然殺害，尚拘置獄中，惜電文簡單，不知被捕同志，究竟能否保全生命的安全？我們十二分盼望昨日所得消息之正確，我們尤其盼望被捕同志早日得恢復身體自由。但是，無論被捕同志得保全生命或竟恢復自由，英帝國主義的勾結奉張，謀殺本黨同志之罪，決不能因此而減輕！我們已經十分認清楚：這回逮捕本黨同志的地點，在天津英租界：把被捕同志交給張作霖的，是英帝國政府的駐華領事及天津的英租界當局。無論張作霖將被捕同志如何處置，英帝國主義者仇殺本黨同志的事實，是沒有掩飾或辯護的餘地的。

近來英國的資產階級及學者，雖有一二比較明白事理的，對國民政府表示相當的欽佩和好感，但他們的政府始終是想用高壓手段來壓迫我們的革命勢力。姑不論萬縣等處的大屠殺，凡在反動軍閥勢力底下的地方，英帝國主義者無不盡力帮助軍閥，壓迫民衆，天津事件不過最顯著的罷了。我們應該知道大英帝國主義是中國革命的最大障礙，從今以後，我們要努力宣傳大英帝國主義的兇狠！要擴大我們的對英「杯葛」！尤其要盡力去打倒繼吳佩孚孫傳芳而作英帝國主義的工具張作霖！（雲彬）

黨務

⊙安徽臨時省黨部請汪主席銷假

廣州國民新聞，轉汪主席勛鑒，我軍轉戰萬里，迭克名城，湘鄂底定，陝贛肅清，軍事勝利，若不嚴密黨的組織，整飭黨的紀律，刷新政治，與民更始，則無以保持光大，蔣介石同志主持軍事，無餘力兼顧黨務政務，左右老成碩望，衆所欽遲，萬乞毅然出來，以蘇海內外喁喁之望，黨國前途，實利賴之，安徽臨時省黨部，儉印

⊙中央實行增加黨費

本黨黨務，日形發展，從前規定之每月黨費，實不足以應支需，因此日前本黨中央及各地黨部代表聯席會議，有決定增加本黨黨費每月額定三十萬元一案，現聞中央黨部，昨日常務會議，經已議決，聯席會議增加黨費每月額定三十萬一案，令國民政府財政部，由十二月份起，如數支付云。

軍事

△唐軍長攻安慶 △合肥旦夕可下 △閩海軍拒張毅 △黨軍進攻浙江

革命軍自肅清贛省後，對皖閩浙軍事，進行極順利，據世界社消息，聯軍失九江後，順江而東，其第一險要，厥惟湖口，湖口一失，則皖省於軍事上無防禦可能，外間雖盛傳黨軍有一部開到距安慶八十餘里之望江口，安慶危急，據南京廿八日電，則云高世讀電孫探報魚（六日），有唐生智部一支隊，發現於二郎河，葉開鑫軍退宿松，唐軍似欲由宿松太湖攻安慶之背，（按二郎河在太湖宿松之間，）某私人方面接安慶廿七日電訊，馬濟舊部陳雅在太湖獨立，進窺潛山，先鋒已達小池驛，潛山知事連電省中告急，高世讀已飛調皖軍楊[illegible]榮部往援，省城（指安慶）六日起已特別戒嚴云，又訊革命軍攻皖壽州，經開火，皖軍以革命軍銳不可當，紛紛退却，合肥旦夕可下，九江廿八日電，蔣總司令於十三日抵潯後，即設立總司令部，其對於進攻蘇皖及浙閩之聲浪，日見增高，故於抵潯之日，即召集軍事會議，討論如何發展，於是抽調贛北精銳五萬，編成三大縱隊，並以陳銘樞之獨立第一第二兩師爲主力，自贛東進窺浙江衢州一帶，江北則令唐生智保守現時勢力，與聯軍取守勢，南路方面則以高安之學生軍預備隊越南昌前進，與北路混合後，再向浙西總攻，以賀耀祖爲前敵總指揮，刻駐南潯沿線軍隊已漸向九江集中，蔣於日內一度赴武昌後，即由潯至贛東指揮軍事云。閩省方面，海軍輸誠我方已經證實，據廿九日上海電，孔昭同敗退福州，黨軍廿七日佔蒲田，海軍宣言維持省治安，拒絕張毅部入城，薩鎮冰欲續與黨軍一戰，省局甚緊，是我軍佔領福州之正式捷報，不日即將飛來矣。

要訊

■天津被捕之十四同志無恙耶？

■張作霖不敢嚴辦說……十四人尚留警廳耶？……天津各租界嚴搜黨人……各地反英空氣緊張

天津英租界當局，勾結奉張，圍捕本黨天津市黨部同志，解交奉張，前據天津電，有十四人被判死刑之說，全國民衆，異常憤激，茲民國日報發表上海最近來電，謂張作霖對天津被捕黨人，因軍事關係，不主嚴辦，故尚留警廳候辦，天津各租界搜黨人甚嚴，（廿九日）是被捕之十四同志，尚在人間，張作霖或懾於革命軍勢力及民衆公憤，一時不敢加害，但英帝國主義之敵視本黨，使全國人民，萬難容忍，各地抗英空氣，異常緊張，並聞張靜江譚延闓李烈鈞諸同志爲切實援救各同志起見，特於昨日致電張作霖，着其將天津被捕各同志釋放云。

■奉軍中止南下與西北軍之大發展

▲奉軍中止南下之原因……上海之反奉空氣……西北軍鄧寶珊部入洛陽……西北軍進逼察哈爾熱河

奉魯軍南下，楊宇霆以吳佩孚贊成假道，恐孤軍深入，或有危險，且蘇浙軍將領對奉魯軍向少聯絡，多生誤會，前次聚園所擬計畫因有變更，張宗昌已中止赴甯，將回津再商進退，開拔之先鋒隊約三萬人暫時分守津浦路南段，維持全路運輸，又聞奉方將領以長江作戰失地利，三省反對南下復實現，黨軍得人和，且西北軍牽制東省，財政堪虞，主勵孫傳芳反攻，奉爲後盾，而廿八日上海方面，學工等界約二千人，大集會議，作反對奉軍南下之示威運動，并散派打倒張賊宗昌之傳單，并通過議案反對奉軍南下，反對發行奉軍軍用票千萬員，在此全國一致反對奉軍南下聲中，有合吾

(一)

啓事

李鳳君同志：聞君升學已於十五上課，君編入何隊，請示知，有事相商 駐虎門太平市入伍生一團六連李鶴山

侯智達（字碧如）同志：舍友人託訪兄處址，并云兄自入伍以來，并無隻字寄家，令兄家懸念不已等語，見字請即寄家信，并來字示知，以便答復敝友爲荷 駐虎門太平市入伍生一團六連李鶴山

艾興同志：你于第四期畢業，我因事沒有會着你，現在分派在何處服務，請火速來函告我 黃埔本校第二大學生隊第八中隊第卅區隊艾子幹

黃勉齋同志：有家信在此，請速來取 第二學生隊三十二區隊陳傳鈞

魏廷幹，唐永澄，同志：久別甚念，弟現編入第二學生隊十七區隊，作校本部，不識兄服務何處，有暇告我否？ 岳山

吳尚貴同志：九月十六日，關縣教育局，與兄一掛號信，尚存校中，請示通訊處，以便轉寄爲荷。 岳山

中華民國十五年十二月二日〔星期四〕 黃埔日刊 〔第二版〕

人十分狀態之消息，而西北軍第二軍馬寶珊部，已有入洛陽之說。又據民國日報接北京廿九日專電，豫省[illegible]傳國民二軍鄧寶珊部已入洛陽，並一說靳雲鶚將抵鄭州，同日接滬電西北軍迫熱河察哈爾，奉軍決取攻勢，京綏路局奉令調集客車赴張家口，運兵西進，馮玉祥擬堅守五原云，是西北軍正在大發展中，奉系軍閥快要陷於夾擊兩側矣。

政治訊

△中央遷移入鄂續

中央各部聯席會議，昨開會關於中央遷移各事，繼續討論，決定黨部遷移費預算中央黨部遷費預算，經由中央財務委員會擬具提出昨聯席會議，對於職員預算（路旅費）暫定爲大洋一萬二千元，陸路每人七十元，水路每人四十元，（治裝費）職員一百元，工人每人五十元，（津貼）其不願隨遷者，黨部遷移後，每人照薪金支一個月，或由本黨部介紹在廣東各黨政機關服務，已有職業者，不得支領津貼，婦女運動講習所，及黨政訓練所費用，共毫洋一萬一千元，（婦女運動講習所五千元，黨政訓練所，費用六千元，）預先支付備用，（轉運及設備費，）共大洋三萬元，又各部分兩批出發，現聞聯席會議，昨日決定，第一批先從陸路出發，每部至多大概五人，惟軍人部因有沿途從各軍工作，准予多派幾人，海外部在粵設辦事處至關於海外部遷移入鄂後，因粵省海外同志，比較多數，及與海外黨部交通上，比較利便，故決定由海外部在粵，仍然設立辦事處云。

△政治會議廣州分會成立

△管理粵桂閩三省政治任務

國民政府以中央政治會議，已決定遷移鄂省，故於前日開國十三次委員會議，特決定於中央政治會議遷移後，在廣州設一政治會議廣州分會，以負廣東廣西福建三省一切政治任務，中央政治會議第五十二次會議，對於此項提議，經已核准，幷議決定以何香凝，甘乃光，戴傳賢，陳樹人，李濟深，孫科，宋子文等七人爲政治會議廣州分會委員，並定卽於今日一號成立，卽日在大東路舊省會，暫設立政治會議廣州分會秘書處，至中央政治會議於昨日開五十二次會議暫行停止後，由今日一號起，所有各機關應交政治會議之文件，卽一律由廣州分會收受云。

△張作霖大借英法款

△本黨駐日總支部宣言反對

本黨日總支部因張作霖大借英法外債特發表宣言[illegible]去，全國同胞，張作霖自「奉票問題」不能完滿解決之後，日益窮困，物質上已陷於必亡之情況，不意英法兩帝國主義者，乘此時期，欲拉張賊爲己用，且示好處于日本帝國主義，以鞏固其所謂「反赤」的聯合戰線，竟許張賊以四千萬大借款，法一千萬，英三千萬（一千萬由英政府出。其餘由英資本家出，卽開灤礦務局撥交，而延長其垂死之生命，同胞們！起來！反對四千萬元大借款！打倒奉系軍閥張作霖！打倒英法帝國主義！

△中土訂定通商條約

△以平等爲原則

二十九日上海電，中土訂通商條約，由鄭延禧與土駐俄大使在莫斯科接洽，不日簽字，內容與中俄中奧中德各約相同，以平等爲原則，

△英煤礦工否決政府解決案

倫敦廿七日來電，自解決罷工會議停頓以來，政府方面，仍極力調停，故自由契約復工者，已達三十五萬七千人，礦主亦改善待遇，惟分區投票，解決政府之提案，在煤工組合之代表八萬人中，有五萬七千人加以反對，現煤礦工態度，依然強硬云。

國際共產黨開全體會議

△路透社所傳之

路透社二十二日莫斯哥電 國際共產黨幹事會今日在克萊木林開全體會議，布哈林演說，言中國事件與英國礦工奮鬥在世界革命動作中之重要，與會者有五十二國，次由中國國民黨共產黨之代表及荷屬印度英國等國之代表先後致詞，後會衆一致決定解除國際勞工會會長齊諾維夫之職，並免除蘇俄最高經濟行政會會長特諾資基之職。

△巴西革命軍勝利

紐約電 政界消息，已承認巴拉那及聖大卡大林那兩省。有革命黨舉事，幷證實革命軍敗績，但據他方面所傳，則云革命軍已得勝利機會，並俘獲該兩省官軍司令云。

△意首相之高壓政策

△訂定新治安維持法

日本大阪朝日新聞廿四羅馬電，義首相慕索里尼，鑒於再一遭遇暗殺之危難，五日召集閣議表決，奇怪且嚴重之新政治安維持法，其主要條項如左，一，所有國外施行護照一律更換新照，除本國外[illegible]所有之護照，於[illegible]在本日以前發與之[illegible]全歸無效；二，凡反對現政府而[illegible]切出版物，永遠禁止；三，凡表示反對法西斯黨之政黨集會結社等，一律解散，四，凡對於皇帝攝政皇后太子，或政府首腦者之生命健康，以及個人自由，加以危害者，設置之以死刑之制度，五，凡於意大利領土外，關於意大利國內事情，流布虛僞之報告者，不問其爲何國人，一旦在意大利被逮捕時，處以五年以上，十五年以下之獨房禁錮，六，犯罪人對於判決，不服罪者，剝奪其市民權，並沒收其財產。

經濟

◎美國對亞貿易之統計

▲占全世界貿易總額百分之十六，

美國對外貿易頗稱不弱，近一年來，進步尤足駭人，較之一九一九年至一九二四年間之平均數，增加百分之一百二十，尤以對亞洲貿易最爲暢旺，比之歐戰前一年，竟增加百分之三百四十四，總計一年前進出口貿易額達八·六八八·八三八·五七一元之巨，占世界貿易總額百分之十六，其在一九二三年，僅占百分之十一，發達如此之驟，半由於此一年中各國對美匯兌相宜，購買力幾增加一半云。

◎蘇俄來年度預算增加

◎國稅總額增至四十七萬五千八百萬盧布

莫斯科廿八日電，此間人民財政委員會，辦理一九二六至一九二七年度預算，已定國稅總額爲四十七萬五千八百萬盧布，比去年度預算國稅總額，增加百分二三零七云。

雜訊

評論中國國勢

■蘇俄眞理報

蘇聯社莫思科電，蘇聯眞理報社論評中國國勢云，中國局面已有重大變動，其對列强之態度與聲勢，已因南軍各方前線之勝利，與帝國主義之衰弱，尤其因英國帝國主義之衰弱而呈無限的轉强之勢，中國依賴其主權的權力，業已廢止不平等條約，中國革命之勢力，已予其政治的命脈以新的元素 且已使其敵人大受其擾云。

◎衡州農民歌頌革命軍

國民革命軍此番北伐，轉戰湘楚，以紀律嚴明；深得民衆之擁助，近有友人自衡州寄來一函，歷敍該地農民對於黨軍之好感，並錄來歌謠一首，閱之亦可見我黨軍領袖，及北伐諸將士，得民衆信仰之一班。歌云：「革命軍！革命軍！出師湖南；轉戰江西，援助唐生智，打倒葉開鑫，打倒吳佩孚，克復武昌城，好個蔣介石，生平會用兵！苛捐雜稅除，人民負担輕，準備粗茶飯 慰勞革命軍！」讀之，令吾人增勇氣百倍也。

專件

◎擁護中央聯席會議決議案宣傳大綱（三）

第三點是要扶助工商業的發展，關於這點，有個具體的辦法，將由國民政府召集全國工業家開個大會，討論發展工業的辦法，國民政府要在這個會上說明國民政府發展實業的計劃，幷獎助工業的發展，但還要純粹是中國的工業家。

第四點是保障人民自由及廢除不平等條約，對於外國資本家的投資要限定不能有特殊的條約權利，如須聘請外人爲總工程師等。

第五點在經濟上要廢除厘金及一切苛捐雜稅，徵收累進所得稅，整頓財政，統一全國紙幣，設國家銀行以最低利息貸款給工業家。

第六點在教育上要規定教育基金，外人設立學校及教會學校註册，普及義務教育，提倡職業教育幷識字運動。

除了以上所述屬于一般的外，還有特別對于工農的政綱。

對于工人方面，大概都依照第二次全國代表大會的工人運動決議案，不過少許有點修改。如第二次大會決議規定每日工作八小時現在改爲每週工作不得過五十四小時，因爲現在各處工人還有作十數小時，照新政綱便不得過九小時，（每日）如果已有八小時的，當然不更改。其次就是取消包工制，制定勞工保險法，設立勞工介紹所，所有找工作的失業工人都可以到去登記。

對于農民的部份特別重要 因爲現在最重要的，是要鞏固省和縣的基礎 但是省和縣的基礎在那裏呢？當然就是農民，農民問題是國民革命中最主要的問題，所以我們要鞏固黨的基礎就要使農民得到眞正的解放，在這個政綱中也特別注意這一點，對于農民政綱的內容，第一點就是要減低田稅百分之二十五，第二點是要限制高利借貸，和設立農民銀行，以很低的利息借款給農民，佃農雇農等貧苦農民都可以先登記，以後就可以借款。第三點是關于自耕農及佃農的要求廢除苛捐雜稅。第四點農民有組織農民協會農民自衛軍的自由，禁止對農民的武裝襲擊。鄉村自治，鄉村教育，分配國有荒地與貧苦農民等。

關于軍人的，如提高及改良士兵生活，制定殘廢及退伍軍人待遇條例，按月十足發給下級官長及士兵薪餉等。（未完）

小通信

裴厚德田子梅吳經邦曾家俊諸同志現在何處服務請函示知爲盼 蝶翩崗[illegible]十六隊紹

易斐忱同志：你給我的信收到了，本想復你一信，因忘記通信地點，請你趕快告訴我吧！ 蕭藩秋人

高剛火你有一信在我處請示通訊處，當轉寄。

陳南洲，周名瑞，二同志：畢業後，分在前方何部服務，請卽告我，以便問候。 本校第二學生隊第八隊三十區隊沈博古

羅雄族兄：我編在入伍生第二團第二營七連駐防東莞資福寺請將你的通訊處示知爲荷 弟羅瓊甲

宋樹棻同志（保湖南盧溪人）聞已入伍現編何團何連請示之 住本校第二學生隊第六隊二十一區隊嚴哲攀

鄙人於本月十九日遺失本校一八一八號出入證一枚除已呈報校長辦公廳外用特登報申明作廢。 潘質

中華民國十五年十二月二日　〔星期四〕　黃埔日刊　〔第三版〕

題目

第五期政治科出發武昌沿途散布之傳單

親愛的同胞們！

辛亥革命，並未成功，十五年來繼續不已的戰亂，使同胞們受了多少的痛苦！到現在大家都明白了，使同胞們受痛苦的，是帝國主義和軍閥．才知道，打倒了帝國主義和軍閥，然後才算革命成功．我們本黨總理孫中山先生爲求中國之自由平等，創造了中國國民黨，爲適應民衆的要求，叫我們黨員武裝起來，拼着我們的生命，先用武力來打倒帝國主義的工具——軍閥．我們秉承總理的遺教，得民衆的幫助，去年已經打倒陳林劉楊等小軍閥而統一兩廣，現在又把吳佩孚孫傳芳兩個大軍閥打倒了，西北二十萬的國民軍也都加入國民黨成爲爲人民奮鬥的革命軍了，此後更要打倒全國一切軍閥，這也是一定會成功的！同胞們，你們須得明白，我們不是封建時代所謂「弔民伐罪的王師」，我們是爲民衆用武力來打倒軍閥的工具，我們所造的利益，是民衆的利益；我們的勢力，是民衆的勢力，壓迫民衆離開民衆的，決不是革命軍隊，所以我們到處要和民衆聯合，武力與民衆打成一片成爲人民的武力時，革命勢力才得益發鞏固，民衆苦痛才得逐漸解除．

親愛的同胞們！我們——中央軍事政治學校第五期政治科應政治的需要，奉命由黃埔開至武昌，路過貴處，順便看看諸位的生活情形，是否已和從前不同？你們現在見了我們，猶如見了你們的親兄弟一般，因爲我們不但是民衆自已的軍隊，時時刻刻準備着爲民衆的利益而奮鬥；而且準備着去影響一切尚未澈底認識革命主義的軍隊，使他們也要始終站在民衆的利益上面，爲革命而努力．親愛的同胞們！現在北伐已得到初步的勝利，兩廣兩湖閩贛六省已到了訓政府時期！但怎樣保障這個勝利，與怎樣實行訓政？這是所有革命民衆與革命黨員應該深切注意的呵！我們所以大家更要堅固地聯合起來，組織起來，一方面擁護國民黨的主張和北伐的勝利，一方面要鏟除貪官污吏土豪劣紳及一切反革命派！你們儘管把你們的要求發表出來，我們一定要服從民衆的意思實行爲民衆效死，我們在途中，很喜歡和你們講話，我們已經分成許多宣傳隊預備講些很要緊的話！也希望你們將些實際情形告訴我們！我們大家高呼：

民衆與軍隊聯合起來！
打倒土豪劣紳！
剷除貪官污吏！
打倒一切反革命派！
實行國民黨最近政綱！
擁護民衆利益！
中國國民黨萬歲！
國民革命成功萬歲！
世界革命成功萬歲！

革命青年的缺點

惲代英爲第四期同學講演　劉漫天筆記

諸位同志能夠不遠千里，跋涉河山。跑到這裏來，我相信諸位都是很富於革命性的，至少也是比較上富於革命性的青年，我這句話，并不是來恭維大家，因爲大家能夠到這裏來，一定是因爲在舊社會上飽受了一切惡勢力的凌辱和壓迫，或多或少，胸中總充塞有些所謂「憤鬱不平之氣」，不吐不快．所以才能不顧一切的毅然跑到黃埔來，不過雖然是如此，我都不敢說大家都是真正的爲了革命而來的。爲甚麼呢？，大家或者要奇怪我說話是這樣自相矛盾，其實我的話並不自相矛盾的。「革命」和「革命性」到底不是一件東西，雖然很容易被人混亂。「革命性」僅只是一個空空泛泛的革命的觀念；「革命性」乃是努力于這種觀念的行爲。雖然是有了這一個觀念，不一定都是能跟着這個觀念走的，但這個觀念，畢竟是可貴；有這個觀念的人，畢竟和一般麻木不仁甘願做舊社會的俘虜的青年們是大不相同，究竟還是有這種觀念的人站在接近于革命方面的。

凡是到黃埔來的，腦海裏都會有一種特殊的思想，因爲到了革命的策源地的黃埔，所以自己覺得已經是「非常」的革命了，我們的身體像頓時受了革命的洗禮，馬上就變成了潔白無疵的美玉一般，然而這種觀念，錯了！是完全地錯了，跑到黃埔，只算是跑到了黃埔，盡多可以說是走上了革命的軌道；畢竟不是成了神，所有社會上一切的惡習慣；像「自私」「自利」「懈怠」「偷懶」「好批評人家」「好誇張自己」等；一般人所有的壞毛病，我們統統都有，跑進了黃埔我們還是免不了這些毛病的。這是不必諱言，而且也是不可諱言的事啊！

而且我們的背上，不僅是載滿了社會上一般人所有之缺點；同時還要載着社會上一般人所無而爲我們黃埔特有的缺點，什麼是黃埔特有的缺點呢？　（未完）

五四運動與五卅運動（四）

政治教官黃克謙講演　新入伍生劉二連劉用修筆記

是時革命運動，風起雲湧，不可遏制．大有一日千里之勢，民十一，春間香港的海員大罷工，國中的無產階級，開始認清了敵人，實際參加革命運動；同時，上海，安源，唐山等處，均先後有大罷工發生；京漢路工人，正籌備組織總工會，因直系軍閥吳佩孚的摧殘，發生有名的二七慘劇，直系軍閥，雖然把京漢路工人鎮壓下去，但是中國工人階級，在當時國民革命運動中，已佔在很重要的地位了，其他各階級民衆，均有相當的組織和力量，已非五四時代可比，但革命力量一大，壓迫力亦隨着增加，受列強殘殺，軍閥屠戮者，不知凡幾！？同時，總理見了幾次北伐之不成功，由於革命力量之不集中，遂於十三年春間，順應着客觀環境的需要而改組本黨，確定了聯俄聯共和扶助農工三大政策，這三大政策，很關重要，是改組後的最大利益，革命運動，遂從此充分地擴張起來；革命力量，遂從此無限地集中起來，大有一日千里之勢，幹了很多革命事業，現在我們一一地分別說明：

因爲聯俄，就係世界革命聯合戰線，有此國際政黨的世界革命聯合戰線，才能夠打倒國際資本帝國主義的聯合戰線．並且中國國民革命；是世界革命之一部分；俄國無產階級革命，是世界革命之一部分，要行世界革命，非有國際的世界革命聯絡不可，所以蘇俄十月革命成功以後，對于工業國底階級鬥爭，極力贊助；對於殖民地的國民革命，也盡力幫助．此所以有聯俄之可能與必要．聯俄以後，蘇俄在精神上，物質上，盡量地援助我們，才有今日偉大的國民革命奮鬥，這是很顯然的．

聯共，就是國民革命聯合戰線，因爲要行世界革命，必須經過國民革命，因爲殖民地的國民革命，就係世界革命之一部分，而總理底民生主義，大同主義，就是共產主義，不過辦法各異，他們底目的和政策，差不多完全一樣，並且國內軍閥及一切反動派與帝國主義底勢力尙大，非有各階級聯合戰線，不克奏功，而且共產黨底革命分子，非常堅決，非常勇敢，所以有聯共之必要與可能，聯共以後，共產黨與國民黨合作起來，革命力量，無限擴張，所以能夠鎭壓一切反革命勢力，而完成國民革命．

農工政策，是要集中國內佔最大數的民衆力量，來完成革命，因爲工人農人所受痛苦，最爲厲害，需要革命，甚於大旱之望雲霓，一日不革命，一日就會餓死！所以他們需要革命，刻不容緩，所以他們最能革命，不怕犧牲，非常勇敢，爲我們聯合戰線之急先鋒，並且工農，佔全國民衆的最多數，四萬萬人中約佔三萬萬五千萬，若能使他們起來革命，那革命沒有不能成功的道理，而且總理底民生主義，就是解決大多數人底生活問題，就是解決工農底生活問題，換句話說：民生主義，就是組織工農起來，實行經濟革命；掉轉來說：要行經濟革命—民生革命，非有工農羣衆武裝起來，決定不會成功．此所以有農工政策之必要．　（未完）

軍紀與民意

王月圃　代英

代英主任教官：

我看了你在十一月十八日黃埔日刊上的一篇文字「解釋政治工作的誤會」我對裏面一點，發生了疑問，就是：「政治工作若要破壞軍紀風紀使

中華民國十五年十二月二日〔星期四〕 黃埔日刊 〔第四版〕

是一種自殺的行爲」。後面又說：「政治工作是我們國民革命軍的唯一特色，只有政治工作能保障我們的軍隊永遠站在黨的，革命的大多數農工民衆利益的一方面」是的！不錯！這兩點我是很承認的。不過有時爲了軍紀，就不能保障農工的利益，並且違背了民意；若要不違背民意，保障農工的利益，又要破壞了軍紀。這到底有什麼方法來解決他呢？請教官答覆我！

這一次入伍生二團二營在東莞槍決了幾個土匪，有些同志說：「這件事情，站在革命觀點上，是很對的；但是軍紀一方面，不有做到。」這件事情，要槍決土匪，是民衆的要求，並且要就地槍決，而上面要把土匪解到省城，不准就地槍決，民衆幾十個團體曾經請願了幾次，無論如何，要將土匪就地槍決，不准解到省城，到後頭，爲服從民意把土匪就地槍決了，這樣一來，就違背了軍紀；要不違背軍紀，又要違背民意，這件事情，鬧了許多糾紛，到現在仍然沒有解決，我對於這事，實在發生疑問，所以不得不寫這封信來請教，教官，請詳細答覆我：究竟如何才不致違背軍紀，而又不違背民意，使他得到一個圓滿的結果？

虎門入伍生一團三營十一連見習官王月圃

若真是民衆有了某種普遍的要求，我們依照民衆意思做事，在我們革命黨來說自然是對的。這樣的事若是民衆有了相當組織的力量，一定能擁護我們達到最後的勝利。若是軍風紀是要使我們束縛於與民衆真正的而且普遍的要求相反下面，我們自然要用非常的手段處置他。但這決不是說我自己一方面認爲這是民衆的要求，或僅是一部份人的要求，我們便可以動輒用這種非常的手段。假使我們是很輕率的這樣幹，不但於軍風紀方面有很不好的影響，而且民衆亦未必知道或能夠幫助我們。結果，亦許我們做的事縱然不錯，然而終於免不了失敗的。（代英）

小領袖

蕉葉劍川

一現在有很多（？）幼稚的——從好的方面看——小領袖，他們似乎都犯了一個相同的死症（如果不經快醫好），就是他們滿身的毛孔，都放出强烈的『出風頭』的氣味！於是乎，他們便不免爲羣衆所厭惡，而很容易失掉所有的羣衆，於是乎，他們做起事來，不是『半途而廢』，便是終於『碰壁』，而且有時還會碰得『眼睛發昏』！但是，使人驚奇的，乃在他們初次『碰壁』之後，仍不覺悟，以至一碰再碰！

然而，我們現在所需要的，絕對不是這種『碰壁』式的小領袖，我們現在需要一種真正的小領袖！一種能活動，而又不『出風頭』的小領袖！

這種小領袖，他無論在什麼時候，在什麼地方，他總能像磁石似的，吸引着他週圍的羣衆，跟着他走，領導他們去參加一切革命的鬥爭！而且羣衆亦深切地意識到他們的小領袖，的確時刻刻都站在革命的戰線上，爲他們切身的利益而奮鬥。因此，這種小領袖，在每一個運動起來的時候，在每一種革命鬥爭開始的時候，他便自然而然的成了羣衆所愛戴的小領袖。他能夠捉住當時羣衆革命的情緒和要求，應用他所有的精練的戰術，去有計劃地指揮羣衆，向着他們的敵人進攻，一直克服了他們的敵人！啊！這樣的小領袖，當你看他領導着羣衆，和敵人決戰的時候，你就立刻可以看出他的堅强的意志，和熱情的智慧，絕不像那些『出風頭』的人物！他是和一隻山鷹一樣，用他全部的注意和力量，去搏取他的目的物！他能夠在繼續變動的事實的索練當中，找住那最緊要的環子，而不至於使羣衆走入迷途。

但是，這種小領袖最顯明的特色，乃在他能夠取得羣衆真實的信仰，去領導羣衆做局部的和經常的鬥爭，然而他對於全部的革命戰線，又看得十分明瞭，因此他便能從那全部的形勢中，計劃出他的適當的戰術，去應付他的環境。這樣的小領袖，他在任何的鬥爭中，都能緊握着羣衆的力量，而很少『碰壁』的時候，即有時失敗了下來，亦能爲羣衆所諒解，而不至於爲羣衆所拋棄。這就因爲他始終是忠實地爲羣衆的利益而奮鬥！

我們今天所需要的就是這種小領袖！

問答

1、中國現時的政黨，除了研究系，政學系，交通系，安福系，北洋系，及國家主義派外，還有些什麼政黨，並這些政黨的趨向如何？歷史如何？

2、國家主義起原時，在歐洲的情形如何？

3、無政府派反對我們階級爭鬥，並主張不用權與法的限制，究竟對不對？

4、基爾特社會主義，與法之工團主義有何分別？

5、俄之新經濟政策，對于生產方法是怎樣的？分配方法是怎樣的？

6、有人說人類都是自私的動物，對於共同生產一事，是難做到的；這種見解，究竟對不對？

1、除了中國國民黨和中國共產黨之外，中國現在（並且是從來）就沒有「政黨」。研究系等結合，乃官僚，軍閥，買辦，帝國主義走狗互相勾結營私，盜財賣國舞弊的「狐羣狗黨」。研究系是康梁保皇黨餘孽的變相——凡梁啓超，張君勱，丁文江，林長民等高等華人，買人屬之，言僞而辯，行爲而堅，惟利是趨，到處搗亂；與國民黨爲九世寃仇之死敵；現已無組織，有利時羣蠅鑽集，嗡嗡相叫而已！政學會乃同盟會中屬於華興會（黃興所領之湖南派居其多數）一派分化所成（即以前國民黨中之右派（一官僚派）；張耀曾，谷鍾秀，李根源，章士釗，楊永泰等熱中之徒所謂學優而仕者）屬之：現亦無組織，徒存利害關係。交通系乃一般廣東買辦如梁士詒，葉恭綽，張弧等所組織之賣國機關；其顧客則爲英美帝國主義，至今盤踞中國各鐵路及交通部，頗爲中國政治上之一鋼毒。安福系係段祺瑞當權時所組織之私黨。北洋系即袁世凱小站練兵時所屬之部下！從王士珍，徐世昌起一直到現在的吳佩孚，孫傳芳都是的，現已不能成系。

2、當商業資本興起，工業革命開始之時；因社會經濟組織隨着生產擴大，發生向外發展之要求；乃形成歐洲近代之國家主義。

3、不必問它對不對；只問它在其所反對之外，還另有什麼有效方法可以實現它自己的主義沒有！

4、基爾特主義是英國小資產階級緩和社會革命，爲資產階級延命的一種改良主義；它主張不必革命，而以工會（職工組合）與政府（代表資產階級，但它們說是代表消費者，即全國人民）商量辦理生產分配諸事。實際上即是勞資妥協主義。工團主義是法國一部分幼稚左派的激烈工人之革命組織；他們不願用什麼手段爲策略，直截「當，組織全國工人同時發動的總罷工，收工廠歸工人所有，）一切事不許工人以外的人過問。

5.太生產及對外貿易爲國家經營；在一定限度之下的小生產，允許私人經營；分配暫時仍取交易形式——但逐步向擴大國有生產方面做去，到了一切生產國有之時，分配也就自然可以廢除貨幣而爲直接分配了。

6.自私不是人類的本性——小兒若不經大人敎他或不在這社會中長大，他決不會自私。故自私乃由於數十萬年來社會制度的生活環境所養成。制度變更，人之習慣亦必隨之而變。此時我之所以必要私蓄者，乃因社會生活品非競爭而不可得也！若人人生活有了保障，則其自私又有何用？且又何須乎要自私？（楚）

短劍

父子分賣

張作霖早已賣給日本了，他現在的努力，全然是日本人替他維持着。可是他的兒子張學良近來和英國老班頗有些瓜葛，這一個年少翩翩的鬍匪兒子，給英國老班愛上了，買他做一個工具也好。不過這樣一來，他父子倆却是分頭出賣了！（雲）

恭喜章行嚴

章行嚴的甲寅週報又要續刊了，因爲從前他在封面上畫上一隻老虎，人家叫他老虎報。據我看來，章行嚴的濫調文言和他的人格，不配稱老虎，古人說得好，『畫虎不成反類狗』還是稱他黃狗報確切些。而且桀犬吠堯，千古同嘆。聽說現在的黃狗報，索性不賣錢了，不像從前那樣登報招股，那麼他一定已經找到一個闊主人，騙到了一筆大進款。恭喜章行嚴！你在『執政大人』倉皇出走之時，你不是皇皇然若喪家之犬嗎？便在你有了主人了，你又可以狂吠一陣了。（雲）

反攻與統籌全局

吳佩孚在河南高呼反攻；孫傳芳敗逃到南京，還說是統籌全局，現在吳佩孚的反攻調，唱不響了；孫傳芳索性到天津統籌全局去了，我想他兩個人最好一同到外國去喊着反攻或是統籌全局，倒也別有風趣！（宋與炎）

編者的話：

革命之路的稿件，堆積很多，現正從事整理，關於有時間性而已經過去的一概不登了，還有許多對其十分緊要的，也祇得放到「棄稿」的架子上去，我很希望以後同志們投稿，祇把那要說的話說了出來，一切沒甚緊要的廢話，一概不說，那就不致有冗長無味之弊，而本刊也就不致爲篇幅所限，把稿件堆積起來了。關於第五期政治科同志出發的臨別贈言一類的稿件，因爲篇幅所限，而且同志們早已出發了，未免有些『明日黃花』之慨，所以儘有好文章，也一概割愛不登了。還有許多同志投稿時，每每要求不登寄還，這是不能辦到的，除非長篇裝訂成册者。此後請留底稿。（雲彬）

中華郵政特准掛號立券之新聞紙 中華民國十五年十二月三日 星期五 第一版

黃埔日刊

中央軍事政治學校政治部出版
通信處廣東黃埔本校政治部宣傳科
第二〇五號
本刊每份價定一分

中央軍事政治學校無線電班開學訓話

方鼎英

今天是本校新開辦無線電班開學的日子，這班開辦的目的，不僅是養成一種軍事技術上的人才，是對于完成我們的革命，光大黃埔的令譽，都是有很隆重的意義包括其中的。本校的特點就是有團結的精神，所以我們的校訓是「親愛精誠」四個字，這種精神最能發表現出來的地方，就是在作戰的時候，在作戰的時候能發確實的聯絡，就能發動作敏捷指揮如意。我們自己的弱點，不致被敵人所乘，而敵人的弱點，我們到可以發現出來，馬上就乘隙而入，先發制人往往能夠以最少數擊破最多數完成我們的非常戰術的作用。所以先總理說「革命軍是非常的軍隊，是以少勝多的軍隊」就是這個原故。我們要達到這個目的，首先在作戰的時候要有確實的聯絡，那末對于交通的設備，通訊的方法不可不力求完全，盡善盡美，所以今天開辦這無線電班就是養成特別交通軍事通信上的人才，以貫徹我們非常的戰術，發揮團結的精神之唯一方法，

本來在戰術上交通通信的設備是很多的，譬如有線電報電話飛機汽車騎兵以及軍犬軍鴿之類，都是應有盡有可以達到通訊的目的，不過有線電報及電話起初有架設之勞，最後有被截之虞，飛機既難需備又有墜機，車騎之類須有良好道路，軍犬軍鴿也都可被敵方破獲起來，這些交通通訊的方法，就統是有許多障礙及顧慮的地方，至於無架線路之勞，無截阻遺誤之虞，無聲無色，無跡無形，到處可通，隨時可達，得應戰術之需要，得隨戰局之轉移，祇有這無線電可靠，所以無線電在新戰術上是占極重要位置的，比較別的交通方法是完美得多了。

此次本黨革命軍北伐，湘鄂之役，水陸交通尚算方便，通信聯絡，尚不感十分困難，故能一鼓而克岳州，再鼓而克武漢，及到攻贛之役，敵方水有鄱陽大江，陸有南潯鐵路，電線電話原來都有完備建設，我方則道路艱阻，山嶺崎嶇，交通方法，遠不及敵，命令之傳達，報告之送呈，通報之精遲，往往動輒須時，以致聯絡不能確實，動作不能敏捷，命令不能實行，指揮不能如意，團結的精神遂無表現起來，南昌因此得而復失者再，相持兩月之久，受了多大的犧牲，然後始將全贛底定，這都是交通設備不完全，就是未有無線電的設備的原故。

校長和鼎方感受了這種痛苦，所以在一個月前就打了幾嚴厲的電報，命令鼎英開一個無線電班，鼎英奉命從事籌備諸同志也就踴躍的前來就學，在這短促的時期中，就居然開學了，這是校長一定很滿意的，但是無線電占了軍事上重要的位置，為作戰上交通通信的基礎，剛才已經說過了，這門學術是完全隨科學進步而產生的，對于普通科學未有根基的，是很難從事研究的，尤其對于物理數學二科是要非常注意，諸位在這修業的期間，也是很短促，祇要完成這種學問，是要加倍的用功，特別的努力，並須注意無線電的範圍與用途甚廣而且大，但本班的修業與研究，是處處以軍事為目的，千萬勿忘此點，才可以收得完美的效果。諸位更要知道校長所期望於諸位的是非常遠大，諸位所負的責任也就是非常重要，不可把這種學問當作一件普通的技術來觀看，將來諸位學成之後，是要用來貫徹我們革命通信的方法，以便集中本黨的力量，光大本校團結的精神的，今天是開學的日子，鼎英敬希諸君從今天起，開始努力起來！

本校本週口號

嚴守學校紀律！
學習革命技術！
增進戰鬥能力！
發揚黃埔精神！
擴大農工組織！
團結革命分子！
擁護國民政府！
打倒帝國主義！

校聞

高級班無線電科開學誌盛

本校開辦之高級無線電科，於昨日上午十一時，在廣州長堤本班行開學禮，到者為譚主席，李副校長，俄國顧問，李主任，孔副主任，及本校方教育長，吳主任，熊副主任，陶副主任陳鍾聞處長等及本校無線電科官生，共一百餘人，濟濟一堂，頗極一時之盛，茲將開會次序及訓詞略述于下：1、肅立；2、奏樂；3、向總理遺像行三鞠躬禮；4、主席李副校長致開學詞，略謂：今天是本校高級班無線電科開學的日子，承譚主席，俄顧問，教育長及各主任前來參加，本校是很榮幸的，但是我們為什麼要開這高級班無線電科呢？因是為中國的科學不發達，通訊的機關不靈敏，廣州從前的無線電，差不多是專利品，並且辦得很壞，與中國的科學和國民革命的前途，都是很有妨害的，要免這個妨害，所以就開辦高級班無線電科，5、中央執行委員會譚主席訓詞略謂：學問可分為兩大類！哲學的和科學的，哲學的其進甚速；科學的不能超越，本黨革命勢力之擴張，有哲學的現象，而不是科學的，科學方面，頗感覺到缺乏，換句話說，就時本黨精神雖好，物質卻不完全，缺乏遍敏通訊機關，就是一種明證，校長在前方，很感覺這種缺乏，所以定要開辦高級班無線電科；現在已經開學了，我希望以後進行，不要放棄責任，不要倚賴他人；不要專事自利能夠如此，通訊機關就能夠靈敏，中國科學就可以發達並日漸漸的更大光明！6、方教育長之訓詞：（講稿另登）7、李主任訓詞，略謂：無線電在軍事上極關重要的，有則隨時隨地可以通訊；望各位努力功課，為本黨創造一個很好的通訊處機關，再我們革命軍人，對于身體要鍛鍊，所以本校要各位受點軍事教育：各位之中，有許多是二三四期畢……

中華郵政特准掛號立劵之新聞紙〔中華民國十五年十二月三日〕〔星期五〕〔第一版〕（一）

黃埔日刊

中央軍事政治學校政治部出版

通信處廣東黃埔本校政治部宣傳科

（第二〇五號）

〔本刊每份定價一分〕

啓事

緊要啓事 第四期畢業各同志暨第五期各學生同志均希諸位同志們中如有原名何帝宗其人者望即到本校訓練部辦公廳一來有事面告 訓練部主任陳禮文啓

楊玉超倘琬同志惠鑒闊已入伍年編在何團何連現駐何地請來函示知 黃埔第二學生隊第八隊劉高

聶國光彭景仲羅皓左紹傳暨甲工各同學，這次你們考取入伍生，現在編在何部隊，在防何處，寫信給我們，以便通信，第二學生隊第六中隊二十三區隊。石維璜

龍祖駐同志；你現在何處服務，請你寫信給我，以便通信，我現編在第二學生隊第六中隊二十區隊，石維璜

甄世球兄你駐紮何處請速示知 第三學生隊第九隊鄭紹武

本日在隊部檢查內務遺失同學會二千九百七十八號證章一枚除向同學會請求補發特此登報聲明作廢 五期第五學生大隊政治科）上四隊四十五區隊見習江聲煌

◁本校本週口號▷

嚴守學校紀律！

學習革命技術！

增進戰鬥能力！

發揚黃埔精神！

擴大農工組織！

團結革命分子！

擁護國民政府！

打倒帝國主義！

◁本週各學生隊政治討論會題目▷

軍隊中的同志對于與革命有利的工作應當不待民衆有此要求即挺身上前爲民衆奮鬥呢？抑當俟民衆有此要求，順着民衆的意思上前爲民衆奮鬥呢？

中央軍事政治學校無線電班開學訓話

方鼎英

今天是本校新開辦無線電班開學的日子，這班開辦的目的，不僅是養成一種軍事技術上的人才，是對于完成我們的革命，光大黃埔的令譽，都是有很隆重的意義包括其中的。本校的特點就是有團結的精神，所以我們的校訓是「親愛精誠」四個字，這種精神最能發表現出來的地方，就是在作戰的時候，在作戰的時候能發確實的聯絡，就能發動作敏捷指揮如意。我們自已的弱點，不致被敵人所乘，而敵人的弱點，我們到可以發現出來，馬上就乘隙而入，先發制人往往能發以最少數擊破最多數完成我們的非常戰術的作用．所以先總理說「革命軍是非常的軍隊，是以少勝多的軍隊」就是這個原故，我們要達到這個目的，首先在作戰的時候要有確實的聯絡，那末對于交通的設備，通訊的方法不可不力求完全，盡善盡美，所以今天開辦這無線電班就是養成特別交通軍事通信上的人才，以貫徹我們非常的戰術，發揮團結的精神之唯一方法，

本來在戰術上交通通信的設備是很多的，譬如有線電報電話飛機汽車騎兵以及軍犬軍鴿之類，都是應有盡有可以達到通訊的目的，不過有線電報及電話起初有架設之勞，最後有被截之慮，飛機既難普偏又有聲響，車騎之類須有良好道路，軍犬軍鴿也都可被敵方破獲起來，這些交通通訊的方法，統統是有許多障碍及顧慮的地方，至於無架線築路之勞，無截阻遺誤之慮，無聲無色，無跡無形，到處可通，隨時可達，得應戰術之需要，得隨戰局之紳縮，祇有這無線電可靠，所以無線電在新戰術上是占極重要位置的，比較別的交通方法是完美得多了。

此次本黨革命軍北伐，湘鄂之役，水陸交通尚算方便，通信聯絡，尚不感十分困難，故能一鼓而克岳州，再鼓而克武漢，及到攻贛之役，敵方水有鄱陽大江，陸有南潯鉄路，電綫電話原來都有完備建設，我方則道路修阻，山嶺崎嶇，交通方法，遠不及敵，命令之傳達，報告之送呈，通報之轉遞，往往動輒須時，以致聯絡不能確實，動作不能敏捷，命令不能實行，指揮不能如意，團結的精神遂無表現起來，南昌因此得而復失者再，相持兩月之久，受了多大的犧牲，然後始將全贛底定，這都是交通設備不完全，就是未有無綫電的設備的原故。

校長在前方感受了這種痛苦，所以在一個月前就打了嚴厲的電報，命令鼎英開一個無線電班，鼎英本命從事籌備諸同志也就踴躍的前來就學，在這短促的時期中，就居然開學了，這是校長一定很滿意的，但是無線電占了軍事上重要的位置，爲作戰上交通通信的基礎，剛才已經說過了，這門學術是完全隨科學進步而產生的，對于普通科學未有根基的，是很難從事研究的，尤其對于物理數學二科是要非常注意，諸位在這修業的期間，也是很短促，想要完成這種學問，是要加倍的用功，特別的努力，並須注意無線電的範圍與用途固甚廣而且大，但本班的修業與研究，是處以軍事爲目的，千萬勿忘此點，才可以收得完美的效果。諸位更要知道校長所期望於諸位的是非常遠大，諸位所負的責任也就是非常重要，不可把這種學問當作一件普通的技術來觀看，將來諸位學成之後，是要用來貫澈我們革命通信的方法，以便集中本黨的力量，光大本校團結的精神的，今天是開學的日子，鼎英就希望諸君從今天起，開始努力起來！

校聞

■高級班無線電科開學誌盛

本校開辦之高級無線電科，於昨日上午十一時，在廣州長堤本班行開學禮，到者爲譚主席，李校長，俄國顧問，李主任，孔副主任，及本校方教育長，吳主任，熊副主任，陶副主任，陳鍏莇處長等及本校無綫電科官生，共一百餘人，蹌蹌一堂，頗極一時之盛，玆將開會次序及訓詞，略述於下：1、肅立，2、奏樂，3、向總理遺像行三鞠躬禮，4、主席李副校長致開學詞，略謂：今天是本校高級班無綫電科開學的日子，蒙譚主席，俄顧問，教育長及各主任前來參加，本校是很榮幸的，但是我們爲什麽要開這高級班無線電科呢？因是爲中國的科學不發達，通訊的機關不靈敏，廣州從前的無線電，差不多是專利品，並且辦得很壞，與中國的科學和國民革命的前途，都是很有妨害的，要免這個妨害，所以就開辦高級班無線電科的，望各位多賜教言，作本校以後進行的指導，5、中央執行委員會譚主席訓詞略謂：學問可分爲兩大類，哲學的和科學的，哲學的其進甚速；科學的不能超越，本黨革命勢力之膨張，有哲學的現象，而不是科學的，科學方面，頗感覺到缺乏，換句話說，就時本黨精神雖好，物質却不完全，缺乏之靈敏通訊機關，就是一種明證，校長在前方，很感覺這種缺乏之，所以定要開辦高級班無線電科，現在已經開學了，我希望以後進行，不要放棄責任，不要倚賴他人，不要專善自利能夠如此，通訊機關就能夠靈敏，中國科學就可以發達並日漸的更大光明！6、方教育長之訓詞：（講稿另登）7、李主任訓詞，略謂無線電在軍事上極關重要的，有則隨時隨地可以通訊；望各位努力功課，爲本黨創造一個很好的通訊處機關，再我們革命軍人，對于身體要鍛鍊，所以本校要各位受點軍事教育；各位之中，有許多是二三四期畢業的學生，到這裏來，自己也是處在官長的地位，望各位對於管理方面，要自己管束自己，不要受人的管束，8、俄顧問訓詞，略謂各帝國主義者—英，法，日，美，利用他專門的技術，科學上的利器，來壓迫世界上的弱小民族，使其貼伏，無線電就是他們科學上的利器之一種，大家知道美國不但是只在軍事上都會上用無綫電，他們農民和工人的家裏都是用無綫電，至於中國呢？因爲國內兵亂窮困，國外帝國主義壓迫，以致交通不能發達，無線電更不用講！現在本校成立，以各位之才能學力，自能夠學好，但我希望各位，不但能使無線電在本國能夠發達。在國外亦可以利交通：不但在軍事政治上應用，也要使農民工人也能應用，得到利益，我現趁今天開學的機會，恭祝各位將來之成功！九．熊副主任訓詞，（講稿另登）十．學生代表葉維致敬答詞，十一．唱革命歌，十二．呼口號，十三．影，會食後賓主盡歡而散，

■學術院學生參觀本校

中央黨部學術院，將移在武昌，昨該校學生三十餘名特來本校參觀，十時許抵校，當由政治部派員招待，領該生等至本校各部處一週，至午後一時許，在官長會客廳開一談話，先由政治部熊副主任演說，首述本校創辦歷史及現在的情形，次述參觀的意義，略謂本校物質方面，尚屬簡陋沒有什麽可觀，諸位同志到校參觀，乃係參觀黃埔的精神，並希望該生等把黃埔的精神帶到武昌去．末後至希望參觀諸同志對於本校加以批評講畢滿座鼓掌，後由學術院學生等起立發言，略謂黃埔在中國革命的歷史上，已有很光榮的篇幅，此次來校參觀學生等印象最深的，就是有許多適合于實際的標語，而且這些標語，即是黃埔學生過去與現在的行動，末後希望學術院的同學，誠心接受黃埔精神——先烈犧牲的精神——一致向前去奮鬭等語，最後分送該生等本校各種書籍，日刊畫報等，由管理處備船送回廣州，當該生等離埠時報大黃埔革命精神萬歲口號云。

中華民國十五年十二月三日〔星期五〕 黃埔日刊 〔第二版〕 (二)

黨務

⊙中央黨部遷鄂辦法

⊙第一批行期至遲不過七號
⊙從二號起停止辦公
⊙第一批出發職員之人名

中央黨部遷鄂辦法，昨日（一日）祕書處及各部部長開聯席會議決，（一）決定第一批行期至遲不過七日，（二）祕書處及各部從二號起停止辦公專辦結束，如有特別情形由該部自行酌定，（三）決定路線，一，各部部長由江西往，二，第一批職員解送重要文件由湖南往，（四）決定人數，（第一批）（五）接收文件問題，由庶務科委派一人專收文件轉寄中央，（海外部設有駐粵辦事處不必由庶務科收轉）（六）軍人部宣傳運輸費一千元，（七）組織出發委員問題，各部長祕書處各派一人組織出發委員會管理一切出發事務云，茲將第一批出發職員人名，探錄如下，祕書處幹事張光祖，蘇級芳，林百舉，黃菉，農民部祕書陳克文，幹事陸智西，沈中德，劉冠英，羅俊徵，工人部幹事李士豪，陳雄，婦女部部長何香凝，祕書黎沛華，幹事黃佩蘭，伍憂理，隨員馬景雲，青年部部長丁維汾，幹事潘懷素，李子峯，王意堅，商民部祕書李寶同，幹事陳季瑩，胡季稚，張耀，海外部部長彭澤民，幹事許超循，石灼華，宣傳部部長顧孟餘，民國日報總編輯陳啓修，祕書賴達材，幹事張克强，軍人部仍未決定，又聞中央特別黨部於第二批職員出發時移遷北上云，

軍事

△急轉直下之「閩省戰訊」

△海軍與張毅部開火
△張毅狼狽逃滬說
△革命軍會師福州

福建自我軍攻下漳州後，福建形勢，急轉直下，昨得上海消息，福州附近，海軍與張毅軍在烏龍江激戰，三十日早南台已聞炮聲，因江元艦開炮助戰，張毅敗潰，被俘二千餘，又聞張毅以前後受攻，部隊散失殆盡，軍無鬬志，張已逃滬，又訊，廿七晚閩省署會議，決海陸軍釋嫌，發拒張毅軍來省，以薩鎮冰爲總司令，陳季良李生春爲海陸軍司令，將發表，廿八日海軍派永績江元兩艦及陸戰隊林壽國團分水陸兩路截張毅軍，又昨總司令部得前方消息，謂我軍南路自克復蒲田後，已向福州前進，何總指揮進駐泉州，福州指日可下，又西路第十四軍前鋒亦已全部越過光昌，與第一軍會攻福州云，綜觀各方消息，閩局解決之期不遠矣，

△國民二軍之大發展

△佔領臨潼渭南華州三原涇陽
△河南紅槍會集衆響應

被圍西安之國民二軍李虎臣楊虎臣，以革命軍又佔九江武穴，西北軍之劉郁芬復率部進援，聲威大振，已卽整飭部伍，進攻劉鎮華逆軍，將臨潼，渭南，華州，三原，涇陽等縣佔領，截獲軍用品甚夥，并由鄧寶珊李虎臣出奇兵由藍田商州攻入南雄，扼潼關之背，二軍現在臨潼共推鄧爲副軍長，其先頭部隊，已抵渭南，開封附近有紅槍會集衆起事，自由行動，爲樊鍾秀軍及國民軍聲援，又國民軍某君昨日自陝西間道至滬，寓南京路某旅社，據謂渠離陝時，國民軍已抵潼關，馮總司令爲聯絡鄂城革命軍起見，更調久駐隴北之吉鴻昌氏統率三萬生力軍加入作戰，刻下吉軍已分道往漢中，奮力打通陝省與川鄂之交通路線，南鄂一帶已告肅清，分隊向鄖陽老河口方面進行，大約兩星期後，卽可與鄂方連成一氣云，

■孫傳芳返南京

△楊宇霆勸張回奉
△奉軍後方搖動
△閻錫山拒絕簽字

甚囂塵上之奉魯軍南下，近來忽告沈寂，據最近消息，廿八夜蔡園餞英使席散，開最高會議，孫傳芳楊宇霆均列席，決由蘇軍當正衝，魯軍當緩衝，孫傳芳定二十九晨三時南下，旋改下午，孫宗先同行，歡送甚盛，陳儀備車赴寧迎孫傳芳，甯將有會議，但魯百廿七旅廿八晚續到徐，百十七旅及長城號鐵車廿九日由徐盡南下，王翰鳴了，廿八日在濟領彈卅萬南下，張宗昌援贛軍事未停，惟楊宇霆認援贛時機尙早，主張張宗昌仍駐濟南必要時進駐徐，又聞楊以四圍不利勸，張回奉，張亦以張西北又告警，派張景惠許蘭洲赴鄭州，與吳佩孚商對付，對馮玉祥軍決組熱察聯軍防禦，俟西北肅清再進京漢線，並派察高（維嶽）爲防禦總指揮，而同時山西之閻錫山，對擁戴奉張（作霖）爲討赤聯軍總司令事，拒簽字，張覺後方有動搖之勢，日內或依楊宇霆計劃，卽返奉天云

要訊

■英國泰晤士報主張武力干涉中國！

▲黨軍進展爲外人利益上極嚴重之事件……應立卽設保護英僑……反赤派已歸無用

倫敦泰晤士報，爲英國政府之機關報，十一月二十九日倫敦電，該報社論力言黨軍在華之進展，爲外人利益上極嚴重緊急事件，尤以英人方面，蒙極大之影響，應立卽設法以保護現在長江之英國人民，須知鼓動將來再次衝突之機會甚多，猶豫不決爲一切最危險政策，空泛相信反赤派（原來所謂『反赤派』之頭銜乃英帝國主義者所欽賜）在中國所行之最後反動，完全無益，因若待至反動實現之時，恐有遺留以供吾人保全者，業已無幾云云，又環球社倫敦訊，太晤士報，發表關於中國時局之論文，謂中國時局極爲緊張，於外人利益關係甚鉅，現在國際問題，莫此爲重，應卽設法保護英僑等語，此種論調，出自英政府（準機關報），政界方面，咸認爲帝國主義者一再督促英政府以武力干涉中國之表示云，

■外人目中之「南中國偉大新勢力」

△長沙外人對革命軍軍紀之贊美……北伐軍予外人一新經驗……美國尚鄭重觀察此偉大之新勢力

紐約外觀報云，長沙雅禮大學校長謙摩博士近於耶魯大學週刊中敍述關於北伐軍之特質，曾有極堪注意之評論，其言曰，『此項北伐軍始使長沙民衆知軍隊紀律之爲何物，向來中國軍隊之佔領一地，其意味乃爲恐佈，其兵士搶刼姦淫，其將領則默許之，而今年夏季乃予吾人以一新經驗，北伐軍之借用民房，就全體而言，乃以合理的有秩序之舉動出之』按此北伐軍卽從昔日雄據長江流域之軍閥吳佩孚中奪取武漢，困吳氏之最後殘卒于武昌城中，同時又與吳之同盟者孫傳芳作戰者也，據報紙報告，武昌城被圍一月，人民頗爲困苦，甚至有飢死之虞，但據漢口美總領事之報告，則知此說未免失實，總之不論傳說如何紛歧，中國顯已出現一種偉大有力之新勢力，此力已由濱海南省發展而直達中國中部之長江流域，縱離其根據地甚遠，而積極奮鬬矣，我人對此新勢力之眞性質，大有研究之價值，雖有人詆之爲「赤化」爲「過激」，然如謙摩博士之目擊談，實於美國在遠東之利益大有關係，吾人對此南中國之新運動，值得予以鄭重之觀察，不當再以向來之輕心悼之，無疑義也。

政治

■出發前方之「各委員抵吉安」

黨政府派赴前方各委員已到江西吉安，茲將該縣長報告中央黨部電錄下，中央黨部鈞鑒，孫夫人鮑顧問，宋徐孫陳蔣各委員，陳校長，葉祕書長，及俄顧問等十餘人，豔（廿九）丑安抵吉安，沿途民衆歡迎者計四萬餘人，已妥爲接待，各委員准本午由水道下駛，謹聞，吉安縣長吳庭藩叩豔

■英國與奉天軍閥之「五百萬磅秘密借款」

▲大半數用於對南軍費
▲顧維鈞夫婦同貴國

北京訊，英銀行貸款五百萬磅與奉天軍閥一事，聞銀行方面，已容納條件，從事磋商，奉軍入北京後，卽開始談判，北京英國公使，前經表示，如奉天方面有相當保證，則此項借款，當可贊成，繼聞規定此款用途，須由奉天軍閥承認，將大半數用於反對南方之軍費，否則保證縱極適當，亦不接受，目下談判進行，仍極守秘密，無詳情發表，但借款一事，已成北京政界談論上標題，現盛傳，此項借款已預付墊款與奉系，俾所謂北京政府，得以仍然維持，因實際上如無外人援助經濟，該政府不能維持下去，現從各方面推測，東三省既不能得此鉅款，日本雖欲援扶，此時亦未實現，目下所可動用者，僅關餘一款，而由總稅務司過付之數，仍不敷經費之用，是以一般人深信奉系已由英國收到將來貸款之預期墊款也，聞此項借款，爲避免各方面批評計，將爲一種秘密借款，其內容計畫，將由北京財政部，發行國庫券五百萬磅，經英銀行團署名認可，然後發售，所謂北京政府國務總理之夫人，最近出游外間評論此行，實與借款有關，北京外交界深信顧維鈞已得相當諒解，倫敦政府將不反對彼爲駐英公使，其已休之妻，亦將爲倫敦貴族所接待，蓋顧維鈞續娶現在之妻室時，因照法定時間未滿，未合續娶，倫敦各界，曾發生誹謗之言也，此次借款之成立，恐步日本西原借款之後塵，成就許久，方始發表，但現在北京各國外交界政策，仍踵行此同樣之步驟，凡事每俟已成事實，然後暴露于外云，

小通信

△徵求社員

本社以藝術之方法，負宣傳黨義之責任，自組織以來，成績頗著。惟本社舊有職員及社員，多已開赴前方，嗣後負責者，自在留校同學，茲值改組期內，甚希同學中富有文藝興趣者，加入踴躍。每有時機則現身說法，登彼舞台，大聲疾呼，喚醒民衆之迷夢，不亦快乎！

報名時期—自十二月二日起自八日止 報名處—第二學生隊第五隊第十七，二十區隊陳申傳李賜九

血花劇社黃埔組啓

前入伍生二團一營三連各同學均鑒現校特別黨部發下黨證多件無由傳領特此通知請卽迅速來本校第一學生隊第五隊第二十區隊弟處領取可也

附錄各同學姓名于左

張維，蘇利用，唐北鯤，楊鈞，周鼎，李伯溫，秦李守敬，羅祖良，徐永福，兄明，勇傑，譚良益，杜順朝，何國堯，孔固，李良模，張學能，譚作枚，劉松堅，陳秉剛，李桓，任朝緒，李傑，鍾紹華，甘平卿，張楚田琳，尹碩輔，楊正道，譚守一，黃裳，何哲，何勛仁，黃凌雲，楊舉鈞，申戴倫鑒，

弟龍學霖啓

中華民國十五年十二月三日〔星期五〕 黃埔日刊 〔第三版〕

革命之路

題目

熊副主任對於赴武昌政治科學生最後之訓話

彭名庚筆記

同志們：今天是你們第五期政治科學生隊奉命開赴武昌的日子，在這當兒，我特來與你們作最後的談話。在一月前，鄧主任本有來電，要政治科遷往武昌。當時我與方教育長因念政治科全體遷移，徒留其他各科在此，未免使本校成了一種畸形的狀態。故未即行遷移，曾往返電商迄未得到確實回答。最近鄧主任返粵，與我們協商結果，還是決定遷移。但遷移時間既如此倉促，而惲教官又不能與隊伍同走，因此我更覺得有與諸君作這次最後談話的必要。

諸君中有些到來不久，甚少接談，頗感隔閡，甚與相處較久，經事實上之教訓，使我們感覺着還有多少的缺點，茲特概括說明。

一，紀律問題：1、軍紀與黨紀，無論何種組織，必須有紀律。紀律是一種組織的生死關鍵。若是無紀律，便是無組織。革命軍人，有兩重紀律，即軍紀與黨紀。革命軍勢力，能否向前發展，黃埔精神，能否完全表現，須視諸同志能否遵守這兩重紀律為斷。何謂軍紀呢？我們知道一個武裝的組織，是複雜的成分集合而成的，苟有不虞，對內對外，在在有發生危險的可能，故非有一極嚴密的組織，支配於一極嚴格的紀律之下不可。軍紀就是使一個武裝的組織達到極嚴密的組織的工具。在軍閥統馭下的軍隊，亦有紀律；但那種紀律，是以領袖或個人的利益為前提，而叫士兵去遵守的。故可說那種紀律是機械的，是奴隸的。他們於那種奴隸關係的紀律，尚要嚴厲執行；何況革命軍是以民衆的利益為前提，範圍廣，責任重，更非有極嚴的軍紀——革命的紀律不可。除了遵守軍紀外，還須對於黨綱，政策，及民衆的利益，處處有正確地認識，庶幾才能遵守黨紀。須知軍紀是黨紀的一部份，黨紀是能籠罩全部組織的紀律。如一切農，工，商，學等團體，不能違背或超越黨的範圍。如果能服從黨紀，便能服從軍紀。否則任憑他說的怎樣好，總是不成功的，因為他只見有武力，未見有黨；這便和軍閥的腦筋無別了。

2、相對服從與絕對服從　團體裏邊的紀律；如果是為個人之目的而利用大家去遵守的，便應反抗，應打倒；不應服從一部份或不服從一部份，成為相對的形式。如果牠的紀律的目的，是擁護民衆利益努力而前進的，便應該絕對的服從，再不應徊徘猶豫，即使某種命令不合，某種行動有誤，仍然不能以一個人的意思，想去糾正，而對之遲延違背。因為個人的行動，能妨害全體的行動。故在黨的下面，只有絕對服從。前次第一軍團長孫元良在江西自行棄城遁逃，以個人的行動，幾致第六軍全軍覆沒，後來校長便把這個團長槍斃掉了，這是因為他妨害了全體的行動。又如長官所有反革命的行動，當時黨部尚無命令，民衆尚未覺得時，還是不可鹵莽反抗，仍要表示絕對服從。待到黨與民衆都已了解，便要絕對不服從，而申討其罪。故服從與不服從，只有絕對的，原不容有的相對存在。

3.革命的紀律　我們認識了黨紀與軍紀；了解了絕對服從與相對服從；知道欲求嚴密組織，須先求切實遵守紀律。務使組織的精神，在紀律上表現出來，這才是革命的紀律。校長也曾說道：「有系統，有組織，有方法，才是革命的組織，才有革命的紀律」。諸君自問如有錯誤，便應改過來，遵守革命的紀律。

4.鉄的紀律　俄羅斯布爾薩維克黨有三十多年的歷史，有長期奮鬬的經驗，故有鉄的紀律。吾黨雖然也有廿餘年奮鬬光榮的歷史，黨員號稱數十萬，至今看來只有總理及少數同志為黨的中心，故現在還說不上有鉄的紀律。我們要先了解革命的紀律，才可漸漸地達到鉄的紀律。也可說既然了解了革命的紀律，而能切實遵守履行，而鉄的紀律，才會實現的可能，希望大家要注意提高我們的紀律

二，行軍中的工作：1、協同動作　諸君此行，約須一月之久，儘可利用這一月的時間，作種種行軍中實習的工作。官長及學生們，務必忠誠策勉，相互了解協作，不可故意為難，互鬧意見，庶幾此行由黃埔到武昌，將來由武昌發揮光大到全國，才可充塞黃埔革命的精神；佈滿黃埔學生的榮譽。我們現在尚未到前方去，須知前方的民衆，不一定歡迎我們，甚至還要反對我們，這全在諸君此行能否使民衆了解，使民衆對我必有好的感想為斷。

2、理論與實際之開始應用，　政治工作的原則，是理論與實際須打一成片。現在離校學生，最要留意的是，如何運用理論到實際上去。我們從前學的社會科學，不是憑空杜撰的，都是因為事實如此，乃從事實中產生出來的。譬如農，工，商，學各種團體的組織的內容，各種運動的方式，都是由實際的工作中去考察與參加得來的。

3、實習之組織　為使武力與民衆結合，利用行軍暇時，實習宣傳與調查事務。以全體三分二之人數組織宣傳隊，全體三分一之人數組織調查隊。其組織法及任務由楊秘書報告之，

三，今後與本校之聯繫，物質與精神之交通：諸君此去，期限還是要完滿八個月畢業，並希望仍舊保存第五期第五學生隊的名稱。去後，不要忘記了此地，此地是為革命軍人的生產地，要繼續保存黃埔的精神。，本校對諸君，還是一樣地待遇，在精神上說，凡是革命的消息，便當立即傳達到前方來。在物質上說，本校所有各種訓練與宣傳的印刷品，每種多備二千份，寄來前方，分發官長與學生。諸君如有意見商量，以文字寄來可以儘量在日刊代為發表，總期息息相通，始終無間。

4、你們的使命：1、繼往開來：此次開赴武昌，有些到了他們的家鄉，有些到了家庭比較近的地方。或者不免感情的衝動，發生了家庭的顧慮，甚至發生什麼戀愛關係。可是這就要漸漸的離開革命戰線了。我們總要時常站在革命道上，不要顧及旁的事務。須知諸君是有繼往開來的重任。一二三四期學生的東征南征諸戰役，及此次參加北伐戰役，都是能表現黃埔的精神，得到好的成績。這種好處，諸君要繼續着。以前學生還有不能腳踏實地，甚至不免發生驕傲的毛病，不能與民衆合作。這些缺點，切不可有，並且要切實到民間去，擴大革命的理論與實際聯合的工作，以期於前途使命，能勝任愉快。又武昌分校，能否辦好，全視諸君為轉移。諸君一切思想行動務使能為他們的表率。相與攜手走到革命的路上去。否則因循不振，潛移默誘，使那新招的千一百名學生，也就受你們莫大的影響，由不革命而或者走向反革命，亦未可知。這是多麼危險的事啊！

2.進攻內外敵人的先鋒隊　顯而易見的外敵，如軍閥——北方的吳佩孚孫傳芳張作霖三個大目標；南方的唐繼堯一個小目標。帝國主義者，及一般貪官污吏，土豪劣紳是隱藏不易發覺的內敵，如黨員中的不良份子，同學中的國家主義者，及各軍中的投機分子是。我們除努力戰場為進攻外敵的先鋒隊外，還要做進攻內敵的先鋒隊。對於黨員中將不良份子，同學中的國家主義者及各軍中的投機分子，須要時常加以調查糾正與宣傳訓練，務使他們漸能趨於覺悟，革面洗心，不革命者使之傾向革命；革命者使之加倍努力；對於反革命者，則務須去之不遺餘力，毋稍假借。

3、真正革命軍之指導者　今日的政治科的學生，即他日政治工作人員。諸君在今日須先由思想上的奮鬥，剷除種種封建殘餘的落後思想，以期達到行動上最善的表現。到那時，才能做一個真正革命軍之指導者。

4、實現孫文主義之全部　有些自以孫文主義的信徒自命，其實他只是迷信，固執一端，從不研究孫文主義的全部是怎樣實現出來的。要實現孫文主義的全部，務須先能了解本國及國際政治經濟狀況然後才真正了解本黨各項重要政策，在實際工作中，始能通盤籌畫，才有實現的可能。希望諸君將來的工作，是要實現孫文主義的全部！

5、完成國民革命　中國國民革命，在實際上和理論上看來，都是為世界革命的一部份。能夠努力國民革命，便可說已經參加了世界革命。孫文主義的信徒，是要能担負世界革命的使命。此非任何個人作如此想，如此宣傳；實實在在，是有這種需要。這種最後使命的担負，便是我對諸君的最後希望！

一九二六年，十一月，三十日，於蚨蝶崗。

第五期政治科學生隊旅途宣傳大綱

（一）緒言

自北伐軍於雙十節攻克武昌後，一方面軍事日益發展，肅清吳佩孚殘餘勢力，直取江西。已於本月八日攻下南昌，一方面在湘鄂積極施設新政，各方輸誠本黨而歸指揮之新軍隊，數量又已非常的衆多；為了訓練人材，以指導大數量的軍隊而進行肅清全國一切敵人計，勢不能不增設造就此項軍事人材之機關，所以要本校在武昌設立分校以應此項需要，除了新招學生之外並要本校第五學生隊遷往，這種情形顯然是要這些遷往的學生同志帶去正統的黃埔精神去作榜樣，用不着多說；但是我們這次一路費廿餘日，經過很多地方，我們當然不能觀山看水空空地走這一趟，我們必須一天不忘担任革命的工作，我們要在旅途

中華民國十五年十二月三日〔星期五〕　黃埔日刊　〔第四版〕

中除了調查社會狀況之外，更要作一番喚起民衆的工作─要很有計畫有組織很注意地作這一番工作。

我們宣傳的目的，在使民衆覺悟國民革命與他們的切身利害關係，并相信本黨是有爲他們謀利益的，因而起來參加在本黨指導之下的國民革命的工作和我們共同奮鬪以至打倒軍閥打倒帝國主義。宣傳的方針，要瞄準他們的痛苦所在，根據本黨主張提出較具體的奮鬥解放的方法，要知道他們的生活習慣，心理，用他們易懂的比喻實例鼓吹他們。宣傳的工具，也要注意，凡旗幟，書品，標語，傳單，搖鈴，笛子，手風琴乃至鑼鼓，軍樂，都應準備利用，選擇適中地及集聚時日，(如集市鄉下演戲日，廟會日)找當地較好的偶像幫忙……這都是很要注意的。

(二)宣傳的題目及要旨

(1)此次學生隊由黃埔赴武昌的原因　如緒言之意加以詳解)

(2)黃埔軍校之性質及歷史。　是十三年孫中山先生──中國國民黨總理──命令蔣介石校長──所創辦的陸軍軍官學校，今年爲統一各軍軍事教育，改組爲中央軍事政治學校。此校之宗旨，是在集合全國革命青年，使受政治與軍事教育，使了解被壓迫民衆(尤其是農工階級)的痛苦，發生根據三民主義爲中國四萬萬人與帝國主義軍隊及一切反動勢力作戰的決心。已成的事業，是盡力於掃平陳林劉楊等擾亂廣東的軍閥，鎮壓廖案後反革命派，打倒吳佩孚解放了湘鄂人民，成爲國民政府有力的擁護者，國民革命軍的重心。

(3)甚麽是國民革命軍？　即接受中國國民黨的政治訓練，預備爲三民主義與中國國民黨一切代表民衆利益的政綱奮鬪的軍隊，現在已成立二十軍，分駐廣東廣西貴州湖南湖北河南陝西甘肅江西等處，以前國民軍二十萬人已一齊加入國民黨成爲革命軍了。各軍都設有黨代表及政治部，負責訓練士兵，使了解革命的主義，不擾人民，且爲人民利益，與一切壓迫人民的惡勢力奮鬥。現在國民革命軍所受政治訓練，成績雖尚未能一致，但都是一天天向上述目的做去的。國民革命軍所以能於東征南征及此次北伐，得人民贊助以獲勝利，即由此故。軍校學生，都是要分發到國民革命軍各軍師團隊中去努力，使國民革命軍更能改良進步以完全符合上述目的，以成爲完全的人民的軍隊的。

(4)甚麽是帝國主義軍閥，與一切反動勢力？只要想想洋貨的銷路，外國銀行鈔票的勢力，便可知道外國資本家在中國怎樣一天天發達起來，同時亦便知道中國舊有土貨怎樣受打擊，失卻銷路。工人農民生計上怎樣受影響，中國市面怎樣受他們的操縱，這種外國資本家，在八十年以來，以武力壓制中國人，以不平等條約束縛中國人，強奪中國人的海關主權，勒索中國人的賠款；使中國永遠困窮於乏貧不能自己拔救的地位；(如英，日，美，法，比，)這便是所謂帝國主義。由於帝國主義的壓迫，產生出許多由農工破產而墮落的游民，野心家利用機會召募爲私人的軍隊，以盤據地方，侵蝕國帑，魚肉人民，帝國主義者復以金錢鎗械收買此輩野心家，使爲擴展他自己勢力的爪牙走狗如吳佩孚，孫傳芳等，這便是我們所說的軍閥。帝國主義軍閥是全中國民衆的敵人，但是有些靠爲外國資本家做中間人以發財的買辦階級，與有些靠藉帝國主義軍閥勢力以壓迫農工的土豪劣紳，他們爲要保全自己的利益，與全國民衆爲敵。這便是我們所說的反動勢力。現在我們軍校學生是以打倒帝國主義軍閥及一切反動勢力爲職志的。是孫中山先生主義的信徒，三民主義的戰士，要爲改善工農生活解除工農壓迫，與帝國主義軍閥及一切反動勢力奮鬥到底。

(5)民衆本身的痛苦與解放的途徑

甲．民衆本身的痛苦──

一．生活程度增高──其原因由：

(子)因帝國主義勒索賠款外債，軍閥擴張軍備，私肥中飽，故厘捐叠次加增，引起百物昂貴。國民政府雖力使廢除苛捐雜稅，然以帝國主義軍閥未倒，仍不能盡力以紓民困。

(丑)軍閥造輕質貨幣發行軍用票，使金錢本身價値低落，故物價相形而增長。國民黨已議另造足色銀幣，將來使人民有很大的便利。

(寅)外國生產品打倒了中國固有的工業農業，於是以前家庭中百事可以自給之現狀打破，一切物事均須用銀向外購買。

二．百業衰敗──其原因由：

(子)中國舊有農工產業品不能敵外國輸入各品之價廉物美，故銷路爲其所奪。

(丑)農工產品之須輸出者，受洋行或買辦商人所扼制，不能得善價。─外國資本家侵入，與在中國型成富於資本之買辦階級，使農工產品之買賣爲少數機關所壟斷，工人農民遂屈居他們壓迫之下。

(寅)，因兵災匪禍，各地交通困難，故各業批發生意減少。

(卯)，因農工貧困，購買力薄弱，故小商業每感生意清淡。

三．謀業困難─其原因由：

(子)，百業衰敗，自然發生謀業之困難。

(丑)，又以財賦俱爲軍閥官僚浪費中飽，公共事業如教育衛生及其他公益事業，均不發達，故自由職業需人亦少。

(寅)，因謀事人多，而可用人之事少，故爭競鑽營之風盛行。得事卽已不易，而得事後仍易爲人所排擠。

四．收入減少──其原因：

(子)．農工產物爲與外貨競爭，受其抵制，惟有減價求售。

(丑)．農工產物受商人輾轉盤剝，失利不少。

(寅)．謀業之人因太多，僱主可以降低薪資，不能不就。

(卯)公共事業或私人事業每受時間或其他影響，折扣或拖欠工資。

(辰)物價長而薪資不長，實際無易減低薪資。

五．生活艱窘──其原因由：

(子)．人不敷所出。

(丑)．家中有失業人分利。

(寅)．借貸不易，且借貸利息甚高，輾轉自累以致不能救拔。

由上所述，以致(一)老不得休息贍養；(二)幼不得撫育教化；(三)疾病不得休養治療；(四)壯不得婚娶；(五)無相當之衣食住行；(六)無相當之娛樂。

(乙)民衆得着解放的途徑──

一．要宣傳一切同樣被壓迫的人，使他們一致覺悟起來。

二．要將一切這種被壓迫的人組織起來，使他們能團結奮鬥。

三．要與八十萬散布全國的中國國民黨黨員合作，爲解放自己與全民族作戰。

四．要信仰孫中山先生的三民主義，因爲他是要打倒帝國主義軍閥及一切反動勢力，以建設民治，民有，民享之國家的。

五．要接受爲三民主義奮鬭的中國國民黨之指導。

六．要擁護中國國民黨所建造的國民政府與國民革命軍；將你們的痛苦或志願提出來用你們的力量擁護督促，們的政府和軍隊。我們是中國國民黨的青年黨員，將來是要爲黨爲民衆的利益到國民革命軍中去作工的。

(6)廣東最近黨政情形：

一．廣東近年不安，初由軍閥反對革命，一方造成戰亂，一方使人民受飢寒壓迫淪爲土匪。自國民政府成立，東江南路軍閥均被打倒，但以反動勢力尚强，發達產業或平均地權之主張尚非一時所能實現，故土匪之禍依然，失敗軍閥與帝國主義者復資助利用之，使得趁時北伐時期擾亂東江及廣甯花縣等地。但國民政府防範甚嚴。關於廣寧花縣農民運動受土匪壓迫，更爲黨所注意。當派大軍剿辦，不致再常滋害。

二．從前有些軍閥官僚冒國民黨之名，而實際爭權攘利，盤剝人民。孫中山先生爲要打倒他們，所以創辦軍校，成立黨軍，廖仲凱先生最努力爲軍校黨軍工作且積極與此等軍閥官僚奮鬥，及楊希閔劉震寰爲革命軍打倒以後，反動派刺殺廖仲愷先生。於是汪精衛蔣介石諸領袖積極剷除反動派，始使廣東脫驕兵悍將貪官污吏之統治。政府每月收入由二百萬，經整理加至九百萬，一切庶民均有條理。現雖偶以政府耳目未周，有時人民尚有受貪吏壓迫者；人民果能團結自衛，且與政府合作，以求此種將吏絕跡於境內，自是易事。

三．英國帝國主義壓迫中國八十餘年，去年五卅更屠殺滬學生工人，激成全國反英運動在英國資本事業下的省港工人亦罷工，且組織糾察隊，拒絕對英商品出入口。省港罷工爲國民黨與廣東各界所擁護，國民政府平定東江南路以後，潮汕瓊崖等處均有糾察隊管理排貨事宜。一年以來，香港工商業受影響不小，而廣州與外埠直接商業反形發達，商民大獲其利。香港滙豐鈔票之地位亦爲中央銀行鈔票所取而代之。今年各界以罷工工人久困飢寒，欲與英帝國主義謀一解決之方，但英狡詐無誠意，不肯承認賠償或撫恤罷工工人，乃欲藉口實業借款，獲得修築黃埔商埠與廣九廣三鐵路接軌及其管理權，以更進一步侵略中國；後因他的走狗吳佩孚失敗又用砲艦政策在廣州挑釁欲屠殺罷工糾察隊，想擾亂北伐之後方，政府知其奸計，乃撤回糾察隊，由全國同胞以經濟絕交抵制。(未完)

編者贅語　第五期政治科學生出發武昌沿途散發之傳單，昨已在本欄發表。今日爲篇幅所限，尚有調查隊之組織大綱等，俟明日續登。

中华民国十五年十二月四日 〔星期六〕 〔第一版〕
中华邮政特准挂号立券之新闻纸

黄埔日刊

中央军事政治学校政治部宣传科出版
通信处广东黄埔本校政治部宣传科
〔第二〇六号〕
本刊每份定价一分

日评 中央党政府北迁以后

校闻 第五期第一次教务会议纪

命令

军事 福州震动 皖省变化

中华民国十五年十二月四日 〔星期六〕 黄埔日刊 〔第四版〕

启事

第五期政治科移往武昌行军期中调查队之组织

编者絮语

第五期政治科出发武昌行军宣传队组织系统表

第五期政治科出发武昌行军调查队组织系统表

及任务

中华民国十五年十二月四日 〔星期六〕 黄埔日刊 〔第三版〕

革命之路

熊副主任在高级无线电科开学演说词

第五期政治科学生队旅途宣传大纲

第五期政治科移往武昌行军期中宣传队之组织及任务

临别赠言

小通信

中华民国十五年十二月四日 〔星期六〕 黄埔日刊 〔第二版〕

要讯 张作霖与英日帝国主义

国民政府令奖恤前方将士

英煤矿工潮最烈区域

奉鲁军南下与江苏

政治 蒋总司令最近对外态度

经济 我军入南昌后之金融界

汉口租界工人将对外总罢工

专件 拥护中央联席会议决议案宣传大纲

〔中華郵政特准掛號立劵之新聞紙〕中華民國十五年十二月四日〔星期六〕〔第一版〕

黃埔日刊

中央軍事政治學校政治部出版

通信處廣東黃埔本校政治部宣傳科

〔第二〇六號〕

〔本刊每份定價一分〕

(一)

啓事

黃埔同學會血花劇社黃埔組啓事

敬啓者本組前因第四期同學畢業力促接辦故所有社員除去十三十四隊及入伍生一團一營外其駐防各團營皆不及徵求茲本期同學已經開學本擬根據第一次職員會議決案再行徵求社員重新改組乃十三十四隊不日開赴武昌一時間匆促不及籌備而各項職員又皆係兩隊中同志即不改組亦勢不能不去職爰於十一月二十四日下午三時開全體社員大會議決暫將一切手續移交總社本屆職員全體辭職同時委託陳中傳李賜九兩同志籌備一切改組事宜改組後再正式由總社接收各項手續應特鄭重聲明

黃埔組主席顧秉鈞啓

張本，炳吾，沈祥，迪祥，從你倆改編後，久未通候，現在你倆所屬何科隊(？)並駐何處，祈詳告之，

駐石牌潘嗣鏞，補充師三團三連袁學坡(師軾)啓

陶家法，學樞，董大俊，陳善周，范朝壽，諸同志：你們編在入伍生何團何連？請速告知爲荷。

黃埔本校三十二區隊官建百

本校本週口號

嚴守學校紀律！

學習革命技術！

增進戰鬥能力！

發揚黃埔精神！

擴大農工組織！

團結革命分子！

擁護國民政府！

打倒帝國主義！

本週各學生隊政治討論會題目

軍隊中的同志對于與革命有利的工作應當不待民衆有此要求即挺身上前爲民衆奮鬥呢？抑當俟民衆有此要求，順着民衆的意思上前爲民衆奮鬥呢？

日評

中央黨政府北遷以後

革命勢力發展到長江流域，中央黨部國民政府應時勢之需要，北遷武昌，這是何等欣喜鼓舞的事呀！在歡送黨政府北遷之時，我們同時想到黨政府在廣州，對於本省無形中做了不少工作，解決了許多問題，現在黨政府北遷了，這些責任完全要廣東省政府省黨部和一般革命民衆負担起來。我們知道廣東民衆解放得比別省早，現在已經有了相當的組織，中央黨政府雖北遷，廣東仍舊是革命的重要根據地。在中央政府北遷以後，我們尤其要加倍努力實行總理的三大政策——聯俄，聯共，聯工農。我們要努力從實際上去謀解除廣東民衆的苦痛，建設一個全國模範的新廣東！

中央黨政府是帶了總理的三大政策及此次中央各省聯席會議議決案到武昌去的！廣東的省政府省黨部以及廣東的民衆呵！我們在後方應該如何發揮光大總理的三大政策，實現聯席會議的議決案呢？

命令

廣東各界於明四號正午十二時在中山大學開歡送中央黨部國民政府北遷大會本校官生自應參加茲規定每團黨部派校官以上官長四員各學生隊派代表四名至領隊之官長隊伍之編成着訓練部編派在省入伍生及軍士教導隊派士兵共一營其領隊之官長隊伍編成由入伍生部編派所有旗幟標語由校政治部準備在埔官生給養由校經理部準備船隻由管理處準備務于明四號上午九時由校上船完畢統于十二時以前到達中山大學參加歡送會及遊行仍應由訓練部派員與政經管三部處接洽除分令外仰即遵照此令

校長蔣　黨代表汪

校聞

第五期第一次教務會議紀

主席：熊雄

列席：孫炳文　楊道腴　安體誠　楊其綱　湯澄波　羅霞天　葉啓芳　余鳴鑾　廖划平　張秋人　陳祖康　張鴻仙　王詩英

記錄：彭名康

地點：政治部會議室

時間：十二月一日下午七時

議事程序：

一、恭讀總理遺囑

二、宣佈開會理由——今天是第五期第一次教務會議，從前因各教官多任廣州兼職，難於召集，而惲教官常川駐校，遇事能負完全責任，亦無時常開會之必要，故至今日，始有第一次會議，將來除教務會議之外，還有教育會議，每月各舉行二次，我們以過去所得的經驗，而決定以後進行的方針，于教官本身及全體學生，均有利益，此即今天開會的意義。

三、說明政治教官與教授管理的關係——本校自改組以後，原來只有訓練政治兩部，訓練部負軍事教育及全校管理之責，政治部只負全校政治教育之責，後因爲工作便利起見，特規定所有政治教官關于教授方面及管理方面諸事務，都歸政治部統轄之。故各政治部對於管理上自應與學校一致，故各政治教官，以後必須依照校例，執行一切。

四、討論事項：

(一)主席提案

A.工作分配之預定

議決　現有科目尚無教官暫時大體決定將來担任之人員以備届時分別担任科目及人名列表如左

•葉啓芳　中國政治經濟狀況，蘇俄研究

余鳴鑾　三民主義，黨史，

羅霞天　政治學概論，社會進化史，

陳其瑗　三民主義，財政學概要。

廖划平—本黨之宣言與訓令，黨的組織問題，社會進化史

張秋人—國民革命概論，蘇俄研究，各國革命史，黨史

湯澄波

陳祖康—社會主義，帝國主義

楊道腴—經濟學，財政學

林祖烈—帝國主義侵略中國史

李求實—國民革命概論，青年運動

劉侃元—帝國主義，經濟學

蕭楚女—帝國主義侵略中國史

甘乃光—農民運動，

熊雄—軍隊中政治工作，本黨宣言訓令

(另覓)—世界政治經濟狀況

(另覓)—工人運動，商民運動

2、政治討論會，每週舉行一次由各教官出題，並負責作答案，結論討論時，由宣傳科指導股派員監督之。

3、政治測驗，每兩週舉行一次，由教官出題，作答案內容簡章，注重實際問題。

4、政治問答，每兩週舉行一次，由教官出題作答案，內容較爲複集。

B.改良教授方法：

議決1.各科教官先將該科綱目與熊主任或孫主任討論之後，再決定教材。

2、每授課時間須提一二刻爲學生發問，如無問題，則由教官提問，再做結論。

3，各科須有講議並須作提綱，

C.規定請假辦法：

議決　照校章在二十四小時以內者，向主任請假，二十四小時以外者，須經由主任呈請校長黨代表批准後，方爲手續完備。

補課及調課之規定：

議決　凡教官因事請假，須於三日前報告主任及主任教官，以便准假後，即將預定時間，另派教官担任，如臨時發生事故，必請假者，亦應報告主任教官，無論事前請假，及臨時請假，均應自請其他教官替代補課，或調課，總以不缺課爲原則。

(二)音樂教官張鴻仙提案

音樂授課時妨碍他班聽課請另闢教室案。

議決向各隊涉另覓僻靜教室，

(三)張秋人教官提案

參攷圖書應從速購置案

議決由各教官開具購書名單限下星期三以前交湯張二教官轉呈熊副主任即行購置。

規定學生在講堂發問範圍案。

議決　每次授課到一段落時，學生在本門科目範圍內，可以發問，非在本門科目範圍內發問者，可用書面質問投函質問箱由政治部答覆。

軍事

福州震動　張毅由興華竄退

皖省變化　陳調元拒絕魯軍

福建方面我軍着着前進據路透社一日福州電，張毅被黨軍擊敗後，現帶領部隊萬人，由興華竄退，剩下張毅及其部隊之態度，頗覺暗昧，薩鎮冰現以海軍鎮守南島及外人租界，又訊三十日十一時，李生春誤認海軍陸戰隊爲張毅軍，在福州倉前山附近開戰，槍聲甚密，福州震動，海陸軍堅拒張毅入城，孔昭同等擬推薩鎮冰爲保安總司令，維持省垣治安，福建問題解決在卽，蔣總司令由南昌調軍出贛東攻閩，另調軍赴皖南，派白崇

（二） 中華民國十五年十二月四日〔星期六〕 黃埔日刊 〔第二版〕

禧到九江，與李宗仁佈置攻皖軍事，而上海方面，盛傳安徽發生變化，據皖中鄉消息，陳調元傾向主和，隱示拒絕魯軍大兵過境，方安變各法團極力運動劃安慶爲緩衝地，陳與高世讀皆表贊同，張宗昌對此頗爲注意，又據日人消息，陳調元已與革命軍妥協，張宗昌在徐州率五萬精銳擊陳，正布置陣容，將於星期左右發生衝突，一方渤海艦隊將派肇和海圻等艦裝海軍陸戰隊六千駛長江，是長江之下游變化，將不遠矣，★ ★ ★

要訊

張作霖與英日帝國主義

△英商以五百萬鉅款助張……上海各團體之憤慨……大堪注意之電通社消息……奉張叁謀等與大倉男爵

張作霖受日本帝國主義之卵翼，成爲中國目前最反動之軍閥，最近英帝國主義因其工具吳佩孚孫傳芳相繼倒敗，遂勾結張作霖，以冀抵抗北伐軍，英國在華商人竟以五百萬鉅款資助張作霖促其南下，上海漢口等處各團體聞訊之下，異常憤激，均紛紛通電反對，茲將上海總工會之宣言及本黨江蘇省黨部致公使團電照錄於左，以見民情激昂及奉張勾結英帝國主義之一斑，總工會宣言云，（上略）五百萬鎊借款消息傳來，憤怒填膺，本會等致堅決反對，在此時間，任何軍閥，任何借款，以延長內亂者，我全上海工人誓死否認，江蘇省黨部電云，據十一月二十四日滬報載稱，英人以五百萬鎊巨款，接濟張孫，爲延長戰禍之費，消息傳來，實深駭詫，願列國對於英國此舉，嚴重制止，以保全中國之和平，是所企盼，又前次日本大倉男爵之遊奉天，人皆知含有重要使命，據日人方面消息，有貸鉅款與奉張之說，最近電通社（日人所辦）二十五日東京電「張作霖之叁謀長等一行八人，於昨日抵東京，即乘汽車分訪各方面重要人物，並與大倉男爵會見」，此消息實至重要，蓋英日兩帝國主義者，方各以全力，援助奉系軍閥，中國革命勢，與帝國主義者勢不兩立，吾人在此局勢之下，乃愈覺責任之重大也

奉魯軍南下與江蘇

■發行一千萬元軍用票於江蘇省內……內債三千萬外債五千萬……軍費令江蘇盡力負担……渤海艦隊將封鎖吳淞口……請江蘇人嘗嘗『反赤』的風味！

奉軍已絡續開抵南京，孫傳芳揚言返寧，然實際上被奉張軟禁在津。奉張並自稱安國總司令，以張宗昌孫傳芳爲副，說者謂與袁世凱稱帝時軟禁黎元洪予以武義親王名義，同一滑稽，奉軍此次南下，所最感困難者，厥維經費竭蹶，據電通社北京電「魯軍南下之第一期，似至徐州爲止，糧食決定由江蘇供給，張作霖所以不從日本之勸告，及鑒於楊宇霆之失敗，而同意兵南下者，欲使本省軍費止於最小限度，而令江蘇盡力負担，但張作霖雖作如是想，究必影響東三省財政，又有惹起奉票問題之虞」此消息出諸日帝國主義者之口，不啻奉張宰割剝削江蘇人民之供狀，又據東方社二十六日北京電，昨日閣議，通過張宗昌建議於江蘇省內，發行軍用票一千萬元案，消息傳來，江蘇人民大爲震動，本黨上海特別市黨部致電國民政府，請予援助，有云「（上略）孫氏竟往天津乞援，致奉魯軍有南下之耗，今大軍未發，即已大舉借款，計內債三千萬，外債五千萬，數目之巨，前所未有，中國內外債款早逾一二十萬萬，利權全失，財政仰人，豈特瀕於破產，直將淪爲埃及之續，近年以來，軍閥視借債爲內戰之利益，而內戰與外債，已成爲相互之因果，其爲禍之烈，甚於洪水猛獸，苟不速行阻止，則三省盡罹戰禍，國家必致淪亡，邦人君子，幸垂鑒焉，上海特別市黨部，」江蘇人民，反奉空氣既十分緊張，魯張除將軍隊絡續開寧外，復電致上海海軍總司令楊樹莊，大意謂渤海艦隊，即日由畢司令率領南下，駐泊上海，以便相機進攻九江，請貴部協助進行云云，聞楊樹莊接電後，即與駐滬之第九師長李寶章協商辦法，頗費躊躇，而魯張駐滬代表特向上海領事團報告渤海艦隊即將來滬，對於外人，竭力保護，屆時請勿誤會，又訊，渤海艦隊南下，係封鎖吳淞口，上海方面聞此消息，民情憤慨，淞滬海陸軍警，加緊防範，對浦江檢查，亦同時緊張云，

政治

蔣總司令最近對外態度

●取革命手段廢除不平等條約

中央社接上海廿九日電，蔣總司令在漢口聲言，打倒吳佩孚，孫傳芳，張作霖•只是國民革命之第一步工作，又謂不平等條約，毋庸修正，只有取革命手段廢除之，此光明正大之論，字林西報，大陸報等帝國主義機關，大起恐慌，用大字標題，詆爲赤化云，

小通信

王志觀同志，知你分發前方，不知你在何部隊，希即告我爲盼！ 黃埔第三學生隊第九隊趙理君啟

卓異，劉錦春，龍步雲，紅冠英，諸同志現禁何地，請示知，劉錦春同志有一家信在我處，請你告知住處以便給你爲盼！ 沙河燕塘入伍生第一團一營一連王邦治啟

黃煜南同志：我于月前來到羊城，寓正南街元盛成衣局內，到處訪你不着，你調編何部隊，祈即示知，並希移玉弟處一敍爲禱！ 弟何朝雲啟

黃埔第六期入伍生第二團三營九連林瑞豐二、二八。

何錫平同志：你現升學編在何隊，請示知。我已於十五日入伍特此奉聞 燕塘新入伍第一團十一連王道明啟

第五期入伍生第二團二連四連七連十一連特務連監視隊機關槍連已備有相片各黨員之入黨表登記表經轉去中央黨部茲已將新黨證領回歸即來部領取爲盼 本校特別黨部

劉炎同志：吳楚瑞：易芳朕，李潤棠，潘培庠，諸兄！你的通訊處請示知，現在謝德新同志業已死了！可惜！

國民政府令獎恤前方將士

國民政府以湘鄂贛閩，將次底定，而前方將士，勞苦功高，昨特令着蔣總司令查明，彙案呈候施行獎勵及撫卹，令云，北伐興師，迄今數月，前方將士，艱難苦戰，用於最短時間，建立偉大勳業，所以丕顯我黨義者至宏且鉅，各路出力及傷亡官兵，據蔣總司令隨時呈報者，業經優予褒卹，並派古委員馳往慰勞各在案，現在湘鄂贛閩次第底定，本政府眷念勳勤，益深嘉慰，所有英勇果之黨軍，宜有賞論功之盛典，著蔣總司令分別查明擬具辦法，彙案呈候施行，以彰國典，而慰忠勤，此令，

英煤礦工潮最烈區域

●南威爾斯與諾桑白倫

△路透社二十四日倫敦電 煤礦工潮之解決中，各煤區之最爲難者，厥爲南威爾斯，諾桑白倫，堪白倫，實漢四處，其他各處大都皆已協議，惟諾桑白倫則拒絕礦主之試辦條件，而南威爾斯亦完全停止談判，此兩區不僅爲最大之煤區，且爲復業者最少之地，南威爾斯有礦工二十一萬六千人，但僅二萬四千人復業，諾桑白倫有礦工二十萬人，而復業者亦僅三萬五千人，統計今日各區復業者共爲四十二萬一千人，

經濟

我軍入南昌後之金融界

●中央鈔票信用卓著

南昌滙劃錢業銀行三金融機關，十一日開特會，由張繼周主席，略謂國民政府中央銀行所發之鈔票，與現金無異，自應一律通行，至本省原有之江西贛省兩銀行鈔票，應一律與中央銀行鈔票行使准其完糧納税云云，經衆討論結果，一致贊成，茲將議決案分誌如下，（一）江西銀行鈔票，與中央銀行鈔票一律行使，准予完糧納税，無分軒輊，（二）江西銀行所欠商民款項，准其照常出入以期活潑，（三）從前省政府所欠江西銀行及各項欠款，原有合同契約，仍繼續有效，至原指定抵押品，仍照約履行，

羣衆運動

漢口租界工人將對外總罷工

●爲爭海關人員組織聯會權

（中央社）漢口廿八日電，爲爭海關人員組織聯合權事，服役於各國租界之華人，將於四日舉行對外總罷工，英法租界，戒備甚嚴，所有租界外人，均紛紛預備糧食，又上海廿九日電，此間得漢口總罷工消息後，即有人在總商會建議總罷以爲聲援，漢口來訊，某條件不承認，海員警察即聯同罷工，某國海軍陸戰隊登陸示威，民情奮激非常云。

專件

擁護中央聯席會議決議案宣傳大綱（四）

總之，這次聯席會議所決的政綱，實在是最適合於目前中國各階級民衆所需要的！

（三）國民政府與省政府問題

國民政府的組織很簡單的，只要能夠代表全國就可以了。制度當然還是委員制，在國民政府統治之下的每省要有代表參加國民政府委員會；這樣第一步，國民政府就有代表全體的意見了！至于國民政府與省政府的關係，各省的事政府自己去管理，兩省以上的事才由國民政府來管。這樣國民政府的性質，好像聯邦或自治的樣子，但決不是陳炯明趙恆惕等所講的聯邦只是小軍閥的割據形式，湘人治湘及粵人治粵的那種自由。陳炯明趙恆惕他們他種聯邦自治是站在舊的統治階級上去鞏固舊勢力的觀念 我們所講的，則剛剛相反而是拿來鞏固各省的革命基礎。

（四）縣政府的組織

縣政府的組織，以前是縣長制，一個縣長是管理全縣一切事務的，這次聯會議已決定改爲委員制了。改爲委員制的重要意義，就是要取消地方官的專政制。因爲在縣長制之下，什麼事都由縣長獨斷獨行，容易發生弊竇，現在要把他改作委員，縣政府設教育行政公安財政等各局，就可免去地方官專政制的種種弊竇。

（五）國民會議召集問題

召集國民會議是總理生前的一大主張，本黨自然繼續努力這個號召，不過召集國民會議不是一朝一夕之事，在召集國民會議以前，必先有相當的預備，就是發起人民團體的聯合會，此種人民團體聯合會，包括農工商學教職員自由職業者軍界婦女等代表；組織須普及。分爲全國人民團體聯合會，省縣或市人民團體聯合會，華僑聯合會等，本黨同志在此時應一致努力于民間工作，宣傳民衆，組織民衆，使民衆自己組織起來，國民會議才能成功。

（未完）

中華民國十五年十二月四日 〔星期六〕 黃埔日刊 〔第三版〕

題目

熊副主任在高級無線電科開學演說詞

李迪功筆記

今天是高級班同志們，開學的日子，現在聽了譚主席和幾位同志的訓話，我本沒有什麼可說，不過現在要貢献大家的意見只有兩點：第一點我們研究學問，是有兩方面的，即：自然科學與社會科學，自然科學是人類求解決社會現象而形成的；廿世紀社會科學固然發達，自然科學亦極進步，但是中國內產業落後，文化落後，什麼都是落後的，故各帝國主義者因此見而生心，力圖侵略，造成中國一個普遍貧乏的局面了，現在我們革命勢力雖已發展到長江去 稍予帝國主義以打擊，但我們物質上仍極感缺乏，專靠革命精神與敵搏戰，還不可過於樂觀，無線電科之創立，就是校長在前敵實際工作中感着困難的結果。第二點，你們對於社會科學，都曾研究過的，現又把自然科學從新研究，希望你們將來對於自然科學的使用 不要機械化資本化，而為軍閥所利用，變作壓迫人民的工具，破壞革命勢力的武器。務要使他科學化革命化，在軍事上，政治上給革命軍以極大的幫助，使我們革命的消息，傳遍全中國與全世界，由物質上交通，達到精神上的交通，俾能確實喚起民衆，及聯合世界上一切被壓迫的弱小民族，以打倒壓迫我們的敵人，這是你們各位今後的使命，也就是我今天所希望於各位的！

第五期政治科學生隊旅途宣傳大綱（續）

四．自國民黨前年改組，有容納中國共產黨分子入黨之事，反動分子遂宣傳本黨將宣布共產，兩年以來每發此無聊之謠言，而頗有愚民受其蒙惑妄相驚擾，中國共產黨不過表同情於現世在歐美流行的將大工業收歸國有的主張，決無沒收或瓜分人民財政之說。中國共產黨要實現他們的主張，先要求中國國民革命成功，將大工業發達起來。共產黨員在今日只有與本黨一致為國民革命作工，打倒帝國主義軍閥及一切反動勢力。只有帝國主義軍閥等要用經濟或武力吞併搶奪人民的財產。他們反轉以此誣共產黨員，乃至一切本黨革命的黨員：然而我們看事實便可知道，這完全是誣賴，而且是有意想迷惑民衆的。

（7）世界各國情形

一．最壓迫中國的是大英帝國主義。他是西洋一個小國，但在亞美非南洋各處獲得多數殖民地，惟以拓展商業勢力為己利。不顧殖民地工農生計之受影響。他在八十年前攫取了香港後，又租九龍，開沙面為租界，操廣州經濟上之大權。去年省港罷工以後，他屢謀利用反革命派，或武力恐嚇 想破壞罷工，至今白鵝潭英艦仍時追逐糾察隊船隻，仍供給反動派鎗枝金錢。但他現 國事很不好，內有二百萬鑛工罷工，七個月不能解决！外有法國擴張軍備，埃及印度革命潮流日高，土耳其興起，頗有使回教民族均起謀自决的影響，蘇俄鼓吹弱小民族之解放，更於他不利。英雖利用意大利德意志希臘以制法土，利用波蘭波斯以制俄，利用日本以制中國，然這只是垂死之掙扎，其為力亦很有限的。

二．日本帝國主義離中國很近，向來侵略中國甚為猛進。近年受英美遏制，稍減少其活動，但現在英已無力顧及中國，遂放任日本，日本因得在滿州自由擴張其勢力。他是僅亞於大英帝國主義的壓迫者。

三．美國帝國主義最近表面似無甚活動，且有時助中國排斥英日。然須知他的用意是很远的。他利於使英日現有勢力受打擊，然後他出款項與中國資產階級辦各種政治實業的事，這樣他便儼然操握了中國的主。而資產權階級與他勾結起來，必致使工農永無解放之希望。故美國帝國主義比英日更可注意。

四．蘇俄是工農階級執政的國家，他是與全世界資產階級的國家不能相容的。各國資產階級都憎惡反對他，然而工農階級都與他表同情。蘇俄知道要想自己存在，必須幫助全世界工農階級打倒全世界資本階級，而且必須幫助東方被外國資本家及其走狗壓迫的各民族。我們中國即是最受外國資本家壓迫的，中山先生認定蘇俄是我們的良友，蘇俄幫助我們便是幫助自己，我們為自己與壓迫者奮鬥，亦便是打擊蘇俄的敵人。以上大綱係就九月三日本刊所載大綱而修改訂者，大同亦有小異。

（八）中央聯席會議決議案大意（用擁護中央聯席會議議決案宣傳大綱原文—本刊另件欄）

中央軍事政治學校政治部編印 五，一一，三〇

臨別贈言

——獻給第五期政治科諸同志——

李 廸 功

第五期政治科諸同志到武昌去」！諸君來黃埔已經半年，機會真好，現在能夠開到湖北去，抱冰堂前的伦月，長湖堤畔的蒼茫烟波，鸚鵡洲邊的萋萋芳草，是如何的清幽！是如何的秀麗！諸君又有從湘鄂贛三省來的。一旦重歸故鄉，景物依舊，湖山無恙，諸君的快感是可想而知了。但是諸君這回到前方去，是負有重大的使命，決不是去欣賞自然，決不是去家庭團聚，也決不是因為到前方要比在後方好才去的！

諸君要了解到前方去所負的使命是什麼，必要了解本黨現在要求的是甚麼。我老實不客氣的說能：國民革命的勢力，在軍事上，固然已經是由兩廣發展到長江去，但是我們如果仔細的觀察，就可以很明白的看出埋伏着的兩種危機；

第一是當本黨的軍事看着勝利的時候，北洋軍閥內部的一部分的軍隊來投到本黨，有的固然是受了本黨主義的感化，但是有一部分的軍隊，想保存他的實力，所以就投到本黨的旗幟之下，這一部分的軍隊 實在是對本黨主義，不能徹底明瞭，他們現在既可棄軍閥而投我，安知將來不會棄我而投軍閥嗎？

第二諸君要知道：我們的黨；國民革命軍；國民政府，都是建築在同一的民衆的基礎上面！民衆能了解本黨主義 民衆的力量就可以和本黨的武力結合，不然就武力還是武力，民衆還是民衆！辛亥革命之所以失敗，就是這種原故，看呵！帝國主義正加倍向我們侵略，白色的恐怖瀰漫全國，民衆如果不能十分了解本黨的主義，就不能夠同本黨的武力結合，本黨的基礎，難道可以說是已經鞏固了嗎？

我們想去掉這兩種危機，第一就是要本黨同志—尤其是本黨的武裝同志，能夠十二分堅固的團結起來，站在革命的觀點上去做我們的工作，使那些不十分明瞭本黨主義的軍隊，和本黨的軍隊同化！還有最重要的就是努力向民衆宣傳，使民衆十二分了解本黨是擁護農工利益的，使農工起來做我們的後盾，那麼，中國的國民革命就會成功，更能進而完成世界革命，「團結本黨精神，擁護農工利益」，這就是本黨現在 要求，就是諸君的責任，也就是諸君到武昌去負重大使命！

最後我還要說一句：『諸君前途珍重！』

十五，十二，一．脫稿於宣傳科

第五期政治科移往武昌行軍期中宣傳隊之組織及任務

一．為使武力與民衆結合於政治科第五學生隊出發武昌之際組織宣傳隊政治科學生官長除調查隊外皆為宣傳隊

二．本宣傳隊係臨時性質於到達武昌後應即呈報結束自行解散

三．本宣傳隊於未出發前由政治部派員指導組織完備其組織法以班為單位每班為一組（每區隊除去調查組一班）每組公推組長一人合六組為一宣傳隊每隊公推隊長一人合三宣傳隊為一宣傳總隊公推隊長一人

四．宣傳總隊長指揮各宣傳隊長隊長指揮各宣傳組組長分配宣傳區域及日期並收發審查報告表

五．宣傳總隊長隊長及組長均須負責協助部隊長

中華民國十五年十二月四日〔星期六〕 黃埔日刊 〔第四版〕

官維持各該部隊軍紀風紀

六・宣傳時或用談話方式或臨時演說或召集聯歡會但以不妨礙行軍紀律爲範圍

七・宣傳總隊長於必要地處（城市或人民衆多之區）應設法聯合當地黨部及人民團體開軍民聯歡會分派宣傳隊人從人事宣傳

八・宣傳隊各宣傳組須於行軍經過區域附近分派宣傳單張貼標語但須分配妥當計畫至目的地發完爲止不得中斷

九・宣傳時須依照政治部所擬之宣傳大綱傳單或標語爲宣傳材料但規定題目及措詞舉例等應盡量利用調查隊所得之實際狀況之材料宣傳隊須將宣傳時所得事實供給調查隊採用

十・於每地調查以後須填報告表一次每次兩張表式另發

十一・報告表由宣傳組員組長隊長遞呈宣傳總隊長除逐日匯寄本校政治部外當備一份呈交武昌政治科

十二・到達武昌後各組將沿途宣傳經過詳情作一總報告於隊長總隊長須匯齊各隊總報告於本校政治部及武昌政治科

十三・宣傳隊所用旗幟標語傳單宣傳大綱報告表格及其他附件均由政治部於出發前備妥交宣傳總隊長會同第五學生隊部負責攜帶分配並保管之

十四・宣傳隊所需經費（如漿糊及聯歡會茶點等）由政治部酌量發給特別宣傳費三百元交由總隊長負責保管及支配

十五・本規定由公佈之日起施行

政治部擬十五年十一月三十日

■第五期政治科移往武昌行軍期中調查隊之組織

及任務

一・爲明悉行軍經過地帶各戰區地方及民衆情況於政治科第五學生隊出發武昌之際組織調查隊凡政治科學生官長除宣傳隊外均爲調查隊

二・本調查隊係臨時性質於到達武昌後應卽呈報結束自行解散

三・本調查隊於未出發前由政治部派員指導組織完備其組織法以班爲單位每班爲一組（每區隊除去宣傳組兩班）每組公推組長一人合三組爲一調查隊每隊公推隊長一人合三調查隊爲一調查總隊公推總隊長一人

四・調查總隊長指揮各調查隊長隊長指揮各調查組長分配調查區域及日期並收發審查調查表

五・調查總隊長隊長及組長均須負責協助部隊長官維持各該部隊軍紀風紀

六・調查時用談話或其他方式但以不妨礙行軍紀律及地方治安爲範圍

七・調查總隊長必要時得會同宣傳總隊長設法聯合當地黨部及人民團體開軍民聯歡會或索閱當地各種調查統計表以便擴大調查效力

八・調查總隊長於每經過一重要城市或地區時須至少派兩調查組負責調查以便比較其孰爲正確

九・於每地調查以後須填戰區調查表一次每次填兩張表式另發

十・各重要城市之社團學校均須由調查總隊長派調查組分頭調查照總政治部所發之社團及學校調查表填寫兩份簽名蓋章

十一・調查由調查組員組長隊長遞呈調查總隊長除逐日匯寄本校政治部一份外並留一份呈交武昌政治科

十二・到武昌後各組長須將調查經過情形作一總報告於調查隊長調查總隊長須匯齊各調查隊長總報告報告於本校政治部及武昌政治科

十三・調查隊需用旗幟調查表格及其他附件均由政治部於出發前，備妥交由調查總隊長會同第五學生隊部負責攜帶分配並保管之

十四・調查隊所需經費（如郵費等）由宣傳總隊部所領特別宣傳費中挪用不另發給

十五・本規定由公佈之日起施行

政治部擬　十五年十一月三十日

第五期政治科出發武昌行軍宣傳隊組織系統表

宣傳隊總隊——總隊長 徐昭駿（第五學生隊）

- 第一宣傳隊——隊長 王夢古（第十三隊）
  - （第一班）（第一組）——組長楊長高 組員 組員 組員
  - （第二班）（第二組）——仝右 余陶
  - （第四班）（第三組）——仝右 柏良
  - （第五班）（第四組）——仝右 周遂初
  - （第七班）（第五組）——仝右 趙咸
  - （第八班）（第六組）——仝右 錢濤
- 第二宣傳隊——隊長 高翔云（第十四隊）
  - （第一班）（第七組）——仝右 楊子江
  - （第二班）（第八組）——仝右 任連鵬
  - （第四班）（第九組）——仝右 文錚
  - （第五班）（第十組）——仝右 黃其楝
  - （第七班）（第十一組）——仝右 鍾漢清
  - （第八班）（第十二組）——仝右 何成功
- 第三宣傳隊——隊長 潘祖廉（第十五隊）
  - （第一班）（第十三組）——仝右 蕭桀
  - （第二班）（第十四組）——仝右 何國楨
  - （第四班）（第十五組）——仝右 熊訓
  - （第五班）（第十六組）——仝右 胡啓培
  - （第七班）（第十七組）——仝右 李建初
  - （第八班）（第十八組）——仝右 李鵬
  - （第十九組）——仝右 廖志超
  - （第二十組）——仝右 沈天如

第五期政治科出發武昌行軍調查隊組織系統表

調查隊總隊——總隊長 余紹奎（第五學生隊）

- 第一調查隊——隊長 楊劍英（第十三隊）
  - （第三班）（第一組）——組長蔣國梁 組員 組員 組員
  - （第六班）（第二組）——仝右 黃毅夫
  - （第九班）（第三組）——仝右 李天柱
- 第二調查隊——隊長 胡一（第十四隊）
  - （第三班）（第四組）——仝右 楊柳桀
  - （第六班）（第五組）——仝右 湯毅生
  - （第九班）（第六組）——仝右 傅常謙
- 第三調查隊——隊長 劉正鴻（第十五隊）
  - （第三班）（第七組）——仝右 曹毅
  - （第六班）（第八組）——仝右 劉竭
  - （第九班）（第九組）——仝右 伍光中
  - （第十組）——仝右 王洼如

編者贅語：

（一）儘於今天一天內，把關於第五期政治科學生隊出發武昌的宣傳大綱等等，完全登出，下星期一起，先把惲教官的那篇『革命青年的缺點』及黃教官的那篇『五四運動與五卅運動』登完，作一個結束。此後對於政治問答，每天當儘量發表，因爲積稿甚多，而且問的同志，也等得不耐煩了。

黃埔日刊

中央軍事政治學校政治部出版
通信處廣東黃埔本校政治部宣傳科
（第二〇七號）
〔本刊每份價定一分〕

●本校爲歡送中央黨部國民政府北遷武昌告各界民衆

■參加歡送中央黨部政府大會

■砲工二科奉令遷邵

■神科大學學生來校參觀

軍事

■我軍入福州

■美艦向福州開拔

革命之路

題目

■革命青年的缺點（續）

劉漫天筆記 惲代英講

凡好講自由—革命是爲求自由的，法蘭西大革命的口號是「不自由，勿甯死！」由這裏很充分地可以表現出自由的神聖；好講自由，當然不能說是毛病，不過，自由要講得太隨便了，亦容易造出來一些不正確的觀念，我們要自由，我們要四萬萬人都自由；我們要全世界的不自由者都得到自由！所以我們不是爲我們個人的自由而求自由的，假使有人以爲跑到黃埔是爲個人的自由，那末我便要反對他；假使真的黃埔是供給人們自由的處所，那末，我便毫不客氣地要反對這所謂革命中心的黃埔了！國民政府爲什末每年要拿出幾百萬元的款子來辦理這一個學校；爲什末要拿了這樣多由農人的脂膏，和工人的血汗中所得來的租稅來供給這一個學校；專爲你們這一部分二三千人的謀享自由呢？要是四萬萬人都不能自由，你們沒有任何權利要求比他們要自由多一分一毫。而且學校的目的和責任，是在努力于完成國民革命的工作；要革命成功，一定要一個偉大的力量；這一個偉大的力量是建築在許多人團結的精神和統一的意志上面的。只有用這種力量才能夠打破舊的一切，建設出新的一切來。但是究竟用什末方法才能夠造成這一個力量呢？「紀律」是唯一有効的工具。所以基于黨的利益上，基于革命的利益上，我們不但不能比四萬萬人享受多一分一毫的自由，我們並且要絕對地遵守紀律，而不能允許有些須個人的自由，違背了黨的主義，是反革命；是我們的敵人；不遵守紀律，也一樣是反革命；亦一樣是我們的敵人；所以我們要反對一切不遵守紀律的人，要同我們反對一切的違背主義的人一樣的用力。

■五四運動與五卅運動（五）

政治教官黃克謙講演 新入伍生團二連劉用儉筆記

自確定了這三大政策，建立了許多革命功績，革命運動的發展，影響軍閥內部之分化！第二次奉直戰爭，國民軍之倒戈，充分證明是受了民衆勢力的影響。

但是革命潮流高漲，需要革命人才，就非常迫切，尤其是農工政策，對於宣傳組織，非常重要，這種人才，又很缺乏，因爲要使全國工農，組織起來，武裝起來，到了相當時期，才能暴發起來，實行國民革命，解决最重要的民生問題，達到總理底大同主義。所以農工爲革命主體，領導農工革命的人才，既很缺乏，需要革命人才，又非常迫切，因爲應當客觀環境的要求，遂產生了黃埔中央軍事政治學校。

創辦之初，還有人以爲學幾個月學得了甚麼，怎能革命，怎能打仗！殊不知這完全是無謂的猜疑，并且開辦之先，總理派人到蘇俄考察一切，考查得蘇俄紅軍的組織和訓練，實爲我們的模範。

黃埔學校，爲三大政策的結晶。當開辦的時候，楊劉扣款不發，物質方面，差不多有一部分是仰給蘇俄，共產黨也出了很大的力量，扶持這個學校，而該校學生，自然是佔在農工方面而來革命的，並且大多數都是工農底兒子，自然是擁護農工利益的，領導農工革命的，因聯合農工，組織農工，所以能夠打倒一切反革命派，如肅清東江，掃平南路，不是黃埔學生與農工之結合所建立的功績嗎？因爲農工政策，有如此偉大的成績，反動派，亦不敢明目張胆的反對，實在黃埔學校，就是工農革命的機關，代表世界革命的機關；黃埔學生，就是領導農工革命的武裝黨員，代表世界革命的武裝黨員。

因此自黃埔學校成立以來，在國民革命的戰線上，遂增加了一支生力軍，同時，以十三年春開本黨之改組，各縣各鄉，均設有區黨部區分部，革命宣傳，遂更見普遍，革命力量，更見擴張，引起軍閥內部的變化——馮氏倒戈，北京政局又起了很大的變動，更喚醒了全國民衆！

自直系失敗，日帝國主義底走狗，奉系勢力，又伸入關內，且由其老走狗段祺瑞，登台爲傀儡，惹起民衆的反感；並且他登台的第一聲，就是外崇國信！——尊重不平等條約，並又主張什麼善後會議，猶爲民衆所極端反對，惹起後來的首都革命，所以這次政局變動，全國民衆，均有相當的覺悟。

同時，總理宣言北上，以召集國民會議，廢除不平等條約爲職志，當時，各省民衆，風起雲湧，擁護總理召集國民會議的主張；國民會議促成會的組織。當總理北上，在上海天津，均被各帝國主義者，禁止上岸，蓋總理係反帝國主義者，不利彼等，因無足怪，但總理終於受民衆極熱烈的歡迎，敵人亦不敢明目張膽的禁止。這即表示斯時羣衆已認清他們的革命領袖了。後來總理到了北京，竟一病不起！總理逝世後，各地民衆追悼紀念之盛，爲從來所未有，這不更表示他們已經充分的認識了他們底革命領袖了嗎？（未完）

行軍調查錄

李燮霖

曲江—韶關

曲江爲湘粵綸控道，水有北江，陸有粵漢路，交通便利，商業甚發達。

A.貨物以食鹽爲大宗，其餘猪，麻，紙，油……等貨物，亦復不少，大抵皆運往廣州。礦產亦甚豐富，惜以土法開採，出產不丰，貨棄於地，良可惜耳。

錚礦公司，約有十餘家最大者，有進生，廣亘二公司，雇用工人者二三百名。

煤礦公司有協興公司用機器開採，初甚爲發達，後因車運昂貴，及土匪抽行水，大有倒閉之勢。

B.曲江縣黨部成立於十五年春，黨務甚爲發達，有黨員千餘人。

農民協會（成立年月不詳）有九區，會員約有四千餘人，曾有地主爭鬥多次，但均失敗。商民協會成立於十五年八月，會務亦甚發達，會員約有五百餘人。

婦女解放協會。成立於十四年十一月，現已有支部二，會員達八百餘人。

商團。在民九時，廣東創辦商團，亦於該時成立，民十一年，先總理北伐時，曾助力不少，准予存留。有團兵八百餘名，槍四百餘枝，專爲防禦盜賊，維持地方之用。

民團。約有五百餘名，槍三百餘枝，皆不甚反

問答

△孔昭同等推薩爲總司令 △我軍攻克仙遊之詳情

廣州民國日報得上海三日專電，閩李（生春）及海軍均投誠，黨軍已抵福州，冬（二日）晚由西北門入城，公推薩鎭冰爲保安總司令，李生春爲省防總司令，但另一方面消息謂，孔昭同李生春蔣啓鳳等五人通電，擁薩鎭冰爲海陸聯防總司令，張毅部卅日在南港峽兜被海陸聯軍繳械一團，續到南港南岸張軍約二團，見狀退回福清，派代表謁薩鎭冰商條件，又電，革命軍廿七晨入興化城，旋進駐涵江，向福清追擊，又路透社，二日上海電，美國驅逐艦乞仙號，已奉緊急令，向福州開拔，又香港電，某商號廿昨接福州某行來電，着將貨止辦，是則福州目下局勢之嚴重，於此可見一斑，

總司令部某要人，接到前方報告我軍攻克仙遊之詳情如下我軍自廿二日攻克泉州後，即分三路進攻仙遊，查國民革命軍呂渭生陳烈臣部，獨立第四師張貞部，担任第一路，由惠安進攻楓亭。國民革命軍高義楊漢烈陳國輝等部，担任第二路，由洪瀨進仙城，至第三路則由國民革命軍第四路吳威部担任，由永春出發，與敵激戰，吳部于廿四日攻克仙城，繳獲敵械無算，并乘勝追擊，經即佔領沙溪等處，（距離莆田甚近）現吳威司令經

●奉魯軍南下消息

▲奉魯軍之行動 ▲孫傳芳旦領衔擁張 ▲蘇浙皖將領反

要訊

■中央黨部國民政府北遷武昌之要訊

△各界歡送大會之熱烈……國民政府發遷移通電……廣東省政府將遷入國民政府原址

小通信

△日本與新加坡築港

△日本各報一致抨擊 △路透電社無法辯護

路透社二十三日東京電，日文各報對於新加坡建設海軍根據地一舉，雖未如前初發表時痛加抨擊，但仍一致言此舉自始志在對日，殆足爲擾亂大平洋關係之要素，路透社訪員爲查明此項見解是否眞正代表日人之意起見，曾謁見數要人，與之開誠布公討論此事，允不發表人名，所得之印象，爲即如英之人，雖欲自信各報之意見非正確，亦不可得，蓋英政府雖否認此舉志在對日，但未聲明爲何須使該根據地能容主力艦之理由，夫英國在遠東之其他意中之敵，厥爲法美荷三國，法荷在遠東之海軍，無需主力艦制之，而英美兩國亦決不致以兵戎相見，然則志在防護乎，總之，英國如在新加坡備修理給養及容納輔助艦之所以防敵艦擾害商業，日人無庸疑慮，今乃準備容納主力艦之所，謂非對日，將誰信乎，惟有數日人雖反對新加坡根據地，但承認日本如處英國之地位，彼等亦將主張作此戒備。

△日本社會黨定期成立

安部磯雄等組社會民主黨

電通社二十二日東京電 安部磯雄吉野作造屆江歸一鈴木文治諸氏所組織之右翼新政黨，決命名爲社會民主黨，定下月五日舉行成立禮，其政策，爲選制度之激底議院制度之改革，壓止言論集會結社自由諸法令之改廢，軍事之改革，財政及稅關之根本改革，行政機關之改革，教育之根本的改革實要產業社會化，土地制度之改革，勞動立法之完成個戶立法之完成，保給生活者保護法案之制定，對於女子法律的經濟的差別之撤廢，社會的施設之徹底等十四項，更分爲二十四節，具體的而列舉之，其中有治安維持法，累進的稅率賦課團結權罷業權之確立等，

△列強對華政策將改變歟？

電通社二十九日東京電，南軍勢力日張，如果再獲勝利，必實布撤廢一切條約，北京外交團之意嚮，已漸次變化，日本公使亦正愼重觀望形勢，

經濟

●十月份全國對美輸出之統計

雜訊

●一部份國家主義派之覺悟

●泰戈爾對蘇俄新文化之希望

專件

●擁護中央聯席會議決議案宣傳大綱

●偽政府與軍閥之禍國

●軍閥鐵蹄下之北京民衆

政治

●贛局底定後政治工作之緊張

●省政府秘書處增設宣傳股

■英外交大臣張伯倫口中之漢口工潮

（七）本黨最近的外交政策

（八）關於民團問題決議案

（九）請汪黨代表銷假視事案

（十）蠲豁兵役的議案

中華郵政特准掛號立劵之新聞紙　中華民國十五年十二月六日　〔星期一〕　〔第一版〕

黃埔日刊

中央軍事政治學校政治部出版

通信處廣東黃埔本校政治部宣傳科

（第二〇七號）

〔本刊每份價定一分〕

◁本校本週口號▷

嚴守學校紀律！

學習革命技術！

增進戰鬥能力！

發揚黃埔精神！

擴大農工組織！

團結革命分子！

擁護國民政府！

打倒帝國主義！

◁本週各學生隊政治討論會題目▷

軍隊中的同志對于與革命有利的工作應當不待民衆有此要求即挺身上前爲民衆奮鬥呢？抑當俟民衆有此要求，順着民衆的意思上前爲民衆奮鬥呢？

⊙本校爲歡送中央黨部國民政府北遷武昌告各界民衆

農工商學兵各界民衆們！

今天是我們廣東各界民衆開會歡送中央黨部政府北遷的日子，是一個要我們民衆更加認識革命必然可以成功我們民衆必須負責向前努力的日子；我們應該熱情地一致歡送！又應該誠意地有所紀念！

中國國民黨的中央黨部，是民國十三年一月受孫總理的指導成立起來的，國民政府，是十四年七月經廖仲愷汪精衛……諸領袖秉承總理遺訓努力建起來的，這種黨，政，的總機關都設在廣州，一方面在性質上成爲全國最高的領導指揮的作用，一方面遂因「近水樓台」關係而廣東民衆得了優先受指導蔭庇而早脫出軍閥壓迫之利益。我們擁護之感激之！何忍使之遠離？但是這次中央黨部國民政府定於本月五日起向武昌遷移，乃是因北伐軍攻克武漢南昌後，全國革命勢力愈發展黨政工作愈擴大，爲了指揮全國黨政施設進行而有遷到全國中心的武昌之必要：既是全國同胞所歡迎全國黨政所需要的，縱使因此而東所受的優先權消滅，也應該以更大多數被北洋軍閥壓迫的同胞之需要而歡送其北遷，何況這促進全國革命成功的關係正是保障我們已得的自由幷且它們在武昌仍是我們中心的指導機關！又何必以它們離去廣州爲憾？何可不一致歡送它們前進呢？

我們當然要歡送它們北遷，我們却應有左列的認識，幷要負責以求貫澈：

（一）中央黨部國民政府，今日以前附帶着無形中，代本省作了許多工作解决了許多問題，今送還些附帶的無形的工作責任，自然要移到廣州政治分會廣東省黨部省政府和廣東革命的民衆—農工商學兵—身上來了。我們現在要決定今後民衆要更堅固地在革命戰線上聯合起來，督促幷擁護政治分會省黨部省政府，使它們能担負中央黨部國民政府所移下的新工作，幷要使它們爲各省機關之模範！使廣東民衆爲各省民衆之好榜樣！

（二）現在省政府已改，省黨部不久也將改組完畢，正是作成各省模範的初步時期，民衆非即刻開始對黨負責而擁護幷監督省政府及省民的工作不可！我們先要實行「政權歸革命民衆」的口號，先要澈底地發揮民權主義—更訓練由人民自己運用政權的能力，要使人民下層的新組織堅固起來，本着黨的指導實行聯席會議所定的政綱！要使爲反革命之禍根的封建的勢力—貪官污吏土豪劣紳無立足餘地！

（三）廣東的民衆，僅是廣東的民衆而又是全國民衆的一部分，革命是整個的關係，負特殊責任（如上述）外，當然對全國的革命運動要一樣注意關心，要擁護中央的黨和國民政府，幷且要盡力和各省政黨及政府人民多多地聯合！

（四）總理的三大政策—聯俄聯共及農工政策，是反革命派—民衆的敵人—所怕所恨所常造謠以對的，我們廣東的革命民衆，要始終擁護遵行！

廣東革命的民衆們！這是我們今天應有之紀念的認識！是我們在歡送紀念日應共誓共勉的！也應是我們中央黨部國民政府都所希望於我們的。

十五·十二·四·

校聞

參加歡送中央黨部政府大會

中央黨部國民政府决定北遷，廣東各界於星期六正午十二時在中山大學開歡送大會，本校官生，奉令參加，每廳部處派校官以上四員，各學生隊均派代表參加，標語旗幟，由政治部宣傳科籌備，並印傳單二萬份，沿途分送，星期六上午七時由校出發，計官長及學生代表百餘人，並備有紅綾遍兩幅，一書『以民衆需要爲皈依，』一書『以民意民利爲基礎，』分贈中央黨部及國民政府，至參加大會詳情，容明日續登！

砲工二科奉令遷鄂

前日（二日）校本部通令云，爲通令遵照事，案奉總座由南昌行營臨電開，砲工二科學生教官器材從速遷來武昌爲要等因，奉此，除呈報外，合亟令各有關係部處團隊，從速規定辦法，呈送核辦爲要，此令，現砲工二科已預備北遷矣。

神科大學學生來校參觀

最近各界來本校參觀者，以學校方面爲多，前日（星期六）上午十一時頃又有廣州白鶴洞協和神科大學學生及教職員共五十六人來校參觀，當由管理處熊副官及政治部宣傳科指導股招待到校本部各處校分院及一烈士墓砲台等處參觀，後集至官長會客廳用膳後已一時餘，除發贈每人書籍八種書報二種外遂由政治部宣傳科安科長致招待詞，大意爲；（一）表示歡迎該校來此參觀以資互勉，（二）謂神科大學當是以科學的方法研究高深學理的機關，中國最需要科學的精神和方法，科學是求眞理的，是以眞理謀人類共同生活之自由幸福的工具，中國現在在半殖民地地位，若求共同生活之自由幸福，以科學的指示來說，只有打倒帝國主義和軍閥的國民革命是唯一的正當出路，而革命的成功也只有依科學的眞理和方法才有可能，本黨的主義政策，就是孫總理根於科學而定出的，（三）謂現在各種科學家都可分成革命派和反革命派，神科大學諸君所研究的科學也必須是爲革命而研究必須使與革命的眞理一致，才有意義和價值，因爲革命是中國每人都有責的，（四）本校的精神完全是由遵行黨的主義政策培植出來的，但是單靠軍隊是不能完成革命的必須使各界民衆起來參加，必須各界與革命軍堅固地聯合起來，（五）希望大家把本校看成是爲全民衆奮鬥的，是全國公有的，大家都要時時負指導監督它以匡不逮而使完成它的革命的使命云云。講畢來賓大爲鼓掌，嗣由該團代表董君致答詞，大意謂：（一）我們中國受帝國主義壓迫的結果，受教育無適當學校，這種苦楚是不得已的，（二）今天來此參觀，種種設備都可見有革命精神在裏面，（三）我們實在感激革命軍人，因爲他們是犧牲生命爲社會謀利益的也就是爲了我們謀了利益，希望我們一致聯合起來向一切反革命派進攻云云，語極誠懇而有革命精神，後由安科長導呼「協和神科大學革命的精神萬歲！黃埔軍校革命的精神萬歲！」盡歡散會，時已三時，遂送來賓登船返廣州了。

軍事

我軍入福州

△民國日報所得之滬電

美艦向福州開拔

啓事（一）

△徵求社員　本社以藝術之方法，負宣傳黨義之責任；自組織以來，成績頗著。惟本社舊有職員及社員，多已開赴前方，嗣後負責者，自在留校同學，茲値改組期內，甚希同學中富有文藝興趣者，加入踴躍。每有時機，則現身說法，登彼舞台，大聲疾呼，醒我民衆迷夢，不亦快乎！

報名時期—自十二月二日起自八日止　報名處—第二學生隊第五隊第十七、二十區隊陳中傳李賜九

血花劇社黃埔組啓

緊要啓事　第四期學生各同志暨第五期各學生同志均鑒諸同志們中如有原名何希亮其人者望即到本校訓練部辦公廳一來有事面告

訓練部主任陳禮文啓

李婚鉌萬作仁姚應龍同志：你們現在何隊服務請示知。第二學生隊第五隊第十九區隊汪浩然

羅國深同志：你現編入伍生何隊，請示我爲盼！！第三學生隊第九隊陳學龍啓

中華民國十五年十二月六日〔星期一〕 黄埔日刊 〔第二版〕 (二)

▲孔昭同等推舉薩為總司令
▲我軍攻克仙遊之詳情

廣州民國日報得上海三日專電，閩李(生春)及海軍均投誠，黨軍已抵福州，冬(二日)晚由西北門入城，公推薩鎮冰為保安總司令，李生春爲省防總司令，但另一方面消息謂，孔昭同李生春蔣啓鳳等五人通電，擁薩鎮冰爲海陸聯防總司令，張毅部卅日在南港峽兜被海陸聯軍繳械一團，續到南港南岸張軍約二團，見狀退回福清，派代表謁薩鎮冰商條件，又電，革命軍廿七晨入興化城，旋進駐涵江，向福清追擊，又路透社，二日上海電，美國驅逐艦乞德號，已奉緊急令，向福州開拔，又香港電，某商號日昨經接福州某行來電，着將貨止辦，是則福州目下局勢之嚴重，於此可見一斑，

總司令部某要人，接到前方報告我軍攻克仙遊之詳情如下我軍自廿二日攻克泉州後，卽分三路進攻仙遊，查國民革命軍呂渭生陳烈臣部，獨立第四師張貞部，担任第一路，由惠安進攻楓亭。國民革命軍高義楊漢烈陳國輝等部，担任第二路，由洪獺進仙城，至第三路則由國民革命軍第四路吳威部担任，由永春出發 與敵激戰，吳部于廿四日攻克仙城 繳獲敵械無算，并乘勝追擊，經卽佔領沙溪等處，(距離莆田甚近)現吳威司令經電請蔣總指揮部速移至仙城，以資鞏固後方，聞何總指揮已與國民革命軍參謀團主任宋淵源於廿六日同蒞仙城云

●奉魯軍南下消息

▲孫傳芳竟領銜擁張
▲奉魯軍之行動
▲孫傳芳返南京路？
▲蘇浙皖將領反孫

孫傳芳，吳俊陞，張宗昌，閻錫山，寇英傑，陳調元，張作相，盧香亭，韓麟春，高維嶽，周蔭人，陳儀，褚玉璞，湯玉麟，劉鎮華，三十日聯電推張作霖為安國軍總司令，統馭羣帥討赤，張作霖一日在津就職，各省督辦任安國軍副司令，已發表者，爲孫傳芳張宗昌又訊孫傳芳得張作霖助迫擊砲，並與張宗昌商定軍事計劃，二日同會，魯軍一百四十七旅卅日一日過徐，程國瑞部續到蚌埠，畢庶澄部砲兵卅晚登華甲艦南下，又聞蘇皖浙三省將領，陳調元陳儀王普張國威白寶山石鐸周鳳岐等，以孫傳芳勾結奉軍，又欲蹂躪江浙，故互電聯絡，一致電斥孫傳芳遺禍東南，通電拒絕奉軍南下，聯電向革命軍輸誠，表示擁護李烈鈞，鈕永建，冷遹，柏文蔚，并電促赴南京指揮各軍拒截奉軍南下，誓死不令奉軍侵入蘇浙境內云，

要訊

■中央黨部國民政府北遷武昌之要訊

△各界歡送大會之熱烈……國民政府發遷移通電……廣東省黨部告民衆書：……省政府將遷入國民政府原址

中央黨部國民政府決定北遷後，前日(四號)十二時，各界歡送中央黨部國民政府北遷大會在中大(以前)，舉行熱烈歡送，事前由省黨部，省政府通告各機關團體屆時踴躍赴會，工農商學兵警各界羣衆亦由各管機關分別通告屆時全體參加，開會秩序如下，(一)齊集，(二)奏樂，(三)主席宣讀總理遺囑，(四)宣讀歡送詞，(五)致答詞，(六)巡行路徑 由中山大學起，出文明路，文德路永漢路，天字碼頭，長堤返西瓜園散隊，同時并議決四號巡行，主席團，推定，治總部，糾察部則推舉省港罷工委員會，領隊則舉省黨部，省商民協會，廣州學聯會，婦女部等担任，各界參加巡行後，恭送名舉旗等與國民政府，藉表擁戴熱誠云。

又訊，國民政府遷移武昌，已于一日起停止辦公，並決定七日動程，特擬就遷移通電 俾各省各機關公團及軍民長官週知，該電內容大致謂，國民政府遷移在即 現已停止辦公，所有各機關以後致國民政府文電，公函均請交廣州國民革命軍總司令部轉寄，或逕寄武昌國民革命軍總政治部存轉亦可，至于重要文電，應卽沿途探投云云，

又訊，中央黨部國民政府遷鄂，中央政治會議爲黨與政府最高之政治會議機關，當然移鄂，以便策應，所以第五十二次政治會議，議決設立政治會議廣州分會，并以李濟琛等七人爲委員，以便就近策劃，廣東廣西福建三省政務，逆日中央政治會議已將各項案件，關於該三省範圍者檢出，預備移交廣州分會，備極忙碌，聞該分會俟中央政治會議遷移後，卽行開始辦公，第一次會議亦須遲日方能開會，現在各項文件暫由中央政治會代收，至該分會議將來成立，會址仍在大東門中央政治會議原日之辦事處云，

廣東省黨部昨發爲黨政府遷移武漢告民衆書，略謂，中央黨部和國民政府遷移後，廣東省黨部和廣東省政府當然要負起極大的責任，所以省黨部執行委員也決定自改選後由九人增至十五人，省政府設十廳，委員十一人，同時組織政治會議廣州分會，爲廣東省最高機關，但這不過上層構造，廣東民衆如果不比前有更大的力量來掃除一切反革命派，推翻封建勢力，那麼省黨部和省政府還沒有穩固的基礎廣東還是在動搖狀態之下，這個對中黨和國民政府的勢力有絕大影響，所以在最高黨部和政府離粵北遷之時，廣東特別要負有重大的責任，這個重大的責任，祇有放在廣東民衆的身上，廣東民衆能夠負担與否足以決定今後中國國民革命運動的形勢，又聞國民政府將來遷往武昌後，所遺地址，原爲從前之省長公署，現聞省政府以地方不敷辦公，擬俟國民政府遷移之後，卽將省政府移入辦公，其他如各省政府下之民政廳，軍事廳等，亦均遷入，以便集中辦事，而該地曠闊，足敷應用云，

■英外交大臣張伯倫口中之漢口工潮

▲謂漢口形勢嚴重……將派英艦來華……英海軍大臣報告在華艦隊……海口英海軍陸戰隊登陸示威

勒格比廿九日電，麥克唐納爾在下院，爲漢口近事，質問張伯倫，張氏答謂前星期來，漢口形勢，新趨嚴重，近且有排外罷工消息，張氏續謂中國海關下級僱員，在廿一日成立聯合會，得有中國管理之贊助 聯會宣言成立該會目的，在於驅逐管理海關內之外人份子，完全收回海關監督希望繼續辦公，仍用外國人員，但是因爲海關在中國城內，如海關被閉，此希望亦難達到，最近報告又謂情況似已較和緩，聯會已提出種種要求，但殊出意料，是等要求都含不可能性質，何況此等或只是初步要求，張氏又謂總罷工已有大進展，日租界之中國僕人已罷工，日人不得不從他處搬運食品，共產派大形活動，恐將進行大罷工，罷工如果實行，千萬低級工人便要失業，易起暴動，英政府已注意及此，張氏答問，又謂外部已自漢口英租界接得電報，謂漢口形勢頗嚴重，彼等時虞將有流血之事發生，英海軍力量又不足以保護，要求政府加派艦隊，張氏謂此事政府正與海軍部磋商，

一日勒處城英國無線電，外交大臣張伯倫，今日下午，在下議院演說，論及漢口大局情形，謂該處現在情形，與星期一日所宣佈者無異，該日漢口舉行示威巡遊，英租界已有海軍登岸，巡行者到英界卽他去，據最近消息，漢口工人定期十二月四號總罷工，現已設法，於冬季內派一英炮船在漢口守護，并準備英兵，俾於須要時，可派兵登岸，另有內河炮船多艘，於冬季內，來往長江漢口一帶，以備不虞云，

(環球社)倫敦訊，海軍大臣在下議院答覆議員詢問英國在華艦隊之力量一事，謂有巡洋艦五艘，單桅兵艦四艘，巡河兵艦十五艘，潛行艇十二艘，潛行艇母艦二艘，潛行艇附屬艦一艘，差遣艦一艘，武裝兵輪二艘，又十月加入飛機母艦一艘，第三驅逐艦隊全部，其中主要艦一艘，驅逐艦八艘云，

漢口三十日電，此間反帝國主義之罷工，將舉行，英帝國主義海軍陸戰隊登陸示威，驅逐艦又由滬來一艘，民情愈憤。

政治

●贛局底定後政治工作之緊張

贛局底定後，政治工作極爲重要，總政治部鄧主任演達，郭副主任沫若，曾先後率同政治工作人員蒞潯，對于政治工作之設施，積極進行，各地之本黨同志，近日多已抵潯，以備推翻江西歷年之惡習，另謀建設云云，

●省政府秘書處增設宣傳股

省政府改組後，各科各股之組織，從新擬訂，其組織法已誌前報，現省政府委員會，以現值改組伊始，百政維新，對於宣傳方面，尤爲重要，特

小通信

『我爲黃埔同學會員證章號數是1933 於十一月廿九日遺失』特此聲明作廢 黃埔同學會職員張秋啓

問榮，鏡清，光煦，諸同志鑒：你們現編入何連何隊請示知 虎門太平入伍生一團三營十連李益啓

李恩潭同志，你現編入何隊，第二學生隊五隊十九區隊汪浩然

張鴻惠，孫培文，原蘭亭，魏志清諸同志 現在你們編入何連，并駐何地，函言明爲盼 一團機關鎗連焦如壽

新培兄：你現在入伍生何團何連，請速示知，爲盼，沙河第一學生隊第十二區隊胡漢昌啓

李邦瞻，侯正照，二位同志：你們現在何處，請卽示知 沙河新入伍生一團二連趙菊生啓

鄭其森同志鑒：你好友秦小鉄卽改修君現在廣西(南甯)第七軍電信處內充當學生，要你趕急覆信與他，前兄寄之住址弟已忘記，恕過 燕塘入伍生一團四營十四連薛鳳麟啓

張悅然同志：你在何處？有位新自衡州來的同志找你，請將通信處示我！ 第二學生隊第六中隊第二十一區隊易忱啓

中華民國十五年十二月六日 〔星期一〕 黄埔日刊 〔第三版〕

於秘書處內增設宣傳股，一切宣傳事項，及招待新聞記者等，得有人員專責辦理，以爲實施新政之輔助云。

△日本與新加坡築港

△日本各報一致抨擊

△路透電社無法辯護

路透社二十三日東京電，日文各報對於新加坡建設海軍根據地一舉，雖未如前初發表時痛加抨擊，但仍一致言此舉自始志在對日，殆足爲擾亂大平洋關係之要素，路透社訪員爲查明此項見解是否眞正代表日人之意起見，曾謁見數要人，與之開誠布公討論此事，允不發表人名，所得之印象，爲卽祖英之人，雖欲自信各報之意見非正確，亦不可得，蓋英政府雖否認此舉志在對日，但未聲明爲何須使該根據地能容主力艦之理由，夫英國在遠東之其他意中之敵，厥爲法美荷三國，法荷在遠東之海軍，無需主力艦制之，而英美兩國亦決不致以兵戎相見，然則志在防誰乎，總之，英國如在新加坡備修理給養及容納輔助艦之所以防敵艦擾害商業，日人無庸疑慮，今乃準備容納主力艦之所，謂非對日，將誰信乎，惟有嫩日人雖反對新加坡根據地，但承認日本如處英國之地位，彼等亦將主張作此戒備。

△日本社會黨定期成立

安部磯雄等組社會民主黨

電通社二十二日東京電　安部磯雄吉野作造屈江歸一鈴木文治諸氏所組織之右翼新政黨，決命名爲社會民主黨，定下月五日舉行成立禮，其政策，爲選制度之徹底議院制度之改革，廢止言論集會結晋社自由諸法令之改廢，軍事之改革，財政及稅關之根本改革，行政機關之改革，教育之根本的改革重要產業社會化，土地制度之改革，勞動立法之完成個戶立法之完成，俸給生活者保護法案之制定，對於女子法律的經濟的差別之撤廢，社會的施設之徹底等十四項，更分爲二十四節，具體的而列舉之，其中有治安維持法，累進的稅率賦課團結權罷業權之確立等，

△列強對華政策將改變歟？

電通社二十九日東京電，南軍勢力日張，如果再獲勝利，必宣布撤廢一切條約，北京外交團之意嚮，已漸次變化，日本公使亦正愼重觀望形勢，對華政策似有根本改變之必要，東方社二十九日東京電，本日報知新聞社說云，北方各巨頭，現正在天津集議對南政策，足徵南軍勢力確已擴大，粵政府移至武昌，則國民黨平素所希望之南方諸省之統一政策，業已在形式上實現之，從此中國有南北兩政府出現，此後中國與列強之關係愈形複雜，此際吾人不得不期望日本不誤其對策，

經濟

●十月份全國對美輸出之統計

據美國總領事署統計。十月份全中國對美輸出。共值美金一千四百十二萬六千五百九十八元。本年十個月統計，共值美一金萬一千六百九十四萬六千九四十元三百。比去年同時內之一萬二千八百十六萬八千四百比方十元減少美金一千一百萬之譜。

雜訊

●一部份國家主義派之覺悟

▲中國少年自强會宣言解散

上海訊，國家主義派二三年來，在上海南京一帶，造了不少反動工作，詆毀本黨爲「赤化」「共產」替帝國主義及軍閥張目，言之殊堪痛恨，但近來有一部份青年組之「中國少年自强會」國家主義派團體，已經覺悟「以爲中國在國際方面已經不由自主的轉入了世界革命的旋渦，在國內方面，以經到了反革命派和革命派開始決戰的時候，小團體的活動與緩進的策略，決不足以挽救目前的危局，中國的生路惟有對內集中革命勢力，對外聯合與我較接近的國家，以打倒帝國主義及軍閥」宣言自行解散，從此洗心革面，另覓途徑，爲中國民族解放而奮鬬云，

●泰戈爾對蘇俄新文化之希望

莫斯科廿八日電，印度著名詩人泰戈爾，以皤然老翁，環遊世界，昨在蘇俄居留數星期，有某報記者過訪泰氏，嘗作一度之談話，其言曰，『余在歐洲，但見層浚之惟我主義日益，而國家主義亦具侵略之精神，此歐洲各國有同然者，今各國汲汲皇皇，以儲不急之兵，將視不戢自焚，凶殘可懼，此種爭霸之惡意，充類至盡，必使文化歸於滅亡，泰西各國道義，淪胥如此，以東方毫無防衞之國，當之尤覺危險萬狀，余久留意俄國，文學今尚研究不已，余以其根據人道主義，絕無自大之妄想，極端服膺俄國偉大之民族，於過去歷史上，已創造可貴之工作，以爲人類文化之貢獻，今又入於偉大前程之軌道矣，俄國有其前程，而歐洲無之，惟日趨衰敗，余敢斷言，歐洲將來文化，確有賴於俄國也。』

●軍閥鐵蹄下之北京民衆

▲富戶逃亡

▲貧民流離

自國民軍今春撤退以來，奉直魯聯軍入駐北京，其暴狀迭誌報端，北京之人心，已陷於恐慌之狀態中，僞警衛司令于珍多不服從，並時有衝突發生，自斬中和園滋鬧之兵後，一時尚稍安謐，但未經數日，各仍惡劣如故，乘電車，人力車常不給錢，妓院遊戲場，常常被毀，飯館時有兵士白食，且稅捐重重，銀根緊急，物價騰貴，民衆實屬苦不堪言，現奉魯兩軍自李壽金被逐日，有行將併火之說，西北國民軍又有進攻之消息，北京人心，愈覺不安，兩三月來，富戶陸續向天津租界或大通方面移去，以防國民軍入京時奉直魯聯軍之搶奪，貧民則顚沛流離，死於溝壑，帝國主義者，則趁火打劫，地皮房租均漲價數倍，富者日見淸貧，現在北京祇見兵隊增加，人口日日減少，但此少數民衆，亦受剝削不堪，回想馮軍在京時之安居樂業，及遙望現在靑天白日旗下，平安度日之民衆，對革命軍大有雲霓之望云。

●僞政府與軍閥之禍國

●膠濟路又借鉅款

『通融』三百五十萬

東京膠濟鐵道救濟出資團(好個名目)代表開會，決定通融三百五十萬元，近已正式簽字，此又北京政府在賣國史蹟之一種也。

專件

●擁護中央聯席會議決議案宣傳大綱(五)

(六)省民會議與縣民會議

祗是改組了省政府，及縣政府還不能便達到鞏固革命基礎的目的，必要人民都起來了，要民衆，能夠有力量擁護政府才有保證。因此省應有省民會議，縣應有縣民會議的組織，成爲代表人民勢力的機關，這兩種會議的代表都用職業選舉選出代表，不是每個人民的普選，而是由各個職業團體選出代表，農民協會則選出農民代表，工會出工人代表，商會選出商等人代表，省民會議每年召集一次，縣民會議每年召集兩次，鄉人會議每年召集四次。

這種省民會議縣民會議各鄉民會議選的工作非常重要，祗有人民的力量，才能鞏固革命的政權！

(七)本黨最近的外交政策

本黨的外交政策，仍然繼續第一第二兩次全國代表大會所議決之外交政策，努力以求中國之完全自由及取消不平等條約，不過我們爲達到這些目的，一方面要全體同志之努力，一方面要以各種不同的策略對付各帝國主義使增加或促進各帝國主義間之衝突。此種策略，是必要的，幷非對於解放中國於半殖民地的外交政策有所修改；我們同志對於外交政策，應隨時遵守中央執行委員會政治會議的指導，一致努力。

(八)關於民團問題決議案

中央聯席會議關於民團問題決議案，曾指出：『舊有的民團團防局或保衞團等組織，在事實上多屬土豪劣紳不法地主之武力，此等武力常爲帝國主義軍閥及反動派所利用，破壞農民運動，搖動本黨及國民政府之基礎，於黨及政府前途危險實甚』故決定此後民團團防局或保衞團之團長或局長須由鄉民大會公開選舉，禁止劣紳土豪包辦，凡摧殘農民之民團團防局或保衞團，政府須解散或懲治之，

(九)請汪黨代表銷假視事案

國民政府主席國民革命軍總黨代表汪精衞同志因病請假以來，已有好幾月了，在這幾月來各級黨部及人民團體紛紛電請汪總黨代表銷假視事，因爲汪黨代表在黨及政府方面負着很重大的責任，尤其是北伐軍勝利，本黨勢力擴大至長江流域，黨及政府方面，尤需要先進同志主持，故蔣總司令亦由前方來電，請汪黨代表顧念黨國，卽日銷假；這次聯席會議各處代表亦一致提出請汪總黨代表銷假，當一致通過，由聯席會議派何香凝彭澤民張曙時簡琴石褚民誼五同志前往敦促，

(十)黨員服兵役的決議案

這次中央聯席會議決議黨員有服兵役之義務，此案一方面可以表明本黨黨員獻身黨國的意義，他方面可以防止投機份子的插進，實在是鞏固本黨基礎的一重要議案，我們同志，應努力宣傳，便黨員全體都明白，以促此決議的實行。

『未完』

中華民國十五年十二月一日〔星期六〕*　黃埔日刊　〔第四版〕

革命之路

題目

革命青年的缺點

（續）　劉漫天筆記　惲代英講

凡好講自由——革命是爲求自由的，法蘭西大革命的口號是「不自由，勿甯死！」由這裏很充分地可以表現出自由的神聖；好講自由，當然不能說是毛病，不過，自由要講得太隨便了，亦容易造出來一些不正確的觀念，我們要自由，我們要四萬萬人都自由；我們要全世界的不自由者都得到自由！所以我們不是爲我們個人的自由而求自由的，假使有人以爲跑到黃埔是爲個人的自由，那末我便要反對他；假使眞的黃埔是供給人們自由的處所，那末，我便毫不客氣地要反對這所謂革命中心的黃埔了！國民政府爲什末每年要拿出幾百萬元的款子來辦理這一個學校；爲什末要拿了這樣多由農人的脂膏，和工人的血汗中所得來的租稅來供給這一個學校；專爲你們這一部分二三千人的謀享自由呢？要是四萬萬人都不能自由，你們沒有任何權利要求比他們要自由多一分一毫。而且學校的目的和責任，是在努力于完成國民革命的工作；要革命成功，一定要一個偉大的力量：這一個偉大的力量是建築在許多人團結的精神和統一的意志上面的。只有用這種力量才能夠打破舊的一切，建設出新的一切來。但是究竟用什末方法才能夠造成這一個力量呢？「紀律」是唯一有効的工具，所以基于黨的利益上，基于革命的利益上，我們不但不能比四萬萬人享受多一分一毫的自由，我們並且要絕對地遵守紀律，而不能允許有些須個人的自由，違背了黨的主義，是反革命；是我們的敵人；不遵守紀律，也一樣是反革命；亦一樣是我們的敵人；所以我們要反對一切不遵守紀律的人，要同我們反對一切的違背主義的人一樣的用力。

五四運動與五卅運動

（五）　政治教官黃克謙講演　新入伍生團二連劉用修筆記

白確定了這三大政策，建立了許多革命功績。革命運動的發展，影響軍閥內部之分化！第二次奉直戰爭，國民軍之倒戈，充分證明是受了民衆勢力的影響。

但是革命潮流高漲，需要革命人才，就非常迫切，尤其是農工政策，對於宣傳組織，非常重要，這種人才，又很缺乏，因爲要使全國工農，組織起來，武裝起來，到了相當時期，才能暴發起來，實行國民革命，解决最重要的民生問題，達到總理底大同主義，所以農工爲革命主體，領導農工革命的人才，既很缺乏，需要革命人才，又非常迫切，因爲應此客觀環境的要求；遂產生了黃埔中央軍事政治學校。

創辦之初，還有人以爲學幾個月學得了甚麼，怎能革命，怎能打仗！殊不知這完全是無謂的猜疑，並且開辦之先，總理派人到蘇俄攷察一切，攷查得蘇俄紅軍的組織和訓練，實爲我們的模範。

黃埔學校，爲三大政策的結晶。當開辦的時候，楊劉扣款不發，物質方面，差不多有一部分是仰給蘇俄，共產黨也出了很大的力量，扶持這個學校，而該校學生，自然是佔在農工方面而來革命的，並且大多數都是工農底兒子，自然是擁護農工利益的，領導農工革命的，因聯合農工，組織農工，所以能够打倒一切反革命派。如肅清東江，掃平南路，不是黃埔學生與農工之結合所建立的功績嗎？因爲農工政策，有如此偉大的成績，反動派，亦不敢明目張胆的反對，實在黃埔學校，就是工農革命的機關，代表世界革命的機關；黃埔學生，就是領導農工革命的武裝黨員，代表世界革命的武裝黨員。

因此自黃埔學校成立以來，在國民革命的戰線上，遂增加了一支生力軍，同時，以十三年春間本黨之改　，各縣各鄉，均設有區黨部區分部，革命宣傳，遂更見普遍，革命力量，更見擴張，引起軍閥內部的變化——馮氏倒戈，北京政局又起了很大的變動，更轟醒了全國民衆！

自直系失敗，日帝國主義底走狗，奉系勢力，又伸入關內，且由其老走狗段祺瑞，登台爲傀儡，惹起民衆的反感；並且他登台的第一聲，就是外崇國信——尊重不平等條約；並又主張什麼善後會議，猶爲民衆所極端反對。惹起後來的首都革命。所以這次政局變動，全國民衆，均有相當的覺悟。

同時，總理宣言北上，以召集國民會議，廢除不平等條約爲職志，當時，各省民衆，風起雲湧，擁護總理召集國民會議的主張；國民會議促成會的組織。當總理北上，在上海天津，均被各帝國主義者，禁止上岸，蓋總理係反帝國主義者，不利彼等，固無足怪，但總理終於受民衆極熱烈的歡迎，敵人亦不敢明目張膽的禁止。這卽表示斯時羣衆已認清他們的革命領袖了。後來總理到了北京，竟一病不起——總理逝世後，各地民衆追悼紀念之盛，爲從來所未有，這不更表示他們已經充分的認識了他們底革命領袖了嗎？（未完）

行軍調查錄

李慶霖

曲江——韶關

曲江爲湘粵贛控道，水有北江，陸有粵漢路，交通便利，商業甚發達。

A.貨物以食鹽爲大宗，其餘猪，麻，紙，油……等貨物，亦復不少，大抵皆運往廣州。礦產亦甚丰富，惜以土法開採，出產不丰，貨棄於地，良可惜耳，錦礦公司，約有十餘家最大者，有道生，廣巨，二公司，雇用工人若二三百名。煤礦公司有協興公司用機器開採，初甚爲發達後因車運昂貴，及土匪抽行水，大有倒閉之勢。

B.曲江縣黨部成立於十五年春，黨務甚爲發達，有黨員千餘人。

農民協會（成立年月不詳）有九區。會員約有四千餘人，曾有地主爭鬥多次，但均失敗。商民協會成立於十五年八月，會務亦甚發達，會員約有五百餘人。

婦女解放協會。成立於十四年十一月，現已有支部二，會員達八百餘人。

商團。在民九時，廣東創辦商團，亦於該時成立，民十一年，先總理北伐時，曾助力不少，准予存留。有團兵八百餘名，槍四百餘枝，專爲防禦盜賊，維持地方之用。

民團。約有五百餘名，槍三百餘枝，皆不甚反動。

起落貨工會。成立於十四年八月，有會員八百餘人，曾罷工一次勝利。

駁載工會會員有六百餘人，

西北江柴貨船運輸工人聯合會。會員有六百餘人。此二工會皆成立於民十四。皆仕民船作工。工人生活。每日有工作時，可得六七毫，工作少時十餘銅仙，生活多不能維持，故會務亦不發達。

（未完）

問答

1、K.D.的原字如何寫法？

2、「十月黨」是什麼？

3、資產階級德謨克拉西是何解？它的原文如何寫法？

4、「保守黨」，「自由派」，「急進黨」，「社會民主黨」，是些什麼團體？及領袖何人？

第三學生隊第十隊學生唐建罡問

1、K.D.是俄文俄國立憲民主黨之縮寫。其英文寫法爲Constitutional Democrat.（以後凡有人問外國文的縮寫字的，請告以上下文，以便檢查。）

2、十月黨是俄國一九〇五年革命後所產生的，並不是一個黨，僅僅是從民黨與立憲民主黨中退出來的一派人，一九〇五年十月俄國工人大同盟罷工，政府爲情勢所迫，不得不稍讓步，十月三十日俄皇下諭，允行憲政，予人民以細微利益。這派人就是怕人民革命，亦主張予人民以細微利益，以緩和革命風潮。他們擁護俄皇的主張，並促俄皇實行，人遂呼他們爲十月黨。

3、資產階級德謨克拉西就是資產階級的民主主義，他們所謂自由平等，與勞動階級沒有關係，而且隨時可以剝奪勞動階級的一切權利。其英文寫法爲Bourgeoisie Democracy.

4、所問各黨，大都各國都有，現在舉其大者如下：英國有保守黨其首領爲現任首相鮑爾特溫；自由黨也是英國的一大政黨，其首領爲愛斯葵與勞合喬治，法國有急進黨其首領Malvy（現任衆議院財政委員長）與Bienveu—Martin（現任參議院副議長）。法國又有一社會急進黨，其首領爲赫黎歐。德國的社會民主黨爲最大，其首領前爲故總統哀柏德，現爲洛比（國會議長）柯祖基等。

（秋人）

* 本版日期原刊排错，应为十二月六日，星期一。编者注。

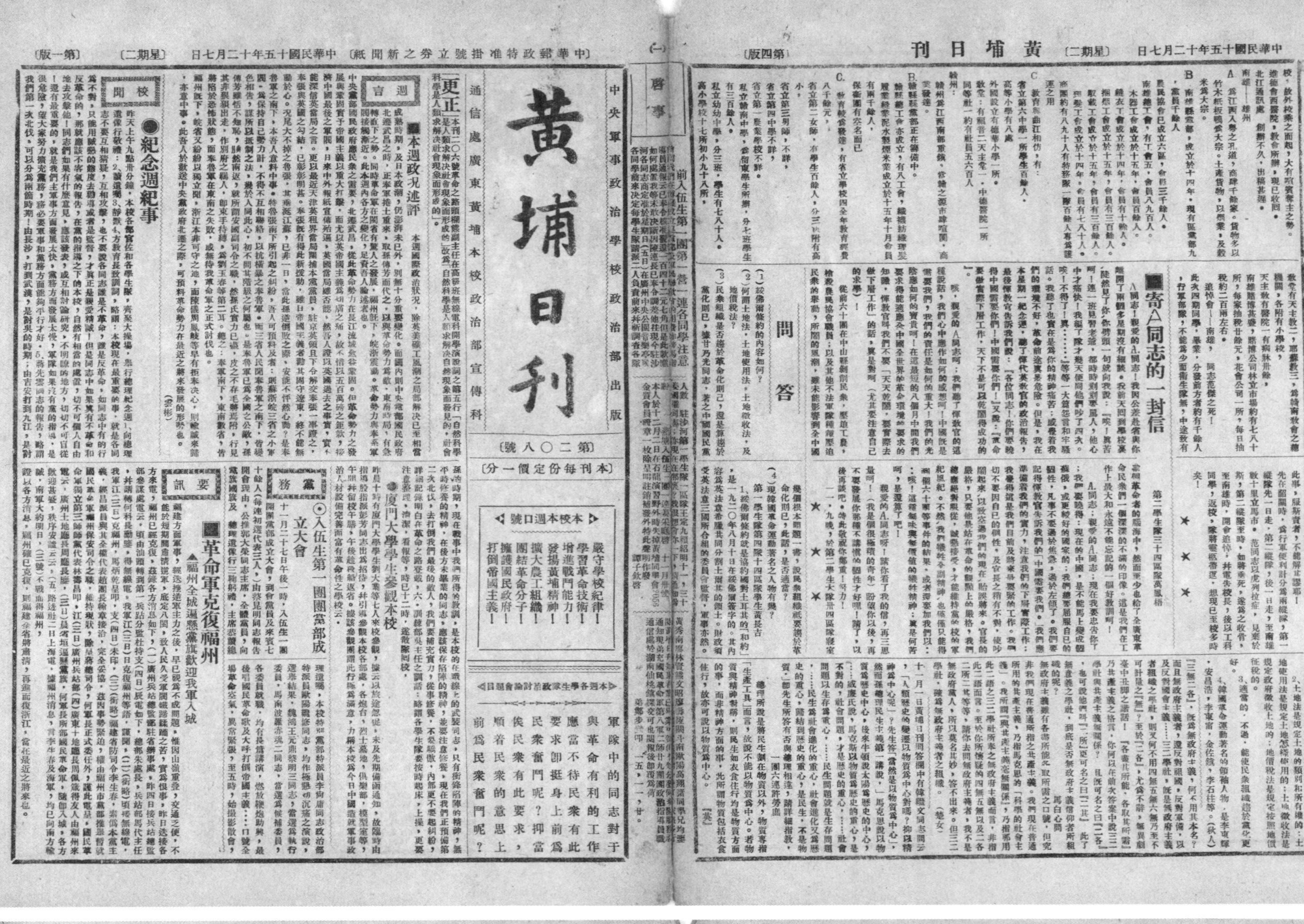

中華民國十五年十二月七日 〔星期二〕 黃埔日刊 〔第四版〕

寄A同志的一封信

問答

啓事

〔第一版〕 〔星期二〕 中華民國十五年十二月七日 中華郵政特准掛號立券之新聞紙

黃埔日刊

中央軍事政治學校政治部出版

通信處廣東黃埔本校政治部宣傳科

（第二〇八號） 本刊每份定價一分

更正

週言 本週政況述評

本校本週口號：嚴守學校紀律 學習革命技術 增進戰鬥能力 發揚黃埔精神 擴大農工組織 團結革命分子 擁護國民政府 打倒帝國主義

軍隊中的同志對于與革命有利的工作應當不待民衆有此要求而先起來

校聞 紀念週紀事

廈門大學學生參觀本校

黨務 入伍生第一團團黨部成立大會

要訊 革命軍克復福州

〔第三版〕 〔星期二〕 黃埔日刊 中華民國十五年十二月七日

五四運動與五卅運動

革命青年的缺點

題目

行軍調查錄

〔第二版〕 〔星期二〕 黃埔日刊 中華民國十五年十二月七日

封建餘孽之醜態

軍事 武昌會開重要軍事會議

革命軍之計劃

政治 北遷要訊

經濟 擴大對英經濟絕交之功效

專件 擁護中央聯席會議決議案宣傳大綱

小通信

中華郵政特准掛號立劵之新聞紙〔類〕 中華民國十五年十二月七日 〔星期二〕 〔第一版〕

黃埔日刊

中央軍事政治學校政治部出版
通信處廣東黃埔本校政治部宣傳科
〔第二〇八號〕
〔本刊每份定價一分〕

啓事

前入伍生第一團第一營一連各同學注意
[illegible]如何處置我等未敢決[illegible]因隊長已奉令調差他往現今駐沙河各同志商定准於星期日（五日）在廣州中央公園音樂亭候各同學前來決定每學生隊請派二人負責前來并祈調查各隊人數

駐沙河第一學生隊一區隊王定九賴紹明十一，三十

姜國權同志；你現在在那裏？我很想會你一下，請通知爲盼 燕塘入伍生一團一連姜釆庭啓

本人於十二月二日在石龍演習野外時失掉黃埔同學會2056號金質會員證章一枚除呈明註銷補發外特此聲明作廢 譚子欽啓

黃秀南廖林賢熊文昭廖壽焜闕斗南歐陽高翔諸同學兄均鑒：閱黃埔[illegible]服務[illegible]通知現弟充國民革命軍第八軍二師廿九團政治指導員職通信處於湖南仙桃鎮探交可也閱報後即覆爲荷 弟鄭步[illegible]叩 一五，一一，廿。

週言

「更正」本刊二〇六號革命之路頭欄熊副主任在高級班無線電科開學演說詞之第五行「自然科學是人類求解決社會現象而形成的」改爲「自然科學是人類求解決自然現象而發見的，社會科學是人類求解決社會現象而形成的」。

■本週政況述評

本週國際政治狀況，除英美礦工風潮之局部解決已至相當成熟時期，及日本政潮，仍澎湃未已外，別無十分重要變化。而國內則中央黨部國民政府北遷武昌之時，正奉軍捲土重來，取孫傳芳而代之，以與革命勢力爲敵。東南時局，有急轉直下之勢。同時革命軍在閩省有驚人之發展，福州既下，皖浙震動。革命勢力與奉系軍閥接觸漸近。此本週內各方之變化，足資吾人論述者也。

中央黨部國民政府應民衆之需要，北遷武昌，從此革命勢力在長江流域愈益鞏固。但革命勢力之發展與鞏固實予帝國主義以重大打擊，而尤以英帝國主義爲切膚之痛，故不惜以五百萬磅之鉅款，接濟中國最後之軍閥，日來中外報紙宣傳殆遍，英國當局雖否認，然吾人證以英國過去之事實，實不能深信英當局之言。更以最近天津英租界當局捕本黨黨員，駐京英領且下令解交奉張一事證之，奉張與英國之勾結，已彰彰明甚。奉張既有得此新援助，雖日帝國主義者勸其固守遼東，終不能無動於心。況尾大不掉之魯張，其垂涎江蘇，已非一日，當此孫逆倒敗之際，安能不怦然心動？是奉魯軍之南下，本吾人意料中事。特魯張南下所引起之糾紛，吾人可預料及者：則蘇浙皖三省之小軍閥，爲保持自己勢力計，不得不互相聯絡，以抗橫暴之奉魯軍。而三省人民聞奉魯軍之南下，皆變色相告，謀所以抵制之法，幾於人同此心，初不問其階級之何屬也。是奉魯軍已爲全國之公敵，孫傳芳雖恬不知恥，腆然南返，就所謂安國副司令之職，然孫氏實力已盡，皮之不存毛將焉附，行見其非狼狽出走，作別府之羈人，即束手待縛，爲劉玉春等第二耳。總之：奉軍南下，東南數省，皆將陷於恐怖狀態，而奉魯軍在東南之失敗，或無待我革命軍之正式討伐也。福州既下，皖省又紛紛以獨立聞，浙江本非可守之地，而陳儀周鳳岐等早有拒奉決心，則輸誠來歸，亦意中事。此吾人於歡送中央黨政府北遷之際，可預料革命勢力在最近之將來發展的形勢也。（雲彬）

校聞

◉紀念週紀事

昨天上午九點卅分鐘，本校各部官佐和各學生隊，齊聚大操場，舉行總理紀念週1、向總理遺像行敬禮：2、讀遺囑3、靜默4、方教育長致訓詞，略謂：本校現在最重要的事，就是各同志不要互相猜疑，互相攻擊，也不要說各同志誰是不革命，誰是反革命，如同志中有的行爲不對，只能用誠懇的態度去勸導或者是監督，才眞正是親愛精誠！但是同志中如果眞有不革命和反革命的，那就應該不客氣的報告，在黨的指導之下的本校，自然有相當的處置，切不可個人自由地去攻擊他！同志們如果有什麼意見，應該發表，或互相討論研究，不明瞭的地方，切切不可盲從！還有最重要的，就是我們主軍事方面發展太快，黨務方面發展太慢，軍隊如果沒有黨的指導，是很危險，望大家努力擴充黨務，務必要軍事和黨務方面能夠平行才好。5、蔣先雲同志的報告，略謂我們第一次北伐，可以分爲兩箇時期！由長沙，打到武漢，是討吳的時期；由吉安打到九江，是討孫的時期，現在戰事中我們所得的教訓，是本校的在戰線上的武裝同志，只有衝鋒陷陣的精神，無平時修養的精神，在後方未畢業的同志，應該保存陷陣的精神，並要注意修養，現在我們正預備二次北伐，去打倒我們最後的敵人，我們要補充實力，從事修養，不要驕傲，內部更不要起糾紛，詳細記錄明白在革命之路登載，六、訓練部吳主任之訓話：略謂各學生隊要按時起床，上操，更要注意整理，清潔，看報等，時已十二時，遂散隊回校。

◉廈門大學學生參觀本校

昨晨十時有廈門大學學生劉大業等七八人來校參觀，據云以旅途忽促，未及先期備函通知，故臨時由指導股指派彭芳同志出爲招待，并引導參觀本校各部處，各炮台，烈士墓地，俱樂部，模型室等，午間并留校午膳，午後趁船返省。據該參觀團謂此行極爲滿意，力稱本校爲今日中國造就軍事政治人材設備完善而富有革命性之學校云。

本校本週口號

嚴守學校紀律！！
學習革命技術！！
增進戰鬥能力！！
發揚黃埔精神！！
擴大農工組織！！
團結革命分子！！
擁護國民政府！！
打倒帝國主義！！

本週各學生隊政治討論會題目

軍隊中的同志對于與革命有利的工作應當不待民衆有此要求即挺身上前爲民衆奮鬥呢？抑當俟民衆有此要求順着民衆的意思上前爲民衆奮鬥呢？

黨務

⊙入伍生第一團團黨部成立大會

十一月二十七日午後一時，入伍生第一團開團黨部成立大會，到會黨員及來賓七十餘人（每連初選代表三人，）由蔡昆明同志報告開會理由，公推郭大榮同志主席，全體黨員，向黨旗國旗及總理遺像行三鞠躬禮，主席恭讀總理遺囑，本校特別黨部特派員李尙庸同志政治特派員歐陽繼修同志，均作極懇切沉痛之演說，選舉結果，魏鴻王元鼎蔡明三同志，當選爲執行委員，馬南波羅赤魂二同志，當選爲候補委員，各委員就職，均有長篇講演，燃放鞭炮助興，最後唱國民革命歌及大呼打倒帝國主義……口號，全場革命空氣，異常緊張，至五時，始撮影散會。

要訊

■革命軍克復福州

▲福州全城遍懸黨旗歡迎我軍入城

福建方面軍事，經迭挫逆軍主力之後，早已視爲不成問題，惟因山嶺重叠，交通乏便，不能於短期間肅清逆軍，致人民久受軍閥鐵蹄蹂躪之苦，實爲恨事，昨日迭接各方來電，福州已經克復，茲錄各方消息如下，（一）廣州兵站總監部駐省辦事處，昨四日接兵站總監部參謀處電云，頃由汕頭轉到第一兵站分監杜持支（四日）辰電如下，總部朱處長，兵站部馬代主任，并請轉何科長勳鑒，得無線電。我軍江（三日）日克復福州等語，謹聞，（二）（銜略）頃接無線電我軍江（三日）克福州，馬炳乾呈叩，支（四日）未印，（三）（銜略）福建省防司令李生春，素僞本黨主義，經昌派員與其全權代表趙團長翰章接洽，完全妥協，茲因事勢緊迫，權由福州市黨部推舉暫代國民革命軍福州保安司令之職，維持現狀，除呈蔣總司令，何軍長正式委任外，謹此電呈，國民革命軍獨立第三師師黨代表林壽昌叩，江（三日）廣州兵站部（四）廣東十地廳長周佩箴得友人由福州來電云，廣州土地廳長周廳長鑒，（三日）晨省垣遍懸黨旗，何軍長所部國民革命軍，隨即入城，各方歡迎甚盛，秩序安謐云云，（五）路透社二日上海電，據福州消息，言李生春及海軍，均已向南方輸誠，南軍大約明日，（三號）不戰而得福州，證以各方消息，福州確已克復，則福建全省將肅清，再進而復浙江，當在最近之將來也。

中華民國十五年十二月七日〔星期二〕 黃埔日刊 〔第二版〕

封建餘孽之醜態

△張作霖跪禱祭天……孫傳芳覥顏就副司令……奉張攫奪北京政權之計畫……孫逆歡迎三萬魯軍入蘇皖

張作霖在蔡家花園就安國軍總司令，陳設香案祭天，鄭謙讀告文，張作霖穿禮服行跪禱禮，以討赤自誓，禱畢，易軍服行開印式，先委孫傳芳張宗昌爲安國軍副司令，張作霖並發就職通電，謂頻年鼎沸，國將不國，孫傳芳等謬以安國軍總司令相推，固辭不獲，勉就斯職，安國軍以安定邦國爲懷，凡我各軍均須恪守等語，安國軍擬設五軍，奉軍爲第一軍，魯軍爲第二軍，孫傳芳軍爲第三軍，閻錫山軍爲第四軍，將來寇英傑爲第五軍，安國軍副司令將續派，並聞津議設臨時內閣，置於安國軍總司令下，張作霖令直魯軍援孫傳芳，熱察軍助晉，吉黑軍鎮守關外，張學良警備京畿，韓麟春援京漢線，張作霖鎮守津，或請張作霖移駐京，謂便對內對外，張未決，而孫傳芳居然發電歡迎魯軍三萬入蘇皖，張宗昌一日偕趙爾巽回濟南，夜二時餘到，在站候至五時，孫傳芳到，談至六時，張宗昌返署，孫傳芳偕許琨程國瑞南下，午後到徐，白寶山到迎，夜到滁，盧香亭孟昭月到迎，三日晨到寧，四日就安國副司令職，陳儀赴甯參與會議，又聞駐德州卅三五十五兩旅，各備二十列車南下，百五十七旅二日晚過徐州駐泊頭，畢庶澄軍二日赴青島，乘艦南下，張宗昌催參謀部發鄂贛軍用地圖，三數日赴甯，行轅設下關云。

軍事

武昌將開重要軍事會議

△會期本月十五

國民革命軍蔣總司令，現以閩皖各省前方軍事進展，已節節勝利，奉魯軍又擬乘孫吳潰敗之時乘機南下，圖謀佔據江蘇，現蔣總司令爲決籌劃定此後之軍事進展計劃，及鞏固後方粵桂鄂贛湘閩各省計劃，幷對奉魯軍南下之態度等各種重要問題，特訂期於本月十五日在武昌總司令部召集一聯席重要會議，以討論決定以上各項重要軍事問題，聞該會現除蔣總司令及郭鄧正副總政治部主任在鄂，各軍軍長均出席外，其餘在鄂省之中央執行委員，及國民政府各委員，鮑顧問等均列席，現聞蔣總司令除已分電各省及前方各軍預備提案外，並已拍電回省留粵總司令部，速卽預備提案，寄往武昌，提交該會討論，現總司令部接電後，已分令所轄各處各科分別擬具提案，惟以現在距開會日期甚近，恐將來該項提案，不能照開會日期趕到武昌，故概用飛機送往云，

革命軍進攻皖浙之計劃

皖浙自治軍紛起

馮紹閔輸誠黨軍

國民革命軍總司令蔣中正，前經下令各軍部隊分入皖浙，第二，七，八，十四，各軍經已開動，昨二日總部接前方報告稱革命軍第二軍魯滌平，張輝鑽，戴岳，譚道源四師及第十四軍賴世璜全部經已抵浙西江山常山等處，與夏超部隊連絡，查夏部自退出杭州後，卽從事於軍事訓練及政治訓練約五萬餘人，槍炮犀利，浙東台州溫州一帶，均揭竪自治軍旗幟，現由浙西金衢嚴處四府起至浙東台溫兩府，均革命空氣瀰漫各處，一俟佈置完竣後，大舉進攻杭州，至於安徽方面第七軍李宗仁全部及賀耀祖部已由彰澤入駐秋浦，敵軍王普部以貴池爲第一防線，銅陵爲第二防線，蕪湖爲第三防線，盧香亭部已開回南京返浙，故蕪湖兵力薄弱，孟昭月增防蕪湖之部隊已調防徐州，浦口，南京，堵截奉軍南下，李軍長一方率隊向蕪湖前進，一方派隊肅清祁門徽州一帶之殘敵云，第八軍唐生智部已進抵宿松境，圖攻宿松敵軍，陳調元，馬濟，葉開鑫等部，幷與太湖英山一帶之自治軍聯絡，聞望江方面又有自治軍崛起，合肥，六安，一帶，自治軍，聲勢異常浩大，聞革命軍分攻皖浙計劃，對皖係主攻戰收復計劃，收復全皖以壓迫蘇甯，接應豫南，對浙係派軍援助浙省自治軍，實行浙人治浙之主張云，又訊，昨日總司令部接南昌總部行營宥（廿六）日來電稱，總座近任命馮紹閔暫編第三軍長，楊世榮暫編第一師長等語，查馮紹閔曾在蔡成勛部充任師長，去年浙奉事起，奉軍退出蘇皖，馮隨鄧如琢入皖，後歸孫陳節制，早有輸誠黨軍之意，楊氏現爲陳調元參謀長，陳氏素依爲左右手云，（國）

政治

中央黨部政府北遷要訊

△北遷定今日起程

△各界團體之歡送

中央黨部，國民政府，定期北遷武昌，經紀前報，現查中央黨部國民政府兩部，第一批出發人員，經決于今日晨乘粵漢專車啓程，俟到韶關後，中央黨部人員所組織之旅行團，或由坪石轉程湖南赴鄂，而國民政府人員，則向江西南昌前進，昨中央及政府出發人員，業經將種種準備分配完安，所有運鄂文件用具行李等件，昨日先行運往粵漢鐵路黃沙車站，國民政府副官長黃惠龍，以此次北上人員，人數極衆，沿途需時多日，昨將副官處人員分任工作，除派出席楚霖黃遠賓兩副官，及差遣員及衛士隊等，于今六日先行赴韶關佈置驛站行轅外，其餘担任沿途工作者，副官黃伯度，任管理軍需庶務事項，蕭芹，任文牘事項，吳雅覺，任管理輜重事項，衛士隊任沿途保衛事宜，幷令廣三路局于七日晨派大駁輪一艘，及其他小火輪電船數艘，灣泊天字碼頭，轉駁黃沙粵漢車站乘車啓行云，又訊廣東各界歡送中央黨政府大會，昨日探悉中央黨政府各委員于七日啓程北上，該會特通函各界團體，於七日晨六時集合天字碼頭，轉乘紫洞艇赴黃沙粵路車站歡送，昨已派員將天字碼頭佈置生花旗幟，牌樓等事，幷函公安局屆時多派武警保護云，

△僕僕道途之張伯倫

▲赴日內瓦……將駐巴黎二日……注意中國近勢……此行目的何在？

勒格比二日電，英外相張伯倫與其夫人，於今早離倫敦赴巴黎，將駐巴黎三日，與普加萊及布里歐接談，然後往日內瓦赴國際聯盟會，預計十四日才能返倫敦，張氏船將啓錠時，尚念念不忘於中國近勢，與某君作極懇切之討論，且挾有關於中國近勢紀載之報紙甚多云，

經濟

擴大對英經濟絕交之功效

英帝國主義者自去年『五卅』『六廿三』慘殺我國同胞之後，仍無悔悟，今年復施其炮艦政策，於九月五日再演萬縣之慘劇，我國同胞自沙基慘案發生後，卽有省港大罷工，以圖打倒帝國主義，藉雪死難烈士之仇，最近爲達到此目的計，改謀策略：由省港罷工工友之獨立奮鬥，變而爲各界民衆共同奮鬥，於是組織擴大新英經濟絕交委員會，實行自動不買不賣英貨，自此政策施行後，英帝國主義遂受絕大之打擊，最著者如下，一爲香港紙水之低跌，香港在未變更策略之前，紙幣高至三二，自成立對英經濟絕交會以後，一跌至一五，據銀業中人云，擴大對英經濟絕交會，於今日宣佈取締英貨條例，想此條例宣布之後，港紙必至再跌，以至於無人行使，二爲港輪少人附搭，省港交通雖然恢復，然各界民衆多已認識彼帝國主義之兇猙，非打倒不可，故搭英輪人絕少，三香港英貨不敢附輪來省，省港交通恢復後，英貨似可運入，然一方面因商人之覺悟，自動取締不買不賣英貨，而一方面則各界民衆極嚴，卽有些少奸商，希圖獲利，亦不敢運來，雖有些少英貨運來，工人亦不爲起卸，此不特廣州爲然，江門各處亦皆如是，想取締條例宣佈之後，英貨必立卽斷絕於市場云，

專件

擁護中央聯席會議決議案宣傳大綱（六）

（十一）肅清反動份子的決議案

一個黨的力量，要在他的組織嚴密與否來論；怎樣能夠使黨的組織嚴密呢？這就是要靠紀律了。所以可說：紀律是黨的生命，沒有紀律就沒有黨。十月革命俄國無產階級能夠打倒舊俄帝國主義，就是靠有鐵的紀律的多數黨。總理時時以這點教訓我們；本黨總章上關于紀律的一款更特別註明要完成本黨的歷史使命必賴有紀律之森嚴，黨之成敗全繫于此。這次中央聯席會議關于反動派如西山會議派等的懲辦，完全是維持黨的紀律。我們同志應該十分明白紀律是黨的生命，服從紀律是每個黨員的必要責任。

（十二）結論

我們看了上面的各種決議案，沒有一件不是爲民衆謀利益，適合於民衆的要求。但是我們知道單是有了很好的決議案而不實行，那末這些決議案就等於空的了！每個同志應該努力宣傳和實行這決議案，因爲這是每個同志必須盡的責任。現在我們要高呼：（一）擁護中央聯席會議一切決議案，（二）打倒帝國主義！（三）打倒封建軍閥！（四）打倒一切反革命的封建勢力！（五）革命的勢力團結起來！（六）中國國民黨萬歲！（七）國民政府萬歲！（八）中華民族解放萬歲，（九）全世界人類解放的最後勝利萬歲！（完）

（二）

小通信

第一學生隊方偉同志：你問的那三個問題，已在十一月十一日第一八九號黃埔日刊上答復過」；請你自去找着看罷。 楚女

李鴻材，蘇志宏，鄺科雲三位同志：接用全信謂「各位已正式入伍」，兄等各編入何團營連請示知，如能請假來黃『埔一談更善！』 第四學生隊十一隊龐湘緒啓

黃煜南同志：我于月前來到羊城，寓正南街元盛成衣局內，到處訪你不着，你調編何部隊，祈卽示知，並希移玉弟處一敍爲禱！ 弟何朝雲啓

黃埔第六期入伍生第二團三營九連林瑞豐，二，二八。

何錫平同志：你現升學編在何隊，請示知。我已於十五日入伍特此奉聞 燕塘新入伍第一團十二連王道明啓

第五期入伍生第二團二連四連七連十一連特務連監視隊機關槍連已備有相片各黨員之入黨表登記表經轉呈中央黨部茲已將新黨證發回請卽來部領取爲盼 本校特別黨部

劉炎同志：不知你現在在何處何部工作，請速告知。 青青弟啓

沙河入伍生一團四營十三連吳滋眞啓

中華民國十五年十二月七日 〔星期二〕 黃埔日刊 〔第三版〕

革命之路

題目

革命青年的缺點（續）

劉漫天記
惲代英講

B.好講平等——好講平等的流弊，也正和好講自由是一樣。在一般受慣了壓迫而不曉得革命的人們，因爲神經的麻木，和感覺的遲鈍的緣故，所以談平等尚少；在黃埔號稱革命的，便容易說「誰也沒有權利管誰！」「大家都是在一條水平線上」。不錯，在「黨」的觀點上，我們都是黨員，自然是同在一條水平線上；但是要站在「職務」上說話時，我便是官長，你便是學生了；我便有指導你的權利。你便有服從我的義務，那便不能談平等了。還有一個觀念，是最壞的，比如在同一的錯誤中，因爲責罰我者階級高低的關係，而生出來服從的誠意程度上的差異，這是一個很劣的奴隸的根性。我所服從官長並不是因爲他是一個甚麼大官我纔服從他；我是因爲在軍紀上有服從他的義務。我在軍長面前有服從的義務，在排長區隊長面前亦一樣有服從他的義務只有奴隸是看人的尊卑。無勢力求定他服從的態度。

C.好講理想——許多人在沒有跑到黃埔以前，以爲黃埔是和天國一樣的；誰知道到了這裡，生活也不好，官長或者也不一定高明：：：便心灰意冷起來，甚之于不願意住下去了。我要告訴你們，黃埔並不是新村；尤其不是甚麼理想的社會。這裡的生活天生只有現在這個環境所能容許的生活。譬如說軍事或政治說教官不好，這是因爲他們不過都是些從這個環境裡生長出來的人；他們並不是從別一個星球裡請得來的，當然不能夠都使你們滿意。你們雖不滿意你們又有什麼把握能夠找着更滿意的人呢？但是你們雖然不滿意人家，你們自己若不注意努力，自拔于這種環境之外亦許將來別人會像你們不滿意人家一樣地不滿意你的！

以上三件事情，本來都是很好的；但是，如果講的不對時，却都亦非常危險，我們責備人家，同時總要自己反省自己，自己覺得學校不好，就應該努力使學校好。至少要將在我們自己身上不好的成分改好，而且又要爲學校商量些切實改好的積極辦法。學校是黨的學校，是學生的學校：無論就黨員的責任，或學生的責任上講，都負有使學校「好」的義務。所以我們今後的工作第一是要改盡我們自己的缺點，第一是要研究怎樣才能造成一個更有紀律更有團結更有力量的學校。我們要能這樣奮鬥，不只是專門爲一負任的識許，才能夠實現我們的國民革命，這才是我們的責任：

五四運動與五卅運動（六）

政治教官黃克謙講演
新入伍生團二連劉用修筆記

各帝國主義者，眼見得吾國民衆運動，革命潮流，非常澎漲，更施其種種狠毒手段，來壓抑革命運動，殊不知壓迫力大，抵抗力更大，因爲右上種種緣故，民衆運動，醞釀既久；革命潮流，澎漲既高，於是乎遂產生了五卅運動——藉日帝國主義的殘殺工人顧正紅而暴發起來，接着各帝國主義者又在南京九江漢口重慶廣州等處，作大規的屠殺！民衆運動，也跟着高漲到全國各處反帝國主義運動，更由都市擴張到鄉村。在五卅以前，知道總理底三民主義者尚少；五卅以後，則幾乎普遍全國，本黨的組織和質量，益見擴張鞏固，而且各國被壓迫民衆——工人階級，物質上，精神上，又盡量地援助我們，響應我們。反帝國主義聯合戰線，遂由國內而擴大爲國際的運動，使中國革命運動，開了一個新時期，在這個運動中，中國工人階級，更表現了偉大的力量；上海廣州數十萬工人的對外罷工，使大英帝國主義，受很重大的損失，厥後，革命力量，如泉湧一般的發展，革命政府之基礎的鞏固，和現在北伐期中的成績，都是五卅運動的結果，所以五卅運動，不是尋常運動，而是負有歷史使命和客觀物質條件的偉大的革命運動。

上面把五卅運動之所以產生，是因爲歷史使命和客觀物質條件，由醞釀而實現，自然發生的結果，說明白了；但五卅運動底性質，究竟是怎樣呢？

前面說過，凡是一種運動，必定負有歷史使命，和客觀物質條件，自然發生的結果，那麼，我們認清這種歷史使命和客觀條件，便知道五卅運動底性質了。我們知道五卅運動之所以產生，是因爲中國工人階級，受了最重的壓迫和剝削，非常痛苦，除了革命，則無生路，認清了國內國外的敵人；同時無產階級的要求解放的呼聲，更普遍到全國被壓迫民衆心裏；而且世界革命潮流，一天高漲一天，國際革命團體的組織，一天鞏固一天，所以才產生了這種革命運動，而且這種運動，是以工人爲火線，工人階級，更出了很大的力量，各國工人，也費了許多力量來援助，因此，五卅運動，帶無產階級的彩色，非常濃厚，帶反帝國主義聯合戰線的色彩，也非常濃厚，後來影响到英國煤礦工人大罷工，與北京首都革命，及郭松齡之倒戈，國民軍之民衆化，革命政府基礎的鞏固；使帝國主義者，感覺中國民衆武力之可怖，因此，使帝國主義的聯合戰綫，暫時穩定，所以各帝國主義在此時即刻改變他們對華政策，暫時拋棄他們底內部的衝突，把所有一切反動勢力，團結起來，在反赤旗幟之下，向民衆勢力進攻；又把直奉兩系軍閥拉攏，共同對付接近民衆的國民軍，國民政府的國民革命軍，但生了這帝國主義聯合戰線，更使反帝國主義聯合戰線向前發展，以最近成績看來，好似疾風之掃秋葉！因此，五卅以後，世界上，更顯然呈露了兩個對壘的聯合戰線，（一）帝國主義聯合戰線—英法美日……及其走狗工具；（二）反帝國主義聯合戰線—全世界無產階級及殖民地被壓迫民族與蘇俄，所以五卅運動底性質；是反帝國主義聯合戰線的革命運動；是無產階級進攻有產階級的革命運動，

上面把五卅運動底產生和性質說明白了，但與黃埔學校有什麼關係呢？

我們知道自黃埔開辦以後，造出了許多武裝革命人才，幹了很多革命事業，已經是革命的唯一機關，所以在五卅以前，已經是個很著名的學校。民十三春間開辦，不到數月就發生東江戰事，其時總理在北京，呼說學生軍，屢戰屢勝，非常高興，說以前幾萬兵，都打不了，現在竟被幾百學生打倒了，自然是因爲學生受了壓迫而參革命，非常勇敢；更與農工攜手，所以有如此的結果，自此以後，黃埔就成了國民革命的一個大本營。五卅運動發生之後，黃埔學生，更負担了很大的工作，沙基慘案，黃埔學生，很激烈地，猛勇地領導民衆遊行示威，被帝國主義者打死了許多黃埔學生。於是黃埔學校，不但震動中國，即各帝國主義者，亦莫不聞名喪胆！各地青年，靡不羨慕該校，住了該校，覺得非常榮幸，同時，以他們受經濟壓迫，住大學中學，則無接濟；幹差事，又得不了薪資，而且還不容易插脚；家庭裏，又受軍閥土匪的壓迫，生活爲艱。所以這些青年學生，非常痛苦，大非五四時代可比，欲解放痛苦，祇有革命之一條路，於是各地青年，却紛紛來到黃埔，實行革命，不但有北大四五年級的學生，即留學生大學畢業生也來投效此校，並且還有朝鮮人安南人，自開辦以後，每期人數，均是加速率的增加，到四期畢業，竟有四五千之多，因此五卅運動以後的黃埔學校遂成了一個更有力量的國民革命的大本營。

現在我們把上面所說五卅運動底產生和性質，與黃埔學校的關係簡括的說一說：

五卅運動，是國民革命聯合戰線的革命運動；是全世界反帝國主義聯合戰線的革命運動；是工農階級進攻資產階級的革命運動，在這個運動中，黃埔學校有了異常的發展。因全國的青年皆受了五卅潮流的激盪，一部分有覺悟而比較勇敢的青年，便相率來投黃埔，使黃埔成了目前武裝革命勢力的中心。五四運動是北京大學來領導，而五卅運動，却是黃埔學校爲民衆武力的先鋒！

總理誕生前一日于深圳農民協會

行軍調查錄（續）

李慶霖

（曲江文化甚爲落後，教會乘機立學校以使其文化侵略之手段。中國設立學校，有省立師範學一所，學生約有五六十人。高小學校約有七八處。

外國學校有德華女子師範，德國創辦，有十餘年歷史，學生有二三百人。

勵羣學校，美國所辦，有學生四百餘人，甚爲發達。

開明學校，爲浸信會所辦，分男女二部，亦甚發達。

英法亦有學校，因省港罷工，自行倒閉。吾國學校，不發之原因，一，教育經費不足，二，因歷年戰爭影響，土匪潰兵，多不敢騷擾外國學

中華民國十五年十二月七日〔星期二〕 黄埔日刊 〔第四版〕

校，故外校乘之而起，大有喧賓奪主之勢。

進德會西醫院，教會所辦，現已收回。

北江通訊處 創辦不久，出稿甚遲。

南雄——雄州

A 爲江西入粵之孔道，商肆千餘家。貨物多以竹木紙板鴨爲大宗。土產貨物，以烟業，及穀米爲大宗。

B 南雄縣黨部，成立於十四年，現有區黨部九，黨員千餘人

農民協會已成立六區，會員三千餘人。

南雄總工會，有工會五，會員八九百人。

木器工會成立於十五年，會員百餘人。

縫衣工會成立於十四年，會員有十餘人。

捆烟工會成立於十五年，會員有三百餘人。

駁載工會成立於十五年，會員有三百餘人。

理髮工會成立於十四年，會員有七八十人。

商團約有八九十人有特務隊一隊百餘人專爲護運之用

C 教育與曲江相彷，有：

省立第六中學一所學生百餘人。

高等小學有八處

外國設立有德華小學一所。

教堂：有福音二天主堂一。中德醫院一所

同等社一約有社員五六百人

贛州：

贛州爲江西南部重鎮。當贛之源市肆喧鬨，商業發達。

B. 贛縣縣黨部正在籌備中。

贛縣總工會亦成立，有八工會，織襪紡織理髮履業縫業泥水製煙米業成立於十五年十月會員有兩千餘人，

保衛團有空名而已

C. 教育較爲發達，有省立學校四全年教育經費八千餘元，

省立第二女師，有學生百餘人，分三級附有高小，

省立第三男師，不詳，

省立第四中學不詳，

省立第一農業學校不詳。

私立贛南中學，爲留東學生所辦，分七班學生有三百餘人。

私立幼幼中學，分三班，學生有七八十人。

高小學校十七所初小九十八所，

教堂有天主教二，耶蘇教三，爲贛南教會之總機關，各附有小學校，

天主教有醫院一有病牀卅餘，

南雄賭博甚盛，賭博公司林立市場約有七八十所，每家抽稅廿餘元，花會公司一所，每日抽稅約二百兩左右。

追悼會——南雄， 同志范傑之死！

此次四期同學，畢業，分發前方者約有千餘人，行軍部隊，不能爲少面衛生隊無，中途致有此事，服斯責者，不能解其謬耶！先在韶關時，爲行軍便利計分爲兩縱隊，第一縱隊先一日走，第二縱隊，後一日走，至南雄數十里立馬市。范同志以虎列拉症，見棄於斯，第二縱隊至時，如將垂死，遂爲之收骨，至南雄時，開會追悼，并電告校長，後以工科同學，返校，隊將靈柩帶返，想現已至校多時矣！

✶ ✶ ✶

寄A同志的一封信

A同志！親愛的A.同志！我因公差赴省與你離開了兩個多星期沒有細談。我前天回到學校裏，陡然見了你，你劈頭一句就向我說：『唉！眞苦呵！連一班見習老爺，都時時刻刻要罵人，他心中才痛快！我編了隊才幾天便同他們吵了四次。唉！不得了！眞……』等等一大篇怨言和牢騷話。我聽了也實在是爲你的精神痛苦；感覺着我們的環境不好，革命前途眞是危險。但是，我在本星期一紀念週，聽了惲代英教官的政治報告，最後惲教官告訴我們說：『各位同志！你們要曉得中國需要你們！中國需要你們！』又說：『革命要做實際下層工作，天下不是可以乾鬧得成功的』。

唉，親愛的A同志呵；我們聽了惲教官的這種說話，我們心中應作如何的感想呵！中國既是需要我們，我們的責任是如何的重大！我們的光陰應如何的寶貴呵！在這最短的八個月中間我們要求得能適應全中國全世界的革命環境的要求的知識，惲教官叫我們不要「天天乾鬧，要實際去做下層工作」的話，眞是對呵（尤其要注意自己的求學）！

從前六十團在中山縣剝削民衆，壓迫工農，槍殺農民協會職員；以及其他不法軍隊種種壓迫民衆的舉動，所鬧的風潮，雖未能影響到全中國每*個革命者的腦海中，然而至少也給了全廣東革命民衆們一個深深的不滿的印像。這是我們在工作上最大和永遠不能忘記的一個好教訓呵！

A.同志；親愛的A.同志；現在我要忠告你了；我們要曉得：現在的中國，是不能馬上變成個蘇俄，或更較好的國家的；我們總要屈服自已的個性，凡事不要過於焦急，過於左傾了。我們要記得惲教官告訴我們的「中國需要我們。」我們應準備着我們的實力，注意我們的下層實際工作：我們覺得這是我們目前及將來最要緊的工作。我們切不要因自已的個性，及官長之稍有不對，使吵鬧起來，以致空過我們的現在，貽誤將來。官長的嚴格，只要他是站在革命的觀點上的嚴格，我們總應絕對服從，誠懇接受，才能維持黨的校的軍紀風紀。不然，我們犧牲了副精神，也僅僅只能得到個六十團等事件的結果，或者還要加我們以：：唉！這種無味與無價值的犧牲精神；眞是何苦呵，是還算了吧！

親愛的A.同志呀！請你看了我的信，再三思量呵！（我是個很極積的青年）盼望你以後，再不要發展你那種不講慎的個性才好哩！請了，以後再談吧。特此敬祝你鄭重！努力！

一一，九晚，於第二學生大隊卅四區隊寢室

第二學生隊三十四區隊萬鳳梧

★ ★ ✶

問答

(1)綏佛爾條約的內容如何？

(2)何謂土地法，土地使用法，土地徵收法，及地價稅法？

(3)民衆組織是否趨於革命化則己，還是算趨於黨化則已，據甘乃光同志，著之中國國民黨幾個根本問題一書，說民衆組織祗要趨於革命化則已，此話，是否適當？

(4)現韓國革命運動著名之人物有幾？

第一學生隊第四隊十四區隊學生黃長吉

1、綏佛爾條約就是協約國對土耳其的「和約」，是一九二〇年八月十日在綏佛爾簽字的。其內容爲英法意希臘共同分割土爾其的領土。財政須受英法意三國所合組的委員會監督，軍事亦然。

2、土地法是規定土地的類別和所有權的；土地使用法是規定土地怎樣使用的；土地徵收法是規定政府徵收土地的；地價稅法是規定按照地價征稅的。

3、適當的，不過，能使民衆組織趨於黨化更好。

4、韓國革命運動著名的領袖人物，是李東輝，安昌浩，李東甯，金佐鎮，李石柱等。（秋人）

『三無二各』，既爲無政府主義，何不用其本名？而且無政府主義者，還反對祖國，反對軍備，以及反對國會主義……三二學社，既是無政府主義者組織之學社，則又何不用四無五無六無乃至不可計量之『無』？至於『二各』，尤爲不辭，無異劇臺中丑脚之諸話！『各盡其所能，各取其所需』乃共產主義之格言，你何以在前次答案中說三二學社與共產主義無關係？ 且既可名之曰『二各』，也可說他們叫『二所』更可名之曰『二其』 此了無意義之學社，到底是否無政府主義信仰者所組織的呢？

馬白心問

無政府主義雖有各盡所能各取所需之口號，但究非我們現在普通所指之共產主義。我們現在普通所用的共產主義，乃指馬克思的「科學的社會主義」。我所謂『與共產主義毫無關係』，乃指那用此二語之三二學社所奉之無政府主義而言，非指此二語而言。至於你所懷疑的四無五無以及二各二所二其等等，請你去問無政府主義者，我不是無政府黨人，所以莫名其妙，答不出來。但三二學社，確爲無政府主義者之組織。（楚女）

十一月一日黃埔日刊問答欄中有韓繼文同志問云，「人類歷史的變遷以物質爲中心對嗎？抑以精神爲中心呢」？先生答「當然是以物質爲中心」，然而孫總理民生主義第一講說，「馬克思說以物質爲歷史中心，後來牛頓說太陽爲歷史的中心，……威廉氏說，馬克斯以物質爲歷史的重心，是不對的，社會問題，才是歷史的重心，……社會問題以生存爲重心，……民生問題就是生存問題，……民生爲社會進化的重心，社會進化又爲歷史的重心，歸結到歷史的重心，是民生，不是物質。」即先生所答有否與總理相違，請詳細指教，

一團六連許勞庶

總理所說是將民生劃在物質以外，物質專指「生產工具」而言，故說不能以物質爲中心。若物質與精神對稱，則民生如衣食住行均是物質方面的事，而非精神方面的事，此所謂物質包括衣食住行，故亦可說以物質爲中心。『英』

＊"每"字原刊排版时未放正。编者注。

中華郵政特准掛號立券之新聞紙　中華民國十五年十二月八日　〔星期三〕　〔第一版〕

黃埔日刊

中央軍事政治學校政治部出版
通信處廣東黃埔本校政治部宣傳科
（第二〇九號）
〔本刊每份價定一分〕

〈本校本週口號〉

嚴守學校紀律！
學習革命技術！
增進戰鬥能力！
發揚黃埔精神！
擴大農工組織！
團結革命分子！
擁護國民政府！
打倒帝國主義！

時評

帝國主義者之眞面目及其供狀

（雲彬）

美帝國主義者向挾其「門戶開放」之政策與親善之假面具對華作經濟侵略，居然博得一般所謂高等華人者之好感。實則美帝國主義在華所處地位與英國等不同，故彼不必如英國之窮兇極惡猖狂然挾其「炮艦政策」以臨我，彼儘可於「門戶開放」之口號下作嚴酷的經濟侵略，所謂「門戶開放」在經濟上實不啻各國以協議的形式而對中國組成一聯合戰線耳。過去如新銀團等，已以眞面目示吾人矣。最近美帝國主義仍運用其和平親善之口號，作與各國在華勢力競爭之工具。姑毋論美參議員波拉氏及美總統之反對列強以武力干涉中國是否出於好意，吾人但以一言詰美帝國主義者曰：「汝既揭讚中美親善之口號，曷不步蘇俄後塵舉中美間之不平等條約而廢除之？」彼將瞠目結舌，不知所對。況據路透社所傳，則美政府不特欲維持中美間之不平等條約，并對已失效之比約不承認中國有修改之權！此美帝國主義之眞面目，吾人不可不有深切之認識也。

英國近以對中國外交上立於孤立地位，思有以聯絡英法間之情感，外相張伯倫之赴法，爲全世界所注目。英法聯合對華之幻夢能否以英外相之赴法而成爲事實且不論；法報所傳英國將被迫而有積向中國挑釁之說，殊值得吾人注意！報所謂「積向中國挑釁」者，蓋已不啻代英國承認以前在華之暴行，無一不是挑釁作用。吾人誌之：此帝國主義者之親口供狀也！

校聞

開平中學及培正童子軍來校參觀

黨務

中央黨部致汪主席電

隊黨部成立之紀事

軍事

各方軍訊

中華民國十五年十二月八日　〔星期三〕　黃埔日刊　〔第四版〕

行軍調查錄（續）

李慶霖

勘誤

問答

中華民國十五年十二月八日　〔星期三〕　黃埔日刊　〔第二版〕

要聞

美帝國主義對華態度之一斑

日本政潮

英法帝國主義將聯合對華耶？

政治

來件

黃埔同學會來件

中華民國十五年十二月八日　〔星期三〕　黃埔日刊　〔第三版〕

革命之路

工農商學聯合政策

黃埔是否國民革命的中心？

楊善德

參加政治討論會以後

胡克

一九二六，十二，二，於政治

中華郵政特准掛號立劵之新聞紙 中華民國十五年十二月八日 星期三 第一版

黃埔日刊

中央軍事政治學校政治部出版

通信處廣東黃埔本校政治部宣傳科

第二〇九號

本刊每份價定一分

時評

帝國主義者之眞面目及其供狀

（雲彬）

美帝國主義者向挾其「門戶開放」之政策與親善之假面具對華作經濟侵略，居然博得一般所謂高等華人者之好感。實則美帝國主義在華所處地位與英國等不同，故彼不必如英國之窮兇極惡猙猙然挾其「炮艦政策」以臨我，彼儘可於「門戶開放」之口號下作嚴酷的經濟侵略，所謂『門戶開放』在經濟上實不啻各國以協議的形式而對中國組成一聯合戰線耳，過去如新銀團等，已以眞面目示吾人矣，最近美帝國主義仍運用其和平親善之口號，作與各國在華勢力競爭之工具。姑毋論美參議員波拉氏及美總統之反對列強以武力干涉中國是否出於好意，吾人但以一言詰美帝國主義者曰：『汝既揭櫫中美親善之口號，曷不步蘇俄後塵舉中美間之不平等條約而廢除之？』彼將瞠目結舌，不知所對。況據路透社所傳，則美政府不特欲維持中美間之不平等條約，幷對巳失效之比約不承認中國有修改之權！此美帝國主義之眞面目，吾人不可不有深切之認識也。

英國近以對中國外交上立於孤立地位，思有以聯絡英法間之情感，外相張伯倫之赴法，爲全世界所注目。英法聯合對華之幻夢能否以英外相之赴法而成爲事實且不論；法報所傳英國將被迫而有續向中國挑釁之說，殊值得吾人注意！此報所謂『續向中國挑釁』者，蓋已不啻代英國承認以前在華之暴行，無一不是挑釁作用。吾人誌之：此帝國主義者之親口供狀也！

校聞

開平中學及培正童子軍來校參觀

昨日有開平縣立中學丁班畢業旅行團三十餘人，特來本校參觀。是日廣州東山培正分校亦有童子軍一百三十餘名，於上午九時許來校參觀，當由政治部管理處，協派專員招待，領導該學員等至本校各部處，及炮台，烈士墓等處參觀一週，至下午二時許，並在本校賓長會客廳開一談話會，由宣傳科科長安體誠同志演講，大意：(一)中國今日的童子軍與以前各國的童子軍精神當大不相同；就童子軍愛國，幫助他人，嚴守紀律三原則說：(1)愛國的精神，是求中國之自由平等並求各國之自由平等，愛國的方法，是參加革命黨的組織聯合世界革命勢力以打倒帝國主義及其工具，決不是國家主義的愛國更不應是帝國主義所講的愛國，(2)幫助他人是以人類公道爲標準的就是要幫助多數被壓迫羣衆求解放，決不可幫助反革命派像英國以五百萬磅幫奉張，乃是萬惡的事，(3)嚴守紀律是團體，黨軍隊組織上最要緊的條件，我們一定反對浪漫的個人的行動；但是不可變成無理地盲目地服從精神如對不平等條約及軍閥所定的非法的法律是一定不要遵守而要推翻的。(二)就德智體羣四育說明革命時代所應注意的意義是以能爲全社會大多數利益反抗壓迫階級能負責革命爲德，以能知革命的理論方法科學知識及不爲反革命的諸言所惑爲智，以有能幹事耐苦無嗜好的身體爲羣衆利益奮鬥並肯爲公益而捐軀爲體育要旨，講羣育則要拋棄個人主義及個人革命的方法，必要聯合所有革命的同志爲全社會謀自由平等，我們工商學兵非聯合革命不可云云。並分贈本校宣傳品多種，直至三時許，始高呼『培正童子軍的革命精神萬歲』！『開平中學校的革命精神萬歲』！『黃埔軍校的革命精神萬歲』！盡歡而散，

黨務

中央黨部 致汪主席電

△早復健康……請即銷假

中國國民黨中央執行委員會，二日通電云，請何香凝陳樹人二同志電轉汪精衛同志台鑒，執事賢勞黨國，致罹清恙，自乞假休養以來，本會同人暨海內外各同志各團體，均時切馳念，前已將各處請銷假函電，彙轉多封，最近得執事致陳樹人同志十月二十二日手書，即十一月二十七日常會席上，由何香凝同志提出報告，聆悉之下，至深欣慰，並即決議將聯合歡迎執事代表，不果起程原因，並附執事手書覆告各處，請銷假之各團體一面再檢各處函電，彙寄執事查照等語，除通告外，特此電聞，各處函電共另寄，諸希垂察，並盼珍重調攝，早復健康，遄回銷假，共襄大計，黨及政府，已決定於本月七日以前移鄂，以圖發展，贛局底定，閩浙既蘇，正在進行中，知念附聞，中央執行委員會常務委員會，冬

◎本校第二學生隊第六隊 ⊙隊黨部成立之紀事

昨日下午二時，爲第二學生隊第六隊隊黨部成立大會。地點在新俱樂部。會場佈置，右爲來賓席及招待員休息席。左爲軍樂隊席，中爲學生席，開會程序：一，奏樂，二，主席宣布開會理由，三，全體肅立，四，向黨國旗及總理遺像敬禮，五，讀遺囑，六，主席報告經過情形，七，特別黨部致訓詞，八，來賓演說，九，自由演說，十，唱國民革命歌，十一，呼口號，十二，茶點，十三，奏樂十四，攝影，十五，散會，首由主席葛唐彪(隊長)宣佈開會理由略謂：今天是本黨部籌備告竣，實佈成立的日子。從此服從上級黨部的指揮，努力奮鬥，次黨代表甘竹淡演說，於黨之作用與組織，及認識主義，喚起民衆，接受上級黨部命令等等，頗爲詳盡，次熊副主任演說，(演說詞另在革命之路發表)次第六學生隊代表唐哲生第一學生隊代表何焜第二學生隊馬心白第四學生隊周克斌諸可成等相繼演說畢，即唱革命歌，幷高呼口號，散會時已四時矣。

軍事

各方軍訊

△福建……葉蔣等退西北……

薩鎮冰逃上海

△浙江……革命軍逼衢州……

周陳抗孫拒李

△安徽……革命軍克太湖縣……

市民歡聲雷動……

△四川……將領一致歸誠……

楊森正式就職

福建方面，我軍於二日晚，先派宣傳隊入福州城，幷組炸彈手槍隊，分做十組入城，協同李春生軍駐守各要隘，三日晨城內各機關均懸青天白日旗及歡迎黨軍字樣，李即以十二師司令名義布告，以保境安民爲宗旨，服從黨政府，惟薩鎮冰宣布因病離署狼狽逃上海，周蔭人殘由延平退浙，福州既下，浙江震動，頃得上海消息，黨軍抵浙邊玉山後，衢州已危，周鳳岐四日由杭赴衢佈防，陳儀由南京會議後，四日晚抵滬，偕丁文江赴蔣伯器宅會議，表示保境安民，周鳳岐二十二日晚抵杭州，浙江省道局辦事人員，(以周兼省道局長)在該局內設筵款待，席中有詢周此後對於時局之意見，周謂有犯浙境者，同爲吾浙之公敵云云，周在滬與新聞記者之談話，反對奉軍南下，現浙江一致要求，因奉晉軍已實行南下，渤海艦隊又將來滬，東南變化，即在目前，浙軍爲

本校本週口號

嚴守學校紀律！

學習革命技術！

增進戰鬥能力！

發揚黃埔精神！

擴大農工組織！

團結革命分子！

擁護國民政府！

打倒帝國主義！

本週各學生隊政治討論會題目

軍隊中的同志對于與革命有利的工作應當不待民衆有此要求即挺身上前爲民衆奮鬥呢？抑當俟民衆有此要求，順着民衆的意思上前爲民衆奮鬥呢？

啓事

（一）

世項，亥舒，請溥：我刻在十七師任政治工作，亦恨安善！請將近況給國華，弟以使在彼處得你們的消息，張源於江西十一月一日

諸同志們，我編在第二學生隊第八隊第二十九區隊，『駐黃埔校本部』倘有函件，請直寄該處可也。謝庸盦謹啓

潤民兄鑒：現在你處情況如何？請即示知！第二學生隊第七隊二十五區隊劉乃鼎

甯伯約莫擎亞二位同志：你們現在那裏請示知爲盼 蜈蝶崗第六學生隊十六隊林志淮

本部勤務兵李良出入符號第二百八十九號於前日遺失特此聲明作廢 政治部總務科

楊超啓事鄙人遺失中央軍事政治學校八會員二六三四證章兩枚特此聲明作廢

陳克立陳靖陳克全：你們現在何部隊請速示知爲盼 校本部第二學生隊第五隊十九區隊生昌溪

學生本月二十一日失去白布符號一枚內書第六學生隊第十七隊五十二區隊除呈報外特申明作廢 陳穆勝

(二)

中華民國十五年十二月八日〔星期三〕 黃埔日刊 〔第二版〕

小通信

杜成志啓事昨卅日因事往友處遺失黃埔同學會證章22號一枚除報告補發外特聲明作廢 組織部幹事杜成志啓

余于二十九日在燕塘大操場內遺失第一學生隊第一隊龔志存符號一張特此申明作廢 第一學生隊龔志存

范遹，腐光兩位同志：久別念甚，未審編入何團，請速示知爲盼 本校第四學生隊十一隊[illegible]本色

陳乃芯字恢士號待峰你是何時到廣東，現在編入伍生何團何連？駐紮何處，請你快點告我，因爲你有兩封雙掛號的信在我這裏，我好轉寄把你。我駐深 新入伍生團四連粟鼎

甯榮同志：茲有友人訪你，請即把通訊處示知！ 第五期第三學生隊第九隊鍾華重

劉天暇（眉生），郭袁坤（惠蒼），錫齡諸同志你們住在何處？頃接赤水縣陳永祥同志致你們要函一件，現存弟處，希即示你們的通信處。 黃埔本校第二學生隊第十九區隊陳謙傳作辛

龍飛，黃中英，楊康甫同志：你們現在編入何隊請告知。 深圳入伍生第二團機關槍連袁孝松

維持浙局起見，對於任何軍隊均拒絕其侵入，并聞明等於拒奉軍外，將驅逐孫傳芳，必要時，當與革命軍聯絡云。又國民新聞昨接安徽太湖縣市民大會來電云，廣州國民新聞報(衙路)鈞鑒，黨軍北伐，迭殲巨魁，師次漢潯，歡騰海內，頃我旅常宜縣吏暨陳司令，統領黨軍，雲集皖邑，紀律嚴明，四民安堵，本日特開市民大會，到者萬人，歡聲雷動，當即通過對外廢除不平等條約，對內打倒軍閥兩案，並組織輸運隊六百人，嚮導隊四十人，羣情激昂，爭爲先驅，凡屬被壓迫之民衆，務祈一致自起，努力革命，民族存亡，在此一舉，幸速圖之，安徽太湖縣市民大會叩，(巧)

至四川將領之歸誠革命軍，業已證實，楊森廿八日在宜昌行轅正式就革命軍第二十軍軍長職，蔣總司令並委劉湘爲廿一軍長，賴心輝爲第廿二軍長，劉成勳爲第廿三軍軍長，賴文輝爲第廿四軍軍長，日內將就職云，

要訊

美帝國主義對華態度之一斑

△波拉氏攻擊各國對華之武力政策……英政府代表之聲明……美國之真正目的在維持不平等條約！

晤士報之譏評……美國務院與美總統最近之表示……泰

美帝國主義，向以親善之假面具對付中國，值茲中國革命勢力發展，大英帝國主義首受打擊，乘機大倡武力干涉之論，然英美在華利害關係不相同，故美仍欲維持其僞親善之面目，最近美國參議員波拉氏攻擊各國對華之武力政策，曾公開演說，引起英政府代表及紐約泰晤士報之猛力的議評，英政府代表之答辯，略謂，此時任何列强對華實行武力政策一節，彼等並無所悉，據英方之解釋，法權會議報告書此時雖未公布，並非以武力爲其目的云，而紐約泰晤士報則謂波拉所指陳以列强爲貪婪開拓者論調，爲對實際形勢之一鄙陋的滑稽云，波拉氏之演說，當然引起反響，此固吾人意料所及者，同時在英國大唱炮艦政策之時，美國務院獨再次宣言，謂駐華之美國海軍，祇用以保護美國僑民之生命財產而已，將不能用以維持現在漢口及他處之稅關，蓋收稅爲中國政府之職務，至於漢口之大局情形，美政府現注意觀察，深望國民政府遷至武昌之時，將設法約束漢口工會之活動，但於必要時，該處之美國僑民，大可離境云，而最近美總統自接代表出席關稅會議法權會議斯佐倫氏之報告，謂英國欲以强力制止中國之內亂，列强雖無明文表示附和，亦無明文絕對表示反對，後美總統甚以爲慮，蓋列强如以武力干涉中國，則居留中國之美僑，必陷於危險地位，故在報紙發表言論，反對列强對中國採取此種政策云，

然則美國之所謂對華親善，固出誠意歟？則試觀倫敦泰晤士報駐美特派員之報告，美帝國主義之肺肝如見矣，報告云，據推測美國務院之觀察中美商約期限不准締約任何方面加以非難，須注意該約第十七條規定，自一九零三年十月十三日，交換批准之日起，十年底任何一方面，可以要求修正，如不克修正，該約之效力，必須再延長十年，依該約之緊要辭意，縱然可以修正，似乎亦須至一千九百三十四年一月十三日，至於中國首先發起修正談判之權，此與美國商約迥乎不同，美國不必參加意見，但依然以有利害關係之旁聽者之資格，靜聆中比商約之討論可耳，

英法帝國主義將聯合對華耶？

△對華取聯合活動政策……英國將又向我挑釁耶？……大可注意之英法外長會晤

英外長張伯倫赴日內瓦過巴黎與法外長會晤，頗惹起國際間之注目，據巴黎訊，英外長張伯倫抵巴黎北站時，由法外部特派專員迎迓，英法兩外長會晤後，討論兩國關係問題頗多，據半公式消息，該兩外長關於中國事情，決計相機行事，不使危及英法間之利益，但巴黎反動派之機關報數間，均主張列强對華採取聯合活動政策，如巴黎小報，謂爲吾人利益計，應盡力使中國問題，得一和平公正之解決，而此與英國有關係之列强，以彼此分立之故，殊欠活動，此種政策，如長此不改，恐發生危險等語，據倫敦消息，英政府現被敦促甚力，將有衝擊的與挑釁的舉動對付中國云，

政治

△湖北省政府着手組織

▲十五號以前成立

國民革命軍自克復武漢後，即由總司令下令頒布湖北政務委員條例，成立湖北政務委員會，以接收湖北政權。原屬軍事時期之臨時行政機關。至湖北省正式政府尚待國民政府頒布命令遵照組織，茲國民政府以鄂局大定，軍事特派徐謙孫科陳友仁顧孟餘宋子文等來鄂，從事組織湖北正式省政府。關於省政府之制度，與各種條例均有成案，而對湖北施政方針，亦已大體決定，十二月十五以前，將省政府完全組織成立，而湖北政務委員會，將同時撤銷云。

意土間空氣緊張

△意國將以武力壓迫土耳其

△土耳其各報極端憤激

土耳其報界，對于意國報紙登載欲于明年春間攻擊土耳其一事，極端憤激，聞意大利果宣佈開戰，將來可得希臘及布加利亞兩國之援助，但此種消息發表後，證以近日刺斯歐彼赴敖得薩之行，各界認爲極關重要，現目土耳其各報一致批評此事云。

澎湃未已之日本政潮

△議會將不免解散？

政友本黨警告政府，令對於朴烈事件引咎辭職，但政府對此，謂政府於政治行政上無大過失，聲言不辭職，政府於普通選制度之下屆第一次總選舉之際，似有欲博有民望之決心，政友本黨及研究會方面，力謀使政府於議會開會前自行辭職，一般人之觀測，議會之解散，恐爲終不免之事云，又訊，憲政會於二十四日晚，開同黨兩院議員及前屆議員等之聯合懇親會，由橫山幹事長陳述反對黨之破壞運動，及關於告訴事件憲政會之見解與主張，力言內閣之奮質與政局，未有絲毫之變化，若槻總裁亦力言反對黨始終運其陰謀，從事攻擊吾黨，亦不惜與之周旋，此言微露下屆議會有不得不解散之勢云，

羣衆運動

廣東各界對英委員會要訊

●公布取締買賣英貨及使用英幣條例

廣東各界擴大對英經濟絕交委員會爲取締買賣英貨及使用英國紙幣條例六日在省教會召集各界代表大會計到者有廣州總商會·廣東商會聯合會·廣州市商民協會·廣州市商會·廣東省商民協會·廣東農工商學聯合委員會，統一廣東各界代表會，中華全國總工會，廣州工人代表會，香港總工會，廣東省教育會，廣東省農民協會，廣東機器工會，華僑協會，廣東省學生聯合會，中大學生會，黃埔同學會，婦女解放協會，新聞記者聯合會，省港罷工委員會，廣州洋務工會聯合會，廣東總工會，廣州學生聯合會，香港學生會，廣東各界婦女聯合會，等數十團體，議決取締買賣英貨及使用英國紙幣條例如下，(一)各界同胞爲保護中國反抗英帝國主義野蠻侵略政策，應一致自動的與英國經濟絕交，(二)各界同胞，應一致自動的與英帝國主義斷絕買賣關係，(三)各界同胞，應一致自動的不使用英國紙幣，(四)商界同胞，如有以前買入尚未沽清之英國貨物，應按照本會製定之調查表填報本會，并將此項貨物，限於民國十五年舊歷十二月卅日以前沽清，逾期即須送到本會指定之英貨公賣場專賣，否則以破壞愛國運動論，由各界予以賣國處分，公賣場地點，及專賣條例，另定之，(五)各界如有英國紙幣，由本條例頒佈日起限三個月內一律向發行紙幣之銀行兌換淨楚，逾期國內貿易，除必要匯兌外，一律禁絕直接使用英國紙幣，違者以破壞愛國運動論，由各界予以賣國處分，(六)本條例經本執行委員會通過公佈後實行，如認爲有修改之必要時，得由本委員會議決修正之，上項條例已公佈實行矣，

來件

黃埔同學會來件

逕啓者敝會昨奉會長蔣電令飭將列名代表團之會員開除會員資格令於貴部之黃埔日刊登載聲明等因自應遵照辦理茲特擬就通告并將被開除各會員姓名及領去證章號數列表函送貴部請煩查照登載於黃埔日刊一星期俾敝會全體會員週知致級公誼此致本校政治部熊主任

附通告一紙

黃埔同學會秘書曾擴情謹啓

通告（第九號十一月三十日於中央黨部本會）

爲通告事案奉會長蔣 馬日由江西南昌電令開着將代表團諸人開除會員資格登黃埔日刊聲明等因自應遵照辦理惟查列名代表團之會員內有李登雲一名在該團成立未久即報告本會聲明退出在案現除該員一人另案呈請會長核示外茲將列名代表團應開除之各會員姓名暨領去證章號數分別列後通告本會會員全體週知此佈

計開

被開除會員姓名	畢業期限	證章號數
史寶亭	第四期	一八九七
唐芳儒	第四期	三〇七六
郭枚濤	第四期	二五九四
林紹修	第四期	一七九八
雷一鳴	第四期	三一五四
冷松茂	第四期	二八七五
彭蓀	第四期	一六四三
黃勉齋	第四期	一五一二
龍作	第四期	三一一〇
毛學離	第四期	一九三〇
張思	第四期	二五〇三
尹中豪	第四期	二八〇四
楊舜	第四期	三一四三
駱駿	軍官政治研究班	三四五八
謝平難	軍官政治研究班	三四四八
楊蔭	軍官政治研究班	三四四九

中華民國十五年十二月八日 〔星期三〕 黃埔日刊 〔第三版〕

革命之路

題目

工農商學聯合政策

惲代英在總政治部特別訓練班講演

要講這個題目，首先就明白國民革命的意義，國民革命是求各階級解放和利益的，所以國民革命須要各階級參加。可以說國民革命是各階級聯合的革命。

處在次殖民地的中國，不論何階級，都是受着帝國主義和軍閥的壓迫，其中要以農工們所受的痛苦爲最。據農商部調查中國的農民三分之一每人所耕的不滿十畝，農民近年受着帝國主義經濟侵略影響，出產的銷路日益減色，而必需的工業品的價值，日益昂貴，加以水道失修，往往引出天災，肥料不足常常影響收成，所以每至青黃不接的時候；農民總是沒有飯吃，易於流爲盜匪。工人生活也是很困難的，不獨工廠房子設備不全妨礙工人衛生，而資本家常常設法想增加工作時間和減少工資，使工人生活上時時發生恐慌。農工在這等經濟調度之下，一定是需要革命的。商人除買辦階級以外，其餘都是很困苦的，連年兵匪爲患，貨物交通來往不便，商人因此破產的不知許多，一般小商人，也是需要革命，學生則大半總是沒有錢交學費，沒有錢買參考書，中途輟學的亦多得很？即或勉強畢業，在社會上也很難得找着飯碗，他們外面雖然愛闊綽講究，實際上生活，和工農商還不是一樣感受痛苦；他們除革命亦是別無生路可走的。這四種人，生活上都是感受痛苦的，同時都是需要革命的。我們担任國民革命工作的人，一定要喚醒他們起來，領導他們奮鬥，解除他們自己的痛苦，所以國民革命，是爲各階級利益的革命，亦是各階級人們都有加入之必要的革命，

不過我們仔細研究起來，各階級利益究竟是不同的，有時並且還互相衝突，農工商學在理論上雖是有聯合的可能，在事實上往往不然。比如工人要組織一個工會，在學生看來是漠不相關的，在商人看來卻會認爲對他們利益有妨害的，他們是要反對的。像這樣的情形，現在我們要把他們統通聯合起來，不是困難得很麼？不過各階級目前有個共同的利益，就是打倒帝國主義和軍閥，在這一點上各階級是有聯合的可能和必要的，在國民革命時期，各階級利益儘管有些衝突，仍應同心協力去打倒共同的敵人－帝國主義和軍閥－

要不失工農商學聯合的真正意義，最重要的我們要認清工農在國民革命中的重要，因爲工農人數極多，生活上又最有革命的要求，中國反帝國主義運動定要得着他們的幫助，我們必須設法使農工羣衆越發團結，越發有力量，國民革命，才越發有成功的希望，所以爲了國民革命，想完全避免錯誤，若使工農受了壓迫，不許他們自己起來鬥爭，還不是不要農工羣衆幫助國民革命，不要農工勢力得着發展的機會麼？自然階級的鬥爭，要注意與商學不致發生很大的破裂，妨礙了聯合政策，這是很重要的。農工羣衆一定要有很好的和訓練，要很會鬥爭，同時也要很會聯合各階級，這樣，纔可以減少許多不必要的衝突，有力量去打倒共同的敵人——帝國主義和軍閥——同時又不會妨害農工本身勢力的發展。總結起來，我們講工農商學聯合政策，應該注意的有四點：

1、不要輕視商學勢力

2、不要忘記農工是革命的根本的力量

3、注意工農商學各階級共同的要求

4、注意工農商學各階級利益衝突的地方，不要因此妨害了各階級的合作，同時亦不要因此妨害了農工勢力的發展，

黃埔是否國民革命的中心？

楊若濤

黃埔是否國民革命的中心？我覺得這個問題很關重要，凡是本黨黨員和本校學生，都當澈底的了解。要是現在不弄個清楚，將來定會有下列的兩種錯誤：

一．學生方面：一定有人要很矜驕的以爲黃埔的勢力，可以獨當一切，任何軍隊和民衆都當受我們黃埔的支配，好像沒有黃埔，革命就不會成功，革命的事業似乎完全爲我們所包辦，無意地忘却我們的黨而脫離了革命的主力軍－多數被壓迫的民衆。

2、民衆方面：就將以黃埔精神之偉大，歷史之光榮，勢力之雄厚，或對於革命見解之不明，而把偉大艱巨的革命事業完全交付與我們黃埔學生的身上而坐享其成，放棄共同奮鬥的責任，來作個不關痛癢的第三者，十分地相信我們能爲他們革命，而且更加相信國民革命不須乎他們參加，只憑我們大無畏的犧牲精神就可成功的了。

這樣一來是危險不過的，恐怕結果便又要重陷辛亥革命的覆轍了，同志們！尤其是本校的同學們！要曉得我們只有國民黨才能作我們行動的標準，和思想的中心，而且也只有國民黨的主義和政策才能作我們的軍隊與民衆的行動和思想的標準與中心，並且只有國民黨是我們黃埔唯一的中心，要是沒得國民黨一定是沒得黃埔的，所以絕對不是一個由黨而產生的軍事政治學校可以爲國民革命中心的。

汪黨代表說：『國民革命是以三民主義爲根據的，因爲有三民主義爲根據，所以國民革命的責任。要各階級的民衆共同負担』。這樣，國民革命是以國民黨的主義——三民主義爲中心，也就是以共同負担這偉大而繁重的國民革命的責任的各階級的民衆爲中心了。

黃埔的性質；既是直接受國民黨和國民政府的指揮與管轄，而訓練革命的青年以相當的軍事技術，和政治常識的軍事政治學校；卽是國民黨爲要促其主義之實現，以完成國民革命之重任的軍事政治機關。

黃埔的任務；先總理鑑於已往革命之失敗，乃由於只有革命黨員的奮鬥，而無革命軍隊的奮鬥。所以黃埔是要將富於革命性的青年訓練出來，在軍事方面；去作革命軍的基礎，而把所有的軍隊都革命化，民衆化，以掃除國民革命的障礙－帝國主義，軍閥，買辦階級，土豪，劣紳：：等而促三民主義之實現。在政治方面：去喚醒民衆，訓練民衆，組織民衆，使一切的民衆都革命化，軍隊化，與軍隊合作以保持軍事之勝利。

由上面看來，黃埔是實行國民黨主義的工具，與一切革命民衆武力的先鋒，並不是國民革命的中心。在這種簡單的解釋，大約大家都可以了解吧！

參加政治討論會以後

胡克恕

這幾天我參加了幾個教授班的政治討論，我願意把我所見到的幾點，寫在這裏，獻給我五期同學。

我們是一個革命黨員，是一個武裝的革命黨員。我們所負底使命，是多麼重大？每個同志都知道我們只能拿槍衝鋒陷陣是不够的，一定要依照着我們總理昭示我們的策略——「喚起民衆：：：」做去，革命纔能抵於成功，因爲革命不是包辦所能成功的，沒有民衆來參加，終久是要失敗的，但是要如何纔能使這被封建勢力弄得頭暈眼花的民衆起來參加我們的工作呢？這就要靠我們同志努力宣傳——喚醒民衆。

我們的政治討論會就是根據着這種意思而產生的，因爲要宣傳，一定要有宣傳底能力，理論果然要明白；但是一切音調，口才，態度，言語亦必須合乎要求，而我們的政治討論會，就是論大家一個練習的好機會，故有的毛病，雖然不容易改；但只要我們留心總是有相當的益處，如其不然，理論雖好，嘴裏說不出來，期期文文，人家是不願意聽的，其他一切，亦是同樣重要，做羣衆運動的人，一定不能忽略這些，

無論那一個教授班，除發言者外，其他同志往往好幹自已的事，不是寫信便是批閱其他的書籍（留意的當然還很多）這種現象實在不好，就是輪不到自已說話，也應當注意發言者的動作或理論妥適與否，好有所採取。

還有少數同志，無論如何總是不能請起他來發表他自已的主張，卽或請得他起來，亦多半是東拉西扯，說不到兩分鐘便不遲疑地下去了，我想他們並不是連話都不會說，一定是先後有把討論的題目充分的準備一下吧！所以纔弄的臨時無以應付。

在這裏我還要附帶的說幾句，我們這是討論會，不是什麼辯論會，無耍意氣的必要，如果某同志的話略欠通達，自已便大生其氣，也就太不值得了。

以上幾點是我看到的，我希望我們同學改正纔好！

一九二六．十二．三．于政治部

中華民國十五年十二月八日〔星期三〕 黄埔日刊 〔第四版〕

行軍調查錄（續）

李慶霖

大庾——南安大庾握有梅嶺之險，當入粵要道。

A.礦產有西華山之鎢鈔礦，用土法開採每日出值百餘担，工人約有千餘人，烏鈔礦公司約有十餘字專辦鎢鈔礦。

B.文化亦甚落後，有省立第十四中學一所，初級小學有四十餘處全年教育經費約二千餘元

外國設立有天主堂一，小學一，福音堂一，兩級小學一。

報館有商會日報，贛南新報，維心報，皆無專電，爲學商界所辦，無甚正確主張

吉安——廬陵，

當贛水中樞，商業甚爲發達。

A.土產多土布，穀，樟腦。天河煤礦與萍鄉不相上下，亦用土法開採，有煤礦公司四五字，資本有十餘萬元，

電燈公司一所爲商字所辦不詳，

B.吉安總工會有工會廿餘最大者爲米業染布，會員四千餘人

吉安縣黨部，成立於十四年四月有六區，黨員八百餘人，

保安隊百餘人，武裝警察六十名

農民協會成立於十五年有會員兩千餘人

商民協會成立於十五年會員五百餘人

C.教育經費全年萬餘元省立學校有第七師範 第六中學，第二農業，陽明中學私立吉安中學合共有學生八百餘人女子小學高小十六初小二百餘處教會天主堂三所耶蘇教三所 外國醫院二所

（完）

勘誤

昨日行軍調查錄第一段誤排在『革命青年的缺點』前，茲特更正如下：從『C，曲江文化甚爲落後』句起至『北江通訊，創辦不久，出稿甚遲』句止，應排在行軍調查錄『南雄——雄州』前段，

問答

1、國民革命成功後，論歷史上政治上地理上，則中央政府當設何處爲適？

2、國民革命成功後，對外廢除一切不平等條約，收回租界，及不認歷年來軍閥的祕密借款時，有否戰事發生？

3、金佛郎案，其內容如何？本黨又如何主張不解決？

4、三K黨，其名稱作何解釋？及其主義如何？

5、有說有土地有人民有主權的方爲國家，有說資本制度統治下的人民，受資本階級的政治上壓迫，經濟上剝削的爲國家，其說誰是？

6、土耳其革命已成功，究竟其政黨名稱，及主義政綱如何？

7、國際第一，國際第二，其興覆於何時？其性質與國際第三，有何異同？及何人爲領袖？

8、英國爲世界工商業最發達，且在帝國主義中，又最凶猛的國家，如何世界革命不發軔於他？而成功於俄？其理安在？

入伍生一團三營九連鄭强

1、無定說。

2、帝國主義本身有許多困難，不一定能開戰。

3、因解決此案是要中國照金佛郎價付賠款於法國，比照紙佛郎價吃虧三倍。

4、三K黨本名Ku Klux Klan係美國人排斥黑種黃種人之祕密團體。

5、國家，爲資本階級壓迫人的工具，但同時必須有土地，人民，主權，始爲國家，

6、名土耳其國民黨，以求土耳其獨立爲最大目的，無出名的主義政綱。

7、第一國際由一八六四至一八七一，第二國際由一八九〇至今，皆與第三國際宗旨同，爲求無產階級解放，得着政權；惟第二國際中途變節，至今成爲資本階級的工具。

8、因英國資產階級强大，有經驗，故比俄國的難推翻。

（英）

1、我們中國戰敗於外國，才有所謂租借地與租界的條約。由現在看來，租借地直頭是代他銷貨的一個殖民地。租界係與洋人居住否？并且爲什麼要割我中國的領土給外人住呢？

2、廢除不平等條約必須打倒軍閥，革命成功，開國民會議的時候才可以說。但係革命成了功，當以什麼手段來廢除呢。或係以武力直接與帝國主義開戰，所謂『打倒帝國主義』抑訴之於第二國際呢？

梁騏問

1、因爲中國無力抵抗帝國主義，所以才割地給他。租借地便是殖民地的別名。租界就是洋人居住的地方，並且是洋人自由行使行政警察司法各種權力的地方。

2、革命成功以後，由國民會議以『國民』的名義，自動的宣告廢除一切不平等條約。現在的土耳其便是這樣。帝國主義者如以武力壓迫我們，我們自然不免也要以武力與之相抗。不過到了中國國民眞正取得政權之時，帝國主義者却未必肯——亦未必敢——用武力來相壓迫（土耳其比我們中國更爲弱小之國，然一經完成獨立，列强也無可如何，只好承認）。打倒帝國主義，自然是世界的問題——當然要協同世界各弱小民族及在第三國際指導之下的各國無產階級一致去進行。所以總理說中國的革命，不僅是達到中國獨立爲止；還要進一步去解放十二萬五千萬的被壓迫人類。

（楚）

1、假如世界沒有帝國主義，但是人多地少的國家（爲日本）因如民族一天天發展，自已原料缺乏，生產上就會發生恐慌，那麼，必然要到國外找原料。但是找原料，必以其軍事上政治上經濟上優越勢力爲後盾。那豈不是帝國主義嗎？但我們看看，這樣現象，是他生存競爭必然的現象，那麼，帝國主義就是生存競爭的現象麼？我們想，世界沒有帝國主義的時候，人類自然會節制生育，以避免競爭。試問小的民族願不願節制生育呢？而且總理曾說過，漢族統治滿族，反被漢族化了。可知大民族必有鎔化小民族的趨勢；而小民族必起恐慌，故必不顧節制生育了。如此，世界民族人口，須要平均，才可以平衡。這可說是很難的事呀！

2、我國人口四萬萬多，水上的蛋民，有沒有在內呢？

3、現在蘇俄，是一個共產的國，他分配以什麼爲標準呢？

4、水上的蛋民，革命性强弱如何呢？黨有沒有宣傳他納呢？

5、黨指揮下的政府，我相信現在定必有貪官汚吏，然則何時這些人才可絕跡？

班員張克

1、人多地少之國，儘可到人少地多之處居住生活，但只許平等和平的生活。缺乏原料的地方，儘可到別處收集原料，但只是有無相通均不許以武力相欺凌，現在之帝國主義，並非由於人多，香港上海外人均不過佔數百分之一，但以武力佔據剝削殖民地膏血，收買原料時，亦不顧殖民地人民生活所以是可惡的事。

2、四萬萬是大約的數目，一切中國人都包括在內。

3.還未能完全實現共產，分配以勞力爲標準。

4、看他們生活貧富而定，大略似手工人當然可以宣傳使之革命的。

5、民衆勞力起來，能監督打倒貪官汚吏之時，他們便絕跡了。

（英）

（一）我們辦的平民夜校離工廠很近，論說應有很多人來，但是現在沒有很多人來不知有甚麼方法救濟？

工人現在每日工作，十一二時，他們下工以後不易有讀書的興味這是無足怪的。這種情形訂之下若再加以教材乾燥不合他們的實用，他們自然更會不高興來上課。比較可以救濟的方法是需按着工人所需要的材料教授他，而且需使他們在短期中可以有相當的成效。例如識字，珠算，英文等均可按其需要而教授之，若他們能因學習得着若干功效纔可以提起他們求學的興趣與自信心。在平民夜校中我們自然需宣傳我們的主張，但必須先設法引他們來，然後纔說得上宣傳，若只顧宣傳令他們覺得上課無益而不肯來了，那便反失了以後宣傳的機會了！

（英）

（二）甚麼是赤黨？甚麼是白黨？列寧是赤黨或是白黨？

修崐

現在一般人說，要打倒資本主義建立無產階級專政國家的是赤黨，所以共產黨（俄國舊稱布爾塞維克黨，）稱爲赤黨，列甯是俄國共產黨的領袖。擁護資本主義，反對共產主義或共產黨的是白黨。

（英）

（三）學校每有許多不必要的功課，這種功課還是應當完全棄置不顧呢？還是應當酌上一二課呢？

陳堃良

這個問題，我以爲須參酌事實以決定辦法。大約最穩妥的辦法是：一方將此等功課之不必要應當取消之理由在校刊或講演會等中間宣傳，引起大家討論，以至引起大衆要求廢止這些功課；一方在尚未廢止之前，仍須敷衍上課，而且使有可以及格之成績。只要不希望在這種功課上，希望得一百分，那便可減少許多虛耗氣力。若學校未廢止這些功課，我們却已棄置不顧，在反動教職員，要排斥我們的地方，他們便會藉口我們某科不及格，而勒令我們留級或退學）。

（代英）

中华民国十五年十二月九日 星期四 黄埔日刊 第四版

纪念週中蒋先生演说词

中华民国十五年十二月九日 星期四 中华邮政特准挂号认为新闻纸类 第一版

黄埔日刊

中央军事政治学校政治部宣传科出版

通信处广东黄埔本校政治部宣传科

第二一〇号 本刊每份定价一分

本校本週口号

严守学校纪律！学习革命技术！增进战斗能力！发扬黄埔精神！扩大农工组织！团结革命分子！拥护国民政府！打倒帝国主义！

军队中的同志对于革命的工作，应当不待民众有此要求，即挺身而为民众奋斗呢？

上海的反奉空气

反对鲁军南下通令

省港罢工委员会参观本校

征求社员

照抄总部副官处教育长函

中华民国十五年十二月九日 星期四 黄埔日刊 第二版

党务

省党部促进汪代表出发

警察特别党部重要通告

天津英领事摧残本党市党部详情

入伍生第二团各连党部联席会议

征求烈士遗族及负伤同志通讯处

入伍生第二团团党部成立

要讯

上海有重大变化

美国将与墨西哥开战欤？

中华民国十五年十二月九日 星期四 黄埔日刊 第三版

军事

福州秩序如常

陈陶遗逃上海

京汉路战云密布

日军事家对西北军之观察

政治

国民政府之国际地位

外交部抗议英舰横行西江

各界欢送党政府职员出发

经济

英矿工潮渐解决

英法间之新结合

日本将大借美债

印度将改金本位制

〔中華郵政特准掛號立劵之新聞紙〕〔中華民國十五年十二月九日〕〔星期四〕〔第一版〕（一）

黃埔日刊

中央軍事政治學校政治部出版

通信處廣東黃埔本校政治部宣傳科

〔第二一〇號〕

〔本刊每份定價一分〕

啓事

徵求社員

本社以藝術之方法，負宣傳黨義之責任，自組織以來，成績頗著，惟本社職員及社員，多以開赴前方，關於負責者，在留校學生，茲值改組期內，甚希同學有志於藝術與趣者，踴躍參加，每有時機，則現身說法，登俾無台，大聲疾呼，踴醒我民衆迷夢，不亦快乎！

報告日期——自十二月二日起至十二月十日止

報名地點——第二學生隊十七區隊陳中傳二十區隊李賜九　沙河第一入伍生隊可來函報名，并 血花劇社黃埔

啓者敝人一千三百三十三號證章一枚前被遺失，除呈報外，特此申明作廢　張正有

黃綱訓同志：你現分發何處，請將通訊地點，一并示知爲要　深堀入伍生二團四連羅開

蔣繼英同志，你在第一團第十連嗎？現駐何地？請示知？　本校第二學生隊第七隊二十七區隊陳漢章

王紀康君鑒：劍青迭次來信問你的通訊地址，盼速告我以便轉達　羅霞天啓

本校本週口號

嚴守學校紀律！

學習革命技術！

增進戰鬥能力！

發揚黃埔精神！

擴大農工組織！

團結革命分子！

擁護國民政府！

打倒帝國主義！

本週各學生隊政治討論會題目

軍隊中的同志對于與革命有利的工作應當不待民衆有此要求即挺身上前爲民衆奮鬥呢？抑當俟民衆有此要求，順着民衆的意思上前爲民衆奮鬥呢？

時評

上海的反奉空氣

上海民衆的反奉空氣緊張極了。因爲奉魯軍南下，不僅是張宗昌擴充地盤，是英帝國主義利用魯張再向革命軍進攻！英國不但接濟奉系軍閥以鉅大款項，并且勾引魯張南下，使他和革命軍早日接觸。這是大英帝國主義之毒計，所以我們在反奉空氣緊張的現在，要告訴民衆：僅僅反對奉魯南下是不够的，我們應該進一步討伐英帝國主義的走狗張作霖張宗昌！反抗利用奉系軍閥的英帝國主義！

上海的民衆已經喊着以民衆的武裝勢力打倒張宗昌了，江浙皖的軍隊大都已傾向革命了，上海的海軍已宣告獨立了。我們且看帝國主義及其工具的最後掙扎，能維持到幾時！（雲彬）

校聞

通令　十二月七日　于校本部

爲通令遵照事凡已報名赴前方之本校畢業生，其在校屬範圍服務者，准支十一十二兩月薪餉，仍由各主管官彙領分發，但須收繳證章，其非在校屬範圍服務，又因故離差現無工作者（第四期畢業生因病未能按照畢業時分發前往報到而現無工作者不在此限）概不發薪茲核閱來冊，除第三學生隊來宗恭周廣棋，第四學生隊蔡乘波三員，隨隊出發，不另派送，又保衛團服務記楚池一員，無該團保送公文，概不派送外，茲定于七號截止報名，其旅費經奉總部規定，每員五十元，所有沿途膳宿伙費，一概在內，定於本月十日正午齊至駐省辦事處，由入伍生第一團崔團附謝龍率赴總部代領點名，分期發給，并計劃沿途一切事宜，務須于本月十三日早六時，集合黃沙車站，由崔團附率赴南昌，沿途須悉受指揮，倘有違誤，不再派送，并由該團附報請總部懲辦，除彙冊分呈總部及南昌行營外，合行通令一體遵照，此令，

校長蔣中正　黨代表汪兆銘

照抄總部副官處致教育長函

逕啓者，奉 總參謀長交下貴校入伍生第一團團附崔謝龍呈一件，並附率領本校奉調各期學員逕赴南昌隨營組織計劃，及沿途給養辦法，請核示由，奉批，照以前本部分發往行營例，第二三期畢業生，每人給旅費毫洋三十元，四期畢業生，每人給旅費毫洋五十元，一切費用在內，茲統准照每人五十元，計發給造冊前來點驗發給可也，至應如何編組及需用挑夫火食等，均由五十元內開支，不能另給，抑即遵知辦理可也等因，特此奉達，即希轉飭查照辦理爲荷，

十二月七日，

通報　十二月八日

逕啓者，此次送赴前方工作各期畢業生，計共有一百八十二名，現已彙冊呈送總部核發旅費，茲將其姓名開列於後，即請查照爲荷，

計開

入伍部一百三十五員

李保生　葉柏川　王若海　王　熊　陳克剛

程　沛　帥　正　賴蓄久　張　業　張咸宜

王一球　鄧茂材　秦友唐　王巨卿　周　俊

黃　璟　李鵬芳　全　瑛　廖　鑑　王　直

范錦員　王紹曾　高　鵬　羅赤魂　段執中

傅　焜　葉　生　劉彬新　文佐滿　邱維逵

邱濟安　崖敬民　高吉八　陳　甦　王永壽

王赤民　潘　燮　郭子斌　姜傳武　楊　旭

岳朝科　陳德昭　湯　雨　賓　達　黃化民

韋　澳　張威烈　余開勉　李　彌　丁國屏

劉介平　張　璽　梁　鈺　馬獻珍　何盛璜

黃　冑　李子華　王子超　游石青　曹世偉

鄭　亮　陳衍謨　唐生楚　李徵五　譚三希

劉　英　劉培生　謝光環　李　蓴　潘忠棻

趙　琨　周滌寰　譚耀南　李南屏　李文梁

周貴昌　徐佩衔　程　進　楊富宗　康　莊

董榮光　楊唐彥　曹國濱　姚以爵　陳選義

李富德　馮國華　楊國梁　何克復　田子梅

趙芹圃　郝標文　張仰廣　張萬全　傅新本

張希濤　韓增棟　鄧鏡吾　賀方翹　張天命

湯永成　覃正格　羅　列　李如愚　劉紹伯

張　明　夏季屏　逍鉄臣　蔡毓如　劉鏡潭

何　崎　陳頤鼎　李曉峯　劉嶽耀　駱祖賓

吳澤通　許水相　章只愚　王仲仁　袁執中

施　毓　吳雲卿　段子中　劉　建　曾鑑青

鄧　洸　徐　康　王濟民　張德懋　蔡陸仁

刁其橫　吳秉章　程仰山　王　壹　盧濟泉

訓練部二十員

黃　磊　蘇斯民　李若斌　劉光華　張崚峯

李培蔭　王鏡棠　李棣榮　董崇道　張維城

劉子叔　周慶祥　楊光暄　張宰臣　盛　秀

唐　曦　李子祥　劉志道　鄭爾厚　黃星衢

教授部一員

陳家駒

政治部一員

蔣　澤

未有工作之各期學生二十五員

夏顯忠　陳　堯　趙普全　姜　端　伍子憲

呂開第　胡　軌　周恩渭　李國芳　張叔麒

黃桓泰　廖輔仁　鄧世標　龔紹華　黃幼眉

許致和　徐學保　黃雲帆　王一匡　周似嶽

陳　節　王邦御　郭宗義　朱　岳　許　鵠

附記一，各生雖自來科投到而主管官送來之册上無名者仍不派送，二，過期報名者概不派送

反對魯軍南下之通令

▲討伐張宗昌……反對魯軍南下

本校政治部奉國民革命軍總司令部政治部令云，爲飭遵事，我北伐軍於吳孫兩逆相繼敗亡，正望稍辜休息，再滴餘孽。完成革命之際，忽有山東流氓，北洋偵探，因緣時會，攫得軍權之張宗昌，甘作帝國主義走狗，假借討赤招牌，實行率兵南下，若不早事討伐，流毒不知伊於胡底，第五次各級政治部部務會議，有見及此，特提議除由宣傳科會議，擬定宣傳大綱，參加反對魯軍南下材料外，着飭所屬政治工作指導員，於就地召集人民舉行反英運動時，加入反對魯軍南下標語口號及宣傳各等語，據此，除分令外，合仰飭屬一體遵照，切切毋忽，此令，昨政治部分飭所屬遵照矣。

省港罷工委員會參觀本校

▲教育宣傳團四百八十人……張教官之講演……黃埔學生與工人……黃埔學生爲工農階級之工具

昨日上午十二時，省港罷工委員會教育宣傳團四百八十人來校參觀，當由政治部派員招待，赴各處參觀，返校後，分送宣傳品八種，畫報日報各一種，用膳後，由政治教官張秋人講演，略謂黃埔之精神，建立在本黨的聯俄聯共擁護農工三大

中華民國十五年十二月九日（星期四） 黃埔日刊 （第二版）

政策上。黃埔學生，大多是工農的子弟，因此，更能實行黨的農工政策。同時，農工也能擁護和幫助黃埔的學生，所以黃埔學生一出而打倒陳炯明打倒楊劉，現在竟打倒了吳佩孚和孫傳芳。在這些戰爭中，都有工友和農友的幫助，黃埔的學生因爲得着你們的幫助，更能發展。如果沒有你們的幫助，黃埔決沒有現在這樣的發展。黃埔學生所領導軍隊，是你們工農階級的工具，你們應該用這工具打倒軍閥打倒帝國主義，以完成國民革命。末後略述漢口工人罷工及英帝國主義者援助和勾結奉張，逮捕天津黨員，干涉中國內政情形。聽衆異常感動，午後五時，乘輪船返省云。

黨務

省黨部促迎汪代表出發

中央委員及各省各特別區市海外各總支部代表聯席會議，議決舉派代表五人，往迎汪主席銷假視事，旋因各代表公務繁劇，尙未果行，而各地同志盼望汪主席銷假愈殷，昨省黨部秘書處提出會同各級黨部電請中央執行委員會，即將聯席會議所舉出往迎汪精衛同志之代表五人，剋日出發案，即席議決通過照辦，

警察特別黨部重要通告

▲爲天津英領捕同志事

廣州警察特別黨部，爲天津英領事派探包圍本黨黨部，捕去同志十五人，引渡與奉張事，昨特通告所屬各分部云，（上略）查英帝國主義者，□以不平等條約爲護符，以租界爲羅網，連年以來，虐殺我國人民，已指不勝屈，近更愈圖愈兇，乘中國革命潮流高漲之時，竟因忌而起殺機，在天津租界，逮捕我同志十五人，引渡於奉軍，欲置之死地，希圖壓迫我國革命運動，如此謀殺行爲，凡屬中國革命民衆，以及世界弱小民族，應一致反抗，尤其是本黨同志，更應勇往直前，援助被難同志，尤應將英帝國主義此種謀殺舉動，公諸世界與主持人道者，共同奮起，同時本黨同志宜努力打倒英帝國主義爲死難烈士復仇，爲此合行通告貴分部，請迅將英帝國主義之卑劣狠毒行爲，轉飭各黨員向市民作普遍宣傳，使知英帝國主義之毒惡，實浮于蛇蝎，同時使大家明白不平等條約一日不取消，中國民衆便一日不能得到自由平等也（下略）

⊙入伍生第二團團黨部成立

駐防石龍之入伍第二團，入伍已有數月，該團各連連黨部，雖在沙河早經成立，但團黨部尙未正式產生，工作進行，諸多不便，茲聞特別黨部已於十一月二十八日，特派劉仲容甘竹溪二委員，前赴石龍市，就該團召集前次各連選出之初選代表舉行覆選大會，當場投票選舉，結果韋夙喈劉祥麟劉光澤三人，被選爲執行委員，周仲英余開勉二人，被選爲候補委員，現關於各項工作，業已就緒，陸續進行，該團黨部，於十二月五日，假石龍中山公園，開軍民聯歡大會，暨舉行團黨部成立典禮，是日各界團體之參加，異常踴躍，各界來賓及代表，均極熱烈，演講宣讀祝詞，其態度激昂，陳詞淋漓，頗極一時之盛云，

入伍生第二團各連黨部聯席會議

本月五日開各連黨部執行委員會聯席會議，出席者除各連連黨部執行委員外，並有本團團長政治指導員及特別黨部特派員，亦熱烈的參加，首由常務委員報告開會理由，次按規逐條討論過去及將來工作之進行，均能誠懇發言，無絲毫紊亂，後復通過切身的各重議決案，尤其是特派員提出議決案極多，如黨員大會問題，訓練同志問題，對外宣傳及參加民衆各團體工作問題，汪黨代表銷假問題等，全體一致通過，準斯努力，想將來前途之發展，定有莫大之希望也。

天津英領事摧殘本黨市黨部詳情

▲圍捕黨員之情形……被捕黨員之姓名……帝國主義與軍閥之恐慌……全埠特別戒嚴

天津英領勾結奉張，封閉本黨市黨部，圍捕黨員一事，茲據天津通訊，自黨軍在長沙得勢後，天津市黨部即有所活動，楮玉璞非常注意，自孫傳芳到津後，曾向奉魯直各將領談及黨軍獲勝原因，厥在宣傳，與黨人內應，褚逆聞言大動，即令莊景珂再與英領交涉，務達封閉黨部逮捕黨員目的，英總管當派捕一班，共乘汽車三輛，駛至義慶里四十號，入室搜查，時黨部中祗有江鎮寰邱集中馬增玉王純善四人，英巡捕長即下令逮捕，用汽車送往英工部局，旋即檢查室內文件，捆成十餘大包，運回工部局，時二十三日下午四點鐘也，英帝國主義者將黨部查抄後，留便裝偵探數名，及華捕四人駐守，至四時忽來學生式之青年五人，繼又來一賣蘇貨小販，遂一併拘捕，五時半又來一商人及洋行職員二人，軍人二名，一併解工部局，二十四日上午九時，英總管開庭，提第一次被捕之四人審訊，承認爲市黨部辦事員，言時心平和氣和，毫無畏懼之色，繼又提訊二三次被捕之十一人，均供係訪友，並非黨員，被捕家屬，急委託法克斯（美人）律師，向英工部局交涉，不料二十五日上午九時，已一併移送警察廳，茲從警察廳方面探得各人姓名如下，王鶴洲，趙燕三，王華堂，王培三，王玉容，徐彥鐘，倪志一，孫寶山，馬自芳，韓玉亭，孫斌，趙品三，伍明達，王建文，朱子臣共十五人，聞搜出之黨員名冊，共有七千餘人，至圍捕黨部後，天津實行特別戒嚴，蔡家花園（奉張行轅）戒備尤嚴，即日間亦禁止行人，其餘各馬路，夜十時後至翌晨六時即斷絕交通，大刀隊手槍隊騎巡隊，自行車隊，聯合稽查隊，督察隊，來往如梭，警廳通知各娛樂場，夜十一時一律閉歇，搜查旅館，一夜五六次，稍涉可疑，須取舖保，檢查郵電，亦格外認眞云，

要訊

上海有重大變化

▲滬海軍宣佈獨立……五萬餘人之市民大會……反對奉魯軍……打倒張宗昌……上海人民武裝自衛

久在白色恐怖下之上海民衆，因孫逆失敗，復勾引奉魯軍南下。已憤不可遏，各團體及市民，頓呈活潑氣象，昨日得上海電訊，滬海軍因渤海艦隊將南下，已全部宣佈獨立，傳聞於日間即發出通電，投誠黨軍，歸國民政府調遣，現滬上謠言甚盛，一二日間即有重大變化，當海軍未獨立前，上海全市陷於恐慌之中，上月二十六二十七兩日，有大規模之講演，深得市民一致同情，各團體聯合會，決定於二十八日召集上海市民大會，初未得滬當局之許可，然是日雖陰雨連綿，到會市民達五萬以上，不待官廳之許可，遝自開會，除表決反對奉魯軍南下外，并要求江浙兩省撤隊，表明態度，上海總工會代表講演劉華陶靜軒李左人爲軍閥殘殺時，羣衆呼喊不絕，乃靜默一分鐘誌哀，革命空氣之濃厚，爲近來所未有，遊行時有總指揮在電線桿上，高呼各種口號，茲將大會宣言及口號錄下（宣言）「國民政府興師北伐，本爲反吳，東南五省，夙號保境安民，本可置身事外，乃因孫傳芳受吳佩孚之勸誘，無端加入漩渦，以致閩贛皖三省慘罹鋒鏑，報章具載，讀之酸鼻，本月初旬，贛戰發生變化，孫軍退回江浙，長江軍事已告一段落，東南和平，未始無一綫希望，而天津會議，突然出現，自報載奉魯軍有南下消息，東南人民，即羣起反對，今奉魯軍果南下矣，昨報所載，已抵南京，滬甯鐵軌相通，朝發夕至，鼙鼓之聲，己迫四郊，（中略）魯軍已印一千萬軍用票，亦將流毒於上海市場，吾上海市民今已瀕破家殺身之危境，一息尙存，自救急不容緩，大會萬衆一心，力拒奉魯軍南下，主張上海劃爲自治市，永絕兵災，而江浙軍隊既食人民之祿，應從人民意見，一兵一卒，應負保衛地方之責，不作內戰之用，吾上海市民以決死之心，謀自救之方，衆志成城，敢大聲疾呼，反對奉魯軍南下，（中略）上海人民武裝自衛，實行宣佈上海自治，江浙軍隊應贊成上海人民自治，工商學各界一致團結起來」，（口號）（一）反對奉魯軍南下，（二）打倒魯軍張宗昌，（三）上海人民武裝自衛，實行宣佈上海自治，（四）江浙軍應贊成上海人民自治，（五）工商學界一致團結起來，（六）廢除苛捐雜稅，（七）保障人民集會結社言論出版自由！

美國將與墨西哥開戰？

▲墨西哥贊助尼加拉瓜革命，……墨政府施行煤油土地新律損及美國煤油礦利益……美墨間形勢緊張

美國與墨西哥近日失和，其主要原因有三，（一）墨西哥贊助尼加拉瓜革命軍，美政府則袒護尼加拉瓜政府，又對革命軍，（二）墨政府之立法，近有反對教會之明文，已惹起美國加多力教徒之反感，（三）墨政府施行新地礦條例，不免損及美國之油礦利益，美當局已大大不滿，同時墨外長又宣言，爲墨國利益起見，該條例對於國內外人士，必須一體執行，又墨西哥廿七日電，關於墨政府之地域及煤油條例，委員會已表示擁護，事前各委員對於美政府最近之態度，均有批評，有幾個委員聲言美

（二） 小通信

徵求烈士遺族及負傷同志通訊處

谷尼光，楊定南，童正榮，傅春榮，韓紱賢，任一奔，黃定正，梁載榮，朱選峯，王友生，戴賢鏘，萬公度，房兆文，謝嶼，賀翔，劉振宗，朱藝卿，何寶善，倪鑫，潘廣城，袁龍潮，胡燦，張宴賓，華學瑞，江興寬，蔣鐵生，趙履强，陳彪，李濟，王然，蔣克昌，揚國興，曾勉，鄧福安，龔居仁，林耀康，共計三十七名，或因陣亡，或係傷廢，如有知其家屬通訊處者，請即通知敝科爲荷，

中央軍事政治學校政治部黨務科啓

「羅致同志：敝友羅君瓚瀛新從長沙來粵，探訪兄台，但不知兄台現□何處，□見字希告盼切！

黃埔軍校第五期第三學生隊（砲科）第九隊鍾□重」

胡明濤同志（四川巴縣□仙口人係胡純緣之子）你今年正月來粵投考本校不知編在何連隊，頃接貴友黃枝貴函問你，來信告我交沙河第一學生四隊十區隊弟不悟

賈隆標謹啓

中華民國十五年十二月九日 〔星期四〕 黃埔日刊 〔第三版〕

國加多力教徒，不應要求其本國政府，來干涉墨國宗教事件，又有一個激烈份子宣言，除非美國國旗已飛揚於墨西哥，美國在墨之某種利益，必不能得到滿足，但墨國人士，如有一個尙在人間，亦必極力抵抗美國之侵略，美大使甫回墨西哥，愛克賽爾西哇報卽痛詆美國政治家態度之首鼠兩端，今日稱揚墨國之政綱，明日卽痛加攻擊，又謂美國政治家富知一國苟爲其他各國所仇視，則難久存於世，美國縱極富强，決不能免遭恃霸力橫行之各國所遭命運云，又墨西哥電，關於煤油及土地新律，美墨兩國政府正嚴重交涉中，惟墨國既公布明年一月實行，美國煤油公司，以失其既得之特別權利，有慫勵美政府以武力壓迫墨國取消該條例消息，一般人謂墨政府決意不爲威力所屈，又觀於駐墨美國煤油公司紛由美國運至大帮武器，嚴陣以待，恐一旦交涉決裂，美墨兩國將開始戰爭云，

軍事

福州秩序如常

革命軍入閩後，據路透社上海五日電，黨軍確已佔領福州，剩下地方秩序如常安謐，又東方電，黨軍入福州後，警察失權，日本陸戰隊上陸保護日僑民，現福州城秩序已完全恢復云，

陳陶遺逃上海

皖陳獨立之證實

京漢路戰雲密佈

前日上海方面昨盛傳安徽發生變化。據皖同鄉消息。陳調元傾向主和，隱示拒絕魯軍大兵過境，一方安慶各法團極力運動，劃安慶爲緩衝地，陳與高世讀皆表贊同，張宗昌對此頗爲注意，又據日人消息，陳調元已與革命軍妥協，張宗昌決在徐州率五萬精銳攻擊，陳正佈置陣容，將於本星期左右發生衝突，一方渤海艦隊將派肇和海圻等艦裝海軍陸戰隊六千駛長江助攻蕪湖，似長江下游之變化將不遠矣，又訊，自魯軍南下後，蘇省長陳陶遺忽請假兩星期，四日夜十一時偕公子及秘書姚鵷鶵祕離甯來滬，省篆交政務廳長曾樸代，陳表面稱因葬事回松江原籍，聞實因軍餉難籌，及以孫傳芳大事已去，託故去職，蘇長將以徐鼎康繼任云，又訊奉方以靳雲鶚魏益三等暗聯黨軍，不顧作戰，決以韓麟春爲總司令，率奉軍由京漢路南下，魯軍由隴海路西進，謀佔豫，奉軍三四方面軍團準備動員，限一星期內集中邯鄲大名磁州等處，陸續開入京漢線，擬先進至黃河北岸，現靳（雲鶚）魏（益三）已節節在黃河南岸佈防，實力拒奉軍南下，現京漢路已密佈戰雲矣，

日軍事家對西北軍之觀察

▲國民軍與南方協力

▲大功告成不出三月

日本某軍事家談云，南口一戰，國民軍並未完全潰滅，其約半數入綏遠，除半數經甘入陝，各保存其勢力，入綏遠者，爲韓復榘及石友三兩氏等部隊，約三四萬人，與晉軍商議講和，集結包頭綏遠地方，一方由甘入陝者，約在三萬內外，有於九月底以來攻擊西安之說，並傳劉鎮華已於十月中逃亡，又據最近吳佩孚擬率兵入陝之報告，則國民軍攻克西安，已成事實，或謂奪取潼關，殆非宣傳過甚之辭，馮玉祥既加入國民黨，國民軍與南方國民軍協力，則上述兩兵團將來一依京綏路東進，餘由陝入豫，進出中原，不難想像，大約大功之告成，殆不出三個月或六個月之後云，

政治

國民政府之國際地位

▲各國承認之醞釀

▲重南輕北之空氣

華盛頓本月一日來電，報告各所在國，討論承認國民政府事甚詳，華盛頓方面，有美議員十一人，以中美同爲民主國，應首先承認力爭自由之中華國民所組織之新政府，法國亦有相同之醞釀，倫敦工黨與自由黨已公開討論承認方案，德國爲謀貿易上得好感，工商界亦將請政府倡議承認，日本官民對此尤努力，已表示希望國民政府先派一代表，常駐東京，較其他各國已佔先着，駐日代表人選問題，正徵求蔣總司令意見，並聞日本俟國民政府宣告成立移漢時，卽首先承認，又最近北京各華文報紙，皆陳說外交界之空氣，偏於重南輕北，又云，列國多懷一種新觀念，以爲廣東政府之勢力，或將成爲中國時局之重心亦未可知，日本佐分利局長之赴粵，乃因日本際茲互訂通商條約之時，欲圖尊重中國國民之意志，是以日本現已注意北京政府，果能代表全國民之意志與否，外交界之觀測，以爲倘南方之勢力再見發展，則英國承認南方政府，亦非不可能之事云

外交部抗議英艦橫行西江

政府厲行禁烟，在西江一帶設私運檢查所，凡經過該處之各國商輪船，均應一律服從搜檢，不料近有英輪廣福祥由港抵河口，已受檢查，而事後廣澳艦竟函檢查所反對，又有英輪大明及福安由港往梧停泊河口，該船主謂奉英艦命拒絕檢查，又英艦擱撈拿號，包攬護送太平山東江火油船兩艘，載柴東下，闖過西江檢查所，不受檢查，及檢查乘船過往，該英艦公然將衛兵槍三枝繳去，其橫蠻無禮，可見一班，又十一月十一日有遠東號小輪，拖聯登聯泰兩運船，儎柴五萬餘把，重約六七十萬觔，駛過都城分卡，迫卡請查驗，飭繳護費，詎是日下午七時，猝來英國摩軒號兵輪，將遠東小輪及兩船押駛而下，並不納護費，旋卡員向該兵艦質問，則稱洋商營業，不但不繳費，嗣後不得檢查等語，外交部對英艦此種橫行，已向英領提出嚴重抗議，而英領猶復以我國檢查，係與條約上領事裁判權相抵觸爲辭，外交部當卽擬函駁覆，略謂，「大函稱鴉片檢查與領事裁判權相抵觸一節，本部長對此，亦不能不略爲聲明，今姑勿論貴國對本政府之地位與關係，尙未有法律的根據，可以提出違約問題，卽就舊時中英條約而論，其所規定領事裁判權行使之範圍，原僅限於民刑訴訟事件，與行政權絕不相干，卽於一八五八年天津續約第廿一款，亦不過規定貴國領事，不得妨礙我國警察權行使之義務，而非規定其任何權利，故曰，一經中國官員照會，領事官卽行交出，不得隱匿袒庇，此乃規定貴國領事官不得不交出，而非規定中國官不得不照請也」云，

各界歡送黨政府職員出發

▲歡送代表萬餘人

黨政府北遷，各職員已於昨七日六時由大字碼頭轉輪赴黃沙搭車往韶關，是早天字碼頭已由各界歡送大會預早佈置定妥，門口綴以生花橫額，并僱定紫洞艇小輪各數艘，以便各出發職員與歡送團體轉赴黃沙之用，七時許，各職員及行李已到齊，卽開往黃沙，抵站時歡送團體已人山人海，慶鬧非常，查是日出發者，爲中央黨部第一批職員，學術院各學員，國民政府副官處，祕書處職員，全體衛士隊，挑夫百餘名，行李及宣傳品物極夥，故各卡均甚踴躍，送行者八時五十分，火車動輪時，各界人士均高呼萬歲，門前進口號，直至火車遠駛，然後分乘火輪回天字碼頭散隊，又聞張譚兩主席，尚因辦要公，未能於是日出發，須延遲一兩天，始行起程，故是日起程之職員，尚須在南雄候張譚兩主席到達後，方能一齊北上云。

英礦工潮漸解決

▲蘇格蘭礦工已復工作

▲路透社二十七日倫敦電，諾桑白倫礦工以一六二八八票對六二五一票通過解決條件，公會已通告各礦工立卽復業，蘇格蘭礦工已開始恢復工作，其解決合同有工時每班七小時至八小時，工資照舊發給，與罷工前同等條，惟許多煤礦，暫時僅能收容一部份工人，餘則須俟佈置就緒後方能入礦，北斯台福夏礦工公會雖在談判辦法中，已准其會員立卽復業，

英法間之新結合

▲英外相宣稱英法取同一政策

英外長張伯倫，在英使館接見報界訪員，宣稱曾與法外長白里安，作一度長時間之晤會，其討論範圍，不特予國際聯盟種種問題，加以審察，且于其他重要問題，亦經道及，並謂所議各事，彼此已臻協洽，尤以本屆國際聯盟會議各問題爲最洽，至歐洲大局，須逐漸籌謀解決之策，始可漸臻遠大，此爲整理歐洲局面之唯一方法等語，張伯倫旋與白里安同乘火車赴日內瓦云。

經濟

日本將大借美債

▲總額二億元

東京電，爲金輸出解禁之準備，日本政府擬在美國設定借款二億元，目下已着手調查。又電，日本政府爲預備實行金貸出境弛禁起，見擬與美國摩根銀團訂約作二億元之相信用交易。

印度將改金本位制

▲明年實行

印度改革幣案，年來聲浪澎湃，此種金融制度變更，關係甚大，經再三審愼，准明年實行金本位，現先創設準備銀行，決定勞碑價格，并先廣購金塊，世界金銀市場，因此大受影響云。

中華民國十五年十二月九日〔星期四〕　黃埔日刊　〔第四版〕

題目

紀念週中蔣先雲同志演說詞

紀念週中蔣先雲同志演說詞

彭銘予 李滌躬 筆記

同學們：兄弟此次同來，係奉校長命令，向同學作一報告。在過去的時候，校長每每不知不覺地担心後方的同學。恐怕後方同學多半不能完全「親愛精誠」的校訓，不免發生糾紛。假使後方同學知道了前方的情形，一定不致鬧意見，起糾紛；只見奮起直追，努力革命：在軍事方面，鄧主任前已報告一次，茲亦附帶作一個簡單報告，使各同學知道前方同學是如何樣拚命殺賊，校長是如何樣身臨前敵，不懈的奮鬥。這次北伐在軍事上，可以分作兩個時期：一爲討吳時期；一爲討孫時期。

我們軍隊此次在前方的佈置，左路與中路討伐吳佩孚，右路討伐孫傳芳。在戰略上說，先專討吳，後再討孫。故初與吳戰的時候，不但不與孫傳芳決裂，還與他虛與委蛇，使他不同時向我們進攻。故自七月二十七(？)日，校長出發，到九月中便把吳佩孚打倒了。這次討吳的成功，在大的範圍說，是由於得到民衆的援助。在湘經過的一，四，七，八各軍紀律甚好，故於平江，株州等役，民衆每每擾亂敵之後方，間接給我軍以莫大的援助。此等處，吳佩孚原不及料，平日只是譏誚我們說大話，無實力。到此始給他個利害；他已認識清楚了。討吳之後，按着討孫，這個意義，就是出師北伐的本意。北伐的意義是要打倒吳佩孚之後，永不使有第二吳佩孚繼起。

「五卅」以來，民衆勢力，異常發展，眞能使帝國主義者驚心動魄：其最恐懼者，即我們新興的武力。故他們一方極力援助討赤，一方設法緩和張吳間的衝突，使其一致向我們進攻。湖北既下，外人恐慌益甚，尤其是英帝國主義者，便預備了一千萬給孫，助其抵拒革命軍，但實際孫傳芳只得到六百萬，便已失敗了。故餘剩的四百萬，已停止撥付。

孫傳芳原先以主力屯駐贛北的用意，是靜待我們的勝敗，而施其狡計。假若吳佩孚敗了，他便率師入鄂，代吳佔駐武漢。假若我們敗了，一方由贛西出湖南，賭截後路；一方由贛南攻取我們革命根據地的廣東。吳雖勝，以爲不過佔有湖南，一時決難與彼爭江西或廣東。其用心可謂至險。故我軍既得漢陽以後，武昌城雖然未下，劉玉春還在固守，校長便決計急攻江西。當時校長還說，劉玉春之固守武城，並非待吳佩孚的援助，因爲田維勤與靳雲鶚的軍隊，都不服從了吳佩孚，是吳已無再起之可能。他們都想擁戴孫傳芳爲繼起的領袖，那末，劉玉春之固守武城，是爲了待孫傳芳的援助無疑。故當時目標，已不是吳而是孫。故非急攻江西不可。校長由此決定親自到江西督戰。

孫傳芳素性狡猾，其取得閩，浙，蘇等省地盤，均是以巧取勝，未費多大力量。故於我攻吳時，他一面袖手旁觀，表示不參加任何方面，一面却暗中佈置甚力，以備時機到來，施其狡計。故當時我方一面亦虛與委蛇，一面亦充分準備。在我們現得萍鄉，袁州一帶並攻近南昌時，孫傳芳便限我廿四小時退後。不料廿時他又得到張宗昌進兵徐州的消息，廿四小時還未到，他又有表示和緩的電報到了。我們當然不受他的騙，還是積極的進攻。以二，三軍攻贛西，一軍攻修水一帶。當校長還未到岳州，一軍六軍，一師在南昌失敗，損失甚巨。當時因交通阻塞，指揮不統一；待三軍到高安，一師業已退却。校長以二軍，二師歸魯副軍長指揮，向南潯鐵路進攻－－孫傳芳之主力軍即在此。

當第一次南昌失敗，校長非常傷心；因此憤不顧身，親臨前敵，率第二師沿河進攻南昌城的北門。當時有校長因傷致死的謠言，這種謠言，雖然出於反動派的造作，其實原來也很危險。當其進攻北門時，有幾顆敵彈落到巨離三四十步的地方，校長一點不猶豫，還綁上裹腿，預備親自打衝鋒。但敵人亦於此時組織敢死隊一千名，預備由北門衝鋒出來。一晚，在十時後，敵人自相誤會攻擊甚烈，當有一團長報告校長，謂我軍第六團，盡被擊散，須趕快退後：校長當時叱退之，置之不理。後經多人勸告，始退駐約一里後之二師司令部。當時校長何以如此的努力，不怕犧牲呢？一因當時軍事還甚危險，二因見我同學死了不少，甚爲痛心，欲與我同學共生死。由此看來，校長在此次北伐中，親自衝鋒，受了許多危險；後方同學，不應再使校長有後顧之憂罷！

當第一次南昌失敗時，損失甚巨，嚮影全局，故必後退數十里，以圖補充整頓。此時孫傳芳的走狗報紙，便說我們如何敗退，其實交通不便，消息不靈，本有急圖整頓之必要。進攻德安時，兩得兩失，我們自己援軍還不知道，敵在火車上指揮，又極利便敏捷；故作戰不僅僅需要軍事人材，即交通人材亦不可少。本校此次增無線電科，亦即此意。校長佈置完好之後，即下總攻擊令，第七軍於十一月二日佔領德安，衝破敵人後方陣線，一方面北攻九江，南攻涂家埠，攻破九江之後，孫傳芳廬香亭逃回南京；涂家埠攻下之後，便直下南昌，生擒敵人軍長三人，旅長團長無算，繳械約兩萬餘，這次戰爭之激烈，是民國十五年來所沒有的，因爲雙方都是主力，孫敗不但不能保守江西，江浙都要動搖，假如是我敗，也不只湖北湖南成了問題，就是廣東也很危險，所以彼此都拿出全副力量，拚個你死我活！這次戰勝之後，我們想黃埔同學一定要說，我們自從去年兩次克復東江到現在，都是勇猛無敵，戰無不勝，其實在外人看起來，我們同學却發生了許多毛病－－驕傲，疏懶，不守紀律，軍事訓練，也不如人，受人的藐視，黃埔的特點，民衆已經要懷疑了，校長看到這種情形，很是担心，尤其是担心後方的同學，我希望各同學從今天起去努力，不要蹈從前的覆轍，已畢業的痛改前非，未畢業的要好好修養，

連日報載奉魯聯軍南下，說得多麼熱鬧，表面看來，似乎是孫張已經聯合，向我軍進攻，其實是各有用意，互相利用！張宗昌成了尾大不掉的情形，張作霖很是嫉視，奉軍內部，因爲權利的衝突，已將瓦解，所以應孫傳芳的請求，出兵南下，最大的目的，就是佔領江蘇，把地盤重新分配，和緩內部的衝突，是孫傳芳自九江敗後，嫡系軍隊完全消滅，自己知道江蘇難保，所以決請魯軍南下，使奉軍和革命軍打，自己好退守浙江休養實力，預備捲土重來，這次孫傳芳到天津，奉張待他很好，一面把軍隊急下浦口，但是到了浦口，却又要孫傳芳任前鋒，換一句話，就是說我奉軍已經到江蘇了，你孫傳芳應該趕快搬出去，奉軍要佔江蘇地盤的心思，完全暴露。至蘇皖內部情形，陳儀周鳳岐早有拒奉的決心，陳調元與我軍常有接洽，不允魯張假道，且天津會議，吳佩孚很不贊成，奉系軍閥，內部又常衝突，總括起來說，他們想繼他的『討赤』事業，是沒有辦法沒有能力的，不過是想仰承帝國主義的鼻息，來延長他們最後的命運！我們第一次北伐的成績，已經打倒了孫吳，我們最後的敵人，就是奉張，第二次北伐的目的，就是要打倒我們最後的敵人，不過我們在這個時候，一面要補充修養，一面要團結內部，使校長無後顧之憂，我們如果把校長看成我們的校長，那就太狹了，我們要把校長看成全國革命的領袖，我們盡忠於校長，就是盡忠於國民革命，從前校長要籌備組織黃埔同學會，其意義是要團結我們革命的力量，但是有些同學誤解了黃埔同學的意義，什麼事都來請求，引起了內部的糾紛，同學會也不知道如何去引導同學，每用一紙公文，引起同學的不滿意，大家要知道，同學會不是對外的，也不是保障同學的利益，來造成一個黃埔系的，同學會是要團結精神，統一意志，要把黃埔造成革命力量的中心。我們要把同學會由黃埔擴充到全國，成爲革命的中心力量，以革命和不革命爲標準，是革命的，俄國人都要聯合，不革命的，就是同學也要打倒，同學們作文說話，多不負責任，致引起外人的謠言，自己打架不要緊，使上海各報－－尤其是商報說得不像樣子，儼然我們革命的力量成了一盤散沙了！我們要認清楚同學會沒有多大力量，不要遇事要求，同時學會裡面的人，也不要過事拿命令來說，致引起一班同學的反抗！我們以後應該在革命的利益上着想，不要各人自由拿出意見主張，引起種種糾紛，要一致的聽從校長主持，就是校長未見到的地方，要補充意見，也還要依法定手續，由黨部提議，或者打電報商量，否則對於革命前途，有莫大的損失！校長有一次因爲這事，曾專電辭職，電稿被我收了，勸他不必如此，以後各同學應改弦易張，不要再像從前的那種樣子；

兄弟今天所講的，一方是我個人的話，一方是校長的意思，總括起來可以分做三點來說：

第一點是在這次北伐我們所得的教訓，我們前幾期畢業的武裝同志，在戰線上只有衝鋒陷陣的精神，無平時修養的精神，勇敢犧牲固然是好，但是沒有修養，豈不是冤枉送死？我們在後方未畢業的同志，應該保存這衝鋒陷陣的精神，不要注意修養。

第二點是我們應該有充分的準備，我們自從北伐以來，軍事上節節勝利，各同志不免有驕傲和輕敵的心理，但是我們要知道，我們雖然打倒了吳佩孚孫傳芳，但是我們還有一個最後的敵人張作霖。張作霖的軍隊雖然不大利害，而他的背後却有各帝國主義者幫助，是我們的死敵，我們在這個時候，不但不能夠驕傲輕敵，並且還要從事修養，補充實力，有了充分的準備，才能打倒我們最後的敵人。

第三點是我們應該團結精神，校長在前方非常焦勞，對後方非常担心，望各同志不要時起糾紛，要無條件的團結起來，努力去做國民革命的工作。

今天的話說得很長了，望大家不要以爲是我的話，這是校長的話－－全國革命領袖的話！我們要聽從這全國革命的領袖的話，來發揚黃埔的精神，擴充到全同去！

(完了)

中華郵政特准掛號立劵之新聞紙〔中華民國十五年十二月十日 星期五〕〔第一版〕

中央軍事政治學校政治部出版

黃埔日刊

（第二一一號）

〔本刊每份價定一分〕

通信處廣東黃埔本校政治部宣傳科

為通告事案奉代教育長面諭第四期因病未與畢業考試之各學生定於下星期二三兩日（即十二月十四十五日）補行考試仰即通告各生知照等因奉此用特登報通告凡補考各生屆時來校與試幸勿誤期特此通告 訓練部啓 十二，九。

本校本週口號

嚴守學校紀律！！
學習革命技術！！
增進戰鬥能力！！
發揚黃埔精神！！
擴大農工組織！！
團結革命分子！！
擁護國民政府！！
打倒帝國主義！！

本週各學生隊政治討論會題目

軍隊中的同志對于與革命有利的工作應當不待民衆有此要求即挺身上前為民衆奮鬥呢？抑當俟民衆有此要求，順着民衆的意思上前為民衆奮鬥呢？

討伐張作霖張宗昌宣傳大綱

一，討伐張作霖張宗昌的意義：

（一）根本撲滅反動的北洋軍閥剷除革命的障礙——北方自從袁世凱勾結帝國主義打敗革命軍以後，便造成反動的局面，發出北洋正統之謬論，恃武力以壓迫剝削民衆，新陳代謝，歸結到今日的吳佩孚張作霖孫傳芳張宗昌為極。然吳孫被革命軍一擊，一敗亡於武漢，一敗亡於南潯。而吳孫既後先崩潰，奉魯二張妄想趁機獲得北洋軍閥領袖的地位，實圖與革命軍作最後的反抗。我們革命的口號，打倒軍閥，不僅打倒吳孫兩個軍閥，是要打倒一切軍閥。尤其必要打倒張作霖張宗昌兩個最頑强的軍閥。不然，我們的障礙未除，我們的危機四伏，革命絕不會成功。所以我們欲求革命的成功，必乘時把北洋軍閥根本撲滅，障礙已去，本黨主義始能實現。

（二）打倒日英帝國的最後工具——曹吳是英帝國主義的工具——孫傳芳是英帝國主義培植曹吳而後起的工具，段祺瑞是日本帝國主義的工具，這是誰也知道的。但這兩個工具不出三月就先後崩潰，英帝國主義眼見在揚子江沿岸勢利銷失，急得手足無措，欲再扶助一個新工具，決不能在這短時間可以辦得到，而且現在的小軍閥又漸有覺悟，因此很親日帝國主義工具的關强，遂極力向日帝國主義拉攏，欲驅使他們的工具！奉張魯張，來與革命軍作最後的反抗。我們也知道不將！英日帝國主義者的最後工具（奉張魯張）打倒，革命是不會成功。現在我們聯合革命戰線，正待分頭痛擊，敵人的崩潰，即在目前。

（三）解放北方民衆的痛苦——完成國民革命 我們的革命不是解放一部分民衆的痛苦，是要解放全國民衆的痛苦，尤其是北方的民衆，被奉系軍閥荼毒，壓迫，痛苦不堪，我們欲完成國民革命和解放北方民衆的痛苦，不能不急須討伐張作霖張宗昌。

（四）保障已得的勝利 革命軍既克武漢，繼復攻下南潯，長江上下游都有歸入革命勢力範圍的趨勢。不出三月我們欲得到這樣的勝利，這完全是民衆深受壓迫起來要求解放的結果。我們欲保障既得的勝利，使民衆永遠不再受壓迫，尤不可不急須討伐張作霖張宗昌，早日肅清此反動軍閥的勢力。掃除革命的障礙。

二，張作霖張宗昌的罪惡：

（一）壓迫革命運動 革命的意義本是把敗壞的舊組織推翻，另行建設新組織——種進化的要求。封建軍閥所代表的是舊的勢力，革命所要求的是新的時代。所以封建軍閥對革命運動要竭力壓迫使其不能發展。而此壓迫革命運動為最兇殘，最蠻辣者首推奉系，故革命份子遭其慘殺拘禁者不知凡幾。其阻礙進化之罪惡瀰天。

（二）慘殺民衆 處在最反動奉系軍閥勢力底下的民衆，隨時均有破家殺身之禍。奉軍未到北京之前，即先指使段氏慘殺愛國學生至數十人之多，其後如槍斃記者邵飄萍林白水，其被拘禁者更不知數，在奉天為擾亂錢商提高紙價佗換，覓搶斃錢商多人，在天津在山東略有嫌疑，輒誣為過激赤化，遭其槍殺者，時有所聞。如最近在天津勾結英帝國主義拘捕本黨黨員十五人，據報載，已被判決死刑。奉系軍閥草菅人命，誠已罪不容誅。

（三）在北方之一切暴政 奉軍足跡所至，村戶為墟，奸淫搶掠，强使軍用票，牧白俄流氓，慘害同胞，一切暴行，無所不用其極。動輒强扣車輛，阻礙行旅；借名戒嚴，大興文字之獄；藉口討赤捐，劫奪民財。近日張作霖秘密借外債五百萬，張宗昌發軍用票一千萬，均充侵略軍費，强迫人民負担。更命其走狗，組織僞政府，為剝削民衆的工具。總之奉系軍閥在北方種種之暴政，實說不勝說。

（四）勾結日本帝國主義的賣國行為 日本帝國主義欲擴展并保持其中國之勢力，張作霖又欲壓迫人民把持其封建王者之生活，遂互相勾結，不惜聽日本帝國主義之指揮直向民衆殘殺，做日本帝國主義的工具，訂定密約。東三省之土地利權不惜拱手以奉之日人，是故東三省雖仍名為中國，其實不啻日本帝國主義之領土，張作霖張宗昌近復勾結英帝國主義；斷送國權，變本加厲。竊其食其肉尚不足以懲其罪惡於萬一。

三，奉系軍閥必然失敗，革命軍必然勝利的原因：

（一）國內革命勢力的强大 革命的勢力，不僅在革命的軍隊，而尤在于革命民衆的組織。現在革命軍的勢力已經達到長江上下游，寂綏陝甘等地，均入革命勢力範圍，全國民衆已漸有其强大的組織。革命軍的武力與人民已能合做一塊，總理說武力與人民結合，則必勝；反之，與帝國主義結合，則必敗。在武漢，在南潯之役，革命軍皆以少勝多，由此，很可以得到一個確實的證明。

（二）帝國主義本身內部的分裂。各帝國主義為利益衝突，漸有趨於分裂之勢。如法德協定，顯然是抗英的舉動；英意結合，顯然是嫉忌法國援取摩洛哥的情形。於此一端，可以斷定是將來大戰的種子。近如圖經濟的大集中組織東歐鋼鐵托辣斯的談判，國際鐵路托辣斯之組織會議，將來歐洲經濟形勢之大集中後，歐洲資本主義即已達到崩壞之期。他如英帝國國內，煤礦工潮，迄今半年，不但不能解決，且愈演愈烈。帝國會議決定各屬地自治，還不啻是宣佈獨立，英帝國主義內部之分裂，於此可見。日帝國主義近來因政潮澎湃，頗呈不安，僞閣派甚形活動，政府禁止現金出口，故財政上已起恐慌，而且勞動黨的組織，已漸堅固，革命之機已伏，於此我們可以知道日帝國主義潰裂之期，也不在遠。

（三）奉系軍閥內部的分裂 張作霖對於張宗昌，是把他作一個部將看待，但是張宗昌却自認是直魯軍的領袖，不甘再居人下，并想擾得河南江蘇，以遂其將來稱霸中原的野心。因此，自然是要和張作霖衝突。而張作霖亦因恐張宗昌勢大難制，即令張學良督直，奉張此次入關大半為張學良督直問題而來。但張宗昌尤不肯讓。最近奉張將北京軍警權，都移到奉天派手裏，張宗昌尤其不快活。再如奉張派對南軍事，始終不敢嘗試，楊宇霆一再主張，而張宗昌竟先率所部進至蘇境，急於謀奪蘇浙。于此可知奉系內部的分裂，已漸次露骨的表現，張宗昌將來將為郭松齡第二亦說不定。

四，我們的戰略：

（一）繼續反帝國主義反軍閥的戰爭——我們革命是要對內打倒一切軍閥，對外打倒一切帝國主義。在此軍閥先後崩潰，帝國主義漸呈破裂之際，我們應該遵照總理遺囑：「革命尚未成功同志仍須努力」的精神繼續奮鬥，尤其在我們武裝的同志，必須團結一致，聯固戰線，繼續與軍閥和帝國主義最後的決鬥，以竟全功。

中華民國十五年十二月十日〔星期五〕 黃埔日刊 〔第四版〕

固然我的驅殼是和以前一樣。
但是我已確定了「我底革命的人生」了。
什麼舊禮教的束縛！
什麼反革命的渲染！
什麼英雄名士的虛榮！
什麼功名美人的慾求！
這種種過去的創痕呀！
已經被洗滌得乾乾淨淨。
擁着滿腔的熱血，
培養着一朵鮮紅的革命之花。
帝國暴狂，
軍閥專橫，
眼看了民族沉淪，
禁不住熱血沸騰。
沸騰的熱血呀！
願你趕快地噴出，
淹殺那破壞人類自由平等的蟊賊。

十一月卅日於政治部宣傳科

問答

入伍生四營十五連學生張銓問　政治教官張秋人答

（一）何謂托辣斯，與新堤嘉？

（二）何謂道威斯計劃？

（三）何謂基爾特社會主義，與科學的社會主義有什麼分別？

（四）俄國的革命，要到一革命條件行不通的時候就拋棄了馬克思的共產主義，才會懂得回到根本工作的新經濟政策上去，這是什麼理由？馬克思的共產主義，在世界上真的行不通嗎？

（五）士兵是被壓迫者之一，我們應當要設法去救濟他，為何在光明磊落的國民政府革命旗幟之下的士兵生活，還不能改良？（如各軍搭發公債庫券，使士兵的經費無着）。

（六）有人說「唯物史觀」，「剩餘價值」，「階級鬥爭」是馬克思的三大名著，這句話是否正確？

（七）俄國的社會民治黨分為兩派：一派以布來浩諾為領袖，所主張的叫做「門雪維克」，一派以列寧為領袖，所主張的叫做「布爾雪維克」，他們這兩派，都是馬克斯主義者，為何他們兩派在工作上及實際上：彼此攻擊，互相衝突，始終不能聯合一致的去打倒俄帝國主義，這是什麼緣故？

（八）我們中國在國民革命成功以後，還應否繼續不斷的促進社會革命的實現呢？

（九）社會主義的派別繁多，（一）在經濟上：有共產主義和集產主義兩派；（二）在政治上：有國家社會主義和無政府主義兩派以，就無政府主義來說：其中又分兩派，一是共產主義的無政府主義派，一是個人主義的無政府主義派，我們知道社會主義的派別，既然有這樣的多，他們的為用當然各異，在現在次殖民地的中國，什麼社會主義，根據這種情形，我們要實行社會革命，應當要採用社會主義的那一派呢？

1，托辣斯與新堤嘉都是資本家的聯合公司，壟斷某種營業的。但二者的組織不同。加入托辣斯的每個企業完全喪失其獨立性，各企業完全要受這資本家的聯合公司——托辣斯指揮的。加入新堤嘉內的每個企業可以各自保存某種程度的獨立性，不過互相約定商品的價格不能低過于一定的限度，共同分配定貨或共同劃分商品的銷場等等。

2，道威斯計劃是協約國共管德國的計劃，詳見「中國青年」一五十六期。

3，基爾特社會主義是英國小資產階級的產物。他們主張，（一）廢止工銀制度，（二）要求產業自治。他們主張勞動者以職業為本位，組成基爾特，管理生產上的一切事務；而使國家管理非生產上的事務（如教育，衛生，治安或國際關係的處置等。）科學的社會主義就是馬克思的共產主義，可看共產主義的ABC。

4，俄國並沒有拋棄了馬克思的共產主義，新經濟政策正是產業落後的俄國實現共產主義的一個方法。

5，財政部已照政治會議第四十九次議決，士兵薪餉，不搭發公債庫券。

6，不確。這三說是馬克思的創見，馬克思主義的精髓。

7，因為多數派主張徹底改造，階級爭鬥，勞工專政，少數派則主張與小資產階級妥協。少數派的首領是馬爾島夫，不是布來浩諾夫。

8，要到實現總理所說的大同主義為止。

9，因中國是如你所說的次殖民地，所以要國民革命，至於將來如何，要看將來的客觀條件。

第二學生隊第卅區隊楊鼎問

1，早幾天看見國日報上所載布加利亞發生白色的恐怖白色是什麼？

2，達爾文學說是怎樣的主張？

3，從前我在家裏時候好多貧苦而且年老的百姓說，不出皇帝，天下不得太平；我們沒得好日子過，是不是從前滿清政府有點好處給他們，使他們這時候還存看這種心理？

4，我們家鄉裏有些前清舉人進士秀才家裏有幾千畝田地，是現在鄉裏紳士們。他們組織甚麼最樂壇，說甚麼神仙飛鸞乘訓，勸世人不要作惡作非，務宜崇信道德禮義廉恥。這是不是合社會的要求，並且此等人是不是劣紳？

1，是布加利亞資產階級新政府，用武力壓迫革命，及工人運動的「屠殺現象」。

2，達爾文研究生物的生存發展，發見生物進化的定律，是以優勝劣敗的競爭做自然選擇而演化的。可看中華書局出版的「達爾文物種原始」。

3，鄉村中農民頭腦於傳統的思想和暗示，莫名其妙的以為有了皇帝，他們的生活便會好，這是他們習於「依賴」的結果。但有些地方滿清時確比民國好——如四川梓潼縣的錢糧，已被軍閥預徵至民國四十八年，滿清時却沒有這種事。

4，在亂世中的富人無法保障財產，窮人無法保障生活，故都容易流入迷信，依賴神鬼，以求一不可必得之保障，以為一時的安慰（其實是一種暫時的自欺）。所以扶占求籤以決禍福等事，遂為今日中國一般鄉紳及愚夫愚婦所信仰。這自然是不應該的。我們當去喚醒他們，叫他們要用自已的力量，革命。勿信命運神鬼而作安分之馴奴。我們若為他們說明他們底痛苦之所由來，他們亦自會這由反抗的。至於滿清餘孽，藉神鬼以迷惑羣衆，以便蒙固他在鄉村中的剝削者的地位，自然是算是劣紳，應該打倒他。（楚女）

第四學生隊三十七區隊萬慶文

一，蘇俄現在有沒有資本家！是不是國家資本主義？

二，社會主義時代細密的組織是怎麼樣？

三，資本主義與社會主義經濟上根本不同之點何在？

四，請說明經濟恐慌的原因？

五，在國民革命過程中階級鬥爭還是有利于革命——還是有害于革命？

1，蘇聯還有私人資本存在，但有一定之法律的限制，其額很小。蘇聯現在不是行的國家資本主義，它是以「無產階級專政」，向着建設共產主義社會的路上走的。

2，沒有哪個社會主義者敢學柏拉圖或其他唯心派，在事先即由他的主觀頭腦中，去規定一個未來社會的細密組織法；但有社會主義之原則（如各盡所能，各取所需）而已！

3，資本主義的生產，是以資本家獲得利潤，是以「交換」為目的而生產。社會主義的生產，是以保證全社會上每個人都有平等的相當的安全滿足之生活，是以「使用」為目的而生產。

4，各個資本家為了自己要獲得利潤，盲目的競爭生產上毫無通盤計算的規畫，常致生產過剩，工廠倒閉，工人失業，金融紊亂，而起經濟界（全國的或全世界的）大恐慌。

5，階級鬥爭是因為先已有了「階級」遂致不可避免的「事實」。它只有促進國民革命的力量的——決不會有害於國民革命。五卅時，上海大商買辦階級不肯罷市一致對外，工人乃在華廠（中國人資本所開）中罷工，因而促使大商買辦階級覺悟，即行罷市。（楚）

短劍

國家主義派兩年來的成績

國家主義派近來還在那裏誇張他們兩年來的成績：出了不少書報，組織了許多團體。可是他們最好的一個成績却沒有說出，就是雲南皇帝唐繼堯，已經愛上了他們，要做他們的領袖了。這是何等驚人而足以自豪的成績呵！（雲）

國家主義派又做起詩來了

「當今亂世紛爭日，正是男兒破浪時；沙場一洒頭顱血，世上方知有健兒！」國家主義者居然做起這樣的一首詩來。可是除了我們的革命同志在湘贛鄂等處有這樣的犧牲精神外，國家主義派在那一處沙場裏洒過頭顱血？咳，不要臉！（雲）

兩個丟臉的

孫傳芳對張宗昌說：「山東人的臉被我丟盡了！」上海四川同鄉為主張國家主義的曾琦不肯參加討論萬縣慘案會，宣布開除他的四川省籍；然而曾琦却不肯自己說「四川人的臉被我丟盡了！」。畢竟還是武人爽直！（彬）

還讓唐繼堯聰明

孫傳芳的三愛主義沒有了，張作霖的三權主義還在趕緊製造，唐繼堯却拿了現成的國家主義，並且國家主義派中有不少的現成走狗，不必像張作霖隨時去臨時叫何海鳴來組織反赤宣傳隊。這樣看來，還讓唐繼堯聰明！（彬）

啓事

魏廷幹，唐永澄，二兄：弟已編入第二學生隊十七區隊，住在本部，不識兄服務何處？有暇告我否！岳山（原名席儒）

鄧克强同志：我們自升學以後不知道你編在何部隊並且還有一個信在你那兒 [illegible] 第二學生隊第五隊二十區隊吳學潤

吳向貴同志：九月十六日，開縣教育局，寄兄一掛號信，尚存校本部，請示通訊處，以便轉寄。岳山

孫紹衣同志：我就是那一天與你談了一會話，現在不知你開往何處？請示知 第二學生隊第五隊二十區隊吳學潤

江之濟 [illegible] 同志：[illegible] 駐本校第二學生隊第六隊第二十二區謝 [illegible]

孫繩武同志鑒：你到粵已四月，無信歸家，你家二次電問你在何處？請急函歸，並函弟為要。

魏廷幹，唐水澄，同志：久別甚念！弟現編入第二學生隊十七區隊，住校本部，不識兄服務何處，有暇告我否！！ 岳山
駐東莞二團二營七連謝文莊（原名金熙）

中華民國十五年十二月十日〔星期五〕 黃埔日刊 〔第三版〕

革命之路

題目：我們目前工作應注重的幾點　新入伍生教育上的需要　詩歌　我底革命的人生　問答　呼喊！討赤大人們休矣！

我們目前工作應注重的幾點

[illegible]

新入伍生教育上的需要

[illegible]

呼喊！討赤大人們休矣！

[illegible]

我底革命的人生

[illegible]

中華民國十五年十二月十日〔星期五〕 黃埔日刊 〔第二版〕

黨務

第二學生隊第五隊黨部成立大會紀事

[illegible]

要訊

漢口工潮之一瞥

[illegible]

中央海外婦女兩黨部設駐粵辦事處

[illegible]

校聞

巴縣旅粵學生會中大學生及宏英學生會來校參觀

[illegible]

軍事

何軍長已到福州

[illegible]

盧香亭受傷逃遁

[illegible]

省黨部通告各縣黨部慶祝北伐勝利

[illegible]

小通信

[illegible]

中華郵政特准掛號立劵之新聞紙〔中華民國十五年十二月十日〕〔星期五〕〔第一版〕

黃埔日刊

中央軍事政治學校政治部出版
通信處廣東黃埔本校政治部宣傳科
（第二一一號）
〔本刊每份價定一分〕

為通告事案奉代教育長面諭第四期因病未與畢業考試之各學生定於下星期二三兩日卽（十二月十四十五日）補行考試仰卽通告各生知照等因奉此用特登報通告凡補考各生屆時來校與試幸勿誤期特此通告

訓練部啓　十二，九。

討伐張作霖張宗昌宣傳大綱

一，討伐張作霖張宗昌的意義：

（一）根本撲滅反動的北洋軍閥剷除革命的障礙——北方自從袁世凱勾結帝國主義打敗革命軍以後，卽造成反動的局面，發出北洋正統之謬論，恃武力以壓迫剝削民衆，新陳代謝，歸結到今日的吳佩孚張作霖孫傳芳張宗昌為極。然吳孫被革命軍一擊，一敗亡於武漢，一敗亡於南潯。而吳孫既後先崩潰，奉魯二張妄想趁機攫得北洋軍閥領袖的地位，冀圖與革命軍作最後的反抗。我們革命的口號，打倒軍閥，不僅打倒吳孫兩個軍閥，是要打倒一切軍閥。尤其必要打倒張作霖張宗昌兩個最頑强的軍閥。不然，我們的障礙未除，我們的危機四伏，革命絕不會成功。所以我們欲求革命的成功，必乘時把北洋軍閥根本撲滅。障礙已去，本黨主義始能實現。

（二）打倒日英帝國的最後工具——曹吳是英帝國主義的工具——孫傳芳是英帝國主義繼曹吳而後起的工具，段祺瑞是日本帝國主義的工具，還是誰也知道的。但還兩個工具不出三月就先後崩潰，英帝國主義眼見在揚子江沿岸勢利銷失，急得手足無措，欲再扶助一個新工具，决不能在這短時間可以辦得到，而且現在的小軍閥又漸有覺悟，因此很覬覦日帝國主義工具的馴强，遂極力向日帝國主義拉攏，欲驅策他們的工具！奉張魯張，本來與革命軍作最後的反抗。我們也知道不將！英日帝國主義者的最後工具（奉張魯張）打倒，革命是不會成功。現在我們聯合革命戰線，正待分頭痛擊，敵人的崩潰，卽在目前。

（三）解放北方民衆的痛苦——完成國民革命　我們的革命不是解放一部分民衆的痛苦，是要解放全國民衆的痛苦，尤其是北方的民衆，被奉系軍閥荼毒，壓迫，痛苦不堪，我們欲完成國民革命和解放北方民衆的痛苦，不能不急須討伐張作霖張宗昌。

（四）保障已得的勝利　革命軍既克武漢，繼復攻下南潯，長江上下游都有盡歸入革命勢力範圍的趨勢。不出三月我們就得到這樣的勝利，這完全是民衆深受壓迫起來要求解放的結果。我們欲保障既得的勝利，使民衆永遠不再受壓迫，尤不可不急須討伐張作霖張宗昌，早日肅清此反動軍閥的勢力。掃除革命的障礙。

二，張作霖張宗昌的罪惡：

（一）壓迫革命運動　革命的意義本是把敗壞的舊組織推翻，另行建設新組織一種進化的要求。封建軍閥所代表的是舊的勢力，革命所要求的是新的時代。所以封建軍閥對革命運動要竭力壓迫使其不能發展。而此壓迫革命運動為最兇殘，最毒辣者首推奉系，故革命份子遭其慘殺拘禁者不知凡幾。其阻礙進化之罪惡彌天。

（二）慘殺民衆　處在最反動奉系軍閥勢力底下的民衆，隨時均有破家殺身之禍，奉軍未到北京之前，卽先指使段氏慘殺愛國學生至數十人之多，其後如槍斃記者邵飄萍林白水，其被拘禁者更不知數，在奉天為鞏固錢商提高奉票兌換，竟槍斃錢商多人，在天津在山東略有嫌隙，輒誣為過激赤化，遭其槍殺者，時有所聞。如最近在天津勾結英帝國主義拘捕本黨黨員十五人，據報載，已被判决死刑。奉系軍閥這種草菅人命，誠已罪不容誅。

（三）在北方之一切暴政　奉軍足跡所至，村戶為墟，奸淫擄掠，强使軍用票，收白俄流氓，慘害同胞；一切暴行，無所不用其極。動輒强扣車輛，阻礙行旅；借名戒嚴，大興文字之獄；藉口討赤捐，劫奪民財。近日張作霖秘密借外債五百萬，張宗昌發軍用票一千萬，均充侵贛軍費，强迫人民負担。更命其走狗，組織偽政府，為剝削民衆的工具。總之奉系軍閥在北方種種之暴政，實說不勝說。

（四）勾結日本帝國主義的賣國行為　日本帝國主義欲擴展并保持其中國之勢力，張作霖又欲壓迫人民把持其封建王者之生活，遂互相勾結，不惜聽日本帝國主義之指揮直向民衆殘殺，做日本帝國主義的工具，訂定密約。東三省之土地利權不惜拱手以奉之日人，是故東三省雖仍名為中國，其實不啻日本帝國主義之領土，張作霖張宗昌近復勾結英帝國主義，斷送國權，變本加厲。雖寢其皮食其肉不足以懲其罪惡於萬一。

三，奉系軍閥必然失敗，革命軍必然勝利的原因：

（一）國內革命勢力的强大　革命的勢力，不僅在革命的軍隊，而尤在于革命民衆的組織，現在革命軍的勢力已經達到長江上下游，察綏陝甘等地，為入革命勢力範圍，全國民衆已漸有其强大的組織，革命軍的武力與人民已能合做一塊，總理說武力與人民結合，則必勝；反之，與帝國主義結合，則必敗。在武漢，在南潯之役，革命軍嘗以少勝多，由此，很可以得到一個事實的證明。

（二）帝國主義本身內部的分裂，各帝國主義為利益衝突，漸有趨於分裂之勢。如法德協定，顯然是抗英的舉動；英意結合，顯然是嫉忌法義擾取摩洛哥的情形。於此一端，可以斷定是將來大戰的種子。近如圖經濟的大集中組織東歐綱鐵托辣斯的談判，國際鐵路托辣斯之組織會議，將來歐洲經濟形勢之大集中後，歐洲資本主義卽已達到崩壞之期。他如英帝國國內，煤礦工潮，迄今半年，不但不能解決，且愈演愈烈。帝國會議決定各屬地自治，還不啻是宣佈獨立，英帝國主義內部之分裂，於此可見。日帝國主義近來因政潮澎湃，頗呈不安，倒閣派甚形活動。政府禁止現金出口，故財政上已起恐慌，而且勞動黨的組織，已漸堅固，革命之機已伏，於此我們可以知道日帝國主義潰裂之期，也不在遠。

（三）奉系軍閥內部的分裂　張作霖對於張宗昌，是把他作一個部將看待，但是張宗昌却自認是直魯聯軍的領袖，不甘再居人下，幷想攫得河南江蘇，以遂其將來稱霸中原的野心。因此，自然是要和張作霖衝突。而張作霖亦因恐張宗昌勢大難制，卽令張學良督直，奉張此次入關大半為張學良督直問題而來　但張宗昌决不肯讓。最近奉張將北京軍警權，都移到奉天派手裏，張宗昌尤其不快活。再如奉張派對南軍事，始終不敢嘗試，楊宇霆一再主緩，而張宗昌竟先率所部進至蘇境，急於謀奪蘇浙。于此可知奉系內部的分裂，已漸次露骨的表現，張宗昌將來將為郭松齡第二亦說不定。

四，我們的戰略：

（一）繼續反帝國主義反軍閥的戰爭——我們革命是要對內打倒一切軍閥，對外打倒一切帝國主義。在此軍閥先後崩潰，帝國主義漸呈破裂之際，我們應該遵照總理遺囑：「革命尚未成功同志仍須努力」的精神繼續奮鬥，尤其在我們武裝的同志，必須團結一致，鞏固戰線，繼續與軍閥和帝國主義最後的决鬥，以竟全功。

本校本週口號

嚴守學校紀律！

學習革命技術！

增進戰鬥能力！

發揚黃埔精神！

擴大農工組織！

團結革命分子！

擁護國民政府！

打倒帝國主義！

本週各學生隊政治討論會題目

軍隊中的同志對于與革命有利的工作應當不待民衆有此要求卽挺身上前為民衆奮鬥呢？抑當俟民衆有此要求，順着民衆的意思上前為民衆奮鬥呢？

(一)

啓事

魏廷幹，唐永澄，二兄：弟已編入第二學生隊十七區隊，住在本部，不識　兄服務何處？有假告我否！　岳山（原名帍僑祺）

鄧克强同志：我們自升學以後不知道你編在何部隊並且還有一個信在我這裏請寫信告我以便轉寄　第二學生隊第五隊二十區隊吳學潤

吳尚貴同志：九月十六日，開縣教育局，寄兄一掛號信，尚存校本部，請示通訊處，以便轉寄。　岳山

孫紹裘同志：我就是那一天與你談了一會話現在不知你開往何處請示知　第二學生隊第五隊二十區隊吳學潤

汪之汝唐霖彬兩位同志你編在入伍生何團何連現駐何處請示知　駐本校第二學生隊第六隊第二十二區謝繼超

孫繩武同志鑒：你到粵已四月，無信歸家，你家二次電問你在何處？請急函歸，並函弟為要，　駐東莞二團二營七連謝文莊（原名金熙）

魏廷幹，唐水澄，同志：久別甚念！弟現編入第二學隊，十七區隊，住校本部，不識　兄服務何處，有暇告我否！　岳山

中華民國十五年十二月十日〔星期五〕 黃埔日刊 〔第二版〕

(二)喚起全國民衆尤其是北方江浙民衆一致反奉，并協助北伐軍　「喚起民衆」是總理最重要的革命策略。這次北伐勝利，大半是我們能夠喚起民衆，深得民衆協助的結果。反之，如北方前次國民軍反奉的戰爭，北方民衆與國民軍雖無惡感，但當時國民軍因無明確的政治主張使民衆識認，故不能得民衆的協助，結果反爲奉軍所敗。於此我們就可以得到證明凡武力能得民衆的同情和協助者則必勝，反之則必敗。現在北方和江浙的民衆，處於反動最利害的軍閥鐵蹄之下，水深火熱，將無焦類；我們應該努力喚起他們，一致參加或協助革命軍作戰，使自身所受的痛苦，得到解放。

(三)促奉系將領之覺悟　軍閥本身本不是生而爲惡的，大半是以歷史和環境所造成，若使之一旦覺悟，或能爲民衆利益奮鬥，至少總不致妨害民衆利益。如奉系的郭松齡，浙江之夏超，雖不久即就被日英帝國主義之直接幫助他們的工具，而歸敗亡，然尚不失其軍閥中之有覺悟者，所以我們除繼續戰爭外，還須促起奉系部屬之悟覺，使其離開軍閥而站在民衆利益方面。

五，我們的口號

(一)打倒反動軍閥張作霖張宗昌！
(二)繼續反帝國主義反軍閥的革命的戰爭！
(三)完成北伐最後的勝利！
(四)被軍閥壓迫的民衆與革命軍聯合起來！

十二月六日

校聞

△巴縣旅粵學生會中大學生及宏英學生會來校參觀

昨日上午有巴縣旅粵學生會中大學生二十餘人，及宏英學生會一百六十餘人，特來本校參觀，當由政治部派員招待，領該生等至本校各部處，及炮台烈士墓等處參觀一週，下午二時許，並在官長會客廳開一談話會，官佐科科長安體誠同志講演，由楊廷煊同志譯成粵語大意爲，(一)述本校發生與本黨改組的關係及總理創造黨軍的原因和目的，(二)說明本校政治教育的意旨和本校學生與民衆合作及屢次革命軍得民衆幫助而勝利的情形，(三)謂非使黨有最大力量作指導，革命不能成功，非有黨的指導，大學中學及軍隊都不易辦好——澈底的革命化，(四)廣東民衆對於打倒軍閥的工作，除作北伐後盾以攻奉張魯張外應該要努力實行民權主義鏟除作軍閥工具或可變爲軍閥的貪官污吏土豪劣紳等反革命派，對於打倒帝國主義的工作，除努力進行擴大對英經濟絕交以續省港罷工精神外，眼前并要一致反抗英帝國主義在津逮捕國民黨黨員以向革命民衆示威之發行，(五)希望監督指導本校能繼續發揚黨軍精神使所造成之武力爲民衆的武力，并希望兩校同學以革命爲讀書的前提，要與同學們共爲革命的大學生共爲革命的青年云云。講畢，先由中山大學參觀團代表致謝詞并呼萬歲，次由宏英學生會代表致謝詞，後大衆齊立共呼『中山大學革命的精神萬歲』『宏英中學革命的精神萬歲』『黃埔軍校革命的精神萬歲』『中國國民黨萬歲』『國民革命成功萬歲』『世界革命成功萬歲』等口號，並分贈本校宣傳品多種，至散會時，已四時餘矣。

黨務

第二學生隊第五隊黨部成立大會紀事

昨晚本黨部籌備告竣，今日下午一時，在新築俱樂部，開成立典禮大會。會場佈置，右爲來賓席及招待員休息席。左爲軍樂隊席，中爲學生席。開會秩序：一．奏樂，二．主席宣佈開會，三．全體肅立，四．向黨國旗及總理遺像行三鞠躬禮，五．主席恭讀總理遺囑，六．籌備員報告經過情形，七．特別黨部致訓詞，八．演說，九．唱國民革命歌，十．呼口號，十一．奏樂，十二．撮影，十三．散會，首由主席李進德（隊長）宣佈開會理由略謂：今天是本隊黨部成立的日子，我們已經有了組織有系統的黨部，從此服從上級黨部的指揮，爲黨國努力奮鬥；次特別黨部代表彭燊演說略謂：我們組織黨部，即在要受黨的訓練，而明瞭黨的主義政策，擴張國民革命的勢力，而且去實行黨的主義政策，若諸位同志不努力奮鬥，則此次聯席會議的決議案，也不過一張空文罷了……。頗爲詳盡，次政治部代表演說略謂；凡是被壓迫國內的革命黨所負的責任是很重大，所以希望各位同志都成吾黨的中堅分子，受黨的訓練與指導去實行黨的政策……。次第二學生隊隊附演說略謂：政治訓練是軍隊的指南針。若軍隊無政治訓練不能認清敵人……。又接着說軍紀要黨紀化，軍事要政治化，官長要學生化等等，次各隊學生相繼演說畢，即唱革命歌，并高呼口號，呼號之聲似乎衝天動地，滿場化爲革命空氣，最後攝影散會時已五時許矣。十二月八日

省黨部通告各縣黨部慶祝北伐勝利

全國慶祝北伐勝利籌備委員會，經定期明年元旦，海內外各地一律舉行，昨省黨部特通告各級黨部知照，屆時一律舉行，以伸慶祝，該通告云，逕啓者，現准全國總慶祝北伐勝利籌備委員會函開，敝會爲發揚民衆勝利，鼓勵前方軍士起見，特發起全國總慶祝北伐勝利大會，定于明年元旦日，海內外全體同時舉行，今將本會內行致全國海內外之各級黨部，及農工商學各團體，快郵代電一通付上，煩請代爲分發各縣黨部等由，准此，自應照辦，用特檢附該郵電乙份函達查照，務希屆時舉行，以表敬祝爲要，此致，廣東省執行委員會十二月八日

中央海外婦女兩部設駐粵辦事處

中央黨部遷鄂，經已通告自二號起停止辦公，惟海外婦女兩部，現仍照常辦事，因該兩部，經中央常務會議通過，於中央遷移後，仍在粵設辦事處，現因海外部駐粵辦事處設主任一人，該職彭部長已委該部秘書許甦魂担任，該辦事處係專任交通調查等工作，並辦理華僑運動講習所，因廣東交通便利，與海外華僑聯絡較易之故，婦女部駐粵辦事處，何部長已委劉[illegible]、盧秀曼兩同志負責辦理粵內一切事務，其所以設立之原因，係因該部辦「婦女運動講習所」尚未畢業，及各種事務，一時難於結束之故，該辦事處或於數月後俟各事辦竣後裁撤亦未定。

要訊

漢口工潮之一瞥

△春筍怒發之漢口工會……日租界華工之總罷工……英海軍登陸示威……罷工糾察隊之活動……英日帝國主義之驚惶失措……現已暫告一段落

自革命軍入武漢後，久在壓迫下之漢口工人，以得有保障，即紛紛組織工會，至九十餘處，上月二十日午，各界在漢商會開會，議決組武漢各界援助英美煙廠停工失業工友委員會，擴大對英「杯葛」，同時日租界華工，於二十日總罷工，並組織糾察隊，阻止供給日人物品，日僑大窘，於深夜召集緊急會議，商議對付方法，至二十二日晨，漢口印刷工人因所提之七項十三條要求，未得滿意答復，亦一致罷工，糾察隊愈形活動，而英美煙廠罷工委員會提條件。廠主拒絕，風潮愈無解決之望，鄂省政府擬組勞資仲裁機關，以資調解而海員工會又提加工資等條件，日本方面承認解決，英方則拒絕，怡和太古大坂由滬開漢輪船均停開，形勢日趨嚴重，英法租界均戒嚴，各要道均設置沙袋電網機關槍，禁止華人隊伍通過，并有調來英水兵千人，組織偵探隊，必要時英廠將一律閉廠，抵制華工等恐嚇之詞，二十九日英海軍登陸示威，華工益形憤激，罷工糾察隊亦異常活動，以與帝國主義者搏戰，勞資仲裁臨時委員會即於是日開第一次委員會，會址附設省黨部內，另由總工會總商會擬具手工業及店員生活待遇具體方案，交大會審查，作爲以後仲裁標準，而日界工潮，於廿七日由日領負責簽字，廿八日解決，其主要條件爲月加式元，報館印刷工人亦漸次復工，印工并規定最低工資每月十三元，膳費六元，此洶湧澎湃之工潮，使英日帝國主義者爲之驚惶失色，英國會以形勢嚴重，向外相張伯倫質問，張之答詞，除認漢口形勢嚴重外，并有派艦來華之說，但據路透社六日英京電，英國外交次長藍普森在下議院宣言，『謂今晨外交部接漢口電報，稱漢局面已大有起色，總罷工與關於日租界之罷工潮已解決，而其他之爭執，亦在磋商調處中，逆料前調上海口之海軍，即可撤退，駐華藍使現往漢口考察情形云』，則漢口工潮，或已暫告一段落，然擴大對英杯葛運動，則正在進行中，大規模之罷工運動，固隨時有發生之可能也。（雲）

軍事

何軍長已到福州

◉靳雲鄂將與奉張決戰

盧香亭棄職逃滬

⊙孫傳芳討論處置殘部

七日上海電，李生春通告戴黨軍保安總司令，五日晨張貞率部千餘由福清到福州，何應欽代表黃品梅亦到，何本人已由仙遊出發入省（福州），五日海軍陸戰隊沿卦山追擊張毅部，到卦山附近續戰，張毅不支，只餘三千餘人，竄南嶼，六日晚與張貞部開火，附近民居多被焚，關於河南方面，自天津會議結束後，河南之靳雲鄂，魏益三，田維勤，任應岐等，均憤不可抑，追靳等所派來漢接洽之代表王某歟人返河南，報告我方寬大主義，靳立即召集各將領，開緊急會議，議決，投誠國民革命軍，改換旂幟，另改名稱，急電樊鍾秀，馮玉祥，請求以顯明的合作旂幟，調兵遣將與奉張厮作殊死戰云，又得上海消息陳陶遺於四日離甯逃滬後，盧香亭昨夜十時又忽離職，挈眷由甯逃滬，又訊謂盧香亭偕妻[illegible]晚十時逃滬，行蹤甚秘，時由甯赴常州訪劉春台議定收束處置殘部，陳調元，白寶山，馮紹閔，劉志陸，葉開鑫，均被召到甯討論，皖北第六師，五日移撫湖，讓皖北與魯軍，劉志陸部由浙邊開化遂安開入皖境云

小通信

吳尚貴同志：九月十六日，開縣教育局，與兄一掛號信，尚存校中，速示通信地，以便轉寄爲荷，岳山

任謙吳登及與我前往來之諸同學：你們現在何處？弟現入沙河新入伍生第四營十六連，請你寫信給我，弟彭鍔

子梅希濤王烈齊乾龍章厚德諸同志自畢業分發後不知諸兄服務何處請示知爲盼

惠陽平山第二師補充團第一連王建勳十一月二十五日

前入伍生第二團第九連司書謝漢廷同志現在你在何處服務你的黨證在我處請你即來取去爲要 駐校第學生隊第五隊鍾誠彰

嘗榮同志：茲有友人訪你，請即把通訊處示知！第五期第三學生隊第九隊鍾華重

劉天暇(眉生)，郭震坤(惠蒼)，錫鈞諸同志你們住在何處？頂姿亦水孫東永祥同志致你們要函一件，現存弟處，請即示你們的通信處。黃埔本校第二學生隊第五隊第十九區隊陳謙傳作平

龍飛，黃中英，楊康甫同志：你們何人何隊請告知。深圳入伍生第二團機關槍連袁孝松

中華民國十五年十二月十日（星期五） 黃埔日刊 （第三版）

革命之路

題目

我們目前工作應注重的幾點

第十五隊學生曾希哲

現在我們北伐的同志們，繼續　先總理大無畏的精神，與敵人肉搏血戰，打走了英帝國主義的忠順走狗——吳佩孚，衝碎了號稱五省總司令小霸王——孫傳芳，行見軍閥肅清，民族解放，十五年來軍閥紛爭之『戰國化』的局面，可將從此告一結束。

然陷於土崩瓦解的帝國主義者，見革命勢力日加擴張，恐喪失其在華經濟侵略的權利　挾着炮艦政策，明挑暗唆，高壓利誘，所在無所不用其極！同時我們又知道牠掉了一隻走狗，必再找一隻繼續供牠驅使。又現在一般投機分子，如官僚，買辦，土豪，劣紳，及看風駛舵的小軍閥，乘機加入革命黨，不知凡幾呵！他們的升官發財思想，到底根本打消了沒有呢？相信他們是爲保存升官發財而加入的，是爲使本黨妥協右傾至於崩壞而加入的。處在這種情形之下，凡屬革命的同志們，尤其是武裝黨員的我們，應該怎樣努力，不使『戰國化』的局面繼續重演於北伐勝利之後呵！我們欲斬絕『戰國化』的局面，我們目前工作應注重下例的幾點：

一·須遵守『親愛精誠』的校訓，化除你我，沒有彼此，一致努力，不惑於敵人的引誘離間；並以澈底精神，嚴防妥協的傾向。

二·長江黃河流域的民衆，幫助北伐，固甚勇敢，然確有組織有力量者，尚在少數，我們應努力組織農工及青年羣衆，貫輸政治上的知識，使能自動的起來，監督抱升官發財投機的軍人和政客，鞏固黨的基礎。

三·北伐因民衆的認識，發展雖快，而政治工作未能趕上，必失民衆的信仰，我們應努力使政治發展，與軍事平行，軍事佔領一地，即爲一地掃除政治上一切積弊，建設眞正廉潔的政府。

一五，一一，一六，書於蛺蝶崗

新入伍生教育上的需要

新入伍生第一團一營一連隋秉權於燕塘

在黃埔學校教育時間過去的分配，我是不詳細知道的。我只知道黃埔是一個「製造武裝黨員的大工廠，」所以我由北方的舊式的家庭中，偷偷的跑到黃埔學校來，我自從入學校的那一日算起，差不多有七個禮拜了！在這七個禮拜中，我個人的主觀上確十二分感覺政治的教育時間太少了！

我想在我們入伍的同志中，大多數都是缺乏政治的知識，因爲到黃埔來的十分之八九，全是在壓迫情形之下文學校的激進分子，在壓迫情形之下，可以說：不讓我們研究政治，因爲我們若明瞭政治的情形，同時就可以明瞭革命的目的和方法，所以我說大多數的同志們都會感覺政治的知識缺乏。

到黃埔來僅僅一年的時期就畢業了，畢業出來，就要脚踏實地的：担任民族革命的工作。在這一年之中我們同志所最需要的，就是我們素日最缺乏的政治知識。我們是實行國民革命者，我們的任務是要將這些民族過去的政治歷史，告述民衆，並且同時喚起民衆；共同建立這一個新的民族自主的國家，將已往的政治告一段落。

若要達到這一個目的，必須先明白政治，因爲革命的方法和理論，是隨着政治的情形而實行的。如果政治上發生了變化，革命的方法亦必隨着變化，這是沒有人敢否認的。政治是：喚起民衆的宣傳品，是鞏固黨國擁大農工組織之工具，是民族革命的發源和結果的中心點。

一個黨員不明白政治；不但工作無從着手，恐怕連自己在舊社會所受的舊思想，都打不破。自然不能達到我們「爲黨國犧牲」之目的。

我們要想對於政治有一點相當明瞭。一方面請求對於我們負責政治教育長官；增加教育的鐘點，一方面就是我們素日不僅止要養成軍事的生活，並且同時還需要養成政治的生活。因爲現在是「軍政時期」的沒日，是「訓政時期」的開始了！或者有人要罵我，說：我是政客的思想還沒有打破呢？這種話是甚好解答的，在上面我已經簡單的說明了：政治與革命之關係了！至於事實舉目皆是，隨便舉一種都可證明的。

總而言之，政治是我們十二分當重要的東西，政治的知識是武裝黨員必須有的知識。我敢斷定一個廣有軍事知識，而無政治知識的革命者，所做出來的工作，基礎是絕對不能鞏固的。

十二月二日晚草於燈下

嗚呼！討赤大人們休矣！

馮恆武

自國民革命軍從兩廣衝鋒到楊子江流域，掃除障礙革命進展的封建力量——一戰敗吳，再戰退孫，使在中國數千未傳統的半封建統治力量，起一驟然的突變；同時挾持中國封建勢力爲侵略產業落後的中國的帝國主義，昔日用全國貪產階級經營獲得的在華勢力，到現今起了政治上和經濟上的優越權的根本搖動，是以白色帝國主義和白化大人們，不惜以九牛二虎的力來叫「赤化」和「討赤」的軍事行動，造成白色恐怖的時期，誰也知道的，白色恐怖的時期，是歐戰後必然發生的一種社會現象，尤其是在世界革命的序幕中這種白色恐怖更是餘光反映的厲害！

在討赤軍領袖吳佩孚反動勢力未根本撲滅的時候，一般討赤的大人們在長江流域羅織赤化份子，用憂情的射擊衝毀全部革命青年的戰綫，是以痛苦的民衆都日夜潺潺不息的流血。吳敗孫起，白色恐怖之襲擊革命青年，更較前尤爲猛烈殘暴，在上海，南京，杭州，南昌，蕪湖，以及最近天津英捕房之逮捕十四黨員直接引渡交奉天當局末了，我要說一句；嗚呼討赤大人們休矣！

各團體學校恣行搜捕赤化學生和工農羣衆種種的恐怖，在北方奉直聯軍討伐國民軍的勝利後，也曾有一度嚴厲的搜羅　赤化分子的反赤軍閥的白色恐怖，在此白色恐怖下的當中，搜羅白化大人們眼中的赤化分子的消息，無時無之，這樣看來，在揚子江口和北方的愛國青年和革命民衆的頭顱，都飄蕩於反赤軍的白色恐怖的刀鋒，因此討白軍——北伐軍——獲得軍事和政治上更多的勝利，則白色恐怖的程度愈大，即是全中國革命青年上斷頭台的亦就特別慘酷，特別普遍！

與國民黨的三民主義敵對的國家主義派，拿着士大夫的眼珠，字封建思想的瀚墨，放在白化的獅子報上來狂吠，大發表其討赤的事實和理論，魚目混珠，來替那般暴徒們造成人類歷史上的最黑暗的階段——白色恐怖，嘴呢北伐軍——討白軍一定會失敗的，國民黨內部一定會分裂的，赤色帝國主義一定要操縱國民政府一切政治上和經濟上的行動，這款挑撥離間的毒計，是無孔不入和無微不至的，事實告訴我們，討赤軍閥和白化大人們所咀咒的和預測的事實，不但沒有在革命過程中沒有一點的表演，並且是在國民革命的軍事行動勝利當中，一切的建設更較前健全得多，軍事行動更較前加上勝利的保證，這樣看來，白色大人們的白色恐怖的時期就要閉幕，鎮海魔王的鐵履就要永逝西去，革命的風潮，洒遍大地，討赤大人們！你其知之耶？

現在革命的聲浪，彌漫了全中國領地，全中國的痛苦民衆，都受着民族革命高潮的洗禮，各階級感看本身利益的要求，武裝的佔住民族革命的戰線上，湖南水口山的工人組織敢死隊去衝突，並擴大各階級的革命勢力，加緊革命的宣傳和組織，準備着向全世界上白色帝國主義和白化的大人們所造成白色恐怖去衝鋒，狠勇敢地撲滅這暴徒們所均成人類歷史的黑暗階段，全中國各階級革命同志們，共同的佔在討白軍旗幟之下，討白軍的勝利，是全中國民族解放和獲得利益的第一步，因此討白軍到某個地方，就要從事社會上的一切建設。尤其是各階級革命的羣衆努力的監督勉勵其實行，才能保證革命的基礎，討白的革命同志們，我們努力，我們奮鬥，我們犧牲，我們高呼；最後的勝利是屬於我們的！

打倒帝國主義，

打倒白化的國家主義派，

保證討白軍——北伐軍——的勝利，

完全討白的革命工作，

一九二六·十一·二十一日於二十三區隊

我底革命的人生

吳之華

以前的我已經死去了！

此刻的我呢？是重復在誕生了。

中華民國十五年十二月十日〔星期五〕 黃埔日刊 〔第四版〕

固然我的軀殼是和以前一樣。
但是我已確定了「我底革命的人生」了。

什麼舊禮教的束縛！
什麼反革命的渲染！
什麼英雄名士的虛榮！
什麼功名美人的慾求！
這種種過去的創痕呀！
已經被洗滌得乾乾淨淨。
掬着這滿腔的熱血，
培養着一朵鮮紅的革命之花。

帝國猖狂，
軍閥專橫，
眼看了民族沉淪，
禁不住熱血沸騰。
沸騰的熱血呀！
願你趕快地噴出，
淹殺那破壞人類自由平等的蟊賊。

十一月卅日於政治部宣傳科

問答

入伍生四營十五連學生張銓問
政治教官張秋人答

(一)何謂託辣斯，與新堤嘉？

1、託辣斯與新堤嘉都是資本家的聯合公司，壟斷某種營業的。但二者的組織不同。加入托辣斯的每個企業完全喪失其獨立性，各企業完全要受這資本家的聯合公司——託辣斯指揮的。加入新堤嘉內的每個企業可以各自保存某種程度的獨立性，不過互相約定商品的價格不能低過于一定的限度，共同分配定貨或共同劃分商品的銷場等等。

(二)何謂道威斯計劃？

2、道威斯計劃是協約國共管德國的計劃，詳見「中國青年」一五十六期。

(三)何謂基爾特社會主義，與科學的社會主義有什麼分別？

3、基爾特社會主義是英國小資產階級的產物。他們主張，(一)廢止工銀制度，(二)要求產業自治。他們主張勞動者以職業為本位，組成基爾特，管理生產上的一切事務；而使國家管理非生產上的事務（如教育，衛生，治安或國際關係的處置等。）科學的社會主義就是馬克思的共產主義，可看共產主義的ABC。

(四)俄國的革命，要到一革命條件行不通的時候就拋棄了馬克思的共產主義，才會懂得回到根本工作的新經濟政策上去，這是什麼理由？馬克思的共產主義，在世界上真的行不通嗎？

4、俄國並沒有拋棄了馬克思的共產主義，新經濟政策正是產業落後的俄國實現共產主義的一個方法。

(五)士兵也是被壓迫者之一，我們應當要設法去救濟他，為何在光明磊落的國民政府革命旗幟之下的士兵生活，還不能改良？（如各軍搭發公債庫券，使士兵的經費無着）。

5、財政部已照政治會議第四十九次議決，士兵新餉，不搭發公債庫券。

(六)有人說「唯物史觀」，「剩餘價值」，「階級鬥爭」是馬克思的三大名著，這句話是否正確？

6、不確。這三說是馬克思的創見，馬克思主義的精髓。

(七)俄國的社會民治黨分為兩派：一派以布來浩諾為領袖，所主張的叫做『門雪維克』一派以列寧為領袖，所主張的叫做『布爾雪維克』，他們這兩派，都是馬克斯主義者，為何他們兩派在工作上及實際上：彼此攻擊，互相衝突，始終不能聯合一致的去打倒舊俄帝國主義，這是什麼緣故？

、因為多數派主張徹底改造，階級爭鬥，勞工專政，少數派則主張與小資產階級妥協。少數派的首領是馬爾島夫，不是布來浩諾夫。

(八)我們中國在國民革命成功以後，還應否繼續不斷的促進社會革命的實現呢？

8.要到實現總理所說的大同主義為止。

(九)社會主義的派別繁多，(一)在經濟上：有共產主義和集產主義兩派；在治政上：有國家社會主義和無政府主義兩派，就無政府來說：其中又分兩派，一是共產主義的無政府主義派，一是個人主義的無政府主義派，我們知道社會主義的派別，既然有這樣的多，他的為用當然各異，在現在次殖民地的中國，什麼生產機關沒有改良，什麼經濟也沒組織，根據這種情形，我們要實行社會革命，應當要採用社會主義的那一派呢？

9.因中國是如你所說的次殖民地，所以要國民革命，至於將來如何，要看將來的客觀條件。

1、早幾天看見民國日報上所載布加利亞發生白色的恐怖白色是什麼？

2、達爾文學說是怎樣的主張？

3、從前我在家裏時候好多貧苦而且年老的百姓說，不出皇帝，天下不得太平；我們沒得好日子過，是不是從前滿清政府有點好處給他們，使他們這時候還存着這種心理？

4、我們家鄉裏有些前清舉人進士秀才家裏有幾千畝田地，是現在鄉裏紳士們。他們組織甚麼樂壇，說甚麼神仙飛鸞垂訓，勸世人不要作惡作非，務宜崇信道德禮義廉恥。這是不是合社會的要求，并且此等人是不是劣紳？

第二學生隊第卅區隊楊鼎問

1、是布加利亞資產階級政府，用武力壓迫革命，及工人運動的『屠殺現象』。

2、達爾文研究生物的生存發展，發見生物進化的定律，是以優勝劣敗的競爭被自然選擇而演化的。可看中華書局出版的『達爾文物種原始』。

3、鄉村中農民錮於傳統的思想和暗示，莫名其妙的以為有了皇帝，他們的生活便會好，這是他們習於『依賴』的結果。但有些地方滿清時確比民國好！！如四川梓潼縣的錢糧，已被軍閥預徵至民國四十八年，滿清時却沒有這種事。

4、在亂世中的富人無法保障財產，窮人無法保障生活，故都容易流入迷信，依賴神鬼，以求一不可必得之保障，以為一時的安慰（其實是一種暫時的自欺）。所以扶乩求籤以決禍福等事，遂為今日中國一般鄉紳及愚夫愚婦所信仰。這自然是不應該的。我們當去喚醒他們，叫他們要用自已的力量，革命，勿信命運神鬼而作安分之馴奴。我們若為他們說明他們底痛苦之所由來，他們亦自會憤而反抗的。至於滿清餘孽，藉神鬼以迷惑羣衆，以便鞏固他在鄉村中的剝削者的地位，自然要算是劣紳，應該打倒他。

（楚女）

一、蘇俄現在有沒有資本家！是不是國家資本主義？

二、社會主義時代細密的組織是怎麽樣？

三、資本主義與社會主義經濟上根本不同之點何在？

四、請說明經濟恐慌的原因？

五、在國民革命過程中階級鬪爭還是有利于革命——還是有害于革命？

第四學生隊三十七區隊萬慶文

1、蘇聯還有私人資本存在；但有一定之法律的限制，其額很小。蘇聯現在不是行的國家資本主義，它是以『無產階級專政』，向着建設共產主義社會的路上走的。

2、沒有哪個社會主義者敢學柏拉圖或其他唯心派的在事先即由他的主觀頭腦中，去規定一個未來社會的細密組織法；但有社會主義之原則（如各盡所能，各取所需）而已！

3、資本主義的生產，是以資本家獲得利潤，是以「交換」為目的而生產。社會主義的生產，是以保證全社會上每個人都有平等的相當的安全滿足之生活，是以「使用」為目的而生產。

4、各個資本家為了自己要獲得利潤，盲目的競爭，生產上毫無通盤計算的規畫，常致生產過剩，工廠倒閉，工人失業，金融紊亂，而起經濟界（全國的或全世界的）大恐慌。

5、階級鬥爭是因為先已有了「階級」遂致不可避免的「事實」。它只有促進國民主義的力量的——決不會有害於國民革命。五卅時，上海大商買辦階級不肯罷市一致對外，工人乃在華廠（中國人資本所開）中罷工，因而促使大商買辦階級覺悟，即行罷市。

（楚）

短劍

國家主義派兩年來的成績

國家主義派近來還在那裏誇張他們兩年來的成績：出了不少書報，組織了許多團體。可是他們最好的一個成績却沒有說出，就是雲南皇帝唐繼堯，已經愛上了他們，要做他們的領袖了。這是何等驚人而足以自豪的成績呵！

（雲）

國家主義派又做起詩來了

『當今亂世紛爭日，正是男兒破浪時；沙場一洒頭顱血，世上方知有健兒！』國家主義者居然做起這樣的一首詩來。可是除了我們的革命同志在湘贛鄂等處有這樣的犧牲精神外，國家主義派在那一處沙場裏洒過頭顱血？咳，不要臉！

（雲）

兩個丟臉的

孫傳芳對張宗昌說，『山東人的臉被我丟盡了！』上海四川同鄉為主張國家主義的曾琦不肯參加討論萬縣慘案會，宣布削除他的四川省籍；然而曾琦却不肯自己說『四川人的臉被我丟盡了！』，畢竟還是武人爽直！

（彬）

還讓唐繼堯聰明

孫傳芳的三愛主義沒有了，張作霖的三權主義還在趕緊製造，唐繼堯却拿了現成的國家主義，并且國家主義派中有不少的現成走狗，不必像張作霖臨事倉皇要叫何海鳴來組織反赤宣傳隊。這樣看來，還讓唐繼堯聰明！

（彬）

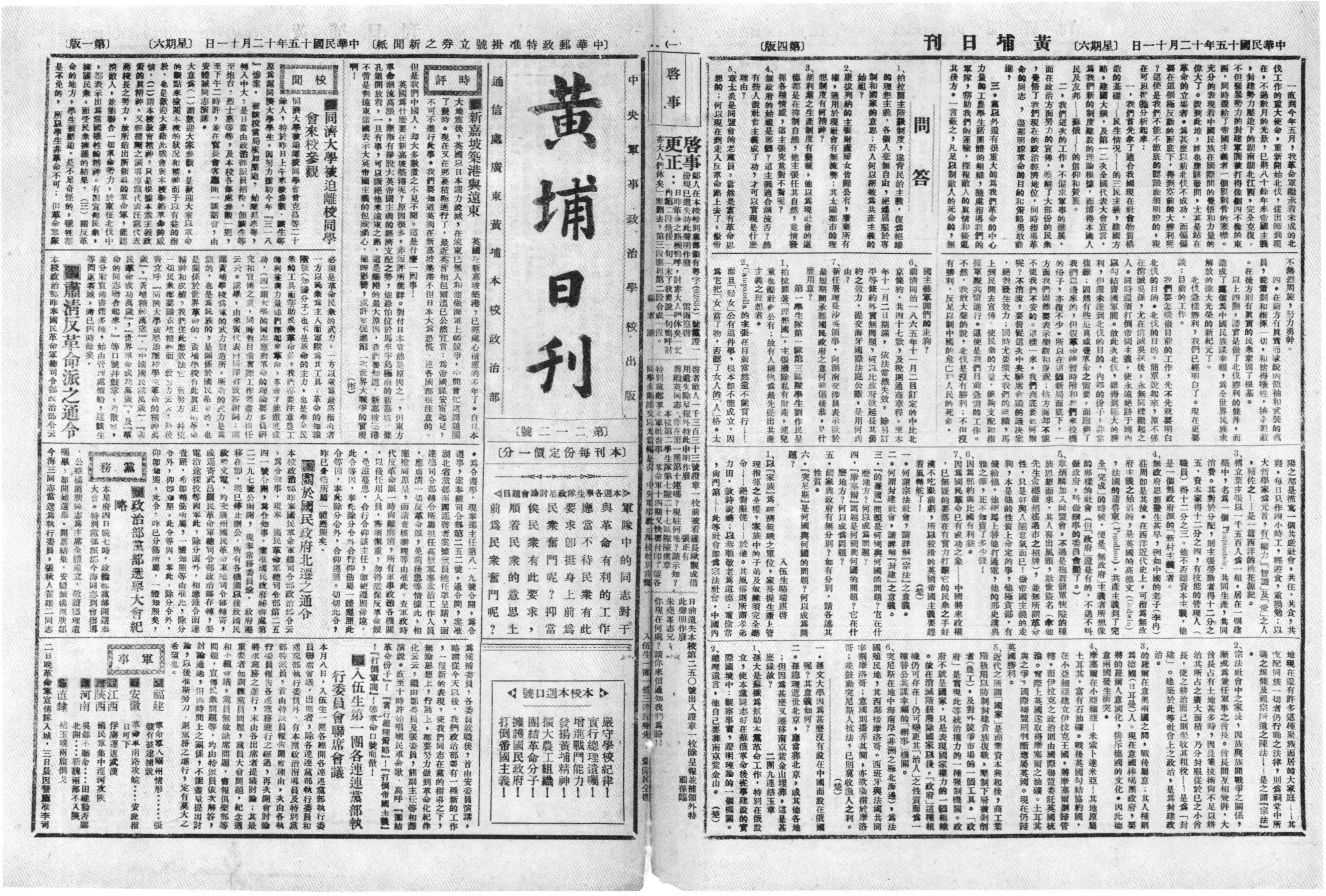

黄埔日刊

中央军事政治学校出版

通信处广东黄埔本校政治部

中华民国十五年十二月十一日 星期六 第二一二号

本刊每份定价一分

新嘉坡罢港与还东

同济大学被迫离校同学会来校参观

问答

启事

中华民国十五年十二月十一日 星期六 黄埔日刊

政治讨论会的结论

澄清思想

北伐胜利的条件和目前的工作

对本期同学们说几句话

中央各委员在庐山会议

十一月之日本贸易额

日帝国主义者实行侵夺南满路权

经济侵略中国之新方式

全浙民众拒绝孙传芳

征求烈士遗族及负伤同志通讯处

〔第一版〕　〔星期六〕　中華民國十五年十二月十一日　〔中華郵政特准掛號立劵之新聞紙〕

黃埔日刊

中央軍事政治學校出版

通信處廣東黃埔本校政治部

〔第二一二號〕

〔本刊每份定價一分〕

啓事

啓事 鄙人在本校特別黨部領有粵字（62834）號黨證一份現已遺失特此聲明作廢　雷雨篁啓

更正：日昨革命之路欄嗚呼，討赤大人們休矣一文內第二段最後一句「末了我要說一句嗚呼討赤大人們休矣」應刪去，第三段應與第二段合成一段。　編者識

啓者敝人一千三百三十三號證章一枚前被看護長歐觀成借用遺失除呈報外特此申明作廢　張正

蔣繼英同志，你在第一團第十連嗎？現駐何地？請示知？　本校第二學生隊第七隊二十七區隊陳漢章

特別黨部軍人社啓事　革命軍十四期又快要付印了，望各同學多賜鴻文以光篇幅是荷　中央軍事政治學校特別黨部

日前遺失本校第二五〇號出入證章一枚除呈報並補領外特此聲明作廢　顧葆臨

朱堯峯志兄：你現在何處？請你來信通知我們爲盼！！　入伍生一團一營三連鍾學先　蕭偉民仝啓

◁本週各學生隊政治討論會題目▷

軍隊中的同志對于與革命有利的工作應當不待民衆有此要求即挺身上前爲民衆奮鬥呢？抑當俟民衆有此要求，順着民衆的意思上前爲民衆奮鬥呢？

◁本校本週口號▷

嚴守學校紀律！！

實行總理遺囑！！

增進戰鬥能力！！

發揚黃埔精神！！

擴大農工組織！！

團結革命分子！！

擁護國民政府！！

打倒帝國主義！！

時評

新嘉坡築港與遠東

英國在新嘉坡築港，已經處心積慮的多年了。自日本大地震後，英國以日本國力銳減，在遠東已無人和他做海軍上的競爭，中間曾把這問題擱了幾時。現在又在那裏積極進行了，最近英首相包爾溫已公然宣言：爲帝國謀安甯起見，不可不進行此事。我們要知道英國在新嘉坡築港不但日本大爲恐慌，連各國都很注意的。但是我們中國人，却大多數置之不見不聞，這是什麼一回事！

英國爲什麼要在新嘉坡築港呢？原因很多，非短評所能詳。對付日本當然是原因之一，但東方革命潮流高漲，漸漸有擇脫大英帝國主義的經濟支配之勢，他恐怕位於馬來半島極南的新嘉坡一條孔道開放着，一旦有事，可以斷絕他來遠東之路，這是築港的最大原因，我們要知道：新嘉坡築港不啻是對遠東諸國表示大英帝國主義的包藏禍心，他的影響，或許會促進第二次世界大戰爭的實現啊！（彬）

校聞

同濟大學被迫離校同學會來校參觀

同濟大學被迫離校同學會曾克昌等二十餘人，特於昨日上午來校參觀。該生等原爲滬同濟大學學生，因努力援助今年『三一八』慘案，被該校當局橫加壓迫，始離滬來粵，轉入中大，是日當由政治部派員招待，領該生等至炮台，烈士墓等等，及本校各部處參觀一週，至下午二時許，並在官長會客廳開一談話會，由安體誠同志演講。大意爲（一）謂歡迎大家參觀，是歡迎大家以革命的觀點來檢閱本校的狀況和精神而予以有益的指教，也是歡迎大家藉此機會與本校聯絡革命的感情，（二）謂本校教育精神，只是根據本黨主義政策的眞精神，又經總理之訓導廖黨代表汪黨代表蔣校長之努力，故所造出所領導的革命軍，能認清敵人，並能聯合一切革命勢力，於東征北伐中，都表示出爲黨爲國犧牲的精神。有因宣傳民衆，擁護民衆，而受民衆擁護的結果。（三）謂反革命的地方，學生被壓迫，是不足奇怪的，犧牲都是不免的，所以學生非革命不可；但革命軍隊必須是革命民衆的武力。一方以黨爲最高指導者一方以民衆爲主人而軍隊爲其工具；革命的知識階級（知識分子）也不是革命的主力，也是革命民衆的工具而幫助民衆革命的，我們都要注意農工的利益與力量，他們都起來革命，革命才能澈底成功。（四）謂大學的同志應對革命的理論要多負研究和宣傳之責，同時對目前實際工作要盡力担任云云。講畢，由來賓代表何澤君致答謝詞：謂認黃埔學校爲黨的武力製造所，所造的武力是爲黨的，也是爲民族的，是關係於國民革命，也是關係於世界革命的。黃埔學校有此眞正革命精神和成績，我們從此應效法它一致努力，并使一切民衆都認識黃埔精神而一致努力云云，然後齊立呼『同濟大學被迫離校學生革命的精神萬歲』，『黃埔精神萬歲』，『中國國民黨萬歲』，『國民革命成功萬歲』，『世界革命成功萬歲』，及『革命的同志聯合起來』等口號并鼓掌，乃散會，並分贈宣傳書籍多種，始由管理處備船，送該等同返省城，時已四時餘矣。

肅清反革命派之通令

本校政治部昨奉國民革命軍總司令部政治部令云●爲令遵事，現奉鄧主任第八一九號令開，爲令遵事，案奉總司令部第二五二號，通令開，案准湖北省黨部函開逕啓者案據黨員饒任準呈請，函達總司令部轉令所屬担任高級軍事政治工作人員，應肅清一切反革命派，免萌後患等情據此，相應檢同原呈，函請查核辦理等由准此，查軍政時代反革命派一時尚難廓清，所有軍事政治各機關，以後任用人員，務須愼重，勿得濫保反革命派，免滋蔓患，合行令仰該主任，即便遵照毋違。此令等因，奉此除分令外合行仰飭屬一體遵照此令等因，奉此除分令外，合仰遵照。切切此令，昨已會飭所屬一體遵照矣。

關於國民政府北遷之通令

本校政治部昨奉國民革命軍總司令部政治部令云，爲令知事，現奉國民革命軍總司令部第二五四一號令開，爲令知事，案准國民政府秘書處第二二九七號公函開，現奉常務委員諭，政府遷移在即，現已停止辦公，所有各機關以後致國民政府文電，均交廣州國民革命軍總司令部轉寄，或逕寄武昌國民革命軍總司令部政治部存轉，要電沿途探投等因奉此，除分函外，相應錄令函達查照，希即轉飭所屬，一體知照等由准此，除分令外，仰即知照，此令等因，奉此，除分令外，仰即知照，此令，昨已分飭所屬，一體知照矣。

黨務

政治部黨部選舉大會紀略

本星府四日晚七時，政治部黨部開選舉大會。特別黨部派鄒今海同志到會指導，公推楊道腴同志爲主席全體肅立，敬讀總理遺囑畢，即開始選舉，開票結果，安體誠楊道腴鄒今海三同志當選爲執行委員，張秋人翟雄二同志爲候補委員，各委員就職後，首由安委員演講，略謂從今天以後，我們政治部要有一種新的工作，一種新的表現，使我們同志在黨的指導之下，無論思想上，行動上，都要努力做到革命化紀律化云云，繼由鄒委員及張委員，熊副主任等相繼演說。直至十時許始唱國民革命歌，高呼『團結革命份子』！『實行總理策略』！『打倒帝國主義』！『打倒軍閥』！等革命口號而散！

入伍生第一團各連連黨部執行委員會聯席會議

本月八日，入伍生一團各連開各連連黨部執行委員聯席會議，出席者，除各連連黨部執行委員外，有本團政治指導員及特別黨部特派員，首由特派員報告開會理由，次由各執行委員報告各連黨務進行之經過，再次開會討論將來黨務之進行，末由各出席者提議討論；其最重要者如訓練黨員問題，黨員大會問題，紀念週和小組會議，黨員無故缺席問題，會報俱樂部等問題，宣傳民衆問題等，均由特派員依次解答，討論通過，但因時間上之關係，不能盡提出討論，以後准斯努力，則黨務之進行，定有莫大之希望也。

軍事

福建　革命軍入福州情形……張毅有被逮捕說

安徽　革命軍兩路攻皖……安慶指日可下

江西　俘虜運返武漢

陝西　國民軍集中涇河攻陝

河南　吳部不聽命……田維勤西鄂北開……靳魏兩部不入陝

直隸　褚玉璞兩旅倒戈

二日晚革命軍宣傳隊入城，三日晨因警廳准李司

中華民國十五年十二月十一日〔星期六〕 黃埔日刊 〔第二版〕 (二)

令函，據黨部函，佈告城台懸掛黨旗，李生春三日出有佈告，以保境安民爲宗旨，服從黨政，惟薩鎮冰因病離署，政務交葉廬長代行，計三日晨十時至下午一時，共三隊炸彈隊入城，約百人，張貞杜起雲本日可率隊到，聞何總指揮在莆田，已派員往迎云，同日廈門電，有張毅在運船已被海軍團補押拘云，

又前敵通訊，自我革命軍攻下九江，第八軍李品仙部相繼佔領廣濟黃梅等縣，鄂東方面，已無聯軍蹤跡，於是李命軍積極爲防務上之佈置，一面整理步隊，補充軍實，以爲今後進行之準備，第七軍長李宗仁，日前特電令該軍第二路往鄂收編各隊，着一律開到九江聽候點編，故連日駐在各處之該軍各縱隊游擊隊別動隊等，紛紛向潯開拔，所有鄂東防務，即由第八軍唐生智暨第十五軍長劉佐龍，分担支配，歸唐軍第三師長李品仙負責指揮，現李氏已率工兵砲兵各一營，駐守武穴，所轄第七旅長張國威部，駐廣濟城鄉各處，第九旅李雲傑部，駐蘄春黃梅交界之張家旁大洋廟，又獨立第一混成旅賀德光部，駐廣濟縣雙城驛，至黃梅縣毗連皖境，地屬邊陲，防務尤關重要，原駐該縣之第十五軍王定邦旅，業於昨日奉令全部撤回後方，從事訓練，另將該軍第十七獨立混成團方殿田部，由武穴調梅塡防，各縣駐軍地點，數里之內，即設步哨一棚，互相啣接，以便傳達軍情，並於各山險要區，安設炮位，佈置極形周密，據軍界消息，此次蔣總司令部召集前部各軍將領，在九江開會議，已決定由黃梅兩路攻皖，第七軍李宗仁，刻正抽調部隊，不日即行渡江來梅幷據最近安慶通訊謂，北伐軍前鋒已抵華陽鎮，華陽屬望江縣，距安慶水程一百二十里，如一進攻，朝發可以夕至云。北伐軍此次在江西南昌九江二役，俘獲敵軍甚多，除分別遣散及改編外，現餘在南昌者尚有四五千之衆，現聞總司令部決定將該項俘虜一律分批運赴武漢安置，分別訓練，現聞第一批八百餘人，已運赴武昌巡道嶺安置云，八日上海專電，劉鎮華電告馮玉祥軍，已陸續集中涇河南岸進陝，六日赴鄭請援，吳佩孚仍令回陝督師，

又訊劉鎮華由擅回洛，求張治公出兵，張答僅可保境，劉請設司令部，張謂不必，請劉鎮華面吳佩孚領餉彈，劉部仍守潼關，吳逆自敗退鄭州後，日謂反攻，然以部下不用命，至今仍未有絲毫動作據八日電，田維勤部否認北開，鄭州吳佩孚令靳雲鶚魏益三援陝，但靳魏並不移動，只節節在京漢路線佈防拒奉軍南下，

又訊，吳佩孚令閻日仁全部移駐河北之彰德，田維勤全部北移，顧與靳雲鶚魏益三部行動不一致，

又訊，紀元林仍在信陽，索三十萬欠餉開拔，北京特約通信，褚玉璞部鄭岸(思成)前本國民二軍將領。去歲岳維峻受挫，鄭爲保存實力。投入褚下，充副軍長，然對舊日同袍。不無惓戀，徒以事機未熟，故暫隱而不發，然當兩月前討賊聯軍閻治堂部南下之際，鄭部奪其槍砲，雖經褚氏電令制止，亦置不理，於此已可見其久有反抗之心矣，最近鄭部駐在順德之張馬兩旅，於廿八日突然獨立，發言討伐褚氏，時直豫交通，爲之斷絕，褚聞報大驚，立調王棟部馳往，欲以武力繳械，然鄭部兩旅，人數實力，尚不算弱，恐非短小時間所能解決也。

政治

中央各委員在廬山會議

△各項軍國黨大計劃均在此解決

（環球社）中央各委員蔣總司令，現以東南各省，相繼克復，中央黨部國民政府又不日在武昌設立，故特于昨五日召集政府各委員，暨前敵各軍長師長，在九江廬山開緊急會議，討論國民革命軍之發展，及中央黨部國民政府在武昌設立之進行種種大計劃，昨經政治部主任鄧演達來電報告，頃又接南昌行營電告極爲詳細，茲照錄如下，

蔣總司令對於收復東南軍事計劃，已經施行，一，由第七軍長李宗仁領所部及第二獨立師賀耀祖部入皖，沿長江南岸進攻蕪湖，由總指揮唐生智率第八軍全部入皖宿松，沿長江北岸進攻安慶，現唐部已由太湖繞攻安慶之背，二，由魯滌平率第三軍全部及賴世璜全部由上饒王山入浙西，又令第一軍指揮官王俊率全部繼續入浙西，三，由鈕永建等及暫編第三軍馮紹閔，第一師長楊世秦等往蘇州，爲倒孫拒奉運動，蔣總司令前接國民政府委員徐謙孫科宋子文蔣作賓等電告行程，即由九江偕鄧演達程潛赴南昌迎候，與各委員會商軍政大計，並定期在九江廬山開大會議，召集政府各委員，暨前敵各軍長師長等列席，討論革命軍發展問題，中央黨部國民政府在武昌設立進行問題，對奉問題，各軍財政問題等，各項軍國黨大計劃，均在此會議解決，俟廬山會議完畢後，蔣即偕各委員赴漢云，

全浙民衆拒絕孫傳芳

△斥孫傳芳有靦面目

△宣告浙省爲民治區域

前歲孫逆由閩入浙，擁兵虐民，橫征暴斂，於愛國民衆，肆意摧殘，浙民日惟呻吟於此高壓之下，固莫之奈何，邇者孫傳芳既以狡猾伎倆攫取五省當吾革命軍出師討吳時復不自量力，螳臂當車，與我軍稱釁，殊知連戰皆北，幾致不能自存，茲者孫氏又復引奉魯軍南下禍蘇浙，軍閥暴行於此可見。然此舉已引起江浙兩省人民極力之反對，茲覓得全浙大會致孫逆電，錄之如下南京孫馨遠先生鑒，去歲興師討奉，傳檄海內，言之曰賊，先生實爲首義，南京底定，徐州遂下，其後吳佩孚顛倒黑白，認賊作友，先生對人屢非議之，以爲此實吳氏謬舉，識者未嘗不許爲知言，不意吳氏昏聵，比匪自誤，局促於燕南，潰奔於鄂東，猶不早自引決，偷息鄭州，姓氏奄沒，今雖通電下野惜其晚矣，乃吳氏以此而敗，先生知之，而復蹈其故轍，又加甚焉，肉袒請罪之不足，且竟節衛通電，擁戴張作霖爲安國軍總司令，負弩前驅，甘爲戎首，試問一年以前之孫傳芳，苟有人心，回首自思，作何感想，昔項羽困於垓下，有勸其渡江者，羽以無面目見江東父老，因遂自殺，此古英雄之事，非先生所應比擬，然先生今日之有靦面目，不且萬倍於項羽乎，先生宜有以自決，至吾浙全體人民，業已宣告劃本省爲民治區域，先生此後如尚有對浙言論行動，吾全浙人民，決不承認，其毋自辱，特此電告，全浙大會冬，

經濟

十一月之日本貿易額

東方社三日東京電　據大藏省發表十一月中之對外貿易，輸出一億七千七百五十九萬元，輸入一億五千六百五十八萬元，相抵輸出超過二千一百十萬元。

歐陸鋼鐵託辣斯之組織內容

歐洲諸國組織鋼鐵大託辣斯、迭載本報、此項組織，究竟能否使各個分子循序 行，英國並未加入，將來於售價上有無協調餘地，又能否如美國鋼鐵公司之使分功愈益美備，使生產費較廉，各廠充分活動、此等問題，皆爲世人所深切注意，加入此項組織者，爲法，比，德，盧森堡，及撒爾五國，其有效款間爲五年，在此有效期間中，其每年生鐵總產額，開定爲二千六百萬噸，即每月約二百十六萬噸，即照各該國近年之產額分配其百分比率如下，

國	一九二五年	一九二四年	兩年平均	分配率
德國	五〇.七	四八.二	四九.四	四三.一八
法國	二七.〇	二七.二	二七.二	三一.一九
比國	八.八	一一.三	一〇.〇	一一.六三
盧森堡	七.六	七.四	七.五	八.二三
撒爾	五.八	五.九	五.八	五.七七

據聞此等分配，頗費磋商，總之產額幾及半數，而所得祇四成三有奇，法比所佔，均比其近年產額爲多，比得百分一一，六三，其月產額爲二十五萬五千噸，但各方讓步結果，增爲二十九萬五千噸，實須總額計至每年三千萬噸，方能分配得此數也，並聞比額既溢出，將來總額設增至二千七百五十萬噸時，該國之分配額應照舊，其餘遞增，茲錄各國所得實產額如下，（單位千噸）

國	每年產額 二六，〇〇〇	二七，五〇〇	三〇，〇〇〇
德國	[illegible]	[illegible]	[illegible]
法國	[illegible]	[illegible]	[illegible]
比國	[illegible]	[illegible]	[illegible]
盧森堡	[illegible]	[illegible]	[illegible]
撒爾	[illegible]	[illegible]	[illegible]

日帝國主義實行佔奪南滿路權

△不許中國築競爭線

東京電　趁吉田奉天總領事歸日之便，各省大臣及當局協議結果，對於南滿州鐵路計劃，積極進行，不許中國方面築競爭線，以確保日本之既得權。

日帝國主義者 經濟侵略中國之新方式

△設中日實業組合

東京電　爲圖中日親善起見，有設立中日混合委員會之議，現在擬先在上海，廣東，漢口，九江，宜昌，長沙等處，設置中日實業組合，包含全中國經濟團體，現正進行交涉，聞頗順利

小通信

徵求烈士遺族及負傷同志通訊處：

逕啓者日前敝科徵求烈士遺族及負傷同志通訊處因寫手誤漏「及負傷同志」五字關係甚大次日即函請貴科更正迄未登出以致各處來函質問者甚多應請將敝科原信提前照登三天以釋羣疑爲荷此致

宣傳科　政治部黨務科啓

谷尼光，楊定南，董正榮，傅春榮，韓縱賢，任奔，黃定正，梁載榮，朱選峯，王友生，戴賢鏘，萬公度，蔣作均，房兆文，謝嶼，賀聲洋，劉振宗，朱雲卿，何寶善，倪鑫，潘廣城，袁龍潮，胡燦，張宴賓，華學瑞，江興寬，蔣鐵生，趙履強，陳彪，李濟，王然，蔣克昌，揚國興，曾勉，鄭福安，龍居仁，林祖康，共計三十七名，或因陣亡，或係傷殘，如有知其家屬通訊處者，請即通知敝科爲荷，軍事政治學校政治部黨務科啓

任超羣同志：你有信在我處，請即來取去，政治部沈幸精

中華民國十五年十二月十一日 〔星期六〕 黃埔日刊 〔第三版〕

革命之路

題目

政治討論會的結論

（第五期第一次）

軍隊中的同志對於與革命有利益的工作，應當不待民衆有此要求，即挺身上前爲民衆奮鬥呢？抑當候民衆有此要求，順着民衆的意思上前爲民衆奮鬥呢？

一·一個革命黨員，總是比一般民衆較爲先覺，較爲勇敢的。所以他常常要站在民衆的前線；軍隊中的同志，是要用武裝的力量，爲民衆掃除各種障礙，這更有站在民衆的前線而奮鬥的必要。但革命黨員站在民衆的前線，是要能喚起民衆，領導民衆，爲自己利益奮鬥；他決不是靠自己個人的力量，不需民衆的力量，而能夠代替民衆奮鬥；軍隊中的同志，雖似乎是比較有實力的，亦不能夠靠自己一個人的力量，不需民衆的力量而代替民衆奮鬥。

二·爲什麼呢？因爲：（一）若非有民衆自己起來，不能夠從眞正民衆生活上的實際需要，表示民衆眞正的主張，一個人或少數人代替民衆所表示的主張，不一定是民衆所需要的。（二）若非有民衆自己起來，不能夠使反動的敵人的勢力，從根本上而且從各方面受着打擊。反動的敵人的勢力，都有他的歷史上的，（幾千年因襲下來的，如風俗禮教等。）經濟上的（在生產關係上佔重要地位的，如地主，資本家。）雄厚根據，他們可以用武力，政治，經濟各種關係壓迫我們，而且可以用風俗，禮教引起未覺悟的民衆攻擊我們。這決不是一個人的力量所能勝過，即有軍際的勢力，在這種强大的敵人的面前，亦是會發生內部的動搖的。我們一定要民衆起來表示他們自己的要求。而且用民衆革命要求的空氣，鞏固而且激勵士兵之作戰精神。這纔是對於勝利有把握的。

三·自然不是說一定要等待全體民衆起來了，革命黨纔開始做工。全體民衆在壓迫與迷惑之下，是不容易完全覺悟的，革命黨員有必須（一）促成民衆覺悟，而且（二）掃除使民衆覺悟之障礙的責任。所以我們在民衆未完全覺悟以前，我們要多做宣傳，組織工作，使民衆覺悟，能夠與我們共同奮鬥，遇必要時，亦當酌量機會與敵人及自己的力量，冒險的爲掃除使民衆覺悟之障礙而奮鬥；但此等爭鬥，必不可輕易行之；因民衆愈不覺悟，則後援愈少，愈無勝利之希望。雖冒險非革命黨人所畏懼，但苟非必要而比較有勝利之把握，而徒以輕率敗事，是革命黨員所不應當做的。

四·軍隊中的同志，一定要明瞭武裝的勢力，在相當時間，用爲民衆革命的工具，是有相當之作用的；但不可迷信此武裝的勢力，有如何萬能的力量，將喚起民衆，引導民衆的工作，反轉看輕了。非有民衆熱烈的革命的空氣，不能保障你的軍隊，在革命運動中的戰鬥精神；而且即令孤軍奮鬥，無民衆協助與敵方軍隊相當的諒解，亦是不容易獲得勝利的。軍隊中的同志，雖有時必需預備冒險，爲民衆掃除覺悟之障礙，但須注意這是必需審慎的事情，而且這種冒險的成功，只是可以使民衆有更易覺悟的機會，並不可誤認爲是一手包辦了「革命成功」的偉業。不打破這些錯觀念，總是不免做出許多錯誤的。

★　★　★

對本期同學們說幾句話

第六期入伍生二團九連朱滌玄

我本來不會說話的，但是自入伍以來，目之所見，耳之所聞，逼得我不得不說話了。同學們呀！假使叫我說些恭維話，倒不如說幾句老實話，和大家作一個相互的校正，這就是我要說話的動機了。

近來我屢次聽見一部的同學們，相聚而談，說：『我們畢業了，就可以做官了，掛起皮帶子來，走出去，人家就能對我敬了。由見習，排長，連長，營長，團長，而至師長：…等語』，唉！我們難道是爲求陞官發財才來入伍嗎。

前幾天有一個同學，新從醫院回來，適床位已滿由班長指定與甲同學併床，（因其床位的旁邊尚餘有半床位之地）甲同學就大發脾氣說：「這是我的床位，係二人合床慣的，誰要與你合睡」！不想我們在燕塘的時候，相隔不多幾天，要曉得，我們爲什麼就是這樣的拒人于千里之外？要曉得，我們革命軍人，是以學校爲家庭，同學爲手足，是不分彼此的呀！

同舟共濟，是我們的格言。而前晚放步哨的有一同學，未帶蓆子，在休息班時，求與同學們合睡，那知這種劃分界限的同學們，都不允許和他合睡，忍看他站在旁邊。試問晚間放哨時責任的利害，是否大家相同的？應宜如何表示親愛？而求適合於本校親愛精誠的校訓，同學們難道可以忘懷的嗎？

還有些同學們，常常在說：「我們某省人，大家想法來佔些勢力罷，他們是別省人，我們可不理他」噫！我們天天早晚隨着官長所呼的口號是什麼口號？親愛的同學們，打破地方觀念，團結精神，統一意志，這是什麼口號？親愛的同學們，撫心自問，這是我們革命軍人所應有的觀念嗎？

親愛的同學呀——我們是黨員，尤其是武裝的黨員，所負的使命是同的，所受敵人的攻擊也是同的，犧牲個人的一切，來此入伍，是更同的；幸福是整個的，並非個人的，彼此間的志願既都相同，則無彼此之分。增加一個同志，即增加我一分力量。我們天天早晚所呼的口號曰：『統一意志』是要犧牲個人的個性，須以黨志爲我志。『團結精神』是要我們互相親愛，精神上無分彼此的區分。『打破地方觀念』是一視同仁無界域的區別。希望各同學自今日起，不僅是大呼幾聲口號，就算了事，須切實做去，才不愧來此入伍的爲革命軍人！

澄清思想

步兵二團六連　曹世清

無論任何團體或任何社會，牠是要求牠的思想一致的。思想是團結的重心，如俄之共產黨所以能團結如鐵桶似的就是有他的共產主義爲重心。我們的國民黨團結思想的重心，就是我們孫總理的三民主義了。

我們早晚的口號是「統一意志，團結精神」。可是我們喊口號的時候，我們的腦海裏想到「統一意志團結精神」的方法沒有？我們更要進一步追問：我們的精神究竟團結了沒有？意志究竟統一了沒有？我以爲我們黃埔的同志們，至少要想到以上這兩點。

我們的校長，諄諄訓誡我們要統一意志，團結精神，可是校長最放心不下的，就是恐我們意志不統一精神不團結。爲什麼校長要屢次這樣對我們諧誡？因爲校長看到思想不澄清，確實是本黨不好的象徵，同志們，我們應如何努力澄清我們的思想啊！

我們現在的重大責任，就是從澄清思想做起，要爲黨國效力，也是要從澄清思想做起。而且在我們這受政治教育的時候，正是我們努力澄清思想的時候。事實上告訴我們，每一個黨裏面，思想若是肴亂異常，那個黨的命運，也跟着牠的思想混亂而歸於消滅的。同志們，澄清思想，是多麼重要的一回事啊！

本校的同志們，差不多各階級的份子都有各黨派的革命份子都有，都是站在一條戰線上，努力做革命工作的，然而份子太多，思想總難免有些岐異的。這種岐異的思想，應該在黃埔思想的鎔爐裏將千萬個思想，鎔冶成爲一個統一的思想。應該將千萬個頭腦，鎔冶得如總理的革命的一樣的頭腦。質言之就是要澄請我們的思想。成爲一個確定的革命思想。

巴黎公社革命之所以失敗，就是因爲思想不統一精神不團結，如一盤散沙似的，結果終歸失敗了。

俄國革命之所以成功完全是共產黨團結的鞏固，思想的澄清，他們的思想是統一的，意志是團體的，所以有如此偉大的成功。

同志們！這就是我們的殷鑒和榜樣。我們各個同志都應該負起這個責任！如何去澄清思想，成爲一個一致的確定的革命思想！

北伐勝利的條件和目前的工作

入伍生第一團一營一連唐有章

展開革命史一看，連續的有好幾次北伐；可是因爲歷次的北伐，不是被各種勢力的壓迫和摧殘，就是本身內部發生問題或破裂，而終歸失敗。所以「北伐」二字也就等於「老僧禪談」了。

中華民國十五年十二月十一日〔星期六〕 黃埔日刊 〔第四版〕

一直到今年五月，我革命軍繼承着未成的北伐工作的重大使命，重新開始北伐，從出師到現在，不過數月的光景，已將八十餘年來帝國主義，封建勢力壓迫下的湖南湖北江西，完全克復，不但強暴勢力的封建軍閥被打得像個四不像的東西，同時還給了帝國主義者一個狠刺骨的寒噤。這充分的表現着中國民族在國際間的覺悟和力量的偉大了。說到此地，誰也應該發問，尤其是站在革命的立場者。爲甚麼以前北伐不成功，而偏偏要在這個極反動的面底下，得到空前的大勝利呢？這便是我們不能不澈底的認識而須明瞭的，現在可以把他分析起來：

一、我們首先拿了適合我國現在社會物質構造的基礎——民生情況——的三民主義，建國方略，建國大綱，及第一二次全國代表大會宣言，爲我們新的制度建設的理論根據，而博得本國人民及友邦——蘇俄——的信仰和贊襄。

二、我們這次的工作，不偏求軍事的進展，而在政治方面努力的宣傳，喚醒了大部份的民衆，覺悟了我們現在的政治經濟地位，同時指導革命的同志，盡都明瞭革命的目的和策略勇敢前進，

三、黨以外還有很重大的爲我們革命的中心力量的工農學生諸團體的組織，隨處指導我們的軍隊，幫助我們的運輸，探報敵人的真情和擾亂其後方。一言蔽之，凡足以制敵人的死命的，無不熱烈周旋，努力勇幹。

四、在前方有真實而精銳的領袖和武裝的黨員，能籌劃和指揮一切，和捨得犧牲，拚命殺敵。在後方則有真實的民衆鞏固了根基。

以上四點，誠實是做了北伐勝利的條件，而造成了這個爲中國民族謀幸福，爲全世界民族求解放的偉大光榮的新紀元了。

北伐怎樣勝利，我們已經明白了。現在更要談：目前的工作。

我們要怎樣做目前的工作，先不先就要明白北伐的目的。北伐的目的，簡單說起來，原不僅在消滅吳孫，尤在消滅吳孫後，永無同樣繼起之人。同時還須打倒帝國主義，使永遠絕跡于國內以勾結賣國軍閥。故此次北伐，雖得到極大的勝利，但還未達到北伐的目的，內部的份子，非常複雜；固然有些是真感覺革命之需要，而跑到了我們這邊來的，但假革命的暫時附和我們來投機的份子，亦狀不少。所以在這個新局面底下，一方面我們固然要表示樂觀和慶祝；他方面却不能不使我們不安的。這樣一來，我們到底要如何辦呢？不消說，要督促這次中央聯席會議的議決案，絕對發生效力；同時尤要擴大我們的組織，馬上到民間去宣傳，使民衆的力量，能夠支配和指揮軍隊共策進行。這便是我們目前急需的工作。不然，我敢大聲的說，北伐是沒有勝利；不但沒有勝利，反足以制中國的危亡和人民的死命。

問答

1、拍拉圖主階級制度，違背民治主義，復爲絕端的理想主義，各個人毫無自由，絕端屈服於專制和國家的意思；吾人何以稱彼爲共產主義的始祖？

2、康拔列納的主張財產婦女皆歸公有，廢棄所有權，適用於現社會有無流弊；其太陽都市的理想制度有何精神？

3、胡利葉之生產制度有幾種，他以爲現社會的道德都是在抑制自然，他主張任其自然，竟情發揮各種情感，這主張究竟對不對呢？

4、無政府的始祖是那個？這主義適合潮流否？然有些人說社會主義成了功，才可以實現是什麼理由？

5、章太炎是同盟會的老黨員，當然是富有革命思想的；何以現在到走入反革命路上去了，做帝國主義軍閥們的走狗？

6、前清同治一八六五年十一月二日訂定的中比北京條約，共四十七款，及稅則通商章程，至本年十一月二日期滿，依法當然失效，除另訂平等條約外實無問題，何以比政府欲延長其舊約之效力，提交海牙國際法庭公斷，是用何理由？

7、新任署理長沙英領事，向湖南交涉員表示欲於最短期間承認國民政府之意何前倨後恭，是什麼用意？

第一學生隊第一隊第三區隊學生劉作民呈

1、拍拉圖著「理想國」，主張廢除私有財產，連兒童也歸社會公有；故有人稱他爲最先提出共產主義之理想者。

2、Campanella的主張在目前當然還不能實行——！而且「婦女」公有這件事，根本卽不能成立，因爲它把「女」當了物，否認了女人的「人」格。太陽之都是描寫一個共產社會，共住，共食，共寢，每日只作四小時工，輕遊食，重勤勉；以大哲學家爲元首，有「權力」「智識」及「愛」之人，輔佐之——是一篇西洋的桃花源記。

3、傅立葉主張以一千五百人爲一組，居在一個建築中，名爲一個 Phalansteic，共同生產，共同消費。其對於分配，則主張勞動者得十二分之五，資本家得十二分之四，有技能的管理人（職員）得十二分之三。他不否認資本主義，他是一個無政府派的「新村主義」者。

4、無政府思想發生甚早，例如中國的老子（李冉）莊周卽是其流。在西洋近代史上，可指爲無政府主義之始倡的，是英國的高德文（Godwin），法國的蒲魯東（Proudhon）。共產主義到了完全「完成」的時候，便是「無政府」主義者所想像的那樣的社會（但「政府」還是有的，不過不叫做政府，叫做辦事的委員會罷了。）

5、章炳麟加入同盟會，不過是抱着簡單狹隘的種族思想而來，其人喜出風頭，欺世盜名（拿他先生俞樾做招搖過市之招牌），並無所謂革命性，只是好與人鬧意氣而已！做帝國主義的走狗，本是他的性質上命定的事，他極貪鄙，有錢給他，他便馬上替他打通電，他的那史漢典雅之筆，正不知賣了多少錢！

6、因爲那約與比國有利益。

7、因爲國民革命已有成功之象——中國將來政權，已無疑的要落在有實力打擊它的民衆之手好漢不吃眼前虧，所以狡猾的英國帝國主義要趕着風轉舵了！

（楚）

一、何謂宗法社會，請詳解『宗法』之意義。

二、何謂封建社會，請詳解『封建』之意義。

三、『的羅爾』問題是何國與何國的問題？它在什麼地方？何以成爲問題？

四、『摩塞爾』問題是何國與何國的問題？它在什麼地方？何以成爲問題？

五、國家與政府有無分別？如有分別，請各述其性質。

六、『突尼斯』是何國與何國的問題？何以成爲問題？

入伍生駱瑞祺啓

1、以『家族』爲經濟組織之單位，家長握生產上管理指揮之全權，家族中的子弟及奴隸須完全聽命——絕對服從——於他。其風俗則所謂孝弟力田，敦詩說禮；以恭順敬老爲道德：重倫常，尚門第——此等社會卽爲宗法社會。中國內地現在還有許多這種聚族而居的大家庭——其支配同族一切者仍行動之法律，則爲祠堂中所議之規條及祖宗所遺之陳法——是之謂『宗法』。

2、宗法社會中之家長，因族與族間戰爭之關係，漸成爲兼任軍事之酋長。酋長間互相兼併，大酋長占有土地甚多時，因農業技術尚不足以耕治其所占之廣大面積，乃分封服從於巳之小酋長，使之耕治而已則坐收其租稅——是爲「封建」。建築於此等社會上之政治，是爲封建政治。

3、的羅爾在意奧兩國之間，戰後屬意；其人種則爲德國（日耳曼）人。現在意國棒喝團政府，要將的羅爾人意國化，排斥德國的文化。因此德意兩國發生衝突。

4、摩塞爾在小亞細亞——米索卜達米亞——其地原屬土耳其，富有石油礦。戰後英國勾結協約國，在小亞細亞建立伊拉克王國，將摩塞爾劃歸管轄，而伊拉克之政治則由國際聯盟委託英國統治。實際上英國遂取得摩塞爾之油礦。土耳其與之爭，國際聯盟則判斷應屬英國。現在仍歸英國勝利。

5、近代之所謂「國家」是商業資本興起後，商工業階級用以防制封建貴族復職，壓制下層被剝削者（農工），及對外競爭市場的一個工具。「政府」是實現此等統治權力的一種强制機關。政府不就是國家，只是表現國家權力的一個組織。故在消滅階級廢除國家以後，「政府」這種組織仍可存在——仍可變更其「治人」之性質而爲一種替公共謀幸福的「辦事」機關。

6、突尼斯在地中海南岸（非洲之極北海邊），爲法國殖民地，其西鄰接摩洛哥。西班牙與法國共同宰割摩洛哥；意國則播弄其間，亦欲染指於摩洛哥；並鼓勵突尼斯人抗法，已則冀收漁人之利。

（楚）

一、孫文大學因爲甚麼沒有設在中國而設在俄國呢？其意義如何？

二、孫總理逝世北京，應當葬北京，或其他各地；但因爲甚麼又遷移南京紫金山埋葬，這是甚麼緣故？

二團九連蔡玉章

1、孫大是蘇俄爲幫助本黨革命工作，特別在俄設立，使本黨同志好在蘇俄革命後從事建設的實際國境中：觀察事實，證明理論的一個機關。

2、總理遺言，他自己要葬南京紫金山。

（楚）

中華郵政特准掛號立券之新聞紙〔中華民國十五年十二月十三日〕星期一〔第一版〕

黃埔日刊

中央軍事政治學校出版
通信處廣東黃埔本校政治部
（第二一三號）
〔本刊每份價定一分〕

日評

所謂『司法調查報告書』之公布

雲彬

從五卅慘案以後，帝國主義急於要想方法緩和中國的『反帝』空氣，於是什麼關稅會議例，法權會議例，應運而生。法權會議誰都知道是帝國主義者共同做成的一個騙局，但外崇國信的段祺瑞，當然不敢反對，於是所謂『司法調查』居然實行，那時候國民政府曾表示反對，并且下令廣州市公安局禁止司法調查委員登岸。現在所謂司法調查報告書者已經公布了，報告書裏所說的，那一樣不是早在我們意料之中？帝國主義者居然有資格來批評中國軍閥之不法，并且引邵飄萍林白水等案為證，試問：造成中國軍閥者誰？使中國連年戰亂，人民得不到生命安全的保障者誰？你們指摘中國司法不改良，試問：上海西牢的黑暗比中國監獄如何？上海的會審公廨，其黑暗專橫較之中國法庭又如何？我們雖然不重視那所謂司法調查報告，但我們要問帝國主義者有什麼資格，什麼理由來指摘中國之司法不良？

僞政府的代表王寵惠居然在報告書用中國委員資格簽字，同時又聲明不贊同報告書的第一二三編，那麼，王寵惠是贊成第四編了。第四編的第三款明明是不承認我們撤消治外權，那麼，中國的王寵惠也不承認中國現在應當收回治外法權了。

國民！聽聽那帝國主義者的把戲，僞政府的外交！

校聞

江蘇省黨部特派員來校參觀

本月十一日上午九時許，有江蘇省黨部駐粵特派員黃競西等四同志，特由省城蒞船來校參觀，黃同志等先至海關本校教官住宿舍，當由張秋人同志妥為招待，稍事休息，即由張同志師導至本校各部處參觀，並詳為指導一切，下午則參觀蝴蝶崗，炮台，烈士墓等處，直至三時左右始返校，並由政治部贈送汪黨代表演講集等刊物，以為紀念云。

軍事

閩戰結束中之進展

△張毅表示下野　△大軍三路攻浙

何應欽九日到福州，七日張毅部隊退南靖，海軍及張貞部分兩路追擊，李生春姚建屏偕海軍代表往勸張毅部繳械，張表示願下野，閩局軍事將告結束，且盧興邦陳國華郭鳳鳴股乘義復同時聯合投入黨軍，閩總部以閩局將告結束，決以大軍三路攻浙，大本營設饒州，先攻衢州，并同時發表三路入浙司令，同日前方特訊謂蔣總司令在九江會議決定後，當於二十日偕朱培德等赴撫州視防，遂，南潯路黨軍，均已開往贛東，蔣介石俟各軍集中，即下攻浙令，張發奎部十八日奉電前往南昌，所部第十四師，亦漸向南昌開拔，預備東進，至於蔣氏此次攻浙計劃，現已完全決定，以王柏齡賀耀祖張輝瓚魯滌平四部為前鋒，方本仁在南昌援應，北路李宗仁則注重長江北岸聯軍之活動，不為與攻浙軍事，第四軍各部，現已由南昌向玉山前進，蔣氏並以鄧彥華之十七師同饒州移動，蔣氏大本營即設於饒州，蔣氏所部學生軍，即在此地援應各方，其各路司令決定，蔣介石亦於日前發表，如下：（南路）張發奎為前敵司令，王均為左翼指揮，張輝瓚為右翼指揮，朱世貴為援應司令，（北路）賀耀祖為前敵司令，胡宗鐸為左翼指揮，夏威為右翼指揮，李宗仁為援應司令，（中路）程潛為全軍指揮，鄭彥華為前敵第一縱隊司令，楊源濬為第二縱隊司令，蔣介石率基本隊伍駐饒州援應各路，方本仁在南昌接應前敵餉糈軍費，朱培德為南潯路沿線警備總司令

又訊，孫逆在甯軍事會議，以閩局既不可收拾，決令周逆蔭人退竄浙東，同日接環球社通訊，何總指揮自率領第三師譚曙卿，十四師馮軼裴等部大隊，克復蒲田仙遊後，閩軍張毅孔昭同殘部，紛紛輸誠收編，而福州方面，又經民軍及海軍陸戰隊收復，并電請何總指揮即率部入福州，維持閩局，何總指揮據電，已令大隊赴日向福州前進，并將沿途各處殘敵肅清，開抵福州佈置妥當後，即率大軍由延平入浙云，

西北軍佔領潼關之外訊

△北京盛傳西北軍入潼關　△馮玉祥氏由甯夏抵西安

據陝西外人來電，潼關已被入陝之國民軍完全佔領，昨日京中各方面亦盛傳此事，可見吳佩孚於十日急赴觀音堂一事，益覺可信，又據報告，劉郁芬率領國民軍四隊，分別繞道西安後，一部直接向漢中開動，追剿吳新臣殘部，其餘三隊則在潼關內與劉鎮華軍相持，劉因所部實力，不能阻國軍前進，迭電吳佩孚請速派兵救援，吳知陝境動搖堪虞，已命陳文釗等率所部往援，但陳等意存觀望，逗留不前，吳氏見狀極為焦慮，已於十日率衛隊兩營，親赴潼關附近之觀音堂視察，與劉鎮華晤商應戰事宜，并函電閻錫山出兵防禦，惟閻氏已有覆電，稱本人對戰問題，不能解決，俟名集軍事會議，詳加討論後，再行答覆云云。并聞西北軍總司令馮玉祥確由甯夏行抵西安，同行者為其參謀長石友三。鹿鍾麟先行赴陝慰勞前線將士云。

世界注目之法國大增軍備

△新造軍艦達九十三艘　△奇大無比之潛艇　△新造飛船為世界冠

法國近年來對於軍備之猛進，已引起世界之注意，據最近倫敦報所載，法國在舵奈赦里，新造一飛船，為天下冠，同時又造一最大之潛艇，不日亦將完工，該船長九十八尺，每小時速度一百二十一尺，船重十七噸，兩翼廣一百三十一尺，飛三千哩不停，高度可飛及一萬尺，該船有二特長，一，可載炸彈甚多，二，不問何種天氣，可在海面飛行無阻，

法國在建造中之潛艇，奇大無比，可稱之為水上巡艦，內容未悉，祗知其載重在二千至三千五百噸之間，此外法海軍部，又造一千五百噸之潛艇十四艘，一千噸者六艘，六百噸者十九艘，與埋設水雷之潛艇二艘，

總之，於近四年有半中，法國新造之軍艦大小已達九十三艘，除日本外，他國實無如此之建造成績，茲將各新艦分列如左，

一，八千噸巡洋艦三艘，各裝六寸一徑砲八尊，均已下水，

二，一萬噸巡洋艦四艘，速率每小時三十三海里

誓遵總理遺囑

總理遺囑

余致力國民革命，凡四十年，其目的在求中國之自由平等。積四十年之經驗，深知欲達到此目的，必須喚起民衆，及聯合世界上以平等待我之民族，共同奮鬥。

現在革命尚未成功，凡我同志，務須依照余所著建國方略，建國大綱，三民主義，及第一次全國代表大會宣言，繼續努力，以求貫徹。最近主張開國民會議，及廢除不平等條約，尤須於最短期間，促其實現，是所至囑！

本校本週口號

嚴守學校紀律！
實行總理遺囑！
增進戰鬥能力！
發揚黃埔精神！
鍛鍊革命意志！
擁護民權建設！
完成北伐工作！
打倒一切軍閥！

啓事

鎮江於昨日在蝴蝶崗附近失去白竹布符號一枚內書第六學生隊第十六隊（號碼六八號）除呈報本隊外特此登報申明作廢 盧鎮江

鄙人於本月四號遺失本校第二學生隊第五隊十八區隊八九白布符號一個除已呈請補發外特此登報申明作廢 第二學生隊第五隊十八區隊鄂城義

國鈞於昨晚失去學字第七九七〇八黨證一本除呈報補領外特此登報申明作廢 第二學生隊八隊卅二區隊潘國鈞

啓者我的中央軍事政治學校畢業證書在漢口失遺了特此聲明作廢。本校第四期工科畢業生朱慢甫啓

黃埔同學會一五五七號會員證章一枚除呈報另行補領外特此登報申明作廢 葛乃武

劉炎同志：你有掛號信在部內，請示隊部，以便轉寄，（江西黨部來的） 政治部毛覃

弟於昨卅號在惠愛東路馬路遺失黃埔同學會（二二五三）號會員證章一枚除即呈報特此申明作廢 蕭湘湯

王卓凡（國棟）同志聞你在第五期現編在何部請速示知 燕塘入伍生一團三連劉訪琴

中華民國十五年十二月十三日〔星期一〕黃埔日刊〔第二版〕

三，各裝八寸徑砲八尊，已有二艘造成，

三，埋水雷之巡艦一艘，載重五七〇〇噸，速率頗高，裝有快砲，

四，練習艦一艘，五五〇〇噸，速率二十海里，載六寸一徑砲八尊，

五，飛機運艦二艘，

六，偵探艦十二艘，載重自二千四百噸至三千一百噸，速率三五哩，各裝五吋徑砲二尊，水雷管六具，目下已有六艘造成，

七，毀滅艦二十六艘，係照最強式製造，已成十二艘，載重一千五百噸，速率三十三哩，各裝五吋一徑砲四尊，水雷放射管六具，

八，潛艇之運艦二隊，

再明年起，至一九二九年，依照法國海軍律，尚有下列各艦，須分期建造者，計

一萬噸之巡洋艦二艘，
三千噸之偵探艦九艘，
一千五百噸之毀滅艦十艘，
潛水巡艦一艘，
大洋潛艇十六艘，
水雷潛艇四艘，
海岸潛艇十二艘，

以上係已造及在建造中之新艦，法國海軍力於大戰後，至一九二九年，將添加大小軍艦一百十七艘，共載重三十二萬五千噸，大約至一九三一年，全部新艦均可應用云，

政治

英帝國主義在天津圍捕本黨黨員之公憤

△英議員亦認為荒謬　△各界紛起抗爭

自天津英租界逮捕國民黨員，傳至倫敦後，英國輿論，對英政府嚴重抗議消息，及國民政府電致英使此次在華之舉動，均有嚴重批評，英國會議員塔里化連氏，在下議院提出嚴重質問政府，此事曾否事前請示政府，否則政府將作何辦理，首相答稱，政府對於國民政府抗議天津英租界逮捕國民黨員解交奉軍一事，現正從事考查云，又訊，自英警探在津拘捕黨員案發生後，輿論譁然，自國民政府提出嚴重抗議，同時各界均紛起力爭，茲將各界及對於英警無理逮捕黨員通電照錄如後（一）廣州市公安局政治部通電 中國國民黨中央黨部，各級黨部，國民政府，各團體，各報館均鑒，英帝國主義者為維持其在中國之一切勢力起見，施行種種野蠻政策，於砲艦政策無效，吳孫相繼崩潰之後，復借款五百萬磅，援助國賊張作霖，近更愈演愈兇，公然在天津封禁本黨黨部，搜捕本黨黨員，解交奉軍，以圖消滅革命勢力，助我國內亂，而阻遏中國民族革命之成功，陰謀毒計，莫逾於此，除敦懇國民政府提出正式抗議外，望全國革命民衆一致起來，援助被難同胞反抗英帝國主義之暴狠政策，以裁其干涉中國內政之野心，則其危害革命同志之責任，廣州市公安局政治部叩，蒸，（二）廣州市警察特別黨部電云，中國國民黨中央黨部，各級黨部，國民政府，各團體，各報館均鑒，英帝國主義者，借款五百萬磅援助奉張，同時在天津拘捕本黨同志，引渡於張賊，摧殘革命勢力，助長我國內亂，聞報之下，殊深憤懣，敬懇政府對於干涉中國內政危害同志生命之英帝國主義者，提出正式抗議，并望各界一致起來，援助被捕同志，反抗英帝國主義，中國革命前途幸甚，廣州市警察特別黨部叩，蒸印（三）中國國民黨紅十字會援助天津慘案宣言云，（中略）敝會除對於天津同志表示萬分之敬仰與哀悼并希望其繼續努力外，謹敬告我全國民衆及同志之前曰，吾人感受此次慘案之刺激與教訓後，（一）更應明瞭中國目前之局勢，非民衆聯結一致，實不足以推陷反動的森嚴之壁壘，（二）更應明白，反動勢力一日未除吾人之生命財產及未來之幸福，亦一日不得其保障與享受，是更無許吾人立在旁觀之地位之可能，（三）吾黨同志，應加倍努力踏着烈士之血跡而前進，敝會誓以全力作革命軍及民衆之救護與慰藉者，共同立在戰線之上而奮鬥，期于最短期限以打倒張作霖及一切敵人，而後民衆之痛苦以除，烈士之仇可復，時機緊迫，功虧一簣，幸共努力。

法權會議之騙局告終了

△法權委員會報告書之內容……北京偽政府祗公布一部份……偽代表王寵惠居然簽字……帝國主義之騙局……偽政府之外交

自中國收回領事裁判權之呼聲瀰高，各帝國主義者思有以緩和我國民氣，乃有所謂法權會議之組織，與會者十三國，計美，比，英，法，日，義，丹麥，荷蘭，那威，葡萄牙，西班牙，瑞典，我國則派王寵惠出席，於本年一月十二日在北京開會，二十八日議定赴各省調查我國司法，以為取消領事裁判權之預備，識者固早知其為一滑稽的騙局，國民政府曾決定置之不理，廣州市公安局且下令禁止司法調查委員登陸，然當時在北京政府範圍內之各省，則歡迎尤恐不周，今所謂法權委員會之報告書，已全部發表，其結果乃不出吾人意料，據路透社一日倫敦電，法權委員會報告書分四部，三部大都為調查統計分析與司法現狀，第一部謂上海會審公堂一事，中外當道現正從事談判，故本委員會對其現有組織與手續認為無詳加評論之必要，但願人注意者，此種公堂，就其現有組織言，實自一九一二年以來行其職務，未嘗有條約權利也，第二部言中國法律與監獄情形，謂軍人干涉民事案件，至有危險影響，報告書中綜述委員會在北京集議時之嚴酷事件，謂違法侵入私人房屋之事，又謂外人不滿意之言，大都起於地方廳所審之案件云，以上三部北京偽政府未正式公布，而第四部尤為重要，中國委員王寵惠且公然簽字於其上，但又聲明不同意於一二三部，是第四部王氏固已同意也，第四部之第三款為全報告書之結論，今錄如下，「第三，上項所述各建議，實行至相當程度以後，如主要部分業經實行，關係各國應中國政府之請求可商議漸進撤消治外法權之辦法，或區分部分，或以其他方法，可由雙方協定」觀此，則所謂法權調查者，完全成一騙局，王寵惠氏尚恬然以中國代表名義簽字其上，偽政府之外交，如是如是，

漢口英商已認繳附稅

△美艦不干涉海關事　△辦法與粵海關相同

△路透社二日倫敦電，聞漢口英商已允繳納華當局所征之附稅，而交海關代付，其附稅辦法，與廣州同，普通貨徵百分之二，五，奢侈品徵百分之五，

△路透社二日華盛頓電，國務部聲明現駐華美艦隊僅是保護美僑之生命財產，並不用以維持漢口等處之海關，海關收稅事務，乃中政府所當為，美政府今雖密切注意漢口時局，但料南政府遷至武昌後，漢口工團之活動，必將加以遏制，如有必要，美僑將離境云，

經濟

英工黨將提彈劾政府案

△為煤礦工人列舉四項理由　△麥納主張國家改組煤礦　△各礦區已有三分之二復工

△路透社二日倫敦電　工黨領袖麥克唐納爾將於十二月八日在下院提出彈劾政府案，對於政府在煤礦業停工之政策表示不滿，謂政府有應彈劾之理由，（一）不理會皇家委員會調查之結果，（二）扭議礦主，（三）不能支配煤價，（四）通過煤礦八時工作法，以致延長工潮，多起爭論，而使嚴酷條件得以加諸力不能久拒之工人，今欲保全礦工之生活程度與生活工資，惟有國家接收礦煤而改組之一法云，

△路透社二日倫敦電，礦務大臣今日在下院答工黨韋歷思之問，謂除諾丁漢北賓比夏與約克夏三處外，各礦區皆已恢復工作，以每日工作八時為根據，查煤礦業已有三分之二依此根據復工，南威爾斯煤之在英國缺乏銷路者，現可出口，焦煤因存底關係，現尚未能輸出云，內務大臣稱，緊急條例大半可即撤銷，其留用者，為關於煤斤分配之條例云，首相包爾溫稱，反對黨可於星期三日提出彈劾政府案云，

蘇聯產金額之增加

蘇聯於一九二三年至二四年度產金五三二八〇磅，共用工人三九五〇〇名，一九二四至二五年度產金六四九八〇磅，共用工人二六九二六名，一九二五至二六年度約可出產六八九四〇磅，用工人三〇九八六名，就此統計比較，蘇聯產金量及工人生產力均見增加，若與一九一三年俄皇時代比較，是年共產一一四三〇〇磅，用工人八八〇〇〇名，每年每名工人生產力為一磅又五英兩，最近蘇聯金礦工人之生產力則為二磅又三英兩，

雜訊

國民黨將統一中國

△布哈林氏之觀察

莫斯科電訊，蘇俄中央執行委員布哈林氏精于鑒衡，現稱廣東軍收復兩湖江西預言國民黨成功後，由此統一中國之可能性，已屬顯著，當然要與露西亞及西歐之無產階級密切聯合，給果，全世界國際關係，必起重大變化云，

小通信

吳尚貴同志：九月十六日，開縣教育局，與兄一掛號信，尚存彼中，速示通信地，以便轉寄為荷， 岳山

曾榮同志：茲有友人訪你，請即把通訊處示知！ 第五期第三學生隊第九隊鍾義重

王紀康君廖劍青迭次來信問你的通訊地址盼速告我以便轉達 羅霞天啓

前入伍生第二團第九連司書謝漢廷同志現在你在何處服務你的黨證在我處請你刻即來取去為要 駐校第二學生隊第五隊鍾誠彰

敝隊勤務兵潘金成已於十一月二十八日潛逃，拐去二三八號符號一張，除呈報學生隊部轉呈通緝外，特登報聲明作廢。 第七隊隊長申自鑫

劉天暇（眉生），郭震坤（惠荃），錫齡諸同志你們住在何處？頃接赤水縣陳永祥同志致你們要函一件，現存弟處，希即示你們的通信處。 黃埔本校第二學生隊第五隊第十九區隊陳鏞儔作辛

龍飛，黃中英，楊康甫同志：你們現在編入何隊請告知。 深圳入伍生第二團機關槍連袁孝総

中華民國十五年十二月十三日〔星期一〕黃埔日刊〔第三版〕

革命之路

題目

怎樣才能眞實的「親愛精誠」
歡送國民政府……曾毅
我對於「相對服從」與絕對服從的意見……趙世嘉
升學後我們應該怎樣……李樸
政治問答
編者的話

怎樣才能眞實的「親愛精誠」

劉漫天

記不起前幾天，在日刊上看到楊若濤同志發表一篇「官長與學生」的論文，讀了以後，引起我一月來服務中所感覺到要說的話：

在沒有說明這個題目以前，我要請大家注意：這並不是一個很「等閒」的問題；實在它是關係於官長和學生同志間很密切的一個問題，嚴重一點講：它竟是本校和革命基礎的安危的問題，所以我以為很値得我們注意，而去研究的，

「黃埔的」（請注意這個冠詞）官長和學生，應該是純粹的革命的結合；因為他們共同的目標都是「革命」！雖然在工作的形式上，官長和學生，誠然免不了有所謂地位上，階級上，和職權上等等的不同；但是在努力革命的意義上，當然並不會有什末兩樣。所以，第一我們首先要清楚這一個「大前提」。

黃埔的學生，是為着國民革命的利益而來學習革命的技術的；黃埔的官長也是為着國民革命的利益而來授予黃埔學生這種革命的技術的，姑無論他們是在授予或是學習這革命的技術，總之，都應該是為革命而努力的。——這就是「黃埔的」官長和學生們在形式上最單簡，而在意義上却又很重大的一個相互的關係。

雖然這僅是一個很不費解的關係，但是常常有很多官長和學生們因為感情蒙蔽了理智，直覺壓迫了思維的緣故，而致于看不清楚這一個關係；甚至戴起一副自已造成的『着色的眼鏡』去分析這一個關係，和這個關係裏的一切。

在他們不同的『着色的眼鏡』之下，常常發見對方和自己的不同，初而，由這個色彩上的差別，影響到心理上的歧異；再者，從這個心理上的歧異，更進而形成了思想上的衝突，這些衝突，如果平心追根地想來，不但是「不必要」，而且是非常滑稽可笑的。試舉一個例子說：官長為着要達到「革命」對于學生們的要求而要求學生們對于某一種動作或行為要切實去表現：這大概可以算得一樁十足的正當的要求吧！但是，這一個要求，因為在實際上，常常會使被要求者心理上或生理上感覺到暫時的「不快」或「勉強」的緣故，所以被要求者——學生們——也常常用「直覺」和「感情」去承認它是一種「痛苦」，或「壓迫」……再加以「着色眼鏡」的透視，更帮助他們誤認「官長和學生的利益是衝突的」的理論；你想：這是多末蠢笨的笑話呀！在官長方面呢；有時候因為學生們不能够接受自已的要求，或諒解自己的苦心的緣故，就每陷於由「希望」他們而入於「忌嫉」他們或「討厭」他們。因之官長學生的中間漸漸建築起一個銅牆鐵壁似的「隔膜」在這個「隔膜」之下；革命的感情，隨着時間在減消；衝突的表現，也隨着時間在劇烈地增加；結果：不但不能使革命得到了利益，同時還要使革命損失了多量的力量，至少都要有一個潛伏着的隱憂。

我們要曉得官長在他個人的資格上，他並沒有絲毫向你要求的權利；他為的是代表了黨和革命的利益，所以才有權利來要求你；並且很嚴格地要求你！同樣地：學生，在個人的資格上並不見得有服從任何要求的義務，但是為你是擔負着黨和革命的利益，所以你就不得不服從代表黨和革命的利益的官長的要求；並且要認眞地服從的！這是多末淺顯的一個理論！大概誰都不能否認的！

這個理論，祗要是在革命的官長和學生的範圍以內，應用於任何個人，都不會有什末不同或兩樣，根據這一點，我預想到許多人都很担憂的，第四期和第五期大概也不會有什末問題，因為這個關係是對事的，而非對人的。

說到這里，我可以很冒昧地代表第四期在校服務的同學，向大家道歉：因為我們在能力上和學識上很慚愧不能給大家很多的幫助或貢獻；這是不可諱言的一件事情！不過，同志們，要認清楚：我們現在的關係，絕不是片面的關係，所以校長說「官長要監督學生；學生也一樣要監督官長」這才是我們同志間一個很正確的關係，同時也却是很嚴重的一個責任！所以與其說我們是領導你們，倒不如說我們是互相努力，互相監督，互相糾正；無論如何，總要能辦到「不使我們團體裏有一個不守紀律的份子，或有一個破壞革命利益的敗類」的目的，才算得對得起我們的黨，

說到這裏，那末，我以為不必再嘮要更多的解釋了：如果我們誠意是為革命，我們祗有一致守紀律，服從命令，糾正一切官長和學生不守或破壞紀律的行為；使革命能得到充分地利益和發展才對！如果不能夠原諒革命的環境，專意拿個人的利益作中心來畫圈，那末這個圈一定會侵佔到革命的利益範圍以內的！一個革命者如果看個人的利益比革命的利益更重要時，那末他，不特說不能革命，而且可以說是反革命了。

第五期親愛的同學同志們：我很希望你們能充分地了解到這一點。我這個解釋我希望是不需要的。我們應該用眞摯的革命的情感，溶化去這銅牆鐵壁似的『隔膜』和『眼鏡』讓我們攜住手更表示親愛和團結吧！我們要做到眞正的我們的校訓——『親愛精誠』！

＊　＊　＊

歡送國民政府

第六學生隊十七隊學生　曾毅

當國民政府出師北伐的時候，英帝國主義者，一方面指使軍閥土豪劣紳買辦階級……想盡種種的方法，來離間挑撥，搗亂後方——廣東，一方面唆使陳炯明來擾亂廣東，同時以兵艦，開進省河，挑釁……想再施堵粹，解決罷工，不料罷工工友，奮鬬到底，國民政府又用強硬手段對付他，使他鬼計不實現，聰明的英帝國主義者知道破艦政策是不行的，馬上就變更策略，把沙面的戒嚴令取消，崗兵撤退，英帝國主義者，為甚麼這樣呢？因為看了民衆的力量，非常澎漲，革命的勢力，非常發展，而我們的努力，又是始終如一不斷的向他們進攻：他不能不將破艦政策變更了。總之英帝國主義者危害國民政府，阻礙革命勢力的發展，我們是已經知道的，但是現在國民政府，不但是依然無恙，而且比從前更要康健，而且移駕到北方——武昌。所以在這惡劣的環境內生存而且發展到如此的國民政府北遷，我們應如何欣幸呵！他為甚麼要遷移到武昌去呢？因為革命的勢力，擴大起來，要為指揮的便利起見，它不得不應革命的要求，毅然北遷，去指揮全國的民衆革命。立時去建設一個眞正的國民的政府。在這國民政府遷移的當中，我們都是以十二分的誠意，興高彩烈地，一致歡送詞，同時北方的民衆，當然也是很熱情地表示歡迎的，不僅如此：恐怕全世界的被壓迫階級也是表同情的罷，同時也免不了各帝國主義，買辦階級，軍閥，土豪，劣紳，……的嫉妬。所以我們要在這歡送政府北遷的時候，對於後方——廣東的治安，我們應當十分注意。革命的責任，大家更要加緊努力的担負起來，把所有的各階級民衆都團結起來，消滅一切反動派，使政府沒有後顧之憂，得以全力完成它的使命——國民革命。這是廣東的民衆，尤其是本校武裝同志們的責任，因為現在埋伏着的危機正多，就是英帝國主義者亦并未完全放棄其炮艦政策，他現在尚想以武力干涉中國，雖然還沒有暴動的形跡，但是他的陰謀！炮艦政策，已昭昭在人耳目。其實何嘗是保護英僑而來呢，不過借名掩飾罷了。他現在眼眼的望着中國的革命勢力發展到長江一帶，它的走狗——吳佩孚孫傳芳倒了，它新勾結的走狗——張作霖……也在「危乎殆哉」之中，它在華的利益，根本動搖起來，而且會危及其本身，所以他不得不親自出馬，干涉中國，阻止革命勢力的進展，破壞民衆的革命運動，推翻革命政府，而延長偽政府殘喘的生命，以為保護它在華的利益，唯一的工具，這是本黨的第一個危機，我們在這個歡送國民政府北遷聲中，是不能不注意的，還有國家主義派——曾琦，不要臉的梁啓超，康有為，丁文江，章太炎……！妖言邪說，散布各處，評辱本黨，惑民心，同時軍閥——孫傳芳又在上海，把本黨要人驅出租界，封閉黨部，逮捕工人學生，下獄槍斃，是何等的痛心可恨呵！這些醜類……為帝國主義者造成了白色恐怖的世界，我們要急急把他們消滅，我們在這國民政府的今後，對於這等重大的責任，也是要大家担負起來，去努力，去奮鬥，把這醜類一切消滅，中國國民革命才能成功，世界革命才有希望。同志們，我們應該如何努力呢？國民政府北遷去了，他為我們到前方去奮鬥去了，我們一致起來高呼：

國民政府北遷萬歲！

中華民國十五年十二月十三日〔星期一〕黃埔日刊〔第四版〕

我對於「相對服從」與「絕對服從」的意見

第一學生隊第十區隊　趙世嘉

我這幾天在黃埔日刊上，看見幾位同學，討論相對服從與絕對服從，我覺得這個問題，凡是每一個同學，都要有一個眞確的觀念，才不會惹起許多無謂的糾紛，因此我也有點意見要來說一說：

有些同學以為我們革命軍，是靠着黨紀，所以我們對於黨紀，就應該絕對服從，對於軍紀，便可以相對服從，如果對軍紀也是要絕對服從，那麼官長反革命，也就跟他去反革命嗎？

其實不然我們要曉得，黨固要有黨紀，黨才有力量，但軍隊不能說不要軍紀，軍隊可以有力量，我們要維持這個有力量的軍隊，我們對于軍紀也要維持得很好，要維持軍紀，那麼這一個絕對服從的原則，萬不能輕易變更，要使把這一個原則改為相對服從，我相信一定會發生很多的毛病，影響到軍紀，甚至影響到學校前途。

但是我們又不要把絕對服從看得太包羅萬象，官長反革命也要絕對服從。我們所謂絕對服從，就是指軍紀內的絕對服從，尤其是要了解我們的絕對服從，是對軍紀，並不是對某一個人。假定官長確確實實是反革命，他自己已經是違反黨紀，破壞了革命的軍隊，我們當然是要起來反對他，並且要很勇敢出來打倒他。

同志們！不要怕，不要因為看見了前頭中山艦那種反革命的事，便發生一種感想，以為我們如果承認絕對服從，一定是很危險的，其實只要我們認清了軍隊中之絕對服從，是要維持軍紀的一個原則，要保持這個有力量的軍隊，就要維持這個原則，尤其是要知道黨是能包括一切，黨是高於一切，軍紀是黨紀一部分，明白了這一點；我們自然不會發生許多誤會了，

同志們，承認絕對服從罷，承認軍紀內的絕對服從罷！

升學後我們應該怎樣

第二學生隊第二十六區隊　李樸

以革命為職業的人，是根據環境而決定工作方針的，如環境有了變遷，工作的方針，也要隨之轉舵，我們現在升學了，所處的環境，與從前當入伍生的環境，變換了很多，以後的工作，當然也因之不同了，這話怎麼講呢？就是我們從前在入伍時的環境裏，所做的工作；現在似乎用不着了，且將我的意思寫在下面：

當北伐軍出發時，我們分駐東莞石龍一帶，其最大的意義，固然以鎮壓反動派，鞏固後方為前提；但宣傳民衆，使民衆深深地認識本軍和本黨，也許是最重要任務之一，因此我們每個同學，在駐防的地點，除努力守衛放哨外，還跑到民間去宣傳，調查，但是現在升學了，我們的工作，當然變更了，我們要努力學習革命理論和技術，校外的工作，不能不暫時放鬆一步，（因修業期間很短，將來在社會上工作的日子很長。）同時校內的秩序，就要靠我們自己來維持了，校長教訓我們學生自己約束的話，在這最短期間，很可以切實履行，但是，恐怕實行起來，所得的結果，恰成反比例！因為我們在入伍期間浪漫慣了，加以青年人血多氣大，一旦入校，驟受極嚴格教育，未免心猿意馬，發狂起來，鬧出種種誤會，想要根本泯滅這種誤會，就要每個同學，把對人對物的主觀，客觀，一律革命化，團體化，紀律化，舉一個例來說：假如某隊隊長，對於革命軍人禮節，特別要求得厲害，若有一點不好的處所，即處罰，我們這時候，總要任他處罰，並且感激他處罰，不可生一種忿恨心，因為他欲維持軍紀風紀，就不能不如此辦去了。所以我們應該絕對服從，即或有時處罰過分，或弄錯了，我們也要以官長之心為心，相信他始終是站在革命觀點上來為我們好的，不是引我們往壞的反革命路上跑去的，我們也要極端的諒解，俗語道：「沒有那一個醫生，不望病人好得快，」我可以說：沒有那一位教官和隊長，不望本隊的學生好的。還有一點：本校的各科教官，學術高深，思想新穎，教授法優良的，固然竭誠聆教。但或有缺少某一項研究而敷衍鐘點的，斷不要拿牌氣來，馬上就表示不好的態度，以致釀出種種糾紛，須知道要各科都完全有研究的人，是很艱難的事。總之：我們現在不是將來任意搗亂的，是要造成一個思想革命的我，行動革命的我，革命的策略，革命的戰術，我們正好在此時充分地研究。本校人多，嘴多，事又多，不可因小小的變故，就鼓動風潮，影響學校秩序，校風，損失學校名譽，精神，弄得黨紀，軍紀，都紊亂起來，這是多麼不對呀！我作這篇文字，並不是「無病呻吟」，實在感覺得這個環境嚴重，有不得不露骨地說出來，使我們彼此互勉！

問答

1、突宜斯問題，是怎麼一回事？（斗山）

（答）突尼斯在非洲極北，法意兩國互爭此地（楚）

2、歐洲大戰時，波斯密約及君士但丁堡問題的內容如何？第二學生隊第五隊學生江斗山（一至十均是）

（答）波斯密約是舊俄帝國與英國瓜分波斯權利的密約。君士但丁問題，是決定君士但丁這地方（即土耳其京城）應該屬於何國的問題。（楚）

3、馬爾沙士，是一個什麼樣人，并負有何種學問？（斗山）

（答）他是英國資產階級的走狗，一般稱他為「人口論者」。（楚）

4、怎麼叫做十分配的社會化？（斗山）

（答）「十」字或係衍文。「分配的社會化」，即『各取所需』。（楚）

5、保皇黨，怎麼樣的呢？（斗山）

（答）是康有為梁啓超在滿清末年，保光緒皇帝坐穩江山，好讓他們來做官的一種組織。（楚）

6、以和平來解決社會問題，要用何種手段？（斗山）

（答）和平如何能解決社會問題！我們指德國社會民主黨英國工黨為黃色改良主義者，就是因為他們在那里做夢想以和平手段解決社會問題！——我們的『右派』也是如此！（楚）

7、汪黨代表說，凡是借軍事上，政治上優越的國家，來侵略人國的，不論是君主國民主國都可以稱做帝國主義，我們現在有稱國際帝國主義，資本帝國主義，及國際資本帝國主義的，究竟怎樣解釋（斗山）

（答）帝國主義乃資本主義發達到最後的一個階段；故有資本帝國主義之稱。「國際」乃指其事關涉二國以上而言；帝國主義侵略他國及帝國主義自己之間又互相暗鬥，無一不牽涉國際，故又有國際資本帝國主義之稱。（楚）

8、各方軍閥，為什麼拿個「反赤」的口號來與我軍對抗，其用意何在？（斗山）

（答）因為他們不能明說不許中國人民打倒萬惡軍閥，反對中國人民廢除不平等條約，所以就只好以「赤化」來相栽誣，好使世界上一般有「產」的都看我們是強盜，好使我們國內的資產階級遠離我們，以孤我們之勢。（楚）

9、帝國主義，與軍閥鐵蹄底下的民衆，為什麼有出革命與不革命的分子來？（斗山）

（答）因為他們各自生活上的利害關係不同——右派怕得罪人太多了，將來不大好四面拉攏，所以傾向妥協；陳廉伯靠英國吃飯，所以反革命。（楚）

10、我北伐軍與各方軍閥戰爭，可以稱為階級戰爭嗎？（斗山）

（答）不是。近代產業上的含有經濟的意味的階級鬥爭，乃是以被壓迫者反抗壓迫者的一種民族的獨立之要求。（楚）

1、胡適之先生說：『少談論些主義，多研究些問題。』我以為問題固然要研究，因為要找着社會毛病之所在，不過既把社會的毛病找着以後，就要用一種良好的方法去醫治，那就非對於主義有深刻的研究不可，總括一句：就是應當一方面多研究些問題，一方面也要多談些主義，對嗎？（炎）

（答）你的話我完全贊成。本來主義便是解決各種問題之方法的總稱。所以只談主義，不注意到實際問題，這好比談藥方，而不知病症，只研究問題，而不談主義，這好比研究病症，而忌談藥方，這通通是笑話。（英）

（2）凡做事不加思索的就幹下去（言論或行動）常常引起人們厭煩，要怎樣才可改此弊呢？

（答）最好是多研究各方面的事實與理論，或每事跟着這種有研究的人走。智識越進步，便越知道自己所曉得的很少，便越謹愼不敢輕舉忘動。跟着這種人走，亦比自已的輕舉忘動穩妥得多。不過一面能跟着這種人走，一面仍能注意自己的研究，那便免更有盲從之弊了（英）

（3）我同時看了兩種以上的主義，對於其中長短是非不能下一個確切的判斷，這或者是我的智識幼稚的原故吧！有人說可以用唯物史觀的眼光去下批評，這個說法對不對（問津）

（答）判斷各種主義的優劣，我以為：第一，須將各種主義的眞相大概研究一番，第二須看各種主義理論的根據是否事實相合；（例如國家主義者說中國沒有勞資階級，勞資間沒有衝突，便完全與事實不合。）第三須看各種主義是否有實行的可能。（如無政府主義，毫無辦法，便是無實行可能的。）唯物史觀是根據歷史事實說明人類進化原則的。了解唯物史觀的人，對於一般不根據事實的理論，很容易知道他的謬誤。（英）

編者的話

本刊從新改組，計劃略有變更，希望除本校學生諸君外，閱者都多投些稿來。

我們收到的稿件很多，但以大部份都沒有寫清楚，不能辨別，故只好割愛，以後希投稿諸君注意！李光涵君的通信太長，為篇幅所限，不能登載，以後請簡短一點，並且關於幾個名詞或簡單的事，而非問題之討論者，可照本欄問答欄方式寄來。

花兒月兒接的詩太得多了。我們這個園地不用，請以後投他文藝刊物，以免又白廢了信箋信紙來賓問！「元傑」

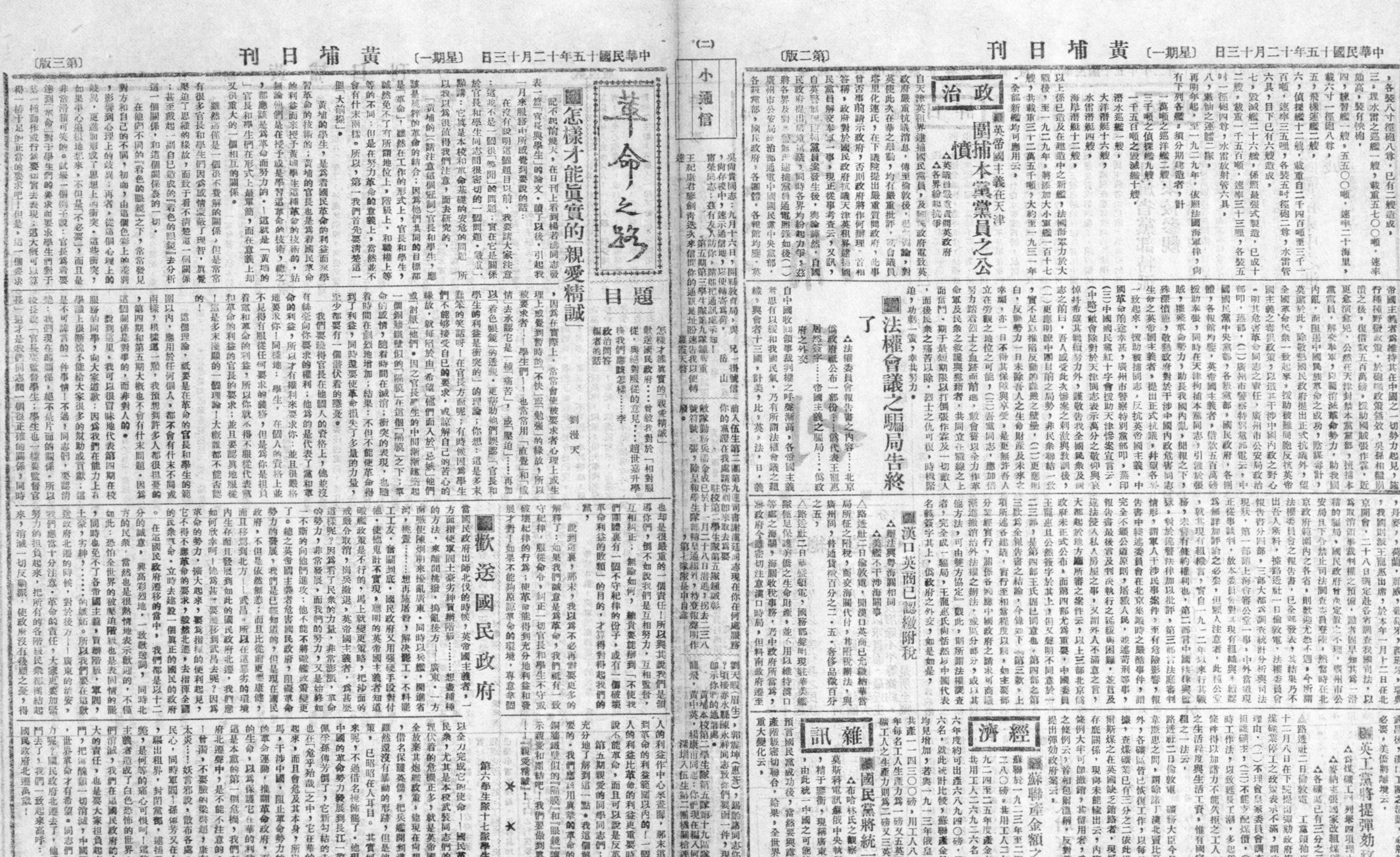

〔中華郵政特准掛號立劵之新聞紙〕中華民國十五年十二月十三日 〔星期一〕 〔第一版〕

黃埔日刊

中央軍事政治學校出版

通信處廣東黃埔本校政治部

（第二一三號）

〔本刊每份價定一分〕

啟事

鎮江於昨日在蛺蝶崗附近失去白竹布符號一枚內書第六學生隊第十六隊（號碼六八號）除呈報本隊外特此登報申明作廢 盧鎮江

鄙人於本月四號遺失本校第二學生隊第五隊十八區隊八九白布符號一個除已呈請補發外特此登報申明作廢 第二學生隊第五隊十八區隊鄂城義

國銘於昨晚失去粵字第七九七（八）黨證一本除呈報補領外特此登報申明作廢 第二學生隊八隊卅二區隊潘國銘

啓者我的中央軍事政治學校的畢業證書在漢口失遺了特此聲明作廢。 本校第四期工科畢業生朱悛卤啓

黃埔同學會一五五七號會員證章一枚除呈報另行補領外特此登報申明作廢 葛乃武

劉炎同志：你有掛號信在部內，請示駐部，以便轉寄，（江西黨部來的）

弟於昨卅號在惠愛東路馬路遺失黃埔同學會（二三五三）號會員證章一枚除即呈報特此申明作廢 燕塘入伍生一團三連劉訪琴

王卓凡（國棟）同志聞你在第五期現編在何部請速示知 蕭湘湯

誓遵總理遺囑

總理遺囑

余致力國民革命，凡四十年，其目的在求中國之自由平等。積四十年之經驗，深知欲達到此目的，必須喚起民眾，及聯合世界上以平等待我之民族，共同奮鬥。現在革命尚未成功，凡我同志，務須依照余所著建國方略，建國大綱，三民主義，及第一次全國代表大會宣言，繼續努力，以求貫澈。最近主張開國民會議，及廢除不平等條約，尤須於最短期間，促其實現，是所至囑！

本校本週口號

嚴守學校紀律！
實行總理遺囑！
增進戰鬥能力！
發揚黃埔精神！
鍛鍊革命意志！
擁護民權建設！
完成北伐工作！
打倒一切軍閥！

日評

所謂『司法調查報告書』之公布

雲彬

從五卅慘案以後，帝國主義急於要想方法緩和中國的『反帝』空氣，於是什麼關稅會議例，法權會議例，應運而生，法權會議誰都知道是帝國主義者共同做成的一個騙局，但外崇國信的段祺瑞，當然不敢反對，於是所謂『司法調查』居然實行，那時候國民政府曾表示反對，并且下令廣州市公安局禁止司法調查委員登岸，現在所謂司法調查報告書者已經公布了，報告書裏所說的，那一樣不是早在我們意料之中？帝國主義者居然有資格來批評中國軍閥之不法，并且引邵飄萍林白水等案為證，試問：造成中國軍閥者誰？使中國連年戰亂，人民得不到生命安全的保障者誰？你們指摘中國司法不改良，試問：上海西牢的黑暗比中國監獄如何？上海的會審公廨，其黑暗專橫較之中國法庭又如何？我們雖然不重視那所謂司法調查報告，但我們要問帝國主義者有什麼資格，什麼理由來指摘中國之司法不良？

偽政府的代表王寵惠居然在報告書用中國委員資格簽字，同時又聲明不贊同報告書的第一二三編，那麼，王寵惠是贊成第四編了。第四編的第三款明明是不承認我們撤消治外權，那麼，中國的王寵惠也不承認中國現在應當收回治外法權了？國民！瞧瞧那帝國主義者的把戲，偽政府的外交！

校聞

江蘇省黨部特派員來校參觀

本月十一日上午九時許，有江蘇省黨部駐粵特派員黃競西等四同志，特由省城順船來校參觀，黃同志等先至海關本校教官住宿舍，當由張秋人同志妥為招待，稍事休息，即由張同志領導至本校各部處參觀，並詳爲指導一切，下午則參觀蝴蝶崗，炮台，烈士墓等處，直至三時左右始返校，並由政治部贈送汪黨代表演講集等刊物，以為紀念云。

軍事

閩戰結束中之進展

△張毅表示下野
△大軍三路攻浙

何應欽九日到福州，七日張毅部隊退南浦，海軍及張貞部分兩路追擊，李生春姚建屏偕海軍代表往勸張毅繳械，張表示願下野，閩局軍事將告結束，且盧興邦陳國華郭鳳鳴殷汞義復同時聯合投入黨軍，閩總部以閩局將告結束，決以大軍三路攻浙，大本營設饒州，先攻衢州，并同時發表三路入浙司令，同日前方特訊謂蔣總司令在九江會議決定後，當於二十日偕朱培德等赴撫州視防務，南潯路黨軍，均已開往贛東，蔣介石俟各軍集中，即下攻浙令，張發奎部十八日奉電前往南昌，所部第十四師，亦漸向南昌開拔，預備東進，至於蔣氏此次攻浙計劃，現已完全決定，以王柏齡賀耀祖張輝瓚魯滌平四部為前鋒，方本仁在南昌援應，北路李宗仁則注重長江北岸聯軍之活動，不參與攻浙軍事，第四軍各部，現已由南昌向玉山前進，蔣氏並以鄧彥華之十七師向饒州移動，蔣氏大本營即設於饒州，蔣氏所部學生軍，即在此地援應各方，其各路司令決定，蔣介石亦於日前發表，如下；（南路）張發奎為前敵司令，王均為左翼指揮，張輝瓚為右翼指揮，朱世貴為援應司令，（北路）賀耀祖為前敵司令，胡宗鐸為左翼指揮，夏威為右翼指揮，李宗仁為援應司令，（中路）程潛為全軍指揮，鄭彥華為前敵第一縱隊司令，楊源濬為第二縱隊司令，蔣介石率基本隊伍駐饒州援應各路，方本仁在南昌接應前敵餉糈軍費，朱培德為南潯路沿線警備總司令

又訊，孫逆在甯軍事會議，以閩局既不可收拾，決令周逆蔭人退竄浙東，同日接環球社通訊，何總指揮自率領第三師譚曙卿，十四師馮軼裴等部大隊，克復蒲田仙遊後，閩軍張毅孔昭同殘部，紛紛輸誠收編，而福州方面，又經民軍及海軍陸戰隊收復，并電請何總指揮即率部入福州，維持閩局，何總指揮據電，已令大隊尅日向福州前進，并將沿途各處殘敵肅清，開抵福州佈置妥當後，即率大軍由延平入浙云，

西北軍佔領潼關之外訊

△北京盛傳西北軍入潼關
△馮玉祥氏由甯夏抵西安

據陝西外人來電，潼關已被入陝之國民軍完全佔領，昨日京中各方面亦盛傳此事 可見吳佩孚於十日急赴觀音堂一事，益覺可信，又據報告，劉郁芬率領國民軍四隊，分別繞道西安後，一部直接向漢中開動，追剿吳新田殘部，其餘三隊則在潼關內與劉鎮華軍相持，劉因所部實力，不能阻國軍前進，迭電吳佩孚請速派兵救援，吳知陝境動搖堪虞，已命陳文釗等率所部往援，但陳等意存觀望，逗留不前，吳氏見狀極為焦慮，已於十日率衛隊兩營，親赴潼關附近之觀音堂視察，與劉鎮華晤商應戰事宜，并函電閻錫山出兵防禦，惟閻氏已有覆電，聲稱本人對戰問題，不能解決，俟召集軍事會議，詳加討論後，再行答覆云云。并聞西北軍總司令馮玉祥確由寧夏行抵西安，同行者為其參謀長石友三。鹿鍾麟先行赴陝慰勞前線將士云。

世界注目之 法國大增軍備

△新造飛船為世界冠
△奇大無比之潛艇
△新造軍艦達九十三艘

法國近年來對於軍備之猛進，已引起世界之注意，據最近倫敦報所載，法國在聖奈敍里，新造一飛船，為天下冠，同時又造一最大之潛艇，不日亦將完工，該船長九十八尺，兩翼廣一百三十一尺，船重十七噸，每小時速度一百二十五哩，能飛三千哩不停，高度可飛及一萬尺，飛船有二特長，一．可載炸彈甚多，二．不問何種大氣，可在海面飛行無阻，

法國在建造中之潛艇，奇大無比，可稱之為水上巡艦，內容未悉，祗知其載重在二千至三千五百噸之間，此外法海軍部，又造一千五百噸之潛艇十四艘，一千噸者六艘，六百噸者十九艘，與埋設水雷之潛艇二艘，

總之，於近四年有半中，法國新造之軍艦大小已達九十三艘，除日本外，他國實無如此之建造成績，茲將各新艦分列如左，

一，八千噸巡洋艦三艘，各裝六寸一徑砲八尊，均已下水，

二，一萬噸巡洋艦四艘，速率每小時三十三海里

中華民國十五年十二月十三日〔星期一〕　黃埔日刊　〔第二版〕

，各裝八寸徑砲八尊，已有二艘造成，

三，埋水雷之巡艦一艘，載重五七〇〇噸，速率頗高，裝有快砲，

四，練習艦一艘，五五〇〇噸，速率二十海里，載六寸一徑砲八尊，

五，飛機運艦二艘，

六，偵探艦十二艘，載重自二千四百噸至三千一百噸，速率三五哩，各裝五吋徑砲二尊，水雷管六具，目下已有六艘造成，

七，毀滅艦二十六艦，係照最強式製造，已成十二艘，載重一千五百噸，速率三十三哩，各裝五吋一徑砲四尊，水雷放射管六具，

八，載油之運艦二隊，

再明年起，至一九二九年，依照法國海軍律，尚有下列各艦，須分期建造者，計

一萬噸之巡洋艦二艘，

三千噸之偵探艦九艘，

一千五百噸之毀滅艦十艘，

潛水巡艦一艘，

大洋潛艇十六艘，

水雷潛艇四艘，

海岸潛艇十二艘，

以上係已造及在建造中之新艦，法國海軍力於大戰後，至一九二九年，將添加大小軍艦一百十七艘，共載重三十二萬五千噸，大約至一九三一年．全部新艦均可應用云，

政治

圍捕本黨黨員之公憤

▩英帝國主義在天津

△英議員嚴重責問英政府

△各界紛起抗爭

自天津英租界逮捕國民黨員，及國民政府電致英政府嚴重抗議消息，傳至倫敦後，英國輿論，對英使此次在華之舉動，均有嚴重批評，國會議員塔里化連氏，在下議院提出嚴重質問政府，此事曾否事前請示政府，否則政府將作何辦理，首相答稱，政府對於國民政府抗議天津英租界逮捕國民黨員解交奉軍一事，現正從事考查云，又訊，自英警擅行逮捕黨員案發生後，輿論譁然，自國民政府提出嚴重抗議，同時各界均紛起力爭，茲將各界及對英警無理逮捕黨員通電照錄如後(一)廣州市公安局政治部通電中國國民黨中央黨部，各級黨部，國民政府，各團體，各報館均鑒，英帝國主義者爲維持其在中國之一切勢力起見，施行種種野蠻政策，於砲艦政策無效，吳孫相繼崩潰之後，復借款五百萬磅，援助國賊張作霖，近更愈演愈兇，公然在天津封禁本黨黨部，擅捕本黨黨員，解交奉軍，以圖消滅革命勢力，助我國內亂，而阻遏中國民族革命之成功，陰謀毒計，莫逾於此，除敬懇國民政府提出正式抗議外，望全國革命民衆一致起來，援助被難同胞反抗英帝國主義之毒狠政策，以戢其干涉中國內政之野心．明其危害革命同志之責任，廣州市公安局政治部叩，蒸部，(二)廣州市警察特別黨部電云，中國國民黨中央黨部，各級黨部，國民政府，各團體，各報館均鑒，英帝國主義者，借款五百萬磅援助奉張，同時在天津拘捕本黨同志，引渡於張賊，摧殘革命勢力，助長我國內亂，聞報之下，殊深憤懣，敬懇政府對於干涉中國內政危害同志生命之英帝國主義者，提出正式抗議，并望各界一致起來，援助被捕同志，反抗英帝國主義，中國革命前途幸甚，廣州市警察特別黨部叩，蒸印(三)中國國民黨紅十字會援助天津慘案宣言云，(中略)敝會除對於天津同志表示萬分之敬仰與哀悼并希望其繼續努力外，謹敬告我全國民衆及同志之前曰，吾人感受此次慘案之刺激與教訓後，(一)更應明瞭中國目前之局勢，非民衆聯結一致，實不足以推陷反動勢力森嚴之壁壘，(二)更應明白，反動勢力一日未除吾人之生命財産及未來之幸福，亦一日不得其保障與享受，是更無許吾人立在旁觀之地位之可能，(三)吾黨同志，應加倍努力踏着烈士之血跡而前進，敝會誓以全力作革命軍及民衆之救護與慰藉者，共同立在戰線之上而奮鬥，期于最短期限以打倒張作霖及一切敵人，而後民衆之痛苦以除，烈士之仇可復，時機緊迫，功虧一簣，幸共努力．

▩法權會議之騙局告終了

△法權委員會報告書之內容……北京偽政府祗公布一部份……偽代表王寵惠居然簽字……帝國主義之騙局……偽政府之外交

自中國收回領事裁判權之呼聲漸高，各帝國主義者思有以緩和我國民氣，乃有所謂法權會議之組織，與會者十三國，計美，比，英，法，日，義，丹麥，，荷蘭，那威，葡萄牙，西班牙，瑞典，我國則派王寵惠出席，於本年一月十二日在北京開會，二十八日議定赴各省調查我國司法，以爲取消領事裁判權之預備，識者固早知其爲一滑稽的騙局，國民政府曾決定置之不理，廣州市公安局且下令禁止司法調查委員登陸，然當時在北京政府範圍內之各省，則歡迎尤恐不週，今所謂法權委員會之報告書，已全部發表，其結果乃不出吾人所料，據路透社一日倫敦電，法權委員會報告書分四部，第一部講上海會審公堂一事，中外當道現止從事談判，故本委員會對其現有組織與手續認爲無詳加評論之必要，但願人注意者，此種公堂現狀，就其現有組織言，實自一九一二年以來行其職務，未嘗有條約權利也，第二部言中國法律與監獄，對於違警法律加以批評，第三部言法庭審判情形，謂軍人干涉民事案件，至有危險影響，報告書中縷述委員會在北京集議時之嚴酷事件，謂完全不顧公道原則，屠戮人民，並述苛刑等事，報告書最後言及判決執行之延緩與困難，並言及違法侵入私人房屋之事，又謂外人不滿意之言，大都起於地方廳所審之案件云，以上三部北京偽政府未正式公布，而第四部尤爲重要，中國委員王寵惠且公然簽字於其上，但又聲明不同意於一二三部，是第四部王氏固已同意也，第四部之第三款爲全報告書之結論，今錄如下「第三款，上項所述各建議，實行至相當程度以前，如主要部分業經實行，關係各國應中國政府之請求可商議漸進撤消治外法權之辦法，或區分部分，或以其他方法，可由雙方協定」觀此，則所謂法權調查者，完全成一騙局，王寵惠枉恬然以中國代表名義簽字其上，偽政府之外交，如是如是，

▩漢口英商已認繳附稅

△辦法與粵海關相同

△美艦不干涉海關事

△路透社二日倫敦電，聞漢口英商已允繳納華當局所征之附稅，而交海關代付，其所稅辦法，與廣州同，普通貨徵百分之二．五，奢侈品徵百分之五，

△路透社二日華盛頓電，國務部聲明現駐華美艦隊僅足保護美僑之生命財產，並不用以維持漢口等處之海關，海關收稅事務，乃中政府所當爲，各國政府今雖密切注意漢口時局，但料南政府遷至武昌後，漢口工團之活動，必將加以遏制，如有必要，美僑將離境云，

▩英工黨將提彈劾政府案

△爲煤礦工潮列舉四項理由

△麥納去張國家改組煤礦

△各礦區已有三分之二復工

△路透社二日倫敦電　工黨領袖麥克唐納爾將於十二月八日在下院提出彈劾政府案，對於政府在煤礦業停工之政策表示不滿，謂政府有應彈劾之理由，(一)不理會皇家委員會調查之結果，(二)袒護礦主，(三)不能支配煤價，(四)通過煤礦八時工作法，以致延長工潮，多起爭論，而使嚴酷條件得以加諸力不能久拒之工人，今欲保全礦工之生活程度與生活工資，惟有國家接收礦煤而改組之一法云，

路透社二日倫敦電　礦務大臣今日在下院答工黨韋廉思之問，謂除諾丁漢北賓比夏與約克夏三處外，各礦區皆已恢復工作，以每日工作八時爲根據，查煤礦業已有三分之二依此根據復工，南威爾斯煤之在英國缺乏銷路者，現可出口，焦煤因存底關係，現尚未能輸出云，內務大臣稱，緊急條例大半可即撤銷，其留用者，爲關於煤斤分配之條例云，首相包爾溫稱，反對黨可於星期三日提出彈劾政府案云，

經濟

▩蘇聯產金額之增加

蘇聯於一九二三年至二四年度產金五三二八〇磅，共用工人二九五〇〇名，一九二四至二五年度產金六四九〇八〇磅，共用工人二六九二六名，一九二五至二六年度約可出產六八九四〇磅，用工人三〇九八六名，就此統計比較，蘇聯產金量及工人生產力均見增加，若與一九一三年俄皇時代比較，是年共產一一四三〇〇〇磅，用工人八八〇〇〇名，每年每名工人生產力爲一磅又五英兩，最近蘇聯金礦工人之生產力則爲二磅又三英兩，

雜訊

▩國民黨將統一中國

△布哈林氏之觀察

莫斯科電訊，蘇俄中央執行委員布哈林氏，精于鑒衡，現稱廣東軍收復兩湖江西後，由此統一中國之可能性，已屬顯著，預言國民黨成功後，當然要與露西亞及西歐之無產階級密切聯合，結果，全世界國際關係，必起重大變化云，

(二)

小通信

吳尚貴同志：九月十六日，開縣教育局，與兄一掛號信，尚存校中，速示通信地，以便轉寄爲荷，　岳山

甯榮同志：茲有友人訪你，請即把通訊處示知！　第五期第三學生隊第九隊鍾蒔重

王紀康君鑒：劍青迭次來信問你的通訊地址盼速告我以便轉達　羅霞天啓

前入伍生第二團第九連司書謝漢廷同志現在你在何處服務？你的黨證在我處請你刻即來取去爲要　駐校第二學生隊第五隊鍾誠彰

敝隊勤務兵潘金成已於十一月二十八日潛逃，拐去二三八號符號一張，除呈報學校部轉呈總部外，特登聲明作廢。　第七隊隊長申自鑫

劉天暇(眉生)，郭震坤(惠蒼)，錫齡諸同志你們住在何處？頃接亦水縣陳永祥同志致你們要函一件，現存弟處，希即示你們的通信處。　黃埔本校第二學生隊第五區隊陳謙伯作辛

龍飛，黃中英，楊康甫，深圳入伍生第二團機關槍連袁孝岛諸同志請知。

中華民國十五年十二月十三日〔星期一〕 黃埔日刊 〔第三版〕

革命之路

題目

怎樣才能眞實的「親愛精誠」

劉漫天

記不起前幾天，在日刊上看到楊若濤同志發表一篇「官長與學生」的論文．讀了以後，引起我一月來服務中所感覺到要說的話：

在沒有說明這個題目以前，我要請大家注意：這並不是一個很「等閒」的問題；實在它是關係於官長和學生同志間很密切的一個問題．嚴重一點講：它眞是本校和革命基礎的安危的問題．所以我以爲很値得我們注意，而去研究的，

「黃埔的」（請注意這個冠詞）官長和學生，應該是純粹的革命的結合；因爲他們共同的目標都是「革命」！雖然在工作的形式上，官長和學生，誠然免不了有所謂地位上，階級上，和職權上等等的不同；但是在努力革命的意義上，當然並不會有什末兩樣。所以，第一我們首先要清楚這一個「大前提」．

黃埔的學生，是爲着國民革命的利益而來學習革命的技術的；黃埔的官長也是爲着國民革命的利益而來授予黃埔學生這種革命的技術的，姑無論他們是在授予或是學習這革命的技術，總之，都應該是爲革命而努力的．——這就是「黃埔的」官長和學生們在形式上最單簡，而在意義上却又很重大的一個相互的關係．

雖然這僅是一個很不費解的關係，但是常常有很多官長和學生們因爲感情蒙蔽了理智，眞覺壓迫了思維的緣故，而致于看不清楚這一個關係；甚至戴起一副自已造成的『着色的眼鏡』去分析這一個關係，和這個關係裏的一切．

在他們不同的『着色的眼鏡』之下，常常發見對方和自己的不同，初而，由這個色彩上的差別，影響到心理上的歧異；再者，從這個心理上的歧異，更進而形成了思想上的衝突．這些衝突，如果平心追根地想來，不但是「不必要」，而且是非常滑稽可笑的。試舉一個例子說：官長爲着要達到「革命」對于學生們的要求而要求學生們對于某一種動作或行爲要切實去表現；這大概可以算得一樁十足而正當的要求吧！但是，這一個要求，因爲在實際上，常常會使被要求者心理上或生理上感覺到暫時的「不快」或「勉強」的緣故，所以被要求者——學生們——也常常用「直覺」和「感情」去承認它是一種「痛苦」，或「壓迫」……再加以「着色眼鏡」的透視，更幫助他們誤認「官長和學生的利益是衝突的」的理論；你想：這是多末蠢笨的笑話呀！在官長方面呢；有時候因爲學生們不能够接受自已的要求，或諒解自己的苦心的緣故，就每陷於由「希望」他們而入於「忌嫉」他們或「討厭」他們．因之官長學生的中間漸漸建築起一個銅牆鐵壁似的「隔膜」在這個「隔膜」之下；革命的感情，隨着時間在減消；衝突的表現，也隨着時間在劇烈地增加；結果：不但不能使革命得到了利益，同時還要使革命損失了多量的力量，至少都要有一個潛伏着的隱憂．

我們要曉得官長在他個人的資格上，他並沒有絲毫向你要求的權利；他爲的是代表了黨和革命的利益，所以才有權利來要求你；並且很嚴格地要求你！同樣地：學生，在個人的資格上並不見得有服從任何要求的義務，但是爲你是担負着黨和革命的利益，所以你就不得不服從代表黨和革命的利益的官長的要求；並且要認眞地服從！這是多末淺顯的一個理論！大概誰都不能否認的！

這個理論，祇要是在革命的官長和學生的範圍以內，應用於任何個人，都不會有什末不同或兩樣，根據這一點，我預想到許多人都很担憂的，第四期和第五期大概也不會有什末問題．因爲這個關係是對事的，而非對人的．

說到這里，我可以很冒昧地代表第四期在校服務的同學，向大家道歉：因爲我們在能力上和學識上很慚愧不能給大家很多的幫助或貢獻；這是不可諱言的一件事情！不過，同志們，要認淸楚：我們現在的關係，絕不是片面的關係．所以校長說「官長要監督學生；學生也一樣要監督官長」這才是我們同志間一個很正確的關係，同時也却是很嚴重的一個責任！所以與其說我們是領導你們，倒不如說我們是互相努力，互相監督，互相糾正；無論如何，總貴要能辦到「不使我們團體裏有一個不守紀律的份子，或有一個破壞革命利益的敗類」的目的，才算得對得起我們的黨，

說到這裏，那末，我以爲不必再需要更多的解釋了：如果我們誠意是爲革命，我們祇有一致守紀律，服從命令，糾正一切官長和學生不守或破壞紀律的行爲；使革命能得到充分地利益和發展才對！如果不能夠原諒革命的環境，專意拿個人的利益作中心來畫圈，那末這個圈一定會侵佔到革命的利益範圍以內的！一個革命者如果看個人的利益比革命的利益更重要時，那末他，不特說不能革命，而且可以說是反革命了．

第五期親愛的同學同志們：我很希望你們能充分地了解到這一點．我這個解釋我希望是不需要的．我們應該用眞摯的革命的情感，容化去這銅牆鐵壁似的『隔膜』和『眼鏡』讓我們攜住手更表示親愛和團結吧！我們要做到眞正的我們的校訓——『親愛精誠』！

＊ ＊ ＊

歡送國民政府

第六學生隊十七隊學生曾毅

當國民政府出師北伐的時候，英帝國主義者，一方面指使軍閥土豪劣紳買辦階級……想盡種種的方法，來離間挑撥，搗亂後方——廣東．一方面嗾使陳炯明來擾亂廣東．同時以兵艦，開進省河，挑釁……想再施屠殺，解決罷工．不料罷工工友，奮鬬到底，國民政府又用强硬手段對付他．使他鬼計不實現，聰明的英帝國主義者知道礮艦政策是不行的，馬上就變更策略，把沙面的戒嚴令取消，崗兵撤退，英帝國主義者，爲甚麽這樣呢？因爲看了民衆的力量，非常澎漲，革命的勢力，非常發展，而我們的努力，又是始終如一不斷的向他們進攻；他不能不將礮艦政策變更了。總之英帝國主義者危害國民政府，阻礙革命勢力的發展，我們是已經知道的，但是現在國民政府，不但是依然無恙；而且比從前更要康健，而且移駕到北方——武昌。所以在這惡劣的環境內生存而且發展到如此的國民政府北遷，我們應如何欣幸呵！他爲甚麽要遷移到武昌去呢？因爲革命的勢力，擴大起來，要爲指揮的便利起見，它不得不應革命的要求，毅然北遷，去指揮全國的民衆革命．立時去建設一個眞正的國民的政府。在這國民政府遷移的當中，我們都是以十二分的誠意，與高彩烈地，一致歡送詞，同時北方的民衆，當然也是很熱情地表示歡迎的，不僅如此：恐怕全世界的被壓迫階級也是表同情的罷，同時也免不了各帝國主義，買辦階級，軍閥，土豪，劣紳，……的嫉妬。所以我們要在這歡送政府北遷的時候，對於後方——廣東的治安，我們應當十分注意．革命的責任，大家更要加緊努力的担負起來，把所有的各階級民衆都團結起來，消滅一切反動派，使政府沒有後顧之憂，得以全力完成它的使命——國民革命．這是廣東的民衆，尤其是本校武裝同志們的責任，因爲現在埋伏着的危機正多，就是英帝國主義者亦并未完全放棄其炮艦政策，他現在尚想以武力干涉中國，借名保護英僑，把兵艦開到漢口來了，目下，雖然還沒有暴動的形跡，但是他的陰謀！炮艦政策，已昭昭在人耳目。其實何嘗是保護英僑而來呢，不過借名掩飾罷了．他現在眼肥肥的望着中國的革命勢力發展到長江一帶，它的走狗！吳佩孚孫傳芳倒了，它新勾結的走狗！張作霖……也在「危乎殆哉」之中，它在華的利益，根本動搖起來，而且會危及其本身，所以他不得不親自出馬，干涉中國，阻止革命勢力的進展，破壞民衆的革命運動，推翻革命政府，而延長僞政府殘喘的生命，以爲保護它在華的利益，唯一的工具，這是本黨的第一個危機，我們在這個歡送國民政府北遷聲中，是不能不注意的，還有國家主義派——曾滿，不要臉的梁啓超，康有爲，丁文江，章太炎……妖言邪說，散布各處，誣辱本黨，愚惑民心，同時軍閥——孫傳芳又在上海，把本黨要人，驅出租界，封閉黨部，逮捕工人學生，下獄槍斃，是何等的痛心可恨呵！這些醜類……爲帝國主義者造成了白色恐怖的世界，我們要急急把他們消滅，我們在這國民政府的今後，對於這等重大的責任，也是要大家担負起來，去努力，去奮鬥，把這醜類一切消滅，中國國民革命才能成功，世界革命才有希望．同志們，我們應該如何努力呢？國民政府北遷去了，他爲我們到前方去奮鬥去了，我們一致起來高呼：

國民政府北遷萬歲！

中華民國十五年十二月十三日〔星期一〕　黃埔日刊　〔第四版〕

我對於「相對＊從與絕對＊從」的意見

第一學生隊第十區隊趙世嘉

我這幾天在黃埔日刊上，看見幾位同學，討論相對服從與絕對服從，我覺得這個問題，凡是每一個同學，都要有一個眞確的觀念，才不會惹起許多無謂的糾紛，因此我也有點意見要來說一說：

有些同學以爲我們革命軍，是靠着黨紀，所以我們對於黨紀，就應該絕對服從，對於軍紀，便可以相對服從，如果對軍紀也是要絕對服從，那麼官長反革命，也就跟他去反革命嗎？

其實不然我們要曉得，黨固要有黨紀，黨才有力量，但軍隊不能說不要軍紀，軍隊可以有力量，我們要維持這個有力量的軍隊，我們對于軍紀也要維持得很好，要維持軍紀，那麼這一個絕對服從的原則，萬不能輕易變更，要使把這一個原則改爲相對服從，我相信一定會發生很多的毛病，影響到軍紀，甚至影響到學校前途。但是我們又不要把絕對服從看得太包羅萬象，官長反革命也要絕對服從。我們所謂絕對服從，就是指軍紀內的絕對服從。尤其是要了解我們的絕對服從，是對軍紀，並不是對某一個人。假定官長確確實實是反革命，他自己已經是違反黨紀，破壞了革命的軍隊，我們當然是要起來反對他，並且要很勇敢出來打倒他。

同志們！不要怕，不要因爲看見了前頭中山那種反革命的事，便發生一種感想，以爲我們如果承認絕對服從，一定是很危險的，其實只要我們認清了軍隊中之絕對服從，是要維持軍紀的一個原則，要保持這個有力量的軍隊，就要維持這個原則，尤其是要知道黨是能包括一切，黨是高於一切，軍紀是黨紀一部分，明白了這一點；我們自然不會發生許多誤會了，

同志們，承認絕對服從罷，承認軍紀內的絕對服從罷！

升學後我們應該怎樣

第二學生隊第二十六區隊李禮

以革命爲職業的人，是根據環境而決定工作方針的，如環境有了變遷，工作的方針，也要隨之轉舵，我們現在升學了，所處的環境，與從前當入伍生的環境，變換了很多，以後的工作，當然也因之不同了，這話怎麼講呢？就是我們從前在入伍時的環境裏，所做的工作；現在似乎用不着了，且將我的意思寫在下面：

當北伐軍出發時，我們分駐東莞石龍一帶，其最大的意義，固然以鎭壓反動派，鞏固後方爲前提；但宣傳民衆，使民衆深深地認識本軍和本黨，也許是最重要任務之一，因此我們每個同學，在駐防的地點，除努力守衛放哨外，還跑到民間去宣傳，調查，但是現在升學了，我們的工作，當然變更了，我們要努力學習革命理論和技術，校外的工作，不能不暫時放鬆一步，（因修業期間很短，將來在社會上工作的日子很長。）同時校內的秩序，就要靠我們自己來維持了。校長敎訓我們學生自動約束的話，在這最短期間，很可以切實履行，但是，恐怕實行起來，所得的結果，恰成反比例！因爲我們在入伍期間浪漫慣了，加以靑年人血多氣大，一旦入校，驟受極嚴格敎育，未免心猿意馬，發狂起來，鬧出種種誤會，想要根本泯滅這種誤會，就要每個同學，把對人對物的主觀，客觀，一律革命化，團體化，紀律化，舉一個例來說；假如某隊隊長，對於革命軍人禮節，特別要求得厲害，若有一點不好的處所，即處罰，我們這時候，總要任他處罰，並且感激他處罰，不可生一種忿恨心，因爲他欲維持軍紀風紀，就不能不如此辦去了。所以我們應該絕對服從，即或有時處罰過分，或弄錯了，我們也要以官長之心爲心，相信他始終是站在革命觀點上來爲我們好的，不是引我們往壞的反革命路上跑去的，我們也要極端的諒解，俗語道：「沒有那一個醫生，不望病人好得快，」我可以說：沒有那一位敎官和隊長，不望本隊的學生好的。還有一點：本校的各科敎官，學術高深，思想新穎，敎授法優良的，固然竭誠聆敎。但或有缺少某一項研究而敷衍鐘點的，斷不要拿脾氣來，馬上就表示不好的態度，以致釀出種種糾紛，須知道要各科都完全有研究的人，是很艱難的事。總之：我們現在不是將來任意搗亂的，是要造成一個思想革命的我，行動革命的我，革命的策略，革命的戰術，我們正好在此時充分地研究。本校人多，嘴多，事又多，不可因小小的變故，就鼓動風潮，影響學校秩序，校風，損失學校名譽，精神，弄得黨紀，軍紀，都紊亂起來，這是多麼不對呀！我作這篇文字，並不是「無病呻吟」，實感覺得這個環境嚴重，有不得不露骨地說出來，使我們彼此互勉！

問答

1、突宜斯問題，是怎麼一回事？（斗山）

（答）突尼斯在非洲極北，法意兩國互爭此地。（楚）

2、歐洲大戰時，波斯密約及君士但丁堡問題的內容如何？第二學生隊第五隊學生江斗山（一至十均是）

（答）波斯密約是舊俄帝國與英國瓜分波斯權利的密約。君士但丁問題，是決定君士但丁這地方（即土耳其京城）應該屬於何國的問題。（楚）

3、馬爾沙士，是一個什麼樣人，幷負有何種學問？（斗山）

（答）他是英國資產階級的走狗，一般稱他爲「人口論者」。（楚）

4、怎麼叫做十分配的社會化？（斗山）

（答）「十」字或係衍文。「分配的社會化」，即『各取所需』。（楚）

5、保皇黨，怎麼樣的呢？（斗山）

（答）是康有爲梁啓超在滿淸末年，保光緒皇帝坐穩江山，好讓他們來做官的一種組織。（楚）

6、以和平來解決社會問題，要用何種手段？（斗山）

（答）和平如何能解決社會問題！我們指德國社會民主黨英國工黨爲黃色改良主義者，爲機會主義者，就是因爲他們在那里做夢想以和平手段解決社會問題——我們的『右派』也是如此！（楚）

7、汪黨代表說，凡是借軍事上，政治上優越的國家，來侵略人國的，不論是君主國民主國，都可以稱做帝國主義，我們現在有稱國際帝國主義，資本帝國主義，及國際資本帝國主義的，究竟怎樣解釋（斗山）

（答）帝國主義乃資本主義發達到最後的一個階段；故有資本帝國主義之稱。「國際」乃指其事關涉二國以上而言；帝國主義侵略他國及帝國主義自己之間又互相暗鬥，無一不牽涉國際，故又有國際資本帝國主義之稱。（楚）

8、各方軍閥，爲什麼拿個「反赤」的口號來與我軍對抗，其用意何在？（斗山）

（答）因爲他們不能明說不許中國人民打倒萬惡軍閥，反對中國人民廢除不平等條約，所以就只好以「赤化」來相栽誣，好使世界上一般有「產」的都看我們是强盜，好使我們國內的資產階級遠離我們，以孤我們之勢。（楚）

9、帝國主義，與軍閥鐵蹄底下的民衆，爲什麼有出革命與不革命的分子來？（斗山）

（答）因爲他們各自生活上的利害關係不同——右派怕得罪人太多了，將來不大好四面拉攏，所以傾向妥協；陳廉伯靠英國吃飯，所以反革命。（楚）

10我北伐軍與各方軍閥戰爭，可以稱爲階級戰爭嗎？（斗山）

（答）不是。近代產業上的含有經濟的意味的階級鬥爭，乃是以被壓迫者反抗壓迫者的一種民族的獨立之要求。（楚）

1、胡適之先生說：『少談論些主義，多研究些問題。』我以爲問題固然要研究，因爲要找着社會毛病之所在，不過既把社會的毛病找着以後，就要用一種良好的方法去醫治，那就非對於主義有深刻的研究不可，總括一句：就是應當一方面多研究些問題，一方面也要多談些主義，對嗎？（丕）

（答）你的話我完全贊成。本來主義便是解決各種問題之方法的總稱。所以只談主義，不注意到實際問題，這好比談藥方，而不知病症，只研究問題，而不談主義，這好比研究病症，而忌談藥方，這通通是笑話。（英）

（2）凡做事不加思索的就幹下去（言論或行動）常常引起人們厭煩，要怎樣才可改此弊呢？

（答）最好是多研究各方面的事實與理論。或每事跟着這種有研究的人走。智識越進步，便越知道自己所曉得的很少，便越謹愼不敢輕舉忘動。跟着這種人走，亦比自已的輕舉忘動穩妥得多。不過一面能跟着這種人走，一面仍能注意自己的研究，那便免更有盲從之弊了。（英）

（3）我同時看了兩種以上的主義，對於其中長短是非不能下一個確切的判斷，這或者是我的智識幼稚的原故吧！有人說可以用唯物史觀的眼光去下批評，這個說法對不對（問津）

（答）判斷各種主義的優劣，我以爲：第一，須將各種主義的眞相大概研究一番，第二須看各種主義理論的根據是否事實相合；（例如國家主義者說中國沒有勞資階級，勞資間沒有衝突，便完全與事實不合。）第三須看各種主義是否有實行的可能，（如無政府主義，毫無辦法，便是無實行可能的。）唯物史觀是根據歷史事實說明人類進化原則的。了解唯物史觀的人，對於一般不根據事實的理論，很容易知道他的謬誤。（英）

編者的話

本刊從新改組，計劃略有變更，希望除本校學生諸君外，閱者都多投些稿來。

我們收到的稿件很多，但以大部份都沒有寫淸楚，不能辯別，故只好割愛，以後希投稿諸君注意！

李光澱君的通信太長，爲篇幅所限，不能登載，以後請簡短一點，並且關於幾個名詞或簡單的事，而非問題之討論者，可照本欄問答欄方式寄來。

花兒月兒接的詩太得多了。我們這個園地不用，請以後投他文藝刊物，以免又白廢了信箋信紙來質問！「元傑」

＊原刊此版缺两个“服”字。编者注。

中華郵政特准掛號立券之新聞紙 中華民國十五年十二月十四日 〔星期二〕 〔第一版〕

黄埔日刊

中央軍事政治學校出版

通信處廣東黃埔本校政治部

〔第二一四號〕
〔本刊每份定價一分〕

日評

僞政府將比約提國際聯盟

雲彬

朱兆莘氏代表僞政府在倫敦發表意見，反對比約交海牙公斷，主張提交國際聯盟，此誠所謂「啞子喫黃蓮」，亦爲發噱者也。比約期滿之宣告廢止，此乃當然之事，本無興於法律問題，誠如朱氏之言；然所謂國際聯盟者，果爲何種之結合，其所保障者爲何種之利益，朱氏亦曾一慮及之乎？以帝國主義所結合之國際聯盟，爲帝國主義之自身利益計，對於中國不平等條約方設法保持之不遑，謂可於國際平等之原則上承認中比條約之廢止，人非意騃，曷能信此？

然則僞政府之主張提交國際聯盟者，蓋明知比國之不肯承認廢約，而本身且在帝國主義者卵翼之下，又無取斷然手段實行自動廢約之能力，遂不惜首鼠兩端，於宣言廢止比約之後，又用此拖耳盜鈴之舉。此正僞政府外交之慣技，帝國主義走狗之把戲，我國民當嚴重反對者也。

校聞

◉紀念週紀略

總理紀念週，於昨日上午九時，在大操場舉行。到住校各部處官佐職員，及全體學生。由方教育長主席。遵行紀念週儀禮舉，主席訓話。略謂自校長率師北伐，離開本校，到現在已有二十個星期。在此短少的時間內，校長及許多同學在前方，做了很多的偉大的工作，他們努力奮鬥的結果，已消滅了孫吳的反動勢力，使中國的革命運動開了一個新的時期。但我們在後方的同志，在這二十個星期內，究竟做了些什麼事情呢？大家都應該想一想。我們在後方大家都要努力革命工作，纔對得起我們在前方的校長以及許多同學。最後並將目前各帝國主義國家擴充軍備的情況報告一遍，謂帝國主義者爾詐我虞，互相衝突，不久必將衝突一發而不可收拾云（詳見今日「革命之路」欄由張秋人教官做政治報告將上週國內外政治狀況，作一扼要的敘述，聽衆聞之甚爲明瞭。最後方教育長對各隊官長尚有特別訓話，直至十一時許始行散會。

血花劇社之近況

⊙黃埔同學會

啓事

我們須注意英帝國主義的軟化手段

沙河入伍生一團四營十三連張履豐

在中國革命的高潮中，尤其是我們革命軍進展到長江流域的時候，一般資本帝國主義者，便心驚膽戰的，像驚弓之鳥一樣。其他的帝國主義者，暫且不述，單看看英帝國主義者，近來所表現的態度便可以明白他們心內的惶恐了。

我的一點感想幷告同志

問答

編者的話

暫遵總理遺囑

余致力國民革命，凡四十年，其目的在求中國之自由平等。積四十年之經驗，深知欲達到此目的，必須喚起民衆，及聯合世界上以平等待我之民族，共同奮鬥。

現在革命尚未成功，凡我同志，務須依照余所著建國方略、建國大綱、三民主義及第一次全國代表大會宣言，繼續努力，以求貫徹。最近主張開國民會議及廢除不平等條約，尤須於最短期間，促其實現。是所至囑！

中央婦女講習所及直隸省黨部代表來校參觀

黨務

本黨同志通電爲天津英領逮捕

中華民國十五年十二月十四日 〔星期二〕 黄埔日刊 〔第二版〕

軍事

浙江將有重大變化

△黨軍前鋒已抵衢州

△周鳳岐軍開抵嚴州

△杭州之恐慌狀態

◉福建軍訊

皖省軍訊

△奉軍中止入豫

政治

江西開聯席會議

蔣總司令

英報主張承認國民政府

血花劇社黃埔分社徵求社員啓事

中比條約將提交國際聯盟

小通信

徵求烈士遺族及負傷同志通訊處

中華民國十五年十二月十四日 〔星期二〕 黄埔日刊 〔第三版〕

題目

總理紀念週時事報告
國家主義與民族主義
中央黨部與國民政府遷往武漢後的我們
我們須注意英帝國主義的軟化手段
我的一點感想幷告同志
政治問答

總理紀念週時事報告

國家主義與民族主義

入伍生一團一營二連

中央黨部與國民政府遷往武漢後的我們

入伍生一團三營九連

中華郵政特准掛號立劵之新聞紙〕中華民國十五年十二月十四日〔星期二〕〔第一版〕

黃埔日刊

中央軍事政治學校出版

通信處廣東黃埔本校政治部

〔第二一四號〕

〔本刊每份定價一分〕

(一)

啓事

血花劇社社員注意

本社前奉蔣校長命令改隸黃埔同學會同時奉令改組議決先就後方本社社員從新登記望各社員於本月十一日起至十八日止在南堤二馬路本社登記十九日下午六時假座廣州全體社員大會是晚並備餘興屆時希各社員早臨爲盼

黃埔同學會血花劇社啓

易浦生鬪你來學已考取入伍生甚喜但不知你編入何團何連及現駐什麼地方請示知

黃埔第二學生隊二十三區隊易守毅國猷(原名)玉姚德旭

楊熙政同志：你家有掛號信一封在中山大學朱錫裳同學處來了多久請快去取！

校本部第二學生隊十七區隊陳壯民

邵廷章同志；聞你入伍；編在何連及現駐何處，請來函示知

第一學生隊第十二區隊邵步雲

楊紹堅、鄧竹修、賴德潤、李篤行、曹維漢諸同志鑒你們編在何區隊尚未知但願致……第二學生隊二十三區……

林子傑、鄧耀哉、陳濃蘭、熊履餘各位在何處服務請即示知爲盼

第一學生隊第三隊九區關斗南

誓遵總理遺囑

總理遺囑

余致力國民革命，凡四十年，其目的在求中國之自由平等，積四十年之經驗，深知欲達到此目的，必須喚起民衆，及聯合世界上以平等待我之民族，共同奮鬥。現在革命，尚未成功，凡我同志，務須依照余所著建國方略，建國大綱，三民主義，及第一次全國代表大會宣言，繼續努力，以求貫徹，最近主張開國民會議，及廢除不平等條約，尤須於最短期間，促其實現，是所至囑！

本校本週口號

嚴守學校紀律！

實行總理遺囑！

增進戰鬥能力！

發揚黃埔精神！

鍛鍊革命意志！

擁護民權建設！

完成北伐作工！

打倒一切軍閥！

日評

僞政府將比約提國際聯盟

雲彬

朱兆莘氏代表僞政府在倫敦發表意見，反對比約交海牙公斷，主張提交國際聯盟，此本無與於法律問題，誠如朱氏之言；然所謂國際聯盟者，果爲何種之結合，其所保障者爲何種之利益，朱氏亦曾一慮及之乎？以帝國主義所結合之國際聯盟，爲帝國主義之自身利益計，對於中國不平等條約方設法保持之不遑，謂可於國際平等之原則上承認中比條約之廢止，人非童騃，疇能信此？

然則僞政府之主張提交國際聯盟者，蓋明知比國之不肯承認廢約，而本身且在帝國主義者卵翼之下，又無取斷然手段實行自動廢約之能力，遂不惜首鼠兩端，於宣言廢止比約之後，又出此掩耳盜鈴之舉。此正僞政府外交之慣技，帝國主義走狗之把戲，我國民當嚴重反對者也。

校聞

⊙紀念週紀略

總理紀念週，於昨日上午九時，在大操場舉行。到住校各部處官佐職員，及全體學生。由方教育長主席。遵行紀念週儀禮畢，主席訓話。略謂自校長率師北伐，離開本校，到現在已有二十個星期。在此短少的時間內，校長及許多同學在前方，做了很多的偉大的工作，他們努力奮鬥的結果，已消滅了孫吳的反動勢力，使中國的革命運動開了一個新的時期。但我們在後方的同志，在這二十個星期內，究竟做了些什麼事情呢？大家都應該想一想。我們在後方大家都要努力革命工作，纔對得起我們在前方的校長以及許多同學。最後並將目前各帝國主義國家擴充軍備的情況報告一遍，謂帝國主義者爾詐我虞，互相衝突，不久必將衝突一發而不可收拾云（詳見今日革命之路欄）。繼由張秋人教官做政治報告，將上週國內外政治狀況，作一極概括之敍述，聽衆聞之甚爲明瞭。最後方教育長對各隊官長尚有特別訓話，直至十一時許始行散會。

⊙黃埔同學會血花劇社之近況

黃埔同學會血花劇社，乃藝術革命化的宣傳團體，原爲中央軍事政治學校所設。現該社奉蔣校長命令，改隸黃埔同學會，該社自創辦以來，對於本黨革命工作，努力宣傳，成績卓然。社會上對於該社聲譽，已極加稱善，實乃中國社會藝術革命化的唯一之團體也。月前該社應前方民衆之要求，奉總司令之命令，一部份出發前方工作，作大規模之宣傳，到處受人民之歡迎。即在廣州之社員，亦更加努力，日來工作比從前特多。如紀念蘇俄十月革命及應各地之請求而往演劇，一月中至七八次之多，記者昨晤該社諸同志，據云：該社因負宣傳革命，提高社會藝術之使命，現更努力工作，擴充社務。最近擬徵求女同志作社員，共同負此藝術革命化的大事業。並擬在新年時，作大規模之宣傳，演劇三日，現正編輯最完美之劇本，及努力排演，屆時必有一番盛舉云。又該社爲徵求女社員特發宣言云：我們承認藝術是批評人生的；領導人生的；創造人生的，獻身於藝術的人，和獻身給社會的革命黨人，是一樣地革命的。新的藝術，革命的藝術，是站在十字街頭公開的，獻給廣大底羣衆面前的；並不是躲在象牙塔裏，竭力避開高潮的澎湃。我們的血花劇社，便是跟着這個新的藝術的使命而產生的，我們的劇社，自播種以來，已得相當的收穫；這是誰都不能否認的，但是我們並不因此而自滿，同時我們還承認我們有一個欠缺的坎窩——就是女性底社員缺乏。我們都是革命軍人，在此女子軍事教育還未萌芽的時代，在我們四圍已的隊伍裏尋找不出女性社員來的，但劇本的構成，又不能因了我們之欠缺，而減省了女的角色；而且革命藝術的廣大要求，又非我們男性所能辦到。所以從前每次登場，遇着需要女角色的時候，只有喬裝一法了。但是我們既然承認藝術的真實，那末，喬裝起來的女性究竟是虛偽的，生硬的『猴子學人』的把戲，無論如何，總算是我們的美中不足，不待人家來批評，我們老早已經承認了。廣東是革命的中心點，人文薈萃，是革命藝術的創造場；同時廣東的女性又是革命藝術的好愛者；在這個場所，自然不少很優越的革命藝術的女性藝術家。所以我們很爽直很勇敢的企望有許多女同志們加入我們的藝術舞台——血花劇社；與我們一同站在十字街頭，以藝術的方式向着羣衆們作廣大的革命的宣傳，使革命的藝術，開一個新紀元！革命的女性藝術家，曷興乎來！

中央婦女講習所及直隸省黨部代表來校參觀

昨日上午十時許，有直隸省黨部代表王積衡等六位同志，及中央婦女運動講習所女生五十餘人，特來本校參觀，當由張狄人教官懇爲招待。領該生等至本校各部處及蝴蝶崗，炮台，烈士墓等處，參觀一週，至下午二時許，在官長會客廳開談話會。並由張秋人同志講演，大意謂本校之歷史及特點，與其他軍官學校之不同處，在除軍事教育外，尚有政治教育，並有先總理所遺下之三大政策——聯俄，聯共，擁護農工——的真精神。再創辦本校最辛苦而努力者爲實行本黨主義廖黨代表，今婦女運動講習所的主辦者廖夫人，也是實行本黨主義的健將。希望諸同志畢業後，能夠像廖夫人一樣的爲主義去努力，深入民衆中去宣傳，以完成國民革命的工作云云。繼由蔣舜華女同志致答詞，略謂本校設備之嚴整，處處都能表現着偉大的革命精神，實在令人欽佩。並希望我們婦女同志能夠照着黃埔同學的革命精神去共同奮鬥，以完成本黨之使命云云，並當場分贈本校宣傳品多種，直至四時餘，始盡歡而散。

黨務

⊙本校特別黨部爲天津英領逮捕本黨同志通電

本校特別黨部，昨爲天津英領事，勾結奉張，圍捕本黨天津市黨部同志，特發通電云，（銜略），天字第一號的英帝國主義者於十一月二十三日在天津英租界派出英警封閉本黨天津市黨部，並捕去本黨同志十四人誣爲過激移交奉軍，陸續又捕去三十餘人現英警尚佔據該黨部並仍查捕各津黨員，同胞們要認識英帝國主義者這種舉動並不是十四個同志過激不過激的問題而是英帝國主義者

中華民國十五年十二月十四日（星期二） 黃埔日刊 （第二版）（二）

想壓迫革命勢力，並維持在華所有的特殊無理的權利的關係，自國民革命軍出師北伐以來，節節勝利，人民與國民政府一天密切一天，英帝國主義，眼見它的具工吳佩孚，及繼吳佩孚而起的孫傳芳，連被我革命軍打倒，至於再無存在之可能，因此倉皇失措，想利用其他新的工具，以圖補牢，故不惜露其猙獰面目以壓迫和摧殘中國革命民衆及領導這個革命的本黨，國邀努於素不相干的關外王——張作霖，並與之勾結，使他與國民政府衝突，所以我們可以說英帝國主義者這一次逮捕天津的國志，並不是偶然的事，而是整個計劃中的一節，根本的目的，還在想推翻代表民意的國民政府呵！同胞們，我們認清楚英帝國主義者這種陰謀，我們要想得到我們國民革命勝利，民族的解放，對于英帝國主義者這種頑强險狠的舉動就不得不更堅決地起來抗議並擴大經濟絕交以抵制，而使英帝國主義者的陰謀適爲自害之計，同胞們起來呵，帝國主義者已失其工具而起恐慌了，我們革命的民衆，斷然不容它在中國胡鬧的，趕緊對它抗議，準備與它作最後的奮鬥。

軍事

浙江將有重大變化

△黨軍前鋒已抵衢州

△周鳳岐軍開抵嚴州

△杭州之恐慌狀態

我軍自攻下福州後，即自浙境前進，浙軍周鳳岐早已我方默契，現我軍入浙，已抵衢州，由魯滌平率軍任前鋒，衢州知事周伯甲已逃，金華道尹汪希亦辭職，周鳳岐率部八日抵龍游，九日抵嚴州，即赴衢，黨軍抵玉山千餘，擬由草萍入浙東常山縣，浙局將有大變化，同日滬訊謂周鳳岐統轄之三師九團各營及十一團十二團各營開拔抵嚴後，即分駐金嚴等處，浙方風傳周部有與我方妥協說。又訊，自浙局發生變化後，杭垣連日謠言甚盛，人心惶惶，莫可終日，滬訊據南站路局報告，杭垣中人之家，紛紛携老帶幼，避難來滬，今日車站杭來行李，堆如山積，據今日由杭來滬之某君云，杭垣現因宣告戒嚴，每晚七時後即斷絕交通，兵士在各街巡查，設遇行路之人，即行披抄，見有銀洋鈔票首飾等物，概被沒收，無異公然肆刦，又有一最可注意之事，即前晚下城虎林織綢公司，女子寄宿舍，突被韓光裕部下之某營兵士一連，先將該宿舍包圍，嗣即入內驅姦，十二歲以上之女子，無一幸免，計被姦者有百餘人，聞該公司將派代表來滬報告詳情，請各界主張公道，務達懲辦兇犯目的，總之杭垣已陷入恐怖狀態中，一般人咸望北伐軍之早日到來云。

皖省軍訊

▲北伐軍開始攻擊

▲孫傳芳束手無策

皖省督署電陳調元，謂黨軍已向皖軍防地開始攻擊，集中華陽一帶，望江防禦吃緊，敵方軍心搖動，恐難支持，請速返省指示機宜，同日滬訊謂孫逆接浙皖電報，彷徨無措，又懼夏超反攻，地方危急，又無別軍可調，束手無策，勢將出於一走云云。

奉軍中止入豫耶

▲財力不足……不敢入豫

奉軍在津軍事會議，本擬注重河南，放棄長江，但終以財力不足，對於派兵援豫，確已無形打銷云。

福建軍訊

▲我軍佔領水口延平之通報

總司令部秘書處通報，十二月十一日接何軍長由泉州魚日來電，（銜略）頃接盧興邦報告，該部已於冬日佔領水口，江日佔領延平，敵向建甌方面退却，該部在水口，繳獲子彈十餘萬發等語，應欽於永泰叩，魚印，特聞。

政治

江西開聯席會議

△江西政治經濟黨務各問題之議決

▲蔣總司令

蔣總司令以各縣收復後，一切新政治重要問題，均應辦決設施，特于二十六日在總司令行營，召集軍政各界人員，開聯席會議，討論政治經濟黨務三項重要問題，列席者爲朱培德等七十餘人，由蔣總司令主席宣讀總理遺囑畢，主席即將應行討論之政治經濟黨務各重要議案，逐一報告，當經在座詳加討論，頗爲周密，直至夜深始行閉會，茲將討論表決分誌如下：

甲，政治方面（一）澄清吏治，（議決）實行文官考試，實行懲吏條例，由總政治部起草各條例，公布施行，（二）統一江西民財兩政，（議決）戰期中各軍政治部，及各軍長官所臨時委任之民財兩政人員，應速移交政務委員會，及財政委員會分別辦理，並請總司令限期移交，又規定行政官吏系統，由政務委員會起草，呈候核准公佈，（三）促建江西省政府之建議，擬定期於明年二月一日實行，（議決）照辦，（四）整理市政，速行澈底築路，（議決）由政治委員會，於一星期內發表專辦人員，（五）厲行黨化教育，肅清教育界中反動份子，（議決）由政務委員會組織教育討論委員會辦理，（六）嚴令解散省議會，省農會，縣農會，自治籌備處，各縣自治籌備事務所，（議決）照辦。

乙，財政經濟方面（一）統一幣制，（議決）由財政委員會研究於最短期間實行，（二）清查逆產，懲辦逆犯，（議決）由省黨部推三人，政治部推一人，政委會推一人，組織清查委員會，辦理，（三）整理南潯鐵路，（議決）由政財兩委員會，會同本部交通處，研究整頓計劃，（四）修築省道，（議決）由政務委員會，設省道科，研究辦法，先擇緊要者着手，如南昌至贛州是，（五）移民墾殖荒地，（議決）調查全省農林礦山，及各種實業狀況，（議決）由政委會研究提倡，（六）取締奸商之操縱金融，提高物價，（議決）照辦。

丙，黨務方面（一）擴大黨務，一，尅期召集江西全省黨員代表大會，準備省黨部之改選，二，在省黨部籌備改選期中，應極力扶助原有各級黨部之發展，（二）整理黨務，在軍事期中，各軍政治部所組織之臨時黨部，須由省黨部進行登記，俾其正式成立，（三）確定各級黨部之經費，一，省黨部之經費，以原有省議會之費用撥充，二，市及縣黨部，查照廣東湖南成例，酌量辦理，（四）訓育黨務人才，一，設立黨務講習所，二，分設各種民衆運動講習所，（五）指導黨務問題，一，查照黨章在贛之中央委員，應指導江西省黨部之工作，（六）總司令部政治部，本中央所委授之特權，應指導江西省黨部之工作，以上黨務方面進行各事，（議決）由省黨部總政治部分別辦理。

英報主張承認國民政府

△孟徹斯德指導報之言論

孟徹斯德指導報，謂中國時局已臻吾人所守之中立將爲實在障礙之地步，該報主張英國承認廣州政府，又曰廣州政府尚未提出吾人所不能承認或討論之要求，粵人政治思想與吾人毫不相干，惟吾人所關心者，今已牽涉吾人在華利益最大之部分，吾人今可與力能代中國人民一大部分發言行事之當局往來云云。

中比條約將提交國際聯盟

△朱兆莘謂將提交國際聯盟

△試問國際聯盟是什麼東西

朱兆莘遵北京訓令，向報界發表一文稱，中國極力反對將中比條約解釋問題提交海牙法庭，因爭點政治性質，而非法律性質也，惟中國願依照國際聯盟會章第十一節第二款之規定，將此案提交國際聯盟議會，中國決計將不平等條約於期滿時一律取銷，故違反平等原則之任何提議，概不接受云，文內尚含辯護中國態度之言論。

血花劇社黃埔分社徵求社員啟事

血鐘的聲浪已震動了全世界，在這萬惡的社會革命就是求人生唯一的出路。我們爲餘的同學，受了血鐘的感動，飛關越嶺，跑到黃埔武裝起來，我們負起做國民革命的責任，這是多麼一回痛快事。

黃埔已經成爲國民革命的中堅份子的中心點，但是我們不止靠着衝鋒陷陣爲我們黃埔的好身手，我們還要將一切——如藝術等等來使社會一切都弄到革命化，換句話說就是要將革命的藝術來改造社會。

藝術可以改造社會的，藝術可以美化人生。血花劇社就是應革命藝術而產生的一個孩子，他長大有兩歲了，他嘻嘻的笑聲，已經由珠江吹到揚子江去，他的成積雖不敢說怎麼樣偉大，但是至少對于革命也有些微的貢獻了。

現在我們組織血花劇社黃埔分社，我們的宗旨就是拿着革命的藝術，來實行總理的「喚起民衆」一句話。

親愛的同學們，「曷興乎來」，若有藝術的興趣，就請加入，共同來負「喚起民衆」的責任罷。

報名處：本校第二學生隊第二十一區隊王振聲同志，沙河第一學生隊第六區隊卞秦孫同志。

報名手續請問王卞二同志便知

小通信

徵求烈士遺族及負傷同志通訊處：

逕啓者日前敝科徵求烈士遺族及負傷同志通訊處因寫手誤漏「及負傷同志」五字關係甚大次日即函請貴科更正迄未登出以致各處來函質問者甚多應請將敝科原信提前照登三天以釋羣疑爲荷此致

宣傳科　　政治部黨務科啓

谷尼光，楊定南，鞏正榮，傅春榮，韓紹賢，任奔，黃定正，梁載榮，朱選峯，王友生，藏賢鏘，萬公度，蔣作均，房兆文，謝嘆，賀聲洋，劉振宗，朱寅卿，何寶善，倪鑫，潘廣城，袁龍潮，胡燦，張宴賓，華學瑞，江興寬，蔣鐵生，趙履强，陳彪，李濟，王然，蔣克昌，揚國興，曾勉，鄧福安，龔居仁，林祖康，共計三十七名，或因陣亡，或係傷廢，如有知其家屬通訊處者請即通知敝科爲荷　中央軍事政治學校政治部黨務科啓

任超羣同志：你有信在我處，請即來取去。政治部沈雪精

中華民國十五年十二月十四日〔星期二〕　黃埔日刊　〔第三版〕

題目

總理紀念週時事報告

方鼎英

國際情形　今天我們在這裏紀念總理，宣讀總理遺囑，我們應該繼承總理的遺志，來求中國之自由獨立，誰使中國不自由獨立？各位都知道是國際帝國主義者，所以今天就首先把國際的情形來略說一說，現在最兇惡的帝國主義者，莫過於英日美法意等國，英國的工商業地位，早被美國奪去了，美國日就富庶，英國日趨頹潰，美國的海軍漸漸有駕凌英國之勢，而法國自大戰後，也就一天一天的以求取得獨一無二的陸空二種軍隊，法國平時常備軍有五十萬，戰時動員至少可到一千萬，航空戰鬥飛機，有一千五百架，預備飛機有四千個，及商用飛機可充戰鬥者，尚不在此數，故也足以駕凌英國，這都是使英國發生最大的恐慌，同時鄰近法國的意大利，看了法國這種陸空實力，真有所向無敵之勢，於是急講抵制之法，在一九二四年以前的常備軍，只有十五萬，到今年十月間常備軍已增至三十餘萬多人，並預備在一九二八年即後年，加造成最大的巡洋艦十三艘，以抗抵法國的三大無畏戰艦，造成五十六只魚雷艇以對付法國的四十三隻，造成五十八只潛水艇以對付法國的四十三只，法國也就亡命的裝造以求更多於此數，英美也就無庸說了，於是日本也就生出一種反響起來，平時的常備軍，有二十萬人，一到戰時動員，馬上可以三十倍於此，即六百萬人，其海軍有最新式最大的無畏戰艦八只，擬成立八八比例的艦隊，就是成立八大艦隊，並造最新式的戰鬥巡洋艦，輕巡洋艦，炮艦，魚雷艦，減魚雷艦，潛水艇，母艦，等均以八八數計，每隊就有最新式的艦六十多只，其他防海艦隊及現有較老的艦隊尚不在此，他的無畏戰艦每只建築費約值日金七千萬元，這八只無畏戰艦共值日金五萬萬元，也就驚人起來了，所以日本的海軍雖不足以駕凌英美，也就可以同他們戰一戰了，於是英美等更極力的預備帝國主義的工具，同時美國限制日本移民，因為日本每年人口增加七十五萬，再過廿五年就達一萬萬，或者更超過此數，即此可以制日本之死命，英國就努力建築新加坡軍港，以來英國更發明一種無畏戰車，就是融合無畏戰船及唐克車二者之長而成，內容搆造，異常複雜，其威力直可無敵，可容戰鬥員數百人，可安最大的砲一百尊以上，可以上山，可以下水，無所謂障礙物，由倫敦至波斯可以穿海越山，橫行無阻，而行期一禮拜就可以達到，計水行可以每小時約七十啓羅，陸地每小時一百啓羅，在陸上可以掃射一切，即最堅固之要塞亦可以蹈毀無餘，現在正在祕密的建築之中，總之各帝國主義者爾詐我虞，鈎心鬥角，殺人利器，層出不窮，無非是權利上的衝突，他們的和平，真是以一千鈞繫於一髮，隨時可以破裂的，我們以上述的幾件事來證明，就可以毫無疑義了，他們的衝突一旦暴發起來，帝國主義就可沉於萬劫不復，同時我們的國民革命以及世界革命也就光輝燦爛的成功起來了，

★　★　★

國家主義與民族主義

入伍生一團一營二連王紀康

溯自「五卅」「六二三」，等慘案發生後，及直到國民政府出師北伐以來，反帝國主義及軍閥之空氣已瀰漫於全國同時使軍閥與帝國主義，形成崩壞之勢；這是一件不可掩飾的事實。但一般思想落後之國家主義派因鑒於吾黨領導國民革命之進展，將於彼有不利之處；於是不惜其長頸鳥喙，而造種種破壞國民革命之謠諑；謂「蘇俄係赤色帝國主義吾黨係」「共產」「赤化」等種種邪說以迷惑一般思想幼稚之青年，向軍閥及帝國主義者要好離間我黨的聯合戰線。在此革命進展之際，此種淆亂觀聽荒謬絕倫的言論對於我們的革命前途，是一樁多麼可惡的事阿！所以我們的黨已下令攻擊，今時我們亦不能不駁其謬論了。茲姑就國家主義與民族主義的不同點來說說，亦可見國家主義者之心勞日促了。

國家主義者說今日救中國的良法，當效日本維新，以謀國家之富強。又說：國家主義能使德意志聯邦成功，意大利南北統一，巴爾幹半島弱國復強甚至曾琦說『俾司馬克是吾師』由此我們知道國家主義者是些什麼東西了。他要想當俾師馬克，拿出他鐵的面孔來一腳踏定德國的無產階級一腳踏定了弱小民族；同時要像日本現在對華的樣子來對付其他弱小民族，還是我們　總理的民族主義嗎？這完全是帝國主義的前身，我們要打倒帝國主義，就要打倒他的前身國家主義！我們的民族主義，在黨綱上已經說得明明白白，「民族主義有二方面的意義，一在求中華民族之解放；二在使中華境內各民族一律平等」在宣言上又說：「國民黨敢鄭重宣言：承認中國境內各民族之自決權」所以我們的民族主義，並不是資產階級的民族主義已可以知道了。且「國家」與民族先總理在三民主義講演中，并已很明白的說過：「凡是一個團體由於王道自然力結合而成的便是「民族」，由於霸道人力結合而成的便是「國家」」那末　民族與國家之分別已判若鴻溝！何以國家主義，派竟靦顏要說是國家主義即是總理的民族主義呢？

總之國家主義是一般無聊士大夫欲藉此蒙蔽人類，剝削人類，以遂其私利的主義！與民族主義是處於絕對相反的地位。所以中國國民黨第二次代表大會宣言說：「凡民族革命運動，必須排除狹隘的國家主義，而後革命運動中之進行，方有解放之可能，」這是我們凡屬黨員都要認清而向國家主義者進攻的。

中央黨部與國民政府遷往武漢後的我們

入伍生團三營八連譚伯夔

這次北伐因前敵同志的努力和革命民衆的擁護，簡直是所向無敵，勢如破竹，打倒了天字第一號的軍閥吳佩孚；推翻了威鎮東南的孫傳芳。同時其他各省的軍隊，也都認識了革命勢力，紛至踏來，向我輸誠。我們試屈指一算，我們革命的統治區域，可說是已三分中國有其二。尋根究底，這種勝利，不能不歸功於我們的指導者——中央黨部和真正代表民衆利益的國民政府（自然民衆的努力也不小）因為牠們實是指揮我們國民革命的總參謀部。

現在我們的總參謀部——中央黨部與國民政府——為便於指揮起見，隨着北伐勝利，遷往中國的中心點——武漢去了。我們除在此高唱一曲歡送歌外，又不能不回顧着我們今後的責任。原來自從北伐軍出師後，我們的責任，是在鞏固後方，今後的責任，當然仍是要鞏固後方，不過更要特別重大些，即是說：我們今後必須更進一步的努力，

我們知道，廣東雖是中國革命的發祥地，而牠所處的環境，則比其他各省要特別惡劣些。這就是說：革命勢力無限的發展，而反動的勢力，也同時隨之而澎漲。因為香港便是製造這些反動勢力的大工廠，而英帝國主義者，便是這大工廠的主人翁。所造出的反動勢力，如買辦階級陳廉伯，……大軍閥陳炯明劉震寰楊希閔楊坤如……還有許多直接壓迫民衆運動的土豪劣紳，擾害民衆安寧的土匪，這些反動勢力，都是英帝國主義用剝削中國人的血汗得來的金錢，直接或間接製造出來的。他們在廣東所作的惡，簡直擢髮難數，我們的革命勢力，受他們的打擊，亦復不少。中央黨部與國民政府之所以延至今日才遷移的，原因雖多，這也算是其中的一個。

自北伐節節勝利以來，眼看着英帝國主義在北中國及長江流域的工具，一個個迭次的消滅下去。同時由省港罷工所擴大的全國抗英運動，也如洶濤巨浪，一天澎湃一天。因此他不能不在我們面前發抖，因此他就不能不想種種方法來算計我們了。他曾用過炮艦政策，因我們的總參謀部應付得法所以一試便失了效用，他也曾想用海軍來干涉我們，但因他本國內無產階級的牽制，世界一切革命勢力的監督，我們民衆的高漲，以及與他利害衝突的各帝國主義之嫉妒，所以他終不敢越雷地一步。他這些毒計不得逞，會就此甘心嗎？是誰也知道，這是絕不會的，因為此時正是他的生死關頭，所以他不能不更繼續加快機器馬力趕緊製造上面所說過的　切在廣東內的反動勢力，請看陳炯明魏邦平……不是仍在香港活動嗎？陳炯明的走狗，不是仍在廣東各地蹦躍欲試

中華民國十五年十二月十四日〔星期二〕 黃埔日刊 〔第四版〕

嗎？不過因為有我們強有力的總參謀部在此彈壓着，他們不敢擡頭輕試罷了。現在我們的總參謀部既是遷往武漢去了，在未起程以前，雖曾下了克服他們的策略；以後雖也可同樣的照顧着我們，但是反動勢力是不明白這些的，他始終是要與我們為敵的，或誤認為這是他們的機會到了，難免不出來孤注一擲，作他們最後的掙扎。

同志們！我們便因此胆怯嗎？我相信我們每一個同志都不會有這種心理；我相信定會因此而更加奮勇，因我們有「不怕死」的精神；有主義作我們的武器；有民衆作我們的後盾。只不過是我們鞏固後方的責任，更加重大了。我們要如何去完成這更加重大的責任呢？我以為一方面固然應該用我的槍，和我們的血，去與他們直接衝鋒；一方面還應要走到民衆隊伍裏面去宣傳，組織並訓練他們，使他們自動的起來與我們共同去奮鬥須要這樣，我們才不算是孤軍，我們有恃無恐須要這樣，我們才可直接肅清一切反動勢力，才可間接打倒帝國主義。同志們！我們的總參謀部去担負他更大的使命去了，我們要使他無後顧之憂，便應該更進一步努力啊！！

一九二六，十二，卅於東莞。

我們須注意英帝國主義的軟化手段

沙河入伍生一團四營十三連張履豐

在中國革命的高潮中，尤其是我們革命軍進展到長江流域的時候，一般資本帝國主義者，便心驚膽戰的，像驚弓之鳥一樣。其他的帝國主義者，暫且不述，單看看英帝國主義者，近來所表現的態度便可以明白他們心內的惶恐了。報載新任署理長沙英領卓乃斯接任時，對革命軍代表云：『英政府對于國民政府表示好感，外面有人宣傳英政府現在暗助北政府之舉，認為誤解，其實英政府對兩都守中立，並於最短期間，承認國民政府，本人並將於有機會時對國民政府予以助力以期中英永遠親善』。我們根據英領卓乃斯的談話中表示出來的意思，就可以測量到英帝國主義打倒軍閥的勢力。並不似北京偽政府那樣的懦弱無能。所以當我們國民革命軍打倒吳孫之後，英帝國主義居然就用那謟媚的嬌人嬌態來捧我們為民衆求利益的國民政府，並且把他從前最凶猛的砲艦政策，最强硬的外交手段，都和緩下來。這種因果關係，我們應明瞭下列的幾項事實，就可知英帝國主義者，有不得不向國民政府頻送秋波的苦衷。

(1)香港的工人為報『五卅』的國仇，為求民族的解放，實行了一年半的總罷工，遂使英帝國主義者的經濟上發生莫大的影響，同時又使它本國的豐富商品，不能暢售我國來，這是英帝國主義的致命傷。他如再不緩和下去，恐我們的杯葛再要乘而上之了，

(2)英國的工人被大資本家壓迫異常的厲害，因此他們聯合起來，又作了一個長期的總罷工，雖然英帝國主義者為世界帝國主義的巨壁，但是已覺得難於應付無產階級的社會革命的勃發。最近報載：對於罷工問題，英內部開了無數次會議，終難解決，這也可見英國國內一般無產階級的勢力的雄厚了，且英國工人的罷工，使中國的革命運動得了絕大的援助，更使英帝國主義加緊的崩潰下來，而無法挽救其日暮途窮的命運。

(3)英國的植民地久有脫離的表現，因為植民地多過英國的土地和人口，如他本國的土地面積僅三十一萬四千基羅米突，而其植民地之面積，四千萬方基羅米突，至於人口方面，本國僅四千六百萬，而植民地則四萬二千九百萬，所謂奴隸多而主人少，將來這植民地聯合響應，而爆發出來，就要使英帝國主義一旦解體。

(4)我們中國的民衆，自五卅慘案過後，接二連三的發生許多抗英運動。及至今年萬縣慘案發生更激動了我國民衆十萬丈高的革命烈火，且實行與英帝國主義經濟絕交以制其死命。並宣傳在最近期間取消一切不平等條約，於是就使英帝國主義者就悚然而生畏懼之心。

總而言之，有了以上種種的原因，使英帝國主義者對於目前中國的革命運動，及代表多數民衆利益的國民政府，不得不舍其傳統的高壓政策，而暫時與以讓步。但是英帝國主義者現在雖然稍稍變更了策略，其實就是企圖用一種軟化手段，來阻止我們革命勢力之發展。所以英帝國主義一面宣傳要在最近的將來承認國民政府，一面又與奉張勾結起來，想利用日帝國主義政府的走狗奉張，向本黨進攻，如最近英商要借一百萬鎊與奉張，及奉張此次封閉天津市黨部等事實，都是英帝國破壞本黨的陰謀之具體的表現。所以我們萬不要為英帝國主義者這些甘言蜜語所欺騙，以致懈怠了我們的鬥爭，而大上其當。我們的國民政府，只要始終能擁護大多數民衆的利益，而取得全國革命民衆的信仰，那麼帝國主義者承認與否，都不成問題。所以我們目前最要的工作，便是嚴緊我們的隊伍，肅清一切反革命派，使一般反動份子不能乘着革命勢力發展的時候，潛入革命的保壘，以致敗化了我們內部的民力量和組織。同時更須努力去喚醒全國革命民衆，積極起來參加目前的革命工作，並盡力擁護此次北伐的勝利。使國民政府及黨軍，能於最短期間打倒奉張的勢力，統一中國，建設强固的國民政府。到那時帝國主義者自然要低首下心來承認國民政府。我們現在決不受他的騙的。

☆ ☆ ☆

我的一點感想并告同志

國民革命軍總司令部特務第一營二連兵士劉吉祥

同志們！我們從前所過的生活，不是都在讀書，貿易，做工，耕田嗎？但是我們現在呢，如果我們有書讀，有易貿，有工做，有田耕，為什麼還要來當兵呢？這個完全是帝國主義來到我們中國，侵略我們的國家。壓迫我們的民族，並勾結我們國內一般如狼似虎的萬惡軍閥，來摧殘我們，虜掠我們，敲刮我們，同時又縱使貪官污吏土豪劣紳大地主等，乘機來搾取我們的汗血，剝削我們脂膏，於是乎弄得我們的國家成了一個奄奄一息的國家，迫得我們的人民成了一般披枷帶鎖的人民，因之我們便不能安居，不能營業，老轉溝壑，壯散四方，到了無路可走，無生可謀的地境。這不能不使我們來當兵了。現在我們須要打倒帝國主義，打倒軍閥然後我們才可以望解放。至於我們當兵，為什麼不跑到軍閥軍隊裏面當兵，而來關山遙路遠的廣東革命軍隊來當兵呢？這是因為我們先總理，提倡救國救民的革命領袖，手創三民主義，把全國民衆，聯合起來，？立了一個救國救民的革命黨；黨內產生了一個真正救國救民的革命軍。所以此次出師北伐，能够克復湘南，直搗武漢贛閩，這個完全是革命的真律嚴明，是打不平的軍隊，是人民的武器，於是纔能夠得到人民的信仰，得到人民的歡迎，得到人民的幫助。纔能有這樣的勝利我們要大家前去殺敵人，因為革命軍的敵人，就是使我們沒有飯吃的敵人，這是我們親眼共見的。所以我們不遠千里而來革命軍隊裏面來當兵，就不能不跑來這裏來當兵。現在我們入了革命軍，所過的生活，比較家庭就大不相同了。我們感覺衣食的痛苦，我們的長官就使我們足衣足食，我們感覺住行的痛苦，我們的長官就使我們有相當的住行。我們感覺不識字無智識無本事的痛苦，我們的長官就天天不怕千辛萬苦的來訓練我們教育我們。對於我們的身體衛生亦時時加以注意。恐怕我們受一點痛苦，和損傷。並且時時刻刻領導我們向革命路上走，使我們達到革命的目的。所以我們的生活現在漸入佳境了。為什麼長官要這樣的待我們？是要我們起來武裝革命，我們該要如何加緊努力。加緊的工作，纔能趣到我們的目的打倒我們的敵人。但要想打倒敵人就希望我們的同志，不要在黑暗之中，劃分彼此，致傷和睦，甚至於懶惰操課，把長官的命令，陽奉陰違，凡屬軍紀的種種惡習慣務望劃除淨盡，要本着我們長官的教訓，嚴守紀律，親愛精誠！團結奮鬥，努力做去，纔能夠得到人民的信仰，我們的敵人，才能夠打倒，打倒我們敵人以後，我們的國家才得安寧，我們的人民和我們自身才得解放，這是我們最後的目的，還須我們最後的努力和奮鬥！

問答

1、大斯拉夫主義，大條頓主義，大以色蘭主義，此等主義主張什麼？倡起何人？（曹慶達）

（答）大斯拉夫主義，即大俄國主義，（團結同種之人，成一大斯拉夫帝國）；大條頓主義，即大德國主義欲利用猶太人之大團結，侵蝕西亞洲及巴爾幹半島之侵略——，此均歐洲大戰以前，國際政治上之名詞。俄人為斯拉夫種，德人為日耳曼種，以色列係與猶太同為由希伯來分裂而成之國（紀元前十世紀時事。）倡此等主義者為俄皇，德皇及其所屬之統治階級。（楚）

2、孟祿主義與無政府主義，他的比較是怎麼樣？提倡者何人？（曹慶達）

（答）孟祿主義，為美總統孟祿所倡，主張「美洲為美洲人之美洲」，拒絕歐人干涉——為一種之關門主義。無政府主義是主張人人絕對自由，不要政府及一切政治。他們絕不相及，不能比較。無政府主義倡自何人，殊難確定；惟英國之葛德文，法之蒲魯東，俄之巴枯甯，托爾斯泰，苦魯巴特金，日本之幸德秋水，大杉榮，中國之劉師復，吳稚暉均為無政府主義者。（楚）

編者的話

我們擬於耶蘇生誕日出一非基督教特刊，投稿諸君，希於十二月廿三日以前交來為盼！

中華民國十五年十二月十五日〔星期三〕　黃埔日刊　第四版

世界第二次大戰的導火線

問答

啟事

中華郵務特准掛號立券之新聞紙類　中華民國十五年十二月十五日〔星期三〕　第一版

黃埔日刊

中央軍事政治學校出版
通信處廣東黃埔本校政治部
（第二一五號）
〔本刊每份價定一分〕

晉遵總理遺囑

〔本校四週口號〕

嚴守學校紀律！
實行總理遺囑！
增進戰鬥能力！
發揚黃埔精神！
鍛鍊革命意志！
擁護民權運動！
完成北伐工作！
打倒一切軍閥！

日評　送本校炮工兩科出發武昌

更正

校聞　廣州市立師範學校來校參觀

軍事　浙江軍訊

河南軍訊

陝西軍訊

福建軍訊

軍事雜訊

黨務　第二四學生隊各隊黨部成立及特別黨部聯歡大會紀事

中華民國十五年十二月十五日〔星期三〕　黃埔日刊　第三版

革命之路

總理紀念週時事報告

排外與赤化

華僑與國民革命

小通信

中華民國十五年十二月十五日〔星期三〕　黃埔日刊　第二版

政治　英法美日四國同時注意中國問題

湘鄂實行對英經濟絕交

新加坡築港計劃

經濟　美墨間可望銷除誤會

美國預算案與海軍造船問題

不可救拾之魯軍用票

印度棄固禁慣與農業界

日本之稅收與預算

中華郵政特准掛號立劵之新聞紙〕 中華民國十五年十二月十五日 〔星期三〕 〔第一版〕

中央軍事政治學校出版

黃埔日刊

通信處廣東黃埔本校政治部

（第二一五號）

〔本刊每份價定一分〕

啓事

粟杭麟尹善光兩同志有信請親來取 馬耐園

陳炳文同志你現住何處速示知連士英兄已請假返省 隆昌

係承傹同志前託查詢日本軍事學校事如何 馬耐園

劉斌同志自你畢業後久訪未知現在何部隊服務請即告示爲盼 本校第八隊卅二區隊文有慶

谷冠華同志你考取入伍生編入何團連請示知

厲克敏同志我在成章時知道你投入本校現畢業有年擔任何部工作請示知 第四學生隊第十二隊廖鳳翔

李國鈞同志你問的漢鼎是否永與人請示知 第二學生隊六隊卅三區隊戴漢鼎

鄙人本月十三上午，失掉三二二號黃埔同學會會員證章一枚，除呈請註銷補發外，特此登報申明作廢。楊傑

[illegible]黨部成立大會所用款項業已領下請即赴燕塘營部領取如有不能親自到來須有私章或各隊官長證明爲憑特此奉聞 [illegible]

更正

昨日黨務欄內爲天津英領逮捕本黨同志通電，係本校及本校特別黨部共同拍發，應排入校聞一欄，昨報誤爲本校特別黨部之通電，特此更正，再該電係本月十日發出，合併補註，

日評

送本校炮工兩科出發武昌

雲彬

本校的炮工兩科學生隊今日出發到武昌去了，我有幾句臨別贈言；吳稚暉先生嘗說，『敵人以機關槍來，我以機關槍打之』，我們果然要喚起民衆，以民衆的力量作我們的基礎；但强大的敵人在我們面前時，倘沒有精强的兵器與使用兵器充分發揮兵器的效用的人材，怎能克敵制勝？『機關槍來以機關槍打之』，大炮來當然以大炮還轟之。炮兵科不用說是造成對於炮的構造射擊等等有十分的理解與能充分使用的人材，要用我們充實的力量，去轟毀敵人的壁壘的。工兵科呢，自然也要有充分的理解與技能，才能掃除敵人的障礙，鞏固自己的壁壘。本校炮工兩科負了這樣重大的使命到武昌去，應該怎樣努力去和武昌分校的新同學下工夫研究呢？近來兵器的進步一日千里，我們在校的時期却至短，倘不在這至短的時期裏下十分工夫，則所得的理解與技能必有限，不但辜負了入學的願望，更何以對黨國！

校聞

廣州市立師範學校來校參觀

廣州市立師範學校師範班三四五六年級與附屬小學五六年級學生敎職員，約二百餘人，特於昨日上午十一時許，來校參觀。當由政治部派員招待，領該生等至蝴蝶崗，烈士墓，炮台等處，及本校各部處參觀一週。至午後並在官長會客廳開談話會，由楊道腴科長講演：大意；述本校過去的歷史及所負的使命，與本校希望諸君的師範敎育，都黨化，民衆化，軍隊化，共同努力以完成國民革命云云，繼由黃炳蔚同志致答詞，略謂深謝本校招待之殷，甚爲感佩，遍觀本校設備之完整，實足表現革命的精神，並希以後與本校有很密切的精神上的聯絡，以保本黨現有之勢力及發展其未曾實現的政策云云，最後全體學生，高唱國民革命歌及該校校歌，直至四時許始散會。並當日由管理處備船，送該生等返回省城云。

軍事

浙江軍訊

△周鳳岐倒孫之急進
△黨軍前鋒抵富陽
△浙人倡浙人自治
△抗垣搖動……金融恐慌

自周鳳岐佈防嚴州後，以黨軍急進故，幷得訊謂賴世璜部已進駐信陽，故急與陳儀商定打倒孫傳芳之計劃，幷請孫軍退出浙境由浙人自治，表面上由省議會總商會等派人勸黨軍暫勿入浙云，玆得十二日上海電，黨軍大隊已由常山，集中衢州，前鋒已過蘭溪，抵富陽，魯滌平任前敵總指揮，周鳳岐抵衢，後任金華道尹公署設第三師行營，祕與黨軍商合作，表面則稱勸阻黨軍入浙，現周部亦在金華衢州一帶，並未與黨軍發生衝突，陳儀因浙局難應付，態度消極，決將所部石鐸一旅退駐甯波等處，余惠文一旅退駐溫州等處，定十二日實行開拔，浙局變化在即，又電，浙者紳眞（十一）日在張載陽宅會議，議決請盧香亭撤去在杭之總司令部，駐杭嘉孫軍調離浙境，以免黨軍藉口入浙，孫均拒絕，又（十二）晨，孫令孟昭月部補充團開赴松江嘉興，由眞（十一）日起，限三日內盡撤抵宜興溧陽，以固蘇浙邊防，浙垣人心大慌，錢市現水漲至倍餘，又電，周鳳岐由衢電杭，謂與黨軍代表接洽，請黨軍離衢，惟黨軍總指揮尚在常山，俟其抵衢晤後再進行，杭人心太慌，金融搖動，孫傳芳十二日晨令孟昭月部補充團，由蘇赴松嘉增防，

河南軍訊

△入豫奉軍與吳逆殘部衝突
△吳佩孚末日將至

吳逆自武漢一役，一蹶不振，逃匿鄭州後，固已成爲强弩之末，加以士卒不用命，糧餉兩絕，日惟吁嗟歎息，然於此無可奈何之時，竟有奉軍入豫之惡耗，不啻予吳逆最後之致命傷，刻聞十一日晨六時京漢路豫境磁州，吳佩孚部與南下奉軍忽起衝突，汲金純軍急由京開往鎮壓，而靳雲鶚最近致吳書中，中有『竄有不濕之慮，囊無隔宿之儲，兩月已還領到子彈，平均計之，每兵士七八粒而已，餉彈如此之缺，交通如此之塞，驅血肉之軀，而與敵人戰，斯乃孔子所謂棄之，孟子所謂在大罪也……；彌節六十日未食公家一粒米，受公家一金，子彈被服毫無補充，如此情狀，菩將亦將束手……；若魏隨之師，數皆大寒而尙御單衣，日暮而猶未擧火，致令大好健兒，形同乞丐，誰爲爲之，孰令致之，與念及此，不禁爲之淚下』云云，吳逆之窮蹙，可見一班，聞吳逆日來食少思煩，以憂慮過甚，狀若瘋狂，軍閥末路，如是如是。

陝西軍訊

△張鬍拒絕援吳……吳部軍心瓦解

劉鎮華灰（十日）抵津，即晚入謁張作霖，報告潼關已失，請派大軍入豫應援，否則函谷關再失，豫陝馮黨兩軍聯合，滋蔓難圖，張謂奉軍已南下，豫事仍望吳佩孚自主，並勸劉早日回防，

福建軍訊

△張毅部改編四團

廈門海軍十一日電，張毅部已降黨軍，改編四團，南港之戰，陸戰隊死傷甚多，張毅部亦傷，又路透社本月十號福州電，張毅軍隊，昨晚投降黨軍，將全隊編爲黨軍云，

軍事雜訊

△周西成準備進攻雲南

本報十二日上海電，周西成派代表到漢口向唐生智接洽，願與革命軍合作，共同北伐，唐請周出兵攻滇之昆明，令范石生部由桂攻蒙自，以川軍攻滇中驅唐繼堯，統一西南各省，

黨務

第三四學生隊各隊隊黨部成立及特別黨部聯歡大會紀事

昨日（十三）本校特別黨部及第三四學生隊隊黨部，在新俱樂部開聯歡大會，本校官生外，尙有各團體代表各來賓，計一千餘人，下午二時擧行，1、開會2、奏樂3、向黨旗國旗行三鞠躬禮，4、恭讀總理遺囑5、主席[illegible]厚成報告開會意義，略謂：隊黨部是本黨在軍隊中的基本組織，我們三四學生隊隊黨部現在已成立了，但不是成立了就可算事，所以今天開會聯歡，就是要

誓遵總理遺囑

余致力國民革命，凡四十年，其目的在求中國之自由平等，積四十年之經驗，深知欲達到此目的，必須喚起民衆，及聯合世界上以平等待我之民族，共同奮鬥。現在革命尚未成功，凡我同志，務須依照余所著：建國方略，建國大綱，三民主義，及第一次全國代表大會宣言，繼續努力，以求貫澈。最近主張：開國民會議，及廢除不平等條約，尤須於最短期間，促其實現，是所至囑！

本校本週口號

嚴守學校紀律！
實行總理遺囑！
增進戰鬥能力！
發揚黃埔精神！
鍛鍊革命意志！
擁護民權建設！
完成北伐工作！
打倒一切軍閥！

中華民國十五年十二月十五日〔星期三〕　黃埔日刊　〔第二版〕

我們今後力求主義和策略的明瞭，並進而求其早日實現；再者我們此次奉令北遷武昌，快要和母校特別黨部告別，今天開這聯歡大會，就是要我們以後永遠嚴密地保持我們的聯繫，確實地團結我們的精神，這意義是很重大的，望各代表各來賓多賜教言，作我們前途的指導云云。6、特別黨部李尙庸致訓詞略謂：今天開聯歡大會有兩種意義——一是慶祝三四隊黨部成立；一是歡送第三四隊學生北遷，第一點是要使我們知道隊黨部小組織之重要；第二點是要使我們的武力與民衆結合，我希望各同志到武昌去努力工作，完成中國國民黨與世界革命。7、熊副任代表方教育長致訓詞，略謂．教育長對各位的希望有兩種：(一)希望黨的組織與軍隊的組織嚴密的結合起來，一方面注意軍事．他一方面更要注意政治，(二)各同學此次北遷，務必把黃埔的特點和精神帶到武昌去，沿途更要注意軍紀風紀云云。其他各部處官佐來賓，均有演說。並撮影留爲紀念，8、晚間餘興，有滑稽新曲；彭二小姑娘唱武家坡；李尙德女士單人跳舞；中央婦女講習所表演孔雀東南飛，血花劇社同志表演愛國賊等劇，附以電影助興，直至夜深十二時，始盡歡而散，(攻)十二，十四，

政治

四國同時注意中國問題

■英法美日

▲英人數萬上書請願對華和平
▲工黨到處演說反對武斷政策
▲英國會華事委員主條約改訂
▲美總統宣稱取愼重中立地位
▲普恩賚聲言並未派兵赴中國
▲日本對承認南方問題暫觀望

電通社六日倫敦電，本日數萬之對華和平論者，署名於力說對華和平政策必要之請願書，此請願書卽係提交包爾溫首相者，又工黨於各地爲反對對華武斷政策之運動，到處演說，反對氣勢漸高，

路透社七日倫敦電　國會之注意中國時局，可於今日兩院議員在下院開會時見之，主席爲自由黨楊格氏，先由葛爾氏陳述中國事態，繼由李夫氏代表中國委員會報告該委員會向政府建議之應行辦法，李夫稱英外交代表應通知廣州政府，一俟其恢復所管境內之和平與秩序，並終止排斥外人之罷工抵貨行爲，則列强可承認之，同時通告北京廣州，現有條約俟南北成立負責政府時可以修訂，但在未修訂時，雙方政府須承認現有條約，至於關稅自主權，可從一九二八年或一九二九年，或其他適當時日起，給予南北兩方，而雙方政府在此時期內須採行必要方法廢除內地捐稅，再外人租界現對於華人之庇護，如雙方政府欲取銷之，列强可以照辦云，

路透社七日倫敦電　中國協會會長李夫氏投函各報亦反對喬治十二月四日在白拉福之演說，謂現有理由可望中國極端派之勢力係暫時的，而在此擾攘中將有一黨出現，可代表中國大部份發言，而執行條約之規定，如駐英公使不爲大荒謬所妨礙，則其使中英兩國繼續通商之談判當有結果云

路透社華盛頓七日電　美總統昨在第六十九次國會末屆會議開會詞中，旹及北京關稅會議，謂一俟中國有代表人民辦事之政府，吾人準備卽續開談判，中國常有黨派戰爭，致此談判未能成功，此爲至可嘆息之事美國在中國擾攘中維持其愼重中立之地位，美國在亞洲海面之軍艦，依照條約權利僅用以保護美人，又謂法權委員會報告書，政府現正研究之，以期決定美國將來政策云，

路透社七日華盛頓電　中國嚴重時局，現爲人密切注視，官場意見認美國武裝干涉爲不成問題，國務院現抱坐觀態度，

路透社七日華盛頓電　有數方面謂英國侈談中國赤禍，過事張皇，但最有責任之報紙則深知蘇俄遠東政策之關係，並痛惜列强互相猜忌，致在中國爲蘇俄所玩弄，紐約時報社論謂俄人現雖慫恿中國脫離外人帝國主義者之羈伴，然過去數年中，外國之最干涉中國內政者，厥爲俄國云。

路透社八日巴黎電　法總理普恩麥昨夜在衆院答關於調動軍隊之詰問，謂並未派兵赴中國，亦不欲派兵赴中國，摩洛哥歸來軍隊係從法國東南調出，現已各歸原防，軍隊分配，當然有調動，此事勿庸惶慮云。

電通社八日東京電　關於廣東政府承認問題，日本當局擬暫觀望形勢，以待時勢之推移，

■湘鄂實行對英杯葛

▲鄂總工會制定反英宣傳大綱
▲湘雪恥會通告實行對英杯葛

自漢口工潮發生，所有印刷工人要求條件，日方各廠堅不承認，揚言停工，工人方面雖經呈請當局向日領交涉，然此事已引起各方之反響，湘省亦於此時宣告對英實行杯葛，漢口總工會制定反英宣傳大綱，及工人宣傳隊組織法，通告各工會注意，水電工人五日午在橋口集合，舉行水面大遊行，又長沙雪恥會通告各分會，對英實行杯葛政策云，

新加坡築港計劃

■英報極力攻擊

倫敦每日新聞報，仍繼續攻擊政府之新加坡築港計畫，以其用費浩繁，且此項費用，正可用之於他項用途，該報評論帝國會議，關於國防問題之報告書云，海軍部又告勝利，帝國會議對於海軍部之陳述書，於本年內撥用大宗款項，建造新加坡軍港，增造新艦代替舊艦，已默許云，海軍大臣云，『勿干涉海軍部，』鮑爾溫首相亦主張不干涉海軍事宜，『不干涉』一語乃係帝國會議之同聲，國際聯盟召集裁兵會議時，英政府代表齊紀爾卽將此意報告該會，該報認新加坡築港案，替造新艦案，及裁兵問題合爲一起，不可分離，英政府之不能作榜樣，爲世界各國限制軍備之倡，表示憾仄之意云，

經濟

■美墨間可望銷除誤會

路透社二日華盛頓電　駐美墨使署發表一文，言新土地法事，謂墨政府可追認外人公司之權利，而讓與權之五十年限制，僅適用於墨人公司，外人在一九一七年五月以前所得之權，可註册有效，無須繳費，亦無須依照新章作放棄外交保管之聲明云，國務院人員認此文可銷除誤會，

■美國預算案與海軍造船問題

紐約訊　美政府下屆議出預算案，從明年六月一日起，一年內需費，四，〇一四，〇〇〇，〇〇〇元，比較本屆增加一六，〇〇〇，〇〇〇元，其增加之額，以南北戰爭美西戰爭兩役軍人養老金爲多，而養老事務局，及郵務局所需經費，亦有增加，惟公債利息項下，則擬減三〇，〇〇〇，〇〇〇元，執行禁例經費亦減三〇，〇〇〇，〇〇〇元，海軍經費，則減九〇，〇〇〇，〇〇〇元，日前議定，於七月以前，開造之輕便巡洋艦八艘，美總統以美國現正磋商推廣華府會議之海軍軍備條約，已請國會將此八艘中之三艘暫緩建造，又國會〇經議准，建造堅固飛船二艘，需費二，〇〇〇，〇〇〇元，原定七月以前建造，現亦暫從緩辦，不列入預算之內，請國會寬假時日，先以三〇〇，〇〇〇元，建一全金屬飛船，以供試驗，該船現在建造中，又飛機經費，預算二〇，〇〇〇，〇〇〇元，陸軍部經費預算三六六，〇〇〇，〇〇〇元，柯立芝總統謂現在和平時期，仍不宜忽視國防，而稅率尙不能永久減縮云，

■日本之稅收與預算

△關稅收入已達七千餘萬
△大藏省審查明年度預算

東方社五日東京電據大藏省發表，至本年九月爲止，日本關稅收入，共有七千二百一十萬元，比較去年同期增加二千七百五十萬元，以此與該省本年度增收預估額七百五十萬元相比較，則增收二千萬元以上，本年度關稅之全部增收額，可達三千五百萬元之數，東方社五日東京電，目下大藏省正在重查明年度各省之預算，預定於六日或七日可以全部決定，計朝鮮二億一千萬元，台灣一億一千一百萬元，關東州一千八百萬元，樺太二千一百萬元，南洋四百萬元．

■印度鞏固幣價與農業界

路透社四日德里電，行政會議之財政委員白賴克特氏在歐人協會演說，謂農家與農工因政府決定以十八便士價格鞏固盧比市價，致受財政上損失之說，並非事實，其實農界可因幣價穩定而獲利益，至於立卽採行金幣制度一層，將使印度受可慮之危險，而成立金標準之謀反將因以破壞云．

■不可收拾之魯軍用票

▲市值五六折……濟南金融日見恐慌

張宗昌以此次向南宣戰，非倉卒間所能解決，對於後方策劃，力取完善，但軍餉問題，純以軍用票爲然眉之用，其對於軍用票，雖有每月兌現一百二十萬之通告，市面仍不免五折六扣，旋濟之次日，派副官楊某向津浦路局索車一輛，赴津運軍票來濟，以備應用，三日省議會議長宋傳典與兩商會會長張子衡于耀西謁張討論軍票善後辦法，張允以俟後定有妥善楚理，濟垣金融，日見恐慌，

(二)

小通信

前第五期入伍生一團七連同學鑒：前本連黨部向特別黨部請給同開辦特別費共陸元伍角，茲已領到。惟前所有費用經由弟等轉移趙連長，在茶水費開支，并對大衆宣佈訖，故所有前經支出各費無論茶水費足抵否，經有趙連長負責，則此陸元五角，似不應歸任何方面，弟擬購黨部全體相三張，共銀二元一角，職員相三張，一元五角，另鏡架六個，共三元，合共陸元陸角，(只差一角)，分別贈送特別黨部，及入伍生部，俱樂部等處，如何合先請示！　鄧乃公鄧樹勳同啓

鎮江於昨日在蛺蝶崗附近失去白竹布符號一枚內書第六學生隊第十六隊(號碼六八號)除呈報本隊外特此登報申明作廢　盧鎮江

李超羣同志！你現在編入何隊連，及駐在那一處；請告我以便通信．　劉紹基第六營學生隊十七隊五十二區隊

張霞(淸吾)自你出發許久未接來示我前日寄上二函收到否你現駐何處請速卽示與我爲盼　第二學生隊八隊卅區隊張本(炳吾)沈祥(廸祥)

中華民國十五年十二月十五日〔星期三〕 黃埔日刊 〔第三版〕

革命之路

題目

總理紀念週時事報告（續）

方鼎英

2、目前的軍事狀況，我們革命軍自下了武漢，得了江西，現在福州也相繼攻克了，我們這次北代，一連打倒了大軍閥兩個，頭一步作戰計劃，總算可謂之成功了，目前我們的軍隊正在積極的修養補充起來，敵人方面反在那裏自相擾奪，變化百端，將來攻克蘇浙皖豫各省，也就在最短的時期內可以實現的，現據前方消息，我方參戰各軍無不增加實力，因係奪獲敵人槍械，爲數甚多，如第二軍在袁州樟樹鎮撫州三役獲槍約四千枝，攻克南昌獲約槍七千枝，第一第三第六各軍在南昌共獲槍二萬餘枝，第四軍在平江武昌及江西馬迴嶺德安一帶共獲鎗二萬六千餘枝，第七軍在湘鄂潯各役獲鎗亦將萬枝，第八軍獲鎗約在四萬枝以上第二獨立師在九江亦獲鎗數千枝，現在添補新兵，積極訓練，實力大較擴充，而何軍長在福建，亦是所向無敵，張毅殘部計七千餘人，正在福州閩河南岸包圍解決中，閩事旦夕卽了，我第一軍第十四軍第二軍均逼近浙邊，第四七八及獨立二師均已向皖進展，距安慶不過百里水程，朝發可以夕至，而國民軍自甘入陝，驅逐劉鎮華後，已由潼關向豫進攻，馬上就可與我革命軍聯成一氣，孫軍的內部馮紹閔楊世榮均已正式受我方任命，陳調元亦正在輸誠，蘇浙皖人民，尤屬大聲疾呼反抗孫氏，吳部新云鶚閻治堂田維勤魏益三等亦均不奉吳命與我聯絡，並均表示拒奉假途滅虢的計畫，這都是或者覺悟軍閥之不可靠，故毅然同情革命反抗奉軍，故當奉張入關天津開會之時，直魯諸軍眞有劍拔弩張之勢，而現在却不能南渡長江北渡黃河了，所以我們此刻軍事的發展是很有把握的，我們得了這種結果，都是前方的同志遵守着總理遺囑奮鬥犧牲得來的，我們在後方的尤其是在校的學生能穀在此安心讀書，都是校長躬冒險阻，辛苦艱難所賜予我們的，那末應該要比較平常加倍的用功，加倍的努力，才可對得起校長及各先烈，對于基本的學術科，不要因其淺近而大意看過，對於較深的不要因其艱難而不細心攷求，尤其是對於校訓及各種規章，要一律的遵守， 對於同學只許相親相愛， 勸善規過，不許互相猜忌，視同路人，事事都要虛心，件件都要檢束，在校有深純的修養，出校才能建遠大的事功，這才可以繼承 總理的遺志了，完了，

排外與赤化

祖康

資本主義的特殊色彩，就是把整個社會虛僞化；資本家們都罩上萬重的假面具以實施其掠奪的手段。當着資本階級新興的時候，他們便請出好些半鬼半神的魔物—公正—人道，文化，自由，平等—來做他們欺騙的工具。過去的歷史已經指示我們，這些適合於資本階級用的五光十色的好聽名詞，居然把全世界的民衆迫入烈火熊熊的地獄去了。而他們推波助瀾的發展竟到了最後的尖鋒—帝國主義。但同時他們的虛僞化的言動反圖窮匕現，無可掩飾。

中國便是受他們壓迫得最慘痛的一個犧牲者；這個堆在東亞的肉洋—四百兆民衆！快要變成血海了。(當然有些是浮在上面的)却是自從這齣慘劇在八十年前開始一直到現在只是在「排外」與「赤化」兩個口號上演過去。

排外者，排而外之也。排外本不算一種罪狀，每個人都可以排外。却是因爲要排帝國主義而外之，排外就變成一罪狀。

赤化者，化爲赤色也；意義是說趨向於赤俄的社會革命來反抗帝國主義，然在帝國主義者的眼中當然是罪大不敢。

鴉片之役，是英帝國主義要把它的吐霧吞雲式的文化輸進野蠻的中國，可是當時頑固華人竟不接收，居然反抗。結果英帝國主義，就指中國人排外，不識抬舉，請其槍炮化的人道衛進中國。庚子之役是反抗帝國主義的直接行動，當然是排外的鐵證。帝國主義們再不能忍了。於是八國聯軍，攻陷北京，大施其姦淫，屠殺，刼掠的人道與文化。甚且把野蠻中國的東西遷移到文明的倫敦，巴黎，柏林，東京的博物院裏頭。

租界是帝國主義要得到其發展的自由。

領事裁判權是帝國主義在中國界內的平等。

其餘一切中國人的言動，祇要不承受帝國主義者的宰割便是排外，他們馬上就派兵遣將來保護他們的利益—公公正正光光明明的利益？

最近的五卅運動是中國民衆忍無可忍的反帝國主義風潮。但是全歐帝國主義都昧着良心交出緊急的呼聲：倫敦的泰晤士報，巴黎的晨報都說：「不得了！我們要提防呀！中國人又排外了！我們的遠東利益要發生危險」。有一次，一位巴黎大學的教授對我說：「你們中國人眞是舊性難改，爲什麽還要排外。」這位博士的意思以爲世界大同了，中國人不須排外！英帝國主義爲懲罰中國人的排外便大施其砲艦政策沙基慘殺，萬縣慘殺，繼續演其人道，文化的把戲。在省港罷工以前惟有人用赤化兩個字較爲新近之，但不甚流行。帝國主義者還是沿用排外兩個字，因爲他們曾經說中國人是排外的專門家。却是省港罷工一發生後，赤化就變成時髦品了。一個人要是幻內說些馬克斯，列甯，布爾什維克，蘇維埃便是赤化；一個人要是贊成國民革命便是赤化；甚至天津字林西報竟把羅鈞赤化了，因爲他曾媽媽婷婷地宣告中比不平等條約失效。一方面固然是汚了赤化兩個字，却是爲走狗做走狗的顧小白臉反變爲粉紅的三姓家奴，眞是冤枉呀！赤化既然這麽發展，于是帝國主義者便縱其走狗四起討赤了。時運不濟，不幸討赤不成功，反把最白的湖北江西各處也赤化了。帝國主義的恐慌也就一天大似一天。最近華北明星有一段話，大意說：『黨軍就是拳匪，因爲拳匪是赤的，黨軍也是赤的，不過黨軍是具有新式武器的拳匪，會說西文的拳匪』。那麽我就添上一句，簡直說是西洋化的拳匪。它的意思總希望如庚子之役再演一場八國聯軍。

說我們是拳匪不是汚了我們。拳匪是帝國主義者給以義和團的一個名詞。義和團是反抗帝國主義的運動，不過專是情感的作用，終歸失敗。我們呢？我們是繼續來反抗帝國主義，同時我們已經是科學化的義和團了。或是如他們所承認者，「赤化的義和團」。「可是赤化的義和團」更不是好惹的，帝國主義者以爲何如？

十二，十三，於海關樓

華僑與國民革命

駐東莞新入伍生團機關槍連張麟華

我在南洋星加坡念書的時候，記得我們底神聖孫總理有一次在南洋經過指着那陵纍纍的青塚嘆一口氣，對一位外國人解說華僑的冤枉，在當時滿目淒涼的孫總理，實在有望洋無涯的悲痛！華僑們！孫總理爲什麽這樣的悲痛傷心人！其中實在有很重大的意思，以我底單簡的頭腦來說，大約可以分作四層解說：

（一）我們華僑不遠千里走到帝國主義的殖民地裏，爲之犂荒開礦作種種非常的苦力；但所得的勞資，無非帝國主義者的剩餘零錢，其中雖有能日積月累得十萬八萬，到底也不能當回本國享用，一生都在帝國主義者壓迫範圍下過生活；這眞是：『生爲外國被壓迫之人，死爲外國冤枉之鬼』，實在是値得痛心呵！

（二）僑工裏頭少不得有些『工頭』，如荷蘭殖民地裏的雷珍蘭甲必丹—工頭官銜—之類，都是中國人做工頭的人們；他們做了帝國主義者的財奴走狗，一方面將僑工血汗換來的勞資，私吞若干下去；一方面伏在他主人的肘下，極力爲之設計鎮壓僑工，以獻媚求得他狗主的歡喜，可憐的華僑，頭上受帝國主義者壓迫得掙扎不脫；脚下又受那不齒人類的工頭作祟，你道悲痛不悲痛可憐不可憐呢?!

（三）帝國主義殖民地裏，那一處不有華僑的足跡，那一處荒莽荒涼之地非華僑用苦力闢開的？那知道白種工人越來越多，帝國主義就弄起種種排斥手段來，驅逐華僑出境呀，限制華僑入境呀，害得華僑連勞工地位都不能當，華僑們！同志們！看看將來的華僑，經這一層層的壓迫，眞是『不想死也不能够』了！來日方長，帝國主義的壓迫何限？

（四）華僑在帝國主義殖民地裏的中國教育，及中國的出版界，及言論自由權，是絕對禁止並要服從他底指揮，所以對于這種活動異常困苦，如有鼓吹民族運動—工運動—尤其是對于吾黨的革命運動—者，馬上就嚴拿懲判，處以死刑的。輕的，被解逐出境—回國—去年春星加坡有一間新民國日報館—是吾黨的機關—記者曾發表一篇言論，

中華民國十五年十二月十五日〔星期三〕 黃埔日刊 〔第四版〕

有一段講：馬來半島的一個商埠「三順」的中文學校教育，遨求當地的學校校董教員，爲改良教育前途計要採用普通話來教授，不然閩台閩粤學生粤有粤的學生，以致言語不能統一，教授困難。教育不能直接普及于華僑。教育前途有莫大之影響……悲觀……等言，刊行後，即被帝國主義干涉禁止該報館停刊一月，華僑們！同志們！你想帝國主義的壓迫手段，很毒不很毒，可殺不可殺呢！還有，最近在星加坡的華僑瓊僑，他因爲在孫總理週年紀念數日以前他們—瓊僑—在一間學校裏開孫總理週年紀念籌備會，及議定拍電一致日帝國主義政府，停止南滿進兵，事未議畢，即被帝國主義偵悉，馬上捉去該僑代表重要人員四十一人帝國主義的「葛士」—司法官—判每人五年有期徒刑，共四十人，案結後全體瓊僑結隊到中國領事署帝國主義的走狗領事『賈文燕』去請願，爲四十同僑伸冤，與帝國主義交涉，要求釋放入獄四十人，而領事不但不幫助瓊僑共同雪恥，來設法安排，而那個蠢財奴，胆敢馬上拍電話與他的老板「英坡督」派英巡捕逐散瓊僑請願團輕傷數十人，重傷數人，結果終未達目的。於是這場國際慘案遂告結束！最奇者，此事發生後本坡各報界，對於此慘案之事實「死也不敢提出評論！」喂！好似縮頭烏龜一樣！華僑們！同志們你看看這種種侮辱民的案件，能不令人觸目傷心呢？我願我親愛底同志努力犧牲，同他—帝國主義者奮鬥到底，務望解除這種種的不平等壓迫的痛苦呵！我親愛的同志們！你們要早日起來解放華僑被壓迫的痛苦拉？

但是我們華僑應該怎樣來努力幹國民革命？簡單的提案，就有下列的三種：

（一）須認定國民革命是我們華僑應有一份責任，絕對不能袖手旁觀的，必須担起這個責任來努力去幹！蓋國民革命是華僑困厄于五大洋的救生艇，尤其是將來五大洋來往的自由艇，所以我們華僑千萬不可放棄這個重大責任！

（二）華僑協會，是華僑集合組織團結力量的團體，我們華僑須注意結合於其中；尤其要一致參加合力國民革命的國民黨，共同努力去實行黨的工作，這一層我華僑所當視爲最重要的。

（三）國民政府今既有給華僑獎章的議決在案，我們今後更加熱烈的贊助國民政府，以促國民革命成功，然後華僑現在受的種種痛苦纔能够脫離帝國主義的壓迫，而達到解放的目的。

以上幾點雖說得非常簡單；但實足爲我們華僑做國民運動今後的方針，打倒帝國主義的標準，要求解放自由的原則呵！

回想總理在海外奔走革命之時，同盟成立之後，像那安南堤岸的黃景南，和西貢之巨商李卓峯曾錫周馬培生等，或傾其一生之蓄積，或出其數萬巨資以助革命事業，此其熱烈的精神，至今仍在我們欽仰之中，其他海外各地華僑，前前後後捐資幫助革命的，總也不少，這些過去的華僑幫助革命的歷史，實在很值得我們稱許的。

現在正值革命軍北伐勝利時期，國民革命正當奮鬥的日子，我們華僑惟繼續協助革命事業之精神，一齊担起國民革命的責任去努力奮鬥，然後纔能在海外脫離帝國主義者的一切鎖鍊，而得到國際上的平等與自由。

★ ★ ★

世界第二次大戰的導火線

第一學生隊第三隊學生姚子希

——地中海暗鬥，新加坡築港——

自蘇伊士運河開通後，地中海便成了現代歐美資本帝國主義侵略遠東的大道，因成了世界商業交通的樞紐。所以現在有英法意三國在地中海互相拚命的競爭。

英國在地中海的勢力有直布羅陀海峽，馬爾太島，蘇伊士運河三個要點，他在澳洲印度中國等殖民地攝取原料和銷售生產品，全靠這三個兵站做他的喉舌，所以英國對於地中海全權有獨佔之必要。法國在非洲西北部有摩洛哥，地中海東岸有敍利亞突尼斯等殖民地，法爲要各殖民地交通便利，便亦看着地中海的海水不免『眼紅』。而感到英國勢力的障礙。同時意大利自一九二二年法西斯蒂黨專政後，因國內工商業特別發達，正向資本帝國主義的路大開步走。且他領土狹小，原料不够供給，必須向外找殖民地才能扶助其工商業發展，突尼斯是意大利眼中的肥肉，所以這裏意法間又發生了極大妒嫉衝突了；他們在摩洛哥的暗潮，便是一種表現。所以現在他們互相間的暗鬥，便是將來戰爭的導火線？這是可以預言的了。

英國自產業革命後，國內物品盡量生產，向勞動階級極力壓榨。并板着老大帝國的面孔向非洲北岸出發，實行其侵略政策。非洲土人當然被他屈服了。但非洲不是英國一國勢力所能範圍的，同時又有法蘭西同他抵抗，不得不轉向東進。肥大的中國，便爲他的口中物了。于是肆無忌憚大施其欲。日本自明治維新國威大振，昂昂乎與英美並駕齊驅。但他的勢力，太西是無地可去的。祇有到中國來施其侵略。且日本自世界大戰停止後，這幾年整修內政，增加海軍，顯然有渡印度洋向西方發展之勢，英國見了中國這塊肥肉上來了一個强人——日本，不能不在國內削去五千萬磅來在新嘉坡建築頭等軍港任隨張伯倫如何辯護，他這種技倆我們是知道的，仝時日本帝國主義者他不是在反對新嘉坡築艦末？但我們看他的海陸軍增加費及極積整理航空事業，這是什末一種矛盾現象，即是說你不要築港來打我，我的軍隊和航空還未預備好呢，仝時美帝國主義者自從威爾遜在華盛頓大叫其裁軍，國際和平後，差不多每天他們都在叫裁軍，但是他又在擴張他的軍備，——總之我們把這些矛盾現象歸納籠來說，就是帝國主義者要保持其各自在遠東的利益，不詔不準備太平洋大戰——世界第二次大戰。就是地中海的暗鬥亦可以歸納在這個結論上去，這個戰事暴發的時期，仝時也就是他們帝國主義者宣佈死刑的一日，因爲現在的他的掘墓人——無產階級和他鉄蹄下的弱小民族不是像歐州大戰時一樣，奴顏婢膝的黃色國際的一些走狗式的所謂社會主義者所能指使，要他們去保護祖國，殺死了他們自己的弟兄他們現在無論如何是不幹的了。所以這次的大戰暴發，帝國主義者就須當心着崩潰。

問答

3、波斯維主義，他的主張怎麼樣，及倡起者何人何時？（曹慶達）

（答）波斯維主義即布爾什維主義(Bosheuism)，即俄國現在之共產黨；倡自列甯；主張以無產階級專政達到共產主義的政治。（楚）

4、無黨錢糧是什麼錢糧？（曹慶達）

（答）此問我不懂。（楚）

5、集產與共產有什麼分別？（曹慶達）

6、在普通一般的人，都以爲共產主義就是馬克斯主義：何以我又在書上看見共產主義是克魯泡特金的學說？（仝上）

（答）（5、及6、）馬克思主張收集社會所有生產機關，由社會爲有規畫之生產——本是集中社會生產的「集產主義」。只因一八四七年社會主義者開大會於倫敦，該會宣言，爲馬克思所起草——名爲「共產黨宣言」；又因一八七二年海牙社會主義者大會席上，巴枯甯自號集產主義，率領無政府主義者與馬克思派分裂，指馬克斯主義爲共產主義，故至今遂沿稱馬克思爲共產主義。（楚）

7、託拉斯和新迪加的組織是怎樣？（曹慶達）

（答）Trust（託拉斯）乃各種有連帶關係之同種或異種企業，互相合併於一體，組織一中樞機關；舉一切分子之原有工廠，權利，所有權，一概歸之於總部：操縱一切生產販賣之大公司的組織。Syndicate（新迪加）則爲一種之「公司團」；由互相競爭之各公司聯盟，公推理事人員，規定各公司生產之數量，品質，價格，銷售等事：共同經營，以售其商品於其所指定之市場的組織。可看「帝國主義講授大綱」（國光書店有賣）。（楚）

8、何以井田制度的變遷，即可以證明唯物史觀的意義？

8、因爲唯物史觀是主義張社會的變遷，以經濟關係爲其動因的。井田制的變遷，影響及於當時的政治形式及組織，故說它可以證明唯物史觀理論之正確。（楚）

9、據我個人的管見「拍掌」有沒有什麼意義？我們行開學典禮的時候有多數同學對於各機關—長官—及各重要人物的訓詞都「拍掌」，是不是應該的。

前第五期入伍生第一團第一連各同學鑒：茲我們在博羅成立連黨部的墊款，我等業經在沈營長處領下來了，共一百零八元六毫八分，除官長十一元外，我們衆同學共九十七元六毫八分，作一百一十九人分，每人分洋八毫，計九十五元二毫・下餘之數，我等兩次往返廣州找陳連長，赴中央銀行換散洋，用去了，第一學生隊一連同學由我業遝交了，第二學生隊一連同學經尹沛霖同志代領去，連己二十九人，第三學生隊經廖鳳翔同志代領，連己九人，第四學生隊經吳起漢同志代領，連己二十一人，尙有未領者，同學請星期日來省城中央公園音樂亭領取，如各同學有懷疑之處，請去問沈營長便知，特此聲明

賴紹明　王定九　徐懷雲　唐象坤

改正：十二月十四日本刊本欄第一答案中『卽大德國主義』句下，遺去『大以色列主義卽』七字。又第二答案中『葛法文』係『葛德文』之誤，『苦魯絕特金』係『苦魯泡特金』。

中華民國十五年十二月十六日 星期四 黄埔日刊 第四版

敬告入伍生同志的一封書

短詩

問答

編輯同志

通信

伯瓊同志

中華民國十五年十二月十六日 星期四 第一版

黄埔日刊

中央軍事政治學校出版

通信處廣東黄埔本校政治部

日評

浙江同志今後之責任

徵文啟事

校聞

砲工兩科學生隊出發武昌

黨務

廣州市立師範學生續來本校參觀

市黨部召集聯席會議

兵工廠黨部反對英領逮捕天津黨員

暫遵總理遺囑

本刊每份定價一分

本校每日口號

中華民國十五年十二月十六日 星期四 黄埔日刊 第二版

軍事

浙江形勢之劇變

外交當局之最近表示

政治

省政府之重要佈告

革命軍分四路入河南

列強監視之德國

英國欲永久管理我國稅關耶

經濟

漢冶萍公司向日借債

黄金垂盡之中國

雜訊

各國航空實力之比較

東京大火

編譯處啟事

徵求烈士遺族及負傷同志通訊處

中華民國十五年十二月十六日 星期四 黄埔日刊 第三版

學生運動與工人運動孰重

小通信

題目

宣傳與武力

英雄與革命領袖

中華郵政特准掛號立劵之新聞紙〔中華民國十五年十二月十六日〔星期四〕〔第一版〕

黃埔日刊

中央軍事政治學校出版

通信處廣東黃埔本校政治部

〔第二一六號〕

〔本刊每份定價一分〕

啓事

血花劇社社員注意

本社前奉蔣校長命令改隸黃埔同學會，同時奉令改組，議決先就後方本社社員從新登記，望各社員於本月十一日起至十八日止，在南堤二馬路本社登記。十九日下午六時開駐廣州全體社員大會，是晚並備餘興，屆時希各社員早臨爲盼。

黃埔同學會血花劇社啓

熊新民同志：接令兄信，知你來學，投入本校，你編入何連隊，請你示知，甚念！本校第二學生隊廿二區隊羅北海

粟亢麟、尹善光兩同志：我將離一連，你們快來取回書籍信籠！馬耐園于沙河連部

廖子明兄：你現在何處服務？前寄家梓兄給你的信接到麼？暇請寫你的新聞寄郭德輿給我爲要。馬耐園

邱伯略同志：你有一信，請將住址告知，以便轉寄。劉定乾同志：你現在何處，希即告知或來我處一談。

我因昨天由沙河出發到黃埔換防，沿途遺失入伍生第一團四連一〇二號彭松仙符號一張，特此聲明作廢。入伍生一團四連彭松仙啓

誓遵總理遺囑

總理遺囑

余致力國民革命，凡四十年，其目的在求中國之自由平等，積四十年之經驗，深知欲達到此目的，必須喚起民衆，及聯合世界上以平等待我之民族，共同奮鬥。

現在革命尚未成功，凡我同志，務須依照余所著：建國方略，建國大綱，三民主義，及第一次全國代表大會宣言，繼續努力，以求貫徹。最近主張：開國民會議，及廢除不平等條約，尤須於最短期間，促其實現，是所至囑！

本校本週口號

嚴守學校紀律！！

實行總理遺囑！！

增進戰鬥能力！！

發揚黃埔精神！！

鍛鍊革命意志！！

擁護民權建設！！

完成北伐工作！！

打倒一切軍閥！！

徵文啓事 本刊擬於耶穌誕生日出一非基督教特刊，希閱者諸君多賜鴻文於十二月二十三日以前交來爲盼

日評

浙江同志今後之責任

浙江自夏超獨立失敗後，日在白色恐怖之下，本黨同志汪涵等且被孫逆走狗宋梅村處以斬決之慘刑，然革命同志之積極進行如故，未嘗以汪同志之殉難而稍頓挫也。今革命軍已由衢州入蘭溪，距杭州不滿二百里，陳儀態度雖尚猶豫，然除與革命軍合作外無他途，孫逆實力已盡，盧香亭殘部更無抵抗能力，是浙江之入我革命軍掌握，遲早間事耳。

浙江既入革命軍掌握，而我同志之責任乃愈大：蓋浙江過去本黨之工作不及湘鄂等省，而浙江民衆尤散漫無組織。當此新舊勢力更迭之際，苟無黨之宣傳與具體之組織，而投機倖進者流紛至沓來，勢必使革命之意義消失，不特民衆對革命由失望而懷疑，本黨何以慰爲革命而捐軀之先烈於地下也哉？此固不僅浙江一省爲然，吾特因浙事而推論及之耳。

雲彬

校聞

砲工兩科學生隊出發武昌

▲今晨三時出發……旅途中之宣傳工作……譚總部吳主任政治部熊副主任之訓話

本校砲工兩科全體學生，奉令遷移武昌分校。該生等已於今晨三時出發，取道湖南，大約明年一月初旬可抵武昌。唯該生等此番出發，係從陸路行軍。沿途經過多數市鎮村落，大可乘此機會，從事喚醒民衆的宣傳工作，以發揚黃埔的革命精神。故連日以來，政治部籌備一切行軍宣傳事宜。將砲工兩科全體學生四百餘人，組成宣傳隊兩大隊，每隊計分八小組。調查隊兩大隊，每隊計分四小組。以上兩項工作人員，計需二百八十餘人。並附以宣傳大綱及組織法六百份(訂成小冊)告民衆書一萬份，革命畫報六千份，圖案標語四種，各一千份，其他宣傳旗幟尚不在內。此外尚有調查表三種，爲沿途調查各地社團，戰區，學校，以及居民生活政治狀況之用。約印九百餘份。該項調查工作，爲調查隊之專有任務，且須將調查所得，按次報告本校政治部及武昌分校，以爲參考材料。昨日上午九時許，譚總部吳主任，政治部熊副主任先後到該兩科全體官生，致臨別訓話。先由吳主任訓話，略謂此去在路上，無論官長學生，皆須牢誌本校校訓親愛精誠，且須嚴守紀律，處處表現出本校的革命精神，最爲緊要。到了武漢，對於學術科，亦須如在黃埔的用功研究。末謂今天當諸君整裝待發的時候，特來作末次的訓話，以當臨別的贈言，將來見面時，諸君學業已成，且擔任了重要的革命工作，那更是我所希望云云。最後熊副主任訓詞，大意：(一)我們去留之意義：A.革命發展之結果，B.革命勢力繼續與擴大，C.生離死別的新意義，(二)革命行動之開始：A.理論的實施，B.紀律的嘗試，C.精神與物質的關係，(三)最後希望：A.毋忘黃埔的真精神，(即爲被壓迫階級而奮鬥)B.認清武昌爲革命的新環境，C.徹底了解黨和革命的理論云云。

廣州市立師範學生續來本校參觀

廣州市立師範學校前次來校參觀，已誌前日本刊，昨日該校又有男女學生二百七十餘人來校參觀，當由政治部派員招待，領該生至本校各部處參觀一週。當參觀至烈士墓時，並排成隊伍，齊唱國民革命歌及該校校歌。向本校歷次爲革命而犧牲諸烈士，行三鞠躬禮。以致其熱烈的敬意，及至下午二時許，並在新俱樂部開一談話會，由楊道腴同志講演，詳述現代統治階級的性質，及現社會經濟組織未能根本改造的原因。後由該校教員麥敏田君致答詞。大意謂總理創辦本校的用意，是要訓練出武裝的黨員，去掃除一切國民革命的障碍云云。直至四時餘，始全體起立，高唱國民革命歌盡歡而散。

黨務

市黨部召集聯席會議

廣州市黨部召集市內各級黨部聯席會議，昨日下午二時，在中央黨部禮堂開會，各區黨部，各區分部代表到者，五百餘人，特別委員李濟深，甘乃光，徐天深，陳孚木，曾養甫，商民部長黃旭昇，婦女部長廖冰筠，均到會，由主席李濟深宣佈開會理由，及接收市黨部理由，并經過情形，後由宣傳部長甘乃光，組織部長徐天深，工人部長陳孚木，青年部長曾養甫，商民部長黃旭昇，婦女部長廖冰筠，次第報告各該部接收經過，及今後進行計劃，報告畢，中央組織部代表吳倚滄，出席說明本市黨證發給，自今日起，展期兩日，旋由宣布員報告，二區黨部等聯控陳其瑗，簡琴石，沈壽禎，陳古廉，破壞本黨組織案，已由特別委員會議決，轉呈中央監察委員會辦理，報告畢，各級黨部，一致決議，『廣州市屬各級黨部，一致擁護市黨部特別委員會，及各部長所擬工作計劃，使能於最短期間，完全實現，』後高呼擁護市黨部特別委員會整理黨務，市黨部從速改選，市黨部改選萬歲等口號，茶會拍照而散，散會時已五時許云，

兵工廠黨部反對英領逮捕天津黨員

中國國民黨中央黨部，各級黨部，國民政府各團體，各報館均鑒，橫暴無恥的英帝國主義者，在我中國用他的炮艦政策，已經不斷的失敗，同時不斷的喪失他們一切的得力走狗，陳炯明吳佩孚孫傳芳，便不得不拉攏中國最後的一個反動軍閥爲其工具，與中國整個革命勢力爭，希圖危害革命份子，以保存他劫奪得來的長江統治利權，以維繫其帝國主義的苟延殘喘的命運，便不惜借五百萬磅的款項，給過張作霖擾亂革命軍費，捕拘國民黨黨員送交張作霖鎗決，英帝國主義這種強盜公開的謀殺行爲，高壓中國革命運動的鐵血政策，我們爲援天津十五個被捕同志計，不能不嚴厲的反抗英帝國主義者這種鐵血政策，我們爲保障此後人民的生命計，爲中華民族完全解放計，更不能不嚴厲的根本打倒英帝國主義存在，我們全國民衆，應督促政府向英國提出極嚴重的抗議，應全國民衆一致起來組織各地反英運動，擴大對英經濟絕交，將英帝國主義此次橫暴謀殺行爲，及以前種種罪惡，向全世界被壓迫民族宣傳，最後全國的民衆一致參加反奉鬥爭，幫助國民革命軍肅清英帝國主義所扶植的軍閥武力，以統一中國，本部全體黨員，誓死赴之，廣東兵工廠特別區黨部全體黨員叩，十五年十二月十二日，

中華民國十五年十二月十六日〔星期四〕 黃埔日刊 〔第二版〕 (二)

軍事

浙江形勢之劇變

▲革命軍由衢州入蘭溪
▲周鳳岐將就十九軍長職
▲盧香亭總部無形撤消

自入衢黨軍順流下駛，經龍游蘭溪，將直衝杭垣，浙紳迭請周鳳岐勸阻黨軍前進，周由衢電省謂黨軍因奉蔣介石命入浙，非奉有長官正式命令不敢擅退等語，即周在贛時，即已與黨軍有所接洽，由國民政府委爲十九軍長兼東南方面總指揮，周與黨軍接洽就緒後，即將正式就職，陳儀因在浙所處地位應付困難，特容納人民要求，現杭垣由陳負全責，盧香亭之浙江總司令部已全停辦公，一切布告文件均由省署簽發，不再與總部會銜，駐杭第二師盧部營長十二日悉數離杭運滬，又電，浙局發生變化，陳儀軍漸退溫州，周鳳岐加入國民政府，調軍入杭，戰事恐不能免，由杭遷滬者甚衆

革命軍分四路入河南

▲劉郁芬進襲陝州
▲革命軍紛起響應

西北革命軍由潼關猛進，追擊劉鎮華，陝州危急，張治公暴露表示態度，有舉足輕重勢，各方極重視，吳佩孚委田維勤援陝前敵總司令，決調寇英傑王爲蔚王維城各部援陝，革命軍方面，已決分四路攻豫，西北軍任西路，樊鍾秀軍任南路，鄭岸軍任北路，袁家聲任東路協同夾攻，而劉郁芳復進襲陝州，豫局距解決之期不遠矣，

西北軍攻新疆

▲劉汝明出嘉谷關

京訊，據東交民巷某外人昨日（二十四日）上午十時接包頭來電，謂馮（玉祥）確於巧（十八日）借帶隨員經過五原往甯夏，已派定劉汝明部第十師由甘肅蘭州西出嘉谷關，向新疆進攻，其原因爲吳佩孚前曾有電致楊增新請楊乘機派兵襲取蘭州事聞於馮，故先派兵入新疆防楊，又電通社北京二十四日消息，國民軍現依馮玉祥之命，集中甘肅，其劉汝明一師，已由蘭州赴嘉谷關，擬侵入新省，謀成立其側面的之根據地，新督楊增新業奉吳佩孚命令，集兵省界，以禦劉軍云，

政治

省政府之重要佈告

▲奉行政治會議議決四要案

昨十三日省政府委員會發出佈告云，爲佈告事，現奉中央執行委員會政治會議十二月六日臨時會議議決，關于爲擁護革命利益，及保障公共生活之安全，以下（一）軍用品之製造事業，（二）金融事業，（三）交通事業，（四）與公共生活有直接關係之事業，四種事業，發生工人糾紛時，仲裁委員會之裁判絕對有効，由政府强制執行之，等因奉此，自應遵照辦理，除分行各機關，及通飭外，合行布告，仰全省工商各界人民，一體遵照，切切此佈，廣東省政府委員會委員孫科，宋子文，李濟深，陳樹人，甘乃光，許崇清，徐權伯，李祿超，周佩箴，陳孚木，何香凝，

外交當局之最近表示

▲陳部長對英使表示
▲平消不平等條約
▲反對協定關稅
▲收回領事裁判權

漢口通訊，英新公使藍譜生氏，日前抵漢，候晤我國外交當局，查英新公使此次赴漢，係奉命先與我國重要人員作一度之接洽，然後赴京履新，所以陳部長於本月十日抵漢，旋即來會暢談甚久，翌日（十一）陳部長即往兵艦答拜，陳語英使藍溥生，謂南政府決取消不平等條約，反對協定關稅，收回領事裁判權，藍仍以維持中英條約權利立論，故雙方晤談無甚進步云，

英國欲永久管理我國稅關耶

倫敦十二日電，英國下議院議員，以英國貸款與中國之保證，質問首相，首相除宣佈英資本家貸款總額，及債務償還方法，暨交付利息數語外，謂英政府極欲照常管理中國稅關，永無政變等語，末尚有數言，誇張外人監理之可能，及辦法之妥善云，

列強監視之德國

△協約國又討論監察德國軍事

日內瓦傳出消息，數年前曾簽押羅加諾條約之歐洲列强代表現非公式的討論，協約國監察德國軍事，撤回德境聯軍，及羅加諾條約發生各事項，日本大使，亦參與會議，聞監察德國軍事問題，列强代表已有一致表示云，

美墨齟齬之近訊

▲墨議會一致擁護介休氏

倫敦十二日電訊，墨上議院一致表決，擁護總統介休氏，與美國爭辯等謂此爲墨西哥主權上，及法律上，正誼人道，與愛國熱誠之保障云，

經濟

漢冶萍公司向日借債

△先借四百五十萬元

東京十一日來電，漢冶萍公司總理盛思臣，於二日赴大藏省官邸，與岡片藏相田次長富田預金部長會商，結果，關于借債四千萬元，因利息爭議未定，擬先借四百五十萬元，以救一時之急，該款償還，由八幡製鐵所買入該公司之生鐵項下扣抵云，

黃金垂盡之中國

▲三十六年來出超九千五百七十萬兩

日本金解禁與印度之幣制改革，影響於我國者甚大，本報特揭其情形，原所以促國人之注意，有以我國用銀，彼用金，銀賤則我之購銀便宜，有何不便，而不知我銀彼金，金價貴，銀之購買力減，進口貨之成本加重，我人如工業振興，日用各物，皆能自給，所求於外者爲生產原料之品，金價之影響雖重，尚不致十分要緊，而無如糧食衣服在外求，則金貴銀賤之結果，是於我國爲大不利也，我國用銀之國，於金之需要原不重要，然世界俱變金本位，政局清晰之後，幣制勢必加以整理，所謂整理者爲道多端，歸宿仍爲用金，故金之供求情形，在目前無多大注意之價值，要亦不容輕視者也，我國所需之金，既不爲造幣之用，僅用以製飾物或儲蓄藏之用，而消耗於裝飾方面者數亦不少，此項消費甚爲可惜，蓋飾物之性質，蓋有儲藏作用，每遇金貴，婦女皆以飾物出售，遇金賤時則又購進，所耗費者爲一種工資，且商人於議價昂貴時有以金條輸出，抵償債務，則亦具有調劑確價之作用，然一觀條進出情形，則大有金盡之虞也，自光緒十六年以至民國十四年之三十六年間進口之金值二萬五千四百八十六萬六千兩，（關平，下同。）出口爲三萬五千零五十六萬六千兩，計出超九千五百七十萬兩，蓋入超之年分僅有十年，最多爲民國八年之四千一百十八萬三千兩，即金價大落之候，次之爲民國十五年之一千一百八十萬一千兩，又次之爲光緒三十年之八百四十四萬七千兩，民國元年之七百四十萬兩，光緒卅一年之七百零六萬兩，十年入超之合計爲九千六百七十四萬一千兩，而二十六年之出超計有一萬九千二百四十四萬一千兩，以今年滙市逆轉，金價飛漲，則本年黃金之爲出超又不容疑也，

雜訊

各國航空實力之比較

華僑聯合社英京特約通訊云，各國除海陸軍外，航空軍正在極力擴張，查各國最近軍用飛行機數，法國飛機一千二百五十架，在建造中者有二千五百架，架駛飛機官一千九百七十四名，兵卒三萬四千四百三十二名，預備飛行員三千一百八十四名，美國飛機七百五十架，建造中一千二百架，駕駛機官一千六百四十四名，兵卒一萬三千二百零四名，預備飛行員一千四百七十二名，意大利飛機六百架，建造中八百架，飛機官七百五十二名，兵卒一萬零六百五十七名，預備飛行員九十名，英國飛機六百架，在建造者一千架，飛行官三千二百八十二名，兵卒二萬六千五百六十一名，預備飛行員二千一百四十五名，日本飛機四百架，建造中者有六百五十架，飛行官九百八十三名，兵卒六千八百五十三名，預備飛行員七十四名，以上所列係軍用飛機，至于商運飛機若干架，尚不在內，計歐美旅客遞信運貨，定期航空線約一百八十一線，如倫敦至巴黎距離二百三十三里，航空時間，二時五十分，亦可見航運之便，而帝國主義者亟亟于增設軍用機，亦多見帝國主義者之野心勃勃耳，裁軍會議之謂何，

東京大火

▲損失在億兆之多

東京十一日電，東京大火，蔓延極速，人民逃避，全城秩序紊亂，派出陸軍及後備警察隊赴救，撲滅火焰，歷六小時火勢始熄，當火盛時，橫過大道燒燬鐵路車，并停止車輛來往，所燒樓房，其最重要，乃郵政局，警區署，商務局審判廳，學校，市政局，監牢，醫院共三間，天文台，另車站一部分，傷亡人不過十名，惟損失總存億兆之多。

編譯處啓事

逕啓者本處印刷所所印之第四期二團三營學生野外實施筆記因各圖須用顏色數種繪印手續殊繁且近來該所印件甚多工作極爲忙迫故此種筆記未能急速印就現已飭該所趕速印竣一俟裝釘完備當再登本刊通知來領可也

小通信

徵求烈士遺族及負傷同志通訊處：

逕啓者日前敝科徵求烈士遺族及負傷同志通訊處因寫手誤漏「及負傷同志」五字關係甚大次日即函請貴科更正迄未登出以致各處來函質問者甚多應請將敝科原信提前照登三天以釋羣疑爲荷此致

宣傳科　　政治部黨務科啓

楊定南，董正榮，傅春榮，韓祿賢，任　奔，蔣　黃，谷尼光，梁蔵榮，王友生，蕭嶸，萬公度，何寶善，定正，朱選峯，朱　卿，均，房兆文，謝嶼，賀聲洋，劉振宗，倪鑫，潘廣城，袁龍潮，胡燦，張宸賓，華學瑞，

江興寬，蔣鐵生，趙履强、陳　彪，李　濟，王　然，蔣克昌，楊興、曾勉，黃福安，張居仁，林福康，共計[illegible]

[illegible]國華[illegible]分發前方後服務何處請來函示我[illegible]等學生隊二十七八區隊張衛邦（國貴）

中華民國十五年十二月十六日〔星期四〕 黃埔日刊 〔第三版〕

題目

學生運動與工人運動孰重

新入伍生三團機關槍連楊周熙

我們如果要決定在國民革命進程中應該注重學生運動還是注重農工運動，只須分析學生與農工所具備的革命條件，便可分曉。

1、學生階級（姑視之為一階級。實在講他們沒有經濟基礎，不能算為一階級）——現時中國的學生，幾乎全是小資產階級的子弟，他們的生活自由，行動浪漫，英雄思想與狹義愛國思想，充滿了他們的腦子。他們從事革命運動的動機，十分之七八是在愛當領袖，出風頭。即令講革命，也大半是國家主義派的「全民革命」。但是在這裏我要附帶解釋的，就是學生裏面，不能講完全沒有真正革命的分子。不過這種真正革命分子確是太少了。他們的能力是在宣傳民衆，組織民衆和領導民衆，決不能用作國民革命的基礎。

再從數量方面來看：全中國的學生，只不過佔全國人數的百分之幾，較之農工，實不逮遠甚。而從實力方面看：學生沒有物質基礎；他們是寄生者；他們的實力，最大不過是喊口號，演說，請願打通電。只要他們家庭一斷絕他們的物質供給，他們就立時倒塌。試看四五運動初起的時候，聲勢何曾不炙手可熱，但不到一年，就無形中消沈下去了。這是因為他們沒有物質基礎，不能繼續持久的原故。

2、工人階級——中國工人被國際資本帝國主義與國內軍閥資本來剝削壓迫，極天下人類之痛苦，他們是全中國被壓迫階級中的最被壓迫者。他們革命的動機——即為解除自身的痛苦而革命，並非為特種目的而革命。

講到工人的數量，至少也在百萬以上。至於他們的實力，確是最大無比。他們只須一罷工，就足致壓迫階級的死命。（省港罷工是這種事實的極好例子）兼且他們勇於犧牲，敢向壓迫階級武裝革命。

3、農人階級——中國農民是國際資本帝國主義與軍閥壓迫剝削的最大對象。他們的農產品，被帝國主義賤價買去，而他們的日用製造品，却須用高價向帝國主義者購來。結果，他們終年勞動所得來的代價的大部分，被帝國主義者一聲不響地間接刮削去了。同時，在另一方面，他們又受帝國主義者的走狗軍閥土豪直接在政治上經濟上極端壓迫，死亡無日。農民既受帝國主義者與其走狗的極端壓迫，當然是非革命不可。而農民的革命要求，也只是為解除自身的痛苦，並沒有傍的目的。

講到農民的數量，簡直是不成問題。因為他們佔全中國人數百分之八十以上。至於實力，也是很充足的。兩次東征與北伐勝利的事實，證明打倒軍閥，只要農民一參加，就沒有不成功的，將來同帝國主義者直接接觸，更非賴農民為主力軍不可。這是因為全中國的經濟是建築在農民身上；他們人數既多而又勇猛耐勞。

從上面的分析，我們歸納出：（1、）學生沒有經濟的基礎，革命性容易動搖，他們的數量和實方都不大。（2、）工農是最革命的，他們在全中國人口中佔絕對多數；他們的實力最大，而且工人是國民革命的先鋒，農民是國民革命的基本大隊。

前面的歸納的結果，指示我們「在國民革命進程中，應該注重農工運動。」

不過我們注重工農運動，並不是講不要學生運動。我們曉得，在實行革命的預備時期——宣傳時期，我們是要努力學生運動的。因為學生的智識較高，他們從事宣傳工作是很有效力的。不過宣傳只是一種手段。但是到了與敵人短兵相接的時期，便非有富有實力的大多數農工民衆參加不可。不然，則革命將永遠的「紙上談兵，」終無實現的日子。所以這裏我特提了出來，希望這些只喜歡做上層工作，而不顧及工農運動的人們，加以注意，不要玩忽了下層工作才是革命的骨髓。

★ ★ ★

宣傳與武力

第一學生隊第三隊第十區隊學生何 旭

我們的目的是要求中國進步，造成一個極合三民主義，五權憲法的國家。要達到這個目的，不是少數人可以做得成功的，必須要應用羣力，請全國同胞都同心協力去做，那才容易成功，要全國同胞都同我們去做，便要他們明白革命的主義，要他們明白革命主義，我們便要注重宣傳。如果不然，他們不但不同我們去做，並且還要反對我們，譬如從前洪秀全起義，佔了全國三分之二的領土，他們的革命，本來可以成功，為什麼終歸於失敗呢？是由於他們專注重武力，不注重宣傳之過，當時漢人知道要反對滿清的很少，所以滿人能利用漢人來殘殺漢人，弄到結果，滿人坐收漁人之利。我們校長，統師北伐，數月之間，就打倒孫吳兩個大軍閥，其成功之速，表面上雖用的武力，其實是宣傳收得的效果，如汀泗橋之戰，老百姓在軍閥陣後擾亂；如孫吳的部下多數投誠我們；都是由於宣傳的效果，他們受了宣傳，都贊成我們的主義，信仰我們的主義，所以便不和我們反抗，並且還幫助我們。像這樣用敵人的軍隊來做我們的事業，所收的效果，比用武力的效果，還要大幾倍。所以革命事業，不能專用武力，因為武力祇可以用來做破壞的事，不可以用來做建設的事，要做建設的事，便要有主義和方法，要使全國的人，都明白建設的主義，便要注重宣傳。現在人類的政治思想極發達，民權的學說極普偏，更不可專用武力，必要人人心悅誠服，都歡迎我們的主義，那才容易成功。革命成功極快的方法，宣傳要用九成，武力祇可用一成。

同志們，我們武裝黨員，雖是擔負軍事任務，但是還要努力的做宣傳工作，必要把我們的主義，潛移默化，深入人心，引導世界上一切被壓迫者，共同向反動派奮鬥，革命才可成功。

英雄與革命領袖

新入伍生團二營八連譚伯夔

革命青年，是要時常站在時代前面的，所以他們對於一切不合時代的宗法社會思想，應該要深惡痛絕，纖塵不染，否則不是後轉到國家主義的墳墓裏去，便會右轉到西山會議的死坑中去，鄒魯曾琦就是由於宗法社會的梅毒太中深了，所以他們一天到晚，只會幹反時代，反革命的勾當，青年們！注意啊！革命與反革命的區別，就在此一念之差啊！

「崇拜英雄」，正是宗法社會最厲害的一種遺毒，當此世界革命波濤洶湧的二十世紀，還有許多青年，沉淪在這種苦海裏呢。比如拿破崙只不過是一個窮兵黷武，打刧歐洲的大盜；吳佩孚只不過是一個殺人不轉眼，殘民自私的軍閥，然而偏偏有些人，傷心病狂，去追慕他們的「武功」，欽佩他們「能戰」。對於他們殘害社會的罪惡，反一筆抹殺，置之不問，這是多麼矛盾不通的事啊！

有些人每每把英雄與革命領袖當做同樣的人物，因此竟把崇拜英雄和信仰革命領袖，當做一件事，這實在是再誤會也沒有了。從表面看來，似乎差不多，其實從骨子裏詳細分斷起來，簡直是風馬牛不相及，現在待我來把他倆的性質，解剖一下：

英雄：他的出發點，完全是「為己」他所依賴的是「財力」（民脂民膏）和「武力」（個人的），他自以為是「當今天下，捨我其誰？」的一世之雄，所以他是常常一人孤懸於上，目空一切，對於部下，不過是一種「交相利用」的結合，有些狡滑一點的，雖也時常戴起一副「愛民」的假面具，然而他總不相信民衆有勢力；尤其是周身爛襖，滿腳汚糞的農工階級，他夢想也不到他們是社會的基本隊伍。所以他對於民衆是取支配態度，高壓手段。翻開一部念四史，請看一般人所稱道的有名英雄，誰逃得出這個定律！

革命領袖：他的出發點，完全是民衆他所依賴的。完全是民衆的力量。他自以為他自己不過是社會羣衆中的一分子，並沒有甚麼特出的威權，所以他決不是孤懸於上，使萬人拜倒膝下，任意行動，他是以一定的主義和策略，指導許多同志，同時此許多同志，也在其指導之下，與之同心協力，一致奮鬥。他的出發點，既是代表被壓階級的利益。所以他絕對相信民衆，——尤其是最下層的——的努力。隨時隨地他都在代表民衆說話，

中華民國十五年十二月十六日（星期四） 黃埔日刊 〔第四版〕

因此他對於民衆是取指導的態度。俄國的列寧，我們的總理，正是這樣的人。所以爲世界的革命領袖！

英雄與革命領袖的性質，既判若鴻溝，我們就可不猶豫的知道：崇拜英雄是崇拜他以民衆血汗換來的「功名」和「威權」，信仰革命領袖，是信仰他救世救民的主義，假設以崇拜英雄的方式，同樣去信仰革命領袖，那末，一定就要發生忽略主義熱中功名的弊病，於是虛榮，勢利……等反革命思想，亦將由此蛻化而出，這是多麼危險的事啊！

革命的青年們，我們既認定了我們的革命人生觀，我們既看清了現社會的情況。我們就絕不可再沉迷在「英雄夢中」，我們要把由英雄思想所產生出的虛榮勢力……等反革命思想根本剷除。我們要始終不渝，信仰我們革命領袖的主義和策略，我們的思想，始終都要平民化；我們的眼光，須隨時隨地注射到最下層階級的痛苦和利益！且走入他們的隊伍裏去，實行總理遺囑上所說的『共同奮鬥』！

敬告入伍生同志的一封書

一團一營三連李仁

入伍生同志們：

我們爲什末不辭萬里而來這裏入伍呢？我們不是爲着要繼續總理遺志來打倒帝國主義打倒軍閥以謀解放我們的被壓迫同胞和全世界的受殘害的人們嗎？所以一般的民衆，他們引頸以待，「若大旱之望雲霓」一樣望着我們呢，我們如果不努力奮鬥，他們要如何失望？所以現在我們要知道自己所負的責任——國民革命的責任，勇往直前的去幹革命事業才對哪！

我們要能成爲國民革命中之一强有力的戰鬥員，我們首先就要有很好的鍛鍊，如沒有鍛鍊，只是每日像富家子弟一樣，我們的革命是不會成功的、所以我們入伍生的同志應該怎樣去堅忍耐勞的受訓練呢？我們爲什末先要入伍幾月後才升學生當學生呢？這便是要使我們受鍛鍊的原故，我們應當注意呵！

但是我見有一些同志入伍未經一月，他的精神便漸漸消耗，它的行爲，便漸漸披靡，持槍未操一課，即叫苦連天，鐘點未過一時，即面呈難色，甚至有「掩耳盜鈴」的裝病請假漸漸紈絝化起來，日前偉大的志趣盡付東流，今後所負的使命，拋上九宵，此種現像，實屬可嘆。親愛的同志們，努力希望自今以往；仍將傲惰拋定，振刷精神，努力去學革命的戰術。準備衝鋒陷陣去殺一切的敵人——帝國主義軍閥及一切反革命派，完成我們的國民革命，方不辜負我們這次入伍的意義啊！

短詩

■哀戰死同志並勗生者

吳之莘

先烈同志呀，
你們前仆後繼地犧牲了！
爲主義而戰死，
爲革命而戰死，
是多麼的壯烈呀！
『碧血千秋熱，
黃花今日香，』
這一縷英魂，
永在人間。

先烈同志呀！
有意義的死所，
你們已先獲得了！
你們毫無戰死的恐怖；
我們沒有頹廢的悲傷；
只有熱血冷鐵，
步着你們的血跡，
打倒反革命的仇敵！
人類總得到平等；
世界終久會光明；
最後的勝利來了！
最後的勝利來了！
同志們！
努力呀！

十二，十四，於政治部宣傳科。

問答

(答)拍掌者想係是傾佩其言論，或因宿之昔崇拜心所驅使耳。(續昨日問(9)) (馮振翼)

1、何謂第三國際？

(答)第三國際即五十二國共產黨的中央總機關，立在莫斯科。 (楚)

2、「護國」「護法」係在何時，何日？他的功用幷結果怎樣？ (馮振翼)

(答)民國四年十二月廿五日，唐繼堯，蔡鍔等反對袁世凱稱帝，興師護國；結果袁死，帝制消滅。民國六年八月十一日，因段祺瑞挾督軍團解散國會，本黨總理偕海軍總長程璧光，第二艦隊總司令林葆澤率海軍赴粵，成立護法政府；蟬脫遞變以迄於今。(楚)

張定遠問——楚答

1、俄國革命是否行的馬克思主義？何以說列甯主義？

(答)俄國革命，是行的馬克思主義。列甯主義是馬克思主義的正統；是馬克思主義經過了長遠的發展，又加了馬克思以後的「時代背景」和現實要求而成爲一種體系的「正統馬克思」之方法，思想的，理論的革命主義之總和。故列甯主義，在性質上是馬克思主義；但比馬克思時代之馬克思主義寬大得多。所以「列寧主義」乃成爲「今日」這個時代的革命行動之標誌。其詳理可看新青年月刊第二三號「馬克思主義者的列甯」一文。

2、甲必丹政策內容是甚麼？

(答)荷蘭人在南洋殖民，設一種小的行政官(如上海租界工部局中之董事，)用土人以治土人，其官即名爲「甲必丹」。帝國主義用張吳治華人，及上海工部局中設華董，實即此種政治原則之應用。

3、金融資本和財政資本究竟有無區別？是如何形成的？

(答)沒有分別——即是一物。銀行貸款於工業家。後漸干涉其工業上之生產事業；寖假銀行乃成爲工業之經營者，工廠主即爲銀行之資本主或理事；銀行資本與工業合一，即爲金融資本。

(4)黃色國際的領袖是誰？是甚麼階級組成的？

(答)即世所謂之第二國際，乃各國「社會黨」之國際中央機關；傾向妥協，提倡勞資合作。英國的麥克唐納爾，比國的汪德威爾德，德國的考茨基派爲其重要分子，無一定之領袖。

(汝晴)問——(楚)答

1、常人以爲革命性强弱，是關乎他受壓迫的深淺。女子所受的壓迫，並不比農工輕？爲什麼婦女不富於革命性，不稱婦女爲革命的中堅呢？

(答)婦女雖受壓迫，但在生活上沒有一致的痛苦(如姨太太之生活與普通婦女便不能成利害一致的關係)；所以不易如工廠女工之有團結。又婦女所受的壓迫，每爲身分上之侮辱(如視爲玩物等)，生活上並不似農工階級有不可忍受之痛苦(娼妓和姨太太尚穿吃，仍然很好——有時且極好；所以他們不容易有被侮辱之覺悟)。

2、中國被各個帝國主義者的侵略，已八十餘年，到今還保持獨立之名，琉球被日帝國强奪後亦不過數十年，到現在一變而爲日本完完全全的屬地。爲什麼我們至今還能保持獨立，其理是在那一點？

(答)這是因爲琉球在一個單獨的帝國主義之下，不像中國有帝國主義與帝國主義之間的互相衝突，所以容易被日本吞滅。又琉球爲小國，中國實非琉球可比；帝國主義者一時吞併不下故不得不利用其走狗(軍閥)成立表面上的「以華治華」之政治，而實際上則中國這個「半殖民地」已與琉球那個「全殖民地」無異。

3、馬克斯主義即共產主義，巴古甯魯蒲東是無政府主義。何以我們總理在民族主義第四講中說：『俄國所行的主義，不是純粹共產主義，是馬克斯主義；巴古甯蒲魯東所主張的纔是眞正共產主義』。這樣看來馬克斯主義到底是什麼主義。請詳細見告。

(答)馬克思主義集中生產機關歸社會公有；本爲一總集產主義？後因巴古甯與馬克思爭意見，自稱集產主義而指馬克思主義爲共產主義，遂相沿而稱馬克思主義爲共產。總理所說的，乃是立在嚴格的「正名」上而言？目下則已普遍的共產主義即是馬克思主義了，

通信

編輯同志：

在我們的革命隊伍裏深刻着地方觀念的人，實在不少；而且還「崇拜英雄」「崇拜金錢」的思想在許多青年的腦筋裏蔓延着，你能够多作文來糾正否？

我想這些宗法社會的遺毒，在我們的革命前途是十二萬分危險的；但一個人要想斬草除根的把這些宗法社會的思想完全鏟去，因爲現實社會的薰染，恐怕是十分困難，這有什末方法呢？希望你在革命之路上答覆我。 (伯夔)

伯夔同志：

『地方觀念』『崇拜英雄』『崇拜金錢』這些宗法社會思想，的確是非常危險的，我們以後當注意多登載此類文章。

如何根本鏟除此種思想的方法，我想固然一方面在同志間彼此要監督如批評，而最要緊的是認清革命的觀點。我們如果認清了眞要革命，那凡是關於這些有妨害革命的東西，都自然馬上很嚴刻的自已實行鏟除去的，決不致於不能除去。你說不易鏟去，就是他還未堅定他的革命觀的原故，而自已浪漫起來，所以便爲現實社會所牽掣，不易除去，或者甚至於轉化了。 (元傑)

〔版一第〕〔一期星〕日十二月二十年五十國民華中〔紙聞新之券立號掛准特政郵華中〕

黄埔日刊

中央軍事政治學校出版
通信處 廣東黄埔本校政治部
〔號九一二第〕
〔分一定價份每刊本〕

總理遺囑

徵文啓事

日評

德國反對國際聯盟之怒潮

……歐洲帝國主義者爲防止蘇俄與德國之聯絡，謀法德間之協調，遂有去年洛迦諾條約之簽訂，條約內規定邀請德國加入國際聯盟，並以行政委員一席餌德國，復以「裁軍籌備會議須待德國加入始能召集，否則裁軍延期之責須由德國負之」等語相恫嚇，德政府乃決定預備加入。不意因此引起聯盟行政會擴充問題——法國爲對抗德國加入聯盟，主張波蘭，西班牙，巴西等國亦須獲得常任行政委員，因之各國在聯盟會中分兩派而成對抗之形勢，其結果不特德國未能加入，反使已加入之巴西，因爭常任行政委員不得而退出。至是洛迦諾條約之精神全失，帝國主義者之企圖亦全歸失敗矣。

最近因簽字於洛迦條約之列强，對監視德國軍事等問題在日內瓦作非正式之討論，德國威於法英對共管德國軍事不肯放鬆，而比利時復從中挑撥，引起無數民衆劇烈之反對，連日舉行極大之示威運動，民衆且一致促外長斯德來斯曼解除戰後之不平等條約。是德國由不加入國際聯盟，更進而反對國際聯盟矣。此歐洲國際間最近之大變化，頗足耐吾人尋味而又值得深切的注意者也！

今後之德國，將何所適從乎？聯俄乎？抑任帝國主義之宰割乎？吾人於四月間所簽訂之俄德中立條約及最近德國民衆反聯盟之怒潮中，可以預測及之：在俄德條約之詮釋中固明言「德國對俄之政策，決不因德國加入聯盟所生之義務而有改變」。今德既未嘗加入聯盟，當然無義務可言，如國際聯盟之騙局，已引起德民衆之激烈的反對，則今後之德俄關係如何，可不言而喻矣。

以上舉其舉犖大者，其詳當於異日論之。

校聞

通令 十二月十七日 于校本部

爲令遵事查，校各種宣傳品之刊發消耗許多精神財力，所期收效者還在革命精神進展迅速其關係之重大豈容絲毫忽視現據政治部報告該部發行宣傳品所得各情形（一）迭據學生報告不能逐件收到或則遲滯多日（二）其發出之各刊物或被中途遺失或爲部隊積壓不即分給（三）寄往廣州市各界及各地之書報亦時據來函聲稱有不能收到者等情前來似此情形若不迅予整頓則各刊物行將失其宣傳之效除該報告第三條所稱准……郵政准郵局查明情形認眞辦理外其一二兩條自應責成各該部處隊長官自後關於政治部所發宣傳刊物應仰嚴飭所屬遵照辦事手續認眞處理不得延滯阻擱或隨便留下倘有仍前玩忽一經查明理者即懲辦特此通令遵照此令

廣州市立美術學校暨東山培正學校來校參觀

廣州市立美術學校學生八十餘名，及東山培正學校學生六十餘名，於前星期日上午十時，特來校參觀，當由政治部派員招待，領該生等至炮台，蝴蝶崗，燕士墓等處，及本校各部處參觀一遍，至下午二時，並在官長會客廳開一談話會，由梁鼎銘楊其綱二位同志演講，梁同志演講大意謂，美術家的最高理想，實欲使人類生活藝術化，而至於大同，宗教家則欲以和平的博愛理想，改造社會。然在今日私有財產制度之下，這兩條路都……

黨務

第二學生隊第七隊第八隊隊黨部成立大會紀盛

本月十八日午後一時，第七第八兩隊，全體……隊黨部成立大會……

中華民國十五年十二月二十日〔星期一〕 黄埔日刊 〔第四版〕

受處罰後的幾句話

啓事

問答

政治測驗

本週討論會的題目

中華民國十五年十二月二十日〔星期一〕 黄埔日刊 〔第二版〕

軍事

革命軍由杭進攻上海

青天白日下之革命軍實力

政治

國民政府致南昌政務會電

雜訊

黄埔農工商學兵聯合會決議案

本校校編各部處黨部選舉執行委員

〔第三版〕 黄埔日刊 〔星期一〕 中華民國十五年十二月二十日

小鷄信

革命之路

題目

北伐勝利中我們的工作

政治工作人員與農工運動

中華郵政特准掛號立劵之新聞紙〔中華民國十五年十二月二十日〕〔星期一〕〔第一版〕

啓事

張培廷，吳廷章，朱震東，及福甯諸同鄉均鑒：不知道你們駐在何地服務請速示知！我們的通信處卽「廣州國立中山大學醫科馮文基轉」一團三營十連入伍生盧肄勳王建海

卿珪弟鑒自汝分發後渺無音信念甚請將近來狀況並在何部隊服務詳告爲盼 第二學生隊廿五區隊光亞

史靖仙，蕭彝，胡宗漢，白金珂，張梅軒，李壽彤，諸兄鑒，現在何處？有事相商，希速示地址，靖仙兄及黃君物件存我處，遷移不便，希速示住址，代其寄去爲荷 黃埔軍校第六隊第十隊張寵博

王紀（叔常）：你在何團何連？希速告我！ 東莞入伍生二團五連王齊民（永治啓）

步洲，幼五，效三，建南，一星諸同志：你編入何團何營何連？現駐防何地？再信示知。從前來片因遭火撥東西遺失請速示地址，以便寄書，寄信是盼，沙河入伍生部一團十三連蕭洲飛

厲克敏同志我在成章時知道你投入本校現畢業有年擔任何部工作請示知 第四學生隊第十二隊廖夙翔

中央軍事政治學校出版

黃埔日刊

通信處廣東黃埔本校政治部

（第二一九號）

〔本刊每份價定一分〕

誓遵總理遺囑

總理遺囑

余致力國民革命，凡四十年，其目的在求中國之自由平等，積四十年之經驗，深知欲達到此目的，必須喚起民衆，及聯合世界上以平等待我之民族，共同奮鬥。現在革命尙未成功，凡我同志，務須依照余所著：建國方略，建國大綱，三民主義，及第一次全國代表大會宣言，繼續努力，以求貫澈。最近主張：開國民會議，及廢除不平等條約，尤須於最短期間，促其實現，是所至囑！

◁本校本週口號▷

主張以黨治國！
服從黨令軍令！
革去浪漫習慣！
反對個人主義！
要有政治頭腦！
要有戰鬥本領！
反對文化侵略！
打倒教會政策！

徵文啓事

本刊擬於耶穌誕生日出一非基督教特刊希閱者諸君多賜鴻文於十二月二十三日以前交來爲盼

日評

德國反對國際聯盟之怒潮

（雲彤）

▲今後之德國，將何所適從乎？聯俄乎？抑任帝國主義之宰割乎？

歐洲帝國主義者爲防止蘇俄與德國之聯絡，謀法德間之協調，遂有去年洛迦諾條約之簽訂，條約內規定邀請德國加入國際聯盟，並以行政委員一席餌德國，復以『裁軍籌備會議須待德國加入始能召集，否則裁軍延期之責須由德國負之』等語相恫嚇，德政府乃決定預備加入。不意因此引起聯盟行政會擴充問題——法國爲對抗德國加入聯盟，主張波蘭，西班牙，巴西等國亦須獲得常任行政委員，因之各國在聯盟會中分兩派而成對抗之形勢，其結果不特德國未能加入，反使已加入之巴西，因爭常任行政委員不得而退出。至是洛迦諾條約之精神全失，帝國主義者之企圖亦全歸失敗矣。

最近因簽字於洛迦諾條約之列强，對監視德國軍事等問題在日內瓦作非正式之討論，德國感於法英對共管德國軍備不肯放鬆，而比利時復從中挑撥，引起無數民衆對禮之反對，連日舉行極大之示威運動，民衆且一致促外長斯德萊斯曼解除戰後之不平等條約。是德國由不加入國際聯盟，更進而反對國際聯盟矣。此歐洲國際間最近之大變化，頗足耐吾人尋味而又值得深切的注意者也！

今後之德國，將何所適從乎？聯俄乎？抑任帝國主義之宰割乎？吾人於四月間所簽訂之俄德中立條約及最近德國民衆反聯盟之怒潮中，可以預測及之：在俄德條約之詮釋中固明言『德國對俄之政策，決不因德國加入聯盟所生之義務而有改變』。今德既未嘗加入聯盟，當然無義務可言，矧國際聯盟之騙局，已引起德民衆之激烈的反對，則今後之德俄關係如何，可不言而喻矣。

以上擧其犖犖大者，其詳當於異日論之，

校聞

通令

十二月十七日于校本部

爲令遵事查，校各種宣傳品之刊發消耗許多精神財力原期收效普遍俾革命精神進展迅速其關係之重大豈容絲毫忽視現據政治部報告該部發行宣傳品所得各情形(一)迭據學生報告不能逐件收到或則遲滯多日(二)其發出之各刊物或被中途遺失或爲某隊積壓不卽分給(三)寄往廣州市各界及各地之書報亦時據來函聲稱有不能收到者等情前來似此情形若不迅予整頓則各刊物行將失其宣傳之效除該報告第三條所稱事屬郵政准卽函知郵政總局查明情形認眞辦理外其一二兩條自應責成各該部處隊長官自後關於政治部所發宣傳刊物應仰嚴飭所屬遵照辦事手續認眞處明不得延滯阻擱或隨便留下倘有仍前玩忽一經查明理看卽懲儆特此通令遵照此令

廣州市立美術學校暨東山培正學校來校參觀

廣州市立美術學校學生八十餘名，及東山培正學校學生六十餘名，於前星期日上午十時，特來校參觀，當由政治部派員招待，領該生等至炮台，蝴蝶崗，烈士墓等處，及本校各部處參觀一週，至下午二時，並在官長會客廳開一談話會，由梁鼎銘楊其綱二位同志演講，梁同志演講大意謂，美術家的最高理想，實欲使人類生活藝術化，而至於大同，宗教家則欲以和平的博愛理想，改造社會。然在今日私有財產制度之下，這兩條路都走不通，尤其是今日的中國，非藝術與宗教家所能改造，所以我們眞正的藝術家，與眞正的宗教信徒。欲實現人類大同的理想，便非參加今日的革命工作不可。因謂唯有用革命的手段，始能推翻一切統治階級的惡魔，解放全人類，使全人類都能得到平等自由的物質生活，然後人類社會，便自然要藝術化，而建築起『地上的樂園』云云，繼由楊同志講演，略謂人類社會尙有階級存在的時代，卽藝術亦有階級性的區別，近代藝史上所謂『貴族藝術，』『及平民藝術』的爭論，卽由此發生，貴族藝術，乃近代資產階級的消遣品，平民藝術，纔是今日大多數被壓迫民衆所需要的眞藝術，而且爲革命運動的先聲。因此種藝術的最大特色，是站十字街頭，批評現代的人生，叫喊出被壓迫者的痛苦，毫無虛飾地揭露出統治階級的種種罪惡與虛僞，但諸君來本校參觀不要單看本校外表的設備，而且要深刻的認識本校是在創造平民的藝術家，因爲有人說，革命就是一種藝術呵。最後謂基督教是帝國主義者侵略中國的先鋒隊，而牠教人無抵抗．無條件地遵守那尼采所說的『奴隸道德』。所以我們要反對基督教！在教會學校裏的學生，尤其要認淸基督教的眞面目！所以我們的口號是：藝術民衆化！藝術革命化！平民的藝術家到民間去！反對基督教爲帝國主義者的文化侵略工具！收回教育權！教會學校的學生團結起來參加革命工作！楊同志演說畢，已四時許。卽盡歡而散。

黨務

第二學生隊第七隊第八隊隊黨部成立大會紀盛

本月十八日午後一時，本校第二學生隊第七第八兩隊，全體官生，假新俱樂部，開隊黨部成立大會。當日到會來賓，有本校特別黨部委員彭燊，政治部代表鄒今海，訓練部代表張琨，編譯處代表柳必達，新洲商民協會代表許小遜，黃埔酒樓茶居工會代表仇新。及各學生隊隊黨部代表，各區隊代表。由第八隊隊長范雨峯同志主席。開會秩序如下：1、肅立，2、奏樂，3、向國旗黨旗 總理遺像行三鞠躬禮，4、恭讀總理遺囑，5、主席報告，6、本校特別黨部委員報告黨務，7、講演，8、唱國民革命歌，9、高呼口號，10奏樂，11攝影，12閉會，13餘興，是日當由主席報告開會詞畢，卽由彭委員報告特別黨部最近黨務狀況，及將來整頓黨務之計劃，謂是項計劃須特別注重訓練與宣傳，然後纔能使黨的組織日趨於嚴密云云，繼由各來賓相繼演說，直至四時餘始高呼口號散會。晚間尙有餘興．跳舞，新劇，京戲等，當日並發出宣言云：中國國民黨，是要完成國民革命以求中國之自由平等的黨；而黨的發展與鞏固，則全賴黨員之明瞭主義，執行政策，遵守黨紀。從本黨第一次全國代表大會到現在不滿三年，能使本黨有這樣的發展，在客觀上固然是受環境的逼迫使民衆漸漸覺悟起來，擁護本黨，但本黨如果沒有 總理所創造的三民主義，遺下的三大政策（聯俄，聯共，農工政策）與嚴密的黨紀，則黨之發展決不會這樣的快；也不會有眞正黨軍的成績：不但打倒了陳炯明，肅清了楊劉等反革命派，鞏固了廣東的革命基礎；更進而打倒北洋軍閥吳佩孚孫傳芳，解放了湘鄂贛閩等省的民衆。我們的軍事勝利是全靠黨的力量與民衆的擁護和幫助的，假使沒有黨，便沒有主義，沒有紀律，更不會受民衆的擁護和幫助；那麼，數十萬强大的敵軍怎能被我們如摧枯拉朽一樣的打得完全覆滅！我們因此知道辛亥革命之所以尙未成功，其原因在沒有黨的軍隊而且依靠軍閥式軍隊，把政治工作太忽略了，民衆得不到實際利益．軍隊又漸漸成爲軍閥的工具，我們儘管好心好意要與民衆合作，那有可能？我們從

中華民國十五年十二月二十日（星期一） 黃埔日刊 （第二版） （二）

過去的教訓，知道三民主義是半殖民地的中國最需要而適用的，爲了實行主義更知道非聯合一切的革命勢力及擁護最多數的農工利益，那革命勢力不會鞏固，總理所遺下的——黨的——三大政策，正是保障已得的勝利，完成國民革命最不可缺的政策。我們的軍隊是黨的軍隊，我們要堅定革命的意志服從黨紀切實遵行黨的主義和政策爲民衆利益而奮鬭。我們要有鐵的紀律去造成鐵的軍隊以打倒一切軍閥，一切帝國主義，達到本黨「完成國民革命以求中國之自由平等」的目的，進而促成世界革命「以進大同」。我們不可一天不作革命的工作，不可一天離開黨的組織，我們要認清黨的總意義總方向，我們更要在最小的組織中努力貢獻一切！今天——十五年十二月十八日，爲我中央軍事政治學校——黨校——第二學生隊七八兩隊隊黨部正式成立之日，特申斯義，以爲紀念。凡我同志，應共勉之！謹此宣言。

本校校屬各部處黨部選舉執行委員

本星期六日，上午九時許，本校校屬各部處黨部成立，假官長會客廳，選舉執行委員。到會者各部處黨部代表二十餘人。由李主任主席。開會秩序：1、恭讀總理遺囑，2、主席宣佈開會，3、選舉，當即選出熊雄，吳思豫，陳良三位同志爲執行委員，李鐸，鼓正邦二位同志爲候補委員。4、演說，各委員就職後，相繼演說，皆謂本黨部從此成立，希望各同志努力黨務，共同奮鬭等語。最後唱國民革命歌，高呼口號散會，時已十一時矣。

軍事

革命軍出杭進攻上海

△先頭部隊已在長安接觸

△浙江暫設政務委員會

十六日上海消息，今晨革命軍已由杭沿滬杭路進攻上海，周鳳岐之第一師斯烈部任前鋒，先頭部隊今日（十六）上午十時已到覓橋臨平一帶，孫軍防線在長安，與革命軍只隔四十里，十一時開始接觸，互戰一小時，孫軍即向嘉善潰退，孫軍主力在嘉善，革命軍一俟後方大隊趕到，即向嘉善下流攻擊，又訊，周鳳岐十日晚抵杭州，所部十一十二兩團亦陸續到杭，陳儀下野，周以國民革命軍第廿六軍長名義佈告安民，擬任斯烈爲廿六軍第一師長，伍春仁第二師長，浙將先設政務委員會，國民政府已派蔡[illegible]益周鳳岐夏超呂公望等爲浙政務委員，將來再改組省政府。

青天白日下之革命軍實力

△黨幟下軍隊已有八十四萬餘人

△新兵及民軍陝甘地方軍均除外

國民革命軍出師以來，連克四省，（湘鄂豫閩）歸附者兩省，（黔川）聲勢已非昔比，軍數增加數倍，社會對於其總軍力及編制隊號以及海陸空各軍實力，多欲知其全豹，茲特調查各軍實力駐地一覽表，轉錄於下，想亦關心時局者所樂聞也。

隊號	長官姓名	實力	駐地
第一軍	何應欽	五師另一團（三萬人）	二師駐贛，三師入閩
第二軍	譚延闓（魯滌平代）	四師（二萬人）	
第三軍	朱培德	三師（一萬六千人）	駐贛，贛戰中損失甚鉅，新近擬增編至六萬人
第四軍	李濟琛	四師（二萬人）	兩師入贛，餘駐粵，近擬[illegible]
第五軍	李福林	三師（一萬人）	駐粵，將赴鄂
第六軍	程潛	三師（一萬八千人）	駐贛，贛戰中損失最鉅，新近補充，將達三萬人
第七軍	李宗仁	十旅另三團（四萬人）	分駐桂，鄂，贛，各旅近皆擴編成師
第八軍	唐生智	五師五旅十團（共四十團六萬人）	分駐湘鄂
第九軍	彭漢章	五旅（一萬人）	駐湘西
第十軍	王天培	五旅（一萬四千人）	駐湘西
第十一軍	陳銘樞	六旅（一萬八千人）	駐贛，新編及舊四軍改編
第十二軍	袁祖銘	十五旅（四萬人）	駐湘黔邊境
第十三軍	樊鍾秀	四師（四萬人）	駐河南，新近增編
第十四軍	賴世璜	三師（二萬人）	入閩
第十五軍	劉佐龍	三師（一萬五千人）	駐鄂
第十六軍	范石生	四師（三萬六千人）	駐百色及滇邊
第十七軍	曹萬順	二師另三團（一萬人）	駐閩，三獨立團爲新收降軍
第十八軍	夏超	未詳	未詳
第十九軍	祝[illegible]		
第二十軍	楊森	五師二旅（五萬四千人）	駐鄂西
第廿一軍	劉湘	五師四旅（四萬人）	駐川
第廿二軍	賴心輝	四師三旅（四萬五千人）	駐川
第廿三軍	劉成勳	三師七旅（四萬三千人）	駐川
第廿五軍	周西成	未詳	駐黔
第廿六軍	周鳳岐	六旅另一團（一萬三千人）	駐浙
獨立第一師	缺		
獨立第二師	賀耀組	四旅三團（一萬一千人）	駐贛
獨立第三師	張貞	五團（八千人）	駐閩
暫編第一軍	缺		
暫編第二軍	袁家驥	四團（六千人）	駐豫
暫編第三軍	潘文治		駐粵
海軍	楊樹莊	軍艦七，砲艦九，雷艇四	
駐閩海軍	林壽昌	兩混成旅，獨立團（九千人）	駐廈門
航空隊	顧樂弗	戰鬥機四，運送機十二，偵探機二十	分駐各省
西北一軍	聯合軍	三師一旅（二萬人）	駐陝
西北二軍	方振武	三師一旅（一萬三千人）	駐陝
西北三軍	弓富魁	一師一旅（九千人）	駐甘
西北四軍	鹿鍾麟	一師一旅（八千人）	駐甘
西北六軍	李鳴鐘	一師（七千人）	入甘
西北特一軍	宋哲元	三師二團（二萬九千人）	入新疆
西北特二軍	劉郁芬	一師一旅（九千人）	駐陝
西北特三軍	韓復榘等	一師二旅二團（約二萬餘人）	駐包頭
西北特四軍	李雲龍	一師一旅一團（約二萬五千）	駐綏
西北後防	李虎臣		駐包頭，入新疆
陝軍	商震		
晉軍			

西北航空軍其餘各省新招及河南安徽民軍並甘肅陝西等地方軍皆未知詳數，故未加入。

政治

國民政府致南昌政務會電

△令人民團結組織協助政府

△與一切反革命勢力奮鬭

江西自被孫賊蹂躪，各界死於炮火者不計外，其餘爲孫賊逮捕，槍殺者亦不少，贛人自經此次之後，各界人士已知革命之需要，處處都表示願在黨政府及革命軍合作，故本黨政治會議特議決喚起贛省各界民衆，及撫卹此次幫助革命被難者，該議決已交國民政府執行，茲聞政府已擬就該電，待常務委員簽名後，即拍交江西政務會議，原電如下，南昌政務委員會鑒，贛省夙在軍閥統治之下，備受壓迫摧殘，此次大軍北伐，孫逆傳芳，出兵助吳，與我軍相持於贛境兩閱月，糜爛地方，不堪言狀，當逆軍潰敗，以人民曾助黨軍，妄加誅殺，尤極慘酷，贛民何辜，罹茲浩劫，言念及此，慨慽良深，現幸贛境肅清，建設方始，政府惟有一方面努力統一全國工作，一方面力求於統治所及之地，實施本黨政綱，以解除人民痛苦，尤盼贛省已覺悟之民衆，急起團結組織，協助政府及革命軍，以與帝國主義及軍閥及一切反革命勢力奮鬭，必使國民革命成功，乃能得完全解放，望將此意轉布全省人民週知，并督飭地方官吏查明受災狀況，及死難人民，呈候分別設法辦理，國民政府委員會，

雜訊

黃埔農工商學兵聯合會決議案

黃埔農工商學兵聯合會，於月之十一日在黃埔特別黨部開聯席會議，出席者有曾鉄生張行忠孫梅臣李元述李向庸等十餘人，茲將議決通過各案，擇要紀錄如次：（一）清鄉計劃案，將除盜安良會調查表分發各團體，囑隨時填寫報告本會，俟得報告，再行函請剿辦，（徐季埔提）（二）成立塾師養成所案，甲，經費由下開各團體担任：聯合會百四十元，特別黨部一百五十元，海軍處一百五十元，中央軍事政治學校二百元，要塞司令部一百元，其餘另籌名譽捐，印發捐冊本，乙，教員，教材，印刷品均由本校担任，（李向庸提出）（三）以本會名義通告各方籌辦小學，如因經費困難，不能辦小學仍設私塾者，一律改除讀經，應用新制教科書以切合黨化平民化爲宗旨，（李向庸提出）（四）用本會名義通告各黨部各團體轉飭各該地小學學生及私塾學生，定期於陽歷十二月二十日午前十時來黃埔參觀學校，炮台，烈士墓等處，並請將學生人數先期通知本會，以便設備茶點招待，（五）通告各團體并本會所轄各團體，每月繳交本會會費二元。

小通信

張家聲 龍基烈 歐陽成 蘇榮諸同志：你等升學編入何隊何處，請速即示知爲盼。黃埔蝴蝶崗第六學生隊十七隊周凱（即淇）

張理國 陳其志 曾剛：聞你等現考取入伍生，但不知你等編在何營連及駐扎何處，祈即示知爲盼。第六學生第十七隊周凱（萍鄉安源）

弟於本日午後二時許失落本校第五期學生符號一枚，除呈報外，特此申明作廢。第一學生隊一隊區隊學生鍾謙 十一月十日

李娛 賓雨霖二同志：你們畢業後，何隊何地服務，請即示知。第二學生隊二隊十一區隊陳高耀啓

邱伯路同志：你有要信一件，請來我處取去。遠湘

鄧乃公改用原名「友馥」。各同志如有來函，請交第二學生隊第六隊二十一區鄧友馥爲荷。

雄飛同志：你現分發何處，弟接你家報，據云：令尊已於陰歷九月初八日仙逝，來函一敍；至爲盼切。弟劉舉於入伍生二團四連深圳向西村

中華民國十五年十二月二十日（星期一） 黃埔日刊 （第三版）

革命之路

題目

勘誤 昨日革命之路載熊副主任對移往武昌炮工兩科學生最後之臨別訓話一文，「最後」二字係誤，內多了短行第二十一行，「◎◎又的」欲到前方去一◎◎」係「欲到前方去一。」特此更正

北伐勝利中我們的工作

張銓

現在革命軍已將到了湘鄂贛閩，而且即有席捲江南之勢。——吳佩孚，可以說無立足之餘地了；同時將標『保境息民』，抱着門羅主義的，孫傳芳，也打得一個落花流水，連剩下一塊葬身之地，張新都饒不過他，嗾使張宗昌乘機南下奪取。而且杭州已入了革命軍之手。張作霖雖然還在大打其通電，就什末安國總司令職，也老實說，他又有什末法來「滅赤」？呢，簡單說一句，我們的北伐可以說是勝利了。

但是我們要認識清楚，孫吳的狄克推多政治，消滅固然不成問題，但三民主義，現在就可實現嗎？國民革命的工作，就可以說成功了嗎？人民的痛苦，就可以說沒有了嗎？我們知道，這次北伐的勝利，不過是便於實行三民主義完成國民革命的第一步工作，不能說是國民革命的成功。那末，我們在這偉大的北伐勝利中，還要來做第二步工作，繼續不斷的向國民革命成功的目標走去，所以我們應當注意以下的工作。

（A）關於宣傳方面的：應該注意下列幾項：

1、關於民衆方面的：我們要把他各階級的民衆所受的痛苦與他說出來，使他了解了他的痛苦之所在，進一步要與他解說他的痛苦之由來，又使他知道帝國主義，軍閥，貪官，汚吏，買辦，土豪，劣紳，這些是他們的敵人；仝時還要教他們以戰術，要他們自己組織起來，使成為革命隊伍裏的一支勁旅，切不要與他談些什末不着實際的問題和理論，這是在宣傳人員要負責的。

2、關於國民政府的：我們要說明國民政府的歷史并正確的意義，及現在國民政府對時局的主張。使人人都能認識國民政府是擁護人民利益的政府，是繼續辛亥革命的政府，如肅清反革命派的楊劉，平定擾亂人民的土匪，謀軍事與財政之統一，將拉夫及苛捐雜稅廢除，把妨礙軍政財政統一盤踞東江蹂躪人民的軍隊陳洪林魏等驅逐，領導革命民衆，及省港工人與香港政府作戰，成為去年五卅慘案後反帝國主義最後之堡壘，振了大英帝國的心弦。擴大農民與工人的組織，保障學生運動的發展，及最近為謀民衆利益而舉兵北伐。這些事實，宣告於全國民衆之前，使他們得有真確的了解，以全力來擁護國民政府，而鞏固國民政府的基礎。

3、關於帝國主義的，我們要說明帝國主義侵掠中國的歷史及其陰謀：自從一八四二年鴉片戰爭以後，相繼八國聯軍，甲午之役，……使中國的土地，變為他們商業競爭的戰場，使中國的人民，變為他們的刀下肉。中國的海關，鐵道，礦產，電燈，電報，電車，工廠，商業，實業，航業等，以及我們日常所看見的一切較新奇的小物品，均為他們所操縱。使中國的經濟，瀕於破產。自光緒十六年到民國十四年，卅六年間，他們竟取，我們九千五百七十萬兩，同時他們以領事裁判權，租界來剝奪我們的政治，自由，甚至把我們的集會結社，言論，出版，罷工等絕對之自由權，剝奪，如去年上海的印刷物附加律，搶殺工人等事即是。所以數十年來遂致中國的國家成為次殖民地，遭其壓迫，毫無底止。至於他們侵略我們中國的陰謀，他們用基督來麻醉我們，用瓜分，共管，道威計劃了來恐嚇我們，如我們再動時，他使用他艦隊來向我們轟擊」。這次萬縣九五事件即是一個好例。最近大英帝國主義又在鼓吹列強以武力來干涉中國，總之他要使我們屈服永遠當他們的奴隸，他們在中國來開工廠，立商埠，把成千屢萬的工人膏血吸盡，把中國一切的人致死，這便是他們的目的。這些帝國主義的惡罪，要一一的用力去解說。

4、關於不平等條約的：我們要說明，不平等條約是我們人民的『賣身契』，他是如何成立，以及在中國近百年來所受的影響，和在經濟上，政治上，國際上損失，束縛和低落的情形，通商，割地，賠款，領事裁判權，海關協定……等的壞處，卻是使中國的經濟在世界上沒有發展的餘地，破壞中國的和平，制中國人民於死命的東西，我們要使中國於世界上要站於獨立平等的地位，所以要打倒帝國主義，廢除不平等條約，還要打此帝國主義走狗軍閥。

5、關於國民會議的：我們要說明，國民會議是由民衆來參與政治的唯一的機會。亦是用以來保障我們革命的勝利的，政權不再為軍閥所奪取，在這裏便可以保障他。並且這個會議是全國最高機關，他的決議案國民政府一定要執行的。所以非常重要，將來的一切的建設，都要在這個會議中決定出來。一切的現在大問題，都要由此會議解決。所以我們應速召集縣民會議，進而召集省民會議，以完成國民會議，這是我們目下最迫切的一件事。

6、關於軍閥方面的：我們要說明吳佩孚，孫傳芳，張作霖……等軍閥在中國之罪惡，刮地皮，殺人民，拍賣國權，擾亂和平，在前如「二七」慘殺京漢鐵路工人，京口決堤淹死農民無數，最近如在武漢則實行鹽斤加稅，濫發軍用券，封閉上海總工會，屠殺愛國志士，拑制輿論，逮捕商人，強捐剝索，封閉全國學生聯合總會……種種罪惡，我們要努力的向民衆宣傳，使他們知道軍閥罪惡，吳，張……等的罪孽，而起來大家奮鬥，以滅此獄。

7、關於此次中央及各省聯席會議議決案的：我們首先要說明此次聯席會議的重要。他是解脫人民的痛苦和應付救局的方法的一個會議。我們要盡力的擁護他，使他實現，然後我們的革命進程才有進步之希望。尤其是對於農工的最低限度政綱，我們是無論如何要使之實現，然後工農羣衆他才有力量來站在聯合戰線上打倒敵人。這固然是政府的事，但我們要知道，只是政府是不行的，還須要我們民衆起來擁護，所以我們應該一致起來擁護此次聯席會議的議案，這完全是為己身，不要說對於農工的利益，不干我事，或對於商人，華僑的利益不干我事，那就不對，我們應一致的大家的擁護實行起來，於是我們的革命便有進展了。（未完）

政治工作人員與農工運動

入伍生二團八連鄧漏禹

現在革命勢力已經普遍長江流域的時候，政治工作人員的需要，自然是很多。而且這種政治工作人員所負的責任，非常之大，因為他要將本黨的主義，用宣傳的工作，貫入一般民衆的腦海中，使他們得一個普遍的了解。

現在極急要去指導的，自然是農工運動，因為他們是革命的中堅份子，受過一百一十度的壓熱壓迫，他們的革命性，誰也不及。但是在工人一方面，他們多半在城市中過活，知識當然要開通些，而在農人方面，他們多半是抱着「耕田而食，鑿井而飲，帝力何有于我哉」的思想，他們往來的交際，多半是「不相往來」的情形，所以他們雖然在這種壓迫政統之下，受不盡的痛苦，而他們還希望什麼真命天子出世，來幫助他們。（這是我今年暑期內對于一般農民的考察所得，）能組織農民協會地方，都是交通比較便利的，而却是農民中的最少數，我記得本連同學李君，當他到鄉間去宣傳說得正高興的時候，而農民忽然問他吃了多少年的糧？但是我們拿過去的本黨的農民運動工作而論，有組織而比較有點訓練的農民，恐怕真是鳳毛麟角，非常之少呢！廣東湖南等省雖然政比較上覺得好，但老實說還未作到中和（不過不及）的好，這固然是軍閥劣紳土豪之為祟，但老實說還是工作人員要負一點責任，沒有想有相當方法的原故，甚至於有許多地方是沒有人去工作的，這當然不會作好；所以今後還應當注意工作人員之缺乏和應付工作之障礙物：……等等，譬如廣東的農民時常受民團的慘殺，差不多每日都在報上可看見，這種事在我們的國民政府治下，須應當先行設法辦理，然後農民運動，庶幾有點進境。仝時政治工作人員，對於他們應不辭勞苦的「苦口婆心」的去向農民解釋我們的主義和他們的要求。前頭的政治人員對於他們似乎毫不關係的態度，這是要不得的；我們這時候固然要對社會上一切人解釋我們主義和政策，但尤其是要使我們的總和中佔最多數的農解釋，這點我想至少應該注意，而且還應要深入農民中去。

這裏一定有人說，作工農運動自然有人負責，我們軍隊中政治工作人員，何嘗能照顧得到呢？這話是不對的，我們軍隊中的工作固然要作，但對於多數的農人是要使他們明瞭我們的行動的，譬如我軍平江之役，農民幫助我們襲擊敵人，

中華民國十五年十二月二十日〔星期一〕 黃埔日刊 〔第四版〕

若沒有向農民工作，這是萬萬不行的，所以我們無論如何都要向農人工作纔對。

現在反轉來說說工人運動，這個運動我們誰也知道近年來是差不多是一日千里的進步，作得非常之好，最可以值得我們誇獎的就是最近的「省港罷工」這個成績不獨是我們說不錯，恐怕赤眼黃髮兒亦要目瞿瞿的說一聲『這些奴隸真了不得呵！』

我們的工人運動既然成績卓著，還要政治工作人員去工作不呢？這可以很爽快的答道：「非去工作不可！」我們知道；我們的軍事行動是如何的？本黨政策和主義的解釋等，都應該要工人知道的，所以我們非去工作不可，前日之未大注意，這會亦是一課題，我們以後還要多設法到工人中去工作，尤其是我軍初得各地，急應有此，一方面向他們解釋一切，一方面我們還可趁此時將他組織起來，——有些地方向來都還沒有工會——這樣我們的聯合戰線才擴大得來，而且總理手定的農工政策，才算是我們去眞實行了。

總結上面的意思，是政治工作人員都應該注意農工運動。

★ ★ ★

受處罰後的幾句話

入伍生一團五營十七連楊學哲

我入伍要滿二月了，在這二月中間，風熱的病，發紅斑的病，和腳氣病接二連三地來和我爲難，可是我自信我是一個守紀律的入伍生，而且我又是很不願意空課的。所以雖是有了這些拉雜的毛病，也不肯告一回假，或是空一堂課的；因是，那位良好官長—『處罰』，就沒機會來指導我，使我得不着他的教訓。好了，有機會了，昨天我這達是輪到我採買火食的，我覺以前那些任採買的同學，於採買完竣後，總日內皆得休息，並且利用這些休息時間來寫信，沐浴，訪覓朋友。我呢，也是不能例外吧！所以我看昨天比星期日還要舒適些；於採買完竣後，隨便到沙河市逛了一逛，職後又寫了幾封信給朋友，到了晚飯後，我採買的名義，可算是已經取消，應該要依時上課了；但我還沒有理會到晚上要上講堂自習，只管拿着那幾封信同些書報到郵局去寄，和慢步走到深邊沐浴。到回來的時候，看見自習室裏有燈光的書桌，已給許多同學們列滿了，我只好在寢室內暫坐，隨便拿了一本總道來翻看，擬補這些自習時間，及晚上九時點名的時候，我們的值星官說，剛才自習室內，有不見了十餘人，『應當處罰立正』。我當然也是其中之一了。但我在立正時，總不會想怎樣才算做『處罰』，只是自已心裏自言自語道：他，—『處罰』，才是一個良好的官長，能夠給我一個很大的教訓，要我永久記着『這裏的紀律和個人的自由是相反的，要遵守紀律，須要犧牲個人的自由！』同時我也就『領而受之了』。同學們，我稱它——『處罰』是良好官長，並不是故意說謊欺妄，實在是由我的經驗得來的。因爲我聽見過許多官長訓話，都是不甚關心，惟有吃它——『處罰』的教訓，使我念念不忘。我希望被處罰的同學們，都誠意接受官長處罰。同時我尤希望不被處罰的同學們，自重自貴，不要使官長來處罰！

問答

2、什末爲可變資本？什末爲不變資本？

(答)資本家對于生產工具所用的資本部分在生產進程中沒有改變他的價值的分量，這叫做不變資本。反之，用于勞動力的資本部分在生產進程中能變出多的價值，這叫做可變資本。

3、「社會勞動」是否這件東西不管是女工童工所造來後，平均計算的勞動分量？

(答)你所說的過于簡略。所謂社會勞動，當然不是各別的勞動，是在一定時代的社會勞動狀態之下，將各種特殊的社會關係化爲普通平均的關係，將各種勞動的特殊性質化爲普通平均的性質，將各種效率不同的工具的效率化爲一般的平均效率，將各個勤勉能力熟練程度不同的勞動者的程度化爲一般的平均程度，而來計算各個商品裏面所包含的勞動。

1、一九二二年四月十日蘇俄代表參加列強之葛奴會議四月十六日蘇俄與德訂立臘柏洛條約的內容是怎樣？

(答)一九二二年之葛奴會議，是英法等國以重建歐洲經濟爲名而召集的，要蘇俄承認俄皇所欠的舊債，並要發還革命時所沒收的私人財產。此會議卒至破裂，沒有結果。

臘柏洛條約，是俄德兩國立于國際平等地位所訂之通商條約。

2，唯物史觀上說資本家形成到最高度就會崩潰；但是俄國的資本家與美國資本家比較，當然較不上美國的發達，何以俄國反革了命，而美國仍能保持到今，這是甚麼原故？

(答)俄國的社會革命，是世界資本主義發達的結果，俄國本國資本主義的程度雖低，而整個世界的資本主義卻已發展到最高度。因爲俄國的資本主義較弱，所以容易開始社會革命，英美資本主義較強，社會革命反而較難開始，這正足以證明唯物史觀理論的正確。

3、洛桑會議是否是第三國際的會議？

(答)一九二二三年的洛桑會議，是希土戰爭以後議和的會議，也可以說是爭奪石油的會議。在這會議當中固然有很多的問題，但以摩塞爾和海峽問題爲最重要。因爲摩塞爾是世界煤油最富的產區，而海峽又是煤油運輸的要道，以此英美法三國在這會議中很劇烈的明爭暗鬥，結果，土耳其在其他問題雖獲得些微利益，而這兩個主要的問題，都是完全失敗了。

4、今年的日耳曼會議的內容是怎樣？

(答)這會議我不知是今年何時開的，請告我。

5、國家主義與軍國主義有別否？

(答)名雖不同，實質是差不遠的。國家主義，是資本帝國主義對外用以擴張資產階級的統治權，對內用以壓迫平民或欺騙平民爲資產階級利益而犧牲的一種工具。軍國主義，是資本帝國主義强迫全國多數人民皆服兵役用以達到他們所要達到的目的的一種工具。

6，太平洋會議與華盛頓會議是否是一個會議？

(答)是一個會議。

7、本黨革命進行分三個時期，要到那個時期纔算革命成功？

(答)要達到憲政時期，才算革命成功。

政治測驗

(第五期第一次)

1、社會爲甚麼發生革命？

(答)社會的實質(經濟)改變了，而建築在這實質上的社會制度未改變，遂生出社會關係的大矛盾來所以發生革命。

2、革命二字之正確解釋怎樣？

(答)革命是大多數被壓迫民衆打倒壓迫者的爭鬥。

3、國民革命之目的何在？

(答)在造成獨立自由的國家，以擁護國家及民衆的利益。

4、辛亥革命，除了排滿之外，在經濟方面，有何改造的目的？

(答)是要由手工業的生產，過渡到資本制度的生產。

5、本黨在辛亥革命時，有何重大的弱點？

(答)偏于軍事運動而不注意黨員的訓練和民衆的宣傳。

6、何謂直接民權？

(答)即人民有選舉官吏，罷免官吏，創制法律，複決法律等權。

7，外國人爲什麼一定要與中國通商？

(答)因爲要在中國銷售貨物並購買原料，他的資本主義才能順暢地發展。

8，何謂公使團？

(答)公使團是列强駐華公使聯合壓迫中國的一種組織，是北京政府的太上政府。

9、何謂買辦階級？

(答)直接與外國資本的大商人，銀行家，工廠主勾結營利的人們，叫做買辦階級。

10什麼是商品？

(答)凡爲供給市場上的需要而生產的生產品謂之商品。

11何謂財政資本？

(答)財政資本卽工業資本與銀行資本之鎔合。

12商人政府何以不能代表民衆的利益？

(答)因爲只能代表一部分商人的利益，而不能代表全體平民的利益。

13割讓香港以後，中國受了什麼影響？

(答)中國南方從此多匪，反革命者愈有力量，因爲英國利用香港，專意搗亂。

14軍閥濫發紙票和輕質貨幣，與民衆有什麼影響？

(答)物價騰貴，生活程度提高，使人民難於生活。

15商品生產之目的何在？

(答)在獲得利潤，卽在于掠奪剩餘價值。

本週討論會的題目

在軍隊中宣傳兵士，是要爲他們自身的利益而奮鬥呢？還是要爲農工的利益而奮鬥呢？

中華民國十五年十二月二十一日〔星期二〕 第一版

黄埔日刊

中央軍事政治學校政治部出版

通信處廣東黄埔本校政治部

第二○二號

本刊每份定價一分

日評 殺金佛莊顧名世兩同志者誰?

徵文啓事

總理遺囑

暫遵總理遺囑

本校本週口號

主張以黨治國 最從黨令軍令 革去浪漫習慣 反對個人主義 要有政治頭腦 要有戰鬥本領 反對文化侵略 打倒教會教育

金佛莊顧名世兩同志突被孫逆傳芳槍斃

校聞 紀念週紀事

黨務 政治部黨部成立典禮紀事

中華民國十五年十二月二十一日〔星期二〕 黄埔日刊 第四版

政治科出發武昌途中宣傳隊報告書

問答

中華民國十五年十二月二十一日〔星期二〕 黄埔日刊 第三版

革命之路

北伐勝利中我們的工作

題目

馬克斯主義與孫文主義

中華民國十五年十二月二十一日〔星期二〕 黄埔日刊 第二版

小通信

軍事 錢塘江戰雲密布

西北軍攻克陝州

政治 上海市民擴大自治運動

韓國革命運動大進展

葡萄牙發生革命運動

美帝國主義之侮辱痕

本校特別黨部青年軍人社徵文啓事

校局部處黨部選舉會紀事

中華郵政特准掛號立劵之新聞紙〔中華民國十五年十二月廿一日〔星期二〕〔第一版〕

黃埔日刊

中央軍事政治學校出版

通信處廣東黃埔本校政治部

〔第二○二號〕

〔本刊每份定價一分〕

徵文啓事 本刊擬於耶穌誕生日出一非基督教特刊希閱者諸君多賜鴻文於十二月二十三日以前交來爲盼

日評

■殺金佛莊顧名世兩同志者誰？

雲彬

我們兩個很勇敢，很忠實的戰士——金佛莊和本校畢業生顧名世兩同志在南京被萬惡的英帝國主義的走狗——孫傳芳槍斃了！

金顧兩同志是從九江乘英國輪船到上海，在南京下關被孫賊半路截獲的。無論孫賊的偵探如何從九江跟縱而來，但金顧兩同志所坐的是英國船，搭客也不止是金顧兩同志，而剛剛祇有金顧兩同志被捕，蜘絲馬跡，英帝國主義者能逃脫指示的嫌疑嗎？天津十四個同志由英捕房交給張作霖，南京金顧兩同志由英國船裏被孫傳芳捕去，正是同樣的毒計。

英帝國主義者本來已經由發抖而變爲瘋狂了，他的走狗孫傳芳更似瘋狗一般到處殺人，金顧兩同志不幸爲英帝國主義者假手於其走狗而遭慘殺。他們倆不死於戰場，而死於帝國主義者走狗之手，帝國主義氣焰方張，北方民衆尚在軍閥鐵蹄之下，金顧兩同志是死不瞑目的！

我們已經明明白白認清殺金顧兩同志的真正敵人了！金顧兩同志爲求中國之自由平等，爲求中國民族之解放才被敵人慘殺的，殺金顧兩同志的敵人，也是全國民衆的敵人，也是全世界被壓迫民族被壓迫階級的敵人！

我們已經明明白白認清殺金顧兩同志的真正敵人了！我們要繼金顧兩同志之後，起來打倒英帝國主義，打倒英帝國主義的走狗孫傳芳！

■金佛莊顧名世兩同志突被孫逆傳芳槍斃

■金佛莊顧名世同志同被槍斃！

■第一期隊長死於非命者已三人！

■打倒軍閥與帝國主義勾結之白色恐怖！

國民革命軍總司令部警衛團團長金佛莊，偕同本校畢業同學顧名世及其他二人，奉蔣總司令命派赴浙江工作，由九江乘武昌輪（英國輪船）赴滬，於本月五日晚十二時船過南京，停泊下關碼頭，突被孫逆軍警在船捕去，其他二人脫險到滬，設法援助各情，經見本月八日上海申報；昨十九日接上海來電大意稱孫逆傳芳殘忍成性，不顧各方援助，竟將金佛莊等二同志執行槍斃，上海輿論大譁云云，查金佛莊同志係本校第一期第三隊隊長，軍事政治學識俱稱優良，畢業後，即擢升黨軍教導團營黨代表，旋改任營長兩次東征討伐楊劉諸役，無不親臨戰場，身先士卒，國民革命軍第一軍成立，金同志以戰功擢升團長，此次北伐，隨校長出發，任警衛團團長職，轉戰湘鄂贛間，與校長共歷艱險者將三年矣，誰意不死於戰場，而竟死於孫逆殘忍仇恨的屠殺之下，在吾輩革命黨人，以一身許黨國，死不足惜；惟孫賊之暴戾恣睢，及其仇恨本黨及於黨員個人，與夫在上海各地大捕黨人逞其殘殺。返觀我國民革命軍國民政府對於敵人俘虜之優待，並施以政治的訓練，相去實不啻霄壤！憶本校第一期隊長四人，李隊長煒章於楊劉之役因做秘密工作，死於亂軍槍下；茅隊長延楨於二次東征時被派赴河南工作，死於鄭州刺客之誤擊；金隊長佛莊同志，又繼死於南京；此三同志皆在第一期負担軍事基本工作，聞金茅二隊長俱係C.P.同志，爲國民革命而犧牲，當亦無所遺憾；然三同志相繼死於非命，其死難詳情及其平生事略，自有待於史乘；吾輩後死，更深知吾人隨時隨地皆可犧牲，且對於孫逆傳芳此種野蠻殘忍之行爲，更已認明大英帝國主義之從中搗鬼！吾人可斷言：此種野蠻殘忍之仇視政策，絕對不能鎮壓吾人奮鬥之勇氣！吾人唯有更加努力，更加團結！繼續先烈犧牲之精神，爲先烈復仇，號召全國人民反對軍閥與帝國主義勾結之白色恐怖！完成我國民革命工作！以慰先烈於地下也

◀本校週口號▶

主張以黨治國！

服從黨令軍令！

革去浪漫習慣！

反對個人主義！

要有政治頭腦！

要有戰鬥本領！

反對文化侵略！

打倒教會政策！

誓遵總理遺囑

總理遺囑

余致力國民革命，凡四十年，其目的在求中國之自由平等，積四十年之經驗，深知欲達到此目的，必須喚起民衆，及聯合世界上以平等待我之民族，共同奮鬥。

現在革命尚未成功，凡我同志，務須依照余所著：建國方略，建國大綱，三民主義，及第一次全國代表大會宣言，繼續努力，以求貫徹。最近主張：開國民會議，及廢除不平等條約，尤須於最短期間，促其實現，是所至囑！

校聞

■紀念週紀事

昨日上午九時，在俱樂部舉行總理紀念週，到各部處主任官佐，及住校全體官生，由方教育長主席，遵行紀念週諸儀禮畢，由主席報告國際政治經濟狀況，（演詞另錄發表）繼由孫炳文主任教官，報告國內情形。略謂剛纔聽了方教育長的報告，使我們知道帝國主義者的末日已到，更增加了我們的奮鬥精神，現在我們在軍事上已有了一番大勝利，原要使我們的軍隊有一個相當休息的時期，但以帝國主義者的進攻，我們還要去繼續軍事工作。現在我分做兩點來報告，第一點是英帝國主義近來對華態度的矛盾，第二點是近日的勞工問題，英帝國主義者，因長江流域入了革命勢力範圍，使他在華的勢力已根本動搖。因此牠便採取炮艦政策，向中國民衆作直接示威的行動。這是倫敦政府對待中國的整個政策。但是香港政府，自從省港罷工問題變更策略以後，便想和國民政府妥協，因香港和廣東有經濟上的密切關係。所以倫敦政府的對華態度雖是十分嚴厲，而香港政府的態度却已和緩了，這就是暴露了英帝國主義者對華政策的矛盾。也就是英帝國主義對華政策必然失敗的一個原因，再英國最近又有承認國民政府之說且英公使已在漢口對蔣校長表示過這種意思，但蔣校長回答他說，我們遵守總理的遺訓，凡是以平等待我的都是朋友。凡是以不平等待我的便是敵人，蔣校長這兩句話揭破了英帝國主義者的陰謀，因英帝國主義承認國民政府是有條件的。就是牠要我們仍舊遵守不平等條約。這就無異想很本取消我們國民革命的目的。我們當然不能接受！如果國民政府以遵守不平等條約的條件，去取得帝國主義國家的承認。那和北京政府有何分別！而現在有一部分同志，却以這種承認爲必要，實在是沒有看清事實，完全錯誤！並且英帝國主義者，近來還勾結張作霖，派兵南下，想恢復其在長江已失的勢力，和日帝國主義發生了衝突云云，最後報告廣州工人問題的情形，亦有詳細的敘述。孫主任報告畢，吳主任方教育長相繼訓話。直至十二時始行散會。

黨務

■政治部黨部成立典禮紀事

政治部黨部于昨日下午一時，在本校大俱樂部開成立典禮大會。是日除該部全體黨員一律到會外，來賓有中央黨部代表陳樹人，本校特別黨部執行委員甘竹溪，俄顧問珈羅喬

中華民國十五年十二月廿一日（星期二）　黃埔日刊　（第二版）

夫，海軍處代表邱少和，教育部代表喻鑑，澱維事，軍醫處代表胡會鏘，金祖銘，訓練部代表吳主任，編譯處代表，湯慶，柳必達，管理處代表任鄺，熊奕哉，新洲商民協會代表李壽南入伍生第一團代表郭大榮，張仲漢，呂紹爾及第二六學生隊黨部各執行委員，各學生區隊代表等七十餘代表。由政治部黨部執行委員鄧今海同志主席。開會秩序：1，肅立，2，奏樂，3，向國旗黨旗總理遺像行三鞠躬禮，4，主席報告，5，本校特別黨部委員報告黨務，6，演講，有陳樹人，俄顧問，孫主任教官，吳主任等各代表演講。7，唱國民革命歌，8，高呼口號，9，奏樂，10攝影，11餘興爲雙簧，新劇，魔術，單簧等。12散會。是日並發出宣言。

宣言書照錄如下。

自由平等，是人類社會的生活上必然而應當的要求。過去的歷史，始終沒有造成這樣的社會，始終使人們過着壓迫階級和被壓迫階級彼此明爭暗鬥的不自由不平等的生活；但是這樣的社會歷史和它的進化，又給了人類很多的求自由平等的經驗和教訓，使人們一次一次地找出必要而可能的努力之方法。這樣方法，是根於社會進化之法則和時代環境之實際關係的，換言之就是科學的；用這樣方法去把不自由不平等的社會努力改造成自由平等的，便是科學的革命方法；只有用這樣的革命方法去革命，才能有效而致成功。我們現在對於求自由平等之方法上最可注意的是：(一)只有努力於聯合被壓迫者以推翻壓迫努力的革命是出路！故要澈清改良運動及向壓迫者哀求慈發其慈愛心的運動，都是不澈底不能達到自由平等之目的的；(二)因此我們革命的方法不是依靠道德宗教的而是着眼政治鬥爭的！功，都爲我們所應當而必須反對的；(三)在廿世紀資本主義最後變成帝國主義的時代，每個小社會每個國家的經濟都帶了世界關係，因之壓迫勢力具有世界性，而被壓迫人們的反抗努力！革命勢力！也應當而且必然地成爲世界性的了，所以此時一國的革命其對象也是世界性的，其努力也非與世界革命發生連帶關係不可！這是所謂「大處着眼」的：同時，反革命的成分與劣根，已在舊社會中深固而普遍，雖是枯朽，也需煩難的推拉，決非一蹴可幾，所以非使民衆生活的小組織中間根本發生革命變化以植新基不可，這是所謂「小處下手」的，我們知道「修齊治平」的邏輯是錯的是本末顛倒的，我們要知道在大改造大建設之進行中「小處下手」的工作，是和那個人主義的邏輯不同——而是環境改造制度改建的基本工作之意義。

我們中國國民黨，在上述的要義中，知道它是負有完成中國國民革命，促進世界革命之使命的一種組織，是中國政治鬥爭的一個大本營。自孫總理於民國十三年本其四十年革命的經驗及對歷史進化世界大勢之認識，改組「本黨更確定了它的主義政策和紀律；它的進展它的成績，它的因有努力而志起敵人——帝國主義軍閥及一切反革命派——的嫉視造謠中傷進攻，都是我們眼見或身歷的，都曾明了它的必要與必然成功而爲我半殖民地的被壓迫的人們誰都應當擁護和加入它的組織。我們中央軍事政治學校，是總理爲造成國民革命所必需的軍事人材而設的，是黨軍製造所，是黨校；它的學生都是黨員——武裝黨員，它開辦以來的精神和成績，都證明了——也都因爲——它能遵行黨的主義和政策——尤其是對聯俄聯共農工政策（所謂三大政策）。本校教育是軍事政治並重的，但比較其他的軍事學校來說，卻是以有政治教育爲其特點，也就是它能成黨軍的要素。政治部就是本校直接施行黨化教育的組織，所以在這政治部工作的同志，對於黨所負的責任，尤較重大，在宣傳上組織上，都應作嚮導而要格外努力！這是不待多說的話，然而又是不厭多說的話。我們政治部黨部，在這第五期學生入學後已依本校特別黨部的指導而改組；這個部黨部的黨員，在職務上有主任，秘書，科長，科員，司書，政治教官及勤務兵，而在黨的工作責任上是一樣重要的，都是「盡忠革命職務」的勞動者，在黨的關係上，都是如兄如弟的親愛的同志，這些同志自然本着黨的要求彼此訓練，官長同志能指導勤務兵同志，勤務兵同志亦能在革命的精神行動上作官長同志的榜樣。從此我們要更注意在我們這黨部的小組中作時時刻刻地訓練與努力，使我們日常的生活和工作都黨化！就是要革命化！主義化！政治化！組織化！紀律化！科學化！訓練化！更使黃埔空氣與之俱化！如此自然可使黨化的黃埔精神，成爲一種偉大的電動力，促着國民革命和世界革命兩隻連鎖的電船，向那自由平等的大同社會的彼岸，猛進而終於達到！這人人是應了解的路，特是我們負担培養黨化的黃埔精神之政治部黨部同志們所更應了解而負責的！

我們重新組織起來了！我們要作我們在黨內所應作的一切革命工作，我們要澈底地共同負責努力使黨因我們的努力更發展，使革命因我們的努力而更易於成功！本黨部從新改組，於民國十五年十二月二十日宣布其正式成立，特於有初，申此要義，以爲宣言。

校屬部處黨部選舉會紀事

▲熊雄吳思豫陳良當選爲執行委員

▲李鐸敖正邦當選爲候補委員

校屬部處黨部，於本月十八日上午八時在本校官長會客廳召集各部處黨部初選代表，開會選舉執行委員及候補委員，先由本校特別黨部特派員李尙庸同志宣布開會理由，繼公推吳思豫同志爲主席，熊雄鍾嶽崚兩同志爲會場管理員，陳良同志爲記錄，計到會初選代表二十二人，投票二十二張，開票結果，熊雄（二十一票）吳思豫（十五票）陳良（十四票）當選爲執行委員，李鐸（五票）敖正邦當選爲候補委員，所有熊吳陳各執行委員，當經就職，並推定吳思豫爲常務委員熊雄爲宣傳委員陳良爲組織委員云。

軍事

錢塘江戰雲密布

△我軍大隊暫不入杭

△逆軍殘部集中嘉善

△將在錢塘江對峙作戰

十八日滬訊，革命軍因逆軍殘部集中滬杭路之嘉善，故決定軍事計劃，大隊暫不入杭，現決一由蕭山渡錢塘江，一由富陽繞杭州，會攻滬杭路之嘉善殘敵，劇烈戰事預約當在錢塘江兩岸，又中華社十八日上海電，革命軍攻浙大本營，設饒州，張發奎賀耀祖，任南北路總司令，程潛指揮全軍任中路，已下總動員令，又訊，周鳳岐與黨軍聯絡，預備決戰，聯軍亦止於長安，以杭城作緩衝，兩軍接觸地點，預定在錢塘江兩岸，又訊，入浙黨軍入隊集中江山，但黨軍仍前進，將在錢塘江對峙作戰，又訊，孫傳芳設行營於松江，分東西兩路禦浙，東路孟昭月任總指揮，西路盧香亭任總指揮，盧部已增防栗陽長興，

西北軍攻克陝州

▲劉鎮華隻身逃濟

▲田靳魏仍奉吳命

十八日上海電，西北軍十四日攻克陝州，劉鎮華退澠池，柴雲陞退磁鐘鎮，劉鎮華并於十五日隻身逃往濟南，面謁張宗昌乞援，無效，即轉隴海路入豫晤（吳佩孚）請吳秉豫率部援陝，又訊，劉郁芬十四日佔陝州，柴雲陞退磁鐘鎮，電吳佩孚乞援，吳令堅守澠池觀音堂待援，又訊，吳佩孚委田維勤爲援陝總司令，張治公柴雲陞爲副司令，靳雲鶚爲討赤前敵總司令，魏益三徐壽椿爲副司令，田（維勤）靳（雲鶚）魏（益三）均將委任狀璧還

政治

李烈鈞方聲濤抵福州

十八日上海電，李烈鈞方聲濤丁超五到福州，何應欽仍在永泰，李生春赴永泰商善後，

上海市民擴大自治運動

▲電促孫逆下野

▲實行組織市民政府

十八日滬訊，十八日開市民大會，工商學各界到會團體五十餘個，代表二百餘人，議決電促孫逆下野，以上海交還上海市民，由市民組織上海市政府維持，否則罷工，罷商，罷學，杭捐罷稅應付，先一日已有學生分派此項傳單。

韓國革命運動大進展

革命臨時政府國會已正式成立

滬訊十八日韓國革命臨時政府國會，舉行新選舉，在野黨各首領，均獲被選，將占國會絕對大多數，因之革命政府，臨將改造，其革命運動，亦更擴大猛進，其被選議員，爲前臨時政府國務總理李東甯，財政部長李始榮，前國會議長尹琦，前內務部長李圭洪，前交通部長金甲，金澈，其外工農各黨首領多數當選云云。

葡萄牙發生革命運動

倫敦十八日電，據里斯本（葡京）消息，葡國南部有軍隊，發生革命行動，已由政府派兵與革命軍相戰云，

美帝國主義之傷痕

▲尼加拉圭革命

▲美墨間之利益衝突

據墨京消息，墨政府已承認尼加拉圭薩加薩政府，薩乃尼加拉圭自由黨所舉爲總統以抵抗狄雅士者，瓜特瑪拉政府以私函致薩如薩政府之外相，願調處關於總統一席之爭執，但狄雅士政府認此舉爲贊成墨國干涉，反對美國利益，因美國已承認狄雅士政府也，又紐約十四日電，據森薩爾瓦多爾（中美洲商埠）消息，尼加拉圭國官軍，現開赴前線，革命軍則直趨馬那瓜（尼國都）云，

本校特別黨部革命軍社徵文啓事

本社擬於年節時出一特刊以廣宣傳凡我同志若以鴻文大著見賜無論何類皆表歡迎惟所賜之稿務須於本月廿五日前寄來本社爲禱。十二，廿日

小通言

梁於本日（十四）早操時遺失三八四黃埔同學會會員證章一枚除呈請補給外特申作廢？　王梁

劉書策，鄧光峯，楊大梧三同志：現在何團請乞示知爲盼　[illegible]六隊學生胡善平

瞿場翠，劉少湘，劉善策，三同志畢業後，在那處服務，請即示知爲盼　第六學生隊十七隊瞿本元

馬凌雲，吳楧森，彭斯道，周移民，諸同志：你們現在分發何軍服務，駐防何處，請速示知爲盼！　第二學生隊第五中隊二十區丁雲峯

鄙人于十二月十五日下午在廣州市西瓜園遺失入中央軍事政治學校一三五八號出入證章壹枚除呈報外特再登報聲明作廢　郭軒潮

陸傑，胡彬文，單達，鄭俊春，陳葆華，列同志！你們分發在那裏服務？余入伍在何部何團何連？見字後，均祈速告爲禱

林斌叔：上午時才往一[illegible]，何團何連，請示知？　黃埔第二學生隊二十八區隊姚明富

中華民國十五年十二月廿一日 〔星期二〕 黃埔日刊 〔第三版〕

革命之路

題目

北伐勝利中我們的工作（續）

張銓

B.關于黨務方面的：我們作黨務方面的工作，必須以總理遺囑及全國第一二兩次代表大會，和本黨最近對時局的重要宣言，與中央及各省聯席會議中之議決案爲原則，去努力於黨務的工作，我們應注意下列幾項：

1、組織各省的黨部，在以前軍閥盤据之下的各地，因種種關係的不能自由，故沒有黨部的組織；即有組織也是祕密的，不能公開的；因之非常散漫，或者爲不良分子所操縱他們不特不能作黨的工作，而反要做一些反革命的勾當出來，這是障礙我們革命前進的。在這北伐勝利的當中，我們對於各省的黨部，都應當積極的將那批不良份子驅逐，以澄清內容，或者把散漫無着的黨部從新改組，沒有黨部的地方，馬上去組織起來。這個工作是非常迫切的。

2、肅清投機的分子：有許多僞黨員，如西山會議派；及毫不反悔許多曾作反革命的黨員，他們藉着本黨爲名，而實行其反革命勾當，企圖升官發財，謀個人將來的福利，這種違反人民的利益，不遵守本黨黨綱的僞黨員，當然不是我們的同志；而且是我們的敵人，我們馬上要開除他，打倒他，使他們在本黨革命旗幟之下，無立足之餘地，然後本黨才有整頓之餘地。

3、領導民衆參加黨的工作：在國民政府所管轄下的各地，所有的組織；與人民的團體，如學生會，商會，農會，工會等互相聯合起來，發生密切的關係。使人民都認識黨的軍隊，是人民自己的軍隊，黨的主義；是爲人民自己圖謀利益的主義，使他們以全力來幫助我們黨軍的前進，及黨務的發展，與促進本黨主義的實行，達到國民革命成功的目的，——中國之自由平等。我們並且還應相當採納當地人民團體的建設，務使人民於自己的一切痛苦減少，這樣才能喚醒民衆參加黨的工作，則本黨的勢力同時也會擴張到民間去，本黨的主義，亦隨之而獲得人民的了解，實行也就不發生多大問題了。

4、注意士兵同志的訓練；各級軍隊黨部，應設法改良士兵的生活，擁護士兵的利益，使他們都能接受黨的主義到前線去殺敵人。同時於小組會應注意他們的訓練問題。務使他們得到主義的信仰，不擾亂人民，不違犯軍紀，都能振作堅忍不拔的精神，不屈不撓的勇氣，以身許黨，拚命殺賊。

5、應時常提出本黨對目前時局的主張，應時常將本黨對於時局的一切主張，詳細的宣佈於全國民衆之前，使人民得着完全的了解與信仰，如這次中央及各省聯席會議之議決案，『國民政府之發展』『省政府與國民政府之關係』『對促進和平與秩序之恢復』，『對外政策』，『對人民權利』，『對人民之經濟救濟』，『財政建設』，『行政建設』，『對於平民教育之普及』，『請汪主席銷假視事』，這都是非常重要的事，我們都應該向外努力宣傳。

6、隨時提出相當口號：辛亥革命，只可說是開了革命之花。而不曾得到革命之果，推原其故，就是那時的革命黨，沒有對內對外的偉大口號，以喚醒和領導民衆，故不能達到革命成功的目的，今後我們欲求不蹈辛亥年之覆轍，我們應該要領導民衆，集中勢力於青天白日革命旗幟之下，使應隨時定出相當口號來。以獲得革命的最後勝利。

同志們！北伐的勝利，已經由我們革命的大本營——珠江流域，而發展到長江流域了，又如雨後春筍一般地繼續不斷的，發展到黃河流域，軍閥的死路，已經擺在我們的目前了，我們在這個偉大的勝利中，固然是十二分的慶幸，但也不要太過于快樂了，我們須知北伐的成功，不能算就是國民革命的成功，只能算是完成國民革命的第一步工作，我們還要振作精神的來做第二步工作，以總理的遺言爲歸宿——第二步『使武力爲民衆的武力』，並遵守上面所說的幾項重要工作，去拚命奮鬥，國民政府所統治下的各區域，充分的工作起來。換一句話說——就是在我們北伐成功，所有的軍事結束之後，應極力從事政治之建設，使民衆的利益，得着確實的增加和保障，一方面更使民衆愈信本黨，擁護本黨，一方面使本黨的基礎，因民衆的擁護而愈臻鞏固，這就是目前最緊要的，也就是每一個革命黨員所應該努力的唯一工作，我們大家努力罷！（完）

馬克斯主義與孫文主義

施存統先生講　李迪功 彭名庚 筆記

今天兄弟有機會同大家講講馬克斯主義和孫文主義，實在榮幸得很。不過這兩個主義，內容都是很大，理論都是很深，想在最短促的時間，把他詳細的介紹出來，是一件很不容易的事；所以我今天只能夠把馬克斯主義和孫文主義中間的關係，向各同志提出一點貢獻：

我們知道現在支配世界最大的勢力是馬克斯主義，俄國革命的領袖列寧，就是馬克斯主義的信徒；在中國最大的勢力是孫文主義，中國的民衆很需要孫文主義，同時也極留意馬克斯主義。由此看來，馬克斯主義和孫文主義的勢力是很大的。所以我們生在此時，應該知道馬克斯主義和孫文主義的全部理論，和其產生的時代背景。

一千八百四十八年，馬克斯和恩格耳斯發表共產黨宣言，到現在差不多已有了八十年的歷史，中間不知道受了多少攻擊。凡是資產階級的經濟學家，政治學家，社會學家，都是攻擊馬克斯主義，結果不但不能減少民衆對於馬克斯主義的信仰；反使馬克思主義格外光明。自從俄國革命成功，更加發揚光大，並現在直支配了全世界。世界上的無產階級革命運動，都是受馬克斯主義的指導！但我們要詳細研究，馬克斯主義到底是怎樣發生的呢？

現在是資本主義的社會；馬克斯主義也就是資本主義社會的產物。他不僅發明共產的方法來打破人類不平等的階級，並且把資本主義的社會，政治，經濟分析得非常清楚。我們研究他的主義，用他的方法去解決社會問題，是沒有錯誤的。

十六世紀至十七世紀是商業資本時代；十八世紀至十九世紀是工業資本時代，廿世紀是財政資本時代，就是帝國主義的時代。馬克斯生在工業資本的時代，那時機器工業代替了手工業；家庭工業變成了工廠工業；大企業家推倒了小企業家，造成了資本家和勞動者對立的局面。資本家和勞動者的利害是全不同的，馬克斯在一八四〇年這個時候，已看出勞資衝突，是必然的趨勢，所以就完成了他的學說，他的學說是科學的而不是空想的，他看見大生產推倒了小生產，造出了許多無產的勞動者，這些勞動者給工廠造出許多生產品的剩餘價值，都歸了資本家的荷包，資本家不爲大多數的人謀幸福，反藉此來壓迫大多數的人，他知道這大多數的人受資本家壓迫最利害時，一定會起革命來創造新的社會，他不但看出過去造成革命原因，還決定了資本主義的必然的崩潰，而且現在全世界的無產階級，已有了許多工會和政黨，來謀打倒資本階級，和負起建設共產社會的使命來，因爲少數壓迫多數的資本家如果不倒，無產階級就得不着利益和解放，因此便非打倒資本家不可，馬克斯主義的共產社會，是科學的而且是必然到來的，馬克斯主義的使命，就是領導世界上的無產階級，團結起來去打倒資本帝國主義而建設共產社會。

馬克斯生在歐洲，生在德國，生在工業資本的時代，孫中山先生却不同了，中山先生生在亞洲，生在中國，生在六十年前產業落後而處在帝國主義壓迫下的中國，自從鴉片戰爭之後，帝國主義者的勢力日張，中國成了次殖民地，在四十餘年前中山先生革命發端時，恰是中法戰爭之後，當那滿清專政失敗的時候，中山先生的革命思想，就在這種情勢之下產生的。單簡說起來，馬克斯是生在工業資本與支配的國裏，中山先生是生在產業落後與被支配的國裏，他倆所生的時代，環境，國家，歷史，和社會變遷，都是不同的，但是馬克斯主義和孫文主義的根本精神，都是相同，就是都要代表大多數的利益，要解除當時當地民衆所受的痛苦，是適應這種需要，才產生出馬克斯主義和孫文主義，這是我們應該的明白的。

馬克斯主義在廿世紀到了列甯的手裏更加發展。列甯主義是馬克斯的最高峯。馬克斯生於工業資本時代，所以定下的解決社會問題的方法，完全根據的是當時情形，他四十年來的研究，所發明而貢獻於世界者，固極其偉大，但馬克斯不能預知百年後帝國主義發展的情形，而列甯却生在帝國主義發達的時代，他會學馬克斯的方法，根據事實把馬克斯主義實行起來，所以馬克斯主義包含了列甯主義，列甯主義，便是帝國主義時代的馬克思主義。

（未完）

中華民國十五年十二月廿一日〔星期二〕 黃埔日刊 〔第四版〕

政治科出發武昌途中宣傳隊報告書

▲沿途備受民衆熱烈之歡迎 ▲人民痛苦之一般 ▲到處開軍民聯歡大會 ▲調解工會衝突

徐昭駿

第五期政治科學生出發時，由政治部指導，組織宣傳調查隊，并特印標語傳單調查表等，自該隊出發後，迭由途中寄來報告表及調查表，這封報告書係由該宣傳隊總隊長徐昭駿由郴州寄來的，敘述出發後，沿途宣傳經過情形及各地狀況甚詳，茲特刊出以饗閱者——其綱附識。

本月五日早六時，同各宣傳調查隊長，及黨部負責人，由小卡先到樂昌，籌辦軍民聯歡會。到樂昌後，初與縣黨部接洽，黨部辦事人很負責任，組織亦很不差。黨員約二千餘人，（九區部廿七分部）我們請黨部代爲通知各級黨部及各團體。繼接洽縣長，請他代籌辦會場及通知各機關，十二時在南灣廟開會，到的團體二十餘個；但因籌備時間短促，各團體只有代表參加，民衆到的不過二百餘人。惟工會列成隊伍來參加，音樂齊作，秩序井然，開會時由本大隊隊長爲主席，各代表均盡量的把他們痛苦說了出來，我們的同學亦均踴躍的發表意見，茲將該縣長壓迫農民的事實略述之：

我們到了樂昌問民衆與縣長如何？都答道：「好道好，只是愛錢，壓迫農民，」農民協會黨員七八千人，但是受了縣長的摧殘，不能發展；因爲該縣長不准農民入農民協會；並且不准開任何會；不准貼任何標語，所以致廣大的農民協會竟成淹淹待斃的現象，如像拘捕農民協會的負責人，不聽黨部的解釋，經住軍黨代表之質問，反說干涉司法，大起衝突。這些都是該縣長經過的事實。其他如收公債錢而不發公債票，及估提學欵，勒收苛捐雜稅……等，令人聞之髮指。

工會因地方狹小關係，會員很少，不過一千餘人，然也不能長足發展，

該縣人民見了我們，好像久雨見青天一樣。把他們的痛苦，通通都告訴了我們。尤其在開會時各團體代表都很激昂的把他們的痛苦向我宣佈，這是值得我們最欣喜的，

縣長從來不參加任何會的，但此次亦公然來參加大會了，大隊長同他認識，邀約他來的。各代表把他們痛苦報告以後，經同學們大大的痛斥，大大的教訓。並起在口號中提出「打倒勾結土豪劣紳的貪官汚吏」，（因他隨時都同土豪劣紳勾結）該縣長啞口無言羞愧萬分，狀頗難堪，

是晚農民協會六區委員鍾堅與我們接洽，談到九峯農民協會，他言有兩三千人，頗有組織，同時他說我立刻派人到九峯，要他們農民協會迅速預備明日到時，即開軍民聯歡會，六日因道路崎嶇，步行維艱，到九峯時，已經五點半鐘了。（原定五鐘）又因同學的疲倦，延至六鐘還未開會。而附近六七里外的農民，因天晚亦紛紛回去。我們見農會負責人，他言彼此都因時間關係，當然不能懷疑，我們覺的很歉，要求挽留，結果定在七點半鐘召集附近農民，和商人，學生共幾十人，同我們各宣傳調查隊長，及各組長，本隊大隊長，大隊附，開一茶話會，彼此均有講演。一般民衆，都很高興鼓掌稱贊。

八日到塘村，預定九日休息一天，開軍民聯歡大會，惟因此地既無黨部，又無其他組織，兼之地方又小，只有一個團總負全村責任；但毫無力量，所以不能召集聯會，只有派宣傳隊出去講演而已，該地民衆，初見了我們異駭，同他買食物，他都害怕，表示一種不願賣的態度，後經我們的解釋，他們遂極表歡迎，不過有些商人見了我們同他買物，他故意將物價台高，一毛要兩毛，我們同學亦不與他計較，

八日同各宣傳調查隊長先到郴州，籌備軍民聯歡會，沿途一帶民衆，見了我們都表現一種怕懼的態度。但經我們又向他解釋，說明我們并非其他軍隊可比，並發傳單與他們看，於是他們便極端的同我們談起話來，把地方上的情形盡量的告訴我們。他們說：『革命軍是比較從前的軍隊好的多，從前的軍隊估吃霸賒，强住民房，强取棹椅，稍有反抗，即便遭毒打。革命軍簡直莫有這種事情。同你買物要幾多即給幾多。不同你講價錢。不過第三軍經過此地時，稍稍有點軍閥軍隊的氣象。但比較軍閥軍隊就要好多了。革命軍中最好的，只有第四軍，眞算是一個爲人民謀幸福的軍隊』，是日晚我宿于兩路司，

九日午後三時抵郴州與縣黨部接洽，黨部內容很不好，並且沒有一點精神。辦事人都不負責任。尤其是黨部執行委員會常務委員羅任，封建的思想很重，一舉一動，都是代表資產階級，我們在那裏寫標語及種種事情，花費了三四點鐘之久，他們一人也沒有同我們討論和幫辦。問他們人民的生活狀況，他們只答覆未詳細調查，不深知，這樣糟糕極了。

十日早餐後接洽縣長熊世鳳，他是國民革命軍北伐前敵總指揮部軍法官，他的思想很好，做事頗負責任，他的縣署裏面的標語，都是「打倒貪官汚吏，剷除土豪劣紳。」他初到郴不久，人民對於他都非常歡迎，他把其中一切情形，和將來的設施，都一一告訴了我們，並把黨的內容，亦詳解釋。他總是應該要監督黨部負責人員。我們隨請他通知各機關參加軍民聯歡會，（十一日十二時）

此地農民協會會員七八萬人。但是辦事都是一般紳士之流，利用團體謀自己利益，利用農會來宰制一切，如强迫農人入會，及因有私仇遂不准入農會等事，以致往往釀成農會同非農會的鬥毆。因縣農會的負責人墮落，而且很壞。所以縣長同農民協會明瞭分子商議！若是像以往的農會這樣，前途實在危險，於是才將各區農會負責人調回加以訓練。他們向我們要農民運動的書籍，我們允許他寫信給本校政治部或中央黨部農民部索取。

工會會員三千餘人，辦事人都很負責，是晚各工友要我們派人同他們訓話，講演時天氣細雨，冷凍異常，但各工友聽同學們講演很誠懇，靜肅整齊，立數鐘之久，不稍倦息，現工人作工時間，每日仍然十一二小時，辦事人都感覺到沒有時間訓練工友，這點現在他們正在設法要辦的。商民協會初成立，會員一千餘人，辦事人亦有些代表資產階級的；學生聯合會，亦初成立。各校教育仍然是注入式的教育，各校職員中時常發生師範派和中學派的衝突，有時還禁止學生參加一切運動，讀讀書可以救國。現在學生中稍有能力的，和思想大概不差的，都到學生工會裏面，担任工作去了。所以此地辦事人材太少，因此所有每個團體，都不免容留些投機分子在裏面。婦女協會已成立，因地方情形不同，會員很少，且無情神。

總之一般民衆對于我們很歡迎的。對于黨部和農商會辦事人都懷疑的。成謂：「借公營私，不了解三民主義」，又說：「雖然提出了廢除苛稅的口號，其實完全沒有實行到」，「縣政府決議嚴禁煙賭而省政府下命征收煙賭稅」。這個地方的佃租佃稅，都已實行地主同佃戶平分，每人五成。這點是此地與別地不同之點。所以我們貼出實行減租稅百分之二十五的標語，有些就來問我們說：「究竟減地主百分之廿五，抑是減佃戶百分廿五呢？」我們答覆他說：「此標語係指普遍的，不單指郴縣，假使你們這樣亦未嘗不可，此次聯席會議這樣決定，係普通一般的適中辦法，減租減稅，當然由地主應收稅額裏面減出來。」

此地理髮工會中有十一工人，係眞正的無產者，他們不能開舖，隨時在街面四處尋找顧主，一般開舖工人，很不滿意，以爲奪了他們的生意，所以他們向總工會說：「他們這十一工友天氣又冷，隨時在街面走來走去，不免太苦，且也失去人格，何不如請他來我們舖裏幫忙，每月給薪三元，伙食我們担負，每日如賺一千錢，他們每人可以得二百」。但這十一工人又不答應，大起衝突，昨晚工會請我們同學去幫忙解決，結果而亦由工會負責租佃。於是雙方都很滿足，爭端遂息。

我們今日上午十二時開軍民聯歡大會，計算開會畢後，仍然先行到耒陽衡州……等處，籌辦軍民聯歡大會，今後一切情形，後日當再詳報。

問答

1.管子云『衣食足而後知禮節』其言對否？

（答）對的

2.『杯葛』這個名詞，從何而來，其意義怎樣？

（答）『杯葛』係Boycott之譯音，意爲同盟抵制。

3.學生的伙食官長能否包辦？

（答）要斟酌情形而定。

4.我們有眼珠的人都看得見民團圍攻農會，及慘殺黨部特派員等事是反革命的，爲什麼革命的黨不加以嚴格懲辦，這是什麼原因？

（答）當然要嚴懲，現在黨已努力于此。不過，同時要發展民衆的勢力和組織，使黨能藉民衆的力量，嚴懲一切反革命者。

5.在原始社會裏對於生產是否有妨碍？

（答）問題不清楚，難以作答。

6.「人之初性本善」這句話對否？

（答）人本無所謂善惡，善惡是由環境決定的，而且隨着階級而判別。

7.學生爲求學計對於隊上沒有官長應否請委？

（答）應當報告隊上官長。

以上係公拔問秋八答

中華民國十五年十二月廿二日 星期三 黃埔日刊 第四版

中比條約可以交國際聯盟公斷嗎？

本校五期入伍生二團二營駐防東莞之經過

金佛莊同志事略

中華郵政特准掛號立券之新聞紙 中華民國十五年十二月廿二日 星期三 第一版

黃埔日刊

中央軍事政治學校出版

通信處廣東黃埔本校政治部

（第二一二號）

〔本刊每份定價一分〕

徵文啓事

緊要啓事

日評

浙江軍事之觀察

校聞

選送初試高級班學員

黃埔各界來校參觀

遵守總理遺囑

廣州市立中山小學來校參觀

黨務

市黨部特別委員會之通令

中華民國十五年十二月廿二日 星期三 黃埔日刊 第二版

軍事

浙江軍事之近況

洛陽鄭州旦夕可下

政治

東路總指揮部政治部成立

美總統主張武力保護菲島

經濟

歐洲實業界大聯合之新趨勢

現駐鄂江外艦之調查

雜訊

日皇病勢日重

墨索里尼又遇刺

啓事

本校特別黨部革命軍社徵文啓事

中華民國十五年十二月廿二日 星期三 黃埔日刊 第三版

革命之路

總理紀念週時事報告

馬克思主義與孫文主義

中華郵政特准掛號立劵之新聞紙〔中華民國十五年十二月廿二日〕〔星期三〕〔第一版〕

黃埔日刊

中央軍事政治學校出版

通信處廣東黃埔本校政治部

（第二一二號）

〔本刊每份定價一分〕

誓遵總理遺囑

總理遺囑

余致力國民革命，凡四十年，其目的在求中國之自由平等，積四十年之經驗，深知欲達到此目的，必須喚起民衆，及聯合世界上以平等待我之民族，共同奮鬥。現在革命尚未成功，凡我同志，務須依照余所著：建國方略，建國大綱，三民主義，及第一次全國代表大會宣言，繼續努力，以求貫徹。最近主張：開國民會議，及廢除不平等條約，尤須於最短期間，促其實現。是所至囑！

本校本週口號

主張以黨治國！
服從黨令軍令！
革去浪漫習慣！
反對個人主義！
要有政治頭腦！
要有戰鬥本領！
反對文化侵略！
打倒教會政策！

徵文啓事

本刊擬於耶穌誕生日出一非基督教特刊希閱者諸君多賜鴻文於十二月二十三日以前交來爲盼

緊要啓事（一）勘誤

——昨日黨務欄內『政治部黨部成立典禮紀事』之下一段誤排在本欄最後，後一段却誤排在最前，使讀者無從索解，特此更正。再日評第一句應改爲『我們一個很勇敢很忠實的戰士——金佛莊和本校畢業生顧名世同志在南京被萬惡的英帝國主義的走狗——孫傳芳槍斃了！』雖然在上機印刷時已臨時改正，但有四五千份已經印好的沒有改正，特此聲明一下。（二）

明日停刊

明日因冬至節，工友們照例放假，本刊停版，後日照常出版。

日評

浙江軍事之觀察

（雲彬）

浙江軍訊，報紙所載，至爲紛雜，忽言革命軍前鋒至長安以北，又忽謂革命大隊及周鳳岐軍尚在桐廬富陽一帶，眞相如何，實難懸測；但吾人有可意料及之者，革命軍及周鳳岐軍隊之聯合，已無有疑義，特以大隊尚未集中，總攻擊令未下，而畏葸之陳儀附逆與歸順尚在躊躇之中，孫逆部隊如孟昭月等則負隅於嘉興或長安一帶，杭州當然陷於恐怖狀態中。若謂革命軍先鋒已至長安或嘉興，固傳之過早，謂革命軍入杭州而又退至錢塘江東岸，尤爲無常識之妄談也。

然而吾人於浙江軍事不必注意於上所云云，吾人但觀孫傳芳之地位，尚能負隅作困獸之鬥否？孫逆所恃者僅爲孟昭月部軍隊，不足以當民衆擁護的革命軍隊之一擊，嘉興等處又非可守之地，而奉魯軍襲其後，已使孫逆進退失據，尚有何掙扎之能力耶？故浙江之收復，實已不成問題，孫逆之受最後裁判，爲期或不出一月也。

校聞

選送初試高級班學員

本校開設高級班，所有該班招致簡章，業經呈請總部核准修正，通令各軍師選送，并由校通令知照各在案，現聞該班開辦在邇，昨特由校通令，凡本校各職員中如有合該班暫行條例第十三條之規定，有意應試者，着向各該部處團隊主管官報名，限於本月二十三二十四兩日爲選送初試時期，在埔各部處，由校組織選送初試委員會，選致正取學員十員，備取十四員，入伍生部所屬備隊，另由該部組織選送致試委員會，選致正取十四員，備取二十員，送班覆試，現聞高班學員初試委員會已正式設立，以訓練部與主任爲正委員長，教授部敎副主任爲副委員長，并設軍事學主任委員，政治主任委員，普通學主任委員各一人，又數學，代數，平面幾何，平面三角，物理化學等，各設委員一人，由主任委員于教官中選呈委員長核定云。

黃埔各界來校參觀

黃埔農工商學兵聯合會，執行委員李尙庸，曾鐵生等，特於昨日約請黃埔三十里內各國民小學來校參觀，並有該會會員多人，爲之領導前來，計有琶洲國民小學，新洲中山小學等二十餘校，共計男女學生五六百人，于是日午前十一時許抵校，首至新俱樂部稍事休息。用過午餐，由李委員等籌備開一歡迎會，公推曾鐵生同志爲主席。並請本校政治部宣傳科科長安體誠同志到會演講，大意；（一）說明中國各階級同胞受帝國主義和軍閥之壓迫，不能不設法解決，並且有辦法可解決！（二）中國革命的負責者是被壓迫的農工商學兵，革命的對象是帝國主義和軍閥，所以就是革命。（二）中國革命叫作國民革命，而其口號是打倒帝國主義，打倒軍閥。（三）革命之進行要有先鋒隊作領導，所以有黨不可。中國國民黨於十三年改組以來，主義確定，政策確定，有很完密的組織，已經成了國民的先鋒隊，同時孫總理又創造了這黃埔軍校——初名陸軍軍官學校，現名中央軍事政治學校——以造就國民革命軍的指導人才。國民革命軍是受黨的指揮，本着黨的主義政策而奮鬥而犧牲的，所以它是人民的武力人民的軍隊。本校也是如此，一方是黨校，一方是人民的學校，所以各界同胞對於這個學校要注意，要監督，要幫助它的發展，更應當和它一致革命化。（四）我們每個人都要爲一革命分子，都要負打倒反革命之責任，凡反乎國民革命之利益，或破壞革命之進行的，如造謠以反對本黨政府，反對本黨聯俄聯共農工三大政策的人們，無非是替帝國主義和軍閥土豪劣紳貪官污吏們說話。它們是反革命派，我們非打倒它們不可！因爲我們只有相信本黨的主義和政策，才能革命成功，才能使中國民衆解放出來。希望我們務必要聯合起來，受本黨的指揮，爲人民利益奮鬥，也務使農工商學同胞，都認清黃埔軍校是自家的力量，要盡力幫助，並親密的團結在一起，以後各鄉村學校各團體有何意見有何要共同辦的事情，務必常通信或來人告知本校，共策進行爲盼云云。次唱國民革命歌，呼口號——黃埔農工商學兵聯合起來！擁護中國國民黨！打倒帝國主義！打倒軍閥！打倒貪官污吏土豪劣紳！打倒一切反革命派！中國國民黨萬歲！革命成功萬歲！世界革命成功萬歲！

廣州市立中山小學來校參觀

昨日有廣州市立中山小學教職員男女學生三百餘人，來校參觀。於上午十時抵埠。由管理處會同政治部各派專員招待。領該生等至炮台烈士墓等處及本校各部處參觀一週，至下午二時許，並在大花廳開一談話會，由張秋人同志演講，謂現在革命的勢力已有極大的發展，但成功尚不知究在何時。希望各位將來爲黃埔學生的後繼者，以完成革命的使命等語，張同志講演畢，復由彭錫智黃雲耀兩君。起立致答詞。語多慷慨動人。彭君謂，吾人不但要完成中國國民革命，並且要完成世界革命。吾人的口號是黃埔軍校萬歲云云。黃彭兩君，尚在髫齡，而聆其演詞，乃宛然革命家之口吻也，直至四時餘，始高呼口號散會。

黨務

市黨部特別委員會之通令

◎各級黨部至少每兩星期開黨員大會一次

市黨部昨通令所屬各級黨部，至少每兩星期開黨員大會一次，并須將情形報告。茲錄其通令云，查市屬各級黨部，對于黨務進行，向多未臻完善，馴至紀律廢弛，糾紛橫生，推厥要因，實爲（一）黨員與區分部不發生密切之關係，（二）區分部執行委員多放棄職責，（三）區分部與區黨部缺乏聯絡。蓋黨員之行動，即黨之行動，無健全之黨員即無健全之黨，區分部爲直接訓練黨員管理黨員的基本組織，所以區分部即所以鞏固本黨的基礎，須知本黨組織，並非不嚴密，紀律並非不嚴肅，其所以不能充分健全之表現者，在本黨方面之不善於運用此等組織，且不能執行紀律耳。本黨部有見及此，特行通令各區分部，此後須依照本黨總章，至少每兩星期開黨員大會一次，并須將開會情形，報告區黨部，由區黨部彙齊轉報本黨部查核，以符黨章，而肅黨紀。事關整理黨務，幸勿視爲具文，切切此令！廣州市特別市黨部特別委員會，十二月，十四日。

小通信

李楚棠，羅良禔，鄒東□兄，我寫給你的信到底收到了沒有？你駐防何處，請示知！　校本部第二學生隊六隊二十四區隊王赤亞（原名英麗）

厲克敏同志我在成章時知道你投入本校現畢業有年擔任何部工作請示知　第四學生隊第十二隊廖夙翔

啓者日前（星期）在廣州華甯飯館內拾得膠雨衣一件第不知是那位同志遺落如將遺失時刻並雨衣上記號詳細說明領取可也　第二學生二十五區隊鄭光亞

卿珪弟鑒自汝分發後久未得音不知汝在何部隊服務請將近狀並通訊處詳以告我爲盼　第一學生隊廿五區隊光亞

毓芝於陽歷十一月□日遺失訓練部發給八十六號金庫券收據一紙，除呈報外，特此登報申明作廢。[illegible]沈毓芝

現於江西貴溪軍次遺失黃埔同學會證章第[illegible]號除呈報補領外特此聲明作廢　[illegible]

孫樹聲同志：你有家信在我這裏請即告知駐地以便轉寄爲盼　本校第六隊第十六隊[illegible]

中華民國十五年十二月廿二日（星期三）　黃埔日刊　（第二版）

軍事

浙江軍事之近況

△革命軍大隊集中桐廬
△孫逆殘部負隅於長安嘉興
△杭州現狀無確實消息
△我軍總發動令旦夕可下

關於浙江軍事，消息頗不一致，但據形勢觀察，周鳳歧之歸誠我方，早成事實，陳儀則態度尚猶豫，革命軍及周之第三師似尚在浙東桐廬一帶，孫逆部隊負隅於嘉興長安之間，杭州現狀如何，未有確報，但孫逆殘部，已無戰鬥能力，其敗亡不待預測，特現在我軍尚在陸續前進中，未正式開始攻擊，浙局解決，想尚有數星期也，茲將昨日各方消息，彙誌如下，十九日上海電，由閩贛兩省入浙之革命軍，現已大隊集中桐廬，一由何應欽部沿滬杭路攻上海，一由周鳳歧會同入浙之王俊等部溯長興攻南京，總發動令旦夕可下，又訊，孫軍在滬杭路以長安爲第一防線，嘉興爲第二防線，嘉善爲第三防線今日爲長安線之孫軍忽退返嘉興，陳儀并派定代表赴甯報告退師原因，又訊，周鳳歧廿六軍自集桐廬富陽蕭山後，已於昨晚沿杭海路進發直達臨平，向嘉興進攻，在此軍事緊急中，浙江之自治派亦頗活動，聞有商請黨軍緩進，俾浙宣佈自治，并抗拒孫軍入浙，此類消息，無論確實與否，不足重視也，

洛陽鄭州旦夕可下

▲柴雲陞敗退陝石

十九日上海電，豫西連日均有劇戰，國民軍佔陝州，柴雲陞軍敗退至陝石，洛陽鄭州均甚危急，樊鍾秀防軍南下，

政治

東路總指揮部政治部成立

委汪董琴爲該部主任

總政治部留守主任孫炳文，日前曾任命總務科長汪董琴赴閩，會商何總指揮組織東路總指揮部政治部，並以汪爲主任，昨汪自福州來電，呈報總政治部，謂已組織成立，開始工作矣，茲將原電錄下，廣州孫留守主任鈞鑒，職於魚日抵福州，即往永泰謁何總指揮磋商一切，大致已妥，眞日復奉何總指揮令先來此間規畫一切，現總指揮政治部，已組織成立，開始工作，職擬於灰日往投何總指揮，部隊改編分配各師，何總指揮刪日可抵省，特聞，東路總指揮部政治部主任汪董琴叩，文印，

倫敦法律界與婦女界主張承認國民政府

▲外交部宣傳局之報告

外交部宣傳局昨據倫敦電訊，謂彼都人士表同情于我國政府者又有兩起，特登出佈告，茲擇宣傳局報告原文錄下，英國保守黨政府連來對於我國採用高壓政策，變本加厲，自北方正確消息宣傳至英，彼都正義人士，深知非計，迭經集會決議發爲危言讜論，以促其政府之覺悟，已由本局先後報告，現據倫敦代理專訊，彼都人士爲我張目者，又有兩起，謹摘報如次，(一)法律界之議決案，倫敦民權監察協會評議部，於本年十一月十九日開會，由國會議員塔里化連氏動議，左列關於中國之議決案，馬龍大佐和議，全體表決通過，「本評議部，默察吾英最近對華政策之有違中國人民對英親善本旨，爲之不安，而於萬縣一事，尤所致慨，以爲吾英及其他的戰艦之在華領水，非特不能護僑民生命，且足以陷之於危險，應立予撤退，又當聲明表示者，吾英應首先承認國民政府爲事實政府，以爲之倡，並放棄一切額外的與治外的特權，以免抵觸中國之獨立，」(二)婦女界之議決案，婦女國際執行委員會，於十一月九日開會，全體通過，左列之議決案，「本婦女國際同盟，認定中國現方經過一民族大奮鬥，以國民政府爲民治政府之表現勢力，惜其種種極端合法之正當要求，不能實現，應督促英政府以左列各事，(甲)當此民族奮鬥中，勿干預任何方面或助以金錢借用軍械，或准許其人民有此等干預之行爲，(乙)應撤回揚子江及其他中國領水上之戰艦，如爲英國僑民安全計，有當合離去者，並應行之，(丙)應明白表示願與中國訂立平等條約，放棄治外法權，及中國稅款管理權，試觀德國自凡爾塞條約成立已廢除其在華條約權利，今德國人民不特不受任何困難，且與華人交誼大有進步，此當引以借鑒者也，」外交部傳局報告，十二月二十日，

美總統主張武力保護菲島

謂菲人未能自立　當以外力保護之

美總統柯立芝十四日在美議會宣讀其三週年政見書，有謂美政府仍要以武力保護菲島，讀書內容詳論美國自與西班牙決戰及統轄菲島以來所施政策之得失，關於菲島宜於種植樹膠事宜，亦三致意，柯總統並主張取消以軍政統治菲島，而活督之參謀部當易以文官，該書之原文略云，菲政府爲東西印度羣島之表表者，伍督治菲已經五年，老練而有能幹，故能致菲人於成功，美人提助菲人自治，若菲人及格獨立時，美人當允許之獨立，否則亦未能許之，活督現有之參謀部，多屬武官，無論菲島現在情形或將來組織自治政府時，美國皆宜永遠以武力保護之，又活督每與菲議會發生糾紛，每迫活督施行軍令，或吾（美總統自稱）近曾派鮑姆生赴菲調查，俾可與活督合作，而謀改善一切，關於菲島經濟自立之上之發展，非常重要，在菲人未達政治或經濟自立之時，不應將此事委諸菲人獨辦，菲島有適於懇植樹膠之地極多，故爲菲人經濟利益及僱用菲工起見，不能不植樹膠，即菲人亦可自行懇植些少，再以菲人資本擴充之，則菲工可得良好工資，但各項發展以美人福利爲前題云，

經濟

歐洲實業界大聯合之新趨勢

▲帝國主義者及資本家欲壟斷歐洲經濟

柏林電，就現有事實觀之，歐洲各處之非止式經濟談判，現漸有結果，而除俄國外之全歐鋼業大結合，結果尤佳，現悉捷克，奧匈，與羅馬尼亞組合東歐鋼業脫辣司之談判，進行頗爲美滿，聞此脫辣司擬與德法比新成立之鋼業聯合公司締結盟約，同時瑞典鋼業現亦合組脫辣司，並討論加入聯合公司之辦法，再十月十日英德實業界，如銀行業，航業，羊毛業，棉業，煤業，鐵業，顏料業等代表，在維本謝三會議，他日發表報告時將披露英德合作之計畫，惟其結果將繫於國際鐵路脫辣司之組織，此項組織已在倫敦開始談判，一般有關係的樂觀派，以爲鋼業之合併，必逼及於各種連帶實業，而成歐洲經濟的聯邦之基石，

日本十一月份對華貿易實數

東京十九日來電，大藏省發表十一月份，對華貿易，輸出額四千三百六十二萬元，輸入額二千一百四十五萬三千元，合計六千四百零七萬三千元，比較超出二千一百六十一萬元，本年自一月至十一月，共計超出一億五千零五萬四千元云，我國工業落後，經濟上頻年受日本巨額侵略，其勢是使我國破產而有餘，我國人士應作何感想，

雜訊

意首相墨索里尼又遇刺

▲行刺者爲二青年學生
△墨氏下令槍斃

十四日羅馬電，意大利棒揭國首領又被平民謀殺，十三日墨索里尼赴國會，甫入門，即聞發出大聲如雷，時有二人在屋頂擲下炸彈，時烟霧迷濛，國會門柵皆燬，但墨氏已入內座，止炸斃護兵二名，傷副官一名，兇手擒獲，皆青年學生，墨氏親往審問，皆大聲罵墨爲軍閥爲霸王，墨大怒喝即槍斃，二人皆爲十八歲之國立大學學生名奇士西里，一爲廿五歲國立大學畢業生名爲差釋蒙云，現墨氏深居不敢出，四出派人拿嫌疑犯，聞已捉獲達六十餘人云。

日皇病勢日重

日本天皇患病已久，近據東京電，日皇之體溫脈搏呼吸現皆退減，右肺結核愈加發展，身體益覺不支，因此東京各處之公開音樂跳舞，皆自由停止，並議定新年慶典亦不舉行云，

現駐鄂江外艦之調查

武漢自經革命軍克復後，其地方秩序之甯靜，爲武漢三鎮數十年來未有之景象，惟列強帝國主義者，偏藉口地方多故，及以武漢工農商學革命民衆之興起，乃紛紛調派軍艦，集泊鄂江，其是否藉此大帮砲艦，以向我武漢革命民衆威嚇耶，茲將各國集泊在漢口江面之戰艦調查列表如下，

國名	艦名	體別	船色	停泊地
英國	SCARAB	大砲艦	白身	英租界一碼頭
英國	MISHART	大魚雷	白身	英租界四碼頭
英國	BEE	小軍艦	白身	同上
英國	Mcnolial	大砲艦	白身	同上
美國	PICEON	大砲艦	白身	特別區三碼頭
法國	MARNF	大砲艦	灰身	法租界四碼頭
法國	ALIITEE	小砲艦	白身	法租界四碼頭
法國	待考今日始由四川開來淺水艇		白身	同上
美國	227	巡洋艦	白身	法租界三碼頭
美國	GALOS	小兵艦	白身	特別區一碼頭
美國	226	雙桅大砲艦	灰身	特別區二碼頭
美國	Frinogaioletto	淺水艇	白身	特別區三碼頭
日本	嵯峨	大砲艦	白身	日租界一碼頭
日本	堅田	魚雷	白身	日租界一碼頭

啓事

本校特別黨部革命軍社徵文啓事

本校擬於年節時出一特刊以廣宣傳凡我同志若有鴻文大著見賜無論何類皆所歡迎惟所賜之稿務希於本月廿五以前寄來本處爲禱　十二，廿日

魏像明同志現在何團何營何連請示知爲荷　第二學生大隊第五隊二十區隊熊漢生

楊德純同志：現殷殿春兄來信問你，你現編入那隊。請即示知　吳宗本啓十二，二一

瑞林，睿珠，二同志鑒！你倆編在入伍生何團何連？見後，請即告我罷！　第六學生隊十七隊鍾紹華（純開）字

遺失收據聲明作廢　竊毓芝於十一月十日遺失訓練部發給金庫券第八十六號十元收據一紙內書明沈君丼十二月三十日爲期字樣除當即通知本部會計處停止掉給金庫券一面呈報主任掛失並請如期發給現款外嗣後如有訓練部第八十六號金庫券收據作爲無效特此登明　訓練部書記沈毓芝

中華民國十五年十二月廿二日〔星期三〕 黃埔日刊 〔第三版〕

革命之路

題目

總理紀念週時事報告

方鼎英

各位官長學生同志們！我們此刻軍事方面，雖有校長率領數十萬武裝黨員及西北國民軍之努力，要算是很滿意的一個時代；但同時新附黨員日多，黨的工作，實較前緊要，而且危險萬倍，稍一不慎，危象立生。這種感想，料各同志們也是承認的。所以在這種景象之下，凡我黨員同志們，尤其是本黨武裝黨員策源地的黃埔同志，更應有加倍的臥薪嘗胆的觀念，來紀念總理，來警惕自己才對。現就國際軍事情形略述一下：如帝國主義者同抱一侵略政策向我們進攻。其中最激切而最兇殘的首推英國。昨據倫敦電，英海軍大臣謂英艦駐華者，有戰鬥巡洋艦五，大巡艦四，長江砲艦十五，潛艇十二，潛艇母艦二，運輸艦一，淺水砲艦三，飛機母艦一，驅逐艦九，共計有五十二艦之多；並據八日倫敦電，英外長藍新氏稱在中國之英人，除香港及普通商人不計外，在中國占有政治上經濟上及文化上重要位置者，合共一萬五千二百四十七人。這都是積極的侵略中國之工具。其兇殘之帝國主義的態度，實已暴露無餘。然自世界革命的潮浪日高，英國以殖民地過廣，漸有崩潰之勢，故其國內商業日落。據英商部十一月份報告入超六千餘萬鎊，出口較上月少一千一百餘萬鎊。英鑛工雖已復業，而向議院提出保留之意外防虞條件，英政府仍推測礦潮有相機暴發之意。此者英帝國主義日就崩潰之趨勢。日本之侵略中國已非一日是盡人皆知的。其最近積極侵略的方法，是在扶植其工具奉張。如郭松齡倒戈，他就助張以槍械。此次奉張入關想做皇帝（看奉張就安國軍總司令職時，大行其拜天跪叩之禮，完全是一種做皇帝的儀式）他就助張二千萬元，以爲抵抗革命軍之資。其對於我東三省已以殖民地看待，固無容我們今日在這裏說才明白的了。其移殖之民不下二十萬，設置之機關，如關東廳，滿鐵會社，銀行公司等，不下數十百種，經濟勢力之侵入，將達一萬萬元。現並規定移民策略：（一）對於集團家族之移民，由關東廳及滿鐵會社方面資助其發展。（二）移民須有農業學識及經驗，並有資本三千元以上者。（三）每戶耕地須至少有二十町步，分植各種穀類及做成桑園等，較之日俄戰爭後，專提倡移其不良份子，如在日本犯罪，則給以川資移滿，准其努力自新。實則此輩之在東三省，昏天黑地，成則受日政府之保護，不成亦置之不問。但種種取巧的政策現在要算進步的多了。照這樣情形看來東三省舊有之我國同胞，不久會要被日本移民所排擠淨盡。所以日本對於我國之野心就不問可知了。美國近來發的橫財，真是不少，頭一次乘着歐戰，歐洲各國無力趨於經濟方面，美國的國富就進步的一日千里，這一次又乘我國對英經濟絕交，又奪了英國在華的經濟勢力三分之二；所以他爲東拒日本，西拒英國起見，就要來擴充海陸航各軍。單就其海軍經費來講，其預算案從明年六月一日起，一年內需費共四萬萬元美金，較本年增加一千六百萬元美金。陸軍則三萬六千六百萬元美金，飛機則爲二千萬元美金，其軍費之浩繁，實屬使人驚愕。至對於我國的態度，乃用一種和平而狡猾的侵略主義，故對於炮艦政策，是他所不贊成的。且他們一般輿論都是贊成不干涉中國，並對於海關十分贊成自主。還並不是他們不侵略中國，不過美國眼前的仇敵，就是日本，而美國在華的經濟地位，還不及英日兩國，故不能不作緩進的主張，也不過彼善於此罷」。至於法國，也是個很兇惡的帝國主義者。他的環境，北阨於英，南忌於意，東又有德國日想復仇。所以他對於侵略的工具也很積極的預備起來。明年的預算案，歲入爲四十餘萬萬佛郎，歲出爲三十九萬萬，其各種軍費共占二十餘萬萬，單以空海二軍而論，上次已經講過，有戰鬥飛機一千五百架，現又造加一種頂大無朋的飛船，船長九十八尺，兩翼廣一百卅一尺，船重十七噸，速度每時一百三十哩，高及萬尺，無論何種天氣，均可無阻。其海軍近來新造及正在建築中者，共有一百十七艘之多，重三十二萬五千噸，從一九二九年起至一九三一年止全部均可完畢。但他自大戰後，元氣未復，預備這些軍隊已經是竭澤而漁。所以對於中國亦只好用緩進的侵略方式。綜合這些國際的情形看來，他們對於中國所用的策略雖不同，其所以侵略中國的，都是一樣。我們的革命是要打倒帝國主義，在彊場的就是要爲國犧牲。我們現在在學校，那末就要努力學問，以爲異日犧牲的準備。我們的修學期限是很短的。光陰易過，稍縱卽逝。各位學生同志，都是本黨最誠實的黨員，是 總理真正的信徒。總理說的革命軍人，是非常的軍人，是以一當百的軍人。我們當學生時，當然也是一種非常的學生。平常的人能殼吃一倍的苦頭，我就要能殼吃一百倍的苦頭；他們能殼用一倍的功，我們就要能殼用一百倍的功。我們有這種過人百倍的精神，還有甚麼學問不能成就？自然我們就能殼具備偉大的本領，將來一定可以担負偉大的事業，完成 總理的遺志。那末，我們今天在這裏紀念 總理， 總理在天之靈也就可以安慰了。現在國內政治狀況請政治部主任來講，完畢。

馬克斯主義與孫文主義（續）

施存統先生講 李迪功 彭各庾筆記

去年有人說孫文主義的出發點是博愛，是民生史觀，與馬克斯主義的出發點，根本不同，這話是錯的；中山先生雖然講仁愛，但這不過是向中國上流社會的說話，大家知道上流社會是不仁愛的，他們對於平民，主張壓迫，盡是剝奪，中山先生要講仁愛，是想這些上流社會，減少他們對於平民的壓迫，這是中山先生的一片苦心，但決不是中山先生的哲學基礎，決不是孫文主義的出發點；如果這是孫文主義的出發點，那他四十年革命的經驗，爲何要喚起民衆？爲何有農工政策？他的目的在求中國大多數人的自由平等，是要被壓迫階級起來打倒少數的壓迫階級，解除受壓迫的痛苦；如果是專講博愛，不取革命的手段，那就成了宗教性了。譬如有一個討飯的來向我說；先生，我仁愛你，請你多給我們幾塊錢。又如一個佃農跑到地主面前說：地主，我仁愛你，請你不要收我的田租！這樣看來，眞是笑話，世界上那裏有這麼一回事！上流社會對平民是不仁愛的，農工對於資產階級也無仁愛之可言，亦猶如我們對於軍閥對於帝國主義，是不能講仁愛的！況且中山先生說：解決社會底問題，須以社會事實爲根據，不能靠憑空的理論。——足以證明中山先生不是一個唯心論者，不是把博愛當做革命理論的基礎——馬克斯分析社會的理論，根據當時當地的情形，才定下解決社會問題底方法，馬克斯主義是根據事實的，孫文主義也是根據事實的，馬克斯要團結無產階級，中山先生要喚起民衆，在這一點，可以說他倆精神上是一樣的！

馬克斯主義與孫文主義，在中國革命與世界革命中間是很有關係的！我們知道孫文主義是三民主義，三民主義是要求中國國際地位的平等，政治經濟地位的平等，但其目的不僅是要解除目前的痛苦，不是限於國內的，是要由國民革命達到世界革命，由資本主義的社會而達到共產主義的社會，向世界大同方面進行，和馬克斯想建設共產社會的目的是一樣。但是還有不同之處，就是對於世界革命的出發點不同。一個是以無產階級爲立足點，一個是以被壓迫民族爲立足點。馬克斯生在工業資本的時代，主張無產階級革命，打倒資本主義的社會，到列甯更進一步，由無產階級革命去聯合世界上殖民地或半殖民地，因爲在工業資本主義的時代，僅本國無產階級革命就可以成功，但是到了資本帝國主義的時代，帝國主義者的勢力逼於全世界，世界上所有弱小民族的領土，都變成了帝國主義的殖民地，如不聯合世界上各處殖民地，革命是不容易成功，因爲帝國主義者可以把從殖民地剝奪得來的金錢，分一部分給本國的勞動者，來和緩本國的革命空氣，妨害革命的勢力，列甯看出這點，所以主張聯合各殖民地的民族革命來造成世界革命，使帝國主義者迅速地滅亡。中山先生致力於國民革命，有四十年，主張聯合世界上以平等待我之民族，却在最近改組後三四年的事，中山先生知道僅僅本國獨力去打倒各帝國主義，是不能成功，因現在的壓迫階級，是國際帝國主義，要打倒國際資本帝國主義，求中國之自由平等，就非聯合世界上的弱小民族及無產階級去革命不可，所以他決計聯俄，實行他的主張。馬克斯和中山先生所生的時代環境雖然不同，但於此時恰恰合在一塊，此種會合，並不是馬克在天之靈，要孫文主義同他會合的，一方面是由於他倆主觀革命目的，使他們的主義非會合不可；一方面是由於客觀的事實

中華民國十五年十二月廿二日〔星期三〕　黃埔日刊　〔第四版〕

，一帝國主義者逼迫，他們的主義非會合不可的。並且馬克斯主義和孫文主義終極的目的雖然相同，而所用的方法，却不能說無異，這不同的地方，並不是他們根本衝突，是因爲他倆所生的時代環境不同，所以對於解決社會問題的方法便當然有不同。中國是產業落後的國家，工人不過只有兩百多萬，大多數是農人，小資產階級，第一步要解除大多數的痛苦，故中山先生主張國民革命去謀社會上的整個利益，以整個的利益爲中心，這就是中山先生爲適應中國社會的情形而創造的孫文主義！至於馬克斯和列甯，是生在資產先進的國家，國內無產階級的勢力正大，階級爭鬥正烈，故馬克斯以鼓吹無產階級革命爲主體，以無產階級的利益爲中心。中山先生以國民革命爲主體，以世界無產階級爲同盟。中山先生之所以主張國民革命，是因爲中國尚未到無產階級革命的時期，並不是放棄無產階級革命，專從事於國民革命此點是歐洲和中國不同的地方，同時也就是馬克斯主義和孫文主義的分水線。

馬克斯與中山先生均爲全世界之有偉大抱負者，列甯即可謂爲貫通歐亞兩主義之中樞，他們知道殖民地被壓迫得非常利害，故明白民族革命與世界革命之重要，現在英德無產階級革命正在醞釀，中國，土耳其國民革命亦在猛進，而俄國已成世界革命之中心，兄弟今天所講的馬克斯主義與孫文主義的互相關係，大致如此。希望各位聽了我的話，能更進一步的去作詳細的研究。（完了）

中比條約可以交國際聯盟公斷嗎？

第二學生隊二十五區隊　李炎

國際資本帝國主義者，盡力擴張外圍，施行其政治經濟文化侵略的政策，訂立種種不平等條約，爲所欲爲。現在全副武裝在軍事上旁若無人的又想統治全世界了！在被壓迫當中的民族，又應該怎樣呢？

地大物博的中國，八十餘年來受帝國主義者的侵略，已弄得民窮財盡，今年中比條約期滿，比國公然頑强，不肯承認廢除，朱兆莘代表北京僞政府在倫敦發表意見，反對比約交海牙公斷，主張提交國際聯盟。呸！你這樣去百般嬌態的吊洋大人的膀子，未必帝國主義者就賜你「青盼」國際聯盟是個甚麼東西？他有[illegible]之權能嗎？而且他要中國奴隸解放了去嗎？他是，帝國主義的一個結晶體，當普魯士戰敗法蘭西，統一德意志後，爲歐洲各國所仇視；同時塞爾維亞的導火線，演成世界第一次空前的大屠殺，而協約國趁着戰勝的威風，野心勃勃，把歐戰所受的損失，壓迫德志賠償，同時非戰之聲騰騰國際，帝國主義者，表面上，乃掛出一塊「和平」的假招牌以期緩和欲搏各國勞動羣衆的歡心和同意，於是才有日內瓦的國際聯盟，也就是歐洲大盜得到勝利後，坐地分贓而欲再準備行爲打劫的組織。猙獰兇惡的帝國主義，他嘗歐戰的戰禍，而發生經濟恐慌，爲解決這個痛苦：必須盡量所有的能力，剝削本國的無產階級，和國外的弱小民族，以恢復戰前工商業狀況。於是他們便不能不把世界上的國家都變成他的殖民地，而供給他的市場和原料。他們既要束縛世界上所有的民族，那末這個「和平」便無實現之可能我們是不言可知了。他這個假面具，可以從他們的暗鬨中可以看出來。他們只管在國際聯盟的會議中，大叫「和平」，「裁減軍備」，但却各自極力擴張軍備，據日本陸軍部調查各國今年的軍費預算；美國八十二萬萬，（日元）英國八十九萬萬，日本十五萬萬五千萬，法國十四萬萬五千六百萬，這些事實，是和平嗎？

總言之，帝國主義是否存在，是靠着外圍——殖民地的，存在爲轉移，遠東的中國，爲銷售貨物，吸收原料的肥美地。國際帝國主義「猶恐不得」，現在既已吞下肚子的東西，它還肯吐出來還你麼？所以中比條約期滿，英吉利糾合法蘭西，從源比利時向海牙法庭控告，是要以海牙法庭——帝國主義者的裁判所來脅迫中國承認比約而後他們的中英，中日，中西……等約方有所藉口，得以延長下去。朱兆莘難道不知道嗎？而偏要獻媚把比約提交國際聯盟，試問；請誰來代你作主呢？國際聯盟的主人公同與海牙法庭主人翁是誰？上面所說的國際聯盟的成分，我想你至少是知道的，那又何苦乃耳甘居「賣國」之名，而徒供「驚醒」之實呢？

我們知道帝國主義發展到了最高的地位，世界的無產階級及弱小民族都起來盡力的掘他的墳墓，他亦定漸漸的走到自殺的日子，所以我們要認定國民革命，是中國唯一的生路。大家應該覺悟起來，參加反帝國主義的聯合戰線，廢除中比條約，就是我們打倒帝國主義初步，我們都應該一致站到一線來，與帝國主義者奮鬪，廢除滿期條約；朱兆莘這個賣國賊，不中用的東西，我們還要他去辦交涉嗎？

金佛莊同志事略

張寶琛

國民革命軍總司令部警衛團團長金佛莊，在南京被英帝國主義走狗——萬惡軍閥孫傳芳殺害，其詳情已誌昨日本報。茲將金君平生爲革命奮鬥的歷史，表而出之，如左：

金君佛莊，浙江東陽人；保定軍官學校第八期畢業生。當陸軍學生時代，即從事研究社會政治等學，而尤信仰馬克斯主義，加入共產黨最早。民國十一二年間，在浙江軍隊見習時，兼營新聞記者生涯，曾爲嘉言報主筆。因宣傳新思潮，言論激烈，浙督盧永祥拘之入獄，經蔣方震殷汝驪諸人函電馳救，始得釋放。自此之後，革命思想，愈加堅定。民國十三年，本黨改組，本校成立，金君即來粵投効，充任本校第一期第三隊隊長。平日除軍事教育外，尤努力於政治工作，及黨務活動。廖黨代表在世時，甚器重之。去年二次東征及討平楊劉之役，金君任黨軍教導團連營長等職；歷次戰役，衝鋒陷陣，無不身先士卒。作戰計劃，尤爲周密，蓋金君智勇兼備，特能決勝彊埸，且能運籌帷幄也。迨廣東統一，國民革命軍第一軍成立，校長以金君戰功卓著，擢升爲第一師第二團團黨代表，旋改任團長。本年三月間，中山艦案起，金君解職回校，任步兵第一團軍事學主任教官。國民革命軍總司令部成立，任參謀處副處長。北伐軍出發，調任警衛團長。追隨蔣總司令，轉戰湘鄂贛三省。此次奉蔣總司令密令，由滬乘輪東下，赴浙圖謀浙軍倒孫事宜，不幸爲孫賊偵悉，中途截捕，遽遭慘殺。金君今年二十九歲，家貧，（學生時代均係友人何挹清君獨力資助）父母俱存，膝下尚虛，亦云慘矣！綜其一生行誼，爲黨國奮鬥犧牲之精神；洵足爲吾黨同志所矜式。努力革命工作，繼續先烈遺志，掃除萬惡軍閥，打倒帝國主義，爲吾儕後死之責。余與金君，居相鄰，故知其身世頗詳。惜余不文，愧未能將金君之言行思想盡情描寫耳。

本校五期入伍生二團二營駐防東莞之經過

入伍生二團第七連李麟仁

本團自奉命於七月八號由沙河調分東莞寶安兩縣屬駐防以來，到前月廿九開回黃埔升學，已二月又二十日了。在這三個多月當中，對于第二營駐防東莞縣城之情形，很有許多足述的價值，茲將駐防之經過，作一簡略的報告：

當本營初到東莞縣時，民衆不但無若何表示，且好似民衆與軍隊中間相隔有萬道鴻溝。雖然東莞在國民政府統治之下，雖然軍隊是保護人民利益的革命軍隊，但仍然民衆自民衆，軍隊自軍隊，絲毫不發生關係，甚至還有一部份人存着鄙視軍隊的心理，這也不能怪他們，因爲他們從前在軍閥佔據的時候，曾受那軍閥軍隊的恩惠，姦淫擄掠，苛捐勒索太多了，所以到現在還存着怨恨鄙視軍隊的心理，似乎與軍隊有不共戴天之仇，他們那裏知道我們國民政府的軍隊，是眞替人民保障利益的軍隊呢？這足以教訓我們革命的軍隊，以後更要切實爲人民保護利益。我們的宜傳工夫，還沒有普遍的達到下層的民衆，應該努力於宣傳。

本營看了這種不好的現象，爲要貫澈總理指示我們的『武力與民衆結合，』的主張；所以馬上就召集各界民衆開軍民聯歡大會，作大規模之宣傳，將我們來此駐防之任務，及要達到此種任務，完全靠人民與我們合作的話，詳詳細細的向他們解釋，經這一度的宣傳，民衆才漸漸和我們接近，但是要談到軍民合作，還是相差很遠，由是本營各連組織一宣傳隊，每日輪派數人作長期的宣傳；同時民衆有所組織，如工會農協會——必極力予以幫助，因此人民對于我們才有相當的認識，更比較和我們接近，在這個時候可以說是軍民開始合作的時期。

因爲人民對于我們有了相當的認識，更比較與我們接近，我們也就趁這時候，更努力宣傳。如女權運動大同盟，因所辦義校學款不足，演戲募捐。當演戲時，恰匪風忽熾，本營並不以此阻撓，且加派大隊彈壓保護，當可使學生加倍辛苦，每人每晚勤務四時，不肯因噎廢食，阻撓於民衆有利益的事情。更於演戲期滿告畢，本營學生請求營長允許聯合各界團體繼續排演新劇及放電影，一面幫助籌款，一面藉此宣傳，開通風氣。經此之後，各界民衆憤然而起，——尤其是工農——工人則紛紛組織工會，農民則紛紛組織農協會，各界民衆則共同組織一公益委員會，計駐防以來，共新組織工會二十餘個，農協會十餘個，凡每次工會或農協會舉行成立典禮，必請本營各連黨部派人指導，本營各連亦每次都派人參加及贈以字屛或各種紅白綾彩布，在這時，可說已達到了軍民合作的程度了。其時如人民知道那裏有匪蹤，必不遠數十里來營報告請剿，（剿匪固於他們有利，但軍閥軍隊往剿，則不剿更有利）或作嚮道。

如所擒得之匪徒十餘名，非有老百姓來報告，乘夜不備，領道前往，一定不能捉獲的，即令能捉獲，一定要傷學生的，不受絲毫損失，即能到獲，實在是民衆合作之力。這雖是小小的事，但亦可以證明軍隊與人民合作，其關於我們任務上更重要的，如東莞匪勢猖獗，反動餘孽勾結著匪蠢蠢欲動，意圖擾亂北伐後方，想各位是知道的，卒因我們軍民能合作，他們竟不敢肆意猖狂，只好歛跡。我們告訴各位，這是軍民合作的效果呵！以後希望我們革命的軍隊，到一處地方，便要與該地方的民衆接近，切實保障人民的利益，做到我們總理指示我們的『第一步使武力與人民結合』，『第二步使武力爲人民的武力』，這才不愧是眞正革命的軍隊呵！

中華民國十五年十二月廿四日 星期五

黃埔日刊

中央軍事政治學校出版

本校考選高級班學員通令

本校政治部黨部成立之講演詞

黨的組織和紀律

編譯處啟事

總理遺囑

中華民國十五年十二月廿四日 星期五

黃埔日刊

佔領宜昌之正式捷報

兎起鶻落之浙江軍訊

西北軍佔潼關後之進展

鄂西北將肅清

鄂省開司法會議

徵文啟事

最近之外交空氣

壽終正寢之關稅會議

偽政府之金融恐慌

緊要啓事

〔中華郵政特准掛號立劵之新聞紙〕中華民國十五年十二月廿四日〔星期五〕〔第一版〕

〔一〕

黃埔日刊

中央軍事政治學校出版

通信處廣東黃埔本校政治部

〔第二二二號〕

〔本刊每份定價一分〕

啓事

編譯處啓事

逕啓者本處前所印第四期二團三營學生野外實施記以各戰術用顏色數種繪印手續繁且近來該所印件甚多工作極爲忙迫故此稿筆記未能急速印就現已飭該所趕速印竣俟印竣當再登本刊通知來領可也

我的黃埔同學會二三五三號會員証章失去了特此聲明作廢　蕭湘湯啓

羅在中同志鑒余兄介景田梁瑜同志處來……部來取爲要……有函到校請……何團連請郭楚珍兄你何時來粵府上示下爲荷　第二團六隊廿四區隊夏小歐

員碧安，王佑華，徐生瑞各位在何地請函示覆，我現在廣東園糾察幹部隊服務。　李葆蔚

李佩珊，王立春同志：你二人編到何團隊，祈告我以便通信，此啓　廣州市惠福東路大佛寺總司令部憲兵團第四連楊傑啓

本校考選高級班學員通令

爲通令知照事本校開辦高級班業將考選學員簡章呈送總部核示在案頃奉第二九四七號批開：呈及簡章均悉查核所擬各案尚屬完妥除酌加修正及摘抄電令各軍知照并限每師至多選送四人於十六年一月五日以前到粵聽候舉行入學試驗逾期不收外合將修正簡章一份仰該校長遵照辦理此批附發中央軍事政治學校高級班考選學員簡章一份等因奉此合亟通令仰各一體知照此令　校長蔣中正　黨代表汪兆銘

附高級班考選學員簡章

中央軍事政治學校高級班考選第一期學員簡章

第一條　本簡章按照總司令部公佈之中央軍事政治學校高級班組織條例規定之

第二條　考選學員方法分爲保送試驗及入學試驗二種

第三條　保送試驗由各直屬部隊長官施行之

第四條　入學試驗由本校組織試驗委員會呈請總司令派員監臨在本校高級班舉行之

第五條　保送試驗之課目如下　1、戰術　2、兵器　3、築城　4、地形　5、交通　6、政治　7、數學　8、理化

第六條　保送試驗之成績由直屬部隊長官加具考語於十二月三十一日以前送交本校高級班

第七條　入學試驗之課目如左　1、基本戰術　2、應用戰術　3、築城　4、兵器　5、地形　6、交通　7、政治　8、數學　9、理化　10、口述

第八條　入學試驗之日期預定十六年一月八日至十日

第九條　本簡章自總司令核定後行

日評

◉最近外交之趨勢並告外交當局

（雲彬）

南方革命勢力之發展與鞏固，使帝國主義在外交上不能不有所謂『重南輕北』之傾向，最近英使藍浦森氏之赴漢，與日人電通社所傳之『英日兩國之承認國民政府，終將成爲事實』等消息，皆足以證明帝國主義已深知中國民族自由獨立運動之無法遏阻，遂一變其兇狠之面目，欲以外交手段保障其在華已取得之利益。

國民政府在外交上固不必拒人於千里之外，苟帝國主義者具相當之誠意以來，無不可委婉磋商；然吾人有一不可破之原則，即廢除不平等條約是也。此不獨爲全國民衆一致的要求，亦爲總理遺囑須於最短期間促其實現者。故國民政府在外交上能得所謂列強者之承認與否，實不成爲重大問題，惟列強能放棄其維持不平等條約之野心與否，乃爲吾人所應注意之問題耳。最近英外交次長公然宣稱希望始終握得中國關稅管理權，其他各帝國主義亦絕無願放棄其於不平等條約所得的權利之表示，縱令彼等對國民政府如何表示好感，口惠而實不至，非吾人所樂聞也！

猶憶先總理北上時，以廢除不平等條約宣言中外，而段祺瑞獨悍然以『外崇國信』博帝國主義者之歡心，總理憤激之餘，病遂加劇，至今思之，猶有餘慟。今革命勢力之發展正足以促總理遺囑之實現，深願外交當局堅定意志，毋爲所惑，總理在天之靈與四萬萬民衆嚴重的監視之下，固不容吾人有一毫遷就之餘地也，爲山九仞，功虧一簣，辛亥革命未成功之前車可鑒，負外交責者，其慎之於始哉！

誓遵總理遺囑

總理遺囑

余致力國民革命，凡四十年，其目的在求中國之自由平等，積四十年之經驗，深知欲達到此目的，必須喚起民衆，及聯合世界上以平等待我之民族，共同奮鬥。

現在革命尚未成功，凡我同志，務須依照余所著：建國方略，建國大綱，三民主義，及第一次全國代表大會宣言，繼續努力，以求貫澈。最近主張：開國民會議，及廢除不平等條約，尤須於最短期間，促其實現，是所至囑！

本校本週口號

主張以黨治國！

服從黨令軍令！！

革去浪漫習慣！！

反對個人主義！！

要有政治頭腦！

要有戰鬥本領！！

反對文化侵略！！

打倒教會政策！！

校聞

◉通令

十二月二十日　於校本部

爲通令遵照事查本校考送高級班學員名額試條規業經通令在案頃據該班教育主任李鐸面稱頃與總司令部訓練處商定總司令部內考送十員本校考送十員請即舉行保送試驗等情據此查前所定名額相差甚遠應即酌爲更正茲定本校各部處考送正取五員備取五員入伍生部考送正取五員備取五員所有初試委員會條規仍照前令辦理合亟通令仰各一體遵照此令　校長蔣中正　黨代表汪兆銘

◉切實指導民衆組織之通令

△議定辦法五條

本校政治部昨奉國民革命軍總司令部政治部通令云，爲通令事，現據各級政治部黨務科會議，主席羅命呈稱：竊職於本月十二日召集各級政治部黨務科，舉行第二次聯席會議時，據本科組織股員溫榮提出切實指導民衆組織一案，略謂組織民衆爲本黨重要之工作。從前各級政治部對於民衆組織之方法，多無切實之指導，不過於其成立時，以應視之意義參加而已。對於各社團之缺點，亦罕有糾正之者。故民衆方面之組織，不但幼稚，且多糾紛。政治部負指導民衆之責，故應切實指導民衆之組織，并擬具辦法前來。當經提出大會討論，結果一致通過，并決議呈請鈞部，通令各級政治部，須與駐在地黨部共同負責，指導組織民衆。又據第四軍政治部黨務科股員朱克濂臨時提議，各級政治部須將黨務情形，切實報告一案，亦經大會討論，通過決議，請鈞部訓令各級政治部，遵照辦理。所有聯席會議議決各案，理合備文呈請，通令各級政治部，將議決各案，分別辦理，切實奉行、實爲公便等情。計粘切實提導指導民衆組織辦法一紙。據此，查核所稱尚屬切要。爲此除分令外，合抄發切實指導民衆辦法一紙，隨文發下，仰即遵照分別辦理，仍將辦理情形，具報爲要！此令，附切實指導民衆組織辦法如下：

A.政治部之任務，須使民衆受黨的指揮，對於民衆組織，宜與各地黨部聯絡，共同指導之。B.參加民衆組織時，須以黨爲中心，以糾正其錯誤之點。C.參加民衆組織後，須將其情形詳細報告於各級政治部。D.各級政治部工作人員，負組織責任者，須盡力之所及，參加民衆之組織。E.查有未經組織成立之社團，須切實指導其組織。昨本校政治部已分飭所屬，遵照辦理，並將辦理情形具報矣，

黨務

◉本校特別黨部宣傳委員會成立

△通過簡章……推選執行委員……議決徵求委員……聘請政治顧問

本校特別黨部爲進行黨務，訓練黨員起見，業已協同本校政治部黨務部科組織一宣傳委員會。該會于前日在特別黨部開會正式成立。當日列席人員爲編譯處主任孔章虎，軍械處長李尚庸，政治部祕書楊其綱，黨務科員潘超世，孫梅臣，鄧今海，彭湛園，特別黨部委員劉仲容，甘竹溪，彭桑，盧碧湖，由彭委員主席。茲將當日會議重要事項，略紀如下：一，通過簡章，二，推選孔章虎，李尚庸，甘竹溪，潘超世，鄧今海五同志爲執行委員，三，議決徵求委員人數，以二十名至三十名爲限。四，議決徵求委員方法，由本星期五開執行委員會決定之。五，議決聘

中華民國十五年十二月廿四日〔星期五〕 黃埔日刊 〔第二版〕

請政治顧問。暫聘熊雄，蕭楚女，張秋人，孫炳文，加羅覺喬夫，廖划平爲政治顧問，其增減下次執行委員開會決定之。當日並發出徵求委員一函，照錄如下；敬啓者：本會之組織，在訓練本校特別黨部所直屬之黨員，使徹底認識和了解黨的主義黨的政策。小組爲本黨之基礎，因此本會欲於每週各部處連隊小組會議中，派委員參加，切實指導，使一般同志完全革命化，主義化，集中黨的力量，鞏固黨的基礎。素仰各同志熱心黨國，革命中堅，特用聘請爲本會委員，共策進行，黨國前途幸甚云云，

軍事

◉佔領宜昌之正式捷報

△鄧主任來電報告

△十七日午前佔領宜昌

頃接武昌鄧主任來電云，（銜略）宜昌已於十七日午前，爲賀師（第九軍第一師）先行佔領，繳械甚多，殘敵分向川東及鄂北退竄，現正追擊中，鄧演達叩，皓西印

◉兎起鶻落之浙江軍訊

△革命軍大隊在衢州……周鳳岐在蘭谿設軍需處……蔣尊簋等又唱和平老調……陳毅猶不悔禍……周蔭人殘部入浙……張宗昌到甯請孫專對浙……孫傳芳進退失據，奉魯軍絡續南下

浙江方面軍事進行，不如前數日所傳之速，周鳳岐軍尙在蘭谿，奉蔣總司令命，在蘭谿設軍需處，截金衢嚴三屬稅收，十九日赴蕭山聞冢堰佈置攻孫傳芳，與陳儀商自治，純是緩兵，戰事重心將在七里瀧一帶，但另一消息，則謂周鳳岐與陳儀蔣尊簋晤商結果，使孫黨兩軍勿再前進，由浙軍橫亙中間，作緩衝，使浙成爲自治省，陳儀派周赤忱十九晨赴甯，請孫傳芳撤長安嘉興間浙軍，現黨軍少數駐蘭溪富陽，大隊仍在衢未進，杭和平運動轉烈，蔣尊簋等奔走甚忙，浙自治勢將宣布，旅滬浙人對杭改組省政府，決暫不參加，而陳儀電孫傳芳，謂相從有年，不敢異貳，周鳳岐猝變，儀屢諫不動聽，至成混亂局勢，儀蒙提攜，安能盲從，此心天日可鑒，諸言勿置信云云，是陳之態度至不可靠，恐非武力解決不可，同時周蔭人部由閩敗退浙東，抵溫州六千餘，龍縣知事十七日電稱，閩軍過境，達二萬餘，局勢如此尤非徹底解決不可，又滬訊，張宗昌到甯，孫傳芳對浙武力解決益急進，已令李俊義部十八日由宜興進湖州，孟昭月師相機進杭，並於十八晚六時在總部歡宴張宗昌，旋開軍議，蘇方楊文愷劉宗紀白寶山等，魯方師景雲白英傑常之英等皆列席，決由聯軍攻入浙黨軍，專任攻南方面，直魯軍攻贛，專任西北方面，即將策略電張作霖請示，十九晚孫傳芳復宴張宗昌，再商軍事，張宗昌請孫積極對浙，由魯軍任皖贛軍事，及蘇浙防，孫傳芳請張宗昌率隊坐鎮甯，張宗昌謙謝，孫傳芳因須與張宗昌切商軍事，暫緩赴滬，而奉魯軍仍陸續到徐，直褚（玉璞）偕津保軍事佈置就緒，擬移駐濟，任津浦後方軍務，綜合各方消息，我黨大隊尙未入浙，周鳳岐軍隊在浙東積極佈置，同時奉魯軍絡續南下，將使孫逆不能再居南京，一俟我軍佈妥善，掃清孫逆殘部，自屬易事，至周蔭人部之竄浙，更無重大問題也，

◉西北軍佔潼關後之進展

△進佔靈寶

△劉鎮華逃津

十三日京訊，陝西戰事突轉激烈，西北革命軍大部，於八日晚向靈寶總攻結果，劉鎮華軍紛向陝縣澠池潰退，中路劉郁芬師乘勢追擊，並以鄧寶珊部脅迫劉軍右翼，防守靈寶之劉鎮華軍，乃棄該地退守陝州，九日午午間西北軍千餘佔領靈寶車站，自靈寶至潼關一帶鐵路線，完全入於西北軍勢力，柴雲陞刻將各路集中陝州，東至澠池鐵路線，三數日來，兩軍已無激戰發生，但吳心田孔繁錦殘部，又多向西北軍方面輸誠，而劉鎮華之嫡系軍隊，態度極爲含混，故豫西形勢突現緊張，近日劉軍潰兵，更多退入豫境隴海鐵路沿線，張治公已派出一師餘，防守洛陽陝縣間，但對於援助劉軍反攻，則未出兵，以致柴雲陞張鈁等在前方與國民軍相持，漸感於勢孤力薄，而豫西空氣據聞。近日尤爲險惡，又據某使館消息西北軍自佔潼關後，近已移兵全力向豫西發展，截至九日，隴海路靈寶潼關間，已入西北軍掌握，但其向東全部發展，須俟後方主力隊伍集中後，或可實行，而近日一部陝軍，自潼關向南陽一帶前進，實欲與樊鍾秀聯絡，渭南方面軍隊，亦沿漢水向鄂北移動，涇河方面西北軍，自月初即向潼關移動，三原田玉潔部亦陸從西北軍開拔，該部有軍械者，實有四千餘名，又聞劉逆自靈寶戰敗後，九日夜由太原至長辛店，率同敗卒三十餘人由長辛店至豐台，十一時搭京赴津向張翡泣援，此行聞并攜有吳逆親筆乞援書云。

◉鄂西北將肅清

△盧金山尙未表示

△張聯陞派員輸誠

△于學忠潰退鍾祥

△沙洋人民歡迎革命軍

漢訊云，革命軍總指揮唐生智，因鄂西方面盧金山于學忠等，仍負嵎不降，若不肅清，難免養癰遺患，故除決定出兵外，擬於日內親赴前方，指揮各軍，近日總指揮部之持重要人員，均在準備隨同出發，又當江西戰事未結束之際，襄陽張聯陞曾派代表來省，表示輸誠，旋因他項關係，以致中途停止，頃聞張氏又於目前派遣親信某參謀來漢，向唐生智表示懇切輸誠，願受編制，聞唐已允爲容納，當於日昨派定郭炯堂爲代表，前往襄陽，商議改編軍隊辦法及委派政治工作人員諸事宜，于學忠部隊在沙洋之京山，天門，潛江等處，民不堪命，唐生智奉命出發，限於最短期內肅清，吾人早已料及彼等必不戰而退，據昨日傳來消息，唐氏尙未出發之際，于部各軍，果由潛江京山天門等處於三日先後向沙洋潰退，聞往襄陽，預備退入河南，據由沙洋來漢人云，革命軍第十五軍第三師之十三，十四兩團自奉命由天門進攻敵軍之後，即於日，在萬和店與于學忠部隊激戰半日，結果于部潰退京山，革命軍遂將京山包圍，計是役于部死傷數十人，損失槍械甚多，聞已派人議和，願意繳械投誠，領資遣散，大約日內即可解決，聞革命軍擬俟京山肅清後，即進兵鍾祥，備由鍾祥順流而下，以攻沙洋之背，沙市方面，現完全係楊森軍隊駐防，北軍盧金山各部業已至荊門宜城等處，準備後退襄陽，其原因係楊軍已高掛青天白日旗幟，服從三民主義，以實力相比，楊軍較大，且第十軍軍長王天培，第九軍軍長彭漢章，業已同時下動員令，限於最短期間，肅清荊沙，故盧部不得，往鄂北逃竄，官兵脅屬東下者，入山入海，其在逃官兵，早已將其領章袖章摘去，並預備白布，候革命軍到，即行投降，鄂北綏靖處主任何成濬與路司令曹振武已命第二支隊司令劉士醇副司令鄒鵬嵩督率所部，由漢沔天門京山一帶向鄂西等處駐防，以便維持地方治安。堵截潰軍騷擾，革命軍第八軍所部與第十五軍所部由襄河上駛，于學忠之隊伍，紛紛潰退沙洋，第八第十五兩部約有五千餘人，於日間分三路進攻沙洋，于軍不戰而潰，業已退至鍾祥，革命軍遂完全克復沙洋，人民均懸青天白日旗幟，并放鞭炮，表示歡迎，當于軍退走之際，該鎮秩序大亂，匪徒乘機放火，燒燬河街房屋數十棟，並搶刦財物，不計其數，

政治

◉鄂省開司法會議

▲北京大理院判決案無效

▲議決司法方針等問題

漢訊云，日前鄂省高地審檢各廳舉行司法會議，出席者劉芬余愷湛等，主席劉芬，其討論事項之重要問題，在解決一切法律，茲紀議決各項如下，（一）組織黨部問題，由主席提出下列各員，赴黨部接洽，高等廳李襄宇，武昌廳樹柴楚，夏口廳郝繩肇，通過（二）司法方針問題，在現在社會制度及經濟制度之下，務使工農羣衆減少壓迫，（三）適用法令問題，（甲）懲治盜匪法，新刑律補充條例及暫行新刑律中關於集會結社罷工諸條經大總統孫公以明令廢止者，不得適用。（乙）民刑訴訟法，援用前清民刑訴訟律草案（丙）民法以前清民律草案爲監本，有與黨綱相衝突者，由司法官以立法的手段，參照黨綱，與代表大會宣言酌量變更之，（四）工人問題，以工會條例爲根據，（五）女子承繼問題，未奉中央政府及中央黨部明令以前，仍舊辦理，（六）婚姻問題！應根據婚姻自由原則，酌量社會情形辦理之（七）地主及佃戶問題，以不違背現在經濟社會制度爲原則，對於佃農方面，應採保護態度，（八）住戶與房東問題，於自由契約原則之下，對於弱者宜加以保護，（九）商法問題，適用公司條例，商人通例，商事公斷，仍然有效，（十）和姦和誘問題，暫照新刑律之規定，斟酌實際情形，加以變通，（十一）民事管收問題，判定前羈押與否，應以書面請示辦理，（十二）定訟費標準問題在局法

（二）

小通信

徵文啓事 本刊擬於耶穌誕生日出一非基督教特刊，希閱者諸君多賜鴻文於十二月二十三日以前交來爲盼

張顯章同志：在入伍時之津貼，尙有一元存弟處，望告我你編入何隊部，以便轉寄！第二學生隊第七隊廿六區隊胡彬文啓

韋以琦同志鑒：兄開赴前方時適汝家有洋一百元寄來，因兄不在故弟代爲收下，[illegible]

鄙人於本月十四號失去私章二枚，[illegible]「李印欽明」[illegible]「文」字，特此聲明[illegible]第一學生隊第三隊十區隊李欽明啓

歐運昊同志：你編在入伍生何團連，駐紮何處？有信在我處；請告我便轉。第二學生隊第七隊第二十八區隊歐陽欽啓

黃啓琛，張謨高，梁谷，蕭知三，鍾玉賢（赤心）諸同志：你們在什麼地方？什麼隊部？請示知！第二學生隊廿六區隊胡彬文啓

經費未能完全由中央支配以前，各省第二兩級之訟費，宜帶地方性，不必求全國之一致，(十三)已送北京大理院文卷辦法　現在政權移轉，所有北京大理院於革命軍克復武漢以後，函託本廳代爲送達各項文件，概不爲之轉達，其判決案，不能承認其有效，應送廣州大理院重行審判，惟訟費不能重徵，文內須聲明此種特殊情形，(十四)律師問題在未呈准司法行政委員會以前，所有武漢律師，仍准照舊執行職務，(十五)舉行總理紀念週案，決議於每星期一上午九時舉行，

最近之外交空氣

△英使藍浦森赴漢無結果　△列强注目蘇俄之態度　△英日將承認國民政府耶　△陳外長堅持廢約主張　△英使仍欲維持中英條約權利

最近英新使藍浦森之赴漢，頗引起外交界注意，上海大陸報載合衆通訊社十一日北京電云，現料英使藍浦森赴漢，與南方人員會晤之際，關於列强與國民政府之接觸上，當有重要步驟決定，北京外交界對於目下漢口方面外交發展之重要，持論非常謹慎，但承認到此時期，與南政府之交涉，已不可免，故不若雙方直接談話，導至完全諒解之爲愈，又上海泰晤士報十日漢口電云，英使藍浦森與南政府外交代表陳友仁，今日復晤談兩小時，所談者大半爲國民政府之宗旨及態度等，以期得一討論之基礎，雙方尚未有商定事項，但希望他日賡續晤談之後，可使此行獲有圓滿結果，陳友仁於星期六尚須晤他國代表如美參贊梅爾氏，日外務省通商局長佐分利等，剛聞藍使過九江時，會晤英領事，並赴英商會之歡迎宴，國民政府人員及俄顧問，日有到漢，北京俄大使署亦有兩代表在漢，爲古爾斯凱氏與梅剌美德氏，蘇俄官吏之來漢，頗引起外間揣測，觀於國民政府在粘嶺宣言，有與蘇俄聯盟之說，一般人士頗信蘇俄態度，一俟新政府在武昌組織定後，卽將承認之各國外交人員之麕集漢皋，可爲列强認新政府穩固持久之明證，而日人方面，據電通社所傳北京消息謂英日兩國態度，近已大變，對於廣東政府，結局必予承認，不過時日的問題而已，英美日等帝國主義之態度如此，但更有值得吾人注意者，則爲申報十二日之北京電，原電云：使團息，陳友仁語藍浦生，南政府並不懇求列國承認，南政府決取銷不平等條約，反對協定關稅，收回領判權，現照此工作進行，至自定關稅，不妨從輕，甚至比協定者爲低，亦未可知，至不正當之徵收，南政府亦必有合理之取締，藍氏仍以維持中英條約權利立論，故雙方晤談，並無進步，而同日國聞社北京電，亦謂使團對南方廢除不平等條約主張，甚爲疑慮云云，是帝國主義者固未嘗有誠意，特以南方革命勢力偉大，不能不虛與委蛇，外交上之最後勝利，全視民衆力量如何耳，

壽終正寢之關稅會議

△列强騙局又告終一幕　△虛糜國帑百三十萬　△彌留時之呻吟　△繼續開會之夢想　△僞政府能宣布關稅自主耶

北京僞政府召集之關稅會議，一般人早料其無復開之望，該會自去年十月開幕，歷時年餘，毫無成績可言，而關稅內所撥之經費一百三十萬元，則於上月底止卽告用罄，今夏七月各國代表宣告中止，嗣後各代表卽次第離京，當時之北京當局雖屢運用外交手腕，冀有所挽回，顧維鈞任僞外長後，亦曾略有活動，亦未能成功，現南方勢力已大發展，關會益無希望，昨(十日)日下午，關會委員會例會開會時，顧維鈞顏惠慶王寵惠蔡廷幹潘復王蔭泰夏仁虎等七人均到，能足法定人數，自奉張入關後，各要人皆爭赴津，久不成會，至是乃居然成會，當討論關會本身問題，僉以目前各國態度，照舊冷淡，經費復又告罄，不如暫行結束，以節糜費，當經衆決定暫行結束關會內部，並發表宣言聲明關會不能再開之理由，假其責任全在各國，其實中國方面，於會議再開不能達到希望之時，卽擬宣布關稅自主，照目下狀況，關會再開，自然無望，故先發宣言，以表示宣布自主之時機已迫，與關係列强國以一種暗示，以無促進萬一再開之機運。十三日午後復開會，決定請各國切實答復中國所提出兩星期內復開關稅會議之建議云，僞政府之無聊於此可見一斑也

比約案已提所謂海牙法庭

△比外相之報告　△僞政府不答辯

路透社十四日比京電，比外相從日內瓦歸來，對客稱，渠已與英法兩國當局討論中比爭點，及一般中國問題，比國在中國無政治野心，但不願承認九個月臨時辦法，因承認之，則九個月期滿時，將見既無臨時辦法，又無新約也，是以比國將訴諸海牙法庭，請法庭宣佈中國不能單獨廢約之判決，比國亦甚贊成廢除以強力加諸中國之制度，蓋此種制度必如國家思想之發展所剷除，而國家思想莫可壓抑也，英外相張伯倫現考慮有關係國之共同行動，渠非欲派兵赴華，但採取自由和平之政策，以應付中國國家主義之運動耳，如此計畫當然可得比國之同情，因比國固始終表同情於中國偉大人民之國家願望也，又北京訊，比約案，比已提海牙法庭，法庭書記長通知王廣圻是否答辯，王請示政府，政府覆，吾國反對提海牙，無答辯必要，依法海牙不能受理，

英帝國主義希望始終握中國關稅管理權

△關餘作抵之債劵二千萬磅　△英政府欲見稅關管理制維持無恙　△謂稅關大有利於中國全體人民

路透社十日倫敦電，十二月八日外部次官在下院所言英人對華借款擔保一節，北京人士聞之頗以爲異，當局因此特將當時下院問答原文發表如下：保守黨米諾爾問英人資本借與中國以稅關收入作抵者，其總額究有幾何，除稅關外有無其他還債保證，外部鑒於中國驅逐外人之謀，可否發表言論，說明英國對此問題之政策，外部次官答稱，中政府三次借款在倫敦發行以關稅作抵者，共約一千四百萬磅，英人所有以關稅爲抵之債劵總額莫能確定，但可估計爲二千萬磅，照目前情形，除關稅外，別無可付償之源，英政府甚欲見稅關管理制維持無恙，稅關之有大功於中國全體人民，想爲中國所深知云，上述問答，英帝國主義欲始終維持其握有關稅管理權，已灼然可見，主張收回關稅之國民政府及全國民衆，宜十分注意也，

經濟

僞政府之金融恐慌

△九六公債暴跌　△僞農部下令停止交易　△京滬市面大恐慌

北京僞農部十二夜忽令停止九六公債營業，因連日暴跌暴落，京滬市面恐慌，津張諭夏仁虎，設法制止，夏備函致農部，謂九六漲落不定，影響金融，請卽核辦，農部當卽召集部中參事司長會議，結果發令文，九六暴漲暴跌，顯有奸人從中操縱，本部職責所在，不能不嚴行制止，仰各證券交易所遵照交易所法二十八條第三款，將九六公債營業暫行停止，聽候派員查辦，該令下後，上海北京市面，頓起恐慌，頗現不甯之象云，

政治部宣傳科緊要啓事

本校所印之政治講義叢書八種，現已發完，正在再版中，爲來買閱者便利起見，當分交各書店發售。現在所有各處團體機關或個人來函索取者，恕不一一函覆，候再版出書時，當再登報通告。

本校特別黨部革命軍社徵文啓事

本社擬於年節時出一特刊以廣宣傳凡我同志若以鴻文大著見賜無論何類皆表歡迎惟所賜之稿務須於本月廿五以前寄來本社爲禱。

十二，廿日

中華民國十五年十二月廿四日〔星期五〕 黃埔日刊 〔第四版〕

題目

本校政治部黨部成立之講演詞

方鼎英

今日本校政治部黨部成立，這個部黨部不過是本校特別黨部之下的一分部，範圍原來不大的；但是我今日却有很大的希望在這裏頭。諸君當然知道本校的歷史，是總理手創民國已有十多年，而革命是完全未有成功，知道非另一枝眞正的革命軍出來，是不能担負這種革命的使命的。於是就命令校長辦了這個軍官學校。當成立的時候，內受楊劉等軍閥的掣肘，外受帝國主義者的摧殘。風雨飄搖，不能終日。校長知道本校所從事者方面甚廣，是甚難成功，一定是要兼從精神方面着手，使其有充分的革命精神，然後才能戰勝一切的敵人，所以就設立了一個政治部，使專負政治上一切的工作，發揮革命的精神，以補助軍事教育之不及。現在並將校名改爲中央軍事政治學校，一發表明軍事與政治相提並重的意思。本校前後成立不到三年，果然由五百人擴充到數千人；由打倒劉楊小軍閥起，進而打倒大軍閥！！孫傳芳，吳佩孚；由東江起，進而統一兩廣，恢復湘，鄂，贛，閩各省。此雖不能說是黃埔的專有之功；然而以黃埔革命的精神，亦自足以鼓舞羣倫，發揚黨義，以引起大多數革命的同情，這是千古不能磨滅的事實。本校得了這種很榮譽的結果。並不是軍事上各學科術科優於別人，實在由有政治工作以培養革命的精神，所得來的助力爲很大，這也就是本校的特點。

今天本部黨部的各位同志，差不多是負有政治工作上的專責，對於本校的特點是要特別注意，對於所負的責任是要特別的留心。本來做政治工作的人，欲收良好效果，是注重在感化的一方面，處處都要留心，事事都要檢束，自己有正確的人生觀，高尚的榜樣，處處能使人一望而生敬愛之心，自然會生出一種信仰之心。那末，對於明白本黨的主義，服從本黨的紀律，了解本黨的政綱與策略，不期然而然的會充滿於各人的腦海之中。大家就都會知道黨命是我們救生的唯一出路，我們想要生存於世，非勇猛堅決的向這條革命路上去走，是萬不能逃出來的。個個都有這種革命的精神，在物質上無論受了何種的缺點，我們都可以用革命的精神來戰勝他，我們才有革命成功的希望。政治工作到此才有良好的效果可言，這是我今天很望政治部黨部各位同志努力的地方。完畢。

黨的組織和紀律

鄒今海

黨是什麼？列甯說：『要使某一階級能夠認淸和了解自己的利益，自己的地位和境遇，並能實現自己的政策；無論如何必須有這階級的先驅分子的組織，』！卽使初這些分子在階級數量中非常之少。』無產階級爭奪政權的工具，除了組織外，沒有別的利器。『我們國民黨，也就是中國被壓迫階級中最革命的先鋒分子，想推翻一切壓迫階級，奪取政權，實現三民主義的組織。但是壓迫階級——帝國主義者封建勢力——在政治上，經濟上有他數千年因襲的特殊勢力，根深帶固；經濟落後的中國人民，穿慣了自由寬大的袍子，過慣了家庭腐敗的生活，縱然憑一時的感情結合，而這種結合，一定是沒有持久的集中的力量的。紀律和組織，就是使黨能成爲有系統的，嚴密的，集中的，能持久的要素。辛亥革命後黨的渙散和紊亂，黨內分子的複雜，缺乏這兩種要素，表現得分外明顯。鐵的紀律和嚴密的組織，在一個革命的黨中，就和三合土中的士敏土一樣。改組後黨的勢力的發展和一般同志的努力，縱使黨有了新的生命。然而自改組後，有一部分所謂老黨員也者，却或受統治階級勢力的收買，或抱反動的見解，跟着一班無聊軍閥，大作其反赤運動。而使黨內份子，起了一次分化。但這種分化不獨於黨的力量，絲毫無損，反使黨的基礎，愈加穩固，黨的力量，成爲眞確的力量。這不過是黨的組織和紀律向着嚴密的鐵的方面發展前進的一種自然淘汰律的表現。

全國第一次代表大會關於紀律之決議中有『紀律爲本黨之生命，欲圖國民革命之成功，必賴紀律之森嚴。』第二次代表大會亦有同樣的決議，『對黨員姑息，就是對黨不忠。』可見紀律之重要，和人身的生命脈，有同樣的意義。組織不嚴密，就無異公開的放進些搖動不定模稜兩可的投機分子，實足以促黨的分裂，渙散，無力量。我想沒有一個黨員，不希望他所加入的黨有嚴密的組織，鐵的紀律，和希望他身體的健康一樣。但因經濟地位的關係，總脫不了小資產階級的自由，浪漫，虛榮等的社會遺傳性，對嚴密的組織，和鐵的紀律，自然感覺到窄狹，束縛，隸屬式的種種困苦，如此要黨有嚴密的組織，有鐵的紀律，確非易事，在本黨中有許多思想進步的同志，一方面極端的頌羨共產黨的組織嚴密，紀律森嚴，一方面却又作那澤畔行吟的長吁短嘆，表示他憂心黨國的熱忱。這完全不明瞭共產黨的經濟背影，和他的黨員，他們能終身爲革命而犧牲，任何時任何地皆可拋棄一切，除以革命爲職業的忠實的智識階級的分子外，其餘全是工廠中，鄉村中的勞動無產階級。而中國國民黨，在政治上是由封建制度過渡到民主制度，在經濟上是由農業經濟過渡到工業經濟，黨內的分子，既不是完全的無產階級，又不是完全資產階級，他是一個各階級混合的政黨，所以他對於黨的紀律和組織，當然是比較要不易做好一點；但我們應該明瞭在這個時候，是各階級的聯合戰綫，來打倒帝國主義，打倒軍閥，謀中國之獨立自由的。國民黨就是領導這些人來革命的，他的利益并不衝突；而且一致。所以他的紀律和組織要是大家注意到，能完全能像共產黨一樣，或還要好點，亦未可定。所以我們只是說共產黨的好，而不去學人之好，這就未免不對了。並且辛亥革命後，歷史上的經驗告訴我們，非有鐵的紀律和嚴密的組織，不能使革命事業推進發展，而黨反有許多危險。現在國民革命的軍事運動中，我們又可以看出黨務之發展，已有望塵莫及之勢，我們要知道軍事的勝利，一定要有黨的力量作保障。這就是說惟有發展黨的勢力所得的勝利，才是眞正的勝利。

從上面看來，我們可以明白黨的組織和紀律的重要，黨的經濟的背影和一般黨員對黨之關係，我們雖不能馬上把黨造成鐵的紀律，嚴密的組織和共產黨一樣；但應當努力去工作，將黨的紀律和組織向那鐵的嚴密的方面推進，那麼我們對於(一)紀律，不要把牠看作片面的資產階級的法律，尤不應把牠看作含階級性的軍法一樣，要把紀律看作一種家常便飯，凡是黨員都要絕對的遵守。因爲一個黨員不守紀律，就要影響全體，不管他官長也好，同學也好，朋友也好，親戚也好，站在黨的觀點上，黨的利益上來看待他，違背黨紀，就執行黨的紀律。把感情擴大建築於全體黨員的身上，不可建築於個人的身上，(二)組織嚴密，就是注意黨內的分子，在黨的勢力發展的時候，流氓階級的智識分子固然想藉黨來活動活動，卽反革命的政客官僚紳士地主，也想藉黨來遮掩遮掩，在這種情形之下，我們革命的同志，就應當嚴格的注意分析，誰是革命的，誰是反革命的，分析的標準，就在能否參加黨的實際的工作。革命不是專門嘴裏說得好聽，文章作得漂亮，要親身到民間去，工廠中去作黨的實際工作——宣傳民衆組織民衆，廖黨代表就是我們的模範！

總而言之，無論紀律規定得如何森嚴，組織載得如何完善，不去實行，一萬年還是白紙黑字，有何意義。同志們：我們從今天起，按着上面最底限度的實行起來呵！

問答

1、德國梭令根工會是什麼？

(答)梭令根(大約)是德國製造刀叉的大工廠，梭令根工會卽是該廠工人所組織的工會。

2、反汎繫黨的宗旨及其成因是怎樣？

(答)反汎繫黨是反對汎繫黨的，並沒有專一的組織，第三國際，各國共產黨及殖民地或半殖民地的革命黨都反對的

3、日本的朴烈問題是什麼？

(答)朴烈問題卽『怪寫眞事件』。朴烈爲朝鮮的無政府主義者，與其愛人日本的無政府主義者金子文子，共謀暗殺日本天皇，事洩被捕，判決死刑。他倆在獄中申請預審判事，攝二人擁抱的相片，此相片復由他倆的同志刊上宣傳文字傳播各處，政友本黨認此爲有辱國體，失墮司法之威信，藉此攻擊現在的憲政黨內閣。

4、西班牙加泰蘭分立黨是什末？

(答)德國有分立黨，我未聞西班牙亦有分立黨。日前見報載法國逮捕該黨領袖，驅逐出境，深以爲疑。你是否也在報上看見抑或見于他書？請告知書名，以便查考。　以上係(方偉)問(秋人)答

編緝餘話

本欄若然新聞多時，卽改爲一版，望讀者注意。

中華民國十五年十二月廿七日〔星期一〕（第一版）
中華郵政特准掛號立券之新聞紙〕中華民國十五年十二月廿七日

黃埔日刊

中央軍事政治學校出版
通信處廣東黃埔本校政治部
〔第二二四號〕
〔本刊每份定價一分〕

誓遵總理遺囑

總理遺囑

余致力國民革命，凡四十年，其目的在求中國之自由平等，積四十年之經驗，深知欲達到此目的，必須喚起民衆，及聯合世界上以平等待我之民族，共同奮鬥。現在革命尚未成功，凡我同志，務須依照余所著：建國方略，建國大綱，三民主義，及第一次全國代表大會宣言，繼續努力，以求貫澈。最近主張開國民會議，及廢除不平等條約，尤須於最短期間，促其實現，是所至囑！

本校本週口號

主張以黨治國！
服從黨令軍令！
革去浪漫習慣！
反對個人主義！
要有政治頭腦！
要有戰鬥本領！
反對文化侵略！
打倒教會政策！

日評

西北革命軍入洛陽

雲彬

「西北軍由陝而南，通達長江，引蒙古秦豫湘鄂粵以成一縱線，將全國中貫，隔絕東西，此其影響之大，恐在歷史上亦須佔一重要地位。」這是一月前東方時報記者警告北方軍閥的話。現在西北軍衝出潼關，進取洛陽，東方時報記者一定在那裏頓足長嘆說「不幸而言中」了。

西北軍的發展，不特完結了吳佩孚，搖動了張作霖，並且使南北勢力聯成一氣，保障了我們已得的勝利，鞏固了我們革命的基礎，怪不得東方時報記者要在一月前提心吊胆叫北方軍閥預防，只可惜吳佩孚已成强弩之末，張作霖又自顧不遑；革命軍的勢力終於一日千里地進展，軍閥的崩潰已成無可挽救的形勢。

過去之國民二軍在河南的失敗，大半由於對付農民之失當，今河南紅鎗會已做了革命軍的先鋒隊佔據洛陽，今後革命軍對於河南農民運動當不致再陷覆轍；況馮玉祥同志遊俄歸來，算是塞翁失馬，不但固定了他們的革命人生觀，并且依據了本黨的三大政策，（聯俄聯共聯農工）而奮鬥，西北革命軍已經有了革命的目的，現在所得的勝利當然不是和從前那樣沒有保障的了。

校聞

第一·二·六·學生隊參加反基督教運動

昨日為基督教耶穌聖誕節。各地教徒多游行慶祝。然基督教乃今日帝國主義的侵略工具，其亡人國，滅人種，比機關槍大砲尤為厲害。故廣州各界特於是日在東較場開反基督教市民大會，並游行示威，以促醒國人之迷夢，本校向為反帝運動之先鋒，是日特派遣住校各學生隊代表九十餘名赴會參加。並由政治部將該代表等組成宣傳隊十二隊，附以旗幟畫布，在省城繁盛區域從事宣傳。此外並攜帶當日本刊反對基督教特號七千餘份，以補助宣傳之不及云。

廣州新城英文學校來校參觀

昨日上午十二時有廣州新城英文學校教職員學生一百餘人來校參觀，由管理處會同政治部派員招待。領該員生等至校各部處及砲台烈士墓等處參觀一週。下午二時許並在大花廳開一談話會。由王素英同志演講，謂希望來本校參觀，接受本校的革命精神，共同參加革命工作等語。王同志演講畢，即分贈汪黨代表講演集，農工商學兵大聯合，反國家主義特刊等書。最後呼口號盡歡而散。

黨務

本校特別黨部宣傳委員會第一次執行委員會議

本月廿四日午后七時在特別黨部開宣傳委員會第一次執行委員會議，出席者李尚庸孔章虎甘竹溪鄧今海潘超世，主席甘竹溪，記錄蕭貢廷，討論議決重要事項錄下，一聘請政治顧問六員，暫聘熊雄蕭楚女張秋人孫炳文加羅覺喬夫廖划平六人為政治顧問，二 徵求宣傳委員四十人，安僞誠，楊道腴，何若虛，沈至精，彭 芳，張秋人，楊若濤，李元遜，廖 樸，王公唯，高仰之，何焜，傅術歐，游於藝，李誠一，李中一，雷武陸，廖 㻋，鄧友馥，曾武烈，王振聲，楊 烱，羅北海，高 嵩，萬 羽，謝厅龠，胡彬文，李克岐，龍石民，張鐵須，唐哲生，聶松溪，姚子希，陳葆倦，馮恆武，湯又銘，任文海，李仰由，湯忠永，陳良四十人為宣傳委員，三。通過聘請書，四，聘請文書一人（蕭貢廷）庶務一人（侯伯紀）五。議決下星期三（廿九日）假富長會客廳開全體委員大會，討論以後進行方針，茲將本宣傳委員會全體人員，開列於後，執行委員，孔章虎，李尚庸，甘竹溪，鄧今海，潘超世，常務委員，公推甘竹溪，鄧今海，基本委員，特別黨部執行委員李尚庸，甘竹溪，彭 榮 盧碧湖，劉仲容，陳 超，監察委員，孔章虎，方鼎英，政治部黨務科職員楊其綱，潘超世，孫梅臣，鄧今海，彭湛園，入伍生政治部黨務科職員，陳山峻，陳堪，李鎮中，茲將聘請顧問與委員書照錄如下，敬啟者，本會之組織，在訓練特別黨部所直轄之黨員，使徹底認識和了解黨的主義與政策，小組為本黨之基礎，因此，本會擬於每週各小組會議中，派委員參加，切實指導，素仰同志為黨中先進，革命中堅，關于黨的主義，革命工作，經驗宏深，用特聘請為本會政治顧問，解答一切黨務上政治上重要問題，指示一切黨務上政治上必須討論之問題，行見黨務之發展，蒸蒸日上也，此致同志，聘請委員書已登載，從略，

中央黨部統一閩省黨務

△派丁超五林堯階等回閩整理

閩省革命勢力日見擴充，而該省黨務急待進行，中央執行委員會為統一福建全省黨務起見，特將前有之臨時省黨部停止職權，改派丁超五，林堯階，馬式材，李培桐四君，前往整理黨務，并籌備正式省黨部，頃接廈門快函稱，丁林等已於本月十二日早抵廈，現寓水仙宮南華旅社內，聞擬留廈兩日，將本市黨務從事考察後，即前往福州云。

浙省國民黨統一黨部宣言

浙江民黨，前因西山會議，發生第二省黨部，現因時局推移，已互相諒解，團結一致，昨由浙江正式省執行委員會，發出統一全省黨部宣言如下，本黨負中國國民革命之使命，過去奮鬥之歷史，自同盟會以來已數十年，而革命之成功，尚未能實現，十三年春，本黨總理孫先生，鑒於辛亥革命之失敗，與蘇俄革命成功，毅然排除萬難，改組本黨，畢其正確的策略，昭示同志，共同奮鬥，使努力於國民革命之成功，三民主義之實現，不幸總理逝世之後，少數黨員，昧於總理遺囑之重要，發生許多無謂之糾紛，遂使我親愛之同志之間，若有一鉅大之裂痕，分散我革命之力量，此實本省執行委員會所引為最痛心而欲哭無淚者，現在革命潮流，瀰漫江浙，而國內反動軍閥，則為一時共同利害，互相勾結，將以暴力加諸我人，大敵當前，豈容自相爭持於內，本省第一次全省代表大會宣言，曾云，本黨以國民革命為職志，大會深信我浙江同志，此時雖因誤會而起糾紛，一旦悔悟，必仍能共集於青天白日旗之下，戮力同心，繼續奮鬥，以竟總理未竟之功，今者因時局之推移，我全省同志，已深悟分裂之非與總理遺囑之當擁護，特由同志間自己所發生之力量，團成一體，我第一次全省代表大會之希望，於是達到，革命勢力團結集中此實足以欣慰者，茲經本省執行委員會決議，所有本省全體黨員，悉歸本省執行委員會，依照本屆中央第二次全體會議，整理黨務決議案，辦理登記，其辦法

啟事

△同志諸君 中國青年六仙 十五十六期 人民週刊一仙 卅四期

△購者從速 嚮導四仙 一七八期 少年先鋒五仙 九十期

國民黨幾個根本上的問題二八仙 黃埔潮三仙 政治部圖書室書報流通所謹啟 地址特別黨部樓下圖書室

緊要啟事

……現已發完，正在再版中，……當分交各書店發售。現在所有各處團體機關或個人來函索取者，恕不一一函覆，候再版出書時，當再登報通告。

黃埔日刊 中華民國十五年十二月廿七日〔星期一〕（第四版）

新書無幾，廉價出售

五卅運動中反基督教的一點回憶

無名小卒

中華郵政特准掛號立劵之新聞紙〔中華民國十五年十二月廿七日〕〔星期一〕〔第一版〕

中央軍事政治學校出版

黃埔日刊

通信處廣東黃埔本校政治部

〔第二四四號〕

〔本刊每份定價一分〕

誓遵總理遺囑

總理遺囑

余致力國民革命，凡四十年，其目的在求中國之自由平等，積四十年之經驗，深知欲達到此目的，必須喚起民衆，及聯合世界上以平等待我之民族，共同奮鬥。現在革命尚未成功，凡我同志，務須依照余所著建國方略，建國大綱，三民主義，及第一次全國代表大會宣言，繼續努力，以求貫徹。最近主張開國民會議，及廢除不平等條約，尤須於最短期間，促其實現，是所至囑！

本校本週口號

主張以黨治國！
服從黨令軍令！
革去浪漫習慣！
反對個人主義！
要有政治頭腦！
要有戰鬥本領！
反對文化侵略！
打倒教會政策！

日評

西北革命軍入洛陽

雲彬

「西北軍由陝而南，通達長江，引蒙古秦豫湘鄂粵以成一縱線，將全國中貫，溝絕東西，此其影響之大，恐在歷史上亦須佔一重要地位。」這是一月前東方時報記者警告北方軍閥的話。現在西北軍衝出潼關，進取洛陽，東方時報記者一定在那裏頓足長嘆說「不幸而言中」了。

西北軍的發展，不特完結了吳佩孚，搖動了張作霖，並且使南北勢力聯成一氣，保障了我們已得的勝利，鞏固了我們革命的基礎，怪不得東方時報記者要在一月前提心吊胆叫北方軍閥預防，只可惜吳佩孚已成強弩之末，張作霖又自顧不遑；革命軍的勢力終於一日千里地進展，軍閥的崩潰已成無可挽救的形勢。

過去之國民二軍在河南的失敗，大半由於對付農民之失當，今河南紅鎗會已做了革命軍的先鋒隊佔據洛陽，今後革命軍對於河南農民運動當不致再陷覆轍；况馮玉祥同志遊俄歸來，算是塞翁失馬，不但固定了他們的革命人生觀，并且依據了本黨的三大政策，（聯俄聯共聯農工）而奮鬥，西北革命軍已經有了革命的目的，現在所得的勝利當然不是和從前那樣沒有保障的了。

校聞

第一・二・六・學生隊參加反基督教運動

昨日為基督教耶蘇聖誕節。各地教徒多游行慶祝。然基督教乃今日帝國主義的侵略工具，其亡人國，滅人種，比機關槍大砲尤為厲害。故廣州各界特於是日在東較場開反基督教市民大會，並游行示威，以促醒國人之迷夢，本校向為反帝運動之先鋒，是日特派遣住校各學生隊代表九十餘名赴省參加。並由政治部將該代表等組成宣傳隊十二隊，附以旗幟畫布，在省城繁盛區域從事宣傳。此外並攜帶當日本刊反對基督教特號七千餘份，以補助宣傳之不及云。

廣州新城英文學校來校參觀

昨日上午十二時有廣州新城英文學校教職員學生一百餘人來校參觀，由管理處會同政治部派員招待。領該員生等至校各部處及砲台烈士墓等處參觀一週。下午二時許並在大花廳開一談話會。由王素英同志演講，謂希望來本校參觀，接受本校的革命精神，共同參加革命工作等語。王同志演講畢，即分贈汪黨代表講演集，農工商學兵大聯合，反國家主義特刊等書。最後呼口號盡歡而散。

黨務

本校特別黨部宣傳委員會第一次執行委員會議

本月廿四日午后七時在特別黨部開宣傳委員會第一次執行委員會議，出席者李尚庸孔章虎甘竹溪鄒今海潘超世，主席甘竹溪，記錄蕭貢廷，討論議決重要事項錄下，一聘請政治顧問六員，暫聘熊雄蕭楚女張秋人孫炳文加羅覺喬夫廖划平六人為政治顧問，二 徵求宣傳委員四十人，安體誠，楊道腴，何若虛，沈至精，彭 芳，張秋人，楊若濤，李元謎，廖 樸，王公唯，高仰之，何焜，傅樹歐，游於藝，李誠一，李中一，雷武陸，廖 弼，鄧友馥，曾武烈，王振聲，楊炯，羅北海，高 嵩，萬 羽，謝庁盦，胡彬文，李克峻，龍石民，張鐵須，唐哲生，聶松溪，姚子希，陳葆華，馮恆武，湯又銘，任文海，李仰由，湯忠永，陳良四十人為宣傳委員，三。通過聘請書，四。聘請文書一人（蕭貢廷）庶務一人（侯伯紀）五・議決下星期三（廿九日）假官長會客廳開全體委員大會，討論以後進行方針，茲將本宣傳委員會全體人員，開列於後・執行委員，孔章虎，李尚庸，甘竹溪，鄒今海，潘超世，常務委員，公推甘竹溪，鄒今海・基本委員・特別黨部執行委員李尚庸，甘竹溪，彭 [illegible] 盧碧湖，劉仲容，陳 超，監察委員・孔章虎・方鼎英，政治部黨務科職員楊其綱，潘超世，孫梅臣，鄒今海，彭湛園，入伍生政治部黨務科職員，陳山峻，陳堪，李鎮中，茲將聘請顧問與委員書照錄如下，敬啓者，本會之組織，在訓練特別黨部所直轄之黨員，使徹底認識和了解黨的主義與政策，小組為本黨之基礎，因此，本會擬於每週各小組會議中，派委員參加，切實指導，素仰同志為黨中先進，革命中堅，關于黨的主義，革命工作，經驗宏深，用特聘請為本會政治顧問，解答一切黨務上政治上重要問題，指示一切黨務上政治上必須討論之問題，行見黨務之發展，蒸蒸日上也，此致同志，聘請委員書已登載，從略，

中央黨部統一閩省黨務

△派丁超五林堯階等回閩整理

閩省革命勢力日見擴充，而該省黨務急待進行，中央執行委員 為統一福建全省黨務起見，特將前有之臨時省黨部停止職權，改派丁超五，林堯階，馬式材，李培桐四君，前往整理黨務，并籌備正式省黨部，頃接廈門快函稱，丁林等已於本月十二日早抵廈，現寓水仙宮南華旅社內，聞擬留廈兩日，將本市黨務從事考察後，即前往福州云。

浙省國民黨統一黨部宣言

浙江民黨，前因西山會議，發生第二省黨部，現因時局推移，已互相諒解，團結一致，昨由浙江正式省執行委員會，發出統一全省黨部宣言如下，本黨負中國國民革命之使命，過去奮鬥之歷史，自同盟會以來已數十年，而革命之成功，尚未能實現，十三年春，本黨總理孫先生，鑒於辛亥革命之失敗，與蘇俄革命成功，毅然排除萬難，改組本黨，舉其正確的策略，昭示同志，共同奮鬥，使努力於國民革命之成功，三民主義之實現，不幸總理逝世之後，少數黨員，昧於總理遺策之重要，發生許多無謂之糾紛，遂使我親愛之同志之間，若有一鉅大之裂痕，分散我革命之力量，此實本省執行委員會所引為最痛心而欲哭無淚者，現在革命潮流，瀰漫江浙，而國內反動軍閥，則為一時共同利害，互相勾結，將以暴力加諸我人，大敵當前，豈容自相爭持於內，本省第一次全省代表大會宣言，曾云，本黨以國民革命為職志，大會深信我浙江同志，此時雖因誤會而起糾紛，一旦悔悟，必仍能共集於青天白日旗之下，戮力同心，繼續奮鬥，以竟總理未竟之功，今者因時局之推移，我全省同志，已深悟分裂之非與總理遺策之當擁護，特由同志間自己所發生之力量，團成一體，我第一次全省代表大會之希望，於是達到，革命勢力團結集中此實足以欣慰者，茲經本省執行委員會決議，所有本省全體黨員，悉歸本省執行委員會，依照本屆中央第二次全體會議，整理黨務決議案，辦理登記，其辦法

啓事

△新書無幾
△同志諸君
△購者從速

中國青年 六仙 十五十六期
人民週刊 一仙 卌四期
嚮導 四仙 一七八期
少年先鋒 五仙 九十期

△廉價出售

國民週刊 三仙 十期
孫文主義之理論與實際 廿六仙
國民黨幾個根本上的問題 二八仙
顯微鏡下之醒獅派 二四仙

政治部圖書室書報流通所謹啓

海豐農民運動 二仙
新青年 四仙 八
黃埔潮 三仙 二十期
創造月刊 三毫 一二三期

地址特別黨部樓下圖書室

緊要啓事

本校所印之政治講義叢書八種，現已發完，正在再版中，將來為閱者便利起見，當分交各書店發售。現在所有各處團體機關或個人來函索取者，恕不一一函覆，候再版出書時，當再登報通告。

政治部宣傳[illegible]

中華民國十五年十二月廿七日〔星期一〕 黃埔日刊 〔第二版〕

如下，(一)已受開除黨籍或警告處分之黨員，由原決定予以處分之黨部或上級黨部審查其有無確已悔悟之表示，決定其得恢復黨籍及登記與否，(二)其他黨員，准其向各地方登記機關登記，經此決議以後，所有浙江全省黨部，即歸統一全省黨員，無一與上海環龍路四十四號之中央黨部發生關係，凡各縣市地方徵求黨員組織黨部舉行登記各事項，概須由本省執行委員會委派辦理，自此以後，我親愛之同志，絕無彼此之分，化除成見，團結一致，遵守總理遺囑遺教及遺策，共同努力，鞏固本省革命之基礎，打倒軍閥及帝國主義，以促進國民革命之成功，中國國民黨萬歲，中國國民黨浙江全省黨部統一萬歲，中國國民黨浙江省執行委員會十五年十二月十四號，

軍事

◉西北革命軍克復洛陽

△紅槍會七千人入洛

△派員歡迎西北軍

△鄭州大震

最近西北革命之進展，爲中外所注目，不特張作霖吳佩孚所戰慄危懼，帝國主義者亦深感不安，據中華通訊社二日上海電，西北軍由澠池宜陽分兩路進攻洛陽，紅槍會武裝農民七千人，在洛陽附近響應西北，紅鎗會即已於皓(十九)日攻入洛陽，解除防軍警察軍械，軍政警機關，均封閉，派員歡迎西北入洛，西北軍前頭部隊已抵新安，又訊自西北軍下陝州克洛陽，樊軍佔領駐旗方葉後，鄭州人心惶惶，莫可終日，而晉閻亦於此時派代表胡瑛趙芷青兼程抵南昌，進謁蔣總司令表示輸誠，吳佩孚以衆叛親離後不敢南下，一旦西北軍進至鄭州則吳將無立足地矣。

◉浙形勢轉緩和

△浙方宣佈自治組織省政府

△革命軍有暫緩前進說

△孫傳芳積極備戰

△周蔭人敗兵入浙

浙江形勢似漸趨和緩，浙省有組織自治政府之說，據中華社二十二日上海電，革命軍對浙表示，如浙確能完成真正自治，拒絕孫奉軍閥盤据，可令入浙部隊暫緩前進，取監督態度，如北洋軍閥有破壞浙省自治者，革命軍當迎頭痛擊，同日上海電，浙省各界聯合會，皓(十九)日午在杭開緊急會議，民衆團體代表到者百餘人，主席沈鈞業，決即正式宣佈自治通過，蔣尊簋提出浙省政府組織大綱草案，後即席選出周鳳岐蔣尊簋褚輔成蔡子民陳其采張載陽陳儀周承菼黃鼎九人，爲省政府委員，由九委員中，選出蔣尊簋爲軍政長，陳儀爲民政長，即日發出通電及佈告，通電內容(一)述組織人民自治政府之經過，(二)政治公開，不得再由少數官紳壟斷把持，(三)人民言論出版結社集會絕對自由，(四)廢除一切苛稅雜捐，(五)浙現有軍隊隸自治政府，浙既宣佈自治，但張宗昌已至南京，孫逆傳芳連日在甯開軍事會議，對浙積極備戰，又十六日溫州當敗退閩兵約二萬，將於一兩日中抵此，途中有縱火刼掠事，鄉民避難來者紛紛，人心不安，

政治

◉閩省將組織省政府

△福州局面安謐

△各委員將發表

廿一日上海電何軍長應欽在閩決組省政府，採委員制，各委員將發表，傳海軍方面有楊樹莊陳季良林知淵等四人，軍事廳長擬方聲濤，民政廳長薩鎮冰，財政廳長陳培琨，教育廳長黃展雲，又訊何應欽令李生春率部入浙，又令閩南民軍亦來省改編入浙，又路透社廿日福州電，何應欽偕俄顧問等六人，昨日駐福州，何氏擬不日開赴前方，城中政事，交由委員七人辦理，刻下福州局面安謐云，

◉英人自認對華政策失誤

△捷連電訊報之公論

倫敦「捷連電訊」，報登載論文，批評英國對華政策之失敗，由於自誤，其言與前首日路德佐治所論先後輝映，據言：「吾英在華資望之喪失，與吾人所感之痛苦，揆厥原因，不必搔首問天，或諉諸鮑爾雪維克之煽動，吾人直當自承其咎，蓋吾人之驕矜自大，得諸先代傳統之虛妄觀念，顧吾人僅傳此觀念而不傳其鑒別精神，則猶之奏曲者之僅效其聲，而不計其調也，今中國新時代之民族，漸由古代傳統之習慣，而從事解放，而不復能，以疇昔泰西眼光蔑視之，雖其間尚不無掣長較短之餘地，然其不甘默受欺淩，不肯屈服於槍砲之下，有何斷言者，吾之持論責備，妄肆饒舌，或不免紙上談兵之譏，然吾深信所謂華人排英思想，其起因與緣，多由上海沙基萬縣等處慘殺案而發生，如上海一案，租界巡捕本可用警棍以維持秩序，乃竟出於排槍正射，果何爲者，若沙基之役則孰先發難，雖尚未得主名，而辯護之論點，頗爲薄弱，至於萬縣，則以六寸口徑之砲彈，橫加於此小城，其無辜已可想見，此吾英之有傷友誼，將永世不能改」云。

經濟

◉中國外債最近調查

△英國約佔四分之一

中國外債，據最近調查，本利未清者，尚有一萬萬五千金磅，此數係就北政府所借而言，庚子賠款及各省自借之款在外，再外債又分有無抵押品二種，有抵押品計八千五百萬磅，無抵押品者六千五百萬磅，外債之中，英國所佔自開始至今日之近三十年中，總數達五千萬磅，本利未清者，尚有二千九百萬磅；除三百萬磅外，均有抵押品，即關鹽稅餘鐵路等，故有抵押品之英國借款，將及全數之半，即三千三百萬磅，其性質約分爲二類，(一)中央財政方面，計中日甲午戰後，賠款所借佔百分之二三十，辛亥革命後之整理大借款佔百分之三十七，(二)實業鐵路等借款佔百分之四十，第二類之借款，近因內亂頻仍，鐵路多由武人操縱，已受影響，每每本利不能按期而付，至於無抵押品之英借款，爲數祇及全部分之無抵押品之外債十分之一，即六百萬磅，其中半係鐵路材料墊款，餘則供給飛機及馬可尼無線電之用，二項借款，中國政府曾發庫券以代現貸，惟無正當收入爲担保，致本利久不能付，況經內亂多次，原有之英飛機多架，早經武人瓜分四散，無線電之情形，照合同馬可尼借款之成立，爲造高電力無線電三架，連接北京與甘肅之間，惜後改變計畫，第一電台造在庫倫，今被日人所佔有，於是可見此三百萬磅之投資，既無正當收入爲担保，且原有材料，亦大半無着，將來如何還本付息實爲大難問題云。

羣衆運動

◉上海工界代表三千人自動啓封總工會

▲啓封後列隊游行示威

▲爆竹聲中高呼口號

上海各區工人，自上海總工會第三次被封，異常憤激，十一日晨忽有三千餘工人，集合閘北景雲里該會會所，自動啓封，所有器物，盡行遷徙至虬江路新會所，各工區同時舉行游行示威，茲將各種詳情，分誌於左。

◉事前之集議 十日晚十時許，紗廠總工會，海員工會等十二產業總工會，在某處舉行聯席會議，總工會亦派常務委員參加，到代表一百餘人，討論應付辦法，結果，僉謂爲力爭工人結社集會之自由起見，對於摧殘自由之行爲，予以嚴重之表示，遂決於十一日晨八時，各工區各派代表一二百人不等，準時齊集景雲里被封會所，自動啓封後，即行遷入新臨時會所

◉是晨之集合 十一晨六時以後，各區各工會所派代表同時集合於天通菴路靶子場東，橫濱路寶山路一帶，計由小沙渡，楊樹浦，東引翔港，曹家渡，南市，各區工人代表及碼頭總工會，紗廠總工會，印刷總工會，絲廠互濟會，海員工會，水電郵務聯合會等男女工人代表共三千餘人。

◉會前之大會 該代表等集會後，八時許即行整齊隊伍，連呼口號，直赴東橫濱路該會會所前，舉行臨時大會，討論進行，由戚君主席。(一)報告全上海工人對總工會被封之憤慨，否認警察廳有封閉該會之權，當即全場通過自動啓封，(二)全上海工人始終接受總工會之領率，參加自治運動，實現市民自治，反對奉魯軍南下，打倒孫傳芳，開會約二十分鐘，即由主席宣佈實行啓封，搬遷新所，並游行示威，

◉啓封及游行情形 大會畢後，即指派三十人担任啓封工作，即將門封開啓，其餘代表担任搬物，所有一切檯椅什物，及上次公開後各工會所送之幛屏對聯，概行取出，當即開始游行，首爲該會會旗，繼爲搬物之人，羣衆殿後，沿途高呼口號，并放鞭炮二十餘萬，自東橫濱路穿過淞滬鐵道，經過橫濱橋，寶山路，最後至虬江路臨時會所，將所搬之物即行放入，

◉虬江路口之集會 工人至虬江路後，復開會一次，楊樹浦工人代表會代表主席，報告今日遷徙之順利，與以後應繼續擁護總工會。最後又大呼口號始散，

◉啓封後之佈告 該會會所已啓封，遂於舊會所前貼出正式佈告如下，本會已於今晨由各工會自動啓封，遷移至印刷總工會辦公，此處停止接洽，此佈。

◉各處之示威 是晨除在閘北舉行自動啓封外，以外如滬西，小沙渡曹家渡，滬東，楊樹浦，南市，浦東，等處工人，均有示威之舉，集會之人數，數十數百人不等。

(二) 小通信

本校特別黨部革命軍社徵文啓事

本社擬於年節時出一特刊以廣宣傳凡我同志若以鴻文大著見賜無論何類皆表歡迎惟所賜之稿務須於本月廿五以前寄來本社爲禱。 十二月廿日

編譯處啓事

逕啓者本處印刷所所印之第四期二團三營學生野外實施筆記因各圖須用顏色數種繪印手續殊繁且近來該所印件甚多工作極爲忙迫故此種筆記未能急速印就現已飭該所趕速印竣俟裝釘完備當再登本刊通知來領可也

歐運吳同志：你編什入伍生何團連，駐紮何處？有信在我處；請告我，轉。第二學生隊第七隊第二十八區隊歐陽欽啓

黃啓琛，張鼎高，梁谷，鄺寬三，鍾玉賢(赤心)諸同志：你們在什麼地方？什麼隊部？請示知！第二學生隊廿六區隊胡彬文啓

中華民國十五年十二月廿七日〔星期一〕 黃埔日刊 〔第三版〕

革命之路

題目

基督教徒們的所謂『聖誕節』已經過去了。我們的反對基督教運動不是在他們所謂『聖誕節』的一天，作一度大規模的宣傳就算了事。我們要繼續不斷地反對基督教并喚醒被基督教迷惑了麻醉」的青年，教他們跑出了宗教的魔窟，來和我們握手蹈上革命的大道。因此，反對基督特號雖然出過了，現在仍把容積不下而剩下來和遲交的材料，在『革命之路』裏又編了一個特號。但是，很多的來稿，在這個小小的篇幅還是不能容納的，只好以後絡續登載了。惠稿的同志，或許不會心焦吧？

（記者）

●黃埔學生對於基督教應取之態度

熊雄

黃埔學生是二十世紀帝國主義時代東方被壓迫民族中的產物，在這個複雜時代當中，要想擔負他們——黃埔學生的責任，就須站在科學的觀點上，來認清自己的環境；若欲完成他們——黃埔學生的使命，尤須站在革命的立場上，去掃除一切的障礙。

基督教是個什麼東西！已有許許多多信仰和反對他的人們長期的讚美和詛咒了，此刻用不着我來詞費！總而言之，基督教是：反革命的；非科學的；則可斷言，引例來說：他的教義上上帝造人，靈魂不滅，魔鬼，輪迴，禮拜，節慾等等荒誕不經的言行，這就是非科學的鐵證；他的平等博愛自由人道等等抽象的喊叫，只是爲一部分人說法，不是求全人類的解放，並且拿着這些假面具，而爲了統治階級壓迫民衆的工具，然歐洲中世紀來看，死在這個壓迫工具下的科學家，藝術家，自由思想者和工人農人……不知凡幾，到了帝國主義時代，那些殖民地和半殖民地的弱小民族，受基督教的厚賜，日卽水深火熱，幾於滅亡，舊跡新痕，比比皆是，這就是反革命的鐵證。

由上面所說，基督教與黃埔學生是根本相反的兩個時代產物——進化的與反進化的，亦卽科學的和非科學的；革命的和反革命的。因此，我們就可以確定：『黃埔學生對於基督教應取之態度』，黃埔學生是要站在科學的觀點和革命的立場上，以流血的決心，犧牲的勇氣，來打倒帝國主義及其一切工具，達到中華民族和全人類的解放，基督教是帝國主義工具之一，黃埔學生對他當然要『積極反對』，和『猛烈進攻』，這才是黃埔學生應取之態度。

●找耶穌算帳

李元傑

有人說私生子要聰明些，福氣大，這話似乎不錯。我們拿耶穌來證明，便會知道了。因爲耶穌不過是一羅馬丘八和猶太女子的私生子。他却享了這樣一千九百餘年的幸福，上自「峨大冠」，「拖長紳」，「帶九鍔刀」的皇帝貴族；下至於「肚裏餓得像臭虫」，「身上凍的如麻雀的窮漢」；及繽紛婀娜的女子們，都要把頭兒埋着，叫「亞們」。我想這在加利利湖畔替卡伯諾驅鬼治病的喻覡，——耶穌，他一定不會想到的；尤其是他能脚跡遍全球，君主，封建諸侯，資產階級，帝國主義者，把他拿來作先鋒和屏障，得到這樣許多人的歡迎，而尤非這個木匠在生前所能夢想到的。

——耶穌「福氣」眞大呵！

我們固然佩服他的毅力，他能很爽快的驅逐耶路撒冷宮殿上的奸商；我們固然很爲他痛惜，他因爲此事而竟戴上了荊棘之冠被羅馬的丘八把他放到十字架上去；同時我們亦在可惜爲貧民而犧牲的司提反；我們亦贊賞智慧而熱愛濟窮的使徒保羅。但是這些事實如何，我們是一點不知道的；而他——耶穌——死後所給我們的影響，我們却不能說他是上帝的兒子，他已變成了帝國主義的工具！

帝國主義拿了這個工具，走遍全地球，替耶穌拖欠了不少的賬，到現在我們不能不找他算一算，就我所知到的：

（一）十字軍的異教戰爭，死亡無數，損失不可以數計。

（二）新舊教三十年戰爭，死者無數，損失不可以數計。

（三）法國一八六二年爲教士案滅交趾，非德虛把耶穌背起去征服了非洲南北，死者無數，損失不可以數計。

（四）西班牙，葡萄牙，法蘭西把耶穌背起去伏獲了他們現在的許多殖民地，現在還壓着許多人。

（五）英國以耶穌獲得澳斯大利亞，斐濟羣島，南非洲，中非洲，塞拉勒窩，緬甸和幾內等地，迄今人民的膏血已被剝盡了。

（六）羅馬爲爭教王，曾一次當堂殺死百三十七人。

（七）因宗派的爭議，下了殺死二十萬人的命令。

以上係耶穌在其他地方拉的賬，暫且擱開，我要找他算中國的賬，是完全關于中國的；現在列舉于下：

（一）英法聯軍之役；乃因法國藉口廣西殺了二教士而釀成，聯軍攻入北京，訂「城下之盟」的天津條約與北京條約，（一八五八年）損失：

一，賠款一六二〇〇〇〇兩。

二，天津，牛莊，登州，台灣，潮州，瓊州，江甯，開爲商埠。

三，割讓九龍。（與英）

四，割讓烏蘇里江，與凱湖，白稜湖，瑚布圖河，琿春，圖們江以東九〇三〇〇〇萬里（舊俄因此事之解決，調解有功，向中國索取的。當然亦要算在耶穌的賬內。）

（二）曹州鉅野縣人民傷害教士案因光緒二十三年十月初七日暴民殺斃德國高僧安守山東南部牧師長二名就派兵艦到膠州灣，此案了結的損失：

一・賠償教堂建築費六萬六千兩。

二・賠償盜竊（?!）物品銀三千兩。

三・在鉅野，河津，深城，單縣，曹縣，魚台，武陟七縣各建教師任房一所，共給工銀二萬四千兩。

●我的基督教觀

張寶琛

我國自從『辛丑條約』成立之後；每年要進貢二千萬餘兩的賠償費於各帝國主義者，關稅鹽稅的徵收權保管權，完全歸入帝國主義者掌握之中，我國財政的命脈，就被他們掘斷了：我國北方的門戶洞開，藩籬盡撤，軍事行動，處處要受帝國主義者的牽制了；北京東交民巷的各個公使館，就成了統治中國的太上政府」，我們要記住，這一個喪權辱國的『辛丑條約』，爲的是中國北方農民殺了幾個强行霸道恃勢凌人的基督教徒，帝國主義者藉口保護教徒，用槍砲軍艦威逼刼持而成的！從此以後，中國人就負了千斤重担，轉不得氣，抬不起頭，全國的經濟，就陷於萬劫不復的境地！，這都是耶穌基督的福音呵！我們要想一想：中國人殺了幾個不法教徒，就要吃這麼大的虧，去年『五卅慘案』和今年的『萬縣屠殺』，中國人死於英帝國主義鎗砲之下的，總計不下千餘人；我們中國人能動他的毫末嗎？中國人的生命，竟如此不値錢嗎？上帝如有靈；總應該替我們被壓迫的人們講句公道話。

年年在耶穌基督降生日子，我國整千整萬的基督門徒——帝國主義的順民，一個個都歡天喜地興高彩烈的預備着慶祝什麼「聖誕」節；演劇呀，跳舞呀，提燈呀，宴會呀，鬧得不亦樂乎。一個生在一千九百二十六年前外國的寃死鬼（耶穌被他自己的門徒猶太所買，被仇人拿去釘死在十字架上），竟値得我們中國人如此崇拜，眞是莫名其妙！耶穌基督，豈眞有深仁厚澤及於中國人嗎？我們只看見帝國主義者的神父牧師，拿了聖經在前面作開路先鋒，後面跟着的，就是巡洋艦，戰鬥艦，潛水艇，魚雷艇，大炮，機關槍，及一船一船毒害身體的鴉片，嗎啡，和光怪陸離爭奇鬥巧的洋貨，弄得中國民窮財盡；經濟破產；人民無論怎樣受外國人壓迫蹂躪；惟有忍受，不敢反抗，試翻開中國最近八十年外交失敗史來看，因教案而引起的戰爭，而喪失的利權，何可勝數！

近來稍有常識的人，都知道帝國主義者，用文化的侵略來麻醉我們的神經，基督教就是文化侵略之一種；如設立醫院，學校，青年會……等，在眼光短淺貪圖小利的人看起來，以爲是洋大人不分畛域，一視同仁，其實他們每年在我們中國人身上剝削去的大洋幾萬萬，提出萬分之一來做點好事，不過是黃牛身上拔根毛。你看教會學校畢業的學生，不是洋氣十足；大多數都是去當傳教師，去當洋行買辦，替帝國主義者宣揚德意；或兜攬生意嗎？據最近調查：中國基督教徒有二百餘萬，教會學生有六十餘萬，你看現在中國努力國民革命的青年，有幾個是教會學校出身的，恐怕是很少數罷。

基督教徒說：『基督教的教義，是博愛，是勸人爲善，教人寡慾的；入了教，受了洗禮，可以得上帝保佑，死了可以登天國。』試問上帝到底是誰？天堂究竟在何處？無千無萬的基督教徒死了之後誰想了天堂？中國各地方之的流氓地痞，入了〇督教之後，還不是恃勢橫行魚肉鄉民嗎？神甫牧師不干涉司法不包攬訟事者有幾人？這一班姦盜僞詐的基督教徒，生前罪孽深重，死後誰曾入了地獄？歐洲中世紀十字軍戰爭，前後綿亘二百年之久，殺人盈野，爭的是耶路撒冷的塚中枯骨，博愛云乎哉？現在坐在意大利羅馬城敎皇，他還不是同我們一樣是父母生他出來，飢了要吃飯，倦了要睡覺，生病要吃藥，死了要落棺木材嗎？

二十世紀是科學昌明的時代，一切蒙蔽民衆麻醉人心的宗教，已無存在之餘地，〇督教之在歐洲，勢力失墜，早已混不出飯吃，不過帝國主義者利用這一班游民，拿了十字架來做侵略的工具，欺騙殖民地的民衆，消磨他們革命的情緒而已。

『有人打你右邊的耳光，你就連左邊也讓他打，有人奪你的外衣，你就連內衣都脫下來送給他。』這種無抵抗無氣骨的教義，演繹出來，就是說；『有人要你的田地，你就連房子讓給他；有人殺死你的父母，你不應當報仇；有人强姦你的老婆，你不可作聲！』這都是帝國主義者用以欺騙被壓迫民族及被壓迫階級的最好工具！

我是根本反對一切宗教的，尤其是痛惡西洋的〇督教，因爲牠是阻礙學術思想的發展，革命前途的進行，我們要打倒牠，我們要確定科學的人生觀，我們更要確定革命的人生觀，我們的信仰是：『人類平等，共同生活，各盡所能，各取所需』，我們要創造眞自由眞平等如總理所說的『大同社會』不是〇督教徒閉了眼空喊的什麼『天國』！

四，借去膠州灣，（一八九八年四月二十七德皇敕令，簡直稱彼巳占有，其實等於割讓。）

五，失去山東一省。（因工業優先權，行使政治權，都爲德所獲。）

六，借去威海衞，（英租）廣州灣，（法租）旅順，大連。（俄租）（此固然非此次直接結果，但其原因是根據德租膠州灣來的，故此賬亦要算與耶穌，）

（三）義和團事件；卽一九〇〇年拳匪之亂。其因蓋以天主教徒橫行內地，故一般人民恨之入骨，乃主張扶清滅洋，大亂起來。其結果損失；

一，賠款，（本利合計）九二二〇六四〇七四兩。

二，斷送海關權。

三，斷送鹽務課稅。

四，死者無算，損失更難勝數。

（四）據一九二三年中國基督教教育調查會及其年鑑之報告：

一，被惑青年（卽敎會學校的學生）三十五萬餘人。

二，創辦學校一萬三千八百九十餘所。

三，基督教所到之縣，爲一千五百八十七縣。（注意！中國共一千七百十三縣。）

（五）帮我們造了不少的賣國的大洋奴，將我們的優秀（？）國民來作他的走狗：

一，顧維鈞，

二，顧惠慶，

三，………

好了；我們亦不必再算，就是這一筆賬已經是够了！耶穌怎樣還我們呢？——卽是我們怎樣的索賬呢？

簡單的說「就是我們要怎樣設法使他不能在中國以及其他的一切地方害人？怎樣使帝國主義者使他失棄這個先鋒，去侵略被壓迫的人們？這個只有我們大家一致起來叫『打倒基督教！』

在這兩年來尤其是五卅以後，我們見着的許多青年都跑回來了。洋人的美人計（他們往往利用女生來騙男生，我并不寃枉他，這是我親自知道的。）他們不中了；安樂國（他們逼築高樓大廈以軟化學生，如上海之聖約翰大學，北京之清華大學，……）他們不住了！他們將Bible拿來作大便後之用，（這亦是事實，上海大學就有多人如此。）十字架他們拿來劃在廁所內；尤其是在去年的聖約翰中國學生的自已退學，與及最近成都華西協合大學學生的退出該校，最可值得我們注意的。因爲聖約翰大學是教會學校的大本營，成都是思想腐敗的策源地。這兩校公然有了自已退學之擧，便可以證明反基督教的力量確大起來了。据我所知道的四川重慶如求精，廣益等校，去年拿錢請人去還沒人去；盧州的華西中學，及牧師們興高彩烈的才修好的華西女中：……等校現在找鬼也沒有一個。最得力的老教徒楊青山（他說他已服務二十餘年）已跑到了一個小輪上去當管艙去了。

好了！我們已把前面的帳詳細地開了出來，現在基督教的營業，雖然似乎日漸衰落，但我們過去的損失，和到現在還負担着的耶穌門徒賞給我們的債，我們總須得詳細計算一下。我們找耶穌算帳，不是要巳死的枯骨——耶穌（基督徒不要生氣，耶穌倘不是臭虫，不會死而復活的）來還我們，要耶穌爲門徒……帝國主義者把在十字架底下的侵略剝削去的一切權利，在十字架底下强迫訂下來的一切不平等條約，統統交還我們，作一個『前帳清訖』！（以〇代基）

五卅運動中反基督教的一點回憶

無名小卒

南京路上的血花迸射，五卅運動暴發了！全國人心沸騰，革命怒潮高漲，窮鄉僻壤的桃源縣也爲之波動。當時的我，正在那裏『鬼鬧』。（身穿長衫口吐斯文的先生們恭奉我們的）。

桃源雖然蠻野之邦，基督教却不厭棄，耶穌門徒在幾年前早就背着十字架，幸臨了斯地。

在『鬼鬧』的人們，反對帝國主義也就够了，却要同時反對基督教，并說它是什麼帝國主義侵略的先鋒隊！有一天晚上，陬市有個姓塊的還在聽衆數百的台上，大演其說，痛陳基督教的罪惡，使得台下的聽衆拍掌歡呼，說『非打倒基督教不可』。

教徒們慌了！施其造謠誣蔑的慣技，急報桃源基督教總會，說有『暴徒』若干，在聽了姓塊的講演之後，是夜搶刼教會，并云要殺洋鬼子，若不早請官廳制止，生命實無保障。……

我同在桃源縣宣傳，自然也在高唱反對文化侵略，打倒基督教。

來了！一天的正午，有一個鷹鼻鶻眼，刮骨臉，高喉骨，着紡綢衫，戴麥草西洋帽，穿緞子鞋，手搖羽扇，中西合壁的Gentleman闖進了我們的辦公室內；他是一個在桃源縣傳教最久資格最老有勢力的一個教士。

他是來對我們下警告的。

首先他就對我們說：『外國人殺了我們的同胞，凡是有點血氣的中國人，都應該起來反對，我們雖然相信基督教，所以我們也參加作愛國運動的各界聯合會』。這是表明基督教徒也愛國，我們可不要反對他們。接着他又說：「現在全國正在主張祇反對英日，有很多人還主張連日本都不反對，祇單獨反對英國，這是因爲中國還沒有很充足的武力，同英國衝突還不能，所以把日本也要放棄，因此我們現在不好得罪美國，把我們的敵人拉多了。

「昨天陬市的教會來人報告，說有一個姓塊的在台上胡亂講演惹起一些流氓的拍掌歡呼，要殺洋鬼子，那天夜裏教會還失去許多東西；我勸你們各位不要反對基督教，以免歹徒乘夥打刼；我昨天已向縣警備司令說過，要他出示禁止，（他同警備司令是至好）信教自由，你們不要弄的無辜遭究」。

他說話非常流利，子曰詩云館裏的貨物，隨便引出幾多擺到我們面前，弄到我們頭暈目眩，我們到底是些碌碌庸人，天天大聲疾呼，宣傳人家，那時好像他來宣講，反致他宣傳去了，大家却是鴉雀無聲。當中有個姓t的，他聽了老不高興，心底裏的火，冒上頭頂，他帶起一副很不好看的面孔對那教士說：「中國糟到這樣，不光祇有英日，凡是與中國以不利的，我們都要反對，文化侵略難道我們不反對麼？

「你說陬市教會前晚怎樣，我們不曉得；不過我們據你所說的看來，也可見你們基督教的罪惡，假設基督教好，姓塊的怎會說牠的壞呢？台下數百人怎麼會拍掌歡呼呢？你們教會仗着外人的勢力，欺凌百姓，——你們傳教就是這樣說：你進教會了，教會可以保護你們；在盤塘橋有個姓董的窮人，因爲在教會屋旁屙屎，不受牧師老婆的無理干涉，大聲說了幾句反抗的話，牧師便將他毆打，並且還搬陬市的警察，把姓董的罰了二十塊錢，弄得姓董的被賬壓得不得伸腰；你自己看！單就這些，我們都應該抵死的反對，何況基督教作帝國主義的走狗，麻醉中國的青年呢？」

教士聽來不大妥當，於是立卽伸辯「文化侵略，實在是些謠言，教會在中國並沒有得到什麼好處，祇是在本國拿許多錢來在中國興學校爲中國造人才，辦醫院爲中國救濟人民，我們應當感激之不暇，怎麼好來反對！教會在歐洲古來誠然曾被人挾用作惡，但現在早已政教分離，諸位祇一研究，自然知其妙處！至若傳教的不好，那也是有的，但不能涉及教的本身。」

姓t的說：「政教分離！美國政府爲什麼拿錢給教會傳教呢？笑話極了！在中國辦學校爲他們造洋奴，在中國辦醫院收買中國人心，還說爲中國！傳教的人不好是有的！你呢？你爲什麼帮人家同姓塊的打官司？爲什貪官污吏同你們有來往呢？……」

辦公室裏的飯開來了，我們吃飯了又要講演去，教士告別，我們叫我們的反對文化侵略，繼續不斷的叫。第二天，桃源警備司令禁止反對基督教的告示，發現在大街小巷的牆壁上。

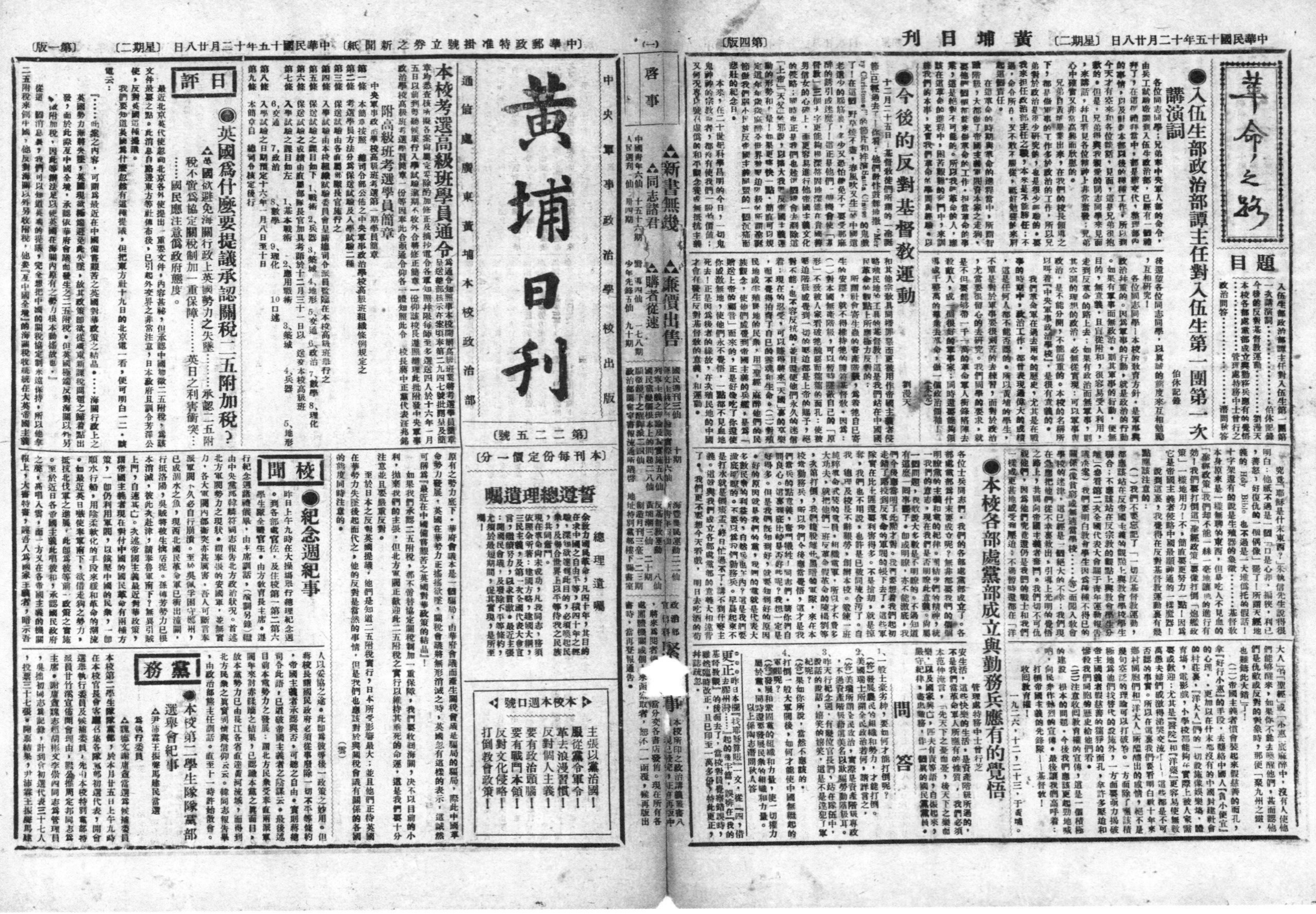

中华民国十五年十二月廿八日 星期二 黄埔日刊 第四版

革命之路

题目

入伍生部政治部谭主任对入伍生第一团第一次讲演词

今后的反对基督教运动

本校各部处党部成立与勤务兵应有的觉悟

问答

中华民国十五年十二月廿八日 星期二 中华邮政特准挂号立券之新闻纸 第一版

黄埔日刊

中央军事政治学校政治部出版

本校考选高级班学员通令

附高级班考选学员简章

总理遗嘱

日评

英国为什么要提议承认关税二五附加税？

校闻

纪念週纪事

党务

本校第二学生队队党部选举会纪事

中华民国十五年十二月廿八日 星期二 黄埔日刊 第二版

反对天津英领逮捕本党同志之两通电

广东全省第二次代表大会通电

鄂党部电慰西北革命军领袖

军事

浙江形势骤变

闽北残敌已告肃清

洛阳未侣[illegible]前之豫省军讯

逆军踩躏下之河南

小通信

经理部採办课启事

编译处启事

中华民国十五年十二月廿八日 星期二 黄埔日刊 第三版

政治

北京英代办忽提出关税附加税实施案

苏皖同志被军阀惨杀

美众院赞同造舰案

英法意争议殖民地

西班牙摧残革命运动

意棒喝团之威权

经济

罗俱窮之奉天财政

日本豫算案之膨胀

杂讯

黄埔农工商学兵联合会开会纪

日皇逝世

中華郵政特准掛號立券之新聞紙〔中華民國十五年十二月廿八日〕〔星期二〕〔第一版〕

黃埔日刊

中央軍事政治學校出版

通信處廣東黃埔本校政治部

〔第二二五號〕

〔本刊每份定價一分〕

本校考選高級班學員通令

為通令知照事本校開辦高級班業將考選學員簡章呈送總部核示在案頃奉第二九四七號批開呈及簡章均悉查核所擬各案尚屬完妥除酌加修正及摘抄電令各軍知照并限每師至多選送四人於十六年一月五日以前到粵聽候舉行入學試驗逾期不收外合將修正簡章一份仰該校長遵照辦理此批附發中央軍事政治學校高級班考選學員簡章一份等因奉此合亟通令仰各一體知照此令　校長蔣中正　黨代表汪兆銘

附高級班考選學員簡章

中央軍事政治學校高級班考選第一期學員簡章

第一條　本簡章按照　總司令部公佈之中央軍事政治學校高級班組織條例規定之

第二條　考選學員方法分為保送試驗及入學試驗二種

第三條　保送試驗由各直屬部隊長官施行之

第四條　入學試驗由本校組織試驗委員會呈請總司令派員監臨在本校高級班舉行之

第五條　保送試驗之課目如下　1、戰術　2、兵器　3、築城　4、地形　5、交通　6、政治　7、數學　8、理化

第六條　保送試驗之成績由直屬部隊長官加具考語於十二月三十一日以前送交本校高級班

第七條　入學試驗之課目如左　1、基本戰術　2、應用戰術　3、築城　4、兵器　5、地形　6、交通　7、政治　8、數學　9、理化　10口述

第八條　入學試驗之日期預定十六年一月八日至十日

第九條　本簡章自　總司令核定後行

日評

◉英國為什麼要提議承認關稅二五附加稅？

△英國欲避免海關行政上英國勢力之失墜……承認二五附稅不啻為協定關稅制加一重保障……英日之利害衝突……國民應注意偽政府態度。

最近北京英代使忽向北京各外使提出一重要文件，內容甚祕，但承認中國加徵二五附稅，為該文件最要之點。此消息自路透東方等社傳布後，已引起外交界之非常注意，日本政府且訓令芳澤公使，反對英國這種提議。

我們要知道英國為什麼忽然有這種提議，但把東方社十九日的北京電一看，便可明白一二。該電云：

『……此案之內容，可謂為最近在中國備嘗艱苦之英國對華政策之結晶。……海關行政上之英國勢力漸將失墜，英國現欲極端避免此失墜，故其政策即欲從廣東新課稅問題之歸着點出發，而於此際亙中國全境，承認依華府會議而發生之二五附稅。但英國極端反對海關以外另徵附加稅，因此等辦法足以使英國在海關內原有之勢力根本動搖故也。』

從這個消息裏，我們可以知道英國的提議，完全想把中國的關稅協定制永遠保持，所以他拿二五附稅來餌中國，他反對海關以外另收附稅，他要『亙中國全境』的海關稅收統統在大英帝國主義原有之勢力底下。華府會議本是一個騙局，由華府會議而產生關稅會議是騙局的騙局，際此中國革命勢力發展，英國在華勢力正搖搖欲墜，關稅會議將無形消滅之時，英國忽有這樣的表示，這誠然可稱為『最近在中國備嘗艱苦之英國對華政策的結晶』！

如果我們承認二五附稅，那不啻替協定關稅制加一重保障，我們要收回海關，決不以目前的小利，拋棄我們的主張，但北方軍閥正歡迎此二五附稅之實行以維持其垂死的命運，這是我們要十分注意並且要嚴重反對。

至於日本之反對英國提議，他們是知道二五附稅實行，日本所受影響最大；並且他們正待英國在華勢力失墜後起而代之，他的反對是當然的事情，但是我們也應該對於與關稅會議有關係的各國的態度同時注意的。（雲）

誓遵總理遺囑

總理遺囑

余致力國民革命，凡四十年，其目的在求中國之自由平等，積四十年之經驗，深知欲達到此目的，必須喚起民衆，及聯合世界上以平等待我之民族，共同奮鬥。現在革命尚未成功，凡我同志，務須依照余所著建國方略，建國大綱，三民主義，及第一次全國代表大會宣言，繼續努力，以求貫徹。最近主張開國民會議，及廢除不平等條約，尤須於最短期間，促其實現，是所至囑！

本校本週口號

主張以黨治國！！

服從黨令軍令！！

革去浪漫習慣！！

反對個人主義！！

要有政治頭腦！！

要有戰鬥本領！！

反對文化侵略！！

打倒教會政策！！

校聞

◉紀念週紀事

昨日上午九時在大操場舉行總理紀念週，到各部處官佐，及住校第一第二第六學生隊全體官生。由方教育長主席。遵行紀念週諸禮儀畢，由主席訓話，（演詞另錄）繼由中央黨部韓麟符同志報告北方政治狀況。首述北方軍閥勢力之現狀：謂奉張的安國軍，並無實力，各大軍閥內部衝突亦甚厲害，吾人可斷言奉派軍閥不久必自行崩潰。至於吳佩孚困守鄭州，已成涸水之魚，現西北國民革命軍已衝出潼關，行抵洛陽，吳賊將被生擒活捉。孫傳芳勢力已根本消滅，彼此次赴津，請奉魯軍南下？無異引賊上門，自速其亡。次述帝國主義最近對華政策，謂帝國主義者現在對付中國的國民革命有兩種方策，一即仍利用軍閥，以鎮壓中國的民衆，一即順水行船，用陰柔軟化的手段來緩和革命的潮流。如最近英日嗾使軍閥南下，欲借走狗之勢力，抵抗北伐軍之進展，此即為彼等前一政策之實施。至於近日各帝國主義此唱彼和，承認國民政府之聲，高唱入雲，而一方又在各帝國主義的機關報上，大書特書，誣吾人為國家主義者，暗示吾人以妥協之途。此即為彼等後一政策之妙用。但蔣校長謂國民政府必須從事廢除一切不平等條約，帝國主義者承認與否，可聽之自由。實則蔣總司令此語，已道破帝國主義者之陰謀云云。最後述目前本黨勢力之發展：謂北方民衆受奉直兩派軍閥年來討赤蹂躪之結果，已認識本黨之真面目，故本黨勢力已由長江各省直達黃河流域，而得到北方民衆之真實同情與信仰云云。韓同志報告畢，由政治部熊主任訓話。直至十一時許始散會。

黨務

◉本校第二學生隊隊黨部選舉會紀事

△尹沛霖王振聲馬建民當選為執行委員

△魏德文謝庸齋當選為候補委員

本校第二學生隊隊黨部，於本月廿五日上午九時在本校官長會客廳召集各隊黨部初選代表，開會選舉執行委員及候補委員，先由本校特別黨部特派員甘竹溪宣佈開會理由，繼公推周定邦同志為主席。謝庸齋魏志超胡彬文李崇四同志為管理員，吳拙初同志為記錄，計到會初選代表三十七人，投票三十七張。開票結果，尹沛霖王振聲馬建

中華民國十五年十二月廿八日（星期二） 黄埔日刊 （第二版）

民當選爲執行委員，魏德文謝唐翕爲候補委員。所有各執行委員當經就職，并推定尹沛霖爲常務委員，王振聲爲宣傳委員，馬建民爲組織委員云云。

●反對天津英領逮捕本黨同志之兩通電

△本校入伍生第二團團黨部電
△廣東各級黨部聯席會議電

本校入伍生第二團團黨部昨爲英帝國主義者在天津封禁本黨黨部擅捕同志特發通電云，（銜略）各報館均鑒：英帝國主義者以不平等條約在我國佔有特殊利益，數十年來，受其壓迫最爲殘酷，例如「五卅」「六二三」慘案，及在萬縣之屠殺，血肉橫飛，無復人理。舉世非之，仍無悔意，自我革命軍克復武漢南潯，撲滅其最有力之走狗——吳佩孚孫傳芳，惟恐革命勢力統一全國，根本剷除其一切在華之利權，復借款五百萬磅接濟國賊張作霖向我進攻，以達其長此肆行侵略之目的，近又橫行無忌愈演愈兇，竟敢違背國際公法，干涉我國內政，在天津封禁本黨黨部，擅捕本黨黨員，解交奉軍，存亡莫卜，以圖消滅我革命勢力，而阻遏中國民族革命之成功，毒計陰謀，莫逾於此，聞之髮指，言之痛心，凡有血氣，應賦同仇，一息尙存，誓不兩立！除請國民政府提出嚴重抗議外，望我全國民衆，一致努力起來奮鬥，打倒賣國殃民之張作霖，打倒侵略我國及危害本黨同志之英帝國主義，憤慨陳詞，伏維鑒察！—中央軍事政治學校入伍生第二團團黨部叩。

又廣東省各級黨部聯席會議通電云，中國國民黨中央執行委員會國民政府總司令部各級黨部各團體各報館暨全國同胞均鑒，天津市黨部被英帝國主義者封閉，捕去本黨同志十四人，並違背其所挾以欺凌弱小民族之國際公法政治犯不能引渡之規定，强指爲暴徒，逕行引渡交其走狗奉系軍閥張作霖扣押虐待，無以復加，生命朝且不保。自五卅慘案以還，帝國主義者聯合戰線，直接屠殺我國民衆，摧殘革命勢力，至此而更顯明，誠以自本黨出師北伐，節節勝利，革命勢力推展近于北方，行見統一全國，帝國主義者自知其運命之短促，故不惜滅絕公理，倒行逆施之舉，殊不知此種殘酷謀殺行爲，祇能懾服于一時，終不能與革命力量爲敵，且因此更足以表露其暴行于民衆，而團結其反帝國主義之勢力，故壓力愈大，適自促其崩潰耳，本會聽到天津市黨部來粵代表鄭重謀同志報告本案經過，不勝悲憤，全體議決通電援助，務望各同志同胞一致聲應，爲打倒帝國主義，尤其是擴大對英經濟絕交不斷之努力，中國國民黨廣東省各級黨部聯席會議印。

●廣東全省第二次代表大會通電

△向中央及政府報告開會情形

昨二十五日，第二次全省代表大會，正式開幕，於昨二十六日，致電漢口中央黨部，及國民政府報告開會情形，電云，漢口國民政府，中央黨部鈞鑒，本代表大會，已於徂日正式開幕，主席團及各項委員會委員，於徂日預備會，均已退出，執行委員會，推定甘乃光，陳孚木，楊匏安，黎樾廷四人，代表推定陳瑤，李春濤，王超，何友逖，曾養甫五人爲主席團，又執行委員會推定曾猷聲，羅綺園，陳孚木等三人，并由主席團介紹吳綺湧，袁叔衡，方乃斌，廖伯鴻四人爲提案審查委員會，執行委員會推定甘乃光，并由主席團介紹李春濤，陳瑤共三人，爲宣言起草委員會委員，昨日上午九時半，行開幕禮，到會代表一百八十八人，中央政治分會派出李濟琛，戴季陶，徐天琛三人爲代表致訓詞，十二時禮畢，下午二時繼續開會，報告審查代表資格結果，正式代表一百七十四人，地方六十六個，全場革命空氣異常緊張，此本會第一日開會之情形，此後開會情形，容續報告，謹此電聞，中國國民黨廣東省第二次全省代表大會，宥。

●鄂黨部電慰西北革命軍領袖

湖北省黨部，電慰西北國民革命軍領袖，電云，西安探送西北國民革命軍，馮總司令煥章同志勳鑒，革命勢力，由廣州發展，不三月而衡岳，而武漢，而南昌，九江，吳佩孚逆，迎刃而倒，中國南部革命已獲解放，先總理在天有靈，當掀髯而笑也，革命勢力正達到高潮，忽得我總司令由俄歸來，重整三軍，努力黨國，五原誓師，敵人寒膽，近聞已克復西安，行見出潼關下洛陽，于人民努力，畢竟非任何軍閥所能抗拒，務望激勵士兵，放胆殺賊，敝黨部誓以全鄂民衆，爲武裝同胞後盾，中國國民黨湖北執行委員會魚印。

經理部採辦課啓事

敝課勤務兵林海堯於本月廿五日下午往本校大廚房打水，適逢學生收操人多擁擠致將所佩經理部採辦課一等勤務兵林海堯符號及會食證各一枚遺失除通報管理處外特聲明作廢

編譯處啓事

逕啓者本處印刷所所印之第四期二團三營學生野外實施筆記因各團[illegible]所印件甚多工作極爲忙迫故此種筆記未能急速印就現已飭該所趕速印竣一俟裝訂完備當再登本刊通知來領可也

小通信

白頭遜齊宗鑒諸：你們在何[illegible]……如何？[illegible]

政治部宣傳科吳之萃

軍事

◉浙江形勢驟變

△陳儀在富陽就軍長職
△孫逆殘部開抵杭垣
△我方對浙決用武力解決

自浙方宣布自治後，革命軍早已暫緩前進，絕不干涉浙人之自治，惟孫逆對浙猶存死灰復燃之想，故連日調兵遣將，仍然積極備戰，此固予浙人以不能堪，故連日陳儀輸誠我方並就我十九軍長之消息，甚囂塵上，據二十五日滬電則陳儀輸誠我革命軍，確已證實，同時孫逆委孟昭月爲浙方督戰司令，派軍沿滬杭路，向杭陳儀部進迫，廿二日下午，已在閘口開始接觸，陳儀率全部退富陽，會合革命軍，陳抵富陽後，即宣佈就革命十九軍長職，同日電·革命軍沿蘭谿桐盧到富陽·部隊昨晚又已到二萬餘，革命軍對浙以孫已公然破壞浙省自治，爲促成浙省自治，決對浙事用武力解決，定於此三日內下總攻擊令，故廿四日午，革命軍已由蕭山富陽兩路進迫杭州，陳儀周鳳岐部，分任前鋒，今晨據此間所得消息云，杭已被革命軍三面包圍，滬杭路方面之長安附近，亦已發現便衣革命軍，浙局形勢，已急轉直下云。

●閩北殘敵已告肅清

△賴世璜待命攻浙

自我革命軍克復福州，所有周逆殘部，悉數北竄，然同時我方第十四軍長賴世璜適出贛入閩北，連克邵武，建寧，延平各處，而周逆所部竄浙殘隊悉被截獲。目下閩北殘敵，確已告肅清。日昨該軍駐粵辦事處，通告云，現在閩北殘敵，已告肅清，賴軍長待命會師攻浙，茲錄賴軍長原電如下，我軍自進攻閩北以來，連克邵武，建陽，建寧，建甌，泰甯，延平各屬，周逆殘部經我軍四面截擊，狼狽不堪，僅剩衞兵二百餘名，日伏夜竄，逃入浙境，我軍追擊部隊，已達仙霞嶺，待命會師攻浙，賴世璜熊式輝，元印，

●洛陽未佔領前之豫省軍訊

△國民軍進至硤石驛
△澠池洛陽形勢危急

十九日京訊云，隴海線西部戰事，西北革命軍既已着着進展，吳軍方面，亦積極準備迎戰，援軍現已集中鄭洛間，不日全部出動，吳佩孚，或於最短期內移節洛陽，并擬親自指揮戰事，近日前方戰情，據某外商來電告，十六日西北軍前鋒，有已進至硤石驛訊，駐觀音堂張治公部，有二師兵力扼守，劉鎮華殘部張鈁柴雲陞憨玉珍三部現在觀音堂，池間，一部則駐觀音堂北洛河鎮，嚴防河北及盧氏縣一帶西北軍前進，又聞西北軍已進至硤石驛奉方軍事當局，因西北軍越陝州前進，決定分兩路進兵，一路自京漢路轉道西下，一路自京綏線出兵包頭，自榆林進攻陝北，但南路進兵步驟，因吳佩孚擬率軍西上，故原定計劃，稍有變更，或於吳部出動後，奉軍即開入鄭州，爲吳部後援，至西北軍方面，刻已積極進行，所有攻陝軍隊，均已實行出發，全部兵力，計有萬福麟第八軍全部，另加以王瑞華竇聯芳劉震東三步兵旅，總數約在三萬以上，現已陸續至綏西云，又鄭州訊，豫西戰事，日形緊急，張治公及劉鎮華所部抵禦能力薄弱，陝州業於十一日失守，觀音堂方面亦頗危急，僞張治公部在新安澠池一帶集中整頓，以待援軍，吳佩孚已飭援陝總司令王維城，第二三路司令張凱臣，張占鰲等，即日開赴前線，現在澠池爲第一道防線，鐵門爲第二道防線，並在澠池一帶山上，布置地雷電網云，然據二十日京電訊，澠池洛陽形勢危急，國民軍長驅直入豫西，吳佩孚無力抵抗，刻急派張其皇到津乞援，商請奉軍入豫助戰，於此一端即可見吳逆日來之徬徨無措矣。

●逆軍蹂躪下之河南

△鎮嵩軍到處刧掠
△紅鎗會集衆自衞

最近洛陽一帶，自劉鎮華敗北以後，各縣人民，驚慌情形，實較今春更甚，今年正月，國民軍慾退洛陽新安澠池等縣，人民受害甚大，茲因劉軍華陰大敗以後，一般略有身家者，皆紛紛向東避難，凡屬交通便利之村莊，幾乎十室九空，其實在無處可避者，皆逃往北山，緣劉軍此次由陝歸來，軍隊皆未發財，軍餉給養既無人管，軍行之地，村落爲墟，劉鎮華又先行到鄭，由鄭赴晉，此數日中，閿鄉，靈寶，陝州三縣經過地方，幾無一家不遭搶刧，據陝州消息，言劉軍沿途專以搶掠爲生活，即在劉鎮華處充當軍佐書記祕書人員之經過閿靈者，亦爲敗兵搜檢，因之近十日中，豫西各地，極呈紛亂之象，新安澠池洛陽之紅槍會因恐陝軍入境，現又聯合各縣會友，揭竿而起

中華民國十五年十二月廿八日〔星期二〕 黃埔日刊 〔第三版〕

，聞此時所聚人數，已有四五萬之多，至軍火子彈，亦極充足，悉在隴路觀音堂駐守，勢甚猖獗，其宣布宗旨，仍為人民自衛，考其實在，係拒抗劉鎮華軍隊之返豫，緣此次劉氏入陝，與陝人種極大之惡感，而劉鎮華軍隊中，固以汴人為主體，在陝添招陝人，亦有十分之一，日來劉氏之敗，固受麻振武反攻之害，實則劉氏與陝人積怨太大，陝人亦誓死不能容之也，目下紅槍會之目的，計有數端，（一）反抗劉鎮華督兵反洛，不不許其在陝靈閿盧佔據，（二）對於陝潼護軍使張治公，仍示好感，倘張治公對議會有干涉運動，則驅逐之，（三）由陝州至洛陽一帶之隴海火車，不准運陝軍及劉軍東行，如有軍人東來者，則羣起力禦之，至援軍西去，則不反對，惟不得在新安陝州澠池各車站分駐，（四）反對各縣勒派給養，支應兵差，（五）反對各縣預征十八年十九年丁漕，以上各節，已由紅槍會具呈各縣署備案，第目下紅槍會聲勢甚大，洛陽附近各縣與軍隊接戰，自在意中也。

政治

●北京英代辦忽提出 關稅附加稅實施案

△英國欲以二五附稅餌中國
△日政府令芳澤表示反對
△英日外交之衝突
△北庭委員之意見

北京關稅會議宣告結束，駐京英代辦忽提說帖，表示擬准華會議決，加二五關稅云云，查係該建議之一節，英代辦建議之內容，實對華南北一般看法，欲使非法徵收之各稅，將來由二五附加稅收入上扣還，又據路透社廿二日倫敦電，北京英代使交與各國代表之說帖，內容尚未宣佈，但知此說帖為英政府依照華會精神採行建設政策以應合中國已變化的環境之又一勢力，中國人民欲修正現有條約，此種願望，英國予以同情，但中國必須有一中央政府，而後可實施華會計劃，因中國無此政府，致英國同情的態度無以表現，英政府現已以華會公約之精神，向他國提出若干建議，與此種態度有關，據英政府意思，列強對附稅，治外法權，與修正條約諸問題，應抱同情的態度，英政府繼續力避干涉中國內政之嫌疑，但覺中國國家觀念之發育有列強須妥議全部問題之必要，至於華會附稅一節，英政府以為此項附稅之用途，應由中國有資格當道決定之，至日本方面據電通社二十一日東京電云，日政府訓令芳澤公使，反對英國代表所提出中國關稅二五附加稅，又同日北京電云，日本芳澤公使本日與記者團為共同會見，其言曰，英國關稅提案內容仍守秘密，日本向來遵華府條約之規定，至今尚始終如一，現仍繼續從前『遵關稅條約（九國第二條之規定，主張附加稅問題必須由關稅會議決定』之態度，除此之外，並無他意云云，中國關稅委員會方面，據東方社所述，對於英國向列國所提出之關稅附加稅實施案之意見，茲綜合之於次，（一）所以要求關稅之繼續開會者，因欲收回自主權，（二）英國提案若經列國同意而實施時，中國不得不要求於將來一定期間內得以行使自主權之條件，（三）英國提案，僅欲於輸入上承認附加稅，但中國之要求輸出入，皆須徵取附加稅，（四）若以關稅自主為前提，則暫行附加稅，不妨暫由海關內代為徵收云

●蘇皖同志被軍閥慘殺

△蘇省－汪伯樂柳伯英唐覺民被孫逆槍決
△皖省－戴汝民沈子成被皖軍第二旅馬祥斌密令慘殺

公平社云，民黨汪伯樂柳伯英（中華體育學校校長）唐覺民（柳所辦之體育學校學生）等三人，於前日在蘇州，被駐軍逮捕，聞諮為汪，柳，唐三人有宣傳黨務工作之嫌疑，當將彼等解甯後，即交軍法處訊辦，於十六日奉孫傳芳命令，遂提出執行槍決云。

又云，昨據皖政界消息，安徽軍事方面，由皖宣慰使常恆芳，軍務部長李乾玉入皖誓師後，皖民黨頗為活動，現得電訊，日前霍山縣縣黨部執行委員戴汝民與該縣警備營營長沈子成集合舉義，被皖軍第二旅馬祥斌密令霍山縣毗連之六安縣駐軍劉營將戴沈兩人逮捕，即用極刑，並任意株連，於本月間在六安縣執行槍決，常宣慰使得訊，遂與革命軍總司令，對皖解決籌畫軍事皖局，聞不久將有發展云。

●美衆院贊同造艦案

△為華盛頓條約所許可

路透社二十日華盛頓電，參議院海軍委員會白特勒所提出建造巡艦十艘，每艘造費一千五百萬元之議案，已由衆院審查贊同，白特勒提案時，謂此計劃實府合柯立芝總統國防政策，英日等國刻皆造一萬噸或不足一萬噸之輕巡艦多艘此事為華盛頓所許可云。

●英法意爭議殖民地

△意相慕沙里尼爭論尤烈

羅馬二十一日來電，英法外相離日內瓦，轉赴巴黎會議後，旋往意大利為斯安地方，與意相慕沙里尼會見，慕氏對于法國反對本國要求殖民地問題，爭論甚劇云。

●西班牙摧殘革命運動

（環球社）伯林廿二日訊，馬得里消息，西班牙政府，在馬得里捕獲革命黨十三人及在西班牙境內各地捉拿各人，一律處以危謀西班牙國王，與首相生命之罪云。

●意棒喝團之威權

（環球社）云柏林廿二日電，羅馬傳來消息，意大利警察在提羅爾『歐戰後該地劃與意國境昆連意大利』拘捕居民二十二人，控以反對棒喝團言論及活動等事，將各罪犯囚以鐵籠，縛以鎖鍊，陳于法庭，主控者要求擬定以二年或七年監禁之罪云。

經濟

●羅掘俱窮之奉天財政

△預算支出逾八千萬元

奉天訊云，在此軍事緊興，金融緊廹時代，奉天省政府明年度之預算及其新財政計畫，實頗有注意之價值，關於前者，據財政廳透出消息，民國拾六年度奉天軍政費項預算案，財政廳早已着手籌畫，催促各機關編送預算書，現正詳加審查，其確數此時雖未正式確定，然據可靠之消息，至少須在奉大洋八千萬元開外，其分配大要如（一）[illegible]別軍費五百萬元，（二）[illegible]二千萬元，（三）[illegible]（四）政費八百萬元，（五）警餉公費一百萬元，（六）教育經費一百一十萬元（七）興辦實業費五百萬元，（八）奉天市政費五百萬元，（九）屯墾費二百萬元，（十）鐵道建築費五百萬元，（十一）雜支二千五百萬元云云，由上觀之，軍費占預算最高額，教育經費居最低地位也，關於後者，據可靠消息，奉當局以以年來財政拮据，山窮水盡，非別闢生財之徑，勢將應付困難，故最近決定組設公烟局，俾得徵收稅捐，以裕省庫，此項公烟局之組織，現已由省公署起草完畢，將來擬設總局於省垣，設分局於外縣各城鎮，每縣設立四處，總局局長，已派定馬某，總局副局則由警察廳兼任，外縣副局長亦由警察所長及能幹之巡官選充，此蓋欲借重警界，俾利進行也，該局約在陽歷開年，即正式成立，嗣後凡業鴉片者，一經呈報許可，便可公開買賣，開征稅之辦法，每兩「土」徵收奉大洋一元，每盞烟燈，每月納稅若干元，凡未經報官納稅者，無許販賣與吸食，一概嚴禁，查出重罰，並聞烟局之設立，在王永江省長時代即已計畫，然屢欲實行而迄未實行，因恪於輿論之不便耳，今次省當局所以毅然舉辦者，完全為財政先生所廹促云。

●日本豫算案之膨脹

△比前年度增加九千萬元
△豫算膨脹輿論嘩然

電通社二十一日東京電，豫算內示會已中止，日政府曾將豫算送致各議員，計十六年度歲出入合計十七億三千五萬八千七百六十八元，比前年度增加九千萬元，豫算膨脹，輿論嘩然，東方社二十一日東京電，十六年度各殖民地豫算大綱，朝鮮總督府二億九百七十萬八千圓，台灣總督府一億一千一百五十九萬圓，關東廳一千七百九十一萬五千圓，樺太一千九百七十二萬四千元，南洋廳四百五十四萬六千圓。

雜訊

●黃埔農工商學兵聯合會開會紀

黃埔農工商學兵聯合會于十二月二十五日午後一時開聯席會議，出席者六人，參加者，譚瑞朝，譚浩啓，譚巨忠，胡宏，李尚庸，梁達三，蒲達權等七人，主席李志公，開會情形如下（一）肅立（二）宣讀總理遺囑（三）宣讀前期議案（四）潘文治呈報組織東圃自衛團並附章程名冊（黎耀漢云，此係偏案該編配合否似應由團務委員審查，本會無庸再議），（五）第四區呈解土豪賴華一案，（黎耀漢請調賴華來會，勸伊將欠租交清，不得霸耕，至處分賴華，似非本會權限）（六）八區十分部土豪譚啓新尋毆一案，（議決，本會派曾鐵生同志於星期四前往排解，）（七）仇新同志提議黃埔酒樓茶居工會已成立數月，當經呈報農工廳備案，迄今未蒙批出，議設法維持，（黎耀漢云，請仇同志用書面交來本會，由本會函農工廳早日批出，）各款議決後，遂散會。

●日皇逝世

△東京電，日本大正皇於二十五日午前一時二十五分鐘在葉山宮逝世。

中華民國十五年十二月廿八日〔星期二〕 黃埔日刊 〔第四版〕

革命之路

題目

入伍生部政治部譚主任對入伍生第一團第一次講演詞

伯休記錄

各位同志同學：兄弟奉中央軍人部的命令，由兵工試驗廠調到入伍生政治部，已經有一個禮拜了，在這個禮拜當中，都是辦交代，整理部內的事情，以及計劃本部以後的種種工作，所以到今天才有空來和各位談話，見面，這是兄弟很抱歉的。但是，兄弟得與我親愛的同志同學來見面，來講話，並且看見各位精神上非常奮發；兄弟心中確實又非常高興而欣慰的。

兄弟自黃埔畢業出來，在我們的校長領導之下，都是做軍事的工作多於政治的工作，所以兄弟對於政治是很少研究的，也是很少經驗的。要我來担任政治部主任之職，本來是不能勝任；不過，命令所在，又不敢不服從，祗好勉強的來肩起這個責任。

在這革命的時期與革命的進程當中，所謂智識階級，大都做了帝國主義軍閥資本家之走狗，要他們個個都能來做革命的工作，担當革命的事業，這是絕對不可能的。所以我們革命的人，應該在這革命的進程中，困苦艱難的奮鬥中，來訓練我們的本事，充實我們革命的學問與經驗。以後還望各位同志同學，以真誠的態度來互相勉勵，互相研究！

各位同志同學！本校的教育方針，是軍事與政治並重的。因爲軍事的行動，就是政治的行動。如果有軍事而無政治，則其軍事的行動，便無目的，無意義，且盲從附和，很容易受人利用，走到反革命的路上去；如果有政治而無軍事，則其空洞的理想的政治，必無從實現：可以軍事與政治，是不能分開，不能偏重的。本校的名稱所以叫着『中央軍事政治學校』，是很有意義的。

我們革命軍在過去兩年的歷史，尤其是在戰事的時期中，政治工作，都曾表現過偉大的成績，這是任何人都不能否認的。所以黃埔的學生，不單是對於軍事要很刻苦的去練習，而對於政治，尤當要很留心的去研究。我們同學的要求，就是不但要能夠帶一千一萬的革命軍人銜鋒陷陣去殺敵人，成一個很好的軍事家；同時還要能夠領導成千整萬的羣衆去革命，做一個政治領袖！（未完）

今後的反對基督教運動

劉漫天

十二月二十五日——基督教徒們所謂的「聖誕節」已經過去了——你看：他們教徒鼓舞地撒"Merry Christmas"的節片和拌演Santa Clause的鬼戲了！在這個「野草燒不盡，春風吹又生」的中國遺老遺少的腦筋裏，多少又恐怕總免不了要受那麻醉的誘引或迷魘了！這正是他們一個機會使「基督教」三個大字更能夠根深蒂固地深鑴在貴國善男信女的心碑上，而更容易進行他帝國主義文化的侵略；同時也正是我們也趁這個機會去剷除這「上帝」「天父」的邪說，以擴大我們反帝國主義運動的形勢和力量！如果更痛快一點，簡直可以規定這年年歲歲麻醉全世界被壓迫階級的所謂聖誕節做我們弱小民族反帝國主義同盟的一個沉痛而悲壯的紀念日。

本來，在二十世紀科學昌明的今日，一切鬼鬼神神的宗教論者，都沒有使我們一盼的價值；又何況專以號召虛僞的和平觀念養成無抵抗主義和其他宗教具同樣罪惡而更被用作帝國主義者侵略殖民地的工具的基督教！這是我們站在中國國民革命的觀點上所應極力反對的：

所謂社會寄生蟲的資產階級，爲着牠自已寄生的安穩，就不得不維持牠的護符基督教。因爲：（一）對本國無產階級，可以暫時隱蔽自己的「原形」，不致被人家看破牠醜惡而猙獰的面孔，使被壓迫階級感覺到一切的壓迫都是上帝的賜予，絕對不能，也不容反抗的，並且還使他們永久的迷信着：現在的忍受，可以賺得將來「天國」裏的享樂，而不覺得拍賣了自已的靈魂和生命。（二）對殖民地或半殖民地的民衆，用「聖經」麻醉他們的民族觀念，使他們感覺到帝國主義的兵艦，是爲了贈送上帝的『福音』而來的，正是好像吃了你還使你感激無地，使他們永不覺悟，一點都不見血地死去！正是因爲後者的緣故，在殖民地的中國才會有發生反對基督教的意義，和運動。

究竟「耶穌是什末東西？」朱執信先生說得很明白：他祇不過是一個「口是心非，褊狹，利己，善怒，好復仇的一個偶像」罷了！所謂天經地義的 Holy Bible 也不過是一大堆僞托的假話！基督教的十字架還有的說是生殖器的象徵……基督教本身原來是一樣無聊的東西，但是吃人不見血的「聖經政策」我們却不能一絲一毫地讓牠的進行有效！我們要打倒這「聖經政策」要像打倒「炮艦政策」一樣地用力！不，簡直要更努力一點！因爲它是帝國主義者侵略中國最[illegible]神通的一樣魔器！說到這裏，我覺得在反對基督教運動裏有幾點應該注意的：

（一）我們不要忘記了「一切反基督教運動，都應該站在反帝國主義的觀點上與教會學校學生聯合；不應該站在反宗教的觀點上與教會學生分離」（參看第二次全國代表大會關于青年運動報告議決案）我們要明白教會學生因爲種種不得已的關係（像貧窮或無適當學校……等）而闖入教會學校的迷津，這已經是一個絕大的不幸；我們現在急應把他們從不幸裏救出，引導上光明的覺悟之路上，共同向帝國主義者奮鬥。我們切不可仇視他們，因爲他們究竟還仍是我們的戰士和我們一樣或更甚地感受到壓迫，不過暫時還都在「洋大人」的「聖經」或「小惠」底麻醉中，沒有人使他們能夠醒來，如果你不能去喚醒他們，甚而認他們是仇敵或反對的對象時，那便「聚九州之鐵，也難鑄此大錯」了！

（二）帝國主義者慣會裝起來假慈善的面孔，拿『好行小惠』的手段，去籠絡中國人『貪小便宜』的心理，更加以在什末都沒有的中國封建社會的村莊裏，『洋大人』們的一切設施像娛樂塲，體育塲，電影戲，小學校都能夠在實際上被人家需要或歡迎；尤其是『醫院』和『洋藥』更容易使無數萬愚夫婦們感激得涕哭交流！——這些都是不可否認的事實。所以在這裏我們要看明白數十年來鄉村同胞們和「洋大人」所醞釀出的感情，絕不是幾句空泛的理論可以打破的。一方面除了應該積極地爲他們找替代的設施外，一方面要極力揭破帝主國義者假慈善的猙獰的面孔，拿許多壓迫和慘殺我們同胞的歷史給他們看。

（三）注意收回教育權的宣傳，這是一個積極的建設根本的問題。今後我們應該更起勁地喊吶，向民衆作熱烈的宣傳。最後讓我們高呼着：打倒帝國主義的先鋒隊——基督教！收回教育權！

一九二六，十二，二十三，于黃埔。

本校各部處黨部成立與勤務兵應有的覺悟

管理處特務中士曾行之

各位士兵同志們，我們的各部處黨部成立了。各部處黨部爲什末要成立呢？無非都要我們的個個明瞭黨的主義和黨的紀律。團結我們的精神，統一我們的意志。現在我們是否明瞭此意義。尚屬一個問題，我敢說大多數是不明瞭的。不過知道有這麼一回事罷了。即或明瞭，亦不能澈底，我們今後應當明了此點才對。我們要想着我們起初走錯了路投到反革命的軍閥的帳下去了。這些軍隊實在比土匪還要利害得多。不是搶刼，就是掠奪，我們也不用說，也許是已被同流合污了。自我總理及校長不辭艱勞，創辦本校。鍛鍊一班純粹革命武裝的黨員，組織黨軍，所以才不費多大功夫，就把他們一班反革命假革命的陳楊劉等，次第打倒，我們纔脫離此黑暗的軍隊，來在本校當勤務兵，所以我們今後應當覺悟，這才是我們當兵的點意義，奮鬥犧牲！同志們，請你們自問良心。這裏到底比較是否好些呢？我想一定是好得多。但是我們既知到好，就要知到好的原因。好的原因就是我們的黨，我們的黨就是代表大多數民衆的利益的，自然兵也在內？這是我們要澈底明瞭的。不要以爲我們勤務兵。早晨起來不是打水就是倒痰盂，終日忙過不了，講不到什麼主義。這就與我們成立各部處黨部的意義大相違背了。我們更不要想今天看戲，明日去吃酒的苟安生活，這些快樂的生活，是資產階級所過的，不是我們當革命軍人所應有的性質，我們必須本范仲淹言，「先天下之憂而憂，後天下之樂而樂」以及國家興亡，匹夫有責等語，自振起來，嚴守紀律，盡忠職務，作一個眞的國民黨黨員。

問答

1、一般土豪劣紳，要如何才能打倒呢？

（答）發展農民的組織和勢力，才能打倒。

2、美國瑞士所謂全民政治若何，請詳言之，

（答）美瑞所謂全民政治，實際是資產階級專政，不過資產階級藉這美名以欺騙勞動階級耳。

3、昨天行紀念週，有幾位官長們，站在隊伍中，說話的說話，嬉笑的嬉笑，這是不是違犯了軍紀呢？

（答）果如你所說，當然不應該的。

4、打倒一般大軍閥後，如何才能使中國無繼起的軍閥呢？

（答）發展和鞏固黨的組織和力量，使一切權力屬於黨，同時還要發展民衆的組織和力量。

以上係陶志潛問秋人答

更正

◎◎◎昨日本欄『找耶穌算賬』一文，從『四，借基督教觀』起的後半篇，誤排在『我的去膠州灣……』的後面去了，當校對員覺察錯誤時，雖然臨時改正，且已印至一萬多份，特此更正，并誌疏忽。

黃埔日刊新年增刊

北伐與國民革命的將來

俄顧問加羅覺夫講　李迪公筆記

一年來帝國主義在華勢力之暗鬥及其崩析

楚女

之勝利

體誠

一年來本校教授部之教育情形

李鋒

* 原档案缺第一版。编者注。

中華民國十六年一月一日 （星期六） 黃埔日刊新年增刊 （第二張） （第六版）

究，大體周章，於教授上往往發生障碍，所幸黨義大彰，人材競進，不久卽解除此種困難。

九月間，於燕塘北較場一帶，舉行全體學生之戰術實施及野營演習，雖因室內授課之時間太少，致不能將各種原則盡施之於應用，然其進步，實與日俱增，且在酷暑之中，奔馳野外，授者受者，兩無倦容，可知教育之道，能引起一種興味，則凡所謂勞苦，所謂困難，皆不足以悉其心志矣。

第四期學生於十月間畢業，又繼續籌備第五期學生入學事宜，並翻譯外國各種最新式軍事學教程，添補各種教育上應用之器具材料；又設立模型室，陳設一切模型圖模，以爲各學生實觀之用。計自十一月十五日開學以來，各教官尙能循循善誘，日起有功，以後尙當隨時考察，力求完善。

由以上各節觀之，可將教育之要領，概述如左：

一、教育之責任及界限宜截然劃淸；

二、各課目之進度宜互相連繫；

三、教官宜愼重選擇；

四、各種教材宜精密選擇；

五、教授法宜時時考察改良；

六、關於教育事宜須時時徵集多數意見，以期合乎事實上之要求。

凡此皆根據一年來之經過情形，而參以自己之所見。尙望各同志，隨時指導，以圖改進，則非特本部之幸，實本校教育前途之厚幸也。

一年來本校訓練部之訓育經過

吳思豫

地球公轉，次序更新，去年之經過已告終結，今年之工作，方又開始；當此新舊迭嬗之際，毖後懲前，不無感想：洄溯去年本校畢業員生，數達二千六百四十三人。內第四期中之爲步兵者，一千六百六十七人；爲砲兵者，一百三十五人；爲工兵者，一百三十一人；爲經理者，一百九十八人；爲政治者，一百九十二人，[illegible]五十名於九月間[illegible]行。在本期中曾制定校歌及黃埔怒潮與犧牲兩譜，全部各種計劃，至少擬較上期須擴大一倍，以供給實際的需要。並擬籌設校園，以爲全

二月間奉校長電准發文憑；」軍官政治研究班五十九人；第十隊一百十七人；第三期補習班二次，計一百三十四人。迨至七月，北伐興師，軍書旁午，需人孔亟，各軍調用學生，或學生請願躬赴湘鄂贛豫各省工作，經校核定許可者，計二百四十九人，而政治科居其强半。此學生人數之總計也。三月一日，爲軍官團及各特科升學之期，軍官預備團，雖同時入校，而有三月預習之時間，嗣應時勢之要求，趕授學術課程，至九月六日，與各科同時出發燕塘，作野營之演習，爲畢業之試驗；而又見學要塞兵器，以增學識，遂於十月底始克竣事。綜計授學時期，軍官團政治隊遷駐壕防沙河，而率領各隊之官長，遂轉靡定，興師北伐，遷調更多。各隊槍械，旣不一致，又形缺乏，教授困難，砲兵更甚，且馬匹太少，致習砲者不能乘御馱載，材料未充，致習工者不能架橋渡涉，諸凡動作，難以實施。此則關於時勢，關於人事，關於器材，而影響於訓練，不能得美滿之結果，是爲訓練方面之困難情形也。今第四期旣畢業矣，第五期繼之，亦於十一月十五日升學。學生人數，爲二千六百餘人，步兵居三之二。砲工政治，授課甫半月，先後奉命遷鄂。光陰易過，一年來之經過，已告段落。諺曰：『一日之計在於寅，一年之計在於春，』當此新年開始之第一幕，對於升學未久之第五期，尙有無窮之希望焉：吾國革命怒潮，奔騰澎湃，已由珠江湧進長江，行將衝破南北之天塹，直達黃河流域，大張撻伐矣。惟是帝國主義之走狗張作霖，盤據東北，蹂躪關內，仰日本人之鼻息，挾僞政府以操縱，搜刮民財，廣備軍械，而其執迷不悟，斷非以數尺口號所可畏懾。預料第五期畢業之際，正吾革命軍掃除軍閥餘孽之期。軍閥之餘孽已盡，則國內之革命斯成；國內之革命已成，則世界之革命始可發軔。第念國內革命未成之先，對於北伐之舉，尤非騎兵不爲功，蓋地勢使然耳。此則關於今後訓練方面之應顧慮者也。嗚呼！羊貪狼狠，彼都之烽烟未熄；嘗膽臥薪，同仇之敵愾宜惕；用貢芻言，相共勉旃！

國主義國家之衝突，這三種衝突，在過去的一年（一九二六）尤其顯著。

在第一項：表現最强烈的，爲五月一日起的英國煤礦工人大罷工。由煤礦罷工而激成的

一年來本校之政治工作

熊雄

中國軍隊中之有政治工作，自本校始。從開辦到十四年終，這一年多當中，究竟做了些什麼工作？在革命過程中已有相當的表現，姑且不贅；現在且把十五年『一年來本校之政治工作』，敍述出來，一方面聊供一般政治工作人員的參考，另一方面還要希望同志們的批評，俾今後之工作，有所改進，這個感想，絕非個人的謙抑，實革命利益所在，自應如此。茲就工作經過情形，特分三個段落，敍述如下：

第一，從一月到二月的工作——

我自東征歸來，一月六日卽奉命爲本校政治部主任。當時第三期學生尙未畢業，部中現象極形渙散，其組織主任秘書之下，設宣傳組織兩科，全部職員不過二十餘人，所有工作亦頗簡單。對內工作：只出黃埔潮及壁報兩種，共印五六千份；在學生中，爲客觀條件所限，尙無系統的政治教育，只有零碎的政治討論會；到十五日以後，大部分學生已畢業出校，只留三百人組織軍事政治訓練班，加緊教育，預備校中的下級幹部。對外工作：雖參加各種民衆運動，至黨與政府决議統一軍事教育機關公布後，本校改組工作，卽從二月一日開始，旋由黨與政府任命蔣中正鄧演達嚴重邵力子熊雄陳公博馮寶森等七人爲本校改組委員。在二月整個工作中，除參加全校工作外，政治部組織上，已有變更，由原有兩科已增設一事務科，人員亦略有擴充，並聘政治教官四五人，曾定官長一月的政治教育計劃，考試學生七千餘人，閱卷萬餘本，並將政治教育大綱制定，本校改組事宜，亦已告竣。

第二，從三月到十月的工作——

三月一日第四期新生卽入校開學。本校改組後，教育方針的總原則，就是：『軍事與政治打成一片』。政治部依據這個原則，故對學生官長兵伕，乃有貫注全部的政治教育計劃。在學生方面，因兵科不同，而決定實施軍事與政治教育的進度，例如：步砲工各科，則以十分之七爲學軍事的時間，餘爲學政治的時間；政治科則反是；經理科亦可類推。本部組織亦隨本校改組，略有變更，主任副主任及秘書之下，分設總務宣傳黨務三科，全部職員按編制已達七十餘人，聘定專任政治教官十餘人，臨時政治教官亦有十餘人。至宣傳科的工作，對於宣傳品的發行，前在總政治部軍人日報副刊出有黃埔日刊，在本校出有黃埔日刊由六千份增至二萬六千份之多，尙有革命畫報每期刊行萬份，此外出有叢書講義各種紀念冊及小冊子等，總計八個月內，共出刊物已達千萬份以上。發行地點已有三四千處，幾普遍全中國各省，和東西洋各大埠。至指導工作在學生方面，曾開過政治討論會十餘次，政治問答及政治測驗亦十餘次，學生大多數都有很濃厚的興趣，實際上自多裨益。指導來賓參觀，八個月內亦不下萬餘人，每次都有切實的宣傳，俾予來賓以較深的印象。在民衆方面，每次群衆大會，都領導學生參加，并有擴大的宣傳，給學生以實習的機會，在沙河野營演習，曾組織政治科實習宣傳隊，及軍民聯歡大會等。至黨務科工作，因校中黨務，未有很大進展，故無足述，不過只有調查擔任請講。總務科工作，純係關於本部事務附屬事務諸端，亦無特別可紀之事。綜合第四期八個月的工作，對於學生似尙看不出有若何成績，從經費上來看，八個月總計不到十萬元，以全校經費爲比例，不過百份之一，本部人員以全校職員爲比例，不過三十份之一。至在本島工作，曾有平民教育調查及進行計劃。北伐後爲鞏固後方計，曾與各機關同志，有黃埔農工商學兵聯合會之發起，對於民衆運動，亦有相當之成功。

第三，從十一月到十二月的工作——

十一月十五日以前，爲第五期籌備時期，關於本部工作，曾將從前政治教育大綱，加以修正，並隨本校教學生隊的組織，而設各學生隊的政治指導員，此外又因新俱樂部行將告成，規模宏大，除原定編制之管理員外，復增設俱樂部員數人及俱樂部官二八，使之協同管理

動）；日本朝鮮之獨立運動等等，皆足以促進帝國主義之崩潰，而尤以摩洛哥戰爭爲最（現在里夫民族雖失敗了，但法西兩國所受之損失至大）以上所述，姚成武同志另有「一年來被

七年春開始建造。新嘉波港成後，可以固定英國在印度緬甸，馬來之地位；鞏固英國在香港及在一般中國數十年來侵略所得之利益；更可以蠶食暹羅，逼迫日本。英美日三國之衝突

中華民國十六年一月一日 （星期六） 黃埔日刊新年增刊 （第二張） （第七版）

校人員游息之所；建設總理室和革命博物館，藉資紀念觀摩，以補教育之不逮。按照工作現狀，預測將來，欲要得到良好的結果，在物質方面，自應予充分的補充，在精神方面，更須有最善的努力。至一年來臨時特別工作，亦有足述者：當北伐開始，雖曾與惲主任教官代英，受鄧主任之命，參加戰時政治工作會議籌備會三天，大會七天，北伐進行計劃及北伐宣傳隊之組織，咸多參與。第二軍內本校所屬第一軍官補習班學員三百餘人，曾派雄爲畢業考試委員長，亦有一星期之工作。尚有本校附屬的軍官政治研究班曾辦兩期，學員亦有一二百人之多。最近政治砲工各科奉命開赴武昌。亦有遵中政治工作的規定，及宣傳隊與調查隊之組織。上週接到總部來電，前方將送俘虜軍官一千七百餘人來校，正在籌設軍官政治訓練班。此外尚有兵伕教育委員會，以謀全校兵夫工人政治教育之普及，尚擬組織平民教育委員會，以謀本島附近平民教育之普及，現正與各機關籌辦農村教員養成所，以利進行。至全校官長教育，自開學後，即聘請黨中先進同志，每週來校特別講演兩次。此爲本期工作之大概，至詳細計劃，自難一一紀述。

綜觀上述的三個段落，「一年來本校之政治工作」，雖倉卒書成，沒有很好的系統，然亦可以窺其一斑。在這個工作過程中，固可認爲有相當的進展，能予學生與民衆一點幫助和影響；但缺點尚多，終須彌補，要在担任軍事工作與政治工作的人們，如能深明相互的需要，貫澈協同的精神，補救發展，都非難事！

一九二六年之國際概況

（宋雲彬）

中華民國十六年一月一日 （星期六） 黃埔日刊新年增刊 （第二張） （第八版）

弱小民族——對于統治者壓迫者之反抗。前者的勢力，因他們國際間的衝突，往往有時候不能聯合一致；後者的勢力，却一天一天的鞏固，不用說英煤礦罷工能延長六七月之久，是全靠世界無產階級——尤其是蘇俄——的幫助，各殖民地所起的革命暴動，沒有一起不含有世界革命的性質；尤其是一年來中國革命運動突飛的發展，更足以促資本帝國主義的崩潰。

不但如此，過去一年中帝國主義國家的內政，更顯露其阢隉不寧的現象：英國大罷工旣如上述，法國之財政恐慌解決不易，一年來內閣的更迭，爲過去法國政治史上所未有的現象。日本政潮澎湃，至今未已。反動的法西斯黨領袖意大利首相慕索里尼氏之五次被刺，和法西斯黨在意之高壓手段，都足以看出帝國主義者的捉襟見肘的神情。至于蘇俄勢力之鞏固與發展，更是帝國主義之致命傷，因爲另有專篇詳述，這裏不再多說。

列寧同志告訴我們：『社會主義爲帝國主義之前夜，』過去之一九二六年，帝國主義的崩潰形勢已經如是，我們且看這黎明時期——一九二七年——的開始！

［附白］這篇成于匆促之短時間內，因環務之忙碌，參攷書之缺乏，語焉不詳，且無系統，就此草付印了，眞對不起閱者！

一年來被壓迫民族的解放運動

姚成武

（一）緒言

資本主義世界的事變天天告訴我們以新衝突的消息：爭奪市場的鬥爭加厲了；弱小的國家更加不能獨立了。同時被壓迫民族的反帝國主義運動也日加强大起來，尤其在最近幾年中。

我們稍稍留意這些新消息，便會劃分世界爲兩個大壁壘，一方是國際帝國主義的壓迫者，一方是世界被壓迫民族無產階級帝國主義戰線。本篇所述乃是在一九二六年中[illegible]動之概略。

止這些，因爲我的能力及時間所限），實足指示出國際帝國主義者是到處在掘自己的墳墓，他的衆期是不遠了，我們應該明瞭世界的現狀是怎樣，我們應該怎樣努力，在這裡都可反映出來——就是無論那一種革命運動，都含有世界性——是世界革命的一部份，我們中國的國民革命當然不是例外的。

（二）朝鮮之大示威運動

朝鮮自被日本帝國主義兼併之後，整個的朝鮮民族都受很殘酷的壓迫，一切自由都被剝削淨盡，民衆對于日本帝國主義之仇恨是可想而知的。兼併以後朝鮮曾起數次反抗運動，暗殺和革命，結果都未曾成功。最近幾年來，迭次有示威反抗的運動，雖然沒有得到多大的成功，然而影響全朝鮮民衆對日本帝國主義的認識，而覺到非一致起來革命不可，這是有很大的效果的。最足使吾人注意者，是一九二六年六月十日的大示威運動了。

六月十日是朝鮮民衆，趁着廢皇出殯那一天，舉行一次很大的示威運動。從各種報紙登載的消息看來，顯然可見是朝鮮共產黨主持的。權五㫖是朝鮮共產黨中央執行委員，是全朝鮮勞農總同盟的首領，這次大示威運動就是他受朝鮮共產黨的委任去準備的。事前已經準備好了十二萬份以上的傳單，同各地革命團體也有聯絡。但是不幸事機不密，準備的行動被日本帝國主義破壞了。日本警察於六——七日搜出了預備於十日散佈的五萬傳單，拘捕了九十餘人；七——八日又發現了秘密印刷局，權五㫖及其他許多共產黨及青年軍共產黨亦被捕了。但不管事前已被破壞，十日的運動仍然舉行，傳單仍然散發。在舉葬時，全體日本警察都聚在一起來保護。但這個目的，終沒有達到。反激怒了示威運動的群衆，帶了傳單，衝進送葬的隊伍，等到某種暗號一發，將所帶傳單一齊分散。『打倒日本帝國主義者！釋放政治犯！撤退日本軍隊警察！要求自由民族的權利！』

被偵探捉去。

中華民國十六年一月一日（星期六）　黃埔日刊新年增刊　（第一張）　（第二版）

這個難關渡過，建設事業只好等軍事稍告結束後再說了。

現在前方軍事得手，長江下游都先後有歸國民政府制下之可能，便感到省政府之不完善。故這次聯席會議，決將省政府改爲國民政府同樣的委員制，設分兼廳的委員，如英國不管部的閣員一樣，置內務，財政，建設，農工，軍事，司法，土地，實業，教育，等廳，委員由九人至十一人，廳長從前是由委員兼理，此後委員就不盡兼廳長了，至於省政府與省黨部的關係，本來省政府是應該受省黨部指揮的，這在廣東不成問題，但廣西省黨部是由省政府的人造出來的，不能馬上實行；所以規定省政府有三等，廣東省政府完全受黨部的指揮爲第一等，湖北省政府受中央特派員的指揮屬第二等，廣西省政府與省黨部合作屬第三等；廣東則中央北遷後，由省黨部組織一政治會議分會，指揮省政府。大概湖北湖南等省相繼都要如此辦去，至於縣政府，也要改爲委員制，實際是局長制，如從前省政府一樣俟軍事稍告結果後，即由各縣同時開始施行。

我們知道國民政府的實權是在政治委員會；但政治委員會既未在黨，又未在政府，國家行政最高機關似乎不應操權於此種會議，總理在時雖曾施行，但係顧問性質，大家沒有懷疑；現在覺得很不完善，因爲有時不能秘密，如併入國民政府，即黨與政府混合，覺又不好，故于五月中央全體執行委員會議時決議改爲中央政治會議，指揮國民政府處理一切政務；凡屬于黨務的事另由黨務會議，解決。政治會議爲黨的最高政治機關，各省設政治會議分會，處理各省政務；屬于軍事的事，仍由軍事委員會處理，軍事委員會設委員若干人，繼覺得不甚完善，乃改由各軍參謀長來組織參謀團，後以參謀團亦不能常到辦事，乃由軍事委員會舉出一主席負責，一切文告均由軍事部長副署之，——那時軍事部長是許汝爲同志，——但開會時各軍對于財政分配，多所爭執，汪精衛同志爲主席，又不肯斷然獨裁，事事仍與大家商量，後來乃將參謀團改爲參謀部，一切事件由主席執行，汪精衛同志去後，將校長繼任，適值北伐期臨，爲統一指揮起見，乃設總司令，前後方軍事皆歸指揮，將校長起初甚謙遜，以爲後方可歸軍事委員會指揮[illegible]

反革命的白軍和赤軍爭鬥，這是革命時期的一定現象，將來也要發現於中國。

我們觀察世界上今後的情勢，可以分爲兩

；從現在看來，可以證明當時非如此辦不可了，至於參謀部將來是不要的，因爲參謀部是帝國主義的國家專門計畫侵略他人的機關，我們不要侵略那個，關于軍事上雖不能不有相當的秘密，但我們不必要他，軍事委員會就是俄國也有，要一個國家的軍事統一，不能不有此會；這次聯席會議，決定仍然存在於各省俱設軍事廳。

國民政府現在又添設司法，交通，兩部。教育部之設置與否，煞費討論，最後決定暫時不設，現設一教育行政委員會，執行一切教育事宜。至於建設部，將來亦須添設，建設部與交通部是有區別的，前大元帥府已設有建設部，其時建設部部長，要我在　總理面前問辦些什麼事，　總理答應我說：凡建設的一切事都應辦，所以並非僅是交通部的事，交通以外，還有很多建設事業，將來各省設建設廳，都要歸建設部統轄。

現在把國民政府工作略說一下，負責人員，似不甚好，錯誤很多；但兄弟敢說雖然我們能力不好，但還是十分努力，因在軍事期間，軍隊改組，籌款北伐，一切建設事業，都不能着手辦理，積極爲民衆謀利益的事，還差得很遠；兄弟自國民政府成立以來，雖未嘗離開一步，但想到毫無建樹，又未免慚愧起來。

政府北遷的事，在武漢下後，即有人這樣主張，但其時我們都主張暫緩，聯席會議也決議國民政府仍暫設于廣州，因江西戰事正在激烈，不知究竟如何，故只得將廣東工作作好後再說，不久江西得到，前方人民都要黨部前去領導，中央去後，國民政府當然不能與中央遠離，而仍在廣州，且蔣校長前亦有電主張搬到前方去，所以在這臨時候，別無問題，孫傳芳不特不能爲患，而且派代表來[illegible]和，不過他這完全是種狡猾手腕，要我們幫他保守五省地盤，我們當然是不幹的；張作霖也是時常與我們信使往還，但這不過是平常交際的應有之舉，並算不得什麼；所以問題不在此，而在乎廣東之穩固與否？

廣東從前當然恐怕帝國主義者搗亂，但現在恐慌時期已過，是不怕的，而且省政府亦已於　總理誕日，改組就緒，省黨部雖然還未改組，但有政治會議分會指導省政府，亦算是比[illegible]

覺打不倒是沒有辦法，現在中國的革命又起來了，並且和俄國聯合，他們當然更要怕得利害，中俄革命的勢力日大，帝國主義的勢力一日

宋子文友仁徐謙孫科等到前方去整理財政，外交，司法的事，以備遷移，時適馮玉祥同志自北方來電，詢前方究竟政府搬去沒有？且總部以將向下游意征討，未得回漢時，鄧主任亦曾電商諸了同意；古應芬同志到漢後，商議非遷去不可，所以我們這次決定搬到前方去了，

政府去後，關于廣東省的事完全由省政府負責，總司令部因前方已有，所以暫時不移等政府到武昌後再說

政府無多大問題，唯中央黨部事較多，故先由重要人員前去，留一部份在後方辦完各事再去，其餘事交由省黨部辦理，大約分三路前去，走江西者爲多，運物的必須直走湖南，人員有的可由水路走上海，日期決定在五號以前先第一批出發。

過去政府的組織和工作，就是這樣，將來如何，現在還不知道，不過覺得過去的工作中還不甚徹底，口號太大，而事實上不能做到，我們知道軍隊好，固然是好，但一點爲人民謀益的事也不能作，。那還是不行。人民的要求是急切的；如辦不到，人民就很失望，即以廣東而論，大呼廢除苛捐雜稅，但事實上並沒有做到，又如禁煙禁賭，雖在廣州實行了，但各處仍不易，且財政所關，亦不能驟然禁絕，但我們要知道，一定要使人民滿足他們的要求才對，如剿匪等事，省政府應該拿來當課看一樣去做，使之立即實行，給人民一點小小的安慰。

今天兄弟就說到此處，詳情可看最近編印的國民政府法規，但現在又有很多變更，我剛才所講的是最近討論改正過的。所以也不可在文字上去呆板的搜求，至於工作方面，不滿意處太多，大家都是黨員，希望大家在黨部裡多貢獻意見，或用個陳直接給國民政府亦可，總司令部政治部到湖北後，曾設有人民陳述意見箱；政府北遷後，亦將另設一特別組織，請海內外同志或各科專門家來計劃一切，如政策，縣政府的組織……都是必須急於決定的，我們知道，在二十世紀這個社會裡，不能單獨的一個個體生存，必須大家聯合起來與世界潮流相適應，所以我們要廣收，來辦國家人民事情，不要呆板式的死守着一點不改，抽象的一件事是容易最的，說到各方面都要顧到，具體的[illegible]

專靠軍事上是不行，必須要和民衆的力量聯合！並且還要靠政治，軍隊有政治的指導，然後才能夠和帝國主義者鬥爭。至於說軍隊萬能，

使實現一個完善的國民政府，這是兄弟所希望的！

北伐與國民革命的將來

俄顧問加羅覺夫講　李迪公筆記

一九二六年將要完畢，一九二七年的新春，快要和我們相見，今後許多的革命工作，與我們是很有意義的，今年完成北伐工作，得黃埔學生之力甚大，這種成功，不僅是中國民族得了解放的新生路，就是與世界革命，都是很有關係；不過這次北伐，在整個革命成功上算來，只是革命成功的初步，北伐與國民革命的將來工作，比現在還要難十倍。在中國將來的困難是怎樣，雖然不能詳細的講出，但還可以談談大概的情形：

今年北伐的勝利，不僅是打倒了中國兩個軍閥，還給各帝國主義者當頭一棒，使其大大驚恐。受此種打擊者，第一是英國，第二是日本，第三是美國，何以各帝國主義者——英，日，美，要這樣驚恐呢？我們知道，英國在中國揚子江有很大的勢力，自從革命軍打下了武漢江西，英國在長江的勢力，就根本動搖了；滿州東三省的商場，全是日本的勢力，革命軍的發展，與張作霖是很不利，換一句話說，就是要影響日本在東三省的商場；至於美國，在商業上雖然沒有受什麼損失，但在外交方面，却不得不表示退步。

各帝國主義者，以國民革命勢力之擴張，不是中國國民本身的力量，而是俄國的幫助，這種觀念，是大錯而特錯的！中國的革命是因爲帝國主義者的壓迫太利害，而引起熱烈的反抗，何嘗是俄國的幫助？難道沒有俄國，中國就永遠被各帝國主義者加緊壓迫下去，永遠不起反抗嗎？這一點各帝國主義者都沒有看出來，是如何的愚蠢呵！

中山先生手造的中國國民黨，國民革命軍，是當有犧牲的精神，有真好的政策和黨綱，決不讓帝國主義者侵略中國。壓迫中國的民衆，爲民族的利益和自身的利益而奮鬥，一定要打倒帝國主義；但是各帝國主義者也一定不肯放棄他們已經得到了的權利，自然要設法破壞革命的勢力，這不是我們冤枉他，却有確實的證據，俄國在一九一七年革命的時候，帝國主[illegible]

關係者（如三井，三菱等）。他們不主張以中國爲朝鮮第二，他們只求利用比較不甚有顯明罪惡的軍閥——如段祺瑞，取得中國政權，建立「以產台產—之日本警察政治，以保護並且輔他

（第二版）

中華民國十六年一月一日（星期六） 黃埔日刊新年增刊 （第一張） （第三版）

[illegible]爲主席，又不肯斷然獨裁，事事仍與大家商量，後來乃將參謀團改爲參謀部，一切事件由主席執行，汪精衛同志去後，蔣校長繼任，適值北伐期臨，爲統一指揮起見，乃設總司令，前後方軍事皆歸指揮，蔣校長起初甚謙遜，以爲後方可歸軍事委員會[illegible]

而在乎廣東之穩固與否？廣東從前當然恐怕帝國主義者搗亂，但現在恐慌時期已過，是不怕的，而且省政府亦已於總理誕日，改組就緒，省黨部雖然還未改組，但有政治會議分會指導省政府，亦算是比[illegible]

[illegible]知道，在二十世紀這個社會裡，不能單獨的個體生存，必須大家聯合起來與世界潮流相適應，所以我們要廣收，來辦國家人民事情，不要呆板式的死守着一點不改，抽象的一件事是容易最的，說到各方面都要顧到，具體的[illegible]

[illegible]民族的利益和自身的利益而奮鬥，一定要打倒帝國主義；但是各帝國主義者也一定不肯放棄他們已經得到了的權利，自然要設法破壞革命的勢力，這不是我們冤枉他，却有確實的證據，俄國在一九一七年革命的時候，帝國主[illegible]

成革命時白軍和赤軍爭鬥，這是革命時期的一定現象，將來也要發現於中國。

我們默察世界上今後的情勢，可以分爲兩大勢力：一個是帝國主義的勢力，以美國爲中心；一個是社會主義的勢力，以俄國爲中心，這兩個大勢力，將來要起最大的爭鬥的。美國有許多的金錢，許多的軍隊，許多科學的戰爭利器，俄國通通沒有，只有全世界的無產階級，團結起來和帝國主義者鬥爭。中國的國民革命軍，就是俄國的先鋒隊。從一九二七年新年開始，全世界的無產階級將要和帝國主義者作最後的血戰。一九二六年中國國民革命的勝利，就是促進一九二七年世界革命戰爭的開始，誰能得到最後的勝利，我們以過去的事實作證明，是可以推測的。

今年過去的中國國民革命的勝利，和英國煤礦工人的罷工，就是使無產階級能得到勝利的事實，英國煤礦工人罷工，雖然給英國一大打擊，但英國沒有因煤礦罷工而崩潰；中國革命軍打倒了孫吳兩軍閥的反動勢力，這種勝利，是能比英煤礦罷工重大得多，因爲能使英國在物質上商業上受了極大的損失的。帝國主義者的生命，是要藉商業來維持，商業上受了損失，帝國主義就馬上要崩潰，帝國主義者現在認定世界上有一種禍患，就是亞洲，現在要侵入歐洲了。這種禍患不僅是中國，還有俄國，中俄聯合起來成的禍患，使各帝國主義者非常害怕，所以稱爲亞洲的禍患。這話各帝國主義者說得很對，因爲中俄聯合起來，要打倒歐洲各帝國主義，的確是他們的禍患。

一九二七年開始，歐洲各帝國主義者定要聯合起來，雖然他們知道帝國主義者的本身快要崩潰，但他們還要聯合起來，延長他們的殘喘，將來各帝國主義者的軍隊，是攻打中國，或者是打俄國，雖然不能一定，但是他們要剷除這種禍患是決定了的，我們當然不希望帝國主義者來打我們，但這決定是難免的事，明年到來，我們就可以弄到各帝國主義者如不打中國，定要打俄國了。爲什麼中國革命，他們要打俄國呢？因爲中俄聯合起來，各帝國主義者非常害怕，如果不來破壞，將來要掃滅全世界的帝國主義者，當俄國革命成功的開始，各帝國主義者便天天想打倒俄國革命勢力，但是畢竟打不倒是沒有辦法，現在中國的革命又起來了，並且和俄國聯合，他們當然更要怕得利害，中俄革命的勢力日大，帝國主義的勢力一日，今年英國煤礦工人罷工，已經使英國一部份減崩潰，或者將來更有其他的罷工問題發生，使各帝國主義者的自身完全崩潰，那時我們的勢力更要擴大而得到最後的勝利了。

上面話的說得太長了，再說遠東日本與中國的關係，我們知道中國是一個農業的國家，工業發達，當然沒有多的工人，各帝國主義者就都來把中國當做商場，當做銷貨地，到了現在，各帝國主義者因爲勢力不[illegible]了商場發生爭鬥，中國國民革命勢力發展，英國失敗，日本和美國更要發生爭鬥，爲甚麼日本和美國在中國要發生衝突呢？中國是日本的銷貨場，一方面在中國銷貨，一方面在中國吸收原料。美國自從資本主義發達，貨物生產增加，就發生了生產過剩，如果沒有銷貨場，貨品不能賣出，工廠就要關門，美國就不能支持下去，要免除這種危險，亦只有拚命的去找商場，銷那過剩的貨品，在最近美國新聞記者和蔣介石同志談話，可知道美國是要在中國擴充銷貨場的。所以在一九二七年的開始，國民革命軍和反革命的衝突，同時美國和日本因爲在中國爭商務，也是要起衝突，這是我們可以看得出來的！

今年下季國民革命軍得了這樣大的勝利，其重要點是在什麼地方呢？大家要知道並不僅是軍事上的勝利，除了軍事之外，還有民衆的力量，這民衆的力量，至少在軍事力量一倍以外，吳佩孚孫傳芳的軍隊的力量，要比我們強多得，我們却能够打倒他們，這就民衆幫助我們的緣故。民衆的力量爲什麼要幫助革命軍呢？就是因爲一九二四年國民黨改組，注重宣傳，使民衆能接受本黨主義，民衆就起來幫助本黨，自從去年兩次打東江直到現在，民衆的力量越發團結起來，所以得到了今年的勝利，從一九二七至一九二八，一九二九……就是革命軍第二步的鬥爭——和帝國主義者作猛烈的鬥爭，這次鬥爭比北伐更要利害。帝國主義者有的是軍隊，革命軍有的是民衆，鬥爭的結果，固然是不知道誰勝誰敗，但我們要努力預備，以與帝國主義者作最後決鬥！這種重大的工作，擺在我們的面前，要我們努力去做，我們專靠軍事上是不行，必須要和民衆的力量聯合！並且還要靠政治，軍隊有政治的指導，然後才能够和帝國主義者鬥爭。至於說軍隊萬能，軍隊要指揮一切，這是不對的，孫總理說：軍隊的力量要和民衆的力量聯合起來，軍隊要受民衆的指揮，才是眞正軍隊的力量，黃埔學校是國民革命勢力的中心，他的力量是受黨的指揮，他的主義和政策是根據三民主義來的，建築在民衆的基礎上面，是政治的力量，是黨的軍隊，換一句說，即黃埔學校培發出來的軍隊，是受民衆的指揮的，所以黃埔學校畢業生，在革命軍隊中非常努力，已經得了相當的成績。一九二七年的工作，比第一次北伐還要重要，要預備比北伐更大的犧牲精神，爲中國國民革命和世界革命去奮鬥！

今天的時候已經不早，下次有機會再談。

一年來帝國主義在華勢力之暗鬥及其崩析

楚女

當一九二六年開始之時，帝國主義勢力在中國政治上之形勢，爲英日兩國對立。日本利用張作霖，段祺瑞，欲建立北方的形式統一；以便操縱中國政治之中樞，取締南方及長江一帶之反日運動；而縱容排英運動——藉排英運動之力，侵蝕英國在華之商業的領域。英國則一面須抵抗日本此種狡策一面又急於要取得中央政權，以便號召「南伐」——征服廣東，實現其多年來所欲完成之直系統一計畫；而第一目的則在藉北洋武力壓迫南部中國，解決去年六月以來制彼死命之省港大罷工。這便是吳佩孚乘孫傳芳反奉之勢，誓師討賊和奉軍對直作戰的背景。

但日本帝國主義內部分兩派。一派爲封建的帝國主義，以年齡老邁之海陸軍閥，及一部分腐敗的過去人物（如西園寺公望等）爲中心；其大本營爲參謀本部。此派在主觀上閉了眼睛，不管中國人民如何反抗，如何有力，亦不問國際情形是否允許；他們極力而且單一的主張直截了當，用張作霖以武力征取中國達到相當時期，即行再演日韓合邦之劇。其另一派，則爲資本的帝國主義——名爲外交系，以外務省爲中心；代表一般資產階級中在華有深切利害關係者（如三井，三菱等）。他們不主張以中國爲朝鮮第二，他們只求利用比較不甚有顯明罪惡的軍閥——如段祺瑞，取得中國政權，建立「以華治華」之日本警察政治，以保護並且輔他們的經濟侵略，保障他們的掠奪所得；同時用以排斥他國工商業在華之發展，以遂其一國壟斷獨登之計。此派固亦利用張作霖，然因張之「紅鬍子」性格太顯明，爲欲收攬中國人心（他們這一派最怕華人排貨）；故常常偏重於較文治之段派。當前年年初總理北上時，此派曾努力圖試使老段在政治上稍爲做些好事，以博中國人民之信用，立定安福系之基礎。只因安福派小及各省武人，各有其本身利益觀點，不能盡如日本之指揮，遂致失敗。此派在日本政治上，每因對華問題與一般貴族元老——即參謀本部派——相持；然結果總是失敗（日本現在的政治，還沒有達到第三階級完全專政之時，還是封建貴族與資產階級的合治體；所以日本人民到現在還在做普選運動）。此兩派在中國，均有一各不相謀之侵略系統。甲派自參謀本部起，凡南海鐵道會社，駐華海陸軍，東方通訊社，以迄多數假託營業（如販賣藥物之小販）之商人，聯成一氣，進行其極端之十八世紀式的侵略。乙派則以外務省，駐華公使，各地領事爲一系統；電通社爲其通訊機關。故日本軍艦之行動，每每與駐在地日本領事之行動不能協調，東方社與電通社常有對於一事而互相矛盾或攻訐之消息（如北伐軍與孫傳芳吳佩孚作戰時，東方社常袒孫吳，電通社常直接揭發孫吳敗績及其弱點）。此兩派之暗鬥，已有很久之歷史——而反映於一九二六年初者，則爲張作霖與段祺瑞之奉皖兩系衝突。蓋外交派欲用段以攬政權；而元老派則欲擁張入京以行其痛快之侵略；而段個人及其安福系，則又爲自身利益地位計，施其各種狡謀縱橫，捭闔於吳孫及閻錫山等之間，以圖存於均勢之上：吳佩孚又利用段以拒張；遂使元老派愈視段爲日本之梗也！張段衝突之結果，遂使段所藉以號召之僞國民會議及欲藉關稅會議攫得二五附稅之計畫，因此而益陷於失敗。

當此局勢之中，國民軍在實際上握有北京之警察權。北京民衆熱烈地擁護其地位；督促之使趨向於革命（如去年十一月二十八九日之首都革命）。同時直豫等處，國民動日運益高

中華民國十六年一月一日（星期六） 黃埔日刊新年增刊 （第一張） （第四版）

張、此時在奉直戰爭中，實際與奉接觸者，並非吳佩孚而爲國民軍；而郭松齡之倒戈，竟以國民第四軍之旗幟相號召——根本上搖動日本二十年來在滿洲之統治地位，有立時擴大國民革命勢力於北方之勢。於是英國帝國主義與日本之頑固元老派，乃不得不暫時妥協，以便共同防止中國全部之赤化——壓迫中國將得突飛發展之革命氣勢。一方面於日本派遣八千日軍，僞裝奉軍，打敗郭松齡之後；紛遣浪人暗入國民軍，慫恿張之江之徒，使國民軍內部發生右派；一方面則由英國令吳佩孚突變態度。一月一日吳遂發表「世電」，主張「護憲」。另一面又以東方路透兩通訊社爲中心，使京內外中外報紙，廣佈馮軍赤化之謠，且確言俄國與馮訂有密約，使國軍內部將領因顧慮將來活動地位，發生避免赤化運動；此時馮玉祥本人之見解亦未確定，亦甚以赤化爲不可犯之大罪。加之河南岳維峻依違於附吳反吳之間，不聽命令，國民二三軍在指揮上不能統一。於是馮玉祥遂於一月五日被逼辭職下野。

此時，最可注意，最厲害的，是美國帝國主義。所有在華美國言論機關，均抱一致態度——即極力助馮；而不認馮爲赤化。中美通訊社，聯合通訊社，世界晚報等，日日揭載奉軍，戰敗消息，日日爲馮軍洗刷赤化謠言。美國爲什麼要如此爲馮出力？形成這種與英日相對爲仇之勢呢？聯合通訊社曾有一稿說得很清楚。他說：現在中國比較有能力，有開明思想的只有馮玉祥；而且馮玉祥是個善博人民歡心的人，已往及現在，中國人民對他已有相當好感。如果我們（帝國主義者）始終一口咬定他是赤化，連他自己的辯辯也不承認：則一定會逼得他因無路走而不得不投赤俄，不得不甘心去做中國革命人民的忠友了！我們在這里可以看見美國帝國主義撲滅中國民族革命的另一方法——此方法之酷毒，實較英日兩國厲害百倍。

馮之下野，原欲避免攻擊，以期保存實力的。然英日兩國豈肯放鬆——必欲消滅此「赤化」而後放手。一月二十日奉派的直魯聯軍開始聯吳，二月十一日吳部下靳雲鶚軍即由山東攻入河南。從此直奉之戰，乃一變而爲英日兩國共同對於中國人民之戰。三月十一日英日慫恿列國抗議國軍在大沽口設水雷防禦——並由日本派艦掩護奉天海軍轟擊大沽。國軍右派見此國際高壓，遂不免根本搖動，張之江兩次通電，整頓學風；遂使中國民衆運動史上，發生空前之三月十八慘案：而英日帝國主義對於中國人民作戰之事實，亦因此慘案，廣播於全部中國人之腦海中。三一八慘案發生後，國軍始知英日聯合已不可分；欲利用吳段以抗奉之計畫根本不行；始斷然奪取北京政權，驅逐段祺瑞。然而爲事已遲，大沽之兵既退，天津之戰又敗，困守北京，四面受圍。不得已乃放棄北京而守南口——國軍退南口後，直奉之間，即已漏出破裂痕迹。孫傳芳以狡兔捷足倏忽參雜其間，勾結田維勤，靳雲鶚，魏益三而有新直系之醞釀。遂致南口之戰，久不成功。此時英日兩帝國主義知道如直奉馬上破裂，必予國軍以恢復之機，且此時廣東方面業已發動北伐之師；唐生智與趙恒惕亦已進言普裂。於是乃由兩大帝國主義從中强迫奉合；且由日本運來該國國防上唯一利器之重砲——始於八月十六日將南口攻下，此一時期，可謂爲英日勉強合作時期。

南口攻下之後，國民軍退入甘肅；直奉——英日——共同之敵所謂「北赤」者，業已暫不存在；所剩得的，仍只是數年來的直奉地盤之爭——二十年來在長江及南方的英日利害衝突。日本帝國主義畢竟較英國聰明——它每次總是利用英國作先鋒，作工具；過後自己獨享其利。五卅案即係日人利用英國的構成；但後來它却在上海廣東獨享因排英所得之利益。日本帝國主義知道南方政府的發展，暫時不會危及日本在華的根本勢力。所謂「南赤」『不過是排英的象徵，與北赤不同，南赤所至之處，即反英運動所及之地——亦即日本工商業代替英國工商業而爲侵略主人之處。加以南口下後，奉天內部實力已虧，奉票跌價，南滿金融根本發生動搖——將有破產之虞，而且郭松齡之事，尤使日本驚心動魄，此等倒戈之風，在奉天萬不可長；如果奉軍將領一旦傳染此風，則日本於最近十年來苦心經營之南滿根本基礎——奉軍系統——即將完全破壞，因此揮揮日本乃不主參預抵禦南赤之戰；只天天耳提面命，叫奉系軍閥竭力整頓內政，鞏固金融，恢復奉票信用。並叩囑奉系做些好事，收攬民心——它知道「南赤」不單是鎗砲可以降服的。

所以，自從我們的第七軍第四軍入湘，直到十月十日攻下武昌；英國的好朋友——日本除了由東方通訊社說幾句：「南軍發展，危及英國長江利益；日本甚爲同情，且對於英國地位，不勝憐憫」之外，竟袖手旁觀。英國帝國主義不得已，只好放棄了老走狗吳佩孚，轉面來扶孫傳芳繼承直系正統。如果此時奉天眞能接濟吳佩孚餉械；一如攻南口時之努力合作，則京漢南下之吳與瀏江西上之孫兩面夾攻—「天下之鹿，亦正未知鹿死誰手；無奈日本既已禁止奉軍參加；奉軍內部又以軍餉遂漲起了奉魯兩派的分化。張學良與張宗昌褚玉璞之間，爭奪直隸地盤，暗鬥不已——逼得張褚等不得不向河南江蘇去覓地盤。孫吳兩人見此，縱然奉系眞肯合作，自然也要以婉言謝絕它的『好意』了！這眞是帝國主義的不幸！兩月以來，南昌，九江，福州，相繼攻下；浙江安徽亦且將入南軍範圍——只眼看路透社長聲嘆氣，說「又有一名城落於南軍之手」（最近第十軍克宜昌，該社如此慨嘆）！

孫傳芳要算是中國軍閥中，最狡最毒的人。九江敗逃之後，他知道他的根本地盤浙江、決不能仍是他的了！乃走天津，想引奉軍與南軍衝突——以出氣，且伺隙取利。詎知奉天內部又已新起分化。純舊派如吳俊陞張作相等圖希望張作霖入關，好讓他們在東三省活動，即新派中之傾向親英的張學良派，亦甚願助張宗昌褚玉璞等南下，以便讓出直隸地盤。惟奉天實權却握在純粹親日的楊宇霆派之手。楊乃休養，奉日本之命惟謹。因此張宗昌褚玉璞等遂仍只能以占江南江蘇之地盤而南下，却不能切實幫孫作戰，所以孫回寧後仍然團結部下反對魯軍南下，禁止屬境用山東的軍用票，然現在浙江業已完全獨立，歸入黨軍方面。攻皖之師，亦有將及安慶之勢。此英國第二工具孫傳芳的消滅，已經決定—無可挽回。同時，國民軍復與，馮玉祥遊俄歸來，竟是塞翁失馬——不但內部團結較前益堅；即作戰之力，也要比前更其勇毅，因爲現在都有了「爲什麼」作戰的一定目的了！于右任之師已破潼關；將河南紅槍會之響應已獲洛陽。頑强的吳佩孚，將見死無葬身之地了！可憐英國帝國主義用盡百般方法，——如在粵嗾使海關停止驗貨冀圖封鎖廣州；中砲艦回國民政府挑戰……）到底還是挽不回它還末運！現在除了用誠懇的正當辦法，和國政府正式談判，以免長江商業利益爲日本所奪；還有什麼別的辦法？藍浦生之赴漢晤陳友仁，乃正是表示它的在華勢力崩潰過程之近終點！

此後，我們的敵人，只有一個奉系——日本帝國義主的代表者了！照現勢看，魯軍如不南下佔得地盤；則奉魯之間，即不能避免衝突，魯軍南下，則白寶山，陳調元，馮紹閣及靳雲鶚，田維勤，魏益三，（此人絕對不能爲奉所容，奉天至今尙在索他的槍械，他是郭松齡的舊部下）等必將與之反抗而投到南方來！在這一點上或許我們馬上或要和魯軍接觸，接觸之後，日本是否即令奉軍幫助他？照現在什麼安國軍的空氣看，似乎日本帝國主義亦已有了，「實逼處此，背城借一」的決心了！然則我們同志此時對於反奉工作還不應當竭力加緊的去作嗎？

總之，在一年中所表現的事實上看來，第一是英國帝國主義在華的勢力業已崩潰：第二是英日兩帝國主義的衝突，越發加緊。（英日衝突不但在中國政治上如此，即在中國買辦階級中亦非常激烈。上海總商會中方椒伯，傅筱菴一派親英；虞和德一派親日孫傳[illegible]戰時，傅筱菴貢獻招商局輪船爲他[illegible]德等則參加上海市民的暴動反孫。）[illegible]國主義的工具已不能如前之純粹聽[illegible]們常常爲「他們自身的利益而鬭田[illegible]事（如張學良與顧維鈞夫人睡覺後[illegible]日本痛恨的顧維鈞組閣。奉[illegible]斃日商多人。張宗昌堅欲南下占地[illegible]本指揮……），第四是軍閥制度[illegible]把（不但夏超，賴心輝等投機之傾向[illegible]調元，白寶山，靳雲鶚等之各自謀[illegible]學良張作霖之間亦已不能一致）！

[illegible]之勝利

體誠

今天是民國第十六年的第一日，是世界公一九二七年的頭一天。[illegible]

紀述年的名稱和分段，是由人而定的外並且是爲人利用而定的，或陰歷或陽歷，或一國紀年或世界紀年，只聽以便於社會生活之用爲決用的前提；年的實際對於人類生活的關係，即[illegible]

[illegible]可能的，假使革命手段不是社會改造所不可用的，假使革命不是可以得到最後勝利的；我們何苦去提倡革命去實行革命？所以我們一定要確信革命：是現在被壓迫人類唯一的根本解决[illegible]

（五）「新年」之聲，是我們振刷新精神計畫新工作創造新生活的警鐘！「新年」二字，是我繼續努力革命以求貫澈的標誌！革命是我們的責任！勝利是我們努力之必然的結果，我們[illegible]

中華民國十六年一月一日（星期六）　黃埔日刊新年增刊　（第二張）（第五版）

（四版）

的。然英日兩國豈肯放鬆——必欲消滅此一赤化』而後放手。一月二十日奉派的直魯聯軍開始聯吳；二月十一日吳部下靳雲鶚軍即由山東攻入河南。從此直奉之戰，乃一變而爲英日兩

，奉天內部實力已虧，奉票跌價，南滿金融根本發生動搖——將有破產之虞；而且郭松齡之事，尤使日本驚心動魄，此等倒戈之風，在奉天萬不可長；如果奉軍將領一旦傳染此風，則

帮孫作戰，所以孫回寧後仍然團結部下反對粵軍官下，禁止魯境用山東的軍用票，然現在浙江葉已完全獨立，歸入黨軍方面。攻皖之師，亦有將及安慶之勢。此英國第二工具孫傳芳的消

[illegible]本指揮[illegible]），第四是軍閥制度把（不但夏超，賴心輝等投機之傾向調元，白寶山，靳雲鶚等之各自謀學良張作霖之間亦已不能一致）！

……之勝利

體誠

今天是民國第十六年的第一日，是世界公曆一九二七年的頭一天。除了寒盡不知年的和不知陽曆的人們，都要在心理上和行動上與新年二字發生了慶祝或紀念的關係；到底這些新年有什麽意義呢？今天同時又是我們全國慶祝北伐勝利的日子，就是慶祝革命勝利的日子，凡係反對帝國主義和軍閥壓迫的人們，都要念到革命的勝利和自己的關係；到底對於革命的勝利我們應當有怎樣覺悟呢？現在百忙中單把新年之意義與革命之勝利，重新說一說以爲我們今年新年的紀念。

（一）新的意義　「新」是變動的結果，是矛盾的結果。沒有矛盾無所謂動，沒有動便無所謂「新」以與它不同的「舊」相對稱；新是時間上現在對已往之稱是將來的現在對現在和已往之稱，是將來的舊；新是空間上改變了的地方，新是第二步對第一步第二階段對第一階段之稱；假使宇宙間真有永久不變動的關係，便有無新可言的關係，所以「新」和進步，創造，改造，積極，發明，革命的觀念是相聯的；新不但是空前的而且是續前的，一種新結果正是兩個矛盾關係前因後果的產物，如產兒對於母胎一樣。

（二）年的意義　「年」是社會上人們爲了記憶自然界的時間變動以供實際生活之計算與努力的一個名稱記號。它代表自然界的意義：是地球繞日轉了一週同時自身轉了三百六十五週，同時它又被月球繞了十二週，經過了各地不同的春夏秋冬的四季氣候的變化；它代表社會上的意義：是人類在地球的這種變動之中—動的環境—「飲湯」「飲水」「種」「耘」「收」「藏」造房，織衣，防風，禦雪涉水，跋山以圖生存之適應，男子經過若干次這樣的變動，便要婚娶，女子經過若干次這樣的變動便要婚嫁，而且要懷胎生子增加人口，組織什麽大家庭小家庭，使幼而壯而老而死，……其他不可思議不必[illegible]年的各種分段，是由人而定的，并且是爲人利用而定的，或陰歷或陽歷，或一國紀年或世界紀年，只應以便於社會生活之用爲決用的前提；年的實際對於人類生活的關係，即地球繞日而動對於人類生活的關係—是規定了人類「勞動聯繫」，生產力，一切經濟關係，因而規定人類意識和行爲方向與範圍；人類只有在這大範圍內去活動努力創造發明是可能的，而且也只有作這樣可能而不空想的變動是必要的，但是人類却不應當不努力把原無目的的變動使於可能內依人類共同的意志與要求而變動！我們對於社會進化和革命，要逐年努力，意亦在此。

（三）新年之意義　新是變動的結果，年也是自然界一步一步之變動的結果，無變動便無年，更無新年之可言；所以新年就是地球繞日一週的變動已滿前一次後，而又開始一個空前的週轉，即開始一個新年的變動。這個新變動週—以十二月爲一週—一方是繼往開來的，一方是在自然界關係尤其是在社會上關係，都是與過去之年不同的，我們也必須使它不同，必須使它的變動比較過去一年更可以促我們共同所要求的可以獲得，共同所努力的工作可以完成，一切不能向既往努力，只有今後是最可能的，而且由個人說，添了一個新年就是我們在死亡以前少了八千七百六十六點鐘努力的機會與可能；所以我們對於新年之到來，不得不有一種新生活新工作的計算，不能不決定一下繼續努力更進一步的方針！這就是紀念新年的意義，是我們今天應有的認識。

（四）我們紀念新年定我繼續努力的方針，一定要在我們現實的革命關係上着想：

（1）革命是因舊社會有種種不容於共同生活上的矛盾痛苦而要以大多數人的種種力量改造過以適應社會進化的一種大變動，以人類迄今的歷史來說，就是被壓迫階級共同推翻壓迫階級統治的一種努力，假使社會組織是永久不能變的，自然無改造之可言，無革命之可能；可能的，假使革命手段不是社會改造所不可用的，假使革命不是可以得到最後勝利的；我們何苦去提倡革命去實行革命？所以我們一定要確信革命：是現在被壓迫人類唯一的根本解決的手段，是按照科學方法去奮鬥而必然得到最後勝利的！是我們在現在的世界環境中新變動上必不可不走的一條人生正路！我們要具革命的人生觀，我們并要努力使這新年後的一切被壓迫的人們都有澈底的革命人生觀！

（2）今天全國慶祝北伐勝利，自然可說是因爲：北伐「是完成辛亥革命未竟的工作」的，「是促成全國的統一」的，「是掃除土劣貪污的舊勢力」的，「是由中國國民革命以達到世界革命之成功」的一種工作，又因爲「北伐勝利就是民衆的勝利」，「就是主義的勝利」，「就是世界民族解放的勝利」。但是孫總理「革命尚未成功，同志仍須努力！」的遺訓，仍然還是我們應當「三復斯言」之言！我們務須注意：（一）勝利雖已屬於我們革命者而且最後的也必屬於我們，但我們却應謹慎圖維，不可驕滿致生本可避免之挫折和受到出其不意的打擊，（二）既得的勝利，務求能保持鞏固，使它寄託在農工民衆的擁護上面而永不失掉，（三）對於被打倒的反革命派被征服的敵人，須使它們無死灰復燃之殘勢，使它們無變相的重生之可能，（四）要認清北伐的勝利是革命的勝利的一種是革命成功的基礎，而並不是革命的成功：不但我們求到中國之自由平等的目的尚距離很遠，而且民衆已受的日常痛苦也還多之又多，民衆不過已有了一點解放開始的機會而已，我們應該在這機會中努力黨和民衆組織的發展，實行農工政策，和最近政綱，以使政權歸革命民衆，各省開省民會議，建設廉潔政府，剷除貪官污吏，籌備國民會議，並要嚴防帝國主義和一切反革命派的陰謀進攻；我們自十六年起，仍要時時刻刻整飭我們的陣伍，團結革命的聯合戰線，共同向未倒的敵人奮鬥，換言之，要知民國十六年，仍是要繼北伐之勝利以求全部革命勝利的新工作創造新生活的警鐘！

（五）「新年」之聲，是我們振刷新精神計畫新工作創造新生活的警鐘！「新年」二字，是我繼續努力革命以求貫澈的標誌！革命是我們的責任！勝利是我們努力之必然的結果！我們要認識革命的新年觀！我們與全國共祝北伐的勝利時要認識我們的革命勝利觀！我們要創造人類自由平等眞歷史新紀元，我們要完成國民革命和世界革命的全部勝利！我們要知道也許因我們的一個人不努力或努力而不澈底致使革命不成功的時間多延長下十年百年，也許因我們一個人的特別努力，并能促大家努力而使革命早得成功十年百年。爲了這個，我們要在今天重新說一說「新年之意義與革命之勝利」，以爲紀念，以期我們對于二十世紀第二十七年以後負擔革命新使命而努力作工的同志們，各有所共勉！共有所勉！

一年來本校教授部之教育情形

李鐸

教授佔本校軍事學教育之最大部份，教授方法之適宜與否，影響於學生之成績者甚大。本年教授事宜，雖屢求改善，卒之補苴乏術，未能使人滿足，此本部所深引爲遺憾者也。其情形大概如左：

自第三期學生於一月間畢業後，即籌備第四期學生入學事宜。三月中旬，始正式開學，爾時僅設一訓練部，凡教授及訓育之事皆屬之，且戰術不用教程，僅在講堂或野外口授，各學生多未能澈底了解，故復採用教科，以致各學生進度畧爲遲滯，而教授與訓育兩事，未能截然劃分，亦其一原因也。

五月間，因事實上之要求，與多數人之意見，乃將訓練部分爲教授訓練兩部，凡關於教授事宜，概屬於教授部，關於訓育事宜，概屬於訓練部，使之各負專責，並按照教育計畫程序，一致進行。

國民革命軍總司令部，於七月間組織成立，是時本部教職人員，紛紛調動，以致遴選補

中華民國十六年一月一日（星期六）　黃埔日刊新年增刊　（第二張）（第六版）

中華民國十

充，大費周章；於教授上往往發生障碍，所幸黨義大彰，人材競進，不久卽解除此種困難。九月間，於燕塘北較場一帶，舉行全體學生之戰術實施及野營演習，雖因室內授課之時間大少，致不能將各種原則盡施之於應用，然其進步，實與日俱增，且在酷暑之中，奔馳野外，授者受者，兩無倦容，可知教育之道，能引起一種興味，則凡所謂勞苦，所謂困難，皆不足以息其心志矣。

第四期學生於十月間畢業，又繼續籌備第五期學生入學事宜，並翻譯外國各種最新式軍事學教程，添補各種教育上應用之器具材料；又設立模型室，陳設一切模型圖樣，以爲各學生實視之用。計自十一月十五日開學以來，各教官尙能循循善誘，日起有功，以後尙當隨時考察，力求完善。

由以上各節觀之，可將教育之要領，概述如左：

一、教育之責任及界限宜截然劃清；

二、各課目之進度宜互相連繫；

三、教官宜愼重遴選；

四、各種教材宜精密選擇；

五、教授法宜時時考察改良；

六、關於教育事宜須時時徵集多數意見，以期合乎事實上之要求。

凡此皆根據一年來之經過情形，而參以自己之所見。倘望各同志，隨時指導，以圖改進，則非特本部之幸，實本校教育前途之厚幸也。

一年來本校訓練部之訓育經過

吳思豫

地球公轉，次序更新，去年之經過已告終結，今年之工作，方又開始；當此新舊迭嬗之際，毖後懲前，不無感想：洄溯去年本校畢業員生，數達二千六百四十三人。內第四期中之爲步兵者，一千六百六十七人；爲砲兵者，一百三十五人；爲工兵者，一百三十一人；爲經理者，一百九十八人；爲政治者，一百九十二人，[illegible]五十名於九月間[illegible]二月間奉校長電准發文漢；）軍官政治研究班五十九人；第十隊一百十七人；第三期補習班二次，計一百三十四人。迨至七月，北伐興師，軍營旁午，需人孔亟，各軍調用學生，或學生請願躬赴湘鄂粵豫各省工作，經核定許可者，計二百四十九人，而政治科居其强半。此學生人數之總計也。三月一日，爲軍官團及各特科升學之期，軍官預備團，雖同時入校，而有三月預習之時間，嗣應時勢之要求，趕授學術課程，至九月六日，與各科同時出發燕塘，作野營之演習，爲畢業之試驗；而又見學要塞兵器，以增學識，遂於十月底始克竣事。綜計授學時期，軍官團政治隊遷駐壙防沙河，而率領各隊之官長，遂轉靡定，興師北伐，遷調更多。各隊槍械，既不一致，又形缺乏，教授困難砲兵更甚，且馬匹太少，致習砲者不能乘御馱載；材料未充，致習工者不能架橋渡涉，諸凡動作，難以實施。此則關於時勢、關於人事，關於器材，而影響於訓練，不能得美滿之結果，是爲訓練方面之困難情形也。今第四期既畢業矣；第五期繼之，亦於十一月十五日升學。學生人數，爲二千六百餘人，步兵居三之二。砲工政治，授課甫半月，先後奉命遷鄂。光陰易過，一年來之經過，已告段落。語曰：『一日之計在於寅，一年之計在於春，』當此新年開始之第一幕，對於升學未久之第五期，尙有無窮之希望焉：吾國革命怒潮，奔騰澎湃，已由珠江洶進長江，行將衝破南北之天塹，直達黃河流域，大張撻伐矣。惟是帝國主義之走狗張作霖，盤據東北，蹂躪關內，仰日本人之鼻息，挾僞政府以操縱，搜刮民財，廣備軍械，而其執迷不悟，斷非以數聲口號所可畏懾。預料第五期畢業之際，正吾革命軍掃除軍閥餘孽之期。軍閥之餘孽已盡，則國內之革命斯成；國內之革命已成，則世界之革命始可發軔。第念國內革命未成之先，對於北伐之舉，尤非騎兵不爲功，蓋地勢使然耳。此則關於今後訓練方面之應顧慮者也。嗚呼！羊貪狼狠，彼都之烽烟未熄，嘗膽臥薪，同仇之敵愾宜惕，用貢芻言，願共勉旃！

一年來本校之政治工作

熊雄

中國軍隊中之有政治工作，自本校始。從開辦到十四年終，這一年多當中，究竟做了些什麼工作？在革命過程中已有相當的表現，姑且不讚；現在且把十五年「一年來本校之政治工作」，敘述出來，一方面聊供一般政治工作人員的參攷，另一方面還要希望同志們的批評，俾今後之工作，有所改進；這個擬想，絕非個人的謙抑，實革命利益所在，自應如此。茲就工作經過情形，特分三個段落，敘述如下：

第一，從一月到二月的工作——

我自東征歸來，一月六日卽奉命爲本校政治部主任。當時第三期學生尙未畢業，部中現象極形渙散，其組織主任秘書之下，設宣傳組織兩科，全部職員不過二十餘人，所有工作亦頗簡單。對內工作：只出黃埔潮及壁報兩種，共印五六千份；在學生中，爲客觀條件所限，尙無系統的政治教育，只有零碎的政治討論會；到十五日以後，大部分學生已畢業出校，只留三百人組織軍事政治訓練班，加緊教育，預備校中的下級幹部。對外工作：雖參加各種民衆運動；至黨與政府決議統一軍事教育機關公布後，本校改組工作，卽從二月一日開始，旋由黨與政府任命蔣中正鄧演達嚴重邵力子熊雄陳公博馮寶森等七人爲本校改組籌備委員。在二月整个工作中，除參加全校工作外，政治部組織上，已有變更，由原有兩科已增設一事務科，人員亦畧有擴充，並聘政治教官四五人，曾定官長一月的政治教育計劃，考試學生七千餘人，閱卷萬餘本，並將政治教育大綱制定，本校改組事宜，亦已告竣。

第二，從三月到十月的工作——

三月一日第四期新生卽已入校開學。本校改組後，教育方針的總原則，就是：『軍事與政治打成一片』。政治部依據這個原則，故對學生官長兵伕，乃有貫注全部的政治教育計劃。在學生方面，因兵科不同，而決定實施軍事與政治教育的進度，例如：步砲工各科，則以十分之七爲學軍事的時間，餘爲學政治的時間；政治科則反是；經理科亦可類推。本部組織亦隨本校改組，畧有變更，主任副主任及秘書之下，分設總務宣傳黨務三科，全部職員按編制已達七十餘人，聘定專任政治教官十餘人，臨時政治教官亦有十餘人。至宣傳科的工作，對于宣傳品的發行，前在總政治部軍人日報副刊出有黃埔週刊，在本校出有黃埔日刊由六千份增至二萬六千份之多，尙有革命畫報每期刊行萬份，此外出有叢書講義各種紀念冊及小冊子等，綜計八個月內，共出刊物已達千萬份以上。發行地點已有三四千處，幾普遍全中國各省，和東西洋各大埠。至指導工作在學生方面，曾開過政治討論會十餘次，政治問答及政治測驗亦十餘次，學生大多數都有很濃厚的興趣，實際上自多裨益。指導來賓參觀，八個月內亦不下萬餘人，每次都有切實的宣傳，能予來賓以較深的印象。在民衆方面，每次群衆大會，都領導學生參加，并有擴大的宣傳，給學生以實習的機會，在沙河野營演習，曾組織政治科實習宣傳隊，及軍民聯歡大會等。至黨務科工作，因校中黨務，未有很大進展，故無足述，不過只有調查撫卹諸事。總務科工作，純係關於本部財事務諸端，亦無特別可紀之事。綜合第四期八個月的工作，對於學生似尙看不出有若何成績，從經費上來看，八個月總計不到十萬元，以全校經費爲比例，不過百份之一，本部人員以全校職員爲比例，不過三十份之一。至在本島工作，曾有平民教育調查及進行計劃。北伐後爲鞏固後方計，曾與各機關同志，有黃埔農工商學兵聯合會之發起，對於民衆運動，亦有相當之成功。

第三，從十一月到十二月的工作——

十一月十五以前，爲第五期籌備時期，關於本部工作，曾將從前政治教育大綱，加以修正，並隨本校設學生隊的組織，而設各學生隊的政治指導員，。此外又因新俱樂部行將告成，規模宏大，除原定編制之管理員外，復增設服務員數人及音樂教官二人，使之協同管理

行。在本期中曾制定校歌及黃埔怒潮與犧牲兩調，全部各種計劃，至少擬較上期須擴大一倍，以供給實際的需要。並擬籌設校園，以爲全

國主義國家之衝突。這三種衝突，在過去的一年（一九二六）尤其顯著。

在第一項：表現最强烈的，爲五月一日起的英國煤礦工人大罷工。由煤礦罷工而激成的

動；日本朝鮮之獨立運動等等；皆足以保進帝國主義之崩潰，而尤以摩洛哥戰爭爲最（現在里夫民族雖失敗了，但法西兩國所受之損失至大）以上所述，姚成武同志另有「一年來被

七年春開始建造。新嘉波港成後，可以固定英國在印度緬甸、馬來之地位；鞏固英國在香港及在一般中國數十年來侵略所得之利益；更可以蠶食暹羅，逼迫日本。英美日三國之[illegible]

（六版　中華民國十六年一月一日　（星期六）　黃埔日刊新年增刊　（第二張）　（第七版）

為步兵者，二千六百六十七人；為砲兵者，一百三十五人；為工兵者，一百三十一人；為經理者，一百九十八人；為政治者，一百九十二人。」五十名於九月間派赴長沙總部服務，十[illegible]其[illegible]學員，大都繼續進行。在本期中曾制定校歌及黃埔怒潮與犧牲兩譜，全部各種計劃，至少擬較上期須擴大一倍，以供給實際的需要。並擬籌設校園，以為全校人員游息之所；建設　總理室和革命博物館，藉資紀念觀摩，以補教育之不逮。按照工作現狀，預測將來，欲要得到良好的結果，在物質方面，自應予充分的補充，在精神方面，更須有最善的努力。至一年來臨時特別工作，亦有足述者：當北伐開始，雄曾與惲主任教官代英，受鄧主任之命，參加戰時政治工作會議籌備會三天，大會七天，北伐進行計劃及北伐宣傳隊之組織咸多參與。第二軍內本校所屬第一軍官補習班學員三百餘人，曾派雄為畢業考試委員長，亦有一星期之工作。尚有本校附屬的軍官政治研究班曾辦兩期，學員亦有一二百人之多。最近政治砲工各科奉命開赴武昌，亦有途中政治工作的規定，及宣傳隊與調查隊之組織。上週接到總部來電，前方將送俘虜軍官一千七百餘人來校，正在籌設軍官政治訓練班。此外尚有兵伕教育委員會，以謀全校兵夫工人政治教育之普及。尚擬組織平民教育委員會，以謀本島附近平民教育之普及，現正與各機關籌辦農村教員養成所，以利進行。至全校官長教育，自開學後，即聘請黨中先進同志，每週來校特別講演兩次。此為本期工作之大概，至詳細計劃，自難一一紀述。

綜觀上述的三個段落，「一年來本校之政治工作，」雖倉卒書成，沒有很好的系統，然亦可以窺其一斑。在這個工作過程中，固可認為有相當的進展，能予學生與民衆一點幫助和影響；但缺點尚多，終須彌補，要在担任軍事工作與政治工作的人們，如能深明相互的需要，貫澈協同的精神，補救發展，都非難事！

一九二六年之國際概況

（宋雲彬）

資本主義發達到登峰造極的帝國主義所宂

兵不為功，蓋地勢使然耳。此則關於合後訓練方面之應顧慮者也。嗚呼！羊貪狼狠，彼都之烽烟未熄；嘗膽臥薪，同仇之敵愾宜惕，用貢危言，願共勉旃！

國主義國家之衝突，這三種衝突，在過去的一年（一九二六）尤其顯著。

在第一項：表現最强烈的，為五月一日起的英國煤礦工人大罷工。由煤礦罷工而激成的總同盟罷工雖不過十天，但煤礦罷工，則歷時近七閱月。現雖暫告解決，而英帝國主義的根本問題——煤業爭議，終無解決之法。知道英國現在的經濟狀況的，都能斷言英帝國主義的命運，將隨這「煤業爭議」而歸于消滅。我們再看英煤　罷工資產階級政府所受的損失怎樣？英國出煤額，在一九二五年每月平均為二〇七〇萬噸，自一九二六年五月至八月產煤損失，共為八五〇〇至九〇〇〇萬噸，超過其常年出產總數三分之一，因煤產之減少，直接影響于金屬出產：罷工以後，鋼鐵生產額自六七·一萬噸降至三·二萬噸，僅及一九二五年每月平均數二十分之一；生鐵出額由五四·八萬噸降至·九萬噸，僅及一九二五年每月平均數三十分之一，因重鐵工業之銳減，影響于對外貿易者：在一九二六年與一九二五年之前八個月的比較，對外商業減少一一·〇〇〇萬磅。此外因煤炭運輸之停滯而影響於鐵路公司收入者為數亦甚鉅。至失業工人之增加：在五月以前，與一九二五年同月之比較，總數增加已達六十萬人，煤礦罷工後之失業人數，自然更可驚人了。據最近英內務大臣之報告：「此次罷工，英國將陷于荒廢之危機，即令煤礦工復業，然以種種關係，煤礦工人至少有二十五萬人以上之失業」。這樣，英礦工潮雖暫時告一段落，所陰伏的危機，我們閉目一想，真要替大英帝國担憂；而况上述的損失數僅至八月間的統計，據十一月份英國內務部發表調查煤礦罷工損失總數達四十萬萬元，這是他們的「官報」，實際恐還不止此數哩！

在第二項：英國的各殖民地都有要求自主的傾向，使英國不得不召集帝國會議，且以海陸軍飛機隊向殖民地代表示威，表示其大英

改組後，教育方針的總原則，就是：「軍事與政治打成一片」。政治部依據這個原則，故對學生官長兵伕，乃有貫注全部的政治教育計劃。在學生方面，因兵科不同，而决定實施軍事

動；日本朝鮮之獨立運動等等；皆足以促進帝國主義之崩潰，而尤以摩洛哥戰爭為最（現在里夫民族雖失敗了，但法西兩國所受之損失至大）以上所述，姚戌武同志另有「一年來被壓迫民族的解放運動」一文，茲不贅。

在第三項：我們但看國際聯盟之分裂，與洛迦諾條約精神之完全喪失，就可知帝國主義間的衝突是無法避免的了。洛迦諾條約本是名動一時的所謂「安寧條約」，但洛迦諾會議從一九二五年十月十六日完畢後，不到五個月，便開國際聯盟的特別大會，來解決允許德國加入聯盟問題；不料却為了國際聯盟行政會的擴充問題引起英法兩國之爭執，不但德國沒有加入，反使巴西退出聯盟；而俄德中立條約之訂立，尤使英法等國疑懼不安，最近國際聯盟有關各國在日內瓦秘密討論監視德國軍備問題，引起德國民衆之大示威運動，表示反對國際聯盟。這樣一來，使英國欲拉攏德國以完成其削弱法國，增加附庸，西抵美利堅，東抗蘇聯的雄圖，完全失敗；帝國主義者又在互相猜疑的領域中重新開始互相仇恨，直至互相攻擊。我們但看各帝國主義的努力擴張軍備，增加預算，第二次世界大戰是很容易爆發的：美國决定在一九二六年即開始建造敘導驅逐艦十隻，並造大型潛水艦及其他包含若干艦艘之大補助艦。英國則决定在一九二六年，建造一萬噸巡洋艦二隻，八千噸洋艦一隻、潛水艦六隻、摩托船四隻，潛水艦一隻、（此僅為一九二六年已建造之艦數，英海軍部另有自一九二五至一九三〇的五年中繼續建造的計劃）。日本則不但在一九二五年裁軍會議拒絕限制陸軍的意見，并且將一九二七年度之預算總額增至十七億三千零三十七萬元，海軍費占二五五·〇〇〇·〇〇〇元，六年費占二一二·〇〇〇·〇〇〇元，此預算的增加當然引起國際間的注目。而英國新嘉坡築港，適在此時積極進行，在一九二六年十一月間召集的帝國會議中，討論各自治領分擔

正，並臨本校設學生隊的組織，而設各學生隊的政治指導員」。此外又因新俱樂部行將告成，規模宏大，除原定編制之管理員外，復增設服務員數人及音樂教育官二人，使之協同管理

七年春開始建造。新嘉波港成後，可以固定英國在印度緬甸、馬來之地位；鞏固英國在香港及在一般中國數十年來侵畧所得之利益；更可以蠶食暹羅，逼迫日本。英美日三國之擴張軍備既針鋒相對，而法意等國亦竭力擴張軍備。同時各帝國主義因爭奪殖民地，商場，石油而起的衝突：如摩塞爾問題，幾釀成英土戰爭，因尼比色尼亞問題而造成之英意協定，使英法間留了一個很大的裂痕，美國自歐戰後經濟勢力日益浩大，與英帝國主義在中國墨西哥等處，都有利益的衝突。而美墨間因尼加拉瓜革命風潮引起之齟齬，迄今尚未解决。法國自壓服德國後，已繼承了大戰前在歐洲與英對抗的德意志。意大利自法西斯黨專政後，其殖民政策的目的，在（1）佔北非的重要海港，（2）佔小亞細亞門戶，（3）佔地中海的重要島嶼，總之，想成為地中海主人，對付土耳其之意希協定成立，意國向東發展，大遭英法的疑忌，意相慕沙里尼「恢復新羅馬威權」的口號，和四月間游歷的黎波里，尤惹世人注目。意法間因慕沙里尼二次被刺時之刺客來自巴黎，引起極大暗潮：東方之日本，於八月間在長崎召集所謂亞細亞民族大會，用以欺騙亞洲弱小民族，並表示日帝國主義在東方勢力之偉大；雖會議的結局，不過成了一幕滑稽戲劇，但日本帝國主義所妄想的大亞細亞門羅政策，正是對付歐洲各帝國主義的一個方法。

總之：帝國主義者因傾軋猜忌而互增軍備互訂條約，一年來的縱橫捭闔，極波譎雲詭之能事。但我們可以知道在帝國主義未消滅以前，這種衝突是不能避免的，并且這種衝突正是資本主義發展到帝國主義而漸漸達於崩潰的必然現象。我們再看這一年來各殖民地半殖民地的民族革命運動，風起雲湧，與帝國主義國內無產階級勢力之增加，全世界已經分成兩個整個的勢力：全世界的統治者壓迫者——資本帝國主義，和全世界被統治被壓迫者——農工階級及

中華民國十六年一月一日（星期六） 黃埔日刊新年增刊 （第二張） （第八版）

弱小民族——對于統治者壓迫者之反抗．前者的勢力，因他們國際間的衝突，往往有時候不能聯合一致；後者的勢力，却一天一天的鞏固，不用說英煤礦罷工能延長六七月之久，是全靠世界無產階級——尤其是蘇俄——的帮助，各殖民地所起的革命暴動，沒有一起不含有世界革命的性質；尤其是一年來中國革命運動突飛的發展，更足以促資本帝國主義的崩潰。

不但如此，過去一年中帝國主義國家的內政，更顯露其阢隉不寧的現象：英國大罷工旣如上述，法國之財政恐慌解決不易，一年來內閣的更造，爲過去法國政治史上所未有的現象。日本政潮澎漲，至今未已。反動的法西斯黨領袖意大利首相慕索里尼氏之五次被刺，和法西斯黨在意之高壓手段，都足以看出帝國主義者的提襟見肘的神情．至于蘇俄勢力之鞏固與發展，更是帝國主義之致命傷，因爲另有專篇詳述，這裏不再多說．

列寧同志告訴我們：『社會主義爲帝國主義之前夜，』過去之一九二六年，帝國主義的崩潰形勢已經如是，我們且看這黎明時期——一九二七年——的開始！

〔附白〕這篇成于匆促之短時間內，因冗務之忙碌，參攷書之缺乏，語焉不詳，且無系統，就此草付印了，眞對不起閱者！

一年來被壓迫民族的解放運動

姚成武

(一)緒言

資本主義世界的事變天天告訴我們以新衝突的消息：爭奪市塲的鬥爭加厲了；弱小的國家更加不能獨立了。同時被壓迫民族的反帝國主義運動也日加强大起來，尤其在最近幾年中。

我們稍稍留意這些新消息，便會劃分世界爲兩個大壁壘、一方是國際帝國主義的壓迫者、一方是世界被壓迫民族無產階級帝國主義戰線

○本篇所述乃是在一九二六年中[illegible]被壓迫民族[illegible]動之概畧，[illegible]止這些，因爲我的能力及時間所限），實足指示出國際帝國主義者是到處在掘自己的墳墓，他的葬期是不遠了，我們應該明瞭世界的現狀是怎樣，我們應該怎樣努力，在這裡都可反映出來——就是無論那一種革命運動，都含有世界性——是世界革命的一部份，我們中國的國民革命當然不是例外的。

(二)朝鮮之大示威運動

朝鮮自被日本帝國主義兼併之後，整個的朝鮮民族都受很殘酷的壓迫，一切自由都被剝削淨盡，民衆對于日本帝國主義之仇恨是可想而知的。兼併以後朝鮮曾起數次反抗運動，暗殺和革命，結果都未曾成功。最近幾年來，迭次有示威反抗的運動，雖然沒有得到多大的成功，然而影響全朝鮮民衆對日本帝國主義的認識，而覺到非一致起來革命不可，這是有很大的效果的。最足使吾人注意者，是一九二六年六月十日的大示威運動了。

六月十日是朝鮮民衆，趁着廢皇出殯那一天，舉行一次很大的示威運動。從各種報紙登載的消息看來，顯然可見是朝鮮共產黨主持的。權五卨是朝鮮共產黨中央執行委員，是全朝鮮勞農總同盟的首領，這次大示威運動就是他受朝鮮共產黨的委任去準備的。事前已經準備好了十二萬份以上的傳單，同各地革命團體也有聯絡。但是不幸事機不密，準備的行動被日本帝國主義破壞了。日本警察於六——七日即搜出了預備於十日散佈的五萬傳單，拘捕了九十餘人；七—八日又發現了秘密印刷局，權五卨及其他許多共產黨及青年軍共產黨亦被捕了。但不管事前已被破壞，十日的運動仍然舉行，傳單仍然散發。在舉葬時，全體日本警察都聚在一起來保護。但這個目的，終沒有達到。反激怒了示威運動的群衆，帶了傳單，衝進送葬的隊伍，等到某種暗號一發，將所帶傳單一齊分散。『打倒日本帝國主義者！釋放政治犯！撤退日本軍隊警察！要求自由民族的權利！[illegible]的[illegible]一齊發起。群衆保護演說員登台演說[illegible]被偵探捉去。

同時各地如大邱，平壤，新義州，公州，馬山，高山，春州，忠州等也都召集大會，並舉行示威運動，散發傳單。送葬時在漢城被捕者約有二百餘人，總計各地共有數千人。

這次朝鮮廢皇之死，日本帝國主義者妙想天開，利用他的死，預備一個很澗綽的喪禮，想對全世界証明被壓迫的朝鮮和處壓迫地位的日本帝國主義者相互間的「調和」。他們想表示對朝鮮人民的關心，同時與本地貴族及一部分知識階級修好。這種計劃被共產黨及民族解放運動者，於六月十日，用一個預備整齊的示威運動所打消，雖然日本警察預先得到這個消息，盡其摧殘能事，從此朝鮮的民族革命運動，已經從散漫而趨於有組織有方法的了，

(三)爪哇的革命運動

最近幾年來，荷蘭的殖民者把爪哇變成，眞正的白色恐佈世界。荷蘭帝國主義者，以若干行政上改良政策換得本地少數貴族和少數反動回教師的贊助，而以駭人殘酷手段壓迫一切思想自由。平民學校，國民革命團體(Sarecat Rayat)被解散了，首領們不是坐牢便是充軍於遠方諸島。集會和示威是嚴禁的。三人以上的會議，即視爲犯法，預會者即須罰罪。本地獨立辦的報祇概被封閉。本黨爪哇黨部機關報的編輯也被驅逐出境。所有左派的民族團體也被禁止。其中最活動的，在農民中有强大力量的，又有八萬左右分子的一個團體—Sarecat Rayat，連同荷屬印度共產黨（Sarecat Rayat即受共產黨的思想指導），被迫得成了秘密組織。祇要稍爲表同情於這些團體，馬上便受警察的殘酷的處罰。殖民地警察的偵探騷擾鄉村和城市，到處找尋同情於左派團體的嫌疑犯，致全體民衆戰慄於白色的恐佈之下。這還不够，荷蘭殖民政府還組織了法西斯蒂團體，以毆殺一切左派的人物爲能事。

荷蘭帝國主義者雖然如此嚴厲壓迫，反而促成爪哇民衆團體更激烈地反抗。於是十一月十二晚上（一九二六年）的暴動爆發了！Sarecat Rayat和共產黨在爪哇所[illegible]的反荷蘭帝國主義[illegible]先佔領電報局和電話所，其首先運動成熟之陸軍教營，則臨時爲荷蘭長官覺察，盡把武裝解[illegible]起，困在一隅，以致黨人不能得到策應，但無論有無策應，暴動延長至一星期之久，終於與警察衝突而散，被捕者在五百人以上，被殺的革命同志爲數亦很多、不過無從調查、不能確証。然而這種壓迫是沒有力量足以阻止革命運動之發展的。即使荷蘭帝國主義者已能統治現狀、無論民衆暴動之爆發是否已經停止、但荷蘭帝國主義者及其友人英國帝國主義者，已經一天難似一天以統治幾千萬的爪哇民衆了。難保除爪哇暫時被壓迫下去外、如蘇門答臘、波爾尼亞及其他諸島的民衆，將繼續其解放的鬥爭呢！

〔四〕菲律賓之獨立運動

菲律賓的獨立運動，差不多有了二十年了。其所以直至今年（一九二六年）尚未得到有獨立的消息，完全是菲律賓資產階級勾結美國帝國主義者妥協所致。美國主義者自從打敗西班牙，强佔菲律賓後，一方面每好以小惠籠絡該地資產階級、如允許他們有議會之組織、實權仍操於美國所派之總督手裏，另以賤價收買大多數的勞動力，又設土地銀行重利剝削農民；一方面以．律賓作爲太平洋海軍根據地，把持遠東的經濟優越地位，遂其侵畧弱小民族的野心。律賓資產階級却欲以和平手段取得政權，所以祗是喊幾聲空洞的理論，派出好許代表向美國帝國主義者乞憐，又恐民衆覺悟着團結起來，於他們地位有所不利，就用卑鄙，無恥的手段，去欺騙，利用民衆的勢力，向主人——美國帝國主義者畧施要挾，却又不敢顯明去抵抗。因此菲律賓的獨立終於沒有實現。

美國政府早已看透這層，所以始終沒有承認，祗是說時候未到，非律濱民族本身尙很幼稚等一類欺 的話，並且用種種僞善的甘言誘惑他們、於是非律賓資產階級勾結美國帝國主義者的妥協政策完全暴露了。菲律賓全島到處有不安的現象發生，民衆也覺悟到非自己起來，不能推翻這狡猾的統治者——美國帝國主義者。所以最近 律賓的民衆勢力日益發展，而

中華民國十六年一月四日 黃埔日刊新年增刊之二（第一張）第四版

中華郵政特准掛號立券之報紙 黃埔日刊新年增刊之二（第一張）第一版 中華民國十六年一月四日

黃埔日刊新年增刊之二目錄

民國十六年元旦日之回顧

方鼎英

黃埔日刊新年增刊之二（第一張）第三版 中華民國十六年一月四日

中華民國十六年一月四日 黃埔日刊新年增刊之二（第一張）第二版

本校十五年一年來的教育情形

方鼎英

本校十五年三月改組以來之大事記

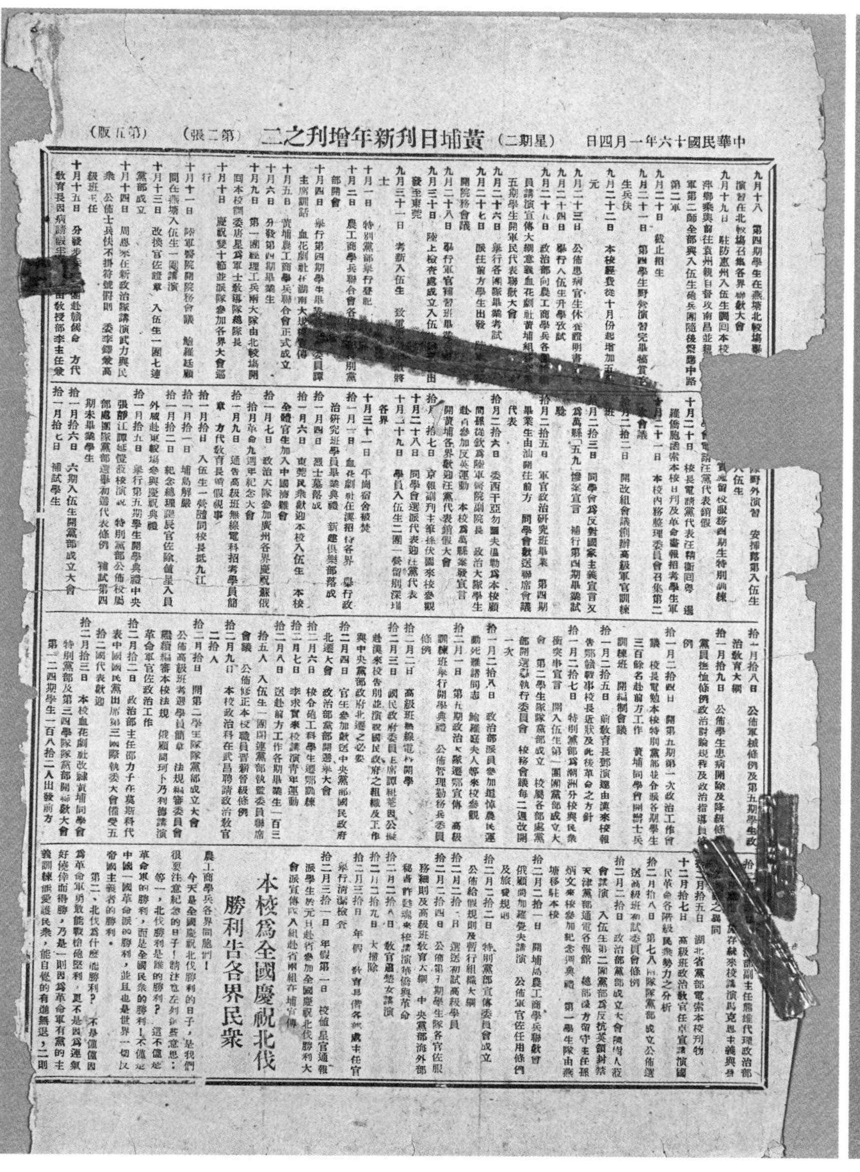

黄埔日刊新年增刊之二

中華民國十六年一月四日　（星期二）　（第二張）　（第五版）

本校為全國慶祝北伐勝利告各界民衆

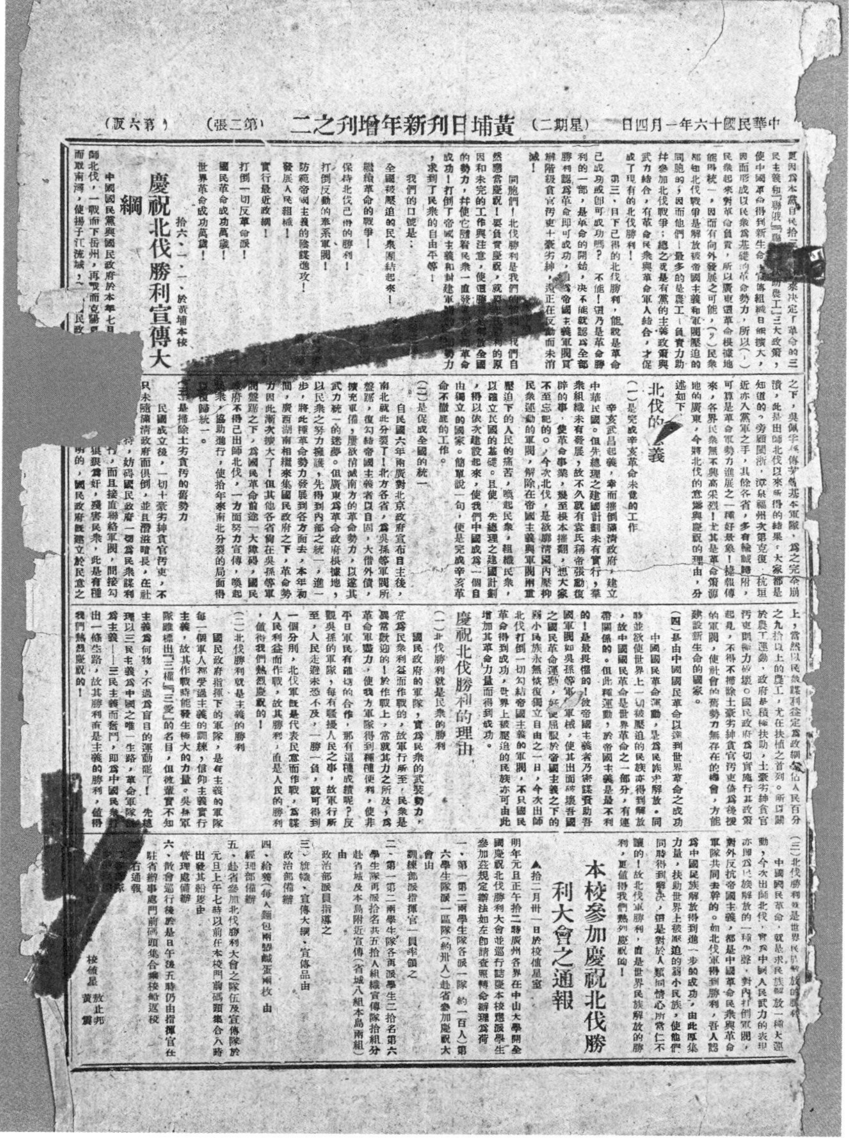

黄埔日刊新年增刊之二

中華民國十六年一月四日　（星期二）　（第二張）　（第六版）

北伐的意義

慶祝北伐勝利宣傳大綱

慶祝北伐勝利的理由

本校參加慶祝北伐勝利大會之通報

中華郵政特准掛號立劵之郵件　黃埔日刊新年增刊之二　（第一張）中華民國十六年一月四日　第一版

黃埔日刊新年增鐫之二

目錄

民國十六年元旦日之回顧

方鼎英

今天是民國十五年過去，民國十六年開始的頭一天，萬象更新，我們的一切工作也應該像『新年』的新起來，對於這十五年過去的當中，我們中華民國的狀況究竟是怎樣？迴顧起來，實有無限的感觸，無限的傷心，適能激進我們的新『工作』，所以我就藉着這十六年的新日，把十五年以前的情形畧畧說一下，以當作我們的借鑑：

自從總理努力革命廿多年的結果，始把帝制的滿清推翻，產生了這個中華民國，不料袁世凱乘時竊位，憑其舊有勢力，盤據了帝王寶穴的北京，反抗總理遷都南京之議，一面逼迫本黨的閣員，宋教仁陳其美解職，撤消黃克强同志的南京留守，一面就與帝國主義勾結起來，成立一千萬磅的倫敦新借款，以預備作惡之資，這是民國元年較大的事。

民國第二年袁世凱就想專制起來，因宋教人主張「政黨內閣」，就把他刺死於上海，接連與帝國主義者成立了二千五百萬磅的大借款，因此餉械充足，可以爲所欲爲，馬上就命他的走狗李純段芝貴等，統率他的北洋軍隊南下，將本黨的三個都督柏文蔚李烈鈞胡漢民及黃興同志趕走，二次革命就此失敗了，袁賊就率性把本黨解散，並以御用的政治會議私組織來代替國會，國內的大權就集於他一身了。

民國三年袁世凱公然就在各地大捕黨人，名之曰亂黨，並修改約法，解散各種人民團體，公佈治安警察法以箝制人民的一切自由，且宣佈總統選舉法，就是總統任期十年，且得連任，完全取銷內閣制，內閣閣員全完直接任[illegible]，這都不過是預備其子孫帝王萬世之業的基礎罷了。

民國四年袁世凱既想稱帝，日本就[illegible]二十一條要求承認，以爲援助他「高陞」的代價，袁賊師稱臣契丹的故智，就貿然的承認[illegible]代表查明令禁排日貨，而籌安會的甚麼六君子就[illegible]强奸民意，納表勸進爲大皇帝了，於是[illegible]「冊封親王」「特封郡王」「公侯伯子」等等的[illegible]頭名義，眞覺「皇恩浩蕩」的產生出來了。附屬[illegible]

民國五年，「洪憲元年」的年號居然公[illegible]來，稱臣勸進，大典籌備等事，鬧得昏天[illegible]，不意霹靂一聲，雲貴獨立，蔡鍔攻川，[illegible]代之而粵桂皖贛江浙魯等省，亦均宣佈獨立，[illegible]致討，即其走狗陳宧湯薌銘亦以川湘獨立[illegible]，於是帝國主義者亦乘風轉舵，提出警告，袁賊到此地步不能不氣死了[illegible]爲總統，馮國璋副之，段祺瑞[illegible]北洋派的勢力遂遺傳到馮段二人之[illegible]

民國六年黎任大總統[illegible]與段氏勢成水火，府院傾軋，時有所聞，段乃嗾使各省督軍在徐州開督軍團會議，黎亦[illegible]下免段命令，各督軍紛紛獨立，以兵進迫京都，張勳應黎召入京，名爲調解，反威迫解散國會，趕走黎氏，奏請宣統復辟的怪事遂鬧出來了，於是段氏乘機起兵討逆，趕走張勳，仍長內閣，馮國璋爲大總統，北洋派遂分爲直皖二系，衝突隱伏其中，南方兩粵雲貴亦即以護法另組政府，總理應舉爲大元帥，出兵北伐，[illegible]轉戰湖南，段主戰，馮主和，馮系軍官承馮[illegible]旨，不戰自退，所以段氏失敗，辭職下野。[illegible]

民國七年，段氏請張[illegible]戰，曹琨張敬堯進下長岳，南方軍政府政組[illegible]總裁制，我總理爲總裁，因唐陸各人漸起割據之心，主張均無由實現，於是段祺瑞勾結日本，大借日款，成立參戰軍，而滿清遺老之徐世昌，遂又出爲馮段的傀儡，繼馮而爲大總統了。

民國八年，國內和平聲浪，一時頓高起來，於是在滬即開南北對等和議，適山東問題在巴黎和會中失敗，南方不信任北政府，和議停頓，於是段乃以參戰軍改爲邊防軍，準備對南武力解决。

民國九年英美帝國主義者以段專爲日本帝國主義的走狗，於己不利，吳佩孚乃大做其投機事業，秉承其意旨，班師北囘，直皖戰爭遂起，邊防軍潰散皖系失敗，直系獨霸北方，日本不得不以奉系爲其走狗，以與英帝主義的工具——直系相對抗了，南方政府我總理內受政學系之掣肘，外則川滇湘桂已同割據，遂去粵而另圖革命，

民國十年，總理盡力資助陳烱明返粵，驅走桂系，國會推舉總理爲大總統，總理來粵，仍力主北伐，進而統一兩廣，風聲所播，湘軍遂援鄂，趕走軍閥王占元，吳佩孚，乃行其險毒手段，決隄淹沒湘軍，接取其兩湖巡閱使頭銜，直系勢力遂穩固於中原，於是奉系乃操縱內閣，拉攏皖系，以掣直系之肘，奉直戰爭遂醞釀起來了。

民國十一年英日帝國主義者的工具——直奉二系的大戰爭，遂暴發起來，結果奉張退出關外，直系獨霸中樞，徐世昌被逐，黎菩薩又出爲過渡傀儡，英帝國主義於此乃盛極一時，並南結陳烱明，陳烱明就喪盡天良，叛黨叛國，砲擊觀音山，總理蒙塵，北伐之師又功敗垂成。

民國十二年蘇俄革命在是時已大告成功，影響所及，世界勞工運動遂如旭日東升，京漢鐵路工人，也就覺悟起來，吳佩孚乃秉其主人翁英帝國主義者的意旨，大施屠戮，益覺[illegible]起來，將黎菩薩趕[illegible]選成功，登台便首先承認臨城案，以孝敬帝國主義者，因此帝國主義者在中國日益兇橫。

民國十三年我總理在粵內與軍閥外與帝國主義者艱難苦鬥，迄無成功，知非喚起民衆及聯合世界上以平等待我之民族不可，乃毅然改組本黨，容納共產黨份子，並命令校長創辦本校，於是革命的同情乃漸及於北方，正值曹吳當國，勢燄日兇，於是浙難既發國民軍乘時崛起，奉張亦即入關，直系就不能不倒台了，總理以軍閥中之明白軍閥不能長久者，或可從此覺悟，隻身北上，冀奠邦基，不料以北洋元老自認的段祺瑞又復乘機竊位，以「外崇國信」代替總理的取消不平等條約，以御用的善後會議代替總理的國民會議，以致總理的主張不能在那時實現，總理安得不氣，安得不死，總理之死，無異死於軍閥之手，此實我們最痛心的一件事。

民國十四年，總理雖死，總理的精神一點未死，校長及廖黨代表許多同志，繼續總理的遺志，益加努力奮鬥，遂削平楊劉，勘定東江，本黨的勢力乃有日進千里之勢，段氏既竊政權，帝國主義者益無忌憚，「五卅」慘案，「沙基」慘案，「青島」「漢口」，各處屠戮，相繼發生，帝國主義及軍閥之壓迫愈甚，國民革命之要求愈殷，故民衆運動乃接踵而起，表同情於本黨者乃益日衆，反奉戰爭中郭松齡乘時倒戈，奉軍深懼國民軍之制其後，不得不放棄蘇皖，而英帝國主義者，以直系既倒，失去其工具，於是就想培養其死灰，並一面贊助孫傳芳乘機竊據南京，孫氏便僥倖的得蘇皖，居然自稱爲五省聯軍總司令。

民國十五年，吳氏復得其主人翁之顧盼，復燃死灰，張逆亦以其主人翁之助，得以打平郭松齡，於是張吳一時以利害關係復苟合起來，共攻與民衆接近的國民軍，國民軍以戰略關係，一面將禍國殃民的段氏政府取消，一面全師退據西北，而本黨以總理遺傳兼蓄之偉大，勢

中華民國十六年一月四日　黃埔日刊新年增刊之二　（第一張）第二版

力日形進展，兩廣統一，湘軍唐生智亦同情革命，本黨卽以完成總理北伐之遺志，校長奉令北伐，師行兩月，轉戰四省，一戰而下長岳，再戰而克武漢，轉旆東指，遂復南潯，八閩亦同時底定，軍事進步，實屬神奇，赫赫大軍閥吳佩孚孫傳芳，同被我們革命軍打倒，現在浙皖軍事正在進行，旦夕卽可解決，進而與西北國民軍聯合會師出燕，打倒張作霖亦非難事。

綜觀十五年過去的事蹟，黑暗無邊，無非帝國主義者與軍閥相勾結幹出這些禍國殃民的勾當，本黨幾經苦鬥，始達到北伐最低限度的目的，我們廻顧之下，應當如何警惕？應當如何努力？才可以達到打倒一切帝國主義及軍閥之宏願，今天既爲元旦，應當從今天起，從新振奮精神，一新事業，既往的事實，盡是血腥痛史，愈應爲我們以後的反省資料。古人說，失敗者，成功之母，我們亦可以說，錯誤者，失敗之因，成功者，反省之果，不反省，永錯誤，愈錯誤，愈不成功。那末，我們以後，想要不再有以前的事蹟，努力固是要緊，反省尤爲必要了，望大家事事反省，時時警惕，虛心認錯，實地努力，凡我官長同志們，無論是誰，都應該人人有充分的責任心，辦公則案無積牘，管理則嚴密周詳，再實在的說，如當經理的，則廉潔從公，絲毫不苟，充編譯的則搜羅中外，盡發秘藏，爲教官的則循循善誘，使受者悉能了解，而我學生同志們，勤學的固屬很多，從此要繼續努力，不勤學的亦復不少，從此要加倍用功，服裝要整齊，禮節要注意，校內要嚴整靜肅，校訓要實意遵行，換而言之，就是要時時刻刻，不忘親愛精誠，統一意志，團結精神，我們的成績，才可與日俱新，日新月異而歲不同了！我們有這日新的成績，我們才可以打倒帝國主義及軍閥，在下次元旦廻顧的時候，至少要使軍閥絕跡於國內，那末我們的新建設，新事業，都可以新年的新氣象卜之，卽祝各位的新禧，祝各位的康健！

本校十五年一年的教育情形

方鼎英

本校應時世之需要而產生。並以環境之逼迫。關於教育上之設施。殆無從容佈置之餘地。在黨立陸軍軍官學校時代。學生受業期間。僅定八月。猶須時負軍事勤務。本年一月。第三期畢業後。變更本校組織。統一軍事教育。始有入伍生部之設立。規定入伍期間。六個月之步科士兵幹部訓練。並提高入校資格。以中學畢業以上。及與有相當程度者爲標準。蓋所以求學生素質之善良。而謀教育之齊一也。此一年間。第四期於九月畢業。第五期於十一月升學。第六期於八月以後。陸續入伍外。有軍官政治研究班。軍官補習班等。由各軍保送在職人員。來校受業。於六月開學。十月畢業。及三月開學。十月畢業者四班。綜合一年來[illegible]上之情形。可分三期觀察。

（一）第四期開學之始。敎授訓育之事[illegible]設訓練部司之。戰術各敎程。多未採用。[illegible]講堂或野外口受。不無缺點。迄至五月。[illegible]敎授訓育之事。分爲敎授訓練兩部。各負[illegible]按照敎育計劃程序。一致進行。戰術各[illegible]一律改用敎程。進度雖稍遲滯。倘得以[illegible]各軍。惟第四期入學之初。係由各省考試。[illegible]諸軍官學校歸併送來。其程度參差不齊。[illegible]感困難。卽軍紀風紀。亦頗有不足之[illegible]。政治敎育由政治部負專責。

（二）第五期入伍生。由第四期開學時[illegible]因各軍學生。歸併一處。名額過多。留編下[illegible]者。約三分之一。及入伍生部成立以後。陸續考試取來者。約三分之二。均於本年二[illegible]月。始切實訓練。軍事授以士兵及下級幹部敎育。政治施以黨的訓練。及一般之政治常識。並授普通科學。使補習中學之不足。其敎育分三期。前中兩期。均[illegible]實施。後期則以出師北伐。人員[illegible]派出勤務未能按照敎育計劃施行。又入伍期間。雖定爲六個月。而以事實上之關係。實經過九個月。始得升學。且有經過一年以上者。照理論推測。將來第五期軍事學術科之成績。當較優於第四期。以四期未完全經入伍訓練。 又入校以前亦不能有嚴格之選驗也。據現在情形攷查。此期學生。頗能遵守紀律。已覺較前期差勝。

（三）第六期入伍生。悉在本校舉行試驗選入。程度比較齊一。入伍訓練。亦已陸續施行。將近五閱月。據第一團報告。有全團入伍生。於數月中無一受罰禁閉者。第二團亦大致相同。或係學生素質。較爲純一之故。而六期見習官。卽第四期畢業生。對於初級軍官的作業。倘有相當的能力。且能努力工作。已得一般人之公評。 故其成績較爲優良。 亦屬一大原因也。

由以上情形觀察。其顯而易見者。可得如左之結論。

（一） 學生素質須純一。入伍之初。宜採用嚴格試驗。

（一） 學生任何兵科。實有受入伍訓練之必要。以後越黃河以北之作戰日迫。騎，砲，工，輜，飛機，等特科之入伍。尤感急切。

（一） 負管理專責之初級官長。極關緊要。必須選擇相當之人才。

（一） 軍事敎育。固須處處毋忘政治敎育。而政治敎育。尤須處處顧慮軍事敎育。本校方能名副其實。

（一） 啓發式的敎育。固感必要。而鍛練式的敎育。尤爲切要。

總之欲求初級軍官學術之完善。本來非有中學以上程度之學生在入伍期滿後至少再經一年以上之軍事敎育與訓練絕難期其完成。而以本校爲黨之基本幹部出產地。在校苦無長期研究之時期。離校卽應爲本黨軍之模範。更須負改造世界之重任。在校官生。固應努力求學術之進步。卽我畢業各生。亦須寓學於術。作事不忘[illegible]。時加策勵。免虞思想落後。我先總理創設本校之意旨。我校長經營本校之苦心。此則鼎英之深所期望者也。

至於一年來的政治敎育情形。攷察在校學生入伍生。大多數均能了解黨的意義。及革命的需要。惟亦有不能徹底明瞭或誤解者。一則由於學生學問根底之不足。一則由于指導之尚未完善。有以致之。故鼎英嘗以爲革命軍人。固須深具政治之常識。而政治工作人員。亦不可不備軍事之常識。庶可得分工合作之益。而無扞格牴觸之虞。

最後關於本年組織編制之變遷。亦有可言者。本校前以規模日益擴張。其弊也流於散漫。台責之人。北伐以後。始次第縮緊。尤以第五期事人員既少。反能聯貫統一。經費亦因之減少矣。至於作戰上之顧慮。在此非常時期。本校所負責任。固不能獨異乎軍隊。然改團營制而用學生隊制。在作戰上實亦毫無顧慮也。

以上係就一年來經過情形。參以一己之感想。略述梗概。以時間倉卒。言之不盡。凡我同志。倘望隨時指導。以匡不逮。不勝厚幸。

十五、十二、卅一、

本校十五年三月改組以來之大事記

三月一日　舉行中央軍事政治學校成立典禮

經理部正式成立委俞飛鵬爲經理部主任

三月二日　委陶春霖爲特科[illegible]編大隊少校隊長

三月三日　委戴任爲軍械庫長　舉行入伍生第二團入校考試　設軍醫補習所

三月四日　特別法庭派員提解廖案嫌疑犯郭敏卿林星趙士偉等回省

三月五日　入伍生第一團由惠州來校舉行入伍生升學試驗

三月八日　舉行開學典禮　第四期學生開學

三月九日　軍官團學生開課

三月十日　築分校前面俱樂部

三月十一日　公佈臨時給養條例　補考入伍生

三月十二日　官生赴省參加總理逝世週年紀念

中華民國十六年一月四日　**黃埔日刊新年增刊之二**　（第一張）　第三版

大會
三月十三日　改換官佐出入証
三月十四日　委宣鐵吾爲軍械庫黨代表　補行總理逝世週年紀念會　開入伍生改組會議　官生士兵捐欵援助罷工
三月十五日　校長鄧教育長偕俄國高級委員考察團來校參觀各部處
三月十六日　委政治部副主任熊雄爲分校主任　錢鎮南爲軍官政治研究班班長　入伍生第一團暫編爲十連第二入伍生編足十二連
三月十七日　校長召集官生訓話
三月十八日　電氣通信隊成立委唐漸逵爲電氣通信隊隊長
三月十九日　特務營成立委王世和爲特務營營長
三月二十日　晚戒嚴次晨始解
三月廿一日　校長在大花廳對官佐訓話開官佐聯歡會
三月廿二日　校長在禮堂召集軍官團第十隊及本校官佐宣佈中山艦變亂經過並勉勵各同志制定防患規則
三月廿三日　考試入伍生五百人
三月廿四日　李軍長濟琛來校參觀
三月廿七日　黨代表汪精衛告假不視事　工程委員開成立會
三月廿九日　公祭烈士墓
三月三十日　政府以譚延闓代汪精衛職
四月一日　公佈獨立營編制表　取銷各兵科教育主任及暫編大隊名義　核定入伍生部暫編獨立營編制表
四月二日　政治大隊五百餘人爲段祺瑞屠殺北京愛國學生及民衆事參加廣州討段大會
四月三日　校長爲中山艦案通電
四月四日　李濟琛黃紹雄各軍長偕同教育長來校
四月五日　本校汕頭汕尾惠州等處無線電各隊及通信訓練班撥歸廣州電報局管轄
四月六日　西北軍代表馬伯援來校

四月七日　公佈中國國民黨新訂所得捐徵收額表．理葬東征烈士于萬松嶺
四月八日　蔣仲賓訪謁校長晤國民革命軍刻日出師北伐
四月九日　建設廳長孫科來校訪校長　訓練部工兵科成立
四月十一日　委張定璠爲本校校長辦公廳主任　調委潮州分校教育長何應欽爲本校教育長　鄧演達爲潮州分校教育長　滬黨部截止招生　敦請馬伯援段錫明演講　閩省民黨余佩泉許卓然來校訪校長　李福林軍農蒞校
四月十二日　委陳魏爲軍醫處處長
四月十三日　改試入伍生　湘唐生智派代表查荷端二人來校參觀
四月十四日　通告投考本校入伍生手續
四月十七日　歡送廣西幹部學生離校，附屬醫院移設東山
四月十九日　任命入伍生部長方鼎英兼代本校教育長
四月二十一日　覆試初試及格入伍生八百餘人　夜校長宴會前方調回之各級黨代表二百餘人　開編制會議　魚珠砲兵隊移駐曾家祠
四月二十三日　本校特別黨部改組　訓練部經理科由本校移設魚珠
四月二十四日　廣西軍事考察團留八人入本校肄業餘員返桂
四月二十六日　特別黨部籌備改組委員會成立　上屆黨部宣佈解職
四月二十七日　特別黨部籌備委員會聘方鼎英張定　張治中張與仁熊雄等五人爲籌備員並委季六歐陽繼修李卓三人爲籌備總幹事定臨事宣傳隊組織大綱三項　俄顧問參與訓練部工兵科教育計劃本校以外賓之禮待之
四月二十八日　調委軍械庫黨代表宣鐵吾爲軍醫處黨代表
四月二十九日　海外同志及法人麼寧等八十餘人來校參觀
四月三十日　公佈法規編審委員會組織條例

五月一日　慶祝勞工紀念　政治部組織五一，五九，五卅等紀念日宣傳隊
五月二日　校長對全國勞動代表大會及廣東全省農民代表大會演說
五月三日　委鄧悌爲入伍生部政治部主任　第六次全省教育會代表來校參觀校長演說　分發軍官政治研究班畢業學員三十四人　政治部派代表加入嶺南大學被革同志後援會
五月六日　任賈伯濤爲入伍生部代理政治部主任
五月七日　公佈編制起草委員會條例草案及黃埔水陸巡警隊組織簡章　紀念國恥
五月九日　校長讌請農工教育三大會代表并贈各代表紀念章紀念五九
五月十日　歡迎農工教育三大會代表九百餘人來校校長演說
五月十一日　派戰術總教官姚琮兼高級軍事政治訓練班軍事學主任李濟琛白崇禧由省來校訪校長
五月十三日　校長宴會第二師全體少尉以上官佐
五月十五日　校長出席全體中央執行委員會提議整理黨務案
五月十八日　國民政府軍事委員會任命第四軍軍長李濟琛兼任本校副校長　委嚴重爲教授部主任吳思豫爲訓練部主任　歡迎馬蘭氏
五月二十日　選舉特別黨部初選代表
五月二十一日　全體中央委員會議閉幕校長出席演說　開編制會議
五月二十四日　委戴任爲軍械處處長　添設教授部　組織黃埔同學會以賈伯濤等爲籌備員
五月二十五日　軍械庫改稱軍械處管理科改稱管理處
五月二十六日　校長出席市黨部大會演說
五月二十七日　公佈診斷及住院條例　廢賞罰令　軍事委員會高級政治訓練班開學校長往訓詞
五月二十八日　校長檢閱新編第一師　特別黨部成立
五月二十九日　校長宴會新編第一官佐．特別訓練班開課　平崗火藥庫突炸
五月三十日　公佈本校組織大綱　紀念五卅慘案
六月一日　晉委軍械庫副庫長朱鼎彝爲軍械庫長　校長偕指揮王柏齡至東較塲閱新編第一師訓話北伐宗旨　定給假規則草案　潮州分校第一期學生畢業
六月二日　經理部訓練部改組成立
六月四日　派張治中爲臨時衛生檢查委員會主席　公佈臨時衛生檢查委員會規則九條　重頒各部處鈐記
六月五日　校長在燕塘檢閱入伍生部第一二兩團
六月六日　國民政府特任校長蔣中正爲國民革命軍總司令　校長宴會第二師全體官佐
六月七日　招集輜里科畢業生回校聽候分遣
六月十一日　派訓練部主任吳思豫爲本校臨時衛生檢查委員會主席　校長就中央組織部長職　規定臨時宣傳隊組織大綱
六月十二日　委姚琮爲校長辦公廳主任鍾嶽峻代理經理部主任
六月十三日　校長檢閱第二師　規復惠州無綫電局
六月十五日　重頒中央軍事政治學校組織條例
六月十六日　舉行本校成立兩週年紀念大會及東江陣亡烈士墓落成典禮
六月十八日　實施水陸警戒
六月十九日　無線電學班演習架設
六月二十一日　第三期補習班畢業
六月二十三日　各團隊赴省參加沙基慘案週年紀念
六月二十四日　委錢鉞爲管理處處長蔡忠笏爲入伍生部砲兵團團長趙錦雯爲第二十師第五十九團團長狄福晉爲軍醫處附屬醫院院

中華民國十六年一月四日　**黃埔日刊新年增刊之二**　（第一張）　第四版

長校長檢閱軍官第一團第一營

六月二十五日　調委高級編譯官李鐸代理教授部主任

六月二十六日　校長檢閱第二十師

六月二十七日　第一二三期畢業同學假廣大禮堂開懇親大會續派入伍生千人赴汕增加閩防

六月二十八日　潮州分校新任教育長王綱祖就職

六月二十九日　籌備政治討論會潮州分校學生請纓討吳　中央黨部特任校長爲國民政府委員政治大隊移駐省城

六月三十日　第十隊學生畢業分發各處服務　六月份官佐薪餉自少尉以上搭發有獎公債一成金庫券二成　公佈政治討論會規程　特別黨部公佈第一屆組織系統表

七月一日　國民政府成立週年紀念軍職校官赴府參加慶祝　三軍軍校學生畢業校長往訓詞軍械處實施路線警戒

七月二日　憲兵教練所招考學兵　同學會代表公祭東江陣亡烈士墓　法規編審委員會開始辦公

七月四日　憲兵教練所考試學生

七月五日　法規編審委員會開成立大會　黃埔同學會正式成立　中央黨部委校長爲軍人部長

七月六日　校長出席中央組織會議演說登記之意義　由入伍生考取第五期政治科學生百五十八

七月七日　校長在廣大對戰時宣傳員訓練班演講

七月九日　校長就總司令職官生赴省參加典禮者二千餘人　黃埔同學會宣言組織同學會緣起

七月十日　步一團黨部成立　頒懲誡條例

七月十一日　潮州分校特別黨部開改選大會並舉行慶祝校長就總司令職典禮

七月十三日　步兵一二團互換住址

七月十四日　委蕭友松爲步一團長

七月十七日　公佈衛生條例

七月十八日　政治大隊由省移駐蚨蝶岡

七月十九日　特別黨部開全體黨員大會歡送校長督師北伐

七月二十日　公佈兵器研究處簡章　調委盧仲英爲軍械處處長

七月廿一日　吳稚暉先生蒞校講演　校長告海外僑胞書　公佈特別黨部組織條例高級班條例草案　桂分校政治部代表來校領宣傳品及政治講義

七月二十二日　審查薪級　全校黨員宣言擁護北伐

七月二十三日　公佈教育綱領　實施晉薪晉級條例

七月二十六日　陳烱明部李易標由和平窺梅屬龍川總部派入伍生二營馳擊

七月二十七日　公佈校務會議規則　步一團黨部開各連連黨部宣傳委員第一次聯席會議　校長督師北伐委抵韶關　顧孟餘先生至校講演　代理教育長方鼎英代行校長職務　校長致書全體官生留別　黃埔同學會爲出師討賊通電

七月二十九日　政治部主任邵力子與政治部各官佐話別

七月三十日　委軍械處副處長李倚庸代理處長　校長通令各機關軍事期內須受總司令指揮

七月三十一日　委入伍生部部長方鼎英兼本校兵器研究處處長

八月一日　秘書長兼政治部主任邵力子奉命北上調查政治狀況

八月二日　政治部改組　開歡迎第八屆全國學生代表大會　步一團團黨部開懇親大會

八月三日　俄顧問講演軍事政治　方代校長檢查官生宿舍清潔　令禁不利北伐言論書報

八月四日　考新入伍生　追擊砲隊出發

八月五日　入伍生砲兵團出發

八月六日　定預防霍亂規則　特別黨部定組織通則

八月七日　公佈臨時衛生檢查委員會簡章及懲罰條例草案

八月八日　訓練部指派官生五百名參加廣州各界爲反對關稅會議重開大遊行

八月九日　開步二團黨部成立大會　發表反對關會重開宣言　副校長李濟琛來校　歡迎國民革命軍劉代表

八月十日　特別通行證改換方形

八月十三日　陳啓修來校講演

八月十四日　取消畢業證章改換同學會新證

八月十五日　特別黨部公佈選舉初選代表條例　公佈遺失通行證罰則　步一團開赴燕塘　派入伍生三連移駐平崗

八月十六日　副校長李濟琛偕譚延闓張靜江陳果夫鈕永建來校參加紀念週典禮　派高級長官往燕塘執行各團隊紀念週主席

八月十七日　入伍生一團一營開往惠州　俄顧問偕廿乃光來校講演

八月十八日　嚴密防範反革命鞏固後方

八月十九日　舉行廖陳二公殉國週年紀念廖夫人何香凝蒞校參與典禮　開各級黨部聯席會議

八月二十日　官生半數赴省參加廖陳二公殉國週年紀念　考試入伍生　砲兵團抵長沙　特別黨部公佈執行委員補選條例

八月二十一日　全校黨員電請汪黨代表銷假

八月二十二日　考新入伍生

八月二十三日　副校長李濟琛來校　開預祝北伐勝利大會　政治隊學生七十人赴省參加宣傳工作　陳其瑗先生來校講演

八月二十四日　開晉薪晉級會議　特別黨部各團黨部執行委員臨時選舉條例

八月二十五日　公佈晉級晉薪條例　開擁護省港罷工大會　陳其瑗先生來校講演　特別黨部公佈各連隊黨部執行委員選舉條例

八月二十六日　校長進駐岳州午膳畢又前進雲溪以便就近指揮本校砲兵團卽將俄式大砲十二架設城陵磯道人磯二處以防兵艦襲擊

八月二十七日　考新入伍生　特別黨部開補選大會

八月三十日　開黃埔軍民聯歡大會及歡迎西北軍代表大會

八月三十一日　規定入伍生第五六期名稱　改新入伍生　到新兵五百餘名

九月一日　特別黨部執行監察各委員會正式成立

九月二日　燕塘步一團實施團戰鬥教練　方教育長至願養園養病校務歸訓教兩部主任及編譯處長分任　湘黨部考試入伍生完竣

九月三日　本校步一團官生赴燕塘作野營演習　沙河第一團入伍生入校駐防　毛澤東來校講演

九月四日　考試新入伍生　經理砲工政治四大隊遷駐北較塲野營演習

九月六日　舉行戰術實施及野營演習

九月七日　第五期政治隊副取生入校

九月八日　第四期學生野營演習開始　派第一期學生葉德生余靖方等十八名赴蜀做軍事政治工作

九月九日　反抗英艦越挑釁宣言

九月十三日　埔島特別戒嚴政府以本校代校長方鼎英爲戒嚴司令

九月十四日　公佈第四期學生畢業試驗委員會組織條例　校長電令選派各期學生二三百名往長沙候命

九月十五日　公佈陸軍病院病人入院出院規則及兵器研究處簡章　慶賀番隅橫沙農會一週年紀念及黨部成立典禮

九月十六日　政治隊學生演習政治宣傳　重設特務營

九月十七日　改換戒嚴區域通行舊證　同學會爲六十團中山勤匪宣言　入伍生一團第三營學生爲援助省港罷工募捐　教育長何應欽特將潮州分校學生及福建建國軍幹部學生編成快砲團又加調本校教導一團及第十八師之五十一團到潮安協同第一第三第十二三師準備攻閩南

中華民國十六年一月四日（星期二） 黃埔日刊新年增刊之二 （第二張） （第五版）

九月十八 第四期學生在燕塘北較塲舉
演習在北較塲召集各界聯歡大會
九月十九日 駐防惠州入伍生調回本校
萍鄉乘輿前往袁州親自督攻南昌並親
軍第二師全部與入伍生砲兵團隨後策應中路
第二軍
九月二十日 截止招生
九月二十一日 第四學生野營演習完畢犒賞官
生兵伕
九月二十二日 本校經費從十月份起增加五[illegible]
元
九月二十三日 公佈患病官生休養證明書[illegible]
九月二十四日 舉行入伍生升學考試
九月二十五日 政治部向農工商學兵各團體[illegible]
員講演宣傳大綱意義血花劇社黃埔組[illegible]
五期學生開軍民代表聯歡大會
九月二十六日 舉行各團隊畢業考試
九月二十七日 派往前方學生出發 [illegible]
開院務會議
九月二十八日 舉行軍官補習班畢業[illegible]
九月三十日 陸上檢查處成立入伍[illegible]由
發至東莞
九月三十一日 考新入伍生 致電[illegible]將
士
十月一日 特別黨部舉行登記
十月二日 農工商學兵聯合會各[illegible]別黨
部開會
十月四日 舉行第四期學生畢業[illegible]委員譚
主席訓話 血花劇社在湖南大規[illegible]傳
十月五日 黃埔農工商學兵聯合會正式成立
十月六日 分發第四期畢業生
十月九日 第一團經理工兵兩大隊由北較塲開
回本校調委唐星為軍士教導隊總隊長
十月十日 慶祝雙十節並派隊參加各界大會巡
行
十月十一日 陸軍醫院開院務會議 鮑羅廷顧
問在燕塘入伍生一團講演
十月十三日 改換官佐證章 入伍生一團七連
黨部成立
十月十四日 周恩來任新政治隊講演武力與民
衆 公佈士兵伕不掛符號罰則 委李鐸兼高
級班主任
十月十五日 分發步兵[illegible]團赴贛候命 方代
教育長因病請假半[illegible]由教授部李主任兼

[illegible]隊野外演習 安插落第入伍生
[illegible]入伍生
[illegible]實施留校服務四期生特別訓練
[illegible]會電請汪黨代表銷假
十月二十日 校長電請黨代表汪精衛回粵 暹
羅僑胞函索本校日刊及革命畫報招考學生軍
十月二十一日 本校內務整理委員會召集第二
[illegible]會議
拾月二拾二日 開改組會議創辦高級軍官訓練
班
拾月二拾三日 同學會為反對國家主義宣言又
為萬縣「五九」慘案宣言 補行第四期畢業試
驗
拾月二拾五日 軍官政治研究班畢業 第四期
畢業生由汕開往前方 同學會歡送聯席會議
代表
拾月二拾六日 委西干亞勿圖夫溫勒為本校顧
問孫從欽為陸軍醫院副院長 政治大隊學生
赴省參加反英運動 本校為萬縣案發宣言
開黃埔各界歡迎汪黨代表銷假大會
拾月二拾七日 京報副刊主筆孫伏園來校參觀
十月二十八日 同學會選派代表迎汪黨代表
十月二十九日 學員入伍生二團一營留別深圳
各界
十月三十一日 平崗宿舍被焚
拾一月一日 血花劇社在漢招待各界 舉行政
治研究班學員畢業典禮 新建俱樂部落成
拾一月四日 烈士墓落成
拾一月六日 東莞民衆歡迎本校入伍生 本校
全體官生加入中國濟難會
拾一月七日 政治大隊參加廣州各界慶祝蘇俄
拾月革命九週年紀念大會
拾一月九日 通告高級班無線電科招考學員簡
章 方代教育長銷假視事
拾一月拾日 入伍生一營隨同校長抵九江
拾一月拾一日 埔島解嚴
拾一月拾二日 紀念總理誕辰官佐除值星入員
外咸赴東較塲參與慶祝典禮
拾一月拾九日 舉行第五期學生開學典禮中央
張靜江譚延闓蒞校演說 特別黨部公佈校屬
部處團隊黨部選舉初選代表條例 補試第四
期未畢業學生
拾一月拾六日 六期入伍生開黨部成立大會
拾一月拾七日 補試學生

拾一月拾八日 公佈軍械條例及第五期學生政
治教育大綱
拾一月拾九日 公佈學生患病開除及降級條[illegible]
黨員撫恤條例政治討論規程及政治指導員條
例
拾一月二拾四日 開第五期第一次政治工作會
議 校長電勉本校特別黨部並令派各期學生
三百餘名赴前方工作 黃埔同學會開辦士兵
訓練班 開編制會議
拾一月二拾五日 前教育長鄧演達由漢來校報
告鄂贛戰事校長近狀及此後革命之方針
拾一月二拾七日 特別黨部為潮洲分校與民衆
衝突事宣言 開入伍生第一團團黨部成立大
會 第二學生隊隊黨部成立 校屬各部處黨
部開選舉執行委員會 校務會議每二週改開
一次
拾一月二拾八日 政治部派員參加追悼農民運
動死難諸同志 鮑羅廷夫人等來校參觀
拾二月一日 第九期政治大隊選鄂宣傳 高級
訓練班舉行開學典禮 公佈管理勤務兵委員
條例
拾二月二日 高級班無線電科開學
拾二月三日 國民政府委員主席譚組菴因公擬
赴漢來校告別並演說國民政府之組織及工作
與中央黨部政府北遷之必要
拾二月四日 官生參加歡送中央黨部國民政府
北遷大會 政治部黨部開選舉大會
拾二月六日 校令砲工科學生選鄂訓練
拾二月七日 李求實來校講演青年運動
拾二月八日 送赴前方工作各期畢業生一百三
拾五人 入伍生一團開連黨部執監委員聯席
會議 公佈修正本校職員晉薪晉級條例
拾二月九日 本校政治科在武昌聘請政治教官
二拾人
拾二月拾日 開第二學生隊隊黨部成立大會
公佈高級班考選學員簡章 法規編審委員會
繼續編審本校法規 俄顧問珂卜乃利德講演
革命軍官佐政治工作
拾二月拾二日 政治部主任邵力子在莫斯科代
表中國國民黨出席第三國際執委大會備受五
拾二國代表歡迎
拾二月拾三日 本校血花劇社改隸黃埔同學會
特別黨部及第三四學隊隊黨部開聯歡大會
第一二四期學生一百八拾二人出發前方

拾[illegible]部副主任熊雄代理政治部
[illegible]旅存統來校講演馬克思主義與共
[illegible]之異同
十二月拾五日 湖北省黨部電索本校刊物
十二月拾七日 高級班政治教官任卓宣講演國
民革命各階級民衆勢力之分析
拾二月拾八日 第七八兩隊隊黨部 成立公佈選
送高級班初試委員會條例
拾二月二拾日 政治部黨部成立大會陳[illegible]人蒞
會講演 入伍生第二團黨部為反抗英領封禁
天津黨部通電各報館 總部後方留守主任孫
炳文來校參加紀念週典禮 第一學生隊由燕
塘移駐本校
拾二月二拾一日 開埔島農工商學兵聯歡會
俄顧問加羅覺夫講演 公佈軍官佐任用條例
及旅費規則
拾二月二拾二日 特別黨部宣傳委員會成立
公佈給假規則及暫行組織大綱
拾二月二拾[illegible]日 選送初試高級學員
拾二月二拾四日 公佈第[illegible]期學生隊各官佐服
務細則及高級班教育大綱 中央黨部海外部
秘書許甦魂來校講演華僑與革命
拾二月二拾八日 教官蕭楚女講演
拾二月二拾九日 大掃除
拾二月三拾日 年假 教育長偕各部處主任官
舉行清潔檢查
拾二月三拾一日 年假第一日 校值星官通報
派學生於元旦赴省參加全國慶祝北伐勝利大
會派宣傳隊入組赴省兩組在埔宣傳

本校為全國慶祝北伐勝利告各界民衆

農工商學兵各界同胞們！

今天是全國慶祝北伐勝利的日子，是我們很要注意紀念的日子！請注意左列這些意思：

等一，北伐勝利是誰的勝利？這不僅是革命軍的勝利，而是全國民衆的勝利！不僅是中國一國革命派的勝利，並且也是世界一切反帝國主義者的勝利。

第二、北伐為什麼能勝利？不是僅僅因為革命軍勇敢能戰槍砲堅利，更不是因為運氣好僥倖而得勝，乃是一則因為革命軍有黨的主義訓練能愛護民衆，能自覺的有進無退，二則

中華民國十六年一月四日（星期二） 黃埔日刊新年增刊之二 （第二張） （第六版）

更因爲本黨自民拾三年來決定了革命的三民主義和『聯俄』『聯共』『扶助農工』三大政策，使中國革命得到新生命，宣傳組織日能擴大，因而形成以民衆爲基礎的革命勢力，所以(一)民衆起來對革命負責，所以廣東還革命根據地能得統一，因而有向外發展之可能，(2)民衆都知北伐戰爭是解放被帝國主義和軍閥壓迫的同胞的，因而他們—最多的是農工—負責力助并參加北伐戰爭；總之就是有黨的主義政策與武力結合，有革命民衆與革命軍人結合，才促成了現有的北伐勝利！

第三、目下己得的北伐勝利，能說是革命已成功或即可成功嗎？不能！這乃是革命勝利的一部，是革命的開始，決不能就認爲全部勝利認爲革命即可成功，因爲帝國主義軍閥買辦階級貪官污吏土豪劣紳，還正在反動而未消滅！

同胞們！北伐勝利是我們的[illegible]，我們自然應當慶祝！要負責慶祝，就要把[illegible]利的原因和未完的工作與注意，使這勝[illegible]全國的勢力，并使它隨着民衆一直發[illegible]革命成功！打倒了帝國主義和封建軍閥[illegible]勢力，求到了民衆的自由平等！

我們的口號是：

全國被壓迫的民衆團結起來！

繼續革命的戰爭！

保持北伐已得的勝利！

打倒反動的奉系軍閥！

防範帝國主義的陰謀進攻！

發展人民組織！

實行最近政綱！

打倒一切反革命派！

國民革命成功萬歲！

世界革命成功萬歲！

慶祝北伐勝利宣傳大綱

拾六、一、一、於黃埔本校

中國國民黨與國民政府於本年七月[illegible]師北伐，一戰而下岳州，再戰而克陽夏，而取南潯，使揚子江流域，[illegible]民政[illegible]之下，吳佩孚孫傳芳等基本軍隊，爲之完全崩潰，此是出師北伐以來所得的結果，大家都是知道的，旁顧閩浙，漳泉福州次第克復，杭垣近亦入黨軍之手，其餘各省，多有輸誠歸附，可算是革命軍勢力進展之一種好景象！捷報傳來，各界民衆無不興高采烈！尤其是革命策源地的廣東，今將北伐的意義與慶祝的理由，分述如下：

北伐的意義

(一)是完成辛亥革命未竟的工作

辛亥武昌起義，幸而推倒滿清政府，建立中華民國。但先總理之建國計劃未有實行，羣衆組織未有發展，故不久就有袁氏稱帝張勳復辟的事，使革命事業，幾至根本推翻，想大家不至忘記的。今次北伐，是欲廓清國內壓抑民衆運動的軍閥，解除在帝國主義與軍閥兩重壓迫下的人民的痛苦，喚起民衆，組織民衆，以確立民國的基礎。且使 先總理之建國計劃，得以依次建設起來，使我們中國成爲一個自由獨立的國家。簡單說一句，便是完成辛亥革命不徹底的工作。

(二)是促成全國的統一

自民國六年兩廣對北京政府宣布自主後，南北就此分裂了！北方各省，爲吳孫等軍閥所盤踞，復勾結帝國主義者以自固，大借外債，以遂其擴充軍備，屢欲消滅南方的革命勢力，以遂其武力統一的迷夢。但廣東爲革命政府根據地，以民衆之努力擁護，先得到內部之統一，進一步，將此種革命勢力發展到各方面去，本年初間，廣西湖南相繼來集國民政府之下，革命勢力因此漸次擴大了！但其他各省倘在吳孫等軍閥盤踞之下，爲國民革命前途一大障碍，國民政府不得已出師北伐，一方面努力宣傳，喚起民衆，協助進行，使拾年來南北分裂的局面得以復歸統一。

(三)是掃除土劣貪污的舊勢力

民國成立後，一切土豪劣紳貪官污吏，不只未隨滿清政府而俱倒，並且潛滋暗長，在社[illegible]持，妨碍國民政府一切爲民衆謀利[illegible]行，而且接直聯絡軍閥，間接勾[illegible]狠狽爲奸，殘害民衆，此是有種[illegible]明的，國民政府既建立於民意之上，當然以民衆謀利益定爲政綱。[illegible]佔人民百分之九拾以上的農工，尤在扶植之首列。所以關於農工運動，政府是積極扶助，土豪劣紳貪官污吏則極力破壞。國民政府爲切實施行其政策起見，不得不掃除土豪劣紳貪官污吏倚爲後援的軍閥，使社會的舊勢力無存在的機會，方能建設新生命的國家。

(四)是由中國國民革命以達到世界革命之成功

中國國民革命運動，是爲民族求解放。同時並欲使世界上一切被壓迫的民族亦得到解放，故中國國民革命是世界革命之一部分，有連帶關係的。但此種運動，於帝國主義是最不利的！是最畏懼的！彼帝國主義者乃密謀資助吾國軍閥如吳孫等[illegible]軍械，使其出面破壞吾國之國民革命運動，好使屈服於帝國主義之下的弱小民族永無恢復獨立自由之一日，今次出師北伐打倒一切勾結帝國主義的軍閥，不只國民革命得到成功，世界上被壓迫的民族亦可由此增加其革命力量而得到成功。

慶祝北伐勝利的理由

(一)北伐勝利就是民衆的勝利

國民政府的軍隊，實爲民衆的武裝勢力，常爲民衆利益而作戰的，故軍行所至，民衆是異常歡迎的！於作戰上，常就其力之所及，爲革命軍盡力，使我方軍隊得到種種便利，使非平日軍民有確切的合作，那有這種成績呢？反觀吳孫的軍隊，每有騷擾人民之事，故軍行所至，人民走避未恐不及，一勝一負，就可得到一個分別，北伐軍既是代表民意而作戰，爲謀人民利益而作戰，故其勝利，直是人民的勝利，值得我們熱烈慶祝的！

(二)北伐勝利就是主義的勝利

國民政府指揮下的軍隊，是有主義的軍隊，每一個軍人都受過主義的訓練，信仰主義實行主義，故其作戰時能發生極大的力量。吳孫軍隊雖標出『三權』『三愛』的名目，但彼輩實不知主義爲何物，不過爲盲目的運動罷了！ 先總理以三民主義爲中國之唯一生路，革命軍隊[illegible]爲主義——三民主義而奮鬥，即爲中國民衆打出一條生路，故其勝利直是主義的勝利，值得我們熱烈慶祝的！

(三)北伐勝利就是世界民族解放的勝利

中國國民革命，就是求民族解放一種大運動，今次出師北伐，實爲中國人民武力的表現，亦即爲民族解放的一種先聲，對內打倒軍閥，對外反抗帝國主義，都是中國革命民衆與革命軍隊共同去幹的。如北伐軍得到勝利，吾人認爲中國民族解放得到進一步的成功，由此厚集力量，扶助世界上被壓迫的弱小民族，使他們同時得到解決，這是對於人類同情心所當仁不讓的！故北伐軍勝利，直是世界民族解放的勝利，更值得我們熱烈慶祝的！

本校參加慶祝北伐勝利大會之通報

▲拾二月卅一日於校值星室

明年元旦正午拾二時廣州各界在中山大學開全國慶祝北伐勝利大會並巡行誌慶本校應派學生參加茲規定辦法如左仰請查照轉命辦理爲荷

一、第一第二兩學生隊各派一隊（約一百人）第六學生隊派一區隊（約卅人）赴省參加慶祝大會由訓練部派指揮官一員率領之

二、第一第二兩學生隊各再派學生二拾名第六學生隊再派拾名共五拾人組織宣傳隊拾組分赴省城及本島附近宣傳（省城八組本島兩組）由政治部派員指導之

三、旗幟、宣傳大綱、宣傳品由政治部備辦

四、給養（每人麵包兩個鹹蛋兩枚）由經理部備辦

五、赴省參加北伐勝利大會之隊伍及宣傳隊於元旦上午七時以前在本校門前碼頭集合八時出發其船隻由管理處備辦

六、散會巡行後於是日午後五時仍由指揮官在駐省辦事處門前碼頭集合乘校船返校

右通報

[illegible]

校值星 敖止邦 黃震

中华民国十六年元月六日 星期四 （第四版）

黄埔日刊

党与军队

第二学生队党部成立纪事

开会秩序

一、全体肃立
二、奏乐
三、向党旗国旗暨总理遗嘱行三鞠躬礼
四、恭读总理遗嘱
五、主席宣布开会理由
六、特别党部训词
七、官长训词
八、来宾训词
九、自由演说
十、唱国民革命歌
十一、呼口号（口号见宣言书）
十二、摄影
十三、余兴（午后六时）
十四、奏乐
十五、散会

各事

书报流通所广告

中华民国十六年元月六日 星期四 （第一版）

中华邮政特准挂号立券之新闻纸

黄埔日刊

中央军事政治学校出版

通信处广东黄埔本校政治部

（第二一八号）

（本刊每份定价一分）

联欢大会以后

哲遵总理遗嘱

本校周刊第八号

校闻

新年各界联欢大会纪盛

香港中华基督教青年会旅行团来校参观

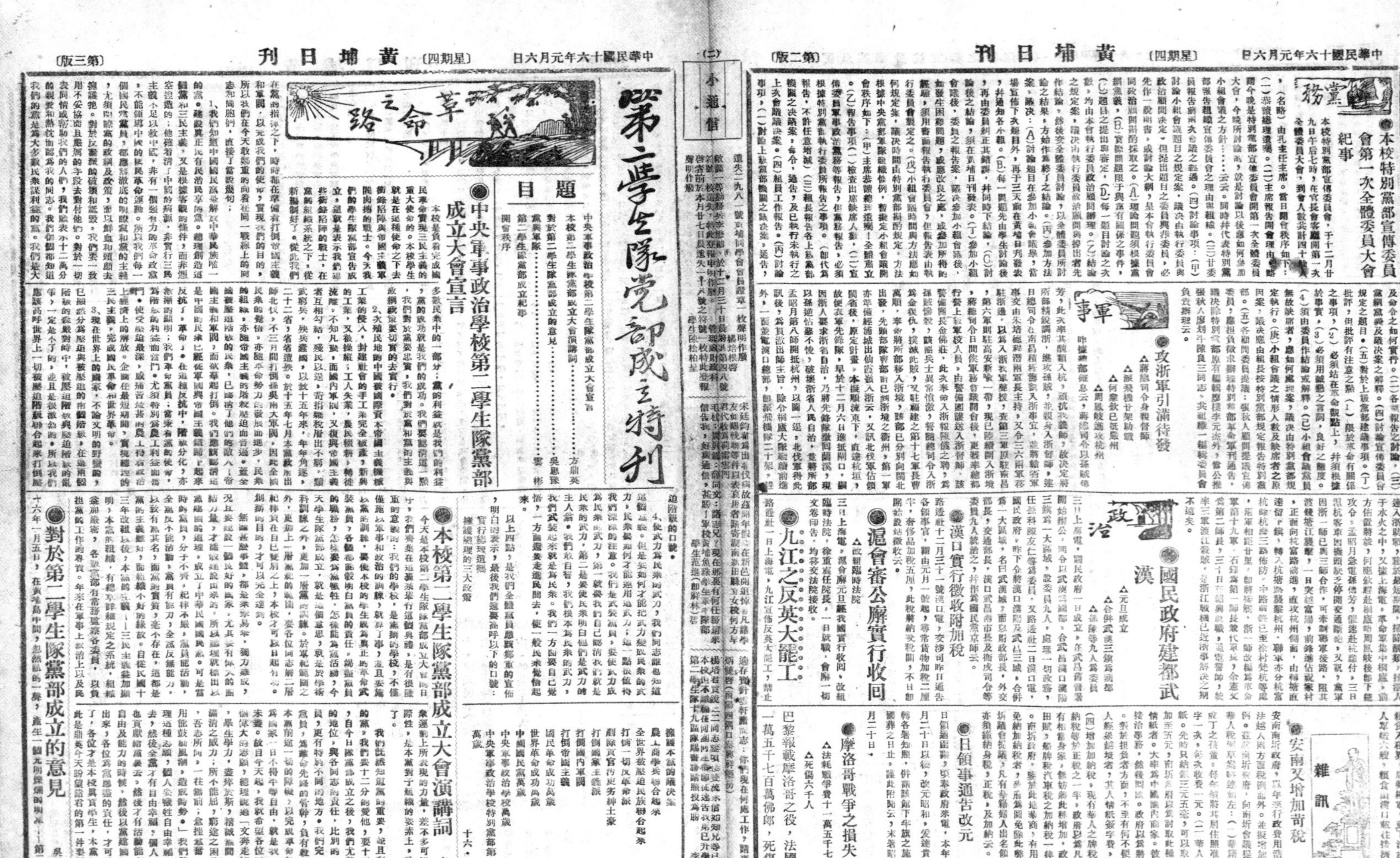

中华民国十六年元月六日 星期四 （第二版）

黄埔日刊

党务

本校特别党部宣传委员会第一次全体委员大会纪事

军事

政治

国民政府建都武汉

汉口实行征收附加税

沪会审公廨实行收回

九江之反英大罢工

日领事通告改元

摩洛哥战争之损失

杂讯

安南又增加苛税

中华民国十六年元月六日 星期四 （第三版）

黄埔日刊

小新闻

第二学生队党部成立特刊

题目

革命之路

中央军事政治学校第二学生队党部成立大会宣言

本校第二学生队党部成立大会演讲词

对于第二学生队党部成立的意见

中華郵政特准掛號立劵之新聞紙〔中華民國十六年元月六日〕〔星期四〕〔第一版〕

黃埔日刊

中央軍事政治學校出版

通信處廣東黃埔本校政治部

〔第二二八號〕

〔本刊每份定價一分〕

誓遵總理遺囑

總理遺囑

余致力國民革命，凡四十年，其目的在求中國之自由平等，積四十年之經驗，深知欲達到此目的，必須喚起民衆，及聯合世界上以平等待我之民族，共同奮鬥。現在革命尚未成功，凡我同志，務須依照余所著：建國方略，建國大綱，三民主義，及第一次全國代表大會宣言，繼續努力，以求貫徹。最近主張開國民會議，及廢除不平等條約，尤須於最短期間，促其實現，是所至囑！

本校週口號

革命尚未成功！

同志仍須努力！

振起新精神！

勤求新智識！

抱定革命人生觀！

擁護革命新勢力！

鞏固北伐勝利！

今年統一全國！

日評

聯歡大會以後

雲彬

欣喜鼓舞的聯歡大會過去了，民國十六年也已過去了五天，一年三百六十五日的光陰，在飽食終日無所用心的人們或許有日長如年之嘆，我們却祇覺得光陰之去太匆促，眞有流光如駛之感！

惟其光陰苦短，所以要時刻不斷的努力。過去的努力，總得有這番熱烈的全國慶祝北伐勝利大會和前天本校與各界的新年聯歡大會。歡樂要從艱難困苦中得來，那歡樂才有意義。我們不僅要從艱難困苦中去求歡樂，并且要從艱難困苦中去努力奮鬥，保持過去的歡樂，尋求未來的歡樂！

欣喜鼓舞的聯歡大會過去了。我們要繼續努力，從新奮鬥，使民國十七年的新年聯歡大會，在水火中的北方民衆與炮火迷漫中的江浙皖同胞，出水火而登袵席，大家攜手歡呼舉行全國的新年聯歡大會！

流光如駛，人生苦短，革命的青年，快乘時努力，勿草草了此人生！這是我在新年聯歡大會以後的誠懇忠告。

校聞

新年各界聯歡大會紀盛

△到會團體及民衆之踴躍

△試放大炮水雷迫擊炮

△參觀烈士墓

△與高彩烈之游藝會

本月四日，本校舉行新年各界聯歡大會，當日蒞會人員，除本校各部處官佐及住校全體官生外，各界來賓團體爲總部，省黨部，省農民協會，省港罷工委員會，省總商會，總政治部，財政部，第五軍部，省農工商學聯合會，省婦女協會，黃埔同學會，黃埔農工商學兵聯合會，中山大學，嶺南大學，香港大學參觀團等，計四十餘團體，共到代表三百餘人。此外重要來賓爲俄顧問加羅喬夫，國民革命軍第十六軍范軍長等，並本校官生家屬來賓，亦不下五六百人。入伍生部，及學生軍，軍士教導隊，亦一律遣派代表蒞會。是日並有福建方面敵方投誠官長二百一十餘人到會參加，總計各界來賓及本校官生在六千人以上。上午十時左右，各界來賓已陸續抵校。至十一時即當由政治部熊總招待派員指導一切。會場佈置亦甚莊麗。入場處搭牌樓一座，上懸國旗，四週紮五采紙質花球。左右懸紅布標語。上書『擁護三大政策』『消滅反革命派』兩口號。會場正面搭禮台一座，四週亦懸綴標語花球。內裝總理遺像，並懸掛國旗黨旗。會場中正中並有演台一座，爲各來賓講演之用。茲將當日開會次序略紀如下：1、全體人員按次齊集會場。2、奏樂。3、主席宣佈開會詞。由李副校長主席，4、向國旗黨旗及 總理遺像行三鞠躬禮，5、恭讀 總理遺囑，6、主席致開會詞，7、來賓演說，馬文崔，施存統，俄顧問加羅喬夫，省農工商學聯合會代表，婦女協會代表等皆有演說，各來賓演說畢， 即呼口號，並攝影散會，嗣後全體赴大坡地參觀試放要塞炮，直至午後二時始全體返校午餐，下午並試放二十四生的大炮水雷及迫擊砲，及參觀烈士墓。當由熊主任報告兩次東征陣亡將士經過情形及其意義。是日並分贈本校日刊新年增刊數千份與各來賓。晚間在新俱樂部開游藝大會。重要游藝名目：爲新劇．雙簧．跳舞，國樂．國技．啞劇．粵劇．電影及滑稽演講等，直至夜深一時許，始盡歡而散。是日本校并發告來賓及本校同志書如下。『諸位來賓！諸位官長學生入伍生兵士同志們！二十世紀的第二十七年！民國十六年！又開始了；我們全國慶祝北伐勝利的大會也在元旦舉行過了！我們當然都有了應負的新責任。但是我們的責任彼此都是連帶的，都是担的因爲我們需要革命革命需要我們而發生的，都是對於世界革命之一部的國民革命要共同担任工作以求中國之自由平等的；我們正如在驚濤駭浪中同舟的兄弟朋友一樣，不能不共患難不能不同安樂！本校是遵黨軍的教育機關，是一向秉承本黨主義政策—尤其是聯俄聯共聯農工三大政策—而努力革命工作的，尤其不敢不努力於「第一步使武力與國民結合，第二步使武力爲國民的武力」；在客觀上．在東征北伐的事實經過上．我們很知道只要我們民衆的利益而奮鬥，一定是受民衆擁護的；在主觀上，在我們遵行主義的信念上，我們很敢說只要是革命民衆所共同希望要求的，我們一定注意一定願盡力圖之，我們時時都高興而熱烈地願在感情上在意志上在行動上都與革命的民衆一致而結成親愛密切的關係！自然我們也更願革命的民衆深深了解這層而與把本校看作民衆自己的學校一樣而與它互助相愛共同努力於革命未完之工作！我們祝賀新年，不祝某一個人的多福多壽，但祝我們一切民衆覺悟起來！革命民衆增加力量！諸位來賓！諸位各界民衆的代表們！請你們記憶本校這幾句誠懇的話，并宣佈到你們所代表的那些民衆面前替本校祝他們的新年！今天你們與本校聯歡就是他們與我們聯歡！諸位本校官長學生入伍生兵士同志們！我們大家要常常和各界同胞聯歡，我們自己當然也一樣要常常聯歡！就是說：我們要在 總理遺教「使武力爲國民的武力」的意義之下與校外各界聯歡，同時更要在校長格言「統一意志團結精神」和校訓「親愛精誠」的意義下作校內的聯歡，以融感情而勉於革命職務！今天我們是把內外融成一片而表現了這個新年的各界大聯歡！值此新年初展，在感情上要聯歡，在責任上又要共勉！我們要繼續着黨的軍事的和政治的已得的勝利，向前去幹，結着聯合戰線，不驕不傲而有準備他向前去幹！我們在此聯歡共勉的大會中，還要高呼而切記左之口號：革命尚未成功！同志仍須努力！實行總理遺囑！擁護北伐勝利！鞏固聯合戰線！發展人民組織！擁護三大政策！實行最近政綱！嚴防帝國主義的陰謀！擴大對英經濟絕交！促開國民會議！廢除一切不平等條約！打倒帝國主義和軍閥！打倒一切反革命派！國民革命成功萬歲！世界革命成功萬歲！』

香港中華基督教青年會旅行團來校參觀

昨日有香港中基督教青年會旅行團八十餘人，于上午十時來校參觀。當由管理處會同政治部各派專員招待。領彼等至本校各部處，及砲台烈士墓等處參觀一週。該團員等在烈士墓並行三鞠躬禮，以致其對於革命戰士之敬意。下午在官長會客廳開一談話會。由張秋人教官演講，大意謂基督教到了今日，乃成爲帝國主義侵略各殖民地的工具，已完全失去耶穌當日對付羅馬專制的革命精神等語。直至四時散會，由管理處備船送該團員等回返省城云。

（一）啓事

書報流通所廣告

最近嚮導一八〇期到了，少年先鋒十二期到了，我們爲什麼門爭也到了，本數不多，購者從速！

諸友：屢來中大，未得晤弟，甚歉；以後希早日函約，弟當準時敬候，决不致誤。黃春源

血花劇社黃埔分社請同志鑒：請多編劇本與弟寄來；并請來弟處（第五學生隊五十三區隊）一談以為排演時諸多幫助[illegible]

[illegible]處廚房內拾遺物件[illegible]第四五七號符號[illegible]外特此聲明作廢[illegible]教授部

段皓同志：你有要信在伍恆同志處，請即去拿。或緘伍知你的通信處，由他寄來亦可。伍現住中大法科學院。

陳何東同志：[illegible]給你一信，我已代收，你現駐防何處？乞示！以便爲你轉寄。第三學生隊第廿六區隊陳嗣平

中華民國十六年元月六日〔星期四〕 黃埔日刊 〔第二版〕(二)

黨務

本校特別黨部宣傳委員會第一次全體委員大會紀事

本校特別黨部宣傳委員會，于十二月廿九日午后七時，在官長會客廳開第一次全體委員大會，到會人數共計四十餘人，（名略）由孔主任主席。當日開會秩序如下：（一）恭讀總理遺囑。（二）主席報告開會理由。略謂今晚是特別黨部宣傳委員會開第一次全體委員大會，今晚所討論的，就是討論以後應如何參加小組會議之方針……云云。同時并代表特別黨部報告組織宣傳委員會之理由與組織。（三）廿委員報告前兩次會議之經過。（四）討論事項：（甲）討論小組會議題目之規定案，議決由執行委員與政治顧問決定，但提出題目之委員與非委員，必先作一說明書，或討論大綱，呈本會執行委員會同政治顧問斟酌採取之。（A）理論問題須根據黨綱黨義，（B）實際問題限于與黨有關係之事件，（C）題目之提出與審定，（D）每一題目討論之次數，均由本會執行委員政治顧問辦理。（乙）結論之規定案，議決由執行委員政治顧問與提出者先作結論，然後交全體委員討論，以全體委員所討論之結果，方始作為終了之結論。（丙）參加方法案，議決：（A）討論題目在參加小組會議畢，當場宣佈下次題目外，再于三天前在黃埔日刊發表，并通知各小組。（B）每一問題先由學生討論後，再由委員糾正其錯誤，并同時下結論。（C）討論後之結論，須在黃埔日刊發表。（丁）參加小組會議後，委員之報告案，議決參加小組會議後，如發生困難問題，或應改良之處，或參加所得的經驗，須用書面報告執行委員會，但報告表由執行委員會製定之。（戊）小組會議時間與方法應如何規定案，議決時間由特別黨部斟酌規定。方法根據中央黨部軍隊組織條例，暫擬定小組會議開會秩序如下：（甲）主席恭讀總理遺囑！全體肅立。（乙）報告事項（一）檢查出席缺席人數，（二）宣傳委員軍事政治黨務等報告，但黨務報告，必須根據特別黨部執行委員所報告之事項。（即代為報告，不許任意增減）（三）組長報告各上級黨部機關之決議案，命令，通告，及已執行未執行之上次會議決案。（四）組員工作報告。（丙）討論事項，（一）討論上級黨部機關之議決案，通告，及命令之如何實行。（二）各種報告之討論，（三）黨綱黨義及議決案之解釋。（四）討論宣傳委員會規定之題目。（五）對於上級黨部建議事項。（丁）批評，但批評有注意之點（1）限於革命有關係之事項，（2）必須站在革命觀點上，并須根據於事實，（3）必須用誠懇之言詞，良好之態度。（己）小組會議黨員無故缺席者，應如何處理案，議決由特別黨部規定執行。（庚）小組會議之情形人數及缺席者之原因案，議決應由組長按特別黨部規定報告特別黨部。（五）各顧問委員提議：張秋人顧問提議宣傳委員，應担負徵求辦理特別黨部革命軍刊通告，議決除特別黨部原有編輯廖棟李元杰外，當公推張秋人廖划平陳良三同志，共組織一編輯委員會負責辦理云。

軍事

攻浙軍引滿待發

△蔣總司令身親督師
△派飛機廿架助戰
△何應欽已抵嚴州
△周鳳岐進攻杭州

昨據總部確息云，蔣總司令以孫賊傳芳，此次率其醜類入杭，頑抗我義師，故決定將所部精銳調浙，進攻孫賊，並親身入浙督師，連日總司令在南昌積極籌劃入浙軍宜，並將贛省軍事交由朱培德程潛兩軍長主持，又令三六兩軍移駐浙邊，以為入浙我軍聲援，查第三軍原駐南昌之第六軍則駐高安新喻一帶，現已陸續開入浙境，蔣總司令日間偕軍校人員，由警備團護送入浙督師。該警備團長余佛莊，此次奉命入浙報陳儀之聘，為孫賊慘殺，該團兵士異常憤激，誓隨總司令入浙為金復仇，撲滅此賊，又駐福建之第十七軍長曹萬順，奉命將所部移入浙境，該部已分別向閩北出發，先頭部隊曹部已到浙境之衢州，第一軍亦準備經浦城出仙霞嶺入浙云。又訊北伐軍佔領閩省後，原定計畫，本擬順流東下，直達杭垣，故便衣軍先鋒隊，早於十二月六日進抵閘口，嗣因浙人要求浙省自治，乃將先鋒隊撤回蘭溪，現以孫逆怙惡不悛，破壞浙省人民自治，覺將所部孟昭月第八師開抵杭州，以圖一逞，北伐軍得此訊後，為貫澈出師主旨，除令桐廬大隊繼續前進外，一面並電漢口總部，即派飛機隊二十架，提速入浙助戰，務於最短期間，掃除醜類，拯浙人于水火之中，又據上海電，革命軍集中桐廬，前方佈置將竣，何應欽程赴桐廬晤周鳳岐後即下總攻令，孟昭月急電孫傳芳，催速赴杭應付，三日滬杭客車因機頭缺乏停開交通斷絕，又訊，黨軍因浙一師已與三師合作，可牽制聯軍後路，阻其渡錢塘江襲擊，一日突越富陽，前鋒進佔祝家村，正面向杭富路前進，直攻杭州側面，由轉塘直達留下鎮，轉入杭塘路襲擊杭州，聯軍亦分杭富杭餘杭海三路佈防，中路前鋒已至徐村梵杭等處，兩軍相距廿里，即將接觸，浙一師改編為革命軍第十九軍，石鐸為第一師長兼代軍長，余憲文為第二師長，三十日在紹興就職，通電誓師，統率三軍渡江殺賊，是浙江戰機已近浙事解決之期不遠矣。

政治

國民政府建都武漢

△元旦成立
△合併武漢三鎮為國都
△孫陳等九人為委員

三日上海電，國民政府一日成立，在武昌舊督署開始辦公，明令以武漢為國都，合武昌漢口漢陽三鎮為一大區域，設委員九人，處理一切政務，任孫科陳友仁等為委員，又路透社二日漢口電，國民政府，昨下令將漢口漢陽及武昌三城，合併為一大區域，名曰武漢城，而以財政部長，外交部長，交通部長，漢口武昌兩市長及衛戍司令等委員九人統治之，并作為國民黨京師云。

漢口實行徵收附加稅

路透社十二月三十一號漢口電，交涉司昨日通告各領事官，謂由元月一號起，尋常貨物加稅二厘半，奢侈品加稅五厘，此稅將納交稅關，不日即開始設站徵收云。

滬會審公廨實行收回

△改組臨時法院

三日上海電，滬會廨元旦經我國實行收回，改組臨時法院，徐重震任院長，一日就職，會廨一切文卷印告，均移交法院接收。

九江之反英大罷工

路透社一日上海電，九江宣佈反英大罷工，禁止粮食入租界，局勢極重，刻下泊於九江者，有外人軍艦六艘，粮食由漢口載往接濟。

雜訊

安南又增加苛稅

安南南圻政府，以年來行政費用浩大，除擬增加法越人兩方面稅例而外。並擬增加華人方面之稅例。茲就南圻政府，向南圻會議提出通過之增加華人稅例草案略述如左：（一）華籍婦人，以及未成丁之孩童，每年須將其居住照准，向新客官簽字一次，每次收費一元。（二）華人暫時入境人情紙。先時只納銀三元五毫，可以取得，將來將增加至五元，南圻政府以為討取此種暫時入境之人情紙者。大率為中國國內商家。彼輩來此數月，接洽事務，然後回國。政府以為將此項稅例增加。對於担負者方面，不至有何不便之處。（三）華人經過越境者，其人情紙簽字費，定一元五毫。（四）增加加納稅，現有華人之牌稅及田賦等於加納稅等於正稅之一半，政府以為凡納稅之人，均有相當身家，無妨將此稅增加，政府擬將華人之田賦，船牌稅汽車稅之加納稅一律定為正稅之半。南圻政府，鑒於此地華商，有用婦女領牌。以免納加納稅者，政府為圖免除此弊起見，議向南圻議會提議，凡有華籍婦人出名領牌者，該婦人亦須繳納身稅，正稅，及加納云。

日領事通告改元

日領通函謂，頃奉政府來電，本年（十五年）十二月二十日以後，改元昭和，爰達貴部長查照，請轉各署知照，併請該館下半旗之施行期，聞延至國葬之日止，謹此附陳云，末署昭和元年，十二月二十日。

摩洛哥戰爭之損失

△法耗戰爭費十一萬五千七百萬佛郎
△死傷六千人

巴黎報載摩洛哥之役，法國耗戰費十一萬五千七百萬佛郎，死傷六千人。

小通信

遺失二九八一號黃埔同學會會員證章一枚聲明作廢　楊培根啓

敝課一等勤務兵李懋勛，於十二月三十日晨將其第四八號符號一枚遺失，特此登報申明作廢。　管理處財政科

啓者前於本月廿七日晨遺失一十八號之符號一枚特此登報聲明作廢　學生陳松柏呈

宋廷鈞君為出北伐病故茲開年假在新邑開追悼會凡諸學友如賜輓聯等件以表哀思者請寄湖南新田縣立女校何方早君代收為荷　雷雲門

毛杜：周屏錦：薛同文：諸志兄？現在那裏有何任務請來信告我，好與通信，甚盼！軍校黃埔魚珠學生軍十隊部　學生范進（即祥林）啓

適存寶針雲軒諸同志：你們現在何處工作，請來函告知　姚炳雙啓（南陽四隅口泰興祥藥房）

楊培君貫銳二同志鑒頃接雙流來信始知兄等已來學投考本校但不識編住何處何速希即從速告我弟已升學本校步科第二學生隊十九區隊賜書務請照投為盼　李若其

中華民國十六年元月六日　〔星期四〕　黃埔日刊　〔第三版〕

第二學生隊党部成立特刊

題目

革命之路

◉中央軍事政治學校第二學生隊黨部成立大會宣言

本校是負着完成國民革命實現三民主義的重大使命的。本校學生就是在這種使命之下去衝鋒陷陣與帝國主義軍閥肉搏的戰士。今天我們的學生隊黨部宣告成立，這就是表示我們這些衝鋒陷陣的戰士，在黨的組織系統之下，從新編制好了。從此我們在黨的指揮之下，時時都在準備着打倒帝國主義和軍閥，以完成我們的使命，實現我們的目的，所以我們在今天敢鄭重的向着在同一戰線上的同志和同胞們，直接了當說幾句；

1、我們知道中國國民黨是解放中華民族唯一的黨。建設真正民有民治民享的黨。總理創造這個黨和三民主義，又是根據客觀的條件，而非憑空揑造的；他確看清了中國的病源，非實行三民主義不足以救中國，非有一個強有力的革命政黨，不能領導中國的國民革命運動。所以我們每一個國民黨黨員，都應該澈底的明瞭黨的政綱及政策，而以鮮血和頭顱去擁護牠。對於反動派的破壞和誣毀，我們要一致用不妥協而且嚴厲的手段去對付他們。對於一切表同情或幫助我們的人們，我們願表示十二萬分的親愛和熱忱而認為我的同志。我們確知道我們的黨是為大多數民衆謀利益的黨。我們是大多數民衆中的一部分；黨的利益就是我們的利益，黨的成功就是我們的成功。我們要認清這一點，我們對於黨要忠實，我們對於黨和黨的主義與政綱政策要切實的去實行。

2、次殖民地的中國被國際資本帝國主義機械工業的侵入，封建社會的手工業完全破產，新興的工業，又被操縱；工人失業，農民輟耕，轉徙流離，不知凡幾，而國內軍閥，又復與帝國主義者互相勾結，殘民以逞，苛捐雜税層出不窮，黷武窮兵，殃兵蠹國，以致十五年來，年年角逐，二十二省，省省遭殃。於十五年七月本黨政府出師北伐，不三月間打倒孫吳兩大軍閥，因此全國民衆的覺悟，亦隨革命勢力的發展而進步，民衆的組織，亦隨帝國主義的階級壓迫而普遍。蓋全國被壓迫階級的民衆，已認清了他們的敵人—帝國主義和軍閥，而欲群起打倒。我們應該認清這是中國的民衆已經從軍閥與帝國主義鐵蹄下起來反抗了，革命了。在這種反抗中，階級分化，亦漸漸的顯明；我們革命黨員，當秉着黨的使命，為階級的利益而奮鬥。尤須特別為農工利益而奮鬥，使受壓迫最深，感痛苦最甚的農工得着政治上經濟上的解放。企圖在最短期間，實現總理的三民主義，完成國民革命和世界革命。

3、現在世界上的國家，不論文明的野蠻的，已顯然分為壓迫與被壓迫的兩個階級，在這兩個階級的森嚴對峙中，被壓迫階級與壓迫階級的亂爭，一定是不了的，並且是很激烈的。所以我們應該高呼世界上一切被壓迫階級聯合起來打倒壓迫階級的口號。

4、使武力為民衆的武力，我們同志誰也知道這個意義。但是要如何才能把武力變成民衆的武力，民衆要知何才能運用這武力；這一點很值得我們深深的注意。我們是武裝黨員，要使武力成為民衆的武力，第一就要我們自己認清我們就是民衆的武力，第二是要使民衆明白他們是武力的主人翁。我們敢自誓，我們根本為民衆的武力，我們武裝起來就是為民衆。我們一方面要自己覺悟，一方面還要走進民間去，使一般民衆覺悟起來。

以上四點，是我們全體黨員應該鄭重的宣佈，明白的表示，最後我們還要高呼以下的口號：

實行總理遺囑
擁護總理的三大政策
擁護本黨的議決案
農工商學兵聯合起來
全世界被壓迫民族聯合起來
打倒一切反革命派
剷除貪官汚吏劣紳土豪
打倒國家主義派
打倒國內軍閥
打倒帝國主義
國民革命成功萬歲
世界革命成功萬歲
中國國民黨萬歲
中央軍事政治學校萬歲
中央軍事政治學校特別黨部第二學生隊黨部萬歲

十六・一・五・

◉本校第二學生隊黨部成立大會演講詞

方鼎英

今天是本校第二學生隊隊黨部成立大會的日子，我們齊集在這裏來舉行這個典禮，是有很隆重的意義的：我們的學校，是黨辦的學校，不僅僅施以軍事和政治的訓練，就算了事，並且要施以黨的訓練，要使本校的學生成為真正的革命武裝黨員，各個都能彀明白黨員的責任，竭盡黨員的職務，怎樣要為黨犧牲，怎樣能為黨活動，今天學生隊黨部成立，就是這個意思，就是於學術科訓練之外，更加一層黨的訓練。於軍紀範圍之外，更加上一層黨紀的範圍，要各位同志將二層紀律負在自已雙肩之上，本校才可以日起有功。創辦的目的，才可以完全達到。

無論甚麼事體，都是衆擎易舉，獨力難成，況且要建設一個良好的國家，尤其要有偉大的團結力量，才能彀建設出來的，所以總理就標出以黨建國的道理，成立了中華民國國民黨。可是當時的黨員，分子不齊，紀律不嚴，黨員能活動，全黨反不能活動，黨員有能力，全黨反無能力，以致有黨其名，而黨的實質，毫不存在，這都是黨的主義雖好，而組織不好的緣故。自從民國十三年改組以後，本黨的主義——三民主義益加顯明，本黨的組織，有總章詳細規定之系統，組織益加嚴密，各級黨部有常務監察各委員，以負担黨的工作的專責。年來在軍事上政治上以及民衆運動上所表現的力量，差不多可以發揚黨的實際性，是本黨對于組織的要素上，已經完備多多了。

我們既然知道黨的重要，並且有了組織完備的黨，我們要十二分的愛他，要十二分的擁護他，自今日隊黨部成立之後，我們尤其要知道本校的地位，與各同志的責任，比別的黨部和別的黨員，更有特別不同的地方。我們完全是一種武裝黨員，為革命先鋒的骨幹，負有殺敵致果，剷除本黨前途一切的障礙，以完成革命的偉大使命。為國家一日不得平等自由，就是我們的責任一日未盡。故自今天起，我就希望各位同志，定了一個偉大的志願，總理說過「文奔走國事三十餘年，畢生學力，盡瘁於斯，精誠無間，百折不回；滿清之威力，所不能屈，窮途之困苦，所不能撓，吾志所向，一往無前；愈挫愈奮，再接再厲，用能鼓動風潮，造成時勢。」我們就應該學總理這種志願，個人要犧牲自由幸福，貢獻給黨裏去，個人的活動能力，也貢獻給黨裏去，然後全黨才有自由幸福，然後才有活動能力。等到黨有自由及能力的時候，然後以黨建國，才能彀實現出來，各位為黨應盡的責任，才可以完全無遺憾了，各位才是本校真實學生，本黨的真正黨員。此是鼎英今天盼望諸君的第一件要緊的事！

◉對於第二學生隊黨部成立的意見

吳思豫

十六年一月五日，在黃埔島中間，忽然吼的一聲，產生一個光明燦爛的明星——第二學生隊黨部

中華民國十六年元月六日〔星期四〕 黃埔日刊 〔第四版〕

•滿被全島，從此第二學生隊各同志，除受本校訓『親愛精誠』外，又受黨的指導，實行團結精神了•

本黨自從一九二四年改組以來，慘淡經營，努力工作，繼續 先總理末竟之志，現在青天白日旗已飛到揚子江流域，革命事業中的軍事部分，已略有端倪，爲山九仞，功在一簣，同志努力呵！！

帝國主義豢養的走狗——張作霖，派張宗昌從津浦路派韓麟春從京漢路帶領了二三十萬被壓迫者，浩浩蕩蕩，兩路殺來，再益以孫吳殘逆，其勢未可輕視。但本校從一期至第四期各同志，因爲在黃埔受了黨化教育，去奮鬥犧牲，將滿腔熱血，到揚子江頭去開了幾朵主義之花，已將孫吳勢力，各個擊破，總算不負 先總理臨死遺囑•現在張作霖，又欲殘民以逞，陳兵河朔，則去負掃滅張賊勢力之工作，就要輪到第五期受黨化教育之諸同志去幹了。現在黨部已經成立，各同志要本黨義去做，勿忘 總理遺囑，那時渡河殺賊，就不怕帝國主義及其走狗了•

雲彬

黨與軍隊

——第二學生隊黨部成立之感想——

我們主張以黨治國，所以我們要以黨治軍。我們的黨——中國國民黨，其目的在求中國之自由平等，換句話說，是爲中國被壓迫民衆求解放的黨，所以我們的軍隊，是黨的軍隊，也就是民衆的軍隊。我們是革命的軍人，同時就是武裝的黨員。離了黨便沒有所謂革命軍隊，更沒有所謂革命軍人。

我們的軍隊與尋常軍隊不同之點在此，革命軍人（就是武裝黨員）與普通之所謂『兵，』其不同之點亦在此。

明白了上面的意義，更進而論以黨治軍和以軍治黨的不同：

以黨治軍，是以黨爲基礎，以黨的意志爲意志，以黨的政策爲政策，以黨的主義爲主義，所以本校校長蔣總司令說：『黨要我們怎樣，我們便怎樣。』

以軍治黨則不然，從前洪兆麟在驅逐陸榮廷莫榮新的勢力後，乘着酒醉對人家說，廣東是老子打下來的！廣東是老子打下來的！他不但目無本黨總理中山先生，他並且目無中國國民黨（那時候中國國民黨雖沒有改組，但中國國民黨的主義和旗幟是早已鮮明了。）這些人不知有黨，所以他的軍隊，便不是黨的軍隊，不但不是黨的軍隊，一朝得勢便想把黨放在軍隊勢力底下，以軍治黨，拿黨作工具。達到他乘時竊位的目的。更可笑的如孫傳芳張作霖等軍閥，他們見我們黨的軍隊到處受民衆之歡迎與擁護，他們便想效法起來，造些什麼三愛主義三權主義來號召，張作霖并且在東三省想組織一個政黨。他們完全沒有了解我們的軍隊是以黨爲基礎，我們都是武裝的黨員，所以我們的武力是民衆的武力：說明白些，我們的武力是受黨的制裁，時時刻刻在民衆利益那一邊走。他們不然！他們的軍隊——他們的武力，是反民衆利益的他們不受什麼制裁，祇是幾個强盜首領在那裏發號施令，所以孫傳芳張作霖說什麼三愛主義三權主義甚而至於想組織什麼政黨，祇多添了些笑話材料，沒有人理會他們。他們即使組成了一個狐羣狗黨，也是我要黨（指他們的所謂黨）怎樣，黨便怎樣。

說了許多閒話，總括起來，無非是說明我們的軍隊是黨的軍隊而已。我們是黨的軍隊，所以軍隊裏要有各級黨部。我們是的武裝黨員，所以我們要嚴守黨紀，服從軍紀。

許多同志似乎太認真了，把黨紀軍紀分得清清楚楚。其實這是錯的——我們的軍隊既然是黨的軍隊，我們既在黨的軍隊裏做一個武裝黨員，我們就應該絕對地服從軍紀。軍隊是黨的軍隊，破壞軍風紀和破壞黨紀有什麼多大區別？

總而言之：我們以黨治軍，所以軍隊裏要有各級黨部。我們是武裝黨員，所以要絕對服從軍紀。

本校第二學生隊黨部成立，同志索稿，就匆匆地寫了些廢話，聊充篇幅而已，惶愧，惶愧！一六，一，五，於隊黨部成立時的爆竹聲中。

第二學生隊黨部成立紀事

本校第二學生隊黨部，於昨（五）日下午十二時在本校俱樂部，舉行成立典禮，由方教育長主席，奏樂行禮，讀遺囑畢，即由主席宣佈開會理由，大意謂黨部成立，是我們武裝黨員有了訓練的地方，以後我們要接受黨的訓練，遵守黨的紀律，養成一個嚴肅的黨員，將來爲黨國犧牲，完全國民革命，次由特別黨部甘同志訓詞，略謂武裝黨員爲要明瞭黨的主義，就要注重黨部，尤其是要注意農工的利益，認眞做工作，不要鬧意見，不要隨便批評同志，大家團結起來，爲黨門奮，次由訓練部吳主任訓詞（另錄），再次政治部熊主任訓詞，大意謂黨員要有組織，要有紀律，要有團結精神，尤其不要爭意氣，我們的目的是要完成國民革命的，切不可因些小事情發生意見，這是要鄭重注意的，再次由蕭楚女教官訓詞，謂中國情狀，極爲複雜，有的是生活很好，有的是痛苦的，在這種懸殊情狀之下，非革命不可，次由宣傳科科長安體誠同志演說，題爲「反對個人主義」首謂個人主義與黨的意義相反，在目的上它是利己營私的，以自己的特殊利益爲本位的，資本主義帝國主義都是由此變來，在方法上它不是認識羣衆組織力量與必要的，如孟軻所說「舍我其誰哉」不說必須喚起民衆聯合大衆努力孔丘以「修」「齊」「治」「平」之步驟爲改造社會的方法而不知個人是受社會環境支配的，都是反乎人類共同生活性的，所以我們要反對英雄思想，不可自恃己見，一切要黨化要爲羣衆奮鬥要與羣衆共同奮鬥，我們非反對個人主義不可云云。次由張國斌君等演說，主席答詞，遂依秩序唱國民革命歌，呼口號，攝影，晚間餘興有新劇跳舞魔術電影等，至十二時始盡歡而散。

開會秩序

一•全體肅立
二•奏樂
三•向黨旗國旗暨 總理遺囑行三鞠躬禮
四•恭讀 總理遺囑
五•主席宣佈開會理由
六•特別黨部訓詞
七•官長訓詞
八•來賓訓詞
九•自由演說
十•唱國民革命歌
十一•呼口號（口號見宣言書）
十二•攝影
十三•餘興（午後六時）
十四•奏樂
十五•散會

★ ★ ★ ★

中華民國十六年元月七日 星期五 第一版

黃埔日刊

中央軍事政治學校出版

第二九號

誰說英國的外交政策……呢？

總理遺囑

粵省黨部第二屆之執行監察委員

張宗昌在山東一年來對本黨同志之摧殘

武昌舉行閱兵典禮

浙戰之開始

中華民國十六年元月七日 星期五 黃埔日刊 第四版

我過去的錯誤

入伍生部政治部譚主任對入伍生第一團第一次講演詞

問答

編輯餘話

中華民國十六年元月七日 星期五 黃埔日刊 第三版

本校一年來工作之回顧及今後之希望

本校新年各界聯歡大會開會詞

政治科出發武昌途中宣傳隊報告書

中華民國十六年元月七日 星期五 黃埔日刊 第二版

英水兵在漢口屠殺群衆

國民政府反對英使之提案

鄂總工會第一次代表大會開幕

尼加拉主自由軍勝利

福建政務委員會電告成立

印度國民大會通過三不政策

印度甘地將來華

張天師狼狽逃滬

去年之海關收入

蘇門答臘發生革命

〔中華郵政特准掛號立劵之新聞紙〕中華民國十六年元月七日〔星期五〕〔第一版〕

黃埔日刊

中央軍事政治學校出版

通信處廣東黃埔本校政治部

〔第二九二號〕

〔本刊每份平價一分〕

誓遵總理遺囑

總理遺囑

余致力國民革命，凡四十年，其目的在求中國之自由平等，積四十年之經驗，深知欲達到此目的，必須喚起民衆，及聯合世界上以平等待我之民族，共同奮鬥。

現在革命尚未成功，凡我同志，務須依照余所著：建國方略，建國大綱，三民主義，及第一次全國代表大會宣言，繼續努力，以求貫徹。最近主張：開國民會議，及廢除不平等條約，尤須於最短期間，促其實現，是所至囑！

本校本週口號

主張以黨治國！

服從黨令軍令！

革去浪漫習慣！

反對個人主義！

要有政治頭腦！

要有戰鬥本領！

反對文化侵略！

打倒教會政策！

日評

誰說英國的外交政策……呢？

（雲彬）

誰說英國的外交政策拙劣呢？他們爲五卅慘案的起因和結果，覺得上了日本矮子的當，現在便首先主張承認中國實行抽二五附稅。這樣一來，不但可以扶殖了奉魯軍閥，使他們向革命軍進攻，并且可以使日本對華貿易上受了一個打擊。這正是日本人的順天時報上所常常用的譬喻，叫做『一彈斃二鳥』。

但誰又能說英國的外交政策是靈敏的呢？他們既知革命勢力之不可輕視，便常常流露些『對南政府表示好感』等等空話，這次新英使藍浦生還到漢口去和我們的外交當局虛與委蛇了一回。就是拿出張承認中國徵收二五附稅一事而論，也未始不可以欺騙一部份昧於大勢的民衆，以爲英國確是對我們表示了好意。但何以漢口的英租界當局，又在那裏指揮英水兵，裝起鐵甲車，向我們徒手的民衆開鎗衛鋒呢？難道五卅，沙基，萬縣等等慘案所受的教訓還不夠，再要向我們進攻，使我們更堅定了打倒英帝國主義的決心，更濃厚了反對英國主義的空氣嗎？要繼續那屠殺的暴行，又何必再用一副笑臉向國民政府通款曲呢？大英帝國主義的確是到了瘋狂的程度了！

總而言之：英帝國主義爲要維持他的在華勢力，與我們廢除不平等條約的口號，根本衝突；在革命勢力發展之中，他們軟化既不能，硬幹又不可，遂做出這種矛盾的事實來。英帝國主義的對付我們，確已有些捉襟見肘的神情，不但捉襟見肘，他確乎是瘋狂了。

到了現在，那裏有什麼外交政策呢？祇有帝國主義與民族革命這兩種勢力血肉相搏而已。我們已經明白，不打倒帝國主義國民革命不會成功。尤其是大英帝國主義，他繼續不斷的向我們進攻，任意屠殺中國民衆，我們非先把他打倒不可。

民衆起來！打倒目前最大的敵人——英帝國主義！

黨務

粵省黨部第二屆之執行監察委員

△執委李濟深等十五人

△監委戴季陶等五人

廣東省黨部執行委員及監察委員已選出，昨晚中央政治會議廣州分會，將選出之名單，取决如下，（執委）何香凝，李濟深，甘乃光，陳孚木，楊匏安，陳樹人，黎越庭，李惠軍，曾獻聲，李樸生，黃鳴一，曾養甫，徐天深，吳倚蒼，高承元，等十五人，候補執委，湯澄波，譚桂藿，方乃斌，林雲陔，劉蘅靜等五人（監委）戴季陶，馬洪煥，徐景唐，鄧澤如，許崇清等五人，候補陸宗其，何彤，廖冰筠等三人云。

張逆宗昌在山東一年來對本黨同志之摧殘

△慘殺繫獄者雖達數十人！！

△而革命潮流反日益高漲！！

（濟南通信）張宗昌自到魯以來。對於所謂『赤化』即嚴加防範。待對本黨同志更極嚴厲。一年以來各地黨部被查抄者。計有濟南青島博山濰縣陵縣高密諸城濟甯十餘處。同志被捕槍斃者有新聞記者胡信之。教員李蔚農。膠濟鐵路工會執行委員倫克忠等數人。祕密槍斃不知下落者十餘人。現在尚羈押濟南監獄及戒嚴司令部者。有省執行委員鄧心一，王章，丁復明三人，工人同志韓文玉孟憲藝李秀山三人，教員王介山秦子美馬俊海、學生王平一，女同志趙玉，李秀英，朱秀容等第十餘人，被捕日期，多則一年，少亦數月，既不釋放，亦不明定罪名，十餘人居於一室，與匪犯雜處，待遇可謂慘酷已極，自月前天津市黨部被封，又適賊軍南下，張宗昌之防範本黨乃益嚴厲，惟本黨同志雖在張逆嚴重壓迫之下，而祕密工作。不遺餘力，故宗昌之防範本黨未一刻忘，且日日加厲也猶憶十一月中旬間，官方忽盛傳本黨運來大批宣傳印刷品，分散各地，並祕密派人到各地活動云云，於是當局即刻宣佈祕密戒嚴，對於郵遞行李，嚴加檢查，於是本黨同志及各學校，遂因此而大遭搜捕矣，十一月二十四日，戒嚴司令部查得山東大學學生王毓垣一信，認爲『赤化』有據，遂即下令逮捕，嚴刑拷訊，令供同犯，鞭笞三百，王君已暈失知覺，遂供出齊魯大學，正誼中學第一中學等校學生數人，當局即偵騎四出，於夜深人靜中，將齊魯大學第一中學正誼中學包圍，適先一日各校長聞搜查之訊，即令各學生將所有關於革命書籍及一切白話文，盡行燒毀，因是並未搜出所謂赤化證據，至所指名嚴拿之人，均因姓名不對，亦未便隨便逮捕，祇將各校長大加訓斥一頓而已，事後王毓垣因受刑過重，奄奄一息，乃由各校保出，送往醫院就醫，惟當局以王君供出之人，未經拿獲，尚不死心，至今仍日日偵騎四出，密佈各街巷飯館客店，學生在街上行走，隨時均有受檢查之危險，蓋務期搜出關於『赤化』之信件或印刷物也，白色恐怖，在軍閥官僚紳士豪包圍之下，可謂已達極點，惟在人民方面，因受張宗昌之種種剝削蹂躪，革命的高潮，亦與日俱昇，對於我革命軍，眞有如大旱之望雲霓也。

軍事

武昌舉行閱兵典禮

△元旦在南湖大操場舉行

△民衆參加者十餘萬人

今年元旦日，武昌舉行閱兵典禮，昨（四日）第四軍李軍長接漢口鄧演存來電稱，是日第四七八十一十五各軍，在南湖大操場閱兵，中央黨部國民政府各委員蒞場檢閱，民衆參加者十餘萬人，茲將原電錄下，元旦日本軍及十一軍全部在南湖大操場，請政府委員檢閱，民衆參加者十餘萬人，我軍所行分列式步法整齊，各界鼓掌歡呼，聲震數里，特電奉聞，鄧演存叩，冬（二日）。

浙戰之開始

△杭富路淩家橋已開火

△我軍限一星期內克杭州

△何賴兩部由衢州前進

△杭州銀根奇緊地雷爆裂

△周軍長正式通電就職

浙江方面，自孫逆之參謀劉宗紀到杭，與孟昭月商定戰略後，三日拂曉下攻擊令，由杭富杭餘兩路進發，以富陽爲目的地，三日晨三時前鋒韓光裕旅與學生軍在杭富路淩家橋附近開火，閘口已聞砲聲，孟昭月將赴前方督戰，革命軍定五日下總攻令，杭垣因前方已開火，形勢驟嚴緊，謠言甚多，銀根奇緊，惟市面尚安。杭州上蒼橋第十一師五十五團團部，三日晨十二時十分忽有預藏地雷爆裂，死兵三，傷四十五名，團長董吏良亦微傷，又四日上海電，蔣總司令決將攻浙革命軍總部移嚴州，電前方軍隊限一星期內克杭州，又訊，何應欽賴世璜兩部已出衢州向杭前進，限三

譚振球君鑒（原名鴻鈞）令兄笑愚囑爲訪查兄係何部隊現駐何地見報望即詳函見告盼切 韶州教導師三團二營營長李邦藩啓

今遺失黃埔同學會會員證章一枚號碼二三零四特此聲明作廢 黃讓三

朱炳炎兄鑒：自你入校之後，不知編入何隊何區，請函示知爲荷。

逕啓者茲接具名軍輝者由柳州來電開黃埔軍事政治學校鑒 [illegible] 無從投交 [illegible] 本校各同志如有知上項情事者請予接洽爲荷 校本部秘書處啓事

李家賓，王濟川，祁道中，陳法漢同志：我未來粵以先，就早知你們入伍，但現我入伍兩月，尚不知你們駐防何地，及編在何團，何營，何連，務希見報後 [illegible] 李益同志你有幾封家信在我處 [illegible] 是盼 中央軍政校第六學生隊十六隊李向榮

中華民國十六年元月七日〔星期五〕　黃埔日刊　〔第二版〕

日集□桐廬，前隊已近富陽，將加入作戰云。

第二十六軍軍長周鳳岐，已於上年十二月十一日正式就職，昨總部接周軍長十三日自浙江蘭溪來電云(銜略)竊鳳岐奉國民革命軍總司令命，任命爲第二十六軍軍長，等因，遵於本月十一日在省就職，並呈報在案，伏以民國成立以來，禍亂相尋，迄無寧歲，在國家則四分八裂，而人民則子散妻離，誰實爲之，至於此極，河山舉目，涕淚無從，鳳岐儍以菲材，恭膺簡命，自茲以後，誓以至誠，竭忠黨國，赴火蹈湯，義無反顧，所冀明達，不我遐棄，望南針之時錫，斯彼岸之同登，豈僅鳳岐深蒙嘉惠，抑亦民國實利賴之，周鳳岐叩，元印。

政治

英水兵在漢口屠殺羣衆

△漢總政治部宣傳隊在江漢關附近演講
△大隊英水兵武裝鐵甲車向羣衆襲擊
△中華社謂『死傷狠藉實數未詳』
△大光報稱『華人死一重傷兩人』
△外交部提嚴重抗議
△路透社尚力圖掩飾

英帝國主義因幾次向我民衆屠殺，引起全國民衆之公憤，其所得教訓，亦已不小，乃猶不悔禍，最近在漢口英界一碼頭江漢關附近，又開槍屠殺民衆，據中華社接漢口三日晚酉刻專員來電，此間(漢口)於一二兩日開慶祝北伐勝利大會，今日午(三日)開反英反奉示威大會，各界民衆到會者十餘萬人，當場通過決議案，(一)反對奉魯軍南下，一致贊助蘇皖浙三省自治，(二)反抗英政府借債與奉天軍閥，助長中國內亂，(三)實行對英經濟絕交，由民衆團體，自動檢查入口英貨，(四)反對漢口英租界無故派水兵登陸，擾亂武漢國民政府首都秩序，高呼口號，散會後，出發巡行，各團體演講隊亦分途出發講演，至下午二時，總政治部之宣傳隊，正在英界江漢關附近向民衆演講，不料英使館忽派大隊英水兵，及武裝鐵甲車，突襲我聽講羣衆，向人羣中開槍四十餘響，死傷狠藉，實數未詳，同時我巡行羣衆，到英提稅廠時，亦被英水兵突襲，均用槍尾刺刀向我羣衆亂刺，羣衆激昂，不顧生死，用手持紙旗仔，與英兵格鬥，卒不敵，退散，今晚黨政府聯會，(即臨時聯席會議)七時開緊急會議應付，外交部已即晚提出抗議書，向英使嚴重抗議，又據香港大光報四日上海電云，三日未刻漢總政治部宣傳隊，在英界一碼頭江漢關附近江岸演講，發生衝突，(此處被香港英帝國主義者檢去一段)華人死一，重傷二人，六時國民黨聯席會議令，外交部即嚴重交涉，此事出後，上海路透電社尚力圖掩飾，其三號漢口電云，對英聯合會設法在英租界附近各處招集會議，午後形勢轉劇，英租界當局遂不得已命水軍登岸，用一鐵甲車，將各人驅去，使彼等不能在稅關附近集會，驅逐各人之時，並無放槍，至下午兩點鐘，各人又在稅關前及英堤繳集，齊同進前，英水軍抵拒，致一英水手倒地，各人上前搶去其長槍，用槍頭劍刺傷其足部，另有英水兵兩人被扭杆所擊，致受重傷，有特別警察兩人則受微傷，華人晚上八點鐘始行退去，及後由國民黨及對英聯合會組織之提燈會，四處巡行，初意定再發生事變，但及後並無事變發生云，觀路透社所傳電訊，其希圖掩飾卸責之處，灼然可見矣。

國民政府反對英使之提案（增加二五附稅）

△此項新稅授之國民政府政敵之手
△阻礙中國脫離帝國主義之束縛

國民政府外交部陳友仁，關於英國對華提案，最近電美國務院稱，『敝政府近聞貴國欲承認英國宣言主張立即實施華會附加稅，及以稅款付交於本地當軸之提議，查英國宣言，其詞旨固甚工巧，但考其實，不啻以此項新稅收入之三分二，授諸國民政府政敵之手，彼等既得物充之戰費，將可以繼續內戰，危害國家，阻礙中國脫離帝國主義者之國際束縛，且照英國提議，不特張作霖獲得豐厚之新稅款，將來各通商口岸，必成爲國內軍閥爭奪之新目的物，助長中國內戰，使割據之局，愈益延長，上海一地，以前本有經過輕微戰爭，即可入於國民政府掌握之勢，但現在局面，上海將成血戰之場，外人商務將永久受其損害，因上海附稅之收入，可佔全額百份之四十，孫傳芳與張宗昌對之，有如猛獸之嗜肉食也，如英國宣言所表示之意思，不能感動國民政府之心意，是殆因其在客觀上暗含一種威脅與危害中國國家主義之急進，而彼贊助此項主張者，將受任此種危險云。

福建政務委員會電告成立

昨五日政府接福建政務委員會來電報告成立幷啓用印信云，武昌中央黨部執行委員會中央黨部政治會議國民政府南昌蔣總司令鈞鑒，各省黨部政府(銜略)均鑒，奉福建臨時政治會議兼主席何委令開，茲委蔡任爲福建政務委員會主任，委員張貞，宋淵源，丁超五，黃展雲，詹調元，黃炳武，盧興邦，蕭孝鎮，陳乃元，江新等爲福建政務委員，蔡任未到任前，由張貞暫代主任並頒發印信一顆，文曰福建政務委員會之印，此令，等因奉此，貞等遵照本月念五日，在東路軍總指揮部宣誓就職，即日成立福建政務委員會，幷啓用印信，竊閩省久處軍閥摧殘之下，民生凋弊，滿目瘡痍，生聚休養，尤爲急務，貞等才德棉薄，殞越堪虞，惟有奉行黨義，努力進行，甚望時加指導，俾福建省於短速期間促成革命完善之基礎，臨電不勝跂切，福建政務委員會感(廿七)叩。

鄂總工會第一次代表大會開幕

△元旦日舉行開幕典禮
△會員卅九萬三千五百人

湖北總工會在漢口召集湖北全省總工會第一次代表大會，於元旦日開幕，昨此間接該會通電云，本日本代表大會在漢口開幕，到會代表五百八十八人，計代表工會三百四十一個，會員卅九萬三千五百人，政府機關及人民團體代表百餘人，會場儀式莊嚴，革命空氣異常緊張，謹聞，湖北全省總工會第一次代表大會秘書處叩，東(一日)。

尼加拉圭自由軍勝利

△自由政府抗議美兵登岸
△政府已向綠野方面退走
△墨西哥與美國恐將有戰爭

路透社二十八日瑪拉圭電，尼加拉圭自由黨之軍近復獲勝，墨西哥政府所承認之自由政府軍(即革命軍)得墨西哥投効者之輔助，已迫令政府軍向綠野方面退走，又聞薩楷薩府已派代表向美國國務院正式抗議美軍在尼加拉圭境內之行動，指美艦隊司令剌梯獸施行檢查，違反國際公法，駐華盛頓中美代表，認美兵在尼加拉圭之加比柴登岸一事，爲美國鑄一極大錯誤，美兵登岸，名爲設立中立區域，以保護美人生命財產，實則摧殘楷薩博士之自由政府，凡此間洞悉中美情形者，皆知美兵在加比柴登岸，無非爲先發制人之計，以防備墨西哥政府耳，倫敦每日新聞評論尼加拉圭之行動，謂美國及拉丁美利堅之人民皆知美國舉動乃鎖滅墨西哥在加拉平海勢力，以挫弱墨政府之謀，美國執政者當不致有對墨開戰之意，但美國對墨政策，混亂而不鮮明，或將轉成作戰政策云。

印度國民大會通過三不政策

路透社二十八日印度高哈蒂電，國民大會今日以大多數贊成自主黨所提之不受政府官職，不予以供給，不通過預算案之計劃。

經濟

蘇門答臘發生革命

一月三日巴東埠電，西隆加庚地方全境，現發生革命事，革黨攻擊西隆庚站，幷將十八站長擊斃，在別處則車路及電線均被毀，又有士人四名，將鐵路稽查員魯亞士氏謀斃，一荷國少佐亦被殺，軍士受傷兩人，因軍事貨車被攻擊，革黨亦有死傷及被捕者。

去年之海關收入

三日路透社北京電，民國十五年關稅收入，共海關銀七千八百萬兩，折合英金一千二百一十六萬二千磅，比較十四年增收八百二十五萬兩，但民國十四年收入，因匯兌關係，共得一千二百一十九萬磅，綜計是年關稅增收之最多者爲上海廣州兩處　計上海六百六十八萬二千兩，廣州一百五十一萬二千兩，天津及秦皇島海關減收六十四萬六千兩，漢口減收二十一萬三千兩，由總稅務司管轄之內地稅關收入，共四百五十萬兩，計減收二十五萬兩，所有由關稅担保之外債及庚子賠款，是年均已付清，其由總稅務司經理之國內公債還款付息，亦已付清，但撥付償還整理公債之款，尚欠一年未清。

雜訊

印度甘地將來華

提倡不合作主義之印度甘地氏，前曾宣傳其將來華，茲環球社消息，謂甘地氏，擬於五六月間來游中國，遍歷各大都會，將作數月之勾留，昨有請往游歷芬蘭者，甘地氏却之，謂歐洲方面，已多所領略，現不欲再往，極欲到中國一游云。

張天師狼狽逃滬

△六十三代天師張眞人休矣

江西龍虎山六十三代天師張眞人恩溥，近遭江西省政府派員前往查抄家產，張乘間逃至九江，於昨乘輪來滬，張之服裝，僅穿綿袍，隻身逃滬，情形甚爲狼狽，寓滬西王紳家中，昨日午後，江西道教總會駐滬機關部副理事朱壽山等特往慰問云。

小通信

何壽康　劉世英　馮國徽　魏競譜同志：分別以來，未通一函。不知各位現駐何處，祈詳告之。

歐陽儁失落中央軍事政治學校第一學生隊第六十二號白布符號一枚特此申明作廢

田宏海石如金羅運欽伍子賢楊俊峯諸兄鑒弟昨天接得張御……此信後請示知

龍應龍同志：接你信後，復信已三次矣，乞未得到回示，不知爲何原故，請函本校圖書室告知！　黃成學

校本部第二學生隊廿三區鄒石維璜

中華民國十六年元月七日 〔星期五〕 黃埔日刊 〔第三版〕

革命之路

題目

●本校新年各界聯歡大會開會詞

李副校長濟深講 吳之莘記

各界來賓們！今天是黃埔中央軍事政治學校約同各界同胞開聯歡大會的一天，各界同胞許許多多的跑到這裏來，我們覺得是很快樂的：學生底父兄看望子弟在校內怎樣？親戚朋友都得到晤談的機會，一同享受過新年的樂趣？諒必各界來賓也是很快樂的。在此興高采烈的當中，尤其希望各界來賓切實地指導我們教訓我們！我們總理底遺訓說：『武力要與民衆相結合』，本校是國民黨黨立的，是總理一手所創辦的，我們當然要使本校所產生的武力與民衆結合，實行總理底遺訓；而武力底主人翁又是民衆，當進一步使武力為民衆底武力。現在武力已得到新的發展，就是民衆底武力得到新的發展，很值得大家一共慶祝的。唯其我們不忘記民衆是我們底主人翁，所以今天才開這個大會與民衆聯歡的。這就是本校開新年各界聯歡大會的真正的意義。

本校第五期學生入伍生學生軍軍士教導隊各部處官長們！校長的訓言：『統一意志』『團結精神，』我們須趁此空前的大會，切實地把意志統一起來，把精神團結起來，實行本校『親愛精誠』的校訓！！我們今後不要一時一刻忘記了本校校訓和校長訓言，第一步統一自己的意志，第二步團結大家的精神，第三步將這個團結的精神向外發展，與民衆作一個大聯合大團結。這就是本校同志們對於新年各界聯歡大會應該抱持的態度。

今年是民國十六年，回溯本黨的改組本校的成立，到今不過二年，而所得的結果；兩平東江陳林諸逆，削滅劉震寰楊希閔，從去年七月起，把長江流域兩大軍閥——吳佩孚，孫傳芳——打倒。這種勝利的結果從那裏來的呢？的的確確是由于本黨改組本校成立，團結黨的力量，排斥右傾黨員，聯合一切革命份子，拿這個戰鬥力——偉大的鞏固的聯合戰線——去打倒一切反革命派，所以得許多的勝利，是團結的結果。諸位同胞，諸位同志！我們既知道了團結的作用，我們須要大家——工農商學兵——團結起來，成一個民國十六年新的團結，更打倒張作霖張宗昌兩個萬惡的軍閥，解放在水火中的北方民衆！！務必使明年——民國十七年——底聯歡盛舉，不在黃埔開會，而在北京開會，就不辜負今天開會的意思呵！！

●本校一年來工作之回顧及今後之希望

孔章虎

本校於十五年初改組，特地標出軍事政治名義，使同志們成為資格完備的武裝黨員，來負担國民革命之職責，這種新的組織，雖是為着事實上的要求，也許是我國革命史上值得人們紀念的，在這一年中，我們為着担負國民革命工作，切切實實的努力軍事政治訓練，時期雖是很短的，而同志們得受完備的教育，克盡黨員的職責，且同時引起人們注意，認識本黨領導下武裝黨員之精神，那是各同志努力所得之効果，很希望各同志本此精神，對於軍事政治再加以深切之研究，以期担負將來的重任，關於軍事教育方面，本校在此短期間，能適應時勢，施以相當之訓練，在過去一年，中實有顯著之進步，惟晚近火器進步，一日千里，軍事教育自隨之日新，同志們切不可故步自封，必須博參詳攷，學識充足，為最新的軍人，關於政治教育，同志們既負國民革命之責，不徒於軍事上應受嚴重之訓練；尤須具政治學識，洞察世界大勢，所謂有主義之軍隊，就是曾受政治教育的是，武裝黨員，必須對於本黨主義有深切的研究，澈底的了解，才能担負吾黨的使命，此一年中，同志們努力研求，且有良好成績，關於宣傳書籍，編纂出版亦復不少，即此一端，足使民衆認識吾黨主義，深加信仰，不獨供本校政治參攷已也，以後尤當一方面力求宣傳普遍，一方面作更詳細之討論，凡我同志，都應負這發揚光大之責，年來同志們之努力工作，校譽日隆，當然是黃埔精神，有特長之點，同志們應該時時刻刻保持這令名的，以後一方面當守着親愛精誠的本旨，使黃埔精神日加團結，一方面務求新的教育，以達訓練之完善，這是同志們應交相勸勉的。

關於本校黨務方面，在過去一年中，同志們已得着多大之經驗，就是對於黨員之訓練，及意志之統一，都已具有良好計劃，尤其是對於各小組之指導和聯絡，特別的注意，使本校黨部之基礎日趨鞏固，現在依着這種計劃，努力地一步一步造去，黨務進行益發便利，希望在這十六年中，同志們更加努力，使我校黨務一天一天的發展，那黃埔精神着實可以昭示世界啊。

此一年中，本校同志達數千人，固然是同志們努力工作，值得人們贊羡不遠千里來受訓練，然就這一點觀察，可見民衆認識主義者日多，要求解放着實迫切，則吾黨所負之責任愈重，工作亦愈繁，應該時常存着不自滿足的念頭，擴觀世界，以資借鑒，棄短取長，以達至善，則將來一年中之工作，或百十倍於今日，那前途真無可限量呵！

★ ★ ★ ★

●政治科出發武昌途中宣傳隊報告書（二）

徐昭駿

此信係十二月十五日自耒陽寄來的，到已多時；惟因年假本刊停版，故於此時方登，此識。——記者

本月十一日在郴州開會經過業已報告，無容再述，十三日即同各宣傳調查隊長及黨部負責人，先行離開郴州，搭船於十三日午後七時到永興，與縣黨部縣長接洽准于十四日午後二時開軍民聯歡大會。

此地黨部辦事人比較還能負責任，農民協會正在着手進行，工會組織很嚴密，會員約一千餘人，並辦有勞動童子團，約一百餘人，大半屬于失業童工和小手工業的子弟，其組織裝束與廣州的勞動童子團無異不過待遇稍稍過嚴，時有毒打之舉，可以說是一個缺點。商民協會不十分有精神，學生聯合會十四日開成立會，我們同學應其請求，亦去參加，婦女協會因舊社會中舊禮教太深，婦女們都不感覺到有婦女組織之必要，而一般領導者都不敢踴躍的高唱，所以除在衡州女師校內少數女生同永興有組織外，其他則無，十四日所到的團體卅餘個，人數約五六百人，工人農民均集隊而來，手持小旗，上書種種革命的標語，童子團裝束整齊，手執木棍氣宇冲冲大有不可侵犯之態，到會場時即派人維持會場秩序，在未散會前守門者只准進不准出。見了我們同學即行「立正」，此外中學校的學生和女子小學校的學生，均集隊赴會，秩序頗好，是日所到的團體和人數，及羣衆的精神，都比各處多而且很振作的，最抱歉的，最可惜的，就是：

我們在郴州時，曾與大隊長約于十四日午後二時在永興開會，我們于十二日由水路到永興，隊伍于十三日由陸路到永興，在十三日同學請假的太多，都不願步行，所以大隊長乃令一律坐船，衆之十三日上午一般同學對于二百餘個挑夫，稍稍加以訓練，所以才于十三日午後三時方起程，直至十四日開會時間已到，而隊伍還未到，又延至四時隊伍亦仍然未到，一般民衆都很驚異，我們沒有法子，只得開會，同時向民衆解釋道歉，「我們隊伍想係在郴州逗留」主席係縣黨部常務委員，各界民衆均踴躍講演並且又希望我們到前方的努力，隨後一般民過都很願意聽我們講話，並且竭力要求我們講演，所以我們同學才依次發表意見，把他們的痛苦，和軍民聯歡意議，解釋得清清楚楚，歷三時之久而羣衆仍聚精會神的聽，隊伍仍然整整齊齊不稍紊亂，俟因天色已暗，各同學也不能盡量的發表，而羣衆們就極力的要我們發表意見，不肯散去，我們散會後隊伍方到，十五日仍先隊伍而行午後三時抵耒陽。

中華民國十六年元月七日 〔星期五〕 黃埔日刊 第四版

我過去的錯誤

符琇

我寫這篇文字的意思：(一)爲披露孫文主義學會的罪跡，(二)爲要使我們同志深刻地認識孫文主義學會是惡貫滿盈的反革命派――右派，(三)爲要使我們革命同志時時注意人民的痛苦。

去年的我，是孫文主義學會努力的分子，那麼，我就是眞革命同志們的敵人。照這樣說來，同志們，你們必然要問我：你既然知道孫文主義學會是反革命，何必自己要加入呢？豈不是成了雙料的反革命了嗎？那麼我要問你：若現在有個青年，他對于主義毫不懂得，對于思想無從說起，又加之環境惡劣！――反革命盛行之地，你說他到這個地步危險不危險呢？恐怕十有九都成了反革命的數量了罷。

我去年從北方跑來，當時來的目的，爲求些軍事知識，預備自己將來在軍界中活動去容易，並說不上什麼革命，換句話說，就是投機的目的；那麼這個骯髒一個東西，把他掉在糞坑裏――孫文主義學會，這不是更骯髒了嗎？究竟骯髒到什麼程度，聽我往下說來：

我入孫文主義學會，是在惠州入伍時，每開小組會議，總免不了一兩位同志要說，有時我也要說：「我們是孫文主義的眞正信徒，孫文主義是適合中國的，共產黨在中國想實行共產主義，絕對是不對的。」同志們，我們知道這種話，是反對共產黨同志，拆散革命勢力的話，我們再來把牠分析開說，「我們是孫文主義眞正信徒」這句話凡國民革命的同志都願意說，並且願意做到。「孫文主義是適合中國的，」這句話也算不錯。但是「共產黨在中國想實行共產主義，絕對是不對的」一句話兒，眞是成了天字第一號的反革命了。爲什麼呢？我們知道 總理在民生主義上說的：「民生主義就是共產主義，就是社會主義，」何況我們國民黨革命是世界革命的一部分，世界革命的總樞紐是第三國際，若能爭第三國際的指揮，則革命有成功之望，所以反對共產主義的人――右派，可見他們所說的：「我們是孫文主義的眞正信徒」這完全是欺騙人的話，並且這完全能表現出來，他們是孫文主義叛徒。他們是戴着孫文主義的帽子，來拆散國民革命聯合線戰的。

當去年陽歷年假的時候，入伍生二團在惠州開游藝大會，孫文主義學會才鬧地翻天覆地。當未開游藝大會之先，團長下命令，要同志們在初一，二，三，三天開會演戲，後來不知怎樣孫文主義學會在初一日要開惠州分會成立大會和演戲，所以加入孫文主義學會的同學，就極力的反對，這也就是革命者與假革命者鬥爭的開始。在初一日前一晚上，我跑到孫文主義學會裏去，預備第二天開成立大會，辦理演戲簽角色的衣衫……等物，走到學會之後，有許多學會的同志從外邊跑回來說：「C.P.同志開會呢！極力的反對我們演戲，」又說：「C.P.同志是不革命的，愛搗亂，不應該存消滅國民黨的心」，同志們，這些話，我們看見共產黨同志努力於國民革命的歷史中我們就知道了：怎奈自己不努力，偏說人家有消滅國民黨的心，這是多麼痛心的一樁事；但是不痛心，我們認定這是我們革命過程中免不了的一樁事！右派來散拆革命的勢力。上邊說的；不過是我過去錯誤的二分之一罷了，其餘還有二分之一，容我再往下說來：

去年七月的時間，陳獨秀先生在嚮導一百六十一期上所發表的「論國民政府出師北伐」的一篇論文，這篇論文，我們若用客觀的眼光來看，確實是很對的，給我們國民黨一個很好的教訓和努力的方針；然而當時有許多的同志說，陳獨秀先生不應該來進攻國民黨，破壞北伐，我也是說這話之一，所以我就寫封信與陳獨秀先生，這封信在嚮導一百七十一期上發表出來，論北伐一書中也有，同志們想都見到，我不必再討厭的寫出來了。我那篇信，以現在的我說，眞是嗅氣不通的！爲什麼呢？自己說話，完全是主觀的，莫有客觀的事實，也就是當時沒有注意人民痛苦的事實，如中山縣軍隊慘殺農民以及各縣民團壓迫農民協會，……等事，所以就鬧出這種笑話――右派論調的文章。以後我希望每一個同志要時時注意人民的痛苦，然後說話總不至於向右走，換句話說，凡是一個革命黨員談政治時，不要離了民衆利益的立足點，才不至於右傾，甚至於成了反革命的右派。

入伍生部政治部譚主任對入伍生第一團第一次講演詞(三)

伯休記錄

2、在行動方面

第一：要使我們的行動，完全集體化，紀律化。紀律，是黨及軍隊的生命。一個黨如果紀律，則不成其爲黨；一個軍隊如果沒有紀律，更不能算是革命軍。一個黨員如不遵守黨的紀律，便不能算是個革命黨員；一個革命軍人，更必須要秉守黨紀軍紀二重紀律。我們絕對服從黨的決議和訓令，我們又要服從上級官長的命令。我們的行動，必須絕對受黨紀和軍紀的支配；自由行動，是違背紀律的叛黨行爲。

第二：我們要有堅忍耐勞百折不回的精神。革命是一件很困難的工作，一個革命黨員始終要在艱苦患難中過奮鬥的生活，尤其是我們革命軍人，如果沒有耐勞耐苦的精神，見難思遷，甚至逃跑，不但革命沒有成功的希望，就是你個人亦沒有希望的。我們要始終和環境奮鬥，我們奮鬥的精神，祇有隨我們的生命之告終而告終。我們的生命存在一天，我們的奮鬥精神就一天不能泯滅。俗語云：吃得苦中苦，方爲人上人。所以各位必須有耐苦不拔的精神。

第三：我們須拋棄一切舊的不好的習慣。各位都是在舊社會裏出來的，從前過的生活，是那學生的生活，現在所過的生活，是革命軍人的生活，學生的生活，在思想上行動上一定是很散漫的，惡的習慣自然地免不掉。到本校來，一定事事都覺得不如意，因爲學校的紀律是嚴格的，什麼事情都是有秩序的、系統的，一致的，與從前所過那種文學生的生活完全不同了。所以各位要將從前的舊習慣，舊思想，舊行動，一切都掃除得乾乾淨淨。因爲我們革命的人，想要革人的家命，先要從革自家的命做起。

3、在理論方面 沒有革命的理論，便沒有革命的行動。這是列甯所說的。所以革命黨對於革命的理論，必須力求清楚。我們要研究革命的理論，可分兩方面來講：

一、主義方面 三民主義，無論如何是要研究的，其他如甘乃光的孫文主義大綱，孫文主義發凡，孫文主義理論與實際，都是我們應該研究的。

二、策略方面 建國方略，建國大綱，第一二次全國代表大會宣言，以及本黨對時局宣言，也是一定要看的。

理論是革命行動的基礎，研究理論，是革命黨員的要務。其他如校長，廖黨代表，汪黨代表的演講，也是人人要熟讀的。

末了，還有幾句話對各位說：在最近期間，打算各營都要成立一個圖書館。有了圖書館，諸位研究起來就容易了。除了成立圖書館外，每團還要成立一個俱樂部。諸位是革命的武裝黨員，對於軍事和政治的種種學識與技能，都應該加倍努力，務使樣樣都能澈底明瞭才好！政治部規定每週填一次政治問答，開一次討論會，其目的就是要確切諸位的革命觀點：希望以後還須用心填寫！談話的時間已經很久了，希望以後能常有機會與諸位見面！

一二，二三，於沙河。

問答

1、從前主張萬國和平，提倡弭兵會的領袖，往往就是窮兵黷武的世界魔王。有許多純粹的學者懷着這個理想，何以至今還沒有實現的方法，其故安在？

(答)從前如俄皇尼古拉司第二提倡弭兵，不過是要想減弱英法的軍備，好讓他侵略土耳其，出黑海能了！眞正的和平，要在全世界無產階級革命之後，那時消滅了階級和國家，方才有所謂「和平」出現。

2、德國軍事制度和組織極爲完備，而陸軍又算世界各國第一，何以在歐洲戰爭的結局，還要把許多武器，繳送別國呢？

(答)因爲同盟國經過五年之久的戰爭，便不能繼續和協約國相抗。

3、我國古時的寓兵於農制，與本黨促進各地農民自衛軍的政策，是不是同樣的意義？

(答)形式相同，性質不同。古時寓兵於農，是叫農人替皇帝做擋箭牌；現在的農民自衛軍，是農人自己要獲得本身利益的革命軍。

4、什麼叫做軍國主義呢，到底這個主義有沒有實現？

(答)卽驅使全國人民皆服兵役，爲資產階級當砲灰，以遂其向外侵略的主義。德國在戰前即係實行此主義者。日本現在亦正在實行此主義。

5、我們革命軍的特性是不要錢，不怕死等的，而在事實上看來，都往往發現同志中沒有作到，這是什麼緣故？並且有何好的法子才可實現呢？

(答)一個大事業之下，不免有許多投機分子混雜其間；凡不能做到國民革命軍人所應做的功夫的人，大都是此等投機分子。我們要一面盡力去訓練他們使他們改變根性；一面要鞏固我們的組織，更其嚴密的實現我們的紀律，使投機者無由混入。

以上係修鳴翔問楚答

編輯餘話

新年增刊有許多稿因時間與篇幅關係不克登載只好拿在此地陸續發表，希諒！

譚振球君鑒(原名鴻鈞)令兄笑愚囑爲訪查兄係何部隊現駐～朱炳炎兄鑒；自你入校之後，不

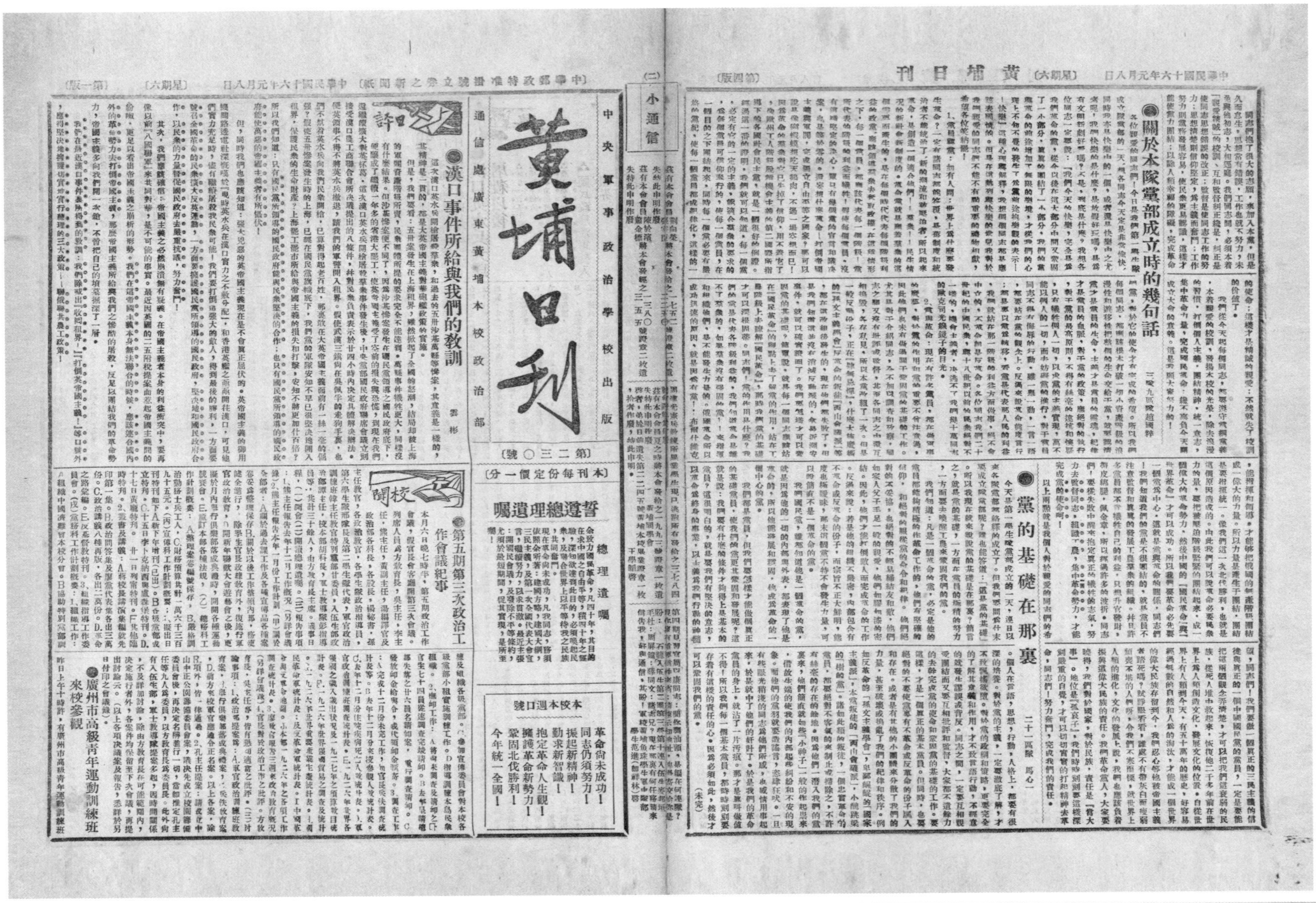

中華民國十六年元月八日 星期六 黃埔日刊 第四版

關於本隊黨部成立時的幾句話

黨的基礎在那裏

（二）

小通信

中華民國十六年元月八日 星期六 中華郵政特准掛號認為新聞紙類

黃埔日刊

中央軍事政治學校出版

通信處廣東黃埔本校政治部

（第二三〇號）

〔本刊每份定價一分〕

誓遵總理遺囑

總理遺囑

本校口號

革命尚未成功 同志仍須努力

漢口事件所給與我們的教訓

第五期第三次政治工作會議紀事

校聞

廣州市高級青年運動訓練班來校參觀

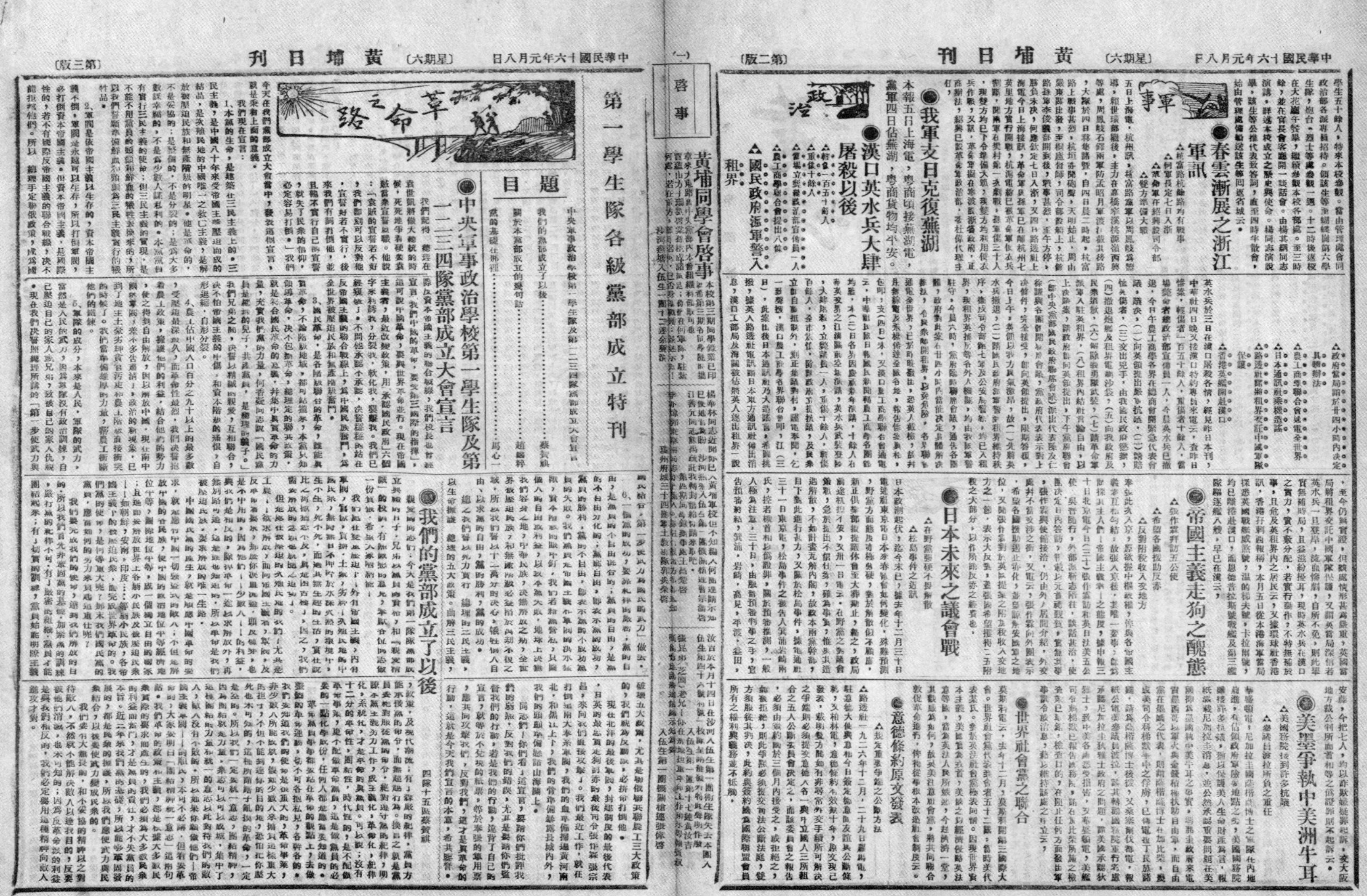

中華民國十六年元月八日 星期六 黃埔日刊 第二版

春雲漸展之浙江

軍事

軍訊

帝國主義走狗之醜態

美黨爭執中美洲牛耳

世界社會黨之聯合

意德條約原文發表

政治

我軍支日克復蕪湖

漢口英水兵大肆屠殺以後

日本未來之議會戰

（一）

啟事

黃埔同學會啟事

中華民國十六年元月八日 星期六 黃埔日刊 第三版

第一學生隊各級黨部成立特刊

題目

革命之路

中央軍事政治學校第一學生隊及第一二三四隊黨部成立大會宣言

我們的黨部成立了以後

〔中華郵政特准掛號立券之新聞紙〕中華民國十六年元月八日〔星期六〕〔第一版〕

中央軍事政治學校出版

黃埔日刊

通信處廣東黃埔本校政治部

〔第二三〇號〕

〔本刊每份定價一分〕

誓遵總理遺囑

總理遺囑

余致力國民革命，凡四十年，其目的在求中國之自由平等。積四十年之經驗，深知欲達到此目的，必須喚起民衆，及聯合世界上以平等待我之民族，共同奮鬥。現在革命尚未成功，凡我同志，務須依照余所著：建國方略，建國大綱，三民主義，及第一次全國代表大會宣言，繼續努力，以求貫徹。最近主張開國民會議，及廢除不平等條約，尤須於最短期間，促其實現，是所至囑！

本校本週口號

革命尚未成功！

同志仍須努力！

振起新精神！

勤求新智識！

抱定革命人生觀！

擁護革命新勢力！

鞏固北伐勝利！

今年統一全國！

評口

◎漢口事件所給與我們的教訓

雲彬

這次漢口英水兵開槍屠殺群衆，和過去的五卅沙基萬縣等慘案，其意義是一樣的，其精神是一貫的，都是大英帝國主義對華砲艦政策的實施。

但是，我們要看：五卅案發生在上海租界，雖然掀起了全國的怒潮，結局却被上海的軍閥資產階級所賣，民衆團體所提的要求完全不能達到。萬縣事件犧牲更大，同樣沒有什麽結果。但沙基慘案便不同了，因爲沙基慘案發生在國民黨領導之國民政府底下，便釀成了繼續一年多的省港大罷工，使英帝國主義受了空前的損失與恐慌，到現在我們還繼續擴大對英杯葛。這次漢口英水兵開槍屠殺群衆事件發生後，中央黨部國民政府聯席會議立刻接受漢口農工商聯合會所提出的八條件，并對民衆負責表示於廿四小時內決定具體解決辦法，便英領事不得不將英水兵撤退，請我們的軍警開入租界。假使武漢三鎮尚在吳佩孚的走狗手裏，也們不幫着英水兵向我們民衆開槍，已算對得起老百姓，那裏敢在大英帝國主義面前有一絲一毫的倔强？假使五卅慘案發生時的上海，已經在國民黨旗幟底下，我們黨的軍隊安知不早已很堅決地開入租界，保護民衆的生命財產？上海罷工罷市所給與帝國主義的損失和打擊，安知不將更加什百倍？所以我們知道：只有國民黨所領導的國民政府能與民衆堅決的合作；也只有國民黨所領導的國民政府能使萬惡的帝國主義者有所儆伏！

但，同時我們也應該知道：强大兇惡的英帝國主義現在是不會眞正屈伏的。英帝國主義的御用機關路透電社深慨嘆於『現時英水兵在漢口實力之不敷分配』，和香港英艦之亟亟開往漢口，可見他們實力充足時，儘有繼續屠殺我民衆可能！我們要打倒這强大的敵人，得到最後的勝利，一方面要號召全國革命的民衆擴大反英運動，一方面要擁護國民黨所領導的國民政府，堅決地和國民政府合作，以民衆的力量督促國民政府去嚴重抗議，努力奮鬥！

其次，我們應該確信：帝國主義之必然崩潰無有疑義。在帝國主義者本身的利益衝突中，要再像以前『八國聯軍』來共同對華，是不可能的事實。最近因英國的二五附稅提案而惹起帝國主義間的紛歧，更足以看出帝國主義之崩析的形勢。我們在這帝國主義本身無法聯合的時候，應該連合國內外的革命勢力去打倒帝國主義，那麽帝國主義所給與我們之慘酷的屠殺，反足以團結我們的革命勢力，帝國主義多向我們開一次鎗，不啻把自己的墳墓掘深了一層。

我們在最近漢口事件裏所得到的教訓：我們除喊出『收回租界！』『打倒英帝國主義！』等口號外，應得堅決地擁護切實地實行總理的三大政策——聯俄聯共農工政策！

校聞

◎第五期第三次政治工作會議紀事

本月六日晚七時半，第五期政治工作會議，假官長會客廳開第三次會議。列席人員爲方教育長，吳主任，李主任，熊主任，黃副主任，湯編譯官及政治部各科長，各股長，楊秘書，孫主任教官，各政治教官，各學生隊政治指導員，第六學生隊邢隊長及第二學生隊代表，軍官政治訓練班韓主任教官特別黨部甘委員，入伍生部政治部譚主任，校本部胡科長，軍士教導隊彭指導員等，共計三十餘人，由方教育長主席。議事日程，（一）開會（二）開讀總理遺囑。（三）報告事項：1、熊主任報告去年十二月工作概況（另詳會議錄）2、熊主任報告本年一月份工作計劃（甲）關於全部者：A關於過去課工作及各種宣傳品各種案卷妥爲整理保存B.關於以後工作整頓內部，務使健全進行，除學生官長政練教育外，復施行軍官政治教育，D開新年聯歡大會遊藝會之後，更擬於月內舉行俱樂部落成典禮時，開開各種運動競賽會。E.釐訂本部各種法規，（乙）總務科工作計劃概要：A.整理案卷編號保存，B.嚴格訓治勤務士兵工人，C.財務預算共計一萬六千三百九十五元。（丙）宣傳科工作計劃概要：1、擬出日刊特刊如下A新年增刊（已出）。B各級黨部成立特刊。C.十五日李卜克納西與盧森堡特刊。D.十七日黃麗特刊。廿一日列甯特刊。F其他臨時特刊。2、叢書及講義：A.蔣校長講演集編就先印第一集。B.政治問答集及廖黨代表集各出三萬份。C.政治講義八種再版，各出二萬份。D.革命之路彙編。E.反基督教特刊。3、組織指導工作委員會。（戊）黨務科工作計劃概要：1、組織工作：A組織中國濟難會本校分會。B協助特別黨部訓練及組織各級黨部。C.參加宣傳委員會對本校各級黨部小組實施訓練工作。D指導訓練本島民衆組織。2、撫卹工作：A將尚未調查及請卹之官生七十四員從速調查完竣請卹。B去年呈請總部失落之廿六員名請卹案，重行調查請卹。C發放卹金給與合，或代領卹金匯寄。3、調查工作：A完成十二月份未完工作，如官長兵伕調查統計表等。B去年十二月分來校參觀人數統計表。C.去年十二月份住院疾病死亡人數統計表。D.軍官政治訓練班調查統計表。E.一九二七年之預算數目統計表。F.一九二六年世界强國貿易之調查及統計表。G.一九二六年世界各强國之歲入歲出狀況及一九二六年世界重要產業生產統計表。H.國民革命軍統計表；及反革命軍統計表。I中國革命與文化革命地圖。J.本部一九二六年之各項工作調查統計表。3、廖黨代表報告三週來政治教育概況（另詳會議錄）4、官長對於政治工作之批評。方教育長，吳主任等，皆有懇切適當之批評。（三）討論事項：1、政治部提案爲：A.軍官政治訓練班教育案，B.舉行俱樂部落成典禮案，C.兵伕教育案，D.前方來校軍官應追令正名案。以上各案，除B.項外，皆一律通過。2、孔主任提案：請成立中山中正公園籌備委員會案，議決先成立校園籌備委員會後，再決定名稱進行一切，當即推定孔主任等九人爲委員，以方教育長爲委員長。此外尚有入伍生部，軍士教導隊提案多起，因時間關係，不及詳加討論，除由方教育長在可能範圍內，決定施行者外，各案件均保留至下次會議，再提出討論云。（以上各項決議案及報告，悉詳於另日付印之會議錄）。

◎廣州市高級青年運動訓練班來校參觀

昨日上午十時許，有廣州市高級青年運動訓練班

小通信

茲有本會會員荆向榮、張家臣將本會發給之一七五二、二二五〇號證章二枚遺失特此申明作廢

茲有本會會員陳於濱、蕭金標將本會發給之一三八〇、三五五號證章二枚遺失特此申明作廢

周濟光憲兵教練所畢業學生現已逃跑所有發給之三七八四號證件作廢

茲有本會會員夏之時將本會發給之一九九三號證章一枚遺失特此申明作廢　黃埔同學會

啓者，弟於日前遺失第二二四五號黃埔本校畢業證章一枚，拾者作廢，特此申明。干學韶啓

第四期見習官周以康同志：請你調汕頭，是編在何處？現在有重要信件來，寄交給你，盼示知地址，與通信處。石龍入伍生第十連入伍生李邦垣同志：請來信告我，好與通信，盼！毛杜：周屏鐘、薛文：諸兄：現在那裏？有何任務？盼！　軍校黃埔魚珠學生軍中隊部學生范進（即祥林）啓

中華民國十六年元月八日 〔星期六〕 黄埔日刊 〔第二版〕 (一)

學生五十餘人，特來本校參觀。當由管理處會同政治部各派專員招待。領該生等至蝴蝶岡第六學生隊，炮台，烈士等處參觀一週。十二時後返校在大花廳午餐畢，繼續參觀本校各部處。至三時餘，並在官長會客廳開一談話會。由楊其綱同志演講，詳述本校成立之歷史與使命。楊同志演說畢，該生等公推代表致答詞，直至四時半散會，始由管理處備船送該生等回返省城云。

軍事

春雲漸展之浙江軍訊

△杭富路杭餘路均有戰事
△何軍長定七日入浙
△革命軍在紹興設司令部
△雙方準備大戰

五日上海電，杭州訊，杭富路黨軍以周鳳岐爲嚮導，賴世璜部繼後，主力在高橋窄溪桃源嶺西與等處，周鳳岐石鐸兩軍防孟昭月軍渡江截其後路，大隊於四日移集諸暨，自四日晨二時起，杭富路上戰事甚烈，杭垣亦聞砲聲，天明始止，周由嚴東關出發，至桐廬督師，司令部設船上，杭餘路孫軍李俊義部開到後，戰事甚烈，至午方停，勝負未決，何應欽定七日入浙，又四日路透社上海電今日上海接訊，革命軍與孫軍已在離杭州七英里地方實行開戰，杭滬電線已被革命軍便衣兵割斷，聞兩軍在樊村第一次劇戰，孫軍傷三十人，現雙方均已下令準備大戰，現雙方均利用便衣兵作戰，又訊，革命軍擬在寧波設浙省政府，正商辦法，紹興已設革命軍政治部，委杜偉代理主任，

政治

我軍支日克復蕪湖

本報五日上海電，粵商頃接蕪湖電，黨軍四日佔蕪湖，粵商貨物均平安。

漢口英水兵大肆屠殺以後

△輕傷一百五十餘人
△重傷十餘人
△當場立斃總政治部宣傳員一人
△農工商學聯合會提出八條
△國民政府派軍警入租界
△政府當局謂於廿四小時內決定具體辦法
△農工商學聯合會通電全世界
△日本通訊社乘機造謠
△路透社謂將租界交託中國軍隊保護
△香港英艦開赴漢口

英水兵於三日在漢口屠殺各情，經見昨日本刊，中華社四日晚又接漢口特約專員來電云，查昨日慘案，輕傷者一百五十餘人，重傷者十餘人，當場斃命者總政治部宣傳員一人，今晨英水兵已撤退，今日午農工商學各界在總商會開緊急代表會議，議決，(一)向英領提出嚴重抗議，(二)請賠恤死傷者，(三)交出兇手，由我國民政府懲辦，(四)撤退炮艦及租界電網沙袋，(五)向我政府及民衆道歉，(六)解除義勇隊武裝，(七)請革命軍派軍入駐英租界，(八)租界內結社言論自由，以上決議案，請政府即向英領提出，下午黨府聯會(即中央黨部國民政府聯席會議)派出代表陳友仁徐謙與各團體開聯席會議，黨政府代表表示對上決條件，完全接受，即向英領提出，限期答復，今日上午，英領以我方民氣激昂，故(一)先將英水兵撤退，(二)請國民政府派軍警入租界維持秩序，衛戍司令部即派第七軍及公安局警察，均已入租界，現租界英捕房等各外人機關，均由我國軍警駐守，今晨六時，黨府臨時聯席會議，通告各團體，政府對此案在廿四小時內當能決定具體解決辦法，令民衆離開租界，以免危險，各界聯會通電全世界，已於昨晚發出，恐英人截檢，故并用無線電及飛機傳達全國各地，報告慘案真相，包叩，支(四日)未，又漢口農工商學聯合會通電云，中華社與國民新聞轉農工商學各團體均鑒，本(三)日各界因慶祝新年演講，十餘人在華英交界之江漢關前空場演講，英水兵武裝登陸，大肆屠殺，立斃講員一人，重傷十餘人，輕傷百餘人，全市震憤，除請政府立提抗議，及民衆立即自動抵制外，刻正集議對付，謹電奉聞，乞一致聲援，漢口農工商學各界聯合會叩，江(三日)，此案出後日本通訊社乃大造謠言，希圖挑撥，據英人路透社電訊謂日本東方通訊社傳出消息，漢口工部局及海關被佔將英人逐出租界一說，至今仍無實證，但該處情形甚爲嚴重，英國當局將租界交託中國軍隊保護，又謂英當局深信若英水兵一旦登岸，流血慘劇，自所不免，則此舉實無補時局，且益滋紛擾耳，現時英水兵在漢口之實力，實不敷分配，若實行動作，不特無補於事，且危及英租界內之居民云，又據環球社香港訊，香港孖剌西報稱，本月五日從本港海軍當局探悉英國戰艦威煞號，溫的梯夫號，卡拉爾號，均已離港赴漢口，而恩德普拉斯號戰艦及第三艦隊驅逐艦八艘，早已在漢云，

帝國主義走狗之醜態

△張作霖拜訪五公使
△希望各國援助反赤
△反對附稅收入交地方

奉張此次入京，原欲握中樞政權，俾與各帝國主義者互相勾結，故張入京後，其唯一要事，即爲訪探其主人們—帝國主義者—之態度，據申報三十日北京電今日(三十)張作霖訪和英日法美五公使，吳晉隨行，外部派靳志陪往，談話甚洽，使團決定日內答訪，并藉以元首禮觀賀，實無其事，張作霖與使館接洽，仍由外人居間介紹，外交處并不當交涉之衝，又電云，張作霖向外團表示，希望各國援助遏止赤化，並望諒解安國軍之地位，又聞張作霖對於英國提案之附加稅收入交地方之一節，表示大反對，蓋張固希望攫得二五附稅之大部分，以作所謂反赤之經費也，

日本未來之議會戰

△在野黨强硬不畏解散
△松島事件之近訊

日本政潮起伏，迄今未已，據去年十二月三十日電通社東京電日本來春議會如何變化，殊難預測，野黨方面態度亦極强硬，對於解散似不顧慮，新正俱樂部擬提議休會至大葬期止，總之，政局前途杌揑不安，又卅一日電云，在野黨之對議會戰，急於提出不信任案，確爲事實，惟其遭遇解散，不如計畫瓦解內閣，故政本兩黨幹部目下對此進行甚力，又關於松島事件，據電通社三十一日東京電，松島事件之被告人箕浦岩崎兩氏，控若槻首相以僞證罪，關於預審推測，一般人極爲注意，三十日，由大阪預審判事之手，宣告預審終結，箕浦，岩崎，高見，平渡，益田，安藤，今把七人，均以詐欺嫌疑罪起訴，交大阪地方裁公判所而首相等之僞證罪則不起訴云。

美墨爭執中美洲牛耳

△美國務院接到許多抗議
△參議員波拉所負之重任

華盛頓電，尼加拉圭國薩楷薩博士之軍隊在內地前進，有佔領政府軍險要地點之勢，美國國務院雖接許多抗議，猶以保護美人生命財產爲言，報紙滿載尼加拉圭消息，並公然承認重要問題在美國抑爲墨國執中美牛耳之事實，瑪那圭政府來電責墨西哥以軍火與金錢積極扶助自由軍，而自由黨在墨國之代表，則謂薩楷薩博士在加比柴，幾成美司令科梯獸手中之俘虜，已傳電拉丁民族諸國，請爲薩楷薩博士後援，又桑塞爾代都電，報紙公電美參議員波拉，請其轉勸國務院重行考慮承認尼加拉圭狄雅士政府之問題，謂美國承認狄雅士，致中美各處悉受損害，又華盛頓電，美艦司令剌梯默已報告國務院，謂在加比柴所施之檢查案已取銷，檢查目的，在阻止任何方面發出軍事訓令或消息，藉以維持該處之中立云，

世界社會黨之聯合

莫斯科電云，去年十二月，莫斯科開第三國際大會。世界社會黨代表到會者五十二國，當時美代表某氏。對於英法社會黨極表同情。因現世界資本主義，美國爲戎首，美國之以經濟侵略英法意等國，當爲英法人民所嫉思，今茲濟濟一堂，其觀感爲如何，故英美法意社會黨，將共同聯合敦促革命進行，俾得從事根本改造社會制度云。

意德條約原文發表

△規定重要爭端之公斷方法

△路透社一九二六年十二月，二十九日羅馬電，駐意德大使與意相今日簽定德意間友誼與公斷條約，又柏林電，意德條約有效期十年，原文現已發表，載明雙方間如有非尋常外交手續所可解決之爭端則必須提交意德人各一與中立國人三所組合之五人公斷委員會決定之，而該委員會之報告，必須由簽約國於三個月內接受之，或拒絕之，如被拒絕，則此爭點必須提交司法公斷法庭，雙方須服從其判決，此約與簽約國爲國際聯盟會員所有之權利與義務並不抵觸，

啓事

黄埔同學會啓事

本校第三期同學錄業已印就，希第三期各同學隨時攜章來大東路廣中央黨部內本會組織科領取可也

賈蘊山方子珊劉啓棠孫棣成諸同志，你們在何軍隊，駐紮何處，若在前方，戰鬥若何，已否身臨戰地，請速示知！沙河燕塘入伍生一團十二連余聲浩

楊華林同志近聞你已入黄埔軍校但不知編入何團連請示知已使通告爲盼 沙河燕塘入伍生第一團機關槍連曾宗藩啓

江善元同志熊禹疏託我轉封信給你請來取吧。第四期同學錄辦事處王昌楚啓

李亦煒郭秉章兩同志[illegible]現在甚麼地方希即示知 瓊州府城三十四團軍士教導隊郭炎榮啓

汝吉於本月十四日在沙河入伍生第一團衛生隊失去本團入伍生第四十六號符號一枚，除呈請補發外特此聲明作廢 入伍生第一團第十七連黄汝吉

張昆弟(芝圃)老兄！你在那地担任革命工作[illegible]請將通信處示知爲要 入伍生第一團機關槍連張偉啓

中華民國十六年元月八日〔星期六〕　黃埔日刊　〔第三版〕

第一學生隊各級黨部成立特刊

題目

革命之路

◎中央軍事政治學校第一學生隊及第一二三四隊黨部成立大會宣言

我們記得 總理在袁世凱將做大總統的時候，死死地爭着硬要袁賊當衆宣誓就職。他說：「袁賊的宣誓若不好，我們即刻可以反對他，宣誓好若不實行，後來我們有詞打倒他，並且他不實行自己的宣誓，就失了民衆的信仰，必定容易打倒。」我們今天在我們黨部成立大會當中，發表這個宣言，就是乘着上面的意義。

我們現在宣言：

1、本黨的生命，是建築在三民主義上的。三民主義，是中國八十年來受帝國主義壓迫而成的結晶品，是次殖民地的中國唯一之救亡主義，是解放被壓迫民族和無產階級的明星。他是革命的，不是妥協的；是整個的，不是分裂的；是為大多數謀幸福的，不是為少數人謀私利的。本黨黨員有實行三民主義的使命；但三民主義的實現，是不能不用黨員的頭顱和鮮血的犧牲去換來的，所以我們誓願準備鮮血和頭顱為三民主義實行的犧牲品。

2、軍閥是依帝國主義以生存的，資本帝國主義不倒，軍閥是永遠可以生存，所以打倒軍閥，必打倒資本帝國主義。但資本帝國主義，是國際性的，若不有國際反帝國主義的聯合戰線，決不能拒抗他們。所以 總理手定聯俄政策，成為國際反資本帝國主義的聯合戰線，我們校長也曾經宣言「我們中國的革命，要受第三國際的指揮」，這可說中國革命，要與世界革命並行。現在帝國主義者，最近改變政策，用「承認國民政府」六個字來利誘我，分裂我，軟化我，襲擊我。我們已經覷破了。不問他承認不承認，決誓穩穩的站在反帝國主義的聯合戰線上，為中國民族奮鬥，為全世界被壓迫民族和無產階級奮鬥。

3、國民革命，是各階級聯合的革命，誰能真實領導革命，不論階級地域，都可站攏來，本黨只知 總理定的聯共政策，就是符合國民革命的意義，並集中真實革命的力量，充實我們黨的力量，何嘗疑同志說「國民黨員是總理的兒子，共產黨員，是總理的孫子。」我們兄弟之間，決誓以精誠的親愛，互相聯合，決不怕帝國主義的中傷，和資本階級的痛恨，自形退縮，自形分裂。

4、農工佔中國人口百分之九十以上的最多數，受壓迫最深最久，而革命性最烈，我們決誓擁護農工政策，擁護他們的利益，結合他們的勢力，使之得到自由解放，因以解放中國。現在南中國的軍閥，差不多告肅清，政治的新現象，已到了地主土豪劣紳貪官污吏和農工階級直接衝突的時候了。我們當準備雄厚的力量，幫農工衝斷他們的鐵鍊。

5、軍隊的成分，本來是人民，軍隊的武力，當然是人民的武力，因為軍隊沒有政治訓練，自己壓迫自己的家人或兄弟，致被自己的家人仇視。現在我們決誓照總理所講的「第一步使武力與國民結合，第一步使武力為國民的武力」做去。

6、一個黨的成功，要靠紀律的嚴密；黨的自由，是黨員的自由結合的；黨員的自由，是黨的不自由分化的；黨能自由，即表示黨的成功，黨員的勝利，黨的不自由，即表不黨的不成功黨員的失敗。我們黨員是帝國主義和軍閥的洪水猛獸，資本階級的眼中釘。我們若稍為營私，只圖個人的自由或利益，以致本黨大敗，地球上決無我們容身之地，中華民族，決無解放之期，全世界被壓迫民族，和無產階級必益陷於萬劫不復之域。所以我們誓以十二萬分的決心，犧牲個人自由，以求黨的自由，黨的勝利，黨的成功。

總之我們誓以死力實行 總理的三民主義，以生命擁護 總理的五大政策。曲解三民主義，破壞五大政策，尤其是聯俄聯共聯農工三大政策的，我們就認為反動派，必拼命打倒他。

現在北洋的最後軍閥，封建制度的最後代表，日英的最忠實走狗討赤的最後司令張作霖張宗昌，來向我們直接攻擊了。我們最近工作，就在打倒這兩大奉系軍閥，我們的血早準備掃遍黃河南北，和黑江上下，我們的骨準備暴露長城內外，我們的頭顱準備懸諸山海關上。

同志們！你們看了這宣言，要請你們批評我們的弱點，反對我們的錯誤，尤其是要請你們監督我們的行動，若是我們的行動，違背了自己的宣言，就等於不兌現的紙票，等於奉張的軍用票，應共同攻擊我們，反對我們，這才是真革命的行動，這就是今天我們宣言的本意，希共鑒督。

◎我們的黨部成立了以後

四隊十五區蔡贊祺

親愛的同志們：今天是我們第一隊隊黨部成立典禮的日子，兄弟以黨員的資格，和「親愛精誠」的校訓，有無限懇切的意見，奉獻各位同志做一份賀儀，希望大家哂納罷！

我們處在雙重壓迫下——外有帝國主義，內有軍閥，官僚，買辦，土豪，劣紳——殖民地的中國民衆，無時無日不呻吟於水深火熱的環境中，生不生，死不死，而過其無生趣的生活，實在說比之禽獸猶恐不及，真是困苦極了，因之，我們需要解放的念頭也就隨之迫切了。

但是處在被壓迫的殖民地的我們！尤其是工農——欲求解放，而向帝國主義者，軍閥，及反革命者要求，那麼你洗血流盡，頭破嘴穿，也是不中用的，因為他們——少數人——的利益，與我們是相反的，除掉革命一途以求解放外，再無別路可通，這是誰也知道的，所以革命是我們被壓迫民族，要求解放的唯一生路。

中國國民黨的產生，就是順應中國革命的要求，就是應付中國一切強盜式的敵人；不但是解放中國的各民族，使中國的政治地位平等經濟地位平等，國際地位平等，成一個獨立自由的國家；且進而要解放世界上各弱小民族及被壓迫民衆——如朝鮮，安南，印度……等弱小民族，各帝國主義下的被壓迫民衆，而完成世界革命的。我們黨的使命，是何等重大呢？那末我們國民黨的黨員，應當如何的努力來負起這重任呢？

我們要完成我們的使命，達到我們解放的目的，所以我們首先非鞏固黨的基礎，加緊黨的訓練，嚴行黨的紀律不可，有「嚴密的組織，黨員才能團結起來；有「切實的訓練，黨員始能明瞭主義，政策，及現代潮流；有「森嚴的紀律，黨員方能承接黨的命令，而無趑趄行為。換言之，就是黨員要絕對服從黨的命令，絕對遵守黨的紀律，明瞭本黨主義努力工作，成主義化，革命化，紀律化，系統化，才是革命的黨員。可以說；沒有十二分的革命性，團結性，時代性的，是不配做革命事業，更不配做革命黨員，這是做黨員的必要的一點化學成份，任何人都是應當要知道的。

革命黨員事事都要站在革命的觀點上，去做整個的革命運動，切不可各抱私見，各幹各的。我們要知道我們的使命是很重大的，革命事業，非少數人所能成就，假如少數人來擔負這樣重大的担子，不但不能到達你的目的地，恐怕把你壓死也未可知的，這種所謂瞎子亂撞的革命，一定是公的。所以我們一定要統一意志，團結精神，因為團結就是力量，衆志可以成城，集中了這種團結的力量和統一的意志以此對待我們的敵人，敵人沒有不敗的。所以如果你組織做他們—帝國主義軍閥—的順民，本可不必講，但若要革命的，大家要明白「團結精神統一意志」這兩句話。我們革命的政策和主義，都是根據大多數民衆實際的要求而產生的，我們必須為大多數民衆的利益而奮鬥，才是黨員的責任，才不失黨員的本旨。近二年來我們黨的基礎，所以能夠鞏固發展的，都是民衆的擁護，所以我們應使武力與民衆結合，以後要使武力變成民衆的。

我們要有大無畏的精神以之對待敵人，不然就不能解決敵人以達我目的，反要被他們消滅，也未可知的；因為反革命派的利益是與我們相反的，我們必定要用這種精神向敵人進攻才對。

中華民國十六年元月八日（星期六） 黃埔日刊 （第四版）

同志們抱了很大的志願，來加入本黨，但是久而怠生，思想常有錯誤，工作也就不努力，未免與他初志，大相逕庭。我們同志間，必須本着「親愛精誠」的校訓，互和監督糾正纔是，糾正是使同志思想錯誤的改正；監督是使同志工作的努力；思想清楚則信仰堅定，爲主義而奮鬥；工作努力則黨務發展容易，使民衆更易認識，這樣才能使黨力團結；以除人類幸福的障礙，完成革命的使命；這樣才是精誠的親愛；不然就失了校訓的价值了。

我們從今天起每個同志，都要遵守黨綱黨義，本着親愛的校訓，發揚本校的光榮，除去浪漫的習慣，打倒個人主義，團結精神，統一意志，集中革命力量，完成國民革命，纔不辜負今天開成立大會的意義。這是我願大家努力的！

關於本隊黨部成立時的幾句話

三隊九區隊 趙國粹

各位親愛的同志們！今日是我們第一學生隊成立隊黨部的一天，想各同志今天定是非常愉快，同時我亦是快樂中的一個，或者還是快樂中之尤者呢！我們快樂的是什麽？是放假好玩嗎？是爲有文明新劇好看嗎？不是，到底是什麽？我想各位同志一定要說：「我們今天的快樂，完全是爲我們革命的黨，從今以後在這大部分中間又鞏固了一小部分，眞眞的團結了一小部分，我們的黨與革命的前途增加了無限的樂境，才從我們的心理上不知不覺的發生了爲黨前途抱樂觀的表示」—「快樂」這種心理與解釋，我想個個同志都是應該表同情的。但是在這熱烈與快樂的當兒我對於我們親愛的同志們不能不有點重要的禮物相獻，希望各位笑納罷！

1、黨員與黨：如有人問：世界上爲什麽要發生革命？一定有諸同志都能答覆，是舊制度和統治者不能統治了，新的潮流和被壓迫者，所以起來革命，是創造一個適合他們——羣衆！——民生情況的新社會新制度的。革命黨就是應着羣衆的這個需要而產生的，是在每個時代代表每個階級利益的政黨，應該領導羣衆去奪取政權，在這種情形之下，每一個黨員，都應該代表每一個階級！黨所代表的階級的利益而犧牲！假使每個黨員，沒有這種堅定的決心，單只有幾個黨的宣言和議決案，也是等於零的。還妄想什麽革命—打倒帝國主義與軍閥，完成獨立自由平等之國家？那可以說是像癩蝦蟆想吃天鵝肉，不過一場空想而已！因爲革命的羣衆對它已失掉了信仰，用不着它了，像歐洲工人階級脫離機會主義的第二國際所指導下的各國社會民主黨，就是一個很好的例證。經過這一番的證明，我們就可以知道，每一個黨，必定有它的一定的主義，能適合羣衆的要求的，爲每個黨員可信仰奉行的，使每一個黨員，在一個目的之下團結起來，同時每一個黨必要有嚴格的黨紀，使每一個黨員都成紀律化，這樣的一個黨，對於它的使命才有完成的希望。所以我們每個同志，都應該根本打破一切小資產階級的浪漫性和游移性把整個的生命交給于黨，就要認清黨才是黨員的生命，主義才是黨員的靈魂，紀律才是黨員的血脈，對于黨的政策，應絕對的執行，對于黨的最高原則，不得有絲毫的違抗和懷疑，只有犧牲個人一切，以求黨的主義實現，萬不能以個人的一切，而去妨礙黨的進行，對于黨員同志不得有侮辱的行動，雖一舉一動，一言一語，都要站在黨的觀念上。反過來說革命態度言行；都是要以黨爲轉移，看黨是代表那人民的利益，我們就站在那一階級的利益方面做事，絕不會中立的，不革命即是反革命。各位同志我們二十世紀的中國民衆，與十八世紀以前的民衆絕對不一樣的，機會主義者，決逃不了我們幾十萬同志的歐克司光線鏡子的目光。

2、黨與革命：現在有許多黨員，都在做軍事的職務，對於黨的作用和黨的重要不曾注意過，因此他們也未有做過關于鞏固黨的基礎的工作。尤其是對于介紹同志，全不加以調查和考察，同志之間又沒有批評或監督，甚至各同志之中還互相搗毀，各存私見，所以本黨改組了一次。但是一般反動份子，正在『肆無忌憚』，什麽大施魔術的『孫文主義學會』反革命的叛徒『西山會議派』等，都在這改組後發生的，現在他們都失敗了，但是我們知道這並沒有消滅反動派的，象易沂湖安事件，就可以確實證明了。我們要怎樣才可以鞏固黨的基礎呢？簡單說，就是每一個同志應該站在『國民革命』的觀點上去了解黨的作用，站在工農階級上去瞭解『國民革命』，那時我們黨的基礎才可以深根固蒂。同志們！黨的作用是什麽？我們的黨是代表各階級利益的，我們知道革命是離不了羣衆的，如果羣衆沒有鞏固的黨！！來指揮和組織他們，是不能發生力量的。俄國革命所以成功迅速的原因，就是因爲有黨！；布爾什維克，能指揮和領導。才能够把俄國的無產階級團結成一偉大的力量。所以力量是產生于團結，團結是要指揮統一。像我們這一次北伐勝利，也就是這個原因造成的。由此我們可以說革命必要民衆的力量，要把被壓迫階級緊緊的團結起來，成一個偉大的革命勢力，然後中國的『國民革命』與『世界革命』才可以成功。所以我們要革命必先要一個黨爲中心。這就是黨與革命的關係，同志們！我們知道我們的黨是不很團結的，就是黨員不注意監督和眞實的發展工農羣衆的組織。并且許多黨員都不肯犧牲自己的利益，只想升官發財，帶皮綁腿，佩金章，所以經過許多的波折。同志們！要從失敗中醒來抱定眞正的犧牲的志氣，努力去監督同志。組織工農。集中革命勢力，才能完成黨的使命呵！

以上兩點就是我個人對於親愛的同志們的希望，同志們！我們要做一個眞正的三民主義的信徒與眞正的一個中國國民黨的黨員，一定是要能把這兩個觀念弄清楚，才可以把我們這衰弱的民族，從死人堆中救起來，恢復他二千多年前在世界上爲人類創造文化，發展文化的位置。自從世界上有人類到今天，有五十萬年的歷史，好容易經過無數的自然和人爲的淘汰，才能成一個世界的偉大民族存留到今，我們忍心等他被帝國主義者踏死嗎？試睜眼看看，誰處不有帶灰白而瘦弱頹喪不堪的人們呀，令我們不寒而慄，就世界上人類的進化，文化的發展上說，我們也應該負着振興這偉大民族的責任。我們革命黨人，大家要曉得，我們對於國家，對於民族，責任是『嘗大事』。地位是『孤哀子』，我們時時刻刻要這樣深刻嚴重的自覺，才可以切切實實的打起精神去革命，同志們！努力奮鬥，完成我們的責任。

黨的基礎在那裏

二十一區隊 馬心一

今天是第一學生隊黨部成立的一天，連日以來各隊黨部都絡繹的成立了。但我們要問爲什末要成立隊黨部呢？誰也能答道：「這是黨的基礎」。所以我現在就來說說黨的基礎是在那裏？簡言之，就是黨的基礎，一方面在黨員的極積的努力，一方面要喚醒工農來鞏固我們的黨。

我們知道：凡是一個革命的黨，必定是他的黨員都能夠積極的作革命工作的，他們有堅確的信仰，和絕對的服從黨的命令和紀律。他們絕對的不妥協，也絕對的不輕易結友和敵，他們如家人父子手足一般的親愛，他們如膠如漆的密結。因此，他們才能打倒敵人而完成革命的工作。反過來說：若是他的組織不嚴密，內部包含有不革命或反革命的份子，而宗旨不正大鮮明，態度也極曖昧，那末這個黨不特不會發生力量，可以說簡直不是一個革命的黨。

我們國民黨，誰都知道他是一個革命的黨，就是因爲他的一切的內部與外表，都表現了他是革命的，所以他能發展和鞏固，他成爲革命的一個中心的黨。

我們都是黨員，但我們要怎樣才能做個眞正的基礎黨員，使我們的黨更其鞏固和發展呢？這就是說：我們要有什麽的條件才夠得上是基本的黨員？這很明白的，就是要我們有堅決的意志，以革命爲終身的事業，以主義爲我們行動的神髓。個人在言語，思想，行動，人格上，都要有很深的培養。對於黨的主義，一定要澈底了解，才不致飄搖欲墮。對於黨的政綱和策略，更要完全的了解其意義和作用，才不致言語行動，不經意的就發生謬誤或背反。同志之間，一定要互相親愛團結而又要互相批評和監督，大家都不遺餘力的去幹完成黨的使命和鞏固黨的基礎的工作。要這樣，才是一個眞正的基本黨員。但同時，也要絕對的不要使黨裏有不革命或反革命的份子屬入和存在。或者是有甚他的小團體來分散了我們的力量，甚至破壞或搗亂了我們的紀律和秩序。例如反革命的「孫文主義學會」，卑鄙齷齪的「國家主義派」，本黨叛徒的「西山會議派」，小醜跳梁的「樹的黨」。諸如此類的叛徒，一個忠實革命的黨員，都要絕對不客氣的來制止或掃除之，不許有絲毫的存在的餘地。因爲他們一潛入我們的黨裏來，他們簡直就如些「小神子」一般的作起祟來，借故生端的使我們的內部起些糾紛和不安的現象。而他們的黨羽就要造謠言，恣肆狂吠。一旦有些眼光稍淺的同志爲他們所惑，也感情用事起來，於是就中了他們的奸計了。於是我們的革命黨員的身上，就沾了一片污痕。那才是眞叫做值不得！所以我們每一個基本黨員，都時時刻刻要存着有這樣的責任的心。因爲必須如此，然後才可以鞏固我們的黨。

（未完）

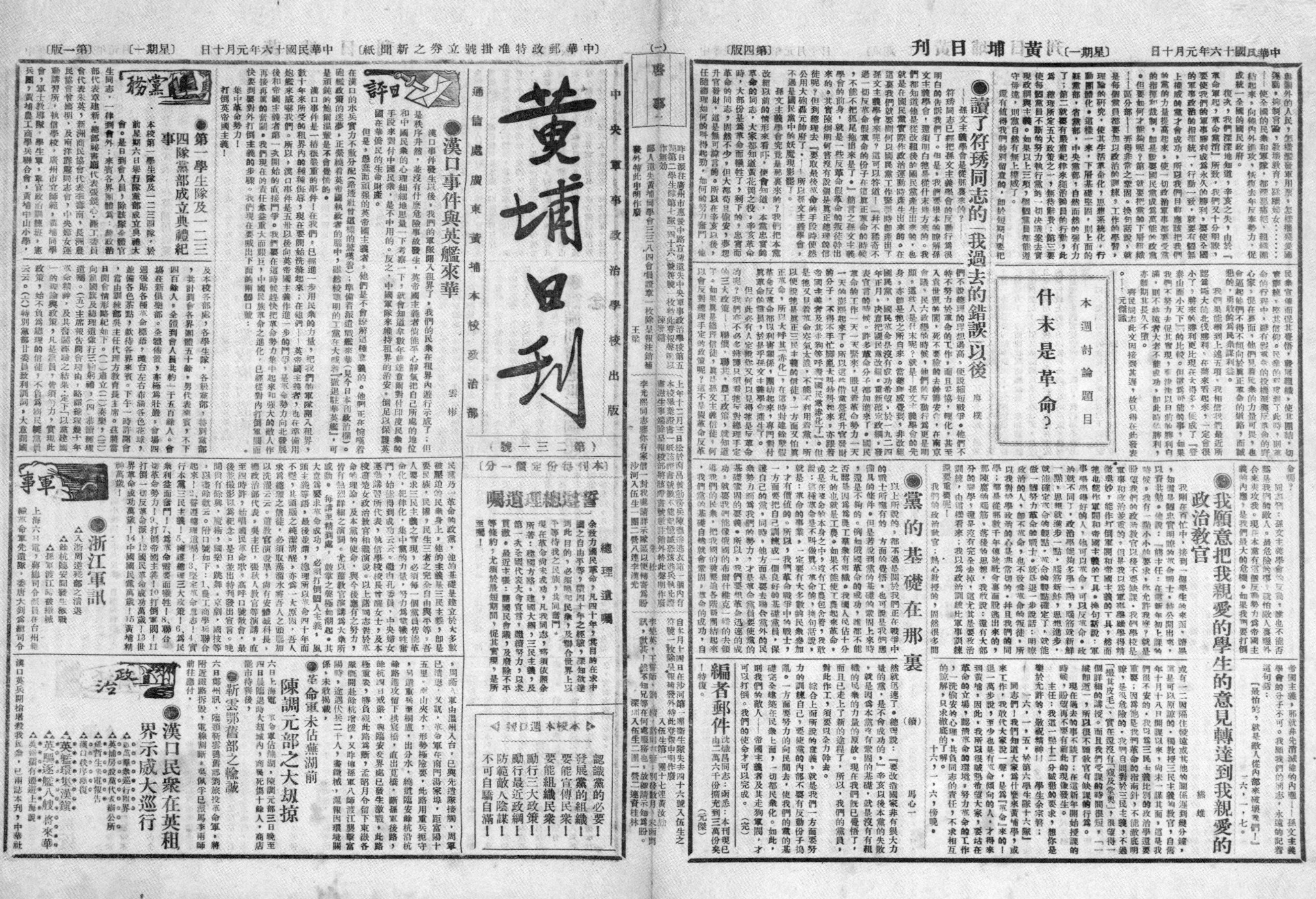

黃埔日刊

中央軍事政治學校出版

漢口事件與英艦來華

讀了符琇同志的「我過去的錯誤」以後

什末是革命？

我願意把我親愛的學生的意見轉達到我親愛的政治教官

黨的基礎在那裏

浙江軍訊

陳調元部之大刼掠

漢口民衆在英租界示威大巡行

革命之路

一年來帝國主義對華侵略日誌

怎樣慶祝北伐勝利

英工黨主張撤退在華英艦

籌備列甯逝世三週紀念

中央黨政府暫設南昌

世界革命潮

中國外債之最近調查

中華郵政特准掛號立劵之新聞紙〔 中華民國十六年元月十日 〔星期一〕 〔第一版〕

黃埔日刊

中央軍事政治學校出版

通信處 廣東黃埔本校政治部

（第二三一號）

〔本刊每份定價一分〕

日評

◉漢口事件與英艦來華

雲彬

漢口事件發生以後，我們的軍隊開入租界了，我們的民衆在租界內遊行示威了；但是秩序井然，並沒有什麽危險事故發生。英帝國主義者倘能平心靜氣把自己所處的地位和中國民衆的心理細細地思量一下考察一下，就會知道拿數年前達意爾對付印度民衆的手段來對付中國民衆，是不中用的。反之，中國軍隊來維持租界的治安，倒足以保護英國在華僑民的生命財產。

但是，愚蠢而頑强的英帝國主義者，他們是不會瞭解這種意義的。他們正在惋嘆着在漢口的水兵實力不敷分配（路透社曾這樣的驚嘆着）；準備着派遣戰艦來華（見今日本刊政治欄）。砲艦政策的迷夢，正縈繞着英帝國執政者的腦中，雖然較聰明的工黨在大喊着『撤退駐華英艦』，可是頑鈍的飽爾溫輩是不會覺悟的。

漢口事件是一樁很嚴重的事件！在我們，已經進一步用民衆的力量，把我們的軍隊開入租界，數十年來所受的租界內的種種侮辱，現在要開始洗滌起來；在他們——英帝國主義者，也在準備用炮艦來威嚇我們。所以，漢口事件是五卅以後向英帝國主義作進一步的鬥爭，是革命勢力向北發展後和帝國主義者第一次開始的直接鬥爭。我們要在這時候趕快把革命勢力集中起來和强大的敵人作再接再厲的奮鬥。我們現在的責任愈益重大而艱巨，中國民族革命之進化，已經從對內打倒軍閥而快要到要對外打倒主義的步驟。我們現在要喊出下面的兩個口號：

集中革命勢力！

打倒英帝國主義！

黨務

◉第一學生隊及一二三四隊黨部成立典禮紀事

本校第一學生隊及一二三四隊，於前星期六日舉行隊黨部成立典禮大會。是日到會人員，除該隊全體官生同志，一律到會外；來賓各界團體爲：總政治部代表章建新，總部秘書廳代表張鏡心，罷工委員會代表朱英，新洲商民協會代表李壽南，長洲農民協會曾國明，及南洋霹靂同志會，中央婦女運動講習所，執信學校，廣州市立師範，黃埔同學會，軍士教導隊，學生軍，軍官政治訓練班，憲兵團，黃埔農工商學兵聯合會，黃埔中山小學，及本校各部處，各學生隊，各級黨部，特別黨部，共計到會各界團體五十餘，男代表來賓，不下四百餘人，全體到會人員共約一千五百餘人。會場在新俱樂部。全體佈置，亦極爲壯嚴，會場四週張貼各種革命標語，禮台左右布滿各色花球，並備各色茶點，款待各界來賓。下午一時許開會，當由訓練部吳主任代理方教育長主席。茲將當日開會情形略紀如下。（一）肅立（二）奏樂，（三）向黨國旗及總理遺像行三鞠躬禮，（四）恭讀總理遺囑。（五）主席報告開會理由，略謂總理幾十年革命精神，及其奮鬥經驗之結果，定下「以黨建國」的理論與政策，凡是黨員，皆須努力，實現此政策，始不負爲總理的信徒，不負爲國民黨黨員云云。（六）特別黨部甘委員致利訓詞，大意謂國民黨乃一革命的政黨，他的基礎是建立於大多數被壓迫的民衆身上，他的主義是三民主義，即是要民族，民權，民生三者之完全自由與平等，吾人要求三民主義之實現，必須每一個黨員皆能革命化，紀律化，集中黨的力量，努力爲黨犧牲奮鬥，始能得到成功云云。繼由孔委員，中央婦女運動講習所代表，執信學校校長曾醒女士，及本校蕭楚女政治教官相繼演說。以上諸同志對於革命的理論，及本黨的使命，與今後應有之努力，皆有熱烈詳細之演詞。尤以蕭教官演講爲大衆所感動。每講至精到處，鼓掌之聲極如潮起。其大意爲要求革命成功，必須打倒個人主義，風頭主義等語，最後並謂，總理所以革命四十年而不變，其頭腦之純潔清醒，亦爲一大原因，吾人求爲總理之信徒，必須取蒸溜水將吾人之頭腦加以洗濯云云。蕭教官演說畢，尚有安體誠科長，總政治部代表，吳主任，張秋人教官等演講，直至四時許，始唱國民革命歌，高呼口號散會，最後並撮影以爲紀念。是日並出特刊發出宣言。晚間尚有餘興，魔術，跳舞，京劇，國技等，以盡餘歡云。附口號如下：1、農工商學兵聯合起來！2、誓遵總理遺囑！3、堅定革命意志！4、實行本黨三民主義！5、擁護總理三大政策！6、爲民衆利益而奮鬥！7、爲革命需要而犧牲！8、聯合一切革命勢力！9、打倒帝國主義！10打倒軍閥！11打倒一切反革命派！12國民革命成功萬歲！13世界革命成功萬歲！14中國國民黨萬歲！15黃埔精神萬歲！

軍事

◉浙江軍訊

△入浙周逆殘部之潰退

△餘杭臨安間發生激戰

△孫軍渡江時被繳械

上海六日電，蔣總司令派員在台州組織革命軍先遣隊，委唐大釗爲總司令，周蔭人軍由溫州入台，已與先遣隊接觸，周軍已潰退。又訊，革命軍在南門湯家埠，距富陽十五里，兩山夾水，形勢極險要，此路用重兵扼守，另遣重兵至桐廬，出分水，繞道臨安餘杭沿杭餘路進攻留下拱宸橋，直出莧橋，斷孫軍後路，餘杭四日戒嚴，與臨安交界處已發生激戰，此路極重要，勝負視此路爲斷，孟昭月令留下東嶽各隊概開赴餘杭增援，又昨傳孫軍八師渡江襲擊富陽時，途遇伏兵二千人，盡繳械，滬報因環境關係，未敢揭載，

◉革命軍未佔蕪湖前 陳調元部之大刼掠

六日上海電 革命軍佔蕪湖，陳調元部三日晚至四日晨臨退時大刼城內，商民死傷十餘人，商店罷市待善後，

◉靳雲鶚舊部之輸誠

六日鄭州訊，臨潁靳雲鶚舊部劉旅投革命軍，將附近鐵路拆毀，電線割斷，吳佩孚已派馬李兩師前往應付，

政治

◉漢口民衆在英租界示威大巡行

△數萬羣衆巡行租界

△英捕房設黨代表辦公所

△孫哲生來電報告

△漢口秩序恢復

△英艦環集漢鎮

△英驅逐艦八艘將來華

△英婦孺有遷避上海說

漢口英兵開槍屠殺我民衆，已兩誌本刊，中華社

誓遵總理遺囑

總理遺囑

余致力國民革命，凡四十年，其目的在求中國之自由平等，積四十年之經驗，深知欲達到此目的，必須喚起民衆，及聯合世界上以平等待我之民族，共同奮鬥。

現在革命尚未成功，凡我同志，務須依照余所著：建國方略，建國大綱，三民主義，及第一次全國代表大會宣言，繼續努力，以求貫澈。最近主張：開國民會議，及廢除不平等條約，尤須於最短期間，促其實現，是所至囑！

◁本校本週口號▷

認識黨的必要！

發展黨的組織！

要能宣傳民衆！

要能組織民衆！

勵行三大政策！

勵行最近政綱！

防範敵人陰謀！

不可自驕自滿！

啟事（一）

昨日派往廣州市惠愛中路宣傳遺失中央軍事政治學校第五期第二學生隊第七隊「四十六」號符號一枚特此登報聲明以作無效 陳世鏞

鄙人遺失黃埔同學會三三八四會員證章一枚除呈報注銷補發外特此申明作廢 王梁

上年十二月三日松於南昌被勤務兵陳德捲逃衣箱一個內有本校畢業證書一紙該證書號數不能記憶誠恐該逃兵執此證書滋生事端除呈報校部將該證書號數註銷外特此聲明作廢 朱松

李光熙同志鑒你有家信一封我處請詳示隊區以便轉寄爲盼 沙河入伍生一團二營八連李漢光

自本月十四日在沙河第一團衛生隊失去四十六號入伍生之符號一枚除呈報補發外特此登報申明作廢 入伍生第一團十七連黃汝劼

李楚英，王譬師，劉續，許朝崇鑒：別後數月未通問訊，歉甚！然不知兄等在何處服務也，故即請示知爲盼。深圳入伍生二團一營二連黃桂林

中華民國十六年元月十日〔星期　〕*　黃埔日刊　〔第二版〕（二）

接漢口特派員五日電云『今日(五日晨)工商學各界民衆數萬人，列隊入英租界，舉行反英示威巡行，浩浩蕩蕩，綿延不絕，租界之歐戰紀念碑，遍懸青天白日旗，及打倒英帝國主義者標語，及為我民衆演講台，巡行入租界時，秩序嚴肅，租界電網沙包至今日下午止，已令撤去，現駐租界內之我國軍隊為衛戍司令部軍隊一營，聯席會議任陳羣為黨代表，在英捕房設黨代表辦公廳，目下租界治安異常安謐，包叩，歌(五日)未。』

又孫哲生來電『限即刻到，不得延遲，市政廳，口密轉政治分會，省黨部，省政府，農工商學各團體，各報館鑒，三日下午二時，我民衆數百人，在江漢關前，聽政治演講，英武裝水兵，無理干涉，欲制止演講，驅逐民衆，民衆憤激，聚衆萬數千人，抵抗英兵，徒手奮鬥，英兵用刺刀傷我五人，重傷二人，輕傷三人，英兵亦被民衆擊傷三四人，即晚英界戒嚴，民衆激昂萬分，有進攻英界之勢，中央委員國府委員臨時聯席會議，議決于二十四小時內，決定應付辦法，並派徐謙，蔣作賓，兩委員向民衆宣佈，民衆對政府表示絕對信仰，當即散開，靜候解決，四日上午，農工商學各界代表，緊急會議，向聯席會議提出意見八項，(一)向英領嚴重交涉，(二)要求賠償被傷害人民損失，(三)英政府須向道歉，(四)英兇手須交我懲辦，(五)撤退駐漢兵艦，陸上水兵沙包電網，(六)解除英義勇隊警察等武裝，(七)我人民在英界有集會演講巡遊之絕對自由，(八)政府派軍警收管英界，四日下午三時，中央聯席會議，對人民意見，完全接收，當即議決着衛戍司令，派精練可靠軍隊，駐防英界江岸一帶衛要馬路，及巡捕房，並派陳羣為黨代表，四日下午，經陳外交部長交涉，結果，陸上英水兵，已完全撤回艦上，馬路沙包電網，亦一律撤去，我軍並派一營駐防英界，暫不撤退，四日晚八時，中央派徐謙，孫科，蔣作賓三委員，至新市場，向民衆宣布政府已派兵入租界，全場拍掌高呼，歡聲雷動，各界定於五日，成立漢口市民對英外交會，並舉行大示威運動，知注特聞，孫科，微五日，

又英人路透社上海六日電云，漢口宜昌及九江之婦孺，為防微起見，昨夜業經乘兩輪向上海遷徙，計合共有婦孺三百名，在漢口之男界，則集中海濱安居之處，查漢口法日租界，並無事端發生，而該兩租界之外人官員與外人警察，均如常行使職權，又士蔑西報云，本港海軍當道今晨(昨日)所接消息，謂漢口局勢發展，華人當局已担任保護租界，但為預防計，婦孺暨醫院病人已着手他徙，又環球社漢口六日電，漢口華官現已恢復秩序，通告外人，並據各方面消息，確已設有各項辦法，從事鎮懾，足見地方官廳，誠意處置，已有明證，惟英國戰艦巡洋艦驅逐艦之到漢口者，現尚環集漢鎮云，又據六日倫敦電，海軍部宣佈大西洋艦隊第八隊驅逐艦隊，共有驅逐艦八艘，艦員已補足，因此調往遠東服務云，

中央黨政府暫設南昌

中央執行委員會歌日來電云，各報館轉各省黨部，各省政府，暨各團體均鑒，江日政治會議，臨時會議議決，現因為政治軍事發展順利起見，中央黨部及國民政府，暫駐南昌，待三月一日中央執行委員全體開會公決，中央黨部及國民政府駐在地後，再行遷移，支日又在中央常務委員會臨時會議席上報告，無異議通過，特此佈聞，中國國民黨中央執行委員會，歌(五日)印，

英工黨主張撤退在華英艦

△與國民政府訂公平協定

七日倫敦電，英工黨發表對華時局宣言，主張英國政府應即撤退在華境戰艦，並促請政府對於中國交戰軍隊嚴守中立，英國與國民政府之間，應從速締結友誼的關係，該宣言並請政府與國民政府訂一公平的協定，並嚴厲實行一九二五年之中國閉令，英國應設法與其他列強合作，嚴禁運軍火入華，英國對於以公正親睦待華之政策，不可聽其他列強之阻止，因有等列強，對此不肯與英國一致也云云，

籌備列甯逝世三週紀念

本月廿一日，為我國革命領袖列甯逝世三週紀念，總政治部後方政治工作聯席會議，特議決於是日舉行紀念大會，昨并函各界團體聯合發起，函云，逕啟者，蘇俄之有列甯，猶吾中華之有孫中山先生，國民革命之為世界革命之部份，故列甯不特為無產階級革命導師，實為全人類解放之福音也，十六年一月廿一日，為列甯逝世三週年紀念，我東方弱小民族之中華民衆，自應舉行熱烈之紀念，以示擁護革命導師之忠誠，本會議爰議決於是日舉行『廣東各界列寧逝世三週年紀念大會』，并推請省黨部，市黨部，農工商學聯合會，廣東各界代表統一會，中華全國總工會，廣州學生聯合會，廣州總商會，廣州市商會，省農民協會，省商民協會，市商民協會，廣東各界婦女聯合會，廣州新聞記者聯合會，總政治部，為該大會發起人素仰貴團體熱心社會運動，務懇允予所請，聯名發起，共籌進行為盼，茲派代表趨前來，即希賜予接洽為荷，此致，

世界革命潮

△墨西哥革命形勢緊張

△荷屬革命運動蔓延

△北京開被壓迫民族大會

△朝鮮革命運動之進行

七日墨西哥京電，商界盛傳有革命黨二千人，由加利高士將軍統領，已佔領沙加地嘉士城，此處為全球銀礦最富厚之中點，墨西哥京現紛傳墨國內各處革命發生之事，聞墨國全國革命黨人甚為活動云，

七日巴達維亞電，荷屬蘇門搭臘之巴登斯寶叔地方全體男界居民，現均為荷政府監視，荷國當道以革命運動蔓延至斯隆庚地方，因此已着手派兵前往云，

七日比京電，世界被壓迫民衆，在比國京城，開代表大會，朝鮮，印度，非獵濱，爪哇，南洋羣島，安南各代表宣稱，聯合世界弱小民族，實行與帝國主義國家宣戰，並發出宣言甚長，祕密將出刊物輸入國內，以喚起民衆共同奮鬥云。

七日漢城電，朝鮮志士現聯絡國內外黨人，新成立一高麗獨立黨，以反對日本政府，擬趁日本國是未定時，分途起事，近居留滿洲之黨人，及留日朝鮮學生，均相繼回國，有所舉動，日本政府特加察嚴防，凡朝鮮學生，非有充分理由，及特別担保者，不准歸國，現因東京大阪間發現朝鮮革命宣傳書甚多，以為猛勇精進，恐爆發之期不遠云。

經濟

中國外債之最近調查

△本利未清者一萬萬五千萬金磅

△庚子賠款及各省自借款尚不在內

△有抵押品之英國借款占全數之半

據英國最近調查中國之外債，本利未清者，尚有一萬萬五千萬金磅，此數係就北京政府所借而言，庚子賠款及各省自借之款在外，再外債又分有無抵押品二種，有抵押品計八千五百萬磅，無抵押品者六千五百萬磅，外債之中，英國所佔，自關始至今日之近三十年中，總數達五千萬磅，本利未清者尚有三千九百萬磅，除三百萬磅外，均有抵押品，即關鹽稅餘鐵路等，故有抵押品之英國借款，將及全數之半，即三千三百萬磅，其性質約分為二類，

(一)北京財政方面，計中日甲午戰後，賠款所借佔百份之二十三，辛亥革命後之整理大借款，佔百份之三十七。

(二)實業鐵路等借款佔百份之四十，第二類之借欵，近因內亂頻仍，鐵路悉由軍閥操縱，已受影響，每每本利不能按期而付。

至於無抵押品之英借款，為數祇及全部分之無抵押品之外債十分之一，即六百萬磅，其中半係鐵路材料墊款，餘則供給飛機及馬可尼無線電之用，二項借款，北京政府曾發庫劵以代現貨，惟無正當收入担保，致本利久不能付，況經內戰多次，原有之英飛機多架，早被武人瓜分四散，無線電之情形，蓋照合同馬可尼借款之成立，為造高電力無線電台二架，連接北京甘肅之間，惜後改變計劃，第一電台造在庫倫，今被別人所佔有，於是可見此三百萬磅之投資，既無正當收入為担保，且原有材料，亦大半無着，將來如何還本付息，實為大難問題云。

小通信

林漢鴻同志：現在你在那一地方第幾團，請你見字則函通知我，以便轉告你的朋友，燕塘入伍生部第一團二營五連呂有爲啓

張霸南同志：醴陵人令尊要我由申與兄同路來粵入伍不料兄先來你現編入一團何連駐何地請示知　深圳入伍生二團四連歐陽熙

張懋之同志鑒你有由湖南寶慶報恩寺寄來雙號家信一件請即前來取去　虎門上橫擋入伍生一團十三連連長馬克武

逕啓者茲接具名蕭輝者由柳州來電開黃埔軍事政治學校鑒蔣鐵毫何日何地負傷現在何處請速電覆等語查電文簡單檄處無從核辦本校各同志如有知上項情事者請予接洽為荷　校本部祕書處啓事

朱炳炎兄鑒；自你入校之後，不知你編入何隊何區，請示知為荷。

田宏海石如金維蓮欽伍子賢楊俊峯諸兄鑒弟昨天接得張御于由東莞來信稱知諸兄已考取入伍生但不知編在何部隊見此信後請示知　校本部第二學生隊廿三區隊石維璜

* 原刊缺“一”字。编者注。

中華民國十六年元月十日〔星期一〕 黃埔日刊 〔第三版〕

革命之路

題目

●一年來帝國主義對華侵略日誌

葉書

葉同志此篇因新年增刊篇幅不能容下，故特在此發表，關於帝國主義對華侵略頗詳，希望讀者注意——記者

這篇是一年來帝國主義者侵略中國的『細賬』因爲時間和篇幅的關係，有許多重要的事實，或許遺漏了，并且這一年來各帝國主義者對於中國工人階級的進攻和海外華僑所受的壓迫，都十分厲害。但前者我在這裏摘錄得很少，後者連一個字也沒有提及。我只希望有人把這兩方面寫成專篇，以補讀者的缺憾。

這篇『細賬』在諸君的面前出現，我希望大家把這篇東西從頭到尾看一遍，從每一條的事實中，去認識帝國主義的兇殘和罪惡！

我還有幾點應說明的意見：

第一：從五卅以後，中國革命的潮流固然增高了許多，但道高一尺，魔高一丈，帝國主義對於中國的壓迫和侵略亦隨之而加緊。尤其是英日兩帝國主義，始終是用那鐵血主義來鎮壓中國的革命運動。

第二：大英帝國主義這一年來對付中國的革命運動，在南方是直接採取砲艦政策和陰謀，來破壞省港罷工，在北方是拚死命維持吳奉的勢力，以保護其在長江流域的利益；但英帝國主義這兩種目的都沒有達到，而且完全失敗了。

第三：日帝國主義這一年來，除傾全力以經營滿洲外，並和英帝國主義攜手，利用奉直兩派軍閥勢力，打敗國民軍，在北方造成極黑暗的政治局面。

第四：美法兩帝國主義，這一年來始終掛着對華親善的假面具，利用華人排英排日的空氣，以擴充他們在華的勢力。

第五：這一年來中國的革命運動，除省港罷工直接對英外，便是反奉和反直，而奉直兩派軍閥是英日帝國主義用來統治中國的工具，故這一年來的中國民族解放運動，便形成了和英日帝國主義明顯的鬥爭。

第六：這一年來中國軍閥勢力的崩潰，和民衆革命勢力的發展，使帝國主義者恐怖發抖，逼得他們現出原形，用最殘酷的砲艦政策來屠殺中國的民衆。

第七：自從北伐軍攻下九江，各帝國主義對華的態度便起了大大的變化；尤是大英帝國主義，他一方面急勾結孫張南下，企圖恢復牠在長江的勢力；一方面便收起砲艦政策，來和國民政府虛與委蛇，大唱其承認國民政府的論調，最近且拿承認增加關稅二五附稅，企圖恢復他在中國海關行政上的勢力以緩和全國反英的空氣。然而這是帝國主義者雙管齊下的政策，我們却不要上當！

以上幾點簡單的意見，只要讀者把下面所記的每一件事實，仔細分析一下，便可明白，不用我贅說了。

★ ★ ★ ★ ★

一月七日　留日學生在名古屋青年會追悼郭松齡，被日警捕去三人，翌日又捕去三人。

一月十三日　日本公使照會北廷僞外交部，要求制止人民反日運動。

一月十五日　日本對華文化事業委員總會，在東京開會，決定中國方面情形辦理，並將注全力於圖書館，理化研究所，及蒐集古文書等，預定由二百五十萬元，增加五十萬元爲三百萬元。此乃日帝國主義對華大規模的文化侵略政策之實現。曾引起各界之反對。

一月十八日　上海小沙渡日內外棉紗廠，工人童子團二百餘名，爲救濟失業工人，在公共租界靜安寺戈登路一帶募捐，被英捕房拘去，將其募款沒收。

二月八日　法公使謁北廷，抗議中國各地反基督教運動。

二月十九日　英公使向北京僞政府質問『究竟是否有力制止粵省排英運動，否則，英當代加重大教訓，英國會業已同意，預算將來每日對粵軍費一百五十萬』並宣稱用十萬大兵進攻中國各口岸。

二月廿二日，粵海關稅務司英人卑路，詐言工人糾察隊『扣留未經海關查驗之八艇貨物，妨害其職務之行使』，晨即下令海關停止驗貨起卸。於是廣州各口岸被英帝國主義一紙命令封鎖了！此事爲大英帝國主義希圖破壞省港罷工之重大陰謀，全國民衆聞之大憤，紛紛通電反對，國民政府亦提出嚴重抗議，英人始屈服開關。

三月三日　革命黨人胡蘭山、蔡珊二氏，因演說被上海租界捕房拘捕，解送中國軍警機關嚴辦，此爲帝國主義者陷害愛國同胞之毒計。

三月十二日　駐守大沽炮台的國民軍，爲防禦奉軍艦隊，保護天津起見，在大沽口埋設地雷，實行封鎖。十二日午後，塘沽有日本驅逐艦二艘，掩送奉軍駛入口，守兵疑係奉艦，因發空槍，令停進候查，日艦突用機關槍還擊，守兵更疑，乃以實彈還擊，日艦才退，兩方各有受傷。事後日公使竟援引辛丑條約，嚴重抗議，並約同各條約國聯合提出最後通牒，北京僞政府完全屈服。全國民衆得此消息後，非常憤激，認日艦此種舉動，顯係助奉作戰，助長中國內亂。紛紛通電政府當局及全國同胞，一致抗爭，遂引起北京『三一八』大慘案。此時英日兩帝國主義攜手，利用張吳進攻西北國民軍。

同日英美法日各帝國主義國家旅滬僑民，因反對中國革命運動，特組織赤化防止會，本日各國會員，分別舉行反赤大講演。

（未完）

●怎樣慶祝北伐勝利

入伍生王齊民

最近過去的短時期中，我們革命軍在軍事政治兩方面都獲得了很偉大的勝利，在軍事方面第一是把再起而掌握北京政權甘作英帝國主義走狗的吳賊打倒，使兩湖人民比較的得到解放，第二是把擁有五省地盤而欲繼吳賊起爲直系首領以延長內亂的孫逆打得奔走天津，乞憐鬍匪，使浙閩贛皖諸省民衆得重見青天白日。在政治方面，一是使列强對國民政府的態度，由强暴而趨和緩。并且含羞帶笑的向我方表示好感。二是前在賊軍勢力下的農工，都被我們救了出來，現在組織業已擴大，更起而作種種的政治和經濟的鬥爭。就此數點，北伐的勝利，也就不可計量了。因此我們在這十六年的開始，舉行全國民衆慶祝北伐勝利大會以示慶祝。

在這盛會中我以爲我們單是開會遊行講演和散發傳單是不够的；我們要在這個極鬧熱，極高興，極愈快的時候，使每個黨員甚至每一個民衆都能明瞭而且努力實行下述的事項：

事實告訴我們，吳孫兩逆雖被我們打倒，但所打倒的不過爲其主要勢力。現在吳仍率領殘部寄居鄭州方面，蠢蠢欲動；孫則往返京津，冀圖依人門下以求恢復舊有地盤。我們固然知道他在尋死，終必歸於消滅；然不得不預妨他們相機一試，再來蹂躪我們的民衆。這的確不是我神經過敏，我們試看最近民國日報載已投降我軍之楊森，在宜昌暗地勾結吳賊，謀台攻武漢，事泄被我軍擊潰，退居川境的事，我們便會知道，現在我們新編的軍隊中，還要背叛，何況於敵人呢？所以我們在未根本消滅孫吳二賊以前，還應謹慎的提防他的死灰復燃。

其次，革命軍的組織，隨量而加大，已增加基本部隊五倍之衆了。這五倍的力量，都是脫離軍閥的統治而集合在國民政府之下的，其一般兵士頭腦十分簡單，行動極爲懸劣，自不待言，即其官長能懂得什麼是革命！什麼是三民主義？恐怕都少得很，至於行動方面要求其爲民衆利益而奮鬥，暫時犧牲個人的利益，未免笑話！所以這種力量在本黨指揮之下，假使不施以教育，喚醒他們升官發財的迷夢，使之明瞭本黨的主義和政綱，中國與世界大局之趨勢；不嚴密的在其部隊中把黨的組織鞏固起來；切實用些黨治人才監督其軍事首領，使之服從本黨，以民衆利益爲依歸，則辛亥之失敗，必再現於今日。

又次；我們雖把孫吳推翻了，而頑强的大軍閥奉張，現正在北京竊其所謂安國軍總司令，高唱其什麼三權主義，而積欲實現其總統之幻夢且已率其烏合之衆南下以與我軍相抗，我們固知奉軍內部衝突如小張與褚玉璞爭直督，旅大關朝璽等與西北軍通往來，以及最近楊宇霆被逮捕——見申報——等情形，就足以致關外王的死命，但是我們爲要迅速完成國民革命起見，不得不盼望早將敵人消滅，以竟全功。所以在此時期，我們特别的要在奉張的罪惡，如怎樣剝削北京

中華民國十六年元月十日〔星期一〕 黄埔日刊 〔第四版〕

與關外的人民，怎樣濫發軍用票，怎樣摧殘愛國運動，抑制言論，敎壞敎育，蹂躪婦女：……：——使全國的民衆和軍隊，都深惡痛絕，組織團結起來，向他內外進攻，恢復去年反奉勢力，促成統一全國的國民政府。

復次，我們深深地知道，辛亥之失，由於『革命軍起，革命黨消』所致，我們又十分明瞭，要使我們的軍事勝利成爲永久的勝利，要使全國的軍事政治的指揮統一，行動一致，就要有個無上權威的黨才會成功，所以我們目前應該把我們的黨的力量提高起來，使一切政治軍事都要受黨的指揮和裁制，即是說要國民黨成爲萬能的政黨。但要如何才能夠呢？第一就要把黨的下層組織——區分部——弄得非常之鞏固。換句話說，就是每個黨員都要加以政治的訓練，工作的學習，理論的研究，使其生活革命化，思想系統化，行動團體化。這樣一來，下層基礎堅固，則上面的縣黨部，省黨部，中央黨部，自然而然的强有力了；第二就要有嚴肅紀律來繩治黨員的行動，此爲總理所定五大政策之一，無待辭費；第三要使每個黨員不斷的努力執行黨的一切決議案去實現政綱與主義。如果以上三項，個個黨員都能遵守毋違，則黨自然有無上權威了。

還有值得我們特別留意的，即於短期內要把民衆宣傳而促其覺悟，發展組織，使其團結，切實訓練，堅其信仰。民衆的程度到了此時，則革命的行程中，雖有假革命的投機派與反革命的野心家，混在裏面，他們見着民衆的力量可畏，也會逼起他們不得不傾向於眞正革命的道路，而誠懇的，勇敢的爲民衆謀利益。

我們果能辦到上述五項，我相信我們最近所認爲極大的北伐勝利，在將來看起來，一定會很小了，將來的勝利更比現在大得多，便成了『登泰山而小天下』的比較。但這爲可能的事，如果我們不努力去促其實現，而津津以目前的勝利自滿，則不特遠者大者不能成功，即此時的勝利亦難期其長久不墮。

齊民同志此文因接到甚遲，故只得在此發表。——元傑識

本週討論題目

什末是革命？

讀了符琇同志的「我過去的錯誤」以後

廖樸

——孫文主義學會是從那裏來的？——

符琇同志已經把孫文主義學會的反動行爲很明白的告訴我們了。但是，我們要根本的瞭解孫文主義學會，還須明白牠是從什末地方來的。我們都知道他是從改組後的國民黨產生出來的，也就是在國民黨實際作政治運動時產生出來的。在這裏我們就要問何以國民黨工作緊張時即產出了孫文主義學會來呢？這可以答道：『幷不稀奇不過一切反革命假革命的份子在這眞正革命的時候，不能不把狐尾拖出來是了。』簡言之孫文主義學會的前身，就是一些反革命假革命的叛徒幹出來的。其實陳炯明何嘗沒有說個是眞正總理的信徒呢？但到總理去『要取最後革命的手段時便然公用大砲轟元帥府了。』——所以孫文主義學會不過是國民黨中的妖魔現影罷了。

孫文主義學會究竟是那裏來的？我們把本黨改組以前的情形來看吓，便會知道，本黨忠實的革命的同志，大家都知道黃花岡之役，辛亥革命時，大部份是爲革命而犧牲了，剩下的，忠實而革命的同志，固然不少，但大都苟且偷安，夢想升官發財，這是無可諱言的。所以在辛亥以後，任隨總理如何的叫得起勁，如何的努力奮鬥，他們不說總理的理想過高，便說縮短戰爭。他們不特不努力於革命的工作，而且妥協，輭化，甚至入袁世凱的閣，死不要臉的去幹籌安會，在南京會議，民六政變的時候，他們的反動行爲更是明顯，這些人是什末呢？就是——孫文主義學會的先身，亦即是牠之所自來。當總理感覺到，非改組國民黨，國民革命是沒有成功希望，於一九二四年正月，決意把國民黨改組，重新確定政綱，發表宣言的時候。許多革命分子都加進來了。國民革命的工作一天一天緊來，眼見着革命勢力一天一天的澎漲起來了。所以這些借黨營私升官發財的分子，不得不手忙脚亂大叫特叫起來，亦跟着帝國主義者及其走狗等呼着『國民黨赤化了』。但是牠又見着革命空氣太濃，不能不利用着黨，所以便說牠是眞正三民主義的信徒，一方面又怕眞正革命，所以大呼其「赤化」，在這時封建餘孽假革命反革命都以利害關係，團結起來，專門對付眞革命的黨員，於是乎孫文主義學會產生了。

但在此必有人定說你又何以見得牠是反革命的呢？我們亦不必多辯護只須看牠反對總理手定的三大政策——聯俄，聯共，農工政策，就知道了。如果眞是總理信徒，眞是孫文主義信徒，何以會反對總理手定的政策呢？這不是假革命反革命嗎？

同志們：孫文主義學會的反動，誰也不能否認是我們的敵人。最危險的事，就怕敵人裏應外合來夾攻我。現在本黨有這個反動勢力爲帝國主義的內應，是我們最大的危機。如果我們要打倒帝國主義，那就非先消滅牠的內應——孫文主義學會的分子不可。我願我們的同志，永遠的記着這句話：

『最怕的，就是敵人從內部來破壞我們！』

一六，一，七。

我願意把我親愛的學生的意見轉達到我親愛的政治教官

熊雄

我剛在百忙中，接到一個學生的來函，請畢，知道是個忠實明瞭的革命戰士，特公開出來，以資共勉。他說：『熊主任：在這新年初上課的時候，我有一點小小的要求，允許我麼？就是盼望我們的政治教官以後不要缺課。我們學校是軍事和政治並重的，但是我以爲軍事學雖學得精微奧妙，能作打倒軍閥和帝國主義的工具，然而牠也能作軍閥和帝國主義的工具。換句話說：軍事學學得好的人，他可以革命，可以反革命。政治就不同了，政治學能夠多學一點，思想就進步一點，思想進步，腦筋就新鮮，腦筋新鮮，就能確定革命的觀點。革命的觀點確定了，就能做一個努力革命的戰士。就是退一步說：明瞭政治的人，即不革命，也不致爲革命的叛徒。所以我對於學政治的心是非常切的。幷且我們的同學，都是從那數千年傳統社會裏面脫逃出來的，那陳腐的腦筋，落後的思想，我敢說：還有大部分的同學，還是沒有完全去掉，這尤其是要政治訓練，由這樣看來：我以爲政治訓練比軍事訓練還要重要呢！我們的政治教官，熱心教授的，固然很多，或有一二因隔住較遠或其他的關係遲到幾分鐘，還是可以原諒的。獨教授三民主義的教官，自舊年十月十八日開課以來，尙未一課其面，這是我們很不安的。我以爲三民主義比別的政治學還要重要；因爲牠是我們革命的指南針，不能澈底明瞭，是很危險的。我們自問對於三民主義，不過「摸其皮毛」，實在還沒有「窺及堂奧」，很得一個詳細的講授。一縱即逝——所以很不願教官有缺課的行爲。現在盼望再不要有前此的現像；在這新年開始授課的時候，主任：我這一點十二分誠懇的要求，想你是樂於允許的，敬祝精神！！學生余宗智，一六，一，五，於第六學生隊十六隊』

同志們！我們知道大家爲什麼來黃埔學，或來工作，我敢代大家說一聲，是爲「革命」來的！退一萬步說，至少也是有革命傾向的人，才得來到黃埔，因此，我所以很誠懇希望大家，要站在革命的立場，認清革命的環境，努力革命的工作，一洗偷安的心理，共負同志的責任，不求相互的諒解，只求澈底的了解。

十六，一，六，傍晚。

黨的基礎在那裏（續）

馬心一

以上所說的，都不過是關於我們正在戰爭中的戰士所應有的覺悟，也可說是我們應備具的條件。但是若說到黨的基礎的鞏固上來時還是不夠的。例如俄國革命的成功，誰都不能否認是因爲農工羣衆有組織。我國人民佔十分之九的也就是農工，假若不使工農包含着，我敢說：在這種革命的本身之中，沒有工農的革命，或是工農不叫做眞正的革命，換句話說，就是：革命的事業，一定要有大多數的民衆參加才有價值的。所以，我們革命戰爭中的戰士，一方面要把自己訓練成一個良好的基礎黨員，保護自己的黨，同時，他方面是要去聯合黨外的民衆勢力而爲我們的勢力，才是革命黨員要使黨的基礎鞏固的要義。所以，我們要想革命迅速的成功，就要我們能像俄國的布爾什維克一樣的去領導我們的民衆，把我國的被壓迫各階級團結起來，我們黨的基礎自然就會鞏固，革命的成功，自然就迅速了。總理說：『要改造國家非有很大力量的黨，是不會成功的。』辛亥以後本黨的失敗，就是因爲本黨沒有鞏固的基礎，就是沒有有組織的民衆的力量的原故。現在我們既已覺悟了，而且已走上了新的途程了，所以，我們的黨員，對此作工，須要以全力幹去。

綜合上面所說的意義，就是我們一方面要努力的訓練自己，要使黨的內部不要有反動份子搗亂。一方面要努力的向民間去，使我們的黨的基礎完全建築在民衆上面，一切都民衆化。如此，則我們的敵人——帝國主義者及其走狗軍閥，才可以打倒。我們的使命才可以完成。（完）

編者郵件

沈熾昌同志：函悉：本刊現已由二萬六千份擴充到三萬份矣！特復。（元傑）

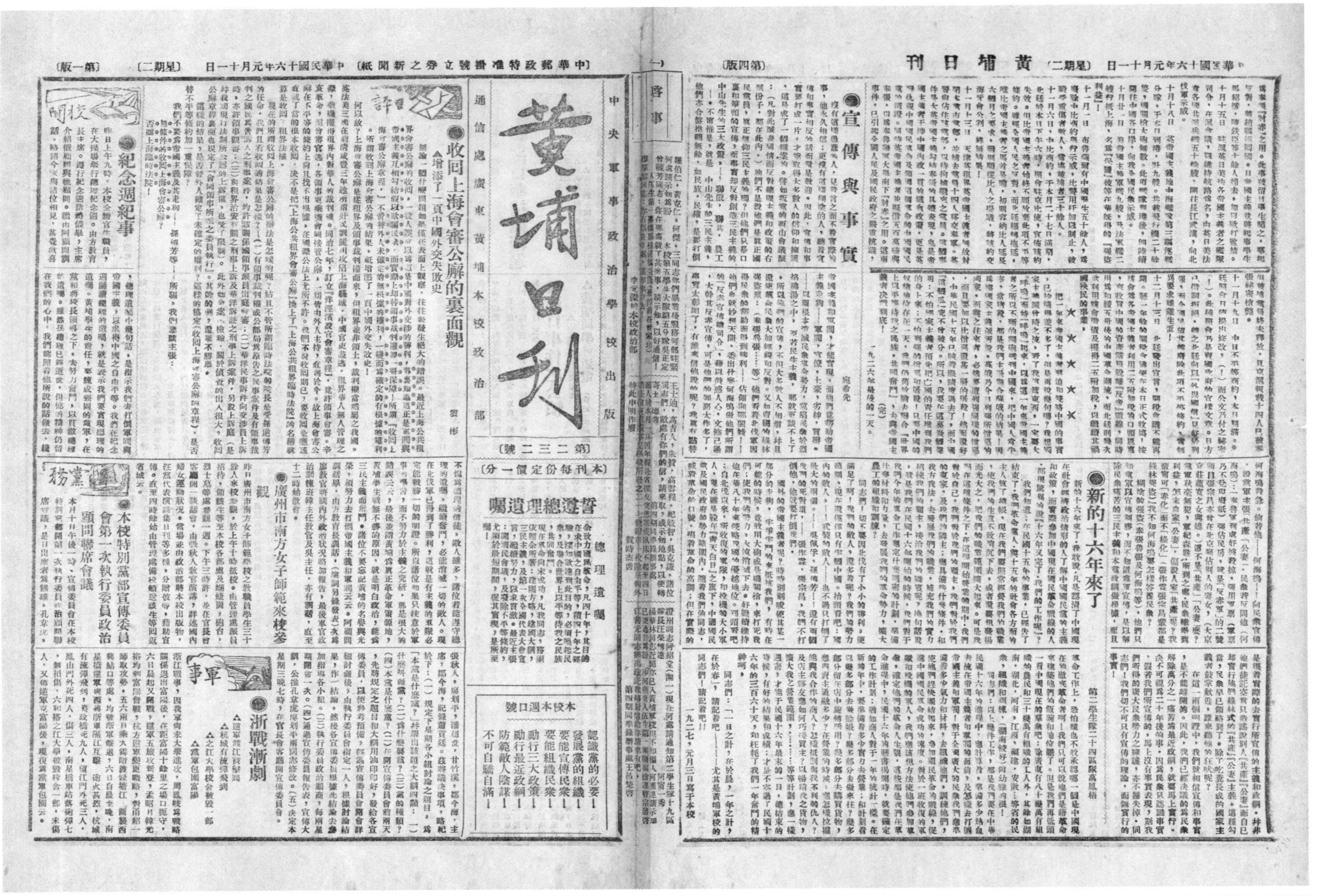

中华民国十六年元月十一日 星期二 第一版

黄埔日刊

中央军事政治学校出版

通信处 广东黄埔本校政治部

第二三二号

本刊每份定价一分

收回上海会审公廨的里面观

总理遗嘱

本校本周口号

新的十六年来了

宣传与事实

广州市南方女子师范来校参观

浙战浙剧

纪念週纪事

本校特别党部宣传委员会第一次执行委员政治顾问联席会议

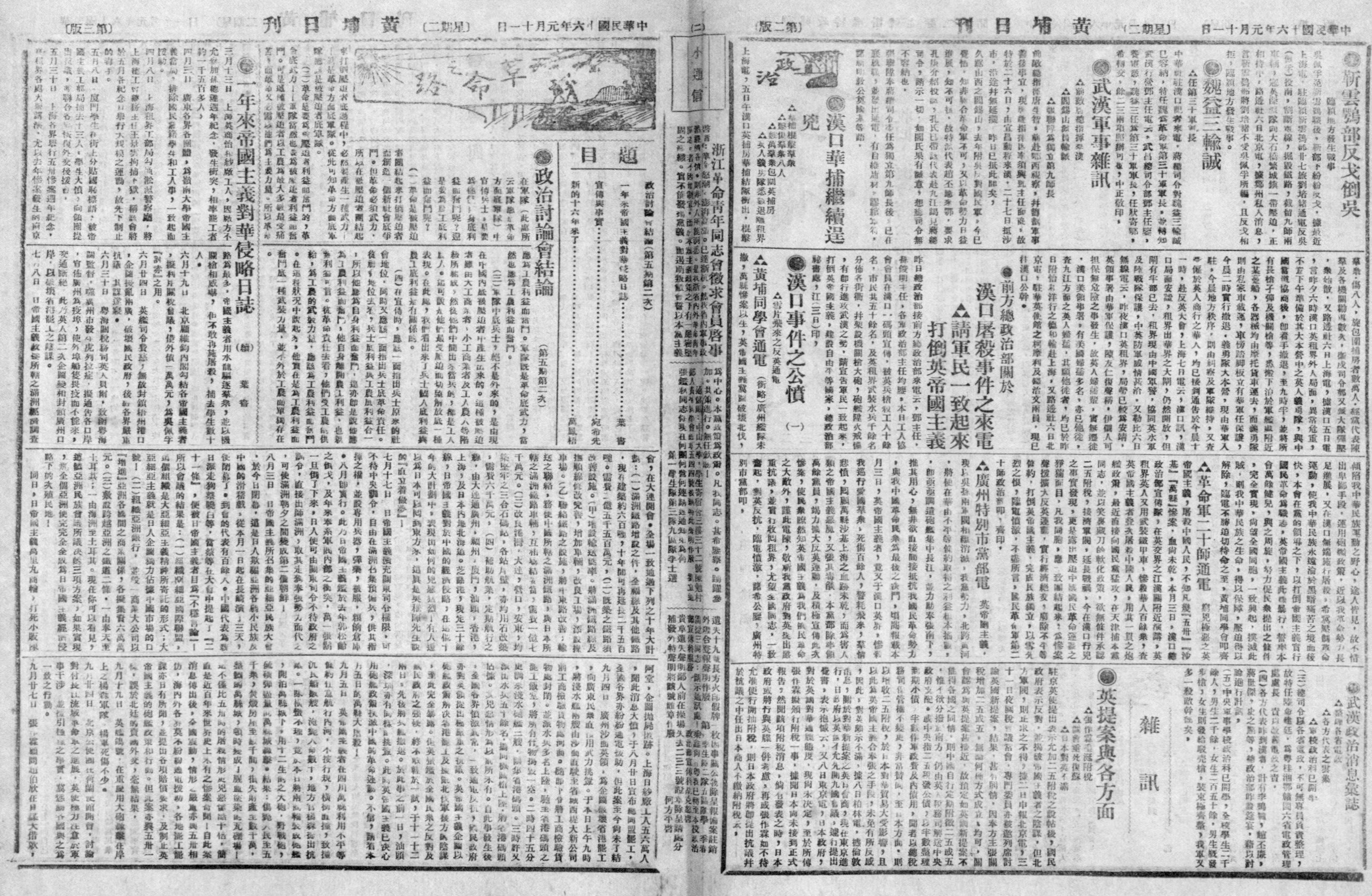

新云鹗部反戈倒吴

魏益三输诚

武汉军事杂讯

汉口华捕继续罢工

汉口事件之公愤

黄埔同学会通电

革命军二十师通电

英提案与各方面

武汉政治消息汇志

政治讨论会结论

一年来帝国主义对华侵略日志

浙江革命青年同志会征求会员启事

革命之路

中華郵政特准掛號立劵之新聞紙〔中華民國十六年元月十一日〔星期二〕〔第一版〕

中央軍事政治學校出版

黃埔日刊

通信處廣東黃埔本校政治部

〔第二三二號〕

〔本刊每份定價一分〕

啓事

羅伯仁，黃克仁，何傑，三同志你們畢業後服務何部駐紮何處請示知爲盼　本校第五學生大隊第五分隊吳正定

曾毓芳同志：你在那裏就了甚麼事，請示知，以好通信！　入伍生第一團機關槍連吳景淳（前在曾家坊）

廖譯黎同志：你有信存本處，請即來取去！　李元傑於本校政治部

王士迪，高吉人，朱贊，高雲程，紀毓智，吳克謙，諸位同志們，敝處有你們的信，請來取，或示知地點，以便轉寄！　王一德啓

鄙人於本月一日因年假赴省探友突[illegible]本校所發之二一七號證章[illegible]特此申明作廢　賀時杰啓

證州同志何紹堂（湘一）現在何處請通知第二學生隊十九區隊長汪榮傳達　何甯一秀

楊華林同志近聞你已入黃埔軍校但不知編入何團望請示知　入伍生第一團機關槍連曹宗藩啓

江志元同志：[illegible]封信給你請來取吧。　第四期同學錄辦事處王昌楚啓

評

收回上海會審公廨的裏面觀

△增添了一頁中國外交失敗史

雲彬

無論一個什麼問題如舉僅在表面上觀察，往往要發生絕大的錯誤。最近上海公共租界會審公廨的收回，一般人誤會以爲這是中國對外交涉的勝利，那裏知道這正是軍閥與帝國主義互相勾結假以欺騙民衆，而實際上却替領事裁判權加一層保障！所謂『收回上海會審公廨章程，』不曾替外人未確定的無根據的權利，一變而爲確定的有根據的權利。所謂收回上海會審公廨的結果，祇增添了一頁中國外交失敗史！

何以故？上海會審公廨是從租界及領事裁判權而來，但租界並非領土，裁判權當然屬之我國。英法美三國在前清咸豐三年趁所謂奸民劉麗川攻陷上海縣城，中國官吏盡逃，租界華人無人管理之際，乘機攫得租界內對華人的裁判權。同治七年，訂立『洋涇濱設官會審章程』，竟許領事會審。辛亥革命，滬會審官逃，各領事更乘機會同接管公廨，一切皆由外人主持，直到於今。故上海會審公廨在不平等的條約上尚且找不出根據，在國際公法上尤所不許。我們不說收回則已，要收回是應該直截了當的根本收回，決不是把『上海公共租界會審公廨』換上了「上海公共租界臨時法院」的名稱就算是收回了租界法權。

現在的所謂收回上海會審公廨的辦法是怎樣的呢？姑且不管所謂臨時法院的院長是受孫逆傳芳的任命，我們且看收回的結果是怎樣？——（一）有領事裁判權或公部局爲原告之民事案件及有領事裁判之國民爲告訴人之刑事案件，均許該關係國領事派員出庭會審；（二）華洋民事訴件向交涉員上訴時，亦許領事觀審；（三）與租界治安有關之刑事上訴及華洋訴訟之刑事上訴案件，另設上訴庭（是件我國現行法制所公認的上訴權，也受了限制）。此外如命案，檢驗，關於偵查的出入很大，收回公廨章程裏面也規定了『會同領事所派之委員執行』。其餘的例，還舉不勝舉。

這樣的結果，是否替外人確定了未確定的權利？這樣的協定（收回上海會審公廨的章程），是否替不平等條約加一重保障？

我們不要爲帝國主義及其走狗——孫傳芳等——所騙，我們應該主張：

無條件的收回上海會審公廨？

否認上海臨時法院！

校聞

紀念週紀事

昨日上午九時，本校全體官生職員，在大操場舉行總理紀念週。由方教育長主席。遵行紀念週諸禮儀畢，主席介紹俄顧問與德顧問。繼由阿顧問訓話，略請今天與諸位相見，甚覺歡喜，總理遺囑中幾句話，是指示我們去打倒軍閥與帝國主義，以求得中國之自由平等。我們在紀念週誦讀總理的遺囑，就是表示我們要實現總理的遺囑。黃埔學生的責任，要練成强固的黨軍，在黨和蔣校長領導之下，去努力奮鬥，以貫澈總理的遺囑。雖然孫總理已經逝世，但他的精神仍留在我們的心中。我們能照着他所說的話做去，纔不愧爲總理的信徒，敵人雖多，諸位若能遵守總理的遺囑，繼續奮鬥，必能消滅一切的敵人。現在北伐軍已得到了勝利，這就是有主義的軍隊必定能戰勝一切的明證。所以諸位如果只注意於軍事學習，而不努力於主義之研究，那是很大的錯誤云云，最後並謂黃埔眞正革命軍策源地，黃埔學生識無不勝的原因，就是明白政治，能爲三民主義而奮鬥。諸位不要忘記黃埔的名譽與光榮，須努力去打倒帝國主義和軍閥云云。阿顧問訓話畢，由方教育長訓話，（演詞另錄發表）次爲廖教官將國內外政治狀況略加報告，最後軍官政治訓練班韓主任教官及吳主任，亦有訓話，直至十二時始散會。

廣州市南方女子師範來校參觀

昨日廣州市南方女子師範學校之教職員學生三十餘人來校參觀，於上午十時抵校。由管理處派員招待，領該生等至本校各部處及蝴蝶崗，砲台，烈士墓等處參觀一週。下午三時許，並在官長會客廳開一談話會，由張秋人教官演講，詳述國內婦女運動狀況。當場並由政治部將本校出版物，汪黨代表演講集日刊等多種，分贈彼等，藉助宣傳。直至四時餘始由管理處備校船送該生等回返省城云。

誓遵總理遺囑

總理遺囑

余致力國民革命，凡四十年，其目的在求中國之自由平等。積四十年之經驗，深知欲達到此目的，必須喚起民衆，及聯合世界上以平等待我之民族，共同奮鬥。現在革命尚未成功，凡我同志，務須依照余所著建國方略，建國大綱，三民主義，及第一次全國代表大會宣言，繼續努力，以求貫澈。最近主張開國民會議，及廢除不平等條約，尤須於最短期間，促其實現。是所至囑！

黨務

本校特別黨部宣傳委員會第一次執行委員政治顧問聯席會議

本月十日午後一時，宣傳委員會在本校特別黨部開第一次執行委員政治顧問聯席會議，是日出席者爲熊雄，孔章虎，張秋人，廖划平，潘超世，甘竹溪，鄧今海，主席，鄧今海，記錄蕭貢廷。茲將議決事項，略紀於下：（一）規定下星期各小組討論之題目，爲「本黨是什麼黨？」並舉出該題之大綱四點：（一）什麼叫做黨？（二）爲什麼要黨？（三）黨的種類？（四）本黨是什麼黨？（二）在開宣傳委員會前兩天，先將規定之題目和大綱用油印印好，發給各宣傳委員，以便參考預備，經過宣傳委員會開會詳細討論後，由執行委員會指定一人，根據討論結果，作一結論，然後各宣傳委員根據此結論去參加指導各小組。（三）執行委員政治顧問，每兩星期開會一次。（四）通過宣傳委員報告表，宣傳大綱，公推孔章虎廖划平兩同志修改。（五）決定本星期三晚七時，在官長會客廳開宣傳委員會。

軍事

浙戰漸劇

△逆軍渡江被擊回

△杭城有流彈飛到

△之江大學校舍被毀一部

△黨軍包圍富陽

浙江戰事，因我軍尚未大舉進攻，周鳳岐爲戰略關係退出富陽後，在距富陽十餘里之場口扼守，六日晨起又開戰，逆軍五旅攻新登，孟昭月韓光裕均到富陽督戰，杭方逆軍變更戰略，對甬紹一帶取攻勢，五六兩日乘大霧暗渡錢塘江，圖襲西興鮎口等處，均被浙軍擊退，六日自晨至晚，南星橋逆軍與西興浙軍隔江互擊，砲火甚烈，杭城有流彈飛到，羗政橋死九人，望江門外死三人，鳳山門外死四人，傷三人，南星橋車站落砲彈七，無損傷，六和搭之江大學被毀校舍一部，未傷人，又傳逆軍克富陽後，現復爲黨軍包圍云。

本校本週口號

認識黨的必要！

發展黨的組織！

要能宣傳民衆！

要能組織民衆！

勵行三大政策！

勵行最近政綱！

防範敵人陰謀！

不可自驕自滿！

中華民國十六年元月十一日（星期二） 黃埔日刊 （第二版）

靳雲鶚部反戈倒吳

△臨穎地方發生戰事

吳佩孚免靳雲鶚職後，靳部下紛紛反戈，據最近上海電，駐臨穎靳雲鶚部廿七旅劉培緒通電反吳（佩孚）役南，割斷電線，掘毀鐵路，截留九師兩車輛，寇英傑部隊向大石橋繁城鎮一帶壓迫，正相持中，路透社六日北京電，據鄭州私人消息，言靳雲鶚部將劉培緒不受吳佩孚所編，且反戈相拒，臨穎地方發生戰事。

魏益三輸誠

△任第三十軍軍長

中華社駐漢口記者來電，蔣總司令對魏益三輸誠已容納，特任魏爲革命軍第三十軍軍長，並轉知武漢行營鄧主任電云，武昌總司令部鄧主任鑒，養電悉，魏益三任爲第三十軍軍長，任狀寄鄂，希轉交，餘二三兩項照辦可也，中正敬印。

武漢軍事雜訊

△閻錫山派員輸誠
△前敵總指揮來漢
△張聯陞爲獨立第九師長

前敵總指揮唐生智，前赴鄂西視察，并籌劃軍事善後事宜，現唐總指揮以事須與鄧主任面商，故特於二十六日，由宜昌動程來漢，二十七日抵沙市，沿途并無延擱，昨日已抵此間矣，

久踞山西之閻錫山，去年附吳反對國民軍，今已覺悟，知非聯合革命軍不可，又以革命勢力日益進展，知不可抗，故特派代表趙丕廉來鄂，要求孔庚介紹投誠，孔氏已帶該代表赴九江謁見蔣總司令，請示一切，如閻氏果有誠意，想總司令無不容納也，

張聯陞奉蔣總司令委任爲獨立第九師長後，已在襄陽就職，並發出通電，有自維庸材，謬膺師旅，諸祈時賜教益等語。

漢口華捕繼續逞兇

△華捕棍擊羣衆
△傷八人
△數萬羣衆包圍英捕房
△英人驚懼
△英兵隊悉數退離租界

上海電，五日午漢口英捕房華捕結隊衝出，棍擊羣衆，傷八人，旋包圍捕房者數萬人，經黨代表陳羣及各機關勸導數次，衛戍司令部又派大隊彈壓，羣衆始散，又路透社六日上海電，據漢口五日電，言昨夕六時漢口英租界外人局面，異常危重，不意下午華人備於其大本營中之英人義勇隊，與中國當道協商後，即着手撤退，至九時半，並將所有長槍子彈及機關槍等，悉搬下泊於軍艦附近之某躉船，各器械均由摩托貨車運去，而義勇隊則由私家車載送，軍艦踏脚板立有華軍任保護，今晨二時實行撤退，義勇隊大本營，現由華軍入駐，今晨地方秩序，則由糾察及軍隊維持，又查吳佩孚於英人商行之華人，均已接到通告於今晨十一時，赴反英大會，上海七日電云，漢口訊，漢口局面安謐，租界由華界之大閘，仍然開放，但開有半部已去，租界現由中國軍警，協同英水軍及陸戰隊保護，中英防軍感情甚洽，又勒比六日無線電云，昨夜漢口英租界，局勢已較爲安靖，英領事署由華軍保護，陳友仁復聲稱，伊個人可担保無危險之事發生，故英人婦孺，實無遷徙，漢口美領事署，有美國婦孺多名，亦已他往，查九江方面之英人婦孺，其願他徙者，均已於昨日附怡和洋行之德和輪赴上海，又路透社六日北京電，駐華英使館之柯摩利及鐵治文兩員，現已往漢口公幹。

前方總政治部關於漢口屠殺事件之來電

△請軍民一致起來打倒英帝國主義

昨日總政治部接前方總政治部來電云，鄧主任，孫傑明主任，各軍政治部主任均鑒，本日工人協會會員在漢口一碼頭宣傳，被英兵槍殺工人十餘名，市民其五十餘名，及英租界武裝水兵千餘名分佈各街衢，并架設機關槍大砲，砲艦陸火戒備，有即行進攻武漢之勢，請宣告軍民一致起來，打倒英帝國主義，建設自由平等國家，總政治部秘書處，江（三日）印，

漢口事件之公憤（一）

△雪片飛來之反英通電

△黃埔同學會通電　（銜略）廣州艦隊未撤，萬縣慘案以生，英帝國主義冀圖破壞北伐，傾陷我中華民族運動之野心，途人皆見，故不惜出卑鄙手段，運用砲艦政策，近以我革命勢力長足進展，又在漢口無端施行屠殺，希冀壓制革命運動，使我中華民族永遠淪於黑暗痛苦之境而後快，本會在黨的領導之下，以打倒帝國主義實行國民革命爲職志，英帝國主義此種暴行，誓率本會萬餘健兒，與之周旋，努力促民衆提出之條件，完全實現，向望全國同胞，一致興起，撲滅此賊，則我中華民族之生命，得以保障，壓迫得以解除，臨電不勝迫切待命之至，黃埔同學會叩齊

△革命軍二十師通電　窮兇極惡之英帝國主義，屠殺中國人民，不知凡幾『五卅』『沙基』『萬縣』慘案，血尚未乾，本月三日，漢口總政治部宣傳隊，在英交界之江漢關附近演講，英租界英人又用武裝鐵甲車，慘殺華人百餘衆，查英帝國主義者叠次屠殺中國人民，用其一貫之炮艦政策，最近直接向國民黨猛攻，在天津捕本黨同志，並以笑裏藏刀的軟化政策，欲無條件承認二五附稅，接濟軍閥，延長戰禍，今在漢口行兇之事實發現，更是露出壓迫中國國民革命運動之猙獰面目，凡我同胞，應一致團結起來，爲慘案聲援，擴大反英運動，實行經濟絕交，廢除不平等條約，打倒英帝國主義，完成民族獨立，以雪先烈之恨，臨電憤激，不盡所言，國民革命軍第二十師政治部叩，齊印，

△廣州特別市黨部電　英帝國主義，現以吳孫兩軍閥相繼消滅，我黨勢力，北跨黃河，將使在華由不平等條約取得之利益根本搖動，即亟亟調遣砲艦集中長江，並力助奉張南下，推其用心，無非欲直接間接抵抗我國民革命勢力，與我中國革命民衆爲最後之決鬥，頃閱報載本月三日，英帝國主義者，竟又于漢口英界，慘殺我巡行愛國羣衆，死傷百餘人，警耗飛來，羣情悲憤，回顧萬縣沙基上海之血跡未乾，而爲害人類之帝國主義惡風，又張其毒燄，本黨部除率領萬餘黨員，竭力擴大反英運動，及積極宣傳此次慘案，使民衆瞭然知英帝國主義爲我們國民革命之大敵外，謹此電陳，敬祈我黨政府對英提出嚴重抗議，並實行收回租界，尤望全國同志，一致奮起，對英反抗，臨電憤激，諸希公鑒，廣州特別市黨部叩，

武漢政治消息彙誌

△整理各省電政
△各方代表之雲集
△軍校政治科已開學

（三）總司令以各省電政，不可無專員負責整理，故特任陸命鏗廷，爲粵桂湘鄂贛閩六省電政管理處處長，責以改善電政之責，

（四）各方代表昨到漢者，計有李鳴鐘，趙丕廉，蔣世傑，史之熙等，總政治部昨設筵宴，藉以討論進行計劃，

（五）中央軍事學校政治科已開學，全校學生二千餘人，男生二千餘，女生二百五十餘，男生概發步槍，女生則發給駁殼槍，裝束極齊整，我軍又多一殺敵幹部矣，

雜訊

英提案與各方面

△日本對英不滿
△張作霖垂涎附稅
△關會垂死復蘇

駐京英使提出表示允加二五附稅之說帖後，國民政府表示反對，並揭破帝國主義者之陰謀，但北方軍閥，則止求之不得，據二日申報北京電，三十一日夜關稅會議當會，專門委員亦被邀列席討論英國新提案，結果，甚有同情，因奉方主張關稅增加二五或五，無論何種方式成立，均可，關會認爲與英提案甚接近，故預定如英國新提案不能得各國之同情，則中國自行定期附徵二五或五，惟仍欲分撥於南方，仍由英人稅務司解送中央政府支配，或中央指二五稅發公債，以半數整理短期小債，半數作軍政費及內債用，聞者以總稅務司保管權不變更，非常贊同，至日本方面，則以增收二五附稅，於日本對華貿易大受影響，且以此爲英帝國主義合奉張之手段，未免有所反感，因此，對英頗示不滿，據八日柏林電，據倫敦消息，關於對華新提案之英日會商，現在東京進行，日政府以英國不允先開九國會議，遽行提出覺書，表示抱憾云，又八日東京電，日本政府，對於英國對華通牒態度，現尚未決定，至於所傳張作霖擬頒行附稅一事，據聞日本尚未接到正式報告，然聞該項附稅消息，倘告發表之時，日本政府或將行與英牒一併考慮，再或張作霖如不待允准便行開抽附稅，則日本政府將即提出抗議，並於抗議之中任出日本商人不繳納附稅云，

（二）

小通信

浙江革命青年同志會徵求會員啓事

啓者：際今怒潮澎湃高漲。已達浙杭。然我省內軍事政治經濟各情。則非外人所能洞悉。是我浙省內外革命青年同志。若不因地制宜。而於本黨主義政策之下有一嚴密堅固之組織。實不能發揚黨義。而過萌叛骸。會暫以本黨主義爲中心。本黨政策爲政策。凡我同志。甚希鑒察。踴躍參加。共策進行。無任欽盼！

通信處：中山大學學生寄宿舍三樓三十二號陳勉村

鄙人黃埔同學會館章五四四號被竊特此聲明作廢 劉立追

張鑑秋同志係第一學生隊第三隊九區隊何圖何營何連請迅通知以爲荷 李士選

遺失十九號長方火印假牌一枚因事關公物除呈報備案註銷外理合登報聲明作廢 第一學生隊二隊五區隊學季春

雷提三同志：請示通訊處！乘鑫尚在粵我已轉至本校政治部宣傳科服務 政治部宣傳科戴克恕啓

貴章遺失聲明鄙人前在操場失去二三三號證章除呈請處分外特聲明將該號證章作廢 何方平啓

中華民國十六年元月十一日（星期二）　黃埔日刊　（第三版）

題目

政治討論會結論（第五期第二次）

在軍隊（此處所云軍隊應是革命方面底軍隊）中宣傳兵士，是要爲他們自身底利益而奮鬥呢？還是要爲農工底利益而奮鬥呢？

（一）革命是被壓迫者團結起來打倒壓迫者而創造一個新社會底爭鬥。但革命必須武力，所以在被壓迫者團結起來打倒壓迫者底過程中，必然要產生一種武力——就是革命方面底軍隊。從此可知革命方面底軍隊應該是被壓迫者底軍隊。（二）革命是要爲被壓迫者利益而奮鬥的，革命底武力——軍隊當然也要爲被壓迫者利益而奮鬥。可是這種被壓迫者以工農爲最大多數最受痛苦，而革命又必需以他們爲主要力量。所以革命應爲工農利益而奮鬥。軍隊既是革命底武力，當然也應爲工農利益而奮鬥。（三）軍隊中底兵士，絕不是外來的，是由現在中國內底被壓迫者中產生出來的。這種被壓迫者雖由大工商業者，小工商業者及工人農人等階級所組成，然從他們中間出來當兵的，都是工人農人。這可說是他們最受壓迫而切望解放底一種表現。在此處，我們看出來了兵士個人底利益與農工底利益是有關係的。（四）在宣傳時，應該一面指出兵士原來的社會地位，同時又應該一面指出兵士底革命責任。從經濟地位去看，兵士底利益與工農底利益合一；所以他應爲自身利益而奮鬥，這亦即是說他應爲工農利益而奮鬥；他自身離開農工利益，也就無利益可言。從革命責任去看，他們受工農的供給，爲工農的武裝力量，應該爲工農利益而奮鬥。在這種狀況中說起來，他實在是爲工農利益而奮鬥底一種武裝力量，並不外於工農而單獨存在。

革命之路

一年來帝國主義對華侵略日誌（續）

葉書

三月十三日　上海英商怡和紗廠工人，因廠方不允參加孫總理週年紀念，發生衝突，相率罷工者約一千五百多人。

四月三日　廣東各界各團體，爲嶺南大學帝國主義當局，排除國民黨籍學生和工人事，一致起而援助。

四月八日　上海租界工部局勾通淞滬警察廳，將上海總工會總務主任王某某拘捕入獄，稱該會將於五月各紀念日舉行大規模之運動，故先下制止的毒手。

五月八日　廈門學生在街上分貼國恥標語，被帝國主義工部局捕去十三人，學生大憤，向領團提出抗議，並聯合各界恢復外交後援會。

五月三十日　上海各界舉行五卅慘案週年紀念，在租界各處大舉講演，尤以去年慘案發生的南京路爲最多，帝國主義者用水龍驅逐羣衆，並以機關槍相威嚇，但不敢再施屠殺，捕去學生數十人。

六月十九日　北京顧維鈞內閣勾結各帝國主義者，擬利用關稅會議，借外債一萬萬元，爲吳佩孚『討赤』之用。

六月廿四日　英艦司令費慈，無故封鎖梧州港口，企圖擾亂兩廣，破壞國民政府，後經各界嚴重抗議，其謀遂寢。

六月三十日　粵海關稅務司英人貝爾，致函粵海關監督，噏廣州市發生虎列拉症，擬通告各口岸，宣佈廣州爲疫埠，使外埠船隻畏疫而不能來，交通斷絕。此乃英人第二次企圖變相封鎖廣州口岸，以破壞省港罷工之陰謀。

七月八日　日帝國主義教唆所轄之滿洲經濟調查會，在大連開會。全場一致通過下列之十年大計劃：（一）滿洲鐵路增設之件，全幅線及其他鐵路，現在建築約六百哩，十年間可再延長二千五百哩。需費二億五千五百萬元。（二）既築之鐵路須改善設施。（甲）增設輸送能率。將滿洲鐵路線及撫順線修改完善，增加車輛，改良工場，添設操車場。（乙）聯絡鐵路之設施，將中東路改善；輸送之聯絡，務使中國所轄之滿洲鐵路，與日本所轄之滿洲鐵路車輛，互相聯結妥當，需費一億七千萬元。（三）改良港灣。大連，營口，安東，均築堅牢之三合石碼站，各站岸壁，亦均用石改築，需費六千萬元。（四）補助航業，定期航行之線，由大連通廣州，福州，廈門，汕頭，香港，上海，及日本內地北海道。芝路港，現定三十條線，日帝國主義對於中國的經濟侵略，在這個十年的大計劃中，表現出如何的兇惡猛烈！有人還以爲日本可以回到東方來，這眞是吳稚暉先生說的『直立着做夢』！

七月十七日　日帝國主義擴充關東司令權限，可不待中央飭令，自由在滿洲召集預備兵，供其指揮之權，並設專用兵器，彈藥，被服，糧餉倉庫。八月即實行。此乃日帝國主義鑑於去年郭松齡之倒戈，及年來奉系軍閥內部之衝突，萬一張鬍一旦倒了下來，日人便可由關東司令不待政府之訓令，直接出師滿洲，取其走狗奉張勢力而代之，可使滿洲朝夕之間變成第二個朝鮮！

八月三日　日帝國主義所召集的亞細亞民族大會，於今日閉幕。這是日人欺騙亞洲各弱小民族及中國的滑稽戲，從本月一日起在長崎演『三天，便閉幕了。到會的代表有百餘人。中國代表爲叛日派走狗蔡曉白等。當蔡等在大會中提起了『二十一條』，便被日帝國主義者目爲『不穩言論』！所以會議的結果是：（一）組織亞細亞國際聯盟，這個組織是大亞細亞主義精神所寄託的形式；大亞細亞主義就是日人企圖獨力佔據中國市場的口號！（二）組織亞洲銀行。並設一商業大公司以『增進』亞洲各國間之商業關係，各擬集資六萬萬元。（三）敷設跨越亞洲之鐵道二條。一由奉天至土耳其；一由海洲至土耳其。現在你可以看見，這就是亞洲民族會議所議決的三項方案，如果實現，那全個亞洲便完完全全成爲日帝國主義經濟侵略下的次殖民地！

同日，日帝國主義爲皇九商輪，打死小販陳阿堂，企圖拋屍匿跡。上海日紗廠工人五六萬人，聞此消息大憤，于八月廿日宣布總同盟罷工，全國各界亦紛紛通電援助。但此案至今尚未了結。

九月四日　廣州沙面英領，爲企圖破壞省港罷工，向廣東民衆直接用武力挑釁。于本日上午九時，將淺水艦兩艘由沙面直駛至省城西堤大新公司前工商檢驗貨物處河面。隨即下令將工商檢驗貨物處封閉。並派水兵多名上陸，驅逐省港碼頭之罷工飯堂，將所有什物搗毀一空。二時四十五分更調來淺水砲艦二艘，圖集省港碼頭。三時許又派出水兵五十餘名，攜同機關槍上陸，將省港碼頭佔據。其兇惡情形爲以前所未有。自此事發生後，全國各界憤激異常，一致通電反抗，國民政府亦對英領提出極嚴重之抗議。英帝國主義企圖以砲艦政策解決省港罷工及援助北伐軍後方的陰謀，至此完全暴露。但英艦終於全國民衆之反對及國民政府之強硬，終不敢輕於一試，于十一十二兩日，先後將兵艦撤退。於此事之前一日，汕頭，深圳亦有同樣的挑釁。此時英帝國主義已決心用砲艦政策撲滅中國的革命運動。不信，請看本月五日的萬縣大屠殺！

九月五日　英帝國主義者在四川萬縣利用不平等條約任意航行內河，不按行規，橫衝直撞，致撞沉民船數艘，淹斃人命數十，地方官楊森提出抗議。一味橫蠻不理，竟於本日將兩商輪裝成砲艦，開泊萬縣城下，用十二生的之大砲，野戰砲，硫磺彈盡量向萬縣城轟擊。結果：傷斃人民至五千衆，焚燬房屋至數千間，損失財產至數千萬，整個的萬縣城，頓時變成『腥血塗染的瓦礫場』！這不僅比五卅時的屠殺情形更兇惡慘酷十倍，簡直是近百年來世界史上未有之慘案奇聞！自此案消息傳出後，全國震動，情形之嚴重亦與五卅相彷，海內外各界莫不紛紛通電援助，各地罷工罷課亦日有所聞，並提出各項賠償要求，及制止英帝國主義的砲艦政策和行動。但此案亦與五卅一樣，誤於北廷的賣國外交，毫無結果。

九月十九日　英艦鴿號，在重慶用大砲轟擊在岸上之楊森軍隊。楊軍死傷不少。

九月廿四日　北京公使團在荷蘭使館開會，討論對付長江流域革命軍之進展。英使極力注意於軍事干涉，並援引拳匪之事實，慫恿各國與之爲一致之行動。

九月廿七日　張作霖顧問道伯欣在日謀大借款，

中華民國十六年元月十一日（星期二）　黃埔日刊　（第四版）

為奉張『討赤』之用。此事被留日學生聞之，群起反對，將趙驅逐回國。日帝國主義竟將起事學生馬紹援，陳鐵臣等十餘人捕去，加以毆打監禁。

十月十五日　駐滬英日美法各帝國主義者之艦隊司令，在滬會議，以維持航路為名，由英日美法意各國共派兵艦五十餘艘，開往長江武漢，向北伐軍示威。

十月十八日　英帝國主義地中海艦隊第三驅逐艦分隊，于本日到港，計九艘。共載飛行機二十餘隻，機關槍大砲無數。此項艦隊到港後，即陸續開往中國各口岸，向我全國民衆示威。

十月廿一日　美帝國主義軍艦九艘，及法軍艦二艘行抵上海，名為『保護』彼等在華既得的『強盜利益』！

十一月一日　布魯薩爾有中國學生五十餘人，為廢除中比商約舉行示威，比警用杆加以制止，被毆受重傷者數人，當場被捕者三十餘人。

十一月六日，中比商約，于本月二十七日滿期，北廷於本日下午六時，照會駐京比使，宣佈該約失效。但比帝國主義者始終不願放棄此項不平等條約。雖經全國人民之反對，而北廷輾轉拖延，唯比帝國主義者之馬首是瞻，初則容納比人延長六個月之要求，繼則順從比人之提議，將該約交海牙會公判，終無結果！

十一月十三日　天津英租界英帝國主義者無故封閉本黨市黨部，並捕去黨員十四人移交奉軍。英警尚佔住該黨部，以待拘捕繼來之黨員。這個事件是英帝國主義勾結奉張的具體表現，也是帝國主義者干涉中國內政一貫的鐵血政策，更是英帝仇視中國國民革命及領導這個革命的中國國民黨的鐵證。同時英帝國主義者並擬借五百萬磅與奉張，以為奉魯聯軍大舉南下『討赤』之用。這兩事件，已引起全國人民及國民政府之嚴重抗議，但被捕黨員終未釋放，且京滬報載十四人已被奉張秘密槍斃。

十一月十九日　中日不平等商約，本日期滿。北廷照會日使提出修改，（一）而公文乃付之秘密（！）。此種照會乃是賣國政府的官樣文章。日方已借詞拒絕，總之北廷向以「外崇國信」見好於列強，而今適足以切實能廢除此項不平等條約，實無異要求雄雞生蛋！

十二月十三日　北廷發出宣言，關稅會議不能再開。懸一年餘的關稅會議便在本日正式收場！按該會為各帝國主義者利用二五附加稅為口頭恩惠，來收買中國的資產階級脫離「反帝」戰線，同時用為和緩五卅後的中國革命潮流，而北廷則幾次欲利用該會借債及攫得二五附加稅，以繼續其禍國殃民的事業。

★　★　★　★　★

把一年來帝國主義侵略中國的事實，已扼摘得差不多了，但是再說幾句嗎？我想國家主義派曾琦之流，看了我這篇東西，一定要大「呼嗚」而特「呼嗚」起來，以為這一年來帝國主義者之所以不斷的侵略中國來，把中國人當牛宰，當豬殺，都是我們主張聯合蘇俄的結果！因為照國家主義者說，蘇俄乃今日列強所憎惡的國家，而與之往來者，必然要遭列強同樣的憎惡，而且要加以比憎惡還甚一層的屠殺！然而還好，中華民國十五年已睜着眼睛地過去了，而中國「這個瓜」究不曾被分。所以，我要在這裏鄭重聲明：不怕國家主義者預先把亡國的責任推到我們的身上來；不怕列強的憎惡和屠殺！只要中國的奴隸地位存在一天，我們仍舊敢努力去聯合『世界上以平等待我之民族，共同奮鬥』，去與帝國主義者決戰到底！

一九二六年最後的一天。（完）

宣傳與事實

宛希先

沒有這樣愚蠢的人，見空言之而不着實際的事，他永久相信；更沒有這樣糊塗的人，聽着宣傳和事實相反的話而還是歡迎。因此，宣傳和事實要打成一片，才能取得大多數人的信仰和擁護，這是成了一個鐵案的。譬如叛黨的西山會議派：（凡對此派表同情而反對總理主義和政策的右派份子，都在此內。）他們不是說他們是真正國民黨員，真正信仰三民主義的嗎？但他們只是口裏和筆頭的宣傳，而事實卻反對創造三民主義的中山先生的三大政策，——聯俄，聯共，農工——。不寧惟是，就是，中山先生的三民主義，他們亦合盤推翻無餘，如民族，民權，是要打倒帝國主義和軍閥，才能實現，而他們竟幫助帝國主義走狗——軍閥，官僚，土豪，劣紳，買辦。——以圖根本消滅民衆革命勢力，將陷民衆於烈火沸湯之中，至若民生主義，那就更談不上了。所以，叛黨的宣傳，不但大多數人不相信，并且還使革命民衆大加輕視和反對。又如賣國的綠林強盜派：（奉張魯張……等）他們看着北伐軍因得民衆的幫助而得到勝利——佔領湘鄂閩贛！——他們也就妙想天開，委出什麼何海鳴做他們所謂的「反赤宣傳總司令」，藉以鼓惑人心，文飾己過，大幹其反赤宣傳。可是他們的罪惡太作多了，太實太彰明了，有誰來信他說的呢？我真有點替何海鳴着急。倘若他——何海鳴——！向民衆宣傳，說黨軍主張「共產」「公妻」。民衆若反問他（何海鳴）：「奉魯軍到處奸擄殺掠，強用軍票（軍票乃不兌的廢紙）強佔民房，就是「反赤軍」的二號頭目張宗昌亦曾在北京強佔別人的妻女，（大京官莊蘊寬之女與媳。）還不是「共產」「公妻」麼？黨軍秋毫無犯，軍紀森嚴，所到之處，民衆轍得到利益，怎末自家「公妻」，偏說人家「共產」呢？我甯可「赤化」而不「綠化」」（張作霖張宗昌輩都是綠林強盜）」我不知何海鳴要怎樣答覆民衆？

糊塗的強盜（奉張魯張及何海鳴等），他們只知黨軍以宣傳制勝，而不知道黨軍宣傳，是以解除民衆痛苦的三民主義和本黨政綱做根據，而且是很着實際的去實行所宣傳的主義和政綱，并非他們徒託空言只造謠說別人『共產』『公妻』而自已卻實行他們綠林式的『共產』『公妻』主義。這種勾當，民衆早已領略到了。除了吃糞長成的國家主義者鼓掌歡迎，誰來聽他的狂吠呢？

在這一兩個例證中，我們就相信宣傳和事實，是不能離開的。因此，我們已經決議的爲民衆解除萬分之一痛苦的最近政綱，就要馬上實行，決不可視爲二十年後的事。因爲民衆只認識事實，假若我們所宣傳的，馬上沒有事實表現，則我們所得的廣大民衆勢力之擁護，亦不難失掉。同志們！我們切不可只有宣傳的理論，而無實行的事實！

新的十六年來了

第二學生隊二十四區隊萬鳳梧

新的十六年來了，我敢說，凡是認清了中國現在社會經濟政治情形的人了解中國國民黨的主義和政策，而實際參加中國現在國民革命戰線的人，都很驚異的說『十六年又完了，我們的工作呢』？

我們知道：在民國十五年的事業，已經告了結束了。我們革命黨人，與十五年的社會各方面的主人算了總帳，現在我們要照常經營我們的職業，使我們的生意不致消沉下去，或者還要根發揚而光大之。把我們的職業範圍擴大起來。可是我們在這種條件之下，在這個開始營業的期中，我們對於自己，我們對於我們的顧主，我們對於我們的東家，及我們的隣主；應具備些什麼條件，和我方我法，去發展我們的職業，補充我們的實力招徠我們的顧主，接洽我們的隣賓呢？換句話說，就是我們在民國十六年開始的時候，我們對于我們今年的革命工作應定什麼週密的計劃，準備什麼材料和力量，去發展我們的革命勢力，擴大農工的組織和訓練？

同志們！切不要因北伐有了小小的勝利，便滿足了呵！我們的敵人，還多着呢？我們的勢力範圍，現在還僅僅只有半個中國。抬頭看吧：國內的敵人，——武裝的敵人——也不過只打倒了最大的兩個。——吳佩孚，孫傳芳——還有兩個我們的死對頭，——張作霖，張宗昌，我們不打倒他，他就要打倒我們。

國外的帝國主義者呢？時時刻刻唆使其某一部分的走狗，牢爭牢鬥的來抵抗我們，有時在可能的時候，竟敢用大砲或是機關槍，來打死我們；使我們的勢力，永遠消滅下去。好繼續維持他在華八十年來侵略我國的優越地位。回頭看吧；自北伐以來，所收復的軍隊，和投機的大小軍人，現在雖是躲在『青天白日』之旗下，中國國民黨及國民政府的勢力範圍內，隨着我們的同志，喊着革命的口號，唱着革命的高調；但在實際的革命工作上，恐怕誰也不敢承認哪一個是中國現在的徹底革命者呵！我們只可以說他們是藉革命來建築他們的飯碗和地位罷了。但是我們再低頭一看中國現在的群衆吧：除廣東有八十幾萬有組織的農民和三十幾萬有組織的工人外，其餘如湖南，湖北，河南，江西，福建，安徽……等省的民衆，組織和訓練，（湖南較好）尚幼稚的很！

同志們：以上幾件工作，都是我們要在中華民國十六年的進程中，應計算着，準備多少熱血去流在帝國主義者和軍閥的面前，及怎樣去打倒帝國主義和軍閥！對于全國廣大的民衆我們應準備着多少氣力和材料，去組織他們，訓練他們，使他們趕快團結起來，參加國民革命的戰線，促進中國國民革命成功的速度。對於一班收復的軍隊和投機的軍人，我們應該想方法使他們參加革命，確定他們的革命人生觀，這些都是我們在革命進程中，民國十六年的歷書揭開時，就要確定的工作計劃；猶如商人對于一年的統計一樣。在新的年中，要準備着多少實力去營業；和計劃着以幾多部分去做賒帳？幾多部分去做來往？幾多部分留在店中旋轉活用？幾多部分去購買貨物，應與賣主通融多少？在營業的時候，應怎樣拉攏能與我合作的商人？怎樣抵制與我不利的仇人？及店主夥友應如何巧得買主？以暢銷我之貨物，擴大我之營業範圍，……等等計劃，應一樣週密，才能于民國十六年最末的一日，總結束的時候，有好的結果和成績；才是不至過了民國十六年的三百六十天，和枉耗了我們一年奮鬥的精神呵，

同志們：「一日之計，在於晨，一年之計，在於春」，請記着吧——尤其是黃埔軍校的同志們！請記着吧!!

一九二七，元月三日寫于本校

中華郵政特准掛號立券之新聞紙　中華民國十六年元月十二日〔星期三〕〔第一版〕

黄埔日刊

中央軍事政治學校出版　第二三三號　本刊每份定價一分

以後怎樣幹？

教授部啓事

徵文啓事

列甯逝世第三週年紀念徵文

繼漢口而起的九江事件

本校及特別黨部爲漢口案通電

晉遵總理遺囑

浙江戰訊沉寂

本校特別黨部定期召集聯席會議

吳逆殘部之分裂

雜感

痛崔舜琴同志

問答

中華民國十六年元月十二日〔星期三〕黄埔日刊〔第二版〕

九江英兵聚毆工人之軒然大波

漢口現狀

孫傳芳倒行逆施下之上海

漢口事件之公憤

後方政治工作聯席會議紀要

滬會審公廨收回以後

美使回國與美艦來華

中華民國十六年元月十二日〔星期三〕黄埔日刊〔第三版〕

革命之路

總理紀念週報告

開了黃埔同學會小組會以後

〔中華郵政特准掛號立劵之新聞紙〕 中華民國十六年元月十二日 〔星期三〕 〔第一版〕

黃埔日刊

中央軍事政治學校出版

通信處廣東黃埔本校政治部

（第二三三號）

〔本刊每份定價一分〕

徵文啓事 本月十七日爲湖南勞工運動首先犧牲者黃愛龐人銓被殺六週年紀念，本刊『革命之路』欄，特刊『黃龐紀念號』，如蒙惠稿，請於十六日午前交到爲盼，遲則不及排入。

列甯逝世第三週年紀念徵文

本月二十一日爲世界革命的導師蘇俄十月革命的領袖列甯逝世第三週年紀念，本刊編印紀念號，茲特鄭重徵求關於紀念列甯同志的文字，請於十九日午前交到本校政治部宣傳科編纂股，以便排印。

恪遵總理遺囑

總理遺囑

余致力國民革命，凡四十年，其目的在求中國之自由平等，積四十年之經驗，深知欲達到此目的，必須喚起民衆，及聯合世界上以平等待我之民族，共同奮鬥。現在革命尚未成功，凡我同志，務須依照余所著：建國方略，建國大綱，三民主義，及第一次全國代表大會宣言，繼續努力，以求貫徹。最近主張：開國民會議，及廢除不平等條約，尤須於最短期間，促其實現，是所至囑！

本校本週口號

認識黨的必要！
發展黨的組織！
要能宣傳民衆！
要能組織民衆！
勵行三大政策！
勵行最近政綱！
防範敵人陰謀！
不可自驕自滿！

日評

◎繼漢口而起的九江事件

雲彬

漢口事件未了，九江事件又發生了。我們要注意這兩樁事件的起釁都是英國人；換句話說，都是英帝國主義者直接向我民衆挑釁。九江英兵艦的開炮示威，尤足以顯露英帝國主義者的本來面目。如果九江民衆勢力不是這樣的偉大，那第二次的萬縣慘案立刻就會在九江發生！

我們更推求慘案之所以接續不斷的發生，其根本原因在久假不歸的所謂『租界』和外艦自由航行內地。現在我們應該以偉大的民衆力量，爲政府後盾并督促政府，縱一時不能立刻把租界及治外法權完全收回，在最低限度內應該立刻辦到以下的幾點：

（一）、租界內我們的軍警維持治安；

（二）、華人在租界內行動（如遊行結社開會出版等等）應絕對自由；

（三）外艦航行內地，應有限制。

現在我們絕對不能讓步了！祗有英帝國主義者表示讓步，才有了結。

校聞

◎本校及特別黨部爲漢口案通電

△督促國民政府不稍讓步
△更加擴大對英經濟絕交
△排除英國在華武力之存留

本校及特別黨部昨爲漢口英水兵槍殺漢口民衆事特發通電云，中央黨部國民政府各省各級黨部省政府各機關各團體各報館及國內外一切男女同胞公鑒，自國民政府本於黨的主張，出師北伐，克服長江南北以來，革命軍與革命的民衆日益密結而勢力强大，英帝國主義欲救其工具吳佩孚孫傳芳旣不可能，在粵蜀直嚴施其砲艦政策屠殺逮捕伎倆而皆遭失敗，不謂近於一月三日更敢在我國民政府近地之漢口，又發狂而演出新慘劇，殺死我政治部宣傳員一人，傷一百六十人以上，這顯然是英帝國主義者嘗試我北伐勝利後之民衆和政府是否可以侮辱，以備向我革命勢力作新的進攻，這暴舉又是帝國主義者新陰謀的暴露，這正是告訴我們革命的民衆：帝國主義一天不完全打倒，便不容我們革命的工作稍息或不努力，我們若不防範它的陰謀到底，若不奮鬥到底，便必然有上它的當受它的反噬之危機，但是同時又在經過事實上已證明了，我們革命民衆和政府只有愈加反抗，決不能甘受或退讓，我們必然要更加擴大對它的經濟絕交，必然要爲了公共安全而進行排除它在華武力之存留，我們要從實力上使它認識只有它走退讓之路才有了結，當地民衆已經强硬地反抗了，黨和國民政府已經與民衆一致行動而提出嚴重抗議，並實行派軍警入駐英租界了。我們全國的同胞，我們全國的黨員，我們全國的革命軍人，不是都有一樣抗爭的責任嗎？還不都要起來加緊經濟上軍事上的奮鬥嗎，當然非一致奮起共同對付它不可，起來起來！我們一方督促國民政府不稍讓步，一方我們民衆要在經濟政治軍事各方面使它動轉不得，并要宣布它的罪狀於世界，喚起他的殖民地民衆和它的無產階級，使認識英帝國主義的兇惡，而與我們聯合起來加緊革命！起來呵！奮鬥呵！中央軍事政治學校及本校特別黨部叩佳，

黨務

◎本校特別黨部定期召集聯席會議

本校自第五期升學，六期入伍生招進後，所有各級黨部，除教導隊及學生軍外，已先後組織就緒，現特別黨部以各黨部成立伊始，一切黨務亟待進行，定于本月十日召集第一第二第六各學生隊，校屬部處各級黨部執行委員，及各小組組長聯席會議，討論一切黨務進行事宜。又沙河入伍生一團各級黨部執行委員，及小組聯席會議已定于本月十五日召集，東莞入伍生二團亦定于本月十七日召集同樣會議，以策進黨務云，

軍事

◎浙江戰訊沉寂

△上海不能得確實戰訊
△各路戰事似漸激烈
△何軍長準備尅期入浙
△入浙後之福州留守問題

關於浙江戰訊，上海各報以在孫逆壓迫之下，不敢披露眞消息，但截逆軍方面之戰報，卽偶有一二眞消息，亦被電局扣留，故無從探得，但據孫逆方面之戰報以觀，則戰事似漸趨激烈，浙局解決，當不在遠。東路指揮何軍長應欽，已準備尅期入浙，昨香港大光報汕頭電云，蔣軍攻浙，係採急進主義，以期最短時間攻下杭州，現相持於富杭路間，東路總指揮何應欽已準備尅期入浙，以便與周鳳岐會策應，惟福州現當初定之際，留守不可無人，其始本委定張貞爲福州衛戍司令，卽留張部守閩垣。而率第三師第十四師，及第十七軍第二第三兩師，並民軍各部，約五萬人入浙，嗣以第三師譚曙卿部自閩粵開戰以來，異常出力，因之傷亡特多，應予以相當之休息及補充，故改令張部隨軍出發，而令譚部留守，並令譚以第三師長名義維持閩垣治安，不再別立名目，惟汕頭日來盛傳代理潮梅警備司令何輯五將奉何應欽命入閩，負留守閩垣之責，經訪員向各方面切實調查，並無其事，何氏將不日正式受任爲潮梅警備司令，坐鎮潮梅云，

◎吳逆殘部之分裂

△高汝桐部通電反吳
△任應岐部被繳械說

九日上海電訊，靳雲鶚被免職後，表面制止所部勿反吳，但高汝桐部劉旅通電反吳，後在遂平西

（一）

啓事

教授部啓事 敝部一等勤務兵陳振去年十二月卅日在蝴蝶崗抬運物將所佩四五七號符號遺失除處罰另請發給外該兵遺失四五七號符號理合聲明作廢

李萬英 顧岡奇 盧士英同志你們現住何處請給我一個通訊處 深圳入伍生二團四連盧香歐

吳肅僚兄我聽說你來廣州已經考進入伍生！不知編在何團營連請來函告知我罷 第二學生隊二十二區隊衛乾夫

張世恩，楚强東兩同志：你們現在何處？請示知，我現下在石龍入伍生第二團三營十一連 魯樹邦啓

杜明錫同志：你現在何部隊，請示知！ 第二學生隊第二十三區隊馮恆武啓

陳星爾饒福憲兩同志聞兄來粵投考本校不識現入伍何團營連及駐防地方見報後希卽函達我爲要 第二學生隊第二十二區隊陳昂

楊長海，裴建唐，劉向榮，三同志！知已分發前方，但不知在何處？別久甚念，見字後，請卽示知爲盼。 入伍生第一團第一營第四連梁子魁

中華民國十六年元月十二日〔星期三〕　黃埔日刊　〔第二版〕

平一帶，與寇英傑田維勤等部頗有接觸，王爲蔚部已抵鄭州，昨奉吳佩孚令開拔南下，堵擊髙部，又訊明港任應歧態度不明，被田斐團剿，六日悉繳械遣散，

政治

●九江英兵聚毆工人之軒然大波

△英兵聚毆碼頭工人　△英砲艦鳴砲示威　△羣衆擁入租界　△我軍開入租界　△英人自相驚恐

九江於六日發生英兵圍毆工人，引起數萬羣衆之公憤，英兵船復開砲示威，愈激起羣衆憤怒，七日晨羣衆衝入租界，英人自相驚擾，避入英艦租界，現由我軍維持治安，昨日總政治部已接漢口及九江來電報告，茲將兩電錄下（一）漢口來電：限即刻到，總政治部孫主任劉科長鑒，（一）漢口英租界爲我軍駐守，秩序完全恢復，（二）九江于六日又發生慘案，係工人與英兵衝突，英人微傷三人，工人死傷尙未查悉，詳後電，（三）蔣總司令鄧主任已由南昌起程，不日到鄂，各界準備盛大之歡迎，特達，澂輝，（二）九江來電，廣州李總參謀長鈞鑒，孫炳文同志大鑒，達廣，（七日）奉總座令，來潯辦九江英案，據各方面報告，此案起因，於魚（六日），一碼頭工人在租界與一海關英人之衝突，此英人嗾其黨羽，並暨英兵聚毆，此工人因傷倒地，因此激動在場華人之憤怒，變爲華英羣衆互相衝突，幸軍警馳至調解，未有巨大之傷亡，但此時英兵船忽放炮二响示威，並將沿岸馬路交通截斷，致羣衆愈憤，虞（七日）晨，遂以羣衆力量破除交通上之障阻，以圖打通口（電碼不明）江一帶道路，英人見狀，自相驚恐，上駐潯英國兵艦躲避，並由英領事要求賀師長負保護租界之責，賀師長即派兵赴租界彈壓，一時在租界之羣衆頗形慌亂，幸得各級政治部之人員，極力演講勸告，羣衆始漸散去今（八日）晨演達親赴租界視察一切，頗爲安謐，現已商賀師長委龔團長爲租界臨時守衛司令，協同周交涉員，暫時管理租界內一切事務，民衆方面亦己贊同，此種處置，此後當不至更生事變，演達因佈置就緒，已定於今晚返昌謁總座，鄧演達叩，齊（八日）印，

●漢口現狀

△租界秩序已復　△公部局等處均懸青天白日旗

九日上海電，漢口英租界華軍已撤，祇留一營，協同糾察維持秩序，交通恢復，郵局海關已照常辦公，英商工廠仍工作，惟銀行洋行暫停，江輪亦未復開，臨時管理委員會已成立，知照英領事，在代管時，英僑生命財產當任保護，又訊，漢英界秩序已回復，八日晨，將糾察隊撤退由公安局武裝警察隊單獨維持，已由管理英界委員會主席陳友仁，委鮑仕華爲公安處臨時主任，指揮警隊，又七日路透社漢口電，國民政府外交部長陳友仁，本日下午三時，與漢口著名英僑討論時局，陳友仁聲言國民政府之力，足以應付大局，保證美僑無庸驚惶，又八日路透社上海電，日人漢口消息，漢口工部局巡捕房及各公署等，均懸青天白日旗，又七日路透社漢口電，英租界各行政署均歸華人掌握：巡捕房及工部局均由華人管理，

●孫傳芳倒行逆施下之上海

△神州報經理被捕　△民國日報又被封　△蔡元培等走避

滬訊，滬民國日報九日晚又被封，神州報經理蔣裕泉，昨被捕解司令部，經衆保放無效，又訊，孫傳芳令通緝許士英蔡元培褚輔成董康馬湘伯張仲仁等七十三人，內記者四人，蔡元培等已走避，

●福建臨時政治會議各委員就職

福州來電，各報館各社團公鑒，本日下午三時福建臨時政治會議代主席何應欽，委員江董琴，戴任，何玉書，陳季良，方聲濤，黃展雲，丁超五，王允恭，在總指揮部行就職禮，東路軍總指揮政治部主任，兼第一軍政治主任江董琴，同時福行宣誓典禮，特聞，總政治部祕書處，江，

●漢口事件之公憤（二）

△粵省黨部等通電反英

▲廣東省黨部電　（衛略）英帝國主義者，一再實施其砲艦政策，迭次發生各地慘案，血跡未乾，國人正奔走呼號，誓滅此賊，頃接電信，驚悉本月三日，英帝國主義者，又於本黨政府所在地武漢之英界，慘殺我愛國巡行民衆，死傷百餘，兇耗傳來，羣情憤激，英帝國主義者，迭次槍殺我國民衆，陰謀未戢，此種事實，其兇狠手段，證明猛烈向本黨進攻，最近如無條件承認二五附稅，無異接濟軍閥擾亂中國，此次慘案之發生，希冀藉此壓迫革命運動之進展，使中國永淪黑暗之境地，關係黨國前途，至爲重大，凡我同胞，務須一致奮起，爲慘案聲援，繼續兩年來反英之精神，擴大反英運動，本會謹號召全省三千萬民衆，誓爲後盾，并請我黨政府對若提出嚴重抗議，臨電悲憤，不盡欲言，廣東省黨部叩，

▲前敵將士來電　各報館轉全國同胞均鑒，閱報驚悉漢口新年演講，英帝國主義者水兵登陸，屠殺我同胞多人，惡耗傳來，曷勝憤痛，在此青天白日之下，竟有此慘無人道行爲，視我同胞之生命，直蟻螻之不若，其野蠻殘酷手段，較諸未開化之生番，猶有過之，此種慘劇，一演再演，我同胞苟不急起直追，以求救援，瞻望前途，直不知死所矣，俊等聞此惡耗，劍及履及，恨遠隔在伍，軍命在身，未能披髮纓冠，親往援救，嗣當厲兵秣馬，鼓勵軍心，誓與英夷不共天地，決于最短期間，肅清國內軍閥，再進與英帝國主義者決一死戰，務達打倒帝國主義目的，爲我被害同胞雪恨復仇，我爲中華民族圖謀解放，除電請政府嚴重交涉外，尙望各界同胞一致聲援，爲我政府後盾，臨電不勝憤激之至，國民革命軍東路軍第一路指揮官王俊，第一師師長薛岳，第二十二師師長陳繼承暨佐士兵同叩，齊印，

▲廣東總工會通電　英兵無理干涉我民衆聽講，傷我多人，彼英帝國主義者，顯係有意挑釁，以砲艦政策相壓迫，我粵工人，憤激萬分，誓爲政府交涉後盾，務望嚴重抗議，照漢口農工商學各界提出之六項辦法，完全貫澈爲禱，廣東總工會執行委員會叩，佳（九日）

▲總司令部黨部通電　（衛略）鈞鑒，我黨政府初駐武漢之際，不幸英帝國主義者繼續上海沙基萬縣大毒殺之獸行，竟悍然於元旦國慶紀念日慘殺我漢口革命運動羣衆，是何等痛心之事，願我政府嚴重交涉，預備以武力爲後盾，并全國民衆一致起來擴大反英運動，以制英夷之死命，最後勝利，終屬我們革命羣衆所有也，總司令部別特黨部第九分部叩，庚，

●後方政治工作聯席會議紀要

一月十日總司令部政治部召集第十六次政治工作聯席會議，議程如下，（一）齊集，（二）宣讀總理遺囑，（三）主席報告各種經過情形，（四）提案1.反抗英人在漢口大屠殺案，以六日九江亦有同樣事實發生，決議組織反對英帝國主義在漢口九江屠殺運動委員會，並致電英國勞工會轉各工會暨全英工人，促其與我民族聯合起來，（原電經正後另行發表）2.如何促進建設廣東模範省案，3.請取締本市當押高利盤剝當九贖十三案，4.請報界廢除陰歷案，及其他臨時提案，均分別表決，（五）茶會，（六）散會，

●滬會審公廨收回以後

△於元旦日正式接收……改稱臨時法院……院長由孫逆委任……仍援用公廨暫行條例……孫逆下令緝捕

上海會審公廨，於元旦日正式接收，改稱臨時法院，由孫逆傳芳電委徐維震爲院長，徐氏於元旦蒞職，對人宣言，法律方面根據協定，仍用公廨暫行條理，據六日上海路透社電，上海華人住客聯合會，宣言否認，原電照錄如下，此間華人住客聯合會，自稱是代表華人言論，及謀上海自治之進行，昨發出宣言，否認新設之臨時法庭，因其是歸孫傳芳管轄，孫傳芳昨下令將該會之爲首者二十八人緝捕，彼等均是著名人物，現避於租界云，（編者案：關於滬會審公廨收回之內容，可參看昨日本刊日評，此稿因昨日稿多被擠，今日補登於此，）

●美使回國與美艦來華

△美使回國請示　△亞洲艦隊總司令帶艦來華

日人消息，美使因贊成英新提案，但各國反對，決七日回國請示，頗引起各國之注意云，七日路透社小呂宋來電，美國亞洲艦隊總司令韋士定明日（八日）乘（畢珠堡）號赴上海，又九日華盛頓電美國駐亞洲艦隊總司令威廉士提督，經奉命往上海，察視情形，美國海軍部總長威路巴君謂，任由威廉士君欲帶若干艦前往云，小呂宋電，威廉士提督，奉命後將乘必士堡艦赴上海云，

（勘誤）昨日本刊新聞『二五附稅與各方面』應入政治一欄，誤排入雜訊欄，合應更正。

（二）

小通信

生於去年十二月廿四日失落入伍生第一團十七連四十號符號一枚特此申明作廢。黃汝劼

李喜純同志：你幾時入伍？編入何團何連？現駐何地？望速示知！

拔山紹汾二同志：現在何處服務？乞示知。東園糾察隊軍士隊朱英

學易尊禮遠志爲邦澤民輔仁潤溪燦着兆光鵑嵩諸同志現在何處服務？請示知本校第二學生隊二區隊朱英

逕啓者：茲接具名逕啓者由柳州來電，各同學請速負責，處無從核辦，本校各同志如有知上項情事者請予接洽爲荷。本校祕書處啓事

員顧安宜王佑華，徐生瑞，劉潤和，孫樹倫諸位現在何地，請速示知爲要。田宏海石龍金錢李東園卓伍愈子賀王寶祺楊俊余特訓練所幹部隊李葆蔚

此信係于由東莞來信，後諸兄已考取入伍生但不知編在何部隊，請示知。本校第二學生隊廿三區隊石維琪

中華民國十六年元月十二日〔星期三〕　黃埔日刊　〔第三版〕

題目

革命之路

總理紀念週報告

方鼎英

今天民國十六年的日子雖僅有十天，而紀念總理的日子可是已爲第二個」，試問我們以前的毛病，是否益革」去？新的毛病，已否再生了沒有？換一句話來說，就是我們費了十天的光陰，退化了些甚麼？進步了些甚麼？退化了的原因在那裏？進步了的益處，究竟是怎樣？望大家要反省反省，打算打算，

鼎英計自害病以來，爲時已四個多月，原以重傷風當中，不能調養，說話太多，致聲帶受傷，腫紅且黑，雖經醫生嚴囑，不要說話，但以責任所在，不說話萬不可能，就至今猶是每次想說話的時候，總要請人代說，我對於我個人的晦氣，本是可慮，但環顧全校的情形，總覺得所害毛病，實比我個人毛病，大得多，所以遂將個人的毛病，丟在一邊，雖有家人和醫生的警告，總覺得學校有毛病的恐懼，比個人有毛病的恐懼大得多，望大家猛省呀，學校的毛病，就是我們大家的毛病，願大家莫只知教育長害喉病，不能大聲說話，須知大家的毛病，如不赴快的調治下去，恐怕會不能吃飯」，請問大家，到底是我個人不能大聲說話的毛病大些呢？還是大家不能吃飯——就是黨的生命，發生危險的毛病大些呢？這個黨的危險在那裏？我且先就國際與國內的政治情形，略述之後，再來批評一下，

(一)國際情形　帝國主義本來建築在資本主義之上，一切政治侵略，武力侵略，都不過是達到經濟侵略的目的，我們要打倒帝國主義，對於他們的經濟情形不可不首先明白的，現就很顯明痛切的幾國，略說一下，美國在十年前，本居於債務者之地位，現在一躍而操世界的經濟權，國無大小，無不告貸於美國，除政府的貸款不計外，美國純粹投資於國外企業的，如在加拿大及鈕芬蘭，約爲二十五萬萬五十萬元，在南美及澳非二洲等處，爲四十一萬萬四十萬元，歐洲爲廿一萬萬餘元亞洲爲七萬萬二千萬元，合計約九十五萬萬餘元即如去年一月至六月，六個月之中，美國聚集之資本家，已達六十萬萬元，爲數之鉅，實足驚人，美之資本帝國主義，實將壟斷全世界的金融而有餘，這種發達到極點的現象，也就是將來爆裂最快的現象，這是可以斷言的，一英國自去年煤礦能工後，經濟地位，更一落千丈，因爲英國的煤礦業，實占全國工商業上最重要的地位，一旦歇業，則各種生產，俱連帶停頓，統計損失不下五十萬萬元，現在直接失業的工人，仍達一百二十餘萬，國家爲救濟是項所費的補助費，已超過預算約八萬萬元，其損失之鉅，即可想見，他想要彌這種損失，就極力的向殖民地及次殖民地，猛力進攻，所以對於中國，就日益進行他的砲艦政策，沙基的血跡未乾，繼之以萬縣的慘案，現在更變本加厲在國民政府的首都竟肆無忌憚的槍殺我遊行羣衆」，昨接漢口農工商學各聯合會通電，英水兵武裝登陸，立斃慶祝新年的演講員一人，重傷十餘人，輕傷百餘人，狠心毒手，極惡窮兇，舊鬼方啼，新鬼又哭，這眞是我們國史上最傷心的第一頁，諸君是永久不要忘記的，他這種砲艦政策如此的兇猛，也適足以見其經濟衰落，地位動搖，表示「圖窮匕見」「技盡黔驢」的樣子，也就是英帝國主義快要崩潰的日子到了，我們要臥薪嘗胆，明恥教戰，憑着一腔熱血，仗劍復仇，總要使八十年來侵略我們的深仇宿恨—英帝國主義者有被我們打倒的一日，這才是能彀盡我們「革命先鋒」的責任，」至於日本的經濟地位，固然趕不上美國，然本年度的預算，已達一十七萬三千五百餘萬元，比較去年已增加九千萬元，預算澎漲，輿論鼎沸，其對外貿易，出口貨共值三萬萬七千萬元，入口貨共值一萬萬六千萬元，對華貿易入口貨不過二千一百萬元，出口貨則已數倍於此，其對於東三省之經濟侵略，因爲有他的順臣—軍閥在那塊儘他的利用，爲他的走狗，所以造成日本在東三省的特殊地位，其設置之銀行，如正金朝鮮二行各有資本在五千萬元以上，此外如滿州長春南滿等銀行不下十數家，資本均在百萬以上，東三省的經濟權即此已可歸入他的掌握，礦業投資，約略計算，已爲三千五百萬元，如撫順之礦，蘊藏無烟炭有十一萬萬噸，含油片巖共五十五萬萬噸，至少可練油一十萬萬桶，現在開採製賣等權，完全歸於日本南滿鐵路公司，其他森林農產鐵路航行，日本無不壟斷獨登，投資經營，均各在千萬元以上，時到今日，我們老實說一句，東三省實際上已非復我們中華民國所有，而現在盤踞奉天之軍閥不惜爲虎作倀，引狼入室，年來益相勾結，藉以維護自己的地盤，直舉東省大好河山，歸於日本圖籍，東省數千萬民衆，歸爲日本臣民，眞不啻視日本爲太上天皇，即以反奉戰爭而論，郭松齡倒戈，日本明目張胆的助張剿滅，已足爲奉張勾結日本的鐵証，慶父不除，魯難未已，奉張不滅，東省必亡，我們要打倒資本帝國主義，對於他的走狗實有首先打倒的必要，這是我們所要引爲己責的地方，

(二)國內情形，近來自鄂西閩北問題解決之後，湘鄂閩贛老早完全歸入國民政府統治之下，殘餘的吳軍閥，蹈踏河南，靳雲鶚魏益三陳文釗已宣佈與之脫離，質妻證子，輸誠我方，吳巳下令免靳，更足證明，國民軍自攻下觀音堂後，已聯絡樊鍾秀三路進攻洛鄭，黃河以南，旦夕可平，吳佩孚雖欲息影雞公山，已是萬不可能了，孫傳芳自贛戰失敗，反顏降奉，卑詞乞援，引奉魯軍南下，不特蘇浙皖人民反對，抗稅區域，已達二十餘縣，其殘餘部下，更相卒瓦解，盧香亭已懷恨遠去，周鳳岐更明白反戈相向，現何軍長由閩入浙，我一二各軍與周鳳岐及陳儀舊部更分三路攻杭，校長已限令各軍在一星期內攻下杭城，浙事亦不久可定，孫傳芳的殘餘命運，亦在頃刻間當宣佈死刑了，至於奉張，雖正在搖旗吶喊，大顯淫威，而其內部的分裂，實已愈益顯著，據報載他的智多星—楊宇霆，及其總務廳長鄭謙之能免，更足以使其內部動搖，因此斵匪猖狂，奉票低落，郭松齡舊部思亂，晉閻暗地趨向國民軍，已是四面楚歌，危機隱伏，張軍閥的運命，當不久與吳孫相同了，現在照上所說的來看，我們的勝利，已是很有希望，這種希望，都是總理的精神寄託，校長親冒鋒鏑，艱苦奮鬥，及前方同志爲黨犧牲的鮮血所換來的，我們在後方安心講學，當如何憂勤惕厲？才可以對得起校長，對得起各死事的同志啊，（未完）

開了黃埔同學會小組會以後

第二學生隊二十四區隊　萬鳳梧

會長之所以成立黃埔同學會的苦衷，並不是爲了要把黃埔同學團結在一個指導之下，來抵抗那一部分的八和努力；實在是因爲我們的同學在意氣上有了許多衝突，鬧什麼孫文主義學會派，中國軍人青年聯台會派的分歧，所以才組織黃埔同學會。這一層想許多同志早就能諒解會長和知道會長的苦衷了。會長又在黃埔特別提出「團結精神，統一意志」的口號，都無非是要我們的同學個個能團結統一在革命的戰線上，不致因個人或一部分人的意見衝突，而分散了黃埔的精神。

我們在入伍生的時候，尚未與同學會發生若何關係。自十月十五日開學以後，一天學術科從早到晚，共計八點多鐘，忙得要命，脚不停留的整天跑步。那裏有一點休息的時間呢？就是晚上自習的時候，也還要忙着一天的功課，和外面同志向的交際事宜。可是我們于這樣百忙之中，每一星期還要停止功課和一切事情，留出一個時間去開黃埔同學會小組會議。在這種情形之下，我們就知道這個小組會是如何的重要了；所以會長，要我們都在黃埔同學會的訓練中，團結起來，使每個黃埔同學都能站在國民革命的戰線上，爲着全中國全世界被壓迫的民衆奮鬥犧牲。我們小組會使命，也就是跟着這一點來訓練，團結，統一黃埔同學的精神和意志的。

同志們！這個小組會意義的重要和偉大，不只是黃埔同學自身學業的進步上所必需；而且

中華民國十六年元月十二日　〔星期三〕　黃埔日刊　〔第四版〕

是於革命前途大有關係的。故我們之所以每週要於百忙之中，抽出一個時間來開黃埔同學會小組會者，亦即在此。但是這小組會，每次的決議案，都變成了書本上的文章；會閉了，決議案也關在書本內面；或者這些決議案，自己不實行，推到負責同志的身上，——組長附組長或是開會的主席——要這些負責同志來實行。這樣我們的小組會也太沒價值，失了我們會的重大意義了。

我們要知道！我們的會是大家同志的會，我們的議決案，是大家同志來決定的，也不必定要大家同志來實行。來擁護，才有效有價值，才不失去我們會的意義。假使我們會的決議案，以為是負責同志的事，要負責同志來實行，才生效力，則我們的會也未免機械而太無意義了。這樣的會，就是開的再多，決議案，再多再有意義，而不能實行終是無價值；並且還養成了我們無奈的個性。這樣便完全先去會的意義，和黃埔同學會從我們的使命：辜負了會長創辦本會的苦心；虛耗了我們這樣忙碌的光陰：這一點是我今天要以百廿分的熱忱，向各位同志要求和希望各位同志的：我們以後開小組會的時候，一定要顧念我們會長創辦黃埔同學會的苦心，和會長給我們的使命，及我們革命前途的需要，在學校裏光陰的寶貴……等等條件之上；切不要辜負了這些條件呵！同志們！自己的責任是要自己來負起的呵，

元月三日於本校寫

以後怎樣幹？

陳葆華

『第一，不要因勝利而腦筋昏亂，自高自滿；第二，要鞏固我們的勝利，使他長屬于我們的；第三，準備着消滅敵人，因為現在敵人只是被征服了，而距離消滅程度還遠得很！』——列甯——

在北伐勝利和新年慶祝的呼聲中，我們黃埔同學的黨部接二連三的成立，這個意義就是說：我們要鞏固我們的勝利，我們要消滅我們的敵人！同志們！十二萬萬分的小心準備着！同敵人肉搏的時期到了！我們要把各個的同志，更密切地團結和訓練起來，增加份子間的密度，就是增加黨的重心，和提高黨的力量！所以要實現以黨治國的計劃，就非對每個黨員加以訓練不可，我們黨部成立的最大任務，就是團結和訓練我們的同志，黨部成立以後，自然應本着這個任務去努力，但是在這裏我有點意見，就是我們要努力，必定要明白努力的對象，要做訓練和團結的工作，就非明白我們黨和黨員的責任和地位不可，在這裏我願同大家在一處研究研究；

第一，黨的責任和地位：談到這個問題，每個同志必不加思索的回答說：本黨是代表國內被壓迫的各階級——尤其是農工——的利益，去領導國民革命，建設三民主義國家的政黨。這個回答我當然是認為對的，而且是極正確的；但是因為這個回答而發生的誤會，卻也不少，現在我把這些誤會介紹給大家認識一下：

一、階級爭鬥是破壞本黨聯合戰線的，

二、左右派別是人家離間和分裂本黨的陰謀；

三、本黨目的在完成國民革命，所以不能立刻實行民生，去開罪資本家大地主；

四、本黨是以完成國民革命為大前提，在這個路程中不能完全顧及農工的利益；

在上面那些錯誤的論調，有些當然是笑話，有些也許各同志腦中免不了的魔鬼，所以我不得不略加分析：第一是不知道黨的真正目的，所以他說本黨的目的是完成國民革命，連本黨的主義他都要由懷疑而修改而曲解……，要知道國民革命，固是中國各階級的聯合戰線，在這個戰線上，本黨自有指導之責，但本黨的目的，卻不是完成這個責任，而是建設三民主義的國家，而且國民革命，凡是中國各階級！除了直接依賴帝國主義以生存的，都可參加，且有參加的必必要；至三民主義，則除了政治爭鬥以外，還有民生主義經濟建設，在這裏要請同志們注意，我們的黨是個主張以三民主義建國的黨，國民革命只是我們實現目的的手段。第二，認不清歷史和事實，所以說階級爭鬥是破壞本黨的聯合戰線的，左右派別是離間本黨的統一意志。要知人類全部的歷史就是階級爭鬥的階級速記，他是與私有制度相終始的。就是我們所謂的聯合戰線的國民革命，也是中國被壓迫階級與壓迫階級對抗的階級鬥爭，提倡階級鬥爭，不惟不是破壞本黨的聯合戰線，而是鞏固本黨聯合戰線的，至若左右派別是代表多階級的政黨內必然發生的事實，決不是誰個所能意創的，各階級在共同利益之下，固然有團結之必要與可能，但是他決不能賣掉他自己階級的利益，給旁一階級，所以就發生左右派別，但本黨在國民革命當中，為要實現三民主義：就是一個左傾的黨，汪黨代表說，不革命的向左去，要革命的向左來：就是這個意義；但同時也要聯合右傾的勢力，增加革命的力量，所以左右派別，不僅不是離間和分裂的陰謀，而是實現主義的保證；第三，不知道本黨的階級基礎，所以就怕去開罪資本家大地主，要用仁愛去誘發他們，民主主義可以當做社會政策，在國民革命的過程中，農工的利益可以犧牲了。這一點未免太笑話了：我們要問他，我們爭烈的血，到底是為大多數的最受壓迫的最能革命的農工階級流的？還是為少數的間接同反動勢力發生關係的特殊階級流的？自然除了這兩種利益絕對不同的階級而外，還有小資產階級和流氓無產者，這些都是我們的同盟軍，在國民革命的戰線上，他們也要出不少的力，本黨的基礎階級，到底是那一階級，讓同志們去找吧！由上三點：我們可以知道：本黨是為了實現三民主義而來領導國民革命的，在國民革命的過程中，要極力加強左傾的勢力，特別注意扶助最被壓迫的階級，使成革命中心，以保證三民主義之實現。

第二，黨員的地位和責任：一個革命的政黨，好像一部工作的機器，黨員就是機器的一部份，機器的某一部損壞，可以波及全部失掉工作的機能，黨內某一個黨員不健全，可使全黨破壞，而且革命黨是要在萬惡的環境中奮鬥的，假若某個黨員不健全，不惟黨有失敗的危機，而且有消滅全黨的可能，由此可知黨員在黨中的地位；至若責任當然是：第一了解並實現黨的主義和政策，第二接受黨的訓練遵守黨的紀律，第三參加黨的實行工作，同志們！無論在什麼地方，都要把理論和實施聯成一貫，黨的利益就是一切行動的標準，剷除狹義的個人主義，和天然的無政府傾向，自行動上思想上言論上都要革命化，紀律化，集體化！要這樣纔能使黨的組織嚴密起來，使黨的力量集中起來，去完成國民革命，以實現整個的三民主義！

雜感

痛崔舜琴同志

第一學生隊十四區隊黃長吉

雲日慘淡，寒氣凜冽的一天，我正無精打彩地走過了荒墟的古道旁，一陣陣金風吹來，觸動了我的傷痕。腦海裏把一樁樁舊事，都從頭記起。

★　★　★　★　★

呵！使人失魄的消息傳來了！我親愛的崔同志舜琴病死了。我念着他在中途的勞瘁，他平時為革命的堅毅，不能到前線去殺我們的敵人，這是如何的傷心？

我哭了！我的眼淚潄潄地如流水般掉下了！我傷心！我傷心！我非哭他的死。我哭他饒了我們的敵人。

★　★　★　★　★

我回憶當他們行畢業典禮的那一天，他很高興地對我說；『我要出發前方拚命，我要去殺我們的敵人！即死，死在那血滴滴的彊場裏！為黨國而犧牲，……光榮！』呵！而今！而今！而今不幸，這淒淒芳草的古韶，便是他的葬身地。休矣！我覆當到沙場，繼伊志！漫野烟雲，是深情痛，只好將此一顆血淋淋的赤心，獻與我的舜琴同志！

問答

1、孫中山在「三民主義講演集」中為什麼反對「階級鬥爭」？

2，孫中山先生不死，見革命的歷程日趨於社會革命難避「階級鬥爭」，他可否硬不走到「階級鬥爭」一路上？

4、「階級鬥爭」是社會自然的趨勢，人力可以挽回嗎？

1、2、4、「階級鬥爭」是由社會經濟組織不良所產生的客觀事實——和空氣之因寒熱而變成風雨是一樣的一個自然現象：既不能以人力去造成它；也不能以人力去消滅或阻止它。它是自從社會上有了「階級」以來，便已在歷史上（在一切的日常生活中）存在的：故不必要待到「社會革命」時才有階級鬥爭——一部人類文明史，久已就是一部階級鬥爭史——但階級鬥爭的結果，則一定是實現社會革命。總理是一個「識時務的俊傑」，如果中國社會的客觀需要已經到了社會革命的時期，我相信總理是必定要在他的三民主義中賦以新的性質的。這只看他能夠應乎時勢而毅然決然聯俄，聯共，改組國民黨，扶助農工，便可知了，又，一個做領袖的人，說話有時或因環境關係，不得不有一些『應付』的詞令。如總理在南京就總統職時。曾在演說中說『中國應盡文明國所應盡的義務』；並未如十三年北上時說出廢除不平等條約——其實總理在民國元年也未嘗不知『不平等條約』不應存在；不過因為「時代」和「環境」及他個人所處的『地位』，『責任』（政治上之元首，民國總統，黨的領袖）等關係不得不有一些應乎時勢的說話罷了！

以上係蕭湘飛問楚答，

中華民國十六年元月十三日 星期四 黃埔日刊 第四版

中華民國十六年元月十三日 星期四 〔中華郵政特准掛號立券之新聞紙〕 第一版

黃埔日刊

中央軍事政治學校出版

通信處廣東黃埔本校政治部

〔第二三四號〕

〔本刊每份定價一分〕

本校兵器研究處工作特號

目錄

弁言

本校兵器研究處之過去與未來

（一）處務會議開會詞

（二）成技正報告

（三）火藥試驗報告

（四）改良兵器制造意見

（五）提議事項

（六）決議事項

弁言

本校兵器研究處之過去與未來

一．處務會議開會詞

二．成技正報告

誓遵總理遺囑

本校本週口號

啓事

血花劇社黃埔分社啓事

本月自十五年十二月廿七日改組以來，當經……並定于本星期六（十五日）下午一時假新俱樂部開社員大會討論進行方針，以擴大宣傳之工作，屆期希本社社員踴躍蒞臨爲荷。

革命之路

題目

總理紀念週報告（續）

雜話

在圖書室和書報流通所找出來的幾句話

三．火藥類試驗報告

四．改良兵器製造意見

五．提議事項

六．決議事項

小通信

（B）步槍用鋼料化學成分表

徵文啓事

列甯逝世第三週年紀念徵文

浙江革命青年同志會徵求會員啓事

中華郵政特准掛號立案之新聞紙 中華民國十六年元月十三日 星期四 第一版 (一)

黃埔日刊

中央軍事政治學校出版

通信處廣東黃埔本校政治部

第二三四號

本刊每份定價一分

本校兵器研究處工作特號

目錄

弁言

雲彬

今日爲本校兵器研究處刊行特號。自然科學之進步，使近代戰爭不啻成爲兵器之比賽。久處於半殖民地地位之中國，工業落後，文化幼稚，欲與帝國主義者作兵器之競賽，誠瞠乎其後；然兵器爲國防上重要之工具，苟完全仰給於帝國主義者，其危險又奚堪設想？故對於兵器之研究與製造爲目前重要之急務。本校兵器研究處之成立，已經五月，本號所載，皆五月來經過之報告與未來之計劃。草創伊始，不免簡陋；然昔人有言：『始作也簡，將畢也鉅』，是則今日之刊行特號，將爲未來大規模成績之左券歟？

本校兵器研究處之過去與未來

兵器研究處自從去年六月奉命組織，於七月中成立以來，即經積極進行。陸續籌設一化學實驗室，製試各種化驗火藥之試藥，爲種種化學的試驗。其中以關於石井兵工廠所製火藥之研究及外國各種火藥之安定度試驗爲最出色。此外該處努力於各兵器製造廠工務上之改良，曾由總司令部特設章程，准該處督促各製造廠所改良製品，增加出產；該處除自身研究各種問題外，並努力此項工作。刻聞該處成技正正在設計一迫擊炮，李處員何處員等正在研究彈頭材料云。該處於去年十二月二十一日晚六時半曾假校長辦公廳開一處務會議。到會者有教育長兼兵器研究處處長方鼎英，兵器科技正成仿吾，化學科技正蕭根性，一等處員何壽田李意吾，二等處員彭折祥等全體職員十八人。雖時間忽促，討論問題頗多，茲將其議事抄錄於后。

一、處務會議開會詞

由方教育長兼處長主席，宣讀總理遺囑後，繼致開會詞。略謂：我們兵器研究處奉校長的命令組織，負有兩大使命：第一是關於製造方面，搜羅富有學識經驗的人才，共爲精密的研究與實驗，以圖兵器的改良和新的供獻；第二是關於使用方面，求更精確與妥當的方法。自從組織以來，因爲各種的關係，沒有親自參加諸位的工作。想必諸位的努力，已有很多的成績。今天開會的意義，一則是結束以前的工作；二則對於將來的計劃共同討論，以謀進行的便利。更希望諸位互相砥勉，庶不負校長的本意。今日因爲時間太促，不能多多說話，現在請諸位按照程序，開始會議。

二、成技正報告

本處已往的經過，本來很簡單，大家都是知道的，不須多說。不過現在爲獲得一個明瞭的觀念起見，爲對於將來的工作計劃可以給一點暗示起見，不妨將已往的經過稍爲說說。

本處成立已經五月，但這五月間之工作，多半不出籌備的範圍，所以這五個月間可以認爲一個籌備的時代。外國的各種研究所，隨規模之大小，往往有籌備幾年的；但是本處這樣的小規模竟籌備了這麼久，這是很可慚愧的。但這也許是因爲中國的情形與外國有許多不同的緣故。最初，我們要尋相當的人材，在專門人材缺乏的目前，這一點就是我們感着頭痛。其次，我們有了人，就要有地方，在成立時的黃埔，這一點也費！許多的時候。更其次，纔是真正的設備上的籌劃。學校的經費有限，辦公桌椅等，都費了許多時候纔能領齊。每月雜支費有限，今天買一點東西，明天又買一點，各方面都感着不便之至。直到十月間纔決然請另給特別費二千元爲擴張化學實驗之用。最近纔又請給千三百元買應用參攷書及雜誌。不知不覺之間，成立以來已經五個月了。

我們最初的計劃是想先由調查着手，而後着手改良，最後纔爲名實相符的研究。我們想調查國民革命軍各軍所有的兵器種類樣式與數量，我們想調查我們的製造能力與製造的合法不合法，我們想調查我們的兵器在使用上合不合原來條件等等。這些都是我們想做的事情。但是當我們試做起來的時候，我們纔知道我們的希望終不免要成爲幻夢，而我們的計劃終不免要成爲水泡。在這個時代與這種環境，這大約是沒有辦法的事。

調查不易進行，沒有結果的時候，我們就開始了改良方面的工作。我們想改良現在粵造的火藥及現用步槍的表尺。但是對於這種改良，火藥之性質最要研究，我們爲的這種研究，想借用兵工廠的驗速機，驗壓機，真不知費了多少氣力與時日，然而結果仍不曾借到一種。這是很使我們灰心的。兵工廠對於自製的火藥之性質完全不明，這好像父母不知道兒女的年齡大小一樣可笑；而對於我們替他數數年齡，量量大小的人却又不與合作，這種奇觀真可謂千古未有。後來費了許多氣力纔得把粵造火藥的特徵數算了出來，可以應用於各種改良及計劃的工作。在學術上說起來，這到是我們極重要的一個成績。

現在化學實驗室將要大加擴充，參攷書籍也陸續可到，以後對於各種改良與研究一定多有一點把握。我們計劃迫擊炮的可以着手，研究火藥的也可以着手。我們的籌備期間已經告了一個段落，以後我們可以爲名實相符的研究了。

統觀我們五個月來的經過，我們真是走了不少的錯路。這一則是因爲我們對於中國的情形總不熟悉，二則是因爲我們自己有點不得法。所以

誓遵總理遺囑

總理遺囑

余致力國民革命，凡四十年，其目的在求中國之自由平等。積四十年之經驗，深知欲達到此目的，必須喚起民眾，及聯合世界上以平等待我之民族，共同奮鬥。現在革命尚未成功，凡我同志，務須依照余所著建國方略、建國大綱、三民主義及第一次全國代表大會宣言，繼續努力，以求貫徹。最近主張開國民會議及廢除不平等條約，尤須於最短期間，促其實現，是所至囑！

本校週本口號

認識黨的必要！

發展黨的組織！

要能宣傳民衆！

要能組織民衆！

勵行三大政策！

勵行最近政綱！

防範敵人陰謀！

不可自驕自滿！

我在後面將要提出一種調查會議及一種計劃會議。而這兩種會議的目的，就是在一方面用更妥當的方法去繼續我們的調查的工作；一方面做些切合實用的計劃出來；使我們可以得到很切實的成績。不過我們以後，不論在調查事項上或在設備上，不可再妄想依靠別人，我們應該記得別人是不可依靠的，這是這五個月來的經過所告訴我們的。這當然附帶着不少的困難，設備一宗尤其是經費所限制，但是我們總得依着這個方針做去；換句話說，不論在那一種工作上我們應該更努力些。

三，火藥類試驗報告

李意吾

火藥試驗方法，可大別爲二種：即物理的方法與化學的方法是也。關於火藥發射諸元之檢查，如爆力，爆速，爆溫：感度，發火點諸試驗，統屬於前一類之方法。至欲知火藥組成分之如何，及安定度之大小，則非利用化學的試驗法不可。各種物理的試驗，各有其一定型的器械，以爲之用。而化學的試驗，則於各種儀器之外，更需補以化學藥品。惟此類器械藥品，與普通理化學上所用者迥別，現在國內商店，頗少此類儀器之發售，本處成立之始，即經擬定爆藥試驗室設置計劃，呈奉校長核准照辦，惟因籌款費時，及市內商店，缺乏儀器之故，前項計劃，一時未易實現，不得已改變方針，暫從其手續簡單，需用儀器較少，且於火藥性質判別上，頗有效果之方法着手進行。當經從長計議，決定先採用耐熱試驗法，因此試驗爲火藥安定度檢查上必經之階級，且其結果，頗爲確實可靠；而需用儀器藥品，亦比較的少量故也。惟其中有數種比較精密的儀器，遍訪市內各商店，均無出售，不得已暫向關係各機關方面的借用，因照預定計劃，依次進行。其餘各項試驗需用之器械藥器，亦經開具清單，函託日本島津株式會社，先行估計價值，以便匯款採購。此項估價單，經於目前寄到，隨即匯款前往，預料此類儀器，可於下月內抵校，屆期各種試驗，自可依次開始。惟其中關於火藥物理的試驗需用器械，因島津會社，未有現貨，不敢接定，現擬改向德國洋行接洽，惟中德距離遠，函件往返，不免稍費時日耳。前述耐熱試驗，告一段落之後，近復着手於鎳銅彈頭之分析。因此種彈頭，向俱仰給外洋，近因來源短少，供不應求，廣東兵工廠爰有自行製造之擬議，本處同人，於此項合金，素有研究，因擬乘此時機，試行製造，以利軍實。惟於製造之始，宜先檢知合金中各項金屬之組成比例，以爲配合原料之標準，因此之故，現正將各種舶來暨現用鎳銅彈頭，施行定性及定量的分析。惟因搜羅各種儀器藥品，稍稽時日，致未能依期竣事。茲既加緊進行，預料本月內可以完了。茲先將各種火藥安定度試驗結果，撮要報告於次，至於試驗手續，因稍涉繁冗，未及一一記載。關於耐熱試驗法之規定，因採用者之意見，而有不同，本處採用方法，是以碘化鉀澱粉糊試驗紙，垂懸於裝有火藥之規定試驗管內，在65℃溫湯中熱之，其在普通之無烟火藥，試驗紙之色調，變至與規定色紙相同之時間，應在十分間以上；其在新造成之無烟火藥，則在80℃之溫湯中，應經過三十分時以上，方爲合格。凡越出此範圍外之火藥，則均認爲不良品。

一，俄式榴散彈藥　此藥爲深黃色之帶片形，質頗强韌，且乾燥度頗高，揮發分較少，嗅之除聞有些少酒精氣味外，並無他種氣化瓦斯之刺激物，以青色試驗紙置其上面，經數日後，只略變爲藍紫色，65C度下之耐熱試驗，結果頗佳。

二，無烟大炮藥　此藥爲黃色之帶片形，其質脆弱，揮發分較多，氧化氮之發生頗劇，青色試驗紙遇之，即全面變紅，耐熱試驗成績甚劣，因瞬間即將白色之碘化鉀澱粉試驗紙，變爲深藍色之故也。

三，日式山炮筒藥　此藥亦爲黃色之帶片狀，含揮發物頗多，藥質既變化不小，因氧化氮之刺激臭味頗烈之故，其對於碘化鉀澱粉試驗紙之變色作用，亦爲瞬間的由黃褐紫各階段，而直至于深藍色，故知此藥之分解作用，現正在急劇進行中也。

四，兵工廠製步槍藥（第四三批）　此藥爲四方片狀，惟其形狀大小頗不一定，（此因截斷機不良所致）外包黑鉛嗅之不感臭味，揮發分不多，對于里脫馬斯青色試驗紙無變色作用，其對于碘化鉀澱粉試驗紙之變色作用，亦合法定時間也。

火藥試驗成績表

藥名	形狀	色	揮發分	對於青色里脫馬斯試驗紙變色作用	對於碘化鉀試驗紙變色時間
俄式榴散彈藥	帶片狀（幅 16—19mm 長 65—110 ,, 厚 0,5—,,）	深黃	1,5	稍變紅（三日後）	90分
無烟大砲藥	帶片狀（幅 5 mm 長 40—80 ,, 厚 0,5 ,,）	黃	5,9%	全面瞬間變紅	瞬間
日式山炮筒藥	帶片狀（幅 5 mm 長 110 ,, 厚 0,5 ,,）	黃間有變色	9,5%	全面瞬間變紅	瞬間
廣東兵工廠製步槍藥（第四十三批）	方片狀（1 mm sg. 厚 0,4mm）	表面黑鉛光澤	1,5%	不變色（一週間內）	75分

四，改良兵器製造意見

何壽田

兵器乃國防上重要之工具，必須極其精確，耐用，始足以發揮其本能。故製造者，宜本此要旨，悉心研究，以期完善。然精確與否，乃關乎器械樣板之良不良，而耐用與否，則視其材料選擇及處理方法之適不適。茲將現時所製各種兵器，對於上述二要旨，就管見所及，條列如左，以備採擇；

（甲）步槍

（一）材料　步槍全體槍件，爲數約九十餘，其中以鋼製造者，因各槍件之性能，而分其材料爲五類。

A.槍桿

B.刺刀，撞針，準星，退子鈎，及各種彈簧屬之

C.機管，外機管

D.刺刀柄，刀護手，槍把底，表尺座，扳機匣，準星座，彈匣底，送彈片，保險片，彈匣，退子剔，扳機鈎，撞針母，撞針母擋，表尺，表尺移牌，移牌蓋，機管尾，槍機阻，皮帶扣座，退子鈎擋，通條座，

E.除以上所列各槍件外，其他槍件及螺絲，梢，栓等均屬之。

據上列分類，更將各種鋼料之規定物理性質，及化學成分，表列如左：

（A.）步槍用鋼料物理性質表

鋼料種類	張力 每平方米里基羅格蘭	彈性界限 每平方米里基羅格蘭	伸長率（百分比）	收縮率（百分比）
A.	七〇—七五	五〇—五五	一五—二〇	三五—四〇
B.	六三—六六	四〇—四五	一〇—一五	二〇
C.	五〇—五五	三五—四〇	二五—三〇	五〇
D.	四五—五〇	二八—三四	二三—二五	四〇
E.	二八—三〇	一七—二〇	三三—三六	五〇

（B）步槍用鋼料化學成分表

材料種類	炭（百分比）	錳（百分比）	矽（百分比）	硫黃 不得多過（百分比）	燐 不得多過（百分比）
A.	〇·五—〇·六	一·〇—一·三	〇·一五—〇·二五	〇·〇六	〇·〇八
B.	〇·八—〇·九	〇·二五—〇·四	〇·一五—〇·二	〇·〇二	〇·〇一九
C.	〇·三—〇·三五	一·三	〇·〇五—〇·一	〇·〇六	〇·〇六

（二）

小通信

李桓，梁文芳，陳健，江恆沸：久別甚念！你們現住何處？過何生活？請即示知！我現在長沙，東長街，湖南全省總工會工作，知關特告。陳志遠謹啓

王士迪，高吉人，朱贊，高雲程，紀毓智，吳克謙，諸位同志們，敝處有你們的信，請來取，或示知地點，以便轉寄　王一德啓　第四期同學錄辦事處

李芳，青蓮，慶幹三位同志：我昨聞楚材同志說：「你們已致取本校，現在入伍生。」不知開駐何處？李芳同志，現有家書一件，在楚材同志處，因不知通訊處，未及遞轉，請登刊爲荷！　第二學生隊第七隊第廿六區隊周斌（世雄）

祖同志介紹考入學生軍現已進隊駐在魚珠兄畢業後分發何部處隊即祈到魚珠學生軍大隊晤爲盼　弟文祥

李振東同志：你編何隊駐何處請示知！來信寄廣州市廣東省農會　鄭足

證州同志何紹堂（湘一）現在何處請通知第二學生隊九區隊長汪榮籌達　何甯一秀

D.	E.
〇·一—〇·三	〇·〇五〇·
〇·五	〇·五
〇·〇二—〇·一五	〇·五
〇·一二	〇·一二
〇·一五	〇·一五

以上五種鋼料之中，重要者爲前三項，三項之內，又以A項爲最，蓋用此種鋼料所製之物，均屬槍之要部，常受熱及各種壓力之作用，極易變形，至使阻礙運動，而失其機能者。槍桿，更受極大之火藥爆發力，故其彈膛，常有擴大之傾向，若不能卽時收縮復原，則發射第二彈後，彈壳隨之膨大，不能退出，另裝彈，其危險實出人意料之外。(此種弊害，在機關槍，則影響更大。)且性質不合，處理失當之材料，不易散熱，故十數發後，卽不能持而再放。是以須精選合宜之材料，施以適當之熱處理法，卽須用上表所列之材料，始可免缺點，而達耐久之目的也。但含有此種化學成分，及物理性質之材料，多屬特製者，在市場上，不易購求，故各國兵器製造所，對於此項材料，均出於自製。吾國煉鋼事業，尚未發達，爲目前計，不得不購諸外國。但向外國購買，必須將材料之性質，成分，尺寸，大小，詳細列明，定製大批，訂立合約，將來貨到後復須經我國當事者檢驗合格，始行收受，纔可適用。

至於熱處理方法，乃就各種鋼料之性質，施以適當之健淬，反淬，軟化諸法，須使其分子之組織平均，富有彈性，及相當之硬度，則雖受熱膨大，熱一散去，卽能回復原形，且不易於磨滅破損。

(二)器械及樣板　步鎗之製造工作，約分四項，煆打，車哪，打磨，較配。四者之中，以車哪爲最要之工作。若此項工作，不甚正確，則打磨時，不止多費工夫甚或竟爲廢品。欲使車哪工作正確，則須注意工具及樣板。蓋步鎗機件，多爲異形之物，非尺度所能量其大小，且於短時間內，須做多件，故必需特殊之工具，及精密之樣板，始能得準確之尺寸。但以樣板測度工作物時，乃將工作物插入樣板中，互相摩擦，日久必至磨耗，而變其尺度，故須隨時檢查，有不精確者，卽修正之，則所出製品，於打磨時，略爲加工，卽可較配，不但可使製造率增加，且製出之鎗，所有鎗件，均可調換，(卽甲鎗之擋針，可用於乙鎗，不須再行加工，)於前線作戰時，裨益不淺也。

至子製造用各機械，亦須調度得宜，方不阻礙工程，例如：步槍中各鎗件，有某一鎗件之一次工作，須經一小時，始能完成者，(如鎗桿之拉來復綫)；有某一鎗件，一小時用機一架，可做數件或數十件者，(如螺絲，梢栓等)故每日工作八小時，則前者止做八件，而後者則可做數十或數百件矣。是以當事者，須預定某機今日作某件，明日則改作他件；始獲平衡，若調度失宜，則不止阻礙工程，卽燃料人工之損失，亦必甚巨也。

(乙)　機關鎗

機關槍用材料之選擇，及製造上之注意，與步槍同。

(丙)　子彈

(一)材料　步槍及機關槍之子彈壳，爲紫銅與白鉛之合金，名曰黃銅。須富于展延二性，初次製造之成分，當以銅百分之六七，與白鉛百分之三十三爲最合宜。若存有多數廢黃銅片及剪口，則須將廢料翻𤇆之次數，及其成分記開，分別加新入新料，配妥煉，否則質脆，或于衝壳時破裂，或造好之壳，于裝彈頭之頸部，發生凹溝，射擊後，卽行破裂，不易出壳(此種弊害對于機關槍影響尤大，成爲不能連發之要因)。

(二)器械及樣板　製造子彈之器械，其主要者爲衝頭，模子，樣板。此三者，均須製作精確，否則造出之彈壳，厚薄不勻，如收口時，多有破裂，不僅阻礙工程，卽人工材料燃料之損失，亦復不少。底火，及彈壳內裝底火處之尺寸，尤須精密適合，方可免射擊後底火脫落，留於槍機內，至使槍機運動不靈，難於再發(此事對於機關槍影響尤大)。

關於機關槍用子彈，尤須特別注意者，爲彈頭彈壳之秤量。蓋機關槍之連發作用，分爲二種。一爲利用子彈發火藥之爆發力推出後，所生之反作用(後退力)壓動槍機，爲退壳，及裝彈發射之作用；一爲利用火藥之氣體，由槍口邊之橫孔衝動鎗身下之活塞，而連動鎗機，爲退壳，及裝彈發射之動作。在前者，若彈頭及彈壳之重量，每顆不同，則據物理學之理論，凡運動量之大小，乃因物體之質量而異，故不等重之彈頭，以同一速率發射，其後退力必不等，因而鎗機之後退距離，亦必不同。但子彈之長度一定，後退距離不同，是必被鎗機所阻，不能連發，後者之影響，雖較小，要亦不甚妥善。故機關鎗用子彈之連發與否，除直接受火藥之影響外，而彈頭彈壳之重量，平均與否，亦極有關係。故製造子彈之工廠，必須設有彈頭彈壳之自動秤量機，以備配合子彈之用。否則，雖有良好之火藥，亦難製造合宜之機關鎗彈也。

五·提議事項

蕭根性

一·實驗室擴張設備埋由　現在實驗室之設備，不過有幾套試驗用儀器及十數種藥品，卽一般之定性，定量分析尚難遂行。前月得購置儀器費二千元，當卽分次寄滙日本定購各種器具；然因錢額不多，所購之物，爲數既少，且亦多關乎化學試驗上必需之普通物品而已。吾人現計劃研究事項有三：(一)毒瓦斯之製造；(二)黃色藥之製造；(三)TNT之製造。凡此種種，均屬切要之圖。苟實驗室不得相當設備爲研究試驗之用，則吾人徒有心志亦無從實行，故非亟謀擴張設備不可。

二·實驗室亘主張移轉。(理由)　現在實驗室之構築，既無天花板，其牆用木板釘成。塵埃飛落甚多；且與外界大气處處連通，室中溫度極易受气溫影響。尤感不便者，地板架設不牢，震動激甚，不適於安放天秤。化學科各員均主張如有更適當房舍，亟應他遷；如不能亦須築基礎安固之天秤台一座，因天秤作業，實化學實驗之根基也。

三，擬請派送學員往外國調查及研究火藥製造上之各種事宜。(理由)　凡學術及工業後進國無不行之生極大效果；如前時德之於英，現時日之於歐美各國。今我國火藥工業在技術及學理研究上皆落人後，豈容諱言，故本員主張速派送學員外國爲實地之考察及研究。

四·宜促令大兵工廠籌設硫酸製造廠　(理由)　硫酸及硝酸爲火藥製造工程中最要用之藥品，我國除漢陽無烟藥廠尚有小規模之硫酸製造所，自裝硫酸外，其餘各廠應需硫酸無不仰給於外國。國防前途危險何堪言狀。應卽設法促進籌設，以重防務。

六。決議事項

繼續提出意見很多，不能詳述。最後議決每月開調查及計劃會議各一次，以勵進行。組織兵器研究會，研究與討論，並普及兵器常識，補助兵器教授的研究會，聯絡軍械處及兵器教官爲學理及實用各事項。所有改良兵器製造各計劃，均擬呈請總司令部飭令各廠所實行云。

徵文啓事

本月十七日爲湖南勞工運動首先犧牲者黃愛龐人銓被殺六週年紀念，本刊「革命之路」欄，特刊「黃龐紀念號」，如蒙惠稿，請於十六日午前交到爲盼，遲則不及排入。

列甯逝世第三週年紀念徵文

本月二十一日爲世界革命的導師蘇俄十月革命的領袖列寧逝世第三週年紀念，本刊編印紀念號，茲特鄭重徵求關於紀念列寧同志的文字，請於十九日午前交到本校政治部宣傳科編纂股，以便排印。

浙江革命青年同志會徵求會員啓事

啓者：革命怒潮。澎湃高漲。已達浙杭。然我省內軍事政治經濟各情。則非外人所能洞悉。是我浙省內外革命青年同志。若不因地制宜。而於本黨主義政策之下再有一嚴密堅固之組織。實不能發揚黨義，而遏叛萌。敝會誓以本黨主義爲中心。本黨政策爲政綱。凡我同志。甚希鑒察。踴躍參加。共策進行。無任欽盼！

通信處：中山大學，學生寄宿舍三樓三十二號陳勉村

中華民國十六年元月十三日〔星期四〕 黃埔日刊 〔第四版〕

題目

革命之路

總理紀念週報告（續）

方鼎英

講到這裏，我就要歸到談談我們大家這十天來所發現的毛病，常聽人家說，本校近來的情形，實有許多不可設想的地方，校內時有喧囂暴戾之聲，毫無一種整齊靜肅的氣象，學生上課，往往伏案睡覺，斜躺閒談，帶隊官長制止，尚有置之不理者，校訓「親愛精誠」所賴以表現的禮節服裝一層，無論官長間士兵間，均往往漫不經心，不加注意，官長間亦有不負責任之處，軍紀風紀，兩皆廢弛，陷革命生命於絕地，試問大家來此作甚？如果說來學革命，而行爲反等於破壞革命，請大家反省一下，是不是光唱高調，「打倒軍閥」「打倒帝國主義」一應不應該先把自家危害革命的行爲，革掉去，我現在不批評別的，單就前週聯歡大會的游藝會來說，受命籌備的人，有很熱心的，也有毫不理會的，有很有頭緒的，也有簡直是莫名其妙的，如所分任的事，應如何擺佈，如何規定時間，分配地點，如何注意，可免混亂，如何警戒，可免危險等等，均應各自負責，切實協商，方有成績的，乃有竟至開會時，尚找不着人的，如此疏忽，請問幾千人集會，如何能夠不出毛病，所以一到入場時帶隊官長，不問指揮會場的，是如何規定，不先協商將學生有次序的集合於會場外，請示會場總指揮，將場內情形，認清楚再去，乃各自茫然的跑去，如遊藝會只有自家一個人去看似的，如此忽意，那有不擁擠的道理，及到門口，既知已擠不開，仍可亡羊補牢將隊伍按住，待整理好，再去亦可無了事的，乃有不負責任及不善處置的官長，竟呼解散，而任學生向裏亂鑽，於是先在裏面的，遂不能不動搖了，然此舉如果學生能各個遵守紀律，縱令聽了自由入場之命，還是可以先後依次靜肅從容進去，乃有不守紀律的份子，亂喊亂叫，於是有不負責任，故意向前衝撞的，有不滿意當時狀況，想制止他人亂動，反招全體混亂的，甚至有漫罵怒吼，不服一切制止的，這都是害羣之馬，少數糟糕多數的一種現象，大家平時未曾嚴守紀律，眞原形，到此時和盤脫去，大露特露的表現出來，給人家批評，請大家想想當夜聯歡會場裏，有各界來賓，有官生士兵的家族，我們作主人的，如此不客氣的狂妄起來，試問聯歡的意義在那裏，鼎英當時偶然到場，目睹怪形，異常不安，始出台制止，乃坐立不定，及亂動亂攪，妨礙他人觀看的人，滿場皆是，後經多次週巡，始稍復會場形式，請大家想一想，我們在此前方勝利，後方安穩的時候，開一小小游藝會，尚不能得美滿的結果，何配再談要肩荷黨國的軍事大工作呢，願大家莫以爲還是小事，可以隨便，須知小能喻大，我常說，平時有十二分的訓練，到戰時顯不出六七分的成績來，有了這幾回遊藝會的紀律狀況，已很可以覘各位平時的努力程度了。我們裏說是講革命的工作，不應該如是疏忽，即隨便拿一件普通的事來說，凡是團體之成績好壞，必甚於個人份子之是否有切實訓練，眞是如影之隨形，一點兒不能欺假的，望大家毋忘自家是團體的一份子，平時以爲個人可以隨便，有事時，團體遂會糟糕。一點兒也沒有我們隨便的地方，所以我曾說，有錯誤定失敗，能反省定成功，望大家在每一個紀念週裏頭，要站在革命的觀念上尤其是要站在革命軍隊的意義裏頭，一反省自家一週來的經過，學校一週來的表現，有一種甚麼利害，那裏應該痛改，何處應該猛進。不要光是嘴裏說，最要緊的，還是腳踏實地的去做，如禮節服裝及一切舉動，不獨在校裏要嚴守，即休息日、隨便向別處去，均應該格外小心，以後如廣州市上，除當時派官長巡查外，並經請參謀長招呼憲兵團，到處代查，如有不遵學生遵守規則的，一經察出，嚴處不貸，望大家本君子愼獨之念，養成一自作主體，不待外求的習慣，將來出校做事，保管受用不盡，各位今天在這裏，無論官生士兵同志們，莫將鼎英的這個批評，疏忽聽過去，總要大家勇猛的反省，有則改之，無則加勉，萬不可使黃埔精神在我們身上有喪失，務必使一天一天的發揚光大。這就是鼎英所謂大家的毛病，實在是大於鼎英個人的毛病的地方，日昨奉到校長去年十二月二十三日由南昌寄來的一封親筆信，深以學校近來的毛病爲慮，末了有幾句緊要的話，說是『革命生命全在此校，並仗吾兄負責辦理，如有不良者，立即撤革爲要』鼎英能力薄弱，不能使校長在前方放心！自知罪惡萬分。但希望大家也要一致的體會體會校長的苦心，補救補救鼎英的短缺。全計官生士兵伕，近二萬餘人，如果能夠個個可以使校長在前方放心，這就是革命生命，如日恆月升了；校長那裏還有罣念學校的事呢？望大家一致的努力一致的痛改前非，鼎英還有幾句話對於新來的軍官訓練班各同志說，各同志離鄉別祖，遠來此間，參入我們的革命黨，並在此一塊來紀念總理，這是我們很表歡迎的，各位要知道，脫離了軍閥壓迫之下，來謀國家的獨立，民族解放，各位的人格聲價地位，都比從前抬高了好幾十倍，各位就要興高彩烈的努力奮鬥起來。第一就要安心，不要戀家戀鄉，無精打彩的來墮落了自己的精神，須知道目今所走的路是一條光明正大的出路，我們決無喪氣的道理，祇有前途無限的希望，第二就要革心，兵法有云，「攻心爲上，攻城次之」，各位既來到此地，當然是要來做革命事業，救國救民，革命從何做起，是要從自己心裏做起，要把從前爲環境所限制的一切不良思想，習慣，自私自利，或爲人利用的一切心事，都澈底的革除，從前種種，譬如昨日死，從後種種，譬如今日生，要從今天起，立定大志，做一個眞眞實實的總理信徒，做一個救國救民的主義——三民主義的犧牲者，以革命事業，爲我們一生一世的事業，各位才是「出幽谷而遷喬木」，那怕無出頭的日子，第三要研究政治，「軍人不干政」，這是軍閥自己把持政權的一句欺人之語。各位在北方對於軍事學想必是很有研究，很有經驗的，這種基礎當然是很好的，不過處於軍閥權勢之下，爲他所壓制，就不知不覺的爲他所利用，趨於軍閥走狗的一途，拚命的替他們打仗，究竟捫心自問起來，打仗的目的何在，都莫明其妙。現在各位來到本校，就要使各位對於國際的情形，國內一切的狀況，政治是怎樣，經濟是怎樣，本黨是一個甚麼的組織，三民主義何以能夠救國救民，都要使各位一件一件的明白了解起來，自然會眞眞實實的集中於主義之下，來努力革命。決不致爲傀儡式的供人利用、爲人家作走狗了，軍官訓練班期限暫定六個月，黨裏却爲此所費不少，這是本黨政府及校長很希望各位努力革命的原故，各位要把從前的軍事學不要拋棄，更加一層的政治研究，只要各位努力，將來或不到六個月，政府就來擇尤調用，借重各位，也說不定，本校以前的學生同志們，對於新來的同志，要十分的互相親愛，不要有新舊彼此之分，對於新來的同志的軍事學上和經驗上，都是居於先進的地位，尤其要十分的敬重，總之，無論新舊各學生學員同志們及官長同志們，都要互相規勉，互相愛敬，實行「親愛精誠」的校訓，努力奮鬥，總求對得起總理對得起校長才是。（完）

雜話

在圖書室和書報流通所找出來的幾句話

魯材成章

我們要時時刻刻記着，我們是一個武裝的革命黨員，不是一個簡簡單單的軍人。我們要立在黨的觀點上作工，不要很簡單的「一二三四，立正稍息，……」就算了事。

我們的黨是一個作政治鬥爭的黨，我們是一些作政治鬥爭的戰鬥員。兵略說，知己知彼，百戰百勝」，我們要作政治鬥爭，也須應用這個公式，所以我們必須懂得中國的政治經濟狀況，和國際政治經濟狀況，更須懂得黨是甚麼，黨的主義黨的策略是甚麼，革命的意義如何，革命的趨勢怎樣？

我們每一個同志都懂得了沒有呢？我不曉得；照圖書室和書報流通所的說法，則同志們當中尚有一種不大好的表現。圖書室，書報流通所是學校裏幫忙同志們學習革命所需要的東西的助手，然而很少有人來同它接洽；圖書室的統計告訴我們說：平均每日有十幾個二十個來往的人借書，借的類別，以文藝爲多（包含小說）政治社會經濟次之，歷史又次之；書報流通所則說：五六十塊錢的書，一個星期，賣不到一半；（聽說書報流通在第四期有一天曾賣到一百幾十元）閱報室則說：會唔的人雖不多，三個成羣，四個結隊，在閱報室吞雲吐霧談天話地的却大有其人，幾至改閱報室爲吸烟室；請看！學校裏的同學有好多，借書買書的又有好多，閱報的又有好多，大家是不是忽略政治呢？我這樣說，同志們會說我不體量同志們的苦衷了，——起床了就上操，早膳了又要上課，上課了又要操，操課，課操，一天忙個不了，還那裏有空時呢？自然，你們是忙的，一點空都沒有，我却不大相信，上午七時廿分至八時是空時候，下午零時廿分至一時是空時候，下午六時廿分至七時是空時候，夜晚溫習也可以學習政治，好多星期日是空時候，怎麼說沒有空時候呢？不要忽略了！看看學校的名字，軍事政治是相提並論的呵！

現在，我們的黨，已由在野而變爲在朝了，已由偏居廣東一隅而跨有長江流域了；深入羣衆的工作，還沒有做到，尚須我們拚命去幹；同志們！努力吧！認清我們的責任，展勁學習作政治鬥爭的戰術，不要再忽略了！

中華郵政特准掛號立劵之新聞紙 中華民國十六年元月十四日〔星期五〕〔第一版〕

黃埔日刊

中央軍事政治學校出版
通信處廣東黃埔本校政治部
（第二三五號）
〔本刊每份定價一分〕

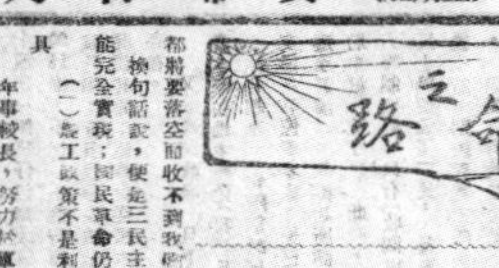

徵文啓事 本月十七日為湖南勞工運動首先犧牲者黃愛龐人銓被殺六週年紀念，本刊『革命之路』欄，特刊『黃龐紀念號』，如蒙惠稿，請於十六日午前交到為盼，遲則不及排入。

列甯逝世第三週年紀念徵文 本月二十一日為世界革命的導師蘇俄十月革命的領袖列甯逝世第三週年紀念，本刊編印紀念號，茲特鄭重徵求關於紀念列甯同志的文字，請於十九日午前交到本校政治部宣傳科編纂股，以便排印。

評日

廢除舊歷

雲彬

在民國十六年的年頭上還在做什麼廢除舊歷運動，眞是怪事！仔細想來，我們的中國本有些古怪：裝了電燈，還得配上『滿堂紅』；設了警察，還得用幾名『更夫』；社會上矛盾得可笑的事情，原不止陰陽歷並用的一件事。可是，在革命的意義上，陰陽歷並用，不但矛盾而已，簡直把辛亥革命的意義完全消滅在『古歷』『夏正』底下，這是何等使我們扼腕慨嘆的事情呵！

我們這次北伐是要完成辛亥革命未竟之功，換言之，是要把辛亥革命後袁世凱復古以來的舊穢積垢，洗滌淨盡；我們不但要掃除軍閥，肅清貪官污吏，並且要把封建社會時代遺流下來的舊習慣，根本打破；所以那幾千年遺留下來的古董，不合現代世界潮流和習慣的什麼『古歷』『夏正』，非根本廢除不可。誰拿『舊習一時難改』等話來替陰歷做辯護，誰就是反革命！

我們知道跟着陰歷來的有多少遺害社會的風俗習慣：什麼『求星』『問卜』『看風水』『論流年』等等鬼把戲，都是陰歷爲厲之階！我們要以革命手段來掃除社會上的舊迷信。用陰歷，就是擁護迷信，反對改革，便也是反革命！

我們要用法律的力量，宣傳的方法，於最短期內把陰歷廢除，務使從今以後，把那『古歷』『夏正』等怪名詞，永永埋葬！

校聞

校園籌備委員會第一次會議

本星期三日上午八時，校園籌備委員會在校長辦公廳，開第一次會議。列席委員為胡宗陳、熊雄、熊嶽峻、高淨初、梁鼎銘、陳良，主席方委員長。茲將當日議決事項略紀如下：1、籌備會地址，新俱樂部前舊工程委員會，2、常務委員，陳良，梁鼎銘，潘才任。3、書記，龔積芝。4、常會，每週一次，星期四下午四時至六時。5、臨時會，由常務委員秉承委員長臨時招集之。6、辦事規則，由陳委員(良)負責起草 7、校園計劃及圖案，由孔委員(秉虎)負責主持，以梁委員(鼎銘)，潘委員(才任)副之，并由熊委員(雄)負責另聘建築校園專門人才，贊襄一切。8、經費，大宗另籌，小數由龔委員(嶽峻)負責籌撥云。

日本外務省條約局長暨沙面日領來校參觀

本校年來為國民革命奮鬥之精神，久為各帝國主義所注目。本月十一日上午十一時，日本外務省條約局長佐芬利氏，暨沙面日總領事森田寬藏，隨員有久直忠，小畑薰良等六人，特由省城乘校輪大南洋號來校參觀。當由政治部暨管理處各派專員會同校派星官，至校門碼頭委為招待。後隨領渠等至官長會客廳，由方教育長，吳主任，熊主任，李主任，敖副主任等出為接見，互相寒暄畢，稍用茶點，即導引至大操場一帶參觀，并隨地由熊主任用日語加以說明。至十二時返校，在官長會客廳用午餐，席間熊主任演說，大意首述本校之歷史，及本校產生之背景，與本校教育方針之確定。次述兩次東征，北伐諸役，黃埔精神之表現，並論本校之創辦，不是爲政府，亦不是爲任何個人之利益，乃是為全世界被壓迫民族求解放，為全人類求和平。故黃埔精神之表現，即為世界被壓迫民族精神之表現云云。最後並論及中日外交問題，謂中華民族乃一愛和平之民族，且中國之和平，亦即世界之和平。余昔在日本，常聆日本朝野提倡中日親善之論，但此口號至今仍未成為事實。因彼時中國在滿清官僚政府之下，不曾了解世界之形勢，同時日本一班過去的外交家與侵略家，亦祇顧目前之利益，而未計及將來中日間之危險。現在吾人當明瞭，所謂太平洋問題，即中國問題，亦即世界問題。並為中日關係衝突的問題。所以現在吾人希望日本新的外交家與新的學者，及政府當局，應有自動自覺的國民外交，以實現所謂中日親善，及世界的和平。當一九二四年，吾人的領袖孫中山先生北上，道經橫濱時，曾提倡民族平等的原則有中日親善的演說。但孫先生當時仍不為日本朝野所了解。所以至今吾人仍未能實現中日親善之完滿目的。我黃埔全體官長，皆為孫文主義之信徒，吾人仍須向孫先生所指示的道路，繼續奮鬥。甚希望日本朝野上下共同了解此意，然後中日親善，世界和平始能實現。希望諸君將吾人此種意思，切實傳達於日本社會人士云云。熊主任演講畢，佐芬利氏起致答詞，略謂渠在日本，北京，上海，對於廣東政局及北伐軍眞相，皆不十分明瞭，並有多少懷疑。今親聆熊主任演詞，實渠自到中國以來，最滿意的一次。並願將熊主任所說的意思，傳達日本朝野云云。繼總領事亦謂渠雖在中國，但對此次北伐極不明瞭，並以為此番將不能得如許之勝利。及今天聽熊主任之演說，得明悉北伐軍之軍事訓練與政治教育情形，及與民衆之關係，始知北伐軍此種勝利，實非出於偶然云云。午餐後，仍由吳主任，熊主任，敖副主任等，領導至分校，烈士墓，俱樂部等處參觀。渠等在俱樂部內觀覽沙基慘案大幅油畫，極加讚嘆，但記者乃無由知渠等當時感想。此種油畫乃今日帝國主義者慘殺中華民族之寫實歷史，即千百年後於博物院中見之，亦當洞悉今日中國之運命為何如也。參觀俱樂部畢，已五時許，即由吳主任等送渠等至碼頭，乘大南洋輪返省城，當日並贈送三民主義，建國方略，汪黨代表演講集，廖黨代表演講集，日刊等多種宣傳品，以為渠等對於本黨之參考云。

安南學生執信等校來校參觀

本月十二日，有省城執信學校，雲南高師參觀團，安南學校，法官學校，及培英學校童子軍等五校，教職員男女學生約計五百餘人，于上午十時左右先後來校參觀。由管理處會同政治部派員招待。領該生等至蝴蝶崗，砲台，烈士墓等處及校本部各部處參觀一週。至午後三時許，並在俱樂部開一談話會。由韓麟符同志講話。大意先說明各校學生之特殊責任，並勉以共同參加革命等語，韓同志演講畢，各校學生亦分別起致謝詞。最後分贈刊物，直至四時許始由校船送該生等回省城云。

總理遺囑

余致力國民革命，凡四十年，其目的在求中國之自由平等，積四十年之經驗，深知欲達到此目的，必須喚起民衆，及聯合世界上以平等待我之民族，共同奮鬥。

現在革命尚未成功，凡我同志，務須依照余所著：建國方略，建國大綱，三民主義，及第一次全國代表大會宣言，繼續努力，以求貫澈。最近主張：開國民會議，及廢除不平等條約，尤須於最短期間，促其實現，是所至囑！

本校本週口號

認識黨的必要！
發展黨的組織！
要能宣傳民衆！
要能組織民衆！
勵行三大政策！
勵行最近政綱！
防範敵人陰謀！
不可自驕自滿！

啓事

▲特別黨部革命軍徵文啓事 本月二十一日，為列甯逝世三週年紀念，本刊擬於十五期出特刊一冊，凡我同志，有紀念文字見賜，希於本十八日以前交本刊編纂委員會為禱。（文）

鄙人於元月四日在廣州郵局寄信失落入伍生第一團八連中字二十四號白布符號一張，除呈報補發外，特此聲明作廢。

敝隊號兵調練所軍士王海雲於元月一日參加北伐勝利聯歡會巡行失去調字第七百零三號一枚，特此登報聲明作廢 軍士教導隊總隊部

王楊烈同志：聞你在軍士教導隊，為何不通知我？令妹有信來，請示知地址與部隊，以便轉交。政治部[illegible]（十三日）

啓者：於元旦日在廣州惠愛中路宣傳失落本校第二學生隊第七隊第四十六號的符號一枚，除呈報補給外，特此登刊聲明作廢。第二學生隊七隊學生陳世鏞啓

中華民國十六年元月十四日〔星期五〕 黃埔日刊 〔第二版〕

黨務

本校特別黨部召集第一次聯席會議紀事

本月十日午后七時，本校特別黨部假官長會客廳，召集第一二學生隊黨部，校本部處黨部，及第六學生隊各隊部處黨部委員，與各小組組長，開第一次聯席會議。是晚出席者，一百四十八人，主席孔韋虎，記錄蕭貢廷，茲將開會情形，略紀如下：(一)主席恭讀總理遺囑——全體肅立。(二)主席宣佈開會理由。(從略)(三)討論事項：(一)討論小組會議問題案，議決：A小組會議地點與時間，地點在學生方面以教室為宜，其他則由小組組長於二日內擇定開會；B小組會議秩序與方法，秩序表由特別黨部擬定，方法由宣傳委員參加會議時，按黨員名冊指定黨員發言勸勵，免其任意規避。C黨員無故缺席者之處理，由特別黨部規定嚴格懲戒條例，以肅黨紀。(二)討論各連隊部處黨員大會問題案，議決：(A)大會時間與地點，時間由特別黨部規定，每月一次，地點由該各連隊部處規定，但須於開會前報告本部。(三)會議後組長報告案，決議：按照中央黨部所規定之報告表辦理。(四)大會後委員報告案，議決：由該委員將大會情形具文呈報上級黨部。(四)臨時提案甚夥，均由主席當時按照所提各件，逐條斟酌，應照辦者照辦，應解釋者解釋。(從略)至十二時，始閉會。

中央執行委員會將在鄂召集

中華社十二日接駐漢記者包同志來電云中央政府聯席會議，議決在鄂召集國民黨中央執行委員會全體委員會議，昨由祕書處通知，現未到鄂委員，即日首途來鄂。

鄂第四次全省代表大會消息

△接受農民協會請願案
△通過懲辦工賊案

湖北全省第四次代表大會，於一月四日正式開議，茲接該會來電如下，(一)銜略均鑒，今日正式開議，上午代表到會者五十八人，特別委員四十八人，下午代表四十九人，特別委員四十三人，旁聽者六百餘人，上午祕書處報告籌備大會概況，代表資格審查委員會報告審查結果，鄧演達，徐謙，董用威，張國恩，錢介磐，郭樹勳，王廷威，為主席團，下午徐季龍報告政治情形，成立各種委員會，通過湖北總工會代表大會請願懲辦工賊案，特此電聞，中國國民黨湖北第四次全省代表大會叩支，(四日)(二)(銜略)均鑒，(豪四日)午前徐謙主席，鮑羅廷顧問報告國際政治，出席代表百五十六人，特別委員四十餘人，旁聽者四百餘人，午後討論武昌二三五區農民協會請願案，代表所提要求七項，全盤接受，特此電聞，中國國民黨湖北第四次全省代表大會祕書處叩，徵(五日)。

軍事

杭州克復

△逆軍退硤石
△何總指揮過桐廬

十一日總政治部，接前方總政治部楊漢輝同志十日來電，謂我軍已攻克杭州，電文云，據此間八日上海專電，我軍進杭垣，逆軍退硤石，人民大受逆軍騷擾，何總指揮已過桐廬，漢輝灰(十日)

政治

漢潯屠殺案交涉要訊

△漢民政府正式收回英租界
△組織英租界管理委員會
△使團會議對漢潯案無表示
△英美日法政府聚正交換意見
△漢口英水兵屠殺情形
△倫敦所傳陳部長覆英報電
△鄧主任由南昌返鄂

總政治部十二日接前方來電云，(銜略)一三慘案發生後，國民政府即將英租界正式收回，並組織英租界管理委員會，維持租界秩序，及保護外人生命，九江案詳後電。漢灝叩，又外人電訊，英對漢潯案取和緩主義，但波及滬上，則採相當手段，至解決漢潯案仍主用外交方式，不用武力，京津日領使對漢中英衝突，態度甚恬淡，並表示長江日艦，僅足自保，不願捲入漩渦，十日午，使團會議，討論漢潯英界案各以關係重大牽涉各國對華政策，未便發表意見決對漢潯詳情，各電本政府請示，聞英美法日政府，現正交換意見，決取協同步驟，一致預防他處再生問題，十日晨威海衛英第二艦隊，兵艦魚雷共廿五艘，過鎮江赴漢護僑聞撤消息，漢案形勢已緩，此案係萬縣案之反響，可認為不是籠絡排外，路透社元月十一號上海電，昨日漢口通訊，謂長江一帶大局情形，並無變動云，路透社元月十號英京電，路透社訪員查悉，英國對華，現取監視態度而不用外交上之壓迫辦法云，又英國勒元月十號無線電，英租界內所貼之排英傳單張貼均已撕去，奧美利君由北京英使館南下，大約星期二日可到漢口，前兩日內，漢口大局情形，較前略為平靜，在漢口英國銀行及商行閉門歇業，於華人亦不利，使云，路透社元月十號華盛頓電，海軍部消息謂駐於廿島之美艦海軍三百人，經奉命即赴中國云，(接星期五日小呂宋布列甸報載，美國亞洲艦隊之驅逐艦，現在小呂宋海灣停泊者，都奉命準備一切，俾於十二點鐘內，可即起程往中國，參預在哥利芝多地方海面海陸軍大操之戰艦，星期四日下午，其領袖必士堡號，致號命各艦準備離菲獵濱，至美國當局之所以有此命令發出者，是因漢口情形嚴重所致云，又漢口各界聯合會來電云，本日各界因慶祝新年演講員十餘人，在華館交界之江漢關前空場演講，英水兵實武裝登陸，大肆屠殺，立斃演講員一人，重傷十餘人，輕傷者百餘人，全市震動，除請政府立提抗議，及民衆立即自動抵制英貨後，刻正集議對付，特此電聞，乞一致聲援，漢口農工商學各界聯合會叩，江(三日)，又十二日倫敦電，英國日日新聞報，昨遣陳友仁將廣州政府對於漢口外人之態度解，陳氏現經電覆，其文略謂國民黨勢力伸張至漢口英租界者，蓋係表示在租界內之英人及其他國民生命財產將必由敝政府保護之完滿擔保，蓋該租界完全在英人治內時，敝政府斷不必從而負保護該處外人之責，然而今該租界已非為一定不可取締的，則敝政府對於實力的保護在漢口之英人及其他外人，於國民主義的中英關係，殊屬重要也，又訊，自九江英兵屠殺我國民衆發生後，蔣總司令即派政治部主任鄧演達前往辦理，鄧主任經於八日晚返南昌，將辦理此案經過向總司令報告，并定於十日返漢口，昨總政治部留守主任已接鄧主任自南昌來電云，總政治部孫瀚明同志均鑒，此間軍事善後會議，業於一日開幕，茲因九江發生與英人交涉案，奉總座令，馳往九江處理一切，刻已返南昌，茲訂於灰(十日)日回鄂，特聞，演達叩，佳申印。

武漢政治消息彙誌

△蘇俄決派加拉罕大使駐漢
△鄂省政府展期成立
△黨代表監視財政機關
△武漢設政治分會

廣州民國日報 上海十一日電，政治會議在贛議決由宋慶齡，宋子文，孫科，徐謙，陳友仁，蔣作賓，陳銘樞，唐生智，鄧演達，王法勤，李宗仁，劉驥，董用威，十七人組政治會議武漢分會，張靜江，譚延闓，蔣介石，有暫不赴鄂說，政務暫由漢政治分會處理。又中華社十二日接駐漢記者包同志來電云，(一)昨十八次湖北政務會議，孫天孫提議，請中央聯席會議，請設黨代表監督財政機關案，議決建議中央聯席會議，請設黨代表監察委員於財政機關。(二)鄂省政府，本定於一日成立，現因政務委員會未能依期移交，故延期成立，現聞須在十日外云。(三)據外交界消息，蘇俄已決定派加拉罕到漢，任駐國民政府首都之大使職。

總司令部政治部積極進行廢除舊歷

△搜集廢除舊歷之小品文字

國民革命軍總司令部政治部為廢除舊歷，特組織廢除舊歷委員會，并發出通電，擬具宣傳大綱，務便舊歷之根本廢除，昨本校政治部奉總司令政治部令云，為令遵事，頃據廢除舊歷委員會面稱，廢除舊歷之電報及宣傳大綱，業已辦妥，惟出刊之小冊子材料，極關重要，須盡量搜集，方能完成此鉅工作等語，為此令仰限文到五日內，將對於廢除舊歷之意見，撰成各種小品文字，彙繳審核，以備採擇等因，昨政治部已轉飭宣傳科照辦矣。

小通信

鄙人黃埔同學會證章五四四號被盜，特此聲明作廢 劉立道

向瀰於民國十五年十二月二十九日因公赴閩乘海甯火船過岸時遺失黃埔同學會會員證第四二五六號證章一枚，除呈報另行補發外，特此登報申明作廢 楊向瀰

[illegible]你現在何連隊？請示知以便通訊 三十區隊張本 五十區隊沈群

軍士教導隊第一中隊司書陳和年因假撤差，撕去一六六〇號證章一枚，除呈報在案外，特此申明作廢。李秉彥

何柄杏兄：你入伍現在何團何連？駐沙河入伍生第一團五連何逢 有要事奉告

余有[illegible]非親筆概不負責無效

郭排長登調：你有家信一件我代收存但不知到你在何處請即示知以便轉寄為盼 黃埔軍校第七隊第二十七區隊劉炎啓

啓者余去歲十二月十七號遺失牙骨私章一顆誠恐他人拾得作偽故特登報聲明作廢凡該章以後所有簽署概作無效 [illegible]

中華民國十六年元月十四日〔星期五〕 黃埔日刊 〔第三版〕

題目

總理底農工政策的眞意義……楚女
歡迎繼符琇同志而覺悟的青年并勉非學會的同志……鄧今海

總理底農工政策的眞意義

楚女

「農工政策」，是總理遺給我們的五大政策之一——而且在五大政策中，尤要算是實現國民革命的一個根本策略。我們對於這個根本策略，若沒有確切的眞正的認識，在結果上便將等於我們底革命工作，沒有正確一致的趨的。因之，我們現在以及將來的一切努力，便都將要落空而收不到我們原來所要收到的效果。換句話說，便是三民主義，五權憲法，仍將不能完全實現；國民革命仍將不能成功！

(一)農工政策不是利用農工做我們革命的工具

年事較長，努力於軍事運動較久的老同志們，在主觀上，每每以為總理底農工政策，便是和從前利用軍隊一樣的，無非趁時髦，乘隙投機，利用農工之力以為革命的工具。他們始終把『革命』看成是『我們的』(即國民黨黨人的)事。他們總以為在戲台上唱正角的，無論如何總是『我們』，其餘的人，只可站在戲台兩邊搖旗吶喊，做個嘍囉；從前的『新軍』『會匪』是這樣，現在的農工也還應該是這樣。他們懷着這樣的主觀見解去做工作，於是在客觀上，便會得着下述的事實：——

一 農工運動，只是一種驅使農工去犧牲的組織——即和德國皇帝驅使他人民去為他作戰一樣。

二 因此，第一就須防止農工本身的眞正覺悟(因為他們若覺悟了，便不會恭恭順順給皇帝利用了)；務要使農工滯在一種『由之而不知之』的『愚民』狀態中。

三 欲達上述目的，則惟有分裂農工的內部團結，使之成為二個以上之勢力，同時存在。利用一部分勞農貴族(在工界則為工頭及東家工賊等所合組之工會，在農界為民團及一般小地主，自耕農為大地主所利用之組織)時時去壓迫覺悟的農工，或羈他們底肘，使之不能順利發展。『我們』即立於這種分裂的均勢之上，有時拉甲打乙，有時用乙抵甲，好驅使他們為我們作工具。

於是總理的農工政策，便成了鄭洪年在各鐵路上所辦的『扶輪學校』一樣的東西！鄭洪年用了『教育』麻醉工人，使工人替交通系永遠作馴奴。我們便用了『農工運動』這樣新鮮，時髦，好聽的名詞，驅使工人擋砲灰！這不但是侮辱了總理——和耶穌徒假耶穌之名犯罪作惡一樣的欺了總理；而且在事實的結果上，所謂『革命的成功』，仍將只是為一般政學會，研究系的無恥政客造出些做官發財的機會；仍將不能有眞正的民衆力量來擁護革命；仍將如辛亥年一樣只見張武和蔣翊武搶軍務部長；仍將繼演十五年已往的老戲——讓他們(這些利用農工者)紅花臉殺進，黑花臉殺出！

一 政治由賢人包辦：實際上並沒有眞正的『民權』。

二 一切工會農會只許是一個『受命而行』的機關；立在政府與農工之間的承上啓下者。

三 總理的民生主義在他們手中，自然要變成了陳斯麥的『社會政策』——調和勞資，緩和農工革命的手段(我們要知道總理的民生主義，乃是要代表社會上沒有土地，資本的大多數人，去節制資本家底資本，平均地主的地權的——與俾斯麥用了工廠法，勞動保險，養老年金的麻醉手段，來消滅工人反抗，保護資產階級的剝削地位的社會政策，是正相反對的。質言之，便是民生主義是抑制資產階級的，革命的；社會政策是籠絡被壓迫者的，反革命的)。

(二)農工政策不是我們憐憫農工的慈善政策

其次，便是讀中國書較多，中孔子『保民』『育民』學說之毒較深，相信人類有所謂『仁愛』本能的一般唯心的同志。在主觀上，也每每以為農工政策，乃是我們(國民黨)憐憫農工無知，拔扶而起，為他們而革命。這派底見解，較之前一派，雖然比較的心地純潔——不像前一派人預先就有政客的生活意識存在。但在心理上卻是眞眞實實的封建思想的代表者，始終把自己看為社會上高一等的『賢人』，農工只是『小民』；把『革命』看成是君子拯救小人的慈善事業。把國民革命看得和湯武的『弔民伐罪』沒有兩樣。因此，這一派常常容易發生和醒獅派國家主義一樣的『尚賢政治』的思想(所以我們總看不見此派國民黨同志，反對國家主義，攻擊醒獅派)。

他們以為農工應當如小孩一樣好好聽大人的話才好；如果此等無知如小孩的農工起而組織團體，過問政治，那是何等危險的事！所以他們又常常有一個『暴民專制』的恐懼觀念。他們看農工運動之發展是可怕的；他們以為農工組織即是暴民專制的開始；而努力農工組織工作，提倡農工為本身利益而奮鬥者，便是故意鼓動階級鬥爭，造成暴民專制的人。所以他們又常常反對階級鬥爭，力言階級鬥爭可以『誘發人類底仁愛性能』而消滅。他們主張勞資調和，勞資妥協——常常於無形中設法抑制農工團體(他們雖然在主觀上並沒有當意去偏袒資產階級；但在客觀上卻每每成為壓迫農工的有力者)。他們這樣來革命，即令革命能夠成功，也勢必要生出下述的結果：——

(三) 農工與『國民』

農工政策，既如上述，既不是要利用農工來替我們擋砲灰；也不是我們發慈悲去救他們的『弔民伐罪』——那麼，究竟它底眞正意義如何呢？

其實，這是很明顯的。我們說『國民革命』，便當想想什麼是『國民』？前兩派老同志們，始終以『我們』為中心，為革命之主人；好像只要我們這些少數的穿長衫的國民黨黨員，便可算是『國民』了！果真我們便可代表了四萬萬這個數目麼？百分之九十是農人工人的中國社會，請問丟了農工，這個『國民』兩字還有什麼內容？所以總理農工政策底眞意義，只是一個實行『國民革命』——叫農工自己起來為他們自己底生活而革命；使革命成為眞正的『國民革命』；再不許是以前那樣由我們少數長衫先生包辦的假的『國民革命』！

『到民間去』！告訴他們自己所受的痛苦，並非由於命運不好；乃是由於現世界的經濟組織——帝國主義的經濟侵略，和國內封建軍閥的橫行所致。決定他們底命運的，只有他們自己！領導他們去組織他們自己的團體；使與他們同一生活痛苦的人，堅固凝結起來——讓他們為了要實現自己底理想生活而去打倒帝國主義，殺戮軍閥。百分之九十的中國人得到了他們所要求的較好生活之時，便是中國國民革命成功之時；百分之九十的中國人得到了解放之時，便是帝國主義和軍閥已經打倒之時——這是何等明顯的事實！像這樣的革命，才是人民自己的革命，不是少數國民黨人的革命。有了搖動革命危險的時候，才會有人來擁護革命；才不致如袁世凱要做皇帝時，人民都不過問，都說革命是孫文的事；我們橫豎總是完糧納稅，每天吃捱碗苦命飯！這樣革命才有了根基，才栽在人民生活之上，才能算是眞正的成功！然而要怎樣去做，才能達成功這樣呢？這便是要我們在做農工運動時，遵奉下述的原則：

一 團結整個的農工勢力；反對一切分裂農工團體的運動和陰謀。

二 眞實的為農工謀得生活上之利益，使之發生充分的依賴革命才可獲得較好生活的信仰。

三 鞏固農工的既成組織，發展農工組織於全國各地。

四 領導農工參預政治，和政治鬥爭，從實際行動中給農工以政治教育。

五 使農工勢力和革命軍革命政府合一；在前方共同作戰；在後方分任守護之責。

六 使黨在『農工政策』這塊招牌下，要成為農工的眞正扶助者，眞正的朋友——不僅是奔走勞資之間的一個『和事老』。

七 在革命軍已佔領的地方，政事粗定，即當督促政府實行第一次第二次代表大會及最近

中華民國十六年元月十四日〔星期五〕 黃埔日刊 〔第四版〕

中央各省聯席會議所決定參政綱——實實在在給農工以已經許與他們的利益。

八 努力反抗一切假借農工運動以謀私利的運動，和上述兩派之錯誤的理論與行動。

(四)農工政策與民權民生

照上述八大原則，去做農工運動，才是眞正的總理農工政策。也只有這樣的農工運動，才能使總理的民權民生主義見諸實行。不然則民權民生主義都要成為空話。就事實來說，譬如我們國民政府統一全國之時，即須召集全國國民會議。這個會議，是產生正式的國民政府的，故它應該是代表眞正的民權的。倘若我們不照上述八原則去做農工運動，或者照前兩派那樣去做，則實際上必無眞正足以代表百分之九十的國民(農工)之組織，即無由選出眞正的農工(國民)代表。於是所謂國民會議，勢必又弄得像民元一樣，由那些沒有影響濛瞞的漢人去冒充蒙藏議員——這是一個猪仔包辦政客充斥的「國會」。這樣的民權，不但是不能行使創制，複決，罷官，考試諸權；而且足以使政治腐化，使一般反革命者混跡其間；使革命從根本上失其意義，或竟不能存在。

又如國民政府一旦下令實行民生主義之時，資本家和地主難免(我們且不說一定，只說難免)不結合起來，作階級的反抗。(現在李士偉等交通系官僚資本家，便已神經過敏，於國民政府遷至武漢時，組織起所謂全國生產協會來，預備將來好反抗了)。此時，國民政府除了以政治權力壓制他們，只有『收回成命』(但收回成命，三民主義便成了二民，甚至成了一民)。民生主義不行，則總理的主義全部系統，均已失其意義。因為沒有民生主義，便是沒有總理督責革命最後目的。即令僥倖成功，然好些也不過是使資本主義在中國得到一個新發展；結果，也不過使中國成為一個後起之秀的帝國主義者。總理底革命目的，不僅是要中國自由平等，同時也要求世界和平，人類全體平等；不僅要打倒壓迫中國的帝國主義，同時也不要中國去做帝國主義壓迫他人。如果不行民生主義，則資本主義和帝國主義一定要借中國之屍而還魂，那麼，我們便違背了總理，違背了黨義。要如何才能不因資產階級之抵抗而不行民生主義；國民政府才有政治權，應住資產階級呢？只有把政府基礎立在廣大的農工組織的勢力之上。我們若不照上述八原則去做農工運動，便沒有眞正有力的工會農會，也便沒有眞正足以抵抗資本家地主之反革命行動，擁護政府，實施民生主義法令的力量。

(五)農工政策與聯俄聯共

因有上述要求——沒有眞正的農工組織，便沒有民權底實質，民生底後盾。所以總理才決定聯合那已由農工革命而成功的蘇俄；才聯合那代表無產階級而組織的中國共產黨。所以才注重嚴格政治訓練和紀律，以求避免那些從前傳襲來的投機性，僥倖心，賢人政治觀念和反唯物的玄想傾向。我們若細細的去紬繹總理底主義體系，實在是一貫的：——

一 因為要求中國民族獨立自由，故有「民族主義」。

二 因要保持中國民族的獨立自由，故又不可不使人民有實力，足以制服帝國主義及其工具，(軍閥)——故有「民權主義」。

三 因要民權確實是眞正人民的權力，故又不可不節制資本，平均地權，使佔百分之九十的大多數農工自然起來擁護他們自己的政權(民權)——故有「民生主義」。

四 因要使民權民生得以實行，故有五權憲法的政治組織。

五 因要使三民主義，五權憲法得以革命而實現，故又不可不有農工政策，使農工自身起來革命——使革命得以必然的成功，永久的鞏固。

六 因為帝國主義是世界的，和資本主義的；因為農工的奮鬥是要有其階級的自身團結的；所以又不可不聯俄，聯共，置中國革命於世界革命之一部分的地位上。

(六)農工政策底實驗效果

自從總理決定農工政策——自從本黨有了農工運動以來，國民革命得了怎麼樣的長足進步和發展，已是有目共見的事。兩年以來，東征陳林；南討鄧本殷；北伐吳孫；在前線上開路，運輸，防敵，助戰；在後方留守，看門無一處不感着農工羣衆之有實力：不感着總理底決定確有實效。現在這個政策底反映，竟使張作霖也不得不再三再四招集北方工農講演；使孫玉珙也不得不派專員攜款赴京漢路犒勞工人——使北方軍閥被逼也居然講起他們底農工政策來了！

現在我們要敬告我們國民黨懷疑農工政策和故意利用農工政策的同志。國民革命怎樣才能成功？要像前年罷海路工人，在槍炮如雨之下，對慈玉琨張治公罷工；替岳維峻胡景翼開車；像今年平江縣農民替第八軍第四軍打先鋒；像京漢路工人在國民軍南口退卻時不要命的搶回國民軍輜重那樣才能成功！革命成功以後，怎樣才能保守得住？要像現在海豐農民固守海豐，時時刻刻防止陳炯明的反動那樣才能安穩鞏固。但這樣的農工力量，卻不是假的農工運動，居心利用農工，抑制農工的發展，分裂農工的團結，所能得到的。

同志們！你們不要怕農工！總理就是個農家子，洪秀全也是個工人子，那里就見得有你們那樣的杞憂哩！

一九二六，除夕日。

歡迎繼符琇同志而覺悟的青年并勉非學會的同志

鄧今海

孫文主義學會在事實上證明是破壞本黨的一種小團體的組織，從符琇同志的「我過去的錯誤」一文中，更證得幾何一樣的眞確。因為符同志從前是一個學會的份子，而且是學會中很努力的份子，現在覺悟了來現身說法把學會中的陰謀事實，披露出來，不覺使我們「不寒而慄」！然而學會曲解本黨主義，破壞本黨政策的陰謀及反革命的事實，當不止此，我們由此類推，舉一可以知十了。此次符同志的覺悟，以及符同志的現身說法，我除極端的欽佩敬仰外，還聯想着至少有下列的影響：

(一)一般未入學會的同志，或受學會份子的宣傳，在那裏半推半就，觀望徘徊；或受忠實革命同志的勸導，在那裏猶豫着。現在符同志的照妖鏡一出，誰是我們的友人，誰是我們的敵人，我們可以明白了，再不致受人欺騙，誤入歧途。

(二)受學會引誘欺騙的份子，當然不止符同志一人，其他或沒有符同志的勇氣，見解，而不敢毅然決然的翻悟，所以我們不知道。現在好了有榜樣了，我相信有許多受欺騙而入學會的份子，將繼符同志的勇氣見解，而不斷地一批一批的毅然決然的覺悟，國民黨革命的成功即在目前，三民主義的實現，亦莫不在目前。我相信凡是黃埔的學生，除了不是甘心做反革命的落伍者外，無不站在革命的觀點上，黨的利益上，去勇敢熱烈的做革命的工作。

我們實行總理整個的三民主義和政策的同志們，在這時候應努力的宣傳，使學會這種破壞本黨勢力的種種罪惡和陰謀，深印入每一個同志的腦中，并須用誠懇的態度，和婉的言詞，去勸導同學，使我們每個同志在言論上，行動上，思想上，一天一天的左傾，一天一天的革命，使黃埔的同學，個個都是對主義與政策有眞確和深切的認識了解，而沒有一個落伍的份子。這一種宣傳和引導的責任，凡是革命的忠實黨員，都應當切實的負擔起來！

我相信一般初到廣東來的青年，尤其是來投考黃埔的青年，對於了解革命理論和主義的求知慾，和食慾同其迫切的需要！一受了學會份子的宣傳，——如『我們要做總理的信徒，就要懂得主義，要懂得主義，就要加入孫文主義學會來研究主義』等妙論——很容易加入這種與主義背道而馳的團體。自然加入了學會，就要與學會的份子發生關係，時相往來，并且要受硬迫看右派先生們所著的書，——等到自身發覺了他們理論之錯誤，學會行爲之不對，而想退出的時候，一般反革命的同志，都認識了自身是一個孫文主義學會的份子了，於是欲退出而一般同志不見信，反疑為偵探，且學會是不許退出的；但是又明知受了欺騙，誤入歧途，到那時精神上的痛苦，眞是難堪！以致有血性的青年，既不見信於同志，就一誤再誤，索性當一個反革命，幹那右派的勾當，所謂『挺而走險』。意志薄弱一點的，既不願然改悔，又不願再受學會的指揮，而馬馬虎虎的算了。這的確是革命勢力的損失。我希望我們忠實的革命同志，一方面要明瞭他們的苦衷，不可迫之太急，免去左傾的幼稚病，一方面還要特別的注意呵！

編者的話

△近來收到的稿太多，故登出稍遲，希望投稿諸君，不要作急！

△這幾日接到好多要退稿的信：因預先稿上未能聲明退還，所以不易清出，倘希鑒諒；以後如要退稿，請先在原稿上聲明為盼！

△本刊的缺點太多，自不必說；希望讀者諸君，都將本刊缺點函告我們，我們當十二萬分誠懇的接受。

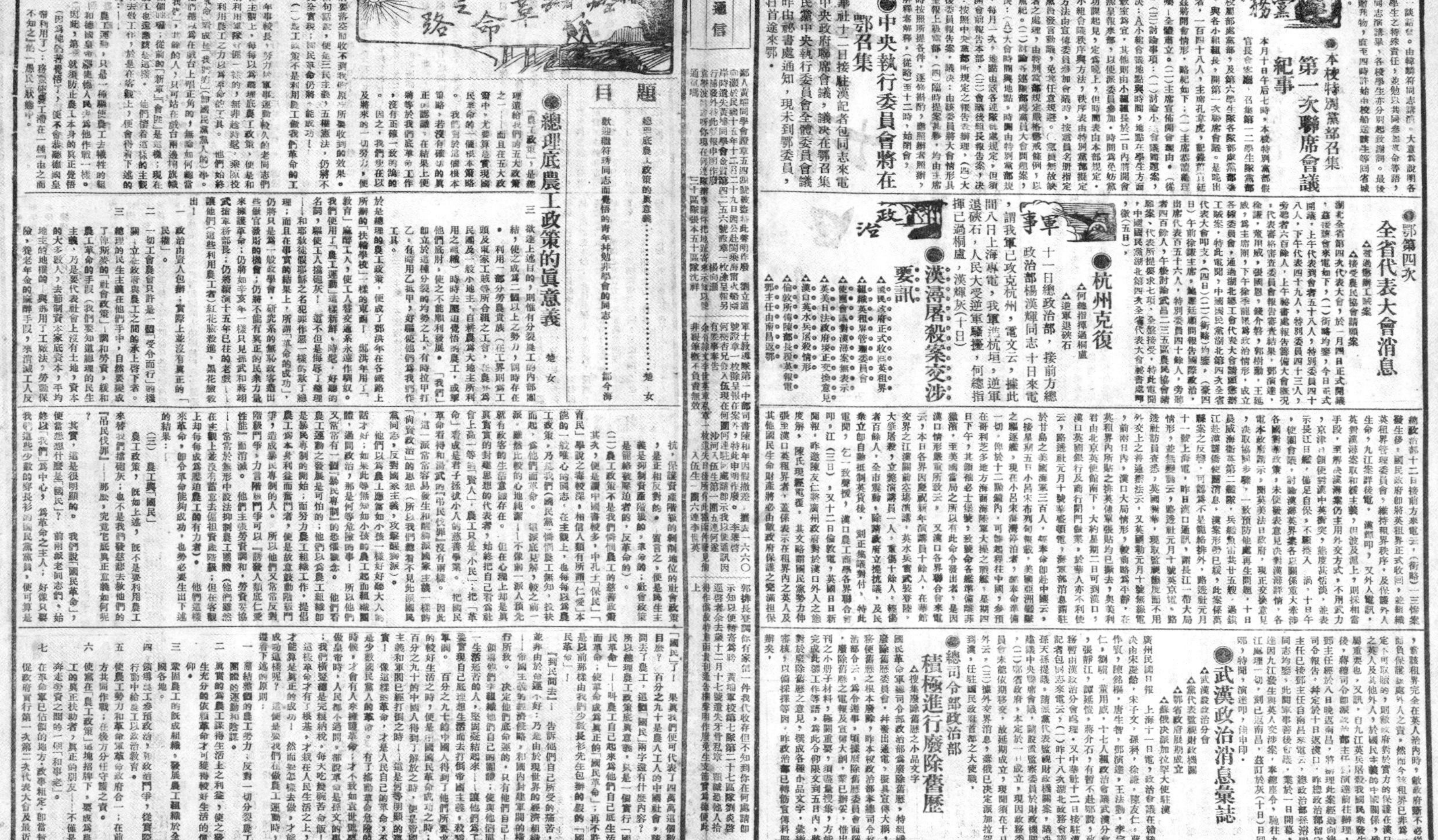

中華郵政特准掛號立券之新聞紙〔中華民國十六年元月十四日〕〔星期五〕〔第一版〕

黃埔日刊

中央軍事政治學校出版
通信處廣東黃埔本校政治部
（第二三五號）
【本刊每份定價一分】

▲特別黨部革命軍徵文啓事

本月二十一日，爲列甯逝世三週年紀念，本刊擬於十五期出特刊一冊，凡我同志，有紀念文字見賜，希於本十八日以前交本刊編緝委員會爲禱。（文）

鄙人於元月四日在廣州郵局寄信失落入伍生第一團八連中字二十四號白布符號一張除呈報補發外特此聲明作廢 駐沙河入伍生第一團八連張榮選

敝隊號兵訓練所軍士王海雲於元月一日參加北伐勝利聯歡會巡行失去訓字第七百零三號一枚特此登報聲明作廢 軍士教導隊總隊部

王楊烈同志：聞你在軍士教導隊，爲何不道知我？令妹有信來，請示駐地與部隊號以便轉送。政治部澤覃。十三日

啓者於元旦日在廣州惠愛中路宣傳失落本校第二學生隊第七隊第四十六號的符號一枚除呈報補給外特此登刊聲明作廢 第二學生隊七隊學生陳世鏞啓

徵文啓事

本月十七日爲湖南勞工運動首先犧牲者黃愛龐人銓被殺六週年紀念，本刊『革命之路』欄，特刊『黃龐紀念號』，如蒙惠稿，請於十六日午前交到爲盼，遲則不及排入。

列甯逝世第三週年紀念徵文

本月二十一日爲世界革命的導師蘇俄十月革命的領袖列甯逝世第三週年紀念，本刊編印紀念號，茲特鄭重徵求關於紀念列甯同志的文字，請於十九日午前交到本校政治部宣傳科編纂股，以便排印。

日評

●廢除舊歷

雲彬

在民國十六年的年頭上還在做什麼廢除舊歷運動，眞是怪事！仔細想來，我們的中國本有些古怪：裝了電燈，還得配上『滿堂紅』；設了警察，還得用幾名『更夫』；社會上矛盾得可笑的事情，原不止陰陽歷並用的一件事。可是，在革命的意義上，陰陽歷並用，不但矛盾而已，簡直把辛亥革命的意義完全消滅在『古歷』『夏正』底下，這是何等使我們扼腕慨嘆的事情呵！

我們這次北伐是要完成辛亥革命未竟之功，換言之，是要把辛亥革命後袁世凱復古以來的舊穢積垢，洗滌淨盡；我們不但要掃除軍閥，肅清貪官污吏，並且要把封建社會時代遺流下來的舊習慣，根本打破；所以那幾千年遺留下來的古董，不合現代世界潮流和習慣的什麼『古歷』『夏正』，非根本廢除不可。誰拿『舊習一時難改』等話來替陰歷做辯護，誰就是反革命！

我們知道跟着舊歷來的有多少遺害社會的風俗習慣：什麼『求星』『問卜』『看風水』『論流年』等等鬼把戲，都是陰歷爲厲之階！我們要以革命手段來掃除社會上的舊迷信。用陰歷，就是擁護迷信，反對改革，便也是反革命！

我們要用法律的力量，宣傳的方法，於最短期內把陰歷廢除，務使從今以後，把那『古歷』『夏正』等怪名詞，永永埋葬！

校聞

●校園籌備委員會第一次會議

本星期三日上午八時，校園籌備委員會在校長辦公廳，開第一次會議。列席委員爲胡宗陳，熊雄，鍾嶽峻，高運初，梁鼎銘，陳良，主席方委員長。茲將當日議決事項略紀如下：1、籌備會地址，新俱樂部前舊工程委員會，2、常務委員，陳良，梁鼎銘，潘才任。3、書記龔積芝。4、常會，每週一次，星期四下午四時至六時。5、臨時會，由常務委員秉承委員長臨時招集之。6、辦事規則，由陳委員(良)負責起草 7、校園計劃及圖案，由孔委員(韋虎)負責主持，以梁委員(鼎銘)，潘委員(才任)副之，并由熊委員(雄)負責另聘建築校園專門人才，贊襄一切。8、經費，大宗另籌、小數由鍾委員(嶽峻)負責籌撥云。

誓遵總理遺囑

總理遺囑

余致力國民革命，凡四十年，其目的在求中國之自由平等，積四十年之經驗，深知欲達到此目的，必須喚起民衆，及聯合世界上以平等待我之民族，共同奮鬥。現在革命尚未成功，凡我同志，務須依照余所著：建國方略，建國大綱，三民主義，及第一次全國代表大會宣言，繼續努力，以求貫澈。最近主張：開國民會議，及廢除不平等條約，尤須於最短期間，促其實現，是所至囑！

◁本校本週口號▷

認識黨的必要！
發展黨的組織！
要能宣傳民衆！
要能組織民衆！
勵行三大政策！
勵行最近政綱！
防範敵人陰謀！
不可自驕自滿！

●日本外務省條約局長暨沙面日領來校參觀

本校年來爲國民革命奮鬥之精神，久爲各帝國主義所注目。本月十一日上午十一時，日本外務省條約局長佐芬利氏，暨沙面日總領事森田寬藏，隨員有久直忠、小畑薰良等六人，特由省城乘校輪大南洋號來校參觀。當由政治部管理處各派專員會同校值星官，至校門碼頭妥爲招待。後隨領渠等至官長會客廳。由方教育長，吳主任，熊主任，李主任，敖副主任等出爲接見，互相寒暄畢，稍用茶點，即導引至大操場一帶參觀，并隨地由熊主任用日語加以說明。至十二時返校，在官長會客廳用午餐，席間熊主任演說，大意首述本校之歷史，及本校產生之背景，與本校教育方針之確定。次述兩次東征，北伐諸役，黃埔精神之表現，並謂本校之創辦，不是爲政府，亦不是爲任何個人之利益，乃是爲全世界被壓迫民族求解放，爲全人類求和平。故黃埔精神之表現，即爲世界被壓迫民族精神之表現云云。最後並論及中日外交問題，謂中華民族乃一愛和平之民族，且中國之和平，亦即世界之和平。余昔在日本，常聆日本朝野提倡中日親善之論。但此口號至今仍未成爲事實。因彼時中國在滿清官僚政府之下，不曾了解世界之形勢，同時日本一班過去的外交家與侵略家，亦祗顧目前之利益，而未計及將來中日間之危險。現在吾人當明瞭，所謂太平洋問題，即中國問題，亦即世界問題。並爲中日美衝突的問題。所以現在吾人希望日本新的外交家與新的學者，及政府當局，應有自動自覺的國民外交，以實現所謂中日親善，及世界的和平。當一九二四年，吾人的領袖孫中山先生北上，道經橫濱時，曾以民族平等的原則有中日親善的演說。但孫先生當時仍不爲日本朝野所了解。所以至今吾人仍未能實現中日親善之完滿目的。我黃埔全體官長，皆爲孫文主義之信徒，吾人仍須向孫先生所指示的道路，繼續奮鬥。甚希望日本朝野上下共同了解此意，然後中日親善，世界和平始能實現。希望諸君將吾人此種意思，切實傳達於日本社會人士云云。熊主任演講畢，佐分利氏起致答詞，略謂渠在日本，北京，上海，對於廣東政局及北伐軍眞相，皆不十分明瞭，並有多少懷疑。今親聆熊主任演詞，實渠自到中國以來，最滿意的一次。茲願將熊主任所說的意思，傳達日本朝野云云。繼總領事亦謂渠雖在中國，但對此次北伐極不明瞭，並以爲此番將不能得如許之勝利。及今天聞熊主任之演說，得明悉北伐軍之軍事訓練與政治教育情形，及與民衆之關係，始知北伐軍此種勝利，實非出於偶然云云。午餐後，仍由吳主任，熊主任，敖副主任等，領導至分校，烈士墓，俱樂部等處參觀。渠等在俱樂部內觀覽沙基慘案大幅油畫，極加讚嘆。但記者乃無由知渠等當時感想，此種油畫乃今日帝國主義者慘殺中華民族之寫眞歷史，即千百年後於博物院中見之，亦當洞悉今日中國之亡命爲何如也，參觀俱樂部畢，已五時許，即由吳主任等送渠等至碼頭，乘大南洋輪返省城，當日並贈送三民主義，建國方略，汪黨代表演講集，廖黨代表演講集，日刊等多種宣傳品，以爲渠等對於本黨之參攷云。

●安南學生執信等校來校參觀

本月十二日，有省城執信學校，雲南高師參觀團，安南學校，法官學校，及培英學校童子軍等五校，教職員男女學生約計五百餘人，于上午十時左右先後來校參觀。由管理處會同政治部派員招待。領該生等至蝴蝶崗，砲台，烈士墓等處及校屬各部處參觀一週。至午後三時許，並在俱樂部

中華民國十六年元月十四日〔星期五〕 黃埔日刊 〔第二版〕 (二)

開一談話會。由韓麟符同志講演，大意爲說明各校學生之特殊責任，並勉以共同參加革命等語，韓同志演講畢，各校學生亦分別起致謝詞。最後分贈禮物，直至四時許始由校船送該生等回省城云。

黨務

本校特別黨部召集第一次聯席會議紀事

本月十日午后七時，本校特別黨部假官長會客廳，召集第一二學生隊黨部，校閱部處黨部，及第六學生隊各隊部處黨部委員，與各小組組長，開第一次聯席會議。是晚出席者，一百四十八人，主席孔韋虎，記錄葉賢廷，茲將開會情形，略紀如下：(一)主席恭讀總理遺囑－全體肅立。(二)主席宣佈開會理由。(從略)(三)討論事項：(一)討論小組會議問題案，議決：A小組會議地點與時間，地點在學生方面以教室爲宜，其他則由小組組長於二日內將開會地點呈報本部，以便派委員參加。時間爲免妨黨員功課起見，定爲晚上，但時間表由本部規定。B小組會議秩序與方法，秩序表由特別黨部擬定，方法由宣傳委員參加會議時，按黨員名册指定黨員發言訓練，免臨時任意規避。C黨員無故缺席者之處理，由特別黨部規定嚴格懲戒條例，以肅黨紀。(二)討論各連隊部處黨員大會問題案，議決：(A)大會時間與地點，時間由特別黨部規定，每月一次，地點由該各連隊部處規定，但須於開會前報告本部。(三)會議後組長報告案，決議：按照中央黨部所規定之報告表辦理。(四)大會後委員報告案，議決：由該委員將大會情形具文呈報上級黨部。(四)臨時提案甚夥，均由主席當時按照所提各件，逐條斟酌，應照辦者照辦，應解釋者解釋。(從略)至十二時，始閉會。

中央執行委員會將在鄂召集

中華社十二日接駐漢記者包同志來電云：中央政府聯席會議，議決在鄂召集國民黨中央執行委員會全體委員會議，昨由祕書處通知，現未到鄂委員，即日首途來鄂。

小通信

鄙人黃埔同學會證章五四四號被盜，特此聲明作廢。劉立道

向灝於民國十五年十二月二十九日因公赴閩，乘海甯火船靠岸時遺失黃埔同學會金質第四二五六號證章一枚，除呈報另行補發外，特此登報申明作廢。楊向灝

袁學波同志呀，你現在何連隊辦事？請你把地趾寄來示知，以便通訊嗎。三十區隊張本 五十區隊沈祥

軍士教導隊第一中部司書陳和年因假撤差，擲去一六六〇號證章一枚，除呈報在案外，特此申明作廢。

何機杏兄你入伍現在何團何連駐何處，請即示我以便通訊，因有要事奉告。沙河入伍生第一團五連何遂

余有隸文李世英章私章一枚遺失，日後所有此種函件發見，倘非親筆，概不負責無效。入伍生一團六連李世英

郭排長登調你有家信一件我代收存，但不知到你在何處，請即示知以便轉寄爲盼。黃埔軍校第七隊第二十七區隊劉炎啓

逕啓者，余去歲十二月十七號遺失牙骨私章一顆，誠恐他人拾得作偽，故特肅函貴刊通告欄聲明作廢，免生支節，實爲德便，此上

鄂第四次全省代表大會消息

△接受農民協會請願案 △嚴懲辦工賊案

湖北全省第四次代表大會，於一月四日正式開議，茲接該會來電如下：(一)衔略均鑒，今日正式開議，上午代表到會者五十八人，特別委員四十八人，下午代表四十九人，特別委員四十三人，旁聽者六百餘人，上午祕書處報告籌備大會概況，代表資格審查委員會報告審查結果，鄧演達，徐謙，董用威，張國恩，錢介磐，郭樹勳，王延威，爲主席團，下午徐季龍報告政治情形，成立各種委員會，通過湖北總工會代表大會請願懲辦工賊案，特此電聞，中國國民黨湖北第四次全省代表大會叩支，(四日)(二)(衔略)均鑒，(豪四日)午前徐謙主席，鮑羅廷顧問報告國際政治，出席代表百五十六人，特別委員四十餘人，旁聽者四百餘人，午後討論武昌二三五區農民協會請願案，代表所提要求七項，全盤接受，特此電聞，中國國民黨湖北第四次全省代表大會祕書處叩，微(五日)，

軍事

杭州克復

△何總指揮過桐廬 △逆軍退硤石

十一日總政治部，接前方總政治部楊漢輝同志十日來電，謂我軍已攻克杭州，電文云，據此間八日上海專電，我軍進杭垣，逆軍退硤石，人民大受逆軍騷擾，何總指揮已過桐廬，漢輝灰(十日)

政治

要訊

△國民政府正式收回英租界
△組織英租界管理委員會
△使團會議對漢潯案無表示
△英美日法政府現正交換意見
△漢口英水兵屠殺情形
△倫敦所傳陳部長覆英報電
△鄧主任由南昌返鄂

漢潯屠殺案交涉

總政治部十二日接前方來電云，(衔略)一三慘案發生後，國民政府即將英租界正式收回，並組織英租界管理委員會，維持租界秩序，及保護外人生命，九江案詳後電，漢輝叩，又外人電訊，英對漢潯案取和緩主義，但波及滬上，則採相當手段，至解決漢潯案仍主用外交方式，不用武力，京津日領使對漢中英衝突，態度甚恬淡，並表示長江日艦，僅足自保，不願捲入漩渦，十日午，使團會議，討論漢潯英界案各以關係重大牽涉各國對華政策，未便發表意見決對漢潯詳情，各電本政府請示，聞英美法日政府，現正交換意見，決取協同步驟，一致預防他處再生問題，十日晨威海衛英第二艦隊，兵艦魚雷共廿五艘，過鎮江赴漢護僑使團消息，漢案形勢已緩，此案係萬縣案之反響，可認爲不是籠絡排外，路透社元月十一號上海電，昨日漢口通訊，謂長江一帶大局情形，並無變動云，路透社元月十號英京電，路透社訪員查悉，英國對華，現取監視態度而不用外交上之普通辦法云，又英國勒元月十號無線電，前兩日內，漢口大局情形，較前略爲平靜，在英租界內所貼之排英傳單張貼均已撕去，奧美利君由北京英使館南下，大約星期二日可到漢口，云，路透社元月十號華盛頓電，海軍部消息謂駐漢口英國銀行及商行閉門歇業，於華人亦不利便於甘島之美國海軍三百人，經奉命即赴中國云，(接星期五日小呂宋布列甸報載，美國亞洲艦隊之驅逐艦，現在小呂宋灣停泊者，經奉命準備一切，俾於十二點鐘內，可即起程往中國，參預在哥利芝多地方海面海陸軍大操之戰艦，星期四日下午，其領袖必士堡號，致號命各艦準備離菲獵濱，至美國當局之所以有此命令發出者，是因漢口情形嚴重所致云。又漢口各界聯合會來電云，本日各界因慶祝新年演講員十餘人，在華館交界之江漢關前空場演講，英水兵實武裝登陸，大肆屠殺，立斃演講員一人，重傷十餘人，輕傷者百餘人，全市震動，除請政府立提抗議，及民衆立即自動抵制英貨後，刻正集議對付，特此電聞，乞一致聲援，漢口農工商學各界聯合會叩，江(三日)，又十二日倫敦電，英國日日新聞報，昨邀陳友仁將廣州政府對於漢口外人之態度解，陳氏現經電覆，其文略謂國民黨勢力伸張至漢口英租界者，蓋係表示在租界內之英人及其他國民生命財產將必由敝政府保護之完滿担保，甞該租界完全在英人治內時，敝政府斷不必從而負保護該處外人之責，然而今該租界已非爲一定不可取贖的，則敝政府對於實力的保護在漢口之英人及其他外人，於國民主義的中國關係，殊屬重要也，又訊，自九江英兵屠殺我國民衆發生後，蔣總司令即派政治部主任鄧演達前往辦理，鄧主任經於八日晚返南昌，將辦理此案經過向總司令報告，并定於十日返漢口，昨總政治部留守主任已接鄧主任自南昌來電云，總政治部孫瀉明同志均鑒，此間軍事善後會議，業於一日開幕，達因九江發生與英人交涉案，奉總座令，馳往九江處理一切，刻已返南昌，茲訂於灰(十日)日回鄂，特聞，演達叩，佳申印。

武漢政治消息彙誌

△武漢設政治分會 △黨代表監視財政機關 △鄂省政府展期成立 △蘇俄決派加拉罕大使駐漢

廣州民國日報 上海十一日電，政治會議在贛議決由宋慶齡，宋子文，孫科，徐謙，陳友仁，蔣作賓，陳銘樞，唐生智，鄧演達，王法勤，李宗仁，劉驥，董用威，十七人組政治會議武漢分會，張靜江，譚延闓，蔣介石，有暫不赴鄂說，政務暫由漢政治分會處理。又中華社十二日接駐漢記者包同志來電云，(一)昨十八次湖北政務會議孫天孫提議，請派黨代表監視財政機關案，議決建議中央聯席會議，請設置監察委員於財政機關，(二)鄂省政府，本定於一日成立，現因政務委員會未能依期移交，故延期成立，現聞須在十日外云，(三)據外交界消息，蘇俄已決定派加拉罕到漢，任駐國民政府首都之大使職，

積極進行廢除舊歷

總司令部政治部 △搜集廢除舊歷之小品文字

國民革命軍總司令部政治部爲廢除舊歷，特組織廢除舊歷委員會，并發出通電，擬具宣傳大綱，務使舊歷之根本廢除，昨本校政治部奉總司令政治部令云，爲令遵事，頃據廢除舊歷委員會面稱，廢除舊歷之電報及宣傳大綱，業已辦妥，惟出刊之小册子材料，極關重要，須盡量搜集，方能完成此種工作等語，爲此令仰限文到五日內，將對於廢除舊歷之意見，撰成各種小品文字，彙繳審核，以備採擇等因，昨政治部已轉飭宣傳科照辦矣，

中華民國十六年元月十四日（星期五） 黃埔日刊 （第三版）

題目

革命之路

總理底農工政策的眞意義

楚女

「農工政策」，是總理遺給我們底五大政策之一——而且在五大政策中，尤要算是實現國民革命的一個根本策略。

我們對於這個根本策略，若沒有確切的眞正認識，在結果上便將等於我們底革命工作，沒有正確一致的鵠的。因之，我們現在以及將來的一切努力，便都將要落空而收不到我們原來所要收到的效果。換句話說，便是三民主義，五權憲法，仍將不能完全實現；國民革命仍將不能成功！

（一）農工政策不是利用農工做我們革命的工具

年事較長，努力於軍事運動較久的老同志們，在主觀上，每每以爲總理底農工政策，便是和從前利用軍隊會匪一樣的，無非趁時髦，乘隙投機，利用農工之力以爲革命的工具。他們始終把「革命」看成是「我們的」（即國民黨黨人的）事。他們總以爲在戲台上唱正角的，無論如何總當是「我們」，其餘的人，只可站在戲台兩邊搖旗吶喊，做個嘍囉；從前的「新軍」「會匪」是這樣；現在的農工也還應該是這樣。他們懷着這樣的主觀見解去做工作，於是在客觀上，便會得着下述的事實：——

一 農工運動，只是一種驅使農工去犧牲的組織——即和德國皇帝驅使德人民去爲他作戰一樣。

二 因此，第一就須防止農工本身的眞正覺悟（因爲他們若覺悟了，便不會恭聽德國皇帝利用了）：務要使農工滯在一種『由之而不知之』的「愚民」狀態中。

三 欲達上述目的，則惟有分裂農工的內部團結，使之成爲二個以上之勢力，同時存在。利用一部分勞農貴族（在工界則爲工頭及東家工賊等所合組之工會，在農界爲民團及一般小地主，自耕農爲大地主所利用之組織）時時去壓迫覺悟的農工，或擊他們底肘，使之不能順利發展。「我們」即立於這種分裂的均勢之上，有時拉甲打乙，有時用乙抵甲，好驅使他們爲我們作工具。

於是總理的農工政策，便成了鄭洪年在各鐵路上所辦的「扶輪學校」一樣的東西！鄭洪年用了「教育」麻醉工人，使工人替交通系永遠作馴奴。我們便用了「農工運動」這樣新鮮，時髦，好聽的名詞，驅使工人擋砲灰！這不但是侮辱了總理——和耶穌徒假耶穌之名犯罪作惡一樣的欺了總理；而且在事實的結果上，所謂「革命的成功」，仍將只是爲一般政學會，研究系的無恥政客造出些做官發財的機會，仍將不能有眞正的民衆力量來擁護革命；仍將如辛亥年一樣只見孫武和蔣翊武搶軍務部長；仍將續演十五年已往的老戲——讓他們（這些利用農工者）紅花臉殺進，黑花臉殺出！

一 政治由賢人包辦；實際上並沒有眞正的「民權」。

二 一切工會農會只許是一個「受令而行」的機關——立在政府與農工之間的承上啓下者。

三 總理的民生主義在他們手中，自然要變成了俾斯麥的「社會政策」——調和勞資，緩和農工革命的手段（我們要知道總理的民生主義，乃是要代表社會上沒有土地，資本的大多數人，去節制資本，平均地主的地權的——與那用了工廠法，勞動保險，養老年金的麻醉手段，來消滅工人反抗，保護資產階級的剝削地位的社會政策，是正相反對的。質言之，便是民生主義是抑制資產階級的，革命的；社會政策是籠絡被壓迫者的，反革命的）。

（二）農工政策不是我們憐憫農工的慈善政策

其次，便是讀中國書較多，中孔子「保民」「育民」學說之毒較深，相信人類有所謂「仁愛」本能的一般唯心的同志，在主觀上，也每每以爲農工政策，乃是我們（國民黨）憐憫農工無知，投袂而起，爲他們而革命。這派底見解，較之前一派，雖然比較的心地純潔——不像前一派人預先就有政客的生活意識存在。但在心理上却是眞眞實實的封建思想的代表者，始終把自己看爲社會上高一等的「賢人」，農工只是「小民」；把「革命」看成是君子拯救小人的慈善事業。把國民革命看得和湯武的「弔民伐罪」沒有兩樣。因此，這一派常常容易發生和醒獅派國家主義一樣的「尚賢政治」的思想（所以我們總看不見此派國民黨同志，反對國家主義，攻擊醒獅派）。

他們以爲農工應當如小孩一樣好好聽大人的話才好；如果此等無知如小孩的農工起而組織團體，過問政治，那是何等危險的事！所以他們又常常有一個『暴民專制』的恐懼觀念。他們看農工運動之發展是可怕的；他們以爲農工組織即是暴民專制的開始；而努力農工組織工作，提倡農工爲本身利益而奮鬥者，便是故意鼓動階級鬥爭，造成暴民專制的人。所以他們又常常反對階級鬥爭，力言階級鬥爭可以『誘發人類底仁愛性能』而消滅。他們主張勞資調和，勞資妥協——常常於無形中設法抑制農工團體（他們雖然在主觀上並沒有蓄意去偏袒資產階級；但在客觀上却每每成爲壓迫農工的有力者）。他們這樣來革命，即令革命能夠成功，也勢必要生出下述的結果：——

（三）農工與「國民」

農工政策，既如上述，既不是要利用農工來替我們擋砲灰，也不是我們發慈悲去救他們的『吊民伐罪』——那麼，究竟它底眞正意義如何呢？

其實，這是很明顯的。我們說「國民革命」，便當想想什麼是「國民」？前兩派老同志們，始終以「我們」爲中心，爲革命之主人；好像只要我們這些少數的穿長衫的國民黨黨員，便可算是「國民」了！果眞我們便可代表了四萬萬這個數目麼？百分之九十是農人工人的中國社會，請問去了農工，這個「國民」兩字還有什麼內容？所以總理農工政策底眞意義，只是一個實行「國民革命」——叫農工自己起來爲他們自己底生活而革命；使革命成爲眞正的「國民革命」；再不許是以前那樣由我們少數長衫先生包辦的假的「國民革命」！

『到民間去』！告訴他們自己所受的痛苦，並非由於命運不好：乃是由於現世界的經濟組織——帝國主義的經濟侵略，和國內封建軍閥的橫行所致。決定他們底命運的，只有他們自己！領導他們去組織他們自己的團體；使與他們同一生活痛苦的人，堅固凝結起來——讓他們爲了要實現自己底理想生活而去打倒帝國主義，殺戮軍閥。百分之九十的中國人得到了他們所要求的較好生活之時，便是中國國民革命成功之時；百分之九十的中國人得到了解放之時，便是帝國主義和軍閥已經打倒之時——這是何等明顯的事實！像這樣的革命，才是人民自己的革命，不是少數國民黨人的革命。有了搖動革命危險的時候，才會有人來擁護革命；才不致如袁世凱要做皇帝時，人民都不過問，都說革命是孫文的事；我們橫豎總是完糧納稅，每天吃幾碗苦命飯！這樣革命才有了根基，才栽在人民生活之上，才能算是眞正的成功！然而要怎樣去做，才能成功這樣呢？這便是要我們在做農工運動時，遵着下述的原則：

一 團結整個的農工勢力；反對一切分裂農工團體的運動和陰謀。

二 眞實的爲農工謀得生活上之利益，使之發生充分的依賴革命才可獲得較好生活的信仰。

三 鞏固農工的既成組織，發展農工組織於全國各地。

四 領導農工參預政治，和政治鬥爭，從實際行動中給農工以政治教育。

五 使農工勢力和革命軍革命政府合一；在前方共同作戰；在後方分任守護之責。

六 使黨在「農工政策」這塊招牌下，要成爲農工的眞正扶助者，眞正的朋友——不僅是奔走勞資之間的一個「和事老」。

七 在革命軍已佔領的地方，政事粗定，即當督促政府實行第一次第二次代表大會及最近

中華民國十六年元月十四日〔星期五〕　黃埔日刊　（第四版）

中央各省聯席會議所決定的政綱——實實在在給農工以已經許與他們的利益。

八　努力反抗一切假借農工運動以謀私利的運動，和上述兩派之錯誤的理論與行動。

（四）農工政策與民權民生

照上述八大原則，去做農工運動，才是真正的總理農工政策。也只有這樣的農工運動，才能使總理的民權民生主義見諸實行。不然則民權民生主義都要成爲空話。以事實來說，譬如我們國民政府統一全國之時，即須召集全國國民會議。這個會議，是產生正式的國民政府的，故它應該是代表真正的民權的。倘若我們不照上述八原則去做農工運動，或竟照前兩派那樣去做，則實際上必無真正足以代表百分之九十的國民（農工）之組織，即無由道出真正的農工（國民）代表。於是所謂國民會議，勢必又弄得像民元一樣，由那些沒有到過蒙藏的漢人去冒充蒙藏議員——還是一個豬仔包辦政客充斥的「國會」。這樣的民權，不但是不能行使創制，複決，罷官，考試諸權；而且足以使政治腐化，使一般反革命者混跡其間；使革命從根本上失其意義，或竟不能存在。

又如國民政府一旦下令實行民生主義之時，資本家和地主難免（我們且不說一定，只說難免）不結合起來，作階級的反抗。（現在李士偉等交通系官僚資本家，便已神經過敏，於國民政府遷至武漢時，組織起所謂全國生產協會來，預備將來好反抗了）。此時，國民政府除了以政治權力壓制他們，只有『收回成命』（但收回成命，三民主義便成了二民，甚至成了一民）。民生主義不行，則總理的主義全部系統，均已失其意義。因爲沒有民生主義，便是沒有總理誓言革命最後目的。即令僥倖成功，說好些也不過是使資本主義在中國得到一個新發展；結果，也不過使中國成爲一個後起之秀的帝國主義者。總理底革命目的，不僅是要中國自由平等；同時也要求世界和平，人類全體平等；不僅要打倒壓迫中國的帝國主義，同時也不要中國去做帝國主義壓迫他人。如果不行民生主義，則資本主義和帝國主義一定要借中國之屍而還魂，那麼，我們便違背了總理，違背了黨義。要如何才能不因資產階級之抵抗而不行民生主義；國民政府才有政治權力壓住資產階級呢？只有把政府基礎立在廣大的農工組織的勢力之上。我們若不照上述八原則去做農工運動，便沒有真正有力的工會農會，也便沒有真正足以抵抗資本家地主之反革命行動，擁護政府，實施民生主義法令的力量。

（五）農工政策與聯俄聯共

因有上述要求——沒有真正的農工組織，便沒有民權底實質，民生底後盾。所以總理才決定聯合那已由農工革命而成功的蘇俄；才聯合那代表無產階級而組織的中國共產黨。所以才注重嚴格政治訓練和紀律，以求避免那些從前傳襲來的投機性，僥倖心，賢人政治觀念和反唯物的玄想傾向。我們若細細的去紬繹總理底主義體系，實在是一貫的：——

一　因爲要求中國民族獨立自由，故有「民族主義」。

二　因要保持中國民族的獨立自由，故又不可不使人民有實力，足以制服帝國主義及其工具，（軍閥）——故有「民權主義」。

三　因要民權確實是真正人民的權力，故又不可不節制資本，平均地權，使佔百分之九十的大多數農工自然起來擁護他們自己的政權（民權）——故有「民生主義」。

四　因要使民權民生得以實行，故有五權憲法的政治組織。

五　因要使三民主義，五權憲法得以革命而實現，故又不可不有農工政策，使農工自身起來革命——使革命得以必然的成功，永久的鞏固。

六　因爲帝國主義是世界的，和資本主義的；因爲農工的奮鬥是要有其階級的自身團結的；所以又不可不聯俄，聯共，置中國革命於世界革命之一部分的地位上。

（六）農工政策底實驗效果

自從總理決定農工政策——自從本黨有了農工運動以來，國民革命得了怎麼樣的長足進步和發展，已是有目共見的事。兩年以來，東征陳林；南討鄧本殷；北伐吳孫；在前線上開路，運輸，防敵，助戰；在後方留守，看門無一處不感着農工羣衆之有實力：不感着總理底決定確有實效。現在這個政策底反映，竟使張作霖也不得不再三再四招集北方工農講演；使褚玉璞也不得不派專員攜款赴京漢路犒勞工人——使北方軍閥被逼也居然講起他們底農工政策來了！

現在我們要敬告我們國民黨懷疑農工政策和故意利用農工政策的同志。國民革命怎樣才能成功？要像前年隴海路工人，在鎗炮如雨之下，像對憨玉琨張治公罷工；替岳維峻胡景翼開車；像今年平江縣農民替第八軍第四軍打先鋒；像京綏路工人在國民軍南口退却時不要命的搶回國民軍輜重那樣才能成功！　革命成功以後，怎樣才能保守得住？　要像現在海豐的農民固守海豐，時時刻刻防止陳炯明的反動那樣才能安穩鞏固。但這樣的農工力量，却不是假的農工運動，居心利用農工，抑制農工的發展，分裂農工的團結所能得到的。

同志們！　你們不要怕農工！　總理就是個農家子，馮玉祥也是個工人子，那里就見得有你們那樣的杞憂！

一九二六，除夕日。

◉歡迎繼符琇同志而覺悟的青年并勉非學會的同志

鄧今海

孫文主義學會在事實上證明是破壞本黨的一種小團體的組織，從符琇同志的「我過去的錯誤」一文中，更證得像幾何一樣的真確。因爲符同志從前是一個學會的份子，而且是學會中很努力的份子，現在覺悟了來現身說法把學會中的陰謀事實，披露出來，不覺使我們「不寒而慄」！然而學會曲解本黨主義，破壞本黨政策的陰謀及反革命的事實，當不止此，我們由此類推，舉一可以知十了。此次符同志的覺悟，以及符同志的現身說法，我除極端的欽佩敬仰外，還聯想着至少有下列的影響：——

（一）一般未入學會的同志，或受學會份子的宣傳，在那裏半推半就，觀望徘徊；或受忠實革命同志的勸導，在那裏猶豫着。現在符同志的照妖鏡一出，誰是我們的友人，誰是我們的敵人，我們可以明白了，再不致受人欺騙，誤入歧途。

（二）受學會引誘欺騙的份子，當然不止符同志一人，其他或沒有符同志的勇氣，見解，而不敢毅然決然的脫離，所以我們不知道。現在好了有榜樣了，我相信有許多受欺騙而入學會的份子，將繼符同志的勇氣見解，而不斷地一批一批的毅然決然的覺悟，國民革命的成功即在目前，三民主義的實現，亦莫不在目前，我相信凡是黃埔的學生，除了不是甘心做反革命的落伍者外，無不站在革命的觀點上，黨的利益上，去勇敢熱烈的做革命的工作。

我們實行總理整個的三民主義和政策的同志們，在這時候應努力的宣傳，使學會這種破壞本黨勢力的種種罪惡和陰謀，深印入每一個同志的腦中，并須用誠懇的態度，和婉的言詞，去勸導同學，使我們每個同志在言論上，行動上，思想上，一天一天的左傾，一天一天的革命，使黃埔的同學，個個都是對主義與政策有真確和深切的認識了解，而沒有一個落伍的份子。這一種宣傳和引導的責任，凡是革命的忠實黨員，都應當切實的負擔起來！

我相信一般初到廣東來的青年，尤其是來投考黃埔的青年，對於了解革命理論和主義的求知慾，和食慾同其迫切的需要！一受了學會份子的宣傳，——如「我們要做總理的信徒，就要懂得主義要懂得主義，就要加入孫文主義學會來研究主義」等妙論——很容易加入這種與主義背道而馳的團體。自然加入了學會，就要與學會的份子發生關係，時相往來，并且要受强迫看右派先生們所著的書，——等到自身發覺了他們理論之錯誤，學會行動之不對，而想退出的時候，一般革命的同志，都認識了自身是一個孫文主義學會的份子了，或是欲退出而一般同志不見信，反疑爲偵探，且學會是不許退出的；但是又明知受了欺騙，誤入歧途，到那時精神上的痛苦，真是難堪！以致有血性的青年，既不見信於同志，就一誤再誤，索性當一個反革命，幹那右派的勾當，所謂「挺而走險」。意志薄弱一點的，既不願然改悔，又不願再受學會的指揮，而馬馬虎虎的算了。這的確是革命勢力的損失。我希望我們忠實的革命同志，一方面要明瞭他們的苦衷，不可迫之太急，免去左傾的幼稚病，一方面還要特別的注意呵！

編者的話

△近來收到的稿太多，故登出稍遲，希望投稿諸君，不要作急！

△這幾日接到好多要退稿的信：因預先稿上未能聲明退還，所以不易清出，尚希鑒諒；以後如要退還，請先在原稿上聲明爲盼！

△本刊的缺點太多，自不必說；希望讀者諸君，都將本刊缺點函告我們，我們當十二萬分誠懇的接受。

黄埔日刊

中央军事政治学校出版

援助漢口慘案及紀念李卜克內西盧森堡特號

我們對於漢口慘案的主張

漢口「一·三」慘案之經過

鼙鼓聲中的李盧紀念

血花劇社黃埔分社啓事

浙江革命青年同志會徵求會員啓事

李卜克內西與盧森堡被害八週年紀念告同志們

八年前世界革命運動成敗之關鍵

（一）　〔中華郵政特准掛號立券之新聞紙〕　中華民國十六年元月十五日　〔星期六〕　〔第一版〕

黃埔日刊

中央軍事政治學校出版
通信處 廣東黃埔本校政治部
〔第二三六號〕
〔本刊每份定價一分〕

啟事

血花劇社黃埔分社啟事

本社自十五年十二月廿七日改組以來，[illegible]著手，本社定于本月十六日（星期日）下午一時假新俱樂部開社員大會，討論進行方針，以擴大宣傳之工作，屆期希切本社諸社員踴躍爲荷。

浙江革命青年同志會徵求會員啟事

啟者：[illegible]浙潮澎湃高漲，已達浙杭。[illegible]若不因時制宜，[illegible]實不能發揚黨義，而遏叛萌。敝會誓以本黨主義爲中心，本黨政策爲政策。凡我同志，甚希踴躍參加。共策進行。無任欽盼！

通信處：中山大學，學生寄宿舍三樓三十二號陳勉村

[illegible]入所領中央軍事政治學校高級班之五十七號證章一枚，因出遺失，除呈報外，特此申明該章作廢。

高級班薛平超啟

誓遵總理遺囑

總理遺囑

余致力國民革命，凡四十年，其目的在求中國之自由平等。積四十年之經驗，深知欲達到此目的，必須喚起民衆，及聯合世界上以平等待我之民族，共同奮鬥。現在革命尚未成功，凡我同志，務須依照余所著建國方略、建國大綱、三民主義及第一次全國代表大會宣言，繼續努力，以求貫徹。最近主張開國民會議及廢除不平等條約，尤須於最短期間，促其實現。是所至囑！

本校本週口號

認識黨的必要！
發展黨的組織！
要能宣傳民衆！
要能組織民衆！
勵行三大政策！
勵行最近政綱！
防範敵人陰謀！
不可自驕自滿！

援助漢口慘案及紀念李卜克內西盧森堡特號

我們對於漢口慘案的主張

我們對於漢口一月三日的慘案，曾於九日由中央軍校及特別黨部發出通電，載黃埔日刊及各報，今日復將原電印成傳單散發，茲將該電的最要一節摘錄如下，這是我們對於漢口慘案的主張。

「我們一方督促國民政府不稍讓步，一方我們民衆要在經濟政治軍事各方面使它（英帝國主義者）動轉不得，并要宣布它的罪狀於世界，喚起她的殖民地與和它的無產階級，使認識英帝國主義的兇惡，而與我們聯合起來加緊革命！」

漢口「一三」慘案之經過

雲彤

（一）漢口慘案的起因——軟化和威嚇政策的同時並用

帝國主義者一年來利用「赤化」一名詞，以冀分散我革命勢力的聯合；利用「炮艦政策」，以冀鎮壓我反帝勢力的伸長。到了革命軍攻下武漢取得贛閩，民衆對於赤化不但不疑忌，更進而認識所謂「反赤」「討赤」等反動勢力，才是民衆的真正敵人；同時英帝國主義者的手忙脚亂和各帝國主義者中間因利害衝突不能一致聯合的種種事實，證明了「炮艦政策」之完全無用。英帝國主義者（也可說各帝國主義者）乃不得不另覓新的方法以對付我們的革命勢力。其方法是什麼呢？就是一面高唱「承認國民政府」以欺軟化我們；一面復主張增收「二五附稅」，以欺矇一般民衆並助長北方軍閥的反革命力量，同時更使北方軍閥拚命來爭奪上海地盤（因二五附稅增收後，上海一埠收入最多）。但是，她們一方面雖用種種軟化政策，但另一方面仍表示她——英帝國主義者——尚有勢力足以直接向我民衆進攻，所以在軟化政策尚在進行中間又演出了一月三日漢口英水兵在租界放槍屠殺我民衆的慘劇。軟化和威嚇同時並用，正是英帝國主義對華新政策之具體的表演！

（二）慘案發生的情形

漢口於一二兩日開慶祝北伐勝利大會，三日[illegible]餘萬人，當場通過決議案：（一）反對奉軍南下，一致贊助蘇皖浙三省自治；（二）反抗英政府借款於奉天軍閥，助長中國內亂；（三）實行對英經濟絕交，由民衆自動檢查入口英貨；（四）反對漢口英[illegible]水兵登陸，擾亂武漢國民政府首都秩序。散會後，出發遊行，各團體講演隊亦分途出發講演。下午二時，總政治部之宣傳隊，正在英租界江漢關附近向民衆講演，英使館忽派大隊水兵及武裝義勇團[illegible]開槍四十餘響。事後調查，民衆受槍刺刀傷者，先後有[illegible]香山，方漢山，李大生，[illegible]明宿生，及不知姓名者一人，李大生腹部被穿，大腸拖出，四日在天主堂割腹看驗，各團體代表均往監視，生命恐無望。同日群衆遊行至英堤稅廠時，亦被英水兵用槍刺向群衆亂刺，群衆用手持旗幟與之格鬥，不敵退散。

（三）慘案發生後會議及交涉情形

三日晚，各團體紛紛開緊急會議，決即通電報告慘案真相於全世界，於即晚發出並用無線電及飛機傳達全國各地。又議決四日午在漢口總商會開聯席會議。

四日晨六時中央黨部國民政府聯席會議公告：英水兵行兇殺傷同胞案，政府必當採取適當方法，保護人民，在二十四小時內當可決定對付辦法，以防止此種慘劇發生，及為人民報仇雪恥。在政府未決定辦法之前，希與人民維持秩序，免危險。政府一經決定辦法，立即通知人民。於四日午後七時，在[illegible]市場正式宣佈等語。

四日午，漢口農、工、商、學各界在總商會開代表緊急會議，議決：（一）向英領提出嚴重抗議；（二）請賠償死傷者；（三）交出兇手由我國民政府懲辦；（四）撤退炮艦及租界電網沙袋；（五）向我政府及民衆道歉；（六）解除義勇隊武裝；（七）請革命軍派軍入駐英租界；（八）租界內結社言論自由。以上決議案，請政府向英領提出，下午，中央黨部國民政府開聯席會議，當派出代表陳友仁徐謙與各團體開聯席會議。黨政府代表在聯席會議中表示，對上列八條件完全接受，即向英領提出，限期答覆。並由外部照會英領事，此次肇事兵艦，在本案未解決前，不得離開漢口，否則他處遇有變故，國民政府不負責任。

（四）英水兵之撤退及我軍入駐英租界

四日晨，英領事以我方民氣激昂，先將英水兵撤退，請國民政府派軍警到租界維持秩序，衛戍司令部第七軍及公安局警察，均奉令開入租界，駐防英界江岸一帶要衝馬路及巡捕房，並派陳羣為黨代表，駐英捕房辦公，捕房後堆棧及義勇隊辦公處爲華軍駐宿地。

五日晨，工商學各界民衆數萬人，列隊入英租界，舉行反英示威巡行。租界之歐戰紀念碑，遍懸青天白日旗。當民衆巡行入租界時，秩序嚴肅。所有界內電網沙包等障礙物，完全撤去。

（五）漢口英界臨時管理委員會之設立

同日，聯席會議議決，組織英租界管理員，由外，交，財三部各派一人及陳羣代表，衛戍司令部駐漢劉處長等五人組織之，管理英租界公安市政事宜，即由外部派知英領事。英捕房門首星旗，原有捕房招牌由英人自行撤去，換上「中央聯席會議代表辦公處」招牌。即晚外交部發出通告云：「英國水兵登陸傷害華人，民氣激昂，衆怒沸騰，英界當局無法辦理，經本

中華民國十六年元月十五日 星期六 第一張
黃埔日刊

[illegible]一段落交涉，令其撤退水兵，四日起，由國民[illegible]軍分派軍警，入界保護，始得維持秩序，本日中央聯席會議決設漢口英界臨時管理委員會，實行主持英界一切公安市政事宜，所有界內中外居民生命、財產，概由國民政府完全保護，凡我民衆，務各協助政府，維持公共安甯秩序」

漢口英租界臨時管理委員會成立後，八月晨，[illegible]撤退，由公安局武裝警察隊單獨維持，并由委員會主席陳友仁委饒任華爲公安處臨時主任，指揮警隊。

（六）秩序的恢復

五日十一時英界華捕復結隊衝出捕房，根據羣衆[illegible]負傷八人，羣衆數萬人包圍捕房，[illegible]羣衆暫忍小忿，謹守秩序，衆始散去。午後英人自相驚擾。為避入英艦及德和商輪[illegible]中。匯豐銀行宣布停業，海關外人停止辦公，郵局關門，下水商輪均未開班。國民政府[illegible]，即於五日通令英界各機關於六日照常辦公。至八日，漢口秩序全復。

（七）[illegible]漢口而起之九江事件

漢口慘案既傳布，引起人民之憤激，英帝國主義者不知約束其在華水兵，致九江於六日又發[illegible]人案。初，一碼頭工人在租界與一[illegible]人之衝突，此英人嗾其黨羽，並暨英兵聚[illegible]工人因傷倒地，因此激動在場華人之憤怒，[illegible]羣衆互相衝突，幸軍警馳至調解，未[illegible]傷亡。但此時英兵船忽放炮二響示威，並[illegible]馬路交通截斷，致羣衆愈憤。（七日）晨，遂以羣衆力量破除交通上之障阻，英人見狀[illegible]上駐潯英國兵船駛避，並由英領事要求[illegible]長負保護租界之責，賀師長即派兵赴租界[illegible]在租界之羣衆頗形慌亂，幸得各級[illegible]

[illegible]亦已被[illegible]，此案暫告一段落云。

（八）各地民衆之憤慨

慘案發生後，各地民衆均異常憤慨，各團體紛紛[illegible]電主張擴大對英經濟絕交，收回租界，打倒英帝國主義。廣州各界組織援助漢口慘案委員會，[illegible]大會，[illegible]，並組織宣傳隊。後方政治工作聯席會議，組織反抗英帝國主義又在漢口九江大屠殺宣傳委員會。至各團體所發通電宣言，已見於報紙者為黃埔同學會之通電及宣言，總司令部黨部之通電，援助漢口慘案委員致英國總工會電，華僑協會之通電，濟難會南方辦事處告民衆書，省濟難會通電，全國總工會通電，廣州總工會通電，農工商學合會通電，省學聯會通電，對英絕交會宣言，前敵將士通電，二十師政治部通電，公安局政治部警察特別黨部通電、黨紅會宣言，聯義第二分部通電，製彈廠宣言，黃埔關埠會宣言等，一致主張擴大對英經濟絕交，收回漢口英租界等等。

（九）各國態度

各國對漢口事件之態度不一。京津日領使態甚恬淡，并表示長江日艦，僅足自保，不願捲入。日人電通社且以嘲笑口吻謂漢口事件正足以引起華人藉口云云。其不願與英合作，態度甚明顯。且日本為二五附稅事與英利益衝突，對漢口事件或作壁上觀也。十日午北京使團會議，討論漢潯英案，各以關係重大，牽涉各國對華政策，未便發表意見，各電本國政府請示。又據報載，英美日法政府現正交換意見，期取協同步驟，一致預防他處再有問題。而最可令人注意者，則美使藉口英新提案事，忽於此時回國，其含有何種作用，一時未能預測。至英國政府，當然重視此案，於十二日召集今年之第一次閣議，討論中國新近發生之反英爭事情。據其他各國之觀察，英國無論如何重視漢口事件，但中國國民革命之發展，英帝國主義已無法阻遏，正如四年前英國對於土耳其革命時之情況。北京使團中且有多數自為萬縣案之反響，非籠統的排外云。

（十）外艦之麕集長江與美艦隊來華

漢口九江事發生後，各帝國主義不勝其慄慄危懼。十日晨，威海衛第二艦隊，兵艦魚雷艇共廿五艘，開赴漢口。又據上海十日電訊，英艦八艘到漢。[illegible]原有及在途者共十五艘。又據路透社消息，美國亞洲艦隊之驅逐艦，現在小呂宋海灣停泊者，[illegible]奉令準備一切，俾於十二點鐘內，即可起程赴華。又[illegible]駐甘島之美海軍三百人，[illegible]奉命即赴中國云。

（十一）結論

上述經過情形既竟。我又找到了幾個消息：

（一）申報七日北京電，「英政府訓電藍公使，漢口事件仍取寬容主義，因世界潮流趨勢，各國對華主張不一，英未便獨冒天下不韙。」這是使英帝國主義者何等扼腕的事？倘非[illegible]各國[illegible]主張不一」，英帝國主義的兇狠而自殘忍手段，什麼事不會幹出來，我們不記得那萬縣慘案嗎？（二）八日申報上海消息，「滬日本埠之日清公司長江營業頓形起色，英輪之輸出貨額，則突然銳減，即大通蕪湖間之進出口貨，此三日內亦有一落千丈之勢。」這又是使英帝國主義何等扼腕嘆，而使日本帝國主義撫掌狂笑的事？愚蠢而頑鈍的英帝國主義者在華利益競爭的中間，偏偏接連不已的做出這些『獨冒天下不韙』的事，這是他的自作其孽，自取其咎。哼！『帝商各國對華取一致步驟』，談何容易？中國不是八十年或三十年前的中國，帝國主義間的利益衝突，也不是以前那樣簡單，這真是『世界潮流趨勢』，帝國主義漸趨崩潰中的無可奈何之事！我們除一致起來擴大反英運動，實行上面『我們對漢口慘案的主張』外，我們喊出下列的口號：

打倒炮艦政策！

反對白色恐怖！

繼續對英杯葛！

擴大經濟絕交！

收回一切租界！

取消一切不平等條約！

打倒帝國主義！

李卜克內西與盧森堡被害八週年紀念告同志們

一九一九年一月十五日李卜克內西盧森堡他們為了推翻德國的專制政府而舉行武裝爭鬥，敗而就擒，終於遭了社會黨的殺害。

設當時幸而成功，在今日歐洲的局面，世界的局面，甚而中國的局面，都不能和現在一樣。我們全世界被壓迫的人類應該承認這是我們全人類的損失！

德國的無產階級現在呻吟於帝制餘孽與登堡的高壓之下，另一方面則呻吟於道威斯計畫的帝國主義剝削之下，這是為了什麼？

是為了失掉他們階級的戰將李卜克內西與盧森堡！

我們現在的命運比當時的德國還要惡劣，帝國主義，帝制餘孽，都站在我們的前面，尤其是像德國社會黨一樣的假革命派都環向在我們的左右，我們親愛的同志遭了同樣慘殺的有廖仲凱先生，因此這一個紀念日，更要使我們認識出無異是我們同志的紀念日！

同志們！時時要記着！

內何以肅清假革命派！

外何以免受帝國主義的毒害！

八年前世界革命運動成敗之關鍵

楚女

——里布克奈西(Mr. Karl Liebknecht)，盧森堡(Miss Rosa Luxemburg)被害八週年紀念——

我們底國民革命，為世界革命之一部，——我們要實現我們的理想底『大同』理想，我們紀念里布克奈西和盧森堡。他們是在德國的世界無產階級底忠實戰士，偉大領袖。他們是為『世界革命』運動而犧牲在資產階級底衛隊——『黃色改良派』——德國社會民主黨可恥的陰謀暗殺之下的。

★ ★ ★ ★ ★

當一九一四年帝國主義者自相火併，驅迫無產階級去替他們搶地灰的時候，那有十四年光榮歷史的德國社會民主黨，居然忘記了華士麥克底鐵腕鎮壓之仇，靦顏無恥，喊出什麼『擁護祖國』的口號，贊成戰爭，[illegible]無產階級送上屠場。[illegible]始終堅持馬克思主義，反對資產階級欺騙[illegible]『愛國論』和這些背叛無產階級[illegible]的，只有最少數的十五個真正社會主義者——里布克奈西，盧森堡，墨爾林，蔡特金，即為此一小團體之領袖。一九一四年十二月二日，德國資產階級政府，提出第二次戰時預算案時，里氏糾合他底少數同志投反對票，並且在國會中宣言：

小通信

李樞、梁文芳、陳健、江僑潮：久別甚念！你們現住何處？近何生活？請即示知！我現在長沙，東長街[illegible]總工會工作，知照特告。陳志遠謹啓

萬茂臣同志你編入何隊？貴處朱顯林同志託訪問，請即賜示以便轉告為盼　東莞入伍生第二團二營六連李譽啓

王為同志：你的來函已閱過了，你對於討論[illegible]

李威仁同志：你前熊土任的『同仁社』，是否即是『同春社』？另是一物，則請詳告其狀，以便知其所以然。[illegible]

鄧八於去年十月十日遺失黃埔同學會第二七一三號證章一枚，除登報申明作廢外，特此登報[illegible]

黃埔日刊 中華民國十六年元月十五日 〔星期六〕 〔第四版〕

「此次戰爭……是因佔領世界市場，實行資本主義侵略，以政治支配地球上重要區域，和[illegible]資本家及製造家謀利益而起之帝國主義的大強盜戰爭，是一種奪破式的企圖；這種企圖[illegible]就是以擾亂並且殲滅正在發達的勞動運動[illegible]」

[illegible]一九一五年十二月十五日，第四次預算提出時會，僅有二十餘人投反對票。 並且連修正派的卡茨基[illegible]等也在內，一致脫離社會民主黨；另成立「獨立社會民主黨」——後來又改爲[illegible]社會民主黨」。 德國政府盡力壓迫這[illegible]逮捕他們中間的許多人，直到戰終方才放出。並封閉他們底新聞雜誌；禁止他們在一九一七年八月召集的全國會議。 里氏於一九一六年五月一日演說中，高叫：[illegible]千萬萬的人，應該同聲叫道：「殲除這種[illegible]無恥的滅國之事實——推倒一般對於這次戰爭全負責任的人」！ 因此被捕判處三十個月的監禁。 不服，上訴；結果，判爲四年。 一九一八年春，客觀的事實[illegible]已完全遂給德國無產階級證明資產階級底欺騙罪惡，不可容忍。 全國各地方都開大會；許多工廠發生同盟罷工；要求立即停止戰爭，立行「無賠償，無合併」的議和。 這種的民衆呼聲，和[illegible]與德國底大同盟罷工，同時興起。 二月中旬，德國底總同盟罷工，也跟着出現，一百多萬人離開工作，要求改革內政，依照俄國的辦法，成立蘇維埃勞兵會治。 成千成萬的人，圍住政府，要求大赦里布克奈西及其他政治犯；十二月二十四日，里氏出獄；人民舉行無數盛大的歡迎會，歡迎他們退位親變的領袖。 此時德皇已被民衆的革命勢力所逼，退位逃往荷蘭。 社會民主黨和獨立社會民主黨，組織「聯合內閣」。 這個內閣[illegible]十一月十二日曾公布它底政策，允許那要求[illegible]帝國資本主義的生產工具迅速」一致變成社會主義化的「工兵會」，獲得從前被奪去的一切權利，[illegible]「你們底國家，已經成爲你們底所有物了[illegible]遺產」！」 但實際上，內閣[illegible]黃色改良主義的社會民主黨」——碩德曼等，[illegible]較左的獨立社會民主黨並不能做些什麼[illegible]。因此，大多數人民的生活，並沒有一點改善。 工兵會並沒有處決自己階級生活的政治權力。 十二月初旬，里布克奈西一派要求獨立社會民主黨的三個閣員辭職，與該黨分離。 另行組織「德意志斯巴達加斯聯盟的革命共產工黨」——簡稱「斯巴達加斯團」(Spartacus Group)、十二月十一日他們代表德國大多數民衆，用汽車在柏林街市中往來疾馳，散發千千萬萬的傳單，警告德國的革命，在黃色社會主義者手中有覆滅的危險。 他們底計劃如下：

「警察長官，非無產階級的兵士，和治入階級的一切人員均須解除武裝。 由工兵會沒收兵器，軍用品，兵工廠。 凡無產階級的成年男子都配上武裝，並且組織工人國民軍；編練無產階級底赤衛軍。 取消現在軍官和一切非任用的軍官之品級；從工兵會撤去一切軍官。 取消一切議會，城市會和別種會，選舉一個總會，由總會選出一個兵工執行委員會，並且受總會的支配。 廢除所有國債，和別項公債——戰時公債和某種定限以內的債款也在內——沒收一切土地的財產，銀行，煤礦，和大工廠；沒收一切超過某種數目的財產」。

此時羣衆跟在這種宣言之後，嚴厲的批評歐柏特內閣，因爲他不肯和俄國攜手。 兵士底代表，要求開除所有軍官，要求軍事上的支配權，要求擴充他們任命自己的長官之權和取消勳章，獎章，尊榮章。 碩德曼和歐柏特政府，開始企圖進行一種有計畫，有次序的解除反對派武裝之策略。 第一步便是要城內二千革命水手繳械。 十二月二十三日，二千革命水手舉出代表向政府抗議； 政府衛隊開槍掃射。 於是水手反攻，生擒柏林軍事總司令衛爾斯。 水手和平民與政府軍發生巷戰。 亞歷山大和佛郎截衛隊，加入斯巴達加斯團。 政府則由前敵召回列奏斯將軍底部隊與平民交戰。 於是獨立社會民主黨三閣員辭職，聯合內閣瓦解。 一九一九年一月初，獨立社會民主黨黨員，柏林警察總監愛黑倫發免職，政權完全落於右派（社會民主黨）之手。 愛赫倫反抗放棄職務，斯巴達加斯團助之。 兩星期中，斯巴達加斯團與政府軍惡戰；屢次襲據各報館，砲台，車站，電報台，煤氣工廠，發電廠，自來水廠。 並組織「總同盟罷工」。 正在這種革命局面開展之中，歐柏特政府——德國社會民主黨內閣——乃逮捕斯巴達加斯團數十人下獄；一月十五日，里布克奈西和盧森堡在柏林西部的樂園(Hotel Eden)被他們搜獲——從這入監獄的途中，被政府衛隊用亂槍射擊而死——和民國元年，袁世凱底軍隊亂射死同盟會會員張振武，方維於赴總統府的汽車中一樣。

★ ★ ★ ★

在一個相繼即逝的緊要關頭，驟然失了他們底領袖——德國民衆遂如失舵之舟，飄蕩於大洋終至於觸礁而沉沒——他們也就屈服於有產階級的優勢武力和白色恐怖之下了——從此德國便一直到今天，生活於社會民主黨——資產階級所雇用的整飭衛隊所包辦的所謂「共和政治」，所謂「德謨克拉西」之下。 它做了些什麼呢？ 接受協約國底「帝國主義的和約」；承認二千一百六十萬萬金馬克的賠款；讓有產階級第一代表者——史汀萊大王，勾結法國帝國主義，佔領羅衛，開門揖盜，迎入美國帝國主義陰謀壟斷歐洲經濟霸權的「道威斯計劃」——使德國勞動階級在萬鈞壓力的「壓榨機」之下，滴出血汗，連氣也喘不過來——以至於最近，竟弄得威廉第二底第一忠臣，第一悍將，第一頑固殘忍的軍閥與登堡做了總統，使復辟派的國民黨，和凱撒專制主義，軍國主義，大得其抬頭機會，「交還皇室財產」這個叛逆的反革命問題，居然也敢在德國革命的神聖共和國國會中提出討論了！ 一九一八年的德國革命還有什麼存在。 和中國底辛亥革命一樣，除了一塊「共和」空招牌，簡直一點什麼也沒有了！ 德國人民在失掉了里布克拉西和盧森堡之後，所贏得的，只是馬克狂跌，物價飛貴，生活痛苦；德國帝國主義的復活；資產階級底壓迫剝削更加凶猛；第二次擋他灰色的劫運從新加在身上。

★ ★ ★ ★

我們底悼惜，並不是爲了里布克奈西，盧森堡，個人底生命 我們所悼惜的是一九一九年上半年的那個世界革命底黃金的機運 當一九一九年春間，中部歐洲和巴爾幹以及意大利的資本主義，已達到極端恐慌之境——它們已近墓穴，差不多只有一英尺之遠了！ 試看那時的歷史，奧國是在十一月革命（一九一八年十一月三日奧皇退位）之後，因食料缺乏；工業破產；人民對於和議的不滿，和約的失望；充分的抱有蘇維埃希望，到處發生亂事。 一直到七月（里盧死後已半年），社會主義者尚在發起總同盟罷工，使維也納營業完全停止——作爲國際大罷工的一部分。 匈牙利則因外軍在其最大部分和最好的土地上作軍事行動，致使工業上得不到原料，工廠關門；貨幣狂跌，失業者充滿街巷，在好些星期中，得不到煤炭……；人民對於政治的要求一天一天左傾。 一直到七月，還成立了純粹共產主義的蘇維埃政治。 法國則在七月二十一日，舉行響應共產黨勞動者的總同盟罷工，要求「停止對俄武力干涉，迅速使軍隊退伍，完全的絕對的大赦，用所有方法對於增加生活費作一種戰爭」；社會黨且以一千四百二十票叫他們底代表反對法國批准凡爾賽和約。 意國社會黨則於一九一八年末，即要求「成立社會主義共和國，和無產階級專政」。 他們要求：

一 生產工具，運輸工具，土地，礦山，鐵路，汽船社會主義化——由農民，水手，礦夫，工人直接管理。

二 商品的分配，只能經過協作團體（即合作社之類）和都市代理機關之手。

三 從俄國撤回干涉的軍隊。

一九一九年春季，羅馬，米蘭，波洛尼亞，曲靈和其他城市均發生同盟罷工。 至七月許多城市因糧食缺乏生風潮，不受地方政府命令，而由工會分配食物。 各處工廠中工人發生暴動，直接占領工廠，驅逐資本家。 波蘭，保加利亞，塞爾維亞，羅馬尼亞的人民也都傾向於布爾什維克化。 甚至最保守，最妥協的英國工黨，也要求(一)土地國有；(二)重要公用機關國有；(三)愛爾蘭和印度自由；(四)撤回干涉俄國軍隊；(五)廢除徵兵制。 並在一九一九年初發生廣大的運輸工和鑛工的大罷工。 愛爾蘭革命社會黨，且宣言「即使新芬黨得勢，仍將有一個愛爾蘭底主人階級存在」——主張絕對的愛爾蘭獨立自由。 甚至坎拿大也有總同盟罷工和在翁達利阿(Ontario)選舉一個「勞農政府」的事。

在這樣普遍的危急的資本主義搖動的恐慌中，在這樣崩潰的一致的無產階級革命進展中，如果里布克奈西和盧森堡不死，而將德國底革命從新建築在勞農專政的基礎之上時，則奧大利底政權或不致爲右派社會黨與資產階級底餘孽所奪；匈牙利底蘇維埃政權也必不至於顛覆。 如果德奧匈中歐三大國能夠和蘇俄聯成一氣，則波蘭與意大利之響應，法蘭西之突變，均可以期而待；而巴爾幹之布爾什維克化也必一定很速。 這樣，雖然資產階級還剩有英，美，日本三大政權，

中華民國十六年元月十五日〔星期六〕　黃埔日刊　〔第四版〕

也必無法對付——絕對不能壓迫俄德。不但德國及奧匈數千萬無產階級可以得到完全的解放；卽資本主義之勢力亦已根本近於消滅；全世界人類已將一體解放，世界革命，或可於最近十年二十年中完全告成——我們中國底國民革命，更不用說，必已較易或早已成功了！　良機逝去，現在道威斯計劃既已施行，洛迦諾會議又已成就，不但德國人民變做了美國帝國主義底走狗——德國資產階級．買辦階級命鞭之下的負重駱駝；而且在一九二三，四，五年之間，還給了資本主義一個相當的穩定；致使世界革命至少也要遲了二十年；連帶着我們許多弱小民族還只得在帝國主義底砲艦之下吞聲飲泣；連帶着使俄國底前途還就着無數驚恐！

★　★　★　★

在半殖民地和殖民地，是整個民族受帝國主義底壓迫；所以應該舉行國民革命——各階級聯合的獨立自由革命。　在德國那樣的本身就是帝國主義的國家，受壓迫，受利用的乃是無產階級；而壓迫，利用者卽爲其本國之資產階級，故非舉行階級的社會革命不能解放被壓迫者。　德國社會民主黨甘心做資產階級之忠僕——反對赤化，一時消滅了德國無產階級底革命運動，戕殺了里布克奈西，盧森堡——德國人民遂至呻吟於協約國底剝削之下，還不知要到何時。　只有列寧托洛斯基所領導的俄國人民，不但否認了一切外債，解除了一切枷鎖，並且也沒有哪一個帝國主義者能夠像目下對待德國這樣（如干涉軍備，勸誘加入國際聯盟，監督財政……）去對待它！

★　★　★　★

二十世紀的世界，是一個有機體——帝國主義是國際的，反帝國主義也是國際的。　牽一髮而全身動，八年前一個世界革命成功的好機運失去，致使我們底努力也不得不延長而且更其吃緊；這是我們每個忠實於總理底大同理想和三民主義的人所當痛切思維，痛切追悼於里盧二大先烈的！

里布克奈西，盧森堡精神不死！

世界革命成功萬歲！

鼙鼓聲中的李盧紀念

李元傑

在這江浙皖豫的戰雲密佈的鼙鼓聲中，我們八年前的今日爲人類光明而犧牲了的德國社會革命領導者李卜克內西，盧森堡的紀念日又到了。

在這個紀念中，我們應當知道李，盧的偉大；同時我們還要紀念着我們前敵死去了的戰士；更要知道八年前德國社會革命的失敗；使我們有所鑑鑑，促求現在中國國民革命的成功。——所以這是值得我們紀念的。

李卜克內西與盧森堡他們處在威廉第二的鐵蹄下，不遺餘力的抗爭。他們雖反對德皇的大借國債，對外用兵……等；他們雖對戰線上兵士講演；叫他們不要打外國兵，外國兵是他們的朋友；要打自己的軍官，因爲軍官是驅他們去死的。尤甚是反對德皇軍國主義，他們反對黃色的社會民主黨多數派爲最猛烈，——這是如何偉大的毅力呵！是值得我們紀念的第一點。

在歐戰開始的時候，社會民主黨人大都賣力與威廉第二去了。他們都假帶上無產階級的華冠，去幹那喪心病狂，靦不知恥的事。他們以「保護主國」的口號把成千累萬的無產階級驅到戰場上去爲德皇的土地威權而死，這是何等殘酷的事呵！伯李卜克內西，盧森堡，他們僅以極少數的十餘人而與多數派及皇家派（卽保皇黨）戰，毅然組織了斯巴達卡斯團（Spartacus group）領導着無產階級，毫不妥協的去幹澈底的無產階級革命，要建立俄國式蘇維埃政府，——這是何等的忠勇呵！是值得我們紀念的第二點。

李卜克內西兩次入獄，（第一次是爲著軍國主義與反軍國主義一書被捕；第二次是一九一六年五一節参加巡行，反對戰爭逮捕。）盧森堡被德皇減解出境，逃亡瑞士，後因要取得德國國籍，至於犧牲肉體，與一德人結婚，來爲德國無產階級革命。並且幾罹數次下獄，總之：他們都受盡了苦痛，都够了摧磨；但沒有一點退縮，而把自己的身體貢獻着德國的無產階級。然而在這個德國人民解脫羈絆的生死關頭，非從無產階級革命的國民會議的當兒，卽一九一五年的一月十五日，我們的世界革命明星李，盧，却被多數派哀拔特碩德曼等捕去於中途用亂槍擊斃了！——這是如何的悲慟呵，是我們紀念的第三點。

總之：李，盧，他們倆不特是德國無產階級的偉大的導師，而且是世界無產階級的先趨者，在這個死的日子裡，一定是要紀念的，但在這個鼙鼓聲裏的紀念中，我們就想到前敵死難的戰事，他們的赤血已濺滿了長江，開了自由之花，我們的國民政府已在武漢巍然聳立了。

李卜克內西，盧森堡是爲德國人民的自由；無產階級的利益而犧牲了的；我們這次北伐死難的戰士，是爲我們中國的自由，獨立，各階級的利益而犧牲了的，現在與將來的一切光明，都是死的戰士給我們的，我們應如何的紀念着我們死了的戰士呢？

德國一九一九年一月的社會革命，白白的斷送了我們的先鋒李卜克內西，盧森堡；德國的革命的人們，不能阻止是年一月十九日的國民會議；二十一日的製定憲法，使哀拔特，碩德曼等得雍容組織控制德國人民生命的政府，承認凡爾賽和約及道威斯計畫等痛事，更使德國無產階級到現在猶受着幾重的壓迫，這是令我們非常痛心的；但這是已經過去的事，只好現在的德國的革命的人們，繼續努力來補救，至於我們這次的北伐呢？亦是斷送了許多我們的前敵戰士，我們既痛心德國的白白斷送了李，盧，那末，我們現在就不要使像德國一樣，我們要極積的澈底的去幹國民革命，務使國民革命成功。

那末我們就要問德國革命爲什末不成功？當時德國的無產階級爲替德皇戰爭，成千累萬的死了。被協約國封鎖，麵包發生極恐慌的問題了。他們眼巴巴所希望能得到的麵包，終不能得到，他們覺得自己白費了氣力和生命，所以許多無產階級都同俄國及其他各國一樣，都漸漸覺得什末「民族生存」「保護祖國」是騙人的話，個個都想着「工廠是誰的」，「土地是誰的」的問題，因之在波羅的海的海軍，在一九一八年十一月五日便宣佈獨立，反抗德皇，隨着就有總同盟罷工。我們從這些客觀的事實看來，可以證明當時德國的革命的客觀條件也略具了；爲什末竟一敗塗地呢？這可以簡單的說出來；第一是社會革命的主觀條件沒有具備，許多人都不能甚明白，真能澈底的幹社會革命的人，可以說僅只有斯巴達卡斯團。無產階級都未受過極大的宣傳和教育自然不會認識，真正革命的意義。卽如社會民主黨少數派的表同情於社會革命的領袖哈斯賓司坦，柯祖基，……等亦是不澈底的，至於其餘的多數派保皇黨當然不說了，而且還是極端反對的。所以自李卜克內西盧森堡及其他數百人於同時殉難後，便爲多數派的碩德曼等壓服了，第二是沒有組織和訓練的關係；如果當時有組織訓練，工兵委員會，便是推倒哀拔特政府的武器；總同盟罷工，就要使碩德曼等坍台的，決不致於無聲無臭的壓服了下去，拿俄國來作個例，便會知道，克倫斯基政府，不是被李寧格勒的勞兵團推翻了的嗎？所以我們認定這也是失敗的一個原因——德國革命，因爲這兩個原因，所以竟至一敗塗地，李卜克內西盧森堡的熱血已吸盡；而且白白的斷送了我們世界革命的明星——李卜克內西盧森堡。

我們現在的國民革命呢？誰也知道客觀條件已够了。中國各階級的民衆，受帝國主義和軍閥的壓迫已久，誰不願起來革命呢？尤其是在英帝國主義者近來屢次向我民衆屠殺的「五卅」「六二三」，青，渝，安慶等案……及漢，潯兩次的慘案中，給了民衆不少的覺悟，非起來打倒帝國主義不可。同時北京之「三一八」案及軍閥之白色恐怖，……亦給民衆以極熱烈的狂潮，大家不能不站起來打倒軍閥，——實行國民革命。但我們的民衆的認識和組織呢？固然各個比較大點的城市革命空氣，都非常濃厚，認識國民革命的也還不少。但若我們走到小城市和鄉裏去，誰知道什末叫國民革命呢？卽在軍閥統轄下的大城市，恐怕也未見得有多少人懂得。就拿地廣人多的四川的省會成都來說，還不是「烏烟瘴氣」「九賢十老」的幹過不休，誰知道國民革命是什末？固然京滬粵漢的人民有了組織甚多，尤其是以工人爲有組織，如廣東的農人亦還組織得不錯；但我們以整個的民衆看來，這點組織是不够的。那末，我們若是不蹈一九一九年德國革命的覆轍，我們就應該第一步努力的是作宣傳工作，擴大到鄉間和小的城市及軍閥統治下的區域內去，務使中國的民衆都懂得國民革命，就是脫他們羈絆的工具；而努力奮鬥。第二步我們要跑到任何社會的羣衆間去，把他們組織起來，加緊的訓練，使他們完全都成爲國民革命的戰鬥員。用以完成國民革命，去安慰我們死去了的戰士。同時我們自己應當繼續李，盧爲德國人民的自由犧牲的精神，亦應念着我們剛纔在前敵死去了的戰士，這便是我們在這鼙鼓聲中紀念李，盧的一點意義，願大家努力！

黃埔日刊

中華民國十六年元月十七日 星期一 第一版

中央軍事政治學校出版

第二三七號

從黃愛龐人銓到周水平

政治部通令

知用中學等校來校參觀

本校特別黨部規定小組會議及黨員大會等條例

總理遺囑

中華民國十六年元月十七日 星期一 黃埔日刊 第四版

紀念李盧續刊

李卜克內西與盧森堡

國民革命歷程中紀念李盧

紀念李盧與黃埔學生

中華民國十六年元月十七日 星期一 黃埔日刊 第三版

革命之路

紀念黃龐

題目

黃龐二烈士事略

紀念黃龐應該努力勞動運動

回憶

中華民國十六年元月十七日 星期一 黃埔日刊 第二版

政治

漢潯英交涉中之武漢狀況

蘇聯職工大會援助本黨之通電

事件

總司令在南昌行營第二次紀念週訓話

小通信

徵求通訊

〔中華郵政特准掛號立券之新聞紙〕中華民國十六年元月十七日〔星期一〕〔第一版〕 (一)

黃埔日刊

中央軍事政治學校出版
通信處廣東黃埔本校政治部
（第二三七號）
〔本刊每份定價一分〕

啓事

浙江革命青年同志會徵求會員啓事

啓者：革命怒潮，湃澎高漲，已達浙杭，然我省內軍閥政治經濟各情，則非外人所能洞悉。早我浙省內外革命青年同志，若不因地制宜，而於本黨主義政策之下再有一嚴密堅固之組織，實不能發揚黨義，而遏叛萌。敵會誓以本黨主義為中心，本黨政策為政策，凡我同志，踴躍參加，共策進行，無任欽盼！其希鑒察。

陳士鼎李登雲周世洸三同志諸兄在補充第一師出發江西駐紮何處弟有要事相告請示知　蝴蝶岡第六學生隊第十六隊甯則愚

勁一董高同志你分發在何處場示知　校本部第二學生隊十八區隊陶逸

壽銘吾兄：現在何處請示知！　第二學生隊二十八區隊蔣休復

曹賢訪（湖南來陽人）同志鑒：聽聞你在本校入伍現編何團。連請你撥告我為盼　第二學生隊廿八區隊曾海帆

日評

◉從黃愛龐人銓到周水平

雲彬

民國十年的今天，湖南勞工會書記黃愛龐人銓，爲第一紗廠罷工事，被趙恆惕在長沙砍頭。

去年今日，江蘇本黨黨員周水平，因扶助農工，組織佃戶自救會，被孫傳芳在江陰斬首。

這兩件事雖相隔五年而却同在一月十七的那天。黃龐是中國勞工運動的犧牲者，周水平是中國農民運動的犧牲者。從黃龐被殺到周水平被殺的五年中間，中國的工人運動顯然有強大的發展，五卅慘案發生後五十萬工人參加的反帝國主義大罷工，幾乎把英帝國主義者弄個半死。這是可以知黃龐的奮鬥方向是十二分對的！同時我們的農民運動也漸有方法有組織，此次北方的成功得到了不少農民的帮助。佔中國人口百分之八五的農民羣衆之漸趨覺悟而起來參加革命，這更可以知周烈士的犧牲引導是十二分有價值的。

我們今天紀念已死的烈士，原在表示我們的景仰同時要負担起我們後死者的責任，不然，毫無誠意地說幾句慷慨話，事後便淡焉若忘，那又何必紀念呢？而况在這種反動勢力底下，這幾年被砍頭洞胸的革命先烈，又何止黃，龐，周呢？

校聞

◉政治部通令

▲關於總部制定保存被服裝具簡章六項

本月十五日，政治部熊主任，接總政治部轉來總部制定保存被服裝具通令一則，略云，查被服裝具保存期間，各國皆有定制，我政府諸事草創，未有定章，然供給以需要爲先，一方仍須顧慮經濟狀況，因時制宜，不必一定。茲略定簡章以便遵守，除分令外仰該主任即便轉飭一體知照此令，計開，(一)各種被服裝具自補充完備後，均應切實保存，非至第二期補充之時，不再補發(二)凡官兵領用公物、遇有遷調，請假開革者，均應繳存，如私自攜取，即以拐逃公物論罪，(三)凡經管被服裝具各人員，及直接管理士兵之連排長，均應負保管之責，非遇有不得已事故，因而遺失，應一律着其追賠，(四)各官長所用馬鞍，圖囊，指北針，手電，水壺，飯盒，均爲自備，暫時不由公家給與，(五)凡學生畢業後，得發一次服裝費，服務以後不再補發，其費隨冬夏季所需臨時以命令規定之，(六)各士兵隊除主要服裝外，其他如毛巾，口盂手套等暫不發給云。

◉知用中學等校來校參觀

本月十五日，有廣州市知用中學，長城學院，南京中學，簡廉伯中學等四校，教職員學生二百七十餘人，特於上午十時許來校參觀。當由管理處會同政治部派員招待，領該生等至蝴蝶岡，炮台，烈士墓等處，及本校各部處參觀一週。午後在新俱樂部開一談話會。由張秋人教官講演，大意謂黃埔在形式上，在學術科上與其他軍事學校無甚分別。所不同的就是黃埔有政治教育，有黨的訓練。使學生明白爲什麼而打仗。黃埔學生多能了解世界的大勢，及中國社會的情形，他們知道打仗是爲大多數民衆謀利益，因此大多數的農工羣衆，亦能在每次戰爭中起來擁護黃埔的學生云云。當場並分贈汪黨代表演講集，農工商學兵大聯合，日刊等宣傳品多種，直至四時許始由管理處備校船送該生等回返省城云。

黨務

◉本校特別黨部規定小組會議及黨員大會等條例

本校特別黨部，爲進行黨務起見，特規定各項重要條例如左：(一)黨員無故不出席于小組會議及黨員大會之懲戒條例：1、黨員無故一次不出席於小組會議，或由該小組組長或該直屬黨部執行委員，去函詰問其缺席理由，並請於下次會議屆時出席其詰問詞曰：○○同志○月○日○時第幾次小組會議，或黨員大會，執事已一次不出席，未請假，應請申述缺席理由者，並請于下次會議屆時出席爲要。2、黨員接詰問書後，下次仍不出席，并不申述缺席理由者，即由該小組長或直屬黨部執行委員去函警告之，其警告詞曰，○○同志執事至某月某日某時第幾次會議止，已有二次不出席，前經詰問，亦未據申述缺席理由，應請注意本黨紀律，黨員責任，仍盼于下次會議屆時出席爲要，（箋首標明「警告」二字）3、黨員接警告書後，下次仍不出席，并不申述理由者，即由該小組組長或直屬黨部執行委員，即將該黨員姓名列報于上級黨部，同時停發該黨員開會書。（即停止赴會）通知書如該黨員要申明故障，請求復予出席，須履行下列手續：（甲）在停發開會通知書之本會期內，或親往小組組長，或直屬黨部執行委員處，申明故障准予出席。（乙）在停發通知書之第二次會期內，即向小組組長或直屬黨部執行委員申明故障，由小組組長或直屬黨部執行委員，給函依期携往出席。（四）在停止發開會通知書之第三次會期內，仍不向直屬黨部申明故障者，即行停止其選舉權，及被選舉權，同時由直屬黨部開具事實報告上級黨部核辦。(二)小組會議規條（黨員大會同）：1、會議時黨員不得藉故不到，或拖延時刻。2、會議時黨員不得喧嘩嘻哮，或任意翻閱各種書報。3、會議時黨員不得離位退席，或借故退席。4、會議時黨員若有特別事故離席，或詰問，必須經主席之允許。5、會議時黨員必須遵守會場秩序，及主席委員所宣佈事項履行之。6、會議時黨員如有特別事項，非在會場發表不可，必須經主席或委員之許可。7、會議時黨員如有重要事項報告或發表，以時事之關係，不能于會場報告，或發表時，可作文字報告組長委員，或上級黨部。8、會議中討論或批評時，黨員不得任意討論或批評，借生意外糾紛。9、會議中討論或批評事項，黨員必須遵照委員提出之名次發言，不得藉故延遲或早爲中止。10、討論題目時，黨員不得任意不聽或藉故發問。(三)黨員不遵守小組會議及黨員大會之秩序或藉故退席之懲戒條例：1、黨員若一次不遵守小組會議，及黨員大會之秩序，或藉故退席者，由該小組組長或直屬黨部執行委員當面質問之，并勸其維持秩序。2、黨員受質問後，仍不遵守或藉故退席者，即由該小組組長或直屬黨部執行委員當面警告，注意本黨紀律，黨員責任。3、黨員受警告語後，仍泰然不理，則由該小組組長或直屬黨部執行委員請其向總理遺像行三鞠躬禮，并站立開會。4、黨員違犯四次如故，并不受質問或處罰，則由該小組組長或直屬黨部執行委員，將該黨員姓名列報于上級黨部，同時停止該黨員開會。

誓遵總理遺囑

總理遺囑

余致力國民革命，凡四十年，其目的在求中國之自由平等，積四十年之經驗，深知欲達到此目的，必須喚起民衆，及聯合世界上以平等待我之民族，共同奮鬥。現在革命尚未成功，凡我同志，務須依照余所著：建國方略，建國大綱，三民主義，及第一次全國代表大會宣言，繼續努力，以求貫徹。最近主張：開國民會議，及廢除不平等條約，尤須於最短期間，促其實現，是所至囑！

本校本週口號

要有黃龐精神！
扶助勞工運動！
要學列甯導師！
注意世界革命！
力爭漢潯慘案！
收回一切租界！
擴大對英杯葛！
努力戰鬥準備！

政治

◉漢潯案交涉中之武漢狀況

△武昌二十萬市民之對英示威大會 △蔣總司令到漢渡江參加 △英參贊與陳外長之會晤 △陳外長致每日郵報之電文

中華社十二日接駐漢記者來電云，文日午刻武昌市民二十萬在馬廠開對英示威大會，通過擁護外交政策，及要求四案，蔣總司令適於未刻到漢，即渡江參與民衆大會，唐軍長及何香凝顧孟餘，彭澤民三委員，均隨總司令來，張譚兩主席仍在南昌，明日(元)漢口各界民衆團體，開歡迎大會，包叩，文(十二)，又上海十三日電，英參贊阿馬利，書記達曼，十一日到漢，英艦兩艘隨行，泊漢英艦現廿六艘，外交部長陳友仁，對英界將提正式交涉，特通告各團體聲援，在交涉期間，暫停對外運動，期貫澈外交政策，對潯案亦重視，十日特派員赴潯調查眞相，又訊，英參贊阿馬利到漢後，十二日與陳友仁會議，凡兩小時之久，談話結果，尚未發表，但據稱全局已經澈底討論云，又路透社十二日英京電，陳友仁致電英京每日郵報，內稱，根據國民黨轄內之權，而以實力爲保護漢口及在華其他各處之英人暨外國人，乃國民政府之職任，倘或有因國民政府將履行此職任，被特別觸事宜干涉而致遭損失者，國民政府定爲賠償，英國政府對於國民黨之管轄租界，理宜作爲係因情勢結果而看去，蓋不如此則武裝之英軍惟有多鎗殺華人，結果惹成總罷工，阻礙租界民生及損害物值，進一步着想，此次事情可作爲由反抗力而成的動作觀看，該動作將變爲政治實際之基礎，而英人可從而於以對外貿易爲生命之英國，及作爲各國貿易場之國民主義的中國間，新建設純係經濟而非政治經濟之交情，旅漢口之英商其個人亦當負責，蓋該處雖經恢復秩序令彼輩商人可安居樂業，然彼輩仍存觀望，是即令漢口之商業及繁盛，將永久遭殃也，商人肆意停業，或者屬於密謀之一種亦未可料，觀諸該處英人捨高牀暖枕，甯去而棲居於亞細亞火油行中，更有睡樓板上者，益形顯見其謀云，

◉蘇聯職工大會 援助本黨之通電

△通電世界工人聲援中國國民黨 △特別促英工人反抗英國暴行

十四日莫思科電，蘇聯職工第七屆全國大會，爲天津英國當局引渡國民黨員事件，通電全世界各國工人，并特別致電英國工人，促其反抗英國在中國此項暴行，內稱橫行於中國之英國資產階級官吏，曾拘捕國民黨多人，交中國反動派當局究辦，其摧殘中國國民革命領袖，與當年陷害高加索二十六巴庫委員同出一轍，全世界工人，皆應奮起援助中國民族獨立，及工人解放，并要求恢復被捕者自由云云，

專件

◉總司令在南昌行營第二次紀念週訓話

……英日開戰時期……中國革命成功時期……怎樣謂之盡職……辦事要照科學方法……

十一月廿九日 林春華速記 何志浩整理

關於國內的政治情形，同國際狀況，剛才郭副主任已經報告過。前一個禮拜，看見英國的報紙說，他們已經在國會裏決定：限三年之內——就是一九二六年到一九二九年的時候，新加坡的海軍軍港一定要成立起來。這個軍港要是成立，我們可以料想到在這三年之內英國同日本的戰事，一定要發生的！這一點，我們革命軍人應該要留心！『英日戰爭，一定在這三年之內發生的』！這就是我今天所講的話，請大家留心記住。現在我們中國革命力量——我們革命軍的力量，差不多對於打倒軍閥這句話，已經是不成問題了。不過要完完全全成功，一定要等到帝國主義打倒；帝國主義是軍閥所賴以寄生的靠山，所以先是打倒『軍閥』，革命還是不能完全成功。照事實上觀察起來，我們要求革命成功，一定要趁英國同日本兩方作戰的時候，乘機把他們帝國主義者在中國的勢力完全驅逐出去。方才可以成功。所以我們成功的時候，當在這三年之內！

我們曉得我們成功的機會就在這三年之內，那末，我們就要養精蓄銳，磨拳擦掌的趕上這個時代，來完成國民革命！但是不要在此有限的期間裏，白把這個機會錯過，以爲將來必有一個機會，到了這個機會，就可以把帝國主義驅逐出去，那是不行的！一定要在此三年之內，我們革命黨黨員自家努力奮鬬起來，才可以成功的。如果自己不去奮鬬努力，指望帝國主義打倒，就是給你有很好的機會得來，到底還是空的！就是一千年一萬年革命還是不能成功的！

現在我們這個機會快到了，成功的時候不遠了，從日子說起，只有一千天工夫，我們革命就可以成功了！——一千天是很容易，一下子就過去的。所以請各位在這有限期間之內，來努力完成我們革命的責任，完成總理交給我們的使命！這才不愧爲總理的信徒！這是第一點。

第二點。我們要怎樣努力，怎樣奮鬬呢？沒有旁的，只問你自己有沒有盡職，自己的任務有沒有達到就是了。假如參謀處的人，沒有照到辦公時間辦公，該辦的事情不趕緊去辦，由他躭擱，這就沒有達到任務；又如副官處的，對於管理一切事情，得過且過，隨隨便便，有人看見就多做一些，沒有人看見就不去做，得閒講笑話，睡晏覺，苟且偷安，這就是不盡職。怎樣才是盡職呢？比方吹起床號的時候，就要起床，吹吃飯號的時候，就去吃飯，上午幾點鐘辦公，下午又幾點鐘辦公，一定要按照時刻到辦公地方去辦公；清早起來的時候，就把今天所做的事情排定，昨天辦過的事情就歸納起來，報告上去。磨鍊自己身體，修養自己精神，不墮落一點，懈怠一點，無論什麼事情，都按照規則來做，都按定時間工作，無論什麼事情，我們專心致志的做下去：做一件事就專心做這件事，沒有想到旁的事情去：如果能夠這個樣子，便是盡職，便是能夠達到任務，這就是努力，就是奮鬬！大家只要對於自己責任沒有懈怠，便是盡忠職務。這是做人的普通道理，並不是什麼難做的事情。

現在各部處的事情，都沒有照規則做到——尤其是警衞團，簡直是不可救藥了！今天暫且不講旁的，剛才過路時候，又看見一個衞兵把兩手插在袖口裏頭，怪難看的樣子；還有你警衞團的官長，隨便在外面恣意遊蕩，隨使去嫖去賭；甚有戒嚴檢查的時候，把人家的東西任意拿去：……你這個官長是做什麼事情呢？這樣子帶兵還行嗎？累次再三警誡，如今還是不改：這是不是盡職？這樣越弄越壞，是不是你上官要負責任？一切的檢查，守衞，維持軍紀風紀，完全是警衞團的任務，你警衞團且不守軍紀風紀，把紀律敗壞下去，還配做革命軍人嗎？試問問你有沒有壞的事情？有沒有做不規則的事情？看看你們士兵壞到這個地步，還成什麼樣子？前個禮拜已經講過幾回，現在還是這樣，難道一定時時刻刻要上官監督住嗎？這就不能做革命軍軍人了！——

現在有許多地方沒有成績，沒有一點進步，不僅是總部裏各處人員不能照本總司令所希望的實實在在做到；總司令部以外，還是有許多事情，沒有照我所希望的做到。這是因爲我們中國人從前的習慣不好，辦事沒有手續，而且沒有一個榜樣給他們看，還沒有學過辦事的方法，沒有條理，沒有系統，沒有範圍，沒有統計，這都是他們不講求科學方法的緣故，所以弄到手忙脚亂，甚是摸不清楚。現在有了科學方法，不論辦什麼事，都可以有條有理，很容易辦好。我從前曾經講過幾次了，總理辦事，要有方法，有系統，有條理，有範圍，有統計，這就是科學方法。要是照我所講的法子做下去，無論怎樣困難的事情，怎樣重大的事情，都辦得好的！如果這些講過之後，仍舊隨隨便便，無論哪一件事，都不能有個辦法，那你就是不能辦事，永遠不能完成你自己的責任了！

無論做什麼大的事情，什麼難的事情，不要以爲很難很大的，要看得如同普通事情一個樣子，只要你想得着，見得到的，便拿普通心理判斷下來，就不會錯的。不要玄想着這件事情怎樣難，恐怕不容易辦，就不敢去辦，這樣無論什麼容易事情都辦不好的！

一個普通人一天只有八點鐘工作可做，你要做得沒有條理，沒有系統，就是兩倍的時間都做不了的。所以你不照科學方法去做，一則自己疲勞體力，二則事情辦不好，正所謂吃力不討好；如果照着科學方法去辦，一天八小時的工作，你就把六點鐘內做完，也一定可以的！所以辦大事要當作平常事看，要從平易處着手，拿普通的理性，用敏捷的手段，沒有旁的辦法，就是只要你們曉得辦事的手續和方法。

現在在總司令部裏面的好處，一定要有方法，有系統，有條理，有範圍，有統計；一定要照我所講的話，拿普通理性來觀察，來判斷，並且要眼到，手到，口到，心到，不要當作這件事情不好辦，就給他擱下來，一定要眼睛所看見的，就馬上去做，切莫等待到明天後天，拖延復拖延，那末什麼事情，就可以當時解決，口到，立刻辦完。這四樣東西，所以大家只要專心到，手到，再要專心致意的去辦，用科學的方法去辦，那就無論做什麼事情都可以很容易的成功！

現在我們國民革命能夠成功不能夠成功，是在我們革命軍裏面的人員能夠不能夠辦事！尤其是我們總司令部爲全軍的頭腦，諸事更加要有條理，更加要有精神，做一般人的模範！我們能夠這個樣子，那麼三年之內太平洋戰鬪的時候，我們一定能夠得到機會來解放我們中華民族受壓迫的痛苦，實現中華民族的自由獨立！如果我們總司令部的人員，苟且偷安，得過且過，我們國民革命就沒有希望！我們全軍就跟着懈怠下去，所以要請各位時時刻刻把精神緊張起來，辦事要格外盡力：凡事都照科學方法，並且要目到，心到，手到，口到，這四樣去做，使得能夠實實在在的做到，那末我們就可以做國民革命軍全軍軍人的一個模範！可以做中國國民黨黨員的一個模範！要做到這一點才好！

警衞團如果以後再不痛改，我就索性解散不要！警衞團的官長簡直壞極了！以後要留心！

小通信

徵求通訊

負傷同志二十四名：谷尼光，韓繼漢，戴賢鏘，謝嶼，胡燦，王然，陳鵬翥，汪水，劉振宗，朱雲卿，萬公度，倪鑫，張宴賓，蔣克昌，董正榮，黃定正，蔣作均，潘廣城，華學瑞，趙履强，楊國興，傅春榮，王友生，房光文，曾勉，鄭福安，死亡烈士六名：陳彪，龔居仁，朱一鵬，耿澤生，王天興，上列各名如有知其本人或家族永久通訊處者請賜知敝科爲荷 政治部黨務科啓

本月十日早在沙河操場失落入伍生第一團第一營第四連誠字第三十號證章一枚除呈報補發外聲明作廢 入伍生一團四連陳耀斌

敝隊勤務兵王憲標，於本月十四日潛逃，攜去二三三符號一枚，特此登報申明作廢

部入於民國十五年十二月十四號往平岡寄信遺失證章一號碼是三百七十號除呈報本處長外特登報申明作廢 校本部[illegible]

中華民國十六年元月十七日〔星期一〕 黃埔日刊 〔第三版〕

題目

革命之路

紀念黃龐

黃龐二烈士事略

元傑

黃愛龐人銓二烈士，湖南人，肄業於湖南甲種工業學校。時即從事學生運動，努力非常，繼如反日運動及民七驅張(敬堯)運動，二烈士亦參與其中；異常熱烈。民八驅張運動成功後，二烈士乃從事於工人運動，組織湖南勞工會，此時被該會舉爲書記，湖南惟一大產業的第一紗廠三四千工人，亦爲二烈士組織成功，亦即湖南勞工運動之開始。

第一紗廠工人自有組織後，力量日形增大；加以資本家壓迫不堪，生活艱難，乃於民國九年底，向資本家提出加薪及改良待遇條件；廠主當時置之不理，并欲將該廠全體工人開除。工人乃忿而罷工。時二烈士，奔走呼號，不遺餘力。領導數千工友，與資本家奮鬥；但廠主頑强，死不退步，以致翌年(民十)初，猶未解決，此時工人更憤，勢不可遏，進而要華實公司董事彭祖植，朱菊尊⋯等繳出租契，收回公辦。(按第一紗廠原爲省辦，(其實爲趙恆惕與日本合資辦的)後因公款無着，乃由華實公司承辦，該公司虐待工人故工人要求收回仍由公辦。)誓非達到目的不止該廠主華實公司黃某及朱彭等見勢不可遏，乃勾結工賊賓步程以兩萬元進賄趙恆惕(湖南省長)將工人領袖黃龐兩烈士逮捕，可惜我們這個湖南勞工運動的首領黃龐兩烈士，竟以此於六年前的今天晨四點鐘，被吃人的惡魔趙恒惕槍殺於長沙東門外的冰天雪地中了，卒於去年(十五年)十月十七日方得國民政府明令昭雪，嚴緝兇手趙恆惕。但我們的第一次勞動運動犧牲者——黃龐二烈士，不能再爲我們領導了，這使我們如何的悲悼呢？所以將他倆的事略敍述於此，以紀念二烈士精神不死！

紀念黃龐應該努力勞動運動

體誠

人們紀念一個人或一件事，社會事實告訴我們說：有的激於主觀的感情，有的本於公益的必要；我們努力社會改造的人們當然置重後者。我們觀察既往，注意經驗，我們又用既往的經驗學術推測將來計劃將來，這是爲的什麽？是爲了現在的努力！因爲根據已往的經驗學術而作現在刻不容緩的實際生活工作，可以免了許多錯誤障礙與損害(免了不智的事)，這是不待說而自明的；而因爲測定將來的趨勢，定了從現在到將來能行得通，能得最後成功的計畫，然後現在的努力才能進行而不徒勞，這也是一說就甚明白的；我們不懂得怎樣繼往和怎樣開來，自然不懂得現在怎樣作！——作得對，所以我們懂得怎樣繼往怎樣開來，就是要懂得現在作什麼和怎樣作，就是爲了現在而努力。因此，我們紀念黃愛龐人銓兩烈士，也是(一)本於公益的必要(二)爲了現在的努力！而不是本於私的感情，不是爲了整理國故去作「御批通鑑輯覽」的史料。

黃愛龐人銓二人，在前六年(一九二二)一月十七日因爲擁護勞動運動擁護無產階級利益而遭軍閥慘殺了，殺他們是的趙恆惕，但在革命意義上說，趙是代表軍閥而殺的又是他執行帝國主義劊子手的任務而殺的；黃龐是代表無產階級而被犧牲的又是代表中國被壓迫各階級民衆而被犧牲的；假使沒有趙恆惕而有別的軍閥佔那時的地位也是要殺他們的，假使不是黃龐而是別人作那時的湖南勞工會書記而那樣奮鬥也必然被趙恆惕和他背後的帝國主義殺害，這是不足怪的，正是我們不能不是認的，因此可以說黃龐是爲了中國國民革命——反抗軍閥和帝國主義——而死的，是爲了被壓迫民衆——不只勞動者——的公益而死的，所以是值得紀念，有可紀念之意義的！

黃龐是在中國勞動運動上第一次犧牲者。這句話，不僅表示他們是先驅的意味，更表示後起者仍須繼續努力以求貫澈的意味。這是我們在「繼往」的責任上要紀念的！中國的勞動運動，在國民革命的工作中，直是反帝國主義反軍閥的運動，誰不知道中國的大工廠大工業十之八九是帝國主義和軍閥經營以搾取中國工人血汗的？又誰不承認勞動者的飢寒交迫之痛苦？中國國家現在經營公企業以抵制洋資本勢力，必不能像帝國主義的和軍閥主義的資本家那樣壓迫工人——當然要保障勞工團體，當然承認罷工自由——，假使中國的實業家也同樣壓迫無產階級，我們難道不加以節制嗎？不作勞動運動使他們有節制資本家壓迫的能力，不作勞動運動使他們知道爲了國民革命的聯合戰線有與各階級合作的責任，怎能進行國民革命？怎能貫澈民生主義？怎能促進世界革命？這是我們在「開來」的責任上要紀念的！我們因黃龐的爲勞動運動而犧牲，在這一月十七日紀念中，前思後想：勞動運動在國民革命中是十二分重要的！農工政策上在數量上占重要部分的是農民，在質量上占重要部分的卻是工人，忽略了農民當然是錯誤，因重農民而輕視了或不顧工人的利益，這更是國民革命上的危險思想！我們爲了現在的努力而紀念黃龐，我們便應重視農工政策而努力扶助勞動運動擁護勞工階級的利益和自由，使之增加革命力量使之與農民等爲完成國民革命促進世界革命而奮鬥無阻！

回憶

雲彬

六年前殘冬將盡，我正打算離開杭州回到家鄉去的時候，突然在報紙上得到黃愛龐人銓在湖南被趙恆惕斬首的消息，時事新報上更刊着沒了頭的黃龐兩烈士的屍身的攝影。我憤懣極了打算要替黃龐出一張特號(那時候我在杭州報館裏做編輯)，終於天寒歲暮，大家沒有心思做文章，那位報館經理笑我多事，他說：『遠遠的在湖南殺掉兩個人，關我們浙江什麼事？』這件事終於冷淡下去，但我到現在想起，彷彿還是昨天的事情。

一年前的那一天——大概是一月十八日吧，我在滬杭車途中看申報，那「本社專電」裏面突然有幾個字彷彿跳了出來，我連忙看下去，原來是『江陰電：今(十七日?)晨此間黨人周水平被斬決，是因爲宣傳赤化被殺之第一人』。周水平我是素昧平生，電文簡單更無從知被殺詳情，但我看到這個消息，聯想到『斬決』『赤化』等等，我的心似乎有些跳動，我的臉色也似乎有些變化，到了杭州城站，跟着人家下了車，惘惘着有所失。許多朋友不知道這個原因，還說我身體不舒服，所以臉色異樣，談話不高興，這件事想起來還在眼前。

光陰匆匆，黃龐之死已經六年了，周水平同志被殺，也已整整的一個年頭。東奔西跑的我，今居然在這裏——黃埔軍校——安安穩穩地做紀念黃龐二烈士的文章，并且替黃龐二烈士出了特號，還聯想起了一年前被害的周烈士，這是何等痛快的事情呵！

關於紀念黃龐二烈士的文章，同志們已經做得多了。我要說的話，同志們都已替我說過，我現在仍舊繼續寫那雜亂無序的回憶。

在六年前用刀砍頭是不常有的，尤其是掛着聯省自治招牌的趙恆惕，居然提倡用刀來砍青年的頭，這是尤其使我在當時的悶而憤懣填膺幾乎不可抑制的。但自從周水平同志砍頭以後，砍頭似乎也是司空見慣，不久的兩月前，我有一個朋友——浙江省黨部負責辦事的同志——汪性天同志，也在杭州大世界門前被砍了頭，我得到消息，當然也憤懣不堪，但憤懣的所在並不在乎砍頭的慘形。我反覺得這無需驚詫，砍頭與洞胸是沒有什麼區別，汪精衛先生不是有兩句詩『引刀引一割，不負少年頭』嗎？我還有一個感想：與其等閑白了少年頭，倒不如鮮血淋漓地做了軍閥的示衆品。在墳墓裏的沉默，有時比在演說台上還能動人！

我們不做革命工作則已；做革命工作，誰能担保自己的頭永遠不被人砍掉？砍頭，在革命黨人看來雖不能誇說如同家常便飯，卻也無足爲奇。『吾人願獻此身以爲一切民衆之前驅，爲一切民衆而效死。』這是本黨第二次全國代表大會宣言裏所昭示我們的話。我們在今天紀念黃龐烈士，應得打定主意，毫無猶豫地向着黃龐周及一切烈士所殺開的血路前進。

宇宙無窮，烈士的精神不死！

十六年一月十五日，正頭暈喉痛時。

中華民國十六年元月十七日〔星期一〕　黃埔日刊　〔第四版〕

紀念李盧續刊

●李卜克內西與盧森堡

葉書

一九二四年開始的歐洲大戰，使第二國際的改良政黨，社會愛國派的投機主義，以及他們公然出賣無產階級利益的背叛行爲，都在那帝國主義大屠殺的砲火光中一齊破產！

所以，當時歐洲所有忠實於世界革命的戰士——社會民主黨左翼，在他們的面前便橫着兩個最嚴重，最根本的問題：一，即與投降於資產階級的第二國際改良派實行分裂，把歐洲的無產階級從那無恥的『保護祖國』的口號底下挽救出來，暴發社會革命。二，即變更當時帝國主義的國際戰爭爲國內戰爭，奪取政權，推翻資產階級的統治，以實現永久世界的和平。這兩個問題的澈底解決，爲當時歐洲社會民主黨左翼之唯一出路。

李卜克內西與盧森堡——兩個世界革命的戰士，也就是爲了要解決上面所說的兩個問題，于一九一九年一月的今天，在德國柏林舉行革命，被第二國際的社會改良派——資產階級的劊子手，愛勃爾德，謝致猛等嗾使亂兵，用最殘酷的手段慘殺了！

所以我們今天來紀念這兩位偉大的世界革命首領，至少有下列的幾個意義：

（一）李卜克內西與盧森堡是反對第二國際改良派的戰士。誰都知道第二國際的改良主義，是純粹的欺騙各國工人的口號，他們的『議會運動』，除了有系統地引導工人階級走入資產階級的堡壘，以阻礙社會革命之前進外，對於工人階級的利益沒有絲毫的作用。這班改良派的投機份子，到歐洲大戰暴發，便倒入資產階級的懷中，叫出最無恥的『擁護祖國』口號，把當時各國的工人成千累萬的送上戰場，去替帝國主義者當炮灰！李卜克內西與盧森堡當在日德國看了這種情形，便努力去攻擊改良派的領袖考茨基等，並且決心與這班賣階級的和平主義者分裂，另行組織斯巴達卡斯團，把真正的馬克思主義信徒團結起來，繼續領導德國工人階級，反抗戰爭，從事社會革命。一九一四年八月大戰開始，李卜克內西曾公開投票反對戰爭，盧森堡亦出了一種小冊子，宣佈第二國際的改良派完全破產。他們兩人並到處對工人兵士演講，揭穿改良派的妥協無恥行爲。因此這兩個勇敢的無產階級戰士，便遭了當時德國改良派的忌恨，終於被殺了！同志們，我們是中國國民革命的先鋒，同時亦是世界革命者，我們紀念李卜克內西與盧森堡，便要從今天起去承繼他們的工作，努力去反對第二國際的欺騙各國工人利益的改良主義！

（二）李卜克內西與盧森堡是被壓迫民族的朋友。我們知道第二國際改良派，不但以改良主義，議會運動，軟化各國的工人，以鞏固資產階級的統治；他們對於民族問題，亦定下口惠而實不至的政策，主張各殖民地弱小民族『在宗主國統治下的團結』，以延長帝國主義的略奪時期，在大戰中，這班改良派的首領們，公然否認民族自決，替帝國主義者號召殖民地的人民，參加帝國主義者的國際戰爭，以保護資產階級的『祖國』！當時反對改良派這種欺騙被壓迫民族的主張的，只有極少數的馬克思主義信徒，而李盧就是這極少數中贊成民族自決之二人。他們一方面以『國內戰爭』的口號，領導工人階級作猛烈的階級鬥爭，以搖動資產階級的基礎。一方面更努力鼓吹民族自決，使各殖民地自動的起來脫離宗主國的統治，以拆帝國主義者的台。在這一點，我們有特別紀念李盧的意義。因爲今日的中國，正是國際帝國主義鐵蹄下的被壓迫民族之一。我們要求中華民族的解放，必須在今日紀念李盧二烈士的悲痛聲中，堅決的去反對第二國際對弱小民族的黃色政策——在帝國主義統治下的民族自治！

（三）李卜克內西與盧森堡是被壓迫者的真戰士，終他們的一生爲大多數民衆的利益而奮鬥，而犧牲！他們爲了全人類的解放，供獻了他們的生命！他們用熱血寫下世界革命史最光榮之一頁！所以我們今天來紀念這兩位無產階級的導師，最有意義的教訓，便是要我們始終爲一個革命者，去解放全世界被壓迫的人們，以完成世界革命的使命！

●國民革命歷程中紀念李盧

姜長林

今天是李布克乃西特和盧森堡女士的被難八週年紀念日，他們努力的歷史想來已經有人來說明白了，我只把在今年今日對於這兩位革命導師的被難紀念日所想着的感想寫幾點出來。

我們中國現在正是急切的需要國民革命的時候，而也是國民革命正在很迅速地發展的時候；在這個正在進展中的國民革命過程內這兩位導師所給予我們的教訓是：

一，努力革命的精神　李布克乃西特和盧森堡兩人努力革命的精神着實值得我們革命所學習的。李布克乃西特當國會議員時因在國會內反對德國參入歐戰——一九一四至一九一八——後被判服兵役，但是他就在軍隊裏宣傳其主張，在一九一六年五月一日並公開的向十餘萬民衆的集會中演說，勸兵士反戈，勸工人罷工，以致被判決苦工四年，那時他寫給他兒子的信說：『當我奮鬥到極不顧死活我痛苦極利害的時候，我是特別地快樂。』盧森堡因爲要在德國做革命工作，因和一個德國人假裝的結婚以取得德國國籍；爲了革命，被捕了好幾次，但是在獄中，還時常替革命的『國際』雜誌做文章出小冊子。他們兩人，簡直把自已的肉體和精神，完全爲民衆的利益而犧牲，一直以至于死。

二，反民衆利益的戰爭。　德國的社會民主黨，在歐戰前變節了，提出『愛國主義』來欺騙民衆叫民衆去替資本家擋炮火。但是李布克乃西特和盧森堡，因爲這一次戰爭，只不過帝國主義和帝國主義間利益衝突的戰爭，不但于民衆沒有利益，並且要害了許多民衆去做炮灰，所以始終堅持其反對的主張，拼盡力的宣傳與指導民衆去反對。我們在反帝國主義的意義上，也應該紀念他們爲民衆利益而反對帝國主義間的戰爭。

三，認識工農階級的力量　李盧是德國革命的導師，而他們在革命的民衆中，認識了無產階級和貧農的力量，他們盡量的領導他們，組織他們，至今雖李盧已死，而德國的革命運動，已有了很好的基礎，這也是應該紀念的。我們看看我們中國，辛亥革命後，建設了共和政府，但是十五年來，還是被北洋軍閥所蹂躪，這是什麼緣故？就是因爲辛亥革命後沒有占人民大多數的工農階級組織起來的原因，所以我們要真正革命的成功，和革命成功後的保障，我們當認識工農的力量！

我們紀念革命的先烈，我們更當學他們的革命經驗和知識，我們更當堅定我們革命的意志和革命的認識！

一九二七，一，一五

●紀念李盧與黃埔學生

成武

李卜克內西與盧森堡，一個是男戰士，一個是女戰士，同是世界革命的導師，同時被害於一九一九年的今日。他們倆爲全世界被壓迫民衆奮鬥而死，所以各國無產階級和一切被壓迫民族都視爲是解放自己的首領，每逢他倆被害日期，特作各種哀悼和宣傳的表示。

我們黃埔學生對於這個紀念日子裏，應有怎樣的表示？我以爲黃埔學生祇有哀悼和宣傳的表示不够，還須負繼續他們倆的未完工作，求得全世界無產階級和一切被壓迫民族的解放責任。

黃埔學生的成分，大部分從農家出身，或是破產的小資產階級的子弟，平時受不住舊社會上一切惡勢力的淩辱和壓迫，所以跑到黃埔來，找尋解放的路徑，學些革命的技術，爲向帝國主義進攻之用。

黃埔學生都是被壓迫的男女青年，（武昌分校已有女同學）富於革命性的，至少也是比較上富於革命性的，所以要走上革命的軌道——上黃埔來。

我們既然到黃埔來，就要把自己的生命，地位，責任認清：我們的生命不是自己的所有，却是爲無產階級所有，爲一切被壓迫民族所有，爲一切反帝國主義求解放之偉大的鬥爭的民衆所有；我們的地位是站在被壓迫者向壓迫者進攻的戰線上；我們的責任也就是求全世界無產階級和一切被壓迫民族的解放而奮鬥。二萬多黃埔的男女學生要有這樣的生命，地位，責任的革命觀點，去做革命的工作，纔能配稱爲革命黨員。李卜克內西與盧森堡，他倆剛剛是兩個男女戰士，可作我們黃埔男女學生忠實的革命黨員的模範。

李盧一生的事實，始終是站在無產階級的戰線上反帝國主義，他倆從來沒有和敵人妥協過，或被敵人軟化過，直至最後被害爲止。他倆正不像本黨的所謂『右派』革命分子，祇會講理論，做文章而實際却不去努力；他倆向無產階級宣傳，實行無產階級革命，都是根據實際工作的經驗和事實而演成。所以說李盧是我們黃埔男女學生忠實的革命黨員的模範。

我們在今天——一月十五日——紀念李盧，同時要認識李盧的奮鬥精神，了解李盧的革命工作，作爲自己未竟的責任，乃纔不白費了我們紀念他倆的意思了。

『以無產階級革命作爲消除軍國主義之唯一根本方法。』這是李卜克內西反帝國主義的主張。

『倘若俄國革命底殉難者能說話，他們必定會對你們說：「我們用不着你們底褒獎，你們學我們底榜樣罷！」』這是一九〇七年在斯都牙德開國際社會黨大會上通過一個頌揚俄國革命底殉難者的議案時，盧森堡對各國代表的說話。

——我謹將上面兩段話，獻給親愛的武裝黨員——黃埔學生。

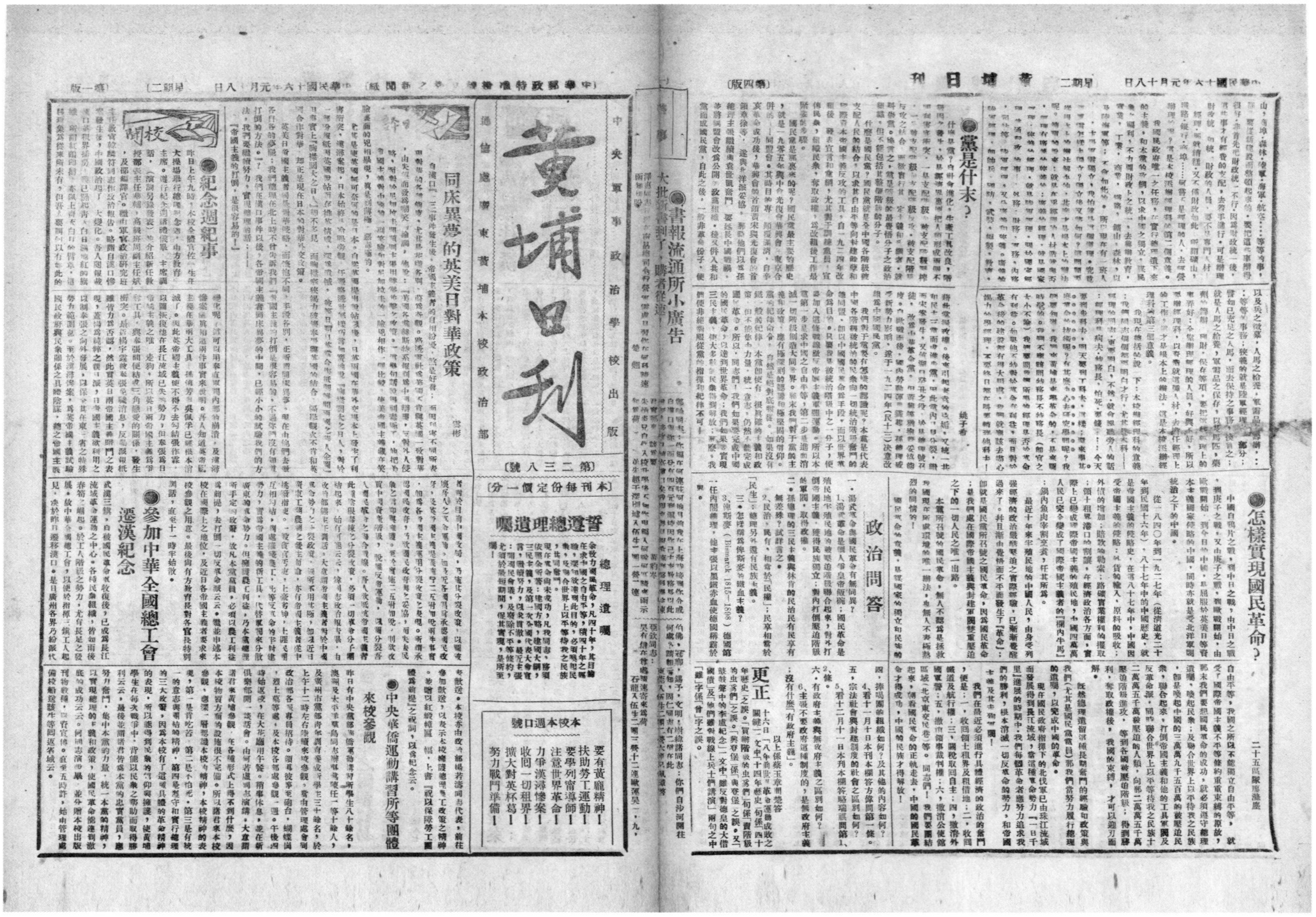

中華民國十六年元月八日 星期二 黃埔日刊 第一版

黃埔日刊

中央軍事政治學校出版

第二三八號

本刊每份定價一分

恭錄總理遺囑

同床異夢的英美日對華政策

紀念週紀事

參加中華全國總工會遷漢紀念

黨是什末？

怎樣實現國民革命？

政治問答

更正

書報流通所小廣告

政治討論會的結論

專載

本校添辦經理科的意義

總司令抵武昌時盛況

豫局變化

江西逆軍長官正法

萬目集注之漢潯案

日本政潮

法國之海軍預算

日本去年之對華貿易

美衆院通過海軍經費案

中華郵政特准掛號認爲新聞紙類　中華民國十六年元月十八日　星期二　第一張　第一版

黃埔日刊

中央軍事政治學校出版
通信處廣東黃埔本校政治部
〔第二三八號〕
〔本刊每份定價一分〕

恪遵總理遺囑

總理遺囑

余致力國民革命，凡四十年，其目的在求中國之自由平等。積四十年之經驗，深知欲達到此目的，必須喚起民衆，及聯合世界上以平等待我之民族，共同奮鬥。現在革命尚未成功，凡我同志，務須依照余所著建國方略、建國大綱、三民主義，及第一次全國代表大會宣言，繼續努力，以求貫徹。最近主張開國民會議，及廢除不平等條約，尤須於最短期間，促其實現。是所至囑！

本校本週口號

要有黃龍精神！
扶助勞工運動！
要學列甯導師！
注意世界革命！
力爭漢潯慘案！
收回一切租界！
擴大對英杯葛！
努力戰鬥準備！

時評

同床異夢的英美日對華政策

雲彬

自漢口『一三』事件發生後，帝國主義者的自相紛擾，煞是好看；而因利害不同所表現對華的各種態度，尤其是花樣各別，蔚爲奇觀。路透電社爲美國不肯與英國一致對華，由失望而發爲嘲笑的論調，他說：『美國各處赫斯特系報紙爲中國辯護，反對外人侵略，而對於尼加拉瓜卻主張用鐵拳政策。』一句話說得刻毒極了，他把美帝國主義對中國的一副笑臉和對尼加拉瓜的一臉兇相作一個比較，使美帝國主義藏在笑臉裏面的兇相畢現，真是刻薄極，惡毒極的。

尤其是使英國無可奈何的是日本。自從英國提出說帖以後，日英兩國在華外交根本上發生了利害衝突，漢潯案起，日本始終以冷眼旁觀，任憑路透社怎樣巧言如簧地說『胸襟闊大之日人，對於一部分報紙用英國說帖而存排英情感，深爲遺憾。彼等日望日英當合作抵御排斥兩國之華人企圖』，但事實上『胸襟闊大之日人』卻不多見，而胸襟窄狹竭力破壞英日與英國的結合，隔岸觀火不肯和英國合作對華，卻正是現在日本的對華外交政策。

英美日帝國主義者同是對華侵略，而懷抱不同，手段各別，正所謂同床異夢。現在由他們去做各自各的夢罷；我們總理在北上時不曾告訴我們『帝國主義的打倒是很容易的，不過你們沒有知道打倒的方法。』？我們在漢口事件以後，各帝國主義者同床異夢的中間，已經小小的試驗我們的方法，我們要繼續努力，實現總理的話：——『帝國主義的打倒，是很容易的！』

校聞

●紀念週紀事

昨日上午九時，本校全體官佐學生在大操場舉行總理紀念週，由方教育長主席。遵行紀念週諸禮儀畢，主席訓話，（演詞另錄發表）並介紹新任教授部長主任華輔，高級班周副主任斌，及邵編譯官。繼由軍官政治研究班主任教官韓麟符同志作政治報告。略謂自漢口慘案發生後，中國政治起了一大變化。吾人閱報載漢口英租界捕房，現已懸起青天白日滿地紅的旗幟，所謂紅頭印捕，亦佩上青天白日的臂章，這種現象爲從來所未有，但吾人要問何以有如此的變化呢？這可以用奉直軍閥內部的崩潰，及漢潯慘案兩件事實來證明。吾人知道英帝國主義在華兩大工具——孫傳芳和吳佩孚已經根本消滅了。因此英帝國主義便不得不去勾結張作霖，以圖恢復他在長江流域已失的勢力，但奉張爲日帝國主義之唯一走狗，所以英日兩帝國主義爲爭奪工具，與奉張間便結成三角戀愛的關係，發生衝突。最近楊宇霆被奉張免職消息，反動派報紙雖皆力爲否認，然此實英日兩帝國主義暗鬥之表現，蓋楊爲純粹之親日派，日帝國主義欲利用之以制奉張之向外發展，以保全其在東三省之特殊勢力範圍也。至於漢潯慘案，爲英帝國主義試驗國民政府與民衆關係之具體陰謀，總之帝國主義者對於目前中國政局，乃施其分裂政策，以圖破壞吾人之革命運動。如最近各國均言承認國民政府，及英帝國主義提議施行二五附加稅兩件事實，即爲各帝國主義運用分裂政策之表現。所謂承認國民政府，乃欲國民政府與之妥協，而失去民衆之信仰與擁護。至於實施二五附加稅，則欲收買中國資產階級，脫離反帝運動，以圖分裂吾人國民革命之聯合戰線。吾人欲抵抗帝國主義者此種陰狠毒辣之分裂政策，必須一切革命分子團結起來，始有可能云云，韓同志政治報告畢，由政治部熊主任訓話，大意謂帝國主義者對於中國革命勢力之分裂政策，無所不用其極，即如近日廣東工潮農潮之發生而論，亦有帝國主義者從中挑撥指使。一般貪官污吏，土豪劣紳，土匪民團互相勾結，到處摧殘農工，此等反革命的封建勢力，實爲帝國主義的所工具，代替軍閥來分散廣東的革命勢力。但擁護農工利益，乃本黨總理所手定的政策，故凡本黨黨員，必須以農工利益爲前提，去打倒一切反革命派云云。繼並申述本校在國際上之地位，及近日各帝國主義者要求來校參觀之用意。最後尚有方教育長對各官長特別訓話，直至十一時半始散。

●參加中華全國總工會遷漢紀念

武漢三鎮，自被國民革命軍收復後，已成爲長江流域革命運動之中心。各種民衆組織，皆如雨後春筍之崛起。於工人階級之勢力，尤有長足之發展。故中華全國總工會，以便於指揮三鎮工人起見，决於昨日遷移漢口。是日廣州各界乃紛派代表歡送。本校亦由政治部楊若濤同志代表前往參加歡送，以表示本校擁護總理勞工政策之精神。並贈以紅緞幛匾一幅，上書『祝以保障勞工團體爲前提』之祝詞，以爲紀念云。

●中央華僑運動講習所等團體來校參觀

昨日有中央黨部海外華僑運動講習所學生八十餘名，澳洲及太平洋羣島同志辦事處陳任一等十餘人，及廣州市黨部青年訓育養成所學生三十餘名，於上午十二時左右陸續來校參觀。當由管理處會同政治部各派專員招待。領導彼等至砲台，蝴蝶崗，烈士墓等處，及本校各部處參觀一週。午後四時始返校，在大花廳用午餐。膳事休息，並在新俱樂部開一談話會。由何若虛同志演講。大意謂諸君來黃埔參觀，在各種形式上得不到什麼，因本校物質方面的設施很不完備。所以諸君來本校參觀，應深一層認識本校的精神，本校精神的表現，第一是肯吃苦，第二是不怕死，第三是有統一的意志與團結的精神，第四是遵守和實行總理的三大政策，因爲本校有了這種具體的革命精神的表現，所以能得到民衆的信仰與擁護，使黃埔學生在每次戰爭中，皆能以民衆之幫助而取得勝利云云，最後並謂諸君皆爲本黨的忠實黨員，應努力奮鬥，集中本黨的力量，統一本黨的精神，以實現總理的主義和政策，使國民革命能達到澈底的成功云云。何同志演講畢，並分贈本校出版刊物數種，以資宣傳。直至五時許，始由管理處備校船送該生等回返省城云。

中華民國十六年元月十八日（星期二） 黃埔日刊 （第二版） （二）

軍事

◉吳免靳雲鶚職後之

豫局變化

△靳田軍在信陽開戰

△吳佩孚勸靳赴鄭不應

上海十四日電，信陽附近九十兩日吳佩孚之田維勤軍與靳雲鶚部正式接觸，田在信陽召軍事會議，吳佩孚迭勸靳雲鶚赴鄭不應，

◉總司令抵武昌時盛況

△二十餘萬民衆之歡迎

△『要得平等自由，須站在民黨指導下』

總政治部留守處，昨接漢口總政治部祕書處十二日來電云，（銜略）鈞鑒，蔣總司令偕何香凝顧孟餘兩同志，本日二時抵武昌，唐總指揮各部長暨主任等，文武官長十餘人，軍民二十餘萬人，在武昌繪布局碼頭附近高呼口號，飛機飛翔空中，歡迎革命領袖，蔣總司令直抵總部稍休息，即赴閱馬場歡迎大會，晚政府及中央委員宴會，文武官長及人民代表數百人，特聞，總政治部祕書處，文，又滬電云蔣介石在武昌歡迎會演說，要得平等自由，須站在民黨指導下，何香凝顧孟餘等均有演說，

◉江西逆軍長官正法

△由人民審判委員會判決槍決

前革命軍擒獲之逆軍長張鳳岐，唐福山，岳思寅，白家駿，侯全本等，現由人民審判委員會判決槍斃，茲將黃副官來電錄下，逆軍張鳳岐，唐福山，岳思寅，白家駿，侯全本五人，縱火殃民，經由人民審判委員會判決於眞（十一）日槍決，大快民心，特聞，黃思龍叩，文

政治

◉萬目集注之漢潯案

△英代表到漢……英閣議歷一時半……以加拿大將驅逐華僑相恫嚇……陳外長通電各國……英報紙之紛呶……日當局之冷淡……美法比之最近態度

關於漢口慘案，據上海十四日電，英代表與美利到漢後，已晤陳部長及仁開始談判一三案，英商人已漸外出，十二日開會議，決定得有生命財產之保障即復業，又英人方面，勒比十三日無線電，據漢口消息，言北京英使館署理參議官與美利君，昨日與陳友仁交談甚久，與氏自前日抵漢後即經接見英商會代表，及審查英僑個人意見，路透社十三日英京電，英閣即日會議歷一時半散會，逆料各部大臣均已決定再候漢美利君公文到後，然後再定方針，又美人路透社十三日域多電，此間英帝國盟會加拿大軍兵團部現通過一議案，不日交由雲高碧城藩屬協會審查，查該議案內載係以僑漢英人被逐，故力主將在加拿大內之華人產業沒收，並限期將加屬之華人驅逐出境云，同日上海電，九江英界由程濟維持治安，賀耀祖部調皖邊，秩序已復，沿堤各店戶均懸青天白日紅國旗，而海面船艇亦多懸之，又陳外交部長通電各國，解釋國民政府對付漢口外人之態度，電云，『國民革命軍擴張管轄於漢口英租界，此實英國及他國僑民，應由及必須由我政府保護之最大保障，曩者租界純由英人管理，我政府無從事保護外人之責，今租界一復爲中國未收回之地，我政府視實力保護漢口英人及他國僑民，爲民國主關重要之事』等語，至英帝國主義及各國之態度，亦須令吾人注意者，茲摘要錄下，路透社七日倫敦電，據有責任方面意見，漢口英當道嘗取在南軍保護英人下之羣衆攻擊，而不取有南軍後援之羣衆攻擊，此種選擇爲得當，又路透社八日倫敦電，泰晤士報載稱，國民軍方法目的與手腕均在漢口明白暴露，英政府應從速決定將來如何對付到滬之黨軍，該報又述及勞工近今發表宣言，其眞正之缺點，非在政府不保護僑民，乃在政府不能實力保護，且乏相當之準備，致淪於目下漢口恥辱之境位，政府今當實力保衛上海大租界，以防漢口事變見於上海，晨郵報謂國民願鬧他日保衛上海英人之地位，其勇毅與決心必超過英臨在歷來對華政策所示者　又路透社七日紐約電，全國報紙皆甚注意中國事件之倏然發展，而置墨西哥與尼加拉圭兩問題爲次要，多數報紙謂漢口騷擾，乃對於英國表帖寬大語調之奇異註釋，又路透社八日東京電　各報對於漢口事，雖仍不加評論　惟政界對於此案甚以爲憂，蓋恐他處起而效尤，則日人亦不得免也，電通社八日東京電，日本政府對於漢口事件，決採傍觀態度，對於英國之新提案，暫時亦不回答，又同日電，東京之日華實業協會，以現在之中國排英風潮，日趨濃厚，將來或轉而向日，亦未可知，特警告日人，宜先有此覺悟，並主張日英美提攜，解決對華政策，現正討論一切，又東方社八日東京電，公正會之藤村義朗男爵，今晨往訪若槻首相，會談論漢口問題及徵關稅問題，又路透社十日東京電，聯日新聞警告華人，勿爲國民黨之占有漢口英租界，乃英國之屈服，朝日新聞與日日新聞均以國民黨之行動亦將施於日本爲慮，朝日新聞主張列強應合作對付，蓋此爲最佳互衛之法，惟未言及合作之方式，英日之態度如是，而美法比亦注意者，據電通社七日華盛頓電，美下院議員波特提出美國應允中國結平等條約，撤廢列國在華特權後，欲知波氏提議內容致信波氏者，數達一千以上，用電報及書信賞揚提出該決議者，相繼不絕，又路透八日紐約電，執各報所載遠東議員長電察之，美國因表同情於英國，即驚該英艦員之應付適當，但美國始終反對任何干涉政策，蓋不願對英惡感轉移於已身也，又路透社八日巴黎電，各晨報皆重視中國漢口等處之嚴重形勢，實業報稱，目前事變，使人對於法國在華利益之前途加以慎重之考慮云，微言報稱，南方當道似已不能駕馭極端分子，此輩現或將推行其志在脫離外國羈絆之行動，而不顧利害云，愛格塞沙報稱，中國內亂與革命中常有倏然而來之發展，故法國之觀望態度不可不格外審慎云，巴黎時報稱，英國不致有手腕上之錯誤，而激成公然戰爭云，又路透社九日比京電，民報論英國對華說帖，謂比政府定已答復之，在大體上贊成英國提議，因英帖志在饜滿華人國家願望也，但比政府對於實行後可增固北方華人地位而不利於南方當道之條件，則似已有若干保留云，

◉日本政潮

△解散議會後實行普選之預備

△無產政黨開始作全國遊說

▲電通社十日東京電，本月二十二三日，恐爲本屆議會之最高潮時期　因政本兩黨將於十八日起繼續開會，討論糾彈政府，二十二日必提出不信任案　雖政友會日內分硬軟兩派，然大體對於議會開會劈頭提出不信任案　似已一致，議會之危險時爲二十二三日，又東方社十日東京電　議會若解散　則總選舉當用普選法行之，當該法之實施，於解釋上有種種之疑點，故內務省與司法省協議後，近將決定一種普選法之解釋，俾不論何時，普選法得以圓滿施行，又東方社十日東京電，鑑於議會將行解散之無產政黨各派，各各急於總選舉之準備，社會民衆黨因討論應付選舉之策，定十三日晚在黨部委員長宅內開常任中央委員會，決定具體案，又該黨擬於十五日由吉野博士等諸氏從京都發軔　開始作全國遊說，

經濟

◉法國之海軍預算案

（環球社）巴黎十四日電，法國一九二七年，海軍建設計劃　規定九，五個單位，連噸之巡洋艦若干艘包括在內，其總預算額達二〇〇十〇〇〇，〇〇〇，佛郎云，

◉日本去年之對華貿易

▲東方社八日東京電　日本大藏省發表十二月間之日本對華貿易，輸出三千零八十八萬五千元，輸入二千二百九十一萬七千元，輸出超過輸入七百九十六萬八千元，自去年一月以來累計，輸出五億一千零四萬六千元，輸入二億六千七百九十四萬元，輸出超過輸入二億五千二百，十萬六千元。

美衆院通過海軍經費案

△以多兩票否決修正文

△路透社八日華盛頓電　柯立芝總統請國會續撥七萬五千元，爲裁減軍備大會美代表團之經費，總統稱，籌備工作尚佳，在繼續會議中可望有具體結果，應續予以合作，以期促成可決定辦法之最後會議云，衆院以一三七票對一三五票否決以四十五萬元開始建造新巡艦三艘之修正文，海軍經費案已由衆院通過，

小通信

浙江革命青年同志會籌備處啓事

現定本月廿三日（星期日）午十二時，在廣州文明路，中山大學西堂樓上一〇七教室，開籌備大會，屆時希各同志蒞會報到，爲盼！

謝國樞同志鑒：你現時駐在何處，請即告我，以使通信。入伍生十二連朱鳴衡

劉達潛，龍佐才，吳昌啓，三同志：你們現駐何處，請即函告，以便通信，校本部裴芳谷

弟遺失黃埔同學會一八四六號證章一枚，除呈請補發外特此聲明作廢　閻家瑛

『張超，張朗洋二同志：請你們求學，駐何處了？近狀如何？即請照我的地址來信賜示，以便暇時來訪問候，是所至盼』[illegible]

許永相同志：你在那裏服務，頃接虎門要塞致你覆函一件，現存弟處，希即示你的通信處，黃埔校本部第二學生隊二十二區隊郭志堅

中華民國十六年元月十八日（星期二） 黃埔日刊 （第三版）

革命之路

題目

專載

政治討論會的結論

（第五期第三次）

甚麼是革命？

（一）做革命底人，必須要懂得革命底意義。因為要懂得了才能夠做，不至于做錯，如果只憑一時的刺激和熱誠，還完全是感情用事，是不能持久的。如果跟着人家幹就是，這是隨波逐流底態度，為害更大，所以我們必須要懂得革命是甚麼。

（二）就社會中流行的論調看來，一般人對于革命，有幾種錯誤觀念：

A.革命就是殺人流血底意義；

B.革命只是奪取政權底意義；

C.革命只是改變現狀底意義；

D.革命就是暴力行為底意義；

E.革命乃是仁愛行為底意義；

（三）這幾種觀念非常錯誤，應該痛切糾正：

A.革命是不得不殺人流血的，但殺人流血不就是革命；反之，近代的德國革命俄國革命比之一九一四——一八年底帝國主義大戰，殺底人流底血却非常之少。

B.革命是要奪取政權的，但僅僅奪取政權只是手段，這個簡單的一面的意義，不足以解釋革命。若非不然，則資本帝國主義的德謨克拉西國家內面各黨時常互相奪取政權，更換內閣，亦算是革命麼！

C.革命是要改變現狀的，但改變現狀不就是革命。張勳復辟，項城稱帝，不都是改變現狀麼？是改變現狀，然而不是革命！

D.革命是要暴力行為的，但單純的暴力行為，殊不足以稱革命，意大利底法西斯蒂於一九二一年之進羅馬奪得政權和其以後之維持政權，不是全靠着暴力行為麼？如果以為是革命，那便是笑話了。

E.講到仁愛行為說，這不過是把革命當慈善事業做罷了，還是非常錯誤的。革命黨人對此觀念，尤須痛切剷除。革命絕不是汎愛眾人只顧救他人底行為，而更是與同利害的人同謀自愛自救底行為。革命是要反抗和鬥爭的，不是用誘發敵人良心慈愛可以作得到的，這只要明白革命底真實意義，便可知曉。

（四）然則革命是甚麼？革命是被統治階級團結起來打倒統治階級奪取政權創造一進步的新社會底運動。在這個意義之下，我們看得出有這幾個特點：

A.革命是一種階級底暴力爭鬥。換言之，是被統治者羣衆底武裝運動；

B.在革命過程中，必然有殺人流血底事；

C.奪取政權是必要的；

D.改現社會為進步的新社會；

E.革命是解放被統治者即被壓迫者被掠奪者的。

（五）由此可知革命必然是被統治階級羣衆底行為，革命如無這種羣衆參加，是不能成功的，而這般羣衆又是只有為着自己利益才能上革命戰線，所以這般決定革命之成敗底主要力量，完全是為自身利益而革命，自身利益不能單獨求得，且與階級利益合而為一，所以革命是被統治階級為了自身利益階級利益底行為，中國近幾年來工農參加革命底意義，還表現得不明瞭麼？只要注意事實，便可知道。

（六）至於講慈善事業革命觀底人，往往說由統治階級來底革命份子和由被統治階級中富裕人家來底革命份子，是為愛人救人，其實我們要知道第一種革命份子，顯然是由他階級移動到此階級來，換言之，即他必然要為此階級攻打彼階級，不然，他不能得此階級之信用而活動，而革命到底至所以發生此種移動現象，全在於社會經濟之變動，在此變動中了解歷史之發展社會之變遷，而想來完成其歷史作用，他絕對不是為了愛人救人而來，被統治階級中底富裕人家雖非為立刻的生活逼迫，然他為鞏固其生活，發展其未來，護衛其同輩利益計，自然非革命不可，資本家實有收回關稅自主，廢除不平等條約，以圖估自國之原料市場勞力；而發達其資本底必要，總而言之，一切人之參加革命，都是為了解除壓迫，變現在痛苦生活為未來豐滿生活而努力的，姑無論其原因是為個人也好，為階級也好，為社會也好，要而言之，是為了生活底實際利益，而這種行為不管你主觀方面底動機為何——不管革命份子為了甚麼，在客觀上所表現出來底意義總是這一羣被統治者任與那一羣統治者爭奪政權，徒以人道正義感化敵人使他們拋棄特殊地位和利益，是作不到的。

（七）如果必定要把革命當慈善事業看待，那麼就免不了要產生下列的危險：

A.忽略了羣衆，或者以為羣衆是無力量的，只有待人解放。

B.革命底人都是撐慈航底人，所以高高在上不能到羣衆去，這樣的觀點，結果，將不事宣傳，只憑有革命份子底力量去做濟人利物底好事——不過這種好事是用武力來做罷了，如此革命黨人只知到軍事行動，而且把羣衆與革命離開了。在此情形之下；不獨革命黨人斷斷乎不能成功；還必要革命得革命黨人自己身敗名裂；愛人救人底黨完全成為一種欺騙人之變相的基督教救世軍去，有什麼用處了所以認清革命底意義，以端正革命底觀點，是革命黨人第一件事情。

以改良代革命與敵人妥協，因而變成右派變成反革命派。

本校添辦經理科的意義

第六學生隊十七隊曾毅

當我編任經理科的時候，有許多同學問我說：「經理科將來畢業之後，不過一特務長了事……」。我答道：『祇要是革命的工作，何必一定要在步，工，砲，政治……等科呢？難道經理科不是武裝革命的黨員嗎？橫豎是幹革命工作，管他甚麼特務長不特務長』他們聽了我這番話，猶有不顧我在經理科的樣子，這是他們不知道本校辦經理科的意義的原故，我現在把這意義寫出來，貢獻大家看看：

本校為甚麼開辦到第四期的時候，才辦這經理科呢？因為那時候革命勢力，還沒有十分發展，廣東的財政，也沒有統一，到，廖黨代表擔任廣東省長，財政廳長的時候，他和幾個同志才把軍事統一了，於是他就用獨的努力於財政之整頓，把財政統一了的時候，我們校長，以迅雷不及掩耳的手段，才把楊劉消滅，當楊劉消滅之後，我顧問嘉倫將軍說：「後方給養不得法」，校長就感覺沒有經理人材的困難，消滅劉楊這回事，不算甚麼，將來我們打倒帝國主義，打倒軍閥……的時候，假使給養，還是這樣，那一定不會成功，所以本校就添辦「經理科」，這即是因為我們打倒帝國主義，打倒軍閥……的時候，固然要我們同志到前方努力殺賊，與乎民衆的幫助，但對於後方的供給，——糧秣，彈藥……等等的輸送得法與否，充足與否，確與軍事上的計畫，有密切的關係。如果糧秣，彈藥……都沒有完善籌備，那就好像一個四肢無血脈的人一樣，毫無知覺，怎樣會靈活起來呢？所以要打勝仗，打倒帝國主義打倒軍閥，就非訓練出經理人材不可，這就是本校添辦經理科的第一個意義。

中國的財政到現在可說是紊亂到了極點。民衆所感到的痛苦，我們不應置之不管，讓他們『偽政府，軍閥……』去把中國的財政，長此下去，把中國的鐵路，鑛山，關稅，商港……做他們違法的抵押品，我們要推翻偽政府，鏟除軍閥，以杜絕帝國主義借款於中國弄鬼的禍源，以解放無量數的民衆，同時我們要建設統一全國的國民政府，去實行本黨政綱，以求中國之自由平等。這次北伐，為的就是這步工作，將來這步工作，完成的時候，對於教育，實業，鐵路，礦

中華民國十六年元月十八日 星期二 黃埔日刊 第四版

山，商埠，森林，陸軍，海軍，航空……等等的事，都要從新建設而整頓起來的。要把這些事辦得很好，非首先把財政統一不行，因爲財政統一後，這些事才有經費的支配，去着手進行。可是辦理財政統一和統一財政的人員，要不是專門人材，經理，那就糟糕。又不僅財政如此，所謂礦山，鐵路，銀行，商埠……何嘗不是經理的人，去經營辦理的呢？這是本校添辦經理科的第二個意義。

我國民政府唯一之任務，在實行總理遺下來的主義，和本黨的政綱，以求中國之獨立，謀民衆的福利，不力圖財政上之統一，去與辦教育，實業，工業，商業，鐵路，礦山，森林，以及陸海軍等，不會如此的。所以現在有一班人[illegible]獨立，我怕[illegible]？獨立後又將如何？這個問題，究竟[illegible]辦法[illegible]根本上的辦法呢？須要知道，[illegible]經理的人材問題[illegible]，經理[illegible]，就是國家一切經濟的經理，就是陸軍經理，關於國家經理[illegible]財務，國務，內務[illegible]陸軍經理，如師兵，國防，武裝，編製，教育，以及兵之徵募，人馬之給養，軍需品之籌辦，：：等等的事務；狹義的就是陸軍經理之一部分；譬如已充足之人馬，而去保持之事務，換言之；就是人馬之給養，軍需品之保存，以及馬匹，藥劑的籌辦，用財，保存等項，要把這些經理上的事弄好，全靠辦理經理的人員，好與不好，所以要辦經理科，以養成就這類人材，去擔任經理上的工作，這才是根本上的辦法，這是本校添辦經理科的第三個意義。

我現在總括的說一下：本校辦經理科的意義；我們同志個個都要明白才行，尤其是大科——經理的同志，更要明白，不然，就會誤聽旁人的話；經理科是病夫，特務長，怕死，要錢……：今天要到經理科去，明天要到工科去，這樣，還來學甚麼革命的技術呢？有甚麼心去研究學問呢？我們要知道，我們來黃埔是來學革命的，不是來圖時髦的。我們不應該問特務長不特務長（即官之大小不論）我們要問我們所學的經理是否於革命有利益，如果他有利於革命有利益，而且對於革命的建設都有很大用處，我們就應該去盡心竭力的學經理，不要終日都在叫要轉到他科去！

黨是什麼？

姚子希

什麼是黨？自社會進化，生產工具改良，階級的分化發生，於是經濟界裏面把人類形成兩個不同利害底衝突，一是支配階級，一是被支配階級。被支配階級反攻之結合，而欲實行其一定主義和綱領者，叫做黨。換言之，黨是階級的最覺悟分子之政治組織，但不能包括其階級的全部分子。

什麼是國民黨？國民黨就是全中國各階級被支配人民的結合，以求其自由平等向封建餘孽和國際資本帝國主義反攻的工具，自一九二四年改組後，發表宣言和黨綱，尤其對於訓練黨員，宣傳民衆，組織民衆，奪取政權，爲改組後工作最緊要的步驟。

國民黨是那裏來的呢？國民黨最主要的歷史，就是一九零五年興中會，光復會，華興會在東京合併的——同盟會。其時目的專在顚覆滿清，自辛亥革命成功後，華興會的首領黃宋與光復會的首領章徐等，遂與北洋派妥協。那時他們以爲孫總理主張繼續與袁世凱奮鬥，要延長中國戰禍，並將同盟會改爲公開的政黨組織。後又併入共和黨而成國民黨，自此之後，一般非革命份子，便藉此掌握政權。後來引起袁世凱的忌妒，又統一共和民主十三黨而成進步黨，因此黨內目分裂，繼而宋案發生，又值湖口癸丑之役，於是總理號召徒，改爲中華革命黨。中華革命黨猶抱着妥協態度。自歐戰而後，國內勢力漸漸醒起，孫總理感受新勢力影響，遂于一九二四年（民十三）決意改組爲中國國民黨。

我們對于黨要有怎樣的認識呢？本黨是代表中國各階級被統治的民衆向一切統治階級奮鬥的總同盟，即以中國國民革命爲手段，而以世界革命爲目的。只要我是被統治階級中之一分子，便要加入這條戰線做反帝國主義軍閥運動。所以本黨第一步是求中國之自由平等，第二步是進而消滅一切階級創造大同世界。那末我們對于黨的主義和政策，應有極深刻的認識和極堅固的信仰。黨的紀律，自然要絕對底服從。如果沒有鐵一般的紀律，本黨即使有很眞確的主義和政策，但不能集中力量，統一意志，仍然不能完成國民革命。所以，同志們！我們如果要完成中國的國民革命，以達到世界革命；我們如果要實現三民主義，使大多數民衆得到解放；那麼，我們便非絕對服從黨的指揮和紀律不可！

怎樣實現國民革命？

二十五區隊 廖滌塵

中國自鴉片之戰，到中日之戰，由中日之戰，到庚子之戰，又由庚子之戰，到歐戰開始，由歐戰開始，到今日的中國，是屈服於英美日等資本主義國家侵略的中國，同時亦就是受北洋軍閥統治之下的中國。

從一八四〇年到一九二七年（從清道光二十年到民國十六年），八十七年中的中國歷史，就是帝國主義的侵略史，在這八十七年中，中國因受帝國主義的侵略：外貨的輸入，原料的吸收；外債的增加；賠款的勒索；路礦實業權利的攫取；領土租界港口的割讓，在經濟政治各方面，實際上已變成國際帝國主義的殖民地，中國四萬萬人民已完全變成了國際帝國主義者的『欄內牛馬』；鍋內魚肉宰割烹煮，任其所爲。

最近十年來半殖民地的中國人民，由身受列強經濟的政治嚴酷壓迫之實際經驗，已漸漸覺醒過來了。并且漸由覺悟而不平而發生了『革命』；即就是國民黨所召號之國民革命，因爲國民革命；是我們處在國際帝國主義與封建軍閥雙重壓迫之下的一切人民之唯一出路。

本黨所召號的國民革命，無人不認爲是拯救我國現在所處環境的唯一辦法，也無人不表極熱烈的同情的！

國民革命的意義，是謀國家的獨立和民族的自由平等，我國之所以不能獨立自由平等，就受了國際帝國主義不平等條約重重束縛的原故，那末我們要想國民革命的成功，就必須遵守總理遺囑，喚起民衆；及聯合世界上以平待我之民族，即是喚起中國的三萬萬九千五百萬的被壓迫民衆，聯合起來，打倒帝國主義和他的工具軍閥及反革命派，同時聯合世界上以平等待我之民族十二萬萬五千萬被壓迫的人類，向那二萬萬五千萬壓迫階級進攻，等到各國被壓迫階級，得到勝利，奪取政權後，我國的束縛，才可以迎刃而解。

既然總理遺留這種長期奮鬥的經驗和政策與我們（尤其是國民黨黨員）那我們當努力履行總理的遺囑，以完成中國的革命。

現在國民政府指揮下的北伐軍已由珠江流域而發展得到長江流域，當這種革命勢力『一日千里』進展的時期中，我們每個革命者應努力追求我們的勝利，根本消滅一切反革命的勢力，和帝國主義及其走狗軍閥！

我們在最近必須進行具體經濟的政治的奮鬥，便是；一，收回領土租界及租借地；二，收回鐵道及航行權；三，關稅取回自主；四，撤消外國軍警；五，撤消領事裁判權；六，撤消公使館區域（北京東交民巷）等。同志們！我們要團結起來，朝着國民革命的正軌走去，中國的國民革命才得成功，中國的民族才得解放！

政治問答

一．湯武革命與國民革命有無同異？

1、湯武革命是個人爭皇帝飯碗；國民革命是殖民地半殖民地的被壓迫階級聯合起來，對外打倒帝國主義，獲得民族獨立；對內打倒壓迫階級的軍閥，取得政權。

二．孫總理的三民主義與林肯的民治民有民享有無差殊？試詳言之。

2、民治，民有，相當於「民權」；民享相當於「民生」；總理另外還有民族主義。

三．怎樣稱爲俾斯麥的鐵血主義？

3、俾斯麥（Bismarck 1815—1898）德國第一任內閣總理，他主張以黑鐵赤血使德國稱霸於世界。

四．捧喝團的組織如何？及其他的內容如何？

4、看十一月十日本刊本欄答方偉問第一條。

五，宗法社會與封建制度的社會之區別如何？

5、看十二月十一日本刊本欄答駱瑞祺問第1、2、條。

六．有政府主義與無政府主義之區別如何？

6、主張不要政府這種制度的，是無政府主義；沒有什麼「有政府主義」。

以上係蔡玉章問楚答

更正

十六日「八年前世界革命運動成敗之關鍵」一文中「十四年歷史」句係「四十年歷史」之誤。「買辦階級的虫豸們」句係「賣階級的虫豸們」之誤。「興豋堡」係「興登堡」之誤。又「鼙鼓聲中的李盧紀念」一文中「雖反對德皇的大借國債」及「他們雖對戰線上兵士們講演」兩句之中「雖」字係「曾」字之誤。

黃埔日刊

中央軍事政治學校出版

通信處廣東黃埔本校政治部

（第二三九號）

〔本刊每份定價一分〕

校屬部處黨部暨各部處黨部成立慶典特號

●中國國民黨中央軍事政治學校特別黨部校屬部處黨部及各部處黨部成立大會宣言

「世界之現狀，中國之現狀，及本黨努力之經過，綜合而觀之，可得結論如下：總理所提於第一次大會之宣言，對於三民主義之解釋，及最少限度之政綱，實爲中國之惟一生路。吾人於第一次大會閉會以後，所努力者，僅爲掃除障礙主義及政綱之實行。不獨主義之自身，未能實現，即最少限度之政綱，亦未能施之實際。故第二次大會，對於主義固當繼續努力，以求貫徹，即對政綱亦無所修改，惟勵其見諸施行。前乎宣言，有建國方路，其後復有建國大綱，及民族民權民生之講義，及開國民會議廢除不平等條約宣言，以迄於總理臨終之遺囑。凡此皆總理披荊斬棘，爲中國開此生路，吾人循此路以前進，若總理時時指導於吾人之前，使吾人之熱誠，彌以興奮，吾人之信念，彌以堅固。吾人惟有一致遵守總理之遺囑，以奮鬥不懈。吾人敢以此信念與熱誠以昭告於全世界民衆及全國民衆之前。吾人願獻此身以爲一切民衆之前驅，爲一切民衆而效死。吾人尤知欲爲民衆有所盡力，則不可不鞏固吾人之組織，擴大吾人之能力，以期能負荷吾人所欲盡之責任。第一次大會已於黨員之紀律及訓練加以注意，第二次大會更將使此紀律益以森嚴，訓練益以精密。凡爲革命黨人者，不可不忠實誠篤，勇於改過。黨員之間，互相親愛，以互相扶助，互相攻錯。蓋不扶助不足以爲親愛，不攻錯，尤不足以爲親愛也。若過而不改，則不能不以鐵的紀律，加諸其身。蓋對于黨員姑息，即對于黨爲不忠也。吾人必努力使黨員成爲革命化，黨體化，以期不負總理之指導，不負民衆之期望」。

上文，是去年一月十三日發表的本黨第二次全國代表大會宣言的「結論」；這原是我們每個黨員都應服膺而勉行的，本黨部等爲了表明我們態度與決意，特在此時宣佈我們對此意旨完全接受而必努力以履行之！

「我們現在對於求自由平等之方法上最可注意的是：（一）只有努力於聯合被壓迫者以推翻壓迫勢力的革命是出路！故經濟改良運動及向壓迫……

晢遵總理遺囑

總理遺囑

余致力國民革命，凡四十年，其目的在求中國之自由平等。積四十年之經驗，深知欲達到此目的，必須喚起民衆，及聯合世界上以平等待我之民族，共同奮鬥。現在革命尚未成功。凡我同志，務須依照余所著：建國方略，建國大綱，三民主義，及第一次全國代表大會宣言，繼續努力，以求貫徹。最近主張開國民會議及廢除不平等條約，尤須於最短期間，促其實現。是所至囑！

〔校本週口號〕

要有黃埔精神！扶助勞工運動！要打倒帝國主義！注意世界革命！力爭漢口慘案！收回一切租界！擁護大英杯葛！努力戰鬥準備！

浙江革命青年同志會徵求會員啓事

我們這個偉大的黃埔學校。

在中國軍事歷史上，有兩個相反的記載：一個是小站練兵，練成功小站式北洋軍閥反革命的軍隊；一個是黃埔學校，練成功黃埔式的民衆武力的國民革命軍。

這一支國民革命軍，所以能發展成現在國民革命的局面，是有以下幾個原因：

（一）本黨歷史上的革命方法，大部份是軍事行動，所以在中國潛伏下廣大的軍事勢力，十三年以前直到辛亥，本黨在西南終有一線未斷的軍事力量之存在，是其明證。所以有了黃埔學校這一個基本力量之後，軍事上的發展有一呼百應之勢。

（二）黃埔軍隊的立脚點是全民衆的利益，所以能得到全民衆的擁護，一個被全民衆擁護的軍隊，是有勝無敗的。

（三）北洋軍閥是在積極的分化崩潰中，消費黃埔軍隊發展以無上的便利。我們看到北伐的經過，軍閥的失敗，多數是因爲分化，這種分化又促成了我們的集中，前後都是這一個形式，這足見我們的勝利，多部份是因爲敵人的弱點太多。

（四）最後我們不能不歸功於我們將領的指揮有方，我們士兵的明瞭民族利益而勇於決戰。然後才有今天爲我們意想不到的軍事勝利。

★　★　★　★

我們目前的唯一弱點就是黨與軍不調協的發展！

這個弱點的進一步，就是黨與民衆不調協的發展！

●黨部成立中黨的組織談

典禮次序

●本校特別黨部宣傳委員會本週提出各小組之討論題目

●本刊緊要啓事

（一）明日停刊

（二）催交列寧逝世三週年紀念號稿件

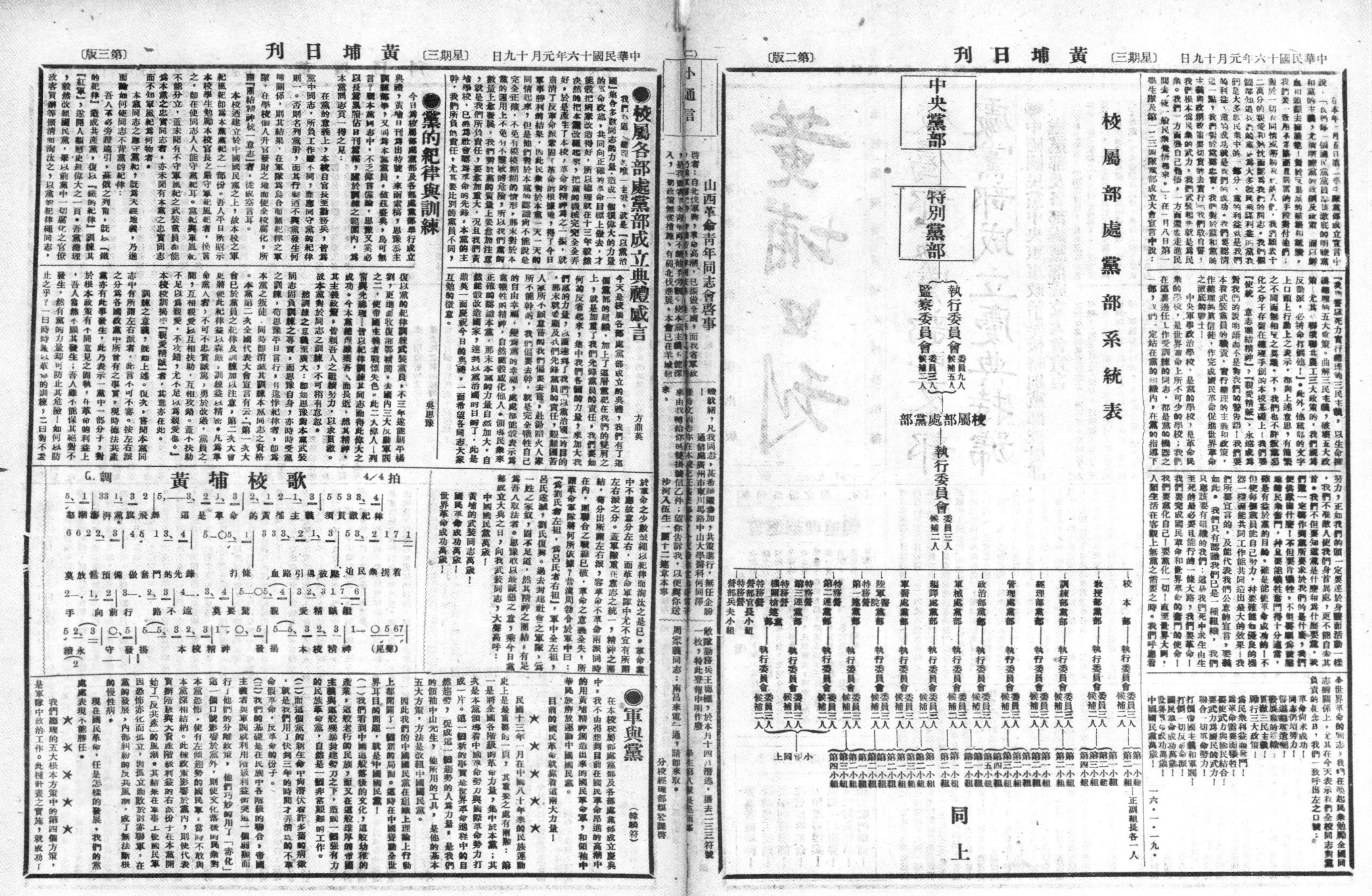

●校屬各部處黨部成立典禮感言

方鼎英

●黨的紀律與訓練

吳穉暉

小通信

山西革命青年同志會啓事

黃埔校歌

●軍與黨

校屬部處黨部系統表

中央黨部

特別黨部

執行委員會

監察委員會

校屬部處黨部

同上

中華郵政特准掛號立劵之新聞紙　中華民國十六年元月十九日〔星期三〕〔第一版〕

黃埔日刊

中央軍事政治學校出版
通信處廣東黃埔本校政治部
〔第二三九號〕
〔本刊每份定價一分〕

校屬部處黨部暨各部處黨部成立慶典特號

◉中國國民黨中央軍事政治學校特別黨部校屬部處黨部及各部處黨部成立大會宣言

「世界之現狀，中國之現狀，及本黨努力之經過，綜合而觀之，可得結論如下：　總理所提於第一次大會之宣言，對於三民主義之解釋，及最少限度之政綱，實爲中國之惟一生路。吾人於第一次大會閉會以後，所努力者，僅爲掃除障礙主義及政綱之實行。不獨主義之自身，未能實現，即最少限度之政綱，亦未能施之實際。故第二次大會，對於主義固當繼續努力，以求貫澈，即對政綱亦無所修改，惟期其見諸施行。前乎宣言，有建國方略，其後復有建國大綱，及民族民權民生之講義，及開國民會議廢除不平等條約宣言，以迄於　總理臨終之遺囑，凡此皆總理披荊斬棘，爲中國開此生路，吾人循此路以前進，若總理時時指導於吾人之前，使吾人之熱誠，爲以興奮，吾人之信念，爲以堅固。吾人惟有一致遵守總理之遺囑，以奮鬥不懈。吾人敢舉此信念與熱誠以昭告於全世界民衆及全國民衆之前。吾人願獻此身以爲一切民衆之前驅，爲一切民衆而效死。吾人尤知欲爲民衆有所盡力，則不可不鞏固吾人之組織，擴大吾人之能力，以期能負荷吾人所欲盡之責任。第一次大會已於黨員之紀律及訓練加以注意，第二次大會更將使此紀律益以森嚴，訓練益以精密。凡爲革命黨人者，不可不忠實誠篤，勇於改過，黨員之間，互相親愛以互相扶助，互相攻錯。蓋不扶助不足以爲親愛，不攻錯，尤不足以爲親愛也。若過而不改，則不能不以鐵的紀律，加諸其身。蓋對于黨員姑息，即對于黨爲不忠也。吾人必努力使黨員成爲革命化，團體化，以期不負總理之指導，不負民衆之期望」。

上文，是去年一月十三日發表的本黨第二次全國代表大會宣言的『結論』；這原是我們每個黨員都應服膺而勉行的。本黨部等爲了表明我們態度與決意，特在此時宣佈我們對此意旨完全接受而必努力以履行之！

一、我們現在對於求自由平等之方法上最可注意的是：(一)只有努力於聯合被壓迫者以推翻壓迫勢力的革命是出路！故認濟改良運動及向壓迫者哀求啓發其慈愛心的運動，都是不徹底不能達到自由平等之目的的；(二)因此我們革命的方法不是依靠道德宗教的而是着眼政治鬥爭的！這個政治鬥爭，必須是多數最覺悟最能奮鬥的分子在正確的主義政策，和嚴明的紀律之下組織起來，站在謀被壓迫的民衆利益之上指導他們共同奮鬥，才得成功，換言之，即非有革命政黨的組織不可！個人主義浪漫行動沒有科學的國民革命理論沒有根於社會本性與現狀而定的辦法，都不能成功，都爲我們所應當而必須反對的；(三)在廿世紀資本主義最後變成帝國主義的時代，每個小社會每個國家的經濟，都帶了世界關係，因之壓迫勢力具有世界性，而被壓迫人們的反抗勢力—革命勢力—也應當而且必然地成爲世界性的了。所以此時一國的革命其對象也是世界性的其努力也非與世界革命發生連帶關係不可！這是所謂要「大處着眼」的；同時反革命的成分與劣根，已在舊社會中深固而普遍，雖是枯朽，也需煩難的摧拉，決非一蹴可幾，所以非使民衆生活的小組織中間根本發生革命變化以植新基不可，這是所謂「小處下手」的。……我們中國國民黨，在上述的要義中，知道它是負有完成中國國民革命促進世界革命之使命的一種組織，是中國政治鬥爭的一個大本營。自孫總理於民國十三年本其四十年革命的經驗及對歷史進化世界大勢之認識，改組了本黨更確定了它的主義政策和紀律，它爲進展它的成績，它的因有勢力而惹起敵人——帝國主義軍閥及一切反革命派——的嫉視造謠中傷進攻，都是我們屢見或身歷的，都證明了它的必要與必然成功而爲我半殖民地的被壓迫的人們誰都應當擁護和加入它的組織。我們中央軍事政治學校，是總理爲造成實行國民革命所必需的軍事人材而設的，是黨軍製造所，是黨校；它的學生都是黨員，都經——武裝黨員，它開辦以來的精神和成績，都證明了——也都因爲——它能遵行黨的主義和政策——尤其是對聯俄聯共農工政策(所謂三大政策)。這些同志自然本着黨的要求彼此訓練，官長同志能指導勤務兵同志，勤務兵同志亦能在革命的精神行動上作官長同志的榜樣。從此我們要更注意在我們這黨部的小組中作時時刻刻地訓練與努力，要使我們日常的生活和工作都黨化！就是要革命化！主義化！政治化！組織化！紀律化！科學化！訓練化！更使黃埔空氣與之俱化！如此自然可使每個同志都能把自由和生命供獻給黨！也才可使黨化的黃埔精神，成爲一種偉大的電動力，促着國民革命和世界革命兩隻連鎖的電船，向那自由平等的大同社會的彼岸，猛進而終於達到！」

這些話，是去年十二月二十日本校政治部黨部宣布成立時宣言中之要點。

又去年十二月十八日本校第二學生隊第七隊第八隊黨部成立宣言中說：「我們從過去的教訓知道三民主義是半殖民地的中國最需要而適用的，爲了實行主義更知道非聯合一切的革命勢力及擁護最多數的農工利益，則革命勢力不會鞏固，總理所遺下的——黨的——三大政策，正是保障已得的勝利，完成國民革命最不可缺的政策，我們的軍隊是黨的軍隊，我們要堅定革命的意志服從軍紀爲革命而鬥爭而犧牲，同時我們還要服從黨紀切實遵行黨的主義和政策爲民衆利益而奮鬥。我們要有鐵的紀律去造成鐵的軍隊以打倒一切軍閥，一切帝國主義，達到本黨「完成國民革命以求中國之自由平等」的目的，進而促成世界革命「以進大同」。我們不可一天不作革命的工作，不可一天離開黨的組織，我們要認清黨的總意識總方向，我們更要在最小的組織中努力貢獻一切！」

誓遵總理遺囑

總理遺囑

余致力國民革命，凡四十年，其目的在求中國之自由平等。積四十年之經驗，深知欲達到此目的，必須喚起民衆，及聯合世界上以平等待我之民族，共同奮鬥。現在革命尚未成功，凡我同志，務須依照余所著：建國方略，建國大綱，三民主義，及第一次全國代表大會宣言，繼續努力，以求貫澈。最近主張：開國民會議，及廢除不平等條約，尤須於最短期間，促其實現。是所至囑！

本校本週口號

要有黃龍精神！
扶助勞工運動！
要學列甯導師！
注意世界革命！
力爭漢潯慘案！
收回一切租界！
擴大對英杯葛！
努力戰鬥準備！

浙江革命青年同志會徵求會員啓事

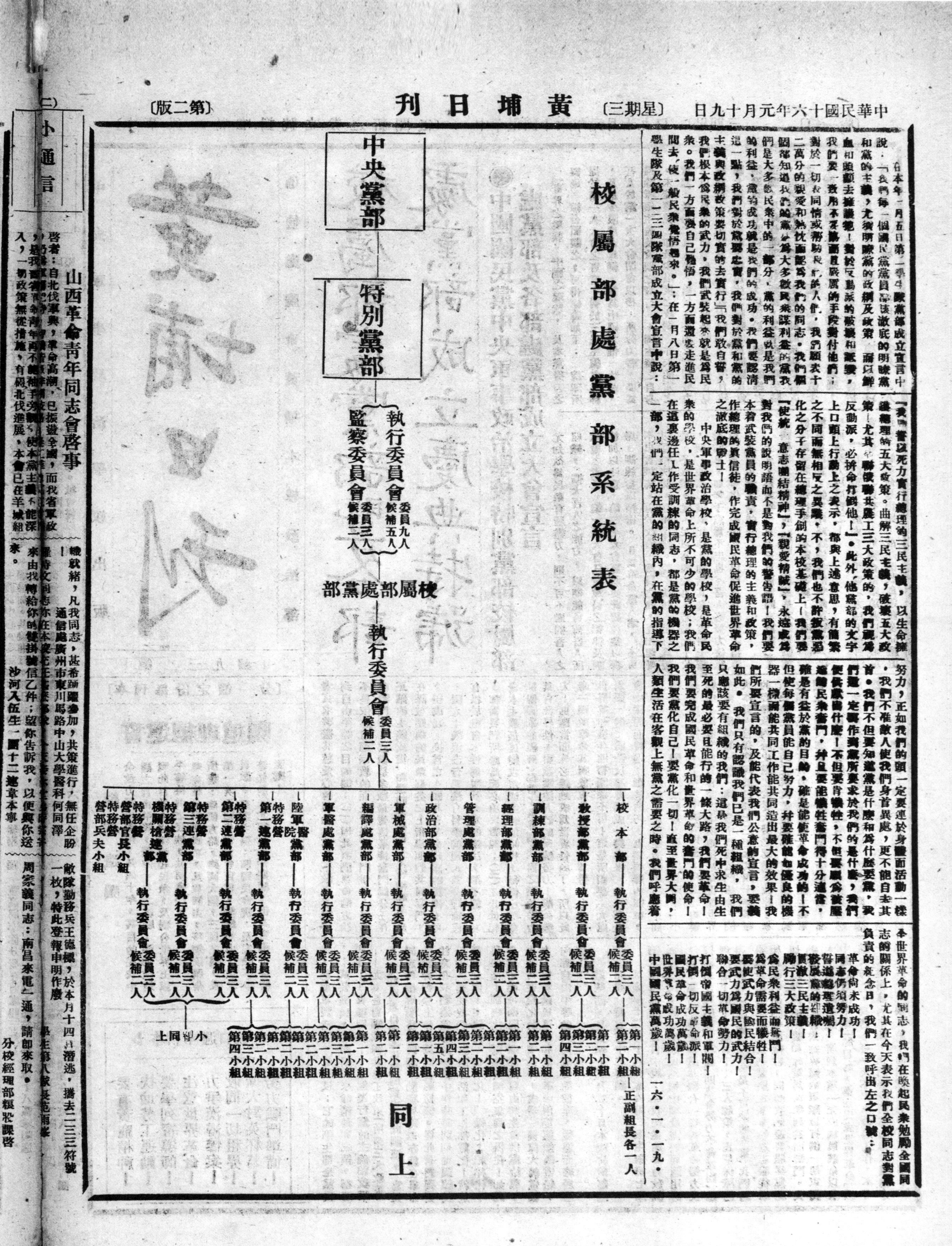

中華民國十六年元月十九日〔星期三〕　黃埔日刊　〔第二版〕

校屬部處黨部系統表

在本年一月五日第一學生隊黨部成立宣言中說：「我們每一個國民黨黨員應該澈底的明瞭黨和黨的主義，尤須明瞭黨的政綱及政策，而以鮮血和頭顱去擁護牠！對於反動派的破壞和誣衊，我們要一致用不妥協而且嚴厲的手段對付他們；對於一切表同情或幫助我們的人們，我們願表十二萬分的親愛和熱忱而認爲我們的同志。我們個個都知道我們的黨是爲大多數民衆謀利益的黨，我們是大多數民衆中的一部分，黨的利益就是我們的利益，黨的成功就是我們的成功。我們要認清這一點，我們對於黨要忠實，我們對於黨和黨的主義與政綱政策要切實的去實行」「我們敢自誓，我們根本爲民衆的武力，我們武裝起來就是爲民衆。我們一方面要自己覺悟，一方面還要走進民間去，使一般民衆覺悟起來。」；在一月八日第一學生隊及第一二三四隊黨部成立大會宣言中說：「我們誓以死力實行總理的三民主義，以生命擁護總理的五大政策。曲解三民主義，破壞五大政策——尤其是聯俄聯共農工三大政策的，我們視爲反動派，必拚命打倒他！」——此外，他黨部的文字上口頭上行動上之表示，都與上述意思，有個緊之不同而無相反之異議。不，我們也不許敵黨惡化之分子存留在總理手創的本校基礎上！——我們要「使統一意志團結精神」，「親愛精誠」，永遠成爲對我們的說明語而不是對我們的警告語！我們要本着武裝黨員的職責，實行總理的主義和政策，作總理的真信徒，作完成國民革命促進世界革命之澈底的戰士！

中央軍事政治學校，是黨的學校，是革命民衆的學校，是世界革命上所不可少的學校；我們在這裏邊任工作受訓練的同志，都是黨的機器之一部，我們一定站在黨的組織內，在黨的指導下努力，正如我們的頭一定要連於身體而活動一樣。我們不准敵人使我們身首異處，更不能自去其首。我們不但要知道黨是什麼和爲什麼要黨，我們還一定要明瞭作爲黨所要求於我們的是什麼，我們便供獻什麼！不但要肯犧牲，不但要服從黨和民衆的命令，並且要能犧牲奮鬥得十分適當，須是有益於黨的目的，確是能使革命成功的！不但使每個黨員能自己努力，並要確能如優良的機器一樣而能共同工作能共同造出最大的效果！我們所要宣言的，及能代表我們公意的宣言，要如此。我們只有認識我們已是一種組織，我們只應該要有組織的我們：這是我們死中求生由生至死的最必要且能行的一條大路，我們要革命！我們要完成國民革命和世界革命的奮鬥的使命！我們要黨化自己！要黨化一切！直至世界大同，人類生活在客觀上無黨之需要之時。我們呼應着一本世界革命的同志，我們在喚起民衆勉勵全國同志的關係上，尤其在今天表示我們全校同志對黨負責的紀念日，我們一致呼出左之口號：

革命尚未成功！
同志仍須努力！
奮遵總理遺囑！
鞏固黨的組織！
貫澈三民主義！
勵行三大政策！
爲民衆利益而奮鬥！
爲革命需要而犧牲！
要使武力與民衆結合！
要武力爲國民的武力！
聯合一切革命勢力！
打倒帝國主義和軍閥！
打倒一切反革命派！
國民革命成功萬歲！
世界革命成功萬歲！
中國國民黨萬歲！

一六·一·一九·

中央黨部——特別黨部——執行委員會（委員九人 候補五人）
　　　　　　　　　　　——監察委員會（委員三人 候補二人）
——校屬部處黨部——執行委員會（委員三人 候補二人）

- 校本部——執行委員會（委員三人 候補二人）——第一小組、第二小組——正副組長各一人
- 教授部黨部——執行委員會（委員三人 候補二人）——第一小組、第二小組、第三小組、第四小組
- 訓練部黨部——執行委員會（委員三人 候補二人）——第一小組、第二小組
- 經理部黨部——執行委員會（委員三人 候補二人）——第一小組、第二小組
- 管理處黨部——執行委員會（委員三人 候補二人）——第一小組、第二小組、第三小組、第四小組、第五小組
- 政治部黨部——執行委員會（委員三人 候補二人）——第一小組、第二小組
- 軍械處黨部——執行委員會（委員三人 候補二人）——第一小組、第二小組
- 編譯處黨部——執行委員會（委員三人 候補二人）——第一小組、第二小組、第三小組
- 軍醫處黨部——執行委員會（委員三人 候補二人）——第一小組、第二小組
- 陸軍醫院黨部——執行委員會（委員三人 候補二人）——第一小組、第二小組
- 特務營第一連黨部——執行委員會（委員三人 候補二人）——第一小組、第二小組、第三小組、第四小組
- 特務營第二連黨部——執行委員會（委員三人 候補二人）——小組同上
- 特務營第三連黨部——執行委員會（委員三人 候補二人）——小組同上
- 特務營機關槍連黨部——執行委員會（委員三人 候補二人）——小組同上
- 特務營營部官長小組
- 特務營營部兵夫小組

同上

小通言

山西革命青年同志會啓事

啓者：自北伐軍興，革命高潮，已振盪全國，而我省軍政[illegible]，是我省革命青年所不能袖手旁觀，使本黨主義不能深入，一切政策無從措施，有碍北伐進展，本會已在羊城組織就緒，凡我同志，甚希踴躍參加，共策進行，無任企盼！

通信處廣州市東川馬路中山大學醫科何同澤

羅特文同志你在本[illegible]來由我轉給你的雙掛號信乙件；望你告訴我，以便與你送來。

沙河入伍生一團十二連章本寧

敝隊勤務兵王德標，於本月十四日潛逃，攜去二三三符號一枚，特此登報申明作廢

學生第八隊長范甯[illegible]

周宗義同志：南昌來電一通，請即來取。

分校經理部糧服課啓

中華民國十六年元月十九日〔星期三〕 黃埔日刊 〔第三版〕

校屬各部處黨部成立典禮感言

方鼎英

我們知道 總理的唯一主張，就是「以黨治國」集合多數同志的力量，造成一個很偉大的力量的革命政黨，共同向正確的革命目標上做去，才能殼把國家改造得好，所以總理就在十三年毅然決然的把本黨改組起來，把黨的機械完完全全弄好，於是產生了本校，革命的精神為之一振，就肅清了反革命派鞏固了革命的根據地，得了今日軍事勝利的結果，因此民衆對於本黨一天一天的同情起來，但是他們對於本黨的認識尚不能說是完全正確，不免有模模糊糊的情形，那末對於本黨的運用上不免有不靈敏的危險，所以我們黨的數量上愈發展，我們對於黨的質量上要愈加注意，就是我們所負責任，要愈加重大，況且我們黃埔學校，已經為社會認為革命的先鋒，本黨的主幹，我們所負的責任，尤其要比別的黨員不同，

今天是校屬各部處黨部成立的典禮，我們有了這個黨部的組織，加上了這層黨紀在我們的雙肩之上，就是加重了我們先鋒黨員的責任，我們要如何的反省起來，集中我們各個的力量，來加大我們黨的力量，以圖達到了我們「以黨治國」的目的，那末就要顧及我們先鋒黨員的責任，艱難困苦人家所不願意管的我們偏要去管，赴湯蹈火人家所不能幹的，我們偏要去幹，就是完全犧牲自己的自由幸福，變為黨的幸福，處處都能殼表示為黨犧牲的精神，自然能殼感化他人，領導民衆來正確的認識本黨，那末本黨的力量自然加大，自然能殼改造國家，達到以黨治國的目的了，此是鼎英一面慶祝今日的典禮，一面希望各同志大家互勉的微意。

黨的紀律與訓練

吳思豫

今日為校屬部處黨部及各部處黨部舉行成立典禮，黃埔日刊為出特號，來函索稿，思豫忝主訓練部事，又同為本黨黨員，値玆盛典，烏可無言？顧本黨同志中，不乏偉言儻論，思豫又奚必以長篇累牘佔日刊篇幅，謹於訓練之範圍內，為本黨同志貢一得之見：

在黨的意義上，本校自官長至勤務兵，皆為黨中同志，所負工作雖不同，而應同守黨的紀律則一。否則名列黨册，而其行動迺不與黨發生何種關係，則其結果，在軍隊爲烏合而無紀律之軍隊，在學校個人升官發財之地而使全校腐化，所謂「團結精神統一意志」者，徒成空言耳。

本校迺建立於中國國民黨之上，故本校之軍紀風紀即為本黨黨紀之一部份。吾人平日所昭示本校學生勉勵本校官長之嚴守軍紀風紀者，換言之，即在使同志人人能守黨紀耳。黨紀與軍風紀不能分立，蓋未聞有不守軍風紀之武裝黨員而能為本黨之忠實同志者，亦未聞有本黨之忠實同志而不知軍風紀為何物者。

本黨同志之應守黨紀，既為天經地義，乃進而論如何使同志不背黨的紀律：

吾人不必旁證遠引，蘇俄之列甯，既以「鐵的紀律」造成共產黨，復以「鐵的紀律」訓練其「紅軍」，遂開人類歷史最偉大之一頁。吾黨總理，毅然改組國民黨，舉以前黨中一切腐化之官僚政客買辦等擯清而淘汰之，以黨的紀律繩同志，復以黨的紀律訓練武裝黨員，不三年遂能剿平楊劉，更進而收復湘鄂贛閩，去國內三大反動軍閥之二，使帝國主義者戰慄失色。此二大偉人——列甯與先總理——皆以紀律訓練其同志而得此偉大之成功。今本黨總理雖棄吾人而長逝，然其精神，其主義政策，皆賴吾人之繼續努力，以求貫澈。故本黨對於同志之訓練，不可稍有怠忽。

然訓練之意義至廣大：即如思豫對本黨武裝同志固負訓練之專責，而思豫自身，亦時時受黨之訓練，苟思豫平日言行，有違悖紀律者，即為本黨之叛徒，同時即消滅其訓練本黨同志之資格。本黨第二次全國代表大會宣言有云：『第一次大會已於黨員之紀律及訓練加以注意，第二次大會更將使此紀律益以森嚴，訓練益以精密。凡為革命黨人者，不可不忠實誠篤，勇於改過，黨員之間，互相親愛以互相扶助，互相攻錯。蓋不扶助不足以為親愛，不攻錯，尤不足以為親愛也。』本校校訓揭櫫『親愛精誠』者，其意亦在此。

訓練之意義，既如上述。復次，嘗聞本黨同志中有所謂左右派者，此言不可不審。按左右派之分為各國政黨中所曾有之事實，現時德法共產黨亦有此事發生，此乃表示一黨中一部分子，對於根本政策有不同意見之固執，在革命的利益上，吾人當然不願其發生；吾人雖不能保其絕對不發生，然有黨的力量却可防止其危險——如何以防止之乎？一曰時時施以革命的訓練，二曰對不忠於革命之少數派繩以紀律而淘汰之是已。革命黨中不應故意分左右，而革命軍隊中尤不宜有所謂左右派之分。蓋軍隊重在意志之統一，精神之團結，苟分出所謂左右派，容革命不革命兩派同時在內，則聯合之戰線已破，革命之意義全失，所謂革命軍隊將何所依據？昔漢周勃令於軍中曰：「為劉氏者左祖，為呂氏者右祖」，軍中全左祖，呂氏遂滅，劉氏復興。過去封建社會之軍隊，為一姓之家奴，固不足道，然其精神之團結，有足為吾人取法者。思豫敢以最誠懇之意，乘今日黨部成立大典之日，向我武裝同志，大聲高呼：

中國國民黨萬歲！

黃埔的武裝同志萬歲！

國民革命成功萬歲！

世界革命成功萬歲！

黃埔校歌

G.調　　4/4拍

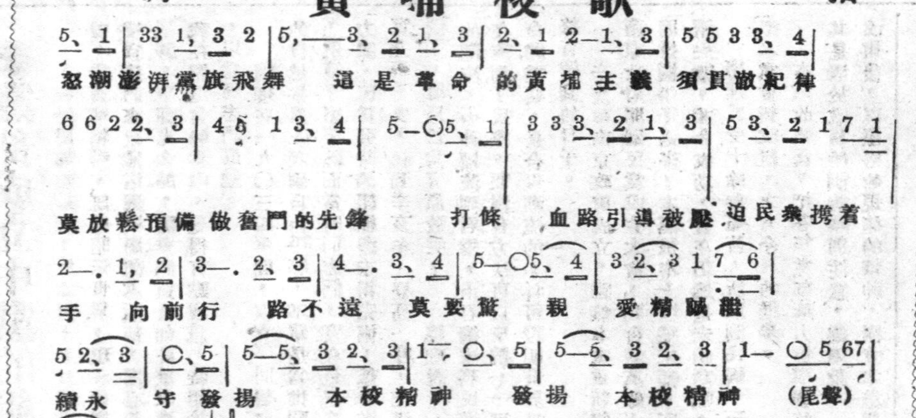

5、1 | 33 1、3 2 | 5、—3、2 1、3 | 2、1 2—1、3 | 5 5 3 3、4 |

怒潮澎湃黨旗飛舞　這是革命的黃埔主義須貫徹紀律

6 6 2 2、3 | 4 5 1 3、4 | 5—○5、1 | 3 3 3、2 1、3 | 5 3、2 1 7 1 |

莫放鬆預備做奮鬥的先鋒　打條血路引導被壓迫民衆攜着

2—. 1、2 | 3—. 2、3 | 4—. 3、4 | 5—○5、4 | 3 2、3 1 7 6 |

手向前行　路不遠　莫要驚　親愛精誠繼

5 2、3 | ○、5 | 5—5、3 2、3 | 1—○、5 | 5—5、3 2、3 | 1—○ 5 67 ||

續永守發揚　本校精神　發揚　本校精神（尾聲）

軍與黨

（韓麟符）

在本校校屬部處黨部及各部處黨部成立慶典中，我不由得想到目前在國民革命昂進的高潮中的用黃埔精神創造出來的國民革命軍，和領袖中華民族解放運動中國國民黨。

目前的國民革命就靠着這兩大力量！

★ ★ ★ ★ ★

民國十三年一月在中國八十年來的民族運動史上是最重要的一頁，其重要之處有兩點：第一是將全國各階級的革命力量，集中於本黨；其次是本黨領導着中國革命勢力與國際革命勢力打成一片。這一個新的事實是世界革命進程中的自然趨勢，促成這一個趨勢的人為力量，是我們的領袖中山先生，他所用的工具，是他的基本五大方策，方法是改組中國國民黨。

因此我們的中國國民黨在組織上理論上行動上都開闢了一個新的局面。這時在中國發動全世界耳目的問題，就是中國國民黨！

（一）我們看到中國這般落後的文化，這般幼稚的產業，這般老朽的民族，而又在這般雄厚的帝國主義與這般殘暴封建勢力之下，造成一個强有力的民族革命黨，自然是一個非常艱難的工作。

（二）而這個黨的新生命中尚潛伏着許多舊的病徵，就是我們用了快到三年的時間才弄清楚的不革命假革命，反革命的份子。

（三）我們的基礎是在民族中各階級的聯合，帝國主義者與軍閥就利用階級利益衝突這一個弱點而行了他們的分離政策，他們巧妙的用了「赤化」這一個口號影響於黨外，則使文化落後的民衆對本黨恐怖，使有左傾趨勢的國民軍，當時不敢與本黨深相結納。此種政策影響於黨內，則使代表買辦階級與大資產階級利益的右派份子在本黨開始了「反共產」的風潮。其結果在軍事上使國民軍因恐怖赤化而孤立，因孤立而敗於討赤聯軍，在黨的發展，內部糾紛的反共風潮，成了無法斷根的慢性病。

現在國民革命，任是怎樣的發展，我們的黨處處表現不能勝任。

★ ★ ★ ★ ★

我們總理的五大根本方策中的第四個方策，是軍隊中政治工作。此種計畫之實施，就成功了

中華民國十六年元月十九日 〔星期三〕 黃埔日刊 第四版

我們這個偉大的黃埔學校。

在中國軍事歷史上，有兩個相反的記載：一個是小站練兵，練成功小站式北洋軍閥反革命的軍隊；一個是黃埔學校，練成功黃埔式的民衆武力的國民革命軍。

這一支國民革命軍，所以能發展成現在國民革命的局面，是有以下幾個原因：

(一)本黨歷史上的革命方法，大部份是軍事行動，所以在中國潛伏下廣大的軍事勢力，十三年以前直到辛亥，本黨在兩粵終有一線未斷的軍事力量之存在，是其明證。所以有了黃埔學校這一個基本力量之後，軍事上的發展有一呼百應之勢。

(二)黃埔軍隊的立脚點是全民衆的利益，所以能得到全民衆的擁護，一個被全民衆擁護的軍隊，是有勝無敗的。

(三)北洋軍閥是在積極的分化崩潰中，這與黃埔軍隊發展以無上的便利。我們看到北伐的經過，軍閥的失敗，全數是因爲分化，這種分化又促成了我們的集中，前後都是這一個形式，這是見我們的勝利，多部份是因爲敵人的弱點太多。

(四)最後我們不能不歸功於我們將領的指揮有方，我們士兵的明瞭民族利益而勇於決戰。然後才有今天爲我們意想不到的軍事勝利。

★ ★ ★ ★ ★

我們目前的唯一弱點就是黨與軍不調協的發展！

這個弱點的進一步，就是黨與民衆不調協的發展！

(一)軍強黨弱的結果，則黨對軍的指揮力量消失，因而黨的設施，不能隨軍事的發展而實現，所有設施，不能不以軍事的力量爲主動。以黨治國將成一句空話。

(二)另一方面，是大有壞影響於軍事的進展。現在因爲軍事發展的結果，而引起軍額增漲與軍隊複雜。這時黨的力量如果強大則可以黨治軍，否則就要以軍治軍，這在軍事的統一上比較困難。

(三)黨的力量薄弱，則軍隊中的政治工作，亦必跟着薄弱，這一點特別是在新與革命接近的武力之改造，是有最大危險的。

(四)黨是直接代表革命的民衆的，而革命的軍隊是在黨的指揮之下的，黨的力量薄弱，則軍事發展與民衆的結合其關係必不能十分密切，更不易得到民衆的充分擁護。

(五)隨軍事之發展而發展者，是政治的發展，而監督政治的責任，在黨而不在軍，這時黨如無力，政治卽易腐化。——這是在黨與軍不調協的發展中常有的現像，這種現像的惡影響，最後都要影響到民衆，比如軍隊政治工作缺乏，軍事不能統一，政治腐化，武力與民衆不得深相結合，結果，是使黨與民衆不調協的發展，也就是民衆與武力不調協的發展，最後我們的黨與軍都要孤立起來。

★ ★ ★ ★ ★

革命的黨與軍隊是可以孤立的嗎？

軍事在革命上的意義：在革命時是奪取政權的工具，在革命後是鞏固政權的工具。而使用這個工具的，必定是黨！

特別是在中國，我們的國民革命軍所能作的工作，第一步是聯合民衆打倒封建軍閥；進一步是聯合民衆與國際革命勢力，打倒帝國主義；而打倒整個的封建階級指揮全部革命工作的，必定是中國國民黨！

誰去實行中山主義？

誰去創造新的中國？

誰去創造新的文化？

誰去建設新的經濟事業？

誰去打倒貪官汚吏土豪劣紳？

誰去領導中華民族參加世界革命？

是軍？

抑是黨？

★ ★ ★ ★ ★

全校各部處的親愛同志！這一個黨部成立慶典，應該是我們唯一的慶典，我們的第一個責任，已經在過去的努力中創造了爲中國民族利益而戰的國民革命軍；現在我們的第二個責任到了，就是要怎樣去創造一個强有力的中國國民黨！

我們要時時記着我們的黃埔是一個國民革命世界革命的唯一武器：但是這一個武器須要在一個精練强壯的戰士手中，否則這一個武器有時要成爲帝國主義與軍閥的戰利品的！

黨部成立中黨的組織談

孔章虎

本校校屬部處黨部，於本月十九日開成立大會，我黃埔精神，旣已昭示世界，現在復團結全校官長們來組織這個校屬部處黨部，當必能將這精神，發揮光大的，同志們負着如許重大責任，我在開這會的當中，覺得有點感想，特綴拾數言，以爲同志們勗勉。

總理在一九〇三四年間，成立了同盟會，目的自然是爲求我國自由平等，不單是爲推翻滿清，就算了事。然而當時同志們，實在是很辛苦努力的，因爲那時的組織還未得完備，革命進行着實挫折不少，直到辛亥年，登高一呼，把滿清推倒了，這是甚麽故呢？總理說：「世界的潮流，由神權流到君權，由君權流到民權，現在流到了民權，便沒有方法可以反抗。」可知革命的需要，是合着潮流的，幷可證明世界革命終有達到的日子。

辛亥年南京政府成立，雖然本黨重新組織，南京政府開國民黨成立大會，到會者萬餘人，然因投機份予過多，本黨根本上組織未備，所以屢遭失敗，革命成功，實在仍然是未成功哩，總理感受十餘年痛苦，所以到民國十三年，把本黨重新改組，才有今日的進步。

本黨改組後，把各級黨部極力指導聯絡，尤其是對於黨員的訓練特別注意。總理說：「本黨改組後，以嚴格的規律的精神，樹立本黨組織的基礎，對於革命黨員，用種種適當方法，施以訓練，」又於第一次宣言中有說：「無組織之政黨，等於無政府主義者之俱樂部，」這就是一方面對於黨的組織上，確定基礎，一方面極力設法訓練黨員，使各黨員都能明瞭主義，切實負責，改組至今，對於黨的基礎，可算確定，各同志都努力工作，黨務比以前進步得多，像歐洲社會黨，前時也是感覺到黨的組織，和訓練黨員，未有完善法子，於一九〇三四年間，列甯創議，改組爲波爾希維克黨，現在他的黨的組織，是狠嚴密了，黨員對於黨的主義，是狠明瞭而且努力的，所以俄國革命，在那萬難的當中，竟奏成功哩。

原來黨的基礎，就在那組織的單位，——各小組——必須把組織的基本先行整理完善，然後黨部各級，才發生親密的關係，人們都曉得黨的組織的根本條件，是必須團結的，集中的，基本組織良善，就可使黨的精神愈加團結，黨的力量益發集中。本校特別黨部整理黨務案，特別注意各小組，也是這個原因。

列甯說：黨爲革命羣衆的先鋒，民衆革命，是要黨來領導的，本校爲革命策源地，對於黨的工作，自然是要加倍努力，本校校屬部處黨部的官長們，負有表率的責任，實不啻爲革命先鋒的前哨，同志們旣負這樣重大的職務，必須切切實實努力工作，本校黨務才能蒸蒸日上啊！

典禮次序

十六年一月十九日午於本校大俱樂部

一．肅立
二．奏樂
三．向國旗黨旗總理遺像行三鞠躬禮
四．恭讀總理遺囑
五．主席致開會詞
六．中央黨部及特別黨部代表致訓詞
七．國民政府代表致訓詞
八．來賓演說
九．黨員演說
十．主席答詞
十一．唱歌1、國民革命歌2、黃埔校歌
十二．高呼口號
十三．奏樂
十四．攝影
十五．閉會用膳
十六．餘興；新劇　國技　跳舞　音樂　電影

本校特別黨部宣傳委員會本週提出各小組之討論題目：

本黨是什麽黨？

1、什麽叫做黨，
2、爲什麽要黨，
3、黨的種類，
4、本黨是什麽黨。

本刊緊要啓事

(一)明日停刊　今日校屬部處黨部及各部處黨部成立慶典，下午停止辦公，本刊明日停刊一天，二十一日出列甯逝世三週年紀念號，謹此布聞。

(二)催交列甯逝世三週年紀念號稿件　列甯逝世三週年紀念號徵文，已載本刊多日，茲爲期已近，各同志惠賜稿件，務請於二十日上午十時以前送交政治部宣傳科，以便排印，遲則不及，幸勿延誤！

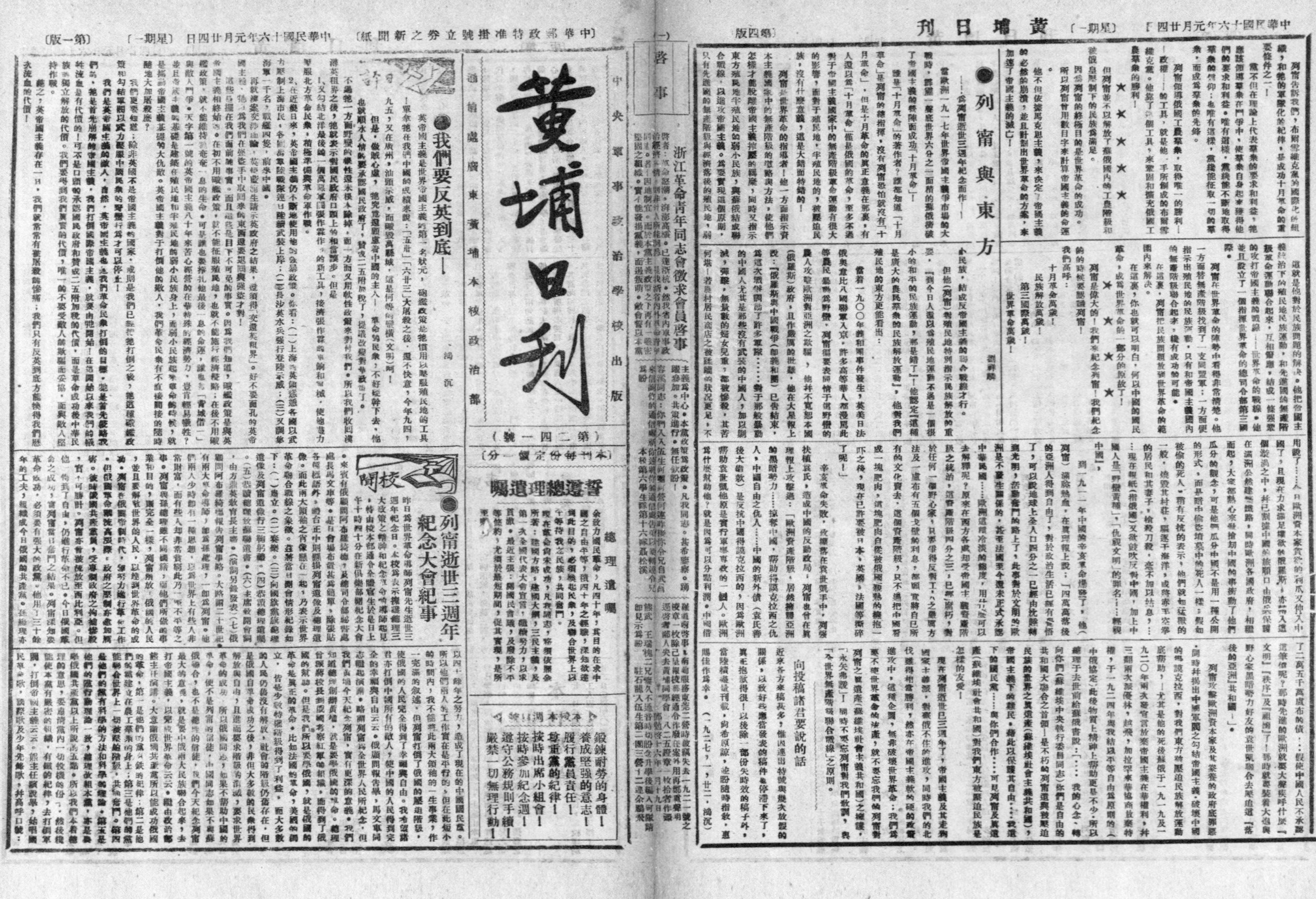

黄埔日刊

中央军事政治学校出版

列宁与东方

我们要反英到底！

浙江革命青年同志会征求会员启事

总理遗嘱

列宁逝世三周年纪念大会纪事

向投稿诸君要说的话

列宁逝世第三周年纪念特号之二

列宁逝世三周年纪念敬告民众

纪念列宁

山西革命青年同志会启事

本校校属部处党部成立与总纪盛

入伍生第一团十九连连部成立大会纪事

蒋总司令已抵九江

本刊启事

中華郵政特准掛號立券之新聞紙〔中華民國十六年元月廿四日〕〔星期一〕〔第一版〕

黃埔日刊

中央軍事政治學校出版
通信處廣東黃埔本校政治部
（第二四一號）
〔本刊每份定價一分〕

（一）

啓事

浙江革命青年同志會徵求會員啓事

啓者：革命怒潮，澎湃高張。已達浙杭。然我省內軍事政治經濟各情，則非外人所能洞悉。凡我浙省內外革命青年同志。若不因地制宜。而於本黨主義政策之下再有一嚴密堅固之組織。實不能發揚黨義，而遏叛萌。敝會誓以本黨主義為中心。本黨政策為政策。凡我同志。甚希鑒察。踴躍參加。共策進行。無任欽盼！

容溪同志：你們入伍生何團何營何連來信詢你的通信處，祈你速將你的通信處告知為盼　本校第六學生隊第十六隊羅松溪

羅道南啓事：南前服務東莞二營時被竊失去一九二一號之徽章一枚除已呈報在案外用再鄭重聲明

逕啓者：鄙人失去黃埔同學會證章二五六號一枚拾者作還

熊武　王瑞槐二兄：久不通音信，兄現入伍生第幾團幾營幾連，祈即見示為盼　駐石龍入伍生第二團三營十二連余鵬飛

誓遵總理遺囑

總理遺囑

余致力國民革命，凡四十年，其目的在求中國之自由平等，積四十年之經驗，深知欲達到此目的，必須喚起民衆，及聯合世界上以平等待我之民族，共同奮鬥。現在革命尚未成功，凡我同志，務須依照余所著：建國方略，建國大綱，三民主義，及第一次全國代表大會宣言，繼續努力，以求貫徹。最近主張：開國民會議，及廢除不平等條約，尤須於最短期間，促其實現，是所至囑。

本校週刊標語

鍛鍊耐勞的身體！！
養成堅强的意志！！
履行黨員責任！！
尊重黨的紀律！！
按時出席小組會！！
按時參加紀念週！！
遵守公務規則手續！！
嚴禁一切無理行動！！

我們要反英到底！

鴻沉

英帝國主義是世界帝國主義的第一名狀元，砲艦政策是牠慣用以壓服殖民地的工具！單拿牠在我們中國的成績來說：「五卅」「六廿三」大屠殺之後，還不快意，今年九四，九五，又在廣州，汕頭示威，而砲毀萬縣城，這是何等的蠻橫（文明）呵！

但是，做賊心虛，牠究竟還顧慮着中國的主人——革命的民衆，不好硬幹下去，他也就順水人情的要承認國民政府了，贊成二五附加稅了，提議改變對華政策了。

不過牠一方面野蠻的橫性還未根本除掉，而一方面又用軟性政策來對付我們。所以我們收回漢潯英租界之後，牠就表示對國民政府口頭上的相當讓步。但是

1、又勾結北洋最後的一個萬惡軍閥張作霖作牠的新工具，接濟張作霖的軍餉和軍械，使他盡力壓服北方革命民衆，積極準備與革命軍作戰。

2、在近幾日來，英帝國主義仍不斷地使用牠的強暴政策。你看：（一）上海的英領慫恿各國以武力壓制上海市民；各國海軍陸戰隊陸續武裝上岸；（二）長沙英水兵強行登陸示威；（三）又調集海軍一千名，戰艦四隻，前來中國。

再就漢案交涉而論，英使藍浦生請示英政府之結果，還須得「交還英租界」。好不要面孔的英帝國主義，牠以為我們在強盜手中取回來的東西還要退回與強盜才對！

這些是擺在我們面前的事實。而且這些是目下不可免的事實。因為我們知道，砲艦政策是與英帝國主義相終始的。在初不用砲艦政策，就不能征服殖民地，也就不能施行經濟侵略；在後不用砲艦政策，就不能維持牠奄奄一息的生命。可是誰也要掙扎他最後一息的命運，誰也為「背城借一」與敵人鬥爭。天字第一號的英帝國主義八十年來苦心經營的在華特殊的經濟勢力，豈肯輕易犧牲？並且帝國主義的基礎是建築在殖民地和半殖民地的弱小民族身上，而弱小民族起來革命的時候，就是搖動帝國主義基礎的大仇敵。英帝國主義對于打倒他的敵人，我們革命民衆有不直接間接的隨時隨地大加屠殺麼？

我們更要知道：除非英國不是帝國主義的國家，或則是我們已經把牠打倒之後，牠這種砲艦政策和勾結軍閥以武力壓服中國民衆的野蠻行為才可以停止！

我們是英帝國主義的敵人，自然，英帝國主義也是我們革命民衆打倒的目標。牠是首先侵略我們的，牠是首先崩解的帝國主義，我們打倒國際帝國主義，就要由牠開始！在這開始以來我們的犧牲流血是有代價的！可不是口頭的承認國民政府和贊成二五附加稅的代價，而是革命成功後中華民族獨立解放的代價。我們要得到我們真實的代價，唯一的不要受敵人的欺騙而妥協，而與敵人堅持作戰。

總之，英帝國主義存在一日，我們就常常有被屠殺的慘痛；我們只有反英到底方能換得我們歷次流血的代價！

校聞

列甯逝世三週年紀念大會紀事

昨日為世界革命導師列甯先生逝世三週年紀念日。本校為表示擁護總理三大政策之精神和紀念世界革命的導師起見，特由校本部通令全體官生於是日上午十時四十分在新俱樂部開紀念大會。來賓有俄顧問阿布羅綺德，及總司令部秘書處處長馬文車等。是日會場布置甚為簡單，除張貼各種標語外，禮台正中則懸掛列甯遺像及總理遺像。而此兩大領袖之肖像懸在一起，乃表示世界革命聯合戰線之象徵。茲將當日開會情形紀錄如下：（一）肅立。（二）奏樂。（三）向國旗黨旗總理遺像及列甯遺像行三鞠躬禮。（四）恭讀總理遺囑。（五）恭讀總理致蘇聯遺書。（六）主席致開會詞，由方鼎英教育長主席。（演詞另錄發表）（七）俄顧問阿布羅綺德報告列甯事略。大略謂二十世紀有兩大革命導師，一即為孫總理，一即為列甯。他們兩人少時即有一種思想，以為世界上有些人非常財富，而有些人却非常貧窮此乃一種不平等之事。列甯與孫總理雖不同國籍，而他們所做的事業和目的，則完全一樣，列甯解放俄國的人民，並且要解放世界的人民，以達到世界革命的成功。列甯在俄國帝制時代，即努力進行革命工作。但俄國革命潮流高漲際，政府之壓制亦愈加厲害。彼時俄國共產黨員，受專制政府之拘捕慘殺，實不可勝計。列甯亦曾被流放至西比利亞。但他一旦得到了自由，仍進行革命不已。今日俄國革命之成功，實列甯當日奮鬥之結果。列甯深知要革命成功，必須要有強大的政黨。他用了三十餘年的工夫，組織成今日俄國的共產黨。孫總理亦以四十餘年之努力，造成了現在的中國國民黨。所以他們兩人的工作實在是平行的，但在此短小的時間內，我不能將此兩大領袖的一生事業，作一完滿的敘述。但列甯打倒了俄國的壓迫階級，使俄國的人民完全得到了幸福與自由。我希望諸君亦打倒中國所有的敵人，使中國的人民得到完全的幸福與自由云云。俄顧問報告畢，馬文車同志繼起演講。略謂列甯為全世界人民所紀念，但我們黃埔今天紀念列甯，實有更深的意義。我們知道總理創辦黃埔，就是要學俄國的革命。總理曾派蔣校長到俄國考察紅軍的組織，而得到了俄國的幫助。但是我們所以要學俄國，就是俄國的革命是真正的革命。比如法國的革命，美國的獨立，皆是少數特權階級得到了利益，而大多數的人民仍舊沒有解放，社會的階級仍舊存在，但是俄國自革命成功之後，非但大多數的民衆得到解放與自由，且進而要求階級的消滅，要求世界革命的成功。所以俄國同志，如果不幫助中國的革命，便不是列甯的信徒，中國同志如果不與蘇俄聯合，也不是總理的信徒，我們今天紀念列甯最大的意義，就是要中俄兩大民族聯合起來，去打帝國主義，以完成世界革命云云。繼由政治部熊主任演講。大意謂俄國共產黨所以能成功俄國的革命，第一是他們的黨有鐵的紀律；第二是他們的黨建立在農工群衆的身上；第三是他們的黨能聯合世界上一切被壓迫階級，共同奮鬥。第四是他們的黨有科學的方法和科學的理論。第五是他們的黨行動理論一致，總理改組本黨，亦是要學俄國共產黨以上所說的五點。所以我們本着總理的意思，要肅清黨內一切投機的份子。然後幾能使本黨有嚴密的組織，有鐵的紀律，去打倒軍閥，打倒帝國主義云云。熊主任演說畢，始唱國民革命歌，國際歌及少年先鋒歌，并高呼口號：

中華民國十六年元月廿四日 星期一 黃埔日刊 〔第二版〕 (二)

(一)我們一致努力！
(二)擁護總理聯俄聯共政策！
(三)擁護總理農工政策！
(四)全世界一切革命勢力聯合起來！
(五)打倒國際帝國主義！
(六)打倒國家主義！
(七)列甯主義萬歲！
(八)中俄民族聯合萬歲！
(九)第三國際萬歲！
(十)中國國民革命成功萬歲！
(十一)世界革命成功萬歲！
(十二)總理精神不死！
(十三)列甯精神不死！
(十四)黃埔精神萬歲！

及攝影散會，時已十二時。是日校本部並通令入伍生部，及所屬團隊，并高級班、學生等各隊部隊，自行開會紀念。虎門石龍等處入伍生，亦電令一律舉行紀念。當日並派遣本學生隊學生五百餘名，及宣傳隊十二隊，攜帶旗幟傳單等，赴省參加各界紀念大會。本校對於總理聯俄政策之擁護，及敬仰世界革命領袖之熱誠，即此可以概見矣。（書）

黨務

本校校屬部處黨部暨各部處黨部成立典禮紀盛

本校校屬部處黨部及各部處黨部，於本月十九日同時開成立典禮大會。是日除本校各部處官佐職員一律到會外，各界團體及來賓，有廣州市特別市黨部代表葉介芝，國民政府監察院代表李立三，張難先，總政治部代表鄭仲謨，俄顧問加羅喬夫，廣州市商會代表李萬，陳瑞芝，公安局代表毛綴珍，李慶榮，濟難會代表李濬，廣西革命青年會代表陶伯苗，葛布，國民革命軍第二十軍代表盛綠鯤，第十六軍駐粵代表羅權，海軍處代表潘文治，吳謙，張行範，及中央婦女運動講習所，嶺南大學，市立師範，廣東婦女運動講習所，徽柔學校，陸軍醫院，黃埔工農商學兵聯合會等，各界來賓，約計三十餘團體，不下四百餘人。此外尚有本校特別黨部各委員，同學會各代表，各學生隊代表，及入伍生部，高級班，軍官政治訓練班，學生軍，軍士教導隊，特務營等代表，并各官佐家屬來賓等。是日全體到會人員，在兩千人以上。各團體男女來賓，于十二時左右陸續抵校。當由總招待政治部熊主任，派員分別招待。至一時許，即由各招待員領導各來賓至新俱樂部，按次就座。是日會場佈置，亦極爲壯麗。入門處及會場四週，滿懸各色花球，并張貼各種革命標語，禮台正中則懸掛總理遺像，及國旗黨旗。並備有各色茶點，款待各界來賓。茲將開會情形略紀如下：由方教育長主席。秩序1、肅立。2、奏樂。3、向國旗黨旗及總理遺像行三鞠躬禮。4、恭讀總理遺囑。5、主席致開會詞。（演詞另錄發表）6、組織委員陳良報告籌備經過情形。7、宣傳委員熊雄報告宣傳工作情形。8、特別黨部孔委員致訓詞。略謂校屬各部處官長，思想上每不一致。所以我們要組織黨部，加以嚴格訓練，以統一各官長的意見和思想。並且要各官長在黨的指導之下，明白各人所負的責任，自今天黨部成立之後，我們對於黨的工作，要格外的努力，每個同志對於小組會議都要熱心的參加，以求澈底了解的本黨主義和政策云云。9，來賓演講，首由國民政府監察院委員張難先同志演講 大意謂外人常稱中國人爲一盤散沙，但總理用三合土把這一盤散沙團結起來，便有了力量，推倒了滿清，所謂三合土，便是我們的黨的作用，我們能以黨爲中心，使黨有嚴密的組織，和森嚴的紀律，我們就能打倒帝國主義，以完成中國的革命云云。繼由國民政府監察院委員李立三同志演講，首述本黨改組之經過，次述北伐軍目前發展之情形。最後謂總理遺囑上所告訴我們的兩句話，諸君須努力去實行。即喚醒民衆，及聯合世界上以平等待我之民族，共同奮鬥。吾人能遵守這兩句話做去，革命始能成功云云。次爲俄顧問加羅喬夫演講，大意謂現在帝國主義者皆誣革命軍所得之勝利，乃俄國人從中煽動所使然。其實此種勝利，俄人深知爲中國國民黨與民衆共同奮鬥之結果。中國的國民革命，是受了帝國主義的壓迫，民衆自己起來的要求。但國民革命的成功，打倒軍閥乃是第一步的工作。吾人還須進一步解放全世界的人類云。加顧問演講畢，尚有同學會代表，中央婦女運動講習所代表，黃埔農工商學兵聯合會代表，及各學生隊代表，特別黨部廿委員等，十餘人相繼講演。直至四時半始呼口號，攝影散會。晚間餘興，有新劇，國技，跳舞，音樂，電影等，以盡餘歡云。

入伍生第一團十九連連部成立大會紀事

本校入伍生一團十九連，乃最後成立之一連，所有學生，均係陸續補入。故連黨部，成立較遲。近由該連黨員大多數提議，組織黨部，乃于本月七日開籌備會，推舉張維光等三人爲籌備委員。八日開選舉會，選出劉眉望，周大賚，吳剛三人爲執行委員。張維光，海奇爲候補委員。九日開成立大會，各連來賓，不下百餘人。由主席周大賚報告開會理由，略謂本黨新增武裝黨員一百廿餘人，今日開始工作，但因各同志對於黨務上缺乏之經驗，務請各來賓同志切實指導俾有所循云云。次由各來賓演說。大意無非致祝及勉勵之意。後由主席及該連學生致答詞。餘興有京調，雙簧，小調，魔術等游藝。絲竹管絃，頗極一時之盛。並有韓國學生三人，唱韓國國民革命歌，慷慨激昂，全場肅然起敬，大呼韓國革命成功萬歲，世界革命成功萬歲者三，至十一時許，始盡歡而散。

軍事

革命軍新編制

◎南昌會議所決定之

南昌軍務善後會議，對於革命軍之編制，目前不大統一，故決定改編，計每軍三師，每師兩旅，每旅三團，每團三營，每營四連，每連百二十六鎗，每營五百餘鎗，每團千六百鎗，每旅五千鎗，每師一萬鎗，而全軍統計，步鎗在三萬五千枝以上，並推唐生智爲軍制審查員會委員長云，

吳秀才衆叛親離

▲靳魏任己開始向吳進攻
▲寇英傑亦倒其台

十九日上海電豫訊，鄭州城間現有戰事，聞係靳雲鶚魏益三任應岐等部，已開始進攻吳佩孚殘部，鄂革命軍將以全力爲靳魏後盾，壓迫北部奉軍，又訊，寇英傑電吳佩孚辭豫督及前敵總司令兼職，并請慶豫督，吳已批准，委寇爲二〇軍軍長，轄十三十四十五三軍，寇兼十三軍長，陳德麟爲十四軍長，賀國光爲十五軍長，寇英傑亦謝絕，魏益三電吳佩孚，與黨軍和議，吳當夜召集會議，決解決魏部，

蔣總司令已抵九江

△對于外交財政大計已決定

國民革命軍蔣總司令，自日前與何香凝顧孟餘彭澤民加倫將軍前赴武昌後，即起程還返贛省，昨（二十日）總司令部參謀處接蔣司令皓日（十九日）由九江來電，略謂介石皓日九時抵九江，對於外交財政各種計劃，現已決定云云，

萬案慘殺眞相

△死二百二十七人
△傷三百六十二人
△較「五卅」「六廿三」尤殘忍

英兵在四川萬縣屠殺我同胞，死傷人數，至今得統計，計被斃命者二百二十七人，受傷者三百六十二人，至地方財產損失在三百二十萬元以上云，

蔣總司令電促汪主席持黨政

△非兄速回
△主持黨務政治
△不能補救

蔣總司令昨由南昌致電汪主席，謂黨政發展前途，非汪主席出而主持不能補救，盼望之切，溢於言表，其原電如下，汪主席鈞鑒，由廬山奉電，想已鑒察，譚張顧何諸同志，昨到南昌，詳述黨務政治情形，知非兄速回，不能補救，望兄之切，無由表示，請以兄念弟愛弟者，而測弟孺慕之爲何如也，尚期璧姊同來，中正，

本刊啓事

一月廿一日爲列甯逝世三週年紀念日，本校印刷工塲工人因工會規定要求放假一日，是日停工，廿二日（星期六）無報，特此聲明。

小通信

山西革命青年同志會啓事

啓者：自北伐軍興，革命高潮，已振盪全國，而我省軍政，仍爲軍閥把持，智識階級徘徊歧路，農工群衆沉沉酣睡，是我晉省革命青年再不能袖手旁觀，使本黨主義，能深入，一切政策無從措施，有礙北伐進展，本會已在羊城組織纔就緒，凡我同志，甚希踴躍參加，共策進行，無任企盼

——通信處廣州市東川馬路中山大學醫科何同澤

振獻以原名獻字過僻特呈准教育長改名「百鍊」此後公私事件均以百鍊署名此啓

深津同志（廣西靖西縣人）沙河別後你分發何處請給我一個通信罷 石龍入伍生十二連黃厚方

昨晚（十九號）於游藝時在新俱樂部爲化裝室內失去大衣一件（天青花緞夾裏烏泥面子）倘各同志如有誤取者請即交還爲盼 政治部教官張鴻仙啓

楊仰山同志：鄙人來粵時過申，遇令兄紹秀君，託使我老兄地址，不知現在何處，並何營隊，見報速示知爲盼！ 駐沙河入伍生一團三連姚黎天

中華民國十六年元月廿四日 星期〔 〕 黄埔日刊 〔第三版〕

列寧逝世第三週年紀念特號之二

列甯逝世三週年紀念敬告民衆

在「世界革命之前夜」的今日，全世界已構成兩條對峙的戰線：一邊是黑色的反革命的大聯合代表，少數壓迫他人的帝國主義者，軍閥，資本家，地主，買辦，土豪，劣紳；一邊是赤色的革命的大聯合，代表多數的被壓迫的弱小民族，工人，農民，小商人，學生……。在這危迫的狀況中，站在多數的一邊，曾率領着一萬萬三千萬的前鋒部隊——俄國無產階級，衝破了敵人的一段防線的，就是在今天逝世，已屆三週年的列寧。

列甯，是世界無產階級革命的導師，被壓迫民族的解放者。十月革命以後，俄羅斯一萬萬三千萬被壓迫的人民，竟從俄皇統治及帝國主義壓迫之下，被列甯解放了。並且建設起了無產階級專政的蘇維埃國家，實現了真正的民族自決政策。世界上十二萬萬五千萬的被壓迫階級與弱小民族，因之得到了無限的興奮；革命的戰線，益加鞏固起來了。

所以，我們要紀念列甯。我們紀念列甯的意義是：第一，列甯是真能代表被壓迫的羣衆而奮鬥的，他意為最大多數的工，農，羣衆建立了社會革命的基礎。今欲使中國國民革命成功，無疑的也必須使國民革命的主要力量，佔中國全人口百分九十的工，農，羣衆得到解放，才能做到。換言之，即必須取法於列甯的工農聯合作戰政策。第二，列甯揭開了第二國際的假面具，暴露出帝國主義的罪惡，創造了第三國際，確定了打倒帝國主義的世界革命之策略，使全世界在資本主義剝削下的無產階級與帝國主義壓迫下的弱小民族，聯合成了國際的赤色戰線，一致向着國際資本帝國主義進攻。

中國民族解放運動，在目下已得到相當的收穫。我們革命的民衆，應當記得列甯告訴我們的『中國革命即世界革命的一部分』的話而深自警惕呵！我們要竭力地擁護我們總理的『喚起民衆及聯合世界上以平等待我之民族，共同奮鬥』的遺言呵！

我們紀念列甯的時候，我們要怎樣地努力實現我們的國民革命，然後完成那偉大的世界革命事業，以償列甯之遺志呢？唯一的就是：鞏固並擴大赤色的聯合戰線，打倒黑色的聯合戰線，統一中國於中國國民黨之手，進而統一全世界於全人類之手！

中央軍事政治學校第二學生隊黨部

十六年一月二十一日

紀念列甯

里夫

今天是世界革命的導師，十月革命的著作者列甯先生，逝世三週的年紀念日子。

在今天，全世界的無產階級和弱小民族，在莫斯科，柏林，西巴黎，倫敦，紐約，東京，以及非洲，印度，中國，南洋羣島……這些地方，正不知道有多少的農民，工人，學生，以及『赤化暴徒』擁着，千百種的紅旗，叫着千百種的口號，來紀念他們底偉大的不朽的領袖——列甯！

今天是一個光榮的日子！一個全世界的奴隸打着赤色的大旗，向國際帝國主義示威的進攻的日子！

★★★★★

兄弟們準備着！世界的火災已經爆發！！帝國主義的權威，已經在人類新的歷史面前崩壞了！

但是，我們怎樣在最近的未來，在這帝國主義的廢墟之上，創造出新的光明和新的世界？

我們怎樣來完成我們的使命，來實現建築于這地球之上的，那個為詩人所想像而歌詠的『天國』？

★★★★★

我們今天來紀念列甯，我們必須在人類歷史的面前解答我們的使命！

所以我們需要的不是僅僅紀念列甯，而是認識列甯！

列甯不是宗教家所祈禱的救主，也不是過去的歷史上所記載的偉人，更不是那些敘事詩中所歌詠的英雄，武士！

一切救主，偉人，英雄，武士皆為列甯所唾棄。而且列甯從來不曾認識這些人類偶像！

列甯時在帝國主義的鞭笞底下，一切被壓迫者的忠實戰士！

列甯代表全世界的無產階級和弱小民族，要從那帝國主義的利爪底下，爭回被壓迫者一切被剝奪了的生存權利！

★★★★★

列甯成功了十月革命，開始了世界革命的第一幕。

他指揮俄羅斯的工農羣衆，猶如古代羅馬的凱撒指揮他的軍隊一樣，征服了站在他面前的最頑強的敵人——俄皇和資產階級。

他運用馬克思主義，在世界資產階級的陣勢大破裂中——歐洲大戰——建設了世界第一個社會主義的國家。

十月革命的成功，不但解放了俄羅斯國內的工農階級和弱小民族，並且驚醒了東方在帝國主義長久統治下的殖民地民族，指示出他們解放的道路。

列甯收獲了十月革命的勝利，但他運用新經濟政策，使蘇俄的無產階級和鄉村的農民，結成強固的經濟的同盟，來保持這個勝利！

他把鐮刀和鎚子，聯結起來，當作他的克服敵人的旗幟。但同時他也沒有忘記了兵士手裏的刺刀，並且他指示我們刺刀是保障革命政權的重要武器。

但他從來沒有幻想過用利刀來實現他的主義！

★★★★★

列甯對於敵人總不寬恕，他在革命的戰場上，運用他所有的天才和戰術，去滅一切的敵人。革命的政權在列甯的手裏，是一尊大砲，他毫無顧惜地轟擊敵人的堡壘，而且瞄準得非常真確。

但列甯在某種時機底下，也和敵人作局部的妥協，但他的這種妥協，乃是對敵人進一步的反攻。

列甯在每一個鬥爭中，他所想到的不是怎樣去說服敵人，或是收容敵人，如是怎樣去找住敵人，征服敵人！

所以列甯主義，就是無產階級在實際的鬥爭中，奪取政權的戰術與戰略！

再我們知道，俄國布爾雪維克黨，在列甯的指導之下，成為最強固的軍隊的組織。這種組織，是『無產階級組織最高的形式』，是無產階級的先鋒。

廣大的革命羣衆，要起來推翻壓迫階級的統治，必須要有一個屬於他們的，指揮他們的革命的大本營。

這個革命的大本營，就是政黨的組織。

所以列甯指示我們，凡是一個革命的政黨，牠必須是最良好而最覺悟的革命份子的集團。要這樣組織成功的黨，纔能成為羣衆政治鬥爭的領袖。

但是一個革命的政黨，牠要成為羣衆鬥爭的工具，必須要有鐵的紀律，來集聚和提高黨的力量與權威。不然，牠在羣衆中便要失去領導的地位！

題目

中華民國十六年元月廿四日 〔星期一〕 黃埔日刊 （第四版）

列甯告訴我們，布爾雪維克黨的國際化的組織，和牠的軍隊化的紀律，是成功十月革命的重要條件之一！

黨不但在理論上代表羣衆的要求和利益，牠應該領導羣衆在鬥爭中，使羣衆自身起來獲得他們的要求和利益。唯有這樣，黨纔能不斷地取得羣衆的信仰；也唯有這樣，黨纔能征取一切的羣衆，而成爲羣衆的先鋒。

列甯領導俄國工農羣衆，取得唯一的勝利——政權——的工具，就是他一手所創成的布爾雪維克黨。他靠了這個工具，來鞏固和擴充俄國工農羣衆的勝利！

★★★★★

但列甯並不以解放了蘇俄國內的工農階級和被俄皇壓制下的民族爲滿足。

因爲列甯的終極目的是世界革命的成功。所以列甯曾用數目字來計算帝國主義的命運。

他不但依據馬克思主義，來決定了帝國主義的必然的崩潰，並且計劃出世界革命的方案，來加速了帝國主義的滅亡！

這就是他對於民族問題的解決。他把帝國主義統治下的殖民地民族運動，和先進國的無產階級革命運動聯合起來，互相響應，結成一條强鞏的攻打帝國主義的戰線——世界革命的戰線。他並且設立了一個指揮世界革命的總司令部第三國際。

列甯在世界革命的陣勢中看得非常清楚。他一方面替無產階級找到了一支同盟軍；一方面便指示出殖民地的民族運動，只有和帝國主義國內的無產階級聯合起來，纔有成功的可能。

在這裏，列甯把民族問題放到世界革命的範圍內來解決。

在這裏，你也就可以明白，何以中國的國民革命，成爲世界革命的一部分的原故了！

★★★★

列甯是偉大的！我們來紀念列甯！我們紀念的的時候要認識列甯！

我們高呼：

十月革命萬歲！

民族解放萬歲！

第三國際萬歲！

世界革命萬歲！

列甯與東方

——爲列甯逝世三週年紀念而作——

劉祥麟

當歐洲一九一七年世界帝國主義爭市場的大戰時，霹靂一聲底世界六分之一面積的蘇俄衝破了帝國主義的營陣而成功「十月革命」！

誰是「十月革命」的著作者？誰都知道「十月革命」是列甯的總指揮，沒有列甯恐怕就沒有「十月革命」，但是十月革命的眞正意義在那裏，有人還以爲「十月革命」僅是俄國的革命，至多不過對于帝國主義國家中的無產階級革命運動有很大的影響，而對于殖民地，半殖民地的，被壓迫民族，沒有什麼意義，這是大錯而特錯的！

列甯是世界革命的指導者！他一方面指示資本主義國家中的無產階級的道路與方法，使他們怎樣才能脫離帝國主義摧壓的羈縻，同時又指示東方殖民地半殖民地的弱小民族，與蘇俄結成聯合戰線，以進攻帝國主義。爲要實現這個原則，只有先進國的無產階級與經濟落後的殖民地，弱小民族，結成反帝國主義的聯合戰線才行。

但他（列甯）對殖民地特別指示民族解放的重要，『到今日人還以爲殖民地運動不過是一個很小的和平的民族運動，那是錯了』！他認定『這種是廣大的農民羣衆的民族解放運動』，他對我們殖民地的東方更能看出：

當着一九〇〇年義和團事件發生，英美日法俄與意比八國聯軍入京。許多高等華人都漫罵此等農民暴動爲野蠻。列甯偏要表同情于這野蠻的農人攻擊歐洲對亞洲之欺騙，他并不寬恕本國（俄羅斯）政府，且作嚴厲的批難。他在大星報上說：『俄羅斯與中國戰爭（即義和團）已告結束，爲這次戰爭調動了許多軍隊……對于那般暴動的中國人尤其是那些沒有武裝的中國人，加以剿滅，彈擊，無量數的婦女兒童，都被慘殺，其苦何堪！若農村居民商店之被蹂躪的狀況更足，不用說了……今日歐洲資本家貪欲的利爪又伸入中國了，且現在力求滿足權欲的俄羅斯，亦捲入這個漩渦之中，并已割據中國旅順口由俄兵保護在滿洲公然建築鐵路，同時歐洲各國政府，相繼而起，大家都熱心來發搶刦中國的事衝動了他們瓜分的觀念，可是他們瓜分中國不是用一種公開的形式，而是暗中偷盜墳墓中的死人一樣；假如被偷的死人，稍有反抗的表示，他們就如猛獸的一般，燒毀其村莊，驅逐于海洋，或將赤手空拳的居民和其妻子，槍殺刀殺，毫不加以姑息，……現在報紙（指俄國）又欲鼓吹反對中國，加上中國人是「野蠻黃種」，「仇視文明」的罪名……輕視中國』，

到一九一一年中國的辛亥革命爆發了，他（列甯）滿腔熱血，在眞理報上說：「四萬萬落後的亞洲人得到自由了，對於政治生活已經有覺悟了，可以說地球上全人口四分之一已經由沈睡轉到光明，活動奮鬥的路上了，此事對於文明的歐洲是不發生關係的，甚至法國至今還未正式承認中華民國……歐洲這種冷淡的態度，用什麼可以去解釋呢？原來在西方各處却受帝國主義資產階級之統治，這資產階級四分之三，已經腐朽，對於任何一個野心家，只要得反對工人之嚴厲方法及一盧布有五個戈璧的利息，都願意將自己所有的文化賣去，這個資產階級，只不過把中國看成一塊肥肉，這塊肥肉自從被俄國親熱的擁抱一吓之後，現在已許要被日本，英國，法國等撕碎了呢！」

辛亥革命失敗，政權落在袁世凱手中，列强扶植袁氏，造成中國的反動政局，列甯也曾在眞理報上攻擊過：「歐洲資產階級，居然擁護亞洲的黑暗勢力……掠奪中國，幫助得謨克拉西之仇人，中國自由之仇人……中國的新外債（袁氏善後大借款）是反抗中國得謨克拉西的，因爲歐洲幫助袁世凱他原是實行軍事專政的一個人。歐洲爲什麼幫助他？就是因爲可以分點利潤。中國借了二萬五千萬盧布的債……假使中國人民不承認這筆債呢？那時先進的歐洲就要大聲疾呼什麼「文明」「秩序」及「祖國」了！那時就要裝着大砲與野心家黑暗勢力好友的袁世凱聯合去壓迫這「落後的亞洲」共和國」。

列甯攻擊歐洲資本家及其豢養的政府底罪惡，同時并揭出中國軍閥之勾結帝國主義，破壞中國的得謨克拉西，對我們東方被壓迫民族解放運動底幫助，尤其是他的死後蘇俄于一九一九及一九二〇年兩次發宣言放棄帝國主義在華權利，并三翻兩次派優林，越飛，加拉罕來華協商放棄特權，于一九二四年與我結以平等自由爲原則的（中俄協定）此後物質上精神上幫助更是不少。所以總理于去世前給蘇俄書說：「……我的心念，轉向你們（蘇維埃中央執行委員同志）你們是自由的共和國大聯合之首領！是不朽的列甯遺與被壓迫民族的世界之眞遺產（蘇維埃社會主義共和國），帝國主義下的難民，藉此以保護其自由……我遺下的國民黨……與你們合作……」可見列甯及其眞遺產（蘇維埃社會共和國）對我們東方被壓迫民族是怎樣的友愛！

現在列甯逝世已三週年了，帝國主義及其走狗國家主義派，對蘇俄不住的進攻，同時我們的北伐雖得相當勝利，然亦在帝國主義軟的硬的政策進攻中，這種企圖，無非破壞世界革命；我們爲要不使世界革命的流產，就不要忘我們的列甯對列甯之眞遺產（蘇維埃社會主義共和國）之擁護，「永矢弗諼」！同時不要忘列甯對我們教訓，與「全世界無產階級聯合戰線」之原則。

向投稿諸君要說的話

近來各方來稿甚多，惟因連出特號與幾次放假的關係，以致好些應當發表的稿件也停滯下來了，眞正抱歉得很！以後除一部份失時效的稿子外，當陸續盡量刊載，尚希原諒，並盼隨時指教，惠賜佳作爲幸。（一九二七，一，廿二，鴻沉）

黄埔日刊

中央軍事政治學校出版

收回租界運動與列強武力干涉中國

總理遺囑

鳴謝啟事

政治測驗

特別黨部宣傳委員會本週討論題目

中央軍事政治學校第一學生隊黨部為列寧逝世三週紀念宣言

列寧逝世三週年紀念講演詞

要怎樣紀念列寧先生呢?

士兵夫小組開會問題

革命之路

各帝國主義者武力干涉中國之準備與大壓迫下之上海

豫省各將領通電討吳後之軍事行動

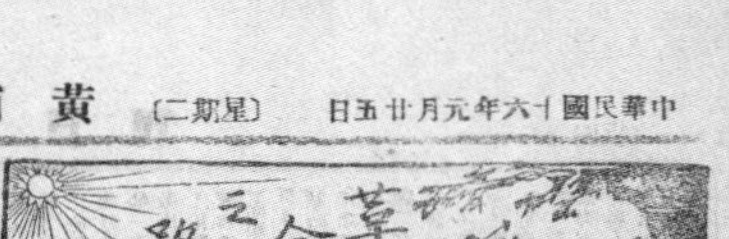

中華郵政特准掛號立券之新聞紙〕中華民國十六年元月廿五日〔星期二〕〔第一版〕

黃埔日刊

中央軍事政治學校出版
通信處廣東黃埔本校政治部
〔第二四二號〕
〔本刊每份定價一分〕

誓遵總理遺囑

總理遺囑

余致力國民革命，凡四十年，其目的在求中國之自由平等，積四十年之經驗，深知欲達到此目的，必須喚起民衆，及聯合世界上以平等待我之民族，共同奮鬥。現在革命尚未成功，凡我同志，務須依照余所著建國方略、建國大綱、三民主義及第一次全國代表大會宣言，繼續努力，以求貫徹。最近主張開國民會議，及廢除不平等條約，尤須於最短期間，促其實現，是所至囑！

本校本週口號

鍛鍊耐勞的身體！
養成堅強的意志！
履行黨員責任！
尊重黨的紀律！
按時出席小組會！
按時參加紀念週！
遵守公務規則手續！
嚴禁一切無理行動！

日評

◉收回租界運動與列強武力干涉中國

鴻沉

近日來帝國主義——列強調兵遣將，整頓軍事，採取武力干涉中國的積極行動，已爲不可掩之事實。（參看本日新聞）英美日法均認爲在目下中國將「發生鉅大變動」，故絕「用武力防禦」，「準備取激烈行動」，其唯一目的，在于恐怕我國「鉅大變動」，「一經波及「租界」，故須負「盡力保護租界」之責。所以，英國的艦隊司令，美國的海軍提督均已達到上海，奉命發砲的各國軍艦停泊于黃浦江者有十二隻，往九江漢口者有十四隻之多！其上海方面，本月十日，「無故被其（巡捕房）逮捕者九十五人」，而十一日領團會議之結果，爲「一致應付」「暴動」起見，特調集五千水兵上岸，保衛一切。

帝國主義者倒也是未卜先知。牠們知道中國此時必不免有「鉅大變動」發生，而且要波及租界。不錯，在北伐軍事勝利時期，被壓迫的民衆是會起來積極鬥爭，以期永久保持已得之勝利，進而要求一切被帝國主義和軍閥強奪了去的權利的。首先我們要奪回來的是北方最後一個軍閥——張作霖的政治權。但是張作霖是最反動的「大瓜」，我們要打倒他是不容易的，所以我們要準備大「暴動」。現在機會快要到了，大變動的時期到了！

其次，打倒軍閥與打倒帝國主義是我們同時並進的工作。如果軍閥失了勢，失了地盤之後，帝國主義的特權就少一層保障，同時人民就要直接向帝國主義者算賬。但是，第一我們要與他算賬的就是英帝國主義。因爲英帝國主義最兇惡最殘忍，而我們在「五卅」「六二三」一直到萬縣慘案被牠任意屠殺一陣毫不得一點賠償。而且牠連續地又于一月三日以來，在漢口九江殺傷我民衆，然而這時可不是牠任所欲爲的時候了。在民衆一方面，最痛心的是他把中國的土地——租界當作他大屠殺中國人民的「案桌」，所以我們對英帝國主義算第一筆賬的時候，立馬就要提到收回租界。

漢口九江的租界，國民政府爲人民的要求，與人民合作已實行收回了。收回漢潯租界，固不足以償漢潯被殺傷民衆的損失，但是收回的重要意義，表示這是收回各地各國租界的開始；進一步說，就是：切實奪回帝國主義者手中搶去的權利的初步工作。

因此，在漢潯英租界收回之後，而收回租界的聲浪日高一日，同時各方也就作實行收回租界的準備。且全國人民所要求的，不是收回漢潯英租界而已，還要收回所有的英租界；又不僅英租界而已，並主張收回各國的租界。即如北方賣國軍閥政府，也倡言收回天津租界，（不管他另有用意）而比國租界之收回，亦且見諸事實，總之，這時是收回租界運動的時候了。

但是，儘管你運動收回，帝國主義者是不輕易放手，准你一說就交還租界給你的。因爲租界地方雖小，而在各地各國的租界，事實上就是各國分別統治中國各區域的特別行政地方，牠們各個在華的特殊權利就以租界的存在爲保證。你看，一方面英美日法在華的勢力是互相衝突的，（尤其是英日）日美法都希望英國失勢，他們好起而代之，故日美法主張每與英國不一致，反而討好于中國，甚至倡言放棄在華權利。不過他們一見到中國民衆的收回租界運動，其目標並不限于英國，他們也就恐慌起來了。同時我們又要知道，美日主張放棄一部份（或全部份）在華權利，一方面是中國革命進步了，不得不表示相當讓步，他方面想藉此討好中國民衆，減少我們的攻擊，然而這不過是他們假造輿論的口惠罷了。其實，日本對於朝鮮說過一句解放她的話沒有？再說，美國近來以暴力壓迫爪哇革命運動，阻止墨西哥的革命，不許菲力賓獨立，他豈肯輕易捨去中國這塊肥土？

總之，我們這時是收回租界運動的時候，自不免與帝國主義者起一些直接的衝突，而帝國主義者，用武力干涉中國，阻止我們收回租界的運動，也是牠們應有的手段。我們只有積極起來，努力革命，首先消滅最後的一個北洋軍閥張作霖，接着打倒第一名資本帝國主義！英帝國主義。我們革命的民衆要始終與革命的爲人民謀利益的國民政府合作。我們要自己收回我們的土地（租界）和一切權利。我們革命的工作進一步，我們自動地收回租界也就能順利地進行下去了。

校聞

◉通令

一月二十一日于校本部

爲通令知照事案准特別黨部函開，逕啓者：查中央黨部組織條例，規定各小組會議時間每週一次。本部所屬各連隊黨部小組會議時間，在本部未另規定以前，暫由各該連隊黨部委員小組組長自行擬定。業已議決在案，近據各該委員組長報稱，該連隊長官，每值小組會議之時，加以阻止等情，爲此相應函懇貴廳，即刻通令各該連隊長官，以後對於小組會議時間，不得任意干涉，妨礙黨務進行，是所切盼等由，准此，除函覆照辦，但須將小組會議時日先通知該管直接長官外，合行通令仰各一體知照，此令。

◉紀念週紀事

昨日上午九時，本校全體官生在大操場舉行總理紀念週。由方教育長主席，遵行紀念週諸禮儀畢，主席訓話，並報告國內外政治狀況。（演詞另錄發表）次主席介紹中國濟難會南方辦事處特派員穆蜀山同志，報告濟難會之組織及其意義和作用。大意謂現在中國是一個半殖民地，因受了帝國主義者的壓迫，自五卅運動以後，革命潮流便普遍於全中國。在五卅慘案、和沙基等處的流血，不知犧牲了多少革命戰士的生命！吾人要使死者得到安慰，生者不致灰心，就要對於已經傷亡的這些爲民族解放而奮鬥的戰士，設法加以種種的救濟。中國濟難會就是爲了這種需要而產生的。濟難會對於爲革命而犧牲的人們，在物質上，精神上，法律上，經濟上，要從各方面加以盡量的幫助，使一切在遭難中的或正在奮鬥中的同志，能得到援助而繼續努力，以完成中國的國民革命。濟難會不是普通的慈善團體，爲救濟社會上所謂孤兒寡婦一類人而創設。濟難會是被壓迫者的組織。凡是受壓迫的人們都應該加入濟難會！所以中國的濟難會，要聯合世界各國的濟難會共同奮鬥，以救濟全世界爲人類謀解放而犧牲的所有戰士。吾人有了濟難會，即使一旦爲革命而被捕，而死傷，吾人的本身和家庭，乃可以得到各方的救濟。且濟難會最大的作用，是要使加入的份子，加以革命的訓練，使中國的民衆，能在這種廣泛的組織之下，完全革命化，去和敵人作最後的

中華民國十六年元月廿五日 （星期二） 黃埔日刊 （第二版）

決戰！黃埔的官生，都是革命的先鋒隊，希望全體加入濟難會，對於一切被難的同志，加以相互的救濟云云。穆同志報告畢，由教授部張主任訓話，略謂我來黃埔僅一禮拜，有許多的官長學生還不曾認識。但是我見到黃埔革命精神的緊張，我已認識黃埔實在是一個進化的革命的組織。黃埔不但有軍事的教育，而且有黨務的組織，和政治的訓練，我們有了這樣的組織和訓練，就可以打倒帝國主義，打倒軍閥。但是要打倒帝國主義，仍須繼續總理遺志，聯合世界上一切被壓迫民族共同奮鬥云云。繼由特別黨部委員李尙庸同志，報告最近黨務狀況。略謂特別黨部對於各小組會議，原應派員參加。現因特別黨部委員人數不敷，難於辦到。現由特別黨部會同政治部組織一宣傳委員會。以後各小組會議，即可派員到會參加，希望諸同志此後對於黨務，更須努力進行。再對於黃埔附近民衆的活動，亦很有成績，本黨部曾在上莊創辦小學一所，以教育附近的兒童。並且黃埔週圍有八十餘團體，皆受本黨部的指揮，現吾人計劃，要每一個團體派出代表一人或二人，組織成一個大團體。並且預備創辦農民自衛軍，解散黃埔附近的民團。吾人此種計劃，完全爲鞏固黃埔，倘一旦發生意外的事變，即可招集一萬餘的武裝民衆，與本校共同動作云云。李委員報告畢，吳主任略加訓話，即行散會。時已十一時許矣。（書）

軍事

◎豫省各將領通電討吳後之軍事行動

豫省將領魏益三，靳雲鶚，任應岐，高汝桐，劉培緒等，已于本月八日在河南臨潁宣告脫離吳佩孚關係，並發出討吳拒奉通電，內有「吳之禍國，寇（英傑）之禍豫，萬死不足以蔽其辜，人人得而誅之，」等語。自通電發出後，已採取積極的軍事行動，並聯絡樊軍長于十六日在信陽會議攻吳計劃，十七日三旅動員，向正陽汝甯開拔，信陽以南歸黨軍佈防，魏益三軍前線在古城集中，靳雲鶚部東趨汝甯，樊鍾秀部分撥旅向方城魯山出發，寇英傑派賈爲與李振亞等西師亦自偃城南下，已有激戰，鄭信間交通全斷，田維勤行蹤無定，吳佩孚迭催田維勤到鄭商軍事，田維勤因環境關係未到，田維勤部有中立訊，奉軍一部經吳佩孚同意，已過彰德，吳佩孚十七日在鄭會議，即電請京漢，已令十七軍開赴鄭，又訊，魏益三聯靳雲鶚部在信陽駐馬店一帶佈置軍事，偃城以南發生戰事，任應岐部在確山明港會合中山鋪之高汝桐軍襲偃城，寇英傑調豫軍兩師接戰，豫南形勢甚混沌，吳佩孚下令裁豫督，又令豫裁軍務幫辦米振標專任軍事及毅軍司令，吳佩孚部紛起反抗，偃城已發生戰事，七日樊鍾秀軍向偃城進迫，與豫軍在西平一帶接觸，魏益三部金恩奎龐炳暑兩部由信陽北上，向駐馬店攻入方城，樊軍向京漢線活動，致偃城許昌吃緊，

政治

◎各帝國主義者武力干涉中國之準備與大壓迫下之上海

（一）武力干涉中國

在華最有利益關係之英美法日四帝國主義者，其陸海軍行動，日形重要，大約最近主要之發展，當有數事。即美亞洲艦隊總司令惠廉少將已自馬尼剌出發赴滬，惟隨帶軍艦若干，則猶未悉。（至少有三艘）今奉亞洲艦隊，已奉有十二小時航行命令。凡在火奴魯魯與蘇彝士間之美艦，均適用此項命令。又據另一消息，美總司令來滬，帶有菲列濱美陸軍一隊，而惠廉總司令。亦已奉政府命令保護其僑民美人利益，倘認爲發生鉅大變故，足以危及美僑生命財產時，准用武力防禦；凡在中國境內均適用此項命令等語，又英亞洲艦隊總司令泰偉德氏，已於十日到滬，刻正與所屬各海軍官長開緊急會議，且聞不將赴南京之說，又聞，將有印兵一千七百名由香港調滬，以跑馬廳作爲駐所，又據巴黎台柔通訊社電訊，中國境內各法艦亦已奉訓令，盡力保守租界，蓋法政府態度認一旦租界喪失，他日能否再得，未可必也，至日政府人員據稱今方密切觀察局勢之發展，但若其臣民及租界一經波及，即準備取激烈行動，今則內地日僑尙無被擾之報云，

（二）劊子手已到上海

▲英　漢口事件發生後，英帝國之留駐港滬各軍艦，已有五艘開赴潯漢等埠，以備援救英僑之用（與其謂爲援救，毋甯謂爲恐嚇）現在揚子江內上下游所駐之英國軍艦，自重慶宜昌以至漢口九江蕪湖等地，已有炮艦驅逐艦共二十艘，香港英艦司令已派海軍中將鄔維德副司令，乘巡洋艦狄斯班乞號，業於十一日抵申，該艦抵滬時，未曾進口，現駐吳淞口，聞鄔維德中將，此來有指揮長江各艦之權，到滬後，先命六二號驅逐艦至蕪湖，威剔倫登號炮艦至南京鎮江間戒備，本人即轉乘江防艦威希德號，並率同驅逐艦伏立丹號，巡行漢口。

▲美　美國駐亞海軍艦隊，自漢事發生後，先從菲列濱調驅逐艦二一八號，二二三號兩艘，載海軍三百五十名，先已到滬，海軍提督威廉氏，則親自小呂宋乘旗艦來，十二日午後可到，抵滬後將與各國取一致態度，留滬指揮揚子江各艦之進退。

（三）戰艦升火候命

各國現在增調軍艦來滬，所有留駐浦江內之外艦，均已奉到準備命令，日夜升火，一得命令，便即開拔，茲將十一日以前所駐各艦査報如下：

（艦名）	（類別）	（駐處）
狄斯巴希	英巡洋艦	吳淞口外
亞希威	美巡洋艦	[illegible]
恩德巴里	英巡洋艦	[illegible]
巴薩	美驅逐艦	[illegible]
烏彩	[illegible]	[illegible]
賽卡盂	[illegible]	[illegible]
恰倫鎮西	[illegible]	[illegible]
巴黎散	[illegible]	[illegible]
烈昂	[illegible]	[illegible]
倫格蘭脫	[illegible]	[illegible]
麥來和	[illegible]	[illegible]
希林	[illegible]	[illegible]
阿拉斯	[illegible]	[illegible]
麥克明司	[illegible]	吳淞口

（四）領團議定實行大屠殺

上海領事團於十一日午後二時，在代理首席領事挪威總領事館，舉行領團會議，討論租界防備問題。及接收二五兩特區問題等，聞已決定，[illegible]

（五）白色恐怖中之上海

外國陸戰隊將上岸　據電通社東京消息漢口事件，已由英國公使館派參贊前往，不日即與國民政府外交部長陳友仁開始交涉，惟對上海，從各國軍艦派陸戰隊五千上岸，無論何時得採臨機處置[illegible]

地段，所有電車手車汽車公共汽車及其他各種車輛。皆須停止搜查。[illegible]

（二）小通信

李瑾。李守正，王必昌，李秉鉞諸同志：別來甚念你們出發前方現在何軍何處服務見字請告我爲盼。〔子杰，現在何部隊？請在日刊上答復我。復生〕敬祝你們健康。[illegible]廷同志，敬祝你健康。四期學生方復生于贛州新編一師一團。

張龍博同志：是的，我就是曾在江蘇省黨部做工作的。[illegible]

羅炳同志：你有一封掛號信在本校收發股，你可來取去。[illegible]

李肇同志：你現編何連？有要接洽[illegible]本校步科第二學生隊第二十二區隊[illegible]

蕭挹南同志：[illegible]

中華民國十六年元月廿五日 〔星期二〕 黃埔日刊 〔第三版〕

題目

革命之路

中央軍事政治學校第一學生隊黨部爲列甯逝世三週紀念宣言

今天是全世界偉大的革命領袖——列甯逝世三週紀念日，我們來紀念他的實際方法最好是在深切的認識和記得下面列甯的世界革命與中國革命。

自資本帝國主義征服了全世界，全世界的經濟關係成了整個的，因此全世界的革命運動也成了整個的。無產階級革命與被壓迫民族革命，是一個推翻國際資本帝國主義的世界革命之兩方面。在此世界經濟成了整個的時代，已經沒有一個封建時代閉關孤立的國家，便不能有一個封建時代閉關孤立的國家主義；在此世界革命運動成了整個的時代，也已經沒有一個孤立無援的民族，便不會有一個原始的籠統的民族排外運動。

中國民族，是全世界被資本帝國主義壓迫之一，中國民族革命也是全世界反抗資本帝國主義之一，所以此時我們的民族革命，是一個國際的民族革命，是以全世界被壓迫的無產階級及被壓迫的弱小民族共同起來打倒資本帝國主義的世界革命之一部份。因爲若不將資本帝國主義束縛全世界被統治被剝削者的鎖鍊，全部毀滅，他在世界上存在一天，任何被統治被剝削的無產階級及弱小民族都不會得着平等自由。

因此我們應不受帝國主義者及其走狗—軍閥，國家主義派—的分裂政策的蠱惑，應穩穩的站在反帝國主義的聯合戰線上。我們的口號是：

1、打倒國際資本帝國主義及其走狗軍閥！
2、打倒國家主義派！
3、謹防分裂政策的陰謀！
4、完成中國革命以促成世界革命！
5、列甯革命精神不死！
9、孫總理革命精神不死！

列甯逝世三週年紀念講演詞

方鼎英

今天是列寧先生逝世三週年的紀念日，我們今天開會是站在國民革命的觀點上，尤其站在黃埔革命的策源地——革命先鋒的地位上來紀念他的。開會的形式雖未有鋪張揚厲，但我們的精神上，是很有誠懇的心思，與隆重的意義在其中的。我們紀念列甯與紀念我們的總理是有同一樣的意義。

列寧是打倒帝國主義的實行家，世界革命的領袖，無產階級的救星，被壓迫民族的指導者。我們總理所致力的國民革命，對外是打倒帝國主義，對內是打倒一切壓迫階級—軍閥官僚土豪劣紳，以謀民族之解放，民權之伸張，民生之福利，進而聯合世界上被壓迫民族，以謀世界革命的成功。所以總理也是一切被壓迫民族的救星，打倒帝國主義的實行家，是完全與列甯先生相同的。

總理致力國民革命凡四十年，起初組織同盟會，進行推翻帝制，就被滿清的走狗，羈押於倫敦使館之內；列甯在一八九五年組織勞動解放同盟會，也就被俄廷充軍到西伯利亞。總理後來屢次的失敗，或受創於軍閥，或受害於變節的黨員，艱難險阻，逃亡海外；列寧後來也是失敗，好幾次，或受俄皇壓迫，或爲變節的馬克司黨徒所賣，入獄逃亡，備嘗險阻。我們的總理雖然是屢次失敗，但是滿廷的威力不能屈服他，窮途的險阻不能困阨他，愈挫愈奮，再接再厲，列甯無論在九年的牢獄裏，還是進行他的革命事業，絕不受環境的支配，來墮落他的革命精神。總理的主義和他的著述，多半是成於危疑震撼之中；列甯的著述，也都是成於亡命逃遁的時候。總理在東京或美國的時候，列甯在巴黎或日內瓦，也極力的進行他們蘇維埃的事業。我們總理的一生事業，通同犧牲在革命上，眞是鞠躬盡瘁，死而後已，列甯他做事的精神，從不肯休息片刻，無論飲食起居，處處都是刻薄自己，受人家所不能受的苦，幹人家所不能幹的事，自一八九五年起到一九二四年止，革命也有卅多年，與總理也是完全相同的。列甯知道完全實現共產暫時是不能成功的，就馬上改行新經濟政策；總理屬行二次政策，改組本黨，以求順應時勢的要求，其眼光之銳敏，思想之一天一天的進步，絕無絲毫固步自封的意思，他們倆也是心同理同，不謀而合的了。

總計上面的事實看來，總理的偉大，我們固然不能一刻忘記的；列甯的偉大，我們又何能片刻忽忘呢？今天不幸是列甯逝世的三週年了！他的身體雖死，他的精神與主義，是永久存在的，我們都是革命聯合戰線上的眞實黨員，並且黃埔是一個國民革命的策源地，我們當然是一個革命的紀念先鋒，那末決不可忘記了我們自己的責任。我們當着革命先進——爲革命奮鬥而死的列甯紀念日子，我們要十二分沉痛的來紀念他；並且不要在形式上來紀念他就算了事，要學他的偉大的人格，爲革命犧牲的精神，這才不辜負紀念他的眞意義了！（完）

要怎樣紀念列甯先生呢？

熱血

世界革命底領袖我們的導師列甯先生，在一九二四年的今日逝世」。但他在蘇維埃俄羅斯，把馬克斯科學的社會主義實現，組織」勞農政府，從十八層地獄底」救出千盈萬的工人農人來；同時在蘇俄的赤都」莫斯科，組織」共產國際」第三國際來指揮世界革命。

列甯先生主張在西方幫助無產階級社會革命；在東方援助弱小民族國民革命，把一切被壓迫的階級聯合起來，推翻國際資本帝國主義，以完成世界革命。在他逝世三週紀念日的今天，我們過細一想：我們紀念列甯先生，並不是紀念他的偶像，我們是紀念他一身的偉大的革命事業。在這個紀念會當中，不是空談紀念就算了事，我們還要回憶先生的遺志，完成先生的使命，同時，我們永久不要忘記先生的教言。我們知道，在資本主義社會裏，階級的分化，顯然成了兩個漠不相容的營壘了。因爲資產階級把全社會的生產工具竊爲私有，社會生活隨之日高，無產階級的勞動者，從農村裏一天天的破產，跑到城市過非人生活，甚至無工可作，他們爲要求生活起見，不得不向資產階級手裏，奪取政權，來維持人類社會的共同生活。處在死不死，活不活半殖民地的中國，革命潮流，雖然日益高漲；但是民衆覺悟而參加革命的很少。國民政府，此次興師北伐，不一個多月就得了武漢，江西也得有勝利，但民衆運動仍是幼稚得很。由這點看來，我們革命軍雖然在軍事上勝利」，如果民衆沒有覺悟爲自身利益去奮鬥，我們革命決不會成功而且根本上是動搖的！所以，在今天我們紀念列甯先生的時候，我們就要回想怎樣去努力工作。我們的總理孫中山先生告訴我們說：「必須喚起民衆，」在政綱上又規定了農工政策。同志們！努力啊！革命的政黨，沒有廣大的羣衆參加，革命是不會成功的，而且必歸於失敗，辛亥革命就是一個例子。我們革命黨人，應該要注重民衆運動，尤其是農工羣衆，因爲中國的工農階級佔全國百分之八十五以上，他們的痛苦，比較誰都要厲害，因此，他們的革命性比較誰都要堅決。我們要想國民革命成功促成世界革命的成功，非注重下層工作不可！我們要想推倒國際資本帝國主義，非有廣大的工農羣衆努力是不可能的事，我們知道革命的主力軍，是工農階級，在革命的過程中，我們的工作，不僅僅是軍事行動，對於民衆的利益也要顧及週到，同時我們要應該努力宣傳民衆，組織民衆，訓練民衆，使民衆武裝自衛等。這樣，一切革命力量，才能集中在革命的青天白日旗幟之下，來努力民族革命，掃除一切封建餘孽，實現中國之自由平等，進而謀世界革命之成功，以制資本帝國主義者之死命！

士兵夫小組開會問題

楚女

好幾個同學，問我：『怎樣做工人運動』？『怎樣做農民運動』？我因爲我自己並沒有做過實

中華民國十六年元月廿五日　〔星期二〕　黃埔日刊　（第四版）

際的工農運動，所以常常答覆他們：『這須問廣東省農民協會和省港工人代表會中的負責者』。

前天（二十一日）本校特別黨部宣傳委員會開會，有許多參加士兵夫小組會的宣傳委員報告，說士兵夫們每每不到會，或到會不說話，强之說亦不肯說；至於那『什麼是黨』和『爲什麼要黨』的討論題目，對於他們自然更是一個『趕麵棍吹火，竅也不通』了！

『怎樣才能使士兵夫有興趣的開會，而且很熱烈的發言呢』？這是一個和怎麼做農工運動的問題同性質的問題——亦是黃埔政治工作宣傳工作上的一個很大的問題。如果黃埔學生不能解决這個問題，則將來還配說去宣傳組織一般民衆麼？

我既沒有做下層工作的經驗，自然對於這個問題，也還是不能有所貢獻。現在不過就我在書報上所想到的聊說一說以供大家的參考。

我以爲當宣傳委員的人對於如何才能使士兵夫開會開得好這個問題，只是一個訓練上的技術問題。要解决這個問題，特別黨部應該注意下述的原則：

第一，宣傳委員的人選問題。『知己知彼，百戰百勝』：『鄉親會鄉親，說話更好聽』：這是兩句老話。什麼馬配什麼鞍，到士兵夫中間去的人，第一要了解他們的生活，習慣，說話方式，人生觀，社會見解。你去同他們攀談，要使他們不感着你是『外人』——把你當着他們中間的『內行』看待：然後方能夠使他們和你接近。千萬不要使他們想着你是一個『先生』，或者是一個比他們高一級的『軍官學校學生』。如果不能將此等地位上的觀念完全剷除，則你必不能有成功的一天。你最好是能學他們所通常說的話，模倣他們的動作習慣（譬如他們喜蹺脚於坐位之上，用袖子揩鼻涕——你便照他們一樣做；他們嘴上的香烟，吃了一半，你不妨將其餘一半搶來吃）你和他們多說一點『你哥子，我兄弟』；或者『大哥，二哥，麻子哥，大碗喝酒笑哈哈』的話。說話時不但要極力的用俗話，極力的找普通日常生活事實（而且要與他們有關係的）做比喻；並且還要帶一點說評書的派頭——用了那『黃三太標打竇二墩，楊香武三盜九龍杯』的口氣，灌輸你所要說的那些『道理。』會場中的空氣，不要嚴肅，不要弄成孔夫子式——要弄得春風滿座，一團和氣，大家都笑迷迷的好像過年一樣。他們歪戴帽，邪穿衣，或者以手托腮，或者只坐半邊屁股，都不要緊——不要像三家村塾師干涉小學生那樣去拘束他們。只要他們不在會場上睡覺，不在會場上唱小調，其餘的事，都可隨便一點。頭幾次，不必定要强迫他們說話，你可用了『閑言少敍，書歸正傳』的派頭，把你的話，訓練他們。譬如你要他們討論「什麼是黨」？你便先從閑話說起，然後說到一個人的生活困難（譬如工人），必須要大家聯合起來去解決。或者先說出人們生活上困難的原因，和壓迫人的勢力之所在：然後問他們這應該怎麼樣辦，怎麼樣去對付？總之，要用引誘他們發言的方法，切不可用那『請你發表意見』的形式——要叫他們忽然衝口而出，發了言他們自己還不覺得，就好像在他們寢室裏三五個互相笑說一樣。這樣才能叫他們打破那「不敢說」，「怕說錯」的心理；也才能引得起他們那「搶着說」「賽說話」的興趣。他們儘管說錯，你切不可用「訓導式」說他錯了，尤其不要用譏刺或反敲的口氣笑他。你總要抬舉他一點，好好的，委婉的，不用直接的，用旁變的去改正他的錯誤所在。對他們灌輸「觀念」不必定要理論圓滿；也不必定要從正面去灌輸。用了類似的觀念（譬如以大家結合起來反對東家的工人組織，暗示他們作爲黨的初步觀念），一步一步的再引他們像前進（第二步再說工會不是黨的道理）。你到他們中間去時，你要忘記你是一個「學生」，是一個「智識階級的分子」，是一個特派來的「宣傳委員」。你要做他們的慈愛的保姆；親熱的小姐姐；密切的同伴；知己的朋友——使他們認你是「和我們一樣的一個同志」。

自然，這樣的宣傳委員是不容易做的——老實說，是比當政治教官還要難的。所以特別黨部對於當委員的人，應該有個選擇：

一．要是眞正無產階級出身的——或是破落戶的小資產階級的子弟——知道無產者（下層社會）一切生活痛苦，習慣，和他們的人生觀，社會觀的。（我常說自己沒有受過斷炊之苦的人，不配做工人運動）

二．要是跑過江湖的——或生活上經過多種變化——三教九流以及北京城隍，南京土地都懂得一點的。

三、要能說士兵夫所說的「方言」的。

四，要有小茶館中說書那樣的口才與靈敏的，詼諧的，說話技能的。

五，要有眞正的自由平等思想，和人飢己飢，人溺己溺的熱烈感情的。

六，自然更要有革命的理論，和黨的認識。

第二，特別黨部應該對於宣傳委員，還有一種特別訓練（不要單只「請」他們來開會）。且應該多開宣傳委員和小組組長聯席會議，及小組組長訓練班。

第三，在小組開會時，應該完全放下「軍紀」，應用「黨紀」。要把他們從立正舉手的嚴肅生活中，移置於親愛的同志的黨的生活中來。在黨的生活中，對總理遺像是要恭莊靜穆的，讀遺囑是要虔敬的。一次不到會，警告；二次不到會，留黨察看；三次無故不到會，又不請假，則開除（即附以知會學校開除他的飯碗也是應該）。但在這些黨紀是「鐵」的，一點也不假借的。但在此以外，一切隨便——一如上節所述——一方面嚴其紀律，使他們不得不來；一方面又使會場空氣融融靄靄，使他們不怕開會，願意開會（或者每人給一枝香烟，擺兩碟瓜子，也不妨事）。所以在這一點上，我只主張以學生當宣傳委員去參加——反對以見習官去參加；因爲在另一方面要顧全軍紀：學生與士兵夫在軍紀方面沒有什麼隸屬的關係。但以見習官當士兵夫教育班的教員，我不反對。

以上是貢献於特別黨部的。現在且再來向同學說幾句話。同學們常常在來往廣州的校船上和我談及工農運動：且有好多說他自願去做農工運動。現在既有這樣一個農工運動放在你們眼睛皮上；你們便應當按着我在上節所說的六個資格上想想。如果你有其一二，你便應當自告奮勇，向特別黨部報名請求當委員去担任此項工作。革命黨人要有「行動」；這個行動便是各位同志的一塊試金石：

最後我還錄一段下層工作的模範話獻於諸君：

『劉華在工會中工作，每月只支十五元生活費；他和糾察同住，和工友同住於虱子很多的草堆中，三四個月。他的生活很苦，任事却比別人多；努力，刻苦，耐勞，無論那個工人，都知道劉華是好人；眞正爲工人謀利益的好人。他因積勞成病，入醫院；工人不見了他，便四出找尋。後來知道在他醫院中，雖在罷工期中，大家都爭着送錢給他用——工會禁止，不許工人捐錢，但他們還要祕密的送給他；甚至六七歲的童工也捐錢。劉華出院之後，一切衣物都沒有，工人爭着代他做衣，買鞋，做床。工會禁止，劉華自己也拒絕；但他們還是要送。甚至工賊走狗也不反對劉華，也說劉華是好人：有人反對劉華，工人羣起攻之。劉華被孫傳芳殺了，全上海工人——從老太婆到小孩——都放聲大哭。劉華在世時，工人都將銀錢交他保管。劉華能刻苦，耐勞，犧牲個人利益乃至性命；爲工人謀利益；所以他就自然成了工人的領袖』——所以他就自然獲得了勞動運動的成功！

政治測驗（第五期第二次）

1、在國民革命運動中，我們對各階級應取何種態度？

（答）我們不可拋棄各階級合作的政策，可是要隨時防止各階級中妥協和反動的傾向。

2、甚麼是「經濟」？

（答）人類因生產物質的享用物時而發生的人與人的社會關係，就叫做經濟。

3、鴉片輸入中國，何時始盛？

（答）明末（十六世紀中）始盛。

4，爲什麼會發生國民革命？

（答）因爲帝國主義侵略弱小民族。

5、怎樣是北伐的目的？

（答）不僅在推倒軍閥，尤在推倒軍閥所賴以生存的帝國主義。

6、鴉片戰爭起于何時？終于何時結果如何？

（答）起一八四〇年，終一八四二年，與英訂立南京條約。

7、何以會發生鴉片戰爭？

（答）因帝國主義要到中國來找市場。

8、帝國主義爲什麼要勾結軍閥？

（答）爲要造成內亂，以便繼續侵略。

9、本黨用何法能消滅帝國主義在中國的勢力？

（答）要用本黨的對外政策。

10 本黨爲什麼要聯俄？

（答）爲要建立反帝國主義的聯合戰線。

11 本黨主張要到什麼時期才有發展實業的可能？

（答）國際地位平等以後。

12 南京條約所開之五口是那五個地方？

（答）上海，廈門，福州，甯波，廣州。

13 人類經濟的活動及其他百般活動的源泉是什麼？

（答）爲要滿足生活。

14 世界革命勢力有幾種？

（答）三種：殖民地革命運動，蘇俄與各帝國主義國家內的無產階級。

15 何謂黨？

（答）利害關係一致之一階級，或數階級中最覺悟分子，以一定之政策實現其主義的政治的組織。

16 什麼是經濟現象？

（答）經濟現象是人類生產交換分配消費等行爲所組成的關聯的表示。

特別黨部宣傳委員會 本週討論題目

「本黨的階級基礎」

（1）什麼是階級？

（2）黨爲什麼要階級基礎？

（3）國民革命中的各階級。

（4）本黨的階級基礎是什麼？

黄埔日刊

中华民国十六年元月廿六日（星期三）

党与党员

政治问答

革命与反革命的区别

书报流通所新到书籍目录

我们要欢迎觉悟了的新同志

各级政治部图书宣传委员会消息

政治讨论会讨论题目

特别党部宣传委员会本周讨论题目

总理遗嘱

省港罢工工人代表大会代表五百余人来校参观

本校为「革命前驱」

工人都是革命的领导者

本校入伍生第二团团部对汉案宣言

入伍生二团十连连党部援助汉案通电

黄埔日刊

中华民国十六年元月廿六日（星期三）

吴秀才真要下野了

唐军长任北路总指挥官

革命军总司令部已改组

西北革命军改编十军

英美各帝国主义仍陆续调兵运弹来华

苏联驻华大使加拉罕驻武汉

甘肃省将改组新政府

武汉实行征收内地税

招商局助桀为虐之大损失

黄埔同学会启事

小通信

革命之路

总理纪念周报告

路事

中華郵政特准掛號立劵之新聞紙〕中華民國十六年元月卄六日〔星期三〕第一版

黃埔日刊

中央軍事政治學校出版

第二四三號

〔本刊每份銅元一分〕

恪遵總理遺囑

總理遺囑

余致力國民革命，凡四十年，其目的在求中國之自由平等。積四十年之經驗，深知欲達到此目的，必須喚起民衆，及聯合世界上以平等待我之民族，共同奮鬥。現在革命尚未成功，凡我同志，務須依照余所著建國方略，建國大綱，三民主義，及第一次全國代表大會宣言，繼續努力，以求貫徹。最近主張開國民會議，及廢除不平等條約，尤須於最短期間，促其實現。是所至囑！

鍛鍊耐勞的身體！
養成堅强的意志！
履行黨員責任！
尊重黨的紀律！
按時出席小組會！
按時參加紀念週！
遵守公務規則手續！
嚴禁一切無理行動！

啓事

革命歷史 列甯號 犂頭 將來之婦女 孫逸仙傳記 不平等條約的研究 現代社會學 新社會的婦女 人民週刊廿八、九期 少年先鋒十二期 國際問題草案 唯物的人生觀 社會問題詳解 社會進化論 社會主義之思潮及其運動 史學要論 中國青年卅一合刊

更正

昨日日評下半版第四行『壓迫「瓜哇」革命』應爲「壓迫尼加拉瓜革命」

日評

我們要歡迎覺悟了的新同志

日新

在國民革命的發展，尤其是在北伐的進行中，我們不惟連續着慶祝軍事上的勝利，我們還要連續着慶祝我們黨的日見發展。我們知道，軍事上的勝利，—發展地盤，廣張革命軍，固然可以證明革命的勢力已經在堅實地膨大起來，但若想使此已得的勝利能維持得住，而且繼續向前進展，這還要靠黨的基礎的穩固和黨的羣衆的增多。因此，我們在這半年以來所以興高采烈的是：一方面因爲北伐軍的着着勝利，而他方面則因爲我們增加了許多同志以及黨的羣衆。

在北伐期中，革命軍所到之處，被壓迫的民衆，在從軍閥的惡勢力爬出，如重視天日，這不待說，就是向來爲環境所迫，不得已走入迷途，供軍閥驅使的許多人，也都翻然覺悟，脫離羈絆，跑到革命戰線上來了。由這一點可以證明，在反動勢力下的各省中，除了少數統治階級之外，大多數民衆全是被壓迫的，大多數民衆全是要求革命的。而且我們相信：無論他們之中的一部分以前所走的道路如何錯誤，只要他們現在了解革命，覺悟了新的出路，全可以做我們最好的同志，全可以做極勇敢的革命戰士。

北方軍閥下的軍官士兵，至少有十之七八是出身於農工階級，他們差不多是爲生活所迫而入伍的，可以說其本身並沒有若何罪惡，罪惡的祇是帝國主義者和軍閥等壓迫階級。所以假使他們一旦覺悟，他們一定要恢復了原來階級的意識，要歸到革命路上來，這可以由本校軍官政治訓練班各學員最近的表現充分證明出來的。訓練班的學員來到本校還不過一月，而他們在言語上行動上處處都能表明傾向革命，樂於接受黨的訓練，在這種情形之下，我們益覺得上文的推論是正確的，我們對於北方痛苦同胞的解放更是迫急而不可緩的。所以，在現在我們一方面歡迎訓練班的同學要做我們最好的同志，要做最勇敢的革命戰士，他方面還希望同志們趕快地努力，使北方被壓迫的同胞，完全解放出來，盡量地容納覺悟分子做我們的同志！

校聞

各級政治部圖畫宣傳委員會消息

本月十七各級政治部圖畫宣傳委員會在總政治部開會，本校政治部由梁又銘同志出席，當日會議結果：(一)關於委員會之工作，分爲下列各項：1、畫報—定名爲「圖畫週報」，每週一次，每逢星期一出版，紙張較各部出版者大一倍，分爲八幅，每期五萬份。內容略分爲國際，主義，軍事政治，經濟及民衆運動，四部份。(附諷刺)，每部由各委員輪流負責。2、標語—每月出版一次，一次出七種，每種由各委員負責。印刷用一色或三色紙。標語文字，由宣傳科聯席會議負責，或由各圖畫委員撰交宣傳科聯席會審定。3、壁畫—每月一次每次二種，每種一萬份，各委員負責一幅，由會議選定二幅，交宣傳科聯席會議審定。每月之第一星期交卷，用三色或五色印刷。4、明信片，因印刷問題，暫延印行；、關於牆上繪各種油畫，待與各方商議後，再行議定。並每星期四日上午九時半開常會一次，各委員均須出席云。

省港罷工工人代表大會代表五百餘人來校參觀

△本校爲「革命前驅」

△「工人都是革命的領導者」

昨日上午十時，有省港罷工工人代表大會代表五百餘人，來校參觀。並贈本校紅緞橫匾一幅，上書金色『革命前驅』四字，以爲紀念。當由管理處會同政治部派員招待，領該代表等至砲台，蝴蝶崗，烈士墓等處，及本校各部處參觀一週。午後三時許，並在新俱樂部開一談話會，由安體誠科長演說。大意謂今天諸君來本校參觀十分歡迎！諸君贈本校的紀念品，希望本校成爲革命的前驅，本校本着總理的革命精神，亦當以此自勉！諸君都是革命的份子，現在中國所需要的是各階級聯合的國民革命。但是因各階級的地位不同，各階級的力量亦隨之而異。然而中國最多的是農民和工人，所以中國的革命非工人農民起來參加不能成功。但是農民人數雖多、他們的知識落後，力量散漫，在此帝國主義猛烈進攻之下，能急起反抗的只有工人，所以農民是革命的中心，而工人卻是革命的領導者，如在五卅運動中，尤其是在此次省港大罷工中，工人已以其自身的力量，證明了他所負的使命。現在革命軍勢力，已普遍於長江流域。但這種勝利，乃是革命軍到處得到農民工人幫助的結果。所以革命軍必須爲民衆的利益而奮鬥，得到民衆的同情和擁護，始能保持他所得勝利。因此本校所努力的，就是要和國內最大多數而最富有革命性的農民工人聯合起來，共同奮鬥，以完成本校爲民衆前驅的使命云云。直至五時許，始高呼口號散會。並由管理處備船送該代表等回返省城云。

黨務

本校入伍生第二團團黨部對漢案宣言

本校入伍生第二團團黨部，爲援助漢口慘案，特發出宣言云：(銜略)英帝國主義者，自鴉片戰役之後，在吾國無日不磨牙吮血，暴露其窮兇極惡，如猰如虎之狀態，侵略不已，屠殺時聞。稍有人心，能不痛憤！近二年來，如滬案之萬縣一役，死者數千，傷者累萬。英帝國主義者仍無悔禍之心，猶不斷進行其慘殺政策，死傷數十人，以圖在漢口九江重演屠殺之慘劇，以圖阻遏吾國民族革命運動之發展，侵略之目的。計謀無此險毒，梟獍無此兇殘。惡耗傳來，目眥髮指！此而可忍，孰不可忍！誓當繼續先烈之精神，以盡枕戈待命，願效前驅。敬請我黨政府，提出嚴重抗議，實現總理廢除不平等條約之遺訓。尤望全國民衆，一致團結，擴大反英運動，實行經濟絕交，雪恥復仇，共同奮鬥。迫切陳詞，悲憤曷極！中央軍事政治學校入伍生第二團團黨部叩。

入伍生二團十連連黨部援助漢案通電

英帝國主義者，爲全人類中之惡魔，吸吾被壓迫民族之精髓，不足以饜其慾壑；飲吾被壓迫民族之血汗，不足以止其渴想。近百年來，張其毒燄，任意橫行；蹂我國民，宰割之痛未已，屠殺之血長流。愈演愈兇，無所忌憚，今又以我國民政府定都武漢之時，公然表現其猙獰之面目，於本月三日，在漢口用其傳統砲艦政策，水兵登陸，開槍掃射，慘殺我演講愛國羣衆，阻遏我國革命

中華民國十六年元月廿六日 （星期三） 黃埔日刊 〔第二版〕 （二）

進行，必欲從吾中國人民於萬刼不復之地，人爲刀俎，我爲魚肉，此而可忍，孰不可忍。學生等投筆從戎，志在革命，以打倒軍閥，打倒帝國主義爲目的，枕戈待命，殺賊爲職，誓以熱血洗盡人類之恥辱，誓以頭顱交換吾被壓迫民族之自由平等；敬請我國政府，提出最後抗議，收回租界；尤望吾民衆，一致奮起，對英反抗，爲最後之決鬥，盾盾陳辭，無任迫切，入伍生二團十連連黨部叩

軍事

吳秀才真要下野了

▲反吳軍積極攻吳

▲魏益三已就革命軍軍長職

豫省各將領日前議決反吳後，靳魏即爲革命軍攻吳先導，現正積極進討。吳見衆叛親離，有即下野說。茲悉上海廿二日電：魏益三率高汝桐閻曰仁任應岐徐壽椿等巧（十八日）電勸吳佩孚下野，吳因靳魏各部先後叛變，決將鄭州讓出，請張學良坐鎮，吳一星期內退保定，魏益三就革命軍第三十軍軍長職。

又路透社元月二十一號北京電，吳佩孚現在之地位，以其困難，較中將河南省內之軍路間斷數截，而吳之部下，亦叛變分據各處，吳現在再有下野說云。

上海廿三日電，曹現在開封電吳佩孚，勸同息林泉，靳雲鶚魏益三，爲革命軍攻吳佩孚先導，靳在中鎮就保衛軍總司令部司令，均已證實，而京漢路偃城附近有接觸，偃城以南鐵道電杆均被拆毀，鄭州官布戒嚴，檢查行旅，鄭車僅至偃城，漢車僅達柳林，李濟積極入豫攻吳佩孚，于珍任前敵指揮，韓麟春任後方指揮，均將南下，張作霖以豫局緊急，改緩出京。

西北革命軍改編成十軍

西北革命軍現改編成十軍，其改編情形，爲將原有西北一，二，三，四，五，六，共六軍，西北特一，二，三，四，共四軍，及西北後防軍，陝軍，晉軍等，共部隊十六萬餘人，從新編爲十軍，至各軍軍官，現亦經已分別委任，第一軍軍長爲張之江，第二軍軍長爲鹿鍾麟，第三軍軍長爲宋哲元，第四軍軍長爲劉郁芬，第五軍軍長爲蔣鴻遇，第六軍軍長爲李雲龍，第七軍軍長爲弓富魁，第八軍軍長爲鄧寶珊，第九軍軍長爲方振武，第十軍軍長爲衞定一，總司令部現設在西安，以于右任爲總指揮，劉驊爲總司令部參謀長，至航空司令，現仍以馮家駿充任云，

唐軍長任北路總指揮官

自革命軍進攻蘇浙皖豫各省令下之後，革命軍總司令蔣介石氏，因留贛鎮攝，故未能親赴前敵督師，但前方軍事又不能無統令之人，故攻浙總指揮委白崇禧充當，東路總指揮，即以何應欽担任，而北路總指揮一職，總司令亦委第八軍長唐生智充任，負指揮武勝關及南陽兩路入豫大軍之專責，此方軍事，北拒吳張，西聯奉靳，招收吳部，接應馮軍，殺賊渡河，定鼎中原，其任務之重要可知，唐奉命後，已由漢遄赴信陽籌劃進攻洛鄭開封計劃云。

革命軍總司令部已改組

▲總司令下設秘書主任及參謀長

▲更設四廳三監四局及政治部

去年七月本黨決定出師討伐吳佩孚後，隨任蔣介石同志爲革命軍總司令，負討賊之責，同時發表總司令部組織大綱十條，蔣奉命後，即在粵組織總司令部，最初編制總司令之下設總參謀長一，以李濟琛任之，副總參謀長以白崇禧任之，而以邵力子任秘書長，此外設政治部，以鄧演達爲主任，更設參事廳，以鈕永建爲總參議，而以潘文治，伍觀淇，姚觀順等，爲參事，廳之外有軍事政務會議，有法規編審委員會，此外更設參謀，副官，海軍，軍械，交通，軍務，秘書，訓練，軍需，航空，軍法，審計，軍醫，徵募等十四處，而以張定璠，張治中，馬文車，嚴重，陸福廷，邱鴻鈞，褚民誼，徐桴等分任處長，七月二十七日總司令出發入湘督師後，總司令部編制均依出發以前成規，而各處處長除海軍處林振雄免職以潘文治繼任外，其他亦無更易，今年元旦蔣總司令在南昌召集軍事善後會議，以總司令部辦事上之便利起見，故當時議決總司令部內編制上略有更改，總司令之下設秘書主任及參謀長，各組織辦公廳，均設秘書副官若干人，此外更設四廳三監四局及政治部，計參謀廳，軍務廳，政務廳，總務廳，海軍局，航空局，軍械局，審計局，及交通，軍需，軍醫三監，而廳設廳長，局設局長，監設總監一人，廳長局長總監均同一階級，直隸於總司令，至政治部與政務廳之職務，亦經分別規定，政治部則司直轄軍隊之政治訓練，政務廳則司整理佔領地之民財各項政務，聞已定于二月一日實行改組，而各廳局長人員，則以原任人員分別調充云。

政治

英美各帝國主義仍陸續調兵運彈來華

廿四日倫敦電，頃聞英國有派兵四大隊來華之說，茲得印度消息，印度德利地方盛稱英政府不日下令調印兵一旅來華，印地報紙謂顧僱輪船二艘運兵前赴中國云，

廿一日小呂宋電，美國驅逐艦士超城號，載運手榴彈，及彈藥與彈共一千一百七十六箱，開往中國，疑係爲接濟駐天津之第十五營步兵之用，

廿三日華盛頓電，高巖地方有海軍陸戰隊一隊，已奉命開往菲律濱，俾中國發生意外時，得就近向中國開拔，

蘇聯大使加拉罕駐武漢

自國民政府遷都武漢後，全國政治重心，已由黑暗之北京城中轉移武漢，故蘇俄蘇維埃政府特決定派加拉罕氏爲駐華大使，駐於武漢，蓋以武漢現爲我國革命政府之所在地，而蘇聯則爲與我國革命民衆合作之國家，故斷不能仍駐北京，至加拉罕氏現已決定於一月內則由蘇聯動程來華，爲避免奉張軍閥之留難計，決定將取海道赴滬，再由滬赴漢云，

甘肅省將改組新政府

▲早與北京非法政府脫離關係

▲立于青天白日旗下

▲省政府之組織以粵爲模範

甘肅省長致函各政府云：敝省自政綱廢弛，軍閥專權，上無道揆，下無法守，本省已於上年早與北京非法政府脫離關係，自九月十七日馮總司令督師五原，國民軍全體加入國民黨後，本省軍民各機關均立於青天白日旗之下，誓以三民主義，努力國家前途，惟是過渡期間，革故鼎新，頭緒紛紜，一切措施，但待取法，貴省爲革命之區，社會生命所託，藎籌擘盈，尤稱先尋，相應函達查照，希將省政府之組織章則，及關于司法外交財政各項重要關係及辦法，檢寄全份，俾資借鏡，實級公誼，此致，廣東省政府，甘肅省長叩，

經濟

武漢實行徵收內地稅

國民政府令交涉員通告各國領事，按照廣州海關收稅辦法，即日實行普通貨物徵收百分之二十五，奢侈品徵收百分之五十云，巧（十八）

招商局助桀爲虐之大損失

▲招商局爲中國唯一的航業公司……四大公司之一……但爲孫傳芳利用……統計損失已達二百萬元……無形之損失，尤難數計……中國航業前途之不幸……

中國商辦的招商局內河（沿海）航業公司，爲中國航業公司（大小有十五個）之最大者，資本約八百萬，船三十五隻共二萬四千六百餘噸，而與英之太古，（一百萬鎊，四十七隻，六萬噸，）怡和（一百廿萬鎊，五十二隻，將近六萬噸）及日之日清（一千六百萬日金，七十一隻，二萬六千噸）稱爲中國內河航業四大公司，故四分之一的航業操于該局之手，自「五卅」「六二三」慘案發生後，國人一致抵制英日之結果，英日三大公司之勢力已日漸減落，而招商局遂有代起振興之希望，在長江一帶，雖船價昂貴，貨物擁擠，乘客商家多願乘該局之船已可想見，惟革命軍北伐出師後，該局一般紳士階級的董事受孫傳芳之誘惑，情願助孫運兵作戰，以致損失甚鉅。而該局航業工人，復以江永在贛炸沉，死傷工人甚夥之故，相率罷工，故該局近來，已致停航待斃之境。雖其助桀爲虐，應有此惡果，惟于吾國航業前途，亦至不幸之事。茲調查該局損失之情形如下：計去年九月五日起，該局長江斑江輪九隻，被徵發後，一月每隻之損失爲二萬元，九隻每月共爲十八萬元，四個月共爲七十二萬元。又在贛沉沒之江永，價約四十萬元。加入其他被扣留之江安，江華，江大，江裕，江靖之損失實達二百萬元之鉅，然此尚爲有形之損失，至於無形之損失，尤難數計。該局營業，因各項航線，迫於外輪之競爭，本已困難，經此打擊之後，前途益形悲觀。又三北公司亦華商航業中之錚錚者，近聞以亦扣留影響，困難不堪云，（一，廿二，共影）

啓事　對於革命畫報新年號之聲明

一月一日革命畫報所畫本校教育俘虜情形與現在軍官訓練班絕然兩事。因當時訓練班學員尚未到校以前，此間即有兩種工作計畫：（一）對於在軍閥軍隊中受壓迫不得志之軍官投誠本黨者本校應認爲好友設「軍官政治訓練班」以增進其反軍閥和帝國主義之決心，與我們共全革命，其資格爲『學員』，現在爲軍官政治訓練班屬於此種，（二）對敵方軍隊中不明大義迷信軍閥的士兵，我們亦收容而教育之決不殺害或虐待，其資格爲『俘虜』（強使來者非因其輸誠故名）此爲另一種訓練班；在廣州曾辦過，本校在新年前亦擬開辦，故在新年畫報（一月一日以前交的稿）上曾作一圖畫藉以比較軍閥對待我方官兵槍殺囚禁態度不同。這兩種辦法和名稱，務祈大家不要誤解才好。

小通信

黃埔同學會啓事

下列各會員遺失證章，律申明作廢：夏之時，一九九三，閻家興，八四六，劉之玉，五四四，李俊，二九四四，楊向灏，四二五六，丁學韶，二二四五，武暴，一四一七，廖立峯，四一八八，歐陽哲，九六九。

敝同鄉劉子茂（湖南攸縣人）榮伊洪（湖南醴陵人）均係入伍生二團三營十一連學生因病在東山醫院診治忽爾出院不知下落存亡莫卜除向醫院交涉外若有同志知者請即函告爲禱　駐石龍入伍生二團三營十二連劉鳳嘉啓

第二學生隊二十六區隊勤務兵李林桂，昨將其第六七號符號遺失，特此登報聲明作廢。管理處

楊波蕿祖尊鑒瑾來粵聞公卒業後服務於教導師第八團未悉在何營連請賜示知　虎門入伍生一團四營十六連楊瑾啓

晴溪同志：請你把通訊地址示知

繼瑤，德潤，鳳梧：我的病好了，勿再寫信到醫院！　第六學生隊十六隊五十一區隊焦日新

中華民國十六年元月廿六日〔星期三〕 黃埔日刊 〔第三版〕

革命之路

題目

◉總理紀念週報告（一月廿四日）

方鼎英

諸位官長學生士兵同志們，今天我要在紀念週的報告之先，說幾句警惕大家的話。日來天氣頗冷，覺得大家都有畏縮的樣子，這時候若到北方去，豈不是更可怕嗎？於是乎遂覺得一般同志的工作與心理，亦現有不甚緊張的模樣，這話在我個人心目中看來或許有不盡然的地方，但偶問留心此點的官長，也有同樣說話的。這週來此種觀察的結果，覺有兩種感想：一種是平安無事的過去了，覺是好的；一種似乎是陰氣沈沈很可危懼的。同志們！現在的時局是如何？我們的責任與地位是怎樣？稍一深思，我覺得實在是第二種感想的對，敢將個人的感想，爲大家作一報告：現在的時局表面上看起來，湘鄂贛閩川黔豫浙各省，均換我青天白日旗，固是可喜的觀象。但若反一方面想，當此敵人尚未盡滅的時候，須知他愈受挫折，是愈懷報復心的。那末古諺所謂，失意每從得意來的顧慮，凡我同志，都是要小心的了。我們是要曉得以前湘鄂贛等激戰，我革命各軍的精華，受損異常之大，最近休息，雖各有相當的補充與準備，但是有擴充至數倍的，有幾全被改換的。各軍素質之不如北伐當初純健，諒也是應該要顧慮的了」。又常聽見說，我們革命黨員，是要奪取政權的，如不奪取政權，自家能力不能發揮的，又有說我們在這大局尚未完全底定的時候，如不奪取政權，將來舊軍閥雖倒，新軍閥會產生出來，那是不能不未雨綢繆的，這種種說話，如果眞有事實，那就更是我們的危症了，請明白革命的各位想一想，我們革命要奪取政權的口號，是對自家同志們說的呢？還是應該向敵人說的呢？如果是認爲對于同志也應該奪取政權，甚至因欲奪取同志的政權，而預先假軍閥的罪名給同志爲自家奪取政權的地步，結果之必至自相殘殺同歸于盡，誰也看得到的，太平天國的故事，不是很近的榜樣嗎？如果將我們的黨，看做這樣的黨，這種同志，至少也要說他是一個不明瞭黨義的同志，稍重一點說，似他這樣錯看的黨，與狐羣狗黨有何區別。黨裏頭如果有這種份子，大家是要設法將他糾正，勸改過來的，這幾種感想，試問合不合陰氣沈沈的表現呢？同志們，我們黨員，是要無論甚麼時候，都有一種活潑潑的，赤裸裸的，愛親親的，誠懇懇的表現才對的，換一句話說，就是要同志們相互間，不能有半點虛僞，驕縱懷疑，猜忌，及懈怠與爭奪的，望大家緊張起來啊！我們現在的時局，是非常沈重，責任是非常重大，地位是非常危險的啊！同志們！我們目前的北伐，至少非將孫吳餘孽根本掃淸，將魯張逐出黃河以北去，我們的危險，是較北伐當初更重大的呵！請大家莫滿意得太早，莫放心得太快，刻下正如割毒然，已成之膿，尚未去得乾淨的時候，若遂中止了手術，剩下許多刀口在大毒的當頭，誰也知道其潰爛痛苦，是必更甚於前的，這次長江黃河一帶的毒膿，固是已經割得膿血滿江河，但孫吳餘毒，一日未盡，我們的痛苦是一日不能除掉的，況又有奉魯的大毒根，且大有傾其全國之師，爲化血成膿，釀成絕大痛苦，以速我們同胞生命的準備，自命醫術國手的革命黨員，當此緊要關頭，應有何種的感想才對呢？請問大家，是繼續割毒使盡的好些呢？還是留毒剩口，使再潰爛更痛苦的好些呢？這遂是我報告以先所要說的幾句警惕語，現在歸到紀念週爲報告，我要分個外國內兩部來簡單報告一下：先說國外的一部分，現在世界的政局，是一個帝國主義的國家與反帝國主義的國家兩大營壘對抗的政局，這是人人知道的，在帝國主義方面最要緊的，是英美法意等國，就中以英帝國主義爲最凶頑，他是帝國主義者的首領，在反帝國主義方面，有俄，土，中國，及其他被壓迫民族，就中以蘇俄力量爲最雄厚，他是反帝國主義運動的先鋒，最爲英帝國主義者所忌恨，最近英，法，德，意，四國的外長，在日尼瓦會議，就是出於英帝國主義者的陰謀，其目的在擴大羅加諾公約範圍，挽回英國已崩毀的國際地位，而重作歐洲的霸者，然後領袖歐洲各國造成資本主義的國際聯合戰綫，以謀不利於俄土，俄土兩國有見於此，兩國外長，亦針鋒相對地聯合越古斯拉維亞，及波斯等國，謀打破歐陸帝國主義者的陰謀，帝國主義團體中的法國，因爲利害與英意衝突，反有親近俄土的傾向，這是歐洲政局的大概情形」在美洲方面，美國向來執着新大陸的牛耳，把美洲的弱小國家，對于這種「爹爹政策」因爲悚于歐洲的侵略，尚能忍受于一時，但是現時民族主義潮流高漲的時候，美洲的小國，已對美國的「爹爹政策」感覺不快。就着現在美國以武力干涉尼加拉瓜，遂引起全美洲的輿論攻擊。現在美洲也像歐洲一樣，分啟了帝國主義與反帝國主義的兩大營壘。現在因爲弱小民族覺醒的結果，反帝勢力日漸澎湃，帝國主義者已覺寢食難安，但是他們壓迫弱小民族的政策，仍然一點也不放鬆，現在我們再看一看，帝國主義者對于我們中國的態度，就可以知道了。

英國帝國主義者，雖一方提出其所謂「寬大的」對華政策，但一方仍繼續其砲艦政策，以慘殺我同胞。國內雖十萬人簽名反對其政府以武力對待華人。但英帝國主義者，仍違反其民意，繼續派艦來華，集中海陸軍事于漢口，擬于必要時掀起嚴重糾葛，截斷漢陽兵工廠對黨軍彈械之供給，爲張作霖造成機會，其計之毒有如此者，最近漢口九江慘案發生以後，兩地的英國租借地次第被我們收回，英帝國主義的威望，一落千丈，深恐革命軍一到上海，將有同樣事體發生，滬上英領遂慫恿日法美意諸國領事，各採強硬手段，壓服滬上反英運動，現英法日美各國陸戰隊復在上海登陸，準備重演流血慘案，法帝國主義者，不但與英帝國主義者狼狽爲奸，并出其卑鄙怯懦之手段，在上海法界捕我錢剛同志，交孫逆傳芳將其斬首，總之英法帝國主義者對我黨及政府，無時不思傾害摧殘之，但現在除英法兩帝國主義而外，其他帝國主義者，已鑑於國民革命勢力之高漲，漸有覺悟，而思單獨行動，即如最近美國，已有自動取消不平等條約的傾向，下議院中也有人提議從速正式承認國民政府，日本朝野人士，屢來漢口廣州，向我聯絡，如最近條約局長佐芬利，及日本駐荷蘭公使廣田氏，俱贊我國民政府爲極有紀律及最有希望之人民的政府，並請日僑深感黨政府新政治設施之安全與妥善，願久居此樂土而不忍去，又前被英帝國主義者利用的比利時，曾以對北京僞政府之宣布廢棄中比不平等條約，控中國於海牙和平會，但是現在比國也感覺到受人利用之非計，中止海牙訴訟，開始與中國商訂以相互平等尊重主權爲原則的新約，並欲放棄天津的比國租界，凡此皆外國認識我們國民革命的力量的表示。

國內事情之中，九江漢口兩現狀，當然是現在中外視線所集之點，當漢潯案沒有發生以前，民衆感受帝國主義者的壓迫，乃萬縣慘案的刺激，民氣激昂，時思表現，帝國主義者明知這是民族主義潮流的激蕩，而偏悖着良心，說是赤化，由於我黨及政府的煽動，等到民衆舉行大示威時，仍想用砲艦政策，大肆屠殺，但終怕我民氣不可侮，乃忍辱漢潯租界交還我們替代他維持秩序，想等我秩序恢復以後，再行索回，但是陳友仁同志已向英使館參贊歐瑪利表示，英租界不能交還，只可給以相當代價，并要英國無條件承認我國民政府，撤退駐華英艦，漢潯案現狀，大概如此。

至於軍事方面，現在孫吳兩軍閥，已被我們打得他落花流水，故刻止整頓內部，預備同最後的軍閥奉魯決鬥，所以數日以來，軍事上是如何進展，尚不能明白宣布，但暗中的進行，是甚積極，甚緊張，可以給大家知道的。現就各方的情形略述如下。浙江方面，何應欽軍長已派第十四師進至福甯，贛浙方面黨軍已集中蘭溪，總攻令一下，孫逆殘部，不難掃除。魯張匪軍，大批南下，初時到還如火如荼，但是到浦口以後，握有津浦路全綫，每月可聚斂六十餘萬，得此厚利，遂按兵不動，雖孫逆屢屢催促，而逆仍置不理，魯軍中已有不少將領，向我軍暗通款曲，張逆尚在夢中。」河南方面，自西北軍出陝西，吳佩孚勢力愈促。現在西北軍已與樊鍾秀軍聯爲一氣，聲勢浩大，魏益三已爲我軍委爲第三十軍軍長，靳雲鶚由[illegible]長委爲第二十七軍軍長。幷命唐生智爲援豫總指揮，由此可見豫方現在已有辦法的」。至奉張方面，從表面上看來，好像是我們最後的硬敵，但是現在他的勢力，亦只是有名無實，奉派之中，內閧甚烈，新舊派之爭，由來已久，楊宇霆鄭謙之失勢，及張宗昌褚玉璞之別立門戶，實爲奉派崩潰之先兆』，總之現在帝國主義者，在華的優勢，已一落千丈。帝國主義的工具反動軍閥，已被我們次第打倒，是無可致疑的，但是我們不要忘了是先說的一番警惕語，絕不可因爲有成功的可能，遂而驕縱起來，我們要知道，帝國主義者與軍閥的勢力，若是因爲我們逼迫得甚，而越覺到生死關頭的時候，一團結起來，那是更不可侮的，所以我們仍然不要輕視我們的敵人，我們並且還要格外的卧薪嘗膽起來，繼續努力，共同奮鬥，非等到得了最終之勝，不可有半點懈怠的，（完了）

楊若濤

黨與黨員

固然，「黨」是在生活上利害關係一致之階級或數階級中之最覺悟份子，爲欲實現其主義及政策的政治組織。不消說它——「黨」——一定是要有鮮明的主義，精密的組織，嚴緊的紀律，來維繫它的黨員的思想和行動，然後才能完成它的使命——革命。

這樣，就是說「黨」應當把它的「黨員」訓練得一律都是主義化，組織化，紀律化；——即「黨員」的思想，行動，都應當絕對的順從「黨」。

然而，「黨員」是「黨」的組成的分子，「黨」是「黨員」的集合體；要是沒有「黨員」，那就沒有「黨」了。照這樣說來，一定有人要質問我：「你如此說法，似乎「黨員」應比「黨」還重了；那末，「黨」，是要跟着「黨員」的思想和行動去走才對嗎」？

其實不然！「黨員」是怎樣來的呢？請問那個不是對於他想加入的「黨」，有了相當或澈底的信仰，曾欲解决他自身和社會的痛苦，誓願遵從「黨」的紀律，堅信「黨」的主義和政策，然後毅然决然地加入的呢?!而且既經加入之後，復受黨的嚴格的訓練，則他——「黨員」對於「黨」的一切問題。便有依據「黨」的主義，政策，黨綱等來監督「黨」的行動的特權了。這就是說，「黨」固然是要訓練，指揮「黨員」，然而他——「黨」還必須時時警惕，小心地跟着「黨」的主義，政策，黨綱，去行動，始不致悖逆「黨員」的實際的合於正義的要求，方才不得闖出笑話，以危動「黨」的黨綱啊！

所以，「黨」必須與「黨員」要有很密切的關係，任何事體在「黨」的方面，不要拂逆「黨員」的正當而合乎革命與黨的要求；同時「黨員」也當本着革命和黨的要求去正大其詞的監督「黨」的行動才對。要曉得本黨是以黨建國，並不是以國建黨，換句話說，就是「黨」才可以干涉政治，政治是無干涉「黨」的可能的。這件很嚴重的根本原則，任何同志務當澈底的了解，而且要時時加以注意。

要是「黨」是「黨」，「黨員」是「黨員」，兩個絲毫無關，那末，休說「黨」的主義之實現，使命之完成，即它的壽命，亦將危乎其危而不可救藥哩！

同志們！我們別要談高調，過去的即不提，而未來的尚多，而我們所最重的就是我們大家都要很經心的，注視目前的一切的「黨」「政」問題！

革命與反革命的區別

二學生隊二十區隊吳基業

我們常常聽說這個是反革命，那個是反革命，有許多同志總免不以反革命的話錯加在他人身上的。因爲有這種錯加的毛病，時常惹起本黨同志與同志之間的糾紛，以致團結不堅，意志各異，革命的勢力兩相分離，這很是痛心的一件事！我們如果要革命的勢力强大，必要使本黨的黨員，精神團結，意志統一，然後纔能打倒反革命的勢力，而使國民革命成功。今特將反革命的意義略述如下，以供諸同志參考。什麼是反革命？我們先要下一個定義。所謂反革命者，就是反對本黨的主義和政策。凡去作反革命工作的人，他都是與本黨的主義政綱不相符合的，一個走東，一個走西，完全是背道而馳的。例如本黨總理的農工政策，其原則是在解放農工，免除農工的痛苦，改善農工的生活；而做反革命的不是壓迫農工，就是敲榨農工，使農工的痛苦，一天厲害一天，反革命可分爲兩種：一種是沒覺悟的反革命者，一種是先是假革命而後變爲反革命者。沒覺悟的反革命者，即現在中國的軍閥及屬從，先革命而變爲反革命者，爲現在右派的分子。但是，假使現在這兩種反革命者，要想來與本黨共同革命，我們黨員對於這種參加革命的反革命派，應取何種的態度？究竟允許參加，還是不准其參加？各位同志要知道：如果是軍閥下的中下軍官，更或兵士來投本黨，各同志應確認其爲革命的同志，因他們環境不同，是受了大軍閥的利用，現在既覺悟了革命是爲大多數被壓迫的謀解，謀利益的，所以要來加入本黨共同革命。比如閩贛的軍官，從前是我們最强硬的敵人，現在來到本黨，是我們的同志，將來共同做革命工作的同志了。各位同志，對于這一般閩贛新來的同志，要確信其是我們最能努力最熱心的革命同志，因爲他從前是受環境的壓迫和軍閥利用，現在覺悟了非革命不可，則其革命性當比任何人爲强大而切實。各同志對于這一般新來的同志，不但不應有懷疑心，而尤應取信仰和親愛的態度。不過對于由革命而變爲反革命，現在又來革命的人，各同志要特別注意他。因爲這種人，他從前已經是革命黨員，本黨的主義，本黨的政綱，革命的目的，已經是知道的。而中途變爲反革命，現在又回本黨來革命，難免他不是替敵人當偵探，當走狗來破壞我們革命的團體的，至小限度也是一個投機的革命分子！凡爲國民黨真正的革命黨員，對于這一種反來覆去的假革命分子，應當拒絕其參加本黨作本黨的黨員。

★★★★★

政治問答

1、『國家主義的反攻』裏面有『穆爾來白特里和摩根等的圖騰信仰論』這句話。『圖騰信仰論』是前多少年出版的？穆爾來白特里和摩根，他們三人，是否同時？

1、穆爾(JohnStuartmill)。英國社會學，經濟學家。生於一八〇六年，死於一八七三年。摩根(Margan)，英國人，生死年數，一時忘記，他是十九世紀下半世紀研究社會學著名的人。來白特里這人我不知道；大概也總是個社會學家。「圖騰」即Totem之譯音。古代民族社會，民族各以其所崇拜之動物爲標識——如狼，尤，熊等——圖刻其形於所居之建築物上是爲圖騰社會。崇拜動物即爲崇拜圖騰；圖騰信仰論，非書名，特指他們所說的關於此等拜物信仰的學說耳。

2、「多元論」是甚麽？

2、在哲學上說宇宙的本質只有一種東西（或是精神或是物質）的，名爲一元論；說宇宙本質是多種東西的，名爲多元論。古代希臘的泰來士說宇宙成於地，水，火，風四質，便是一種的多元論。

胡宗瑩問楚女答

政治討論會討論題目

「何以要革命」？——「社會爲什麼發生革命？」

討論問題：

1、革命是否社會有了統治階級和被統治階級就會發生？

2、革命是不是被統治階級受了統治階級的掠奪和壓迫而發生的？

3、革命是不是由一種學說鼓吹起來的？

4、社會變動和進（社會）將成爲何種形式底最後決定者是什麽？

5、我們尋求革命底原因，應否在經濟中間去找？

6、革命底原因，是不是產生於生產力和生產關係底衝突？

7、十八世紀底法國革命和廿世紀底俄國革命底根本原因，是怎樣產生的？

8、中國國民革命底根本原因是什麽？

特別黨部宣傳委員會本週討論題目

「本黨的階級基礎」

(1)什麽是階級？

(2)黨爲什麽要階級基礎？

(3)國民革命中的各階級。

(4)本黨的階級基礎是什麽？

中華郵政特准掛號立券之新聞紙　中華民國十六年元月廿七日　星期四　第一版

黃埔日刊

中央軍事政治學校出版
通信處：廣東黃埔本校政治部
第二四四號
本刊每份定價一分

「二七」紀念徵文啓事

中國工人運動開始第一次大流血的「二七」紀念日，到今年二月七日已是第四週年了，這是一個歷史上很值得紀念的日子，所以本刊準備在那天出一「二七」紀念特號，希望同志們踴躍投稿。又本刊為編輯便利起見，特定于二月五日為齊稿期，投稿諸君，早些準備罷。

日評　英帝國主義對華手段之險毒

鴻沈

我們知道近日英帝國主義已與我們短兵相接了！我們準備擴大反英運動，先行收回所有英國租界；英帝國主義也就調兵遣將，極力慫恿各帝國主義共同以武力干涉中國。但是英國究竟是最老練，最狡滑的第一名帝國主義，他能夠多方圓滑，欺騙我們。在這種地方，我們也得留心觀察：

第一，漢口英租界之收歸我政府管理，原來是英國在先的要求保護。因為一月三日英國無故殘殺我民衆，民衆憤怒之餘，遂與英國起極大的衝突，而英租界他已不能自行維持治安的責任，乃請我政府接收。這時我們可以知道：(一)自然是他無力維持租界；(二)但是，他藉此表示相當的對國民政府讓步，俾我政府反而為他調妥民衆對英攻擊的工具。同時，他就在各方面製造出中國民衆「排外」的空氣，而激動各國干涉中國的心理，近日各國準備對華的軍事行動，足以證明他誘惑各帝國主義共同壓迫中國的政策的成功。所以現在他敢于大膽向我們說道：「交還租界」了！

其次，二五附加稅他也承認徵收，並且總稅務司安格聯（英人）還表示服從國民政府主張收回海關等項而不願與北偽政府交涉（？）這實在是很漂亮能動人的消息。不過英國對國民政府這樣表示，終於是外交手腕之善於妙用罷了。

我們看罷：大部份的關稅權不操在北庭軍閥手中麼？他們（北京偽政府）不是議定明年元旦（舊歷）開始徵收，並已預為分配每年所增加之五六千萬元之用途麼？而他們唯一用途不是用作「討赤」軍費麼？所以，英國這種表面上服從國民政府的外交政策之實行，結果，完成他：(一)與國民政府妥協；(二)實際幫助北方軍閥之重大使命！

總括一句，英帝國主義現在對華的詭計，不外：

1.妥協革命政府；
2.分散革命勢力；
3.實行接濟軍閥；
4.共同干涉中國。

我們革命的民衆和革命的政府要深深認識英帝國主義很險毒的手段，積極準備應戰啊！

誓遵總理遺囑

總理遺囑

余致力國民革命，凡四十年，其目的在求中國之自由平等，積四十年之經驗，深知欲達到此目的，必須喚起民衆，及聯合世界上以平等待我之民族，共同奮鬥。

現在革命尚未成功，凡我同志，務須依照余所著：建國方略，建國大綱，三民主義，及第一次全國代表大會宣言，繼續努力，以求貫徹。最近主張開國民會議，及廢除不平等條約，尤須於最短期間，促其實現。是所至囑！

本校本週口號

鍛鍊耐勞的身體！
養成堅强的意志！
履行黨員責任！
尊重黨的紀律！
按時出席小組會！
按時參加紀念週！
遵守公務規則手續！
嚴禁一切無理行動！

軍事

吳秀才已宣言下野

△鄭州形勢危急
△寇英傑全部退回開封

廿四日上海電　吳佩孚已發出下野宣言。又廿日夜鄭州開軍事會議，討論應付靳雲鶚魏益三等問題，王為蔚主張用和平手段，其餘各將領亦無積極表示，吳佩孚憤謂無法解決時，本人即下野，退避賢路，散會後，吳電寇英傑赴偃城許昌間施行警備，勿向西平進攻，廿一日晨，鄭州街市車站，滿佈武裝兵士，警備甚嚴，人心恐慌，王維城過鄭州南下，聞有與靳魏一致行動說，又訊，寇英傑廿二日率全部敗退回開封。

第一軍由閩北入浙

△第一批為何總指揮俄顧問張貞師開拔
△第二批為李曹兩師開拔
△第三批為馮林兩師開拔

福州通訊，國民革命軍第一軍現決定由閩北出發，先行集中福甯分三批開拔，第一批為何總指揮俄顧問加羅覺夫，及張貞師、第二批為李生春師曹萬順師第三批為何總指揮……

西北革命軍將不戰而得洛陽

西北國民革命軍馮玉祥部佔領潼關後，軍事上已有極大發展，其先鋒隊已有入靈寶者，今正與張治公開談判，大約雙方已諒解，張之軍隊，勢必歸入國民軍，洛陽可以不戰而得，蘭州蔚岳之兵，亦不敢戰、且人數有限因軍隊衣食、久無正當供給、皆希望國民軍來，可有投降之機會，劉鎮華兵，更不成問題，若豐退出潼關時，曾大劫掠，豫西人民，痛恨萬分，業已派代表前往國民軍大本營，請求早日東下，以蘇民困，蓋馮軍所到之地，紀律皆為嚴明，既不擾民，又不妄為，處處愛護人民，維持治安，潼關有一教士，近因戰事逃避，今知馮玉祥兵已到，又回至原處，據云該地頗安靜，為近數年所罕見，目下潼關靈寶間，交通已恢復，人民往來無危險，此皆受國民軍之賜云，此間人民仍在吳佩孚勢力之下，苛稅重重，民不聊生，若為攻陝，又抽隴海路貨車捐，與運車捐，商家無力担負，祇可停業云。

劉湘已就軍長職

劉湘自就革命軍軍長職後，努力國民革命并通電全國，其電文有謂：「救國之道惟有集中革命勢力實行國民革命之一途，湘夙志救國，茲本先覺之指導，民衆之要求，謹率所部，為革命而努力，誓遵守先總理之遺囑，服從全國第一第二兩次代表大會宣言，及歷次議決案，效忠黨國，以求貫徹，抑湘尤有不能不鄭重宣言者，國民革命為實現三民主義之先導，而喚起民衆，聯合世界上以平等待我之民族，又為完成國民革命之要圖，吾人若不能奉持三民主義之理論，以求徹底實現，即不足以侈談國民革命，若不努力喚起民衆聯合世界以平等待我之民族，亦不足以完成國民革命，吾人所以打倒帝國主義，蓋欲謀國際間之平等，使一般弱小民族，皆得解放，非徒富國強兵，自成一帝國主義之國家而已，吾人所以打倒軍閥，蓋欲謀政治上之平等，使一般平民皆得運用民權，非徒以身求代軍閥，或造成軍閥階級之統治，以荼毒平民而已，若夫打倒帝國主義，打倒……

啓事

血花劇社黃埔分社重要啓事

逕啓者，本社草創成立，諸多事宜，……定於元月廿九日（星期六）下午一時，假大俱樂部開全體社員大會，討論一切急要問題，及改組事宜，……

中華民國十六年元月廿七日　星期四　黃埔日刊　第四版

撲滅劊子手的英帝國主義

沙河入伍生一團六連　胡堅

很毒，萬惡的英帝國主義呀，中華民族曾經殺過你的始祖祈過你的先代麼？請你明白的答覆出來！不然，中華民族何辜呢？為什麼「五卅」（上海）慘殺之不足，繼之以「六二三」（沙基）；「六二三」慘殺之不足，又繼之以「九五」（萬縣）；「九五」慘殺猶不足，更繼之以「一三」（漢口江漢關）和「一六」（九江）呢？像這樣殺人如同斬草一般似的事實，層見迭出，難道中華民族就是你大砲機關槍的靶子麼？你負有屠殺中華民族的使命麼？抑或中華民族是應「壽考」于你的槍砲子彈之下的麼？為什麼這樣對待中華民族呢？你憑藉侵略的政策，侵略世界上一切弱小民族，尤其是我中華民族，佔據軍港要地，奪去關稅領事裁判權和其他種種特殊利益，還不滿足，現在連剩下過奴隸生活最痛苦最可憐的中華民族的老性命，都不肯稍稍饒恕。那麼，你可以不必叫英吉利，簡直叫做人類的劊子手好了！我聽得你屠殺中華民族的心理，是在壓中華民族的反帝運動，同時藉借高壓中華民族反帝運動的手段的成績，來高壓你統治下的殖民地——印度等的反帝運動，以求保全你在中華民族範圍內和被你統治的殖民地中的一切權利罷了。但你須要明白：你在中華民族侵略得來的權利，也如珍似璧的一般，看得這樣緊要，保全得這樣厲害，為什麼偏不想想中華民族的所有權利被你奪去了，就不能宣傳反帝作規復所有權利的運動麼？你們帝國主義者的所以侵略壓迫屠殺弱小民族，無非是想長久維持你們少數壓迫階級的優越生存罷了，獨不想我們多數被壓迫階級，就不圖生存的麼？你雖是五色人種中之一，但依你的極無人性的事實看起來，可以判別你不是人類了。可以武斷你配不上稱為人類了。我相信世界各弱小民族和我中華民族，是要圖生存的，不能長久受你的侵略，壓迫，屠殺的，所以我便高呼着：「撲滅劊子手的英帝國主義！」我不但這樣高呼着，而并且竭我股肱的力量於最短時間與你相見於太平洋上啊！

悼第三隊章維楚同志

姚子希

天氣慘淡，冰風似擊底昨晚，我正是無聊中在那廊下徘徊着：忽有一陣塵波，觸動着我的耳膜！——章同志死了，章同志已於今早死了！我的腦筋如失知覺一般。

啊！維楚同志！你就這樣去了嗎？本隊黨部的工作，誰來替你呀！回憶你與我在深圳籌備雙十紀念時，你對我說：「祇得使黨有成效，精神和肉體底痛苦無所謂的。」

維楚同志，你為黨工作的精神，何其如是勇敢呀！君今死矣，我不勝悽愴！但願以我滿胸熱血，與後死者繼續你的工作一直奮鬥下去，慰你在黃泉的靈魂。

一九二七，一，二四，于蝴蝶崗

特載

什麼是濟難會？

（中國濟難會南方辦事處一九二七，一月一日）

一、中國濟難會之產生和意義
二、中國濟難會之工作和作用
三、中國濟難會之組織和經費
四、中國濟難會之組織方法
五、中國濟難會與被壓迫階級

(一)中國濟難會之產生和意義

中國濟難會自十五年八九月中在上海籌備發起，九月二十日開發起人會，十六年一月十七日在上海成立臨時全國總會，至今已有一年多的歷史了，組織遍國內各省及南洋諸地。在力謀擴大的現在，應把中國濟難會的種種方面詳細說明，以給革命民衆和同情濟難會運動者之參考。

中國濟難會是由中國的革命潮流所趨，適應了中國的社會環境而產生的。中國之五卅運動，是數十年來民族解放運動中之有希望的運動之開始。換句話說，就是中國的民族運動，到了「五卅」是進了革命的軌道了。覺悟而有組織有方法的中國革命民衆，已開始向壓迫階級的驚慌與重視，同時壓迫階級為保持他們的統治階級的利益計，也用盡了力量，把最殘暴慘酷兇猛一切非人的恐怖政策，向一切解放運動中大多數為民衆利益而勇敢奮鬥的先鋒戰士加以摧殘屠殺。中國濟難會是應了這個客觀環境的要求，站在反壓迫階級的觀點上，為了對于為民衆利益而犧牲其一切的革命先鋒的同情而產生了。

中國濟難會，是以「救濟為解放運動而被難者」為唯一的宗旨。他是集合了被壓迫階級與同情于解放運動而願盡力援助這種被難者的同胞的大組織，以共同担負這個重大的責任。

中國濟難會會員的會費，每人每月只納銅仙五個，這使得一切富有救國之心的人們，從此得到了一個機會，他們從此可以把他們救國的一片熱心，從五個銅仙——物質上具體的表現出來。他們從此知道救國的具體方法，是革命，是保護革命；而保護革命的具體方法，是保護被摧殘的革命的先鋒戰士們。

在此，我們應具體的列舉中國濟難會的意義：

1、他為一切解放運動被難者作物質上精神上的援助，以減少他們的痛苦；
2、他足以使一切解放運動者減少後顧之憂，一方面就是增加他們的戰鬥力；
3、他當援救為解放運動而被難者，使之減輕犧牲，就是保護革命戰士，保存革命勢力；
4、他把被難者奮鬥的經過和流傳起來給一切解放運動者為不斷的寶貴底革命經驗之教育與訓練；
5、他給羣衆以初步的政治訓練和教育，因為濟難會所有普遍的每個會員至少知道他是為要保衛革命而擁護革命先驅的；
6、他把救國運動，具體而簡單化，使無論販夫走卒，都可認識濟難會而來參加這個救護革命的運動；
7、他把羣衆悲天憫人的浪漫的慈善的情感漸漸地移到正確的革命的觀點上去；
8、他促進世界被壓迫民族的友誼的聯合，同時推進國民革命的聯合戰線。

以上只舉其大者來說，但就這幾個意義來說，被壓迫的同胞，當然都應知道濟難會的重要，而人人應該來參加，來負責的了。

(二)中國濟難會之工作與作用

中國濟難會之救濟為解放運動而被難者的工作，其詳細情形，可分四項說明：

1、精神上的救濟　濟難會對于為解放運動而被捕入獄時，便先要減少他們的精神上的痛苦，派人去慰問，與他通信，使遞或贈送書報及一切精神上能得到安慰的紀念物等，使被難者不但要得到社會上同情的安慰，并且要得到社會上同情的鼓勵；不但要使他的奮鬥意志不頹喪，并且要使他的奮鬥意志更堅强起來；

2、經濟上的救濟　為解放運動而被捕入獄者，如其他是貧苦的，濟難會當盡力使他在物質上減少痛苦：要接濟零用費，送食物，及一切必需品，并且要救濟其家屬，教育其子女。如其受傷者，當担任其醫藥費；死亡者，當担任其殯葬費；被驅逐的政治犯當担任其旅行費生活費及介紹濟難會機關照護等。

3、法律上之救濟　為解放運動而被捕入獄者，他一定要經過統治階級的法庭（自然有許多軍閥支配之下的地方，連他們統治階級的法庭都不要經過的。）的審判，濟難會必須代請律師辯護，供給部分的或全部的費用。

4、政治上之救濟　濟難會于必要時得號召政治的羣衆運動，以向統治階級示威或請願，要求釋放政治犯。

以上是說明了濟難會在救濟和宣傳兩方面應有的工作，此外濟難會，還應與世界上類似的團體相聯絡，也是很重大的責任。等後面再詳細的說明罷。

中國濟難會有上述的必要的工作，如其他不能辦理這種工作，那末就有他的作用：所以要希望濟難會能夠盡職的完全辦到這樣的工作，那末大家快些不要放棄這個責任，共同的來參加濟難會的工作罷！（未完）

政治討論會討論題目

［何以要革命？］——［社會為什麼發生革命？］

討論問題：

1、革命是否社會有了統治階級和被統治階級就會發生？
2、革命是不是被統治階級受了統治階級的掠奪和壓迫而發生的？
3、革命是不是由一兩人學說鼓吹起來的？
4、社會經濟和他（社會）將成為何種形式底最後決定者是什麼？
5、我們尋求革命底原因，應否在經濟中間去找？
6、革命底原因，是不是產生於生產力和生產關係底衝突？
7、十八世紀底法國革命和廿世紀底俄國革命底根本原因，是怎樣產生的？
8、中國國民革命底根本原因是什麼？

特別黨部宣傳委員會本週討論題目

［本黨的階級基礎］

(1)什麼是階級？
(2)黨為什麼要階級基礎？
(3)國民革命中的各階級。
(4)本黨的階級基礎是什麼？

中華民國十六年元月廿七日　星期四　黃埔日刊　第二版

紅槍大敗吳新田

蔣總司令抵鄂之盛況

孫軍內部已破裂矣

英無力管理租界

安格聯絕對服從國民政府決議案

日政府宣布對華政策

經濟　國民政府治下之交通計劃

群衆運動　湖南省工農運動之進步

中華民國十六年元月廿七日　星期四　黃埔日刊　第三版

革命之路

校屬部處黨部暨各部處黨部成立大會演說詞

小通信

題目

〔一〕 中華郵政特准掛號立劵之新聞紙〔中華民國十六年元月廿七日〕〔星期四〕〔第一版〕

黃埔日刊

中央軍事政治學校出版

通信處廣東黃埔本校政治部

〔第二四四號〕

〔本刊每份定價一分〕

啟事

血花劇社黃埔分社重要啟事

逕啟者，本社草創成立，諸多事項，亟待進行，故於元月十五日曾召集社員大會，討論重要事項，奈當日到會人數不足，致一切重要問題，無從決議，茲定於元月廿九日（星期六）下午一時，假大俱樂部開全體社員大會，討論一切急要問題，及改組事宜，并請政治部熊主任宣傳科安科長張鴻仙教官臨場指導，裨益良多，屆期務希各社員按時出席是所至盼

田培舜同志你升學後，編入第幾學生隊第幾區隊，請示知為盼　廣州北較場軍士教導隊第六中隊勤務兵李章

[illegible]載明雲[illegible]兩同志：我來許久不知你們的下落念甚望速賜[illegible]談要告我為盼　魚珠砲台學生軍第二中隊劉[illegible]光啟

[illegible]同志你在入伍生[illegible]我為盼　鍾冠英同志你在第一補充師第二團出發江西現駐何地請告我為盼　黃埔魚珠砲台學生軍熊肇基

「二七」紀念徵文啟事

中國工人運動開始第一次大流血的「二七」紀念日，到今年二月七日已是第四週年了，這是一個歷史上很值得紀念的日子，所以本刊準備在那天出一「二七」紀念特號，希望同志們踴躍投稿。又本刊爲編輯便利起見，特定于二月五日爲齊稿期，投稿諸君，早些準備罷。

日評

◉英帝國主義對華手段之險毒

鴻沈

我們知道近日英帝國主義已與我們短兵相接了！我們準備擴大反英運動，先行收回所有英國租界；英帝國主義也就調兵遣將，極力慫恿各帝國主義共同以武力干涉中國。但是英國究竟是最老練，最狡猾的第一名帝國主義，他能够多方圓滑，欺騙我們。在這種地方，我們也得留心觀察：

第一，漢口英租界之收歸我政府管理，原來是英國在先的要求保護。因爲一月三日英國無故殘殺我民衆，民衆憤怒之餘，遂與英國起極大的衝突，而英租界牠已不能自行維持治安的責任，乃請我政府接收。這時我們可以知道：（一）自然是牠無力維持租界；（二）但是，牠藉此表示相當的對國民政府讓步，俾我政府反而爲牠調安民衆對英攻擊的工具。同時，牠就在各方面製造出中國民衆「暴動」的空氣，而激動各國干涉中國的心理，近日各國準備對華的軍事行動，足以證明牠誘惑各帝國主義共同壓迫中國的政策的成功。所以現在牠敢于大膽的對我們說道：『交還英界』了！

其次，二五附加稅牠也承認徵收，並且總稅務司安格聯（英人）還表示服從國民政府主張收回海關等項而不願與北僞政府交涉（？）這實在是很漂亮能動人的消息。不過英國對國民政府這樣表示，終於是外交手腕之善於妙用罷了。

我們看罷：大部份的關稅權不操在北庭軍閥手中麽？他們（北京僞政府）不是議定明年元旦（舊歷）開始徵收，並已預爲分配每年所增加之五六千萬元之用途麽？而他們唯一用途不是用作「討赤」軍費麽？所以，英國這種表面上服從國民政府的外交政策之實行，結果，完成他：（一）與國民政府妥協；（二）實際幫助北方軍閥之重大使命！

總括一句，英帝國主義現在對華的詭計，不外：

1. 妥協革命政府；
2. 分散革命勢力；
3. 實行接濟軍閥；
4. 共同干涉中國。

我們革命的民衆和革命的政府要深深認識英帝國主義很險毒的手段，積極準備應戰啊！

軍事

◉吳秀才已宣言下野

△鄭州形勢危急

△寇英傑全部退回開封

廿四日上海電　吳佩孚已發出下野宣言。又廿日夜鄭州開軍事會議，討論應付靳雲鶚魏益三等問題，王爲蔚主張用和平手段，其餘各將領亦無積極表示，吳佩孚憤謂無法解決時，本人即下野，退避賢路，散會後，吳電寇英傑赴偃城許昌間施行警備，勿向西平進攻，廿一日晨，鄭州街市車站，滿佈武裝兵士，警備甚嚴，人心恐慌，王維城過鄭州南下，聞有與靳魏一致行動說，又訊，寇英傑廿二日率全部敗退回開封，

◉第一軍由閩北入浙

△第一批爲馮林兩師開拔

△第二批爲李曹兩師開拔

△第三批爲何總指揮俄顧問張貞師開拔

福州通訊、國民革命軍第一軍現決定由閩北出發、先行集中福甯分三批開拔．第一批爲馮軼裴師、第二批爲李生春師曹萬順師第三批爲何總指揮與俄顧問加羅覺夫，及張貞師、分向衢州、金華、嚴州等處開發、現因桐廬方面戰事甚急、已擬令第一路指揮第一師長王俊赴前線助戰云、

△西北革命軍將不戰而得洛陽

西北國民革命軍馮玉祥部佔領潼關後、軍事上已有極大發展、其先鋒隊已有入靈寶者、今正與張治公開談判、大約雙方已諒解、張之軍隊、勢必歸入國民軍、洛陽可以不戰而得、蘭州蔚臣之兵、亦不敢戰、且人數有限因軍隊衣食、久無正當供給、皆希望國民軍來，可有投降之傾向，劉鎮華兵、更不成問題，若輩退出潼關時，甘大劫掠、豫西人民、痛恨萬分、業已派代表前往國民軍大本營、請求早日東下，以蘇民困，蓋馮軍所到之地，紀律皆爲嚴明，既不擾民，又不妄爲，處處愛護人民，維持治安，潼關有一教士，近因戰事逃避，今知馮玉祥兵已到，又回至原處，據云、該地頗安靜，爲近數年所罕見，目下潼關靈寶間、交通已恢復，人民往來無危險，此皆受國民軍之賜云，此間人民仍在吳佩孚勢力之下、苛稅重重、民不聊生，若再攻陝，又抽隴海路貨車捐、與運車捐、商家無力担負，祇可停業云、

◉劉湘已就軍長職

劉湘自就革命軍長職後，努力國民革命并通電全國、其電文有謂：「救國之道惟有集中革命勢力實行國民革命之一途，湘夙志救國，茲本先覺之指導，民衆之要求，謹率所部，爲革命而努力，誓遵守先總理之遺囑，服從全國第一第二兩次代表大會宣言、及歷次議決案，效忠黨國，以求貫澈、抑湘尤有不能不鄭重言者、國民革命爲實現三民主義之先導，而喚起民衆，聯合世界上以平等待我之民族、又爲完成國民革命之要圖，吾人若不完全接受三民主義之理論，以求澈底實現、即不足以侈談國民革命，若不努力喚起民衆聯合世界以平等待我之民族，亦不足以完成國民革命、吾人所以打倒帝國主義，蓋欲謀國際間之平等、使一般弱小民族、皆得解放，非徒富國強兵、自成一帝國主義之國家而已，吾人所以打倒軍閥蓋欲謀政治上之平等，使一般平民皆得運用民權，非徒以身求代軍閥、或造成軍閥階級之統治權，以荼毒平民而已，若夫打倒帝國主義，打倒

誓遵總理遺囑

總理遺囑

余致力國民革命，凡四十年，其目的在求中國之自由平等，積四十年之經驗，深知欲達到此目的，必須喚起民衆，及聯合世界上以平等待我之民族，共同奮鬥。現在革命尚未成功，凡我同志，務須依照余所著建國方略，建國大綱，三民主義，及第一次全國代表大會宣言，繼續努力，以求貫徹，最近主張開國民會議，及廢除不平等條約，尤須於最短期間，促其實現，是所至囑！

本校本週口號

鍛鍊耐勞的身體！

養成堅强的意志！

履行黨員責任！

尊重黨的紀律！

按時出席小組會！

按時參加紀念週！

遵守公務規則手續！

嚴禁一切無理行動！

中華民國十六年元月廿七日 〔星期四〕 黃埔日刊 〔第二版〕 (二)

軍閥之後、尤須勵行民生主義、力謀經濟上之平等、此三民主義之原則、吾人當竭誠接受、不容割裂纂竊、自便私圖者也、至於必先喚起民衆、而後革命勢力乃得集中、聯合世界上以平等待我之民族、而後足以與國際帝國主義抗戰、此尤完成國民革命之途徑、吾人當力求貫徹、不容懷疑違棄、自壞陣線者也、湘服膺黨義、志在救國、暨勤求審慮於前、自當努力奉行於後、惟國民革命之大業、非旦暮之功、而三主義之完成、實百年之計、湘旣以一身獻之黨國、誓當竭誠踐履、貫徹始終云云。

政治

紅槍大敗吳新田

陝局自甘軍孔繁錦爲西北國民革命軍擊潰後、籌雖一破、而長安城之圍解、多年黔經武、盤踞陝南之第七師吳新田、遂亦成強弩之末、岌岌乎不可終日矣、最近兩月以來、所傳國民軍將逐吳軍（新田）收陝南沿漢水東下、以取襄樊、而與黨軍會師武漢之謠、已使吳軍終日彷徨、不知所措、不料今之對吳爲難者、最近又有自治軍之紅槍會也、該會宗旨、本以保家禦匪、標榜於世、原無政治臭味於其間、茲者竟於洵陽洵河等縣、聚集數千、與川匪悍首康華堂勾結合作、拒稅抗官、聲勢洶洶、吳新田派隊往剿、反受大挫、該會因之愈形猖獗、蔓延愈廣、日前羽黨一支、已由陝鄂毗連之上河縣僞設、樹立旗大書陝南第一混成公章堂一心師第一營長常明德等名稱、該會員均頭紮黑巾、身佩白綾、由左肩斜困右腋、手執刀矛、以打富濟貧、驅逐軍閥爲口號、白河縣臨漢江岸、（漢水）乃陝省出鄂入境門戶、設有厘金百貨局、課稅特重、今紅會擬以發展滋長、前途未可忽視、而久已號稱陝南王之吳新田苟不急起自圖、澈底解決、則國民軍一旦抄後而來、將恐如物在甕、進退維谷矣、

孫軍內部已破裂矣

使圖對滬局仍憂慮、因聯軍方面已露散漫破綻、桐廬孫軍方面未勝、蘭溪孫軍未敗、

英無力管理租界

▲倘欲求交還英界

廿四日上海電、漢粤英人不願與京政府商談、仍主由阿馬利與陳友仁爲實業範圍之協商、阿馬利與陳友仁已談七次之多、雖無具體結果、感情已漸回復、阿馬利要求交還英界、陳友仁答英當局無能力管理、乃託諸我政府、如交還、將通告界內各國人生命財產有危險不負責、

蔣總司令抵鄂之盛況

△三十萬群衆齊集江岸歡迎
△蔣總司令抵鄂後檢閱駐軍
△並改組武昌總司令部

國民革命軍總司令蔣介石、於贛戰告終時、即擬到鄂、以慰鄂省民衆之渴望、徒以贛方軍事善後、辦理未竣、故遲遲其行、直至本月十二日、始翩然蒞止、先是各機關團體、在漢商會設立各界歡迎大會籌備處、專辦歡迎事宜、至十二日下午二時、蔣總司令乘長安輪抵武昌、同行者爲顧孟餘、何香凝、彭澤民、加倫將軍及隨員二十人、衛兵百五十名、政府委員徐謙、孫科、陳友仁、蔣作賓、及唐生智、鄧演達、詹大悲、董用威等、分乘差船、登長安輪歡迎、總司令與各人一一握手後、即偕上差船、開傍文昌門外織布局碼頭登岸、其時農工商學各界、齊集江岸候迎者、不下三十萬人、該處紮有大綵牌一座、上綴「歡迎勞苦功高之蔣總司令」等字樣、極爲輝煌、總司令登岸時、軍樂齊奏、萬頭攢動、歡迎群衆、各手小旗招展、景象嚴肅、同時武昌蛇山、鳴禮炮百零一響、並有飛機三架、翱翔空中、散發傳單、總司令對群衆歡迎、沿途舉手答禮、身披黑色大衣、態度甚安閒、偕徐謙徐步行入文昌門、逕赴總部休息、（何香凝因足疾乘馬車入城）所有歡迎群衆、亦陸續由文昌門入城、至閱馬廠集合、開歡迎大會。至總司令此行抵鄂事務、於檢閱駐軍外、即爲改組武昌總司令部（內容已載昨日本刊）

安格聯絕對服從國民政府決議案

廿四日上海電、英人消息安格聯廿二日訪陳友仁、表示對國民政府聯席會議議決收回海關徵收附稅等議案、絕對服從、並將通知中央銀行預備先付附稅墊款、又北京僞政府再請安格聯促令各關實徵二五附稅、並由財政部致電各關監督、務於一日起實行徵收、

日政府宣布對華政策

△若槻首相聲言絕不干涉中國內政
△幣原外相揭發日本對華四大方針

▲電通社東京十八日電 日若槻首相今日在議院演說施政方針如下、昨年十月、中國政府提議改訂中日通商條約、我國表示應諾之意、蓋所以對中國國民表示互相信賴、友好一貫、與在關稅會議撤廢治外法權會議所表示之誠意同一主旨、確信如此可使中日兩國民進於諒解親善、中國久未安定、洵爲可哀、望其一日早得安定、但絕對不干涉其內政、至擁護我國利益、則仍期無所遺漏、次幣原外相演說、於對華問題、最爲注重、首論中國內爭之變遷、至南北對峙之現勢、警告國民勿惑於斷片消息及單方行動、言中國欲實現和平、應待中國國民自己主動、中國有數千年歷史之國家觀念、外國斷不能以自己本位之政治的社會的計畫強中國、至對中國內政、雖不干涉、但保持利權、則當十分努力、關稅會議以中國南北有力者爲委員、希望早日續開、至日政府對中國方針、大略爲（一）尊重中國主權及領土保全、絕對不干涉內政（恐非事實）（二）增進中日共存共榮關係及經濟上提攜、（請國人注意）（三）對於中國國民之合理的希望、表好意與同情、不吝助其實現、（能確嗎？）（四）對於中國現狀、力取忍耐寬大態度、但同時擁護日本正當利權、（什麼正當利權？）

經濟

國民政府治下之交通計劃

△鐵路之建設
△汽車公路之建設
△無線電話之普設及航空事業之舉辦

交通部長孫哲生、現以該部設立後、部務已略具規模、而全國交通事業、完全具體計劃、在現在雖尚未造成、乃先將國民政府治下之各省交通計畫、擬成一文發表、內容略於下（一）鐵路之建設：按現在計劃第一步當先完成粵漢鐵路、此路倘有二百餘哩、二三年內可以築成、即可由北京直達廣州、第二步即完成兩大系統（甲）爲西北幹線、即展築隴海路、而打通陝西、甘肅、新疆、青海諸省區、（乙）爲西南幹線、即貫連粵、桂、滇、黔、川諸省區、此二大系統、一旦告成、中國即成爲一鐵道交通利便的國家、從此西北西南之屯墾畜牧商務礦業工業種種新事業、俱得發展、（二）汽車公路、當鐵路所未到之地、應先築公路、以聯各地、而爲鐵路之輔助、國民政府現已議決先築成、江西贛州至廣東韶州之路與南段粵漢路相接、自十六年三月至十二月、每月撥出卅萬元、共二百萬元、此路線共約二百哩、現在由韶關到贛州、共須步行七八日、路成之後、坐汽車只須八小時、自十七年始、由廣州直到武漢、僅四五日路程耳。（三）無線電話之普設、擬在各省會設立無線電話總站、而各縣城設立分站、吾國各縣均有學宮萬壽宮等無用之建築、擬改爲人民大會場、場內裝置無線電話收發音機、每日指定一時間爲人民教育期、由省會總站傳播、全世界全國全省之新聞、政府之命令與及各人之演說、教育講演并音樂娛樂之道、各地有事發生、全國各省國民瞬息間即可共知研究討論。蘇俄實行此政策、家庭裝置無線電話者、達數十萬。至航空事業、亦正在計劃中、擬先接連西北云。

群衆運動

湖南省工農運動之蓬勃

△有組織農民達八十餘萬
△加入工會之工人三十二萬六千餘人
△舉行全省總工會省農會代表大會

湖南勞工運動、萌芽於一九二十年、自北伐軍與、湘省首先底定、於是農工運動、隨革命勢力勃然興起、茲將湘省有組織之工會農民協會、農工參加運動之熱烈、及其鬥爭之情形、略錄於下：（一）湘省有組織之農民已達八十餘萬、成立農民協會者有七十餘縣、已加入工會之工人、總共三十二萬六千三百六十八人、尚有未組織之礦工五萬餘人、各地工會及產業工會、共五十二處內有工會五百三十三處、支部百六十六處、均統屬於五十二工會之下。（二）農工參加各種運動、特別踴躍、幾佔每次總數十分之六七。據總工會調查報告、三月來參加政治運動共二百三十五次；經濟鬥（如罷工運動等、一百零八次、共發宣言七十餘萬。（三）湖南農工慼受反動軍閥之蹂躪、土豪劣紳之壓迫、生活之艱難、極感革命之需要、故農工運動、遂如雨後春筍、發展一日千里、湖南全省總工會省農民協會第一屆全省代表大會、已在長沙舉行、出席代表三百餘人。關於農工政策之意義闡明最精、對於農工運動之進行討論、尤極詳細云。

小通信

王鼎新盧子葵吳笠漁諸同志你們在何部隊請函知以便通信
鼎新兄你有掛號信在本校收發處能否親來或弟代取寄交
第二學生隊三十一區隊謝鎮榜

職於民國十五年十二月十四號遺失證章一枚號碼是三百七十號除呈報本處處長外特再登報申明作廢
軍醫處診察室看護長譚明盛謹上 一月十二日

余輪同學；你現在何處服務，你如有暇或有便，請將以前所寄存之箱子書籍暨證同學錄，帶交浙江嚴州淳安縣交國民革命軍第二十六軍補充第一團第二營代理指導員弟收可也，千乞勿誤爲荷，
第二十六軍補充團二營代指導員蘇晉康啓

廖超羣同志；（湖南人）你有由第一軍補充團一營四連寄來平信一封，請即日來取爲盼，（宣傳科）
[illegible]青年大同盟會址[illegible]的請告我爲
[illegible]步師偉同志你原在入伍生四連現升學編何部隊你有家信在我同志會請往取或函我轉寄

中華民國十六年元月廿七日 〔星期四〕 黃埔日刊 第三版

革命之路

題目

校屬部處黨部暨各部處黨部成立大會演說詞

方鼎英

今天本校校屬部處黨部暨各部處黨部舉行成立典禮，本校的產生，是負担黨的革命使命，末有本黨，就末有本校，末有本校，本黨也末有現在這樣的發展，今天這個黨部成立，是對於本黨更加上一層團結的力量，鼎英是十分高興的，就有下邊的幾點，要同各位同志說一說：

第一關於本黨的主義與政策方面者，在這一方面，鼎英沒有什麼新意見來發表。因為我們的總理留給我們的主義與政策，是非常的完善的，那麼我們對於本黨的主義與政策，只有去努力實行，而無討論的餘地，至於因為時代變遷，主義與政策有修正的必要時，自有本黨全國代表大會去修正，在那個時候，我們儘可把我們的意見供獻出來，下級黨部對於本黨主義，不但是無權提出問題，并且不應該提出問題的，因為下級黨部的任務，是在實行主義，而非討論與修正主義的。凡對于本黨主義懷疑觀望，批評曲解的黨員，都不是總理的忠實信徒，現在有少數黨員，或不免有好空談主義的毛病，因此遲延，自己實行主義，防礙了別位同志去實行主義，這種毛病，是我們應該去掉的，第二點是關于組織方面者，我們的國家，現在內受軍閥的剝削 外受帝國主義的壓迫，民困國危，因為時勢的要求，不得不起而從事國民革命運動，以期達到我國自由平等的地步，進求世界的自由平等去，我們的國民黨，就是負有這種使命的唯一的黨。但是我們知道，一個建造國家的黨，而無完密的組織，是不中用的。總理有見於此，故於本黨開第一次全國代表大會時，提出了改組議，本黨改組以前，所有責任，是集於總理一身的，在這樣情形之下，幾時有總理在，固然不發生什麼問題，但是人總是有死的，因此在舊日本黨不完密的組織之下，一定脫不了「人存政舉，人亡政息」的公例。本黨改組的意思，就是要把一人單獨負責的組織，變成黨員人人都負責的組織。年來本黨成功如是之速，未始不由本黨改善後的組織得來，這次北伐的勝利。一般人多歸功校長一人。但是一個美國記者去見校長，校長却否認軍事勝利為一己之功，實在說來，這次北伐的勝利一方固然是由于校長指揮有方，一方由于將士用命，肯為主義犧牲，一方面因有主義的宣傳與表現，能得民衆的幫助，然而我們的軍隊 組織完密，實為致勝之主因，所謂軍隊組織完密者，每個軍隊裏頭，加有黨的組織，換一句話說，我們黨的政府，都是產生於黨，而要受黨的命令的，故我們軍隊的組織雖也是軍師旅團營連排制，但每一個單位裏頭，另有各級黨部的組織，對於黨的指導與主義政策之奉行，是監督得非常之嚴密，處處不能有絲毫可以離開黨的軍事行動的，并且黨的組織之要有秩序，要有紀律，是超軍隊的，在軍閥與帝國主義的軍隊，無論他如何假人道來騙人，總是去不掉一個，「勝則為王敗則為寇」的顧慮，在我們國民黨的軍隊來說，那就只有一往直前的榮譽，勝固成功，敗亦留羆人間的，蓋本黨的軍事之敗，只有主義與政策，或尚為反動勢力所把持，與朦混，不能立即表現勝利的敗，絕不能說本黨主義與政策，遂因此而不為大多數人謀利益與幸福的了，如果為大多數人謀利福的原則，既是千確萬確的不錯，即勝固成功，敗更成功了，所謂敵人打了勝仗，丟了民衆，我們打了敗仗，得了民衆，這何能說是敗呢，請將世界革命史，打開一看，凡是為大多數民衆謀利福的事蹟，其最初也，誰不是失敗，乃結果呢，總是成功，即我總理在滿清時代的革命，何嘗成功過一次，及辛亥之變，武昌之首難者，不過步槍子彈五十顆，即推倒了二百餘年竊中華的滿清，所以我們革命與打仗，勝是自然，敗是一時的與例外的，蓋武力的勝敗，或許不能免，究非本黨的勝敗關頭也，本黨即國民黨的勝敗，乃主義與政策的勝敗，我們現在認清了本黨的主義與政策，不獨是為中華民族謀解放，並且是為世界被壓迫民族謀解放，那末是只有勝沒有敗的，我們的黨的組織，也是根據了這個意義，來組織的，不過這種組織，是否適合了這種意義，那就不能不責成我們，每一個黨員的努力，去實行去發揚去了，現在的組織，在黨員的方面，已收了很大的效果，在軍隊裏頭，亦遂跟着得了不少的益處，所以我們現在可以說我們的軍隊，是能夠服從黨的完密的組織，軍隊不能離開黨的指揮，如臂使指，而收殺敵致果之效，軍隊如是，根本的黨，尤應如此，這是要連着說明的了，世人之反對蘇俄者，動輒謂，蘇俄名為無產階級專政，實際為少數共產黨人專政，但是蘇俄的友人，但是我們對這種責難，不但無須去替蘇俄否認或掩飾，我們並且承認這是在蘇俄現在狀況之下，不可避免的事實，但是我們要問一問共產黨人為什末能以少數控制多數，維持其既得之政權於不墜，我們知道這完全是因為共產黨有嚴密的組織的緣故，我們的國民黨改組以後，效能已日漸增進，現在最重要的工作莫過於下級黨部之組織問題，因為作實際工夫的，不在中央而在下層黨部，今天在部處黨部舉行成立典禮之際，鼎英謹貢一言，希望各位同志對于組織一層特別注意。不但只要在形式方面，按照組織法，組織了便算了事，還要注意精神方面，把組織精神實現出來，使各位黨員十分離時，個個成為有效能的黨員，聯合起來，使一個黨部，成功一個有機體，這樣才能實現我們的主義。我又時常聽見有些人說，在軍隊機關，辦事方面，均有極嚴格的地位與次序，而在黨裏面動輒以同志二字，抹殺一切，覺得於職務之進行，有不便似的，這我就要說，不僅是誤解了組織問題，并且要說他於根本的政治問題，太固執了，我們在各處服務，無論站在何種地位，一切均依目的為轉移，我們的黨及黨的組織即其他軍隊或機關之組織，只要他的最大目的，是處處不離開本黨的主義與政策，換言之，只要是處處為大多數人謀福利上無衝突，其他一切，我們儘可以放鬆些的，如果確確實實，在革命的觀點上看，覺得危害，當然我們是不能客氣的，否則還是不要忘了目的的好，反一方面說，只要我們的工作，確能有益於黨國，那就甚麼都要犧牲個人的尊榮，與一切陳舊思想，更不成問題，是要一概去得干干淨淨才對的，尤其是只管嘴裏說同志長同志短，不自實行組織上職務，不自遵守組織上的秩序，我們是要想方法，我們是要本着黨的紀律，去干涉他的，改換的說，凡有陳舊思想，覺得黨裏面不便，固是他不徹底明瞭黨的工作的意義，非大放良覺悟不可，而自命思想新，故意假同志的關係，來事事推波助瀾，表揚自己，不利他人，甚至有覺行政方面，自家不能出風頭，而借黨來表示特異，攻擊他人，這更是本黨紀律上不能容許的，同志們，我們隨便作一件事，都是要平心靜氣，看清主格，腳踏實地，注意周到，才可有成的，何況站在黨裏頭，爲可將我們的敵人，所慣用的卑污狡詐等行爲與思想，來利用得的呢，今天的黨部，是校屬各部處的黨員，來共同組織成立的，亦遂是直接間接，爲站在本校之入伍學生學員的先生們，應該比來組織成的，剛纔說的許許多多的毛病，再說一句不客氣的話，各位的軍事學，及政治學，當然是直接間接的站在先生的地位，但是講到的訓練上頭來，恐怕至多也不過是與學生同樣的犯幼稚病，或許尚有不如學生那樣徹底的呢，這是十分實在的話，請大家莫見怪，并請要格外努力於黨的訓練莫放棄先生的資格，即令事實已非站在學生的地位不可的話，亦請要十分誠意而且歡喜的接受，不要因行政的地位，是先生資格，遂要一切強居先生的地位，而弄到一個自家不走，落後，或甚至反向後走，那就是正糟糕了，第三點，是關於實行方面的，換言之，即是紀律問題，因凡能遵守本黨紀律者，即是能實行主義者，本黨通告第二十四號，曾經說過，「凡屬黨員，只有服從黨之行動，而無黨員個人之自由，只有以本身之能力，貢獻於黨，以達黨之目的，斷不能反藉黨之能力，以謀黨員個人之活動」，又「黨之成功，即黨員個人之成功」我們爲黨計，爲個人計，都應該恪守本黨森嚴的紀律，以勇猛的精神向前去奮鬥，爲主義而犧牲。

以上幾點感想，總括起來說一句話，即是本黨主義之能否成功，端賴下級黨部，尤其是各個黨員，是否能夠各在黨裏頭，各盡他黨員的責任，如果各人都能夠做一個忠實的黨員，我們的黨，一定會成功的，我們每個黨員的事業，也一定跟着黨的成功，永垂不朽的。（完了）

中華民國十六年元月廿七日 （星期四） 黃埔日刊 （第四版）

撲滅劊子手的英帝國主義

沙河入伍生一團六連 胡堅

很毒，萬惡的英帝國主義呀，中華民族曾經殺過你的始祖斬過你的先代麼？請你明白的答覆出來！不然，中華民族何辜呢？爲什麼「五卅」（上海）慘殺之不足，繼之以「六二三」（沙基）；「六二三」慘殺之不足，又繼之以「九五」（萬縣）；「九五」慘殺猶不足，更繼之以「一三」（漢口江漢關）和「一六」（九江）呢？像這種殺人如同斬草一般似的事實，層見迭出，難道中華民族就是你大砲機關槍的靶子麼？你豈負有屠殺中華民族的使命麼？抑或中華民族是應「壽考」于你的槍砲子彈之下的麼？爲什麼這樣對待中華民族呢？你憑藉侵略的政策，侵略世界上一切弱小民族，尤其是我中華民族，佔據軍港要地，奪去關稅領事裁判權和其他種種特殊利益，還不滿足，現在連剩下過奴隸生活最窮苦最可憐的中華民族的老性命，都不肯稍稍饒恕。那麼，你可以不必叫英吉利，簡直叫做人類的劊子手好了！我曉得你屠殺中華民族的心理，是在高壓中華民族的反帝運動，同時並借高壓中華民族反帝運動的手段的成績，來高壓你統治下的殖民地！印度等的反帝運動，以求保全你在中華民族範圍內和被你統治的殖民地中的一切權利罷了。但你須要明白：你在中華民族侵略得來的權利，也如珍似璧的一般，看得這樣緊要，保全得這樣厲害，爲什麼偏不想想中華民族的所有權利被你奪去了，就不能宣傳反帝作規復所有權利的運動麼？你們帝國主義者的所以侵略壓迫屠殺弱小民族，無非是想長久維持你們少數壓迫階級的優越生存罷了，獨不想我們多數被壓迫階級，就不圖生存的麼？你雖是五色人種中之一，但依你的極無人性的事實看起來，可以判別你不是人類了，可以武斷你配不上稱爲人類了。我相信世界各弱小民族和我中華民族，是要圖生存的，不能長久受你的侵略，壓迫，屠殺的，所以我便高呼着：「撲滅劊子手的英帝國主義！」我不但這樣高呼着，而并且竭我股肱的力量於最短時間與你相見於太平洋上咧！

悼第三隊章維楚同志

姚子希

天氣慘淡，冰風仍聲底昨晚，我正是無聊中在那廊下徘徊着：忽有一陣聲波，觸動着我的耳膜——章同志死了，章同志已於今早死了！我的腦筋如失知覺一般。

啊！維楚同志！你就這樣去了嗎？本隊黨部的工作，誰來替你呀！回憶你與我在深圳籌備雙十紀念時，你對我說：『祗得使黨有成效，精神和肉體的痛苦無所謂的。』維楚同志，你爲黨工作的精神，何其如是勇敢呀！君今死矣，我不勝悽愴！但願以我滿腔熱血，與後死者繼續你的工作一直奮鬥下去，慰你在黃泉的靈魂。

一九二七，一，二四，于蝴蝶崗

特載

什麼是濟難會？

（中國濟難會南方辦事處一九二七，一月一日）

一．中國濟難會之產生和意義

二．中國濟難會之工作和作用

三．中國濟難會之組織和經費

四．中國濟難會之組織方法

五．中國濟難會與被壓迫階級

（一）中國濟難會之產生和意義

中國濟難會自十五年八九月中在上海籌備發起，九月二十日開發起人會，十六年一月十七日在上海成立臨時全國總會，至今已有一年多的歷史了，組織遍國內各省及南洋諸地。在力謀擴大的現在，應把中國濟難會的種種方面詳細說明，以給革命民衆和同情濟難會運動者之參攷。

中國濟難會是由中國的革命潮流所趨，適應了中國的社會環境而產生的。中國之五卅運動，是數十年來民族解放運動中之有希望的運動之開始。換句話說，就是中國的民族運動，到了『五卅』是進了革命的軌道了。覺悟而有組織有方法的中國革命民衆，已開始的受壓迫階級的驚慌與重視，同時壓迫階級爲保持他們的統治階級的利益計，也用盡了力量，把最殘暴慘酷兇猛一切非人的恐怖政策，向一切解放運動中大多數爲民衆利益而勇敢奮鬥的先鋒戰士加以摧殘屠殺。中國濟難會是應了這個客觀環境的要求，站在反壓迫階級的觀點上，爲了對于爲民衆利益而犧牲其一切的革命先鋒的同情而產生了。

中國濟難會，是以『救濟爲解放運動而被難者』爲唯一的宗旨。他是集合了被壓迫階級與同情于解放運動而願盡力援助這種被難者的同胞的大組織，以共同担負這個重大的責任。

中國濟難會會員的會費，每人每月只納銅仙五個，這使得一切空有救國之心的人們，從此得到了一個機會，他們從此可以把他們救國的一片熱心，從五個銅仙——物質上具體的表現出來。他們從此知道救國的具體方法，是革命，是保護革命；而保護革命的具體方法，是保護被摧殘的革命的先鋒戰士們。

在此，我們應具體的列舉中國濟難會的意義：

1、他爲一切解放運動被難者作物質上精神上的援助，以減少他們的痛苦；

2、他足以使一切解放運動者減少後顧之憂，一方面就是增加他們的戰鬥力；

3、他當援救爲解放運動而被難者，使之減輕犧牲，就是保護革命戰士，保存革命勢力；

4、他把被難者奮鬥的經過紀述起來給一切解放運動者爲不斷的寶貴底革命經驗之教育與訓練；

5、他給羣衆以初步的政治訓練和教育，因爲濟難會所有普遍的每個會員至少知道他是爲要保衛革命而擁護革命先驅的；

6、他把救國運動，具體而簡單化，使無論販夫走卒，都可認識濟難會而來參加這個救護革命的運動；

7、他把羣衆悲天憫人的浪漫的慈善的情感漸漸地移到正確的革命的觀點上去；

8、他促進世界被壓迫民族的友誼的聯合，同時推進國民革命的聯合戰線。

以上只舉其大者來說，但就這幾個意義來說，被壓迫的同胞，當然都應知道濟難會的重要，而人人應該來參加，來負責的了。

（二）中國濟難會之工作與作用

中國濟難會之救濟爲解放運動而被難者的工作，其詳細情形，可分四項說明：

1、精神上的救濟 濟難會對于爲解放運動而被捕入獄時，便先要減少他們的精神上的痛苦，派人去慰問，與他通信，傳遞或贈送書報及一切精神上能得到安慰的紀念物等，使被難者不但要得到社會上同情的安慰，并且要得到社會上同情的鼓勵；不但要使他的奮鬥意志不頹喪，并且要使他的奮鬥意志更堅强起來；

2、經濟上的救濟 爲解放運動而被捕入獄者，如其他是貧苦的，濟難會當盡力使他在物質上減少痛苦：要接濟零用費，送食物，及一切必需品，并且要救濟其家屬，教育其子女。如其受傷者，當担任其醫藥費；死亡者，當担任其殯葬費；被驅逐的政治犯當担任其旅行費生活費及介紹濟難會機關照護等。

3、法律上之救濟 爲解放運動而被捕入獄者，他一定要經過統治階級的法庭（自然有許多軍閥支配之下的地方，連他們統治階級的法庭都不要經過的。）的審判，濟難會必須代請律師辯護，供給部分的或全部的費用。

4、政治上之救濟 濟難會于必要時得號召政治的羣衆運動，以向統治階級示威或請願，要求釋放政治犯。

以上是說明了濟難會在救濟和宣傳兩方面應有的工作，此外濟難會，還應與世界上類似的團體相聯絡，也是很重大的責任。等後面再詳細的說明罷。

中國濟難會有上述的必要的工作，如其能夠辦理這種工作，那末就有他的作用；如其爲不能夠完全辦到，就是失了濟難會的作用；所以要希望濟難會能夠盡職的完全辦到這樣的工作，那末大家快些不要放棄這個責任，共同的來參加濟難會的工作罷！

（未完）

政治討論會討論題目

「何以要革命」？——「社會爲什麼發生革命？」

討論問題：

1、革命是否社會有了統治階級和被統治階級就會發生？

2、革命是不是被統治階級受了統治階級的掠奪和壓迫而發生的？

3、革命是不是由一種學說鼓吹起來的？

4、社會變動和推（社會）將成爲何種形式底最後決定者是什麼？

5、我們尋求革命底原因，應否在經濟中間去找？

6、革命底原因，是不是產生於生產力和生產關係底衝突？

7、十八世紀底法國革命和廿世紀底俄國革命底根本原因，是怎樣產生的？

8、中國國民革命底根本原因是什麼？

特別黨部宣傳委員會本週討論題目

「本黨的階級基礎」

（1）什麼是階級？

（2）黨爲什麼要階級基礎？

（3）國民革命中的各階級。

（4）本黨的階級基礎是什麼？

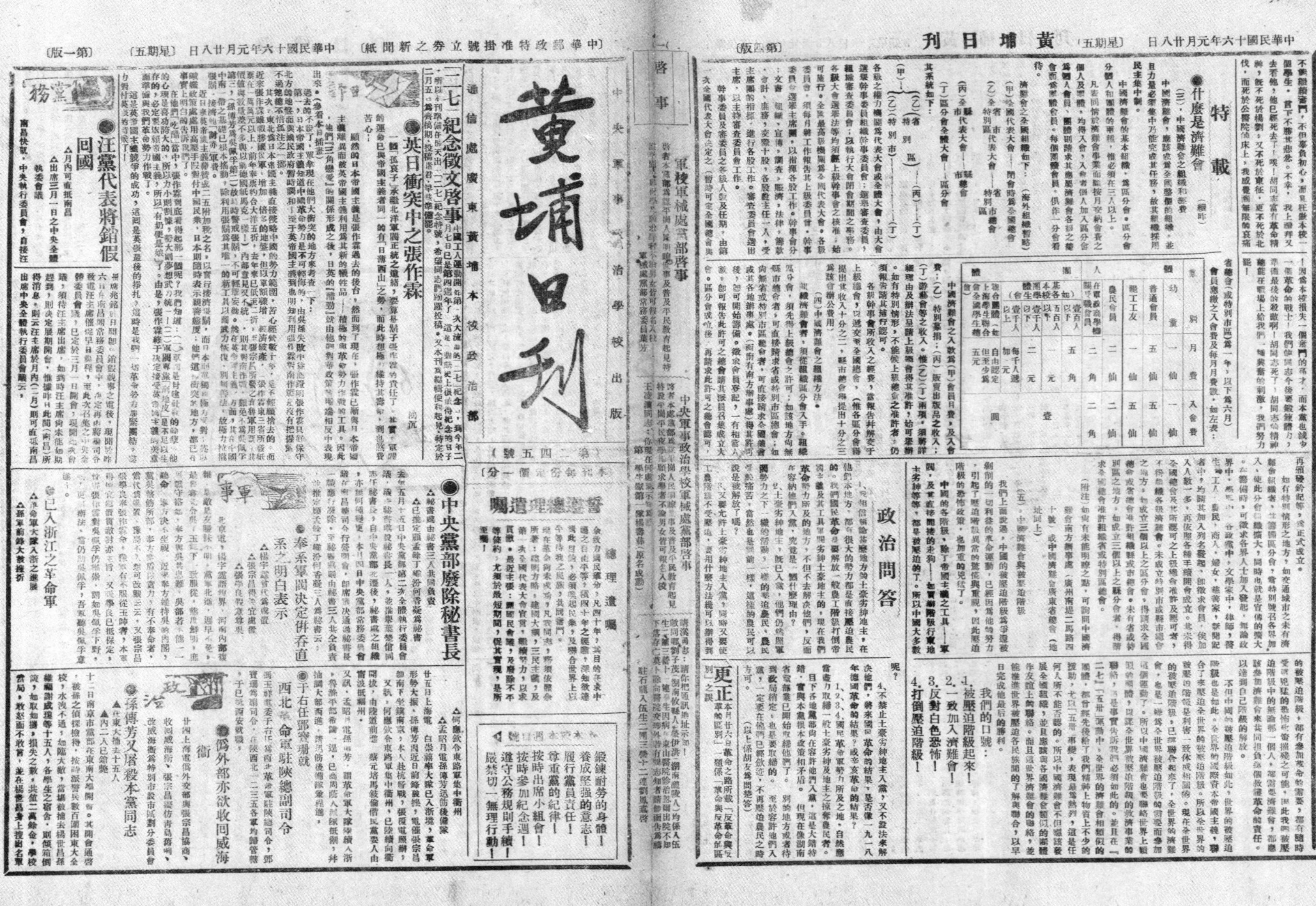

啓事

軍校軍械處黨部啓事

啓者本黨部爲謀平崗人民明瞭世事及普及平民教育起見特設平崗平民夜學凡願求學者不論男女皆可報名入校

軍械處黨部常務委員葉芳

中央軍事政治學校軍械處黨部啓事

啓者本處黨部爲謀平崗人民明瞭世事及普及平民教育起見特設平崗平民夜學凡願求學者不論男女皆可報名入校

王凌漢同志：你現在何處請示知爲禱

第一學生隊第一隊楊壽蘇（原名成勳）

晴溪同志：請你把通訊地址示知！敝同鄉劉子茂（湖南攸縣人）桑伊洪（湖南醴陵人）均係入伍生二團三營十一連學生因病入東山醫院診治忽爾出院不知下落存亡莫卜除向醫院交涉外凡諸同志知者請即函告爲禱

駐石龍入伍生二團三營十二連劉鳳鸞啓

中華郵政特准掛號立劵之新聞紙　中華民國十六年元月廿八日　星期五　第一版

黃埔日刊

通信處廣東黃埔本校政治部

中央軍事政治學校出版

第二四五號

本刊每份定價一分

晉遵總理遺囑

總理遺囑

余致力國民革命，凡四十年，其目的在求中國之自由平等，積四十年之經驗，深知欲達到此目的，必須喚起民衆，及聯合世界上以平等待我之民族，共同奮鬥。

現在革命尚未成功，凡我同志，務須依照余所著：建國方略，建國大綱，三民主義，及第一次全國代表大會宣言，繼續努力，以求貫澈。最近主張：開國民會議，及廢除不平等條約，尤須於最短期間，促其實現，是所至囑！

本校本週口號

鍛鍊耐勞的身體！

養成堅強的意志！

履行黨員責任！

尊重黨的紀律！

按時出席小組會！

按時參加紀念週！

遵守公務規則手續！

嚴禁切一無理行動！

「二七」紀念徵文啓事

中國工人運動開始第一次大流血的「二七」紀念日，到今年二月七日已是第四週年了。這是一個歷史上很值得紀念的日子，所以本刊準備在那天出一「二七」紀念特號，希望同志們踴躍投稿。又本刊爲編輯便利起見，特定於二月五日爲齊稿期，投稿諸君，早些準備罷。

英日衝突中之張作霖

鴻沉

一個「孤哀子」承繼北洋軍閥正統之遺緒，要算是鬍子張作霖的責任了。其實，軍閥的運命已與帝國主義者同一的有「日薄西山」之勢，而此時想極力維持其壽命，到也煞費苦心！

顯然的日本帝國主義是張作霖過去的後台，然而到了現在，張作霖已漸與日本帝國主義離異而被英帝國主義利用爲其新的犧牲品——積極的與革命勢力作戰的工具。因此，他們『三角戀愛』的關係形成之後，日英的『醋勁』就由他們對華政策的兩端相反中表現出來。（參看本日插畫）

過去的不說了，單拿現在他們大衝突的地方來考查一下：

第一，日本帝國主義知道中國革命勢力是不可輕侮的，由吳孫失敗中益能證明張作霖只好保守北方的地盤而與國民政府暫時調和！至于英帝國主義到也明知利用張作霖對南作戰是沒有把握，不過牠總不惜孤注之一擲。

其次，東北爲日本帝國主義直接侵略中國的勢力範圍，苦心經營數十年，是不輕願捨去的，而近來張作霖雖戰勝國民軍，增加一倍多的地盤，但以軍額驟增，經濟破產，（張作霖東三省所發紙票在一萬萬元以上，前年奉票約合大洋五折，去年奉已低至二折，張宗昌所發之直魯軍用票，其價值與數量差不多與以前德國紙馬克一樣！）內部意見又不統一，則其對南作戰，難免不爲吳佩孚第三，（孫傳芳爲吳佩孚第二）故日時警戒張鬍，不可輕舉妄動。然在英帝國主義，方面，其在中國中南一帶之基礎已根本搖動，除利用張鬍爲其唯一的新工具以圖武力恢復，別無善法，故極力拉攏張鬍，接濟他「討赤」軍費。

近日來英帝國主義贊成二五附加稅之名，以實行接濟張鬍，而日本則單獨的極力反對；英以破艦政策處處用高壓手段對付中國民衆，日本則隨時表示親善態度：他們這種衝突的地方，都已在事實上明白的告訴我們了。

在他們「吃醋」當中，張作霖到底看得起那一個呢？我們知道：（一）軍閥是封建社會的餘孽，他的心理是喜功誇大的，所以力小則割據，勢大則夢想武力統一！（二）軍閥專靠「刮地皮」是不足以生存的，必定要依賴帝國主義，所以「有奶便是娘」了。由是，張作霖終于決定接受英帝國主義的美意而準備與我們革命勢力作戰了。

這是英帝國主義競爭的成功，這回是英張最後的掙扎，這時是我們一切革命勢力加緊團結，齊力對付英張的時候了！

黨務

汪黨代表將銷假回國

△月內可直抵南昌

△出席三月一日之中央全體執委會議

南昌快訊，中央執行委員會，自接汪主席兆銘於日間即可銷假視事之電後，現聞於昨六日在南昌開常務委員會中，決定再由蔣總司令致電汪主席催促早日動程，至此次召集之中央全體委員會議，已定於三月一日開會，現聞此次會議，須待汪主席出席，如到時汪主席尚未能如期趕到，則決定展期開會，惟據昨日此間（南昌）所得消息，則云汪主席於月內（二月）則可直抵南昌出席中央全體執行委員會議云，

中央黨部廢除秘書長

△秘書處由秘書三人共同負責

△已推定顧孟餘丁維汾何香凝爲秘書

去年五月十五日中央黨部第二次全體執行委員會議，議決秘書處設秘書長一人，並推舉葉楚傖同志任秘書長，自中央黨部北遷後，秘書處之組織，亦無何種變更，本月四日中央黨部常務委員會議在南昌總司令行營開會，即席議決通過秘書長一職應行廢除，至秘書處則由秘書三人共全負責，並推定顧孟餘丁維汾何香凝三人爲秘書云，

軍事

奉系軍閥決定併吞直系之明白表示

△楊宇霆曾代爲處置

△張宗昌得便宜處置

△張學良假意尊吳

北京電，楊宇霆語報界，河南內部複雜，且敵是友曖昧不明，黨軍北進，遲早不免，最好著先合吳，玉帥下一致服從，態度鮮明，庶可戰守裕如，奉方與吳共患難，吳部若不能一一聽命，奉方決不坐視，近來奉方維持吳的內閣，冀吳整飭所部，奉方當盾以實力，有不奉命者，當代爲處置，豫局不久想可改觀云云，又張宗昌張學良奉張作霖命，豫軍有不服從玉帥者，本軍得便宜處置貫澈討赤主旨，又張學良已抵保定，曾電張作霖對吳佩孚仍推崇，謂如吳佩孚下野，此外更無辦法，當仍助吳佩孚，吾軍聽吳佩孚意進止。

已入浙江之革命軍

△革命軍大隊入浙之進展

△孫軍前鋒大敗挫折

△何應欽令東路軍集中衢州

△孟昭月電孫傳芳迅飭後備隊

廿五日上海電　白崇禧率大隊已入浙境，革命軍形勢大振，孫傳芳因近日前鋒敗挫，電催張宗昌即南下坐鎮南京，本人赴杭督戰，張覆電照辦，又訊，何應欽令東路軍集中衢州，已陸續向衢開拔，由陸道前進，蔡元培馬敍倫偕民黨要人由甯波抵福州。又訊，孟昭月電孫傳芳，謂革命軍大隊陸續入浙，魯滌平部希圖一逞，已商周蔭人派隊抵禦，並抽調大部西進，請迅飭後備隊兼程進，

于右任鄧寶珊就西北革命軍駐陝總副司令

馮玉祥電委于右任爲西北革命軍駐陝總司令，鄧寶珊爲副司令，在陝西北一二三五各軍均歸管轄，于已抵西安就職，

偽外部亦欲收回威海衛

廿四上海電偽外交部與張宗昌協商、收回威海衛、張宗昌擬仿青島舊例、改威海衛爲特別市設市區劃分委員會

政治

孫傳芳又屠殺本黨同志

▲在東大捕去十五人

▲內二人已鎗斃

十二日南京市黨部在東南大學開會。其開會通啓，被孫之偵探檢得，按時派警兵數百圍困東大全校，水洩不通，如臨大敵，當場被捕去楊世昌孫維福謝成璣等十五人，各學生之宿舍，則傾箱倒篋，如取如攜，損失之數，共值二萬餘金，學校當局，敢怒而不敢言，並在楊世昌身上搜出名單

黃埔日刊 中華民國十六年元月廿八日（星期五）（第二版）（二）

一紙，楊爲金陵大學學生，而兼市黨部秘書者，軍隊得名單後，按址逐一拘捕，陳君啓之子年十四歲，女二十歲，因捕陳不獲，而拘其子女，李節民因不在家，則拘其妻，均非黨員也，又東大張陳兩生，因入室取物，亦被拘去，其他姓名未詳，據由甯來滬者說，被拘之十五人，內有二人，慘被槍決，其一爲楊世昌也。

法帝國主義者又捕黨員

十八日天津電津法工部局十六日在法界蓬萊里國民黨工人俱樂部捕去黨籍工人二十餘名，原因不明，

日本反對關附

▲決單獨提出抗議

日使對二五稅，因各國關係不同，決單獨抗議，尤反對歸地方支配之英提案，意欲歸中央支配，俾要求整理無擔保外債，如此始有協調餘地，尤注意西原借款，曹汝霖、陸宗輿預備上台，即自任疏通日方，蓋西原借款駐京代理者，即章宗祥爲總理之滙業銀行，

歐洲勞動組合決援助中國革命

▲對于中國革命一致擁護

倫敦特訊，英法德各國勞動組合首領於八日在此間會議，結果對於中國國民革命一致主張擁護，並予以實力上之援助，以促其完成云。

經濟

北伐軍之財政計劃

今年元旦日蔣總司令在南昌召集軍事善後會議，即決定作北伐第二次之大舉，關於財政計劃，業已確定，計此次用兵所須兵力，因戰線延長，須兼顧浙皖蘇豫四省，計二千五百餘里之防線，應配備五十五萬兵力始能應付，而操必勝之權，惟以五十五萬大軍在戰時之支出，就第一次由湘粵出師北伐，以十九萬兵力，每月支出軍費六百萬，則五十五萬兵力之軍費，應爲一千六百餘萬元，以現在國民政府統治之下省分，粵桂兩省，月出六百萬，湘省六十萬，鄂閩贛三省可出二百八十萬，合六省計算每月祇出九百萬之數，所差每月七百萬，應另行設法籌集，此次中央財政會議於軍費之收支，已有把握，則所差之七百萬，當然不成問題，我軍兵精糧足，且主義感人，肅清軍閥，直指顧間事耳，

僞關二五稅的支配

廿三日上海電，昨僞關議支配二五稅用途，決定約數每年二千五百萬，計分整理內外債四百萬元、教育建設、司法改良、及平民生計各百五十萬、國際聯盟會經費五十萬、中央政費八百萬、各省建設費六百萬、使領經費二百萬云，

奉天新稅不能施行

▲日使致奉張抗議

廿五日上海電，日使函僞外交部，謂奉天長官取消專照，施行新稅，有違條約，斷難承認，特提抗議，請飭中止等語，

湖南組織「湘省銀行」

▲整理金融

湘省自湖南銀行倒閉之後，軍閥徒知搜括，未嘗注意地方金融，茲者湘政府籌設「湘省銀行」，已將章程公布，湖南金融整理得當，宜或有發展之可能也。

英政府大舉內債

▲總額二一〇、〇〇〇、〇〇〇金磅

倫敦廿一日來電，英政府於本月初旬，發行四釐內國公債，其總額爲二一〇、〇〇〇、〇〇〇金磅，按票面價值八五發售，聞認購者已有盈餘云，

美國去年之對外貿易

華盛頓十八日電，美國去年出入口貨貿易總數如下，出口貨四、八一〇、〇〇〇、〇〇〇元美金，入口貨四、四三二、〇〇〇、〇〇〇元美金，入超三七八、〇〇〇、〇〇〇元美金，出口貨較前年少一萬萬元美金、入口貨較前年增加二萬萬元美金，

英日吃醋

李鄴

專件

國民政府對外重要宣言

本月廿三日，陳部長發表國民政府對外重要宣言，譯報如次，今英國及其他列强之政府對華政策者，每謂中國應體華府會議之精意，由英國及其他列强，本克己之態度，以共謀華事，保障其獨立主權，增進其政治經濟之發展，而整理其財政，凡此懸揣之談皆非所以語於民族主義之中國者，須知今日之新中國，內力已充，自覺其經濟方略，具有權威與能力，能運用其意志，於中國領土之內，以與任何强國對抗，是以今日之問題，非英國與其他列强，俯予中國民族以察納其純正民意之謂，實則當此國際統治政策，方隨歷史的政治侵略制度以俱去之際，英國及其他列强，在華應得之權利，宜由民族主義的中國的察予之，此非冒昧之言，蓋國際統治政策，即所謂外國帝國主義自施行以來，於中國之主權上，經濟上，司法上，政治上，莫不加以限制，此種限制，實由英國强迫訂立南京條約作俑，自時厥後，中國人民，迄未有享眞正完全之自由，質言之，即英國自鴉片之役，敗我中國後，即剝奪吾之獨立，史實具在，絕非厚誣，今之英人，其生也晚，於此黑暗交涉，雖已善忘，唯民族主義的中國，則國恥舊迹，深鏤骨髓，永不能忘，苟於此民族主義之見地不能體會，則中國民族主義之重要目的無從了解，此重要目的爲何，即回復中國敗於英後所失之完全獨立是也，歷史上之正義，一日未伸，斯中國民族主義與英帝國主義之間，無眞正和平之可言，中國民族主義之革命活動，向未進展以前，中英兩國，雖有粉飾之和平，然與世界征服史內所紀之和平現象，殆無以異，凡一民族自非淪於滅亡，必無永與征服者，和平相處之理，時機一至，即當觸發，一九二五年五月卅日，英人於中國之上海，下令其所節制之持鎗之士，以射殺中國學生，實予中國民族主義以適當之時機，中國民族，方從事解放運動之際，又有六月二十三日中國學生於廣州沙基，被外人以機關槍慘殺之案發生，至是中國民族主義，乃得以經濟工具，運用其權力於南方，以相奮鬥，再接再厲，此之奮鬥，既出於覺悟之民族爲爭自由而起，則完全自由，不得不休，回復其固然也，抑中國於民族主義倡導之下，既失之自由，英國其他列强，亦無用其驚懼，既不虞採用張宗昌之野蠻方法，亦不慮復施張作霖之封建主義，更不致持續北京官僚之古代政治，蓋民族主義的中國，唯求自由獨立而已，中國民族，苟，即於衰滅，必當建設中國革新的國家，而以中國人自建其國，斯中國人應自有其主權，此獨立之義也，所謂中國革新的國家者，乃建設法治政府，以治全國，其施政征稅，視中國全體爲人民所公有，而非爲北京封建式古代式統治階級之私有產業，其適用之思想與技術，以反對社會性質，如張作霖等輩者視之，或將詆爲非法不道，實則以此思想與技術衡之，即英國個人，或其他外來侵略家之助張作霖等輩以爲虐者，亦難逃於國際竊掠之誅也，此革新的國家之政府，於回復中國完全獨立之際，凡有涉及外人特別事項，將於維護中國主權民意之中，仍尊重外人之正誼權利，然於此有當知者，今日在華外僑之生命財產，已不復能以外械外艦爲有效之保障，蓋中國民族主義之經濟武器，實較外國任何戰具尤爲偉大，而在英人，尤當知今日之革命軍，正將保護外僑生命財產之責，移於正當之政府，此政府受權於民衆，是在華外僑之經濟生命，不啻操於民衆之手也。

（未完）

小通信

梁定千啓事：小弟近來服務於本部，一位許同志寄來黃埔及其他刊物，但是位許同志，我以不認識，猜想不出來，所以每次想寄信給他，又不知道他的名字，現在只好在本刊裏，請示這位許同志，并將通訊處告訴我，[illegible]一聲，或茂，作香，煥華，所同志鑒，你等畢業後，不今分發在處服務，請速何復音，爲盼。弟劉[illegible]

吳劍學兄：旬餘不見，兄究往了[illegible]，已完全脫離，倘有復音請寄沙河入伍生一團[illegible]連爲荷。弟張倩俠[illegible]

澤銘兄：我們自從畢業後，一向莫知你服務在何軍何團，營，我現在入伍生第一團八連（駐東完）請將你的近況，趕速告知爲盼！ 弟鄧英傑

維瑛，德潤，鳳裕：我的病好了，勿再寫信到醫院！ 第六學生隊十六隊五十區隊焦日新

中華民國十六年元月廿八日 〔星期五〕 黃埔日刊 〔第三版〕

題目

為甚麼我們要重視小組會議

孔章虎

我們怎樣才可以造成一個忠實的黨員呢？自然是對於主義要有深切的研究，明確的認識，而又具奮鬥的精神，像這種情形，造一個忠實的黨員，實在要下不少的工夫才對啊！那光掛着黨員名義，不去研究主義的，固然是不行，就是那隨隨便便將主義談一下，也未可算完了黨員的職責。所以為訓練黨員，發揚主義計，引起同志們來研究主義是必要的。本校特別黨部規定每週開各小組會議，并派宣傳委員任指導之責，那目的就是給我們黨員研究黨義的機會，并且增加我們研究的興味，同志們都應該熱烈的與會，縝密的研究才好。

我們試想想，總理創建三民主義，實在由博參群攷，而且具極大的經驗犖畢生的心力，才能創造這三民主義。我們對於這麼偉大的主義，求澈底的明瞭，當然是很不容易的。總理說，行易知難，就是要我們時時刻刻努力去研究，站在革命戰線中的黨員們，對於主義的研究，未下刻苦工夫，也許是有的。如果有這種情形，是單造「行」的工夫，而不求「知」的確切，詎可說盡了黨員的職責嗎？就是總理生前，也常常把各國的各種主義詳細探討，以收參考互証之功，在軍務倥偬的當中，也時時手不釋卷的。

我們總理的主義，既是這樣的偉大，自然主義裏頭所包含精義是很多的，研究的方法，必須條分縷析，把其中的奧義，闡發無遺，才能融會貫通。如果拿涉獵的法子來讀 總理所著的書，仍未能窺見這主義的精義，甚或持一知半解，來談主義，就會發生了很多的誤會，而且是很容易被那反革命假革命不革命的邪說所誘惑，違背了主義，自己還不覺得，像這種情形，對於黨務進行，是很有妨礙的。所以訓練黨員，使認識主義，是急不容緩，因為我們對於主義有確切的認識，然後全體黨員的意志方能統一，意志既能統一，那反革命假革命不革命的邪說，可不攻自破哩！

迴憶我們 總理在十三年改組本黨的時候，當時一部份人們沒有認識主義的，竟然反對改組，都是不喜歡看書，把主義來研究，又不放大眼光，把社會情形來觀察，開會時止是隨意亂說，那不贊成改組的，可以退出本黨，甚至黨中剩了一個人，自己也須實行革命主義，所以 總理就毅然把本黨來改組，可知黨員不明瞭主義，甚或曲解主義，影響於黨中工作着實不少啊！

有了這個小組會議，我們常常可以把主義來互相研究，得明確的認識，而且可免除一切的曲解。照這樣說，這個小組會議，不是爲着特別黨部而產生的，實在是本黨全體黨員共同研究主義的工具，就是黨員自身的問題。我們不特努力去參加研究，還應該竭力擁護小組會議，使小組會議日加進步，并須把關於吾黨主義之書籍，縝密的探討，那眼光自然一天天的擴大，智識一天天的增長，不至爲人所誘惑和利用。所以我們對於小組會議的希望，不但是闡明主義，還要將吾黨的主義發揮光大之，才能盡黨員的職責哩。

究竟怎樣辦呢？

楊若濤

與基業同志的「反革命與革命的區別」一文剛剛出版，我從參加政治討論會下講堂時，便有一位很天眞而活潑的同志攔路問我：「你對於今天黃埔日刊登載的那篇反革命與革命的區別一文，有沒有甚麼意見」？我因爲未曾看見那篇論文的原故，所以便問他：「那篇文字說的是些甚麼，我還不知道，你有甚麼意見嗎」？他於是很莊重而誠篤地說：「那裏邊的意見，總括起來不外是：由革命而變成反革命，現在又來革命的人，据做那篇文字的人的意思，是應當拒絕其參加本黨而作本黨的黨員。我以爲他的意思不大十分妥當，我想一個由革命而變成反革命，現在又來革命的人，未見得他不是已經痛悔其由革命而變成反革命之錯誤而再來參加革命團體做革命工作的。並且即使他的思想行動，仍是怙惡不悛，而未遷善，我想他一個人也不能影響多數的眞實革命者，尤其是我們很不願意我們的同志去當反革命！所以我對於那篇文字的說法，有不表同意之處」。

我當時本想將我的意見答復他，可惜接連着就吹「上堂號」，於是便把我要向他說的話打斷」，竟致一句也未曾說出，我想他現在很望我圓滿的答覆，同時我也想盡量地說出，而且關于這樣的問題恐與那位問我的同志的意見相同的人怕也不少。所以我很不自量地，在這兒來與凡與問我的那個同志的意見相同的同志，作一公開的答覆。

一個由革命而變成反革命，現在又來革命的人，既是在他的思想和行動上，早爲一般人所證實而公決他是一個由革命而變成了反革命的，已經受了黨的紀律處裁以後，則知無論他是否痛滌前非，很真誠的仍舊來做革命，在黨紀上一定要經過高級黨部的認可然後才有再入本黨而爲本黨黨員的資格；絕不是武斷從事，糊裏糊塗地，一點沒有見他悔改的實際的表現，便說他是如何的對，就馬馬虎虎的容許這種敗類重入本黨，那是極端不對的，而且他是否掛「羊頭」賣「狗肉」，凶心未已，不顧顏面的捲土重來，在革命的團體裏面做反革命的工作，有誰可以大胆地担保說他「不」字呢?!同志們！現在的反革命派比以前聰明而油滑得多了。他們跑出黨外去搗亂，想破壞本黨的陰謀已經破綻畢出，在過去的事實上實在吃了不少的虧而失敗了。着啊！他們的法寶已經變了，很巧借「悔過式」的方法來入本黨，來從黨內作祟呢！固然由革命而變成「反革命」，現在又來革命的人，我們不能一概都說他是個僞善者，可是也不可過於相信而不加以防範！

本黨的黨員，已經澈底的「解」革命是爲甚麼的」，本黨的主義和以集先見是怎樣，不能說一個消職的都沒有。可是在事實上常常見着不少的猶豫分子，朝秦而暮楚地，夢夢焉而不知其所以哩！就是他的人生觀還未確定，則他的思想和行動，也難保不隨波逐流，同流合汚了。同志們！要曉得反革命派是有組織和訓練的，當然他們的工作也必有很好的計劃和步驟」。那末，我們既免不了有幼稚和落後的同志，則實在無法不爲他們啣來工作者的「花言巧語」所誘惑而腐化！這樣，我們實在不能說我們現在認爲很革命的同志而不能受一個由革命而變成反革命，現在又來革命的人的影響而主于大吃其虧哩！

當然我們很不願意我們的同志去當反革命者，然而在他本身自願或不甚明瞭，同時我們又感着鞭長莫及之歎時，他不幸而已爲了反革命者，則我們萬不要礙於「情面」而飾言強詞地，多方的爲他辯護，這一點我們也是不能不注意的。

說了這麼久，對於由革命而變成了反革命，現在又來革命的人，究竟怎樣辦呢？在我個人的私見，除」在他的思想和行動上，在處處都足以表顯出他是個「革面洗心」的實際的革命行動者，而且必須經本黨現在的很真實的多數革命同志的證實，及高級黨部的認可後，才可恢復他原來的黨員的資格外，其他就一點也不「安協」，痛痛快快，直捷了當的除掉了去罷！

哀胡瓊同志的死

第一學生隊第九區隊彭友新

胡瓊同志號良珍，江西興國白石人，年二十七歲，曾在贛州中學畢業之後，知國家多難之秋，遂拋棄白髮的祖母父母和弱弟愛妻，跑到青天白日的策源地來從戎，此時各軍校均已停考，旋插本校憲兵科。蕩平楊劉，二次東征均能奮勇作戰。其後再考入入伍生二團四連，不久奉令移防深圳擔任警戒，時病已漸發，原仍以提起全副精神，忍苦耐勞而堅受終日露宿雨淋之苦，俾得克盡職務。警戒三月，調回升學，病已益篤，形容甚爲枯槁。我常勸他謂「來日方長，體力有限，可以住醫院診治。」他屢次答道：「如曠課半月，又怎麼得了！」仍照常上課出操，遲至去月廿日病越加越重，不得已去公醫院醫治幾次，他說：他會要死的，對於家庭不大要緊，惟對於黨的工作

中華民國十六年元月廿八日 （星期五） 黃埔日刊 （第四版）

不能繼續奮鬥，不但辜負初心，而且枉做本校一個學生。言下不勝其悲忿。不幸，我上禮拜又去看他，他已經死去了！唉！胡同志富有革命精神，既不死於楊劉，又不死於東征，更不死於北伐，而死於公醫院的床上，我感覺到無限的哀痛！因爲本校損失一個奮鬥的奇才，而本黨也減少一個革命的戰士！我們希望同志今後要鍛鍊體力，準備最後的殺敵啊！胡同志死了！胡同志的精神總能在戰場上給我們一種興奮的刺激，我們努力罷！

特載

什麼是濟難會 （續昨）

（三）、中國濟難會之組織和經費

中國濟難會，應該成爲全國整個的組織，並且力量必須集中乃能完成其任務，故其組織採用民主集中制。

中國濟難會的基本組織，爲區分會。區分會分個人和團體的兩種，惟必須在三人以上。

凡表同情於濟難會事業而願按月交納會費之個人及團體，均得入會，入會者個人加入區分會爲個人會員，團體則請求其應屬濟難會各級之總會而爲團體會員。每個團體會員，俱作一分會看待。

濟難會之全國組織如下：（海外組織暫略）

（甲）全國代表大會——閉會時爲全國總會

（乙）全省代表大會——省總會
　　　特別區　　　　　特別區
　　　市　　　　　　　市

（丙）全縣代表大會——縣總會
　　　市　　　　　　　市

（丁）區分會全體大會——區分會

其系統如下：

（甲）—{（乙）省、特別區}—（丙）—（丁）
　　　　（乙）特別市————（丁）

各級之權力機關爲代表大會或全體大會，由大會選舉幹事委員組織幹事委員會；選舉審查委員，組織審查委員會；以執行大會閉會期間之事務。各級大會選舉法等均須經上級幹事會之核准，始可施行。全國最高級機關爲全國代表大會。各級委員會，須每月將工作報告其上級委員會。幹事委員會選舉主席團，以指揮各股工作。幹事會分：文書，組織，宣傳，調查，賑濟，法律，籌款，會計，庶務，交際十股，各股設主任一人，受主席團的指揮，進行各股工作。審查委員會選出主席，以主持審查委員會工作。

幹事委員及審查委員之各級人數及任期，由第一次全國代表大會決定之（暫時可定全國總會與省總會（或特別市區）爲一年；以下爲六月）會員應繳之入會費及每月月費數，如左表：

類別		月費	入會費
個人	幼童	一仙	一仙
	普通會員	五仙	五仙
	罷工工友	一仙	五仙
	農民會員	二仙	二仙
團體	在軍政商學機關之職會員	二角	二角
基本團體（如各學校學生會）	壹百人以下	五角	壹圓
	五百人以下	一元	
	壹千人以下	二元	
	壹千人以上	每千人遞加一元	
聯合團體（如上海學生聯合會全國學生總會）		自由認定但至少爲五元	

中國濟難會之入款爲（甲）會員月費，及入會費；（乙）特別募捐；（丙）販賣出版品之收入；（丁）游藝會等之收入。惟（乙）（丁）兩項，須將詳細理由及辦法呈請上級總會得其准許，始可舉辦。如有特別情形，不能候上級總會之准許者，仍須報告請其補行認可。

各級幹事會所收入之經費，當報告并解交于上級總會，以遞交至全國總會。（惟各區分會得提出其收入十分之二，縣市總會得提出十分之三爲該會辦公費用）

（四）中國濟難會之組織方法。

組織濟難會者，須從組織區分會入手。組織區分會，須先得上級總會之許可；如該地方尚無縣市總會者，可直接請求省或特別市區總會；如尚無省或特別市區總會者，可直接請求全國總會或其各地辦事處。（兩廣有南方辦事處）得其許可後，即可開始籌備。徵求會員登記，一有相當人數，即可報告此許可之總會請其派員召集成立大會。區分會成立後，再請求此許可之總會認可，再須發給證書，爲正式成立。

如有特別情形之地方，如交通城市之未有濟難會組織者，社籌備區分會，當特別號召各界加入，使此分會組織擴大，同時也就是宣傳的擴大。在籌備時，可徵求各界人士加入發起，無論政界中，各政黨中，文學家中，律師，醫生，工人，農民，商人，婦女，慈善家，新聞記者中，均請其加入列名發起，即徵求會員，俟加入人數一多，再依照各種手續開會成立。其未得全國總會及其所認可之上級總會准許及認可者，不得組織各級濟難會。未成立特別市或縣市總會之地方，如成立三個以上之區分會，得請求全國總會或省總會准許組織縣或市總會。未有省或特別區之地方，如成立三個以上之縣分會者，得請求全國總會准許組織省或特別區總會。

（附注）如尚有未能明瞭之點，可詢問中國濟難會南方辦事處（廣州南堤二馬路四十號）或中國濟難會廣東省總會（地址同上）

（五）、中國濟難會與被壓迫階級

我們上面說過，中國的被壓迫階級爲爭還被剝削的一切利益的革命運動，已經因爲他們努力，引起了壓迫階級異常的驚慌與重視，因此壓迫階級的恐怖政策，也加重的兇猛了。

中國的各階級，除了帝國主義之工具——軍閥，及其直接間接的走狗——如買辦階級行東地主劣紳等等，都是被壓迫的了。所以中國大多數的被壓迫階級，都有參加革命的需要，都有隨時受這兇猛的恐怖政策摧殘之可能，因此我們被壓迫階級中的無論那一個人，都需要濟難會，都應該參加濟難會來共同担負這個救護革命的責任，以達到自己階級的解放。

不但中國的被壓迫階級如此，世界的被壓迫階級也是如此。全世界的國際資本帝國主義，聯合了來壓迫全世界的被壓迫階級。所以全世界的被壓迫階級是利害一致休戚相關的。現在全世界的被壓迫階級，已經聯合起來了，全世界的濟難會，也是一樣爲全世界被壓迫階級的需要而參加這個運動了。所以中國濟難會也要聯絡世界上類似的團體，以謀全世界被壓迫階級的救濟事業的聯絡，這是事實告訴我們必須如此的。並且在『二七』「五卅」運動中，全世界的濟難會相類似的團體，都曾經先後給了我們精神上物質上不少的援助，尤以「五卅」事變，表現最爲熱烈，這是任何人所不能否認的。所以中國濟難會不但應該發展全國組織，並且應該與各國濟難會類似的團體作友誼上的聯絡。而且這世界濟難會的聯絡，並能推進世界被壓迫各民族間的了解與聯合，以早日完成他最后的勝利。

我們的口號：

1. 被壓迫階級起來！
2. 一致加入濟難會！
3. 反對白色恐怖！
4. 打倒壓迫階級！

政治問答

1、我相信無論甚麼地方的土豪劣紳地主，在他們本地方，都有很大的勢力都是直接壓迫農民的。我們國民革命是要解放一般農工階級打倒帝國主義及其工具軍閥劣紳土豪地主的，現在我們革命勢力所及的地方，不但不去解決他們，反而在容納他們入黨，究竟是一個什麼理由？

2、土豪劣紳地主，既已入黨，他們仍然照軍閥勢力之下一樣的活動，一樣的壓迫農民，農民受的痛苦，當然也是同前一樣，這樣的農民可以說是被解放了嗎？

3、又要允許土豪劣紳地主入黨，同時又要使工農階級不受壓迫，要用什麼方法纔可以辦得到呢？

4、不禁止土豪劣紳地主入黨，又不設法來解決他們，將來國民革命的結果，是否像一九一八年德國革命的結果？或辛亥革命的結果？

1、2、3、4、國民革命軍勢力所及之地，自然應當盡力取締一般土豪劣紳及地主之掠奪農民者。目下各地黨部尚在容許他們入黨，這是大錯特錯．實與本黨根本政策相矛盾。但現在像湖南省黨部業已開始取締他們了。別的地方或者待到政局稍定，也是要取締的。至於容許他們入黨，一定要在他們已經斂迹，不再壓迫農民之時方可。

（以上係胡友爲問楚答）

更正 本月廿六日革命之路所載「反革命與反革命的區別」一題係「革命與反革命的區別」之誤

中華郵政特准掛號立券之新聞紙　中華民國十六年元月廿九日〔星期六〕〔第一版〕

黃埔日刊

中央軍事政治學校出版
通信處廣東黃埔本校政治部
〔第二四六號〕
〔本刊每份定價一分〕

「二七」紀念徵文啓事

中國工人運動開始第一次大流血的「二七」紀念日，到今年二月七日已是第四週年了，這是一個歷史上很值得紀念的日子，所以本刊準備在那天出一「二七」紀念特號，希望同志們踴躍投稿。又本刊爲編輯便利起見，特定于二月五日爲齊稿期，投稿諸君，早些準備罷。

評

對于上海電車工潮的觀察

懋其

一月十八日申報載上海租界內電車工友要求加薪不遂，釀起罷工風潮，已於本月二十二日，經虞洽卿君調停解决，工人方面所要求的條件，完全達到勝利的希望，這可說是上海工界第一可喜的而又奇怪的事情。

我們須得要知道：此次工潮勝利的原因在那裏？英帝國主義爲甚麽竟這樣的讓步？洋奴，包探，工賊，巡捕層層監視下的電車工友，爲甚麽此次竟能毅然的罷工與公司决鬥？

我們知道從前上海電車公司的工友們，是沒有組織的，而且亦沒有時間來組織。公司以時常調換他們不許會集，來阻止他們有組織的方法。所以在前年那震驚世界的五卅大屠殺中，他們仍然照常開駛，雖有許多人和他們宣傳，但是反遭拒絕，結果只是少數覺悟的工友們罷工失業了！公司方面，毫無損失，而壓迫工友，較前更甚。這次他們能衝破重圍，舉行罷工示威運動，一方面自然是爲生活所需要所壓迫，他方面即是他們覺悟他們自身的地位，起來要求經濟解放的團結精神進步的表現！

英帝國主義者稱霸上海，盡人皆知。對于各工廠工潮發生，姑無論與英人有無關係，都是一律壓迫。表面上藉維持治安爲名，實際上他是一個英美日法各帝國主義聯合壓迫工人的執行者。這次他這樣讓步：並不是他的誠意屈服，只是一種「移花接木」的緩和方法。爲甚麽？他現在既允許工友們的要求，公司支出，自然比從前加大；對于資本家以利潤爲目的的宗旨顯有違背，他們豈有不設法補救之理？他的惡毒方法，我們已經見慣了的是：提高乘車的票價。結果還是以中國人的血給中國人吃！

電車工友的勝利，正面自然是英帝國主義者快要崩潰消滅的先機；反面則是民衆勢力偉大，足以戰勝槍礮武力的實證，此次英人之所以不敢再用屠殺手段，他們心裏的苦衷，當然很多。可是我們要繼續注意，以防止他下次的「更毒的陰謀啊！」

電車工友此次總算勝利了！但是現在呻吟于英美日法等帝國主義鐵蹄下的工友們還多着咧！我們現在須要努力為去將他們組織起來，團結起來，將資本家，和帝國主義完全打倒，那才算盡了我們革命戰士的責任啊！

校聞

黃埔戒嚴司令部槍决匪徒一名

通令

誓遵總理遺囑

中華民國十六年元月廿九日〔星期六〕　黃埔日刊　〔第四版〕

我們的認識與努力

劉漫天

我們知道：實現中國國民革命的重大的使命，和解放全世界弱小民族的重大的責任，已經是很嚴重地（雖然是部分地）放置在我黨員同志們的肩上了！

在這個「重担」之下，我們不是常常聽到，並且看到，許多我們的同志們，呻吟着或表現着掙扎力量的缺乏嗎？不錯，這正是大部分同志們缺少的融化了自己的力量給黨的緣故；一方面也可以說是黨員一般的力量貧乏的表徵。就因這個，黨的工作，在已往才不能夠有實際上突飛的進展；黨在以前的歷史上，才遺留下沉悶的病態的污痕。

十三年的改組，在黨的進行和發展上，算是劃分了一個新的時代；所以在兩年的短期中，竟有了驚人的進步：一直到現在，還繼續在模擬燒燭中進行着。自然，我們對于諸先烈頭顱鮮血所換來的今日的光榮的成績，感覺到非常欣慰，但是爲「保存」「愛護」並且「繼續」「發揚」這個成績，我們便不能不想到「我們的責任」的問題。

訓練部吳主任對第三四學生隊遷鄂訓話

特載

政治問答

啓事

中華郵務特准掛號立券之新聞紙 中華民國十六年元月廿九日 〔星期六〕 〔第一版〕

中央軍事政治學校出版

黃埔日刊

通信處廣東黃埔本校政治部

〔第二四六號〕

〔本刊每份定價一分〕

(一)

啓事

某同志！你詢的「……」是我麼？是，請到我這裏去一…；或者告我姓名住址，寄到你這裏來。（姚占魁之古字是否公字？）本校第二學生隊第二十六區隊蔣休復

胡士彥兄春生你現在那裏担任工作，弟來粤時曾兄覓唐岳生囑問行旌，請你將通信處詳細示我。沙河入伍生第一團機槍連文蔚廣

趙毅去同志：昨接舍親易俊亭自長沙來函，囑爲訪詢足下現在通信地點，並盼火速函示。（寄長沙劉正街般若巷易敬先堂）要緊。知起下無暇作書，請將通信處示弟可也。黃埔本校第二學生隊三十一區隊王遐齡

超赭有夫兩同志：昨由浙到信一封，請將通信處示知以便轉交。政治部宣傳科鮑友恭啓

柳春同志你畢業後不知分發何處服務，廖世俠君來函訪兄通信處，請示知以便轉達。廖君通信處南昌順化門外老營房國民革命軍第三軍二十一團一營廖營長代表岷俠可也。本校部第二學生總隊七隊二十八區隊楊憲昌

陳佩奇李定兩同志：刻下兄在何處服務，見報後希即函達爲盼。東莞入伍生第二團二營五連周子玉

「二七」紀念徵文啓事

中國工人運動開始第一次大流血的「二七」紀念日，到今年二月七日已是第四週年了，這是一個歷史上很值得紀念的日子，所以本刊準備在那天出一「二七」紀念特號，希望同志們踴躍投稿。又本刊爲編輯便利起見，特定于二月五日爲齊稿期，投稿諸君，早些準備罷。

日評

對于上海電車工潮的觀察

懋其

一月十八日申報載上海租界內電車工友要求加薪不遂，釀起罷工風潮，已於本月二十二日，經虞洽卿君調停解決，工人方面所要求的條件，完全達到勝利的希望，這可說是上海工界第一可喜的而又奇怪的事情。

我們須得要知道：此次工潮勝利的原因在那裏？英帝國主義爲甚麼竟這樣的讓步？洋奴，包探，工賊，巡捕層層監視下的電車工友，爲甚麼此次竟能毅然的罷工與公司決鬥？

我們知道從前上海電車公司的工友們，是沒有組織的；而且亦沒有時間來組織。公司以時常調換他們不許會集，以阻止他們有組織的方法。所以在前年那震驚世界的五卅大屠殺中，他們仍然照常開駛，雖有許多人向他們宣傳，但是反遭拒絕，結果只是少數覺悟的工友們罷工失業了！公司方面，毫無損失，而壓迫工友，較前更甚。這次他們能衝破重圍，舉行罷工示威運動，一方面自然是爲生活所需要所壓迫，他方面卽是他們覺悟他們自身的地位，起來要求經濟解放的團結精神進步的表現！

英帝國主義者稱霸上海，盡人皆知。對于各工廠工潮發生，姑無論與英人有無關係，都是一律壓迫。表面上藉維持治安爲名，實際上他是一個英美日法各帝國主義聯合壓迫工人的執行者。這次他這樣讓步：並不是他的誠意屈服，只是一種「移花接木」的緩和方法。爲甚麼？他現在既允許工友們的要求，公司支出，自然比從前加大，對于資本家以利潤爲目的的宗旨顯有違背，他們豈有不設法補救之理？他的惡毒方法，我們已經見慣了的是：提高乘車的票價。結果還是以中國人的血給中國人吃！

電車工友的勝利，正面自然是英帝國主義者快要崩潰消滅的先機；反面則是民衆勢力偉大，足以戰勝槍礮武力的實證，此次英人之所以不敢再用屠殺手段，他們心裏的苦衷，當然很多。可是我們要繼續注意，以防止他下次的「更毒的陰謀啊！」

電車工友此次總算勝利了！但是現在尚呻吟于英美日法等帝國主義鐵蹄下的工友們還多着咧！我們現在須要努力為去將他們組織起來，團結起來，將資本家，和帝國主義完全打倒，那才算盡了我們革命戰士的責任啊！

總理遺囑

余致力國民革命，凡四十年，其目的在求中國之自由平等，積四十年之經驗，深知欲達到此目的，必須喚起民衆，及聯合世界上以平等待我之民族，共同奮鬥。現在革命尚未成功，凡我同志，務須依照余所著建國方略，建國大綱，三民主義，及第一次全國代表大會宣言，繼續努力，以求貫徹。最近主張開國民會議，及廢除不平等條約，尤須於最短期間，促其實現，是所至囑！

校聞

通令

十二月一日于校本部

爲通令事案據經理部主任鍾嶽峻呈稱竊查本校按月發出有獎公債數目業經塡表呈報至十月份止並將十一月五日中籤號碼數目塡表呈奉通令週知在案茲查十一月份發出第一次有獎公債券共一千六百六十張合計金額八千三百元理合塡具號碼張數總計報告表具文呈送察核備案並乞通令週知實爲公便等情計呈送十一月份發出第一次公債券號目報告表一份前來據此合將原表印刷令發各部處團營連隊一體知照此令

黃埔戒嚴司令部槍决匪徒一名

本校爲國民革命之大本營，一切反動份子，時思乘機搗亂，故在此北伐期間，戒備尤嚴。不料本月十九日深夜，有匪徒黃强一名，混入本校，衞兵以其形跡可疑，當經向前查獲，在該匪身上搜出假造符號等物，卽行押送黃埔戒嚴特別區戒嚴司令部究辦，現該匪已於本月廿七日上午十一時，由戒嚴司令部審訊結果，依律槍决，茲將當日佈告照錄如下：爲佈告事，中央軍事政治學校，近來迭次發生火警，幷時發現危險事故，顯有奸人混入，希圖擾亂，又據密報，實有反革命派乘機思逞事情，本月十九日忽有僞造符號之匪徒黃强一名，於深夜混入該校，陰謀不軌。當經查獲審訊，供認不諱。應依陸軍刑律第二十條第四款處以死刑。除將該犯黃强一名，於本月廿七日上午十一時押赴刑場，驗明正身，執行鎗决，以儆奸宄，而杜亂萌外，合行佈告週知云。

黨務

湖北省黨部選定新執監委員

▲徐謙孔庚等十五人當選爲執行委員

▲劉季良等八人當選爲監察委員

湖北省黨部於本月十一日下午第十五次會議舉行改選，結果選出徐謙孔庚等十五人爲執行委員，劉季良等八人爲監察委員，各情已見日前專電，昨本社接漢口包同志來電報告此次選舉當選之執監委員名單，茲特摘錄於後，（一）省執行委員十五人，孔庚，孫科，徐謙，錢介磐，董必武，李漢俊，陳蔭林，張朗軒，鄧希禹，張眉軒，周延墉，何翼人，羅貢華，郝繩祖，吳士崇，（二）候補執行委員九人，石炳乾，陳衞東，李哲時，郭樹勛，江子麟，曾鏞璽，胡孟平，黃大貞，程祖武，（三）省監察委員八人，劉季良，祖山竹，劉昌緒，徐慶知，王延成，甘稼鄉，冼百言，潘康時（四）候補監察委員七人，周佛海，魏夢齡，秦縱仙，楊一如，陳瑞，夏振聲，佘育德。

軍事

吳賊命運終矣

▲寇英傑狼狽逃襄城

▲靳雲鶚大敗寇英傑

吳逆死黨寇英傑，在臨潁勒繳屬於靳雲鶚之高汝桐部軍隊械，此間早有所聞，而寇氏在臨潁勾留兩日，復南下，詎至小商橋，爲駐馬店之靳雲鶚軍反對，寇不敢進，方猶豫間，而駐於附近之高軍，因聞劉營被繳，馳至撲攻，寇氏軍隊，乃爲高汝桐擊敗，其駐許昌之各軍隊，已爲寇氏所繳械所改編者）復在許昌宣言反寇，寇大驚，狼狽由

本校週口號

鍛鍊耐勞的身體！

養成堅强的意志！

履行黨員責任！

尊重黨的紀律！

按時出席小組會！

按時參加紀念週！

遵守公務規則手續！

嚴禁一切無理行動！

中華民國十六年元月廿九日（星期六）　黃埔日刊　（第二版）

政治

小商橋逃至襄城一帶，再鄭州近日消息，甚爲緊張，北有奉軍急急入境，南有魏斬結合民軍攻寇之舉，軍餉既籌畫甚難，子彈亦無可再發，而高汝洞反對寇氏改編新部，及不允寇氏任總指揮，確已明白宣佈，由此觀之，吳賊之命運終矣。

奉張對豫不敢激進

上海廿五晚電張學良昨晚九點到京，即謁張作霖對豫出兵仍主漸進，並報告保大人民所受痛苦，

英帝國主義蠻橫已極

△要中國人交還英租界……採強硬手段並慫恿日法美陸戰隊登陸壓伏上海反英運動……大兵在長沙登陸……又調海軍一千戰艦四艘來華……但已有十萬英人反對英政府

英兵在漢口一月三日慘殺中國人民後，毫不表示讓步，所以中英漢交涉仍無解決希望。英使藍浦生得倫敦訓電謂英界須交還，中國所提出之條件只可承認一部，于此可見一般。不僅如此，在上海方面，英領從中慫恿日法美各領共同採取強硬手段，現已調集上海英法日美陸戰隊陸續上岸，以期壓伏反英的民衆運動。在長沙的英水兵也登陸示威。又據倫敦電，在察咸，朴次第斯，普里穆斯三港之水兵一千名，經奉命準備調往遠東，大約下星期即將出發，『佛羅比隆』『德路希』『丹納』『杜力干』四巡洋艦，明日由瑪爾太（英國地中海艦隊根據地）開往中國，其任務亦係保護長江英僑，另有醫院艦『美茵』號隨同出發，以備治療病兵，巡洋艦『當萊士』號，至二月中旬，方由瑪爾太出發又地中海瑪爾太電 英國第一巡洋艦隊，除兜剌士巡洋艦外，今日起程往上海，各艦由威廉杯利提督統率云，這種種動作都表示英國要强硬到底的態度。不過中國各地的（上海長沙，甚至西安）人民激烈反英，擴大對英經濟絕交外，就是他本國下的持正人民，也起來反對英政府武力干涉中國了。他們對于英政府之武力對華政策，恐釀成釁端陷糾紛，特發起聯合抗議，簽名者已有十萬人，騎聯呈首相鮑爾特溫，請其以和平宗旨應付遠東，至勞工黨則四出演說，謂帝國主義者將必釀成遠東戰禍，該黨議員蘭斯巴利，于非戰演詞中，揚言英國勞工黨必須反對滬漢區域之武裝準備，與其多派戰艦赴華，如何速委英僑離境，倘下議院之鹵莽份子，一意孤行，則遠東全局，將爆發戰禍，華人益覺有詞以拒白人之侵略云。廿四倫敦電，自漢口九江租界問題發生後，英政府仍欲利用其砲艦政策，對待中國，日來透增砲艦入長江，已多至十餘艘，人民以爲租界問題，應和平解決，不必釀成戰禍，或提出國際同盟會由仲裁委員解決，上院勞黨議員卑頂氏對於政府之輕舉妄動，已提出質問云，

張作霖仍捨不得舊好

△實施附稅爲討赤
△財政困難萬不得已
△求日本同情諒解
△又要借五千萬元

京訊，張作霖於十八日午後四時訪問芳澤公使，會晤歷二小時而退，傳張作霖向芳澤公使陳說，實施附加稅爲討伐南方擁護國民利益起見，爲今日處財政困難之當局萬不得已之手段，求日本有同情之諒解，芳澤氏答稱，於事情上固可諒之，但日本不能不表示反對，又張作霖派趙欣伯，向日使商借款五千萬元，專爲整理奉票用，日政府以西原借款糾紛未決，此項提議尚待攷慮云，

英國共產黨對漢案表示

△組織『勿侵略中國』委員會
△要求撤回軍隊戰艦
△『足使英人陷於危境者，唯礮艦之挑撥耳』

莫斯科十四日塔斯社電，倫敦消息，英國共產黨對漢口事件發表宣言，內稱英軍艦之威臨中國，國民政府新者，祗能認爲對中國民族情感持續之挑撥之源泉，又一般人民中引起其懷疑。英國所以調集軍艦，乃欲惹起事端，冀有實行武力行動之藉口以保存上海。但在事實上，『足使英人陷於危境者，唯礮艦之挑撥耳。』宣言結尾並促全英勞工團體，與英國中國解放理事會，彼此聯合一致，組織『勿侵略中國』委員會，要求撤回軍隊戰艦云。

西里亞革命軍大敗法帝國主義

△法軍向蒂拉等地亂竄
△法國損失至鉅

打得十九日電，打馬期加傳來消息，法軍與西里亞革命軍仍有劇戰，他利等所統率之革命軍，近日大敗法軍，法軍向蒂拉等地亂竄，有一革命軍官用來福鎗擊法軍飛機，正中要害，飛機落地，駕駛者亦遂斃命，查法軍常備兵有二千五百人，臨時徵募兵有五百人，自動車六十輛，飛機十架，曾遭四百四十次之損害，失去糧食及軍火甚多，革命軍方面損失甚輕，因革命軍藉山爲障，便於防守也。

經濟

英國經濟之恐慌

△造船機械業幾於完全休業
△全國產業已淪於不可救藥地位
△失業工人增至一百六十萬人以上

英國財政狀況，自一九二六年三月末起，政府收入不足一千四百萬磅。自入五月來，在英國產業史上，發生未有之總同盟罷工，一時全國陷於混亂狀況，雖因反動的政府善於對付，結局只罷工九日，然煤礦工依然罷工，致全國煤礦封閉，經濟界受大打擊，至十一月中旬，始有解決之曙光，如斯實業界之異狀時，英國上半期中外貿易狀態如何，此不可不研究者也，輸入共計六億二百五十五萬磅，輸出共計四億四百八十一萬磅，計入超九億九千七百四十萬磅，比一九二五年同期間入超二億七百四十萬磅，比較減少九百六十八萬磅，此並非入超減少爲輸出增加之故，乃國內之重要輸出物品，如煤鋼鐵機械等，與一九二五比較，顯示不振狀態，即煤炭罷工之惡化，影響於其他產業界，自五月以降，鋼鐵產額，逐年減少，而造船機械業，幾於完全休業，而紡織業中如棉業輸出之減退，即其明證，失業人數至今日已至一百六十萬人以上，此可見全國產業界之已淪於不可救藥之地位也，

雜訊

全國對英經濟絕交會之組織

▲在漢口召集全國代表會議

廣東各界擴大對英經濟絕交委員會，現以湘鄂贛各省擴大對英會，已紛紛成立，並同認英帝國主義之砲艦政策，仍繼續在各處施行，絕無顧忌，欲根本打倒帝國主義者之強盜政策，非全國一致起來擴大對待不可，故該會擬在漢口召集全國各界民衆，組織全國各界擴大對英經濟絕交會，從事消滅英帝國主義在華之經濟勢力，現聞該會已籌備一切，約於下月便可派員往漢召集云，

印度人在漢口英租界遊行

△手持印度國旗
△高呼口號
△被壓迫民族之吐氣
△有十一名印人在本黨宣傳股服務

漢口十三日路透社電，『被壓迫民族同胞友誼會』(Odpressed People Brotherhood Friend Society)設立事務所一處，專爲容納註冊印度人高麗人安南人等，昨日印度人註冊者十六人，內中十一名已在國民黨宣傳股派有任務，其餘五人置于候補之列，該印度人等今日下午在英界舉行遊行，手持印度國旗，高呼口號。

專件

國民政府對外重要宣言（續昨）

國民政府以爲中國之求脫於外國帝國主義羈絆之外，中國與外國實無訴諸武力之必要，是以各國與國民政府，有何問題，宜以談判協商從事解決，國民政府之外交部長，于美使去秋抵粵以，嘗以此意相告，並嘗以此分告新英使日本代表及大使代表矣，茲國民政府，爲徵實所持政策計，特鄭重宣言，如任何外國，欲解決條約及其他問題之關於經濟平等及彼此尊重政治領土主權者，均願與之單獨交涉，至漢口方面，英租界之新狀況，與上述政策亦不相違，絕非如外間所傳之誣蠛，謂中國設計，使租界擾亂，以強奪租界，國民政府不能不加以絕對否認，國民政府之所以伸張治權於租界者，不因華兵之入境，（係經英國允許）而在左列之原因，

（一）英國水兵先行登陸，處於不能激變之勢，其後卒致激變與中國愛國群衆演流血衝突慘劇，

（二）英國租界工部退棄職權，（加以英人自相驚擾，英人婦孺爲無謂之退出租界，）遂由國民政府接管租界，最後應行聲明者尚有三事，

（一）英國商業及其他利益之在揚子江流域，與中國南部者，現皆在國民政府治理之下，

（二）揚子江以南，幾達全部，及西北方一大區域，在國民軍範圍者，現亦在國民政府治權之下，

（三）如于張作霖張宗昌孫傳芳所轄區域，開一全民投票大會，其贊成國民政府者，必居大多數，要而言之，國民政府實代表覺悟的中國之真民意，于對抗外國帝國主義的革命運動，表現其權威，以如此之政府，于沛然莫禦之民衆運動中，既得中國民衆之擁護，則任何外國與之周旋，絕無危險之虞也，（外交部宣傳局報告）

（二）

小通信

鄧人月之十九晚，在新俱樂部，游藝會場，失掉白竹布符號一幅，第一三五號，盼呈請補發外特此登報申明作廢！

謝蘭，易定烈，雍麟文諸同志：我到粵幾個月了，均未得悉諸同志的地點，不知編在何團何連？見示後，速即賜函告知！　東莞入伍生第二團七連陳介祺

李燕長同志：現在你在那一地方幾團幾連，請你見字即函通知我，以便轉知你的家裏和你的朋友。燕塘入伍生第一團九連李漢軍啓

王雄弟你自卒業後我就沒有見過你的面紀念得很請速告我何團何連以便通訊爲盼　黃埔軍校入伍生二團　營四連陳斌昇

胡啓明，孔繁勞二位同志：久別甚念你現在何省駐紮何處請你示知爲盼此請並詢再者你的來函或廣州市竹欄門賢樂里門牌二十四號轉交亦可因遷移無定　廣東黃埔對面魚珠砲台學生軍第二中隊陳祖傑白

文建新同志你升學後編入何部隊請示知　深圳入伍生二團一營四連劉興漢

中華民國十六年元月廿九日（星期六） 黃埔日刊 （第三版）

題目

●黃埔學生的戀愛與革命問題

楚女

一年以來，「戀愛與革命」這個問題，在民國日報，國民新聞以及其他刊物上，可以說鬧得昏天黑地，不亦樂乎了！ 我因爲我已是過了三十歲的人，一來怕人家說我不知趣（這是一個青年人的問題）；二來自己也着實感不到什麽興趣——而且我這個人雖然被人家呼爲「好人」，却是「缺點」太多，也不配講戀愛——所以只好讓青年們去『各言爾志』；我自己只是『默爾而息』！

但現在却聽見好多革命的青年，向我說，黃埔同學（現役的學生以及一般見習官），也居然有若干人沉湎於這個問題中，甚至弄得神魂不定，寢食不安——在校的無心上課，上操；出外的香氣撲鼻，髮光鑑人；寢假而使此輩日夕縈心於「謀差事」，望着什麽「尉」的「校」的官階而流涎；舉蔣校長，廖黨代表，汪黨代表平昔的一切教訓勉勵，通通拋之於九霄雲外；心目中不復記得『築城』，『地形』諸學，『放哨』，『守衛』之苦——一步一趨，只幻想着『楊柳之腰』，『櫻桃之口』，百鍊的精鋼，竟已化作繞指柔矣！ 嗚呼！ 總理有靈，不將眦裂髮指，對此等不肖同志而長嘆痛哭乎？ 東征，南討，北伐諸役中的陣亡同學，『兩個眼睛像燈盞』，永不瞑目矣！

自然，『飲食男女，人之大欲』；一個人到了『知慕少艾』之年，自然忍不住是要拿眼睛去瞟女人的（我在街上走，便常常看女人，而且還要看好看的女人）。 我們若說一個人絕對的不應該有男女之思，婚姻之想，那是不近人情。 孔夫子十足正經，但他也還和他的那黃臉老婆，生下了鯉也。 對於青年，禁止他的性的本能的要求，那是等於殺人（我反對寡婦守節，反對女大不嫁；反對男子遲婚，反對標榜獨身主義——因爲這通通只是手淫主義）；那是違反自然。 我反對黃埔學生講戀愛，但我却不反對黃埔學生去找一個女人結婚。

這個道理可從三方面去說明：

一，戀愛這東西，在今天（在私有財產和階級尚未完全剷絕，一切還以買賣的觀念與金錢而行之之時，）根本上只是一個小資產階級的「消閑品。」 有產階級富有金錢，老婆是洗脚水，潑了一盆又一盆，用錢買了來「玩」就是，十個八個姨太太，可以『汗牛充棟』，無所謂戀愛；而且也用不着它。 無產階級，衣不蔽體，食不果腹，死且不暇；更何有於所謂戀愛？ 故戀愛這東西，只是一般有錢不富，無財不窮，介乎上下之間，小有饔飧之儲，而無飢寒之憂，茶餘酒後，長晝無事，今天寫封信去呼曰『親愛的妹妹』；明天回封信來報以『知心的哥哥』——戀愛，戀愛，只當打麻將，打撲克，逛花園一樣，視爲一種感情上的刺激品，消遣，消遣！ 你若沒有這種小資產階級的公子少爺，小姐式的閑功夫，你便無從領略這種像嗅鼻烟一樣的味道。 嗅一口，噴一嚏，或魂飄而魄蕩，或心傷而淚落，時緊一着，時鬆一下——好像秀才站在學宮門口望榜，着實惶恐萬狀，以冀博得女子嫣然之一顧——實則是把自己作爲一種玩具，進貢於彼美人兮之前，聽他玩弄於股掌之上。 戀愛既是這樣的一種東西（老實說，只是一種客氣一點（有進退揖讓之儀式）的性交；比之戲台上的「小放牛」「小寡婦上墳」……不過稍有一點文學的修詞而已），試問我們黃埔同學，在「生活」上有沒有功夫去講；勉强去講它，是不是根本與自己的生活矛盾衝突？

二，我們黃埔同學，不但是青年，而且是革命的青年。 不但是革命的青年，而且是武裝的革命青年。 不但是武裝的革命青年，而且是接近民衆的武裝革命青年。 朋友們！ 這偉光榮的稱呼——接近民衆的武裝革命青年——該有多重的責任？ 國民政府在廣東（現在兼及湖南北江西福建）人民身上，不管用了銅刀一般，刮了錢來教養我們；我們每日三餐吃的是人民的血和肉；我們却去講戀愛，把自己做成一個女子裙邊之下的俘虜。 姑且不說那『大敵當前，要爲國珍重』的話；姑且不說那『匈奴未滅，何以家爲』的話——只說我們自私自利，該當怎樣慚愧！ 我們每逢星期一做紀念週，讀總理遺囑：『革命尚未成功，同志仍須努力』；我們大大數口號要將武力變成民衆的武力；但我們却把我們變成一個女子的俘虜，在女人的懷抱裏去『仍須努力』！ 朋友！ 這樣的兩重人格，天下尚有何事比此更爲可恥？ 我們今天頭倒於女人的色笑之下，他日必不免在散兵線上也縈心於此種色笑——敵彈飛來，我們却想起『她』，想起了『妹妹』，兩手一軟，兩腿開跑；萬里長隄，潰於一蟻之穴——我們自己被敵打死或擄獲倒不要緊，只可憐害了許多眞心革命，勇敢獻身的好兄弟，好同志；只可惜使我們的大功敗于垂成，在客觀上幫助了敵人，加緊『四萬萬乃至十二萬萬五千萬人頭上的壓迫』！ 朋友！ 你不要以爲你和一個女子Kiss一下是一件小事！ 自然，在浪漫的舊式小說中也寫着許多英雄美人的佳話——有戀愛的軍人，也未必就個個臨陣脫逃，而且有時還更勇敢的去衝鋒陷陣。 不過人各有性，事難一律，十個因戀愛而勇敢的固能壯我聲威；然一個因戀愛而怯懦的亦可使我成爲敗績。 世傳吳起殺妻求將，雖然是封建倫理上不合人情的話；但在我們今天負這樣大責的時候，雖不必殺妻，却要不爲妻絆倒才好。 不爲妻絆倒的戀愛，自然是可以講的——或者不但不絆倒，而且更能使我們加强革命工作之力的戀愛，則尤應當去講。 譬如廖仲凱之與何香凝——我便應該出來做媒人。 然而使戀愛而能如廖仲凱何香凝之戀愛，則亦必不致成爲遷延日月，不痛不癢的嗅鼻烟式了——也不致於要我們朝夕不安，魂夢顚倒；要我們穿好西裝，油光頭髮了！ 因爲廖何式的戀愛，只有一個條件——便是共同革命，決無絲毫個人生活的打算參雜其間。 所以不但廖先生不必以升官發財，媚其夫人；不致有因戀愛而不革命，或反革命的危險；而且何先生還做了革命陣頭上的領導者。 只可畏的是廖何式少，而嗅鼻烟式的多——女子之對男子，必以官階上升和漂亮有錢爲標準；男子對於女子，也無非是獵其色。 所以結果自然不免危險而妨礙革命。 大家自問，如果是廖何式，當然可以去進行，當然不在本文所說對象之內；如非廖何式，則請迷途未遠，及早回頭——革命的人，只可講革命式的戀愛；非革命式的普通戀愛，則當斬然勝絕而不稍回顧。

三，我們旣來革命，便是決定了來犧牲的。 戀愛本爲人生生活中一個重要的事情；但我身旣已決定犧牲，則何有於此一事？ 我們現在站在黃埔畫幾何畫，應當以革命爲圓心定點；故戀愛亦在犧牲之列。 我們切不可錯了，以戀愛爲圓心而向外畫弧，把革命去做戀愛的犧牲。——如果以戀愛爲定點而在黃埔，則你並非是來革命，乃是來預備做『軍官』的，你將來必不至做到軍閥不止。 你的根本動機如此，你又何時不可出賣革命而投降於敵人？ 然則居黃埔而以戀愛爲中心生活者，是不但不應該，而且是應該被驅逐，應被我們認爲隱然未來的敵人——所謂『害羣之馬』了！

綜上三層，所以我斷定『黃埔學生絕對不應講戀愛』。 但並將此語擴而大之，凡一切在革命工作中的人，都不應講戀愛。 這不是說『人』不應講戀愛，乃是說『革命的人』應當犧牲戀愛生活。 但我却又不是叫一般革命同志都去做和尙吃齋，完全不要性的生活，而去暗地手淫。 我是說我們當性的衝動來時，可以隨便去找個女人（自然也不是亂嫖）解決它；不應當把它當一件比革命還重要的事，天天去像一般公子小姐們哥哥妹妹的講什麽戀愛。 有了黃臉婆的，可以不必以不滿意而去另找；沒有的，可以找一個黃臉婆『交易而退，各得其所』。 什麽新式，舊式，合不合性情，漂不漂亮，有沒有學問，都不是我們現在所應細求的——只有革命才是我們的唯一大事。

最後，我還聽見一般講戀愛的同學說：『我們革命的人，不知何時死；所以要講戀愛，好傳

中華民國十六年元月廿九日〔星期六〕　黃埔日刊　〔第四版〕

下我們的革命後代，免致斷絕」。肉麻哉！此話也！人是有理性的動物，人是不做無理由的事的。張作霖，陳炯明，乃至娼妓盜賊，何嘗不都有他們自己的理由？如果革命的後代要靠革命者講戀愛去傳下來，則今日之革命者又從何來；而堯生丹朱，禹生啓，以及犂牛之子騂且角，則又何解？假使革命者不生子，則此世界只好永遠黑暗，因為再也沒有人革命了！而且我們的革命要終宇宙而不間斷了，因為張作霖等反革命者之傳代也是不間斷的。有是理乎？哈哈！

我這篇文要算是一篇客觀的文。那籠統的反對戀愛的人，必定是因為沒有人愛他或他正在失戀中；那籠統的主張戀愛的人，必是他正在找愛人；或已經被人愛了！——都是主觀的獨斷。

一九二七，一，二四。

◉我們的認識與努力

劉漫天

我們知道：實現中國國民革命的重大的使命，和解放全世界弱小民族的重大的責任，已經是很嚴重地（雖然是部分地）放置在我黨員同志們的肩上了！

在這個「重担」——黨的要求！之下，我們不是常常聽到，並且看到，許多我們的同志們，呻吟着或表現着掙扎力量的缺乏嗎？不錯，這正是大部分同志很少的融化了自己的力量給黨的緣故；一方面也可以說是黨員一般的力量貧乏的表徵。就因這個，黨的工作，在已往才不能夠有實際上突飛地進展；黨在以前的歷史上，才遺留下沉悶的病態的污痕。

十三年的改組，在黨的進行和發展上，算是劃分了一個新的時代；所以在兩年的短期中，竟有了驚人的進步；一直到現在，還繼續在燦爛輝煌中進行着。自然，我們對于諸先烈頭顱鮮血所換來的今日的光榮的成績，感覺到非常欣慰，但是為「保存」「愛護」並且「繼續」「發揚」這個成績，我們便不能不想到「我們的責任」的問題。

說到我們最大的責任，我想每一個革命的同志都會有相當的明瞭，勿須多贅；不過在我個人平時感覺到，有幾樁常常和責任發生關係的事情，想貢獻給大家：或者在集中黨的力量的工作上，也不至于絕對沒有意義吧？

第一：對於軍紀和黨紀的服從：我們知道軍隊開始有了黨的組織（或者說黨的組織已經發展到軍隊裏邊）一個軍人便須同時也是一個黨員，在這種關係之下：軍隊是建築在黨的基礎上，黨是保護在軍隊的力量下的；這時候的「軍紀」也可以說是「黨紀在軍隊中特殊的表現」——當然它首先必須適合於黨的一般的紀律的精神和需要，因為它的產生，存在，和發展是要以黨的一般的紀律為根據的。所以黨紀和軍紀在精神上是一致的；在形式上我們也應該把它們「打成一片」；因為牠們是互相保障而不是互相限制的！須知道：有嚴森的黨紀，黨才有鞏固的基礎；黨的基礎鞏固了，黨的行動，才會有意義。同樣地：有嚴森的軍紀，才能使軍隊發生強勒的戰鬥能力；軍隊有戰鬥的力量，才容易發揚或實施黨的政策和工作。在這種情形之下：破壞黨紀的人，也沒有理由說他不是破壞了軍紀；破壞軍紀的人，同樣也逃不出是「紊亂」的罪人。

第二：我們要曉得，我們是「武裝黨員」！武裝黨員對于黨的存在和發展，是負有特殊的重大的任務的；像人體裏眼球上或耳膜上的細胞對于人體一樣。它的個體，常常對于整個的組織，發生着極重大的關係。所以如果要黨的康健，就不能不注意于細胞的健全。怎末樣才能使「黨的細胞」健全呢？具體地說：就是要站穩了革命的立場，確定了革命的觀點，屏除一切小資產階級的根性，切實地訓練自己，鍛鍊自己：在學習革命技術和研究革命理論的求學時代，要絕對勤勉地嚴正地誠懇地虛心地去接受一切為革命而需要的技術和理論，務使在體量上在思想上都能夠表現出多量的獲得和進步，如此，才能夠到疆場上去同敵人衝鋒，陷陣，肉搏，撕殺，……如此才能夠在國民革命的爭鬥中，不至作一個時代的落伍者和疆場的敗北者。

第三：我們確認黨員同志間的關係，完全是建築在黨的利益上。我們的口號「統一意志」，「團結精神」要站在黨的觀點上去喊吶，才有意義；不然便恐怕逃不出一切地方觀念和宗法觀念的因襲。我們要曉得所謂「統一」絕不是盲目地去附依那一個「個人」，或者無條件地去信仰那一種主張；所謂「團結」，絕不僅是形式的表示，必須要各個分子間發生了確定的不可分離的關係，才有意義。

同志們：時時刻刻我們要站在我們的責任和使命上，把我們一切的能力，自由，幸福，……都獻給「黨」，使「黨」能够做成功一個真正的强有力的解放全世界弱小民族的一個偉大的武器；——這是我們應該認識和努力的！

特載

◉訓練部吳主任對第三四學生隊遷鄂訓話

十五年十二月十五日　張錕記錄

今晚兩學生隊官長學生出發遷移武昌，在此相聚，剛剛一箇月，彼此分手，臨岐送行。余有幾句話要對大家說說。第五學生隊勤身赴鄂已半月矣，前接報告，謂中途脫落學生一名。余常於星期日在省見學生回校落後，要求辦事處補開校船，省埔交通利便，尚可辦到，而長途行軍，一經落後，追趕不及，舟車輸送，不能久待，徒使率領者苦無找尋之時間，又無找尋之地點，自課累人，彼此困難，故行軍中不能遠離隊伍，遵守時刻，為必要也。現在天氣寒暖不常，稍不小心，最易致病，跋涉山川，向北旅行，其氣候當日冷一日，衣食起居，要格外保重。武昌為全國中心地點，南轅北轍，四通八達，各方人士薈萃，此行最足為人注目，苟能嚴守軍紀，即無官長約束之時，亦能自愛，庶幾黃埔精神，藉此煥發。合計遷鄂人數，佔全校三分之一，以學生隊單位而論，佔全校二分之一，諸生此去為全校之代表，名譽之良窳，全校名譽因之而轉移，此途中衞生軍紀，各事宜所當注意也。本校授課時間，期定八個月，開學至今，倏忽既一月矣，除出畢業時之野營演習月餘，實在授課時間只五月有餘，此五月餘中須格外用功以求造成部曲將材，每日聽講功課，均須於自習時逐門細心研究，如有疑義摘出待問，每日清理，將來考試，温習亦易，不致日久積壓，茫無頭緒，既得門徑，將來研究高深武學，亦易入門。到鄂後與第五期砲工入伍生升學共校，毋寧雖少授課一個月，而隨從校長轉戰數行省，其[illegible]豐富，實非諸生所能及，切磋琢磨，互相研究，交換智識，戰術之學理應用參照證明，今日坐而言者，他日起而行之，不致胸無成竹，此學術科所當勉力研究者也。總之，「親愛精誠」，為母校之校訓，無論在途在校，對師長，對同學，均須本此要旨，如家庭之父兄子弟和藹可親，相敬相愛，今日暫與諸君少別，將來黃鶴樓頭，重行握手，亦未可知。為祝前途風順，珍重努力！

政治問答

（一）委員制是那個創的？什麼地方先實行？

1、委員制在歐美各國各種集會結社及各種事業組織中行之已久，什麼人創造這個制度，現在殊難指定；大概它底發生，是由於事勢的自然要求而起。現在以委員制用於國家政治上的，則有瑞士，蘇聯，蒙古共和國，和我們的國民政府。

（二）全民革命和國民革命有什麼區別？

2、看十二月十八日本刊本欄答周宗林問。

（三）國民政府到國民革命成功後，最高機關是行什麼制度？

3、須看那時的客觀情境，由「黨」決定。我想如果委員制沒有弊害發生，或者仍用委員制也未可知。

（四）外人說中國「黃禍」始自什麼時候？

4、在光緒二十四五年，正值『瓜分中國』之說很盛的時候。

（五）總理五大政策，聯俄聯共和農工其餘是什麼？

5、還有兩個政策，是：「政治訓練」和「黨的紀律」。

（六）研究系，交通系，外交系，江蘇省教育系，教會系，各黨的領袖是那個？

6、研究系，交通系已見十二月二日本刊本欄答案第一條。外交系是前兩三年的一個名詞，係指顧維鈞，顏惠慶，施肇基等英美走狗而言。江蘇省教育系，係以黃炎培，袁觀瀾，沈恩孚等為領袖之江蘇學藝所組織之飯碗團體——可看中國青年第三四集彙刊。教會系我不知道，好像並沒有這個黨派。（以上廖瑞平問楚答）

黃埔日刊

二七紀念徵文啓事

國民政府對外重要宣言以後

奉張南下與國民革命軍

大阪黨部揭破西山會議叛徒造謠陰謀

反赤救國大聯合陰謀

總理遺囑

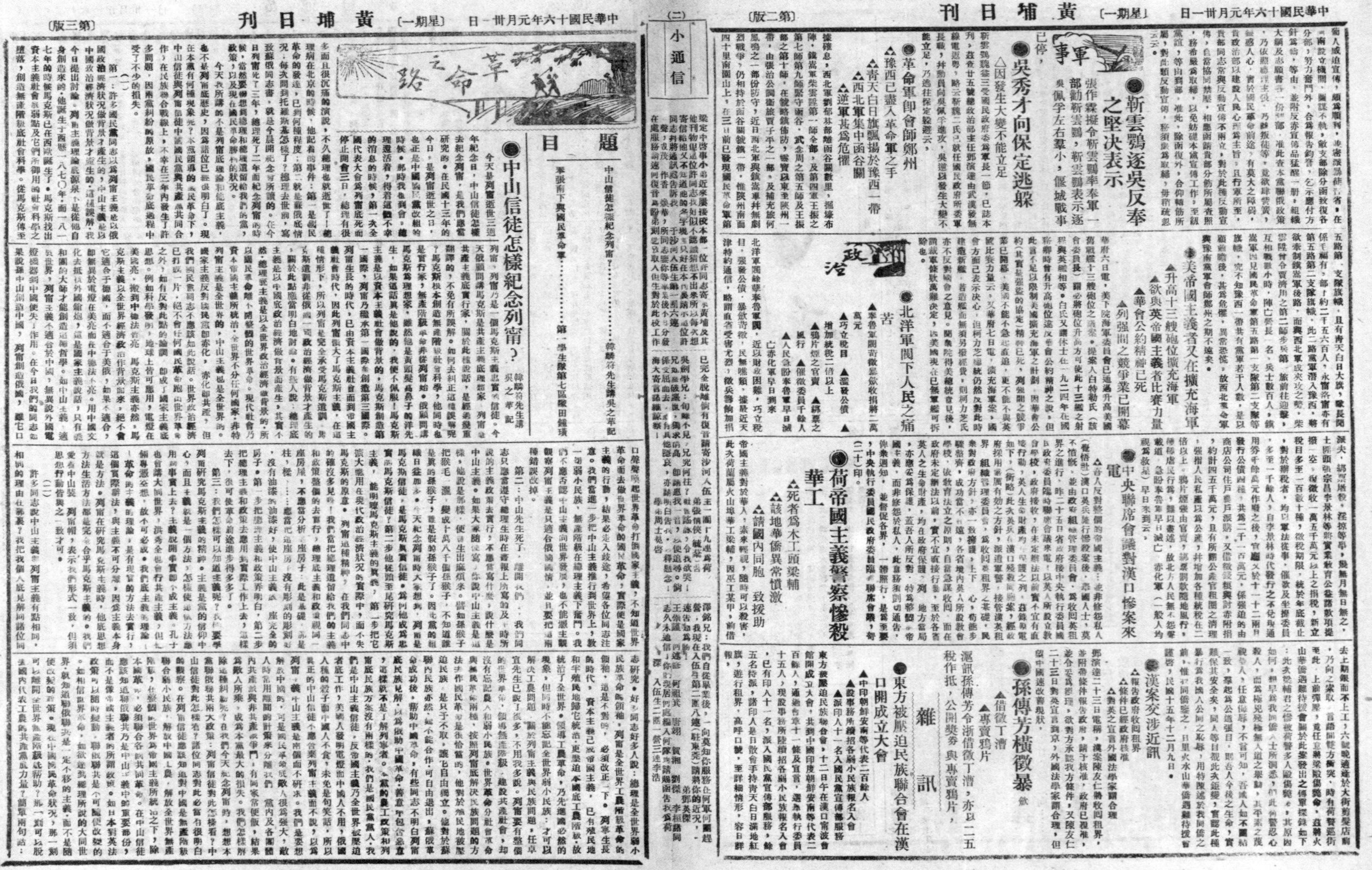

新雲鶚逐吳反奉之堅決表示

吳秀才向保定逃躲

美帝國主義又在擴充海軍

中央聯席會議對漢口慘案來電

漢案交涉近訊

北洋軍閥下人民之痛苦

荷帝國主義警察慘殺華工

孫傳芳橫徵暴斂

東方被壓迫民族聯合會在漢口開成立大會

革命之路

中山信徒怎樣紀念列甯？

〔中華郵政特准掛號立劵之新聞紙〕　中華民國十六年元月卅一日　〔星期一〕　〔第一版〕

黃埔日刊

中央軍事政治學校出版

通信處廣東黃埔本校政治部

（第二四七號）

〔本刊每份定價一分〕

啓事

軍校軍械處黨部啓事

啓者本黨部爲謀平民教育起見特設平崗平民夜學凡願求學者不論男女皆可報名入校

軍械處黨部常務委員葉芳

中央軍事政治學校軍械處黨部啓事

本處黨部爲使人民明瞭世事及普及平民教育起見特設平崗平民夜學凡願求學者不論男女皆可報名入校

王凌漢同志：你現在何處請示知爲禱

第一學生隊第一隊楊壽彝（原名成勳）

沈世光楊慶梅冷松茂余明鑑朱錫紫列兄：貴友楊君培根（即禹言）自閩緻函到校赴時，曾將當票等件寄存兄等處，現當期屆滿，囑弟速爲贖去，爲此，特請兄等速將該當票等件寄下爲荷！

本校第二學生隊第五隊十九區隊王祖霖

「二七」紀念徵文啓事

中國工人運動開始第一次大流血的「二七」紀念日，到今年二月七日已是第四週年了，這是中國歷史上很值得紀念的日子，所以本刊準備在那天出一「二七」紀念特號，希望同志們踴躍投稿。又本刊爲編輯便利起見，特定於二月五日爲齊稿期，投稿諸君，早些準備罷。

評論

國民政府對外重要宣言以後

鴻沉

在本月二十三日陳外交部長發表國民政府對外重要宣言中、（已專載本刊）所謂『今日之新中國內力已充、且覺其經濟方略具有威權與能力，能運用其意志於本國領土之內以與任何强國對抗、』這是一種真話，我們於近年來民族主義的革命運動，時時都能搖動帝國主義——尤其是英帝國主義在華政治經濟的特殊權利就可以證明的。爲什麼國民政府有這種自信的力量呢？因爲『政府（國民政府）受權于民衆，是以在華外僑之經濟生命不啻操于民衆之手』。『要而言之：國民政府實代表覺悟之中國之真民意，于對抗外帝國主義的革命運動表現其權威，以如此之政府于沛然莫禦之民衆運動中，既得中國民衆之擁護，則任何外國與之周旋，絕無危險之虞也』。

自然，「覺悟的」「真民意」大概是最大多數最受壓迫而急欲解除其痛苦的民衆的意見了，所以民族「革命運動」才能「表現」其操「外帝國主義」的「經濟生命」的權威。而所謂「覺悟的」民衆，在革命運動中歷歷表現出偉大的力量爲「擁護」國民政府的主要基礎，在各階級中總算是農工羣衆了。

話雖如此說，現時我們看一看，是如何的一種局勢呢？第一、反動勢力最大者最後一個北洋軍閥——張作霖正向着我們進攻了；第二，各帝國主義尤其是英帝國主義一面採取武力干涉中國用破壞民衆，一面採軟性協安政策陰謀離間而分散革命勢力，他方面則幫助張作霖和一切所謂「反赤」的反革命派到處活動以大倒國民政府之台，（參看本日黨務欄新聞）這是何等嚴重的時局啊！然而我們又知道：現時國民政府軍事勢力所及之地，不下十餘省區，而「覺悟」的民衆究竟不多，更是農工羣衆還沒有好好的組織起來，——恐怕「新中國」之「內力」事實上告訴我們，還是不充足能——則吾人欲抵禦英張及一切反革命派之進攻，勢非擴大「覺悟」的民衆的組織來「擁護」國民政府不可！

在歷史上的事實證明得出來的：中國國民黨之黨的力量建築國民政府于廣東民衆基礎之上，而能『代表覺悟的中國之真民意』，是以北伐以前新造之國民政府得穩穩站在敵人四面猛攻之中而不致搖動；及北伐軍出發之後，又能處處受「覺悟的」民衆之歡迎和贊助，故能以少數之師破吳孫數倍之衆而將國民政府之基礎推廣到湘鄂閩贛以及西南西北諸省。這時我們只有把我們黨所領導所指揮的國民政府之基礎深深的建築在國民政府軍事勢力所及之地的「覺悟」民衆——尤其大多數農工羣衆的組織之上，而能代表他們的「真民意」才足以抵抗英張及一切反革命勢力之來攻；同時這樣才足以進一步把國民政府的基礎更推廣到北方去以解放北方民衆而立統一的人民政府之根基：這是我們國民政府對外發表重要宣言以後應當極力注重的一樁事件。

總理遺囑

總理遺囑

余致力國民革命，凡四十年，其目的在求中國之自由平等，積四十年之經驗，深知欲達到此目的，必須喚起民衆，及聯合世界上以平等待我之民族，共同奮鬥。現在革命尚未成功，凡我同志，務須依照余所著：建國方略，建國大綱，三民主義，及第一次全國代表大會宣言，繼續努力，以求貫徹。最近主張：開國民會議，及廢除不平等條約，尤須於最短期間，促其實現，是所至囑！

本週口號

去掉不良嗜好！

專心革命工作！

勿存虛榮心理！

勿貪安逸生活！

聯合國際勢力！

收回租界主權！

主張廢除舊歷！

擴大民衆宣傳！

黨務

大阪黨部揭破西山會議叛徒造謠陰謀

△支部執委會之啓事

△少數叛徒意圖破壞

△楊嚴兩君鄭重宣言

逕啓者，本黨自少數叛黨份子召集西山會議，設立上海僞中央黨部，曾經本黨中央公布罪狀，開除黨籍，早已水落石出，本支部實最毋庸聲明之可能，致詰之必要，不料自全日本開第二次黨代表大會在神戶告終之後，東京巢鳴附和西山會議之少數叛黨份子，見於本黨黨員日漸增加，內部組織亦已日漸完善，進步之速實有一日千里之勢，乃濫發謬言，意圖破壞，登報啓事（上海民國日報）竟欲混淆是非，所據理由，謂『神戶楊壽彭大阪嚴兆楨（又名祖慶）並未過問，顯係少數黨員包辦等語……』查此次代表大會，本支部由朱志方，嚴兆楨（祖慶）胡炳漁，嚴光瑞四位同志出席代表外，並有本支部多數黨員出席旁聽。該等僞黨份子，以神戶楊壽彭大阪嚴兆楨（祖慶）並未過問一語，混淆聽聞，神戶楊同志即分發宣言，以明真相，登報啓事，以告海內同志。本支部嚴同志因養痾神港，斯種荒謬新聞，實未曾寓目，後經本支部函告，即由嚴同志直接函致民國日報立行更正，并請本支部呈報總支部轉呈中央，茲特鄭重宣言，以明真相。附本支部監察委員會函來嚴兆楨（祖慶）同志復函，以表眞實，逕啓者，頃由大阪轉來尊函，已悉，查此次代表大會，鄙人既係中央委任之籌備委員，又當選代表一席，供役兩職，依時出席，個人態度之光明，亦足以徵明本支部擁扶中央之誠意也，至於海內一報章登載之件，鄙人因養痾神港，未曾閱過，除即探明詳情通知報館更正外，特此奉覆，並希轉呈實級公誼此致，大阪支部監察委員會　嚴祖慶印十二月二十三日　中國國民黨大阪支部執行委員會發十二月二十七日

澳門總支部破獲反赤救國大聯合陰謀

謝英伯盧光功等甘心做走狗……串結葡人威迫宣傳反赤……密派暴徒晉省，在河南設立機關，圖謀造反……搜獲反赤宣傳品猛醒一冊及組織大綱志願書等……總政治部通令嚴爲取締

澳門支部，近發現該處謝英伯等反動份子，勾結外人大作反赤宣傳，破壞本黨政策，殊堪痛恨，該支部即函告省黨部，請示辦法，現已由省黨部報告總政治部通令取締，茲將該項通令照錄如下：略云現准廣東省黨部宣傳部函開，現據澳門總支部函稱，敝支部迭接各分部紛紛報告，反赤救國大聯合派出爲互助社社長謝英伯，前山洋務局長盧光功，前洋務局書記吳國榮，前國民黨第一次代表大會出席代表（澳門）蔡世棻等，在澳門迫挾本黨同志，轉入該派。請示應付等情前來。查該逆等乘我黨國北遷，認爲有機可圖，乃派謝英伯來澳主任宣傳，盧光功主任外交，吳國榮主任文牘蔡世棻爲澳門理事長，經費則由香港方面劉鑄伯之子，劉德甫，黃啓光等担任供給，辦事地址在水手東街十號，情勢緊張，因得盧光功串結

中華民國十六年元月卅一日 〔星期一〕 黃埔日刊 〔第二版〕 (二)

荷人威迫宣傳，頗爲順利，並密派暴徒潛省，在西南設立機關，圖謀不軌，敝支部除分函致復各分部，努力奮鬥外，合爲報告鈞聲，乞示應付方針爲禱，等由，並附反赤宣傳品猛醒一册，組織大綱及志願書各一份到部，准此查本黨聯俄政策，乃依照總理主張，乃該叛徒等，竟欲肆謍簧，蠱惑人心，實於國民革命前途，有莫大之障碍，貴政治部以建設人民心理爲主旨，且行軍所至，貴部同志常與反動宣傳不兩立，對於此種反動宣傳，自當協同禁壓，相應函請貴部分飭所屬查照，務希嚴爲取締，以免妨礎本黨宣傳工作，至紉黨誼，等由到部，准此，除函復外，合仰轉飭所屬，對此類反動宣傳，務須嚴爲取締，毋稍疏忽云云。

軍事

●靳雲鶚逐吳反奉之堅決表示

張作霖擬令靳雲鶚率奉軍一部勸靳雲鶚，靳雲鶚表示逐吳佩孚左右羣小，偃城戰事已停，

●吳秀才向保定逃躱

△因發生大變不能立足

靳雲鶚魏益三受國民政府委爲軍長一節，已誌本刊，茲查廿五號總政治部主任鄧演達由武漢發無線電返粵，略云靳魏二氏已就任國民政府所委軍長職，幷動員向吳佩孚進攻，吳逆以發生大變不能立足，乃逃往保定躱避云，

●革命軍即會師鄭州

△豫西已盡入革命軍之手

△青天白日旗飄揚於豫西一帶

△西北軍集中函谷關

△逆軍甚爲危懼

據確息，西北軍劉郁芬部離函谷關數里，掘壕布陣，鎮嵩軍柴雲陞第一師全部，及第四軍王振之第七師第九師緊守函谷，武念周之第五師及王振部之第十師，在虢略鎮佈防，靈寶以東至陝州一帶，由張治公調衛旅賈子平之一部，及補充旅何鳳鳴之一部份防守，近日西北軍與鎮嵩軍幷無劇烈戰爭，仍相持於函谷關虢鎮一帶，惟陝州南面四十里南園山上，在三日前已發現國民革命軍第五路第一支隊旗幟，且有青天白日大旗，隊長聞係毛福有，部下約二千五六百人，永甯洛甯亦有第五路第二支隊旗幟，此二路黨軍潛入豫西，將欲牽制鎮嵩軍後路，而與西北軍成夾攻之勢，柴雲陞曾令賈濟川之第二師步兵第一旅前往迎擊，互相戰數小時，陣亡營長一名，兵士數百人，鎮嵩軍因見國民革命軍第五路第一支隊第二支隊等旗幟，究不知豫西一帶共有黨軍若干人數，是以顧前瞻後，甚爲危懼，異常恐慌，故西北軍命軍與豫南黨軍會師鄭州之期不遠矣。

●美帝國主義者又在擴充海軍

▲升高十三艘砲位擴充海軍

▲欲與英帝國主義者比賽力量

▲華會公約精神已死

▲列强間之競爭業已開幕

華府六日電，美下院海軍委員會已通過升高美國舊戰艦十三艘砲位之議案。提案人白特勒氏（該會委員長）謂必將砲位升高方可使此十三艦之射程與英艦相等。白氏又謂休士在一九二四年在國務卿時曾有升高砲位違反華會公約精神之說，但此言不足以限制美國擴充海軍之計劃，因華會公約（其實是强盜的協定）精神已死，列强間之競爭業已開幕，美國不能不急起直追，更不能不與英國比賽力量云。又華府七日電，擴充海軍案，國會方面已表示决心，但柯力芝總統仍然反對此時建造新艦，若造艦而無須另撥經費，則柯力芝氏亦不反對國會之意見。聞衆院得美總統意見後，謂裁軍條欵萬難决定，因美國現在已無軍艦可拆除也。

政治

●北洋軍閥下人民之痛苦

▲奉魯軍閥苛徵暴歛收捐將二萬萬元

▲巧立稅目 ▲濫發公債 ▲增加統稅二倍以上 ▲鴉片煙之官賣 ▲綁票之風行 ▲催徵委員千餘人 ▲人民急盼奉魯軍早日滅亡赤化軍早日到來

北洋軍閥餘孽奉魯軍閥，近以財政困難，巧立稅目，强發公債，暴歛苛徵，民無噍類，據最近天津特約通信，略謂直省受害尤烈，徵兵籌餉加捐派夫，綁票屠殺，淫掠等事，幾無月無日無之，土匪頭張宗昌李景林等將實業教育公益諸款項提撥一空，復徵收一萬五千萬元以上之捐稅，新立稅目多至一百數十種，徵稅期限，統於年底截止，對於辦稅者，均以軍法從事，催款及坐提委員，多至一千餘人，自李景林時代發行之不兌現通用劵千餘萬元作廢之後，官廳又於十一十二兩月發行公債四種，共爲二千一百萬元，係强迫的由商店公司住戶農戶派購，又借徵鏹糧與討赤附捐，約計四五千萬元，且有所謂公產官租圈之清理，强指人民私產以爲公產，幷增加各種統稅在二倍以上。鴉片煙强由官賣，綁票罰款隨地風行，種種虐民行爲，難以盡述，故北方人民無不怨聲載道，急盼奉魯軍早日滅亡，赤化軍（一般人均視爲救星）早日來到云。

●中央聯席會議對漢口慘案來電

△吾人反對整個的帝國主義，並非修怨私人

（覺悟社）漢口英兵施行慘殺案後，舉國人士，莫不憤慨，並由政府組織管理委員會，爲收回英租界之進行，昨二十五日省政府接中央執行委員國民政府委員臨時聯席會議來電，以英人所設立教會學校，政府接收，在未定辦法以前，實不宜有直接行動，英人生命財產，均應保護之列，茲錄原電如下，（銜略）此次英兵在漢口殘殺同胞案，經政府採用嚴厲有効之方針，派遣軍警，接管漢英租界，組織管理委員會，收回英租界之基礎，民衆對政府方針，亦一致擁護，上下一心，若能步驟整齊，成功當不在遠，各省境內英人所設教會學校，依教育法立之原則，自當急謀收回，而在政府未定辦法以前，實不宜直接行動，至於各省英人之生命財產，均在政府保護之列，地方當局，亦應妥爲保護，蓋吾人所反對，特爲整個的帝國主義，而非修怨於私人，此意務須剴切通告，俾衆週知，並督促各界，一體照行，是爲至要，中央執行委員國民政府委員臨時聯席會議，哿（二十）印。

●荷帝國主義警察慘殺華工

△死者爲木工頭梁輔

△該地華僑異常憤激

△請國內同胞一致援助

帝國主義對於華人，素來輕視，隨時可以殺害，此次荷蘭屬火山埠華工梁輔，因巫工某甲，前借去上期銀而不上工，六號晚適遇於大街剪髮店前，乃向之索取，言語間雙方衝突，時有荷警巡街至此，上前彈壓，竟任意將梁毆傷斃命，茲將火山華僑遇難待援會聲明於此案發出之傳單探錄如下：此次梁輔君之慘被荷警多人毆傷斃命，其原因如何，想早爲我同僑人士所洞悉，但此何警忍心殺人，而爲極兇殘極無人道之舉動，其平素之蔑視吾人，任意侮辱，不言可知，吾儕人如不團結一致，羣起爲公道張目，則吾人今後之生命，實難保其安全矣，同人等目覩此次鉅變，實認此種暴行爲我人公同之恥辱，用特陳述於我同僑之前，惟祈同僑鑒之，日里火水山華僑遇難待援會謹啓，民國十五年十二月九日。

●漢案交涉近訊

△報告政府收回租界

△條件已經政府核准

△對英之宣言外國法學家謂合理

鄧演達二十三日電稱，漢案陳友仁將收回租界，並附帶條件報告政府，請予核准，政府已覆准，並令妥爲辦理，欲對方承認我方條件，又陳友仁二十三日對英宣言到京，外國法學家謂合理，但望中國速改善現狀。

●孫傳芳橫徵暴歛

▲借徵丁漕

▲專賣鴉片

滬訊孫傳芳令浙借徵丁漕，亦以二五稅作抵，公開獎劵與專賣鴉片，

雜訊

●東方被壓迫民族聯合會在漢口開成立大會

▲中印朝鮮安南等代表二百餘人

▲設事務所積招各弱小民族報名入會

▲派印人十一名入國民黨宣傳部服務

東方被壓迫民族聯合會，十二日午在漢口甯波會館開成立大會，共到中國印度朝鮮安南等代表二百餘人，通過會章十一條及宣言，選舉執行委員十五人，現設事務所陸續招各弱小民族報名入會，已有印人十一名，派入國民黨宣傳部服務，餘五名待派，諸印人是日散會手持青天白日滿地紅旗，遊行租界，高呼口號，至詳細情形，容日詳報。

小通信

梁定中啓事小弟近來屢接母校本部一位許同志寄來黃埔及其他刊物但這位許同志我好似不認識猜想不出來所以每次想寄信給他又不知道他的名字現在只好在本刊裏請求這位許同志幷將通訊處告訴我于沙河入伍生第一團六連一聲，我很茂作香煥華所同志鑒你等畢業後分發在處服務請速何復音爲盼弟劉克敬取入伍生對於此校工作已完全脫離倘有復音請寄沙河入伍生一團八九連爲荷

吳劍學兄：旬餘不見，兄究何往？社會謠詠，令我欲哭！兄如參破塵世，獨求倘高，即請惠我一音，以使追尋。倘係受屈而去，或有其他隱哀，亦請明白告我，釋懸念！海大寄言諸維諒察！ 弟張倩俠（毓棻）啓 學弟周士超啓

澤銘兄：我們自從畢業後，一向莫知你服務在何軍何團營，我現在入伍生第二團八連（駐東莞）請將你的近況，一一速告知爲盼！弟鄧英傑

王崇謹 何述修 何祖美 唐翊 賀湘 劉傑 李桓 諸同志久未通信！你們現居何處編入何隊請賜函告我爲荷 深 入伍生二團一營三連李浩

中華民國十六年元月卅一日〔星期一〕 黃埔日刊 〔第三版〕

革命之路

題目

●中山信徒怎樣紀念列甯？

韓麟符先生講 吳之革記

今天是列甯逝世三週年紀念日，中山信徒怎樣去紀念列甯，是我們應當研究的。在民國十三年的今日，是列甯逝世之日，也正是中國國民黨改組的時候。那時我也到會。總理還活着，得着這個不幸的消息的時候，第一次全國代表大會為列甯底死而停止開會三日。總理有很多而且很沉痛的演說，不久總理也就逝世了！總理病在北京的時候，他記着兩事件：第一是國民革命的發達，已到何種程度；第二就是蘇俄底情況；每次問到托羅斯基怎樣了？總理去世前，寫致蘇俄同志書，就是今晨開紀念會所讀的。在今日列甯死了三年，總理死了二年而紀念列甯的時候，當然要聯想到總理和總理遺留給我們的黨，政策，以及現在國民革命勝利的狀況。

今天我所講的不是列甯底理論和他底主義，也不是列甯底歷史，因為諸位已經很明白了。現在本黨有何種現象呢？本黨領導的國民革命下，中山信徒與列甯信徒中國國民黨與共產黨共同合作，在民族聯合戰線上，不幸在三年內發生了許多問題，因兩黨糾紛的原故，國民革命底過程中受了不少的損失。

（一）

第一：許多國民黨同志以為列甯主義是以俄國政治經濟狀況做背景才產生的，中山主義是以中國政治經濟狀況做背景才產生的。這種誤解，我今日提出討論。列甯主義理論底源泉不是從他自身創造來的。他誕生于西歷一八七〇年，而一八一七年的時候馬克斯已在西歐誕生了。馬克斯找出資本主義社會底弱點及它們所御用的社會科學之墮落，創造無產階級底社會科學。從馬克斯傳至列甯，列甯乃是一個馬克斯主義忠實的信徒。今天俄顧問講馬克斯是共產主義底理想家，列甯是共產主義底實行家，關於此種說話，是經過幾重翻譯的，不免有所誤解。如何去糾正這種誤解呢？馬克斯根本創造無產階級革命非從列甯始。俄顧問講馬克斯為理想家，雖然他是黃頭髮高鼻子的洋先生，如果這話真是他說的，我便不佩服！馬克斯主義是以資本主義社會做背景的，馬克斯創造第一國際，列甯乃繼承第一國際而創造第三國際。列甯生長的時代，已由資本主義社會而到帝國主義社會時代，因此列甯擴大了馬克斯主義，在這種情形下，所以列甯是完全承受馬克斯遺訓　馬克斯遺訓非從俄國一國政治經濟做背景才產生的，關於此點應當明白地討論。有些人說：總理底主義是以中國底政治經濟做背景而產生，其實不然。總理底主義是以全世界政治經濟做背景的。所以國民革命離不開整個的世界革命。現代社會乃資本帝國主義所統治，全世界不分任何國家，非特列甯主義是全世界的，中山主義也是全世界的。國家主義反對國民黨即赤化，赤化即共產，但我們國民黨同志不應該如此說話。世界政治經濟已打成一片，絕不會任何國民革命跑出世界革命之外；如有反對此點的論調，即成了國家主義底思想。例如科學發明，地球上皆可應用，電燈在美國亮，搬到中德法皆亮。馬克斯主義亦然，馬克斯主義以全世界經濟政治作背景而來，絕不會它適合于德國，而不適合于美俄，如果不適合，即無異於電燈在美亮而在中德法不亮。用中國文化去抵抗外國鎗炮，這是國家主義說話，只有義和團的大師才能創造這種哲學。如中山主義，適於世界，列甯主義不適合於中國，無異說外國電燈機器到中國便失了作用。在今日我們的同志如果說孫中山創造中國，列甯創造俄國，雖它口口聲聲喚起世界革命打倒國家主義，不知道世界革命而去做世界革命的國民革命，實際便是國家主義的行動，結果必走入歧途，希望各位同志注意。我們當進一步把中山主義推行到世界上，教一切弱小民族、無產階級在總理主義下奮鬥。我們不應否認中山主義向世界發展，也不能憑主觀觀察列甯主義是只適合俄國國情，並且要把這兩種錯誤改掉。

第二：中山先生死了，離開我們，我們同志只應當遵守總理生時在書報上所寫的及平時所說的主義政策去實行，不應當寫什麼，說什麼是中山主義。如果大家隨便寫，你說中山主義是這樣，他說是那樣，便會生出麻煩來。譬如孫猴子把猴毛一灑，變成十萬八千個孫猴子，不知道誰是真的孫猴子，誰是假的孫猴子了。因此黨的組織日益加多。今天紀念列甯時大家想到，列甯是實在馬克斯信徒，是馬克斯真實信徒。為何他成為忠實馬克斯信徒？第二步他從頭至尾研究馬克斯主義，能明瞭馬克斯主義的真義，第一步把它擴大應用在現代政治經濟狀況的實際中，而不失馬克斯的原意。列甯這種精神，在我們同志中的確沒多見呀！我們當把總理遺留給我們的主義和政策整個的去實行，總理底主義和政策視同一座房屋，不應當分析這座房子：此是基礎，那是柱，樑，……應當把這座房子沒有彫刻的彫刻好，沒有油漆的油漆好，使中山主義成一座完全的房子。第一步把總理主義和政策弄明白，第二步把總理主義和政策去應用到實際工作上去，這樣去下，很可使革命前途進步得多多了。

第三：我們怎樣可以知道主義呢？我們要學列甯研究馬克斯主義的精神。主義是黨的信仰中心，而且主義就是一個方法，怎樣使這個方法應用到事實上去？主義脫開事實即不成主義。孔子也會講大同世界，洪秀全也會行共產主義，但他倆專憑空想，故不可必成。我們底主義的理論—革命的主義的理論，是有現實的方法去實行，這個實際辦法，與主義不可分離，因為主義本身就是方法。列甯在研究馬克斯主義時，他底思想方法生活方法都是完全合乎馬克斯主義的。我們愛着中山裝，列甯帽，表示我們形式一致，但須思想行動皆與之一致才可。

（二）

許多同志說中山主義與列甯主義有點相同，相同的理由在那裏？我把我個人底見解同諸位同志研究。好多同志好多人說：總理是全世界弱小民族革命的領袖，列甯是全世界工農階級革命的領袖，這是不對的，必須改正一下。列寧生長的時代，資本主義已成帝國主義，已有殖民地和半殖民地歸它統治，更壓迫本國底工農階級，故統治了全世界。領導工農革命，乃先進國必然的現象，但同時不能忘記全世界弱小民族：才可以解決工農問題，關於列甯主義與民族問題，任卓宣先生已說了很多，不用我多說。列甯要有整個的世界革命，領導無產階級，建設共產社會，却沒有忘記農人和弱小民族。世界革命分社會革命與民族革命兩種，按照列甯底解決民族問題的方法去作國民革命是很恰當的，他對於殖民地被壓迫民族，是只予不取，讓它自由獨立。他對於蘇聯內民族亦然，如不能合作，可自由退出，蘇俄革命成功後，幫助中國革命，有些同志不明白列甯底民族見解，以為俄助中國革命，善意中包含惡意，這樣就不是了解列寧者。本黨的農工政策和列甯底民族方案沒有兩樣的。我們是國民黨黨人，我們是中山主義信徒，反帝國主義乃全世界被壓迫者底工作，美國人發明電燈而中國人不用，俄國人種的穀子而中國人不食，未免是句笑話，所以為眞正的中山信徒不應舍棄列甯主義而不說，以為列甯主義中山主義是兩個而不研求。我們是要想解放中國的，可是國民革命底敵人很為強大，敵人時常用離間的計策來分離我們。黨內及各團體內共產派與非共產派爭鬥，有同家常便飯，結果為敵人所乘，成為本黨最大的損失。我們怎樣解除這種糾紛呢？在我們今天紀念列甯時，想想本黨聯俄聯共兩大政策：列甯信徒對此怎樣看？中山信徒對此怎樣看？諸位同志對此必當有很明白的觀察。在列甯信徒應該知道對中國是無產階級聯合弱小民族，解放中國工農，解放全世界無產階級，在整個的世界為帝國主義所統治之下，除本國革命，必須聯合各國共同革命。在中山信徒應該知道聯俄聯共乃是中山主義中的重要部份，而不是像帝國主義者的所謂政策。如日本對英法政策可以隨時變動，聯俄聯共是不可隨便改變的。如相信世界革命，如欲達到總理所說的大同世界，就知道聯俄聯共是一定不移的主義，而不是隨便改變的政策。現在中國國民革命狀況，那一刻可以離開全世界無產階級底幫助？那一刻可以脫去國內代表工農的共產黨底力量？簡單兩句話：

中華民國十六年元月廿一日〔星期一〕 黃埔日刊 〔第四版〕

中山信徒不要把聯俄聯共當作政策看，必須當作主義看。

（三）

最後我想到中國底列甯信徒在國民革命中三年來的表示，再看一看本黨現況，中山信徒與列甯信徒在組織上是打成一片的，根據總理三大政策，造成聯合戰線，奮鬥犧牲，中山信徒與列甯信徒同時同地在同一戰線上手攜手去死。諸位同志想一想，這個現象是不是合作精神之偉大表現？中國國民革命成功，必須這種合作精神去促成。中山主義影響列甯，列甯主義影響本黨是怎樣呢？在今日帝國主義日益崩潰中，俄國日益穩定，日益強大，此事與中國國民革命有關，中國革命之發展與俄國之穩定是一件事，如沒有全世界無產階級與弱小民族幫助，蘇維埃聯邦共和國即不能存在，俄國之穩定，中國革命與有助力，所以俄之助中國，即幫助自己。本黨何以有今日之成功？在辛亥到今，已有十六個年頭，過去的十三個年頭，對於革命進步，簡直沒有可說的，一直等到本黨改組後，才有今日之成功。總理改組本黨和決定五大政策，固然是總理的聰明偉大，然而俄國給我們的影響也不少，換句話說，乃是列甯影響所致。改組後，本黨主義仍是三民主義，黨底組織學俄國，蔣校長對黃埔軍校用小組也是學俄國，於是才能把總理精神發揚光大。聯俄聯共二大政策乃列甯中山二主義攜手的結果。列甯主義向中國發展，並不是就把中國赤化起來，因為現在世界上資本帝國主義國家已有了聯合戰線，任何那一個領導無產階級革命的先知先覺，皆是全世界被壓迫者底救星。所以共產派與非共產派糾紛，於理是不當的。中國革命必有列甯主義精神，俄國革命必有中山主義精神，聯合戰線分離開是不應該的。這是我在今日紀念列甯時所生的感想，以之供獻諸位同志。

（四）

最末後還有幾句與本題不相干的話，向諸位同志說，革命黨人用不着客氣的。第一帝國主義底走狗快都完了，它現正用分離政策，使我們內部分裂。如果我們不幸而信了它底謠言，那好了它坐收漁人之利。在廣州革命策源地，發生共產派與非共產派底糾紛，但在被帝國主義與軍閥壓迫下的北方，很少見可算沒有見過這種糾紛。北方有句俗話，『蔴桿打狼兩頭怕』，在國民黨同志以為共產黨幫助國民革命，是等到軍閥打倒後，如俄國工人推倒克倫斯基政府一樣地而進一步勞工專政。在共產黨同志以為國民革命後，一定會如土耳其一樣地捕殺共產黨人，一個以克倫斯基政府為前車之鑒，一個以土耳其為前車之鑒，於是互相恐怖疑懼；其實狼咬不着人，蔴桿也打不死狼，真叫做庸人自擾，而不知道列甯中山主義之原故。克倫斯基政府乃資本家大地主所組織，完全代表資產階級之利益，主張與德繼續作戰，不為工農謀利益，完全是資本帝國主義之行為；真正的中山信徒當然會知道中山主義與克倫斯基政府是兩件東西，就會知道中山主義與列甯主義是同一的，是世界上被壓迫者同一之救主，非同克倫斯基政府之代表資產階級利益。國民黨同志以為在打倒奉張後，共產黨必要爭權，其實這種論調在事實上理論上決不會有的。中國國民黨那裏會同土耳其凱馬爾一樣，凱馬爾是想行大土耳其主義，如大亞細亞主義一類的候補帝國主義。國民黨是領導弱小民族革命的，且國民黨早確定農工政策，決不會如同土耳其實行國家主義，所以顯然的與凱馬爾政策完全是兩樣。中山信徒與列甯信徒從今日紀念列甯的時候起，仔細把總理主義與列甯主義注意地去研究，自然會把這種無意識的恐怖打破。第二希望大家說：『國民政府統轄武漢，武漢罷工事件也就發生，不特如此，就是本校工人也有罷工底事件。』在這種疑慮之下，總以為是領導工人的共產黨底作用。因為中國工人知識很落後，有時為着解決自己生活問題，就忘記了較大的政治問題，不用說國民黨同志不滿意，就是共產黨同志也不滿意。武漢在軍閥多年壓迫之下，國民黨一來，他們得到解放，正所謂有怨的報怨，有仇的報仇，工潮自然高漲起來，絕不是那一黨可以壓得下的。他人總以為是共產黨指使。實際上令人可怕，於是互相驚恐。其實還是中國工人受過量壓迫，一旦得到自由，有時濫用一點自由，也是事實上不可免的。國民黨是代表各階級利益的黨，如何使資本家不壓迫勞動者呢？下命令叫它們不要壓迫勞動者，是不行的，必使工人起來反抗才行，所以這種工潮是有利於本黨主義之實行的。中山信徒與列甯信徒相互間的態度是怎樣呢？在名義上合作，在骨子裏互相另眼看待，互相不滿意，因以引起糾紛。這種糾紛影響於革命前途很大，所以中山信徒與列甯信徒要一視同仁，不可互相歧視，遇到互相批評，應該站在革命觀點上，不應該以私人間感情用事。在現在有許多同志以為在國民革命中，資產階級感着外國資本之壓迫，在先覺悟，而發生民族思想，所以民族革命應該多代表資產階級底利益。如果國民黨僅僅代表資產階級底利益，中國共產黨當然退出；如果國民黨是代表各階級利益的，中國共產黨當然仍是合作。總理早已說過中國國民黨是代表中國各階級底利益的。打倒帝國主義，就是打倒資本主義，在半殖民地經濟落後的中國底資本家受外資之壓迫，國權須要革命，但並不是革命成功後，使它們——資本家——變成帝國主義。從上面可以知道國民黨決不是單獨代表資產階級底利益，而是代表整個的被壓迫民族底利益的。所以列甯信徒才與中山信徒共去求生，一共去死。現在我的話完了，今日多講了一點，費了諸位同志不少的時間，我是很抱歉的。

一九二七，一，廿一於大花廳。

奉張南下與國民革命軍

第一學生隊第七區隊田鍾璜

目前最大而且最後的軍閥——奉張，派軍南下，已成為事實了。在這個時期中，就是革命的成敗與反動軍閥的漲迭的一個段落，同時也是中國內統一與分裂的一個關鍵。現在的將來，我們不能不加以慎重的考慮和觀察！

國民革命軍勞師遠征，轉戰數月，軍事能力，當然稍感疲勞，必休養而後可，而奉張竟乘此南下，欲遂其「討赤」底迷夢，若一旦接觸，恐勞逸之數，即為勝敗之區，這種疑點與隱憂，當必有懷而難釋者，殊不知這是外觀上底徵象，若藉他變方的實質研究一下，就不難馬上冰釋呵！

（一）軍事方面　戰爭之勝敗，不在軍隊之多寡勞逸之程度，而在指揮之統一，內部之團結，上下之協同，尤在戰爭之目的與利害之關係，此次國民革命軍的北伐，其目的即在打倒軍閥，打倒帝國主義，為人民謀解放，而以人民的利益為利益，故士卒用命，上下一心，團結努力之表現，實有不達到目的不止之精神。至於奉張的南下，並非援吳援孫，更不是為國為民，不過想奪得幾省地盤，擴充他自己的勢力罷了。為他效奔走的一切小軍閥，當然也不外乎此種目的。所以軍閥的戰爭，必先具有地盤條件，但是，吳孫部下的諸將領，對於這個題目，是很認得清楚的，所以都各自圖存，密謀結合以抗制奉魯軍之南下，如田維勤魏益三靳雲鶚在河南派代表與我方接洽，（彼等現已宣言，與吳）陳調元白寶山王普陳儀等在江蘇獨立，這都是奉張的致命傷。並且他的主力軍，祇有張學良與張宗昌，而兩張之間，為了直魯督辦問題，已生出深邃的裂痕，新舊派的分立，已有不能合作之勢，危機四伏，一觸即發，此次奉張的目的，當然是一種幻想，結果，恐怕還不能逃出吳孫的例外！

（二）政治方面　革命軍是實行中國國民黨的主義，保障人民的利益的軍隊，所以凡在青天白日旗幟之下的民衆，都得到了相當的解放認識。因此，人民對革命軍的傾向與擁護益加熱烈了。但是，奉張自入關以來，以討赤為名，厲行白色恐佈，在北京槍斃京報社長，封閉交通社日報，槍殺開會青年，捕獲黨人，這種用高壓手段，鉗制輿論，剝奪人民言論集會行動自由，適足增加民衆的反抗，造成更黑暗的政局，驅人民到革命路上去，這樣政治不亡何待!?

（三）經濟方面　革命軍自把廣東肅清後，財政即行統一，經濟非常活動，而此次北伐又得了湘鄂贛閩數省，枚定之餘，經濟上雖無若何餘裕，亦不感受着何種恐慌，此後加以調理整頓，當必日趨於發達，奉張盤踞的東三省，年去年冬間，奉票低落，經濟已完全破產，所以現在只有徵收特捐，發行公債，以圖小補，而南下軍費，都是需借的外債，這種因戰爭而金融恐慌，因經濟過恐慌而加倍搾取民衆，因搾取過量，必使民衆失業傾家以起反抗，這不是奉張自殺的政策嗎？

（四）革命的趨勢　中華民族經紅日的照耀，已由朦朧昏沉中甦醒過來了，並且看清了敵人，認識了本身所受的壓迫，解放的途徑，惟有「革命」。因此，革命的需要，已成為人民普遍的要求，而革命勢力的澎漲已有一日千里之勢，這種進展的局勢，無論河種反動勢力與何種障碍，是不能停止其進行的。所以，這次北伐軍不數月的功夫，就打倒了兩大軍閥——吳孫，佔領了長江流域，這樣空前的勝利，可以說是革命勢力的大進展。奉張竟昧於時勢，違反潮流，冒然南下，不獨引起江浙皖民衆的反抗，即江浙皖的一切小軍閥都一致反對其南下。與時順者無不存，與時違者罔不亡，都是事實的證明。如果奉張果真與革命軍衝突，適足促成革命軍的進展，而加速奉張的滅亡。

由上面幾點看來，奉張南下，是沒有多大問題的，但是還有一件，是我們不能不注意的，因為軍閥是帝國主義的工具，軍閥倒台，就是帝國主義喪失了在中國的統治權力，所以在軍閥快要倒台的時候，帝國主義是必要幫助的，去年日本進兵滿洲，打倒郭松齡，就是一個實例，因此我們革命軍人，要明瞭革命的工作，不是打倒軍閥就算了的，還要打倒軍閥所賴以生存之帝國主義，換句話說，就是要不可因小小勝利，而怠惰，而驕傲，必須切實的努力於宣傳民衆，組織民衆，使民衆的聯合以鞏固我們革命戰線，奮起大無畏的精神，繼續與軍閥和帝國主義者最後的決鬥，以竟全功，*

* 文末应为句号。编者注。

掛號立券之新聞紙「中華民國十六年二月一日〔星期二〕〔第一版〕

黃埔日刊

中央軍事政治學校出版
通信處廣東黃埔本校政治部
〔第二四[illegible]號〕
〔本刊每份定價一分〕

「二七」紀念徵文啟事

中國工人運動開始第一次大流血的「二七」紀念日，到今年二月七日已是第四週年了，這是一個歷史上很值得紀念的日子，所以本刊準備在那天出一「二七」紀念特號，希望同志們踴躍投稿。又本刊為編輯便利起見，特定于二月五日為齊稿期，投稿諸君，早些準備罷。

評

軍政時期開始的紀念日

鴻沉

總理示給我們革命的步驟：第一為軍政時期，第二為訓政時期，第三為憲政時期。

在過去四十年來的革命運動，到也不少的軍事行動，但不能說是真正革命運動的一期——軍政時期的工作。因為那時所用的武力，並不是專門訓練出來為民衆謀利益而革命的武力；所以直至今尚不上是革命的軍事運動，而且這種運動必然是歸於失敗的。

但是現在革命的第一期的軍事運動已大收成功之效，長江以南，京漢以西，皆屬民革命軍努力所及之地了。何以近年來軍事運動的進步如是其速呢？我們於此不能不追憶革命的軍事運動之開始的基本工作。

十四年此日是本校第一次東征軍出發之日，而第一次東征是總理預定的軍政時期的軍事運動之開始。

在這天真值得我們紀念的，然而更值得我們紀念的，就在于：東征軍未出發以前，總理已決心創立黃埔陸軍軍官學校而造就革命的軍事人材，能為大多數民衆謀解放。故東征以後，在十四年一年之內，就能平服東江，撲滅楊劉，收復南路，制止反革命的變動而統一廣東，國民政府之初基乃得奠定。其後十五年一年之內更能統一兩廣，出師北伐，打倒吳孫，以有今日之軍事的勝利。

一言以蔽之：

吾人今日所深深紀念者：即革命軍之武力乃與國民結合為民衆而奮鬥之武力是已！

同時吾人在今日紀念以後，應當加倍努力於南方訓政時期民衆的政治訓育工作，及打倒北洋最後一個萬惡軍閥張作霖的軍事工作。那末，在明年此日，吾人可以預為紀念，慶祝者，將必是：

1、全國軍政時期終了；

2、南方訓政工作已有相當的成績；

3、而軍事武力變為國民自身的武力了！

我們革命黨人要有這種認識，要有這樣的自信，要如此努力做去！

誓遵總理遺囑

總理遺囑

余致力國民革命，凡四十年，其目的在求中國之自由平等，積四十年之經驗，深知欲達到此目的，必須喚起民衆，及聯合世界上以平等待我之民族，共同奮鬥。現在革命尚未成功，凡我同志，務須依照余所著建國方略，建國大綱，三民主義，及第一次全國代表大會宣言，繼續努力，以求貫徹。最近主張開國民會議，及廢除不平等條約，尤須於最短期間，促其實現。是所至囑！

本校本週口號

去掉不良嗜好！
專心革命工作！
勿存虛榮心理！
勿貪安逸生活！
聯合國際勢力！
收回租界主權！
主張廢除舊曆！
擴大民衆宣傳！

校聞

通令

一月二十九日 于校本部

為通令事查本校教育細則規定二月二日為春節例假本校除警戒部隊及值星官照常服務外其餘各部或團隊均照例放假一天合亟通令仰各一體知照此令

紀念週紀事

▲廖教官報告日本政潮及美墨中英之衝突
▲方教育長訓話

昨日上午九時，本校全體官生在大操場舉行總理紀念週，由方教育長主席。遵行紀念週諸禮儀畢，主席訓話，並報告國內外政治狀況。（演詞另錄）繼由政治教官廖劃平同志作政治報告。略謂剛纔方教育長對於國內外政治報告甚詳。我現在僅作幾點補充的報告。先說日本最近的政治狀況。日本的政治近已日趨於腐敗反動，我們知道日本自維新以來，雖名為立憲政治，其實仍是一種封建政治。如日本的三大政黨，政友會，政友本黨，憲政會，這三個政黨所代表的是封建的貴族，軍閥，官僚，政客，地主等等。最近這三黨為爭選舉的勝利，互相攻擊，把各黨所有的罪惡，都儘量的在日本民衆的面前暴露出來了。政本兩黨近欲在國會開會時，共同提出不信任案，推倒內閣，給憲政會以打擊。而憲政會亦預備於不信任案提出時，即行解散國會以抵制之。據這三黨近忽由激烈的鬥爭，趨於相互的妥協，這原因就是他們明白互鬥的結果，必至國會解散，施行普選，使新起的政黨——如小資產階級的社會民主黨和無產階級的農民黨——在普選中得到勝利，這無異直接拆他們自己的台。所以政本憲政三黨，為了共同的利害，壓迫新政黨的興起，便不得不相互妥協了。再日本在經濟方面，自歐戰之後，重轉受了歐美資本的壓迫，而日趨於衰落，近年日本輸入超出三萬萬五千萬元，這是日本經濟解體的明證，所以日本的民衆——尤其是農民，會時常發生暴動。就是代表小資產階級和無產階級的政黨亦出現了。日本民衆政治勢力之興起和勝利。其結果必然使日本的封建政治全部崩潰，到那時中日兩國的問題，便有了易於解決的機會了，現在說到美國和墨西哥的衝突情形，最近尼加拉瓜的革命運動，亦為美墨兩國的暗鬥。俱是尼加拉瓜這種革命，雖有美墨兩勢力參與其間，而其運動的本身，乃為民族革命潮流之普遍的表現。至於帝國主義聯合對付中國問題，已成為事實。如英保守黨攻存對於漢潯案之讓步政策，已博得英國內勞動黨及一部份民衆之同情。日美亦讚成英帝國主義此種政策。發言對付中國問題有協同行動之必要。各帝國主義近且紛紛遣派兵艦來華，向我示威。即國內軍閥，亦取聯合戰線向我進攻。敵人不但互相勾結來包圍我們，並用其陰謀詭計，來軟化我們，使革命聯合戰線自行破裂。帝國主義與軍閥最近從四方八面暗示本黨和政府，只要本黨放棄徹底的革命政策，便可和我們協妥。所以在這個時候，每一個同志都要牢記總理的遺言，『謹防敵人的軟化』云云。最後由主任張主任向有訓話，直至十一時半始行散會。

參加廣州市民籌建粵秀公園第二次游藝大會預聞

△連開游藝大會七天
△舉行海陸軍大操演
△各學生隊派代表參加

中華民國十六年二月一日〔星期二〕 黃埔日刊 〔第四版〕

書報流通所啟事

政治問答

……領導了，則這種革命，終是被利用、受破產，其結果最好不過變更一個新的壓迫。俄羅斯的三月革命，我們的辛亥革命的例子。所以革命非需要革命的階級出來不可，蘇維埃的十月革命，變成無產階級……為布爾塞維克黨）領導，便實現了……俄之成功，而毅然改組以農工階級為革命……。現在我們的黨，不是已鑒于辛亥之……，為革命的領導了嗎？目前我們國民革命者是國民黨，國民黨是以工農階級為基……領導國民革命者非農工階級而何？

（五）

……（四）兩節中，已經証明第二節中之一……錯誤極了。我們不妨再就中國目前的情……級來看，那更加一目了然了。如章太炎……啟超之輩，他們是怎樣誣蔑革命，為軍……，大做其反赤運動，組織反赤大同盟會……育會，研究系，交通系……他們是如何……命，詛咒革命；國家主義派的曾琦李璜……，更是多麼的聰明代表資產階級竭力倡……的理論，麻醉青年聯合起來，阻撓我們……而其餘的智識分子在智識階級佔有位置……醉生夢死的，酣臥在愛美與自然中，謳……歌揚戀愛，贊美自然，或者無聊的整理……究玄學，徘徊十字街頭。至於極少數參……，都是受政治的壓迫，社會的影響，而……身革命，這些分子，自然不能代表智識……

……我的結論是智識是根本不能成為階級……智識階級的中心人物——士大夫派，都……的產物，不能革命，更無論領導。至……，雖受社會環境影響起而革命，但不……智識階級。假使革命被智識階級利用……失掉革命的真意義而會至于流產。然……者為誰呢？便是我們四萬萬人口的百……革命民衆，即建築本黨的基礎的農工……領導革命，也才能領導革命。

……，一，十九號草于東莞營次。

……什麼一回事？資本家的主義是什麼？

3、在鄉間的流氓，本是無所不為的搗亂者，有不有組織農民協會的可能？能不能用農民協會的名義支配小資產家的生產方法？

4、農民協會能不能宰制人民生死權和小產業家的經濟流通？農民協會的組織應該如何才為合法？

5、政府對于以上種種情況，應不應負責？要用什麼方法才不會發生誤會？

6、革命軍既是為人民求解放，求自由，什麼是解放什麼是自由？

（第二學生隊三十一區隊學生謝詞榜問）

1、排難解紛的秀才舉人，每每就是包攬詞訟，豬端敲詐的土豪劣紳（自然也有很少數純然公正的）。士豪劣紳便是把持鄉村政治（如民團，自治會，或祠堂中家長族長的地位），欺壓良善，勾結惡勢力（如軍閥，貪官，污吏），魚肉鄉民的人。

2、「共產」並不是要把社會上所有的財產拿來平均分到各人荷包裏去（那是均產，不是共產）；乃是要將各人所有的財產（金錢土地，鑛山，鐵路，輪船，機器，工廠……）都從腰包中拿出來歸於社會公有，共同生產，共同享用（不是把別人的書籍拿得我手上來私有；乃是把我的，他的，你的一切書籍都拿出來成立一個公共圖書館，大家公閱。）說共產是要把富人的錢叫窮人搶去，乃是一般反對共產主義的人故意造出來的謠言，誣蔑共產主義的。資本家是用了資本開工廠剝削他人的人——是用了本錢去賺利錢而自己只坐着吃的人。單只將錢儲蓄並不用做資本的人，只是「守財虜」或「富人」。

3、流氓有時可以混到農民協會中來，但農民協會的組織如果嚴密，是不難淘汰他們出去的。農民協會代表農民要求減租，並不就是支配誰的財產。農民為了自身痛苦抗租，固不分地主的大小或是大資產家小資產家。現在有一般有意要摧殘農民協會的右派和反動派，看見農民協會真能代表農民利益，看見農民組織真已強大，將來真要擁護政府，實行民生主義，與他們的生活相衝突；便拿住一兩個不好的農民協會分子，硬誣農民協會是土匪的組織，想勾結政治上的勢力解散他。或者故意過甚其言，指農民要求減租為支配人家的財產，無非想挑撥大家來厭棄總理的「農工政策」罷了！

4、農民協會當然不能宰制人民的生死；但他卻應該嚴厲的宰制土豪劣紳與及土豪劣紳相勾結的人。他更不能不與那為地主階級，反動勢力所利用的「民團」相抗。因為他若不如此，則失了他的職責——所謂解放農民——的意義了！農民協會的組織，應該以佃農，僱農為基本中心，自耕農自然亦要包括在內；但地主（即你所稱為小產業家以上的人——即坐食租課，不自勞力的人，）是要除外的。農民協會應該是農民的政治鬥爭，經濟鬥爭的團體；要是為農民謀利益的，才是合法的；否則即是非法的。

5、政府應該負責帮助農民，抑制地主（將來還要節制資本，平均地權）；應該負責帮助農民協會抑制民團；不應該做中間人，和事老；因為政府是本黨的政府；農工運動是本黨的根本政策；農民工人是本黨革命所要解放的對象（因為他們占全國國民百分之九十以上）。

6、革命軍所求的是全國人民從軍閥帝國主義壓迫之下解放出來，得到自由。但卻不是求得地主仍可壓迫農民，資本家仍可剝削農工的自由解放。

（楚客）

特別黨部宣傳委員會本週討論題目

本黨的組織與紀律

綱領

一、甚麼是紀律？
二、紀律與組織的關係？
三、本黨的組織以甚麼為原則？
四、本黨同志怎麼樣遵守紀律？

中華郵政特准掛號立券之新聞紙類　中華民國十六年二月一日　〔星期二〕　〔第一版〕

黄埔日刊

中央軍事政治學校出版

通信處廣東黃埔本校政治部

〔第二四八號〕

〔本刊每份定價一分〕

「二七」紀念徵文啓事

中國工人運動開始第一次大流血的「二七」紀念日，到今年二月七日已是第四週年了，這是一個歷史上很值得紀念的日子，所以本刊準備在那天出一「二七」紀念特號，希望同志們踴躍投稿。又本刊爲編輯便利起見，特定于二月五日爲齊稿期，投稿諸君，早些準備罷。

誓遵總理遺囑

總理遺囑

余致力國民革命，凡四十年，其目的在求中國之自由平等。積四十年之經驗，深知欲達到此目的，必須喚起民衆，及聯合世界上以平等待我之民族，共同奮鬥。現在革命尚未成功，凡我同志，務須依照余所著建國方略、建國大綱、三民主義，及第一次全國代表大會宣言，繼續努力，以求貫徹。最近主張開國民會議，及廢除不平等條約，尤須於最短期間，促其實現，是所至囑！

本校本週口號

去掉不良嗜好！

專心革命工作！

勿存虛榮心理！

勿貪安逸生活！

聯合國際勢力！

收回租界主權！

主張廢除舊歷！

擴大民衆宣傳！

日評

軍政時期開始的紀念日

鴻沉

總理示給我們革命的步驟：第一爲軍政時期，第二爲訓政時期，第三爲憲政時期。在過去四十年來的革命運動，到也不少的軍事行動，但不能說是真正革命運動第一期——軍政時期的工作。因爲那時所用的武力，並不是專門訓練出來爲民衆謀利益而革命的武力；所以完全說不上革命的軍事運動，而且這種運動必然是歸於失敗的。但是現在革命的第一期的軍事運動已大收成功之效，長江以南，京漢以西，皆爲民革命軍勢力所及之地了。何以近年來軍事運動的進步如是其速呢？我們於此不能不追憶革命的軍事運動之開始的基本工作。

十四年此日是本校第一次東征軍出發之日，而第一次東征是總理預定的軍政時期的軍事運動之開始。在這天最值得我們紀念的，然而更值得我們紀念的，就在于；東征軍未出發以前，總理已決心組立黃埔陸軍軍官學校而造就革命的軍事人材，能爲大多數民衆謀解放。故東征以後，在十四年一年之內，就能平服東江，撲滅楊劉，收復南路，制止反革命的變動而統一廣東，國民政府之初基乃得奠定。其後十五年一年之內更能統一兩廣，出師北伐，打倒吳孫，以有今日之軍事勝利。

一言以蔽之：

吾人今日所深深紀念者：即革命軍之武力乃與國民結合爲民衆而奮鬥之武力是已！同時吾人在今日紀念以後，應當加倍努力於南方訓政時期民衆的政治訓育工作，及打倒北洋最後一個萬惡軍閥張作霖的軍事工作。那末，在明年此日，吾人可以預爲紀念，慶祝者，將必是：

1、全國軍政時期終了；

2、南方訓政工作已有相當的成績；

3、而軍事武力幾爲國民自身的武力了！

我們革命黨人要有這種認識，要有這樣的自信，要如此努力做去！

校聞

通令

一月二十九日于校本部

爲通令事查本校教育細則規定二月二日爲春節例假本校除警戒部隊及值星官照常服務外其餘各部處團隊均照例放假一天合亟通令仰各一體知照此令

紀念週紀事

▲方教育長訓話

▲廖教官報告日本政潮及美墨中英之衝突

昨日上午九時，本校全體官生在大操場舉行總理紀念週。由方教育長主席。遵行紀念週諸禮儀畢，主席訓話，并報告國內外政治狀況。（演詞另錄）繼由政治教官廖划平同志作政治報告。略謂剛纔方教育長對於國內外政治報告甚詳。我現在還作幾點補充的報告。先說日本最近的政治狀況。日本自維新以來，雖名爲立憲政治，其實仍是一種封建政治。如日本的三大政黨，政友本黨，憲政會，政友會，這三個政黨所代表的是封建的貴族，軍閥，官僚，政客，地主等等。最近這三黨爲爭選舉的勝利，互相攻擊，把各黨所有的罪惡，都盡量的在日本民衆的面前暴露出來了。政本兩黨近欲在國會開會時，共同提出不信任案，推倒內閣，給憲政會以打擊。而憲政會亦預備於不信任案提出時，即行解散國會以抵制之。據這三黨近忽由激烈的鬥爭，趨於相互的妥協，這原因就是他們明白互鬥的結果，必至國會解散，施行普選，使新起的政黨——如小資產階級的社會民主黨和無產階級的農民黨——在普選中得到勝利，這無異直接拆他們自己的台。所以政本憲三黨，爲了共同的利害，壓迫新政黨的興起，便不得不相互妥協了。再日本在經濟方面，自歐戰之後，重興受了歐美資本的壓迫，而日趨於衰落，近年日本輸入超出三萬萬五千萬元，這是日本經濟解體的明證，所以日本的民衆——尤其是農民，會時常發生暴動。就是代表小資產階級和無產階級的政黨亦出現了。日本民衆政治勢力之興起和勝利。其結果必然使日本的封建政治全部崩潰，到那時中日兩國的問題，便有了易於解決的機會了，現在說到美國和墨西哥的衝突情形，最近尼加拉瓜的革命運動，亦爲美墨兩國的暗鬥。但是尼加拉瓜這種革命，雖有美墨的勢力參與其間，而其運動的本身，乃爲民族革命潮流之普遍的表現。至於帝國主義聯合對付中國問題，已成爲事實。如英保守黨政府對於滬潯案之讓步政策，已博得英國內勞動黨及一部份民衆之同情。日美亦讚成英帝國主義此種政策，聲言對付中國問題有協同行動之必要。各帝國主義近且紛紛遣兵艦來華，向我示威。即國內軍閥，亦取聯合戰線向我進攻。敵人不但互相勾結來包圍我們，並用其陰謀詭計，來軟化我們，使革命戰線自行破裂。帝國主義與軍閥最近從四方八面暗示本黨和政府，只要本黨放棄激底的革命政策，便可和我們協妥。所以在這個時候，每一個同志都要牢記總理的遺言，『謹防敵人的軟化』云云。最後熊主任張主任均有訓話，直至十一時半始行散會。

參加廣州市民籌建粵秀公園第二次游藝大會預聞

△連開游藝大會七天

△舉行海陸軍大操演

△各學生隊派代表參加

中華民國十六年二月一日（星期二） 黃埔日刊 （第二版）

廣州市民籌建粵秀公園第二次游藝大會，業經該會公決，由夏歷正月初一至初七日止，一連開會七天，並在粵秀山會場內之運動場，每天舉行各種大運動，以增慶鬧，並經決定開會第一日上午十一時，至下午三時，舉行海陸軍大操，俾壯全場聲勢，現本校各部隊，已奉方教育長諭學生隊，軍士教導隊，入伍生，及學生軍等，每區隊派代表幾名，官長若干員，一律武裝，由訓練部吳主任，入伍生部張副部長，自行酌定，屆時前往參加，並派吳主任爲總指揮，所有入伍生部派遣官生學兵人數，限于一月三十號以前送訓練部，再由該部先期派員前往總部副官處及入伍生部接洽一切，以及全部參加人數，先期開單交管理處準備船隻及軍樂隊等，俟屆時前往參加盛況云。

軍事

◉國民軍受豫人愛戴

△直系治下各軍不敢與國民軍戰

△希望國民軍早到豫

國民軍先鋒隊入靈寶後，正與張治公開談判，將來張之軍隊，勢必歸入國民軍，洛陽可以不戰而得，至蘭州王懸臣之兵，亦不敢戰，且人數有限，因軍隊衣食，久無正當供給，望希皆國民軍來，可有投降之機會，劉鎮華之兵更不成問題，若輩退出潼關時，曾大刧掠，豫西人民，痛恨萬分，業已派代表前往國民軍大本營，請求早日東下，以蘇民困，蓋馮軍所到之地，紀律極爲嚴明，目下潼關靈寶間，交通已恢復，人民往來無危險，皆受國民軍之賜，此間一部分人民，仍在吳佩孚勢力之下，苛稅重重，民不聊生，借名攻陝，又抽隴海路貨車捐，轉運車捐，商家無力担負，只可停業云，

◉各帝國主義者極力擴張航空實力

法國尤爲充實——火併之期不遠

倫敦通電云，各國除海陸軍，航空軍正在極力擴張，各國最近軍用航空實力如下，

（一）法國飛機一千二百五十架，在建造中者有二千五百架，駕駛飛機官員一千九百七十四名，兵卒三萬四千四百三十二名，預備飛行員三千一百八十四名，

（二）美國飛機七百五十架，建造中一千二百架，駕駛飛機官員一千六百四十四名，兵卒一萬二百〇四名，預備飛行員一千四百七十二名。

（三）意大利飛機六百架，建造中八百架，飛機官員七百五十二名，兵卒一萬〇六百五十七名，預備飛行員九十三名，

（四）英國飛機六百架，在建造中者一千架，飛行官員二千二百八十二名，兵卒一萬六千五百六十一名，預備飛行員二千一百四十五名，

（五）日本飛機四百架，建造中者有六百五十架，飛行官員九百八十三名，兵卒六千八百五十三名，預備飛行員七十四名，

以上所列軍用飛機，至於商業飛機若干，尚不在內，計歐美旅客遞信運貨定期航空線的一百八十一線，如倫敦至巴黎，距離二百三十三里，航空時間二時五十分，亦可見航運之便云，

政治

◉英帝國主義對華之軍事行動

△紛紛調遣軍隊來華

△一千水兵將到上海

廿三日馬爾太電，第一畢龐斯，及龐廳斯聯隊暨第一邊防綏奉命準備出發中國，候令放洋，所有放假在外之軍官，繳令即歸隊，（按上上係英國在地中海區域之陸軍）廿三日倫敦電，第一步兵溫士聯隊，係奉令派往中國步兵四大隊之一，廿三日孟買電各報載德列（印度首府）盛傳政府徵調印兵一旅赴中國，官場方面對此事，不證實亦不否認，但此事如確，德列亦不足爲異，據既報載亞哥將通訊，英兵奉命來華者，計有達咸輕步兵一隊，定廿八日放洋，並有哥羅斯忒薩聯隊及判查布印兵第十二聯隊第四大隊云，廿三日加爾各答電，英帝士曼邪政府已租輪船兩艘，由加爾各答載兵赴中國，又接未證實報告，由章西調來之印兵一旅，將由加爾各答啟洋，廿四日倫敦電，英國陸軍部正式宣佈印度政府現正預備派遣英兵印兵各兩營，並砲隊開赴上海，星期一日已有兵士一千四百人出發，星期三將有水兵一千人搭民尼疏他號輪船赴滬云

◉漢案交涉近訊

△不但不與我正式交涉

△反要我政府制止羣衆運動

△故交涉仍無結果

自十五日起，阿馬利與陳友仁三次談判，均報告藍使與英倫，英政府大體方針雖已到華，（一）事變前黨政府不能懲恩羣衆運動之處，近日則黨政府確努力制止軌外行動，此是諒解者，（二）英政府對漢案只認陳友仁爲地方政府代表，故關於本案事實問題，可由漢口英總領事與陳協商局部的臨時辦法，至法律問題，如修約及交還租界，仍保留將來有正式政府時辦理，故可議範圍甚狹，陳友仁要求解決法律問題之權，阿馬利未允，阿氏云，漢案關於法律問題，英並不與北京政府交涉，係保留將來正式政府辦理，請陳勿誤會，又前日阿馬利與陳友仁談話，可將漢口英租界暫作公共租界，與列國同樣待遇，陳答，若改爲中國自開商埠，與各國一律待遇，則甚願討論等語，故仍無結果，至於京津英人對漢案態度分兩派，凡在華有商務及職業者，一致贊和平解決，其失業及不預備來華者則生訛議，英政府在重第一派，英使對漢案決定和平辦理，所慮者兩尋，（一）黨政府對羣衆行動不能抑止時，將如何，（二）漢潯及外區一發生不幸時，將如何，此則須陳友仁負責與注意者也。其在漢口方面各界聯外部停止反英運動通告，多有誤解，聯席會議十七晚，議決聲明誤會，當發通告時，據外部長報告，前次通告係翻譯之誤，原文意義並非停止反英運動，乃指避免一切危害外人生命財產之行動等語耳。

◉使團對漢口慘案意見仍不一致

北京廿二日通信云，漢潯兩案，相繼發生後，使館方面，極爲注意，惟因對方維持得力，外僑生命財產，未致危害，故其態度，甚爲鎮靜，雖英使藍辛請各國對華取一致行動，無如各使，鑒於中國民氣，非庚子以前可比，雅不欲引起國際戰爭，英使現取穩健態度，一方面請示本國政府應付方針，一方面表示退步，冀取得列强同情，（十一日）午英使赴荷使館晤歐登科，請即召集會議，荷乃通知各使今（十一）午在荷使館舉行，開議，意國贊成英使主張，以大軍隊軍艦開入長江流域，作示威運動，比國亦如此主張，法國絕對不表同情，願以國人地位，和平解決，美國則對英對華均無好惡可言，無尚若何表示，日前因東方貿易關係，取觀望態度，會議散後，各使同館電本國政府請示云云，

經濟

◉歐洲帝國主義大戰之重大損失

△戰後歐洲營業衰弱

△因戰事歷年所受損失總計二千一百億金元

△非三十年不可取償以往之損失

美國國外貿易局，於本年休戰紀念日，發表一種統計，證明自大戰以後，世界各國出口貿易至去年方始回復一九一三年原狀，其因戰事歷年所受損失，總計二千一百億金元之巨，此項統計之編製，係根據占世界出口貿易總數百分九十之七十國，此等國家在一九二三年之出口貿易總數爲一百九十四億二千六百萬元，至去年表面上雖增爲二百九十九億七千萬元，但按之一九一三年之購買力，則數僅合一百九十九億五千萬元，近三年來出口貿易有如此進步，不可謂不快，然欲取償以往之損失，猶非三十年不可也，

雜訊

◉留美學生實行中山主義之重要宣言

△一致議決承認國民政府

△繼續與帝國主義奮鬥

留美學生，對於中山主義，極爲敬仰，特鄭重發出宣言，其宣言有云：「我們觀察政治，經濟，教育，社會實業各方面的現狀，結果我們一致承認中山主義原則上方法上，都適合於各該方面的建設，在政治方面我們一致議決承認國民政府，希望國民政府繼續與帝國主義奮鬥，并希望各派革命勢力共聚於國民政府旗幟之下一致共同努力革命……」

祖雅濤（四川涪陵人）倘志[illegible]現在何地何團何連？請即示知。因家兄慶云，欲與兄通訊故也。入伍生二團二營五連何鵬舉千東莞

羅伯耳魏權二位同志鑒[illegible]你們畢業後，分發前方何部[illegible]請告[illegible]入伍生[illegible]三營九連

孫志豪[illegible]請詳回告訴[illegible]

周熙政 鍾耀彩[illegible]請示[illegible]

[illegible]志現在不知你在何部隊出發何方請作[illegible]入伍生二團三營十連王雁賓啓

[illegible]你們在何師何團服務，及駐紮何處[illegible]惠州第二師補充團三營八連李瓊甲

[illegible]汪淵劉錦[illegible]彬諸同志：你們的通信處，是在什麼地方[illegible]惠州第二師補充團三營[illegible]

中華民國十六年二月一日〔星期二〕 黃埔日刊 〔第三版〕

題目

大敵當前之我們的工作

宛希先

數萬「赤軍」已從粵江而進佔長江，青天白日，已從廣東而飄揚武漢，勝皖勝奉的"常勝將軍"，吳佩孚，既被打得落花流水，鬼頭鬼腦的『三愛將軍』！孫傳芳，又被打得屁滾尿流，使這兩位將軍(？)的主人！英帝國主義，不禁扼腕歎息道：『走狗亡矣，赤禍張矣』！

而且西北「赤軍」，亦鼓勇東下，衝出潼關，有「南赤」「北赤」聯合戰線統一中國之可能，使一些小軍閥，或是曖昧其態度，以與國民革命軍默契，或是倒戈以輸誠于國民政府。——十五年來國內的混戰，從此才弄出一個赤黑分明的現象，以供國內人目所共睹，而失「反赤」宣傳之口實(現在中國民衆都心願「赤化」而不「綠化」)，這也算是民國開國以來革命戰爭的新紀元呵！

可是，前途荆棘，仍是叢叢，帝國主義因受重大損失，而益努力向我們進攻，奉魯軍閥見革命勢力之發展，而更拚命與我們搏戰，我們還欠打倒孫吳：一方面固可使帝國主義與軍閥之驚恐；然而另一方面，就促進我們死敵——帝國主義和軍閥——進攻我們之陰毒計劃之實現。現在局勢，正是戰雲密佈，我們此刻，正是大敵當前呵，這并非危言慫聽，只要我們看一看四週環境，便可知道：

(一)帝國主義之陰謀——英帝國主義的唯一走狗吳佩孚既被逐出鄂境，第二工具孫傳芳又大敗于閩贛，并且吳退守鄭州而益坐困，孫自敗後亦難保持，這當然使帝英國主義心焦而着急，自然地就極力另找工具，而在中國此時之唯一軍閥，民衆唯一死敵，革命唯一的障礙，當然不用說是綠林強盜之奉魯軍閥。所以，英帝國主義引渡天津本黨同志，以爲其見好於奉魯軍閥之禮物，又借款一千萬磅給張作霖，並提案承認二五附稅以作「討赤」軍費。這樣一來，老狗——張作霖，小狗張學良——，便自然聽牠驅使，而向革命勢力進攻。牠——英帝國主義者——并且還于最近親手演出『一三』『一六』漢口九江的慘案，以作向革命勢力總攻擊的先聲。英帝國主義這樣幹，當然不甚合日本口味，然日本帝國主義，因其走狗——張作霖，野心勃勃，難於攔阻，亦惟有任之而已。

(二)奉魯軍閥之遣兵調將——自孫傳芳秘密赴津向奉魯軍閥求援後，奉魯軍閥亦因各欲急謀地盤，即開始遣兵調將，準備北則進攻包綏，逐國民軍於五原之外，藉以解決晉閻，南則利用孫吳殘部(孫吳部下之反孫吳者不在內)作先驅，以奉魯軍奠其後，沿津浦京漢兩路南下，以進攻國民革命軍。——這些事實，自然可以值得我們十分注意啊！

不過，目前事實，雖然如此，而將來的變化，還是無窮的。我們看一看帝國主義方面，英日必定是衝突厲害的(觀日本最忠純的走狗楊雨霆極端反對急進，就可知道，)攻國民軍亦難操必勝之權(因國民軍在五原尚有數萬精銳，)孫吳殘部擁之者少，而反之者多，晉閻只有投向革命，才能保持其地位，和發展其勢力，而且奉魯內部非常複雜，不特奉魯兩系衝突，即奉系之新舊派及新派之中的韓(春麟)張(學良)亦異常衝突，其尤足以制奉系死命的，就是財政困難。以這樣內部如此複雜的殘暴綠林之衆，而與有主義有紀律轉戰數千里的戰無不勝，攻無不克的革命健兒搏戰，勝負之數，不待蓍龜矣！

然『安不忘危』，『臨危不懼』，這是革命者應有的本色。所以我們切不可以聞敵人強盛而畏却，見敵人破裂而驕傲，我們當以此問題爲最嚴重的問題，以此時期爲大敵當前時期。我們在此時期中，應當積極使黨的紀律之提高，政治基礎之鞏固，財政之整理和統一，軍隊之編練和教育加緊才行。(尤其是政治教育)，並且只有民衆擁護黨，黨才有權力；只有民衆來擁護政府，政治基礎才能鞏固；只有民衆來與軍隊合作，軍事上才能勝利。而民衆要有組織，才有力量，要有宣傳才能組織，可是我們要有爲他們切實解除痛苦，才好去宣傳而有效。所以，我們在這個大敵當前的時候，若做到上面所說的積極的解除民衆的痛苦，宣傳民衆，組織民衆，使民衆竭力擁護黨和政府，努力與革命軍隊合作，才是一次北伐(討奉晉)勝利之內部的主要條件。

智識階級能否領導革命問題

睿民

(一)

一個很陳腐的問題，早經許多革命家和革命黨同志，認得非常清楚，竭力加以攻擊的問題，現在已成爲體無完膚，不配革命者重行討論的問題」。乃近日偶及此問題，竟有許多戰士們，發表參差的意見，使這個問題，混雜不清，各是其是。於是淺薄的我，以爲本黨的戰士，在思想方面，應該實行「統一意志」的校訓，遂認爲此問題，很值得留意而重新詳加解釋，使人人對之同一見解，以免滋蔓難圖。這便是我討論此題的微意，得當與否，我不知道。

(二)

有人說智識階級是能領導革命的，其理由是革命的理論和方法，都須要很有智識的學者或專門家，博士，學士們，才能夠從深奧的研究，精密的理論和方法前進，以促其實現。他舉例說馬克斯列甯孫中山先生，便是鮮明的證據。

又有人說：智識階級，一些能領導革命，一些不能領導革命，一些甚至反革命。他以爲覺悟的分子，看着社會非革命不可，遂起來領導民衆去革命。如本黨中的智識階級總理汪廖蔣……諸先生是。其傳統思想，守舊觀念太深的，就不能領導革命而且反革命，如章太炎康有爲梁啓超蔣百里丁文江……之類是。素以儒學規規自守，或雖有科學智識及專門技能的人，而偏持『君子不黨』的言論態度，不肯革命，當然不能領導革命，如胡適之劉復錢玄同黃侃……之流是。

上述兩種意見，大致可以代表一般言論。

(三)

據我借問得來的意見，覺得這些論調，通通都不免錯誤。智識階級是斷斷乎不能領導革命的。發論的人，他沒有想智識能否成爲階級，及目前一般人所謂的智識階級，是何所指。這兩大前題未闡清楚，故其議論純粹是妄解。

我們知道，階級確實而不可移之定義，是要以經濟爲準而劃分出來的才可靠，才不至衝突；反之，而從上層或表面去分階級，其結果一定錯誤。即以「智識階級」一詞而論，這中間就包羅萬有了。因爲封建階級，資產階級，農人階級，工人階級……等中都有智識的。我們合這樣複雜的經濟不一致的各階級，而給之一個名曰智識階級，其中的衝突太大，不能有同一之表示，要判別他的是非，誰也無從下手，所以智識不能成爲階級，只可叫之爲智識分子，比較恰當。

然則現在的所謂智識階級究何所指呢？我們要先知道，凡云某階級，某……都是指其中心人物而言，即指大多數的份量能夠代表該名稱才算恰當。例如我們說資產階級是不革命的，或反革命的：無產階級是革命的，那我們所云并不是指特殊的，例外的。即是說我們不能以資產階級的少□□覺悟分子革命，與無產階級的工賊反革命，而判斷資產階級是革命的或無產階級是反革命的。因此，這個不成名詞的所謂智識階級這個名詞，當然同一例要他的中心人物才能代表。代表他的中心人物爲誰呢？在此我們就不能不牽涉到智識之母的教育身上去，因爲要有教育，才有智識，才有系統的專門的智識。所以我們要進而看看中國的教育，是什麼教育？什麼人才能受充分的教育？在有清一代是貴族的教育，奴隸的教育，誘惑愚弄的教育，自不待言；即以民國而論，十六年來的教育，在原則上，是軍國民教育，且以軍閥爭戰爲轉移，戰時則一切學校倒閉，戰後則恩賜少許款項，以粉飾太平，故可以說是軍閥們裝點門面的教育，而受教育的人則大多數是封建餘孽，軍閥，官吏，買辦階級的子弟，至於小資產階級，工農階級的子弟，不過其中的陪襯，他們受教育的期間至多到中學就打回轉了，什麼專門學校，大學校，留洋讀書……等，真是他

中華民國十六年二月一日〔星期二〕　黃埔日刊　〔第四版〕

們夢想不到的事，即有例外，亦甚稀少，這些常識都未充足的分子，當然不能算智識階級。一言以蔽之，中國的教育是資產階級貴族化的教育。這樣一來，所謂智識。階級的中心人物，不待言是資產階級才足以代表了。所謂專門學生，大學生，留洋學生，教育家，博士學士，科學家，政治家……以及封建社會遺留下來的古董學家，詞章家，政客……等本來是資產階級中智識分子的代表。所以現在所謂的智識階級即大學生博士……古董學家……等；簡言之曰：『士大夫派』。至小資產階級和工農階級中的少數智識分子，不過在其中備數而已。確不能代表所謂智識階級。

（四）

所謂智識階級的成分，已如上述。現刻擺在我們面前的問題，便是智識階級能否領導革命了。我們要斷定知識階級能否領導革命，必須要先了解革命的意義，然後這個問題的結論，才能真確。我們知道，革命的真實定義，是大多數人奪取少數人的政權，即被壓迫階級以非常手段奪取少數壓迫階級的統治權，以謀全人類的解放，中國的大多數人和被壓迫者是那個階級呢？不待言是工農階級和小資產階級要佔全人口百分之九十以上。我們又知道，兩個經濟地位相差太遠的階級，他們的利害衝突很大的，絕無合作妥協之可能。"那嗎，"一個經濟地位很高的階級，絕對不肯替一個經濟地位很低的階級奮鬥；即是說不能領導別的階級羣衆去奮鬥。中國最需要革命的是大多數的工農階級，所以經濟地位最低的農工階級革命，如果以經濟地位最高的資產階級所代表的所謂智識階級去領導，絕對是不可能的。且智識階級，時做其破壞革命的運動。其中雖有少數的覺悟分子有革命性，也不過因某種社會環境，政治環境的壓迫，起而參加革命，但這僅僅是參加，說不上領導；且為特殊的，例外的，更不能為該階級之代表；由之乎工人階級是最革命的，不能以少數工賊被人收買而反革命，便說工人階級是反革命一樣。如果我們被壓迫階級所要求的革命，為所謂智識階級領導了，則這種革命，終是被利用、妥協，而至破產，其結果最好不過變更一個新的壓迫者而已。俄羅斯的三月革命，我們的辛亥革命便是顯明的例子。所以革命非需要革命的階級出來領導不可，蘇維埃的十月革命，變成無產階級（代表此階級者為布爾塞維克黨）領導，便實現了革命的真意。現在我們的黨，不是已鑒于辛亥之失敗，蘇俄之成功，而毅然改組以農工階級為革命的基礎，為革命的領導了嗎？目前我們國民革命的領導者是國民黨，國民黨是以工農階級為基礎，然則領導國民革命者非農工階級而何？

（五）

由（三）（四）兩節中，已經証明第二節中之一般解釋，錯誤極了。我們不妨再就中國目前的所謂智識階級來看，那更加一目了然了。如章太炎康有為梁啓超之輩，他們是怎樣誣衊革命，為軍閥們奔走，大做其反赤運動，組織反赤大同盟會；中華教育會，研究系，交通系……他們是如何的恐懼革命，詛咒革命；國家主義派的曾琦李璜……之徒，更是多麽的聰明代表資產階級竭力倡其假革命的理論，麻醉青年聯合起來，阻撓我們的革命，而其餘的智識分子在智識階級佔有位置的，又是醉生夢死的，酣臥在愛美與自然中，謳歌文學，頌揚戀愛，贊美自然，或者無聊的整理國故，研究玄學，徘徊十字街頭。至於極少數參加革命的，都是受政治的壓迫，社會的影響，而不得不投身革命，這些分子，自然不能代表智識階級。

（六）

末了，我的結論是智識階級是根本不能成爲階級，而所謂智識階級的中心人物——士大夫派，都是資產階級的產物，不能革命，更無論領導，至其特殊分子，雖受社會環境影響而革命。但不能代表所謂智識階級。假使革命被智識階級利用領導，便會失掉革命的真意義而會至于流產。然則領導革命者為誰呢？便是我們四萬萬人口的百十之九十的革命民衆，即建築本黨的基礎的農工階級，才配領導革命，也才能領導革命。

一六，一，十九號草于東莞營次。

政治問答

1、前清時秀才和舉人在鄉間為人排難解紛，是不是土豪劣紳？土豪劣紳是不是想方設計要收不法金錢充他的慾望？

2、稍有幾萬元或幾百元的家產的，算不算資本家？應不應被農民工人去共產？共產的原則是什麼一回事？資本家的主義是什麼？

3、在鄉間的流氓，本是無所不為的搗亂者，有不有組織農民協會的可能？ 能不能用農民協會的名義支配小資產家的生產方法？

4、農民協會能不能宰制人民生死權和小產業家的經濟流通？ 農民協會的組織應該如何才為合法？

5、政府對于以上種種情況，應不應負責？要用什麼方法才不會發生誤會？

6、革命軍既是為人民求解放，求自由，什麼是解放什麼是自由？

（第二學生隊三十一區隊學生謝嗣榜問）

1、排難解紛的秀才舉人，每每就是包攬詞訟，藉端敲詐的土豪劣紳（自然也有很少數純然公正的）。 土豪劣紳便是把持鄉村政治（如民團，自治會，或祠堂中家長族長的地位），欺壓良善，勾結惡勢力（如軍閥，貪官，污吏），魚肉鄉民的人。

2、「共產」並不是要把社會上所有的財產拿來平均分到各人荷包裏去（那是均產，不是共產）；乃是要將各人所有的財產（金錢土地，鑛山，鐵路，輪船，機器，工廠……）都從腰包中拿出來歸於社會公有，共同生產，共同享用（不是把別人的書籍拿得我手上來私有；乃是把我的，他的，你的一切書籍都拿出來成立一個公共圖書館，大家公閱。）說共產是要把富人的錢叫窮人搶去，乃是一般反對共產主義的人故意造出來的謠言，誣衊共產主義的。 資本家是用了資本開工廠剝削他人的人——是用了本錢去賺利錢而自已只坐着吃的人。 單只將錢儲蓄並不用做資本的人，只是「守財虜」或「富人」。

3、流氓有時可以混到農民協會中來，但農民協會的組織如果嚴密，是不難淘汰他們出去的。 農民協會代表農民要求減租，並不就是支配誰的財產。 農民為了自身痛苦抗租，固不分地主的大小或是大資產家小資產家。 現在有一般有意要摧殘農民協會的右派和反動派，看見農民協會真能代表農民利益，看見農民組織真已強大，將來真要擁護政府，實行民生主義，與他們的生活相衝突；便拿住一兩個不好的農民協會分子，硬誣農民協會是土匪的組織，想勾結政治上的勢力解散他。 或者故意過甚其言，指農民要求減租為支配人家的財產，無非想挑撥大家來厭棄總理的「農工政策」罷了！

4、農民協會當然不能宰制人民的生死；但他却應該嚴厲的宰制土豪劣紳與及土豪劣紳相勾結的人。 他更不能不與那為地主階級，反動勢力所利用的「民團」相抗。 因為他若不如此，則失了他的職責——所謂解放農民——的意義了！ 農民協會的組織，應該以佃農，僱農為基本中心，自耕農自然亦要包括在內；但地主（即你所稱為小產業家以上的人——即坐食租課，不自勞力的人。）是要除外的。 農民協會應該是農民的政治鬥爭，經濟鬥爭的團體；要是為農民謀利益的，才是合法的；否則即是非法的。

5、政府應該負責幫助農民，抑制地主（將來還要節制資本，平均地權）；應該負責幫助農民協會抑制民團；不應該做中間人，和事老；因為政府是本黨的政府；農工運動是本黨的根本政策；農民工人是本黨革命所要解放的對象（因為他們占全國國民百分之九十以上）。

6、革命軍所求的是全國人民從軍閥帝國主義壓迫之下解放出來，得到自由。 但却不是求得地主仍可壓迫農民，資本家仍可剝削農工的自由解放。

（楚答）

●特別黨部宣傳委員會本週討論題目

本黨的組織與紀律

綱領

一、甚麼是紀律？

二、紀律與組織的關係？

三、本黨的組織以甚麼為原則？

四、本黨同志應怎樣遵守紀律？

黄埔日刊

中央軍事政治學校政治部出版

真要廢除舊曆麽?

軍事運動發展中黨員的責任

革命軍人的學識與人格

特別黨部宣傳委員會本週討論題目

新雲鶴部反抗寇吳之經過

青島又捕我黨人

帝國主義列強仍不改其武力干涉

國民政府已確定出師軍費

廢除舊歷運動委員會宣傳大綱

英國海外貿易大爲低落

方教育長總理紀念週報告

革命之路

〔中華郵政特准掛號立劵之新聞紙〕 中華民國十六年二月二日 〔星期三〕 〔第一版〕

黃埔日刊

中央軍事政治學校出版

通信處廣東黃埔本校政治部

（第二四九號）

〔本刊每份定價一分〕

「二七」紀念徵文啓事

中國工人運動開始第一次大流血的「二七」紀念日，到今年二月七日已是第四週年了，這是一個歷史上很值得紀念的日子，所以本刊準備在那天出一「二七」紀念特號，希望同志們踴躍投稿。又本刊爲編輯便利起見，特定於二月五日爲齊稿期，投稿諸君，早些準備罷。

日評

眞要廢除舊歷麼？

鴻沉

「每逢佳節倍思親」，此人情之常，無足怪者也；何況「一元復始，大地回春」之「新年新歲」，「大吉大利」之元旦乎！苟欲廢除舊歷，春正不得消遣，恐萬里孤萍遊子不免怨氣沖天矣！

然而吾人以爲：

1、佳節思親，乃鄉土觀念太重之故，在今日人類已成爲團體化，國際化時代，不應有此種地方主義的狹小見解，何況我們是革命的青年，前敵的戰士呢？所以，我們爲要打破狹義的地方主義之思想，就不要在佳節的時候，想起我的媽，或則我的爸來！並且爲根本計，就要打破有這種佳節以引起地方主義之思想的習慣；換言之，就是要廢除舊歷。

2、所謂「一元復始，大地回春，」無非王者氣象的口語，我們這時候用不着這樣的來表示恭賀年禧。因爲封建政治的餘毒尚存，我們此時是要努力掃清他的，而代表皇帝，士大夫階級的舊習慣——過新春年節，我們當然不客氣地要把牠去掉！

3、至於「新年」不過是有錢人的「新年」；而且有錢人在新年得骨肉的團聚，□敘天倫之樂事，根本是代表宗法社會的舊道德之俗習。我們要打破宗法社會的倫理觀念，首先就不要想過新年！

革命同志們，除非我們不反對地方主義，除非我們不打破宗法社會的倫理惡習，我們儘可以保存舊歷常規；不然我們作革命運動的黨人，處處都要有革命的破壞行爲（並且新歷早已由總理在南京民國政府成立時頒佈了，）我們總要不顧慮一切，積極的把舊歷廢除了才對！

這一天是數千年來習用舊歷每年開始的第一日——元旦節，也可說是第一個佳節。

革命的同志們，就由今日起開始努力作廢除舊歷運動罷！

黨務

青島又捕我黨人

△破壞黨人機關
△捕去黨人四名

青島通信云，青島海防司令部交際處長周潤南，昨據該處少校交際員王某報稱，在市內大堯溝地點，有黨人潛伏祕密宣傳赤化，周氏據報後，一面呈報戚參謀長，一面親率全處職員，協同戒嚴司令部副官及軍警等齊赴該地捕拿，周身先各員，踰垣闖入，各員兵亦均乘時破扉而入，當時捕獲黨人二名，一男一女，並搜獲種種宣傳證據，如文件報告書籍電稿等件，當時審問，供認不諱，男子自稱名趙文成，女名趙余容（眞名陳萊）奉黨政府命令來青担任支部主任，凡膠東一帶，均歸其宣傳，並供稱嚴家山莊尚有同黨張某李某二名，周處長據供，即飭部下將二犯解回戒嚴司令部，復到嚴家山莊將張李二名捕獲，解回司令部究辦云。

軍事

靳雲鶚部反抗寇吳之經過

△靳魏聯合北進 迫吳下野
△靳雲鶚處處使寇受窘
△反抗寇吳之原因
△現已向鄭州進迫

鄭州電稱，確由任應岐部十九旅，突於十八晚聯合臨潁一帶高汝桐十四師，向偃城進迫，在偃城南□丁度與賈萬興，發生戰事，魏益三部一旅，亦自駐馬店北進，聯合鐵路附近匪軍，將偃城南十八號牌鐵道拆毀，電報線完全割斷，十八夜靳軍一部突入偃城，寇英傑聞訊，急調率鎮驅馬得勝兩師邀擊，旋將靳軍擊退，靳軍於退去時，將停在二股道內子彈糧秣車三輛放火，子彈車炸裂，車站站房及附近房屋震毀，郾城縣車站鐵道轟斷四截，翌晨五時豫軍大隊，始循鐵路線追擊，復被高汝桐師擊退，南軍刻在郾城相持，至信陽方面近況，據聞靳雲鶚己返信陽，擬指揮魏益三樊鍾秀各部北進，田維勤雖已聲明保守中立，不參與何方，但被環境包圍，其軍隊已由靳氏命令調遣，靳雲鶚近雖有宣言反對寇英傑，但實際則欲迫吳佩孚下野，銑日靳雲鶚委高汝桐爲前方指揮，任應岐爲副指揮，向鄭州進迫云，又據某方消息，靳雲鶚於十五日由漢口返廣水，密召黨軍將領及魏益三代表會議，討論對豫出動步驟，田維勤在信陽聞訊後，即將所部軍隊，調駐馬店信陽之間，寇英傑亦調所部四師，開往駐馬店明港一帶，與田維勤軍聯絡，以應付反動軍隊之北侵，並將後方許州一帶防務，交王爲蔚負責維持後，遂於十七日離偃城，並將螺灣河豫軍，全數運赴明港，據開封報告，靳雲鶚遵命交替，早經通電聲明，據一般人觀察，靳雖表面上去職，實則靳仍與寇英傑爲難，使之處處受窘，不留餘地，以期寇與之開火，俾罪有攸歸，寇前赴臨潁改編軍隊，原欲藉吳之勢力，以擴充個人軍權，當時到臨潁螺灣河後，即就前敵副司令職，將高汝桐之營底收編三連，又改編任應岐之步隊兩連正在進行中田維勤忽然匆匆南下表示與寇不能合作，寇因大窘，然既已如此，自不得不單獨辦理，詎意到西平後，已爲高汝桐部包圍，不但不能得利，寇車之火反多損失，幸而暫避襄城，由襄返鄭，謁吳陳明一切，靳之軍隊，仍在原處，並未動員假使寇不往解決則靳軍亦不至北來與吳爲難，據深知內幕者言，靳本人雖上雞公山暫住，然其軍隊，則仍然推戴，目前與寇翻臉者，僅高汝桐一人，緣去年二月攻得開封，係高汝桐之力乃吳不以豫督予靳，而反予寇，此即一來靳寇不能合作之原因，並聞高已整頓所部，專欲與寇週旋，至於田維勤當鄭州會議解決靳軍時，田亦在座，與寇之種種計畫，田並不反對，亦未表示贊成，由鄭南下時，田寇同行，及抵果河，田即宣言先行南往，以爲疏解，於此可見田對寇之舉動，併未完全贊同，蓋以南攻各軍，無一軍與寇相善田深知此中情形，故遂回汝南總部休息，寇電田請合作，田雖復電仍云相助，實則不過一句空話，因寇之勢力，更顯孤單，加以魏益三態度不明，以致謠言紛起，豫南局面，益感收拾之不易云。

晉遵總理遺囑

總理遺囑

余致力國民革命，凡四十年，其目的在求中國之自由平等，積四十年之經驗，深知欲達到此目的，必須喚起民衆，及聯合世界上以平等待我之民族，共同奮鬥。現在革命尚未成功，凡我同志，務須依照余所著：建國方略，建國大綱，三民主義，及第一次全國代表大會宣言，繼續努力，以求貫徹。最近主張：開國民會議，及廢除不平等條約，尤須於最短期間，促其實現。是所至囑！

本校本週口號

去掉不良嗜好！
專心革命工作！
勿存虛榮心理！
勿貪安逸生活！
聯合國際勢力！
收回租界主權！
主張廢除舊歷！
擴大民衆宣傳！

啓事

部人月之十九號，在新俱樂部，參加游藝會，失掉了白竹布符號一幅（二三五號）除登報作廢外，特此登報申明作廢。

王克定同志：你現在服務於何部處及駐何地請示知。軍官政治訓練班第一隊韓增棟

啓者前由深圳購車晉省失落白色牙骨私章方圓形各一顆方者係（祕綏之印）字樣圓者係（子昌）字樣特此聲明拾者作廢。

伯平、夫南諸兄鑒：你們現在何地，祈示知，以便通訊。本校第二學生隊第廿區隊劉耀南（號光斗）

中華民國十六年二月二日　〔星期三〕　黃埔日刊　〔第二版〕

政治

帝國主義列強仍不改其武力干涉中國態度

▲於必要時共同防衛上海
▲有變卽以武力制止

路透社十八日倫敦電　昨日內閣會議之決議，聞不改其在華政策，報紙認爲政府將於必要時，共同防衛上海，又稱法政府亦抱此種主張，而北京使團決議以全力防備滬租界，如有警卽以武力制止云。

經濟

英國海外貿易大爲低落

▲煤礦大罷工之故……失業工人增加……生活費高漲

去年一月至十月英國海外貿易，就統計之數以觀，覺輸出所遭打擊甚重，進口價額計一，〇〇六，〇〇〇，〇〇〇磅，較一九二五年減少五六，〇〇〇，〇〇〇磅，或跌落百分之五，四，輸出價額計五四九，〇〇〇，〇〇〇磅，較前年減少九七，〇〇〇，〇〇〇磅，或跌落百分之十五，復出口計一〇三，〇〇〇，〇〇〇磅，較前年跌落百分之八，四，如此十閱月間入超達三六四，〇〇〇，〇〇〇磅，較一九二五年又增加六二，〇〇〇，〇〇〇磅，出口貿易衰弱，實由於煤礦罷工之故，至失業工人之統計，四月間爲一，〇九三，八〇〇人至罷工暴發後六個月中，則增至一，六三三，九〇〇人，一般物價較一九二五年爲低，煤鐵鋼等原料品雖高漲，但亦有棉花大跌與之相抵銷，一般躉售物價變動固甚微，零售物價亦復如是，但家用煤額除外，因自罷工後，則增加百分之六十，據公布之生活費指數至九月止，較一九一四年均增加一月分之六八至七四之間，但至十月每增至百分之七九，蓋由於進口煤價大漲云

國民政府已確定出師軍費

由每月千六百萬元節省爲一千萬元
三個月內發行國庫券九百萬元

國民革命軍預備五十五萬大軍，由閩鄂贛三省大舉北上，關於此次出師軍費，亦經臨時聯席會議，及南昌軍務善後會議，詳細討論計劃，嗣初時未開南昌軍務善後會議前，則由宋財部長決定每月一千萬元，及南昌軍務善後會議，再加精密之計算，則需每月一千六百萬，惟現據詳細探訪，始悉軍務善後會議雖核算爲每月需一千六百萬元，後以此次革命軍之大舉北上，雖爲解除全國民衆永久痛苦，而各省民衆實於此次北伐之負担，在於北伐軍事之進展，亦應暫忍目前小痛，勉力負担，兩方皆可顧及，故關於如何節省此次出師之軍費一案，特在軍務善後會議經長時間討論，討論結果，從各方面節省，決定減少每月六百萬元，折爲現餉一千萬元，至一千萬元之每月軍費，亦經軍務善後會議，詳細劃分各省負担，惟統計各省除原有各該省之軍費外，可負担此項軍費之總數，只得每月七百萬元，統計每月差三百萬元，差此每月三百萬元之數，則決定由國民政府實行設法籌劃，現中央委員國民政府委員聯席會議，關於此案已議決由財政部發行國庫九百萬元，每月發行三百萬元，分三月發行，三個月後則每月仍由國庫分三期照付，每月一期，三個月後，則照付完竣，現聞此種國庫券條例，亦經臨時聯席會議核准通過，於昨十四日由財政部在漢口正式公佈云。

專件

廢除舊歷運動委員會宣傳大綱

後方各級政治部

一、廢除舊歷運動的意義

(甲)本黨總理孫中山先生民國元年在甯就總統職，百度維新，首事改歷，懸之重要可知；(乙)值此世界文化幾於大同之時，我中華民國對內對外如商場貿易經濟滙兌交涉事件等等自然是很繁多的，亦自然是很重要的；(丙)我中華民國對內對外的事件關於世界的既有如此繁多如此重要，則年節仍沿用舊歷，非特耳目不能革新，卽精神上亦甚感困難！蓋一面用陽歷，另一面又不能不用舊歷，多費手續，妄用腦經猶其小事；而一廣大的文物的中華民國名目上行政機關用陽歷，實際民間社會用舊歷，政府與民衆分歧如此，不但是一樁笑話，而且是一個大汚點！(丁)我中華民國現在仍是酣睡沉沉的一個不長進的國家，或者是一個獨立自由不受什麼束縛的國家，那麼年節用舊歷也好，用新歷也好，甚而陽歷與舊歷並用也好；但仔細一看我中華民國現在是怎麼樣呢？一方面受世界帝國主義者以經濟政策賤使他的工具貪官汚吏土豪劣紳大地主等壓迫剝削，一方面又深刻的澈底的知道欲解脫這些鐵練，乃喚醒羣衆組織羣衆並聯合世界上弱小民族及以平等待我之民族共同奮鬥先事國民革命進而爲世界革命將帝國主義者打倒的一個國家，而且現在正是國民革命極進展的一個國家，豈容一年過兩個年節的汚點仍舊存在嗎？

二、舊歷年節是個什麼東西

1、舊歷一名夏歷，是夏朝建國紀元的那一天，後世因孔子有行夏之時的一句話，遂遵守至今，沿而弗替，這就是夏歷的來源；2、舊歷年節是封建時代的天子或王者以此日爲春王正月受百官朝賀萬民稱頌的一日，以故家家懸燈，戶戶結彩，相習成風遂永以爲例；3、假神道以設教愚弄人民的紀念日：上古時代，人民知識淺陋，狡黠者欲愚弄人民以爲己用，遂造成種種不經之談，謂：某某月某日爲某神誕生日；某月某日爲某神得道日；凡神均於年終上天奏事，元旦下凡受職，愚民爲邀福求壽計，爭於元旦或誕生及得道日大事拜禱，習非成是，牢不可破。

三、舊歷年節之流毒

(子)爲貪官汚吏土豪劣紳大地主收受賄賂之節，專制時代貪官汚吏土豪劣紳大地主等恆藉細故唆弄是非敲詐弱小羣衆之財物，但此種手段祇能施及於平時之有事者，若遇年節則故事鋪張，使羣衆羨其勢，懾(?)其焰，爭來獻納，而貪官汚吏等亦乘此藉覘饋送者之厚薄以爲一年中作威作福之標準；(丑)爲資本家盤剝窮民之節，資本家借出之債款，無論月利年利，大率以舊歷年節爲清結期，故每屆年尾，就看見資本家的爪牙紛以猙獰面目向各債戶威逼，苦無力償還，卽行使其高壓手段，勒賣業產或換立倍於尋常利息的契約；(寅)爲窮苦羣衆賣兒鬻女之節，窮苦羣衆因水旱天災，兵匪滋擾，以及貪官汚吏之掊克征斂，飲食衣服之物值高漲，工作無路，生活困難，不得不以重利向大地資本家借債，暫顧目前，迨至債限期滿，在平日猶可好言推挨，一到年終既要籌度歲之需，又要還夙欠之債，而所謂大地主資本家則更視此爲壓迫盤剝之良機，眞是言出法隨，絲毫不苟，窮苦的羣衆們於此無可奈何之時，除却賣其心肝之兒鬻其骨肉之女以償填大地主資本家之慾壑外，尚有何法之可設？(卯)爲羣衆荒廢事業之節，際此帝國主義者磨刀霍霍宰割我們弱小民族，我們弱小民族不甘受其宰割，急事國民革命，冀圖剷除其工具—軍閥，進而打倒他—帝國主義者的時候，我們羣衆就是聯合起來，爭先恐後的共同奮鬥來做我們的革命工作，猶恐其事業不能做到，奈何謬於積習的羣衆們仍然不稍覺悟，對於這個年節依舊的重視，爭來舉行，致令各機關各團體停辦公事，各學校各工廠停課，各商人則閉戶歇業，農民則荒田嬉戲，猶如放假遊魚，將當前的敵人置於腦後，使我戰線上的將士孤軍奮鬥，咳！這是何等危險的一回事！

說者謂照上所述舊歷年節固然是不好的，應當廢除的，但是，廢除了舊歷，他事不論，其如我們的農業家不知時令，怎樣播種？航業家不知潮汐，怎樣駕駛呢？不知時日之吉凶，怎樣婚喪嫁娶呢？要知世界上何國莫有農業家？何國莫有航業家？何國莫有婚喪嫁娶？怎麼他們不用舊歷都能一樣的播種一樣的駕駛，一樣的婚喪嫁娶，他們的播種，他們的駕駛，推究起來還比我們來的精呢？蓋時令與潮汐是一定的，祇要懂得氣象學，把這個時令與潮汐考查明確，載入新歷，還不是一樣的嗎？至於時日吉凶婚喪嫁娶，這完全是一種迷信，非打倒不可的，試舉一例：兵荒馬亂的時候，人民救死不暇，婚喪嫁娶都是很隨便的，何以事後未見有什麼不好呢？再舉一例：江西龍虎山的張天師，他是張道陵的後裔，自東漢到如今，他就掌我們中國的神權，素來都說他能呼風喚雨降妖除邪驅神役鬼，怎麼我們革命軍這回將張天師的封銜取銷，財產充作農民協會的經費，他何以不使他未來先知的本領，遣些天兵天將，派些妖魔鬼怪來保護他？竟然衣服都來不及穿，連夜逃到九江搭船去上海了呢？從這一點看：世界上事事物物祇有合理，其他一切吉凶晦吝的種種都是迷信，斷然不可信的，無論如何，總要用革命的手段來掃除，我們革命的民衆方纔有進步，同胞們！現在要歸納起來，請大家來高呼幾個口號：

取銷舊歷！
廢除舊歷年節！
一律遵守陽歷！
振起革命精神！
掃除一切專制遺毒！
打倒貪官汚吏土豪劣紳大地主！
打倒軍閥！
打倒帝國主義！
完成國民革命！
完成世界革命！
中華民國萬歲！
中華民族獨立自由平等萬歲！

(二)

小通信

鄙人月之廿三號，遺落白竹布符號一枚，(六號)除呈請補給外，特此聲明作廢！　第二學生隊六隊學生李道泰

柳春同志：你現在何處服務請示知爲盼　第二學生隊第廿八區隊楊應昌

余存邦同志：你現住何處請示知爲荷　第二學生隊第廿八區隊洪默深

遺失符號作廢

經理部勤務兵汪孝友遺失第四十九號符號一枚特登報作廢　經理部值星官

敝隊勤務兵李林桂符號遺失(號數未詳)特聲明作廢　第二學生隊第七隊

鄙人因失去私章盒子一個，內有綠色翡翠柄牙章二枚，方者上刻(魏鴻儒印)四字，圓者上刻(文煥)二字，其字體均爲正楷，特此申明作廢　本校高級班無線電科學員魏鴻儒

鄙人昨在操場遺失水晶圖章一只特此聲明作廢　入伍生一團十一連李雲

中華民國十六年二月二日〔星期三〕 黃埔日刊 〔第三版〕

革命之路

題目

方教育長總理紀念週報告（十六年一月卅一日）

各位親愛的官生士兵同志們，在今天總理紀念週未作軍事報告之先，有幾句注意的話，要向大家說一說。各位同志，我們這個學校，是總理鑒於蘇俄革命成功，特命校長赴俄考察，歸來創辦成立，即以『親愛精誠』爲校訓，期望本校，來繼續革命生命的一個學校，所以在學校裏面，每一個同志的言動，都是與本黨生命關係，特別重大的。同志們，我們在這種關係的學校裏面，就學術科說，雖有先生，學生，官長，士兵，之別；若就黨來說，都是黨員，無論是誰，都要受黨的訓練的。既說訓練，那就要注意下說的三點，（一）對於上級的同志，要信任，莫懷疑，（二）對於同級或與次級的同志，要原諒，莫猜忌；（三）對於自家，要犧牲，莫顧徇。無論站在黨裏頭，或軍隊機關，裏面有此注意，才能達得到黨的訓練的目的的。日來迭接前方密電，稱軍閥派有大批的反動派，來謀我前後方的擾亂，我衝動性最富的青年同志們，如不注意上說的三點，那是極大的危險，敵人不必用槍砲來攻擊我，很可以用我們不注意上三點的弱點，使我自亂，而有餘的。同志們。比方我們沒有第一點注意的話無論在黨及軍隊的組織的裏面，命令是必不能下行，有組織等於無組織的。若無第二點注意的話，不僅同志們彼此不能共同奮鬥，其害是有組織又甚於無組織的，無組織的害，不過至一盤散沙爲止，如有組織而果互相猜忌，則會由猜忌而互相攻擊，將 粒散沙，變成 粒毒彈，非至自相殘殺，同歸於盡不止的。又倘無第三點的注意，事事就會惟個人之利是圖，結果必至爲敵人利用，甚至甘當敵人走狗的危險，都會從此點發生的。同志們，請大家過細想一想，我們最近的言動，有沒有注意到這三點？及有無可以被敵利用而不自覺的危險？我們要曉得我們的敵人軍閥帝國主義者，在北伐以前，他們是藐視我們一切的，自我們北伐勝利以後，遂由輕視而注意起來了。請看孫吳兩逆，敗得不堪的時候，猶欲死灰復燃，其有後台老板的援助與壯胆，誰都明白的。所以此後的敵人，一定是有很毒的方法，很大的武力。來對付我們的。以日來前方迭次的密示與警告，及各帝國主義者之增加艦隊，英帝國主義者之集中香港陸戰隊至一萬以上，即可確證得的。同志們，我們既知敵人已注意到槍砲以外的武器——陰謀，來危害我們，那麼我們遂要趕快猛省謹防呵，『皮之不存，毛將安附！』上說的三點注意，如果我們不留心這一着的話，那就是敵人危害我們的眞正的武器。這種武器，比任何槍砲都厲害，我們唯一的防禦方法，惟有處處本着總理給我們的武器，——主義——政策與「親愛精誠」的校訓。凡我黨員，對於上級者，誠懇的信服，凡百命令卽有錯誤，亦只服從，務使上使之下，如身之使臂。對於同級或次級者，時有互助的關切，如唇齒之相依。對於自家，則凝精注神的鍛鍊，能隨意之所使，雖赴湯蹈火，怡然爲之。更具體說的話：我們每一個黨員，担負一件革命工作，決不單就一方着想而忘記了全局的影響，決不單就將來的顧慮，而忘記了現在的危險；決不專顧已往的事實，而忘記了目前的狀況，與將來的企望。平專就個人或一部分人的利害，來不肯犧牲自家的成見，或顧徇自家的私慮與情面，徒使大局全體惡化，那是罪不容誅的事。更是我們所不肯的話，那就敵人的技倆已窮，明的槍砲不能勝我，暗的槍砲，不能近我，庶幾乎才講得到我們的勝利，可操左券了。同志們，這三點注意的關係，如此其重且大，我們尚可兒戲視之的嗎？同志們呵，我上次紀念週時，所向大家貢獻的幾句驚惕語，是與今天的注意點，有密切關係的，請莫遽忘記呵！

現在我們的校長在前方，是比北伐當初，更如何的煩腦，更如何的辛苦，現在的時局，是較從前更如何的嚴重，校長及我們的責任與地位，亦跟着更如何的重大與危險。經此說明，應誰都明瞭的，望大家在此臥薪嘗胆的當中，處處要注意現在的事實與危險，毋忘校長所給我們作銅牆鐵壁的教訓。鼎英今以站在負全校責任地位的關係，向大家重述一下，校長所給我們的銅牆鐵壁，遂是下說兩點的教訓。

（一）禁絕小團體的組織，來破壞我們的大團體國民黨；

（二）大家如有意見要陳述的時候，須在一定的組織裏面，絕對服從黨與軍隊的紀律，嚴守黨與軍隊的秩序來發揮，不許個人或少數人，自由召集開會，自由發傳單，來破壞紀律，擾亂秩序。這就是我們的銅牆鐵壁！以後請大家爲黨務也好，爲行政也好，爲個人也好，爲全體也好，違乎此者，卽視爲自毀我們的銅牆鐵壁，惟有依法懲戒。我這個說話，想我明瞭黨義的，大家一定是接受而遵行的。同志們，我們的說話與行爲，是要時刻根據革命，不可有些須私意，混在裏頭，來顚倒輕重是非，尤其不可假公濟私，來危害黨的生命的。鼎英所要大家注意的話，是如此。

現將國內外政治軍事情形簡略報告于下：

（一）國內的軍事在陝豫方面發展頗爲順利。魏益三靳雲鶚反吳以來，吳佩孚已陷于日暮途窮之境。近靳雲鶚部突入襄城，袁家驥因任應岐部之壓迫，退入皖境。樊鍾秀部已攻入偃城。吳佩孚之窮促，可以想見。在陝西方面 國民軍勢力日愈發皇，我們的老同志于右任近任西北國民革命軍駐陝總司令，更足以制豫方之敵。浙方孫逆殘喘苟延困獸猶鬥，對奉派搖尾乞憐冀爲已助，可鄙亦復可憐，現何應欽總指揮所部已集中衢州，白崇禧總指揮亦經率隊入浙，孫逆授首之期想已不遠。奉方於大軍南下之初，聲勢尚壯，自張宗昌匪軍到浦口後，卽觀望不前。後來西北軍突入豫境，愈使奉軍不無後顧之憂，總之奉派雖尚未與我軍交綏，已經着着失敗。加以內部紛爭，東省金融恐慌，奉軍到處殺掠，民心離貳，一旦與我軍接觸，一定不會持久的。現在英日帝國主義者，雖爭相利用張逆，使與我革命勢力爲難，但最後的勝利，一定是我們的。漢潯英租界，自被國民政府收回後，情形甚佳，近無甚變化。狡猾的英帝國主義者，見我們已替他恢復了秩序，近又想要我們把英租界，仍交還英帝國主義之手，一個強盜搶了人家的東西，主人追回之後，强盜靦顏向主人索回，英帝國主義者，眞可謂厚顏到極點了！陳外交部長，已經給了他以很適當的答覆，說英國人因不能維持租界秩序，才把租界交還，今若索回，國民政府此後不負保護租界內英人生命財產之責，這并非對英人的恐嚇。須知所謂租界，儼然爲帝國主義者，在中國境內所設之小獨立國，我國縱欲負責保護，勢亦未能，從此帝國主義國家的人民，應該覺悟，在中國境內，區區不平等條約所賦與的特權，是不能保護他們的生命財產，在我國境內，只有我國民政府，方能保障他們的安全，我們的政府對於任何國人在中國國內，都給以安全的保障，但是辱我國民，羞我國民的不平等條約所賦與的特權，我們當然是不負保障責任的。因爲如果我們要去保障這些特權，就無異自甘暴棄，情願使羞辱常存在我們的身上。

在漢口近來發生的一件事件，很值得我們注意的 就是東方弱小民族聯合會在漢口所開的成立大會，與會的有中國，印度，安南，朝鮮，等國的人民，這個大會，實含有極重要的意義。第一東方弱小民族，已經認識了我們的革命勢力的偉大；第二，他們已經認識了我們的革命的目的是要解放所有被壓迫的民族，而非狹義的自顧的國家主義。我們還記得，方才收回漢口租界的

中華民國十六年二月二日〔星期三〕 黃埔日刊 〔第四版〕

時候，久受英帝國主義者奴隸的印度警察，換了我們的黨徽，加入我們的遊行羣衆，參入我們國民政府保護之下，在這叢天中間，竟連着發現這幾宗含有重要意義的事體，我們從事國民革命的人，聽到眞是使我們格外興奮，而有勇氣呵！

（二）在國際方面，現在帝國主義者，是更積極的想聯合圖謀抵抗我們，英帝國主義者，自漢潯案發生以來，即陸續派艦來華。近又租船運兵送到中國，并有運大批飛機與坦克車來華，預備殘殺我們同胞之傳說。日昨英艦二艘，赴漢經過武穴，鼓輪急駛，浪高丈餘，激沉民船百數隻，且溺死人民無數，就可以證實了。英國最反動的報紙如晨報等，極力鼓吹英帝國主義者應與其舊盟約國日本合作，以壓迫我國民革命運動，宣言對其非法獲得在華特權必須以武力擁護到底，無論如何，英帝國主義者決無在滬撤去英旗之理！法帝國主義者，亦聲言準備于必要時，與英國合作，現時取警備愼重政策，保護法帝國主義者在華利益，司徒師少將已被任爲法國遠東艦隊司令，將首途來華。日帝國主義者，對其在華特權，亦有誓死不肯放鬆的表示。據二十日東京電，上院將有人提出議案，促其政府施更堅決與實際的政策，以保護日人在華利益與權利，并力圖阻遏「赤化」運動之蔓延。又關修約與交還租界，須以監視司法爲條件，種種悖謬之論，不一而足。最可笑者，葡萄牙蕞爾小邦亦「狐假虎威」助帝國主義者搖旗吶喊，駛其巡艦民國號前往香港修理，然後開駛來華，此擧誠可資爲笑談。在帝國主義者謀我固甚積極，但是他們能否聯合戰線對華，實爲一大疑問。現在五個强大的帝國主義者還正在擴强航空實力，法國實力，尤爲充足。計（一）法國現有飛機千二百五十架，在建造中者，二百十架。（二）美國現有七百五十架，在建造中者千二百架。（三）意大利現有六百架，在建造中者八百架。（四）英國現有六百架建造中者千架。（五）日本現有四百架，建造中者六百五十架，擴張軍備，常爲戰爭之先驅。帝國主義競以增加戰力，相當火併之期，隨時可至。帝國主義者之不能調協，這還是被壓迫民族不幸中的幸事。現在帝國主義者的弱點，一爲自己互相猜忌，互相牽制；一爲帝國主義者自國內被壓迫階級的反抗，其自己的帝國主義。在上次紀念週報告，我曾告訴諸位，英國國內有十餘萬人簽名，請願政府，拋棄其砲艦政策，工黨中人，且四出講演，反對英國的帝國主義政策。近來比較開明的報紙，爲其本國利益計，極力主張承認我國民政府，蓋深恐國民革命一旦統一中國將於英國在華利益大有障礙。此外日美等國帝國主義者國內，皆有多數民衆對我國民革命表示同情。就以上的事實看來現在的帝國主義者最可慮的事件，第一就是怕被壓迫各民族的大聯合以反抗他們，少數壓迫者。第二就是怕他們自己國內的被壓迫階級起來反抗他們，以減削他們侵略的實力。這樣看來我們國民革命的策略——聯合世界被壓迫民族與被壓迫階級抵抗帝國主義者實在是革命成功的不二法門了。我們有了已經證明爲最完善的革命策略。我們還要牢記最初說的三點注意來自己團結我們的力量，統一我們的意志，一往無前的幹下去，我們的成功是不難在最近的將來實現的！（完了）

●軍事運動發展中黨員的責任

鄧今海

出乎我們意料的，國民革命軍，不三月而出長岳，直搗武漢，奠定贛境，收復福建，大江以南，將完全入於革命軍勢力範圍，一般民衆所痛惡的北洋大軍閥吳佩孚孫傳芳被革命軍打得一敗塗地，將士軍隊，土崩瓦解；由此類推，不難再數月而北渡黃河，直搗幽燕，出山海關而犂庭掃穴，與孫吳鼎足而立之張大軍閥，亦將與孫吳同其命運，在最近的將來，統一中國，是一定可能的。但這是否就算國民革命成功了呢？我相信凡是有點眼光的人，必答曰否！否！我以爲在北渡黃河與張作霖衝突之先，還有一稀重要的工作。

我們知道軍事運動的勝利，必須有政治勢力以鞏固之，而政治勢力尤須有黨的勢力以運用指揮之。黨的力量是什麼？黨的力量，一方面每一個黨員要能犧牲自己的意見，絕對服從黨的命令，受黨的指揮；并且還要能犧牲一切自身的利益，到民間去發展民衆的組織，擁護工農利益，鞏固黨的基礎。另一方面使有組織的民衆，信仰黨的主義，受黨的指揮，這一點也須要我們革命的黨員，抱犧牲的精神，澈底的努力。如此，才能保障已往的勝利，預操將來的勝利。

我們且不談理論，專講事實罷。此次革命軍北伐，平江瀏陽之役，農民送茶水，送稀粥，當嚮導，報告消息，擾亂敵人後方，南昌之役，城內工人，學生，警察內應；岳陽之役，農民引導革命軍從小路抄岳陽之背，敵人疑南軍從天降，不戰而退，凡此皆足以證明民衆在革命鬥爭中力量之偉大！所以每一個忠實的革命黨員，在一九二七年的開端。第二種新責任，就是親自到民間去，區分部去，軍隊裏頭去，負担起這種宣傳組織訓練的工作，以增厚黨的力量，使黨的勢力有加速度的進展，使黨的勢力能眞正超越一切勢力之上，使黨的勢力能鎮壓一切，解決一切。然後中國國民黨所引導的國民革命，才能夠一方面從事軍事方面的發展，一方面從事政治方面的建設，這種建設，要完全受黨的指揮，根據黨所代表的最大多數農工羣衆的利益，這種建設，要以總理的民生主義做出發點。然後我們革命才不致單是軍事的行動，而革命的勝利，才不致又落在一部少數人的手裏。

革命的同志們，全中國的民衆，全世界的民衆，在國際資本帝國主義和封建制度勢力壓迫之下，喊出了西方無產階級和東方被壓迫民族聯合起來的呼聲。我們應當趕快把我們的農工主力喚醒起來，和我們一齊去衝鋒，完成我們人類進化歷史上的使命！

★★★★★。

革命軍人的學識與人格

第十區隊陶鑄

我們高擧革命的旗幟，大聲疾呼，「打倒帝國主義」，「打倒軍閥」……苟無正確的學識，與高尚純潔的人格，來相標榜；那麼：決無成功的可能！

所謂學識，包含至廣，單就狹義來說，不外是求得「一種政治訓練而已。我們當思革命的眞諦，爲什麼要來革命？革命又爲怎麼？

我們革命的目的，乃係爲一種顯明的政治主張而奮鬥，要破壞一切妨害此政治主張之障礙品。同時自己要負建設的責任，換言之，即採取革命的手段貫澈政治的主張，明乎此，則革命軍人不可不求相當的學識，求政治訓練，不然，只做破壞的事，那便如我們同盟會一般老革命同志一樣，不但自己不能負建設的責任，並且不懂得擁護眞正的建設主張，簡直是無意義的搗亂了！

我們既是軍人，尤其是革命軍人，不是烏合之衆，我們所以異於普通隊伍者，除鐵的紀律之外，最重要的是有很好的人格學識。如果只有優美的學識，沒有健全的人格來担保，也無濟於事的。例如叛徒馬素馮自由等，非無一藝之長，而乃水性楊花，人格掃地，甘作帝國主義的走狗，勾結軍閥，狠狽爲奸，聒不知恥，這不是一個明證嗎？

我敢放肆說句，革命軍人的幌子，不是隨便可以假冒的。倘不注意學識和人格，忠實勇敢的工作，匪特不能革命，並且還很容易走入反革命那條路上去。是以平時必須有人格的修養與學識的造就，纔配稱一個眞正革命軍人！

一六，一，二七，於蝴蝶崗十區隊

●特別黨部宣傳委員會本週討論題目

本黨的組織與紀律

綱領

一．甚麼是紀律？

二．紀律與組織的關係。

三．本黨的組織以甚麼爲原則？

四．本黨同志怎麼樣遵守紀律？

中華郵政特准掛號立劵之新聞紙　中華民國十六年二月五日　星期六　第一版

黄埔日刊

通信處廣東黄埔本校政治部　第二五一號　本刊每份定價一分

政治討論會主席團諸同志鑒：茲定於本月七日(星期一)午後七時在校本部大禮廳召集第二次主席團聯席會議討論下週之討論題目「怎樣做革命」務望每區隊主席團至少有一人出席爲盼　政治部宣傳科指導股啓

日評

看你們基督徒怎樣說？

元傑

你總說你們的牧師，神父，是如何的博愛，他們爲要使中國人都要像夏娃一樣，吃一點智慧之果；不要像一條笨牛(?)所以不惜犧牲「大來喜」(dollars)來建崇樓高閣的學校來教育中國人；又因爲可憐的中國人沒有醫學的智識和窮得連病都醫不起，所以他們又辦了醫院來拯濟中國人；又因爲可憐的中國老弱的男女們，沒有人照料他們的生計，洋大人見了心疼，(?)乃不惜多所犧牲，設立了什末仁慈堂呵，育嬰堂呵！孤老院呵！……來救這些可憐的人兒，這都是本於上帝之旨，耶穌之心，純以博愛爲前題；呵呀；你看，許多基督徒還在那裏滿口白泡，說個不休呢！

好了！不爭氣的挑夫，把你們大吹的牛皮的你們的神父，牧師，賜中國人的恩惠，在福州天主教堂所設的仁慈堂(即育嬰堂)裏面露出來了(見今日本刊)。這許多沒有眼睛被取過蒸溜的小孩子的僵屍，難道是你們所謂的恩惠嗎？這些小孩子是他們親手殺死的呵！看你怎樣說？

老實不客氣的忠告你們能：帝國主義者是銅臭薰成的，只知道如何發錢，那管着什末是仁愛呢！可憐的你們的耶穌，以及你們，都被他們利用了，牧師，神父是誰？就是帝國主義者的兒子，就是帝國主義，要他來作先鋒，以便剝削中國人的，可憐的孩子！！基督徒，回來罷！你們受騙了。你的袋子裏的錢，也許是你的祖先或父兄的血汗，間接的都被帝國主義者取去了呀！

現在我們大家起來吧：打倒帝國主義的先鋒基督教！收回各教會學校及假慈善團體！向法帝國主義提出嚴重抗議！懲辦福州殺人的牧師神父！打倒帝國主義！

校聞

第五期第四次政治工作會議紀事

第五期第四次政治工作會議，于本月三日下午七時半，假官長會客廳開會。列席者爲方教育長，政治部熊主任，秘書楊其綱，入伍生部政治部主任譚其鏡，政治主任教官劉佩元，軍官政治訓練班主任教官韓麟符，軍士教導隊政治指導員彭宗海，政治教官楊道腴，應划平，編輯委員會委員宋雲彬，經理部代表周立龍，訓練部副主任陳禮文，教授部課長陳克齋，軍醫處處長陳魏(?)，軍械處處長李尚庸，校本部總務科長胡宗陳，政治部各科長，各股長，及各學生隊隊長，各政治指導員，共計三十餘人，由方教育長主席。茲將當日議事日程略紀如下(一)開會。(二)恭讀總理遺囑。(三)報告事項：首由熊主任報告一月來政治工作概況，略謂一月份政治工作概況，因時間關係，不能作詳細報告，茲只能作一概括報告：宣傳科編纂股一月份計出日刊廿二期，共七十二萬二千份。出畫報四期，共十六萬份。叢書編完者六種，已出版者五種，在編輯中者三種，共叢書十四種，此外各紀念日撰文八十餘種，計四萬餘份。指導股：參加各學生隊政治討論會二次，政治測驗一次，閱卷五百餘份，參加群衆運動十二次，招待來賓共八十六團體，計一千七百餘人。並增懸各部隊標語五十餘幅。發行股：收發日刊八十七萬七千份，畫報十二萬六千份，標語二千八百餘份，書籍二十八種，共六萬七千餘冊。收入外來刊物一萬餘份，增加日刊寄報地址五百處，圖書室：將舊有書籍編號排列，增購新到書籍一百十七包，計數千種。書報流通處：購入新書四千餘冊，已售出二分之一。俱樂部：赴香港購各種俱樂品，價值七千餘元。此外並設備球場六處。總務科大部分工作照常，事務股書記撰稿五十餘件，收入各項公文七百零五件。財務股收發薪餉七千九百餘元，印刷費一萬八千餘元。黨務科收入文件六百五十一件，發出文件一百五十六件。並製就全校員生統計表；醫院疾病死亡表；參觀統計表，演講一覽表，其他未製完統計表尚有數種。至本部全部工作共計開會十七次(各科各股不在內)特別講演十一次，擬定法規十三種，以上報告，至爲簡略，爲本部一月份政治工作大概情形，此外關於二月份工作計劃，亦因時間關係，不能報告云云。熊主任報告畢，爲廖教官報告一月來政治教育概況，韓主任教官報告軍官政治訓練班一月來政治教育概況，及譚主任報告一月來入伍生政治工作概況，劉主任教官報告一月來入伍生政治教育概況，(四)討論事項：1、政治部提案：A.入伍生政治教育計劃大綱一案，議決：照原案大體通過，再由入伍生部主任及主任官，將原文字句，負責加以修正。B，入伍生部各級政治指導員服務細則審查案，議決：由各人將該項條例攜回詳細審閱，提出意見，於下星期三日以前提交法規編審委員會審查。2、軍醫處提案：限制俱樂部開會時間案，議決：每次游藝會時間，午後六時半起，至十時半止，共計四小時。3、彭指導員宗海提案：請發印書費及購書費案，議決：書籍不必另印，官長書籍由校政治部發給，並由校政治部士兵工伕教育委員會另出石印插畫壁報一種，以供全校兵伕閱覽。4、帥隊長提案，議決：關於黨務者，交特別黨部審查施行，關於政治者，由熊主任斟酌進行。(五)批評事項：首由方教育長略加批評，並答復各主任教官的報告事項。大意謂各主任教官的報告，使吾人得到許多有價值的參考材料，希望各位同志以後對於此種材料，還須加以注意。至於學生方面，關於黨或軍事等項提出問題，吾人務須根據紀律給以詳細之解答，使學生不至有所疑惑云云。最後由熊主任答復，略謂關於各項政治工作，希望各位同志時常加以批評。因爲本校的範圍很大，全部的政治工作，非政治部所能完全勝任，必須全體同志，共同負責進行，吾人的工作始能收獲美滿的效果云云。熊主任答復畢，即由主席宣佈散會，已十時鐘矣。

軍事

岌岌不可終日之豫吳

△靳雲鶚魏益三合作反吳到底 △田維勤退避汝南消極助靳魏 △吳部將領急劇崩潰 △奉魯軍併吞直系之準備

二十日京訊，豫南形勢日見嚴重，靳魏合作，近已證實，田維勤之守中立亦非虛傳，現郾城已爲靳軍所占領，寇英傑所部刻集中許州，任應岐師亦已入襄城，此後吳佩孚是否能獨力解決靳魏兩……

總理遺囑

余致力國民革命，凡四十年，其目的在求中國之自由平等，積四十年之經驗，深知欲達到此目的，必須喚起民衆，及聯合世界上以平等待我之民族，共同奮鬥。現在革命尚未成功，凡我同志，務須依照余所著：建國方略，建國大綱，三民主義，及第一次全國代表大會宣言，繼續努力，以求貫徹。最近主張開國民會議，及廢除不平等條約，尤須於最短期間，促其實現，是所至囑！

本校本週口號

去掉不良嗜好！專心革命工作！勿存虛榮心理！勿貪安逸生活！聯合國際勢力！收回租界主權！主張廢除舊曆！擴大民衆宣傳！

中華民國十六年二月五日　星期六　黄埔日刊　第四版

政治問答

你廢除了沒有？

三十區隊黃穆强

怎樣做革命？

政治討論會第五次討論題目　羅湘飛問　楚答(續前一)

中華民國十六年二月五日　星期六　黄埔日刊　第三版

革命之路

砲艦政策下的中英談判我們應採取的策略

馮恆武

大不列顛帝國的外交政策，是砲艦的外交政策，當做對付全世界弱小國家的家常便飯。在最近鮮血未乾的萬縣慘案談判中，牠已實行過牠的最可靠的工具—砲艦的外交政策，及到現在漢潯慘案發生之後，英參贊阿馬利離與我開始談判，然而，在這個談判將要開始的時候，牠又施其固有的慣技，以恐駭國民政府的外交當局。我們知道，英砲艦在華者已有三十六艘，現在復藉口英僑生命財產的保護，再調「英國地中艦隊之巡洋五艘……迅赴中國」路透社雅典電「第一巡洋艦隊奉命開華第八驅逐艦隊亦準備開行」又倫敦電稱，英國保守黨欲乘中國的內戰，進而以武力干涉中國的內政企圖，同時，要在他砲艦政策下解決漢潯等慘案的問題—但是狡滑的英帝國主義始終不承認他自已有干涉中國內政的行爲，牠說：「英國方面對漢口問題之態度：決無訴諸武力之說，英國方針，爲以交涉靜候事態之推移，而徐圖解決之。……」在電通社北京電，卻斯德指導報上的社論，「使漢口商業恢復，並壓滿南方國家主義(?)之感想……蓋用軍隊爲外交工具，既非正當，亦非穩安……。」這樣說話，南中國的革命運動；好像含有狹義的國家主義的色彩，盲目的來排外，實是不了解南中國民主的政府的國民外交方式。真的，在威風凜烈的砲艦政策的面前，「弱國無外交」嗎？

據報上面這些事實來講，英人的外交政策，是砲艦的，威駭的，矇蔽的，軟化的，所以我們要用很精細的視察去認識：

(一)自「五卅」運動後，全中國的民族革命運動，如排山倒海的奔騰起來了；代表全民族解放的利益的黨政府，在南部反英運動聯合戰線中穩定了革命基礎，直搖動了英帝國主義在全中國的侵略根據地。戰敗於南中國的英國，希圖苟延其生命於中部和北部，但是全國革命的羣衆，在革命基礎上更偉大的組織起來，作擴大對英經濟絕交的反英運動，是以英帝國主義窮於應付，無賴的施行他的砲艦政策，來實現他們保守黨內閣對華的武力干涉政策。

(二)我們確信，砲艦是危險的，是有暫時衛毁全世界革命聯合戰線的可能，但是這種砲艦的威力，終不會能阻止殖民地和宗主國的利害衝突，被壓迫民族和壓迫民族的利益衝突，在摩托哥，西叙里以及現在中國的革命運動的高潮，就可證明了。中國一般右傾的落後的羣衆，也被敵人—英—的砲艦驚醒了！很勇敢地在白色恐怖裏面去爭鬥，這種民族解放運動的共同要求，是大不列顛的通天砲的贈禮。同時，在國際間，西方被壓迫階級和東方被壓迫民族的反帝運動聯台戰綫，更緊張起來，尤其是英國內的工黨竭力反對以武力干涉中國，釀成遠東戰禍。這次派遣第一巡洋艦隊和第八驅逐艦隊來華，無端挑釁，造成全中國的白色恐怖，都是保守黨的一意孤行沒有什麼可怕的。

(三)倫敦太晤士報的社論，「漢潯事件發生……英國蹶屈辱已甚，應棄其前日協調政策，實行以武力對待！……」從此可知道漢潯慘案，是英帝國主義向全中國民族解放運動的反進攻。這樣情形之下，力爭漢潯慘案，非是一個單獨的力量可以收效的；換言之，現在是半殖民地和殖民地向宗主國去談判，若放棄最可靠的「國民外交」方式，那就眞是却斯德指導報所講『既非正當』……

……到席上，才不致有所桎梏！才不致于交涉失敗！

我們明瞭大不列顛帝國的態度，和牠的地位，同時，又知道民族運動下的反英運動的力量，就可以決定我們在砲艦政策下的中英談判的策略：

(一)在這次砲艦政策下的中英談判中，我們……

(四)全國的革命羣衆應在反英運動的戰線上，一致的爲民主的國民政府的後援！

(三)全國的民衆應站在整個民族解放的利益上面，去督促民主的國民政府，貫澈其左傾的外交政綱；

革命成功在于喚醒農民

入伍生一團十一連王正安

辛亥革命，因爲沒有得到一般民衆的擁護，所以失敗了。這次北伐，其進步之速，原因固不止一二種，而其主要的是因爲得到民衆的帮助與擁護。這樣，我們就得到一個教訓：就是革命之能否成功，全在民衆之喚醒與否，如果一般民衆喚醒了，革命一定會成功，反之，則必定失敗。再研究一下，中國的民衆，十分之八是農民，所以民衆之喚醒與否，又在農民之喚醒與否爲定。假如一般農民仍然沒有喚醒，則仍脫不了包辦式的革命。所以喚醒農民，就成了革命進程中重大的工作了。

現在革命勢力，雖說有了半個中國，可是軍事上的勝利是不穩固的；我們如果要這半個中國，不但日漸穩固，而且能成爲全國統一的基礎，則祗有加快努力宣傳農民，組織農民。如在廣東的海豐，是陳賊的老家，也是他每次反動的發源地；可是現在他爲什麼屢次謀亂而不成呢？就是因爲有了有組織的農民之抵抗與牽制，使他無法作亂，因此才得到廣東的安全。

因此我們可以絕對的說：想要得到的半個中國穩固，全在喚醒農民，想要中國革命成功，也在喚醒農民。同志們，要時刻不忘這一點。

一·二六·于燕塘

到黄埔以後

軍官政治訓練班吳淌

我到這裏來，加入革命戰線上，差不多三個星期了。覺得這三個星期內的我，和從前的我迴似兩個人一般。說起來也覺得好笑！不禁自問道：「同是一個人，我爲什麼以前走錯了路？」受了反革命的宣傳，作了一個革命者？現在已經走上光明正大的路上了，纔覺得處茲環境，非革命不可！—今天是星期，把我的感觸和覺悟之處寫出來給大家看看：

1、革命是自動的：現在的中國外受列強—帝國主義—的侵掠，內受軍閥的摧殘，把我大好的河山，任意斷送；把我親愛的同胞，任意屠殺。處在這樣的境遇，若是稍有覺悟的，沒有不痛心疾首要求自已的目的。但要想達到這個目的，只有革命一條路—所以革命的事業，是人人必須做的，是人人不得不做的—是自動，不是受人唆使的！

2、革命不是想升官發財的：中國革命的目的，在求民族之自由平等，是救四萬萬人於水火的。黄埔學校，是鑄自由平等的大鐵鑪，是救四萬萬人的原動力。到這鑪子的人，只有奮鬥犧牲，別無其他。若是穿上綁腿背上武裝帶，反而想到坐汽車，住洋房想當什麼高官大人，……。我相信他明天要變成反革命者—所以真正革命者，並不是想升官發財的。

3、革命軍是應該懂政治的：軍事本是戰人必要的東西，但是政治比牠還更要緊。好像射擊一樣，軍事是子彈，政治是目標。看定目標，槍才不亂放，懂得政治，便才認識敵人。諸葛武侯也說：『識時務者爲俊傑』所以明瞭政治的軍隊，戰無不勝，攻無不克。否則便是烏合之衆，和匪類暴徒差不多了！軍閥不讓下級軍官受政治訓練，是一種愚弄利用政策，好爲他一個人捧場罷了！

4、革命不是一個人做的：在軍閥們的互相爭鬥中，都只是爲他一個人的地盤。但是革命的戰爭，是要解除四萬萬人的壓迫，所以革命的事業是羣衆的，是要大家努力的，是要聯合一致的，不是獨斷獨行的。

中華民國十六年二月五日　星期六　黄埔日刊　第二版

政治

日本各派對華政策之不一致

▲憲政會……政友會……政友本黨之主張

要訊

福州天主教堂慘殺嬰孩之駭聞

△發覺慘死嬰孩二十五具 △殺嬰原因係取眼睛心肝腦漿爲藥 △公安局地檢廳之調查與檢驗 △歷來殺斃嬰孩不下數萬 △嗚呼所謂博愛仁慈之天主教

福州特約通訊云，最近此間發生一出人意外，駭人聽聞之慘案，即法人西班牙人在福州所設天主教堂附設之仁慈堂(即育嬰堂)內竟發覺慘殺大批嬰孩事件，事發於本月十四日午時，該堂設於福州南台斗中街，歷史已有三十餘年，平日專收容一班貧苦人生孩無力養育者送入該堂代爲鞠養，社會人士初以爲係彼等本博愛之教旨，設立斯堂，收容貧孩，……數年來附近鄰人，見其行蹤詭秘，且送入之嬰孩多未聞長大，心竊疑之，然因處於反動軍閥與帝國主義教徒壓迫勢力之下，不敢有所過問，茲者革命軍入閩，反動軍閥已去，於是民衆窺伺而欲得該堂秘密者，不知幾許矣。果也，十四日午時許，忽有一挑夫，從堂中忽匆而出，肩上挑兩只麻布袋，市民某君知爲死孩，尾隨前往，行至西湖頭鄉，即號召鄉民將該挑夫拘留，啓袋而視，則纍纍死孩數具也，於是即遣人至省黨部請示辦法，……

中華郵政特准掛號立劵之新聞紙〔中華民國十六年二月五日 〔星期六〕 〔第一版〕

〔第八版〕

中。

我們稍稍留意這些新消息，便會劃分世界爲兩個大壁壘，一方是國際帝國主義的壓迫者，一方是世界被壓迫民族無產階級帝國主義戰線。本篇所述乃是在一九二六年中間被壓迫民族……運動之概略。

……的隊伍，等到某種暗號一發，將所帶傳單一齊分散。『打倒日本帝國主義者！釋放政治犯！撤退日本軍隊警察！要求自由民族的權利！』的狂喊一齊發起。群衆保護演說員登台演說……

……切左派的人物爲能事。荷蘭帝國主義者雖然如此嚴厲壓迫，反而促成爪哇民衆團體更激烈地反抗。於是十一月十二晚上（一九二六年）的暴動爆發了！[illegible]和共產黨在舉行盛大的反荷蘭帝國主義……

……恐他們……於是菲律賓……美國帝國主義者的妥協政策完全暴露了。菲律賓全島到處有不安的現象發生，民衆也覺悟到非自己起來，不能推翻這狡猾的統治者——美國帝國主義者。所以最近……律賓的民衆勢力日益發展，而……

黃埔日刊

通信處 廣東黃埔本校政治部

……治學校出版

〔第二五一號〕

〔本刊每份定價一分〕

暫遵總理遺囑

總理遺囑

余致力國民革命，凡四十年，其目的在求中國之自由平等，積四十年之經驗，深知欲達到此目的，必須喚起民衆及聯合世界上以平等待我之民族，共同奮鬥。現在革命尚未成功，凡我同志，務須依照余所著建國方略，建國大綱，三民主義，及第一次全國代表大會宣言，繼續努力，以求貫徹。最近主張開國民會議，及廢除不平等條約，尤須於最短期間，促其實現。是所至囑！

本校本週口號

去掉不良嗜好！

專心革命工作！

勿存虛榮心理！

勿貪安逸生活！

聯合國際勢力！

收回租界主權！

主張廢除舊歷！

擴大民衆宣傳！

政治討論會主席團諸同志鑒：

茲定於本月七日（星期一）午後七時在校本部大花廳召集第二次主席團聯席會議討論下週之討論題目「怎樣做革命」務望每區隊主席團至少有一人出席爲盼

政治部宣傳科指導股啓

日評

◎看你們基督徒怎樣說？

元傑

你總說你們的牧師，神父，是如何的博愛，他們爲要使中國人都要像夏娃一樣，吃一點智慧之果；不要像一條笨牛（?）所以不惜犧牲「大來喜」（dallors）來建崇樓高閣的學校來教育中國人；又因爲可憐的中國人沒有醫學的智識和窮得連病都醫不起，所以他們又辦了醫院來拯濟中國人；又因爲可憐的中國老弱的男女們，沒有人照料他們的生計，洋大人見了心疼，（?）乃不惜多所犧牲，設立了什末仁慈堂呵，育嬰堂呵！孤老院呵！……來救這些可憐的人兒，這都是本於上帝之旨，耶穌之心，純以博愛爲前題；若夫中國如不……呵呀；你看，許多基督徒還在那裏滿口白泡，說個不休呢！

好了！不爭氣的挑夫，把你們大吹其牛皮的你們的神父，牧師，賜中國人的恩惠，（?）在福州天主教堂所設的仁慈堂（卽育嬰堂）裏洩露出來了（見今日本刊）。這許多沒有眼睛被取過蒸溜的小孩子的僵屍、就是你們所謂慈悲嗎？這些小孩子是他們親手殺死的呵！看你怎樣說？

老實不客氣的忠告你們罷：帝國主義者是銅臭薰成的，只知道如何要錢，那管着什末是仁愛呢！可憐的你們的耶穌，以及你們，都被他們利用了，牧師，神父是誰？就是帝國主義者的兒子，就是帝國主義，要他來作先鋒，以便剝削中國人的，可憐的孩子——基督徒，回來罷——你們受騙了。你的袋子裏的錢，也許是你的祖先或父兄的血汗，間接的都被帝國主義者取去了呀！

現在我們大家起來叫：打倒帝國主義的先鋒基督教！收回各教會學校及假慈善團體！向法帝國主義提出嚴重抗議！懲辦福州殺人的牧師神父！打倒帝國主義！

校聞

◎第五期第四次政治工作會議紀事

第五期第四次政治工作會議，于本月三日下午七時半，假官長會客廳開會。列席者爲方教育長，政治部熊主任，秘書楊其綱，入伍生部政治部主任譚其鏡，政治主任教官劉侃元，軍官政治訓練班主任教官韓麟符，軍士教導隊政治指導員彭宗海，政治教官楊道腴，廖划平，編輯委員會委員宋雲彬，經理部代表周立麓，訓練部副主任陳禮文，教授部課長陳克齋，軍醫處處長陳魏，軍械處處長李尚庸，校本部總務科長胡宗陳，政治部各科長，各股長，及各學生隊隊長，各政治指導員，共計三十餘人，由方教育長主席。茲將當日議事日程略紀如下（一）開會。（二）恭讀總理遺囑。（三）報告事項：首由熊主任報告一月來政治工作概況，略謂一月份政治工作概況，因時間關係，不能作詳細報告，茲只能作一概括報告：宣傳科編纂股一月份計出日刊廿二期，共七十二萬二千份。出畫報四期，共十六萬份。叢書編完者六種，已出版者五種，在編輯中者三種，共叢書十四種，此外各紀念日撰文八十餘種，計四萬餘份。指導股：參加各學生隊政治討論會二次，政治測驗一次，閱卷五百餘份，參加群衆運動十二次，招待來賓共八十六團體，計一千七百餘人。並增懸各部隊標語五十餘幅。發行股：收發日刊八十七萬七千份，畫報十二萬六千份，標語二千八百餘份，書籍二千八種，共六萬七千餘冊。收入外來刊物一萬餘份，增加日刊寄報地址五百處，圖書室：將舊有書籍編號排列，增購新到書籍一百十七包，計數千種。書報流通處：購入新書四千餘冊，已售出二分之一。俱樂部：赴香港購各種俱樂品，價值七千餘元。此外並設備球場六處。總務科大部分工作照常，事務股書記撰稿五十餘件，收入各項公文七百零五件。財務股收發薪餉七千九百餘元，印刷費一萬八千餘元。黨務科收入文件六百五十一件，發出文件一百五十六件。並製就全校員生統計表，醫院疾病死亡表；參觀統計表，演講一覽表，其他未製完統計表尚有數種。至本部全部工作共計開會十七次（各科各股不在內）特別講演十一次，擬定法規十三種，以上報告，至爲簡略，爲本部一月份政治工作大概情形，此外關於二月份工作計劃，亦因時間關係，不能報告云云。熊主任報告畢。次廖教官報告一月來政治教育概況，韓主任教官報告軍官政治訓練班一月來政治教育概況，及譚主任報告一月來入伍生政治工作概況，劉主任教官報告一月來入伍生政治教育概況。（四）討論事項：1、政治部提案：A.入伍生政治教育計劃統一案，議決：照原案大體通過，再由入伍生部主任及主任官，將原文字句，負責加以修正。B.入伍生部各級政治指導員服務細則審查案，議決：由各人將該項條例攜回詳細審閱，提出意見，於下星期三日以前提交法規編審委員會審查。2、軍醫處提案：限制俱樂部開會時間案，議決：每次游藝會時間，午後六時半起，至十時半止，共計四小時。3、彭指導員宗海提案：請發印書費及購書費案，議決：書籍不必另印，官長書籍由校政治部發給，並由校政治部士兵工伕教育委員會另出石印插畫壁報一種，以供全校兵伕閱覽。4、帥隊長提案，議決：關於黨務者，交特別黨部審查施行，關於政治者，由熊主任斟酌進行。（五）批評事項：首由方教育長略加批評，並答復各主任教官的報告事項。大意謂各主任教官的報告，使吾人得到許多有價值的參考材料，希望各位同志以後對於此種材料，還須加以注意。至於學生方面，關於黨或軍事等項提出問題，吾人務須根據紀律給以詳細之解答，使學生不至有所疑惑云云。最後由熊主任答復，略謂關於各項政治工作，希望各位同志時常加以批評。因爲本校的範圍很大，全部的政治工作，非政治部所能完全勝任，必須全體同志，共同負責進行，吾人的工作始能收獲美滿的效果云云。熊主任答復畢，即由主席宣佈散會，已十時鐘矣。

軍事

◎岌岌不可終日之豫吳

△靳雲鶚魏益三合作反吳到底

△田維勤退避汝南消極助靳魏

△吳部將領急劇崩潰

△奉系軍併吞直系之準備

二十日京訊，豫南形勢日見嚴重，靳魏合作，近已證實，田維勤之守中立亦非虛傳，現郾城已爲靳軍所占領，寇英傑所部刻集中許州，任應岐師亦已入襄城，此後吳佩孚是否能獨力解決靳魏兩

中華民國十六年二月五日（星期六） 黃埔日刊 （第二張）

部，不無問題，而求援於奉方，或爲終不可免之事實矣。茲將最近消息彙誌於下，豫軍退出郾城後，大部集中許州，寇英傑刻在前方指揮軍事，靳軍在汝桐第二十七旅追近郾城，卽未北進，豫軍李鎭亞師曾向郾城反攻，兩軍在車站附近發生戰事，靳軍一部旋退西平，魏益三部兩旅已在積極向西平增兵，其大部則分布於明港信陽間，靳雲鶚魏益三等昨有聯名電到鄭，表示反對寇英傑，西平任應岐第十師十九旅，因郾城兩軍發生戰事，突繞河口進擊襄城，該地豫軍防務疏忽，十九晚任師乘夜襲城，至九時餘襄城南門槍聲突起，城內豫軍倉促退出，該城遂爲任應岐部所佔領，靳軍突自西平北進，在郾城擊退豫軍後，卽未向許州方面追擊，高汝桐於十八晚率其所部進駐郾城，十九日豫軍突進，高部又退西平，寇英傑已往前方指揮軍事，其行營暫設許州，至信陽方面魏靳各部，均已更換符號標識，大部陸續向確山明港前進，靳雲鶚將在中山鋪設總司令部，信陽防務則由魏益三負責擔任，又訊，河南問題之混沌，匪伊朝夕，且近則反吳各軍，殆已揭開面具，許昌以南之交通，瀕於斷絕，鄭州頗有危急之勢，上月吳令免靳，靳部軍械，並未解除，近吳令攻魏，魏部亦竟無解決，而靳魏二人則數月以來，旣不赴鄭州會議之召。且於吳令弁髦視之，此二人部下之軍隊，據傳有槍八萬枝，在吳部實居中堅地位，田氏態度，有謂與靳魏合者，有謂表示中立者，總之田不肯爲吳攻靳魏，殆係實情，而至於近日，則靳部積極之說，郾城臨潁間戰事劇烈之說，紛紛傳來，一般論者，益屬目河南現況矣，吳佩孚之所恃者，爲靳雲鶚田維勤魏益三寇英傑米振標張治公王爲蔚等，部隊不下十餘萬，盤據於河南一省中，靳田等與寇自去春入豫，卽以地盤問題，意見甚深，數月來豫中內部之軋轢，卽一在靳田魏等與吳政策相左。一在寇爲督理，各軍對之多不表合作，最近寇氏之自動廢督，亦卽因此影響，此數人中，米守開封，視爲私有，張治公在洛，有傳其與陝方默契，比較能爲吳戰者惟寇王二人，而王爲蔚力量有限，寇氏率其部隊初欲解決靳部，而日前郾城附近一敗，退走襄城，今雖由寇王實力，爲吳氏作鄭州之障蔽，而果靳魏合作，田氏暗昧，且靳魏之後，尚有黨軍及樊鍾秀等，吳氏之能否解決內部——重振威信，已成一疑問，蓋此數月來吳已處處張空弩之困境，對豫西之敵，旣無法應戰，命令又不能行，欲借重奉軍爲己援助，又不能得部下之同意，而最近情形，則許多反吳軍隊，由郾城等處向北進行，其目的地似在鄭州，按臨潁以北爲許昌，許昌以北爲新鄭，再北卽爲鄭州，則吳氏今日實成累卵之危矣，至奉張對於河南問題，始終注意，援助之說，久聞於京津間，卽楊宇霆氏之主張，亦對長江緩進，而先圖黃河流域之鞏固，但目前則守定不渡河主義，而先固守黃河以北，直魯軍自入徐蚌，並未渡江，而以徐州爲集中地，其在皖境者，則向皖豫之交，布置防務，一以防吳部之東竄，一以爲相機進展之圖，頃聞褚玉璞由京赴徐，實將對河南爲應急之準備，故京漢北段，隴海東段，皆奉魯重兵所在，如吳不能支，恐奉方必以自身之防衛，進而爲解決吳部之計，（吞併吳系）蓋一至彼時，對吳已無投鼠忌器之慮云。

政治

◉日本各派對華政策之不一致

▲憲政會……政友會……政友本黨之主張

▲憲政會表示對華同情

▲政友會主張確定對華政策

▲政友本黨對華進退，須深加注意

世界社云，此次日本議會開會，在朝在野各大政黨先期各開大會，於對內對外政策多所表示，茲摘錄其對華意見於左，以見彼邦朝野對我政策之不一致，

▲憲政會 憲政會於十六日午後，在東京上野精養軒舉行大會，若槻總裁演說有云：對於在目下整理中之鄰邦中國，所取政策，深有影響於亞細亞全局，不論爲我日本帝國利害休戚所關者頗大，我國於此，對於中國國民之合理的向上心，大表同情，同時我國所有之合理的利權，亦須擁護，斡旋於歐美列國間，而推行同情之對華政策者，自爲我帝國之大使命，徐察大勢之歸趨，參照中國四億民衆之幸福，常取同情之政策，此爲友邦識者之所公認，對於中國目下之時局，政府亦擬因時制宜，講求適當之手段，施其根底，在謀澈底加藤內閣以來之對華同情，別無變化，蓋可斷言，我善鄰之中國，其目前控有多數問題，對於欲解決此等問題之中國識者之努力，表示滿腔之敬意云云，

▲政友會 又政友會於十六日在本部舉行大會，田中總裁演說有云，關於外交，不不勝憂慮者，卽中國問題是也，中國之戰事目下已瀕危急，而其淵源，非突發於今日，此其事變，爲我外交當局之所應預期，而其對付策略，殆已決定，惟數日前，中國宣布加徵關稅，而我國對此，僅通告反對，關於中英間之紛擾問題：亦無何等態度，徒藉口不干涉內政，缺乏適當之用意，殊屬憾事，關於中英關係，對於因此發生所能想像之種種事態，大須考慮，今更無待贅述，我帝國以東洋盟主之資格，負有增進其平和康福之責任，故已不失與世界各國之協和範圍以內，對於中國，居於可採特別措置之地位，卽無一定方針，而爲有事時倉皇處理，二三其政策，此種態度，余所不取，故認對華外交實有更新之必要云云，

▲政友本黨 又政友本黨於十七日午後，在本部舉行大會，床次總裁演說有云，中國對於列強之關係，近時頗告急迫事態之前途，頗堪憂慮，帝國立於東洋平和之中心，對其進退，須加甚深之注意云云，

要訊

◉福州天主教堂慘殺嬰孩之駭聞

△發覺慘死嬰孩二十五具

△殺嬰原因係取眼睛心肝腦漿爲藥

△公安局地檢廳之調查與檢驗

△歷來殺斃嬰孩不下數萬

△嗚呼所謂博愛仁慈之天主教

福州特約通訊云，最近此間發生一出人意外，駭人聽聞之慘案，卽法人西班牙人在福州所設天主教堂附設之仁慈堂（卽育嬰堂）內發覺慘殺大批嬰孩事件，事發於本月十四日午時，該堂設於福州南台斗中街，歷史已有三十餘年，平日專收容一班貧苦人生孩無力養育者送入該堂代爲鞠養，社會人士初以爲信徒本博愛之教育，設立斯堂，收容貧孩房屬好事，並不疑慮；且譽揚之，乃事出意表，數年來附近鄰人，見其行動詭祕，且送入之嬰孩多見斃屍，心竊疑之，然因處於反動官廳與帝國主義教徒壓迫勢力之下，不敢有所過問，茲者革命軍入閩，反動軍隊已去，於是民衆窺伺而欲得該堂祕密者，不知幾許矣。果也，十四日午時許，忽有一挑夫，從堂中忽遽而出肩上挑兩充實布袋，市民某君知爲死孩，尾隨前往，行至西湖頭鄉，卽號召鄉民將該挑夫拘留，啓袋而視，則纍纍死孩數具也，於是卽遣人至省黨部請示辦法，黨部卽派隊現棄養民兩君馳往西湖頭將該挑夫及死孩一併解送公安局，卽由司法科長，親自提訊，據該挑夫供稱，姓江名依西，自父親以來卽以埋死孩爲業，平日代該堂埋死孩甚多，月薪八元，至如何死法，則不知情云，訊畢卽解送地檢廳收押，并檢驗嬰屍，查此嬰均爲一歲至三歲左右，頭部，胸部，腿部，均有傷痕，眼睛已無，腐色臟黃，腐肉乾燥，形如燒猪，狀甚慘，公安局以情勢緊急，卽派保安隊一排偕同黨部人員，馳赴該堂調查，經嚴密偵查多時，後於堂中發現暗室一間，室中黑漆，腥臭難聞，入內搜索，見有已死蒸乾嬰屍十五具，傷痕色黃，一如前狀，室中且有鍋爐屠桌等設備，斯時風聲四播，民衆麕集堂中，愈聚愈多，幾無立足之地，個個義憤填胸，竟高呼打倒帝國主義，打倒天主教基督等口號，一時革命空氣緊張，情勢至爲嚴重，後經總指揮部派隊彈壓，始漸散去，死嬰則解地檢廳偵驗，而一般所謂博愛仁慈之神父牧師們，早已乘機易裝逃脫，翌早卽離福州，附搭英輪海康遠逃香港矣。

至該堂慘殺嬰孩原因，究屬爲何，說者不一，然據確實及知內幕者言，則云該堂神父牧師，受某國藥房之托，須用嬰孩眼睛心肝腦漿等物，用製上等補品，該堂設立，卽本此使命，故陽則假仁慈之名，收育嬰孩，陰則實行屠殺，自該堂成立迄今，殺斃嬰孩已不下數萬，其屠嬰方法，至爲巧妙，法以活潑強壯嬰孩留之暗室屠場，先取其眼睛，次腦漿，後取其心肝及其他可用之物，然後另其內臟留之鍋爐中，蒸取其露，一併運回歐洲，製作極補藥品，販賣價格甚貴，而該堂神甫牧師所得，亦不下數十萬云，按上報告，證之已死嬰孩情狀，及該堂中之暗室設備，毫厘不差，又該堂每月燒柴柏在八萬斤以上，籌據確鑿，廚房亦甚稱皆，所謂仁慈博愛之天主教，至是，眞面目已盡露人間矣。

自事發覺後，一時福州民衆反教之空氣，極形緊張。標語畫報，滿壁皆是。國民革命軍東路軍總指揮部政治部，省市黨部，各社團遂於十五日下午二時在省議會召集開市民代表大會，到者五百餘人，大衆一致表決請政府接收仁慈堂，並懲辦兇首神甫牧師，爲無辜死嬰伸冤。開會時間歷五時餘，場中革命空氣濃厚至極。入晚散會後，猶高呼口號不已，其熱烈憤激程度，當可概見。何總指揮江主任及省政府方面，得此警耗，一面派人接收仁慈堂，改爲市立貧兒院。一面向法領提出嚴重抗議。民衆已決定本月廿二日在南較場開市民大會舉行遊行大示威云。（二月十七日）

記者按：除上段通信外，並附寄有照片四張，分別將慘死嬰孩與像照出。其一照片後書明「慘死於福州南門外西班牙天主堂所設仁慈院（？）之嬰孩」。「攝于福州地方檢察廳」。其餘三片則解剖放大之攝影。惜銅版趕製不及，僅先將通信發表。

判席上，才不致有所桎梏！才不致于交涉失敗！

我們明瞭大不列顛帝國的態度，和牠的地位，同時，又知道民族運動下的反英運動的力量，就可以決定我們在砲艦政策下的中英談判的策略策；

（三）全國的民衆應站在整個民族解放的利益上面，去督促民主的國民政府，貫徹其左傾的外交政綱；

〔第三版〕 黃埔日刊 〔星期六〕 民國十六年二月五日 〔第二版〕

威信，已成一疑問，蓋其數月來吳已處處張空拳之困境，對豫南豫西之敵，既無法應戰，命令又不能行，欲借奉軍爲己援助，又不能得部下之同意，而最近情形，則許多反吳軍隊，由鄧城等處向北進行，其目的地似在鄭州，按臨潁已

▲政友會 又政友會於十六日在本部舉行大會，安田中總裁演說有云，關於外交，不不勝憂懼者，即中國問題是也，中國之戰事目下已瀕危急，而其淵源，非突發於今日，此其事變，爲對外交當局之所應豫期，而其對付策略，殆已決定，惟數

[illegible]夫拘留，啓袋血視，則棄棄死孩數具也，於是即遣人至省黨部請示辦法，黨部即派陳琨棠養民兩君馳往西湖路將該挑夫及死孩一併解送公安局，即由局司法科長，親自提訊，據該挑夫供稱，姓

記者按：路上接通信外，並附[illegible]別稱慘死嬰孩與像照出。其一照片後書明「慘死於福州南門外西班才天主堂所設仁慈院(?)之嬰孩」「攝于福州地方檢察廳」。其餘三片則解剖放大之攝影。惜銅版趕製不及，僅先將通信發表。

革命之路

目

砲艦政策下的中英談判我們應採取的策略

馮恒武

大不列顛帝國的外交政策，是砲艦的外交政策，當做對付全世界弱小國家的家常便飯。在最近鮮血未乾的萬縣慘案談判中，牠已實行過牠的最可靠的工具—砲艦的外交政策，及到彌天的漢潯慘案發生之後，英參贊阿馬利雖與我開始談判，然而，在這個談判將要開始的時候，牠又施其固有的慣技，以恐嚇國民政府的外交當局。我們知道，英砲艦在華者已有三十六艘，現在還藉口英僑生命財產的保護，再調「英國地中艦隊之巡洋五艘……迅赴中國」路透社雅典電「第一巡洋艦隊奉命開華第八驅逐艦隊亦準備開行」又倫敦電稱，英國保守黨欲乘中國的內戰，進而以武力干涉中國的內政企圖，同時，要在他砲艦政策下解決漢潯等慘案的問題！但是狡滑的英帝國主義始終不承認他自已有干涉中國內政的行爲，牠說：「英國方面對漢口問題之態度……決無訴諸武力之說，英國方針，的以交涉靜候事態之推移，而徐圖解決之。……」在電通社北京電，却斯德指導報上的社論，「使漢口商業恢復，並歷滿南方國家主義(?)之觀想……蓋用羣衆爲外交工具，既非正當，亦非穩妥……」這樣話，南中國的革命運動；好像含有狹義的國家主義的色彩盲目的來排外，實是不了解南中國民主的政府的國民外交方式。真的，在威風凜烈的砲艦政策的面前，「弱國無外交」嗎？

據報上面這些事實來講，英人的外交政策，是砲艦的，威赫的，朦蔽的，軟化的，所以我們要用很精細的觀察去認識：

(一)自「五卅」運動後，全中國的民族革命運動，如排山倒海的奔騰起來了；代表全民族解放的利益的黨政府，在南部反英運動聯合戰線中穩定了革命基礎，直搖動了英帝國主義在全中國的侵略根據地。雖敗於南中國的英國，希圖苟延其生命於中部和北部，但是全國革命的羣衆，在革命基礎上更偉大的組織起來，作擴大對英經濟絕交的反英運動，是以英帝國主義窮於應付，無賴的施行他的砲艦政策，來實現他保守黨內閣對華的武力干涉政策。

(二)我們確信，砲艦是危險的，是有暫時衝毀全世界革命聯合戰線的可能，但是這種砲艦的威力，終不會能阻止或和緩殖民地和宗主國的利害衝突，被壓迫民族和壓迫民族的利益衝突，在摩托哥，西敘里以及現在中國的革命運動的高潮，就可證明了。中國一般右傾的落後的羣衆，也被敵人——英——的砲艦驚醒了！很勇敢地在白色恐怖裏面去爭鬥，這種民族解放運動的共同要求，是大不列顛的通天砲的贈禮。同時，在國際間，西方被壓迫階級和東方被壓迫民族的反帝運動聯合戰線，更緊張起來，尤其是英國內的工黨竭力反對以武力干涉中國，釀成遠東戰禍。這次派遣第一巡洋艦隊和第八驅逐艦隊來華，無端挑釁，造成全中國的白色恐怖，都是保守黨的一意孤行沒有什麼可怕的。

(三)倫敦太晤士報的社論，「漢潯事件發生……英國認屈辱已盛，應棄其前日協調政策，實行以武力對待！……」從此可知道漢潯慘案，是英帝國主義向全中國民族解放運動的反進攻。這樣情形之下，力爭漢潯慘案，非是一個單獨的力量可以收效的；換言之，現在是半殖民地和殖民地向宗主國去談判，若放棄最可靠的「國民外交」力式，那就真是却斯德指導報所講『既非正當』！

判席上，才不致有所桎梏！才不致于交涉失敗！

我們明瞭大不列顛帝國的態度，和牠的地位，同時，又知道民族運動下的反英運動的力量，就可以決定我們在砲艦政策下的中英談判的策略：

(一)在這次砲艦政策下的中英談判中，我們

策；

(三)全國的民衆應站在整個民族解放的利益上面，去督促民主的國民政府，貫澈其左傾的外交政綱；

(四)全國的革命羣衆應在反英運動的戰線上，一致的爲民主的國民政府的後援！

革命成功在于喚醒農民

入伍生一團十一連王正安

辛亥革命，因爲沒有得到一般民衆的擁護，所以失敗了。

這次北伐，其進步之速，原因固不止一二種；而其主要的是因爲得到民衆的幫助與擁護。

這樣，我們就得到一個教訓：就是革命之能否成功，全在民衆之喚醒與否，如果一般民衆喚醒了，革命一定會成功，反之，則必定失敗。

再研究一下，中國的民衆，十分之八是農民；所以民衆之喚醒與否，又在農民之喚醒與否爲定。假如一般農民仍然沒有喚醒，則仍脫不了包辦式的革命。所以喚醒農民，就成了革命進程中重大的工作了。

現在革命努力，雖說有了半個中國，可是事上的勝利是不穩固的；我們如果要這半個中國，不但日漸穩固，而且能成爲全國統一的基礎，則祇有加快努力宣傳農民，組織農民。如在廣東的海豐，是陳賊的老家，也是他每次反動的發源地；可是現在他爲什麼屢次謀亂而不成呢？就因爲有了有組織的農民之抵抗與牽制，使他無法作亂，因此才得到廣東的安全。

因此我們可以絕對的說：想要得到的半個中國穩固，全在喚醒農民，想要中國革命成功，也在喚醒農民。同志們，要時刻不忘這一點。

一·二六·于燕塘

到黃埔以後

軍官政治訓練班吳鴻

我到這裏來，加入革命戰線上，差不多三個星期了。覺得這三個星期內的我，和從前的我迴似兩個人一般。說起來也覺得好笑！不禁自問道：『同是一個人，我爲什麼以前走錯了路？受了反革命的宣傳，作了一個革命者？現在已經走上光明正大的路上了，纔覺得處茲環境，非革命不可』！今天是星期，把我的感觸和覺悟之處寫出來給大家看看：

1、革命是自動的：　現在的中國外受列強——帝國主義——的侵掠；內受軍閥的摧殘，把我大好的河山，任意斷送；把我親愛的同胞，任意屠殺。處在這樣的境遇，若是稍有覺悟的，沒有不痛心疾首要求自已的目的的。但要想達到這個目的，只有革命一條路！所以革命的事業，是人人必須做的，是人人不得不做的！是自動，不是受人唆使的！

2、革命不是想升官發財的：　中國革命的目的，在求民族之自由平等，是救四萬萬人於水火的。黃埔學校，是鑄自由平等的大鐵鑪，是救四萬萬人的原動力。到這鑪子的人，只有奮鬥犧牲，別無其他。若是穿上綁腿背上武裝帶，反而想到坐汽車，住洋房想當什麼高官大人，……我相信他明天要變成反革命者！所以真正革命者，並不是想升官發財的。

3、革命軍是應該懂政治的：　軍事本是戰人必要的東西，但是政治比牠還更要緊。好像射擊一樣，軍事是子彈，政治是目標。看定目標，槍才不亂發，懂得政治，便才認識敵人。諸葛武侯也說：『識時務者爲俊傑』所以明瞭政治的軍隊，和匪戰無不勝，攻無不克。否則便是烏合之衆，和匪類暴徒差不多了！軍閥不讓下級軍官受政治訓練，是一種愚弄利用政策，好爲他一個人捧場罷了！

4、革命不是一個人做的：　在軍閥們的互相爭鬥中，都只是爲他一個人的地盤。但是革命的戰爭，是要解除四萬萬人的壓迫，所以革命的事業是羣衆的，是要大家努力的，是要聯合一致的，不是獨斷獨行的。

中華民國十六年二月五日〔星期六〕 黃埔日刊 〔第四版〕

5、革命是不計較工作大小的：我們的武裝同志，同站在革命戰線上，同是在做革命工作。上自高級長官，下至勤務兵火夫，都是一樣的有益於黨，一樣的緊要，一樣的應當重視；不過革命的事業很大，工作很多，要大家分任罷了！何有地位的高下，和階級的大小分別呢？

6、革命軍人是不計較功勳的：凡我同志，對於革命的事都應該努力去做，攻克一城，摧折一敵，不過你的工作做到了，是當然的義務，沒有什麽希奇。不是像軍閥中稍爲做到一點小小的事，便有功可恃，因而毫無忌憚了。

7、革命軍人只有一個服從：革命軍人，只有服從『黨』。黨教我生則生，黨教我死則死，—不受個人命令的。不是在軍閥中機械式的服從官長。在軍閥中，本是白的東西，官長說黑，部下也跟着說黑。所以官長反革命，部下也跟着反革命！

8、革命軍只有一個心：革命的範圍，無論幾樣大，但都是一心去解放被壓迫的民族，一心去打倒帝國主義者和軍閥。卽主張稍有不同，少數也應當服從多數。並不像軍閥中口是心非，各行其是。爭權奪利的。

以上各點，是我現在的感觸。在這幾個感觸中，不由的生出幾個覺悟之點，使我時時刻刻自問：——

1、別人叫我革命嗎？

2、我有升官發財的希望嗎？

3、我在用心去研究政治嗎？

4、要受人家利用嗎？

5、我有計較位職的尊卑思想沒有？

6、我有恃功驕人的態度沒有？

7、我只是機械式的服從嗎？

8、我有特別不好的個性嗎？

9、我有違背主義的地方沒有？

10我有違反革命策略的行動沒有？

我不僅隨時這樣的自己問着，我還要力求進步，我還要改悔我的過失，同時，我希望一切真實革命的同志我們一塊大踏步向革命的大道走着！

三十區隊黃種强

◉你廢除了沒有？

民國十六年的今日，竟有甚麽，「過新年」的歡聲？在這革命風潮高漲當中，已經頒布「廢除舊歷」的命令，有許多帶着封建社會色彩的青年朋友們；腦筋中還不脫離封建社會的思想，復古的心思不死，守舊的志願尚在千里作孤客，免不了「望涯長嘆」，垂頭喪氣的表示一種不滿意的態度，其不能與「嚴父慈母」「嬌妻愛兒」共同享受團圓的快樂，真是最可痛悲的一種最不幸的事情！中國幾千年來封建宗法的社會裏面，風俗習慣之不良，簡直難以形容出來。許多人雖感覺到社會不安，不曉得怎樣改造？怎樣建設？衹是迷信地引頸而望「真命天子」出來。仔細想想，我們革命的青年，要認識世界潮流和社會環境的關係，「執古方不足以爲醫」的啊！中國自海禁開放後，成爲各帝國主義經濟侵略的區域，封建社會斷無存在的可能，而一切舊風俗習慣，也有改換的必要。單就除陽曆而論，就沒有並用的道理，我們要澈底改造，洗滌乾盡，使沒有一點汚穢積垢存留着，那末，朋友，我首先要問你，「你廢除了沒有」？有形式的「……

期間，可以掃除一切封建社會的餘毒。在努力革命的同志，有熱血的士們，亦當要認識和了解我們所以「廢除舊歷」之故。

社會進化到生產力與生產關係的衝突的時候，才有革命的發生。革命是要毀滅舊的制度，從另一方出發點產生一個新制度新文化來。在國民革命的過程中，對于本黨的主義和政策都要真實的了解，才能爲民衆謀利益而奮鬥！現在有許多同志中，接受了『似是而非』的理論，行動上思想上，都是與本黨的主義背道而馳的。『無形之害，甚于盜賊』，自身受了人家的欺騙，還不曉得覺悟，「心死」不能轉移，替假革命派先生們做反革命的工作，這是何等的危險啊！

總而言之，我們在被壓迫民族革命當中，是求主義之實現，「主義未行，黨員之恥」，我們要澈底了解，對於黨的主義和政策要忠實，勇敢的做去，以完成辛亥革命未竟之工作。所以封建社會的舊思想，我們是要廢除的，而革命的人生觀，我們一定要堅決的認定，不要受人家的包圍，都要有革命工作的表現，舊的一切，我們隨時要自已問道：「你廢除了沒有？」

政治問答

3、第一第二第三三個國際我已知道，第二半國際是在何時何地成立？又何人何派組織？其領袖爲何如人物？

3、二半國際是歐戰後，屬於第二國際的一般較左而又不敢接近第三國際的人所組織的。但一九二三年，它又合併於第二國際中去了。

4、社會革命成功後，共產社會建設完備，國家的界限能否取銷？

4、社會革命卽以「消滅國界」爲其目的之一。

5、社會革命成功後的共產社會同克魯泡特金的無政府共產主義的共產社會有無異同？ 又孰較優？

5、共產主義的「完成期」，便是無政府主義所主張的那種社會。

6、世界上的社會主義除獨秀講演錄以外還有何種社會主義？其主義宗旨若何？

6、在廣義的社會主義之下，包括：無政府主義，馬克思科學的社會主義（卽列甯主義，卽共產主義，卽布爾什維克主義），工團主義，基爾特社會主義，反社會主義的國家社會主義，費邊派改良主義。

7、擁護孔教的人，謂孔子是聖之時者。假若孔子生在此時的社會，他能否提倡革命而不提倡「孝弟忠信禮義……」等道德；束縛羣衆的自由思想？

7、孔丘在春秋時候是和梁啟超丁文江等在現在一樣的！——所謂「紳士階級」「小資產階級」的人。他在當時提倡孝弟忠信，一半是由於當時封建農業社會需要這種學說，一半也是由於他自已的社會地位和生活關係。他若生在現在，是不是就能如生在農家的孫總理一樣主張革命，還是很難斷定的。

8、國民革命是不是中國解放的唯一出路？除此還有其他出路否？

8、除此以外，更無第二條出路。

9、革命成功可以離開民衆嗎？

9、不能！離開民衆，更……

10中國革命爲什不標「社會革命」而標「國民革命」呢？

11中國革命能不能走到「社會革命」的路上？

12國民黨爲什麽主張「國民革命」而不主張「社會革命」？

13國家主義者及國民黨右派爲什麽說中國不適宜共產主義的社會革命？中國社會經濟形勢是不是沒有社會革命的基礎和必要？

10 11 12 13中國現時因爲生產尚未發達，整個民族尚在帝國主義壓迫之下；所以只能聯合國內革命的各階級舉行國民革命。將來是否需要社會革命，則須待「社會」去決定它；我們無權預言「社會」和現在的國民革命之受現在的社會需要所規定一樣。

蕭湘飛問，楚答（續前一）

◉怎樣做革命？

◉政治討論會第五次討論題目

討論綱要：

一‧少數人對于統治階級底暗殺行爲，是革命行動嗎？

二‧革命行動，是否專靠運動土匪或製造武力在統治階級管轄下起兵？

三‧單用軍隊佔領統治階級底土地，是不是革命行動？

四。專憑武力去單獨與統治階級宣戰，算是革命行動嗎？

五‧做革命的少數人，離開了羣衆，要發生什麽危險？

六‧我們拿「什麽是革命」一問題中的結論來看，是否要羣衆來做革命？

七‧誰來擔當喚醒羣衆，組織羣衆，訓練羣衆，並領導羣衆去爭鬥底任務？

八‧一個革命政黨要怎樣才能奪取被統治階級底羣衆，才能使被統治階級底羣衆跟着它走？

九‧分別友敵，找尋同盟，是否是革命中底一個重要工作？

十‧革命固然是用力量爭鬥，但這力量的配合，使用，發動，要怎樣才能正確適當，不致於濫費呢？

十一‧奪取政權，是不是推翻舊社會創造新

黃埔日刊

總理遺囑

余致力國民革命，凡四十年，其目的在求中國之自由平等，積四十年之經驗，深知欲達到此目的，必須喚起民衆及聯合世界上以平等待我之民族，共同奮鬥。現在革命尚未成功，凡我同志，務須……

本校本

擁護黨的中央委員會！

實澈民主集權制！

歡迎汪主席銷假復職！

黃埔日刊

二七紀念第四週年特號

中央軍事政治學校二七四週紀念日告民衆

二七紀念日感言

二七紀念的意義

一九二七年二七紀念之意義

二七在國民革命中之意義

二七——中國國民革命的誕生日

二七五卅與最近革命運動發展的狀態

中華郵政特准掛號立劵之新聞紙　中華民國十六年二月七日　〔星期一〕　〔第一版〕　（一）

黃埔日刊

中央軍事政治學校出版
通訊處廣東黃埔本校政治部
（第二五二號）
〔本刊每份定價一分〕

啟事

[illegible]同志：示悉。以後關於投稿黃埔日刊，請逕寄[illegible]。[illegible]

趙宋兄：現在我還未得到[illegible]，所以[illegible]不勝感激。

廣州國立中山大學醫科社正啓

李[illegible]兄：你有掛號信一封，[illegible]收到，[illegible]

[illegible]

緊要啟事

政治討論會主席團各同志鑒：二月七日晚血花劇社排演新劇紀念「二七」。聯席會議本宜停開以資參加。惟若改於七日以後再召集開會，則討論事項已失時效；故決定仍於是日照原定時間舉行，希各同志踴躍出席爲盼！

宣傳科指導股啓　五日

二七紀念第四週年特號

中央軍事政治學校二七四週紀念日告民衆

全國被壓迫的民衆們！

四年前的今日是京漢鐵路的工友們在江岸在長辛店在鄭州受軍閥吳佩孚屠殺犧牲的日子，也是中國國民革命展開了新的赤的局面的日子，因爲從這一天起，中國的工人階級開始跑上了政治戰場，領導各階級的民衆與軍閥帝國主義鬥爭，而奮發民衆以來的黑暗局面了。京漢鐵路的工友，在二七這天，被吳佩孚軍閥殘殺至四十餘人，竟不能叫工人階級流血鬥爭的這一幕，固是是中國民衆擁護民權而反抗統治階級的第一聲。「頭可斷，工不可上」這是如何壯烈的呼聲！二七屠殺中，京漢路的工友，雖然暫時被兇惡的軍閥鎮壓了，但是工人階級從此認清了他們的地位；中國民衆從此都認出吳佩孚的軍閥的面目，從此知道欲求中國之自由平等，只有各階級被壓迫的民衆團結起來推翻軍閥，推翻一切統治魔王然後可以達到目的。

有了二七，然後誕生五卅，有了五卅，然後誕生省港罷工，有了省港罷工，然後產生此次的北伐。吳佩孚是勝利了，吳佩孚的勝利，殘殺了四十七個工友。二七被殺的工友是犧牲了，他們犧牲的熱血，高漲而爲革命的洪流，赤化了全中國的工人階級，赤化了全中國的被壓迫民衆。

現在殘殺工友的吳佩孚，已經爲國民革命軍戰敗了，江岸的劊子手，已經歸入我們的手裏，工友們又在江岸領導著革命的群衆向英帝國主義者短兵相鬥了。但是凶暴的吳佩孚，雖然被逐出京漢路的大半段，與奉系勾結作帝國主義的傀儡繼續統治北方的民衆，壓迫北方的工友。英帝國主義者，正在調遣大隊人馬，繼續來向我們進攻，而一般反革命派則正大喊中國赤化，工人階級跋扈，他們忘記了帝國主義的進攻，忘記了工人階級的痛苦，忘記了國民革命的戰線。

民衆們！我們奮鬥呵！前進呵！我們應繼續二七的精神：1、消滅吳佩孚！2、打倒張作霖！3、推翻一切軍閥！4、擁護集會結社言論罷工的自由！5、鞏固革命勢力的聯合！6、打倒英帝國主義！

二七紀念日感言

方鼎英

「二七」這一天，是四年前京漢鐵路工人流血的一個紀念日，是中國階級鬥爭的新紀元，樹中國勞動界的新壁壘。今天黃埔日刊出張特號，海青這個悽慘悲壯的日子，一面紀念已死的先烈，一面喚醒未死的同志，來把這個新壁壘更堅固起來，以便繼續我們這種鬥爭，根本推翻我們的壓迫階級，這就是紀念「二七」的真意義。

中國的工業本是新興的時候，工人的力量原不甚厚，工人的組織尤屬散漫不堪；於是買辦階級，官僚軍閥，帝國主義者，就可利用他們的弱點，層層壓迫起來。工人工作的時間比較別國的工人多，而他們的代價反比較特別的少。帝國主義者就本其先知先覺之能，知道工人一有組織，工人的力量就馬上加大，與他們的利益會馬上發生衝突，遂教唆他們的走狗——軍閥，極力的制止這種組織，使工人萌芽的生機，完全斷絕。這是「二七」慘案發生的頭一個緣因。在民國十一、十二年的時候，正是大軍閥吳佩孚最得意的時候，虎據洛陽，宰制一切，南臨武漢，北控京保，那時京漢鐵路完全在他的掌握之中，也就是直系的命脈所在，一旦交通斷絕，即足以扼其吭而制其命，工人的反抗運動，當然爲吳賊之眼中釘，去之惟恐不速。這是「二七」慘案發生的第二個緣因。有此二個緣因，而手無寸鐵的工人遂不得不血肉狼藉了！

民十一年京漢路工人感覺種種的壓迫，知道工人的組織是刻不容緩，於是把京漢路各處的工人俱樂部，通通改爲工會，計有十六處之多。到了是年六月間就在鄭州開一個京漢路總工會的籌備會，到民十二年二月一日開成立會，全國各處的工會農會以及其他團體並行政機關，都有代表前赴鄭州致賀，並贈送匾額等禮物，而各鐵路工友之前往參加者更屬絡繹於途，路局特掛專車，鄭州旅館亦均爲工人住滿。蓋總工會自籌備成立以來，爲期不過數月，工友之加入者已達二萬餘人，會務進行，一日千里，工人聲勢，亦如旭日方升，蓬蓬勃勃，震動全國，不僅嚇倒吳佩孚，並且驚動了各帝國主義者。當總工會將成立的時候，各國公使及領事就分別向曹錕吳佩孚蕭耀南提出警告，說——京漢路的工潮是要特別的注意。果然當二月一日開會的時候，而吳佩孚的如狼似虎的軍警，就把總工會的會場圍得鐵桶相似，「不准開會」「封閉」「解散」的命令遂如霹靂一聲，從天而降。同時漢口長辛店各處工會，均被封閉，各旅館概不准工人居住，總工會既被解散，各代表衝出重圍，紛紛南奔北跑，到處宣傳，到二月四日而京漢鐵路大罷工遂轟轟烈烈的實現出來。南北交通，一朝阻斷，影響所及，全國風從，津浦，隴海，京綏等鐵路工人及其他處工人團體，亦均預備罷工。吳佩孚知工人勢力之不可侮，遂取高壓政策，手忙腳亂的通電漢口鄭州長辛店保定……等處於「二七」日同時動員，準備大屠殺，漢口蕭耀南滿佈軍警，逮捕工人。漢口分工會工友，結隊衝鋒，前往救護各被捕者，於是吳賊的軍警遂實彈射擊，槍聲震天，號哭之聲，聞於郊野，霎時間漢口工人之死於彈死於刃者計有三十二人之多！其傷而不振，被捕而不知下落者，更不能計其數！同日鄭州，石家莊，保定，長辛店……等處工人之被捕被殺及不知下落者至今人數猶不能詳悉。二千餘里之鐵路殆無處不爲工人之鮮血所染，愁雲慘雨，彌漫中原，吾人今日追念當日屠殺之酷，死事之烈，不能不淚下沾襟，髮指眦裂！此爲「二七」慘案的略史；今日來紀念「二七」所當憶及的。

綜上慘案發生的緣因及其歷史來看，吾人知道帝國主義者及軍閥窮兇極惡，無微不至，生殺予奪，了不介意。而京漢工人赤手空拳，仗着滿腔的熱血，冒白刃而如夷，飲槍彈而不顧，其一種勇往壯烈之精神，至今猶勃勃有生氣，開中國無產階級向軍閥直接進攻之先河，吳賊佩孚通電保護勞工之假仁假義的面具，遂從此揭破。一般盲從擁護的心理，亦從此渙然冰釋。而去年省港大罷工，支持一年之久，使香港幾成爲荒島，英

總理遺囑

余致力國民革命，凡四十年，其目的在求中國之自由平等。積四十年之經驗，深知欲達到此目的，必須喚起民衆，及聯合世界上以平等待我之民族，共同奮鬥。現在革命尚未成功，凡我同志，務須依照余所著建國方略，建國大綱，三民主義，及第一次全國代表大會宣言，繼續努力，以求貫徹。最近主張開國民會議，及廢除不平等條約，尤須於最短期間，促其實現，是所至囑！

（本校政治部口號）

繼續二七工人前進！
爭求社會平等自由！
擁護勞工團體！
努力民主爭鬥！
討伐奉系軍閥！
剷除封建根基！
鞏固我革命戰線！
打倒英帝國主義！

中華民國十六年二月七日〔星期一〕 黃埔日刊 〔第二版〕 (二)

帝國主義者受極大之損失，未始非「二七」慘案之精神有以促成之。吾人知道「二七」精神，完全爲自身解放而鬥爭，現能自由而鬥爭，本校以打倒壓迫階級——軍閥帝國主義者爲職責，爲被壓迫階級爭解放的大本營，吾人要時時刻刻不要忘記雙肩上所負的重担子，當發揚「二七」的精神，要以十二分哀敬的意思來紀念他，要以十二分精誠的精神來完成已死先烈未竟的工作，務使吾人的新建築屹立於世，壓迫階級不會有一日之存在，這才是紀念「二七」的真意義所在的地方了。

「二七」在國民革命中之意義

熊雄

中國自海禁宏開，外國資本，如潮湧入，從鴉片戰爭以來，帝國主義者攫取，剝削，壓迫中國人民，愈來加厲，遂造成中國普遍貧乏之局面，在這個局面當中，就形成許多國民革命的客觀條件了。

我們看清上面這個背景，才可認識「二七」在國民革命中之意義，中國既造成了一個普遍貧乏的局面，各階級人民當然在帝國主義各種侵略方式壓迫之下，而有共同革命的需要，其中工人階級，不僅受帝國主義和軍閥的壓迫，還要受着資產階級及貪官污吏……種種的壓迫，故其革命性尤爲強烈，「二七」京漢鐵路工人，因要求集會結社之自由，而遭軍閥吳佩孚之屠殺，雖死者不過數十人，傷者不過百餘人，然已在國民革命聯合戰線中，充分表現中國無產階級反抗帝國主義的偉大力量了。因爲，革命力量與反革命力量，已非常明顯的對壘在一般革命民衆之前，更證明確實能認清自己的地位和責任，自可促進革命的發展與成功，我們從「二七」以後的事實來看，第一次海員罷工，一方面鞏固了革命政府的根據地，另一方面已牢打破了大英帝國的砲艦政策，「五卅」運動，不僅使大英帝國主義喪膽，並喚起了全世界極大的注意，使中國國民革命，更能往前發展，即其例證。

我們黃埔中央軍事政治學校，是本黨一個訓練武裝黨員的專門教育機關——革命者的製造所、凡在這個組織中的各個份子，都是要實行總理手定的一個政策，在今天紀念「二七」當中，我們……尤其是學生同志們應該特別注意以下數點：

1、中國工人階級是國民革命聯合戰線中之先鋒隊，因「二七」更宜明確認識；

2、總理「工農政策」之創立，一方面是爲了求中國人民之解放，另一方面是認清了「工農」是革命中之主力軍；

3、帝國主義時代，沒有工農之聯合，就沒有國際無產階級的革命勢力之聯合，所以本黨接受第三國際革命策略：實行被壓迫民族與被壓迫階級之聯合戰線，共同打倒國際帝國主義，實現世界革命一部分之工作，以促進世界革命；

4、黃埔學生是代表武力的民衆——尤其是工農群衆奮鬥的先鋒隊，應認清自己唯一的責任；在紀念當中，使「二七」與「五卅」以至「省港罷工」及其以後……要認清工人階級在國民革命中的地位，以決定一個忠實爲民衆之最後行動，才能真正擔負國民革命的使命。

我們黃埔學生，今日紀念「二七」中的口號應該是：

以血來擁護總理的「農工政策」！

以鐵來打倒一切反革命派！

完成國民革命！

實行世界革命！

「二七」——中國國民革命的誕日

韓麟符

自從帝國主義侵入中國以後，中國就發生了幼稚的國民革命。

但是這一個國民革命像人一樣要經過胚胎，受產，幼，壯，老的生長過程，絕不是突然而產生，亦絕不能突然而長大。

「鴉片戰爭」，這是中國國民革命的胚胎。

太平天國——以中國西南方農民爲階級基礎的原始國民革命——這不過是中國國民革命雛形的略具。

「義和拳」——以中國北方農民爲階級基礎的國民革命——這不過是繼太平天國的雛形更具體的發展。

「辛亥」——以新興資產階級爲中心，以小資產階級的知識份子作領導的國民革命——這時的中國國民革命已經是一個有生命而未出娘胎的胎兒。

「五四」——以商業資產階級——國貨商人——作中心，以智識份子作領導的國民革命——這時的胎兒於靈肉兩方有更健全的發展，特別是靈一方面的發展。

「二七」——以所有被壓迫階級爲基礎而以農民爲中心勢力，以工人爲領導階級的國民革命逐漸形成。中國的國民革命才瓜熟蒂落。「二七」的流血，就是這個胎兒從母胎裏帶了來的鮮紅的生命之漿液。

所以「二七」是中國國民革命的誕日；誕生下來可愛的英物，就是我們這個十三年改組的中國國民黨！

★ ★ ★ ★ ★

不止半封建半迷信的太平天國和義和團不能算作成熟的國民革命，就是有主義有組織具體而微的辛亥革命，也不能算作成熟的國民革命；就是僅得以能談都市爲實際的「內除國賊」「外抗強權」的口號的「五四」，也止是「學生」，而不是成熟的國民革命。

不止純以游離份子和農民爲基礎的國民革命，不能算作成熟的國民革命，就是有了智識份子新興資產階級參加，仍然算不了成熟的國民革命。

「二七」之所以值得我們紀念，是在「二七」以後中國的國民革命在理論上組織上已底於完成，在行動上已開闢了新的方向，其原因就是爲了革命的各階級已有實際聯合起來，特別是更有工人的生力軍參加，而且一出馬就作了先鋒軍——國民革命中的領導階級。

一九二三年的二月七日，就是我們的「二七」紀念，一九二四年一月是本黨改組大會，一九二五年五月卅日是工人階級在國民革命前線上的大激戰，使中國國民革命得到勝利的開始，這就是紅的「五卅」，恰好是在一九二六年我們的國民革命直搗武漢。

在今天我們應該深深的體念我們總理的「三聯政策」第一就是要於「二七」這一個新的事實才決定的！

★ ★ ★ ★ ★

工人階級無論是在先進國殖民地或半殖民地，就是說無論在某種「國情」之下，他們所負的使命是一個，總之：是走向世界革命；工人階級政黨的理論政策無論在某種「國情」之下也是一個，總之：是走向世界革命。

看看「二七」中的事實吧！

「二七」的第一個意義，是一開始就以階級爭鬥形成新的中國民族解放鬥爭的左傾勢力，而並且一出手就是爲全民族所共同需要的政治爭鬥，直接的打向帝國主義與軍閥的聯合；「二七」與「香港海員」「唐山礦工」以，於「五卅」都是歷史的證據。

「二七」的第二個意義是要求集會結社的自由運動，這就是當時所謂的「民權運動」。在「二七」以前北京就有幹子民衆領導的民權運動大同盟，結果被軍閥政客壓迫而以「不合作主義」高蹈去國，女權參政運動聯盟也正在那時去北京象坊橋拜猪仔求參政。「二七」的京漢路的戰士就是爲了這個爭自由運動第一次流血。

「二七」的第三個意義，就是第一次使軍閥與帝國主義向中國的國民革命戰線。吳佩孚曹琨盡使工人恐怖，牢籠無所不至，英國公使警告黎元洪注意，英駐漢領事與蕭耀南密議屠殺施洋林祥謙，這是明白的表現出工人階級在國民革命中的「先鋒勇敢」。

「二七」的第四個意義，就是國內的各階級聯合與夫中國與世界革命的戰線聯合。「二七」慘殺後，不止北京天津京漢京奉津浦路工作實際的罷工援助，而上海湖北廣東等省工會學生會都發電慰問，表示援助；日本帝國主義的無產階級和朝鮮南洋華島各國團體以及海參威工團總會都來電慰問。這是爲「四民之末」的工人階級第一次與革命的各階級表示聯結，並且擴大到國際上的聯結。

——在這些事實中，不是明白的說明工人階級在國民革命中歷史的使命嗎？

★ ★ ★ ★ ★

同志們！爲民族解放運動而戰的同志們！我們在「二七」血祭之前，我們要廻想到中國近代國民革命歷史的轉變，在這個轉變的廻漩中有兩個壯闊的波瀾。——我們如果不懂這兩點，我們便不懂我們現在何以勝利，我們更不懂將來是衝着那一方前進！

自從鴉片戰爭以來，中國的國民革命有兩大突變——也可以說是兩大波瀾，這兩大突變也可以說是中國國民革命在母胎中兩次的陣痛。

第一次陣痛是一九一一年的三月二十九日——結果是辛亥革命！

第二次陣痛是一九二三年的二月七日——結果是十三年一月本黨第一次大會！

現在我們應該說「二七」是中國國民革命的誕日！

小通信

鄙人於昨來校時在本校碼頭失落二六〇八號證章一顆除已呈報補發外特此登報申明作廢 教官林思溫

田倍舜同志：你升學後編入第幾學生隊第幾隊，請示知爲盼 廣州北較場軍士教導隊第六中隊李云豐

片生先生鑒：我由石龍返來許久了，特請你的住址示我 黃埔蝴蝶岡第一學生隊十一區隊羅萬象

鄙人失去黃埔同學會第一五六五號會員證章一枚除呈報同學會註銷外，別人拾獲作爲無效特此登報聲明作廢 林鵬擇

余存邦同志：你現住何處，請示知爲荷 第二學生隊第廿八區隊洪獸深

范高鵠，荊向榮，裘建唐諸同志，你們現駐何處，請示知！ 入伍生一團二營張開適鄭立功

何崐雄，陳隴公，覃登云，戴世勳，諸位同志，你們現在分發在那個部隊服務，請示知爲盼 廣州北較場中央軍事政治學校入伍生部軍士教導隊周震東

啓者敝隊學生李邁泰失符號一個又學生陳松柏遺失符號第十八號一方除呈請補發外特此聲明作廢 中央軍事政治學校第六隊啓

中華民國十六年二月七日（星期一） 黃埔日刊 （第三版）

一九二七年「二七」紀念之意義

其綱

自俄羅斯十月革命爆發，世界大戰暫告終結以後，革命的高潮震盪了東亞，倘滯留在十八世紀生活的中國人民，中國四萬萬被帝國主義及其走狗——封建軍閥踐踏着的奴隸們，到這時也漸漸感覺到有些不舒服；尤其是城市地方的產業工人，雖然為數不多，然而他們因為比較集中，對於階級的利害看得最清楚與生活條件過於低下之故，於是不得不走上革命的一條路，並且這種工人運動一開始便採用了西歐無產階級多年奮鬥的經驗，站在革命的最前線上，形成了中國革命的領導者。如一九二二年一月之香港海員罷工，同年十月之開灤煤礦罷工，京漢路北段工人罷工，及其他大大小小的罷工運動，雖然沒有完全勝利，然都直接間接給帝國主義者及軍閥與廠主以相當的打擊，而予工人階級以抬頭的機會。最轟轟烈烈在中國革命史上及工人運動史上值得大書特書的，要算是一九二三年二月七日之京漢路工人大流血。

「二七」以前許多次的罷工運動，多半都是經濟的罷工，即是為要求增加工資改良待遇而對付華洋資本家的罷工。二月四日之京漢路大罷工，完全是為爭集會結社——約法上賦予人民之自由之政治的罷工，是為組織京漢鐵路總工會反抗軍閥吳佩孚及其爪牙壓迫禁止開成立會而罷工。京漢鐵路總工會足足籌備了半年之久，那時吳佩孚剛剛戰勝張作霖，坐鎮洛陽，實力尚未充足，所以宣言「保護勞工」買好工人；但軍閥與工人階級的利益是絕對相反的，京漢鐵路無異於吳佩孚的私產，第一次該路北段工人罷工勝利之後，全路工人同時增加工資共計不下廿萬元，也就是吳佩孚的收入每月減少廿萬元，在急於養兵自肥的軍閥吳佩孚看來，這是最痛心不過的事；如果任京漢鐵路總工會成立，更不知要再減少幾多收入；所以不論他（吳佩孚）表面上說得如何好聽，而實際上早下了摧殘工人的決心。

京漢鐵路總工會由籌備以至在鄭州集會，都是順利進行，到一月卅日吳佩孚嚴禁開會的命令傳來，全路代表非常憤慨，當即派代表五人赴洛面見吳佩孚，尚冀依期開會；然吳賊一味敷衍，不得要領。二月一日開會之期至，全路代表決然不顧一切，在吳賊軍警重重包圍中，慷慨激昂地開了成立大會，鄭重宣佈京漢鐵路總工會正式成立！

然吳賊不單以武力干涉開會，並且封閉會所及代表住所，嚴禁商家供給代表食物，致全路代表及各地工團參加盛典者二百餘人幾無飲食之囚犯，鄭州市上頓成荒涼景象。

全路代表於憤慨之下，一致決議於四日實行最後的手段——京漢鐵路全路同盟大罷工。自四日至七日，吳佩孚蕭耀南用盡了威迫恐嚇的手段與欺騙軟化的政策，然而終於不能搖動工人的陣線，於是大流血慘劇開幕，手無寸鐵的京漢路工人便在吳佩孚曹錕蕭耀南的槍下血泊與九死不得一生了！結果京漢路工人死者卅九人，傷者三百人，入獄者廿七人，被革失業者五百餘人，其被慘殺和失蹤之無從調查者尤不知凡幾！

我們這時要問一問：吳佩孚曹錕蕭耀南幾個軍閥——帝國主義的走狗當真敢於這樣慘殺工人嗎？不敢，絕對不敢！他們——吳等的背後實大有人在：

當京漢路工人運動初起時，帝國主義的公使團便教訓所謂北京政府的大總統——黎元洪要特別注意；當蕭耀南派其爪牙張厚生到江岸京漢路總工會與工會代表交涉的時候，蕭耀南正在與英國駐漢總領事及洋工程師密議，不到兩小時，便派東武裝軍隊開始向工人屠殺。由此我們知道「二七」慘案的劊子手是中國軍閥而在後台牽線的主謀人，實在是帝國主義者。

京漢路工此次有組織有秩序的紀律鬥爭，引起全國工人階級如津浦正太等路上同情的罷工聲援，及慘殺以後粵漢路工人漢冶萍鋼鐵工人的罷工援助，各地商會學生會之函電交馳，滬參議及南洋各地工會之紛紛致電慰勉，……眾口一辭地反抗中國軍閥；在統治階級方面，所謂北京政府也忙着下命令，議員們也奔走駭汗地若大禍之將至，曹吳蕭等軍閥不用說是屁滾尿流，屠殺以後又通電文過飾非，以掩人民耳目；……凡此都足以表示工人階級力量之團結，偉大，勇敢，走入了政治鬥爭，佔了世界工人運動史光榮的一頁。

這次鬥爭是為了集會結社之自由，學生有會商人有會，難道工人不應有會嗎？京漢路工人為了全工人階級的利益，也就是為了全中國一切被壓迫民眾的利益而鬥爭；中國革命自「五四」運動以後，因為沒有得到廣大的工農群眾之參加，甚至有很多「五四」運動時的學生領袖，墮落而官僚化；上焉者也不過留一個新文化運動的皮毛，而走入了種種歧途；所以這次鬥爭可以說是民眾主義的實際應用，在國民革命史佔一重大的位置，從此全國民眾都深刻地認識「打倒軍閥」之意義，與集會結社之自由的迫切需要。

這次京漢路工人繼續「五四」運動之英勇的奮鬥，雖然悲壯地失敗了，中國革命運動暫時消沉下去；但這是革命必經的過程。工會由公開而秘密，深入工人群眾，訓練他們準備做第二次的鬥爭，更促起全國各階級民眾做大規模的革命運動。果然不久以後——一九二四年便有馮玉祥之倒戈，與國民軍之成立，「二七」慘案的劊子手——吳佩孚曹錕滾蛋了；一九二五年春本校教導團得到工農群眾之幫助，將陳炯明趕跑了；「五卅」以後普遍全國的反帝國主義運動，更是「二七」運動影響之明顯的表示與擴大；所以我們可以說：「二七」運動實在是五卅運動之序幕」。

二七運動以後，工人階級的力量日益雄厚，賴工人之幫助，革命政府能於最短期間消滅楊劉，成立國民政府，統一兩廣；省港大罷工更給英帝國主義以空前打擊；一九二六年國民政府之北伐，因為全國工人農民恨軍閥刺骨，尤其是兩湖工農群眾之對於吳佩孚，莫不起來直接幫助國民革命軍，使國民政府不滿兩月便得到武漢。

現在吳佩孚雖然倒了，但並沒有消滅，他的殘餘勢力，仍有勾結更反動的軍閥——張作霖結成北洋軍閥最後的同盟以殘摧革命勢力之可能；目前張作霖所統治的東三省熱察綏直隸山東及吳佩孚殘餘勢力與奉晉軍閥統治下的河南，已完全陷入比「二七」慘案時更嚴重的白色恐怖狀態，無論工人農民商人學生生活條件的低下且不說，隨時隨地都有被加以「勾結亂黨」，「宣傳赤化」的罪名，而砍頭的危險。最近天津不是有兩個人因接到廣東朋友一封信，北京不是有兩個唱戲的伶人統通被張鬍捕去槍斃了嗎？所以我們今年紀念「二七」，便要努力地消滅吳佩孚——打倒張作霖！

尤其是在目前帝國主義利用種種政策，分裂中國革命勢力，他們聯合一致向中國民眾進攻的時候，當然需要偉大的國民革命軍去反抗；但各階級聯合戰線，武裝起來與帝國主義及一切封建勢力去奮鬥，尤其重要；因為一切軍閥官僚大地主買辦土豪劣紳貪官污吏土匪民團，都直接或間接與帝國主義發生關係，而為其在中國剝削勞苦群眾之代理人；若不是全國各階級革命群眾聯合共同作戰，祗賴軍隊的武裝勢力是絕對不夠的。我們要利用「二七」的教訓，鞏固革命勢力的聯合，踏着「二七」的血跡前進！

一九二七，二，二，夜

「二七」「五卅」與最近革命運動發展的狀態

姜長林

在第四週年「二七」紀念期間，抬起頭來看看「二七」，見到了一些什麼東西？

在「二七」之前，中國革命運動，早已發生了，早已有使得我們注意而值得記載的革命史了；在「二七」之後，也有了使得我們注意而值得記載的革命史了；雖則「二七」之前與「二七」之後的中國革命運動，有了很大的不同；——這個不同的地方，當然也是值得我們注意的。——與「二七」是中國數十年革命運動中占了極重要的地位；以上兩層，因為不屬于本題範圍之內，現在不說。我所要說明白的，是「二七」之前後的革命運動發展的狀態。

我們大家知道，中國革命運動的使得人家注意的，在「二七」之前，有『義和團』與『五四』運動；經過「二七」之後，有『五卅』與最近的『北伐』。在這個連串記載之中，我們要找牠的發展的狀態，要知道牠的前因後果。

我們看自『義和團』以前一直到最近革命進行情況，怎樣的？

在『義和團』以前，外國帝國主義者欺凌中國是很利害的，尤其是政治上與各地方的壓迫，他們的氣勢凌人，又加以手段的拙劣，因此而激起的民眾的反感很是激昂，造成了很普遍的『反洋』空氣在全體民眾間。——有了這一個『反洋』的『因』，於是發生了『義和團』的『果』。

『和義團』運動之後，大家感覺到這個樣子的『反洋』是沒有用的，一定要在科學方面，文化方面，……種種的加以改良，才有辦法；——有了這一個改進科學改進文化的『因』，於是發生了『辛亥革命』與『五四』的『果』。

『辛亥革命』與『五四』運動，給了中國革命民眾很大的寶貴的教訓；于是革命民眾開始的預備革命運動所必須要的組織，訓練，和革命中爭鬥的方法，這個革命運動，不但入了革命的正軌，並且很明顯的工人階級已担負了他所應負的責任——領導革命——有了這樣的『因』，于是產生了「二七」的『果』。

中華民國十六年二月七日 星期一 黃埔日刊 第四版

「二七」的大義，與「二七」的精神，不但使我們大家不能忘記，并且給了革命者以許多更寶貴的方法，于是又產生了民族革命運動中很光榮的「五卅」的「果」。

再，有了「五卅」的經驗和教訓，于是又產生了最近的北伐時期中，軍事，政治，黨務一切革命運動的發展的「果」。

綜之，沒有「因」，便不會有「果」。而這上次的「果」，同時又做了下次的「因」，以產生下次的「果」。所以在革命運動史中，無論是明顯的表現與暗中的醞釀，應該一樣的注意的，因為他的醞釀，就是承了上一次明顯的表現中，得了許多經驗，教訓，以預備下一次更明顯的表現時應用的啦。

這樣，我們就可歸納了，革命運動發展的狀態，是在不規則的波浪式的曲線而進行的。某一次運動發生的時候，就是占了「波丘」的一段，而在「波丘」之後的醞釀，就是占了「波谷」一段。「波丘」是進行的，「波谷」也是進行的。這是一定的程序而不容疑惑的。

譬如我們把「五卅」運動之後來說，「五卅」之後的「波谷」，當在一九二五年下半年至一九二六年的九十月左右，從秘密恢復到奮起，革命者之被害被補被檢查者，不可勝數，這個月中，除了很少的略有活動時間而外，簡直完全在恐怖時期中，但是在革命方面，組織因之而更嚴密，訓練因之而更周到，工作因之而更加緊，結果，產生了最近的蓬蓬勃勃的職工運動。假使沒有「五卅」以後的「波谷」，那里會有最近的職工運動勃興的「波丘」？

所以我們對于「波丘」是當注意的；而對于「波谷」，（一）不當消極恐怖，應當知道革命是無時不在進行的，無論「波丘」「波谷」，經過一次，就與革命的成功近一些；（二）也不當不加注意，因為這一次「波谷」中的組織，訓練，工作，是下一次「波丘」的「因」啦！

在這個「二七」的四週年紀念中，我們除了認識「二七」的偉大，「二七」的意義而外，更應當注意「二七」前後的革命進行的狀態，更應注意一切的革命運動是在不規則波浪式的曲線上進行的，我們應該努力的走完這條曲線啊！

一九二七，二，四，上午

二七紀念的意義

——摘載一年中之紀念日的一段——

元傑

二七慘變的血痕，印入了人們的腦海裏，我們除十二萬分悲悼的哀我們的死難者外，還須明瞭這次慘變的意義。牠不是一個經濟鬥爭的問題，而是爭二月一日不能開會爭自由的政治鬥爭；亦即是無產階級破天荒的與軍閥作第一次的抗爭，作人權爭鬥的一個問題。固然是爭工人自己的自由——人權，可是同時亦即替了許多民衆在軍閥鐵蹄下爭自由——人權。因為我們在軍閥的統治之下，人權是被他剝掉了的；他可以任意摧殘我們，剝削我們。民主雖然他一方面打出「人民結會集社自由……」「保障人權……」的鬼面具的招牌來。同時還要勾結帝國主義者來敲擊我們的骨髓，唆使土豪，劣紳，貪官，污吏，來吸飲人民的膏血，這種狀態，中國自民元以來，就陷入此境，無敢過問。就是民八「五四」運動，予他們一打擊，但亦是非常微弱，幾等於無。因為賣國的還是賣國，私姦的還是私姦，不過僅僅換去幾人，沒有一點用處，不久即因之而消沈了。但這次卻不同了，京漢路的工人，他們竟拚着極大的犧牲，釀來了二七慘變，轟動了整個中國，若至六路總罷工，給軍閥一個極大的打擊，一直波到後來的「五卅」大浪，使中國的民族運動沸騰起來，所以這不僅是一個京漢路工人的經濟鬥爭的罷工問題；而是一個京漢路工人第一次為中國被壓迫人們打擊軍閥作政治鬥爭的一個壯舉！這是我們應當認清楚的。

第二點，這次二七慘變是國民革命的先鋒隊。予帝國主義者不小的打擊。因為軍閥是帝國主義者的虎倀，軍閥倒了，帝國主義者馬上便要滾蛋，跟着便會坍台，所以搶擊軍閥，及一切的封建餘孽，即是搶擊帝國主義者，亦即是國民革命的唯一工作。因為帝國主義者是站在封建餘孽的臉肘下的，打倒封建餘孽，就是打倒帝國主義的先鋒；軍閥為保障封建餘孽的一個最大壁壘，所以打倒軍閥，亦即是打倒帝國主義的一個「迎頭棒」，一發即能中要害的。故當二七慘變後，遠東中國都工會即電云：「諸君的血淚，決非為自己一二人事，亦非僅為中國民族，乃為全世界無產階級……」日鮮無產者同盟，亦發出宣言云：「我們得到這個凶報後，就用日鮮革命無產階級的名義來表示我們對於諸君的犧牲[illegible]持久，的滿腔同情，並且同時為貫徹世界無產階級協調連帶的精神，誓對於那些從流血之中，為壓諸君的強賊行為的軍閥和資本家，提出強硬的抗議！……」我們從這兩個電文看來，就知道這次二七慘變，不只是對付軍閥問題，還是一個予全世界無產階級，及全世界弱小民族，共全的敵人——帝國主義者，的大攻擊，所以在二七後世界的無產階級和弱小民族，都極表同情，而予以多大援助，這即是證明二七慘變，不特是國民革命的先鋒；而且是作了世界革命的一個很重大的工作。因為吳佩孚當時乃中國軍閥之尤者也，他垮台帝國主義者便無立足之餘地。故這步工作，是一個非常重大的打倒帝國主義的工作。

第三點，這次二七慘變給我們認清了北京政府與猪仔們之無用而可惡。他們完全是一個裝著屎屎的臭皮囊，張紹曾(內閣總理)耳燒面熱的答覆羅家衡等說：「看各方長官如何辦理是?!……」黎元洪(當時總統)亦心驚膽戰的，自思道：「北京該不亂起來呀?!……」於是乎辭之珩等的軍警在北京大施其戒嚴令了。哼！這些無用的東西！……總而言之，如果冒瀆了玉帥，黎元洪，張紹曾，的「坐高堂，騎大馬，醉醉糟而……」！又幹不成了。原諒他們是！這是「昧良心出於無奈」……」啊！其次我們認識了軍閥，政客，官僚……，這些都是封建社會的壁壘；他們要堅持封建社會的緣故，於是乎就站在壓迫階級及一切被壓迫民衆的對手方面。毫不客氣的向我們下總攻擊，所以這次二七慘變的主角，便不是別人，而就是吳佩孚(軍閥)趙繼賢(政客)萬殿尊(官僚)……等，所以在這裏我們看見了，無產階級與被壓迫民衆的出路，就是在打倒一切封建餘孽，打倒帝國主義！

第四點，這次二七慘變，使我們知道了黨的作用和聯合戰線的必要。如果這次二七慘變有了一個極強健的黨，他的技能足以支配整個的中國無產階級革命。那末，當二四罷工時或二七後即一致總同盟罷工，時間一致的幹起來，我們相信，還要利害些。但這次的事件，也不能不說是工人有了黨的組織，不然就是京漢路恐怕也不會作出這樣一個壯舉來，所以我們知道了無產階級的必須要有一個代表他們意識的黨，來指給他們的出路。同時因為帝國主義與軍閥他們是站在有歷史的現在的封建社會的上層的，他們有了許多優越位[illegible]，不但實現無產階級可以打倒他們，而又因除了這些無產階級外的許多被壓迫民衆的仇敵，亦與無產階級同，所以便有革命聯合戰線，共同作國民革命之必要了。

「二七」運動的意義已如上述。其次即是他們在這次鬥爭中，得到了下面幾點的勝利：（一）從這次鬥爭中，他們感覺到他們本身有結合之必要，所以在次年（一九二四年）的「二七紀念」日，完成了他們的全國鐵路總工會，同時京漢路的工人領袖，雖然有些死了，有些逃亡了，或被東家開除了，或者屈服着工作了，但他們并不稍退，在這時因經過一次的大難，便愈加嚴密了起來。（二）從這次鬥爭中，表現了他們的力量，的確可以担任革命工作，而且堅信最後勝利是他們的；努力向前幹去，同時使軍閥失了諾大威信，基礎動搖起來，各階級的民衆，被這「二七」大炮的聲浪，衝斷了一個春夜正濃的迷夢，大家起來向帝國主義者和軍閥進攻，向國民革命呼聲中走去，波到五卅，結成了中國民族革命的大火花！（三）在這次鬥爭中，他們得到的經驗不少，在革命的作戰技術方面，使他們如飛也似的進步，所以在「二七」後的工潮，如雨後春筍，這實在是「二七」所給予他們的新生命！

總之：二七慘案是血花飛濺的一幕傷心慘痛史，亦即是中國民族運動史上最有價值而光明燦爛中間的一頁，我們記着「自由是鮮血換來的」和羅作夫斯基說：「東方職工運動，是戰後的產物……」的話；我們便知道我們的勝利不遠了，大家除弔唁二七死難的諸烈士為人們的光明而犧牲了外，還須攜着手向國民革命的大道上走去，完成最終的世界革命。

編完了的話

1、「二七」紀念號來稿很多，這次特號登載不完的，有些只好以後『革命之路』發表了。

2、在春節放假，「二七」出特號和停工的時間，不免就誤了許多鴻篇鉅製不得即時發表，我們也得要請來稿諸君原諒的。

3、還有一個消息：不久我們學校的印刷工廠擴大了之後，本刊要增加篇幅或每週出增刊一次，以便盡量容納作者讀者的要求。同志們多多來稿並請隨時指正爲荷！

4、此外，好些同志來信問：「政治問答」「……」等書出版消息的，著者我可以順便總答覆一句：許多政治答書，小冊子，有的付印了，有的在編輯中，由本月起陸續出版。

——以上是編完以後向諸君要說的話：

一九二七，二，六日鴻沉。

黄埔日刊

中央軍事政治學校出版

本刊啟事

大家要打破這條正中我們要害的毒計

第二次討論會主席團聯席會議紀要

紀念週及二七紀念第四週年大會紀事

晋遵總理遺囑

二七第四週年的中國職工運動

二七給我們的認識是甚麼?

二七紀念第四週年特號之二

二七慘案底意義與教訓

革命之路

孫賊亡無日矣

蘇軍附義克復上海

討奉宣傳大綱

中華郵政特准掛號立劵之新聞紙〔中華民國十六年二月九日〕〔星期三〕〔第一版〕

啟事

楊長高同志你有掛號信一件在我處請速示通訊地點以便轉寄　黃埔中央軍事政治學校第一學生隊三區隊卓留笙

錫智兄；你從畢業後，派往井師服務，後因開往他處，沒有和你通訊，昨聞何慕葛同志說：你已經回廣州來了，并且和他也談過話，我有許多的事要和你商量，請將你的住址告訴我罷！　沙河入伍生一團一營二連楊日新啟

劉唐烈（曜南）同志：你的同學李文民來信，謂你來粵多年，未得到你一個消息，特要我在日刊上訪問你，請你見報即速寫信給他或交我轉，他現在江西省立第七師範附屬小學當教員已有兩三年了，　黃埔軍校第二學生隊第五隊二十區隊李少斌啟

鄙人於前月間遺失憲兵團證章一百十一號一枚除呈報備案外特此登報聲明作廢　憲兵團特務隊特務長錢文漢

萬江：你在何處？請將通信處告我；以便函告一切！　東莞入伍生二團二營五連李永光

黃斌同志：你自第四期修業後，到何部隊服務，駐紮何處即示知為荷　第一學生隊第七區隊曾中武

中央軍事政治學校出版

黃埔日刊

通信處 廣東黃埔本校政治部

〔第二五三號〕

〔本刊每份定價一分〕

誓遵總理遺囑

總理遺囑

余致力國民革命，凡四十年，其目的在求中國之自由平等。積四十年之經驗，深知欲達到此目的，必須喚起民衆，及聯合世界上以平等待我之民族，共同奮鬥。現在革命尚未成功，凡我同志，務須依照余所著建國方略、建國大綱、三民主義，及第一次全國代表大會宣言，繼續努力，以求貫徹。最近主張開國民會議，及廢除不平等條約，尤須於最短期間，促其實現，是所至囑！

本校本週口號

繼續二七工人前進！

誓求社會平等自由！

擁護勞工團體！

努力民主爭鬥！

討伐奉系軍閥！

剷除封建根基！

鞏固我革命戰線！

打倒英帝國主義！

本刊啟事

本刊因「二七」紀念停工一日，故八日（星期二日）無報，特此聲明。

日評

大家要打破這條正中我們要害的毒計

鴻沉

我們革命是有主義的，但是還要有革命的策略才能達到實現主義完成革命的目的。三民主義是我們整個的革命主義，三大政策是我們革命最重要的策略：這是總理「積四十年之經驗」中，努力奮鬥之成績，遺留下來給我們的。我們現在是繼續完成總理的革命事業，所以三民主義與三大政策是一絲一毫不能拋棄的。

可是最近楊宇霆宣言：「採用三民主義，但我須與俄絕交」（看本日新聞），我們革命黨人究竟作何答覆呢？

我們看看與俄絕交的用意與結果：

第一，總理革命的三大政策中缺少了聯俄政策，而聯俄政策與聯共政策，扶助農工政策，是整個的國民革命的策略，也正同三民主義是整個的主義一樣，缺一不可的，所以缺了聯俄政策就是等於不要三大政策；拋棄了三大政策而言採用三民主義，至多不過是把三民主義當作教科書去講，實際上是停止了國民革命！

第二，與俄絕交就是「不聯合世界上以平等待我之民族，共同奮鬥」，也就是說不必要作世界革命運動；那末，中國的國民革命不是世界革命之一部份了，而是實行國家主義，軍國主義，預備作大中華大帝國主義者。

第三，這不但是違背總理遺囑，主義和政策，而且違反了社會進化和世界革命的潮流；這裏我們就可以知道他是（代表奉系軍閥）受了帝國主義的教唆用一種妥協愚弄的陰謀來欺騙我們的了！

革命黨人是以主義為心中的，是以政策去作戰的，是一點不與敵人妥協的，是一刻不停止爭鬥的，是不絲毫讓步的，是不光占便宜的；他這一條搖動我們，誘惑我們，欺弄我們，停止我們革命的毒計，現在正足以中我們的要害，我們要積極的起來打破他！真正革命黨員應齊聲喊道：

1. 一致擁護三大政策！
2. 一致反奉到底！

校聞

血花劇社黃埔分社開一次職員聯席會議紀事

本校血花劇社黃埔分社，於本月四日假俱樂部開第一次職員聯席會議，列席者為李賜九，陳壯民等十三人。由李賜九主席。開會秩序：1、肅立，2、向總理遺像行三鞠躬禮，3、恭讀遺囑，4、主席報告開會理由，5、討論事項：1、本社社員每次召集開全體社員大會，每不足人數，應取如何辦法案，議決：再召集全體社員大會，社員之清查，以到該大會者為本社社員，不到者，則前社員之資格無效，但有信申述事故者不在此限，2、關於本社物件經費問題，議決：造預算表，呈請教育長批准，撥給經費辦理，當推定陳申傳，卞泰孫，陳壯民造此預算表，3、本社常費問題，（留議）4、本社社址問題，議決：移大新俱樂部由主任交涉之。5、勤務兵用多少問題，議決：呈請學校撥給勤務兵二名。6、關於劇本問題，議決：本社負責人負完全責任。（「附」編劇股股長辭職事，保留）7、擬定辦事細則，議決；由組織股股長起草提出會議時通過。8、散會。

第二次討論會主席團聯席會議紀要

本校政治部，以政治討論會關于學生的思想行動和言論，都有密切關係，故決定每週開一次各區隊主席團與政治指導員聯席會議，討論一切。討論方法和本次所討論之題，以便學生對于黨和政治都有深刻的認識學生對於這種辦法亦非常滿意。昨晚七時，在校本部官長會食廳，第二次會議，到會者約四十餘人，並有廖划平教官參加，由推導股股長陳日新同志主席。除恭讀總理遺囑及宣佈開會理由外，即討論本週應討論題目：「怎樣做革命？」經各學生同志熱烈發言後，由廖教官作結論，次則討論一切討論方法，至散會已十時半云。

紀念週及「二七」紀念第四週年大會紀事

本週紀念週，適值「二七」紀念，乃於七日上午九時在大俱樂部舉行紀念週及「二七」紀念第四週年大會，本校官生到會者約一千四百餘人，會場佈置頗為莊嚴，由方教育長主席，肅立，奏樂，向國旗黨旗總理遺像行三鞠躬禮，恭讀總理遺囑，默念既畢後，首由主席報告本週軍事政治與『二七』慘案經過及其意義與教訓（講詞另錄）。次由廖教官演說（講詞另錄）。再次由熊主任演說，（一）『二七』是由于帝國主義和其走狗吳佩孚所造成，欲為『二七』死者報仇，必須打倒革命途中底一切障礙物。（二）「二七」是由于工人階級看清楚革命的民主勢力，開始拚命地向代表封建勢力的軍閥進攻，在這個爭鬥中，充分表示出偉大的工人階級革命底力量。不特消極地使帝國主義與軍閥驚魂奪魄，而知道中國民主革命勢力之不可侮：並且積極地驚醒國人迷信吳佩孚武（暴）力統一的迷夢和喚起全世界人們底注意，知道工人階級確為國民革命底先鋒隊，確為國民革命底領導者。（三）「二七」發生後，各鐵路工人各地產業工人皆紛起響應，學生總會等公團皆發表宣言與通電，表示援助，因此促成國民革命中被壓迫階級聯合戰線。（四）『二七』發生後，肅清了革命途上底一切投機份子，如胡適之所唱好人政府之高調，竟泯滅無聞了。（五）總理由『二七』慘案中，看清楚封建勢力終為民主勢力之勁敵，和工人階級為具有偉大革命力量的民衆；故在本黨改組時決定「扶助農工」「聯俄」「聯共」三大政策，把國民革命建築在百分九十以上的農工民衆身上，把世界上一切革命勢力團結起來，以整個的民主力量，去戰勝封建勢力，所以我們不但要擁護三大政策，並且要實行三大政策。（六）現在英帝國主義軍艦在中國從成都到上海有七十餘艘之多，正在引絃待發，外交環境，比北伐前還要危險萬分，我們在今日紀念『二七』時，須認清工農力量，切實地把它們組織起來，以為外交底後盾，完成國民革命，參加世界革命云云。演說既畢，而國民革命歌歇聲又起，更繼之以高呼口號，（附後）。最

中華民國十六年二月九日 〔星期三〕 黃埔日刊 第二版

後奏樂散會。同時另派韓主任教官參加廣州各界紀念「二七」大會，張教官赴高級班作紀念「二七」報告，蕭教官赴沙河入伍生作紀念「二七」報告。晚膳後在大俱樂部舉行遊藝會，由血花分社，表演「二七」流血記新劇，計四幕：第一幕工人會議，第二幕帝國主義與軍閥陰謀，第三幕屠殺工人，第四幕哀思。第四幕飾林祥謙之二女者，竟痛哭流涕，爲尤足感人。又有總司令部某同志表演奇技，觀其骨骼如棉，攀者自如，可稱妙絕。又有張蕭韓三教官先後演說，張謂：『二七』烈士在泉下教我們快踏上『二七』赤紅的血路，繼續努力去幹！！蕭謂：現在革命工作爲剃鬍子之工作，因吳孫已倒，而帝國主義祇好一齊攢聚在張鬍子鬍子尖上，英帝國主義本是一個潑婦，自「一三」後假裝一個小媳婦，竟已喚起了各帝國主義及本國工黨自由黨底同情，我們應該怎樣地拿出『二七』烈士之精神去剃鬍子和潑婦呵?!韓謂：國家主義盲目地唱高調，般勤地媚軍閥，無異於廣州盲妓，不但能瞎唱，並且善賣淫，我們要把「二七」烈士打倒國家主義的精神去打倒它和制止本黨民主革命之國家主義化！！張之熱烈，蕭之滑稽，韓之冷雋，可稱演說三傑，自然能喚起聽衆之同情而收到宣傳之效力了。（華）

附口號：

團結一切革命勢力！

遵守本黨一切政策！

繼續二七工人前進！

誓求社會平等自由！

擁護勞工團體！

努力民主爭鬥！

討伐奉系軍閥！

剷除封建根基！

鞏固聯合戰線！

打倒英帝國主義！

二七殉難工友萬歲！

中國國民黨萬歲！

國民革命成功萬歲！

世界革命成功萬歲！

軍事

●蘇軍附義克復上海

▲馮紹閔白寶山齊起附義

▲鈕永建李烈鈞截擊孫軍

▲總部參謀處江電報捷

國民革命軍各軍在浙江富陽蘭谿紹興等處三路大舉進攻杭州，東路總指揮何應欽統率第一路王俊部，第二路譚曙卿部，第四路李春牛部等均趕赴前綫應戰，將周鳳岐石鐸余憲文等部調回溫一帶，肅清周蔭人殘部，軍氣大振，孫傳芳孟昭月劉士林李俊襄等部仍死守杭州松江一帶，蔣總司令前派遣鈕永建李烈鈞吳稚暉等在滬甯等處爲反孫軍事動作，現鈕永建等於二月三日統率上海松江等處之馮紹閔白寶山等部勃起附義，佔領上海，現由鈕李兩氏統率大軍截擊杭州孫軍之後，一方派兵聯絡安徽之革命軍李宗仁張發奎等部，堵截南京奉魯軍之南下，俟浙江革命軍大軍收復浙杭一帶後，即合向南京進攻，昨四日上午十一時總司令部李總參謀長接南昌行營捷報云，國，限即到（銜略）頃接潘秘書長衢州江（三日）電稱，接前方電話報稱，鈕總參議聯合附義各軍，佔領上海，特聞，總部參謀處江（三日）叩，（冬花）

●孫賊亡無日矣

▲日暮途窮——倒行逆施

上海特訊 浙江戰事，自黨軍與聯軍交綏以來，黨軍連日獲勝，蓋黨軍之作戰計劃，與周鳳岐及余憲文石鐸等部大大不同，故聯軍之敗，如風披靡，據聞孟昭月所部，已喪失大半，孫行者特調白寶山馬紹閔兩部相援，白在常州因討妓小寶，遲行數日，前鋒因無人指揮，潰散兩營，而孟昭月部與周蔭人殘卒至甯波一帶，隨地刦掠，婦女六十以內十三以上均受蹂躪，比之甲子戰禍，齊燮元部至宜興無錫等處之騷擾尤甚，因此沿途民衆，望黨軍之來，有如望歲，關於偵察諸事，民衆無不代爲効勞，此則可知黨軍與聯軍之得民心如何矣，

專件

●討奉宣傳大綱（二）

綱要

二，奉系軍閥之分化

奉系軍閥現已成爲奉張，魯張二大系，魯張亦出自鬍匪，目前佔有山東地盤，匪兵有二十餘萬，既已長大自成一系，實際上已與奉張脫離，不過歷史上關係尚有一綫之牽連，至於奉張本身，亦有新系舊系之分，新系張學良爲首，舊系與俊陞等屬之，楊宇霆則介於新舊之間者，內部暗潮極烈，郭松齡倒戈後，新系失勢，舊系復興，而張學良因父子關係總能握得軍權，實際雖然在奉張之下，但兩者已分離極遠了。魯張之褚玉璞，畢庶澄，也已成了三派，所以奉張，魯張內部，皆隨時可以崩潰者。這次安國軍總司令之組織，捧張而且賣氣力的，要算是吳俊陞。這位吳老先生，他想張作霖高陞了，在東三省方面，資格最老，且有些功勞的，要算是他了，所以竭力慫恿張作霖就了安國軍總司令之後，還要更進一步而爲大總統，或大元帥，他以爲捧高張作霖，那末三省的寶位，就是歸他了。因此張學良不謂然，楊宇霆也不贊成，張宗昌不贊成，各人有各的意見，利害上所以起了自然的分化。至於魯張裏面情形亦壞，分化也是明顯，魯張佔有山東一省地盤，養有匪兵至二十餘萬，粥少僧多，各人皆想向外發展，因此爭地盤起見，曾發生一個大衝突，本年四五月間，國民軍退出天津，張宗昌部下兩個大頭目，一是褚玉璞，一是畢庶澄，這兩位頭目都想直隸地盤的，直攻天津時，畢庶澄曾先入津，且損失最大，攻北塘時，損失有一旅之衆，分贓時候，直督竟給了褚玉璞，畢某含恨忍辱，忿不可言，即將部隊調回青島，因之遷怒張宗昌肉眼不識好人。時張宗昌所委之漁航局長，畢氏即時撤換，並將該項收入截留，一面在青募兵，將所部調各要隘，於是乎張宗昌即調程國瑞，許崐，林泰，向畢壓迫，畢亦不示人以弱，亦分別佈防，後調停始免戰禍，這可見裏面分化之明顯。

三，奉系軍閥之罪惡和民衆的反抗

奉系軍閥爲中國最大罪魁，在東三省方面，用愚民政策，壓迫一切民衆，並在奉天開了一間大學，用中國舊時的聖經賢傳，做好的教材，以王永江兼校長，王是奉張底下文治派的首領，麻醉青年，使學生永不敢反抗張作霖爲東三省大王，郭松齡倒戈之後，奉軍軍費缺乏，遂大發奉票，以致奉票大跌，張作霖槍斃了幾個錢商，說錢商操縱，其實是亂發不兌現的紙票，那有不低落之理，如這種殘酷，非常之多。「五卅」運動，各地反帝國主義潮流，高漲到二十四萬分，張作霖領了帝國主義的命令，壓迫反帝運動，即派邢士廉到上海，藉名武力爲外交後盾，邢到上海之後，即做戒嚴司令，宣佈戒嚴起來，禁止民衆一切集會，封閉總工會，工商學聯合會等愛國團體，以獻媚帝國主義。自反國民軍之後，人民受的壓迫，除受戰爭之損失外，還有種種的抽剝，除強暴蠻橫之外，還有多播紙錢政策的軍用票。名目繁多，萬流競進，把直魯二省，變爲紙錢世界。

因此銀幣銅元，非常高漲，一般老百姓弄到流離失所。而且宗昌所用之白俄反動軍隊，強持紙錢購買，小民叫做「鬼子來，」一聽「鬼子來」三字，就戰慄無人色，任其強奪取去。那些紙錢除買物之外，還要找現，以十元之紙錢，買二角之物，須找回現洋九元八角，當時，小生意，都不敢開行，甯可坐食本錢，起初紙錢（軍用票）尚能折至七八成，後來已折至四五成了。一般商民不敢明白折扣，（商民本不願意開市，因強迫開市，對於軍用票又不敢明白折扣，一說折扣便用軍法從事）只將貨價抬高，如一元之貨，賣至二元以上，將折扣在貨價之中，各商民皆不敢運貨，免受無妄之災，其如肩挑販賣的小商，皆另覓生計，一般人民能走的老早就跑了，差不多是十室九空的情景，奉魯軍一到北京，又大搜索革命份子，凡是革命團體，無不摧殘，封閉報館，鎗斃主筆，搜查大學，均命名爲赤化。天津一帶學款，提充軍餉，校舍駐兵，失學學生，不下數萬人，因此山東人民受壓迫不過，起了紅槍會，反對張宗昌的壓迫，遭張宗昌屠殺得很慘，不久又起個黑槍會，一樣的反對張宗昌，但亦遭屠殺，當時北京一帶難民百數十萬，單涸集在北京者，有三十萬人，哀慘情形可見一斑了，這次奉魯軍南下，江蘇，浙江，安徽三省人民，有熱烈的反抗運動。去年奉魯軍一切姦淫擄殺之情態，猶深印在三省人民腦中。孫傳芳兵敗投降，引狼入室，特組織三省人民聯合會，以拒奉魯軍入境，關於反奉進行，不遺餘力，口號呼出反對奉魯軍南下，拒絕軍用票等。並發電阻止安格聯發新公債，一面通電三省人民，宣佈孫傳芳投奉，以三省人民血膏爲禮物，承認奉張軍費一千萬元，承認魯張軍用費一千萬元，一切未來的痛苦，盡量告訴民衆，並一致拒絕軍用票，及苛征軍費，（魯張收山東人民討赤經費一千萬元，軍用票發行三千萬元）提撥公款，預借漕糧等，均嚴予拒絕。又電日人停止大倉借款，及通告各地官吏，自孫傳芳投奉之日起，應一律停止徵收款項，待三省人民服從之新政府，然後解交。上海市民苦於去年奉軍之壓迫更起來做上海市自治運動以至滬四百餘團體之集合，開市民大會，口號是反對奉魯軍南下，上海人民武裝自衛，工商學一致聯合起來等。以奉魯之殘暴，已給三省人民認識，所以作一大規模的反奉運動，奉魯軍已有怯進之勢了。（未完）

（二）小通信

昨閱本刊，某同志詢休復在政治部之細址，則吾不得而明也；致於第二學生隊第七隊第二十六區隊，則有其人焉。姚占埠之占字是否公字？壽銘吾兄：現在何處，請示知！

本校第二學生隊第二十六區隊蔣休復

周鴻鈞先生鑒（貴州人）我接令郎來信，說先生在公安局任事，囑我代訪，我數次到公安局訪問，均無下落，見此事後，請開你的住址，及在公安局何科服務，星期日好來候教，有要事敍述。

黃埔中央軍事政治學校第二學生隊廿九區隊高銘元啓

譙名泉同志，你現在何處，茲接這盤根來信，托弟訪兄所在，見報後，請從速來函，以便去函告知，一切要勿誤，

黃埔軍校步科第二學生隊第六隊二十四區隊弟胡赤民

孫志豪同志鑒：久別甚歎，你畢業後，分發前方何部服務，及駐紮何處？請告訴我爲荷。

黃埔交部第五期第二學生隊十九區隊

中華民國十六年二月九日〔星期三〕 黃埔日刊 〔第三版〕

革命之路

題目

二七紀念第四週年特號之二

「二七」慘案底意義與教訓

廖划平先生講 吳之苹記

各位同志！　我們要知道二七慘案底兇手是吳佩孚，教唆吳佩孚殘殺工人底正犯，還是帝國主義。　我們要知道帝國主義在殖民地半殖民地搾取廉價原料和廉價勞動力，一定要開設工廠，修築鐵路，然後才能攫得很大的利潤。　中國有六千多里的鐵路，在外人管理之下，其餘國有鐵路，無一不與外資有關，故中國鐵路可以說完全是帝國主義的所有物。　因此關於京漢鐵路工人之罷工與組織，自然要引起帝國主義絕大的恐怖。　因爲中國工人階級覺醒起來，便是全中國被壓迫階級覺醒起來的徵候。　聰明的帝國主義者早已見及此點，故北京公使團與漢口領事團都開會討論此事，而且指使其走狗怎樣對付工人，怎樣殘殺工人。吳佩孚蕭耀南不過秉承他們底意旨來實行屠殺罷了。　所以我說帝國主義才是正犯，而吳佩孚不過是實行屠殺工人的劊子手而已。　再看京漢鐵路，名雖國有，其實只是吳佩孚底私產，全路底收入，都歸他所有。　在十一年戰敗張作霖後，便千方百計，籠絡工人；最初，他便通電保護勞工，工人代表去見他時，他便親自接見，般勤招待，並贈送川資和紀念章。　其用意不過是欺騙工人，麻醉工人，使永久做他底馴善奴隸。　在十一年京漢鐵路工友曾一度罷工，結果，每人每月增加工資三元，工人共二萬餘名，一年增薪，約八十萬元，此款是從老虎口裏拖出來的肉，吳佩孚因此使痛恨工人刺骨。　又見工人已有組織和勢力，恐在戰爭時候，對於他有所不利，他就一面命他底工兵隊學習開車，一面便準備向工人階級進攻。　所以說：吳佩孚是早已蓄謀屠殺工人，不過只等機會到來吧」。

我們再看看京漢路工友此次的爭鬥，是具有決心，而且是有組織有系統，能夠秩序地作戰。　他們這次反抗軍閥橫暴，是爲的爭集會結社自由，是爲的爭人權。　中國人民，在帝國主義和軍閥底長期壓榨中，只有新興的工人階級，才最感着痛苦；這次起來奮鬥，完全是整個中國人民不堪壓搾與實行反抗的表示。　十二年二月一日京漢路總工會在鄭州開成立會時，他們受盡種種暴力壓迫，不許他們開會，不許他們談話，不許他們走路和吃飯，當夜並壓迫代表出境。　各處代表均異常憤慨，京漢全路各分會代表，於忍無可忍之時，當即秘密決議，大意謂：『我們爲力爭自由起見，決於本月四日午刻宣布全路總同盟罷工，又說我們是爲爭自由作戰，爭人權作戰決無退後的。』　到了四日果然全路一律罷工，工友提出的五個條件，是關于政治爭鬥方面的居多，而關于自已階級經濟爭鬥的方面却很少。　吳佩孚在這個時候便以爲屠殺工人的機會到了，一面承奉帝國主義底意旨，用種種陰謀破壞工友，一面便嗾令他底走狗蕭耀南黃殿辰等，在江岸鄭州長辛店等處同時殺戮工人，逮捕工人，這便是二月七日的流血。　工友們這樣偉大的犧牲，固然直接是斷送于吳賊之手，而間接却是爲帝國主義所毒殺。　工人階級這種偉大力量的表示，不僅叫曹吳軍閥發抖，而且使全中國底壓迫階級都發起抖來，全世界底帝國主義，更用不着說，是非常之恐怖的。　反轉來看，自總罷工到『二七』事變後，不僅道清，津浦，正太，粵漢各鐵路工人起而作罷工援助，就是武漢，上海，北京，香港各地底產業工人也風起雲湧地起來援助，尤其是武漢底工人更爲出力，有許多工廠實行罷工，有許多工廠因受壓迫而能工未成。　像這樣龐大的反抗軍閥力爭自由的運動，是表現了全國工人階級底團結一致的偉大力量。

不僅工人階級，就是全中國底被壓迫民衆，也都起來援助。北京教職員聯合會，全國學生總會，各地學生聯合會以及其他各界團體，皆有極激切沉痛的宣言和通電，表示援助。這是全中國被壓迫民衆，因『二七』事變而覺醒起來的一個鮮明的表現。

至於全世界底無產階級，也因此而知道中國有了工人運動，並且知道中國工人不僅是中國革命運動底生力軍；而且是世界工人階級新增加的一枝生力軍；因此各國工會及工人政黨均有最懇摯的電報，遙寄其階級底同情。所以說『二七』是中國工人加入世界工人隊伍中去的一天。

我再把『二七』和本黨改組的關係說一說，本黨改組以前的革命運動，只限于少數的智識份子去做，而沒有廣大的革命基礎和廣大的革命勢力；所以革命沒有成功。　總理經過長期的奮鬥，已經看出這個弱點，又看見『二七』工人階級是富有革命性而且是有偉大力量的民衆；因此，總理才於改組時，決定「農工政策」，又在第一次全國代表大會宣言中明白說出國民革命運動，必恃全國農夫工人之參加，然後可以決勝，然後可以增進國民革命運動之實力。　這可見『二七』與本黨改組關係之密切。

繼『二七』而起的五卅運動，省港罷工運動，更表現工人階級在國民革命運動中底力量和地位。　所以本黨第二次全國代表大會宣言中又說殖民地半殖民地因工業發達而產生的無產階級，在民族革命運動中，能獨立於前綫，而爲民族革命運動之指導者。　這可見工人階級在本黨和在民族革命運動中所佔地位的重要。

這次北伐，也因爲工農民衆認識『二七』屠殺的兇手吳佩孚，非打倒他不能得有解放，所以都拚命幫助北伐。　吳佩孚因此失敗，而我們却因此獲得空前的軍事勝利，這種勝利，也是與『二七』有多大的關係呵！

有些人見着『二七』失敗，便以自己主觀的見解去批評，這完全是不對的。　我們要找出真正的客觀原因，來做我們以後的真實教訓，我以爲『二七』失敗的根本原因是：

(一)因僅有京漢鐵路總工會和少數分工會的上層組織，而忽略『下層組織』。　因爲組織不嚴密，又沒有切實地去訓練工人羣衆，所以一到失敗，上層底組織即完全瓦解。　這是值得我們注意的一個教訓。

(二)因未注意到聯合戰線。　當在鄭州開成立會時，鄭州商人便要開市民大會，以反對工人在鄭州開會。　而『二七』事變後，各地商人和商人團體，均沒有什麽表示。　這也是應該注意的一個教訓。

(三)四日罷工後，因交通不便，而至于消息斷絕。　以致沒有取得很好的連絡，而軍閥們底電報往還，仍照常的敏捷；所以軍閥屠殺工友的毒計早已定好，而工友們還在睡夢之中　這也是值得我們注意之點。

這些，都是客觀失敗的原因，可以做我們寶貴的教訓。

我們今天紀念『二七』，不是白白地在此地紀念就算了，我們要繼續『二七』的爭鬥精神，要去消滅『二七』兇手吳佩孚底勢力，再要去打倒代吳佩孚而統治中國的張作霖，更要根本摧翻摧殘工農勢力的封建階級，在革命政府之下底貪官汚吏不法軍人土豪劣紳買辦階級等都是代表封建階級勢力的，我們要根本地消滅牠，要建樹我們民主的勢力。

這樣才對得住我們被殺的『二七』死者！！

二，七，於俱樂部。

「二七」第四週年的中國職工運動

姜長林

「二七」第四週年到了！「二七」是中國有方法有組織的國民革命開始的時期；「二七」是工人階級開始擔負領導國民革命的責任的時期；「二七」是繼承了「五四」而創造光榮的「五卅」的運動；這種種呼聲，早巳深入到一般的民衆中間去了。

在這樣的職工運動的紀念期間，我們應當對于職工運動特別的加以注意。

現在！！「二七」第四週年的「中國職工運動」，我們要問一問，我們對得起「二七」麼？對得起「二七」的烈士麼？

我們只把上海，武漢，廣州三個地方來講：

上海 最近上海的職工運動，可以從一九二六年六月說起。一九二六年的「五卅」一週年紀念會，上海有六萬餘的工人參加示威運動，呼出「繼續五卅精神」的口號，於是上海的職工運動又開始了。六月份的罷工共有一百另七次，參加人數凡六萬九千五百餘。七月份更擴大，罷工次數共一百另八次，人數超過七萬。八九月中比較的低落，然每月仍有六七十次的罷工和三四萬工人的參加；并且反孫反奉的工作，上海自治運動的工作，都站在領導的地位。十二月八日，上海總工會第三次被封，引起了上海二十餘萬工人的擁護工會和紀念劉華一週年的運動，不但工人中間能够一致的進行，更引起了上海的數十萬市民的同情來援助，并且因此而造成了一九二六年底的澎湃的狀況。在十二月中，大的工潮，如：法租界電車公司工人，公共租界電車工人公共汽車工人，楊樹浦紗廠工人，恆豐紗廠工人，先施公司工人，永安公司工人，新新公司工人，麗華公司工人，押當夥友，估衣業夥友，煙紙業夥友，與最近之米業夥友之罷工等，其餘較小的如允餘廠，勤華邊帶廠，燭業工人，磁業夥友，茶食業工人等還有許多，不能盡述。綜計十二月中罷工工人當在二十萬左右。不但工潮澎湃與革命空氣之高漲，并且他們的爭鬥，更多是從經濟的爭鬥，到政治之爭鬥了。我們看他們罷工的原因和要求條件，就知道最近上海工潮的很有意義了。他們的條件，大概：加薪，減少工作時間，改善待遇與承認工會，在這幾次罷工內，他們都是勝利了，所提條件，大概都承認了十分八九以上。在公共租界電車工人罷工時，楊樹浦捕房因爲電車工人毆傷了巡捕三人，去封了電車工會，但是工廠方面早巳承認工會了，所以結果仍舊工人勝利，立刻命令捕房啓封，釋放了拘捕的二個工人。所以上海的職工運動，是非常之可以滿意的。

武漢 武漢在「二七」之後，一路在軍閥恐怖政策之黑暗勢力之下過去，所以武漢的工人，雖則是在生活很苦，工資很少，工作時間的很長，待遇很惡劣中，也不容革命運動和一切工潮的隨時發生。最近擁護工農利益的國民革命軍占領了武漢，要求改善生活和政治上地位上的工潮，是當然的要蓬勃的發生了。從武漢郵務工潮起以至最近之英日商店工人夥友之罷工，其間發生的次數和參加的人數一時雖沒有統計，但是我們在報紙上看見也已經不數次了，震驚了全世界，引起了各地的注意，(最近甚至有許多僧尼也遊行請願加價)我們看到這種種情形，知道武漢的職工運動，非特大有發展，並且在此「二七」的第四週紀念的時候，也可無愧于「二七」，無愧于「二七」的先烈了。

在上海和武漢的職工運動盡量發展之中，再看革命根據地的廣州，是怎樣的？

廣州 廣州的職工運動的地位，也很重要，在中國來講，雖不及上海的職工人數和工廠的衆多，但是已是在上海之下的重要地方了：加以廣州是在革命的擁護農工之國民政府統轄之下，并且是革命根據地，所以能够一些不受壓迫的自由發展，牠的重要，是不待言了。

但是在能够自由發展的廣州職工運動之近狀是怎樣的？實在是一部很痛心的歷史，不但廣州全體的工人自身所引爲遺憾的，就是一切的民衆，都是熱誠的希望挽救牠。

廣州的工潮，只不過工會間的互相仇視，甚至于互相決鬥，這是無容諱言的，這很足以減少自身的力量，于工人階級固然不利，于國民革命的進程中，亦是蒙了很大的損失。我們不得不向廣州的全體工友，大聲疾呼的喊：工友們，你們都是國民革命中有力的戰士，革命的先驅，尤其是在目前的時局，帝國主義者正用了許多的方式向我革命的民衆進攻，向我代表民衆利益的國民政府進攻，我們革命的先鋒——工友們，你們快此爲了革命的觀點，大家團結起來，勿再中了帝國主義挑撥的手段和希望來自相殘殺，我們十二萬分的熱誠，祝賀你們的即日團結！你們團結的時候，就是香港帝國主義宣告死日的時期，也就是給了一切的帝國主義一個重大的打擊！革命的朋友們，爲革命的利益爲你們自身的利益，快些團結！快些團結！

工人階級團結起來！

爲「二七」烈士復仇！

繼續「二七」精神！

工農商學兵聯合起來！

國民革命成功萬歲！

「二七」給我們的認識是甚麼？

高玉峯

一千九百二十三年二月七日的大慘劇，是京漢路二萬多工人因爭集會結社的自由民權舉行總同盟罷工，(這分明不僅是經濟的意義而有充分的政治意義)大招軍閥——吳佩孚，蕭耀南——的嫉忌而演出的。從這一點看來，二七事變是國民直接與軍閥抗爭，是封建暴力與國民運動的勢力抗爭，是被壓迫者與壓迫者抗爭。

無論英日法美…(除蘇俄外)任何一國都是帝國主義的政府。他們利用中國有賣國喪權的政府，做他們忠實的走狗。一面供給軍閥的槍械子彈，一面又設駐防軍警兵艦直接的來壓迫中國民衆，妨礙民衆的覺悟，禁止民衆的團結。所以那次京漢工人的暴動發生，東交民巷的公使團，——即北京政府的太上政府，便嚴厲的訓誡北庭黎元洪曹琨吳佩孚要他們嚴厲處置。接着便是漢口英領事唆使蕭耀南斃殺江岸工人，由此我們知道二七事變是中國勞動者與國際帝國主義抗爭的表現，是中國民衆受外國酷虐侵略後的一種反映。京漢流血的工人，便是開始進攻國際帝國主義的先鋒。二七慘殺是國民革命運動的第一聲血鐘！

自二七事變以來，却表示了中國勞動者偉大能幹和魄力，證明了無產階級確實是比任何階級富於革命性。我們祇看二七時期京漢全路工人是如何一致奮鬥的精神，這種精神有那一種的人可以比得上呢？在那一個時候，在漢口，廣水，鄭州，彰德，石家莊，保定，長辛店—地方，都同時有許多工人與軍閥的血戰，雖然失敗了，有許多領袖被殺戮拘禁了，這一種革命的精神，却永遠被記念於全國人的腦中了。

但是我們知道京漢路工人運動不過是由長辛店一個平民學校開始，僅僅八個月便喚醒了全路工人，發生了一次全路大罷工的經濟鬥爭，再經了四五個月，便成立了全路總工會，爲與軍閥爭集會結社之自由，遂造「二七」的大流血，我們若是要喚醒別的人去進行革命的工作，有這樣容易發生效力麼？

我們因此就該知道：所以產業無產階級特別富於革命性的原故，(第一)並不是因爲他們特別有學問，有道德，只是因爲他們是一個窮光蛋，因爲是窮光蛋，所以沒有其他的掛念，對於革命事業特別勇敢，並且他們是直接受軍閥(或中外資本家)壓迫，所以仇人相見，分外眼明，敵對的態度很明顯。(第二)他們全路工人都是在一個管理機關之下，所受政治經濟的壓迫是一致的，因爲受的壓迫是一致，所以容易發生同仇敵愾的觀點，一致的與壓迫勢力相反抗。(第三)他們的工作與居處是集中的，每一個地方或一段地方，都是成百成千工人，因爲他們傳遞消息極其便利，故容易宣傳亦容易互相督促約束，沒有散漫的民衆比得上他們。(第四)他們在鐵路(或工廠鑛山)上做工，佔交通(或生產)事業的重要地位，因爲所居的地位重要，他們容易覺悟自己一種武器有一部實力，可以與壓迫階級相抵抗。有了這四種原因，產業無產階級遂成爲容易覺悟的革命勢力，遂成爲最富於革命性的階級力量。

我們革命的同志，請想一想這道理，再要回頭看一看「二七」與「五卅」前後，同是中國人民的奇恥大辱。在這偉大的運動中只有工人羣衆表現出最大的勢力，榮耀了中國的民權運動。我們知道以後中國革命或世界革命的責任，是永遠在無產階級的仔肩上，我們務必要注意這一支埋伏的革命軍產業無產階級，我們一定要與產業無產階級的革命勢力聯合，我們的革命勢力才偉大，能够必然的獲得勝利。完了。

中華郵政特准掛號立券之新聞紙

中華民國十六年二月十日 星期四 第一版

黄埔日刊

中央軍事政治學校出版

通信處廣東黃埔本校政治部

（第二五四號）

［本刊每份定價一分］

啓事

總理遺囑

余致力國民革命……

歡迎廣東鐵路工會第二次代表大會

湘沅

日本東京朝日新聞社女記者竹中繁子等來校參觀

中華民國十六年二月十日 星期四 黄埔日刊 第四版

星期與禮拜

管理處黃秉寅

為特別黨部宣傳委員會貢獻一點意見

第十六區隊陳百鍊

「二七」紀念與國民革命

中華民國十六年二月十日 星期四 黄埔日刊 第三版

革命之路

題目

小通信

方教育長總理紀念週報告（二月七日）

我們今天在此紀念總理，同時紀念「二七」，我們要明白「二七」的意義，及深體總理的革命觀點呵！

今天是二月七日，是我們在十六年當中，紀念總理第六次的一日，亦正是四年前吳佩孚慘殺京漢路工人的一日，為本黨發展農工政策上一個極傷痛極憤恨的紀念日，即四年以來，千萬年以後，永遠不沒的，所謂「二七」紀念日。所以我們在這軍事政治報告之先，要對「二七」紀念的意義，很沉痛的來略說一下：

「二七」紀念日，是中國工人為革命念先鋒而大流血的第一日，亦即是工人表現其革命戰術與能力於革命戰史上的第一日……

中華民國十六年二月十日 星期四 黄埔日刊 第二版

浙皖豫軍事大進展

△孫逆主力軍已被我軍擊破

△陳調元已輸誠我方

△革命軍四路包圍洛陽

△捷電如雪片般飛來

任應岐柏文蔚就革命軍軍長職

寇英傑已被迫下野

奉張要我與俄絕交

英俄已全體復業——第二期北伐宣傳隊快成立——奉方之又一騙局

〔中華郵政特准掛號立劵之新聞紙〕中華民國十六年二月十日〔星期四〕〔第一版〕

黃埔日刊

中央軍事政治學校出版
通信處廣東黃埔本校政治部
（第二五四號）
〔本刊每份定價一分〕

啓事

陳燕林同志鑒：頃得香蘭先生來函，始知你來粵，已入伍，駐魚珠，但不知編在何連，請告我，如若有暇，來校一談更妙。第一學生隊第七隊二十五區隊劉鼎啓

滕傑同志有親戚汪子玉由滬來粵，請赴省公園對過華富里名利棧十七號會晤爲禱。第二學生隊第六隊二十四區隊徐佩衡啓

劉綿生同志：昨接你父子傑函，故始來信詢你的通信處，祈你速將你的通信處告弟，以便轉達爲盼。第一學生隊卅一區周維宏

賈維中同志，[illegible]來取皮箱書籍等，見字後，請速來[illegible]知，俾便前來。本部步科第二學生隊第六隊二四區弟胡赤民

錦發，子敬，世偉，魁元，高民，慶備，可貞，與汝，李定，陶鈞，夢奇，子清，武儒，珍儒，文浩，獻典各位同志：自畢業後，給你們去了七八封信，未沒有看見你們[illegible]均[illegible]
武昌大朝街國民會議第四軍第二十五師經理處劉學斌（雅林）啓

評

歡迎廣東鐵路工會第二次代表大會

鴻沉

在二七紀念第四週年的今日，廣東鐵路工會正開着第二次代表大會，這是值得我們很熱烈迎歡的。因爲——

第一，處在現在整個的世界資本主義制度統治之下，無產階級的工人是最受壓迫者，同時工人勞動被剝削之結果，穩穩的建築了資本家政治的基礎；所以只有工人自己團結起來才能打倒資本主義制度而獲得政治上經濟上人類平等的權利。現在世界是整個的世界，工人羣衆在世界上是整個的階級，如果要打倒世界資本制度，而世界工人階級中的一部份中國工人是不能放棄責任的。因此，我們在世界革命的立場和工人本身的利害來說，無論中國那一部工人都應該趕快團結起來，聯合國際工人團體，共同努力的。這次廣東鐵路工會開第二次代表大會就表現出他們加緊的團結的成功，對於世界革命前途是很有影響的，所以值得我們熱烈的歡迎！

第二，不幸中國又是半封建勢力統治下的次殖民地，帝國主義者時時扶助北洋軍閥壓服人民，尤其是政治經濟地位最低的牛馬奴隸，中國工人被其殘殺者不知若干！（「二七」大流血就是證例）。所以中國工人除了打倒國際資本帝國主義而外，還要深深認識帝國主義的走狗，工人階級的仇敵，被壓迫民衆的死敵是封建軍閥，應聯合各階級民衆積極與之搏戰。在過去消滅楊劉時，廣東鐵路工人幫助國民政府，三路罷工，以制楊劉之死命，就表現出偉大的成績來。所以在國民革命的立場說，中國的鐵路工人，在保護革命事業交通聯絡，及截斷敵人的歸路的工作，是應該特別負起責任的。我們這裏歡迎他們，是敬佩他們以前的成功，而希望他們以後更努力！

第三，國民革命自然是各階級聯合革命，但是工農是革命的主要階級基礎，工人尤其站在革命的領導地位：海員罷工，「五卅」「六二三」大罷工，證明了工人的確是革命主力軍；「二七」流血，更證明了工人是革命的先鋒隊。所以中國工人在國民革命當中所處的地位與所負的使命，是最重要不過的了。現在廣東鐵路工會第二次代表大會是表現出過去四年前「二七」鐵路工人先烈的團結精神，而繼續他們的遺志而奮鬥，這很值得我們大大歡迎的！

第四，單拿廣東省來說，此時雖然封建軍閥早已消滅了，然而封建軍閥餘孽的勢力仍然藏潛伏着；並且現時是訓政開始的時候，廣東工人在民主政治上的要求應該作其他各階級民衆的模範。因此，現在廣東工人所負的責任：（1）根本剷除封建勢力；（2）建立民治基礎。鐵路工人是最能與封建勢力以大打擊的，也是最能積極要求民主政治之自由平等的，所以我們這時歡迎廣東鐵路總工會第二次代表大會能首先努力這兩種最重要而且很切急的工作。

總之，我們歡迎他們是有偉大的意義的。我們（本校）贈給他們大會的紀念禮物是：

「領導民衆在革命的正軌上一致前進！」這就是我們很熱烈的歡迎他們的根本意義。

記者附白：本日廣東鐵路工會第二次代表大會代表來校參觀，我們在俱樂部開會歡迎他們，並贈他們紀念錦旗一，文如上記。

校聞

日本東京朝日新聞報社女記者竹中繁子等來校參觀

本星期一，有日本東京朝日新聞報社女記者竹中繁子，及日華學會服部升子兩女士來校參觀。前者爲來華調查中國婦女運動，後者乃調查中國女生宿舍情形，以爲改造中國留日女生宿舍，使適合於中國人士之居住。渠等因久慕黃埔之名，故特由沙面日領介紹，來一睹此中國革命武力之大本營。渠等於是日上午十二時抵校，由管理處招待員領至官長會客廳，稍事休息。即由政治部熊主任陳股長出爲接見。並各用茶點，席間談話甚洽。熊主任對於中日兩國婦女運動，發表極有價值之意見。謂余（熊主任自稱）離開日本已久，但對於日本婦女運動，乃極爲注意。余深知日本婦女近年來已有非常之進步，然較之歐洲婦女解放運動，仍有不及之處。吾人深佩日本文化在東方之成績，且爲東西兩大文化之結晶。此種文化使日本婦女有良好之機會，得受國民教育，而走上解放的道路。但究竟日本大多數之貧苦婦女，仍受壓迫，不曾取得相當之自由與權利。至於中國婦女，因中國歷來受帝國主義壓迫之結果，使伊等無從得受一般教育之機會。然自歐戰中受俄國革命之影響，使中國婦女受一極大之激刺。所以自五四運動以及最近之五卅運動，伊等皆積極參加，且年來各種革命團體中，皆有婦女參與其間，從事民族解放工作。在此情況之下，中國婦女運動，已成爲民族運動之一部份。故伊等之積極目的：一爲參加革命；二要求政治的與經濟的平等；三要求一般文化教育的平等。但中國婦女欲達到伊等此項要求，必須在整個的民族解放運動中始能得到。且吾人亦正朝此方向進行。故吾人希望諸位能領導日本婦女，共同奮鬥；使東方女界完全得到解放云云。渠等聆熊主任之意見，極力贊同。至一時許，用午餐，席次熊主任並詳爲敘述本校成立之歷史，及本校內部之組織，教育之情況，與歷次戰爭中，黃埔學生所取得的勝利。渠等對於此項報告，極感興趣，且時加詢問。最後繁子女士問聞本校有女生隊事，是否確有其事。熊主任當答以本校自開辦以來，每期皆有女生要求投考，然以種種關係，本校尚未答應伊等要求。但現在武昌分校已收取女生一百餘人，與男生同受軍事訓練。如果將來日本各國革命之女子，來投考本校學習軍事，當甚爲歡迎。繁子女士聞熊主任答語，亦笑謂渠去年在武昌，曾見一優秀之青年軍官，當時即疑爲分校女軍官云云。午餐畢，乃由熊主任及陳股長領渠等至大操場，俱樂部，烈士墓等處參觀。並隨地加以說明。直至四時許，始由管理處備船送渠等回返省城。是日參觀至烈士墓，熊主任並有極有意義之談話。茲略爲紀之如下：大意謂烈士墓爲東征死亡將士之墓地，其中大部份爲黃埔學生。其他爲參加東征死難的戰士。但此墓形式雖小，而其意義甚大。故凡黃埔學生，及各界來此參觀人士，而一睹此墓者，立此冥想墓中諸烈士，當日與軍閥衝鋒肉搏，犧牲奮鬥之景象，莫不激勵其革命之精神。且兩次東征，名爲討伐陳逆炯明，實則爲間接之反英；因陳逆兩次進攻廣州，乃英帝國主義所嗾使，其槍械糧餉皆取之於香港。所以吾人今日佇立於諸烈士之碑前，乃不免對於目下時局發生感想。當日諸烈士墓乃反抗英帝國主義之成績，當日諸烈士皆

誓遵總理遺囑

總理遺囑

余致力國民革命，凡四十年，其目的在求中國之自由平等。積四十年之經驗，深知欲達到此目的，必須喚起民衆，及聯合世界上以平等待我之民族，共同奮鬥。現在革命尚未成功，凡我同志，務須依照余所著建國方略、建國大綱、三民主義，及第一次全國代表大會宣言，繼續努力，以求貫澈。最近主張開國民會議，及廢除不平等條約，尤須於最短期間，促其實現。是所至囑！

[illegible]

繼續二七工人前進！
誓求社會平等自由！
擁護勞工團體！
努力民主爭鬥！
討伐奉系軍閥！
剷除封建根基！
鞏固我革命戰線！
打倒英帝國主義！

中華民國十六年二月十日（星期四） 黃埔日刊 （第二版） （二）

爲求中華民族之解放奮鬥而死。現英帝國主義仍在中國施其橫暴政策，在漢潯等處慘殺中國民衆。因此中國民衆從上海沿揚子江流域以至四川，從廣州沿珠江流域至雲貴以及黃河流域，皆有極盛大之反英運動。且東南已有三十餘萬國民革命軍；西北亦有二十餘萬之國民軍，此皆爲反帝國主義之革命武力。再預計今年年內本校及各省分校成立，所謂黃埔學生，將不下四五萬人。將來此等學生，練成下級幹部，分撥各軍，上下一心，與民衆勢力相結合，將成爲莫可抵禦之反英勢力，決非英帝國主義之砲艦政策所能壓服。英帝國主義對華如不改變其政策，實非常危險。如五卅慘案及省港罷工，已使英國在華經濟上受數十萬萬之損失。並因此而造成英國經濟恐慌，爆發礦工大罷工。其損失亦不下十餘萬萬。英國現在政治上，經濟上，外交上皆陷於孤危的地位。所以吾人對於英國目前之橫暴，實毫無畏懼。但英帝國主義此種砲艦政策，繼續下去，必然要引起國際上之糾紛。吾人希望日本朝野，站在中立和平的地位 不至於捲入此等漩渦。現在中英問題，法國已站在中立地位，美國亦取傍觀態度，並極力表示對華之好感。日本當局與在野各政黨，亦聲稱取不干涉政策，但結果如何究難逆料。各位於日本外交界新聞界皆負有責任，希望將目下中英問題真相 轉達於日本社會人士，得充分之了解。吾人須知中英糾紛 長此下去，實有引起國際戰爭之可能。此種戰爭當然爲太平洋問題之暴發，同時將成爲日美衝突之焦點。至於中國，以俄國革命在歐戰中所得之教訓 在未來的國際戰爭中實毫無損失。吾人如果要求達到中日兩國親善，而至於共存共榮的境地，使此種和平希望，不至成爲日本過去外交家欺騙中日兩國民衆之標語；則日本朝野人士，對於目前中英問題，必須加以充分的注意。此即余今日報告烈士墓之歷史，對於時局所發生之感想，特供獻於各位，並希望各位將吾人此種意思轉達於日本各界人士云云。（書）

●香港總工會代表團來校參觀

香港總工會代表團四百九十餘人，特於本月八號來校參觀，並贈本校紅緞匾幅，上書「共同奮鬥」四字以爲紀念。當日由管理處會同政治部派員招待。領該代表等至各部處，及炮台，蝴蝶崗，烈士墓等處參觀一週，至午後二時許，並在新俱樂部開一談話會，由張秋人教官演講，大意爲黃埔學生多爲農工的子弟，當然要擁護農工的利益，而農工羣衆亦必須要幫助黃埔學生，去打倒共同的敵人等語，張教官演講畢，即高呼口號散會，最後始由管理處備船送各代表回省城，時已四時餘矣。（書）

軍事

●浙皖豫軍事大進展

△孫逆主力軍已被我軍擊破
△陳調元已輸誠我方
△革命軍四路包圍洛陽
△捷電如雪片般飛來

總司令部昨接南昌行營來電云，（一）孫逆主力孟昭月，王森，李俊義，盧香亭，白寶山，馮紹閔，及周逆蔭人，李德銘，劉士林等部，均被我軍完全轟潰，敵斃旅長一，團長一，營長三，士兵二千餘名，（二）孟逆昭月部向浦江諸暨退却時，在浦江附近被我師便衣隊出擊，又死亡數百，奪械數百，王森李俊義周蔭人等部繳械，悉向杭州方面退却，白寶山馮紹閔李德銘等部，向皖南邊境退却，（三）現我二十六軍追至浦江，李先遣隊追至師德，第二師追至硝安，第十一師在壽昌，第四五六師追至遂安，欽師在蘭溪，白總指揮明日來蘭溪等語，特聞，陳焯叩，虞（七日）印，皖省陳調元，素與孫逆貌合神離，早欲與孫逆脫離，爲迫於勢力，祇得虛與委蛇，後至我軍北伐，彼即迭派代表，與我軍接洽輸誠，現我軍已將全浙肅清，陳氏乃於日前宣佈與孫逆脫離，安慶已遍懸青天白日旗，昨總政治部，接漢輝同志來電云，此間確訊安慶已設黨部，陳調元輸誠云，洛陽特訊，鎮嵩軍自失受鄉以後，大隊集中函谷關，吳佩孚派張鈁爲總指揮，西北革命軍劉郁芬部，十二月二十二日，由受鄉進逼函谷關，與吳逆之鎮嵩軍血戰一晝夜，鎮嵩軍因子彈缺乏，糧餉不足，兵士皆無鬭志，鎗炮不敢輕發，後乃陣線忽亂，互相潰退，吳逆黨羽柴雲陞，馬健之，李新甫，均止遏不住，因西北革命軍銳氣正盛，鎮嵩軍士氣已餒，故爾大潰，至張治公雖名爲鎮嵩軍總司令，因與柴雲陞，王振意見不睦，自陝州回洛陽以後，復於陝州洛陽間佈置防線，並未調兵往函谷助守，即洛南各縣隊伍，亦以防務空虛，未敢調集，且鎮嵩軍五萬餘人之糧秣，完全由陝州至靈寶六十里範圍人民供給，羅掘已空，幽谷一失，靈寶退出，則此五萬餘人糧秣，又將向陝州洛陽間人民籌集，不特民間無力担負，即張治公所部之給養，亦將發生問題，張之態度，所以徘徊不定也，豫西勢力，現鎮嵩軍已完全失敗，聞國民革命軍劉郁芬率領弓富魁方振武兩部，沿隴海路直取靈寶陝州，于右任另調胡景銓，李雲龍，出臨汝直抄魯山寶豐豫南，與革命軍連絡，洛陽已在大包圍中，且紅槍會受吳佩孚劉鎮華苛捐重稅，憤恨已極，已紛紛向革命軍接洽，擬大舉援助，一致向吳軍攻擊，觀此則吳逆在豫已無立足餘地，已成甕中之鼈也，

●任應岐柏文蔚就革命軍軍長職

△任應岐通電就十二軍長職
△柏文蔚任第三十三軍長率師入皖

（中華社）吳佩孚健將任應岐，自率部在河南信陽輸誠革命後，已由蔣總司令委任爲國民革命第十二軍軍長，命率部協同第二十軍長魏益三，廿七軍長靳雲鶚等部，肅清河南吳佩孚殘部，迎頭痛擊京漢線南下奉軍，現任應岐已於去月十日在河南宣佈就職，幷發出就職通電云。（銜略）均鑒，軍閥鴟張，中原板蕩，帝國熾燄，民力殫遺，乃猶推波助瀾，不惜吸髓敲骨，既爲主義黨國之敵，尤非建國政策所容，此虜如不殲除，民衆恐無噍類，應岐自束髮業讀，壯歲從戎，曩昔任事羊城，軍旅之間，側聞中山先生之教，服膺主義，自矢彌堅，嗣後駐軍中州，時當多故，每思以報黨者報國，未嘗因易地而易心，誰料時機不來，企圖屢挫，同志爲之扼腕，奸人因以生心，事後追思，未始不怳然覺悟，革命事業，乃羣策羣力之爲，非一手一足之烈也，今者蔣總司令已本中山先生遺志，興師北伐，連提江湖，凡屬同胞，咸思奮鬥，況應岐夙仰革命主義，久蓄發憤之志者乎，爰敢不辭駑鈍，願效前驅，矢志澄清，以除反側，庶青天白日，發揚民族之光，而嶽色河聲，洗淨腥羶之臭，應岐謹于一月十日，就國民革命第十二軍軍長之職，追隨蔣總司令之後，惟力是視，討滅國賊，以成革命未竟之功，邦人君子，幸匡不逮，披瀝陳詞，至希鑒察，任應岐叩。蒸。又訊云，自安徽總司令王普派員向革命軍輸誠後，皖局已有急轉直下之勢，但敵方猶恃武力，仍欲繼續派兵入皖，以抗義師，蔣總司令以王既輸誠，亟應於最短時間解决皖局，驅逐奉軍出境，故特委前安徽都督柏文蔚爲革命軍第三十三軍長，兼安徽宣慰員，負收拾皖局之責任，柏奉命後，即在武穴設立司令部，宣職，所部計有袁家琛，常恆芳兩部，葉開鑫歸柏指揮，率殘部來降，柏軍長已允收容，駐防英山太湖一帶，並予以三十三軍副軍長名義，現柏軍長已預備統率所部入安徽，將來柏軍長到安徽者，計有九，十，十二，十五，四軍，在十萬人以上，一俟集中後，即下令攻擊云。

●寇英傑已被迫下野

與吳自新魏倒戈，宣言須寇英傑下野方不害及與身。早知寇非一走不可。茲據鄭州電稱寇已下野，自屬事實。姑照錄電訊如下：靳雲鶚部尚任梁各師歸齊燮元改編後，吳佩孚委齊燮元爲後方援軍司令，寇英傑自動（？）下野，聲言即赴津養疴，元旦吳佩孚率王爲蔚陳文釗等致祭關岳，向軍隊訓詞，以關岳報國相勗云。

政治

●奉張要我與俄絕交

堤工附加稅決定徵收—抗議比租界交還僞政府—後英商已全體復業—第二期北伐宣傳隊快成立—奉方之又一騙局

昨接前方總政治部鄧主任演達養電報告內分五項云（銜略）新密㕜帶收堤工附加稅已決定加收百分之一，以四百萬爲度。年由財部朱蜡借漢口房租一月，築堤已有着落。（二）比國參贊對外部擬交津比租界與北僞政府，外交部嚴抗。（三）英界洋商决下星期一一律開市。英租界照常由我國收管。（四）現籌備北伐黃河流域之戰時宣傳成立宣傳大隊，專招致北方學生，約下月可成。（五）楊宇庭宣言採用三民主義，但我須與俄絕交。此種軍略是竊取袁世凱之餘毒，應一致反對，向民中宣傳，此時萬勿受愚，萬勿妥協。特達演達叩養亥印。

小通信

第一學生隊第三隊第九區隊學生蕭步鵬啓事

逕啓者鵬於昨星期日（卅日）下午乘本校校船（松聲大船）由廣州返校失去小黑漆木箱一口內藏軍事政治各書計約十種以備課餘參考詎竟該船抵岸時因同學紛紛爭先登陸一時擁擠致失亡此箱特此登報申明如承同志拾獲希煩函示鵬當登臨謝領謹此奉聞

德謨，碧湖，黃華耘，肇南，童利華暨各同志：有事奉聞請函示通訊處爲盼！陳鼎平於南昌第三軍政治部

遺失聲明 鄙人遺失中央軍事政治學校第三七九號證章 校章呈報註銷外特聲明作廢 王強

李樹衢同志：劉有昌四川榮邑東街寄來快信一封請來本科領取爲要 政治部宣傳科

錢甦（金聲）同志：頃接上海商務印書館謝慶齋兄來函，詢兄近狀。兄來粵後現在何處工作，請示知或逕函上海謝君。黃埔軍校政治部金永森啓

蕭德純同志：現在殷殿春來信找你，請將你的部隊告訴我。因殷殿春有要事問你，來信請寄廣州長堤入伍生部政治部張鎮元收轉可也 張鎮元代啓

中華民國十六年二月十日 （星期四） 黃埔日刊 （第三版）

革命之路

題目

方教育長總理紀念週報告（二月七日）

△我們今天在此紀念總理，同時紀念「二七」，我們要明白「二七」的意義，及深體總理的革命觀點呵！

今天是二月七日，是我們在十六年當中，紀念總理第六次的一日，亦正是四年前吳佩孚慘殺京漢路工人的一日，為本黨擁護農工政策上一個極傷痛極憤恨的紀念日，即四年以來，千萬年以後，永遠不沒的，所謂「二七」紀念日。所以我們在這軍事政治報告之先，要對「二七」紀念的意義，很沉痛的來略說一下：

「二七」紀念日，是中國工人為革命急先鋒而大流血的第一日，亦即是工人表現其革命戰術，革命能力！超過一切革命軍隊的戰術與能力於革命戰史上的第一日，使我們革命黨員所異常欽敬，異常興奮，永遠不會忘記的紀念日。他的歷史和發生的原因，鼎英已另有篇感言，載在黃埔日刊「二七」的特刊上，現在無庸細說。不過當民國十二年的時候，吳佩孚獨霸中原，炙手可熱，孰敢輕攖其鋒，畢竟京漢路的工人，祇知道要求集會的自由，不知道槍彈之可怕，祇知道本身團體之不可解散，不知道軍閥淫威之不可輕犯，所以他們不顧一切的，同盟罷工。嚇得吳佩孚手忙腳亂，實行大屠殺——慘無人道的政策。當漢口分會委員長林祥謙同志被捕的時候，雪白的刀，放在他的頸上，威逼他下「上工」命令，林同志就大呼道，『頭可殺，「上工」命令，是不能下』，呼聲未畢，頭即落地！工會法律顧問施洋同志，捕禁十日，備受毒刑，槍斃的時候，仍復高呼「勞工萬歲」，「京漢路總工會萬歲」！他們這種犧牲奮鬥的精神，真是「從容就義」「氣壯山河」，實足以使人聞風興起，為千百魔王軍閥的喪命符，我們今天當有這總理紀念週，又來紀念「二七」，我們應如何反省起來，不辜負已死的先烈呵！尤應該猛悟本黨的勇敢戰士——農工，是不必定來黃埔，受革命的訓練，他能殺敵犧牲，我們要知道，他是站在超過一切的新戰術——新科學的地位，只要他認識——我們是真革命，是誠懇地擁護他們的革命，那末他一首肯，即可將任何軍閥與帝國主義，代我們打得乾乾淨淨，并可很容易的，將一切敵人的力量，化為本黨本軍之力量，來達本黨最終的目的。同志們，我們今天在這裏紀念「二七」，試各反省這四年以來，是不是每個同志，都認清了工人同志們這一點，有沒有誠意的擁護了他們，及得着他們的認識與首肯，望思之重思之，農工群衆們的力量，真是超越一切，為不可抗的，為萬能的。請看一看，我們革命軍這次北伐，是如何的勇敢，如何的有方法，向自七八月間，始能樹遍「青天白日」旗於長江流域，其中得了農工許多援助，暫且不提。然追憶今日所紀念的流血各先烈，乃在四年前，即已從軍閥窩子裏頭的京漢路上，為大奮鬥，與大流血了，其勇敢與方法，不甚超過我們作革命先鋒的革命軍，幾多倍嗎？！其他以劍俠一流的表現，如湯化龍之喪命於美洲，洪兆麟之飲彈於海船，其工人革命工作之篤與有變色，何莫非工人力量萬能的近證。同志們，『我們革命的目的，為的是要謀大多數人的福利，想誰也是要說，「烏可反忽了大多數人中，佔大部份的工人，而不使他們向我們認識與首肯」的一句話。但更要知道他們的認識與首肯，是不可專恃空洞的宣傳，還須有事實的表現，才能得有的。那末，試問我們，平素口裏所喊的農工政策，與事實所表現的農工政策，究竟是否都相符合嗎？至於間有因噎廢食的同志們，常將少數工人錯誤的表現，來遲疑了革命的方策，那更是根本錯誤了的問題，我們不必再說。要之我們今天在此紀念總理，同時紀念「二七」，我們遂要明白「二七」的意義，及深體總理的革命觀點呵！

總理致力革命四十年，結果僅僅推倒滿清，一個皇帝倒了之後，反生了無數的小皇帝——軍閥。總理的偉大政策，無由實現，就是當時的革命基礎，只建築在少數黨人之上，忽略了大多數的工人階級。所以總理後來，決定了三大政策，對於工人運動，是特別的注意。因為工人，是最受壓迫而最勇敢——最犧牲，其力量是萬能的。那末；我們今天，應該如何的以十二分的同情，來紀念這個「二七慘案」；尤其是要不忘記我們的責任，是擁護工人階級，打倒壓迫階級，我們的工作，是要件件站在工人裏面，拿出我們很認識他——很擁護他的事實來，求他確實的來認識我們，首肯我們，使每一個工友同志，都能夠發揮其萬能的力量，如今日所紀念的諸先烈一樣，隨時隨地，均與我們一體的——共同奮鬥，共本其大無畏的犧牲精神，趕快地來完成諸先烈所未完的工作，才不是空空的紀念了。鼎英對於「二七」的話止此，現在再將國內外軍事情形，簡報一下：

（一）國內軍事狀況

1、關於浙滬方面的，在福建的何總指揮所部李生春，馮軼斐，等部，久已先後入浙，何軍長本人，亦已率部，於一月廿八日自福州出發，會同白總指揮所部，進取浙滬，白總指揮所部，久已佔領衢州，向浙東進展。昨總司令部參謀處捷電，「我軍已克復嚴州，向杭州進攻，孫逆之前線部隊，在我軍三面包圍繳械之中」。至於上海方面，我方亦早準備，昨據總部參謀處捷電，亦稱『頃據前方電話報稱，鈕總參議永建，已率附義各軍，佔領上海』是我軍在浙滬方面，已得有相當的勝利，孫逆老巢一失，且已陷於腹背受敵之境，其最後結果之不成問題，或許還留作我們下次的報告材料。

2、關於河南方面的，魏益三，靳雲鶚兩部，業已攻下鄲城等處，向鄭州進攻，又加以米振標在開封，視為已的私有物，張治公在洛陽，又與陝西方面早有默契，現彭漢章王大培兩軍長，又已奉命入豫，是現在的河南問題，有了這段報告，亦可得很明白的判斷了。

3、奉方現決定四路入豫，張學良由京漢路進，許琨由曹州進，褚玉璞由隴海路進，王翰鳴由三河尖進，浩浩蕩蕩，像煞有介事，但奉方不過援豫其名，而吞吳其實，我們可斷定，奉軍大兵壓境之日，即吳部聯合抵抗之時，因吳部對奉，積怨極深，魏靳之所以反吳，實即因吳聯奉之故，況且奉派內部，時形分裂，財政已入窮途，我前均已報告過，現奉張欲征收二五附加稅，又不為其主人翁——日本所許可，無怪他們天天作討赤的宣傳，而總不敢越雷池一步，就可知道奉派之外強中乾了。

4、雲南方面，近據密報，唐繼堯，有派兵五旅，來援桂邊的消息，以現在廣西黃范的力量，及貴州協力，當然不難使他再一領受前年的舊滋味，不過奉魯，孫吳，來犯之同時，滇唐如果亦敢公然響應，足見以前所得種種軍閥聯合謀我的消息，是一天一天的證實，我們的注意防範，是更不能稍忽了。

照上面的事實來看，我們對於軍事方面，最近的推測，孫吳當得先行完全解決的結果，我革命軍的力量，可漸次整個的向黃河流域集中，待期或馬上與魯奉作戰於魯直區域，而黃河以南各省區，將漸次解除軍政狀態，為討奉魯的準備，至於滇唐，自然會無聲的，在此大題目當中，輕輕地解決了去，想誰也能很容易明白的。校長在前方說，「打倒軍閥，已不成問題」這句話，亦將一步一步的，可以實現給世人看了。

（二）國際情形 現在國際帝國主義者對華的情形，大約可以分為兩方面來說：一為愚蠢的政策，一為狡猾的政策，屬於愚蠢方面的，就為英國；屬於狡猾方面的，就為美法日等國 現在略為分開報告於后：

中華民國十六年二月十日（星期四） 黃埔日刊 （第四版）

1、英國方面，英國夜郎自大，素抱着「弱國無外交」的觀念，非常常以砲艦政策，來威嚇這些弱小民族，他對於我國屢次的慘殺案，都是這種伎倆。他現在調來我國的砲艦，計有三十六艘之多，昨據路透電稱，「第一巡洋艦隊九艘，奉命開華，第八驅逐艦隊，亦準備開動」，一月廿七號聯合通信社電稱，印度印兵出發來華者，計有一萬六千名，此外尚有航空隊，武裝汽車，唐克砲車，探照燈等，另外又由陸軍部委派陸軍少將鄧肯為總司令，率步兵三旅到滬，英國這種政策，無非是威嚇與陰蔽，欲圖軟化我們的，祇可使一般革命者的怨憤愈相增漲，決不足以動搖代表民衆解放的黨政府的外交政策，更不足以動搖已覺悟的被壓迫的民族戰線。況且他這種政策，已經英國工黨所攜的反對，同時印度民衆及會議，也極端的不贊成，這種政策，也不過日得英國在中國的利益，因當政府日趨穩固，就失去了根據地，對於應付，祇好出此愚蠢的政策罷了。

2、關於美法日方面，美國在中國的地位，不如歐洲帝國主義者的強固，故其對華政策，亦與英國不同，觀於漢潯案發生以後，對於英國提議增兵來華的問題，是極不贊同的，日聲言美僑如遇危迫時，可退馬尼拉，就可以知道了。法國對華政策，現在是飄搖不定，時而不與英國表示一致，時而贊揚英國壓迫中國國民運動為適當，這都作他們的一種詭計看罷了。日本自經了我國屢次經濟絕交，已領了很大的教訓，所以他此次對於英國的舉動，就不表示同情，他的有勢力的報紙，評駁英國對華政策為過甚，並聲言「日本拒絕英國之上海佔領案，乃當然之事，即令革命軍佔領上海，與別國何關」，又謂「若英國純為保護英僑起見，亦無庸須此大軍」，言外之意，也可以推想而知了。

總而言之，英美法日等國，近來雖鑒於我們革命軍的發展，有極大聯合的企圖，但他們的走狗軍閥的聯合，已如上述報告，不過是一步一步的崩潰，而他們自身彼此之間，猜忌日甚，「利益均沾」的陳腐政策，也就靠不住了，所以老大的英帝國主義者，就急不暇擇，施行他愚蠢的砲艦政策起來，法美日等國，並不見對我國懷有好意，不過各因地位不同，就祇好用緩一步的狡猾政策，來對付我們罷了。

我們要知道各帝國主義者，對華均不懷好意，我們就不要為小利所誘，尤不要為他們直接間接的強權所屈，擇其先後緩急之宜，根據民族解放運動的策略上，努力做去，必定可以達到我們最後的目的。鼎黨現在當鑒於紀念報告之後，敢向大家高呼幾個口號：

1、全國的工友們，速聯合起來，繼續「二七」先烈的工作！
2、一切的革命同志們，要毋忘「二七」的流血！
3、全國的農工民衆們，莫放棄了你們自家的萬能力量！
4、大家要切實地奉行總理的擁護農工政策！
5、工人覺悟奮鬥萬歲！
6、北伐成功萬歲！
7、國民革命成功萬歲！
8、世界革命成功萬歲！

星期與禮拜

管理處黃秉寅

凡一般人都認星期與禮拜是一樣的，沒有什麼可分別。不過我以為星期與禮拜的意義，很有差別的，並且我們革命的同志是應該明白的認識的。我且將星期與禮拜的差別大略講幾句：星期是月火水木金土日七曜的定名，七曜輪流週而復始，至日曜日即為星期日，禮拜是帝國主義的基督崇拜上帝耶穌的休息日，這天為禮拜的定名。每七日為一禮拜，自從帝國主義將基督教傳入中國以來，我國人民皆被其迷惑，故帝國主義便一天發展一天，將各省縣鎮都爭起教堂來，每至星期日，即來誘我一般青年學子到他教堂裏去參拜他的上帝，聽他講的聖經，還要教這日叫做禮拜日。從此就可證明帝國主義文化侵略的手段了。故一般不知不覺的人民就把這星期二字都改叫做禮拜了。我們現在正是打倒帝國主義文化侵略的時候，望大家非要徹底除去了這禮拜二字不可。

為「特別黨部宣傳委員會」貢獻一點意見

第十六區隊陳百鍊

在小組會議中，提出本黨一切有討論價值的問題來討論，使同志對於黨的意義，黨的組織，黨的作用，黨的主義和政策，與黨中一切重要根本問題：：都有一個正確明瞭的認識，這是一個很好的方法。而每次開會討論時，又特派「宣傳委員」參加，指導一切，並且於每次討論告終時，歸納各同志發表的意見，根據宣傳委員會的結論，作一個正確明瞭的解釋，尤其是一個很好的方法。

根據以上的意義，我以為負宣傳委員責任的應該注意下列的幾點：

一．作結論時，除糾正同志的謬誤思想見解外，應盡量闡發本題的理論；

二．要聲音宏亮，語言清晰，且需談諧意味，引起聽者興趣且使其明瞭；

三．要設法誘導不長於言詞者，使其發言。

以上三點，是最普通而能辦到的，我特地寫出來，請「宣傳委員會」的同志們注意！尤望「特別黨部」對於蕭楚女先生「士兵夫小組開會問題」一文中，當宣傳委員的應該把第二條原則加以注意纔好！

★ ★ ★ ★ ★

「二七」紀念與國民革命

入伍生一團二連張德義

處在國際資本帝國主義和軍閥雙重壓迫之下的中國工人，最初除了有時為增加薪資，或改良待遇，起了些小風潮外，本來是沒有多大組織，和劇烈反抗的表現，當然不值得一般民衆——尤其是一般統治階級的認識或重視。

所以我們總理致力於國民革命幾三十年，經過多少的艱難與險阻，方才達到推翻滿清的目的，可是在實際上，只是打倒了一個專制的天子，把政權移交於比皇帝還厲害的封建軍閥的手握中！這種原因，誰都不能否認：當時的革命黨，只會運用武力，而漠視了國內最大多數的農工羣衆！換言之，革命的基礎，係建築在少數人的身上，而無大多數農工羣衆的力量，因這緣故，所以我們總理，自推翻滿清以後，再經過十餘年的奮鬥，仍得不到成功，反而中國的民衆，更陷於水深火熱之中！迨至一九二三年（民國十二年）突然霹靂一聲，轟轟烈烈的「二七慘變」發生於京漢路工以後，才表現出中國工人的力量之偉大，團結之堅固，與其反抗壓迫階級意義之遠深；不獨嚇得帝國主義者手足無措，同時全國民衆亦如大夢驚醒，而社會上一般人們和革命者，才認識工人羣衆是在社會上一個很有勢力的階級，於是都相信中國工人，能担任革命事業，且能作革命戰線上的敢死戰士！——尤其是驚覺了全國大多數尚未覺悟的工人，認識了階級的觀念，並且知道本身力量之強大，起而加入了革命戰線，團結自己，訓練自己，聯合各階級，準備與壓迫者作不斷的鬥爭，這是開了中國工人階級直接與軍閥間接與帝國主義者鬥爭一個新紀元，也就是中國民族解放運動史含有階級鬥爭的意義的第一頁。

「二七」既是這樣重要和偉大，所以最值得我們紀念，而且我們永遠不忘的——因為「二七」也就是開中國國民革命的新紀元，故我們總理當時認識這意義，得着這經驗以後，就於第一次全國代表大會中，毅然決然，確定了農工政策，給我們同志，作革命的途徑，於是我們同志得着這教訓以後，還沒經過兩年的奮鬥，就獲着無窮的效果，得着很大的幫助，如東征南討，雖說是我們軍隊勇敢的效力，但是當時如沒有鐵路工友的罷工，斷絕逆軍的援救，和農人的暗作我們軍隊之指導，我想陳鄧楊劉，也決難於最短時間能夠肅清的，又如最近的北伐，湖南岳州之役與湖北汀泗橋之役：：：要是沒有農工同志們的協助，那末我們革命的勢力，於數月中也難發展至五六省！依此看來，我們現在造成這偉大的事業和堅固的基礎，完全是由「二七」以後給我們的教訓，故我們同志對於「二七」已死的先烈應當怎樣的紀念！？怎樣的酬報！？才能使他們瞑目於九泉，而不辜負我們總理確定農工政策的主旨！

總括起來說：在中國數十年少數人的國民革命，到「二七」才打破這個形式；換句話說，全中國的被壓迫民衆及其他真正為被壓迫民衆謀利益而奮鬥的革命黨人，自「二七」以後，才聯合起來，一致向敵人猛力進攻！

同志們！我們既認清「二七」為我們國民革命的新紀元，由「二七」給我們革命一個新途徑和教訓，我們應當永遠地紀念，永遠地不要忘記，而且要實行和高聲叫着：

繼續「二七」死難烈士的精神努力奮鬥！

農工兵聯合起來，一致向軍閥帝國主義猛力進攻！

全世界的被壓迫階級和被壓迫民族聯合萬歲

中國國民革命成功萬歲！

世界革命成功萬歲！

〔第一版〕〔星期五〕中華民國十六年二月十一日〔中華郵政特准掛號立券之新聞紙〕

黃埔日刊

中央軍事政治學校出版

通信處廣東黃埔本校政治部

〔第二五五號〕

〔本刊每份定價一分〕

誓遵總理遺囑

總理遺囑

本校本週口號

繼續「二七」工人前進！

要求言論集會自由！

擁護工人團體！

努力民衆運動！

討伐奉系軍閥！

剷除封建根基！

鞏固我革命戰線！

打倒英帝國主義！

日評

日本帝國主義爲什麼對華採取「不干涉政策」？

鴻沈

民國十六年開始，「一三」以後，中國正是多事之秋，而與各帝國主義的交涉，尤難于從容對付，八方週旋。單拿日本帝國主義來說，他就處處與英異趣，對華採取「不干涉政策」。爲什麼要採取「不干涉政策」呢？我們可以把望遠鏡拿來打牠一個照面：

第一，牠與中國接近，很明白中國人的心理是極容易欺騙的，故每以「中日親善」等字樣來愚弄我們，因此，牠不好與我們抓破面子。並且牠又知道中國人到底還有「五分鐘的熱血」，這五分鐘熱血在「五四」、「五卅」當中，牠也嘗過了一些滋味，都還有些厲害，所以是不敢輕試其鋒的！

第二，日本帝國主義在中國的特殊經濟勢力範圍是滿蒙及北方一帶，數十年來他苦心經營的，那肯輕易孤注一擲？牠知道革命軍有民衆的勢力爲之擁護，又鑒于吳孫之失敗，欲扶助張作霖以武力統一全中國，殊不可能；反之倘一不慎，輕易挑戰，張作霖還很容易被革命勢力擊破，則其在滿蒙的特殊經濟地位將與英帝國主義在中南一帶者同一運命！故此時與其進取，勿寧退守：這也就是日本帝國主義不許奉張南下用兵的本意。你看，日外相幣原氏于一月十八日在上議院宣佈日本政府之對外政策中有云：『所望者東三省地域能維持大局之安寧，……日僑在該處生命財產所關，日政府豈不關懷？』又云：『今日我（日本帝國主義）在東三省之權利，較他國特爲重要。』這些話，就能表現出牠只好保守，不敢干涉的態度來。

第三，牠一方面自然要保守，別一方面抱還要藉着英帝國主義失敗的時候，乘機在中國大肆其經濟侵略。因爲「自歐戰而後，再受地震之大劫，日本經濟及元氣已大不如前，豈尚望于國際間挑撥殺機，重招浩劫乎？」是故日本以後之政策，惟有振刷精神，提倡發展對外貿易。」（日外相宣佈對外政策演說詞）所以日本帝國主義又花言巧語的說「日本政府有預備承認南方（國民政府）之意」；而美帝國主義就明白指示出「日本不久將允放棄其許多之特別權利，以爲保護其在鄰國（被侵略的中國）之重要貿易之交換」的陰謀來。

第四，我們知道，帝國主義經濟侵略所得的特殊權利，非有特殊的政治勢力爲之保障不可：故英美日法等帝國主義各有其走狗——中國封建軍閥的武力暴民政治爲牠們「劃定勢力範圍」的保證。此時日本欲保守滿蒙及吳孫失勢，北方政權遂獨操于日本帝國主義的走狗！軍閥張作霖之手。並發展其經濟勢力于中國，只有想法將其走狗張作霖在北方的政治基礎穩固的建築着才能辦到。然而封建軍閥的武力政治與實行國民革命的民主政治是大相衝突的，而且封建政治是必然要被推倒的；那末，日本帝國主義，就想出與國民政府妥協的「調和政策」來了。楊宇霆（日本的準走狗）宣言『採用三民主義但我須與俄絕交』，所謂調和，就是捨去實現三民主義的國民革命的「三大政策」而造成南北假民主政治統一中國的局面，還一層，不但是「調和政策」的本來面目，而且是中國革命前途之大危機。

簡單一句話，日本帝國主義對華方針：第一步是從「不干涉」態度及「放棄」一部特權，以保守滿蒙；第二步是用奉張與南方革命勢力對等「安協」「調和」的政策來造成他在中國的特殊勢力以期長期占經濟侵略中國的優勢。

革命黨人們！日本帝國主義的由「不干涉政策」到「調和政策」是最狡猾不過的巧計，我們這時唯一的也只有：

1. 擁護三大政策！
2. 一致反奉到底！
3. 打倒日本帝國主義的「不干涉政策」！

校聞

奇帕脫博士來校參觀

歡迎廣東全省鐵路工人代表大會紀盛

〔第四版〕〔星期五〕中華民國十六年二月十一日　黃埔日刊

革命與階級鬥爭

軍士教導總隊第七中隊周士元

凡過去的社會的歷史，都是階級鬥爭的歷史、古代希臘的自由民與奴隸，羅馬貴族與平民，中世紀的主與農奴，工業組織的師傅與職工，簡單的說：就是壓迫者與被壓迫者，自有私有財產社會以來，無不互相對峙！或是明爭，或是暗鬥，牠們鬥爭，總沒有停止的，除非到了全世界社會革命成功，被治階級被打倒了而階級也消滅了的時候，纔是結局。

由封建社會崩壞，而產出近世社會，這樣一來，仍然沒有把階級對立廢止，牠不過帶來了一種新階級，新壓迫的手段，和一種新鬥爭的形式，替代那舊的罷了！可是到了我們的時代，就是到了有產者本位時代，全社會越發越分裂，分析得很簡單的了。相互對峙的兩大階級，就是有產者與無產者。在有產者本階級發生的基礎，以至物與生產手段，及交通手段，都是經封建社會所造成的，這種生產手段及交通手段，發展到一定階級的時候，封建社會所需的交通及生產關係，就是關於農業及工業生產的組織；簡單的說，就是關於封建所有的關係，對於已經發展生產力量，不能適用了，這種關係到此時，不但不能助生產，反要妨碍生產，變成了許多障礙物，所以這種關係，不能不被破壞，果然就被破壞了！

那自由競爭，也隨着適合於他的社會上，政治上的制度，便隨着有產者階級，經濟上及政治上的支配，便發生出來了。在有產階級支配之下，還未到百年，他們所發展的生產力，比過去時代一切的生產力，偉大得多，自然力的征服，如機械農業工業上，化學應用，如輪船鐵路，電信飛機，與荒水利種種，好像用魔術把人類喚醒！在前世紀，誰能想得到有這樣的生產力，能包容在社會裏的勞動裏呢？

但是資本家像用魔術一樣，把這樣偉大的生產力及交通關係，發展這樣偉大，如故師念咒，把下界力量喚醒起來，而自己又未有制服他們的力量，幾十年的工商史，只是現代的生產力，對於現存的生產關係，對於有產者的生活條件和支配力的反抗史；我們但想出商業的恐慌，是在一定期間，反復襲攻，常常脅迫有產社會的商業恐慌，就可證明，有產者推倒封建社會的武器，現在轉向有產者自身了！

資本家階級不僅鍛鍊致它於死的武器，並且養成了使用武器的人，就是現代的勞動者，無產者！

資本家生產關係，是社會生活過程的最後敵對的形態，在資本家母胎內發展的生產力，同時可使作成解決這敵對必要的物質條件，纔能發生階級鬥爭，所謂最後勝利者，更是成於舊社會母胎內，使能解決這敵對的必要條件。

他種社會生活，依於經濟生活，經濟之客觀的自然發達：宮之制度與財產制度，兩者之間的矛盾，就是革命時機的準備，他於物質的生產力之發達階段，物質的生活之生產方法，生產之經濟條件，以生產爲社會進化的原動力，實人類爲歷史之唯一永遠創造者，要把社會現像的基礎經濟關係，一方與土地，一方與人口，結合起來，所以經濟的構造，由于人口的狀態，即由人口所加於土地上壓力的程度，而決定的，社會組織，隨於「生產發動而轉動」之法則，社會是多數所需成所維持的，一社會組織改革，也要借大多數人之手，當改善的時候，必有担任其事業之主動者，爲一定之勳作，其運動之基礎的勢力，總是賴於當時社會組織下，居不利益地位之一階級，這階級在不利益條件之下，當然贊成改革，同時與他對立的階級，却正在有利條件之下，必然反對改革，故社會組織的改造，常依階級鬥爭的形式而行，階級對立，階級鬥爭的歷史，簡單的說，就是壓迫者與被壓迫者衝鬥。革命是社會進化，到某一種程度，一部份人得着進化的利益而大多數受着壓迫，因而要求改善社會進化的途程，所發生的一種突變，猶之雛雞一旦衝破蛋殼一樣。所以革命是大多數被壓迫的民衆，打倒壓迫的鬥爭！

社會的構造物質的基礎，外不了生產關係和生活的條件，簡單說，外不了民生情況，這個物質的基礎，是隨時變遷的，社會的制度，常常不能隨着民生情況之變遷而變遷，這樣一來，社會制度便與民生情況，社會的物質基礎，相去漸遠，而終於惹起革命來了！

革命即是社會制度不適合民生情況，而產出的階級鬥爭的結束，所以革命的目的，不外是在求得適合民生情況的社會制度，簡單說，就是在使一般被壓迫的民衆，得到良好生活的根本條件，是自由與平等……

所謂「孫文主義學會分子」的自白

革命之路

題目

何以要革命——政治討論會結論

小通信

軍事

蘇杭將垂手可得

革命軍軍額日漸擴充

奉張欲代吳而爲英帝

政治

漢案談判之賡續聲

帝國主義者底繼承子

帝國主義軍閥資本家共同壓迫下之天津黨獄與工潮

陳外長反對割滬爲中立區

緊要啓事

〔一〕 〔中華郵政特准掛號立劵之新聞紙〕中華民國十六年二月十一日 〔星期五〕 〔第一版〕

黃埔日刊

中央軍事政治學校出版

通信處廣東黃埔本校政治部

〔第二五五號〕

〔本刊每份定價一分〕

啟事

周鴻文同志：領同學錄的證，我已交給過你了，如果印就了時，請代領掛號寄南昌舊省署第三軍政治部編輯股交我為盼！若時間過久，部隊有開動消息，仍請審慎投郵！前由王壽昌先生處轉來一函，收到否？ 陳導平啓

覃異之同志鑒：你現在那裏服務請告知 駐廣三路三眼橋五十九團三營八連傳令兵周賤夫

鄙人失落本校出入證章第二一〇〇號，除呈報註銷外，拾者作廢，特此申明 第六學生隊第十七隊張龍博

官澄、彭俊英兩同志：你們現在何處服務，請即示知為盼 校本部第二學生隊廿八區隊陳丕盛上

蔣達同志鑒：你編在入伍生部何營何連，請速示知為荷 政治部宣傳科秦化南

劉衡棟，鄧勛，段宗榮，羅晉陽，四同志鑒：兄等升學後編入何隊何連，請函告我。我現在國民革命軍新編第二師四團三營十連服務，住江西吉安陽明中學校，特此奉知 顏森啓

周以康、陳志軍兩同志：別來許久，心甚懸念；你現在何處，請迅函示知為禱。魚珠學生軍第一中隊秦名徽啓

誓遵總理遺囑

總理遺囑

余致力國民革命，凡四十年，其目的在求中國之自由平等，積四十年之經驗，深知欲達到此目的，必須喚起民衆，及聯合世界上以平等待我之民族，共同奮鬥。現在革命尚未成功，凡我同志，務須依照余所著建國方略，建國大綱，三民主義，及第一次全國代表大會宣言，繼續努力，以求貫澈。最近主張開國民會議，及廢除不平等條約，尤須於最短期間，促其實現，是所至囑！

本校本週口號

繼續二七工人前進！

誓求社會平等自由！

擁護勞工團體！

努力民主爭鬥！

討伐奉系軍閥！

剷除封建根基！

鞏固我革命戰線！

打倒英帝國主義！

日評

●日本帝國主義為什麼對華採取「不干涉政策」？

鴻沈

民國十六年開始，「一三」以後，中國正是多事之秋，而與各帝國主義的交涉，尤難于從容對付，八方週旋。單拿日本帝國主義來說，他就處處與英異趣，對華採取「不干涉政策」。為什麼牠要採取「不干涉政策」呢？我們可以把望遠鏡拿來打牠一個照面：

第一，牠與中國接近，很明白中國人的心理是和善易欺的，故每以「中日親善」等字樣來愚弄我們，因此，牠不好與我們抓破面子。並且牠又知道中國人到底還有「五分鐘的熱血」，這五分鐘的熱血在「五四」，「五卅」當中，牠也嘗過了一些滋味，都還有些厲害，所以是不敢輕試其鋒的！

第二，日本帝國主義在中國的特殊經濟勢力範圍是滿蒙及北方一帶，數十年來他苦心經營的，那肯輕易孤注一擲？牠知道革命軍有民衆的勢力為之擁護，又鑒于吳孫之失敗，欲扶助張作霖以武力統一全中國，殊不可能；反之偶一不慎，輕易挑戰，張作霖還很容易被革命勢力擊破，則其在滿蒙的特殊經濟地位將與英帝國主義在中南一帶者同一運命！故此時與其進取，勿甯退守：這也就是日本帝國主義不許奉張南下用兵的本意。你看，日外相幣原氏于一月十八日在上議院宣佈日本政府之對外政策中有云：『所望者東三省境域能維持大局之安甯，……日僑在該處生命財產所關，日政府豈不關懷？』又云：『今日我(日本帝國主義)在東三省之權利，較他國特為重要。』這些話，就能表現出牠只好保守，不敢干涉的態度來。

第三，牠一方面自然要保守，別一方面牠還要藉着英帝國主義失敗的時候，乘機在中國大肆其經濟侵略。因為「自歐戰而後，再受地震之大劫，日本經濟及元氣已大不如前，豈尚望于國際間挑撥殺機，重招浩劫乎？」是故日本以後之政策，惟有振刷精神，提倡發展對外貿易。」(日外相宣佈對外政策演說詞)所以日本帝國主義又花言巧語的說「日本政府有預備承認南方(國民政府)之意」；而美帝國主義就明白指示出「日本不久將允放棄其許多之特別權利，以為保護其在鄰國(被侵略的中國)之重要貿易之交換」的陰謀來。那末，日本不但不採取「干涉政策」牠還要採取「放棄政策」呢！

第四，我們知道，帝國主義經濟侵略所得的特殊權利，非有特殊的政治勢力為之保障不可；故英美日法等帝國主義各有其走狗——中國封建軍閥的武力暴民政治為牠們「劃定勢力範圍」的保證。此時日本欲保守滿蒙及吳孫失勢，北方政權遂獨操于日本帝國主義的走狗！軍閥張作霖之手。並發展其經濟勢力于中國，只有想法將其走狗張作霖在北方的政治基礎穩固的建築着才能辦到。然而封建軍閥的武力政治與實行國民革命的民主政治是大相衝突的，而且封建政治是必然要被推倒的；那末，日本帝國主義，就想出與國民政府妥協的「調和政策」來了。楊宇霆(日本的準走狗)宣言」採用三民主義但我須與俄絕交」，就是這個用意所在。

所謂調和，就是拾去實現三民主義的國民革命的三大(革命)政策而造成南北假民主政治統一中國的局面：這一層，不但是「調和政策」的本來面目；而且是中國革命前途之大危機！

簡單一句話，日本帝國主義對華方針：第一步是採「不干涉」態度及「放棄」一部特權，以保守滿蒙，並發展其經濟勢力於中國各部；第二步是用奉張與南方革命勢力對等「妥協」「調和」的政策來造成他在華的特殊政治勢力以期長期占經濟侵略中國的優勢。

革命黨人們！日本帝國主義的由「不干涉政策」到「調和政策」是最狠毒不過的巧計，我們這時唯一的也只有：

1. 擁護三大政策！
2. 一致反奉到底！
3. 打倒日本帝國主義的「不干涉政策」！

校聞

●奇帕脫博士來校參觀

奇帕脫博士，為美國哥倫比亞大學有名教育哲學教授。渠此次來華，首抵廣州，乃系於一觀中國民族運動根據地之真相，以渠在美國披閱報章，日見帝國主義的新聞記者，出其廣告技倆，宣傳廣州赤化共產，而此種奇妙之新聞，遂為端促博士來華之請帖。博士自抵廣州之後，甚受各界歡迎。本月九日，博士乃偕嶺南大學史麟書教授等，特來本校參觀。當由政治部派張秋人教官，及龔懋其，沈華輯三同志妥為招待。並領導渠等至各處參觀一週。嗣假官長會客廳用午餐。席間博士對於本校情形，詳加詢問，並談及目下中國一般社會問題。張同志等曾問渠，美國政府能否先行放棄對華不平等條約，以孚中美親善之意旨。博士對此問題之答語，乃不脫其大學教授之談諧，謂美國對華究有何種不平等條約，渠不十分明瞭。繼謂美政府為少數資本家所支配，渠為教育界中人，實無力過問。但美政府深怕輿論之批評，渠回美後，當從事宣傳目下中國民族運動之真相，以促美政府之覺悟。最後博士並詢本黨主張取消不平等條約，是否將出之以武力的方式，以達到目的。張秋人同志當答以此為國民政府外交問題，不便深談。但據彼個人意見推測之，國民政府當甚願以政治的方式，為取消不平等條約之正當途徑。但在必要時，吾人自當採取革命手段以廢除之云云。直至三時許始甚歡而散。並以校船送渠等，當晚回返省城云。

●歡迎廣東全省鐵路工人代表大會紀盛

廣東全省鐵路工人代表三百四十餘人，為反帝運

動之前鋒。本校特於昨日奉校長黨代表命令，由政治部派員赴省，歡迎該代表等來校參觀，以表示本校擁護總理農工政策之精神。是日各學生隊各區隊亦各派代表一人為招待。該代表等當於上午十一時許抵校。至新俱樂部稍用茶點，即開歡迎大會。由方教育長主席。茲將開會情形略述如下：1，肅立。2，奏樂。3，向國旗黨旗總理遺像行三鞠躬禮。4，恭讀總理遺囑。5，主席致開會詞（演詞另錄）6，讀歡迎詞。7，代表答詞。由主席代表楊殷同志致答詞。大意謂鐵路工友，無論何時皆感受帝國主義及反動派的壓迫。現在帝國主義者正聯合一切反革命勢力向中國民衆進攻，所以革命的黃埔學生，與革命的鐵路工友，必須聯合起來，共同奮鬥，以打倒帝國主義，打倒軍閥云云。8，演說。首由熊主任演說，略謂黃埔學校，就是各位同學校，因黃埔學校為本黨所創辦，而本黨所代表者為大多數民衆的利益，尤其是代表農工階級的利益。黃埔學生在每次戰爭中皆得到工友們的幫助而取得勝利。並且鐵路工友能聯合世界交通工人，以制帝國主義者之死命。現在我們要團結一切革命勢力，向帝國主義軍閥進攻，以完成中國國民革命云云。次為韓麟符教官演說，大意謂中國工人階級參加革命，已有四年，但在此四年中，革命勢力已有了非常的發展。現在帝國主義者，已聯合起來，企圖在本黨勝利的目前聯合起來，並破壞我們的聯合戰線。所以我們亦要聯合起來，與之作最後的鬥爭。目前中國工人只有擁護國民黨，完成國民革命，始能得到解放。[illegible]……國民革命成功萬歲！12世界革命成功萬歲！13中國國民黨萬歲！

小通信

歐陽俊同志：你在入伍生何團連？請告。我現在第二學生隊第五隊二十區隊，住校本部。 袁時傑啟

劉鳴鳩同志：你現在那裡駐防。志超有信在我處，請你告訴我為荷 第二學生隊十八區隊劉學乾啟

逕啟者敝隊勤務兵黃桂生遺失符號一枚除呈報備案外特此登報作廢 第一隊部啟

問培茂同志：聞你來學多時，未識入伍何地何隊兄現有便信一封在敝處請來取或將通信處示知轉寄亦可 駐校第二學生隊八隊卅一區隊王心敏啟

向克毅同志：你畢業後分發何地何隊請示知 駐校第二學生隊第五隊十七區隊向化啟

鄧英傑鄧劍南鄧百鍊劉雄飛劉定權劉柏炎劉舉郭文燦傅作梅陳述藻劉克興同志均鑒：你等畢業後，和升學後，在何部服務，請你們即將現在的通信處！寫信告我，我現在國民革命軍新編第二師四團三營十連服務駐紮江西吉安陽明中學，來函逕寄該處可也 志弟鄧澤銘啟

軍事

蘇杭將垂手可得矣

▲革命軍尅日進窺蘇州 ▲指顧間可肅清全浙 ▲我軍前鋒與白寶山部會攻杭州 ▲白寶山輸誠將任為革命軍廿四軍長

我軍東路總指揮白崇禧率大軍十餘萬人，於上月開抵衢州以後，向前進攻，節節勝利。照登各方最近捷訊如下：上海九日電。嚴州黨軍會同蘇軍周鳳岐部進抵金華，即在金華設浙黨軍行營，辦理軍事，同日電，白崇禧部自集中蘭溪後即尅期開赴前方，七八軍將會師湖州，由廣德間進窺蘇州，同日電，黨軍前鋒，追近杭城，孫軍在艮山架大砲截擊攻杭黨軍，雙方激戰甚烈，孫軍死傷枕藉，又孫傳芳將領第五師長白寶山所部士卒，頗稱善戰，槍械子彈，亦殊充足犀利，原日駐防江蘇各屬，自此次革命軍率師進兵攻浙後，孫即下令白氏統率所部隊伍沿滬杭路線，直達蘭溪嚴州一帶，分頭嚴密佈防，以為抗拒入浙革命軍的主力部隊，詎白氏因環顧全國大勢，漸知軍閥終必失敗，并覺悟孫傳芳大勢已去，旦夕將倒，為表示覺悟起見，已於月前密遣心腹代表某赴滬，晉謁國民革命軍總司令部鈕總參議永建，道達本人誠意，已決定實行統率所部，輸誠革命政府，請求電轉蔣總司令核准收編，鈕氏據此，當予據情報告蔣總司令，總座據電後，以白寶山既有誠意來歸，採取行動一致，儘可容納所請，除將茲意電復鈕氏外，并有將正式委任白為國民革命軍第廿四軍軍長消息，刻聞白氏已尅日統率全部，會合革命各軍進攻杭州云，

革命軍軍額日漸擴充

△唐生智所部改編三軍—升李劉何為軍長

湘軍師長唐生智，自去年輸誠國民政府後，政府即委唐為革命軍第八軍軍長，兼前敵總指揮，作戰以來，迭次與敵搏戰，收復武長，肅清鄂西，多藉八軍之力，而八軍因是繳獲敵械比較其他各軍為多，統計不下二萬餘枝，故名雖一軍，實則人數逾原有基本部隊已足三軍之數，故唐軍長特呈准蔣總司令將所部擴成三軍，即以原任師長李品仙，劉興，何鍵三人，升任軍長，聞總司令已允准加委云，

奉張欲代吳而為英帝國主義者底繼承子

△奉張討好倒不打緊——只可惜丟了老吳的面子

張作霖以吳佩孚敗退豫中，一籌莫展，久有併吞其殘部之野心。最近張電英京聯合通信社，一則曰吳困鄭州，再則曰本軍宗旨貫澈到底，其欲代吳而為英帝國主義者底繼承子之意更溢於言表。電文如左：本軍討赤與吳佩孚始終合作，現吳佩孚雖困鄭州，本軍宗旨仍貫澈到底。

政治

漢案談判之斷續聲

△前英兵陸續來華認為威迫我方約停止談判 △英帝國主義自己轉圜請我方繼續談判

漢案正在交涉中，英兵陸續來華，我方不能不認為此係反對中國民族主義之威脅行動，在此情勢之下，簽訂約章，無異城下之盟，未有如此締訂之約章而可認為真正有效，陳外長會將此意電告英國聯合會，報告漢案談判中斷原因，英帝國主義者見我方態度堅決，國際空氣亦不甚佳，只得自己轉圜，請求繼續談判，茲錄八日漢口電云，英參贊阿馬利向外部表示，英已停止派兵來華，請續開漢案談判，故漢案談判，七日由陳外長與阿馬利，在漢續開，又漢案七日，由陳外長友仁與阿馬利續開談判，路透社七日漢口電，陳外長友仁今日與英參贊歐美利君會商，查今日之會商，為談判中斷以來之首次云，

陳外長反對劃滬為中立區

我方以廢除不平等條約，收回租界為急務，何物英國提案，竟欲劃滬為中立區域。陳外長聞之極力反對。謂如孫傳芳與英租界當局不以備戰狀態來對付民衆，則當然不蒙兵災（上海九日下午電）

帝國主義軍閥資本家共同壓迫下之天津黨獄與工潮

△法租界當局再摧殘總工會——拘捕多人 △裕元紗廠勾通軍警——鎗殺工人 △全津工人預備總罷工 △黨員家庭被抄搶刼外還要罰款

近數月來北方在黑色恐怖之下，完全成為黑暗世界。天津因居政治交通之重要地位，情勢尤惡。自去年英租界逮捕黨人案發生後，拘捕槍殺，無日無之。茲錄天津近訊如下：

▲一月十三日，天津總工會，在法界普愛里七十二號，該會附設天津工人俱樂部為援助漢案召全津工人代表大會，計議援助工會進行方針，到會委員及工人五十餘人，由委員長吳雨銘主席，屆時宣佈開會，報告漢口慘案經過，代表等莫不慷慨激昂義形於色，突於一點三十五分有法工部局巡捕密探約二十人，將俱樂部包圍，工人代表見狀大動公憤，當與巡捕衝突，[illegible]十分鐘，終於被捕去總工會委員長吳雨銘，委員及代表邢克讓，傅茂公，張貴祥，陶卓然，栗澤，李鐵鈞，閻瑞生，薛世五等數十人，均押工部局內，中國官廳聞訊，立由警廳派員交涉引渡，各分工會，亦召集緊急會議，討論營救方法，聘請愛文斯律師辯護，並擬預備總罷工以為漢案及被捕代表聲援云。

▲十四日裕元紗廠每年終例有贏利中，提出百分之二作工人之花紅，今年該廠獲利百餘萬元，照例工人應得之花紅[illegible]，乃該廠以前曾受軍事當局之強迫購買公債五萬元之故，欲自是本年工人應得之花紅以資抵補，同時並得到軍警當局之實力援助，壓迫工人組織之工會，以[illegible]公債交換條件，遂於十四日勾結軍警槍殺拘捕工人六十餘人，因此工潮愈益擴大。

▲十六日，十三日事件發生後，致使法帝國主義[illegible]，遂于十六日法租界當局又封閉工人俱樂部及拘捕該部職員及工人三十餘人。一再發生此種慘案，[illegible]

▲奉天黨員家庭 本系軍閥，對黨員方法愈[illegible]，本月間此種事實已發生三次：一，豐潤縣黨部常務委員趙叔恩家被[illegible]奉軍馬隊八十餘人包圍查抄，罰款四千八百餘元了事；二，黨員鄭鐵山與趙叔恩為戚屬，客中亦被查抄，什物損失無算，幸家人早避，未遭毒手；三，磁縣黨部常務委員王子青，家產亦被查抄損失未詳，一般人民無論平日對民黨是否同情，對奉軍此種行動，咸切齒不置，謂為匪本色云，

緊要啟事

逕啟者鄙人前在入伍生時，被人朦蔽，誤入孫文主義學會。當時因不知其真象，故有此種謬舉；及今始知該會為右派之大本營，與革命者久已視為歧途！茲特登報聲明，與該會脫離關係，以後該會一切行動，不與鄙人相干。并望各同志隨時監督，不勝盼望之至！

第二學生隊廿六區隊粟亢麟啟二月六日

中華民國十六年二月十一日〔星期五〕 黃埔日刊 第三版

革命之路

題目

何以要革命——政治討論會結論

（一）革命底意義既明，我們便應該研究革命底原因。在一個國家內面，何以有革命發生？在一個世界上，又何以有革命發生？我們如果不懂得革命發生的原因，就不能懂得革命，且不能在正軌上做革命。

（二）有人以為革命之發生，是由被統治階級受「統治階級在經濟上的掠奪和在政治上的壓迫。如此，則革命應該在一有「被統治階級」時就發生起來。可是以我們所看到的事實來說，每一個革命都在被統治階級已受了長期的掠奪壓迫之後。所以單憑階級統治一事還不能發生革命。

（三）又有人以為革命之發生，由於被統治階級受「無憐惜的掠奪和壓迫，生活痛苦非革命不可。」但事實上古代底奴隸，受極厲害的掠奪，壓迫，過非人的生活，竟不能產生革命，完成革命。倘若進一步問為什麼到這時被統治階級過分痛苦，為什麼又有完成革命之可能。（一切革命如果沒有完成之可能，則只能成為一個暴動，差不多不能說是革命。）這就是要另尋答案的了。

（四）要找得革命底原因，首先必須要明白人底力量是有限的，革命是造新社會的，而人不能隨時隨地造新社會。新社會底樣式如何，也不是由人決定的。因為人底思想要受時代底限制；人底力量亦不能超出時代以上而從心所欲去創造。倘若說法國革命是完全由於盧梭福祿等等自由民權之思想，那我就要問何以他們有此思想，何以這時才有他們（不先亦不後），這顯然是時代底關係，他們的思想以及他們的本身都是那時代之社會的產物。

（五）其次，我們要明白社會底原動力是什麼？換一句話，要找得社會中支配其他部門的東西。要明白這一點，便須知道：（一）人是為生活而生產，為生產而組成社會；（二）生活是根本，所以生產是一件要事；（三）人不做無益於生活和不便于生活底事情，因此，所以經濟對于法律，宗教，哲學，道德，科學，藝術，以及階級統治（即政治），階級爭鬥，均有最後決定底力量。經濟於是成為社會變動和牠社會將成為何種形式底最後決定者。

（六）從此可知：

A.經濟的變動，能引起社會客觀方面的構造（如政治法律等）和主觀方面的階級（甚麼經濟制度下即有些甚麼階級）之變動；

B.經濟的變動，能引起社會舊的形式之崩潰和新的形式之形成；

C.只有在這種情形中，人才有改革社會底要求和可能；

D.人底力量，只有在這經濟的變動中，順着經濟進化之趨勢，才有改造社會底作用（思想能順應此趨勢則有力量）。那末，尋求革命底原因，不應該在經濟中間去研究麼？

（七）在經濟方面，我們應該把生產力與生產關係分開：

A.生產力是人與自然底關係。要有這個關係，人才能生產。在生產時，需要有勞動力，生產工具，生產對象以及生產環境——地理歷史諸條件，然而生產工具為最重要。其他皆隨之而變遷。

B.生產關係是人與人在生產中的關係。要有這個關係，人才能合羣協作地生產。因為生產不是一個人所能的，乃是一個社會的行為。

（八）生產關係，必與生產力相適應，才能夠生產。這種相適應底關係，就好比軍隊組織之適應武器一樣。用弓矢底軍隊組織與用火器的不同，用火器的又與用伏槍的不同。軍隊組織不隨有武器變遷，使不能使用武器。人底生活程度和形式都是變遷的，所以生產力是變遷的，自然生產關係也隨之而變遷。社會中底政治法律宗教哲學道德科學藝術以及階級爭鬪等之隨有經濟而變遷，即是隨有這個生產關係而變遷。這是一點不差的事實。

（九）倘若生產力變遷了，生產關係還沒有變遷，那麼舊者就不能與新者相適應。在這種狀況中，就必然要發生衝突，生產關係與生產力底衝突。這就好比以用火器底軍隊組織來用伏槍是一樣，非常不便。此時與生產關係相適應的政治法律宗教哲學道德科學藝術等等均不安定，大行動搖。講到各階級的爭鬪，當然是非常之加重起來。於是革命底時代便到了。

（十）在這個時代中，全社會都成混亂現象。政治法律不適宜於時，舊的「保守，復古，反動的性質。思想方面，更大行破產。——最表現得厲害的，要算統治階級的學者，他們公然排斥物質文明，而被統治階級在這時代受底痛苦，特別厲害。有革命底必要，而成為了一個革命階級。牠的痛苦如果要解除，就只有變舊生產關係，順生產力之發展，成立一個與之相適應底新生產關係。

（十一）就過去的革命看，無論十八世紀底法國革命也好，廿世紀底俄國革命也好，都是產生於生產關係與生產力底衝突，當看歐洲封建社會中底商業資本利息資本得美洲金子之輸入，海外市場之展開，國內勞力之充實（例如在英法百年戰爭後，有很多的破產農民需要工做）。等等歷史條件時，生產力硬向有資本主義發展，可是封建的生產關係不能與此生產力相適應，把牠束縛着。於是代表新生產力底有產階級便以自由平等底口號，以打倒保護舊生產關係底貴族階級，實現工業自由，貿易自由，發明自由，而把人們從封建制度底隸屬關係中解放出來，建立一個工人自由地與資本家平等買賣勞力資本家與資本家平等參加政治底民主共和。於是這新生產力與舊生產關係底衝突解決了，資本主義的生產關係成立，社會遂上了進步之道。

（十二）俄國革命也是這個樣子的。因為資本世界底生產力已經發展到生產很多，使生產社會化，可以共產時，而舊的生產關係，——資本主義的生產關係，還是私有，還是無政府生產，以致發生商業危機，工業危機，造成工人失業和其他種種痛苦，需要革命。可是資本家——有產階級——卻仍然要保護舊的生產關係，於是代表新生產力底無產階級便不得不起來打倒資本家。並順經濟之發展，由無產階級國家來更加集中生產工具，建立一種適合於新生產力底新生產關係——共產主義。只有這樣，才能解決目前生產上底衝突和社會上種種危機，使人類再向有文明方面前進。

（十三）中國國民革命底根本原因，當然也是生產力與生產關係底衝突。在辛亥革命以前，世界底生產力向前發展，要求中國來通商，提高中國底生產，而舊的封建的生產關係拒絕牠，——此爭從由封建的生產關係所形成底閉關政策表現出來。因而發生許多衝突。結果，封建的生產關係敵不住資本主義的生產關係而歸於失敗。不久，中國人感覺到發展生產是必要的，急於建設一種民族主義的生產關係，可是封建的生產關係雖倒，而帝國主義在此時又成為一種復古底東西了。一方面扶助封建餘孽，一方面掌握關稅，以壓迫中國生產之發展，——自然要這樣，帝國主義才能使中國永遠成為牠的市場。可是帝國主義一天不打倒，則軍閥一天存在，壓迫掠奪人民是非常厲害，而為帝國主義所破壞了牠的生產底生產者，無自國工廠以資安插，痛苦日甚，且全國人民都不能從非人的生活中解放出來，所以革命仍非繼續，直至打倒帝國主義及其工具——軍閥不可。

（十四）從此可知革命是經濟進化底結果，歷史發展底必要。人之實行革命，不惟是階級的，而且完全在一定的條件中。倘若抱一種唯心見地來革命，那便是只顧主觀的意志，而不顧客觀的環境，就免不了徒勞無功。而且只有這樣，才能完成革命創造新社會。

中華民國十六年二月十一日〔星期五〕　黃埔日刊　〔第四版〕

革命與階級鬥爭

軍士教導隊第七中隊周士元

凡過去的社會的歷史，都是階級鬥爭的歷史、古代希臘的自由民與奴隸，羅馬貴族與平民，中世領主與農奴，工業組織合頭人與職工，簡單的說，就是壓迫者與被壓迫者，自有私有財產社會以來，無不互相反對！或是明爭，或是暗鬥，它的鬥爭，總沒有停止的，除非到了全世界社會革命成功，統治階級被打倒了而階級也消滅了的時候，纔是結局。

由封建社會崩壞，而產出近世社會，這樣一來，仍然沒有把階級對立廢止，它不過帶來了一種新階級，新壓迫的手段，和一種新鬥爭的形式，替代那舊的罷了！可是到了我們的時代，就是到了有產者本位時代，却把階級對立，分析得很簡單的了，全社會越變越分裂，互相對立的兩大營壘，相爲對峙的兩大階級，就是有產者與無產者。有產者本階級拿做基礎，以至物與的生產手段，及交通手段，都是經封建社會所造成的，這種生產手段及交通手段，發展到一定階級的時候，封建社會所靠的交通及生產關係，就是關於農業及工業封建社會的組織；簡單的說，就是關於封建所有的關係，對於已經發展生產力量，不能適用了，這種關係到此時，不但不獎勵生產，反要防碍生產，變成了許多障礙物，所以這種關係，不能不被破壞，果然就被破壞了！

那自由競爭，也隨着適合於他的社會上，政治上的制度，便隨着有產者階級，經濟上及政治上的支配，便發生出來了。在有產階級支配之下，還未到百年，他們所發展的生產力，比過去時代一切的生產力，偉大得多，自然力的征服，如機械農業工業上，化學應用，如輪船鐵路，電信飛機，緊荒水利種種，好像用魔術把人類喚醒！在前世紀，誰能想得到有這樣的生產力，能包容在社會裏的勞動裏呢？

但是資本家像用魔術一樣，把這樣偉大的生產力及交通關係，發展這樣偉大，如牧師念咒，把下界力量喚醒起來，而自己又未有制服他們的力量，幾十年的工商史，只是現代的生產力，對於現在的生產關係，對於有產者的生活條件和支配力的反抗史；我們但舉出商業的恐慌，是在一定期間，反復襲攻，常常脅迫有產社會的商業恐慌，就可證明，有產者推倒封建社會的武器，現在轉向有產者的自身了！

有產階級不僅鍛鍊致它於死的武器，並且養成多少使用武器的人，就是現代的勞動者，無產者！

資本家生產關係，是社會生活過程的最後敵對的形態，在資本家母胎內發展的生產力，同時可使作成解決這敵對必要的物質條件，纔能發生階級鬥爭，所謂最後勝利者，更靠成於舊社會母胎內，使能解決的這敵對的必要條件。

他種社會生活，依於經濟生活，經濟之客觀的自然發達：富之制度與財產制度，兩者之間的矛盾，就是革命時機的準備，他於物質的生產力之發達階段，物質的生活之生產方法，生產之經濟條件，以生產爲社會進化的原動力，實人類爲歷史之唯一永遠創造者，要把社會現像的基礎經濟關係，一方與土地，一方與人口，結合起來，所以經濟的構造，由于人口的狀態，即由人口所加於土地上壓力的程度，而決定的，社會組織，隨於「生產變動而變動」之法則，社會是多數人所造成所維持的，一社會組織改革，也要借大多數人之手，當改革的時候，必有担任其事業之主動者，爲一定之動作，其運動之基礎的勢力，總是屬於當時社會組織下，居不利益地位之一階級，這階級既在不利益條件之下，當然贊成改革，同時與他對立的階級，却正在有利條件之下，必然反對改革，故社會組織的改造，常依階級鬥爭的形式而行，階級對立，階級鬥爭的歷史，簡單的說，就是壓迫者與被壓迫者奮鬥。革命是社會進化，到某一種程度，一部份人得着進化的利益而大多數受着壓迫，因而要求改造社會進化的途程，所發生的一種突變，猶之雞雛一旦衝破蛋殼一樣。所以革命是大多數被壓迫的民衆，打倒壓迫的鬥爭！

社會的構造物質的基礎，外不了生產關係和生活的條件，簡單說，外不了民生情況，這個物質的基礎，是隨時變遷的，社會的制度，常常不能隨着民生情況之變遷而變遷，這樣一來，社會制度便與民生情況，社會的物質基礎，相去漸遠，而終於惹起革命來了！

革命即是社會制度不適合民生情況，而產出的階級鬥爭的結束，所以革命的目的，不外是在求得適合民生情況的社會制度，簡單的說，革命是在使一般被壓迫的民衆，得到良好的生活，良好生活的根本條件，是自由與平等，所以階級鬥爭就是革命的方式，他的目的和手段，也就是政治鬥爭的終結點，階級鬥爭的終結，也就是社會革命的大功告成。

所謂「孫文主義學會分子」的自白

卅二區隊　張鐵須

五四以後，我在安徽甲商作學生，時正全國學生愛國運動熱潮澎湃，我也是「弄潮兒」之一；但赤手空拳，敵不過有槍階級底一彈。我便感覺到非有有主義的武力，決不足以推翻萬惡軍閥；因之遂願學習與我個性素來相反的軍事。但因爲家庭經濟過於艱難；又無完美的軍校，遂輾轉因循而於去年三月始到廣州。六月入伍後，自知身體衰弱，學識飢荒，一切團體中活動，完全避免：即有時被官長指派，亦必千方百計以辭去之。入校後，仍未改此態度；不料一次政治討論發言以後，所有組長主席，委員，代表等等，接二連三，相繼被冠於我之身。更不料因爲平時態度之矜持及會場言論之激昂，而所謂「孫文主義學會分子」，所謂「C.P.」，所謂「吳稚暉式的無政府主義者」一等等矛盾已極的名詞，亦相伴而同時駕臨。其中尤以「孫文主義學會分子」的謠傳爲最高，幷有竟謂三十二區隊爲「孫文主義學會分子」之大本營者！三兩週來，知我者當面質問，忌我者輾轉訛傳；聽聞之下，憤而且痛！推此謠傳之釀成，或不出以下數種原因：

1、眞正孫會分子所造出者　一方面故意誇張，表示其本身勢力之擴展；一方面使人對我猜忌，自己好在右面作工。

2、左派分子所造出者　一般眞正熱心同志，看我平時態度，過於「老成持重」(其實就是「懦弱無能」或「滑頭偷安」)，或疑心我眞是孫會分子，故以此試我。

3、無所謂派所造出者　此由於風頭心理之衝動而所願未償，故不惜造謠中傷，實行其離間之詭計。

第三派本不足辯，第二派雖疑我亦實愛我，第一派則適見其心勞日拙，卑鄙無聊：故此謠傳之來，在我個人，早具有「眞者自眞，僞者自僞」之觀念，但今日的我，不僅爲我個人，同時負有各種雖不重大而又確須負責之任務。爲避免一般同志因懷疑我而致不信任我所執行的職務，甚至妨礙革命中的合作起見，乃不能不表示我「堅決的意志，鮮明的態度」！

我的思想變化，具有複雜的歷史；但無論如何，我只研究過安那其；我只涉獵過共產主義；而最後加入的，只是一個國民黨。去年六月以前，我不過是個掛名的黨員，從未過過實際的黨內生活，不過僅在幾個「女中」作點未見成效的宣傳。來粵以後，始則因爲生活和治疝，作司書，繼則入伍於第一團，守衛上操聽課以外，不過看看各種主義方面的書報。不但社會方面，從未活動，即我所在的第三連，亦從未作過「開倒車」的工作。說句良心話，在今日以前，我在言論行動上，從無激烈的表示。一則自知能力學識思想經驗實在毫無基礎，何必在高明的自負的「黃埔學生」之前來出醜，再則實出於「怕作事」的心理，深恐一旦登台，就會鬧出笑話(非不願作實不敢作。)至於什麼孫文主義學會，我不但從不認識裏面的一個「人」(？)，不但從未讀過裏面的任何刊物，而且一聞「孫文主義學會」之名，亦復深惡痛絕，曾公開攻擊，遂蒙袒護之嫌！

關於孫會形成之原因及其謬誤之所在—即應打倒之理由，凡我同志，稍有革命的認識者，誰都深澈了解，本不待我贅述；至於打倒之方法，曾於本區隊同人間一再言之。近更聞其大而勾結新近投降之軍閥及國家主義之醒獅派，以謀傾覆革命根本的勢力；小而以金錢收買黨羽，誘惑中立的胡塗虫，幷汚蔑左傾分子。可恥可恨，亦可痛心！

最後，我當毫不慚愧地自明：我實素立於左派，除努力本黨一切工作外，幷帮助中立者左傾；右派罪惡，當聯合同志共剷除之；我絕不疏我對於C.P.之合作，絕不棄我「求超時代的思想，作現時代的工作」之主張。縱謂我爲「吳稚暉式的A派」，我亦承認。然入伍升學，八月以來，凡我同學同志，迄未認識我之爲人，而必待我之自白，誠我「作人態度」之錯誤，我不能不深自承認而懺悔之！

★★★★★

十六年二七前夕於黃埔校部卅二區隊

中华民国十六年二月十二日 星期六 第一版
黄埔日刊
中央军事政治学校出版
广东黄埔本校政治部
第二五六号

启事

美帝国主义为什么对华采取『和平政策』?

总理遗嘱

杭州旦夕可下

党军积极训练军事人材

中央执行委员会开会要讯

张吴明争暗斗之一般

中华民国十六年二月十二日 星期六 第四版 黄埔日刊

政治问答

特别党部宣传委员第一次参加小组会议讨论结论

第二次参加小组会议讨论结论

第三次参加小组会议讨论结论

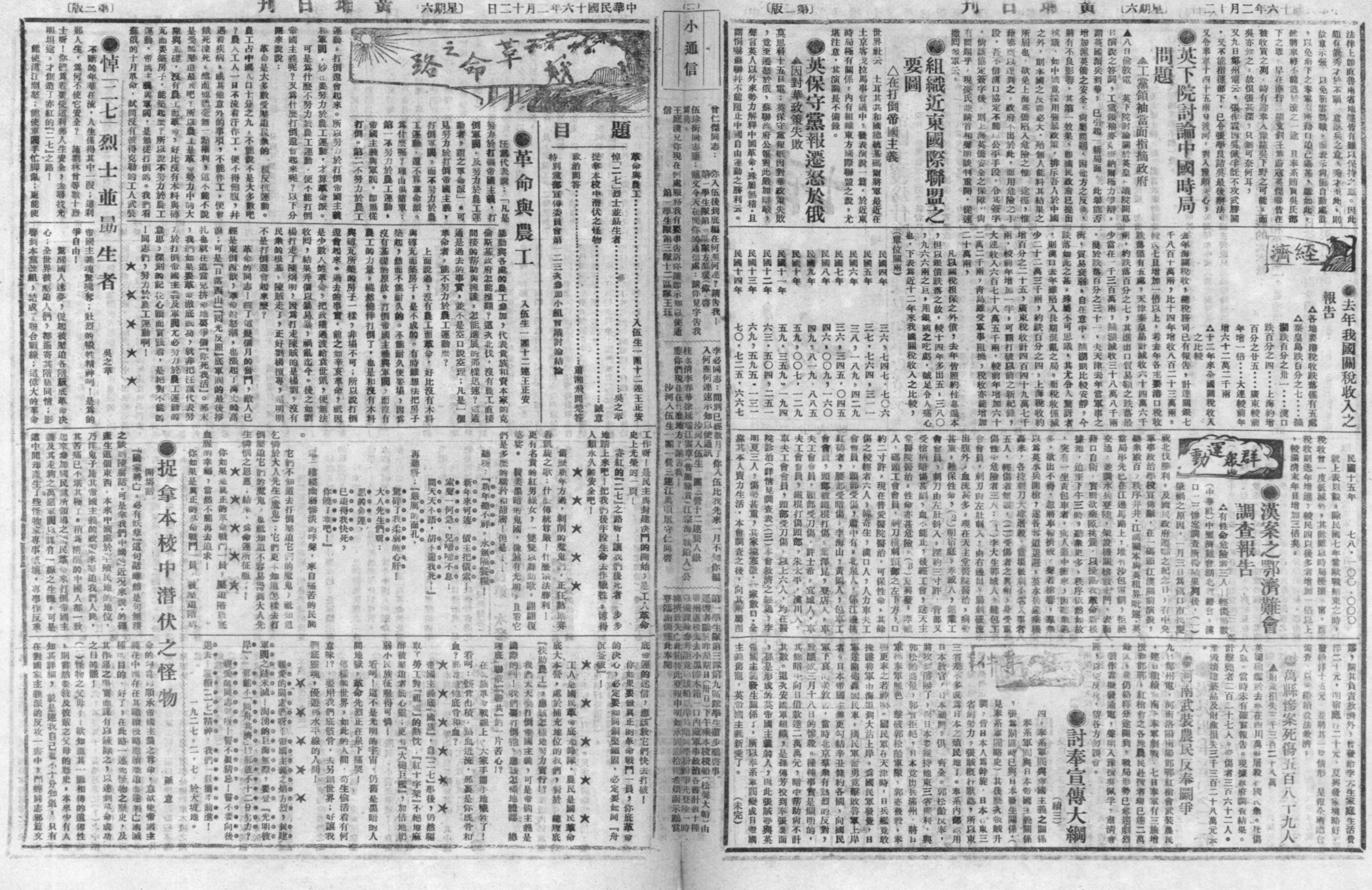
中华民国十六年二月十二日 星期六 第二版 黄埔日刊

英下院讨论中国时局问题

组织近东国际联盟之要图

英保守党报还恶於俄

去年我国关税收入之报告

汉案之鄂省济难会调查报告

讨奉宣传大纲

中华民国十六年二月十二日 星期六 第三版 黄埔日刊

革命草之路

题目

革命与农工

悼二七烈士並勗生者

捉拿本校中潜伏之怪物

〔中華郵政特准掛號立劵之新聞紙〕中華民國十六年二月十二日〔星期六〕〔第一版〕

啟事

鄙人失去私章盒子一個，內有白色牙骨方圓章各一枚，方者上刻（上官暐印），圓者上刻（麗如），其字均為隸楷，特此申明作廢。

向望吳震二位同志：你在入伍生何團何營，請示我！因為我把朋友通信處的記事册已失掉了。虎門守備隊第二營李培蔭

蔣英同志：你畢業分發後現在何處服務，見字請示知！北較場軍士教導隊第六中隊梁靖宇啓

關勃李果誠（福增）二同志：畢業後分發何處服務，請示知！北較場軍士教導隊第六中隊周震東啓

秉哲兄：你現在何處何部隊，希速示知。第一學員隊第二隊張學經

鄙人於本月四日遺失第七二九號證章一枚，除已經呈報校部註銷補發外，特此聲明作廢。糧服課給養股股員余建勳

李鴻蓬同志：你服務何處？有信交給你，務示知住址，以便郵轉。

秦頤仁兄：聞你入伍好久，何不知編入第幾團？第三隊第十連周玉山

黃埔日刊

中央軍事政治學校出版

通信處廣東黃埔本校政治部

第二五六號

本刊每份定價一分

日評

美帝國主義為什麼對華採取「和平政策」？

鴻沉

到了現在，世界資本帝國主義者已趨于崩潰時期；大英帝國主義之外強中乾，有岌岌不可終日之勢，可為明證。而此時權力最大的帝國主義，不消說要首推美帝國主義了。美國雖是所謂的民主共和國家，其實牠政府的大權，不過操于少數財閥資本家鋼鐵大王，煤油大王，汽車大王等之手。由此，我們就知道美帝國主義不是一個什麼「孟羅主義」的慈善婆婆；而牠對于中國施行經濟侵略，野心勃勃地比任何帝國主義為猛烈。在牠對中國採取「和平政策」的本來用意當中，我們就能切實證明出來牠不是真的以善意對待我們。

美帝國主義在前數十年間，牠資本主義尚未發達的時候，能力不足與英法等帝國主義競爭，當然要採用保守的「孟羅主義」，那時牠對中國也就和善一點。不過此時牠雖然想積極的施行經濟侵略，可是又鑒於過去（到現在）英帝國主義以砲艦政策武力壓服中國着着失敗之危險，於是就利用近年中國人民對牠略有好感（其實未識破牠罷了）的心理，採取「和平政策」的方式。因為如此，乃能在中國民衆感情用事上面建築牠乘機侵略的基礎。牠是和平可愛的面目，牠能得人民的歡迎，牠的貨物到中國來然後才可以暢銷；牠的資本然後才可以大量的移植到中國來。

其次，中國是產業未發達的國家，美帝國主義明知中國一方面雖然抵制英國（有時日本也在內）貨物，大大與英經濟絕交；但是別一方面仍然需要外來商品機器等等，這正是牠的良好時機到了。牠與其武力干涉而激起中國人民的反感，勿寧處處討好中國人民，而能增加其在華經濟勢力之為得計。所以美帝國主義雖時時倡言放棄特殊權利（如領事裁判權），修改或取銷不平等條約，而其行動亦多與英帝國主義不相一致。

並且，美帝國主義還顧慮着中國民族革命的力量的偉大，不得不表示相當的讓步。但是牠之讓步，不是出于本心自願，而是為侵略政策的關係和中國民族主義發展之結果。不然，對於尼加拉瓜，墨西哥，菲力賓等弱小民族，何以美帝國主義還只是極端的壓迫呢！

綜此，我們可以知道：

1.現在美國是世界資本帝國主義的大本營；

2.美帝國主義之所以對華採取「和平政策」，是牠積極施行經濟侵略之計劃；

3.——如果我們民族革命運動日益進展，則帝國主義不得不自行退讓。革命同志們：認識了這個，就不要放鬆了美帝國主義；同時要打倒帝國主義，就只有努力民族革命的工作！

暫遵總理遺囑

總理遺囑

余致力國民革命，凡四十年，其目的在求中國之自由平等。積四十年之經驗，深知欲達到此目的，必須喚起民衆，及聯合世界上以平等待我之民族，共同奮鬥。現在革命尚未成功，凡我同志，務須依照余所著建國方略、建國大綱、三民主義，及第一次全國代表大會宣言，繼續努力，以求貫徹。最近主張開國民會議，及廢除不平等條約，尤須於最短期間，促其實現，是所至囑！

本校本週口號

繼續二七工人前進！

要求社會平等自由！

擁護勞工團體！

努力民主爭鬥！

討伐奉系軍閥！

剷除封建根基！

鞏固我革命戰線！

打倒英帝國主義！

軍事

杭州旦夕可下

△東路前敵指揮部捷報

△中路已超過桐廬

△右翼進抵諸暨

△左翼已消滅孟逆殘部

總司令部二月十日接南昌總司令行營陳參謀處長轉來捷電云：「限即到廣州李總參謀長鈞鑒，（銜略）頃據東路前敵指揮部白參謀長宜之齊（八日）電稱，我軍中路已超過桐廬四十里，（距富陽僅二十里，距杭州只七十里）右翼佔領浦江後，已進抵諸暨，左翼殘敵已竄入皖境，孟逆主力損失已盡，其他各部皆分途潰竄，更無反攻或抵抗能力等語，謹聞，陳焯叩，佳（九）印，」

黨軍積極訓練軍事人材

△在漢設立陸軍大學——蔣總司令担任校長

△武漢分校校長由鄧演達兼任

△黨代表在汪未銷假之前暫由顧孟餘代理

△軍官團行將來粵

（中華社）中央軍事政治學校在武昌設立第三分校，分校校長原由蔣介石校長兼任，今蔣校長在外督師未能兼顧，武漢分校校長由總政治部主任鄧演達代行校長職權，又軍校黨代表原為汪精衛先生，茲聞中央執行委員會議決在汪先生未銷假之前，暫由顧孟餘代理。其武漢分校教育長，則由蔣校長任命總司令部副官長張治中充任。又訊云：蔣總司令以北洋軍閥尚未掃除，帝國主義尚未打倒，欲謀革命之成功，非有軍事上之人材，與彼兇敵搏戰不可，故決定在武昌貢院設立陸軍大學一

政治

本黨第三次全體中央執行委員會開會要訊

中央已電催各省委員赴贛

（中華社）中國國民黨自去年一月在廣州開第二次代表大會後，即選出第二屆中央執行委員，第二屆委員產出後，即舉行第一次全體委員會議，五月舉行第二次全體委員會議，七月四日召集臨時全體委員會議，是本黨中央全體委員開會經有三次，除一次係臨時會議外，正式會議不過兩次，此次第三次全體委員會議，已決定三月一日在南昌開會，本社頃接中央政治會議秘書處廿六日來電，謂中央全體委員已決定三月一日在南昌開會討論重要問題云云。

張吳明爭暗鬥之一般

△吳撤靳職故意示强

△張則進行賄吳舊部

△最近張並詰責吳之究竟

張作霖欲以安國軍大帽子網盡天下人，自居於海陸軍大元帥惟我獨尊之地位。而驕傲一世之吳秀才，雖大勢如此，亦決不肯低首下心匍匐乞憐於奉張肘腋之下，安國軍副司令職吳氏終不肯就，仍以其討賊聯軍總司令名義發號施令，當奉張未入京以前，吳即來電反對靳閣，尤其反對以安國軍總司令任命內閣，否則其討賊聯軍總司令名義在

法律上即直魯兩省地盤皆有難以保持之虞。因此頗有識秀才於不顧，意進兵之意，秀才至此，則故意示强，以免靳雲鶚驟，而表示尚能自動處置，以免麾下之奉軍藉口迫己讓步，雖如此，然將來終不能逃於滾之一途，且奉系賄賂吳氏部下之事，早在進行。陳文釗王爲蔚寇英傑等皆在被收買之列，時有迎奉入豫請吳下野之可能，而吳亦知之，故恨張甚深，只無可奈何耳，

又九日鄭州電云，張作霖因吳佩孚既不攻武勝關，又不能指揮部下，已令張學良詰吳最後辦法，又令奉軍十四十五兩旅渡河，對入豫頗決心。

●英下院討論中國時局問題

△工黨領袖當面指摘政府

▲八日倫敦電　英下院討論關於英皇之議院開幕詞之答詞，工黨領袖麥克唐納爾極力爭辯，謂英國派兵到華，已引起一新局面，此舉能否增加滬英僑之安全，尚屬問題，因他方之反響，將有不良影響，其第一效果，即國民政府已提出抗議，如中國竟採用强暴政策，排斥吾人於中國之外，則本國之反響必大，殆無人能料其結果之所屆也，欲免上海英僑陷入危險之惟一途徑，惟賴協商以達到之，政府今出於此，而用危險之手段，吾不信漢口協定不能以公平手段，令其簽字，倘該協定簽字後，則上海英僑安全之保障，尚有問題乎，現陳氏並請首相鄰明談判重開，從速撤回派軍云。

●組織近東國際聯盟之要圖

△在打倒帝國主義

世界社云　土耳其共和國總統基瑪爾將軍最近在土京客戈拉馬事會議中，發表演說一篇，於近東時局極有關係，內有組織東方國際聯盟之說，尤堪注意，其演詞長不備錄。

●英保守黨報遷怒於俄

△因對華政策失敗

莫思科十五日電：英保守黨報紙因對華政策失敗，竟至遷怒於俄，蘇聯政府公報對此嚴加辯駁，聲言英人以外來勢力解釋中國革命，殊屬無稽，且謂恫嚇蘇聯並不能阻止中國自由運動之勝利云。

經濟

●去年我國關稅收入之報告

△各地要港稅收跌落僅有五處

△秦皇島跌百分之七……蕪湖跌百分之卅一……漢口跌百分之四……上海約增百分之廿五……廣東較前年增一倍……大連較前年增六十二萬二千兩

△十二年來全國關稅收入之比較

去年海關稅收，總稅務司已有報告，計達關銀七千八百十萬兩，比十四年增收八百二十三萬兩，較民七且增加一倍以上，考去年各主要港口稅收跌落僅有五處，天津秦皇島計減收六十四萬六千兩，約跌落百分之七，其進出口貿易額之跌落最少當在一千三百萬兩，蕪湖減收三十八萬八千兩，幾於跌落百分之三十一，夫天津去年當軍事之衝，貿易衰弱，自在意中，蕪湖則比較安靜，今跌落如此之甚，殊屬不可思議，其尤令人驚訝者，則漢口去年雖陷入長期混亂之局，而稅收僅減少二十三萬三千兩，約跌百分之四，上海稅收約增百分之二十五，廣東稅收計四百四十九萬七千兩，較前年增加一半，可謂打破以前之新紀錄，大連收入六百七十八萬五千兩，較前年增加六十二萬二千兩，青島雖受軍事阻撓，稅收亦能增加二十萬兩，

凡以關稅担保之外債，去年皆照約付息還本，但以銀價跌落之故，較十四年多出五，三八〇，九六六兩之巨，用銀國之吃虧，誠足令人痛心也，下表爲近十二年來我國關稅收入之比較，

(單位關兩)

民國四年	三六，七四七，七〇六
民國五年	三七，七六四，三一一
民國六年	三八，一八九，四二九
民國七年	三六，三四五，〇四五
民國八年	四六，〇〇九，一六〇
民國九年	四九，八一九，八八五
民國十年	五九，〇〇七，一二九
民國十一年	五九，三五九，一九四
民國十二年	六三，五〇四，二五一
民國十三年	六九，五九五，一三一
民國十四年	七〇，七二五，六六七
民國十五年	七八，一〇〇，〇〇〇

就上表以觀，除民國七年當歐戰結束之時，稅收曾一度低減外，其餘雖以時局擾攘，而稅收則迭年增進，較民四以後多者增加一倍以上，較滿清末年且增加三倍矣。

●漢案之鄂濟難會調查報告

△有性命危險者三人——輕傷無數

(中華社)中國濟難會湖北省總會，漢口一三慘案調查所得結果列後，(一)肇禍之原因，一月三日爲漢口市民慶祝北伐勝利，及國民政府遷鄂之紀念日，有中央軍事政治學校宣傳隊，在一碼頭江漢關前演說，聽衆數百，秩序井井，江漢關本與英租界毗連，英當局事先已在江邊馬路上，堆有沙包電網，拒絕交通，並調水兵登陸，架設機關槍數十門，表面藉口自衛，實則欲乘隙挑釁，以擾亂我革命新根據地，迨至下午三時，聽衆更多，秩序依然如故，突有一坐黃包車者，向人叢中衝來，因聽衆過多，欲出不得，忽將車輪擠破，聲若槍響，群衆以爲英水兵開槍，遂各奪道退避，英水兵遂乘機轟來，各持刺刀大肆屠殺，當場被刺不省人事者五人，輕傷者無數，(二)受傷者之真相，身受重傷性命危險者三人：(1)李大生鄂城人，縫包工會會員，刺刀由左肚刺入，由右邊出，腸刺破流出腹外，血流甚多，現在天主堂醫院醫治，病勢甚重，難保性命，(2)明宿庭，孝感人，鋸業工會會員，刺刀由左肚斜入，深約三寸許，背部又受槍柄暗傷甚劇，血不能止，後經工會，送天主堂醫院醫治，性命亦甚危險，(3)夏興發，孝感人，碼頭工會會員，刺刀横刺頸部之左下方，口約二寸許，現在普愛醫院醫治，可保性命，其餘傷之較輕者六人，韓奇生，漢口人，人力車夫工會會員，頭部受傷，蕭中有，北泉人，係江邊挑紅磚者，腰部受暗傷，李海山，黃岡人，包車工會會員，頭部被鐵棍打傷，葉澤昆，登店人，車夫工會會員，頭部受刀傷，許士希，宜城人，車夫工會會員，鐵棍打傷頭部，朱太平，漢川人，車夫工會會員，頭部受刀傷，以上六人，均在醫院診治(詳情見調查表)(三)本會救濟之經過，李明夏三人，傷勢甚重，其家境寒微，一家數口，全靠其本人賣力生活，本會調查之後，向其所屬團部，請其負責救濟外，曾發給李大生家庭生活費洋二十元，明宿庭洋二十元，夏興發家境略好，發給洋十五元，並將其一切情形，呈報全國總會備查，以便籌給設法救濟。

●萬縣慘案死傷五百八十九人

▲財產損失二千三百二十八萬

英國砲艦於去年在四川萬縣屠殺我國民衆，死傷人數，當時未有確實報告，現據政府調查結果，計斃者二百二十七人，傷者三百六十二人，全毀壞建築品及財產損失二千三百二十八萬元。

●河南武裝農民反奉鬬爭

九日鄭州電，河南洛陽偃師鞏紅槍會武裝農民，連日繼續向南下奉軍劇戰，七日奉軍有三旅增援鞏縣鄢，紅槍會之各地農民赴援者已達二萬餘人，奉軍仍紛紛逃開到，戰局形勢已愈趨劇烈，張作霖擬發通電，聲明入豫援吳佩孚，肅清會匪，以便反攻，望各方勿誤會。

專件

●討奉宣傳大綱（續三）

四，奉系軍閥與帝國主義之關係

奉系軍閥與日本帝國主義之關係(一)張作霖當馬賊時已與日本發生關係，見奉系軍閥略史）其後張氏飛升，皆日本人爲幹旋，日本在東三省的勢力，張賊爲之保障，所以東三省差不多成爲日本之殖民地了。奉系內部日本教官，日本顧問，俱一齊全。郭松齡反奉，將攻到瀋陽了，而日本要維持他東三省的權利，與郭松齡商量，郭嚴拒絕，日本竟出兵滿洲，將日軍換奉軍服色，擊破郭松齡軍隊，郭亦被殺，奉張更奉之若神明。國民軍在天津時，日兵艦竟敢掩護魯軍由海道到大沽上岸，爲國民軍發覺，日軍遂開砲轟擊國民軍，國民軍奮勇竟擊敗魯軍上岸者。日本帝國主義更勾結辛丑條約各國，向國民軍下哀的美敦書，當時北京群衆有熱烈的反對，致釀成三月十八日的慘案。種種事實是顯明的，其餘暗中向日借款達二萬萬元，暗中幫助尚不計其數。這次安國軍組織，是孫傳芳投到奉張裏面，孫是形成的英帝國主義鷹犬，因此張賊亦與英帝國主義發生關係了，所以奉系軍閥變成日帝國主義舊寵，英帝國主義新愛了。(未完)

小通信

曾仁傑同志：你入伍後到底編在何團何連？請告我！ 第一學生隊第一區隊方滌瑗(偉)啓

伍珍衡同志鑒：龍文今天在問你的通信處：請你見字告我爲荷。

王庭漢兄你現在何處服務我有要事告訴你請即示知以便通信 第一學生隊第三隊十二區隊王珏

李必同志：間別已經數月了你入伍比我先來一月不知你編入何團何連速示知以便通訊 沙河入伍生一團三營十二連龔人嶽

桂永清李春華徐延瑞江雲章(皆屬贛貴)江宗海(贛鉛人)公鑒你們現在在什麼地方？請告我！ 沙河入伍生一團一營三連江萬頃屠守仁同啓

第一學生隊第三隊第九區隊學生鄺步鵬啓事

逕啓者鵬於昨星期日(卅日)下午乘本校船(松聲大船)由廣州返校失去小黑漆木箱一口內藏軍事政治各書計數十種以備課餘參考詎竟以該船乘客擁擠先登岸時擁擠致失亡此箱特此登報申明如有拾得者希煩函示鵬當登臨謝領謹此奉聞

中華民國十六年二月十二日（星期六）　黃埔日刊　〔第二版〕

革命之路

題目

●革命與農工

入伍生一團十二連王正安

汪黨代表說：「凡是努力於打倒帝國主義，打倒軍閥，及努力於農工運動者，謂之革命派」。可見努力於打倒帝國主義，打倒軍閥，而不努力於農工運動，還不算革命派。為什麼呢？理由很簡單：第一不努力於農工運動，帝國主義與軍閥，即無從打倒。第二不努力於農工運動，打倒還會起來。所以努力於打倒帝國主義和軍閥，妙在要努力於農工運動，才算革命派。

可是為什麼不努力於農工運動，便不能打倒帝國主義呢？又為什麼打倒還會起來呢？以下分開來說說：

革命是大多數受壓迫民衆的一種反抗運動。農工占中國人口十分之九，不能說不是大多數吧？農人工人一日不流着汗作工，便不得飽腹，并遇着疾病，或其他意外的事項，不能作工，便會餓死凍死，然而他們毫無一點權利，這不能不說是受的壓迫最大吧？所以農工是革命努力中的大隊與基礎，沒有農工而革命，好比沒有木料與磚瓦而要築房子，能築起麼？所以說不努力於農工運動，帝國主義與軍閥，是無從打倒的。我們看蘇俄的十月革命，試問沒有彼得克勒的工人武裝暴動與各處的農工參加，代表貴族和資本家的克倫斯基政府怎能推翻？這次北伐，沒有農工直接間接的帮助與擁護，怎能進展的那樣迅速？這通通是過去的事實，並不是空口說空理；凡是一個革命者，能不努力於農工運動麼？

上面說過，沒有農工而革命，好比沒有木料與磚瓦而築房子，是不成的。有時雖想法把房子築起，然而不能耐久的。不能耐久便要塌，因為沒有基礎的原故。打倒帝國主義與軍閥，而沒有農工的力量，縱然僥倖打倒了，也是和沒有木料與磚瓦所築的房子一樣，非塌不可；所以說打倒還會起來。過去的事實，前之如辛亥革命，祇因是少數人的革命，把政權過渡給袁世凱，便無法收回，結果弄個以暴易暴，禍亂迄今。後之如劉楊打走了陳炯明，因為打走陳賊的是楊劉，沒有民衆的根基，陳賊走了，正好劉楊擅專，這明明不是打倒還會起來麼？

革命的同志！經了這幾個月的奮鬥，敵人已經是東倒西散，革命的怒潮，也漲起了萬丈的高浪；可是『日落西山』『回光反照』底軍閥的最後掙扎也就在這當兒拚命地要爭個『你死我活』。那末，我們如果要革命徹底成功，就非把汪黨代表努力於打倒帝國主義及軍閥尤必努力於農工運動的意思，深刻的記在心頭而實踐着，是絕對不能的！同志們，努力於農工運動啊！

★　★　★　★　★

●悼「二七」烈士並勗生者

吳之華

不斷的年華在流，人生僅得其中一段；這剎那人生，為何不使它安全？

施劉林曾等數十烈士呀！你們為着要使這剎那人生安全，去尋找光明坦途，才創造了赤紅的『二七』之路！

能使漢江潮怒；能使軍閥手忙脚亂；更能使帝國主義魂驚魄奪；壯烈的犧牲精神呵！是為的爭自由！

驚醒國人迷夢，促起被壓迫各階級底革命決心；全世界被壓迫人們，都遙寄其階級同情；影響到本黨改組，結成了聯合戰線；這偉大的革命工作呀！是民主與封建決鬥的開始，是工人革命史上光榮的一頁！

赤紅的『二七』之路呀！讓我們後死者一步步地踏上來吧！把我們後半段生命去作犧牲，博得人類永久能安全吧！

★　★　★　★　★

舊歷新年方過，剝削的魔鬼們，正狂熱地奏着凱旋之歌：什麼傳統尊嚴！什麼宗法勝利！更有名貴的紅男綠女，一雙雙以舞助歌，翩翩復婆娑。

讚美黑暗的鬼國，像煞有光明，且看它們是多麼的驕矜和甜蜜！但是——

聽呀：『新年總不祥，永無隔宿糧！

新年來何速，債主把債索！

索聲一何急，兒啼啼不息！

問天天不語，胡不逼我死！』

再聽呀：『嚴厲的面孔，

驚碎了我柔弱的心肝！

大人先生們呀：

惡的命運，

已迫得我快死，

你饒了我吧！』

這一縷縷幽弱慘淡的呼聲，來自痛苦的民間。

它們不知道去打倒壓迫它們的魔鬼，祇知道乞憐於大人先生(魔鬼)；它們更不知道怎樣去打倒壓迫它們的魔鬼，也祇知道不容易得到大人先生憐憫之恩惠，結果，為命運所征服。！

★　★　★　★　★

你如果是真正的革命戰鬥一員，壓迫階級底血腥的幸福，當然不能再去追求！

你如果是真正的革命戰鬥一員，被壓迫階級底命運的迷信，應該教它們快去打破！

你如果要做真正的革命戰鬥一員，你底革命的決心，必定要如同銅堅鐵固，必定要如同『舟沉釜破』！

★　★　★　★　★

工人是國民革命底先鋒隊，農民是國民革命底大本營，處於補充地位的我們，對於總理底『扶助農工』，應該怎樣地努力實行!?

我們天天喚打倒帝國主義，可是帝國主義是國際的呵！我們要打倒牠，應該怎樣地體認總理底『聯俄』『聯共』的一片苦心!?

在民族革命戰線上，大家手攜手地犧牲了！看呵：骸骨山積，熱血迸流，那裏是你底骨和血？那裏是他底骨和血？

★　★　★　★　★

帝國主義底『國族』，自『二七』事後，仍然驅取了勞工對『祖國』的熱忱，『紅十字架』不絕地麻醉被壓迫者底心靈；更有『大砲巨艦』，加倍地把弱小民族征服得可憐！

看呵！這不是光明的宇宙，仍舊是黑暗的人間地獄，革命先烈正在泉下痛哭！

這樣的世界，如此的人間，苟生偷活着有何意味!?要用我們底骸骨，去另創世界；好讓我們底靈魂，優遊於水平線的人間！

★　★　★　★　★

親愛的同志們呀！帝國主義之焰方烈，封建軍閥之跡未滅，洶湧的巨海無際，要登『光明彼岸』，那能不『同舟共濟』!?那能不十二分努力？

親愛的同志們呀！暫不要猜忌！暫不要向後退去！繼續『二七』精神！我們一致攜手前進！

一九二七，二，七，於大坡地。

●捉拿本校中潛伏之怪物

誠意

開場話

『國家將亡，必有妖孽』這句話雖然是句無稽之談的陳腐話，可是拿我們中國的近況來說，的確產生這個東西。本來中國處於半殖民地的地位，乃洋鬼子施其帝國主義的政策來壓迫我們人民，其苦痛已不堪其極了。稍為清醒的中國人都一致起來參加國民黨所領導之國民革命來打倒帝國主義及其走狗之萬惡軍閥以謀有一綫之生機，可是這中間却產生了些怪物來專事破壞，專事作反革命的勾當以順承帝國主義之使命，意欲使帝國主義在中國存在其繼續侵略繼續壓迫而達到亡國滅種的目的。好了，在此略一述此怪物之歷史，及其作惡之事實而謀有以鏟除之，以達到革命成功之目的罷！

(一)怪物之父母——欲知道其一脈相傳的遺傳性，則當然要敍及彼輩之父母的歷史，本來少有人知其詳細，就是連我自己也不十分知道，只有在對國家主義派的反攻一書中，鬥蟬同志那篇文

中華民國十六年二月二十日〔星期六〕 黃埔日刊 〔第四版〕

章上才有一點歷史，雖然太過簡略，然乃是他親口的供狀，眞實中自然推得出他的原尾來，引述于下：

『我是從法國回來的，我的尊章叫「成器」，因爲我很忠孝，比較你們「成器」(？)我的台甫叫「醒獅」因爲我是「人皆迷，唯我獨醒」的獅子。我是燕鍋飯的玄孫，猪腸湯是我的老師祖，他們去世了，留下我來「繼繩祖武」我現在帶了大批「國家主義」回來，在你們發病的時候，你就大呼愛國呀！我的祖國快要完了呀！』

呵！我們知道了，中國的愛國之士，隨時發出他們呼鳴，咄咄的叫聲，這或許就是『繼繩祖武』的勾當罷！不客氣的與他揭穿來說！

1、標揭的主義——國家主義。

2、機關報——醒獅週報，獨立青年，中華教育界……。

3、提出的口號——全民革命，外不親善，內不妥協，內除國賊，外抗强權。

4、作出的罪惡——分直接間接兩種，即：

(甲)間接的——

(一)反對國民黨所領導之國民革命而保存帝國主義之勢力。

(二)反對國民黨之工農政策而消散革命勢力之基礎。

(三)反對國民黨容共而減少革命之勢力。

(四)反對國民黨聯俄而減除反帝國主義之勢力。

(乙)直接的——

(一)五卅事件發生後，旅法華人開了兩次華人大會，組織了革命式的援助上海反帝國主義行動委員會，他們在法帝國主義者的面前去告密，作了他們的暗探，捕去二十餘名的赤黨(？)去逐出境外，「啼餓號寒，殊堪痛惜」(此語似乎像國家主義派之調子)——是爲外抗强權之實例。

(二)去年漢口屠殺案發生時，國家主義派唆使少數學生破壞學聯會，將學聯會哀求商店罷市計劃，向軍警告密，以及公開反對罷工罷市——是爲內除國賊之實例。

(三)中東路事件，及上海總工會之時被封閉，三一八執政府門前之慘殺……等等事件，無有一件不是他們從中搗鬼，以達到他們破壞革命之目的。

(四)此次代表人民利益的北伐，亦即是剷除他們『國賊』的工作，然而與他們的所談主義不同，所以他們極力反對，有什麽『論蔣介石北伐不成功之六大原因』呵，什麽『論中國革命與第三國際之關係并忠告蔣介石』呵！一種挑撥離間的陰謀，眞是可誅可殺！談到這裏，似乎要把他的歷史說完了。然而還有一段他的姻緣美事，更當略述一遍，以得澈底了解。首先還是談他的的歷史，以符他們的「佳偶天成」的奇緣：

她大概是一個已死去而得了「日月精華」所變成的僵尸，能變成人形而在人間作鬼混的，她在國民黨未改組前，她即混跡其中。因那時無鐵的紀律，與顯明的政策等，到還馬馬虎虎的過得去，所以她自己亦就以黨員自居。自然她曾在孫先生的面前作了些鬼祟，可是革命導師的孫先生，認清楚了革命，自知道了黨的缺點，所以毅然決然的在民國十三年一月的時候改組民黨，由漫的黨，變成有紀律的黨，由單純作軍事運動的黨而定了宣傳民衆組織民衆的黨，更定了三大政策而鞏固黨之根基以厚革命之勢力，自然這「照妖鏡」來得利害，不免原形畢露，許多黨員發現了她那付猙獰怪狀，不敢接近于，然而還有一部份瞎子和好像失了知覺的少數黨員，又被她的甜言蜜語所迷惑了，所以就有他們下列的勾當：

1、說國民黨要亡了——『孫先生眞是錯了！自民黨容納共產黨分子加入後，漸漸的赤化起來了！黨將亡於赤黨呵！眞正國民黨黨員呵！起來驅逐赤黨罷！』

2、說農工覺悟了——『我們眞正的黨員呵！農工組織起來就是他們覺悟的表現呵！我們的「賢人政治」，「我們的「愚民政策」，快不適用了，我們在何處去升官，何處去發財？』

3、『聯俄對於我們亦不利呵！他是野心勃勃的帝國主義呵！』

4、最反動的結晶——在北京所有的西山會議，國民黨同志俱樂部，及上海所組織之僞中央執行委員會，再還有什麽主義學會，辛亥同志俱樂部。

5、最反動的表現——殺廖仲凱先生，打毀北京政府執行部，北京反段運動時，打起『北京工界聯合會』旗幟來搗亂會場，撕破北京總工會的旗幟，焚燒晨報館，孫先生週年紀念在南京的墓地前毆打羣衆，武漢工人代表會傳單發散隊之在武昌漢陽門外被其刼毀手中散發傳單狂呼軍警逮捕等等罪惡，難以盡述。

所以在這些過程中，漸漸地與『醒獅』發生戀愛關係，作了許多狗合的事情，自然在不久的時間中就造了許多親骨肉的好男女出來，『松下松秩柏下柏秩』『一脈相傳』的自然沒有改變，所謂『繼繩祖武』的又有『繼繩祖武』的了，何幸如之，長光其庭楣也！去年他們的子孫滿堂開了一個反赤的大團圓大會，而且請了許多大賓，如吳佩孚，孫傳芳，張作霖，張宗昌等軍閥，名流學者如章太炎，胡適之，黃炎培……大走狗丁文江，傅筱庵……高明滿座，盛極一時，各有大批禮物致賀。而英帝國主義者之十萬金磅，更爲送得豐富！自此之後，他們又得「出幽谷而遷喬木」，高樓大廈的輝皇屋，吃頂瓜瓜的洋味，穿極漂亮的洋服，闊極！闊極！許多窮漢怎不見而生羨，由羨而奔投其大團圓會中呢？於是對赤之聲遍天下，而死於赤化之嫌疑犯中者，亦不知凡幾許也，白色恐佈下之人民，無日不嘗討赤之苦味！然而以赤軍(？)自命之革命軍自珠江出師，浩浩蕩蕩，數月之間，殺到他們反赤的大本營中來了，駭得他們胆戰心驚，竊語自危，於是趕急開會準備，一致議決，一致贊同，謂要得收討赤之功，非入虎穴，不得其子，黃埔乃赤化(？)之中樞，即爲作對之健將，只有搖身一變，改換原形，混跡其中，作內奸，作偵探，內外搗亂，乃奏其功，並且升官發財，亦可達其同樣的目的於將來。然而其中軍紀深嚴，黨紀週密，一言一動，其如有犯其鋒而被革出何？所以最後又討論些不現原形的方法。在後詳述，這即是他們來本校之用意。(未完)

政治問答

12 我在考入「中央軍事政治學校」未升學以前，是入伍；到升學時，是入「政治科」？抑是入「軍事科」？

12 固然要看你自己的志願，但是最後的決定，還是學校。

13 我入到「政治科」研究什麽政治？是軍國主義的政治嗎？

13 本校之所謂「政治」，並非普通所稱之「政治學」，故無軍國主義的政治學等分別可言。本校所研究的「政治」，乃是當今中國人在革命工作中所必須知道的一切「社會常識」與革命的史實，理論，方法。

14 國家其初是不是壓迫階級利用來壓迫被壓迫階級的？還是自然形成的呢？

14 國家由於社會經濟之進展而自然形成，始終是壓迫階級的工具——可看蔡和森著社會進化史，及李達著現代社會學。(蕭湘飛問楚答)

●特別黨部宣傳委員第一次參加小組會議討論結論

「本黨是什麽」

(一)什麽叫做黨

在生活上利害關係一致之一階級或數階級中之最覺悟份子，爲欲實現其主義及其政綱的政治組織，就是黨。

(二)爲什麽要黨？

爲了要擴大羣衆中力量使成一種有系統的組織的有機的行動能力以達其所求的目的而要黨。

(三)黨的種類：

一種是革命的黨(即反帝國主義的)一種是反革命的黨(擁護帝國主義的)。

(四)本黨是什麽黨？

本黨是領導被壓迫階級打倒帝國主義打倒軍閥以完成國民革命實現孫文主義並促進世界革命的一個政黨。

第二次參加小組會議討論結論

「本黨的階級基礎」

(一)甚麽是階級？

在一定生產關係中有同樣經濟地位者謂之「階級」。

(二)黨爲甚麽要階級基礎？

黨是代表階級利益的；故黨要一定的階級基礎。

(三)國民革命中的各階級——

工人階級，農民階級，小資產階級——自由職業者教授醫師等……小商人行商坐賈等……新興資產階級銀行買辦等……遊民無產階級兵匪等……

(四)本黨的階級基礎是甚麽？

本黨以一切被壓迫階級爲階級基礎；其中應以農爲中心階級，工人爲領導階級。

第三次參加小組會議討論結論

「本黨的組織與紀律」

1、什麽是紀律

紀律是有組織有統系的羣衆生活的制裁力。

2、紀律與組織的關係

紀律與組織的關係，在紀律可使團體內部意志統一，并可使組織全部在行動中發生有秩序的效用。

3、本黨的組織以什麽爲原則？

民主集權制(有二義，民主在討論時適用，集權在執行時適用)。

4、本黨黨員應怎樣遵守紀律

凡黨員一切言論行動，均須以黨的主義政策決議案章程政綱爲準則。

中華郵政特准掛號立劵之新聞紙　中華民國十六年二月十四日　星期一　第一版

黃埔日刊

中央軍事政治學校出版

通信處廣東黃埔本校政治部

第二五七號

本刊每份定價一分

啓事

日評

英帝國主義爲什麽對華採取「武力干涉政策」？

鴻沉

遵照總理遺囑

軍事

蘇豫同時進攻之要訊

本週本校口號

努力黨的工作　發展人民勢力　勿使軍隊的力量　因勝利而輕減　英國政府的陰謀　破壞合作　民衆須相合作　可用　積極勞　不能

中華民國十六年二月十四日　星期一　黃埔日刊　第四版

時機到了

喜訊

政治問答

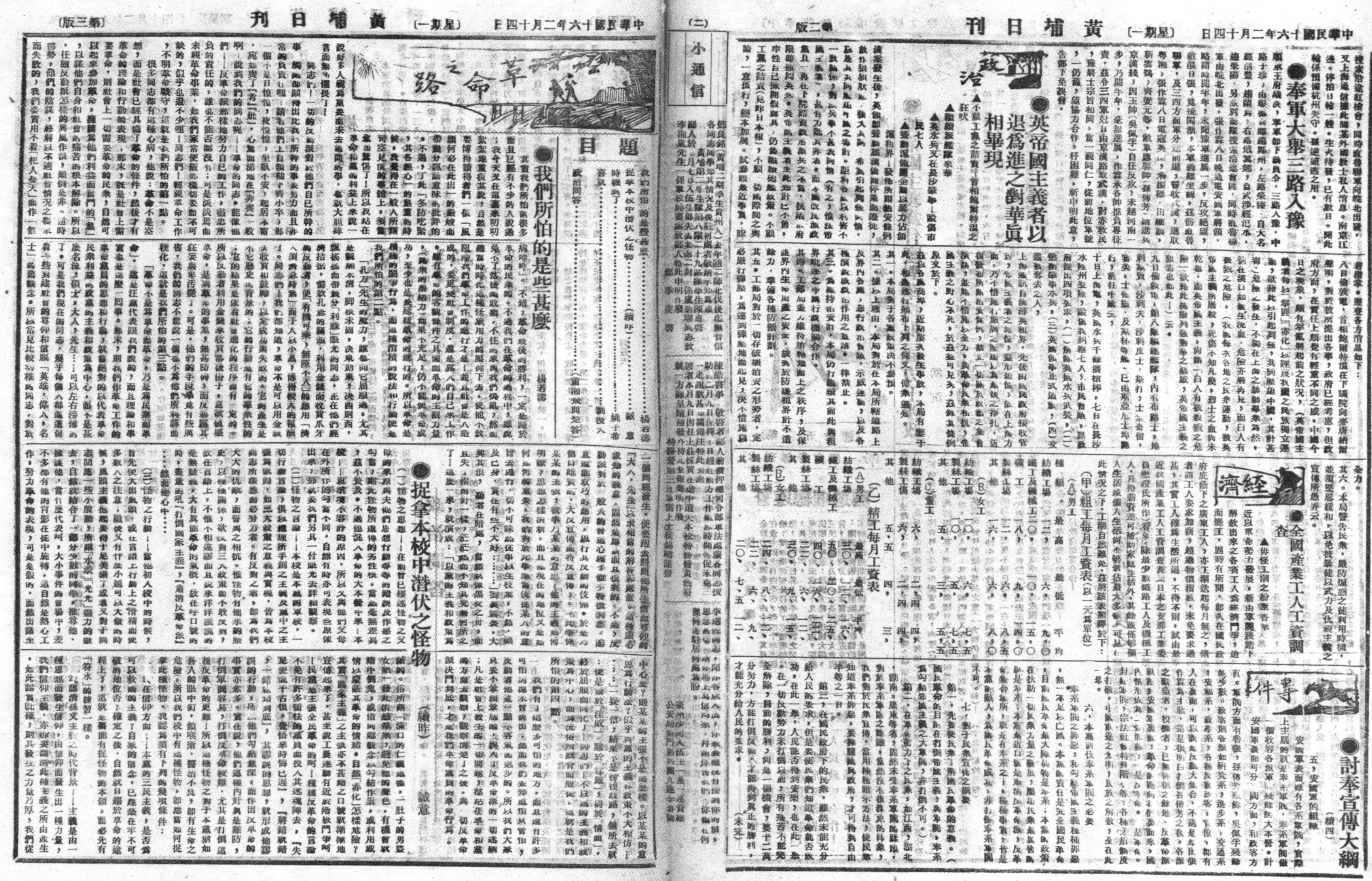

中華郵政特准掛號立劵之新聞紙 中華民國十六年二月廿四日 星期四 第一張 第一版

中央軍事政治學校出版

黃埔日刊

通信處廣東黃埔本校政治部

第二五七號

本刊每份定價一分

英帝國主義爲什麼對華採取「武力干涉政策」？

鴻沉

天字第一號的大英帝國主義，向來就是採取武力壓服中國的政策實施施行經濟侵略之保障：由八十六年前的鴉片煙之役，一直到「五卅」，「六二三」，「九五」，「一二三」，這種藉威服的事實是一貫相傳的，沒有一點更變。 在最近數日間亦可得二事以爲證明：其一，本月七日英沙安水兵千餘人擁入漢口水陸州登陸，無故襲擊我民衆，以致毆傷我糾察七人，被擄去者若干人（未悉）。其二，「一三」慘案發生後，英帝國主義調兵（萬六千名以上）遣將派艦來華，總以武力強硬手段對我民衆。 你看，二月八日倫敦電稱英首相在下議院向麥唐納爾（工黨領袖）聲明：「中國今日之現象，頗有拳亂將起前之狀況（？），危險之發生，不獨在上海暴動羣衆（？）爲然，倘在漢口如發生流血，危險亦將再見，而白人有被殺戮之危險！」我們「暴動羣衆」現在殺過幾個「白人」？我們民族主義的革命民衆到隨時隨地殺「白人」！——大英帝國主義屠殺呵！

大英帝國主義爲什麼這樣的「強暴」對付我們呢？因爲——

1、牠在南中國的經濟，已形搖動，而在長江一帶的反英運動又日見激烈，牠本來猙獰可怕的面目已不復可能掩飾，所以只好硬幹下去。「與其坐而待亡」，勿寧「背城借一」，作最後之爭鬥。所以牠是以砲艦的威力，鎮壓反英運動，希圖恢復其在華的經濟地位。

2、「英國無落日」，世界上無處不有他的殖民地和奴隸，（一個英國人有九個殖民地的奴隸，次殖民地的半奴隸中國人尚還不在內！）然而這些奴隸近年來與牠漸漸地鬧起脾氣來了。 如果中國民族得獨立解放，其他如印度等弱小民族亦將隨之而脫離大英帝國主義之羈絆，這時大英帝國主義豈不是變成一個光桿麼？！ 想到這一層危險，牠也只有採用武力政策壓伏中國民族革命的民衆，而便制止印度等殖民地的「暴動」之發生，以支持其日見崩解之殘局：這是牠有不得已之苦衷而積極武力干涉中國之第二個根本原因。

但是世界資本帝國主義者以英日美在華的權利之衝突爲最劇烈；中國國民革命之進展，反英運動之擴大，英國經濟地位之低落，在在皆足以給美日代之而興以發展其經濟勢力之良好機會。 故英帝國主義雖强頑已極，而在國際間已陷於孤立地位。 因此，英帝國主義武力干涉中國的政策有兩個方式：

第一，單獨的不顧一切，積極進行，故其調兵派艦均不俟列强之同意而後行。 牠又表示中國「若以强暴相加，無論其爲羣衆之强暴，抑爲有組織之强暴，則英人決不退讓！」（二十六日倫敦訊）另一方面又極力拉攏扶助張作霖爲牠的新工具，接濟他的「討赤費」與槍械，南下與革命軍作戰，以期推翻中國民族革命的勢力。

第二，牠進一步造成國際間的恐怖狀態，牠宣傳中國民衆是「暴民」，是「拳亂」，尤其鼓動歐洲說：「白人有被殺戮之危險」：這樣才可以得列强之同情而取得共同以武力干涉中國之一致行動。所以牠說：「此兵力之用途專以防衛爲限。（甚誰信之！）人勿誤英國現採行單獨政策，須知英政府現正積與列强之注意外人生命財產安全者！齊推（協同進行）一切云。」（十九日倫敦每日外交記者）又云：「在此防衛中英人願得其舊盟國日本之合作（因爲怕拉攏張作霖，日本亦爲其權利之受危迫，與英人同；其他各國願加入保障根本權利者，亦所歡迎，但無論他國如何，英國決無任派撤去英兵之意（一方面仍是單獨行動）！」（十九日倫敦晨報）

上述兩種武力干涉中國的政策，英帝國主義現在是一併積極進行的。 不過牠也不敢自信能夠進行如意，所以牠一面萬不得已時必「在上海堅持，以爲最後之計」；同時牠「目下仍切望中國國家主義（？）之代表能善用其智慧，乘機表示其政才！」（二十日倫敦泰晤士報） 大英帝國主義是肯讓步的，只要中國國家主義者乘機取得政權！

但是我們現時怎樣應付牠呢？我們唯一的出路就是：

1、聯合各階級革命勢力的聯合戰線！

2、人民與國民政府切實合作！

3、單獨的擴大反英運動！

4、防止國家主義派之「乘機」和妥協政策！

恪遵總理遺囑

總理遺囑

余致力國民革命，凡四十年，其目的在求中國之自由平等。積四十年之經驗，深知欲達到此目的，必須喚起民衆，及聯合世界上以平等待我之民族，共同奮鬥。現在革命尚未成功，凡我同志，務須依照余所著建國方略，建國大綱，三民主義，及第一次全國代表大會宣言，繼續努力，以求貫徹。最近主張開國民會議，及廢除不平等條約，尤須於最短期間，促其實現。是所至囑！

本週本校口號

努力黨的工作！

發展人民勢力！

增進軍隊質量！

勿因勝利輕敵！

揭破英國陰謀！

人民政府合作！

不可感情用事！

要能積極聯合！

軍事

蘇豫同時進攻之要訊

▲實行接應上海黨軍—蔣總司令之軍事計劃

▲漢口北伐軍已動員入河南

▲孫傳芳預備逃走

國民革命軍，大舉進攻杭州，及克復上海各情經誌前訊，日前革命軍因各方部隊未曾集中，故對杭州攻戰不甚劇烈，現前後兩方軍隊均已完全集中，準備完竣，蔣總司令經電下總攻擊令，大舉進攻杭州以第八四兩軍爲主力軍，分三路進攻，經完全佔領桐廬富陽蘭谿等處，迫近杭州，現何總指揮下令限日攻克杭州松江，接應上海革命軍，鈕永建部隊，俟大軍在上海集中後，即會同安徽革命軍李宗仁賀耀祖柏文蔚等部進攻南京，因此蔣總司令計畫，（一）由浙閩皖贛鄂各革命軍部隊肅清長江下游，收復上海南京鞏固九江，武昌，南昌，漢口，（二）由西北國民軍及豫軍樊鍾秀部，魏益三部，靳雲鶚部，第八軍唐生智部肅清黃河南岸收復全豫，（三）革命軍克復南京，即大舉渡江進攻津浦路線之直魯軍張宗昌部，國民軍由隴海路直出津浦路截攻魯軍張宗昌部之後，先等部收復鄭州開封後，一部握守黃河南岸，大部解決魯軍張宗昌部，後解決奉軍張作霖部，現唐生智已奉令率軍進抵信陽，援助樊鍾秀，魏益三，靳雲鶚三部由偃城進攻鄭州，國民軍方面，現積極冲進洛陽鄭州，不久革命軍與奉軍決戰云，十日上海電，漢訊，奉軍分四路南下，抵禦北伐軍，魯軍已抵歸德固始一帶，漢革命軍開始動員向信陽開拔，豫局頓緊，又順承王府議決奉軍即下動員令，三路入豫，防北伐軍，中路于珍，由彰德新鄉趨鄭州，左路榮臻自大名經清豐趨蘭封，右路戢翼翹自武陟經汜水趨滎陽，另派別動隊

啟事

周[illegible]同志我與[illegible]東較場[illegible]不知計何處[illegible]謝賜谷[illegible]石叻坡[illegible]一級平盼！

[illegible]分發何處服務，請示知[illegible]

[illegible]同志：你入伍何連？[illegible]示明確實地址，乃要[illegible]

中華民國十六年二月十四日 〔星期一〕 黃埔日刊 第二版 （二）

搜索沿途紅槍會，同時直魯聯軍向皖北出發，又上海通信據此間某外國教士私人消息。南京江邊。停泊日輪一艘。生火待發，已有數日。聞此輪係預備杭州失守。孫逆逋逃之用。

●奉軍大舉三路入豫

順承王府議決，奉軍即下動員令，三路入豫，中路于珍，由彰德衛輝趨鄭州，左路榮臻，自大名經濮豐，趨蘭封，右路戢翼翹，自武涉經汜水，趨榮陽，另派別動隊搜索沿途會匪，同時直魯聯軍由皖北出發，張作霖八日晚遣電安國軍將領，略謂時閱半年，未聞豫軍進展一步，反攻絕望，敵燄日張，竟擾閩浙，本軍義難坐視，茲飭直魯聯軍，及三四方面軍分途前進，冒收武漢，進取粵湘，張作霖八日電寇英傑，米振標，田維勤，靳雲鶚，齊燮元等，敵軍應馨帥（孫傳芳）請進兵京漢綫，因玉帥（吳佩孚）自任反攻，未越河南一步，乃閱半年，毫無進展，作霖承各帥推負專征責，茲令三四軍尅日由京漢路取武漢，討赤救民，豫將士宗旨相同，當一視同仁，從前地位軍號，一仍舊，望協力合作，杼困難，祈申明此意，告部下免誤會。

政治

●英帝國主義者以退爲進之對華眞相畢現

▲不顧工黨之詰責—首相鮑爾特溫之狂吠

▲繼續派艦隊來華

▲英水兵又在長沙肇事—毆傷市民七人

▲發動滬僑團企圖以暴力佔領滬租界—發佈所謂維安條例

漢案發生後，英領即發動旅漢僑商停業而遷徙，故作狼狽狀態，張大其詞，希冀引起列強同情，以達其共同應付國民之毒計，距料各國以利害不一致關係，對派兵事不甚表同情，（有之，惟法帝國主義者）甚有力詆其非者，而本國改良派政黨且一再在下院詰責政府派兵之不當，抗議政府限即撤回英兵。英帝國主義者至此知計已不售，率性自己揭開假面具，仍爲繼續砲艦政策，不顧工黨之詰責（見昨日本報），不顧一切國際間之輿論，一意孤行，變本加厲。試參證最近事實，瞭若指掌。照登各方消息如下：

八日倫敦電、首相鮑爾特溫在下議院向麥唐納爾聲明，對於彼所提出各事，政府已經考慮，但政府方面，在責任上頗覺有輕重不同之感，中國今日之現象，頗有擊亂將起前之狀況，（英帝國主義者每以「拳匪」「赤化」以誣蔑我國之民族獨立運動，欲藉此以引起列強，共同壓迫中國，其計甚毒。）危險之發生，不獨在上海之暴動群衆爲然，倘在漢口如發生流血，危險亦將再見，而白人有被戮之危險，（我國每次各地之民衆運動，被英帝國主義所屠殺，死傷不知凡幾，烈士之血尚未乾也，而英帝國主義，尚謂「白人有被殺戮之危險」欲藉此挑撥列強對華之惡感，英帝國主義之狠毒也如此！）云。

九日倫敦電，第八隊驅逐艦隊，內有布路士，地剌與賀，沙剌夫，沙剌皮士，斯扎，士朵奇留，審美，士他鹽，及斯林等艦，已由斯亞尼士埠駛行，前往中國云。

十日上海電，英國水兵千餘擕棍棒，七日在長沙水陸州登陸，毆傷我糾察七人，市民會議，請政府提出四項要求，（一）解除英國水兵武裝，（二）懲辦肇事水兵，（三）英國負責正式道歉，（四）交還被奪去之人，

上海通訊自漢潯英租界，先後由國民政府接收管理，帝國主義者之地位，益形恐慌，故在上海方面，乃不惜施行嚴厲之壓迫，以爲最後之掙扎，近復發布所謂治安條例，禁止一切關於政治之集會演講，並聲不惜施以全力，與革命民衆相抗，帝國主義之野心不死，於茲益可見矣，茲錄其條例原文於下。

茲以各處商埠，近期屢次發生事故，本局有鑒于此，相應遂行頒布下列之條文，俾衆遵免。

其一。本局對于各黨政策決不參預。

其二。據以上理由，本局對於在本局所轄道路上及界內各處，舉行政治會議，示威運動，以及各種演說或政治作用之宣講，一律禁止。

其三。爲維持治安計，本局仍行繼續其前此與租界毗連之中國行政機關合作。

其四。工部局盡力維持所轄地面上之秩序，及保護界內生命財產之安全，故對於防護租界計不遺餘力，準備各種防禦計劃。

其五。工部局對於一切存破壞治安之形勢者，定必嚴行彈壓，爲達到彈壓地面起見，決不惜施以全力。

其六。本局警告民衆，嚴防煽惑之徒利用時機，並須堅忍緩和，以免彼暴徒以武力及仇視主義之宣傳所愚弄云。

經濟

●全國產業工人工資調查

▲冊怪工潮之紛至沓來

近以革命勢力發展，新由軍閥鐵蹄下解放出來之各省工人，爲經濟鬥爭，迫而罷工，固時有所聞，即久在國民政府庇蔭下之廣東工人，亦工潮迭起，每月無之，識者請工人要求加薪，超過物價指數，未免要求過甚，其實工人確爲生活所逼，不得不爾，試由最近我國產業工人工資調查表（日本之支那工業委員懇證氏所作）看來，除最少數鐵路工人及機械工人，月得薪資差可補助家庭生活外，其餘或僅夠個人生活或個人生活尚[illegible]佔最大多數，可見此情況之下，工潮自然難免，茲將該表照譯於下：

（甲）粗工每月工資表（以一元爲單位）

種類	最高	最低	平均
(A)男工			
紡織工場	二二、	六、	一九、〇〇
鐵工及機械工	三〇、	一一、	一五、〇〇
礦工	二八、	九、	一四、〇〇
製絲工場	二一、	六、	一八、五〇
其他	一六、	六、	八、〇〇
(B)女工			
紡織工場	一〇、	六、	七、五〇
製絲工場	一〇、	五、	七、五〇
其他	五、	三、	五、五〇
(C)童工			
紡織工場	六、	二、	四、
製絲工場	六、	二、	四、
其他	五、五	三、	四、

（乙）精工每月工資表

種類	最高	最低	平均
(A)男工			
紡織工場	三〇、	一二、	二〇、
鐵工及機械工	五〇、	二〇、	三五、
礦工	四〇、	一六、	二五、
製絲工場	三〇、	一二、	二二、
其他	二〇、	九、	一五、
(B)女工			
紡織工場	二四、	八、	一二、
製絲工場	二二、	六、	一三、
其他	二〇、	七、五	一二、

專件

●討奉宣傳大綱（續四）

五，安國軍的組織

安國軍表面雖有各系軍閥，實際上主腦的就是奉系軍閥，奉系軍閥做一個收容各派軍閥殘餘的大本營。計安國軍裏面可分：軍閥方面，和政客方面。軍閥方面有魯張，孫傳芳殘餘，吳佩孚殘餘的步數。政客方面則各派如研究系，進步系，交通系，安福系，政學系，各種反動政客，官僚，都有加入在裏面，可以說是反動大集合，不過是奉張作霖爲主腦，這是很明白揭示孫傳芳之亡，各派就是要安國軍裏面，革命的前面反革命派之頑固者，投機者，已無徘徊之餘地，反革命派都跑向奉系方面來，國內外帝國主義者，封建軍閥，宗法社會特殊階級，各種矛盾制度之打破，中國前途之光明，民族之解放，全在此一舉。

六，本黨討伐奉系軍閥之必要

奉系軍閥之罪惡，和勾結帝國主義種種罪惡，無一不足以亡國。本黨負責任是完全國民革命，在扶助一切民衆力量之發展，壓迫民衆最大障礙物是奉系；本黨政策就是革命，本黨近日就是肅清反革命派，反革命集合所，就是在奉系之下。種種事實，皆是本黨敵人，爲國民革命成功，非打倒奉系軍閥不可。

七，對于民衆宣傳之綱要

第一，先要使民衆了解國民革命的意義。（國民革命的目的在打倒帝國主義，與軍閥，奉系爲勾結帝國主義之大軍閥，非打倒不可。）

第二，在奉系勢力下之民衆，如江西，湖北，湖南，廣東等省，固然未受奉系軍閥的蹂躪，對於奉系軍閥之認識，當然沒有很深刻的印象，我們對於民衆宣傳，當用種種暗示方法，使民衆知道奉系罪惡，要推翻國民政府，才可得到自由平等之一日。

第三，在國民政府下的民衆，雖然未能充分給人民的要求，但是要使民衆們知道革命能否成功，在此一舉，人民能否得到安樂，也在此一舉，在一切反動勢力未打倒以前，所有痛苦不能完全解除，目前的勝利，僅是一個機會，要十二萬分努力，方能打倒反動，才能得到真正的勝利，才能充分給人民的要求。（未完）

小通信

鄭良銘（黃埔二期學生貴州人）去年隨二師北伐後迄無音信，各同志同學知其情況及現駐何處者，敬請示知爲感。黃埔第二期生隊第八隊二十九區隊學生陳鼎啓

鄙人於一月七日入伍生部失去要函二封，係盧碧瑚同志致李湘嵐先生，一係軍校秘書處致鄙人，特此申明作廢。鄭季虔啓

陳皓啓事 敬啓者鄙人前被押總司令部軍法處，蒙各同志援助，於二月九日保釋，日趕前方工作，刻以時間匆促，未免一一走謝，歉甚，此關錦注，特此謝謝。

啓者本月九日因往上莊採買，在途中遺失本校特務營黃色符號一方，除呈請補發外，特此登報聲明作廢。特務營第三連軍需士侯錫疇謹啓

李瑞佐同志，聞你客處人出，你家裏極候有接到你的信，思念甚切，請即寫信回家，你們何時進駐居何處爲盼。廣州沙河入伍生一團一連資維 公安局到門一團九連李春圃

中華民國十六年二月十四日 （星期一） 黃埔日刊 （第三版）

革命之路

題目

我們所怕的是些甚麼

楊若濤

其實我們所怕的很多而且已經有不少的人說過；我今天又在這裏來叨叨絮絮地重復其說，自然是要博得讀者們一個「風頭何必在此出」的嚴峻而帶幾分諷訕意味的批評的。不過，丁此「冬防吃緊，其各經心」的嚴重的時候，我覺得在一般人所謂司空見慣的事體上，須當意加警惕了！所以我站在革命和黨的利益上來說一說好多人視爲重要而未去過問的事，也就大胆肆言而無所懼畏了！

同志們！一切的反動派對於他們自己所幹的事，陶然都顯得出比我們所幹的事要努力而且非常的負責哩！請看他們上自領袖，下齊小卒，那一個不是日惶惶，夜惶惶，坐臥不安，起居不寧，宛如喪了「考」「妣」，心驚面涕地在「奔喪」一般啊！說到我們的同志呢！—革命的同志，能像他們！—反革命派那樣地努力自己的工作，盡忠所負的責任的，誰也不能否認沒有；可是淡漠而末視革命事業，如我們家常便飯那樣切要而不可缺的，似乎也還不少哩！同志們！輕視革命工作，不明革命職守，這就是我們所怕的第一點。

很多同志都有這種心病，他說：革命不是空想，而是社會已經具備了革命的條件，然後才有革命的理論和行動的表現，那末，既是社會上需要革命，則社會上一切需要革命的民衆，自然可以起來參加革命，擁護爲他們利益而奮鬥的「黨」，以謀他們自身和社會的痛苦的根本解除。所以，任隨反動派怎樣的興風作浪，顛倒是非，逆時摒勢，他們的陰謀，終將以不適社會情況之要求而失敗的，我們要實用不着「杞人憂天」而作「無病呻吟」。不錯，革命最後的勝利，一定是歸於革命的民衆的。不過我們在革命的過程中，難說免不了落後的敗類，不住的來與我們搗亂，然而總當時時化這種怪象用力的壓抑下去，使他不致阻滯我們革命工作的進行才是！並且社會是人造成的，要更變社會制度，還是靠人們自己來工作。雖有革命的客觀條件之具備而革命的主觀力量，（民衆的團結力）如果不充足，仍不能使革命成功，至少也是要延緩革命的進行的。所以革命是積極的鬥爭行爲，而這種消積的說法和行動便是我們所怕的第二點。

「孔方」先生的魔力，誰也向它屈服過，尤其是觀念不清，脚根未固，決東則東，決西則西，飄搖搖而帶幾分「利祿」眼光的同志，正在他們經濟拮据，需款孔急的關頭，利用金錢而收買爪牙的反動者，便「有機可乘，無隙不入」的應用「濟人須濟急時無」而予人以小惠，博得較大的報酬了。同志們！我們都知道，革命不是可以用金錢去收買和鼓勵，以定成功與失敗的。它的產生是有它歷史的背景的；它的行動是有它的羣衆性的；它的結果是依着社會進化的程序而有一定的。所以反動者利用金錢來收買落後分子，意欲破壞革命，是與革命的事業，無甚防得，而反暴露其狂妄與卑污罷了。可是，他們的手段畢竟有些厲害，我們的同志不能說一個也不爲他們所利誘而腐化，這就是我們所怕的第三點。

『革命不是爲革命而革命，乃是爲民衆而革命』，這是汪黨代表跟我們說的，而且理論和事實也是這麼一回事。那末，則我們作革命工作的革命黨員的思想和行動，就當絕對的以代表革命民衆利益的政黨的主義和政策爲中心，而不是甚麼名流，碩士，大人，先生……可以左右滂薄的了。可是我們現在的同志，幾乎每個人都還遺留着一些封建社會的尊仰和信服「英雄，偉人，名士」的舊觀念。所以常見比較幼稚的同志，對於一個問題發生，便要跑去問問他所崇信而尊仰的「大人，先生」以求相當的解答和處置。這種虛心求知的義意，固然是應該而且很對的。不過，反動派對於一般人的普遍心理，他不特很洞悉，而且還能取巧的應用，以行其反動的伎倆。於是乃信口雌黃的，大反宣傳而特反宣傳了。「此事係某某的主張，彼事乃某某的意思，他的主義如何明瞭，思想怎樣清新，而且他現在的地位又是如何如何的重要，我們對於此事應當依從某人的意旨去進行，切不可昧然從事以生枝葉，不然，禍及己身，實在有些不大好……」云云，大興其浪，聽者在暗處，當然就像黑夜之中，而且失了指南針一樣，茫茫然而不知其究竟何所之了！這麼一來，就演成：「以黨的主義和政策爲中心麼？則某某的主張不是這麼樣。以某某的意思爲行動麼？似乎與黨的主義和政策不大相仿……」一疑一信，結果不是彷徨歧路，無所去就：便是歸於「淫威」服於「尊嚴」，囿於「情面」，終於屈服而同化了！同志們！不以黨的主義和政策爲中心，而爲流俗所威脅而服從，這就是我們所怕的第四點。

一言我們有了這麼多可怕的地方，而且可怕的還未曾說出，然而我們要知道怕只管怕，反動者他是一點不客氣而退步的。所以我們大家只要不畢頭畢腦的讓入了反革命派的一切迷網；凡是社會上發生的一切問題，都站在革命和黨的方面去觀察，觀察清楚之後，與一切反革命派決鬥到底，才是我們革命黨員的革命行爲。

捉拿本校中潛伏之怪物（續昨）

誠意

（一）怪物之思想——在前曾已縷述怪物之父母的來原與夫他們思想行動等等的錯誤及作惡之勾當，則此怪物所遺傳的劣性根，當然毫無差異，茲不贅及。不過他混入革命的大本營中來—本校—以環境不容許的原因，所以又與他們父母在外所作的勾當不同，自然有時亦可表現些原像出來，那就要我們另具一付眼光去詳細觀察。

（二）怪物之言論——本校是本黨的軍校，一切行動言論，俱以總理所手創之主義及黨中之主張爲依歸，如三大政策之意義與實現，皆爲本校同志所深悉而必努力者。有反對之者，即爲我們大大的仇敵，而皆與之相抗。惟怪物有他來的歷史，以種種關係，欲反對三大政策而不敢反對，故在言語上，不惟不相違謬而且說來洋洋灑灑的毫無疑義，大有眞能革命的氣概，故在呼口號的時，盡量的吼『打倒國家主義』，『肅清反革命派』……然而他心中……

（三）怪物之行動——當他初入校中的時候，首先便大出風頭，或在言語上行動上之滑稽而使多數人之注意；繼後又有什麼小題可以大做的時候，風頭主義抱起要得十足美滿了，或者又對于同志間施一些小殷勤，所謂「水滸」「光光」盡力的做去，自然就結合了一部分少數的同學，推尊他，擁護他，當什麼代表呵，大小事件的會場中，差不多都有他的背影在從中旋轉，這自然是熱心工作，努力革命的表現，可是是假的，而然出諸至誠的。俗所謂「滿口的仁義道德，一肚子的男盜女娼」，藉此消遺羣衆，避免他的聲色，有機會就暗中倒鬼，或借同鄉觀念以勾結作祟，或利用感情以蒙蔽其革命的情緒。自然「赤化」怎樣危險？其實「國家主義」之主張亦不甚錯之口號就漸漸地宣傳起來了，甚至說工農運動有近於階級鬥爭呵！民黨是主張全民革命的呵！種種反革命的言論不免有許多懦怯的黨員而投入其迷魂陣去，『失足便成千古恨，覺悟來時悔已遲』，『將錯就錯，一錯就錯到底』，其謬誤的思想，就形成他謬誤的行動，所以他們勾結愈深，而作出反革命的事實亦愈多。實在說，他們這種內奸眞是難防，打倒軍閥容易，打倒反革命較難，尤其是打倒這種反革命的更難—所以這種怪物之對于本黨猶如吾人的眼中釘，鎖喉瘡，醫治不良，即有生命之危險，所以我們校中有這種怪物，即應當如何捉拿此種怪物，我認爲須有下列的幾項條件：

1、在信仰方面——本黨的三民主義，是否爲可以救國的主義？自家的信念，已是築在牢不可破的地位否？確定之後，自然就日趨於革命的途程上了，這就是要能有捉怪物的本領，而必先有「符水」的練習一樣。

2、認清孫文主義之時代背景——主義是由一種思想而發生信仰，由信仰而發生出一種力量，我們信仰主義，亦即要認清此種主義之所由產生，如此認識既確，則其發生之力量乃厚，我們從

中華民國十六年二月十四日〔星期一〕 黃埔日刊 〔第四版〕

客觀的事實，環境之趨向的認識孫文主義，而不是仁慈爲懷繼承道統的宏願；曲解其說，則有莫大之流弊！

3、改組後所定下之政策，不容有絲毫之懷疑而必盡力擁護。認清楚了以上條件，乃卽進行下列數項：

1、須具有深刻的眼光去觀察同志——某一個黨員在行動上言論上有無背黨的事情，嚴密的觀察，盡力的督責，

2、自己有和藹之態度，不可有驕滿之意而引起同志之反感。

3、不可有油滑的手段，作事須切實，辦事須公平。

4、不可存有鄉土觀念——鄉土觀念乃封建時代所遺下來的惡毒，有害革命的前途，我們革命乃多數人之事而非團結少數人在一塊所能成功的，實在說因此而分散了革命的勢力，真是危險萬分了。反是而利用鄉土觀念而以結合者，則爲反革命之行動，亦卽爲不明瞭革命之怪物而在打倒之列的東西。

5、作祕密的調查——我們看他表面言論行動，覺得很革命很革命的，但還要調查他有無秘密的行動，而且在多數同志中詰問其親近時之談話中有沒有與其平時在表面的語言有相背謬的言論！如此才可得知其眞面目。

我們革命同志，當然不少捉此怪物的方法，總之盡量幹去爲是。我們捉着他了的時候，我們只有用最刻毒的手段對他，食肉寢皮，就是至善至美的法子。

我們革命同志，知道這種怪物，當然非肅清不可，不過要希望大家有毅力去幹，你須知道他們亦有點小小本領，不可見難思退，或者觀望不前，要是不然，我們恐要被其打敗啊！

我們把校中的怪物捉得完，自然是本黨的大幸事，同時也是革命前途的大幸事，所以我們不爲黨員則已，如果我們尤其是一個眞實黨員就要負肅清一切反革命的餘孽的責任。我們黃埔校的同志，是負了這種責任的，爲正本清源計當從本校中肅清怪物起。

同志們！同學們！起起起！羣起捉拿校中潛伏之怪物罷！最後勝利才是屬於我們的！

一月廿日寫于東莞軍中。

姚子希

時機到了

——關稅自主——

本黨的政綱收回外人『管理關稅』權，已有實現之可能了。自漢潯案後，英國在華勢力，若有不可終日之勢；一三八之屠殺，自知手段太毒，安格聯對陳友仁說：『願將租界交還，關稅任國民政府自主』。我們民族運動的力量多麼重大呀！他的胆子未免太小哩！

我敢大聲說，帝國主義的胆子還大得狠，而他的手段眞巧妙極了。他一面向我政府讓步，一面在那裏磨刀；他對華的方式是『左腿後退，右脚前進』。這套花言巧語的把戲，欺騙誰呀！

關稅自主，只有南方關稅，國民政府才有自主之可能，他不承認，我政府也是要自主的。但徵收無幾。上海北京還在他的工具手裏，無異說他的工具——張作霖還照舊每年徵收六千萬討赤費；我們犧牲了不少頭顱，才收還漢潯兩片領土，我們知道這是巴至必不可維持之時而然的，他數十年苦心苦力所經營的權利，豈肯輕易放手嗎！！

試看一月十日無故逮捕上海人民，並派五千水兵上岸。繼又發動法美等帝國主義者同調大批軍艦來華。黃浦江艦終夜升火，情勢非常緊急，有待令發轟之勢。他還不是再施其砲艦政策嗎？我國人不要因其小惠(?)誤認其眞面目了，

自孫吳倒台後，英國在長江流域勢力，已受莫大打擊，不得巳只有與日本爭風——張作霖。日本主張張鬍閉關自守，保持東省所有經濟權；英國則主張向南發展，恢復其原有在長江流域的權利。弄得老張莫知所從，但張鬍武力統一，却被英帝國主義弔去了。

總之我們要關稅自主，收回領土：第一步保持北伐勝利，集中革命力量。第二步急速打倒北洋正統張作霖，排除帝國主義在華一切勢力。

劉漫天

喜訊

——爲汪黨代表銷假回國而作

(一)

當年——
滿清專政，
塗炭民生；
帝國主義者開始乘虛吮吸着我們的血精！
農人們漸漸找不到田地去下種，
工人們漸漸趨到機器房裡去作工……
先生——
目擊這民族的沉淪，
抱定革命，
曾一粒赤彈，
闖進了清宮！
先生，先生，
我勇敢的先生！

(二)

誰知——
滿清推翻，
軍閥暴橫；
帝國主義者的惡火燃得更兇！
到處都插滿了異族的旗幟，
遍地都吹盪着數命的鐘聲；
先生——
揭示本黨，
宣傳民衆；
曾親隨總理
創造了嶺南的光明。
先生，先生，
我努力的先生！

(三)

去年——
兩粵肅清，
三政(軍，民，財)統一；
南中國帝國主義者的勢力已完頹傾！
他們造謠，中傷……
陰謀，反攻……
先生——
防範不懈，
積勞成病；
曾六閱月，
沉疴不輕；
先生，先生，
我久病的先生！

(四)

邇來——
北伐勝利，
如日初升；
帝國主義者已是日暮途窮了！
它正在作最後的掙扎，
——砲艦政策也證明了沒用了！
先生——
深念到革命的發展，
看輕了個人的重病，
毅然奮興，
帶病回省！
先生，先生，
我忠毅的先生！

(五)

歡迎！歡迎！
我們早巳準備下無量數的熱情，歡迎。
我偉大忠毅而勇敢的領袖呀，
默祝你萬里康甯！

政治問答

16戀愛能妨礙革命的工作嗎？爲什麼我現在棄了我的愛者！拋棄！來入伍革命，這是什麼緣故？

16你和你的「拋棄」應該知道，我何從得知你們的秘密？

17革命健兒除研究革命的理論及技術外，要不要研究文藝？

18革命文學是「血」與「淚」「奮鬥」與「犧牲」「殺呀！」「幹呀！」「前進呀！」那些文字的表現是眞的「革命文學」嗎？

17及18革命者如能有革命的文藝之情緒，自然是更好，革命的文學不是什麼血淚嗚呼，前進奮鬥等浮薄字面；是要以自然主義描寫被壓迫者的生活及一般社會的缺陷；以新唯實主義激勵被壓迫者，領導羣衆去革命。我對於文學是門外漢，你可寫信問那些文學家——如沈雁冰先生等。

21民生主義中的第二個原則「節制資本」我始終不甚明了，請詳解答！

21節制資本是以法律規定私人經營企業的資本之最高限度；在此限度以上的大企業，不許私人經營，爲國家經營。

22研究社會主義的系統及書籍，示知，使作一有次序研究。

22先研究社會進化史，次研究社會學及經濟學再次則研究社會主義。茲列淺近的書籍之次序如下：新社會觀，社會進化簡史，各時代經濟原素表，資本制度淺說，社會科學概論，唯物史觀淺釋，馬克思主義淺說，馬克思資本論入門，共產黨宣言，馬克思主義概要，價值價格及利潤，共產主義的A.B.C.，社會組織與社會革命，通俗資本論。

(蕭湘飛問楚答)

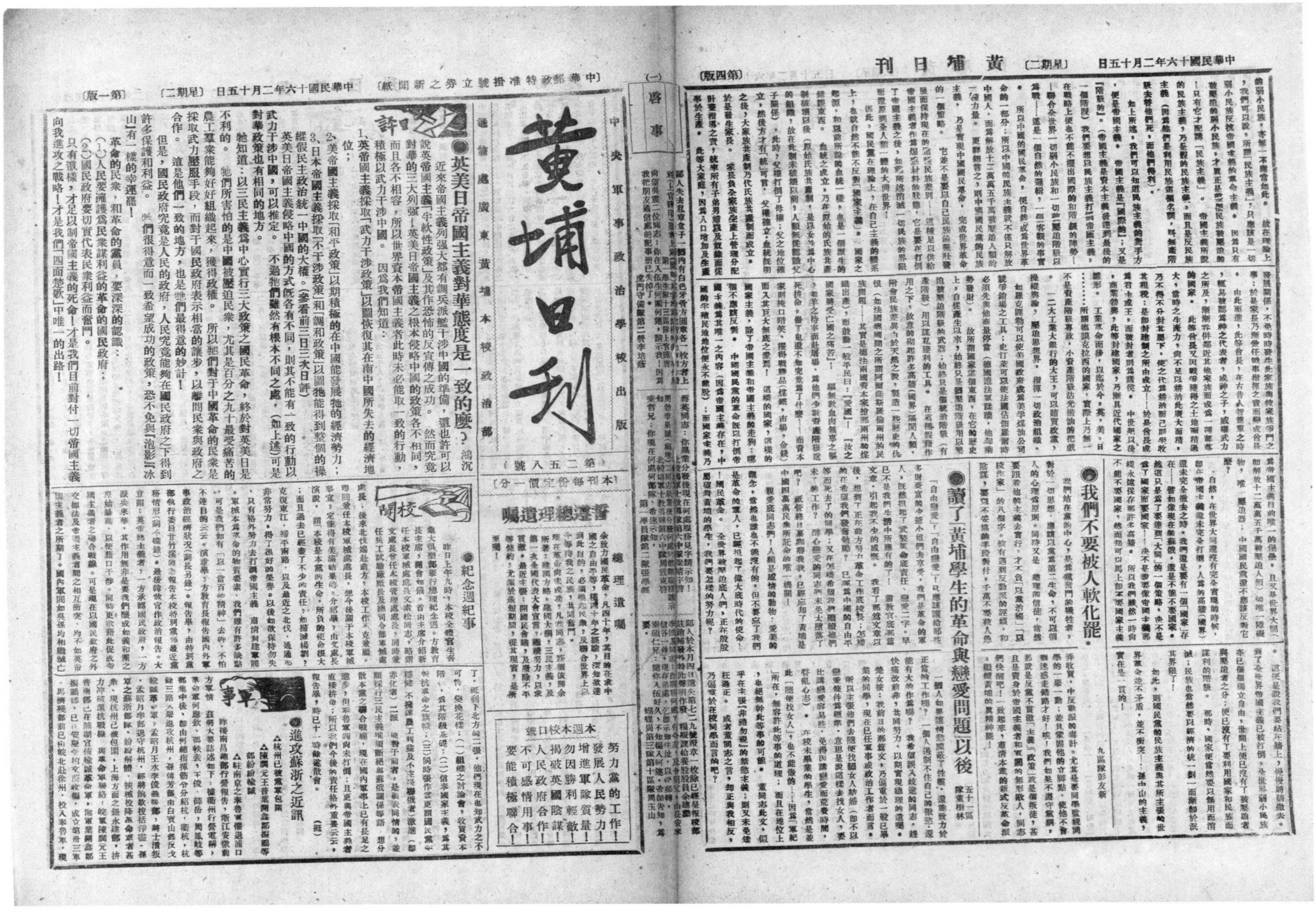

中華民國十六年二月十五日 星期二 黃埔日刊 第一版

黃埔日刊

中央軍事政治學校出版

第二五八號

英美日帝國主義對華態度是一致的麼？

紀念週紀事

進攻蘇浙之近訊

我們不要被人軟化罷

讀了黃埔學生的革命與戀愛問題以後

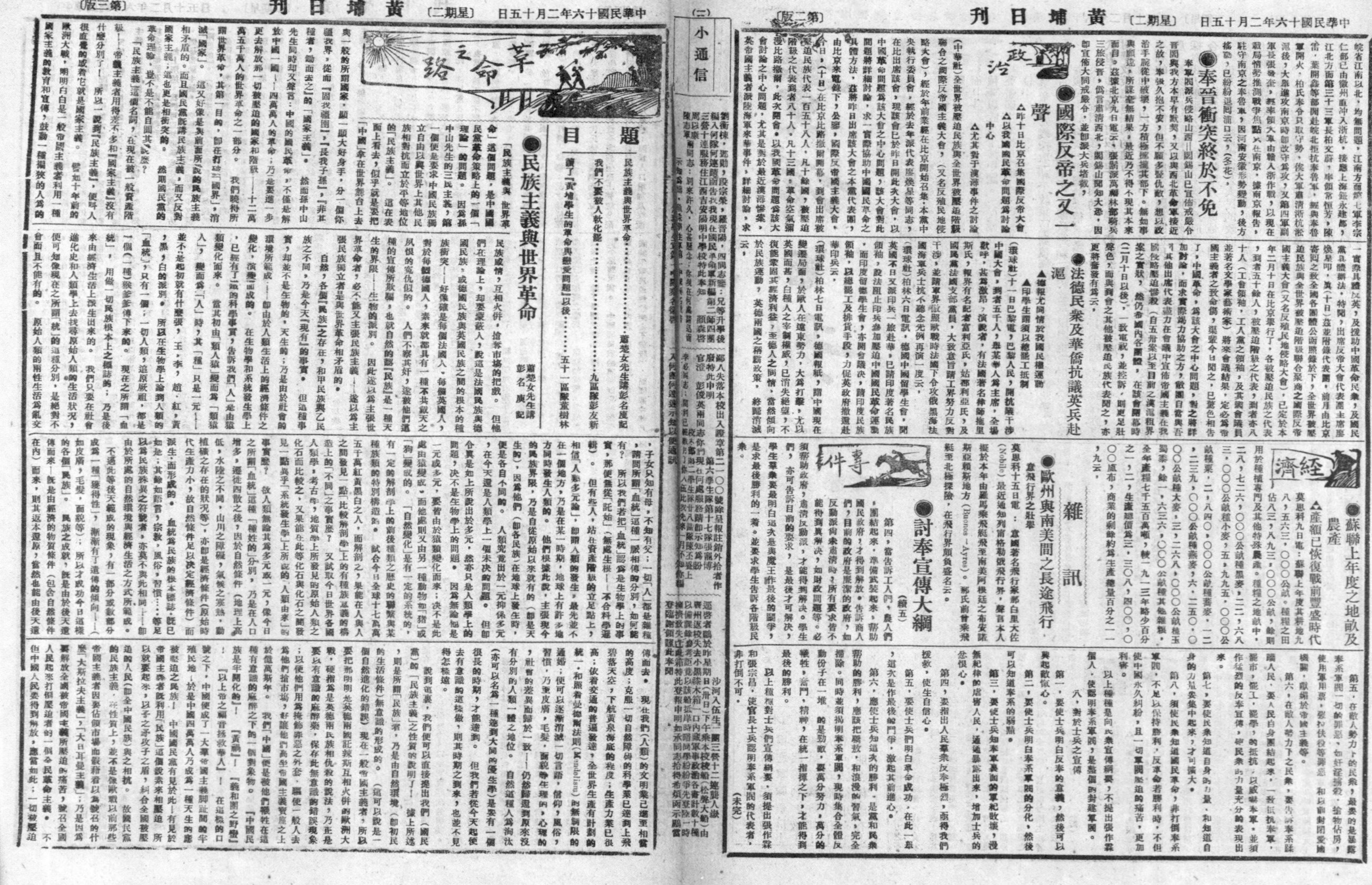

民族主義與世界革命

奉晉衝突終於不免

國際反帝之又一聲

法僑民衆及華僑抗議英兵赴滬

蘇聯上年度之地畝及農產

歐州與南美間之長途飛行

討奉宣傳大綱

〔中華郵政特准掛號立劵之新聞紙〕中華民國十六年二月十五日〔星期二〕〔第一版〕

黃埔日刊

中央軍事政治學校出版
通信處廣東黃埔本校政治部
（第二五八號）
〔本刊每份定價一分〕

日評

英美日帝國主義對華態度是一致的麼？

鴻沉

近來帝國主義列强大都有調兵派艦干涉中國的準備，這也許可以說英帝國主義「牛軟性政策」及其作恐怖的反宣傳之成功。然而究竟對華的三大列强—英美日帝國主義之根本侵略中國的政策各不相同，而且各不相容，所以世界資本帝國主義者此時未必能取一致的行動，積極以武力干涉中國。因爲我們知道：

1、英帝國主義採取「武力干涉政策」以圖恢復其在南中國所失去的經濟地位；

2、美帝國主義採取「和平政策」以期積極的在中國能發展牠的經濟勢力；

3、日本帝國主義採取「不干涉政策」和「調和政策」以圖牠能得到整個的操縱假民主政治統一中國的大權。（參看前三日三次日評）

英美日帝國主義侵略中國的方式既各有不同，則其不能有一致的行動以武力干涉中國，可以推定。不過牠們雖然有根本不同之處，（如上述）可是對華政策也有相同的地方。

牠知道：以三民主義爲中心實行三大政策之國民革命，終於對英美日是不利的。牠們所害怕的是中國被壓迫民衆，尤其是百分之九十最受痛苦的農工羣衆能夠好好組織起來，獲得政權。所以牠們對于中國革命的民衆是採取武力壓服手段，而對于國民政府表示相當的讓步，以離間民衆與政府之合作。這是他們一致的地方，也是牠們最得意的妙計！

但是，國民政府究竟是人民的政府，人民究竟能夠在國民政府之下得到許多保護和利益。牠們很得意而一致希望成功的政策，恐不免與『泡影』『冰山』有一樣的幸運罷！

革命的民衆，和革命的黨員，要深深的認識：

（1）人民要擁護爲民衆謀利益的革命的國民政府；

（2）國民政府要切實代表民衆利益而奮鬥。

只有這樣，才足以制帝國主義的死命！才是我們目前對付一切帝國主義向我進攻之戰略！才是我們「四面楚歌」中唯一的出路！

校聞

紀念週紀事

昨日上午九時，本校全體官生齊集大俱樂部舉行總理紀念週。方教育長主席，開會如儀。首由主席介紹新任本校軍械處處長文素松同志，略謂文處長曾任本校管理處處長，同時兼任兵工試驗廠廠長及總司令部軍械處處長，後來北伐端赴前方，本校工作不克兼顧。現回校任本校軍械處處長。想今後關于本校軍械事宜，定能得有美滿結果的。介紹畢，由文處長演說，謂「本校是本黨的生命，所負的使命很大；而且過去已經盡了不少的責任，如掃滅楊劉，克復東江，掃平南路，以及最近之北伐，通通非常努力，得了很好的榮譽。以後如欲保持勿失，只有格外努力去打倒帝國主義，肅清封建軍閥。軍械本爲革命的物質要素，我們雖有許多缺點，可是我們如有「以一當百的精神」去幹，不怕不達目的」云云。演說畢，方教育長報告國內外軍事政治經濟狀況（詞長另錄）。報告畢，由特別黨部執行委員甘竹溪同志報告本校特別黨部最近黨務情形（詞不備錄）。最後韓教官作政治報告。大意謂：「英帝國主義者，一方承認國民政府，一方派兵來華，其作用無非是要我們釀成如義和團之原始暴動，以便藉口干涉。同時更欲藉此促成帝國主義者之聯合戰線。可是現在以國民政府之外交態度及帝國主義者間之相互衝突，均不如英帝國主義者之所期了。國內軍閥如吳孫均相繼滅亡了，祗剩下北方的二張，他們現在也知武力之不可恃，變換花樣：（一）組織之討論會，收買資本階級，爲其階級基礎；（二）信奉國家主義，爲其對抗革命之旗幟；（三）同時張作霖更謂國民黨中穩健（不擁護農工利益及不主張聯俄者）激進（即赤化者）二派，他對于前者，是很表同情的，並願採行三民主義，唯須斷絕與蘇俄關係等語，想分散本黨之聯合戰線。現在國內軍事上已有長足之進步，但奉魯軍閥尚未打倒；且更與帝國主義者直接拚命；所以我們今後的責任格外重要」云云，報告畢，時已十一時餘遂散會。（挺）

軍事

進攻蘇浙之近訊

▲杭州已被黨軍包圍
▲陳調元王普葉開鑫鄭振鵬等部紛紛輸誠
▲駐南京之奉魯軍權退浦口

昨接南昌總部行營報告，浙江安徽前方軍情，茲將大要誌述如下：據衢州行營電稱，革命軍何應欽、馮軼裴，王俊，薛岳，周鳳岐等部集中後，即由何總指揮指揮飭令分紹杭，衢杭，杭餘三路大舉進攻杭州，孫傳芳部由白寶山部反戈輸誠革命軍，孟昭月王水李俊義等部，將士潰叛，孟昭月率部退守杭州，經將餉款搜括淨盡，孫軍之蘇浙部隊，紛紛解體，挾械投降革命軍者甚衆、現杭州已被包圍，上海方面之鈕永建部，拚力冲破滬杭戰線，與革命軍聯絡，皖軍陳調元王普兩部已在蕪湖宣佈輸誠革命軍，湘軍葉開鑫部振鵬部，已在安慶受柏文蔚收編，成立第卅三軍，馬濟殘部前已由皖北赴徐州，投入奉魯軍，現

晉遵總理遺囑

總理遺囑

余致力國民革命，凡四十年，其目的在求中國之自由平等，積四十年之經驗，深知欲達到此目的，必須喚起民衆，及聯合世界上以平等待我之民族，共同奮鬥。現在革命尚未成功，凡我同志，務須依照余所著：建國方略，建國大綱，三民主義，及第一次全國代表大會宣言，繼續努力，以求貫徹。最近主張：開國民會議，及廢除不平等條約，尤須於最短期間，促其實現，是所至囑！

本週本校口號

努力黨的工作！
發展人民勢力！
增進軍隊質量！
勿因勝利輕敵！
揭破英國陰謀！
人民政府合作！
不可感情用事！
要能積極聯合！

（一）

啟事

鄙人失去私章盒子一個內有白色牙骨方圓章各一枚方者上刻（上官暐印）圓者上刻（寵如）其字均篆書特此聲明作廢　第一學生隊十三區隊上官暐啟

倘望吳震二位同志：你在入伍生何團何營，請示我！因爲我把朋友通信處的記事册已失掉了。　虎門守備隊第二營李培蔭

蔣英同志：你畢業分發後現在何處服務見字請示知！　北校場軍士教導隊第六中隊梁靖宇啟

周勃李果誠（福增）二同志畢業後分發何處何部隊服務請示知　北較場軍士教導隊第六中隊周震東啟

秉哲兄：你現在何處何部隊，希速示知。　第一學員隊第二隊張學經

鄙人於本月四日遺失第七二九號證章一枚除已經呈報校部註銷補發外特此聲明作廢……

李鴻基同志：你服務何處？有令友及令弟寄信各一件，現存弟處，乞示知住址，以便郵轉。

秦頌仁兄：聞你入伍好久，不知編入何連？希即告知，爲要。　蝴蝶崗第三區隊第十區隊周玉山

中華民國十六年二月十五日〔星期二〕 黃埔日刊 〔第二版〕

皖省江南以北，均無問題，江南方面第七軍李宗仁部已由徽州直冲入浙杭，接應上海鈕永建部，江北方面第三十三軍長柏文蔚，率領常恒芳，陳雷，葉開鑫等部開赴皖北拒抗奉魯軍，經與奉魯軍開火，柏氏奉令只取守勢，俟大軍肅清浙杭淞滬後，大舉進攻南京時卽改守爲攻，又第四軍副軍長張發奎，經率領大軍由贛入浙作戰，以現在戰局情勢推測戰爭焦點只在南京，據南京報告，駐守南京之奉魯軍，因河南安徽形勢變動，後方搖動，已紛紛退回浦口云，（冬花），

政治

奉晉衝突終於不免

奉軍閥派兵侵略山西‖閻錫山已宣佈戒嚴令

晉閻與我方本早有默契，又以與西北革命軍接近之故，奉張久抱不安，但不願多豎仇敵，想以政治手腕從中破壞，一方積極挪攏其部下。無如事與願違，所謀毫無結果，最近乃不得不現其本來面目。茲據北京九日電云，張翳派萬福林部騎兵三旅侵晉，僞言肅清西北，閻錫山聞知大恐，因卽宣佈大同戒嚴令，並卽派大兵堵截，

國際反帝之又一聲

△昨十日比京召集國際反帝大會

△以我國國民革命問題爲討論中心

△尤其對于漢潯事件之討論

（中華社）全世界被壓迫民族與全世界被壓迫階級聯合之國際反帝國主義大會，（又名反殖民地侵略大會），經於年前業經在比京開始召集，本黨中央執行委員會，經於去年派代表廖煥星等同志，在比出席該會，現該會已於昨日開此次大會，以中國革命問題爲該大會之中心問題，該大會對此問題將詳細討論，求一實際協助中國國民革命之具體方法，茲將昨日出席該大會之本黨代表團，由比京來電錄下，公鑒，國際反帝國主義大會，今日，（十日）在比京比路撒爾開幕，到會出席被壓迫民族代表一百五十八人，凡十餘國，被壓迫階級之代表到者八十八人，凡十三國，革命空氣彌漫比路撒爾，此次開會，以我國革命問題爲該大會討論之中心問題，尤其是對於最近漢潯慘案，英帝國主義者派陸海軍來華事件，詳細討論，求一實際具體反英，及援助中國革命民衆，及國民黨具體辦法，特聞，出席反帝大會代表團主席廖煥星叩，眞（十日）茲並附錄代表團，前月由比京寄回之致全國各團體公函照錄於下，全世界被壓迫民族與全世界被壓迫階級聯合聚商之國際反帝國主義大會（又名反殖民地侵略大會），已定於本年二月十日在比京舉行了，各被壓迫民族之代表，到者五十餘人，被壓迫階級之代表，到者亦八十人（工會領袖，工人黨之領袖，及其國會議員並著名文學家藝術家）將來會議結果，定必爲帝國主義者之致命傷，渠輩今日聞之，已驚色相告了，中國革命，爲該大會之中心問題，對之將詳加討論，而求實際竭力協助之方，敝團自當與吾其他出席代表盡力在會議中宣佈帝國主義在我國侵略壓迫慘殺（自五卅案以至目前之漢滬租界案之實狀，然仍希國內各團體，在該會開幕時（二月十日以後），一致電祝，並控訴，則更足壯聲色，而與到會之其他被壓迫民族代表聞之，亦更將奮發有爲云，

法德民衆及華僑抗議英兵赴滬

▲德報尤同情於我國民權運動

▲印學生請須以總罷工抵制

（環球社）十一日巴黎電，巴黎人民，開抗議干涉中國大會，到者五千人，舉某華人爲主席，全場歡呼，甚爲激昂，演說者，有法國著名律師拖里斯氏，報界有名記者富利亞氏，姑都利亞氏，及國民黨法國支部黨員，大致意旨請工界努力反對干涉，並請軍界倣照歐戰時法國下令攻俄黑海法國海軍兵士抗不聽命先例再演一度云，

（環球社）柏林六日電訊，德國中國留學生會，開英國不日又派印兵一旅赴華，已請印度著名民族領袖，設法阻止印兵參加壓迫中國國民革命運動，而印度留德學生會，亦開會議決，請印度民族領袖，以總罷工及排貨手段，力促英政府撤還赴華印兵云，

（環球社）柏林七日電訊，德國報紙，謂中國現在變遷局面，於歐人在遠東勢力，大爲打擊，尤以英國而甚，白種人之宰制權威，已消失絕望，不復能鞏固其經濟利益，至德人之同情，當然傾向於民族運動，英德兩國之稱霸政策，終歸消滅云，

經濟

蘇聯上年度之地畝及農產

△產額已恢復戰前豐盛時代

莫思科九日電：蘇聯上年度其耕地九八，五六三，〇〇〇公畝。種糧之田佔八三，八九三，〇〇〇公畝，餘則用於種植專門及其他特殊農產。種糧之地畝中，二八，七二六，〇〇〇公畝種黑麥，二二，六八三，〇〇〇公畝種小麥，五，九九五，〇〇〇公畝種粟，二，八四〇，〇〇〇公畝種燕麥，六，二五〇，〇〇〇公畝種蕎麥，一二，二三九，〇〇〇公畝種大麥，三，二六八，〇〇〇公畝種玉蜀黍，餘一，六三六，〇〇〇公畝種其他雜糧。全年產糧七千五百萬噸，較一九一三年略少百分之一，二，生產總價爲三，三〇八，四〇〇，〇〇〇盧布，商業的剩餘約爲生產總量百分之二一，九云，

雜訊

歐州與南美間之長途飛行

意飛行界之壯舉

莫思科十五日電：意國著名飛行家那白里大佐（Nobile）最近通知列甯格勒俄飛行界，聲言本人擬於本年由羅馬乘飛艇飛至南美阿根廷之布安諾斯亞賴斯地方（Buenos－Ayres）。那氏前曾乘飛艇至北極探險，在飛行界頗負盛名云。

專件

討奉宣傳大綱（續五）

第四，當告訴工人們，農人們，團結起來，準備武裝起來，幫助國民政府，才得到解放。告訴商人們，目前的政府是廉潔的政府，如反動派尚未肅清時，所有要求皆不能得到眞解決，如財政問題等。必須幫助政府，肅清反動派，才能得到解決。學生們，亦可告訴目前的要求，是最後才可解決，學生羣衆要最明白這次是與魔王作最後的鬬爭，是求最後勝利的一着。並要求學生告訴各階級民衆。

第五，在敵人勢力下的民衆，最要的是暴露奉系軍閥一切的罪惡，如奸淫擄殺，搶物佔房，使用軍用票，強拉伕役等罪惡，和以前封閉愛國機關，獻媚於帝國主義等。

第六，在敵人勢力下之民衆，要告訴奉系蹂躪人民，要人民自身團結起來，一致抵抗奉軍，罷市，罷工，罷學，的抵抗，以威嚇奉軍。並須作猛烈的反奉宣傳，使民衆出力量充分的表現出來。

第七，要使民衆知道自身的力量，和知道自身的力量要集中起來，才可擴大。

第八，須使民衆知道國民革命，非打倒奉系軍閥，不足以保持勝利，反革命若勝利時，不但使中國永久糾紛，且一切軍閥壓迫的痛苦，更加利害。

以上種種是向民衆宣傳綱要，不提出張作霖個人，使認明奉系軍閥，是整個的封建軍閥。

八，對於士兵之宣傳

第一，要使士兵明白反奉的意義，然後可以興起敵愾心。

第二，要使士兵明白奉系軍閥的分化，然後可以知道奉系的弱點。

第三，要使士兵知奉軍裏面的軍紀敗壞，漫無紀律的虐害人民，通通暴露出來，增加士兵的忿恨心。

第四，要指出人民羣衆反奉極烈，亟得我們援救，使生自信心。

第五，要使士兵們明白革命成功，在此一舉，這次是作最後的鬬爭，激起其前進心。

第六，應使士兵知這次的勝利，是黨和民衆幫助的勝利，應該把驕敖，和浪漫的習氣，完全掃除。同時並須揭明奉系軍閥，現時集合全體反動份子在一堆的是勁敵，要萬分努力，萬分的犧牲，奮鬥，精神，在統一指揮之下，才能得到最後的勝利。

以上種種對士兵們宣傳綱要，須提出張作霖和張宗昌，使官長士兵認明奉系軍閥的代表者，非打倒不可。

（未完）

（二） 小通信

劉衡棟，鄧勛，段宗榮，羅晉陽，四同志鑒：兄等升學後編入何隊何連，請函告我，我現在國民革命軍新編第二師四團三營十連服務，住江西吉安陽明中學校，特此奉知 顏森啓

周以康，陳志軍兩同志：別來許久，心甚懸念；你現在何處，請迅函示知爲禱。魚珠學生軍第一中隊秦名衡啓

鄙人失落本校出入證章第二一〇〇號除呈報註銷外拾者作廢特此申明 第六學生隊第十七隊張龍博

官澄 彭俊英兩同志你們現在何處服務請即示知爲盼

李必同志：闊別已經數月你入伍比我先來一月不知你編入何隊何連速示知以便通訊 校本部第二學生隊廿八區隊陳丕盛上

逕啓者鵬於昨星期日（卅日）下午乘本校校船（松聲大船）由廣州返校失去小黑漆木箱一口內藏軍事政治各書計數十種以備課餘參考詎竟以該船抵岸時暗同學紛紛爭先登陸一時擁擠致失亡此箱特此登報申明如承同志拾得希煩函示鵬當臨謝領謹此奉聞 沙河入伍生一團三營十二連龔人嶽

中華民國十六年二月十五日〔星期二〕 黃埔日刊 〔第三版〕

革命之路

題目

●民族主義與世界革命

蕭楚女先生講 彭名庚記

「民族主義與世界革命」這個問題，是中國國民黨革命策略上的一個「理論」的問題。因爲孫中山先生的三民主義，第一個便是要求中國民族獨立自由以與世界上其他民族相對抗而立於平等地位的「民族主義」。這在表面上看去，似乎就是要把「中國」拿在世界舞台上去與一般的所謂國家，顯一顯大好身手，分一個你疆我界，從而『固我疆圉』，『長我子孫』，『非其種者，鋤而去之』的「國家主義」。然而孫中山先生同時却又聲言：中國的國民革命，不僅是解放中國一國——四萬萬人的革命；乃是要進一步更去解放那一切被壓迫的國家和階級——十二萬萬五千萬人的世界革命之一部分。我們曉得所謂世界革命，其第一目的，即在打破「國界」，消滅「國家」。這又好像是與前面所說的民族主義相矛盾的。而且國民黨既講民族主義，而又反對國家主義；這也更是相衝突的。然則國民黨的革命理論，豈不是不能自圓其說麼？

「民族主義」這個名詞，在現在被一般資產階級——帝國主義者用得差不多和『國家主義』沒有什麼分別了！所以一說到『民族主義』，便叫人很直覺的感着它就是國家主義。譬如十年前的歐洲大戰，明明白白是一般帝國主義者利用一種國家主義的教育和宣傳，鼓勵一種褊狹的人爲的民族感情，互相火併，搶奪市場的把戲。但他們在理論上，却要蒙蔽人，說這是法國民族與德國民族，或德國民族與英國民族之間的根本的種族衝突——好像確是每個法國人、每個英國人，對於每個德國人，素來就都具有一種不共戴天之夙恨的宛仇似的。人們不察其奸，遂被他們這種的宣傳所欺騙，也就自然的認『民族』是一種天生的界限——生物的派別。因此遂以爲主張世界革命者，必不能又主張民族主義——遂以爲主張民族獨立者是與世界革命相矛盾的。

自然，各個『民族』之存在，和甲民族與乙民族之不同，乃是今天『現有』的事實。但這種事實，却並不是生物的，天生的；乃是由於社會的環境所範成——即由於人類生活上的經濟條件之變化，演變而成的。在生物學和系統發生學上，已經有了鐵的科學事實，告訴我們「人」是由猿類變化而來。當其初由「類人猿」變而爲「類猿人」，變而爲「人」時，其「種」只是一元——並不是起初就有什麼張，王，李，趙，紅，黃，黑，白的派別。所以在生物學上論到人類的「血統」，只有一個；一切人類，追原厥祖，都是一個（一種）猴爹爹傳下來的。現在之所謂「血統」，用做一切民族根本上之標誌的；乃是後來由經濟生活上派生出來的。我們只要在社會進化史和人類學上去找尋原始人類的生活狀況，便可知像現在之所謂「統」的這種分別，是絕對不會而且不能有的。原始人類的兩性生活爲亂交，子女只知有母，不知有父；一切「人」都是雜種，請問所謂「血統」這種一脈相傳的分別，如何能有？所以我們若把「血統」認爲是生物學上的事實，那便無從「託始」（無處生根——不合科學邏輯）。但有些人，站在資產階級的立足點上，相信「人類多元論」，即謂人類的發生，最先並不在一個地方，乃是在某一時期，地球上有許多地方同時發生人類的。他們根據此說，主張現今的民族界限，乃是自從原始以來就有的（即是天生的），因爲他們（即各民族）在地球上發生時，便是各自不同的。人類究竟出於一元抑係多元，在今天還是人類學上一個未決的問題。但即令真是如上所說出於多元，然亦只是人類學上的問題，決不是生物學上的問題。因爲無論他是一元或多元，要皆由於猿類變化而來；決不是此處由猿變成，而他處則又由另一種動物如「猪」或「狗」變成的。「自然變化」是有一定的系統的，有一定的解剖學上的前後種類之歷史的聯繫與某種族類的特別構造的。試合今日全球十七萬萬五千萬紅黃黑白之人，而解剖之，果能在人與人之間發見一點「比較解剖學」上的有種族意義的構造上的「不同」之事實麼？又試取今日世界各國人類學，考古學，地質學上所發見的原始人類之化石而比較之，又果能在此等化石與化石之間發見一點異乎「系統發生學」上所說的「人類由來」的事實麼？故人類無論其爲多元或一元，像今日之所謂「血統」這種「種姓的」分別，乃是在人口增多，遷徙四散之後，因於自然條件（地理上高低，水陸之不同，山川之障礙，氣候之寒熱，動植礦之存在的狀況等），亦即是經濟條件（原始時代生產力小，故自然條件足以決定經濟條件）而派生，而形成的。血統爲民族的根本標誌，既已如是；其餘如語言，宗教，風俗，習慣……等，足以爲民族殊異之符號者，亦莫不與此相同——即由於所處的自然環境與經濟生活之方式所範成。不過此等後天範成的現象，有一部分或數部分成爲一種「獲得性」，漸漸有了遺傳的傾向——（如皮膚，毛髮，面貌等）；所以才成功今日這樣的各個「民族」。民族之成就，既是由於後天遺傳而來——既是由經濟的物質條件（包含自然條件在內）而來，則其返本還原，當然也能由後天遺傳而去。現在我們（人類）的文明業已進至相當的高度；克服一切自然障碍的科學業已達到上飛碧落天空，下航黃泉海底的程度；生產力業已很高；依着交通的普遍發達，全世界生產有計劃的統一，和照着曼德爾法則（Mendelism）的無制限的通婚；便可以逐漸消滅一切言語，信仰，風俗，習慣，乃至皮膚，毛髮，面貌等生理的，心理的，社會的差異而歸於一致——仍然歸還到原來沒有分別的人類一體之地位。自然這種人爲淘汰（亦可以名爲一種達到大同的優生學）是要有一個很長的時期，才能達到。但我們若從今天起便去有意識的這樣做，則其時期之到來，也並不見得怎樣遠。

說到這裏，我們便可以直接提出我們（國民黨）的「民族主義」之性質的說明了！據上所述，則是所謂「民族」者，乃是由自然環境（即初民的生活條件）無意識的形成的。（這可以說是一個自然進化的錯誤）現在一般帝國主義者，所以要把那明明是英德兩國託辣斯互相火併的歐洲大戰，硬指爲是英德兩民族相仇殺的說法，乃正是要以有意識的麻醉藥，保存此無意識的錯誤現象；以便他們用爲掩飾罪惡之外套，驅使一般人去爲他們搶市場，好讓他們高坐帝國主義寶座之上於億萬斯年。我們「中國」便是被他們犧牲在這種有意識的麻醉之下的一個對象物。『中國民族是半開化的』！『黃禍』！『義和團之野蠻』！『以上帝之福音拯救華人』！在這樣的口號之下，中國便成了一大羣帝國主義脚趾間的半殖民地，於是中國四萬萬人乃成爲一種天生的應被壓迫之民族！中國國民黨有見於此，有見於帝國主義者既利用「民族」這個說素來相壓迫，所以就要起來，以子之矛攻子之盾，糾合全國被壓迫的人民（即全中國民族）與之相抗。故國民黨的民族主義，在性質上，並不是像歐戰以前那些帝國主義者因要佔領市場而假藉着以爲號召的什麼「大斯拉夫主義」，「大日耳曼主義」；乃是因爲要解放全國被帝國主義所壓迫的痛苦，號召全國人民起來打倒壓迫者的一個全民革命主義。不但中國人民要得到解放，應當如此；一切被壓迫

中華民國十六年二月十五日 〔星期二〕 黃埔日刊 〔第四版〕

的弱小民族，亦無一不應當如此。 故在理論上，我們可以說，所謂「民族主義」，只應該是一切弱小民族反抗帝國主義的革命主義。 因爲只有被壓迫的弱小民族，才眞正是[illegible]民族被壓迫的——只有它才配講「民族主義」。 帝國主義所說的民族主義，乃是假的民族主義，而且是反民族主義（因爲他們是利用民族這個名詞，叫無產階級去替他們死，而他們得利）。

如上所述，我們可以知道民族主義的對手方，便是帝國主義。 帝國主義是「國際的」；又是「階級的」。（帝國主義是資本主義發達到最後的一個階段）我們要想以民族主義打倒帝國主義，在戰略上便也不能不擺出國際的和階級的陣勢——聯合全世界一切弱小民族和一切被壓迫階級以爲戰——這是一個自然的邏輯，一個客觀的事實。 所以中國的國民革命，便自然地成爲世界革命的一部分；所以中國的民族主義就不僅只解放中國人，而爲解放十二萬萬五千萬被壓迫人類的一種力量。 更詳細言之，則中國國民黨的民族主義，乃是實現中國國民革命，完成世界革命的一個策略。 它並不是要以自己民族的強壯發展而保持現在的這種民族差別——這種足以供給帝國主義者作爲煽惑材料的狀態，它是要在打倒了帝國主義之後，如前所述消滅一切民族的界限而還原到全人類一體的大同世界！

因此，國民黨在理論上，在自己主義的體系上，也就自然不能不反對「國家主義」。 國家之起源，和以前所說的血統一樣，也是一個派生的錯誤東西。 血統之成立，乃在原始的氏族共產制破壞以後（原始氏族共產制，是以女性爲中心的組織，故在此制未破壞以前，人類無從認識父子關係），此時，父權打倒了母權；父之地位確立，然後方才有「統」可言。 父權確立，血統既明之後，大家族共產制乃代氏族共產制而成立。於是發生家長。 家長負全家族生產上管理分配計畫指導之責，統率所有子弟男婦以及奴隸而從事於生產。 此等大家庭，因爲人口增加及生產發展關係，不免時時發生此家族與彼家族爭鬥之事：於是家長乃漸兼任戰事指揮之責而變成酋長。 由此而進，此等酋長，在古昔人智簡單之時，輒易被認爲神之代表者，或神之子，威權武力之所及，漸漸吞併鄰近其他家族而成爲一種部落的國家。 此等酋長又因戰爭獲得之土地面積過大，當時之生產力，尙不足以耕治此廣大面積，乃不得不分封其屬下，使之代爲耕治而己卽坐收其租稅：是卽封建制之所由成立——於是酋長成爲君主或王，而被封者則爲諸侯。 中世紀以後，商業勃興，此等封建國家，乃漸具近代國家之雛形。 工業革命而後，以迄於今，英，美，日……所謂德謨克拉西的國家，實際上乃無一不是資產階級專政，小資產階級沾光揩油的把戲。 一二大工業大銀行的大王，可以賄買政黨，操縱輿論，壓迫思想界，指揮一切政治組織。 如羅克匪勒可以使美國政府成爲美孚煤油公司競爭銷場之工具；史汀萊可以使法國佔領羅爾時必須先與他商量停當（德國遭法軍蹂躪，他却乘勢發財）。 故所謂國家這個東西，在它的歷史上，自從產生以來，始終只是個壓迫階級用以壓迫被壓迫階級的武器；始終只是個統治階級（有產階級）用以謀私獲利的工具。 在這種假藉作用之下，故意的砌起許多高牆（國界）隔閡人類，附會民族差異由於天然之說，製造一些歷史的仇恨（如法國德國間之所謂阿爾薩斯羅倫兩州的民族問題——其實是德法兩國資本家搶那兩州的煤鐵出產），而鼓動一般平民曰：『愛國』！『汝之國家將受亡國之痛苦』！ 驅無數血肉無辜之軀，如羊之待宰而赴屠場，爲他們少數資產階級送死拚命，做了鬼還不知究竟爲了什麼——而資本家則掩口暗笑，攫得戰勝品（煤鐵，市場，金錢）而入其巨大無底之橐焉！ 這樣的國家，這樣的國家主義，除了帝國主義和帝國主義的走狗；哪個不應該反對。 中國國民黨的革命旣以打倒帝國主義爲其唯一之內容（因爲帝國主義存在，中國的半殖民地地位便永不能脫）；而國家主義乃爲帝國主義目前唯一的保壘，且又是世界大同（卽解放十二萬萬五千萬被壓迫人類）的唯一障礙物，唯一壓迫器；中國國民黨還不應該反對它麼？

自然，在世界大同還沒有完全實現的時候，卽在帝國主義還未完全打倒，人爲的高牆（國界）還未完全撤去之時，我們還是要有一個「國家」存在——譬如像現在的蘇俄，還是不能不要國家。 然這只是爲了要達到「大同」的一個策略，決不是爲了國家而要國家——決不是要像帝國主義那樣永遠保存那許多高牆。 所以我們雖然一時尙不能不要國家，然而却可以馬上卽不要國家主義。這便是說我們要站在牆上，慢慢將牆撤去。到了全世界帝國主義已被打倒，全世界弱小民族亦已個個獨立自由，世間上便沒有了被壓迫者與壓迫者之分；便已沒有了要利用國家和民族而謀利的階級。 那時，國家便當然要以無用而消滅；民族也當然要以經濟的統一劃一而漸卽於泯其界限了！

如此，則國民黨的民族主義與其所主張的世界革命並不矛盾，並不衝突——孫中山的主義，實在是一貫的！

我們不要被人軟化罷

九區隊彭友新

我們站在黨的中心，是爲黨奮鬥的犧牲者，對於一切思想，應該以黨爲第二生命，不可以個人的心理爲原則。同時又是 總理的信徒，當然要跟着他的主義去實行，才不負「以黨治國」「以校作家」的八個字。倘有遇到反動派的誘惑，和陰謀，要以不妥協的手段對付，千萬不要被人愚弄收買，中反動派的毒計。尤其是要同學監視同學的一舉一動；並且鞏固他的立脚點，使他不會到迷惑走錯路才好！唉！我們如果不遵守黨綱，那就是反黨不貫徹「主義」「政策」就是個叛徒，甚且是賣身於帝國主義者和軍閥的無形敵人，同志們快醒吧！一致起來，肅清本黨的新式反革命派，繼續黃埔的眞精神罷！

讀了「黃埔學生的革命與戀愛問題」以後

五十一區隊董樹林

「自由戀愛」！「自由戀愛」！只應該讓給那些多財豪富的少爺小姐們去享受，我們是革命的軍人，既然担起了武裝革命底責任，戀愛二字，早已不是我們生活中所應有的了！ 蕭教官底那篇文章，引起我不少的感慨。 我看了那篇文章以後，想到了正在前方努力革命工作底校長；怎樣的在希望我們發奮勉勵？ 已經爲中國的自由平等而死去了的同學；又在怎樣希望我們繼續他們未了的工作？ 醉心戀愛的同志們未免太墮落了吧？ 祗管終日裏聊聊我我，已經忘却了黃埔是中國四萬萬民衆所託命的唯一機關！

親愛底同志們！人類是感情的動物：愛美的觀念，當然也誰也不能沒有的，但不要忘了我們是革命的軍人，已經担起了偉大底時代的使命——國民革命。 全世界被壓迫底人們，正在殷殷屬望着黃埔的學生，我們要怎樣的努力呢？

一個人如果讓情慾朦蔽了性靈，還能致力於正當的工作嗎？ 一個人過制不住自己的獸慾，還能有大的作爲嗎？ 我希望誤入歧途的同志，趕快痛改前非，共同努力，以期實現總理的遺囑。

楚女按：我前日的那篇文，乃偏重於一般已畢業的同學，現在已任軍事或政治工作者而言。 所以主張他們去隨便找個女人結婚（即不以戀愛條件爲標準，意思是說這樣去找女人，要比講戀愛容易些），免得因講戀愛而荒廢時間，昏亂心志）。 在校未畢業的學生，當然是並此「隨便找女人」，也不能做的——因爲「軍紀」所在，無容許此等事的道理；而且在地位上，也絕無幹此等事的可能。 董同志此文，似乎在主張「非禮勿視」的禁慾主義；則又未免矯枉過正。 或者董同志之言，却正與我相反，乃偏重於在校同學而言的吧？

[illegible]蔣英同志：你畢業分發後現在何處服務見字請示知！

鄙人於本月四日遺失第七二九號證章一枚除已經呈報校部[illegible]

中華郵政特准掛號立劵之新聞紙 中華民國十六年二月十六日 星期三 第一版

黃埔日刊

中央軍事政治學校出版

通信處廣東黃埔本校政治部

第二五九號

本刊每份定價一分

日評

奉軍入豫與第二次北伐之準備

鴻沉

在北洋系軍閥未根本消滅之先，革命的軍事行動與軍閥的武力統一，二者都是不能停止的。吳孫失敗而後，只剩下一個最反動，最強大，最後的一個北洋系軍閥——張作霖在那裏計劃如何武力統一中國的方策：攻到武漢，取得九江，而北伐的第一步工作算是結束，革命的軍事上的勝利，算是獲得第一次的成功。現在是第二次北伐——消滅張作霖，奪回北京軍閥政府的政權的準備而至于開始時期，同時也是張作霖夢想武力統一，實現其初期軍事計劃的時候。只是將來革命軍與奉系軍閥之決戰，大體總重于中原的河南方面，所以奉軍毅然決然的闖入豫境了。

本來奉系軍閥的計劃，在京漢路方面，欲利用吳佩孚為犧牲品，積極援助吳部之能與革命軍作戰者以與革命軍肉搏而它以「漁人」的資格坐視于河北。但是它運動靳雲鵬組閣以誘導其乃弟靳雲鶚南取武勝，結果，至今靳雲鶚反聯革命軍而北上指揮討吳反奉！加以西北革命軍已出潼關，洛陽震動；魏益三「與奉張勢不兩立，而就革命軍長職；田維勤徘徊歧路，嚴守中立，樊鍾秀大形活動，聯反吳軍指日北討，遂收復許之地，此時鄭州之吳，處于四面楚歌之中，吳部之必然分化而至于消滅，已為鮮明之事實。因此，奉系軍閥在京漢路之軍事上的衝突，已與革命軍日益直接接近，遂不得不武裝出馬了。

奉系軍閥在鞏王府會議之決定，分四路出兵入豫：（一）京漢路張學良，韓麟春，（二）隴海路褚玉璞，（三）曹州許琨，（四）三河尖王翰鳴。現在已到河南彰德一帶者，約有奉軍三萬人了。

不過我們知道：奉軍入豫，第一步不是與革命軍衝突而是吸收吳部並解決吳部之反奉者；第二步是策驅吳部積極與反吳反奉軍及革命軍作戰；及其直接與革命軍大戰時，已是東南軍事得相當解決的時候了。

所以在我們此時準備第二次北伐與奉系軍閥直接大戰的略事修養時期，應努力於：

1. 積極援助並接濟西北革命軍；
2. 極力聯絡反吳反奉軍隊；
3. 聯合傾向國民政府的閻錫山；
4. 扶助蘇浙皖三省的自治運動；
5. 增進革命軍的質量，切實整頓內部，加緊政治訓練工作。

——在軍事方面應如此。

在政治方面：

6. 在國民政府勢力所及之中南各省，切實剷除封建勢力樹立民主政治的基礎；
7. 擴大民眾的組織，以民眾的力量幫助北伐軍；（第一次北伐軍在兩湖江西一帶作戰，着實得了不少的民眾幫助。）
8. 從速整頓財政，以裕軍實；
9. 單獨的作有秩序的，極嚴整的反英運動。

遵守總理遺囑

總理遺囑

余致力國民革命，凡四十年，其目的在求中國之自由平等。積四十年之經驗，深知欲達到此目的，必須喚起民眾，及聯合世界上以平等待我之民族，共同奮鬥。現在革命尚未成功，凡我同志，務須依照余所著建國方略，建國大綱，三民主義，及第一次全國代表大會宣言，繼續努力，以求貫徹。最近主張開國民會議，及廢除不平等條約，尤須於最短期間，促其實現。是所至囑！

本週本校口號

努力黨的工作！
發展人民勢力！
增進軍隊質量！
勿因勝利輕敵！
揭破英國陰謀！
人民政府合作！
不可感情用事！
要能積極聯合！

校聞

蔣校長電令精編黃埔叢書

昨本校政治部，由方教育長轉來前方蔣校長來電一通，令政治部將校長在校所編各書：摘增補曾胡治兵語錄，革命軍刑事條例及連坐法，新兵精神教育問答，日課問答，以及其他各書，搜集訂成一本，名曰黃埔叢書，刊印一萬五千份，除分給分校三千份，餘寄行營，為要云云。政治部接電，即由宣傳科編纂股負責搜集以上各書，從事編輯，以期早日付印，同時並由熊主任覆蔣校長一電，說明一切，略謂，奉電令衛精編黃埔叢書，職部已遵令開始編纂，惟查該書稿件過多，擬依其性質，分成一二三等集，似較合式，若能訂成一本，自當遵令辦理云。

懲戒一個輕視人命的商輪

上星期六，本校官生約六十餘人因公赴省，搭乘新洲輝新商船，該船載量至多能容百廿人。但其賬房譚某，只圖多收船費，不顧乘客有無危險，每每逾額多載。是日竟載至百六十人之多尚不開行，還在招呼乘客。當由本校某同志向之交涉，促速開行，不允。最後激怒乘眾，一致主張將本校所有每人應繳船費（一毫半）另舉一人收存捐助濟難會。並預先報告公安局得其允諾以符手續。迨船抵省後，即舉代表到公安局報告。公安局當即派人帶賬房譚某到局訊問一遍。判定照本校同志主張，將本校六十餘人之乘船費（九元餘）一概捐助濟難會（此款當已繳捐濟難會，並已學取收據。）並斥責譚某以後不得再有此類輕視人命之行為云。

台灣學生聯合會來校參觀

台灣民眾，半世紀以來，受極日本帝國主義的非人待遇。日政府對付台灣政策，猶如中世紀羅馬人之管理奴隸，種種政治上經濟上的壓迫摧殘，決非人類的話言所可容形。故台灣民眾在帝國主義的鞭笞之下，實與今日中華民族受同樣的命運。而台灣民眾思自由獨立，脫離帝國主義之羈絆，亦與我四萬萬人民同其熱烈。尤其是現代台灣青年，彼等對於此東方之光明島嶼，實抱有無限之希望。故此輩青年，多投身於中國民族運動，共同打倒帝國主義，以實現其拯救台灣之願望。昨日有台灣學生聯合會男女學生張秀哲等十餘人，特來本校參觀。彼等多為今日台灣之青年革命戰士。與吾人同立於反帝國主義的堡壘中，共同奮鬥。彼等於十時許抵校。由政治部派林劍鵬為招待。領導至各處參觀一週。午後並在官長會客廳開一談話會，由方教育長，熊主任，陳股長相繼演講，大意為說明台灣民族運動，與中國國民革命之關係。直至四時許始盡歡而散。是日本校並贈彼等綢錦區一幅，上書「聯合組織，奮鬥前進」八字，以為紀念云。

啟事

中華民國十六年二月十六日 星期三 黃埔日刊 第四版

我們要注意英帝國主義對漢案的「退進政策」

軍官政治訓練班吳鴻

這次漢口的慘案，英帝國主義者遵然十二分的退讓，把租界交還我國民政府。這件事在表面上看來，似乎是帝國主義者被打倒的頭一幕。但是同志們！要曉得英帝國主義者不是退讓，乃正是進攻，好像我們的軍事學的退進。同志們，要特別注意！今將他的用意分斷如下：

在五卅慘案發生的時候，帝國主義者向我們竭力的進攻，屠殺呀，砲艦呀，……以為中國的人民要來經嚇，好似病夫，所以它們就極力的壓迫。詎知我們的民氣一天高似一天，它們的慘殺，不但不怕，反而提高我們反抗的精神起來。各地方都有後援會，雪恥會，……一致的對抗，同時各帝國主義者以為英人的手段太辣，不禁把它國際的帝國主義的聯合戰線無形分散。同時，它國內的無產階級也反抗起來。在這個時候，英帝國主義者已陷於孤立的境界。

但是英帝國主義者，它還不甘心降服，以為中國人只有五分鐘的熱心，過了些時候，就把前事忘掉了。所以它還外強中乾的在萬縣屠殺，它以為中國這次被它殺怕了。豈知又適得其反！各處反英運動更加激烈了，英帝國主義者之力政策，又失敗了！

牠經過這兩次失敗，不但未能得到絲毫的利益，反遭了好多的怨謗，且失去了許多的幫助。因為各帝國主義與它一天天的分離，而中國民眾一天天的向它反攻不了。在這個時候的英帝國主義者，才知道他以前的舉硬，不能適用。於是就改變了他的計劃，用和緩的手段——他不惜把很好的租界，公然讓出。一方面使全世界帝國主義者，知道牠受國民政府的壓迫好一同聯起來，為牠援助；一方面蒙蔽它國內無產階級，反為他利用。這樣才好把世界帝國主義者，重新聯合，同時來打破我們的革命戰線，再行其屠殺掠奪的政策！

所以，在這個時候，我們就不得不注意了。我們要知道英帝國主義者素來是殺人不貶眼的老虎，在老虎的肚裏，怎能讓出肉來？這次的退讓，即為他日的進攻，……擴張租界——鼓吹國際共管的張本！同志們！要注意！切不要以為帝國主義……

北伐軍佔領上海與革命青年應有的努力

二十五區隊廖滌塵

〔上有天堂，下有蘇杭〕，真所謂人間的逍遙府！上海，不幸落在那不顧人民死活的，坐擁其五省聯軍總司令頭銜的，殃民禍國的，罪跡昭彰的——孫傳芳底手裏，三年之久。不料這回北伐軍閥攻得牠保守不住，而至於「逃之夭夭」了！

……

政治問答

何滌生問

1、「大倉借款」，究竟是怎樣一件事？

2、凡爾塞和平條約，由怎樣發生？該約的內容是怎樣？

3、拉法斯派是什麼派？內容是怎樣？

……

中華民國十六年二月十六日 星期三 黃埔日刊 第二版

豫吳危在旦夕

浙戰捷報

討奉宣傳大綱

漢案尚未簽約

黃埔日刊 第三版

革命之路

方教育長總理紀念週報告

中華郵政特准掛號立劵之新聞紙 中華民國十六年二月十六日 〔星期三〕 〔第一版〕

黃埔日刊

中央軍事政治學校出版

通信處廣東黃埔本校政治部

〔第二五九號〕

〔本刊每份定價一分〕

啓事

劉家楨唐學巽兩同志你們在入伍生何連？請示知 九區隊胡友新

陳道民郭金生同志你們現在分發何處服務請示知爲盼 北較場軍士教導隊李光組

馬自榮澧英二同志：你們自畢業分發後，未知在何處服務，見字請即示知，以便通音問好！

康莊同志：你現在何處何部服務？請示知爲盼 廣州市北較場入伍生部軍士教導隊周震東啓

鄧良銘（黃埔第二期學生）同志懸隨軍北伐後迄無信來各友人極念現駐何處請即覆以便轉告各友釋念 黃埔第二學生隊第八隊二十九區隊學生陳肅啓

[illegible]下同志，你入伍何連？陳海全志，於去月十五日由梆嶼抵粵請即來省海外部駐粵辦事處一談 第一學生隊第十區隊莊制甌

鄙人於二月七日入伍生部失去要函二封一係盧碧瑚同志致李湘嵐先生一係軍校秘書處致鄙人特此申明作廢 鄭季虔啓

暫遵總理遺囑

總理遺囑

余致力國民革命，凡四十年，其目的在求中國之自由平等，積四十年之經驗，深知欲達到此目的，必須喚起民衆，及聯合世界上以平等待我之民族，共同奮鬥。現在革命尚未成功，凡我同志，務須依照余所著：建國方略，建國大綱，三民主義，及第一次全國代表大會宣言，繼續努力，以求貫徹。最近主張開國民會議，及廢除不平等條約，尤須於最短期間，促其實現。是所至囑！

本週本校口號

努力黨的工作！

發展人民勢力！

增進軍隊質量！

勿因勝利輕敵！

揭破英國陰謀！

人民政府合作！

不可感情用事！

要能積極聯合！

評

奉軍入豫與第二次北伐之準備

鴻沉

在北洋系軍閥未根本消滅之先，革命的軍事行動與軍閥的武力統一，二者都是不能停止的。吳孫失敗而後，只剩下一個最反動，最强大，最後的一個北洋系軍閥——張作霖在那裏計劃如何武力統一中國的方策；攻到武漢，取得九江，而北伐的第一步工作算是結束，革命的軍事上的勝利，算是獲得第一次的成功。現在是第二次北伐——消滅張作霖，奪回北京軍閥政府的政權的準備而至于開始時期，同時也是張作霖夢想武力統一，實現其初期軍事計劃的時候。只是將來革命軍與奉系軍閥之決戰，大體趨重于中原的河南方面，所以奉軍毅然決然的闖入豫境了。

本來奉系軍閥的計劃，在京漢路方面，欲利用吳佩孚爲犧牲品，積極援助吳部之能與革命軍作戰者以與革命軍肉搏而它以「漁人」的資格坐視于河北。但是它運動靳雲鶚靳雲鵬細閣以誘導其乃弟靳雲鶚南取武勝，結果，至今靳雲鶚反聯革命軍而北上指揮討吳反奉！加以西北革命軍已出潼關，洛陽震動；魏益三與奉張勢不兩立，而就革命軍長職；田維勤徘徊岐路，嚴守中立，樊鍾秀大形活動，聯反吳軍指日北討，遂收偃許之地，此時鄭州之吳，處于四面楚歌之中，吳部之必然分化而至于消滅，已爲鮮明之事實。因此，奉系軍閥在京漢路之軍事上的衝突，已與革命軍日益直接接近，遂不得不武裝出馬了。

奉系軍閥在順王府會議之決定，分四路出兵入豫：(一)京漢路張學良，韓麟春，(二)隴海路褚玉璞，(三)曹州許琨，(四)三河尖王翰鳴。現在已到河南彰德一帶者，約有奉軍三萬人了。

不過我們知道：奉軍入豫，第一步不是與革命軍衝突而是吸收吳部並解決吳部之反奉者；第二步是策驅吳部積極與反吳反奉軍及革命軍作戰；及其直接與革命軍大戰時，已是東南軍事得相當解決的時候了。

所以在我們此時準備第二次北伐與奉系軍閥直接大戰的略事修養時期，應努力於：

——在軍事方面：

1. 積極援助並接濟西北革命軍；
2. 極力聯絡反吳反奉軍隊；
3. 聯合傾向國民政府的閻錫山；
4. 扶助蘇浙皖三省的自治運動；
5. 增進革命軍的質量，切實整頓內部，加緊政治訓練工作。

——在軍事方面應如此。

在政治方面：

6. 在國民政府勢力所及之中南各省，切實剷除封建勢力樹立民主政治的基礎；
7. 擴大民衆的組織，以民衆的力量幫助北伐軍；（第一次北伐軍在兩湖江西一帶作戰，着實得了不少的民衆幫助。）
8. 從速整頓財政，以裕軍實；
9. 單獨的作有秩序的，極嚴整的反英運動。

校聞

蔣校長電令精編黃埔叢書

昨本校政治部，由方教育長轉來前方蔣校長來電一通，令政治部將校長在校所編各書：摘增補曾胡治兵語錄，革命軍刑事條例及連坐法，新兵精神教育問答，日課問答，以及其他各書，搜集訂成一本，名曰黃埔叢書，刊印一萬五千份，除分給分校三千份，餘寄行營，樣式須精編爲要云云。政治部接電，即由宣傳科編纂股負責搜集以上各書，從事編輯，以期早日付印，同時並由熊主任覆蔣校長一電，說明一切，略謂，齊電令飭精編黃埔叢書，職部已遵令開始編纂，惟查該書稿件過多，擬依其性質，分成一二三等集似較合式，若能訂成一本，自當遵令辦理云。

懲戒一個輕視人命的商輪

上星期六，本校官生約六十餘人因公赴省，搭乘新洲耀新商船。該船載量至多能容百廿人。但其賬房譚某，只圖多收船費，不顧乘客有無危險，每每逾額多載。是日竟載至百六十人之多尚不開行，還在招呼乘客。當由本校某同志向之交涉，趁速開行，不允。最後激怒羣衆，一致主張將本校所有每人應繳船費(一毫半)另舉一人收存捐助濟難會。並預先報告公安局得其允諾以符手續。迨船抵省後，即舉代表到公安局報告。公安局當即派人帶賬房譚某到局訊問一遍。判定照本校同志主張，將本校六十餘人之乘船費（九元餘）一概捐助濟難會（此款當已繳捐濟難會，並已掣取收據。）並斥責譚某以後不得再有此類輕視人命之行爲云。

台灣學生聯合會來校參觀

日有台灣學生聯合會男女學生張秀哲等十餘人，特來本校參觀。彼等多爲今日台灣之青年革命戰士。與吾人同立於反帝國主義的堡壘中，共同奮鬥。彼等於十時許抵校。由政治部派林劍騰爲招待。領導至各處參觀一週。午後並在官長會客廳開一談話會，由方教育長，熊主任，陳股長相繼演講，大意爲說明台灣民族運動，與中國國民革命之關係。直至四時許始盡歡而散。是日本校並贈彼等綢幛匾一幅，上書「聯合組織，奮鬥前進」八字，以爲紀念云。

台灣民衆，半世紀以來，受極日本帝國主義的非人待遇。日政府對付台灣政策，猶如中世紀羅馬人之管理奴隸。種種政治上經濟上的壓迫摧殘，決非人類的話言所可容形。故台灣民衆在帝國主義的鞭笞之下，實與今日中華民族受同樣的命運。而台灣民衆思自由獨立，脫離帝國主義之羈絆，亦與我四萬萬人民同其熱烈。尤其是現代台灣青年，彼等對於此東方之光明島嶼，實抱有無限之希望。故此輩青年，多投身於中國民族運動，共同打倒帝國主義，以實現其拯救台灣之願望。昨

中華民國十六年二月十六日〔星期三〕 黃埔日刊 〔第二版〕 (二)

豫吳危在旦夕

▲靳雲鶚一面就豫省北伐總指揮職——一面設計倒吳逼吳解散主力軍

▲奉張突然中止返奉調軍攻豫達三萬人——已將吳軍一部繳械

▲英雄末路，曹吳之近況亦大可憐也

靳雲鶚自被吳賊免職後，輸誠我方之心益以堅決。近以我方南昌軍事會議之結果，一面就革命軍豫省北伐總指揮職；一面仍與吳佩孚虛與委蛇，設計倒吳，提出條件，逼吳解散主力軍。奉張對豫事原聽吳主持不甚過問。在京進行之總統夢亦迭受打擊，未得使團同意，故準備陰歷回奉度歲。近見吳部崩潰，豫局危急，恐影响及己，不能不預爲措施。且使團近來對彼頗趨一致，於此獸慾復炙，突然中止返奉，並一變其旁觀坐視之態度而爲積極敵對之行動，以圖一舉滅吳，而佔豫省，藉此與我革命軍抵抗。姑無論其將來能否抵抗我軍，姑置不論，而鄭吳因此遂變爲甕中之鼈矣。茲錄各方近訊如下：

國民革命軍總司令蔣介石，自日前南昌軍事會議議決國民革命軍第二次出師北伐計劃，乘時收復東南，分兵抗拒入豫奉魯各軍後，最近以河南方面之十三軍樊鍾秀，及第八軍唐生智，西北國民革命軍及新編附之靳雲鶚魏益三任應岐等，各軍部隊業經到達信陽郾城及潼關鄉等處，聯成銜接之勢，指顧即可以會師進攻鄭州，肅清吳佩孚餘孽，故蔣總司令于日昨靳雲鶚來漢，面陳本人在豫，率師討吳，經得詳情之際，即以靳氏對於河南方面情形至爲明瞭詳盡，其潛勢力散佈於豫省各方面正多，特於昨日下令任命靳雲鶚爲河南方面北伐軍總指揮，俾駕輕就熟，迅收事半功倍之效，聞靳氏奉命後，日昨已在漢宣告就職，設部辦事，一俟摒擋就緒，即行入豫指揮作戰云。

鄭州二月九日通訊吳佩孚對靳方所要求各項條件，未能完全承諾，齊燮元因雙方意見未妥，擬於日內再行南下疏通，靳方所提條件計（一）恢復靳雲鶚本兼各職，前部各軍，統歸靳氏管轄，（二）免寇英傑長職，發還高汝桐師槍械，（三）解散豫軍某師，（四）廢督辦職，以豫人治豫，（五）鞏軍餉需，由吳按月如數撥給（六）保現有靳軍駐地，吳對一，四，五，六，各條已有允意，惟以二，三，兩條，有損威信，堅決不肯讓步，援鄂軍事，靳謂係余（靳自稱）素志，只希餉械，後方能充分供給，自當統率所部，攻打前線云：「實則打吳」。

二月六日京訊，奉張本決定前晚返奉度歲，旋因各方要人聞訊後，紛紛赴順承王府堅挽張氏留京鎮攝，因之張氏乃臨時中止其行，又因二十七日荷使歐登科曾訪張作霖，親對張言，「此間離京，於中國關係上，大恐不利，最好能勉強駐京云云」，又翌日二十八下午，法使馬泰爾亦訪張氏言云，「中國現下對各國間之關係，已見重大的之展開，今如貴將軍離京回奉，殊恐於有利展開之對外的關係上不無影響，此際誠宜留京，乘機建樹强有力之中央政府，斯爲得策」云云，張氏因此兩使勸告，於是大動其野心，故昨二十八夕幹部會議之協議結果，方將出京之豫定變更，而爲留京之決議，由此而論，張氏留京以後，則所傳之總統計畫，並所謂建立鞏固政府問題，或者不遠可見實現自在意料之內，

又十一日上海電云，張作霖談話，大局除軍事外，注重政治，吳佩孚討赤遷延不決，徒爲南軍張目，致長江下游受影响，此次對豫出兵，非得已。

電通社北京九日消息，張作霖已定於兩三日內，將已向河南出動之奉軍全部，實行向河南省內進拔，原上月以來所有集中於豫境以內奉軍，已達至僅候攻擊令之程度，只以對吳佩孚協定未成，遷延至於今日，現以圓滿解決究不可能，故決定不問吳佩孚之意志如何，積極的從其所定方針，向豫省實行進兵，而吳佩孚因此結果，或須避地爲良亦未可料。

▲路透社二月十二號北京電，是早路透社訪員往見安國軍大本營辦事員，據稱載奉軍與吳軍在豫發生戰鬥，實屬真事，但戰事因下級人員誤會而生，奉軍曾將吳軍一部繳械，因吳軍阻奉軍進鄭州云，

又訊云，奉軍全力入豫，除令第十，十一，十七各軍南下，另調第六第九軍開赴固場良涿定徐各屬，策應前線各軍，現十七軍先鋒一旅，將抵衛輝，十軍開抵邯鄲，候令前進，齊燮元部三千人，由詹店退新鄉，榮臻部佔彰德，騎兵第六旅武漢卿佔考城，現距汴祗數十里，四十六旅陳琛部，由臨洛關南下，經涉縣向衛輝進，

入豫奉軍，總數達三萬，勢甚急迫，吳佩孚決定所部撤豫西，讓出京漢線，俾奉軍反攻武勝，吳佩孚有移駐洛說，

榮臻在彰德設司令部，十一日電張作霖，前鋒達河岸，武漢卿部二旅抵新鄉，現李部分佈河北，俟佈置就緒，候令出動，

十三日上海電，曹錕十一日由濟南抵津，態度消極，有將遊日說，吳佩孚擬將嫡系各軍開往豫西，本人下野赴五台山休養，軍權交齊燮元，

浙戰捷報

▲殘部四散紛逃——杭城不日可下

（中華社）國民革命軍總司令部祕書處，於昨十四日，發出捷報云，限即刻到，廣州李總參謀長鈞鑒，（餘銜略）捷報，頃接白總指揮齊（八日）電開，潰退之敵，大部份分竄紹興附近，一部渡江轉竄餘杭，臨安僅有殘敵數百，新登已無敵蹤，杭州僅存敵兵約二營，偽參謀長宋梅村已逃滬，我軍正跟蹤追擊，杭城不日可下等語，特聞，陳焯叩灰，（十日）

政治

黨政府決遷武昌

▲政治會議決定——應人民之請求

▲第三次全體執委會另訂期召集

（中華社）本黨中央黨部及國民政府，日前已議決暫駐南昌，昨本省各黨政機關接中央政治會議來電，謂現爲應民衆及各團體之要求，中央黨部及國民政府遷至武昌，同時本黨第三次全體執委會議，因此亦須改期開會，前本已訂於三月一日在南昌開會，現黨政府已遷鄂，此次會議應俟東南戰事告段落再行訂期召集，茲將政治會議致中央海外部駐粵辦事處原電一則錄後，中央海外部駐粵辦事處鑒，齊（八日）日五十八次中央政治會議議決，應民衆及各團體要求，中央黨部暨國民政府遷至武昌，又中央執行委員會全體會議前定三月一日在南昌召集開會，今中央黨部及國民政府既已決議遷鄂，是項會議應俟東南戰事告段落再行定期召集，特此錄案電達，請轉電海外各總支部，中央政治會議，灰（十日）印，

漢案尚未簽約

▲簽約須在撤兵以後

十三日上海電，漢案陳外長與阿馬利續開談判，惟英不實行撤兵，陳決不簽約，又使團消息，漢案陳友仁阿馬利尚未簽字，大致議定，租界英警明交還，但英員須一度復職，又路透社十一日上海電，據漢口九日消息，謂漢口交涉員今日照會領事團，聲言奉政治部令，自後對於外人控追之案，悉移中國法官聽訊，領事員不得蒞庭會審，公廨亦不再收受該項案件，

事件

討奉宣傳大綱（五續）

九，我們的努力

我們負起了宣傳的重任，當然要完成宣傳的使命，在這中間，我們應認明整個奉系軍閥，是全國反動勢力總集合，與革命根本不能相容，非打倒奉系，實不算盡了宣傳的責任，我們應注意事件列下：

第一，我們要知道奉系軍閥中矛盾的現象，和奉系爲害的地方，及奉系軍閥的力量。

第二，我們要知道我們自身的毛病，（軍隊漸生驕傲，軍力大於黨員力量）和本身的好處。

第三，我們要以身作則，站在黨的利益方面，剷除一切浪漫生活，做好的模範爲民衆士兵官長的標準及信仰，和引起官兵民衆的熱情，

第四，我們要知道在黨的統一指導之下，才能得到勝利，我們只知道黨的策略，沒有個人的主張。

第五，我們要知道未打倒孫傳芳以前，英日尚不能聯合，（英日利害不同，英佔有長江流域的勢力，日本願意英失掉其權利，孫傳芳是代表英人長江權利，故與孫傳芳戰爭，日本可以不管，）已打倒之後，英曾有聯合之可能，（孫倒後將反奉日人所明白的）將促成英日之聯合戰線，成立爲國際帝國主義之大聯合，引起世界大戰爭，所以在目前爲避免促成英日聯合，口號不提出打倒日本帝國主義，只竭力宣布奉軍罪惡，腐敗，及內部之衝突，不提出打倒張作霖個人口號，以便使民衆認識奉系軍閥，是整個的罪惡淵藪。

我們知道了一切，當然要把革命的力量團結集中起來，在統一指揮之下，服從黨，和政府，服從總司令，全力擁護黨和政府，促主義實現出來，抱着前進，犧牲，精神，使全體羣衆向一條大路走，完成國民革命。

（未完）

小通信

鄙人於去年十二月十二號在清遠剿匪，失去黃埔同學會二三六八號證章一枚，除請同學會補發外特此聲明作廢！

李醒民潘卓凡二同志：沙河拐別，聞問未通，賈紹誼回武昌分校升學，未知編在何隊，見字請示知！

黃埔本校第二學生隊七隊二十六區隊曹惠啓

姜鄂林同志：你畢業後，分發在三軍，未知何師團，請速寫通信處告我！

鳴謝

劉同志作人的追悼會，送有輓聯等物的同志們，我們在這裏替他「鳴謝」了！ 龍文光 邱□

寧洗祜同志幹岑兄屢緘問你無由轉寄目下你在何處服務見報後希即函覆爲祝

張梓同志你在中山大學那科讀書請你將詳細通信處示知爲要

駐東莞入伍生第二團二營五連周子玉

蔡新麒同志你自本校畢業以後現在何處服務請示知

石龍入伍生二團三營十二連金仲寅

中華民國十六年二月十六日 〔星期三〕 黃埔日刊 〔第三版〕

題目

革命之路

方教育長總理紀念週報告

二月十四日

諸位同志：我上幾次紀念週，都有注意向各位報告過，今天仍有幾件緊要的事，要先向大家說一說，再作政治報告。

第一件，我們以前的危險剛剛過去，以後的危險又臨頭了，還是要請大家注意的。我且有次序的來報告一下：大家都知道我們以前的北伐，是單打援湘攻粵的敵人吳佩孚的，到後來孫傳芳想學民十湖南援鄂一役，吳佩孚巧取湖北的故事，來討本軍的便宜，乃乘我湘鄂戰事正激烈的時候，陰地調兵遣將，向我湘粵邊陲進攻，我　校長始下大決心，將久圍未下之武昌丟下，轉移攻擊方向於孫，遂有今日的局面，此兩大軍閥之敗，固係本黨本軍職責所在，代申民憤所致。要亦皆彼罪惡貫盈，勢逼處此的結果。何以言之？使吳佩孚往日不援湘趙而攻粵，則我在粵黨軍，何至有冒暑越嶺，以攻自衛的行動？使孫傳芳不於甘言巧語中，有乘人之危，擾我邊陲的舉動，我　校長又何至有率領久戰疲兵，東向拚命的激烈戰鬥？這句話：想不論敵我，都要首肯的。現在呢，我新得的長江流域，無論軍事政治，正待整理，且正夠整理的時候，而奉魯又要犯起孫吳的毛病來了。數月以來，其勾結我內部的反動派士匪亂徒，及運動乘機取巧的滇唐為我後方敵人，援助孫吳殘部，假借帝國主義的金錢勢力，種種陰謀，事實久已表現給世人知道過的。然本黨本軍，仍不過是忍以受之，虛以防之，並無半點積極的舉動的，但最近迭接前方消息，奉魯已大下其動員令，將他極有名的紅而且黯的軍閥陶越黃河而南來了。我不弄他，他竟犯我，到這時候，想我黨員，誰也是不能再忍的了。這還不是以前的危險剛過去，以後的危險又臨頭了的先兆嗎？同志們：以前的危險，是如何過去的？請問犧牲了多少同志的生命，殘傷了多少同志的軀殼，哭煞了多少同志的父母姊妹伯叔兄弟與孤兒寡婦！那麼現又臨頭的危險，如欲安穩的過去，其代價之大，恐怕還要甚于以前的危險能啊！在敵人知道他們以前的失敗，是其連合戰線未收待實效的緣故；所以這次的來勢，就有些不同。請看奉魯動員，滇唐亦動，我後方內部的謠言亦甚，帝國主義者之派遣兵艦與軍隊，亦遂接三連四的消息傳來。凡此種種，以前每次紀念週，都向大家說過，警惕過。同志們：現在臨頭的危險，實比往日大不相同。如不小心注意，真是一髮可以牽動全身。莫以為我們遠在後方，不當衝要，遂可隨便的呵！古人說『吾人之最大安全，係之於恐懼心』。又說『勝於懼，而敗於忽。』請三復斯言，我們只要知道危險，知道恐懼，那就任他如何危險，也是無礙的了。

同志們：我們人類，是由父母的鮮血淋漓當中產生出來的。我們黃埔盛譽，也是由艱難困苦危險逆境當中奮鬪得來的。本黨革命的策源地為黃埔。武裝黨員的製造場為黃埔。但黃埔乃區區一小島，教育亦不過數閱月，何能有如許偉大的信用于世人，我們要知道這種信用，遂是本黨革命的無形的資本，無形的力量；與無形的武器。皆是黃埔本黨黨員與先烈遵奉本黨主義由　校長領導從楊劉陳林兇燄最盛的逆境當中受了無窮的勞苦犧牲得來的。古人說『逆境乃陶冶我心性之大火爐，修養我精神之預備校；與我以困難，適足以堅我戳破大障礙之鉄石心』。這種教訓，我們的革命先輩，已收了莫大的效果。那麼大家到這裏受訓練，須知道黃埔是我們的訓練場，『逆境』二字更是黃埔的訓練場了。現在我們的逆境，過了一重又一重，我們遂要將我們先輩，由以前逆境所得來的名譽信用，更發揮光大起來才對呀。如我黃埔同志，一處逆境，即怨天尤人而不為，那就是我們無上的恥辱。我現在敢換一句話來說，以前的楊劉陳林，是造成黃埔名譽信用的第一功人。最近的孫吳，是表現我革命軍為異止的民衆武力，為解放的神技國手之第一有功人物。所以現在又要莫輕放了正在張牙舞爪的奉魯，務使他亦能為本黨本軍，第三次有聲有色的革命戰史中第一大功人物才好啊！同志們：這個不難。只要知道我們是危險臨頭，恐懼當心，事事求一個自責自修，知己知彼，是一定不難的。這是第一件要說的緊要話。

第二件，前說的危險與恐懼，是有形的敵人奉魯給我們的。還要注意我們各個自家的心意，莫為無形的勁敵『私欲』所奪去，來危害我們革命的生命啊！『私欲』所包甚廣。『私欲』所至，甚麼滔天大禍，都鬧得出來。請各反省以前的種種失敗。無論個人或團體，誰不是勁敵『私欲』所栽培出來的。古人說，『防欲如挽逆水之舟，纔歇力，便下流；力善如緣無枝之樹，纔住脚便下墮』。望大家努力啊！這才是真正的敵人；這才是真正的工夫。我們如果能夠時時刻刻，懷一種『境遇要看不如我者，學問要看勝過我者』的心腸，事事知道責己者，即所以成己之德；責人者，適足以長己之惡。只常常求着得見自己有不是處，便是進步的話；那麼甚麼敵人，都是不能傷我毫末。黃埔的精神，在有黨有主義，能犧牲，能親愛精誠，團結一致，那末我們就要切實的知道主義，實行主義，能為黨為主義，犧牲個人一切，來謀黨的自由平等，民衆的自由平等。若反乎此，而全為個人或少數人，犧牲了親愛精誠團結一致，而專為個人為少數人的自由平等，來擾亂秩序，破壞紀律，那不獨是本黨的罪人，而且是人類的惡毒。非設法糾正他改變他不可的。同志們，我這個說話，在努力的同志聽之，或許是要評我說得太含渾，但鼎英實在是鑒於目下的情形，此種危險至多，而且實較有形的敵人，為更厲害。所以遇能向大家說話的機會，遂不覺得嘵嘵不休的說了出來。深望本校範圍內的各同志，在各自已往的事實當中，一反省自家，有沒有這種毛病，有則改之，無則加勉！這就是我所要說的意思了。我們更要曉得，我們的希望與責任，至遠且大，完成國民革命，還要去担負世界革命。我們的敵人，直接是軍閥奉魯孫吳等，間接是帝國主義者許許多多的國家。非速努力學問，鍛鍊身體，事事從大處着眼，細處下手，那麼人類的勁敵『私欲』，是沒有不千百倍於軍閥，與帝國主義的厲害的啊！古人有三難，『自反難，自知更難，能自知自反，而又肯自屈，則更難』。明乎此，而能努力於總理知難行易之學說，這就是制人類勁敵『私欲』的神妙戰術。所以鼎英覺得我們黃埔同志們，應本黃埔的精神，視此三難為三恥，『不能自反可恥，不能自知更可恥，能自反自知而不能自屈，則更為可恥』。凡我同志，都應毋忘此恥，才不愧為黃埔黨員；總理信徒。否則勇於撲滅有形之敵者，鮮不更迅速而且更猛烈的被撲滅於無形之勁敵『私欲』的。歷史的榜樣，已數不勝數的了。同志們啊！這真是值得我們注意的。我們對於這個勁敵『私欲』，不獨每次作紀念週的時候要反省，即每日每時每事與每個意念，都要反省知非，改過自新，庶此身為義理再生之身，可以造命，可以革命，可以履險如夷了。這是我所說的第二件事。現在再作軍事報告。

（一）國內軍事政治概況。

國內的軍事在過去兩三星期中，表面上好像是沒有什麼重要的發展，因為在那時候，我們正在積極的預備時期中。現在我們已經預備好了，軍隊也集中到目的地點，開始向敵人進攻，在最近一星期中，我們得到了許多好消息。有的是關於疆場上的戰勝，有的是關於敵軍將領的輸誠，現在簡略的，向諸同志報告一下；

浙口自周鳳岐投誠我革命軍後，浙省差不多可以視為完全入了革命軍勢力的範圍，但以當時江西方纔底定，福建反動軍隊殘餘，尚未肅清，兩方對浙，俱未能與以充分的援助，而孫逆傳芳，以浙口老巢一失，其個人及其軍隊生命，將立即為死刑之宣告，故傾其殘餘之全力，與浙江附義軍隊週旋。浙軍以後援未至，勢力未免孤單，為保全實力，避免無謂的犧牲起見，全軍為有秩序的退却，退至浙東，以待後援。孫逆遂不自度力量，忻然大登捷報，不知殘軍愈形深入，距其經濟根據地上海亦愈遠。鈕總參議，遂乘機領導附義各軍，兵不血刃，唾手而得上海，並派出大軍，赴下游地方。截擊孫逆的軍隊。是時白總指揮，亦率大軍，直趨浙東。何軍長軍隊，亦繼續

石龍入伍生二團三營十二連金仲寅

華中*民國十六年二月十六日〔星期三〕 黃埔日刊 〔第四版〕

開抵浙境。自此由衢州而蘭溪而嚴州，諸重要地點，相繼克復。大軍所至，如入無人之境。今廿二師陳繼承，四師張輝瓚，相繼入浙。第一師薛岳，第二師劉峙，廿一師嚴重所部，亦由衢州趨桐廬，協同第六師馮軼裴，十七軍曹萬順全部，十四軍賴世璜全部，十六軍周鳳岐部，向富陽進攻。昨接捷報，白總指揮齊倡開，敵之大部，分竄紹興附近一帶，一部渡江，轉竄餘杭富陽，臨浦僅殘敵數百，我軍已由桐廬諸暨，跟蹤追擊，杭城不日可下云。白寶山部，近亦鑒於我軍勢力之澎漲，與孫逆之崩潰，派代表赴滬，於鈕總參議前，表示來歸誠意。校長已允收納，將委爲第二十四軍長，統率所部，進攻杭垣。現在攻杭黨軍，前鋒已迫杭城，旦夕可下。白總指揮所率入浙軍隊，不下十萬衆，將取道湖州，直窺蘇州。陳調元亦經向我軍輸誠，改懸青天白日旗幟，安徽內部，既有如此變化，則新受命之第三十三軍長柏文蔚，一旦率師入皖，驅除奉軍，實非難事，以目下情形觀之，孫逆部下主力軍，既被我軍擊破，其重要將領，又多紛紛投誠，我軍統一大江以南土地，實指顧間事，長江以北，在河南方面，自西北軍入豫後，吳佩孚勢已無可挽救，魏益三靳雲鶚，又相繼叛離，任應岐就國民革命軍十二軍軍長職，其勢益殆，洛陽已成包圍之勢，決難久守。近紅槍會及武裝農民，相繼興起，反抗軍閥的壓迫，現聚集二萬衆，與南下奉軍三旅驍戰，奉張對吳，頻相詰責，張學良將藉口實行入豫，掠取吳之地盤。日前曾接密電，有奉軍已渡黃河的消息。無論其取吳與否，其對於我軍，總是善意少而惡意多。我軍在浙，雖算得了勝利，而對奉尚未交綏。情勢嚴重，自不待說的。最初所謂以後的危險又臨頭了以此。奉張近又派其所部，企圖染指山西，此舉或許催促晉閻早日投我革命旗幟下的。據最近調查，以數量言，革命軍與反革命軍，各有五十萬衆。但革命軍五十萬衆，只有一個心。萃集共同目的之下，共同奮門。反革命軍五十萬衆，人各一心，在其封建勢力岌岌欲墮之時，猶且彼此互相猜忌，互相兼併。這種情形，實在是我們軍事上的一個莫大便利。（未完）

●我們要注意英帝國主義對漢案的「退進政策」

軍官政治訓練班吳鴻

這次漢口的慘案，英帝國主義者遽然十二分的退讓，把租界交還我國民政府。這件事在表面上看來，似乎是帝國主義者被打倒的頭一幕。但是同志們！要曉得英帝國主義者不是退讓，乃正是進攻，好像我們的軍事學的退進。同志們，要特別注意！今將他的用意分晰如下：

在五卅慘案發生的時候，帝國主義者向我們竭力的進攻，屠殺呀，砲艦呀，……以爲中國的人民素來輭弱，好似病夫，所以它們就極力的壓迫。詎知我們的民氣一天高似一天，它們的慘殺，不但不怕，反而提高我們反抗的精神起來。各地方都有後援會，雪恥會，……一致的對抗，同時各帝國主義者以爲英人的手段太辣，不禁把它國際的帝國主義的聯合戰線無形分散。同時，它國內的無產階級也反抗起來。在這個時候，英帝國主義者已陷於孤立的境界。

但是英帝國主義者，它還不甘心降服，以爲中國人只有五分鐘的熱心，過了些時候，就把前事忘掉了。所以它還外强中乾的在萬縣屠殺，它以爲中國這次被它殺怕了。豈知又適得其反！各處反英運動更加激烈了，英帝國主義者武力政策，又失敗了！

牠經過這兩次失敗，不但未能得到絲毫的利益，反遭了好多的怨謗，且失去了許多[illegible]幫助。因爲各帝國主義與它一天天的分離。而中國民衆一天天的向它反攻不了。在這個時候的英帝國主義者，才知道他以前的强硬，不能適用。於是就改變了他的計劃，用和輭的手段——他不惜把很好的租界，公然讓出。一方面使全世界帝國主義者，知道牠受國民政府的壓迫好一同聯合起來，爲牠援助；一方面蒙蔽它國內無產階級反爲他利用。這樣才好把世界帝國主義者，重新組織，同時來打破我們的革命戰綫，再行其暴戾搶掠的政策！

所以，在這個時候，我們就不得不注意了。我們要知道英帝國主義者素來是殺人不貶眼的老虎，在老虎的肚裏，怎能吐出肉來？這次的退讓，即爲他日的進攻，[illegible]讓出租界，即爲他日擴張租界——鼓吹國際共管的張本！

同志們！要注意！切不要以爲帝國主義者被我們打倒了，便趾高氣揚。要知道他們的策略很遠大，我們要小心的防禦。尤其是要廿四分的援助漢案，比五卅案還更要緊；更不要只是有「五分鐘的熱血」！

●北伐軍佔領上海與革命青年應有的努力

二十五區隊廖滌塵

「上有天堂，下有蘇杭」，眞所謂人間的逍遙府！上海，不幸落在那不顧人民死活的，坐掛其五省聯軍總司令頭銜的，殃民禍國的，罪跡昭彰的！孫傳芳底手裏，三年之久，不料這回北伐軍圍攻得牠保守不住，而至於「逃之夭夭」了！

這一件事是很值得我們歡呼慶祝的，不過我們在歡呼慶祝之中，有兩句平常話，要仔細想想：『黑暗是降服者的永久刑罰；光明是反抗者的必然報酬』。長江沿岸，尤其上海是英國帝國主義的海陸軍泊駐之大本營，斷不能容許革命勢力侵入，然上海現已爲北伐軍所佔領，則英帝國主義在華霸權，難免不受一重大打擊，（例如武漢一樣）更不用說了，而英國目前的處境，乃有類於郭松齡倒戈和大沽口交涉時之日本帝國主義，這都是我們所深知的。現在我們看英帝國主義最近再派艦來華的消息，據環球社，羅馬七日電：英國地中海艦隊所屬巡洋艦五艘，一名富羅號，九千八百六十噸，二名他尼號，四千六百五十噸，三名節里號，六千五百噸，四名左忽佐禮號，四千六百噸，五名果富甯號，四千一百九十噸，現已啓程赴中國云；又據七日上海電：近到滬英兵，有跑馬場之第二大隊官兵六百八十名，二月份未續到。他這樣動員，當然想以武力干涉中國了。那末我們就要加以十分的注意和準備，免避其重演「炮艦政策」；同時防止內部敵人陰謀，（西山會議派國家主義派等）不可自驕自滿。不然；這不僅是國民政府自身的失敗，或國民黨的失敗，實乃中國全民族的失敗！

青年底同志們！既然現在的革命爭鬥是形成了一個勢不兩立的局面，空口說白話可能保障已得的勝利的嗎？當然不能的！青年是社會之花，是新時代的寵兒，是人類的新種子，是光明社會的創造者，是革命的先鋒軍，爲什麼『袖手旁觀』，不能忠實的去實行，幷且……！青年底同志！要能保障革命的勝利，不爲已得而復失之危險，那末，我們要：一，青年同志喊出『到革命軍中去』的口號，去効力民衆，做一個眞實的革命青年；二，今後應該確信總理主義（整個的三民主義），絕對的信仰去實行，對黨的議決，絕對的議決，絕對的奉守去履行，這樣便能夠担負這重任了！

現在本黨勢力的發展，如雨後春筍般的怒發而不可壓，爲辛亥革命後所未曾有，革命軍已佔領全中國之半，本黨此時在中國已握了十分之八的政權，我們在這革命勝利緊急關頭中，也許有不少同志很樂觀，然而在這個樂觀當中，我們青年同志應該如何努力去「廓清中原」，打倒最後一個反動軍閥——張作霖，而本黨因此可以由民族主義社會而建設民生主義社會，這是我們青年應不斷的向前猛進的去完成總理遺交我們的責任的。

政治問答

何滌生問

1、「大倉借款」，究竟是怎樣一件事？

2、凡爾塞和平條約，由怎樣發生？ 該約的內容是怎樣？

3、拉法斯派是什麽派？ 內容是怎樣？

1、大倉是日本的資本家而兼對華高等政治偵探（搗亂者）大倉喜八郎。大倉借款，便向他所借的款。

2、一九一九年，六月二十八日協約國對德國在法國巴黎郊外，凡爾塞宮所訂的和約，名爲凡爾塞條約。 規定德國廢除軍備，賠款（後來定爲二千一百六十萬萬金馬克），分裂德國領土。

3、拉法斯派，我不知道；請將出處（見於何處）及原文告我，讓我替你去翻書尋找。 （楚）

第五隊學生賀 驤

4、鴉片戰爭以前中國與世界各國之關係及中國對外之態度若何？ 各國來華通商起於何時？何國？

4、我已在第五隊詳細講過（第一次上堂，即係講的這些問題），爲什麽你當時不留心聽？本刊篇幅有限，恕不重贅，只好請你等着我編的講義看了（已付印，對此諸問很詳細）。 （楚）

5、英國工人的三角同盟組織及內容怎樣？

5、即英國礦工聯合總會，英國運輸工人聯合會，英國鐵路工人聯合會——三大會的「攻守同盟」。

李師竹問楚答

＊应为“中华”。编者注。

黃埔日刊

中央軍事政治學校政治部出版

通信處廣東黃埔本校政治部

（第二六二號）

〔三一〕徵文啟事

福建民國日報出版露布及徵文廣告

安格聯為什麼免職？

第五期第二次擴大政治工作會議紀事

總理遺囑

緊要啟事

啟事

「死」

短劍

謝謝邱吉期

公道與常識

什麼話！

政治問答

杭州將在革命軍掌握中

奉軍渡河與豫吳

傀儡有介事民議和空氣

漢案協定與英印兵陸續來華

安格聯在漢接洽之經過

討奉宣傳大綱

管理處處務服務啟事

川粵鐵路電化的建議

我也談幾句革命與反革命！

提防敵人的豬仔陰謀

〔中華郵政特准掛號立劵之新聞紙〕 中華民國十六年二月十九日 〔星期六〕 〔第一版〕

黃埔日刊

中央軍事政治學校出版

通信處 廣東黃埔本校政治部

（第二六二號）

〔本刊每份定價一分〕

啓事

緊要啓事

鄙人於十四年入伍之初，因不明瞭本黨眞實情形，誤加入孫文主義學會，駐惠數月，得知該會一切內容，懊悔無狀，遂毅然於四期升學之頃，聲明與該會脫離關係。迄今已近一年，與五期同學相處，又已三月，一切言論行動，想爲各同志所共鑒，不料近復有人疑鄙人爲該會分子者，聞悉之下，不勝詫異。特再鄭重聲明，鄙人誓以至誠遵守總理遺囑，實行三民主義，恪聆校長教訓，不與任何小團體發生關係，并希各同志隨時指導監督爲荷。第十區隊潘賀啓

湯同志蔚芝鑒：你家有一封信，寄在陳在田處，陳因事返湘，將信交給弟探投，請你速通知地址以便寄交可也。燕塘入伍生第一團二連盧仁靜啓

夏楚中，郭枚濤，酈嵩，韓梅村，李名熙，崔建，高家俊，蔣鑒周，詹俊，夏立表，朱哲光，林道貫，熊中志，周起鎬諸兄：許久沒有通信，想念得很，你們現在何處服務，駐在何地，見報後，祈即示知。黃埔蛾蝶崗第二學生隊第五隊十七區隊夏育民（雅言）

恪遵總理遺囑

總理遺囑

余致力國民革命，凡四十年，其目的在求中國之自由平等，積四十年之經驗，深知欲達到此目的，必須喚起民衆，及聯合世界上以平等待我之民族，共同奮鬥。現在革命尚未成功，凡我同志，務須依照余所著：建國方略，建國大綱，三民主義，及第一次全國代表大會宣言，繼續努力，以求貫徹。最近主張：開國民會議，及廢除不平等條約，尤須於最短期間，促其實現。是所至囑！

本週本校口號

努力黨的工作！

發展人民勢力！

增進軍隊質量！

勿因勝利輕敵！

揭破英國陰謀！

人民政府合作！

不可感情用事！

要能積極聯合！

「三一」徵文啓事：

三月一日是本校改組爲中央軍事政治學校的週年及入伍生部成立週年紀念日；同時這一天又是本校高級訓練班及軍官政治訓練班開學慶典日子，本刊擬定于是日出特號，尚希同志早賜鴻文爲荷！（二月廿六日以前截稿）

福建民國日報出版露布及徵文廣告

福建省黨部籌備處依據本黨黨報決議案特將福州民國日報收歸本黨辦理全部重新改組改名爲福建民國日報定於陽歷二月十一日出版每日正副刊合兩大張贈閱三天（學校團體另有優待）及登廣告十天本省各縣及各省各埠之新聞界或黨員如有願爲本報通訊者無任歡迎其願與本報交換或願受報酬者敢乞聲明爲幸特此廣告

中國國民黨福建省黨部籌備處宣傳委員會福建民國日報社啓 地址在福州城內貢院裏

今日評

安格聯爲什麼免職？

鴻沉

赫赫有名，當了十餘年的總稅務司安格聯免職了。我們知道，他免職的原因：（一）僞政府所發二四庫劵担保之留難；（二）不奉北僞政府令由海關徵收二五附加稅，主張另組織徵收機關，專辦此項稅務；（三）南行赴漢與國民政府接洽。他被免職，自然是鬍子司令部的主張，而在他方面，還得吳佩孚，張宗昌江電（二月六日）之同意，梁士詒，顧維鈞的排擠，因此，他不得不下台了。

其實總稅務司的真正責任，不是保管什麼海關稅收的款項，而是操縱北京政府的經濟大權；換言之，中國人的生命大半操在一個總稅務司手裏的。因爲總稅務司（與公使團）是帝國主義者共同管理中國的代理人；也就是北洋軍閥的財政『後台老板。』

可是，安格聯所作的三件事，等于：（一）不負責與北洋軍閥籌討赤費；（二）還有意無意的幫助革命勢力與他們——帝國主義和軍閥搗鬼；這就是他失却與帝國主義者共同管理中國的代理人和北洋軍閥的後台的職責。所以，安格聯的免職屬于必然的結果：不但是北洋軍閥共同的意見，也就得了東交民巷太上政府——公使團的默認的。（他的主人英帝國主義是根本上贊成免他的職的，不過說一句手續稍欠罷了。）只是我們由此就能切實證明了：

1、關稅權不收回，帝國主義者就能長期宰制中國；

2、稅款操於北方軍閥之手，就能助長中國的內亂。

今後我們要：

1、收回海關的自主權！

2、關稅款項歸諸革命的國民政府！

校聞

第五期第二次擴大政治工作會議紀事

第五期第二次擴大政治工作會議，於本星期四晚七時半，假官長會食廳開會，列席人員爲方教育長，吳主任，張主任，熊主任，入伍生政治部秘書歐陽繼修，學生軍錢大隊長，學員隊湯隊長，韓主任教官，廖教官，王教育官，及政治部楊秘書，各科長，各股長，各學生隊隊長，各政治指導員，各部處代表，共到三十餘人，由方教育長主席，議事程：（一）開會，（二）恭讀總理遺囑，（三）報告事項：1、熊主任報告政治工作概況，大意謂學生方面政治教育情形照常，學員方面：由李副校長及孔主任介紹來政治教官七人中，有二位因言語不通關係，不能上課，又有一位因欲赴武昌工作已辭職。再前方全體學員將於三日內來校，故最近對於學員隊官長，施以特別訓練。此項工作，已由政治部作過三次報告。再近來發現指導員方面的瑣碎糾紛，其原因不外乎有的指導員不習慣於軍隊生活，或經驗缺乏之故。但我們希望軍事長官，共同負責，來減少此種糾紛，庶使工作能順利進行。至於入伍生方面，現已由譚主任邀請本部派教官前去作特別演講，每週一次。學生軍亦由本部教官担任功課。此外爲擴大宣傳工作起見，並設立農村教員養成所，以提高本島及附近各小學教員的知識。現有學員五十二人，已於本月十號開課，所有各項功課，皆由本部派員分担教授云云。2、廖教官報告政治教育概況，略云這兩週來，三個學生隊共授課九十三次。政治討論，共參加三十四區隊，每區隊各討論一百四十分鐘，五十二十三兩區隊因遷移平岡，各缺討論一次。魚珠學生軍大隊共授課四次，由廖蕭主任担任。高級班上週因鐘點錯誤，以致教官去時無課可上，故兩週內僅授課二次。再政治教官原有十一人，現辭職者二人——葉啓芳，湯澄波，新委者三人劉熊銳，任卓宣，黃枯桐。關於討論會方面，上週星期一日晚開第二次主席團聯席會議一次，大多數學生意見請求增加政治功課教授鐘點，但此關係學校教育全部計劃，在本期開學時，軍事政治功課鐘點，即已分配確定，絕難半途變更。再學生思想方面，據考查，仍有少數錯

中華民國十六年二月十九日〔星期六〕　黃埔日刊　〔第二版〕（二）

誤見解而未即改正者。但多數學生的認識尚無大錯誤。各隊學生名冊，上週業經製成，已分送各教官，以便授課時攷查學生的思想和成績。第一第二兩學生隊指導員助理員，亦已分別任職，此後對於學生的日常生活，以及思想言論，或不致再感覺以前的隔膜云云。次爲韓主任教官報告學員隊政治工作概況，及歐陽祕書報告入伍生政治工作概況。（四）討論事項：1、政治部提議三月中各紀念日應預先籌備案。議決：三月一日——本校改組爲校長黨代表就職週年紀念，入伍生部成立週年紀念，高級班開學及學員隊開學舉行盛典，全校官生參加，放假一日，並舉行游藝大會。八日除派隊參加省城國際婦女紀念外，是日並爲本校改組開學週年紀念，上午在校開慶祝大會，下午仍上課。十二日全體參加省城總理逝世二週年紀念大會。十八日巴黎公社紀念及『三一八』北京慘案週年紀念，二十九日黃花崗七十二烈士十六週年紀念，亦決定籌備參加省城紀念大會同時留校者亦在校舉行。2、入伍生第一團提議請增加政治書籍及宣傳品案。議決：1、入伍生部各部隊與校政治部接近者，由校政治部直接發給宣傳品2、三民主義政治講義等，准由入伍生部政治部造册具領備案，以免重發3、在廣州市通衢及酒樓茶館旅店遍貼黃埔日刊及畫報，增加發行工人十名，由政治部呈報批准。此外除校園籌備委員提案保留外，尚有第二學生隊提案數起，皆略加討論通過。（五）批評，吳主任等均有批評，最後由方教育長，熊主任總答覆，直至十一時始散會，

軍事

●杭州將在革命軍掌握中

△十七晨下三路總攻令＝限三日破杭州

△杭垣已聞炮聲＝敵軍退嘉興松江

（中華社）頃接滬十七日來電　革命軍分三路攻杭州，中路爲白總指揮（崇禧）親自担任，左路王師長俊担任，右路周軍長（鳳岐）担任，今晨已下總攻擊令，限三日破杭州，中路富陽之線，我軍大隊已由富集中周家鋪，孟昭月昨晚率殘部狼狽逃杭，今晨由杭逃松江，右路已佔領蕭山，今日午三路均已發炮攻杭，杭垣已聞炮聲，杭州之敵已沿滬杭路退嘉興松江，又十六日上海電　革命軍直逼杭城，杭垣聞炮聲，孫軍十六日晨開始向松江長興退，滬杭客車停，桐廬富陽前線連日均有激戰，分水方面十四有戰事，諸暨戰爭更烈，周蔭人十五晨抵杭州，次日由杭逃松江，杭州紹興間電訊十五日起被阻，杭州訊　富陽删（十五）日被黨軍圍，孟昭月銑（十六）日返杭州，杭州兵站有移松江說，滬杭客車銑（十六）日下午停，

●劉寶題輸誠與孫傳芳乞援

▲劉已被委爲新編革命軍第三軍長

▲孫傳芳電魯速出師皖南

（中華社）孫軍將領劉寶題，所部約萬餘人，向駐安徽祁門一帶，劉因駐防地點接近革命軍，深悉爲革命軍剿滅，故當白總指揮出發之後，劉連致電總指揮部參謀長張定璠，願率所部加入革命軍，張即電呈蔣總司令決定，聞總司令已允許其輸誠，並委劉爲新編第三軍軍長。劉奉委後，已將旗幟更易，並派陳耀遠爲代表，由皖來贛，以便接洽，自劉表示輸誠後，皖南各縣，不啻爲革命軍佔領云，又訊云，孫傳芳電魯張宗昌，請派兩師赴皖南，

●奉軍渡河與豫吳

△奉軍抵南陽＝魯軍過汴赴鄭

△吳佩孚拒奉渡河＝寇英傑請奉渡河

△吳佩孚決意下野

十六日上海電，奉軍榮臻部兩旅渡黃河，集中榮澤惠濟橋一帶，扼守黃河鐵橋，河北閻治堂部，一團由奉軍廿二旅收編，榮澤齊燮元部一團由武漢鄉旅收編，又鄭訊，吳佩孚自十四日起將軍事全權交齊燮元代理，吳確有移駐豫西訊，連日鄭州會議，吳佩孚決下野，由齊燮元發通電，對時局有所主張，一說吳已赴洛陽，昨京鄭京洛間各等電報局均拒收，但電線未壞，又訊　于珍昨晚到京，即謁張作霖密報豫方軍情，于稱吳佩孚部退黃河岸，吳謂俟將領會議疏通後再請奉軍渡河，寇英傑則派員請即渡河，又訊　奉軍前鋒十三晚抵南陽，距鄭州廿里，俟魯軍抵中牟再進鄭州，魯軍前鋒十四日由興隆集過開封赴鄭州，由徐源泉指揮，

●像煞有介事底議和空氣

△當然是謠言

張作霖因對外關係，傳擬向蔣介石議和，將提出安協條件，北方由張作霖，孫傳芳，閻錫山，張宗昌，南方由蔣介石，唐生智，譚延闓，李濟深，馮玉祥等合組統一政府，採委員制，總攬全國政務，

政治

●漢案協定與英印兵陸續來華

△漢案我方中止簽字＝＝因英印兵仍來滬

△外艦在滬者共卅三艘＝＝但美國會質問政府有無出兵協定

△英工黨反對撥付派兵費用

十六日上海電　漢案交涉，實二時由陳外長與阿瑪利在外交部談判妥協，內容大致，（一）漢界暫交還英，再用正式手續還華，（二）英界管理法照特一二區辦理，此協定原定五時半正式簽字，旋因陳外長以書面交阿瑪利抗議派兵，謂英雖減少出兵，但印兵仍來滬，特再提出抗議，阿瑪利謂須電倫敦請示，故簽字臨時中止，

路透社二月十五號英京電，也謀夫巡艦，今日由砵士謀夫埠開行，載駐華內河炮船替伍海軍四百五十八人云，

路透社二月十五號砵斯埠電，兜剌士巡艦，及飛機艦亞加士號，均已到此間，明日由此開行，繼續前往中國云，

路透社二月十五號上海電，輝亞士隊第四營印兵，及第十四隊印兵之第三營，經由印度加利吉打埠到上海云，

十七日香港電　聞英兵稍靈隊第二營，近由地中芝波路打埠到港，定期今日離港往滬，所乘之船爲華士拿號，此船曾於前星期三日由港載奇留些士打軍士往滬者云，

又路透社二月十五號砵斯埠電，兜剌士巡艦，及飛機艦亞加士號，均已到此間，明日由此處開行，繼續前往中國云，又訊，外國戰艦現泊上海者共二十三艘，計英美各七艘，日本五艘，法國四艘，意國四艘，

（環球社云）華盛頓十五日電訊，美國紐約區議員布力克，在下議院動議請該院知會國務卿開洛出席，以對華出兵各國有無協定相約，向其質問，惟國務院否認有此協定云，

（環球社）倫敦十五日電訊，聞英國獨立勞工政黨，將督促該黨議員，對於政府出兵赴華之經費撥付案，不予贊同，該黨於英皇演詞，亦公然商榷修正，力陳對華出兵之失計，謂此適足陷談判於糾紛，請即開誠布公，承認中國民族獨立，撤退赴華英兵云，

●安格聯在漢接洽之經過

總稅務司由國民政府委任

二五附加稅海關不能徵收

北京總稅務司安格聯，此次由京來漢，與國民政府外財兩部有所接洽，外間不明眞相，紛紛揣測，茲經詳細探討，始悉安格聯此次來漢，係奉國民政府命令，應召而至，抵漢後，曾分赴外財兩部晤談，財長宋子文已向安氏提出啟事。其可發表者有二：（一）中國稅務司，係中國職官，應受國民政府委任。安格聯須先與北京政府脫離關係，另受國民政府委任，仍舊供職，否則國民政府須另簡總稅務司，以一事權。（二）新訂之二五附加稅，無分南北，不能由海關徵收，須另由政府派員組設徵收機關。辦理此項稅務，安格聯對於第一項請予以猶豫期間，俾使考慮，（晨）對第二項，認爲正當辦法，完全服從，此外中央聯席會議於湘鄂兩省關徵收江河堤岸附加稅，凡進出口貨，概加征值百抽五之稅，亦由外財兩部通知安格聯，安對此事，亦無異議，安氏此次來漢，分謁各部長官，均係照通常屬員晉見，並無開筵宴請等儀式云，

專件

●討奉宣傳大綱（九續）

九，萬惡的奉系軍閥不打倒，北方同胞將無噍類！

十，北方同胞想離軍閥的壓迫惟有幫助革命軍！

十一，北方同胞一致起來抗納奉系軍閥的一切苛捐雜稅！

（四）對蘇浙皖民衆的

一，奉魯軍南下是來屠殺我們民衆！（插畫）

二，要阻止奉魯軍南下蹂躪的，祇有幫助革命軍！

三，奉魯軍是殘殺民衆的劊子手！

四，打倒拍賣三省人民的孫傳芳！（插畫）

五，要想眞正和平惟有打倒奉系軍閥！

六，革命軍是爲保障三省人民生命財產而來的！

七，一律拒絕奉魯軍的軍用票！

八，蘇浙皖人民武裝團結起來！

九，要想實現人民自治，惟有幫助革命軍打倒奉系軍閥！（插畫）

（未完）

小通信

管理處庶務股啓事

茲因敝股勤務兵缺額十名，如有力强體壯，志願充當勤務兵者，須有准尉以上或上士二名介紹，即可來股報名補充，此啓

葉祥美同志：前接令兄再鳴信，知你來粵，託我探訪，或投考本校，編入何連，或在何處服務，請速往廣州惠福路一百四十二號譚君時欽處一談爲盼。入伍生十六連何相一啓

鄙人于本月五日在潮州勦匪遺失黃埔同學會一七一號會員證章一枚除呈報補領外合行登報聲明作廢　黃鶴

鄙人失去私章盒子一個內有白色牙骨方圓章各一枚方者上刻（上官暉印）圓者上刻（鳳翔）其字均爲隸書特此申明作廢　學生隊十三區隊上官暉啓

熊霖，張洵兩同志：聞你們考入武昌分校，請把詳細通信處告我，同學中被錄取者尚有何人？亦請告知爲盼！黃埔中央軍事政治學校入伍生部學生軍第二中隊周萬江

中華民國十六年二月十九日〔星期六〕　黃埔日刊　〔第三版〕

革命之路

題目

川粵鐵路電化的建議

姚繼鏌

自北伐軍克復鄂贛，掃蕩浙閩，旌旗所指，賊軍望風披靡！這種非常的成功，固然是前方將士，本犧牲的精神，努力奮鬥的結果；但是民衆的協助，爲功尤鉅！那末，在靑天白日旗幟下的區域，我們不能不從事於物質的建設，以慰他們的渴望。所以，我們國民政府，有興築川漢、完成粵漢兩鐵路的計劃。

中國幅員廣闊，物產豐富，在在皆須交通的便利，以資輸運。川漢粵漢爲不可緩之圖，盡人皆知，無待我來贅詞。不過，我們國民政府，是革命的政府；我們的建設，自不能離開革命的觀點；尤其是我們總理所昭示我們的遺訓，應當努力實行！本此兩點：我對於川漢粵漢兩鐵路工程上計劃，略供管見。

近世工業革命，電氣工業，已爲工業界的重心，凡百工業，多利用電氣以發展之。自美國加利福利愛廻生公司，創始用二一〇〇〇〇「伏而特」電壓傳遞電器後，長距離電氣輸送，動輒千里。別的且不說，單就電氣鐵路（Eleptric Railway）一項，略爲言之。電氣鐵路，即火車用電氣開駛，創始於美國，流行於歐洲。近年日本，亦厲行鐵道電化政策，積極改進，蓋火車頭之笨重，不嘗載一汽廠，汽鍋，引擎，煤料種種，均需攜帶。電氣鐵路則不然，車頭的簡便，駛行的迅速，遠勝火車十倍；且山坡，斜面，和危險的轉角，用電氣開駛，尤爲安穩；時間金錢，和人工的經濟更不可勝枚舉，（須有專論才能說明）。循此改進，行見世界上蛛網縱橫者，無不電柱林立哩！

我們在三民主義第三講上面，知道：我國各處瀑布，河灘的水力，都可利用來運轉發電機。以中國水源之富，水力之大，不下一萬萬『馬力』（H.P.）如能一一利用來發生水電，豈不可以電化全國各種物質建設，天與不取。何等可惜！已往的物質建設，固不妨逐漸改良；新興的物質建設，豈可墨守舊規？總理說過：『有人考查由宜昌到萬縣一帶的水力，可以發生三千餘萬「馬力」的電力』。三千萬『馬力』，可以運轉二千二百餘萬啓羅瓦特的發電機。日本全國的電力，依一九二四年的統計，不過二百二十多萬啓羅瓦特。僅此一段，足以開辦一中央水電廠，引用該廠的電力，開駛川漢粵漢兩路火車（粵漢已成的兩小段，仍可就其路軌，改用電氣機關車）。而且附近各省一切的工農業，都可因此發展。運用天然力，又無需燃料的供給。一勞永逸，事半功倍，旣樹工業革命的先鋒，復遵總理的遺訓。按之經濟原則，實百利而無一弊。

玆篇僅就管見所及略爲申述，以促國人注意！至於通盤的計劃，技術人員的培養，不是在此短小篇幅，所可盡意。望國內外諸同志共同研究，以促其實現是幸！

沉按：國際資本帝國民主義統治下的中國半封建政治制度不打倒，實業無由建興。所以目前我們的急務，是政治革命─民族革命。但是在中南各省已恢復之後，民主政治的基礎自然要建樹起來，而發展急需的交通工業，在軍事上，政治上，經濟上─總而言之，爲革命前途計，爲完成革命計，也是現在必不可緩之要圖。特刊此以供閱者討論。

我也談幾句革命與反革命！

管理處收發股馮振興

各位同志，大家都知道我們中國目前政治上最大的問題，就是革命與反革命問題，現在世界上最大的問題，亦就是革命與反革命問題，在這二十世紀時代我們知道，就是革命與反革命鬥爭的時代。一切社會現象，都是受着革命與反革命的支配或擺佈。現在的人，也可分爲革命與反革命兩種。不是革命者，便是反革命者。甚麼是革命？甚麼是反革命呢？比方說，在從前資本主義不甚發達的時候，人類生活固定。在很單簡的農業手工業的家庭裏，即可過活。所以那個時候，沒有激烈的生活競爭，大家不知道甚麼革命的事。現在世界上，已受着資本主義的支配，構成世界上兩個極大營壘──資產階級和無產階級，無產階級，就是一切產業工人，流氓兵匪，及一部份農民─雇農。他們通通受資本主義的剝削以致無由生活。他們知道要得到生活，唯有全體聯合起來，組成他們的很偉大的革命黨，直接的向帝國主義者進攻。他們知道，在這資本主義最高度的時候，資本主義已變成爲帝國主義。他們又知道這種帝國主義，是資本主義發達到極高的形式，也可說是最後的一個階段。因爲各帝國主義者挾着很大經濟勢力，不得不向外發展，找投資所，覓商品銷場，尋原料富源，於此發生了殖民地或半殖民地的問題；同時也就發生了各帝國主義者相互衝突的問題。──因此他們更鼓起了勇气，整頓隊伍，一致向前衝鋒。各位同志必要知道，在廿世紀當中，任何民族革命都該是世界革命的一部份。換句話說，大家是以建設整個的新社會爲目的。這新社會就是 總理所說的大同共產社會。第二革命的方法，亦是很重要的。因爲有目的，沒有方法，革命也不會成功的。我們國民黨的革命方法，是聯合世界上弱小民族，來共同打倒帝國主義。我們的黨不是資本階級的黨，不是地主階級的黨，是全國各被壓迫各階級的黨。所以 總理決定容納共產黨的份子，來共同奮鬥，一致打倒帝國主義，以謀建設新社會，就是說：完成國民革命以後，一致進行世界革命。所以 總理主張，「聯共」「聯俄」「擁護農工」。他的目的，就是要用共產黨的份子來幫助本黨完成國民革命，和進行世界革命的。我們能夠代表農工的利益，實行國民革命，我們就可以和全世界上一切弱小民族一切無產階級聯合起來，進行世界革命。蘇俄是要聯合世界上一切被壓迫民族共同起來造成一個自由平等的世界。所以蘇俄革命的使命，和我們的國民革命使命，都是一致的。

從上看來我們知道國民革命有三個要素：

1、國民革命要以建設整個的新社會爲目的；

2、要以喚起民衆及聯合世界上以平等待我之民族爲方法，卽實行「聯俄」「聯共」「農工」三大政策；

3、要有不妥協的急進的精神，不然，就是反革命。

提防敵人的猪仔陰謀

何焜

五卅運動起來給英帝國主義一個極重大的打擊，幾乎立脚不住了。但他就看清了反對他的是中國的革命民衆，而軍閥，國家主義者和右派等是不反對他的，并且是攻擊革命民衆的，所以他就用了六十萬磅宣傳費來收買他們！（西山會議派，國家主義派）可是六十萬磅的宣傳費早已完結了而功効全無，且一天天的更受着中國革命民衆的打擊，如此次漢口九江英界之收回等，於是急得他們互相發抖，眼見得宣傳費失敗！然而他仍就想死灰復燃，仍用其金錢來收買，不過改間接爲直接收買戰鬥員，於是又交出一大批收買猪仔費給國家主義者和右派來奉行收買猪仔，這就是英帝國主義者的猪仔陰謀！

去年三四五六月間在廣州曾發現不少的，現在軍閥看見革命軍處處勝利，是有主義有黨的軍隊，并處處受民衆歡迎，於是他們也想以什麼主義組織黨（國家主義派什麼學會，中國革命青年團，中國革命軍人俱樂部，還有帝國主義的兩個字─I.Y.表示他們是眞正的忠實的走狗。）來號召，愚弄一般羣衆，可是應者寥寥，終久是幾個洋奴軍閥在那裏！於是他們也模仿其主人的善策，把其括自民間血汗來的金錢來吸收黨員，如楊宇霆在江蘇大用其金錢力量收買所謂紳士就是一例！總之帝國主義和軍閥等的破壞國民革命的陰謀，可算是無所不用其極！然而尤要推收買猪仔陰謀爲最厲害惡毒！所以他這陰謀一出，竟是風行各地呢！可是終久是祗能收買不革命反革命那類的人，間或收買革命觀點稍薄的，但是收效極

中華民國十六年二月十九日〔星期六〕 黃埔日刊 〔第四版〕

少。

同志們！我們是人，是革命的人，尤其是革命的軍人！人格是非常高尚的！金錢是我們瞧不起的。不過在現在（未廢金錢時代）還是用牠來做奴隸，絕不會爲金錢而做牠的奴隸！所以我敢說金錢的收買在我們真正革命的人們是失効的！尤其是革命的軍人（特點有十不怕）更是失効的！換句話說是失敗的了！在各方面看起來：帝國主義和軍閥無論用什麼陰謀都不能維持他們的生命，而是要死亡的，反快促其死亡的！

最後我忠告同志們提防一點，雖然我們革命人尤是革命的軍人不容易爲他收買，但他無論如何是會伸手來拉我們的，尤其革命政府治下的不穩定的革命民衆和革命的軍！因爲這樣才可達其破壞國民革命的陰謀！所以我忠告同志們提防敵人的豬仔陰謀！

二月三日於第六教室

「死」

我現在講這個「死」字，許多同志見了，亦許要很驚異的問我：『爲什麼要在這個好日子（財神誕日）裏，說這樣不吉利的話呢？況且我們中國人最怕的是死』。我這個死字說出來，未免太不近人情了，當然有人會不很了然的。但是我以爲死是生命界的一件必然的現象，沒有什麼值得可怪的。

但是死有「輕如鴻毛」的，有「重如泰山」的，我們想想，同是一死，爲什麼有這樣的差別呢？這就是有各種各色死法的緣故。

想世界上沒有不死的人。既然人終須一死，就應把死的方法，仔細的審慎的斟酌一下，就是我們死後要使我們的精神不死，使大多數人的景仰欽佩，不要被人唾罵指責。你看我們的 總理，他已經去世兩年多了。我們每逢星期一作紀念週開會紀念他，爲什麼呢？因爲總理的死，是爲中國四萬萬人民，解除痛苦，謀幸福，謀利益而死的，所以我們總景慕他，崇拜他。這樣看來，我們 總理雖是死了，然而精神豈不是還沒死嗎？我們再看甘願爲革命死的許多同志們，他們死了好久，到現在烈士墓前，碑誌巍峨，春秋享祭，他們雖已死了，豈不是還有欽佩他們的人嗎？你看那一般的賣國奸賊，摧殘民衆的軍閥，他們死後，除是他們的狗子狗孫以外，還有誰來祭奠他呢？只落得千夫唾罵萬年遺臭。倘若他的子孫是真有覺悟的，恐怕也不祭奠他罷。我們現在既然站在革命舞台上，把我們的主義明瞭之後，也要想一個死的方法才是！要學 總理的死，要效先烈的死，要爲革命去死，要爲民衆去死，要死在真正革命戰線上，那時候死了，真所謂得其所哉，得其所哉！像這樣的死，豈不比當一個軍閥，做一個皇帝，還快活得多嗎?!我所說的這個死法，誰若贊同歡迎就請他與我同呼：

總理精神不死！

先烈精神不死！

爲革命犧牲！

爲民衆犧牲！

犧牲在革命戰線上！

軍官政治訓練班馬超文

里夫按：馬超文同志這篇文章的見解，令我十分欽佩。因爲我也時常想想做一個革命黨人，死了，即使不能做到像總理那樣令人『景仰』『崇拜』，至少也要進得烈士墓，纔算光榮！不過我有時又想我們之所以不怕砍頭，做革命黨，決不是爲了什麼革命黨人死後，可以『碑誌巍峨，春秋享祭』(?)這些事情。並且我以爲一個人在生命的宏流中，他的生和死，猶如大海中的浮漚，聚散起滅，實在平常得很。還過我們活着的時候，能夠磨亮刺刀，殺盡惡魔，去爲全人類奮鬥着，奮鬥着，要怎樣死，死後是否有人來紀念我們，這倒不成問題。因爲我們只要求活着不做奴隸，並不希望死後的光榮呀。

我們只要求每一個同志都成爲一塊無名的路腳石，好使後來的人踏着我們的胸膛前進！

我們死了，就算了！我們不希罕什麼紀念碑，更不幻想什麼烈士墓！我們要與敵人决戰，直至我們的脈搏之最後的一跳！

有些同志常說，死在醫院裏是一件最無味的事情，要死在火線上纔好！我以爲世界上最沒有把握的是我們——時代的戰士——的生命。誰都不知道什麼時候死，並且怎樣死。只要我們今天是爲社會上多數被壓迫民衆而奮鬥，只要我們今天還是忠心於革命，向着人類未來的光明猛進；那麼，我們即在今天晚上，或明天早晨，就「死在床上」，也是很值得的！

短劍

謝謝邱吉期

雲

英國財政部大臣邱吉期在孟知斯德演說：「英國所求者，無非銷售華人所需之貨，並購回有益於己之貨耳。」這兩句話是帝國主義經濟侵略的原則。謝謝邱吉期，給我們一個這樣簡單明瞭的說明。

公道與常識

雲

路透社二日紐約電：『紐約時報稱，中國反對調動軍隊之抗議，未見有公道與常識。』原來帝國主義對華調兵是合於公道與常識的，從此公道與常識又添了一個新詮釋了。

什麼話！

雲

東方通訊社七日上海消息云：「長沙五日消息，唐生智此次來湘之使命，爲欲整頓風潮最烈之湖南。……此間自黨人跋扈以來，商民農民之前來請願者絡繹不絕……自唐來湘後，不安之象已稍緩和」。

路透社六日倫敦電云：『觀察報今日社論，謂陳友仁誤從俄人之謀，向英國工黨直接發電，鑄一大錯……。愛國之領袖如陳友仁者，應脫除赤俄之觀念，若任俄人玩弄，希冀英國革命，則徒爲俄人傀儡，自取危亡耳』。嗚呼！何其言之絕似我國之所謂國家主義派也？

申報二月八日載美國通訊，那位通訊員起首就說道；「中美邦交，素稱輯睦，惟美國對華政策，恆苦不能澈底，近年對華交涉，仍不免囿於協調之習，甘與其他侵略國爲伍，而不能自立計劃，以發展其在華商務上利益，甚可惜也。」

政治問答

1、路易布朗工業聯合會裏面報酬的原則是怎麼？

2、Swanlong的勞[illegible]會議怎的沒有一點結果就散了呢？

3、政治改良何以是一種手段社會改良何以是一種目的？

4、國家何以是貧民的銀行？

5、廣東的民團和商團是人民自衛的何以反不能爲人民直接的謀幸福利益呢？

6、據列甯杜洛斯基說勞工專政純根據馬克思的學說怎麼[illegible]卻極力否認？

7、Karl Johann Rodbertus 分經濟的進步爲那三時期？

8、世界第二大戰發生于我中國有無關係？究竟守中立還是參加何方面？其戰爭之目的能不能解決生計呢？

9、耶蘇教徒傳教中國藉機辦學校與銀行有時干涉地方行政機關，我們可不可嚴格反對他？

10學軍事政治不要書作參考能不能求心得？若要書我們上學還久爲什麼還有多麼的書不發齊？

11國民政府遷到湖北去了我們黃埔學校和政府是有關係的究竟以後本校是在湖北還是永遠在黃埔呢？

12廣東是政府的根據地爲什麼黨化教育尚沒有十分成績政府也不注意呢？

第一隊三區隊學生新星

1、他主張把所有的利潤，都分給工人。

2、各帝國主義者內部的資本主義發達程度不一致；故剝削勞動者的程度也不能一致；所以終不能求得一個一致的剝削勞動者的國際通則。

3、改良政治只是達到改良社會的一種方法；所以是手段；改良社會本身，才是改良社會所要求的目的。

4、這是布朗一人所用 的一個形容詞； 並非「國家學」上所有的國家之定義。

5、因爲都是資產階級組織的。 革命成功就要「平均地權」「節制資本」；所以他們非反革命不可。 他們所謂「人民自衛」，乃是他們少數資產階級的自衛，並非是『衛』四萬萬人的那個「人民」：所以他們也就當然不會去爲「人民」謀利益。

6、考茨基是馬克思的叛徒，降服於德國資產階級的黃色失節者。因爲勞工專政的目的，是要消滅資產階級，所以他反對。 反對無力，所以只好說馬克思無此主張。 這和我們的右派在陳廉伯明明白白與總理反抗；在五卅慘案上海資產階級明明白白勾結帝國主義，撒散工學商聯合戰線的歷史事實之下，竟還否認中國有資產階級與無產階級之分；說這種分別是共產黨野心包辦革命的瞎說；故意挑撥我們內部的排共感情，無形中取銷總理的聯俄聯共政策，是一樣的用心。

7、我未讀過羅德伯博士的學說，所以不能答覆此問。 我只知他是個主張國家社會主義，替資產階級做衛隊的朋友。

8、此時不能由我們主觀預定，須以那時的客觀事勢爲轉移。

9、應該嚴厲取締（但基督教會並未辦銀行，不過教徒有爲銀行股東者）。

10大概是尚未編好，印好。

11將來中央軍事政治大學，自然與國民政府在一地方。

12我非廣東教育行政中人，不知其故—但我想辦教育者，必已正在努力，只是飯桶教育家太多，一時不免有許多阻力，未能急就耳。（楚）

黃埔日刊

中央軍事政治學校出版
通信處廣東黃埔本校政治部
（第二六四號）
〔本刊每份定價一分〕

歡迎第三國際代表國際工人代表團特號之一
歡迎留俄歸國同志

中央軍事政治學校歡迎國際工人代表團宣言

國際資本帝國主義爲要延長他們將死的壽命，用盡他們全身的力量造成一道「反赤」的聯合戰線；今日在他們鐵蹄之下的被壓迫的無產階級和被壓的民族至于不能再事忍受的時候，也就自然而必然的形成一個反帝國主義的聯合戰線與他們對抗。他們——壓迫階級是作最後的掙扎；我們——被壓迫階級是要搏得最後的勝利的時候了！

處于兩兩相持不下的局勢，只看誰能堅固地保持戰線上的陣地，才能決定彼此最後的勝負。

我們反對國際資本帝國主義第一道戰線在一八六四年第一國際的無產階級大聯合中已穩穩的建築着了；我們反帝的第二道戰線，現在比京全世界弱小民族反帝國主義大同盟大會中正在那裏建樹陣地的基礎」；這還不夠，必定要第一道與第二道的革命戰線聯合起來統一起來才能成功。

這次國際工人代表團來華就負有統一反帝戰線的重大使命；我們不但是要熱烈的，誠懇的歡迎他們，我們還要本着在事實上感覺東西革命勢力必要聯合的要求，與他們切實攜手，「共同奮鬥」！

我們在目前的革命運動，縱是達到了軍事勝利的時期，然而「反赤」大聯合的勢力就一點不客氣的向我猛攻——國際列强武力干涉中國革命運動，一九二七年開首以來沒有半分鐘休息過：而國內的封建勢力——大小軍閥，貪官污吏，土豪劣紳團閥等，卽在已收復之省區，仍大肆殘暴民衆，阻礙革命進行：他們裏應外合夾攻，我們不能說不是在危急之中了！

我們在這種情形之下，就一方面看出，自然根本是帝國主義的罪惡；可是一方面又找到了我們的出路：只有加緊並擴大革命的鬥爭！

我們又知道：中國國民革命是整個的世界反帝國主義革命運動之一部分，所以爲要解決中國的革命問題，我們要在反帝國主義的聯合戰線中盡我們全力去奮鬥！同時也要革命的友軍盡其世界革命的責任，切實援助我們！我們看不甘受帝國主義的壓迫！今天，我們在歡迎國際工人代表團的時候，要呼出下列的口號：

1、全世界無產階級與被壓迫民族聯合起來！
2、鞏固反帝國主義聯合戰線！
3、帝國主義內的無產階級起來革命！
4、帝國主義內的無產階級要以實力援助中國！
5、打倒帝國主義！
6、打倒軍閥！
7、國民革命成功萬歲！
8、世界革命成功萬歲！
9、中國國民黨萬歲！
10、第三國際萬歲！

誓遵總理遺囑

歡迎國際工人代表團第三國際代表及由俄返國同志演講詞

方鼎英

緊要啓事

大快人意的消息

編完以後的話

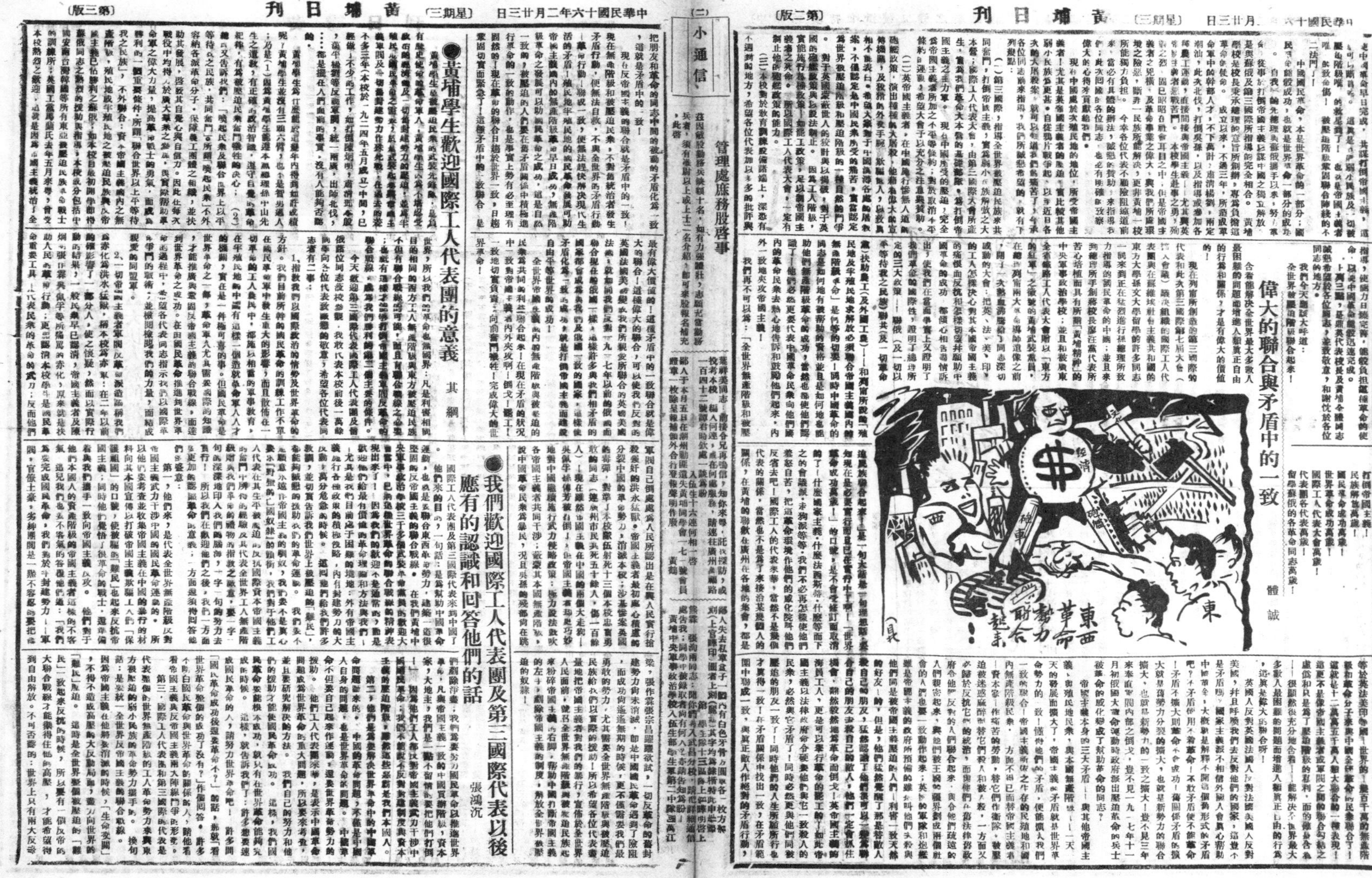

黃埔學生歡迎國際工人代表團的意義

我們歡迎國際工人代表團及第三國際代表以後應有的認識和回答他們的話

小通信

管理處庶務股啓事

偉大的聯合與矛盾中的一致

中華郵政特准掛號立劵之新聞紙 中華民國十六年二月廿三日 〔星期三〕 〔第一版〕

（一）

啓事

緊要啓事

鄙人於十四年入伍之初，因不明瞭本黨真實情形，誤加入孫文主義學會，駐惠數月，得知該會一切內容，懊悔無狀，遂毅然於四期升學之頃，聲明與該會脫離關係。迄今已近一年，與五期同學相處，又已三月，一切言論行動，想爲各同志所共鑒，不料近復有人疑鄙人爲該會分子者，聞悉之下，不勝詫異。

特再鄭重聲明，鄙人誓以至誠遵守總理遺囑，實行三民主義，恪聆校長教訓，不與任何小團體發生關係，希各同志隨時指導監督，爲荷！

第十區隊潘溯同志府之璽你家有一封信寄在陳在田處，將信交給弟探投，請你速通知地址以便寄交可也

燕塘入伍生第一團二連盧仁靜啓

夏楚中，郭枚濤，鄺嵩，韓梅村，李名熙，崔建，高家俊，蔣肇周，詹俊，夏立表，朱哲光，林道貫，熊中悲，周起鎬諸兄：許久沒有通信，想念得很，你們現在何處服務，駐在何地，見報後，祈即示知。

黃埔蝴蝶崗第二學生隊第五隊十七區隊夏育民（鼎言）

黃埔日刊

中央軍事政治學校出版

通信處：廣東黃埔本校政治部

（第二六四號）

〔本刊每份定價一分〕

誓遵總理遺囑

總理遺囑

余致力國民革命，凡四十年，其目的在求中國之自由平等，積四十年之經驗，深知欲達到此目的，必須喚起民衆，及聯合世界上以平等待我之民族，共同奮鬥。

現在革命尚未成功，凡我同志，務須依照余所著：建國方略，建國大綱，三民主義，及第一次全國代表大會宣言，繼續努力，以求貫徹。最近主張：開國民會議，及廢除不平等條約，尤須於最短期間，促其實現，是所至囑！

本校本週口號

鞏固工商合作精神！

反對英國派兵來華！

促進英印兵士反省！

更加擁護聯俄政策！

宣布奉系軍閥罪惡！

喚起全國民衆奮鬥！

歡迎第三國際代表國際工人代表團留俄歸國同志特號之一

●中央軍事政治學校歡迎國際工人代表團宣言

國際資本帝國主義爲要延長他們將死的壽命，用盡他們全身的力量造成一道「反赤」的聯合戰線；今日在他們鐵蹄之下的被壓迫的無產階級和被壓迫的民族至于不能再忍受的時候，也就自然而然的形成一個反帝國主義的聯合戰線與他們對抗。他們——壓迫階級是作最後的掙扎；我們——被壓迫階級是要搏得最後的勝利的時候了！

處于兩相持不下的局勢，只看誰能堅固地保持戰綫上的陣地，才能決定彼此最後的勝負。

我們反對國際資本帝國主義第一道戰線在一八六四年第一國際的無產階級大聯合中已穩穩的建築着了；我們反帝的第二道戰線，現在比京全世界弱小民族反帝國主義大同盟大會中正在那裏建樹陣地的基礎；這還不夠，必定要第一道與第二道的聯合戰線聯合起來統一起來才能成功。

這次國際工人代表團來華就負有統一反帝戰線的重大使命；我們不但是要熱烈的，誠懇的歡迎他們，我們還要本着在事實上感覺東西革命勢力必要聯合的要求，與他們切實攜手，「共同奮鬥」！

我們在目前的革命運動，雖是達到了軍事勝利的時期，然而「反赤」大聯合的勢力就一點不客氣的向我猛攻——國際列強武力干涉中國革命運動，一九二七年開首以來沒有半分鐘休息過；而國內的封建勢力——大小軍閥，貪官污吏，土豪劣紳閥等，即在已收復之省區，仍大肆殘暴民衆，阻礙革命進行；他們裹應外合夾攻，我們不能說不是在危急之中了！我們在這種情形之下，就一方面看出，自然根本是帝國主義的罪惡；可是一方面又找到了我們的出路：只有加緊並擴大革命的鬥爭！

我們又知道：中國國民革命是整個的世界反帝國主義革命運動之一部分，所以爲要解決中國的革命問題，我們要在反帝國主義的聯合戰線中盡我們全力去奮鬥！同時也要革命的友軍盡其世界革命的責任，切實援助我們！我們誓不甘受帝國主義的壓迫！今天，我們在歡迎國際工人代表團的時候，要呼出下列的口號：

1、全世界無產階級和被壓迫民族聯合起來！

2、鞏固反帝國主義聯合戰線！

3、帝國主義內的無產階級起來革命！

4、帝國主義內的無產階級要以實力援助中國！

5、打倒帝國主義！

6、打倒軍閥！

7、國民革命成功萬歲！

8、世界革命成功萬歲！

9、中國國民黨萬歲！

10、第三國際萬歲！

●歡迎國際工人代表團第三國際代表及由俄返國同志演講詞

方鼎英

今天承國際工人代表大會，派遣代表團間關來粵，鼎英謹代表全校員生士兵工人，以十二分的熱忱和敬意，來歡迎各位同志！今天歡迎的形式，是非常簡單，很是抱歉的！但意義很隆重的，是値得永久不忘的。

自從資本主義發達之後，形成了帝國主義。他們生產過剩原料缺乏，不能不向外銷售和補充，就產生了殖民地或次殖民地。而帝國主義者國內的無產階級——工人階級，和亞洲印度南洋安南緬甸朝鮮，尤其是地大物博的中國，遂變成了帝國主義者的俎上之肉，爲他們唯一的掠奪榨取之場，於是全世界民族劃然分爲壓迫階級和被壓迫階級兩條陣線。換言之，即，一條是帝國主義的陣線，一條是反帝國主義的陣線。

現在帝國主義，愈演愈兇，尤其是英帝國主義者，兇殘陰惡的態度，更爲昭著。如五卅的慘案，沙基的血跡，以及最近萬縣漢口九江長沙等處的屠殺，無不出於英帝國主義之手。

近且派遣大隊陸軍來華示威，其猖狂狠毒如狼似虎的真面目，已已暴露無餘，我們——弱小民族被壓迫階級反抗這種帝國主義的運動，遂亦蓬蓬勃勃而莫之能禦了。蓋時至今日，這兩條相反的陣綫，已到了短兵相接的時候，要拚一個你死我活的了！

帝國主義者明瞭這一點，就首先在維爾薩召集「強盜分贜」的會議，繼之而華盛頓，日內瓦，都開了這同類的會議：以及去年歐洲和美洲同時召集的國際聯盟會，日本召集的民族大會，都是想聯合各帝國主義者鞏固他們的陣綫，以謀壓迫弱小民族及一切被壓迫階級，置之萬劫而不復，他們用心之深，設計之毒，眞可謂到了極地了！我們若不急起直追，鞏固我們的聯合陣綫，我們還有出頭的日子嗎？解放的希望嗎？幸而革命的先進國蘇俄，及第三國際，應了這迫切的需要而產生。現在由國際工人代表大會派各位代表遠來中國，各位代表的熱忱，以及學識之深宏，魄力之宏大，足以爲中國國民革命的指南針，

中華民國十六年二月廿三日　〔星期三〕　黃埔日刊　〔第二版〕　（二）

建中國革命早日完成，共謀打倒帝國主義，這便可以斷言了。這眞是弱小民族及一切被壓迫階級唯一的救星到了！也就是帝國主義者唯一的致命傷！被壓迫階級鞏固聯合陣綫的不二法門了！

中國國民革命，本是世界革命的一部分；國民革命能殼成功，也就是世界革命一部分的成功。自我們的先總理與蘇俄攜手以來，努力革命，從事於打倒帝國主義以謀中國之獨立解放。是與蘇俄及第三國際所指導的完全相合。黃埔學校是校長秉承總理的意旨所創辦，專爲負擔這革命的使命。成立以來，不過三年，所造成革命軍中的幹部人才，不下萬計，肅清楊劉，兩定潮汕，此次北伐，打倒吳孫，以及指導或參加各種農工運動，直接間接與帝國主義——尤其英帝國主義者惡戰苦鬥。本校學生赴事之勇，殉義之烈，固已昭昭在社會耳目之中，但是帝國主義者之兇橫，及革命事業之偉大，與我們所處環境之險惡，斷非一民族所能解决，更非黃埔一校所能獨力負担。今幸各位代表不顧險阻遠道前來，當必有具體的辦法，誠懇的贊助，來指導我們；此次回國的各位同志，也必有明確的攷察偉大的心得來貢獻給我們。

現在中國處於次殖民地的地位，所受帝國主義者！尤其是英帝國主義者的壓迫，實比較其他弱小民族爲更甚。自從鴉片戰爭起，以至近日各次的大屠殺案，就可以知道我們的痛苦了，今承各位同志前來指導，我們所誠懇希望的，就有下列幾點：

（一）第三國際，指導全世界被壓迫民族來共同奮鬥，打倒帝國主義，實爲弱小民族解放之大本營；國際工人代表大會，由第三國際大會所產生，實爲我們革命大本營的基礎部隊。爲打倒帝國主義之主力軍。現在中國所受的壓迫，完全爲帝國主義者所加之不平等條約；對於取消不平條約的運動，希望大會予以充分之注意與贊助。

（二）英帝國主義者，在中國施行慘無人道的砲艦政策，演出種種的大屠殺，他藉着偉大的宣傳機關，及狡猾的外交手腕，欺騙世人，以致與相不能表白。希望大會對于中國沿海各處的屠殺案，不僅認定是中國民衆所受的痛苦，實當認定爲世界被壓迫階級和壓迫階級的一種自然的鬥爭。對于英國蒙蔽世人的狡計與以揭破，對于英國的砲艦政策與以設法制止。因爲工人階級，實能施行種種政策——如罷工政策，足以制帝國主義者之死命。所以國際工人代表大會，一定有制止他的砲艦政策的能力。

（三）本校對於教育訓練設備諸端上，深恐有不週到的地方，希望各位代表加以多多的批評與指導，使能力日臻完善，能够負担這種革命的使命，以與中國革命能够迅速完成。

上列三點，是鼎英代表校長及黃埔全體同志誠懇希望於各位同志，並致敬意，和謝忱於各位同志的地方。

我們今天應該大呼道：

全世界被壓迫階級聯合起來！

打倒帝國主義！

民族解放萬歲！

國民革命成功萬歲！

世界革命成功萬歲！

國際工人代表大會萬歲！

代表團各代表萬歲！

留學蘇俄的各革命同志萬歲！

偉大的聯合與矛盾中的一致

體誠

含着能解決全世界最大多數人最困難的問題而增進人類眞正自由的行爲和關係，才是有偉大的價值的！

現在列甯所創造的第三國際的代表和此次第三國際第七屆大會（擴大會議）議決組織的國際工人代表團與在蘇維埃社會主義共和國的東方大學孫文大學留學的許多同志一同來到正在猛烈進行孫總理所致力指導的國民革命的中國；並且來到總理所手創蔣校長廖汪黨代表所苦心培植而具有所謂「黃埔精神」的中央軍事政治學校；並且和被廣東全省鐵路工人代表大會贈以「東方的紅軍」之徽號的黃埔武裝黨員，在總理列甯兩大革命導師遺像之前，開了一次熱血沸騰給了同志深切感動的大會：把英、法、美、印、的工人怎樣決心對其本國帝國主義的痛恨而反抗和怎樣切望幷願助中國革命的成功，都傾心相告盡情訴出，使我們在當面事實上又證明了我們革命的國際性，證明了總理所定的三大政策——聯俄（及一切以平等待我之民族）聯共（及一切革命黨）扶助農工（及外國工農）——和列甯所說的「殖民地及半殖民地求解放必須聯合帝國主義國內的無產階級革命」是何等的切要！同時中國革命的同志是如何地有被幫助的資格並且是如何地也能助他們無產階級革命的成功，當然也都使他們認識了！他們必然更要代表中國革命民衆向他們國內的革命民衆去熱心地告訴和鼓勵他們起來，內外一致地夾攻帝國主義！

我們再不可以爲：「全世界無產階級和被壓迫民族聯合起來！」是一句太新奇一句理想話，要知現在是必要實行而且已在實行中了啊！「世界革命成功萬歲！」的口號，是不會受修訂而取消的了！什麼國家主義·什麼法西斯蒂·什麼等而下之的會議派·走狗派等等·我們不必再怎樣使他們羞怒自苦，把這革命環境作他們的感化院叫他們反省去吧！國際工人的代表來華，當然不是幾個代表的關係，當然也不是爲了來接洽某幾個人的關係，在黃埔的聯歡在廣州在各地的集會，都是等於英法美印等國——世界的——幾百千萬的無產階級和革命分子來與中國全國革命的民衆聯合了！這就是十二萬萬五千萬人類大聯合的一種表現！這更不是像帝國主義者或軍閥之間的聯合勾結之虛僞和只是爲了壓迫階級的私利，而的確是含着——很顯然很充分地含着——能解決全世界最大多數人最困難的問題而增進人類眞正自由的行爲，這眞是偉大的聯合呀！

東西革命勢力聯合起來！

英國人反對英國法國人反對法國美國人反對美國，幷且呼喚我們去反對他們的國家，這豈不是矛盾嗎？國家主義派不相信外國人會眞心幫助中國革命，大概就是解釋不開這個爲形式的矛盾吧？不矛盾便用不着革命——不敢矛盾便不能革命！矛盾不擴大則革命不會成功！舊關係矛盾的擴大就是舊勢力分裂的擴大，也就是新勢力的聯合擴大，也就是新勢力的一致之擴大！豈不見三年來奉直軍閥內部之倒戈，豈不見一九一七年十一月初俄國大革命運動時政府派出壓迫革命的兵士被革命的感化變成了幫助革命的同志？

帝國主義本身的三大矛盾——與其他帝國主義、與殖民地民衆，與本國無產階級——一天一天的發展而擴大了，帝國主義的矛盾就是世界革命勢力的一致！懂得他們的矛盾，便能擴大我們一致的聯合——帝國主義所依之生存的殖民地和國內無產階級民衆，一方面不得已而替帝國主義者——資本家——作痛苦的勞動，替它們作衛隊，被壓迫被迷惑麻醉而替它們殺人和被人殺，一方面又必歸於反抗它們的統治，而與他們在舊法律舊政府令他們反對的人們聯合起來，與命他們疏遠的人們親密起來，與他們被王國的疆界劃成兩個社會的人們也要一致動作起來；英國的軍隊和炮艦雖是帝國主義的政府所預備的雖然叫他們去殺與他們同是被帝國主義壓迫的人們——利害一致天然的好友——的，但是，他們猛然覺醒了那是替敵人殺自己的朋友，猛然認識了他們很可以一致聯合自己的朋友去殺自己的敵人，他們一定會抓住機會，翻然毅然地爲革命而倒戈！英帝國主義的海員工人，更是可以舉行革命的罷工的！如此帝國主義以法律政府命令硬要他們與它一致殺人的民衆，必然與它矛盾了！同時必然更與他們同被壓迫的朋友一致了！同時他們的人生所行也才眞得一致！在矛盾關係中找出一致，在矛盾範圍中聯成一致，與眞正敵人作絕對的矛盾行動，是

小通信

管理處庶務股啓事

茲因敝股勤務兵缺額十名，如有力强體壯，志願充當勤務兵者，須有准尉以上或上士二名介紹，即可來股報名補充，此啓

葉祥美同志：前接令兄再鳴信，知你來學，託我探訪，或投考本校，編入何連，或在何處服務，請速往廣州惠愛路一百四十二號譚君晌欽處一談爲盼　入伍生十六連何相一啓

鄙人于本月五日在潮州勦匪遺失黃埔同學會一七一號會員證章一枚除呈報補領外合行登報聲明作廢　黃鶴

鄙人失去私章盒子一個內有白色牙骨方圓章各一枚方刻（上官暐印）圓者上刻（鳳）其字均爲隸楷特此申明作廢　第三學生隊十三區隊上官暐啟

熊霖　張洵兩同志：聞你們考入武昌分校，請把詳細通信處告我；同學中被錄取者尚有何人？亦請告知爲盼　黃埔中央軍事政治學校入伍生部學生第二中隊　區萬江

把朋友和革命的同志中間的被動的矛盾化爲一致，這就是矛盾中的一致！

現在反帝國主義的聯合就是矛盾中的一致！現在無產階級和被壓迫民衆，不對舊統治者發生矛盾行動，便無法自救，不與全世界的矛盾行動——革命行動——聯成一致，便無法趕快解決現代生活的矛盾——殖民地半殖民地的國民革命發展可助帝國主義國內的無產階級革命早日成功，無產階級革命之發展可以助國民革命之成功，這是自然一致的，被壓迫的人們要在舊矛盾關係中積極進行革命的一致的動作，也是事實上勢有必至理有固然的！現在革命的聯合日趨於世界一致，日趨鞏固切實而緊急了！這種矛盾中的一致聯合，是最有偉大價值的！這種矛盾中的一致聯合就是偉大的聯合！這種偉大的聯合，可以使我們反對的英國法國美國變成我們所親愛所聯合的英國美國法國，就如同我們反對一九一七年以前的俄國而聯合現在的俄國一樣，這樣許多與我們相矛盾的國家都會成爲與我們及俄國一致的國家，這樣使矛盾化爲一致的成功，就是打倒帝國主義而建設自由平等世界的成功！

全世界帝國主義國內的無產階級與被壓迫的民衆爲共同的利益聯合起來！在現在矛盾的狀況中一致對帝國主義者內外夾攻啊！倒戈！罷工！一致地切實負責，向前奮鬥犧牲！完成偉大的世界革命！

●黃埔學生歡迎國際工人代表團的意義

其綱

黃埔學生是被壓迫民衆的武裝先鋒隊，是負有歷史使命的革命軍人。黃埔學生因爲不堪忍受政府的經濟的及一切舊封建勢力的壓迫，並爲半殖民地殖民地革命之需要，於是武裝起來與帝國主義軍閥及一切舊封建勢力作殊死戰，在過去的差不多三年（本校於一九二四年五月成立）中間，已經做了不少的工作，如打倒陳炯明，肅清鄧本殷，蕩平楊劉等反動軍閥，統一兩廣，出師北伐，……都是擺在人們面前的事實，沒有人能夠否認的。

黃埔學生爲什麼能於這幾年內得到如許成績呢？黃埔學生並沒有三頭六臂，也不是智勇過人；乃是（1）因爲黃埔學生能遵本黨總理孫中山先生之遺教，有正確的政治智識，遵守自覺的革命紀律，有爲被壓迫民衆奮鬥犧牲的決心；（2）總理又告訴我們：「喚起民衆及聯合世界上以平等待我之民族，共同奮鬥」。所謂「喚起民衆」不外容納各派革命分子，保障農工團體之組織，並扶助其發展，啓發其自覺心與自信力。因此在每次戰役中均得力於廣大羣衆之參加，與實際幫助革命軍之偉大力量，提高革命戰士的勇氣，而成爲勝利的一個重要條件。所謂「聯合世界以上平等待我之民族」，不外聯合：資本帝國主義國內之無產階級，殖民地或半殖民地之被壓迫民族與反帝國主義已佔勝利之蘇俄，如本校自最初開學即得蘇俄同志之熱烈的援助與指導，本校成分包括中國安南台灣韓國等所有東亞被壓迫民族革命戰士的訓練所，英國工黨馬蘭氏去年五月來粵，曾受本校熱烈之歡迎，這就是因爲帝國主義統治了全世界，所以我們的革命也無國界：凡是利害相同目的相同的西方工人無產階級與東方被壓迫民族不但有聯合戰線的可能，而且有聯合戰線之必要；也祇有這樣才能夠打倒帝國主義軍閥反革命的聯合戰線。這爲我們勝利的第二個主要的條件。

今天歡迎第三國際代表國際工人代表團及留俄諸位同志蒞校參觀，我敢代表本校前後一萬餘同學向各位代表致熱誠的敬意，希望各位代表同志者有二事：

1、指教我們以國際政治的情勢及世界革命的方針。我們目前所幹的國民革命的訓練工作不單在國民革命軍中發生重大的影響，而且散佈在一切革命的工人農民中，都施以相當的軍事教育，在半殖民地的中國有這樣一個造就革命軍人人才的機關，實在是一件極可喜的事。但國民革命是世界革命之一部，革命軍人尤其需要國際的知識，才能推廣與鞏固反帝國主義的聯合戰線，而達到世界革命之成功。在由國民革命推進到世界革命的過程中，希望各代表同志指示我們以國際革命鬥爭的戰術，並檢閱檢閱我們的力量，而結成親愛的同盟軍。

2、一切帝國主義者軍閥反革命派造謠稱我們爲赤化爲洪水猛獸，稱本校爲赤軍：在二年以前的確影響了一部分人，使之懷疑，然而以實際行動的結果，一般民衆早已認清，帝國主義者及陳炯明張作霖吳佩孚等所痛罵的赤化，原來就是扶助人民的革命行動；更認清本校學生是國民革命重要工具，代表民衆的革命的武力；反而他們軍閥自己倒處處爲人民所認出是在與人民實行搶殺強奸的洪水猛獸。帝國主義者最初處心積慮的分裂中國的革命勢力，消滅本校；沙基慘案英國的毒彈，對準了本校隊伍射死十三個本校忠實勇敢的同志（連廣州市民共死五十餘人，傷一百餘人）！現在雖然帝國主義在中國的兩個大走狗——吳佩孚孫傳芳被打倒了，但帝國主義者却更巧妙地對中國繼續施行武力侵略政策；極力設法鼓吹各帝國主義者共同干涉；蔽蒙其本國無產階級，說中國革命民衆爲暴民，况且吳孫的殘部尚在跳梁，張作霖張宗昌躍躍欲試，一切反革命的舊封建勢力尚未消滅，即是中國國民革命遇到了險阻，而成功尚遙遙無期的時候，更不僅需要我們最勇敢的勢力，尤其需要全世界無產階級與被壓迫民族給我們以實際的援助！所以希望各位代表盡量地把帝國主義者對我們的暴行，宣佈於全世界人民面前，號召全世界無產階級與被壓迫民族起來粉碎帝國主義的右脚，幫助中國打斷帝國主義的左手，剷除帝國主義的制度，解放全世界被壓迫的奴隸！

●我們歡迎國際工人代表團及第三國際代表以後應有的認識和回答他們的話

張鴻沉

國際工人代表團及第三國際代表來到中國了。他們來的目的，一句話：是爲幫助中國革命運動，也就是要聯合東西革命勢力，建築一道很堅固的反帝國主義的聯合戰線。在我們黃埔中央軍事政治學校三千多個武裝革命黨員的歡迎大會當中，已將這種世界革命的聯合戰線的精神表現出來了！因爲我們的歡迎不是通常的，而是歡迎他們給最有價值的革命理論和方法與我們——尤其是我們目前處于困難的境地：外有帝國主義施行各種政策的積極侵略，內有封建勢力的大反動，萬分危急的時候。這回他們給我們許多教訓，並切實告訴我們世界上被壓迫的「難民」，都能夠誠懇的援助我們的革命運動。我們要不是願意永遠作帝國主義的馴奴，我們要不是真心要承「野蠻的亡國奴隸」的頭銜，我們對于他們工人代表在其生平被壓迫的反抗國際資本帝國主義的奮鬥中所得的經驗及其代表全世界工人無產階級贈與我們革命的禮物的指教之誠意，要一字一句的深深地印入我們的腦海，一字一句的努力去實行！所以我們在歡迎他們之後，我們一方面要更加的認識革命的意義；一方面還須待回答他們的盛意：

第一，他們來，是代表全世界無產階級反對帝國主義武力干涉中國的國民革命運動的。所以他們要考查並收集帝國主義在中國的暴行的材料向其本國宣傳以打破帝國主義欺騙工人們「保護祖國」的口號，使被騙的「難民」也起來反抗帝國主義；同時他們覺悟了很革命的戰士，還準備着與我們攜手一致向帝國主義反攻。他們對于他們本國人的資產階級的帝國主義者這樣的不客氣，這兒我們也要不客氣的答覆他們道：「我們爲要完成國民革命，我們對於半封建勢力——軍閥，官僚土豪，劣紳團閥是一點不容忍的要把他們剷除淨盡；我們爲要努力國民革命以推進世界革命，凡與帝國主義一致的中國買辦階級，資本家，大地主，我們是一點不留情的要把他們打倒！」因爲他們工人都反對帝國主義武力干涉中國國民革命；我們不能說不反對封建制度與資本主義的壓迫階級，雖然這些惡霸是我們本國人。

第二，他們是爲要解決世界革命中的中國革命問題而來的。中國的革命問題，不僅是中國人自身的問題，也是世界革命的問題。中國革命不但要自己起來作運動，還要世界革命勢力的援助。他們工人代表團來華，是表示中國革命問題成爲世界革命的重大問題，所以要來考查，並且要研究解決的方法。我們自己的努力和他們的援助才能使國民革命成功。這樣，我們國民革命要能根本成功，就只有在世界革命能夠完成的時候。這樣，就告訴我們了：許多想要速成國民革命的人，請努力世界革命吧！許多問「國民革命成功後還要革命不？」的話，那就「看世界革命整個的成功了沒有？」作個回答。許多不明白國民革命與世界革命的關係的人，請他看看帝國主義與反帝國主義兩大陣線鬥爭的形勢。

第三，國際工人代表團和第三國際的代表是代表整個的世界無產階級的工人革命勢力來與東方被壓迫的弱小民族的革命勢力攜手的。換句話：是要統一全世界反帝國主義的聯合戰線。因爲帝國主義在他將要消滅的時候，「生命交關」，不得不造成高壓的大反動局面，盡力向世界的「難民」壓迫。這時是全世界整個被壓迫的「難民」一致起來反抗的時候，所以要有一個反帝的大聯合戰線才能禦得住他的高壓，才能希望得到自由解放。不可否認的：世界上只有兩大反帝

中華民國十六年二月廿三日〔星期三〕 黃埔日刊 〔第四版〕

的革命勢力才可以聯合；一是被壓迫的無產階級，一是被壓迫的弱小民族。而且這是必要的聯合，也是自然的聯合；在這時候已是自然和必然要聯合的時候了。

我們看看：八十餘年來國際的代表資本家，實業家，教育家，哲學家，軍事家，一批一批的來華，是他們帝國主義者一次一次的開侵略大會歡送來的；從來沒有各國的「沒有短褲穿」的工人，被放逐的囚犯，受他們鞭打的奴隸的革命的工人代表來過；而他們這次來到，可是我們的歡迎，較之軍閥吳佩孚，張作霖，政客梁啓超，丁文江，買辦階級陳廉伯，梁士詒輩之歡迎他們的主人帝國主義的外交家，教育家……其熱烈而眞誠不知高出若干度！他們歡迎他們的主人，我們歡迎他們的奴隸！他們歡迎他們的强盜夥友，我們歡迎我們一致革命的同志！我們東西革命勢力要永遠的結合！從今日起，一批一批地望他們的奴隸到來中國，一次一次的取回我們中國人——世界「難民」的權利！

第四，他們來，是爲參加實際的中國革命運動而來的。在歡讌的席上，記者和許多同志要沒有忘記第三國際代表羅依(Roy)的話：

「各位同志：我代表世界無產階級革命的總司令部來慶祝你們中國國民革命的總司令部！我認爲中國革命在世界革命的政治上占很重要的位置。

「你們要認識我，我是中國的革命戰士；我介紹給你們，我不只是代表，我是你們的同志，我是你們的兵士，我是你們一切爲革命而努力奮鬥的奮鬥者！無論什麼時候，無論什麼地方，無論什麼危險，我都能夠在極前線的同你們革命的戰士攜手！我們要一天一天的緊緊握着我們的手爲我們的革命努力共同奮鬥！」

——這表示他誠心誠意的願作中國革命的戰士，也可以說他所代表的第三國際的工人，無一不是中國最前線的革命同志！

接着我們又聽見主席方教育長答覆他道：

「中國國民革命是世界革命之一部分；羅依代表及其所代表的工人，雖未直接到中國的戰場來，但是在各國參加了許多的工作，也就是如同參加了中國革命的工作。所以在國際間的運動，我們一定要努力參加。我們如同他們到中國來參加革命，我們一樣的要到印度去！安南去！朝鮮去！……去共同工作，完成我們的世界革命！」

——這是我們回答他們的話。誰是國家主義的眞信徒，誰反對這個！誰是機會主義的革命者，誰不去參加世界革命的實際工作！

第五，我們要明白的：應世界革命——反帝國主義運動而產生的我們總理的中山主義，不但是整個的，也是世界的。在他的民族主義中，表示出來是一種社會運動的民族主義，不是什麼閉關自守的復古主義，也不是什麼富國强兵的軍國主義，更不是不要革命的全民主義，尤其不是莫名其妙的國家主義。因爲中山主義是反帝國主義的社會運動，所以國際社會運動的革命同志，也能夠認識中山主義。（參看第三國際工人代表羅依的演說詞）我們自稱中山主義的革命同志，恐怕有許多還眞不懂得中山主義罷！研究中山主義也好，實行中山主義也好，要是他見兩大革命領袖——列寧孫文的遺像在歡迎的大會中高高的並列着，受嚴緊張的革命空氣中的包圍尋得有此奇怪，他終于沒有認識中山主義，而是走的另一條道路！

第六，我們更要知道：中國革命的軍事上的勝利已有了驚人的成績，大江以南，京漢以東皆我國民革命軍勢力所及之地。這一種勝利的出發點，在于我們黃埔軍校革命的軍事人材之養成。但是，其所以能養成革命的軍事人材，就在于人民要有革命的武力之要求。這種黃埔的革命軍的武力，在地點上說是由黃埔出發；在實際上來說還是以人民爲基礎的。所以黃埔的武力是代表人民的武力。代表人民而革命的黃埔革命軍的武力就能夠有出人意外的（實在不是意外）勝利。那末我們既是代表被壓迫民衆，被壓迫民族的武力，我們永遠要爲被壓迫民衆，被壓迫民族而奮鬥了！

我們不但要打倒張作霖，我們還要打倒其他被壓迫民族的張作霖；（軍閥）；我們不但要打倒我們本國的買辦階級資本家等，也要打倒其他國家的資本家，買辦階級。總之，我們是代表民衆反國際資本帝國主義的武力，所以我們要「到印度去！安南去！」。換句話，國民革命軍的武力，不僅是代表民衆的武力，也是世界革命的武力。基於此兩點，我們因有驚人的成績；我們更要繼續這種精神努力做去，期望不久我們能夠獲得更大的勝利，貢獻給一切努力世界革命的同志，使在地獄中受苦的革命同志得到一個安慰他們的佳音！我們在歡迎他們之後，我們要大聲喊出！「革命的武力深深的與被壓迫的民衆聯合起來！代表被壓迫民衆的利益而奮鬥啊」！

以上幾點，是記者追隨歡迎國際工人代表團及第三國際代表的大會中所得的教訓，和要向他們答覆的幾句話。但這不僅是我個人的感覺，也許是革命同志共同的意見罷！在我們歡迎他們以後，我們不但要有這種認識；我們還須要將我們所認識的革命理論和革命戰略努力的實行下去！全世界被壓迫的「難民」們！在國際資本帝國主義未根本打倒之前，我們只有站在列寧主義和孫文主義所領導的世界革命的反帝國主義的聯合戰線之上，一致奮鬥到底！

△大快人意的消息

(一)上海總同盟大罷工大罷市

響應歡迎革命軍到滬

以孫軍退出上海革命軍到上海之日止

上海特電，上海總工會巧(十八)晚十時召集全滬工會代表開祕密緊急大會議決，(一)十九日起全滬工人實行總同盟罷工，以孫軍退出上海革命軍到達上海之日止，(二)成立罷工委員會，組武裝糾察五千名，實力維持罷工秩序，(三)組宣傳隊向上海商學各界宣傳取一致行動，(四)頒佈罷工紀律，(五)組便裝手槍隊四千名，爲革命軍嚮導，(六)發總罷工宣言，內容提出此次總罷工目標十七項，歡迎革命軍到滬，繼續反英運動，消滅軍閥黑暗政治，肅清一切反動勢力，建立眞正保護人民利益政府，增加工人工資，限制物價高漲，頒佈罷工紀律五條，(一)不准打工廠及商店，(二)不准打外國人，(三)不准敲詐金錢，(四)絕對服從工會命令，(五)不得總工會命令，不准擅立工會。遂於次日晨八時前，完全罷工，至下午三時，即全滬大小商店工廠全停，無工會之小商店，亦自動罷市。

(二)佔領杭州已證實

十九日上海電 杭州昨晚，被革命軍完全佔領已證實，革命軍入杭，留杭之孫軍警備隊全被繳械，現分三路沿滬杭路乘勝攻上海，現在嘉興方面追擊殘敵，浙西部隊已過嘉興長安，浙江臨時政務委員會已在杭成立，

(三)黨軍又克寧波

廿日滬電 黨軍十六日克甬(寧波)，兵未血刃，現正維持秩序，安謐如恆，聯軍退出杭垣時，大刼搶施，

(四)黨軍已進佔安慶

總政治部昨接鄧演達自前方來電云、(一)賀耀祖軍進佔安慶，陳調元就任前方總指揮，奉魯軍向韓莊退却，

(五)唐繼堯已被捕獲

昨接雲南第七軍參謀電云、七日胡若愚等部偕龍雲等各率五萬衆由沂撲省城，即起激戰，將唐繼虞馬營堪擊斃，並將唐繼堯捕獲綑扎等語，

(六)吳佩孚不知所終

十八日上海電 吳佩孚部除靳雲鶚魏益三投革命軍外，餘均遣散，吳行縱未明，又十八日上海電 齊燮元辭討賊聯軍副司令，十四日通電下野，

(七)漢案已簽字

二十日上海電 漢案協定陳外長與阿馬利十九日酉刻簽字，

編完以後的話

本校昨天出了一張歡迎的特刊，今天，又是廣州各界民衆歡迎代表團的日子，我們自然要去參加，要發表宣言；同時我們歡迎大會的盛況，比那些國際資本帝國主義的分贓會議——華盛頓會議，羅加諾會議等——還高興，還熱烈得多。所以本刊有出特號之必要，——數量在三萬份以上的遍及全國和世界的本刊，藉此正可以作一個反帝的大宣傳；不怕人家說我們是「赤化軍隊」「宣傳赤化」。只是三位國際工人代表團和一位第三國際代表同志的演說詞，我們——八個人的紀錄團爲極端愼重的整理起見，不敢糊亂寫來以告讀者：還須得候明天本刊出特號之二登載出來。再則我們不敢躭誤閱者看報的要求，我們只好登一些「大快人意的消息」來補救一下。末了，還要向讀者道歉我們覺得在編輯上是很慌亂的，總有些令人不滿意之處！

（鴻沉）

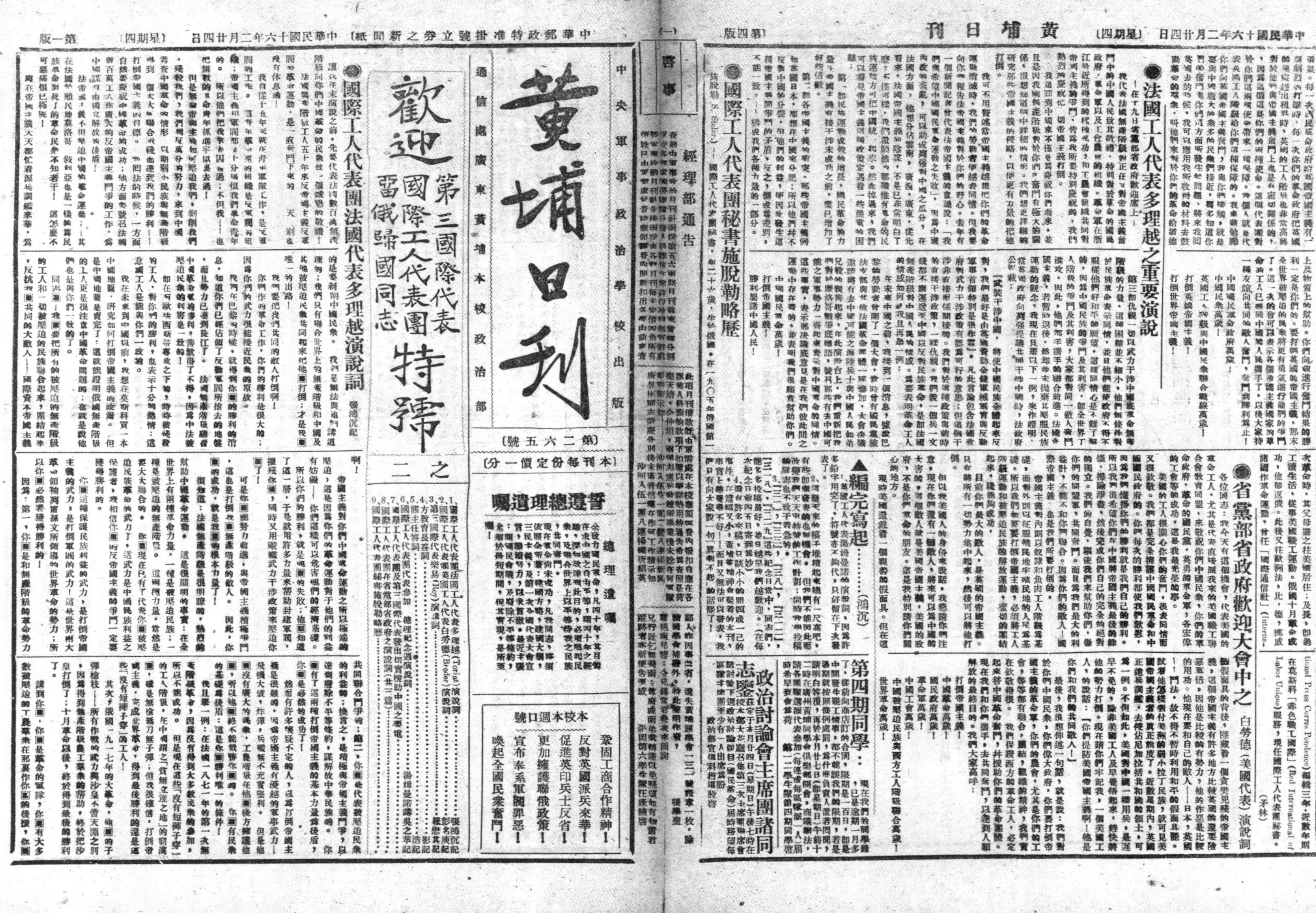

中華郵政特准掛號立券之新聞紙〕中華民國十六年二月廿四日〔星期四〕 第一版

黄埔日刊

中央軍事政治學校出版
通信處廣東黄埔本校政治部
〔第二六五號〕
〔本刊每份定價一分〕

歡迎第三國際代表國際工人代表團留俄歸國同志特號之二

國際工人代表團法國代表多理越演說詞

張鴻沉記

晋遵總理遺囑

中華民國十六年二月廿四日〔星期四〕 黄埔日刊 第四版

法國工人代表多理越之重要演說

省黨部省政府歡迎大會中之白勞德（美國代表）演說詞

國際工人代表團秘書施脫勒略歷

編完寫起

第四期同學

政治討論會主席團請同志注意

中華民國十六年二月廿四日〔星期四〕 黄埔日刊 第二版

國際工人代表團美國工人代表白勞德（Broder）演說詞

彭名廣記

第三國際代表樂易（Roy）演講詞

羅懋其記

小通信

二十三區隊王爲啓事

國際工人代表團發出之要電

致倫敦英國工人聯合辦事處電文

中華民國十六年二月廿四日〔星期四〕 黄埔日刊 第三版

方教育長答詞

熊主任答詞

國際工人代表團代表參加總理紀念週演說詞

湯姆Tom Mann講

英代表在省政府省黨部歡迎會上的演說

（一）　中華郵政特准掛號立劵之新聞紙〔中華民國十六年二月廿四日〔星期四〕　第一版

黃埔日刊

中央軍事政治學校出版

通信處廣東黃埔本校政治部

〔第二六五號〕

〔本刊每份定價一分〕

歡迎第三國際代表 國際工人代表團 留俄歸國同志 特號之二

1、國際工人代表團法國工人代表多理越(Toriat)演說詞……張鴻沉記
2、國際工人代表團美國工人代表白勞德(Broder)演說詞……彭名庚記
3、第三國際代表樂易(Roy)演講詞……羅懋其記
4、方教育長答詞……影記
5、熊主任答詞……浩記
6、國際工人代表團代表參加　總理紀念週演說詞……
7、國際工人代表團及第三國際代表發出切實援助中國之要電
8、國際工人代表團在省黨部省政府之演說詞(共三篇)……湯姆曼諾講　之華記
9、國際工人代表團秘書施脫勒略歷

暫遵總理遺囑

總理遺囑

余致力國民革命，凡四十年，其目的在求中國之自由平等，積四十年之經驗，深知欲達到此目的，必須喚起民衆，及聯合世界上以平等待我之民族，共同奮鬥。現在革命尚未成功，凡我同志，務須依照余所著建國方略，建國大綱，三民主義，及第一次全國代表大會宣言，繼續努力，以求貫徹。最近主張開國民會議，及廢除不平等條約，尤須於最短期間，促其實現，是所至囑！

本校本週口號

鞏固工商合作精神！
反對英國派兵來華！
促進英印兵士反省！
更加擁護聯俄政策！
宣布奉系軍閥罪惡！
喚起全國民衆奮鬥！

國際工人代表團法國代表多理越演說詞

張鴻沉記

讓我在未演說之前，先要代表法國數百萬無產階級向你們中國革命的民衆致一個誠懇的敬禮！

法國無產階級工人五十年來反帝國主義反軍閥的革命運動，是一直奮鬥下來的，一天一刻也沒有休息過！

我自從十五年來就在青年軍隊工作，是反軍閥的工作。這青年革命團的組織是反軍閥的組織；帝國主義和軍閥都是十分痛恨我們革命青年的。所以他們把我拿去囚禁過；不但我——也把無數的革命青年抓進牢獄裏去過！

但是無論帝國主義如何壓迫我們，剝削我們，殘殺我們，我們都反萬分的努力，來到中國考查中國革命的情形，以期弱小民族與無產階級得到一個大大的聯合，從而達到我們的勝利——打倒帝國主義的目標。我回法的時候，一方面自然要慶祝中國革命的成功；他方面要號召法國數百萬工人作廣大的反帝國主義鬥爭的工作，爲中國謀自由獨立解放的後盾！

法帝國主義不但壓迫中國的革命運動；—其在法國的殖民地莫洛哥，敘利亞也是一樣的爲民族革命而死了的革命民衆不知若干！這怎麼不可惡痛恨已極呢！

現在帝國主義大天都忙着派兵調艦來華，爲的是要剝削中國民衆。我們是無法與他們講道理的；我們只有聯合世界上的無產階級和中國及其他被壓迫民衆共同起來把他■打倒：才是我■唯一的出路！

我們要把我們共同的敵人打倒啊！

你們作的革命工作，你們的勝利是很大的；因爲你們的武力很能接近民衆的原故。

我們在巴黎的時候，就得到你■的勝利的消息，知道你們已經佔領了反動軍閥所搶去的地盤，而且勢力已達到長江了。法國無產階級聽着中國革命軍的勝利，喜歡得了不得，因爲中法被壓迫民衆的利害是一致的！

即在有歐法西斯蒂專政之下的，時時被殘殺的工人，對你們的勝利，也表示十分的熱情：這意國工人是能與你們一致的。

我在未來到中國以前，我想在莫斯科買一本中國地圖，研究如何打倒帝國主義的政策。但是中國地圖是賣完了：這就能證明俄國無產階級的工人更是很注意中國革命問題的；也就是說他們也是與你們一致的了。

同志■！我■要把所有的被壓迫的無產階級的工人和一切被壓迫的民族聯合起來，團結起來，反抗我■共同的大敵人——國際資本帝國主義啊！

帝國主義對你們中國革命運動之所以極端的壓迫，這是因爲你們的革命運動對于他們的利益有妨礙——你們這樣可以危害他們的經濟基礎。你所以你們的勝利，就是他■的失敗；他■知道了這一層，于是就用許多力量來幫助封建軍閥，摧殘你■，同時又用礮艦武力干涉政策來壓迫你■了！

可是你■能努力前進，與帝國主義積極爭鬥，這也是打倒我■無產階級的敵人。因此，你■的成功，就是我■的根本力量了！

須知道：法國無產階級是很明瞭的，熱烈的幫助中國革命運動。這是很顯明的事實：在全世界上有兩種革命力量，一種是被壓迫民族；一種是被壓迫的無產階級。這兩種力量，當然是要大大聯合的。你■現在已有了代表你■被壓迫民族革命的武力了，這武力是中國民族利益之保護者，我相信你■的反帝國主義的爭鬥一定要獲得勝利的。

你■這種保護民族利益的武力，是打倒帝國主義的武力，是打倒軍閥的武力！這是世界兩大革命領袖列甯孫文所領導的世界革命的勢力；所以你■必然要獲得勝利的！

因爲：第一，你■是和無產階級的革命勢力共同聯合鬥爭的；第二，你■是代表被壓迫民衆的利益的；換言之，是積極與帝國主義鬥爭，以達到廢除不平等條約，謀解放中華民族的。你■有了這兩種打倒帝國主義的基本力量爲後盾，你■是必然的成功了！

然而有許多懷疑不定的人，以爲打倒帝國主義是很難的，因爲帝國主義有優越的軍事武力——飛機大礮，炸彈，兵艦無不充實堅利。但是他■沒有廣大的民衆，工農階級在他■後方擁護他■，所以他■終不能戰勝你■的。你■有民衆的基礎爲後盾：這是你■勝利唯一的條件！

我且舉一例：在法國一八七一年的第一次無產階級革命，因爲沒有得到大多數民衆的參加，所以不能成功。但是現在這些「沒有短褲子穿」的工人階級，在中國謂之「貧無立錐之地」的窮漢■，雖是無槍無刀無子彈；但我很確信，打倒帝國主義，完成世界革命，得到最後勝利的還是這些「沒有短褲子穿」的工人！

其次，俄國一九一七年的大革命，他■的子彈槍枝——所有作戰的武力與沙皇不啻天淵之別，因爲得到無產階級農工羣衆的幫助，終於把沙皇打倒了；十月革命以後，終於得到最後的勝利了。

講到你■，你■是革命的軍隊，你■有大多數被壓迫的工農羣衆在那裏作你■的後援，你■

經理部通告

[illegible]

啓事

部人昨因事出省，遺失黃埔同學會一三二一號證章一枚，除請同學會補發外，特此聲明作廢。　張學聖

[illegible]

中華民國十六年二月廿四日〔星期四〕 黃埔日刊 〔第二版〕 (二)

的武裝是民衆的武裝，所以你們要同俄法「沒有短褲子穿」的工人一樣的勝利，是毫無疑義的。

不過還有一層：你■最後勝利的保障，是要和全世界無產階級結成更深厚更密切的聯盟才可能。現在第三國際和國際工人代表團之來華，就是證明你們中國革命的戰士與無產階級革命的力量已經聯合一致了。

我們知道，帝國主義是國際的，所以反帝國主義的革命運動也是國際的。你們很堅決的作中國革命運動，但法國無產階級也間接的站在中國革命利益方面與法帝國主義爭鬥！不但如此，全世界被壓迫的無產階級和弱小民族也都能幫助中國革命運動：這在各國工農羣衆隨時隨地反抗其本國帝國主義武力干涉中國的事實當中證明得出來的。

我們這次到中國來考查實際情形，我們一星期以後還要到上海，九江，漢口去看看，收集帝國主義在中國的暴行的證據。

讓大家一致團結起來！使我們工人代表團和第三國際所代表的無產階級工人起來援助你們的民族革命！我們很希望你們能在最短期間收復上海。倘若帝國主義調遣兵士來壓迫你們，我■一定要指揮工農階級和兵士起來倒戈！這並不是空想，實在有一個先例：當蘇俄革命時，法國派兵艦到芬蘭波羅的海一帶去攻打蘇俄，然而因爲法國國內工人起來反抗，沒有去打蘇俄，已反轉來打他■帝國主義自己了，所以法國的反革命的武力終不得加之于俄國革命的民衆。

最後，我要向你■忠告幾句：你■是中國革命的青年軍人，中國民族革命前線上的戰士，希望你■能將革命的精神，多學軍事，應用到軍事爭鬥上去；而且革命軍是要用軍事的武力採革命的手段以實現其政治主張的；所以民衆政治上的要求你■要與他■一致，然後才能得到勝利。

你■這樣的去努力，國民革命不難早日成功，我■切實的聯合，帝國主義不難立即打倒！

我們要喊道：

1、打倒帝國主義！

2、無產階級與被壓迫民衆——尤其是中國的民衆聯合起來！

3、國民革命軍萬歲！

4、中國革命萬歲！

5、世界革命萬歲！

（以■代們）

◉國際工人代表團美國工人代表白勞德(Broder)演說詞

彭名廣記

同志們：我很希望在今天的歡迎會中來說幾句話。我代表美國幾百萬的工人與各位談談：你們天天與帝國主義爭鬥；我們美國的工人也就天天聽着這個消息而與帝國主義爭鬥。帝國主義是壓迫人類的最大根源；人們欲得着解放，必須拔去這個東西。你們現在的工作，就是在拔去這個壓迫人類的最大根源的工作。我們現在也同樣地做這種工作。你們是被壓迫的人們，因爲受了最殘酷，最凶暴底英帝國主義者的壓迫。你們要打倒英帝國主義，我們也同樣要打倒英國主義。在一百四十年前，美洲獨立運動，與英衝突，結果戰勝了英國而獲得美洲的獨立。不過這種的成功只能說一半的成功，因爲美國脫離英國羈絆以後，自己也漸漸變成了帝國主義者。現在中國革命也同樣與英衝突，自然有打倒英帝國主義者的必要與可能。英國是帝國主義者；美國也是帝國主義者，可是美國帝國主義者還要厲害。所以我們不但要打倒英帝國主義者，還要打倒美帝國主義者以及其他一切帝國主義者！我們有許多羣衆可以援助你們去打倒帝國主義；我們認定中國革命比美國革命更重要，所以大家更要努力于中國革命之完成。因爲中國革命是與工人國際聯合底革命。你們是軍人，是中國革命民衆的先鋒隊。你們曾經努力打倒最兇惡的軍閥吳佩孚和孫傳芳。現在還要去與張作霖決戰，務必消滅這些革命的最大障碍物——帝國主義的走狗而後已。我現在敬祝你們迅速的成功！

打倒英帝國主義！

打倒美帝國主義！

中國革命萬歲！

中國國民革命軍萬歲！

全世界被壓迫民族與無產階級聯合萬歲！

中山主義與列甯主義萬歲！

世界革命成功萬歲！

◉第三國際代表樂易(Roy)演講詞

羅懋其記

各位同志：我今天代表第三國際慶祝你■國民革命軍；我代表追隨於你們後面採取一致行動的印度無產階級慶祝你■國民革命軍；我代表全世界的無產階級慶祝你■國民革命軍；我代表這許多被壓迫民衆——革命的民衆慶祝你■國民革命軍的勝利！

各位同志：我今天來此看見這種偉大熱烈的情形，我心裏非常高興，我見禮堂上面懸掛着世界革命領袖列甯與孫中山的遺像；禮堂四週的口號標語，充滿了列甯與孫中山主義的理論。這就是表現中國的革命與世界革命已經聯合着。就是表現中國國民革命軍正在努力實現孫中山的理論實現與世界被壓迫民衆的聯合戰綫！

各位同志：我很希望你■都作這兩個偉大領袖的忠實信徒：去學習這兩個領袖的理論；因爲這兩個領袖是爲全世界被壓迫民衆謀利益的，是解放人類束縛的，是指導全世界被壓迫的弱小民族與無產階級起來革命的。你■能作這兩個偉大領袖的真正信徒，你■的革命才能得到澈底的勝利！

各位同志：在一九一一年你■中國辛亥革命成功驅逐滿清政府推倒的時候，那時我正在印度坐牢獄，不久出了牢門，即聽着有人說中國革命領袖孫中山的名字。全印度的人從此都稱說孫中山了！在那時孫中山已成爲一切被壓迫民衆解放的領袖與救星。我當時只是一個青年，我聽了孫中山的名字及中國革命成功的消息，我即成爲一個革命青年。後來我在日本又忽然遇見孫中山了。請你■想想，一個爲恢復祖國而革命的青年遇見了一個革命的領袖要發生如何的感想啊！

當時我個人是很悲觀的，因爲那時正是我■印度武裝暴動失敗的時候。孫中山見我陷於悲觀的狀態當中，他很誠摯的勉勵我重振精神，徐圖再舉。他並向我說：革命事業，只靠幾個青年學生，幾個智識分子，沒有廣大的羣衆作後援，革命是不容易成功的。他又說：你現在一定要去先學習理論以喚醒廣大羣衆，作反對帝國主義運動，將帝國主義打倒，這才是解放你■的唯一方法。我與孫中山同住了數月之久。我受了不少的教訓。這個時期，是我歷史上最重要的時期。我的革命意志，就因此而益見堅固。我現在就要實行這位領袖的教訓了！

又過數年我在俄國遇見列甯。他曾經告訴我：「世界上被壓迫的民衆要得解放，一定要將帝國主義國內的無產階級聯合起來才能夠成功」！我■現在做革命運動，一定要依照他■的教訓做去才能够成功。現在中國國民革命軍的勝利，就是這些革命同志學成了列甯孫中山兩大領袖的理論去做的。其他各地的民衆革命運動的失敗，就是因他■不能學得列甯和孫中山兩大領袖的理論和教訓！

各位同志！在今日做革命工作已有了最好的機會。但是讓我們回頭想想，爲甚麽在這最好機會中間我們常常感覺十分的危險呢？簡單的說，就是我們忘掉了革命領袖的教訓。我們能記得教訓，才有堅固的保障。孫中山說：『……民族主義所以是革命的，就是因爲被壓迫的民族在政治經濟上都得不到自由；民族主義不特要使一民族得到自由，而且要使偉大的全人類都能達到政治上經濟上自由平等的目的。那才算是『民族主義』！各位同志：我們知道人類社會的進步，是由一種文化經過許多階段而漸進的。但是帝國主義是文化進步的最大障碍物。現在的國際帝國主義，是社會進化的障礙物。我們要將帝國主義打倒，就要世界上各民族團結起來共同奮鬥。所以孫中山的民族主義，不是一國的而是全世界的運動。因爲世界上有了帝國主義的壓迫和統治，所以中國及其他弱小國內幾萬萬的被壓迫人民都逼着去過非人的生活。他們大多數又不識字；最粗淺的生活都不能滿足；至于政治的權力更談不到了！「民族主義」運動的真精神，就是要打倒帝國主義成功及達到取消一切壓迫的目的。

現在你們革命軍的發展有如此的偉大，就證明這種運動已成爲民衆運動了。中國是世界上的古國，土地廣，物產豐，人民多，現在與帝國主義的關係又最複雜；因此我們看出中國的革命在國際上的重要，所以我們敬祝你們繼續努力！目前最急切的就是要保障政治，經濟人權各種自由與平等，迅速將封建社會制度取消，另建最新的社會制度。

但是要達到這個目的，就是要由「民族主義」發展到「民生主義」；而且在實現「民生主義」的時候。反赤的帝國主義者常常說民生主義就是「赤化」和「共產」，向國際間努力的挑撥使各國對中華生不良的感想。但是我■不要怕他■說是「赤化」，因爲「赤化」不是由天空降下來的，乃是由社會進化的自然結果。我■依着社會自然的發展做去，他■無論怎樣的宣傳，終不能阻止我■偉大羣衆的進步啊！

小通信

二十三區隊王爲啓事

啓者：我於前日被誣爲孫文主義學會份子，但我與該會向無關係，而且反對。現爲避免嫌疑，表明態度起見，特此登報申明，免生疑議。以後若有人再放「流言」，將此等無聊團體之名，加在鄙人頭上，則當訴之黨紀，決不寬恕！

逕啓者敝隊上等樂兵胡亦宸於本月十三日藉假潛逃並帶去第四三號白布符號一個除呈報外，特此申明作廢。 中央軍事政治學校軍樂隊

日前在石牌出操時失去黃埔同學會第一五六五號證章一枚除呈報註銷外特此聲明作廢 鹽警第六隊黨代表林應擇啓

葉應時同志：志剛來信，說貴處有野外筆記領證一紙；託弟代領，望兄擲下爲要。 第四期同學錄辦事處王一德

茲失去九五四號金色黃埔同學會證章一枚除呈報註銷外特此聲明作廢 鹽警第一隊黨代表祁占賓啓

蔡新麒同志你自本校畢業以後現在何處服務請示知 石龍入伍生二團三營十二連金仲寅

中華民國十六年二月廿四日 〔星期四〕 黃埔日刊 〔第三版〕

歐洲的人民在此時期中，得了極好的教訓，他■已經明白歐洲資本主義是壓迫人民阻止社會進化的。此種現象在資本主義極發達的歐洲也是應該有的，我們不必懷疑—所以中國的民族主義亦是要依一定路上走向共產主義路上去的。

同志■！資本主義的發展，能使殖民地的人民完全要為奴隸牛馬。所以資本主義的衰落，就是殖民地的人民得到解放的時候。現在資本主義已經衰落了！世界上發現有幾個大民族的革命運動，尤其是中國最近的成功，證明了資本主義衰落的現象。中國革命是世界革命中間的一重要部分。你■能努力奮鬥，發展你■民族的權力，政治的權力，經濟的權力，將帝國主義打倒，達到最終的目的，世界上的一切障碍就自然消滅了。全人類也完全解放了，真自由平等真幸福自然實現了！

我今日在此將最粗淺的意見供獻給諸位同志，希望你■不要忘記了兩個偉大的革命領袖列甯和孫中山的教訓，才能使革命澈底成功啊！

末了，謹以無上誠意敬祝：

中國國民革命成功萬歲!!!

世界革命成功萬歲!!!

第三國際萬歲!!!

(以■代們)

方教育長答詞

今天承國際工人代表團和第三國際各位代表及由蘇俄返國各同志示給我們國際革命的情形，及革命上偉大的指導，我們當視為前途的一個明星，是值得永久紀念，決不會忘記的！

各位代表都是革命的先覺被壓迫階級和弱小民族的救星。此次間關萬里，遠來中國，不是觀光的性質，更不是一種應酬上的具文；是負着解放全中國和全世界的一切被壓迫民族的使命；是要攷察中國一切的情形，指導中國革命的方法；並能毅將中國所希望於各代表的重要意義，歸而獻給國際工人代表大會，以謀滿足這個意義的要求：這是我確信無疑的。

我們當依看各位同志的指導，努力的做下去，決不墮墜黃埔以前的光榮歷史，決不畏懼帝國主義和軍閥的淫威，而有所退縮！總求民族解放，早日實現；世界革命，早日完成，以不辜負各位代表般勤指導的盛意！

各位代表此行，當可在中國革命或世界革命的歷史上留着最光榮，最有價值的一頁！各位代表是領導工人階級——世界最有革命精神的同志，直接與帝國主義者宣戰，必能促帝國主義者早日滅亡：此是我們今天歡迎各位同志，最敬佩感謝的意義所在了！

熊主任答詞

今天這個◎迎第三國際代表，國際工人代表團，留俄歸國同志的大會，是我們黃埔學校一個永久的紀念；並不是一種簡單的普通應酬。他們來到這裏的意義，就是要使我們對于世界革命有一種相當的了解。我們對於各代表所給我們的教訓，應當完全接受。尤其是我們黃埔學校的革命同志，應該振起精神，以促進世界革命！

我們尤應當知道：今天的◎迎會，乃是被壓迫民族與被壓迫階級實行攜手的第一次，在中國歷史上是很光榮的，而這種光榮，是由我們被壓迫人類所造成的。但我們不僅這樣◎迎各代表一同就算了事；還應該與他們一路前進去打倒帝國主義：這才是我們◎迎他們的真正意義的所在。

(以◎代歡)　(浩)

國際工人代表團代表參加總理紀念週演說詞

湯姆Tom Mann講

中央軍事政治學校官長學生士兵同志們！

我們國際工人代表團有這個集團參加你們底　總理紀念週，是非常榮幸的。趁這個機會到這裏來，表示我們對偉大的革命領袖的敬意，表示我們對偉大的革命領袖的崇拜。我很歡喜看見中國人大多數能信仰　孫總理底遺訓，能信仰　孫總理底主義，我們代表團也是一樣地信仰　孫總理底遺訓，信仰　孫總理底主義。我們不但希望中國人能信仰　孫總理底遺訓，能信仰　孫總理底主義；並且要進一步希望中國人能實行　孫總理底遺訓，能實行　孫總理底主義。

各位同志！代表團是從國際來的，你們總不免有一點疑問——是不是和我們一心一意嗎？我代表代表團說一句，我們和你們底命運是完全一致的，我們和你們底革命工作也是完全一致的。我個人是從英國來的，英國的幾百萬工人底命運和革命工作，和你們也是完全一致的。他們希望你們實行偉大的革命領袖　孫總理底主義，他們自己也正在準備起來實行偉大的革命領袖　孫總理底主義。他們知道英帝國主義在中國怎樣地壓迫中國人，怎樣地剝削中國人，怎樣地屠殺中國人，怎樣地糟蹋中國。他們現在正在和你們一同打倒英帝國主義，要把英帝國主義對不起中國人的一切掃除淨淨！（芝萍）

國際工人代表團發出之要電

致倫敦英國工人聯合辦事處——法國統一總職工會——美國職工會教育處電文

數千英兵已於上海登岸，海陸軍力刻已集中準備開火。意大利亦已與英取同一政策。法國表面上取不合作態度，暗中亦進行武裝干涉求實現其野心，且以軍械助雲南反動軍閥。美國主張上海中立，因欲遂其私意，但不曾將中國最大之港口及工業中心割讓國際帝國主義。倘此成為事實，則帝國主義以後可派兵阻止革命軍之來。沿海五省軍閥均已為革命軍擊敗，現革命軍已近上海。革命軍與各國衝突恐即在目前。他方面帝國主義仍以軍械援濟軍閥。帝國主義各國無產階級必須反對此項行動！速組織一系統的團體起來反對，並請黃色國際及其所屬工會等對此急迫問題與以合作，聯名向海陸軍發出通告書，倘被派往中國，即起來抗命！

國際工人代表團
曼諾湯姆
多理越沙克
白勞德
第三國際代表
樂易
二月廿日

又致印度國民會議——印度職工會議——印度前進報電云

英帝國主義欲以武力干涉中國革命，計劃調大批印度軍來華，須知中國革命係為一切被壓迫民衆奮鬥。故帝國主義國家之無產階級已決定反對武裝干涉中國；印度國民黨及工人亦應有援助中國革命之義務，已開往兵隊，即要求撤回！

英代表在省政府省黨部歡迎會上的演說

我今天代表英國的無產階級向你們致很熱烈的敬意，我以英國革命工人代表的資格來致敬於你們國民政府的代表，國民黨，國民革命軍的代表，工會的代表，以及農會婦女學生的代表，這是非常榮幸的，可以算是歷史上很有關係的一件事體。你們對外國人以及外國代表到中國來這件事，已經看慣了。不過他們來的目的是不用說了，你們已經看慣英國軍艦，英國的軍隊，英國的軍官，英國的商人，英國的外交家，英國的帝國主義者資本家，剝削者，以及强盜等等。但是今天晚上你們所看見的是英國的被壓迫階級工人的代表，關於其他各國革命的工人階級對你們的感情，以及他們帝國主義者爭鬥的情形，各國的代表，自然會詳細的向你們作報告。我是從英國來的，而英國特別之點，就是用鐵血的政策對付印度南非洲以及中國這些地方，所以我對於我到中國來及參加今天的晚會特別有所感觸，我以及我所代表的工人階級對於英國帝國主義在中國的此種行動，是非常憤恨的，我們英國的革命的工人在英國帝國主義以及世界其他各帝國主義沒有消滅以前，是永遠繼續奮鬥的。在英國帝國主義在殖民地的種種暴行沒有根本取消以前，我們總是要和他爭鬥的，我們願用我們的全力來幫助中國民衆反對世界帝國主義，增加你們的勇氣。你們近來所做的那些偉大的爭鬥，不專是對於中國有極大的意義，你們必須要知道你們的爭鬥，也就是我們的爭鬥，你們的勝利，也就是我們的勝利，你們的失敗也就是我們的失敗，你們每一次給英帝國主義一個重大的打擊，每一次得到勝利的時候，每一次就對於以下兩方面都有幫助的：第一，在英國帝國主義的壓迫下的殖民地民族；第二，就是英國以及其他國家的革命的工人階級。每一次你們打敗英國帝國主義的時候，印度及其他殖民地的民衆在他們的民族解放中得到很熱烈的

中華民國十六年二月廿四日(星期四) 黃埔日刊 (第四版)

勇氣。每一次國民革命政府給帝國主義者有一個劇烈的打擊時，每一次你們的革命政府把英國的軍隊趕出租界時，英國的工人階級也非常高興。對於他們與帝國主義奮鬥上也是有密切關係的，因爲這個這是你們的兩種使命。這個代表團對於你們這兩種使命帶來一種保障的。我個人就是代表英國工人階級給你們這種保障的。我來將勉勵你們向英國帝國主義奮鬥，我與你們接觸，就是要與中國龐大的羣衆的民衆們接近，要多知道你們的奮鬥，與你們這方面所發生的問題，將來我回英國去的時候，我可以應用我所收得的材料去鼓動革命的羣衆，叫他們來對於你們的革命給道德上及物質上的幫助。你們向前進行奮鬥結果的勝利一定是你們的。要打倒英國的帝國主義，那末全世界被壓迫的民衆將更有勇氣進行他們的爭鬥了。這一次的會可以表示各個帝國主義國家的革命的工人已經同中國的工人攜手了，以後大家持一種友誼向共同的敵人奮鬥，奮鬥到勝利爲止！

中國國民革命政府萬歲！

中國民衆萬歲！

英國工人階級與中國民衆聯合戰線萬歲！

打倒英國帝國主義！

打倒世界帝國主義！

●法國工人代表多理越之重要演說

——在十九日省黨部省政府歡迎席上——

我代表法國無產階級對正在又對帝國主義奮鬥中的中國人民致其敬禮，特別對於革命的國民政府，革命軍以及工人農民的組織。革命軍在浙江最近所得到的種種成功，和工農會組織共同對帝國主義的爭鬥，皆爲我所要特別慶祝的，我們熱烈的慶祝他一切帝國主義打倒。

我這回到中國來不僅是爲慶祝你們而來，並且是因我國無產階級對於你們的奮鬥有極大的關係，很想知道個中詳細的情形。我們想更詳細的研究那些帝國主義的侵略，以便更有力量的把他打倒。

我可不用贅述當帝國主義想把你們的革命運動消滅時，我們對你們表同情。但我要向你們報告法帝國主義對於你們的野心。去年有一個新聞記者曾代表法帝國主義的意識說：「我們應希望中國國民革命運動之失敗」，因爲中國內政的紊亂，可以助成列強對中國之瓜分，在法國方面，他想分佔雲南，廣西，廣東，從此看來，法國帝國主義的陰謀，不是已非常明白了麼？不僅這樣，我們還明然的認識惟有革命的民族運動方可把中國統一起來。然而掉過來，我們可以看見帝國主義這種政策定遇着一些嚴重的困難：

第一，卽民族運動成效的增長，國民革命的力量在帝國主義有直接干涉未成功之前，業已增加了好些倍數。

第二，卽各帝國主義的衝突。那些帝國主義例如英國日本，都想在中國來分肥；所以他們并不反對中國的分裂，但他們的利益，便因此發生這種帝國主義間爭鬥的矛盾，反之，倒成爲差別，不能一致。——構成我們各種力量的一部分。

第三卽仇視一切以武力干涉中國底革命無產階級的力量，這個困難並不細小，他們無條件對於民族革命表示同情，並且他們能使政府不得不服從他們好和平的願望，這種同情心是不難了解的，因爲中國民族的爭鬥及其利害，卽全世界工人階級的爭鬥及其利害，大家都對同一敵人奮鬥進攻，因此，他們都手攜手的聯合前進。法國帝國主義，若暫時退後，然却並未拋棄其壓服民族運動的觀念，我現在且舉以下一例，來作證明。當英國政府向列強提議共同干涉中國時，法政府公然表示：

「武裝干涉中國，將使中國民族全體起來反對，我們最好是由英國資助金錢軍械軍實與反動軍事首領特別是張作霖」。凡此言論包含法國政府對武力干涉政策有認爲可行的意思；但這個干涉非直接而係間接的。我們對於這種政策與前時的直接干涉政策，一樣仇視。我們說一個兵一文錢都不應運送至中國以反對民族革命，是卽法國無產階級對中國人民的情感。爲要表明革命工人的情感如何，我且再舉一例：

在未來中國之前，我接到一個消息，據說巴黎的勞動者曾開了一個大會，當時曾有國民黨旅法支部與其他法國革命團體一同參加，大會決議邀請將有去中國可能之海陸兵士與中國人民如弟兄般的親善起來，在此演說台上，我們重新把我們對於摩洛哥戰爭底標語，號召那些有去中國可能之軍事勢力一齊起來表示對中國革命的同情。這些事實，表示那決議底意見是在我們彼此間之運動中存在着的，並表明我們很願意幫助你們。

中國國民革命萬歲！

打倒帝國主義！

勝利屬諸中國人民！

●國際工人代表團秘書施脫勒略歷

施脫勒(S. Stoler)——國際工人代表團秘書，年二十六歲，生於俄國。在一九〇五年俄國第一次革命時，其父母攜之往美國居住；及長，卽過工讀生活，從事美國職工運動。俄國十月革命成功，他卽返俄。此後又往歐洲法，比，德，挪威諸國作革命運動，曾任「國際通信社」(Interna-tional Press Corres Pondence)編輯三年。近數年則在莫斯科「赤色職工國際」(Red International of Labor Unions)服務，現任國際工人代表團秘書。(矛林)

●省黨部省政府歡迎大會中之白勞德(美國代表)演說詞

各位同志：我今天有這個機會，代表美國的革命工人，尤其是代表直接派我來的美國職工聯合會教育同盟，來敬祝你們中國民衆，你們的革命政府，革命的國民黨，英勇的革命軍，各宏偉的工會等的成功，這是我最光榮的事。

美國的工人很關心你們的奮鬥，很表同情而又很欽敬。我們都是完全擁護中國國民革命和中國國民政府的。你們每次的勝利都使我們歡慰，因爲我們懂得你們的勝利就是我們自己的勝利。所以我們很希望你們在中國將帝國主義最後的餘燼，掃除淨盡，然後完成你們自己的完全的絕對的獨立。我們的自覺，驅使我們來幫助你們，做你們的同盟軍，共同奮鬥。而且爲我們最大的利益計，不能不和你們聯合。因爲你們的敵人——國際帝國主義，也是我們所要打倒的。

帝國主義對內則以奴隸和魚肉工人階級爲基礎，而對外則以征服殖民地半殖民地的人民爲基礎。所以我們如果要打倒帝國主義，必須將工人階級運動和被壓迫民族的解放運動，密切的團結起來，纔能夠成功。

目前你們最大的敵人，是英國的帝國主義。只有將所有一切勢力集中起來，然後可以將他打倒。

但以我美國人的身份來說話，我懇請你們注意，現在你們還有一個敵人，將來可以爲中國的大害的。這個敵人就是美國帝國主義，美國的政府，不是你們革命的朋友。這是我特別請你們關心的地方。

現時美國還藏着一個親善的假面具。但在這個假面具的背後，隱藏着一個貪婪兇殘的帝國主義，這個帝國主義有許多地方比較英國的還要險惡萬倍，因他是比較的有勢力，他的作惡是比較的用功。他現在要和自己的敵人——日本，英國——鬥法，故不得不暫時利用和平的假面具罷。試看他怎樣對付美洲的弱小拉丁民族，就可見美國帝國主義者的眞正態度了。近數年內，美國正遣兵調艦，去侵佔尼加拉括共和國的領土，可爲一例。不但如此，美國對中國用兵，是遲早不免的，除非美國工人及早覺悟起來，趕快將他的勢力打倒。現在請你們牢記我，一個美國工人，的說話：「你們提防美國帝國主義啊！他是你們和我們的共同敵人！」

最後，我很想伸述一句話，就是說：我們對於你們中國民衆，你們偉大政府，你們要打倒帝國主義的革命軍，你們的農會，尤其是你們的工會，等等都有聯合，團結，組織的精神，我們實在欽敬得很。我們保證西方的革命工人，必定起來替中國革命奮鬥，并援助你們的革命團體。現在我們和你們攜手，去共同奮鬥，以達到人類解放的最終目的。我們大家高呼：

打倒帝國主義！

中國革命萬歲！

國民政府萬歲！

革命軍萬歲！

中國工會萬歲！

中國被壓迫民族與西方工人階級聯合萬歲！

世界革命萬歲！

▲編完寫起……(鴻沉)

1、英國工人代表湯姆曼諾的演說詞，因爲許多鉛字用完了，符號亦不夠代，只好留在下次發表了。

2、這幾天來的稿子堆積起來總有一尺高吧，有些卽應發表的也無機會。但我們不能因此而改變我們天天中特號的工作計劃：同時我們相投稿的同志也不致于着急的。

3、『三一二』，『三二』，『三八』，『三一二』，『三一八』，『三二九』這些紀念日當中，同志們，能多多投稿最好，並且越早我們越歡迎。(在每次紀念日前四五日寄到爲妙)

4、還有許多來稿，只談小小的問題或一己的事件，在篇幅又小，黃埔精神會聚着的本刊，事實上總覺得不好——而且又無法可以發表，我們只有向大家說一句「眞對不起」的話罷了！

第四期同學：

現在我們的同學錄已是逾期一月多了，從前向商店訂的合同，限期中間發生罷工情事的，都不能課我們的限期，若是過期就按照條例處罰，爲什麼負責人置若罔聞？請明白答覆，再於本月廿七日(卽星期日)下午十二時在廣州黃埔同學會俱樂部開會，商議辦法，請各團隊選派代表參加(每連或每區隊派一人)屆時希早到會爲荷

第一二學生隊第四期同學啓

政治討論會主席團諸同志鑒

茲定于本月廿四日(星期四)午後七時在校本部大花廳召集第三次主席團會議，討論下週政治討論題目(國民革命)，屆時務望每區隊主席團至少有一人出席爲盼

政治部宣傳科指導股啓

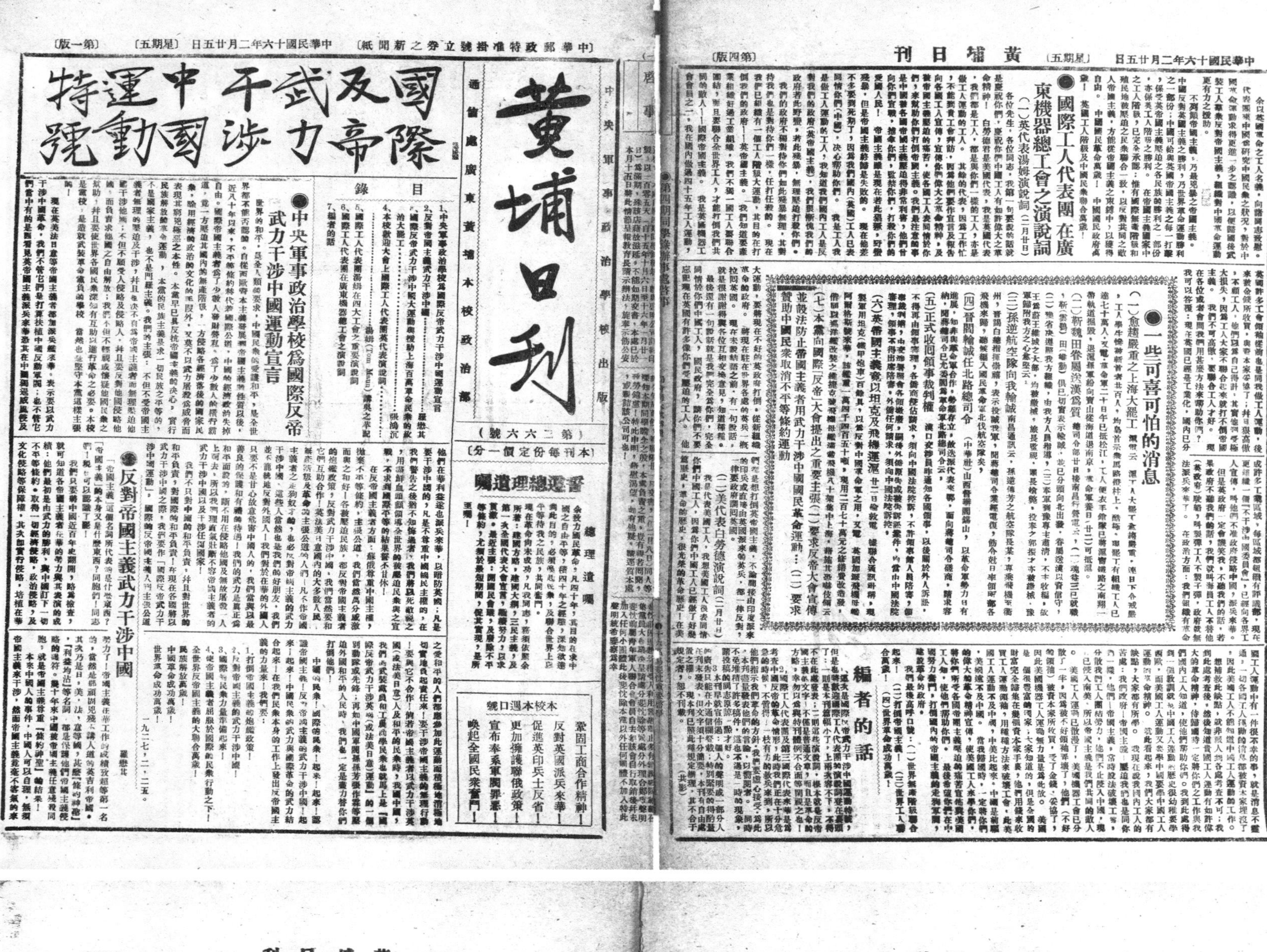

中華民國十六年二月廿五日〔星期五〕 黃埔日刊 〔第二版〕

英工聯執行委員會援助上海大罷工之急電

廣東各界歡迎國際工人代表團致上海總工會電

國際反帝武力干涉中國大運動與援助上海百萬革命民衆的政治大罷工

張潤沅

十六區隊賀全年緊急啟事

小通信

中華民國十六年二月廿五日〔星期五〕 黃埔日刊 〔第三版〕

本校歡迎大會中國際工人代表團英代表演說詞

湯姆(Tom Mann)講　吳之萃記

國際工人代表團湯姆在四大工會之重要演說詞

〔中華郵政特准掛號立劵之新聞紙〕 中華民國十六年二月廿五日〔星期五〕〔第一版〕

黃埔日刊

中央軍事政治學校出版
通信處廣東黃埔本校政治部
（第二六六號）
〔本刊每份定價一分〕

國際反帝武力干涉中國運動特號

目錄

總理遺囑

余致力國民革命，凡四十年，其目的在求中國之自由平等，積四十年之經驗，深知欲達到此目的，必須喚起民衆，及聯合世界上以平等待我之民族，共同奮鬥。

現在革命尚未成功，凡我同志，務須依照余所著：建國方略，建國大綱，三民主義，及第一次全國代表大會宣言，繼續努力，以求貫澈。最近主張：開國民會議，及廢除不平等條約，尤須於最短期間，促其實現，是所至囑！

本校本週口號

鞏固工商合作精神！
反對英國派兵來華！
促進英印兵士反省！
更加擁護聯俄政策！
宣布奉系軍閥罪惡！
喚起全國民衆奮鬥！

中央軍事政治學校為國際反帝武力干涉中國運動宣言

世界的和平，是全人類的要求，中國民衆的愛護和平，是全世界都不能否認的。自從西歐資本主義發展到帝國主義的性質以後，近八十年以來，不平等條約替代着國際公道，中國的經濟政治失掉自由。國際帝國主義者為了少數人發財營私，為了少數人的橫行霸道，竟一方壓迫其國內的無產階級，一方侵略各經濟落後的國家民衆，除用經濟的政治的文化的手段外，又莫不以武力屠殺為威脅而表現其窮兇極惡之本性。本黨早已具反抗帝國主義的決心，實行民族解放的革命運動，本黨的民族主義是求一切民族之平等的，不是國家主義，也不是門羅主義。我們的主張：不但不受帝國主義者無理的壓迫及干涉，并且也決不自為帝國主義者而無理壓迫他國干涉他國；不但不願受人侵略及侵略人，并且要反對他國侵略他國，而負責求他國之自由解放；我們不但不輕視或懷疑他國民衆之幫助，并且要使世界各國民衆深知有互助以進行革命之必要。本校是黨校，是造就武裝革命黨員的學校，當然也是堅守本黨這樣主張的！

現在英美法日意等帝國主義者都加派兵艦來華，表示要以武力干涉中國革命，我們不管它們是打算扶植中國反動軍閥；也不管它們當中有的是因看見英帝國主義派兵來華恐其在中國獨逞威風侵及他們在華利益遂也派兵來華，以暗防英國；凡是要干涉中國的，凡是不尊重中國的民主權的，在我們警告之後猶不知悔過者，我們將以死敵視之，用熱鮮血頭顱領導全世界的被壓迫民衆與之宣戰，不求到國際平等的結果誓不甘休！

在反帝國主義者方面：蘇俄尊重中國主權，拋棄不平等條約，主張公道，我們當然萬分感激而與之和好！各被壓迫民族，都反對帝國主義者的炮艦政策，反對武力干涉中國，我們當然要和它們互助合作！英法美日意國內的大多數人民，無產階級及革命的主張公道的人們——凡不作帝國主義者之走狗奴才的，也必反對帝國主義的武力干涉中國，這些人當然也是我們的好朋友，我們並不籠統地反對外國人——我們對於在華的外國人只要不是甘心故意危害中國人的，我們當與以最善良的保護和有禮的待遇！我們的武力是真正為和平而設的，斷不用在侵略他國及無故屠殺一人上面去，所以我們理直氣壯斷不容帝國主義者的武力干涉中國以及干涉任何國家！

我們不只對中國的和平負責，并且對世界的和平負責，對國際的和平負責！在現在各國將以武力干涉中國之際，我們要作「國際反帝武力干涉中國運動」。國際的反帝國主義人們主張公道之愛和平的人們都應參加此運動而積極地消極地切實地負起責任來！要干涉帝國主義的無理行動！要與它不合作！倘若帝國主義者以武力干涉英國（或法美日意）人及和平的民衆時，我國中國，我們的武裝黨員和工農商學民衆也就馬上是「國際反帝武力干涉英國（或法美日意）運動」的一個別動隊或先鋒；再如中國軍閥孫孫芳張作霖等壓迫外國和平的人民時，我們也一定是盡力替你們打倒他們！

中國的民衆！國際的民衆！起來！起來！認識帝國主義！反對帝國主義的武力干涉中國！起來！起來！中國民衆的武力與國際革命的武力結合起來！在我們民衆本身的工作上發出反帝國主義的力量來！我們要：

1.打倒帝國主義的炮艦政策！
2、反對帝國主義的武力干涉中國！
3、國際的民衆力量準備起來！
4、使帝國主義者屈服於國際的民衆行動之下！

全世界反帝國主義的大聯合萬歲！
民族解放萬歲！
中國革命成功萬歲！
世界革命成功萬歲！

一九二七，二，二五。

反對帝國主義武力干涉中國

羅懋其

「帝國主義」這個名詞所代表的是什麼東西？「帝國主義」的本身又是什麼東西？同胞們！同志們！現在可以認識了罷！

我們只要將中國近百年史翻開，略為檢查，就可知道各帝國主義者在華的勞力與其表演的成績：他們最初是由武力的勝利，與中國訂下一切不平等條約，取得一切經濟侵略，政治侵略，及文化侵略等保障權，其次即實行侵略，培植在華勢力了！帝國主義在華工作的成績殆超等第一名的，當然是那頑固兇殘不講人道的英吉利帝國，其次乃是日，美，法，意等國，甚麼「條約神聖」，「利益均沾」等名詞，都是保護他們帝國主義侵略的護符。幾十年來中國被帝國主義任意殘殺同胞，就是帝國主義尊重「條約神聖」的結果！

本來中國人的事件，中國人可以自理，無須帝國主義來干涉，然而帝國主義竟毫不客氣的來

中華民國十六年二月廿五日〔星期五〕 黃埔日刊 〔第二版〕 (二)

過問了！豈特過問，而且有時竟代行小[illegible]折的辦起來。中國人民的生命財產，完全被安放在他們——帝國主義的鐵蹄下面，任意踐踏殘殺。屠殺以後，還要加一個「罪有應得」的批評。因此中國人的生命在帝國主義眼光中看來，簡直狗命都不如了！從前年上海「五卅」慘案發生以後，南京，沙基，漢口，九江，重慶，青島等地的大屠殺，就相繼發生，中國鬧得天翻地覆，而帝國主義只當平常的「玩意兒」看待，置之不理。照這樣情形看來，中國的國度在國際間算不算是一個國家？中國的人民，在世界人類中能不能算是「人」？而且有沒有「人的資格」？尙是一個很大的問題。這是要我們中國人自己來解決的！

從前的傷痕，——日本出兵滿洲，炮擊大沽，炮擊萬縣，在湖北故意與國民革命軍挑釁，以及今年漢口，九江的屠殺各慘案，還正在潰敗，無法醫治的時候，而第二次更兇猛殘酷的毒獸，又靠近我們的身旁，來裁判我們的命運了！

今年一月，漢口，九江屠殺的事件，大家恐怕還記得吧？英帝國主義想要緩和我們民衆的革命空氣，及壓服我們革命的勢力，故一方面用分裂政策，使革命的勢力瓦解；一方面則盡量在列強間挑撥，使各帝國主義者一致武力對華，不幸頑固兇殘的英帝國主義的政策竟成功了！近數日，英，美，日，法等帝國主義派來的兵到上海的已有了一萬餘名。其餘在地中海，印度洋，香港以及太平洋途中的，還不知有好多？將來第一批到齊時，至少在五萬以上。第二批，第三批，還不知是要加增好多？現在帝國主義的大兵艦，小軍艦，主力戰鬥艦，已經將中國的「生命之河」——揚子江，塡得滿滿的，三十六生的，四十八生的，七十二生的，口徑的大砲，已經對着我們革命的羣衆，無辜的同胞，瞄準得「正正」的，而且預備放了！一旦開放令下，立刻可以將中國打得個「落花流水」！同胞們，同志們，死到頭上了，快快起來反對啊！

全中國各界的同胞們！尤其是買辦階級的同胞們！受基督教洗禮的教徒們，教會學生羣衆與半封建宗法社會思想的少爺小姐們及一切反革命的朋友們！你們如果不怕你們的父兄親屬受帝國主義的殘殺；不怕你們的生命財產受帝國主義的蹂躪；更不怕你們的母姑姊妹妻女受帝國主義暴兵的姦淫侮辱；更不怕過亡國奴的非人生活；你們儘可「獨善其身」，作一個「樂天知命」的「糊塗蟲」在人類中「鬼混」。但是我想來人人都是有良心的！你們一定不至於喪盡天良，助桀爲虐。假如你們不願意受帝國主義暴兵的姦淫殺掠的刻骨痛苦；不願意過亡國奴的牛馬生活；不願意失去「人的資格」；你們一定要起來革命。你們一定要起來反對帝國主義武力干涉中國的！你們一定要團結起來同我們走到革命的最前戰線共同衝鋒奮鬥的！

最親愛的同胞們，同志們：禍臨頭了！切勿再爲遲疑，快快覺悟罷！起來反對罷！上海大規模的罷工，已經作了我們反抗帝國主義武力干涉中國戰場上最前線的先鋒隊。我們應該立即團結起來，準備全體動員，猛勇的前進，援救他們，才能打倒帝國主義！

同胞們！同志們！帝國主義的大兵是已經來到中國了！帝國主義的勁敵——全世界被壓迫的弱小民族與無產階級聯合革命的代表亦來到中國了！我們應該很誠意請這些代表指導和援助，才能達到解放我們的目的！

同胞們！同志們！這是我們最後的爭鬥，我們已經是帝國主義的命運的最後決定者，我們應該努力奮鬥，反對帝國主義武力干涉中國啊！最後的勝利，還是我們偉大的民衆革命勢力啊！

●英工聯執行委員會援助上海大罷工之急電

廣州中華全國總工會轉上海罷工委員會：頃得上海恐怖消息，并對於屠殺罷工領袖，表示異常憤激！

我們現在再三要求撤退在華鞏固反動勢力的屠殺的英國軍隊！

我們遙祝反抗壓迫的上海大罷工勝利！

英工聯執行委員會祕書華爾

●廣東各界歡迎國際工人代表團致上海總工會電

上海總工會并轉上海全體市民公鑒：今當歡迎國際工人代表團之頃，得聞上海大罷工，我們一致對於你們之英勇鬥爭表示敬意，并定於廿五日再舉行國際反帝武力干涉中國運動大會，誓爲後盾！并特此先行奉聞，望奮勇邁進，不達目的不止！

廣東各界歡迎國際工人代表團大會叩。（二月廿三日）

●國際反帝武力干涉中國大運動與援助上海百萬革命民衆的政治大罷工

張鴻沉

帝國主義與反帝國主義兩大戰線，在一九二七年開始，下了總攻擊的動員令以後，就彼此轟擊起來了！尤以帝國主義實行援助軍閥以武力干涉中國的民族革命運動與中國民衆反對帝國主義打倒軍閥的鬥爭最爲猛烈。

一九二七年一月份英帝國主義在漢口九江的屠殺，和列强調兵遣艦來華是帝國主義者向中國革命勢力的總進攻，也就是撲滅世界革命運動的第一着。可是一九二七年的二月就是世界被壓迫的弱小民族和無產階級準備向帝國主義者反攻的一個時期了！二月十日全世界弱小民族在比京開反帝國主義大同盟大會；十八日革命軍佔領孫傳芳的老巢——杭州；同日國際工人代表團及第三國際代表來華；十九日至上海二百萬民衆大罷工大罷市以響應革命軍；在今天我們更造成統一的國際反帝武力干涉中國運動的戰線：總之，全世界被壓迫的民衆打倒帝國主義的時候到了！

全世界被壓迫的民衆們！帝國主義在他死到臨頭的時候，越是兇暴殘毒起來了！我們爲要獲得我們就要來的勝利，我們只有犧牲一切，與帝國主義血戰！

不論英國人，法國人，美國人，日本人，印度人，任何國家的人民；不論白種，黑種，黃種，任何種族；都要認識我們唯一的敵人是資本主義寡頭專政的財閥——帝國主義者！ 我們只有打倒帝國主義！ 在很少數的帝國主義——財閥統治之下的人民，都是打倒帝國主義的友人——革命的同志！ 覺悟了的革命同志要加倍的努力呀！又被欺騙，被威脅，被恐嚇的革命同志要趕緊起來革命呀！ 認清楚了我們唯一的敵人，我們站在國際反帝的聯合戰線上一致向前衝鋒去！

誰也知道：中國的革命成爲世界革命最重要的一部份；中國的革命運動，成爲世界政治上的重大問題。 所以中國革命的成功，就是帝國主義之致命傷；也就是完成世界革命的大要素！

在這帝國主義極端以武力壓迫中國革命的時候，除了最少數的資本家財閥而外，一切世界上的被壓迫的人類，不論英國人，法國人，白種人，黑種人，不論工人，商人，農民，學生，兵士，都要起來援助中國革命運動！ 罷工！罷市！罷耕！ 罷課，倒戈！ 一齊動作起來，反對本國資本主義的政府！ 驅逐資本主義政府的官吏！ 打倒軍閥！ 打倒資本家！ 打倒羈縻我們的主人！ 全世界的「難民」，要切實援助中國革命啊！

小通信

●十六區隊賀奎年緊急啓事

啓者鄙人前因被人懷疑爲孫文主義學會份子茲特鄭重申明鄙人幷未加入任何小團體幸勿不根據事實而信口亂言也

龍子仁陳邦榮二同志自沙河敍別旋即北伐音信疏遠現聞你在武昌仍升學炮科編入何隊請示知爲盼 本校第一學生隊第四隊十四區隊賈隆權啓

鄙人遺失同學會一〇九三號會員證章特此聲明作廢 鄭足爵啓 二，一九

章賢同志，你由廣州出發後，現在何處？請將通信處示我爲盼 黃埔中央軍事政治學校軍官訓練班第一學員隊第一隊張榮

會唯同志：（江西修水人）你入伍編在何團何連駐何處請即[illegible]

中華民國十六年二月廿五日〔星期五〕 黃埔日刊 〔第三版〕

中國革命的民衆們！ 我們唯一的敵人是帝國主義，我們直接的敵人是北洋軍閥！ 除了帝國主義的走狗軍閥，買辦階級和一切甘願作反革命者而外，我們都携手起來！

我們要担負完成中國革命，促進世界革命的成功的重大使命！ 在世界革命的大戰場——我們中國境域之內加緊我們的砲火向敵人猛烈的攻打！

上海二百萬民衆響應革命軍，全市大小商店都關門了，七十萬有組織的工人與革命的青年學生直接與軍閥和帝國主義交戰了！ 華洋當局——帝國主義和軍閥對于我們革命的民衆是「格殺不論」的，十九日開始的一天我們前線上的戰士就被屠殺百餘人！ 古今中外罕見的民衆政治鬥爭的大罷工大罷市在上海實現了：這就是中國革命成功的證據！ 上海政治大罷工的勝利就是國民革命的勝利！ 我們要切實援助上海的革命運動！

我們反對帝國主義干涉中國！

我們勝利的時候到了！

1、世界大革命爆發起來啊！

2、全世界無產階級與被壓迫民族聯合起來！

3、切實援助中國革命！

4、切實援助上海政治大罷工！

5、打倒軍閥！

6、打倒帝國主義！

本校歡迎大會中國際工人代表團英代表演說詞

湯姆（Tom Mann）講 吳之華記

歡迎大會已充分地表示出中國革命一定成功，充分地保障了中國革命一定成功，不特如此，並且充分地表示出世界革命也一定成功，充分地保障了世界革命也一定成功。

國民革命軍各位同志！ 我是國際工人代表團底一份子，今天到這裏來參加這樣盛會，我是非常感覺得快樂的 我個人僅能說出我個人底快的感覺，我不能確定這個盛會底意義是何等的偉大，也決不是言語可以形容的。 照我看來，這個盛會已充分地表示出中國革命一定成功，充分地保障了中國革命一定成功；不特如此，並且表示出世界革命也一定成功，充分地保障了世界革命也一定成功！

我是一個英國人，你們大家都知道英國人怎樣壓迫你們，怎樣地剝削你們，怎樣地屠殺你們；你們經過壓迫剝削屠殺後，正確地自然地會痛恨英國人。 各位同志！這種舉動，是英帝國主義底御用的海陸軍施行砲艦政策的結果；因爲反對你們才來慘殺你們的；凡是關于中國人底希望和幸福，它都是反對的。 各位同志！英帝國主義的壓迫中國人，用暴力搶刦中國土地，擴大它底地盤，並沒有成爲過去，你們如果再不起來快快反對，它將更要擴大暴力， 更要加倍囂張，繼續壓迫你們的。 各位同志！英帝國主義這種殘暴的行爲，你們應該起來反對，並且要給它一個痛痛快快的打擊，制止它底侵略的野心，更進一步打倒它御用的政府。 除我之外，還有法美代表，他們也能把法美帝國主義對於你們不公道的壓迫和極殘暴的屠殺說出，雖然沒有英帝國主義顯著。 各位同志！你們須認清：但凡帝國主義，總是壓迫和剝削被壓迫民族，反對被壓迫民族底反帝國主義的鬥爭，而施以殊毒的屠殺。

我是一個英國人，我是一個英國工人，六十年前我還在煤礦裏做工；倫敦，威爾斯，愛爾蘭，我都去過的；所以我對于英國工人底狀況，非常熟悉；英國工人的確確沒有惡意對待中國；這種殘暴的行爲，完全是英政府所爲，並且英政府對待英國工人，也是一樣摧殘和壓迫。 各位同志！現在英國幾百萬工人不特沒有意思侵略被壓迫民族，並且反對英政府壓迫中國印度非洲等被壓迫民族和他們自己等被壓迫階級；不特反對，並且時時刻刻要打倒英政府，以解除全世界被壓迫者底痛苦。 我既看見英國工人因反對英國政府對中國的野蠻的強盜政策——砲艦政策，而千方百方用盡一切方法去擴大力量與英政府奮鬥；我今天又看見你們中國人也是一樣地反對英國底砲艦政策，你們應該要進一步與英國工人携手奮鬥，共同反抗英政府底砲艦政策，共同打倒窮兇極惡的英政府！

各位同志！我今天聽見你們讀 孫總理遺囑時（大約指的聯合世界上以平等待我之民族）心弦上起了一個莫大的感想；又看見 孫總理中山先生與列甯先生兩個偉大的領袖底遺像掛在一起，心弦上又起了一個莫大的感想；因爲有了這兩個感覺，才知道我們代表團與你們是完全一致的。 各位同志！我們不但今天跑上台來演講幾句就算了事，還要回國號召廣大的羣衆，把廣大的羣衆更加組織起來，準備去奮鬥！準備去戰死！ 各位同志！我們代表著今天代表各國底羣衆和你們共同努力，共同奮鬥！ 各位同志！我是一個英國人，我生長在英國中部，英國各地我都去過的，我今天以十二分誠意告訴你們，我個人和英國幾百萬工人和你們是一樣的命運。 他們幾百萬工人很願意看見你們底革命早日成功，他們時時刻刻在壓迫重重艱難困苦中希望你們底革命早日成功；他們不僅僅希望，並且在政治，工會，工人運動中，都時時刻刻地去努力奮鬥。各位同志！從前你們是一盤散沙，沒有現在的組織，沒有現在的紀律；現在的你們已有了很好的組織，很好的紀律，並且還在革命指導下繼續努力組織；我們看見了你們這樣的努力，這樣的成績，更加使我們決心和英帝國主義奮鬥！ 各位同志！我們已有了有組織的羣衆，除工人外，還有其他社會上底服務人員，現在已組織了「不干涉中國會」，從事于反對英政府干涉中國的運動。 他們底工作是在乎宣傳羣衆，使脫離英帝國主義底統治；使知道英帝國主義壓迫中國的兇險的慘殺和陰謀，而起來幫助中國革命。

各位同志！我們爲什麼對于你們底革命有關係呢？因爲我們英國工人現在被壓迫得很厲害，和你們被壓迫民族唯有一條出路：就是世界革命。

我到中國來的第一個任務：就是到中國來和你們見面，告訴你們：英國有幾百萬革命的工人，它們底信仰，思想，感情都和你們一致的。 這個廣大的羣衆，有組織的羣衆，革命的羣衆，準備與你們共同奮鬥，共同做革命工作：也要和世界上一切被壓迫者共同奮鬥，共同做革命工作！ 全世界被壓迫者底運命是一樣的呀！ 同志們準備共同奮鬥吧！

各位同志！我現在還要說國際運動的重要：國際運動，能使一切革命勢力集合。 你們現在已組織起來了，快要統一中國，快要得到民族底自由和獨立；可是世界上還有很多其他的被壓迫者；所以你們底鬥爭，要爲全世界被壓迫者底自由而鬥爭。 各位同志！今天我到這裏來和你們相見，英國工人從今而後要與你們携手了，英國工人將要與你們共同奮鬥，把壓迫你們壓迫我們的英政府推翻；更要把世界上一切壓迫者所有的政府推翻；如果世界上以後有同樣的壓迫人類的政府產生，仍然要繼續努力去推翻；我們要奮鬥到底，把政權奪到我們底手中來，使世界上沒有壓迫者，使整個的人類得到完全的自由；然後我們底責任才算完了。 我們底責任，就是爲全世界人類打倒壓迫者而鬥爭的呀！

各位同志！現在世界革命底勢力一天一天地增加，一天一天地擴大，一天一天地團結起來了！世界革命底力量，並不是空說的，而是實地增加的革命力量，我們要勇敢要決心參加世界革命，世界革命一定會得到勝利的呀！ 各位同志！你們底腦筋是很清楚的，你們總有很大的力量，很好的方法，去繼續努力的，並且去發揚我們底奮鬥的精神而共同努力的！ 在今天你們歡迎我們時在共同努力奮鬥的路途上敬以十二分誠意慶祝中國革命早日成功！更希望保障現在已得的勝利而繼續得到將來的勝利！更希望擴大本國底勝利而求得到世界底勝利！

中國革命成功萬歲！

中國革命成功萬歲！

世界革命成功萬歲！

救火投薪圖

國際工人代表團湯姆在四大工會之重要演說詞

——二月十九日在全國總工會，廣州工人代表大會，省港罷工委員會，香港總工會

中華民國十六年二月廿五日 〔星期五〕 黃埔日刊 〔第四版〕

余以英國革命之工人名義，向諸同志致慰。代表團來中國係研究中國民衆之狀況，對於中國革命運動求得更進一步之認識，以便歸國後武裝工人羣衆反對帝國主義，組織對中國革命運動更有力之援助。

不列顛帝國主義，乃最兇暴之帝國主義。中國反對英國主義之勝利，乃世界革命運動勝利之一部份；中國可給與英國帝國主義之每一打擊，係受英帝國主義壓迫之各民族的勝利之一部份，亦係英工人階級之勝利。在帝國主義國家中之工人階級，已完全承認：惟有國際無產階級和殖民地被壓迫之民衆聯合一致，以反對共同之敵人帝國主義，方能從帝國主義之束縛中，以獲得自由。中國國民革命萬歲！中國國民政府萬歲！英國工人階級及中國民衆聯合萬歲！

●國際工人代表團在廣東機器總工會之演說詞

（一）英代表湯姆演說詞（二月廿日）

各位先生，各位同志，我第一句要說的話就是慶祝你們，慶祝你們中國工人有如許偉大之革命精神！白勞德君是美國代表，我是英國代表，我們都是工人，都是與你們一樣的工人，亦是做工人運動的工人。其餘的代表，因爲工作忙，不能到貴工會拜訪，因爲他們要作宣言及報告向各國工人宣傳，宣傳你們偉大之革命精神，及被帝國主義壓迫的痛苦，使各國工人表同情於你們，來幫助你們打倒帝國主義。我們最注意的事是中國被各國帝國主義壓迫得非常利害，他們曾向你們宣戰，捕拿你們，監禁你們，打殺你們的愛國人民！帝國主義雖是現在若此猖獗，野蠻殘暴，但是帝國主義終歸是失敗的。現在他差不多要到死期了，因爲我們國內（英國）工人已表同情你們（中國），決心幫助你們。我是工人我是做工人運動的工人，我知道我們國內工人是反對我們的政府（英帝國主義），我們狠慚愧我們的政府若此野蠻，若此殘暴，無理壓迫打殺你們。

我們的政府不獨對待你們如此殘暴無理，其對待我們也是對待你們一樣，任打任殺的。現在我們已組織有一個工人階級大運動，其目的在打倒我們的政府——英帝國主義。我們知道要產業組織好過工業組織，我們不獨一國工人要聯合團結，而且要聯合全世界工人，才能打倒我們共同的敵人——國際帝國主義。我是英國機器工會會員之一，我在國內做過四十五年工人運動，英國許多工會領袖從前也是同我做工人運動，後來被金錢所收買，與資本家妥協了；并且很高傲，不顧工人，他們只爲自己得計；其實他們受極大損失，因爲工人大家不聯合起來就打不倒帝國主義。我們不可高傲，要聯合工人才好。現在各位或者會問我們用甚麼方法來幫助你們？我可以答覆：現在英國已經是工業化，國內已分成許多工業區域，每區域都組織有評議部，現在更組織一個「不干涉中國委員會」，已經向各界工人宣傳，叫他們不准政府侵略中國，派兵來華。但是英政府一定會譏笑我，不聽我們的話，若果政府不聽我們的話，我們就叫海員工人不替他（英政府）駛船，叫製彈工人不製子彈，政府就無法派兵來華了。在政治方面：我們組織有革命大運動，要將現在不好的英政府打倒，從新組織革命的政府。將現在駐在世界各處的英兵一概拉回英國。現在未說結語之前，有一句話，就是很謝謝與各位互相交換意見，知道種種。最後還有一句話就是我們完全同情於你們中國工人，國民政府，請你們不要忘記現在英國有許多像你們受壓迫的工人。他們都是想打倒英帝國主義，不論間接由印度派來的印兵或直接由英國派來的英兵，都一律反對，一律要政府調回英國。

（二）美代表白勞德演說詞（二月廿日）

我是代表美國工人，我想美國工人很表同情你們中國工人，因爲你們中國工人已經做了好幾篇歷史，革命的歷史，很光榮的革命歷史！在美國工人運動中有一件很不幸的事，就是消息不靈通，一切各國工人運動的消息都被資本家埋沒了，因此美國工人不能知道中國工人運動的工作。想補救此缺點，就非派人到各處考查不可；我到此處考查後，然後知道貴國工人運動有如許偉大的革命精神，侍歸國時一定將你們之工作與我們國內工人知道，使他們幫助你們。我到此處得到一個教訓就是中國工人運動的歷史很幼稚要學西歐，而美國工人運動又要學中國工人運動的革命精神。就此看起來，我們大家都有缺點，大家都有所學。我現在說我國內工人的苦處：我們政府—帝國主義—壓迫我們也是同你們一樣，他們—帝國主義，常時設法破壞工會，分散我們工人團結勢力，他們不止侵入中國，現已侵入南美。所以帝國主義是我們共同的敵人。美國工人運動已散漫了，美國機器工會已分散了一半，因爲被不好領袖弄壞了，他們（不好的領袖）被資本家所收買，受了金錢，妥協了，因此美國機器工人運動無力量是爲此故。美國是一個很豐富的國家；大家知道的，但是全國的財富完全歸集在幾個資本家手裏，他們用錢來收買工人運動領袖，用種種方法來破壞工會，此美國工人運動不及中國，中美比起來，中國是前驅，美國遠不及中國。當我歸國時，一定將你們的偉大的革命精神宣傳，使美國工人來學你們，將你們所受各國帝國主義壓迫的痛苦宣佈與美國工人知，使他們幫助你們。最後希望你們在中國努力奮鬥，打倒國內的帝國主義的走狗軍閥，建設革命的政府。我們最後高呼口號：（一）世界無產階級聯合起來！（二）打倒帝國主義！（三）世界工人聯合萬歲！（四）世界革命成功萬歲！

●一些可喜可怕的消息

（一）愈趨嚴重之上海大罷工 滬電云 滬工人大罷工愈趨嚴重，連日下令戒嚴，工人學生慘被斬首者廿餘人，均梟首示衆馬路燈柱上，酷極。現罷工有組織工人已達七十萬人。又電：革命軍二十日午已抵松江，工人便衣手鎗隊已將滬寧鐵路之南翔一帶軌道掘毀，退滬孫軍紛向寶山從海道退南京，革命軍養日（廿二）可抵滬。

（二）靳魏田眷屬送漢爲質 總司令部廿日接南昌行營電云，（一）魏益三已就職，靳（雲鶚）田（維勤）俱已切實表示輸誠，並已分頭向北出發，眷屬送漢以資信守，（二）豫省決遵照我方組織，由我方人員指導，（三）奉軍到豫專圖肅清，不予收編，故王爲蔚王維城之大部，均被繳械，旅長監視，團長槍斃，投奉之郭振才亦被繳械。豫軍歸附我方之心愈堅云。

（三）孫逆航空隊向我輸誠 南昌通訊云，孫逆傳芳之航空隊長某，專乘飛機至衢州，晉謁白總指揮崇禧，表示投誠我軍，聞蔣總司令業經電復，飭令尅日率領所部各飛機來歸，聽候編入國民革命軍北伐航空隊矣，

（四）晉閻輸誠任北路總司令 （中華社）山西督辦閻錫山，以革命軍勢力日有進展，知非與革命軍合作，勢難存立，故迭派代表來鄂，面向蔣總司令磋商，請求容納，聞蔣總司令已允委閻爲革命軍北路總司令云，

（五）正式收回領事裁判權 漢口交涉員昨通知各國領事，以後關於外人訴訟，不得再由領事審理，各僑商侵佔請求，須向中國法院控訴，不許領事館人員陪審，領事裁判權，由交涉署照會各領撤廢，關係外僑原告或被告訴訟案件，均當由中國法院審理，領事不得出席陪審。外僑任何請求，須向中國法院訴控，

（六）英帝國主義竟以坦克及飛機運滬 廿二日倫敦電 據聯合通訊社稱，現製軍用坦克（鐵甲炮車）百餘具，以爲反對中國革命軍之用。又電 英國加派飛機母艦阿爾格斯號來華，該艦重一萬四千四百五十噸，現用二百七十十萬元之修繕費改造發，偕同以巡洋艦改裝之維持哀號飛機母艦滿載飛機八十架集中上海，藉施其恐嚇伎倆云

（七）本黨向國際「反帝」大會提出之重要主張 （一）要求反帝大會宣傳並設法防止帝國主義者用武力干涉中國國民革命運動：（二）要求贊助中國國民衆取消不平等條約運動

編者的話

1、這次是國際反帝武力干涉中國運動特號，但是也特歡迎國際工人代表團的演說詞登在裏頭了：一則是本刊篇幅小了，上兩次容不下，不得不在此處發表；二則這些演說詞，根本就是反帝國主義的文字—不僅是普通文章，而且是革命的方略，幸勿以爲與特刊體例不合而等閑視之也！

2，國際工人代表團及第三國際代表來華是爲考查中國反帝的革命情形，此時我們正在十分危急的時候，不啻得了一枝有力的救兵來到，所以他們指示我們革命的方針，我們要虛心接受。爲此本刊盡量發表他們的言論，以饗閱者。同時不免堆積了許多稿件，這也不過是一時的現象，請投稿同志原諒一點才好。

3本刊早就宣佈過：個人的聲明或一部分人的廣告只能在小通信欄登載；特別緊要的得酌量在刊末發表，但文字須十分簡要，本刊有自由處置之權。現在本刊已照此種規定辦理，其有不合于此規定者，恕不刊載。（共影）

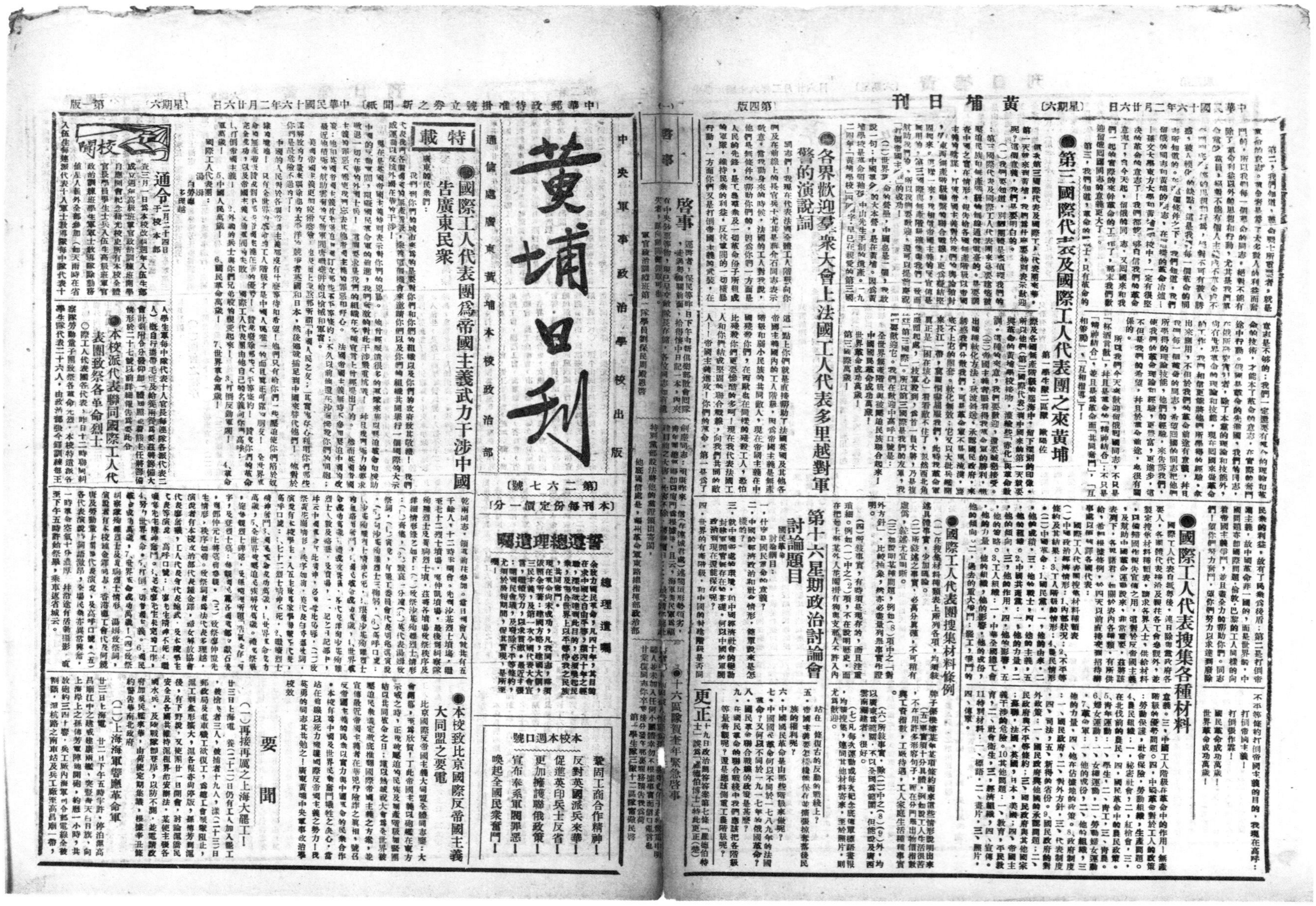

黃埔日刊

中央軍事政治學校出版

第二六七號

特載

國際工人代表團為帝國主義武力干涉中國告廣東民衆

第三國際代表及國際工人代表團之來黃埔

各界歡迎寥衆大會上法國工人代表多里越對軍警的演說詞

國際工人代表搜集各種材料

國際工人代表團搜集材料條例

第十六星期政治討論會討論題目

革命之路

列甯的歷史與理論

廣東各界歡迎國際工人代表團大會之熱烈

歡迎留俄同志

中華郵政特准掛號立劵之新聞紙〔中華民國十六年二月廿六日〔星期六〕第一版

黃埔日刊

中央軍事政治學校出版

通信處 廣東黃埔本校政治部

〔第二六七號〕

〔本刊每份定價一分〕

謹遵總理遺囑

總理遺囑

余致力國民革命，凡四十年，其目的在求中國之自由平等，積四十年之經驗，深知欲達到此目的，必須喚起民衆，及聯合世界上以平等待我之民族，共同奮鬥。現在革命尚未成功，凡我同志，務須依照余所著：建國方略，建國大綱，三民主義，及第一次全國代表大會宣言，繼續努力，以求貫徹。最近主張開國民會議，及廢除不平等條約，尤須於最短期間，促其實現，是所至囑！

本校週口號

鞏固工商合作精神！

反對英國派兵來華！

促進英印兵士反省！

更加擁護聯俄政策！

宣布奉系軍閥罪惡！

喚起全國民衆奮鬥！

特載

●國際工人代表團爲帝國主義武力干涉中國告廣東民衆

廣東的民衆們：

我們到你們的城市來爲的是要對你們和你們的組織以及你們的政府致其敬禮！我們代表我們各個國家的無產者及，乘着這個機會來邀請你們以及你們的組織共同舉行一個國際的大示威運動以反抗外國在華的干涉！

現在是英國帝國主義特別表示對你們的兇暴。他曾經派遣很多的軍隊來華以壓迫革命和援助中國的反動軍閥，阻礙國民革命軍的前進，我們憤激的對此干涉嚴重抗議！並且我們極力的要求撤退一切在華的外國士兵！這個要求是我們的組織在各國宣言上曾經提出了的。然而英國帝國主義的罪惡不能使我們忘去其他帝國主義的罪惡和野心。法國帝國主義無時不參加壓迫中國的政策：他和英國帝國主義首先要自中國訂立那些不平等條約；不久以前他還在沙面慘殺你們的同胞；最近他積極的幫助雲南的反動軍閥唐繼堯併給以槍械和軍實。

美國帝國主義更加狡猾陰險，也是面上裝然那所謂「中國人民之友」，其實也存心利用你們那些謀解放的力量來驅除他的太平洋的競爭者英國和日本，然後他就插足到中國來替代他們！他對於你們是最危險不過的了！

中國的人民對於各個帝國主義那沒有什麼等待和希望！他們只有給你們一些壓迫使你們陷於奴隸的境地！只有全世界的革命的工人階級才是中國人民唯一的而且眞正可靠的朋友！全世界革命的無產階級贊成對平那些帝國主義在華的優勢！贊成廢除那些不平等條約！贊成你們的革命完全成功，以及帝國主義及軍閥的失敗！國際工人代表團由他自己的名義向你們高呼：

1、打倒帝國主義！ 2、外國的兵士與你們兄弟般的親愛起來！ 3、打倒反動軍閥！ 4、革命軍萬歲！ 5、中國人民萬歲！ 6、國民革命萬歲！ 7、世界革命萬歲！

國際工人代表團：

湯姆

白勞德

多理越

校聞

通令 二月二十四日 于校本部

查三月一日爲本校改組週年入伍生部成立週年高級班軍官政治訓練班開學自應開會紀念藉光校史所有本校全體官長學員學生士兵入伍生高級班軍官政治訓練班學生軍軍士教導隊除勤務値星人員外全部參加（如天雨時在省入伍生每連派代表十八軍士教導隊每中隊代表十人學生軍每中隊代表十八官長每連隊各派代表二人）槪自行攜帶毛氈及給養兩餐爲要茲將籌備大會計劃附令分發仰卽一體知照此着熊主任將籌備情形於二十七號以前詳細報告爲要此令

●本校派代表聯同國際工人代表團致祭各革命烈士

○際工人代表團各代表，昨日十二時聯同糾察隊勞動童子團致祭各革命先烈，本校特遣派各學生隊代表二十六人，由政治部張令鐸訓練部王乾兩同志，領導前往參加。當日到會人數共有五千餘人，十二時半開會。先到沙基烈士墳場，繼至七十二烈士墳場，廖仲凱墳場，最後到糾察隊殉難烈士及黃駒烈士墳，茲將各墳場致祭秩序及詳細情形錄之如下：（一）致祭沙基殉難烈士情形：（1）齊集，（2）默哀一分鐘（3）英代表湯姆致祭詞，（4）演說，有電工委員會代表胡兆祺演說，（5）向沙基殉難烈士三鞠躬，（6）高呼口號：1、沙基殉難烈士精神不死，2、跟着沙基殉難烈士的血路奮鬥，3、國民革命成功萬歲，4、世界革命成功萬歲，5、禮成散隊。各代表詳詢沙基殉難烈士人數及路歷，及會場，一一記之于記事冊中，并云中國革命，此青神，必可雪此恥辱。（二）致祭黃花崗情形，秩序如前，美代表白勞德致詞，演說有本校學生，入伍生致軍隊學弟救中代表，高呼口號：1、七十二烈士精神不死，2、繼續烈士精神奮鬥3、國民革命成功萬歲，4、世界革命成功萬歲，5、全世界被壓迫民族解放萬歲。禮成祭畢，旋參觀烈士碑銘，及孫總理所題「浩氣長存」四字，及登烈士墓：參觀國民黨各國黨部之獻石後，到鄧仲元上將墓前參觀。（三）致祭廖仲愷先生情形，秩序如前。致祭詞者爲法代表多理越，演說者有本校政治部代表鍾金鐸，婦女解放協會代表廖蘅纖，工人代表會代表鮑武，及本校學生代表等演說，高呼口號：1、廖先生精神不死，2、繼續廖先生精神奮鬥。3、完成廖先生未完的工作，4、努力世界革命。5、打倒一切帝國主義。6、國民革命成功萬歲，7、世界革命成功萬歲！（四）致祭糾察隊殉難烈士及黃駒烈士情形　湯姆致祭詞，演說者有本校鍾金鐸同志，香港總工會代表何鏡唐及勞動童子團部代表演說，及高呼口號。（五）各代表演說時詞語激昂，全場民衆亦異常興奮，一時革命空氣十分濃厚，并沿途有活動攝影，直至下午五時許始祭畢，乘車返省城云。

●本校致比京國際反帝國主義大同盟之要電

比京國際反帝國主義大同盟全體同志鑒：大會開幕，至爲欣賀！丁此帝國主義以砲艦在東方示威之時，正被壓迫的民族及無產階級加緊團結以共同革命之日；謹以熱誠祝大會爲全世界被壓迫民衆議定推翻國際帝國主義之方案，並宣傳最近帝國主義者在華兇狠陰詐之眞相，號召反帝國主義的民衆以實力與中國革命的民衆合作。本校有爲中國及世界民衆奮鬥犧牲之決心，當站在前線以死力擁護國際反帝國主義之勢力！我英勇的同志其共勉之！廣東黃埔中央軍事政治學校效

要聞

（一）再接再厲之上海大罷工！

廿三日上海電　昨（二十二）日仍有工人加入罷工，被捕者十九人，漾（二十三）日被槍殺者三人，郵政局及電車職工欲復工，爲總工會派隊阻止，滬工潮愈形擴大，滬各報亦向停版，孫傳芳到滬後，有下野說，又使團廿一日開會，討論滬僑民安全及各國共維持滬租界治安辦法，某使主張各國水兵，及陸戰隊即登岸，以防不測，並電請政府加派兵艦來華，由荷使定期集議，根據辛丑條約警告華南北政府

（二）上海海軍響應革命軍

廿三日上海電　廿二日下午五時半許，停泊滬高昌廟江中之建威建康兩艦，突豎青天白日旗，向上海岸上之孫傳芳軍陣地開砲，約歷一小時，共放砲約三四十響，兵工廠內海軍司令部電線全被割斷，滬杭路之南車站及兵工廠至高昌廟一帶，

（一）

啓事

啓事

逕啓者，保民等昨（廿）日下午由新俱樂部散會回隊，走過粵海關前面，拾得懷中日記一本，內夾有中央鈔票等物，現已呈交敝隊長存儲，各位同志如有遺失者，請向隊部領取可也。軍官政治訓練班第一隊學員劉保民周殿恩啓

●十六區隊賀奎年緊急啓事

中華民國十六年二月廿六日 星期六　黃埔日刊　第二版

全由海軍陸戰隊登岸佔領，交通全斷，砲彈落法租界，傷數人，同時滬西已有便衣革命軍拋擲炸彈，滬北有工人大隊向五區三分所進攻。

(三)鄭俊彥盧香亭輸誠革命軍

(中華社)前江蘇第十四師師長鄭俊彥，久○同情於本黨，祇以蘇皖監視甚嚴，故無從輸誠，自我軍分途出發東南後，孫氏雖負隅南京，但已成强弩之末，於所部亦不復能統馭，故鄭氏特乘機派員向蔣總司令表示輸誠，願率所部効忠黨國，蔣總司令以其能明大義，當即任命鄭爲革命軍第三十四軍軍長，鄭奉委後聞已通電就職云。

廿三日上海電　盧香亭新爲孫傳芳任命爲訓練總監，昨過滬往淞江，與孟昭月商軍事進行，盧將管理孫之軍隊，與革命軍攜手而拒魯軍南下，盧廿二日到滬，旋即赴淞江，將開軍事會議，商討計劃，聯軍鐵甲車南京號，及吳淞號，廿二日晚由滬開淞江。

(四)漢潯案協定之要點

廿三日漢口電　漢案宣言未脫稿，協定要點，漢潯英界由國民政府收回，中英各派代表三人組委員會，中國爲主席，司法行政由中國政府處理，潯案協定二十日晚在漢簽字，內容根據漢案解決辦法，租界交還華人，按照特區管理，關於在潯英人之損失，如確係直接損失，并能證明係華兵之重要疏忽者可酌商賠償。

◉廣東各界歡迎國際工人代表團大會之熱烈

▲參加歡迎之民衆約二十萬餘

▲各國代表輪流至各台演說

▲通過重要決議案及宣言

廣東各界昨廿三日在中大操場開會歡迎國際工人代○團，其意義係是使國際工人代表團各國代表知道我們廣東民衆對於革命的認識，同時使我們廣東的民衆明白國民革命是有國際性的，是要聯合全世界被壓迫民族和被壓迫階級共同奮鬥，才能成功。是日開會情形異常熱鬧，參加團體約千餘，人數在二十萬以上，而國際工人代表團各國代表及國際代○，皆輪流赴農工商學軍警各台相繼作熱烈之演說。茲將是日開會情形分誌如下：

(一)會場之佈置

是日在中大操場開會會場門首懸掛生花橫額，書有「廣東各界歡迎國際工人代○團」字樣。附以生花聯文云，「革命尚未成功」「同志仍須努力」。會場外內遍貼各種標語，場內分搭演講台三座，正中爲農工集合處，東台爲軍警集合處，西台爲商學集合處。各台懸有總理遺像，總理遺囑，伴以黨旗國旗。正中之農工台則懸有被壓迫民族聯合會致歡迎國際工人代○團大紅旗一面，書有「世界革命先鋒國際工人代○團萬歲」「被壓迫民族聯合會敬贈」字樣。全場由記者糾察隊担任，全場佈置極爲壯觀。

(二)開會之秩序

是日開會之秩序如下，(一)全場肅立，(二)向黨旗國旗總理遺像行三鞠躬禮，(三)恭讀總理遺囑，(四)主席團宣佈開會理由，(五)致歡迎詞，(六)請國際工人代○演說，(七)演說，(八)高呼口號，(九)散會。

(三)參加大會團體人數

是日到會參加者有國際工人代○團，英代表湯姆，法代表多里越，美代表白勞德，第三國際代表樂及其夫人，譯員鮑羅廷等多人，省黨部委員陳孚木，李濟深，曾養甫，黎樾廷，徐天深，中山大學委員會，農工商學軍警代表，青年部，省農民協會，廣州工人代○各工會，香港總工會各工會，廣東總工會各工會，廣東學生聯合會，廣州學生聯合會，中山大學，各大中學，各區黨部，各界婦女聯合會，四商會，特別市黨部，被壓迫民族聯合會，體育隊，勞動童子團，糾察隊，中央軍事政治學校，入伍生，及農工商學軍警政界，人數不下二十餘萬，黨旗蔽空，萬頭攢動，全場無容隙地。

(四)開會之熱烈情形

是日正午十二時農工商學軍警上台高呼開會，由主席團分往各台主持開會，主席團爲省黨部，市黨部，中華全國總工會，農工代會，罷工委員會，總政治部，東總工會，機器工會，海軍政治部，省農會，省學聯會，農工商學會，市學聯會，婦女解放協會，各界婦女聯合會，女權大同盟，總商會，市商會，農工廳，由主席宣佈開會，主席恭讀總理遺囑，全體向黨旗國旗行三鞠躬禮，主席宣佈開會理由，致歡迎詞後，繼請英法美各代○及第三國際代○，譚平山同志相繼演說，(另錄)由黃平同志翻譯，周振光同志爲紀錄。演說時全場鼓掌，情形異常熱烈。其餘東使軍警台中行禮如儀，演說者曾濟寬同志，譚夏聲同志、孫炳文同志，及英法美代表及第三國際代表王若怡同志。西使商學台行禮如儀後，演說者有譚夏聲同志，潘考鑑同志，及英法美各代表、第三國際代表等。全場演說畢，即由主席團提出大會決議案及宣言（另錄）全場舉手一致通過。直至下午三時許，高呼口號而散。口號：(一)中國民族自由平等萬歲！(二)世界一切民族自由平等萬歲！(三)中國民衆聯合起來擁護國民革命！(四)世界一切民衆聯合起來擁護國民革命及世界革命！(五)打倒帝國主義！(六)打倒一切反動派！(七)世界被壓迫民族解放萬歲！(八)世界被壓迫階級解放萬歲！(九)國民革命成功萬歲！(十)蘇俄革命成功萬歲！(十一)世界革命成功萬歲！(十二)國際工人代表團萬歲！(十三)中國國民黨萬歲！(十四)反對英國武力干涉中國！(十五)援助上海大罷工！

(五)大會之決議案：

我們廣東各界歡迎國際工人代表團二十一萬群衆大會開會席上，一致決議：(一)我們承認中國革命是世界革命之一部，中國民族運動之唯一希望，爲世界革命之勝利。只有全世界無產階級是我們的朋友，僅只有全世界無產階級與被壓迫民族聯合起來共同打倒國際資本主義。(二)我們中國八十年來受帝國主義之侵略掠奪壓迫與殘殺，最近英帝國主義增兵來華，集中於上海，並擬聯合各帝國主義，以五卅沙基萬縣漢口九江之大屠殺猶以爲未足，而要施行更兇狠更慘酷之手段，以推翻我中國國民革命。我們已知全世界無產階級與我們一致奮鬥，要求帝國主義海陸軍完全撤退，同時要求中國之完全自由獨立！(三)最近上海大罷工，一方面是要求孫傳芳軍隊離開上海，一方面是要求帝國主義軍隊離開上海，歡迎革命軍到滬。中國工人階級這種英勇之鬥爭，我們中國全國人民誓一致爲其後盾！我們已知全世界無產階級亦一致爲其後盾，務使上海罷工以及國民革命軍得到完全之勝利！

(六)各界之宣言：

在國際資本帝國主義統治下之世界，全世界各國無產階級與被壓迫民族，皆已同處於被壓迫被奴隸之地位，二者之敵人已同爲國際資本帝國主義，故其反抗之運動，遂亦處處相連而生密切之關係。被壓迫民族之反帝國主義運動，固大有助於各國無產階級解放運動；各國無產階級解放運動亦然。蓋彼此實互相爲犄角爲友軍，而同以推翻國際帝國主義，完成世界革命，實現全世界人類解放爲目的者也。我們自五卅運動以來，舉國民衆爲民族解放反抗帝國主義而戰，當艱苦奮鬥中，首先起而援應者，即爲各國之無產階級，或以精神與物質鼓勵吾人，或以其全力反對帝國主義摧殘吾人。全世界無產階級與被壓迫民族，蓋於此已樹立聯合之先聲矣！此次各國工人爲援助吾國革命運動又特派代○來華，實行與吾人攜手，吾人實表無限之歡迎熱誠！當此國際帝國主義正向我國積極進攻，實行其武力干涉開兵來華之際，全世界各國無產階級於此必能加以援助，反對各帝國主義，對華之暴行，並助中國革命運動成功，達到收回租界海關治外法權撤退駐華列強海陸軍，廢除一切不平等條約之目的。並且相信全世界無產階級與被壓迫民族必然更加密切聯合以攻打共同之敵人國際帝國主義，成功人類最後之解放。吾人謹呼：1、全世界無產階級與被壓迫民族聯合起來！2、打倒國際帝國主義！3、國民革命成功萬歲！4、世界革命成功萬歲！

(七)大會援助上海大罷工之通電：已誌昨日本報歡迎特號，不另錄。

(八)會場之見聞：

按是日到會人數既多，故在未開會前，各工會及各軍政治部多皆派人分立會場四週，向民衆解釋此次歡迎國際工人代表團之意義，而各團體之散發歡迎傳單者，尤屬觸目皆是。「黃埔日刊」及「工人之路」，并皆特出專號，在場分發。所有到會群衆皆自晨九時起至午後四時止終日鵠立場中，了無倦容。由此，亦可見我粵人此次歡迎國際工人代表團的熱烈之一斑云。(以○代表)

◉第四期同學錄辦事處啓事

逕啓者：本處自將四期同學錄編竣，即與啓明公司訂約印製，以一百零五天(自十五年十月六日至十六年一月二十一日)爲滿期，殊該店藉故滋延，不能如期交書，本處已於本月十五日將此情節呈報教育長請示辦法，旋奉示飭公安局會同本處辦理，當於十六日同該店主至公安局質問，當經公安局面飭，着展限廿一日交書，(在二月八日)同人等深知本期同學瞻念之殷，本處負責之重，豈有視若罔聞，致勞錦慮！特此申明，藉慰渴望，如有他疑，請逕質本處，或親詣該公司可也！

(二)

小通信

茲將十五年十月至十六年一月所有遺失證章奉紅令罰薪各員姓名數目開列佈告於後此布計開：採辦課，嚴雅惠，五四五五○，入伍生部，周遊，一七八○○，新入伍生團，汪夢皋，三七三二八，高級班，顧寶臨，六五○○○，採辦課，郭輔潮，二八二五○，軍醫處，歐觀成，二三○○○，第三學生隊第九隊，周俊謀，九○○○，管理處，劉逵，二三○○○，軍醫處，譚明盛，二二八○○，採辦課，郭輔潮，四七五五○，第二學生隊第七隊，何方平，五八○○○，教授部，賀時杰，二○八○○，入伍生部，李望雲，一二二○○，入伍生第二團五連，楊經，三八○○○，入伍生第二團二連，羅道南，三○○○○，入伍生團十二連，賀理華，三○○○○，合計十六員，六二七一七八，

中央軍事政治學校經理部啓

李旋坤嚴漢松二同志你在何師團營連請速寫通信處告我廣州北校場中央軍事學校入伍生部軍士教導隊第二大隊第六中隊李昂啓

鄙人因事回省，遺失黃埔同學會一三一一號證章一枚，除請同學會補發外，特此聲明作廢，張學聖

中華民國十六年二月廿六日 〔星期六〕 黃埔日刊 第三版

題目

革命之路

列甯的歷史與理論(續)

——列甯的理論——

任卓宣講 蘇俊才記

(二)在理論方面的—他的著作很多，在此只能說個大要。 進一步說，他是帝國主義時代的馬氏主義。 但馬氏主義亦有很多著作，且知到的亦很少，現在從列甯主義中一小部分中的民族問題來說。 因為我們是做國民革命，應該多方面找點理論來，關于這個問題，我們知到他不是一個民族主義，亦不是做民族運動的人，但他對于民族的供獻是很多的，此由俄國十月革命可以證明。 先是由俄統治下的民族甚複雜，及到十月革命成功，通通都得了解放，並幫助土耳其民族解放，現又扶助中華民族獨立運動。 列甯他又是世界革命者，照他對于民族的認識，他說現在是帝國主義時代，(財政資本生產獨占)，資本家互相競爭的結果，只少數資本家組織公司，單就美國汽車大王來說，比如全美產汽車百架，他要占八十架，以此大量生產，在國內壟斷了市場；還要在國外去找資本主義不發達的國家，一方為銷他過剩的商品，一方為吸收廉價的原料，要達到如此目的，就要去壓迫他們。 同時又要收過剩的資本輸出於產業不發達的國家，但為求其債權之穩當，就要產業不發達的國家拿出礦山鐵路關稅等來担保；更欲其担保權之穩當而有實力，就施行殖民政策了。 於是一萬三千萬平方啓羅米突的土地，就有七千萬是英帝國主義的殖民地，英帝國主義簡直是帝國主義的標本！ 四千六百萬人口的英人，壓迫一四萬二千九百萬的人，平均每個英人有九個奴隸。 法國人口四千萬，被他壓迫着有五千四百萬人。 帝國主義發展的結果，將全世界民族分割為兩大營寨，大多數受了帝國主義壓迫的。 因所受的痛苦是某一民族，故被壓迫民族起了民族思想；帝國主義者為征服用兵起見，就製造民族仇恨的話，並用「愛國」或「德意志民族超出一切」的鬼話，來欺騙工人農人，希圖驅得無產階級去為他犧牲，實際是資本家為保護財產。 本來資本主義發達的結果，已成為大同世界。 因資本主義交通便利的緣故，同來的兩種傾向，就是狹義的國家主義與大同主義。 但狹義的國家主義已失其存在的時間性，我們要向大同方面走，就要消滅民族間的仇恨。 說到主張民族解放的人，旁的如威爾遜在巴黎和會說得很漂亮的。 我們知到他是帝國主義，所以他全是投機，並當他是戰勝的國家，同時奧國是幾種民族組織的，故他的民族問題，是對戰敗者而發的，是片面的。 此外第二國際亦主張民族解放，不過範圍狹小，是以文明民族對波蘭人愛爾蘭人，只許有教育權。

列甯解決民族的出發點：

(一)社會主義—社會主義是大同世界，是互相互助，共同生產，消費的。

(二)世界革命—認為要實行大同世界，就要將帝國主義打倒。 世界革命是要誰來做呢？ 無產階級的數量是很多，同時被壓迫民族的解放的要求也很迫切，要將此兩大革命勢力聯合起來，才能做到。

(三)他的範圍是世界的—他的態度擴大了，並改變了民族解決的性質。 他認為民族問題，不是如以前用法律宣言所能解決的，還有與從前認為局部問題是不同的，因為民族問題是世界問題的一部分。

他解決民族問題的方法：

(一)扶助被壓迫民族努力—第一要點，就是與帝國主義火併。

(二)關門革命是不成功的—要與世界一切革命勢力聯合起來，建築一個反帝聯合戰線。 在此說出被壓迫民族與世界革命的關係，因殖民地是帝國主義的基礎。 在此時代是要民族主義的，不能講國家主義。 因帝國主義是整個的，就拿中國來說，那久國恥，不是帝國主義聯合起來加諸的。 很顯明的道理，就是利益均沾，他們內部雖然破裂，但一說到侵略殖民地的民族，總是一致的。 列甯對於被壓迫民族底解放運動，給予的主張是：

(1)帝國主義國內的無產階級及其共產黨，要竭力反對其本國帝國主義對殖民地之侵略和壓迫。

(2)帝國主義國家的無產階級和共產黨，應盡量幫助其本國帝國主義所壓迫的民族。

(3)帝國主義國家的無產階級及共產黨，必須承認其本國的殖民地有完全獨立的自決權。

(4)被壓迫民族內的共產黨，要與做民族革命運動的黨協作，共同反抗帝國主義。

第三國際第二次大會對於民族的議決案有一條，凡是各國共產黨在本國內要參加民族革命運動，並與無產階級聯合起來，建築反帝戰線。

他對民族問題的態度既是如此，究竟他的意思是為了甚麼？ 首先要說明的，第一點要民族運動是革命的，即是打倒帝國主義的——。 如果向帝國主義投降請願，是反而幫助了帝國主義。 就是民族革命不要妥協。 如印度波斯等即是妥協的。 至領導民族革命的，不問是有產階級或無產階級，他都是一樣的幫助。

現在為甚麼共產黨與無產階級要參加民族運動呢？ 就是因為帝國主義是世界上唯一的統治者，被統治的人是無產階級與被壓迫民族，當時馬克斯亦見到此點，他說「凡英國工人要獲得自由，就要幫助愛爾蘭獨立」。 在第三國際第二次第三次大會的討論，並注意各國共產黨是否如此做法。 至第五次大會對被壓迫民族的宣言，法報載在第二版。 而蘇俄是怎樣解決民族問題，我們知道是列甯指導的十月革命後，就有一道對國內各省小民族自己決定自己命運的通告，于是紛紛獨立，但不久各民族又自由的聯合起來加入蘇俄，組織蘇俄。 蘇聯的憲法上有一條，內是「凡蘇聯的國家可以隨時自由參加，自由退出」。 當時有許多法律學者議其非是，以其關于國家組織分子，不應採自由原則，不知此正獨立民族自由組織之社會也。 一九二二——一九二三年，蘇聯各民族一律有分限，享同等權利，如最近蘇聯共產黨的書記(重要位置)是猶太人；蘇聯境內所產的財富都大家享用(因蘇聯境內有些民族生產率小，大俄羅斯生產量大)，如此幹下去，民族的仇恨，民族的界限，就可以解決，成功為共產世界。

有人定要說列甯之解決民族問題：

1、是為了共產主義的。 不錯，要民族問題解決，共產主義才能實現出來。

2、是為了國際主義的。 不錯，因國家主義不能解決，要國際的才有可能。

3、是為了立足無產階級地位的。 就理論說，有產階級是請資本主義侵略人家的，如德國在一八七〇年前有產階級受了拿破崙的壓迫，德國的無產階級聯合起來。 俄國革命後，普奧的無產階級，也起來講社會主義，同時證明了蘇俄是解放大俄羅斯所壓迫的民族的國家。 又列甯對民族問題的答案，是很對的，值得我們接受，值得我們紀念！(錄星期一，二月二十一日本刊)

歡迎留俄回國同志

姜長林

留俄孫文大學和東方大學同志此次有三五人回國來了，今天并且同國際職工代表團，一起到我們黃埔來參觀，我們黃埔的全體同志，開會來歡迎你們，我們對于你們回國同志，有許多話要說；也就是有許多要歡迎你們的意思。

第一，我們留俄同志與黃埔同志的關係是怎樣的？ 留俄的同志，當時都是由中央黨部及各省市黨部鄭重的選派的，本來都是革命的先鋒戰士而在本黨做過工作的，對于黨的工作，有相當的經驗的，現在呢，又到了革命先進國去學了許多革命的理論和經驗，回國來做革命工作，於革命前途，當然更有意義。 至於我們黃埔的同志，也是由各省選派的，於黨的主義和工作經驗，也有過相當研究，我們在學校裏所研究的，除了革命的軍事知識而外，還有革命的主義，革命的政策等等。 所以東大孫大是革命戰士的訓練所，而黃埔也是革命戰士的訓練所，在今天，與遠隔幾萬里的革命戰士相見一堂，我們的感想，我們的歡樂，真是不言而喻了！

中華民國十六年二月廿六日〔星期六〕 黃埔日刊 第四版

第二，我們知道，革命戰士所需要者，就是革命的意志。革命者是爲了大多數人的利益而奮鬥的。所以我們每一個革命的同志，絕對不能有除了革命利益以外的思想和行動，尤其是我們革命黨的黨員，絕對不能有個人主義或不革命或不[illegible]的思想和行爲，絕對不可有被人誘惑，被人操縱的缺點，這是我們每一個革命的同志所知道的。在這個條件之下，我們知道，我們留俄的同志和黃埔的同志，在[illegible]機的革命冶爐——孫文大學東方大學和黃埔軍校中，一定有很堅決的革命的意志了！——我們都能夠自信我們的革命意志了，自今天起，留俄的同志，又回國來和我們一起的實際的來幹革命的工作了，那末我們歡迎留俄回國同志的意義更大了。

第三，我們知道，革命的戰士，只有革命的意志是不够的：我們一定還要有革命的理論和革命的技術，才能本了革命的意志，在實際的奮鬥途中行動。俄國是革命的先進國，我們的同志，在俄所研究的學者，除了本黨的理論和技能外，尚有世界革命的理論和技能，現在回國來做革命的工作，我們相信更能將他們所學得的經驗，拿出來應用，不但於我們的革命前途有意義，并且我們每一個革命的同志，希望回國的同志把他們所學得的理論技能，他們的經驗，來告訴我們，使我們的革命理論和經驗，更豐富，更進步，這不但是我們的希望，并且於革命前途，也很有關係的。

所以我們今天來歡迎留俄回國同志，不只是「杯酒言歡」，并且是革命的「精神結合」；不只是「精神結合」，並且是爲革命而「共同奮鬥」，「互相勉勵」，「互相指導」了！

第三國際代表及國際工人代表團之來黃埔

第一學生隊二區隊 歐陽佐

這次第三國際代表及國際工人代表團來華，第一天就來到黃埔。我們爲什麽要特別表示歡迎呢？這個意義，我們是要明白的。

(一)我們要知道，別個團體是來偵探我們的：第三國際代表及國際工人代表團來是要建築被壓迫民族和無產階級的無線通信電臺的。是要調查中國之實在情形，報告給各國無產階級以帝國主義者的陰謀，打破帝國主義對於我們的輿論封鎖，使東西無產階級聯繫的聯合戰線，更爲凝結堅固起來。這樣一來，我相信帝國主義的宣傳是無用的。第三國際與無產階級確能與我們一致而幫助我們的。所以我們要歡迎，還可以提前慶祝「打倒帝國主義」的成功！

(二)世界革命的營壘，中國也是一個，我敢說一句：中國革命的大本營，是在黃埔。因爲黃埔學校是革命領袖孫中山先生手創的遺產。一九二四年，「黃埔學校」四個字，早已在親愛的第三國際及各國無產階級的腦海中，留下深刻的印像。所以他們（第三國際代表）到中國來的第一天就要與革命的黃埔學校接吻，灌輸些「赤化」與革命教訓。這種的來意，我們要歡迎，還要誠懇接受。

(三)帝國主義者眼看得我革命軍的勝利，想出種種軟化方法：秋波斜送，承認國民政府，來誘惑我們分散我們，可是革命軍不是風流漢，到底不上它的圈套。軟化無效；它又以大批兵艦開來長江一帶，寰圖恫嚇屈服我們，此時我革命軍真正是「困在垓心」看看敵不住了，忽然西北角塵頭起處，一枝軍殺到，爲首一員大將，乃是複姓「第三國際」。所以第三國際是我們的友軍，我們要歡迎它。我們在歡迎中高呼口號是：

全世界無產階級與被壓迫民族聯合起來！

中國國民革命成功萬歲！

世界革命成功萬歲！

第三國際萬歲！

各界歡迎羣衆大會上法國工人代表多里越對軍警的演說詞

同志們！我現在代表法國全體工人階級向你們及在前線上的長官兵士尤其是蔣介石同志表示敬意。當我動身來的時候，法國的工人對我說，他們是無條件的幫助你們的，因爲你們一方面是人民的先鋒，是工農羣衆及一切革命份子所組成的軍隊，維持民衆的利益，反抗軍閥的一切橫暴行動，一方面你們又是打倒帝國主義的武裝，在這一點上你們就是直接幫助了法國英國及其他各帝國主義國內的工人階級，因爲帝國主義是無產階級和弱小民族的共同敵人，現在帝國主義在中國殘殺你們，在西歐也在同樣的殘殺工人，恐怕比殘殺你們更要慘酷的多呵！現在我代表法國工人和你們結成堅固的聯合戰線，向我們共同的敵人——帝國主義進攻！你們的革命，第一是爲了民衆的利益，故有了民衆爲後盾；第二是打倒帝國主義，故中國革命非一國的，而是世界的，中國問題亦卽國際問題，倫敦，巴黎的工人同樣的向着帝國主義奮鬥，並且盡全力的幫助你們。同志們！望你們努力奮鬥，望你們努力以求達到廢除不平等條約打倒帝國主義的目的，我現在高呼：

打倒帝國主義！

打倒張作霖！

國民革命成功萬歲！

世界革命成功萬歲！

……事 逕啓者，保民等昨日下午由新俱樂部[illegible]

國際工人代表搜集各種材料

國際工人代表自抵粵後，連日除與黨政府各要人，各團體代表接洽及親往各工會參觀外，並製定搜集材料種類表，請求各界人士，供給材料，以備歸國作報告宣傳之用，這對於反帝國主義及幫助中國革命運動說來，非常重要，茲將該表列下，各界諸君，如關於表內各種類，有所供給，希卽根據條例，於四天以前直接交到招待辦事處以便翻譯各國代表：

國際工人代表團搜集材料種類表

(一)中國政治經濟情形：1、內部狀況；2、不平等條約及其結果；3、工人階級的情形；4、農民情形。(二)中國革命：1、國民黨，一，他的由來，二，他的成績，三，他的戰士，四，他的主義，五，他的組織。2、中國共產黨：一，他的力量，二，他的傾向，三，他的作用，四，他的影響，五，他的策略。3、工人組織：一，中華全國總工會，他的力量，他的組織，他的影響，他的成份，他的傾向，二，過去的重大爭鬥：罷工，爭鬥的意義。三，中國工人階級在革命中的作用——無產階級的優勢問題。四，中國革命對於工人的政策：勞動保護，社會保險，勞動組織，生產問題。4、農民組織；一，秘密社會，二，紅槍會，三，在北伐前的農民，四，國民革命中的農民政策。5、青年運動：一，學生，二，青工，三，青農。6、婦女運動：一，女權運動，二，勞動婦女運動，7、革命軍：一，他的組織，二，他的成份，三，他的力量，四，他在佔據地的政策。8、政府制度：一，國民政府，二，對外方針，三，代表制度，四，司法，五，新得的省份。9、國民政府的對外政策：一，國民政府與他國的承認問題：二，國民政府與不平等條約；三，國民政府與其他國家；蘇聯，法國，英國，日本，美國；四，帝國主義干涉的危險。10其他問題：一，教育，平民教育，二，社會衛生，三，經濟組織，四，宣傳。11特別材料：一，標語，二，畫片，三，照片，四，傳單。

國際工人代表團搜集材料條例

(一)在搜集材料種類表上所列各項，均須敍述具體事實，少加議論。

(二)所敍述之事實，必萬分真確，不可稍有虛僞，敍述尤宜明晰。

(三)如說明某種問題，例如(8)項中之「對外方針」，比較抽象，然亦必盡量列舉事實作證明。

(四)所敍事實，有時須是現存的，而且注重項細。例如(一)中之(2)項，不在說明歷史，而在把如上海某外人花園掛有狗與支那人不許入內牌子係根據某年某項條約而來這些情形說明出來。

(五)事實須十分具體，例如說工人生活很苦，不在用許多形容句子，而在分門舉出物價指數與工資指數，工廠待遇，工人家庭生活種種事實。

(六)所敍事實，除(二)中之(8)(9)外，均以廣東爲範圍，不以全國爲範圍，但能說及廣西雲南福建者，很好。

(七)凡每次運動或每次紀念底傳單標語畫報，均請搜集，連同其他材料寄來，至於照片，則尤爲歡迎。

第十六星期政治討論會討論題目

國民革命討論綱目：

一，什麽是國民革命的意義？

二，中國的經濟政治和社會情形，簡單說來是怎樣的？

三，就中國所處的環境，和中國經濟社會的變動封建軍閥實無存在的基礎，何以中國的軍閥政治到現在還能保存呢？

四，世界的有產階級，和中國的封建階級是否同站在一條復古的反動的戰線上？

五，帝國主義要怎樣纔能保存並擴張掠奪落後民族的權利呢？

六，中國國民革命是由那些階級來做呢？

七，中國國民革命何以不同於一七八九年的法國革命？又何以不同於一九一七年的俄國革命？

八，國民革命聯合戰線的政策是甚麽？

九，在國民革命的聯合戰線中我們應該把各階級等量齊觀呢？還是應該側重工農階級呢？

更正

十九日政治問答答案第七條「羅德伯特士」誤爲「羅德伯博士」特此更正（[illegible]）

黃埔日刊

中央軍事政治學校出版

全國一致總罷工

反對帝國主義武力干涉中國並援助上海政治大罷工

滬全部海軍已附革命軍

孫傳芳已逃日本

央部請革命軍入滁

直魯軍閥酷集南京

上海革命工人準備作第二次的大鬥爭

國際反帝武力干涉中國運動大會之熱烈情形

赤色的光

本校訓練部啟事

特載

羣衆大會中英國代表湯姆之說詞

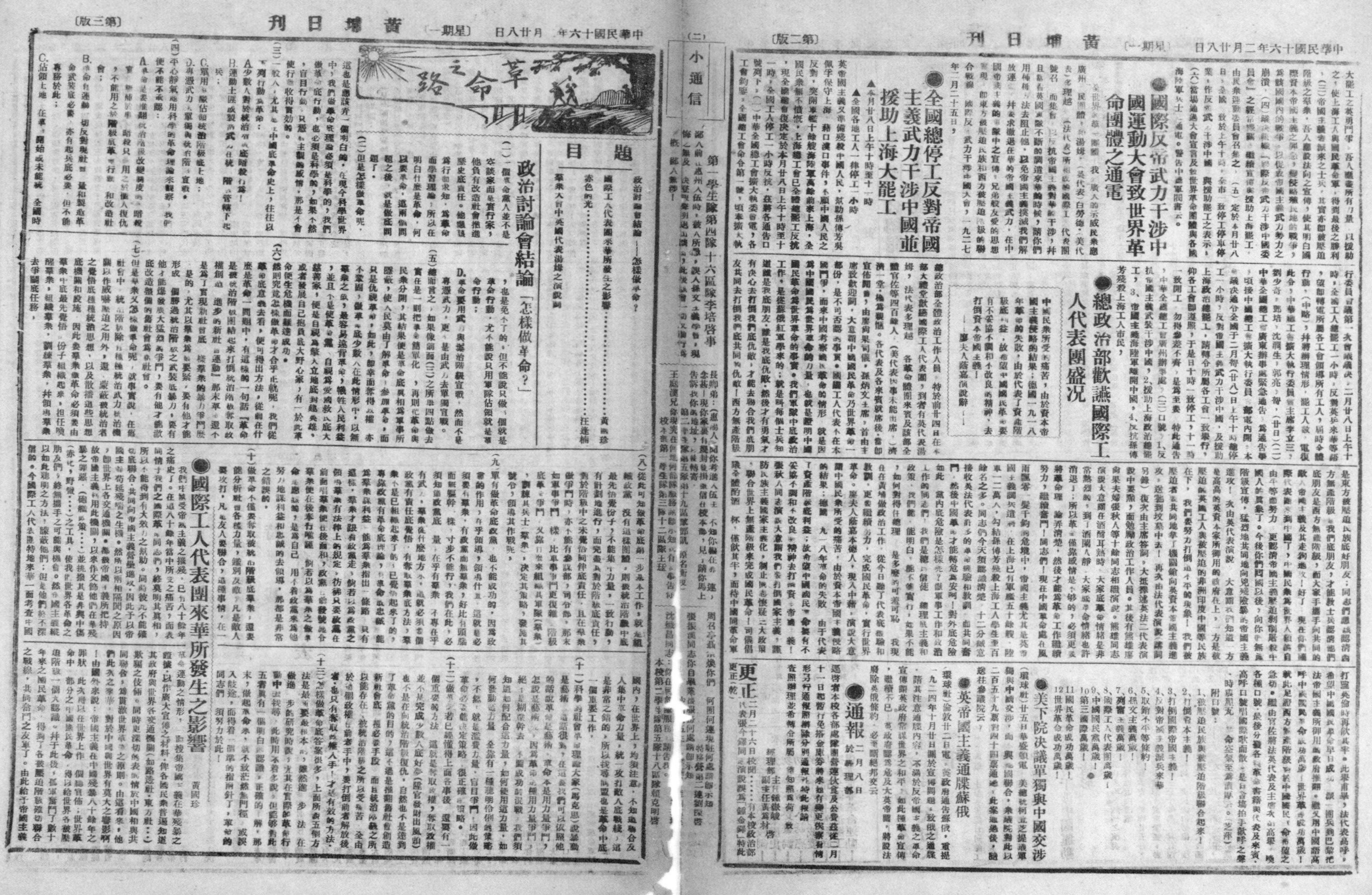

題目

政治討論會結論 「怎樣做革命?」

國際工人代表團來華所發生之影響

全國總停工反對帝國主義武力干涉中國並援助上海大罷工

國際反帝武力干涉中國運動大會致世界革命團體之通電

總政治部歡讌國際工人代表團盛況

美下院決議單獨與中國交涉

英帝國主義通牒蘇俄

通報

更正

小通信

〔中華郵政特准掛號立劵之新聞紙〕〔中華民國十六年二月廿八日〕〔星期一〕〔第一版〕

黃埔日刊

中央軍事政治學校出版

通訊處廣東黃埔本校政治部

（第*六八號）

〔本刊每份定價一分〕

誓遵總理遺囑

總理遺囑

余致力國民革命，凡四十年，其目的在求中國之自由平等，積四十年之經驗，深知欲達到此目的，必須喚起民衆，及聯合世界上以平等待我之民族，共同奮鬥。現在革命尚未成功，凡我同志，務須依照余所著：建國方略，建國大綱，三民主義，及第一次全國代表大會宣言，繼續努力，以求貫徹。最近主張：開國民會議，及廢除不平等條約，尤須於最短期間，促其實現，是所至囑！

本校週口號

恪守親愛精誠校訓——

光大本校光榮歷史——

勿忘本校誓詞——

勿受敵人誘惑——

努力增大黨的威權——

反對帝國主義到底——

擁護全國政治罷工——

促進世界革命運動——

本校訓練部啓事

[illegible]

日評

全國一致總罷工

反對帝國主義武力干涉中國並援助上海政治大罷工

鴻沉

兇暴萬惡的帝國主義直接破壞我民衆，（如五卅）和間接指揮中國封建軍閥殘殺我人民不知若干次了！我們已到再不能忍受的時候了！

我們是不能與他們——兇殘如猛獸一般的帝國主義及軍閥講道理的！因爲政權在他們手裏：只有他們的法律，只有他們的公理，只有他們的自由，只有他們的特權——一切一切，我們的身體精神，生命財產，都是他們特權階級的犧牲品！我們是不能與他們講道理的，我們只有聯合起來，作反抗的鬥爭！我們真正人類的和平和幸福要從我們爭鬥流血中得到！爭鬥一次，向前進展一次；失敗一回，力量擴大一回：武力爭鬥是不可少的革命手段，失敗是成功的因子！我們只有不計成敗的做我們革命的工作！

上海的大罷工，是反對帝國主義和軍閥響應革命軍的政治鬥爭。七十萬有組織的工人參加這次的大罷工和百萬市民的同情援助就表現出被壓迫民衆團結的力量來。堅持罷工五日以後暫時的停止是爲『養精蓄銳』，增厚下次『奮鬥』的力量，並且這次把反抗帝國主義和軍閥的猛烈爭鬥的精神擴大到全國，全世界，以期收整個的協同動作之効！

這時候，並不是上海大罷工的失敗，而是我們以此爲模範而繼續擴大我們這種鬥爭的革命運動。有這種民衆的大團結的力量來幫助革命軍，響應革命軍，革命軍才易于得到勝利！才能收復上海！才能收回租界！才能打倒軍閥！才能打退帝國主義的無理壓迫！所以我們今天要全國一致動作起來，總罷工，大示威以反抗帝國主義武力干涉中國並援助上海大政治罷工！

我們全國一小時（本日上午十時至十一時）的總罷工的大示威運動，就證明出我們全國民衆團結的精神和反抗力量之偉大，而且已由「五分鐘」延長到六十分鐘了！

在這全國總罷工中我們要實現：

（1）帝國主義海陸軍離開中國！

（2）促進上海政治大罷工的勝利！

並且我們要準備將來由中國到全世界的，由一小時延長至一日以上的總罷工，實現「打倒國際資本帝國主義，完成世界革命」口號！

軍事

滬全部海軍已附革命軍

▲現正積極謀由水道攻滬

廿四日上海電 孫傳芳部駐滬全部海軍，已附革命軍，現正積極謀由水道攻滬，廿二晚建康建威兩艦先發難，欲砲擊兵工廠未中，廿三晨兩艦有被孫軍截留訊，

孫傳芳已逃日本

▲孫軍已全部離浙

廿四日上海電，孫傳芳軍現全部離浙，嘉興亦已退出，未退前大掠，商會與以八萬始行，孫軍刻守松江，戴軍確進抵嘉杭間，盧香亭赴松江，係因孟昭月戰敗，代孟任前敵總指揮，又孫傳芳逃日已證實，

吳部請革命軍入豫

廿四日上海電，吳佩孚部將領聯電請唐生智入豫，唐擬一兩日內由長沙赴漢，面謁蔣總司令請示機宜，

吳秀才與張鬍子鬧翻面孔

▲隴海線張宗昌部餓兵，半數被吳佩孚部擊潰，吳軍亦受重大損失，

直魯軍閥齊集南京

廿四日上海電 張宗昌廿三日二時抵浦口，孫傳芳派劉宗紀徐鼎康往迎，三時入南京，駐海軍司令部，衛隊旅駐勸業場，魯軍廿二晚入南京城，一部已抵滬甯線之龍潭附近，楊文愷徐源泉畢庶澄等均在甯，與孫傳芳商戰略，吳光新亦有到甯說，

政治

上海革命工人準備作第二次的大鬥爭

廿四日上海電 上海各界連日向總工會勸請復工，廿三日總工會議決容納各方意見，定廿四日一時起，全體工人總復工，已通告工界及市民，述此次罷工原因，並謂爲蓄銳計，不能不暫復工，但工界之奮鬥，不以停止罷工而停止云云，

國際反帝武力干涉中國運動大會之熱烈情形

△參加人數達三十萬

△各被壓迫民族代表均有熱烈之演說

△通過重要宣言通電決議案

國際反帝武力干涉中國運動大會，於昨廿五日，在中大操場舉行，是日開會情形，異常緊張，參加者除廣州各革命團體民衆在三十餘萬，并有國際工人代表團，英代表湯姆，美代表白勞德，法代表多里越，第三國際代表，及其夫人，代表團秘書，與被壓迫民族聯合之印度，朝鮮，安南，緬甸，暹羅，台灣，尤以印度人爲多，并分往農工商學軍警各處，相繼作熱烈演說，民衆歡呼之聲不絕，全場革命空氣，熱烈異常，

是日大會之決議案

（一）國際資本帝國主義在中國之暴行，已罄竹難書，聯合全世界無產階級與被壓迫民族，共同打倒帝國主義，（二）當帝國主義紛紛派艦干涉中國的時候，當國民革命軍攻陷杭州，而軍閥孫傳芳負隅淞滬，作最後掙扎的時候，而上海工人乃有

---

* 此处缺“二”字，应为“第二六八号”。编者注。

中華民國十六年二月廿八日〔星期一〕　黃埔日刊　〔第二版〕　(二)

大罷工之英勇鬥爭，吾人應盡所有力量，以援助之，使上海工人與國民革命軍，得到最後之勝利，(三)帝國主義者派來之士兵，其實亦即被壓迫階級之羣衆，吾人應設法向之宣傳，使其明白國際資本帝國主義之罪惡，變侵略殖民地的戰爭，爲該國國內的戰爭，以促成帝國主義武力勢力之崩潰，(四)擴大組織『國際反帝武力干涉中國委員會』之組織，繼續宣傳與援助上海罷工，由民衆運動委員會召集之，(五)定於本月廿八日，全國一致於上午十時，全市一致停工停車停業，作反帝武力干涉中國，與援助罷工之表示，(六)當場通過大會宣言及致世界革命團體與各國海陸軍兵士通電。警告中英軍閥書云。

國際反帝武力干涉中國運動大會致世界革命團體之通電

全世界各革命團體：我們廣州民衆團體，和湯姆(英代表)白勞德(美代表)多理越(法代表)所組織國際工人代表團，示威民衆應號召而集會，以反抗帝國主義對華武力干涉，并且看着英國軍隊不斷的調遣來華的時候，請你們用種種方法去阻止他，以免帝國主義撲滅我們解放運動，并要求撤退在華的帝國主義武力。在中國帝國主義的飯中之宣傳，兄弟般友愛的思想實現，即東方被壓迫民族和西方被壓迫階級的聯合戰線。國際反帝武力干涉中國大會，一九二七年二月二十五日。

全國總停工反對帝國主義武力干涉中國並援助上海大罷工

▲本月廿八日上午十時至十一時

▲全國各地工人一律停工一小時

英帝國主義又準備殘殺中國人民，幫助孫傳芳吳佩孚保守上海，藉口漢口事件，不顧中國人民之反對，突開軍艦十餘艘海陸軍萬餘前來上海，全國民衆無不憤慨，上海總工會已全體總罷工反抗，現全國總會復決定於本月廿八日上午十時至十一時，全國工人停工一小時反抗，茲將各通告口號列下，(一)中華全國總工會通告各工會鈞鑒，全國總工會命令第一號，頃奉擴大執行委員會議第一次會議議決，二月廿八日上午十時，全國工人總罷工一小時，反對英兵來華等語，望即轉電所屬各工會領導所有工人，屆時全體行動，(中略)并將辦理情形，罷工人數，電復此令，中華總工會擴大執行委員會主席李立三，劉少奇，鄧培，沈澗生，郭亮，智，(廿日)(二)中華全國總工會擴大執行委員會廣東辦事處緊急通告，爲通告事頃接中國總工會部電內開，本會議決通令全國于二月廿八(廿八)日上午十時總停工一小時，反對帝國主義武力干涉中國，及援助上海政治總罷工，請轉令所屬各工會一致舉行，仰各工會即遵照，于是日十時一致停工，十一時一致開工，勿得參差不齊，是爲至要　特此通告，(三)口號，1、反抗帝國主義武裝干涉中國，2、援助上海政治總罷工，3、帝國主義海陸軍離開中國，4、反抗孫傳芳殘殺上海工人市民，

總政治部歡讌國際工人代表團盛況

> 中國民衆所受的痛苦，由於資本帝國主義侵略的結果；德國一九一八年革命的失敗，由於代表了資產階級底利益，故希望中國國民革命要有不妥協不調和不改良的精神，去打倒資本帝國主義！
> ——廖夫人陸嘉演說辭——

總政治部全體政治工作人員，特於前廿四日在本部大禮堂歡讌國際工人代表團，到者有英代表湯姆，法代表多理越，各革命團體來賓及該部全體官佐等四百餘人。(美代表因事未能出席，)濟濟一堂，極爲親愴。各代表及各來賓就席後，當即宣佈開會，由廖尚果司儀，孫炳文主席，首由主席致歡迎詞，大意謂中國國民革命乃世界革命一部份，是不可否認的事實。國際工人代表不在本國鬥爭，而來中國考察國民革命的情形，就是因爲中國國民革命爲世界革命的事實。我們軍隊中底政治工作，是從蘇俄紅軍學來的；就是叫每個士兵知道誰是我底朋友，誰是我底仇敵，然後才有勇氣才有決心去打倒我們底仇敵，才能去聯合我們底朋友共同去打倒我們底共同的仇敵！西方無產階級是東方被壓迫民族底好朋友；同志們應該認清西方無產階級，是我們底朋友，才能教士兵認清他們底朋友是西方無產階級，而大家手攜手向共同的敵人帝國主義及其走狗進攻！好了，現在你們國際代表團來到中國了，中國民衆爲世界人類謀自由平等而努力，更認清帝國主義壓迫剝削屠殺中國人的真象了。今後你們回國以後，向你們無產階級宣傳，猛烈地共同地向兇殘險暴的帝國主義進攻！次由英代表演說，大意謂我們知道一方是高高的英資本家所御用的政府在上，一方是被壓迫的英國工人與被壓迫的非洲印度中國等民族在下，我們要努力打倒這不平的現象！我們被壓迫者要共同地拿了機關鎗向英資本帝國主義進攻，送牠到墳墓中去！再次由法代表演說(講詞另錄)復次由主席答詞，大抵釋述英法二代表演說中要點，而勉勵政治工作人員。其後有熊雄廖尚果夫婦張秋人等十餘同志相繼演說。熊雄同志演說大意謂在酒酣耳熱時，大家底革命情緒是非常熱烈的，到了酒闌人靜，大家底革命情緒也許消退了；所以革命僅靠感情是不够的，必須更要將革命理論弄清楚，然後才能爲革命工作繼續努力，繼續奮鬥！同志們！現在中國革命處在風雨飄零一髮千鈞的危境中，帝國主義尤其是英帝國主義調兵遣將，在上海已有軍艦五十餘艘，陸軍一二萬人，勾結孫傳芳殘殺上海工人學生至百餘名之多。同志們今天須認識清楚，十二分誠意接收英法代表許多的革命經驗和教訓，而共同奮鬥，然後中國革命才能轉危爲安呵！對外底危險如此，黨內底危險是怎樣呢？黨軍事工作和政治工作的同志們，我們是總理的信徒，總理底主義和政策，我們能，能明白，能不能實行，如果不能，如何對得住總理，是多麼的可羞可恥，我現在在黃埔做政治工作，從今日聽了代表底經驗和教訓，更要繼續努力，完成國民革命，實行世界革命。廖夫人陸嘉本德人，現入中籍，演說大意謂中國民衆所受的痛苦，由於資本帝國主義侵略的結果；德國一九一八年革命的失敗，由于代表了資產階級底利益；故希望中國國民革命要有不妥協不調和不改良的精神去打倒資本帝國主義！次張秋人同志演說大意謂我們要打倒國家主義，防民族主義國家主義化，制止同志懷疑之大政策，聯合世界上無產階級來完成國民革命！司儀倡議全體酌酒一杯，僅飲其半，而待中國同革命軍打到英倫時再飲其半。此舉甫畢，法代表高呼希望中國國民革命早日成功，派一團兵到巴黎把法帝國主義所御用的政府推翻。繼又用中國語高呼中國國民革命成功萬歲！世界革命成功萬歲！就此足證西方無產階級對於中國國民革命希望之急切。繼由官佐將法英代表及主席次第高舉，各種口號，最後分贈各種革命書籍與代表及來賓，高呼口號唱國際歌而散，是日會場拍手歡呼之聲，時震屋瓦，革命空氣至爲濃厚云。(芝萍)

附口號：

1、被壓迫民族與被壓迫階級聯合起來！

2、打倒資本主義！

3、打倒國際帝國主義！

4、反對帝國主義派兵來華

5、取銷不平等條約！

6、孫文主義萬歲！

7、列寧主義萬歲！

8、國際工人代表團萬歲！

9、中國國民黨萬歲！

10第三國際萬歲！

11國民革命成功萬歲！

12世界革命成功萬歲！

美下院決議單獨與中國交涉

(環球社)廿五日華盛頓電，美總統柯立芝提議單獨與中國交涉，而不與他國聯合，衆議院對此以二百五十九票對四十四票通過，此案通過後，隨送往參議院云。

英帝國主義通牒蘇俄

(環球社)倫敦廿二日電，英政府通告蘇俄，重提一九二四年十月廿日關於宣傳問題，致俄之通牒，請其注意通牒內容，不滿於反帝國主義之革命宣傳謂英政府常謀世界之和平，如此種革命宣傳，繼續不已，英政府認爲危及大英帝國，將設法廢除英俄條約，必至斷絕邦交云

通報　二月八日於經理部

逕啓者本校各部處隊團營連伙食及公費茲從二月十一日起暫行免搭金庫劵將來如有變更俟察看情形另行通報照辦除分別通報外特此報請查照辦理並希轉令所屬　遵知照爲荷　此致

經理部主任鍾嶽峻　副主任黃爲材　啓

更正

二月二十六日校聞：……有本校政治部代表張令鐸同志演說誤爲「鍾金鐸」特此更正(乾)

小通信

第一學生隊第四隊十六區隊李培啓事　鄙人前在惠州入伍時，被人所愚，誤入孫文主義學會，現悔之無及，決登報聲明退出該會，此後該會一切反動行爲概與鄙人無涉！

長卿弟：(惠陽人)問你考進入伍生不知你編在那連，念甚！現你家裏有幾封雙掛號信在校本部，見，請你馬上告訴我你的地址，以便轉寄。第二學生隊第五隊第十九區隊鄧凱(原名衡度)

王庭漢兄你現究在何地何部隊服務請即示知我有事告你　校本部第一學生隊第三隊十二區隊王珏

周召亭孫宗煥你們何團何連現駐何處請即示知　特務營第二連劉傑啓

張振漢同志你自畢業後服務何處請即示知

沈熾昌同志：你在何部隊服務，請告我。本校第二學生隊第五隊十八區隊賴克明啓

中華民國十六年八月廿八日 〔星期一〕 黃埔日刊 〔第三版〕

革命之路

題目

政治討論會結論「怎樣做革命？」

(一)一個革命黨人並不是空談家而是實行家，他負有改造社會推進歷史底責任。他應該爲行而求知，爲革命而學習理論，所以在明白什麼是革命，這兩個問題之後，就是做底問題了。

(二)但是怎樣做革命呢，這也是應該弄一個明白的，在現今科學世界中，我們做革命底理論必須是科學的，我們做革命底行動，也必須是科學的，如果不然，盲目行動，只憑主觀的感情，那是不會使行動收得實效的。

(三)一般人，尤其是中國底革命史上，往往以下列行動爲革命：

A.少數人對於統治者底暗殺行爲！

B.運動土匪或製造武人在統治階級管轄下起兵；

C.單用軍隊佔領統治階級底土地；

D.專憑武力，單獨與統治階級宣戰。

(四)平心靜氣地用科學的革命理論來觀察，我們便不能不承認：

A.革命是要推翻統治階級改變制度的，暗殺實無補於事，暗殺只能用之於個人復仇，不能用之於階級底革命行動，和改造社會；

B.革命自運動，切反對現社會底力量和製造革命武裝底必要，亦有起兵底必要，但不能專務於此；

C.佔領土地，在事實開始或未能統一全國時，也是免不了的，但不能說只做一個就是革命行動，尤不能說只用軍隊佔領就是革命行動；

D.革命要用武力與統治階級宣戰，然而不是專憑武力，更不是由武力去單獨宣戰。

(五)總而言之，如果像前面(三)之所舉四點做去實在是一則把革命簡單化，再則把革命與民衆分開，其結果便是革命底眞相爲軍事所隱蔽，使人民莫由了解革命，參加革命，而只是仇視革命，如此，即幸而奪得政權亦不鞏固，做革命底少數人在此情形中，以無羣衆之故，最容易違背革命，犧牲人民利益，並且不是使革命黨自視爲愛國救民底大慈善家，便是自視爲擎天立地底封建英雄，或者發展自己抱負底大野心家，有一於此革命便生危機而難達成功。

(六)然則究竟怎樣做革命才合乎正軌呢，我們從革命底意義去看，便可得出方法，從前在什麼是革命一問題中，有這樣的一句話『革命是被統治階級團結起來打倒統治階級奪取政權創造進步的新社會運動』那末革命還不是爲了實現新社會底[illegible]樣羣衆的暴力爭鬥麼

是的，尤其以羣衆爲最要緊，要有他才能形成[illegible]個勝過統治階級之武裝底暴力，要有他才能爆發廣大猛烈的爭鬥，要有他才能澈底改造整個的舊社會爲新社會。

(七)但是羣衆又怎樣做革命呢，就事實說，在舊社會中，統治階級除了種種統治武力統治機關以作威嚇壓迫之用外，還蒙蔽被統治者之覺悟底種種統治思想，以及散播這些思想底機關和設施，因此要羣衆做革命必須要由羣衆中底最先覺悟的份子組織起來，担任喚醒羣衆，組織羣衆，訓練羣衆，幷領導羣衆去爭鬭底任務，

(八)從此可知做革命底第一步基本工作，就是組織政黨 沒有這樣團體，則被統治階級中底最先覺悟份子，不能集中力量，一致行動，有計劃地進行，而完盡其對於階級底責任，對於階級中之未覺悟同伴底責任，且在羣衆做爭鬥時，亦不能有參謀部，司令部，那末如軍事爭鬥一樣，比軍事爭鬥更復雜的階級底革命爭鬥，又靠什麼來組織其軍隊(羣衆)，訓練其兵士(羣衆)，決定其策略，發施其號令，領導其作戰呢，

(九)單有做革命底政黨，也不能成功的，因爲政黨的作用，在乎領導，領導什麼，這就是必須要有羣衆，有政黨而無羣衆，好比有頭腦而無軀幹一樣，寸步不能行，我們在此，必須知道政黨底力量，在乎有羣衆 不專在乎有武力，羣衆從什麼地方來，這就必須要個政黨有責任底覺悟，有奪取羣衆底方法，羣衆不是已組織起來了的，已覺悟起來了的，專靠政黨有革命底理論，有革命底忠誠，能爲羣衆謀利益 能爲羣衆指出一條路 只有這樣，羣衆才跟着政黨走，倘若以爲政黨之領導羣衆有法律上的規定，彷彿只要政黨在前面唱羣衆便在後面和，政黨一旦發號施令羣衆便在後奉行唯謹 倘若以爲羣衆之做革命是聽政黨的，是爲自己 用不着政黨來爲他努力地謀利益和忠誠的去領導，那都是非常之錯誤的，

(十)做革命不僅要奪取被統治階級底羣衆，還要能分析社會各種力量，鑑別友敵，凡是敵人要攻打，凡是友人要聯合，這種事情，在一國內，在世界上，均須注意，不知道聯合友人集中革命力量，統一攻打敵人底戰綫，這是非常之錯的，所以找尋同盟也是革命中底一個重要工作。

(十一)科學的社會革命理論大家(馬克思)說暴動是藝術 這話很對，在這裏我們可以依照他的話說革命是藝術，革命本是用力量爭鬥，怎說是藝術呢，因爲革命是種用力量爭鬥，絕不是糊塗幹去 不圖成功的混戰，我們須知道如何配合這力量，如何使用這力量，如何發動這力量 全靠有一種聰明伶俐的策略，不然，就是濫費力量，盲目爭鬥，因此做革命必要能決定策略，很正確的策略。

(十二)做革命 若已經懂得上面各事後 還要有一個重要的方法 這就是奪取政權，奪取政權並不是完成少數人底好夢(陞官發財出風頭)也不是在向統治階級復仇，自然也不是達到了革命黨的目的，這不過是推翻舊社會創造新社會底一種必要手段 而且統治階級之所以能存在，被統治階級之所以受痛苦 全由於這個政權在前者手中，要打倒前者解放後者，也只有奪取政權入手！才是有效的方法。

(十三)怎樣做革命底答案很多，上面所說五個方法是最重要最根本的，雖然進一步法 在做進一步的研究時說，尤其在實際的革命行動中去找尋，此時用不着多說，但能夠對此五者真有一個明白的認識，正確的了解，那末，做起革命來，就不致茫然無門徑 或誤入歧途，而得着一個準的指南針了，革命的同志們 須努力於此！

國際工人代表團來華所發生之影響

黃國珍

我們中國受帝國主義之摧殘，已有八十餘年之痛史了。在這八十餘年當中所受之痛苦，而表同情于我們之國際革命同志們，終莫明其眞相，所以不能得到有大效力之幫助。同時彼此不能確切底聯合，共同向帝國主義營壘進攻。因此予以帝國主義苟延殘喘之生機。然所以兩相隔閡之原因，即世界上各交通機關，都被帝國主義所把持，故帝國主義利用此機關，以來作文飾他們在華殘暴之罪惡，(砲艦政策……)之工具，使我們世界各革命之朋友們，終無攜手之可能與機會。然帝國主義縱以如此聰明之方法，朦蔽他們；但是他們終不深信的。今國際工人代表團特地來華一面考查中國革命運動之情形，一面搜集帝國主義在華殘暴之證據，以作廣大宣傳之材料，俾各國民衆普遍知道其政府與世界各交通機關(如路透社，東方社……)欺騙之伎倆。同時更深切的表同情於中國相與共同聯合，爲貫澈世界革命之原則。由這看來，他們此次之來華，對於中國與世界有莫大之影響啊！由國外來說：帝國主義在中國殘暴八十餘年之罪狀，此次得以在世界上作一個總宣佈；世界革命中一部分之中國國民革命，得以給世界各被壓迫階級一個大認識。幷于此後，孤軍奮鬥了數十年來之國民革命，得到了各被壓迫階級確切聯合之戰線，共同奮鬥之友軍了。由此給予帝國主義

中華民國十六年二月二十八日（星期一） 黃埔日刊 （第四版）

個大打擊，而陷他們于崩潰不可終日之位置，使他們掉入恐怖時代；或者因恐怖而斂迹之教訓，也未可知。中國內部：可以促起各反動派之覺悟，又可以證明國民革命是世界革命之一部分；同時可以做總理所主張之三大政策絕對正確之鐵證，而表現反對三大政策之不忠實黨員以前之錯誤，以引起他們之反省；并且增加本黨忠實黨員倍一之勇氣。國際帝國主義們，國內反動派們，假革命們，大家來看看，今日之世界是誰家之世界啊！不是所謂被壓迫階級和被壓迫民族之世界嗎?!

二十九區隊黃國珍稿

赤色的光

汪逢楠

在四圍黑氣沉沉的籠罩中，一朵燦爛鮮明光芒萬丈的赤球，忽從天外飛來，鼓動了重圍中人不少的勇氣。頓使吾們精神奮發，血液沸騰，呼出一種熱烈的呼聲。

喂！朋友！怎麼可樂啊！今天第三國際代表，國際工人代表團，留俄歸國同志，齊臨本校，給我們不少的教訓，增我們不少的勇氣，親切懇摯的態度，慷慨激昂的言論，尤其是七十一齡的湯姆老同志，鑊鑠精神，熱烈興趣，頓使歡迎會場中革命空氣十二萬分的緊張。慚於握管的我，也禁不住內心燃燒，寫了一大篇感想，雖然祇是一些廢話。

誰也知道帝國主義已發展到最高度，全世界的統治者壓迫者成了整個的，同時全世界被統治者被壓迫者也應聯合起來，共同奮鬥，肅清國際資本帝國主義的惡勢力，以謀全人類之真正自由平等，所以中國國民革命，自是世界革命之一部，應受第三國際的指導，而世界革命的信徒，自不能不熱烈援助中國國民革命。

馬克斯說：

『只有壓迫國家的無產階級，直接及堅決的援助被壓迫民衆之反抗其祖國的帝國主義的民族獨立運動，才可以形成一個革命的最前線』。

列甯堅決地說：

『無產階級必要主動地決絕地保持被壓迫民衆的革命運動』。

這兩位世界革命的導師所指出世界革命和國民革命的方略，我革命同志已敬謹奉行，相互努力提絜：世界革命的工農階級，無產階級政黨，所直接間接給與我們以精神上物質上的援助，難以備述，甚至拼却大好頭顱，無量熱血，以與帝國主義及其工具，作殊死戰，縮短國民革命的期限。

先總理在日，早就認定現世界分成兩個大壁壘，一是壓迫者，一是被壓迫者，凡我革命同志，應當不分種族，不分國界，一致與帝國主義奮鬥，其最大的主力軍，便是工農階級；所以毅然決定（聯俄）（聯共）（農工）三大政策。垂危之際，還給蘇聯一封誠摯親懇的信說：

『我希望國民黨在完成其由帝國主義制度解放中國及其他被侵略國之歷史的工作中，與你們合力工作。……我已令國民黨長此繼續與你們提攜，我深信你們亦必繼續前此與我們之援助。』……兩國在爭世界被壓迫民族自由之大戰中，攜手並進，以取得勝利』。

同時又訓迪我們：『喚起民衆及聯合世界上以平等待我之民族共同奮鬥』，我們國民黨同志及第三國際同志，本着這種原則緊攜着手，大踏步地向那烏烟瘴氣中，與吃人肉吮人血的惡魔，拚命肉搏。

此次國際工人代表團及第三國際代表來華的意義，鄭夢女同志說得很詳。無庸縷述，茲僅概括地說：

1、希望諸同志將四圍封鎖的中國的真相，及帝國主義的罪狀，盡量地，誠懇地，宣布於歐美各國，使我工農階級，識破其技倆。

2、希望諸同志們去喚起各壓迫國家內的工農階級，極力援助被壓迫民族之中國，脫離其祖國而獨立。如理越同志所說，將使壓迫國家的海陸軍，重演一回：『法海軍攻俄，反倒戈內向』：的故事，這是應當而且必要的。

3、希望諸同志詳盡指出我們工作上的錯誤，教導我們新的革命兵法，和戰術，以鞏固我們的戰線，增進我們的力量。

至於本校在國民革命進程中，所佔的地位，不用說，世界各革命團體，各革命份子，都知道的。原來本校所以創設，實因先總理鑒於無產階級革命先進國！蘇聯！之成功，特命蔣校長創立此校，造成多數革命職業的專家，為革命軍的骨幹。校長亦認國民革命須受第三國際之指導，曾秉總理使命，親赴蘇俄考察。及受校長之任，努力實現總理政策，力闢反共謬說，申述無產階級政黨，本其民族的精神，團結其實力，與其革命的使命起來以至誠與本黨合作，因爲他們幫助中國國民革命，就是幫助世界革命。并且說：

『吾認定統一中國國民革命的指揮，和統一革命勢力的唯一政黨，是國民黨；我們中國國民革命，要確定現在能夠統一世界革命的，祇有第三國際。』

『現在要求世界革命的統一指揮，沒有第三國際，是不成功的』。

『第三國際，是領導世界革命的總機關』。

本校同學同志，在總理及校長領導之下，都能確實了解而且遵守奉行總理的三大政策，那末，本校精神，與第三國際，早有一種親密的結合。

本校自一九二四年攻克東江，肅清楊劉，去年北伐，所向皆捷，黃埔軍校，在中國革命史上，博得無上之榮譽，其得助於第三國際的指導援助，自屬不少。及英帝國主義，欲維持其在華『不當利益』之勢力，又以其忠實走狗——吳佩孚孫傳芳……被打得落花流水，腦羞成怒，又演其『砲艦政策』屠殺手段於萬縣，於漢口，於九江，近更明目張膽，增調軍艦，派遣軍隊，公然組織所謂『中國遠征隊』。校長暨諸同志們，一方面本其大無畏的精神，力與奮鬥，一方面自甚希望第三國際及國際工人階級，與以充分的助力。果然英國工人階級及其政黨，已正式給與英政府以嚴重之警告，并起而積極援助中國，給英政府以重大的打擊。

各帝國主義國家，最能利用「新聞政策」，顛倒黑白。隱蔽殘惡之真相，於是第三國際代表，國際工人代表團，適於此時聯袂來華，揭破其面具，顯露其真相，這是何等痛快的事啊！今天諸位來到中國國民革命策源地的黃埔，將諸位的經驗意志，充分發揮，充分表現，給與我們一種資養料與奮劑，即是間接增進國民革命的力量。這也是我們應當感謝的。

留俄同志，在世界被壓迫民族被壓迫階級的保姆的溫柔懷抱中，吸取不少的革命空氣，革命乳液，長成健全的人格，還來回到國內，必定帶了不少的革命禮物，給與我們親愛的同志，我們也正渴望着接受你們的聖水。

歡迎啊！赤色的光！永遠照耀大千世界，洗滌人間罪惡吧！

一九二七，二，二一。于平岡第六學生隊

特載

羣衆大會中英國代表湯姆之說詞（二月廿三日）

同志們！我很歡喜今天在這裏看見這樣壯大的羣衆大會，我來代表英國革命工人向你們致誠摯的敬禮。因爲我是英國的革命工人，努力造成世界革命所以派我來，與你們聯絡，我們一致聯合一致準備完成世界革命的工作！我要在這裏說幾句狠緊要的話，我知道英國政府那樣殘酷兇暴對待你們中國人。你們是不會而且是不應該受英國政府的威脅。英國帝國主義要用海陸軍侵略你們中國，剝削你們勞苦的民衆，往你們國中四圍搶掠，但是我相信你們都知道，英國的工人却不是這樣的。我們英國工人階級是在國內起革命，反英國資產階級的政府，反抗英帝國主義掠奪殖民地。我狠歡喜你們也在做同樣的工作。現在英國政府派海陸軍到上海干涉你們的革命運動，希望你們準備更大的力量起來革命，打倒英帝國主義！在這個奮鬥當中，我們是在同一戰線上的同盟者。我要告訴你們，我們正在準備起來推翻英國的資產階級政府。我們對付英國政府有兩個方法，第一就是用投票的方法，因爲英國政府是由投票選舉的，我們可用多數的投票選出工人階級的代表，而推翻現在代表資產階級的帝國主義政府。第二是從工業上打倒他，現在全英都是工業區，在去年我們知道有百餘萬煤礦工人大罷工，現在雖然復工了，但是仍準備反抗政府的，將來一有機會，我們要將全體階級齊聯合起來對付那反動的政府，如果他要侵略攻打弱小民族，我們就一致總罷工，使他沒有軍隊，沒有人製造槍砲，沒有人駛戰艦，沒有飛機……不能應用一切殺人的武力了，再干涉殖民地和半殖民地的革命；現在英國各地工人已有組織了干涉中國委員會，反對英國的政府，阻止他武力干涉中國。我們還要擴大這個運動，用我們的實力制止他。所以我代表的英國工人是與英國政府相反的。我所代表的英國工人是與他們一樣要反對英國政府的。我們是同在一條戰線，我們要聯合一起打倒帝國主義！消滅帝國主義的政府！我狠感激你們今天的歡迎。昨日我曾參觀罷工糾察隊勞動童子團及工人自衞隊的會操，還見許多革命的軍隊和警察，我起了狠大的感想。英國雖有很大的軍隊和警察，但這是帝國主義的武裝他是用來壓迫工人，破壞罷工，而不是爲我們所用的，但是你們的軍隊是爲革命政府所用的，是幫助革命的民衆得到利益的。我知道你們有偉大的領袖孫中山先生，我相信你們的革命必能依照你們偉大的領袖所指導的路徑而得成功！英國工人階級希望你們加緊奮鬥！大家聯合起來完成世界革命。末了！我們高呼口號：（一）打倒英帝國主義！（二）打倒各國帝國主義！（三）中國革命民衆萬歲！（四）中國的革命軍隊勝利萬歲！（五）中國國民黨萬歲！（六）中國革命的國民政府萬歲！（七）中國革命成功萬歲！（八）世界革命成功萬歲！

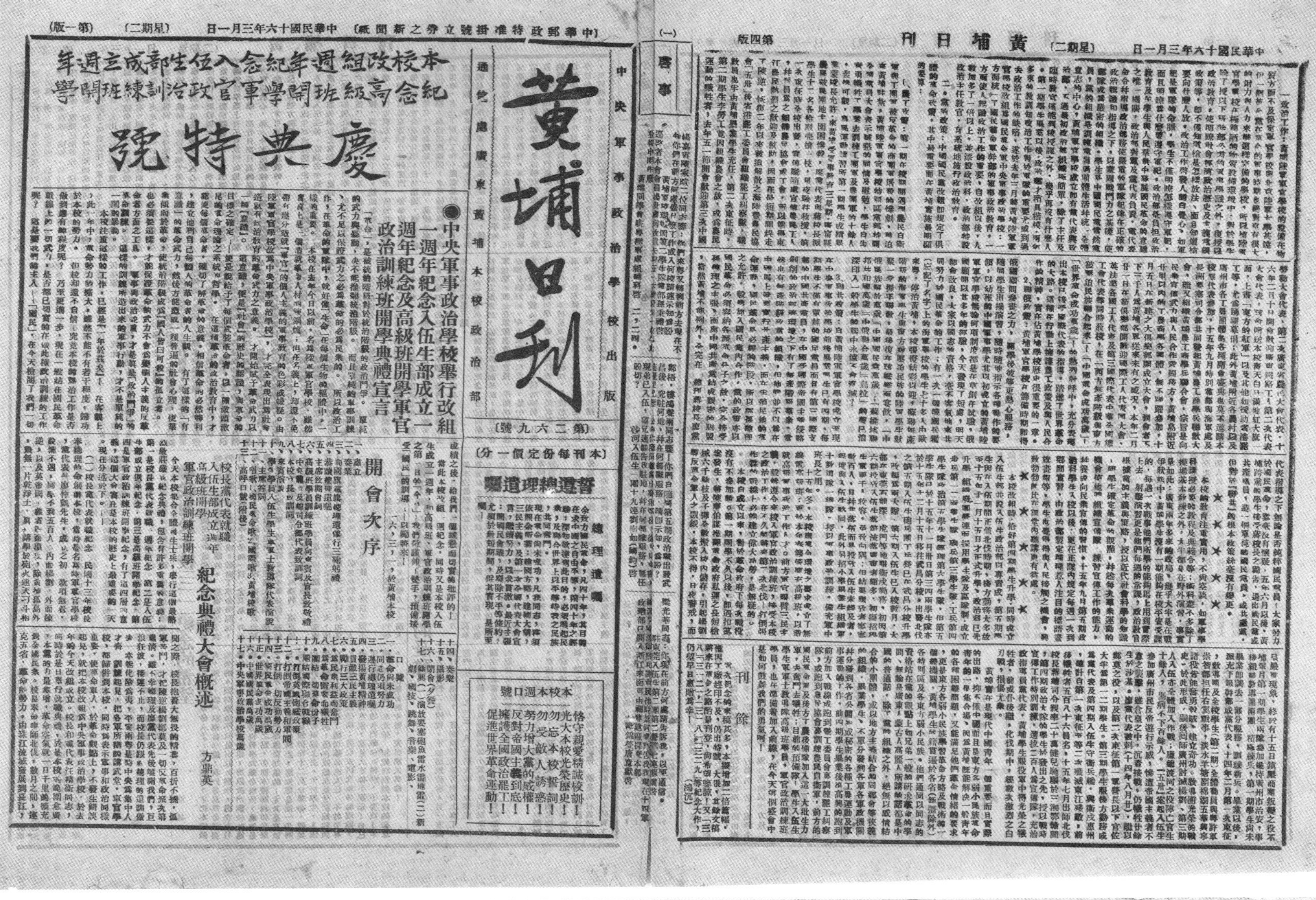

中華民國十六年三月一日（星期二） 第一版

黃埔日刊

中央軍事政治學校出版

慶典特號

本校改組週年紀念入伍生部成立週年紀念高級班開學軍官政治訓練班開學

中央軍事政治學校舉行改組一週年紀念入伍生部成立一週年紀念及高級班開學軍官政治訓練班開學典禮宣言

總理遺囑

開會次序

紀念典禮大會概述

本校本週口號

黃埔日刊 第四版

刊餘

黃埔日刊 第三版

我對於本校三一二紀念的希望

我們的歡喜與我們的憂愁

本校之概況

小通信

〔中華郵政特准掛號立券之新聞紙〕 中華民國十六年三月一日 〔星期二〕 〔第一版〕

黃埔日刊

中央軍事政治學校出版
通訊處廣東黃埔本校政治部
〔第二六九號〕
〔本刊每份定價一分〕

本校改組週年紀念入伍生部成立週年
紀念高級班開學軍官政治訓練班開學

慶典特號

恪遵總理遺囑

總理遺囑

余致力國民革命，凡四十年，其目的在求中國之自由平等。積四十年之經驗，深知欲達到此目的，必須喚起民眾，及聯合世界上以平等待我之民族，共同奮鬥。現在革命尚未成功，凡我同志，務須依照余所著建國方略、建國大綱、三民主義及第一次全國代表大會宣言，繼續努力，以求貫徹。最近主張開國民會議及廢除不平等條約，尤須於最短期間，促其實現。是所至囑！

本校本週口號

恪守親愛精誠校訓！
光大本校光榮歷史！
勿忘本校誓詞！
勿受敵人誘惑！
努力增大黨的威權！
反對帝國主義到底！
擁護全國政治罷工！
促進世界革命運動！

●中央軍事政治學校舉行改組一週年紀念入伍生部成立一週年紀念及高級班開學軍官政治訓練班開學典禮宣言

「革命」，是被統治階級對於統治階級的政治鬥爭。單純的武力與暴動，決不能推翻統治階級。而且單純的軍事訓練、尤不足以保證武力之必為革命的必為民衆的。所以政治工作，在革命的軍隊中，就好像「生命」在每個生物的軀體中，一樣的重要。本校在去年今日以前，名為陸軍軍官學校，雖然實質上是一個造就革命人材的洪爐；但在名義上，却還不免帶有幾分造就「軍官」的個人主義的軍事教育的色彩或嫌疑。由陸軍軍官學校改為中央軍事政治學校」，才完全表現出為社會造就有政治教育的革命武力之意義。才開始賦予革命武力以一種『意識』。這意識，便是『社會』的歷史的認識，與革命的目標之確定，——便是說給予了每個武裝革命者，以一種澈頭澈尾的革命理論之系統的哲學。在這種革命的政治教育中，才能使每個革命者，確切了解革命的意義，相信革命的必然勝利，建立他們自己每個人的革命者的人生觀。有了這樣的「有意識」的革命武力，然後方能造成一種普遍的社會心理，使羣衆傾向於革命，使統治階級成為『國人皆曰可殺』的孤立者。也必須要這樣，才能保證革命的武力不會為變個人主義的反革命者方面之工具。軍事與政治並重，才是真是「政治鬥爭」的革命訓練。這樣的訓練所造出來的軍事行動，才不是單純的一閧的暴動。本校注重這樣的工作，已經是「一年於茲矣」！在客觀上，此一年中，革命勢力的擴大，雖然不能不有若干程度，歸功於本校的勢力。但校却還不自信，究竟本校的政治工作是否做到應有的程度呢？乃至更進一步，現在一般站在國民革命戰線上的一切武力，是否都已切實的在做此種政治訓練的工作呢？這是要我們的主人——「國民」，在今天檢閱了我們一切成績之後，給我們一個誠懇而切實的批評的！當此本校改組一週紀念，同時又是本校入伍生成立一週年，和高級班、軍官政治訓練班開學之第一日的「今日」，我們敬謹伸「雙手」，預備接受「國民」的訓導——以勵將來！

一六，三，一，於黃埔本校

開會次序

一、肅立
二、奏樂
三、向國旗黨旗總理遺像行三鞠躬禮
四、恭讀總理遺囑
五、主席致開會詞
六、高級班學員訓練班學員向來賓及官長致敬禮
七、中央黨部及總司令部代表致訓詞
八、本校官長致訓詞
九、來賓演說
十、學生學員入伍生學生軍士教導隊代表演說
十一、主席答詞
十二、唱歌 1、國民革命歌 2、國際歌 3、黃埔校歌
十三、高呼口號（附後）
十四、奏樂
十五、攝影
十六、閉會（夕餐）
十七、餘興（一）演放要塞砲魚雷水雷地雷（二）新劇、國技、跳舞、音樂、電影、

口號

一、革命尚未成功
二、同志仍須努力
三、遵行總理遺囑
四、發揚黃埔精神
五、貫徹三民主義
六、勵行三大政策
七、為民衆利益而奮鬥
八、為革命需要而犧牲
九、團結一切革命份子
十、團結國際聯合戰線
十一、打倒英國砲艦政策
十二、打倒帝國主義和軍閥
十三、打倒一切反動勢力
十四、國民革命成功萬歲
十正、世界革命成功萬歲
十六、中國國民黨萬歲
十七、中央軍事政治學校萬歲

校長黨代表就職 入伍生部成立週年 高級班開學 軍官政治訓練班開學 紀念典禮大會概述

方鼎英

今天本校集合全體師生士兵，舉行這個最熱烈最莊嚴的紀念典禮，包含有許多重要的意義：第一是校長黨代表就職一週年紀念，第二是入伍生部成立週年紀念，第三是高級班開學紀念，第四是軍官政治訓練班開學紀念，有了這四層的意義，這個大會實在是本校的歷史上最重要的一天。現在分述於下。——

（一）校長黨代表就職紀念 民國十三年校長奉總理的命創辦本校，當時是名為陸軍軍官學校，黨代表是廖仲凱先生，成立之初，款項無着，設備不週，同學不到五百人，內而楊劉，外而陳逆，以及英帝國主義者四面環攻，除黃埔孤島外，幾無一片乾淨土，真是講學於砲火連天刁斗相聞之際，校長抱着大無畏的精神，百折不撓，孤軍奮鬥，才把陳逆楊劉鄭莫及一切反革命派次第肅清。雖不幸總理及廖黨代表先後離開我們，巨浪狂波，接連不止，而校長仍跟着總理的遺訓做去，幸能化險為夷，平定兩粵是時中央為集中人才齊訓練起見，把各軍所辦的講武堂，軍官學校，都歸併到本校，同時為表示軍事和政治同樣重要，使革命軍人，於革命觀點上，不發生錯誤起見，就把本校改組為中央軍事政治學校，於去年的今天改組成立。校長和黨代表汪精衛同志，同時於是日舉行就職典禮，於是本校的範圍愈廣，本黨的力量愈增，革命空氣就一日千里的擴充到全國民衆。校長奉命率師北伐，數月之間，連克五省，革命的勢力，由珠江流域發展到長江，

啓事

楊嘉賓陳家暄二位同志鑒：你們來粵又轉新方去現在不知你們在何處做何工作或入何校，請速示知，為盼。

鄭梧、譚鴻燮兩同志鑒：你們自隨同第五期政治科出發武昌後，究駐何地，并在何部隊服務，請即示知，為盼。

梁光華同志：你現在前方何處？請告訴我，以便通信。

中華民國十六年三月一日（星期二） 黃埔日刊 （第二版）

漸及黃河流域了，自校長出發之後，就把本校辦理的重大責任，命令鼎英負担，所幸有副校長就近指導一切，俾無失墜。鼎英惟有兢兢業業，敬謹奉行，不敢朝夕或懈。前汪黨代表因勞致疾，休養他處，現聞已漸就痊，校長是十分的眷念，電請復職，想不久可以回國來指導我們了。現在校長身在前方，所負責任的重大，是千百倍於前日，更未有一人比校長還要加重的，校長尚時時刻刻的將本校事情放在他的心頭，我們在後方安心講學，環境的順利，比較從前四面環攻刁斗相聞的時候，更是不可同日而語。我們全體官佐員生要怎樣的惕厲，怎樣的奮鬥，才可以繼續黃埔艱難締造的成績，發揚黃埔光榮燦爛的歷史，才不辜負先烈的血跡及校長的苦心呢！今天是校長及汪黨代表就職週年的紀念，我們就要猛省起來，當官佐的對於職責上有不有散漫的地方，當學生的對於學業上有不有怠惰的地方，果能各盡其職，各勤所學，都有日新月異的進步，使校長在前方可以放心，那末今天慶祝校長及黨代表就職週年的紀念，才可算是有意義的，這是鼎英希望與各位互相勉力的第一點。

（二）入伍生部成立週年紀念：本校開辦之初，本沒有入伍生部，直到去年的今天，才正式組織成立。鼎英奉命充當部長，當時成立入伍生第一二團，即現在升學的五期同學，現在又成立了第六期入伍生二團一營，學生軍一總隊，軍士教導隊一總隊，為數將及五千人，範圍也就比從前加廣，責任也就愈大。成立以來，所負担的勤務，如警戒石龍東莞以及長洲虎門，差幸尚無隕越。惟入伍生完全是為升學本校的預備，就是本校一個基礎所在，譬如建築房子一樣，基礎是要預先鞏固完整，然後崇樓傑閣，才可輪焉奐焉的構造出來，若是下層的工作不能殼做好，無論上層怎樣去做，都是很易損壞的。所以入伍生部無論教職員及入伍生都要知道這個基礎之重要，務須加倍的努力。所授的各學術科，有屬于軍事的，有屬於普通的，完全為幹部軍官應具的根基。在軍學方面：包括新兵教育，軍士教育，及預備軍官教育。過細說起來，是很够我們研究的。大家莫以為是淺而近罷呵！我們更要知道：即論淺近的話，假使對于淺近的尚學得不好，將來對于高深的學問是更不會好的，這一點是值得注意的。至於學生軍的程度本是介於入伍生及軍士之間的，可以視為升入伍生的預備學校，亦可以視為造就軍士的特別學校，原係奉中央黨部命令，為容納遠來青年限於入伍生的名額，一時不能收入而設的。軍士教導隊，是謀軍士的教育之完全，為將來各軍補充軍士的預備，與別的部隊不同，要處處能為人家的模範，對於軍紀風紀是要格外的注意。至於入伍生部其他一切的詳性，鼎英另有一篇感言詳述於入伍生部特刊上了，總之要使入伍生部一切成績，一天比一天的好起來，勿使本校的基礎有少許不完整的地方，這是鼎英所希望共勉的第二點。

（三）高級班開學紀念，高級班籌備已久，一因教官人才，難於羅致，二因籌辦考試，手續維艱，所以遲至今天，才行開學。現在教官都是很有學問的，各同學有係本校畢業的，有係各軍選送的，對於軍事上學術各科都是有相當的根底，及經驗，現在竿頭更進，敬業一堂，這是鼎英很敬佩很榮幸的地方。各位要知道革命的事業是精神和物質兩方面都要注意到的。物質方面，就是革命的技術，換言之，即為軍事上學術各科，高級班是國民革命軍目前最高的軍事學府，也可說是中央軍事政治大學的基礎，當然比各位從前所學的要高深，不可懷一個滿足的心，更不可懷一個畏難的心，對於教官所講的要虛心去領略，精益求精，闡發蘊奧，以求具備一個高深而且專門的大學問。有了大學問，才有大本領。大胆量，担當大事業的時候，才可以從容展布，指揮裕如了。但是僅僅有了這種物質上的技術，還是不能稱為本校的真實學員，還要有一種特別的精神，始能殼用。這種特別的精神，就是革命精神。有了這種精神，才可變成百鍊金剛頂天立地，困苦不能屈，威武不能淫，自己的平等自由，都可為革命來犧牲，自己的權利幸福，都可以為革命去貢獻，還有甚麼革命的事業不能成功？這是鼎英希望共勉的第三點。

（四）軍官政治訓練班開學紀念：各位同學或從福建方面來的，或從江西方面來的，也有從各軍送來的都是在軍隊裏當過官長。學問經驗，想必都是很好的，今天來到本校求學，集中於本校親愛精誠的校訓之下，不僅為本校的黨員，且為本校親愛的同學，這是鼎英代表校長最表歡迎，及欣慰的。本校是革命的策源地，各位想都是知道的，那末就首先要立革命的大志願，從前的種種，譬如一場大夢，都要丟開，從後種種，就是我們的生路，要努力去做。就是我們一生一世都要去做革命的事業，其他一切，我們都不知道，只知道救國救民，打倒禍國殃民的軍閥及帝國主義，實現總理的三民主義，五權憲法及一切政策黨綱精誠無間，一德同心，不僅為自已謀解放，且要為民族謀解放，不僅提高自己的地位，且要提高國家的地位，才不辜負各位求學的本旨，及校長歡迎各位來學的深意了。這是鼎英所希望共勉的第四點。

上列四點，是鼎英希望與本校各位同志，從今天起，互相規勸，以求實現。那末黃埔光榮的歷史，就可藉著這個紀念典禮，而愈加光榮起來了。抑鼎英尤有進者，今天承各位的來賓，前來參加，鼎英謹代表本校全體，深致謝忱和敬意的，本校一年來關於設備上教授上還權有不週的地方，尤盼各位來賓宏加指正，藉作南針，俾資改進，這不僅是鼎英一人的榮幸，實是本校的榮幸，本黨的榮幸了。我們今天應該大呼道：

總理精神不死！

黃埔精神萬歲！

中央軍事政治學校萬歲！

國民革命成功萬歲！

世界革命成功萬歲！

我對於本校「三一」紀念的希望

熊雄

本校在中國國民革命進程中，佔了一個重要位置，這是誰也不能否認的。事實告訴了我，剷除陳林，肅清劉楊，鞏固了革命策源地，以說是本校歷史中光榮的一頁。尤其是，在改後的本校，由單純的軍事學校，而變為政治軍并重的革命黨員製造所，更能擴大範圍，增設伍生部及學生軍，吸收許多青年革命份子的結，同時與友軍合作而大獲北伐的勝利；這更使本校的光榮寵照了一本民族獨立運動史！

今天——「三一」，是本校改組與入伍生部成紀念的一天，亦即是本校光榮產生之一天，所以這裡使我們非常高興。而且今天是高級班和軍官政治訓練班成立的時候，顯見我們的學校一天的在這革命進程中更加發展了，所以不能不使我們有所希望和慶祝。

但在這慶祝和希望中，我們還須明瞭我們學校改組和擴大的原因，就是革命的勢力一天擴大起來，我們的革命人才，不敷應用，才把本校擴大，那末，我們就應當知道，我們是為革命需要而來的。同時革命不只是盲昧的戰爭，還要有科學的方法，這就是本校改組，加以政治訓練的通理，是要使人人都懂得科學的革命戰術，這即是本校與其他學校不同之點，亦即本校勝利和光榮之所由來，這點我們都應當知道的；尤其是高級班和軍官政治訓練班的同志，應知道是進一步的學習革命，不但要自知担保十二萬分革命，還要引導許多羣衆到革命戰線上去。至於學生，入伍生，學生軍，諸同志，現在雖然正是受鍛鍊和訓育時期，但已負起了國民革命的大任，不特要專心去學習戰爭的學術；還要去研究革命的理論，總結的說；我的希望，就是大家都不要忘了自已所負的使命，打起我們革命的精神，不要負了本校「民族先鋒」的光榮，和總理創辦本校的初意。——作革命的中堅，完成國民革命！

我們的歡喜與我們的憂愁

麟符

（一）

三月是我們革命慶典最多的一月。三月一日是本校改組紀念日，入伍生部週年紀念，高級班軍官政治教育訓練班開學典禮。我們自然是歡喜，為我們領導全中國民衆武裝的黃埔學校改組紀念歡喜，為我們預備來黃埔學習革命的同志歡喜；為我們精益求精的革命戰術研究的高級班學歡喜；特別是要為我們從敵人陣線上來到革命民衆陣線上準備反攻的軍官政治教育訓練班的學員歡喜！

但是同志們永不要忘記我們的敵人尚未死亡到冰冷的時代，我們的憂愁是多過我們的歡喜。革命黨人是不該在歡喜的時候忘掉憂愁的。

現時擺在我們面前的重要問題，是帝國主義一方面實行二五附稅，承認國民政府，另一方面舉行漢濤屠殺，一直到指揮孫傳芳對於上海工人施行比「三一九」「三一八」還擴大的流血慘劇，同時工人階級在資產階級退後小資產階級遲疑而帝國主義正當猛烈進攻的危機，工人階級負起他們的歷史使命獨自挺身走上前線！

這些事實告訴我們一些什麼呢？

我們現在對於帝國主義應該有更深入的認識，更謹慎的估計了，因為他們現在所藏的鬼臉不是從前所藏的鬼臉了。帝國主義在走近墳墓的時候，將要拚死掙扎，以期爭一日之命，他們已經看清楚殖民地與先進國的關係，就是鄉村與城市的關係，所以他們第一種除以經濟的勢力誘買工

小通信

本校第二學生隊黨部徵求書報啓事

敝黨部書報室希乞各革命團體將宣傳册籍各贈數份以廣宣傳並增進黨員革命知識若須備價購置或須寄費者亦請一併示知為荷

敦根兄你現在服務在何部隊即請示知 沙河入伍生第一團三營十二連何敦据

河南潘一謌同志，你在何部隊，祈速示知，有事相告。入伍生一團十四連趙仁啓

沈熾昌同志：你在何部隊服務，請告我。本校第二學生隊第五隊十八區隊賴克明啓

長卿弟：（惠陽人）聞你考進入伍生，不知你編在那一連，念甚！現你家寄有幾封雙掛號信在校本部，見了請你馬上告訴我你的地址，以便轉寄。第二學生隊第五隊第十九區 鄧凱（原名衡度）

王廷漢兄你現究在何地何部隊服務請即示知我有要事告你 校本部第一學生隊第三隊十二區隊王珏

中華民國十六年三月一日 〔星期二〕 黃埔日刊 第三版

賊外，即拚死拉攏農民與無產階級脫離關係，利用農民的保守性使他們為趨從，亦所以孤無產階級之勢；第二種就是利用弱小民族中的封建階級助之以礮艦政策來制服革命的階級；第三種就是在弱小民族中扶植封建階級或資產階級鎮壓農工階級，希圖把所有的弱小民族從社會主義與資本主義的歧路上引入資本主義的錯路，變成他們的孝子賢孫。 總之：帝國主義目前苟延殘喘的辦法，就是對於無產階級與革命的弱小民族進行分裂政策，自身則力圖團結力找友軍。我們知道帝國主義這一些政策，多少是得到效果的，所以能維持到現在。

帝國主義以上這些政策，在中國都試驗過的，而且試驗的非常有效，他們不是曾用砲艦政策掃平；太平運動制服了滿清嗎？他們不是又曾扶助滿清及滿清覆亡後的封建軍閥來鎮壓中國國民革命運動嗎？ 但是在十三年本黨改組以後——也就是中國國民革命組織化，紀律化，羣衆化了以後，帝國主義的砲艦政策扶植軍閥政策，都變成了實行總理遺囑中『喚起民衆』那一句話的「軍命政策」，因此中國的革命運動的高潮跟從「二七」(五卅)(萬縣)(一二三)直到這次上海屠殺一步一步的高漲起來的。 現在帝國主義者見有些吃驚了！救濟的辦法，是重新改變政策。

殖民地資本主義化是帝國主義的鴉片烟，這就是說這是帝國主義的死路同時又是生路，在帝國主義強盛時代殖民地資本化的結果是演成後進資本國與先進資本國的競爭。(如日本維新) 當帝國主義衰亡期，殖民地資本化的結果，一定是弱小民族聯合無產階級向帝國主義進攻。(如現在中國革命運動) 這都是帝國主義的致命傷。但是帝國主義就在這種矛盾關係中找出出路，這條出路就是帝國主義衰亡期的殖民地新興資產階級一方面恐怖無產階級的社會革命，(就是怕赤化)另一方面發生了歷史上的幻想，(希望作帝國主義) 於此帝國主義者應用他們欺騙無產階級的老把戲，來欺騙弱小民族了。

於是乎當帝國主義者在不能以暴力鎮壓國民革命的時期就應用緩和國民革命的政策。

在本黨改組以後，英帝國主義者立刻希冀扶助商業資產階級(買辦階級)，在廣東得到政權，以替代國民政府，這就是『商團之變』，自從這個試驗失敗之後，只能以礮艦政策繼其窮，直到「五卅」運動，他們才摸着新的出路，就是在五卅事變中，我們的民主聯合戰線開始起了分化，怕赤化的上海資產階級被帝國主義「十三條」的引誘離開了無產階級，在本黨裏邊那些代表買辦階級利益的右派份子，開始離開本黨，帝國主義因此又發現了「新的工具新的使用法」，即以「赤化」兩個大字催眠了買辦階級與右派份子進攻本黨，破壞這個民主的聯合戰線。 歷史告訴我們，敵人已經得到了成功。 自從國民革命軍發展到武漢而後，證明了帝國主義礮艦軍閥兩大政策，是腐舊了的武器，於是乎極力宣傳本黨分緩急二派，中國國民革命是國家主義運動，只要本黨取消三大政策，帝國主義與奉系軍閥都與本黨合作，一方面更以承認國民政府，增加二五附稅，緩延或修改不平等條約種種狐媚手段來向本黨送秋波。一方面又希圖把軍閥也改造成國家主義(如張作霖自立為國家主義領袖)使軍閥也代表起資產階級的利益(如張作霖組織四安會與二委員會)這就是圖謀扶植資產階級替代農工階級在國民革命中的領導地位，把國民革命的為中國偷換上國家主義的中國，這就是緩和國民革命政策的具體應用。

資產階級所領導的國家主義運動，是局部的向帝國主義討點小便宜而把整個的民族向帝國主義出賣，並且他們從根本上就是一匹幫咬無產階級的帝國主義的義犬。

帝國主義這種緩和國民革命政策的成功，只需要一個條件，就是取消本黨的三大政策。我們現在不是已經覺到三大政策總有些人來搖撼他嗎？我們不是已經覺到民衆與我們的步驟逐漸有些參差嗎？這是什麼？這是我們的憂愁？

幼稚的中國資產階級，他們在國民革命的戰線上，始終是『明修棧道，暗渡陳倉，』從『五卅』時代得到帝國主義的十三條，他們就臨陣脫逃了。南京路上的血，他們却沒流到一滴。 前幾天上海自治運動，工人被捕殺以後，他們立刻大登特登『在商言商』的廣告，推了一個干干淨淨。目前的政治大罷工完全是工人階級的獨脚戲了，「革命的資產階級」那裏去了？

廣州市上的工人為了全民族利益爭鬥的犧牲有多少？廣州市上的『革命商人』也曾打過鐵算盤嗎？在「年初二」有好多工友是吃了你們的『無情鷄』了！ (三)

在這樣一種政策的影響之下，我們第一步有檢閱民主的聯合戰線之必要，有時更有淘汰民主的聯合戰線之必要。因此我們不要忘記了民主的聯合戰線之危險性，這種危險性斷斷乎不是無產階級在民主的聯合戰線中實行階級爭鬥，而是資產階級在民主的聯合戰線中出賣民族利益。我們始終應該認定出賣民族利益給帝國主義的階級或個人，就是反革命，按照總理的民權主義，就應該把他們算作例外。

帝國主義的緩和國民革命政策是向着誰個進行？我們是明明白白的。 我們更要明白帝國主義所以要扶助資產階級取得國民革命的領導地位，完全不是為了資產階級的利益，而是為了資產階級力量薄弱，容易欺騙，容易鎮壓；所以帝國主義者最近進行緩和國民革命政策中，一方面是分裂民主的聯合戰線，另一方面是團結帝國主義，這就是預備狡兔死後再烹走狗的鍋爐！這是什麼？這是我們的憂愁！

(四)

我們的國民黨是民主的聯合戰線的最高參謀部，所以帝國主義的分裂政策，是先分裂我們的國民黨。給與佩孚當參謀的馬素，在上海作棺材店老板的謝慧僧，我們不必管他罷，我們現在仍然站立在國民革命戰線上的同志們，我們的革命觀點，不會錯誤嗎!?不會動搖嗎?!不會直接或間接受到帝國主義分裂政策的感應嗎!?我們不會為了個人的利益賣掉黨的利益嗎？不會為了階級的利益賣掉革命的民族利益嗎？

我們深深的感到黨是患着初期將盡的肺病，健康是沒有了，毒菌是發榮滋長着。 軍事政治與黨的發展是不調協的發展，已經允許過民衆的要求，黨是無力支付民衆的發展，是不能在黨的領導之下。 這些都是帝國主義的好機會。

我們深深的感到黨內的隱伏危機所表露出來的更為繁多，思想的一致，行動的一致，逐漸不能保持，內鬨是由來不斷，對外逐漸減少力量，這都是帝國主義最希望的事情。

封建的軍閥還沒打倒一半，半封建的勢力隱伏在革命的暗陬裏滋生起來，因為黨的抵抗力過弱一切菌類都投機侵入，這些都是我們的致命問題。

羣衆革命的政治知識簡單，因而不能充分明了革命的歷史過程，竟發生「過扎實際」的幻想，認為成功即在目前，竟迷亂了敵我之分，犯了時代的錯誤，甚而搗亂了自己的陣線。

軍事的發展，一步比一步艱難起來，軍閥在帝國主義指揮之下力量集中起來，礮艦政策控制住了長江流域的進攻與保守。財力交困，掣肘過多，目前已造成一個『兩國交兵長江為界』的分立之勢，這與帝國主義非常方便，對於革命勢力是非常危險。

——這些是什麼？這些是我們的憂愁！

★ ★ ★ ★

總理在拋棄他手造的黨。他所教誨的同志而去的時候，他憂愁的說道：『我死以後，敵人將要來軟化你們；你們不被軟化，敵人將要殺害你們！』

同志們！這是遞給中國民族命運的警告！我們怕刀嗎？可是怕鴉片？

本校之概況

楊其綱

國民革命軍中央軍事政治學校是前中國國民黨黨立陸軍軍官學校的化身，陸軍軍官學校是於民國十三年(一九二四)中國國民黨第一次全國代表大會改組之後在黃埔創立的，創立這個學校的目的是因為從前并沒有一個有力量有紀律的黨作領導革命運動的中心，更沒有一個真正的革命軍來做這個運動的武裝先鋒隊。所以民國十三年來的歷史祇是帝國主義與軍閥及反革命派勾結起來剝削人民或因利害不同而互相殘殺(當然也是大多數被壓迫人民受痛苦最深)的歷史，中國國民黨改組給與了黨以新的生命，馬上在全國被壓迫人民中活躍起來，但是要掃除帝國主義軍閥及一切反革命派的勢力，所謂革命的軍事時期，固然需要廣大的工農羣衆作後盾，而尤需要為主義奮鬥的革命軍作前鋒，總理在第一期開學典禮訓話云：「……要從今天(按即民國十三年六月十六日)起重新來創造革命的基礎，另外成立理想上的革命軍……」所以我們可以說：中國國民黨的改組，開中國革命史上一新紀元，而黃埔軍官學校的成立，也同樣在中國革命戰史上劃一新時期。

★ ★ ★ ★

當然一種理想上的革命軍不是憑空所能造成的，必須有牠必備的條件，這種必備的條件，也可以說是革命軍的特點，黃埔軍官學校這兩年多來的成績，完全是賴這種特點形成的，分析來有說：

中華民國十六年三月一日（星期二） 黃埔日刊 第四版

一、政治工作：黃埔陸軍軍官學校的設備在物質方面不及保定軍官學校與北京陸軍大學甚遠，但一個黨在革命的軍事時期也絕對沒有很大的財力與人力來辦這樣完備的學校。所以黃埔陸軍軍官學校在極簡陋的物質設備環境中，對於學生除了授以下級幹部必需的軍事學識之外，復授以政治教育，使明瞭社會經濟政治歷史及主義綱領政策等，即不僅知道槍是怎樣放法，而且知道槍要向什麼人放。政治工作啓發人的自覺心，如軍紀是軍隊的命脈，學生不僅明瞭怎樣遵守軍紀，而且明瞭爲什麼要遵守軍紀，政治部是負担政治教育及在學生與人民羣衆中發展國民革命的意識之唯一機關。政治部對黨及黨代表負責，黨代表命令並指導政治部務使嚴重的軍隊紀律在正確的政治認識和指導之下，以鞏固戰鬥力之基礎，使軍隊成爲嚴密的組織。學生是中國國民黨當然黨員，黨的組織是訓練黨員過團體生活並統一全體意志的中心，黃埔軍官學校成立即有黨代表與政治部，不過最初政治部組織極簡單，除了主任及臨時教官僅能對校授課之外，幾乎再沒有什麼人。第一期學生畢業以後，政治部才稍具楷模，兩年多來的教訓知政治工作對於軍隊的重要尤感到過去政治工作的缺陷，遂於去年三月將黃埔陸軍軍官學校改組爲國民革命軍中央軍事政治學校；一方面統一了國民革命軍幹部的軍事政治教育；一方面使人認識政治工作的重要，自改組以後，人數加多了一倍以上，並添設政治科，政治部特設政治主任教官，有系統地施行政治教育。

二、黨的政策：中國國民黨改組即規定了具體的革命政策，其中最重要而在黃埔實施最明顯的要算：

1、農工政策：第一期在校期間遇到農民自衛軍與工團軍被反革命的商團軍屠殺的慘劇，被迫來黃埔暫棲，黃埔陸軍軍官學校特別區黨部特開全體黨員大會表示誠懇的同情及慰勉，學生自告奮勇犧牲了學業去訓練工團軍及農團軍的十餘人，表現可觀，農民運動講習所第一期學生成績畢業，蒙校長允許，來黃埔受軍事教育三星期，廣甯縣農民被民團地主圍困慘殺，廖黨代表與蔣校長派學生十二名各給駁壳槍一枝，晝夜馳往救援，第一次東征時全校出發，宣傳隊隨處宣傳農民工人並派員爲之組織農民協會或工會，所以能得東江農民熱烈之歡迎及幫助，因而在最短期間肅清了陳逆，恢復二年以來被迫解散之海陸豐農民協會。「五卅」後省港罷工委員會組織罷工糾察隊，職教員也半由黃埔畢業學生充任，第二次東征時，第二期學生李勞工竟因組織農會之故，成爲農民運動的犧牲者，去年五一節開會歡迎第三次中國勞動大會代表、第二次廣東省農民大會代表，十六年二月十日開會歡迎廣東鐵路工人第二次代表大會代表，均會附送本校青天白日滿地紅大旗一面，上書「東方的紅軍」以及其他如援助省港罷工等，尤爲踴躍募捐；此外黃埔附近各農村以及廣州市各工農團體的各種開會盛典也莫不邀請本校派代表參加，十五年九月特別黨部與海軍處及長洲要塞司令部共同發起黃埔農工商學兵聯歡大會，繼又組織黃埔農工商學兵聯合會，宗旨是向民衆宣傳武力與人民合作實爲後方，黃埔島附近廿里以內的工農商學各團體，無不踴躍參加，十月五日在新建之大俱樂部開成立大會，到會者不下三千人爲黃埔各界從來未有之盛況，本年二月廿一日在新俱樂部開歡迎國際工人代表團大會，英法美各國工人代表及第三國際代表中華全國總工會代表等同時蒞校，在「西方無產階級與東方被壓迫民族聯合起來」！「中國革命成功萬歲」！「世界革命成功萬歲」！的熱烈歡呼中，充分表現出本校已接受國際代表的指導，踏進了世界革命的大路。這種在行動上擁護農工政策及與人民合作的精神，實在佔黃埔學校歷史中很重要的一章。

2、聯俄政策：黃埔軍官學校在籌備時期即得俄國顧問參畫之力，開學後彼等更熱心服務，隨同學生出操演習，隨時隨地指示各種動作的要領，以幼稚的中國軍事學尤其以初成立的黃埔陸軍軍官學校無論何項制度都是在草創試驗，俄國顧問以其多年的經驗，今天發現了短處，明天即會改良，大家以同志的資格，毫不客氣地來共同努力於國民革命的工作；有一次一個俄國兵艦（忘記了名字）上的海軍學校的學生七十多人由歐來學，停泊黃埔，本校張燈結彩以迎，蘇聯無產階級的海軍學生與東方被壓迫民族的陸軍學生歡聚一堂握手聯歡，最後復在熱烈祝賀宴飲，「中俄民族解放萬歲」「中國國民黨萬歲」「蘇維埃聯邦共和國萬歲」「中俄聯合萬歲」「烏拉」的聲浪深印入一般學生的腦中永遠不會消滅！

3、聯共政策：自黃埔陸軍軍官學校成立至現在中央軍事政治學校前後畢業學生已有四期，每期學生不僅有單純的國民黨員而且有第三國際支部的中國共產黨員，在中國受國際帝國主義侵略剝削的政治經濟環境之下有了無產階級羣衆，當然也有無產階級政黨的組織，但他們並不以爲在中國馬上就要實行共產主義，而在半殖民地的革命運動，國民革命是必經的階段，所以經孫總理之允許，毅然加入國民黨內合作，黨的政策亦以國民革命必須容納各派革命分子之故，完全接受孫總理之主張，而與中國共產黨結成親密的聯盟，當然黃埔不能例外，全完在總理蔣校長廖黨代表指導之下無論是否純粹國民黨員，大家努力於國民革命，並毫沒有懷疑，五年六月以後，黃埔跨黨的學生接受蔣校長之勸告，退出國民黨或共產黨，造一個單純的國民黨員，但對於「聯共」的根本政策絲毫沒有變更。

★ ★ ★ ★ ★

本校的教育注重實用，不尚空談，如軍事學科講授必要的教程及典範令等；術科差不多除了操場基本教練之外，大半都是在野外演習，事實是如此：廣東兩年多來的政局，幾乎大半是在戰爭狀態中，黃埔學生沒有一期能夠在校平安受課的，每遇一次戰事他們所學的能夠馬上用到實際上去，射擊演習更是他們每週的常課，政治教官根據黨的主義與策略，授以近代社會科學的知識，使學生確定革命的觀點，並趁每次羣衆運動的機會使他們組織宣傳隊，練習宣傳工作的能力，並養成向民衆宣傳的習慣。十五年九月第五期政治科學生入校以後，更在正課內規定每週一次到鄉間實習，由政治部製定標語惹人注目的標語畫旗畫報等，學生也覺得得與人民接觸之機會，與致勃勃的比在課堂內聽講更有益處。

★ ★ ★ ★ ★

本校改組時，恰好第四期學生升學，同時成立入伍生部並設入伍生政治部以專責成，第五期學生因在入伍期間正值北伐時期，後方勤務太多，故延至十五年十一月十五日才正式升學，政治科已先升學，組織成團，連而採用學生隊及區隊制，成立步兵第一二兩學生隊砲兵第三學生隊，工兵第四學生隊政治第五學生隊經理第六學生隊，但第五學生隊已於十五年十一月卅日第三四兩學生隊亦於十五年十二月十五日移往武昌分校。出發北伐之第五期入伍生砲兵團工兵營已在武昌分校升學，改編爲兩大隊，第六期入伍生已入校數月，大部在東莞石龍深圳虎門等地服衛戍勤務，初因第六期投效入伍生者流落南者頗多，初擬招學生軍兩千，收容，至致向隅；但結果應投考者寥寥數百人，日前並落伍而且投效入伍生未經及考者，程度與入伍生略同，此外另招小學畢業生組織軍士教導隊一總隊，授以軍事政治訓練，備充軍中班長之用。

十五年冬，本校應革命環境之要求成立了無線電高級班；並於本年春籌備擴充高級班，以造就高級軍事政治工作人才。前方軍官睏臂三民主義，毅然遵令來校入軍官政治訓練班，接受本校之政治工作，在不久的將來第一次北伐！打倒帝國主義的戰線上必能建立偉大功勞，是無疑的。

本校自成立以來，對於革命政府下每次戰役沒有不參加的。第一期開學不久以後，即遇扣留商團械案發生，賊陳廉伯謀推翻革命政府私運之長短槍械六千餘枝及子彈全數搬入校內儲存，引起楊劉等反革命軍人之覬覦，本校不得，日夜警戒，而呈嚴重現象，終於有十五日鎮壓商團叛變之役不埔派月第一期學生兩隊參加維持廣州市治安，事務組織教導團兩團，積極練兵，第一期學生尚未畢業即調去一部分服務，訓練新兵。畢業以後，派充下級幹部或黨代表，十四年二月第一次東征，教導團及全校學生（第二期）全體動員與許軍崇智部担任右翼戰事，淡水羊塘圍棉湖五華興寧諸役皆能奮勇殺賊，建立奇功。教導團光榮的戰史，於此形成，嗣後回師廣州討滅楊劉、第三期人入伍亦全體加入作戰；鵬德渡河之役陣亡官生十餘人，傷病不下百餘人。「五卅」案起入伍生參加廣州市民反帝遊行示威，慘遭帝國主義者不意之襲擊，雖倉皇之中，沉着接戰，仍犧牲廿餘生於沙基。廖黨代表被刺（十四年八月廿）繼以鄭莫之役，以及第二次東征第一軍營長以下官佐大半爲第一二期學生。第三期學生服務後方勤務或爲黨代表及第四期入伍生守衛兵艦，與衛戍惠州，總計自第一次東征至第二次殲滅東江殘敵，前後犧牲者五百八十六員名。十五年七月出師北伐校長蔣總司令親率二十萬健兒馳驅於三湘鄂贛間，第四期政治大隊的學生於發出之先，授以戰時宣傳工作特別訓練，選拔二百人爲宣傳隊，充治政指導員黨代表，黃埔學生服役軍中得光榮之犧牲者，前或仆後繼，北伐期中，經數次激烈之白刃戰，損傷尤衆。

黃埔實在是現代中國青年一個重要而且實際的出路，抑不僅中國而且是東方各弱小民族革命青年的一個集合場，因爲黃埔既能解決一般青年的各種困難問題，又能滿足他們革命情緒的要求，更是東方各弱小民族學習革命方略及戰術的一個總機關。黃埔學生的籍貫遍於各省（新疆除外），各特別區及各東方弱小民族。他們通同以同一資格站在黨的觀點上如兄弟一般的研求革命的學問，無論是廣東人蒙古人高麗人所講的話都是中國的普通話。除了黨的組織之外，絕無以感情結合的小團體，或以地方主義結合的同鄉會等狹義的組織。畢業學生，不單分發到各軍各軍政機關，並分發到各省公開的或秘密的各種工農運動到軍事運動的工作。前四期學生畢業後很高興的跑到前方加入戰線或跑到罷工委員會裏訓練罷工糾察隊，或跑到農民協會裏訓練農民自衛軍，前方的國民革命軍及後方工農後備隊加入這一大批生力軍，去奮鬥去犧牲；目前的預備隊！學生入伍生學生軍軍士教導隊高級班學員，軍官政治訓練班學員，也在準備着加入前線，在今天這個盛會中是如何鼓舞我們的勇氣呵！

刊餘

這次紀念的來稿甚多，本擬增加二倍篇幅，惟因工廠趕印不及，仍出特號一大張，其餘文稿將來在革命之路酌量刊登，尚希鑒諒！又「三八」「三一二」，「三一八」與「三二九」等紀念大作，仍望早日惠贈爲幸！（鴻沉）

國際婦女節紀念日及本校開學周年紀念並由本校特歡迎來賓之贛學號二

黄埔日刊

中央軍事政治學校出版

通信處廣東黄埔本校政治部

〔第二七五號〕

本刊每份定價一分

●「三八」紀念大會演講詞　方鼎英

晉遵總理遺囑

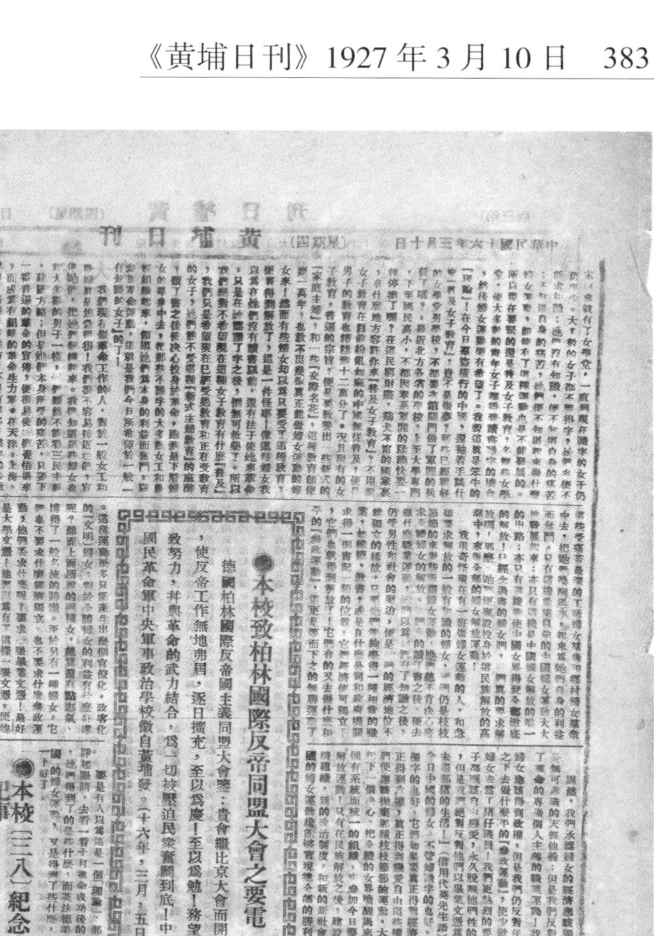

●本校致柏林國際反帝同盟大會之要電

德國柏林國際反帝國主義同盟大會鑒：貴會繼比京大會而開幕，使反帝工作無地弗屆，逐日擴充，至以爲慶！至以爲勉！務望一致努力，并與革命的武力結合，爲一切被壓迫民衆奮鬪到底！中國國民革命軍中央軍事政治學校儆自黄埔發。（十六年，三月，五日）

●本校「三八」紀念大會紀事

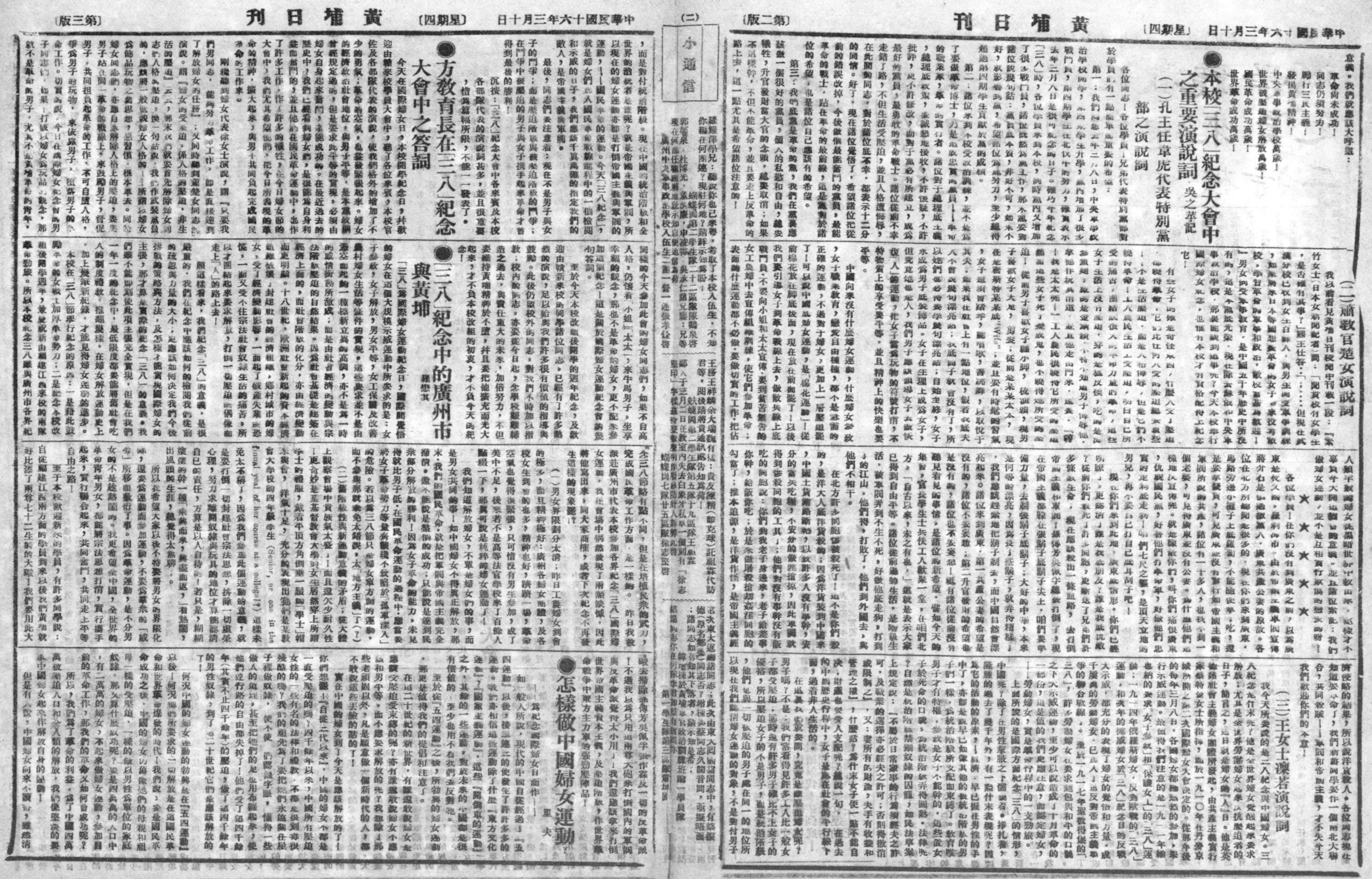

●本校「三八」紀念大會中之重要演說詞

●方教育長在「三八」紀念大會中之答詞

●「三八」紀念中的廣州市與黄埔

●怎樣做中國婦女運動

中華郵政特准掛號立劵之新聞紙 中華民國十六年三月十日 星期四 （第一版）

黃埔日刊

中央軍事政治學校政治部出版

通信處廣東黃埔本校政治部

第二七五號

本刊每份定價一分

國際婦女日及本校開學周年紀念並歡迎由贛來校學員特號之二

「三八」紀念大會演講詞

方鼎英

各位來賓，本校各位長官同志們，今天本校開這個大會，第一是紀念「三八婦女節」，第二是祝今本校改組後開學的週年典禮，第三是歡迎由諸到校的軍官政治訓練班的學員。我們因爲有這三層意思，來舉行這個大會，所以今天是我們一個很可高興，很可紀念的日子！

在一千九百十年的今天，女社會主義者曾在丹麥的都城開了一個大會，發動解放女界的運動；在次年的今天，德國和美國的婦女，也曾舉行示威運動，要求保護女工，及女子參政權。這是「婦女三八節」的一個濫觴。到了一千九百十七年的時候，俄國的婦女同志就在聖彼得堡，鬧了一個最激烈的游行大會，要求和平和麵包。這由可以想見俄國最近的一個革命導火線。我們就可以知道，在這近幾十年以來，帝國主義一天一天的發達，他們這種經濟澎湃的勢力，當然首先要向抵抗最弱的地方進攻。全世界的婦女羣衆們，受了幾千年來封建制度的遺毒，在家庭上教育上以及社會上，無一處能和男子立於平等的地位；他們的人格降低，程度降低；一切自主權都幾被男子剝奪淨盡，完全變爲男子一種附屬品，下者不過充男子的「下陳」「玩品」，上者也不過得一個烈女，賢妻，良母的空名。她們的生存已經是岌岌不可終日，忽遇着這崩山倒海的經濟澎湃的勢力，她們又何能夠受得起咧？到了今天真是婦女們一個生死存亡的關頭，無論甚麼樣力弱，也不能不拚命的起來要求解放。這就是「三八婦女節」產生的真緣因。至於中國的婦女所受的壓迫，鼎英在黃埔日刊上已詳細的說明了，比之其他各國一般的婦女更有不同的地方。最近也因爲帝國主義者——經濟澎湃的原故，一切繅絲績麻紡紗織布的這種手工業，幾無一不根本破產。加之萬惡的軍閥，受了帝國主義者的意旨窮兵黷武，寡人之妻。古人說『可憐無定河邊骨，猶是深閨夢裏人』這兩句話。今日讀起來，更覺淒涼萬狀！現在婦女們已經覺悟起來，就要知道當真的敵人是些甚麼？就是封建制度所遺傳一切禮法思想，及抱着這些思想的一般軍閥官僚，與乎經濟發達的魔王——帝國主義者。這些類惡濁兇猛的東西，都是婦女們當真的敵人。婦女應當要趕快起來革命，把敵人鏟除得乾乾淨淨。那末婦女們才有出頭的日子了，「三八」這一天，也就可以在歷史的過程中，永遠成一個莊嚴燦爛的日子了。本校是負着革命使命的學校，當然要努力的站在革命的前線上，實現婦女同志們的要求，這就是本校開會紀念「三八婦女節」的緣故呢！

當這個革命紀念日——去年的今天，本校改組後第四期開學，到現在恰好一年了。在本校內部說，這一年中第四期已畢了業，第五期已升了學，第六期入伍生久已入伍，並增加了高級班及無線電科，學生軍，軍士教導隊等，從外面說，除了潮州分校之外，又加設了武昌，南甯，長沙，四川各處諸分校。且校長率領本校前後各期同學及其他革命各軍，連克湖南，湖北，江西，福建，浙江，等省。本校同學爲革命而犧牲於沙場，也就不是少數，革命勢力天天的發展，本校的範圍，也就天天的擴充，這是我們很可高興，很可自慰的地方。但是「高明之家，鬼瞰其室」，這句話是有道理的，我們試看英帝國主義者砲艦政策，一天一天的兇橫，明目張胆的幫助軍閥奉張也就悉率黨匪，傾巢南下，以冀挽回軍閥的末運，這都是爲着我們革命勢力發展的緣故。我們就應知道我們的勢力愈發展，我們愈要小心，敵人的反攻愈激烈，我們的進攻愈要勇猛，這才是不自滿，不苟安，不畏難，不怕死的眞革命者，這才是本校的眞實學生。那末明年的今天來開會紀念的時候，我們才可以得到更高興更欣慰的地方了！

各位同學，鼎英在「三一紀念」的黃埔特刊上，已經說了幾句，昨天總理紀念週，也說過了許多話今天再三的來說，也無非歡迎各位參加革命的一點誠意。各位新從各處革命的戰線上跑到本校，就要切實認清了惟一革命才可以救國救世的道路，牢記了惟革命可以解除痛苦，可以解放壓迫的不二法門，來決心作一個三民主義的信徒，誠意受黃埔嚴厲的洗禮，爲精神上親愛的團結；遵照校長「統一意志」「團結精神」「集中力量」的口號，爲實際上一致的努力，要和本校各同學，毫無新舊彼此之分。從今天起，當歡忻鼓舞的同站在一條戰線上面，去作反帝國主義的工作。我們知道北方的軍隊，訓練非不精，槍械非不利，因爲沒有政治上的研究，就盲從了軍閥，丟掉了民衆，受了軍閥的利用，即上了自己的桎梏，成了軍閥的工具，但作了人民的公敵。革命軍隊和軍閥軍隊不同的地方，就是有政治的訓練，明瞭世界的趨勢，及時代的要求，自然而然的充滿了革命的精神，把軍隊變成了人民的軍隊，不受任何個人來利用，不爲任何個人來犧牲，所犧牲的就只有人民的利益。完全可以爲人民的利益來犧牲，來犧牲自己的生命。所以革命軍的武力，完全爲民的武力，戰無不勝，攻無不取，所以能夠以一百人打一千人，也就是這個道理。軍官政治訓練班各位學員，軍事知識和實地經驗，都是已有相當的心得。今天來到本校，受政治的訓練，能夠在此短期間盡量的吸收革命的精神和理論，明瞭政治上一切要義，以增加其所不能，將來的成就，必定爲本校的革命使命上担任很有價值的工作，此是鼎英不憚煩瑣，再三希望各位的誠意了。

今天我們這個大會，既然有上述三層重要的

誓遵總理遺囑

總理遺囑

余致力國民革命，凡四十年，其目的在求中國之自由平等。積四十年之經驗，深知欲達到此目的，必須喚起民衆，及聯合世界上以平等待我之民族，共同奮鬥。現在革命尚未成功，凡我同志，務須依照余所著建國方略，建國大綱，三民主義及第一次全國代表大會宣言，繼續努力，以求貫徹。最近主張開國民會議及廢除不平等條約，尤須於最短期間，促其實現。是所至囑！

本校本週口號

聯合世界無產階級！
反對列強派兵來華！
援助國民政府外交！
不與帝國主義妥協！
繼續討伐奉張到底！
鞏固本黨中央權力！
擁護國際婦女運動！
總理精神不死！

經理部更正啓事

中華民國十六年三月十日〔星期四〕　黃埔日刊　〔第二版〕　(二)

意義。我們就應該大呼道：

革命尚未成功！
同志仍須努力！
勵行三民主義！
發揚黃埔精神！
中央軍事政治學校萬歲！
世界被壓迫婦女解放萬歲！
國民革命成功萬歲！
世界革命成功萬歲！

本校「三八」紀念大會中之重要演說詞

吳之華記

(一)孔主任韋虎代表特別黨部之演說詞

各位同志！各位學員！兄弟代表特別黨部對於學員們有一點簡單而重要的希望：

第一：我們同志去年三月八日，中央軍事政治學校開學，第四期學生入學，黨內增加了很多戰鬥員，第四期學生在北伐中的努力，確實表示去年三月八日是很可紀念的日子。確巧今年紀念「三八」時，各位學員來到本校，同時黨內又增加了很多戰鬥員，諸位既然爲黨工作，那末黨要對諸位說幾句話：黨員底本質，非好不可，如果不好，就影響到黨，希望諸位爲黨努力，至少總得超過第四期學生貢獻於黨的成績。

第二：諸位來到本校受政治訓練，並不是爲了要做革命博士，乃是造成忠實的黨員——革命的職業家，革命的實行者。諸位對于總理底主義，總理底政策，要誠懇地接收，不許懷疑，不許批許，更不許修改，而對于黨必有所建立，成爲最好的黨員，最勇敢的革命戰士。諸位從前不幸走錯了路，不但生活受壓迫，並且人格遭侮辱，在此間的同志，對於諸位底不幸，都表示十二分的同情。好了，現在諸位覺悟了，希望諸位把從前的錯誤改掉，今後做個最能奮鬥的黨員，最能革命的戰士，站在革命的最前線，這是黨對於諸位的希望，也是諸位自己應該有的希望。

第三：我們底黨是革命的黨，我們在黨裏應該做一個很好的黨員，個人的私慾和自由，總要犧牲，升官發財當大官的念頭，總要取消；如果不這樣幹，不但不能革命，並且要走上反革命的路上去，這一點尤其是希望諸位注意的！

(二)蕭教官楚女演說詞

我以前看見黃埔日刊校聞中刊載一段：『繁竹女士（日本女新聞記者）問：「聞貴校有女學生，是否確有其事？」熊主任答：「……但現在武漢分校已收到女生百餘人，與男生同受軍事訓練，如果將來日本等國想要革命的女子，來投考敝校，學習革命的軍事和政治，敝校甚爲歡迎！』男女同受軍事教育，是中國五千年歷史中所沒有的，這是本黨底光榮，現在除去蘇俄和中央軍事政治學校，那裏能說到這事呢？今天本校舉行國際婦女紀念，也惟有本校才有資格配得上紀念它！

有些女子的確是奇怪東西，什麼『人交』壓迫，都曉得革命，它的比任何人受的壓迫總要重些！不是生活壓迫，而是人格侮辱，但是它們不曉得革命！工人農民生活上受壓迫，明白自己所受的痛苦，團結很大的革命力量而革命，這些女子生活上沒有壓迫，穿的是狐皮襖，吃的是海參魚翅，戴的是金鋼鑽，不特不知道男子侮辱他，拿他作玩具消遣，並且他走出門來，還要：『嗨！我是太太呢！』一工人農民很曉得它所受的壓迫，然而這些女子死，變成鬼，也不曉得她所受的壓迫！從前男子喜歡女子纏小脚，梳油頭，現男子喜歡女子大足，剪髮；從前是某某太太，現在是密斯特某某底"Wife"，並且要有時髦的智氣，女子還須習跳舞，能唱歌，會跳舞，以取悅于其夫；如果我在肚皮上有一點地位，假若我底夫人不會說幾句漂亮話；我底面子就會沒有了，所以她們也必得要學幾句漂亮話；自始至終，女子永成爲男子底裝飾品。女子在生理上成爲女子，但究竟她也是人，我們男子應該領導女子去做恢復「人」的運動，把女子當爲玩物的符號打消，不特物質上的享受要平等，並且精神上的快樂也要平等。

中國向來沒有什麼婦女運動，什麼婦女參政，女子職業教育，戀愛自由種種，都不是急需的正確的運動，不過對于婦女，更加上一層壓迫罷了！可以說中國底婦女運動，是「棉花運動」！從前棉花放在脚底被面，現在放在前面罷了！以後我們要引導女子到革命戰線上去，做散兵線上底戰鬥員，不要向小姐和太太宣傳，要到貧苦無告的女工農婦中去宣傳組織訓練，使它們參加革命；表面的什麼運動都不必做，要做切實的工作，把佔人類半數的婦女從黑暗世界中救出來，這樣才不辜負今天開追悼會的意義。並且諸位緊記：我們做婦女運動，並不是互相實行欺偽的戀愛的呀！

★　★　★　★　★

各位學員！在你們沒有到廣東之前，以爲廣東是殺父國，羅剎的市，由於帝國主義軍閥宣傳蔣介石是個過激黨人，廣東共產公妻的原故。各位在北方所聽聞的是很多的，現在你們來到廣東，馬路旁邊小攤子上底蘿蔔，不能隨便拿吃，還是要拿錢買，可見廣東並沒有實行如帝國主義和軍閥所說的共產，諸位有一千多人，也找不到一個老婆，可見得廣東並沒有公妻。爲什麼他們這樣地反宣傳呢。就是暸敝你們，叫你們痛恨廣東，仇視國民黨，好替他們打革命軍，好做他們忠實的走狗底走狗！咱們七尺之軀，是頂天立地的男兒，再不要自己打自己底耳刮子吧！

現在你們來到此地，廣東底情形，你們已經明瞭，更認清了誰是我底朋友，誰是我底仇敵？從前你們殺死了許多同胞，更斷送了兄弟們許多條數生命；現在應該殺出一條血路，去打倒帝國主義和軍閥！孫傳芳吳佩孚總被打倒了，現在帝國主義都躲在張鬍子底鬍子尖上，咱們要拿備力量，去剃張鬍子底鬍子；大好的中華，本來是何等的漂亮，因爲長了些鬍子，就弄得糟糕，我們應該趕緊地把鬍子剃去，而中國自然會漂亮起來。諸位來到廣東，第一共產公妻的希望是沒有的，諸位不要妄想；第二升官發財的希望也是沒有的，諸位也不要妄想！祇有諸位從前沒有聽見看見的事情，是諸位的新希望，譬如今天的集會，官長學生士兵伕工人歡聚一堂，在咱們北方，「自古以來，未之有也，」這就是表示大家已得到自由平等。諸位從前過的生活，是階級生活，被軍閥弄到不生不死，好做他底走狗，打到人的江山，他們得，打敗了，他們到外國去，與他們不相干。

在北方許多同胞慘被殺死了！這不是你們殺的，是洋大人底洋貨殺的；因爲洋貨裝到中國來，中國土貨銷路斷絕，以致許多人沒有事幹，安分的當兵吃糧，不安分的做匪搶掠，因此軍閥就得到慘殺同胞的工具」；他們對沒有事幹沒有飯吃的同胞說：你們到我老子身邊來，老子給差事你幹，給飯你吃；於是來做屠殺搶劫姦淫同胞的勾當了；推本追源，是洋貨作怪，是帝國主義經濟侵略的結果，所以說洋貨殺人。各位同志現在知道要革命了，我們新舊同學要作一個南北大聯合，共同殺賊——軍閥和帝國主義，才不失今天我們歡迎你們的本意！

(三)王女士澟若演說詞

我今天所要說的是三八紀念與中國婦女。三八紀念是什末呢？他是全世界婦女覺醒起來要求解放；尤其是全世界勞働婦女起來反抗壓迫者的日子，簡言之，這日就是婦女的『人』日。他是英德諸社會主義婦女團體所發起，由共產主義實行家蔡特金女士所指揮，而於一九一〇年在丹麥京城所開之第二次國際婦女大會決定的。從那年後的每年三月八日，各國婦女都熱烈的參加，舉行示威運動。最值得我們注意的是一九一一年維也納的要求「女子參政」和「保護女工」的「三八」運動；一九一四年俄羅斯婦女，反對歐戰的「三八」運動，和次年的挪威婦女於「三八」紀念日的反戰大示威，都充分的表現了婦女的覺悟和力量，成千累萬的勞動婦女，已加入了反對帝國主義戰爭的聯合戰線。至於一九一七年聖彼得堡的「三八」，許多勞動婦女在要求麵包與和平的口號之下大示威運動，至少可以說造成了十月革命的一部份，這是值的我們更應注意，而認定婦女，——勞動婦女，實是革命行程中的一支勁旅。

上面所說的是國際方面紀念「三八」的情形，中國呢？除了在男性羣賍之下懦動着，掙扎着，隆腫的過去了幾千年外，有一點什末表現呢？因爲它的活動的原素，——經濟，早已握在男性的手中了，亦即是說早已如像其他的被統治階級的男子們一樣，爲統治階級所支配而束縛了。教育唯男子才有特權，參政是女子不能幹的，這些當女子於死命的口號，爲統治階級弄得圓熟。法律呢？自然是統治階級禁錮奴隸的囚籠，如民法草案上規定說：『不屬於日常家事的行爲須經夫之許可，及職業的選擇亦必經夫之許可；否則得撤消或限制之』，又：妻所有的財產，夫手有收益和管理之權』，什麼話？爲什末女子便一點不能自決；財產也要受人支配呢？總說一句，在過去的中國歷史行程中，女子是處在社會的平行線下面，過着非人生活的。

在這裏我們就要問，究竟是誰壓迫婦女呢？男子嗎？不是；我們常看得見許多工人比一般女子都受壓迫；同時還有許多男子確比不上女子的優裕，所以壓迫女子的不是男子，而是統治階級，他們是與一切被壓迫的男子處在同一的地位所以現在我們認清婦女運動的對象，不是對付男子

小通信

羅耀澤學兄：聽說你也已來粵，考取了本校入伍生，不知你編在何團連？現駐何地？請詳示知爲盼！
蝴蝶岡第二學生隊二十二區隊陳鶴泉啓

郭馨泉，杜博光，董漓廉，申凌霄，吳承仁諸兄鑒：兄等現在何部任職？請將地址示知，以便通信爲荷
廣州中央軍事政治學校入伍生二團一營一連張孝銓啓

王務王祥麟余大瑞魏有猛：貴友陳精（即克球）託祖霖代訪君等，閱後請將貴通訊處告知爲荷！
蛺蝶岡第二學生隊第五隊十九區隊王祖霖

鄙人于三月二日在教室內失去白象牙私章一個刻有「徐志堅印」一字樣茲特登報聲明作廢以防奸人舞弊此啓
蝴蝶岡七隊廿五區隊徐志堅啓

這次東大返粵諸同志：此次由東大回粵諸同志中，有蔡振德（原名鄭[illegible]）同志否？增棟與蔡同志久闊音問，亟擬晤面；諸同志如有知其下落者，請示知是希；
韓增棟於黃埔軍官政治訓練班第一學員隊

紹端同志你在何隊？李君加壁有信問你
第一學生隊第三區隊蕭坤圓

中華民國十六年三月十日〔星期四〕 黃埔日刊 〔第三版〕

，而是對付統治階級。現在中國的統治階級和全世界的統治者是誰呢？就是帝國主義與軍閥，所以現在的婦女運動亦即是打倒帝國主義與軍閥的運動，——國民革命的運動。今天「三八紀念」，就是婦女們加入國民革命戰線進程中的一個檢閱和示威的日子，我們應該千眞萬確的指定我們的敵人，是帝國主義與軍閥。

最後，同志們要注意者：現在不是男子與女子的鬥爭；而是壓迫階級與被壓迫階級的鬥爭；在鬥爭中被壓迫的男子與女子携手起來革命才會得到最後的勝利！

沉按：「三八」紀念大會中各來賓及本校各部隊代表的演說詞甚多，並且很重要，惜爲篇幅所限，不能一一發表了。

方教育長在「三八」紀念大會中之答詞

今天在國際婦女日，本校開學紀念日，幷歡迎由贛來校學員大會中，聽了各位來賓，本校官佐及各部隊代表的演說，使我們格外的增加了不少的勇氣；革命的空氣，也益發緊張起來。婦女的經濟政治社會地位，與男子平等，是本黨政綱曾經規定過的，但是要求此平等的實現，必須由婦女自身起來奮鬥，才能成功的。在最近過去的歷史中，我們已經看到婦女們，是很能爲自身利益而奮鬥的，並且他們在國民革命運動中，也作了許多工作，作了許多的犧牲，在今日婦女節的大會中，我們尤其希望他們，把今日所表現的革命的精神，擴大起來，與男子共同負起完成國民革命的工作來。

剛纔聽到婦女代表徐女士演說，謂『只要我們男同志，能夠努力革命工作，即是直接達到了解放婦女的任務』；又同時聽到蕭楚女同志的演說。謂『婦女的受壓迫，係人格的壓迫，非生活的壓迫』云云，那末我們就要首先解除婦女同志們人格的壓迫，換一句話說，我們作武裝黨員的，應該將一般低視婦女人格的——所謂以婦女爲飾品玩物之舊思想，惡習慣，根本革去。同時婦女同志們，亦應自家解除人格上的壓迫，要與男子站在同一革命的戰線上，來鼓勵男子，督促男子，共同担負起革命的工作，不可自墮人格，爭爲男子的玩物，來依靠男子，墮落男子的革命工作。切實的說，今日在國際婦女紀念會的男子同志們，如果，打破以婦女爲玩品的觀念，那就不是革命的男子，尤其不是黃埔革命的青年，同樣的今天參加此會的婦女同志們，如果不自高人格，仍懷着「小姐」「太太」，來牛馬男子，坐享幸福的觀念，那也不是革命的婦女，更不配來參加這個紀念——這是關於國際婦女運動紀念會的幾句答詞。

至於今天本校改組後開學的週年紀念，及歡迎由贛新來校的同學諸位同志，已經有了許多熱烈的演說，足以給與我們許多很有價值的指導與鼓勵。此後仍望校外的同志，對我們不時加以指教；校內的同志，亦要從今日起，念學校艱難締造之過去，與責任重大的未來，加倍努力，不但要維持黃埔精神於不墜，幷且要把他擴充而光大起來，才不負本校改組的初衷，才不負今天的紀念！

「三八」紀念中的廣州市與黃埔

羅懋其

「三八」爲國際婦女運動紀念日，國際間覺悟的婦女在這個大規模示威運動中所要求的是：女子參政，女子解放，男女平等，女工保護及改善農村婦女生活等條件的實現。這些要求並不是由憑空而起的一種標新立異的高調，亦不是爲一時的感情衝動所激成；而是由社會經濟的變動與宗法階級壓迫的自然結果。因爲社會基礎是建築在經濟上面的，而社會階級的化分，亦由經濟變動而更明顯。十八世紀，歐洲社會新起的資本經濟組織破壞」封建社會的經濟組織，鄉村城市的婦女，受了經濟變動影響，一面起了破產失業的恐慌，一面又受不住宗法社會奴隸生活的痛苦，所以才團結起來要求解放，打倒一切壓迫的偶像而走上「八」的路上去！

照這樣看來，我們紀念「三八」的意義，是很嚴重的，我們在紀念中應該如何的檢閱我們從前的疏忽與力量的大小；更應該如何決定我們今後搏戰的策略與方法，及怎樣才能實現國際婦女的主張，那才算是實際的紀念「三八」的意義。我們雖不能即刻使此項主張完全實現，但是在我們一年一度的紀念中，最低限度都要能將舊社會吃人的制度禮教，推翻幾樣，在婦女解放運動史上，加上幾筆新紀錄，才能見得婦女運動的進步。

本校在「三八」節舉行紀念的原因：一是藉此鼓勵革命的女戰士加厚革命勢力；二是紀念本校改組後開學週年，兼慶祝新由福建江西來校的兩隊革命勁旅。所以本校紀念三八雖與廣州市各界紀念三八節略有點不同，但是在培植民衆的武力，完成國民革命工作方面，是一樣的。昨日我被派赴廣州市代表本校參加各界紀念「三八」國際婦女運動，我在會場中偶然發現了兩點缺憾，因此將他寫出來，同大家商榷，或者下次紀念不再發生這樣的現象罷！？

（一）男女界限劃分太淸：昨日工農婦女到會的極多，而且精神極好：廣州各婦女團體，及各校女生到會的也多，精神也好，踴躍一場，革命空氣也覺得很緊張，只可惜沒有男生參加，成了美中不足，後來若不是高等法官學校來了百餘人點綴一下，那眞可說是純粹的婦女運動了！——

我們知道解放婦女，不單是婦女們的事，而是男女共同的事！如中國婦女不得眞正解放，那末，我們的國民革命，就是把軍閥與帝國主義完全掃淸，還不能說是整個的成功；只能說是達到民衆部分解放的勝利！因爲女子革命的能力，未見得就比男子低，在國民革命運動的過程中，應當要將女子革命勢力等量齊觀纔不致陷於「孤軍深入」的危險。若以爲三八節只是婦女方面的運動，而不參與那就未免太錯誤，太「地方主義」了(？)——

（二）舊階級性與新運動意義的矛盾：從大體上觀察會場中貴族氣太盛！——而且還欠少耐久性！更奇妙是某基督教大學的女生居然穿上所謂學士的禮服，戴着平頂方角倒垂一纓的「學士」帽來與會，洋氣十足，充分的表現出牠們是某教會大學校的四年級學生(Senior, or one in the final yeal of her course at a college)(?) 這樣未免太不稱了，因爲我們參加此個運動的意義，就是要打倒一切封建社會宗法思想，拆除一切虛榮心理，努力求離開奴隸與玩具的地位才算能認清自己的責任，方算是以人自待的！若只是，糊糊塗塗的幹一種『乘興而來，興盡而返，』看熱鬧，出風頭的生涯，總覺得太無聊。

所以我希望大家以後不特要將男女的界限化除，還要爲運動而參加運動，不要爲羣衆的『威勢』所移而敷衍了事。因爲革命運動，是不分男女的不是趁熱鬧的。我更希望全中國，全世界的革命青年男女，都能將宗法思想打消，實行携手起來，實行聯合起來，共同奮鬥，共同走上平等自由之路！

至于本校歡迎新來的學員，有許多同學說：自從福建江西兩方面的學員到來以後我們黃埔就好比添了兩尊七十二生的大礮！我們要用此大礮去掃除孫傳芳吳佩孚張作霖及一切的反革命派——不過我以爲只用這兩尊大砲來打倒國內的軍閥與反革命派覺得太小用」！我們還應該拿來打倒世界帝國主義資本主義，及壓迫階級，作世界革命戰爭中東方主力軍的强勁壓陣品！

怎樣做中國婦女運動？

里夫

——爲紀念國際婦女日而作——

如一般人所說，現代的中國自從經過『五四運動』以後，接二連三的便發生了許許多多的運動。我們亦相信這些運動除了什麼『東方文化運動』，『國家主義運動』，這些『開倒車的運動』之外，其餘的一些運動，對於未來的中國都是很有價值的，至少也用不着我們去反對牠。

至於從『五四運動』之後，所勃興的婦女運動，那更是值得我們的提倡和注意了。

在這二十世紀的新世界，有誰還敢說婦女是應該受壓迫受束縛的呢？亦有誰還敢說婦女不應該和男子平等，而不應要求解放的呢？我想除了那些老頑固以外，凡是願意做一個新時代的人，都不敢說這些丟臉的話的了！

實在中國的婦女到了今天是應該解放的了！你們想罷：『自從三代以來』，中國的婦女不都是一直受壓迫的嗎？四千餘年以來，中國所有壓迫女性的一些有名的法律和禮教，不都是很刻毒很殘酷的嗎？我們的祖先爲了要把她們永遠關在屋子裡做奴隸，使不使她們認識字眼，懂得一些做人的道理，甚至把她們的足也用布纏起來，使他們連行路的自由都失掉了！他們受了這四千餘年（其實不止四千餘年）的壓迫，做了這四千餘年的男性奴隸，到了這二十世紀它們是應該解放的了！

何況中國的婦女運動的勃興是在『五四運動』以後！何況她們所要求的一切解放是在這國民革命和世界革命爆發的時代！我們說，要是國民革命成功之後，中國的婦女仍舊像她們的母親和祖母一樣的受壓迫，一樣的做以男性爲單位的家庭奴隸，那又算什麼成功呢？要是四萬萬的人口中，有二萬萬的婦女，不起來做婦女運動，參加目前的革命工作，那我們的革命又如何會成功呢？

所以，我們爲了革命的利益，爲了中國四萬萬被壓迫人口和全人類的解放，我們便堅決的要求中國婦女起來作解放自身的運動！

但是有人說，中國婦女向來不讀書，雖然淸

中華民國十六年三月十日（星期四）　黄埔日刊　第四版

來以來就有了女學堂，一直到現在識字的女子仍然很少。大多數的女子都不識得字，她們也便不能求知識；她們沒有知識，便不知道自身的痛苦；不知道自身的痛苦，她們便不知道起來做什麼婦女運動，即使有了這種運動也是不能發展的。所以現在要緊的還是普及女子教育，多辦些女學堂，使大多數的青年女子都得到讀書識字的機會，然後婦女運動便有希望了。我說這真是笨牛的「理論」！在今日軍閥橫行的中國，還袖着手談什麼「普及女子教育」，豈不是做夢？那些已經辦好的女學堂男學校，不都要關門做了軍閥的兵營了嗎？最近北方各省的學校，上至大學專門，下至國民高小，不都因奉系軍閥的蹂躪快要一律停辦了嗎？在這民窮財盡，雞犬不寧的國家裏，有什麼地方容許你來「普及女子教育」？不用說女子教育在目前紛亂如麻的中國無從普及，便是男子的教育也糟糕到十二萬分了。況且現有的女子教育，普遍的宗旨，便是要教養出一些新式的「家庭主婦」，和一些「交際名花」，這種教育即使辦一萬年，也教不出幾個真正能做婦女運動的婦女來！然而有些婦女却以為只要受了這種教育，便算得到解放了，這是一件怪事！像這種婦女我以為在她們沒有讀書以前，還有法子使她來革命，只是在她認識了字之後，倒無可救藥了。所以我們絕對不希望現在這種女子教育有什麼「普及」，我們只是希望現在已經受過教育和正在受教育的女子，她們能不受這種「新式主婦教育」的麻醉，讀了書之後便決心投身於革命，跑到最下層婦女的羣衆中去，把那些不識字的大多數女工和農婦組織起來，領導她們為本身的利益而奮鬥，以參加革命運動，這就是我們今日所希望於一般「有知識的女子」的了！

我們現在做革命工作的人，對於一般女工和農婦真是焦急得很！我們很不容易接近她們，宣傳她們，把她們組織起來。我們知道這些婦女也和大多數的男子一樣，她們雖然不能看三民主義，建國方略；但是她們本身所受的痛苦，只要下一番普遍的革命的宣傳，便很易使她們覺悟過來，而成為有組織的革命生力軍。在天津，上海，漢口，廣州這些地方，不是有很多不識字的紗廠女工，已經參加各種的革命運動了嗎？湖南，廣東等地的農婦，不是已經有一大部份起來做過「抗稅」「減租」，反對土豪劣紳，貪官污吏等運動了嗎？我們相信這些下層階級婦女的解放，才是今日中國婦女運動的真正的目標！但是這麼大的下層婦女羣衆，因為沒有很好的工作人員去宣傳她們，訓練她們，所以她們仍沒有很好的組織，以集中她們的力量，來積極的參加革命運動。我們現在要求一般有知識的婦女，便是要她們跑到這些受痛苦最深的工廠婦女羣衆和鄉村婦女羣衆中去，把她們喚醒過來，起來為她們自身的利益而奮鬥。只有這纔能使目前的中國婦女運動大大地發展起來；亦只有這纔是中國婦女解放的唯一的出路；亦只有這纔能使中國女界得到全部徹底的解放！已經念過書的婦女們，她們真的要求解放嗎？那麼，她們便應投身於這民族解放的高潮中，來爭全部的婦女解放運動！

我很奇怪現在有一班做婦女運動的人，和急切要求解放的一般有知識的婦女，她們仍是枝枝節節的來爭些所謂婦女運動，她們總不肯決心來求全體婦女的解放。她們有的讀了書之後，便去做什麼職業運動，她們以為她們有了知識之後，仍受男性和社會的壓迫，便是她們的經濟地位不能獨立的緣故。只要她們能夠學得一種相當的職業，如織襪，教書，或是在什麼公司和政府機關求得一個書記一類的位置，它們經濟便可獨立了，它們也就得到解放了！它們有的又去做什麼和平的「參政運動」，這更是等而下之的無聊運動了。這種運動至多只能產生出幾個官僚化，政客化的「文明」婦女，對於全體婦女的利益有什麼好處呢？然而上面所說的兩種婦女，總算還有點志氣，博得了一般名流的誇讚。至於另有一種婦女，它們也不要求什麼經濟獨立，也不要求什麼參政運動，他們要求什麼呢？要求一張畢業文憑！最好是大學文憑！他們以為有了這樣一張文憑，便他們可以講戀愛的「自由戀愛」，便可以找到一個使他們完全得到解放的「好丈夫」！所以他們認為只要戀愛問題解決了，便什麼都可以得到了。只是可惜在這半殖民地的中國，所謂「好丈夫」一類的男子並不多，所以他們的戀愛問題，也就有一大部份很難解決！我以為這一類的「新女子」，雖然他們看得懂講義和教科書，他們乃是藉這些講義和教科書，從一個舊的奴隸地位轉入一個新的奴隸地位罷了！奴隸的地位雖可變更，而其終為奴隸則沒有甚麼不同！這算是什麼解放！

固然，我們承認婦女的經濟應該獨立，而且是無可非議的天經地義；但是我們反對那種離開了革命的專做個人主義的職業運動！我們也要求婦女應該得到參政權，但是我們仍反對在軍閥政治之下去做什麼和平的「參政運動」，使少數有知識的婦女去當了豬仔議員！我們更熱烈的要求每個女子都應該自由戀愛，永久脫離他們性的奴隸地位，但是我們絕對反對他們以畢業文憑為工具，「再去過那豬的生活！」（借用代英先生語）我們以為今日中國的婦女，不管識字的也好，不識得一個字的也好，它們如果要真正得到經濟獨立，真正得到參政權，真正得到戀愛自由這些權利，那它們便應該拋棄那種枝枝節節的運動，大家從今天起下一個決心，把全體的女界喚醒過來，造成一個有系統而統一的組織，來參加今日整個的民族解放運動！只有在民族解放之後，建設起新的經濟組織，新的政治制度，和新的新社會生活，中國的婦女運動纔能夠實現她全部的勝利和目的！

要是有人以為這是一個「理論」，那我就請他睜起眼睛，去看一看十月革命成功後的蘇俄婦女，她們得到了的是些什麼，而英法德美等「文明國」的婦女運動，又是得到了些什麼，兩相比較一下好了！

●本校致柏林國際反帝同盟大會之要電

德國柏林國際反帝國主義同盟大會鑒：貴會繼比京大會而開幕，使反帝工作無地弗屆，逐日擴充，至以為慶！至以為勉！務望一致努力，并與革命的武力結合，為一切被壓迫民衆奮鬥到底！中國國民革命軍中央軍事政治學校微自黃埔發。（十六年，三月，五日）

●本校「三八」紀念大會紀事

本月三日為國際婦女日，及本校開學週年紀念，舊由學校通令合并開會紀念，並以歡迎新近由贛來校一千四百餘名學員。是日除值日勤務人員外，全體官生學員一律參加。來賓有廣東國際婦女會會長廖奉恩女史，中央婦女運動講習所代表王灝若，莊炯，容媛等五女史，及廣東婦女解放協會代表徐克峻女史，各來賓代表於上午十時左右抵校，即由招待員領至大操場開會。茲將當日大會次序紀述如下：（一）肅立。（二）奏樂。（三）向國旗黨旗總理遺像行三鞠躬禮。（四）恭讀總理遺囑。（五）主席致開會詞，由方教育長主席（演說詞另錄）。（六）新到學員與本校官長學互致敬禮。（七）演講。首由王灝若女史演講，略謂今天是國際婦女日，就是全世界的它女求解放的日子。婦女在過去的歷史上的地位，非常低劣，在封建社會制度之下，便是男子壓迫女子最厲害的時代。但到了今日資本主義支配了人類社會的時代，男子也就和女子一樣變成了工錢勞動的奴隸。在資本主義的生產關係之下，男女幾人同為少數資產階級所剝削的目的物。所以在此時只有階級的鬥爭，而沒有男女的鬥爭。我們只有把被壓迫階級的婦女和男子一致團結起來，去打倒壓迫階級，始能得到解放。我們在俄國十月革命成功所得的教訓，在蘇維埃政府之下，不但解放了無產階級，而且同時解放了無產階級中的婦女；中國國民革命成功之後，中國的婦女亦必和今日蘇俄的婦女一樣完全得到解放云云。次為廖奉恩女史演講（詞略）。次為莊炯女史演，大意謂國際婦女紀念日，有兩個重大的意義，1.是國際性的，2.是勞動性的，即是現代的婦女運動是國際的勞動婦女的運動。所以中國的婦女運動，一方面要聯合各國的婦女共同奮鬥，一方面更要注重於大多數勞動婦女的解放。但是目前中國婦女運動還是很幼稚，我們要努力求其發展，必須把城市的女工和鄉村的農婦喚醒過來，使他們結成堅固的戰線，來參加革命，然後中國的婦女運動始能走上光明的大道云云。再次為呂曉道女史演講，大意謂婦女運動是人類全體解放的運動，我們知道男子離開了婦女不能建立一個自由的天國，婦女離開了男子，亦不能創造一個地上的樂園。現在中國的婦女與男子一樣受帝國主義及軍閥的壓迫。所以現在我們必須團結起來，共同担負革命的工作，去打倒帝國主義與軍閥，以求整個的民族的解放云云。呂女史演講畢，尚有容媛女史，蕭楚女教官，（演詞另錄）劉侃元教官，徐克峻女士孔主任及新到學員代表，各學生隊代表，第一學員隊代表，高級班代表，入伍生代表，學生軍代表，軍士教導隊代表等十餘人演講，最後由方主席致答詞，（演詞另錄）時已午後一時許，即唱國民革命歌，國際歌，校歌，高呼口號，奏樂，攝影，散會。晚間並在新俱樂部開游藝會，為1、軍官政治訓練班第一隊學員唱校歌，少年先鋒及歡迎歌，2軍官政治訓練班學員雙簧，3、血花劇社演新劇，4.紫羅蘭姑娘唱劇，5、市立女師跳舞，6.紫羅蘭姑娘跳舞，7、國技，8京調，（軍官班學員等六人）並有政治教官蕭楚女，韓麟符，張秋人，及來賓徐克峻，王灝若，李肖桃，莊炯等演說。在七花廳並開映電影，直至夜十一時半盡歡而散。『蕭蕭』

中華民國十六年三月十二日 星期六

黄埔日刊

（第二七六號） 本刊每份定價一分

總理逝世二週年紀念特號之一

總理逝世第二週年紀念告全國民衆

總理逝世二週年紀念感言

長洲要塞司令部啟事

第四期同學錄辦事處啟事

孫文主義信徒要當心的幾件事

紀念總理與檢察革命工作的現狀

小通信

總理逝世二週年紀念告同志

黃埔同學應該怎樣紀念我們的總理？

中華郵政特准掛號立券之新聞紙　中華民國十六年三月十二日　星期六　第一版

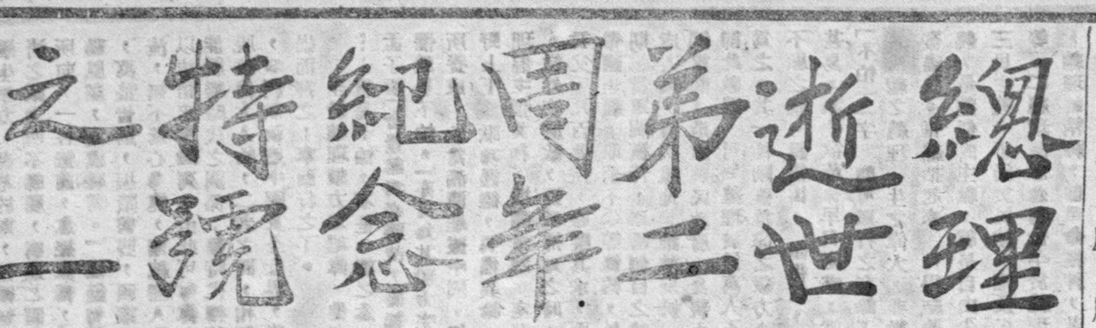

總理逝世第二周年紀念特號之一

黃埔日刊

中央軍事政治學校出版
總發行處廣東黃埔本校政治部
第二七六號
本刊每份定價一分

●總理逝世第二週年紀念告全國民衆

我們的領袖中山先生在十四年的今日逝世了，他給中國革命民衆留下很重要的遺產；遺產就是他的主義政策及十三年改組的中國國民黨；這就是他致力四十年還未完成的中國國民革命。他死了二年了！他留下的我們的遺產怎樣了呢？這是我們民衆要檢查一下的：

總理的遺產是偉大的遺產，是妨害着國際帝國主義的生存；於是乎這些惡勢力要消滅革命的孫文主義，要破壞革命的三大政策，要推翻革命的國民黨！

另一方面，中國革命的民衆是託命在這個偉大的遺產上的，所以他們拼力擁護革命的孫文主義，三大政策，和實行主義政策的國民黨！

兩年來的中國革命運動，就是消滅孫文主義破壞三大政策及革命黨與擁護孫文主義三大政策及革命黨的運動和鬥爭！

這當中間，總理的遺產被他們抹掉他的忠實信徒而宣傳他是一秒鐘時[illegible]；帝國主義者宣告了：「我死後，敵人將要來軟化你們！你們不被軟化，敵人將要來殺害你們！」

「軟化」「殺害」就是帝國主義與封建勢力消滅中國革命的戰術，這是多麼廣大的陰謀啊！試看仲凱同志被刺，「五卅」、「六二三」、「三一八」、「九五」（萬縣）、「一二三」（漢口）大屠殺，全國各地的流血慘案就是呀；但是把中國革命的高潮愈激烈起來了！

「軟化」？讀呀？是投降帝國主義作軍閥牛馬走狗，最自由，謝持、鄒魯還一致贊助！在國民革命軍北伐長江流域後，敵人「殺害」戰術，變成一個威嚇，然而行之有效的，只有「軟化」而已。

敵人怎樣實行「軟化」戰術呢？把本黨分為「急進」「緩進」二派，把中國革命的各階級中，誘走資產階級，使與封建階級合而為反革命的工具。

試想「軟」和「殺」在實質上有甚麼分別？

最後我們要明白，行「殺害」「軟化」戰術的一致目的，主要的是在攻打實行總理主義的三大政策和有力的「黨」！

孫文主義的時代性，必然使他在國際上建造了被壓迫民族與弱小民族的聯合戰線，在國內建造了民主革命的聯合戰線，才能成功。這國際國內兩大戰線中維繫的一條線索，乃是「聯俄」「聯共」「農工」三大政策。實行三大政策，也必然要靠忠實有力的黨去領導。

在孫文主義中減去三大政策，就不能完成孫文主義！拋棄了黨的作用，消滅了黨的威權，當然更容易可以破壞黨的主義政策。

所以帝國主義軍閥右派都不敢反對孫文主義，然而一致反對三大政策；右派和投機分子，雖說不反對國民黨，卻想在黨中獨據地位，藉黨營私，破壞黨的威權！

小心些！一班投機分子搖撼三大政策的人們，不以己為黨之工具，而以黨為己之工具的人們，他們知道他們不能由主觀的願望走向着帝方進行的嗎!?

我們結論是：凡是革命的，必定擁護孫文主義及國民黨！全國大多數的民衆是日日受着「反俄」「反共」「反農工」及國民黨之壓迫，除了誤認者外，斷不會不擁護革命的孫文主義！也斷不會本言擁護主義而不擁護實行主義之政策的！更不會不擁護國民黨！

全國革命的民衆們！牢記着我們總理逝世二週年紀念的口號：

擁護革命的孫文主義！

擁護聯俄聯共扶助農工三大政策！

擁護國民革命聯合戰線！

擁護國民黨！

擁護世界革命聯合戰線！

打倒帝國主義的進攻、分裂、緩和、軟化的四種政策！

打倒封建軍閥到底！

完成國民革命！

總理精神不死！

●總理逝世二週年紀念感言

方鼎英

留光如駛，跨虎不追，轉瞬間我們的先總理逝世已兩年了。我們當着這沈痛悲壯的紀念日，懷想新烈，思念將來，其景慕崇拜之忱，與繼事繼志之念，實有如萬流赴海決壤奔泉之勢而不能已於一時或已！

總理之所以值得日永久紀念者，無非因為其人格之偉，思想之高，毅力之雄，與能產生救國救民的主義和政策，因為如日月經天，江河行地，全世界的弱小民族莫不引為領袖，視為救星，更不容詳細贅述了。

總理的思想人格和毅力之發生，非偶然的，亦非僥倖的，實適乎時代的需求，才自然而具有建設的主義發生出來。試看：若無帝國主義者及其[illegible]的壓迫，決不會發生民族主義；若無帝國主義軍閥官僚的壓迫剝削，決不會發生民權主義；若無帝國主義及軍閥官僚的經濟侵略，也決不會發生民生主義；其他一切的政綱政策，都可以類推而知。

總理在遺囑中所說的「我的思想，不是一種玄妙理想，不是一種空洞學問，是一種事實；所以我們要解決社會問題，一定要根據事實，不能單靠學理。」我們讀了這段話，即可以知道總理思想之發源，完全根據事實的要求，有時代其背景，所以由其思想產生的主義政策，就能迎合世界的潮流，適應民情的需要，[illegible]奇觀，實為救國救民，旋乾轉坤的一種事實的要求了。

總理的人格，我們也可引他自己所說的幾句

總理遺囑

余致力國民革命，凡四十年，其目的在求中國之自由平等。積四十年之經驗，深知欲達到此目的，必須喚起民衆，及聯合世界上以平等待我之民族，共同奮鬥。現在革命尚未成功，凡我同志，務須依照余所著建國方略、建國大綱、三民主義，及第一次全國代表大會宣言，繼續努力，以求貫徹。最近主張開國民會議，及廢除不平等條約，尤須於最短期間，促其實現。是所至囑！

本校本週口號

聯合世界無產階級！

反對列強派兵來華！

助援國民政府外交！

不與帝國主義妥協！

繼續討伐奉張到底！

鞏固本黨中央權力！

擁護國際婦女運動！

總理精神不死！

長洲要塞司令部啓事

[illegible]

第四期同學錄辦事處啓事

[illegible]

緊要啓事

[illegible]

中華民國十六年三月十二日〔星期六〕 黃埔日刊 〔第二版〕（二）

話，就可以知道了。他說：「文奔走國事有卅餘年，畢生學力，盡萃於斯，精誠無間，百折不回，滿清之威力所不能屈，窮途之困苦所不能撓，吾志所向，一往無前，愈挫愈奮，再接再厲，用能鼓動風潮，造成時勢。」觀此數言，眞如春雷一聲，萬蟄皆驚，振聵發聾，頑廉懦立，苟有血性之流，無不驚心動魄，而總理人格之偉大，亦不難以此語來加證明。由此可知偉大人物之養成，不能脫離時代之關係；而時代轉移之關係，亦不能脫離偉大人物，二者之間，相須甚殷，相關甚切，我們欲改造中國及全世界，對於總理，眞不能不崇而拜之，奉而行之了。

至於總理毅力之雄偉，他在精神講話中說：「……就是不怕，不是一個之蠻，不是搏虎憑河，這個懼就是不怕。」孟子說「舍豈能爲必勝哉？能無懼而已矣」。這「不怕」二字，亦可知其毅力完全由「不怕」二字所養成。故當滿清雄據中國，奴隸人民之時，朝野上下歌功頌德，偶倡異論，族滅隨之，而總理偏主張其革命，推翻帝制，室孥盡起，竟獲成功。當外交嚴酷，國威掃地之時，對於列強，視同君父，凡百要挾，必應其求，而總理偏主張打倒帝國主義，取消不平等條約，外禦強權，實現有期。當軍閥橫行，藐國側目之時，外結強敵，內虐人民，擁兵據地，誰敢反抗，而總理偏主張打倒軍閥，造成國民政府，身親百戰，卒有今日。即此數端，可知總理於億萬人不敢爲者，而偏敢爲之，其一種剛強雄偉之毅力，眞有舉世非之而不顧之概。說得出，做得出，知之甚難，行之甚易，我們欲革命早日完成，就只有依照總理的「不怕」二字，即可躬行之有餘了。

總之總理一生之偉大，非數千萬言，不能闡發盡致。惟總括起來，可得結論二：一總理的主義，是整個的主義，就是自由平等的主義。所謂三民主義，不過於民族民權及民生上求得自由平等。二總理的思想都含孕於總理的特殊精神之中，總理的精神，即革命精神，若含革命精神而他求，則總理一生的偉大，都可變爲空玄，變爲糟糠。我們爲總理的眞實信徒，況總理手創本校，於開學之日及北上臨別之時，都殷殷以革命生命寄於本校。革命的責任，本校爲唯一之負担者。我們今天當着滇痛的紀念日，對於總理的主義和精神，尤應知其爲有系統有步驟的。因爲總理的主義，是整個的，故有系統；總理的精神是實行的，故有步驟。若鹵莽滅裂，曲解穿鑿，而不顧系統則陷總理主義於糟糠，若抹煞事實，落伍躐等而不顧步驟則陷總理精神於空玄。非未紀念崇拜總理之血忱，與繼承總理遺志之宏願，都無由實現了。所以我們今天要沈痛的覺悟，勇猛的反省，要時時刻刻，當着總理『明之在上，質之在旁』，愈奮愈厲，努力實踐，才不致失掉紀念的眞意義了。

●總理逝世二週年紀念告同志

思撲

光陰如矢，偉大之總理棄吾人而長逝者，已兩年於茲矣。回憶總理逝世時，政敵如研究系等方於千萬人痛哭之際，露齒作歡笑，以爲總理之死，足以滅吾中國革命勢力而延長其反動之局面，不知紛碎醫學無法使總理之全身血脈繼續其流動，而總理生前所定下之科學的革命政策（聯俄聯共農工政策），正如日月行天，江河行地。兩年以來，本黨尚能厲行此科學的革命政策之結果，已使中國革命運動劃一新時期；此新時期不特動搖全世界暫時穩定之資本主義，且使大多數農工羣衆，隨軍事勢力之進展而鞏固其組織，發揮其力量，已成爲繼續向封建勢力帝國主義進攻之根本勢力。國民政府之領域，已佔全中國之半。此誠爲辛亥以來最大之勝利，而政敵如研究系等所瞪目結舌，歎爲神科所不及者也！

夫革命爲時代之要求，故革命之策略必適應乎時代之環境，所謂科學的革命政策者，蓋別於其他空想的主觀的不適合於現時代環境之謂也。總理一生奮鬥所得之經驗，認識中國革命運動在世界革命上之位置，毅然改組本黨，聯合蘇俄，并容納一切革命分子，爲農夫工人謀解放。其所定三大政策，即根據於時代之要求，由科學的革命理論，而進於革命行動，兩年來所獲勝利，皆受此偉大的政策所賜。吾人除努力勵行外，寧復有懷疑之餘地？顧「政治之敵人」，方深懼革命勢力之發展，欲以種種方法軟化我革命同志；以種種陰謀，離散我革命勢力；苟吾人革命之觀點不清楚不穩定，一或不慎，便爲敵人所利用。兩年來本黨不忠實之同志被淘汰而去了的，蓋已不知凡幾！吾人今日猶須時時讀總理之遺囑，受本黨之訓練，固受總理偉大人格感化所致，抑亦能遵守總理所遺予吾人之科學的革命政策，使吾人不致誤入歧途。苟徒憑一己主觀的見解，或爲敵人閒言所誘惑而致幾於總理之三大政策，則毫厘之謬，千里之差，縱不存心爲總理叛徒，而言論行動已趨乎革命的範圍，欲求免於反革命之罪，又奚可得哉？故吾人紀念總理，應繼續總理之事業，遵守總理之遺教，勵行總理之政策。

同志乎：總理雖死，總理生前所遺予吾人之科學的革命政策，方光芒萬丈；全中國被壓迫民衆，全世界被壓迫之羣民，將從此萬丈光芒中得到解放。吾人今後皆以死力擁護此三大政策，以完全實現本黨之主義，生死禍福，在所不計。此則思撲於今日哀悼之餘，敢掬所懷，與吾黨同志共勉者也。

●黃埔同學應該怎樣紀念我們的總理？

熊雄

今天——民國十六年三月十二日——是我們的總理孫中山先生逝世第二週年的日子。因爲他是爲着壓迫民衆謀解放的導師，不屈不撓奮鬥到今天，說他是革命領袖，所以被壓迫民衆都爭着今天，都來紀念他。我們是總理的信徒，我們是總理精神的繼承者，當然有與衆不同的熱烈紀念；尤其是黃埔同學來〇念他，更有特別意義。因爲黃埔同學不特是總理的信徒，而且是總理手創的黃埔學校內的武裝信徒，他——黃埔同學負有剷除一切破壞總理手定的政策之反革命派的使命，他負有實現總理整個的三民主義的責任，在這種情形之下，我們如果徒然在此地注重儀式，而以儀式告，拜菩薩的方法來〇念總理，不特毫無意義，而且辜負了總理。那末，我們黃埔同學應該怎樣〇念總理呢？據我個人的意思以爲黃埔同學〇念總理，除行禮致敬外，還要檢閱自己的言論和行動，大概說來有下面幾點：

第一，總理生前手定的聯俄聯共農工三大政策去實行了沒有？如果我們毫無猶疑的去實行而且向羣衆宣傳，這當然是總理的眞信徒，不愧來〇念我們的總理，如其不然，口頭天天在那裏說是總理的眞信徒，另一面卻在那裏做破壞總理三大政策的勾當，假使我們黃埔同學稍有這種傾向，不特不配來〇念總理，而且是總理的叛徒。

第二，總理兩年前主張的「開國民會議」及「廢除不平等條約」至今已二週年了，究竟實現了一點沒有？如果沒有，就不能不在這個〇念日中，找出其所以不能實現的原因來，找得了他的原因後，又怎樣去剷除它和消滅它，使總理這主張能夠早日實現，這是我們黃埔同學在這個紀念總理逝世二週年中必須注意的。

第三，總理臨終時以「我死之後，我們政治的敵人定要設法軟化你們，你們如不受軟化，他們一定要[illegible]」[illegible]我們黃埔同學在這個紀念中應該想想，並問一問自己是不是受了敵人的軟化，[illegible]如果我們黃埔同學不照總理所指的光明大道去走，甚至中途變節，總理，總是一個結黨營私，一錢不值的賤種，八十萬黨員的公敵。

第四，總理的整個三民主義，我們于這個紀念日中也應該檢閱檢閱有不有人有意或無意中改三民主義爲二民主義，或一民主義？[illegible]時的錯誤，不能明瞭，[illegible]份子，我們應當怎樣呢？[illegible]人的手段去對付他，並可以對得起總理的眞信徒，[illegible]三民主義而犧牲了的先烈。

第五，北伐能夠勝利，是「軍民結合」與「國民結合」的結果，現在英帝國主義，同時又是日本帝國主義，正在那裏調兵遣將，想使[illegible]現我們的政治主張和總理手創的主義，因此我們在這個〇念日中，要消滅他——張作霖，並打倒[illegible]同學應該看看民衆組織的發展，是否同軍事發展一樣了？如果軍事的發展超過民衆組織的發展，我們黃埔同學在這個〇念日，應立定志願，想法使民衆普遍組織起來，使民衆與軍事發展一樣，並使民衆與軍隊合作，而且要民衆使用。爲打倒張作霖及英日兩帝國主義，這也是我們黃埔學生在總理逝世二週年中應該特別注意的。

同志們！我們是三民主義的信徒，總理精神的繼承者，我們必定要把上面幾點，好好的奉行勉勵，不好的痛加修改，並整頓精神，努力去幹，希望明年今日，把總理的叛徒完全剷除，把總理的主張完全實現，把總理統一的全國，這樣才不愧來〇念總理，才有真正的意義。同志們！我們〇念總理，必要負總理的黨對革命負責的前進啊！

（熊〇代紀）

小通信

湯肇武、蔡昇熙、楊定南三位同志：你們究竟分發何處，你們家裏均有要信在此，請速將通訊處示知，以便轉達。黃埔本校第四期學生隊第六區隊徐劍霞啓

唐澤民同志鑒：昨接令弟由浙江來信，內云有事相託，祈示現在何處，[illegible]。近不知同志服務何部隊，希見示通訊處，以便函告。[illegible]第二學生隊廿五區隊[illegible]

謝澤、謝澤南二同志：賀片收到，并已轉閱，克負諸君，你們現編何處？速將詳址示知，以便[illegible]。黃埔本校第一學生隊第十五區隊陳[illegible]啓

金作鼎等同志鑒：你[illegible]黃埔校[illegible]學生隊第十五區隊陳[illegible]啓

與仲禮同志鑒：[illegible]要事[illegible]黃埔學校第一學生隊第四隊[illegible]啓

涂作棟、林[illegible]、邱[illegible]、[illegible]同志鑒：[illegible]黃埔第一學生隊第十五區隊[illegible]啓

中華民國十六年三月十二日〔星期六〕　黃埔日刊　〔第三版〕

孫文主義信徒要當心的幾件事

麟符

（一）

一般小傻瓜嘴裏也大贼孫文主義是有國際性的，同時又大講其『國情』。帝國主義統制的全世界，那裡容得講什麼『國情』；『國情』就是帝國主義分裂世界革命的一種戰術，軍閥反對革命的口頭禪。你明白嗎？洋槍到天朝打不死人，這是比國家主義還不及格的義和團思想，冒充什麼孫文主義？

（二）

孫文主義領導的中國國民革命，忽然成了世界革命的一部份，是什麼道理？

在孫文主義裏面，減去三大政策，那麼中國革命同世界革命還有什麼關係？

帝國主義，軍閥，國家主義派，都一致反對三大政策，是何緣故？有些所謂孫文主義的信徒，反對三大政策，同他們的反對又有何分別？

同志們！想想看！

（三）

帝國主義『殺害』我們，『軟化』我們，究竟爲了何事？

爲了要我們妥協！

同帝國主義妥協而後，咱們的命還革不革？革誰？

（四）

帝國主義的制度存在一天，中國能否脫離半殖民地地位嗎？

封建與半封建勢力存在一天，中國能成爲真正民主的國家嗎？

革命的政權建立起來，才不過是挫了反革命派第一陣的銳氣。國民革命成功的意義，絕不是說打倒吳佩孚張作霖就算了事呀！

（五）

總理泉下有靈，在這個第二週年○念日他掛念什麼？

一定是他手創的國民黨！

你如果分割了，腐化了這个孫文主義的國民黨，你今天也來三行鼻涕兩行淚的來○念總理，你就是一个對不起耶蘇的吃教牧師！

（六）

總理逝世時，蔣自由送了一幅輓屏，寫着『自由不死』四个斗方大字。這就是說：你死了，我却不死，老在這裏反革命！

同志們！我們要注意黨內黨外國內國外那些不死的獨自由，我們○念總理，同時不要忘記送他們上葬！

（三〇代電）

紀念總理與檢察革命工作的現狀

楚女

中國國民黨同志紀念總理，當然與孝子賢孫『以繼世系』的紀念祖宗不同。所以中國國民黨同志在紀念總理時，不應當只是悲悼，禮拜；而當仔細檢察革命的前途，是否伏有甚麼危險？因爲革命如果失敗，便是總理的未竟之志，永不能伸——那麼，我們還紀念什麼呢？

帝國主義，不是蠢笨，它的意識當然早已告訴了它，倘若中國國民黨所領導的國民革命竟爾成功，則它便只有一條路走——捲起鋪蓋，滾回老家。有了你，沒有我——帝國主義和孫文主義，是不能兩立而並存的。如果中國革命成功之後，而帝國主義仍能存在於遠東；則這個所謂成功的革命，便一定是個小產的，變質的，可恥的，妥協的革命。

所以，帝國主義對於中國的革命，『命定』的是要來拼命壓迫，設法消滅爲。消滅中國革命，便是保存帝國主義的在華勢力與地位。能夠完全消滅，自然是頂好；如果不能，則當設法使之變更性質或延長其成功之時間。變更革命的性質，便是使革命成爲不是激底的，激烈的，完全打倒帝國主義的；而是和緩的，穩健的，與帝國主義商量妥協僅只『修改』不平等條約的。我們應當知道，在『修改』這兩字之下，是儘有帝國主義盤桓徘徊，拂袖而舞之餘地的。

故帝國主義現在對於我們的態度，是以能夠消滅我們，完全保存其勢力與地位爲上策；否則便求其能夠保存若干部分——儘它的力所能及，能夠保存好多，便保存好多；能夠使我們的成功延遲好久，便延遲好久的。我們應清楚了這一點，然後方能在總理紀念聲中，檢察我們的工作前途，究竟有無半途腐敗的危險!?

帝國主義站在我們對面的陣線上，現在有三策可用。

第一策，是仍然應用老法，頑固的以鉅額的械，利用軍閥，與我們用兵，孫傳用兵，張倒用X。用此法，縱然一時不能完全消滅南方的革命之全部，但至少也必可以使南北分裂對立，——延遲革命成功的時間。此延遲之時間，多一日，即帝國主義勢力存在一日。蘆浦去年在天津和張作霖談論，即已試用此種陰謀——一方面鼓吹五百萬協借款之說，一方鼓吹南北分立各自爲治；雙管齊下，巧妙到極處。但：（一）國民革命勢力既及長江，國民黨之非赤化，已漸爲一般人所了解；國民黨爲合階級的人民謀利益的政黨，已傳遍全中國人民之耳目，中國北方人民要求革命，歡迎革命，已與南方人民一樣熱烈；氣勢之高，迥非昔比，軍閥之刀，已難壓平，延宕陰謀，無濟於事。（二）利用軍閥之時，更無善法避免帝國主義相互之間的衝突，欲聯合利用一共同之軍閥或使合方面之走狗血戰一盤爭勢力，亦屬絕不可能——英日暗鬥之歷史，英暴討赤之成績，俱已彰彰在人耳目。（三）利用軍閥抵抗革命，延長援亂，即與帝國主義自身，亦大不利（如長江航輪，因戰亂而停止；在華商業，因省港罷工而受損失），且每易援助爭者以代替自己優越地位之際（如現在日本在長江侵蝕英國商業之地位）。（四）利用軍閥，增長內亂不但不必即能阻止革命，且反授國民黨以宣傳煽動之資，益增中國人民之仇視，提高其對於革命之感情與興奮；五卅以來，爲淵驅魚，事實具在。（五）被利用之軍閥，亦漸驕憤，不服羈勒，如孫傳芳自收二五附稅，張作霖硬兒安格聯職，事實上無異自導走狗赤化，結果不平等條約亦終爲武人破壞於無形。（六）在華利益薄弱而後起之國家（如美國）方思因利乘便，以爲利於自己之宣傳，故高主義公道，援取華人好感，取顯明利用軍閥者之地位而代之——華盛頓會議中，形容日本有如猫犬；最近美國『單獨與華交涉』之提議，更使英國狼狽不堪。然則第一策之不合用固昭然若揭矣！

第二策，則直接派遣所謂『遠征軍』，張牙虎爪，直接國民而噬之。但此法僅只英國在印度，日本在朝鮮，美國在尼加拉瓜，或許可以一試；在中國則不行。一則中國在國際上關係複雜，帝國主義相互之間利害衝突，決不能有容許任何一國單獨橫行之情勢，而有引起帝國主義自己之間的大戰之危險。二則現在可以用武力干涉中國者，惟有英日兩國，但此兩國政治上的黨派鬥爭，亦甚激烈，對華問題，現方爲其反對黨奪取政權之一資料；而勞動階級，又復倘隙於旁，一有機會，便將爆發。現在第三國際早已適合五十二國共產黨，一致反抗武力干涉中國，其工作不但在一般人民中發生影響，且使那英國工人爲大本營系統組織的第二國際，亦不能不爲狂風所捲，隨之大聲疾呼，『不干涉中國』運動，方且普遍於五大洲，使資產階級之帝國主義無所措其手足。三則國民政府及一般革命民衆，又復能以老練之方法，避免挑釁，使之無法發生武力衝突，而反利用外國陸戰隊之登岸以爲其刺激人民，團結勢力之工具。故此第二策，亦只能『以手電燈嚇手鎗，嚇一嚇鄉下老』，無聊的外交上示威示威而已！

然則帝國主義將從此罷休乎？豈有此理！如果帝國主義就此罷休，則天下的老虎也就都要算是吃齋的和尚了！妻子牙爪前一揮，斬將封神的新『法寶』早已祭起來了——這便是帝國主義現在正在開始，開始試用的第三策：

第三策，在客觀上：（一）可以避免各國之間的衝突，成功一致的聯合戰線，因爲此策正是各帝國主義者所欲用，所希望的；（二）可以博得同情於中國人民，解放爲美名，獲得一個自動放棄一切權利的『施惠者』之地位；（三）可以在實際上收得緩和（其實就是爭取消滅）中國革命的功效；（四）可以給孫帝一個打擊。這第三策的陰毒險悍，如果能夠僥倖成功，則至少也可使帝國主義在中國的地位保存二三十年。這便是『與其以鐵砲之力壓迫革命，反而增長其勢；倒不如以陰謀陷變革命之性質，使之自斃』。帝國主義者現在不用大砲來殆我們了——他用了『肺菌』叫我們吃，去慢慢地死。這肺菌現在是融化在一碗香甜濃膩，白嫩可口的『米湯』之中，已經端向我們的鼻尖上來了！

此策進行的方面很多：——

第一，是撤散中國人民的聯合戰線；第二，是分裂國民黨內部團結；第三，是軟化革命的領袖，挑撥領袖與領袖之間的內訌——如果這三層做到了，則第四，便可以自然而然地使中國革命因：『離開蘇俄，排斥共產黨，壓迫工農羣衆』而變成一個穩健的，中和的，紳士的，國家主義的

中華民國十六年三月二十二日 （星期六） 黃埔日刊 （第四版）

運動—或者小資產階級的士大夫與殘餘的封建勢力(軍閥)合治的政體；便是說使中國成為一個第二德意志，一個興登堡(Hindenburg paul)與黃色改良派社會民主黨共同分贓(升官發財)的濟成斯計派(Fawcism)之下的俘虜之國。 大家看看德國現在過的是什麼生活，便可想見我們將來在這個陰謀之下，是什麼狀況了！ 現在德國是怎樣呢？ 鐵路，關稅，財政，均由一個由十四個人營業事，以美國借款而組織成功的銀行所管理。 此十四人中，七個是德國的士大夫和資本家及與他們有關係的人，其餘七個則為英，法，美，意，比，荷蘭，瑞士七個帝國主義的特派委員—即是七個安格聯先生。 自然在這種「國際共管」之下的德國，是統一的，安定的，沒有軍閥互鬥擾亂的，沒有兵災匪禍的；而且是能夠一天一天利用美國資本發達(恢復)它的實業的。 在這種狀況之下，德國的一部分資產階級(買辦)，可以從美國剝削的剩餘中獲得利益，當然是喜歡的；封建餘孽(軍閥，帝制派)，藉此國際勢力鎮定了一時的經濟恐慌，消滅了德國的無產階級革命，使他們依然居於德國政治上的最高地位(大總統)，依然是德國的統治者，當然也是喜歡的；一般社會民主黨(賢人，君子，仁愛主義學派者，如西山會議派)由此得以緊握德國政權，永遠有「官」可做，有「財」可發，不消說，更其是感戴帝國主義的深恩厚德，而要竭誠擁護的了！ 於是帝國主義的不平等條約(一九一九年巴黎和會的凡爾賽條約)，遂經過一種一九二四年倫敦會議的「修改」(注意此兩個含有魔術意義的字)而安安穩穩的剝削德國農工血汗，塞滿荷包，永久壓在德國五千萬農工民衆的身上了！ 帝國主義在中歐再也不怕有斯巴達加斯團(Spartocus)(德國共產黨)來推倒它了——因為它已有了新的工具(德國共和黨)在那裏替他努力箝制住了！ 德國的革命，乃至德國的民主共和變了「質」了！ 便是說德國人民打倒帝國主義的那種危險已經消滅了—然而我們現在卻仍然一致地稱德國為獨立的民主共和國，承認德國人民現在是已經從君主專制之下解放出來，已經自由平等了！ 而且還要呼喊德國的「革命」是「成功」了！ 朋友！ 這是多麼好聽多麼好看的一個德國呀！ 一個穿了天鵝絨的衣，全身梅毒的旦角！

帝國主義這種變換中國革命性質，等於造成斯計裘的陰謀，現在是怎樣的在進行呢？

第一方面是一致的宣傳：「中國國民黨所做的，是一種足令吾人欽佩同情的國家主義運動(注意：我們正在極力反對國家主義，它卻偏要給我們套上這個黑炭簍子)；國民政府確能代表中國人民之意志—惟其接近赤俄，致為激分子猖獗異常，而革命軍所到之處，農工運動勃起，使一般工商業深感不安，殊令吾人引為遺憾！ 中國國民黨中穩健派如能取得政權，使中國之革命運動入於正軌，則吾人將卽竭誠歡呼與之握手，承認國民政府為代表世界上之一文明國家的政府」(所有這兩三月來，從內閣總理大臣的演說，倫敦太唔士報的社論，一直到一般的新聞通信，個人談話，大意都是如此)。 此宣傳，(一)喚起中國人狹隘的國家主義意識，打消總理所說「中國革命為世界革命之一部分的話」——從理論上消滅聯俄政策。 (二)挑撥資產階級排斥農工。 (三)暗示穩健派(右派，西山派，買辦階級)，『你們如果起來打倒左派，壓迫農工，排斥共產黨，我(帝國主義)便可以和接濟張作霖一樣的幫助你』。 (四)給主張妥協者以『時局要求』之口實；以便實行分裂國民黨，撤散各階級聯合戰線。 又如『湖南農民運動為共產派所把持，非共產派與之鬥爭，共產派被殺死五十餘人』。 無中生有；(1)使共產派憤激，起與左派分裂；(2)使不明白之國民黨中立分子感覺農工運動均為共產派所把持，因而大起排斥感情；(3)暗示革命領袖，希望他再做張之江「整頓學風」，「續演三月十八屠殺民衆之慘劇」。 又如『某首領勾結共產派』——使被認為勾結者，自懼赤化而為張之江；使與被認為勾結者對立的其他領袖生恐怖心而起內訌。 「國民黨並非赤化，蘇俄亦未宣傳共產，特有一二俄人為顧問耳」(他們一方面說聯俄是赤化，一方面又如此為國民黨洗刷——忘記了矛盾)— 這是和美國聯合通訊社對待馮玉祥一樣的用意——所謂『一定要說馮赤化，則惟有逼著作中國革命之忠實戰士而已』！

第二方面則領導一部分軍閥，買辦，做「假革命」。 如聲言放棄天津租界，引起安國軍作收回租界之交涉；故意與顧維鈞談判修改中日中美條約；在國會中通過對華單獨交涉議案(美國)，故意發表顧維鈞的歡迎此等之函暗示北方已與陳友仁一樣的革命；還些都是叫中國人民消泯「南」「北」好歹的比較意識，認北方與南方，並無不同——一方面疏遠南方，一方面諒解北方，而將革命戰爭中的南方領袖也形成為爭地盤的軍閥。 又如去年十二月十八日的英國提案，今年一月的日本宣言，一月底的英國新提案以及上述的美國議會議案，無非都是說『我們已準備放棄一切，但現在所以尚未實行者，南方赤化為之障礙也』。 懸一塊肉在屠櫈上，叫中國資產階級，糊塗人民，反動份子，自己起來反對南方國民政府。 並且喚起一般輿論主張南北和好共立一對外政府，接收帝國主義之特別恩惠(因為南北在表面上同是一樣的要收回租界了)； 造成普遍的和平空氣，壓迫南方革命派——若不服從，則一切罪惡，咸歸於南，且咸歸於左派與共產派，使國人共棄之。 這當然是一條可以在『苟且偷安』的中國人民心理上收效的毒計。

第三方面則實行作南北妥協運動。 預先提出宣傳，網羅南北實力派，列舉馮玉祥，蔣介石，唐生智，張作霖，閻錫山，組織委員制統一政府之謠。 薰蕕同器，涇渭不分，故意把蔣馮唐等拖上一身臭屎。 然後使一般所謂名流士大夫者從而奔走呼號，軟的勸誘，硬的批評，促迫南方成立妥協空氣。 且故意傳播什麼北方七條件，南方四條件之說，淆惑民衆觀聽。 現在是辛博森(帝國主義每年駐華的偵探，張作霖親信的顧問，替張辦東方時報的)已有「南下」之說。 而且効用所至，果然那會被蔣總司令扣留的吳鐵城也已開始活動於日本，為稱日本帝國主義所謂「朝野人士」極表同情於革命了！

中國國民黨的同志們！ 現在我們看看，這樣的三方面軟化進攻，正是英，日，美三大帝國主義一致做着的，別的帝國主義當然跟了走；所以首先在它們便可成立一個一致的聯合。 右派之團始向此方面活動，大概也是不免的。 結果必以「南北妥協」而成功一個現在德國式的(士大夫與封建殘餘勢力之合治的)政府 ——卽軍閥，買辦，賢人共同的「修約政府」。 於是便代替了我們所要成立的工人，農民，小資產階級(卽在民生主義之下的小商人與一般自由職業者)聯合的「廢約」政府。 在德國式的修約政府之下，張作霖，閻錫山，仍然存在，他們便是興登堡。 民權，民生，便絕對不會實行——從而「民族」也自然還是和德國現在一樣屈伏於變相的道威斯計劃之下。 整個的孫文主義丟下了毛廁——整個的國民革命完全變換了性質。 軍閥，買辦，士大夫「得其所哉」— 百分之九十的農工乃至真正的中國資產階級則仍被壓迫於帝國主義的新式工具(國家主義的南北統一政府)之下—

我們現在可以用血和骨埋葬張宗昌，張作霖；可以用種種變的方法避免帝國主義的挑釁—但我們最怕的是所謂穩健派從我們肺臟中，肘腋間，爛了出去。 總理四十年革命生活，差不多一大半是廢於和右派的奮鬥。 如果沒有內部的右派，沒有民元時的黃宋妥協，沒有反對中華革命黨的人，沒有陳炯明，沒有楊劉——中國的革命不是久已成功了麼？ 中國的革命屢次失敗，北伐屢次不能完成，莫非受了內部妥協分子的阻撓！ 現在又當着這個生死關頭了！ 如果我們不能戰勝帝國主義這個陰謀；不能制止右派從內部起來分裂革命勢力；不能打消南北妥協空氣；則我們惟有肉袒牽羊，預備做德國第二——甚至仍然生活於此十六年的老亂局中—

現在不是革命不革命的問題了！ 因為在本黨影響之下，已沒有人敢說不革命了！ 連張學良也高唱起革命之調了！ 現在是假革命與真革命鬥爭的時候；是帝國主義以其所領導的軍閥買辦賢人政府，代替真正的革命的國民政府的時候！ 大家不要太相信自己，以為這是不可能的。

要知道黨內的老右派，新右派，和革命中的投機分子正多着——這些正是帝國主義在「我們」中間所有的隊伍。 他們什麼時候乘機而起是不曉得的！ 我們只有更其努力鞏固我們的聯合戰線，更其努力擁護，實行三大政策，(這是獵人不為老虎吃去的唯一衛身的獵鎗——革命成功的唯一道路，帝國主義所最怕的毒藥)！ 高唱絕對不妥協，反對與任何帝國主義妥協(但我們在必要時可以利用帝國主義的衝突)，『不完全則寧無』的口號！

『我死後，敵人要設法軟化你們』！ 沉痛哉，此語也！ 而今竟屆其時矣！ 我紀念總理，只紀念此一語— 而其所以紀念之法，則曰：『不完全，則寧無』而已！

中華民國十六年三月十七日　星期四　第四版

中華民國十六年三月十七日　星期四　第一版

黃埔日刊

中央軍事政治學校出版

第二七九號

本刊每份定價一分

時評

我們要以中央執行委員會為唯一的指導機關而盡力擁護它所有的議決案

國民黨員應有的認識

政治問答

編者答話

世界旅行家福賴奇女士來校參觀

總理遺囑

本校本週口號

黃埔日刊

中央全體執行委員在漢口開會情形

嶺南大學附屬中學來校參觀

十五日總攻南京城

星加坡大演屠華僑慘劇

兵器研究處第二次調查及計劃會議紀

革命軍佔領蘇州

緊要啟事

方教育長總理紀念週報告

民主集權制的說明

革命之路

中華郵政特准掛號立券之新聞紙 中華民國十六年三月十七日〔星期四〕〔第一版〕

黃埔日刊

中央軍事政治學校出版
通信處廣東黃埔本校政治部
第二七九號
〔本刊每份定價一分〕

時評

●我們要以中央執行委員會爲唯一的指導機關而盡力擁護它所有的議決案

鴻沉

被壓迫的最覺悟的份子，爲要代表其利害相同的羣衆之利益而奮鬥，乃組織成黨。所以黨一方面要代表全體黨員及羣衆的意見；一方面又要領導全體黨員及羣衆作實現黨的主義和政策種種革命運動。黨是有無限的威權的！最高黨部是唯一的指導機關！

中國國民黨是代表中國各階級被壓迫民衆利益的一種有組織的政黨。它的主義是整個的孫文主義。它的政策，最重要的是三大（聯俄，聯共，工農）政策。它的最高級機關是中央執行委員會。無論軍事，政治，外交，及工農民衆運動，都要以整個的孫文主義爲中心，三大政策爲方法，受中央執行委員會之指導，乃克完成中國革命事業而解放中國被壓迫民衆。

在軍事運動之初期，黨應付托重任於革命的軍事領袖；在軍事運動發展，北伐勝利的時候，一切政治，經濟上之建設，外交之應付，民衆運動的宣傳和擴大，堅固黨的組織的工作，則宜分別付託適宜的得力的各領袖同志，而黨在其上，指揮裕如，大半個已收復之中國，不難治理。故今日中國的革命問題，不以對付帝國主義之威脅和軍閥武力之壓迫爲急務，而以如何提高，鞏固黨的威權，和使用黨的力量爲中心。

只要一切權力屬于黨，而以中央執行委員會爲領導機關，則中國革命運動的成功將在世界革命中大放異彩！

現在正是我們最高級黨部——中央執行委員會開會討論一切革命進行和種種建設的時候，我們要以只知有黨不知有個人私人或少數人，而盡力擁護並努力實行中央執行委員會所有的議決案，才是我們黨員應有的態度。——當然，中央執行委員會的議決案是要根據總理的主義，政策，合乎民衆的要求，應順世界革命流潮的趨勢而決定的。

校聞

●世界旅行家福賴奇女士來校參觀

△有極重要的演說和問答

前日（星期一）上午九時美國世界旅行家福賴奇女士（Mrs. Londa Fletcher.）偕同廣州英文日報（Canton Gazette）記者梁毅儒黃蕙芳二女士到本校參觀。當由政治部派羅懋其沈乎精二同志前往招待。茶話之餘，福女士因述及旅行世界之意趣與由歐洲到中國各地之經過情形甚爲高興。方教育長特請其參加本校總理紀念週，藉以使彼認識黃埔革命精神。紀念週政治報告畢，即由福女士演講。先本由梁毅儒女士翻譯，繼因梁女士聲音過細，不能遍達全場，乃改由羅懋其同志譯述。福女士略謂：

今天我到這裏，受了各位熱烈的歡迎，實在光榮得很！我看了各位的精神，我已知道中國的革命在最近的將來必定要成功。美國在一百四十年前，亦和現在中國一樣的起來與壓迫階級奮鬥過來。但是以前我們在美國很不容易知道東方的情形。因爲我們所得到關於東方的消息，都是從反動的報紙傳來的。我此次遊歷東方到過敍利亞，波斯，土耳其等國家，並在蘇俄住了四個月，才到中國。我所經過的一些被壓迫民族都一樣的要求解放。許多被壓迫民族的青年，都熱烈的希望中國革命早日成功，來幫助全人類的解放。但我希望中國革命成功之後，不要走上了帝國主義的道路。以前美國革命成功，便做了帝國主義，中國萬不要走這條路！我此次回到美國，將帶去總理的三民主義和青天白日的旗幟，努力向美國的民衆宣傳，使他們明瞭中國革命運動的真相，來幫助中國的革命。云云。

演說既畢，仍由羅沈二同志引導參觀本校各部。時午餐席間福女士亟欲知道本校情形。熊主任雄因即將本校歷史及組織略爲解釋，由沈乎精同志譯述。熊主任首謂：黃埔學校的歷史很短，內部設備不甚完全，崇尚簡樸厚重親愛精誠，所有的學生，都是被壓迫來的，雖年齡大小不齊，都是富於革命性的。照此看來，這個學校本來沒有甚麼可以值得參觀的，然而世界各國軍政各要人，平時對於我們的革命行動，極端反對的。爲甚麼竟聯袂結伴都要來本校參觀呢？計最近來校參觀的有日本領事及外務省條約局長佐分利，日本教育考察團，法國領事，美國奇帕脫博士，以及各國新聞記者等。我們明知道他們來此參觀都是帶有政治意味的，但是我們對于他們都很誠懇的接待，因爲作革命工作，沒有甚麼秘密可以隱藏的。又因爲本校是中國被壓迫民族辦的，是公開的訓練武裝革命青年的地方，更不怕任何人探視。有此關係，因之，我們同各國來賓談話都發生很好的影響，同我們革命表同情的自然要與我們以幫助，就是不同情的也可感化許多。所以他們才將黃埔情形傳播出去，世界上被壓迫的民衆乃澈底明瞭黃埔學校是革命人材的訓練場。——以上所說的是我們歡迎來賓的簡單意思。

本校自一九二六年改組以後，規模較前更爲擴大，現在共有分校五所，官佐學生共約三萬人。軍事官佐大半係日本士官學校，本國保定軍校，雲南講武堂各處著名軍事學者；政治工作人員，則皆來自國內外各著名大學。學生方面，大學皆約占百分之二十，中等學校約占百分之六十，其他來自工農及被壓迫的弱小民族的約占百分之二十。我們不分甚麼國界只要是被壓迫的富于革命思想的都可以作我們的好朋友都可以到我們這裏來！

熊主任說畢，福女士即起問：「中國國民革命在軍事行動停止以後一切建設還是趨向帝國主義方面？還是趨向共產主義方面呢？」

熊主任答：「中國的混亂情形是帝國主義造成的，中國人民的痛苦是帝國主義所賜給的，國民黨是打倒帝國主義的，國民黨的行動就是全中國的行動，當然不願再走向帝國主義那條路了！」

問：「帝國主義那條路既不願走，那當然要走向共產主義方面去了？」

答：「那是不能夠指定的，因爲經濟變動可以影響社會上一切建設，經濟有決定社會上一切建設如政治法律等的最後決定權。中國革命成功後的政治趨向，現在尚不敢擬定。假使將來社會經濟變動到了可以共產的時候，世界各國皆實行共產，中國當然不能獨在例外的。」

問：「將來三民實現後，能不能廢止私有財產制度？」

答：「這當然是我們最後的目的！」

問：「廢除私有制度是不是只限于一國？」

答：「是全世界的，不是限于一民族的！我希望女士將此情形告訴全世界，使覺悟的人們大家聯合起來革命！」

福：「這是自然的！——人類不平等階級鬥爭特別厲害，中國階級鬥爭已開始了，美國階級鬥爭正在發動，我希望能使美國覺悟青年聯合起來舉援中國反對美國帝國主義！」

總理遺囑

余致力國民革命，凡四十年，其目的在求中國之自由平等，積四十年之經驗，深知欲達到此目的，必須喚起民衆，及聯合世界上以平等待我之民族，共同奮鬥。

現在革命尚未成功，凡我同志，務須依照余所著：建國方略，建國大綱，三民主義，及第一次全國代表大會宣言，繼續努力，以求貫徹。最近主張：開國民會議，及廢除不平等條約，尤須於最短期間，促其實現。是所至囑！

本校本週口號

擁護總理遺囑！
奉行聯俄政策！
奉行聯共政策！
奉行農工政策！
嚴禁妥協！
擁護革命領袖！
勿忘巴黎公社經驗！
爲三一八烈士復仇！

（一）啓事

崔更生，武廷中：久別念甚！你們現在何處？過何生活？請即示知！我現住的是湖北黨務幹部學校，來信寄此可也。劉天均啓

胡瀚棟兄：你究在何處服務，連給你三封信，都未見覆，甚念！茲有要事相商，祈見字將你現在的通信處示知爲禱！黃埔校部第一學生隊十六區隊賈燦啓

晏崇周全二同志：[illegible]開到什麼地方去了，請你們把個信我，以便通候呢，廣州北校場中央軍事政治學校入伍生部軍士教導隊七中隊周仁啓

學明道失黃埔同學會[illegible]王學稻同志你在那裏[illegible]永安公司請往取[illegible]黃[illegible]熊超然同志你現在何處[illegible]

中華民國十六年三月十七日 黃埔日刊 [星期四] [第三版] (二)

態：「以全世界被壓迫階級的聯合戰線反對帝國主義，這樣才能澈底成功，人類才能真正解放。」

問答畢，方教育長卽令沈羅二同志引福女士等十餘人參觀，福女士於三時許別有約會急于回省，又因大雨不便行路，故與謝辭謝。後由沈羅同志攜帶宣傳品送福女士等下電艇，殷勤握別，一擧“Goodbye!”電艇即如飛駛向江心去矣！

◉嶺南大學附屬中學來校參觀

本月十五日上午，嶺南大學附中學生五十餘人，特來本校參觀，由管理處會同政治部派員招待，引導該生等至各部處及烈士墓等處參觀一週。午餐後並[請]官長會客廳開一談話會。由熊主任演說，演詞大意：一、敘述本校成立的歷史及時代的背景。二、說明本校的基礎是建立於本黨的三大政策及被壓迫民衆的身上。三、說明本校的組織及其發展。四、說明本校的教育方針及兩年來所獲得的勝利。熊主任演說畢，由該附中主任何蔭棠致答詞，略謂黃埔學校是國民革命的大本營，我們今天看了貴校各處所懸貼的標語，已充分表示出黃埔革命的精神。敝校因僻處一隅，與各界未免隔膜，所以常引起人們的誤會，說我們如何排斥國民黨同志及國民政府，其實我們並沒有這種意思，況且嶺南學校已經收回由我們管理，而不是美國人的了。我們嶺南學生都是愛國的，因爲他們多半是中產階級的青年，但他們並不代表中產階級，而是預備爲本民族奮鬥的。我們現在所學的學術，就是要爲着受痛苦的民衆來奮鬥。我今天看了貴校這種精神，實在欽佩得很，我現在代表嶺南學生及教員，表示對於貴校的敬意云云。最後並由熊主任略致答詞，分贈本校各種刊物，至四時許始盡歡而散云。

◉兵器研究處第一二次調查及計劃會議彙紀

本校兵器研究處爲進行一切任務起見，曾經開第一第二兩次調查及計劃會議。出席人員爲成灝，蕭根性，何孝田，李意吾，彭忻祥，湯卓倫，徐鶴年，周希賢，曹世清，黃志尚等十人。茲將各項重要議決事項，彙記如下：(甲)第一次會議議決事項：(一)宣傳工作之計劃：甲、材料之採集，雜誌書籍，隨時注意之問題，乙、宣傳範圍，一、兵器常識，二、普通科學。丙、宣傳方法，成績報告之發表，新兵器介紹及有關兵器的科學常識小叢書之編譯，以上是關於文字的宣傳。其次爲參加每週校內軍事講演，及各種適當的講演。(二)報告內容之規定：1、實驗2、計劃3、調查4、編譯5、搜集。上列五事項均屬工作範圍。於每週工作報告中僅列舉其對於某項工作之綱要。於某項問題研究結束時，應更有成績或詳細報告。(三)效率增進法之擬定：A.預定工作日數，B.實施預定計劃，C.修建或遷移房屋，D.增加(及隨時注意)設計劃，E.隨時注意及搜羅研究問題，F.注意各方面兵器製造等消息。(四)○務進行之計劃：1、採集○籍書籍，2、調查情形組織○部或小組，3、參與各種○的工作，及多做○所需要的文字。(乙)第二次會議議決事項：(一)叢書之編纂，甲、內容：A水雷，B.彈藥，C.金屬材料，D.火藥，E.毒瓦斯，乙、範圍：每篇約五十頁以上。供本校官生之參考及爲一般之文獻。丙、分担人員：水雷 蕭根性，彈道學 黃璧，毒[?] 李意吾：金屬材料 何壽田 成灝，火藥學。(二)內務之整理：1、現在工作專爲編纂叢書，故實驗室暫時收束。2、辦公廳改變佈置，並確定席次，及時間，切實辦公。3、其餘關於房舍之整理清潔等，交事務員辦理。(三)普通學教程之修改；由各原纂者自行修訂。以後改由香港或其他良好印刷局付印。臨時提案：兵器修理法講習班時間不夠，擬請求延長補習案，議決：暫時於每晚上課時間略爲延長以補習之。(以○代窯)

中央全體執行委員在漢口開會情形
改推中央常務委員九人及各部部長
改推國民政府委員廿八人
中央政治委員會委員十五人
中央軍事委員會委員十六人

(中華社)昨接本社駐漢口恒記者來電云：中執會(中央全體執行委員會議)昨日(十一日)繼續開會通過重要決議案五項：(一)改推中央常務委員案 以汪(精衛)譚(延闓)蔣(介石)顧(孟餘)孫(哲生)譚(平山)陳(公博)徐(季龍)吳(玉章)九人當選爲中央常務委員，(二)改推中央各部部長案 組織部長汪(精衛)，宣傳部長顧(孟餘)，農民部長鄧演達，工人部長陳公博，商民部長陳其瑗，青年部長孫(哲生)，婦女部長何(香凝)，海外部長彭(澤民)(三)改推國民政府委員案 汪(精衛)蔣(介石)譚(延闓)馮玉祥于右任孫(科)宋子文徐(季龍)朱培德李濟琛唐生智程潛李宗仁黃紹雄陳友仁顧(孟餘)譚平山宋慶齡彭(澤民)何應欽鈕永建孔庚經亨頤王法勤吳玉章陳調元楊樹莊柏文蔚共廿八人爲國民政府委員，(四)改推中央政治委員會委員案 汪(精衛)譚(延闓)蔣(介石)顧(孟餘)鄧演達陳友仁陳公博徐(謙)譚平山孫(科)宋慶齡王法勤林祖涵吳玉章宋子文共十五人爲中央政治委員會委員，以汪(精衛)譚(延闓)孫(科)顧(孟餘)徐(謙)鄧(演達)宋子文[?]人爲政治委員會主席團，(五)推舉中央軍事委員會委員案 照昨日通過之軍事委員會組織大綱，就中央執委中推汪(精衛)孫(科)顧(孟餘)徐(謙)鄧(演達)宋子文六人，高級軍官中推蔣(介石)譚(延闓)馮(玉祥)唐(生智)程(潛)李宗仁李濟深何應欽朱培德張發奎十人，共十六人爲軍事委員會委員，以徐(季龍)鄧演達二人爲軍委會主席團，今日(十二)全體委員到濟生路參加總理逝世二週年紀念大會，故停會，明日(十三)續開，包叩，侵(十二)。

◉革命軍佔領蘇州
△還有上海佔領說
△孫傳芳潛逃昌朝——張宗昌歸路已斷

(中華社)三月十五日上午九時總司令部秘書處通報云，(銜略)上海七日電，我軍已佔領蘇州，截斷張宗昌之歸路，上海可不攻自破，孫傳芳知大勢已去，無可挽回，遂偕本潛逃昌朝等語，特聞 總政治部叩，灰(十日)印，又據總政治部訊，上海聞已被我軍佔領，南京動搖云，

◉十五日總攻南京城
▲攻甯取包圍勢

十四日上海電，入皖之[?]軍決向甯取包圍勢，由江右蔣軍担任，程潛任指揮，江左方面之李宗仁部會合陳調元部担任皖北，謀截斷津浦路，蔣介石已電令圍甯軍隊十五日下總攻令，賀耀祖十日到蕪湖，十一日往下游督戰，賀耀祖部前鋒已兩團前達當塗溧水間之小丹陽鎮，現據守離蕪湖四十里之大橋鎮，

政治

◉星加坡大演屠華僑慘劇
▲因舉行總理逝世紀念大會
▲被警察開槍轟斃六人傷十一人

星架坡電云，前昨日下午，華人舉行孫中山逝世紀念大會，警察向羣衆放槍轟斃六人，傷十一人，緣羣衆在安樂谷集會之後，[?]人多名，即列隊巡行，向城中各街而去，行至奇利打亞街車站，[illegible]谷[?]議後，各人行至[illegible]，有警察[illegible]一人，欲上前糾正，但被羣衆攻擊，及被打倒地上，馬來警員，遂向羣衆放槍，

◉「英國盛極而衰矣」
▲蘇聯陸長之言論
▲英國二月份對外貿易確較前大減

莫斯科電 蘇聯政府陸軍委員長在莫斯科職員選擧會議席上演說云，「英國已盛極而衰矣，在中國喪失土地與權利，乃欲使俄人負有責任，遂發出對俄警告書，我等不能禁止俄國人在外國參加革命運動，同時亦不要求英國人中止其在中國之反革命行動，英俄關係，是否決裂，視英之態度而定，吾人雖不願決裂，然縱令決裂，我等政策，決不因此而變更，」 倫敦無線電 本年二月份，英國出口貨共值五千二百九十三萬七千磅，比去年同時，約減一千萬磅，入口貨共值九千三百八十五萬[?]千磅，比去年同時減三百餘萬磅，出口貨額小之故，多係因中國杯葛影響所致云。

小通信

緊要啓事 鄙人昨晨下操遺失徽章一個號數一百八十二[?]，除呈報補發外特此申明作廢 黃埔第二[?]學生隊第七隊 [illegible]啓

逕啓者茲有敝隊學生[illegible]遺失徽章[illegible]號數[illegible]，除呈報補發外特此聲明作廢 中央軍事政治學校管理處第二課 [illegible]

黃霈林同志你在憲兵教練所畢業後在何處工作請火速示知爲盼 黃埔本校第一營步隊第三隊第十區隊 [illegible]

李正韜[?]三同志鑒你們現在何處作何工作請示知 白海風 王秉[?] 政治訓練班第五隊 [illegible]

舒榮同志：別來甚念。劉翔霄由江西贛州致兄一札，因不知兄駐防何處，不便轉上，請即通知爲荷！ 本校第一步兵團第二營[?]第[?]連 顧子同 [illegible]

中華民國十六年三月十七日 黃埔日刊 （星期四） （第三版）

題目

革命之路

方教育長總理紀念週報告

諸位同志們，在前天參加總理逝世二週年紀念的時候，凡是總理的信徒，莫不於沉痛悲哀之餘，感覺到完成總理未竟之功，為吾人絕對的責任。欲完成總理未竟之功，首要打倒帝國主義及軍閥。因此，我們前方入戰功高的同志，又不可不繼續的再與奉軍一較短長了。現據數日來的情形，簡單報告一下：

（一）對於奉派進攻我們的觀察：奉軍想憑藉鐵路的方便，向我們分津浦滬甯線，及京漢線兩路進攻，是很顯明的。（甲）津浦滬甯線，現已滿佈了所謂直魯聯軍的著名鬍軍，及白俄軍隊，復勾結英帝國主義者，增派大批海陸軍於上海，想藉此威逼革命軍使不敢直撲上海。新近又到英兵五千，荷槍遊行黃浦灘，滬京路之交通為之斷絕，其欺凌藐視我國民，眞人人忍無可忍了。當孫逆殘軍敗退，我軍迫近上海的消息，傳出以後，英兵竟布置到租界以外，向使我軍猛進，衝入上海，一定會與英帝國主義者，直接開起仗來，那末，就因此引起第二次世界大戰，亦未可知，這是被壓迫民族們第一件多麼應該看透注意的事啊！英帝國主義者，除增兵上海，以為其工具聲援外，近又替北方軍閥，建造坦克砲車百座，以為屠殺我們革命戰士之用，其對我們明殺暗砍，可謂無所不用其極了。同志們！不要忘了我們最凶頑的仇敵，是英帝國主義，我們要預備同他拚命，我們要慎防他軟化分離的毒計！我們要不妥協的反抗他到底！（乙）京漢線，武漢居天下之中，誰得武漢誰就可以控制長江流域，自國民革命軍佔領武漢，聲勢為之大振，奉派當然無時不想攻佔武漢，以危害革命勢力的。及吳佩孚敗退河南以後，奉派屢屢壓迫吳部，使他們為他自己效死。反攻武漢。但吳佩孚不但一敗不可復振，並且部下將領，既憾奉派之逼迫，又感革命勢力之日張，反先後向革命軍輸誠，因此奉軍遂決心先行消滅吳部。聞現已分五路入豫，一自中牟趨開封，一自朱仙鎮攻許昌，一自皖北經三河尖趨信陽，一自孟津斷隴海路，正面由京漢路直逼鄭州。自保定運黃河北岸，大軍雲集，已有十五萬之多。吳部靳雲鶚魏益三田維勤劉鎮華米振標等亦經團結一致，以與奉軍抗。靳魏等軍前有西北國民軍之聲援，後有國民革命軍之助力，即以實力而論奉軍已占不着多大的面子了。

（二）我們應敵的方法：（1）上海在經濟上在軍事上有極重要的位置，并且是帝國主義者在華最重要的根據地，所以上海是我們必爭之地。（2）河南奉軍得之可以逼我武漢，我軍得之足使南下奉軍有後顧之憂，所以河南現已成軍事上的焦點。（3）津浦路線，現為南下奉軍命脈所繫，故亦為我方攻擊之目標。現我軍戰略，似乎是全部動員，分東西中三路總攻奉魯鬍軍。

（甲）東路，以何應欽軍長為總指揮，以白崇禧魯滌平部為先鋒，自吳江宜興進窺蘇常甯滬路，此路得手，上海自不成問題。上海我軍已漸逼近，但此地為大批逆軍雲集之地，且有英帝國主義者軍隊二萬餘集中於此，陳兵華界，其意願欲與我軍衝突。如我軍沿太湖佔領蘇常，則上海逆軍及英兵自成甕中之鼈，故此路決戰結果，關係全局異常重大。

（乙）中路，此路總指揮由校長自任之，以程潛賀耀祖部為先鋒，自安慶趨蚌埠，襲津浦線，以斷奉軍南北之聯絡，使南下奉軍無路可歸。現陳調元部已在當塗與魯軍接觸，王普任江右戰線，亦將向前方出動趨皖省下游戰事爆發在即。

（丙）西路，由唐生智軍長任總指揮，由鄂北入皖，襲隴海路。現唐生智，陳銘樞，張發奎，何健，劉興等五軍，增防豫南，助靳雲鶚等反奉。靳等計劃北路取守東路取攻，因東路得手，則危及張宗昌逆軍老巢，黃河以南之奉軍，勢必瓦解。西北國民革命軍，亦已電告分十二路，進圖中原，足見河南方面反奉勢力之雄厚，掃滅醜類，不難目見了。

以上只是就軍事上比較革命軍與反革命軍的實力，可以知道封建軍閥到了今日，已無存在之餘地了。但是日來聽說前方有一種謠言，頗不利於北伐，使我校長苦惱萬分，雖說遠地相傳，更失真相，究竟後方日來的種種離奇說話，可以知道是並非無因的了。同志們，這種現象，很是一種危險的現象，完全是因為我們的革命進展，敵人千方百計，想來破壞我們的勢力，以遂其離間分化的一種陰謀。當此革命成敗在此一舉的時候，關係重要，一髮千鈞，稍一忽略，便遺後悔，敵人的奸計一中，我們的勢力便會消滅無餘，革命之功就會廢於一旦了。因為這次的勝利，完全是敵人內部崩潰，本黨精神團結，所得來的，若是相反起來，本黨也就一定會立於失敗的地位。況總理所遺交於我們的，就只有我們的黨及其主義和策略，完完全全是整個的，黨的威權是最高的，是集中的，若在整個的黨之下，中了敵人的毒計，自相分裂，由甲派乙派，就會發生一種誤會，由這種誤會，就會發生一種衝突，那末本黨的威權，就無所謂最高和集中了，一切整個的主義和政策，也就會破裂無餘了。所以校長北伐的時候說「我們的本身，有沒有自相衝突，來幫助敵人的毛病？如有這個毛病，個人幹個人的事情，自家互相分裂，這個樣子，不要敵人來打我們，我們本身，就會失敗。」這幾句話，何等的切要，何等的沉痛，真是我們生死成敗的一個緊要關頭，我們切不可在一個整個的黨之下，來分散了黨的威權，袒護了自己的毛病，以陷於失敗的地位，務要時時刻刻記着校長的訓言，警惕到底；團結堅固，無隙可攻，造謠離間，不擊自退。那末在敵方勢力分裂崩潰的時候，我們的成功，就可以因團結而完全實現了。願我總理革命生命所寄託的黃埔，在此風雨飄搖，流言蜚語的當中，努力的作起一個中流砥柱的責任來，望我校長及黨代表締造艱難，所創為黨武裝革命製造[illegible]的學校，在此驚濤駭浪同舟共濟的當中，一致的作起一個鎮風舵的學校來。同志們，我們這個願望，如果不在這時候拿出來，請問此刻在湘，鄂，贛，閩，浙，戰死諸同志的遺志，我們怎樣去繼續？剩下校長及正在拚命戰場諸同志的憂悶，我們怎樣去安慰？這是在總理紀念週中，鼎英所希望與各位一日三省的地方。

＊ ＊ ＊ ＊ ★

民主集權制的說明

楚女

最近，有好幾位同學，不明白民主集權制的意義，來信問我，現在說明於此。

所謂「民主集權」這四個字，是一個整的名詞——千萬不要把它認為是「民主」與「集權」兩件東西同時存在一起而成功的一個制度。我們中國人，自己過慣了姓「張」，台甫「翰臣」，外號「春山」的生活，所以總喜歡用了自己主觀中的方程式，去解釋一切事物——有時不免鬧出姓「克」名「魯泡」，號「特金」的笑話。現在也有一部分人，不知是真的不了解民主集權制的意義，還是故意地不願去了解它——也正用着這種方程式，把「民主集權」宣告腰斬之刑，分成兩段，一方面是「民主」，一方面是「集權」，可以不相聯屬。他們在論到X與Y兩團體合作問題的時候，則應用一種「形式邏輯」，援物理學上的「占空間性」，證明兩物不能同時存在於一空間。但當他們論到民主集權制時，却忘記了所謂「排拒性」，而主張：一方面可以有民主，一方面又可以有超乎民主之外的集權。其實X與Y兩種思想的不同，不過是牛乳與水兩種液體的化學構造式不同——若把它們攙和在一起，則它們之間的所有分子，是可以在一個有一定界域的體積之內，同時存在——並且還能成為一種很有秩序與規律的分子間的排列與組合的；不過兩者混合後，體積放大了，成為A和B的總和而已！民主與集權，則是兩個實在的具體的制度，它們的不同，却是和兩個固體的立方木塊一樣的——彼此都有不可入性。所以世間上也就決不能有「專制的共和國」或「有皇

中華民國十六年三月十七日　黃埔日刊　（星期四）　（第四版）

帝的民主政治」。有之，則爲現在之資產階級當政的德謨克拉西：它們是以民主與專制相對立的，所以結果，專制的立方排除了民主的立方，只有專制，哪有民主？所謂民主，飾詞而已！

那麽，「民主集權」，究竟應該是個什麽樣的東西呢？ 第一，我們應該知道，所謂集權之「權」，並非立在民主對面的另一種超乎民主勢力之支配以外的「權」；乃是「民主」本身所有的「權」。 而其成爲「集」也，則由於許多之「民」，發表了各自所「主」的意見與要求之後，歸納綜合而成的。 換句話說，所謂「集權」便是一切之「民」的一切主張總和之表現體。 因此，我們也可以不叫它做集權，而叫它爲「統一的意志之結晶」或「一致的決定之體現」。 故「集權」者，集一切人民各自所有的本身生活之「處理權」於一具體的總合機關，而成一抽象的，理論與實際一致的權力概念之謂也！ 至其所以必須如此總合集中者，則以其適應團體生活之必要也：不如此則不便於處理多數人民所一致決定之要求，不能使公共事務進行敏捷，而獲完滿之結果也。 然則民主集權者，公共意見經過澈底討論之後而產生者也——民主化之權力也。 所以像現在日本式，英國式的什麽立憲政體，下議院議決了的案子，却可以被那代表特殊階級的特殊權力之上議院，或被皇帝所否決；便只能算是「集權」，而不是「民主的集權」——而且只能算是以集權取消「民意」的「專制」。 因爲它表面上雖然以民主爲裝飾；而實際則以一種不根據於民意，超乎人民支配之外的特殊權力，將民主權實質排除無餘也！ 現在一般之所謂「德謨克拉西」，莫不如此；它們一方面因爲要掩飾它們的資產階級專政之惡迹，容納一個似是而非的所謂民意機關(衆議院)存在；而另設一代表資產階級特殊利益的機關(族貴院或參議院)，君主或總統(如美國)與之對立——事實上，此對立之機關，却操一切事務的最後決定之權。 在這種組織之下，哪里能有一點「民主」的影子存在？狙公之術，暮四朝三而已！ 故意曲解，將民主集權分成兩截的人，便是要以這種資產階級的德謨克拉西來昏亂我們的視聽。他們不以集權爲民主化（由公共意見經過澈底討論而產生的）權力；他們以權力與民主相對立——變更化學的化合物性質，爲物理的混合物狀態。 這樣，他們便可以上下其手，應用自如，你的民主儘管民主，到了最後，我却可以集權取消你的民主。

本黨的組織，以民主集權制爲原則，便是要使黨的組織成爲真正能夠代表各階級民衆的意見與要求的體現物。 這個原則的意義，第一，是在組織上由下而上，各級黨部以選舉的形式組成，是民主的；但同時每一下級黨部隸屬於上級黨部，是集權的。 第二，每一下級黨部，均須服從上級黨部的命令，是集權的；但在其命令的範圍內，有完全處決該黨部所屬一切事務之權，是民主的。 第三，對於上級機關命令，認爲不對時，得依法提出抗議，是民主的；但在未制決前，仍須執行其命令，是集權的。 第四，在開會時，每個黨員，對於黨的一切問題，均有充分自由發表意見之權，是民主的；但一經多數表決通過，無論自己贊成與否，必須絕對服從，是集權的。 第五，黨員必須嚴守紀律，一切言行，均須以黨的主義，政策，宣言，議案，章程，爲準則，是集權的；但此等黨的文件均爲每个黨員在大會時所議決，是民主的。 第六，上級機關有指揮命令下級機關爲某事或不爲某事之權，有要求奉行命令之權，有否決或變更下級決議之權，是集權的；但此等上級之權，也必須　點不違背黨的主義，政策，宣言，議案，章程，是民主的。 據此，則下級所服從者，乃服從其曾經自己承認的自己意志之集合權力——質言之，卽是自己服從自己。 而上級之權力，乃由下級每個黨員共同決議所賦予，其職位爲「公僕」，代大衆而爲公共議案之執行人。 所以上級機關之權力，上級人員之地位，並非是由下級黨員(民們)之外而來的；是不能與民主之意志相對立的。 倘若上級人員利用其地位與權力，要求下級執行或不執行一種不根據於黨的主義，政策，宣言，議案，章程的某項事務時，這種集權，便是「專制」，便是「君主政治」，而不是民主的集權制了！ 這是和黑與白相對待時，一樣顯明的事。

故民主集權制的效用，在給與黨員及下級黨部，以最大限度之自由，使之能夠監督黨，監督上級黨部。 而其反面則要求黨員及下級黨部絕對服從，使黨員都服從黨，下級部服從上級——而統一於中央。 這是要一方面防止黨的官僚化；防止首領英雄化和迪克推多化；他方面要使黨的力量集中，以便在行動上靈敏而有力。 中國國民黨，是一個羣衆的革命黨，黨的主張與政策及一切鬥爭策略，均須根據全黨——各階級民衆——的要求與經驗。 所以在黨中應該允許一切黨員，一切下級機關有貢獻意見與經驗於黨之機會；這便是應該民主的道理， 不民主，則必易流於少數人所包辦，而有以少數人之利害喜怒代替黨的意志之危險——這便是純容易官僚化。黨一官僚化，便得不到羣衆，不能使羣衆了解它，擁護它，黨便成了孤立的東西。 同時因爲沒有羣衆的監督，首領也就可以高下隨心，視黨爲其私用工具之一，變以黨治國，而爲以政治黨，爲墨索里尼，爲拿破崙，爲袁世凱，都可以由他咄嗟立辦了！ 這樣，黨便不是代表人民去「革」命的黨，而是代表壓迫統治的勢力來「送」人民之命的黨了！

所以民主集權制之在本黨，實和三大政策一樣重要。 要不要三大政策，是革命與反革命的差別處；有沒有民主集權制，也是革命與經命的區分點。 反對三大政策的人，必定也反對民主集權制；而擁護實行三大政策的人，自然也就應該了解並勵行民主集權制。

國民黨員應有的認識

入伍生一團一營二連王紀康

我們的蔣總司令在南昌歡送黨政府遷鄂時演說詞中曾經說過：「黨政府遷鄂，南昌同志，誓死擁護到底，黨存與存，黨亡與亡！」這幾句痛快而堅決而淋漓的演說詞；不第爲蔣總司令以此自誓，凡是我們有覺悟而革命的青年們都應該這樣的決心，有這樣的自誓。

須知我們的中國國民黨，是被壓迫者最覺悟最急進的分子的集合體。一個黨的組織是要擴大的，嚴密的；一個黨的行動，是要齊律的，統一的；凡是一個革命的黨員都要以黨爲中心，以黨的政策爲政策，以○的行動爲行動；祗有○的利益，○的自由，決沒有個人的利益，個人的自由；尤其要認清我們的○純全是爲革命事實的要求而產生的；因爲我們知道○的存亡問題，就是黨員的存亡問題；所以我們○員，應有「○存與存，○亡與亡」的決心和認識。

我們○員與我們的○既有這樣嚴密和重大的關係，那麽，我們對於黨的主義，○的政策，○的組織，應該有確切的認識，澈底的了解，同時更要確定我們革命的人生觀，決定我們革命的堅強意志，嚴密的防止不良的敗類來懷疑我們，搗亂我們。

可是在事實上一般革命的青年，尤其是我們武裝的革命青年，有沒有認識這個「黨存與存，黨亡與亡」的意義？有沒有確定革命的人生觀？有沒有一致的站在○的利益上行動上去做事？老實說：事實擺在我們面前，我們的○確有不少的投機分子和反革命派混在裏面，有意無意的來破壞黨的組織，壟斷○的各種問題。

但是我們的○是有紀律的，有組織的一個廣大的革命○，不用怕那暗昧鬼祟的行爲來破壞的！更不用怕那借刀屠殺的詭計來搗亂的！我們祗要有確切的認識，有團結的精神，有銳利的眼光去觀察他，監督他，在事實上一定有過問的權限和可能的。

同志們！我們既站在革命的戰線上，對於黨的主義，政策，組織，就應當有澈底明瞭，忠實的信仰和擁護。假若掛了革命黨的名，把黨與黨員的關係沒認清楚，那便不但不配做革命黨的黨員，而且有反革命的色彩了。所以我一方面希望革命的青年，尤其是我們武裝的革命青年，要切實認識○員與○的嚴重關係，一方面希望確定革命的人生觀，同時須要以嚴格的手段去監視一切不革命假革命反革命派，并希望以蔣校長所自誓的「○存與存，○亡與亡」，爲我們努力工作的自誓。

（以○代黨）

政治問答

一。我們中國因爲領土廣大，在施行政治上，免不了有省的區劃，但是因爲這樣，一般眼界狹窄的人，都有地方觀念，我們革命成功之後，能不能再有省的區劃呢？

二。「平民」兩個字的解釋怎樣？

三，國民革命與全民革命請再加解釋？

趙新

1、同鄉觀念，乃古時的部落生活之遺形物。這是因爲交通梗塞及經濟上的依賴關係使然的。到了全國生產組織有了大規模的聯繫。全國交通達到「車同軌」的時候，此等觀念自然會要消滅的。

2、平民的意義，大都是指普通人民而言——包括有各種階級在內。

3、詳見十五年十二月十八日本刊。

（楚）

編者答話

友祾同志：

示悉。要求本刊改良，我們是很願意接受的。 本刊之未能怎樣的令人滿意，我想：不僅你有這樣的感覺；但是本刊有許多缺點，不能也是事實上的問題。 以後，我們只有盡我們主觀的力量力求改進。 還有供獻意見給我們的，這裏，已經準備着誠懇的要接受了。

（沉）

中華郵政特准掛號立券之新聞紙 中華民國十六年三月十八日 星期五 第一版

黃埔日刊

中央軍事政治學校出版

通信處廣東黃埔本校政治部

第二〇八號

（本刊每份定價一分）

三一八慘案週年紀念及巴黎公社五十六週年紀念特號之一

紀念三一八告全國民衆

誓遵總理遺囑

三一八紀念大會次序及口號

三一八紀念日述懷

中華民國十六年三月十八日 黃埔日刊 星期五 第四版

巴黎公社紀念

二、巴黎公社之經過

三、巴黎公社之組織與建設

四、紀念巴黎公社的意義

中華民國十六年三月十八日 黃埔日刊 星期五 第二版

在聯合戰線上紀念「血腥之日」

小通信

中華民國十六年三月十八日 黃埔日刊 星期五 第三版

北京三一八運動的回顧

中華郵政特准掛號立券之新聞紙〔中華民國十六年三月十八日〔星期五〕（第一版）

黄埔日刊

中央軍事政治學校出版
通信處廣東黃埔本校政治部
第二八○號
（本刊每份定價一分）

三一八慘案一週年紀念及巴黎公社五十六周年紀念特號之一

紀念「三一八」告全國民衆

前五十六年的今日——「三一八」是無產階級第一次戰勝法國資產階級的日子，巴黎的無產階級武裝奪取資產階級統治階級的政權，組織了巴黎公社，這個政權的命運雖只有七十二天，其代價却是五六萬勇敢戰士的鮮血頭顱換來的，却是革命史上的一盞長明燈！

他們的革命，不只是爲推翻法國資產階級，而且是爲抵抗普魯士帝國主義。他們形式上不久雖然失敗，他們精神上却永遠發展下來！十月革命也可說是承繼了這個運動的經驗教訓而成功的。

直到今日我們中國民衆，更該注意這個寶貴的教訓；巴黎公社的失敗，是因爲革命的無產階級太和緩，太妥協，所以結果是恭請反革命的資產階級大肆屠殺了！

前一年的今日——『三一八』是北京國務院門前大流血的紀念日，這一個紀念日的意義，在中國國民革命史上是最值得注目的一幕慘劇。帝國主義開始以砲艦在大沽壓迫國民軍，國民軍中不懂政治的人們，開始恐怖赤化乃藉「整頓學風」以圖洗刷。帝國主義者及其走狗段祺瑞趁此良機，慘殺民衆以鎮壓革命高潮，更使國民軍離開民衆，然後繼之以張吳聯合討赤運動，結果驅逐國民軍出京，反革命勢力得到一時的勝利，這是帝國主義和軍閥用分裂政策的大成功；這樣分裂方法現時還在繼續使用，還打算用到我們黨裡來！

革命的民衆們！第一次錯誤可獲得寶貴的經驗；第二次再錯誤，則損失而外將加上證明我們是一個蠢物了！蘇俄無產階級從五十六年前的「三一八」錯誤中找出他們今日的勝利；我們從去年的「三一八」的錯誤中應該找出些什麼？

五十六年前的「三一八」告訴我們向敵人妥協，就是殺害自己；一年前的「三一八」告訴我們對于敵人恐怖，也是殺害我們自己！

敵人的刺刀是同可怕的啊！

今天我們萬不可忘掉巴黎公社是怎樣失敗的！國民黨是爲什麼不得不退出北京的！我們現在就要小心注意不要完成帝國主義與封建階級——我們的敵人——的分裂軟化和恐嚇政策而破壞我們的三大政策，才能成功我們繼往開來的革命事業！

我們要共同喊出：

謹防軟化政策！
謹防緩和政策！
謹防分裂政策！
黨權鞏固起來！
政權集中起來！
軍權統一起來！
鞏固民主聯合戰線！
鞏固世界革命戰線！
巴黎公社萬歲！
「三一八」死難烈士萬歲！

中央軍事政治學校
一九二七，三，一八。自黃埔本校發

「三一八」紀念大會次序及口號

1、全體肅立
2、奏樂
3、向黨旗國旗總理遺像行三鞠躬禮
4、恭讀總理遺囑
5、主席致開會詞
6、報告北京慘案及巴黎公社之經過
7、演說（一）來賓（二）本校官佐（三）各部隊代表
8、主席答詞
9、唱歌（一）國民革命歌（二）國際歌（三）校歌
10、高呼口號（附後）
11、攝影
12、散會

口號

1、勿忘革命經驗！
2、嚴密黨的組織！
3、統一黨的指揮！
4、厲行黨的紀律！
5、集中革命力量！
6、嚴防敵人軟化！
7、完成北京民衆奮鬥的志願！
8、通緝段祺瑞章士釗！
9、打倒北京偽政府！
10、剷除萬惡軍閥張作霖！
11、打倒勾結張作霖的帝國主義！
12、誓爲北京死難烈士復仇！
13、繼續巴黎公社的革命精神！
14、爲解放被壓迫階級而奮鬥！
15、廢除不平等條約！
16、消滅封建勢力！
17、實現民主政治！
18、國民革命成功萬歲！
19、世界革命成功萬歲！
20、人類自由平等萬歲！

「三一八」紀念日述懷

方鼎英

我們今日紀念前烈，懷想將來，當知組織不嚴密，革命不徹底，即爲失敗之根基。

三一八日是去年的今天北洋派的老軍閥段祺瑞慘殺北京愛國羣衆的一个紀念日；並在五十六年前的今天，法國被壓迫階級要求解放，建立平民政府的一个紀念日。這兩个紀念，足以樹立革命的先聲，促進革命的勇氣，使我們有紀念的必要。

去年三月正是我們的友軍——國民軍同奉直軍隊惡戰苦鬥的時候，奉直的主人翁——英日帝國主義者爲幫助自己的走狗起見，想破壞國民軍大沽口的防線，以便引入奉軍。國民軍按照戒嚴令施行正當的防衛，英日各帝國主義者，就提出嚴酷的哀的美敦書，限北京執政府於四十二小時內答覆。當時北京覺悟的民衆，知道段執政府專以賣國爲能事，一紙要挾，足覆邦家，於十七日派代表赴府後治開國民大會，爲外交後盾，而爲府衛所拒。被傷五人。到十八日遂在天安門舉行大會，市民學生到會者，不下十餘萬人，列隊赴府請願，衛兵嚴陣以待，聲稱段氏不在，拒絕代表入見。遊行隊折赴段氏私宅，不料方行移動，衛隊遵奉令開槍，子彈橫飛，密如雨下，片刻之間，臥尸累累，且東西包圍，逃走無路，傷夷踐踏，號哭震天，暴虐兇橫，慘無天日。而段氏猶不心甘，事後橫加罪狀，逮捕顧孟餘

誓遵總理遺囑

總理遺囑

余致力國民革命，凡四十年，其目的在求中國之自由平等，積四十年之經驗，深知欲達到此目的，必須喚起民衆，及聯合世界上以平等待我之民族，共同奮鬥。現在革命尚未成功，凡我同志，務須依照余所著建國方略，建國大綱，三民主義，及第一次全國代表大會宣言，繼續努力，以求貫徹。最近主張開國民會議，及廢除不平等條約，尤須於最短期間，促其實現，是所至囑！

本校本週口號

擁護總理遺策！
擁護聯俄政策！
奉行聯共政策！
奉行農工政策！
嚴禁妥協調和！
擁護革命領袖！
勿忘巴黎公社經驗！
爲三一八烈士復仇！

李石曾徐謙……等，欲以一手掩盡天下之耳目。此爲北京三一八慘案流血的略史。不久國民軍反旆都門，驅逐段氏，解散其衛隊，並將慘殺的兇手，一律解散，雖足以取快於一時，而已死的同志尚埋冤於地下，他們的鮮血猶赤顆顆的留存於天安門內，我們今天來開會紀念，想想當時的情形，是如何的悲痛！ 我們要安慰這悲痛的心思，就要跟着他們的血跡，繼承他們的遺志，將會異的敵人——帝國主義者及軍閥鏟除，這才可以安慰死者及我們自己呢！ 但是現在北京，仍然在北洋軍閥的手裏，他仍和他的主人——帝國主義者日事勾結，正和我們革命的勢力，作最后的衝突，這是今天我們愧對先烈，更傷心更切齒的地方，也就是我們加倍奮鬥不要忘記的一件事。至於巴黎公社產生的歷史，是在一八七一年，正值拿破崙第三欲襲其叔父拿破崙之餘威，帝制自爲，窮兵遠略，卒至師潰普境，國破身亡。 巴黎人民前困於被圍之苦，後辱於城下之盟，外受制於戰勝之普軍，內受虐於賣國之貴族，痛苦日深，激起自決，組織國民軍，起事於巴黎附近，卒將貴族政府之軍隊擊敗，政府諸人，均逃往凡爾薩，遂於三月十八日，正式組織委員會，成立平民政府，剷除特殊階級，集中生產機關，政綱施措，井井有條。 蓋巴黎公社實具無產階級政府之雛形，而爲蘇俄十月革命之先河，所惜當時團體組織，尚欠嚴密，分子複雜，意見紛歧，無統一指揮之能力。而改革之初，但求妥恰，姑息養奸，財政交通，概授之於反動派之手，致令貴族政府得以外結強敵，內煽陰謀，七旬之間，公社以覆。革命黨之被捕者計將四萬人，被處死刑者約二萬餘人，餘即放逐遠方，永受梏桎，受刑之酷，流血之多，實爲空前之慘史，我們今日紀念前烈，懷想將來，當知組織不嚴密，革命不澈底，即爲失敗之根基。 殷鑑不遠，來軫方輶，時時警惕，毋蹈覆轍。 對於足以渙散團結之精神，予敵人以可乘之隙的現象，要力爲除去，不使敵人藉以造謠離間，以逞其陰謀，並要以澈底的手段，厲行革命的政策，革除一切感情作用，使反動分子毫無寄生之餘地，然后革命勢力才可以團結集中，先烈未成之志願，才可以取償於今日！ 本校今天完全立在革命的觀點上來開會紀念這兩次慘死的先烈，要依照總理所說「學先烈的行爲，」的一句話，我們才可以成仁取義，久要不忘，盡瘁鞠躬，死而後已，革命事業方可迅速完成，我們的紀念先烈，才不成爲無關輕重的事了。

在聯合戰線上紀念「血腥之日」

楚女

今天是三月十八日，是一個白色恐怖的「血腥之日」。 它底悲慘而壯烈的歷史意義，可以給我們許多正確的革命理論。 此所謂革命理論，便是「階級」在革命過程中底具體的系統的經驗。

挾着「褊心」和「成見」，反對總理農工政策的人，故意緊話於「階級鬥爭」這一焦點；用以曲解，挑撥，搖惑國民黨與共產黨之合作，撤散農工與小資產階級及民族的資產階級之聯合力量。他們也懂運動的目的，是要從根本上取得中國革命之領導指揮權，以便實行建立他們自己少數所需要的法國式或義國式的十八九世紀的革命政權，使有世界性的打倒帝國主義的孫文主義革命，成爲國家主義的富國強兵的「戊戌維新」運動（即是使中國預備做後起之秀而與日本媲美的帝國主義者）。 他們這種運動，在客觀上，正在努力幫助着帝國主義和安福軍進行「討赤」大功。 居然弄得張作霖也願引南方的愛國分子爲同志：藍浦生也說『南方有左右派之分，不可一概抹煞；南方亦有愛國分子，非盡赤化』；帝國主義上展次宣言，願與所謂南方穩健派攜手。

巴黎公社的烈士是世界革命的先鋒！

西玲

我想只要稍有「革命對象」之認識的人，便一定會知道這些反對農工政策的人，自身就是一個被「革」者。 他們底褊心和成見，無非都是由於他們自己底沿利害關係而生。 反對省港罷工；則買辦們必定都是獃子了！ 無論大小地主，誰願平均地權，誰願佃戶減租，誰願農民協會發達?! 無論大小資本家，誰願節制資本，誰願工人加薪減時，誰願店員與他們分庭抗禮，誰願工會日臻興盛?! 在今日中國，百分之九十的學者，名流，自由職業者，乃至一部分學生，不是大小地主，大小商人，資本家中的子弟（能在中學大學讀書畢業的人，一定起碼也是個小資產階級）：就是與資產階級有關係的人。 或者竟如張謇等，以一身而兼：地主，資本家，名流，學者，士豪，劣紳，政客，官僚。 這些人，又有誰願見其家庭或親戚之受損失於農工，誰願自己了西裝而與工農代表同坐一堂，誰願以『先生』之資格而與汚穢粗野的農工平等說話!? 所以他們當然要起來阻止革命，以免民生主義之實現；當然不能不做分裂革命勢力的運動；不能不憤恨國民黨內爲獲得占國民百分之九十的農工羣衆而有了鞏固不拔的基礎——不能不分裂聯俄的農工學生運動；天天在挑撥左派及一般中立分子排共感情；引起一般社會嫌惡農工階級，懷疑農工運動；而且更不能不幫助帝國主義走入明顯底反動方面！

他們說：『中國還沒有資產階級，何有階級鬥爭』：還是王瞎子底宇宙論，自己在主觀上不願看見什麼，遂以爲宇宙間沒有什麼！ 不知廣和德，張謇，穆耦初等是些什麼人？ 他們說：『中國現在是普遍的貧乏，所以工人不應向資本家進攻』：不知何以竟有了三北公司，大生紗廠？ 更不知他們何以不說：『中國現在一般工人可憐，所以資本家應該格外優待工人』？ 他們說：『工人罷工並非由於資本家之壓迫，乃因工作不敷分配』；這是一個新起的馬爾沙士人口論，『人口增加比食物多』，所以貧窮乃是一件不可以人力抗的天然命運』，這樣一來，自然資本家對於牛民生活的痛苦不應負責，所以社會上也自然不應革命了——依此妙理，豈但工人不應罷工，簡直連帝國主義也不應打倒，並且還應該去敬謹承認它是「現一聖明在位」哩！ 但不知罷工的工人，究係「現在做工」之人，還是沒有得到工作分配的街中乞丐!? 他們說『工人不應只顧自己利益，應該顧全大義——階級鬥爭即分散革命勢力』。 但不知他們何以不以此等「仁愛主義」，規勸資本家，叫他們也顧全，顧全大義，而將工人待好一點!? 基督教牧師向貧人說：『有 打你右耳刮子，你再將左邊送給他打』；但他老先生卻絕不向富人說：『有人搶了你底錢包，你要將老婆送給他』。——他們說『階級鬥爭是某派人教唆的挑撥的』。 但不知大學教授們爲了薪水打折扣，爲了索欠薪而組織聯合會時，也是不是受了某派的教唆與挑撥?!

歸結起來，他們這些言行，無非只是藉「階級鬥爭」而反對農工政策。 因爲階級鬥爭就是農工階級的解放，也就是農工階級的革命；沒有農工解放，不讓農工得到生活的利益，農工便自然不會來熱心參加革命！ 他們說工人增加工資，使資本家得不到利益，結果資本家便會離開革命戰線！ 但他們卻要責備農工階級不應該在革命中要求利益，卻要農工餓着肚子來革命！ 他們說承認階級鬥爭就是分散聯合戰綫；其實，他們都止在那裡用着這種手段，使農工離開革命。

請問到底是誰分散革命力量；而且到底是放走了百分之九十的農工力量大些呢——還是一部分資產階級的力量大些?! 他們又知道，階級鬥爭是訓練農工無產階級革命戰術和擴大力量，加緊團結的主要方法——沒有京漢路一七大罷工和一九二二年的香港海員大罷工，便不能有五卅和省港罷工；沒有五卅時上海的大罷工和省港罷工，以及去年一年間上海七百餘次的小罷工，便決不能有今年一月十九日歡迎入浙革命軍，反抗英國艦隊來華，驅逐孫傳芳的，有秩序，有組織，步伐整齊，指揮統一的上海全市總罷工。 他們更從這兩年的事實上，知道農人是東征，南討，北伐諸役革命中的主力軍，工人是津，滬，漢，粵，各大城市，各鐵路，各外國工廠中革命的急先鋒——只有農工無產階級才是真正革命，真正勇敢，至死不稍退讓，不肯妥協的；才是真正能夠切實領導各階級去革命的。 他們反對階級鬥爭，便是不許農工得到革命的訓練教育，養成革命的戰鬥力量。 農工階級如果不能得到教育，不能養成力量；而且因爲沒有本身利益而對於革命減去興味之時，則他們包辦革命——即建立他們少數人所需要的十八九世紀的法國式或美國式的革命政權之目的，便達到了！ 只可惜今日這個

小通信

段時幹曾子仁蔣惠安蔣國傑蔣肇落諸同志：廣州別後，已數月了，但不知你等現在編入何處，請告訴我呵！以便通信。駐江西贛州南門外大校場國民革命軍新編第一師第二團第一營第三連連長蔣燮卿啓

紹端同志你在何隊李君如要有信問你　第一學生隊第三區隊蕭坤圖

楊廷英同志：你在什麼地方？會是我們入伍生的同志了？本月四日的那天，我由沙河開到「石龍」駐防，在火車上檢得日記一本，裏面最重要的，就是「當票」三張，其餘的不關緊要，是我在日記上看見你請假的一張條子，所以知道你的名字，望你見了這個消息後，來信通知我，我好寄來送你，日記裏面的緊要的東西，請你無妨說上一二，完結。　駐防石龍入伍生第一團十九連學生李南孫

羅伯耳魏權（樹成）二同志：自你們畢業後分發前方何部？請賜示爲要。　黃埔入伍生二團三營九連曾謂根啓

彭貞夫同志：來信收到。尊翁有信來，現住上海英租界慕爾鳴路芝瑞里央寓，不久將赴武漢。杭老無信。特告。　彭士浩　彭名廣啓

中華民國十六年三月十八日 黃埔日刊 〔星期五〕 〔第三版〕

時代和這个中國，已不是資本主義初期萌芽時代，而遠東半壁更不是拿破崙時代的法蘭西王國和華盛頓時代的十三州了！帝國主義統治全世界的「現代」，如果能夠允許他們這些清一色的長衫隊（賢人君子，士大夫）包辦革命，則辛亥革命以後，也不至於再有今日了，也不至於更勞總理心力交瘁，改組我們的中國國民黨了！這道理還待多說麼？只看帝國主義如何努力的反對三大政策，如何希望與南方所謂穩健派攜手，也就可以知道帝國主義所怕的是什麼——而測定他們底長衫革命能不能實現了！丟開農工之日，便是帝國主義者攫中國人其囊橐之日，便是中國革命完全消滅之時——狡兎已死走狗烹；飛鳥既盡良弓藏！反對農工政策者，不走到「火延崑崗，玉石俱焚」之末路是不會覺悟的！

今天是三月十八日，今天的歷史，正證明着上述的事實：

一八七〇年普法戰爭，法國大敗，拿破崙第三被俘，普軍進逼法京巴黎。法國資產階級無力抵抗，眼見法國將要淪亡於普魯士帝國主義之手。巴黎工人乃領導平民，組織六十萬人之國防軍，抵禦普軍，始得保全巴黎於一時。但法國資產階級見工人組織崛起，工人勢力發展，心懷畏忌，遂背叛「民族主義」，而與普軍妥協。一八七一年一月二十七日，不顧無產階級之抗議而與普軍議和。無產階級為了不願法國被普國帝國主義征服，不得已而於三月十八日宣布巴黎為自治市政府，成立巴黎公社（The Commune of Paris）。五月二十日法國資產階級反革命軍勾引普軍，攻擊巴黎，自二十一日至二十八日，巴黎白色恐怖延長至一星期之久，推翻巴黎公社戰鬥而死者七萬餘人。資產階級事後株求，復有充軍者七千五百人，監禁者五千人。法國從此遂為「長衫隊」所把持——而成為一九一四年犧牲無數農工性命以與德國爭霸之國家，而成為今日這樣的一個大法蘭西帝國主義。這歷史告訴我們，誰是革命的，誰是反革命的。誰是只顧自己利益放棄民族主義的，誰是因為階級鬥爭而破壞聯合戰線的，誰是有意識的分散革命力量的！

然而法國資產階級為什麼要這樣做呢？還不是因為巴黎公盟，實行了一些類於「民生主義」的政治改革的緣故。巴黎公社所做的：（一）武裝民衆，廢止常備軍；（二）凡納稅者不分軍人或市民皆有選舉權；（三）政教分離，教會財產收歸國有；（四）禁止夜工；（五）規定最高官俸每月不得超過五百佛郎（中幣二百元內外）。這和我們現在的黨與國民政府提倡農民自衛軍，沒收張天師財產，主張國民會議，建立廉潔政府，有何分別？實在巴黎公社不過是民生主義還沒有一點影響（在事實上），巴黎公社不過是無產階級暫握政權，並非共產主義）。但這已經是使資本家，牧師，官僚——總之資產階級和一部分小資產階級受了損失，所以他們非要聯合外國帝國主義撲滅它不可。因為「國家」「民族」都不足顧，只有資產階級和小資產階級的地位是要死力保全的。

一九二六年三月十二日，日本帝國主義，用了兵艦，掩護奉天軍艦，協攻國民第一軍設有水雷防禦工事的大沽口。北京市民，以學生工人為領導，反對帝國主義此種壓迫，擁護國民軍在軍事上的優勢地位。帝國主義乃一致咬定「國民軍赤化」；指北京市民反帝運動，為加拉罕金錢所致。國民軍中右派分子（張之江等），顧念將來做官地位，生怕此「赤化」底為不滌之污，乃電囑日本帝國主義之走狗段祺瑞，「整頓學風」；三月十八日，數千學生工人市民請願反抗日本壓迫時，段祺瑞乃根據國民軍右派之請求，命令衛隊開鎗轟射，死五十二人，傷一百餘人。民衆革命勢力，既經壓下，隨着國民軍也就因為失了擁護和民衆的力量而不得不由天津敗退於北京；由北京敗退於南口；由南口敗退於甘肅了！這正證明着狡兎既死之後，走狗就一定要被烹——證明着在「今日中國」，決不能讓「長衫隊」單獨包辦成功十八九世紀的法國式或美國式的革命；證明着帝國主義所怕的只有農工下層羣衆；證明着沒有下層羣衆便沒有革命！

而且不但如此，即是十九世紀的法國式革命，又何嘗能離開下層羣衆。法國一八四八年二月二十二日的革命，如果沒有路易布朗（Louis Blanc）一派，領導法國無產階級參加，能夠成功麼？然而二月革命成功後，法國無產階級也是被資產階級排除了的（同年六月廿四日）——和巴黎公社之役，一樣慘酷，死者一萬人，被捕者三萬人！惟其排去無產階級，所以才又弄出路易拿破崙稱帝的把戲。

又試看一九一八年的德國革命和一九一七年的俄國革命。德國革命因為排斥了無產階級，政權落於純右派社會民主黨之手，所以現在的德國是呻吟於凡爾塞條約和道威斯計畫之下，負担那一千三百二十萬萬（三百二十倍於中國之全人口）金馬克的帝國主義的鉅額賠款。俄國因為有無產階級保障革命，所以現在不但能夠戰勝一切帝國主義的圍攻與封鎖，而且舉一切國債完全否認之，成為反帝國主義解放人類的大本營（自然我不是說我們中國現在，也要馬上如俄國一樣成立無產階級獨裁制。我是說我們應該成立工人，農民，商人，自由職業者共同聯合的反帝國主義政府，萬不能如德國，使革命離開工農羣衆，以致革命消滅，仍為帝國主義之征服者。現在有人假作文字，故意表示一種左派或共產派的口氣，說『我們固反對中國現在實行共產，但只希望成立一個蘇維埃政府』；使別人看了疑心左派或共產派要即刻做仿俄國之無產階級獨裁，挑撥一般人排共感情——讀者幸勿誤會）。

今天我們紀念三月十八日，紀念什麼呢？當然不是紀念段祺瑞殺人殺得好，不是紀念法國資產階級得到勝利。當然不是紀念反革命，而是紀念革命。但我要求一般反對總理農工政策乃至三大政策的人，却不必也登上演講台，做出種種猫兒哭老鼠的假惺惺。因為你們現在用了種種陰謀手段，變相言論——藉「階級鬥爭與聯台戰線」問題，分裂革命力量和黨的團結，暗地為敵人作內應，妨礙革命，縊殺革命，實與屠殺巴黎市民，北京市民的劊子手沒有兩樣！

我們紀念巴黎和北京的革命同志，同時我們也要打倒那些屠殺同志，破壞革命的劊子手！

●北京三一八運動的回顧

陳日新

在帝國主義踐踏下的中國人民，無時無地不有被慘殺的危險，這由過去的歷史已經證明。在帝國主義者直接能夠下手的地方如青島，天津，上海，九江，漢口，沙面等處，三年來我們已經得到，很多的教訓，這不待說；就在帝國主義者不能直接下手的地方，我們革命的民衆仍然也時時有受同等程度屠害的可能；因為帝國主義者可以嗾使中國的軍閥代行其意旨而施行屠殺，去年三月十八日北京偽國務院前的慘劇就是很好的一個鐵證。

三一八運動的開始，是因為去年三月十二日日本兵艦砲擊大沽口，接着十六日英法美日等八國又藉口辛丑條約提出最後通牒以脅迫國民軍，而引起的北京民衆運動。這次運動的幾個主要目標：（一）反對日艦攜帶奉軍入口；（二）駁復八國無理通牒；（三）宣佈廢除辛丑條約；（四）驅逐段祺瑞等國賊下台；（五）鼓勵國民軍反攻。運動的對象，很清楚是在打倒帝國主義和奉系軍閥，取消不平等條約并掃除安福系一派的反動勢力，而明明白白指出了它的敵人。

我們現在要想回顧「三一八」運動發生的原因，就要把當時的政治情形回溯一下。簡單來說，去年此時的北方政治局面是國奉段三系的三角爭逐着的。段系之中有親國親奉兩派，能夠向雙方面拉線，所以最初幾能苟延殘喘於兩者之間而保持其壽命。後來國民軍退守津沽，奉軍前逼，段系中之親奉一派乃欲乘機在京畿牽制國軍後方，無時不思逞其挑撥離間國軍與民衆結合的陰計，以拆散反奉的勢力。而另一方面帝國主義者看到國民軍雖然退至津沽，但實際仍然屢次給奉軍以重大的打擊，而足以遏止其進窺；繼續下去，恐它扶植軍閥勢力和擾亂北方大局的陰謀難於實現，於是乃先由日本軍艦攜帶奉艦入口，行不通，又藉口國軍砲擊日艦而提出嚇人的所謂八國最後通牒，以向國民軍和北方民衆挑戰；這是「三一八」運動開始的簡單情形。

「三一八」運動之所以發生，表面上好像是專為反抗八國最後通牒的民衆的一種愛國運動；其實並不是這樣簡單。我們知道，自從總理北上之後，北方民衆已經受了革命的洗禮，和南方革命民衆的反帝國主義反軍閥運動打通一氣。所以「五卅」運動發生之後，北京一帶的民衆運動，接一連二地爆發起來，尤以前年十一月二十八日的「首都革命」為規模最大，以至與段賊及反動勢力結了不可解的仇恨。「首都革命」以後的北方民衆運動，總括起來說，是向吳張二軍閥及英日兩帝國主義的總攻擊。「三一八」運動就是繼續以前的運動向帝國主義和軍閥最猛烈的一个進攻。

偽國務院前的慘劇，在當場的人看來或者以為是出乎意料之外的；但回溯已往的歷史，段祺瑞對於民衆屠殺的決心，早已隱伏於「首都革命」之際。其所以敢在國民軍勢力範圍裏下毒手的，一方面因為有帝國主義者在後面給他壯胆子，另一方面他還覷着了國民軍將領不一致，有離開民衆傾向的好機會，所以事前能有如斯之準備，事後又有如斯之布置。殺民衆者固然是帝國主義者和軍閥，然而袖手旁觀的國民軍，（張之江等）也不能不分担其責，這在當時北京輿論界中是異口同聲的論調，而國民軍系的京報，更為痛切論及。

「三一八」運動和慘案的起因，已經清楚；我們還要看一看「三一八」的結果。在民衆方面，損失了五十幾名戰士，固不待說；國民軍在「三一八」後，不到一月，就退出了京畿，不能不說與失掉民衆的信賴有很大的關係。後來雖決心驅逐了段祺瑞，但政治局面已變，已經不克補救；因此，我們就說，當時國民軍失敗的命運，有一部分確是「三一八」事件為之決定了的，其次，段祺瑞一系的政治生命，也因「三一八」的影響而至於斷絕。在以前還有少數人誤信段祺瑞是條忠正剛直的硬骨漢，等到當時他的青面獠牙露出之後，才認清楚了他是個卑鄙齷齪的東西，連王士珍孫寶琦之輩還罵他幾句過於殘忍，其他的

中華民國十六年三月十八日　黃埔日刊　〔星期五〕〔第四版〕

人也就可以推想了。

在「三一八」慘案中間，還有一件事值得我們注意，就是國家主義派的搗鬼。國家主義派的行爲卑鄙，本不値掛齒，但牠處處撥弄陰謀，妨害革命運動，確實令人討厭。在慘案發生之前，他們暗自向段祺瑞告密，說他們是眞正民衆團體代表，開會遊行的是些搗亂的暴徒，予段賊以屠殺民衆的口實。事後又誣蔑死傷的民衆是被人利用而犧牲的，指「三一八」運動爲無意識的盲動。由這一點，北方民衆已經認清楚了國家主義派是些甚麼東西，而定此鐵案時，又不能不把他們列在第一等罪人裏了。

在紀念巴黎公社的日子，又來紀念北京慘案，或者有以爲是偶然的事，但在革命黨看來，這是世界革命成功前很平常的事。不過回憶起來，有許多同志的遺柩還在朔風凜凜的北京城外散放着，待我們打到北京時才爲他們營葬，我們自問一問怎樣才能對得住他們？

巴黎公社紀念（一八七一年三月十八日）

李元傑

一．巴黎公社之由來

法皇拿破崙第三推翻了第二共和，握得政權後，更變本加厲，壓迫人民，乘以參加土耳其克里米役勝利，故常躍躍欲試；時適普奧戰後，南部德意志四國棄法附普，魯森堡問題亦失望，爲想奪回來茵河左岸失地及削去墨西哥失敗恥辱起見，不得不藉雷貝爾巴案事件，向普挑釁。於是正投着俾士麥克的以戰而統一南德四國的鐵血主義，這個轟轟烈烈的普法戰爭，便於一八七〇年八月二日於撒布路肯(Saarbrucken)開始了。

是年九月一日拿破崙第三困於師丹(Sedan)，被虜，三日罪己詔書達巴黎，民衆俱高呼「傾覆帝國！」「共和萬歲！」等口號，立法院急開特別會議，但亦無法可想了。於是甘畢達(Gambetta)等遂宣佈共和，選大將特魯舒(Trochu)爲總裁兼巴黎市長，掌握全權，隨即向普乞和，不成。九月十九日普軍迫巴黎市，於次年(一八七一年)一月二十三日降。二月二十七日乃由第三共和政府行政長爹亞簽訂凡爾賽條約，當時民衆大譁，他們覺得資產階級是不可靠的，因爲他們肯犧牲民衆的利益而與普構和，不肯稍放鬆一步讓無產階級有了較大的勢力。所以他們除了巡行講演要大家聯合起來共禦外族的壓迫，和本身的解放外，更於巴斯的獄前張着紅旗，向着資產階級的妥協政府作示威運動。殊知政府反任命了拿破崙黨餘孽巴拉丁作他們——國民軍的司令，同時欲藉普人力量，來解散無產階級的——工人的武裝，國民軍，於是這個無產階級第一次奪的政權的巴黎公社(Paris Commune)，就砰然的一聲爆發了。

二．巴黎公社之經過

當普軍進逼巴黎時，人民即組成二十餘萬國民軍大都由無產階級所構成，有鎗四十萬枝，大砲三千架，聲勢浩大，普軍亦不敢正視。惟其時自衛政府係在資產階級共和黨和溫和的共和黨手中，恐勞工階級力量增厚，於己不利，乃不惜解散勞工武裝，反抗普人壓迫之國民軍，而與普魯士停戰議和。但國民軍并不解散，且擴充到六十萬人，組織國民軍民主協會中央委員會，與資產階級妥協政府相抗拒。二月四日議決，反對政府及常備軍，十八日在巴黎高岡蒙麥爾德區起事，智爹爾急命陸廣大將率兵殲滅，殊知兵士亦悉表同情於國民軍，乃倒戈相向，陸廣遂因以被擒槍決。當時政府惑慌異常，不得已遷到維爾賽(Versailles)城，各機關人員及舊派議員市長等均隨之遷去，這時台爾斯憂心如焚，以國民軍爲弟一大敵，用盡心機設法消滅他，但以力量薄弱，乃欲借普兵幹這勾當，惟時俾斯馬克正擬利用法國內部之紛歧，故不肯出力幫助，台爾斯看着時機不可再延，遂於三月十七夜命其部將襲攻國民軍，謀將全軍殄滅，奈國民軍力量甚大，台爾斯遂致失敗，國民軍乃與凡爾賽政府正式宣戰了。

次日(一八七一年三月十八日)這第一次無產階級專政，社會運動史上稱爲「巴黎自治運動」的「巴黎公社」開始召集選舉了。他們於三月廿六日選舉完竣，工人政府於是成立。隨即發出宣言，各地遂紛紛響應，惟均被政府壓迫解散了。

當巴黎公社成立後，旗幟悉用紅色，凡社員俱佩紅結，威勢大振，凡爾賽政府，大有立急坍台之勢，惟未注意及台爾斯之活動，只單純進攻凡爾賽政府，致該台爾斯得乘機集合殘部，再振軍威，更勾結俾斯麥，向國民軍進攻，以至五月二十二日凡爾賽軍破侵入巴黎，公社消滅，成就了這可怖的「血星期」了。

凡爾賽軍隊入巴黎後，極盡殘酷之能事，無論男女老幼，凡充過防務，或撫慰過受傷的人，幫助過受餓的人，通通都死於凡爾賽軍隊刀槍之下。計此一週內，戰死者二萬餘人，被囚者三萬八千五百六十八人，內有婦女一千零五十八人，孩童六百五十一人，旋判決槍斃者過半，暴闌奎，(Blanqui)威蘭(Vaillant)以及其他社會主義派領袖，亦於此時犧牲了。一時塞因河(R. Seine)充滿了腥血，巴黎大街暴露着無數死骸！可憐這巴黎工人，經過此役後，不見了十多萬；而這三月十八日到五月廿八日七十二天壽命的工人政府——巴黎公社，亦因此而死去了。

三．巴黎公社之組織與建設

巴黎公社內分十部，辦理一切事務，他是併立法，行政兩權於執行委員手裏的。十部爲：執行，財政，軍事，司法，衛戍，軍需，工商，外交，公用，教育，十部。公推伯智海，余德，屠庵，……等七人組織執行委員會，德理屈，孤乃……等管理軍務。至這次所選出之九十個代表，純粹工人有二十五人，如佛蘭格勒，氏爾勒，德伊斯，倍狄，……等即是，第一國際會員有三十人，餘如馬克思派，無政府主義巴枯甯派，法浪克派，均有人當選。總之委員之中，都爲產業無產階級的工人和小資產階級的革命者，所以他可以算得是眞正的工人政府。四月二十日改組，歐知愈，巴沙，谷細：……繼任，五月一日改選亞爾洛等五人爲執行委員，俱能堅持前進，發展工人政府。

現在說到巴黎公社建設了。他們於公社成立之初，即宣言此次爲世界革命之起點，決意以人類自由平等爲原則，建設一個絕對自由平等的社會，所以他們首先就辦了下面的事：

1、關於政治方面：(一)公社由人民普選選出，隨時可以由人民撤回，打倒了資產階級的議會制。(二)公社爲一極有權能的機關，將立法，行政，兩權合併，打倒了民主主義虛僞的三權分立制。(三)宣告國家與教會分離，洗清了懸來教皇的威焰。(四)推倒拿破崙紀工的宛達母柱，消除了國際間的猜忌與報復。(五)選舉了德人法朗克爾爲勞動部長，充分表現了國際精神，打倒資產階級的國家主義。(六)審判官由人民選舉，并可由人民撤回，免去了司法官的任意舞弊。

2、關於軍事方面的：(一)取消常備軍警察及其他軍隊，只留國民軍以任各種任務，凡國民均須服兵役，打倒了資產階級利用無產階級來作爪牙的募兵制。(二)軍官由軍隊選出，打倒了資產階級的升級制。

3、關於經濟方面的：(一)官員薪水，與工人的工資相等，打破社會勢力畸形的報酬。(二)沒收教堂財產爲國有，致凌人的教會於死命。(三)進行取締財產私有，令工人聯合該關閉各工廠出工廠委員管理，向社會前進。

4、關於教育方面的：(一)各級教育機關免費，人民得自由入學，打倒了資產階級的獨佔教育。(二)削去學校宗教科目，打倒了資產階級利用來迷醉青年的宗教。

5、關於民衆利益方面的：(一)人民有集會，結社，言論，居住之自由。(二)廢止夜工及警察光棍所包辦之工作介紹處。(三)登記工廠作坊，組織一大合作社，(四)減免自一八七〇年十月至七一年四月的房租(五)發還貧民當入當舖中的財物。(六)廢止典質。(七)改良市政，注重公衆衞生。(八)提倡國貨，以利民生。

以上便是巴黎公社七十二天內的建設，如果他能延長下去，我想法蘭西人民不致像現在這樣的痛苦了！

四，紀念巴黎公社的意義

1、巴黎公社是無產階級第一次奪取政權，給俄羅斯十月革命以下的幾個很大的教訓：(一)無產階級應該專政，因爲巴黎公社就是沒有實行專政，以致反動派潛伏於內，而致失敗。(二)應以實力，武力，壓迫反革命勢力。因爲巴黎公社就是饒恕了敵人——台爾斯，任其逃出巴黎，從容組織向國民軍進攻以致失敗。(三)要有統一的黨的指揮，因爲巴黎公社的內幕複雜，包含有馬克司主義派，無政府主義，巴枯甯派，法朗克派，以致意見紛歧，歸於失敗。(四)無產階級的政府另有他的方式，就是公社，蘇維埃制度。因爲巴黎公社的事實告訴了我們，是很適宜於無產階級，及一切被壓迫民衆的。在革命的時候，應當沒收銀行估據交通機關，因爲巴黎公社沒有辦到，以至於交通斷絕，經濟困窮，至於失敗。

2、從巴黎公社表現了工人是有創造和建設能力的，他們能以少數的工人武裝，抵禦着德國的十萬大軍；而且於最短期內，把巴黎公社創造了出來，而且馬上推翻了許多壓迫人民的箝制，爲法蘭西拿破崙第三鐵蹄下的人民，放出了一線光明，這是何等偉大的事業呢?!以後資產階級不至於再說工人是不能建設而是破壞的了。

3、從這次運動當中，暴露了資產階級和貴族階級的妥協性，是怯弱的，賣國的，反革命的。表明了不妥協，不投降，眞正爲民族解放運動的，只有無產階級。因爲資產階級的自衛政府，見着普軍來時，即忙顧賣國，反革命，犧牲法國的生命，賣掉法國的民族，反而勾結普軍向無產階級，革命先鋒痛打，這就證明他們根本的劣根性，就是望他解放民族，是絕對不可靠的。

4，這次運動係把國外戰爭變爲國內戰爭，實驗了馬克思反對資產階級戰爭的意義。并且他把公社於最短期內安然的產出，便給後來歐洲大戰各國社會主義者以不少的藉鑑，尤其是俄羅斯十月革命，實在是受的影響不小。一九一九年事巴達卡斯團的暴動，和匈牙利三月革命，於此的亦不無影響。

5、這次運動的死亡，實爲空前所未有的，他們都爲法國的民族生存問題，無產階級利益而奮鬥死了的。這個意義明白告訴了我們工人是能夠犧牲他們自己的生命來爲階級和被壓迫民族謀利益的；這是如何悲壮的一件事呢?!

趙希傑，包景華，黃剛訓，歐陽一，董崇道，劉濤和，王

中华民国十六年三月十九日 星期六 第一版

黄埔日刊

三一八惨案一周年纪念及巴黎公社五十六周年纪念特号之二

"三一八"纪念演讲词 方鼎英

从巴黎到北京——纪念"三一八"

中华民国十六年三月十九日 黄埔日刊 星期六 第四版

本校"三一八"惨案周年纪念及巴黎公社五十六周年纪念大会纪事

高级班无线电科征文启事

中华民国十六年三月十九日 黄埔日刊 星期六 第三版

忆起去年三月十八日

"三一八"屠杀的发生与失败及其教训

黄埔日刊 星期六 第二版

紧要启事

巴黎公社与中国民族革命运动

中華郵政特准掛號立券之新聞紙　中華民國十六年三月十九日　（星期六）　（第一張）

黃埔日刊

[illegible]軍事政治學校[illegible]出版
[illegible]本校政治部
第二八一號
本刊每份定價一分

三一八慘案一周年紀念及巴黎公社五十六週年紀念特號之二

「三一八」紀念演講詞

方鼎英

各位同志們！今天三月十八是去年段祺瑞慘殺北京愛國羣衆及五十六年前法國巴黎公社成立紀念日。[illegible]這個雙重紀念，都是[illegible]流血的慘史；這些已死的先烈，都是[illegible]以他們的血[illegible]，衝散他們的羈絆，激[illegible]未死的[illegible]志，以求完成革命[illegible]，我們是要承這[illegible]志願，[illegible]以今天悲哀莊敬的[illegible]，紀念他們！

[illegible]段祺瑞本是一個媚外虐民的老賊頭，他屢次竊位登台，無不是以北洋首領自居，窮兵黷武，日以賣國為能事，他最後自稱執政，當然要顯出他[illegible]特長，所以他[illegible]首先提倡一個「外崇國信」[illegible]政見，以取媚[illegible]帝國主義者，假如有違反他[illegible]見的人，當然是他的眼中釘，[illegible]他[illegible]許的。這就是「三一八」北京慘案發生的一個導線。當英日帝國主義者明目張胆，封鎖[illegible]民衆佔有[illegible]大沽口，幫助奉直軍閥的時候，並提出一個通牒，要執政府限四十[illegible]小時內答覆。當這個[illegible]的時候，稍[illegible]及[illegible]他的心目之中，應如何髮指眦裂，嚴重抗議。[illegible]段祺瑞不獨不如此去做，[illegible]向[illegible]交援羣衆，施行[illegible]屠殺。我們今天回想當時[illegible]慘痛[illegible]情的情形，真要食其肉[illegible]寢其皮，才能稍抒一點痛憤！但是我們要知道段祺瑞雖能慘殺民衆於一時，而不能抑壓民氣於永久，段祺瑞固然因此就馬上倒台，而全國的民心，也就因此一天一天的覺悟，全國的民氣也就因此一天一天的發皇，大家知道軍閥勾結外敵，相率一齊向革命的路上去走。我們現在能夠得到民衆的援助，軍事的進行，有如此的迅速，北京慘案的影響，實在是不小的了！今天我們紀念先烈，是要最注意的地方，[illegible]要跟[illegible]先烈犧牲奮鬥的精神，努力前進，[illegible]先烈的慘死，[illegible]不至永久含冤於地下了！

當一千八百[illegible]多年[illegible]候，正是拿破崙第三和俾士馬克野心正熾的時候，內則壓制人民，外則侵略他國，兩雄不能[illegible]，所以[illegible]就和普軍開仗，法軍失敗，拿破崙被俘。法國被壓迫的人民，憔悴呻吟於虐政之下，爲[illegible]甚久，自新受制於方[illegible]之強[illegible]，他[illegible]的要求，當然很是急迫的，於是在一八七一年三月十八就把[illegible]殊階級所組織的[illegible]推翻，從[illegible]組織[illegible]委員制的平民政府。他們的政綱[illegible]數大條，都是以剷除特殊階級爲目的，進[illegible]民利[illegible]提，這就是[illegible]大[illegible]念的巴黎公社。[illegible]不幸他們忽略了[illegible]的組織，沒有[illegible]來團結[illegible]羣衆，就沒有團結的能力，就沒[illegible]統一指揮的能力，所以敵[illegible]能殺有死灰復燃的機[illegible]。敵人[illegible]力是[illegible]就[illegible]加大，巴黎公社[illegible]在七十二天[illegible]短期間[illegible]失敗了。他們失敗的時候，被[illegible]被囚被驅逐的人，不下數萬，但是他們雖失敗，他們的精神還是長存，並且他們的精神，一天一天的刺激未死的被壓迫羣衆，聯綿不絕，[illegible]五十年就在蘇俄一條[illegible]實現[illegible]的[illegible]網且更發光大完[illegible]起來。我們中國也受了他們革命很大的影響，我們的[illegible]也[illegible]里的進步。我們今天來紀念他們，更可以知道：要從敵人的手裏奪取政權，非民衆自己起來運動，努力鬥爭不可！就首先要有偉大的團結的力量，要有團結的力量，就要用嚴密組織的黨來指導，那末我們的黨就要十二分的愛他，十二分的擁護他了，今天[illegible]個紀念才算是真有意義！

歸總[illegible]說，我們要趕早完成革命，就要繼承先烈的遺志，發揚先烈的精神，引導一切被壓迫民衆，集中於黨的指導之下，我們就可以高呼道：

擁護[illegible]國民黨！

先烈的精神不死！

一切被壓迫階級解放萬歲！

國民革命成功萬歲！

世界革命成功萬歲！

從巴黎到北京——紀念「三一八」

成武

一八七一從巴黎的「三一八」動身，一九二六年到了北京的「三一八」。這段路程似乎覺得怪長久，但是很湊巧，「三一八」却都在東西兩個大都城裏發生出來。這不是偶然的事；却是在歷史上演進過程中的現像，實在值得我們去紀念。這兩個「三一八」相同的地方很多，給我們的教訓也不少。

一個（巴黎）把帝國主義的對外戰爭轉變為對內戰爭——無產階級與資產階級鬥爭；一個（北京）是為了反抗帝國主義的侵略，推翻半封建制度而奮鬥。一個建立無產階級政權，武裝工人階級（巴黎的國民軍），一個團結民衆的力量，與帝國主義及其工具拚個你死我活。一個[illegible]國主義的[illegible]意志麗大——軍隊——不敢前進與他們對敵，資產階級的落水狗——梯也爾——逃出巴黎；一個[illegible]帝國主義及其工具[illegible]現出原形——帝國主義的[illegible]眼普[illegible]假面具揭穿，封建軍閥的狗尾巴拖地，研究系國家主義派老牌黨員等大叫「共產黨搗亂」替帝國主義伸冤。一個用他人法郎克爾當勞動部長，一個站在國民革命旗幟下面表現國際性。這兩個都懂得「帝國主義宰割的是全世界，容不得你講『國情』」——背乎時代的客觀環境，所以都認識他們的敵人是誰，而忘記了「國情」越過「國界」和他們的革命同志握手。

一個（巴黎）運用無產階級的權力，勇敢地在政治上，社會上，經濟上，建設了許多資產階級所不及的事業，掛立了許多舊制度缺陷的改革：

（一）公社由人民用普選法選出，當選者可以隨時被選民撤回。不像資產階級的議會，祇許人民兩年或三年改選一次，並且只是一部分少數人有選權。

（二）公社的全體，成大多數委員，是工人與[illegible]

總理遺囑

余致力國民革命，凡四十年，其目的在求中國之自由平等。積四十年之經驗，深知欲達到此目的，必須喚起民衆，及聯合世界上以平等待我之民族，共同奮鬥。現在革命尚未成功，凡我同志，務須依照余所著建國方略、建國大綱、三民主義及第一次全國代表大會宣言，繼續努力，以求貫徹。最近主張開國民會議及廢除不平等條約，尤須於最短期間促其實現。是所至囑！

本校本週口號

擁護總理遺策！

奉行聯俄政策！

奉行聯共政策！

嚴禁妥協調和！

擁護革命領袖！

勿忘巴黎公社經驗！

為三一八烈士復仇！！

啓事

胡松棟兄：你究在何處服務，連給你三封信，都未見覆，甚念！茲有要事相商，請見字將你詳細通信處示知為禱！黃埔校第一學生隊十六區隊 賀[illegible]啓

崔更生，武廷[illegible]：久別念念！你[illegible]現在何處？過何生活？請即示知！我現任湖北黨務幹部學校，[illegible]信寄此可[illegible]。

[illegible]：我這工好幾次信把你們，沒見回信，也不知你們在那部隊，[illegible]廣州北較場中央軍事政治學校入伍生部第[illegible]隊 周仁[illegible]

[illegible]永南公司請任敬[illegible]黃埔校[illegible]第十[illegible]隊 黃[illegible]明啓

學明遺失黃埔同學會一四三號證章一枚，除呈請補發外，特此聲明作廢。 劉學明啓

[illegible]能超然同志你現在何處，請示知。 黃埔學校第六學生隊 高子顯啓

中華民國十六年三月十九日　黃埔日刊　（星期六）　（第二版）

工人代表。（在巴黎公社中的重要領袖，如佛蘭格勒，瓦爾勒，德伊斯，倍狄等都是純粹工人，他們在工作中的表現，比那些知識者，秀才老爺們的內閣閣員，反要聰明得多。）

（三）公社是一行動機關，他兼立法與行政的權力。不是一如資產階級的虛偽政府議會一樣。）

（四）公社及其下官員的薪水，與工人的工資相等。

（五）公社取消常備軍與警察及其他一切軍隊，祇留武裝的民軍，國民均須服兵役。

（六）減免自一八七零年十月至七一年四月的房租（其已繳納者，作爲以後數月的房租費）；發還貧民當入當鋪中的財物，而且廢止典當。

（七）外人被選入公社爲職員（如勞動部長是德人法郎克爾），充分地表現出國際的精神，因爲公社旗幟上的目標是「世界共和國」。

（八）宣告國家與教會分離，停止國家對宗教的津貼，沒收教堂財產爲國有，學校削去宗教科目。

（九）登記已被廠主停業的作坊，計劃如何由工人的利益而利用他，使各廠工人都組織成合作社，而且將一切合作社，合併爲一大合作社。

（十）廢止夜工及工作介紹處（此爲一般剝削者，警察光棍所包辦的）。

（十一）推倒爲拿破侖一世紀功的宛達母柱，消除國際間的猜忌與報復。（打倒封建思想）。

（十二）軍官由軍隊選出。

（十三）實行廉潔政府的口號（這是資產階級革命的口號，但資產階級政府永遠不能實現，因爲他有兩個消費最大的機關——常備軍與官僚。）

（十四）各級教育機關對人民免費，人民得自由學習科學。

（十五）審判官由人民選舉，並可隨時由人民撤回。

一個（北京）是團結民衆的力量，集中革命的勢力，向帝國主義及其工具作大示威運動，繼續不斷喚起民衆的工作，擴大這次運動到廣大的城市及鄉村的工人及農民羣衆中間去，號召民衆自己起來求得解放。當時議決案：

（一）通電全國民衆一致反對八國通牒。

（二）通電全世界被壓迫民衆一致反對八國政府進攻中國。

（三）督促北京政府嚴重駁覆八國通牒。

（四）驅逐署名最後通牒之八國公使出境。

（五）宣佈辛丑條約無效。

（六）駁覆八國通牒最後之要求。

另一議決案：

（一）廢除辛丑條約及一切不平等條約。

（二）立即撤退駐在京津之外國兵艦及各地外兵外艦。

（三）懲辦大沽戰事禍首。（日帝國主義及其走狗奉天軍閥。）

（四）撫恤大沽國民軍死亡將士及家屬。

（五）爲死亡將士立紀念碑。

（六）在被害將士出殯日八國駐華各機關均下半旗誌哀，由各國政府向中國道歉。

（七）嚴懲執政府衛隊槍傷各團體代表之禍首。

（八）電勉國民軍爲反帝國主義而戰。

一個（巴黎）因爲：（1）他們沒有除惡務盡的決心，優柔寡斷，饒恕壓迫階級，對壓迫階級仁慈，結果壓迫階級不饒恕他們，對他們祇有殘忍（空前的大慘殺）。（2）巴黎公社中黨派複雜，沒有統一集中的黨，指揮一切，意見紛歧，大敵當前不能一致的去對付，致爲敵人所乘。結果到了五月廿二日由得資產階級的走狗台爾斯軍隊勾結德國的俾斯麥，引德軍長驅入巴黎，於是巴黎公社終於失敗了。巴黎的街道堆積着無數被屠殺的死尸，淌來淌去的是些紅色的鮮血！在這悲劇中橫被殺戮的有兩萬至三萬五千人左右，僅是白色恐怖充滿着巴黎的空氣！

一個（北京）因能號召廣大的民衆向帝國主義及其工具進攻，引起帝國主義及其工具——段祺瑞越大的恐慌，就用屠殺的手段向民衆作一個打擊——「三一八」發生了。於是一八七一年的巴黎「三一八」在北京重演一次；段祺瑞勾引帝國主義，藉八國最後通牒，裏應外合，摧殘國民軍及革命的民衆。國務院前死亡的在五十人以上，傷者不計其數！當時國民軍的領袖張之江又因儒弱之故，經不住帝國主義的「赤化」恐嚇，又懷疑民衆的力量，以致一敗再敗退至南口，終於連南口毫不能守。所以那時的反奉戰爭便是這樣地完全失敗了。

從西方的「三一八」——巴黎公社，我們可以得到的教訓：無產階級在革命過程中，始終是最革命的份子，是最勇敢的，富於創造力的，祇有資產階級，貴族式的小資產階級，是儒怯性的，妥協的，賣國的。他們爲了少數人的利益，與工人們——「擁護祖國」去搖尾乞憐，欺騙工人，等到工人自己起來求解放時，就不惜勾結外國，壓迫，屠殺工人及一切革命民衆，這真是忘記了「祖國」啊！十月革命應用巴黎公社的經驗，改正他的缺點，實行無產階級專政，嚴厲對付反革命派，遂有今日的蘇維埃俄國。我們中國怎樣呢？還講「國情」嗎？

從東方的「三一八」——北京大屠殺，革命的民衆知道「請願」的路是走不通了，所以把「三一八」的行動應用到實際上去，各地民衆組織的擴大，三大政策的實行，世界革命勢力的集中，以致一般青年大喊「到黃埔去」，於是革命策源地的廣州的革命勢力遂驟形擴大了，遂有今日的局面！

一八七一年的「三一八」，是法國資產階級勾結德國，幹賣國的勾當，去摧殘革命的勢力；一九二六年的「三一八」，是帝國主義以武力幫助其工具，去壓迫革命的民衆。現在擺在面前的，是國民革命勢力伸展到長江，帝國主義恐懼我們的民衆，在上海，武裝「中國遠征隊」登陸，恐嚇我們的民衆，威逼與政府，拚其最後的工具！——奉系軍閥，一面又施其「軟化」政策，勾引我們國內的「穩健派」及一切搖動份子，分散我們的革命勢力，欲一網打盡中國的國民革命，好叫帝國主義崩潰的基礎重新鞏固。我們要當心，英國的去年十二月和今年一月的「提案」，日本的「共存共榮」，美國的「對華親善」，法國的「冷靜頭腦」，都是想「灌米湯」，使一般所謂「眞正三民主義份子」「穩健派」倒在他們的懷裏，好叫我們不知不覺地受他們「軟化」；否則，讓他們再來一次「三一八」呢！說不定，我們在這裏紀念「三一八」，上海的「三一八」又重演了一次啊！我們黃埔學生，我相信都是抱着「到黃埔去」的口號跑出來的，那末，我們多少都有點和「三一八」發生關係的同志，今年的「三一八」，我們要怎樣答覆帝國主義及其工具呢？

我們要堅決地勇敢地踏着「三一八」的血路前進，在做激烈革命的行動上答覆這個問題！

巴黎公社與中國民族革命運動

馮恆武

一八七一年的今日，是徘徊於歐洲的怪物——共產主義——在法蘭西延生的紀念日。在這個「血星期」的當中，赤化了全人類的歷史和人間的污塵，在無產階級革命史上創造第一個工人政府，亦即是全世界無產階級革命爭鬥上第一頁的光榮記載，同時，是證實了馬克斯主義有在資本帝國主義陣線薄弱點暴發的可能。科學的馬克斯主義是無產階級的幸福的著作者。

一八七〇年普法兩國資產階級爲着本身的利益衝突，暴發普法戰役，一八七一年拿破崙三世降於普魯士，但拿破崙三世是由一八五一年的政變做了法蘭西國王，用盡種種專制政策，以箝制全法蘭西，新興的勞動運動的激動和利益。當巴黎被圍時，國民會議雖宣布法蘭西爲第三次的共和國，但國民會議代表大多數是保王黨徒，同時，社會上的勞動後備軍（失業工人）突然驟增，想以工人階級只有自己爭鬭的力量來削減自己的痛苦，反抗背叛民族利益走去與普軍謀妥協的資產階級和普軍，這樣，工人階級遂脫離維爾塞的國民會議的關係而組織巴黎市政府的公社。他們在這個「血星期」的艱難困鬭中，從事許多共產主義的初步社會建設：

（一）武裝全巴黎的勞動羣衆，廢除保護特殊階級和摧殘工人運動的常備軍。

（二）廢除寡頭專制政府，軍民行政人員，均由選舉產生之。

（三）廢除工錢勞動制，規定勞動保護法——禁止夜工及工作介紹處……。

（四）用壓迫的攻擊手段沒收私有財產——工廠，擴大工人協作社。

（五）沒收教皇財產，消滅教會和政府的侵略勾儈。

（六）公社及其下官員薪水，與工人的工資差不多相等。

（七）公社旗幟的鮮明——世界共和國，國際化的精神——勞動部部長是德意志的法蘭克爾。

（八）毀棄拿破崙第一戰勝記功的宛達母柱，以削減普法國際間的民族仇恨。

（九）廢除資本主義社會的選舉制度，不分軍人或市民皆有選舉權。

（十）組織無產階級專政的獨裁制的政府。

小通信

緊要啓事

部人昨晨下操遺失徽章一個號數一百八十二除呈報補發外特此申明作廢　黃埔第二學生隊第七隊梅希讓啓

黃希林同志你在憲兵教練所畢業現在何處工作請火速示知爲盼　黃埔本校第一營步隊第三隊第十區隊饒璟林啓

白海風王秉璋李正韜三同志鑒你們現在何處作何工作請示知　軍官政治訓練班第二學員隊第五隊梁耀光

舒榮同志：別來甚念。劉翔霄由江西贛州致兄一札，因不知兄駐防何處，不便轉上，希即通知爲荷！　本校第一學生隊第州區隊李滓

魚珠學生軍第一大隊沈炎熾啓

李芳岐

中央軍事政治學校管理處第一課庶務股

補領外特此聲明作廢

中華民國十六年三月十九日　黃埔日刊　九十（星期六）六十（第三版）中

巴黎工人所表現的社會的建設能力，以得到許多中等階級的同情，共同的來抵禦普軍的進攻巴黎。在這個組織巴黎市政府的公社當中，普魯士的軍隊，是不敢「越雷池一步」——談到這裏，我們可以看見工人階級在革命行程中始終是革命的奮鬥到底的。

可惜！在這個「血星期」的大流血中，終是被資產階級戰敗了！為擁護公社而戰死的二萬有餘；被囚者約四萬人，事後，充軍七千五百人，監禁者五千人。這次工人之所以不能穩定這個政權受這樣沉痛的摧殘，因為當時無產階級組織尚未堅固，勢力尚稱薄弱，加以外面——除○黎外——革命風潮遠不及○黎的猛烈，不能提攜市政府的公社；同時，讓資產階級在街市上有公開的反革命宣傳，又可以自由的出入公社；並沒有沒收凡爾塞軍隊所存在法國銀行二十萬萬佛郎，以致公社財政支出維艱，又與他處勞動者和他國完全斷絕關係，得不到精神上和物質上之聲援；他方面反革命的凡爾塞的軍隊各方面均較順利，是以漸漸的強盛；因之，呱呱墮地的嬰兒——共產主義——從此夭折一回，全世界無產階級的生命——第一國際——亦隨運而去！

○黎市政府的公社的遺教，資產階級始終是做賣國的勾當，什麼「保護祖國」，都是拿來欺騙本國的勞動者，然而工人群衆是一錢不值的奴隸，也是富有創造社會文明力，武裝工人階級，建設無產階級獨裁制，是以蘇聯前的無產階級拿着公社的經驗走上這條道路，建立健全的無產階級專制政體，因此，公社是蘇俄革命實施的胚胎。我們中國的民族革命運動，除利用公社的經驗，改正他的錯誤，實行民主的政治爭鬥，別無他途！

從各方面的觀察和教訓，我們可以在今日確定民族解放運動的根本策略：

(一)聯合全世界上的被壓迫階級和被壓迫民族的革命勢力，共同奮鬥！

(二)真正保護工人農夫之運動，並反抗不利於工人農夫之特殊階級，輔助其經濟組織的發展，以增進民族解放之實力。

(三)嚴究反革命派的宣傳和本黨右傾的趨勢並以革命的手段，剷除全中國的封建舊勢力！

(四)提高黨的威權，打倒封建的獨裁行動。

(五)我們中國民族解放運動要在步步鬥爭中細心理會他——市政府的公社成敗的因果關係，然後可以決勝！

憶起去年三月十八日

張今鐸

聽呀！——

「我們敢死！敢去！

那怕牠嚇人的刀殺與鎗刺！

「走！走！今天權當是我們的末日！」

「此刻那還有青天！？

此刻那還有白日！？」

「我們只好讓我們那點點滴滴的赤血

濺遍在大地！」

「我們還向誰請願？

我們還怎樣吶喊？」

前面鐵獅子門前已如刀峯鎗山！

敢死的朋友們啊快奔呀！快趕！」

★ ★ ★ ★ ★

看呀！——

六七歲的孩子們也拚命的在跑在喊，

他們似已忘卻，他們的慈母，

他們似已忘卻了他們的家園；

他們那小小的心靈，

好像只印着魔鬼的怪影和猙獰的老脸！

★ ★ ★ ★ ★

轉瞬間再看——

小朋友們的身上已遍是血點，

已遍中砲彈！

★ ★ ★ ★ ★

剎那再聽——

「哥哥呀！」——「弟弟！」

「愛女呀！」——「嬌兒！」

「朋友呀！」——「同志！」

「你已是怎麼的？」

「怎麼不言也不語？」

「怎麼不動也不起？」

「嗳呀！你……你是……你是沒氣了嗎？」

「嗳呀！……………我的嬌兒！」

「……………………」

★ ★ ★ ★

再聽：再看——

已聽不着什麼「反對……」「打倒……」的呼聲，

已看不見跳跳躍躍的可愛的青年；

只聽到：

一陣陣「殺！……殺！……砍！……砍！……」

「一個不留！……一個也不讓他逃走！」

只看到：

一壘壘剖腔破腹的少女，

一叢叢頭迸腦裂的壯年，

赤身狼藉的僵臥於那國務院門前！

這時！——

地已是給赤血染遍，

戰士們已是有了終局；

一切的一切都已是寂然！

★ ★ ★ ★ ★

噯！這是魔鬼們的喜劇？

抑是敢死者的戰績？

但從今後——

我們革命之路上

便又添了一線的血跡和一度燦爛的光華；

我們都應望着一直走去！

莫遲疑！莫懷貳！

十六、三、十六日夜中

三一八屠殺的發生與失敗及其教訓

熊楚傳

(一)「三一八」的發生

第一，自「五卅」的反帝國主義運動發生後，帝國主義無時無地不在深思遠慮，急欲結束「五卅」慘案，怎樣消滅中國革命運動，然而他雖施毒計使其工具——奉系軍閥壓住了「五卅」的直接反帝國主義的運動，彷彿可以脫險，而間接的反帝國主義的運動——反奉戰爭又將勝利，帝國主義又復動搖。牠——尤其是日本帝國主義他得此危而既安，安而後危的教訓，不能不決意在中國造成反動局面，以圖鞏固其勢力。所以在奉張將亡之際，便親身出馬，消滅郭松齡，更迅速建立聯合戰線，幫助吳佩孚，張宗昌，李景林以大批軍械，使他們向直隸山東四向國民軍進攻。廣州方面則藉稅務司利用中國海關封鎖海口，以圖餓困廣東民衆以摧殘國民政府；復宣佈以十萬大兵征服中國。北方使東邊艦隊掩護奉軍兵艦，進攻大沽。甚至砲擊大沽，藉大沽事件以最後通牒威嚇中國。在此嚴重局面之下，兇惡的帝國主義早存提刀欲下以圖正式結束「五卅」運動之勢，那能將這革命民衆請願作導火線的時機，可假手于它底工具——段祺瑞的時機，而輕易放過。

第二，當時賣國政府的執政——段祺瑞，本已既無實力，而又與接近民衆的國民軍根本不相合；同時也與奉國軍閥張吳不相諒解，在此「軍人漁回」的時代，非常感覺位置的動搖。所以在李景林將下天津，吳佩孚在保定方面積極進展的時候，不能不承帝國主義的命而屠殺民衆，以獻媚於帝國主義和奉國軍閥求得其諒解以鞏固其位置。不然，怎麼在首都革命的時候——國民軍佔天津的時候——不屠殺民衆呢？

第三，那時候的馮玉祥所領的國民軍，（如張之江[illegible]）為帝國主義利用，又攻打帝國主義的工具張作霖，而容日帝國主義的工具段祺瑞存在；既接近民衆，而又置民衆的驅段以建立革命政府的要求於不顧；更因「反赤」宣傳的恐嚇和本身暫時利害關係而採取聯段政策，甚至容吳派的盧信顏惠慶等入閣，以圖進一步聯吳。這一妥協，使帝國主義得到乘勢造成反動局面的機會。復覺坐鎮北京的國民軍為時受民衆督促，有倒段而代之左的政府的可能，因此，能不採取「先法制人」的手段，給終不為所用的國民軍以迎頭痛擊！「三一八」屠殺，而造成國民軍失敗的主因。

(二)「三一八」的失敗

第一，帝國主義硬的屠殺政策外，更用他比較是利害的軟的分裂革命勢力的政策。單舉一端來說，如使中國資產階級不參加國民革命運動，而且要反對國民革命運動，所以帝國主義對于上海總工會的封閉，便進行什麼關稅法權會議；承認一九二九年關稅自主，其他則應允對資產階級讓步。（如上海會審公廨案，更以讓回租界市政局上海工部局華董收買資產階級，且彷彿表示上海會審公堂可以歸還，這種懷柔和軟化的，以穩住資產階級的分裂政策，竟奏奇功。「三一八」後，民衆反抗劇烈的時候，上海總商會——「暫停辦公」——不過是帝國主義分裂政策成功的一部份的表現，其他亦可推想）也是革命運動的——「三一八」失敗的主因。

第二，「三一八」發生後，除帝國主義宣傳機關極力辯護，造謠外；反動的國家主義和章太炎等更一致擁護段祺瑞內閣，通緝令，不反抗屠殺民衆的劊子手——段祺瑞，而反攻擊民衆的領袖——徐謙等，使人民混亂視線，不能建築一致反帝國主義的聯合戰線。

第三，在「三一八」前後，正是帝國主義的聯合戰線擴大堅固的時候，中國封建勢力尚能穩定的時候，致形成反動恐怖局面的時候，總之，是宣傳未深入民衆，是他們氣焰正高的時候，在此情形之下，那能得馬上有良好結果呢？

(三)「三一八」的教訓

第一，「三一八」屠殺的發生，是帝國主義藉辛丑條約以最後通牒威迫中國而演成的。有不平等條約的存在，帝國主義隨時隨地都有屠殺中國民衆的可能！我們要避免「三一八」屠殺的再演，那末，非廢除不平等條約不可！所以我們現在要防止反動派的欺騙，誘惑，軟化，改總理的廢除不平等條約為「修改」不平等條約，而遭自殺之禍！

第二，「三一八」造成條件，以國民軍受

中華民國十六年三月十九日 黃埔日刊 (星期六) (第四版)

「反赤」宣傳與恐嚇而向段祺瑞妥協爲着,所以我們知道一個革命者或一個革命團體和敵人帝國主義軍閥妥協,因本己暫時利害關係,置革命全局于不顧而妥協,實足以影響革命前途,應極力避免。防止 排斥 這種妥協的右傾尤其是在中國現在這個情勢之下,更應特別注意。

第三,「三一八」的發生,是聯合戰線勝利的反映,所以我們要認識帝國主義對付我們是一致的,聯合的,即有時講什麼「親善」,這正是牠略我們的手段,絕不是幫助了惠賜了我們,因此我們只能利用帝國主義的衝突,不能聯合任誰帝國主義和軍閥。

第四,「三一八」的失敗,是受帝國主義的分裂政策的影響。所以我們,保障以後革命運動勝利,一定要注意帝國主義和軍閥的分裂政策和反動派的言論(爲現在帝國主義誘惑軟化和反動派的掉換革命對象于本己與友軍等)來分散我們的力量,然後革命才有成功的希望。

第五,「三一八」的失敗,如每一個革命運動之失敗,一樣的都是因爲民主勢力未穩,封建勢力因之穩固的原故。所以我們要求革命運動勝利,非實行總理的喚醒民衆一致方法以擴民主勢力來壓抑封建勢力不可!我們一點々要害怕民衆的民主勢力!

(四)結論

總之:「三一八」的發生和失敗給我們不少的教訓,這些教訓是于革命過程中,尤其是以後革命各時期情勢看來,是有非常的重大的意義。我們在這紀念「三一八」的時候,應深刻的回憶「三一八」的教訓,更計畫怎樣運用教訓:必定這樣,才有破曉的曙光,照耀僞國務院門前的血痕!

一九二七,三,一二,于沙河入伍生二團二五連,

◉本校「三一八」慘案週年紀念及巴黎公社五十六週年紀念大會紀事

(一)本校紀念「三一八」之意義

○黎公社之失敗,雖社會革命之先聲,而成功於蘇俄。北京「三一八」慘案爲帝國主義者嗾使其走狗軍閥繼續「五卅」屠殺中國民衆的慘劇,而爲中國國民革命成功之預告。前者是無產階級對資產階級直接的鬥爭;後者是民主勢力對封建階級流血的進攻。本校爲貫徹中國國民革命及世界革命之使命,特於昨日上午九時假俱樂部開「三一八」慘案週年紀念及○黎公社五十六週年紀念大會,以表示本校全體官生爲先烈復仇救人類之決心。是日除各部長暨各界來賓參加紀念大會外,在校官生一律到會參加。方教育長爲主席,張治中爲贊禮。茲將開會情形紀之如下:1、全體肅立,2、奏樂,3、向國旗黨旗及總理遺像行三鞠躬禮,4、恭讀總理遺囑,5、主席方教育長致開會詞,(演詞另錄)6、報告北京慘案及○黎公社之經過。

(二)陳日新教官報告北京「三一八」慘案經過

首由陳日新教官報告北京慘案之經過,陳同志曾親身參加此次運動,目睹當日段賊衛隊開槍慘殺民衆之情形,故報告極詳。最後謂在此次慘殺中。吾人得到幾個重大教訓,和認識,第一,此次慘殺,爲當日段賊仇視民衆和革命勢力在北方發展之結果;第二,爲帝國主義勾結中國軍閥以鎮壓革命運動之反攻;第三爲當時國民軍妥協份子恐怖赤化之嫌疑,與先下『整頓學風』之通令。以促成段賊之殺機。有此三層原因,遂使當日段賊得放胆屠殺,以遂其摧殘民衆運動之決心。然自國民軍退出北京之後,先烈遺骸,至今暴露於曠野!吾人今日來紀念「三一八」慘案,當本此心繼續先烈之精神,犧牲奮鬥,打倒帝國主義最後之工具張作霖,爲北京死難諸烈士復仇,以完成國民革命云云。

(三)張秋人教官報告巴黎公社史略

次爲張秋人教官報告○黎公社之經過。首述○黎公社之成立及其歷史,條分縷析,詳甚無遺。次述○黎公社失敗的原因及給與吾人歷史的教訓,亦極爲重要,謂○黎公社之所以失敗,約有三端:1、當日法國的無產階級太寬恕了他們的敵人資產階級及反動派,他們沒有收斂敵人的財產,以斷絕敵人經濟上的機關,所以吾人要牢記寬恕敵人,便是損害自己這個重大的教訓!2、他們當日沒有一個統一而有力量的政黨來指揮作戰,竟使敵人兵臨城下,倘茫無所知,以致愴惶應戰,結果當然不免於慘敗。3、他們當日不知掃除敵人的武裝,而己方的武裝又不足以應付,遂使敵人得以從容進攻,撲滅此歷史上第一次無產階級的革命,而挽救當日法國資產階級。最後的命運。以上所云,皆爲○黎公社給與吾人的歷史上的教訓,吾人今天必須接受此歷史的教訓,應用於中國目前國民革命的鬥爭,始能得到最後的勝利云云。

(四)任卓宣教官演說

任卓宣教官演說,略謂:今天在中國革命已有新的發展中,在奉軍南下正在東傾向革命的豫軍戰爭時,在帝國主義者的軍隊陸續來到上海霸佔上海時來紀念「三一八」有很嚴重的意義。雖然革命勢力在主觀方面有了相當的進展,但是環顧各方,危機四伏,今年「三一八」與去年的「三一八」,八原沒甚麼分別的。我們應將這兩個「三一八」所給與我們的教訓找出來應付這惡劣的環境。先從○黎公社說起。當一八七○年普軍進攻○黎時,法國資產階級政府即投降普軍,與普軍訂約停戰,斷送了法蘭西民族的生命,增加了無產階級的負担。當拿破崙第三敗績的時候,○黎人民感受困苦,遂悟資產階級把持政權之危險,早就暴動了兩次。但資產階級當權他們的陰謀,竟把這兩次暴動壓倒下去了。直到一八七一年○黎完全在黑暗統治之下,民主政治被摧殘者,無產階級遂爆發革命得到政權,隨即組織新政府,即公社。立即取消戒嚴令,恢復人民一切自由,打消舊政治,改良工人生活等等。由此證明了:1、資產階級是妥協的,不顧民族利益的;2、無產階級是最能革命的,是民族利益的擁護者。還要知道世界一切無產階級都是最能革命的,都是民族利益的擁護者;因爲他們的生活條件一樣,所以他們的政治主張也一樣。中國革命亦處處表現出工人階級的偉大的力量。如「五卅」「省港罷工」以至最近的「一三」「上海罷工」,都表示工人的力量大,死死站在最前線而領導革命。有些人說「一般人民應同樣看待」。殊不知無產階級人數多,最受壓迫而最能革命,資產階級恰恰相反。我們革命自然要抓住無產階級做主力軍,所以總理才要確定下農工政策,使農工群衆能站在革命領導地位,中國革命就不致失掉主力軍。此由○黎公社成立歷史證明的。

北京慘案給與我們的教訓是:日本帝國主義者及其走狗段祺瑞,張作霖同時進攻革命勢力。自從張作霖打敗郭松齡後即想抓住北京政權。無如北京尚在國民軍勢力範圍,日本帝國主義者遂與英帝國主義者商量建設張吳討赤聯合戰線,同時援據辛丑條約,聯合各國假借通牒形式勾結段祺瑞鎗殺學生,大演其白色恐怖。故今日紀念北京慘案,應要認定這次慘案的主凶犯,應明確的認定是日本帝國主義者;段祺瑞不過一個受命行事的劊子手罷了。有人說:「中日同文同種,應共存共榮」,這完全是笑話。日本過去侵略中國的事實,載諸歷史,在人耳目,這是很明顯的;近又用和緩分裂及傾覆政策向我民衆運動進攻。又何嘗對我們講什麼「共存共榮」的鬼話!這般反革命口中的「共存共榮」,大概是說日本應當做個帝國主義者,中國卻應做個殖民地罷!我們如認日本帝國主義者而可同他「共存共榮」,這種說話是老虎不吃人!我們認清楚了,才能爲死難烈士復仇,才能繼續諸烈士的死難精神!同志們!英兵屯滿了的上海,何異普軍屯滿了的○黎!去年的三,一,八還只在大沽口示威,今年的三,一,八一方帝國主義者的軍隊集屯上海,其嚴重較去年有加;一方又大逞其欺騙手段以挑撥,分裂,軟化中國革命勢力,這是何等的危險啊!我們應將既得教訓應付這較去年更惡劣的環境啊!

(五)韓麟符教官演說

再次爲韓主任演說,大意謂我們今天來紀念「三一八」慘案及○黎公社是要接受歷史的教訓,來完成我們的革命。我們知道俄國革命的成功,便是首先受了○黎公社的教訓。但是○黎公社給與中國國民革命的教訓是什麼呢?第一,當日法國的革命是資產階級和無產階級聯合起來做成民主革命,但後來資產階級竟爲了自身的利益,不惜中途妥協,投降敵人,現出賣民族的利益。我們今天的國民革命的過程中,亦須謹防資產階級與帝國主義者妥協,引兵來打中國的無產階級!第二,當日法國的無產階級沒有嚴厲的壓迫敵人,致爲敵人所敗。所以我們現在絕對不要與敵人妥協,以致招他日的失敗!這就是○黎公社給我們的兩個重大的教訓!至於北京「三一八」慘案值得我們注意的是:1、慘案的責任不完全是敵人負責,因爲當時的國民軍在北京尚怕赤化的嫌疑,不敢先事制止段賊的慘殺行爲。但自經民衆大慘殺之後,國民軍便完全陷於孤立而失敗了。我們現在要記着已往的經驗,小心將來再有這樣的「三一八」慘案的發生!2、當日段賊利用封建思想,來殘殺民衆,所以我們在國民革命的進程中,一定要打倒封建思想,始不致爲「赤化」這些名詞所恐嚇,受與帝國主義軍閥妥協,而入了敵人的圈套云云。

韓主任演說畢,尚有安科長,熊主任,孔主任,入伍生部代表,各學生隊代表,高級班代表等相繼續說。最後由張主任代方教育長致答詞。時已十二時許,即全體唱國民革命歌,國際歌,校歌,高呼口號,散會。(以○代巴)

◉高級班無線電科徵文啓事

逕啓者:敝科擬於畢業時出特刊一幅,諸同志如有宏文鉅作見賜,請於本月廿五日以前賜交本校政治部宣傳科爲荷。

〔第一版〕 〔星期一〕 中華民國十六年三月廿一日 中華郵政特准掛號立券之新聞紙

黃埔日刊

中央軍事政治學校出版
總發行處廣東黃埔本校政治部
（第二八二號） 本刊每份定價一分

時評

汪主席應民衆之請命而歸國了！

總理遺囑

南洋華僑來校參觀

外國文班開學紀事

校聞

通令

黨務

本校特別黨部致中央執行委員會之兩要電

啓事

前方服務同學公鑒

秘書處啓事

中華民國十六年三月廿一日 星期一 黃埔日刊 第四版

看報時所得的雜感

紀念北京底三一八

政治問答

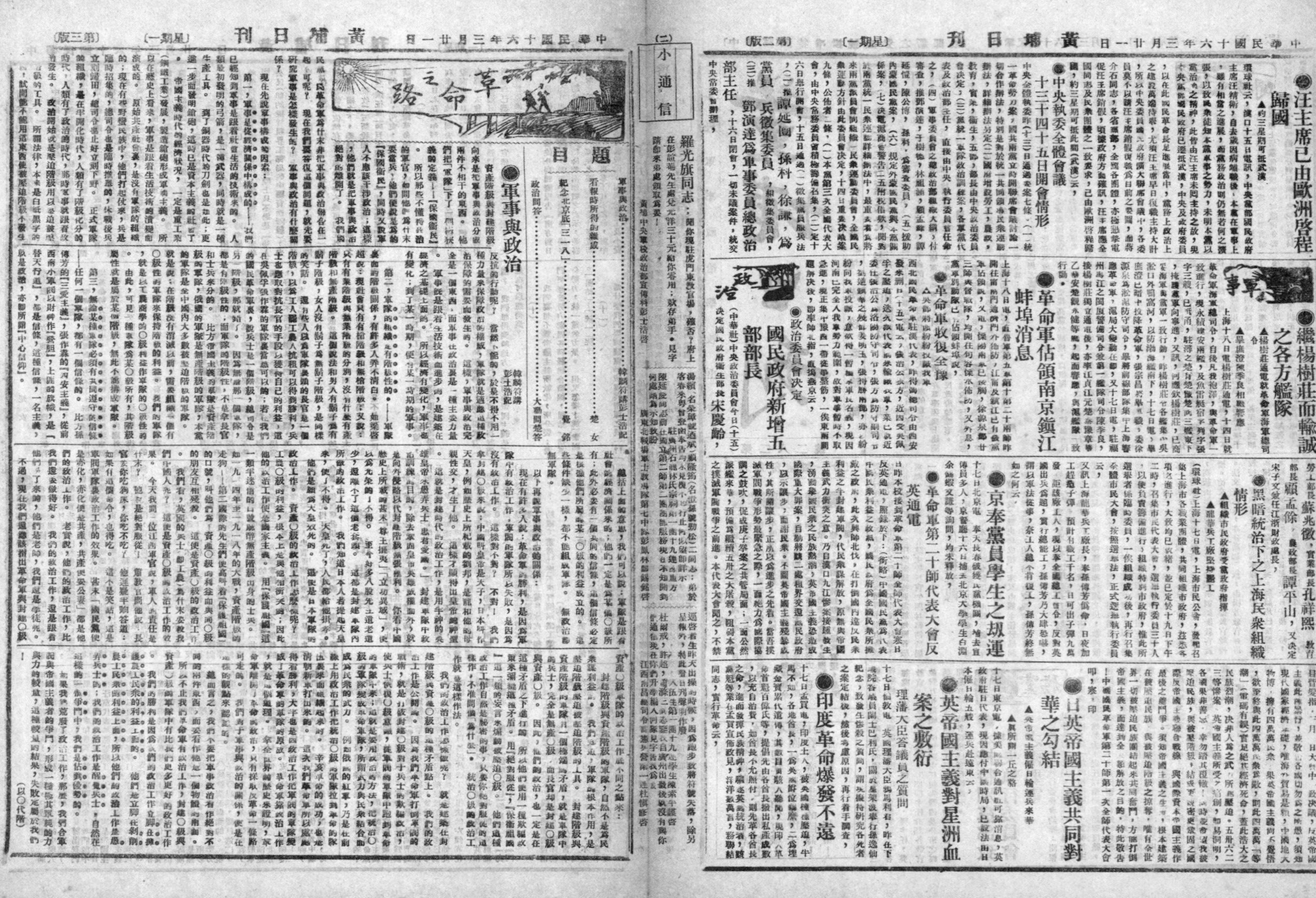

〔第三版〕 〔星期一〕 黃埔日刊 中華民國十六年三月廿一日

革命之路

題目

軍事與政治

小通信

羅光旗同志

中華民國十六年三月廿一日 黃埔日刊 〔星期一〕 〔第二版〕

汪主席已由歐洲啓程歸國

中央執委全體會議十二十四十五日開會情形

國民政府新增五部部長

革命軍佔領南京鎮江蚌埠消息

革命軍收復全椒

政治

繼楊樹莊而輸誠之各方艦隊

黑暗統治下之上海民衆組織情形

京奉黨員學生之坝運

革命軍第二十師代表大會反英通電

日英帝國主義共同對華之勾結

英帝國主義對星洲血案之敷衍

印度革命爆發不遠

（一）

中華郵政特准掛號立案之新聞紙〕 中華民國十六年三月廿一日 〔星期一〕 〔第一版〕

黃埔日刊

中央軍事政治學校出版

通信處廣東黃埔本校政治部

（第二八二號）

〔本刊每份定價一分〕

啓事

前方服務同學公鑒 茲因搜集本分各校史料諸同志如有北伐時沿途筆記及校長命令訓話書稿務希將原稿見示閱畢仍當奉趙也 秘書處

秘書處啓事 本校同志公鑒敝處茲因搜集史料尚缺第九第十第十五次校務會議錄三份諸同志如有保存者務懇見示閱畢仍當奉趙也 秘書處

啓者鄙人於舊年六月間在惠州駐防，拾得一本孫文主義哲學基礎一冊，書面印有『孫文主義學會惠州分會』等字樣，並有小章一個，文曰『陳應龍印』，但當時鄙人完全不曉得什麼是孫文主義學會惠州分會等名詞，故將此本冊留存，現各同學見此書懷疑鄙人參孫文主義學會份子，故不得不鄭重聲明：鄙人素來並不與任何小團體發生關係，希望各同學察諒，勿因此事而懷疑！第二十八區隊林明富啓

李志，王烈，陳惠輔，鄭郎，葉京德，諸同志您畢業後何部服務請將地址示知以便通信爲盼 石龍入伍生一團十八連王彬

時評

汪主席應民衆之請命而歸國了！

鴻沉

汪主席告病假已是一年了！在這一年中，軍事的發展，有長足的進步，爲不可否認的事實；同時黨務上政治上感覺到停滯不前的缺憾，這也是一般黨人和民衆的意見。

當總理逝世後之一年，蔣校長培植革命的軍事人材，統一兩廣，在軍事運動上建築了初步的根基：這時汪主席主持黨政，擴大了十三年改組後黨的組織，新造了國民政府的雛形。不幸又一年以至今日，軍事的進展，雖收復長江流域，領有京漢以西，而黨政之建設，反有每況愈下之勢，不能說不是汪主席告病而離開我們所致之重大損失！

至今外有帝國主義用種種政策，來壓迫，分裂，軟化，妥協我國民政府及革命民衆；內有封建勢力之專橫，投機份子之陰謀圖逞，危機四伏，莫可解救！且以總理規定的革命中三個時期而論，已收復中國之大半的省區，在軍事終了，即宜開始作訓政的工作；故民衆目前迫切之要求爲：

1，積極抵抗帝國主義和軍閥之進攻，以保持已得之勝利；

2，根本鏟除封建勢力，打倒帝國主義，建立革命民衆所需要的民主政治。

此兩種重大的工作，繼續北伐之軍事運動固不可少，而提高黨的威權，以指揮一切，適應人民要求之政治上的建設，與夫外交之應付尤爲重要。有此重任，必須有能負担者任之，乃克進行；汪主席之應負此種重責，已爲全國黨人及一般民衆所切望。故汪主席之歸來，實爲民衆需要之促成。

因爲革命領袖是以民衆利益爲前提的，民衆奮興起來了，革命領袖必當愈加奮興的！

革命的民衆們！

汪主席快要到來了！

我們要加緊我們的工作！

我們要求我們應有的權利！

校聞

通令

三月十六日於校本部

爲通令遵照事案查軍隊特別黨部組織條例第五章紀律第二十六條「凡各級黨部之議決案對於軍隊行政方面有意見時不得用黨部名義直接干涉各該級長官行政事宜應將議決案及其事實情由呈報上級黨部審核轉呈與總司令部政治部由總司令部政治部分別呈請中央執行委員會軍人部處理之」第二十九條「任何黨員不得在黨的範圍內直接發言攻擊黨員個人之行爲如確有應糾正之處得用書面呈報上級黨部辦理」關於黨部與行政之關係及黨員相互之關係規定至爲明瞭秩序井然不可任意踰越邇者校屬各級黨員每多不明黨的組織濫用黨的職權或則以黨部名義直接干涉行政或則以黨部名義直接干涉個人甚至主張即予禁閉或開除黨籍并有主張毆打者此種事實已經屢見接諸上列規定實屬違背黨紀卽有妨碍軍隊之軍紀風紀不予糾正爲害滋大嗣後關於各級黨部議決請辦事項務須注意查明是否與上列規定符合如對於行政方面有所請求者仍應按照程序報由各級長官轉呈其有軼出軌外之行動概不得接受并應予糾正以維黨紀而重秩序除函請特別黨部通照各級黨部外合亟通令仰各該主管長官知照并轉飭所屬一體遵照此令

南洋華僑來校參觀

十七日下午有南洋華僑數十人來校參觀，由管理處派員導至本校各處參觀畢。由政治部張今鐸安體誠二同志先後向其演講華僑與革命之觀點及本校創設之歷史與成績，末又由熊主任致勗詞，聽衆皆爲之動容，迨五點，由校備船送返省城云。

外國文班開學紀事

本校爲各部處官佐及各學生隊官長有志研究高深學識者起見，特由教授部開辦外國文班，教授俄英日德法五國文字，以便學習者，得利用最短期間，造就一國語言，直接可閱原文書籍，以求得世界革命之理論，該班自籌備以來即由張主任邵副主任積極負責進行，報名者甚爲踴躍。現俄文班有一百三十餘人，由吳瘦倫教官担任教授，英文一百四十餘人，高級由張培珍教官教授，初級由蘇曾秋方瑩兩教官教授。日文班一百三十餘人，高級由彭祈祥教官教授，初級由劉鈞衡教官教授。德文班十餘人，高初二級由王有德教官教授。法文班六人，亦分高初二級，由楊芳教官担任教授。聞尚有多人陸續前來報名學習，此亦可見本校官佐對於外國語之注意矣。現該班已按照學者程度分別編制班次，於前星期五日午後一時，假俱樂部舉行開學典禮。共到四百餘人。方教育長各部處主任亦到會參加。由方教育長主席。典禮次序，1、全體肅立向國旗黨旗及總理遺像行三鞠躬禮，2、恭讀總理遺囑，3、主席致訓詞，4、各部處主任演說，孔主任，熊主任，張主任，吳教官，王教官均有演說，5、邵副主任介紹各教官並行互相敬禮。6、邵副主任報告籌備及分班之經過，邵副主任報告畢，已三時許，即行散會。並聞是日晚七時各該班已實行開課云。

恭讀總理遺囑

總理遺囑

余致力國民革命，凡四十年，其目的在求中國之自由平等，積四十年之經驗，深知欲達到此目的，必須喚起民衆，及聯合世界上以平等待我之民族，共同奮鬥。現在革命尚未成功，凡我同志，務須依照余所著：建國方略，建國大綱，三民主義，及第一次全國代表大會宣言，繼續努力，以求貫徹。最近主張：開國民會議，及廢除不平等條約，尤須於最短期間，促其實現，是所至囑！

黨務

本校特別黨部致中央執行委員會之兩要電

武昌中央執行委員會鈞鑒：閱報載中央宣傳委員會通過黨務宣傳大綱，鞏固黨的威權，統一黨的指揮機關，實現民主政治，掃除封建勢力，促汪精衛同志銷假復職，速開中央執行委員會，用打倒西山會議的精神，對待一切黨內昏庸老朽的反動份子，當此帝國主義軍閥環攻於外，腐化分子潛藏於內，阻礙黨的意志的表現，與實行國民革命有中途流產之虞，本黨同志，應一致負責，鞏固黨權，防止隱患，屬部謹率全體武裝黨員，以致誠接受此宣傳要點，竭力奉行，以應國民之希望，而盡黨員之職責。特此電聞，敬希亮察！中央軍事政治學校特別黨部叩效

武昌中央執行委員會鈞鑒：閱報載中央在武漢開全體執行委員會，解決一切軍事政治黨務問題，不獨能防止黨內危機，行見黨基日固，黨權日彰，屬部謹率全體黨員，竭誠擁護，始終不渝，特電致賀敬希亮詧！中央軍事政治學校特別黨部叩效

本校本週口號

擁護黨的中央委員會！

貫澈民主集權制！

歡迎汪主席銷假復職！

團結一切革命份子！

看清帝國主義的陰謀！

嚴防敵人分裂政策！

中華民國十六年三月廿一日 黃埔日刊 〔星期一〕〔第二版〕

汪主席已由歐洲啓程歸國

▲約三星期可抵武漢

環球社云，漢口十五日電訊，中央黨部國民政府主席汪精衛，自去歲因病離職後，本黨在軍事上，雖有相當之進展，而黨務政治則仍無若何之擴張，以致民衆徒知本黨軍事之勢力，未明本黨以黨治國之精神，此皆由汪主席未回主持之故，現中央黨部暨國民政府已遷抵武漢，中央及政府委員，以在此國民革命長足進展當中，黨務上政治上之建設萬端待舉，尤須汪主席早日復職主持大計，所以中央委員議決擴大聯席會議中，各委員莫不以請汪主席銷假復職爲目前之要圖，而蔣介石同志，各省黨部，全國各團體，亦極懇摯電促汪主席銷假，頃據政府方面確訊，汪主席應全國同志及民衆團體之一致要求，已由歐洲啓程歸國，約三星期可抵此間（武漢）云，

中央執委全體會議十三十四十五日開會情形

中央全體執委會昨（十三）日通過議案七條，（一）統一革命勢力案，國共兩黨立即開聯席會議討論一切合作辦法，特別是對於統一共同領導民衆運動辦法，詳細辦法另定（二）國府增設勞工，農政，教育，實業，衛生，五部，部長由中央政治委員會決定，（三）黨統一軍隊政治訓練案，各軍黨代表及政治部主任，直接由中央執行委員會任命之，（四）軍事委員會之總政治部組織大綱，付審查，推鄧演達，于樹德，林祖涵，顧孟餘，譚延闓，陳公博，孫科，爲審查委員，（五）援助內蒙國民黨案，（六）規定外蒙國民黨與本黨關係案，（七）決電滬商會警告二五附稅借欵，關於兩黨統一民衆運動詳細辦法中，最重要者爲將來兩黨黨員會同組織一民衆運動委員會，全國民衆運動方針由此委員會決定，十四日重要決議案九條，公佈者二條，（一）本黨第三次全國代表大會，由中央常務委員會積極籌備召集，（二）定十六日舉行閉會，十五日通過（一）徵集黨員服兵法（二）推譚延闓，孫科，徐謙，爲黨員兵徵集委員，組徵集委員會，（三）推鄧演達爲軍事委員總政治部主任，十六日閉會，一切未議案件，統交中央常委會辦理，

軍事

繼楊樹莊而輸誠之各方艦隊

▲楊樹莊通電就革命軍海軍總司令 ▲畢庶澄陳季良相繼響應

上海十八日電楊樹莊通電，十四日就革命軍海軍總司令，自後凡我袍澤，與革命軍一致進行，現永績楚安兩艦，及魚雷艇宿字列字張字三艘，已抵甯，駐潯之楚有楚謙楚觀三艦東下，擁護黨軍向寧進，又訊，何應欽楊樹莊，已商妥海軍與黨軍一致行動，昨楊樹莊令各艦集中吳淞口外鴨窩河，以防渤海艦南下，十七日電，畢庶澄已暗中投降革命軍，張宗昌怒畢通敵，委徐源泉爲淞滬防守司令，畢前線部隊至上海響應革命軍，滬局大變動在即，又十七日電，駐福州馬江之閩廈警備司令兼第一艦隊司令陳季良，接楊樹莊獨立通電後，亦率江貞江元楚泰豫章華乙肇安楚觀永健等艦，起而響應，與滬艦隊一致行動。

革命軍佔領南京鎮江 蚌埠消息

上海十八日電，直魯軍第五軍第十第二十兩師昨開往南京門通濟門佈防，江甯及鎮江已有我黨軍佔領，又電，保陽南京已歸我軍，徐源泉部廿三師與晉軍聯隊，均開往句容溧水佈防，又外息，黨軍別動隊已佔領蚌埠說，

革命軍收復全豫

▲直魯軍紛紛投誠我軍

西北國民軍第二軍駐漢代表，昨得豫總司令由西安發來刪日（十五）電云，張治公表方，近因受吳佩孚之壓迫，迭次派代表輸誠我軍，業已就近委任張治公爲洛陽防守司令，張方爲防守副司令，將逆張華之殘部姜明玉，張得勝南部，亦紛紛向我軍投誠，意欲得一暫編軍長名義，現因河南已完全入我軍勢力範圍，故對軍事暫時不取急進，現正集中豫西一帶從事整飭，一俟東兩間題解決，即率師北指，直搗燕京云，

政治

國民政府新增五部部長

◎政治委員會決定

（中華社）中央政治委員會今日（十五）決定國民政府衛生部長宋慶齡，勞工部長蘇兆徵，實業部長孔祥熙，教育部長顧孟餘，農政部長譚平山，又決定宋子文兼任江浙財政處長，

黑暗統治下之上海民衆組織情形

▲組織市民政府受黨政府指揮 ▲龍華兵工廠堅持罷工

（環球社）上海十七日電，上海市民公會，發起召集上海市各職業團體，共同組織市政府，茲悉各項之進行，大致均已就緒，並已定於十九日下午二時，召集市民代表大會，選舉執行委員三十人，以便負責籌備進行，組織特別市政府，惟此所選舉者係臨時委員，一俟組織成功後，再行召集全體市民大會，按照選舉法，正式選舉執行委員云，

又訊上海龍華兵工廠長，奉孫傳芳僞命，日夜加工趕造子彈，預計有職工千名，日可出子彈九萬發，詎該廠工人，現以奉全國總工會令，反對英國出兵爲題，實行總罷工，孫傳芳乃大肆恐嚇，謂以軍法從事，奈工人總不肯復工，孫傳芳終無如之何云，

京奉黨員學生之厄運

十七日北京電 奉天長春破獲民黨機關，逮捕黨員多人，京警廳十六日捕去北京大學學生白淵余錫蝦文謙等詢問，均未釋放，

革命軍第二十師代表大會反英通電

日昨本校接到革命軍第二十師全師代表大會寒日反英通電，照錄於下：（銜略）中國國民黨爲代表中國民衆利益之政黨，國民政府爲全國民衆所擁戴之政府，此次興師北伐，在打倒國內違反民衆利益之半封建軍閥，代民衆謀解放，原無與帝國主義武力衝突之意。乃自漢口九江慘案接踵發生，湧動舉國民衆之民族熱潮，英帝國主義恐造成國際重大罪案，自動將該二處租界交還國民政府，以示讓步，而謝民衆。不圖英帝國主義殘暴成性，其所謂讓步，正所以爲進步之先着。當吾撲滅軍閥戰爭形勢最緊急之際，一面絕力爲國際協調之鼓吹，促成庚子舉案之共管局面；一面公然派艦來華，預備爲繼續五卅之大屠殺，阻碍本黨之撲滅軍閥戰爭之前進。本代表大會聞之，不禁目眥髮指，三月□日大會中，致決議，反英帝國主義此種暴行，並敬告各國切勿爲之所愚，須知現代國家經濟基礎，唯海外貿易是賴，中國地大物博，擁有四萬萬民衆，果英帝國主義尚不覺悟，欲至終與此四萬萬民衆爲敵，則此四萬萬「一等潮」（電碼有誤）實足絕其經濟死命，蓋此浩大之民族烈潮，決非人爲之武力所能壓迫。五卅六二三等慘案，英帝國主義所受之痛創，知易洞明，各國果非善忘，幸勿踏其覆轍！同時並希望我被壓迫民族，與被壓階級，結成更親密更鞏固之國際反帝國主義聯合戰線，與國際資本帝國主義作最後之總鬥爭。須知帝國主義之生命，根本建築在被壓迫民族，與被壓迫階級之掠奪，唯有全世界一切被壓迫民族團結起來共同奮鬥，方能打倒帝國主義，而達到全人類解放之目的，特此敬告！中國國民革命軍第二十師第一次全師代表大會叩，寒，印

日英帝國主義共同對華之勾結

▲英帝國主義僱日輪運兵來華 ▲與所謂一丘之貉

十七日東京電，據美國聯合通訊社可靠消息，英政府駐日代表，現因應付中國時局，已設法由日本僱日輪五艘，運兵赴遠東云，

英帝國主義對星洲血案之敷衍

理藩大臣答議員之質問

十七日倫敦電 英國理藩大臣鴉馬利君，昨在下議院答議員關士巴利氏，關於星架波舉行孫逸仙紀念，致發生慘殺之質問，謂現擬待研究各死者之案定結後，然後考慮原因，再行着手調查，

印度革命爆發不遠

十七日孟買電，印度土人，被英國種種壓迫，牛馬不如，各地酋長，一爲英國爵位籠縻，二爲埋藏金寶累代遺傳，其數目實駭人聽聞，現印人革命首魁百偉氏等，提倡先由各酋長撥出私產成數，以充自治費，如酋長不允照付，則先革各酋長之命，進而發揮民族精神，驅逐英國統治者，該黨魁等業在孟買宣佈政見，洋洋數萬言，務聯結同志，實行革命云，

（二）小通信

羅光旗同志：聞你現駐虎門東敎官場，確否？府上在彭誼菴先生處兌光洋三十元給你零用；款存弟手，見字請即來弟處領取爲要！
黃埔中央軍校政治部宣傳科彭士浩啓

湯續（名榮璋號迺斌）顧隆筠（名愷孫號勁松）二同志：弟於客春來粵曾登函奉告，乃未見覆，不知行止何似，望即詳示駐廣州石龍林氏宗祠第一團十九連四連方陳延慶同志前任獨立第二師第二團團部服務現在不知開到何處請爲示知致盼
廣東北較場軍士教導隊第七中隊彭鳳林卽錫銘啓

逕啓者生昨天出操的時候，因爲跑步致將符號失落，除另呈報外，特此登日刊聲明作廢，入伍生第一團十九連學生陳秦

杜爾戒，許超，蕭滌二同志鑒：希通信現在你們升學編入何隊見字告我爲要
江西南昌總司令部憲兵營第一連杜慎修啓

中華民國十六年三月廿一日 黃埔日刊 (星期一) (第三版)

革命之路

題目

軍事與政治

韓麟符講 彭士浩記

資產階級與封建階級向來是把軍事與政治分做兩件不相干的東西。他們把「軍隊」下了一個狹義的定義——「保國衛民」。所以那些不懂得政治的軍官，如問他們爲什末要當兵，他們便說是爲的「保國衛民」，同時又說軍人不應該干涉政治，這樣，他們就是把軍事與政治絕對的離開了。我們國民黨的國民革命軍爲什末非把軍事與政治聯合在一起不可呢？ 現在我們要答復這個問題，就先要研究軍事是怎樣發生的？ 軍事與政治有什麽關係？

現在先說軍事構成的因素：

第一，軍事是從經濟關係中構成的——我們已經知到軍事是跟着社會生活的技術來的。人類最初發明的弓箭，是一種武器，同時就是一種生產工具。到了銅器時代的刀劍也是如此；更進一步而發明鎗砲，這時已是資本主義的社會了。帝國主義時代的經濟狀況，一定是重工業（鋼鐵工業）發展，製造鎗砲成軍需工業。所以在歷史上看來，軍事是跟着生活技術的演變而演成的。原始共產社會裏，是沒有軍隊的組織的；現在有些野蠻民族中，他們打起仗來，兵是臨時招集的，總司令也是臨時推舉的，休戰後兵立刻歸田，總司令也止好立刻下野。正式軍隊的組織，是在半開化時代，人類有了階級化分的時代，人類有了政治的時代，那時軍事就跟着政治發生。政治開始就是壓迫階級用以壓迫被壓迫階級的工具。所謂法律，本來是白紙黑字的東西，試問能不能用這東西使被壓迫階級不發生反抗的行動呢？ 當然不能夠，於是不得不用一種力量來保障政治的權威，軍隊就是適應這種政治保障的需要而發生的。這樣，軍事與政治完全是一個東西，而軍事在政治裏是一種主要力量。軍事既是跟着生活技術而進步的，是建築在經濟之基礎上面的。所以經濟有變化，軍事也有變化；到了某一時期，便有某一時期的軍事。

第二，軍隊的組織是有階級性的。——軍隊裏面的階級關係，有許多人弄不清白。不如梁啓超說：現社會只有有槍階級和無槍階級；又說：只有有產階級與無產階級的分別，沒有什麽有產階級和無產階級。這個說法和男人有鬍子爲有鬍子階級，女人沒有鬍子爲無鬍子階級，是同樣的笑話。還有些人以爲軍隊裏頭的長官是一個階級，以爲工人農人抗租可以得到勝利，兵士也應取對抗長官的手段以獲得自己的利益，這在吳佩孚張作霖的軍隊裏當然可以的；若在我們的國民革命軍裏，說兵士是一個階級，總司令是另一階級，那就錯了。因爲無論那一個軍隊，都是有階級性的；而軍隊的階級性，不是拿長官和士兵來分的。比方帝國主義的軍隊是資產階級的軍隊，俄國的軍隊是無產階級的軍隊，本黨的軍隊是全中國內大多數被壓迫階級的軍隊。就是說：在階級沒有消滅以前，需要組織一個有○級性的軍隊來保持階級的利益。我們的軍隊，就是以工農商學的○級利益作軍隊的○級性的。由此，可見一種軍隊爲某○級所有，其階級屬性就是屬於某個階級，無此不能構成軍隊。

第三，無論某種軍隊必須有共同遵守的信條——任何一個軍隊，都有一個信條的。比方孫傳芳的「三愛主義」，張作霖的「四安主義」，從前西南小軍閥以財神作「祭胆」，土匪的旗幟，是「替天行道」，都是信條，這種信條，一名主義，就是政治，亦即所謂「中心信仰」。

總括上面的意思，我們可以說：軍隊是跟着社會的經濟關係來的；他們一定是爲某個○級所有；此外必要有一個共同的信條，這個信條必定是根據他們所屬的某一○級的利益成立的。這些條件缺少一樣，都不能組成軍隊。無政治卽無軍隊。

以下再說軍事與政治的關係：

現在有許多人說：革命軍的勝利，是因爲軍隊中有政治工作，軍閥的軍隊所以失敗，是因爲沒有政治工作。這樣對不對？ 不對！ 我們拿封建○級來說：中國叫皇帝是天子，日本叫作天皇，例如歷史上所紀載的劉邦，是龍和他的母親性交，才生了他。這樣才顯得出皇帝的神聖。這就是封建時代的政治工作，是用半神的英雄皇帝來愚弄兵士「忠君愛國。」封建軍隊中政治訓練的目的，除去軍閥皇帝英雄威權而外，就是向外侵略以代封建階級擴張權利。你看中國歷史上所載的甚末「尊王攘夷」「立功異域」，便以爲光榮的了不得。至今好多八股先生遺老遺少，還離不了這個老套頭。這都是封建軍隊內所做的政治工作。我們知道日本人若提起天皇來，便了不得。天皇死了，人民都給他掛孝。他們是願爲天皇效死的。這便是日本軍隊的政治工作。資產○級的政治工作怎麽樣呢？ 工農○級的利益，根本上是與他相衝突的；因此他的政治工作便是國家主義。用「保護祖國」這一類半迷信的口號麻醉無產階級出身的士兵。如一九一四年至一九一八年的大戰，資產階級的走狗——第二國際的先生們便高叫着「保護祖國」的口號，叫他們爲資產○級的利益而與同○級的朋友互相殘殺。這便是資產○級的政治工作。我們看，英國的兵士（卽工農）爲什末要殺我們中國人死？ 這便是資產○級的政治工作的效果。今天我問一位江西軍官說，軍人的責任是什末？ 他說是絕對服從！ 蕭教官問他說：長官要你吃狗屎，你吃不吃？ 他遲疑半晌答道：如果有這個命令，也得吃。這不是笑話，這是軍閥軍隊裏政治工作的效果。甚末「國民黨便是赤化，赤化便是共產，共產便要公妻」都是他們的政治工作。老實說，他們的政治工作，比我們還要做得好。我們的政治工作，還是跟着他們學了來的，他們是老師，我們還是學徒兒。不過，現在我們還應該指出革命軍與封建○級資產○級軍隊的政治工作底不同之點來：

封建階級與資產階級的軍隊，自然不是爲民衆謀利益的。我們知道，軍隊的根本作用，是壓迫階級壓迫被壓迫階級的工具。封建階級與資產階級的軍隊有一個極端的矛盾，就是軍隊中的兵士，完全是無產○級，而長官却是封建○級與資產○級。因此，他們的政治，也一定是在這種矛盾之下進行的。所以他們使用一種欺騙政策來彌縫這種矛盾。用「絕對服從」，「保衛祖國」這一類的妄言來煽動被壓迫○級。他們這種政治工作自然是秘密的事，只要你絕對服從的這樣作，不准問個「爲什麽」。統治○級的政治工作就是這樣作法。

我們的政治工作怎樣做呢？ 就是建築在封建階級與資產○級的這種矛盾點上。我們的政治工作是公開的。因爲我們革命軍打倒軍閥的戰術，就是打破封建○級對于兵士的欺騙政治，使兵士恢復○級意識，從軍閥的軍隊中跑到革命的軍隊中來；這就是要用政治的方法，把統治○級的軍隊變成革命軍隊，所謂武力與民衆結合而成爲民衆的武力。例如俄國的紅軍，乃是在前線上用政治工作把統治○級的軍隊拉到革命的隊伍裏來而組織起來的。辛亥革命的成功，也是清朝新軍打出來的。這次我們革命軍所以處處得着勝利，大半也是因政治工作把軍閥的軍隊變成了革命軍的軍隊的原故。拿全世界的歷史來證明，革命軍離開了革命的政治，只有採取反革命一條路可走的。我們對于軍事與政治的關係，便是在這樣的觀點來認識的。

總而言之，我們不要把軍事政治看作絕對不同的兩件東西，而要看作他是一個物體的兩面。所以不止我們革命軍有政治工作，封建○級與資產○級的軍隊中有比我們更多更好的政治工作。我們的勝利是因爲我們的政治工作立腳在擁護農工民衆的利益上面的。他們是立腳在剝削農工民衆的利益上面的，所以他們的政治工作是愚弄兵士的；我們的政治工作是醒覺兵士，自然在這樣的一種鬥爭中，我們是佔到優勢的。如果我們荒廢了政治工作，那麽，我們合軍閥與帝國主義者的爭鬥，形成一種極其單純的力與力的較量，這種較量的結果，失敗定屬於我們！

（以○代階）

中華民國十六年三月廿一日　黃埔日刊　〔星期一〕　〔第四版〕

看報時所得的雜感

楚女

（一）

中國國民黨有聯俄，聯共，農工，三大政策；帝國主義和張作霖，張宗昌，便有「只要南方驅逐俄人，排除共產黨，壓迫農工，其餘一切都可商量，而且連三民五權也都不成問題」之言。這種針鋒相對的宣傳，含有什麼意思，不知道一般反對三大政策的所謂同志，也曾在心下想過一下沒有？「三民五權，不成問題」，這倒是一句眞話；國民黨放棄了三大政策，三民五權，還能夠從哪里成爲問題!? 又不知一般故意放棄擁護三大政策之口號的所謂總理信徒，對於此「不成問題」一語，亦曾有所警惕，有所慚恧否!?

（二）

現在我們已經得到了一些什麼？二五附稅是民國十一年就已在華會決定了的，此時帝國主義落得做順水人情。九江，漢口租界，並未收回——所謂「中英共管」，實際上只不過是「華人公民（即納稅於租界工部局的中國資產階級），參加租界政務」而已，和上海工部局增加華董有什麼不同？客觀上還給了帝國主義把中國資產階級從革命戰線上拉了開去的材料。此外則一切不平等條約依然存在（國民政府不過可以在外國人的鄉權之下，委幾個鄉務長，在外國人鄉權之下，征收二五新稅而已）。全國河流海口還是充滿着「遠征軍」的巨大砲艦。一切依靠軍閥而存在的貪官，污吏，土豪劣紳，依然康健如常。請問我們所謂革命的勝利在哪里？

（三）

日本在去年派清浦子爵來華，今年又派佐分利來華，他們回去的報告，都說南方很有成績；說南方對日本了解而且親善。但試問我們可曾有哪一次會場中作過親日的講演；又曾在何處表示過歡迎日本帝國主義!? 鄉裏親家母戴紅花，這種自己恭維自己的宣傳，究竟爲了什麼？大家可曾想過沒有？

（四）

最奇怪的是正當佐分利回國報告「南方對日了解而且親善」的時候，奉軍中的張學良，楊宇霆，趙欣伯等卻有不積極對南作戰之表示，並盛傳南北妥協七條件四條件之謠，這又是什麼魔術？現在奉軍是不是在那裏奉了日本之命，對中國有產階級，妥協方面放鬆；而對於農工及小資產階級，命適方面進攻？看報的人應當在紙背面想一想？

（五）

帝國主義消滅革命勢力不了，所以轉而作拉攏革命勢力的功夫。假使我們內部那些素來就主張「親日排英」的人，迎着這個勢力，內應外合起來，我們又應該怎麼樣辦!? 這樣的親日排英，或親×排Y，半途的妥協政策，是不是革命的勝利；應不應該容許這種趨勢發展!? 而且我們革命的目標在哪里，我們是要革誰的命!?

（六）

去年十二月十八日英國的提案，今年一月十八日本首相的對華四大方針演說，一月二十六日美國國務卿的對華政策宣言，一月二十七日英國的新提案——爲什麼都剛剛聚在一起，不先不後的發表出來？難道他們是爲了要趕熱鬧，慶賀國民政府北遷，中國革命勝利麼？照這些提案，好像已不僅只蘇聯是我們的朋友；英國，美國，日本都已是我們的朋友了！你看對不對？

（七）

放棄「聯俄政策」的對面，是不是醒獅派的國家主義？排除共產黨的對面，是不是在章太炎會長之下的「聖潔會」，是不是何海鳴先生的「討赤宣傳」？壓迫農工的對面，是不是革「國民」之「命」？

（八）

總理只定下農工政策，而不定「地主政策」，「資本家政策」，「東家政策」，這件事似乎值得作一深長之思？

（九）

我們現在所已有的革命勢力，除了用武力（砲艦及軍閥）之外，還有什麼方法可以打得我們倒？我們想得到的地方，聰明的帝國主義是不是也可以想得到？

（十）

我們要想不爲帝國主義所軟化，所分裂；我們便應當努力鞏固各階級聯合戰線，團結一切革命勢力，統一黨的力量。但又怎樣才能「鞏固」，「團結」，「統一」呢？

（十一）

爲什麼我們要擁護黨的威權與指揮之統一!?

紀念北京底「三一八」

覺銘

我們的西北國民軍，在去年的三月裏，正是進攻直魯奉聯軍節節勝利的時候；也就是張作霖退守關外的時候，狡猾的日帝國主義者，見他的忠實走狗，已打得「創鉅痛深」「曳尾而逃」，覺得在中國北方的勢力，完全搖動。于是公然援助他的走狗，在大沽口砲轟國民軍；同時英帝國主義者，深恐國民軍的勢力伸張到長江流域，那是和他更有切己利害關係，所以拉攏了日法美意各國帝國主義，藉口辛丑條約，借端大沽問題，提出最後通牒，要求無理條件，限四十八小時內答覆，竟想再演一次「八國聯軍」的把戲。北京的愛國民衆，因恐素來媚外的政府，和昏迷的外交家，受帝國主義威嚇而屈服，于是在天安門開國民大會，群赴執政府請願，不料冷血的傀儡執政段祺瑞，不但不容納民衆的意見，反而爲虎作倀，下令開槍。那不知情的彈丸，和雨一般的向民衆橫飛，這幕「三一八」的大屠殺慘劇，就在此時開幕了。結果，愛國的民衆，無辜的路人，死于非命的，有[illegible]算，那是何等慘悚呵！事後，那傀儡兒段祺瑞，早受帝國主義教授他預備着許多「過激」「共產」「赤化」等口號來圖賴他的罪。這是我們很容易看得「三一八」慘案的發生，不是偶然的，是帝國主義和軍閥，早有成竹在胸的。也就是說：是帝國主義嗾使段祺瑞演出來的，祺瑞要表示對主人忠實而演出來的，這是誰也不能否認。

我曾記得汪黨代表，在追悼「廖黨代表」的大會裏，很沉痛忿恨的告訴我們說：「帝國主義利用中國人殺中國人，這種手段，已成習慣。將來他中國人，便是這樣死法。救中國的中國人，便是這樣死法。等到救中國的中國人殺完了，中國人也殺盡了！」這幾句話，就是警惕我們的，如果再不起來和帝國主義軍閥拼命，我們中國人，都要受他們殺害了。不幸在去年的今日，把汪黨代表的話，竟驗了一大半。可是帝國主義者，還嫌殺他的走狗殺得太少，尤其是英帝國主義者，所以最近在萬縣漢口九江等處，直接向我民衆殘殺，快活！這是何等殘酷呵！幸而我們的民衆，還不是都是冷血的，經過一次「三一八」的川湘等大部分民衆的覺悟。並且使我們得了一個絕大的教訓：知道帝國主義的走狗，就是無主義，翁郢罪惡，要他起來和我們反抗，是無效的。唯一無二的辦法，祇有「革命」！所以現在「三一八」慘劇的劊子手段祺瑞，雖已逃亡，我未始不是得了「三一八」教訓而做到的。但是帝國主義的走狗張作霖張宗昌褚玉璞們，正多，張作霖政府和帝國主義們，恐怕照例的慘劇，還要多演幾次哩！我們回想到去年今日「三一八」北京慘劇的情形，我們今後更應該下一個決心：我們要努力打倒帝國主義，和那些軍閥，繼續先烈的精神，爲中國民族求生存，這才不負了先烈泉下的期望，才不失了今天紀念「三一八」的眞義。

政治問答

A. 社會主義目標，是不是生產手段私有廢止？

B. 奴隸與勞動者，有沒有區別及共同點？

C. 社會革命，政治革命與經濟革命這三種有共同的原因否？

D. 社會主義現在俄國已然實現了麼？

E. 無產階級隨資本主義長成而長成，且得勢力；何以英美的無產階級到現在還是不革命，也不想去奪取壓迫階級的政權？俄國資本主義發達比較英美是低度的，爲什麼反比英美的無產階級團結，而能奪得政權？

F. 社會主義蘇維埃共和國，蘇維埃聯邦，這兩個名辭是什麼意義？

G. 金融資本財政資本是否不同？

H. 紡織工業是欲維持和平才能發達他的資本，鋼鐵工業是要使社會起了戰爭而去發達他的資本。那末，紡織工業與鋼鐵工業是冰火不相容的了？紡織工業爲什麼不來打倒鋼鐵工業？

（大勳問）

A 是的。

B 奴隸是一次將身體永遠賣給主人；勞動者是每日將身體中的勞動力零碎賣給資本家。他們的相同點，是不賣力氣便只有餓死。

C. 都是產生於生產力和生產關係底衝突。

D 還沒有。俄國現在正在向着社會主義建設路上走。

E. 因爲英美資產階級的組織較强，且有許多的小資產階級的黃色改良主義者（右派，反革命派，法西士蒂）替它做走狗。俄國的資本主義陣線較爲脆弱，故無產階級革命便立即爆發出來。又英美無產階級的不革命，乃是因爲被他們的領袖（資產階級走狗）所蒙蔽，及他們的生活比較別國工人稍好的緣故（英美資本家掠奪殖民地得利較多，故給工錢也較多）。但近來如英國因爲殖民地的工業多已獨立，和中國埃及印度等處的反抗，已不能如此籠絡工人，所以最近英國工人很快的左傾赤化——也很要革命了！

F 蘇維埃共和國是指以蘇維埃制度而成立的共和國；合此等共和國而成立之聯邦，即名爲蘇維埃聯邦。現在的「蘇聯」即合「俄羅斯」，「烏克蘭」，「白俄」，「亞塞倍疆」，「喬治亞」，「阿米利亞」六個蘇維埃共和國而成。

C 相同。

H. 紡織工業和鋼鐵工業是資本主義發達的前後兩大階段——並非「對立」的兩種工業。所謂紡織工業喜和平，鋼鐵工業喜戰爭者，乃言資本主義在紡織工業時代，比較的傾向和平；到鋼鐵工業時代，則立即變成「帝國主義」，不恤戰爭，其侵略弱小民族與因爭市場而起的資本主義之互鬥，均比紡織工業時代更爲凶猛，更爲激烈而已！（楚）

中华民国十六年三月廿二日 星期二 第一版
中华邮政特准挂号立案之新闻纸

黄埔日刊

中央军事政治学校出版
通信处广东黄埔本校政治部
第二八三号
（本刊每份定价一分）

誓遵总理遗嘱

总理遗嘱

余致力国民革命，凡四十年，其目的在求中国之自由平等。积四十年之经验，深知欲达到此目的，必须唤起民众，及联合世界上以平等待我之民族，共同奋斗。现在革命尚未成功，凡我同志，务须依照余所著建国方略、建国大纲、三民主义及第一次全国代表大会宣言，继续努力，以求贯彻。最近主张开国民会议及废除不平等条约，尤须于最短期间，促其实现。是所至嘱！

本校本周口号

拥护党的中央委员会！
贯彻党的民主集权制！
欢迎汪主席销假复职！
团结一切革命的分子！
看清帝国主义的阴谋！
严防敌人的分裂政策！

中央全体会议详情

◉前方总政治部电告

总理纪念周纪事

武昌市党部大会重要通电

目前的难关要怎样去渡过

个人主义的三十六变

革命之路

革命军攻苏皖近讯

白崇禧宣布独立

党军逼近南京

靳云鹗请会师讨奉

阎锡山与党军合作

上海第一次罢工之惨闻

对星加坡惨杀华人案之质讯

英帝国主义之横暴 表示对交还汉浔租界尚不甘心

总政治部由南昌迁抵九江

圣心学生总罢课

公安局通令缉拿棒喝团

松江方面已接触

毕庶澄杨树庄早有密约

中華郵政特准掛號立券之新聞紙 中華民國十六年三月廿二日 (星期二) (第一版)

黃埔日刊

中央軍事政治學校出版
通信處廣東黃埔本校政治部
第二八三號
(本刊每份定價一分)

(一)

啓事

鄭保瑜同志，你在那裏服務，到有你的家信在此，請即來函通知，以便寄上，如有知鄭同志之通信處者，請即函告，則更感激。黃埔本校第二學生隊第二十二區隊魏志超啓

竺君樵夫(即莘樵)暨貴友呂兆康(即安邦)託育代訪，請將通訊處告知為荷。第二學生隊第六隊二十三區隊裘育興啓

王壽森同志鑒：昨日接四川峨眉高廟寄來家信，請寫明中文海轉交，兄現任何處，請即示知以便按址遞寄。任文海啓

州分校畢業後分發何處服務？請速示知，以便通信。

王步周同志：離開你於去年秋季我進本校入伍生；但不知你現在何團連，請即示知以便通信為荷。第二學生隊第二十三區隊

曹同志：你在潮州分校任何種工作現在何處，請你示知以便互通音問為盼。本校部楊鳳池啓

誓遵總理遺囑

總理遺囑

余致力國民革命，凡四十年，其目的在求中國之自由平等。積四十年之經驗，深知欲達到此目的，必須喚起民眾，及聯合世界上以平等待我之民族，共同奮鬥。現在革命尚未成功，凡我同志，務須依照余所著建國方略、建國大綱、三民主義及第一次全國代表大會宣言，繼續努力，以求貫徹。最近主張開國民會議及廢除不平等條約，尤須於最短期間，促其實現。是所至囑！

本校本週口號

擁護黨的中央委員會！
貫徹黨的民主集權制！
歡迎汪主席銷假復職！
團結一切革命的分子！
看清帝國主義的陰謀！
嚴防敵人的分裂政策！

◎前方總政治部電告

中央全體會議詳情

此次中央全體會議議決各案，極關重要，連日本刊均有紀載，但不甚詳。茲將前方總政治部來電照登，以補遺缺而成為有統系之記載，俾讀者易於明瞭。其元日來電云：十日下午二時中央執行委員會第三次全體會議正式開會於漢口南洋大樓，出席三十三人，有武陽夏黨員二萬餘人慶祝，并提高黨權請願一項。開會推譚延闓同志為臨時主席，當時決議黨部接受武陽夏黨員之請願，接受徐謙同志之報告，并承認中央聯席會議之成績及効力，通過黨的領導機關案，通過軍事委員會組織法。

十一日續開，出席廿九人，孫科同志主席，改選常務委員九人為：汪精衛，譚延闓，蔣中正，顧孟餘，孫科，陳公博，徐謙，吳玉章。改選中央各部長為：組織部長汪精衛，宣傳部長顧孟餘，農民部長鄧演達，工人部長陳公博，商人部長陳其瑗，青年部長孫科，婦女部長何香凝，海外部長彭澤民。改選政治委員會委員六人為：宋子文，陳友仁，鄧演達，林祖涵，王法勤，宋慶齡；選主席團七人為汪精衛，譚延闓，孫科，顧孟餘，徐謙，宋子文，譚平山。新選軍事委員會委員為蔣中正，譚延闓，馮玉祥，唐生智，程潛，李宗仁，何應欽，李濟深，朱培德，張發奎，汪精衛，鄧演達，孫科，顧孟餘，宋子文，徐謙，鄧演達；選主席團七人，為汪精衛，譚延闓，蔣中正，唐生智，程潛，鄧演達，徐謙。改選國民政府委員，並決定國民政府委員之任免由中央執行委員會全體會議執行之，但在全體會議閉幕時，得由常務委員會任免，惟須下次全體會議，提出追認。決定委員廿八人 選出委員爲汪精衛，譚延闓，黃紹雄，于右任，程潛，孫科，李宗仁，徐謙，蔣中正，宋子文，朱培德，李濟深，唐生智，馮玉祥，陳友仁，顧孟餘，譚平山，孔庚，楊樹莊，柏文蔚，鈕永建，何應欽，彭澤民，經亨頤，宋慶齡，王法勤，吳玉章，陳調元。選舉，主席宣告次日總理逝世紀念，停會一日。特聞。總政治部元。

又删日來電：十四日中央執委全體會議續開會，出席三十三人。(一)議決軍事委員之任免照國民政府委員例，軍事委員不能列席，得派代表，但無表決權，軍事委員會主席團不能派代表代行職權。(二)議決由常務委員會速即籌備召集第三次全國代表大會。(三)議決廣東省黨部廣州特別市黨部江西省黨部執監委員選舉違背總章，應交常務委員從速改選。(四)議決十六日閉會。特聞。

又電：中央全體執委會十五日續開，通過(一)徵集黨員服兵法；(二)譚延凱，孫科，徐謙爲黨員服兵徵集委員，組徵集委員會；(三)推鄧演達爲軍事委員會總政治部主任。明日閉會，一切未議案件，統交中央常委會辦理。包叩删(十五)申(六時)。

校聞

總理紀念週紀事

昨日上午九時，本校全體官生在大操場舉行總理紀念週，典禮如儀。首由主席方教育長訓話，並報告國內外政治狀況。(演詞另錄)次爲韓主任教官報告黨務狀況。大意剛才聽了方教育長的國內外政治報告，已十分詳細，我現在只來作一點補充的報告。現在我們大家都知道有一個關係中國國民革命的生死問題擺在我們的面前。就是大家只是私下三五成羣的議論這個問題，而沒有公開的作一番痛快的討論。這問題就是最近所發生的中央黨部的問題。我們革命的同志都不要因黨發生了問題便趨於悲觀，我們應該知道，在革命的激烈鬥爭中，黨內的份子自然要起分化的作用，這是表明革命的進步，表明我們的黨還在勇猛的領導革命。只有不革命和沒有行動的黨，纔永遠保守黨內的和平，而沒有一點糾紛。但是個人的利益或感情和黨衝突，發生了問題，那便是紀律的問題，可以用黨的紀律去制裁解決。然而現在黨所發生的問題，乃是革命原則的問題，我們只要看中央宣傳委員會所提出的六要點，便可知道。這種重大的問題，絕對不是因一二個人而暴露的。我們知道自北伐勝利之後，帝國主義者及其走狗軍閥，買辦階級，便從四方八面來軟化我們，分裂我們，所有的黨內的問題，就是在這種敵人環攻的景況之下暴發出來的。現在我們要來想一個解決的方法。這方法就是漢口中央所提出的六項宣傳要點，若是有人反對這個宣傳要點，那就是反革命！但是我們要澈底明白，這問題既是革命鬥爭中發展出來，那便決不是單靠中央能力是所能解決，必須國內外全體同志負起責任來，纔能解決他云云(詳細演詞另錄)韓主任訓話，最後有方教育長暨軍官班官長張志任吳主任訓話，至十一時半始散會云。

黨務

◎武昌市黨部大會重要通電

昨省黨部接武昌市黨部大會來電云，(前略)軍事之迅速進展，固堪欣幸，然一考黨內，則憂慮殊深，蓋革命之成功，必須有組織嚴密統一，成績鞏固之黨，乃能担負領導國民革命之責任，本黨自改組後，已採取民主集中之原則，蓋必民主集中，而後黨之意志乃能爲全體黨員意志之總和，必須集中權之行動，而後始能統一黨員之行動，吾黨能否繼續與封建軍閥帝國主義者作最後之殊死，全視吾民主集中之原則，能否實現，所謂

以黨治國，舉凡政治軍事外交，及其他一切措施，完全隸屬於本黨中央執行委員會，而執委會，自汪同志離職，黨內情形，幾乎為少數老朽昏庸反動分子把持黨務，左右政府，此不獨違反黨紀，且令黨之威權，日益墮落，不僅軍事行動，不受黨的指揮，凡百措施，只見個人，不知有黨，瞻念前途，不勝惶悚，際茲危局，正吾人奮起奮鬥之時也，（中略）武昌黨員大會，在此緊嚴時局下，為革命勝利計，有下列之決議，擁護中央威權，統一本黨指揮，黨務請速在武昌開全體中央執行會，解決黨內一切的問題，歡迎汪同志即日銷假視事，肅清黨內一切昏庸老朽暨反動份子，擁護國民政府統一外交，反對奉軍進攻河南，并豫陝與奉軍妥協作最後之決鬥，大會當以一致之努力，完成此重任之使命，上項主張，望海內外同志，一致奮起援助之，黨國幸甚，武昌市黨部大會一萬五千餘人同叩，

軍事

●革命軍攻蘇皖近訊

▲白鄭馮宣佈獨立

▲滬艦限魯軍四十八小時撤退

▲南京不日可下

白鄭馮宣佈獨立　十八日上海電，白寶山鄭俊彥馮紹閔十七晚在常州宣佈獨立，畢庶澄亦已與黨軍將領秘訂協定，將宣佈獨立，

滬艦限滬甯魯軍撤退　滬海軍決定參戰，楊樹莊十七日向張宗昌要求，限四十八小時撤退滬甯闊聯軍，否則開砲轟擊，

黨軍逼近南京　南京方面戰事緊急，魯滁平軍佔江甯鎮，賀耀祖軍佔秣陵關，十七日黨軍已過秣陵關，先鋒直趨南京，戰線距南京城約廿里，離城三里許已開炮聲，城內居民紛紛遷避，市面完全停頓，黨軍第一路由程潛賀耀祖指揮，已進抵秣陵關，第二路由李宗仁陳調元指揮，向蚌埠進攻，第三路由蔣介石親督戰，沿長江向南京急進，預料南京短期間陷落，又訊，皖黨軍十五日下總攻令，當塗魯軍即撤退，十七日魯軍孫宗先部在采石磯與黨軍接觸，戰甚烈，

●松江方面已接觸

松江方面黨魯兩軍十八日早十時起開始接觸。

●畢庶澄楊樹莊早有密約

▲畢庶澄近且明白向張宗昌辭職

報載畢楊前在吳淞口外會晤，關於海軍合作問題，協商甚洽，惟協商內容，極為秘密等語即可證明畢楊對我方輸誠，早有密約，近日畢向張宗昌辭職，事益明顯，茲將申報所紀畢楊會晤情形，摘要錄下，（前略）彼此寒暄後，楊氏即首先發言，畢軍抵滬，鄙人理應趨前拜望，今反勞駕光顧，至為抱歉，惟此次所以不能趨前拜望者，實因建康建威兩艦無故開砲，對於地方人民與各部友軍以及各友邦，均甚抱愧，且外間謠諑繁興，殊難解釋，有此種種之苦衷，不得已乃率各艦來此，以免發生意外事件，幸今日彼此會晤一堂，一切均可迎刃而解矣，畢氏謂，蓋前次建康建威之事，乃係部屬一時之誤會，無傷大體，望楊總司令不必介意於此云云，隨即協商合作條件及淞滬防務，均有圓滿之決定，惟雙方均守秘密，詳情未悉，對於渤海艦隊南下問題，亦曾談及最後畢謂貴艦隊仍請開駐艦艇在長江各處，及浦江以內駐防，並請再借小艦兩艘，以便運輸，事畢即奉還，楊氏當即允許，總計會晤約一小時許，又十八日上海電畢庶澄向張宗昌辭職，張宗昌挽留，以淞滬全權責成畢，並令速派隊往蘇州崑山等處佈防，

●靳雲鶚請會師討奉

十八日上海電　奉軍十六日到鄭州，靳雲鶚軍沿京漢路退偃城集合，東路陳琛十六日下午六時到鄭，靳雲鶚急電劉鎮華趨治公馮玉祥于右任唐生智劉佐龍催派勁旅會師討奉，

●閻錫山與黨軍合作

十八日上海電　閻錫山表示與國民黨合作，證以國民黨員在太原開會并未受干涉可知，閻部駐綏遠之商震且以糧食接濟國民軍，足見商已與國民軍合作，

政治

⊙英帝國主義　對星加波慘殺華人案之欺人審訊

▲竟以不能記憶曾否下令開火為辯護

（南華報）十七日星洲電，此間孫逸仙紀念日傷斃多命案，今日設堂研訊，座中有華人陪審員三人，西人陪審員二人，駐星洲中國領事，律師到堂，被拘之人及死者親屬申辯，國家律師謂斯時在警區中之西人祇有霸辦一人，彼現竟暈眩（早不暈眩，遲不暈眩，現竟暈眩）不能記憶有下令開火與否（下令殺人後便不記憶，）該巫來由差弁則謂係由霸辦下令開火者，當日羣衆異常暴動，（帝國主義者殺人之好藉口）審後命將案押候，逆料此案須十四日方可完結云，

●英帝國主義之機關報　表示對交還漢潯租界尚不甘心

▲仍欲挑動各國共同干涉中國

（路透社）倫敦電　每日電聞社論言三月十五日交還漢口九江租界事，謂英僑精神上物質上與個人之損失，其程度殊尚未可計算，但英政府除僅僅在華居住貿易權外。將所有權利一概付諸國民黨。受此政策之影響者。首為在華英僑。此固確切不移也。英國有鑒於英僑對英政府政策之態度。而批許之斥為非法反對者。應勿忘英僑所受之損失。遲早關上海管理權將為中政府所有。公共租界將來地位如何解決之難題。勢必發生。而最好折衝之術。終必表演於其地。倘望居時列强已覺悟處置中國問題，有彼此合作之必要云。

●總政治部由南昌遷抵九江

（中華社）昨總政治部副主任郭沫若來電云，銜略，南昌總政治部，已於今日抵九江道尹公署，特達，郭沫若叩，篠（十七）印。

上海第一次醞釀罷工之慘聞

▲鼓吹罷工者被槍殺死五十人

大陸報云，軍警當局於上兩星期中在閘北寶山南頭等處拘獲之鼓煽罷工者約五十人，聞已於星期三日奉命在吳淞槍斃，此說雖從證實，但係自可靠方面傳來，故或有可信之處，此處被執行者，大牢為李寶章之巡查隊在華界拘獲，並未就地正法者，至其曾否經過審訊，不得而知，執行之前分批送往吳淞砲台監禁，至星期三日下午一律提出槍斃，其中多數，因作反對李寶章之激烈演說，餘為挾帶傳單，以致被禍云，

雜訊

●公安局通令嚴拿棒喝團

昨十九日，市公安局分令偵緝課及各警署云，為令緝事，現據廣東省執行委員會函開，現據報稱意大利棒喝團、派代表來華，住居沙面，不知是否屬實，應請貴局嚴行查辦，蓋棒喝團為反革命之集團，實有國際之陰謀，商團之役，即該團鼓動陳廉伯所釀成，而為先總理所最痛心者，現當革命勢力進展之會，該團代表居然來廣州，其負有搗亂革命根據地之使命，當為必然之事，實非嚴行偵拿，則恐反動之徒，乘機活躍，為此函達貴局，即希查照等由過局，除函復暨分行偵拿外，合行令仰該課署長，即便遵照，督飭所屬各課員員警，一體嚴密查拿，用消隱患，毋稍違玩，切切，此令，

●聖心學生總罷課

△反抗學校不遵令立案

前日聖心學生，在校開全體大會，討論促進學校立案事宜　并為使各國學普遍認識起見，特請國民政府教育行政委員會，派員到場宣佈取締私立學校條例，乃該校長法教士巴邦彥，竟特頒禁止，并多方阻撓　教委會代表發言，中經舉出彭博為全體代表，提出兩條件，一，要求學校立案，二，恢復被革學生學籍，向學校交涉。亦不得要領，後遂轉往聖心被迫同學會開緊急會議，一致承認該校長此種行動，實有違抗政府立案明令，全體通過，特於本星期一實行罷課，以與帝國主義者誓死對抗云，

小通信

敬啓者敝隊勤務兵胡武攜帶軍服同符號（一一三）潛逃並又私拿勤務兵李崇鈞軍服一件亦有符號（九）一併拐去此係別有作用恐發生意外之弊故除呈報外特登刊聲明作廢　軍官政治訓練班第三隊部

茲於途中遺失大陸近代法律思想小史下卷一册，倘有同志拾得，懇即交來政治部圖書室為感　蕭灤鏖啓

湯復大，張效成，黄道吾，三同志：你們自從舊年出發到現今，我都未曾接着你的信過，以致心中非常掛念，請將你們的駐地和現狀，寫封信給我，俾便通音為荷！　黃埔第二學生隊二十二區隊陳建中（中威）啓

甄亦兒同學等：你現編何隊，請將通訊處寄下！　武漢分校學生總隊政治大隊第四隊郭聽為啓

逕啓者鄙人於本月六日遺失中央軍事政治學校入伍生第二團一營一連符號一方，特此登聲明作廢　沙河入伍生第二團一營一連[illegible]啓　三月十五日

賀奎年，胡任世，陳怡[illegible]各同志：你們現在何隊，請告我為荷。　武漢分校學生總隊政治大隊第四隊李又白啓　三月十五日

中華民國十六年三月廿二日 黃埔日刊 （星期二） （第三版）

題目

革命之路

個人主義的三十六變

（三月十八日在大花廳講）

蕭楚女

我打算講四個題目：（一）個人主義的三十六變，（二）人類心理上的幾種毛病，（三）人類的頭腦是什麼東西造成的，（四）說鬼與談天。第一題分析個人主義潛伏在我們心理上的種種狀態；第二題說明人類何以有這些潛伏的心理成分；第三題以遺傳與環境說明人類的意識之由來；第四題乃對於心靈與物質加以探討，以明主觀與客觀在論理上之關係。這四個題目是一個系統。但我對於各種科學並無研究，這不過是以唯物主義爲中心，集合別人的研究所得，加以貫串，所謂述而不作而已！

「個人主義」是與「社會主義」相對待的名詞（此處所謂社會主義，並非指馬克思的科學的社會主義，乃指一種不以個人利益爲中心，而以社會上大多數人之福利爲依歸的倫理行爲而言）。我們做革命黨員的人，根本上的職責所在，便是要犧牲自己一切享樂生活乃至性命而爲「他人」（社會上一切被壓迫者）去謀福利的——根本上便應該是無條件的做個社會主義者；所以我們對于個人主義這個東西，尤其要徹底研究明白——才不至於使我們的一切言行入於它的範圍而離開了社會主義（便是說離開了「革命」）。

許多革命的同志，都常常說他不是個人主義，說他竭力反對個人主義。然而實際上，他的行動卻又常常在不知不覺中成爲一種真正的個人主義。這大概都是由於沒有把個人主義這個東西，分析清楚。因爲個人主義並不是一個簡單的東西——他的表現，頗有好多方面，有好多種不同的形式。

★ ★ ★ ★ ★

個人主義可以由主觀的和客觀的兩方面發生。主觀的個人主義，便是說我自己有意識的選擇了——明知其爲個人主義而故意要像那樣去做。客觀的個人主義便是說我自己雖然時時以個人主義自戒，然而在行爲上卻無意識的犯了個人主義的毛病而不自知。

主觀的個人主義，又可分爲消極的和積極的兩種。每種之中，又有其本體的和變相的之分。

積極的主觀的個人主義之本體，可借一滑稽形容詞，名之爲「張宗昌的天罡主義」。張宗昌召集山東紳商，強籌軍費說：『你們現在拿了「別十」，我拿了「天罡」，所以你們就應該無條件的送錢給我。』自從「盜跖」以來，一切強盜，軍閥，土豪，劣紳，都是這種天罡主義的產物。他們只顧一己生活的享樂，毫不思及「他人」因自己所受的痛苦；他們的生活，是以別人的紅血白骨爲內容而建築起來的。他們不但不以他人的痛苦爲念；而且還要故意的造出他人的痛苦來，以爲一種「樂趣」。此種天罡主義的第一變相，便爲黃巢，張獻忠等的『地煞主義』——極其殘忍的殺人放火主義。或是李完用，李容九，曹汝霖，梁士詒等的『娼妓主義』——極無廉恥的賣國榮身主義。天罡主義到了黃巢，張獻忠的地煞式時，在實際上已不是個人生活問題，乃是在他們的心理上，另養成了一種瘋狂的變態心理，——即所謂殘忍的本能之特別發展——把看着他人在痛苦中宛轉呻吟以爲樂的這件事，養成了一種嗜好，和四川人吃辣椒，山西人嗅鼻烟一樣了。其第二變相，即爲『資本主義』——即爲現在橫行世界，有如洪水猛獸的所謂「國家主義」。帝國主義是資本主義發達到最後的一個階段。資本主義的根本基礎即在搾取勞動者的剩餘價值。資本家拿着天罡（生產機關）壓迫那成千整萬的拿別十的無產階級和那產業落後的殖民地半殖民地——由十二萬萬五千萬人的白骨紅血之上，建築起工業革命以來的資產階級的文明之全部。美國的羅克匪勒，法國的駱士階德，日本的大倉喜八郎，中國的陳嘉庚，奧希德——同黃巢，張獻忠，張宗昌們，都是五服之內表兄弟。其第三變相，則爲「英雄主義」。英雄主義是個人主義中一個又要「面子」（名譽）又要裏子（享樂生活）的形式。從那叱咤風雲，不可一世的楚霸王，一直到『俺是好漢也』的黃天霸，都是由於這種拿大罡的「唯我獨尊」之觀念所造成的。他們所嗜的鼻烟和辣椒，便是社會上千萬人匍匐於他的威勢，或是震於他的功業而崇拜他；和歷史上的永遠傳說。自然從古以來，並不是凡抱這種英雄主義的人，便都是「損害他人生活」的壞人——大凡自己要做一個"傳海內，流芳千古的英雄的人，是不會如張宗昌張忠獻等之野蠻，羅克匪勒大倉喜八郎等之貪鄙的。有時因爲時代和環境的關係，往往有了他們方可使人民得到一種相當的解放——他們有時也是推動社會向前進的。他們有時雖損害他人，但也有時不得不損害他人。他們的生活，不一定必需損害他人；但有時亦不時在損害過程中同時爲他人生活而做些較好的事。他們在生活上不過要求一個與尋常人（即「小民」，「凡夫」，「俗子」）比較高貴一點的「貴族式」而已，——他們的大目的，卻在以其「權力」支配他人，使千萬人皆成爲我之被支配者。他們中間的品類極複雜——好的如代表清教徒以抗英王專制的克林威爾，壞的便如窮兵黷武之拿破崙。好大喜功之唐太宗，元太祖，想妄求仙之秦始皇，漢武帝，乃至想以武力稱霸全球的威廉第二。其更壞者則直爲黃巢張獻忠張作霖，吳佩孚（黃巢等是以英雄主義而兼做地煞的；克林威爾之徒，則是以英雄主義而兼做好人，又好名譽的）。要其大多數皆爲『一將功成萬骨枯』（一人富貴兆民死）。強盜資本家以及土豪劣紳，以他人之肉爲滋養料，英雄們則以他人之血寫其超乎流俗的歷史（但讀者不可誤會，以爲一切凡用武力，凡統率武力者，悉爲此等主觀的個人英雄主義。有許多領導革命的偉大首領，在他們的主觀上，卻並沒有此等思想，在社會的客觀上，也沒有此等壞處，如孫中山曾爲大元帥，諸葛亮曾爲領蜀中諸軍，他們都是爲「社會」反抗黑暗勢力，「鞠躬盡瘁，死而後已」的）。

綜合此等積極的主觀的個人主義，雖其形式各个相同，而其思想則要皆出於一源。他們都是一種謬誤的達爾文主義——把生物競爭中強凌弱，衆暴寡的現像，認爲是道德上之所當然。因此，他們承認「人生」是要以腕力去創造的。因此，他們遂肯定「權力」爲一切正義之表現。所以他們這些人，便自然做了古今中外封建制度，資本生產制度中的歷史的材料。所以他們常常居在他們自己的統治階級的觀念中，承認社會上應該有「階級」存在，應該有「不平等」，應該保存私有財產。所以他們極力反對赤化的打破階級的革命，極力維持社會上的身分關係。所以他們能夠恬然怡然的說他們自己是拿了「天罡」，說他們有天賦之特權。他們的這種生物們的人生觀，更養成他們一個「成則爲王，敗則爲寇」的處世原則。所以這種主觀的積極的個人主義的四種變相，就又常常成爲一種服從他人的「奴隸主義」。因爲他們的人生本體，只有「權力」二字，自己如果不能支配他人，則便應當爲他人之所支配。在權力上，只有「勝」「敗」兩途。『大魚吃小魚，小魚吃蝦，蝦吃泥巴』——整個的階級社會乃由此而形成。英雄主義與奴隸主義，天罡主義與別十主義，竟是同源異派之物，亦奇矣哉！

★ ★ ★ ★ ★

消極的主觀的個人主義之本體，可名爲「楊朱主義」。「拔一毛而利天下不爲」——俗所謂『各人自掃門前雪，休管他人瓦上霜』是也——鄉下守財虜，是此派的代表之一。其第一變相，則爲老莊式虛無主義，第一變相，則爲佛教的出世主義 從極慳吝的楊朱，一直到博愛無我，冤親平等的釋迦牟尼，他們無非都是把『個人』——把『我』看得太真，把『生活』看得太切；換言之，即太貪戀於現實的生活了——楊朱不肯利人，乃因其利人即爲損己；『人生幾何，對酒當歌』；及時享樂，尚且不暇，何能管他人——所謂『我躬不閱，遑恤我後』也——莊周的人生觀，號爲曠達，實則乃是因爲他把自己生活的要求（欲望）看得太實在，太真切，因而感覺得無法滿足。卻又不肯去幹革命（改造生產關係）要求滿足，以利一般與己同病之人（凡是把個人生活看得真的人，一定也把「死」看得非常可怕，而愛惜生命如

中華民國十六年三月廿二日 黃埔日刊 (星期二) 第四版

同珍寶)：所以就只好馳心於幻想之境，廻避現實(即閉了眼睛，不要外界一切現象)，以「自欺」的方法安慰自己於片晷暫時之間。 他之要做蝴蝶，乃正是他要求能像蝴蝶那樣自由，可以隨其心之所欲而滿足其個人生活上之欲求； 釋迦之「無我」，乃正是心中「有我」之反映，厭生出世的唯心論法。乃正是唯物主義者至極端時，發生一種對於自然的憤怒(和潑婦之以死拚命駭人出氣)。 好多人以爲佛教爲唯心哲學之最高境，其實它是由於苦求現實生活太切，所以才感覺到生，老，病，死，之無法避免。 因而在意識上，遂發生一種極端的厭物人生觀，承認一切都中今定，和物理學化學中的方程式公式一樣，目睹森宇宙所終古不變的。 一眼不視，萬事皆了——出家厭世的低眉菩薩。其心中却正燃着對於人生的無明憤怒之火；其曠達乃正是其拘囿；其無我乃正是其「我執」。 他們這些主觀上消極的個人主義雖然並不想害他，以利自己，但其流行所至，甚使多數人均成爲「自了漢」「厭世家」，即而可以使宇宙毀滅，宇宙與他們兩毀滅的事雖不會有，但他們都無理實，不問不聞，結果徒使前一派的個人主義者——像宗昌之流愈得猖獗——他們思想，根本上也是謬誤的達爾文主義。 他們即不過前一派是承認物競(天擇)爲「當然」：他們則以爲『天地不仁，以萬物爲芻狗』——以爲是「不應該」。 楊朱因爲要防御出不應該之競爭，所以不肯損己利人；老莊佛佗即以爲縱欲和人，也屬無用——或即反而成了助長這不應該的爭之因緣，所以他們以「出世」相號召，以爲『釜底抽薪』之計。佛教的思想，簡直是想把地球挖空，裝上炸藥，一爆而盡——！可惜沒有一個地方讓他站着去點燃引線，以保全他自己)。 他們這種極端的唯物人生觀，如果深刻胸襟比他們狹隘一點的人，便又很容易走到一種虛無的恐怖主義中去——如巴爾志跋綏夫所描寫「工人綏惠略夫」那樣，拿了手鎗，見人便殺，以洩他的憤怒(革命黨人爲了革命而暗殺，是與此等的恐怖主義不同的：因爲他不是爲了暗殺而暗殺，此等人則以暗殺爲目的，此外別無意義。 但革命黨若專用暗殺，如俄國社會革命黨，專以暗殺恐怖爲策略，結果，則亦必如小說「灰色馬」所描寫，使一般黨人，或爲感情中人，亦仍於無所濟事)：這是第三種變相。 此外又可由楊朱主義而發生第四種變相，如常人生活上的目的『千金之子，坐不垂堂』(淸兵入關俘獲洪承疇，誘之降，不屈，囚之別室。 某大臣窺之，見洪輕拂衣上灰塵，轉報淸太祖，謂洪必不死，以其惜衣尚且如此，豈肯輕生？ 觀人者於其微，我們革命黨要到生死關頭，不做洪承疇第二才好)：『急流勇退，持盈保泰』的「明哲保身」主義。 所以老莊的別派，又產出魏晉時代的那些「清流」。 阮籍窮途痛哭，作青白眼，口不談他人過失(即爲一種明哲保身之法)。 嵇康佯狂玩世(即爲變相的綏惠略夫)。 劉伶一天到晚，泡在酒缸裡。 幕天席地(即爲變相的出家，變相的夢做蝴蝶)。 他如陶淵明之詩酒自遣，白居易之知足自晦，袁子才之八面玲瓏(滑頭主義)；都是此流。 其最下者，則如婁師德『唾面自乾』：馮道爲『五朝元老』(官僚主義)；呂布爲『三姓家奴』。 至於韓愈之上宰相書，擺出一副寒酸秀才面孔；李白之畏提韓太尉門，做出一副拍馬屁的神氣；陶侃爲都督時，夢見自己身上長了八個大翅，飛入天門，醒來時以爲是有當爲天子之兆；亦莫非由於此種消極的個人主義而來。(古今中外許多名士，才子，大都如是)。 總結言之，此派人的病不外於「貪生怕死」四字；不過其「貪」與「怕」的程度與方法各有不同——韓愈貪得比馮道廉一點；阮籍怕得比婁師德勇敢些罷了！

× × × × ×

客觀的個人主義，在表面上每每令人不覺得它是個人主義——其潛伏於人類心理中甚深。 大概因爲人類生來，原有一種出人頭地的好勝心(這是由生物進化遺傳來的)。亦可名爲「自尊心」本能」 英雄主義大半即由於此種好勝心的特別發展。 好勝心的本體是英雄主義；其變相則爲「賢人君子主義」或「人格主義」；而「風頭主義」與「虛榮主義」則爲其較下流的形式。 賢人之能被社會所認識爲賢人，乃以其有「不肖」之比較：君子之所以得爲君子，亦以其有「小人」爲之陪襯。 爲賢人君子者，對於正義，人道，公理均能□□□清，不稍苟且。 獨對於眞正的解放之不等，總有些不願意——便是因爲他們的生活基礎建築在這件事上面——所謂「賢人不仁，以百姓爲芻狗」。 他們之主張公理，正義，人道，乃正所以表示他們之爲賢人君子；正所以形容你們這些小人之不知公理，不知正義，不知人道。 他們有時也很勇敢地成仁取義，爲社會而革命：但他們在主觀上却以爲這都是君子惠及小人，賢者憐憫不肖者之仁慈之事。 他們以爲階級成立，即在乎知識之有無；而知識則爲賢人君子之專利品——故對於「愚衛」常常有一種不肯開放及驕人的傾向。 因此他們遂肯定統治應該是賢人的事——所謂君子治人，小人治於人；有知識的人，絕不能和無知識者在同等地位上相與共事。 於是他們一方面反抗黑暗勢力之壓迫；一方面却又不願意農工階級(小人)之興起。 所以他們乃成爲黃色改良主義者，成爲『中庸之道』論人——成爲革命中的右傾分子。 他們中較賢的人或因不願農工起來，而□入消極，跑開革命戰線，不管一切。 其較不賢者，則常可與統治階級妥協，以抑制下層階級勢力之發展。(如利用工賊民團壓迫眞正工人，壓迫農民協會，組織「樹黨」(分裂學生運動)他們常常藉口「和平」、「勿走極端」、「穩健」，以掩飾其苟安步，寬衣博帶之迂腐氣。此等人，在古時則爲柏拉圖，孔仲尼。 這是較賢的；在現代則爲梁啟超，丁文江，醒獅派，乃至赫禮納爾，還是較不賢的。 此等賢人君子無論他是有意識的或無意識的，要皆是在客觀上帮助了反動勢力(統治階級)而成爲反革命者。 他們所以如此，無非爲了他們要保持一較「小人」不同的社會地位——一個較安逸而又有榮譽，使其「自尊心」得到滿足的生活。

★ ★ ★

目前的難關要怎樣去渡過

入伍生三團五連唐學禮

在這個國民革命最後的奮鬥中，政治敵人，必知道專用武力不能屈服我們，除武力威駭外，必須用離間手段來分裂我們，使我們內部衝突，自作滅亡。其計之毒，莫甚于此。你看張作霖說：「國民黨倘能排除赤化分子，孫文主義可以容納。」帝國主義者說：『如果國民黨穩健派得勢，於我們並無什麼危險。』這種的巧妙離間手段，實足以分散國民的勢力，阻碍國民革命運動，直至於薄弱下去而至辛亥革命同樣的失敗。 我們當此嚴重而又危險的國民革命與國民黨一個生死關頭的目前，要怎樣去渡過這個難關，繼續去完成國民革命呢？我們國民黨的每個同志，的確是總理的眞信徒，應該要有下列的決心：

1、打倒庸腐無用的妥協派

這班無頭無腦的東西，混雜到我們黨裏來，其升官發財的勾當，沒有革命的觀念，沒有犧牲奮鬥的精神，貪生怕死，實爲害黨之□。帝國主義者及軍閥，一方面又知道這班有這樣心腸和弱點，乘隙誘弄，一方面又加以威駭，這樣一來，這班假革命淺視的眼睜，看見英帝國主義派了幾十艘軍艦到中國來上海，駐紮的兵又有萬多，和同盟的軍閥有幾十萬嘍囉的張□，要來消滅北伐軍，恐怕他們的官位不能保持，心裏想到，不如妥協，還可以發得一次洋財，做一回高官，於是乎現出了原形，走他所要走的反動道路了。他們居然敢說：「此時外面的對英交涉和對奉戰爭，還不算什麼迫切重大事；內部的民衆過激和共派活動，則是我們的切身之患，非要服下去不可。」同志們，你看這班庸腐的混棍，他的言論和舉動，表現到十二分反革命了；我們若不趕快去剷除，猶認爲是同志，不忍下手，那末亡黨亡國就在目前！ 同志們！ 決心呵！ 決心去剷除這班庸腐的妥協派！

2、認清我們的敵人

國民革命，要求中國之自由平等，孰令中國不自由不平等？曰不平等條約之束縛。孰使此不平等條約加諸中國？曰帝國主義。因此我們曉得：不但軍閥是我們的敵人，而帝國主義者更是我們的敵人。所以我們要打倒軍閥，尤其是要打倒帝國主義者的走狗——張勳；更要打倒其後台老板——帝國主義，尤其是要先打倒帝國主義的大王——英帝國主義。 我們既認定了我們所要打倒的敵人，那末任他武力如何强，手段如何好，我們還不怕的，只有向前奮鬥，從『慘殺』『流血』方面去尋找我們的解放！

3、提高黨的權威

革命軍勢力已澎漲到大江南北了，同時本黨的權威，未見光大，反而落後，推其原因，其現象，這是何等可恥可羞的事呢！中必有搗亂分子從事作梗，目無黨紀，把黨丟開在一邊，不站在黨的立場上去行使黨的一切決議案，而還不觀察見解去體諒。有的同志亦『視而不見』馬馬虎虎過去，不去追究，這樣一來，就越弄得糟糕了！ 同志們，總理是去世了，[illegible]力量薄弱，黨的權威微小，那還能建國的嗎？如果少數人把持黨的一切，以少數人的意思，這個黨還能代表民衆嗎？還成一個政黨嗎?! 簡直是狐群狗黨了！ 同志們，我們是不要狐群狗黨，代表民衆的三民主義的國民黨，[illegible]擁護牠的一切權利，擁護牠的一切決議，會長牠的力量，[illegible]切。讓一切權利歸於黨，[illegible]我們的敵人，馬上用嚴厲的手段打倒之，這是每個黨員應有的決心和責任。

4、鞏固聯合戰線

英帝國主義和軍閥，用種種謠言來煽動我們，要我們說赤化，要我們自己放棄聯合戰線，[illegible]白白告訴我們，好等他們來容易把戲，消滅國民[illegible]易見他欺騙把戲，[illegible]都領導得到，擺在我們面前，[illegible]但是險惡得英帝國主義[illegible]百出，此謀未成，所以此時又[illegible]爲他中傷。[illegible]夾攻我們，[illegible]一致，團結不進，[illegible]一端，不能相[illegible]我們之一毛[illegible]，愈加奮鬥，是我們可預到得到[illegible]行總理我們照著以上的四個決心[illegible]久的失敗；庶可以建國[illegible]道前進，完成國民革命，[illegible]

（中華郵政特准掛號立券之新聞紙） 中華民國十六年三月廿三日 （星期三） （第一版）

促汪銷假復職特號

黄埔日刊

中央軍事政治學校政治部出版

（第二八四號）

（本刊每份定價一分）

汪主席肖像

革命領導者

題目

為促汪銷假復職運動告全國民衆

總理遺囑

中華民國十六年三月廿三日 黄埔日刊 （星期三） （第四版）

促汪銷假運動宣傳大綱

黨的思想行動指導者——汪精衛先生

促汪銷假運動之意義

什麼是反革命

刻不容緩之汪黨代表銷假復職問題

方鼎英

「世界終是光明的」

天男

促汪銷假復職運動的意義

陳日新

在敵人軟化聲中歡迎革命的領袖銷假復職

中華郵政特准掛號立券之新聞紙　中華民國十六年三月廿三日　（星期三）　（第一版）

促汪銷假復職特號

黃埔日刊
中央軍事政治學校出版
國民革命軍總司令部黃埔本校政治部
（第二八四號）
本刊每份定價一分

題目

汪主席肖像

革命領導者

恭錄總理遺囑

總理遺囑

余致力國民革命，凡四十年，其目的在求中國之自由平等。積四十年之經驗，深知欲達到此目的，必須喚起民衆，及聯合世界上以平等待我之民族，共同奮鬥。現在革命尚未成功，凡我同志，務須依照余所著建國方略、建國大綱、三民主義及第一次全國代表大會宣言，繼續努力，以求貫徹。最近主張開國民會議及廢除不平等條約，尤須於最短期間，促其實現。是所至囑！

本校週日號

擁護黨的中央委員會！
貫徹黨的民主集權制！
歡迎汪主席銷假復職！
團結一切革命的分子！
看清帝國主義的陰謀！
嚴防敵人的分裂政策！

為促汪銷假復職運動告全國民衆

農工商學兵各界民衆們！

今天是廣東各界民衆開促汪銷假復職運動大會的日子。這種運動，是本黨同志的要求，是大多數民衆的需要，是爲了本黨的工作，就是爲了領導革命增進全國民衆利益的運動！這運動，不是今天才發生的，也不是今天開一次會便算了事的。我們要深深地認識這個運動的重要，我們要人人繼續不斷地努力我們應負的責任！

自從總理逝世之後，五卅運動以來，全國民衆日趨於革命化，而本黨則一本總理遺訓領導民衆向帝國主義不妥協地鬥爭；故能使黨的組織普及全國，黨的工作積極而能打倒反革命派，能使革命軍訓練成功得到很迅速的發展和勝利，能使革命的國民政府成立且鞏固起來。這當中國革命的工作，這種的成績，其指導促進之力，當然是很有賴於黨中許多忠實革命的領袖們，但是尤其有賴於最忠於總理及黨且最能打破個人私利觀念而有爲民衆奮鬥之決心和人格的國民政府主席中央執行委員本校黨代表汪精衛同志！假使以前沒有他在黨中努力指導，試問黨一定必有在他請假以前那樣的基礎，假使我們黨的北伐之勝利是爲了這個基礎所造的民衆勢力和所造的革命的武裝黨員，那麼就是在他請假以後的北伐勝利也是深有賴於他的努力了！這並不是客氣話，乃是客觀的關係如此。自然汪同志更決不會有以爲「如此我高可以自誇」的意思。從反面說：他請假之後直至今日，其結果是滿口聲稱的「總理信徒」失其重心了，假使重心不趕快恢復其作用，縱此黨權不張反叛分子日益擴大，帝國主義和軍閥將用最陰險的分裂和軟化政策來斷送我們革命之時，黨國前途是何等可怕！現在汪主席的病勢已消，已可銷假復職出任艱鉅，我們何等高興！

我們願以萬分誠意促其即日歸來，爲黨爲國繼續領導我們！把他請假以後革命上的錯誤損失都補救起來，把現在北伐勝利保障而貫徹到底，把將來的革命道路是能得穩固，這是我們國家我們民衆切身的利害關係，是何等重要的事啊！

我們誰也不能否認汪主席是一個忠實有決心的革命理論家而純潔無私以黨爲前提爲民衆而努力的領袖！我們也要是了他是一個真正革命領袖所以信仰他，決不是迷信他個人萬能！我們不但不是爲他個人這特殊勢力，而且我們是因相信他決不肯藉黨營私才願他作我們的領袖的，但是我們仍要監督並使他能永遠站在黨的宗旨和需要之下領導我們，這是我們爲了要黨才要領袖，爲了擁護民衆利益才擁護領袖而必須負担的責任！凡捨己爲尊，服從黨和民衆之公意，而能徹底作這革命領導工作的，就是我們的領袖！

我們以此原則而歡迎汪精衛同志而擁護汪精衛同志，我們也以此爲原則而準備歡迎一切能作我們領袖的革命領袖，同時我們也以此爲原則而希望而勉勵而監督我們的革命領袖！

各界民衆們！尤其是革命的民衆們！我們在現在的革命環境非常嚴重時節，在今天促汪銷假復職的日子，一定要認識以上所說的這個運動的重要，一定要了解我們應負的責任！如此，我們才算負實地促汪銷假復職，如此才是今天開大會的意義和價值！

各界民衆們！請一致注意上述的意思，請一致高呼左列的口號：

一、敦促汪主席銷假復職！
二、擁護革命的領袖！
三、提高黨的威權！
四、集中革命力量！
五、厲行三大政策！
六、消滅封建勢力！
七、實現民主政治！
八、完成國民革命！
九、促進世界革命！
十、中國國民黨萬歲！
十一、國民政府萬歲！
十二、汪主席萬歲！

中央軍事政治學校
十六，三，廿三，自黃埔本校發

緊要啟事

[illegible]

中華民國十六年三月廿三日 黃埔日刊 （星期三） （第三版）

什麼是反革命

汪精衛

有人問我道：「近來『反革命』三字，與『滿洲』『保皇黨』三字，成為一樣的惡劣的名詞，究竟什麼是反革命？」

我答他道：「凡是不肯反對帝國主義的，和不肯提倡農工運動的，都是反革命。」我這句話，有理論根據，亦有事實證明。就理論說，國民革命之目的，在求中國之自由平等，欲達此目的，必須喚起民眾，及聯合世界上以平等待我之民族，共同奮鬥。這幾句話，將革命之目的及其方法，說得明白無遺。

什麼是民眾？固然是全民。然占民眾之大多數的，是不是農民，是不是工人？除卻農民工人，便是除卻大多數民眾，全字從何說起？由此可見，所謂「喚起民眾」，有十之七八是提倡農工運動的意義。

有人說道：「我並不是忘卻提倡農工運動，只是勸資本家於工人要仁愛，勸地主於農民要仁愛。」恕我說一句刻薄話，這種爭論，[illegible]「尊天子」「天王聖明」，[illegible]什麼分別？倘不把大學的「為人君止於仁」，改為「為資本家止於仁，為地主止於仁」呢？

然而我所謂提倡農工運動，並不是只知道農工，忘卻了其他的民眾呢？我所以明白的答覆道：我並沒有忘卻，只是我對於大多數可憐的農民工人，不只提他們求人仁愛，卻提倡他們，使人不敢以不仁愛待他，換一句話說，便是他有權力來維持道德。

有人說道：「農工運動，我也贊成的，只是現在農工運動，太過幼稚，有許多不良分子夾雜在裏頭，所以我不能贊成」。這些話，只可算是廢話，農工運動裏頭，如何能說沒有不良分子，只要日日努力，組織工夫做得好，宣傳工夫做得好，那些不良分子，自然漸漸淘汰，還有甚麼值得搖頭歎氣呢？而且人類一切運動中，有誰能說沒有不良分子夾雜在裏頭，何獨農工運動然，以此藉口，來反對農工運動，我便要用別的話說，只說便是反革命！

以上把農工二字，解釋清楚了，至於帝國主義四字，可以不用詳細解釋，總括一句話，凡是不以平等待我的國家，便是帝國主義，所謂反對帝國主義的方法，是廢除不平等條約，一切帝國主義者，如政客軍人商家等等，不用說，至於傳教士教育家，向着我們往往開口便說「博愛」，我們可以問他道：「既不平等，何以博愛」？向來只聽見兄弟朋友，因為他們是平等，至於主人之於奴隸，便祇有所謂恩惠，無所謂博愛的。

說到這裏，我又可以下一句斷語道：「凡是看見不以平等待我的國家，而以為不必抵抗者，便是不仁愛，便是反革命」。

反對帝國主義，與提倡農工運動，雖是兩件事，實是一件事。凡是反對帝國主義的人，必然與農工運動結合一致，謀農工的解放，即以謀國家及民族的解放，謀國家及民族的解放，即以謀農工的解放。反之，凡媚於帝國主義的人，必然敵視農工運動，甚至藉帝國主義的勢力，以壓迫農工，他的目的，無非欲將農工有限的脂膏血汗，忍息供給，以維他無厭的奢侈欲望，所以中國國民，現在應有兩條路：一是革命；一是反革命。

刻不容緩之汪黨代表銷假復職問題

方鼎英

自從汪黨代表請假去國以來，國內外同志函電紛馳，籲請復職，已成全國一致之輿論，但是籲請自籲請，汪黨代表至今尚未回來。現在國內外情勢已變，異於昔日，汪黨代表實不容再長此高蹈，銷假視事，有刻不容緩之勢了！

第一，自從我們北伐勝利以來，敵人對我們的手段亦愈加利害，武力壓迫還不算，陰謀離間，挑撥軟化無所不用其極。汪黨代表遲回一日，即多與敵人一日的機會。汪黨代表安可再長與敵人這樣乘機加害於我們呢！？

第二，我們北伐一日勝利一日，我們的領域也一日擴大一日，因此我們個個黨員的責任，也一天加重一天，黨的領袖的責任，不用說，更是加重倍徙，汪黨代表是總理最忠實的信徒，國民革命最努力的實行者，這是在歷史上我們人人看得到的。現在個個黨員要于內憂外患之紛至沓來，戰戰兢兢，臥薪嘗胆，努力各盡其棉薄，以求補益，奈何為黨國重心，民眾領導的汪黨代表還不回來，領導國人，共同完成總理未竟的革命事業？

第三，汪黨代表與校長為共患難同死生之交，兄弟骨肉，不足喻其親，自汪黨代表[illegible]，[illegible]告集十餘萬於一身，[illegible]，仍須鞠躬及盡瘁，同志等莫不以不能為校長分勞而不安，汪黨代表與校長關係既如斯親切，自然應該早日回國，與校長共任艱巨，以期革命之早觀厥成。校長再三打電汪黨代表請其回國復職，詞極懇摯，聲淚俱下，汪黨代表念及與校長過去的關係，及現在校長負擔國事的勞苦，及希望他回國的殷切，實應該即刻命駕，旋與校長並肩前進，努力犧牲，以完成革命大業。

第四，本校為黨官生，因為與汪黨代表的關係，比一般黨員為深一層，所以希望他回國也更懇切一層。汪黨代表[illegible]，始追隨總理，獻身革命，[illegible]，我們全黨內都沒有[illegible]的。汪黨代表離了本校黨代表職責，已經一年多了！還是本校官生[illegible]的！再就本校官生[illegible]，校長[illegible]，出生入死，[illegible]，本校同志們的苦悶，[illegible]傷害，[illegible]校長[illegible]的責任，而相慰本校同志們愛校長愛汪黨代表的憂思，還有，本校不但是中國國民黨革命軍的[illegible]，并且還是東方所有被壓迫民族革命同志的製造所，本校發展不但[illegible]中國革命前途之興衰，并且關係世界被壓迫民族命運。實為導師，汪黨代表就是為了黃埔學校，亦應排除一切艱難，毅然回國，以盡其所負的革命使命！

就現在國民革命情形之重要言，就汪黨代表對黨國及本校之責任言，就汪黨代表與校長之關係，及校長希望他回國之懇切言，汪黨代表雖然病體尚未復原，亦應即刻力疾視事。我們總理在臨終病榻，奮鬥猶未稍息；呼吸將絕的時候，猶喃喃的呼「和平」「奮鬥」「救中國」，這是汪黨代表親耳聽見的。校長說過：「個人的事小，革命即為中正之事業，個人無利益，全黨及民眾之利益即為中正之利益。」在這點，我們希望汪黨代表，是與校長無二致的，我們希望汪黨代表視黨國之病重於一己之病，以革命事業為一己事業，以全黨及民眾利益為自己利益，排除各難，一往無前，像總理一樣奮鬥到底，死而後已。現在革命正在吃緊之際，非汪黨代表休養之時，何況現在他的病已告痊癒，應當早日歸來[illegible]之中。個個同志努力革命呢！現在我們已經將除卻一切足為汪黨代表銷假的障礙，希望汪代表毅然排除一切困難，為了革命事業，為了黨國利益，毅然回國視事！

世界終是光明的！

天男

——彙錄汪黨代表革命格言——

〇「中國的國民革命，不只是中國的國民革命，是打倒帝國主義，還個帝國主義，是全世界一切被壓迫民族的敵人。所以打倒帝國主義的工作，就部分來說，是中國的，就全體說是世界的。所以中國的國民革命，是要求中國的自由平等，同時是求全世界一切被壓迫民族的自由平等」。

〇「所以本黨所倡導的國民革命，是應於現時代的要求，和以前的國民革命不同」。

〇「國民革命時代，最要緊的，是集合全民眾的勢力，向着一個目的而進行，決不可使之分散」。

〇「至於俄國同志，何以對於中國國民革命如此關心呢？因為中國國民革命，所對抗的是帝國主義，俄國所要撲滅的，也是帝國主義，目的相同，當然互相援助」。

〇「須知這在打倒帝國主義的戰線上，我們始終要和世界被壓迫民族在一起，和被壓迫階級在一起，和世界革命先進在一起。我們這聯合戰線，是無人可以動搖的，是無人可以離間的，是無人可以破壞的，我們一致努力要求世界革命成功」。

〇「世界上所有的人數，大概是十五萬萬，中國人數四萬萬，在全世界人數中，占四分之一，中國國民革命成功，是使全世界四分之一的人類得到平等自由，更進一步使全世界人類都得到平等自由。所以中國的國民革命，不是狹隘的國家主義」。

〇「革命之需要，由於時代與環境而發生，在中國今日，凡努力于打倒帝國主義，打倒軍閥，及努力於農工運動者，謂之革命派，反之勾結

通信

李開甲、歐陽植兩同志：自你出發前方迄今音信杳然，心懸[illegible]……

謝存光、原鳴廷、許昌禹、陳上治……[illegible]

陳保……你在第四軍……[illegible]

趙紹仕……[illegible]

梁煊……[illegible]

黃埔軍校……學生……中隊……[illegible]

中華民國十六年三月廿三日 黃埔日刊 （星期三） （第三版）

中國的軍閥都摧殘農工運動者，謂反革命派。

○○○○

「反對帝國主義與提倡農工運動，總是兩件事，實是一件事」。

○○○○

「農民工人的本身利益，與帝國主義本身是絕對衝突的，絕對不能妥協的。帝國主義之要殖民地，其最大目的，無非掠奪農民血汗得來的農產物以為原料，掠奪工人血汗得來的製造品，以為商品。所以有了農民工人的利益，便沒有帝國主義的利益。」

○○○○

「所以我們要實現三民主義，必先要實行國民革命，推翻帝國主義，這是我們唯一的工作，尤其是我們目前唯一的意念」。

○○○○

「世界終是光明的！中國的國民革命終是成功的！只看我們的努力」——（以上均汪精衛先生演講集內原語）

促汪銷假復職運動的意義

陳日新

在國民革命日益發展的當中，促汪銷假的呼聲又高漲起來，並且已經由呼聲而推進到運動！這個運動的由來，自從去秋北伐軍漸次進展之後就已經開始；還有，國內外黨部同志及人民團體對汪同志銷假的電報和宣言，此呼彼應，不斷的發表出來，每天都要佔新聞紙上一大塊的篇幅。這樣的一個表示，它底意義究竟包含了什麼？黨外人和疎於黨情的人或者看做是奇異的表現，但我們可以說：這在國民革命的過程中，是一宗很普通而卻是很緊要的事件，不獨是本黨本身的重要問題，而且是今日中國一般民眾目前應當注意的重要問題。

在敍述促汪精衛同志銷假的意義之前，我們應該把現在中國整個的局勢歸納起來看一看。簡單來說，中國目前的局勢，很顯然的是國民革命的勢力到了與帝國主義及軍閥作最後決鬥的緊急關頭了！另一方面帝國主義和軍閥卻在這個局勢之下極力設法避免和破壞此決鬥之實現，以延長其殘蠹的生命。國民革命的勢力發展到現在的程度，已經有消滅軍閥和打倒帝國主義的可能，只要我們按着革命的原則奮鬥下去，最後的勝利當然歸我們是毫無疑義的。然而狡猾的帝國主義者早就看到這種情形，知道照舊頑強地抗阻國民革命勢力的亢進是沒有希望的，於是把武力干涉的計畫暫時停頓，而再三的用其分裂，軟化，緩和等政策，企圖在中國革命的隊伍裏造出裂痕，以遂其毒辣的陰謀，這在帝國主義者最近對於國民政府態度的變化上，已經清清楚楚地證明了。

帝國主義者的陰謀已經揭穿，我們就不怕了麼？絕對不然的！中國革命的危機仍然在四伏着，我們還要加倍的注意應付，才不至於上當，才不至於失敗。最近中央黨部發出的黨務宣傳大綱中，在「鞏固黨的權威」和「統一黨的指導」兩項，很明白地告訴了我們目前黨的缺陷和危機是什麼。宣傳大綱的意思是說：現在軍事上的發展超過了黨的發展，黨對於軍隊的指揮不能統一，當然易於使軍隊離開民眾，離開黨，甚而至於離開革命。而另一方面，黨的努力若不能同軍事的發展平衡前進，則軍隊所到的地方，黨的影響不能及於民眾，軍事的行動，便容易蒙蔽了革命的事實，使民眾懷疑革命或誤解革命，致革命的基礎發生動搖。同時，在國民革命的進展中，投機份子的混入，本為不可免的事實，如果不能隨時嚴密檢查，則半封建勢力在本黨內潛滋暗長起來，其危險更難設想。我們鑒於辛亥革命失敗的原因和目前的現狀的危急，除對於中央黨部所提高黨權的決案，表示極端擁護之外，在這樣的情形之下，不由的我們感覺到需要汪精衛同志這樣一個經驗豐富對黨忠實的領袖出來應付難局。

汪精衛同志隨同總理奮鬥二十餘年，為本黨同志和一般民眾所敢信賴的一人，可以說他在中國革命上負有歷史意義的使命，這由他已往的表現可以說明。所以在革命勢力着着發展的時期，汪同志不出來，實在使我們感覺到美中不足，愉快的一件遺憾的事。其次，我們根據這回中央宣傳大綱可以說現在黨要的問題是：（一）怎樣補救本黨或本國革命目前的缺陷；與（二）怎樣促進本黨目前艱難的工作以迅速完成國民革命這兩個重大問題。要使這兩個問題圓滿解決，第一要鞏固革命的聯合戰線，集中一切革命勢力，把革命的基礎穩固起來；第二要鞏固黨的政策，使本黨以及中國的革命原則確定不移；第三要嚴厲執行黨的紀律，使一切投機分子不至與黨外反革命勢力勾結妥協以行其腐化本黨的作用。但是為實現這三個最緊要條件，一定要本黨先進的同志嚴格負責，格外努力，才可以；因此，在目前我們又一定要汪同志出來和其他黨內的領袖同志們來共同奮鬥，是很急迫的一個要求。

同志們！目前中國的環境如斯之惡劣，因而此環境引起的本黨裏邊的危機又如是之多，在此將要決定中國革命成敗的過渡時機，中央黨部的希望汪同志銷假和我們懇求汪同志的銷假，正是目前革命過程中特別有意義的表示，無論敵人如何造謠中傷，我們是要進行到底這個運動直到汪同志出來之日方止！

反轉來，我們每一個同志還要問一問，本黨和中國的革命因為甚麼這樣的多病多災？我們只若回溯本黨有生以來過去的歷史，當然可以明白，這是本黨的仇敵——封建勢力給與本黨的，而且由封建勢力還有一部分潛入到本黨裏邊來做怪，所以才使封建勢力能夠找到我們的弱點，時思逞其陰毒詭計。同志們！如果明白了這個，我們就應該下一個決心，要在最短期內掃除一切的封建勢力，然後革命的本身纔能延年益壽下去。再次，我們還要知道，國民革命發展到今天，不過是剛剛開始，我們黨所昭示於天下民眾的政策政綱，還仍然是些沒有兌現的支票。所以我們現在來催促汪銷假運動的時候，還要自問自問，怎樣和幾時才能實現總理遺囑及本黨一切政綱政策？怎樣和幾時中國革命才能成功？

在敵人軟化聲中歡迎革命的領袖銷假復職！

孫參

（一）

『軟化』，『妥協』，『分裂』，這是帝國主義及其走狗軍閥，以及一切反革命派，用來撲滅中國目前革命運動的三枝毒箭。

國民革命的聯合戰線，與統一和指揮這條戰線的中國國民黨，要是不能集中一切革命的力量，來抵抗敵人目前的攻攻，讓敵人來『軟化』，『妥協』，『分裂』，那麼，此次北伐所得的全部勝利，便是把辛亥革命的歷史再復演一遍！同志們！不要過於高興，現在招展於長江流域的青天白日的旗幟，還不曾生下堅固的根枝呢！

（二）

事實告訴我們，現在帝國主義者並不想用砲艦來剿滅中國的革命，只是以柔和的『軟化』的擁抱，使中國革命半途而夭殤。所以『軟化』，實在是帝國主義者對付北伐勝利後的中國民族運動的中心策略。

只要你接受了『軟化』，『妥協』更不成問題；只要你甘心『軟化』，『分裂』自然實現！

帝國主義者『軟化』我們的唯一目標，便是要本黨先自動的取消三聯政策：聯俄，聯共，擁護農工三大政策，這個目的達到，然後中國的革命便自然『報告完結』！

（三）

與反帝國主義的蘇俄斷絕了關係，便是使中國的革命，脫離了世界革命的戰線，而陷於孤立，到那時，帝國主義者『不費吹灰之力』，我們便非相率投降屈服不可！

假使本黨的投機妥協份子『反共』成功，這便是國民革命的聯合戰線和力量，實行分裂。取消了本黨政治上的同盟，幫助帝國主義者為敵於本黨所領導的國民革命，自然容易撲滅！

放棄農工政策，更是本黨的生死關頭，也是國民革命的生死關頭。要是本黨的基礎不是建立於大多數農工的身上；要是國民革命不是為解放大多數的農工；要是中國的革命不要農工羣衆起來參加也可以成功，那真是反革命者的『理論』！然而現在帝國主義者及其走狗軍閥，正在聲口口誘惑我們說：只要我們能夠壓迫農工運動的發展，便什麼事情都好商量！

（四）

現在，我們為了要不受敵人的軟化；為了要實現本黨的主義與政策；為了要統一和鞏固黨的指揮與威權；為了要反帝國主義反軍閥到底，以實現真正的民主政治，我們便需要我們的忠實英勇的革命領袖汪精衛同志歸來！

我們以擁護民衆利益的熱情，來歡迎汪精衛同志銷假復職！

我們要求我們的民衆的領袖，立刻出來拯救目前革命的危機，來指揮我們去和敵人作最後的決戰！

我們要求汪精衛同志以大無畏的精神立刻出來領導全國革命的民衆，去打破敵人目前一切的陰謀與詭計！

（五）

我們相信，汪精衛同志復職，足以提高黨的威權，統一黨的指揮。只有汪精衛同志復職，纔能把眼前的革命，從『軟化』『妥協』的迷途中挽救

中華民國十六年三月廿三日　黃埔日刊　（星期三）　（第四版）

歸來！亦只有汪精衛同志復職，纔能集中一切革命勢力，以與進步的份子，一致團結在黨的領導之下，去與敵人作猛烈的搏戰，以博得最後的勝利！

我們要使敵人的軟化政策，在我們的英勇忠實的領袖面前完全歸於失敗！

我們要使那些被敵人軟化了的民族運動的叛徒，因汪同志之復職，而淡隔革命的堡壘，以消滅他們「拍賣革命」的市儈的行爲！

（六）

在去年這個時候，汪精衛同志便已經留下了預言，他說：「總理所不放心的，不是敵人來打擊我們，卻是敵人來軟化我們。誠然誠然！軟化比打擊利害何止十倍！敵人的打擊不但不能使我們離散，反而令我們團結。我們有時或者會被敵人打敗，然而這般的失敗，在我們不過偶然蹉跌，再接再厲，我們仍然可以得着勝利。我再強硬的說一句，敵人的打擊，是不能離散我們的。敵人如果聰明，也決不用打擊的方法，而用軟化的方法。古人說過「攻心爲上」。我們如被軟化，我們方纔可以稱得起無疾而終，我們方纔可以配享籌安會四君子呢！敵人也不會軟化我們全部，只要能軟化我們一部，敵人便可袖着手，冷着眼，看我們自相殘殺了。……總理不放心的，便在於此！」

同志們！我們在今天讀了這段預言，我們究竟發生些什麼感想！

（七）

現在我再沒有別的說話。我只要求每一個同志想一想自己，有沒有被敵人軟化，歡迎他來的時候，有沒有面目再見我們的忠實英勇的革命首領汪精衛同志！

促汪銷假運動宣傳大綱

廣東各界促汪銷假運動籌備大會籌備會，昨發出宣傳大綱，茲照錄如下：

黨的思想行動指導者——汪精衛先生

汪精衛先生是總理一個最得力的幫手。在總理開始從事革命以來，從同盟會發起，中華革命黨，國民黨改組，而迄總理臨死的時候，汪先生沒有一刻離開總理，更沒有一刻離開總理主義的奮鬥，中間經過不少的挫折，有很多投機份子，終於背叛總理的訓示，離開革命的戰線，跑返到反革命的營壘，如馮自由、謝持、陳炯明之流便是。到現在，自從總理死了之後，有很多投機黨員，也居然的背叛我們的中國國民黨，而另與反革命勢力勾結，想傾陷破壞我們的黨。曲解孫文主義的人漸漸多了，令一般人懷疑總理所規定的政策了。祇有我們的汪先生，無論在行動上在思想上，都可以看到是一個對孫文主義認識最清楚，孫文主義的一個最忠實的信徒。

孫總理在一九零五年（時年四十歲）遊歐洲，以三民主義，五權憲法號召同志，開第一次會議於比京，第二次於柏林，第三次於巴黎，後又折回日本，開第四次會議於東京富士樓，加盟者數百人，這便是後來中國國民黨的前身同盟會正式成立。汪先生就是在這時期加盟的。這時汪先生還未到二十歲。在這時期也很注重文字的宣傳，民報便是同盟會言論的機關，而民報的主幹便是汪先生。那時汪先生和湖南同志，曾與梁啟超主辦的新民叢報，爲民主立憲與君主立憲問題經過劇烈的論辯。在這時期開始有人認識汪先生。那時期除了文字宣傳外，並實際行動，用手槍炸彈，從事暗殺的宣傳，如溫生財刺殺孚琦將軍，陳敬岳、林冠慈謀炸李準，廣州將軍鳳山被李沛基所轟，這都是個人壯烈的行動，影響於民衆甚大。汪先生也曾與黃復生等謀炸攝政王，但事敗，也到北京去刺攝政王，謀炸未成就擒，但是國民黨都已經認識汪先生革命的戰士。自從辛亥革命成功之後，而不幸袁世凱竊國，復辟，這一個時期，總理感覺袁氏的野心勃勃，同時有此革命黨人都給袁世凱軟化，甚至有人提出「革命軍起，革命黨銷」的口號。便跑到日本組織中華革命黨，當時那助總理最得力的同志，便是朱執信，胡漢民，汪精衛，廖仲愷先生。到民國十年之後，總理便組改組中華革命黨成爲中國國民黨，那時本黨同志傳播的思想，精神都不夠，努力於文字上的宣傳，創辦建設月刊，那時汪先生在歐洲，時常有文章寄回來。迄民國十三年一月召集全國及海外同志代表，在廣州開第一次全國代表大會，於是中國國民黨便正式的改組成立，這次國民黨改組成功，廖仲愷汪精衛先生都有很大的功勞。自從總理北上，不幸於民國十四年三月十二日因病在北京逝世，汪先生那時日隨侍在側，非常傷感。自從總理死了之後，黨務得而繼續進行發展，全賴汪先生和廖先生秉承總理遺志繼續努力，迄民國十五年八月二十五日，廖先生也不幸被奸徒行刺，因傷逝世，這是本黨的一大損失，而汪先生的責任更加重大。旋汪先生以衆望所歸，主持中央黨部工作兼任國民政府主席，去年三月，汪先生因病請假離職，汪先生請假後，關於黨務與政務的進行，都感覺到停頓不振。我們想把黨務政務整頓，唯一的要因，便是促我們黨的思想行動指導者汪先生的銷假歸來。

促汪銷假運動之意義

最近促汪銷假運動已經成爲一種必然的趨勢與要求了。汪先生告假離職迄今一年了，在這一年內本黨所領導下國民政府的軍事與政治力量，從兩廣發展到長江上下游，而黨務反停滯不前，因而促汪銷假的呼聲，便在這軍事政治力量急激進展的當中熱烈的呼號出來。究竟促汪銷假的意義是什麼？汪先生歸不歸來和黨的關係與損失怎樣？這都是我們現在所亟待解答的問題。

一、我們要認清楚，軍事力量的進展，決不就是黨的力量的進展，軍事一部分的成功，決不就是整個國民革命成功，而且離開國民革命成功的途程還不可以道里計。這次軍事勢力的進展，他的意義不過是證明，從前的中國大部分是處在帝國主義者的工具，吳佩孚，張作霖，孫傳芳，與吳佩孚三大軍閥勢力之下，這次北伐軍事勢力的進展，打倒吳佩孚孫傳芳兩大軍閥，張作霖雖然還未和我軍接觸，不過從東三省經濟地位情形看來，如銅元票的低落不能收拾，張作霖早始終不能久安於位的。而同時更足證明，北方軍閥的本身已經千瘡百孔，必然歸於崩潰。其次可以知到這次北伐軍的勝利，是武力與民衆結合的勝利。北伐軍是爲謀人民利益而戰的，不是爲個人或一部份人的利益而戰的。如湖南的農民武裝起來參加作戰，作革命軍的嚮導，襲擊敵軍，都可以證明北伐軍的勝利，也就是民衆的勝利。同時，江蘇，浙江，湖南，安徽，湖北諸省，在北伐軍還未克復以前，各省的民衆處在軍閥重重壓迫剝削水深火熱之下，自從給北伐軍克復之後，久經蹂躪的民衆開始覺悟，便組織起來爲黨的後盾。本黨軍事力量進展的意義是這樣。這些北伐軍的勝利本是很難得的，而且是在國民革命進程中必然的步驟，因爲本黨要努力奪取全國的政權，當然不能離開軍事的力量。不過比較軍事力量更嚴重的問題，就是黨的力量要超在軍事力量之上，軍事的進展要和黨的發展成一正比例的這一個問題。現在的情形怎麼樣呢？軍事力量的進展反而超過黨的力量的進展，這是一個不良的現象。我們要補救這種不良的現象，便要整頓黨務，提高黨的力量，鞏固黨的權威，尤其切要的，便是要一位黨的中心人物担負起這個重大的責任，便是我們最忠實同志的汪精衛先生。

二、現在我們切要的口號便是「一切權力屬於黨」；換句話說，便是黨的力量要駕御一切。但要保證黨獲這種力量，尤其要黨的最高指導機關—中央執行委員會，要依本黨總章的規定，行使其最高的職權。中央黨部自從汪先生告假之後，黨務便失去中心，黨的進展便遲緩起來，我們爲使黨的力量進展的原故，便非促汪先生銷假不可。

三、汪先生是本黨的中心提挈領袖，黨政的重心。現在因病請假，這是黨的損失，黨也因此而病下去。我們想救治黨這種病症，獨對單方，還祇有請汪先生歸來。汪先生是黨醫的大國手。

（未完）

中華民國十六年四月一日 星期五 第一版

黃埔日刊

中央軍事政治學校出版
通信處廣東黃埔本校政治部
第二九一號
（本刊每份定價一分）

本校高級無線電班畢業紀念特刊（之二）

帝國主義者侵略中國無線電主權之罪案

晉遵總理遺囑

本校本週口號

統一黨的領導機關
集中一切革命勢力
解除北方人民痛苦
實現真正民主政治
擁護中央執委議決案
七十二烈士精神不死

中華民國十六年四月一日 星期五 黃埔日刊 第四版

政治討論會討論題目

中華民國十六年四月一日 星期五 黃埔日刊 第二版

無線電播音

中華民國十六年四月一日 星期五 黃埔日刊 第三版

贈別無線電科畢業諸同學

特載

方教育長總理紀念週報告

中華郵政特准掛號立券之新聞紙類　中華民國十六年四月一日　〔星期五〕　（第一版）

黃埔日刊

中央軍事政治學校出版
通信處廣東黃埔本校政治部
第二九一號
（本刊每份定價一分）

[illegible]…知同志：別三月多了；你近來作何工作？念念！我快要出校，將來何處，不能預知。你能夠把永久通信處告訴我嗎？希望得很！

武昌兩湖書院學生總隊政治大隊第一隊王夢古

[illegible]…遺失…證章一枚…聲明作廢。[illegible]

誓遵總理遺囑

總理遺囑

余致力國民革命，凡四十年，其目的在求中國之自由平等。積四十年之經驗，深知欲達到此目的，必須喚起民衆，及聯合世界上以平等待我之民族，共同奮鬥。現在革命尚未成功，凡我同志，務須依照余所著建國方略、建國大綱、三民主義及第一次全國代表大會宣言，繼續努力，以求貫徹。最近主張開國民會議及廢除不平等條約，尤須於最短期間，促其實現。是所至囑！

本校週口號

統一黨的領導機關！

集中一切革命勢力！

解除北方人民痛苦！

實現真正民主政治！

擁護中央執委議決案！

七十二烈士精神不死！

本校高級班無線電科畢業紀念特號（之一）

●帝國主義者侵略中國無綫電主權之罪案

曾仲淵

近數年來，國人漸知帝國主義者對我實行之經濟侵略文化侵略之禍害矣，獨未知無線電主權之被侵略者，其禍害爲何如？十年之間，對此問題，從未一加論斷。北京東方報辛博森氏（當時尚未被敵作霖收買）及廣州新導週報陳獨秀氏雖曾下一小評，亦祇觸及一面，未窺全局，而陰險狠毒之帝國主義者與北庭貪鄙齷齪之官僚內外勾結，或復諱莫如深，致吾人不得其罪案。無線電爲近世通信之利器，對內而言，爲一國之脈絡，對外而言，爲一國之喉舌，一國之無線電主權被人所侵略，則必衰弱，猶如一身脈絡爲人所阻塞，喉舌爲人所控制，此人必不健全，甚至不能生存。無線電之效用，不惟商業農工經濟上有大關係，即在政治軍事外交上亦爲多方面所利賴，其爲一國獨立之主權毫無疑義。故世界各國，有倩人代造電台矣，未聞無電台管理之權授諸外人，亦未聞一國領土之內有外人私立電臺之存在，有之自中國始。

帝國主義者以何方法侵略吾中國無線電之主權，追溯源委，先須明瞭吾國創辦電報之歷史。吾國創辦電報爲前清同治五年，與帝國主義者發生關係最早者爲光緒九年二月二十三日之中英會訂上海香港收遞電報合同，次爲同年四月十三日中丹收售上海吳淞旱線合同，其後中法中俄中日中美各訂條約，結果最重要者有二：一，英商大東丹麥大北美國太平洋三水線公司各得于吾國沿海數千里鋪設水線之權，蜿蜒盤互，若長蛇之吮吾腹；二，丹麥獨得供給材料之權，以壟斷吾國電政界之市場，今日試查國內各大電報局電話局凡有外人插足其間充當顧問或工程師其月薪由五百元以至二千元者殆無一非麥丹人。丹麥人首領爲拉森氏，爲北庭僞交通部之顧問，且曾于前清末季來粵代兩廣水師提督李準規劃無線電專門學校，因吾國所有有線電權利既被各國豆剖瓜分，乃特出心裁，擴大勢力，轉向無線電方面進攻，全部侵略之罪案於是開始。

惟考二十年前實行以無綫電通信者雖爲意大利人馬可尼氏，然試驗最早採用最早者則爲英國，其次法國，再其次德國意大利比利時美國中國腦威葡萄牙日本等國。丹麥當時在無綫電界之地位甚幼稚，徒有侵略之心而無其力，乃聯合德國爲入手方法，遂於民國三年以德商西門子洋行名義借用南京北京兩地築台試驗，收發靈便，自是張家口吳淞廣州武昌福州烟台大沽洛陽等處電台次第成立，無一非德國貨品，而暗中操其實力者實丹人拉森氏。

以上電台成立，係出資僱工代造。中丹德三國之關係尚係商業性質，帝國主義者侵略之野心尚未暴露。迨民三歐戰發生，歐美各國，無暇東顧，拉森氏乘機勾結劉冠雄以五十三萬磅之代價謀訂高電力之電台一座于北京，同時英國馬可尼公司勾引北庭僞財部，且經袁世凱之許可，籌備資本二百萬磅于中國各處設立電台，旋經拉森氏極力破壞而失敗，而拉森氏因與德國有關係涉及嫌疑，不久又經協約國羣起攻擊，亦歸失敗。攻擊最力者爲日本，日本之野心與丹英相同，丹英既皆失敗，日本遂以三井洋行出面乘安福系當權之日於民國七年二月二十一日深夜突與劉冠雄簽訂五十三萬六千二百六十七鎊之合同，附合同附加條件各一件，又于同年三月五日簽訂秘密換文一件，許日本在吾國經營無線電事業專利三十年，在此三十年間不許他國代造電台，並中國政府（當然指北京僞政府）亦不得自造之。故自民三以至民七數年之中，英丹日三國侵略吾國無線電主權之野心及其互相爭奪之陰謀，彷彿一鼎之臠，羣獒爭噬，醜態畢露。爭奪結果，日本勝利。此爲吾國無線電主權旁落之第一幕，始作俑者爲劉冠雄氏。願吾國人，其痛念之！

日本在中國市場唯一之敵對爲英國，英國經前次失敗，又目擊日本勝利，殊不甘心，乃百計鑽營，日本由海軍部入手，英國則易其目標分頭向陸軍交通兩部入手，於民國七年八月廿七日以馬可尼公司名義與軍務司長丁錦簽訂六十萬磅借款一宗，又于同年十月九日與交通總長曹汝霖簽訂二十萬磅之債款一宗，又于八年五月二十四日續訂中英合辦無線電公司二十萬磅借款一宗，又于同年八月續訂英商馬可尼無線電工廠十萬磅借款一宗，先後歷兩年，借款共四宗。並由陸軍部以一千萬元向馬可尼公司訂購二百架軍用無線電機，自殺之不足，並以禍害吾革命政府，荼毒吾革命民衆。以上四宗借款之禍害及其關係，可併爲兩宗分述于后：

（一）與北庭僞交通部簽訂之合同計設電台三座，一在外蒙古之庫倫，一在新疆之廸化，一在喀什噶爾。其表面措辭爲設法媾通近東與遠東之通信，而其實際則爲打通中印之隔膜，一方面促進侵佔西藏之實力，他方面開闢遠東西陲之局面，不意庫倫電台甫告成立，被占於俄，新疆兩台至今無裨實用，爲英人初料所不及。

（二）中英合辦無線電公司及工廠，用意在霸佔中國之市場，並特別供給無線電材料於北京政府，公司在北京，工廠在上海，均已開辦。公司之營業專賣馬可尼公司出品于中國官商，官占百分之九十九而強，商僅百分之一而弱。售價之高低，因人而異，極不一律。譬如小小一V-24 Q真空管，索價二十四元，比較原價增高十倍。惟若易爲奉張直吳則減爲五倍。帝國主義者與軍閥勾結朋比，由無線電方面觀察之又是一證。工廠之工作除修理二百架軍用無線電機之外，別無作爲。而此二百架早被奉直兩軍閥分贓而去，已大半鏽爛，不堪復用，其在孫傳芳地盤中更無若何工作之可言。

公司與工廠情形既如上述，似皆無關緊要，惟合同簽訂馬可尼公司在中國有供給材料之優先權，近年每次交涉無線電案，英國必藉優先權爲

中華民國十六年四月一日 黃埔日刊 〔星期五〕 〔第二版〕

口實，從中作梗，此爲吾國無線電主權旁落之第二幕。

日本英國攫取吾國無線電之權利既已各有所得，民七歐戰停止之後，世界大勢爲之一變，日美兩國在太平洋上爭奪霸權，積不相能，日本之敵對，除英國之外，多一美國，北庭交通當局，自曹汝霖經五四運動與劉冠雄下臺後，繼起者爲曾毓雋，再爲葉恭綽。葉氏于民九八月入閣，民十五月下台，號稱親美。美國費德理無線電公司蹈隙而至，于民國十年一月八日與葉氏簽訂四百六十一萬七千五百美金之合同，承造廣州上海北京哈爾濱電臺大小五座，全部管理權十年。其後張志譚又于同年九月十九日續訂中美無線電借款追加合同募集公債六百五十萬美金，債劵額數六千五百萬美金，吳毓麟又于十二年七月十三日續訂中美合同追加協定，內容如何未及細舉。惟喪失權利及束縛較前更甚。該項合同亦因日本英國丹麥出而干涉，迄今多年，未能實行。不惟未能實行，各國彼此互相牽制，即已成立之北京雙橋日本承造之電台亦因此未能移交，等于虛設。此爲吾國無線電主權旁落之第三幕。

日英美三國均各有所得，第四幕于是乎開始。主角爲法國及奉張，去年法國派員來華，上一說帖與奉張包辦無線電網，慫恿成交，以爲將來完成獨業唯一之工具，因索價太昂不果。該員折入北京，呈說當道，當時電政司長爲一昏憒之蔣尊禕，卒與訂立津浦津奉兩路線之無線電話借款合同，並承造奉天無線電話播音台印字機等，滿載而去。

第五幕仍爲英丹兩國，英國大東，丹麥大北兩水線公司之原合同于一九三〇年期滿，該國忽于去年相謀延長，以重利(聞紙六十萬元)賄通北庭電政當局，或云已告成功，或云因人反對未成，尚在疑信之間。水線與無線電二者似無關係，原可不提，惟中日美無線電借款合同發生糾葛，英丹兩國屢出干涉，所持理由，除英國在中國有供給無線電材料之優先權外，皆以中外通信，中國既許水線經營于先，不應再訂無線電合同于後以分其利，故連類略提及之。

吾國自此數種合同訂立之後，十年以來，外交糾紛，迄未解決。交涉經過之情形及合同不應存在之理由，因篇幅過長暫不備述，當於異日印行專書以告民衆。惟吾國歷經日英美法諸國侵略之後，無線電借款總數在四千餘萬元之鉅，殊屬可驚。幸而衆盜入室，分贓不均，彼此牽制，形成僵局，否則不堪設想矣！

帝國主義者侵略吾國無線電主權之罪案既如上述，將來結果如何，可引據一九二三年一月份亞細亞雜誌凱姆飛脫氏 Waldemar Kaempffert 之言論。氏係英籍，言論如次：

「在東方無線電事業之發展與各國政治條約權利萬國和會英法日美之野心及租借地種種皆有密切之關係，此種錯雜紛紜之情形殊非一次列強會議所能解決。即如中國境內，日本及西方大國已任意經營無線電業，絕不顧及中國之主權。：……英法日美各因經濟及政治之利益，必利用電台製造輿論，拓展勢力，其目的蓋在得中國租界，不如得中國人心，經過大西洋之電台已卜得信用，若飛渡太平洋之電台一旦成立，其信用與價值亦甚相同。英國爲爭海權，不惜與人戰爭，則遠東爭佔以太之戰禍，當然有暴發之可能。戰爭之後始可定奪歐洲管理中國空中以太之實權究屬何國，或至少必有一次之戰爭以限制之……」

觀右文，凱氏所言不幸而中。吾國無線電主權果爲某國強有力者所單獨侵略乎？我知其不然。吾國現象既大不同，世界情形亦甚異致，凱氏之言遠于三年以前僅就帝國主義者之野心加以評論，不無見地。各帝國主義者互相牽制之局未破，吾革命政府在全國廢除不平等條約之呼聲中，四千餘萬元之借款，各國若律以國信之腐調，擇其平允者備價贖回，招標自造，所有條約，悉予廢除可也。

最後一言，爲帝國主義者在吾國領土內私設之電台，亦爲侵略之一種。此種電臺，在北京有日美意三座，天津有日法兩座，秦皇島大連及奉天公主嶺，龍井村，滿州里，上海各有日本一座，廣州灣，重慶，上海，各有法國一座，香港有英國三座，上海一處有日法英美各國官商私設八座，凡此數台皆爲侵略吾國無線電主權而設，均難任其存在。一九二一年華盛頓會議曾經一度提案，議決五條，有名無實，北庭亦視若具文。五年以來，亦未依議辦理，將來吾革命政府亦當與租界一律收回。天經地義，絕無回顧，凡吾民衆，其痛念之！

●無線電播音 (Radio Broadcasting)

張承祜

導言

無線電者，電磁功能之傳達，不假手于金屬導線之謂也。功能之傳達，或爲吾人五官所能感覺者，或爲不能感覺者，而所憑藉以傳達之媒介，亦有易于辨認之物質，亦有虛無漂渺之抽象：於是乎或則視爲尋常，而或則目爲玄妙矣。以馬挽車，馬行則車亦行，此動功能之由馬傳達于車也。以煤煮水，煤熱則水亦熱，此熱功能之由煤傳達于水也，此日常習見之事，故不以爲奇異。置機發電，通線及于數十里之外，燈爐風扇，隨意取用，此電功能之由甲處達于乙處也。電之爲物，非若動與熱之易于感覺，故已足目爲玄妙矣。然久用之後，其理昌明，乃亦不以爲神怪。今自無線電之發明，其功能非若可見之動或可覺之熱，而爲不可捉摸之磁電浪；其傳達之媒介，又不若尋常電路之銅線，而爲不可捉摸之「以太」，是誠玄之又玄矣。然理不究則不明，愈研則愈出。昔以有線電爲神奇者，今則視爲常事，則今以無線電爲神奇者，他日亦視爲常事，而更有新奇于無線電者出，是在學者之研究而已。欲鼓勵學者研究之興趣，必先喚起民衆之注意，欲喚起民衆之注意，則無線電播音實爲唯一之要圖。無線電播音者，利用無線電話之原理，以散布音樂演講新聞商情等等，使凡置有收音機者，均可一一收聽，故雖足不出戶，而耳力可達於數百千里之外，是爲無線電對於民衆最大之供獻。歐美各國，溯自播音創行以來，纔五六年耳。而民間收音機幾無家無之，習用旣繁，其理日顯，故雖窮鄉僻巷，婦人孺子，莫不知無線電爲何物。民衆之注意日切，學者之研究日盛；於是發明光大，與時俱進。今若伏居英島斗室之中，將機關一撥，則美國某名人高談闊論於吾前矣，又一撥，則澳洲某樂隊輕彈雅曲於吾右矣；或則遐邇新聞，或則內外商報，按時而索，無願不償，偉矣哉！無線電播音之供獻於民衆也！返觀吾國，播音之制尚未創辦，人民之于無線電沒由享其功效，則何從而注意及之？學者更視爲非要而不遑究之，于是無線電之爲無線電，于我國人心目中，終視爲虛無漂渺玄之又玄之物矣。欲望其有所發明，有所光大，以與歐美各國科學界並駕齊驅，安可得哉！？無線電播音之有裨于民衆，並有助于科學之發揚，既如彼；而我國人民科學智識之幼稚又如此。是播音之創辦，不可以緩須臾者矣。茲就管見所及，略述無線電播音之簡單學理及其效用，以與閱者諸同志一商榷之。

學理

無線電播音，旣係公開之無線電話，故其原理與無線電話毫無差別。播音局中，設斂音室一間，內除斂音器外別無他項機器。斂音器者，控制電流使成聲浪式之儀器也，其製與尋常電話之話筒原理彷彿。斂音室中空氣內之聲浪，接觸斂音器之薄膜而使之震動，則斂音器中之電流，亦隨聲浪之高下疾徐而變化，乃導入別一室中，經擴聲器以放大之，即可備作控制天線電流之用。天線中之電流，取其源于放送機，放送機中之顫動真空管發生顫動，則天線中有上下不息之電流，其上下顫動之速度爲每秒鐘一百萬次左右，此項電流之強度，原有定量，惟可利用前述斂音器中之電流以控制之，使隨聲浪而起高下疾徐之變化，則空中「以太」亦起同樣變化之顫動，向外傳達。

「以太」之爲物，無聲無嗅，無色無味，惟充滿於天地萬物之間，富於特種彈性。天線中一有電流，則附近之「以太」即呈緊張，電流上下顫動，則「以太」亦時弛時緊，而成波浪式之顫動，向上下四方到處布散，其傳布之速率爲每秒鐘十八萬六千英里，故語言音樂，雖來自千里之外，爲時亦不過數百分之一秒鐘耳。

是故播音者並非散布聲音，而實則散布「以太」中之磁〇浪，不過浪之大小，隨斂音室內空氣中之聲浪而起高下疾徐之變化耳。是以接收方面，亦置天線以收取空中之磁〇浪，使返成電流。更導此〇流入檢波器及聽筒，則聽筒中之薄膜，發生震動，使附近空氣，隨之震動而又成聲浪，以達于聽者之耳鼓。播音局所散之磁〇浪，旣向四處發射，故凡置有收音機之處，均可同時收得，不過距離愈遠，則收到之功能愈弱，故收音機之構造，不可不着意講求，以期得美滿之結果。又若二局同時播音，則收音機中將同時收得而互相擾亂，免之之法，當使播音局所用電磁浪之長度，各各不同，則收音者如願聽某局所發之音樂或語言，只須收取某長度之〇磁浪而不顧其他可矣。

(二)

小通信

唐紹緒莫樹國唐玉湖三位同志你卒業後未悉分發何處服務請示知爲盼 廣州沙河入伍生二團一營四連唐承佐啓

潤麟于前日遺失白質隸字私章一顆文曰「吳潤麟印」特登報聲明拾者作廢 第六學生隊十七隊五十三區隊吳潤麟

藍桂芳(原明善榮)同志我去歲返籍知汝已到了本校也不知在何隊部請示知 [illegible]

梁煊，何毅，龍齡修，賈超，楚高林，楊德滋，諸同志均鑒，你們在入伍生何團何連駐何處，請詳示知爲盼。 駐防石龍入伍生一團十九連三月廿一日羅子才啓

姜國權同志鑒：今尊託代探問現駐何處見字請將通信處示知以便轉達 [illegible]縣城入伍生[illegible]團十七連[illegible]啓

頃齊失去本人符號一張(三十一號)誠恐爲奸人拾得發生意外除呈請上官補發外合併聲明作廢 入伍生二團機關連學生謝肇齊三，十九日於沙河

彭性天同志呀自東山醫院分別迄今尚不知你的通訊處在那裏請見字火速示知爲盼 本校學生軍第一大隊第二[illegible]隊李[illegible]

中華民國十六年四月一日　黃埔日刊　〔星期五〕　〔第三版〕

播音收音之大概情形，已如上述，次請言其效用。

效用

無線○爲傳遞消息之利器，于軍政商航上有莫大之效用，此常人類能道之；惟不知尙有最重要最普遍之功用在也，卽無線○播音是已。播音足以增進民衆科學上之常識，已詳于導言。惟是特播音間接之效用耳，其使吾人直接感便者，曰正當娛樂之普遍也；政務黨務之宣傳也；平民教育之輔助也；內外要聞之速遞也；商情市值之快報也，凡斯種種，均吾國人民現所感[illegible]不完備者，無線○播音可一一償之。請言其詳，以觀厥效。

正當娛樂——我國人生活，勞逸不[illegible]，苦樂懸殊，攷其故皆以娛樂之設備不周，娛樂[illegible]用太昂，于是娛樂一事，遂爲貲產階級獨享之權利，勞動者不得而染指矣。惟娛樂爲人生所必需，有工作而無娛樂，則乏生趣，欲娛樂而不得其道，則誤入歧途，以舒其勞頓于嫖賭吸烟等黑暗行爲，而社會之罪惡以生，欲剷除此種罪惡，必須導人民以享受正當而普遍之娛樂，是舍無線○[illegible]樂不爲功。今夫管絃歌唱，得機會以領略者能有幾人，歌樓劇館，有財力以涉足者又有[illegible]人，若設播音局，按時演唱，按時奏樂，則[illegible]費數元或數十元之貲，置收音機一具，可以旦旦[illegible]享[illegible]，昔爲貲產階級獨享之權利，今均得[illegible]共[illegible]，終朝勞倦，傍晚歸家，撥其機，則恍如置[illegible]歌[illegible]之場，而勞倦頓釋。人生既得正當之慰藉，又何至入於罪惡之途，是遊戲小事，而關係[illegible]，豈可輕忽乎哉？

政務黨務——凡一切宣傳，其主的在于普遍，演講會也，印刷品也，費時費[illegible]，而受其化者終屬有限，若設播音局，則敘音[illegible]一人之發言，可由以太而達于萬千之聽衆，[illegible]著名人演講，如會場太大，則言語不能清晰，[illegible]則[illegible]不堪容納，解此困難，惟賴播音。[illegible]之言論，若如歐美之創于五六年前，則親聆[illegible]理之言論，明瞭總理之主義者，必十百倍于今日也。總理去矣，[illegible]不如聆其言談，[illegible]播音安可不亟辦哉？不特此也，凡一切[illegible]動，公共之[illegible]業，若新生，若市政，可藉播音以鼓吹之，若天[illegible]時候，可藉播音以報告之。欲使人民[illegible]知其[illegible]者，無不可以播音施之也。

平民教育——[illegible]之亟務，無[illegible]。然[illegible]辦者，往往均感時間經濟或[illegible]地之困難，例如大城市中，至少需平民學校若干所，其附郭鄉鎮，又需若干，[illegible]少則不敷分配，[illegible]艱難，若以播音[illegible]，[illegible]一局已足[illegible]付，歐美播音節目中，[illegible]有[illegible]一項，以輔[illegible]學校教育之不足。我[illegible]其制以輔助平[illegible]教育之施行。此外如關於政治上生活上科學上之一切常識，亦可按日宣布，以啓發一般人民[illegible]識，以地廣人衆之中國，而民智如是幼稚，[illegible]欲求教育之普及，舍無線○播音[illegible]外，恐無其他[illegible]進之方矣。

新聞商業——新聞與商務消息，自以傳布迅速爲上，世界[illegible]千變，若探聽遲緩，則吾以爲新聞[illegible]已爲陳跡矣。吾國于信息交通，向稱遲緩，報章[illegible]，多成歷史，關心之士，常切盼慮。如武漢[illegible]滬之消息，傳至粵垣，須在一二日之後，[illegible]國外要[illegible]，更須數日。返觀歐美，其于本國大事[illegible]，例如吾軍之克復上海，早于卽晚[illegible]音局卽日宣布，[illegible]待此消息，須在翌日之晨也。[illegible]遍傳歐美，而[illegible]無不由播[illegible]況國人之能披[illegible]者，百無四五，世事不知，安談救國，是非莫測，能不盲從。挽救之方，又舍無線○播音其誰哉？

結論

無線○播音，亟須創辦，既如上述。而國人尚未注意及之，[illegible]當非可緩，[illegible]不覩夫滬濱之播音台乎，吾人不能[illegible]，外人已代吾謀之矣。迎合我人之需要，以[illegible]金錢。又不覩夫歐美日本之播音[illegible]網乎，非[illegible]國家自辦，卽由國家特許之商人辦之，是固[illegible]之所在，安容他人越俎而代謀哉？願我同[illegible]共[illegible]起[illegible]力圖之！（以○代電）

●贈別無線電科畢業諸同學*

高級班學員彭鑒奇

凡是一種利器，必有一種非常的作用，但是這個作用的影響所及有時殊不一致，甲應用之可以謀福利，乙應用之可以作禍惡。譬如刀劍，盜賊用來打家刦舍，[illegible]長將用來蕩寇平魔，同是鋒芒犀利的刀劍，[illegible]執操者是一個怎樣的人，就顯出[illegible]效用。二十世紀的自然科學的進步，一日千里，各種技術之精巧[illegible]，[illegible]是日新月異。因之世界帝國主義者遂利用這科學上的利器，來壓迫世界弱小民族，使之俯首帖耳不敢彈動。如英帝國主義在印度孟加拉灣，加爾喀答，建築達母工廠，製造一種毒彈名達母彈，專以對付其殖民地印度土人。他還說「這種野蠻民族非這樣對付不可」。此外如航空機，潛水艇，坦克車，毒瓦斯等新兵器，都是帝國主義者用以完成其侵略和壓迫之目的的利器。無線電，也是這些利器中的一種。他們在殖民地，交通上異常方便，如果那一個殖民地的人民稍有反抗，就馬上利用靈[illegible]的通信機報告消息，然後調遣最强大的海陸軍來[illegible]伏他們。結果，各弱小民族的反抗努力常[illegible]暫時壓迫下去了。這是說帝國主義的利器的[illegible]用。

說到我們次殖民地的中國呢？從來經濟落後，文化落後，自然科學亦談不到進步，且頻年內苦[illegible]軍閥蹂躪，外受帝國主義壓迫，以致交通不能發達，至於無線電更不用講。所以現在我們革命勢力雖然有長足的進展，但是種種物質上的設備，仍然極感缺乏。此次校長因欲竟「打倒軍閥及帝國主義」的全功，因而苦心孤詣創辦這個無線電科，招集本校一些原有科學學識的優秀同學，來學習這個專門技術，在此最短期間，居然已告完成。把一批蕩寇平魔的寶劍，磨鍊得電光閃閃似地要出匣而試了。自此以後，帝國主義用以壓迫我們的利器，我們也已措備了。不用說，帝國主義的利器，是應用到壓迫弱小民族的，我們的利器，是應用到打倒帝國主義扶植弱小民族的。并且我們的利器是有革命精神驅使的，革命民衆擁護的，那末，這種利器應用在我們的手中，自然可以獲得最後的勝利。

但是我在預祝勝利中，還有幾句過慮的話，要請諸位同志特別注意的是：

1、現在我們所顧慮的，還不是怕帝國主義的什麼科學進步，什麼武力强大。像吳稚暉先生說『敵以機關槍來，我以機關槍打之』，就是說敵人以武力來，我以武力對待，沒有什麼可怕的。所顧慮的，祇怕帝國主義用種種挑撥離間的陰謀手段來分裂我們的革命戰線，稍一不愼，就中其詭計了！諸位同學對于這一點，要隨時隨地的豫防才好！

2、我們不是怕沒有力量，也不是怕力量不大。從前的黨員，祇有五十萬，現在的黨員已達數百萬，這個力量，已算是比從前大得多了。所顧慮的是怕力量不集中。現在我們唯一的就是要集中力量于黨，提高黨的威權，使黨具有最大的力量。欲黨有威權，黨有力量，就是要將各人的力量供獻給黨，黨員要以黨的行動爲行動，黨的生命爲生命，黨存則存，黨亡則亡。這樣才能以黨的全力對付敵人，才是我們的眞力量。希望諸位同學畢業之後，要把這個特別技術來通達我們的革命消息，以便集中革命的力量。

3、自然科學，要與社會科學有相互促進的功用。將來不僅要辦除社會上一切壓迫痛苦，還要用科學方法作社會上種種設施，使全國革命化，科學化，才是諸同學的重要責任。

以上三點，是對于諸位同學畢業後的臨別贈言，也就是豫祝諸同學出去担任革命工作前途的勝利。

特載

●方教育長總理紀念週報告

各位同志們，今天紀念週，鼎英先將軍事情形及黨務問題，向各位報告一下：

（甲）軍事

（一）上海　孫張二逆的經濟命源，帝國主義在華侵略的大本營[illegible]上海，已于本月廿一日被我軍佔領了。[illegible]上海市民[illegible]而集者十萬人，歡迎北伐[illegible]，[illegible]白崇禧周鳳歧薛岳等[illegible]滬共策善後、中央[illegible]命吳[illegible]鈕永建諸同志在滬組織政治委員會，外交財政交通[illegible]長亦將前往上海指導一切。上海[illegible]臨時市民代表大會於三月十二日開會推舉[illegible]崇禧鈕永建等[illegible]人爲委員，組織上海臨時特別市政府，自此滬上已不復被孫逆殘餘及奉魯匪軍，東方的商業重鎭已歸革命勢力掌握。

上海克復之重要，對內則爲對反動軍閥之致命的軍事上經濟上的打擊；對外則帝國主義者所恃以侵略剝削中國的最要重根據地，已經喪失，尤其是盤據長江流域的英帝國主義者因漢口上海先後落於我軍之手，其勢力已根本搖動，革命軍得了武漢，帝國主義者對我政府態度爲之一變；今上海克復，帝國主義者勢將再行花樣翻新弄其奸詭伎倆，這是可以斷言的，我們姑且拭目觀之。

（二）南京　我軍廿二日午克復上海同日晚間又佔領了南京，滬甯既下，江南的直魯匪軍勢遂瓦解，孫傳芳張宗昌二逆聞風早已遠遁，未待生

---

* 此档案原有涂写，为保留历史信息，未做处理。编者注。

中華民國十六年四月一日　黃埔日刊　（星期五）　第四版

擒以付國民公判，這是很可惜的。

（三）河南方面　河南吳部將領附義以後，奉軍認爲心腹大患，圖豫甚急；靳雲鶚等，因部屬未週，確曾一度退出開封鄭州，但已於廿日反攻復將二城克復。并據上海電奉軍北退，于珍有失蹤之訊。　馮玉祥已被任爲河南革命軍總指揮，負豫省軍事專責。　國民革命軍第四第十第三十五第三十六諸軍亦整裝待發，于必要時張副軍長發奎，陳軍長銘樞所部，將由鄂省之羅田經皖北英山霍山入豫，何軍長鍵劉軍長興由鄂北直出武勝關入豫，會同陝豫各軍，肅清黃河南北奉魯匪軍，晉閻早與我軍有聯絡，將來于適當時機，出兵娘子關，截擊奉軍後方，斷其歸路；西北軍再出綏遠，關內奉軍四面受敵，縱欲全師而退勢亦未能，奉軍中之所謂穩健派不主急進，非無故也。現奉軍崩潰之勢已成，正我軍大張撻伐之時，奉派竟自己倡其南北妥協之說，眞屬無聊之極了。

（乙）黨務

前上次總理紀念週我曾把黨政約略說過一下，後來韓主任教官又把現在黨內的糾紛問題，提出來詳爲解釋，想諸位同志聽了以後，不會再對黨事懷無謂的疑慮，對革命前途懷過分的悲觀。在前方南昌武漢兩方的同志們，的確有些少誤會，這是我們不能否認的，但是敵人却乘機大造謠言，不是說我們的黨快要分裂，就是說革命勢力將從此停滯，這類挑撥離間幸災樂禍的論調，本無一顧的價值，也無否認的必要。黨內些少誤會，并不是什麼了不了的事情，對于黨的發展，對于革命前途，不但是毫無壞影響，并且對於黨只有更加發展，對於革命前途只有更加進步的。因爲這次黨的問題發生，都是公開的討論，固然沒有縮頭縮腦吐心懷城府的現象，更沒有因此愈生猜疑，致分裂本黨的，是完全以光明磊落的革命者的態度，來討論黨的問題，不是來攻擊個人的問題，故不能因此而動搖黨的本身，也不能因此而動搖北伐的大計。所以在這個糾紛正烈的時期中，軍事仍舊照常進展，已經可以證明了，　我們在前方的武裝同志們絕不因黨內小小問題而減其殲敵致果之心，我們的校長不但不以黨內爭論而灰心，對於此次黨權運動的六大原則，業已發表誠懇的宣言，完全接受，並他的宣言上說因長江民衆，只知有國民黨之人，不知有國民黨之黨，長此以往，不獨亡黨，……引爲最痛心的一件事，奮鬥愈加淬勵，現已前往安慶督師，進取蚌埠徐州與敵軍作更進一步的接鬥。　校長及前敵諸同志這樣磊落光明誠懇眞摯的態度及那般堅決，沉毅，勇猛，奮鬥的精神，是我們應該認識明白的，要每個人取爲師法的，並要擁護他不要猜疑誤會的，我們不是擁護他個人，完全是因爲他只知有黨，不知有本身，只知有革命事業　不知有其他的事業，所以完全是爲黨來擁護他的。　況且校長人格之崇高，革命之熱烈，與繼承總理遺志之眞實，凡在國人，都所崇仰，本黨同志，更不待言，自奉總理命創辦本校以來，危疑震撼，慘淡經營，提挈各期同學，兩定東江，削平楊劉各反革命派，此次北伐，主持大計，數月之間，連克六七省，神算不遺，無敵不破，犧牲奮鬥，勞苦功高，假如未有校長，則總理雖有造成革命軍之志，絕無造成革命軍之人，本校何由而產生？東江何自而奠定？即革命根據之地——廣東，尚且不能鞏固，更何有於北伐，更何有於今日的勝利？　我們完成革命而深表同情，則對於北伐勝利，就只有加以贊許，自非喪心病狂，別具肺腑的人，何忍加以中傷離間。　何忍加以指摘誣蔑？　本校同學，實爲校長繼承總理之遺命，一手教成的學生，對於校長，既受薰陶於前，尤當認識于後，無論如何，不要因一時不明白的傳說，與不十分了解的糾紛問題，遽忘了校長從前的歷史，和最近的事跡，來減却了我們的信仰，我們無論何時，都要認識校長是總理最忠實的信徒，和本黨萬不可缺的黨員，國民革命唯一之偉大領導者，尤其要爲黨來眞實的擁護他，萬不可因中傷離間、指摘誣蔑，或傳聞失實的話，來加以絲毫的懷疑，假如有絲毫盲從附和的心思，來懷疑校長，以本校的學生，對於校長，尚且如此，那末，曾參可以殺人，岳飛可以造反，校長一人的人格和信仰不足惜，其於因此大寒前敵將士之心何，其於本黨因此阻撓革命之發展何，天下痛心切齒之事，孰有過於此者！　所以我們……本校的全體同志，在距離較遠，眞相難明的時候，不僅不能夠因此懷疑校長及其他糾紛當中的各同志，并且還要明白我們的意思，並不是要我們黨員，不能夠干與黨事，因爲恐怕以訛傳訛，造成大錯，不要因爲此次問題，妄行加以干與，同志們，此次糾紛的問題，就會治絲愈棼，永無解決的希望了。　我們並要明白前方的糾紛，或者是各秉春秋責備賢者之義，彼此都對於黨國的進展，有極熱烈的希望，因爲希望過殷，不覺求之過切，因此過切，不覺督察益嚴，不知不覺間，就生出一種杞人之憂，糾紛的問題，也就因此產生了。再不然，是南昌武昌的同志　彼此對於軍事黨務，過於熱烈的關係，遂至因兩方的地點不同，與敵接觸之度，及其他種種應付之法，不能一樣，而發生往返磋商中最易誤會的毛病。　詳言之，或許是南昌所見事實如此，而武昌的傳聞判斷又如彼，加以黨部政府北遷　途中耽擱太久，種種負責手續，不無貽誤遷就。　在誤會未發生以前，各人的革命熱忱，充溢腦際，些須錯誤，都能諒解，及錯誤積多，工作發繁的時候，難免不始初可以原諒者，日後曲折太多，勢難各個件件明白記憶原諒，於是乎因繁生忽，因忽成錯，錯久且多，遂鮮不誤會而生糾紛了。若再加以個人的觀感，一時爲環境繁劇所動，或身體上因勤勞過度，發生了異狀，乃適逢其會的，遇着此種層層折折所積成的錯失，那就更易誤會，而更生糾紛了。這種原因，我相信是要占一大半的，再其次，也許是許許多多的同志，共負如許偉大責任的當中，亦難保無一二假公濟私，眩於勝利，而欲新翻花樣，藉播觀聽，或眞是觀點不同，工作特異，及誤認題目，錯佈章節，與夫其他護短好勝，重己輕人的種種革命青年最易干犯的毛病的同志，或忘了大局的危險，忽了根本的錯誤，而發生了敵我操刀相搏，待決死生時的絆自手足，自喪生命的離奇怪象，這種糾紛，固屬是誰也要說絕不願意有的，可是誰敢担保他爲絕對沒有的嗎？　至於敵人的陰謀離間，無中生有，白者黑之，種種危害，令我分化，自底於亡，誰都承認是我們勝利愈大，他的進攻是愈凶的。倘眞有各同志間，一二事實欠明，或接洽失當的事實，那就更是他們畫蛇添足，捕風捉影的絕好機會了。此次糾紛中的這種原因，我們亦可斷言其必占十之三四，要之我們校長之爲黨爲國，我們即不說他性格之光明磊落慷慨激昂，單說他自總理逝世以來，有了現在可留將來的工作與成績，我想無論何人，沒有不信仰敬服的，如其有錯誤，只要他確實明白，我想他沒有不明白來告訴我們，曉之天下的。　然則我們校長沒錯，遂是其他同志的錯嗎，是又不然。　我相信此次糾紛中的許許多多的同志，多是極革命極努力的同志，除非新近眞有一二犯了神經病外，我相信二者之間，定有其他如上所說的種種複雜原因在裏面，不獨在後方者，不易明白眞相，即在前方天天與糾紛中各同志相周旋的同志，恐怕亦難澈底明白的，若果一問即便明瞭的事，那就決不令有這久而且大的糾紛。惟既知道發生了糾紛，而且彼此披肝瀝胆吐露了出來的時候，我們大可以不必着急，到了風消雲散的時候，糾紛中各同志的日月光明定可誰都仰望得到的，這可以說，完全站在本黨的進步方面，來討論黨的本身問題，決不致影響人的問題，也決不致搖動北伐的大計，這種直諒公忠，無所瞻徇的態度，遠遠和軍閥治下的陰謀傾軋爾詐我虞的不同，這正是本黨一個最可寶貴的精神，當爲校長及一般同志所贊許的。　校長此次北伐，總握大權，完全是黨所給予的，校長是服從黨的命令，來行使黨所給予的大權，軍事愈進展，就是黨的勢力愈進展，我上次已經明白說過的，也就是黨的威權愈進展的表現，校長是積極負責任的人，如果對於這個大權有絲毫放棄，使黨事因而阻撓，這就是不負責任，有違黨的命令的事，這是校長所決不肯做的，我們當此流言恐懼的時候，平心靜氣，忍以待之，這次糾紛，必會水落石出，眞相大明，流言就息，判決必確，自然會渙然冰釋，怡然理順的了。　總之本黨的問題，不怕公開的討論，不怕直諒的詰問，惟虛實難明，儘可不必參與，如果是我們遠處在後方，最易中人離間的奸計，本校是校長奉總理命令所創辦的，爲革命生命所寄託，尤爲敵人攻擊最大的目標，自必譸張爲幻，愈出愈奇，破壞之計，有加無已，我們稍一不慎，即易墮其術中，我們只可以用沈靜的態度，判別是非，而不必劍拔弩張，驚惶失措，並只可以抱着忠勇的決心，來擁護國民革命，要擁護國民革命，就要擁護這個唯一的領導者——創辦黃埔學校——繼續總理革命生命的校長。　這是鼎英當着今天隆重的紀念週中，所希望各位同志們最誠懇！——最重要的地方了。（完了）

●政治討論會討論題目

國家主義

討論綱要

1、在理論方面，國家主義底基礎有心理的，社會的，倫理的，文化的，政治的五種，我們能指出他們——國家主義派所說的謬誤否？

2、在原因方面，醒獅派在中國主張國家主義底論據是些什麼？

3、在策略方面，他們提出來的「內除國賊」，「外抗强權」，「全民革命」，「全民政治」，「外不親善」，「內不妥協」這些口號，不對的地方在那裏？

4、在行動方面，國家主義派，爲什麼要反對本黨底三大政策？爲什麼爲唐繼堯吳佩孚孫傳芳張作霖等所賞識？

5、曾琦李璜這般人，爲什麼是半新半舊半中半西半封建半資本的腐敗青年？

* 此档案原有涂写，为保留历史信息，未做处理。编者注。

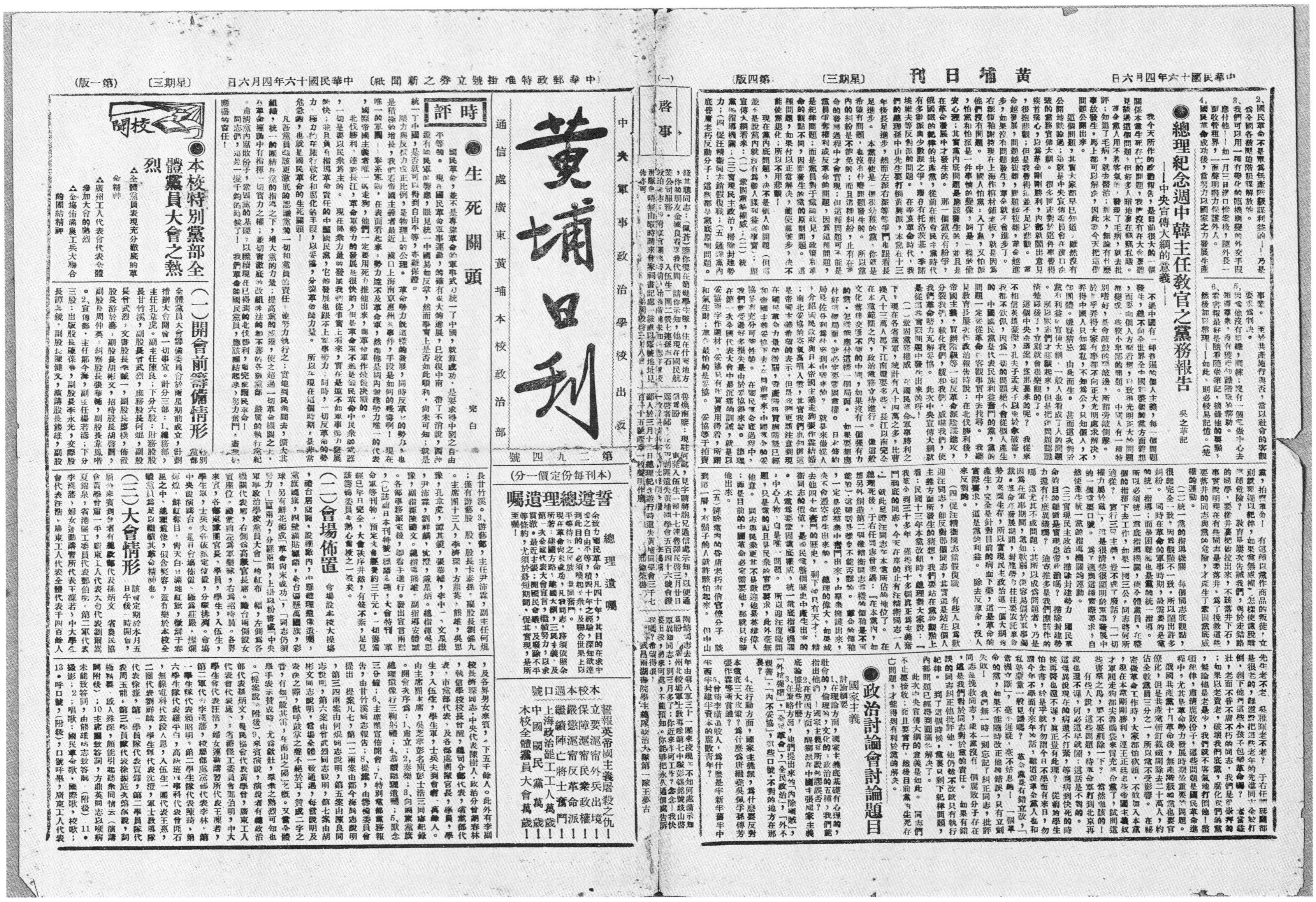

黄埔日刊

中央軍事政治學校出版

總理紀念週中韓主任教官之黨務報告

時評 生死關頭

總理遺囑

本校特別黨部全體黨員大會之熱烈

（一）開會前籌備情形

（二）會場佈置

（三）大會情形

政治討論會討論題目

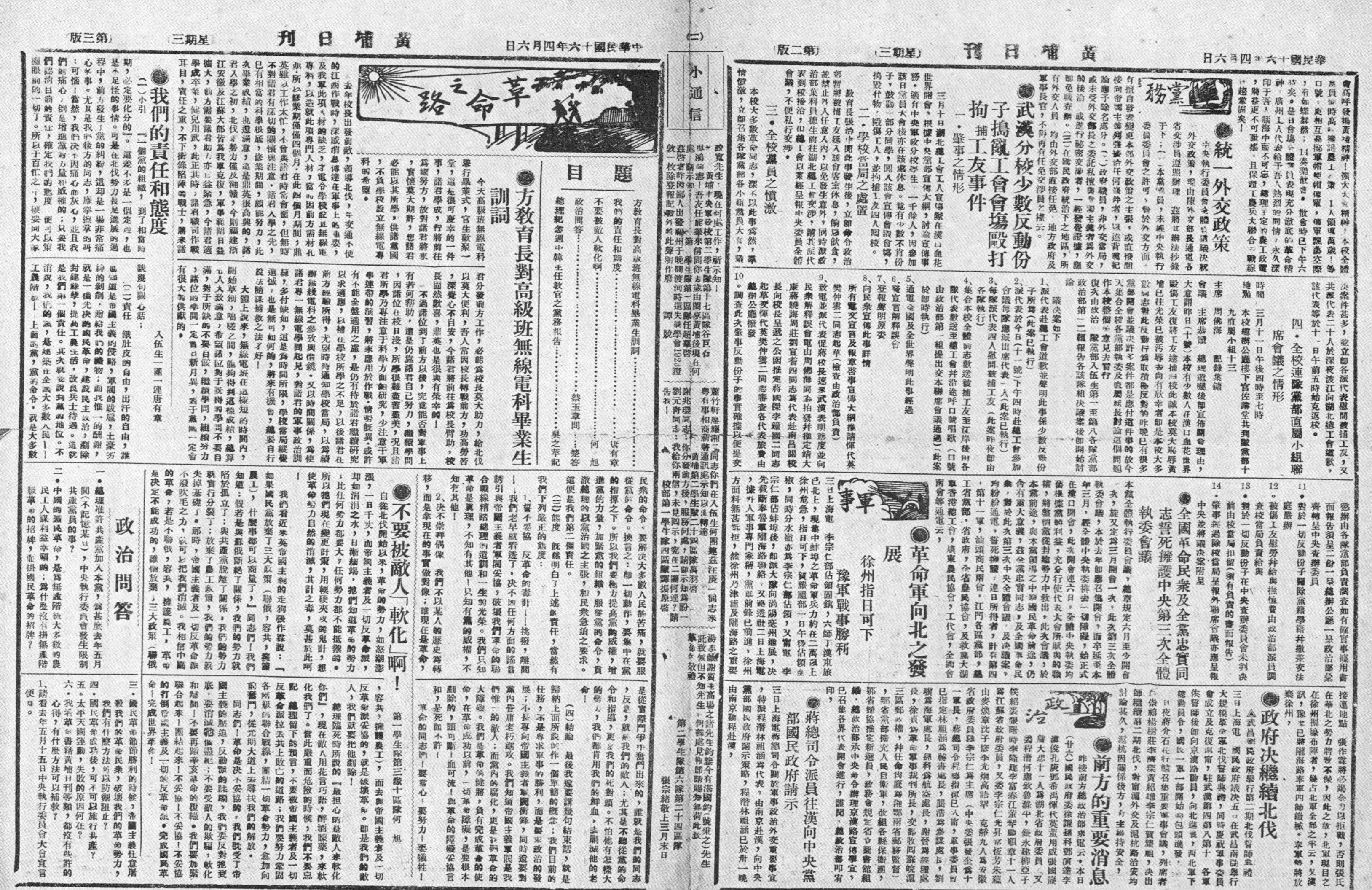

黨務 統一外交政策

武漢分校少數反動份子搗亂工會會場毆打捕工友事件

革命之路

方教育長對高級班無線電科畢業生訓詞

我們的責任和態度

不要被敵人"軟化"啊！

政治問答

革命軍向北之發展

全國革命民衆及全黨忠實同志誓死擁護中央第三次全體執委會議

政府決繼續北伐

前方的重要消息

蔣總司令派員往漢向中央黨部國民政府請示

中華郵政特准掛號立劵之新聞紙〔中華民國十六年四月六日〔星期三〕(第一版)

黃埔日刊

中央軍事政治學校出版
通信處廣東黃埔本校政治部
第二九四號
(本刊每份定價一分)

啓事

錢其聰同志：(佩蒼)鑒你現在第幾學生隊，住在什麼地方，你的朋友金國良君要我代問，請你示知，他現在國民航業公司服務。　入伍生一團二營七連孫志石

致珀同志：[illegible]前[illegible]未知同志[illegible]隊[illegible]晤無由暇時請來會家祠書記處一敍或以隊號地址見告亦可　弟周毅啓三月八日

魯煥南鑒：現駐何處，見字請將胞兄通信處示知，以便通信爲盼　東莞入伍生[illegible]

逕啓者部[illegible]遺失黃埔同學會[illegible]證章一枚[illegible]部人於三月十二日總理紀念遊行時遺失黃埔同學會三千七百十五號證章一枚，聲明作廢

陶鑄同志：去年由第八軍三十一團來校現不知何處請示知　[illegible]北較場軍士教導隊第七中隊彭銘岐啓

賈昇同志：[illegible]念念！我快要出發了，不能預知，你能夠把永久通信處告訴我嗎？希望得很！　武昌兩湖書院學生總隊政治大隊第一隊王夢古

時評

◉生死關頭

完白

國民革命，並不是專靠革命的軍事武力統一了中國，就算成功，是要求得中國之自由平等的。現在國民革命軍事運動，的確有很大的進展，已收復中南，帶了不消說，西南還有些民軍的響應，眼見統一中國易如反掌，然而事實上是否如此順利，尚未可知；就是統一了中國，是否就可以得到自由平等，亦難保證。

壓力與反抗力成正比例，是物理上的公理。革命勢力既這樣的發展，同時反革命的勢力，也是積極的增長，我們看帝國主義者最近漢口上海南京惠州等事件，手段是如何的殘毒啊！現在唯一的軍閥——奉系軍閥，在表面看起來，勢力遠不及革命軍，然而他是國內封建勢力唯一的代表，國際帝國主義者唯一的走狗，他們一定要用死力推他出來，與革命軍作最後決戰的。北伐勝利，達到長江，革命軍勢力的發展是很快的，但是革命軍不過是國民革命中民衆的武器，一切是要以民衆爲主的。現在民衆力量的發展我們從事實上看來，實在是遠不如軍事勢力發展的快；並且負有指導革命責任的中國國民黨，它的發展也跟不上軍事勢力；同時，一切反革命的勢力極力的在施行歐化和腐化的手段，以妥協，分裂革命的力量。所以在現在這個時期，是非常危急的，也就是國民革命的生死關頭！

凡吾黨員應該更澈底的認識黨的一切和黨員的責任，並努力執行之；實地到民衆間去，擴大其組織，統一的團結在黨的指導之下，增大黨的力量；提高黨的威權，使之超過一切革命機關之上，在革命運動中有指揮一切實力之權；並切實澈底的改組不法的和不善的各級黨部，嚴厲的執行黨紀，肅清黨內腐敗份子，鞏固黨的基礎，以繼續現在已得到的北伐勝利，而完成國民革命！同志們，這是一髮千鈞的時候了！我們革命的國民黨員，應該團結起來，努力奮鬥，盡我們應盡的責任！

◉本校特別黨部全體黨員大會之熱烈

△全體黨員表現充分澈底的革命精神
△廣州工人代表會代表全體參加大會的熱烈
△全場佈滿農工兵大聯合的團結精神

(一)開會前籌備情形

特別黨部

全體黨員大會籌備委員會於兩星期前成立，計劃指辦大會開會一切事宜。計分三部：1、總務部，主任孔韋虎。副主任陳良；下分六股：財務股股長甘竹溪，副股長曾武烈，庶務股長何焜，副股長曾武烈，文書股長李誠一，副股長廖樸，佈置股長游於藝，副股長胡彬文，招待股長胡啓圖，副股長周仲英，糾察股長張華輔，副股長韋鳳嗜。2、宣傳部，主任鄧今海，副主任楊若濤；下分三股：出版股長陳葆奇，副股長李永光，交際股長譚其鏡，副股長陳健文，演講股長熊雄，副股長甘竹溪。3、游藝部，主任尹沛霖，副主任何焜；僅有游藝股，股長卞泰孫，副股長劉錫九。主席團十三人，李濟琛，方鼎英，熊雄，吳思豫，孔韋虎，譚其鏡，張華輔，李中一，文星樹，尹沛霖，劉祥麟，沈澄，戴星炳。總指揮吳思豫，副指揮陳鐵文。總指揮熊雄，副指揮安體誠。各部事務派定後，卽着手進行。發出宣言兩則，(已誌前日本刊特號)標語各種，大會特刊，革命軍等刊物，預定大會經費約三千元。一切籌備經已早日完全，大會秩序井然，有條不紊，足見該籌備委員之熱心黨校之一致矣。

(二)會場佈置

會場設本校大操場，禮台居前面，設棚廠內，中懸總理遺像遺囑，黨旗國旗，四壁滿貼標語，全台遍懸萬國旗，彩球，另有鮮花綴成「革命尚未成功」，「同志仍須努力！」匾兩方，分懸兩側，上掛以粉書成「中央軍事政治學校黨員大會」的紅布一幅，左側爲各機關代表席，右側爲高級官長席。禮台兩側設女賓座位。禮堂前左爲軍樂隊，右爲招待員。各界來賓，各部處隊團官長，學員，學生，入伍生，學生軍，士兵夫各依派定位置，分隊排列。會場中央設演講台。是日會場佈置，極爲莊嚴，燦爛輝煌，鮮紅奪目，青天白日滿地紅旗，微舞于春風之中，總理遺像，似含笑容，蓋有樂於本校全體黨員爲足以繼續其革命精神也。

(三)大會情形

該會定期於本月五日午後一時開會，屆時來賓到會者有總政治部代表孫炳文　省農民協會黃學會，廳一平，廣東工人代表大會代表劉爾崧，夏錦泉，省港罷工委員代表鄧伯明，第二軍代表李漢藩，婦女運動講習所代表王凜若，中大學生會代表汪浩，廣東工人代表全體代表千四百餘人，及各界男女來賓，一下五千餘人。此外有李副校長濟琛同志，中央代表陳樹人，政治分會胡春林，總司令部代表，省黨部代表，市黨部代表，及各部處團隊官長，學員，學生，入伍生，學生軍，士兵夫到會者，一萬餘人。由主席團主席，吳芝萃彭名質彭士浩三同志紀錄。開會次序爲：1、肅立；2，奏樂；3、向國旗黨旗總理遺像行三鞠躬禮；4、恭讀總理遺囑；5、默念三分鐘；6、主席團宣佈開會；7、特別黨部黨務報告，由甘竹溪同志報告；8、提案，由籌備委員會提出，提案凡七，第一二兩案由何焜同志說明，第三四兩案由曾武烈同志說明，第五案由陳良同志說明，第六案由鄧今海同志說明，第七案由胡彬文同志說明，當場全體一致通過，每當說明及表決之際，歡呼鼓掌之聲不絕於耳，贊成二字之音，有如「殷其雷，在南山之陽」之概。又當全體舉手表示贊成時，尤爲激壯，羣衆之熱烈可知也。(提案說明附後)9、來賓演說，演說者有總政治部代表孫炳文，農民協會代表黃學會，廣東工人代表會代表施卜，省港罷工委員會鄧伯明，中大學生會代表汪浩，婦女運動講習所代表王凜若，第二軍代表李漢藩，校屬部處黨部代表李林，第一學生隊代表賴照明，第二學生隊代表陳琦，第六學生隊代表羅平白，高級班政治科代表會匪石，無線電科代表段人恩，入伍生一團代表王惠，二團代表劉祥麟，學生軍代表沈澄，軍士教導隊代表徐漲，第一學員隊代表賈鐸，第二學員隊代表周玉龍，第三學員隊代表徐振庭次第演說，詞極精警，感人殊深，頗能引起聽衆同情云(演講詞附後)；10主席團致答詞，方鼎英同志以喉病未能致答詞，由熊雄同志致答詞(附後)11．攝影；12；唱歌：國民革命歌，國際歌，校歌；13．呼口號，(附後)，口號呼畢，廣東工人代表

誓遵總理遺囑

總理遺囑

余致力國民革命，凡四十年，其目的在求中國之自由平等。積四十年之經驗，深知欲達到此目的，必須喚起民衆，及聯合世界上以平等待我之民族，共同奮鬥。現在革命尚未成功，凡我同志，務須依照余所著建國方略，建國大綱，三民主義，及第一次全國代表大會宣言，繼續努力，以求貫徹。最近主張開國民會議，及廢除不平等條約，尤須於最短期間，促其實現。是所至囑！

本校本週口號

誓報英帝國主義屠殺之仇！
立要滬甯外兵出境！
保障滬甯民衆政權！
嚴懲滬甯反革命派！
繼續陣亡將士奮鬥！
上海政治罷工工人萬歲！
中國國民黨萬歲！
本校全體黨員大會萬歲！

＊華民國十六年四月六日　黃埔日刊　（星期三）　（第二版）

會高呼發揚黃埔精神！擴大本校精神！本校全體委員同時高呼擁護農工政策，工人領導萬歲！等口號，更相互高擲軍帽便帽傳單，傳單飄蕩空際，有如蝶舞然；14奏樂散會。散會時已下午六時矣。是日會場空氣，全體黨員表現充分激底的革命精神，廣州工人代表給予吾人熱烈的同情，永久深印于吾人腦海中而不可忘，總理手定的農工政策，將益更不可動搖，且保證工農兵大聯合之戰線日趨鞏固矣！

黨務

◉統一外交政策

中央執行委員會全體會議議決統一外交政策，現由陳外交部長通電各省交涉員遵照辦理　茲將其辦法抄錄于下：（一）本黨黨員，未經中央執行委員委員會之許可，對於外交方面，有擅自發表變更本部外交政策之主張，或直接間接與帝國主義者同謀接洽任何條件者，以違背黨紀論應予除名處分。（二）政府職員，非外交當局，或未受外交部長之委託，私擅與帝國主義者爲外交的接洽，或進行秘密交涉者，一經發覺證據，應即免職查辦。（三）在國民政府統治下之地區，所有外交人員，均由外交部直接任免，地方政府及軍事長官，不得再有任免交涉員之權云。

◉武漢分校少數反動份子搗亂工會場毆打拘捕工友事件

一．肇事之情形

三月十日湖北總工會工人宣傳隊在漢口血花世界開會，根據中央黨部宣傳大綱，討論宣傳事務，適有中央軍政分校學生，一千餘人，因參加該日黨員大會後亦在該處休息。竟有少數不肖份子，鼓動一部分同學，闖入該會宣傳會議會場，搗毀什物，毆傷工人，並拘捕工友四人回校。

二．學校當局之處置

教育長張治中聞此事發生後，立即命令政治部暫將被捕工友延入該會客室休息，餉以飲食，並禁止外人任意入內，以免發生意外，同時派政治部葉科員德生前往湖北總工會交涉，請其派代表到校接洽，但總工會以業經呈報中央委員全體會議，不便私行交涉。

三．全校黨員之憤激

本校大多數革命同志，深不以此事爲然，羣情憤激，立即召集各隊黨部各小組黨員大會，議決案件甚多，並立即各派代表慰問被捕工友，又共派代表二十八於深夜渡江向湖北總工會道歉，該代表等於十一日午前五時始克返校。

四．全校連隊黨部直屬小組聯席會議之情形

時間　三月十一日午後四時至七時

地點　本校總辦公廳樓下官佐講堂共到隊黨部十九直屬小組十三

主席　周佛海　記錄葉鏞

會議　主席恭讀　總理遺囑後即宣佈開會理由，大意謂昨日（十號）本校有少數人在漢口血花世界毆傷工友復將工友逮捕回校此誠本校莫大恥辱責備已往光榮已被汚辱未尚有欣幸者即是本校大多數同志對此反動行爲取積極反對昨晚已有很多黨部開會並議決許多案件都是應付這件事的故今天集合全校各黨部執委及直屬組長討論這個問題作本校整個的意見去實行

復次由政治部黨員入伍生第一至第八各隊黨部政治部第一二組報告各該隊組決議案後即開始討論

議決案如下

1、派代表赴總工會道歉並聲明此事係少數反動份子所爲（此案已執行）

2、派代表於今日（十一號）下午四時赴總工會參加會議每隊派出席代表一人（此案已執行）

3、每隊派代表四人慰問被捕工友（此案昨夜即由各隊執行）

4、集合本校全體同志歡送被捕工友至江岸後由各隊代表歡送至總工會并沿途呼口號唱歌（口號由政治部第一組提出交本聯席會議通過）（此案於即時執行）

5、通電全國及全世界聲明此事經過

6、發宣言解釋誤會

7、登報聲明原委

8、向民衆宣傳此事詳情

所有電文宣言及報章啓事宣傳大綱推請惲代英樊仲雲二同志起草（檢查由政治部負責）

9、致電並派代表促蔣校長速來武漢表明態度並向民衆解釋誤會電由周佛海同志擬發并推定靖大康蔣曉海周莊劉宜者四同志爲代表赴南昌謁校長向校長呈遞之公函推定蔣國傑李鐘國二同志起草交惲代英樊仲雲二同志審查各代表旅費由總辦公廳撥發

10。調查此次肇事反動份子的事實確據以便提交懲辦由各隊黨部負責調查如有確實事據用書面報告須呈二份一呈總辦公廳一呈政治部彙齊轉呈中央查辦委員

11．對於一切反動份子開除黨籍學籍并撤差交法庭嚴辦

12。被傷工友慰勞并給與撫恤費由政治部派員調查校當局負責給與

13．對於一切反動份子在中央查辦委員會未判決前由校當局扣留（須有負責的書面報告）

14．肇事經過除校當局呈報外聯席會議亦應呈報中央並將議決案附呈

◉全國革命民衆及全黨忠實同志誓死擁護中央第三次全體執委會議

本黨全體執行委員會議，總章規定六月至少開會一次，旋又定爲三月開會一次。此次第三次全體執委會議，本於去年即應召集開會，而卒延至本年三月，經全體中央執委排去一切障礙，始正式在漢口開會，此次開會連六日。全體中央執委均奮根據黨的利益，充分行使代表大會所賦與的職權，將整個黨從封建勢力中救出。此次會議，於本黨前途，與本黨領導之中國國民革命前途，仍含有重大意義，茲全黨忠實同志，及全國革命民衆，對於此次第三次中央全體會議，及決議案，均紛紛通電，誓死擁護，連日所得者，計有第四．第十一軍，汕頭商民兩會，江門各區黨部，總工省黨部，省政府，全省農民協會，及救黨大湖軍香港總工會，廣東農民協會，工代會，全國會南會等通電云，

軍事

◉革命軍向北之發展

徐州指日可下

豫軍戰事勝利

三日上海電　李宗仁部佔領固鎮，六師丁漢東旅已北上，現集中蚌埠之革命軍兵力約在二萬以上徐州危急，指日可下，賀耀祖部一日午後佔領全椒，同時分水嶺亦爲李宗仁部佔領，又電　李宗仁部佔蚌埠後，即派大隊向渦陽亳州進展，決先截斷奉魯軍隴海路聯絡，又路透社二日上海電，據外人軍事專門家稱，黨軍前鋒已前進，徐州方面料無甚抵拒，然徐州乃津浦及隴海路之重要接連地點　張作霖將必竭全力以拒戰，否則張氏在華北之勢力將致不保，因此之故，北軍現目之在徐州掘壕布陣者，幾占北軍全部之半云，又漢訊，豫奉已將隴海路奉軍四師繳械。奉軍勢將放棄徐州，

◉政府決繼續北伐

▲武昌國民政府舉行第二期北伐誓師典禮

三日上海電　國民政府議決五日在武昌南湖舉行大規模革命軍北伐誓師典禮，同時慶祝軍事委員會成立及克復滬甯，駐武漢第四第八第十各軍俟誓師後即向京漢路動員，向北進展，西北軍下總動員令，國民一軍一部開始向包頭進發，

日夜蔣介石在行轅召集重要軍事會議，列席者白崇禧楊樹莊李濟琛黃紹雄李宗仁賀耀祖，決出師繼續第二期北伐，對甯滬外交及滬杭路治安均討論甚久，滬杭因關係後方，亦主維持安全，

政治

◉前方的重要消息

昨接前方總政治部來電云，本日（廿六）國民政府委徐謙孫科鄧演達李漢俊孔庚鄧希禹惲代英董用威張國燾詹大悲十一人爲湖北省政府委員，又委程潛何應欽魯滌平，鈕永建柳亞子侯紹裘張曙時李隆建李富春江董琴鄒順章十一人爲江蘇省政府委員，又委李宗仁光昇常恆芳朱蘊山麥煥章沈子修李光炯高語罕　克靜九人爲安徽省政府委員以李宗仁爲主席（中央委張發奎爲十一軍長，蔣總司令程潛指揮已入甯，軍事委員會已指定林祖涵爲秘書處長，龔浩爲參謀處長，劉驥爲海軍處長，孫科爲航空處長，謝晉爲經理處長，徐貞爲軍事裁判所長，交部收回蘇皖滬三區郵政權，并任命尚鷹爲湘鄂兩省郵務監督），鄂省黨部擬充人民自衛軍，故組各縣保衛團，鄂省婦協推定新選員，政務會規定省立圖書館組織，總政治部承中央命令辦理京漢路宣傳事宜，已召集各界代表開會進行，謹聞．總政治部叩宥印，

◉蔣總司令派員往漢向中央黨部國民政府請示

三日上海電蔣總司令關於軍事政治外交重要事宜，特派程潛林祖涵爲代表，由南京赴漢，向中央黨部國民政府請示策略，程潛林祖涵已於卅一晚由南京動程赴漢，

（二）

小通信

政寬先生：現在何處工作，祈示知！黃埔中央軍事政治學校第二學生隊第十七區隊谷巨石

鴻同志！吾友任能羣來信問你去歲由閩來黃埔後現在何處，請示知，第二學生隊第一區隊任超羣啓

茲啓者昨因部入出發福州于晚間渡河時遺失黃埔同學會1928證敦一枚除登報記載外特此聲明作廢　譚競

蕭竹軒廖耀湘二同志你們在入伍生何團連茲汪庚一同志來粵有事相商祈將通訊處示知以便轉達　黃埔第二學生隊二十四區隊萬羽啓

謝兆璟同志：你分發前方後，服務何處，請即示知爲盼一劉元青同志：我給你兩信，未見回示，究在二團何連？請告我！　校部第一學生隊四區隊譚振原啓

湯志誠謝貢莘高揚之諸先生鈞鑒今有湛國鈞（號秉之）先生託致候但不知先生何部處見報即請賜知無荷此致革命敬禮　第二學生隊第六隊第二十四區隊　張宗緒敬上三月末日

＊缺“中”字。编者注。

中華民國十六年四月六日 黃埔日刊 星期三 第三版

革命之路

題目

方教育長對高級班無線電科畢業生訓詞

今天高級班無線電科舉行畢業式，官生歡聚一堂，這是很可慶幸的一件事，諸君學成，行將前往爲黨國努力，故對諸君將來，實懷莫大期許，想諸君必能以其所學，供諸黨國，不負學校設立無線電專科的希望。

去年校長出發前敵，領導北伐，午交通不便的江西作戰時，深感消息傳達在軍事上的重要，及我軍此項人材的缺乏，才電令學校設立無線電專科，以造就此項專門人材，當時因前方需材孔亟，所以修業期僅僅四個月，在此四個月期間，鼎英雖以工作太忙，不會與諸君時常會面，但無時不對諸君有深切的關懷與注意。諸君入學之先，已有相當的科學根底，修業期間，頗能努力，此次畢業成績，也還滿意，這是鼎英很高興的，諸君入學之初，北伐勢力僅及湘贛，今則福建浙江安徽及江蘇大部皆爲我軍克復，軍事範圍日益擴大，前方需要諸君助力亦已益緊急，今諸君適學成卒業，健兒用武，此正其時，諸君職司作戰耳目，責任之重，不下衝鋒陷陣的戰士，將來諸君分發前方工作，必能爲校長莫大助力，給北伐以莫大便利，吾人常因校長轉戰前方，功高勞苦，深覺心不自安，今諸君將前往爲校長臂助，校長固然歡喜，鼎英也是很與有榮幸的！

不過諸位到了前方以後，究竟能否對軍事上有若何裨助，這是仍靠諸君自己努力，繼續學問，因諸位在校日淺，所學很難盡善盡美，況且諸君所學乃專注意于科學方面的研究，少注意于軍事連帶的演習，將來應用於作戰，情勢既異，或許有不能全盤適用之處，是仍有待於諸君繼續研究以求適應，以補在學校所學之不足，以後諸君在前方經驗所得，尤望時時通知學校當局，以爲續辦無綫電科之參攷與借鏡。又以時間關係，爲使諸君專一無線電學問起見，對諸君的軍事政治訓練，多付缺如，這是爲時間所限，學校當局縱覺遺憾，也是無可如何的，將來有機會，總要自行設法隨課補救之法才好！

大體上說來，無線電班在這樣短的時間內，開始草創，咄嗟之間，能夠得到這樣成績，總算令人大致滿意，希望諸位對于既得的學問不要自滿，對于所缺的不要自餒，繼續學問，繼續努力，諸位的學問一定會日新月異，對于黨國一定會有很大的供獻的。

我們的責任和態度

入伍生一團一連唐有章

(一)小引 『一個黨的組織，到了相當時期，必定要化分的』。這差不多是一個定理，也是不足怪的事情。可是在北伐勢力長足進展的過程中，前方發生了黨的糾紛，這却是一場非常痛心的事。尤其是我們後方的同志，摩拳擦掌的叫：可惱！當然，我們決不因痛心而灰心，並且我們的痛心，倒是增進黨的力量和威權的；只要我們認清目前的責任，確定我們的態度，便可以策應眼前的一切了。所以于百忙之中，便要同大家談幾句關心話；

(二)責任 餓肚皮的自由，出汗的自由，誰也知道是帝國主義的侵略，軍閥的跋扈，土豪劣紳的剝削，贈給我們的禮物；而我惟一的酬謝，就是一個先決的國民革命，建設民主政治，剷除封建餘孽，提高工農生活，改良兵士待遇。這就是我們第一個責任。其次就要說到黨的地位。不消說，我們的黨，是建築在全國大多數人民——工農階級——上面的黨，黨的命令，就是大多數民衆的命令，要解決大多數人民的苦痛，就要服從黨的命令。換言之：即一切動作，要集中在黨的指揮之下。所以我們要極力提高黨的威權，增進黨的力量，加緊黨的組織，服從黨的命令，貫徹總理的以黨治國之主張，和民衆急迫之要求。這便是我們第二個責任。

(三)態度 既然明白了上述的責任，當然有我們下列嚴正的態度：

1、誓不妥協 反革命的毒計——挑撥，離間——我們老早就看透了，決不因任何方面的謠言誘引與帝國主義者軍閥妥協，破壞我們革命的聯合戰線糟踏總理的遺訓和一生的光榮。我們只知革命是真理，不知有其他！只知有黨的威權，不知有其他！

2、決不崇拜偶像 我們不以某人的歷史爲轉移，而是拿現在的事實做對像；誰現在是革命，是從實際鬥爭中奮鬥出來的，誰就是我們的同志，反是，就是我們的敵人；尤其是不聽從黨的命令和指導，更是我們的死對頭。不怕他有怎樣大的勢力，我們都肯用我們的鮮血，去剿滅他的老命！

(四)結論 最後我還要講幾句結束話，就是歸納上面所說的作一個單簡的概念；我們目前的任務，不是專求軍事的勝利，而是要求政治的發展；不是專向帝國主義者軍閥衝鋒，同時還要對黨內昏庸老朽進攻。我們知道帝國主義軍閥是我們惟一的敵人；而黨內的腐化，更是我們革命的大障礙。我們是革命的健將，負有完成革命的使命，在革命成功以前，一切革命障礙，是要根本剷除的，頭可斷！血可流！與革命的障礙妥協言和，是死而不許！

革命的同志們！要當心！要努力！要犧牲！

不要被敵人「軟化」啊！

第一學生隊第三隊十區隊何旭

自從北伐開始以來，革命的勢力，如怒潮澎湃，一日千丈，而帝國主義者及一切反革命派，却如涓涓之水，日漸細竭，牠們知道革命的勢力，比任何勢力都要大，任何勢力都不能抵禦的。所以牠們現在變更計策，用輭硬夾攻的鬼計，想使革命勢力自然的消滅，其計之毒，莫甚於此呵！

我們看近來英帝國主義的走狗張作霖說：『如果國民黨放棄了三大政策（聯俄，容共，擁護農工），什麼事都可以商量了。』同志們！我們知道：假若是與蘇俄斷絕了關係，我們的勢力就陷於孤立了；與共產黨脫離了關係，我們的勢力就實行分裂了；放棄了農工政策，我們的勢力就失掉基礎了。那時，帝國主義者及一切反革命派不廢吹毛之力，就可以把我們消滅。我相信中國的革命，若是不聯俄，容共，擁護農工，革命是決定不能成功的，誰個放棄三大政策（聯俄，容共，擁護農工），而去與帝國主義者及一切反革命派妥協的，就是破壞革命。即是我們的敵人，我們就要把他剷除！

總理臨死時所說的『最担心的是敵人來軟化你們』，現在敵人用花言巧語，醉酒隊藥，來軟化我們了。當此嚴重而危險的時候，我們不要忘記總理留下的預言，不要被帝國主義者及一切反革命派拉去共上敗亡的道路；我們要努力鞏固各階級的聯合戰線，團結一切革命勢力，愈加向前奮鬥，從光明大道上去尋找我們的解放。

同志們！革命是決不妥協的。我們既受了帝國主義的壓迫，反動派的蹂躪，我們要反對牠到底，要消滅牠個盡絕；不要受敵人的欺騙，軟化和離間！不要再蹈辛亥革命的覆轍。我們要加緊聯合起來！團結起來！不妥協！不妥協！不妥協的打倒帝國主義及一切的反革命派。完成國民革命——完成世界革命！

政治問答

一．總理准許共產黨加入本黨，爲甚麼去年五月間（不記憶某日），中央執行委員會發生限制共產黨員的事？

二．中國的國民革命，是爲無產階級大多數的農民工人謀利益幸福的：爲什麼沒有掛無產階級革命的招牌，而掛國民革命的招牌？

三．國民革命節節勝利的時候，帝國主義任意屠殺我們的革命民衆，破壞我們的革命勢力，我們有什麼方法可以防禦阻止？

四．國民革命成功後，可不可以施行共產？

五．太平天國運動，失敗的原因何在？

六．我看革命書籍黃埔日刊等類，都沒有些許的心得，有什麼方法可以補救？

1、請看去年五月十五日中央執行委員會大會宣言便知。

中華民國十六年四月六日 黃埔日刊 〔星期三〕 〔第四版〕

2、國民革命不是單爲無產階級謀利益的——！乃是爲全國各被壓迫階級謀解放的。

3、我們可以用一種有變化的臨機應變的外交手段應付他——如一月三日漢口慘案後，陳外長一面收管租界，一面聲明盡力保護外人。

4，國民革命成功後，當努力以國家之力發展生產事業。至於共產施行與否，當以社會的客觀要求爲判決。

5，因爲他沒有組織，訓練；沒有一個黨做中心去領導羣衆，沒有獲得知識階級的幫助。

6、看書報最好是隨看隨做筆記，摘錄他的要點，然後加以整理——如此，則必較易記憶。（楚

●總理紀念週中韓主任教官之黨務報告

——中央宣傳大綱的意義——

吳之華記

我今天所作的政治報告，是目前很大的一個關係本黨生死存亡的問題，我們沒有在大會裏聽見談過這個問題，但好多人暗地裏在竊竊私議。革命黨人用不着客氣的，發現了毛病，就去批評；知道了毛病，就去醫治；那末，無論有什麼事故發生，馬上都可以解決，因此我今天把這個問題公開出來。

這個問題，其實大家都早已知道。雖然沒有公開地談論過；這就是中央宣傳委員會在漢口決議的黨務宣傳大綱。 很多同志對於這件事覺得疾首痛心，以爲革命剛剛勝利，內部就鬧出意見，很抱悲觀；但是我覺得這並不足以悲觀。 革命越發展，問題越複雜，問題越複雜，革命越進步，如果沒有問題發生，革命就不會進步了。 右派領袖謝持現在上海作棺材鋪老板，就是因爲他們沒有問題。 中國人怕黨，入了黨，又怕派，怕黨和怕派是一件事情的變像，同是一樣的偸安心理；其實黨內底問題是應該發生的，並且是在革命發展中才發生的。 那一個黨沒有紛爭，俄國鐵的紀律的共產黨，從前在社會民主黨時代有多數派與少數派之爭，現在有托洛茨基，季諾維埃夫等反對派的問題。 在辛亥革命時代，我們的總理孫中山先生要打倒黃興派，本黨在十三年後長足進步，然而左派右派等等爭鬥也跟着長足進步。 本黨假使是一個很幼稚的黨，你就是希望有問題，也沒有什麼問題發生的。 所以黨內的糾紛是不能免的；而且這種糾紛，止有在革命的發展過程中才會實現；但這種問題可不能是黨員爭奪權利或反革命的問題，因爲這種問題，是紀律問題；而是黨員對於黨的政見，政策和革命的觀點不同，因而發生的黨的原則問題。 這種問題，如果付以正當解決，能使黨進步，決不能使黨退化；所以不用悲觀！

現在黨內底問題，決不是個人的問題（但這並不是說黨內就沒有爲個人謀利益的事實）；照宣傳大綱看來：（一）鞏固黨的權威；（二）統一黨的指導機關；（三）實現民主政治，掃除封建勢力；（四）促汪精衛同志銷假復職；（五）鏟除黨內底昏庸老朽反動分子：這些都是黨底原則問題。

不過中國有一種普遍的個人主義，每一個問題發生，總不向全世界全中國和整個的黨方面着想，而要向個人方面着想，以致很光明正大的問題都變成一些狹小卑鄙的問題。 中國人有一種特別嗜好，是會敲鼓的專敲邊，所謂旁敲側擊。於是乎弄得大家有事都不向正大光明處求解決，弄得中國人只知爲私，不知爲公，只知個人，不知團體。嫌疑猜忌，由此而生。 甚而這次對於黨有利益的宣傳大綱，一般人也看成了人的問題，所以同志們才悲觀起來，但是把這問題認識清楚以後了，立刻就會覺樂觀的了。 我從來不相信英雄豪傑，孔夫子孟夫子以至於拿破崙，我都不欽佩，因爲一切的問題絕不會從個人產生的。 中國國民黨是代表民族利益奮鬥的黨，黨的問題一定要從革命的客觀事實中去找尋。 我聽見教育長屢次作政治報告時說：在北伐勝利後，帝國主義，買辦階級等一切反革命派陰謀進攻，分裂我們，軟化我們，緩和我們，威嚇我們，使我們革命勢力瓦解妥協。 此次中央宣傳大綱就是從這些實際問題中發生出來的呀！

（一）鞏固黨底權威 在國民革命軍事勝利之下，現在各省黨軍，統計有八十四萬之多，比曹操八十三萬人馬下江南還要多些。長江以南完全在本黨範圍之內，政治黨務亟待進行。 像這般文化落後交通不便的中國，如果沒有一個強有力的黨，怎樣能應付這樣一個局面。 如果要想應付好這個局面，就必定要鞏固黨權。 日本條約局長佐分利爲什麼到中國來呢？ 就是來做媒人，介紹國民政府與日本帝國主義走狗張作霖結婚；南北妥協的空氣高唱入雲，其實我們也知道這是帝國主義希望的表示，但是必須更要注意到現在國民革命力量的微弱，資產階級買辦階級已經和帝國主義妥協下去，在目前看來，中國革命的妥協是有充分可能性的。 在國民革命底過程中，我們曾受過好多損失是由於妥協得來的。 總理在第一次全國代表大會中最沉痛的訓誡，就是以妥協兩字作題材。妥協只有作買賣用得着，所謂和氣生財；革命最怕的是妥協。 妥協等于拍賣黨，拍賣革命！有這種以黨作商品的叛徒，立刻就要繩以紀律，如果黨無威權，怎樣使黨脫離這種危險？教育長屢次告誡我們，對於走錯路的同學，要從井裏把他拉出來，不該落井下石，事實說明現在有些同志是要落井，爲了挽救這些要落井的同志與黨的危險，才產生了鞏固黨底威權的運動。

（二）統一黨的指導機關 每個同志底觀點，很難完全一致，因爲觀點不一致，所以鬧出許多糾紛。同時在革命的軍事時期，最需要的是黨的統一指導，而是困難的也是黨的統一指導。所以必須統一黨底指導機關，使全體黨員，在整個的指揮下去工作，如果一國三公，同志將何所適從？實行三民主義，豈不成了廢話？「一切權力屬於黨」，這是很清楚很顯明的軍事發展中的一個必要口號。爲了適應這種實際要求，自然便產生統一黨的指導機關的運動。

（三）實現民主政治，掃除封建勢力 國民革命的目的難道是實現皇帝政治嗎？掃除封建勢力還有什麼異議嗎？迪克推多是我們應該作的嗎？ 這尤其不成問題；其所以成爲問題者，乃是因爲在軍事期間，黨如軟弱，便容易偏於軍事獨裁。革命在發展期間，封建勢力往往要依託革命勢力來圖生存，所以實現民主政治這一個大綱的產生，完全是針對目前的病而下藥，這是革命的實際要求，這是黨的利益。除去反革命，沒人來反對的。

（四）促汪精衛同志銷假復職 有些人以爲歡迎汪同志，即反對那個同志，其實這是站在個人主義方面所發生的猜想，我們要站在黨的觀點上看：民國十三年本黨改組時，總理對大家說：「我黨革命到三十多年，僅得到十多個眞正爲主義奮鬥到底的同志，今天在座的止有汪精衛同志一人」就此足證明汪同志在本黨所佔的地位了。 在總理死後，于右任同志曾說過：『在本黨內，如想另外創造第二個像精衛同志這樣的領袖是不可能的』。這種話是離事實不能否認的。 革命的領袖，一定是從群衆中奮鬥出來，由群衆擁護出來，決不會憑空產生出來的。 總理的偉大，如果減去他四十年奮鬥的歷史，剩下的只有天才；精衛同志的價值，是在本黨整個歷史中產生出來的。 本黨爲要鞏固黨底權威，統一黨底指導機關，中心人物，自是唯一問題。 所以迎汪復職問題，只是黨的需要且是民衆的實際要求，此外毫無他意。 同志與民衆更其不是歡迎他是英雄偉人：而是目前的中國革命必定需要他，那就只好歡迎他出來。

（五）鏟除黨內的昏庸老朽市儈官僚分子 談到這一層，有點子的人就許駭怕起來。 但中山先生老不老，吳稚暉老不老？于右任譚延闓都是很老的，難道要把這些老年的先進同志全數打倒，剩下他們這些小孩子包辦革命嗎？老當益壯，老而不昏不庸不朽的同志，我們是很崇拜的；如果以老賣老，破壞我們底黨，腐化我們的黨，無論他是老是少，我們就不客氣地打倒他！整頓紀律，肅清腐敗份子，這些問題是國民革命進程中，尤其是革命勢力發展時期最重要的問題。俄國共產黨十月革命後，無產階級的黨也要官僚化，但是共產黨斬釘截鐵開除去二十萬人，約佔全數黨員三分之一，所以黨不受影響。在祕密做革命工作時，大家都怕砍頭，不敢加入本黨，現在本黨剛剛勝利，連王正廷這些帝國主義奴才軍閥走狗都尖着腦袋來冒充革命黨了，試問這些害群之馬，要不要剷除一下？當然應該的！有些人說，這些問題，待革命軍打到北京再說也還不遲，何必這早就鬧：這話是不對的。這無異說現在的病還不打緊，等到病到快死的時候再醫也還不遲，眞正豈有此理？從前的學生怕念書，於是乎就有勿謂今日不學而有來日，勿謂今年不學而有來年的話，難道說革命黨人也和私塾蒙童一般見識嗎？革命黨是有錯立改，「當機立斷」，毫不遲疑，毫不姑息的！一個革命的黨，如果不能隨時改正他的錯誤，只有立刻失敗！ 我們無一時一刻忘記了糾正同志，批評同志是挽救同志，使本黨沒有一個腐敗分子存在，這是我們對於同志對於黨的責任。 如果有錯誤的同志糾正他批評他，他仍然不改就只有執行紀律。 到了這個時候，黨裏只剩下紀律問題，內部問題已經得到圓滿的解決了。

此次中央宣傳大綱的意義是如此。 同志們不止要接收；並且要實行。然後目前黨的生死存亡問題，才能得到有利於黨的解決。

●政治討論會討論題目

國家主義

1、討論綱要 在理論方面，國家主義底基礎有心理的，社會的，倫理的，文化的，政治的五種，我們能指出他們——國家主義派所說的謬誤否？

2、在原因方面，醒獅派在中國主張國家主義底論據是些什麼？

3、在策略方面，他們提出來的「內除國賊」，「外抗強權」，「全民革命」，「全民政治」，「外不親善」，「內不妥協」，這些口號，不對的地方在那裏？

4、在行動方面，國家主義派，爲什麼要反對本黨底三大政策？爲什麼爲唐繼堯與佩孚孫傳芳張作霖等所賞識？

5、曾琦李璜這般人，爲什麼是半新半舊半中半西半封建半資本的腐敗青年？

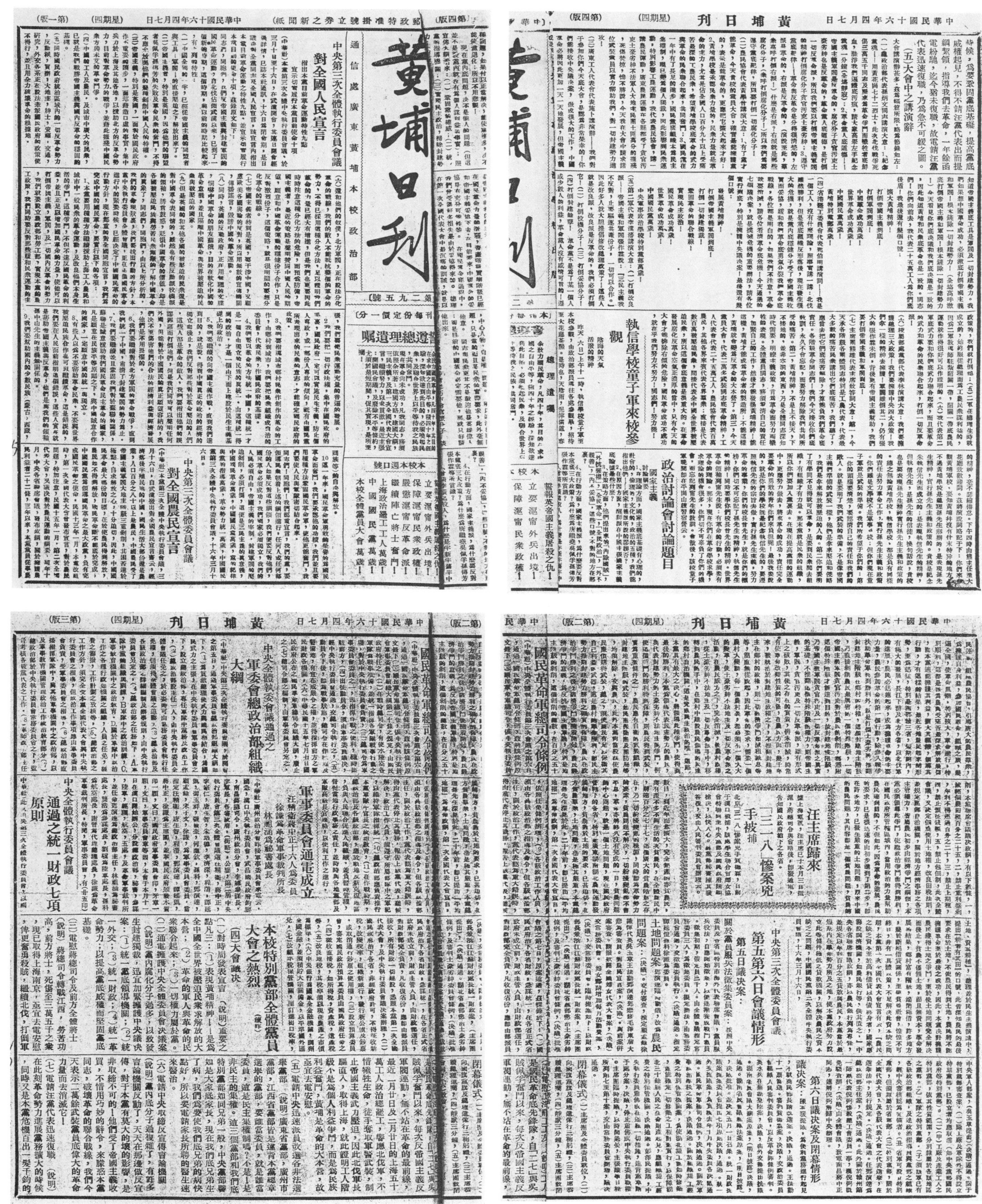

中華民國十六年四月七日 星期四 第一版

黃埔日刊

中央第三次全體執行委員會議對全國人民宣言

總理遺囑

中央第三次全體委員會議對全國農民宣言

中華民國十六年四月七日 黃埔日刊 星期四 第四版

(五)大會中之講演辭

執信學校童子軍來校參觀

政治討論會討論題目

中華民國十六年四月七日 黃埔日刊 星期四 第三版

國民革命軍總司令條例

中央全體執委會議通過之軍委會總政治部組織大綱

軍事委員會通電成立

本校特別黨部全體黨員大會之熱烈（四大會誌）

中央全體執行委員會議通過之統一財政七項原則

中華民國十六年四月七日 黃埔日刊 星期四 第二版

國民革命軍總司令條例

汪主席歸來

「三一八」慘案兇手被捕

中央第三次全體委員會議第五第六日會議情形

第六日議決案及閉幕情形

郵政特准掛號立券之新聞紙　中華民國十六年四月七日　（星期四）　（第一版）

種問題，如果村以正當解決，能使黨進步，否不能使黨退化；所以不用悲觀！

現在黨內底問題，決不是個人的問題（但這並不是說黨內就沒有爲個人謀利益事實）；照宣傳大綱看來：（一）鞏固黨的權威；（二）統一黨的指導機關；（三）實現民主政治，掃除封建勢

黃埔日刊

通信處廣東黃埔本校政治部

第二九五號

每份定價一分

誓遵總理遺囑

余致力國民革命，凡四十年，其目的在求中國之自由平等。積四十年之經驗，深知欲達到此目的，必須喚起民衆及聯合世界上以平等待我之民族，共同奮鬥。現在革命尚未成功，凡我同志，務須依照余所著：建國方略，建國大綱，三民主義，及第一次全國代表大會宣言，繼續努力，以求貫徹。最近主張開國民會議，及廢除不平等條約，尤須於最短期間，促其實現。是所至囑！

本校週口號

立要滬甯外兵出境！

保障滬甯民衆政權！

嚴懲滬甯反革命派！

繼續陣亡將士奮鬥！

上海政治罷工工人萬歲！

中國國民黨萬歲！

本校全體黨員大會萬歲！

中央第三次全體執行委員會議對全國人民宣言

指出本黨目前革命運動特性九點　宣示切實履行本黨目前使命十項

（中華社）本黨第三次全體中央執行委員會議，於三月十日至十六日，在武漢開會，其連日開會經過詳情，已誌本社通訊，十六日爲閉會期，是日議决對全黨同志及全國人民宣言，該宣言內指出本黨目前革命運動之特性九點，並宣示切實履行本黨目前的使命十項，茲錄原文如下：

同志們，同胞們，我們反帝國主義與封建軍閥的國民革命運動，自北伐佔領武漢以來，已到了一個新的時期，這個時期，與以前的時期比較起來，有下列的特性：

（一）中國全國的一半，已經從帝國主義的同盟者與工具——軍閥——的直接壓迫之下解放出來了。

（二）帝國主義者，特別是英國，因爲他們的聯盟者吳佩孚孫傳芳的失敗及革命民衆的奮鬥，不得不應允放棄他們的幾種剝削中國人民的特權。

（三）帝國主義，特別是英國，一面對於國民政府作不重要的讓步，一面卻藉造口虛的事實，集中兵力於上海及其他各地，以援助北方的反革命勢力，目前對革命勢力的戰爭，並藉此摧殘中國民衆方興未艾的革命鬥爭。

（四）中國的工人及農民，及城市中廣大的民衆，已就是我們戰勝帝國主義與國內反革命的穩固的基礎。

（五）同時國民政府統治區城內的一切反革命勢力，反動派，買辦，大地主，紳士，安福，交通，研究，外交各系正在設法牽掣國民政府的政策使不得行，並且用全力破壞革命的根據地。

（六）還和他們的奴僕，北方軍閥，正在設法分化革命的戰線，我們的敵人不能抵抗整個的革命的勢力，不得已採用這種分化方法，足以證明我們革命的力量已經大有增進，但是我們也更要因此時時注意這種分化方法的危險，而預爲防備，帝國主義者，最近的策略是聲明贊同中國人民的期望，願意和中國革命運動的穩健份子合作，只是反對激烈份子，這個策略，就是很明顯的要想分化革命的戰線。

（七）帝國主義者特別是英國，要干涉中國，又顧慮歐美各國輿論的反對，所以用無數的宣傳機關，傳播謠言，毀謗中國的革命運動。

（八）同時，英國的反動政府，正在用無理的文牒，恫嚇中國革命的朋友蘇俄，目的在軟化中國的革命意義，並且隔離中國革命與世界被壓迫的民衆與被壓迫的國家。

（九）但是英國的和其他各國的被壓迫的民衆還是對中國革命表同情的，雖然也有些反動派投機派的領袖，誘言鼓惑，貶損中國革命的價值，卻是各國被壓迫民族與勞苦民衆漸漸的了解中國革命的真象了，同志們，同胞們，由以上所分析的，我們的革命現狀裏，我們要找出行動的方針，本黨中央執行委員會全體會議，正在這個國民革命進行中的緊要時候，已經決定了中國國民革命的行動方針，現在鄭重的對全國同胞宣言，我們爲完成中國的國民革命，要實行以下的各項：

1、本黨要用種種方法繼續援助上海工人農民和城市中一般民衆的革命運動，及改良他們本身生活的爭鬥，這種爭鬥，不但不違反國民革命的利益，並且正足以增加國民革命的力量，使他可以打倒帝國主義，軍閥，及一切國內反革命的勢力，我們就要設立農政部和勞工部，實現本黨的農工政策，我們同時要反對那些緩和民衆運動的主張，我們要使民衆運動充量的普遍的發展。

2、我們要把一切行政決權，集中在國民政府的手裏，國民政府一定可以實施民生主義，防止個人專政，或一部份人專政的傾向，祇有由國民黨所表現出來的民衆的意志，才能確定國民政府的政策。

3、我們要指導城市鄉村民衆作創作的革命的工作，由鄉村到城市，我們要把民衆組織成自治的委員會，代表民衆，作國民政府的基礎。

4、我們要以革命的方法統一中國，這種統一才是一個自由獨立的民族的真統一。由這種統一得到的政治，才是一個由下而上建設於民生主義基礎上的政治。

5、我們要繼續的向帝國主義作戰，直到我們達到目的，就是說，得到中國真正的政治的經濟的獨立而後止，我們反對那些對於革命壓迫的人們，這些人都是革命的敵人，我們要指出他們的謬誤罪惡而打倒他們，但是我們同時可以聲明任何外國，但能對於中國國民的真正願望容納的，我們決不至傷害他們的合法的經濟利益與經濟發展，他們是不用畏懼的。

6、我們要繼續對於北方軍閥的革命戰爭，直到我們統一了中國，肅清了封建軍閥的勢力爲止。

7、我們要繼續並且鞏固我們對於蘇聯的關係，蘇聯是誠意援助我們國民革命民主革命的國家，凡是願意在民族平等原則之下，與中國誠意合作的國家，一定願意中國的統一與獨立。

8、有些人以爲不要幫助革命民衆，不要與世界被壓迫民族合作也可以繼續革命，這是錯誤的，我們要在人民面前指明這個錯誤，這些人實在就是幫助帝國主義與反革命，他們是與我們的領袖孫中山先生的主義無關係的。

9、我們要幫助國內的少數民族（蒙古、西藏、回族等）的自決與解放。

10這一年來，國民革命軍勇敢的榮譽的爲國民革命而奮鬥，我們要承認他的功績，我們並且要用種種方法鞏固國民革命軍，使他更能奮鬥，我們要使人民與軍隊密切結合起來。

同志們！同胞們！我們鄭重宣言，我們的黨，要領導民衆朝着上述的綱領進行，任何人或任何部份的人如果反對這些綱領，我們便要反對他們，國民革命必須成功，我們國家必須獨立，我們的人民必須自由，帝國主義的宰制，封建軍閥的壓迫剝削，必須打倒，這便是三民主義的真意義，中國國民革命萬歲，中國國民黨萬歲，黨的紀律與黨的指導萬歲，革命勢力統一萬歲，中國國民黨第三次全體中央執行委員會議，十六年三月十六日。

中央第三次全體委員會議對全國農民宣言

（中華社）本黨第三次全體中央執行委員會議，三月十六日，自武漢發出對全國農民宣言書云，經濟落後半殖民地的中國，國民生活大部份還是農業，人口百分之八十以上是農民，中國農民受了帝國主義軍閥大地主階級三重剝削，其困苦達於極點，自求解放之心，十分迫切，因此，中國國民革命最大部份的目標，在於使農民得到解放，農民如不得到解放，國民革命斷不能底於完成，中國國民黨爲領導國民革命之最大政黨，負有完成國民革命之使命。民國十三年一月，本黨改組時，第一次全國代表大會曾發布宣言，對於農民問題，特加注意，民國十五年一月，第二次全國代表大會，又議決對於農民運動的綱要。同年十月，中央各省聯席會議，發布政綱，關於擁護農民利益者二十二條，三年以來，本黨黨員從事農

中華民國十六年四月七日 黃埔日刊 (星期四) (第二版) 中華民

民運動組織農民協會，引導廣大的農民羣衆，爲擁護自身利益，參加國民革命，組織之廣，幾遍全國，使革命風潮，特別擴大，革命進行，特別順利，這都是因爲農民受痛苦最深求解放最切，而本黨適能擁護其利益，擴大其組織，領導其行動，才有這樣的結果，最近各地農民起來的形勢，至爲迅猛，特別是湘鄂贛三省，短期間內，有極大的發展，長江下游及北方各省，以北伐軍的進展，農民必迅速起來，成爲擁護革命的主要力量，農民參加革命的第一個行動，除參入戰爭扶助革命軍得到勝利外，就是打倒土豪劣紳，推翻封建地主階級在鄉村的特權，這個封建地主階級，乃直接剝削農民最厲害的一個特殊階級，一切帝國主義軍閥貪官污吏對於農民的剝削，都憑附這個特殊階級才能達到目的，故封建地主階級，乃帝國主義軍閥貪官污吏及一切反革命派之真實的基礎，不推翻這個特殊階級的權力，則帝國主義，軍閥，貪官污吏及一切反革命派，雖有形式上之破敗，其使之存在的實質，併未消滅，時常有使革命改變性質的可能，在農民方面，幾千年來，被統治於封建地主政權之下，不推翻封建地主在鄉村的政權，則一切經濟爭鬥如減租減息等等，簡直無從說起，因此革命的要求，需要一個農村大變動，每一個農村裏，都必須有一個大大的變革，使土豪劣紳不法地主及一切反革命派之活動，在農民威力之下，完全消滅，使農村政權，從土豪劣紳不法地主及一切反革命派手中，移轉到農民的手中，在鄉村中建設農民領導的民主的鄉村自治機關，這是完成民主政治的唯一道路，本黨具有最大之決心，將領導此種爭鬥，使得到最後的勝利，本黨爲領導代表民主勢力的農民，與代表封建勢力的土豪劣紳不法地主的爭鬥，併使這個爭鬥的勝利得到保障，則農民得到武裝，實爲重要條件之一，農民應有自衛的武裝組織，封建地主階級的武裝，如民團保衛團及團防局等，均須解除，交與農民，此外本黨尙當設法使農民廉價購得武裝，總之，須使農民有足以保衛其自己利益的武器，這是農村的革命勝利，即民主勢力推翻封建勢力勝利之確實的保障，農民在政治爭鬥勝利之後，經濟爭鬥便開始，農民經濟爭鬥的意義，爲反抗帝國主義軍閥，特別是地主階級的剝削，這個剝削的總數，在百分之五十削，本黨聯席會議議決政綱，有以下數條，一，減輕佃農田租百分之二十五，二，禁止重利盤剝，年利不得超過百分之二十，三，禁止上期租，四，禁止預征錢糧，五，禁止包佃制，此次全體會議，又決定佃農使用土地權，改良田稅法則，並規定區鄉自治機關，關於地方經濟事務之各項主管權力，皆屬農民初步由經濟爭鬥之綱領，本黨必須領導此爭鬥，使經政治爭鬥而得到勝利，在國民政府所管轄區域內，當用政治的力量幫助農民達到目的，不但如此，因爲革命的進展，農民的要求，已是很迅速的由初步進到了第二步，即在許多地方，已發生嚴重的土地問題，將來中國的農民問題，其內容即是一個貧農問題，貧農的數目，到近年而愈擴大，完全無產的赤貧農民，與有產不多不夠生活的次貧農民，在全體農民中，將達百分之七十七，這個廣大的貧農階級之存在，乃一切紛擾變亂的根源，同時即爲革命勢力的要素，貧農問題不解決，一切紛擾變亂都不會平息，革命亦將終久沒有完成的一日，貧農問題的中心問題，就是一個土地問題，現在國民政府管轄下的各省，特別是廣東湖南湖北農民運動發展的地方，貧農對於土地的要求，已甚迫切，北方貧農羣衆，土地問題，也是極其嚴重，本黨總理孫先生深見於此，二十年前，即已提出「平均地權」爲革命政綱，第一次全國代表大會宣言，土地、資其耕種」，總理並於民生主義演講中，提出「耕者有其田」的口號，此皆深知農民的最後要求在於土地，不使農民得到土地，農民將不能擁護革命至於最後之成功，因此，本黨決計擁護農民獲得土地之爭鬥，至於使土地問題完全解決而後止，貧農不僅無土地，而且無資本，革命發展的結果，鄉村富有階級，端閉極借，許多地方，幾於斷絕借貸關係，至使貧農社會，惶惶不可終日，非有一具體政策，不足解決此資本缺乏之問題，本黨第一次全國代表大會宣言有云，「農民之缺乏資本至於高利借貸以負債終身者，國家應籌設調濟機關，如農民銀行等，供其匱乏。」中央各省聯席會議政綱，亦以農民銀行列爲專條，並規定以年利百分之五貸款與農民，本黨當於最短期內在革命勢力所及之地，使本黨政府努力設立此等條件極低之貸款機關，以解決農民之資本缺乏之問題，中國國民黨第三次全體中央執行委員會議，十六年三月十六日，

汪主席歸來

據上海電訊，汪主席已于本月三日抵滬，蔣總司令與會晤後，即發通電，告知國民政府治下之各省。

「三一八」慘案兇手被捕

北京「三一八」慘案兇手賀德霖，日前于漢口被捕，該處學生聯合會婦女協會特聯同至中央黨部及國民政府請願槍決，以快人心。經黨部祕書陳其瑗答復，交由人民審判委員會辦理云。

中央第三次全體委員會議

第五第六日會議情形

第五日議決案：

關於黨員服兵法徵集委員案：按照中央委員及各省區特別市海外代表聯席會議，黨員服兵役法，自應開始徵集，以便逐漸養成戰鬥黨員。徵集初期，假定員二千人。由全體會議指定常務委員三人，爲徵集委員。擬定辦法，由常務委員會通過，交徵集委員執行。(決議)通過。指定譚延闓孫科徐謙爲委員。

土地問題案 鄧演達臨時動議，改爲農民問題案：(決議)。交付審查，推定顧孟餘徐謙惲代英吳玉章王法勤鄧演達鄧懋修毛澤東詹大悲爲審查員。請撥款開全國婦女代表大會案，(決議)。與前案併案審查。對農民宣言案，(決議)交常務委員會。婦女部請增加每月活動費案，(決議)，交常務委員會。臨時提案如下：以財政部長兼浙江江蘇財政廳長統一財政案，(主席團提出)，(決議)通過。湖北省黨部懲治土豪劣紳條例，及審判土豪劣紳委員會條例，(決議)批准。中央軍人部案，(吳玉章提出)(決議)通過。關于特別黨部審查案，(一)除工廠及軍隊外不得設立特別黨部，已設立者均應取消(如中央黨部國民政府等特別黨部)。(二)(甲)工廠及產業工人之特別黨部，依其性質範圍，分別隸屬於各該地區之黨部。乙，軍隊之特別黨部，(子)須該軍已有各級政治部組織，及建政治指導員與黨部之組織，經中央審核認爲完備者。(丑)省軍可設立特別黨部，但須隸屬於省黨部；(三)特別黨部，關於全國代表大會，及各級代表大會之代表選舉，在選舉法中，另行規定。(決議)通過。任鄧演達爲總政治部主任案，(決議)通過。此外關於贛州第一師黨代表倪弼慘殺總工會委員一事，現倪弼既免職查辦，(決議)由全體會議，致電南昌蔣中正同志，速將倪弼解歸中央辦理。

第六日議決案及閉幕情形

議決案：陳其瑗提議，爲便利黨務進行起見，不就商民部長職改選案。決議，通過。王法勤十一票當選。審判賀德霖案，決議，交政治委員會組織人民審判委員會，以反革命罪條例審判。英水兵在蕪湖登陸案，決議，由外交部提出抗議。湖南省民會議大綱案原案，(明日披露)決議，通過。湖南省民會議組織法案原案，(明日披露)，決議批准。並決定五月一日召集。統一財政提議案提案委員會提出七項原則決議，通過。統一外交提議案，爲負責去年十月中央委員各決議通過。國民革命軍總司令條例，決議通過。關於軍事政治學校之提案，決議通過。關於組織提工經費之特別保管機關案，爲使湖北提工經費如時修築，並能確定一切修築之工程計劃實行，以保障湖北三十餘縣人民之生命財產起見，應組織提工經費之特別保管機關，決議通過。彭澤民提議，中央執行委員蕭佛成在逃，無一切措施，違背黨章，請予處分案，決議，停止蕭佛成中央執行委員職權。主席團臨時提議，以時間過晏，主張議事日程所列第七至第十案，交由常務委員會辦理，議決通過。

閉幕儀式(一)主席團及全體委員就位，(二)向國旗黨旗及總理遺像行三鞠躬禮，(三)主席恭讀總理遺囑，(四)靜默三分鐘，(五)主席團致閉

國民革命軍總司令條例

(中華社)中央全體執行委員會第三次會議之第六日，通過「國民革命軍總司令條例」，茲將該條例原文錄下：(一)國民革命軍總司令，[illegible]

，依照任免條例辦理，(9)各級政治工作人員，須由各該級政治部之指導及命令，但各級政治部主任，關於政治工作，黨代表認爲重大錯誤時，得由黨代表停止其職務，報告上級黨代表，聽候

[illegible]會議之第七日，原案通過，茲探錄於下：(一)國民政府治下各省財政，應謀統一，在各省正式省政府未成立前，財政主管人員，由財政部選任，對財政部完全負責，凡收復省份，應即由部派員

(四)電慰上海前工友(說明)工人是國民革命底先鋒隊，自「二七」與吳賊佩孚奮鬥以來，每次反帝國主義反軍閥運動，無不站在革命的最前線，

(第二版)

[illegible]勢力推翻封建勢力勝利之確實的保障，農民在政治爭鬥勝利之後，經濟爭鬥便隨着開始，農民經濟爭鬥的意義，爲反抗帝國主義軍閥，特別是地主階級的剝削，這個剝削的總數，在百分之五十[illegible]地方，貧農對於土地的要求，已甚迫切，北方貧農羣衆，土地問題，也是極其嚴重，本黨總理孫先生深見於此，二十年前，即已提出「平均地權」爲革命政綱，第一次全國代表大會宣言，[illegible]

(決議)，[illegible]部長兼浙江江蘇財政廳長統一財政案，(主席團提出)，(決議)通過。湖北省黨部懲治土豪劣紳條例，及審判土豪劣紳委員會條例，(決議)批准[illegible]

閉幕儀式(一)主席團及全體黨員就位，(二)向國旗黨旗及總理遺像行三鞠躬禮，(三)主席恭讀總理遺囑，(四)靜默三分鐘，(五)主席團致閉會詞，(六)散會。

中華民國十六年四月七日 黄埔日刊 (星期四) (第三版)

國民革命軍總司令條例

(中華社)中央全體執行委員會第三次會議之第六日，通過「國民革命軍總司令條例」，茲將該條例原文錄下，(一)國民革命軍總司令，依中央執行委員會軍事委員會組織大綱第二十條之規定，由國民政府特任之，(二)在戰時總司令，有使水陸空各軍隊的戰事準備，並統一指揮各軍隊戰事行動之權，對於中央執行委員會負責，(三)總司令爲軍事委員會委員之一，因指揮作戰之便利，隨時出駐前方，(四)出征動員令，須由軍事委員議決，經中央執行委員會通過，交總司令執行之，(五)動員令下後，即爲戰事狀態，總司令在作戰區及警備地，有宣布戒嚴令之權，並得指揮前方之軍民財政各機關，(六)中華民國十五年七月廿日國民政府公布之國民革命軍總司令組織大綱，廢止之(七)總司令部之編制，由軍事委員會另定之。

中央全體執委會議通過之
軍委會總政治部組織大綱

(中華社)中央第三次全體執行委員會議，於開會之第五日，通過軍事委員會總政治部組織大綱如下，(1)爲貫徹總理使武力與國民相結合，爲國民武力之主張，在中央執行委員會軍事委員會之下，設立總政治部，專任軍隊中黨務及政治工作，(2)總政治部設主任一人，由中央執行委員全體會議任免之，於必要時可由常務委員會執行任免權，但須得全體會議之追認，(3)總政治部及各級政治部之詳細編制及辦事規則，由中央執行委員會另定之，(4)總政治部之任務如下，A.軍隊中黨的組織與訓練，B軍隊中之政治訓練，C.軍事教育機關中之政治教育，D.關於軍隊中政治工作之各種行政如機關之組織，人員之任免，經費之籌撥，工作計劃之考核等，(5)總政治部之工作方針，須完全受本黨全國代表大會與中央執行委員會之指導，但政治工作事項應由軍事委員會負責，受軍事委員會之指導，(6)總政治部直接指揮軍隊中，與其他軍事機關中之政治部，以及軍事教育機關管理政治工作之政治教育部分(7)總政治部於中央執行委員會常務委員會之下，監督考核各級黨代表之工作，(8)軍師政治部主任依照任免條例辦理，(9)各級政治工作人員，須由各高級政治部之指導及命令，但各級政治部主任，關於政治工作，黨代表認爲重大錯誤時，得由黨代表停止其職務，報告上級黨代表，聽候解決，政治工作人員，須遵守所屬部隊中之軍紀，以維持軍隊指揮統一(10)總政治部應負責推行本黨軍隊中官長之政治教育，(11)在作戰時期，總政治部及各級政治部，應於戰地及新克復地區，負與人民聯合促進人民組織，並負暫時管理，督促當地行政事務之責任，並時時與各地黨部及軍隊高級長官連絡，以便利工作之進行。

軍事委員會通電成立

汪精衛蔣中正十六人爲委員
徐謙爲革命軍事裁判所長
林祖涵爲祕書處長

(中華社)廣州政治分會昨接軍事委員會來電云：國急，漢口中央執行委員會，武昌國民政府鈞鑒，南昌蔣總司令，廣州政治分會，李總參謀長，各軍長，各省政府，(銜略)，公鑒，第二屆中央執行委員會第三次全體會議選任汪精衛，蔣中正，李宗仁，唐生智，朱培德，李濟深，程潛，譚延闓，馮玉祥，張發奎，何應欽，孫科，鄧演達，顧孟餘，宋子文，徐謙，爲軍事委員會委員，當指定汪精衛，唐生智，程潛，鄧演達，譚延闓，蔣中正，徐謙爲主席團，並奉國民政府頒發木質印一顆，文曰，國民政府軍事委員會印，牙章一顆，文曰，軍事委員會章等因，本會于本月十一日在漢口開始辦公，分設總政治部，祕書，參謀，陸軍，經理，航空，五處，及革命軍事裁判所，並任命鄧演達爲總政治部主任，林祖涵爲祕書處長，龔浩爲參謀處長，劉驥爲陸軍處長，孫科爲航空處長，謝晉爲代理經理處長，徐謙爲革命軍事裁判所長，特聞，軍事委員會，有(廿五印)

中央全體執行委員會議
通過之統一財政七項原則

(中華社)此次中央第三次全體執行委員會，以國民政府治下各省財政，急謀統一，任各省正式省政府未成立前，財政廳長主管人員，由財政部選任，對財政部完全負責，凡收復省份，應即由部派員接收，所有財政一切建設，悉照本黨第二次全國代表大會，及中央執行委員會議決案辦理，(二)國民政府治下各省，非經政府許可，不得征收新稅，改變稅率，組織新銀行，發行新公債及鈔票，或取消通行鈔票之使用權，(三)設立預算委員會，審定國民政府預算其委員由國民政府任命之，(四)徵收直接稅，如所得稅，資產稅，遺產稅，(五)改良地稅，其稅率須以現在農產之市價爲標準，(六)中央銀行爲國家金融機關，調劑全國金融，並須積貯大宗關稅金，以平準國外匯兌，(七)改組評稅保管機關，厘訂進出口稅率，

本校特別黨部全體黨員大會之熱烈

(續昨)

(四)大會議決

(一)對時局發表宣言 (說明)重要之點凡三：(1)表現黃埔精神——是爲全中國全世界被壓迫民衆求解放的大本營；(2)革命的軍人與革命的民衆聯合起來；(3)一切權力屬於黨。

(二)通電擁護中央全體委員會決議案 (說明)黨內腐化分子過多，以致發生封建獨裁，迅宜加緊擁護中央議決案：(1)統一黨底領導機關；(2)統一外交；(3)統一財政；(4)統一革命勢力；以提高黨底威權而堅固黨底基礎。

(三)電慰蔣總司令及前方全體將士 (說明)蔣總司令轉戰江西，勞苦功高，前方將士，死傷至三萬五千之衆，現已取得上海南京，亟宜去電安慰，俾更奮勇殺賊，繼續北伐，打倒軍閥[illegible]

(四)電慰上海[illegible](說明)[illegible]是國民革命底先鋒隊，自「二七」與吳賊佩孚奮鬥以來，每次反帝國主義反軍閥運動，無不站在革命的最前線，最近一月廿日及二月廿日的上海五十萬工人政治總罷工，響應北伐軍，不惜犧牲生命，徒手奪取軍警武裝，制止帝國主義武力壓迫，因此北伐軍長驅直入，取得上海，就此證明工人階級不是爲個人利益爭鬥，而是爲民族利益奮鬥，黃埔是革命的大本營，故亟宜去電安慰。

(五)電請中央迅速派員改選各非法選舉黨部 (說明)廣東省黨部，廣州市黨部，江西省黨部皆是違背本黨總章選舉的黨部，要誰當委員，就是誰當委員，這是民主集權制嗎？不是！是非民主的集權。這三個黨部和我們底特別黨部如同兄弟一般，中央黨部譬如是大家底家長，現在我們底兄弟生了病，我們爲要使我們底兄弟的病快點好，所以要電請家長所聘的醫生速來醫治。

(六)電請中央取締反宣傳言論機關 (說明)黨內底分子過複雜了，有許多言論機關反動了，天天在那邊做反宣傳，對于本黨有莫大的壞的影響，是非取締不可的！他們受了帝國主義收買，不惜用巧妙的辭令，來矇惑本黨同志，破壞革命的聯合戰線，我們今天表示二萬餘武裝黨員底偉大的革命力量而去消滅它！

(七)電請汪黨代表迅速復職 (說明)在此刻革命勢力進展黨務擴大的時候，同時又是本黨危機百出一髮千鈞的

中華民國十六年四月七日　黃埔日刊　(星期四)　(第四版)

時候，爲要鞏固黨底基礎，提高黨底威權起見，不得不請汪黨代表出而提綱挈領，指導我們去革命，一年餘函電紛馳，迄今猶未復職，故電請汪黨代表迅速復職，乃爲急不可緩之圖。

(五)大會中之講演辭

大會講演辭甚多，茲爲幅篇所限，略爲節錄如左：

(一)總政治部代表孫炳文同志講演大意：1、紀念黨魂——用黃花崗七十二烈士，此次北伐戰爭死傷三萬五千同志及歷來爲革命爭鬥而犧牲者底鮮血，滌淨我們邏體底污濊，請大家高舉左手紀念黨魂一分鐘（全場靜寂）；2、革命黨人底道德——帝國主義軍閥是反革命的，腐化分子貪官污吏土豪劣紳也是反革命的，革命黨人底道德，是打倒一切反革命派，所以我們要以打倒帝國主義軍閥的精神打倒腐化分子貪官污吏土豪劣紳；3、遵守黨底紀律——革命與反革命是分得很清楚的，(演說至此，羣衆高呼打倒右派！)什麼是右派？右派就是那些腐化分子，(衆呼打倒腐化分子！)所以我們要遵守黨底紀律，所以要打倒一切腐化分子！

(二)農民協會代表黃學曾講演大意：1、有了黨才能革命，今天貴校的黨員大會，確實是能擁護黨的，表示是能革命的，更應把它擴大起來才好；2、黃埔學校是承認民衆力量的，民衆力量就是革命的主力，尤其是佔全國人口百分九十以上受痛苦最深的工農民衆，希望黃埔學校底革命的武力與革命的民衆聯合起來，共同奮鬥；3、國民黨在一年中有了長足的進步，國民黨底組織本爲民主集權制，現已變爲個人獨裁，因此影響到民衆運動，特別影響工農運動，我代表農民協會，講一講農民運動，廣東農民運動在各縣都受了貪官污吏土豪劣紳不法軍人大地主民團土匪萬分的摧殘，死傷焚掠，慘不勝說，今天我在大會中請求諸位武裝黨員以實力幫助我們，對一切封建勢力進攻！

(三)廣東工人代表施卜講演辭——我們對于參加你們今天底大會，是認爲非常榮幸的！你們能接收中央議決案，做成很大的工作，中國革命必將因此更加一天一天地發展，但帝國主義知道帝國主義底工具是軍閥及一切封建勢力。我們如果想中國革命成功，必須澈底打倒帝國主義和軍閥！根本鏟除一切封建勢力！(全場高呼澈底打倒帝國主義和軍閥！根本鏟除一切封建勢力！)今天看見你們底決議和我們底決議是一致的，因此知道黃埔和民衆底革命也是一致的。同志們！你們向前去，我代表二十五萬工人爲你們底後盾！我最後還有幾個口號：

擴大黃埔精神！
打倒帝國主義到底！
打倒軍閥到底！
中國革命成功萬歲！
世界革命成功萬歲！
中國國民黨萬歲！
黃埔特別黨部萬歲！

(四)省港罷工委員會代表鄧伯明講演詞——我是一個工人，沒有什麼理論，照事實講一講：北伐雖然勝利，但是黨底組織反形落後，現在發生很大的危機，就是黨內底穩健分子受了帝國主義收買而妥協，緩和我們革命底勇氣分裂我們革命底戰線，各位都是明白的，如果我們不注意，革命就要消滅，請各位看清革命底危機！今天通過的七個議決案，就是撲滅危機的重要辦法，請各位實行到底，特別是擁護中央議決案！最後還有幾個口號：

發展黃埔精神！
打倒帝國主義軍閥到底！
打倒一切封建獨裁！
鞏固革命的聯合戰線！
實現民主政治！
國民革命成功萬歲！
世界革命成功萬歲！
中國國民黨萬歲！
中央軍事政治學校特別黨部萬歲！

(五)第二軍代表李漢藩講演大意：(一)打倒改良派——帝國主義和軍閥張作霖說：『三民主義我不反對，止要驅逐共產份子，一切可以合作。』因此好多人就大胆提倡修改總理政策了！這些人就是改良派，改良派是反革命的，我們必須打倒它！(二)打倒投機分子！(三)打倒妥協分子！(四)打倒封建餘孽！　革命黨不是爲了某一個人或少數人的利益，革命黨人沒有感情可言的！遊政策的，我們就打倒他；(五)二軍在總理生時就成立的，始終服從總理而爲工農民衆謀利益的，因爲二軍教導師駐紮韶關一帶，韶關一帶底農民運動就作得很好可以作證明的。(六)我代表第二軍底武力要和你們底武力聯合起來，而且要革命的武力和革命的民衆聯合起來，打倒一切反革命派！

(六)校屬部處黨部代表李林演講大意：我們要擁護總理三大政策！我們要擁護中央四大政策！我們拿一樣的精神去擁護！軍閥雖倒其二，仍有强大的張作霖未倒，背後更有帝國主義幫助，我們要打倒帝國主義和軍閥到底！

(七)主席團熊雄代表主席致答詞大意：第一，今天承各階級各團體同志特別是工農代表，代表最大多數的痛苦民衆講出它們底痛苦，我們聽了，應當去把它們底痛苦解除，才算能負我們革命底責任。各階級革命同志們！我們今天接收你們底教訓，永久不會忘記，而要努力解除我們共同所受的痛苦。第二，黃埔精神，不是上不接天，下不接地的，並非空洞的東西，乃是全體同志深知時代需要，明瞭主義政策，肯爲革命而努力而犧牲的表現。全體黨員同志，務須看清自己的責任，加緊自己的工作，然後才能發揚黃埔精神！能這樣，黃埔才能成爲革命者的製造所；不能這樣，黃埔就會變爲反革命的大本營了。第三，今天黨員大會，代表二萬多武裝同志底革命精神，工人代表會代表二十五萬工人，農民協會代表百萬農民，其他各界來賓代表各界羣衆；直接是代表數百萬被壓迫民衆，間接代表全中國全世界被壓迫民衆，所以這個會底意義是很重大的。在革命發展腐化反革命空氣正濃厚的當中，只有今天的大會才能排除右傾的危險，國民革命成功不成功，就在乎我們努力不努力！同志們！努力罷！

執信學校童子軍來校參觀

陰晦的天氣　活潑的精神

昨天（六日）上午十一時、執信學校童子軍至本校參觀，由政治部派員導往各處參觀畢，招待至大花廳茶點。是時也，天陰雨，泥濘滿道，春的精神，毫不瑟縮倦怠。下午四時由熊主任至大花廳致歡迎詞。茲將演說詞略記于下：你們來觀黃埔軍校，要知黃埔并沒有什末特异的地方，不過黃埔學校是總理孫先生創辦的，是表現孫先生精神，實行孫先生主義和政策的。貴校是紀念朱執信先生而成立的；是表現執信先生的精神，但執信先生，是孫先生的信徒，換句話說，貴校也是要表現孫先生精神實行孫先生主義和政策的。總之無論黃埔學校，執信學校，都是負有同樣的責任去努力革命工作，實行孫先生主義和政策。你們雖是文學校不是軍事學校；但你們現在童子軍就是武裝的準備。我們所希望于你們的：第一你的頭腦要清楚，要認清自己的責任和我們的敵人。就是要明了我們武裝的準備，不是像帝國主義們準備的武裝一樣，他們是拿來壓迫和侵略，我們是拿來解放被壓迫的人的。第二你們要明了有學問不見得就可以革命，是要到民衆裏去組織，有組織才有力量。那末黨就是民衆的組織，所以你們要加入黨裏去。在現在提高黨權的運動中，更應努力做去，將來革命的成功，責任完全要革命的勇敢的青年你們來負担呢！最後我要說的，就是你們的學校既是紀念執信先生的，要遵照執信先生的宗旨去做，實行孫先生主義，努力革命的事業，你們的校長是執信先生的標榜，你們切不可忘記了孫先生的精神，執信先生的精神！同時要學你們的精神。世界革命領袖列甯先生說：有革命的理論，才有革命的行動，必須要有革命的理論。那末，現在你們在革命學校求學，求理論的機會很多，你們切不可辜負了你們的機會，而忘記列甯先生的教訓。會散後，該校童子軍晚間即在平崗山棣習宿營云。

政治討論會討論題目

國家主義

1、討論綱要在理論方面，國家主義底基礎有心理的，社會的，倫理的，文化的，政治的五種，我們能指出他們——國家主義派——的謬誤否？

2、在原因方面，醒獅派在中國主張國家主義底論據是些什麼？

3、在策略方面，他們提出來的「內除國賊」，「外抗强權」，「全民革命」，「全民政治」，「外不親善」，「內不妥協」，這些口號，不對的地方在那裏？

4、在行動方面，國家主義派，爲什麼要反對本黨底三大政策？爲什麼爲唐繼堯吳佩孚孫傳芳張作霖等所賞識？

總理遺囑

余致力國民革命，凡四十年，其目的在求中國之自由平等，積四十年之經驗，深知欲達到此目的，必須喚起民衆，及聯合世界上以平等待我之民族，共同奮鬥。

誓報英帝國主義屠殺之仇！
立要滬甯外兵出境！
保障滬甯民衆政權！

黄埔日刊

本校特别党部全体党员大会之热烈

(六)大会对时局宣言

(七)大会通电

(1)通电拥护中央全体委员会议决议案

(2)电请汪党代表迅速复职

(3)电慰蒋校长及前敌将士

政治问答

我们要防止内部敌人阴谋

政治讨论会讨论题目

第四期同学录办事处启事

本校植树典礼演说词 方鼎英

本党中的稳健派与激烈派 何久章

(4)电请中央党部迅速派员改组各非法选举党部

(5)电请中央取缔反宣传之言论

(6)电慰上海总工会

蒋校长通电拥护汪主席指挥党政

(八)大会标语口号及欢呼口号

(九)会余杂志

中央要闻

国民政府命令

国民政府委任鄂苏皖三省政府委员

中央政治会议重要议决案

〔中華郵政特准掛號立券之新聞紙〕 中華民國十六年四月八日 〔星期五〕 〔第一版〕

黃埔日刊

通信處廣東黃埔本校政治部

二九六號

〔本刊每份價一分〕

總理遺囑

余致力國民革命，凡四十年，其目的在求中國之自由平等，積四十年之經驗，深知欲達到此目的，必須喚起民衆，及聯合世界上以平等待我之民族，共同奮鬥。現在革命尚未成功，凡我同志，務須依照余所著：建國方略，建國大綱，三民主義，及第一次全國代表大會宣言，繼續努力，以求貫澈。最近主張：開國民會議，及廢除不平等條約，尤須於最短期間，促其實現，是所至囑！

本校本週口號

誓報英帝國主義屠殺之仇！
立要滬甯外兵出境！
保障滬甯民衆政權！
嚴懲滬甯反革命派！
繼續陣亡將士奮鬥！
上海政治罷工工人萬歲！
本校全體黨員大會萬歲！

本校特別黨部全體黨員大會之熱烈（三續）

（六）大會對時局宣言

本黨國民革命軍出師北伐以來，因武裝黨員曾受黨校的訓育，能領導一切戰士爲民衆利益而奮鬥爲革命需要而犧牲，同時又因數帝國主義壓迫．深遭封建軍閥之蹂躪的民衆．實際上認識了敵人以惡意稱之爲赤化軍的黨軍卻真是「救國救民的革命軍」，遂盡可能的援助黨軍而參加北伐戰爭，北伐勢力未到之省區人民，因之也增了革命的覺悟與勇氣而一致響應北伐；民衆與武力結合，遂出乎敵人意料之外的於去歲十月克復武漢，打倒了北洋正統軍閥吳佩孚的根據地，打倒了扶助吳佩孚的第一名帝國主義的英國在長江之特殊勢力，全國思想界因之革命化，各帝國主義者自此早已把中國國民革命勢力發展看成他們心腹大患而迫切的問題了。

這樣的爭鬥形式——革命局面——發展下來，革命的勢力與反革命勢力，兩方要各打算盤以求決一勝負．乃是很自然的事：結果．英國一方面以砲艦屠殺政策并要求列强共同行動，以威嚇中國民衆，一方面發表對華提案，用「一三」漢口慘案的挑撥政策，以期促成帝國主義者的聯合戰線，但終歸失敗，而且看見工具吳佩孚，既不能復起，而孫傳芳又接踵而倒，眼見上海已攻下數日，各帝國主義者當然愈加着急；于是增派英兵萬餘人來華，而美日法意亦皆藉口自衛自保行假名義派兵到上海，并在各處登岸示威，在稔山屠殺，在南京開砲，簡直與我們短兵相見了；但帝國主義者自英國提出對華政策及實行「一三」挑撥政策以來，久已于武力政策以外，兼用分裂軟化妥協的政策了，現時仍在百方設計進行。

現在中國國民革命，已經到了一個新的局面了；就是不僅是與敵人爭鬥的時期而且是將要決最後勝負的時機了！此時不堅決的定穩方針，是非常之危險的，這個危險，可以重演辛亥的失敗而加劇，可以更延長并增加中國萬劫不復的痛苦；所以我們要表示我們的認識和主張：

（一）此次北伐勝利，自去年之克復武漢至本年克復滬甯，不單是軍隊的力量，而是民衆參加革命戰爭，武力與民衆結合的勝利！此次上海工人之政治罷工五十萬人武裝暴動尤與革命軍克復上海以絕大幫助，足以證明工人階級在國民革命中是站在前線領導的。我們必須與國民革命中之主要力量工人階級、廣大的農民羣衆及城市小商民結成鞏固的聯合，依照總理的遺訓，使武力與革命民衆完全結合起來，而至使武力完全成爲民衆的武力。

（二）現在很可看出帝國主義者除用砲艦威嚇中國外，牠們是極力行使分裂妥協政策的，牠們不但直接行使而且更教唆殘存的軍閥行使其政策，而且更想勾結黨中腐朽右傾妥協分子，拋棄革命的主義和政策，以斷送本黨的政治生命，斷送中國國民革命。所以我們應該本着總理四十年革命不妥協的精神，繼續北伐戰爭，澈底反對整個的帝國主義，掃除一切封建勢力，以完成國民革命，建設民主主義自由獨立之中國。

（三）此次武漢本黨中央全體會議議決之（1）統一指導機關，（2）統一外交，（3）統一財政，（4）統一革命勢力——四大方案，爲應付時局之總務，亦卽保障并實行三大政策——聯俄．聯共．農工——防止敵人分裂政策之要術，三大政策實係三民主義之實施方法，不要三大政策卽等于反對實行三民主義．要三大政策則斷不能反對中央會議所決定之四大方案，因此我們主張我們全體黨員一致擁護這四大方案，一如擁護三大政策擁護實行三民主義一樣；反對及破壞此四大方案以間接破壞三大政策三民主義者，我們當然爲了黨爲了革命爲了民衆利益誓以反革命待之！

我們全體黨員是在總理所創造的黃埔學校作革命工作的，我們始終確信本黨是有方法制我們敵人的，是必然能得到最後以及一切勝利的、更確信黨的能力絕對比任何一個人都大的，所以中國的革命問題，只有以完備偉大的黨員負担這指導解決的大任，革命的同志，須站在革命黨的指導之下作工，這是絕對必要的事！

我們黃埔全體黨員誓以至誠接受總理遺囑及第一第二次全國代表大會宣言決議案擁護總理的三大政策及黨的民主集權制，以實現三民主義，以完成國民革命及世界革命，以求到中國之自由平等乃至世界大同！并號召全國被壓迫民衆及全世界的被壓迫民衆一致的聯合起來，組織起來，參加本黨的革命，擁助本黨的革命，宣傳并擁護本黨的主張！謹此宣言，以共勵今後。十六年四月四日于黃埔。

（七）大會通電

（1）通電擁護中央全體委員會議決議案

中央執行委員會鈞鑒：北伐勝利，舉國歡騰，革命怒潮，震撼環宇，行見旌旗所指，不難克竟全功。惟以軍事勢力之發展，轉形黨務之落後，官僚市儈乘機混入，昏庸老朽，竊柄弄權．至中央大權之旁落，喪失以黨治國之精神，值此革命前途，危機四伏之際，凡我革命黨員，莫不憂心如搗、頃悉鈞會開第三次大會于漢口，應時世之要求，定革命之方案，一致議決統一領導機關，統一外交，統一財政，統一革命勢力，四大具體方案，渺聞之下，忭喜莫名！鳳部二萬武裝黨員，認此四大方案之實行、卽爲黨權運動之勝利，亦卽爲革命成功之保障．經于本日開全體黨員大會一致議決，謹以至誠接受，誓死擁護，特此電達，無任翹企。中央軍事政治學校特別黨部全體黨員大會叩．

（2）電請汪黨代表迅速復職

武昌中央執行委員會轉汪黨代表鈞鑒：黨國前途，危機四伏，外有帝國主義之猛攻，內有反動份子之盤據，黨權旁落，日趨腐化，國事紛擾，政務出軌，實爲國民革命之生死關頭，黨國前途之勝敗樞紐，我黨代表奔走革命三十餘年如一日，先總理屬望之殷，國民革命仰賴之重，我黨代表自當知之，當不能任黨有千鈞一髮之危，革命有軟化妥協之險，我二萬餘武裝黨員爲革命計，爲黨國計，經於支日全體黨員大會一致通過，謹以至誠懇請我黨代表迅速復職，以救黨國，實爲至禱！黃埔中央軍事政治學校特別黨部全體黨員大會叩，歌印。

（3）電慰蔣校長及前敵將士

上海蔣校長轉前敵各將士鈞鑒：捷電傳來，滬甯克復，遠道聞之，羣情騰歡．諸同志秉總理遺教，協力殺敵，聲威所至，所向披靡，誓師以還，未匝年而掩半壁東南，匪特吳孫軍閥接踵敗亡，而國際帝國主義亦皆心驚而胆裂，此皆我革命軍與民衆合作之佳果，然彼頑强大敵，決不以此失敗而甘斂跡，勢必重整旗鼓，捲土重來，作一困獸最後之決鬥，是望我全體革命將士，丁此艱重時局，尤當與民衆結合，勿爲敵人所誘惑，愈鼓

活潑的精神

昨天（六日）上午十一時，執信學校黨子軍至本校參觀，由政治部派員導往各處參觀畢，招待至大花廳茶點。是時也，天陰雨，泥濘滿道，春

〔第四版〕

（三）廣東工人代表會代表施卜講演辭——我們對于參加你們今天底大會，是認爲非常榮幸的！你們能接收中央議決案，做成很大的工作，中國革命必將因此更加一天一天地發展，但帝國主義

就是改良派，改良派是反革命的，我們必須打倒它！（二）打倒投機分子！（三）打倒妥協分子！（四）打倒封建餘孽！ 革命黨不是爲了某一個人或少數人的利益，革命黨人沒有感情可言的！這

「親善」，「內不妥協」，這些口號，不對的地方在那裏？4、在行動方面，國家主義派，爲什麼要反對本黨底三大政策？爲什麼爲唐繼堯吳佩孚孫傳芳張作霖等所賞識？

中華民國十六年四月八日　黃埔日刊　[星期五]　[第二版]

革命銳氣，督師北進，直搗幽燕，殲滅黨內頑敵，肅清黨內奸細，以竟總理未竟之志，而慰先烈在天之靈，實現民主政治，完成國民革命，促進世界大同，翹首南天，曷勝盼禱，謹電致意，藉申敬忱。中央軍事政治學校特別黨部全體黨員叩。

(4)電請中央黨部迅速派員改組各非法選舉黨部

武昌中央執行委員會鈞鑒：當茲北伐勝利，革命勢力之進展，一日千里，奠定黨之基礎，集中黨之力量，以完成國民革命，爲當今刻不容緩之急務，鈞會亮奮斯旨，而有此次全體執行委員會議之舉行，凡吾全體黨員所　致竭誠擁護者也，夫奠定黨之基礎，必自各級黨部澈底整頓始，鈞會經已議決須佈實行改組各非法選舉黨部在案，凡吾黨員莫不渴望其早日施行，茲定於支日屬部全體黨員大會當場一致決議電請鈞會爲尊重議決案計，爲黨及革命前途計，早日派員前往澈底改組各非法選舉黨部，以正黨綱而肅黨紀，至深盼禱，謹以電呈。中央軍事政治學校特別黨部全體黨員大會叩。

(5)電請中央取締反宣傳之言論機關

武昌中央執行委員會鈞鑒：本黨自去歲出師北伐，軍事勢力已發展至長江流域，一般反革命派改換面目潛入本黨，作種種反動宣傳，變節之徒起而響應，幼稚份子揺惑不安，長此以往，爲害實甚，黨員等目視黨權之旁落，而投機份子更施其挑撥離間手段在文字上鼓吹以分裂革命的聯合戰線，茲於本月四日，屬部開全體黨員大會，一致議決，電請鈞會對於此種反動言論機關爲革命障碍者，嚴予取締，以振黨紀而防隱患，謹此電呈。中央軍事政治學校特別黨部全體黨員大會叩　支自黃埔發。

(6)電慰上海罷工工友

上海總工會轉全體工友鑒：北伐勝利，爲中國國民革命成功之第一步工作，貴會此次率領上海全體革命工友及革命市民，作總同盟政治罷工罷業之壯舉，響應黨軍，克復滬甯，豐功偉績，全國敬仰，惟我上海革命的民衆，參加此要求民族自由解放之偉大鬥爭，致遭帝國主義者及軍閥之恐怖屠殺，殊深痛憤，敝黨部經於四月四日開全體黨員大會，一致議決，誓爲此次死難諸烈士復仇，澈底打倒帝國主義及軍閥，並擁護上海市政府，以實現上海全體革命民衆之要求與利益，特此電慰，並祝奮鬥到底！廣東中國國民黨中央軍事政治學校特別黨部全體黨員大會叩支。

(八)大會標語口號及收到祝詞

(一)標語：1、封建思想在黨員頭腦中潛滋暗長，不即加以糾正，必定演成個人獨裁！2、接收西山會議派和國家主義派底理論的，便是反革命！3、三民主義是整個的，是一貫的！4、實現三民主義，就要擁護三大政策！5、黨員應當繼續總理底革命精神！6、個人底意志與活動要完全屈服於黨底意志與活動之下！7、擁護中央執行委員會就是現在最迫切的要求！8、歡迎廣東工人代表會全體代表！其他尚多，不及備錄。

(二)口號：1、革命尚未成功！2、同志仍須努力！3、遵守總理遺囑！4、繼續總理精神！5、擁護三大政策！6、實行三民主義！7、提高黨的威權！8、統一黨的指揮機關！9、打倒黨內一切腐化份子！10、擁護中央全體會議議決案！11、剷除封建勢力！12、實現民主政治！13、集中革命勢力！14、嚴防敵人軟化！15、嚴密黨的組織！16、厲行黨的紀律！17、繼續出師北伐！18、反對帝國主義到底！19、打倒奉系軍閥！20、打倒國家主義及一切反革命派！21、國民革命成功萬歲！22、世界革命成功萬歲！23、中國國民黨萬歲！

(三)祝詞：維中華民國十六年四月四日爲中央軍事政治學校特別黨部開全體黨員大會之期，敝處謹具蕪詞而祝之曰：團結努力，固我黨基！黨權無上，治國賴之！農工政策，亟應實施！逢斯盛會，謹具蕪詞。中華全國鐵路總工會廣東辦事處敬祝。

蔣校長通電擁護汪主席指揮黨政

汪主席三日到滬，即晤蔣校長談甚融洽。蔣校長三日通電，略謂汪主席翩然再出，對黨國大計，已懇切晤談，深信汪主席既出，必能貫澈其意旨，鞏固黨基，集中黨權，以副國民之望，此後黨務政治，負責有人，後顧無虞，中正唯當專心軍旅，戮力北伐，掃除餘孽軍閥，完革命天職，爲此電告我軍將士，自汪主席歸來以後，所有軍政民政財政外交諸端，皆須在汪指揮之下，完全統一於中央，中正惟有統率各軍，一致服從，至軍政大計，應統一，中正獨司軍令，俾專責誠，同心一德，完成革命，仰各軍官長完成服從，竭誠擁護，俾汪得自由行使職權云。

(九)會餘雜誌

散會後，經由各招待員領導來賓至大花廳晚餐，晚餐既畢，即舉行遊藝會。會場凡四所：大俱樂部與海關右兩所舉行新劇，歌曲，魔術及國技；海關左及後從電影場兩所，以演電影。大俱樂部並有韓麟符李修業張秋人三同志演說。下午十二時盡歡而散。散會後，由特別黨部贈送廣東工人代表會彩旗一面，上書「革命領導階級」六字。随由管理處派船專送各來賓返省云。

中央要聞

國民政府命令

▲茲經中央執行委員會議決修正中華民國國民政府組織法，特公布之，此令。

▲茲經中央執行委員會議決中央執行委員會軍事委員會組織大綱，特公布之，此令。

▲茲經中央執行委員會議決，國民革命軍總司令條例，特公布之，此令。

▲茲經中央執行委員會議決，湖北省政府組織法，湖北省政府委員會會議規則，湖北省政府秘書處組織法例，特公布之，此令。

▲江西省政府委員李烈鈞，朱培德，楊賡第，徐元誥，周雍能，姜濟寰，程天放，周利生，王鎮寰，熊式輝，張國濤，着即免職，此令。

▲江西民政廳長楊賡第，江西司法廳長徐元誥，江西財政廳長周雍能，江西建設廳長姜濟寰，江西教育廳長程天放，着即免職，此令。

▲任命朱培德，楊賡第，姜濟寰，張國濤，劉一峯，李松風，蕭炳章，黃實，王均，劉芬，李尚庸，爲江西省政府委員，并指令朱培德爲主席，此令。

▲任命楊賡第爲江西民政廳長，黃實爲江西財政廳長，劉芬爲江西司法廳長，姜濟寰爲江西建設廳長，蕭炳章爲江西教育廳長，此令。

▲任命趙丕廉爲國民政府參事，此令。

國民政府委任鄂蘇皖三省政府委員

蘇皖兩省，現已次第爲革命軍佔領，亟應照各省辦法組織省政府，以處理一切政務，而鄂省政府至今仍未組織，國民政府昨特委由鄂蘇皖三省政府委員　着速成立省政府，昨總政治部已接武昌總政治部來電報告云，(銜略)均鑒，本日(廿六)國民政府委徐謙，孫科，鄧演達，李漢俊，孔庚，鄧希禹，惲代英，董用威，張國濤，詹大悲十一人爲湖北省政府委員，又委程潛，何應欽，曾滌平，鈕永鍵，柳亞子，侯紹裘，張曙時，李隆建，李富春，江董琴　顧順章，十一人爲江蘇省政府委員，又委李宗仁，光昇，常恆芳，朱蘊山，麥煥章，沈子修，李光炯　高語罕，朱克靜，九人爲安徽省政府委員，以李宗仁爲主席、謹聞，總政治部叩，宥，(廿六)印

中央政治會議重要議決案

監察院應移設武昌　在廣州設閩粵分院

令外交部催促滬外交團撤退駐滬外兵

三月三十日中央政治會議開會，議決要案數項，交國民政府令行，(一)國民政府監察院，應即移設武昌，在廣州另設閩粵分院，辦理廣東廣西福建三省事宜，(二)現我軍已克復滬甯，而上海外兵仍未撤退，應令外交部迅速備文駐滬外交團，催促撤退駐滬外兵，並準備收回上海公共租界，(三)國立東南大學，改組爲東南中山大學，任吳敬恆，顧(孟餘)，郭(沫若)，經(亨頤)等五人爲籌備委員，包世(三十日)

總政治部改隸中央軍事委員會

總政治部原屬國民革命軍總司令部所轄，現已改隸中央軍事委員會，并經此次全體執委會議通過任鄧演達爲總政治部主任。

題
本黨中的穩健派與激烈派……何久章
我們要防止內部敵人陰謀……薛粲淵
政治問答……
實行總理實業計劃！擁護農人階級的利益！啓發全國自然的富源！建設新黃埔！
造成黃埔偉大森林！中央軍事政治學校萬歲！新黃埔萬歲！中國國民革命成功萬歲！世界革命成功萬歲！

中華民國十六年四月八日 黃埔日刊 星期五 第三版

之壯舉，戀應黨軍，克復滬甯，豐功偉績，全國敬仰。惟我上海革命的民衆，參加此要求民族自由解放之偉大鬥爭，致遭帝國主義者及軍閥之恐怖屠殺，殊深痛惜，敝黨部經於四月四日開全體

一黨的指揮機關！9、打倒黨內一切腐化份子！10擁護中央全體會議議決案！11剷除封建勢力！12實現民主政治！13集中革命勢力！14嚴防敵人輕化！15嚴密黨的組織！16厲行黨的紀律！17繼續

▲任命朱培德，楊賡笙，姜濟寰，張國燾，劉一峯，李松風，蕭炳章，黃實，王均，劉芬，李尚庸，爲江西省政府委員，并指令朱培德爲主席，此命。

總政治部已隸中央軍事委員會

總政治部原屬國民革命軍總司令部所轄，現已改隸中央軍事委員會，幷經此次全體執委會議通過任鄧演達爲總政治部主任。

題目

本黨中的穩健派與激烈派……………………何久章

我們要防止內部敵人陰謀……………………薛肇淵

政治問答……………………聽加倫問……楚答

政治討論會討論題目……………………

革命之路

本校植樹典禮演說詞（四月四日）

方鼎英

各位同志們：今天本校舉行植樹典禮，並不是一回照例的事，實在是很有隆重意義的。 總理遺囑上說『積四十年之經驗，必須喚起民衆』，這個植樹典禮，也是要首先注意喚起民衆，使知植樹有關國家的興盛，及自然富力的發展，爲本黨政綱所極注意的，爲民衆所不可忽略的一件事。

我國地大物博，土厚水深，山脈縱橫，蜿蜒萬里，爲他國所不及，這是誰也知道的。 但多半是斧斤不時，旦旦而伐，只留得濯濯童山，無復有森林茂盛之美。 登高一望，滿目蕭條，錦繡山河，空存一種想像，這從表面看起來，已經是一個很可恥的事。 若從實際上說起來，國家若沒有巨大的森林，平時不能蔚蒸水氣，含蓄雨量，天候亢陽，易成旱災；假若天雨連綿，山洪暴發，沒有森林來減殺水勢，必定山崩巖裂，泥沙混流，堙沒田廬，淤塞河底，容易釀成水災，我國年來水旱瀕仍，災害登至，大半都離不了這個原故。 這都是我國人民疏忽了森林關係之重要，所以對於種植蓄禁，毫無觀念，這是很可惜的一件事。

現在我們若到帝國主義者的國家去看：他們眞是國無曠土。 他們的山原，無不是茂樹成林，濃陰滿地，行行列列，井然有條，連抱之材，彌漫山谷，蔥蘢菁密，風景宜人，關於建築上一切應用的木材，都是取之無盡，用之不竭。 他們對於選秧擇種，培植蓄養，平時都設置官守及森林警察，負指導及管理之責。 有專門人才研究一切，他們重視森林，比較我國人，眞是判若天壤了。 我們固然是要打倒帝國主義，然而對於他們一切的好法子，我們還是不可一概抹殺，還是要虛心取法的。

我們中國本是以農立國，農民占了全國人數十分之八九，我們要注重農人階級的利益，當然對於農業最有關係的森林，是不可稍爲忽略的。 我們今天這個植樹典禮，就是喚起全國的農民，知道森林關係的重要！對於國家的風景，建築的材料，減殺水旱的方法，及改良公共衛生的效用，都是與森林息息相關的。 我們若能夠按時種植，按時取伐，像古人『十年樹木』那樣注重培植，那末，將來辦到『材木不可勝用』的地步或者氣候且因此而改移，以人力勝天功，也沒有什麼多大的難事。

至於黃埔是一個革命策源地，賴同志們不斷的奮鬥，已經得到了驚人的成績。 差不多中外人士，通同有一個黃埔的觀念在心目中，偉大的聲譽，要算是震動全球了。 可是在這個島上，一點樹木也找尋不見，來遊覽的人們，只見有黃泥碎石 幷沒有動人觀感的地方，實在是美中不足。 所以今天我們來舉行植樹典禮，感覺到這一點，就要注意，準備把一個平淡無奇，全無點綴的黃埔，變成一個蒼翠可愛，莊嚴燦爛的黃埔。 數年之後，夏木成陰參天蔽日，無論何人—就是以革命或不革命者，足跡一到了黃埔，也都會徘徊流覽，不知不覺，受了感化，立刻地引起他們革命的興趣。 那末，黃埔的特色，不僅在精神方面，就是在物質方面，也能殼充分的表現出來了。 這是我所抱的一種無窮的希望，也就是今天植樹典禮的意義所在。

今天植樹，本來應該全校的人員各植一株，因爲人數太多，有點不便，所以僅派代表來參加，作一個表率，至於眞正栽種的工作，只好讓

實行總理實業計劃！

擁護農人階級的利益！

啓發全國自然的富源！

建設新黃埔！

中央軍事政治學校萬歲！

新黃埔萬歲！

中國國民革命成功萬歲！

世界革命成功萬歲！

本黨中的穩健派與激烈派

何久章

在每個政黨和每個革命黨中，有穩健派和激烈派之分，這是常有的，亦是不容易免掉的，實在無足奇怪。 尤其在我們中國國民黨中，有穩健派和激烈派更不足奇怪，更不容易免掉。 因爲我們國民黨是各被壓迫階級聯合的一個黨，即是各階級的黨，每個黨員的階級性既不一致，換句話說：就是黨員的階級利害不一樣，自然是免不掉有穩健派和激烈派之分。

我們雖然知道黨中有穩健派和激烈派之分是不易免掉，不足稀罕，然而這些事實，對於本黨的革命精神和革命前途關係異常重大。 我們每個黨員，切不要以爲是『不易免掉』『不足稀罕』，便把牠忽視了。 尤其是在這次北伐勝利後，革命勢力幾乎三分中國有其二，行將與英日帝國主義走狗奉系軍閥決勝負，而各帝國主義者—尤其是英帝國主義，調兵遣將，大批戰艦紛紛來華，硬輭政策變相並用的嚴重時期，即是黑化勢力與赤化勢力的決勝負的嚴重時期，此時期實可決定中國國民革命的命運，亦可影響到世界革命的前途。 所以對於全中國的人民和全世界的的被壓迫民族及被壓迫階級，關係實在不小！ 那裏可以忽視呢？ 電通社一月二十七日電：『中國南北妥協之機運，漸呈濃厚之狀，雙方常有代表來往，結局或將以穩健之孫文主義，實現大同團結』，又說：『如果國民黨穩健派得勢，於我們幷沒有什麼危險』；又奉系軍閥與安福系政客說：『國民黨倘能排除赤化分子即激烈分子，三民主義可採納』，據此種看來，實在是千鈞一髮的時期，我們自己似乎還未注意到，而我們的敵人——帝國主義者與軍閥却早已看透了！ 自然敵人的話，幷不是十分真確，然而也不是全非事實能。 我們每個國民黨員，對於本黨中穩健派和激烈派之分化都應該有個明白的認識。 因爲他對於黨與革命前途的關係很大。 我們要

（一）什麼是本黨的穩健派和激烈派 明瞭什麼是本黨的穩健派和激烈派，須先看當總理在北京逝世的時候，正是段祺瑞最後賣國時期執政時期，安福系姚震向東方社記者說：『孫氏既死，彼國民黨員，鑒於彼自來之經驗，即絕不免於分裂，然國民黨中之穩健派，此時有與吾人握手提攜之充分可能矣』；當時日本報紙亦說：『以段氏爲中心之和平統一，成功與否，皆視乎其能否與占多數於國民黨之穩健派相提攜爲斷』：當時安福系與日帝國主義所指之穩健派，即是反對總理聯俄聯共農工三大政策，在北京組織國民黨同志俱樂部，而爲日帝國主義走狗段祺瑞效死力的馮自由馬素……這些份子，掛起本黨招牌，做升官發財的勾當的不肖黨員，純是反革命者，曾經第一次全國代表大會開除黨籍。 同時我們唯一的苦心忍辱，百屈不撓，盡力國民革命四十年的孫總理，被一般帝國主義和反動派視爲『暴徒』『過激』。 這樣看來，我們便知道，所謂穩健派不過是本黨中的反革命的分子，如馮自由馬素之流；所謂激烈派是本黨中最革命的分子，如孫總理廖黨代表等。

（二）穩健派與激烈派 我們由上面已知道，穩健派是反革命派，激烈派是革命派，自然這兩派是處於敵視地位，實際上是不能兩相融洽的。 所以我們最革命最激烈的孫總理，在辛亥革命後，因爲一般穩健派，要做官發財，只顧個人利益而不顧民衆利益，與北洋軍閥謀妥協， 孫總理不得不與他們脫離，開除他們的黨籍。 又如十一年六月十六日，號稱國民黨黨員，總理信徒的反革命者（當日穩健○）陳炯明，公然炮轟觀音山，希圖置總理於死地，又如廖仲凱先生，爲本黨最忠實最努力的同志，竟被黨中當時的穩健派——反革命派，因受英帝國主義的唆使，用那卑汚下賤的手段，把廖先生鎗殺了。 我們据本黨以往的事實觀察，已知道穩健○種種反革命的行動和事實，直是罪惡滔大，與激烈派原不能並立的，尤其不能站在一條戰線上面。

中華民國十六年四月八日　黃埔日刊　（星期五）　（第四版）

（三）穩健派激烈〇與國民黨　我們總理所手創的中國國民黨，是打倒帝國主義和封建勢力——軍閥買辦階級土豪劣紳——而解放全國人民和其他被壓迫民族的革命黨。　是領導中國國民革命的黨，所負的責任和使命是何等的重大！　本黨的歷史已有四十餘年，在這四十餘年中，自然曾做有很多利於民衆的事業。　同時黨中因爲有假革命反革命分子（卽所謂穩健分子），每每借黨營私，黨的精神亦爲之玷汚了不少。　總理曾罵他們爲：「戴起我的帽子，踩躪我的家鄉」（楊希閔劉震寰等）。

自辛亥革命至民國十三年改組，這時期的國民黨，已失其辛亥革命前的革命精神，可算是不革命甚至於是反革命的黨，因爲這時期本黨黨員，除了少數革命的激烈〇外，大多數是官僚化了（亦卽穩健〇）。　他們祇知道怎樣升官發財，早把爲民衆謀利益的使命，置之九霄雲外，甘與一般軍閥政客相勾結，狼狽爲奸，做那剝削和壓迫人民的勾當了。　當時一般民衆誰肯相信國民黨是革命黨，是爲他們謀利益的黨?!簡直是與研究系安福系……無相上下。　到十三年改組後，因爲開除了穩健〇，增加了許多激烈分子，而黨的精神重新抖擻，因此革命勢力的發展一日千里，民衆對於本黨逐漸漸信仰了解。　据十六年來的歷史——自辛亥革命至今——觀察，我們便知道黨中如果有許多穩健分子盤據，黨就腐化了。　便是不革命或反革命而不爲民衆信仰了。

如果黨中大多數黨員被人叫做激烈〇時，那末黨必定是前進的，革命的。　所以我們國民黨如果要切實負起革命的使命，要真正能領導國民革命，老實說，所有黨員都應該激烈化。

（四）穩健〇激烈派與三民主義　三民主義是總理根据中國及世界的經濟狀況和時代背景而創造的主義，一方面注重實業的發展，一方面又要避免資本主義的趨勢，而向着共產社會進行。　所以凡是國民黨黨員，凡是中山主義的信徒，凡是爲民衆爲人類謀福利的革命黨員，對於三民主義的精髓應該有澈底的了解。　然而本黨中有些黨員（又是指穩健〇），掛名爲中山主義信徒，祇贊成一民或二民——民族民權主義，而反對民生主義。　如民國元年許多黨員，以民生主義，「外招列强之嫉視，內惹社會之疑忌」多不贊成。　[illegible]因爲他們根本不明瞭三民主義是一貫的，不明瞭世界進化底實際情形，另一方面是他們自私自利的心理使之然。　但當時的激烈〇則不同，他們始終是努力革命而企圖貫澈革命，實行整個的三民主義，以爲中山主義的眞實信徒。　我們國民黨如果要達到實行整個三民主義的目的，我們國民黨員就非通通是這樣「激烈」不可。

（五）穩健〇激烈〇與國民革命　誰也知道國民革命是殖民地半殖民地的民族，欲脫離帝國主義者和封建勢力重重壓迫的惟一出路；亦是在資本主義最高形式——帝國主義——時期，在殖民地半殖民地中必然產生的革命。

我們農業手工業經濟落後的中國，自帝國主義勢力東漸以來，在政治上經濟上無不受其支配而淪於半殖民地的地位。　同時帝國主義者復利用一般封建勢力爲工具，互相勾結，剝削人民，一般人民在此重重壓迫下，當然對於革命的要求就是打倒帝國主義和封建勢力的要求，異常迫切。　換句話說：就是解放全國人民，尤其是工農民衆。　本黨的使命在完成中國國民革命！本黨在辛亥把滿清推倒而創立民國，然而因爲黨中當時有許多穩健分子，沒有認清黨員的責任而處處掣肘，也就止於推倒滿清僅得一個「民國」的假招牌而已，帝國主義和封建勢力還是未傷毫末；所以民族仍未得解放，人民生活且日益困苦。　自改組後除掉那些穩健分子，革命才得進展。　最初統一廣東，繼復統一廣西，到現在革命軍由珠江流域逐漸進展居然克復了長江流域之全部。　統一全國，直指顧間事。　可是黨中一般穩健〇，在這當兒不惟不加緊努力，又開始蠢動起來，以期停止革命而毀滅革命，在在表現出他們的罪惡。

同志們！當前大敵奉系軍閥拈鬚微笑看你們自家腐化的把戲，北中國還是黑化的版圖，帝國主義者更五花八門節節進逼，莫說是距革命成功之期尚遠，恐怕還有向後轉之虞呢！　所以我們要繼續北伐，進行打倒奉系軍閥與其他封建勢力，而脫離一切帝國主義的統治，以完成國民革命。

什麼『南北將妥協……將與國民黨中穩健派結合……』這些空氣要把牠當瘟疫般防禦。　勿使其傳染而蔓延。

所謂穩健〇的反革命者！你們儘管幹反革命的勾當，結果不過是自殺罷了！　所謂激烈〇的同志們！　我們團結起來，革命到底！激烈到底！

（以〇代派）

我們要防止內部敵人陰謀

第二學生隊十七區隊　薛肇淵

「我們要防止內部敵人陰謀」——在這北伐時期當中，人人都會承認這個問題的緊要。　因此我也把他提出說說：

同志們！我相信，我十二分的相信，在革命團體裏面做反革命的工作以達到他們升官發財的目的，誰能說沒有呢？　現在反動派比以前聰明油滑得多了，他們知道跑出黨外去做反革命的勾當，是不能夠成功的。　如像以前各地民團攻擊農民協會是很明顯的；工人內部的爭鬥，除很少是自己起來爭鬥以外，都是反動派在中挑撥的，但是他們的挑撥陰謀，仍然失敗了。

他們經過這些失敗，給了許多被他們麻醉的同志的認識，而一天一天的覺悟了。　在這時候的反動派，知道以前的陰謀，不能適用，於是就改變了他們的法寶——掛羊頭賣狗肉，表面上看來，他們也是要打倒反動派的。　一方面使我們不[illegible]相信他是反動派，而是努力於革命工作者，一方面得到這個機會，可以用些「花言巧語」的話蒙蔽半推半就的同志，好同他聯合起來，爲他們的援助。　這樣才好把反動勢力增加起來，重新組織；同時來打破我們革命的戰線，以遂其反革命的陰謀！

現在我們防止應注意的幾點：　第一，在每一個同志的言論行動，都要二十四分的小心注意；第二，不要爲反動派的「花言巧語」所蒙蔽，而爲其利用；第三，不要以情感驅使，爲敵人輭化；第四，凡是不遵守本黨的黨綱的僞黨員，當然不是我們的同志，而且是我們的敵人，我們馬上要打倒他，然後本黨才有整頓之希望。

同志們！「我們要防止內部敵人陰謀」！我們要衝破敵人的法寶！　不要爲敵人的「花言巧語」所誘[illegible]

政治問答

1、「鐵的紀律」一語，其解釋卽爲：「紀律之嚴，有如鐵之冷酷堅實」乎？抑尙有其他意義乎？

2、共產黨之C.Y與C.P是怎樣的？

3、民生主義與共產主義的分別是怎樣的（我們還沒有發到三民主義，所以不容易自己研求答案）？

4、產業組織和職業組織是怎樣的？

5、「仲裁」二字是否卽公共處分之意？

（第二學生隊十七區隊聶加倫問）

1、無非借鐵以形容其堅固不懈而已，並無冷酷的意思——反對我們的人，或要故意在主觀上作如此解釋。

2、C.P.是共產黨，C.Y是共產主義青年團。

3、民生主義只節制資本；共產主義要從根本剷絕資本主義。

4、產業組織是以一個產業的聯帶關係之範圍爲本位；職業組織是以一行一行的職業爲單位的組織。　粵漢鐵路工會，包括開車，查票，打旗，木匠，銅匠，鐵匠凡與粵漢路有關者統一於一工會之下，是爲產業組織。　機器總工會，合各鐵路，各輪船，各工廠中的機器工人成一體是爲職業組織。

5、是由公正人從中裁判曲直之意。

（楚）

政治討論會討論題目

國家主義

討論綱要

1、在理論方面，國家主義底基礎有心理的，社會的，倫理的，文化的，政治的五種，我們能指出他們——國家主義派所說的謬誤否？

2、在原因方面，醒獅派在中國主張國家主義底論據是些什麼？

3、在策略方面，他們提出來的「內除國賊」，「外抗强權」，「全民革命」，「全民政治」，「外不親善」，「內不妥協」，這些口號，不對的地方在那裏？

4、在行動方面，國家主義派，爲什麼要反對本黨底三大政策？爲什麼爲唐繼堯吳佩孚孫傳芳張作霖等所賞識？

5、曾琦李璜這般人，爲什麼是半新半舊半中半西半封建半資本的腐敗青年？

第四期同學錄辦事處啓事

四期同學：我們的同學錄，因啓明公司迭次延期，仍無書交來，本會現已依法起訴，一俟解決，再行通知，此啓。

中華郵政特准掛號立券之新聞紙 中華民國十六年四月十二日 星期二 第一版

黃埔日刊

通信處廣東黃埔本校政治部
第二九九號
本刊每份定價一分

校聞

昨日本校紀念週的情形

昨天(十一日)上午九時，本校全體官佐及學生在大俱樂部舉行紀念週，計到官佐五百餘人，學生一千三百餘人。首由主席方教育長宣布開會，恭讀總理遺囑，再由韓主任教官先後作政治報告。(講詞另錄)。韓主任報告畢，又由吳主任訓話散會，時已十一時半矣。

入伍生二團二營來校服勤務

昨日(十一日)上午十二時半，本校第六期入伍生第二團第二營七八兩連，由廣東黃埔服勤務，駐要塞司令部，聞爲時有兩星期云。

在滬黃埔同學之重要宣言

對武漢中央委員會一切決議絕對服從

在滬黃埔同學宣言原文曰，自湘鄂發生提高黨權統一黨的指揮機關運動以來，我黃埔同學，馳逐戰場，未有表示，遂有一般同志懷疑黃埔同學係擁護蔣校長一人，而非中國國民黨之眞正黨員，誤行橫生，迄無定止，我在滬之黃埔同學，不得不鄭重宣言，本黨設立黃埔軍校，乃爲造成革命人材，絕非造成一人之工具，所以我們同學，祇敬奉始終領導同學在中國國民黨之下奮鬥蔣校長，更服從黨的命令，服從黨的紀律，我們與蔣校長的濃厚感情，絕不因此破壞黨的命令，黨的紀律，而祇有服從黨的厚感情，坦白率直的去督促校長服從黨的命令，嚴遵黨的紀律，對於最近武漢中央執行委員會之一切決議，黃埔同學絕對服從，且可担保本校同學若有否認中央決議者，則不待黨的制裁，同學必先嚴厲自裁，且我黃埔同學深知年來世界革命運動高漲，中國國民革命運動必激進不已，方能與全世界革命勢力相銜接，到國民革命成功之日，即世界革命完成之期，總理世界大同之理想，克臻實現，反之，則必造成十九世紀資產階級統治之局面，非總理解放中國大多數人民之本旨也，始終立在革命先鋒地位的黃埔同學，決不與任何穩健派及反動勢力妥協，所以我們堅決的一致主張，擁護武漢中央執行委員會之一切決議，打倒反動勢力，肅清黨內一切穩健派，擁護始終最激進的革命領袖蔣校長，黃埔的同學始終一致向左去。

一六，四，三。

中央要聞

中央電蔣總司令專任軍事

黃埔日刊 中華民國十六年四月十二日 星期二 第四版

告同志幾句話

郭子蘭

同志們！ 我們國民革命軍這次出師北伐的勝利，已由珠江流域達到了長江流域，將要進展至黃河流域了。 在這次過程中，於軍事方面看來，固然是大家都無不額手稱慶，以爲殘除的張[illegible]，不成問題[illegible]，亦不難一鼓而下，我們國民革命的使命，將完成於不久的將來。

但是我們知道，國民革命的領導者，是中國國民黨，黨在過去的歷史上，無庸諱言，也[illegible]發生過多少的糾紛，尤其是一般假革命份子不但背叛了黨的主義，而且[illegible]攻擊黨內的忠實的同志，使黨陷於極危險的地位。 在我們的想像中，現在是不會有這種情形了，然而事實卻不然！所謂革命的策源地，中國的莫斯科—廣州居然也發現了反動宣傳的言論機關，所謂革命的健兒—軍校武漢分校的一部分腐敗分子，居然搗毀工會，捕捉工人！ 革命的同志們！ 這是什麼一種現象?! 這還不過是「內患」罷了，還有「外憂」呢！

自漢潯案發生以後，英帝國主義者，復派兵來滬，絡繹不絕，持他的炮艦政策，[illegible]

打倒變相的國家主義的企圖！
防止群衆運動中起腐化作用！

一九二七，三，一〇於蝴蝶岡

政治問答

黃埔日刊 中華民國十六年四月十二日 星期二 第三版

革命之路

請看帝國主義者的妙論

完白

革命勢力有了長足的發展，帝國主義者就一天一天的不安起來，於是盡獻其黔驢之技，以破壞分裂革命勢力。一方面調遣大軍來威嚇；一方面又用甜言蜜語來哄騙。 我們且看他們在上海的行爲吧： 馬路上租界上任他們的大軍橫衝直撞，如入無人之境；同時卻又由他們的走狗——上海工部局說出騙人的鬼話來。 茲將上海工部局最近在外國報紙發表的宣言，譯之於后：

「上海工部局認爲在其管理範圍內，負有保護中外居民生命財產的重大責任，對中國的現狀，現在已有公布其意見之必要。

1、租界是根據中國和各國共訂的條約而設立的，工部局是租界內負責管理一切和維持秩序的行政機關，由九個外國人組織之，成立以來已非一日。 因爲完全在外人管理之下，所以上海就日見進步，到現在變成了中國第一個商埠。 萬國通商，大資本由投資而集合，而建設許多大的企業和工廠。 現在中國人賴工廠作工而生活者，不下數十萬人，如是則非僅外國人受其利，中國人也享受利益不少。

2、惟工部局觀察，革命的活動，絕不是像中國社會裏，一般危險主義者專門在煽動挑撥民族間感情爲目的的。 倘任此惡毒的陰謀繼續地延長下去，將來一定要造成社會上莫大的騷擾慘劇。 結果，定使全埠的商業企業和工廠，都受其損失毀壞。 工部局在此嚴重的局面下，定盡力來負起維持地方治安的職責，以補救挽回此危機，皆以文明的手段，施以相當的反對。 對於中國國民族刷新的運動，我們是非常同情的。 這種偉大有意義的！ 運動，現在不幸爲這般危險主義派的勢力所操縱，而破壞分裂了，似此自取破亡，使我們須有美意的正當的幫助而不可能！ 工部局向不持成見，隨處可以讓步。 上海的居民，現在既進步如此之速，所以我們決定增加中國委員，其職權與外人完全相同，毫無差別。 在一九二六年四月，納稅人會議裏，曾經正式的將此意見提出表決，經由工部局與納稅人議決通過，增加華人委員三人，改變爲英國五人中國三人日美各二人，共十二人組織之。 此議案并經正式的得到各國政府中國北京政府與江蘇省當局的公同認可。 工部局靜待中國早日如數派員出席，代表華人意見，以解決種種未決的問題。

工部局苟能實行如以上的組織成立，結果由政治的進步，定可使廣大的重要的上海，有保護巨大萬國利益的可能，如此才可以將一切的管理權交還中國。 但是現在經我們審慎的觀察，假如上海有這一般新奇偏激主義的勢力，在煽動民族間的惡感的存在，中國人與外國人將永不會有和好的結果的。 從這裏看來，上海尚非安全的時候，一定還要有一次變化。 如果革命黨有更好的意見提出，無論如何的改組，工部局絕不會反對如同他們反對我們一樣。 總之革命的方法，總脫不了親善和好的條件；當然對增加華人委員參加工部局行政的事，是不會反對的。 現在中國革命與非革命派和穩健與激烈派尚正在混戰時期，戰爭的結果，尚未可逆料。 工部局至誠懇的諸對于上海方面，容納我們的善意，以保護租界內外的中外人民的利益。 同時並要求列强一致主張，承認將一切的條約，施以修改。」

現在上海已拿到革命的勢力的手中了，這時[illegible]

誰是搗亂？

馮恆武

目前的爭鬥，是封建和民主這兩[illegible]

黃埔日刊 中華民國十六年四月十二日 星期二 第二版

[illegible]月因病離職，北伐之役未獲弱與艱難，稍分勞苦，此次迭奉黨部電召，並承來電催促頻仍，故力疾回國，期以黨員資格，從事工作，稍盡心力。 尊電期許過當，自維樗材，深懼弗勝，惟盼時賜教誨，俾有遵率，是所至禱。 汪兆銘。支(四日)

又致各同志電，各黨部各同志均鑒，兆銘迭奉中央及諸同志電召，已於一日到滬。 數月以來，以諸同志之努力，國民革命獲一日千里之進步，謹以滿腔的熱誠致革命敬禮。 並當追隨諸同志之後，從事工作。 頃已電告中央，聽候指示，謹以奉聞。 汪兆銘。支(四日)

農民國際農務院成立

農民國際農務院於一九二三年第一次國際農民大會議決創設，已籌備就緒，於本年三月八日在莫斯科正式開幕。 該院乃一純粹之公衆組織，與任何國家機關無聯絡，故亦不受國家補助，完全獨立工作。 國際農民運動中之著名科學家政治家，多參加於此院之組織，而爲其會員。 此院雖草創伊始，其搜集之農務書籍，已達五萬卷，成一極有價值之農事問題圖書館，預料不久將增至七萬五千卷。 又此院專設一部，研究蘇聯革命以前及現今之農業農民情形，及革命前後之農民革命運動情形，以及蘇聯政府之農業政策。 又有一部，則專研究現今農業僱工之狀況。 此外有公布部，主管記錄關於該院之大事，並收集材料，以供出版。 有印刷部印行各種農業及農民運動之書籍。 預期今年內可發行書籍四十種。 此院之設立，頗有價值云。

上海特別市市政府成立經過及組織法(續)

▲呈報組織法 呈爲呈請轉報事，本會於三月二十五日第三次常會時通過本會議，上海特別市市民代表政府組織條例草案，議將該草案報請鈞處懇即轉呈中央政府查核施行，所有上海特別市市民代表政府組織條例草案，理合備文呈報，伏乞垂鑒，謹呈中央執行委員會政治會議上海分會，組織條例，(第一條) 上海特別市以市民代表會議爲全市最高權力機關，定名市民代表會政府，(簡稱上海市政府)(第二條)上海特別市代表政府須受特別市黨部之指導與監督，(第三條)上海特別市市民代表會議政府直隸於國民政府不入省行政範圍，(第四條) 上海特別市暫設淞滬商埠公署原管區域，及原有租界爲範圍，全市暫分八區，閘北，江灣，等處爲第二區，滬西，小沙渡，曹家渡，等處爲第三區，[illegible]

特載

國共兩黨領袖聯名告兩黨同志宣言

汪精衛

中華郵政特准掛號立券之新聞紙 中華民國十六年四月十二日 〔星期二〕 (第一版)

黃埔日刊

通信處廣東黃埔本校政治部

第二九九號

(本刊每份定價一分)

誓遵總理遺囑

余致力國民革命，凡四十年，其目的在求中國之自由平等，積四十年之經驗，深知欲達到此目的，必須喚起民衆，及聯合世界上以平等待我之民族，共同奮鬥。現在革命尚未成功，凡我同志，務須依照余所著：建國方略，建國大綱，三民主義，及第一次全國代表大會宣言，繼續努力，以求貫徹。最近主張：開國民會議，及廢除不平等條約，尤須於最短期間，促其實現，是所至囑！

本校本週口號

鞏固滬甯民衆的政權！

繼續反抗帝國主義武裝屠殺！

救濟革命死難的同胞！

擁護汪主席主持黨政！

反抗公使團授權搜捕黨員！

推行黨的最近政綱！

保障農民協會自由！

校聞

昨日本校紀念週的情形

昨天(十一日)上午九時，本校全體官佐及學生在大俱樂部舉行紀念週，計到官佐五百餘人，學生一千三百餘人。首由主席方教育長宣布開會，恭讀總理遺囑，再由韓主任教官先後作政治報告。(講詞另錄)。韓主任報告畢，又由吳主任訓話散會，時已十一時半矣。

入伍生二團二營來校服勤務

昨日(十一日)上午十二時半，本校第六期入伍生第二團第二營七八兩連，開來黃埔服勤務，駐要塞司令部，聞爲時有兩星期云。

在滬黃埔同學之重要宣言

對武漢中央委員會一切決議絕對服從

在滬黃埔同學宣言原文曰，自湘鄂發生提高黨權統一黨的指導機關運動以來，我黃埔同學，馳驅戰場，未有表示，遂有一般同志懷疑黃埔同學僅擁護蔣校長一人，而非中國國民黨之真正黨員，謬種橫生，迄無定止，我在滬之黃埔同學，不得不鄭重宣言，本黨設立黃埔軍校，乃爲造成革命人材，絕非造成一人之工具，所以我們同學，祇敬愛始終領導同學在中國國民黨之下奮鬥的蔣校長，更服從黨的命令，嚴遵黨的紀律，我們與蔣校長的濃厚感情，絕不因之破壞黨的命令，黨的紀律，而祇有憑着與校長濃的厚感情，坦白率直的去督促校長服從黨的命令，嚴遵黨的紀律，對於最近武漢中央執行委員會之一切決議，黃埔同學絕對服從，且可担保本校同學若有否認中央決議者，則不待黨的制裁，同學必先嚴厲自裁，且我黃埔同學深知年來世界革命運動高漲，中國國民革命運動必激進不已，方能與全世界革命勢力相銜接，到國民革命成功之日，即世界革命完成之期，總理世界大同之理想，克臻實現，反之，則必造成十九世紀資產階級統治之局面，非總理解放中國大多數人民之本旨也，始終立在革命先鋒地位的黃埔同學，決不與任何穩健派及反動勢力妥協，所以我們堅決的一致主張，擁護武漢中央執行委員會之一切決議，打倒反動勢力，肅清黨內一切穩健派，擁護始終最激進的革命領袖蔣校長，黃埔的同學始終一致向左去。

一六，四，三

中央要聞

中央電蔣總司令專任軍事

本黨勢*，遂達長江流域後，帝國主義者以其工具，如吳佩孚孫傳芳等，相繼消滅，彼在華之勢力，將必隨而消失，故當革命軍到滬到甯時，帝國主義者聯合干涉革命軍之陰謀益急，彼迫不遂已，遂變而逕取直接干涉革命軍之行動，居然施行砲艦政策砲擊我滬甯兩地，一方面欲消滅我革命軍之革命戰爭，一方面屠殺我革命民衆以爲快，陰謀畢露，本黨中央執行委員會，以帝國主義者砲擊我領土，屠殺我民衆，爲該帝國主義者對付殖民地之慣技，我革命政府，必有正當之解決方法，但當此緊急惡重形勢下之外交，在政府未有正式命令以前，不論任何黨員，均不能私自發表主張，使政府外交不能統一，與帝國主義者以口實，故中央執行委員會，特致電革命軍蔣總司令，說明外交上未得政府命令之前，勿在滬發表主張，該電如下，本黨勢力抵滬后，帝國主義者聯合干涉之陰謀益急，而妥協傾向，亦乘機而起，爲對付此種陰謀及妥協傾向，必須使一切革命勢力，團結起來，成爲一致的鞏固的聯合戰線，始可得最大之勝利，于此緊急之外交形勢，殊屬不利，必須總司令離滬，中央始可對上海之嚴重形勢，指揮自如，而負完全之責任，故議決訓令總司令，赴甯赴前，專任籌劃軍事，外交，在未得政府命令以前，勿在滬發表主張，並勿接受任何帝國主義口頭或文字之通牒，以壓迫帝國主義直接與國民政府交涉，而使國民政府外交之統一，中央執行委員會。

武漢消息

(一)中央黨部農民部已於三月廿八日成立，農民運動委員會以毛澤東，章鈞伯，陸沉，邱學訓等爲委員。

(一)宋子文赴滬，派委稅務總處長吳發元代理部務，鄂財政處長李國生辭職，委詹大悲繼任。

(一)國民革命軍第四師長藏戟，十一師代理師長范漢傑均辭職，經中央批准，第十師長蔣光鼐免職，任蔡廷楷爲第十師長，葉挺爲二十四師長。

(一)中央軍事政治學校武漢分校改爲中央軍事政治學校，逮屬于中央軍事委員會，由軍事委員任命鄧演達，顧孟餘，徐謙，惲代英等爲該校委員。

(一)政治委員會議決派鈕永建爲滬兵工廠總辦，工兵團改爲軍委會警衛隊，廣東中央監察院決改爲分院，其他各省區將設一分院，武昌市公安局長林薰南因受賄，二十八日押解總司令部，以范體仁繼任武昌公安局長。

(一)交通部因贛粵江浙各省軍事領袖，屢有干涉交通部用人行政之事，殊屬破壞交通行政統一，決即嚴令禁止。

(一)中央執行委員會二十三日電令江西省黨部改選，執行監察委員停止職權聽候查辦。

(一)軍事委員會委張發奎繼任十一軍軍長，陳洪代理第四軍副軍長，又令程潛兼管南京衛戍，唐蟒兼管九江衛戍，王鈞兼管南昌衛戍事宜。

(一)三一八慘案要犯曾充僞政府部長之賀德霖，在漢被捕後，押於公安局，二十七日在漢公安局服毒自盡，後救回。

中外要聞

汪主席之要電

武昌中央執行委員會，國民政府均鑒：兆銘遵命啓程回國，已於一日到滬。應爲何工，作敬候總指示。汪兆銘，(四日)。又致蔣介石電云，蔣司令勳鑒，頃讀江電，無任惶愧，兆銘于去年三

(第四版)

民主義的精髓應該有澈底的了解。然而本黨有些黨員(又是指穩健○)，掛名爲中山主義信徒，祇贊成一民或二民——民族民權主義，而反對民生主義。如民國元年許多黨員，以民生主義，「外招列强之嫉視，內惹社會之疑忌」多不贊成。

同志的認識，而一天一天的覺悟了。在這時候的反動派，知道以前的陰謀，不能適用，於是就改變了他們的法寶——掛羊頭賣狗肉，表面上看來，他們也是要打倒反動派的。一方面使我們不

不是我們的同志；而且是我們的敵人，我們馬上要打倒他，然後本黨才有整頓之希望。

同志們！「我們要防止內部敵人陰謀」！我們要衝破敵人的法寶！不要爲敵人的「花言

半西半封建半資本的腐敗青年？

第四期同學錄辦事處啓事

四期同學：我們的同學錄，因啓明公司迭次延期，仍無書交來，本會現已依法起訴，一俟解決，再行通

---

* “孚”字原刊排版时未放正。编者注。

中華民國十六年四月十二日　黃埔日刊　星期二　第二版

月因病離職，北伐之役未獲躬與艱難，稍分勞苦，此次迭奉黨部電召，並承來電催促頻仍，故力疾回國，期以黨員資格，從事工作，稍盡心力。尋電期許過當，自維駑材，深懼弗勝，惟望時賜教誨，俾有遵率，是所至禱。汪兆銘。支(四日)又致各同志電，各黨部各同志均鑒，兆銘迭奉中央及諸同志電召，已於一日到滬。數月以來，以諸同志之努力，國民革命獲一日千里之進步，謹以滿腔的熱誠致革命敬禮。並當追隨諸同志之後，從事工作。頃已電告中央，聽候指示，謹以奉聞。汪兆銘。支(四日)

農民國際農務院成立

農民國際農務院於一九二三年第一次國際農民大會議決創設，已籌備就緒，於本年三月八日在莫斯科正式開幕。該院乃一純粹之公衆組織，與任何國家機關無聯絡，故亦不受國家補助，完全獨立工作。國際農民運動中之著名科學家政治家，多參加於此院之組織，而爲其會員。此院雖草創伊始，其搜集之農務書籍，已達五萬卷，成一極有價值之農事問題圖書館，預料不久將增至七萬五千卷。又此院專設一部，研究蘇聯革命以前及現今之農業農民情形，及革命前後之農民革命運動情形，以及蘇聯政府之農業政策。又有一部，則專研究現今農業僱工之狀況。此外有公布部，主管記錄關於該院之大事，並收集材料，以供出版。有印刷部印行各種農業及農民運動之書籍。預期今年內可發行書籍四十種。此院之設立，頗有價值云。

上海特別市市政府成立經過及組織法（續）

◎呈報組織法　呈爲呈請轉報事，本會於三月二十五日第三次常會時通過本會議，上海特別市市民代表政府組織條例草案，謹將該草案報請鈞處懇即轉呈中央政府查核施行，所有上海特別市市民代表政府組織條例草案，理合備文呈報，伏乞垂鑒，謹呈中央執行委員會政治會議上海分會，組織條例，（第一條）上海特別市以市民代表會議爲全市最高權力機關，定名市民代表會政府，（簡稱上海市政府）（第二條）上海特別市代表政府須受特別市黨部之指導與監督，（第三條）上海特別市市民代表會議政府直隸於國民政府不入省行政範圍，（第四條）上海特別市暫設淞滬商埠公署原管區域，及原有租界爲範圍，全市暫分八區，閘北，江灣，等處爲第二區，滬西，小沙渡，曹家渡，等處爲第三區，滬東楊樹浦，引翔，爲第四區，東浦等處，爲第五區，公共租界爲第六區，法租界爲第七區，吳淞爲第八區，（第五條）上海特別市區域以內之從前屬於上海，及寶山縣一部份行政範圍內之民政財政教育司法等政事宜，均由上海特別代表會議政府管轄之，（第六條）市民代表會議分兩級，（一）全市代表會議，（二）區代表會議，（第七條）各區代表會議及全市代表會議之代表，均須由各工廠各手工業工會各店員公會各農民協會各商會各兵營各學校學生會各自由職業的團體（如新聞記者聯合會律師公會醫師公會及會計師公會教職員聯合會等）之全體羣衆分別開會直接選出區代表及市代表，同時選出或分二次選均可，右列各職業機關或團體羣衆有左列各項之一者，均不得有選舉被選舉權，（一）非中華民國國籍者，（二）曾爲帝國主義或軍閥効力者，（三）受國民政府刑事上之宣告剝奪公權尚未復權者，（四）曾倡言反對革命者（五）洋奴，（六）工賊，（七）土豪劣紳，（八）貪官污吏，（九）學閥，（十）土販，（第八條）凡學術團體慈善團體紅十字會教育研究團體宗教團體及同鄉會等一切非職業團體，不得選派代表，（第九條）代表會議之代表人數，由各職業機關或團體各按照其所屬人數比例選出之，（甲）區代表會議之代表每五百人選出一人，不滿五百人之正當職業團體，亦得選出一人，（乙）市代表會議之代表每一千人選出一人，不滿一千人之正當職業團體，亦得選出一人，（第十條）區代表會議選出執行委員二十人至三十人，組織執行委員會，由區執行委員會選出常務委員五人至七人，處理全區事務，市代表會議選出執行委員五十人組織市執行委員會，此執行委員會，即市政府委員會，由市政府選出常務委員十三人，組織常務委員會總攬全市政務，由市民代表會議選出監察委員十人，監察市行政及會計，如有溺職舞弊，得搜集證據控告於市代表會議，（第十一條）區代表會議市代表會議均每月召集一次，有緊急事故時，應由執行委員會隨時召集臨時會議，（第十二條）各代表均任期一年，但得連選連任，代表溺職時，得由原選機關或團體召集大會議決撤回之，同時另選他人爲代表，補足其任期，（第十三條）在革命戰事時間各革命的政黨得派代表特別參加各級執行委員會，（第十四條）市代表會議之職權如左，（甲）選舉市執行委員，（乙）議決全市一切應與應革事宜，（丙）議決市立法工資糧食房租失業救濟教育市政工程等事件，（丁）議決市稅市公債及市預算決算，（戊）議決各代表提議其所代之團體羣衆對於市政之意見，（己）議決發展市有產業事件，（庚）議決市內各區管轄區域變更事件，（辛）議决市執行委員會之報告及提議事件，（壬）議決向國民政府建議事件，（第十五條）區代表會議之職權如左，（甲）選舉區執行委員（乙）議决本區一切應與革事宜，（丙）議決本區執行委員會交議事件，（丁）議決本區執行委員會之報告及提議事件，（第十六條）市代表會議時全體代表分股財政軍事經濟市政外交五組各組開會討論議決，分別提交大會，議決執行，或由大會建議於國民政府，採擇施行，市執行委員會設置財政公安教育建設衛生土地司法勞動八局，各執行委員或分任各局政務，或不兼各局政務，惟各局局長，必須執行委員任之，（第十七條）區代表會議之議決，執行委員會須絕對執行，市代表會議決，市執行委員會須絕對執行之，（第十八條）本條例由臨時市民代表會議議決，說明本條例之內容有四特點，（一）各級代表會議之代表均由羣衆直接選出而不取複選則制，羣衆與代表關係密切，羣衆的意見得以充分表現，（二）代表由各職業機關或團體中選出，而不由區域選出，則羣衆與代表在選舉後仍有經常固定的關係，代表能夠隨時明瞭他所代表的羣衆意見，羣衆亦易於發見無代表溺職，而隨時開會意見，羣衆亦易於發見無代表溺職，而隨時開會議決撤回，（三）限制反革命的選舉權，選是革命羣衆的保障，（四）市政府委員會，只是市代議會之執行委員會，此即整個的民衆政權之表現，不把他分爲立法與行政執行與議會兩個對立的機關，執行委員會的權力，不能超過代表會，故代表會議之議决執，行委員須絕對服從，執行委員會無解散代表會之權，執行會溺職時，則由原選機關或團體撤回之，以上四特點之根本精神，是改三正權分立及代代議政治之惡弊，因此本條例之，（市民會議）和三權分立及代議政治的（市議會）是截然不同的制度，討論時必須注意。（完）

特載

國共兩黨領袖聯名告兩黨同志宣言

本黨領袖汪精衛回國後，爲鞏固國民革命的力量及國共兩黨的友誼和聯合戰線起見，特與中國共黨領袖陳獨秀聯名發表一宣言，茲特刊載于后：

國民黨共產黨同志們，此時我們的國民革命，雖然得到了勝利，我們的敵人，不但仍然大部份存在，並且還在那裏伺察我們的弱點，想乘機進攻推翻我們的勝利。所以我們的團結，是時更爲非常必要。中國共產黨堅决的承認的中國國民黨，及國民黨的三民主義，在中國革命中，毫無疑義的需要。只有不願意中國革命向前進展的人，才想打倒國民黨，才想打倒三民主義；中國共產黨無論如何錯誤，也不至於主張打倒自己的友黨，主張打倒我們的敵人帝國主義與軍閥，素所反對之三民主義的國民黨，使敵人稱快。無產階級獨裁制，本是各國共產黨最大限度的政綱之一，在俄國雖然實現了，照殖民地半殖民地政治經濟的環境由資本主義向社會主義的過程，是否要一定死板的經過同樣形式的同樣階段，還是一個問題，何況依中國國民革命發展之趨勢，現在固然不發生這樣問題，卽將來也會不致發生。中國所需要的是建立一個各被壓迫階級的民主獨裁，來對付反革命，不是甚麼無產階級獨裁，兩黨合作，本有各種不同的方式，重要之點，是在兩黨大多數黨員羣衆，雙方以善意的態度解决此問題，方不違背合作之根本精神。中國國民黨多數同志，凡是瞭知中國共產黨的革命理論，及其對于中國國民黨真實態度的人，都不會懷疑孫總理的聯共政策。現在國民革命發展到帝國主義的最後根據地——上海，驚醒了國內外一切反革命者，造謠中傷離間無所不用其極，甲則曰共產黨將組織工人政府，將衝入租界，貽害北伐軍，將打倒國民黨；乙則曰國民黨領袖將驅逐共產黨，將壓迫工會與工人糾察隊。這類謠言，不審自何而起。國民黨最高黨部最近全體會議之議決，已昭示全世界，决無驅逐友黨摧殘工會之事。上海軍事當局表示服從中央，卽或有些意見與誤會，亦未必終不可解釋。在共產黨方面，愛護地方安甯秩序，未必敢後於他人，對於國民政府，不以武力收回上海租界政策，亦表贊同，總工會亦已發表不單獨衝入租界之宣言，對於市政府亦贊同各階級合作政策，事實俱在，更無造謠之餘地。國共兩黨同志們，我們强大的敵人，不但想以武力對待我們，並且想以流言離間我們，以達其『以赤制赤』之計，我們應該站在革命的觀點上，立卽拋棄相互間的懷疑，不聽信任何謠解，相互尊敬，事事開誠協商進行，政見卽不盡同，根本必須一致，兩黨同志果能開誠合作，如兄弟般親密，反間之言，自不獲乘機而入也。披瀝陳詞，萬希各自省察，勿至爲親者所悲，仇者所快！則中國革命幸甚，兩黨幸甚，汪精衛，陳獨秀，十六年四月五日，

題目

誰是搗亂　獨夜武

告同志幾句話　郭子蘭

如果我們明了這次北伐的意義——國民革命的意義，和革命黨員的責任，我們就應該明白地揭破帝國主義者的陰謀，貫徹我們的主張，打倒帝國主義到底，實行無條件的收回帝國主義在華一……以達到我們的目的。革命的同志們！趕快起來自决地負起你們重大的責任努力奮鬥吧！

并且還有幾句話，要向帝國主義者忠告的：帝國主義和你們的走狗——上海工部局，我們敬……

中華民國十六年四月十二日 黃埔日刊 （星期二） （第三版）

特別市市民代表會議政府直隸於國民政府不入省行政範圍，（第四條）上海特別市暫設淞滬商埠公署原管區域，及原有租界爲範圍，全市暫分八區，閘北，江灣，等處爲第二區，滬西，小沙

（丙）議決市立法工資糧食房租失業救濟教育市政工程等事件，（丁）議決市稅市公債及市預算決算，（戊）議決各代表提議其所代之團體羣衆對於市

合聯絡起見，特與中國共產黨領袖陳獨秀[illegible]名發表一宣言，茲特刊載于后：

國民黨共產黨同志們，此時我們的國民革命

各自省察，勿爲反對者所乘，仇者所快！則中國革命幸甚，兩黨幸甚，汪精衛，陳獨秀，十六年四月五日，

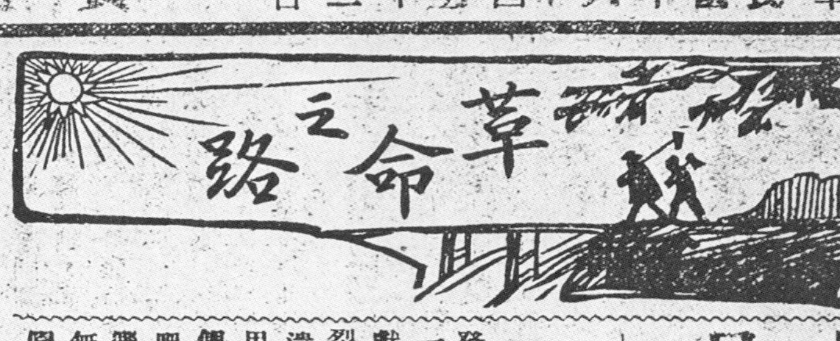

題目

請看帝國主義者的妙論

完白

革命勢力有了長足的發展，帝國主義者就一天一天的不安起來，於是盡獻其黔驢之技，以破壞分裂革命勢力。一方面調遣大軍來威嚇；一方面又用甜言蜜語來哄騙。我們且看他們在上海的行爲吧：馬路上租界上任他們的大軍橫衝直撞，如入無人之境；同時却又由他們的走狗——上海工部局說出騙人的鬼話來。茲將上海工部局最近在外國報紙發表的宣言，譯之於后：

「上海工部局認爲在其管理範圍內，負有保護中外居民生命財產的重大責任，對中國的現狀，現在已有公布其意見之必要。

1、租界是根據中國和各國共訂的條約而設立的，工部局是租界內負責管理一切和維持秩序的行政機關，由九個外國人組織之，成立以來已非一日。因爲完全在外人管理之下，所以上海就日見進步，到現在竟成了中國第一個商埠。萬國通商，大資本由投資而集合，而建設許多大的企業和工廠。現中國人賴工廠作工而生活者，不下數十萬人，如是則非僅外國人受其利，中國人也享受利益不少。

2、惟工部局觀察，革命的活動，絕不是像中國社會裏，一般危險主義者專門在煽動挑撥民族間感情爲目的的。倘任此惡毒的陰謀繼續地延長下去，將來一定要造成社會上莫大的騷擾慘劇。結果，定使全埠的商業企業和工廠，都受其損失毀壞。工部局在此嚴重的局面下，定盡力來負起維持地方治安的職責，以補救挽回此危機，皆以文明的手段，施以相當的反對。對於中國民族刷新的運動，我們是非常同情的。這種偉大有意義的！運動，現在不幸爲這般危險主義派的勢力所操縱，而破壞分裂了，似此自取破亡，使我們須有美意的正當的幫助而不可能！上海工部局向不持成見，隨處可以讓步。所以我們決定增加中國委員，其職權與外人完全相同，毫無差別。

在一九二六年四月，納稅人會議裏，曾經正式的將此意見提出表決，經由工部局與納稅人議決通過，增加華人委員三人，改變爲英國五人中國三人日美各二人，共十二人組織之。此議案并經正式的得到各國政府中國北京政府與江蘇省當局的公同認可。工部局靜待中國早日如數派員出席，代表華人意見，以解決種種未決的問題。

工部局苟能實行如以上的組織成立，結果由政治的進步，定可使廣大的重要的上海，有保護巨大商業利益的可能，如此才可以將一切的管理權交還中國。但是現在經我們審愼的觀察，假如上海有這一般新奇偏激主義的勢力，在煽動民族間的惡感的存在，中國人與外國人將永不會有和好的結果的。從這裏看來，上海尚非安全的時候，一定還要有一次變化。如果革命黨有更好的意見提出，無論如何的改組，工部局絕不會反對如同他們反對我們一樣。總之革命的方法，總脫不了親善和好的條件；當然對增加華人委員參加工部局行政的事，是不會反對的。

現在中國革命與非革命派和穩健與激烈派尚正在混戰時期，戰爭的結果，尚未可逆料。工部局至誠懇的請對於上海方面，容納我們的善意，以保護租界內外的中外人民的利益。同時並要求列強一致主張，承認將一切的條約，施以修改。」

現在上海已拿到革命的勢力的手中了，這時

如果我們明了這次北伐的意義——國民革命的意義，和革命黨員的責任，我們就應該明白地揭破帝國主義者的陰謀，貫澈我們的主張，打倒帝國主義到底，實行無條件的收回帝國主義在華一切的權利——海關租界領事權等等，自動廢除不平等條約。

革命的同志呵！革命是要澈底鬥爭的；妥協就是革命的失敗！帝國主義者的槍砲浸染的血腥未乾，我們眞正革命的同志還能拾其口惠而受他們欺騙以與之講和嗎？現在一般封建勢力的殘餘分子投機的黨員已經被軟化了，在一般眼光短淺的民衆自不免受他們的蒙蔽；所以我們在這個時候，應積極地揭破帝國主義的陰謀，并要肅清一切封建勢力，切實地到民間去鞏固并擴大民衆的組織，那末，國民革命就有成功希望了！

現在上海民衆已在盡力運動對英罷工，并要求其速撤回駐華軍隊，取消兩國間不平等條約，及收回該國在華之租界，開始起來奮鬥了！我們黨中央已提出此次新運動的總口號「要求英國撤退在滬軍隊」。我們應該一致擁護和執行黨

以達到我們的目的。革命的同志們！趕快起來自決地負起你們重大的責任努力奮鬥吧！

并且還有幾句話，要向帝國主義者忠告的：帝國主義和你們的走狗——上海工部局，我們敬謝你們的美意！你們怕我們有傷民族間感情的言論，但是你們厚賜我們的禮物——幾次的屠殺是怎樣呢？我們革命運動不僅是謀我們民族解放，并要謀一切被壓迫民族和被壓迫民衆的解放，就是要澈底的打倒你們壓迫者的；你們所謂民族間的感情，不過是騙人的話罷！我們是要一切革命勢力團結起來不分什末種族國籍的；我們所要打倒的一切反革命派，也不分他的種族國籍的。總之，無論你們如何花言妙語，多麼甜蜜動聽，我們是絕不受你們的哄騙；你們所能哄騙的，只是一般封建餘孽腐敗分子極少數反革命的份子。不過他們這些糊塗東西，當然也在我們打倒之列，你們定不能長久利用着的。希望你們執行你們的職權，用「文明的(？)手段」來反對我們吧！現在讓你們盡量的大呼「上海，我們在此」吧！

誰是搗亂？

馮恆武

目前的爭鬥，是封建和民主這兩派的戰爭，在這次政治爭鬥的當中，由爭鬥穩定了革命的基礎，搖動了軍閥割據的地盤，因此，民主爭鬥的形式隨着健全起來了，國民革命的軍事行動亦得着畸形發展，這都是工農羣衆擁戴國民政府的贈禮！同時，革命旗幟所惠臨的地方，工潮農潮如怒潮奔騰的起來，這就是工人農民認識了民主爭鬥的革命的黨，證明國民政府是實際的民主政體，眞能爲工人農民的利益去奮鬥的。是以工人農民拿着整個階級的力量，參加目前民族解放的運動，這樣，殖民地或半殖民地的民族革命運動，一定要得工人農民之同情和參加，然後可以戰勝於半封建勢力，完成民主爭鬥的目的。是以第一次全國代表大會宣言鄭重的申明：

「……國民革命之運動必恃全國農夫工人之參加，然後可以決勝；……一方面對於農夫工人之運動，以全力助其發展，輔助其經濟組織，使日趨於發達，以期增進國民運動之實力……反抗不利於農夫工人之特殊階級，以謀農夫工人之解放」：五條對內政綱直接關於工人農夫者「七」「八」「九」「十」「十一」等條，第二次全國代表大會更有很多具體的農民和工人運動的決議案，並且對於各次糾紛，都規定了切實的條例。宣言上說：

「……工人階級以可驚之速度，而爲國民革命中有力的成份，同時，更於民族解放運動中，取得領導的地位，」

「軍閥，官僚，買辦階級，土豪……實爲帝國主義應用之工具……而欲阻止中國之國民革命運動，則其所採之方法，又莫於遮蔽國民間各階級的聯合，尤其於摧抑農工階級之發展，」

以上這些事實，都是國民黨的根本方策，很堅確的決定國民黨與工農羣衆之關係，建國民黨於工農階級的上面。可見國民黨與工農羣衆不是兩種分散的東西，是互相爲用的，並不是工農羣衆參加民族解放運動的戰線，來破壞一切的民主建設，這樣，當然說不上工農羣衆有搗亂自己的民主建設行爲。我們知道，工農在革命中始終是最急進的，革命的，決不會在革命行程中起

中華民國十六年四月十二日　黃埔日刊　〔星期二〕　〔第四版〕

腐化作用！

革命軍無論到某處，都有幾千盈萬的工農群衆的罷工和武裝暴動，這種的急極的革命行爲，表示民衆是國民政府的擁護者，他方面表示民主的國民政府眞能代表民衆的利益，這種的正當革命行爲，誰也承認這是民主爭鬥的最銳方式。像這種的革命運動，不是隨着政治軍事舞台上的主角的高興和憎惡而消長的。高興和憎惡，只是有「封建主」傾向的敗類行爲，決不會予革命行程以影響。過去的事實教訓我們，在革命基礎風雨飄搖時，外來的暴力壓迫異常，如是萬分高興工農群衆參加革命運動，但革命勢力稍一穩健，就覺得工農和本身利益發衝突，尤其是工農群衆的力量可怕，用盡種種方法以圖壅塞消滅，新興的民主勢力——工會農會，這一般帝國主義嫡派大人們，不駡農會是土匪，便誣工會是搗亂，不說工農運動急進得可怕，便說有散分革命戰線的危險。國家主義嫡派大人們！試問工農群衆要安協到大人們所想像的——工農仍然是奴隸——一樣，那才沒有危險？沒有可怕？若是工農群衆安協到如大人們一樣，恐怕眞的土匪和危險來了——帝國主義的統治！我們知道，工農們爲要求生存而犧牲，必定與封建勢力和變相的國家主義者奮鬥到底。

歷史的教訓，革命運動，是全人類整個的吃麵包問題，不是製造許多不兌現的支票，購成許多美麗不實際的文章，可以得到群衆的；尤其不是不兌現的支票可以鞏固各階級的聯合戰線的！大家知道，工農爲犧牲老婆來革命，你要他犧牲肚皮，那是不可能的，因爲他爲的是肚皮不能犧性！所以他們在國民革命運動時畸形發展當中，只有用自己爭鬥形式——能工——來剷削自己的痛苦。那麼？我們革命的同志們，應用全力以助其發展，反抗不利於工人農夫之特殊階級，以謀農夫工人之解放。並且工農運動，並未超過國民革命的要求，而只是國民革命的初步要求。雖然在工農運動中有些糾紛，但始終未出國民革命範圍，何得要企圖武力以解決工農運動呢？這種國家主義般的手段，只有撤國民政府的後台，遮蔽國民間各階級之聯合，以孤單民主的國民政府的建設行爲罷了！

「天要下雨娘要嫁人」這都是不能制止的事實；工農爲着切身的苦痛來參加革命，正是資本主義壽終正寢必然的社會現象，有什麼可怕？就現在的事實證明，在全中國民族革命運動當中，的確是有一部份是腐化的復古運動，腐化國民黨的根本意義，排擠工農於革命(？)圈套外面。關在封建主的宮殿裏來談革命，這竟不知誰在革命行程中搗亂？這樣，難怪路透社稱兩方穩健份子增進英人之聲望，實是因爲他們企圖用種種方法限制工農——赤化(？)——的活動和利益。

總之，現在是爲打倒半封建勢力而爭鬥，爲實現民主政治而爭鬥，工農們始終是不渝的，始終是爲着建設民主的國民政府而奮鬥到底的，恐怕在革命戰線進展的當中，爲鬼作祟的，撤台的，搗亂的，還是那腐化的封建的遺老？我們努力，我們高呼：

打倒變相的國家主義的企圖！

防止群衆運動中起腐化作用！

一九二七，三，一〇於蝴蝶崗

告同志幾句話

郭子蘭

同志們！我們國民革命軍這次出師北伐的勝利，已由珠江流域達到了長江流域，將要進展至黃河流域了。在這次過程中，於軍事方面看來，固然是大家都無不額手稱慶，以爲殘餘的張鬍，不成問題的魯黑臉，亦不難一鼓而下，我們國民革命的使命，將完成於不久的將來。

但是我們知道，國民革命的領導者，是中國國民黨，黨在過去的歷史上，無所諱言，也曾發生過多少的糾紛，尤其是一般假革命份子不但背叛了黨的主義，而且直截的攻擊黨內的忠實的同志，使黨陷於極危險的地位。在我們的想像中，現在是不會有這種情形了，然而事實却不然！所謂革命的策源地，中國的莫斯科——廣州居然也發現了反動宣傳的言論機關，所謂革命的健兒——軍校武漢分校的一部分腐敗分子，居然搗毀工會，捕捉工人！革命的同志們！這是什麼一種現象?! 這還不過是「內患」罷了，還有「外憂」呢！

自漢潯案發生以后，英帝國主義者，復派兵來滬，絡繹不絕，恃他的炮艦政策，欲逞頑强于一旦，一方面對他的走狗，暗助明援，不遺餘力。其他各帝國主義者，或藉口保僑協同派兵來華，或假倡親善，暗中向我們施行軟化手段，挑撥離間，無所不用其極。同時國內軍閥張鬍魯黑臉，一方面盤據數省之地，擁有十萬之衆，冥頑不靈，猛烈反抗，他的勢力還也不小；一方面由楊宇霆梁士詒等第二級的走狗，大製造而特製造其妥協的空氣，希圖擾亂與分散我內部的勢力，用種種的方法使我內部發生衝突。此外尚有敗殘的餘孽，伏莽堪虞。我們處在這種環境，眞個危險萬分了！

大家知道，中國的國民革命是解放各被壓迫階級的一種必要的鬥爭，爲世界革命的一部份；如果我們這次革命一再阻撓，不但無以對肝腦塗地的先烈們與水深火熱中處處極力援助革命的啼飢號寒之中國民衆，妄送頭顱，妄流熱血，即全世界的無產階級，亦將受莫大的影響，大加失望，再要延長慘酷的雙重壓迫，再要飛流多少的鮮赤血肉；所以我希望我們的同志們，在這努力革命工作中，處處要覺悟，處處要留心，只要是本黨同志，不問是誰，要互相眞誠的監督，要互相忠實的指導，並加團結一致的，勿聽反動派謠言的播弄，以貫澈打倒帝國主義及殲滅軍閥的初衷，并將欲與帝國主義和軍閥妥協的一切腐化份子——右傾勢力——剷除而消滅之，使他不得破壞我們的革命陣線。共圖國民革命的成功，共策世界革命的進行。

現在滬甯攻下了，與帝國主義者有一觸即發之勢，與奉魯軍閥之最後決鬥之期到了。同志們！猛省，絕莫遊移，要堅決努力擁護黨的權威，始終服從黨的最高機關的指揮，領導革命民衆，繼續前進，反對帝國主義和軍閥到底！

政治問答

1、民生主義的經濟學與普通經濟學有何區別？

2、普通經濟學是指資本主義經濟學呢，還是指社會主義經濟學呢？

3、原料是可變資本？抑不變資本？

4、托拉斯的意義是不是經濟獨占的機關？新迪加是何意義？組織怎樣？

5、聖西門福利耶歐文三人的思想如何？空想的社會主義的特色是什麼？

6、要改造我國現時經濟狀況應否採用階級鬥爭的策略？

（石龍入伍生二團十二連汪繼志問）

1、普通經濟學祇言財富而不言人生，其結果所生產的財富是否與人生有益，而財富的拓充，是否合乎正義，均所不計。至於民生主義則以提高全民生活爲言富的目的，以充足消費爲產富的主因。

2、是說明資本制度的經濟學。

3、原料是不變資本。

(四)新迪加是企業者高級的聯合，加入這個團體的人，不能直接與顧客交易，而必將生產物交給一共同事務所去販賣；而且不能任意退出這個團體。他如此組織的用意是要消滅自由競爭的。

(五)空想社會主義者重視人類的理性，而忽視客觀的條件。聖西門社會主義的目的，是要給各人以發展他的能力的最大自由，而實現社會主義的手段：(一)不主張革命而主張感化。(二)不主張向被壓迫階級宣傳，而主張向壓迫階級勸諭。福利耶理想的社會是要能保證人類一切感情和嗜好的自由，而實現的手段，不在暴力的革命，而在和平的宣傳，及部份的實驗。歐文以爲人類要達到幸福境地，須善良的完滿的發達人的性格；而要達到這個目的，須供給他們以豐富的生活和完善的教育；他又以爲改造社會的方法，不應以力而應以理；極力主張訴諸社會全體人的理性。

(六)如果我國既有階級存在，要改良我們的經濟狀況，就免不了階級鬥爭。（道腴答）

黃埔日刊

第三

（本刊每份……）

總理遺囑

余致力國民革命，凡四十年，其目的在求中國之自由平等，積四十年之經驗，深知欲達到此目的，必須喚起民衆，及聯合世界上以平等待我之民族，共同奮鬥……

本校……

繼續北伐陣亡將士奮鬥！

鞏固滬寧民衆的政權！

繼續反抗帝國主義武裝屠殺！

救濟革命死難的同胞！

黄埔日刊

中華民國十六年四月十三日 星期三

時評

革命的同志要一致執行中央的命令

誓遵總理遺囑

校聞

本校特別黨部成立宣傳委員會

廣西分校同學會成立

本校官佐捐助濟難會款

法政專門學校來校參觀

言論與行動

歧路的警鐘——敬獻給現代的青年

本刊啟事

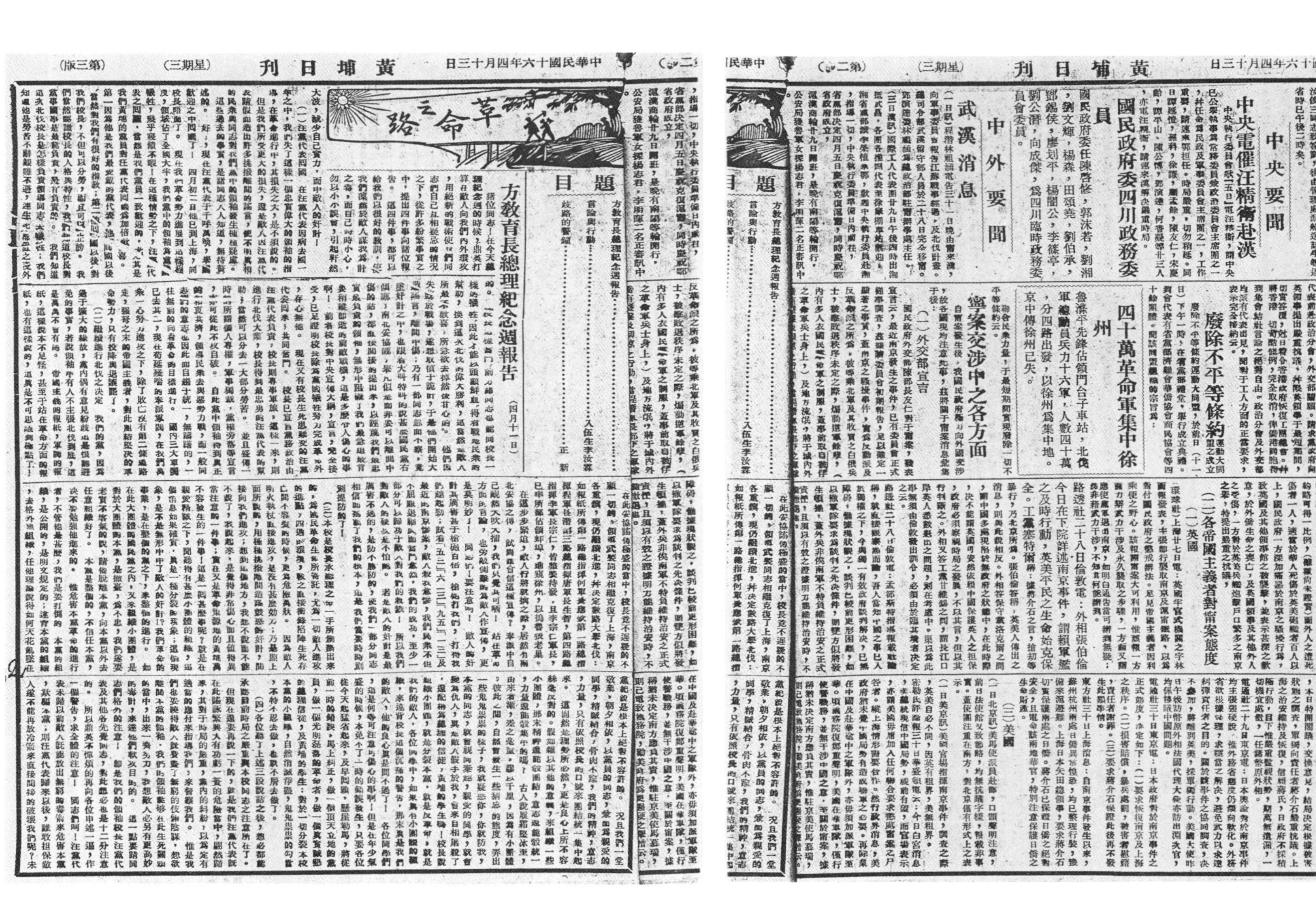

革命之路

方教育長總理紀念週報告

中央要聞

中央電催汪精衛赴漢

國民政府委四川政務委員

四十萬革命軍集中徐州

中外要聞

武漢消息

寧案交涉中之各方面

香港總工會向省政府請願

廢除不平等條約

各帝國主義者對寧案態度

中華郵政特准掛號立券之新聞紙　中華民國十六年四月十三日　（星期三）　（第一一）

黃埔日刊

通信處廣東黃埔本校政治部

第三百　號

（本刊每份定價一分）

時評

革命的同志要一致執行中央的命令

鴻沉

中國各階級被壓迫民眾的最覺悟份子團結起來組成一個為民眾謀利益的國民黨——它就是民眾的先鋒隊，它的最高機關（全國代表大會及閉會之中央執行委員會）就是革命的總司令部。如果要想得到勝利，就要把權力集中於總司令部；要總司令部能夠有權力，就要使它所發佈之命令不遲滯地能發生效力；要能實行它的命令，就只有所有的部卒都能服從它的命令。

中央執行委員會第三次全體委員在武漢開會之後，議決了許多案件，尤其是四大方案——黨的領導機關之統一，革命勢力之統一，外交之統一，財政之統一，為救今日險惡局勢之唯一無二的具體方策。

對於中央所有的議決案，全國各地各級黨部及各界民眾都已歡抃萬狀，竭誠擁護了！在我們武裝黨員的養成所——黃埔中央軍事政治學校裏，全體黨員萬餘人，四月四日在大操場開會的時候，已充分的表示黨員的責任及擁護中央之熱烈的情形了！

只是我們不僅在口頭上，報紙上，宣言通電上表示就罷了，我們還要作實際的擁護運動，使中央的議決案能夠立即實現！

國民黨的基礎是建築在被壓迫的人民和革命黨員身上的，要全國民眾及黨員起來實行中央的議決案，才能夠使黨有權力！黨才是我們的『活』的黨！這樣在黨所領導的革命鬥爭中我們才能夠得到解放，我們才能夠得到自由平等！

我們不僅擁護這次中央的議決案就算了事，我們還要擁護中央第三次全體會議議決所產生的中央常務委員會，軍事委員會，政治委員會所有的一切命令！我們以後要誓死服從中央的一切命令！中央發了命令之後，我們立即起來執行！帝國主義和封建勢力內外夾攻的時候，此時，我們只知有黨，只知有中央，只有擁護中央，只有執行中央的命令，才能夠得到一條生路！我們現在就要：

革命的黨員和革命的民眾一致團結起來！

擁護中央的議決案，執行中央的發佈之一切命令！

校聞

本校特別黨部成立宣傳委員會

本校特別黨部自改選迄今，已經月餘，所屬各級黨部業經組織完善，茲為着手切實訓練同志，俾得徹底了解本黨的政策起見，特於昨日在本校官長會食廳開全體宣傳基本委員大會，成立宣傳委員會。當場推舉孔韋虎甘竹溪鄒介海曾武烈何焜楊若濤韋國嗜周仲英九同志為執行委員。并分往各地小組，直由該各地基本委員參酌本會簡章，於一星期內成立分會，今後宣傳工作，自當較前完善也。

廣西分校同學會成立

頃接廣西分校同學會來函，謂該會已于二月二十六日成立。茲將該會宣言登載于下：

同志們，一切革命的民眾們！在這國民革命的高潮正奔騰澎湃的時候，本會從革命的根據地——廣西——革命的製造場——軍政第一分校——裏產生了出來，正在今天和諸位行第一次見面禮，或者很願意赤裸裸底自己介紹出來，能夠得着人們相當的「同情接吻」吧！本會的組織，是——中央軍事政治學校第一分校同學會。本會的成分，是——中央軍事政治學校第一分校的學生，中國國民黨的武裝黨員，沙場上的戰士，惡勢力的敵人。本會的責任，是——要研究革命的學術以擴張革命的力量，促進革命的成功，從國民革命一直到世界革命。本會的認識，從——（一）客觀方面，資本主義的發達，已經把整個兒的世界分裂了，資本制度的進展，已經把全人類的幸福打破了，世界造成了兩個，一個是強權（壓迫者）一個是弱者（被壓迫者），不斷的鬥爭着，殘殺着，社會進化的程序告訴我們，強者的死期到了；（二）主觀方面，過去的歷史告訴我們，現在的事實教訓我們，一盤散沙是滅亡的根本，本身的力量是要團結，沒有堅固的團結，便說不上擔負革命的使命，因此，要團結我們的同學，更要團結一切革命的民眾！本會的工作，是——時時求新的智識，找新的教訓，時時放出革命的呼聲，射出革命的火箭，把本校的精神發揚起來，把人們的沉夢喚醒起來！本會的期望，是——本校的同學永遠團結，一切黨校的同學永遠團結，革命的民眾永遠團結！

本會的口號：是——

團結革命分子！

研究革命技術！

增進戰鬥力量！

鞏固聯合戰線！

發揚本校精神！

誓遵總理遺囑！

完成國民革命！

完成世界革命！

本校官佐捐助濟難會款

留滬新年濟難會舉行「濟難革命遺孤教養院遊藝大會」，曾在本校消售入場券，並向各部處官佐募集特別捐。現該捐款，已由政治部清收，開具清單送交濟難會，計銀七百二十九元。聞該會將以此次所得券資及捐款全數濟革命遺孤教養院，廣收為革命犧牲諸烈士之遺孤，而加以教養云。

法政專門學校來校參觀

廣州法政專門學校學生三十餘人于昨日上午十一時來校參觀。當由政治部派員招待，導往校屬各部處及烈士墓砲台等處參觀一遍後。隨即在官長會客廳午膳，繼由何股長演講，大意謂：（一）黃埔學生能明瞭而且在行動上去擁護總理手定的政

誓遵總理遺囑

總理遺囑

余致力國民革命，凡四十年，其目的在求中國之自由平等。積四十年之經驗，深知欲達到此目的，必須喚起民眾，及聯合世界上以平等待我之民族，共同奮鬥。現在革命尚未成功，凡我同志，務須依照余所著建國方略、建國大綱、三民主義及第一次全國代表大會宣言，繼續努力，以求貫徹。最近主張開國民會議及廢除不平等條約，尤須於最短期間，促其實現。是所至囑！

本校週口號

繼續北伐陣亡將士奮鬥！

鞏固滬寧民眾的政權！

繼續反抗帝國主義武裝屠殺！

救濟革命死難的同胞！

擁護汪主席主持黨政！

反抗公使團授權搜捕黨員！

推行黨的最近政綱！

保障農民協會自由！

但是我們知道，國民黨在過去的歷史上，無庸諱言，也曾發生過多少的糾紛，尤其是一般假革命份子不但背叛了黨的主義，而且直截的攻擊黨內的忠實的同國民黨……種現象?!……這還不過是「內患」罷了，還有「外憂」呢！自漢潯案發生以后，英帝國主義者，復派兵來滬，絡繹不絕，特他的炮艦政策，欲逞頑強于

高全民生活為宣傳的目的，以充足消費為產富的主因。

2、是說明資本制度的經濟學。

3、原料是不變資本。

以為改造社會的方法，不應以力而應以理，極力主張訴諸社會全體人的理性。

（六）如果我國既有階級存在，要改良我們的經濟狀況，就免不了階級鬥爭。（道腴答）

中華民國十六年四月十三日 黃埔日刊 (星期三) (第二…)

策和主義；(二)黃埔學生革命是理智的，不是感情的；(三)黃埔學生能犧牲個人利益，爲大多數痛苦的民衆謀利益，尤其是工農階級；有上面幾層原因，所以能把廣東肅清，更能變成此次北伐的勝利。演講既畢，由該校學生軍樂隊瑞明劉演光馮汝俊三同志致答詞，後由管理處派船送該生等返省時已午後二時矣。

中央要聞

中央電催汪精衛赴漢

中央執行委員會歌「五日」電汪精衛，謂中央已公舉執事爲常務委員兼政治委員會主席團之一，并任命爲民政及軍事委員會主席團之一，工作重要，請速來鄂担任。時局嚴重，切勿稍延。同日譚延愷，孫科，徐謙，顧孟餘，陳友仁，宋慶齡，譚平山，陳公博，鄧演達，何香凝等廿三人，亦電汪精衛，請速來漢解決嚴重時局。

國民政府委四川政務委員

國民政府委任陳啓修，郭沫若，劉湘，劉文輝，楊森，田頌堯，劉伯承，鄧錫侯，廖划平，楊闇公，李篠亭，劉公潛，向成傑，爲四川臨時政務委員會委員。

中外要聞

武漢消息

(一日訊)程潛林祖涵電告三十一日晚由甯來漢，向軍事委員會報告江蘇戰事經過，及北伐計畫。總司令部武漢留守部人員於二十八日完全移甯。鄧演達委林祖涵爲總政治部駐甯辦事處主任。

(三日漢訊)國際工人代表團廿九日午後四時出湘抵武昌，各團各推四代表至徐家棚車站歡迎。湘省黨部派李榮植來鄂，歡迎中央執行委員赴湘，指導一切，中央執行委員準備日內前往，省黨部決定四月五日慶祝克復滬甯，同時慶祝鄂省政府成立。

滬漢商輪廿九日開班，是晚有南陽等輪開行，公安局獲晉軍女探楊志君，李明暉二名正審訊中。

香港總工會向省政府請願

前日(十一日)香港總工會爲被港政府封閉事，派周致覺，袁超德，高攀天，方來，蘇其德五人爲代表前赴政治分會，外交部請願。請求黨政府向英領事提出嚴重抗議，并限英領事于最短期間，切實答覆，勒令香港政府恢復工團總會。并將香港一切苛酷條例，完全取消，俾僑港同胞得到集會結社言論之絕對自由。政治分會及外交部均派有代表出見，聞對于工人方面的正當要求，表示完全接納云。

廢除不平等條約運動大同盟之成立

廢除不平等條約運動大同盟，於前日（十一日）下午一時，在省黨部禮堂，舉行成立典禮。到會代表有省黨部濟難會華僑協會商民協會等四十餘團體。聞該同盟組織的宗旨爲：聯合民衆力量，于最短期間實現廢除一切不平等條約云。

四十萬革命軍集中徐州

魯滌平先鋒佔領門台子車站，北伐軍總動員兵力十六軍，人數四十萬，分四路出發，以徐州爲集中地。京中傳徐州已失。

寧案交涉中之各方面

自甯案發生後，我國民政府極力向外國交涉，故各國現均注意此事，玆將關于甯案消息彙集于後：

(一)外交部宣言

國民政府外交部陳部長友仁對于甯案，發表宣言云，最近南京發生之事件，已有委員會正式從事調查，玆據該委員會初期報告，足以確定一顯著之事實，蓋南京之騷擾事件，實爲反動派及反革命派之所爲。彼等乘北軍及其收買之白俄兵士，被擊敗退秩序未定之際，煽動逃軍餘孽，（內有多人衣國民革命軍之制服，蓋事前取自被俘之革命軍兵士身上，）及地方流氓，將于城內外…

，尙未將南京秩序完全恢復之際，英美日本諸國之領署，已被襲擊，並不幸有傷害外僑生命損害財產情事。程軍長于三月二十四日下午五時半進城後，參閱襲掠外僑之暴徒多人，即由程軍長下令處決，據報告此次騷擾中外人受傷者六人，死亡者約自四人至六人，而與華人方面被害人數，約略可得一比例，（聽說尙未證實）而外人之遭死傷者一人，適當於華人死傷於英美砲艦者百人以上，國民政府一方深加痛惡於南京之騷擾行爲，致英國及其他領事館之被襲擊，並表示甚深之歉意，於外僑生命之喪亡，及英國領事及其他外人之受傷，一方對於英美兵艦砲擊戶口繁多之南京之舉，特提出嚴重之抗議，

(二)各帝國主義者對甯案態度

(一)英國

（環球社）上海廿七日電：英國半官式機關之字林西報發表，主張即行襲取南京及滬甯鐵路，以爲對付國民政府之懲戒辦法。足見帝國主義者因利乘便之野心。該報稱甯案大可利用，惟該報一方面力辯武力干涉及永久襲取之步驟，一方面又謂應使黨軍退出南京，如明白通告當可辦到無疑；然非藉武力干涉，不知其何能辦到。

路透社二十八日倫敦電：外相張伯倫今日在下院詳述南京事件，謂賴軍艦之及時行動，英美平民之生命始克保全。工黨塞特爾稱：據蔣介石之言，搶劫等暴行，乃北京所爲。張伯倫答稱，英美人傳出之消息，則與此說相反。外相答保守黨洛克爾之問，謂中國多處現陷於無政府之狀態中，在此時際，決不能謂英國可安然依賴中國保護英人之担保，政府必須察視時局之發展，不以其言，但以其行判斷之。外相又答工黨甘維錫之問，謂長江口岸英人悉數退出之問題，刻在考慮中。渠以爲此事無須由倫敦發出訓令，必須由於臨其境者決定之云。

路透社二十八日倫敦電：孟都斯特指導報載社論稱，就直接談判而論，吾人當知中國之事已入於獨權之下，今日獨一有效政府談判解決，已無障碍，能據現狀觀之，談判已較前更形困難，如以撤軍隊要求爲談判之先決條件，則雙方似將發生頓挫，蓋外兵非但負維持治安之正式責任，且須以有效之證據明力能維持治安時，不能撤退也。

(二)日本

路透社二十九日大阪電　大阪朝日新聞主張日政府宜迅速單獨謀南京事件之解決，此事在英美係雙方面的，而日本則並未參加轟擊也。故日本無與英美協合行動之必要云。

電通社二十九日東京電：關於南京事件，本日特開閣議，交換意見，結局決定根據被害狀態之調查，單獨向責任者蔣介石嚴重抗議。上海之治安維持及恢復，僅賴蔣氏，日政府不採積極行動，目下惟嚴重監視狀勢，期萬無遺漏，一切機宜處置，一任諸帝原外相。

電通社二十九日東京電：日本輿論對於南京事件均主張强硬說。惟外務省態度仍傾向軟化。外務省欲根據法理，求穩當之解決，避免武力以求達到彈責任者之目的。關於該事件之協同調查，決不參加，將離別英美，採單獨行動。美國大使昨日午後訪帝原外相，法國代理大使亦訪出淵次官，均係協議中國問題。

電通社三十日東京電：日本政府對於南京事件之正式態度，決定如下：(一)要求恢復南京及上海之秩序。(二)損害賠償，暴兵處罰，被害者慰藉，責任者謝罪。(三)要求蔣介石保證此後再不發生此類事情。

東方社三十日上海消息：自南京事件發生以來，蘇州杭州兩處日僑異常恐慌，均已整理行裝，預備來滬避難。上海日本矢田總領事，要求蔣介石切實保護兩處之日僑。蔣介石已保證日僑之絕對安全，且電命該兩地華官，特別注意保護日僑之生命財產。

(三)美國

(一日北京訊)美馬使派員赴部，口頭聲明注意，前日法使館又致節略，均無抗議字樣，報載非事實。蓋使團注重在南方，對北京僅有形式上之表示。

(一日美京訊)美國官場指揮南京事件，調查之際，英美自必不同，因英有租界，美無租界。

密勒氏評論報三十日華盛頓電云：今日白宮消息，美總統現信中國局勢，視前有望，而官場表示，亦謂美國毋庸加入任何聯合要求懲處甯案之尸咎者。縱上海情形嚴重，亦無需合作。然行政界消息，美政府猶未覺中國局勢有造成聯軍之必要。再除業任中國及赴華途中之軍隊外，亦毋須加派軍隊至華。頃國務院復鄭重聲明，美國在華軍隊，僅行使警察職務，並無干涉中國之意。至關於甯案，據稱猶未決定南方應負其責，惟駐京美使馬慕瑞則已電致國務院，勸美國府爲更緊硬之態度。

中華民

題目

方教育長總理紀念週報告

言論與行動

攻路的警覺

入伍生李汝霖

在此妥協謠傳極盛的當中，校長竟不遲疑的不顧一切的，領導武裝同志相繼克復了上海，南京各重鎮，現仍繼續北進，并決定數路大舉北伐：如報紙所傳第一路總指揮何軍長應欽第一路總指

黨紀就是根本上絕對不容許的。況且我們一堂同學，朝夕相依，以黨員的同志，兼爲親愛的同學，精誠結合，骨肉不離，我們的精神，意志，力量，只有依照校長的口號來團結統一集中

中華民國十六年四月十三日　黃埔日刊　（星期三）　（第三版）

，指揮一切，中央執行委員準備日內南君，省黨部決定四月五日慶祝克復滬甯，同時慶祝鄂省政府成立，滬漢商輪廿九日開班，是晚有南陽等輪開行。公安局獲魯軍女探楊志君，李朋暉二名正審訊中。

反革命派之所為，彼等乘北軍及其敗賣之白俄兵士，被擊敗退秩序未定之際，煽動逃軍餘孽，（內有多人衣國民革命軍之制服，蓋事前取自俘之革命軍兵士身上）及地方流氓，騎于城內外各有暴動之行動，當是魯軍長部下之暴徒敵擾也。

障礙，能據現狀觀之，談判已較前更形困難，如以撤軍隊要求為談判之先決條件，則此方似將發生頓挫，蓋外兵非俟南軍不特負維持治安之正式責任，且須以有效之證據用力能維持治安時，不能撤退也。

在中國及赴華途中之軍隊外，亦毋須加派軍隊至華。頃國務院復鄭重聲明，美國在華軍隊，僅行使警察職務，並無干涉中國之意，至關於甯案，據稱猶未決定南方應負其責，惟駐京美使馬慕瑞則已電致國務院，勸美政府為更強硬之舉措云。

革命之路

題目

方教育長總理紀念週報告

（四月十一日）

諸位同志！在今天總理紀念週的時候，鼎英打算在敵人向我們內外環攻，用絕新的戰術使我們同志們自己且相疑忌的情況之下，從許多紛繁事實之中，提出四件事向諸位報告。

這四件事，都可以給我們以很好的教訓，使我們凜然於敵人謀我為計之毒，而自己時時小心，勿以小小誤會，引起軒然大波，減少自己實力，而中敵人的奸計！

（一）汪黨代表回國　在汪黨代表因病去國一年之中，我們失了這樣一個忠實偉大的領袖的指導，在革命進行中，其損失之大，是不須說的。但是我們所受更大的損失，還是敵人因汪黨代表請假而造出許多挑撥離間的謠言，使不明真相的民衆與同志對我們黨中的領袖發生種種疑慮。這些過去的事實，是諸同志人人知道，無待贅述的。　好了，現在汪黨代表于千呼萬喚，舉國歡迎之中回國了！　四月初二日他已到上海，同校長晤面了。　現在我們革命勢力進展到這樣程度，領域佔了全國大半，我們黨中的領袖為黨犧牲，幾乎寢饋不暇！在這種情勢之下，汪黨代表之回國，當然是我們黨員一致歡迎的，尤其是我們黃埔的黨員對汪黨代表回國為加倍歡喜。第一因為他是我們最愛戴的黨代表，這次回國以後當然對我們有很好的指教，第二這次回國以後，對我們校長，不但可以分勞，而且可以止謗。　我們當然認識校長的人格與特性，我們知道校長對黨事國事是最能負責，最肯負責的。　我們知道這次北伐校長是怎樣負責領導同志去犧牲；我們知道他是勞苦不辭艱難不避，連生死都置之度外的。校長這樣奮鬥，前方諸同志也能同校長一樣的犧牲，因此才能以頭顱鮮血，得着戰地民衆的幫助，換到這次北伐的偉大勝利，這當然是敵人所最不歡喜，所急欲去掉然後甘心的。　他們因失敗於戰場，遂想取償于詭計，于是他們開始大造謠言，離間中傷；乃有一部同志忽而不察，竟墮奸計之中，也跟着大叫特叫的說甚麼國民黨右傾哪，南北妥協哪，舉凡似是而非妥可以離間中傷的話，都直接間接的提出來，以誣蔑我們最忠實最負責的領袖，無形中阻礙了我們最急迫最肯要稍縱即逝的前敵戰機，這是多麼令人傷心的事啊！　前者校長對中央宣傳大綱，宣言，完全接受，已足證明校長除為黨國犧牲努力完成革命外，存心無他。　現在又有校長生死患難交的汪黨代表回來，共同奮鬥。　校長已宣言黨務政治由汪黨代表負責，校長則專事軍旅，這樣一來，則進行北伐大業，校長得到最忠勇的汪黨代表的幫助，當然可以分去一大部分勞苦。　並且盛傳一時的所謂個人專權，軍事獨裁，黨權旁落等宣言，亦可從此不攻自破。　自此黨中領袖得到真正的和衷共濟，領導民衆去與惡勢力戰，而一般同志們的意志也因此而自趨于統一，無躊躇的，一往無前的向着革命的目標進行。　國內三大軍閥已去其二，現在苟延殘喘的奉派軍閥，在我們萬衆一心努力進攻之下，除了敗亡沒有第二條道路走，強弩之末的帝國主義者，對此團結堅決的革命勢力，只有投降與退讓罷了。

（二）繼續進行北伐之決定　我們的黨，因為過于擴大的緣故，黨內偶有意見紛歧也是很難避免的事實，若說領袖中有人不主張北伐到底，這是萬萬不會有的。　帝國主義的報紙，軍閥的報紙，這樣說本不足怪，甚至于站在革命方面的報紙，也有這樣說的，這真是不可思議到極點了！

在此妥協謠傳極盛的當中，校長竟不遲疑的不顧一切的，領導武裝同志相繼克復了上海，南京各重鎮，現仍繼續北進，并決定數路大舉北伐：如報紙所傳第一路總指揮何軍長應欽第二路總指揮程軍長潛第三路總指揮唐軍長生智，第四路總指揮李軍長宗仁，皆整裝待發，且李宗仁軍長，已率所部佔領蚌埠，進與徐州，以搗魯褚老巢。　在這步步緊迫，敵人行將就擒之際，居然有南北妥協之傳，試問誰會信這種宣傳？　奉派中自己覥然大吹大擂，我們只覺其可哂！　站在革命方面的言論，也旁敲側擊的為敵人作宣傳，更是莫明其妙了！　同志們！要注意啊！　敵人的奸計其厲害甚于槍砲百倍，槍砲打我們，打得我們越起勁；試看「五卅」「六二三」「九五」「三一八」及最近的南京慘案，敵人越殘慘，我們民衆不但不屈服退縮而奮鬥愈烈，我們的成功，至少一部分可以歸功于敵人對我們的殘殺！　所以我們對敵人的硬攻是不怕的。　若是敵人的奸計是最厲害不過的，是防不勝防的，使我們一部分同志相信而搖動了我們的根本，這是我們當要時時刻刻提防的了！

（三）本校是校長承總理之命一手創辦出來的，為國民革命生命所寄託，尤為一切敵人進攻的焦點，四週的環境，較之直接衝鋒陷陣生死存亡間不容髮的時候，更為危險萬狀。　因為敵人明火執杖直接進攻，是沒有甚麼效力，乃是照上面所說的，用種種挑撥離間造謠誣蔑的奸計，間接向我們進攻；想到這個地方，我想不說而不能不說了，我說起來，是覺得非常傷心而且值得異常注意的一件事；實在又是革命策源地的黃埔為不容發生的一件事！這是一回甚麼事呢？就是在親愛精誠之下，鬧起帶有甚麼小團體的組織，這個消息如果確實，真是一種分裂的現象；這個現象，是不是無形中中了敵人的奸計！？我們革命的事業，是在整個的黨之下，來整個的進行。　如在此大團體的國民黨之內，又來組織小團體，是對於大團體的本黨，是搗亂，為不忠，我們遂要老實不客氣的說，請他脫離本黨，向本黨以外去任意組織好了。　本黨是整個的，不信任本黨，決不強勉強他進來的。　惟危害本黨革命的進行者，不管他是甚麼，我們是要打倒的。　本黨的組織，是公開的，是明文規定的；違背本黨的組織，去格外組織，任他理論說得如何天花亂墜，在黨紀說是根本上絕對不容許的。　況且我們一堂敬業，朝夕相依，以黨員的同志，兼以為親愛的同學，精誠結合，骨肉不啻，我們的精神，意志，力量，只有依照校長的口號來團結統一集中起來。　這固然是理勢所必然，更是良心上所不容絲毫反對的。　假如離以其他的意義，來組織一些小團體，那末精神還能嚴團結，意志還能毅統一，力量還能發集中的嗎？　古人說履霜堅冰至，由來者漸，差之毫釐，謬以千里，因為有小團體，彼此之間，自然會發生一些猜忌的態度，弄出一些鬼鬼祟祟的樣子，我就疑惑你，你就防我，本黨的同志，就會視同秦越，親愛的同學，就會變為仇人，真是敵人假手於我，會來自相屠殺了，還配稱為總理的信徒，黃埔的學生嗎！校長說組織小團體，就是分裂本黨，就是反革命，就是我們的敵人，各位同學中，如果真有小團體的組織，來違背校長這個沉痛的警告，那末真是我們的敵人，他的良心真是問不過了！　各位同學們，這是何等可注意可傷心的事啊！但是在年少氣盛的時候，本免不了一時的錯誤發生，只要各位從今天起猛省起來，及早回頭，懸崖勒馬，將從前一時的錯誤，馬上糾正，做一個頂天立地的黨員，做一個光明磊落的革命者，做一個真實誠懇的總理信徒，及黃埔的學生；對於一切分裂本校的本黨的小組織，自然消滅淨盡，鬼鬼祟祟的勾當，不特不忍去做，也就不屑去做了。

（四）各位聽了上述三段說話之後，想必都能承認目前時局之嚴重與本校同志之注意所在了。但現在還要再說一下的，就是我們汪黨代表既在此謠諑繁興大有功虧一簣的危險當中，翩然歸來，其對于時局的嚴重，黨內的糾紛，以為定有適當的應付來指導我們，來督察我們。　惟是我們也要曉得敵人既發盡了無窮的伎倆陰謀，想欲離間本黨的領袖，我們的領袖能夠在此生死關頭的當中，出來一齊努力，我想敵人必另有更為巧妙的毒計，來離他們散夥目的。　這一點要請同志們格外的注意！　即是我們的領袖校長汪黨代表及其他各先覺同志，對此更必也是十二分注意的。　所以鼎英不憚煩的再向各位申述一遍，作一個警告，求全體的注意！　同志們呵！汪黨代表未歸以前敵人既能放出無窮的毒箭來危害本黨欺騙本黨，則汪黨代表歸來以後，誰敢担保敵人遂不能再放冷箭來直接間接的破壞我們呢？未

中華民國十六年四月十三日 黃埔日刊 （星期三） （第四）

歸以前所放的毒箭，既能麻醉我們，使我們自趨危境而不覺，且能混亂我們腦筋，使自相猜疑，無論何時何地均現不安，既歸以後，誰又敢保其無更巧妙的毒計，使我們親愛的同志，不再入他們的圈套，來自陷於更險的地位呢？前車之覆，後車之鑒。因此我們見了汪黨代表歸來，狂喜之外，又不免重入憂愁了！去此憂愁，惟有以十分信仰領袖之心，觀察一切，認清題目，明瞭環境，審查前後，考究事實，萬分慎重的研究討論，然後加以判斷。切不可人云亦云，但根據一二似是而非的影象傳聞，遽來抹殺一切。那末，敵人的巧妙毒計，或可減掉幾分。不然究覺得有隙可乘，敵人亦自然會來處處利用我們的弱點，作他們的攻擊武器了。請看汪黨代表未歸以前，所有種種謠言，都是這種伎倆的表現；直至今日，始大家明白其用意是完全欲使本黨領袖不能共同奮鬥，謀陷本黨于危境的！所謂迎汪即倒蔣，汪出不利于蔣種種妖言惑衆之意，無非欲使汪不願出，蔣不催汪出的種種毒計罷了。不料汪蔣均是只知有黨，不知有他的總理信徒，故蔣一再誠懇的催請，汪亦不顧一切的毅然于本黨同志正處驚濤駭浪的當中出共艱難。從此不獨以前的烏烟瘴氣可自消散，而我輩同舟共濟于驚濤駭浪當中，更能持舵有人，風帆易順了。同志們！我們對于此舟的舵工船師汪蔣，誰都有十二分的信仰了，以後任何危險困難，惟有靠此舵工船師的指示，穩渡彼岸。如自相擾亂，搖動此舟，即風平浪靜，舵工船師亦無方法可以共濟，何況到正風狂浪湧的時候呢！黃埔爲各方觀綫的集中點，亦即我們校長黨代表所最關心的地方。故黃埔的同志們，當此緊要關頭，應十分明瞭敵人的鬼計，與我們血氣方剛最易受此種鬼計激動的缺點，事事能夠有訓練，有系統，有秩序，有紀律的來整個地應付。我想任敵人如何厲害，我們是不怕的。現在與各位重新約定，凡學校範圍以內的事，大家開誠公佈，各負責任的解決一切。學校以外的事，自有地方與政府及最高的中央黨部去解決，我們不應安自干與；否則，我們爲學校計爲大局計，不能不顧全學校的紀律，來嚴格相繩了。這是決不能姑息，要望各位極力注意的。因爲校長是正在和軍閥及一切反革命拚命的鬥爭，打倒孫與二軍閥，是決非反革命所能做的事，汪黨代表經全國覺悟的民衆及本黨全體的黨員于千呼萬喚中始出來，是相信他決非反革命，現在有校長，及汪黨代表主持黨國大計的軍事黨務，自必日有進步[illegible]危舟中，不要舵工船師了。況且各人有各人的地位，各人有各人的責職。在國民革命的黨的組織之下，尤不容有絲毫的紊亂，然後始有嚴整的系統和紀律。譬如我們當學生的時候，就有學生的地位，有學生的職責；我們的地位和職責，是應當遵守自己學校的紀律，努力自己所學的課程，我們學校的紀律有破壞，或是我們全體的責任未盡得到；我們自家的學問求不好，這是我們個人的責任有放棄；這些地方是要時時刻刻自己來干涉自己的。舍此以外，要去干涉，或者因爲事實難明，或者因爲識力不及，最易誤入歧途，尤其是紊亂了黨的組織，軍隊的系統，本欲干涉人家自己却已陷於被干涉的田地，放縱浪漫的頭銜，人將輕輕地加帶於我們。如此變擾起來，誤會滋生，敵人的奸計更容易激他騙中了，失足成千古恨，我們要時刻提防失足，免成千古的恨事啊！更有一件事要向各位報告的，就是現在各帝國主義者遣派來華的海陸軍隊，實在不是少數，他們何以當着這革命進展的時候要派遣如許的大軍來華呢？各位同志，請仔細想想；他們到底是懷的甚麼意思？我想他們的意思不外二點：一是藉着保護僑民的名義來用武力維持不平等條約；一是行滿待發暫作壁上觀，如果我們團結偶有鬆懈，他們就乘隙攻入，來根本消滅我們的革命勢力。所以本黨的同志，尤其是他們最注意的黃埔學生，一舉一動，真是要謹而又謹，慎而又慎，精誠團結，至死靡他，那末無論帝國主義者及一切反動派怎樣狡猾陰險，也是無能爲力了。所以我們不怕敵人硬來，也不怕敵人軟來，因爲硬來軟來，我們都有法子來抵抗；所最怕的，還是怕我們自己——怕我們自己內部的腐化與分解。鼎英上面所說的許多話，都是警告我們自己要防止腐化與分解的，希望各位同志，無論官長員生同志們，從今天起，明白自己的地位和職責，並本校的環境，大家負起責任把本校一天一天的弄得更加完善，自然會堅固如銅墻一樣了。敵人的奸計也就無隙可乘的了。總而言之，現在敵人的奸計，已逐漸敗露，汪黨代表歸來以後，黨中領袖，當立即團結，黨中同志，意見信仰也必從而統一。校長專理軍旅於外，汪黨代表運籌帷幄于內，本校的同學又親愛精誠團結於後，北伐成功，直指顧間事耳。我們經過敵人近來給我們的許多教訓，我們個個人應切記在心。上當只可一次二次，萬勿自己甘心屢屢墮敵人的奸計中，那末打倒帝國主義，完成國民革命，掃除前途荊棘，可與諸同志共負[illegible]責任了。

言論與行動

入伍生十九連李汝霖

言論能否代表行動，行動又能否代表言論，這種觀念，我們革命黨員，應該弄得清清楚楚的。同志們！我們要知道用鎗炮與我們死殺的敵人！帝國主義者及其工具，是顯而易見的。惟潛伏在我們黨內的敵人！當然是極少數的假左派！鬼計百端，却高妙極了！他們的文章，說到理論處，確是透澈，說到悲憤處，也確是字字鎗刀，大有擲了筆要與敵人拚個死活的神情。再看他們於演說時，比筆下形容，還要激昂，令聽者莫不驚相告曰：「真激烈啊」！同志們！自這類人到底他們的行動與言論能否一致呢？還有然有些是言行一致的；有些却未必盡然。口說：「我是國民黨左派分子」，暗地裏却加緊幹那賣黨賣民衆的事業，早已跑到千里之外的右派隊伍裏去。

同志們！我們是頭腦最清醒的黨員，我們要確定革命人生觀，認清目的，實地去觀察各個黨員前前後後的行動與言論究竟是不是一致的。假若不這樣實地去觀察，專憑他們一時的言論，是靠不住的。或者我們的黨和民衆已被他們賣去了，我們還不知。同志們！你們看，這是何等危險！

同志們！我們知道言論是靠不住的，靠得住的就只有行動的表現。如果觀察他們的行動易恰合正軌，言論當然是靠得住的。進一步說，我們實地觀察他們的行動，確是向革命大道一直進行的，即使他們的言論有偶爾之失當我們還可叫他糾正過來，我想他一定接受的。假使我們以此却大加排斥，那就是我們的錯誤，簡直是把他向右邊硬推，要遇着氣量狹小的人一定就糟了。

革命的同志們！正值敵人潛伏在我們黨內的時候，我們隨時隨地都要注意啊！

歧路的警鐘

——敬獻給現代的青年——

危險在我們的面前，
歧路在我們的側邊；
親愛的現代青年，
你們要注意一點！

○　○　○

一切虛無的幻美，
都是些迷人的撒旦；
一切吃人的書本，
只是些美妙的封面。

○　○　○

書信的自買自賣，
論文的挑撥離間；
含血噴人，
破壞我們神聖的聯合戰線。

○　○　○

親愛的現代青年，
緊防着——墜入深淵；
但丁神曲上的地獄，
隨你們的脚跟移轉。

○　○　○

他們高臥魔宮，
不解人間的苦怨；
沙發上成天的永哦，
便是他們興波助浪，
造作孽根的源泉。

○　○　○

他假藉你們的美名，
來炫惑一般瞎眼；
他利用你們的弱點，
去作那普徧的催眠。

○　○　○

你們是制魔的哪吒，
你們是降妖的楊戩；
用你們生命的炸彈，
炸死這人類的魔怪。

○　○　○

危險在我們的面前，
歧路在我們的側邊；
你們要注意一點，
親愛的現代青年！

○　○　○

正新於沙河入伍生二團五連

本刊啟事

近日接到許多稿件，不是寫得太密太草，便是用鉛筆輕輕描畫。如此編輯排印均感困難。以後務希投稿諸君，注意下列最普通的四個條件：（一）繕寫清楚並加新式標點符號；（二）行列不宜過密；（三）勿橫寫及兩面寫；（四）勿用鉛筆寫。

誓遵 總理遺囑

余致力國民革命，凡四十年，其目的在求中國之自由平等，積四十年之經驗，深知欲達到此目的，必須喚起民衆[illegible]

繼續北伐陣亡將士奮鬥！
鞏固滬甯民衆的政權！
繼續反抗帝國主義武裝屠殺！

本校

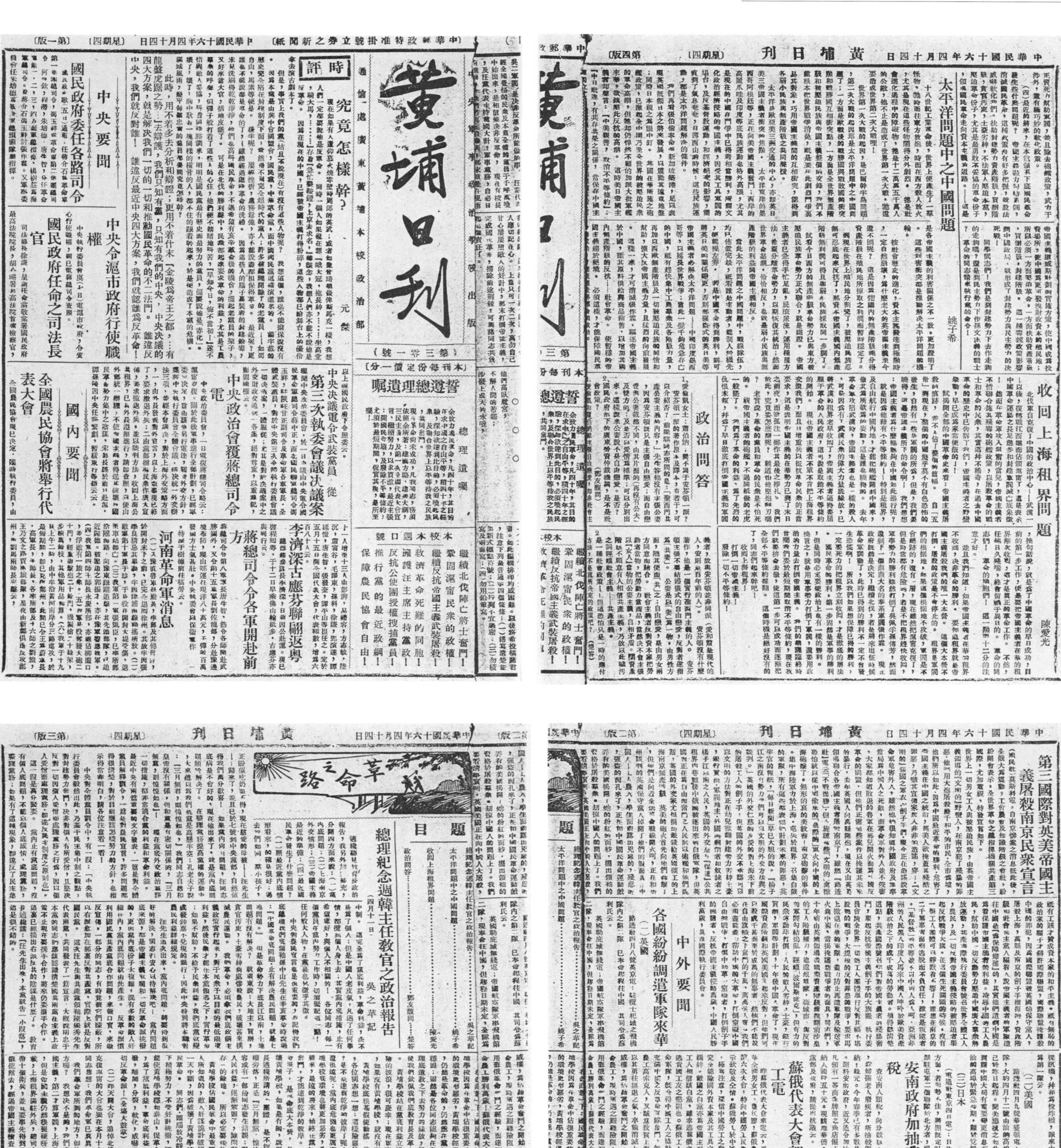

黄埔日刊

中华民国十六年四月十四日 星期四 第一版

时评

究竟怎样干？

中央要闻

国民政府委任各路司令

中央令沪市政府行使职权

国民政府任命之司法长官

国内要闻

全国农民协会将举行代表大会

中央政治会覆蒋总司令电

中央决议电令武装党员

第三次执委会议决议案

李济深古应芬联翩返粤

蒋总司令令各军开赴前方

河南革命军消息

总理遗嘱

太平洋问题中之中国问题

收回上海租界问题

政治问答

第三国际对英美帝国主义屠杀南京民众宣言

中外要闻

各国纷纷调遣军队来华

苏俄代表大会贺我国农工电

安南政府加抽华侨人头税

帝案交涉中之各方面

革命之路

总理纪念週韩主任教官之政治报告

中華郵政特准掛號立案之新聞紙 中華民國十六年四月十四日 〔星期四〕 〔第一版〕

黃埔日刊

通信處 廣東黃埔本校政治部
中央軍事政治學校出版
（第三零一號）
〔本刊每份定價一分〕

時評

究竟怎樣幹？

元傑

現在如果有人還仰慕火燒赤壁時周郎的英武；或者如像曾琦輩做俾斯馬克一樣，我想人們一定都要說他是反革命。同時一個人如果還在想「峨大冠，拖長紳，……坐高堂，騎大馬，……」存着「急忙整鞍鐙，上京去求名」舊觀念，我想人們亦不能不說他是反革命。因爲在現在的中國，已經被帝國主義打得粉碎，這些人物都已給舞台上的優伶拿去演古劇本了。

但是，事實上我們的黨（姑且不說現在）有沒有這些人物呢？我想這個，誰也不能擔保說沒有。因爲本黨是由興中會同盟會，國民黨，中華革命黨，而中國國民黨這樣演進來的。前半截的歷史完全陷在封建制度下面，當然得不到完全超時代的黨人；許多被總理開除了的老黨員——如馮自由，馬素等便是。後半呢？屢經挫折，黨務鬆弛，亦不能說盡都担保得革命。最近呢？更誰也不能說都是革命的了，——雖然經過這番革命的洗禮。因爲這些人的腦子裏裝着的封建餘毒，未見洗刷得乾乾淨淨，他們也高叫國民革命，不過希望有亥辛革命後的機會，擺起老黨員的架子，又好來當大官，括地皮罷了。可是在北伐的勝利聲中，民衆都起來要求革命的利益，尤其是工農羣衆的呼聲，似彈子般打着了這些人的心弦，他們便不禁暗地叫苦，「早知今日，悔不當初！」遂不惜與敵人妥協，叫着同樣腔調來，明明是國民黨最有歷史而最努力的黨員，偏要說他是「赤化」。壞了！壞了！胸中耿着一塊同樣的橫骨的人，都不住的跟着幹起來，於是便造成了本黨的危機。滿城風雨，幾乎每個忠實的黨員都要問究竟怎樣幹？

此時，用不着多去分析和辯證；更用不着什末「金陵爲帝王之都，…有龍盤虎踞之勢…」去辯護，我們只知有黨，只知有我們的中央，中央決議的四大方案，就是解決我們一切的一切和推動國民革命的不二法門。誰違反中央，我們就反對誰！誰違反最近中央四大方案，我們就認誰爲反革命！

中央要聞

國民政府委任各路司令

國民政府微（五日）通電：任蔣介石爲國民革命軍第一集團總司令，馮玉祥爲革命軍第二集團總司令，何應欽，程潛，朱培德，唐生智，分任革命軍第一、二、三、四方面軍總指揮，楊樹莊爲海軍總司令。蔣介石馮玉祥討張作霖。又軍事委員會任朱培德爲軍總預備隊總指揮。

中央令滬市政府行使職權

中央執行委員會庚（八日）電滬市政府，令安心行使職權，滬已電蔣總司令查照。

國民政府任命之司法長官

司法部長徐謙，呈請任命翁敬棠署國民政府最高法院院長，胡[illegible]署最高法院首席檢察官，

以上經國民政府下令照委云。

中央決議電令武裝黨員從第三次執委會議決議案

現聞中央政治委員會，於一日會議由中央電令國民革命軍總司令蔣中正，西北國民聯軍總司令馮玉祥，駐陝駐甘正副司令及革命軍各軍軍長，全體武裝黨員，對於中央第三次全體執行委員會議一切決議案，一體服從；尤其是對於決議案中之外交財政交通統一各案，絕對尊重，以重黨紀，而固國權云。

中央政治會覆蔣總司令電

中央政治委員會，一日電復蔣總司令略云：滬甯克復，關於此後軍事進行全部計劃，已經軍委會決定，當由該會另行電達。關於統一外交方針，業經中央執行委員會全體會議決，統一外交辦法三項，並經本會議決，對於上海外交策略方面，一，由外長發表對外宣言，以上海戰事現已終了，要求撤退外兵；二由黨部指導民衆作廣大宣傳，要求撤退外兵，並以談判方法，收回上海公共租界，已由外長遵照進行，請即查照，以便由外部統一辦理，不使帝國主義者得逞其破壞我國民革命勢力集中之陰謀，宋部長經於前日赴滬，譚孫陳因中央任務繁劇，暫緩東行等語云云。

國內要聞

全國農民協會將舉行代表大會

全國農民協會現已決定，臨時執行委員，由十一人增至十三人，由彭湃，易禮容，方志敏，陸沉，蕭寅谷，毛澤東，孫科，徐謙，鄧演達，譚延愷，唐生智，張發奎，譚平山等担任之。定於五月十五日開全國代表大會，代表額數，增爲六百八十人云。

李濟深古應芬聯翩返粵

總部總參謀長李濟深，日前因公赴滬。現已啓程回粵，于十二日早乘佛山輪抵步，古應芬亦與同行云。

蔣總司令令各軍開赴前方

蔣總司令令第八軍軍長唐生智，飭令各師開赴武勝關外，又令第十五軍軍長劉佐龍部，分赴豫邊境布防，現由鄂運往現洋八十萬元，子彈數百萬發，兩方士氣甚壯。中央執委會以保衞軍作一，特派于樹德前往犒勞云。

河南革命軍消息

（一）入豫直魯軍孫殿英，率部及其他部隊，於開封未下之前，已完全退回徐州。其故半因張學良猜忌其舉動，半因津浦南線動搖所致。（二）敵軍第十軍長于珍，于是役在開封大堤受傷，退至車站即亡。（三）我軍第一軍張凱臣，已率所部沿隴海路，向豫東跟蹤追擊，其先頭部隊，已迫近歸德。被壓迫之郭振才，亦在豫軍響應我軍。（四）我軍第四師王師長永慶所部，亦進佔柳園口，並俘敵有一旅之衆。（五）我軍是役奪獲大砲二十門，輕重迫擊炮二十餘門，機關槍二十餘架，步槍萬餘枝，其他軍用品無算。（六）我軍于十九日上午二時，由中牟沿黃河南岸分三路進攻，於最短期間，即已克復鄭州，此間已令王爲蔚軍長，高軍長，牛師長，各率所部及十六師之劉旅，王乃文之路買[illegible]旅部隊，星夜由新鄭俱進攻鄭州，由劉馬兩師長來擊云，

誓遵總理遺囑

總理遺囑

余致力國民革命，凡四十年，其目的在求中國之自由平等。積四十年之經驗，深知欲達到此目的，必須喚起民衆，及聯合世界上以平等待我之民族，共同奮鬥。

現在革命尚未成功，凡我同志，務須依照余所著建國方略，建國大綱，三民主義，及第一次全國代表大會宣言，繼續努力，以求貫徹。最近主張開國民會議，及廢除不平等條約，尤須於最短期間，促其實現，是所至囑！

本校本週口號

繼續北伐陣亡將士奮鬥！
鞏固滬甯民衆的政權！
繼續反抗帝國主義武裝屠殺！
救濟革命死難的同胞！
擁護汪主席主持黨政！
反抗公使團授權搜捕黨員！
推行黨的最近政綱！
保障農民協會自由！

他們高臥廠宮，不解人間的苦惱，沙發上成天的永哦，

書。如此編輯排印均感困難。以後務希投稿諸君，注意下列最普通的四個條件：（一）繕寫清楚並加新式標點符號；（二）行列不宜過密；（三）勿橫寫及兩面寫；（四）勿用鉛筆寫。

中華民國十六年四月十四日 黃埔日刊 〔星期四〕 〔第二版〕

第三國際對英美帝國主義屠殺南京民衆宣言

（國民社）莫斯科電，自南京慘案之消息抵此後，全俄大爲震動，工會農會及知識階級之會社，紛紛開會表示，全世界革命之總指揮機關共產第三國際，尤加重視，特發宣言如下。

世界上一切男女工人與被壓迫民族，由英帝國主義領導的『文明的』野蠻人，在南京犯了殘暴的罪惡。他們用大炮屠殺數千和平的市民，全市爲墟，他們所以如此，因爲中國最近革命的勝利，危害了帝國主義在中國之統治，英美人欲掩蓋其殘酷之罪惡，乃嗾其宣傳家捏人非非的造謠，穿了「文明的」强國之軍衣的劊子手們，現今正在造謠說革命軍危害外人，雖然他們很知道外國政府及帝專當局爲中國人之死敵，而革命軍對外人並不侵害，大家都知道敗退的魯軍在那兒開火而爲"國反革命的同盟，但他們正需這些案件以掩護其未來的暴行，去年英國人向萬縣開炮，現在又由英美領導聯合各帝國主義者屠殺南京了，雖然「路透社」電云「不戰而勝」，但不旋踵而這些「文明的」禽獸恐怕就以從中國偷來的「國際的」軍火向中國的上海砲擊了。無形的哀的美敦書！南京砲擊的事件，集中海陸軍力於上海，屯兵於租界，召集白俄的軍隊，所有這些都表他們計劃未來的罪惡，英字官的報紙，「每日新聞」早已大胆的說。『楊子江之南沒有勢力，們可以以文明的外交方法與之談判。」英國的外交仁慈的友愛的對上海未下前的屠殺工人的劊子手，但英國的外交不否認可以以文明的方法對正在幼兒推翻封建勢力劣紳土豪，銀行買辦，軍閥地主，外國剝削者和奴隸者之楊子江以南之人民，英國的外交是在「保護」公共租界內巷戰後中俄國被逐出來的白俄軍隊，但英國則正在爲自由而奮鬥之人民所以砲艦和他們說話，英國的外交家尤恨捐助銀錢給英國礦工的上海南京無產階級 英美的砲火首先向他們發射了，但他們是向着全世界革命戰線開火呵，正在和英州談判的英國保守黨人掉開了他們的假面具，在中國人——工人，農人，學生面前露出兇惡的，殘忍的，强盜的面孔來了，正在和中國國民革命運動戲弄着的美國揭開了她的粉紅的面紗，擺出領袖的資格於屠殺羣衆，刧掠中國人的問題上了。我們要看淸事實呵，英國美國正在向中國人大屠殺，祇有工賊才贊成資本家的和平主義。祇有無恥的政治家的騙子才稱許國際聯盟，國際聯盟掩護殺中國的罪犯，因爲國際聯盟被英國的保守黨人，屠殺上海，萬縣及南京的劊子手指揮的，資產階級和社會民主黨人騙着人說帝國主義者的軍隊遣往中國是「爲保障婦孺」的，其實他們遣到中國是爲着保護帝國主義者的利益。凌辱中國的工人農民，幇助中國一切反動勢力壓迫中國廣大羣衆解放運動，共產國際執行委員會號召世界全體工人，農民，及一切反對帝國主義侵略的被壓迫者舉起反抗戰爭大旗。在這個生死關頭的時候，沒有一個工人團體可以靜默着不響了，誰想在南京的二千無辜者面前逃脫而不負責任，誰便是叛逆者。「基督教」的不等並不以中國人爲人呵，亞洲非洲的人民黑人印度人馬來中國人呻吟於歐美資產階級政治之下的成千成萬的勞動者。須得認淸楚這點，共產國際號召你們對帝國主義者的殘暴奮鬥，舉起反抗帝國主義劊子手的大旗罷 執行委員會請全世界一切的工人團體舉行反對其禍不堪設想的戰爭，大規模的反對罪惡的戰爭，要求馬上撤退在華的軍隊，盡力防止再遣軍隊及輸送軍火到中國，當揭掩護新戰爭者的面具，同志們，十年前由英國領導的國際資產階級圖推翻前沙皇的工人階級權力，他遣派軍隊，轟城市，與反對的軍閥勾結搗亂，誣蔑「波爾斯維克」，但有力的民衆運動把打倒了人民的敵人劣紳，士豪，銀行買辦，軍閥等計劃，十年後中國人革命了，現在國際資產階級和英國美國又起來反對，但他們可以殺戮千甚而至於成萬的無辜者，然他們不能殺在自由旗幟之下奮鬥的千萬，萬萬人呵，我們必須盡能盡力幇助中國的大革命，打倒窒礙中國自由的戰爭，打倒中國革命窒礙者，打倒劊子手的擁護者，反抗帝國主義侵略萬歲，中國人民勝利萬歲，共產國際執行委員會。

中外要聞

各國紛紛調遣軍隊來華

（一）英國

路透社四月八號英京電：駐攬士杷城之飛機隊內之第二隊 已奉命起程往中國 其司令爲蘇利氏云。

英國勒庇城無綫電；帝國航空隊軍事飛機第二隊，現奉命往中國，但起程日期未定，全隊爲探訊機，并非爲投炸機，派來中國之飛機，以此爲第一隊云。

（二）美國

路透社四月九號華盛頓電：第三隊海軍陸戰隊，大約四月十二號由汕頭高埠起程，第二隊則已於昨日起程。聞美總統之如此決議，并非因接到關中國大局有重要變更消息而致，其故是因汕的高埠於緊急時期，難於覓船運兵云。

（三）日本

（電通社東京四日電）：日政府決定中國北部方面，若形勢不佳，將照既定計畫，擬九月間增派駐屯軍二個聯隊於北方者，提早即時實行。

安南政府加抽華僑人頭稅

查安南人頭稅，向分數級。最多者一百餘元，除婦孺老人廢疾者，所抽較微外，最少亦須年納十餘元。今年春季已有多數華僑遵照向章繳納。詎料安南政府，近又通令加抽，其尤甚者，則凡領有一等商店牌照之商店僱工人員，一律要繳納人頭稅五十元。現旅越華僑，已具函呈報中央黨部及政府，請提出抗議云。

蘇俄代表大會賀我國農工電

昨蘇俄代表大會來電云，經東省政府請轉中華全國男女工，農民，蘇俄農工兵高索克代表第六次大會，特向中國勞工民衆掬誠致賀，表示欽敬及全情。蘇俄勞工於中國工農之革命奮鬥，極爲注意，深信中國勞工之奮鬥，必能分貴國完全能除國外資本家及其工具之反動帝國軍閥之羈絆。敝國之白黨亦爲帝國主義者之工具，敝國工人相信該白黨，雖華逃蘇俄之法網，將必不能逃貴國工友之懲罰也。蘇俄工人，特誠懇致賀貴國革命軍隊，既含得中國工人之協助，將士勇敢以與充滿中國之反革命軍隊奮鬥，無往不勝利。蘇俄農工高索克人，以其勇往無退之氣，卒能消滅上海反革命之綠產階級者，威權，爲貴勞動革命奮鬥之開始。吾人深知中國革命農工，現時所遇之艱難險阻；然確信彼等必能用蘇俄革命奮鬥之經驗，而達到成功也。中國革命農工勝利萬歲！蘇俄代表大會哥蘭華啓。

甯案交涉中之各方面（續）

（四）法國

法使致外部節略，南京法教士二人被害，又法人五名被辱，請中政府特別注意。並聲明候將來調查詳情後，要求保留賠償損失權。該件不經法使簽名，由使館列銜，係公函性質，與照會不同。三十日巴黎電云，國務總理白理安，已核准巴雪耳少將之上海法租界防護計劃。並稱各國間之合作，業在進行中。但駐滬各軍隊組織聯合軍一層，此時尚不成問題，又稱法國租界並無任何放棄之象。又晨報載稱；白理安昨在閣議席上，說明上海法租界眞況，否認種種可驚謠言 確謂並未遇有足令法國拋棄中立政策之事件。

（五）日本

電通社三十一日東京電：幣原外相昨日答憲政會之富田總務中頭幹事長云： 政府仍始終依內政不干涉之既定方針進行，此時者列國亦有關係。至特派軍隊一層，政府向無此意，關於善後措置如要求損害賠償，責任者處罰等事，候愼重考慮之上決定。」電通社三十一日東京電，樞密院非難外相之聲頗高，政友會亦開緊急幹部會議，關於南京事件，將發警告。實業團體亦謂政府對於中華日僑之保護及長江一帶之危機切迫，處置失宜，然外相仍力主無增兵之必要。電通社三十一日東京電：各名士對於南京事件之意見，大約如下：頭玉謙次氏云：須將斷然之解決。坂本俊篤男云：「須要求將來之保障。」松田原治氏云：「此時宜與英美協調。」小川平吉氏云：「須盛保持威信之責任。」路透社三十一日東京電：朝日新聞警告政府勿過分信任南政府。保護日人生命財產之能力，宜採行保衛漢口等處僑民之積極方法。惟武裝政策與日本原定政策相反者，前不可行。因南京事件，乃反對蔣介石派者故意爲之也。日日新聞亦抱此同樣見解，謂可有何舉動，由蔣介石爲難，蔣之忠實實無可疑云。東方社 日北京電芳澤公使今日午後訪英使，告以奉到政府訓令，擬由甯案五國，及南責任當局，各派委員組織共同調查委員會，赴甯作澈底的調查。然後討論責任者方面之處罰，賠償，損害賠償及將來之保證等，庶事有歸結。英美法意方面對此提議能否贊同，須俟今後之經過方能決定。

……經過很多波折，黃埔學校因爲在革命中佔很重要的地位，所以所處的環境更形惡劣，黃埔學校經過這樣危險的環境……帝國主義底兵船，海軍陸戰隊，天天運到長江流域去。帝國主義勾通奉系軍閥在北京封閉俄使館，捉拿國民黨員四五十人，固然不用說了；但

題

……農人，學生而顯露出兇惡的，殘忍的，強盜的面孔來了，正在和中國國民革命運動戲弄着的美國揭開了她的粉紅的面紗，擺出領袖的資格於屠殺慕集，劫掠中國人的問題上了。我們要看清事實呵，英國美國正在向中國人大屠殺，

……隊內之第二隊，已奉命起程往中國，其司令為蘇利氏云。

英國勒庇城無綫電：帝國航空隊軍事飛機第二隊，現奉命往中國，但起程日期未定，全隊為……

威權，為指導革命奮鬥之開始。吾人深知中國革命農工，現時所遇之艱難險阻；然確信彼等必能用蘇俄革命奮鬥之經驗，而達到成功也。中國革命農工勝利萬歲！蘇俄代表大會哥蘭華啓。

各派委員組織共同調查委員會，赴甯作徹底的調查，然後討論責任者方面之處罰，賠款，損害賠償及將來之保證等，庶事有歸結。英法意方面對此提議能否贊同，須俟今後之經過方能決定。

革命之路

題目

總理紀念週韓主任教官之政治報告

（四月十一日）

吳之華記

適纔教育長政治報告，我另外加以補充，分開四方面來說：（一）黨內底問題；（二）上海南京外交情形；（三）帝國主義最近的準備；（四）最近國民革命發生了什麼問題？（一）照最近黨內底情形看來，的確是很好；過去我們如同一羣小孩子，正盼望吃奶而不得，現在慈愛的母親——汪先生——歸來了，並且已於七號到中央黨部，自然值得我們萬分歡喜！如果黨內有什麼問題，汪同志底病是不會好的，現在他出來了，就是黨內底問題頻於解決了。在整理黨務提高黨權的運動中，大家總以為我們底黨是高壓平空：孔老夫子說：『三月無君，則惶惶如也，』我們同志自然和皇帝沒有關係，但和黨是有密切關係的，『三月無黨，則惶惶如也』！現在黨底外交政治黨務一切措施，都非常適合黨的利益和革命利益。最近中央有兩篇重要的文字發表，一篇是對全體黨員解釋訓令，一篇是對農民宣言，許多問題都得很清楚，對於目前應該怎樣努力的方針，也指示得非常明白，請各位注意看一看！

中央對全體黨員訓令中，有一段：『中央執行委員會毅然出此，乃基于民主集中制之觀點，對封建勢力奮鬥，決非對個人有所愛憎，且堅決反對一切因個人愛憎而處理黨務之行為，因以個人愛憎而處理黨務，即違反民主制度之原則也。』這一段是萬分緊要。黨內止有黨底問題，沒有個人底問題，不能以個人底感情，處理黨務，監理黨務；如果有了這種現象，即違反了民主集中制。這完全為了黨底利益，革命利益，決不是為了個人；但是中國人老皮氣，凡過了任何事情，都攙到個人身上去；其實黨內底措施，止有希望漂好，與個人不相關的！各位同志，每一個黨員在黨內努力工作時，切須認記這一點！任何般大人物，在黨裏也只微乎其微。

中央對農民宣言也是很重要的，各記得我們底總理我們底領袖孫中山先生在辛亥革命時說過：『中國革命底問題，止有解決農民問題，就是土地問題。』但是革命勢力下底長江以南，土地問題有沒有解決？就廣東說：大地主，買辦，貪官污吏，土豪劣紳到處慘殺農民，破壞甚至撲滅農民運動。我們革命，必須拿我們底政綱主義政策實行起來，對于民衆予以目前的最低限度利益，然後民衆才能在本黨領導之下，實行革命；如果不幫助，不給予民衆利益，我們底黨就變成發鈔票不兌現的銀行；因此中央特別將本黨對農民利益詳細規定。

汪先生這次出來，黨內底問題，將要得到很好的解決，同志們安心以待解決吧！黨內問題底來源，都是帝國主義軍閥和一切反革命派挑撥的，更因黨內底份子太複雜，混有多數的敵人奸細在內，黨內底問題就由此產生。反革命派慣利用國民黨共產黨底合作問題，來做口實，來做反宣傳，一部分的同志，有時竟被它們朦蔽，所以右派愈加在那裏反對共產黨，實際上就是反對國民黨。這次汪先生與共產黨領袖陳獨秀先生代表兩黨，共同發表了一篇宣言，大概說明忠于本黨的同志們應該認識清楚國共兩黨在主義上政策不止現在要攜手合作，將來仍要攜手合作。教育長適纔講：『汪先生出來，本黨就告一小段落』，這裏已經摘出右派反共的陰謀是什麼了。這是很不錯的。

我們應該看一下：國民革命經過很多波折，黃埔學校因為在革命中佔很重要的地位，所以所處的環境更形惡劣，黃埔學校經過這樣危險的環境，仍然是革命的，仍然能在黨的指揮之下仍然很穩固；固然是各位同志能夠在黨底領導之下，總理底遺教之下去努力的緣故，另一方面，不得不使我們欽佩我們底教育長及革命的官長措置適宜。

黃埔學校站在黨底利益立場上，渡過這樣危險的波浪，很可慶幸；現在軍事得到很大的勝利，如果沒有黃埔學校，就沒有現在的軍事勝利。

黃埔學校底根基假使動搖，革命前途就很危險，各位同志想一想：這樣險惡的波浪已渡過了嗎？是不是達到乾淨的彼岸了呢？我想決沒有到，還很遠呢；黨內底危機也更厲害的接踵而來，黃埔學校底環境也將更加惡劣，希望同志們最近的將來，最遠的將來，始終在黨與命令之下去努力奮鬥，才能達到乾淨的彼岸。

黃埔學校是黨底命根子，是革命底大本營，各位同志有沒有破壞黃埔學校，如果是有的，就馬上改掉。教育長適纔所講的『團體』，是不能存在的；從前黨權旁落，正是『三月無黨，惶惶如也』的時候，容或有一部份同志發生錯誤；現在黨已真能代表人民利益，逐漸鞏固了，除開黨，沒有其他團體存在的餘地。所以必定要接收教育長底教訓。

黃埔學校佔國民革命中最重要的地位，這是敵人所知道的，敵人奸謀詭計破壞黃埔學校，沒有一天中斷，因為破壞了黃埔學校，就是破壞了國民革命。同志們，頭腦放冷靜些，在黨底領導之下積極努力，不受奸計挑撥，不上敵人底檔，才能使黃埔學校穩如泰山，促革命進步。同志們，為了黨底利益，革命底利益，一致起來打倒挑撥，離間，分裂，軟化，威嚇我們黃埔學校的一切反革命派！（全場大鼓掌）

（二）昨天開大會，追悼北伐陣亡將士，慶祝克復滬甯的大會也要在本月十六日舉行了；各位同志想想：我們革命軍已真真克復滬甯了嗎？我們革命軍所到的地方，即真真算打下這塊地方嗎？我想決不是的，我們底仇人，第一是帝國主義，第二才算軍閥，上海魯軍雖已被驅逐了，但是帝國主義仍然很強硬呀！據現在報紙所載，上海租界滿駐外兵，總司令到租界去，祇許帶十個衛兵，並且要事先得到租界當局允許，到俄使館去，經過帝國主義檢查，才許入內；並且帝國主義底兵船，海軍陸戰隊，天天運到長江流域去。帝國主義勾通奉系軍閥在北京封閉俄使館，捉拿國民黨員四五十人，固然不用說了；但是帝國主義胆敢在上海封閉俄使館，蘇俄是我們底朋友，在我們國民革命勢力下底上海，不可讓他人侮辱我們底客人，否則就是侮辱我們自己。

然而英帝國主義這樣，英美日帝國主義聯合一致的這樣。帝國主義說：『上海：我們在此』！譬如中國人起住一座宅子，唯恐宅子裏鬧鬼，就寫出：『太公在此，諸煞退位』；我們應該說：『上海，你們底主人在此，請帝國主義滾蛋』！這才算真正克復滬甯！（全場大鼓掌）我們不能驅逐上海外兵，不算真真克復上海，打倒軍閥，不要忘記打倒帝國主義，驅逐外兵，這件事還須各位同志用大好的頭顱，鮮紅的熱血去積極奮鬥！英帝國主義為要保存長江流域底勢力範圍，而我們尚未真正取得上海南京，它仍然要進攻的，教育長適纔說：『帝國主義軟硬進攻，我們都不怕』；因此聯想到總理在日，外國兵艦從白鵝潭開到士敏士廠，對總理說：『如果你開砲打商團，我就攻打國民政府』，總理說：『你們可以於二十四小時內打下廣州，但是打不破我們這一股正氣』；我們現在對于上海南京，恰恰如總理那個時候，我們必定要拿出總理底革命精神解決上海南京的外交問題！

（三）帝國主義最近的準備是怎樣呢？我們須看清上海南京純然地收復後，軍事上新的發展，是山東，直隸，東三省，這幾省不是英美帝國主義的勢力範圍，而是日帝國主義底勢力範圍，盤踞這幾省的軍閥，是奉系軍閥，是日帝國主義底工具。日帝國主義底軍艦三十多艘現已麕集青島，預備幫助奉系軍閥，攻打革命軍；革命軍到了山東，難免要做郭松齡第二！帝國主義一方面在表面上敷衍我們，把我們穩定着；另一方面則從暗中預備進攻我們，這種政策是何等毒辣呀！奉系軍閥在北京逮捕學生多人，已槍斃六人，更封閉蘇俄使館，捉去華人五六十名，北京俄使館是本黨在北方的司令部，政治委員會分會也設在那裡，重要的同志一齊拿去，不用說，生命是很危險了；在天津慘殺工人農民學生；在吉林查抄黨部；這是黃河流域底大慘殺，白色恐怖來了！長江以南革命軍很順利，一到長江以北，就是帝國主義準備與革命軍拚命的時候，帝國主義

中華民國十六年四月十四日 黃埔日刊 （星期四） 〔第四版〕

正實死力幫助軍閥，並且除去砲艦政策，武力干涉外，還有極巧妙的軟化政策。

（四）最近的將來，在本黨領導下底國民革命發生些什麼問題呢？帝國主義勢力勾結軍閥，消滅國民革命，這種政策沒有好多把握，就設法威嚇軟化我們，扶助封建勢力資產階級，買辦階級，貪官污吏，土豪劣紳，不法軍人壓迫本黨，壓迫革命份子，尤其是最勇敢不妥協的革命份子，領導國民革命走向資本主義的道路。——這是帝國主義道威斯計劃的實施方策，使中國成爲投資場所，使中國爲更可發洩財政資本的殖民地；所以必須一方面壓迫革命，一方面扶助資產階級，買辦階級，封建階級。這一種毒辣政策影響到中國政局，就形成了封建勢力與民主勢力的決死戰！

同學同志們！我們是到封建勢力下去作走狗的走狗嗎？還是到民主勢力下作孫文主義的戰士？革命的同志請來執行黨的命令！

太平洋問題中之中國問題

姚子希

十八世紀工業革命後，世界上便產生了一羣怪物，牠時而往東方放炮，時而在西方殺人放火，尤其是現在這些怪物鬧得分外劇烈。牠是社會進化過程中的障礙物，牠是十二萬萬五千萬人的公敵，他不止是造成了世界第一次大戰，牠還要造成世界第二次大戰哩！

世界第一次大戰的起因，是巴爾幹半島問題，第二次大戰的起因却是太平洋問題中之中國問題了；一方面是歐戰後的戰勝國與戰敗國的衝突點和戰勝國互相衝突點，一方面是全世界無產階級和被壓迫民族與帝國主義整個的交鋒，我們不能根本把世界戰爭消免，祇是要在此劇烈鬥爭裏易其對象，巧用帝國主義間的互相衝突，能得到各弱小民族與無產階級之共同援救。

太平洋是歐亞美三洲交通的中心，亦即英日美三帝國主義者衝突的焦點。太平洋東岸的墨西哥阿根廷等，正在向美帝國主義奮鬥；西岸的高麗爪哇及印度等底民族運動也格外高漲，尤其是現在的中國在鬥爭中已得着相當勝利，兩個文化政治經濟侵略的帝國主義，因受其工具軍閥的塌台，及反基督教運動，和經濟絕交的影響，簡直到了氣息奄奄，日薄西山的時候：這些民族運動，都是太平洋問題解决的條件。

我們再看張伯倫奉命在新加坡築港，足以表現英國抵禦日本之將來發展，以震動其遠東地盤；同時日本視之爲眼中釘。英國在華所施之砲艦政策，已激起全中國乃至全世界的被壓迫民衆的革命高潮，但牠却仍悍然不顧的加派大批軍艦來華，欲鎮壓此反抗的高潮。這時美日帝國主義者却聲言：『中美親善，取消不平等條約』；『中日毗連，有共存共榮之關係，當保存中國主是各帝國主義的利害關係之不一致，更加證明了。這些利害衝突都是推動解決太平洋問題的機輪。

按社會歷史的進化，資本主義發達到極點時，一定自然崩壞，爲什麼老大的英帝國主義至今還不倒呢？這是因爲牠國內的無產階級能分得資產階級在殖民地所掠取之利潤而暫時穩定了。到現在世界上殖民地分割完了，被壓迫民族忍無可忍底起來反抗了，那資本帝國主義國內無產階級無利潤可得且與弱小民族採取同一步調了。試看今日西方的無產階級革命勢力已與東方被壓迫民族革命勢力正式聯合，就是鐵證。帝國主義者已急得手忙足亂，屁滾尿流，運用種種方法，希圖分離革命勢力，以期恢復其統治；然而世界革命怒潮，恰恰相反，也就是弱小民族與無產階級的利益同帝國主義相反。

當此太平洋問題之中國問題中，戰線隊伍均已佈置完竣，祇看誰是主動者，能制人於機先，便能操左券。若是中國革命得到勝利，則可將英日美的關係變更，否則那强盜式的英日美等帝國主義者必解决太平洋問題——中國印度墨西哥等，以延長世界戰爭；當此一髮千鈞危急存亡的中國，祇有趕快集中工農羣衆及各階級力量，再加以西歐無產階級及一切被壓迫民族的同情和幫助，擴大反帝國主義力量，且猛烈的向前發展。這樣一來，才可消滅張作霖，驅逐帝國主義於中國，斷其原料供給與商品銷售，以增加其國內無產階級的反抗——社會革命。使暫穩的帝國主義趨於絕境。必須這樣，才能保障國民革[illegible]能促進世界革命的成功。

收回上海租界問題

陳愛光

北伐軍自克復了中國的政治中心——武漢——以後，復轉戰江西進而佔領滬甯了，這是表示中國革命運動之長足進步和封建軍閥滅亡底象徵！然而在革命軍攻入滬甯的當兒，帝國主義者不惜聯合施其殘毒的砲艦政策，以屠殺革命的戰士和革命的民衆，其實這并不稀奇，在過去中國革命的歷史中已告訴了我們，帝國主義者之野蠻舉動，早已成爲家常便飯的了！

試揭開全部的中國革命史來看：帝國主義屠殺的痕跡，差不多佔了整個的篇幅。自「五卅」到現在，整個的中國幾乎莫不有白色恐怖的發生，自然有一些是軍閥的所爲，但是，我們要曉得，源是帝國主義所下的命令啊！我們想想：帝國主義者爲什麼他能夠在中國如此暴行呢？就是因爲他藉有不平等條約——特別是租界，及自由航行中國內地，才能把砲艦開到中國來，做其爲所欲爲的妄動，這是誰也曉得的。去年革命軍攻陷武漢時，帝國主義者也是一樣的殺人，可是因爲有了武漢民衆的偉大力量底緣故，已將武漢的租界老早收回了，帝國主義者逼得要屈服于革命的人民政府，這可說是取銷不平等條約的開始。現在帝國主義者不單不肯把上海租界交還我們，而且日增重兵以抵抗革命民衆的正當要求，這是表明帝國主義的在華勢力已到了末日之前夜，而欲孤注一擲作其最後之掙扎。我們於此，究竟要怎麼辦呢？難道怕他堅炮利刃嗎？老實說，革命的黨員和革命的民衆是不怕死的。視帝國主義者的砲艦，不過同紙做的老虎一般罷了。我們爲了革命的利益、爲了先烈的仇恨未報，并爲了早日澈底打倒帝國主義和軍閥，換句話說，就是爲了中國革命的早日成功，目前的第一步工作，便是要把帝國主義者在華的租界漸次收回，這才是眞正的革命工作。不然，任他日久殘喘，終會留禍于異日的。革命的同志們！革命的同胞們！這一點要十二分的注意才好。

並且我們知道：如果帝國主義者在華的租界不收回，決非革命的勝利。要知道租界就是帝國主義屠殺我們的唯一大本營。這個大本營不打倒，屠殺的政策是不會停止的。租界是軍閥們的根据地，如果這個根据地不攻破，軍閥是不會絕跡的，還有一層，現在雖然把滬甯克復了，但是時常都有危險的，若是不把租界趕快收回，軍事勢力的勝利雖然打倒了吳佩孚孫傳芳，然而還剩下一個鼎鼎大名的奉系軍閥張作霖。現在政府既然是決定了繼續北伐，若是將來出征時候革命軍調動了，此時已得到的勝利不一定不會發生恐慌啊！所以我們如果想保障已得的勝利，一定要死力的把租界立刻收回，才是澈底的辦法。國民革命的勝利，第一步固然是軍事的勝利，但是同時必定要使政治上也有一樣的勝利。換言之，就是用軍事勢力打倒了軍閥，還要用政治的力量去打倒帝國主義。我們的總理臨終時曾囑我們要於最短期間取消不平等條約，現在我們就要拚命去做，使這第一步可以成功而逐漸把全部不平等條約推翻。這個時機是絕好沒有的了，同志們起來幹吧！

收回上海租界！

打倒一切帝國主義！

廢除一切不平等條約！

政治問答

1、愛倫凱女士，蕭伯訥，問不屬于安芬頓一派？安芬頓一派的著作原本及譯本，有若干，可以介紹否？前梁騏同志所問的是：「聖西門共產公妻主義的內容，」先生答他沒有主張公妻，因爲安芬頓既只是主張自由戀愛；而自由戀愛與公妻截然不同，由其片面的（再沒有公夫）及雙方的；及是否以愛情爲標準；可以分別出來。這樣說來公妻說不是自由戀愛。是否？

2、國民政府治下的廣東勞資仲裁機關，是不是社會政策？

（鄧友馥問）

1、愛倫凱和蕭伯納雖主張自由戀愛，却非社會主義者，故與安芬頓並非同派（愛和蕭是現代的人，安則是百年前的人）。安芬頓沒有什麼著作，他是一個實行聖西門主義的人。安芬頓主張不要結婚儀式的自由戀愛，反對者遂指爲「共妻」。公妻是以「妻」爲一物，由男性方面，隨其便而「共」之；自由戀愛，是由男女兩方同意而結合。社會主義者反對資本家把勞動者當物，把勞動力當商品，當然決不會主張以『女人』當物的公妻主義，自相矛盾。因資產階級不願意有人相信共產主義，乃故以此穢污之詞誣衊社會主義——共產主義。

2 是一種社會政策——但這恐怕只是一時的應付方法，不是黨所決定的政策吧？

（楚答）

中華郵政 黃埔日刊 第三 本刊每份

誓遵總理遺囑

余致力國民革命，凡四十年，其目的在求中國之自由平等。積四十年之經驗，深知欲達到此目的，必須喚起民衆及聯合世界上以平等待我之民族共同奮鬥。

本校本

繼續北伐陣亡將士奮鬥！

鞏固滬甯民衆的政權！

繼續反抗帝國主義武裝屠殺！

中華民國十六年四月十五日 星期五 第一版

黃埔日刊

中央軍事政治學校出版

通信處廣東黃埔本校政治部

第三〇二號

本刊每份定價一分

時評

南京歟？武漢歟？

元傑

總理遺囑

校聞

入伍生二團團部為慶祝克復滬寧及反帝屠殺宣言

國內要聞

汪主席電約蔣總司令赴漢

武漢各界對四三案之要求

奉軍閥末日將至

天津各界準備歡迎黨軍

北京四面受逼

中華民國十六年四月十五日 星期五 黃埔日刊 第四版

本黨左右派之區別

怎樣纔能做個孫文主義的信徒

賀秀桂

政治問答

緊要啓事

萬鳳梧啓事

通信

第四期同學錄辦事處啓事

特准掛號立券之新聞紙　中華民國十六年四月十五日　（星期五）　（第一[illegible]）

黃埔日刊

中央軍事政治學校出版
通信處廣東黃埔本校政治部
第三〇三號
（本刊每份定價一分）

時評

南京歟？武漢歟？

元傑

現在似乎不應問什麼南京、南京，亦不應問什麼武漢不武漢。只問要不要真正奉行孫文主義和完成國民革命？如果不是鬧個人主義，而是要真正的作一個孫文主義的信徒，那末，在現在黨政府新遷武漢，滬甯剛才克服之際，似乎不應再去搬動，只應把中央這次決議的四大革命方案實行起來，何必定要拿在南京去實行呢？

若說到明太祖都金陵，或有什麼帝王之氣，這是堪輿家的術語，我們用不着拿來作這個問題的大前提；若以總理陵寢所在地，故黨政府應遷往南京，却不知道這是什麼理由？國民政府只是人民公僕的辦事處，選擇辦事機關的地點，應以政治關係，交通關係為選擇之標準。說到南京扼長江之咽喉，我以為還不如武漢為華夏之樞紐，不特沿京漢路而北，可抵直豫晉；溯揚子江而西，可抵川，滇，黔，……；而且南有粵漢路聯絡五嶺，東有長江直貫蘇，皖，贛，東南諸省—確是一個交通極便之地。不過為求黨的指導統一，在中央未決定遷都以前，我們黨員不能對外任意主張個人的私見。因為有這樣的關係，所以用不着我們如何的去顧慮。

說到「將開」的南京擴大會議呢？明明白白地汪主席已於六日赴漢口；並且武漢革命民衆已準備歡迎蔣總司令，何況黨和政府俱在漢口。但有　卻說將在南京舉行。南京歟？武漢歟？我以為這亦用不着我們去探論。如果真要不修改孫文主義，盡力實行國民革命，就是在上海或在安慶，抑或南昌……，俱未嘗不可。所以我們現在應注意的是誰個要修改孫文主義？具體些說，就是誰個要修改三民主義，反對三大政策，違抗中央，及中央此次決議的四大方案。如果有這樣的人，當然是反革命，是黨的危險，是真革命黨員所要反對的！

南京歟？武漢歟？現在不成問題。服從黨歟？不服從黨歟？這才要注意的。

「必須服從黨！」這是我們的責任；「必須使黨員都服從黨！」這也是我們的責任！

校聞

入伍生二團團黨部為慶祝克復滬寧及反帝屠殺宣言

本校特別黨部入伍生第二團團黨部為慶祝克復滬甯及反抗帝國主義者在南京，稔山屠殺發出宣言云：自北伐軍節節勝利，民族運動高漲，帝國主義在中國的統治，根本動搖，使他不得不出最殘酷的手段，以求其最後之掙扎。除軟化及離間革命外，復派遣砲艦來華，直接向我們民衆屠殺；從萬縣慘案至「一三」慘案，一脈相承，毫無更變。最近香港政府，又藉剿匪之名，於三月廿三日派英艦數艘，飛機四架，大隊英兵登陸，在惠陽稔山拜亞士灣一帶，焚燒村落數十處，擊死民衆七十餘人；又於北伐軍攻克南京時，因北軍敗退時之騷擾，英美砲艦便大施轟擊，擊斃華人死傷[illegible]百人，帝國主義者，任意在國內的暴行，實[illegible]類歷史上奇恥大辱，雖原始野人亦不能出此。總之我們已認識帝國主義者的兇殘，不過加上和平的假面具而已。現在國民革命軍已於各帝國主義砲艦之下，得到工人偉大的犧牲的援助，而把軍閥及帝國主義的根據地滬寧克復了，這是怎樣值得我們如何慶幸呢？但我們應當認識：克復滬寧是我們與帝國主義者及反革命者的更激烈的鬥爭的開始，我們應更加準備我們的實力，認清帝國主義者及其工具給我們這種白色恐佈的教訓，堅決底反抗帝國主義軍閥到底，而慶祝克服滬寧，那才有重大的意義。我們應當打破帝國主義的軟化政策和反對妥協右傾，擁護此次漢口中央全體會議的四大方案，聯合起農工商學兵告世界革命的民衆，一致起來反抗帝國主義的屠殺，救濟死難同胞，掃除封建勢力，實現民主政治，以完成我們的國民革命。我們的口號是：——

慶祝克服滬寧！
反抗帝國主義屠殺！
慰勞前敵戰士！
救濟死難同胞！
反抗帝國主義軍閥到底！
擁護中央全體會議決議案！
剷除封建勢力！
實現民主政治！
繼續北伐戰爭！
完成國民革命！

誓遵總理遺囑

總理遺囑

余致力國民革命，凡四十年，其目的在求中國之自由平等。積四十年之經驗，深知欲達到此目的，必須喚起民衆，及聯合世界上以平等待我之民族，共同奮鬥。現在革命尚未成功，凡我同志，務須依照余所著：建國方略，建國大綱，三民主義，及第一次全國代表大會宣言，繼續努力，以求貫徹。最近主張開國民會議，及廢除不平等條約，尤須於最短期間，促其實現，是所至囑！

本校本週口號

繼續北伐陣亡將士奮鬥！
鞏固滬寧民衆的政權！
繼續反抗帝國主義武裝屠殺！
救濟革命死難的同胞！
擁護汪主席主持黨政！
反抗公使團授權搜捕黨員！
推行黨的最近政綱！
保障農民協會自由！

國內要聞

汪主席電約蔣總司令赴漢

漢口電訊：汪主席灰（十）日電請蔣總司令來漢，關於北伐事宜，有所磋商。該地各界聞悉均紛紛預備歡迎，各工會并通告放假一天，以便參加，蔣或於文（十二）日可到。

武漢各界對四三案之要求

本月三日日本水兵在漢口行兇，武漢各界，憤激異常，隨于四日開緊急會議，向國民政府條陳要求條件：（一）即日撤水兵，（二）收回日租界，（三）兇手交華法庭嚴辦，（四）賠償死傷損失，（五）日政府向國民政府謝罪，（六）日不得因慘案封工廠及辭退工人，（七）日須担保以後不再有慘案事件。國民政府已即向日嚴重交涉矣。

奉軍閥末日將至

天津各界準備歡迎黨軍
奉魯軍內部分裂
北京四面受逼

上海電：津各界祕密會議，預備歡迎黨軍。

上海電：張作霖電褚玉璞：各部皆有投降革命軍之嫌，不獨效坤一部，仍宜鎮靜，勿輕信謠言，努力前攻。

路透社北京電：北京有數面受逼之虞：一，為豫省前吳佩孚無紀律之大軍，或將加入南軍，沿京漢鐵路進逼；但近今奉軍獲勝後，此險暫已消除。一，為馮玉祥之軍，外傳馮軍已逼近張家口等處，均屬子虛；馮軍固可由豫省西北或北部取道張家口攻擊奉軍側面，惟有劉鎮華之鎮守豫省西北，晉閻之嚴守晉北；若閻氏堅持不許客軍入境政策，馮未必有所舉動。南軍沿津浦鐵路北攻，最為勁敵，第張宗昌扼守徐州，足以拒之，但觀於南京魯軍不戰而潰，亦殊難恃。徐州若失

……不翼而飛不知何人竊去殊難清查當即具情呈報幷函請修械

……魚球學生軍第一中隊劉克中

……耕手

……隊第七區隊區隊長廖卓然或第二學生隊第二十四區隊萬農

中華民國十六年四月十五日 黃埔日刊 （星期五） （第二版） （二）

，則濟南將爲震動，至是奉軍不得不由北京退出關外，蓋奉軍企圖取道天津回奉外無路也。

蘇俄決與僞政府斷絕國交

上海電，蘇俄對京俄大使館被搜，已將抗議書交駐俄中國代理大使，並訪外交部顧維鈞會面抗議，提出要求五條件，（一）速將監視俄使館軍警撤退，（二）釋放被捕俄人，（三）交還被抄去文件，（四）被抄去金錢物件交還原主，（五）道歉，在奉軍未實行此五項要求前，斷絕外交關係，撤回駐華大使館員，概離境歸國，

共產黨上海執行委員會 主開國共聯席會議

中國共產黨上海市執行委員會，以日來上海謠言甚熾，有舉行聯席會議協商辦法之必要，昨特致函中國國民黨上海特別市黨部云：逕啓者，今天各報發表敝黨與貴黨兩領袖聯合宣言，敝黨同志認爲於目前國國民革命前途，關係非常重大。上海爲全國革命最後決鬥之焦點，最近反動謠言甚囂塵上，危害革命，誠非淺鮮。敝黨部認爲須與貴黨部雙方選派代表開一聯席會議，依據兩領袖之宣言，協商切實進行辦法，庶可收行動一致之效，而免意見參差，以致被某某主義者及一切反革命派利用之弊。是否有當，即請示覆。

擁護國共兩黨領袖告兩黨同志書宣言

中國共產黨上海執行委員會爲

以前上海的工人學生及一切被壓迫民衆與壓迫的孫張軍閥拚命抵抗，終算得到了第一步的勝利，現在正是與革命的軍隊聯合起來向帝國主義者及一切反動份子爲最後的決鬥的時候，因此敵人的反抗亦特別加緊。他們除掉武裝的權威以外，唯一的利器，就是造謠中傷，挑撥離間，分開我們隊伍，離間我們團結。甚至希望我們自相火併，以便他們坐收漁人之利。這幾天上海的謠言多極了：「工人將衝入租界」，「共產黨將實行組織工人政府」，「革命軍將繳工人糾察隊的械」，……無非都是敵人想引起我們革命的陣線內部互相猜疑，以至於破裂。今後我們革命事業之能否繼續，將取決於我革命的朋友們能否堅決抱定革命的意志，看清革命的前途，而不相信此種陰險的無意識的謠言。今天我全國革命的偉大領袖國民黨主席汪精衛先生與本黨首領陳獨秀同志所發表的聯合宣言，不但把中國目前革命的形勢分析得非常清楚，可使我革命的同志們明瞭今後革命的政策：且把兩黨在革命的進程中應該如何集中力量密切合作的意義，說得非常透徹，使一切帝國主義者及反動派的造謠中傷，無所施其伎倆，這是促進中國目前革命運動的重要言論，是挽救中國革命危機的唯一良劑，本黨部誓率全上海同志一致擁護；並切實遵循努力奮鬥，以冀我上海的革命運動得以維持繼續達到最後的勝利。謹此宣言。中國共產黨上海執行委員會，一九二七年四月五日

奉軍大敗於中牟

北京電訊：[illegible]所部已於十日，被靳雲鶚擊敗於中牟。該師四旅，已去其三，該師長僅以身免。

國外要聞

被壓迫民族奮鬥同盟會 對中國革命的同情

反抗武力干涉中國 承認國民政府

德國柏林專電云：被壓迫民族奮鬥同盟執行委員會，於[illegible]七日會議，決定請求各國職工會及工黨，取一致之國際行動，以反抗帝國主義之干涉中國，各國必須組織偉大之示威運動。藍斯保報告倫敦方面正在準備盛大示威運動。印度方面，有很多男子及婦人自願作北伐之看護者，該會又決定在各國徵求自願作看護者，當即選舉藍斯保包爾塞巴爾碧斯包爾女教授等爲代表團，來中國考察。又該會現已決定承認國民政府爲中國唯一政府之運動云。又電：被壓迫民族奮鬥同盟在亞姆斯德丹開會第一問題即爲反抗武力干涉中國。主席藍斯保詳細報告英國工人對於英國政府武力干涉中國，一致排斥，並謂對於英國軍官在南京所作之犯罪行爲，全英國無產階級極表同情於中國民衆。在每次遊行中可以看出，許多工人同志堅持宣佈罷工，以擴大這運動，要是英國取更進一步之辦法時，則職工會對於罷工之同情，一定可以增高，工黨執行委員會聯合國會黨團和職工會總局，已組織一保障中國委員會，并已致電陳友仁云。

國際工人聯合會宣言及決議案

國際工人聯合會，在比京開會後，英法俄各國工人代表團來華，搜集關於帝國主義壓迫弱小民族的事實，宣佈其侵略陰謀于全世界；并從事于宣傳反帝國主義運動。其宣傳之影響，遂使全世界殖民或次殖民地地的工友，咸一致起來努力圖謀工人階級之獨立自由，與爭回工人階級應有的權利工作，並一致聯合向帝國主義者進攻，務求達到解放目的。當國際工人代表在北京開會時，各國工人代表皆有列席，查此次會議，各代表爲謀世界無產階級早日得到解放，特通過各種決議多起，並發表宣言。茲分錄如下。

▲宣言 代表等係代表七九代二〇〇〇〇工友所參加的十七個工人團體，本職責所在，以盡其所能而爲一切被壓迫之民衆聯絡，一致向帝國主義要求解放。大不列顛帝國主義者，運輸軍械軍糧軍隊飛機砲艦，及一切備戰品物，到中國以破壞中國革命，同人等皆認爲有効力方法，以終止帝國主義的備戰行動，唯有採取杯葛手段，而職此罷工運動而已。所以本代表會議決各案應在工人出版物宣佈于全世界，方能使世界工人澈底明瞭罷工之作用，以便實施其部份的或普通的罷工可也。欲免除帝國主義者長期的戰爭，及堅持各民族解放的奮鬥，以達到自由。行使各該民族的權衡代表，以爲國際工人的聯合，實爲應取而不能免的手段，爲此同人等以本聯合會之名義，通告莫斯科國際工會，及一切未加入國際的工人團體，從最短的時間，成立國際總工會以聯絡五洲工人，毋庸國界種界之分，必要如此做去，方能打破帝國主義之戰爭。若工人之中，或因人種與顏色之不同，或因職工之各異，便分出各界限，彼此分別組織工會，其流弊必致爲帝國主義者及資本家所利用。自來各國工人之不能脫資本家之圈套，凡爲各國之工人不聯絡一致，實爲最大之一原因也。代表等希望一切工人，由地方的團結而全國內的團結，由國內的團結而至於國際的團結，務使各殖民地或半殖民地的工人，所享有集會結社言論及出版之自由權。唯是各殖民地的工人，欲得到此種權利，必經一番的鬥爭，而國內的工人，亦宜相助厥成，共同奮鬥。務從各該本國資本家的手內，奪回此所應有之權利，以交還殖民地的工人。此爲全人等日夕所欣禱者也。打倒資本家之掠奪，及帝國主義之壓迫。世界工人聯合會萬歲！國際總工會萬歲！

▲決議案：（一）本代表會召集於比京，總會議決成立國際總工會以反對帝國主義及維持各民族的自由。（二）本國際總工會定名爲反帝國主義之壓迫及民族自主的國際工人聯合會。（或聯盟會）（三）凡各團體各方面各工會或各個人有意爲世界各民族之自主及各工人之自由平等而奮鬥，以打倒帝國主義或資本家者，得以加入本聯合會。（四）本會之政綱及會章，由臨時執行委員會負責起草，但政綱及會章的草稿，須於下次大會三個月以前，通告團體以便審查，（五）本聯合會之一切行政事務，由臨時執行委員會主持之，（六）臨時執行委員會設立一幹事部，以七組織之，其中三人担任文書幹事，一爲中國人，一爲印度人，一爲英國代表，其餘四人代表其他國家的團體。幹事部內一切職員由每次大會任命之（七）幹事部所在地應以某地最適宜于工作運動，而無絲毫阻礙者，衆意以巴黎爲佳，（八）執行委員會及幹事部受命大會，應負担各國鼓吹使民衆出而運動，以及反帝國主義的壓迫政策，及宣傳本聯會在比京所議決各案，（九）幹事部應在各國搜集凡關于帝國主義者壓迫民衆的事實，并以各種方法，（巡行或陳列）向各智識勞動界宣傳，使其出力而爲被壓迫民衆的自由而奮鬥。（十）在帝國主義集中的地方如南美中國印度南北非洲埃及等處應設立分會若干，職員之產生手續與總會幹事部同，（十一）臨時執行委員會與幹事部對於所屬會員互相負責，直至本會正式機關成立後爲止，至各地方有組織分會之必要時，其組織法由臨時委員及幹事部規定之，（十二）所有一切已加入本會之團體，對於本會有扶助之責。并應納會費若干。其繳納法以所屬會員，多寡爲比例，但得斟酌各國團體之財政實力得以變通辦理。（十三）臨時執行委員須隨時增加職員。其增加法由各國團體之已加入本會者之代表互選之（十四）如本會某團體因民族自由之運動而被帝國主義的國家以武力壓迫時。本委員得斟酌情形，設法以援助該團體，并在此情況之中，委員會可與各工會或國際工人政治會相聯絡。以一種厚而有力的共同行動以相對待。

小通信

李血斧啓事 我底兩個小小的啞子代表——隸書圖章，無形中與我脫離關係（即失掉）了。特此聲明：以後它們完失了代表我的資格。

龍潞慶，高鎧鑄，兩同志畢業後，分發何處，請速示知。黃埔校本部第一學生隊二隊五區隊龍子尹

袁鵬[illegible]馬雨同志：現在何處，示知！武昌中央軍校學生總隊政治大隊第三隊[illegible]

揭緒劍及[illegible]諸同志鑒：曾金輪現在新編第一師三團二營[illegible]住在江西贛州贛南中學校寄宿舍，寫信給他，或將通信處告訴我，再爲轉達亦可，蚨蝀閣第二學生隊十九區隊傅作乔

四弟：你在何處，告知！武昌中央軍校學生總隊第二隊楊子江

曹兆祥張熙林兩同志：黃埔軍校第二學生隊三，二區隊江華

李宗源學兄鑒：哲（更名子明）在第一學生隊第二隊第八區隊 虎年第二學生隊第八隊第二十九區隊 弟陳士虎與子明

中華民國十六年四月十五日　黃埔日刊　(星期五)　(第三版)　(二)

小通信

李血斧啟事　我底兩個小小的啞子代表——隸書圖章，無形中與我脫離關係(即失掉)了。特此聲明：以後它們寄失了代表我的資格。

龍淼濤、高同志畢業後，分發何處，請速示知，黃埔入伍部第一學生隊二隊五區隊龍子尹

袁鵬翔李盛同兩同志：現在何處，示知！武昌軍校學生總隊政治大隊第三隊羅琨

楊緒劍及輪認識諸同志鑒：曾金榮現在新編第一師三團二營七連，住在江西贛州贛南中學校寄宿舍，寫信給他；或將通信處告訴我，再爲轉達亦可，蚨蝗同第二學生隊十九區隊傅作辛

四弟：你在何處，告知！武昌中央軍校學生總隊第二隊楊子江

曾兆祥張熙林兩同志：黃埔軍校第二學生隊三，二區隊汪鑾

李宗源學兄鑒：請(更名子明)在第一學生隊第二隊第八區隊　弟陳士虎 吳子明

革命之路

題目

新遷都論

麟符

中國人的確是一種最偷懶的民族，雖然他們沒有獨立正確的思想，但是他們會用一套低級催眠術以欺人自欺。

自己笑話說來沒人相信，於是乎說這是古人說的，人們便就相信了，這正是所謂「託古改制」。所以弄得中國人覺到新的終不及舊的好，裹小腳比穿高跟鞋是高明多了。

黃鼠狼誰都知道沒甚道行；但是牠能博得愚夫愚婦之崇拜，據說牠是因爲能憑託人身來顯靈顯聖的。「借屍還陽」恐怕是最通行於中國的故事。中國的官僚恐怕比任何國家的都齷齪，中國的人民，恐怕比任何落後的民族都缺乏剛正質直，結果弄出這麼一個三分像人七分像鬼的社會來。

上邊所說的道理，同這個社會的構成總有相對的關係。

依託憑附至依託憑附到死人頭上，恐怕比黃鼠狼還低一頭地。論理革命黨員是應該聰明一些兒了，他偏偏這不聰明到極點。

西山會議道理有多麼簡單，干脆反革命就完了，他們却說是要在總理靈前開會，表示對於總理的崇拜，其實一句話戳穿西洋鏡，乃是因爲四山那時在段祺瑞的勢力範圍之內，真正革命黨不能到那裏去開會而已！

但是這樣一句干脆的話，他們却萬不肯說，牧師照例是利用耶穌吃飯，所以對於耶穌的禱告也只有牧師爲多；信仰者多不過一個魔鬼了。

最近又有一般人高唱「新遷都論」——黨政府遷南京。同「舊遷都論」的不同處，就是他們不說那些「金陵帝王之都」和「龍蟠虎踞」的老套頭了，然而又抬出「總理在日曾指定南京爲永久之國都」、「身後陵墓，猶惓惓不忘斯土」的大帽子來了。講政治說不能責備人的動機；但是我們却有權來問，假孫文信徒他是否忠實？

「弦外音」「會敲政的敲邊，」橫豎不只過這麼一個道理，但是當我們自己聰明的時候，切不要忘記了人家的聰明。

憑託假借，利用死人出風頭和借風錯，就是套糊塗落後的封建思想，那麼，新遷都論與舊遷都論有以異乎？無以異也！

光光念會一部高頭講章，現在又要講三民主義，於是乎就硬拉我們的領袖去聖廟兩廡吃冷豬肉，這也無非是師法康長素以春秋三世來假託社會主義的故技。設使革命黨猶不改此道，其將誤盡天下蒼生也。

最後，洪秀全是怎樣失敗的，講新遷都論的諸位老夫子也應該參攷參攷呀！

還有一件值得注意的事，在總理逝世時有一位老同志主張把總理葬在北京景山，他的理由是總理的前身是崇禎皇帝，假定這位老同志現在活着的話，他以同樣的理由主張現在黨政府要遷北京景山，你們預備下什麼理由答復他否？

「波特提案」與「中美親善」(?)

劉漫天

謹防美帝國主義者的「搖身一變」

同志們：我們要始終認清楚所謂帝國主義者原祇是一樣的心肝，且不管它面孔上的花樣變化得怎樣靈伕！同志們，我們自然不能夠屈服在任何帝國主義的砲艦政策下邊；但是我們尤其是不能沈溺在任何帝國主義的秋波主義裏面！

且看：世界資本帝國主義的大本營裏的英帝國主義者，牠極老奸帝國主義者這個「蕩婦」般主人扭打得最厲害的當兒，又來向我們「賣弄風騷」了：

報載「中美邦交，素稱輯睦；惟美國對外政策素不能澈底，近年對華交涉，仍不免陷于協調之習，甘與他侵略國爲伍，而不能自立計劃(注意)以發展其在華商務上之利益(?)良可惜也！……本屆美國議員波特于本年(一)月四日在衆議院提出四十五號議決，請由國會授權總統，與中國單獨交涉，根據平等互助精神(?)修訂中美條約，以敦睦誼……」虛偽得無甚好處使我們默想到她慈眉善眼和藹可愛的面孔！

但是，同志們，這些藏着利刀的笑臉，我們是不會動心的！謝謝波特先生！因爲這或許是他個人對於中華民族的「一片厚意」；但是除非美帝國主義者根本放棄「獨帝國主義的政策」，這「一片厚意」才會變成了真正地弱小民族的同情。這同情才會真正地實現出來。不然，這便是比砲艦政策更厲害的「和平砲艦政策」！

我們知道：美帝國主義者是現在世界上一個頂有權力而且頂狡猾的一個帝國主義者。她因爲在地理上距離中國遙遠，和數十年前資本主義尚未十分成熟，殖民地的需要尚不十分如英日一樣急迫的關係，——所以她在東亞，尤其是中國所獲得的特殊利益，比較上稍遜于其他的帝國主義者。但是她對華侵略的野心，却不讓於任何帝國主義者之下！我們看看在每一次中國的政亂裏，她都是標持着「門戶開放」「利益均霑」的原則，以圖在中國建築起經濟侵略的基礎。但是在她認爲時機未到的時候，她從不肯表現出兇惡的面孔給我們看，所以在中國境裏她所暴露的罪惡，也是比較很少；她的設立，尚可以使糊塗的中國人民暫時「飲鴆止渴」，而稱快！—這是她所以能夠在中國淺見人民的心目中獲得一個較好的榮譽的一個原因；同時也是她穩固侵略基礎，以便積極進行她帝國主義的侵略的一個陰謀！

現在，她看到中國國民革命的發展，一日千里；她自然免不了有些恐懼。因爲中國的國民革命如果當真地成功了，全世界的弱小民族與被壓迫階級如果實際地聯合起來了，那末自己—美帝國主義者—也同有隨其他帝國主義者傾覆的危險；但是另一方面，她又看到了從「一三」以後英帝國主義者在南中國和長江流域幾乎有旦夕不保的趨勢，日本帝國主義者也不像以前的穩定了，她却是非常喜歡，時時地賣弄一番，因爲乘着這個機會，英日崩潰，她便可以作英日帝國主義者在中國的承繼者了，最少，中國在商業上抵制英日貨物時，也可以得到大批的消售和投資的機會，以造成更穩固的經濟侵略的基礎。所以現在的國民革命在這個特殊的發展過程中——專以全力撲滅英(日)帝國主義者的時期中，——對於美帝國主義者暫時有利的，因爲英日帝國主義者打倒了，她便可以毫不費力地把整個的中國經濟的命脈，收管起來，以便甜做她帝國主義者的迷夢！正是因爲這個，所以她才儘在中國賣弄「好感」(?)來麻醉中國淺見的人們。表面上弄像是很同情中國的國民革命，骨子裏便進行她一切侵略的毒計！

同志們：我們千萬不要迷戀在她的秋波下面罷！妓女的胯子是吊不得的呀！如其不信，你且看：

(一)她「對于尼加拉瓜，則主張用變擊並攝之政策」！

(二)她「對于菲利賓的獨立運動，則一味設丁種種巧計，來阻止它的發展」！

(三)她「壓迫墨西哥的民族自決運動」！

同志們：這些都表示什末？在這幾樁事實裏很可以赤裸裸表示出來美帝國主義者對於弱小民族同情的面目了！在這麼事實表演中間，我們中國人民，如果是長有眼睛，那末，就可以認識所謂「中美親善」(?)的嚴重的意義了。

最後，我要請我們同志們注意：國民革命的對象，是一切的軍閥和其背後的一切的帝國主義者！固然，因爲戰略上的關係，打倒的步驟不能不有所先後，但這並不是放掉了那一個帝國主義者的意思。我們永遠地記清：帝國主義在世界上存在的一天，便是中國的國民革命和全世界的世界革命還不有成功的一天！同志們，我們要：

打倒一切軍閥到底！

打倒一切帝國主義到底！

編者按：劉同志此文係在南京屠殺以前作的。南京屠殺即是英美帝國主義者之協調行動，已暴露美帝國主義的假面具了。波提特案不過是笑裏藏刀掩護砲艦射擊的把戲罷了。

中華民國十六年四月十五日 黃埔日刊 （星期五）* （第四版）

本黨左右派之區別

第二區隊何焜投稿

同志們！同學們！我們是中國國民黨一個黨員，而且是一個武裝的黨員，所以應當要明白本黨的左右派是什麼？這是本黨重要的問題，尤其是國民革命運動中的一個重要問題。倘若我們把左右派看做一樣，那末從何證明本黨是革命的黨？要懂得本黨是革命的，就要認清本黨中左右派之區別。凡是實行全部孫文主義的就是左派；主張三民主義，反對民生主義和一切革命政策的就是右派。左派是為大多數被壓迫民衆謀利益的，要打帝國、軍閥及一切壓迫者；右派是為少數特殊者謀利益的，壓迫大多數民衆的。即可說：左派是革命的；右派是不革命的。然而本黨是奉行全部孫文主義的革命的黨，祇能容納革命的左派，所以不革命的右派，是要被開除黨籍的哩！

本黨的左右派之分化，不是現在才有的，才發生的，我現在且寫幾段右派搗亂的事實給大家看：先總理民元南京就臨時大總統所提出的主張，黃克強等說總理是理想家，所有一切主張全中國不能實行。所以總理辭職，這不是右派搗亂嗎？！民十先總理率師掃平桂省，電陳炯明補助彈藥軍餉，以便由湖南大舉北伐。那時誰不說陳炯明是國民黨黨員、總理信徒，可是他竟公然不補充彈藥，不發給軍餉，且砲擊觀音山，這不是本黨右派的反動嗎？！十二年楊劉軍由廣西打到廣州，屢電請先總理返粵維持政局，那時誰說楊劉不是本黨黨員，為什楊劉又在十四年六月做反革命呢？（勾結英帝國主義買辦陳廉伯、軍閥唐繼堯）這又不是右派的反革命嗎？！全年八月刺殺廖黨代表，不是右派所幹的勾當嗎？！五卅後拿英、國主義的當作費和津貼（收買豬仔）的，又不是右派嗎？！以上雖是右派之反動事實，亦左右派區別之證明。

最後我們且把對象來看看：左派之反對帝國主義，乃是根本反對一切的國際資本帝國主義，在壓迫全世界弱小民族，及勞動平民，擾亂人類和平的怪物。反對軍閥，是在消滅軍閥政治代以民主政治；右派之反對帝國主義，乃僅僅反對帝國主義壓迫中國。換句話說：却是反帝國主義在妨礙他的資本不能發展，同時他也企圖中國發展到變為新興的帝國主義，反對軍閥，乃是反對軍閥政治，代以仁愛的保育政治，即古代所謂之仁政，今時所謂之賢人政治。這不是本黨左右派根本不同的地方嗎？

同志們應當知道，本黨不特有右派，而且他們現在正勾結西山會議派，設法反對和破壞方興未艾的黨權運動呢！同志們我們要當一個真革命，都應本着先總理所遺給我們的三民主義，三大政策，團結我們的努力，為謀取大多數民衆的利益，與帝國主義者軍閥及反革命者作殊死戰。干脆說：真革命的，都站在左邊來！實行總理主義，擁護中央最近決議的四大方案！到了把右派消滅後，黨員萬衆一心，那時都左派化了，那時才無所謂左右派！現在我們不認識左右之分便不能去黨的危險增黨的力量！自然右派的人們在表面上有既不承認左派而常稱為赤化派等，這是不是怪的；但是真革命的人，一定要弄清楚！

怎樣纔能做個孫文主義的信徒

賀秀桂

我們的總理不但是中國國民革命的唯一領袖，並且是世界革命——東方弱小民族和西方無產階級——的領袖。他和馬克思列甯是易地皆然異道同歸的救世星。現在世界上的光明已被那國際資本帝國主義所遮蔽，弄得暗無天日了。世界上的被壓迫民衆都在那裏呻吟痛苦，呼號求救，徘徊摸索不知出路了。在這當中恰好有了馬克思主義，列甯主義，和孫文主義的三把照妖燈高懸着天空。一把掛於東方，一把掛於西方，一把掛於東西之間。這三把燈的光最能照遍全世界，將全世界的國際資本帝國主義的重重黑幕，完全揭破，及牠的種種罪惡完全暴露，使全世界的被壓迫者——東方弱小民族和西方無產階級——得到深切的覺悟起來自求解放的康莊大道。

這樣看來孫文主義的偉大，實在值得人們崇拜的。尤其是孫文主義的信徒，宜如何去努力研究信仰宣傳實行這個主義呢？我想每個孫文主義的信徒應該：

1、研究孫文主義 孫文主義是不滿意於東西洋現代的社會制度產生於國際資本帝國主義共同侵略壓迫下政治經濟文化：落後的次殖民地的中國。他的目的是要根本推翻國際資本帝國主義及中國的封建制度，將來建設天下為公——世界大同——共產主義——的社會。牠的方法是以黨治國。拿三民主義做基礎，由國民革命到世界革命，這是研究孫文主義的人所應當要了解的。我們要了解。尤須要將牠的全部理論：如三民主義，建國方略，建國大綱，孫文學說，及第一次全國代表大會宣言……等書詳詳細細去研究。並且要將各種社會主義借證參考方能知其偉大。這是研究孫文主義的人，所不可不知道的。如果不知道，誤認或曲解以孫文主義為他種主義過渡的橋樑，甚或誣以為國家主義，這是孫文主義的叛徒，孫文主義的敵人；我們要打倒的。

2、信仰孫文主義 我們要信仰孫文主義，必須先要明瞭孫文主義。因為我們的信仰，並不是迷信盲從或威迫利誘可以做得到的。我們的信仰是出於純潔真誠，神聖不可侵犯。

3、宣傳孫文主義 我們對於孫文主義既然有了研究，信仰，更須要努力去宣傳，以喚起一切被壓迫民衆，使他們覺悟起來。換句說，我們要孫文主義民衆化，世界化，不要鎖在箱子裏，或藏在肚子裏，作古董玩具啊！

4、實行孫文主義 我們對於孫文主義既然有了研究，信仰，宣傳了，若不遵照去實行，不能夠取信於民衆，得民衆的擁護，還是沒用。甚或有假孫文主義之名，行反對孫文主義之實的，如西山會議派以及和他類似的組織（反對三大政策的）。這是孫文主義的叛徒，我們必須要打倒的。我們唯一的使命要照孫文主義努力去實行，將孫文主義的鮮花由中國開遍到全世界。

以上單簡的四條若能完全實行纔能夠配做一個孫文主義的信徒。孫文主義的信徒們，趕快團結起來努力！實現孫文主義之全部！

政治問答

1、革命是什麼時候發生的？是否有社會就有革命？

2、自由社會是否無階級社會？無階級社會中還會發生革命否？

3、自湯武革命到現在分幾時期？

4、革命是為時代而革命，還是因事實而革命呢？

5、社會何以能進化呢？

6、軍閥官僚買辦階級土豪劣紳依次的受帝國主義利用，帝國主義又受誰的利用？

7、我們來革命，所有什麼為犧牲了；對于我們的父母，還是犧牲不犧牲呢？

第一學生隊第十區隊饒瓊林問

1、革命是發生于生產力和生產關係底衝突。

2、真正自由的社會，自然要到無階級時，才能實現。無階級的社會中，既無階級鬥爭，當然也就沒有革命了。

3、自湯武革命一直到辛亥革命以前的革命，都是封建的貴族互爭飯碗的革命，可以視為是一個時期。辛亥以後，為另一時期。

4、社會上有了非革命不能解決的事實，然後才能發生革命。

5、因為人類的生產方法時時變化，所以社會才有進化。

6、帝國主義便是資本家用以賺錢的一種工具。

7、如果，你以為你的責任應當盡力於革命，而你的父母又阻礙你盡這種責任時，便也應當犧牲父子母子間的感情而從事於革命。（楚）

通信

承詢同志：承問本刊四月六日「不要被敵人軟化啊」一文為何內有「容共」二字，查此係「聯共」二字之誤，被手民排錯，非敢妄改總理的三大政策也。特覆，希鑒諒！

（編者）

第四期同學錄辦事處啓事

四期同學：

我們的同學錄，因啓明公司迭次延期，仍無書交來，本會現已依法起訴，一俟解決，再行通知，此啓。

（一）啓事

緊要啓事 逕啓者敝隊於三月十五日函送本校[illegible]機處修械所修理七九步槍六枝并[illegible]所將前項收據作廢在案茲接修械所來函命將此事登載黃埔日刊另登啓事一紙以便無論何[illegible]何地如有此項收據發現[illegible]

萬鳳梧啓事 本人於本月十號在廣州辦事處失去雨衣一件（其右邊寫有李修業三字）[illegible]

---

* “五”字原刊排版时未放正。编者注。

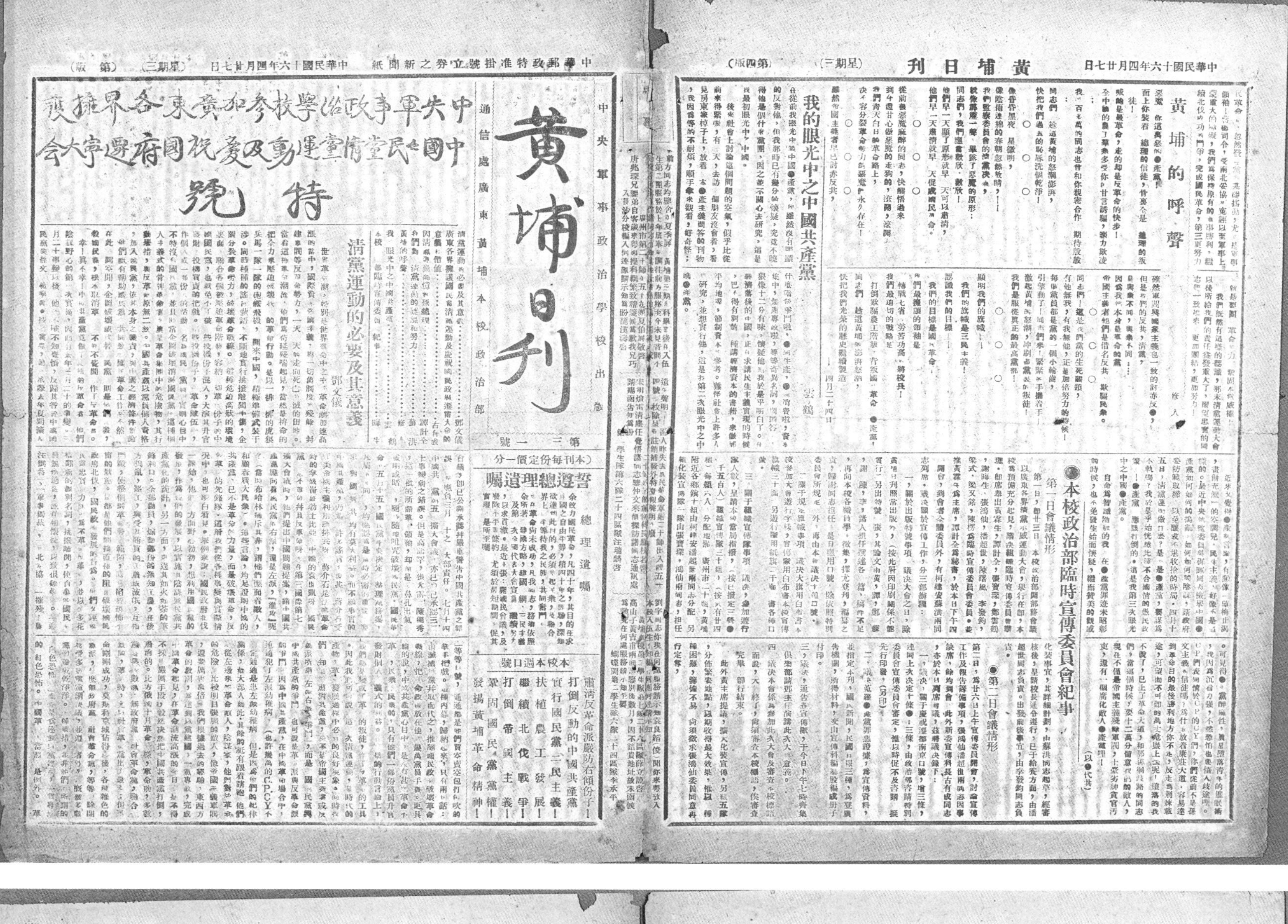

中華郵政特准掛號立券之新聞紙　中華民國十六年四月廿七日　星期三　第一版

中央軍事政治學校出版

黃埔日刊

通信處廣東黃埔本校政治部

第三一一號

中央軍事政治學校參加廣東各界擁護中國國民黨清黨運動及慶祝國府遷寧大會

特號

清黨運動的必要及其意義

鄧文儀

（本刊每份定價一分）

誓遵總理遺囑

總理遺囑

余致力國民革命，凡四十年，其目的在求中國之自由平等。積四十年之經驗，深知欲達到此目的，必須喚起民眾，及聯合世界上以平等待我之民族，共同奮鬥。……務須依照余所著建國方略、建國大綱、三民主義及第一次全國代表大會宣言，繼續努力，以求貫徹。最近主張開國民會議及廢除不平等條約，尤須於最短期間促其實現。是所至囑！

本校週日口號

肅清反革命派嚴防右傾份子！

打倒反動的中國共產黨！

實行國民黨三民主義！

扶植農工發展！

繼續北伐戰爭！

打倒帝國主義！

鞏固國民黨權！

發揚黃埔革命精神！

中華民國十六年四月廿七日　黃埔日刊　星期三　第四版

黃埔的呼聲

修人

我的眼光中之中國共產黨

雲鶴

四月二十四日

●本校政治部臨時宣傳委員會紀事

第一日會議情形

●第二日會議情形

中華民國十六年四月廿七日　黃埔日刊　星期三　第二版

●廣東各界擁護國民黨清黨運動及慶祝國民政府遷都大會的意義和價值

因清黨運動而憶到孫總理

打倒反動的中國共產黨！

嚴防右傾份子！

擁護中國國民黨！

實行三民主義，扶植農工發展！

繼續北伐戰爭，打倒軍閥帝國主義！

打倒一切背叛本黨的主義！

鞏固國民黨黨權！

發揚黃埔革命精神！

中國國民黨萬歲！

孫文主義萬歲！

國民革命成功萬歲！

小通信

中華民國十六年四月廿七日　黃埔日刊　星期三　第三版

我們對於清黨運動的認識和努力

中華郵政特准掛號立券之新聞紙　中華民國十六年四月廿七日（星期三）（第　版）

黃埔日刊

中央軍事政治學校出版

通信處廣東黃埔本校政治部

第三一號

（本刊每份定價一分）

中央軍事政治學校參加黃東各界擁護中國國民黨清黨運動及慶祝國府遷寧大會特號

清黨運動的必要及其意義……鄧文儀

廣東各界擁護國民黨清黨運動及慶祝國民政府遷寧大會的意義和價值……古有成

因清黨運動而憶起總理……譚計全

我們對清黨運動的認識和努力……蕭洪

黃埔的呼聲……修鶴

我眼光中之中國共產黨……雲

本校部臨時宣傳委員紀事……晦牛

清黨運動的必要及其意義

鄧文儀

世界革命潮流，特別是世界革命中之中國革命潮流加速高張的當中，國際資本帝國主義者，與一切舊制度下殘餘封建階級等反革命勢力，一天一天的走向死亡消滅的田地。當着這種革命潮流，他們爲苟延殘喘起見，當然是拚命的把全力來壓迫破壞我們的革命行動。是以一排一排的虎狼兵馬一隊一隊的砲艦飛機，開來中國，積極準備武裝干涉。同時種種的謠言蜚語，不斷地實行挑撥離間中傷，企圖分裂革命勢力，破壞革命戰線。這種危迫萬狀的環境裏面，聯合各個被壓迫革命階級，容納一切革命份子的中國國民黨，也就免不了被一些投機份子混入，革命份子中藉財，投機買賣的把戲。這些投機份子，大演其升官發財的把戲。這些投機份子，革命隊伍中，作個人或一部份的活動，名爲國民黨，實則心目中不特沒有國民黨，並且時常企圖破壞消滅國民黨，這種個人主義式的骨幹革命者，真是革命集團中的危險物，其行動舉措，與反革命原無二致。中國共產黨以黨員個人資格，加入國民黨，依其本身之職責，與中國之經濟條件而論，他們祇有幫助國民黨共同發展國民革命工作。不然在此期間，企圖破壞或代替國民黨，則是他們殘殺國民黨，根本取消革命，不得不說是不幸！真不幸！中國共產黨竟做了這樣的反革命者，他們陰謀野心的第一次實施，因而有去年三月二十的事變。二月二十事變以後，他們不唯不知覺悟，反歸其咎於中國國民黨與孫文主義學會，挾之實際，第一次國際去年夏間擴大會議，即已公開承認幷嚴重警告中國共產黨之錯誤，而應負三月二十之大部責任。七月十四中國共產黨第五次擴大會議，亦已自己承認三二十事變前之錯誤。但是高唱入雲，獨秀這一批的所謂革命領袖，却又是鼻孔出氣，或明或暗，隨聲附和咒破壞國民黨。國民黨革命。五月十五，國民黨中央決定，整理黨務案，凡屬中國同志，均應認爲是當時必需的重要要求。對國民黨共產黨均有莫大利益。而不顧事實的中國共產黨，乃造許多謠言，甚至蔣介石受了美帝國主義的利用排共呀，蔣介石是反革命時的拿破崙，俄國的土比亞，中國的袁世凱呀，國民黨是不尊重的，并且反革命呀。在第三國際第七擴大會議時，他們提出中國問題提案，謂中國共產黨應向着國民黨的右派，還是左派，『進攻』呢？（當時布哈林痛斥其非，謂他們應面着敵人，和顧着廣大民衆）。這些言論，均是證明中國的共產黨，已不是革命的力量，而是破壞革命，反革命的先鋒隊。這層我們從各種事變與實際情況中，也可明白看見。舉例來說：國民政府北伐一開始，他們一方面野心勃勃，想利用國民黨的發展，作爲他們的發展，以實施其陰謀國民黨共產黨化的詭計，另一方面，更是其如火如荼的筆鋒利口。全部動員，煽動部份的無知工農，在後方搗亂，罷工，與受其賄買的工農或流氓，互相鬥毆，使整個的革命範圍，陷於恐怖不寧的狀態。這都是他們間接直接的阻止破壞國民政府北伐，國民政府發展的行爲。他們又誣蔑我們忠實黨員，爲不革命反革命，並以多花樣翻新的派別名詞，挑撥離間，使自身的國民黨員無所適從，或互相懷疑，以致很難生存。一退汪倒蔣」，「軍事獨裁」，「北伐協一摧殘」

「一等等口號，通通都是他們買空賣空包打包吹的拿手把戲。這種內幕，歸納起來，只有兩句話：消滅國民黨，幷取而代之，推翻國民政府，破壞革命戰線，把革命政權放在他們共產黨自己手中。更具體的說，中國共產黨心目中，只有共產黨，革命不革，民衆，民衆的利益，只有他們一部份黨員升官發財個人英雄式的行爲。一切的行動言論上，[illegible]他們都是[illegible]革命的叛徒，[illegible]革命的工具。因此我們可以說，這次清黨運動，是時代的產物，是革命發展過程中必有的良好現象。同時我們知道，肅清共產黨，不是帝國主義者或反動派所謂左派右派的爭鬥，而是國民黨與中國共產黨的爭鬥，也可說是革命派與反革命派的爭鬥。因爲中國共產黨，在中國革命場合中，通通犯了左派幼稚病，（也許幾爲的C.P.C.Y.不完通通是患左派幼稚病，但是因爲他們的紀律關係，如大部入如此，其餘的祇有跟着跑）他們對於革命從左邊來[illegible]革命敵人，陰謀家，他們對於革命的危險，比較明目張胆的敵人，像帝國主義軍閥，還要厲害百倍。我們根據過去的經驗，東西方革命的教訓，爲達到以黨建國，一黨專政，完成中國革命起見，在革命潮流高漲的今日，是不得不採嚴厲手段，毅然決然的把中國共產黨打倒，肅清的。比方俄國十月革命，[illegible]革命前，多數黨之與少數[illegible]，無政府黨，社會革命黨，聯合鼓動，等到當時，[illegible]社會革命，[illegible]黨出了最大的力，但革命剛剛成功，莫斯科京城佔得之後，各種雜色的黨派，應無政府黨，社會革命黨，等等，除開極受多數黨[illegible]之外，並遭[illegible]者外，概被多數黨[illegible]乾淨淨。[illegible]措，非他們一般所謂的「白色恐怖」，而[illegible]是爲達到以黨建國，一黨專[illegible]的紅色恐怖。中國革[illegible]，當然是例外。

誓遵總理遺囑

總理遺囑

余致力國民革命，凡四十年，其目的在求中國之自由平等。積四十年之經驗，深知欲達到此目的，必須喚起民衆，及聯合世界上以平等待我之民族，共同奮鬥。現在革命尚未成功，凡我同志，務須依照余所著建國方略，建國大綱，三民主義，及第一次全國代表大會宣言，繼續努力，以求貫徹。最近主張開國民會議，及廢除不平等條約，尤須於最短期間，促其實現。是所至囑。

本校本週口號

肅清反革命派嚴防右傾份子！

打倒反動的中國共產黨！

實行國民黨三民主義！

扶植農工發展！

繼續北伐戰爭！

打倒帝國主義！

鞏固國民黨黨權！

發揚黃埔革命精神！

前方同志均鑒：夏季屏，黃埔第三期[illegible]科畢業後入伍生第二團服務，於上年底奉調往前方服務，至今未見音問，[illegible]廣州市第二師五十九團夏伯屏敬啓

唐兆琛兄鑒：弟自客歲來粵，入[illegible]操科，[illegible]致稽箋候，爲歉。我兄巧入長沙分校，編入何連，隊請示知爲盼。謹漢濤啓

宋明煊雷清塵任覺悟諸同志鑒：仲文來信探訪諸同志通訊處，請賜函告知爲盼。學生隊第六隊二十四區隊汪瑞麟啓

[illegible]人昨失去[illegible]第二十師出入證五十四號一枚，除呈[illegible]註銷補發外，特登報聲明。

劉字同志你現在何處服務，請示知。袁良昭（俊）開啓[illegible]

高山子黃吉甫兩同志鑒：別後數月，因不諳貴地址，故未函候，[illegible]現在何處服務，請示知爲要。蝴蝶岡第二學生隊六隊十四區隊李承平

中華民國十六年四月廿七日 黃埔日刊 星期三 第二版

命之發展時，[illegible]、各[illegible]、量、[illegible]聯盟，合共同敵人進攻。革命[illegible]相當成[illegible]時，比方現在，估[illegible]了南京城、[illegible]，任 黨，[illegible]守國民黨黨綱 [illegible]，[illegible]國民黨[illegible]，參加[illegible]民黨總理[illegible]一件[illegible] [illegible]並存。[illegible]不敢生存，不[illegible]負担[illegible]歷史使命 由完成[illegible]國革命，國性[illegible]革命[illegible]已，否則就[illegible]把全[illegible]存名義，實際乃欲消滅[illegible]民黨[illegible]中國共產黨，打倒黨消。所以[illegible]消[illegible]運動，不是[illegible]黨[illegible]領袖的意思，也不是共產黨[illegible]迫國民黨引起反抗的結果，更不是國民黨內右派與左派的爭鬥，而是國民黨欲負担其歷史使命，完成中國革命，達到世界大同，第一步[illegible]黨[illegible]，以黨專政，革命過程中必然而然要發生的現象。這種清黨運動不發生，國民黨黨內[illegible]，那末，[illegible]國革命[illegible]是[illegible]會成為[illegible]的：名為求民族[illegible]勞苦群衆之解放，實則乃[illegible]。[illegible]們[illegible]痛苦，[illegible]犧牲：不特得不到解放，反[illegible]了一層新的[illegible]鎖。認為中國的革命，[illegible]歷史[illegible]，[illegible]有國民黨[illegible]把他很快的完成。那末，還[illegible]清[illegible]共產黨的清黨運動，在理論上得到[illegible]，而名[illegible]革命[illegible]的國民[illegible]，與反革命的中[illegible]共[illegible]黨的爭鬥，是[illegible]不可易的！

依照上面所述[illegible]各種情形，[illegible]們[illegible]于目前[illegible]清黨運動，[illegible]積[illegible]地[illegible]不容緩的舉行，是沒有疑義[illegible]餘地了。過[illegible]還要[illegible]自上面講的[illegible]是清[illegible]運動[illegible]一方面[illegible]肅清[illegible]左邊[illegible]的叛逆反動的中國共產黨，另外[illegible]有一方面，[illegible]右邊[illegible]的敵人，像國家主義派，西山會議派，及其他右傾份子。[illegible]們在黨內[illegible]樣的活動，進行[illegible]們一部份人的小組織，也可[illegible]是[illegible]作用：特別是[illegible]目前的[illegible]中，他[illegible] [illegible]左邊來[illegible]敵，「反共」[illegible]號之下，更[illegible]是耀武揚威的大鬧特鬧起來，他們不[illegible]右傾，並且有腐化危險，他們對於革命一樣[illegible]忠實，[illegible]的可以[illegible]壞背叛[illegible]民黨。這種腐化右傾份子，[illegible]是[illegible]們清黨運動的目標。我們[illegible]應該毫不姑息[illegible]排斥[illegible]們 揭穿[illegible]們的假面具，在可能內，也要把他們徹底清。國民黨不[illegible]結[illegible]真實孫文主義[illegible]之上，嚴密[illegible]結[illegible]起來，把左右兩邊來的敵人，反動份子肅清。國民革命的真正成功，是[illegible]有担保的。惟其是這樣，所以我們[illegible]發起清黨運動，[illegible]清黨要[illegible]。[illegible]消[illegible]，[illegible]徹底成功，未，[illegible]前途，是有極大光明的。[illegible]，這次清黨運動，意義[illegible]大 差不[illegible]目 [illegible]命的[illegible]關係，[illegible]如[illegible]，則[illegible]革命 損[illegible]或者[illegible]露骨[illegible]，[illegible]做清黨運動 [illegible] 定[illegible]失敗。[illegible]外面的敵一[illegible]帝國主義，軍閥，買辦，官僚，政客 土豪，劣紳，他們[illegible]已結成大聯盟 集中[illegible]們的力量，準備向我們反攻了，我們若不[illegible]把革命勢力集中統一，先把內部腹心之患。——後方搗亂反動份子肅清，則前[illegible]將士，不能安心過敵，數十萬革[illegible]先鋒隊，[illegible]千百萬[illegible]革命民衆，他[illegible]的犧牲，也沒什麼意義。[illegible]利嗎 搗亂份子[illegible]證[illegible]軍閥[illegible]勝利，而要[illegible]血肉換來[illegible]政權，明[illegible]暗[illegible]去[illegible]升官發財和搗亂[illegible]工作。失敗嗎，那[illegible]只是[illegible]民[illegible]軍事的失敗 他們還要大吹大擂[illegible][illegible]黨[illegible]軍事領略，錯誤，和國民黨領袖之指揮不力。以[illegible]國民黨之台。[illegible]說[illegible] [illegible]要以少數[illegible]革命軍抵禦大批的反革命起見，[illegible]要[illegible]到本黨[illegible]出路[illegible]見，在目前[illegible]革命進程中，我[illegible]又不能不努力[illegible]清黨運動。

現在[illegible]們[illegible]「清黨運動的必要」及其意義有一[illegible]明白[illegible]概念 我們明白 以後，就應[illegible]馬上[illegible]員 毫無顧忌的，積極[illegible]這次黨運動[illegible] 天的[illegible]威運[illegible]，[illegible]是[illegible]們明瞭目[illegible]政[illegible]情況[illegible]定決心[illegible]後的[illegible]。此後[illegible]要[illegible]進一步，[illegible]時[illegible]忘[illegible]把[illegible]內 切的寄生蟲假革命 投機 雜種，[illegible]概清理出去 這是我們[illegible]情[illegible]武裝黨員[illegible]任，我們要以此 矢矢呵！最後我們[illegible]呼本週[illegible]口號：

打倒反動的中國共產黨！
[illegible]陰謀破壞國民黨的中[illegible]共產黨
嚴防右傾份子
擁護中國國民黨！
實行三民主義，扶植農工發展
繼續北伐戰爭，打倒軍閥[illegible]作霖
打倒 切[illegible]本帝國主義！
鞏固國民黨黨權 切[illegible] 屬于國民黨
[illegible]揚黃埔革命精神！
中國國民黨萬歲！
孫文主義萬歲！
國民革命成功萬歲！

廣東各界擁護國民黨清黨運動及慶祝國民政府遷甯大會的意義和價值

古有成

本黨 清黨 [illegible]民[illegible]遷甯 [illegible]本黨[illegible]上[illegible]重[illegible]事[illegible]。清黨[illegible]目的，一面是[illegible]把[illegible]破壞本黨[illegible]謀消滅本黨的「國共[illegible]黨 [illegible]，他方[illegible]把[illegible]腐 [illegible]黨的份子肅清，把中國國民黨從[illegible]分危險中救出。國民政府遷甯的，是一方[illegible]完成[illegible]建永久國都[illegible]南[illegible]的遺志 他方[illegible]取消武漢方[illegible]中[illegible]共[illegible]挾[illegible]包圍下的國 政府，而[illegible]本[illegible]已得的政權從[illegible]分危險中救出。這[illegible]事的成功或失敗，可以決定本黨的生死存亡，和中國革命前途[illegible]光明與黑暗。這就是說，本黨清黨運動和國府遷甯，[illegible]得民衆[illegible]擁護而得到成功，本黨便可以繼續生存下去 中國革命便可[illegible]上[illegible]民革命的正軌，反轉來說，本黨清黨運動和國府遷甯要是因為種種障礙，如本黨忠實同[illegible]不努力 得不到民衆的[illegible]情 擁護，而歸於失敗，本黨便要死亡，中國革命[illegible]也要跑上黑暗 狹徑。所以這次本黨[illegible]清黨運動和國府遷甯，凡是本黨忠實同志，都應該[illegible]努力，[illegible]竭誠擁護，自不消說 切革命 中[illegible]民衆 也應該積極擁護，和熱烈慶祝，造成[illegible]濃厚的革命空氣 [illegible]促[illegible]成功。

我們知道：黨 清黨運動，在江浙閩粵等省，雖已有相當的成功，但[illegible]兩湖及江西方面，叛逆[illegible]動[illegible]共產[illegible]尚負嵎自固，非賴 般忠實[illegible]志[illegible]努力，一[illegible]革命的中[illegible]民衆的熱烈[illegible]助，[illegible]能[illegible]。[illegible]國府遷甯，在事實上，已於本月十八[illegible]實行。但[illegible]武漢方[illegible]中國共，[illegible]所把持支配的[illegible]政府，尚未[illegible]消[illegible]，非非賴一般忠實同志的積極奮鬥，及一[illegible]革命的中國民衆熱烈援助不可。

同時我們[illegible]：廣東是中國[illegible]黨[illegible]師和本黨[illegible]發[illegible]的故鄉，[illegible]中國[illegible]的[illegible]源地，廣東[illegible]本黨[illegible]志，和廣東[illegible]革命民衆，比什何[illegible]同志及民衆，其責任要重大得多。他[illegible]都應該認識自己[illegible]地位，而加倍的努力。

現在廣東[illegible]本黨同志及一般革命民衆，事實上 已[illegible]來[illegible]本黨[illegible]清黨運動及慶祝國府遷甯了，這在今天的熱烈的大會當中，可以明白看出。我們尤希望廣東[illegible]革命民衆，要認識這次的廣東各界擁護國民黨清黨運動和慶祝國府遷甯大會 其意義是在於：廣東 般民衆為中國國民黨[illegible]生存而奮鬥，為中國國 革命的光明的前途而奮鬥，也就 為他們自身[illegible]解放和利益而奮鬥。[illegible]要始終不屈不撓，不受任何威迫利誘，不受任何煽惑欺騙，為中國國 黨 生存[illegible]奮鬥，為 國國民革命[illegible]光明[illegible]前途而奮鬥，為他們的[illegible]身解放[illegible]利益而奮鬥。那麼，今天的大會，才有[illegible]大[illegible]意義和價值。

因清黨運動而憶到孫總理

譚計全

在[illegible]雙[illegible]迫 [illegible]殖民地！中國當中的國民黨，[illegible]許[illegible]困難[illegible]淡[illegible] [illegible]有今天北伐進展的[illegible]象 在[illegible]情況之下回憶同胞 實在應當昏迷者覺悟 覺悟者努力，努力者更努力起來；[illegible]——完成北伐 工作 促進國民革命之成功。[illegible]謀我 族[illegible]放和自由；！ 些[illegible]說，一國民衆 尤[illegible]中國革命[illegible]，應[illegible]同情，勉 [illegible]使[illegible]界的革命[illegible]，也[illegible] 分的[illegible]。

許是 中國[illegible]同胞中的 革命份子 軍閥貪官汚吏，土豪劣紳：：。因[illegible]另具鬼怪的心腸，[illegible]逆情於[illegible]者，[illegible]從[illegible]的當十，許或[illegible]中放[illegible]諒，因為[illegible]們顯白地掛着反[illegible]命[illegible]招牌 但是自[illegible]最[illegible]命，徹底革[illegible]的中國共產黨份子，居然阻止北伐前進破壞國民革命成功，[illegible]時想消滅[illegible]中國有光榮長久的革命歷史的中國國民黨；事跡[illegible]群之於報端[illegible] 做出[illegible]國不知的勾當；嗚呼！[illegible]何居心？是[illegible]居心?!是不想把中國 [illegible]命財產，付之沈淪？是 想[illegible]然地發神經病[illegible]間接做帝國主義的新[illegible]狗和工具？唉！是何等[illegible]疾首一件事；如此，[illegible]能原諒他[illegible]，絕對不[illegible]原諒他[illegible]；於是我們為着中國[illegible]黨計，為着[illegible]的革命[illegible]途計（當然[illegible]衆切幸福[illegible]內）十二萬分 不[illegible]已，最後的手段——清黨運動，而把搗亂的中國共產黨肅清嚴懲[illegible]！

小通信

許仁錦敦傑[illegible]：自湖[illegible]籍記[illegible]習所及[illegible]報[illegible]別[illegible]，數載於茲昨[illegible]旅舍見[illegible]，因忘記未便招呼，請即告[illegible][illegible]通訊處為荷
中央軍校入伍生一[illegible]機關槍連駐石龍[illegible]譚紹梁(原名[illegible])

[illegible]鄉[illegible]：你入伍後現在何[illegible]你不知[illegible]
[illegible]央軍校劉澤初啓

[illegible]學星[illegible]開[illegible]入本校入伍[illegible]但不[illegible]編于[illegible]駐[illegible]何處
陳冉[illegible]兄[illegible](湖南寶慶大[illegible]鄉小泉)[illegible]改名否)你[illegible]什[illegible]方[illegible]諒你不知能[illegible]你[illegible]
同鄉李[illegible]原名[illegible]卿啓

[illegible]物中，[illegible]勤務兵[illegible]去衣箱 口，內貯中央[illegible]校及江西[illegible]師範學校畢業證書各 紙，軍校第四期[illegible]學錄[illegible]取[illegible]私章數顆。除分別[illegible]請取[illegible]特此申明作廢。及鄙 原姓(毛)已取銷此後[illegible]諸友來函，[illegible]勿於(學[illegible])之上冠以(毛)字。
學[illegible]謙白三，三〇

中華民國十六年四月廿七日 黃埔日刊 第三張

啊！你不痛心！你不悲哀！你不……，出乎意料的手段！啊！我們的總理呀！我們偉大的仁慈的總理啊！民十三你為聯合國內革命力，博愛革命份子意見，容納共產黨加入國民黨，你的意思，為的你的主義、思想、道德，人格，當然可以感化他們而同情於國民革命，共同努力，擴大革命戰線，固然你是以化合的形式而容納共產黨員的；誰料他們共產黨員另有居心，當你的數年慘淡經營，國民黨，以為奇貨可居，施其兇狠險惡的伎倆，閉着眼兒，看你的主義如何，掩着耳兒不聽你言論思想怎樣，瞞着良心污辱你的崇高人格，高尚，挽着嘴兒，思國國研究怎麼樣，強硬地要實行他們合他宜的主張，嗎擴着羊角陰賣狗肉，於是十三來在各黨部，組織黨團，操縱黨權，因此他們以違命形式加入國民黨了，他們要蠶食國民黨，他們要消滅國民黨！

啊！可愛的總理啊！他們這樣違反你的一切，假使不犧牲於往年三月十二，許或他憤死，你的精神偉大，或者我們自會通過……最少由五內如焚，寢食……天！

可愛的孫總理啊，祈禱你在天之靈，切勿為此而痛心不安；可以告慰你靈前，告訴你聲，你的忠實信徒們，你的主義和你的遺囑，我們尚牢牢記着，而且往往地研究和努力去實現的！總理啊！以你的精神偉大，尚不能感化這些搗亂的共產黨員，不但他們不接受你的感化，而且他們反向你反戈，想把你的……——國民黨消滅，……心想把你……，把你……，把你的……地獄，……罪名！！你的真正信徒，……黨員受着你的精神驅使，把……革命……的叛徒……讓你安慰吧。

總理呀！我們由……永……教訓；……知……：

（1、）中國因着時代……需……祇有國民革命，能解放中國……嚴重壓迫唯一……出路，唯有你遺下的中國國民黨，……以領導……國民革命……的黨，祇……孫文主義爲中國國民革命……建設的目標……救中國的主義……我們……確爲……國民革命而努力，……孫文主義而犧牲！（2、）我們遵守你的扶植農……政策而……道中國……革命……要各……級……起來參加，而最重要……最徹底的是真正的農工群衆，我們要仍舊提倡……農……利……扶植農工的組織，徹底地……他們純粹的國民黨化，孫文主義化，而踏在國民……正軌上！（3、）我們在國民革命中，我們許是承國革命是世界革命的一部份，爲着中國的自由平等計，謹遵着你的遺囑聯合世界上以平等待我之民族共同奮鬥——去實行；但是在中國革命，我們在現在，是絕對的承認中國，一定要與各國的民革命成功路途而後說其他的革命，如果要達到時代性超越環境，需要的革命，我們承認他們，到，而絕對的……他，聯合平等待我民族，增我們革命量，與平等待我的民族予我們的幫助，十二分希望他們承認我們民族的價值，國民革命，並切實幫助中國國民革命的進展，而打倒我們的敵人！帝國主義（4、）於民族問題，我們為民族受着帝國主義的壓迫，固然，為着民族生存問題，要……族命，……的……革命……民族律平等，同時要世界弱小民族，被壓迫民族，恢復平等的國際地位，我們是反對國家主義的民族觀，我們同實現我們目的時認……破壞我們民族革命……敵人，國外……壓迫民族，是要努力打倒他國內，民族的份子，如果是當作奸賊而破壞民族革命的份子，雖然是我們的同族人，也要打倒他、各軍閥和土豪劣紳，最近……搗亂共產份子……要打倒他！換個意思即是：在辛亥革命以前的時候，總理說：「我們要打滿人，是打倒……滿人……，並不是把完全的滿人打倒」……言以蔽之曰：誰是破壞我們的民族革命的，就是我們的敵人！（5、）對民權問題，我們中國的……階級的民衆受壓迫者，就國內而論受軍閥貪官污吏，土豪劣紳的壓迫——我們的民權……，……從統治階級手中奪回政權交給全民；在中國現情況之下，我們真正的革命者，是要對於反對……階級，恣肆專橫，我們是要實現總理所說真正全民政治！（6、）對於民生問題，我們看着中國的經濟落後情況，以經濟組織論：資產階級無產階級，沒有多少的懸殊，總理說：祇有「大貧和小貧」，全國的大小，都是不平等條約束縛，國際資本帝國主義的經濟侵略的痛苦，我們用不著什麼馬克斯的共產主義來補救，我們祇要遵總理觀察過去現在將來的經濟狀況而創造的民生主義，是救中國貧弱和反對國際資本主義侵略唯一的主義，平均地權，防止大地主的發生，節制資本，防止資本家的實現，大資主資本家，能發生了，自然，大多數的民衆的生計不受少數人的操縱了！同時實行國家資本的建設，……人民……衣食住行。生最……問題解決……了！……們絕對……相信民生主義……經濟環境中的……，我們絕對反對那般……明過敏的份子……一馬克斯主義為時髦，……「……中國非實行……不可」的……病狂者。

我們……實行國民革命……國民黨而行的……革命，……誰破壞國民革命的進展，就是我們的敵；誰阻……國民黨的進展，和欲消滅國民黨……就是我們的敵……；固然我們視他爲敵人的……國主義……！……等你打倒他，然而現在破壞國民革命的進展，施行消滅國民黨的陰謀者，還有誰……理的偉大遺教！的中國……搗亂份子共產黨，我們也要起來打倒他！澈底的肅清他！

未了，我們高呼：

1、肅清搗亂的中國共產黨！

2、中國國民黨萬歲！

3、國民革命成功萬歲！

4、孫文主義萬歲！

5、總理精神不死！

我們對於清黨運動的認識和努力

蘇洪

自中央監察委員吳稚暉檢舉共產黨陰謀及中央監委會議決議不合法，十二端痛心疾首後，我們更確信國共產黨……存在，實爲……國民革命唯一的障礙東西，……打倒的必要。

我們更不懂，自十三年本黨改組後，……網……寬……黨員……擴充，本黨勢力的發展，日千里，同時共產黨員深……彼……！……主義適宜乎情勢，現象汲汲，不可終日，故不能不找寄托……生存。於是共產黨首領陳獨秀等作搖尾乞憐態度，指天誓日的絕對信仰三民主義，絕對遵守本黨黨綱，懇切的要求加入中國國民黨，總理秉寬大仁慈的心，慨然容納，雖然當時惟起民衆的懷疑，即本黨黨員一部份人的反對，但總理以……光明事業，無論何人，祇要能服從并信仰本黨主義和政綱，均能許加入，故當時總理容納共產黨以個人資格加入中國國民黨，統以國民黨黨員資格待遇，這是足證明總理大公無私，純以民衆利益爲前提，自由平等爲目的。共產黨宜如何激勵的脫離共產黨而從國民黨，如何竭誠的拋棄共產主義信仰三民主義，並共同努力于革命事業，方不負總理的原意，詎狠子……共產黨員自加入本黨後倒行逆施陰謀破壞，甚至誣衊總理，攜陷領袖，欲……整個的中國國民黨推翻，實行其共產主義。

我們再深憶年來本黨黨內一切不良的狀況如(一)廣東總工會……工人互毆，(二)鐵路工人的慘殺，(三)各縣農民協會的糾紛和農團的械鬥，(四)學聯會……倒亂和學務風潮，(五)軍事的分裂和停頓，(六)胡的赴歐，汪的請假……由以上六種事項，遂使總理數十年艱難締造的國民黨，頓呈糾紛，革命量不能團結，追就是中國共產黨加入中國國民黨……來，給我們的……惡果，無論何人都已認識而不會否認的。

……黨內……危機，自然是國民革命……中央執監委員乃用快刀斬亂麻的非常手段，……人而斷心……國……產黨，同時各界同胞更有肅清……產黨……示威運動，自然是我們應該要十分熱烈的參加。

但……這個偉大的清黨運動當中……不是高聲……旗，高呼口號，便算完了；我們參加的意義和責任嗎——這當然不是的，我們知道中國共產黨是用抽薪剝蕉的方法來打倒本黨，他們在本黨內以……政治……本黨……所以本黨……展，……受影響，共產黨的存在，即本黨之滅亡，……我們……第一要務的就是……打倒每個……中國共產黨員，和……個中國共產黨！在……清黨運動中，……們的敵人，固然是純粹的共產黨……員，但……還要知道一種敵人是站在我們左邊的，更有一種就是站在我們右邊的所謂投機份子——腐化份子；官僚式傀儡式的——假革命者，他……傀儡心理……工作，抱着升官發財思想來在黨裏鬼混，以至本黨的光榮歷史，……之……不少。……我……保持……光榮的事蹟，……繼續……成功的北伐國爭，第二要努力的就是……肅清黨內腐化的……投機的份子！

短……間……北伐是進展，……行……師……的國 [illegible]

中華民國十六年四月廿七日　黃埔日刊　（星期三）　（第四版）

民革命，忽然發生黨內基礎搖動，尤其是軍事領袖－蔣總司令，受南北妥協的冤誣以至軍事上蒙重大的障礙，我們爲保持原有的軍事勝利，繼續北伐的功門爭，完成國民革命，第三更努力就是要鞏固革命勢力，鞏固本黨威權！我們既然有這樣的認識，那末清黨運動大會以後所給我們的責任益發重大了，爾望忠實的同志們一致起來，更加團結，更加努力！

黃埔的呼聲

修人

惡魔，你這萬惡的●產黨！面上你裝着總理的信徒，骨裏全是總理的叛徒！喊的是最革命，走的却是反革命的快步！全中國的農工羣衆多受你的甘言誘騙，强力欺凌；我們百千萬的同志也曾和你親密合作，期待殷殷；同志們，趁這黃埔的怒潮澎湃，快把我們過去的恥辱洗個乾淨！

○　○　○

像昏昏黑夜，星微明，像陰雨連綿的春朝忽然放睛，——我們監察委員會的清黨決議，就像霹靂一聲，畢露了惡魔的原形：同志們，我們應當歡欣，歡欣！他們早一天顯了原形就早一天可以肅清，他們早一天肅清就早一天促成國民革命。

○　○　○

從前被惡魔麻醉的同志，快醒悟過來，到今還甘心做惡魔的走狗的，滾開，滾開！我們青天白日的革命路上，決不容分裂革命勢力的惡魔們永久存在！

○　○　○

雖然帝國主義者早已討赤反共，確然軍閥與國家主義也一致的討赤反●，但是我們的反共，清黨，是與衆不同，與衆不同……因爲我們本身是革命的黨，帝國主義者他們是借名反共，欺騙民衆。

○　○　○

同志們！這是我們黨的生死關頭，有他無我，有我無他，正是加倍努力的時候！每個黨員都是黨的一個小輪齒，引擎動了！同志們來！緊緊的手攜着手！激起黃埔的怒潮，冲刷赤黨裏的叛徒！我們是服從真正的最高黨部！

○　○　○

顯明我們的旗幟——我們的旗幟是三民主義！認識我們的目標——我們的目標是國民革命！我們最擁護的領袖是轉戰七省，勞苦功高的蔣校長！我們最迫切的戰略是打倒欺騙農工階級，背叛國民革命的●產黨！同志們，趁這黃埔的澎湃怒潮，快把我們光榮的歷史繼續製造——

四月二十四日

我的眼光中之中國共產黨

雲鶴

在從前我眼光中之中國●產黨，我雖然沒有明顯的反對他，但我那時已有幾分的懷疑，究竟不曉得他是個什麼黨團，因之並不關心去研究，這是我最初眼光中之中國。

後來社會上討論這個問題的空氣，似乎比從前來得緊張，有一天，去訪一個朋友沒會着，看見房東家棹子上，放着本●產主義問答的刊物，我因爲等的不耐煩，順手拿來觀看，好奇怪；什麼階級爭鬥啦，●同生產，●同消費啦，資本集中，無產專政啦，等等奇異名詞，問的答的狠像十二分有味，懷疑他的我於是乎明白了。在經濟落後的中國，正在求講民生主義實現的時候，巴不得有別的種講經濟資本的書籍，來做我們平均地權，節制資本的參考。難怪社會上許多人研究，並想實行他，這是我第二次眼光中之中國●產黨。

近來又覺得●產黨的言論，有點像一望梅止渴，畫餅充饑一的空調兒，民生主義，好像不是這樣的。最近中央執監委員與群衆同志檢舉中國●產黨如何如何的搗亂，如何如何的陰謀，請政府要防範取締，以免釀成不堪收拾的時局。四月十五日，清黨運動做什麼？是不是●產黨，要謀爲不軌嗎？我於是乎始恍然此種不合國情的愚民政策——●產黨，應該打倒的。這是我第三次眼光中之中國●產黨。

自命爲智識階級的我，在●產黨罪迹未昭彰的時候，也不免發生始而懷疑，繼而贊美的觀感。可見得●產黨麻醉性，真是墮落青年的催眠術，我因爲沉着力强，不然恐怕也要悟入歧途哩。CP們表同情於CP的CY們，你們從前不是孫文主義的信徒嗎？爲什麼放着康莊大道，容易達到革命目的最後勝利地方你不走，反走到荆棘載途，可望而不可即的萬丈危巖上去呢！墮落的我們，當這個時候，要十二萬分留意我們的敵人，現在不僅是帝國主義殘餘軍閥，土豪劣紳貪官污吏，還有一個腐化敵人●產黨哩！

（以●代共）

◉本校政治部臨時宣傳委員會紀事

第一日會議情形

第一日，即廿三日，本校政治部開部務會議，以廣東各界清黨示威運動大會，舉行在卽，本校爲預備充分起見，議決組織臨時宣傳委員會辦理。卽席舉出黃霖生，譚計全，張寶琛，鄭雲鶴，謝晦生，張鴻仙，潘超世，陳曙風，李發鈞，梁式，梁又銘，陳楞爲臨時宣傳委員會委員。並推黃霖生爲主席，譚計全爲祕書，於本日下午四開會，到會者全體委員外，有柯建安蘇洪兩同志列席。議決關於宣傳工作，分三部辦理：

一，關於出版特號事項　議決大會之日，除黃埔日刊照常出版外，（按此層因印刷關係不能實行）另出特號一張，其論文由黃，譚，鄭，蘇，謝，陳，李，諸人担任撰述各一篇，稿件不足，再向本校各職員學生徵集，擇尤登刊，編纂之責，歸謝同志担任，是日應用口號，除依照特別委員會所規定外，再由本會議決十種口號。

二，關于規定旗幟事項　議決大旗用白布書本校參加大會遊行字樣，宣傳隊用白布書本校宣傳旗幟三十面，另遊行隊用紙旗二千面，書各種口號。

三，關于組織宣傳隊事項　議決，參加遊行隊人數，呈請本校當局指撥，（按已撥定三營●千五百人）組織宣傳隊三十組，（按只有廿四組）每組六人，分配地點，廣州市二十組，黃埔附近各鄉鎮十組由柯建安潘超世兩同志分配，另組化裝宣傳隊一隊由張寶琛，鴻仙兩同志，担任化裝事宜，其詳細計劃，由蘇洪同志起草，經審核後，呈請校長通令遵行，已于給養方面，由潘超世同志負責。出發前後事宜，由李發鈞同志負責。

◉第二日會議情形

第二日，爲廿六日上午宣傳委員開會，討論宣傳工作及報告籌備事項，張鴻仙潘超世兩同志因事缺席，餘均到會。此外新委宣傳科長古有成同志，亦於本日列席會議，玆將議決錄下：

一，議決，關于慶祝遷都南京口號，增三條，連同上次決定十條●十三條，由政治部咨請特別委員會宣傳委員會審定，惟以時促不及咨請擬先行印發。（另印）

二，議決蒐羅●產黨罪惡證據，爲宣傳資料，並指定本刊，國民新聞，民國日報三種，爲登廣告機關，所得材料，交由宣傳科編纂股編成册子付印。

三，議決，通告各宣傳隊，于今日下午七時齊集俱樂部請鄧主任演講此次大會意義。

四，議決本會係爲參加此次大會及審查本校標語而設，大會終了，尚須審查本校標語，俟審查完畢，卽行結束。

此外黃主席提議，擴大化裝宣傳，另組五隊，分佈繁要地點，以期收得最大效果，惟以種種困難，籌備不易，尚須徵求張鴻仙委員同意再行定奪，

前方同志均鑒舍[illegible]夏季屏黃埔第三期[illegible]科畢業後入伍[illegible]聲明[illegible]

黄埔日刊 WHANG-POO DAILY

革命尚未成功 同志仍须努力

中央军事政治学校出版

反对日本帝国出兵特刊

本校反日出兵通电

本校反对日本出兵宣言

倭奴之阴谋

编者的话

反对日本帝国主义者出兵宣传大纲

小通信

本校本週口号

反对日本出兵山东！
打倒日本帝国主义！
努力国民革命！
效劳二次北伐！
服从党纪！
整正军纪风纪！
严密本党组织！
发扬本校精神！

此次日本出兵华北对北伐的影响

论此次日本出兵山东事件

政特准掛號立劵之新聞紙　中華民國十六年六月十日　〔星期五〕

黃埔日刊

WHANG-POO DAILY

中央軍事政治學校出版

通信處廣東黃埔本校政治部

★第三四六號★

★每份定價一分★

總理遺像

革命尚未成功　同志仍須努力

總理遺囑

余致力國民革命，凡四十年，其目的在求中國之自由平等。積四十年之經驗，深知欲達到此目的，必須喚起民衆，及聯合世界上以平等待我之民族，共同奮鬥。現在革命尚未成功，凡我同志，務須依照余所著建國方略、建國大綱、三民主義及第一次全國代表大會宣言，繼續努力，以求貫徹。最近主張開國民會議及廢除不平等條約，尤須於最短期間，促其實現。是所至囑！

反對日本帝國主義出兵特刊

本校反對日本出兵通電

南京中央黨部國民政府轉各軍各團各報館轉各學校公鑒：日本帝國主義者，勾結北洋軍閥，為禍中國十餘年，思之髮指。迫我國訂二十一條件也，助奉張倒郭松齡將軍也，均由日本帝國主義罪惡之犖犖大者。如今徐州攻下，正應乘來日已至之時，克濟南，取京津，直指順關事，方期國民革命告功，三民主義實現，使國人幸福可享，世界和平有期；不料日本帝國主義者，又復怙惡不悛，助桀為虐，冒大不韙，出兵魯境，假保護僑民之名，陰行助奉魯之實；侵害我國家主權，阻礙我國民革命；欲使我中國永居次殖民地之地位，全世界永無和平安寧之時期，甘與我國四萬萬同胞為敵，甘與世界十二萬萬五千萬人類為仇；為中國民族生存計，為世界人類和平計，實不能不誓死反對。蓋我軍自北伐誓師以來，歷有保護外僑之宣言，全無傷害外僑之事實，「保護僑民」，從何說起？醉翁之意，路人皆知，我國民革命軍，討陳林，打楊劉，倒吳，滅孫，出入疆場，九死一生，無非為國民革命而奮鬥，怎忍功敗垂成？凡我同胞，務須一致奮起，極力反對，經濟絕交，實為利器。我等黃埔數萬健兒，秣馬厲兵，誓為前驅。黃埔中央軍事政治學校叩佳。

本校反對日本出兵宣言

目前的局勢，是救國救民的國民革命和禍國殃民的奉魯兩軍閥作最後決戰的時候，中國能否脫離其次殖民地之地位，在此一舉。此乃中國的生死關頭，世界的和平關鍵，不容忽視了！我國民革命軍認識此着，誓死力猛攻，徐州乃下，至奉魯軍閥的戰鬥力，遂損失太半；我軍取濟南克京津，直指順關事；人民將從帝國主義者和軍閥鐵蹄下之北方民衆，解放在期了！

然而不料，當此「不容忽視」的中國北方民衆解放有期之時，竟有一大障礙橫生。這個障礙就是口口親善的日帝國主義者出兵山東京津。

很明顯地可以看出：這次日帝國主義者之出兵，完全是由於他的在華的工具——張作霖張宗昌兩軍閥，快要被我軍打倒了；因此便不得不採取卑劣的策略，出兵山東京津，想將出兵衛護幫助張作霖消滅郭松齡的慘劇，重演一番。

很具體地，以斷定：這次日帝國主義者之出兵，是表明：

（1）日本帝國主義者的對華政策，始終是一貫的大陸政策，滅亡中國的政策，日本現內閣田中義一（日本主張出兵最力之人）就是第二個大隈伯。

（2）張作霖張宗昌等奉魯軍閥到了末日，日帝國主義在華勢力完全崩潰，出兵就是崩潰時的垂死行動。

（3）這次我們國民革命軍是很難避免與日帝國主義者起衝突的，我們要一致團結起來，站在中國國民黨旗幟之下努力奮鬥。

（4）這次日帝國主義者出兵山東京津，完全是侵犯我國國權，違反國際公法的行動；什麼保護僑民，不過藉口之詞；其實何常就能夠用這件事作為藉口？我軍北伐以來，那一次沒有保護外僑之宣言？那一次有傷害外僑之事實？那裏用得著派兵來保護？

（5）這次日帝國主義者出兵阻撓我們，間接是幫助中國共產黨，危害中國革命，完全是反革命的行為。

（6）此次日本出兵，不僅是中國之仇敵，亦可為全世界的罪人，因為中國革命，是中國生命所繫，世界和平所基，破壞中國革命，便是防礙中國生命，便是破壞世界和平。

在這樣一個嚴重情形之下，我們四萬萬被壓迫的同胞，世界被壓迫的人類，均應一致起來，為求中國之生存，求世界之和平奮鬥。

反對日本出兵山東京津！

打倒日本帝國主義！

本校數萬健兒，願作前驅。倘荷同情，[illegible]此宣言。

十六年六月九日

倭奴之陰謀

黃霖生

△我們要打倒各國的帝國主義者，先要打倒東亞的帝國主義者的倭奴！

倭奴！倭奴！什麼叫做倭奴就是（Japan）

尤要先從打倒東亞帝國主義者之倭奴始！

『木屐賊』的意義；這就是日本對他恥辱是受人賤視，賤落，痛恨，的名詞，比較美人叫他做 Japs 還要甚重。我以其歷史[illegible]個名詞？因他的國家[illegible]，無[illegible]男女老幼侏儒，自小到大，都非成奴視中國人，鄙賤中國人[illegible]；甚之居然以中國人為他的奴隸：就是我國人的稱呼：不是叫「亡國奴」（Chinaman），叫「支那人」（Shina）「猪尾巴」，甚之不當中國人作「人」看；甚之不當中國人做「人」叫——他五十多年以來，沒有一天不是如此，沒有一個人不是如此。[illegible]近年對中國政治上，經濟上侵略的手段和陰謀，又愈演愈巧，愈巧愈見。因此我受了天良的驅使，不得不提出這幾倍名詞，貢此陰謀來敬告我們敬愛的同志。

我談倭奴歷年對中國侵略的陰謀，亡中國的陰謀，真是一部廿四史，不知從何說起？我止好用做年表的方法，列舉出來，或許省了一點篇幅。

● 這事姑對不論，試就近年來我們所能記憶的：近年所發生的各帝國主義者的侵略，壓迫，殘殺同志的流血斷脰，和賣國割地，軍閥官僚的慘殺，得勢，貪贓枉法，何一非倭奴的帝國主義者，作惡惡的禍首，做開端為導火線。近如五卅慘案，是倭奴紗廠之慘殺顧正紅，大沽口之砲擊國民軍，段其瑞國務院門前之慘殺；出兵二萬人以上於東省，協助張作霖擊敗郭松齡大功垂成之將帥。稍遠的如擬出廿一條秘約而助成袁世凱的帝制自為；軍事協約之強迫締結，以使奪中國之軍事訓練權及參戰權，而助成獨一無二大軍閥之段祺瑞；青島與十權之強奪；五四運動者，賣國賊曹汝霖，陸宗輿，章宗祥之受養及包庇；一九一九年中國之巴黎平和會議代表陸徵祥

啓事

[illegible]

為此通報希為查照是荷此致 政治部主任 副主任 [illegible]啓

[illegible]

餘件的秘密證據，預備控訴于和會，[illegible]的，被倭奴派[illegible]秘密文書盜竊而去：：：等等。凡此種種，無一不是倭奴爲之導火線，作爲惡的禍首，引起天翻地覆的大風潮，大流血大慘殺，空前沒有的大犧牲！我們要注意！你不要祇看見遠的英法美的帝國主義者，就忘了近的，最慘毒的，最陰險的敵人東鄰帝國主義者倭奴！

★　★　★

他教育家，政治家，軍事家，訓練他們的小學生，中學生，大學生，女學生，尤其是陸軍學生；開學就說——你們要食鮮紅的荔枝嗎？快到廣東去！要穿煖和的皮襖嗎？快到北京，滿洲去！要用美麗柔和的絲綢嗎？快到蘇杭去！支那就是汝們的故鄉！支那才是汝們做大主人翁之領域！「支那人」的男子是抽大烟的，留髮子的，孱弱不深的，低能的，愚蠢的；支那的女子是纏足小脚的，萎縮殘弱的，愚昏無識的，卑賤的：：：就是世界上最劣等民族的賤種，我們用兩個師團就可以覆滅他，統治他還有餘了。

唉！我們看呵！他的野心，暴露無遺了，你看有倭奴的一天，我們中國人還能生存嗎？因此他實施他的陰謀之唯一運用方略，剛柔，恩威，寬猛，的政策和手段同時并用。故此第一遣浪人團之黑龍會頭山滿，佐佐木等一派到中國內地，和古蒙，東三省，西藏，福建，汕頭，來勾結馬賊，地痞，棍徒來作亂，搶劫，殺人放火，販運嗎啡軍火：：：等等。一則害命謀財，二則侵佔財源，三則勾引獨立運動，據佔領土，四則煽惑作亂，備[illegible]外人，以便藉口交涉而要求派兵入境保護，由此侵佔主權——以上事實，東三省福建近來之外交案，就是最顯著之實例。總言之，總言之，就是要直接間接造成其特殊的地位！

第二助餉助械于各省或北京的大軍閥，自袁世凱以至去年段其瑞下台之日，計共十數年，其間借入倭奴之外債。直不可以數計，除各國在中國所得的賠款上之債權不計外，就倭奴借與軍閥的債爲第一位，以倭奴的流氓西原龜供奔走，以今駐北京的倭公使芳澤及前任公使日置益爲之牽線。又無條件的助械于各軍閥，更不可勝數，你看袁氏，段氏，曹琨，李純，張作霖，唐繼堯，張宗昌，李景林，那一個不是天天拿着倭奴的槍來殺我們同胞，摧殘我們救國的革命軍人的。其中尤以袁，段，唐，張作霖爲最多。倭奴的目的是什麼？就助長我們內亂，使我自相[illegible]，使我革命不能成功，使我殺殺相尋，他就慢慢地得在中國發展他的經濟勢力，掠奪中國的市場和原料，經營他的特殊地位，而坐收漁人的巨利了。不獨如此，倭奴認定東亞之「假想敵」就是中國，中國若能強盛，他知斷非他自身之福——因爲足以阻止他倭帝國主義的侵略：：：

第三賣賊的豢養，他知道積極的奪取中國主權，利源；消極的保持他在中國掠得的原有之經濟，市場，領土，礦山，鐵道，的特殊地位。知非豢養多[illegible]中國留倭學生，流氓政客，來作他的爪牙。斷不能內外呼應，有求必得。於是盡量設法籠絡中國不肖的留倭學生。故此在留學時代，就拿津貼來送，用美人計來軟化，如一九一六年，至一九二二年，以後設立家庭歡敍會，家庭寄宿舍等，朝野上下，異口同聲的主張上流家庭，中流家庭的開放，歡迎留學生到這些貴族式的家裏寄宿，故意派他如花似雪的高貴小姐，來相陪，來交際，備極溫存，借此勾搭。當時主張最力而見諸實行的，在野者就是自命爲蒙古王之大政客佐佐木（國會議員）頭山滿及鼎鼎大名之寺尾亨博士；在朝者若名公貴人。甚而公然大倡特倡獎勵貴族女子與中國留學生實行聯婚。他們措心之狠而毒，巧而密。真是令人咋舌。可憐血氣未定而他日有爲有望的青年，幾何不盡入彀中！

若在畢業的時候，就備極溫情，代向中國政府當局替他們來謀重要的差事。於是一般不肖而甘心供倭奴驅使的，就挾着倭奴之一紙荐書，如膺九鼎，一溜烟的跑到北京去，而昏庸的政府，又不得不唯外人之命是聽，上則高官厚祿，垂手可得。

你看吧！曹汝霖之有今日不是伊藤博文（最初維新的首相）一紙荐書之功嗎？章宗祥，陸宗輿，這些賣國賊，和前駐巴西公使王廣圻又何嘗不是大隈重信及其他要人（任首相時提出廿一條款者）卵翼荐拔而來的？前北京外交界之交際社會中的著名之黃花會，又是這般賣國賊曹氏陸氏的日婦（聞曹氏之日婦是伊藤博文之婢由吊膀子得來的）所倡設。借交際之美名，以同化北京之高貴婦女，使得盡力勤助[illegible]的愛增來做賣國府工作。這班國賊，豈真沒有良心嗎？不過給倭奴豢養日深，因爲受恩深重，故不得不糊弱癰痔以圖報答。何況日日沈醉于這媚語柔聲之倭婦，酣歌恆舞，醉擁胡姬，則幷亡國亦不知；更何知有賣國之事！

這話說來太長了，因限于篇幅和時間，不能多述。祇看上面，已知倭奴要運用他陰謀所採的手段和政策。眞利誘勢逼，無所不至。但上舉的例證，實在還未盡乎百一：：：

現在倭奴出兵華北，由山東而北京，繼而東三省，行若無人，破壞中國主權而不顧。其用意所在，斷不是一椿區區外交的小事。實在因爲倭帝國主義的命運與軍閥張作霖同一命運，同一利害，同一歸宿。張亡與亡，張存與存，故不得不傾全國之兵力援張。你看吧，民十四[illegible]出兵[illegible]省替張氏攻打郭松齡之時，據他政府已承認二萬餘人；而事實上絕不止此。甚之倭京的報紙公然絕無忌憚的大書特書把倭兵駐在中國東省領土和保護吉林城的照片來貼起來。居然當東省做他的領土了；當中國做他的屬地了。那裏當中國人當人看，連當亡國奴都不配了！這何止維持他的特殊地位就算了！更何止維持其帝國主義的命運就算了！實在更潛伏有莫大之危機在！：：：

故此在這個極大嚴重局面當中，我們若求國民革命的成功！為維持東亞和平計，為免除未來世界第二次大戰計！為免除我們亡國滅種計，一定要集中全國民衆的勢力；尤要集中全國民衆之經濟的武裝力量，向帝國主義者——倭奴進攻，作殊死戰，決死戰！

因爲我們經濟武器的力量，倭奴早已認識了，早已震駭了。我們記憶一九一九爲爭青島問題，我全國南北同時一致起排斥日貨運動，前後不過四閱月，就大坂一市計算，已損失二千餘萬日金。已足使之陷於窮地。此事係得諸大坂商業會議所會長之報告，當時一般資本家和民衆竭力責難倭政府措置之失當，而引起此空前之大損失：：：

我們快起！快起！快拿我們經濟的武器，一致做國民政府後盾，打開這條血路，作最後的奮鬥！求最後的勝利！

本校週口號

反對日本出兵山東！！

打倒日本帝國主義！！

努力國民革命！！

效勞二次北伐！！

服從黨紀黨綱！！

整正軍紀風紀！！

嚴密本黨組織！！

發揚本校精神！！

此次日本出兵華北對北伐的影響

王偉能

自國際帝國主義勢力侵入中國後，中國人民便在經濟侵略鐵路之下，開始度殘酷非人的牛馬生活！到現在已夠七八年了，人的血總不是涼的吧！在這樣長期的荊棘之中，誰不想掙紮解脫呢？可是野獸不如的帝國主義者，挾着砲艦政策並且指使其走狗——軍閥——毫不猶豫地向我同胞開始施行屠殺了！由「義和團」「二七」「五卅」「三八」「沙基」諸慘案，一直到最近的萬縣稔山南京江陰等處的大屠殺；寫成了中華民族史血肉模糊淚痕縱橫最悲慘的一頁，同時帝國主義從中就也慢慢地造成了自己的墳坑。

中國民族，從屢次血腥抑鬱之中，了解到生存的厄運，產生了「民族自覺」性了，而且隨帝國主義緊迫侵略之速度，更加緊發揚，最光榮的「五卅」，便是在這情況之下爆炸，使大英帝國主義在東亞的商務「關門大吉」根本動搖帝國主義的基礎固然是「五卅」最大的勝利，然而由此還證明了「民族自覺」是消滅敵人解放中華的「不二法門」；確定了弱小民族自信的決心。雖然帝國主義唆使其走狗奉系軍閥南下，盡力摧殘，企圖減此高潮所得成績，適足以促成全國總動員討奉戰爭，郭松齡的倒戈，完全是民衆力量的暗示，本可

小通信

廿甜剛同志：（詳柔）你現在那裏，你的袁弟（袁佐才）有信來探問你，請速示知。[illegible]河入伍生第二團第三營十一連吳仁安 五，十三

啓者前於四月廿七日因公在廣州市將黃埔同學會會員證章第四七〇〇號遺失除呈報註銷外特登報申明該證章作廢

黃乃潛同志，你畢業後，任何處，做何工作，請示知，若有知其地址者，亦請示知，是盼——大隊第一中隊陳昭信啓

葉碧君同志[illegible]

黃埔東征政校第四期黃行健啓

啓者鄙人於五月廿四日遺失私章一顆，上刻陽文「葉維」二字，任何人拾得，一律無效。特此聲明。葉維謹啓

啓者鄙人於五月廿二日在廣州市遺落一七八一二號黨證一枚除呈請補發外特此聲明作廢　蝴蝶岡第二學生隊七隊廿六區黨[illegible]啓

中華民國十六年六月十日 黃埔日刊 第[illegible]期 星期五

打倒奉張，完成國內統一，可是陰惡的日本帝國主義者，竟藉護僑爲名，出兵將郭殲滅，進一步更將鄰近京津的西北國民軍逼出天津，使奉張得以死灰復燃；致造成今日華北烏烟瘴氣的局面。

現在本黨代表民族革命的軍事力量，已發展到全中國五分之三了，（武漢反動政府除外）徐州攻克，楊宇霆利用張宗昌孫傳芳與北伐軍相搏，俟雙方精疲力竭後，奉軍收「漁人利」長驅直下恢復蘇皖的計劃，已成曇花一現，況且爲魯軍根據地，爲奉方總兵站—天津—屏障的山東，亦將不保了，豫省因受徐州牽制，在軍事方面實爲生死關頭所繫；隴海路爲奉魯軍唯一聯絡線，徐州又爲聯絡之樞紐；徐州既下，奉魯軍之聯絡已不能如前之靈活。同時豫東一坦平原，無險隘可守，靳雲鶚逐國民二軍，和奉魯軍此次入豫，都是從此處攻入，故豫東商邱，蘭封，及省會開封等處，很容易爲北伐軍佔領。最近西北軍佔領洛陽，唐生智佔領郾城，鄭州已不成問題；奉軍不趕急退出河南，必遭全軍覆沒之禍。尤其是晉閻所處的地位，所持的態度，很可使奉魯軍跼蹐不安。晉省已在國民軍包圍監視之中，閻錫山又是八面玲瓏的滑頭，站在他地盤的觀點上着想，必定會傾向我軍，出兵娘子關直搗保大天津；或者允許國民軍假道，一由陝西經山西中部出娘子關，一由包頭沿京漢鐵路出南口，（報載前者徐永昌爲率領人屯兵三師于晉陝交界防閻有變後者率領人爲鹿鍾麟別動隊巳沿京綏鐵路活動）會師京津，總之今日奉魯軍之三角形陣地，——北京，鄭州，徐州，——有同時被北伐軍西北軍佔領之可能；在這種情況之下，依我們的觀察，奉魯軍之奔潰，與中國之統一，不過時間問題罷了。但是在我們尚差一籌的時期，最兇狠的日本帝國主義者，他看到最後最訓服的工具，快要被代表民族革命的武力打倒了，對于他鯨吞中華，爬上大陸的野心，恐幻夢一場，白招勞苦；于是藉詞護僑爲由，派艦調兵，出兵六萬，（東京一日電）謀佔據膠濟鐵路，濟南，天津等處，企圖阻我北伐義師。同志們呵！認清楚些！護僑是帝國主義干涉弱小民族革命運動的護符，「司馬昭之心，路人皆見！」倭賊久已視華北爲其直轄領土，尤其是盤踞多年的山東；牠知道立腳三民主義立場上的中國國民黨所領導的國民革命軍，是萬不會與帝國主[illegible]協的。我們的發展，就是他們的衰縮，我們奏凱的當兒，但是帝國主義踊躍歌頌的末日；故久蓄陰謀，直欲阻北伐軍爲郭松齡第二，駐紮南滿的軍隊，不是殺郭松齡的嗎？現在調赴山東，又要排演一樣的啞迷戲了，稍有智識的人，都能看得「水落石出」！同志們！大家緊張些！敵人比我們強，況且就全面說，向我們猖笑。但是我們的勇氣，準備我們的武裝，研究我們的戰術，預備短兵相接！

現在將日本出兵華北後，對本黨北伐發生的影響，簡說一下，並希望同志多加討論；

(1.)國際的——此次出兵，日本貿然首倡，各國藉口效尤，維持辛丑條約的均勢；無異施行共管，在我們內患尚未肅清，武裝勢力尚不能確有把握以前，當然不能馬上與帝國主義直接衝突；很容易解決的華北問題，于此忽逢着一個死結；有不能不延長時日的趨勢，國民政府的外交至此忽墮入狂風駭浪的危險的旋渦中。

(2.)關于北伐戰爭前途的——日本帝國主義的基礎，完全建築在對華貿易：華北爲其勢力範圍，原料土貨的供給，是維持日本帝國生命的原素，日本幫助奉魯，比他本國任何事項都要重要；當然—這次軍事上的努力，較殲滅郭松齡 逼退國民軍，自利害百倍，只要我們打開地圖一看，即可見到兩種危機。第一，濟南津浦鐵路中樞，有膠濟鐵路，與青島聯絡：從青島運兵到濟南，可朝發夕至，守住濟南，及膠濟鐵路，可以屏障山東半島；若魯軍在臨城棗莊泰安等處，不能抵住北伐軍北上，則可退入山東半島，藉青島之給養，不難恢復戰鬥力量；至少可牽制北北伐軍，不敢再行北上。即萬一在山東不能住足，亦可藉日本商船，渤海艦隊，安全退歸東三省或天津山海關秦皇島等處，與奉魯聯合，第二，奉軍在豫若既不得不退，則必縮短防線至張北保定正定一帶；這是因爲奉軍入關太多，一時退歸東三省，及山海關臨榆等處運輸上發生很大困難；不過權且支持掩護退却罷了。楊宇霆必又校有日本的秘密錦囊，經更計劃，緊守山海關防線，從事補充休養，借辛丑條約國軍隊佈滿京津鐵路，日本更以大兵控制天津，挑撥事端，惹起很多外交上的糾紛，使北伐軍不能自由追擊奉軍；甚至稍一不慎，手忙足亂，陷入日本帝國主義者的毒計。奉張又可重起入關。

孫總理十三年北上宣言中說：『北伐之目的不僅在覆滅曹吳，尤在曹吳覆滅之後，永無同樣繼起之人。』本黨此次的北伐，是繼續孫總理未竟的遺志；所以不僅要打倒現存的軍閥，尤其要使以後無軍閥死灰復燃之餘地。況帝國主義者出兵華北，明明是袒護奉張，同志們，認清目前本黨最迫切的敵人日本帝國主義者！

孫總理又說：『北伐之目的，不僅在推倒軍閥，尤其在軍閥所賴以生存之帝國主義。』孫總理無論在演講中，宣言中，處處告訴我們，帝國主義不打倒，軍閥永不會有絕跡的希望，我們若要貫徹總理的主張，解放中華民族的痛苦，目前最要努力的，就是打倒日本帝國主義者。

全國同胞們！五卅運動後的省港大罷工，使英帝國主義者屈膝降服；這固然是工友勇敢奮鬥的勞績，同志也就是大中華民族革命精神發揚的表現，日本帝國主義者無論在那一方面，都比不上英帝國主義者，他的生命維繫在「對華輸出」，換一句話說；日本的生命，完全操在中華民族的手裏—從歷次鬥爭中所得經驗，我們民族經濟的武器，在今日有制日本帝國主義死命的力量，我們高呼：

認清目前全民衆的敵人日本帝國主義者！

擴大反日宣傳！

反對日本出兵華北！

反對日本袒護張作霖！

貫徹總理徹底打倒軍閥打倒帝國主義的主張！

準備全國對日經濟絕交！

消滅與日本取一致行動的任何其他帝國主義！

趕快肅清黨內的反動派中國共產黨！

一九二七，六，七，下午于沙河

論此次日本出兵山東事件

陳協中

我國自鴉片戰爭之後，國勢漸趨衰弱，在當日因滿清之昏瞶庸懦，媚外賣國，致給帝國主義者以侵略之機會，而自民元以還，繼滿清之後壓者，則有一般喪心病狂之封建軍閥，甘作帝國主義者之走狗，而帝國主義者亦利用彼輩與之勾結，殘戕中國反動之軍閥勢力，藉以壓迫我四萬萬同胞，故中國在最近之八十餘年來，飽受帝國主義者鐵蹄之下他嘗其侵略與掠奪，國際地位則淪入於次殖民地之列，全國人民則陷入於水深火熱之中，國家危亡，民族消滅，大有朝不保夕之勢。

日本帝國主義，自維新以後，國勢漸趨強盛，於是才有所謂對外政策——簡直是對華政策——之決定，遂乘機口地理，經濟，政治上之種種關係，一致主張採用對華侵略政策，後乘中日戰爭之役，侵略朝鮮吞滅，而中國北部尤其是東三省外蒙山東，遂爲日本視作囊中物，欲攫取之而甘。

日本帝國主義者，在華之種種橫暴行爲，屈指難數，其最毒辣者 則爲民國四年五月七日最後通牒強迫我國訂立二十一條約，此爲中國人民所認爲奇恥大辱而永遠不能忘記者也。亦即是日本帝國主義者侵略中國之第一步。

帝國主義之所以能在中國任意侵略者，一方面固爲彼等挾其政治，經濟，文化，武力上之優越者，而另一方面其走狗，與彼主□勾結，帝國主義者與軍閥，乃形影相依，狼狽爲奸；而不能相離者。猶尤其是日本帝國主義者之與奉張魯張兩大軍閥，更爲姻緣悠久，結了不解之緣，故奉張魯張之所以能在華北一帶苟延殘喘者，實日本帝國主義者暗中幫助之力；而日本帝國主義者之所以能在東三省攫取優越之勢力者，亦奉張魯張與彼勾結之故。因此，奉張魯張苟臨崩潰之時，日本帝國主義者不惜甘冒不韙，出兵以維持其勢力。

此次我革命軍克復徐州，肅清江北，京奉局勢，全部搖動，行見掃除封建餘孽，統一全國，指日可待，乃日本帝國主義者眼見得奉魯張之壽命將臨末日，對於自身在華北一帶之優越勢力，大有不利，於是，便實行出兵山東，藉口保護僑民財產以爲辯護，而究其內容，實則以我革命軍之長足進展，恐其走狗張作霖張宗昌將崩潰，故藉此暗助魯張以圖頑抗，而效往年之出兵滿洲助張作霖打郭松齡之故技，其用心之險詐，固盡人而皆知也。

我革命軍自北伐以來，不數月而江漢底定，長江流域次第肅清，而最近攻克徐州，肅清江北，自出師以來，轉戰十餘省，師旅所至，秋毫無犯，而外人之生命財產，更保護之不遑，從未有何危及外人生命財產之事發生，事實具在，可以覆按，乃日本帝國主義者，竟藉保護僑民財產爲言，調兵遣將，侵我山東，即爲保護僑民財……無需如許多之軍隊，其顯係別有作用，欲藉親國際公法，侵略中國主權，壓迫中國革命運動，助長內亂以殘害我國人民，事實彰明較著，無可諱言。嗟乎！我國受帝國主義者——特別是日本帝國主義者——之壓迫與掠奪，至深且大，值茲北伐長足進展之際，國民革命將臨成功之日，我國人民方慶解除軍閥之鎖鍊，脫離帝國主義者之壓迫，乃日本帝國主義自無公法，心懷鬼胎，敢〇兵「助桀爲虐」，維持全國人民所唾棄之奉魯兩大軍閥之勢力，藉以貪圖特殊之利益，此種行爲，直是與我全國人民宣戰，

反對日本帝國主義者出兵宣傳大綱

(一)日本帝國主義侵略中國之略史

日本帝國主義者，自維新後，國勢頓強；乃以從前所受歐美列強的壓迫和侵略，來變本加厲地壓迫侵略我國。其侵略壓迫我國最大的事件，有

1甲午戰爭，用武力擊敗我國軍隊，奪我朝鮮，佔我臺灣，並訂下許多不平等條約，賠償許多款項。

2、日俄戰爭時，將我國東三省做戰場，將我旅順口大連灣強租以去，自此以後，東三省便成了他——日本帝國主義者的勢力範圍，

3、八國聯軍時，日本用兵最多，攻我最猛，致我中國失敗，受了莫大的損失，賠款無數，訂下不平等條約多條，並有租借劃讓之地之喪失，不消說，日本帝國主義者在當時是分肥最多的。

4、廿一條件之訂立——民國四年，日本帝國主義者利用歐戰列強無暇東顧之時，乘袁逆皇帝慾正盛之日，先用兵力奪據青島，旋乃派兵登岸，佔山東各重鎮，以最後通牒，強迫承認二十一條件，限袁政府二十四小時答覆，當時袁賊因做皇帝須日帝國主義者之援助，故冒大不韙，違反全國人民公意，毅然承認。設不幸此條件一旦實行，則中國之亡，定可立待，故舉國至今猶有「五九」國恥紀念之舉。

5、五卅慘案之發生，是由日帝國主義者在上海所設立之紗廠，壓迫我國工人，槍斃工人顧正紅之事所引起的，所以講到五卅慘案的罪魁，日帝國主義者，實不能辭其咎。由傷心慘目的五卅，不能不聯想到萬惡的日本帝國主義者，而髮指背裂。

6、〇兵南滿援助●作霖，打敗郭松齡將軍——前年郭松齡將軍倒戈，正擬乘勢消滅張作霖，兵鋒直入奉天，彼張作霖之老巢，直指顛覆事，當時張賊知大勢已去，已有下野之意，不料日本帝國主義者竟敢〇兵南滿，侵犯我國主權，違反國際公法，助舉國共棄之●賊作霖，消滅舉國歡欽之郭松齡將軍，使萬惡之●賊作霖，得以苟延殘喘，爲禍今日；思之猶昨，誠可痛恨！

此外侵犯我國主權，殺戮我國人民之舉正多，也無須一條一條地去細寫了。

(二)日本帝國主義者與奉魯軍閥之關係，

老實說：日本帝國主義者，能狗在我中國、暗奪這許多權利，壓迫並殺害我們許多同胞，敢冒不韙，侵人國家主權，違背國際公法，〇兵中國境內，作種種不法行動，就是因爲日奉魯軍閥張作霖張宗昌等做他的工具，做他的走狗，要是沒有這一類的工具或走狗，他是決不能並不敢如此的，真所謂「外盜實由家賊引」。諸君想想，我們這樣的家賊——●作霖●宗昌輩，他～日本帝國主義者——是要如何地愛惜？

反轉來說：實國的奉系軍閥——張宗昌張作霖等與日本帝國主義者的關係又是怎樣？一句話，他們——●作霖●宗昌，是靠他——日本帝國主義者而生存的。沒有了日本帝國主義，便沒有奉系軍閥；別的不說，單說郭松齡將軍倒戈事情而論，明明的是●作霖要倒台，日本帝國主義者，硬幫助他，翻〇個斛斗，又爬起來，到現在還要做做大總統的夢，禍國殃民，同胞爲了他們——張作霖張宗昌，幾乎欲生不能，欲死不得：這個直接當然是罪在奉張和魯●，但是間接地日帝國主義者何嘗不能辭其咎呢？唔！或者還可以說，比奉魯軍閥的罪，還大咧！

這樣看來，日本帝國主義者與奉魯軍閥——●作霖●宗昌的關係，真是所謂「形影相隨」，他們——日本帝國主義者和奉系軍閥，狼狽爲奸地對待我們四萬萬同胞，亡我國，滅我種，使我們淪於萬劫不復的地步，

(三)日本帝國主義者此次〇兵我國之情形

現地據各報紙所載，日本帝國主義者此次〇兵我國的情形如下：

電通社二十七日東京電　徐州既危在旦夕，日政府決定派四千警備兵，前往濟南，保護該地二千二百人之日僑，及擁護該方面之利權，目下駐剳延期中之關東州，駐屯軍姬路師團步兵八營，亦由大連經青島赴濟南，特科部隊則由內地派遣，其數約一混成旅，青島則由海軍警備，

東方社二十八日東京急電　政府本日決定由滿洲駐屯軍第十師團派遣約二千名赴魯省，該部隊定三十日由大連出發赴青島，

電通社二十八日東京電，濟南方面已陷於不安之電報，於二十八日晨抵東京，日政府遂決定出兵，首相及鈴木參謀總長，於九時三十分前後謁見日皇，奏明中國時局近況，並奏請裁可，將滿州駐屯軍第十師，由大連經青島，開往濟南，旋即退()(內部電命駐滿州軍隊，照指示地點開拔前往。

電通社二十八日東京電　據日本陸軍省公表，由滿洲駐師內派遣下列部隊赴濟南，步兵第三十三旅(第十團第六十三團)約二千人，無線電報隊五百十三人，部隊長爲步兵第三十三旅旅長鄉田兼安少將，該部隊由大連乘香港九三十一日抵青島。

電通社二十八日東京電　濟方南面如果危險，▲內閣早已決定即時〇兵，如有必要，對北京天津方面，亦擬增兵，大連原有司令部最初〇發者，爲姬路師之第八旅

東方社二十八日東京電　日本政府本日晨接得報告，謂「徐州方面之魯軍陷於不利，因此之故，濟南大起恐慌，」於是決定斷行山東派兵，田中首相即於上午九時半覲見日皇，面奏中國戰局急變狀況，請准許先從在滿洲之日軍中派二千名馳往青島，遂令陸軍對該部隊下〇動命令，外務省於午刻正式發表派兵之聲明，

路透社二十八日東京電　從滿洲派兵二千前往青島之命令，業已發〇，

電通社三十八日東京電　近來之外務省，爲田中首相及政友會之政策所左右，次官局長等，變爲純粹之事務官，田中本係軍人，不免有二重外交之弊，

北京日兵第三十三旅，由旅順柳樹屯，三十日〇發，定一日到青島，即開膠濟路駐紮，迄濟南止，不入津浦線（係保僑名義）（二十八日下午十鐘）

日東京電，日本現再派步兵第三十三旅團赴濟南，派第八旅團赴天津，北京，指揮官爲島虎吉少將，共計步兵四千餘人云，

七日東京電，日本現在上海之陸戰隊共二千二百零三名，內計士官以上百二十三名，兵士二千零八十名，又水兵上岸駐紮者四百二十九名，內計士官以上三十一名，兵士三百九十八名云，

青島一日午前八時，到日兵一千五百名，（一日上午十一鐘）

青島日兵二千四百名，一日午前六時，由香田司令官率領從二號碼頭登陸，經山東大馬路，赴四方大康紗廠駐紮，沿途戒備森嚴，其司令暫設於大阪店內，

日本藉口護[illegible]日僑，增兵奉北，

電通社三日東京電，日本外務省次官〇淵氏，在次官會議席上，力言第二次〇兵有絕對的必要，

(四)日本帝國主義者此次〇兵山東之用意。

日本帝國主義者，此次〇兵山東，唯一的藉口，是保護僑民；這種口舌，真是欺人自欺，因爲我們國民革命軍，自北伐誓師以來，已有保護外僑之宣言，並無傷害外僑之事實；〇兵山東，果何爲者？且日僑居於山東者，爲數甚少；退一步說，就是要保護，也不要這麼多的兵呀！這顯然是侵犯我國主權，違背國際公法！

我們知道，這次日帝國主義者，〇兵山東，不遲不早，剛剛當着我軍攻下徐州不日可取濟南克京津，使奉魯軍閥倒台的時候，這明明是爲了他的走狗不久要被人除去，所以〇兵山東，想援助他的走狗——●作霖●宗昌兩萬惡的軍閥，來阻礙北伐軍，以苟延其走狗的殘喘，以維持其在華利益，有什麼「保護僑民」?!

我們要是明白了他——日本帝國主義者和奉魯軍閥的關係，他沒有〇兵以前，其用意人家就早猜到了八分了。

(未完)

(以〇代出)　(以●代張)

編者的話

沸浪

這次日本出兵事件之發生，盡人皆知：本刊雖是今天出了這一個特號，但以後關於此類文章，還是歡迎，幸望讀者注意。

通報　爲通報事查本校向總部軍需處領來五月份經常……上星期六(十四日)午後開省校船中茂所載秋絨草帽一頂……[illegible]

逕啓者我們黨此次清黨運動誠爲革命史上之一重大關鍵……[illegible]

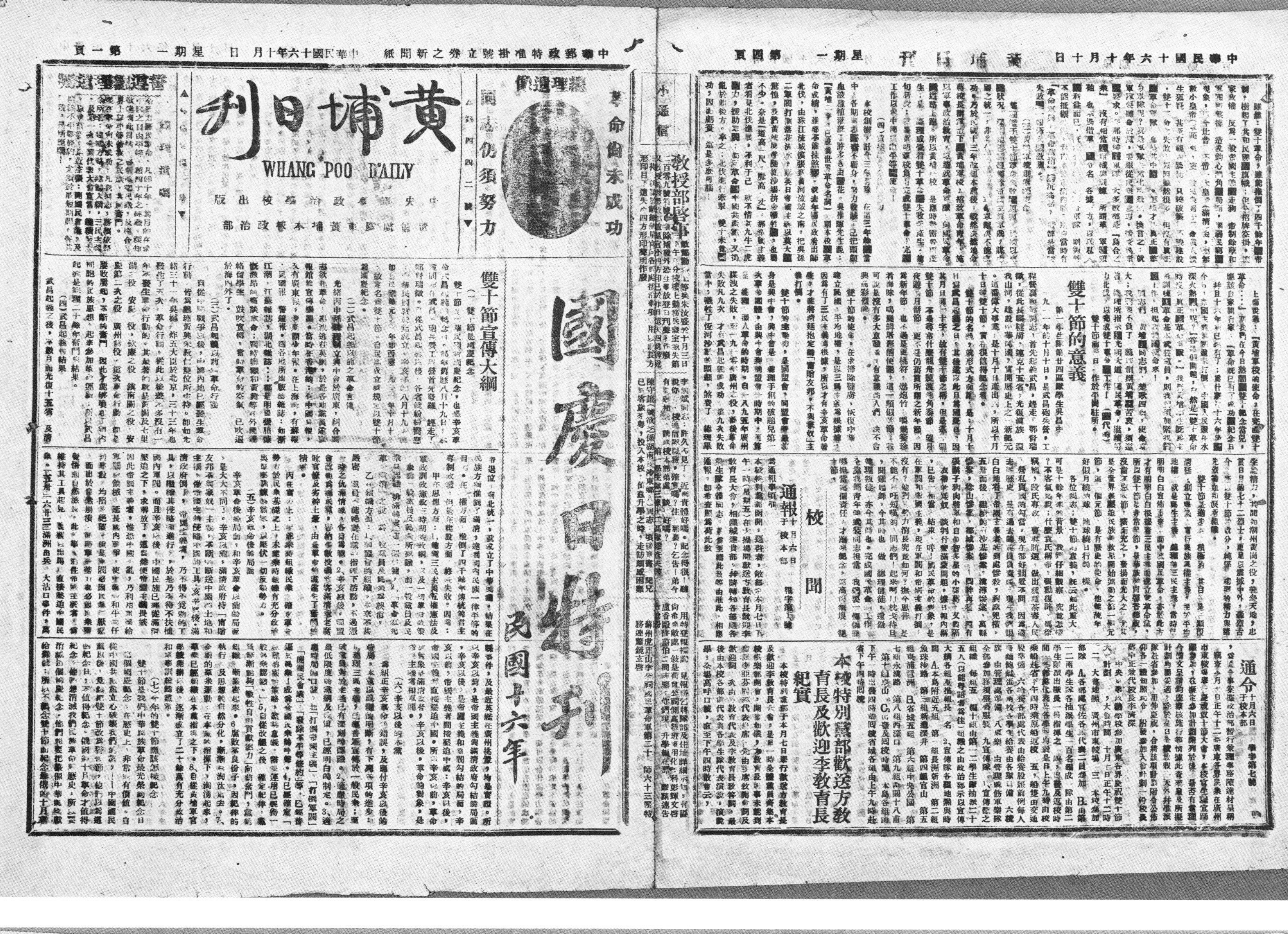

中華民國十六年十月十日　黃埔日刊　星期一　第一頁

黃埔日刊

WHANG POO DAILY

革命尚未成功　同志仍須努力

總理遺像

國慶日特刊

民國十六年

雙十節宣傳大綱

雙十節的意義

教授部啟事

校聞

本校特別黨部歡送方教育長及歡迎李教育長紀實

中華民國十六年十月十日　黃埔日刊　星期一　第二頁

本年國慶日的回顧

本校本週口號

一、發揚革命軍人的精神！

二、養成刻苦耐勞的習慣！

三、絕對服從命令！

四、身心誓許黨國！

國慶紀念我們應有之認識

中華民國十六年十月十日　黃埔日刊　星期一　第三頁

慶祝雙十節感言

慶祝雙十節

雙十革命與黃埔軍校

中華郵政特准掛號立券之新聞紙　中華民國十六年十月十日　星期一　第一頁

黃埔日刊

WHANG POO DAILY

中央陸軍軍官學校政治部出版

通信處廣東黃埔本校政治部

▲第四四二號▼

總理遺像

革命尚未成功　同志仍須努力

總理遺囑

余致力國民革命凡四十年，其目的在求中國之自由平等。積四十年之經驗，深知欲達到此目的，必須喚起民衆及聯合世界上以平等待我之民族，共同奮鬥。現在革命尚未成功，凡我同志，務須依照余所著建國方略、建國大綱、三民主義及第一次全國代表大會宣言，繼續努力，以求貫徹。最近主張開國民會議及廢除不平等條約，尤須於最短期間，促其實現。是所至囑！

國慶日特刊

民國十六年

雙十節宣傳大綱

(一)雙十節是國慶紀念

雙十節是中華民國的國慶紀念，也是辛亥革命武昌起義的紀念日。那年舊歷八月十九日，革黨同志在武昌，砲兵營工兵營首先發難，趕走了鄂督瑞澂。自從武昌起義以後，各省就紛紛響應，中華民國就從此成立。辛亥年舊歷八月十九，即是民國紀元前一年即西歷一九一一年十月十日，故定名為雙十節。自民黨政府成立就規定以雙十節為國慶紀念。

(二)武昌起義以前之革命宣傳

光緒丙申孫總理創立興中會於廣東，糾合同志欲謀革命，事洩逃往英倫，於是各地黨員遂設報館從事宣傳運動。當時在香港的：有中國日報，又有廣東報，[illegible]少年報。在上海的，有蘇報、民國報、警鐘報。海外各地所出版的雜誌：如浙江潮、江蘇雜誌、湖北雜誌……都是明目張膽慷慨激昂的痛談革命；鄒容和黃興等在外國連絡留學生鼓吹宣傳，當時革命的空氣已吹遍於海內外了。

(三)武昌起義以前之革命行動

自從中日戰爭以後，中國內地已經發生革命行動，皆為總理黃興宋教仁諸位所主持。即如光緒三十一年吳樾炸五大臣於北京，三十三年也發生了五次革命行動，從此以後差不多沒有一年不發生革命行動的。其最著的就是黃岡及七里湖之役，安慶之役，欽廉之役，鎮南關之役，安慶第二次之役，廣州諸役，這次革命行動，都是屢敗屢起，不斷的奮鬥，因此才能夠喚起國內同胞的民族思想，起來參加革命運動，所以武昌起義是總理二十餘年奮鬥的結果。

(四)武昌起義的結果

武昌起義之後，不數月而光復十五省，及清帝退位，南北統一，就成立了中華民國。結果在民族方面推翻了滿清，達到國內民族一律平等的目的。在民權方面，推倒了四千餘年傳統的君主專制政體；但是在建設方面，終於失敗，因為：

甲　在思想方面：1、總理三民主義五權憲法及軍政訓政憲政三時期的政綱，以及一切黨的政策，[illegible]一般黨員及民衆所不認識，而一般黨員及民衆只認識「排滿與復漢」這一個口號，2、「革命軍起，革命黨消」之說，當時被黨員及民衆誤信。

乙　在組織方面：1、同盟會的組織，本來不甚嚴密，黨員不能絕對在黨的指揮下活動，不過憑一時之仇滿情感，各自奮鬥。2、辛亥以後，同盟會改組為國民黨，容納多數投機分子滿清的老腐敗官僚及劣紳土豪，由是革命的黨遂失了奮鬥的精神。

丙　在實力上：未能乘時組織民衆確定革命勢力於民衆基礎之上，未能乘時組織有充分政治與軍事訓練的黨軍，以壓伏一切反動勢力。

(五)辛亥革命後的局面

辛亥革命後的局面，和辛亥革命以前的局面，是大大不同了。辛亥以前，滿清政府持「甯贈友邦不與家奴」主義，不斷的斷送中國的土地和主權，做帝國主義侵略中國的工具。辛亥以後，滿清政府倒了，帝國主義者，乃不得不覓新的工具，以繼續其侵略的進行，於是乃不得不扶植國內軍閥。而且辛亥以後，中國民族已經從滿清壓迫之下，求得解放了，遂自然使帝國主義者畏嫉，因此帝國主義者，惟恐中國不亂，乃利用軍閥給軍閥以餉械，延長國內戰爭，使中國民衆和平[illegible]，均陷於絕境。但是軍閥必因民衆的厭惡而出於自然崩潰，帝國主義者也必因民衆的覺悟而自然消滅。此次事變，是在帝國主義者為維持其工具起見，要援助土匪軍閥，直接壓迫中國民衆，「五卅」「六廿三」滿洲出兵，大沽口事件，萬縣事件，及最近英艦在廣州挑釁，均是實證。所以辛亥以前，是帝國主義與滿清政府勾結的局面，辛亥以後，是帝國主義和軍閥勾結的局面，辛亥以前，帝國主義者間接壓迫中國；辛亥以後，帝國主義者直接壓迫中國。所以辛亥以前，革命對象是滿清政府；辛亥以後，革命的對象，是帝國主義者和軍閥。

(六)辛亥以後的本黨

為糾正辛亥革命的錯誤，及應付辛亥以後的時局，本黨以總理的明斷，有下列各項的進步：1、總理三民主義，已經普遍宣傳於一般民衆；黨員對於主義已有深刻的認識。2、適應時局之最低限度的黨綱及政策，已經明白的制定。3、適應時局的口號，如「打倒帝國主義」、「打倒軍閥」「開國民會議」、「廢除不平等條約」等，已經普遍於民衆！成為全國民衆的呼聲。4、已經確定「以黨治國」的策略，黨的意義，需要運用已經為一般民衆認識。5、自從改組之後，確定紀律：黨員漸漸能夠「犧牲自由貢獻能力」向前奮鬥，黨的組織，漸漸嚴密起來。6、腐敗不良份子，因紀律的執行，及思想的自然分化，漸漸的淘汰出去。7、革命的群衆運動，在本黨的指揮下，洶湧起來。8、自從黃埔軍官學校開辦以後，革命軍隊已經組織在本黨指揮之下，逐漸成立了二十餘萬有充分政治和軍事訓練的黨軍。

(七)今年的雙十節應該怎樣紀念

雙十節是我們中華民族革命最光榮的紀念日，這個國慶紀念，在歷史上，非常的有價值。自從中國共產黨立心破壞我們的黨，——中國國民黨以後，竟給把雙十節改為雜色節，他們以為這個紀念日，不值得紀念。俄國的十月革命才值得紀念，他們想消滅我們民族革命的歷史，所以要消滅這個國慶紀念，他們要把整個中華民族獻給蘇俄，所以不紀念雙十節而紀念蘇俄的十月革

小通信

敎授部啓事

敎導勤務兵上等兵朱汝盛於十月三日下午[illegible]分校樓上勤務兵寢室遺失第二百零九號符號一個，除補發外，恐有人拾得假冒，故登日刊聲明作廢。

又敎授部敎官[illegible]官印已於昨日遺失四方形印[illegible]長方形印[illegible]遺失之四方形印聲明作廢。

李[illegible]同志：許久不見了，近來貴體好嗎？記念得很！確實你有[illegible]校通信隊服務，確實嗎？住那處？乞告！弟今[illegible]校本部第[illegible]隊，好嗎？ 第一[illegible]生[illegible]

陳守謙（號欲之係湖南[illegible]沙東鄉人）同志：頃接來書，聞兄已於客歲來粵，投入本校，値茲升學之時，走訪頗感困難，用特登報探詢，見報務乞將隊部及住址詳細示知，有尚希來敝處一敍是荷 [illegible]盧香殿[illegible]伯二同志鑒：你們現[illegible]升學編在[illegible]科彭輝文啓 [illegible]務連蕭鏡玄啓

蘇州虎邱山李[illegible]祠國民革命軍第二十一師六十三團特[illegible]

中華民國十六年十月十日　黃埔日刊　星期一　第二頁

命。去年雙十節，共產黨員竟然在各地公開的宣傳，這是事實上所證明的。現在的共產黨，已為民衆所厭棄，各地本黨黨部，自從舉行清黨以後，已經把中國共產黨次第的肅清，所以在今年的雙十紀念，應該有很大的覺悟，如果我們不努力前進，假使中國共產黨有死灰復燃的一日，那麼我們的中華民國，就要斷送外人，我們光榮的歷史，就要消滅了。

其次辛亥革命的紀念城——武漢——去年已經從反革命的軍閥手中搶回來，總理就職紀念地——南京——亦已經克復，所有大江以南，完全在國民政府統治之下。最近馮玉祥閻錫山出兵討奉，北京城想不久將到手了。所以在這個紀念日，我們應當鼓起勇氣，向著惡軍閥殺去，務必把殘餘軍閥——張作霖殺個淨盡，然後中國民衆才有解放的希望。

同時我們要知道帝國主義者，是軍閥的後援。在這國民革命的進行當中，帝國主義者，不斷的派兵來華，阻撓革命的前進。尤其是英日兩國，因為欲保存其在華的利益起見，比之其他的帝國主義者，更為兇殘；所以我們現在應加緊的，為打倒帝國主義的進行。

不平等條約是帝國主義者束縛我們的工具，我們欲求國際上政治上經濟上的自由平等，非把這一切的不平等條約取消不可。

關稅自主是近年來民衆呼號的切急，在今年的八月間國民政府已經有實行的準備，我們現在應聯合起來，一致擁護國民政府促其早日實現。

我們黨的數目已隨革命軍的發展而澎漲，黨員的數量也增加了數十倍，我們鑒於辛亥革命的失敗，應該要整頓黨務鞏固起來，嚴密黨的組織，提高黨的權威淘汰黨內不良份子，嚴防腐化和投機份子的混入，更加要執行黨紀，使黨員能夠犧牲自己貢獻能力，使一個黨員有一個黨員的用處。

在軍隊方面，大都已經認識了本黨深明了黨的主義和政策，現在就應該把軍隊組織起來，為黨國的基礎。

在黨軍方面應更加努力，繼續北伐，以完成國民革命，實現三民主義，才不負國民之重託，最後大家要聯合起來，共同努力，以犧牲的精神去做革命的工作。

本年國慶日的回顧

中央軍事政治學校政治部編　霍宗心

民國成立到今將近十六年，舉行慶祝國慶日已有十餘次了；然而十五年以前，國內版圖大部份為軍閥所盤據，不特不能發揚民主政治的精神，並且病國殃民，欲危害國體，實為中華民國前途的大害。故國慶日雖年年舉行；然因國內一部份設施都不能利國福民，所以慶祝國慶日，只能說是一種形式上的手續而已，然自十四年我中國國民黨統一廣東後，國民革命勢力，大形發展，加以去年出師北伐，中國現象已有長足的進步。故自十五年後，民國前途已向于光明大道，則今年舉行慶祝國慶日，自較前高興多了。

然十五年以前，民衆殊無好現象之可言，不消說了。但自十五年後，我們已有許多好現象，能促進國家富強及增進民衆利益，大可為今年慶祝國慶日的增光，現在分別說明如下：

(一)黨務方面

近兩年以來，本黨黨務非常進展，黨員增加數十倍；本黨黨員對于黨義已有深切的認識，而總理三民主義，已經普遍宣傳于一般民衆，多能以明瞭而擁護實行。適應時局最低限度的黨綱和政策，已有明白的判定。又本黨組織日趨嚴密，並且清黨以後，把危害本黨的中國共產黨，和一切腐化惡化投機份子肅清，本黨黨權日臻鞏固。在民衆方面，都能夠在本黨指揮之下洶湧起來，受本黨黨義的訓練，和在本黨黨綱之下組織起來。「以黨治國」及適應時局的口號，如「打倒帝國主義」，「打倒軍閥」，「開國民會議」，及「廢除不平等條約」等口號，已普遍於一般民衆，並且已獲得一般民衆的認識。又自從黃埔軍官學校開辦以後，逐漸成立數十萬有充分政治和軍事訓練的黨軍。這兩年來，黨務的進展，自較從前進優，仍望同志作努力黨務的進行，務斯完成總理遺囑，才能夠發揚光大國慶日的意義。

(二)軍事方面

自去年本黨出師北伐以來，屢敗敵人，不過一年工夫，能夠打倒吳孫兩軍閥，使中國版圖大部份入於青天白日旗幟之下。軍事的勝利，已震動中外。肅清國內軍閥，統一中華民國，直指顧間事。又軍隊紀律之嚴明，與切實擁護民衆利益，實為從前所未有。故就近兩年來，由軍事方面而言，實為中華民國的光榮。

(三)政治方面

這兩年以來，凡在國民政府統治下的省分，不特無病民的虐政，然而種種政治制度，實在能適合中國的國情，而能實現民衆的利益。又如財政統一，無有從前軍閥盤據時財政紊亂之弊。在內政固有長足之進步；然在國際方面，能夠收回漢口九江等租界，為廢除不平等條約之先聲。這足徵兩年來，中國政治的進步。

(四)民衆方面

中國民衆向來不理國家政治，凡對國家大事，多漠然視之。但近二年以來，經本黨的宣傳組織，和訓練，民衆已有澈底的覺悟。愛國運動，日益膨漲起來。舉凡打倒國內軍閥，打倒帝國主義，與促進國利民福的運動，已深入民衆腦海中，能夠共同努力謀中國之強盛，和實現中華民族的解放。民衆既有如此覺悟，實足洗滌從前的陋習，而增加國家的福利。

以上四點，實全是由本年國慶日回顧起來最足見優良現象。然而何以能得如此效果，不外由于本黨同志，本着總理遺訓，努力奮鬥之結果。但是現在國內軍閥尚未肅清，中國仍未能統一，列強侵略如故，中華民族未能解放；加以反動派——如中國共產黨等，時思危害本黨。然則欲繼續總理建設中華民國的精神，以求完成國民革命，必須更加努力前進，務使每年慶祝國慶日，都有良好成績之可言，則國慶日的精神，可以發揚光大至於無極了。

本校本週口號

一、發揚革命軍人的精神！

二、養成刻苦耐勞的習慣！

三、絕對服從命令！

四、身心誓許黨國！

國慶紀念我們應有之認識

正堅

十六年前的今日，是我們先烈起義辛亥革命的日子，即是我們中華民國誕生的日子。每年此日都要舉行紀念。本來是多麼高興。然而我們不但不覺得高興，而且在每一次紀念當中，反而增加了我們的慚愧，悲哀，和失望的樣子，就是因為我們的革命尚未成功了。我們試一回顧，十六年來中國政治上社會上的情形，是怎樣糟糕？國內同胞的痛苦，不獨未有解除，還要變本加厲，辛亥革命諸先烈，雖犧牲了無數的頭顱，只做了枉死城中的冤鬼，他們犧牲得來的結果，只推翻了滿清的專制，釀成少數軍閥的專制。孫總理在民國十二年的演說，他對辛亥革命的評語是「十二年來所以有民國之名而無民國之實者，皆此役階之厲也」這話最為的當，十餘年來中國的禍亂未有了期，這都是辛亥革命的失敗！何以說是辛亥革命的失敗呢？這也是我們在這紀念辛亥革命的日子應該了解的。

我們今天大胆說一句話，我們的先烈同志雖具備犧牲奮鬥的精神，然因革命軌道尚未能達於圓滿，所以雖犧牲其身，終不免於挫折與失敗，然他們這種勇於革命富於犧牲的精神，我們是非常佩服時時刻刻都紀念着，至於由他們挫折與失敗，中間得來的經驗，更給予我們以實際的教訓，我們也相信「失敗為成功之母」先烈同志過去的失敗，就是造成我們將來的成功，我們現在可以研究辛亥革命失敗之原因，來做我們今後努力的標準。辛亥革命失敗之原因是什麼呢？我以為不出以下幾種：

第一是革命之不澈底　辛亥革命的結果只推倒一個滿清政府，官僚勢力和滿清餘孽完全沒有剷除，單獨除了一個名義上的皇帝，又大量的容受一般舊官僚來把持國事，安能望有澈底的成功，須知革命黨雖然要與一切可以合作的勢力聯合戰線，然而對於黨的主義是要時時抱定不妥協的精神，去完全貫澈本黨主義，若徒然要結成個消的聯合戰線，而不注意貫澈自己的主義不注意黨的地位，一定是歸於失敗。

第二，是黨員未了解黨的主義　在革命同盟

(二

啟事

劉峯，李德蘭，二兄，自黃埔離別後不知兄等在何處請速函知為荷　江蘇丹徒縣辛豐鎮國民革命軍第二十二師第[illegible]

逕啟者：敝樂隊司樂下士徐殿璣遺失白布第八九九號符號，昨日誤刊為第二九九號，特再更正聲明　中央軍事政治學校軍樂隊啟

日前鄙人因失落符號一枚學字第一百八十三號茲特登報示明作廢　學生第[illegible]中隊王邦卬

公啟者：本[illegible]患病[illegible]如本校官佐士兵有在[illegible]患病不願服西藥者[illegible]心療治茲登日刊以作介紹

經理部　科長姚振瀛　主任[illegible]　股長周立龐　科員　陳家治　黎瑞麟　林修竹　劉銘鼎　徐鐸　姚牧　馮仲彥　周甘棠　汪典寬　袁幹貞　朱兆玉　鍾嘉樂　勤務兵　姚鳳姿　譚浩　[illegible]　謝石痕　[illegible]人公啟

中華民國十六年十月十日　黃埔日刊　星期一　第三頁

會成立的時候，孫○理早已標舉三民，義爲本黨的黨綱了，但是當時的黨中同志，多傾向於感情，對於三民主義未有徹底了解，所以到辛亥革命以後，就分出很多紛歧的主張來，有的以爲排滿勝利了，民族主義便算成功，就生，民權主義可以不要，有的又主張二民主義，弄得意見紛歧，各持己見，甚至對於孫○理的命令也不服從了，這也是辛亥革命失敗的原因。

第三，革命黨之官僚化　辛亥革命以後，不但沒有把舊官僚舊勢力完全剷除　革命黨人反多數官僚化了，因爲辛亥革命，不過大家感覺滿事日非，非打倒滿清不可，而對於■■■主義民衆的要求，都漠不關心，所以革命以後，有革命黨消滅的口號，大家都走到國會內閣裏去做官了，有的竟然去和舊官僚勾結，有的就組織什麼政黨學系　去和舊官僚在權利上做無謂的政爭，把革命的精神和革命■目■，完全消失去了　革命黨終歸於失敗。

第四，革命黨無羣衆的基礎　辛亥革命不能完成國民革命的根本原因，就是當革命黨與羣衆之隔膜，革命的工作，完全要由少數革命黨人去担負，至於一般民衆，簡直莫明其妙，也不參加運動，所以辛亥革命後，滿清倒了，而政權却讓給北洋軍閥和舊官僚的手上了。民衆與革命，完全沒有發生關係　也不自知起來，擁護革命運動，監督革命黨員，任由那些軍閥舊官僚和官僚化的革命黨員專橫恣睢，讓他十數年來專制政治和壓迫民衆的現象。

第五革命黨偏重軍事行動　原來革命行動是有步驟的，宣傳民衆　組織民衆　訓練民衆　武裝民衆而後有軍事行動，這是革命過程的必要步驟，固然革命進行，少不了軍事力量　但是我們不能偏重軍事行動，便忘却了政治的工作　辛亥革命的失敗，就是祗有軍事行動，而忘記了宣傳主義，訓練民衆與組織民衆，故此縱然在革命以前有一部份兵力，革命以後有一部份政治地位，亦敵不過反動的勢力。

辛亥革命不能成功，他的原因已如上述　我們得著以前失敗的教訓，自然不會再踏辛亥的覆轍了，我們今次的革命，是絕不妥協，我們的黨，現在已有了明白的主義和紀律，黨員都要服從，而且相信黨的領袖的指導，我們黨的基礎，是建築在羣衆上面，絕不似辛亥那單純的本黨革命，現在黨中同志多已了解爲民衆利益而奮鬥，絕不是爲私人陞官發財的企圖，本黨主義深入人心，軍事與政治同時發展，不若從前專致意軍事力量的畸形發展了，如果這樣能切切實實做將去，國民革命的成功就可預卜。

今日是十六周年的國慶●日，當這黨國飄搖之際，自然我們免不了無限的傷感，但是徒傷感也無濟於事，我們要加倍的努力向前進，完成國民革命之大業　繼續孫○理暨諸先烈未竟之志，我們希望明年此日的國慶●紀念，減少了我們的傷感，增加了我們的高興！

慶祝雙十節感言

頌儒

在革命史上有莫大光榮和意義的雙十節，現在又到了。我們隨着時光的流易，一年一度的熱烈●祝雙十節，到現在已是第十五次了。回想十五年前的今天，革命軍在武昌義旗一舉，全國響應，不久便把滿清政府推翻，建立中華民國，那時候我們整個的民族，發生了不少的新希望，我們被壓迫的民衆　吐出了不少的悶氣。可是民國成立已十五年了，我們除了推翻滿清專制政府之外，得到了什麼國民應享的幸福？我們的痛苦不特沒有解除，反增加了種種的壓迫。我們把十五年來國內政治　社會，經濟情形考察一下，實不免覺得傷心！

推翻滿清，建立民國，本來是本黨孫總理奔走革命的最初主張。辛亥革命把滿清推翻了，民國也成立了，似乎總理的主張已經實現，革命也已成功；可是，不過把政權從外族的君主手裏移到本國的軍閥手上，把一塊民主的招牌，替換了君主專政罷了：這種不澈底的推翻滿清，和換湯不換藥的民國　並不是孫總理所主張的，也沒有一點革命的意義：所以我們站在國民革命的觀點上　不能承認辛亥革命是失敗，從十五年來事實的表現，更不能說辛亥革命是成功。我們試看：民國成立的翌年，本黨便在袁世凱壓迫之下解散了，孫總理和本黨同志，都被迫逃亡海外。後來袁氏稱帝，張勳復辟。曹琨賄選，段氏竊權，以及袁氏遺留下的北洋軍閥因爭奪權利而起直皖戰爭和奉直戰爭，國內是怎樣的情形?!我們受軍閥的壓迫，受內亂的荼毒，我們的痛苦已是比辛亥革命之前更利害了。而帝國主義者對我們的侵略日益利害，我們國家的地位，不是更危險了嗎?!

自去年出師北伐以來，我們革命勢力已達到了黃河流域，爲革命前途放了一線光明，但是軍閥還未盡殲，帝國主義也進攻日亟，而我們黨內又以○理■逝世，失去重心，共產黨陰謀破壞，腐化份子竊據黨權，弄成現在半生不死■僵局，這又不免令我們感到前途■黑暗了！

然而雙十節是民族革命■表現，是革命史上■光輝　是值●祝的價值和意義的。不過我們今天●祝雙十節，在放棄之中，不要忘記國民革命還沒成功，我們■責任更見重大，革命前途非常險惡，我們還要努力奮鬥。現■■慶祝是忍痛■慶祝：要■■革命成功，三民主義實現■時候，才有歡樂■●祝，並且要知道：革命是走曲線■，我們在革命■過程中　雖然時時碰着障礙　革命勢力的進展中，也時有挫頓　但這是革命過程中必然■現象，我們不用灰心，不用失望　只要能在三民主義之下，團結起來，努力奮鬥　最勝努可操■。我們要有這種覺悟和認識，才是真正■●祝，才能表現雙十節■價值。

慶祝雙十節

鄧國章

雙十節這日，原是開數千年以來未有■歷史，亦是○理革命成功之第一步，尤其是武昌諸烈士粉身碎骨以血洗換來■國●日，故所以我們大家對於這日，皆應熱烈地●祝，以表示萬分■歡喜；羞當這日還不歡喜，不●祝，就恐怕對不住先日死難者，幷對不住○理■提倡革命■精神了。怎說？因爲革命不是一旦可以成功■，亦不是一旦不成功，就把前日已成功一部份，埋沒於無聞，而不去張大起來。若果這樣，我們雖日言革命，終是假革命　終是因人成事■革命，非能夠做到澈底■地步；不能夠做到澈底■地步，則必人云亦云。人說：「今年某時節，某事件，快要成功了，我們可以從此●祝！」他亦說：「某時節　某事件，快要成功，我們亦可以從此●祝！」這一種人是腐化投機份子，非能夠去講革命■，且亦非能夠實行　○理主義■；究其實，「某時節，某事件」，可以●祝，不可以●祝，我們先要明白他前因後果，非可以盲從，如果盲從，則就變爲無價值了。

今年的雙十節，本要表示　種種熱烈地●祝，才對得住先日在武昌起義諸烈士，及○理，乃查看革命諸同志的觀念上，多有講出不快爽的話：「甚麼反革命派未肅清，軍閥——張作霖未打倒　貪官汚吏未剷除，」又說：「民衆多疾苦，比較武昌首義日，更加慘酷，一年壞過一年，那裏歡喜得來，以●祝呢?」」不知，這種觀念，完全是錯誤的，我們剛才在前面說過：「革命不是一旦可以成功的，亦不是一旦不成功，就把前日已成功■一部份，埋沒於無聞，而不去張大起來」我們今日慶祝雙十節，就是照這幾句話做起。不觀夫十六年前慶慶●祝●●日■效力嗎?我們有一度●祝　就有一種希望　也就得我已往■成功之一部份。因爲我們有了歷年底●祝　則歷年所起■■鬪，貪官　汚吏，以及舊日存在仍未能剷除，未能打倒　未能肅清■　班反革命派，我們就可以預防了。末了！民國十六年■雙十節，今日又到了我們要高呼着：

1、全國民衆聯合起來！
2、打倒帝國主義！
3、打倒軍閥！
4、打倒貪官汚吏土豪劣紳！
5、肅清反革命派——中國共產黨！
6、國民政府萬歲！
7、中華民族解放萬歲！
8、雙十節萬歲！

雙十革命與黃埔軍校

二六區隊學生鄭邦鑑

（一）雙十革命發生■■意義

自滿清入主中國以來，持着「寧贈友邦，不給家奴」■■主義　不斷地把中國■土地和主權，買好帝國主義者；弄到中國■國際上，政治上，經濟上，烏烟瘴氣，沒有一點■自由平等。孫○理生當其際，內察國情，外觀潮流，知非革命不足以救國族而蘇民衆。於是立志鋤滿，鼓吹革命；奔走日本南洋羣島等處，奮鬥二十餘年■久，經過九次■■失敗，及一九一一年十月十日，（辛亥年八月十九日）武昌起義，各省響應，才倒滿清而建民國。故雙十革命，是中華民族解放運動■新紀元，也是○理革命奮鬥■結晶，何等偉大！何等蘇烈！

（二）雙十革命失敗■原因

（以上■代■●代慶○代總）

雖然：雙十革命，雖能推倒了四千餘年[illegible]帝制，樹起了共和民國[illegible]旗幟；但[illegible]招牌空掛，國家政權反爲一般帝國主義[illegible]走狗帝制餘孽和軍閥所盤據，造成鈎心鬥角[illegible]局面，國窮民窮[illegible]現象，[illegible]今比昔，不啻一大皇帝（滿清）去，而無數小皇帝（軍閥）來，[illegible]生狐疑，甚至有觀念懷疑，只曉破壞，不曉建設，雙十革命之失敗，原因雖然很多，但沒有真正[illegible]革命軍隊，也是其中[illegible]一，怎樣才是真正[illegible]革命軍隊呢？就是軍隊[illegible]黨化民眾化，換言之：就軍隊要聽命黨，要服從民眾[illegible]意志，接受民眾[illegible]要求。在那時候[illegible]軍隊，大多數都是「鳥合之衆」，沒有相當[illegible]組織與訓練，所謂革[illegible]軍[illegible]領袖，也不過借革[illegible]之名，各據一方，以謀私人[illegible]利益而已。[illegible]隊，則對外不能抵禦[illegible]侮，對內[illegible]，反而當時有「革命軍興，革命黨消」[illegible]沉痛語，[illegible]都是當時失敗[illegible]一個原[illegible]教訓。

（三）黃埔軍校創辦的[illegible]命

總理鑒于雙十節革命失敗[illegible]原因，[illegible]時以[illegible]狀況[illegible]，[illegible]之統一，非[illegible]隊[illegible]不能[illegible]功。乃於民國十三年改組本黨後，毅然決然地命蔣校長籌[illegible]黃埔軍校，招致革命青年，施以軍事政治教育，以造成革命[illegible]隊，向國民革命[illegible]進路上跑。所以黃埔[illegible]校，是應時勢需要而產生，[illegible] 總理感覺着雙十革命[illegible]失敗[illegible]產生。換句話說：[illegible]校負有完成雙十革命[illegible]工作以[illegible]中國[illegible]平等[illegible]使命！

（四）黃埔[illegible]

本校創辦，計今三年有餘，在這三年餘[illegible]當中，各期同志[illegible]不斷身，努力奮鬥，已把頭顱血液種植灌溉了許多[illegible]花，與維護先生說：「黃埔二字，已成爲世界革命名詞」，則本校[illegible]革命成績，誰[illegible]不能抹煞[illegible]，就去年國民政府出師北伐，由珠江流域擴張至黃河流域之南，把吳孫二軍閥打得落花流水，嚇英日帝國主義以莫大[illegible]驚惶，我們黃埔同學隨從沙場拼命犧牲[illegible]，也[illegible]不少。奈是「道高一尺，魔高一丈」，那[illegible]義[illegible]力，援助軍閥，[illegible]革命[illegible]中國共產黨，又搗亂於前後方。卒之：北伐進行牽掣，雙十未竟[illegible]功，因而斷獲，這是多麼可腦！

上面說過：「黃埔軍校的使命，在完成雙十革命……」那我們在今日熱鬧[illegible]雙十紀念當兒，應該自家問自家：「革命既已有了成功[illegible]紀念日并且十六年都已經有了；爲什麼在十六年後[illegible]今日，帝國主義還未打倒，中國人民還在水深火熱[illegible]中呢？」答這個問題，自然是「雙十革命時沒有真正[illegible]革命軍隊」。我們黃埔同學既負有[illegible]訓練[illegible]革命基本武裝黨員，則我們須加緊我們[illegible]工作，担起我們[illegible]使命來！

同志們，黃埔[illegible]同志們，楚歌四起，使命[illegible]大；我們要不負了 總理創辦黃埔[illegible]苦衷，須遵着 總理所指示[illegible]光明大道，國民革命，繼續努力北伐，以完成雙十革命[illegible]工作！（[illegible]代[illegible]）

雙十節的意義

雙十節前一日，作於平崗駐所。

第一學生隊第廿四區隊學生吳昌中

一九一一年的十月十日，是武昌砲兵營，工程營裏面的同志，首先起義武昌，趕走了鄂督瑞徵，從此長驅韃虜，連克十五省，光復漢族，還我山河，建設中華民國，實開歷史上之一新紀元。這番偉大事業，是十月十日產出的，所以十月十日的雙十節，實在很值得紀念着。

雙十節的名稱，就形式方面說，是：十月十日爲武昌起義之日，其後遂以此日爲國慶日，因其月日兩一十字，故有雙十節之稱，但是這一個雙十節，不是尋常什麼龍舟競渡的角黍節，望月夜遊的月餅節，更不是仍舊貫所謂之新年節，因爲新年節，也不過是更桃符，燃炮竹，嚐幾餐珍肴海味，喝幾鍾屠蘇酒便罷，這一類似的節，我可說是沒有多大意義的，有意識的人們，決不會與爲彩烈的。

雙十節的使命，在求掃除韃虜，恢復中華，建立民國，平均地權，是以三民主義爲根據，總之因爲有了三民主義爲根據，所以才有辛亥革命發生，才能將滿廷抱定的「寧贈友邦，不與家奴」主義打倒。

雙十節的產生，是同盟會，同盟會的最前身是興中會，興中會是 總理手創的破題兒第一次革命團體，由興中會到同盟會一時期中，可算是 總理潛入革命的時期，自一八九五年廣州謀洩之失敗，至一九一零年廣州之役，前後革命失敗凡九次，才有武昌起義的成功，這九次失敗當中，犧牲了恆河沙數的頭顱，糜費了 總理畢生精力，其間如潮州黃岡之役，義聲天地，忠貫日月的七十二烈士，更是以震撼中外，壽烈古今，而[illegible]以雙十節的意義，純係 總理的精力與諸先烈的鮮血和淚所組織。

雙十節是進步的，積極的，其目的是顛覆清廷，創立民國，實行民族民權主義，至於平均地權，就是民生主義，總理將三民主義，當時已明明白白宣佈出來，而中國國民革命，亦於此方才有明明白白根據着三民主義而成立的革命黨，所以雙十節是非常的節，是華族的普天馨香慶祝，沒齒不忘的節，擴而充之，發揚而光大之，尤其是全世界被壓迫民族的救星開始運動之第一個紀元節，這一個元節，是有歷史的使命，他雖流年好似月繞地球，地球繞日行的一樣。

各位同志；雙十節的意義，既云如此重大，可是十餘年來的背景，我們仔細觀察，究竟怎樣？不客氣地說；什麼袁氏稱帝，張勳復辟，馮徐竊國，段氏專政，曹吳賄選，做出種種荼毒人民、營私賣國的勾當，現在都好擱置不問，因爲過去的歷史，是有過去的人員負責的，現在我們眼白白地看了帝國主義者到處慘殺，劉家兇橫，五卅而後，繼續沙基慘案，漢潯慘案，萬縣慘案，稔山慘案，都城慘案，一開眸再看，又有張獅子狗肉將軍和自命智多星的小諸葛，又[illegible]隔衣帶水倭奴，談判什麼滿蒙問題，據日報內稱，已告一相當結束，哼！國民革命的對象，是在軍閥和帝國主義，現在軍閥和帝國主義打倒沒有？他們的勢力消長究竟如何？撫今思昔，豈不能不長吁短嘆的，同志們！起來啊！枕戈待旦，聞雞起舞，今其時也，做 總理信徒，還做 總理叛徒，亦今其時也。完成國民革命的工作，全靠我們青年的武裝同志担當，我們要一個個能担當這個責任，才能不負紀念，這崇高無垠，雙十節。

通令

十月六日　于校本部　學字第七號

，爲通令事案據政治部暫行兼理事務陳達材呈稱「竊查本月十日正午十二時廣東各界民衆在廣州市東較場舉行慶祝雙十節大會，本校官生理宜踴躍參加，茲擬定參加計劃開列於後，是否有當，理合備文呈請鈞座察核施行」等情據此，查來呈所擬計劃尚屬妥適，除於是日全校放假一天外，并准派隊赴省參加，用伸慶祝，合將該項計劃附令公佈，仰各一體知照此令，附發參加大會計劃一份。校長蔣中正　兼代校長李濟深

中央軍事政治學校參加廣東各界慶祝雙十節大會計劃

一、大會地點　廣州市東較場　二、大會時間　十月十日正午十二時　三、本校參加部隊　A.各部處官佐各派代表二員參加　B.由第一二兩學生隊各抽派學生一百名編成一隊由第二學生隊派出隊長一員指揮之　四、出發及返校時間　全部總代表及各學生隊均於是日上午九時由校乘船赴省，下午四時乘原船返校　五、船隻由交通股準備　六、給養各部處代表由給養股照前例每人發麵飽鹹蛋各兩枚，各學生給養由各隊自備　六、校旗由管理處準備　八、軍樂由管理處飭軍樂隊全部參加，務須整齊服裝　九、宣傳隊　1、宣傳隊之組織　每組五人，編十組由第一二學生隊抽派二十五人（以能粵語者爲佳）組織之，由政治部示以宣傳大綱，各組互推組長一名　2、宣傳隊各組地點與時間　A.本島附近五組　第一組長洲新洲　第二組魚珠沙路　第三組新造深井　第四組官山　第五組東浦琶洲　B.省城五組　第六組中央公園　第七組永漢路　第八組西濠口　第九組西關十八甫　第十組東山　C.出發及回校時間　本島各組由下午一時出發四時回校　省城各組由上午九時赴省下午四時回校

校聞

通報

十月六日　于校本部　報字第1號

爲通報事頃准本校特別黨部函開，逕啓者，敝部定本月七日下午一時（星期五）在大操場開歡送方教育長歡迎李教育長大會，相應緘達貴部，并請轉知各部處各學生隊全體同志，屆時齊臨此致，等由准此，相應通報，即希查照爲荷此致

本校特別黨部歡送方教育長及歡迎李教育長紀實

本校特別黨部于本月七日舉行歡送方教育長及歡迎李教育長大會，是日一時全體黨員齊集本校俱樂部開會，開會如儀，方教育長因事未能到會，派李亞芬同志代表，主席先由主席致開會詞及歡迎詞，次由教育代表及李教育長致答詞，最後由本校各部處代表與各學生隊代表演說，演說畢，全場高呼口號，直至下午四時散會云，

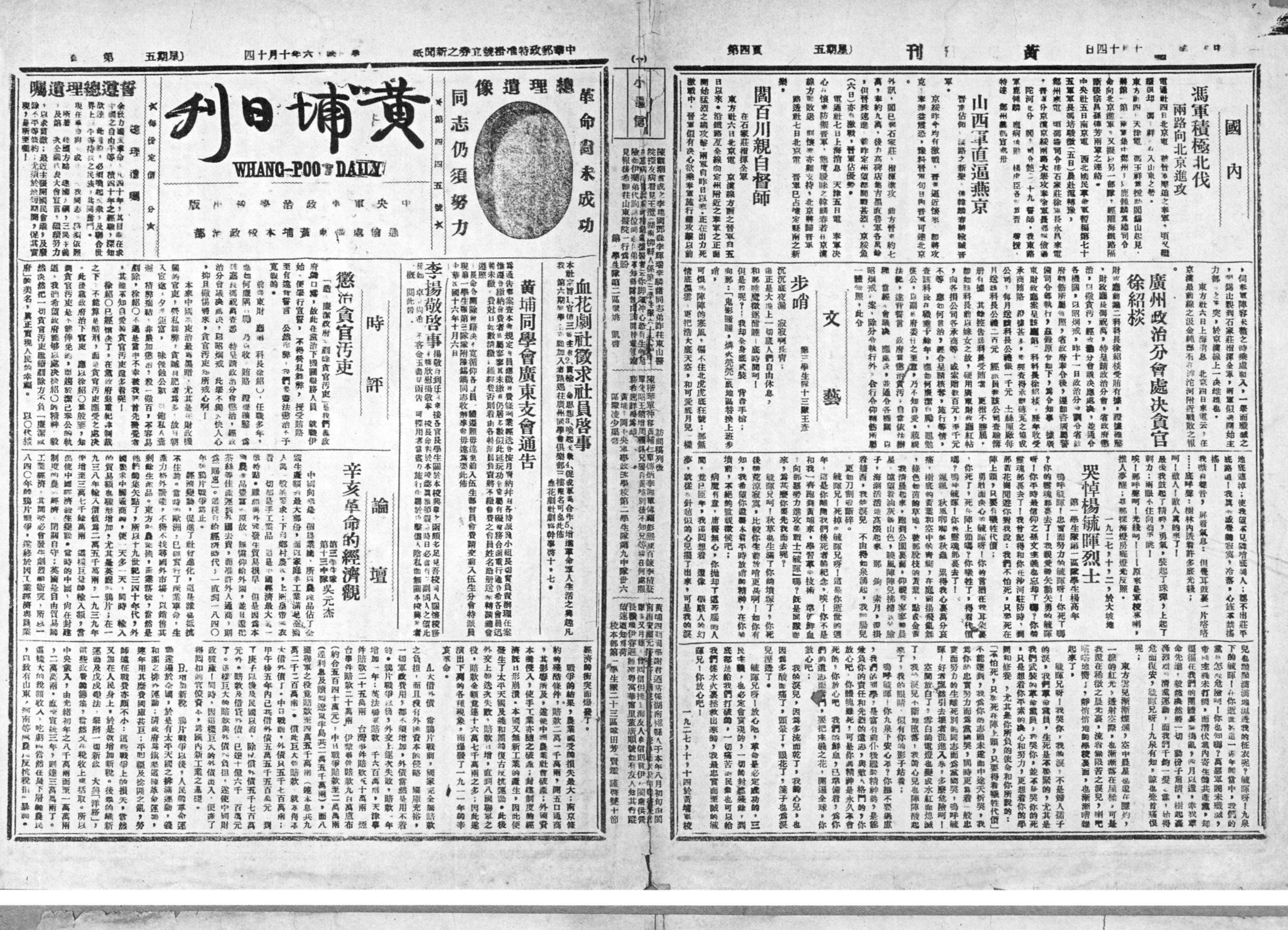

中华民国十六年十月十四日 星期五 第一页 第四页

黄埔日刊

WHANG-POO DAILY

中央军事政治学校黄埔本校政治部出版

革命尚未成功 同志仍须努力

总理遗像

总理遗嘱

国内

冯军积极北伐 两路向北京进攻

山西军直逼燕京

阎百川亲自督师

广州政治分会处决贪官徐绍棪

哭悼杨辅晖烈士

文艺

步哨

血花剧社征求社员启事

黄埔同学会广东支会通告

李扬敬启事

时评

惩治贪官污吏

论坛

辛亥革命的经济观

中华民国十六年十月十四日 星期五 黄埔日刊 第二页 第三页

本校周口号

一、发扬革命军人的精神！

二、养成刻苦耐劳的习惯！

三、绝对服从命令！

四、身心誓许党国！

谈谈升学

本校新闻

通令

公布令

命令

一个升学的梦

时事要闻

国际

英政府渐入危险时期

苏联积极从事战备何为

中華郵政特准掛號立券之新聞紙 民國十六年十月十四 (星期五) 第 號

黃埔日刊

WHANG-POO DAILY

中央軍事政治學校出版
通信處廣東黃埔本校政治部
第四四五號
每份定價 分

總理遺像

革命尚未成功
同志仍須努力

總理遺囑

余致力國民革命，凡四十年，其目的在求中國之自由平等。積四十年之經驗，深知欲達到此目的，必須喚起民眾，及聯合世界上以平等待我之民族，共同奮鬥。

現在革命尚未成功，凡我同志，務須依照余所著建國方略、建國大綱、三民主義及第一次全國代表大會宣言，繼續努力，以求貫徹；最近主張開國民會議，及廢除不平等條約，尤須於最短期間，促其實現，是所至囑！

小通信

陳觀潮翁成之李德國鄧森李輝瑞李麟諸同志弟[illegible]院探友病看見王攬（湖南柳縣人係第三學生隊[illegible]）病[illegible]精神錯亂據醫書云你腳氣冲心甚危險而伊囑弟代詢[illegible]位同志[illegible]弟不知部隊無由詢問特登報後希即往山東醫院一行為盼 第一學生隊第二區隊 姚凱 啟

[illegible]訪問稿列後 陳楷 單仲容 黃埔[illegible]傳[illegible] 李績[illegible] 黃埔同學[illegible] 區隊凌少渠 啟

血花劇社徵求社員啟事

本社宗旨1、宣傳三民主義 2、灌輸革命思想 3、喚起民眾 4、促成軍民合作 5、增進革命軍人生活之興趣 凡我第六期同學，有志加入者，請逕往廣州同學會俱樂部三樓報名可也 此佈

血花劇社劇務幹事啟 十，七。

黃埔同學會廣東支會通告

為通告事案查本會規定會員應繳會費條例業經迭令按月繳納，並由各特派員小組長切實負責辦理在案。惟遵令繳納會費者固屬寥寥，其未繳者仍居多數，似此延玩，殊屬有礙會務。合函重行通令各會員迅將未繳會費赴日如數清繳，繼續會費否則着由各特派員負責將不繳會費之會員姓名造冊送本會轉請總會遵照總長命令開除會籍，決不寬循，仰各會員一體遵照。現第一學生隊第三隊隊附陳錫鐫同志收解本會，毋違為要此佈

中華民國十六年十月六日

李揚敬啟事

揚敬自到任以來，接各官長學生關於本校興革之函頗多，足見吾校同人關懷校務，揚敬欣慰，揚敬奉副同人之望，此後如卓見尚希不吝金玉，盡量函告，可採用者當盡力施行，但關於陰私而無關本校興革者，概不閱此啟。

時評

懲治貪官污吏

「澄清吏治」、「廉潔政府」、「剷除貪官污吏」是我們黨政府的口號，故此在黨治下機關服務人員，就職伊始，便舉行宣誓，不得營私舞弊，授受賄賂，甚至有違背誓言，公然作弊，我們要依法懲治，不予寬假的。

前廣東財政廳科長徐紹○，任職多年，竟如何廉隅不勵，乃收賄賂，證據確鑿，為該廳長馮祝萬查悉，特呈請政治分會懲治，經政治分會議決處決，以昭炯戒，此舉不獨大快人心，抑且儆惕將來，貪官污吏知所戒心啊！

本來中國的吏治最為黑暗，尤其是在財政機關的官吏，營私舞弊，貪贓自肥者為多，故有朝入官途，夕成鉅富，味侵蝕公款以飽私人囊橐，積弊痼結，非嚴加懲治，殺一儆百，不容易剷除，徐紹○不過是當中不幸被我們首先發覺者，其他不知自愛的貪官污吏還多着呢！

徐紹○已經槍決了，在黨政府嚴重紀律制裁之下，不能算是酷刑，而是貪官污吏應受之處決。此後黨政府治下官吏，應以徐紹○為殷鑒，知道貪官污吏是不能倖免的，而趨於潔己奉公的軌道，我們希望政府能夠以處決徐紹○的精神，毅然決然把一切貪官污吏繼續剷除，方不負「廉潔政府」的美名，真正實現人民的幸福。 以○代核

論壇

辛亥革命的經濟觀

第三學生隊第十三中隊 吳元杰

中國向來是一個農業國，所以農產品佔了全國生產額的最大部份，而以家庭手工業滿足全國人民一般的要求；下自鄉村農民，上而皇帝的衣着，一切都是手工業品。這是中國經濟最大的一個特點。雖然與外國發生貿易很早，但是因為本國農產品豐富的原故，無需仰給外國，並且還把茶絲等佳產運到外國去賣，而准許外人通商，則為「賜惠」。這種自給經濟時代，一直到一八四○年鴉片戰爭為止。

經濟變動，促進了社會的進化，這是誰也抵抗不住的。當時歐洲，已經實行了產業革命，生產力格外發達，不得不找尋國外市場，以銷售其剩餘生產品。東方的農業國，產業落後，當然是他們的集矢點了，所以十九世紀三四十年代，外國要求中國通商，便一天多一天，同時輸入的貿易額也驟形增加，尤其是英國的鴉片；在一九三八年輸入價值為二萬五千萬兩，一九三九年便增至三萬七千餘萬兩。這樣巨量的輸入額，當然使中國經濟發生變動，當時的中國，尚在封建制度的農業經濟，閉關自守；英國是自由貿易經濟工業經濟，其間勢必會發生劇烈衝突，所以一八四○年的鴉片戰爭，就終於因工業經濟與農業經濟的衝突而爆發了。

戰爭的結果，農業國受的損失最大；南京條約的殘酷條件，賠款二萬一千萬兩，開五口通商，其影響所及，遂使中國農業社會破產；外國資本的侵入，使手工業亦隨之破產；封建制度的經濟既日形崩潰，本國又無新工業的產生，因此便發生了太平天國及義和團的復古反抗運動。此後外交上繼迭次失敗，賠款日增，直到八國聯軍之役，賠款全額竟達十六萬七千萬兩之多；因此遂演出下列的各種現象，而爆發了一九一一年的辛亥革命。

A.大借外債 當鴉片戰前，國家元全無賠款之負担，而且沒有外國資本的侵略，國庫充裕，一切軍政費用，都不須增加，外債當然是用不着的。鴉片戰爭以後，外交上遂次失敗，賠款一年增加一年：英法聯軍賠款一千六百萬兩，天津事件賠款二十五萬兩，台灣事件賠款五十萬兩，煙台事件賠款二十萬兩，伊犁事件賠款九百萬盧布（約合五百四十萬元），中日戰爭賠款至二萬萬兩（連利息及贖回遼東半島共二萬五千萬兩），而八國聯軍之役竟賠款至四萬五千萬兩（連本息共九萬二千二百萬兩）。償此巨大的賠款，就不得不大借外債了。中日戰前，外債只五千七百萬兩；甲午後五年內已共借外債五萬五千五百萬元，到了庚子以後及民國以前，除以償外債五千七百萬元外，賠款及借貸外債，已達十億六千百萬元了。這樣巨大的賠款與外債的負担，遂使中國財政破產！同時，因這樣巨大的外債出入，便養了得回扣的官僚資本，為國內新工業之基礎。

B.增加新稅 鴉片戰爭以後，人民的革命運動遂遍於全國，於是有太平天國之排滿運動，義和團之排外運動；清政府為鎮壓這種革命運動，連年用其糜費國庫甚巨；平回疆及捻匪之亂，勞師遠征戰費亦頗不小：這些戰爭上的損失，當然又加在人民身上，於是就增加新稅。後來的維新運動及戊戌變法，舉辦一切新政，大與「洋務」，這些政費的籌集，當然又從稅收上來括取。所以中央歲入，由光緒初年之八千萬兩而至一萬萬兩，二萬萬兩，直至宣統三年，則達三萬萬兩了。這樣大的稅額收入，吃虧的當然在最下層的農民，以致有山東，河南等處農民反抗稅捐的暴動。

黃埔四期同學謝君迺常係湖南郴縣人于本年八月初旬由閩南南安[illegible]又月餘[illegible]曾回信但據上海友人來信則言伊[illegible]閩[illegible]供營長職現伊[illegible]避[illegible]粵寓華富里董廣順號如有友人知其行蹤務速通知為荷 校本部第一學生隊二十三區隊田芳、賢鑑 謹啟 雙十節

農民因受外資的影響，購買力已經天不及一天，早經破產，現在又加上這些重稅煩苛 當然會發生反感。

C.外資的發展 自列强挾其政治力在華取得通商權 租借地及租界後 國內各重要市鎮 都充滿了外國資本 於是封建農村經濟，遂一變而爲商業經濟的社會了。外國資本的侵入，其初不過在銷貨 因此，必須在政治上取得通商，流通貨幣等特權，同時，勾結國內官僚，豢養買辦，於是在外國資本漸漸發展之下，國內的官僚資本和商業資本也漸漸發展起來。外國資本的第二步侵略便是吸收原料了。這時候在中國開設較大的工廠 利用政治勢力，取得鑛山開採，鐵路敷設及銀行開設等權利，至與金融機關 交通機關。鑛山 除了少數官僚資本外 差不多都是靠外國資本經營了。所 辛亥以前，便有外國大銀行五，最大紗廠四，鐵路達五千餘里，鑛山佔全國五分之三，外資的發展，實在非常迅速。外資發展的結果，使一方面輸入資本，壟斷國內新企業 操縱市場； 方面利用國內官僚資本 壓迫商業資本 而取得中外合辦，權利或獨佔。此時官僚資本 雖不足與外國資本抗衡，但比商業資本則超過，因此，國內的新工業不但不能發達，而且差不多都被外資壟斷着了！

D.失業人口增加 八國聯軍以後，中國經濟上的損失 除 重大 賠款外債與新增煩苛種種負担外，還訂下了協 關 制 束縛 關稅權操在外人手中 國內新工業毫無保障了；入口稅比出口稅低 使中國新工業出產品不能與外貨競爭，同時洋貨充塞市場。建工業 原料品也 洋貨比土貨便宜；而且還要規定抽內地銷場稅 使國貨的成本永減比洋貨大。這樣一來，新工業發展的外機便完全斷絕了！在另一方面講，外債和重稅轉爲負担，完全加在人民身上；衆之外資在國內的發展，使農業手工業繼續破產，而新工業又完全在外資統治之下，這種矛盾現象，就由入超六千九百萬兩以至一萬三百萬兩以上的失業者表現出來。新工業不能發展與爲經濟迅速崩潰當中，失業當然也很普遍了。此種失業者，高等的變爲官僚， 以剝削叫扣爲生活； 低等的變爲土匪流氓，或爲秘密結社 革命的種子就預伏在這裏面了。

E.官僚資本與商業資本的衝突 我們知道，官僚資本是寄生在外國資本下面。所以他一面要勾結外資，而使中國商業成功中外合辦，或者借外資來官辦；一面却要用政治勢力向商業資本壓迫 使商業資本的位置長久在官僚資本下。中日戰後，國內新工業漸次產生 一般商業資本與由土財主紳士所變成的高利資本，都力爭商辦 但因官僚資本的壓迫，雖費九牛二虎之力，結果可以得到的只能投資和無實權的官商合辦；即或爭得一個商辦，亦要官僚（如盛宣懷[illegible]）來主持。這種鬥爭得最顯明的，要算對鐵路鑛山 國有的運動；所以宣統三年竟因爭路鑛而發生全國的路礦風潮，卒之，辛亥革命便在這次風潮中爆發了。

由上種種經濟的現象考究起來，我們知道辛亥革命的原因是：

A.遠因：滿清政府外交失敗，因巨大的賠款外債而更財政破產；因財政破產而重稅煩苛，使下層民衆發生反動；

B.近因：官僚資本要借外債振興產業機關，商人紳士却要收回自辦，因此發生巨大的路鑛風潮 而革命運動遂告成功。

但就這樣判斷起來，也只是形式上的立論，不是他的根本原因；因爲他的根本原因是受了外國經濟影響。現在我們可以得出下列的結論了；

辛亥革命發生的經濟的原因 當十九世紀歐洲產業革命後，生產發達，遂以東方農業經濟的中國爲唯一的銷場，於是向中國開始經濟侵略；一方面挾持其武力戰勝之餘威，强訂不平等條約，使中國担負巨大的賠款，以至大借外債，重稅煩苛 財政破產，而發了下層農民的反動；他方面則外資逐漸發展，使國內舊的經濟日形崩潰，新的工業不能發展，失業人口普遍的增加，便形成中國資本主義的畸形發展，而發生官僚資本與商業資本的衝突 所以革命運動爆發生全國鐵路國有的風潮中。簡單一句說：辛亥革命發生的經濟的原因，是外國資本主義侵略，使本國經濟破產而爆發的一個特殊現象。

照上面講起來，辛亥革命應該是反對外國資本主義，爲什麼革命發生時，不但僅只有「排滿」的口號，而反要保護外國資本主義呢？這個原因也就是辛亥革命失敗的經濟的原因，留在下面說明。

辛亥革命失敗的經濟的原因，總括一句說，也是失敗於外國資本主義的經濟侵略；因爲：

1、上面已經說過，官僚資本在政治上頗佔優勢，商業資本則只有經濟勢力而無政治地位，所以產業的自辦官辦上時常發生衝突，但是們都被統屬於外資，故他們的鬥爭，實在是替外國資本斷爭地位罷了；換句話說，他們鬥爭的目的，在於政權的攘奪。因此，他們只知排滿，而不能反對外國資本，并且還保護他們，以期其援助。

2、外國資本此時眼見得滿政失威力於國民，在自己的侵略上，固然要保存官僚的政治勢力，也必須紳士的社會勢力和買辦的經濟勢力；於是對南北政府，不但不借款，並且把持關稅，不給予南北政府，而强迫結成一個官僚，紳士，商人妥協的局面，同時，官僚仍舊佔重要位置。

3、外國資本最怕的是本國資本的發展，所以另一面又把擁有雄厚資本的華僑排擠在政權以外，而讓官僚資本獨佔；數目很大的失業階級，當然沒有相當位置了。

有這幾種經濟的原因 於是辛亥革命就不得不宣告失敗了！

所以辛亥革命的結果：滿清雖然打倒了 而官僚政治代替了君主專制；農業手工業的封建經濟雖然崩潰了，而繼承者乃帝國主義所鑄成的畸形的官僚資本主義；商人和紳士，又做了官僚資本的奴隸；大部份失業者仍舊繼續着增加他們的痛苦；一部份資產階級仍舊在官僚政治統治之下，得不到發展的機會；外資竟成了統治者的統治了。革命黨所要達到的經濟目的，「由手工業制度的生產過渡到資本制度的生產」不但成了春夢一場 而且因後來反對大借款的原故 反轉被袁世凱利用外資所打倒了！

統治權掌握在外國資本統治下的畸形的官僚資本主義者的手裏，所以演成了十數年來繼續不斷的軍閥戰爭和民族運動，一直到帝國主義滅亡，民生主義實現，辛亥革命的經濟使命便告完成了！

本校本週口號

一.發揚革命軍人的精神！

二.養成刻苦耐勞的習慣！

三.絕對服從命令！

四.身心誓許黨國！

一個升學的夢

十六週國慶紀念日於蝴蝶岡

三十七區隊學生殷士隆

我在入伍的時候，一天晚上，跑到黑甜鄉裏去，瞧看同學們個個着了「咬下線頭」的制服；踏着一雙新草履，歡天喜地的重重繞着平頂式的講台；娥娜的女士，一雙一對的翩然惠來，還有許多西裝友的男賓，都是羅列彩樓前面，五光十色的燦爛電燈，照耀着同學們頭顱上面；呈紫紅的彩色，半橫半斷底聲浪，時時震到我的耳鼓裏來，聽着說的：——「今天是六期學生升學的典禮負有革命性的同志們都站在一塊兒：……」但是現在的險惡環境當中……」那咽嗚的嘈聲，阻止我的聽力，說什麼我總是聽不着了，半嚮 又聽着嚮亮的說着；「你們到此地來，都是抱有革命性的革命的，就要本着你們的初心，研究主義，努力學科……」與高采烈底時候，達達打，的達打的號音，唧唧的哨聲，印到我的腦袋裏驚覺起來，什麼與高采烈的升學，都是 場春夢。

我夢了一個禮拜以後，事實上的升學，就從我夢裏實現出來了，一切科學 從頭一二溫了一遍，做個攷試的敲門磚；現在升學的目的已經達到了，對於升學的新紀元當中，應該怎樣和努力!?

黃埔軍校，是總理手創辦的 因爲總理致力革命數十載 看見歷次革命的失敗，都是多數黨員 信仰主義的結果，換句話說，就是沒有基本的武裝黨員來組織黨；所以一般投機黨員，借着國民黨的招牌，擴充他的勢力，以謀個人利益，總理爲革除這樣積弊，完成國民革命，創辦這個學校，就是要把革命使命，放在這校的武裝黨員身上，事實上告訴我們，兩次東征削滅楊劉，一二兩期同學，都是慣不顧身，爭先恐後，向敵人肉搏，衝鋒陷陣，無非是要達他們使命，我們是繼續先烈之精神的後死同志；應要踏着先烈的血跡，在中國國民黨指揮之下，「團結精神」，「統一意志」，奮鬥犧牲，才不辜負總理創辦斯校的本旨，升學才有點意義。

我們知道，我們升了學，就是我們將離別學校的日子到了，也就是我們向帝國主義和軍閥衝鋒的時期到了，我們應該怎樣？就是在求這時代下做一算，並非只說了幾句革命口頭禪，就能達到我們的使命，「既謂水之積也不厚，則不足行舟，學也不深，則不足任事」這句說話，雖然陳腐，還有點意義，我們要努力學科，鍛鍊身體，嚴守紀律，信仰主義，做到總理告訴我們「革命黨人，要以一個人打百個人」的本領，才能夠負起總理遺下的革命使命，若是悠悠忽忽，天過一天，對於軍事技能，沒有學到一些，不獨我們的使命沒能達到，我恐怕徒增多千百的高等游民罷了，同志們！應該怎樣努力呀！

我這個夢，雖然是夢得靈，但是在現在險惡的環境當中，我希望同志們多吃些苦，沒好的地方，痛改而刷新之，升學才有些益處，若是不管那三七二十一，一天浪漫一天，還比入伍時代有過之無不及，將來的危機，就含在現在升學問題裏面，還說什麼解除民衆痛苦，謀黨國利益呢？同志們，應該怎樣努力呀！

是我們工作開一新局面的問題，所以我們在新上作開始的時候，應當照着上面所說，把從前的錯誤改掉，新的方向認清，而振作精神，努力向前做去；茲特分析說說：

入伍生的訓練，是基本的訓練，其目的在：(一)嚴守軍紀黨紀，使個個都能夠團體化紀律化；(二)革除浪漫習慣，使具革命的精神，堅苦耐勞的操守；(三)研求基本智識，使得着穩固的基礎。了解士兵的生涯，為他日領導革命戰士的根本，總之，在來改造我們，成為新人，在革命道途上，能夠無所顧慮的，奮勇前進，但是，雖則如此，我們究竟有無充份的達到"基本訓練"的目的？舊體有無死掉？新生有無長成？錯誤的地方究竟共有多少？這是我們應該撫心自問，明瞭認識的，因為明白了之後，才能把牠改掉，而不至再犯，本來我們的錯誤，是非常之多的，隨處都有我們錯誤的表徵，現在只就「不以為意」的錯誤而論，就多至不可勝算，他如「明知故犯」的過失，「以身試法」的行為，亦如恆河沙數不可勝言呵呵另外據語觀察，我們更有下列幾種普遍的錯誤：

1、趾高氣揚，
2、好高務遠，
3、漠視智識，
4、精神不振，

(未完)

談談升學

曾磊中 岡八中隊廿於九區隊

確也升學了！年餘漂泊，才得到個靜讀地方，同學們欣欣有喜色，可斷言的了！但是如果以為升了學，快畢業，畢了業，快升官，那我們的升學，不特全無價值，就也不配升學了，最低限度，對於升學，我們要有幾層明確的認識：(一)「前事不忘，後事之師」，我們在升學伊始，就要堅定我們的志向，由「既經怎樣」，來決定「應該怎樣」，不要盲目的再蹈覆轍，(二)「精神所至，金石為開」，我們應把「升學」當做興奮劑，來振作精神，使不委靡不振，確認了□□□□升學才能向光明的大道走，很進步的向前走，因為升學的問題，并不是個企圖利益的問題，

本校新聞

通令 十月十一日 于校本部 學字第13號

為通令事案查前學生軍第四中隊學生鄢開元於七月十九日請假探兄，去不返經通緝有案而事逾月餘該生始行返校并具悔過書請求回隊求學經該管長官以其平日潛心向學操守尚佳除將其禁閉示懲外呈請准其回隊繼續學業經本前方教育長批示准其回隊着該管長官隨時察看在案現據第四中隊全體學生趙宇年等聯名告發鄢開元確係藉故潛逃通緝，兼且復回隊投機預考請予懲辦等情據此當經派員詳細查明該生前以升學無望故藉假潛逃今值升學在即又復返校似此意志不堅跡近投機且胆敢去來自由藐玩校規實屬目無法紀殊堪痛恨應即開除學籍以儆效尤并限於令到日即日離校合行通令仰各一體知照此令

校長 蔣中正
兼代校長 李濟深

公布令 第三號

委任鄢揮為本校砲兵科大隊長支上校初級薪此令

委任黃麟書為本部中校秘書鄧東航為少校秘書均支初級薪此令

委任李源和為本校政治部總務科科長支少校二級薪此令

加委翟示心/余祖明為本校政治部宣傳/黨務科科長支中/少校初/二級薪此令

委任李卓賓為本校政治部上尉書記支初級薪此令

據經理部呈財務科會計股司書貞琨石因病請給長假應予照准此令

據管理處呈電話隊通信員陳雄因病懇請長假應予照准此令

據高級班呈軍用化學研究科司書戚太和已經考入第七期預科肄業遺缺請委姜白新補充支准尉初級薪應予照准此令

據教務部呈第二學生隊第十隊司書陳椿年久不到差遺缺請委林猶韻補充支准尉初級薪應予照准并准自本月七日先行到差此令

委任胡惕成為本校第三學生隊第十三隊准尉特務長支二級薪此令

據第三學生隊呈第十三隊司書黎聘久不到差遺缺請委龐善之補充又十四隊司書胡焜久不到差懇請撤銷委令遺缺委王焯槃補充均支准尉初級薪應予照准此令

委任胡廷鈞為本校第三學生隊第十四隊准尉特務長支初級薪此令

委任李勳宏為本校第三學生隊第十七隊准尉特務長支初級薪并准自十月一日先行到差此令

委任魏子鴻為本校第三學生隊第十八隊准尉特務長支初級薪此令

據教務部呈第二學生隊經理隊司書劉煥章因病不能到差懇請撤銷職務遺缺委周崇璵補充支准尉初級薪應予照准此令

中華民國十六年十月十一日

校長 蔣中正
兼代校長 李濟深

命令 十月十二日 于校本部 軍字第四號

查本校各部處科所有服務員均需現在改組案編制所無亟應即日裁撤以節校款仰各部處科主管官即便遵照辦理此令

校長 蔣中正
兼代校長 李濟深

時事摘要

國際

英政府漸入危險時期

(路透社)三日倫敦電，英政府業命向以第四年為危險時期，今包爾溫之保守黨政府已漸入第四年度矣，本星期內留心政治者，將注意於迦狄夫與黑塘兩處，因此兩處乃保守黨與工黨舉行年會之地點也，兩黨所擬之議程，皆注重下屆選舉，保守黨除首相人物問題或將間接發生外，將以改革上院與擴充女子選舉權兩事，為最有討論之問題，保守黨間有對此兩事不滿意者，但政府則已允為之，工黨議程大約以工團行政會與工黨肅清共產黨一事，為最足引起辯論，工黨議員勞伯賈今日在黑塘會議主席上發言，謂肅清共黨之運動，幸張寬宏而有建設性之政策，反對有破壞分裂性之勢力，此言確為工黨多數之心理，工黨會議之主要議案，為不勞而獲之收入，年在五百磅以上者，應徵附稅之計畫，工黨殆欲以此代資本稅。

蘇聯積極從事戰備何為

(世界社)蘇聯政府近來對於軍事準備，進行益為積極，據德國那恩電訊，蘇聯政府於上月(九月)二十日在沃達薩舉行陸海空軍事大操，是日駐莫斯科各國武官均被請參加，關於此項大操，有一極堪注目之點，即政府於戰時備有大批避毒氣面具，分給市民，令於操演時戴之，以避毒氣，又布告種種戰時警備方法，令市民預為練習，以備與他國開戰之準備云。

國內

馮軍積極北伐
兩路向北京進攻

電通社四日北京電 被晉軍壓迫之奉軍，頃又繼續退卻 馮玉祥有入山東之勢。

東方社四日天津電 馮玉祥爲援助閻錫山起見，特將第一第二兩軍集中鄭州，以鹿鍾麟爲總司令，命向北京進軍，又擬以另一部隊，經隴海鐵路隔斷張宗昌孫傳芳兩軍之連絡。

中央社五日南京電 西北國民軍全軍暫編第七十五軍軍長馮培駿微（五日）晨赴滬轉豫，

鄭州來電 頃馮總司令接石家莊徐旅長永昌來電，晉軍分京漢京綏兩路大舉攻奉，徐軍長部已偷過陀河北分 閻總司令艷（二十九）誓師，我東路軍鹿鍾麟 雖病猶勵 楊虎臣各部爲晉聲援，特達 鄭州總部宣傳卅

山西軍直逼燕京

晉軍佔領京漢路之新樂，傳韓麟春將輸誠晉軍。

京綏昨今均有激戰，晉軍逼近懷來，即將攻克。奉派益震恐，豫料晉軍旬日內可達北京。

外訊，閻已抵石家莊，指揮進攻 前方晉軍約七萬，奉約九萬，後方高碑店集吉黑直魯軍各萬餘，但晉殊速進，聞昨定州望都間戰甚烈，京綏線（六日）亦有激戰，晉軍佔優勢。

電通社七日上海消息 天津五日電 奉軍決心在懷來防禦晉軍，態度曖昧之韓麟春若在京漢線方面敗退，則懷來亦難支持，北京將歸晉軍。

路透社七日北京電 晉軍已占據定縣南之新樂。

閻百川親自督師
在石家莊指揮全軍

東方社六日北京電 京漢線方面之晉軍自五日以來，沿鐵路亙全線向定州附近之奉軍之正面開始猛烈之總攻擊，兩軍自昨日以來，正在出力死激戰中，晉軍似有決心欲乘奉軍施行總攻擊以前，同奉軍陣容未整之時乘虛而入，一舉而殲滅之，閻錫山親到石家莊指揮全軍，兩軍似將開始主力部隊之衝突，於京漢線上一決雌雄也。

東方社六日上海消息 北京四日來電云，在京漢最前線之汲金純部有在滹沱河附近戰敗之報。

廣州政治分會處決貪官徐紹棪

財政廳前第二科科長徐紹棪受賄有據，證據確鑿，財政廳長馮祝萬，特呈請政治分會，省政府懲治，以儆貪污，經政治分會議決應處決，並通令各機關，以昭炯戒，昨十一日政治分會訓令省政府轉飭所屬知照，省政府奉令後，通飭咨廣州警備司令部執行，茲錄原令如下，爲令知事，據廣東財政廳案呈該廳第二科科長徐紹棪，歷年收受承商賄賂，證據甚多，經查得承辦磚瓦之協成公司，每月送該科長公禮銀一千元，土絲厘廠每月送該科長公禮二百元，經派員到該公司查驗簿冊有據，其餘控告該科長受賄案，更指不勝屈，即如該科長前以嫁女之故，硬用廣東財政廳紅帖，向各捐公司各承商等，或索贈數百元，至千元不等，應如何查治，經合呈請核奪，施行等情，查該科長在職垂十餘年，應如何廉潔自勵，黽勉從公，以副政府委任之至意，乃不知自愛，藐視法紀，違背誓言，政府當懲治貪污，自當依法辦理，當經會議決，應處決，並通令各機關，以昭炯戒，在案，除分令執行外，合行令仰轉飭所屬一體知照，此令

文藝

步哨

第三學生隊十三隊王彥

沉沉底夜漏 寂寂啊長宵：
這正是大地上一切底人們自由休息，
和那睡魔徵逐酣睡一底時間呵！
但是我呢？……我却全身底武裝 背着手槍；
向那：「鬼影朣朣，燐火熒熒」底地區替換上班步哨，
可恨的陣陣的寒風，偏不住北虎虎底狂號；那無情底黑雲，更把浩大底天空，和可愛底月兒一樣地底遮掉；使我望不見隣哨底閃入；聽不出莊平底路道！我與我底夥伴寂寞，冷落，心旌不禁搖搖！
我噤着聲音，屏着氣息：但聽耳鼓裏一片咯咯……底呼聲：樹林內透着許多底光綫；
呵！敵人！敵人真的來了！
最後我鼓起了精神，勇氣，裝起了珠彈，上起了刺力；兩眼不住向前瞭眺！
唉！那呼聲呵！光綫呵！——原來是軍校裏喇叭，推人夢醒；那探海燈房底燈光反照。

哭悼楊毓暉烈士

第一學生隊第一區隊學生楊萬年

一九二七，十，二，於大坡地

嗚呼毓暉！忠實而努力的毓暉呀！你死了嗎？你的靈魂那裏去了？我親愛的矢勤矢勇的毓暉呀！你平時最信仰之三民主義也忘却了嗎？你的靈魂那裏去了！我曾記得和你在沙河駐防時，到那黃花崗閒遊，你對我說：我們不怕死，只要死在陣上頭，只要有犧牲代價；

勇敢而決心的毓暉呀！你的言猶在我耳朵裏，你死了，死在陣上頭嗎？你的犧牲了，得着代價嗎？嗚呼毓暉！你的靈魂那裏去了！

颯颯，秋風呷呷的秋蟲，累得我心裏萬分哀痛，樹底的黃葉和空中的青蜓，在庭前揚飛亂舞，綠色如茵的草地，被那脫枝的黃葉，點成金黃。

我清晨起來，跑到公園裏面，仰觀着寥寥的晨星，遠望着油灰的山色，曉風陣陣兒拂拂我的臉子，海潮活活地高漲起來，那鈎兒素月，還掛着牆西，我的淚兒不由得如泉湧起，我的腸兒更如刀割般斷碎。

毓暉兄！死掉了，毓暉兄呀！這是你逝世的週年，這是你離開我們後死者的紀念，唉！你不是和我一齊跑到黃埔來，學習軍事技術，準備鮮血，向那惡勢力進攻的戰士「毓暉」嗎？既是同隊而來，爲甚麼你要先我而去呢？

毓暉兄呵！秋草也生滿了你的墳塚了，你死後的荒涼寂寞，比較你生前更甚啊！如你有知，我希望你還要本着平時放哨的精神，在你的墳前，不絕的監視微候吧；

病魔有意，庸醫無心，你拋却了這壽腦的人間，竟已匝年，我這回想着，還像一個駭人的幻夢，就從這針毯似的心兒擺了出來，可是我的淚兒也點點滴滴地濕透我的征衣呢？毓暉呀！九泉下的毓暉！在你逝世的這一週年的當中，我們的黨是怎樣危險呵！你也知嗎？萬惡軍閥未殲滅，帝國主義未打倒，而潛伏黨內寄生的共產黨，却偏偏在我們的團體裏搗亂，四月以還，幸我革命先進，毅然決然將一切反動份子肅清，樹起轟轟烈烈的清黨運動，而我黨千鈞一髮之際，始得危而復安，毓暉兄呀！九泉有知，諒也是首痛恨呢；

東方雲兒漸漸燦爛，空中晨星也沒在曙灼，一線的紅光，透射空際，也漸漸落在屋樑，可是我還在稀微之晨光裏，流着無限苦之淚兒，喇吧嗒嗒地響」，靜悄悄地的學校裏面，也漸漸嘈雜起來了。

毓暉兄呀！我哭你，我的淚，不是婦人孺子的淚，我們革命黨員，生死是不要緊的，尤其是我們武裝的革命黨員，我哭你，並不是哭你的死，只是想着你平素的決心和努力，更想着你的學問和修養，尤其是你所負的使命和你所說的：「不怕死，只要死在陣上頭，只要得着犧牲代價」不能達到，我爲你的志願未遂而中途夭折哭，我爲你的忠實努力而爲黨痛哭，同時更爲着一般忠實而努力的生離死別的同志而爲黨國哭，嗚呼毓暉！好者飄然引去壞者混進入來，多麼危險呵！

空間放白了，雪白的電燈也變成水紅而熄滅了，我的淚兒不斷地墮落，我的心兒也陣陣酸起來了，我的眼睛，似有你的影子站着；

嗚呼毓暉！你九泉下安心麼？你總不要過慮，我們的同學，是富有前仆後繼的精神的，是能秉負你的責任和先烈的遺志，與敵人格鬥的，你放心吧，你體魄雖死，可是你的精神是永久不會死的，你放心吧

我們的鮮血，已準備着，爲你們的遺志而奮鬥，要把主義之花，開遍全球，你放心吧；

我的淚兒，因爲多流而乾了，我的心兒，也因爲多酸而痛了，頭暈了，眼花了，箋子也爲淚兒溼透了。

毓暉兄呀！放心吧，革命是必定成功的，三民主義，也必定會實現的，一切的封建殘餘，到底都是給我們打破的，一切痛苦的民衆也可以給我們從水火裏拯救出來的，我最忠實而至誠的毓暉兄！你放心吧！

一九二七，十，十四於黃埔軍校

黃埔日刊

中央軍事政治學校出版

中華郵政特准掛號立券之新聞紙類

本刊出版護黨專號徵文啓事

中央軍事政治學校緊要通告

來論

怎樣恢復黃埔精神?

總理遺像

革命尚未成功 同志仍須努力

總理遺囑

十二師師部出發西江

徐天深任軍委政處副主任

馮次淮任軍委參謀處長

梅哲之任政分會秘書長

朱兆莘任廣東交涉員

陳樹人任民國日報社長

社會

民衆護黨運動大會之偉觀

黃埔潮

中央銀行 庫款共存八百餘萬

南京討唐勝利大會之流血

國民新聞記者被強徒毆

公安局飭區停止募伕

輪渡交通將完全開禁

令調武裝訓練團維持市面治安

政治部星期日照常辦公

政治主任召集職員談話

公佈令

通報

本校本週口號

1. 打倒西山會議派所把持的南京特別委員會!
2. 打倒新軍閥黃紹雄及其同樣的軍閥者!
3. 反對亡黨的清黨!
4. 黃埔同學團結一致起來護黨!
5. 實現汪主席的救黨主張!
6. 促開第四次中央全體會議!
7. 掃除一切腐化份子!
8. 打倒國際帝國主義!

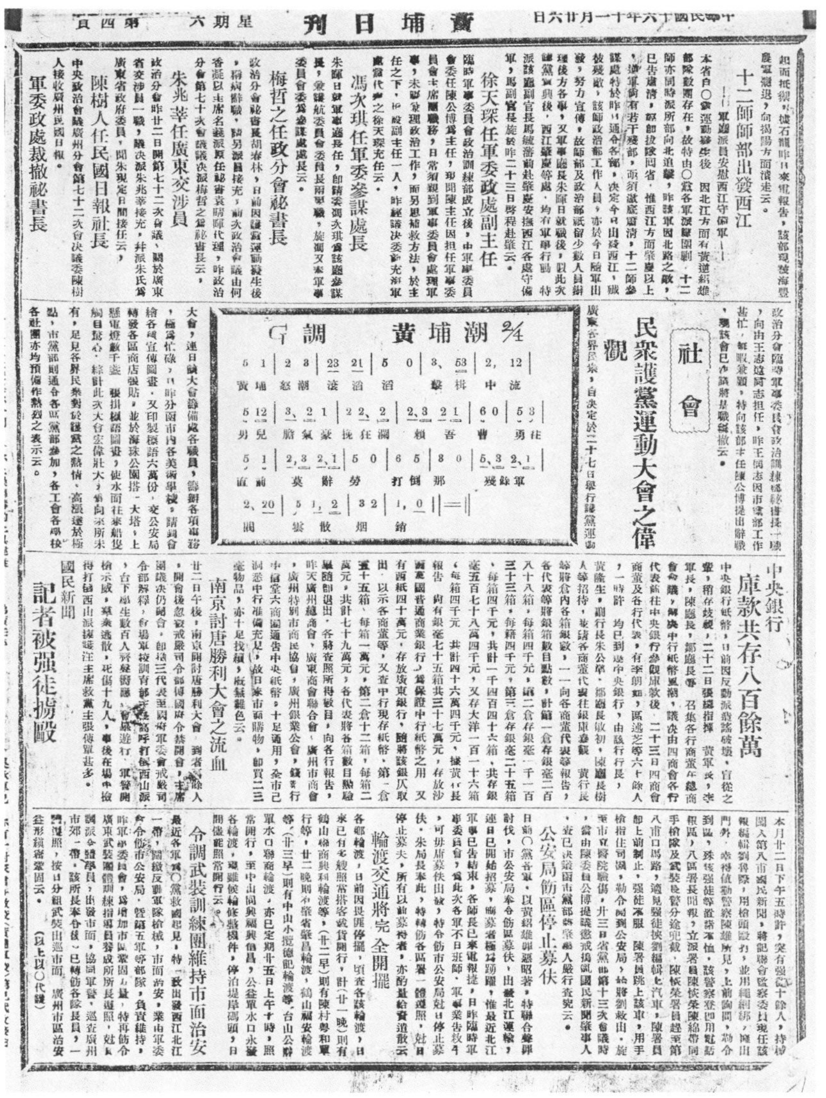

通令

軍政

肅清北江反動勢

黃琪翔兼廣州衞戍司令

軍委更換各處處長

政治分會嘉慰李品仙電

農軍擊退陳濟棠

社評

救黨和討黃

黨務

中央四次全體會議在滬開談話會

省改組會重要決議

停止特別委員會職權

校聞

潘主任就職通電

本校熱烈參加護黨運動

匪徒騎刦新洲輪船

中華郵政特准掛號立劵之新聞紙
中華民國十六年十一月廿六日 星期六 第一頁

黃埔日刊

中央軍事政治學校出版
第四六九號
（通信處廣東黃埔本校政治部）

總理遺像

革命尚未成功

同志仍須努力

謹錄總理遺囑

總理遺囑

余致力國民革命，凡四十年，其目的在求中國之自由平等，積四十年之經驗，深知欲達到此目的，必須喚起民衆，及聯合世界上以平等待我之民族，共同奮鬥。現在革命尚未成功，凡我同志，務須依照余所著建國方略，建國大綱，三民主義，及第一次全國代表大會宣言，繼續努力，以求貫徹。最近主張開國民會議，及廢除不平等條約，尤須於最短期間，促其實現。是所至囑！

本刊出版護黨專號徵文啓事

廣州各界民衆定於本月廿七日舉行護黨示威大運動本刊特於是日發行護黨專號希望本校同志惠賜關於護黨大作以擴大宣傳來稿請於廿五日下午六時前交到政治部宣傳科編纂股爲盼

中央軍事政治學校緊要通告

爲通告事本校昨因軍事影響小有誤會以致秩序凌亂現已恢復原狀所有校屬各處隊官長學生士兵工伕統限於本月廿四日正午十二時前一律返校照舊工作如有逾期不返校者當即開除名額除通令校屬外合亟登報週知特此通告

來論

怎樣恢復黃埔精神？

王侃予

飛彈似的流年眞是留不住，轉瞬間已是離開我們底母校 黃埔年餘了；在這年餘的急激變化的革命過程當中，我們底母校也免不了要被急激變化的革命潮流所激動，我們在子彈橫飛，殺人如麻的戰場上 荷着槍，實着彈，殺！殺！殺！的拚命狂呼，有時也能想起母校的同學，風物，模樣……沒有一件不是充滿了革命精神，暗示我們向敵人猛攻，更有時聽得許多同學，說「黃埔隨着腐化份子而消沈了革命性。」「黃埔，黨的學校，學生是黨的戰鬥員，爲什麼會消沈下革命性，怕是謠言罷。」「唯唯否否！不然！黃埔自清黨事件發生後，不只是反對北黨，甚且總理所遺留下來的革命的民生主義也沒有人敢談了，」有許多同學很肯的這樣說，我們從前方歸來一看，才知道黃埔的精神果不如從前的興奮，所謂「統一意志」更是萬分有愧，在文字上，口頭上，只管說得黃埔的偉大怎樣？黃埔的精神怎樣？黃埔的特點怎樣？眞是說得萬花亂墜，逸趣橫生，其實，現在的黃埔還有什麼精神？所謂精神，偉大，特點，都要從新恢復起來，怎樣的恢復黃埔精神？這是現在黃埔全體同志的責任！我們可以談談恢復的功夫；

A.反對亡黨的清黨

我們未談正題之先，先呼：黃埔！魂兮歸來！以作這段話的緣起，自從寧漢分裂，寧漢合併的呼聲中 我們聽得不少的反共理論，有許多忠實同志因爲着統一國民革命的領導權而分共，我們固然爲分贊同，毫無疑慮：只是 一般封建餘孽，買辦階級，腐敗官僚，投機份子，……：趁着反共分共的狂呼聲中的絕好機會，大踏步地深入我們的內部，實行其素來「反赤」的主張，不問是非黑白，見着就捉，捉住就殺！從珠江流域殺到長江流域，湘贛江流域；甚且殺到黃河流域，和北洋軍閥取同樣的殺法，欲歟盛哉！殺人的血流遍了全中國，共產份子之活動仍未停止 哼！流血的人是完全共產黨員嗎？我敢肯定的說：忠實黨員之被殺的比共派居多，照這樣的清黨方法做下去，在本黨努力的忠實同志莫不人人自危，還敢於發表言論嗎？在共產黨方面并不因屠殺而減少數量，或者有許多青年因清黨而不能歸家，或者是不能讀書；挺而走險 索性加入共黨，這不是替共黨增大勢力嗎？這一類的事實我們眞是司空見慣，屢見不鮮了；所以，我們應當反對亡黨的清黨！

B.正確我們的理論

在號稱東方文化發祥地即實際上產業落後的國度－中國裏面，尚保存封建殘局的形勢，雖則因國際投資的結果；產生了新興的資產階級，而窮鄉僻壤中尚在手工業時代，這樣一來社會革命不容易爆發，資產階級的民主革命又太單調；因此，我們偉大的三民主義創造者－－孫總理的革命學說便應運而生，爲着反動國際資本帝國主義，所以產生了帶有國際性的民族革命，爲着推翻舊統治階級－－封建軍閥 所以產生了德謨克拉西式的民權革命，爲着推翻舊經濟組織所以產生了帶有社會性民生革命；我們的民生革命據總理說：也是社會主義之一派，并不是，自甘保守的或改良的主義，不過所取的方法比較不同於共產革命罷了，急激的逐拋棄自己主義而見異思遷，開倒車的逐極端反動，甚且附和張作霖「反赤是替老友中山復仇」的言論，這是何等厚誣總理的革命主義？同志們；我們反共分共是站在革命的立場上的，并不是藉清黨而尋仇報復，挾隙陷誣忠實同志而使敵人快心稱意的！我們是確定革命的人生觀，始終爲實現三民主義而奮鬥。

C.保持黃埔固有的光榮

我們老實不客氣地說：自從十三年總理改組本黨，確定了政治主張，採取最新式的軍事教育創辦本校，并採用黨代表制，將總理的主義和政治主張深深地注入先後同學腦裏，果然收入了不少的效果，肅清兩粵，規復長江，使青天白日旗飄揚於大半個中國，總理的主義固然如日中天無物不照，而先烈前仆後繼的犧牲精神亦當有深刻的認識；可是，一般反動勢力見着本黨一天擴大一天，組織上不免有懈懈的表現；又因投機軍閥乘隙混入本黨號稱黨軍，實際上剝削民衆之手段如故，大英雄思想之手段如故；甚且剝削民衆還可藉名爲革命利益，黃紹雄在贛南北江一帶濟黨軍費，眞可同北洋軍閥的割赤相遙遙相映，黃埔的環境也就可想！哼！在這大江以南的革命軍在搏鬥厮殺的當中，我們要保持黃埔固有的光榮，我們要踏消謊的革命的軍隊！我們應當：

1，反對南京特別委員會，這會的成立毫無法律根據，而且違反了本黨黨章，一般人以爲反共的目的相同，可以不顧法律，那末？張作霖孫傳芳和我們也是相同，豈不可以拉來做我們的同志麼？

2、擁護最近護黨主張，我們的護黨不是上海法界環龍路四十四號先生們的護黨，出賣什麼江南晚報騙日本資本家的金錢，勾結孫傳芳，李寶章，破壞黨的進行，我們是鑒於本黨的危機四伏，不許別人消滅本黨，而是本黨自身的毛病，須得痛下針砭，故用快刀斬亂麻的手段消滅了投機軍閥黃紹雄，更進而準備和類似黃逆的作戰，掃除黨內一切腐化投機份子，以求適用護黨運動的目的。

D.結論

最後我要借今年上海黃埔同學質問蔣介石的一封信中的一句話「黃埔同學始終一致向左去」來作一個總結束，所謂黃埔的偉大，特點，精神，……

中華民國十六年十一月廿六日 黃埔日刊 星期六 第二頁

也就在這一點，否則黃埔也沒有什麼稀奇？若說是黃埔有主義，政治，便算什麼特點，那末？孫傳芳的金陵軍官學校又何嘗沒有國家主義的在那裏做政治教官呢？若說黃埔的軍事訓練是不堪承教，現在軍事訓練也許好一點，至於說到黃埔的面貌——只覺得有些半中半西和葵葉的房屋，滿眼都是杏黃色的泥土，深入一看也不過陳列了總理遺像和好聽的標語罷了，什麼叫精神，特點，偉大？我的答案是：「黃埔同學始終一致向左去」——也就是恢復黃埔精神的主要工作！

社評

救黨和討黃

忠珠

十一月十七日的廣州近郊炮聲，不是「黃琪翔解決黃紹雄部槍械」而起，也不是「共產黨從中挑撥」而發，更不是「一部分人欲創新局面」而發，而是中國國民黨屬下的革命軍隊討伐破壞救黨運動的反革命惡勢力而發。

所以，革命的第四軍，新編第二師及在粵海軍這次的壯舉，並不是對付黃紹雄一人，或大廣西主義的一派，而是將個革命勢力向反革命勢力反攻。因黃紹雄是盤據兩粵摧殘民衆，腐化投機爲患實同志，施行無實據不合法的大屠殺的封建勢力的總代表，接受南京非法特別委員會命令，密謀所領之惡勢力而謀消滅在廣東境內的革命軍新軍閥，故討伐黃紹雄 即是打倒非法特別委員會，也即是打倒非法特別委員會的內搆——腐化投機份子。

我們認清討黃的意義後，就應該有下列的努力：

一，在南京非法特別委員會未取消以前，即本黨中樞機關未恢復以前，我們第一個敵人就是非法特別委員會和其所領導下的惡勢力！

二，在打倒非法特別委員會和它領導下的惡勢力運動中，我們應一方嚴密戰線，不斷的向前殺賊，他方面 廣東建設革命的新生命！

三，帝國主義是我們的死對頭，我們絕不容因有了第二種特殊勢力，就忘記與我不能併存的帝國主義，自清黨以來，我們大多數同志不特覺有了上面的錯誤，反有意無意中與帝國主義結成反共大聯合戰線，這是最危險不過的！

革命的同志們，要救黨必先討伐接受非法特別委員會命令破壞救黨運動的黃紹雄；討伐黃紹雄，不可忘記了打倒帝國主義。這兩種敵人不打倒，革命的新基礎是建設不起的。

黨務

中央四次全體會議在滬開談話會

—上海電訊—

汪主席語人，第四次會議必開，爲鞏固黨的必要工作，以全力整理十五年來之黨務及民衆運動理論方法，使此後國民革命得有良好指導，訓政時代以黨治國，故中央黨部等於國會。汪精衛徵得蔣介石同意，決定廿四日下午在蔣宅開談話會，屆時在滬各委員均出席。

報載粵方委員對四次會議案，關於黨務重要者，爲恢復中央黨部，審查寧漢分立後兩方議決案，拋棄容共政策，取消特委會，組織常務委員會，政治方針由政治委員會決定，行政事務由國府決定，取消西山派處分，由四次會議請其加入工作，從新登記黨員，停止徵求，決定召集第三次代表大會方法與時間，關於政治者詳定政治委員會與政治分會權限，改組國民政府委員會，國府組織設外交財政司法交通農工教育實業內政各部，監察院審計院法制局僑務局，確定施政方針，實行訓政，統一財政，規劃完成粵漢路及粵贛公路，速成勞工法規，關於軍事者改組軍事委員會，所有軍事行動，取決於黨，決定全國軍額，規定軍費，統一兵工廠，裁併不良軍隊，實行完成北伐，規定軍事委員人數，實行軍需獨立。廿四日留滬要人開談話會，執委出席者約二十人，監委六人，何香凝戴季陶亦可到會。汪精衛謂預備會在滬舉行之議案可通過，即電促在粵委員來滬。

省改組會重要決議

省黨部改組委員會於昨日開第十三次改組會議，適陳委員孚木自滬旋粵 新任及改組委員譚毅夫黃琪翔均到會列席，是次會議重要議決案，約有三條(一)，以該會向由十五人中推舉常務委員五人輪日處理日常事務，常務委員中朱家驊自被推定後，因事離粵數次，久不到會，殊礙進行，故加推陳委員孚木任常務委員，(二)該部向有婦女俱樂部之設，後黨員俱樂部成立，省黨部以婦女俱樂部無存在之必要，特明令該部將一切傢私器具交黨員俱樂部接收，現該部根據前議，將婦女俱樂部繼續辦理(三)續辦農民運動講習所譚延闓亦贊成

停止特別委員會職權

自汪主席及留粵中央委員通電主張取銷特別委員會，最低限度亦應先行停止特別委員會職權之通電發出後，譚延闓昨特電復來粵，謂將特別委員會停止職權 實無問題，電云，(銜略)(一)第四次中央全體會議 寧滬各委員意見完全相同，大多數均希望早日召集，對於粵中各委員所提(第四次會議開幕時，中央特別委員會當停止職權)一節，此層可以辦到，蓋現今之特別委員，大多即執行委員，至第四次全體執行委員會開幕之日，特委會各委員均須出席與議，特委會自不能足法定人數，一切事宜，當亦無從進行，實際上等於停止職權，且按照黨內歷屆會議，均有前例可援，每次開執行委員會時，常務委員，即停止開會，每值全國代表大會舉行時 執行委員會亦即停止開會均屬一例，故粵方之主張，將特別委員會停止職權，實無問題也。

校聞

潘主任就職通電

中國國民黨各中央執行委員廣州政治分會臨時軍事委員會政治訓練部第四軍政治部第五軍政治部及各級政治部廣東省黨部改組委員會廣州市黨部及各級黨部廣東省政府及各機關各報館均鑒

學吟奉中國國民黨政治會議廣州分會臨時軍事委員會第一三號命令開茲任命潘學吟爲黃埔中央軍事政治學校政治部主任此令等因奉此遵于廿二日到校就職自維任重材輕而慮汲深綆短祇以黃埔爲革命策源之地本校又爲學吟立雪之門遠瞻禹域歐風每挾亞雨以俱來近審輿情黨紀輒受軍權之支配此次奉令返校維持謬膺政治重寄爲黨爲校均責無旁貸所幸數載經營先總理手澤尚在誰此三民主義予小子舌雖猶存努力前程敢詡鞭先一着關懷吾儕距容政出多門自茲以往對于埔校政治部已往之成績如何而保持勿替未來之計劃如何而日起有功夙夜徬徨隕越是懼尚望黨國先進中外名流時賜箴言藉匡不逮無任盼禱 潘學吟叩(廿五日)

本校熱烈參加護黨運動

此次護黨運動，乃在建設本黨的新生命，亦是創造革命的新基礎，廣東各界民衆，定于明日(廿七)正午十二時在東較場舉行護黨大運動，以表示民衆護黨的決心和力量，作護黨軍的後盾，本校是黨的學校，亦即黨的武裝戰鬥員的總集團，對此次護黨運動，也任宣傳隊十組及預備化裝演講民分赴廣州市及黃埔附近鄉村作熱烈之宣傳，使衆一致明瞭護黨之必要，明天運動大會，并決定派學生二百名，參加遊行，本校政治部宣傳科，則由指導股指導各種工作，編纂股則編輯各項護黨文字宣傳，經已製定白布旗藍布小紙旗預備參加遊行，並在沿途分發護黨宣傳大綱告民衆書並報及護黨專號各宣傳品，熱烈情形，可見一斑。

匪徒騎刼新洲輪船

昨日下午三時半，新洲單行輪船，開行往省時，滿載搭客，內有本校官佐三十餘員，距爲匪徒

中華民國十六年十一月廿六日　黃埔日刊　星期六　第三頁

所垂涎，特派六名匪徒，扮作搭客，於船抵東圃時，即拔槍指嚇司機，勒向蓮花山方面駛去，當為本校察覺，派兵兜捕，已不知去向，後匪徒盡將本校官佐釋放，于下午七時乘原輪回校，計是役共擄去搭客五六十人，槍傷搭客二名云。

政治部星期日照常辦公

本校政治部，自護黨運動後，部務停頓多日，現潘主任接事伊始，政治工作，異常重要，特令飭各職員，于星期日照常辦公，加倍努力工作云。

政治主任召集職員談話

本校前因軍事影響，各教職員多有離職，嗣經揚教育長就職後，已通告各部處職員一律於廿四日十二時前報到回校辦公。政治部潘主任除遵照校令着各教職員依時報到外，昨日（廿四）一時并召集本部辦公職員全體談話，計到有各政治教官，各科股職員，除由各員作個人工作報告外，潘主任并面諭各員將來部工作之經過和感想造成詳細書面報告，以資查核，末後并勉勵各員關於此次護黨事宜，應一致益加努力，繼續前進，庶無負政治工作人員之使命云。

公佈令

第四八號

據本校教務部呈地形教官王乘風因母病請給長假應予照准此令

據本校經理處長李沛霖呈因病懇請辭職應予照准此令

委任劉尚儒為本校經理處處長支上校初級薪此令

委任李泰為本校教務部戰術教官支中校二級薪王韶為地形教官支少校初級薪均准先行到差此令

委任黃似奇為本校編譯處中校編譯官支二級薪此令

據經理處呈財務科長雷雲孫因病懇請辭職應予照准此令

據高級班呈軍用化學科黨務員趙士枋因情形隔膜辦事困難遺缺委張際可補充支上尉二級薪應予照准此令

委任涂坦為本校高級班圖書管理員支中尉二級薪此令

據第二學生大隊呈請委王叔偉為該隊第一中隊司書並准自十一月十二日到差應予照准此令

委任邱秉銓為本校教務部日文教官支少校二級薪此令

通報

十一月十六日 于校本部　報字第5號

為通告事頃奉教育長諭查每星期六午後開行第二次校船原為便利各學生隊官長於收操後乘搭赴省而設但查本預科各隊均於午後五時三十分收操六時晚餐則每星期六午後第二次校船開行時間應即改為午後六時三十分開行着由總務科通報週知等諭奉此相應通報即請查照為荷

中央軍事政治學校校本部總務科啓

命令

十一月廿四日 於校本部　軍字第24號

據教務部轉呈補入伍生第一團十九連學生蔣惠安前因病留院久醫未愈懇請退學應予照准此令

本校本週口號

1. 打倒西山會議派所把持的南京特別委員會！
2. 打倒新軍閥黃紹雄及其同樣的繼起者！
3. 反對亡黨的清黨！
4. 黃埔同學應一致起來護黨！
5. 實現汪主席的救黨主張！
6. 促開第四次中央全體會議！
7. 掃除一切腐化份子！
8. 打倒國際帝國主義！

據高級班呈無線電科學員魏漢聲因家遭變故懇請退學應予照准此令

據教務部轉呈預科學生六大隊十五隊五十八區隊學生章雄因患肺病不能修業呈請退學應予照准此令

據步兵第二學生隊呈學生周慕宗因病呈請退學應予照准此令

據步兵第一學生隊呈第五中隊學生盧萬里因父喪請長假應予照准此令

通令

十一月廿四日 于校本部　學字第71號

為通令遵照事現據第一學生大隊長蕭鍾鈺呈稱據第二中隊長陳明仁報稱竊查職隊第六區隊學生劉鳳龍一名原係特別黨部執行委員自此次改編以來迄今未見該生到隊但以特別黨部名義屢次來函向職隊值星官或區隊長請假及來函俱用黨部公章未悉黨部究否許可既未經職之許可延不到隊際茲新猷伊始百廢更新學術尤為緊要該生尤不知努力求學甘自暴棄似此殊於學生遵守規則有礙於該生學術更不可問矣應如何辦理之處理合據情呈請察核伏乞批示飭遵等情前來查該生藉詞黨務任意曠課殊屬非是除批飭剋日回隊上課毋得遷延干咎外合行通令仰本校學生一體遵照嗣後務須遵守校令努力求學切勿假借事故任意曠課致荒學業倘敢故違定行分別懲處其各凜遵毋違此令

軍政

薛蘇兩師長肅清北江反動勢

新編第二師長薛岳　奉令收復北江，現薛師長于二十日佔領韶關，并派隊跟蹤追剿黃紹雄殘部，聞現已一律退走仁化，聽候俞作柏收編，北江完全無問題，薛師長特于二十一日，發出通電，報告肅清反動派之經過，電云，國急，限即刻到分送廣州張委員向華，李委員福林，何委員香凝，陳委員公博，顧委員孟餘，黃軍長琪翔，上海汪主席精衛，蔣委員介石，胡委員展堂，李委員任潮，九江朱委員益之，漢口唐委員生智鈞鑒，我護黨各軍，經於條巧等日，將廣州附近叛黨之敵，完全肅清後，岳等即率部分向北江進發，討伐韶城叛黨，經于哿日佔領韶城，黃逆紹雄殘部，分向仁化樂昌逃竄，除率部分途追剿外，岳等謹率全部武裝同志，誓以至誠擁護中國國民黨，恢復中央黨部，促開中央第四次執監委員會，解決一切，並誓死打倒西山會議派，及其依附反革命之勢力，謹電奉聞，國民革命軍護黨軍第二師長薛岳，副師長鄧龍光，十八師長蘇世安，第四獨立團長陳學順，率全體武裝同志同叩，箇印。

黃琪翔兼廣州衛戍司令

臨時軍委會，昨經議決令第四軍長黃琪翔為廣州衛戍司令，着即組織成立協助公安局維持治安．茲聞黃軍長現已準備於日間就職，並擬指定原日八旗會館為部址，廿四日，黃軍長已令第四軍警衛團全部，遷入該會館內駐紮，是日該部並派出兵士十餘人，分往該部門首馬路一帶站立守衛，軍紀甚為嚴肅云。

軍委更換各處處長

—軍務海軍二處仍舊—

—加派謝嬰白為參謀長—

臨時軍事委員會，於去月十八日組織成立，當時推定李濟深陳公博張發奎黃紹雄陳可鈺李福林等委員，并選定李濟深為主席，陳可鈺為參謀長，張發奎黃紹雄為副參謀長，委員會之下，分設參謀副官等九處，參謀處長為張國元，副官處長為戴武章，秘書處長為姜玉笙，軍務處長吳西，軍需處長為馮炳洪，軍械處長為文素松，軍醫處長由吳崇炎代理，海軍處長由馮肇銘代理，航空處長則未定人，自護黨運動發生；黃紹雄本兼各職已明令撤革，各委員以為擴張革命勢力起見，有加派委員之必要，當經政治分會議決加派黃琪翔朱暉日方鼎英，范石生陳濟棠馮肇銘俞作柏李朗如等八人為委員，并以李主席離粵赴滬，該會不可一日無人主持，故議決由張發奎同志代理臨時委員會主席，旋以應付目前軍事之便利起見，又議決以陳公博李福林張發奎三委員組織主席團，同時各處處長因護黨軍興，多離職去粵，仍繼續任職者，僅海軍軍務兩處而已，至現無處長之各處，昨經軍事委員會議決委員接充，計副官處長為李錫朋，軍械處長為趙超，軍醫處長為史向寬，軍需處長為何文彬，秘書處長為陳寶驄，又昨日政治分會第七十二次會議，臨時軍事委員會主席團張發奎等，呈請任命謝嬰白為參謀長，當經議決照准云。

政治分會嘉慰李品仙電

政治分會昨致李軍長品仙電云，長沙探送李軍長品仙勛鑒，并轉各軍長鑒，寒電備悉，公等率部集中湘境，聽候第四次中央全體執監大會解決，備見公忠黨國，薄海同欽，遙企麾旌，同深嘉慰，仍望繼續努力，共策進行為盼，政治會議廣州分會梗，

農軍擊退陳濟棠

廣州民國日報云．海陸豐向有農軍二三千，此次陳濟棠部有少數由汕頭竄往海陸豐，該處農軍遂

中華民國十六年十一月廿六日 黃埔日刊 星期六 第四頁

起而抵禦，據石龍昨日來電報告，該部現被海豐農軍擊退，向揭陽方面潰走云。

十二師師部出發西江

——軍團派員安慰西江守備軍——

本省自○黨運動發生後，因北江方面有黃逆紹雄部隊敵圍存在，故特由○黨各軍派隊圍剿，十二師亦同時派所部向北追擊，昨該軍因北路之敵，已告肅清，該師拔隊回省，惟西江方面肇慶以上，逆軍尚有若干殘部，亟須澈底肅清，十二師參謀處特於昨日通令各部，決定今日由省赴西江，殲彼殘敵，該師政治部工作人員，亦於今日隨軍出發，努力宣傳，故師部及政治部祇留少數人員辦理後方各事，又軍事廳長朱暉日就職後，以此次護黨興後，西江肇慶等處，均有軍事行動，特派該廳副官長馬毓藩前赴肇慶安撫西江各處守備軍，馬副官長旋於昨二十三日啓程赴肇云。

徐天琛任軍委政處副主任

臨時軍事委員會政治訓練部成立後，中軍事委員會委任陳公博爲主任，現聞陳主任因担任軍事委員會主席團職務，日常須親到軍事委員會處理軍事，未暇兼理政治工作，而另思補救方法，於主任之下，再設副主任一人，昨經議決委新充海軍處黨代表之徐天琛充任云。

馮次琪任軍委參謀處長

朱暉日就軍事廳長任，即請委馮次琪爲該廳參謀長，兼航空委員會委員長兩要職，旋馮又兼軍事委員會參謀處處長云。

梅哲之任政分會秘書長

政治分會秘書長胡春林，日前因護黨運動發生後，稱病辭職，請另派員接充，前次政治會議由何香凝以主席名義派原任秘書袁勵輝代理，昨政治分會第七十次會議議決派梅哲之爲秘書長云。

朱兆莘任廣東交涉員

政治分會昨廿二日開第七十二次會議，關於廣東省交涉員一職，議決派朱兆莘接充，並派朱氏爲廣東省政府委員，聞朱現定日間接任云。

陳樹人任民國日報社長

中央政治會議廣州分會第七十二次會議決議委陳樹人接收廣州民國日報。

軍委政處裁撤祕書長

政治分會臨時軍事委員會政治訓練部祕書長一職，向由王志遠同志担任，昨王同志因市黨部工作甚忙，無暇兼顧，特向該部主任陳公博提出辭職，現該會已決議將是職裁撤云。

社會

民眾護黨運動大會之偉觀

廣東各界民衆，自決定於二十七日舉行護黨運動大會，連日籌備大會籌備處各職員，籌辦各項事務，極爲忙碌，日昨分函市內各美術學校，請繪各種宣傳圖畫，又印製標語六萬份，交公安局轉發各區商店張貼，並於海珠公園搭一大塔，上懸電燈數千盞，張掛標語圖畫，使水面往來船隻觸目驚心，綜計此次大會宏偉壯大，爲向來所未有，足見各界民衆對於護黨之熱情，高漲達於極點，市黨部則通令各區黨部參加，各工會各學校各社團亦均預備作熱烈之表示云。

黃埔潮 2/4 G調

5 1 | 2 3 | 23 21 | 5 0 | 3、53 | 2、12 |
黃埔怒潮 滾滔 滔 擊 楫 中 流

5 12 | 3、2 1 | 2 2、2 | 2、3 2 1 | 6 0 | 5 3 |
男兒膽氣豪挽狂瀾 賴 吾 曹 勇往

5 1 | 2、3 2、1 | 5 0 | 6 5 | 3 0 | 5、3 2、1 |
直前 莫 辭 勞 打 倒 那 殘餘軍

2、20 | 5 1、2 | 3 2 | 1、0 ‖
閥 雲 散 烟 銷

中央銀行 庫款共存八百餘萬

中央銀行紙幣，日前因反動派造謠破壞，盲從之輩，稍存歧視，二十二日張總指揮 黃軍長，李軍長，陳廳長，鄒廳長等 召集各行商董及總商會會議，解決中行紙幣風潮，議決由四商會各行代表前往中央銀行參觀庫款後，二十三日四商會商董及各行代表，有李朗如，區述芝等六十餘人，一時許 均已到達中央銀行，由該行行長黃隆生，副行長朱公準，鄒廳長敏初，陳廳長樹人等招待，並請各商董代表往銀庫參觀 黃行長等將倉內各箱銀數，一一向各商董代表等報告，計第一倉存銀毫二百八十八箱，每箱四千元，第二倉存銀毫一千一百三十三箱，每箱四千元，第三倉存銀毫二十五箱，每箱四千元，共計一千四百四十六箱，共存銀毫五百七十八萬四千元，又存大洋一百一十六箱，每箱四千元 共計四十六萬四千元，據黃行長報告 尚有銀毫七十五箱共三十七萬元，存放沙面萬國普通商業銀行，爲保證中行紙幣之用 又有西紙四十萬元，存放廣東銀行，隨將該銀尺取出，以示各商董等，又查中行現存紙幣，第一倉置十五箱，每箱一萬元，第二倉十二箱，每箱二萬元，共計七十九萬元，各代表將各箱數目點驗畢，隨即退出，各將查照所得數目，向各行報告，昨天廣州總商會，廣東商會聯合會，廣州市商會，廣州特別市商民協會，廣州銀業公會，錢業行中信堂六商團通告中央紙幣，十足通用，全市已洞悉中行準備充足，故日來市面購物，即買二三毫物品，亦十足找續，概無雜色云。

南京討唐勝利大會之流血

廿二日午後，南京開討唐勝利大會，到者萬餘人，開會後忽戒嚴司令部傳國府令禁開會，主席團議決仍開會，即推三代表至國府軍委會戒嚴司令部解釋，會場軍校訓育部[illegible]高呼打倒西山派，台下學生數百人齊聲響應，會畢遊行，軍警開槍示威，羣衆逃散，死傷十九人，事後在場中檢得打倒西山派擁護汪主席救黨主張傳單甚多。

國民新聞

記者被强徒擄毆

本月廿二日下午五時許，突有强徒十餘人，持械闖入第八市國民新聞，將記聯會監察委員現任該報編輯劉得際，用槍頭毆打，並用繩綑綁，擁出門外，幸得値勤警察陳雄所見，上前詢問，勒令到區，殊該强徒等置諸不恤，該警察登即用電話報區，八區署長聞報，立派署員陳恢榮陳綿帶同手槍隊及武裝長警分途兜截，陳恢榮署員趕至第八甫口馬路，適見强徒挾劉編輯上汽車，陳署員即上前制止，强徒不服 陳署員跳上該車，用手槍指住司機，勒令開到公安局，始將劉救出，旋至市立醫院驗傷，廿三日省黨部第十三次會議時，當由陳委員公博提議懲戒搗亂國民新聞肇事人，查已決議函市黨部將肇事人嚴行查究云。

公安局飭區停止募伕

日前○黨各軍，以黃紹雄罪惡昭著，特聯合聲罪討伐，市公安局奉令飭區募伕，由韶北江運輸，連日已開始招募，應募者極爲踴躍，惟最近北江軍事已告結束，各師長已來電報捷，日昨臨時軍事委員會，以此次各軍不日班師，軍事業告救平，可毋庸募伕出發，特令飭市公安局尅日停止募伕，朱局長奉此，特轉飭各區署一體遵照，尅日停止募夫，所有以前募得者，亦酌量給資遣散云

輪渡交通將完全開擺

各鄉輪渡，日前因提匪停擺，頃查各該輪渡，亦已有多艘照常搭客載貨開行，計（廿一晚）則有鶴山聯商興利輪渡等，（廿二早）則有陳村粵和單行等，廿二晚則有肇省肇昌輪渡，鶴山福安輪渡等，（廿三早）則有中山小欖德記輪渡等，台山公益單水口聯商輪渡，亦已定期廿五日上午十時，照常開行，至中山同興福與信昌，公益單水口永發各輪渡，現雖候輪修整機件，停泊堤岸碼頭，日間儘能照常開行云。

令調武裝訓練團維持市面治安

最近各軍爲○黨救國起見，特一致出發西江北江一帶，圍繳反動軍隊槍械，市面治安，業由軍委會令飭市公安局，暨第五軍等部隊，負責維持，昨軍事委員會，爲增加市區鞏固力量，特再飭令廣東武裝團體訓練指導員養成所所長遵照，尅日調派全體學員，出發市面，協同軍警，巡查廣州市郊一帶，該所長奉令後，已轉飭各隊長員，一體遵照，按日分組武裝出巡市面 廣州市區治安益形穩密鞏固云。

（以上以○代護）

中華郵政特准掛號立劵之新聞紙

黃埔日刊

中央軍事政治學校出版

第四七二號

(通信處廣東黃埔本校政治部)

中央軍事政治學校啓事

本校繼續辦理所有一切人員均已固定除兵器築城教官尚有缺外此後凡介紹工作及投効人員概無法位置此佈

社論

我們對四次執監預備會的要求

塵再

自本年四月間已由汪主席發起召集之第四次全體中央執監委員會議，已在革命的中央委員艱苦爭持中，全國革命民衆革命同志極力督促擁護中，實現其前身一預備會議了。一般報載：在滬中央委員廿四日在法界宅開談話會，決定十二月三日至五日開第四次中央全體執監會議預備會——留粵之中央委員也已應汪主席電召，於前昨二日分批北上了。

我們都知道：「四次執監會議」，不是隨隨便便把黨內問題加以討論，維持和平；是要繼續負起革命的使命的」。所以我們對於會議的前身預備會議，有下列最低限度的要求：

1、南京特委會是非法的組織。論理法，與先總理手定的本黨黨章有衝突，而且防碍了第二次全國代表大會所產生的中央委員會職權之行使，是已背叛總理的犯罪者了。論內容，是西山派，國家主義派等反動份子所把持，是革命進行的絆脚石；且是屠殺南京護黨的市民學生的直接負責者。我們要求這「革命會議的前身」應警告中央委員立即退出那非法的組織，并不許其繼續存在致障礙四次執監正式會議之進行。

2、腐化份子潛勢力已布滿於各級黨部黨政府各級機關甚至於黨軍和各地招牌的民衆團體也莫不踏遍若輩的足跡，而且中央委員中已有不少腐化了的。在這「革命會議的前身」應始終站於革命立場上，防止腐化份子假造公意借故搗亂，脅迫決議。

3、中央會議要「在國民政府所在地舉行」，這是黨章內規定的。現在合法的黨的國民政府在那裏？在南京嗎？是由非法特委會所產生，當然不能承認其是正式政府。且事實分明是助成長江上下游屠殺非黨的軍事行動及南京屠殺民衆的附逆機關。那末，在正式國府未產出以前，只有革命策源地的廣東才能舉行「革命的四次執監會議」。我們要求這「革命會議的前身」要決定中央四次會議在粵舉行。

4、建設健全的政府。要政府能夠健全，對政府委員應嚴格選任。選任以革命為原則，不拘黨員資格老與不老。老同志固然有許多是革命的，但不革命的甚至反革命的也不少。不革命的總不可以其是老同志就「羅致入來共同負責軍政各種工作」。這也是我們所要求於「革命會議的前身」要向四次執監會議提出的。

5、建國方針　先總理已有建國方略中示我們以具體的辦法。「分治合作」之主張是否符合總理建國主張固是一個問題。而這種辦法在目前的中國實施起來是否合宜，更要有深切的研討。不要變為陳炯明等的名聯治而實割據和現在黨治下武人在各省各自為政的結果。我們希望這「革命會議的前身」，對於這重大的問題，不可草率從事，不要惑於感情，怯於威勢致貽後患。

留粵的中央委員是為革命而來，現在又為革命而去上海開會，我們希望其能夠在「革命會議的前身」中貫徹其救黨主張，尤希望其他中央委員能以革命為立場去參加會議，不要又如前次伍宅的談話會，談出一個非法的殺老百姓的特別委員會來！

要聞

打倒新桂系之醞釀與發動

李濟深，白崇禧，李宗仁，黃紹雄均在打倒之列

醞釀數月來之打倒新桂系運動，已到成熟時期而將爆發，乜次打倒新桂系運動，關係國民黨生死存亡問題，凡我忠實革命黨員革命民衆，均應一致奮起為共同之努力，玆特先將此事之前因後果摘錄于下，

▲新桂系軍閥過去之罪惡　新桂系軍閥之中心人物，為李濟深白崇禧李宗仁黃紹雄，其形成淵源，遠在民國十二年……

誓遵總理遺囑

總理遺囑

余致力國民革命，凡四十年，其目的在求中國之自由平等，積四十年之經驗，深知欲達到此目的，必須喚起民衆，及聯合世界上以平等待我之民族，共同奮鬥。現在革命尚未成功，凡我同志，務須依照余所著建國方略、建國大綱、三民主義及第一次全國代表大會宣言，繼續努力，以求貫徹。最近主張開國民會議及廢除不平等條約，尤須於最短期間，促其實現。是所至囑！

本週口號

1. 擁護真正的救黨主張！
2. 促開四次中央會議！
3. 恢復黃埔精神！
4. 反對南京無理的屠殺！
5. 打倒西山會議派！
6. 打倒特別委員會！
7. 擁護護黨運動！
8. 肅清反革命的黃逆紹雄餘孽！

護黨運動宣傳大綱

(一)目前黨的危機和護黨的必要

短兵

常步步！　燃灰

「誰給你紅帽子戴？」　燃灰

討民勝利

「反對屠殺即反革命」

本刊歡迎投稿

黨務

△打倒新桂系軍閥全國一致

在滬中央執監委員之行止

△廣東省黨部反對之決議　廿八日

△政治分會將明令討伐

李福林陳公博暫不赴滬

校聞

本校努力宣傳南京慘案

——派出宣傳隊在本島宣傳——

——喚醒民衆打倒非法特委會——

本月廿二日南京市民開討唐勝利大會，有軍校訓姿主任，高呼打倒西山會議派，反對特別委員會，竟被非法特委會御用新軍閥第十三軍開槍射擊，死傷十九人，軍校學生，死者數人，自此流血慘案，南京上海廣州各地，民情悲憤，本校為維護黨紀，保障人道，除通電反對及預備於十二月一日參加廣州華衆示威大會外，並於前晚廿八起至▲號晚止，一連四天，組織宣傳隊，在本島新洲，長洲，深井，魚珠一帶，作擴大宣傳，暴露特委之叛黨及屠殺民衆之罪惡，以期民衆之認識，查宣傳隊之組織共分五組，以學生五人為一組，每組由政治部宣傳科派員指導，於前晚分途出發演講，演述屠慘殺狀，語語沉痛，民衆莫不義憤填胸，高呼「打倒西山會議派」不已。

社會

汪蔣對南京慘案之憤激

本校第五十三號公布令

本校學生已照常上課

革命之路

目次

專載

楊教育長在總理紀念週中軍事報告

——并訓誡同事與學生——

關於本週軍事政治大概情形，方總潘主任已經報告了。

關於中國戰爭，各日報上都有記載，中國長江一帶的戰爭，武漢算是結束時期了，津浦路徐宗昌已節節退却，閻錫山奉張的戰爭，似乎閻錫山方失利，但是我們得了種種報告，實乎各種事實的證明，可說晉方並未失利。

現在報上都很大的標題着：涿州被圍的，如果你們不是直隸的學生，大概不知涿州的情形怎樣。

涿州是北京與保定間的一個古城，向來北京附近的戰事，涿州是很重要的位置，涿州的城圍，並不十分大，甚至比廣州以前的老城還小，人口亦不多，東門外是京漢鐵路所經過，城西過去，就是馬蘭關，北通北京，南達保定的大道。

現在守涿州的是晉軍傅作義，他的兵力有一師及一混成旅，其餘尚附有迫擊炮營，戰鬥的人員，約有五千人，他們死守涿州已有四十餘日，雖受野重砲飛機及數倍的敵人，但至今尚不能攻下，總算戰史上很光榮的。

為什麼晉軍如此死守涿州，因為涿州的地位，一面可以做北京與保定的連絡線，……我們是武裝的黨員，我們將來是要在戰場上効力的，我們應相晉軍死守涿州不屈的精神。

述評

遍校悲鳴

百川

中華民國十六年十一月三十日　黃埔日刊　星期三　第一頁

(二)

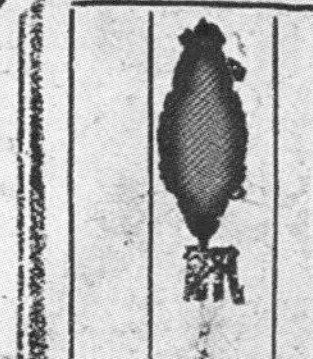

中華郵政特准掛號立劵之新聞紙

黃埔日刊

中央軍事政治學校出版

第四七二號

(通信處廣東黃埔本校政治部)

教務部一等勤務兵譚桂清失去一七六號之符號一枚聲明作廢

平岡第二學生隊中隊四區隊學生林叠莘失去二二三四號碼之中國國民黨黨員登記證一枚聲明作廢

平岡管理事務所勤務兵陳忠失去天字一七號襟章一枚茶伕目黃如一失去天字一九號襟章一枚清潔伕目曾清泉失去天字二二四號襟章一枚挑水伕曾大妹失去天字一四一號襟章一枚以上皆聲明作廢

第一學生隊部勤務上等兵陳春生失去二九三號黃布符號一枚聲明作廢

鄙人十七日往[illegible]部失去[illegible]一顆刻有隸文羅植椿三字特此聲明作廢　軍士[illegible]大隊長羅植椿啓

陳超同志刻因接洽工作屢訪不遇住何處見告爲盼　本校教務處湯敏時啓　十一，廿八

黃新朱訪予二同志你倆現在何部隊工作，請告我。弟黃瑶啓

本所於本月十七號失去軍醫處時第二醫務所長徐公章一顆如有拾取者作爲廢紙特此聲明　蝴蝶崗第二醫務所所長徐亞飛啓

中央軍事政治學校啓事

本校繼續辦理所有一切人員均已固定除兵器築城教官尚有缺外此後凡介紹工作及投効人員概無法位置此佈

誓遵總理遺囑

總理遺囑

余致力國民革命，凡四十年，其目的在求中國之自由平等。積四十年之經驗，深知欲達到此目的，必須喚起民衆，及聯合世界上以平等待我之民族，共同奮鬥。現在革命尚未成功，凡我同志，務須依照余所著建國方略，建國大綱，三民主義，及第一次全國代表大會宣言，繼續努力，以求貫徹。最近主張開國民會議，及廢除不平等條約，尤須於最短期間，促其實現。是所至囑！

本週口號

1. 擁護真正的救黨主張！
2. 促開四次中央會議！
3. 恢復黃埔精神！
4. 反對南京無理的屠殺！
5. 打倒西山會議派！
6. 打倒特別委員會！
7. 擁護護黨運動！
8. 肅清反革命的黃逆紹雄餘孽！

社論

我們對四次執監預備會的要求

塵再

自本年四月間已由汪主席發起召集之第四次全體中央執監委員會議，已在革命的中央委員艱苦爭持中，全國革命民衆革命同志極力督促擁護中，實現其前身一預備會議了。一報載：在滬中央委員廿四日在法界宋宅開談話會，決定十二月三日至五日開第四次中央全體執監會議預備會——留粵之中央委員也已應汪主席電召，於前昨二日分批北上了。

我們都知道：「四次執監會議，不是隨隨便便把黨內問題加以討論，維持和平；是要繼續負起革命的使命的」。所以我們對於會議的前身預備會議，有下列最低限度的要求：

1、南京特委會是非法的組織，論理法，與先總理手定的本黨黨章有衝突，而且防碍了第二次全國代表大會的產生的中央委員會職權之行使，是已背叛總理違犯黨紀了，論內容，是西山派，國家主義派，等反動份子的把持，是革命進行的絆脚石；且是屠殺南京護黨的市民學生的直接負責者。我們要求這「革命會議前身」應警告中央委員立即退出那非法的組織，并不許其繼續存在致障礙四次執監正式會議之進行。

2.腐化份子潛勢力已布滿於各級黨部黨政府各級機關甚至於黨軍和各地招牌的民衆團體也莫不踏遍若輩的足跡，而且中央委員中已有不少腐化了的。在這「革命會議的前身」應始終站於革命立場上，防止腐化份子假造公意借故搗亂，脅迫決議。

3、中央會議要「在國民政府所在地舉行」，這是黨章內規定的。現在合法的黨的國民政府在那裏？在南京嗎？是由非法特委會所產生，當然不能承認其是正式政府。且事實分明是助成長江上下游的非黨的軍事行動及南京屠殺民衆的附逆機關。那末，在正式國府未產出以前，只有革命策源地的廣東才能單行「革命的四次執監會議」。我們要求這「革命會議的前身」要決定中央四次會議在粵舉行。

4、建設健全的政府。要政府能夠健全，對政府委員應嚴格選任　選任以革命爲原則，不拘黨員資格老與不老。老同志固然有許多是革命的，但不革命的甚至反革命的也不少。不革命的總不可以其是老同志就「羅致入來共同負責軍政各種工作」。這也是我們所要求於「革命會議的前身」要向四次執監會議提出的。

5、建國方針　先總理已於建國方略中示我們以具體的辦法。「分治合作」之主張是否符合總理建國主張固是一個問題。而這種辦法在目前的中國實施起來是否合宜，更要有深切的研討。不要變爲陳炯明等的名聯治而實割據和現在黨治下武人在各省各自爲政的結果。我們希望這「革命會議的前身」，對於這重大的問題，不可草率從事，不要惑於感情，怯於威勢致貽後患。

留粵的中央委員是爲革命而來，現在又爲革命而去上海開會，我們希望其能够在「革命會議的前身」中貫澈其救黨主張，尤希望其他中央委員能以革命爲立場去參加會議，不要又如前次伍宅的談話會，談出一個非法的殺老百姓的特別委員會來！

要聞

打倒新桂系之醞釀與發動

李濟深，白崇禧，李宗仁，黃紹雄均在打倒之列

醞釀數月來之打倒新桂系運動，已到成熟時期而將爆發，此次打倒新桂系運動，關係國民黨生死存亡問題，凡我忠實革命黨員革命民衆，均應一致奮起爲共同之努力，玆特先將此事之前因後果摘錄于下，

▲新桂系軍閥過去之罪惡

新桂系軍閥之中心人物，爲李濟深白崇禧李宗仁黃紹雄，其形成淵源　遠在民國十二年繳陳天太奉孫總理命率師返桂之軍械，自是互相勾結，勾擴兵力，及去歲出師北伐，李濟深黃紹雄分踞兩粵，狼狽爲奸，新桂系勢力日益澎漲，李濟深於國軍出師北伐後，廣東省所支之軍費，不獨未有絲毫減少，而且支出增加至每月六百餘萬。此項軍費，素來并非有正式列數開支，至對於全省黨務政治軍事，亦只有獨斷獨行，省黨部則不啻爲李濟深御用之宣傳機關，省政府不啻爲李濟深御用之政令傳達室，省黨部委員，省政府委員，亦只[illegible]以李濟深個人之喜怒，可以隨時派委隨時革除，而所謂省政府省黨部委員　則非趨謁於文德路李公館，面待李濟深之意旨，斷不敢議決一案，執行一案，集軍事政治黨務於一身，操生死予奪之權，將整個名爲國民黨之廣東，變爲純粹李濟深之私產，且又網羅護化投機份子爲彼私人工具，爲彼私人歌功頌德，在清黨之際，共產黨徒，則任逃未獲，黨內忠實革命黨員，則盡數拘拿槍斃，對全省農工，則以共產之名，横加屠殺，對全省商人，則以今日軍需孔亟則加捐，甚至用綁票手段　勒索全市商民要一千萬元公債，盡飽私囊。李濟深過去在粵之罪惡，固已罄竹難書，黃紹雄之在桂，初則勵用范石生　繼則迫走俞作柏，全桂黨務，政治軍事，亦盡爲彼個人把持　廣西全省變爲黃紹雄之私產，當北伐軍佔領南京之後，李宗仁　白崇禧在前線之勢力，已大爲澎漲　而

中華民國十六年十一月三十日　黃埔日刊　星期三　第二頁　（二）

李濟深黃紹雄在兩粵之私人地盤，亦已鞏固，由是陰謀擁蔣攫取軍事領袖地位，以挾抑中央，或立御用特委會，以消滅本黨，既陰謀分裂，復企圖武力覆滅護黨軍，種種罪惡，實難枚舉。

△打倒新桂系軍閥全國一致

桂系此種毀黨亡黨之罪惡，蔣委員介石由日返國晤汪主席後，尤為憤激，寧漢全體中央委員，已反對於前，固不必論，而國民革命軍之各將領，如在江西方面之朱培德，安徽方面之程潛，陳調元，浙江方面之何應欽，鄂西方面之魯滌平，湘省之李品仙，何健，劉興，福建之陳銘樞，尤為同仇敵氣，故打倒新桂系運動，已成為全國忠實黨員一致之目標。

△廣東省黨部反對之決議

廿八日省黨部紀念週，由陳公博作黨務報告後，一致對禍黨之新桂系軍閥，決議反對，其決議如下：李濟深白崇禧黃紹雄等，勾結一般反動派，謀危廣州，欲延長廣東的戰禍，此種陰謀，我們要喚起民衆，一致反對，并消滅其此種舉動，又李濟深勾結南京非法特別委員會，增加廣東軍費，以重人民之負担，同時更反對汪主席救黨運動的主張，我們當請求政治分會，加以嚴重的處分，以正其罪。

△政治分會將明令討伐

自護黨軍擊潰黃紹雄反動勢力後，李濟深密謀禍粵之密電，不料為臨時軍事委員會截到，除將陳濟棠褫職，下令討伐外，並以李濟深公然謀叛，逆跡昭彰，非加以嚴重之處分不可，特具呈政治分會，明令褫免李濟深軍職，以懲兇萌，政治分會各委員據報以李濟深罪大惡極，應即免職，決定於廿六晚第七十四次會議提出通過，宣佈李濟深罪狀，明令討伐云。

黨務

在滬中央執監委員之行止

海電，孫科王寵惠來滬出席談話會後，廿七日夜車由寧來滬出席第四次執監會議。滬各委員因粵委員已電告來滬，預備會日期相距日近，故擬將預定召集之二次談話會作罷，將粵事寧案各問題，一併提出預備會討論。譚延闓廿七日由寧電李宗仁程潛白崇禧，務于三十前赴寧，同赴滬出席四次中央全體大會，又電，戴季陶何香凝廿五晨六時十五分抵上海，戴謂解決粵局，須各方平心靜氣，力求安定，使政治趨入正軌，何香凝謂出席第四次會議與否，須觀特委會能否取消為斷。

李福林陳公博暫不赴滬

第四次中央執監聯席會議，已定十二月三日至五日在滬開會，汪主席已來電催促留粵各中央委員趕速赴滬出席，甘乃光，顧孟餘，王法勳，潘雲超，王樂平等，已趁輪赴滬，二十八日陳委員樹人亦已趁搭早船往港，一同赴滬，至留粵中央監察委員李福林，中央執行委員陳公博，現皆負責兼理廣東軍事政治，並均任軍事委員會主席團，故均暫不赴滬云。

校聞

本校努力宣傳南京慘案

—派出宣傳隊在本島宣傳—

—喚醒民衆打倒非法特委會—

本月廿二日南京市民開討唐勝利大會，有黨校訓委主任，高呼打倒西山會議派，反對特別委員會，竟被非法特委會御用新軍閥第十三軍開槍射擊，死傷十九人，軍校學生，死者數人，自此流血慘案，南京上海廣州各地，民情悲憤，本校為維護黨紀，保障人道，除通電反對及預備於十二月一日參加廣州羣衆示威大會外，並於前晚廿八起至　號晚止，一連四天，組織宣傳隊，在本島新洲，長洲，深井，魚珠一帶，作擴大宣傳，暴露特委之叛黨及屠殺民衆之罪惡，以期民衆之認識，查宣傳隊之組織共分五組，以學生五人為一組，每組由政治部宣傳科派員指導，於前晚分途出發演講，演至屠殺慘狀，語語沉痛，民衆莫不義憤填胸，高呼「打倒西山會議派」不已，足徵羣情激昂，直至六時，始各收隊返校晚膳，茲錄本校第二學生大隊派出宣傳學生姓名如下：第一組陳璞，王子立，吳宗儒，王宗瑤，潘江，第二組熊勛，鄧正禰，曹鑑輝，陳步蘇，王位業，第三組蘇惠民，張匯川，鐘志遠，萬開聲，徐若雷，第四組陳平計，李蕩，謝志晉，陳定一，李鳳權，第五組龍決來，曾鼎，張開運，李張，鄭紹烈，

本校學生已照常上課

本校自楊教育長就職後，即着手將內部大加整頓，對教官及職員方面，均從能力上甄別去留，原狀早經恢復，本預科各學生隊，均從本星期一起照常上課，政治教官有小部份因事辭職，業由政治部潘主任從速物色請委，以期無碍各生課程云。

本校第五十三號公布令

▲委任費國禎為本校教務部兵器教官支少校初級薪此令

▲委任趙升樓為教務部准尉司書支二級薪此令

▲據教務部轉呈步兵科學生第一大隊第一中隊特務長黃聲贊已往第二中隊服務遺缺請委鄭新譜接充支准尉二級薪應予照准并准自本月廿四日先行到差此令

▲調委校本部秘書處秘書兼教官王潤民為教務部普通學專任地理教官仍支原薪此令

▲據軍醫處轉呈請委毛光宇為平崗醫務所上尉軍醫應予照准并准支初級薪此令

▲據管理處轉呈消防隊副隊長黃鏡如因病請給長假應予照准該缺着即裁撤此令

▲據第一學生大隊呈該隊第四中隊特務長陳甫雲司書刁漢强因事辭職遺缺請委何德祥何達材接充應予照准此令

▲據教務部轉呈步兵第一學生大隊第一中隊司書謝晉明因事辭職遺缺請委胡劍夫接充應予照准此令

▲據教務部轉呈副官陳慎因事請給長假應予照准并准自本月廿四日先行到差此令

▲據教務部呈請委黃燮元為該部技術教官支中尉初級薪應予照准此令

▲據教務部呈戰術教官林勁因事懇請辭職應予照准此令

▲據經理處副處長黃為材呈因病懇請辭職應予照准此令

社會

汪蔣對南京慘案之憤激

—汪主席蔣校長主張懲處負責人—

—上海南京學生相繼罷課聲援—

—慘案發生經過詳情—

▲汪蔣對慘案之憤激　非法特委會屠殺民衆慘案，汪主席蔣校長主張對負責之人，予以懲處，李烈鈞因慘案自請處分，并撥千元撫卹及療傷，一面嚴拿兇犯，激懲主使之人，賀耀祖語人云，寧案發生，由於場內外軍隊衝突所致。

▲寧滬學生罷課援助　南京各大學生廿五日罷課遊行，赴國府請願懲辦慘案主使者，滬學生聯合會廿六日召集全滬大小學生萬餘人，在商會開反對南京慘案大會，議決罷課為後盾。

▲慘案發生經過實情　廿二日南京民衆開討唐勝利大會，其時演說者有中央黨校代表谷正綱，措詞極為激烈，大呼打倒西山會議派，打倒特別委員會，擁護領袖汪主席，恢復中央黨部國民政府，台下黨校學生應聲而和。其時台下軍警密佈，形勢緊張，會後出發遊行，行至血花公園門前，忽有一隊兵士，出而攔阻，謂奉有命令，禁止遊行，遊行隊堅持繼續遊行，由此齟齬，非法軍隊開鎗，鎗向大隊射擊，多名應聲而倒，在體育場後門之軍警，聞得血花公園之鎗聲，遂一律臥地向羣衆開槍亂射，參加羣衆，登時大亂，啼哭之聲大作，如此三四點鐘，槍聲始止，人亦四散，計死傷者十餘人，體育場中之陳設，則殘骸狼具，履帕紛遺而已。

啓事

鄙人于十七日遺失「羅翹秀印」方形綠齒私章一個除呈報外特此聲明作廢　預科大隊長羅翹秀啓

敝隊副官梁化朝遺失本校所發之二九七五號徽章一枚并勤務兵馬紹平之四六七符號一枚聲明作廢　歐陽新溶又遺失本校三〇二號證章一枚聲明作廢　步兵第一大隊四區隊長張溶啓

鄙人失去象牙私章大小計二顆刻有篆字陰文「卜禮逵印」四字聲明作廢　張守禮鑒現在何處甚念前遷函知復信交香港航合道念二號新聞學社華維允君轉交張守仁收　朱紹武熊武二同志仰請將現在何處工作通告函知為盼　第一學生隊四中隊十三區隊汪文監啓

鄙人於本月廿二日在廣州市東郊石牌附近戰術作業時遺失本校高級班一五二號證章一枚特此聲明作廢　高級班學員彭慕奇啓

中華民國十六年十一月三十日　黃埔日刊　星期三　第三頁

目次

專載

楊教育長在總理紀念週中軍事報告

——并誥誡同事與學生——

關於本週軍事政治大概情形，方總潘主任已經報告了。

關於中國戰爭，各日報上都有記載，中國長江一帶的戰爭，武漢算是結束的期了，津浦路張宗昌已節節退却，讓蚌埠給北段，閻錫山及奉張的戰爭，似乎報上晉方失利，但是我們得了種種報告，與乎各種事實的證明，可說晉方並未失利。

革命之路

現在報上都很大的標題着：涿州被圍的，如果你們不是直隸的學生，大概不知涿州的情形怎樣。

涿州是北京與保定間的一個古城，向來北京附近的戰爭，涿州是很重要的位置，涿州的城圍，並不十分大，甚至比廣州以前的老城還小，人口亦不多，東門外是京漢鐵路所經過，城西過去，就是馬蘭關，北通北京，南達保定的大道。

現在守涿州的是晉軍傅作義，他的兵力有一師及一混成旅，其餘尚附有追擊炮營。戰鬥的人員，約有五千人，他們死守涿州已有四十餘日，雖受野重砲飛機及數倍的敵人，但至今尚不能攻下，總算戰史上很光榮的。

為什麼晉軍如此死守涿州，因為涿州的地位，一面可以做北京與保定的據點，一面可切斷奉軍京保的連絡線。我們是武裝的黨員，我們將來是要在戰場上効力的，我們應有晉軍死守涿州不屈的精神。

再說到本省軍事情形，方總潘主任已經大概說過了，北江方面的黃紹雄的五團兵力，繳械的繳械，逃亡的逃亡，已不成問題，在湘境有方軍長鼎英——以前本校的教育長，所統率的十三軍，約有二師的兵力，聽說已有電來，表示願意參加護黨工作，已將部隊停止前進——以前十三軍是準備進湖南的，現在粵方仍供給他，東江方面　陳濟棠的十一師及錢大鈞的部隊錢部現無確實表示，十一師怎樣也還難說；但是已經有一師以上準備向他們作戰，且聚江的地方上武裝的民衆亦向他們襲擊。西江現已有第四軍的十二師，廿六師，新編第二師皆已預備前進，總可以在最短的時期來撲滅他。

一向在黃埔停泊的飛鷹艦，原是北洋艦隊之一，所以艦上的人員，以北方人為多，護黨運動起時，艦長不明瞭情形，以為含有狹義的地方主義，所以竟受誤會將飛鷹艦駛出虎門，現在已派人去宣慰，大概不日內總可駛回來的。

廣州附近的警戒：現已由第四軍黃軍長任廣州衛戍司令，現時廣州除了公安局保安隊之外，尚有特務的兩營，又前繳黃紹雄多餘的槍枝，成立了補充團，警衛團，其他尚有第四軍軍官教導團來，担任廣州警戒的勤務，維持治安尚有餘。日前中央銀行因護黨運動而發生擠兌風潮，現在各方維持，已平靜下去，廣州的金融，是不致恐慌了。

說到本校，本校是黨立的學校，它的性質，可說是革命人材的製造廠所，所以無論官長學生，都應當明白，我們不但是要革命，同時我們要求增加我們的革命技術，本校是革命人材的製造廠所，官長方面是製造者，學生方面是受製造革命人材，我們應如何的努力，來完成我們製造革命人材的使命。

革命是要打倒舊的一切，更要打倒我們的傳統觀念，我來之後，很有許多學生報告，不是祖父病了，就說叔子死了，要請假回去，我們來是做什麼的，家庭觀念尚不能打破，還講什麼革命，更有請求學校發修業證明書，以便在族里中領津貼，試問是為革命而入學，還是為得津貼而入學咧。

官長方面，最近發現好幾個挾款潛逃，這叫什麼革命舉動，革命者要廉潔，這是不是廉潔，也許從就沒有以了。

最近又收到了好多報告或書信，請求階級增高或換工作的這一些廢話，說起階級來恐怕世界上除了黃埔之外，再找不出有像本校官長階級如此高而且多的，甚至連區隊長，不大負責之辦事員亦是少校，旁的國家，也許我不十分清楚，但是在日本，我們知道士官學校的教官，大多數是大尉，就是本國軍隊，一師之內能找出幾個上校及中少校，但是在本校　校官竟過百餘人，在四軍軍官教導團，連長都不過是中尉，因為我們要明白，我們為的是革命，並不是為的升官發財，如果想升官發財，其他的地方多得很，何必要跑到革命的隊伍中來，同時這樣的現象，正是給學生一個不良暗示，養成看高階級的習慣，我們大家總想想對於本身階級是否當之無愧？

我們是黨的工具，不能講私人情感，如果想我為私人情感而馬馬虎虎位置人，就是殺了我的頭我也辦不到的。軍隊的工作是機械的工作，應當放下臉來辦事，本着紀律與法令，說可就可，說不行就不行，一刀兩斷爽爽快快的不可拖泥帶水。

最後：本校在三十日尚須將各中隊從新改編，并增加指導員，以指導政治路向，

十一月二十

述評

遍校悲鳴

劉百川

我們來到此校不到一個星期，雖然是担負政治工作的一部，在工作的時間固不多，熟識的人尤少。却接着了不少的函件文稿以及相識者之談話，朋友之朋友的轉告，大都是對于本校最近過去之情形有所不滿，而此種悲憤激怒的不滿，並非感情作用，不是見了熟人的親熱訴說，而是完全為革命的立場相同的同志之報告。

我們在未來校之先，即已知道黃埔最近的些須情形，有許多主持或參加的份子，已失却了革命的立場，忘記了總理的教訓，丟却了本黨的主張，漠視了本校設立之宗旨，一味糊塗地為私人作走狗，為飯桶賣糠粃，為不良勢力造工具。于是不顧一切，祇以臭味相同，糊塗且混，而宗合成了一個不革命，不進步，摧毀已往精神的黃埔主持者。

我們據學生的悲憤報告中，可以知道敎官之不懂政治是常事，尤其不知國民革命為何物。甚而以某某主義替代了三民主義，某某主義派侵奪了國民黨的領域，一個革命的黃埔學校，幾成了某某主義某某派的侵略區域殖民地，某某主義的經略使以及大官小爵，猴王猻孫遍滿了黃埔學校的朝野。一部份意志薄弱的學生，感受麻醉，萎靡不振，或者興奮性強的，雖受神經的刺激，已經彈璜地乘機逃亡了。唉！一個朝氣勃勃，革命策源，黃埔學校，被這班戴假面具的自命革命者，窒塞已死了。

我們再從別事方面，抑或其他官員的述說中，更知道黃埔在以前的一小段過程中，已喪失了黨的生命，誰也不敢講一個［黨］字，尤其不敢談什麼革命，甚而連三民主義也換了某某主義。「禁止偶語，觸犯者死」，紀律森嚴得比秦始皇還要加十萬倍的厲害，坑儒之法一變而為沉海之刑，你莫想談一個緊要點的革命的字，你立刻便變成了共產黨而被海葬了。莫說你與共產黨是敵人，也仍會被誣為走狗嫌疑等罪賜你以鐵窗風味。唉！黃埔學生同志們！當你們未來之先，抱着何等的革命精神，怎樣的堅決意志，來受這苦到極點的軍事訓練。誰知學尚未成，同志先把命喪，你們的靈魂如何甘心，能不為厲鬼以殺賊麼？

本來，先總理之要辦本校，是要為國民黨造擁護三民主義的革命優良份子，其造旨之苦，設計之類，經營之困難，不知歷幾許而有今日。現在呢？黃埔學校是誰的了？是中國國民黨的呢？是那一個私有的呢？是貢獻某黨某派某種主義的禮物呢？

各位黃埔同學們！黃埔學校是誰的？請思之，再三細思之！

你們的痛苦甜密已嘗遍了，李教育長的恩賜．

中華民國十六年十一月三十日 黃埔日刊 星期三 第四頁

你們的思想主張受過了假三民主義的淘治，你們的環境已被過了假革命的空氣所包圍，但是，你們，我決定你們有大多數，雖然以前受着這種種的委屈，侮辱，奴使；你們還是革命精神長存，三民主義猶在，你們快些改造新的環境罷，改造先總理主義的革命的生機罷！

你們的悲鳴，已經普遍了全校，憤聲相聞，怨氣沖霄，你們有鴻飛之志，你們有革命之花，你們的吃苦，委屈，都是為著先總理的主義為人民造幸福啊！你們哀鳴的聲音，雖普遍了全校，你們還有以前說不出口的話嗎？你們說，儘管說出來！你們的同志還有很多很多準備為三民主義而奮鬥的啊！

更希望以後你們悲憤的哀鳴，一變而為壯烈的殺聲，你們準備着，準備與破壞三民主義的任何蟊賊奮鬥罷！

自此以後，更希望同志們把以前的不革命，反革命，假革命的不良現象，一點一點吐露出來你們所受的委屈，雖然痛苦，都要在悲鴻中才能申吐呢！大多數接受委屈要革命的同志們，這時才正是哀鴻遍校的時期啊！

護黨運動宣傳大綱

一 目前黨的危機和護黨的必要

本黨目前已到了一個嚴重時期，其所領導下的中國國民革命運動也到了危急的境地，因黨的本身已經為西山會議派所把持的非法特別委員會取消了。其存留的特別委員會，已「不是革命的黨，而變成封建的集團」了。分明 先總理留給我們的是革命的中國國民黨，是負解放中華民族，求中國「自由」「平等」的黨，為什麼會變成我們死對頭封建勢力的集團呢？凡是革命的同志，總理的信徒，三民主義的實行者，對於這個問題都應該有充分的認識和護黨的決心。

本黨自改組後，能嚴密組織，執行紀律，建築基礎，所以形成偉大的革命勢力。如果，本黨同志能夠始終集中於黨的指揮之下去努力奮鬥，國民革命是容易成功的，無如。一般自以為「老黨員」的西山會議分子，就離開黨的立場，破壞黨的紀律，而實行投降軍閥求升官發財的勾當。

本黨去年舉行北伐，因有鮮明的主義和政綱為利器，有廣大民衆為基礎，在軍事的表面上，似已得到相當的勝利，但一般自認為黨的領袖的脫離了 先總理「以黨治國」「以黨治軍」「黨權高於一切」的遺訓，不受黨的制裁，公然個人代表起黨來，把黨的意志消滅了。同時一般投機腐化份子更乘機鬨進黨裏來，與已經投降軍閥而求升官發財的西山會議派，結成腐化本黨的聯合戰線。

我們反對共產黨保為奪回國民革命領導權，係為實現本黨的三民主義：并不是為挾仇報復，為陷害忠實同志，更不是爲土豪，劣紳，貪官，汚吏，官僚，政客，軍閥，以及帝國主義除死敵。但過去的事實，却不幸而落在這錯誤之上。一切無實據不合法的屠殺，竟在以一般腐化的假清黨份子積威之下，由珠江流域展至長江流域，凡是黨旗招展的地方，卽此腥血染遍的所在，有意無意中和一切反動勢力結成聯合戰線。本黨革命的忠實同志和革命的民衆無辜被殺的不知多少！被迫至逃亡甚而至為匪作惡更不知有多少，就我們黃埔同學冤死於此亡黨的清黨的也不下數百人。

我們在這嚴重時期中，在這腐化份子日迫一迫中，為繼續中國國民革命運動，應一致起來拯救領導中國國民革命的中國國民黨。

二．護革運動中應有的努力

在實行護黨運動中，我們應該有下列明確的主張：

1，打倒南京非法特別委員會

本黨以全國代表大會為最高權力機關，閉會後以中央委員會為最高執行機關，故中央委員會的職權，除全國大會有限制或停止的權能外，無論黨治下的任何團體都不能過問。而事實告訴我們，這中央最高機關，不單祇在寧漢分裂的前後，不能行使其職權於黨治範圍之內，竟在上海伍朝樞私宅內的酒席上，觥籌交錯中宣告「壽終正寢」了，連空招牌也不能繼續存在了。竟代以在黨綱上無所根據的非法產物——南京特別委員會。這非法委員會的組合份子，更令我們慚愧痛恨！林森，鄒魯等是二次全國大會認爲破壞紀律決議開除的，張繼是在上海各報上聲明退出國民黨的，分明他們都不是國民黨黨員，已無受黨的權利之可言，何來有做中樞委員的資格和可能。那非法特別委員會就是那般非黨員和腐化投機份子的播弄。我們爲發揚黨的紀律，鞏固黨的組織，在護黨運動中應該起來打倒這篡奪本黨黨權的南京非法特別委員會。

2. 掃除一切投機腐化份子

本黨是領導中國國民革命運動的黨，而最足以妨礙國民革命的進展，陷本黨於危亡的，便是黨內一般腐化投機份子，他們沒有黨的認識，沒有黨的信仰；只有掛革命的招牌，做假革命或反革命的工作，拿黨爲他們升官發財的梯子，他們簡直是軍閥官僚的化身，是土豪劣紳的變形。所以他們在黨內黨外工作，祇是培植私人武力，拓張一己的地盤，壟斷政治，操縱黨務，位置私人，欺騙民衆，把整個的黨做他的工具，做他們屠殺革命同志和革命民衆的利刃，不特把黨的內部逐漸腐化下去，并使黨與民衆日益分離。這些腐化份子又是南京非法特別委員會的內搆，若不把它掃除，非法特別委員會就不能打倒，黨的組織也就不能嚴密，黨的權威更無由鞏固，黨的力量只有日益消沉。我們爲打倒非法特別委員會，爲嚴密黨的組織，鞏固黨的威權，擴大黨的力量，必須把這些腐化份子根本掃除。

3. 打倒黃紹雄及同樣的繼起者

南京非法特別委員會是破壞本黨的組織，也卽是破壞革命運動的組織，所以我們要打倒它。那末，在黨治範圍內去接受那非法組織的偽命的就是反革命，就在我們打倒之列。而擁護殘殺民衆，剝勒商人，以拓充一己實力的新軍閥黃紹雄竟公然在革命的廣東境內接受偽命反起革命來，爵擁長江上下游的非黨軍事行動，更極力謀破壞汪主席在粵救黨主張，密謀所領的惡勢力撲攻廣州，謀實現根本消滅本黨的陰謀。我們爲徹底消除反革命勢力計，對於新軍閥黃紹雄必要打倒，并嚴防有同樣的繼起者。

4. 實現汪主席救黨主張在粵建設新的革命基礎

我們護黨運動中，在積極的掃除革命障礙，防止反革命勢力產生外，並應積極謀建設革命的新基礎。本黨的糾紛已到了這步田地，所以汪主席主張速開第四次全體執監會議解決一切。但「第四次全體執監會議」不是隨隨便便將黨內問題加以討論，而維持和平，是要繼續負起革命的使命」。那末，只有在護黨軍所在的廣東，這個要繼續負起革命使命的四次全體執監會議才能自由開會，才不致受惡勢力所脅迫或腐化份子所賄賣。故我們應從今日起一致更加努力督促革命的中央委員從速在廣東開第四次全體會議，恢復中央黨部，建設新的革命基礎。

短兵

常步步！

燃灰

汪主席對滬報記者說：「如今一般同志，議論稍溫和的便被目爲右派；稍激烈的便被目爲共產。以致一般同志，徬徨無歸。」然而溫和緩進，亦曰緩步，激烈即急進，亦曰快步，緩步走快步走都不行，那末，我們還是常步走罷？

討民勝利

研

本月二十二日南京民衆在體育場開討唐勝利大會，意思是慶祝滅寧軍令到了武漢地盤，打倒了唐生智，一時民衆大歡喜了，竟高呼擁護汪主席，打倒西山派口號。那曉得特別委員會竟優禮相待，賜民衆以槍彈，民衆是慶祝討唐勝利，但特別委員會却歌唱討民勝利了。

「誰給你紅帽子戴」？

燃灰

「你們國民軍的紅帽子，赤化，是誰給你們的？」你說去年在莫斯科這樣的問基督將軍，當時是鬍子高唱討赤隨便殺人的時候。本黨舉行清黨，一般腐化份子也隨便加入以赤化之罪名，「拿到了一律殺無赦」。我也想問被殺的忠實同志們：誰給你們紅帽子戴？

「反對屠殺即是反革命」

研

南京非法特別委員會，因爲受一般革命群衆反對，遂大宣傳特宣傳「反對特別委員會即是反革命」。現在自稱革命的特別委員會(？)屠殺南京民衆，民衆又起來反對了，特委會何不宜傳曰「反對屠殺卽是反革命」。

本刊歡迎投稿

本刊現恢復革命之路一欄，選載革命理論，校事述評及游戲小品文字等，并歡迎本校校友及愛閱諸君投稿。賜稿投入本校政治部宣傳科編纂股投稿箱或逕寄本刊均可。